Handbuch der Grundrechte
in Deutschland und Europa

Handbuch der Grundrechte

in Deutschland und Europa

Herausgegeben von

Detlef Merten und Hans-Jürgen Papier

In Verbindung mit
Horst Dreier, Josef Isensee, Paul Kirchhof,
Karl Korinek, Jörg Paul Müller, Georg Ress,
Heinz Schäffer, Hans-Peter Schneider,
Wassilios Skouris, Klaus Stern, Daniel Thürer

Band I
Entwicklung und Grundlagen

Band II
Grundrechte in Deutschland: Allgemeine Lehren I

Band III
Grundrechte in Deutschland: Allgemeine Lehren II

Band IV
Grundrechte in Deutschland: Einzelgrundrechte I

Band V
Grundrechte in Deutschland: Einzelgrundrechte II

Band VI
Europäische und internationale Grund- und Menschenrechte
(2 Teilbände)

Band VII
Grundrechte in Österreich, der Schweiz und in Liechtenstein
(2 Teilbände)

Band VIII
Grundrechte in West-, Nord- und Südeuropa

Band IX
Grundrechte in Ostmittel- und Osteuropa

Handbuch der Grundrechte

in Deutschland und Europa

Herausgegeben von

Detlef Merten und Hans-Jürgen Papier

Band VII/2
Grundrechte in der Schweiz
und in Liechtenstein

In Koordination mit
Jörg Paul Müller und Daniel Thürer

Mit Beiträgen von
Jean-François Aubert · Giovanni Biaggini · Bernhard Ehrenzeller
Astrid Epiney · Thomas Fleiner · Walter Haller · Peter Hänni · Wolfram Höfling
Michel Hottelier · Helen Keller · Regina Kiener · Andreas Kley
Giorgio Malinverni · Georg Müller · Jörg Paul Müller · Anne Peters
Markus Schefer · Rainer J. Schweizer · Daniel Thürer · Pierre Tschannen
Klaus A. Vallender · Bernhard Waldmann · Beatrice Weber-Dürler · Ulrich Zimmerli

C. F. Müller Verlag
Heidelberg

Dike Verlag
Zürich/St. Gallen

Redaktion
Professor Dr. Dr. Detlef Merten
– unter Mitarbeit von
Dr. Christian Koch, Christiane Merten,
Inge Patschull und Annette Schorr

Zitiervorschlag:
Jörg Paul Müller, Geschichtliche Grundlagen,
Zielsetzung und Funktionen der Grundrechte,
in: HGR VII/2, § 202 RN 1 ff.

Die Thyssen-Stiftung
hat die wissenschaftliche Vorbereitung dieses Bandes
großzügig gefördert.

Die Veröffentlichung der Schweizer Ausgabe dieses Bandes
wurde durch die Stiftung für Schweizerische Rechtspflege
verdankenswerterweise unterstützt.

Bibliographische Information der Deutschen Nationalbibliothek

Die Deutsche Nationalbibliothek verzeichnet diese Publikation in der
Deutschen Nationalbibliographie; detaillierte bibliographische Angaben
sind im Internet unter der Adresse http://dnb.d-nb.de abrufbar.

© 2007 C.F. Müller, Verlagsgruppe Hüthig Jehle Rehm GmbH, Heidelberg
Satz: Mitterweger & Partner, Plankstadt
Druck und Buchbindung: Druckerei Friedrich Pustet, Regensburg
ISBN 978-3-8114-7777-3

Dike Verlag AG, Zürich/St. Gallen:
Vertrieb und Auslieferung in der Schweiz und in Liechtenstein
ISBN 978-3-03751-041-4

Vorwort

Mit Band VII wendet sich das Handbuch der Grundrechte den grundrechtlichen Ordnungen der einzelnen europäischen Staaten zu. Daß dabei Österreich, die Schweiz und Liechtenstein am Anfang stehen, ist durch Gemeinsamkeiten der Geschichte, der Rechtskultur und der Staatsstruktur, aber auch der gemeinsamen Sprache bedingt. So kommt es in den deutschsprachigen Staaten vielfach nicht nur zu parallelen Vorschriften, sondern auch zu grundrechtsdogmatischen Übereinstimmungen – nicht zuletzt unter dem Einfluß des Grundgesetzes.

Da auch aus Gründen des Umfangs Band VII in zwei Halbbände aufgeteilt werden mußte, widmet sich der vorliegende Halbband 2 den Grundrechten in der Schweiz und in Liechtenstein. Schlummerten die Grundrechte in der Schweiz früher aus vielerlei Gründen „ein wenig unter der Oberfläche ihrer Selbstverständlichkeit", wie *Hans Huber* treffend formulierte, so hat sich in der zweiten Hälfte des 20. Jahrhunderts durch Anstöße des Grundgesetzes und der Europäischen Menschenrechtskonvention sowie unter dem Einfluß von Wissenschaft und Rechtsprechung in der Schweiz eine breite grundrechtliche Diskussion entfaltet, die schließlich in die Bundesverfassung von 1999 mit einem zeitgemäßen und umfassenden Freiheitskatalog mündete, in dem nun auch die „Grundrechte" als Begriff verankert sind. Dieser moderne Grundrechtskatalog, der u. a. staatliches Handeln auf Treu und Glauben verpflichtet und eine Grundrechtsverwirklichungsklausel enthält, wird Impulse für die Grundrechtsdiskussion in Europa geben, die durch die einzelnen Beiträge dieses Bandes verstärkt werden sollen.

Die Darstellung der Grundrechte in Liechtenstein rundet den vorliegenden Band ab. Weist doch die Verfassung Liechtensteins von 1921 nicht nur in materieller Hinsicht, z. B. durch die Vermögenserwerbsfreiheit, sondern auch in prozessualer Hinsicht Besonderheiten auf, da sie – seinerzeit im internationalen Vergleich führend – die Verfassungsbeschwerde auch gegen letztinstanzliche Gerichtsentscheidungen eröffnete. Zur Erleichterung für den Leser sind die Verfassungen der Schweiz und Liechtensteins in Auszügen im Anhang abgedruckt.

Die Herausgeber sind ihren Schweizer Kollegen *Jörg Paul Müller* und *Daniel Thürer* für die Koordination, die von der Planung bis zur Fertigstellung des Bandes reichte, zu großem Dank verpflichtet, der sich auch auf den wissenschaftlichen Beirat für Anregung und Unterstützung erstreckt. Den Autoren ist für ihre Einsatzfreude und Geduld Dank zu sagen, zumal die Justizreform in der Schweiz die Umarbeitung einiger Beiträge erforderlich gemacht hat. Ohne die großzügige und unbürokratische Förderung der wissenschaftlichen Vorbereitung durch die *Fritz Thyssen-Stiftung* hätte auch dieser Band nicht erscheinen können. Für die entgegenkommende und reibungslose Zusammenarbeit ist dem Verlag *C. F. Müller* zu danken.

Speyer und München/Karlsruhe, im Juni 2007

Detlef Merten   *Hans-Jürgen Papier*

Inhalt Band VII/2

Vorwort V
Hinweise für den Leser X
Verfasser XI
Abkürzungsverzeichnis XIII
Literaturverzeichnis XXIV

Vierzehnter Teil
Die Grundrechte in der Schweiz

I. Allgemeiner Teil

1. Geschichtliche Entwicklung und Grundlagen

§ 202 Geschichtliche Grundlagen, Zielsetzung und Funktionen
der Grundrechte
Jörg Paul Müller 3

§ 203 Verfassungsrechtlicher und völkerrechtlicher Status
der Grundrechte
Daniel Thürer 31

2. Allgemeine Grundrechtslehren

§ 204 Schutzwirkung der Grundrechte
Georg Müller 59

§ 205 Träger der Grundrechte
Beatrice Weber-Dürler 79

§ 206 Der Status der Ausländer
Daniel Thürer 101

§ 207 Grundrechtskonkurrenzen und Grundrechtskollisionen
Michel Hottelier 121

§ 208 Beeinträchtigung von Grundrechten
Markus Schefer 141

II. Einzelgrundrechte

1. Freiheit und Gleichheit

§ 209 Menschenwürde, Recht auf Leben und persönliche Freiheit
Walter Haller 199

§ 210 Gleichheit
Beatrice Weber-Dürler 229

§ 211 Diskriminierungsverbote
Anne Peters 255

§ 212 Glauben, Gewissen und Weltanschauung
Bernhard Ehrenzeller 301

§ 213 Recht auf Ehe und Familie
Rainer J. Schweizer 327

§ 214 Unverletzlichkeit der Wohnung
Andreas Kley 351

§ 215 Niederlassungsfreiheit
Andreas Kley 363

2. Kommunikationsgrundrechte

§ 216 Meinungs-, Medien- und Informationsfreiheit
Giorgio Malinverni 379

§ 217 Sprachenfreiheit
Thomas Fleiner 405

§ 218 Wissenschaftsfreiheit und Kunstfreiheit
Rainer J. Schweizer 445

§ 219 Versammlungsfreiheit
Ulrich Zimmerli 473

3. Politische Rechte

§ 220 Schutz der politischen Rechte
Pierre Tschannen 491

4. Wirtschaftliche und soziale Grundrechte

§ 221 Eigentumsgarantie
Giovanni Biaggini 517

§ 222 Wirtschaftsfreiheit
Klaus A. Vallender 547

§ 223 Vereinigungsfreiheit und Koalitionsfreiheit
Giovanni Biaggini 587

§ 224 Soziale Grundrechte und soziale Zielsetzungen
Astrid Epiney/Bernhard Waldmann 611

5. Garantien prozessualer und materieller Gerechtigkeit

§ 225 Garantien fairer Verfahren und des rechtlichen Gehörs
Helen Keller 639

§ 226 Grundrechte des Angeschuldigten im Strafprozeß
Peter Hänni 669

Inhalt Band VII/2

§ 227 Garantie des verfassungsmäßigen Richters
Regina Kiener 701

§ 228 Willkürverbot und Vertrauensschutz als Grundrechte
Jean François-Aubert 723

III. Grundrechtsdurchsetzung

§ 229 Durchsetzung des Grundrechtsschutzes
Rainer J. Schweizer 747

Fünfzehnter Teil
Die Grundrechte in Liechtenstein

§ 230 Die Grundrechtsordnung des Fürstentums Liechtenstein
Wolfram Höfling 791

Anhang I: *Bundesverfassung der Schweizerischen Eidgenossenschaft (Auszug)* 829

Anhang II: Verfassung des Fürstentums Liechtenstein (Auszug) 835

Personenregister 841

Sachregister 843

Hinweise für den Leser

1. Aus bibliographischen Gründen werden die Verfasser von Monographien sowie die Herausgeber von Sammelwerken, u.ä. mit Vor- und Nachnamen zitiert. Autoren von Zeitschriftenaufsätzen, Beiträgen in Sammelwerken, Festschriften, etc. werden mit Nachnamen, bei Verwechslungsgefahr mit abgekürztem Vornamen angeführt.
2. Werke, die in der Bibliographie des jeweiligen Beitrags erscheinen, werden verkürzt mit dem Zusatz (Bibl.) zitiert. Gängige Grundrechts- und Staatsrechtsliteratur erschließt sich bei abgekürzten oder verkürzten Angaben aus dem Abkürzungs- und/oder Literaturverzeichnis (LitVerz.).
3. Die Marginalientexte am Rande der Beiträge sowie die mit einem Pfeil (→) gekennzeichneten Verweisungen innerhalb des Handbuchs fallen in die Verantwortung der Herausgeber.

Verfasser

Professor Dr. *Jean-François Aubert*, Universität Neuenburg (Neuchâtel)
Professor Dr. *Peter Badura*, Universität München
Professor Dr. *Giovanni Biaggini*, Universität Zürich
Professor Dr. Dr. h.c. *Georg Brunner †*, Universität zu Köln
Professor Dr. *Brun-Otto Bryde*, Universität Gießen
Professor Dr. *Christian Calliess*, Universität Göttingen
Professor Dr. *Otto Depenheuer*, Universität zu Köln
Professor Dr. *Horst Dreier*, Universität Würzburg
Professor Dr. *Bernhard Ehrenzeller*, Universität St. Gallen
Professor Dr. *Christoph Engel*, Max-Planck-Institut Bonn
Professor Dr. *Astrid Epiney*, Universität Freiburg (Fribourg)
Professor Dr. Dr. *Udo Di Fabio*, Universität Bonn
Professor Dr. Dr. h.c. *Thomas Fleiner-Gerster*, Universität Freiburg (Fribourg)
Professor Dr. Dr. h.c. *Peter Häberle*, Universität Bayreuth
Professor Dr. *Walter Haller*, Universität Zürich
Professor Dr. *Peter Hänni*, Universität Freiburg (Fribourg)
Professor Dr. *Markus Heintzen*, Freie Universität Berlin
Professor Dr. *Werner Heun*, Universität Göttingen
Professor Dr. *Wolfram Höfling*, Universität zu Köln
Professor Dr. *Michel Hottelier*, Universität Genf (Genève)
Professor Dr. *Peter M. Huber*, Universität München
Professor Dr. Dr. h.c. *Josef Isensee*, Universität Bonn
Professor Dr. *Hans D. Jarass*, Universität Münster
Professor Dr. *Helen Keller*, Universität Zürich
Professor Dr. *Bernhard Kempen*, Universität zu Köln
Professor Dr. *Regina Kiener*, Universität Bern
Professor Dr. *Paul Kirchhof*, Universität Heidelberg
Professor Dr. *Eckart Klein*, Universität Potsdam
Professor Dr. *Hans Hugo Klein*, Universität Göttingen
Professor Dr. *Andreas Kley*, Universität Zürich
Professor Dr. *Michael Kloepfer*, Humboldt-Universität zu Berlin
Professor Dr. Dr. *Juliane Kokott*, Universität St. Gallen
Professor Dr. Dr. h.c. mult. *Karl Korinek*/Dr. *E. Dujmovits*, Universität Wien
Professor Dr. *Walter Krebs*, Freie Universität Berlin
Professor Dr. *Jörg-Detlef Kühne*, Universität Hannover
Professor Dr. *Giorgio Malinverni*, Universität Genf (Genève)
Professor Dr. Dr. *Detlef Merten*, Deutsche Hochschule Speyer
Professor Dr. *Georg Müller*, Universität Zürich
Professor Dr. Dr. h.c. *Jörg Paul Müller*, Universität Bern
Professor Dr. *Dietrich Murswiek*, Universität Freiburg
Professor Dr. *Fritz Ossenbühl*, Universität Bonn
Professor Dr. Dres. h.c. *Hans-Jürgen Papier*, Universität München

Verfasser

Professor Dr. *Walter Pauly*, Universität Jena
Professor Dr. *Anne Peters*, Universität Basel
Professor Dr. *Bodo Pieroth*, Universität Münster
Professor Dr. *Albrecht Randelzhofer*, Freie Universität Berlin
Professor Dr. *Gerhard Robbers*, Universität Trier
Professor Dr. *Wolfgang Rüfner*, Universität zu Köln
Professor Dr. *Hans Heinrich Rupp*, Universität Mainz
Professor Dr. *Michael Sachs*, Universität zu Köln
Professor Dr. Dr. h.c. mult. *Herbert Schambeck*, Universität Linz
Professor Dr. *Markus Schefer*, Universität Basel
Professor Dr. Dr. h.c. *Eberhard Schmidt-Aßmann*, Universität Heidelberg
Professor Dr. *Edzard Schmidt-Jortzig*, Universität zu Kiel
Professor Dr. *Friedrich E. Schnapp*, Universität Bochum
Professor Dr. Dr. h.c. *Hans-Peter Schneider*, Universität Hannover
Professor Dr. *Rainer J. Schweizer*, Universität St. Gallen
Professor Dr. *Peter Selmer*, Universität Hamburg
Professor Dr. *Karl-Peter Sommermann*, Deutsche Hochschule Speyer
Professor Dr. *Christian Starck*, Universität Göttingen
Professor Dr. *Torsten Stein*, Universität des Saarlandes
Professor Dr. Dr. h.c. mult. *Klaus Stern*, Universität zu Köln
Professor Dr. *Peter J. Tettinger †*, Universität zu Köln
Professor Dr. Dr. h.c. *Daniel Thürer*, Universität Zürich
Professor Dr. *Pierre Tschannen*, Universität Bern
Professor Dr. *Klaus A. Vallender*, Universität St. Gallen
Professor Dr. Dr. h.c. *Wolfgang Graf Vitzthum*, Universität Tübingen
Professor Dr. *Uwe Volkmann*, Universität Mainz
Professor Dr. *Rainer Wahl*, Universität Freiburg
Professor Dr. *Bernhard Waldmann*, Universität Freiburg (Fribourg)
Professor Dr. *Beatrice Weber-Dürler*, Universität Zürich
Professor Dr. *Thomas Würtenberger*, Universität Freiburg
Professor Dr. *Ulrich Zimmerli*, Universität Bern

Abkürzungsverzeichnis

a.A.	anderer Ansicht
aaO.	am angegebenen Ort
AB	Amtliches Bulletin der Bundesversammlung
abgedr.	abgedruckt
ABl.	Amtsblatt der Europäischen Union
Abt.	Abteilung
aBV	alte Bundesverfassung: Bundesverfassung der schweizerischen Eidgenossenschaft vom 29.5.1874 (SR 101)
a.E.	am Ende
a.M.	anderer Meinung; am Main
AG	Aktiengesellschaft
AHVG	Bundesgesetz über die Alters- und Hinterlassenenversicherung vom 20.12.1946 (SR 831.10)
AJP	Aktuelle Juristische Praxis
AK-GG	Kommentar zum Grundgesetz für die Bundesrepublik Deutschland (Reihe Alternativkommentare)
al.	alii (-ae, -a); alinea
allg.	allgemein, -e, -er, -es
Alt.	Alternative
AMRK	Amerikanische Menschenrechtskonvention
amtl.	amtlich, -er, -e, -es
ANAG	Bundesgesetz über Aufenthalt und Niederlassung der Ausländer vom 26.3.1931 (SR 142.20)
Anm.	Anmerkung
AöR	Archiv des öffentlichen Rechts
AR	Appenzell-Ausserrhoden
ARSP	Archiv für Rechts- und Sozialphilosophie
AS	Amtliche Sammlung des Bundesrechts
ASA	Archiv für schweizerisches Abgaberecht
Aufl.	Auflage
AuG	Bundesgesetz über die Ausländerinnen und Ausländer vom 16.12.2005 (BBl 2005, 7365; voraussichtlich in Kraft ab 1.1.2008)
AVEG	Bundesgesetz über die Allgemeinverbindlicherklärung von Gesamtarbeitsverträgen vom 28.9.1956 (SR 221.215.311. 7.)
AVR	Archiv des Völkerrechts
B.	Beschluß
BBl	Bundesblatt der Schweizerischen Eidgenossenschaft
Bd./Bde.	Band/Bände
BE	(Kanton) Bern

Abkürzungsverzeichnis

BehiG	Bundesgesetz über die Beseitigung von Benachteiligungen von Menschen mit Behinderungen vom 13.12.2002 (Behindertengleichstellungsgesetz; SR 151.3)
bes.	besonders
Best.	Bestimmung (-en)
bez.	bezüglich
BG	Bundesgesetz
BGB	Bürgerliches Gesetzbuch
BGBl.	Bundesgesetzblatt
BGBM	Bundesgesetz über den Binnenmarkt vom 6.10.1995 (SR 943.02)
BGE	Amtliche Sammlung der Entscheidungen des Schweizerischen Bundesgerichts
BGer	Bundesgericht
BGFA	Bundesgesetz über die Freizügigkeit der Anwältinnen und Anwälte vom 23.6.2000 (Anwaltsgesetz; SR 935.61. 3)
BGG	Bundesgesetz über das Bundesgericht vom 17.6.2005 (Bundesgerichtsgesetz; BBl. 2005, 4045)
BHO	Bundeshaushaltsordnung
BJM	Basler Juristische Mitteilungen
BL	(Kanton) Basel-Landschaft
BoeB	Bundesgesetz über das öffentliche Beschaffungswesen
Botschaft VE 96	Botschaft des Bundesrates über eine neue Bundesverfassung vom 20.11.1996 (BBl 1997 I, 1)
BPG	Bundespersonalgesetz vom 24.3.2000 (SR 172.220.1)
BPR	Bundesgesetz über die politischen Rechte vom 17.12.1976 (SR 161.1)
BR	Bundesrat
BRB	Beschluss des Bundesrates
BR-Drucks.	Drucksache (-n) des Bundesrates
BS	(Kanton) Basel
BSG	Bernische Systematische Gesetzessammlung; Bundessozialgericht
Bst.	Buchstabe
BStatG	Bundesstatistikgesetz vom 9.10.1992 (SR 431.01)
BStP	Bundesgesetz über die Bundesstrafrechtspflege vom 15.6.1934 (SR 312.0)
BtG	Beamtengesetz vom 30.6.1927 (SR 172.221.10; außer Kraft)
BTJP	Berner Tage für die juristische Praxis
BüG	Bundesgesetz über Erwerb und Verlust des Schweizer Bürgerrechts vom 29.9.1952 (Bürgerrechtsgesetz; SR 141.0)

Abkürzungsverzeichnis

Bull.	Bulletin
BÜPF	Bundesgesetz betr. die Überwachung des Post- und Fernmeldeverkehrs vom 6.10.2000 (SR 780.1)
BV	Bundesverfassung der Schweizerischen Eidgenossenschaft vom 18.4.1999 (SR 101)
BV 1848	Bundesverfassung der Schweizerischen Eidgenossenschaft vom 12.9.1848 (außer Kraft)
BV 1874	Bundesverfassung der Schweizerischen Eidgenossenschaft vom 29.5.1874 (SR 101; außer Kraft)
BVE	Bundesgesetz über die verdeckte Ermittlung vom 20.6.2003 (in Kraft seit 1.1.2005; SR 312.8)
BVerfG	Bundesverfassungsgericht
BVerfGE	Entscheidungen des Bundesverfassungsgerichts
BVerwG	Bundesverwaltungsgericht
BVerwGE	Entscheidungen des Bundesverwaltungsgerichts
B-VG	(österr.) Bundes-Verfassungsgesetz
BWIS	Bundesgesetz über Massnahmen zur Wahrung der inneren Sicherheit vom 21.3.1997 (SR 120)
c.	contra
Cal.L.Rev.	California Law Review
CCPR	Covenant on Civil and Political Rights
CEDH	Cour européenne des Droits de l'Homme
CERD	Internationales Übereinkommen zur Beseitigung jeder Form von Rassendiskriminierung vom 21.12.1965
CETS	Council of Europe Treaty Series
CIOMS	Council for International Organizations of Medical Sciences
Co.	Company
Colum.L.Rev.	Columbia Law Review
Cst.	Constitution
D	Digesten
Diss.	Dissertation
DNA	Desoxyribonukleinsäure
DÖV	Die öffentliche Verwaltung. Zeitschrift für öffentliches Recht und Verwaltungswissenschaft
DR	Decisions and Reports/décisions et rapports (Entscheide der EKMR ab 1975)
DSG	Bundesgesetz über den Datenschutz vom 19.6.1992 (Datenschutzgesetz; SR 235.1)
DVBl.	Deutsches Verwaltungsblatt
E FMG	Entwurf zur Änderung des Fernmeldegesetzes (Schweiz)

Abkürzungsverzeichnis

E	Entscheidung, -en; Entscheidungsband
ebd.	ebenda
éd./ed./eds.	édition, edition, èditeur(s), editor(s)
EFTA	European Free Trade Association (Europäische Freihandelsassoziation)
EG	Einführungsgesetz; Europäische Gemeinschaft (-en); Vertrag zur Gründung der Europäischen Gemeinschaft in der nach dem 1.5.1999 geltenden Fassung
EGMR	Europäischer Gerichtshof für Menschenrechte
EGV	Vertrag zur Gründung der Europäischen Gemeinschaft vom 25.3.1957 in der bis zum 1.5.1999 geltenden Fassung
eidg.	eidgenössisch(-e/-er/-es)
EKMR	Europäische Kommission für Menschenrechte
ELG	Bundesgesetz über Ergänzungsleistungen zur Alters-, Hinterlassenen- und Invalidenversicherung vom 19.3.1965 (SR 831.30)
EMRK	Konvention zum Schutze der Menschenrechte und Grundfreiheiten vom 4.11.1974 (Europäische Menschenrechtskonvention)
endg.	endgültig
EntG	Bundesgesetz über die Enteignung vom 20.6.1930 (SR 711)
epit.	epitomae (*Hermogenianus*, iuris epitomae libri VI)
Erk.	Erkenntnis
Erw.	Erwägung(en)
ETH-Gesetz	Bundesgesetz über die Eidgenössischen Technischen Hochschulen vom 4.10.1991 (SR 414.110)
ETS	European Treaty Series
EU	Europäische Union; Vertrag über die Europäische Union in der nach dem 1.5.1999 geltenden Fassung
EuGH	Gerichtshof der Europäischen Gemeinschaften
EuGRZ	Europäische Grundrechte-Zeitschrift
EUV	Vertrag über die Europäische Union in der bis zum 1.5.1999 geltenden Fassung
EuZW	Europäische Zeitschrift für Wirtschaftsrecht
EVG	Eidgenössisches Versicherungsgericht
EWR	Europäischer Wirtschaftsraum
FA	Freizügigkeitsabkommen
FamPra.ch	Die Praxis des Familienrechts
FG	Festgabe; Bundesgesetz über die Forschung vom 7.10.1983 (Forschungsgesetz; SR. 420.1)
FL	Fürstentum Liechtenstein
FMedG	Fortpflanzungsmedizingesetz vom 18.12.1998 (SR 810.11)

Abkürzungsverzeichnis

FMG	Fernmeldegesetz vom 30.4.1997 (SR 784.10)
FN	Fußnote
FR	(Kanton) Freiburg (Fribourg)
FS	Festschrift
FZA	Abkommen zwischen der Europäischen Gemeinschaft und ihren Mitgliedstaaten einerseits und der Schweizerischen Eidgenossenschaft andererseits über die Freizügigkeit vom 21.6.1999 (Freizügigkeitsabkommen; SR 0.142.112.681)
FZR/RFJ	Freiburger Zeitschrift für Rechtsprechung/Revue fribourgeoise de jurisprudence
G	Gesetz
GAAC	Giurisprudenza delle autorità amministrative della Confederazione (Verwaltungspraxis der Bundesbehörden)
GATS	General Agreement of Trade in Services
GAV	Gesamtarbeitsvertrag
GBl.	Gesetzblatt
GG	Grundgesetz für die Bundesrepublik Deutschland vom 23.5.1949
GK	Große Kammer (des EGMR)
GlG	Bundesgesetz über die Gleichstellung von Frau und Mann vom 24.3.1995 (Gleichstellungsgesetz; SR 151.1)
GmbH	Gesellschaft mit beschränkter Haftung
GR	Die Grundrechte. Handbuch der Theorie und Praxis der Grundrechte, hg. von Karl August Bettermann u.a
GR-Charta	Charta der Grundrechte der Europäischen Union vom 7.12.2000
GS	Gedächtnisschrift
GTG	Gentechnikgesetz
GUMG	Bundesgesetz über genetische Untersuchungen beim Menschen
H.	Heft
Halbbd.	Halbband
Harv.C.R.-C.L.L.Rev.	Harvard Civil Rights – Civil Liberties Law Review
Harv.L.Rev.	Harvard Law Review
Hg./hg.	Herausgeber / herausgegeben
HMG	Bundesgesetz über Arzneimittel und Medizinprodukte vom 15.12.2000 (Heilmittelgesetz; SR 812.21)
HStR	Handbuch des Staatsrechts, 10 Bde., hg. von Josef Isensee und Paul Kirchhof

Abkürzungsverzeichnis

i.c.	in concreto
ICC	International Criminal Court
ICC-Statut	Römer (Römisches) Statut des Internationalen Strafgerichtshofs vom 17.7.1998 (SR 0.312.1)
i.d.F.	in der Fassung
i.e.S.	im engeren Sinne
ILO	International Labour Organization
IMES	Bundesamt für Zuwanderung, Integration und Auswanderung (Ufficio federale dell'immigrazione, dell'integrazione e dell'emigrazione)
IOM	Internationale Organisation für Migration
IPbürgR	Internationaler Pakt über bürgerliche und politische Rechte (*siehe* UNO-Pakt II)
IPRG	Bundesgesetz über das internationale Privatrecht v. 18.12.1978 (SR 291)
IPWSKR	Internationaler Pakt über wirtschaftliche, soziale und kulturelle Rechte (*siehe* UNO-Pakt I)
IRSG	Bundesgesetz über internationale Rechtshilfe in Strafsachen vom 20.3.1981 (Rechtshilfegesetz; SR 351.1)
IVG	Bundesgesetz. über die Invalidenversicherung vom 19.6.1959 (Invalidenversicherungsgesetz; SR 831.20)
i.V.m.	in Verbindung mit
i.w.S.	im weiteren Sinne
JILP	New York University Journal of International Law and Politics
JöR	Jahrbuch des öffentlichen Rechts der Gegenwart
JU	(Kanton) Jura
JuS	Juristische Schulung, Zeitschrift für Studium und Ausbildung
JZ	Juristenzeitung
Kap.	Kapitel
KEG	Kernenergiegesetz
KG	Bundesgesetz über Kartelle und andere Wettbewerbsbeschränkungen vom 6.10.1995 (Kartellgesetz; SR 251)
KGer	Kantonsgericht
KOM	Europäische Kommission
KRK	Übereinkommen über das Recht des Kindes vom 20.11.1989 (SR 0.107)
KSZE	Konferenz für die Sicherheit und Zusammenarbeit in Europa
KV	Kantonsverfassung

Abkürzungsverzeichnis

LeGes	Mitteilungsblatt der Schweizerischen Gesellschaft für Gesetzgebung (SGG) und der Schweizerischen Evaluationsgesellschaft (SEVAL)
LES	Amtliche Liechtensteinische Entscheidungssammlung
LGBl.	Gesetzblatt Fürstentum Liechtenstein
lit.	littera
LitVerz.	Literaturverzeichnis
LJZ	Liechtensteinische Juristen-Zeitung
Losebl.	Loseblattsammlung/-werk
LPS	Liechtenstein Politische Schriften
Ls.	Leitsatz
LU	(Kanton) Luzern
m.a.W.	mit anderen Worten
MEDAS	Abklärungsstelle der Invalidenversicherung
medialex	Zeitschrift für Kommunikationsrecht
MSchG	Bundesgesetz über den Schutz von Marken und Herkunftsangaben vom 28.8.1992 (Markenschutzgesetz; SR 232.11)
MStG	Militärstrafgesetz vom 13.6.1927 (SR 321.0)
m.w.H.	mit weiteren Hinweisen
m.w.N.	mit weiteren Nachweisen
N	Nationalrat
N.	Nachweis, -e; Note
ND	Neudruck, Nachdruck
NE	(Kanton) Neuenburg (Neuchâtel)
NF	Neue Folge
NJW	Neue Juristische Wochenschrift
NPM	New Public Management
NR	Nationalrat
NVwZ	Neue Zeitschrift für Verwaltungsrecht
OG	Bundesgesetz über die Organisation der Bundesrechtspflege vom 16.12.1943 (Bundesrechtspflegegesetz; SR 173.110)
ÖJZ	Österreichische Juristenzeitung (1946 ff.)
OR	Obligationenrecht
OSZE	Organisation für Sicherheit und Zusammenarbeit in Europa
OW	(Kanton) Obwalden
ParlG	Bundesgesetz über die Bundesversammlung vom 13.12.2002 (Parlamentsgesetz; SR 171.10)
PartG	Bundesgesetz über die eingetragene Partnerschaft gleichgeschlechtlicher Paare vom 18.6.2004 (Partnerschaftsgesetz; SR 211.231)

Abkürzungsverzeichnis

PatG	Bundesgesetz über die Erfindungspatente vom 25.6.1954 (Patentgesetz; SR 232.14)
phil.	philosophisch
pläd	plädoyer – Das Magazin für Recht und Politik
Pra	Die Praxis des Bundesgerichts
Prot.	Protokoll
PTT	Post, Telefon, Telegrafie
RDAT	Rivista di diritto amministrativo e tributario ticinese
RDS	Revue de droit suisse (*siehe* ZSR)
Rec.	record; Recueil des arrêts et décisions
recht	recht – Zeitschrift für juristische Ausbildung und Praxis
Rep.	Reports (of Judgments and Decisions)
resp.	respektive
RIDC	Revue internationale de droit comparé
RN	Randnummer
RPG	Bundesgesetz über die Raumplanung vom 22.6.1979 (SR 700)
Rs.	Rechtssache
RS/GE	Recueil systématique de la législation genevoise
Rspr.	Rechtsprechung
RTDH	Revue trimestrielle des droits de l'homme
RTVG	Bundesgesetz über Radio und Fernsehen vom 21.6.1991 (SR 784.40); Bundesgesetz über Radio und Fernsehen vom 24.3.2006 (Ablauf der Referendumsfrist am 13.7.2006; SR 784.40)
RUDH	Revue Universelle des Droits des l homme
RVOG	Regierungs- und Verwaltungsorganisationsgesetz vom 21.3.1997 (SR 172.010)
S	Ständerat
S.	Seite(n)
s.a.	siehe auch
SA	Société anonyme
SBB	Schweizerische Bundesbahnen
S.Cal.L.Rev.	Southern California Law Review
SchKG	Bundesgesetz über Schuldbetreibung und Konkurs vom 11.4.1889 (SR 281.1)
SchlTZGB	Schlusstitel Schweizerisches Zivilgesetzbuch
scil.	scilicet
SDA	Schweizerische Depeschenagentur (sda)
SG	(Kanton) St. Gallen
SGG	Bundesgesetz über das Bundesstrafgericht
sGS	systematische Gesetzessammlung des Kantons St. Gallen

Abkürzungsverzeichnis

SJZ	Schweizerische Juristen-Zeitung; Süddeutsche Juristenzeitung
Slg.	Sammlung
SO	(Kanton) Solothurn
SR	Systematische Sammlung des Bundesrechts/Systematische Rechtssammlung
SRG	Schweizerische Radio- und Fernsehgesellschaft
SSR	Société suisse de radiodiffusion et télévision
SStG	Gesetz über das Sonderstatut des Berner Juras und über die französischsprachige Minderheit des zweisprachigen Amtsbezirks Biel vom 13.9.2004 (Sonderstatutsgesetz; BSG 102.1)
ST	Der Schweizer Treuhänder
StFG	Bundesgesetz über die Forschung an embryonalen Stammzellen vom 19.12.2003 (Stammzellenforschungsgesetz; SR 810.31)
StGB	Strafgesetzbuch
StGH	Staatsgerichtshof
StHG	Bundesgesetz über die Harmonisierung der direkten Steuern der Kantone und Gemeinden vom 14.12.1990 (Steuerharmonisierungsgesetz, SR 642.14)
StPO	Strafprozeßordnung
StR	Ständerat
st. Rspr.	ständige Rechtsprechung
StSG	Strahlenschutzgesetz vom 22.3.1991 (SR 814.50)
SUG	Bundesgesetz über Finanzhilfen und Abgeltungen vom 5.10.1990 (SR 616.1)
SZIER	Schweizerische Zeitschrift für internationales und europäisches Recht/Revue suisse de droit international et de droit Européen
SZS	Schweizerische Zeitschrift für Sozialversicherung und berufliche Vorsorge
Teilbd.	Teilband
TG	Bundesgesetz über den Transport im öffentlichen Verkehr vom 4.10.1985 (Transportgesetz; SR 742.40)
U.S. / US(A)	United States (of America)
UEK	Unabhängige Expertenkommission Schweiz – Zweiter Weltkrieg
UK	United Kingdom
UKHL	United Kingdom Parliament: The House of Lords
UN Doc	United Nations, Official Documents
UN	United Nations

Abkürzungsverzeichnis

UNHCR	United Nations High Commissioner for Refugees/ Hochkommissariat der Vereinten Nationen für Flüchtlinge
UNO	United Nations Organisation/Organisation der Vereinten Nationen
UNO-MRA	UNO-Menschenrechtsausschuß
UNO-Pakt I	Internationaler Pakt über wirtschaftliche, soziale und kulturelle Rechte vom 16.12.1966 (*siehe* IPWSKR; SR 0.103.1)
UNO-Pakt II	Internationaler Pakt über bürgerliche und politische Rechte vom 16.12.1966 (*siehe* IPbürgR; SR 0.103.2)
UR	Untersuchungsrichter/-in
URG	Bundesgesetz über das Urheberrecht und verwandte Schutzrechte vom 9.10.1992 (Urheberrechtsgesetz; SR 231.1)
Urt.	Urteil
USG	Bundesgesetz über den Umweltschutz vom 7.10.1983 (Umweltschutzgesetz; SR 814.01)
UVEK	Eidgenössisches Departement für Umwelt, Verkehr, Energie und Kommunikation
UWG	Bundesgesetz gegen den unlauteren Wettbewerb vom 19.12.1986 (SR 241)
v.	versus; von, vom
VD	(Kanton) Vaud (Waadt)
VE	Verfassungsentwurf (Entwurf zur BV vom 18.4.1999)
VE 96	Verfassungsentwurf des Bundesrates vom 20.11.1996 (BBl 1997 I, 1)
VEB	Verwaltungsentscheide der Bundesbehörden (bis 1962/1963)
Verf.	Verfasser; Verfassung
VE-StPO	Bundesamt für Justiz, Vorentwurf zu einer Schweizerischen Strafprozessordnung 2001
VE VK (NR) 1997	Verfassungsentwurf der Verfassungskommission des Nationalrates von 1997
VE VK (StR) 1997	Verfassungsentwurf der Verfassungskommission des Staatsrates von 1997
VGG	Bundesgesetz über das Bundesverwaltungsgericht vom 17.6.2005 (Verwaltungsgerichtsgesetz; SR 173.32)
VK (NR)	Verfassungskommission des Nationalrates
VKlin	Verordnung über klinische Versuche mit Heilmitteln vom 17.10.2001 (SR 812.214.2)
VKU	Verordnung über die Kontrolle von Unternehmenszusammenschlüssen vom 17.6.1996 (SR 251.4)
VO	Verordnung

Abkürzungsverzeichnis

vol./Vol.	Volume
Vorbem.	Vorbemerkung, -en
VPB, VPB/JAAC	Verwaltungspraxis der Bundesbehörden
VVDStRL	Veröffentlichungen der Vereinigung der Deutschen Staatsrechtslehrer
VVG	Bundesgesetz über den Versicherungsvertrag vom 2.4.1908 (Versicherungsvertragsgesetz; SR 221.229.1)
VwVG	Bundesgesetz über das Verwaltungsverfahren vom 20.12.1968 (SR 172.021)
w.H.	weitere Hinweise
WTO	World Trade Organization
ZaöRV	Zeitschrift für ausländisches öffentliches Recht und Völkerrecht
ZBGR	Schweizerische Zeitschrift für Beurkundungs- und Grundbuchrecht
ZBJV	Zeitschrift des Bernischen Juristenvereins
ZBl	Schweizerisches Zentralblatt für Staats- und Verwaltungsrecht (bis 1988: Schweizerisches Zentralblatt für Staats- und Gemeindeverwaltung)
ZDG	Bundesgesetz über den zivilen Ersatzdienst vom 6.10.1995 (Zivildienstgesetz; SR 824.0)
ZE	Zulässigkeitsentscheid
ZGB	Schweizerisches Zivilgesetzbuch vom 10.12.1907 (SR 210)
ZH	(Kanton) Zürich
Ziff.	Ziffer
zit.	zitiert
ZÖR	Zeitschrift für öffentliches Recht
ZP	Zusatzprotokoll
ZR	Blätter für Zürcherische Rechtsprechung
ZSG	Bundesgesetz über den Bevölkerungsschutz und den Zivilschutz vom 4.10.2002 (Bevölkerungs- und Zivilschutzgesetz; SR 520)
zsis	Zeitschrift für Schweizerisches und Internationales Steuerrecht
ZSR	Zeitschrift für Schweizerisches Recht
ZStrR	Schweizerische Zeitschrift für Strafrecht
ZUG	Bundesgesetz über die Zuständigkeit für die Unterstützung Bedürftiger vom 24.6.1977 (Zuständigkeitsgesetz; SR 851.1)

Literaturverzeichnis
(Nachweis häufig zitierter Werke)

Alternativkommentar zum Grundgesetz	siehe *Denninger, Erhard* u.a. (Hg.).
Aubert, Jean-François	Bundesstaatsrecht der Schweiz, Fassung von 1967; Bd. I: neubearbeiteter Nachtrag (bis 1990), 1991; Bd. II: neubearbeiteter Nachtrag (bis 1994), 1995.
Aubert, Jean-François/ Eichenberger, Kurt/ Müller, Jörg Paul/ Rhinow, René A./ Schindler, Dietrich (Hg.)	Kommentar zur Bundesverfassung der Schweizerischen Eidgenossenschaft vom 29. Mai 1874/Commentaire de la Constitution fédérale v. 29.5.1874, 1987 ff. (Stand 1996).
Aubert, Jean-François/ Mahon, Pascal	Petit commentaire de la Constitution fédérale de la Conféderation suisse du 18 avril 1999, 2003.
Auer, Andreas/ Malinverni, Giorgio/ Hottelier, Michel	Droit constitutionnel suisse, ^{2}2006, Bd. I: L'Etat; Bd. II: Les droits fondamentaux.
Berliner Kommentar zum Grundgesetz	siehe *Friauf, Karl Heinrich* u.a. (Hg.).
Bettermann, Karl August/ Neumann, Franz L./ Nipperdey, Hans Carl/ Scheuner, Ulrich	Die Grundrechte, Bd. I, Halbbd. 1, 1966; Bd. I, Halbbd. 2, 1967; Bd. II, 1954; Bd. III, Halbbd. 1, 1958; Bd. III, Halbbd. 2, 1959; Bd. IV, Halbbd. 1, 1960; Bd. IV, Halbbd. 2, 1962.
Denninger, Erhard/ Hoffmann-Riem, Wolfgang/ Schneider, Hans-Peter/ Stein, Ekkehart (Hg.)	Kommentar zum Grundgesetz für die Bundesrepublik Deutschland (AK-GG), Loseblattwerk, Stand: 2002.
Die Grundrechte (GR)	siehe *Bettermann, Karl August* u.a. (Hg.).
Dreier, Horst	Grundgesetz, Bd. I (Präambel, Art. 1–19) ^{2}2004; Bd. II (Art. 20–82), ^{2}2006; Bd. III (Art. 83–146), 2000.
Ehlers, Dirk (Hg.)	Europäische Grundrechte und Grundfreiheiten, ^{2}2005.
Ehrenzeller, Bernhard/ Mastronardi, Philippe/ Schweizer, Rainer J./ Vallender, Klaus A. (Hg.)	Die schweizerische Bundesverfassung (St. Galler Kommentar), 2002; ^{2}2007 (Die Zitierung der 2. Aufl. wird als solche gekennzeichnet).

Literaturverzeichnis

Ehrenzeller, Bernhard/ Rainer J. Schweizer (Hg.)	Die Reorganisation der Bundesrechtspflege – Neuerungen und Auswirkungen in der Praxis, 2006.
Friauf, Karl Heinrich/ Höfling, Wolfram (Hg.)	Berliner Kommentar zum Grundgesetz (Loseblattwerk).
Frowein, Jochen Abr./ Peukert, Wolfgang	EMRK-Kommentar, ^{2}1996.
Gauch, Peter/ Thürer, Daniel	Die neue Bundesverfassung. Analysen, Erfahrungen, Ausblick, 2002.
Golsong, Heribert/ Karl, Wolfram/ Miehsler, Herbert (Hg.)	Internationaler Kommentar zur Europäischen Menschenrechtskonvention, 1986 ff. (Loseblattwerk).
Grabenwarter, Christoph	Europäische Menschenrechtskonvention, ^{2}2005.
Häfelin, Ulrich/ Haller, Walter	Schweizerisches Bundesstaatsrecht, ^{6}2005.
Häfelin, Ulrich/ Haller, Walter/ Keller, Helen	Bundesgericht und Verfassungsgerichtsbarkeit nach der Justizreform, Supplement zur 6. Auflage des „Schweizerischen Bundesstaatsrechts", 2006.
Heselhaus, Sebastian/ Nowak, Carsten (Hg.)	Handbuch der europäischen Grundrechte, 2006.
Hesse, Konrad	Grundzüge des Verfassungsrechts der Bundesrepublik Deutschland, ^{20}1995 (ND 1999).
Isensee, Josef/ Kirchhof, Paul (Hg.)	Handbuch des Staatsrechts, Bd. I, ^{3}2003; Bd. II, ^{3}2004; Bd. III, ^{3}2005; Bd. IV, ^{2}1999; Bd. V, ^{2}2001; Bd. VI, ^{2}2002; Bd. VII, 1993; Bd. VIII, 1995; Bd. IX, 1997; Bd. X, 2000.
Jarass, Hans Dieter/ Pieroth, Bodo	Grundgesetz für die Bundesrepublik Deutschland, ^{9}2007.
Kälin, Walter/ Malinverni, Giorgio/ Nowak, Manfred	Die Schweiz und die UNO-Menschenrechtspakte, ^{2}1997.
Kiener, Regina/ Kälin, Walter	Grundrechte, 2007.
Mangoldt, Hermann von/ Klein, Friedrich/ Starck, Christian (Hg.)	Das Bonner Grundgesetz, Kommentar, Bd. I (Präambel, Art. 1–19), ^{5}2005; Bd. II (Art. 20–82) ^{5}2005; Bd. III (Art. 83–146), ^{5}2006.

Literaturverzeichnis

Maunz, Theodor/ Dürig, Günter (Hg.)	Grundgesetz (Loseblattwerk).
Meyer-Ladewig, Jens	Europäische Menschenrechtskonvention. Kommentar, ^{2}2006.
Müller, Jörg Paul	Grundrechte in der Schweiz, im Rahmen der Bundesverfassung von 1999, der UNO-Pakte und der Europäischen Menschenrechtskonvention, ^{3}1999.
Pieroth, Bodo/ Schlink, Bernhard	Grundrechte. Staatsrecht II, ^{22}2006.
Rhinow, René A.	Die Bundesverfassung 2000. Eine Einführung, 2000.
ders.	Grundzüge des Schweizerischen Verfassungsrechts, 2003.
Sachs, Michael (Hg.)	Grundgesetz, Kommentar, ^{4}2007.
Schefer, Markus	Die Kerngehalte von Grundrechten: Geltung, Dogmatik und inhaltliche Ausgestaltung, 2001.
ders.	Grundrechte in der Schweiz. Ergänzungsband zur dritten Auflage des gleichnamigen Werks von Jörg Paul Müller, 2005.
St. Galler Kommentar zur Bundesverfassung	siehe *Ehrenzeller, Bernhard* u. a. (Hg.). St. Galler Kommentar usw.
Stern, Klaus	Das Staatsrecht der Bundesrepublik Deutschland, Bd. I, ^{2}1984; Bd. II, 1980; Bd. III, Halbbd. 1, 1988; Bd. III, Halbbd. 2, 1994; Bd. IV, Halbbd. 1, 2006; Bd. V, 2000.
Thürer, Daniel/ Aubert, Jean-François/ Müller, Jörg Paul (Hg.)	Verfassungsrecht der Schweiz/Droit constitutionnel suisse, 2001.
Tschannen, Pierre	Staatsrecht der Schweizerischen Eidgenossenschaft, 2004.
Villiger, Mark E.	Handbuch der Europäischen Menschenrechtskonvention (EMRK), ^{2}1999.

Vierzehnter Teil
Die Grundrechte in der Schweiz

I. Allgemeiner Teil

1. Geschichtliche Entwicklung und Grundlagen

§ 202
Geschichtliche Grundlagen, Zielsetzung und Funktionen der Grundrechte

Jörg Paul Müller

Übersicht

	RN
A. Vom Grund der Menschenrechte: Würde jedes Einzelnen	1–17
I. Menschenrechte als geschichtlich errungenes und für die Zukunft aufgegebenes Kulturgut der Menschheit	2–3
II. Das Konzept der Menschenwürde	4–7
III. Exemplarische Deutung von Menschenwürde und Menschenrechten in der Philosophie Kants	8–12
IV. Der Schritt von der Menschenwürde zu den Grundrechten	13–16
V. Menschenwürde und Menschenrechte in der BV	17
B. Besonderheiten des Grundrechtsschutzes in der Schweiz	18–40
I. Verfassungsmäßige Rechte statt Grundrechte	18–20
II. Hat der Vorrang des Begriffs des verfassungsmäßigen Rechts vor demjenigen des Grundrechts einen tieferen Sinn?	21–25
1. Verfassung als „instrument of government"	21
2. Demokratische Legitimation der Grundrechte	22–25
III. Die erstaunliche Tradition ungeschriebener Grundrechte	26–27
IV. Der Einbruch der EMRK ins schweizerische Verfassungssystem	28–30
V. Synergien zwischen der demokratischen Tradition und der Grundrechtstradition	31–36
VI. Beispielhafte Konvergenz liberaler und demokratischer Grundrechtsgehalte in der Stimmfreiheit des Art. 34 BV	37
VII. Einfluß der gemeinsamen Sicht von liberalen und politischen Grundrechten auf die Grundrechtsdogmatik	38–40
C. Einordnung und Schwerpunkte der Grundrechte in der BV	41–55
I. Zur Entstehung des Grundrechtskatalogs	41
II. Die Grundrechte im Lichte von Präambel und Einleitungsartikeln	42–46
1. Die Präambel	43
2. Art. 1 bis 3 BV: Definition und Zweck der Eidgenossenschaft	44
3. Art. 5 BV: Allgemeine Grundsätze staatlichen Handelns	45
4. Art. 6 BV: Eigenverantwortung und Sozialziele	46
III. Gibt es eine Hierarchie innerhalb der Grundrechte der Bundesverfassung?	47–49
IV. Hauptstränge der Grundrechtsentwicklung (Zusammenfassung)	50–55
D. Bibliographie	

A. Vom Grund der Menschenrechte: Würde jedes Einzelnen

1
Elementarer menschlicher Achtungs- und Schutzanspruch

Grundrechte bringen in der Verfassung zum Ausdruck, daß in einer humanen Gesellschaft jeder Mensch vom anderen Achtung fordern darf, und dies ganz besonders, wenn bestimmte sensible Bereiche des physischen und psychischen Daseins betroffen sind. Darüber hinaus sind Schutz, Zuwendung oder Hilfe geboten, wenn solche Zonen bedroht, gefährdet oder verletzt sind. Diesen elementaren menschlichen Achtungs- und Schutzanspruch hat in der abendländischen Philosophie wohl am treffendsten und nachhaltigsten *Immanuel Kant* mit dem Begriff der Menschenwürde umschrieben[1].

I. Menschenrechte als geschichtlich errungenes und für die Zukunft aufgegebenes Kulturgut der Menschheit

2
Geschichtliche Antwort auf geschichtliche Unheilerfahrung

Universalität der Menschenrechte

Nun sind aber die Menschen- und Grundrechte gerade nicht *einer* Weltanschauung, Philosophie oder Kultur zuzuordnen, sondern als ein Wissen sui generis zu sehen, das ein konkretes und im wesentlichen in der Neuzeit ausformuliertes Kulturgut der Menschheit darstellt, eine durch historische Erfahrungen (wie Kolonialismus, Sklaverei und ideologisch fundierten Totalitarismus) im weltweiten Raum leidvoll erworbene Erkenntnis. Sie ist nicht unabhängig von Raum und Zeit, sondern Antwort auf geschichtliche Unheilerfahrung. Bei den nach dem Zweiten Weltkrieg im globalen Bereich als Rechtsansprüche sich langsam durchsetzenden Menschenrechten[2] geht es nicht mehr um Rechte von Bürgern, sondern von Menschen, nicht mehr um Gewährleistungen von Staaten, sondern um universelle Erklärungen von Rechten, die ein Mensch um seines Menschseins willen gegen jeden andern geltend machen kann und die er selbst gegenüber jedem anderen einlösen muß. Die Verfolgung, das Leiden, die Knechtschaft, die Demütigungen, die Unterdrückungen, gegen die Menschenrechte als Aufschrei formuliert wurden, haben alle Kulturen geteilt, und die Wurzeln, auf denen diese Rechte gewachsen sind, reichen von der Gewaltlosigkeit eines *Mahatma Gandhi* über die Widerstandskraft der Sufis bis zu atheistischen Skeptikern und christlichen Kirchen.

---

1 *Immanuel Kant*, Metaphysik der Sitten, 2. Teil I § 1 (1797): „Allein der Mensch [...] ist über allen Preis erhaben; denn als ein solcher ist er nicht bloß als Mittel zu anderen [...] Zwecken, sondern als Zweck an sich selbst zu schätzen, das heißt, er besitzt eine Würde (einen absoluten inneren Wert), wodurch er allen anderen vernünftigen Weltwesen Achtung für sich abnötigt" (*Kant*, Metaphysik der Sitten, Akademie-Ausgabe, S. 434 f.). Zu den entsprechenden Schutz- und Hilfepflichten s. z.B. Metaphysik der Sitten, Zweiter Teil, § 29–31, in Gegenüberstellung zur Liebespflicht in § 26 um die Pflicht des Staates, für die Armen zu sorgen, und zwar durch (allgemeine) Steuern und nicht nur durch private Einrichtungen: *Kant*, Rechtslehre, 2. Teil, Allgemeine Anmerkung C, nach § 49, Akademie-Ausgabe, S. 325–327. Weitere Belege bei *Jörg Paul Müller*, Demokratische Verfassung, 2002, S. 26–29.
2 Siehe die eindrückliche Darstellung bei *A.W. Brian Simpson*, Human Rights and the End of Empire, Oxford, 2001.

Die heute in Deklarationen und Konventionen aufgelisteten Einzelrechte sind nicht *die* Menschenrechte, sondern vorläufiges Ergebnis eines Prozesses auch zukunftsgerichteten globalen Denkens, das nicht von bestehenden Kodifizierungen, dominanten Rechtssystemen oder bestehenden Repräsentationsverhältnissen (auch nicht im Rahmen der Vereinten Nationen, ihres Sicherheits- oder Menschenrechtsrates) im weltweiten Raum, geschweige denn von kontinental definierten Gruppen abschließend in Beschlag genommen werden kann. Menschenrechte nähren sich aus einem moralischen Empfinden und einem Rechtsbewußtsein vieler Kulturen, ja sie stellen gewissermaßen die Koexistenzregeln in einer pluralistischen Welt mit ihren vielen konkurrierenden Wahrheitsansprüchen, Erkenntnismethoden und Glaubenswahrheiten dar. Sie müssen in der globalen Weltgemeinschaft immer wieder neuen Konsens finden und im Hinblick auf neue Bedrohungen weitergebildet werden.

3
Koexistenzregeln in einer pluralistischen Welt

II. Das Konzept der Menschenwürde

So wenig es *die* Menschenrechte als absolute Größe gibt, so wenig existiert Menschenwürde als solche, als begrifflich faßbare Norm, mit der sich das Wesentliche des Menschen einfangen und aus der sich Lösungen z. B. für die komplexen Fragen des Umgangs mit neuen Technologien in der Humanmedizin deduzieren ließen. Menschenwürde gewinnt ihre Konturen in der Lebenspraxis einander in ihrer Würde respektierender Menschen, in der Anerkennung, im Geltenlassen der Einmaligkeit und jeweiligen Besonderheit menschlicher Existenz. Sie ist in ihrer normativen Dynamik ein nie objektiv – außerhalb der sie anerkennenden Menschen – gesicherter materieller Gehalt, sondern vielmehr Ergebnis eines stets zu erneuernden Reflexions- und Kommunikationsprozesses, in dem jeder das Selbstwertempfinden, wie er es für die eigene Person sinn- und identitätsstiftend erlebt, auch den je anderen zubilligt, bei ihnen respektiert und schließlich auch mit juristischen Folgen gelten läßt.

4
Konkretisierung in der Lebenspraxis

Menschenwürde als Kernbereich unseres Selbst- und Werterlebens entzieht sich in der Offenheit ihrer Erscheinungsformen einer positiven Festlegung. Ihr Gehalt erschließt sich uns vor allem in ihrer Negation, das heißt in Akten der Verletzung, der Erniedrigung, der Diskriminierung, der Schikane, der Beleidigung. Diese Erfahrung der Verletzbarkeit eigener Integrität ist fruchtbar zu machen für die Wahrnehmung fremden Leidens, für Beeinträchtigungen des Grundbedürfnisses nach Unverletztheit der elementaren Geltungsansprüche anderer, deren Anerkennung letztlich Grundrechtspositionen konstituiert. Was z. B. erniedrigende Behandlung im Sinne des Art. 10 Abs. 3 BV ist, bestimmt sich in konkreter Situation durch Menschen, für die eine solche Demütigung vor dem Hintergrund selbst beanspruchter Würde emotional und kognitiv nachvollziehbar ist[3].

5
Erfahrung der Verletzbarkeit eigener Integrität

---

3 → Unten *Haller*, Menschenwürde, Recht auf Leben und persönliche Freiheit, § 209.

6
Grundrechtsschutz

Erniedrigung und Entwürdigung werden zunächst durch Menschen faktisch erlitten oder erfahren – emotional, sinnlich, kognitiv –, sodann artikuliert oder durch andere empathisch wahrgenommen und als nicht hinnehmbar angeklagt. Erst in solchen kommunikativen Prozessen und Protesten gewinnt die Entwürdigung ihre juristisch greifbare Relevanz und wird nun Faktor der Konkretisierung, Bestätigung, Fortbildung oder Erweiterung eines rechtlich faßbaren (justitiablen) Tatbestands der Menschenwürdeverletzung.

7
Konturen aus der Unrechtserfahrung

Daß Menschenrechte ihre Konturen erst in geschichtlichen Prozessen der Reaktion auf erfahrene Entwürdigung gewinnen, läßt sich auch im größeren Erfahrungszusammenhang verfolgen: Seine berühmte Formel vom gesetzlichen Unrecht hat *Gustav Radbruch* aufgrund unmittelbarer Erfahrung nationalsozialistischer Gesetzgebung geprägt, die ganze Menschengruppen als Untermenschen behandelte und ihnen die Menschenrechte versagte[4]. Ähnlich dieser individuell-philosophischen Einsicht kann man in der UNO-Menschenrechtserklärung von 1948 in einem kollektiv-weltweiten Rahmen eine Reaktion auf Wahrnehmung und Bewußtwerden der Unrechts- und Leidenserfahrung des Dritten Reichs, von Kolonialismus und Kriegselend erblicken[5].

III. Exemplarische Deutung von Menschenwürde und Menschenrechten in der Philosophie Kants

8
Mitgestaltung des Rechts als demokratische Grundregel

Die Würde im Sinne *Kants* verbietet, daß einer den andern verletzt. Sie setzt jeder Fremdbestimmung aus dem Gedanken der Autonomie des Einzelnen Schranken und begründet die demokratische Grundregel, daß jeder als vernünftiges Wesen im Recht nicht nur Unterworfener, sondern auch Mitgestalter der für alle verbindlichen Ordnung sei, oder in den Worten von *Kants* Rechtslehre, daß er „keinem anderen Gesetz zu gehorchen (habe), als zu welchem er seine Beistimmung gegeben hat"[6].

9
Punktuelle Forderungen der Menschenwürde

Kant hat nie einen detaillierten Menschenrechtskatalog[7] aufgestellt, obwohl ihm etwa die französische Erklärung von 1789 bekannt war, sondern er hat punktuell die Forderungen der Menschenwürde für das soziale Leben und die Staats- und Rechtsordnungen im besonderen genannt: das Recht auf die Feder auch als Form des Widerstands gegen überbordende Herrschaft, das

---

4 *Gustav Radbruch*, Rechtsphilosophie, ^{8}1973, S. 346. Zur Grundrechtstheorie des Nationalsozialismus → Bd. I: *Pauly*, Grundrechtstheorien in der Zeit des Nationalsozialismus und Faschismus, § 14.
5 Eine originelle Analyse der Erarbeitung der UNO-Menschenrechtsdeklaration von 1948 findet sich bei *Elisabeth Ehrensperger*, Die Allgemeine Erklärung der Menschenrechte als Modellfall der Deliberation, 2006.
6 *Immanuel Kant*, Metaphysik der Sitten, Akademie-Ausgabe, S. 314.
7 Der erste umfassende Katalog von Grundrechten findet sich in der Virginia Declaration of Rights von 1776. Sie hat die Unabhängigkeitserklärung der USA beeinflußt und andere nachfolgende US-amerikanische Erklärungen sowie auch die französische Déclaration von 1789. Verfasser der Virginia Bill of Rights war *George Mason*, der sich auch auf Bundesebene für eine Bill of Rights eingesetzt hat, zunächst im Rahmen der Verfassung von 1787 vergeblich, weshalb er auch gegen diese stimmte, nachher allerdings mit Erfolg in den Amendments von 1791.

Recht auf Selbstbestimmung im Sinne des Verbots, andere Menschen zu besitzen, und als Teilhabe des Staatsbürgers an den Entscheidungen des Gemeinwesens[8].

Die Kristallisation des Menschenwürde-Gedankens in der Philosophie der Neuzeit mit klaren Konsequenzen für Recht und Staat ist nicht eine exklusive Sphäre *Kant*schen Denkens. Lange vor ihm finden sich Ansätze dazu in Griechenland, im Christentum, in der Stoa, wie dies schon vielfach dargestellt wurde. Ich möchte aber die Meinung vertreten, daß kein anderer Philosoph unseres Kulturkreises so konsequent und radikal, zutiefst philosophisch argumentierend und doch juristisch faßbar, sowohl dem Alltagshandeln als auch der Politik Richtung gebend, Ablehnung und Kritik formuliert hat gegen die unermeßlichen Menschenrechtsverletzungen der von *Kant* überblickbaren Jahrhunderte der Sklaverei und der Exzesse des Kolonialismus, der Despotie und der Intoleranz. Aber *Kant* wurde kaum gehört angesichts der vor und nach ihm grassierenden kolonialen Eroberungen und Unterwerfungen, und zur Zeit der nationalistischen Katastrophe war seine politisch-ethische Stimme fast stumm geworden, die Bedeutung seines Werks wurde vielfach auf die einer eher formalen Erkenntnistheorie zurückgestuft[9].

10
Frühe Ausprägungen des Menschenwürde-Gedankens

Die materialen Gesichtspunkte der Absage *Kant*s an Knechtschaft, Menschenverachtung und Gewalt in den zwischenmenschlichen Beziehungen hatte man im geistigen Leben Europas des 19. Jahrhunderts, in der Rechtslehre und in der politischen Philosophie verharmlost, gering geschätzt oder verkannt. *Kant*s kosmopolitische Philosophie stand im 19. Jahrhundert auch im Schatten oder doch in Konkurrenz zu fast mit theologischem Anspruch auftretenden Philosophien, die Staat und Nation (und nicht das nach Rechtsregeln versammelte Volk, das *Jean Jacques Rousseau* im Sinne hatte[10],) geistig überhöhten und verherrlichten. Man darf auch sagen, daß nicht die Fachphilosophie, sondern am ehesten *Friedrich von Schiller* das philosophisch-politische Werk auf literarischer Ebene verbreitet hat, nicht zuletzt durch sein Schauspiel Wilhelm Tell, das die Schweizer gern als ihren Nationalmythos verstanden wissen wollen.

11
Überhöhung von Staat und Nation

Wenn hier *Kant* als wesentlicher Bezugspunkt für die Begründung der Menschenrechte, wie sie auch für die Schweiz Grundlage allen Grundrechtsschutzes sind, genannt wird, geschieht dies auch darum, weil bei ihm englische Philosophie (vor allem *John Locke*, der späte *David Hume*). französisches politisches Denken (*Baron Charles de Montesquieu, Rousseau*) und deutsche Naturrechtslehre (*Thomasius*) – vielleicht auch schweizerisches genossen-

12
Grundgedanke des Weltbürgerrechts

---

8 Einzelbelege finden sich bei *Jörg Paul Müller*, Der politische Mensch – menschliche Politik, Demokratie und Menschenrechte im staatlichen und globalen Kontext, 1999, S. 197 FN 26.
9 Diese Tendenz ist auch heute nicht ganz überwunden. Statt vieler: *Schwemmer*, in: Jürgen Mittelstraß (Hg.), Enzyklopädie Philosophie und Wissenschaftstheorie, Bd. II, 1984, S. 357: Das Interesse *Kant*s an der Lebenswelt stelle eine Grundorientierung seiner Philosophie dar, „die durch die häufige Konzentration auf die formale Untersuchung der Vernunftprinzipien leicht verdeckt wird"; siehe aaO. auch den Artikel „Neukantianismus".
10 In diesem rechtmäßig versammelten Volk ist für *Rousseau*, Contrat social, Drittes Buch, 14. Kapitel, „die Person des letzten Bürgers genau so unverletzlich und geheiligt wie die des höchsten Beamten".

schaftliches Denken durch die Vermittlung von *Rousseau*[11] – in eindrücklicher Weise ineinander übergingen. *Kant* war mit der globalen Dimension allen ethischen und rechtlichen Denkens, konkret mit dem alles durchdringenden Gedanken des Weltbürgerrechts[12], seiner Zeit oder sogar unserem – auf privilegierende und somit ausgrenzende Bürgerrechte fixierten – Denken voraus. Wäre die politische Dimension und Intention in *Kant*s Denken nicht immer wieder ausgeblendet worden, hätte sein Werk – jedenfalls im philosophischen und juristischen Diskurs – den Exzessen nationalistischen Denkens in Europa, vielleicht auch dem totalitären Sozialismus in Europa stärkeren Widerstand entgegensetzen können.

IV. Der Schritt von der Menschenwürde zu den Grundrechten

13
Menschenwürde als Kerngehalt der Grundrechte

Das Verständnis der Menschenwürde als Kern und Ausgangspunkt der Menschenrechte ist auch darum verfassungsrechtlich von großer Bedeutung, weil es Ausgangspunkt der Unterscheidung von Menschenrechten und Grundrechten der Verfassung ist und weil das Konzept der Menschenwürde auch praktisch für die Bestimmung des unveräußerlichen, unverzichtbaren und unantastbaren Kerngehalts von Grundrechten maßgeblich ist. *Grundrechte* sind *von der Verfassung in einem bestimmten Staat* gesicherte Rechte[13], wobei der Kreis der Berechtigten über die natürlichen Menschen hinausgehen und z. B. auch die juristischen Personen einer bestimmten Rechtsordnung einbeziehen oder – einschränkend – nur Staatsangehörige erfassen kann. Jedenfalls philosophisch betrachtet knüpft zwar der Begriff der Grundrechte auch an den Wert der Menschenwürde an, aber es tritt hier gewissermaßen der Staat (oder im Rahmen von völkerrechtlichen Verträgen eine Mehrheit von Staaten) dazwischen und positiviert in gewisser Weise die Menschenrechte für den Geltungsbereich einer nationalen Verfassung (oder den Geltungsbereich einer internationalen Konvention). Das kann eine Einschränkung des Wirkungsbereichs einzelner Rechte bedeuten (Beschränkung der Niederlassungsfreiheit auf Bürgerinnen und Bürger); die Verfassung kann aber auch Grundrechte gewährleisten, die nicht unmittelbare Konkretisierungen der Menschenwürde darstellen, so etwa in der besonderen Ausgestaltung politischer Rechte.

„Positivierung" der Menschenrechte in den Grundrechten

---

11 Als klassischen Beitrag für *Kant*s Anknüpfung an *Rousseau*s Verständnis des rechtlich verfaßten Volks bzw. des Sozialkontrakts kann man § 47 der Rechtslehre verstehen. *Kant* unterscheidet die „vereinzelte Menge" vom „vereinigten Volk", das in eine freiheitssichernde Verfassung eintritt und so zum (Rechts-)Staat wird. „Der Akt, wodurch sich das Volk selbst zu einem Staat konstituiert, (...) ist der ursprüngliche Kontrakt". Er entspringt allein dem gesetzgebenden Willen der Staatsgenossen, die zu Staatsbürgern werden. Der Mensch verläßt die wilde gesetzlose Freiheit, um seine Freiheit überhaupt in einem rechtlichen Zustand zu finden. Immanuel Kant, Metaphysik der Sitten, Rechtslehre, 2. Teil § 47.
12 Dazu *J.P. Müller*, Das Weltbürgerrecht, in: Otfried Höffe (Hg.), Metaphysische Anfangsgründe der Rechtslehre, 1999, S. 257 ff.
13 Zur Konstitutionalität als Begriffsmerkmal der Grundrechte → Bd. II: *Merten*, Begriff und Abgrenzung der Grundrechte, § 35 RN 64 ff., 129.

Soweit Grundrechte einer Verfassung zugleich Menschenrechte sind, ist ihr normativer Bezugspunkt immer der Mensch, den es zu schützen gilt, gleichgültig, ob Bürger oder Staatenloser, und gleichgültig, ob er in seiner Menschenwürde in einem hoheitlichen Verhältnis vom Staat bedroht oder verletzt wird oder ob die Gefährdung von irgendwelchen anderen Gruppen, Personen oder Machtstrukturen ausgeht. Der Geltungsanspruch solcher Rechte kann also nicht von vornherein auf bestimmte Rechtsverhältnisse beschränkt verstanden werden, sondern sie gelten grundsätzlich in zwischenmenschlichen Beziehungen schlechthin. Den Gedanken bringt Art. 35 der Schweizerischen Bundesverfassung zeitgemäß zum Ausdruck mit dem Satz: „Die Grundrechte müssen in der ganzen Rechtsordnung zur Geltung kommen", und dies steht zu Recht vor der besonderen Verpflichtung und Bindung aller Träger staatlicher Macht und auch vor dem Auftrag, daß die Grundrechte auch unter Privaten verwirklicht werden sollen (Art. 35).

14 Grundrechtsbezogenheit der gesamten Rechtsordnung

Grundrechte, soweit sie jedenfalls als Konkretisierungen der Menschenwürde betrachtet werden können und daher auch als Menschenrechte gelten, sind der Spaltung des Rechts in öffentliches und privates Recht übergeordnet, oder anders gesagt: der normative Gehalt der Grundrechte als Menschenrechte ist elementarer als der Autoritätsanspruch des modernen Staates, aber auch als die Einrichtung der Privatrechtsordnung. „Hominum causa omne ius constitutum est", heißt es bei *Ulpian*[14], und man könnte dies übersetzen mit den Worten: Alles verfaßte und gesetzte Recht ist um der Menschen willen da, nicht umgekehrt.

15 Verfaßtes Recht um der Menschen willen

Praktische Orientierung bietet die Einsicht in den sich überschneidenden Begriffsumfang von Menschen- und Grundrechten auch zur Klärung der Frage, ob oder wie weit es einen unverzichtbaren und auch vom Gesetzgeber nicht antastbaren Bereich der Grundrechte gibt, wie dies Art. 36 Abs. 4 der Bundesverfassung ausdrücklich vorsieht. Bringt ein Grundrecht der Verfassung zugleich einen menschenrechtlichen Anspruch zum Ausdruck, wie etwa das Grundrecht der persönlichen Freiheit als Verbot erniedrigender Behandlung, ist dies ein Indiz dafür, daß diesem Grundrecht auch ein Kerngehalt innewohnt, den es auch durch menschenrechtskonforme Konkretisierung zu ermitteln gilt.

16 Menschenrechtliche Kerngehalte der Grundrechte

V. Menschenwürde und Menschenrechte in der Bundesverfassung

In den Verfassungen von 1848 und 1874 fanden sich weder der Begriff „Menschenrecht" noch der Begriff „Menschenwürde". Zum ersten Mal hat das

17

---

14 Hermogenian, 1 epit. D 1, 5, 2.

Späte Verankerung der Menschenwürde im Verfassungstext

Bundesgericht im Jahre 1971[15] zur Menschenwürde als einem zentralen Orientierungspunkt für die weitere Entwicklung im Grundrechtsbereich Stellung genommen. Im Verfassungstext erscheint der Begriff erstmals in den in den Jahren 1992 und 1999 in die Bundesverfassung eingefügten Artikeln 119 und 120 (Text BV 1999) über Fortpflanzungsmedizin, Gentechnologie und Transplantationsmedizin im Humanbereich. Aber auch in der neuen Bundesverfassung findet sich nicht wie etwa in Art. 1 des deutschen Grundgesetzes als Einleitung zum Grundrechtsteil eine Anknüpfung an die internationalen Menschenrechte. Solche sind einzig im Zusammenhang mit der Außenpolitik der Schweiz erwähnt, wo der Bund auch „zur Achtung der Menschenrechte und zur Förderung der Demokratie" verpflichtet wird (Art. 54 Abs. 2 BV)

B. Besonderheiten des Grundrechtsschutzes in der Schweiz

I. Verfassungsmäßige Rechte statt Grundrechte

18
Systematischer Grundrechtskatalog

Erst 1999 hat der Bund einen systematischen Grundrechtskatalog in seine Verfassung aufgenommen. In den früheren Bundesverfassungen ist in der Regel einfach von „Freiheiten" die Rede. Die zentrale Stelle des Grundrechtsschutzes war von 1848 bis 1999 der etwas undifferenzierte Satz „Alle Schweizer sind vor dem Gesetz gleich" (Artikel 4 in den Verfassungen von 1848 und 1874). Die Verfassungsgerichtsbarkeit des Bundesgerichts gegenüber den Kantonen war in der Verfassung von 1874 in Artikel 113 Absatz 1 Ziffer 3 als Schutz „verfassungsmässiger Rechte" umschrieben. Auch im Schrifttum und in der bundesgerichtlichen Praxis hatte bis in die Mitte des 20. Jahrhunderts die gleiche Terminologie dominiert.

19
Beschränkte Zuständigkeit des Bundesgerichts im 19. Jahrhundert

Aufschlußreich ist diese Begriffsgeschichte, weil sie mit der gesamten Verfassungsentwicklung der Schweiz zusammenhängt: Ein ständiges Bundesgericht wurde erst in der Verfassung von 1874 vorgesehen. Vorher waren der Bundesrat in erster und die Bundesversammlung in zweiter Instanz für Beschwerden wegen Verletzung individueller Verfassungsrechte zuständig. Noch im Jahre 1870 hielt der Bundesrat im Hinblick auf die bevorstehende Totalrevision der

---

15 *BGE 97 I 45.* Das Bundesgericht bestätigt in diesem Entscheid die bereits frühere Anerkennung der persönlichen Freiheit als eines ungeschriebenen Grundrechts der Bundesverfassung, stellt dieses Grundrecht aber zum ersten Mal in einen ausdrücklichen Zusammenhang mit der Menschenwürde und grenzt es damit von einer generellen Garantie beliebiger Freiheit ab. Wörtlich heißt es im Urteil: „ Mit dieser Rechtsprechung hat sich das Bundesgericht zwar nicht die Auffassung *Giacomettis* zu eigen gemacht, wonach die Verfassung (...) überhaupt jede individuelle Freiheit gewährleistet, die durch einen staatlichen Eingriff je verletzt werden könnte. Es hat sich jedoch im (...) Urteil *BGE 90 I 36* in unzweideutiger Weise zu einer Wertordnung bekannt, die es sich zur Aufgabe macht, die Menschenwürde und den Eigenwert des Individuums sicherzustellen. Die Formulierung stammt von *Ulrich Zimmerli*, der damals als Gerichtsschreiber am Bundesgericht amtierte und später eine Professur für öffentliches Recht in Bern ausübte. Die Rechtsprechung ist bis in die Gegenwart konstant geblieben; siehe z.B. *BGE 127 I 6.*

Bundesverfassung fest, daß dem Bundesgericht jedenfalls keine Materien zur Beurteilung übergeben werden sollten, „in welchen die Rechtsverhältnisse noch schwankend sind; denn es gehört ja nicht zu den Funktionen des Richters, das Recht zu machen, sondern er hat das gegebene Recht nur anzuwenden"[16]. Die Verfassung von 1874 schuf nun ein ständiges Bundesgericht und übertrug diesem in Artikel 113 die Befugnis, Beschwerden betreffend die Verletzung verfassungsmäßiger Rechte der Bürger zu beurteilen. Welche Rechte damit aber gemeint waren, ließ man offen; denn Bundesrat und Bundesversammlung wollten „bei den politisch sensiblen Rechten diesen Machthebel keinesfalls in die Hand eines Gerichtes legen"[17].

Die Festlegung der Verfassungsgerichtsbarkeit des Bundesgerichts auf den Schutz verfassungsmäßiger Rechte des Bürgers ist bis heute erhalten geblieben. Auch wo ein Rückgriff auf den Begriff der Grundrechte sachlich gerechtfertigt gewesen wäre, etwa bei der Umschreibung des Vorbehalts der Gesetzgebung, greift auch die neue Verfassung auf den Begriff „verfassungsmässige Rechte" oder „politische Rechte" zurück (Artikel 164 Absatz 1 litterae a und b). Ebenso erwähnt das neue, seit 2007 geltende Bundesgerichtsgesetz in Anlehnung an Art. 189 BV als Grund der Beschwerde im Rahmen der (nun subsidiären) Verfassungsgerichtsbarkeit nicht die Verletzung von Grundrechten[18], sondern ausschließlich die Mißachtung verfassungsmäßiger Rechte[19]. Diese Kategorie umfaßt aber nicht nur eigentliche Grundrechte, sondern irgendwelche Gewährleistungen des ausdrücklichen oder impliziten Verfassungsrechts des Bundes oder der Kantone. So können auch die Gewaltenteilung, die Gemeindeautonomie[20], das Verbot einer Doppelbesteuerung durch die Kantone, andere Grundsätze der Besteuerung oder irgendwelche Positionen der eidgenössischen oder kantonalen Verfassungen als verfassungsmäßige Rechte geltend gemacht werden, wenn sie nur als subjektive Rechte interpretiert werden können und justiziabel sind. Es sind keinesfalls die anspruchsvollen Formeln maßgeblich, die das Bundesgericht für die Umschreibung ungeschriebener Grundrechte der Bundesverfassung aufgestellt hatte[21]. Vielmehr gelten

20
Festlegung auf den Schutz verfassungsmäßiger Rechte

„Verfassungsmäßige Rechte" als ausdrückliche oder implizite Verfassungsgewährleistungen

---

16 Bundesblatt 1870 II, S. 700, zit. nach *Alfred Kölz*, Neuere schweizerische Verfassungsgeschichte, Bd. II, 2004, S. 804.
17 *Kölz* aaO., S. 804.
18 Wie etwa Art. 93 Abs. 4a des deutschen Grundgesetzes für das Bundesverfassungsgericht.
19 In der auf das Jahr 2007 in Kraft tretenden „Justizreform" wurde der Schutz der verfassungsmäßigen Rechte durch das Bundesgericht etwas verwischt: Die Beschwerde wegen Verletzung verfassungsmäßiger Rechte der Bundesverfassung ist in den Beschwerdegründen der Verletzung von Bundesrecht und von Völkerrecht (neuer Art. 189 Abs. 1 BV) mit enthalten. Zentral bleibt der Begriff für den Schutz kantonaler verfassungsmäßiger Rechte (Art. 189 Abs. 1 lit. d BV) und für die sog. subsidiäre Verfassungsbeschwerde (Art. 116 Bundesgerichtsgesetz). Für eine konzise Darstellung der seit 1.1.2007 geltenden Ordnung siehe neben einer weiten Spezialliteratur: *Häfelin/Haller/Keller*, Supplement (Lit-Verz.), RN 1972ff. u. 2023ff. Außerhalb des Grundrechtskatalogs der Art. 7–36 findet sich der Terminus „Grundrecht" nicht in der neuen Bundesverfassung.
20 Der Schutz der Gemeindeautonomie ist jetzt in Art. 189 Abs. 1 lit. e BV (ab 2007) besonders vorgesehen, ebenso der Schutz politischer Rechte in Bund und Kantonen (lit. f).
21 Zu diesem Auseinanderfallen der Konzepte des verfassungsmäßigen Rechts und der ungeschriebenen Grundrechte siehe bereits *Jörg Paul Müller*, Elemente einer schweizerischen Grundrechtstheorie, 1982, S. 27ff.

nach konstanter Praxis des Bundesgerichts als verfassungsmäßige Rechte nach wie vor „justiziable Rechtsansprüche, die nicht ausschliesslich öffentliche Interessen, sondern auch Interessen und Schutzbedürfnisse des Einzelnen betreffen und deren Gewicht so gross ist, daß sie nach dem Willen des demokratischen Verfassungsgebers verfassungsrechtlichen Schutzes bedürfen"[22].

II. Hat der Vorrang des Begriffs des verfassungsmäßigen Rechts vor demjenigen des Grundrechts einen tieferen Sinn als Eigenart des schweizerischen Verfassungsverständnisses?

1. Verfassung als „instrument of government"

21
Distanz zu substantiellem Wertekanon

Schweizerischem, oft pragmatischem Rechtsdenken lag und liegt die Vorstellung eher fern, die Verfassung qualifiziere sich wesentlich durch einen substantiellen Wertekanon etwa mit der Garantie vorstaatlicher, unveräußerlicher, ewiger, geheiligter Rechte. Vielmehr wird die primäre Funktion der Staatsverfassung darin gesehen, die grundlegende Staatsorganisation, die Kompetenzverteilung im Bundesstaat, die Verfahren der Verfassungsrevision und der Gesetzgebung festzulegen. Es dominiert also bis heute ein nüchternes, eher realistisches, auf juristisch Faßbares beschränktes Verfassungsverständnis, das auf Appell, Proklamation oder Evokation nationaler Identifikationswerte – abgesehen von der feierlichen Präambel und dem Zweckartikel – verzichtet. Die Verfassung ist wesentlich „instrument of government"[23]. Ein Vergleich etwa der eher dürftig formulierten Sozialziele in Art. 31 BV mit der reichen Proklamation der Sozialrechte in anderen neueren Verfassungen oder in der Charta der Europäischen Union belegt dies.

2. Demokratische Legitimation der Grundrechte

22
Volksabstimmung

Eine zweite, schwieriger zu erfassende Eigenart der schweizerischen Verfassung liegt darin, daß sie ihre Legitimität weder in einer Anknüpfung an zeitlose Werte noch in einem diffusen Begriff der Volkssouveränität oder einer ihm entsprechenden Vorstellung eines gesonderten pouvoir constituant sucht; die Bundesverfassung qualifiziert sich vielmehr pragmatisch durch die obligatorische Annahme in der Volksabstimmung als *demokratisch* und durch das Erfordernis der Zustimmung der Mehrheit der Kantone als *föderalistisch*. In gleicher Richtung geht die seit 1848 unveränderte Pflicht der Kantone, ihre Verfassungen der Volksabstimmung zu unterbreiten und für Revisionen offen zu halten, wenn die Mehrheit der Stimmbürger dies wünscht. In der gleichen Linie liegt, daß im Bundesstaat von 1848 nur in einem Bereich klar die direktdemokratische Partizipation der Bürger verlangt war, nämlich für die Umge-

---

22 Statt vieler: *BGE 131* I 368 oder *130* I 391.
23 Ausführlich zum Verständnis der Schweizer Bundesverfassung als instrument of government *J.P. Müller*, Soziale Grundrechte in der Verfassung, ZSR 1973 II, S. 715 ff.

staltung der Verfassung in Form der Totalrevision. In dieser Dominanz der politischen, durch unmittelbare Partizipation an den wesentlichen Staatsentscheiden realisierten Freiheit tritt die freiheitsbezogene Konstitution des politischen Gemeinwesens vor seiner Aufgabe des individuellen Freiheitsschutzes in den Vordergrund. Dies belegt auch die seit 1848 in allen Verfassungen des Bundes im Zweckartikel hervorgehobene Freiheit des Volkes, nicht primär des Einzelmenschen, als Träger elementarer Verfassungsrechte. Freiheit ist also im Status des Bürgers und seiner unmittelbaren Mitträgerschaft der Verfassung, nicht primär in einer Gewährleistung subjektiver Freiheitsrechte des Individuums gesichert. Um es nochmals mit andern Worten zu sagen: Wenn der Einzelne die Verfassung als Grundlage des Staates unmittelbar mitgestalten kann, so – dies wird vorausgesetzt – ist eine demokratische und liberale Ordnung im Ganzen weithin sichergestellt.

Freiheit durch unmittelbare Mitgestaltung der Verfassung

So erklärt sich, daß ein subjektives Recht seine besondere Bedeutung nicht durch den Bezug auf Gott oder eine transzendentale Vernunft erhält, sondern pragmatisch durch seine Verankerung in der Verfassung, die als Contrat social primärer Ausdruck des demokratischen allgemeinen Willens ist[24]. Den individualistisch-aufklärerischen Schub brachte der Schweiz erst *Napoleon* 1798 mit der Verfassung der Helvetik, die eine „natürliche Freiheit des Menschen" im Sinne der Aufklärung zu einem Pfeiler des unzerteilbaren Staates Schweiz machte, und in dieser Verfassung fanden klassische Freiheitsrechte wie Gewissens- und Glaubensfreiheit, Pressefreiheit und Eigentumsgarantie wie selbstverständlich ihren Platz. Illustrativ ist die Begründung der Pressefreiheit in der helvetischen Verfassung, die nicht etwa aus dem Anliegen freier Willensbildung im vielfächerigen demokratischen Staat, sondern individualistisch „als Folge des Rechts, das jeder hat, Unterricht zu erhalten", verstanden wird (Artikel 8, Hauptgrundsätze).

23
Pragmatisches Verständnis subjektiver Rechte

1798–1803: Verfassung der Helvetik

Die Bundesverfassung von 1848 distanzierte sich wieder von diesem individualistischen Menschenbild mit der „natürlichen Freiheit des Menschen" im Zentrum[25], wie sie der Schweiz von *Napoleon* diktiert worden war. Als primäres Staatsziel nennt die Verfassung von 1848 in dem – im wesentlichen bis heute geltenden – Zweckartikel den „Schutz der Freiheit und der Rechte der Eidgenossen und Beförderung ihrer gemeinsamen Wohlfahrt". Die Gleichheit „der Schweizer vor dem Gesetz" wird zwar prominent in Artikel 4 garantiert; die Freiheitsrechte erscheinen aber erst mit vielen Einschränkungen und Ausnahmen in Artikel 41 ff. nach einem differenzierten Kompetenzkatalog:

24
1848: Abkehr vom individualzentrierten Verfassungsbild

---

24 Zu diesem Prozeß der Vergesellschaftung der Freiheit bei *Rousseau*: *Alfred Kölz*, Neuere schweizerische Verfassungsgeschichte, Bd. I, 1992, S. 44; eindrücklich zum realen Bezug des contrat social von *Rousseau* zu städtischen (Genf!) und ländlichen Verfassungsverhältnissen in der Schweiz und besonders zu den Einrichtungen von Gemeindeversammlung und Landsgemeinde siehe jetzt *Blickle*, Rousseauismus, in: Dieter Hein/Klaus Hildebrand/Andreas Schulz (Hg.), FS Lothar Gall, 2006, S. 709 ff. und insb. S. 716 ff., unter Bezugnahme auf das magistrale Werk: *Peter Blickle*, Kommunalismus, 2 Bde., 2000.
25 *Kölz* aaO., S. 583: 1848 wurde kaum mehr individualistisch-naturrechtlich argumentiert; es ging jetzt darum, die Grundrechte von den liberalen Kantonen auf den Bund zu übertragen. Aus diesem Grunde stand nun die Verwirklichung des nationalen Gleichheitsgedankens im Vordergrund.

§ 202 *Vierzehnter Teil: I. Allgemeiner Teil*

<small>Freiheitsrechte als Verfassungsprodukte</small>

Sie sind nicht Ausdruck einer selbstverständlichen, natürlichen, unveräußerlichen Freiheit, sondern erscheinen als Produkte dieser Verfassung. Der Passus „Der Bund gewährleistet allen Schweizern [...]" leitet in Artikel 41 die Garantie der Niederlassungsfreiheit für die Angehörigen christlicher Konfessionen ein. In den Artikeln 44 ff. folgen eine vorsichtig bemessene Religionsfreiheit, die Pressefreiheit mit dem besonderen Vorbehalt ihres Mißbrauchs gegenüber Staat und Behörden, ferner die Versammlungsfreiheit für Bürger.

<small>Vorbehalt jederzeitiger Revidierbarkeit</small>

Waren in der helvetischen Verfassung große Hürden für eine Verfassungsänderung gestellt, legt die Verfassung von 1848 einen Schwerpunkt auf die Garantie jederzeitiger Revidierbarkeit, eigenartigerweise nur in der Form der Totalrevision. Kein religiöser oder metaphysischer Bezug gibt irgendwelchen Individualrechten ihre Auszeichnung etwa als unabänderliche Gehalte, sondern die demokratische Verfassung bestimmt immer neu, was änderbar, was erhaltenswert ist.

25

<small>Subjektive Rechte als Produkt demokratischer Verfassungsgebung</small>

Höchsten Schutz verdienen unter einem solchen Demokratie- und Republikverständnis nicht irgendwelche dem Menschen aus göttlichem, „natürlichem" oder philosophischem Ursprung erdachten Menschenrechte, sondern subjektive Rechte, die im Prozeß demokratischer Verfassungsgebung ausgezeichnet wurden. Als verfassungsmäßig und somit eines qualifizierten Schutzes würdig oder bedürftig gelten darum in der Schweiz in erster Linie bis heute Rechtspositionen des Einzelnen, die durch ihre Verankerung in der Verfassung des Bundes oder eines Kantons ein so großes Gewicht haben, daß sie besondern Schutz verdienen[26]. Es kann sich dabei wie bei der schon 1848 verbrieften Pressefreiheit um klassische Grundrechte handeln; aber beispielsweise auch dem Verbot der doppelten steuerlichen Belastung wurde die Würde des verfassungsmäßigen Rechts zugebilligt. Eine reiche Illustration des pragmatischen und doch eher formalen Charakters des verfassungsmäßigen Rechts findet sich in der Verfassungsrechtsprechung des Bundesgerichts, in der es die kantonalen verfassungsmäßigen Rechte mit großer Sorgfalt und föderalistischem Respekt zum Tragen bringt[27].

III. Die erstaunliche Tradition ungeschriebener Grundrechte

26

<small>Grundrechtsbegriff des Bundesgerichts</small>

Einen interessanten Einbruch in dieses auf die Verfassung und ihre demokratische Legitimierung gegründete Verständnis der wichtigsten Rechte findet sich in der Rechtsprechung des Bundesgerichts der Jahre 1961 bis 2000. Obwohl dem Bundesgericht in der Verfassungsordnung keine herausragende Stellung und Autorität zukommt, hat dieses Gericht doch in seiner Kontrolle der kantonalen Gesetzgebung und ihrer Anwendung einen erstaunlichen

---

<small>26 Stärkster Beleg dafür ist die in konstanter Praxis vom Bundesgericht gegebene Umschreibung des Kreises verfassungsmäßiger Rechte: Diese zeichnen sich dadurch aus, daß sie „nach dem Willen des demokratischen Verfassungsgebers verfassungsrechtlichen Schutzes bedürfen" (*BGE 131* I 368 und oben FN 22).
27 *Jörg Paul Müller*, Elemente einer schweizerischen Grundrechtstheorie, 1982, S. 28–30.</small>

eigenen Grundrechtsbegriff entwickelt, ohne deutliche Abstützung auf die sich etwa gleichzeitig im internationalen Bereich vertiefende Menschenrechtsidee und ihre Konkretisierungen in Deklarationen und Staatsverträgen. Es hat während Jahrzehnten ziemlich autonom die dogmatische Form der ungeschriebenen Grundrechte weitergebildet, auch um damit stoßende Defizite im Verfassungstext zu korrigieren[28].

Dabei hat sich das Bundesgericht weder auf eine klare, einhellige Begründungslinie der Wissenschaft beziehen können, noch hat es selbst eine wirklich konsistente Theorie zur Anerkennung ungeschriebener Grundrechte aufgebaut. Die wissenschaftlichen Bezüge, die zur Begründung ungeschriebener Grundrechte angeführt wurden, waren zum Teil an eine eher konservative Theorie von der Unteilbarkeit der Freiheit angelehnt[29] oder gingen von zeitgemäßen methodischen Einsichten in die Ergänzungs- und Konkretisierungsbedürftigkeit allen geschriebenen Verfassungsrechts aus[30]. In seinen dogmatischen Begründungen stützte sich das Bundesgericht auf so unterschiedliche Legitimationsfaktoren wie die Übereinstimmung der kantonalen Verfassungen in der Anerkennung einer Grundrechtsposition oder die Qualifikation eines Grundrechts als eines unentbehrlichen Bestandteils jeder rechtsstaatlichen und demokratischen Ordnung. In diesem heterogenen Begründungsfeld sind Grundrechte wie die Eigentumsgarantie, die Meinungsfreiheit, die Versammlungsfreiheit, die persönliche Freiheit, die Sprachenfreiheit und zuletzt das Recht jedes Menschen auf Hilfe in Notlagen als unbestrittene Positionen in das geltende Verfassungsrecht eingegangen. Die gelegentliche Kritik an dieser „wilden", methodisch nicht etwa an der Lückenfüllungslehre von Art. 1 ZGB orientierten Ausbreitung richterlicher Rechtsschöpfung, hat übersehen, daß andere wichtige Teile des Grundrechtsschutzes in der verfassungsgerichtlichen Praxis des Bundesgerichts schon seit dem 19. Jahrhundert durch Richterrecht geschaffen wurden, so die bedeutende Anerkennung des Willkürverbots oder des Verbots formeller Rechtsverweigerung (mit dem Gebot des rechtlichen Gehörs). Formell wurden vom Gericht diese Rechtsschöpfungen allerdings als Konkretisierungen des Art. 4 aBV mit der Garantie der Rechtsgleichheit bezeichnet, was aber an ihrem selbständigen Charakter wenig änderte.

27 Heterogene Legitimationsgründe

Grundrechtsschutz durch Richterrecht

Konkretisierungen der Rechtsgleichheit

IV. Der Einbruch der Europäischen Menschenrechtskonvention ins schweizerische Verfassungssystem

Diese Entwicklung wurde nach dem Beitritt der Schweiz zur Europäischen Menschenrechtskonvention durch eine erst zögerliche, bald aber dominante Inkorporation der Konventionsrechte in das Bundesrecht überlagert: Das

28 Ratifikation ohne Transformationsakt

---

[28] Eine prägnante Darstellung dieses Prozesses mit allen Belegen findet sich bei *Kölz*, Verfassungsgeschichte (FN 16), S. 817–820.
[29] Siehe die ausführliche Auseinandersetzung mit der wissenschaftlichen Literatur in *BGE* 97 I 97 unter lit. a.
[30] Wegweisend in methodischer Hinsicht war vor allem *Hans Huber*. Siehe *dens.*, GR I (LitVerz.), S. 208 ff.

Bundesgericht hat nach der Ratifikation durch die Schweiz den Konventionsrechten und der sie konkretisierenden Praxis der Straßburger Organe mit großer Beflissenheit Nachachtung verschafft. Dies war wegen des in der Schweiz geltenden Prinzips der automatischen Übernahme des Völkerrechts ins Landesrecht (also ohne Transformation) unmittelbar aufgrund der Ratifikation möglich. Die Umsetzung des EMRK-Rechts war trotz des Fehlens einer Verfassungsgerichtsbarkeit gegenüber dem Bundesgesetzgeber auch darum weitgehend reibungslos möglich, weil weite und wichtige Bereiche der Menschenrechtskonvention Gebiete betrafen, die noch in der Kompetenz der Kantone lagen, wie Polizei, Zivil- und Strafprozeß sowie Strafvollzug. Heute stehen wir in der Schweiz vor der Situation, daß zwar die meisten EMRK-Garantien auch im neuen Verfassungstext des Bundes Ausdruck gefunden haben, daß aber anderseits laufend oder gerade in pendenten Gesetzgebungsprojekten immer mehr Gebiete an den Bund übergehen (z.B. die grundrechtlich höchst relevanten Gebiete wie Gentechnologie, Fortpflanzungsmedizin, Methoden polizeilicher Ermittlung, neuerdings auch die ganzen Bereiche der Zivilprozeß- und Strafprozeßregelung). Das Bundesgericht hat in seiner neuesten Praxis zwar ziemlich deutlich gemacht, daß es im Falle des Konflikts zwischen Grundrechten, die *auch* staatsvertraglich gesichert sind, und Bundesgesetzen den Grundrechten den Vorrang geben würde[31]. Diese Praxis ist aber nicht gefestigt, und nicht wirklich geklärt ist, ob Präjudizien noch Geltung beanspruchen, die der Bundesgesetzgebung jedenfalls dann gegenüber einem individuellen Rechtsanspruch aus unmittelbar anwendbarem Völkerrecht einen Vorrang einräumen, wenn der Gesetzgeber bewußt einen Bruch mit einer staatsvertraglichen Garantie in Kauf nimmt (*Schubert*-Praxis)[32].

Beide einschneidenden Verfassungsentwicklungen der Schweiz in der zweiten Hälfte des 20. Jahrhunderts, sowohl die Rechtsprechung zu den ungeschriebenen Grundrechten als auch die weitherzige Übernahme der Europäischen Menschenrechtskonvention, sind zwar in die große Verfassungsrevision von 1999 eingegangen. Nun hat aber diese Aufwertung der klassischen Grundrechte im Verfassungstext keineswegs auch in der Rechtspraxis zu einer tiefgreifenden Aufwertung des Grundrechtsdenkens geführt[33]. Es sind keine dramatischen Änderungen des Bundesgerichts in seiner Verfassungsrechtsprechung festzustellen. Am ehesten hat das nun klar formulierte Diskriminierungsverbot zu einem grundsätzlichen Überdenken geführt, etwa in der Frage

---

31 *BGE* 125 IV 417 ff., 424, und *meine* Besprechung in: recht, Sondernummer für Wolfgang Wiegand, 2000, S. 119 ff. und unten FN 69.
32 Siehe dazu statt vieler *Anne Peters*, Völkerrecht – Allgemeiner Teil, 2006, Kap. 6, RN 36–40 (S. 148 f.); *Jörg Paul Müller/Luzius Wildhaber*, Praxis des Völkerrechts, ³1999.
33 Immerhin ist etwa zu fragen, ob sich das früher als ungeschriebenes Grundrecht anerkannte, jetzt aber im Verfassungstext verbriefte Grundrecht auf Hilfe in Notlagen gleichermaßen im politisch heiklen Gesetzgebungsprozeß des Asyl- und Ausländerrechts hätte durchsetzen lassen. Siehe die präzisen Darstellungen bei *Breining-Kaufmann*, Rechtsfragen zur Beschränkung der Nothilfe, ZBl 2005, S. 497 ff. Auch für die Praxisrelevanz des eher dogmatisch konzipierten Artikels 36 mit der ausdrücklichen Garantie des Kerngehalts von Grundrechten ist die Entstehungsgeschichte des neuen Asylgesetzes von 2006 aufschlußreich: Die Kerngehaltsgarantie ist jedenfalls hier nicht ohne Wirkung geblieben.

der Einbürgerungen[34]. Andere, wirklich weiterführende Bestimmungen im Grundrechtsbereich – etwa zum Schutz von Kindern und Jugendlichen (Artikel 11) – sind vom Bundesgericht kaum beachtet oder gar übergangen worden, so die zeitgemäße Garantie in Artikel 35 Absätze 1 und 3, wonach die Grundrechte in der gesamten Rechtsordnung, auch unter Privaten, zur Geltung kommen müssen[35]. Nach meiner Ansicht ist die folgerichtige Umsetzung der zeitgemäßen Aufwertung der Grundrechte im Verfassungstext bereits gescheitert, als im allerletzten Stadium der parlamentarischen Einigung über die neue Verfassung die Verfassungsgerichtsbarkeit gegenüber Bundesgesetzen (Artikel 191) wieder aus dem neuen Verfassungswerk gestrichen wurde. Eine weitere Mißachtung des neuen Anspruchs der Grundrechte, wie er mit der Verfassungsrevision von 1999 bekräftigt werden sollte, besteht in der Ablehnung des selbständigen Grundrechtscharakters des Willkürverbots, das im Text der neuen Verfassung ausdrücklich als Individualrecht formuliert worden war[36].

Scheitern einer Aufwertung der Grundrechte

Man kann die Eigenart der Grundrechtsgeltung in der Schweiz aber auch in einem milderen Licht betrachten: Die Grundrechte werden bis heute nicht so sehr von ihrem gerichtlich durchsetzbaren Charakter her verstanden[37] wie etwa in Deutschland, sondern es sind Rechtspositionen, die zwar auch in justitiellen Verfahren geprägt werden, besonders in der Verfassungsgerichtsbarkeit gegenüber den Kantonen; aber die adäquate Vermittlung wird oft mehr auf einem auch durch Verhandlungen und in Formen demokratischer Konsensfindung mitbestimmten Weg gesucht.

30
Formen demokratischer Konsensfindung

V. Synergien zwischen der demokratischen Tradition und der Grundrechtstradition im schweizerischen Bundesstaat

In der Geschichte der Schweiz ist die Tradition der demokratischen Selbstbestimmung weit stärker verwurzelt als die Idee individueller Freiheit oder eines dominierenden Grundwerts der Menschenwürde. Genossenschaftliche Selbstbestimmung des kleinen Kollektivs, seine Unabhängigkeit auch gegen außen, verbunden mit einer Beistandspflicht im Innern und einer Solidarität in der Verteidigung gegen außen prägten die politische Idee der Schweiz und ihre Verwirklichung in der Eidgenossenschaft und andern Bünden seit dem 13. Jahrhundert viel mehr als der Gedanke an eine formelle Verfassung mit einer

31
Tradition demokratischer Selbstbestimmung

---

34 Dazu statt vieler *Häner*, Gerichtliche Überprüfung von Volksentscheiden, in: Roger Zäch u.a. (Hg.), Individuum und Verband, FG zum Schweizerischen Juristentag 2006, 2006, S. 491 (498); *Häfelin/Haller*, Bundesstaatsrecht (LitVerz.), ^{6}2005, RN 1333 ff.
35 Aus kaum nachvollziehbaren Gründen schweigt sich das Bundesgericht in *BGE 129* III 35 über die Tragweite von Art. 35 Abs. 3 BV aus. Siehe dazu *Rhinow*, Grundzüge (LitVerz.), RN 1075 ff.
36 Überblick über den Diskussionsstand bei *Rhinow* aaO., RN 1783 ff.; die neuste Arbeit stammt von *Felix Uhlmann*, Das Willkürverbot nach BV Art. 9, 2005, insb. S. 398–406.
37 → Bd. I: *Korinek/Dujmovits*, Grundrechtsdurchsetzung und Grundrechtsverwirklichung, § 23; → Bd. II: *Merten*, Begriff und Abgrenzung der Grundrechte, § 35 RN 126 ff.

Garantie individueller Freiheiten[38]. Wie bereits ausgeführt, hat erst *Napoleon* mit der helvetischen Verfassung den materiellen Verfassungsbegriff im Sinne von Art. 16 der Déclaration von 1789, also die Verbindung der Verfassung mit dem Schutz der Menschen- und Grundrechte, zum Tragen gebracht[39]. Die ersten entsprechenden Garantien fanden sich in der helvetischen Verfassung vom 17. April 1798[40]. Bei der Gründung des schweizerischen Bundesstaates im Jahre 1848 lebten einige von Frankreich überbrachte Freiheiten neu auf oder weiter, so die Rechtsgleichheit oder die Pressefreiheit[41]. Bei der Freiheit der Religion und der Niederlassung scheiterte eine generelle Garantie aber an der Judenfrage[42]. Es ist peinlich, daß eine auch für die Juden gültige Glaubensfreiheit sich erst später und erst auf außenwirtschaftlichen Druck Frankreichs hin in der Verfassung von 1874 durchzusetzen vermochte. Sowohl die Verfassung von 1848 wie die erneuerte von 1874 blieben in ihren Grundrechtsgewährleistungen bescheiden und lückenhaft, während die Garantien politischer, demokratischer Rechte auch mit ihrer stetigen Ausweitung[43] formellen Niederschlag im Verfassungstext fanden.

Schwerpunkt bei den Garantien politischer Rechte

32
Induktive Fortentwicklung materiellen Grundrechtsschutzes

Daß sich der Grundrechtsschutz nicht der Form, aber seinem materiellen Gehalt nach in der Schweiz induktiv oder pragmatisch aus der Praxis genossenschaftlicher Demokratie[44] heraus entwickelte und nicht deduktiv aus der Vorstellung des individuellen Glücks oder Eigentums als Leitwerten eines republikanischen Staates und auch nicht aus einem eher idealistischen Prinzip des aufgeklärten Individuums oder der Menschenwürde heraus, zeigt sich bis heute in der Verfassungspraxis. Beleg dafür ist das über weite Strecken der zeitgenössischen Verfassungsrechtsprechung zu beobachtende Vorherrschen einer demokratiebezogenen Begründung der Kommunikationsfreiheit (namentlich der Pressefreiheit), während die Gedanken- oder Meinungsfreiheit als Ausdruck eines individuellen persönlichen Wertes erst allmählich Anerkennung fand.

33
Zuordnung der numerus clausus-Problematik

Aufschlußreich ist auch in der Verfassung von 1999, daß sich die Garantie der demokratischen Fundamentalrechte lückenlos an die Garantien klassischer Freiheitsrechte, wie persönliche Freiheit oder Glaubensfreiheit, anschließt;

---

38 Zu den Wurzeln politisch-partizipativen Denkens in der alten Eidgenossenschaft, zur republikanischen Tradition der Stadtkantone und zu der direkt-demokratischen Tradition der Landsgemeindekantone mit ihrem Einfluß bis in die neueste Zeit s. *Kölz* (FN 24), Bd. I, S. 624 ff.; *Blickle*, Rousseauismus (FN 24), S. 718 f.
39 Art. 16 Déclaration de 1789: „Toute société dans laquelle la garantie des droits n'est assurée, (....) n'a pas de constitution". Ausführlich zur zentralen Stellung der „natürlichen Freiheit des Menschen" in der Helvetischen Verfassung von 1798 und zugleich zur Abschwächung genossenschaftlich-demokratischen Denkens im Sinne *Rousseaus*: *Kölz* aaO., Bd. I, S. 107 ff.
40 Text bei *Alfred Kölz*, Quellenbuch zur neueren schweizerischen Verfassungsgeschichte, Band II, 1982, S. 126 ff.
41 Der Wortlaut findet sich bei *Kölz* (FN 24), Bd. I, 1992, S. 447 ff.
42 Eine ausführliche Würdigung der Grundrechte in der Verfassung von 1848 findet sich bei *Kölz*, Neuere schweizerische Verfassungsgeschichte, Bd. II, 1992, S. 583 ff.
43 Übersicht über den Ausbau sog. direkt-demokratischer Institute in Bund und Kantonen seit der Gründung des Bundesstaates bei *Kölz* (FN 16), Bd. II, Anhang I, S. 931 ff.
44 Die Entwicklung der städtischen und kommunalen Verfassungen, wo sich auch Übergänge vom Grundsatz der Einstimmigkeit zum Mehrheitsprinzip der Ratsverfassungen verfolgen ließen, wird hier nicht vertieft. Vgl. dazu etwa *Peter Blickle*, Von der Leibeigenschaft zu den Menschenrechten, ²2006, S. 15, und zur städtischen Freiheit auch in der Schweiz S. 36–53 und oben FN 23.

und es ist auch nicht zufällig, daß die numerus clausus-Problematik beim Zugang zu Universitäten in Deutschland im Rahmen der klassischen Grundrechte ihren höchstrichterlichen Austrag[45] fand, in der Schweiz dagegen über die Konkretisierung der politischen Rechte im Rahmen der Stimmrechtsbeschwerde[46]. Exemplarisch zeugt davon auch der Grundrechtskatalog, wie er in der Bundesverfassung von 1999 im Ersten Kapitel formuliert ist: Zu den persönlichen Rechten im Bereich der Menschenwürde, zur Rechtsgleichheit, zu den Kommunikations- und Verfahrensrechten reiht sich Artikel 34 ein, der sowohl eine allgemeine Garantie demokratischer Rechte in Bund und Kantonen enthält als auch darüber hinaus die Sicherstellung einer freien, unverfälschten demokratischen Entscheidbildung bei Wahlen und Abstimmungen (sog. Wahl- und Abstimmungsfreiheit) gewährleistet. Liberale Grund- und demokratische Partizipationsrechte sind also lückenlos miteinander verbunden[47]. Daß eine solche Sicherung der Integrität demokratischer Entscheidfindung durch ein besonderes Grundrecht erfolgt, ist eine Eigenheit der schweizerischen Verfassung. Sie geht eindeutig über die Garantie des Rechts auf freie Wahlen nach Art. 3 ZP EMRK hinaus. Die Lauterkeit der demokratischen Verfahren kann zwar im Rahmen von Art. 34 BV nur von Stimmberechtigten zur Geltung gebracht werden, indirekt aber auch über das Erfordernis der gesetzlichen Grundlage bei Grundrechtseingriffen oder über das verfassungsmäßige Recht auf Gewaltenteilung.

Politische und klassische Grundrechte im Katalog von 1999

Grundrechtsschutz der Integrität demokratischer Entscheidfindung

Die größere Gewichtigkeit demokratischen Denkens gegenüber dem Anliegen individueller Freiheit (etwa der Radio- und Fernsehschaffenden) wird auch in der zeitgeschichtlichen Entstehung der Radio- und Fernsehfreiheit deutlich. Stand in Deutschland die individuelle Meinungsfreiheit des Art. 5 GG[48] in dieser Entwicklung im Vordergrund, waren es in der Schweiz mehr die objektiven und zunächst rein konzessionsrechtlich formulierten Anliegen einer objektiven und vielfältigen Berichterstattung, die dann unter dem Titel der Radio- und Fernsehfreiheit – zunächst deutlich getrennt von den individuellen Freiheitsgarantien – ihren verfassungsrechtlichen Niederschlag fanden[49]. Der Dualismus der Betrachtungs- und Begründungsweise findet heute noch Ausdruck in der Trennung der mehr persönlichkeitsorientierten Meinungsfreiheit (Art. 16 BV) von der stärker gesellschaftlich-institutionell begründeten Medienfreiheit (Art. 17 BV) und der typisch schweizerischen Sorge für kulturelle Vielfalt und eine intakte demokratische Meinungsbildung auch unter den Bedingungen moderner Massenkommunikation (Art. 93 BV).

34
Entstehung der Radio- und Fernsehfreiheit als Beispiel

---

45 → Bd. IV: *Löwer*, Freiheit wissenschaftlicher Forschung und Lehre, § 98.
46 Eine Gegenüberstellung der entsprechenden deutschen und schweizerischen Entscheide findet sich bei *Jörg Paul Müller*, Grundrechte in der Schweiz (LitVerz.), S. 440f.
47 Der Grundrechtscharakter dieser Demokratiegarantie ist auch dadurch außer Frage gestellt, daß sie eben im 1. Kapitel mit dem Titel „Grundrechte" und nicht erst im 2. Kapitel mit der Überschrift „Bürgerrecht und politische Rechte" erscheint.
48 → Bd. IV: *Jestaedt*, Meinungsfreiheit, § 101.
49 Ausführliche Darstellung bei *J.P. Müller/Grob*: Radio und Fernsehen, in: Aubert u.a., Bundesverfassung 1874 (LitVerz.), Art. 55bis aBV (heute Art. 93 BV), in der Überarbeitung von 1995.

35 Verbindung von liberalen Grundrechten und politischen Rechten	*Zusammenfassung:* Für das Verständnis der Besonderheiten der Grundrechte in der Schweiz ist die enge Verbundenheit von liberalen Grundrechten und politischen Rechten ganz entscheidend. In der schweizerischen Tradition sind die politischen Rechte tiefer verankert, ihre Wurzeln liegen im Status des Eidgenossen oder des Mitglieds der genossenschaftlichen Demokratie im Landsgemeindekanton oder in der Gemeindeversammlung. Im Zuge der vor allem von Frankreich beeinflußten Konstitutionalisierung hat aber die Umhegung politischer Partizipation durch Individualrechte wie Meinungs-, Glaubens- und Vereinigungsfreiheit, aber auch durch die Rechtsgleichheit seit dem Untergang der alten Eidgenossenschaft (1798) gewonnen. Auch in der politischen Theorie der Schweiz ist die Auffassung heute unbestritten, daß Demokratie nicht Herrschaft eines dumpfen, durch irgendwelche Identitätsmerkmale definierten Volkskörpers bedeuten könne (auch nicht als Träger eines mythischen pouvoir constituant oder als Urquell von Souveränität im demokratischen Staat)[50], sondern daß die moderne reflexive und deliberative Demokratie ihre Souveränität immer wieder in differenzierten Verfahren und Foren finden müsse, wo die Freiheiten der Zivilgesellschaft, des partizipierenden Bürgers und die institutionellen Einrichtungen der Demokratie wie Wahl- und Abstimmungsverfahren eng zusammenspielen. Im schweizerischen politischen Verständnis sind darum Grund- und Menschenrechte sowohl Grundlage als auch Weg, Ziel und Schranke der Demokratie.
Grundrechte als Grundlage, Ziel und Schranke der Demokratie	
36 Grundgedanke gleicher Würde und Autonomie Entfaltung politischer Rechte im Schutz der Individualrechte	Der Grundtenor der liberalen Freiheitsrechte zielt auf Vielfalt, Schutz der Eigenart, des Besonderen, des Einmaligen und Individuellen. Den Grundrechten der demokratischen Teilhabe liegt mehr der Gedanke der gleichen Maßgeblichkeit jedes Menschen in der Gestaltung politischer und rechtlicher Ordnung zugrunde. Beide Arten von Grundrechten werden getragen vom *einen* Gedanken der gleichen Würde und Autonomie der Menschen trotz verschiedener Gewichtung in geistes- und rechtsgeschichtlichen Phasen und Strömungen. Demokratische Grundrechte sind die Pfeiler demokratischer Institutionen; sie ermöglichen gemeinsames Handeln und soziale Ordnung trotz Verschiedenheit und trotz unendlich vieler Eigenheiten, Wünsche und Interessen. Liberale Rechte allein tendieren zu Auflösung, ja zu Chaos und Anarchie, politische Rechte ohne Einbettung in liberale Rechte zur Tyrannei z.B. einer numerischen Mehrheit in Abstimmungen oder in den durch Wahlen erkorenen Organen. Liberale Grundrechte beschützen Minderheiten in ihrer Vielfalt, politische Rechte geben ihnen eine Stimme in der Ordnung von Obliegenheiten des größeren Kreises. Politische Rechte zehren gleichsam von der Energie, der Spontaneität und Innovation, wie sie im Schutz der Individualrechte im eigensten Bereich jedes Menschen gedeihen können. Und diese Eigenheit und Besonderheit braucht wiederum Ausdruck in Institutionen der gemeinsamen Entscheidbildung, um gemeinsames Überleben und Wohlfahrt zu sichern und zugleich einen rechtlich geschützten Raum der Selbstgestaltung erhalten und weiterbilden zu können.

---

50 Dies wird vertieft bei *J.P. Müller*, Einheit der Verfassung und Vielfalt der Kultur, in: Alexander Blankenagel u. a. (Hg.), Verfassung im Diskurs der Welt, Liber Amicorum für Peter Häberle, 2004, S. 17 ff.

VI. Beispielhafte Konvergenz liberaler und demokratischer Grundrechtsgehalte in der Stimmfreiheit des Art. 34 BV

Diese essentielle Zusammengehörigkeit beider Richtungen der Freiheit ist im schweizerischen Verfassungsdenken mit seinen starken direktdemokratischen und föderalistischen Institutionen besonders verankert. Vielleicht läßt sich dies am besten an der typisch schweizerischen Ausgestaltung[51] eines besondern Grundrechts, nämlich der Wahl- und Abstimmungsfreiheit[52], verdeutlichen, wie sie nun auch in der Bundesverfassung auf dem Grenzbereich zwischen liberalen und politischen Grundrechten in Artikel 34 Absatz 2 Ausdruck gefunden hat. Dieses Recht sichert dem Einzelnen seine ganz individuelle Meinungsbildung und die unkontrollierte Äußerung seiner politischen Meinung, sowie die von sozialer, politischer und wirtschaftlicher[53] Macht abgeschirmte Teilnahme an demokratischen Prozessen. Diese Freiheit ist zugleich das Instrument einer demokratischen Willens- und Entscheidfindung insgesamt, die für alle verbindliche Entscheide herbeiführen und doch keinen Menschen übersehen soll. Wie alle echten Grundrechte schützt das Wahl- und Abstimmungsgeheimnis „die Schwächeren vor der Einflussnahme durch die Stärkeren"[54].

37
Grenzbereich zwischen liberalen und politischen Grundrechten

VII. Einfluß der gemeinsamen Sicht von liberalen und politischen Grundrechten auf die Grundrechtsdogmatik in der Schweiz

Die stärkere Integration der demokratischen Teilnahmerechte (mitsamt der Garantie der Wahl- und Abstimmungsfreiheit) in ein einheitliches Konzept der Grundrechte hat wohl in der schweizerischen Verfassungspraxis die Ein-

38
Einheitliches Konzept der Grundrechte

---

51 Zur Abgrenzung und Vergleichung mit ähnlichen ausländischen Garantien s. insbesondere *Nadja Braun*, Stimmgeheimnis, 2006, S. 28 ff. Die direkt-demokratischen Beteiligungsmöglichkeiten in der Schweiz gaben dem Interesse an einer unverfälschten Debatte vor Wahlen und Abstimmungen mehr Gewicht als in den anderen Ländern. Auch die historische Tradition der Landsgemeinde spielte dabei eine Rolle, vor allem in der Überzeugung, daß eine solche Diskussion innerhalb der Bürgerschaft ernsthaft nur im Zusammenhang mit der gleich anschließenden verbindlichen Stimmabgabe funktionieren könne. Kennzeichen dieser Versammlungskultur ist, daß jeder sich äußern kann und gehört wird an dem Ort, wo auch verbindlich entschieden wird. Das schließt nicht aus, daß die offene Stimmabgabe in der Landsgemeinde heute diese Institution (nicht aber ihre Diskurskultur) grundsätzlich in Frage stellt: *Braun* aaO., RN 642 (S. 229).
52 Das schweizerische Bundesgericht hat die Wahl- und Abstimmungsfreiheit vor der Totalrevision von 1999 als ungeschriebenes verfassungsmäßiges Recht des Bundes anerkannt. Es besteht im Anspruch aller Bürgerinnen und Bürger darauf, daß „kein Abstimmungs- oder Wahlergebnis anerkannt wird, das nicht den freien Willen der Stimmbürger zuverlässig und unverfälscht zum Ausdruck bringt" (so z. B. BGE 124 I 55 Erw. 2 a). Es schließt den Anspruch auf geheime und von äußern Einflüssen geschützte Stimmabgabe in kommunalen, kantonalen wie eidgenössischen Angelegenheiten ein (*Braun* aaO., S. 178 RN 468). *Yvo Hangartner/Andreas Kley*, Die demokratischen Rechte in Bund und Kantonen, 2000, S. 969–1098.
53 Nach *Braun* aaO, RN 646 (S. 230) (siehe jetzt auch BGE 132 I 104 [erhöhte Pflicht zur Zurückhaltung der Behörden]), will das Grundrecht auch garantieren, daß die ökonomischen Abhängigkeiten nicht zu politischen werden. Zur Freiheit von Wahl und Abstimmung im Sinne von Art. 34 Abs. 2 BV siehe auch ausführlich *Steinmann*, in: Ehrenzeller u. a., St. Galler Kommentar (LitVerz.), Art. 34 RN 10 ff., und vor allem *Pierre Tschannen*, Stimmrecht und politische Verständigung, 1995. → Unten *Tschannen*, Schutz der politischen Rechte, § 220.
54 So *Braun* aaO., RN 639 (S. 229), in ihren Schlußfolgerungen zur rechtsvergleichenden und rechtshistorischen Untersuchung des Stimmgeheimnisses.

sicht erleichtert, daß Grundrechte im demokratischen Staat nicht primär Abwehrrechte gegen eine unerwünschte Staatsgewalt sind, sondern daß es um eine optimale Entfaltung menschlicher Autonomie gerade auch durch die Ausgestaltung der Verfassungs- und Rechtsordnung in ihren prozessualen und institutionellen Aspekten geht. Teilnahme an demokratischen Abstimmungen oder Wahlen muß auf der Grundlage eines genossenschaftlichen Konzepts von Demokratie nicht gegen den Staat durchgesetzt werden, sondern die demokratische Ordnung von Verfahren und Institutionen konstituiert erst das republikanische Gemeinwesen. Das färbt auf das Verständnis der andern Grundrechte ab. Eine Leistungskomponente muß als Grundrechtsgehalt der demokratischen Meinungsbildung auch bei Radio- und Fernsehen so wenig über eine objektivrechtliche Konstruktion, über Schutzpflichten oder eine institutionelle Deutung erzwungen werden wie bei dem für die Demokratie seit Beginn des Bundesstaates so wichtigen Grundrecht auf elementare Bildung und unentgeltlichen Grundschulunterricht für alle.

Leistungskomponente als Grundrechtsgehalt

39

Unentgeltliche Rechtspflege und Verbeiständung

Schutz der Persönlichkeit

Das Bundesgericht hat sehr früh aus dem Gleichheitssatz die Konsequenz gezogen, auch dem Minderbemittelten müsse wie dem Begüterten der Gang zum Gericht offen stehen, und es hat daraus die wegweisenden Regeln der sogenannten unentgeltlichen Rechtspflege und Verbeiständung entwickelt, ohne sich auf eine dogmatische Konstruktion abzustützen. Auch die Einsicht, daß das elementare Rechtsgut der Persönlichkeit und Freiheit des Menschen im Recht nicht primär einem gleichsam böswilligen Staat abzutrotzen sei, sondern daß er seine Gerichtsbarkeit gerade zu solchem Schutz zur Verfügung stellen solle, war in der Schweiz naheliegend, da sich der Gedanke der Notwendigkeit eines rechtlichen Schutzes persönlicher Freiheit zu allererst auf der Grundlage der Privatrechtsnorm der Art. 27 ff. ZGB entfaltete und erst später die Einsicht dazukam, daß die unter Privaten anerkannten Rechtsgüter der Privatsphäre oder der Freiheit des Privatlebens auch in hoheitlichen Beziehungen Schutz verdienten, etwa bei Verhaftung, im Gefängnis oder schließlich auch in Schule und Militär. Daß es beim Persönlichkeitsschutz des Privatrechts und dem Grundrechtsschutz der Verfassung um eine einheitliche Werteordnung ging, setzte sich ungezwungen durch.

40

Einheit oder Trennung des Grundrechtsgüterschutzes

Ein heftiger Streit um Einheit oder Dualismus der Verbindlichkeit von Grundrechtsgütern entfachte sich gegen Ende des 20. Jahrhunderts aufgrund eines obiter dictums in einem bundesgerichtlichen Urteil zum Streikrecht, wo eine – im Sinne der deutschen Lehre konzipierte – Drittwirkung des Streikrechts erwogen worden war[55]. Vermutlich hat diese für schweizerische Verhältnisse ungewöhnlich hart geführte wissenschaftliche Kontroverse zum eigenartigen Ergebnis geführt, daß in der Bundesverfassung von 1999 ohne

---

55 *BGE 111* II 245 ff. und dazu *J.P. Müller*, Einleitung zu den Grundrechten, in: Aubert u.a., Bundesverfassung 1874 (LitVerz.), Vorbemerkungen vor Art. 4 aBV, RN 58–72, und zur neuesten Entwicklung im Anschluß an *BGE 123* II 402: *J.P. Müller*, Menschenrechte und wirtschaftliche Ordnung, in: Peter G. Kirchschläger u.a. (Hg.), Menschenrechte und Wirtschaft im Spannungsfeld von State and Nonstate Actors. Internationales Menschenrechtsforum in Luzern (IHRF) 2005, Band II, 2006, S. 189 ff. m.w.H. in FN 8 ff.

großes Aufsehen eine bisher im Verfassungsrecht kaum in dieser Deutlichkeit formulierte Bestimmung über die notwendige Einheit der Rechtsordnung und die Verbindlichkeit der in den Verfassungsrechten angesprochenen Grundwertungen aufgenommen wurde mit der Formulierung: „Die Grundrechte müssen in der ganzen Rechtsordnung zur Geltung kommen", und „die Behörden sorgen dafür, dass die Grundrechte [...] auch unter Privaten wirksam werden" (Art. 35 Abs. 1 und 3 BV). Damit sind ohne Zweifel alle staatlichen Funktionen, Gesetzgebung, Justiz und Verwaltung angesprochen. Kritisch kann man auch anmerken, daß die sehr dogmatisch geführte Auseinandersetzung der achtziger Jahre aber auch zu einer gewissen Einengung des Blickfelds geführt hat, nämlich zur Konzentration auf die Frage der Geltung von Grundrechten im Privatrecht, wobei die umfassendere Sicht, wie sie noch im Entwurf der Expertenkommission *Furgler* (1977) dominierte[56], verloren ging.

C. Einordnung und Schwerpunkte der Grundrechte in der Bundesverfassung

I. Zur Entstehung des Grundrechtskatalogs in der Bundesverfassung von 1999

Die Grundrechte haben in der geltenden Bundesverfassung einen zeitgemäßen, systematischen und umfassenden Ausdruck gefunden. Anstöße sind wesentlich vom Bonner Grundgesetz, der Europäischen Menschenrechtskonvention und neueren kantonalen Verfassungen ausgegangen, insbesondere der bernischen Verfassung von 1995, die auch gleich nach Inkrafttreten eine vorbildliche wissenschaftliche Kommentierung gefunden hat[57]. Schwer einzuschätzen ist der Einfluß des privaten Entwurfs für eine neue Bundesverfassung von *Alfred Kölz* und *Jörg Paul Müller*[58]. Faktisch war auch der Einfluß der US-amerikanischen Rechtsprechung und Lehre eine wichtige Quelle für

41
Zeitgemäßer, systematischer und umfassender Grundrechtsschutz

---

56 Der Entwurf der Expertenkommission „Furgler" von 1977 (herausgegeben von der Bundeskanzlei) hatte unter dem Titel „Verwirklichung der Grundrechte" u.a. ausgeführt: „Die Grundrechte müssen in der ganzen Gesetzgebung, besonders auch im Organisations- und Verfahrensrecht zur Geltung kommen. Gesetzgebung und Rechtsprechung sorgen dafür, dass die Grundrechte sinngemäss auch unter Privaten wirksam werden. (...) Vor allem darf niemand Grundrechte durch Missbrauch einer Machtstellung beeinträchtigen" (Art. 24 und 25 des Entwurfs von 1977). Ein interessantes Detail liegt darin, daß in der schweizerischen „Drittwirkungsdiskussion" schon frühzeitig auch die Notwendigkeit einer gewissen „Drittwirkung der politischen Rechte" mitbedacht wurde. Exemplarisch kann der Aufsatz von *Hans Huber*, Bedeutung der Grundrechte für die sozialen Beziehungen unter den Rechtsgenossen, ZSR 1955 I, S. 137 ff., gelten, wonach auch ein Arbeitgeber aufgrund der Verfassung verpflichtet sei, dem Arbeitnehmer den notwendigen Spielraum für die Ausübung eines politischen Mandats im Rahmen des schweizerischen Milizsystems zu ermöglichen.
57 *Walter Kälin/Urs Bolz* (Hg.): Handbuch des bernischen Verfassungsrechts, mit einführenden Beiträgen von *Ulrich Zimmerli, Peter Saladin, Jörg Paul Müller* u.a. sowie einer artikelweisen Kommentierung durch *Urs Bolz*, 1995. Das Buch ist auch in französischer Sprache erschienen.
58 *Alfred Kölz/Jörg Paul Müller*, Entwurf einer neuen Bundesverfassung, 1984 (mit mehreren Neuauflagen in der Folgezeit). Siehe dazu *Isabelle Häner*, Der private Verfassungsentwurf Kölz/Müller – seine Wirkungen, in: dies. (Hg.): Nachdenken über den demokratischen Staat und seine Geschichte, Beiträge für Alfred Kölz, 2003, S. 315 ff., und die Besprechung von *Peter Häberle*, ZSR 1985 I, S. 353 ff.

Einfluß von Wissenschaft und Rechtsvergleichung

die Neubewertung der Grundrechte in der zweiten Hälfte des 20. Jahrhunderts in der Schweiz. Die liberale Glanzzeit des Supreme Court in den Jahren 1953 bis 1969 unter Chief Justice *Earl Warren* hat jedenfalls einen Großteil der schweizerischen Staatsrechtslehrer, die in irgend einer Form an der Ausarbeitung der Verfassung von 1999 beteiligt waren (und zum Großteil eine postdoc-Ausbildung in den USA genossen hatten), tief beeinflußt. Die Verfassungsgebung in den neunziger Jahren wäre wohl schwieriger gewesen ohne die wissenschaftliche Vorarbeit, die besonders im vierbändigen Großen Kommentar zur Bundesverfassung von 1874 in den Jahren 1985 bis 1995 geleistet worden war[59].

II. Die Grundrechte im Lichte von Präambel und Einleitungsartikeln

42
Wesentlichkeitsstufen?

Für das Verständnis der Eigenart der schweizerischen Bundesverfassung ist nicht unerheblich, daß die Grundrechte nicht an erster Stelle der Verfassung stehen[60]. Ihnen gehen Allgemeine Bestimmungen voran, die vielleicht in der Schweiz doch als noch wesentlicher empfunden wurden.

1. Die Präambel

43
invocatio dei

Die Präambel enthält keinen Hinweis auf die Grundrechte. An erster Stelle erscheint die Anrufung Gottes. Es mag interessieren, daß in der Vorbereitungsphase der Totalrevision von 1999 wohl keine Bestimmung so intensiv auch in der Öffentlichkeit diskutiert worden war wie die Anrufung Gottes[61]. Die immer noch überwiegend christliche Prägung des Landes, aber auch ein fast mythisches oder doch nostalgisches Festhalten an der Tradition der invocatio dei, die seit dem 13. Jahrhundert die Freiheitsurkunden der Bünde im Höheren verwurzelt hatte, überwogen das Bedürfnis, dem säkularen Staat Vorrang einzuräumen. Obschon diese traditionelle Anrufung Gottes klar als Präambel bezeichnet ist, fehlt es weder in Wissenschaft noch in der Praxis an Stimmen, die darin eine gewisse Verpflichtung der Schweiz auf christliche Grundwerte sehen wollen, was im interreligiösen Dialog der mulikulturellen Gesellschaft wieder besonders akzentuiert hervortritt. Der in der Präambel

Zeitgemäßes Freiheits- und Solidaritätsverständnis

später folgende Satz hingegen, „dass frei nur ist, wer seine Freiheit gebraucht, und dass sich die Stärke eines Volkes misst am Los der Schwachen", wurde nicht als Vertiefung christlichen Gedankenguts, sondern eher als innovative Reverenz gegenüber einem zeitgemäßen Freiheits- und Solidaritätsverständnis aufgenommen. Die Formulierung stammt übrigens aus der Feder des Schweizer Schriftstellers *Adolf Muschg*, der während Jahren in einer der vorbereitenden Kommissionen (Kommission *Furgler*) am ganzen Text des Verfassungsentwurfs mitgearbeitet hat.

---

[59] *Aubert* u.a., Bundesverfassung 1874 (LitVerz.); als Kommentatoren hatten sich über 30 Staatsrechtsprofessoren der Schweiz beteiligt.
[60] Zur Bedeutung einer Voranstellung der Grundrechte → Bd. II: *Merten*, § 27 RN 5 ff.
[61] Siehe statt vieler die sorgfältige Analyse von *Mahon*, in: Aubert/ders., Petit commentaire (LitVerz.), S. 3–11 mit Hinweis auf sämliche Protokolle der parlamentarischen Verfassungsberatung (aaO., S. 10).

2. Art. 1 bis 3 BV: Definition und Zweck der Eidgenossenschaft

Der Präambel folgt eine Umschreibung der Schweizerischen Eidgenossenschaft, die sich demnach aus dem Schweizervolk und den 26 Kantonen zusammensetzt (Artikel 1). Es schließt sich der Zweckartikel (Artikel 2) an, wo allem voran „die Freiheit und die Rechte des Volkes", sodann „die Unabhängigkeit und Sicherheit des Landes" als Zweck des Bundes bestimmt werden. Mit den Rechten des Volkes ist ein Bezug zu den politischen Rechten hergestellt, irgendein Hinweis auf oder eine Überleitung zu den anderen Grundrechten – wie sie sich etwa im deutschen Grundgesetz mit dem allgemeinen Bekenntnis zu Menschenrechten als Grundlage jeder menschlichen Gemeinschaft findet – fehlt aber. Es folgt in Artikel 3 eine Feststellung der Souveränität der Kantone, die nur durch die Bundesverfassung beschränkt werden könne.

44 Bezug zu politischen Rechten

3. Art. 5 BV: Allgemeine Grundsätze staatlichen Handelns

In Artikel 5 sind einige für die Rechtspraxis besonders wichtige Grundsätze staatlichen Handelns festgehalten: Es geht um das Prinzip der Gesetzmäßigkeit, der Verhältnismäßigkeit, den Vertrauensgrundsatz sowie den Vorrang des Völkerrechts und des Bundesrechts. Diese Grundsätze sind weder aus Grundrechten abgeleitet, noch können aus ihnen individuelle Verfassungsrechte gewonnen werden[62]. Die Abgrenzung gegenüber dem Grundrechtsteil ist beim Schutz von Treu und Glauben besonders deutlich: Was hier als objektives Prinzip formuliert wird, taucht in Artikel 9 wieder als eigentliches Grundrecht auf[63].

45 Objektive Prinzipien ohne Grundrechtsgehalt

4. Art. 6 BV: Eigenverantwortung und Sozialziele

Charakteristisch für Staatsidee und Verfassungsverständnis der Schweiz ist sodann Artikel 6, der für jede Person „die Verantwortung für sich selber" und die Pflicht, „nach ihren Kräften zur Bewältigung der Aufgaben in Staat und

46 Selbst- und Sozialverantwortung

---

[62] Eine Ausnahme macht der Grundsatz des Vorrangs des Bundesrechts vor kantonalem Recht, der in einer weit zurückreichenden Praxis auch als verfassungsmäßiges Recht des Einzelnen aufgefaßt wird. *BGE 122* I 18.
Eine Verletzung des Verhältnismäßigkeitsprinzips kann hingegen nicht selbständig mit der subsidiären Verfassungsbeschwerde geltend gemacht werden, sondern nur zusammen mit einem verfassungsmäßigen Recht, z. B. der persönlichen Freiheit oder dem Willkürverbot (*Ulrich Häfelin/Georg Müller/Felix Uhlmann*, Allgemeines Verwaltungsrecht, ⁵2006, S. 123 RN 584). Der Einzelne sollte jedoch nach Meinung von *Häfelin*, *Haller* und *Keller* doch mit der Einheitsbeschwerde Grundsätze, wie solche des Art. 5 BV, anrufen können, „wenn eine staatliche Massnahme nicht in den Schutzbereich eines Freiheitsrechts fällt, vom Beschwerdeführer jedoch als unverhältnismässig im Sinne des Art. 5 Abs. 2 betrachtet wird" (*Häfelin/Haller/Keller*, Supplement [LitVerz.], S. 29 RN 1973). Nach meiner Auffassung begründet jedoch der Grundsatz der Verhältnismäßigkeit gemäß Art. 5 nach wie vor kein subjektives Verfassungsrecht, hingegen stellt das Gebot der Verhältnismäßigkeit einen selbständigen Rechtsgrundsatz des Allgemeinen Verwaltungsrechts sowohl des Bundes als auch der Kantone dar. Mit der Einheitsbeschwerde kann jede Mißachtung des allgemeinen Rechtsgrundsatzes der Verhältnismäßigkeit als Verletzung von Bundesrecht gerügt werden; sofern es um die Anwendung kantonalen Rechts geht, ist jedoch nur die Willkürrüge möglich. Siehe *J.P. Müller*, Grundrechte in der Schweiz (LitVerz.), S. 484.
[63] Die ausführlichste Auseinandersetzung mit dieser doppelten Verbürgung des Vertrauensprinzips findet sich bei *Elisabeth Chiariello*, Treu und Glauben als Grundrecht nach Art. 9 der Bundesverfassung, 2004.

Gesellschaft beizutragen", festhält. Man kann diese Bestimmung auch im Lichte der dem Grundrechtsteil angefügten Sozialziele lesen, wo zwar schön, aber reichlich unbestimmt und unter allen möglichen Kautelen auch Sozialbestimmungen erscheinen: Bund und Kantone sollen „in Ergänzung zu persönlicher Verantwortung und privater Initiative" doch auch für Bildung, Wohnung, Arbeit, Gesundheit und soziale Sicherheit sorgen, alles aber unter dem mahnenden Vorbehalt, daß aus solchen Zielen „keine unmittelbaren Ansprüche auf staatliche Leistungen" abgeleitet werden können (Art. 41 BV).

III. Gibt es eine Hierarchie innerhalb der Grundrechte der Bundesverfassung?

47 *Menschenwürde*

Von der Präambel bis zu Artikel 6 zeigt die Bundesverfassung ein typisch schweizerisches Bild mit Anklängen an jahrhundertealte Rechtsvorstellungen und mit einem Rechtsverständnis, das primär von der Freiheit des Volkes, seiner Unabhängigkeit und der Selbständigkeit der Kantone und nicht vom aufklärerischen Glauben an das Primat von individueller Freiheit und Menschenwürde ausgeht[64]. Die Umkehr oder anders gesagt: den Anschluß an die internationale Entwicklung findet die Bundesverfassung dann aber mit der Proklamation der Menschenwürde in Artikel 7; die folgenden Einzelgrundrechte können im Rahmen einer systematischen Auslegung wie Konkretisierungen dieser obersten Norm verstanden werden. Nichts ist im gesamten Grundrechtskatalog der Artikel 8 bis 36 von jener engen Bindung der individuellen Freiheit an die politische Freiheit oder Partizipation zu spüren, die für die Schweizer Verfassungsentwicklung so typisch ist[65]. Aber auch dieser Anschein eines Primats der Menschenwürde stimmt mit der Grundrechtsentwicklung in der Schweiz nicht überein: Betrachtet man diese pragmatisch, also nicht unter der Perspektive einer vorweggenommenen Dogmatik, so war das *Willkürverbot*[66] in der Schweiz das eigentliche Muttergrundrecht.

Willkürverbot als Muttergrundrecht

48 *Willkürverbot*

Das Willkürverbot steht geistesgeschichtlich nahe dem Widerstandsrecht und hat sich immer wieder an einem pragmatischen Begriff der Gerechtigkeit orientiert. Willkür bedeutet grobes Unrecht, Eigengesetzlichkeit der Staats-

---

[64] Dies wird besonders deutlich, wenn man sich den Text des Art. 1 Abs. 2 GG vor Augen hält, wo es im Anschluß an die Garantie der Menschenwürde heißt: „Das Deutsche Volk bekennt sich darum zu unverletzlichen und unveräußerlichen Menschenrechten als Grundlage jeder menschlichen Gemeinschaft, des Friedens und der Gerechtigkeit in der Welt". In der schweizerischen Tradition würde kaum verstanden, daß sich das Schweizervolk wegen der allgemeinen Verbindlichkeit der Menschenwürde zu den Menschenrechten und daraus folgend zur unmittelbaren Verbindlichkeit der anschließend im einzelnen aufgezählten Grundrechte der Verfassung bekennt. Es ist auch zu fragen, welche „Menschenrechte" bei Erlaß des Grundgesetzes gemeint waren. Unmittelbar vorher, im Jahr 1948, war mühsam die Menschenrechtserklärung der UNO zustandegekommen, sie hatte empfehlenden, nicht zwingenden Charakter und stellte im wesentlichen einen heute problematischen Kompromiß zwischen damaligem Ost und West dar, mit einer Durchmischung von liberalen und sozialen Rechten, ein Kompromiß, in dem sich heute etwa die arabische Welt nicht recht aufgehoben weiß. → Bd. II: *Isensee*, Positivität und Überpositivität der Grundrechte, § 26.
[65] Eine Ausnahme macht Artikel 34 mit seinem Vorgriff auf die politischen Rechte, worauf bereits oben hingewiesen wurde.
[66] → Unten *Aubert*, Willkürverbot und Vertrauensschutz als Grundrechte, § 228.

macht, die nicht nach sachlichen Gründen für ihr Handeln fragt und sich als maßlos gebärdet. Obwohl sich das Willkürverbot nicht ausdrücklich in der Verfassung fand, prägte es die gesamte Verfassungsrechtsprechung des Bundesgerichts im 20. Jahrhundert wie kein anderes verfassungsmäßiges Recht[67]. Artikel 9 gibt dem Willkürverbot nun explizit Ausdruck, nicht aber seiner dominierenden Stellung in der Rechtsprechung.

Auch nachdem die *persönliche Freiheit* als ungeschriebenes Grundrecht der Bundesverfassung mit zunehmenden Bezügen auf die Menschenwürde als ihrem Kern anerkannt war, rückte dieses Grundrecht nicht ins Zentrum der Grundrechtsrechtsprechung; es entwickelte sich namentlich nicht zu einer allgemeinen Handlungsfreiheit wie der vergleichbare Art. 2 Abs. 1 GG[68]. Auffangtatbestand bleibt das Willkürverbot.

49
Persönliche Freiheit

IV. Hauptstränge der Grundrechtsentwicklung (Zusammenfassung)

Zusammenfassend sind in der geltenden Bundesverfassung verschiedene Hauptstränge der Grundrechtsentwicklung ineinander verwoben, und es ist offen, wie sie sich etwa im Rahmen der neuen subsidiären Verfassungsbeschwerde nach dem Jahr 2007 weiter ausgestalten und durchsetzen werden: Als historische Wurzel und entscheidender Entwicklungsimpuls auch im dominierenden Rechtsbewußtsein ragt die demokratische Freiheit hervor, wie sie in den verschiedenen Ausformungen der Garantie politischer Grundrechte in der Verfassung Ausdruck gefunden hat (Art. 34, 39, 136, 138 ff.).

50
Historisches Primat demokratischer Freiheit

Demokratische Freiheit

In Zusammenhang mit dem hohen Stellenwert der demokratischen Rechte auf Partizipation fällt aber auch den Garantien der Kommunikationsfreiheit ein sehr hohes Gewicht zu. Bereits der Verfassungstext hebt diese Freiheit mit speziellen Garantien für die Medien und noch besonders für Radio und Fernsehen (Artikel 93) hervor.

51
Kommunikationsfreiheit

Pragmatisch steht in der Verfassungsrechtsprechung – wie oben dargestellt – das Willkürverbot im Vordergrund des Grundrechtsschutzes des 20. Jahrhunderts mit seinen Bezügen zum Widerstandsrecht und einem common sense-Verständnis elementarer Gerechtigkeitsforderungen. Es fragt sich, wie weit die Garantie der Menschenwürde des Artikels 7 im Rahmen der neuen Bundesverfassung nun dem Gleichheitssatz und dem Willkürverbot der Artikel 8 und 9 den Rang eines Muttergrundrechts ablaufen und sich zum Schwerpunkt der weiteren Grundrechtsentwicklung herauskristallisieren wird.

52
Willkürverbot und Menschenwürde

Die fast radikale Integration der Europäischen Menschenrechtskonvention in das Schweizerische Recht vor allem durch die Rechtsprechung des Bundesgerichts hat auf allen Ebenen des eidgenössischen und kantonalen Rechts die jüngste Grundrechtsentwicklung stark geprägt. Dies wird auch im Verfas-

53
Integration der EMRK

---

[67] Dazu *J.P. Müller*, Grundrechte in der Schweiz (LitVerz.), S. 208–221, und *Schefer*, Grundrechte (LitVerz.), S. 265 ff. Bundesrichter *Hans Dubs* stellte 1983 fest, daß in über 80 v.H. aller staatsrechtlichen Beschwerden Art. 4 aBV und vor allem das Willkürverbot angerufen werden (S. 210).
[68] → Bd. V: *Kahl*, Die allgemeine Handlungsfreiheit als Auffangtatbestand, § 123.

§ 202   *Vierzehnter Teil: I. Allgemeiner Teil*

preferred position-Doktrin

sungstext der Bundesverfassung von 1999 deutlich: Vier zentrale und detaillierte Grundrechte der neuen Bundesverfassung im Bereich prozeduraler Fairneß sind praktisch Übernahmen von EMRK-Garantien ins formelle schweizerische Verfassungsrecht (Art. 29–32 BV). Ob in der Schweiz eine preferred position-Doktrin gilt im Sinne eines generellen Vorrangs sogenannter idealer Grundrechte vor denen des Wirtschaftslebens (Wirtschaftsfreiheit, Eigentumsgarantie), ist umstritten. Das Bundesgericht hat vereinzelt eine solche Hierarchie bejaht, aber nicht konsequent verfolgt[69]. Nun haben aber in der Rechtswirklichkeit die Freiheiten der Kommunikation und der Persönlichkeit dadurch faktisch eine besondere Stellung im schweizerischen Grundrechtsschutz gefunden, daß nach einer neuen Entwicklung die durch die EMRK garantierten Grundrechte – infolge des Vorrangs des Völkerrechts und der besonderen Rechtsschutzmechanismen im Rahmen des EGMR – auch gegenüber Bundesgesetzen zur Geltung gebracht werden können.[70] Elemente einer preferred position-Doktrin lassen sich aber auch in der Straßburger Rechtsprechung und in der Praxis des Europäischen Gerichtshofs[71] ausmachen.

54

Bedeutung der Wirtschaftsfreiheit

Noch nicht geklärt ist unter der neuen Verfassung, ob die ehemalige Handels- und Gewerbefreiheit in Form der nun garantierten Wirtschaftsfreiheit[72] die dominierende Stellung behalten wird, die ihr unter der alten Verfassung zukam. In der praktischen Politik nimmt die Schweiz sozusagen vorbehaltlos an den Prozessen der weltweiten Liberalisierung im wirtschaftlichen Bereich teil, im Rahmen der World Trade Organisation, der multilateralen und der bilateralen Freihandelsabkommen und des bereits dichten Netzes von bilateralen Abkommen mit der Europäischen Union. Dem Autor scheint, daß sich auf ökonomischem Gebiet das Schwergewicht noch mehr als in anderen Bereichen vom nationalen Grundrechtsschutz auf das Anliegen der Liberalisierung im internationalen Bereich verlagert, was allerdings dogmatisch noch wenig aufgearbeitet ist.[73]

---

69 So räumt das Bundesgericht in *BGE 96* I 586 der Meinungsfreiheit eine besondere Schutzwürdigkeit („une place à part dans le catalogue des droits individuels garantis par la constitution et un traitement privilégié de la part des autorités") gegenüber den andern Grundrechten ein. Siehe zum Ganzen *Rhinow*, Grundzüge (LitVerz.), RN 939 ff.

70 Zum neuesten Stand der Diskussion siehe *Giusep Nay*, Koordination des Grundrechtsschutzes in Europa – die schweizerische Perspektive, ZSR 2005 II, S. 97 ff. Siehe im gleichen Band auch die Ausführungen von *J.P. Müller*, S. 24; *BGE 125* IV 417 ff., 424.

71 Exemplarisch sind die Fälle Omega und Schmidberger: *EuGH*, Urt. v. 14. 10. 2004, Rs. C-36/02 (Omega Spielhallen- und Automatenaufstellungs-GmbH./.Oberbürgermeisterin der Bundesstadt Bonn), Slg. 2004, I-9609 ff., sowie EuGRZ 2004, S. 229 und S. 639 (Vorrang der Menschenwürde des deutschen Grundgesetzes vor den Grundfreiheiten der EU), und *EuGH*, Urt. v. 12. 6. 2003, Rs. C-112/00 (Eugen Schmidberger, Internationale Transporte und Planzüge ./. Republik Österreich), Slg. 2003, I-5659 ff. (Vorrang der Kommunikationsgrundrechte vor der Grundfreiheit auf freien Warenverkehr). Zur EMRK siehe etwa *Villiger*, EMRK (LitVerz.), RN 553, 613.

72 → Unten *Vallender*, Wirtschaftsfreiheit, § 222.

73 Siehe statt vieler: *Thomas Cottier/Matthias Oesch*, International Trade Regulation, 2005, S. 197 ff.

Als Ergebnis kann hier festgehalten werden, daß sich nicht ein einheitliches System des Grundrechtsschutzes in der Schweiz feststellen läßt. Es konkurrieren verschiedene Schwerpunkte und Leitprinzipien, die sich bei der Interpretation der einzelnen Gewährleistungen überschneiden oder auch konkurrenzieren können. Hier sei keine strikte Hierarchisierung der Grundrechte verteidigt, trotz der Einsicht, daß im allgemeinen den Kommunikationsgrundrechten oder den Freiheiten der Persönlichkeit in einer modernen rechtsstaatlichen Demokratie größeres Gewicht zukommt als Grundrechten des wirtschaftlichen Handelns. Entscheidend ist aber der personale oder demokratische Wertgehalt im konkreten Fall. Auch die Wirtschaftsfreiheit der Bundesverfassung hat ihre höchst persönlichen Seiten wie das Verbot der Zwangsarbeit oder die Freiheit der Berufswahl, und auch die Eigentumsgarantie schützt mitunter zentrale persönliche Werte wie die Intimität eines Tagebuchs oder die Verfügbarkeit über andere ganz persönliche Sachen oder über den unmittelbaren Erwerb geistiger oder körperlicher Arbeit. Ähnlich ist das Problem anzugehen, ob es im prozessualen Bereich unverjährbare und unverzichtbare Rechte gibt, die etwa bei der Frage eines Rechtsmittelverzichts relevant sein können. Auch hier würde ich auf die konkrete Bedeutung des betroffenen Grundrechtsgehalts als Ausdruck der Menschenwürde oder der offenen gesellschaftlichen und politischen Meinungsbildung abstellen und nicht von bestimmten Kategorien ausgehen[74].

55
Kein System der Grundrechte

Konkrete Gewichtung nach personalem oder demokratischem Gehalt

---

[74] Ausführlicher dazu *J.P. Müller*, in: Thürer/Aubert/ders., Verfassungsrecht (LitVerz.), § 39 S. 632 ff.

D. Bibliographie

Blickle, Peter, Von der Leibeigenschaft zu den Menschenrechten, ²2006.
Braun, Nadja, Stimmgeheimnis, 2006.
Chiariello, Elisabeth, Treu und Glauben als Grundrecht nach Art. 9 der Bundesverfassung, 2004.
Ehrensperger, Elisabeth, Die Allgemeine Erklärung der Menschenrechte als Modellfall der Deliberation, 2006.
Häfelin, Ulrich/Haller, Walter/Keller, Helen, Bundesgericht und Verfassungsgerichtsbarkeit nach der Justizreform, 2006.
Häner, Isabelle, Gerichtliche Überprüfung von Volksentscheiden, in: Roger Zäch u. a. (Hg.), Individuum und Verband, FG zum Schweizerischen Juristentag 2006, 2006, S. 491 ff.
Huber, Hans, Bedeutung der Grundrechte für die sozialen Beziehungen unter den Rechtsgenossen, ZSR 1955 I, S. 137 ff.
Kölz, Alfred, Neuere schweizerische Verfassungsgeschichte, Bd. I, 1992, Bd. II, 2004.
ders., Quellenbuch zur neueren schweizerischen Verfassungsgeschichte, Bd. II, 1982.
ders./Müller, Jörg Paul, Entwurf einer neuen Bundesverfassung, 1984.
Müller, Jörg Paul, Das Weltbürgerrecht, in: Otfried Höffe (Hg.), Metaphysische Anfangsgründe der Rechtslehre, 1999.
ders., Demokratische Verfassung, 2002.
ders., Der politische Mensch – menschliche Politik, Demokratie und Menschenrechte im staatlichen und globalen Kontext, 1999.
ders., Einheit der Verfassung und Vielfalt der Kultur, in: Alexander Blankenagel u. a. (Hg.), Verfassung im Diskurs der Welt, Liber Amicorum für Peter Häberle, 2004, S. 17 ff.
ders., Elemente einer schweizerischen Grundrechtstheorie, 1982.
ders., Grundrechte in der Schweiz – im Rahmen der BV, der EMRK und der UNO-Pakte, 1999.
ders., Menschenrechte und wirtschaftliche Ordnung, in: Peter G. Kirchschläger u. a. (Hg.), Menschenrechte und Wirtschaft im Spannungsfeld von State and Nonstate Actors. Internationales Menschenrechtsforum in Luzern (IHRF) 2005, Bd. II, 2006, S. 189 ff.
ders., Soziale Grundrechte in der Verfassung, ZSR 1973 II, S. 715 ff.
Peters, Anne, Völkerrecht – Allgemeiner Teil, 2006.
Simpson, A. W. Brian, Human Rights and the End of Empire, Oxford, 2001.
Tschannen, Pierre, Stimmrecht und politische Verständigung, 1995.
Uhlmann, Felix, Das Willkürverbot nach BV Art. 9, 2005.

§ 203
Verfassungsrechtlicher und völkerrechtlicher Status der Grundrechte

Daniel Thürer

Übersicht

	RN		RN
A. Historische Entwicklung und strukturelle Eigenarten der Grundrechte in der Schweiz	1– 7	D. Völkerrechtlicher Schutz der Menschenrechte in der Schweiz	37–54
B. Grundrechte der Bundesverfassung	8–27	I. Ratifikation von Menschenrechtsabkommen durch die Schweiz	37–39
I. Grundrechtekatalog der Bundesverfassung	8–12	II. Verhältnis von Völkerrecht und Landesrecht	40–43
II. Drittwirkung	13	1. Geltung	40
III. Grundrechtsschranken gemäß Art. 36 BV	14	2. Rang	41
IV. Ausgewählte Rechtsprechung des Bundesgerichts	15–27	3. Anwendung	42–43
C. Grundrechte in den Kantonen	28–36	III. EMRK als Kernstück des schweizerischen Menschenrechtsschutzes	44–51
I. Allgemeine Entwicklungen	28–29	IV. Neuere Rechtsprechung des EGMR zur Schweiz	52–54
II. Grundrechtsschutz in den 26 Kantonsverfassungen	30–32	E. Dynamisches System von Normen zwischen verschiedenen Polen	55–60
III. Politische Rechte auf kantonaler Ebene	33–36	F. Bibliographie	

A. Historische Entwicklung und strukturelle Eigenarten der Grundrechte in der Schweiz[*]

1
Drei Rechtsebenen

Grundrechte, in einem umfassenden Sinne verstanden, lassen sich in Freiheitsrechte (*status negativus*), soziale Grundrechte (*status positivus*), politische Rechte (*status activus*) und rechtstaatliche Garantien einteilen. In der Schweiz werden Grundrechte auf drei Rechtsebenen gewährleistet: durch die Bundesverfassung von 1999, durch die sechsundzwanzig Kantonsverfassungen und durch das Völkerrecht. Der Grundrechtsschutz des Bundes ging im wesentlichen aus demjenigen der Kantonsverfassungen hervor. Die Grundrechte der Kantone besitzen heute aber nur noch marginale Bedeutung. Die Entwicklung des modernen Grundrechtsschutzes in der Schweiz fand maßgebliche Impulse der Fortgestaltung von den völkerrechtlich garantierten Menschenrechten her, die nunmehr in einem wesentlichen Maße auf Bundesebene „konstitutionalisiert" worden sind. Im Falle der Schweiz stehen wir vor einem spannenden Exempel eines vielstufigen, dynamischen Verfassungsregimes[1], in dem kantonale Gewährleistungen im Verhältnis zu denjenigen des Bundes und (prinzipiell) internationale Garantien im Verhältnis zu nationalen subsidiär sind, im Grunde genommen aber jede Grundrechtsposition einem Brennpunkt gleicht, in dem ungeachtet von hierarchischen Zuordnungen Lichtstrahlen aus den verschiedenen Rechtssphären zusammentreffen.

Dynamisches Verfassungsregime

2
Geschichtliche Entwicklung

Die Menschen genießen unter der schweizerischen Verfassung einen weitreichenden Schutz. Gleichwohl gehört die Schweiz nicht zu den Geburtsländern der klassischen Menschenrechte. Zwar haben die demokratisch-politischen Rechte der Bürger in der genossenschaftlichen Staatstradition der Schweiz[2] und im Denken namhafter Staatsdenker des Landes wie *Jean-Jacques Rousseau*[3] und *Benjamin Constant*[4] starke Wurzeln. Das Gedankengut der Menschenrechte wurde aber vor allem in England und den Vereinigten Staaten entwickelt und fand in der Französischen Erklärung der Menschen- und Bürgerrechte von 1789 eine feierliche Proklamation. Die Eidgenossenschaft wurde 1798, als Folge der französischen Besetzung, zum ersten Mal mit Grundrechten im modernen Sinn konfrontiert, und mit der Verfassung der Helvetik gelangte die Menschenrechtsidee zum ersten Mal ins schweizerische Staatsrecht. Die Helvetikverfassung von 1798 beseitigte mit bleibender Wirkung die alt-eidgenössischen Untertanengebiete und gewährleistete aus-

Helvetikverfassung von 1798

---

[*] Ich danke Herrn lic. iur. *Felix Schwendimann* für seine sehr wertvolle Mitarbeit.
[1] Vgl. *Pernice/Kanitz*, Fundamental Rights and Multilevel Constitutionalism in Europe, in: Walter Hallstein-Institut (Hg.), Paper 7/04, 2004, S. 1 ff.
[2] Direkt-demokratische Rechte der Bürger waren zur Zeit des „Ancien Régime" freilich im wesentlichen auf die wenigen Landsgemeinde-Kantone beschränkt; in der alten Eidgenossenschaft regierten, was oft übersehen wird, im Grunde genommen zwanzigtausend Bürger über ihre achtzigtausend Mitbürger. Vgl. *Jean-François Aubert*, Bundesstaatsrecht der Schweiz, Bd. I, 1995, S. 5.
[3] *Jean-Jacques Rousseau*, Der Gesellschaftsvertrag, Textkritische Ausgabe, Übers. und Anm. von Klaus H. Fischer, 2002.
[4] Vgl. zu diesem Denker etwa *Tzvetan Todorov*, Benjamin Constant – La passion démocratique, Paris 1997.

drücklich Grundrechte wie die Gewissensfreiheit, Pressefreiheit, Rechtsgleichheit und das Eigentum[5]. In der politisch schöpferischen Umbruchphase der Regeneration (1830–1848) ergriffen die Strömungen des (ideellen und wirtschaftlichen) Liberalismus und des (eher egalitär und etatistisch ausgerichteten) Radikalismus weite Teile des Volkes[6]. Sie gaben der 1848 geschaffenen Bundesverfassung ihr besonderes, freiheitlich-föderalistisches Gepräge.

Die (innen)politische Ordnung der Schweiz weist drei Grundzüge auf, die alle den Schutz und die Entwicklung der Grund- und Menschenrechte wesentlich beeinflußten und prägten. Gemeint sind Rechtsstaatlichkeit, Demokratie und Föderalismus.

3 Drei Grundzüge

Es versteht sich, daß das Rechtsstaatsprinzip die eigentliche Grundlage für den Schutz der Grund- und Menschenrechte im schweizerischen Rechtsraum bildet. Es fand – von der breiteren Öffentlichkeit nur wenig beachtet – im Bundesgericht seinen besonderen Promotor. Dieses schuf schon in den ersten Jahren seines Bestandes mit Selbstverständlichkeit und Zielsicherheit die tragenden dogmatischen Grundlagen für eine moderne Grundrechte-Rechtsprechung und erwies sich in neuerer Zeit als zuverlässiger Garant für die effektive, strikte und reibungslose Durchsetzung der von der Schweiz abgeschlossenen Menschenrechtsverträge[7].

4 Rechtsstaatsprinzip

Föderalismus bedeutet naturgemäß eine Vervielfachung und Stärkung der politischen Rechte des Bürgers. Er steht als solcher der Entfaltung des klassischen Grund- und Menschenrechtsschutzes nicht entgegen, auch wenn diese und vor allem das Gleichheitsprinzip naturgemäß zentralisierend wirken. Die Rücksichtnahme auf Rechtsordnungen und Rechtspolitik der Kantone, die in der Bundesverfassung noch immer als „souverän" bezeichnet werden, wirkte sich allerdings verschiedentlich hemmend auf die Bereitschaft der Schweiz zur Ratifizierung von Menschenrechtsabkommen aus, denn die Schweiz verfolgt die Politik, Verpflichtungen auf der internationalen Ebene erst einzugehen, wenn und soweit die erforderlichen Rechtsanpassungen innerstaatlich, das heißt im Recht des Bundes und der Kantone, vorgenommen worden sind[8].

5 Föderalismus

Eine besondere Ausprägung der schweizerischen Grundrechtekonzeption sind die Institutionen der halb-direkten Demokratie. Sie stehen zu den übrigen Grund- und Menschenrechten in einem vielfältigen Spannungsverhältnis[9]. Die Volksrechte ermöglichen es den Menschen, als „citoyens actifs" die

6 Demokratie

---

5 Näheres bei *Alfred Kölz*, Neuere schweizerische Verfassungsgeschichte: Ihre Grundlinien vom Ende der Alten Eidgenossenschaft bis 1848, 1992; *ders.*, Geschichtliche Grundlagen, in: Thürer/Aubert/Müller, Verfassungsrecht (LitVerz.), S. 111 ff.
6 Näheres bei *Eduard His*, Geschichte des neueren schweizerischen Staatsrechts, Bd. II: Die Zeit der Restauration und der Regeneration 1814–1848, 1929.
7 Vgl. etwa *Daniel Thürer*, Perspektive Schweiz, 1998, S. 22 f.
8 Siehe z. B. Siebter Bericht des Bundesrates über die Schweiz und die Konventionen des Europarates v. 19. 1. 2000, S. 1144: „Eine Ratifikation kann ... nur dann angezeigt sein, wenn die Schweiz die vertraglich vereinbarten Verpflichtungen tatsächlich einzuhalten vermag, da zu den Grundsätzen des schweizerischen Rechtsstaates die strikte Beachtung völkerrechtlicher Regeln gehört".
9 Vgl. hierzu etwa *Daniel Thürer*, Deliberative Demokratie und Abstimmungsdemokratie, in: *ders.*, Kosmopolitisches Staatsrecht, Grundidee Gerechtigkeit, Bd. I, 2005, S. 65 ff.

"Demokratische Färbung" des Menschenrechtsverständnisses

Geschicke des Staates Schweiz mitzubestimmen, wie dies kaum in einem anderen Land der Fall ist. Dabei haben allerdings das Staatsvertragsreferendum wie der Föderalismus zu Zurückhaltung und Verzögerungen beim Abschluß von Menschenrechtsabkommen geführt. Auch ist der für die schweizerische Staatstradition typische Gedanke, daß die Freiheit des Menschen wesentlich durch Parlament und Volk und die von ihnen erlassenen Gesetze sowie auf kantonaler Ebene durch die Volkswahl von Exekutiv- und Justizorganen zu schützen ist, in der traditionellen Menschenrechtsdoktrin nicht geläufig. Er verdient aber als Ausdruck des menschlichen Bedürfnisses nach aktiver Mitgestaltung des eigenen Umfelds und als spezifisch schweizerische Ausprägung des Grund- und Menschenrechtsverständnisses durchaus Beachtung[10]; dies gilt auch für die in der Schweiz von Lehre und Rechtsprechung vertretene Konzeption, wonach gewisse Grund- und Menschenrechte (vor allem die Kommunikationsrechte) funktional so zu verstehen und zu handhaben sind, daß sie effektiv zur Schaffung und Erhaltung offener Räume der demokratischen Willensbildung beitragen, also eine „demokratische Färbung" aufweisen[11].

7
Drei Ebenen

Im folgenden wird auf die drei Rechtsebenen eingegangen, auf welchen die Grundrechte in der Schweiz garantiert sind.

B. Grundrechte der Bundesverfassung

I. Grundrechtekatalog der Bundesverfassung

8
Verfassung von 1848

Mit der Verfassung von 1848 ging die Eidgenossenschaft von einem Staatenbund in einen Bundesstaat über. Pressefreiheit, Vereinsfreiheit, das Petitionsrecht und andere Grundrechte wurden nunmehr von Bundes wegen gewährleistet. Die Niederlassungsfreiheit fand nur für Schweizerbürger und die Kultusfreiheit nur für Christen Anerkennung. Daneben wurde auf Bundesebene ein allgemeines Wahlrecht geschaffen, das jedoch nur für Männer galt.

---

10 Der EGMR hatte im Fall Schiesser, wohl etwas doktrinär, die Unabhängigkeit des zürcherischen Untersuchungsrichters allein deswegen verneint, weil dieser gewissen formalen Weisungen der Staatsanwaltschaft unterstand, ohne aber in Betracht zu ziehen, daß er vom Volk gewählt wird und die Volkswahl faktisch eine nicht zu unterschätzende Sicherung seiner Unabhängigkeit bedeutet. Vgl. *EGMR*, Urt. v. 4. 12. 1979, Schiesser ./. Schweiz, Beschwerde Nr. 7710/76.
11 Zum demokratischen Verständnis gewisser Grundrechte und zum Gedanken, daß demokratische Entscheidfindung eine Zivilgesellschaft voraussetzt, in der Informationen, Gedanken und Überzeugungen frei zirkulieren können, und die Diskurse ermöglicht, die schließlich zur Verständigung, zu Kompromissen und Entscheidungen führen, vgl. *Peter Saladin*, Grundrechte im Wandel, ³1982; *J.P. Müller*, Grundrechte in der Schweiz (LitVerz.); *dens.*, Allgemeine Bemerkungen zu den Grundrechten, in: Thürer/Aubert/*ders.*, Verfassungsrecht (LitVerz.), S. 621, 628; *Schefer*, Grundrechte (LitVerz.). Vgl. zum Ganzen auch *Yvo Hangartner/Andreas Kley*, Die demokratischen Rechte in Bund und Kantonen der Schweizerischen Eidgenossenschaft, 2000; *Pierre Tschannen*, Stimmrecht und politische Verständigung, Beiträge zu einem erneuerten Verständnis von direkter Demokratie, 1995.

Mit der Totalrevision der Bundesverfassung von 1874 wurden die Niederlassungs-, die Glaubens- und Gewissensfreiheit erweitert und die Handels- und Gewerbefreiheit eingeführt. Wichtig war auch, daß durch die neue Verfassung ein ständiges Bundesgericht errichtet wurde. Seine Rechtsprechung erwies sich in der Folge als zentral für die Fortentwicklung des Grund- und Menschenrechtsschutzes.

9
Totalrevision
von 1874

In der Bundesverfassung von 1874 wurden nur zehn Grundrechte ausdrücklich geregelt[12]. Für das Bundesgericht stellte sich somit die Frage, ob sich der Einzelne auch auf nicht geschriebene Grundrechte berufen könne. Hierzu gingen die Meinungen in der Lehre auseinander. Von *Zaccaria Giacometti* wurde geltend gemacht, daß die Kataloge der Freiheitsrechte eine bloß lückenhafte Aufzählung darstellten[13]; aus dem freiheitlichen politischen Wertsystem ergebe sich aber eine sachliche Lückenlosigkeit der Freiheitsrechte; genauer gesagt, seien die Freiheitsrechte bloße Manifestationen der individuellen Freiheit als solcher. Von *Hans Huber* wurden die Freiheitsrechte demgegenüber als punktuelle, konkrete Postulate und Programme aufgefaßt, wobei das Bundesgericht beim Fehlen von Freiheitsrechten im Verfassungstext Programmlücken unter Umständen auszufüllen habe[14]. Das Bundesgericht wählte auf dem Hintergrund dieser Debatte einen Mittelweg und anerkannte seit 1959 unter bestimmten Voraussetzungen neben den ausdrücklich im Wortlaut der Verfassung verankerten Grundrechten sukzessive eine ganze Reihe von bestimmten ungeschriebenen Grundrechten[15]. Maßstab für die Anerkennung ungeschriebener Grundrechte bildete neben den Kantonsverfassungen mitunter auch die Europäische Menschenrechtskonvention (EMRK). Als ungeschriebene Grundrechte wurden vom Bundesgericht die Eigentumsgarantie (1960)[16], die Meinungsäußerungsfreiheit (1961)[17], die persönliche Freiheit (1963)[18], die Spra-

10
Lückenhafte
Kataloge der
Freiheitsrechte?

Anerkennung
ungeschriebener
Grundrechte

---

12 Nämlich die Rechtsgleichheit, die Eigentumsgarantie, die Handels- und Gewerbefreiheit, die Niederlassungsfreiheit, die Glaubens- und Gewissensfreiheit, die Kultusfreiheit, die Ehefreiheit, die Pressefreiheit, die Vereinsfreiheit und die Petitionsfreiheit.
13 *Giacometti*, Die Freiheitsrechtskataloge als Kodifikation der Freiheit, ZSR 1955 I, S. 149 (171); *ders.*, Das Staatsrecht der schweizerischen Kantone, 1941, S. 168ff.
14 *Hans Huber*, Die Garantie der individuellen Verfassungsrechte, ZSR 1936 II, S. 153a ff. *Huber* bezeichnete die Auffassung, daß die Freiheitsrechte und die Rechtsgleichheit notwendiges Verfassungsrecht seien, als Ballast. (aaO., S. 47a) Er gibt *Giacometti* zu bedenken, daß, wenn dieser alle Freiheitsrechte als verbürgt wissen wolle, die je in Zukunft einmal relevant sein könnten, der richterlichen Fortgestaltung der Verfassung unbegrenzte Möglichkeiten bestünden. Vgl. *Hans Huber*, Probleme des ungeschriebenen Verfassungsrechts, ZBJV 1955, S. 95 (105).
15 Das Bundesgericht verwendete regelmäßig folgende Formel: „Eine Gewährleistung von in der Verfassung nicht genannten Freiheitsrechten durch ungeschriebenes Verfassungsrecht wurde vom Bundesgericht in Bezug auf solche Befugnisse angenommen, welche Voraussetzung für die Ausübung anderer (in der Verfassung genannter) Freiheitsrechte bilden oder sonst als unentbehrliche Bestandteile der demokratischen und rechtsstaatlichen Ordnung des Bundes erscheinen. Um die dem Verfassungsrichter gesetzten Schranken nicht zu überschreiten, hat das Bundesgericht stets auch geprüft, ob die in Frage stehende Gewährleistung bereits einer weitverbreiteten Verfassungswirklichkeit in den Kantonen entspreche und von einem allgemeinen Konsens getragen sei". Siehe z.B. *BGE 121* I 367 (370 Erw. 2) zum Recht auf Hilfe in Notlagen.
16 Schweizerisches Zentralblatt für Staats- und Verwaltungsrecht 1961, S. 69ff.
17 *BGE 87* I 114 (117 Erw. 2).
18 *BGE 89* I 92 (98 Erw. 3).

§ 203   Vierzehnter Teil: I. Allgemeiner Teil

chenfreiheit (1965)[19], die Versammlungsfreiheit (1970)[20] und zuletzt das Recht auf Existenzsicherung (1995)[21] anerkannt. Nicht anerkannt wurden beispielsweise ein Recht auf freie Grabmalgestaltung (1970)[22], die Demonstrationsfreiheit (1974)[23] sowie ein Recht auf Bildung (1977)[24].

11
Verfassung 1999

1999 erhielt die Schweiz ihre dritte, nachgeführte Bundesverfassung (Verfassung 1999[25]), die sich durch einen systematischen, umfassenden Grundrechtekatalog auszeichnet[26]. Bemerkenswert ist, daß verschiedene Formulierungen des neuen Verfassungstextes zum Teil Wort für Wort aus der Europäischen Menschenrechtskonvention[27] bzw. dem UNO-Pakt über bürgerliche und politische Rechte und anderen Menschenrechtsverträgen[28] rezipiert worden sind.

Die einzelnen Grundrechte

Der Grundrechtekatalog der Bundesverfassung von 1999 präsentiert sich folgendermaßen: Artikel 7 nennt an der Spitze die Menschenwürde, bei der es „um das elementarste menschenrechtliche Gegengewicht gegen jede Arroganz der Macht" geht[29]. Die Freiheitsrechte finden sich in Artikel 10 (Recht auf Leben und persönliche Freiheit), Artikel 11 (Schutz der Kinder und Jugendlichen; es ist schwierig einzuordnen), Artikel 13 (Schutz der Privatsphäre), Artikel 14 (Recht auf Ehe und Familie), Artikel 15 (Glaubens- und Gewissensfreiheit), Artikel 16 (Meinungs- und Informationsfreiheit), Artikel 17 (Medienfreiheit), Artikel 18 (Sprachenfreiheit), Artikel 20 (Wissenschaftsfreiheit), Artikel 21 (Kunstfreiheit), Artikel 22 (Versammlungsfreiheit), Artikel 23 (Vereinigungsfreiheit), Artikel 24 (Niederlassungsfreiheit), Artikel 25 (Schutz vor Ausweisung, Auslieferung und Ausschaffung), Artikel 26 (Eigentumsgarantie), Artikel 27 (Wirtschaftsfreiheit) und Artikel 28

Freiheitsrechte

---

19 *BGE 91* I 480.
20 *BGE 96* I 219.
21 *BGE 121* I 367. Das Bundesgericht hatte den Fall von drei sich illegal in der Schweiz aufhaltenden Brüdern zu beurteilen, welchen die soziale Unterstützung durch die Gemeinde verweigert worden war. Der Regierungsrat stellte sich auf den Standpunkt, daß die drei Brüder ihre Notlage absichtlich aufrechterhalten würden und ihnen deshalb die Fürsorgeleistung vollumfänglich entzogen werden könne. Das Bundesgericht dagegen hielt fest, daß sich auch Ausländer, unabhängig von ihrem aufenthaltsrechtlichen Status, auf das Recht auf Existenzsicherung berufen können und im vorliegenden Fall kein offenbarer Rechtsmißbrauch vorliege.
22 *BGE 96* I 104 (107 Erw. 1).
23 *BGE 100* Ia 392 (399 ff. Erw. 4 b und c).
24 *BGE 103* Ia 369 (377 f. Erw. 4); *103* Ia 394 (398 f. Erw. 2).
25 Vgl. Botschaft des Bundesrates über eine neue Bundesverfassung v. 20. 11. 1996, BBl 1997 I S. 1; *Thürer/Aubert/Müller*, Verfassungsrecht (LitVerz.); *Ehrenzeller* u.a., St. Galler Kommentar (LitVerz.); *Auer/Malinverni/Hottelier*, Droit constitutionnel (LitVerz.), ²2006; *Biaggini*, Verfassungsreform in der Schweiz – Die neue schweizerische Bundesverfassung v. 18. 4. 1999 im Zeichen von „Verfassungsnachführung" und Verfassungspolitik, ZÖR 1999, S. 433 ff; *Thomas Gächter/Martin Bertschi* (Hg.), Neue Akzente in der „nachgeführten" Bundesverfassung, 2000.
26 *Häfelin/Haller*, Bundesstaatsrecht (LitVerz.), ⁶2005, S. 65 ff; *Rhinow*, Grundzüge (LitVerz.), S. 173 ff; *ders.*, Rechtsstaatlichkeit im Spiegel der neuen Bundesverfassung, in: Peter Gauch/Daniel Thürer (Hg.), Symposien zum schweizerischen Recht: Die neue Bundesverfassung – Analysen, Erfahrungen, Ausblick, 2002, S. 55 ff; *Kley*, Der Grundrechtekatalog der nachgeführten Bundesverfassung – ausgewählte Neuerungen, ZBJV 1999, S. 301 ff.
27 Siehe z.B. Art. 8 EMRK (Art. 13 BV) betr. Recht auf Achtung des Privat- und Familienlebens oder Art. 6 EMRK (Art. 29 f. BV) betr. Recht auf ein faires Verfahren oder Art. 10 EMRK (Art. 16 BV) zur Meinungsäußerungsfreiheit.
28 Vgl. z.B. Art. 25 Abs. 3 BV (Art. 33 UNO-Flüchtlings-Konvention) betr. Refoulement-Verbot.
29 *J. P. Müller*, Grundrechte (LitVerz.), S. 1. Siehe auch *Engi*, Neuere Entwicklungen im Menschenwürdeschutz, AJP 2006, S. 911 ff.

(Koalitionsfreiheit). Die rechtstaatlichen Garantien sind in Artikel 8 (Rechtsgleichheit)[30], Artikel 9 (Schutz vor Willkür und Wahrung von Treu und Glauben)[31]. Artikel 29–32 regeln die Rechte auf ein faires Verfahren[32]. Soziale Grundrechte wurden in Artikel 12 (Recht auf Hilfe in Notlagen)[33], Artikel 19 (Anspruch auf Grundschulunterricht) und Artikel 29 Absatz 3 (Anspruch auf unentgeltliche Rechtspflege) normiert. Artikel 34 gewährleistet die politischen Rechte, und in Artikel 33 ist das Petitionsrecht geregelt.

<small>Rechtsstaatliche Garantien</small>
<small>Soziale Grundrechte</small>

Auch nach der Verfassungsrevision von 1999 bleibt die Anerkennung von ungeschriebenen Grundrechten möglich. Angesichts der offenen Grundrechtsformulierungen der Bundesverfassung und der durch die Schweiz ratifizierten Menschenrechtsverträge wird sie aber in naher und mittlerer Zukunft als ausgeschlossen erachtet[34].

12
<small>Offene Grundrechtsformulierungen</small>

II. Drittwirkung

Auch Private können eine Bedrohung für die Grundrechte sein. Nach Art. 35 Abs. 3 BV haben die Behörden deshalb dafür zu sorgen, daß die Grundrechte, soweit sie sich dazu eignen, auch unter Privaten wirksam werden[35]. Das Bundesgericht befaßte sich in verschiedenen Entscheiden mit indirekten Drittwirkungen (Ausstrahlungswirkung) von Grundrechten, das heißt der grundrechtskonformen Auslegung von unbestimmten Normen vor allem des Privat- und Strafrechts[36].

13
<small>Private als Grundrechtsbedrohung</small>

III. Grundrechtsschranken gemäß Art. 36 BV

Art. 36 BV nennt vier Voraussetzungen, die Einschränkungen von Freiheitsrechten rechtfertigen[37]. Erstens muß der Eingriff eine gesetzliche Grundlage haben, das heißt er muß in einer generell-abstrakten Norm vorgesehen sein, die genügend bestimmt ist, damit die Bürger ihr Verhalten danach richten können. Schwere Eingriffe in die Grundrechte (so z.B. Verhaftung, Telefon-

14
<small>Vier Einschränkungsvoraussetzungen</small>

---

30 *R.J. Schweizer/Bigler-Eggenberger*, in: Ehrenzeller u. a., St. Galler Kommentar (LitVerz.), Art. 8, S. 91 ff; *Ulrich Häfelin/Georg Müller/Felix Uhlmann*, Allgemeines Verwaltungsrecht, ⁵2006, S. 103 ff.
31 *Felix Uhlmann*, Das Willkürverbot (Art. 9 BV), 2005; *Thürer*, Das Willkürverbot nach Artikel 4 BV, ZSR 1987 II, S. 419 ff.; *Beatrice Weber-Dürler*, Vertrauensschutz im öffentlichen Recht, 1983; *dies.*, Neuere Entwicklung des Vertrauensschutzes, ZBl 2002, S. 281 ff; *Sameli*, Treu und Glauben im öffentlichen Recht, ZSR 1977 II, S. 289 ff.
32 *René Wiederkehr*, Fairness als Verfassungsgrundsatz, 2006.
33 *Kathrin Amstutz*, Das Grundrecht auf Existenzsicherung, 2002; *dies.*, Die Ausgestaltung des Grundrechts auf Hilfe in Notlagen, in: Carlo Tschudi (Hg.), Das Grundrecht auf Hilfe in Notlagen, 2005, S. 17 ff.
34 *Rhinow*, Grundzüge (LitVerz.), S. 174; *Häfelin/Haller*, Bundesstaatsrecht (LitVerz.), S. 73.
35 Vgl. *Markus Schefer*, Die Beeinträchtigung von Grundrechten, 2006; *Patricia Egli*, Drittwirkung von Grundrechten, Zugleich ein Beitrag zur Dogmatik der grundrechtlichen Schutzpflichten im Schweizer Recht, 2002; *G. Müller*, Die Drittwirkung der Grundrechte, ZBl 1978, S. 233 ff. Zur Drittwirkung in Deutschland → Bd. II: *Papier*, Drittwirkung der Grundrechte, § 55.
36 Vgl. z. B. BGE *126* V 70; *126* II 324.
37 Vgl. *R.J. Schweizer*, in: Ehrenzeller u. a., St. Galler Kommentar (LitVerz.), Art. 36, S. 490 ff. Zum Grundrechtseingriff s. *Weber-Dürler*, Der Grundrechtseingriff, in: VVDStRL 57 (1998), S. 57 ff.

überwachung oder Erhebung von Steuern) bedürfen nach der ständigen bundesgerichtlichen Rechtsprechung einer Grundlage in einem formellen, das heißt dem (fakultativen) Referendum unterstehenden Gesetz (siehe Art. 36 Abs. 1 Satz 2 BV). Zweitens ist die Einschränkung von Grundrechten durch ein überwiegendes öffentliches Interesse oder durch den Schutz von Grundrechten Dritter zu rechtfertigen (Art. 36 Abs. 2 BV). Der Eingriff muß drittens verhältnismäßig[38] sein (Art. 36 Abs. 3 BV) und darf den Kerngehalt[39] der Grundrechte nicht berühren (Art. 36 Abs. 4 BV). Die Anerkennung eines Kerngehalts besagt, daß die Verhältnismäßigkeitsprüfung an einem bestimmten Punkt aufhören muß[40]. Diese Kerngehaltsbindung, welche für jedes Grundrecht separat festgestellt werden muß, erinnert an die notstandsfesten Menschenrechte und an die Bestimmungen des *ius cogens* im Völkerrecht[41].

IV. Ausgewählte Rechtsprechung des Bundesgerichts

15
Prägende Rolle des Bundesgerichts

Die Verfassungsgerichtsbarkeit entwickelte sich in der Schweiz nicht wie etwa in Österreich und in Deutschland nach Maßgabe eines grandiosen Plans und im großen Stil, sondern pragmatisch aus der Erfahrung von Rechtsverletzungen im Alltag im Rahmen der ordentlichen Gerichtsbarkeit[42]. Die Einzelnen können in der Schweiz Verletzungen ihrer verfassungsmäßigen Rechte auf dem Rechtsweg, letztinstanzlich in der Regel vor dem Bundesgericht, geltend machen[43]. Dabei bleiben allerdings Bundesgesetze und völkerrechtliche Verträge der Verfassungskontrolle entzogen[44].

16
Schweizer Charakteristiken

Die Rechtsprechung des Bundesgerichts zu den Grundrechten ist äußerst vielfältig[45] und wird im zweiten Kapitel dieses Bandes in bezug auf die einzelnen Grundrechte systematisch untersucht. Im vorliegenden Rahmen sollen nur einige wichtige Fälle aus der Praxis des Bundesgerichts herausgegriffen werden, welche schweizerische Charakteristiken illustrieren. Das schweizerische Staatsgebilde ist, wie gesehen, durch das Rechtsstaatsprinzip (einschließlich des Schutzes klassischer Grundrechte), seinen Föderalismus (einschließ-

---

38 → Bd. III: *Merten*, Verhältnismäßigkeitsgrundsatz, § 68.
39 Vgl. dazu *Markus Schefer*, Die Kerngehalte von Grundrechten, 2001, S. 61 ff; *ders.*, Die Beeinträchtigung von Grundrechten, Zur Dogmatik von Art. 36 BV, 2006; → Bd. III: *Leisner-Egensperger*, Wesensgehaltsgarantie, § 70 RN 95 f.
40 *J.P. Müller*, Allgemeine Bemerkungen zu den Grundrechten, in: Thürer/Aubert/ders., Verfassungsrecht (LitVerz.), S. 643.
41 Vgl. Art. 15 EMRK, Art. 4 UNO-Pakt II und Art. 27 AMRK.
42 *Daniel Thürer*, Die Worte des Richters, Gedanken rund um die Verfassungsgerichtsbarkeit, in: *ders.*, Kosmopolitisches Staatsrecht, Grundidee Gerechtigkeit, Bd. I, 2005, S. 407 (410).
43 Diesem Zwecke diente ursprünglich vor allem die (gegen kantonale Hoheitsakte gerichtete) staatsrechtliche Beschwerde (Verfassungsbeschwerde). Nach dem Bundesgesetz über das Bundesgericht v. 17.6.2005 (BGG), welches am 1.1.2007 in Kraft trat, wurde die staatsrechtliche Beschwerde allerdings abgeschafft. Neu erfolgt die Durchsetzung von Grundrechten auf dem Wege der Einheitsbeschwerde in öffentlich-rechtlichen Angelegenheiten (Art. 82 ff. BGG) und subsidiärer Verfassungsbeschwerde (Art. 113 ff. BGG). Vgl. *Häfelin/Haller/Keller*, Supplement (LitVerz.).
44 Art. 191 (Massgebendes Recht) lautet: „Bundesgesetze und Völkerrecht sind für das Bundesgericht und die anderen rechtsanwendenden Behörden massgebend".
45 Als aktuellen Überblick siehe *Kälin/Kiener/Müller/Tschannen/Tschentscher*, Die staatsrechtliche Rechtsprechung des Bundesgerichts in den Jahren 2004 und 2005, ZBJV 2005, S. 633 ff.

lich der Mehrsprachigkeit[46]) und stark ausgeprägte Institutionen der halbdirekten Demokratie gekennzeichnet. In all diesen Bereichen können sich Betroffene an das Bundesgericht wenden, um ihre verfassungsmäßigen Rechte durchzusetzen[47].

Das Frauenstimmrecht wurde auf Bundesebene im Jahre 1971 eingeführt. Der Kanton Appenzell Innerrhoden war der letzte Kanton, welcher den Frauen das Stimmrecht in kantonalen Angelegenheiten vorenthielt. Die Kantonsverfassung sah das kantonale Stimmrecht nur für alle im Kanton wohnhaften „Landleute" sowie die übrigen „Schweizer" vor, welche das zwanzigste Altersjahr vollendet hatten und im Stimmregister eingetragen waren. 1990 legte das Bundesgericht indessen die Begriffe „Landleute" und „Schweizer" zeitgemäß so aus, daß auch Frauen darunter fielen[48]. Ab der Eröffnung des bundesgerichtlichen Entscheids standen im Kanton Appenzell Innerrhoden die politischen Rechte auch den Frauen zu.

17
Frauenstimmrecht

Bei der Solothurner Quoteninitiative „Für eine gleichberechtigte Vertretung der Frauen und Männer in den kantonalen Behörden – Initiative 2001" hatte das Bundesgericht erstmals Gelegenheit, sich zur verfassungsrechtlichen Zulässigkeit politischer Quoten zu äußern[49]. Für den Kantonsrat, die Kantonsregierung und die kantonalen Justizbehörden sollte eine dem kantonalen Bevölkerungsanteil (das heißt faktisch über 50 v.H. Frauen) entsprechende Vertretung der Frauen vorgesehen werden. Das Bundesgericht befand, daß die vorgeschlagene Quotenregelung gegen das Diskriminierungsverbot verstoße und wies die Beschwerde ab.

18
Quotenregelungen

Die Urner Quotenregelung „für gleiche Wahlchancen", welche eine Geschlechterquote für alle Urner Behörden und eine gleichgewichtige Gestaltung der Listen für Proporzwahlen forderte, hieß das Bundesgericht teilweise gut[50]. Das Bundesgericht hielt fest, daß Quotenregelungen als ergebnisbezogene Instrumente nicht generell gegen die Bundesverfassung verstoßen; eine Quotenregelung für Behördenwahlen verletze die Wahl- und Abstimmungsfreiheit nicht; die quotenmäßige Zuteilung von Volkswahl-Mandaten stelle hingegen eine unzulässige Einschränkung des freien und gleichen Wahlrechts dar. Das Bundesgericht befand auch, daß im Sinne des UNO-Übereinkommens zur Beseitigung jeder Form von Diskriminierung der Frau von 1979

19
Ergebnisbezogene Instrumente

---

46 *R.J. Schweizer*, Sprache als Kultur- und Rechtsgut (1. Bericht), in: VVDStRL 65 (2006), S. 346 ff.; *Kahl*, Sprache als Kultur- und Rechtsgut (2. Bericht), in: VVDStRL 65 (2006), S. 386 ff.; → unten *Fleiner*, Die Sprachenfreiheit, § 217 RN 41 ff.
47 Ab 1.1.2007 mit der Einheitsbeschwerde in öffentlich-rechtlichen Angelegenheiten und der subsidiären Verfassungsbeschwerde. Die staatsrechtliche Beschwerde wird abgeschafft. Siehe FN 43.
48 *BGE 116* Ia 359.
49 *BGE 123* I 152. Vgl. hierzu *Buser/Poledna*, Politische Quoten auf dem Schafott – Reflexionen zum Bundesgerichtsurteil zur „Solothurner Quoteninitiative", AJP 1997, S. 981 ff. Vgl. allgemein *Tobler*, Quoten und das Verständnis der Rechtsgleichheit der Geschlechter im schweizerischen Verfassungsrecht unter vergleichender Berücksichtigung der EuGH-Entscheidung Kalanke, in: Kathrin Arioli (Hg.), Frauenförderung durch Quoten, 1997, S. 49 ff; *G. Müller*, Quotenregelungen – Rechtsetzung im Spannungsfeld von Gleichheit und Verhältnismässigkeit, ZBl 1990, S. 306 ff.
50 *BGE 125* I 21.

20
Diskriminierung von Männern

die Vertragsstaaten nicht zur Einführung politischer Quoten verpflichtet seien[51].

Das Bewerbungsdossier eines männlichen Bewerbers für die Stelle einer „assoziierten Professorin" für öffentliches Recht an der Universität Freiburg wurde nicht berücksichtigt. Im Jahre 2005 urteilte das Bundesgericht, daß fixe Frauenquoten für die Anstellung einer klaren Gesetzesgrundlage bedürfen, um nicht gegen das Diskriminierungsverbot zu verstoßen, und verurteilte die Universität zur Entschädigung in Form eines symbolischen Frankens, da die Gesetzesgrundlage ungenügend gewesen sei[52].

21
Glaubens- und Gewissensfreiheit

1990 befand das Bundesgericht, daß das Anbringen eines Kruzifixes in den Schulzimmern einer Primarschule der verfassungsrechtlich gewährleisteten Religionsneutralität widerspräche. Im Jahr 1993 hieß es die Beschwerde eines Vaters gut, der seine Tochter aus religiösen Gründen vom Schwimmunterricht dispensieren wollte[53]. Ebenfalls 1993 urteilte das Bundesgericht über die staatsrechtliche Beschwerde eines Angehörigen der Religionsgemeinschaft der Sikhs, welchen das Tragen eines Turbans vorgeschrieben wird; die Glaubens- und Gewissensfreiheit werde, so das Bundesgericht, durch die Pflicht, im Straßenverkehr einen Schutzhelm zu tragen, nicht beeinträchtigt[54]. Im Jahr 1997 wies das Bundesgericht die staatsrechtliche Beschwerde einer zum Islam konvertierten Primarlehrerin ab, die sich gegen ein Verbot wehrte, im Unterricht ein muslimisches Kopftuch zu tragen[55]. Das Bundesgericht verneinte 1999 den Anspruch von Muslimen auf „ewige Todesruhe" (insbesondere eine auf unbeschränkte Zeit garantierte Grabstätte) in einem öffentlichen Friedhof[56].

22
Sprachenfreiheit

Eheleute hatten am 23. Februar 2000 den Wechsel ihres Kindes von der ausschließlich französischsprachigen Schule in Granges-Paccot in eine deutschsprachige Schule der Stadt Freiburg mit der Begründung beantragt, die Familie sei deutschsprachig[57]. Granges-Paccot liegt im Sarine/Saane-Bezirk an der französisch-deutschen Sprachengrenze des Kantons Freiburg. Der Anteil der in der Gemeinde wohnhaften Deutschsprachigen betrug im Jahr 1990 bereits 22,2 v.H. der Bevölkerung[58], während er sich im Jahr 2000 noch auf 14,9 v.H. belief[59]. Die Eheleute hatten auch angeboten, etwaige aus dem Schulwechsel entstehende Zusatzkosten selbst zu tragen. Die Schulinspektion machte zur

---

51 Die gültigen Teile der Urner Initiative wurden in der Volksabstimmung sehr klar verworfen.
52 *BGE 131* II 361.
53 *BGE 119* Ia 178.
54 *BGE 116* Ia 252.
55 *BGE 123* I 296.
56 *BGE 125* I 300. Vgl. hierzu die Kritik von *J.P. Müller*, Glaubens- und Gewissensfreiheit, ZBJV 2000, S. 765 ff.
57 Zum Sprachenrecht vgl. *Daniel Thürer*, Recht und Sprache: Von Bivio bis Babylon, in: *ders.*, Kosmopolitisches Staatsrecht, Grundidee Gerechtigkeit, Bd. I, 2005, S. 239 ff., mit Hinweisen. → Unten *Fleiner*, Sprachenfreiheit, § 217 RN 84 ff.
58 Zahl gemäß Artikel in der NZZ v. 15. 10. 2001: „Gegen Zwangseinschulung auf Französisch".
59 76 v.H. der Bevölkerung waren im Jahr 2000 französischsprachig (der Rest sprach italienisch oder eine andere Sprache); Zahlen gemäß der Webseite des Amtes für Statistik des Kantons Freiburg, abrufbar unter http://appl.fr.ch/stat/de/default.asp?web=stat&loc=de, Rubrik Gemeinden, Granges-Paccot (besucht am 31. 8. 2006); → unten *Fleiner*, Sprachenfreiheit, § 217 RN 88 f.

Ablehnung geltend, sie hätte die Schulplanung und die sprachliche Homogenität des Gebiets sicherzustellen. Die Eheleute zogen die Verfügung der Inspektorin wegen Verletzung der verfassungsrechtlich garantierten Sprachenfreiheit bis vor das Bundesgericht, das die Einschränkung als unverhältnismäßig beurteilte[60].

Im Sommer 2003 behandelte das Bundesgericht in den zwei „historischen" Entscheiden „Emmen"[61] und „SVP Zürich"[62] die Verfassungsmäßigkeit kommunaler Urnenentscheide zur Einbürgerung von Ausländern. Die Stimmbürger von Emmen hatten sämtliche Gesuchsteller aus Italien eingebürgert; allen anderen Bewerbern, die in der überwiegenden Mehrheit aus dem ehemaligen Jugoslawien stammten, wurde die Einbürgerung pauschal verweigert. Im zweiten Fall erhob die Schweizerische Volkspartei des Kantons Zürich staatsrechtliche Beschwerde beim Bundesgericht wegen der Ungültigerklärung ihrer Volksinitiative „Einbürgerungen vors Volk!" durch den Gemeinde- und Regierungsrat. Das Bundesgericht erklärte beide Fälle für verfassungswidrig, da sie gegen den Anspruch des Einzelnen auf rechtliches Gehör und auf Begründung des Abweisungsentscheides (Art. 29 Abs. 2 BV), gegen das Diskriminierungsverbot (Art. 8 Abs. 2 BV), gegen das Willkürverbot (Art. 9 BV) und gegen den Anspruch auf Schutz vor Mißbrauch der persönlichen Daten (Art. 13 Abs. 2 BV) verstießen[63].

23
Einbürgerungen

Das Bundesgericht bezieht sich in seiner Rechtsprechung sehr häufig auf die Garantien der EMRK[64]. Die große Akzeptanz der EMRK in der Schweiz wird unter anderem auf die Vertrautheit des Bundesgerichts mit der Mehrstufigkeit von Grundrechtsgarantien, die in der Schweiz auf Bundes- sowie auf Kantonsebene verankert sind, und den ausgebauten (Straßburger) Mechanismus zur Durchsetzung der EMRK zurückgeführt[65]. Vereinzelt bezieht sich das Bundesgericht auch auf andere Menschenrechtsabkommen, wie sie vor allem im Rahmen der Vereinten Nationen entstanden sind. So befaßte sich das Bundesgericht etwa im Detail mit der Frage, ob Art. 12 der UNO-Kinderrechtskonvention über die persönliche Anhörung des Kindes unmittelbar anwendbar sei und er daher im Falle einer Verletzung beim Bundesgericht geltend gemacht werden könne; dies wurde vom Gericht bejaht[66]. In einem

24
Bezug des Bundesgerichts auf die Menschenrechte

---

60 *BGer*, Urt. v. 2.11.2001, 2P.112/2001, Erw. 5a.
61 *BGE 129* I 217.
62 *BGE 129* I 232.
63 Vgl. *Thürer/Frei*, Einbürgerungen im Spannungsfeld zwischen direkter Demokratie und Rechtsstaatlichkeit, in: Daniel Thürer (Hg.), Kosmopolitisches Staatsrecht (FN 57), S. 151 ff.
64 Eine Suche der publizierten Leitenscheide des Bundesgerichts von 1954 bis 2006 (Stand August 2006) ergab 715 exakte Treffer für „EMRK". Siehe unter www.bger.ch. Vgl. die Übersicht über die Rezeption einzelner EMRK-Garantien durch das Bundesgericht in: *Helen Keller*, Rezeption des Völkerrechts, 2003, S. 615 ff.; *dies.*, Reception of the European Convention for the Protection of Human Rights and Fundamental Freedoms (ECHR) in Poland and Switzerland, ZaöRV 2005, S. 304 ff.
65 Vgl. *Keller* aaO., S. 644 ff.
66 *BGE 124* III 90. Art. 12 des Übereinkommens über die Rechte des Kindes von 1989 lautet: „(1) Die Vertragsstaaten sichern dem Kind, das fähig ist, sich eine eigene Meinung zu bilden, das Recht zu, diese Meinung in allen das Kind berührenden Angelegenheiten frei zu äussern, und berücksichtigen die Meinung des Kindes angemessen und entsprechend seinem Alter und seiner Reife. (2) Zu diesem Zweck wird dem Kind insbesondere Gelegenheit gegeben, in allen das Kind berührenden Gerichts- oder Verwaltungsverfahren entweder unmittelbar oder durch einen Vertreter oder eine geeignete Stelle im Einklang mit den innerstaatlichen Verfahrensvorschriften gehört zu werden".

anderen Urteil kam das Bundesgericht zum Schluß, daß die bevorzugte Behandlung von Ausländern aufgrund von internationalen Verpflichtungen dem internationalen Übereinkommen zur Beseitigung jeder Form von Rassendiskriminierung nicht entgegenstehe[67].

25
Volksrechte

Verfahrensfairneß

Die politischen Rechte beschränken sich in der Schweiz nicht auf die Wahl von Repräsentanten ins Parlament, sondern umfassen auch die unmittelbare Partizipation an Sachentscheidungen. Mit der Stimmrechtsbeschwerde an das Bundesgericht kann die Verletzung von kantonalen und kommunalen politischen Rechten geltend gemacht werden. Das Bundesgericht entwickelte wichtige Prinzipien der Verfahrensfairness, beispielsweise in Bezug auf den Grundsatz der Einheit der Materie. Dieses Erfordernis besagt, daß zwei oder mehrere Sachfragen und Materien nicht in einer Art und Weise miteinander zu einer Abstimmungsvorlage verbunden werden dürfen, daß der freie Wille der Stimmberechtigten nicht mehr unverfälscht zum Ausdruck gebracht werden kann[68]. Ganz allgemein entschied das Bundesgericht, daß kein Abstimmungs- oder Wahlergebnis anerkannt werden soll, das nicht den freien Willen der Stimmbürger zuverlässig und unverfälscht zum Ausdruck bringt[69].

26
Föderalismus

In der Schweiz kann der Einzelne vor dem Bundesgericht die Verletzung der derogatorischen Kraft des Bundesrechts (Art. 49 Abs. 1 BV)[70] rügen[71]. Wichtig ist sodann die in Art. 50 Abs. 1 BV enthaltene Bestimmung, der zufolge die Gemeindeautonomie nach Maßgabe des kantonalen Rechts gewährleistet ist[72]. In der Schweiz kann eine Gemeinde vor dem Bundesgericht geltend machen, daß die ihr vom kantonalen Recht eingeräumte Autonomie verletzt

---

67 *BGE 123* I 19.
68 *BGE 129* I 366: Die Zürcher Kantonsverfassung sollte in bezug auf das Verhältnis zwischen Kirchen und Staat neu geordnet werden. Gegen die vom Kantonsrat beschlossene Verfassungsänderung wurde mit einer Stimmrechtsbeschwerde geltend gemacht, daß diese den Grundsatz der Einheit der Materie mißachte und daher nicht in dieser Form der Volksabstimmung unterbreitet werden dürfe; das Bundesgericht gelangte zum Schluß, daß der Grundsatz der Einheit der Materie gewahrt wurde.
69 Art. 34 Abs. 2 BV (Politische Rechte) lautet: „Die Garantie der politischen Rechte schützt die freie Willensbildung und die unverfälschte Stimmabgabe". *BGE 131* I 442: Gegen die Wahl des Berner Gemeinderates (Exekutive) für die Amtsdauer 2005–2008, in der eine Kandidatin mit einem Vorsprung von 19 Stimmen gewählt wurde, führten Stimmbürger eine Stimmrechtsbeschwerde, da angesichts des knappen Resultats und konkreter Anhaltspunkte für eine fehlerhafte Auszählung ein Anspruch auf Nachzählung bestehe. Das Bundesgericht hieß in Anbetracht der konkreten Gegebenheiten die Beschwerde gut.
70 Art. 49 Abs. 1 BV (Vorrang und Einhaltung des Bundesrechts) lautet: „Bundesrecht geht entgegenstehendem kantonalem Recht vor".
71 *BGE 130* I 82: Asylsuchende erhoben gegen eine Änderung des zürcherischen Sozialhilfegesetzes staatsrechtliche Beschwerde mit der Begründung, das Bundesrecht lasse kantonale Einschränkungen von Fürsorgeleistungen an Asylsuchende nicht zu; die im Asylgesetz von 1998 vorgesehene Bestimmung sei abschließend. Das Bundesgericht kam 2004 dagegen zum Schluß, daß die Bestimmung im Asylgesetz nicht abschließend sei und die Änderung des zürcherischen Sozialhilfegesetzes den Grundsatz der derogatorischen Kraft des Bundesrechts nicht verletze.
72 Zum Ganzen vgl. etwa *Seiler*, Gemeinden im schweizerischen Staatsrecht, in: Thürer/Aubert/Müller, Verfassungsrecht (LitVerz.), S. 491 ff.; *Kägi-Diener*, in: Ehrenzeller u.a., St. Galler Kommentar (LitVerz.), Art. 50, S. 616; *Daniel Thürer*, Bund und Gemeinden – Eine rechtsvergleichende Untersuchung zu den unmittelbaren Beziehungen zwischen Bund und Gemeinden in der Bundesrepublik Deutschland, den Vereinigten Staaten von Amerika und der Schweiz (Beiträge des Max-Planck-Instituts zum ausländischen öffentlichen Recht und Völkerrecht, Bd. 90), 1986.

wurde[73]. Eine Privatperson kann bei einer staatsrechtlichen Beschwerde vorfrageweise geltend machen, daß der angefochtene Akt gegen die Gemeindeautonomie verstoße[74].

Das Prinzip der Gewaltenteilung ist in der Bundesverfassung nicht explizit erwähnt. Das Bundesgericht hat aber seit jeher das Prinzip der Gewaltenteilung auch als verfassungsmäßiges Recht der Bürger anerkannt.[75]

27
Grundsatz der Gewaltenteilung

C. Grundrechte in den Kantonen

I. Allgemeine Entwicklungen

In den Kantonen nahm der Grundrechtsschutz in der Schweiz seinen Anfang. Die kurze, liberale Umbruchphase der Regeneration (1830 bis 1848) hatte dazu den Boden geschaffen. Die Bundesverfassungen von 1848 und 1874 verbrieften noch allein diejenigen Grundrechte, die aufgrund der unterschiedlich ausgestalteten Kantonsverfassungen nicht oder nur unvollkommen gewährleistet waren oder deren Tragweite umstritten blieb. Seither verlor der kantonale Grundrechtsschutz allerdings an Bedeutung. Zwar legen auch die in der Bundesverfassung von 1999 garantierten Grundrechte dogmatisch noch immer bloß einen Minimalstandard fest, der von den kantonalen Gewährleistungen nicht unterschritten werden darf. Im Dreiecksverhältnis von Bundesverfassung und Europäischer Menschenrechtskonvention und Kantonsverfassungen wurde das Gestaltungspotential der Kantone indessen Schritt für Schritt zurückgedrängt. Die Kantone haben aber doch im Zuge einer langen Reihe von totalen Verfassungsrevisionen und bei der Ausgestaltung der politischen Rechte nach wie vor verfassungs- und grundrechtliche Gestaltungskraft und Lebendigkeit bewiesen[76].

28
Bedeutungsverlust kantonalen Grundrechtsschutzes

---

[73] In Art. 189 Abs. 1 lit. b BV (Verfassungsgerichtsbarkeit) ist festgehalten, daß das Bundesgericht Beschwerden wegen Verletzung der Gemeindeautonomie beurteilt.

[74] *BGE 131* I 91: Die Munizipalgemeinde Ausserbinn im Kanton Wallis erhob gegen einen Großratsbeschluß, welcher den verbindlichen Zusammenschluß der vier Munizipalgemeinden Ausserbinn, Ernen, Mühlebach und Steinhaus zu einer einzigen Gemeinde anordnete, staatsrechtliche Beschwerde wegen Verletzung der Gemeindeautonomie: Das Bundesgericht wies am 19.1.2005 die Beschwerde mit Bezug auf die Rechtslage im Kanton Wallis ab.

[75] *BGE 128* I 327: Der Große Rat des Kantons Graubünden beschloß 2001 eine Teilrevision der Verordnung über die Kantonspolizei, um die notwendigsten und dringendsten rechtlichen Instrumente für die bessere Kontrollierbarkeit von Großanlässen wie des World Economic Forum (WEF) oder der Ski-Weltmeisterschaft im Oberengadin zu schaffen. Die Beschwerdeführer machten geltend, daß die angefochtenen Bestimmungen in der Form eines formellen, dem Referendum unterstehenden Gesetzes im Sinne der Kantonsverfassung von Graubünden hätten erlassen werden müssen. Das Bundesgericht urteilte, daß der Grundsatz der Gewaltenteilung nicht verletzt worden sei, da dem Großen Rat gemäß Kantonsverfassung eine Polizeiverordnungskompetenz zukomme, welche durch die in Frage stehende Verordnung nicht überschritten worden sei.

[76] Vgl. *Alfred Kölz*, Neuere schweizerische Verfassungsgeschichte, 2004; *Denise Buser*, Kantonales Staatsrecht, 2004, S. 155 ff; *Kägi-Diener*, Grundrechtsschutz durch die Kantone, in: Thürer/Aubert/Müller, Verfassungsrecht (LitVerz.), S. 837 ff; *Jaag*, Die Rechtstellung der Kantone in der Bundesverfassung, in: Thürer/Aubert/Müller, Verfassungsrecht (LitVerz.), S. 479 ff.; *René Wiederkehr*, Die Kerngehaltsgarantie am Beispiel kantonaler Grundrechte, 2000; *Martin Kurer*, Die kantonalen Grundrechtsgarantien und ihr Verhältnis zum Bundesrecht, 1987; *Alexander Filli*, Grundrechte der Kantonsverfassungen im Gefüge des schweizerischen Staatsrechts, 1984; *Zaccaria Giacometti*, Das Staatsrecht der schweizerischen Kantone, 1941.

29
Gesamtrevisionen von Kantonsverfassungen

Seit 1965 haben die Kantone besondere schöpferische Energie in die Verfassungsgebung investiert. 20 Kantone haben ihre Verfassungen total revidiert[77]. Die kleinen (kantonalen) Gemeinschaften haben sich dabei als Experimentierfelder oder Laboratorien erwiesen, in denen Vorteile und Nachteile traditioneller und innovativer Rechtsgestaltungen empirisch und gedanklich getestet werden konnten. Zwei alternative Grundpositionen stehen bei der Schaffung neuer Gliedstaatenverfassungen offen[78]. Die „fragmentarische Methode" beschränkt sich darauf, vom übergeordneten Recht offengelassene Freiräume zu bestimmen und das kantonale Verfassungsprojekt in diesen Rahmen einzufügen. Diesen Weg wählte etwa der Kanton Graubünden, indem er in seiner neuen Verfassung aus dem Jahr 2003 pauschal auf die Gewährleistung der Grundrechte und Sozialziele im Rahmen der Bundesverfassung und auf die für die Schweiz verbindlichen internationalen Abkommen verwies[79]. Umgekehrt steht auch der Weg offen, vom Modell einer „Vollverfassung" auszugehen. Besonders kühn war der Verfassungsgeber des „Kantons und der Republik Jura", der den Leser gelegentlich vergessen läßt, daß er eine gliedstaatliche und nicht die Verfassung eines souveränen Zentralstaates vor sich hat.

II. Grundrechtsschutz in den 26 Kantonsverfassungen

30

Obwohl in die Bundesverfassung von 1999 nunmehr ein ausführlicher Grundrechtekatalog aufgenommen wurde, enthält die Mehrheit aller Kantonsverfassungen bis heute grundrechtliche Garantien[80]. Die neuesten Kantonsver-

---

[77] Nidwalden 1965, Obwalden 1968, Jura 1977, Aargau 1980 (vgl. hierzu *Kurt Eichenberger*, Verfassung des Kantons Aargau, 1986, S. 55 ff.), Basel-Landschaft 1984, Uri 1984, Solothurn 1986, Thurgau 1987, Glarus 1988, Bern 1993 (vgl. hierzu *J.P. Müller*, Grundrechte, in: Walter Kälin/Urs Bolz (Hg.), Handbuch des bernischen Verfassungsrechts, 1995, S. 29 ff.), Appenzell Ausserrhoden 1995 (vgl. hierzu *Thürer*, „Wir, die Männer und Frauen..." – Ein Portrait der jüngsten schweizerischen Kantonsverfassung, ZBl 1996, S. 433 ff.), Tessin 1997, Neuenburg 2000, St. Gallen 2001 (vgl. hierzu *Häberle*, Die Kunst der kantonalen Verfassungsgebung – das Beispiel einer Totalrevision in St. Gallen [1996], in: JöR NF 47 [1996], S. 149 ff.), Schaffhausen 2002, Graubünden 2003, Waadt 2003 (vgl. etwa *Olivier Meuwly* [Hg.], Les constitutions vaudoises 1803-2003, 2003), Freiburg 2004, Basel-Stadt 2005; Zürich 2005; eine laufende Totalrevision: Luzern; nur noch 5 alte Verfassungen: Genf 1847, Appenzell Innerrhoden 1872, Zug 1894, Schwyz 1898, Wallis 1907. Vgl. allgemein *Grisel*, La révision totale des constitutions cantonales, in: Andreas Auer u.a. (Hg.), Aux confins du droit, Essais en l'honneur du Professeur Charles-Albert Morand, 2001, S. 341 ff.

[78] *Daniel Thürer*, Zürichs neue Verfassung: Wünschbarer Rahmen und Vorschläge für eine Präambel, in: ders., Kosmopolitisches Staatsrecht, Grundidee Gerechtigkeit, Bd. I, 2005, S. 279 (284 ff.). Zu den Möglichkeiten und Grenzen einer menschenrechtlich orientierten Außenpolitik von Gliedstaaten vgl. etwa *Thürer*, Federalism and Foreign Relations, in: Raoul Blindenbacher/Arnold Koller (Hg.), Federalism in a Changing World, Montreal u.a. 2003, S. 26 ff.; *Ehrenzeller/Hrbek/Malinverni/Thürer*, Federalism and Foreign Relations, aaO., S. 53 ff.

[79] Art. 7 KV GR v. 18.5.2003 „Die Grundrechte und Sozialziele sind im Rahmen der Bundesverfassung und der für die Schweiz verbindlichen internationalen Abkommen gewährleistet"; *Bundi*, Der Entwurf für eine neue Bündner Kantonsverfassung, in: Isabelle Häner (Hg.), Nachdenken über den demokratischen Staat und seine Geschichte, Beiträge für Alfred Kölz, 2003, S. 239 ff; vgl. auch Otmar Bänzinger/ Reto Mengiardi/Marco Toller & Partner (Hg.), Kommentar zur Verfassung des Kantons Graubünden, 2006.

[80] Vgl. *Häberle*, Neuere Verfassungen und Verfassungsvorhaben in der Schweiz, insbesondere auf kantonaler Ebene, in: JöR NF 34 (1985), S. 303 ff; *Eichenberger*, Von der Bedeutung und von den Hauptfunktionen der Kantonsverfassung, in: Peter Badura u.a. (Hg.), FS Hans Huber, 1981, S. 155 ff.

fassungen von Waadt (2003), Freiburg (2004) und Basel-Stadt (2005) zählen die verschiedenen Grundrechte detailliert auf[81]. Der Kanton Zürich war weniger ambitiös, indem er in seiner neuen Verfassung von 2005 pauschal auf die in der Schweiz geltenden Grund- und Menschenrechte verwies, anschließend aber weitere kantonale Grundrechte nannte, die über das Bundesrecht hinausgehen sollen[82]. Durch den Einbezug moderner Gesellschaftsthemen (wie etwa gleichgeschlechtliche Partnerschaft, Integration von Ausländern oder „gläserne Verwaltung") haben die neuen totalrevidierten Kantonsverfassungen Schritte ins 21. Jahrhundert unternommen[83]. Anders als im Jahr 1848 ist es heute aber doch so, daß die Kantone ihre Schrittmacherfunktion im Grundrechtebereich weitgehend eingebüßt haben und der ausführliche und differenzierte Grundrechtekatalog des Bundes nurmehr durch die kantonalen Grundrechte ergänzt wird[84].

Ergänzung der Bundesverfassung durch kantonale Grundrechte

In diesem eingeschränkten Bereich können Kantonsverfassungen aber immer noch eine Pionierrolle übernehmen[85]. Der Grundrechtsschutz der Bundesverfassung kann durch die Kantone auf dreifache Weise durch kantonale Grundrechte ausgedehnt werden[86]. Zum einen können selbständige kantonale Grundrechte, das heißt Grundrechte, die auf Bundesebene nicht verankert sind, den Grundrechtsschutz des Bundes erweitern. Dies ist – im Rahmen der durch das Bundesrecht gezogenen Schranken – z.B. der Fall bei einem Recht auf Arbeit, bei einem Recht auf Wohnung, bei einem Anspruch auf Stipendien, bei der Demonstrationsfreiheit, bei einem selbständig einklagbaren Grundrecht auf Schutz vor staatlicher Willkür[87], bei einem Anspruch auf Mutterschaftsschutz oder bei einer Gewährleistung der Unterrichtsfreiheit. Eine weitere Variante der Ausdehnung des Grundrechtsschutzes bilden gleichartige kantonale Grundrechte mit weitergehendem Schutzbereich (z.B. die Petitionsfreiheit, welche in verschiedenen Kantonsverfassungen, anders als in der Bundesverfassung, das Recht auf eine materielle Behandlung miteinschließt). Schließlich können kantonale Grundrechte durch die kantonale Rechtsprechung eine inhaltliche Ausdehnung erlangen, so daß sie, obwohl sie sich textlich mit der Bundesverfassung decken, eine eigenständige Bedeutung erhalten.

31
Eingeschränkte Pionierrolle

Selbständige kantonale Grundrechte

Weitergehender Schutzbereich kantonaler Grundrechte

Erweiterte Konkretisierung kantonaler Grundrechte

---

81 Art. 9 ff. KV VD v. 14. 4. 2003; Art. 8 ff. KV FR v. 16. 5. 2004; Art. 7 ff. KV BS v. 23. 3. 2005.
82 Art. 10 Abs. 1 KV ZH v. 27. 2. 2005 lautet: „Die Menschenrechte und Grundrechte sind gemäss der Bundesverfassung, den für die Schweiz verbindlichen internationalen Abkommen und der Kantonsverfassung gewährleistet". Vgl. *Biaggini*, Die neue Zürcher Kantonsverfassung: Gesamtbetrachtung im Lichte der Verfassungsfunktionen, in: Leo Lorenzo Fosco/Tobias Jaag/Markus Notter (Hg.), Die neue Zürcher Kantonsverfassung, 2006, S. 175 (182); *Tobias Jaag*, Staats- und Verwaltungsrecht des Kantons Zürich, ³2005, S. 34 ff.
83 Vgl. *Buser*, Die neuen Kantonsverfassungen als Brücken in die Moderne, NZZ v. 16. 8. 2006, S. 17.
84 *Kley* (FN 26), S. 308.
85 *Nuspliger*, Wechselwirkungen zwischen neueren Kantonsverfassungen und der Bundesverfassung, in: Ulrich Zimmerli (Hg.), Die neue Bundesverfassung, 2000, S. 72.
86 Vgl. zum folgenden *Buser* (FN 76), S. 159 ff.
87 Im „Willkürfall" (*BGE 121* I 267) hatte das Bundesgericht zu beurteilen, ob das Willkürverbot gemäß Art. 11 KV BE als eigenständiges Grundrecht gerügt werden kann. Vgl. hierzu die Kritik von *Kälin*, Legitimation zur Willkürbeschwerde und kantonales Verfassungsrecht, in: recht 1996, S. 76 ff.

32
Kantonale Verfassungsgerichtsbarkeit

Die Mehrheit der Kantone kennt keine besondere Einrichtung für die Gewährleistung des Grundrechtsschutzes, das heißt sie haben weder ein Verfassungsgericht noch bestehen besondere Prozeßarten der Verfassungsgerichtsbarkeit. Auf die nicht oder nur dürftig entwickelte Verfassungsgerichtsbarkeit in den Kantonen ist mitunter die eher marginale praktische Bedeutung der kantonalen Grundrechte zurückzuführen[88]. Der Kanton Jura besitzt allerdings ein für die Schweiz einzigartiges System[89]. Auf Beschwerde hin kann das jurassische Verfassungsgericht Gesetze bereits *vor* ihrem Inkrafttreten auf die Verfassungsmäßigkeit prüfen (sog. abstrakte, präventive Verfassungskontrolle)[90]. Der Eindruck, daß die kantonalen Gerichte wenig grundrechtsbewußt entscheiden, könnte sich aber künftig durch die erweiterten Zuständigkeiten der kantonalen Verwaltungsgerichte und die damit verbundene Professionalisierung im Bereich des Rechtsschutzes im öffentlichen Recht ändern[91].

III. Politische Rechte auf kantonaler Ebene

33
Großer Spielraum bei den politischen Rechten

Die politischen Rechte auf Bundesebene, das heißt das Wahl- und Stimmrecht sowie das Initiativ- und Referendumsrecht, haben ihren Ursprung in den kantonalen Vorbildern[92]. Über die Ausgestaltung der politischen Rechte in kantonalen und kommunalen Angelegenheiten können die Kantone selbst bestimmen. Die Kantone haben lediglich die bundesrechtlichen Vorgaben zu beachten: das heißt sie müssen insbesondere dem Demokratiegebot genügen, dem gemäß sie auf der Zustimmung des Volkes beruhen muß und zu revidieren ist, wenn die Mehrheit der Stimmberechtigten dies verlangt[93]. Die kantonalen politischen Rechte sind durch Art. 34 BV grundrechtlich geschützt[94].

34
Landsgemeindekantone

In den Kantonen Glarus und Appenzell Innerrhoden bildet die Landsgemeinde, das heißt die Versammlung der Stimmberechtigten, das oberste politische Organ. Zuletzt hatten die Kantone Obwalden, Nidwalden und Appenzell Ausserrhoden ihre Landsgemeinde abgeschafft. Die Landsgemeinden gewähren vielfältige, unmittelbar erlebbare Formen der Mitbestimmung, doch widersprechen die offenen Abstimmungen dem Grundsatz der freien, das heißt geheimen Betätigung der politischen Rechte. Das Bundesgericht hatte

---

88 *Rhinow*, Grundzüge (LitVerz.), S. 173 (176). Zur Verfassungsgerichtsbarkeit durch die Kantone siehe *Auer/Malinverni/Hottelier*, Droit constitutionnel (LitVerz.), ²2006, Bd. I, S. 793 ff.
89 Vgl. *Kälin*, Chancen und Grenzen kantonaler Verfassungsgerichtsbarkeit, ZBl 1987, S. 233 (239 ff.).
90 Art. 104 Abs. 1 KV JU.
91 *Kägi-Diener*, in: Thürer/Aubert/Müller, Verfassungsrecht (LitVerz.), S. 837 (841).
92 Vgl. *Hangartner/Kley* (FN 11), S. 525; *Grisel*, Les droits populaires au niveau cantonal, in: Thürer/Aubert/Müller, Verfassungsrecht (LitVerz.), S. 397 ff; *Adrian Vatter*, Kantonale Demokratien im Vergleich, 2002, S. 219 ff.; *Daniel Thürer*, Deliberative Demokratie und Abstimmungsdemokratie, in: *ders.*, Kosmopolitisches Staatsrecht, Bd. I, 2005, S. 41 ff.
93 Art. 51 Abs. 1 BV.
94 Vgl. *Hangartner/Kley* (FN 11), S. 9.

die Institution der Landsgemeinde indessen unter Abwägung aller Umstände als verfassungskonform beurteilt[95]

Alle Kantonsverfassungen gehen insbesondere bei den demokratischen Mitbestimmungsrechten über die Garantien der Bundesverfassung hinaus[96]. Anders als im Bund wird die Exekutive in allen Kantonen direkt vom Volk gewählt. Alle Kantone kennen das fakultative, einzelne zudem das obligatorische Gesetzesreferendum[97]. In den Kantonen Bern und Nidwalden verfügen die Stimmberechtigten auch über das konstruktive Referendum[98]. Die Gesetzesinitiative und das Finanzreferendum sind ausschließlich auf Kantons- und Gemeindeebene verankert. Die Kantone Solothurn, Neuenburg und Schaffhausen haben die sog. Volksmotion eingeführt, wonach eine bestimmte Anzahl von Stimmberechtigten das Recht besitzt, dem Parlament einen Antrag auf eine Beschlußfassung in dessen Zuständigkeitsbereich zu stellen[99]. Der Kanton Appenzell Ausserrhoden kennt zudem die sog. Volksdiskussion, bei welcher Einwohner des Kantons zu Ratsvorlagen Anträge schriftlich einreichen und anschließend vor dem Kantonsrat persönlich begründen können[100].

35
Volksrechte in den Kantonen

Die Kantone verfügen bei der Ausgestaltung der politischen Rechte – insbesondere der Festlegung des Stimmrechtsalters, des Ausländerstimmrechts und des Stimmrechts der Auslandschweizer – über einen relativ großen Spielraum[101]. Die Kantone Basel-Stadt, Jura, Neuenburg, Appenzell Ausserrhoden, Genf, Waadt, Freiburg und Graubünden haben in je variierenden Formen von ihrer Kompetenz zur Einführung des Ausländerstimmrechts Gebrauch gemacht[102]. Die Kantone Neuenburg und Jura sehen ein Ausländerstimmrecht und ein Ausländerwahlrecht sogar auf Verfassungsstufe vor[103].

36
Stimm- und Wahlrecht in den Kantonen

---

95 In *BGE 121* I 138 hielt das Gericht fest, daß die Landsgemeinde von Appenzell Ausserrhoden trotz bestimmter Unzulänglichkeiten des Abstimmungssystems verfassungskonform sei. Zur Bestimmung über die Wahlfreiheit im UNO-Pakt II (Art. 25 lit. b) hatte die Schweiz zugunsten von kantonalem und kommunalem Recht, das nicht-geheime Wahlen vorsieht oder zuläßt, einen Vorbehalt angebracht; die fragliche Bestimmung wäre im konkreten Fall jedoch von vornherein nicht anwendbar gewesen, da eine Sachabstimmung und nicht eine Wahl zur Diskussion stand. Erwähnt sei auch, daß die Schweiz das 1. Zusatzprotokoll zur EMRK, das in Art. 3 die Wahlfreiheit gewährleistet, nicht ratifiziert hat.
96 *Buser* (FN 76), S. 107.
97 Uri, Schwyz, Glarus, Solothurn, Basel-Landschaft, Schaffhausen, Appenzell Ausserhoden, Appenzell Innerhoden, Graubünden und Aargau. Vgl. *Buser* aaO., S. 107.
98 Dabei handelt es sich um einen Volksvorschlag zu einer Referendumsvorlage. Vgl. *Hangartner/Kley* (FN 11), S. 862 ff; *Buser* aaO., S. 127. Ausführlich hierzu *Thomas Sägesser*, Das konstruktive Referendum, 2000.
99 Art. 34 KV Solothurn, Art. 41 KV Neuenburg, Art. 31 KV Schaffhausen. Vgl. *Hangartner/Kley* aaO., S. 941 ff; *Buser* aaO., S. 127 f.
100 Art. 56 KV Appenzell Außerrhoden.
101 *Buser* (FN 76), S. 100.
102 *Thürer*, Der politische Status der Ausländer in der Schweiz – Rechtsposition im Spannungsfeld zwischen politischer Rechtlosigkeit und Gleichberechtigung, in: Walter Haller u.a. (Hg.), FS Häfelin, 1989, S. 183 ff. Zu den Auswirkungen eines Kommunalwahlrechts für Unionsbürger in der Schweiz vgl. *dens.*, Kommunalwahlrecht in der Rechtsordnung der Europäischen Union – Auswirkungen auf die Schweiz im Falle eines EU-Beitritts, in: Konferenz der Kantonsregierungen (Hg.), Die Kantone vor der Herausforderung eines EU-Beitritts, 2000, S. 222 ff; *Locati Harzenmoser*, Warum ein Stimmrecht für Ausländerinnen und Ausländer?, in: Patricia M. Schiess Rütimann (Hg.), Schweizerisches Ausländerrecht in Bewegung?, 2003.
103 Art. 37 Abs. 1 KV Neuenburg, Art. 73 KV Jura.

D. Völkerrechtlicher Schutz der Menschenrechte in der Schweiz

I. Ratifikation von Menschenrechtsabkommen durch die Schweiz

37
Völkerrechtliche Aufgeschlossenheit

Die Schweiz hatte im 19. Jahrhundert im Bereiche des humanitären Völkerrechts sowie des internationalen Arbeitnehmerschutzes eine Pionierrolle übernommen[104]; die Tatsache, daß die Schweiz Depositarstaat der Abkommen zum humanitären Völkerrecht und seit 1920 Sitzland der Internationalen Arbeitsorganisation (ILO) ist, zeugt noch heute vom damals vorherrschenden Geist völkerrechtlicher Aufgeschlossenheit. Gegenüber den Entwicklungen des internationalen Menschenrechtsschutzes, wie sie sich nach dem Zweiten Weltkrieg vor allem im Rahmen der UNO und des Europarates entfalteten, zeigte die Schweiz allerdings lange Zeit Zurückhaltung. Eine erste Öffnung erfolgte in den sechziger und siebziger Jahren, vorerst auf der europäischen Ebene mit dem Beitritt zum Europarat und dann mit einer aktiven Beteiligung am Prozeß der Konferenz über Sicherheit und Zusammenarbeit in Europa (KSZE), heute der Organisation für Sicherheit und Zusammenarbeit in Europa (OSZE). 1974 gelang mit der Ratifikation der Europäischen Menschenrechtskonvention (EMRK) ein entscheidender Schritt auf dem Wege zur Annäherung an das System des internationalen Menschenrechtsschutzes[105]. Zu Beginn der neunziger Jahre (1992) trat die Schweiz den beiden UNO-Menschenrechtspakten von 1966 bei. Heute ist sie Mitglied der wichtigsten Menschenrechtsabkommen sowohl auf der europäischen wie auch auf der universellen Ebene.

38
Vorbehalte und auslegende Erklärungen

Um Widersprüche zur nationalen Gesetzgebung zu vermeiden, brachten die schweizerischen Behörden anläßlich der Ratifikation von Menschenrechtsabkommen oft Vorbehalte und auslegende Erklärungen an. Dies traf insbesondere auf die Europäische Menschenrechtskonvention zu[106], wobei die meisten Vorbehalte infolge Anpassungen im nationalen Recht mittlerweile zurückgezogen[107] oder für ungültig erklärt worden sind[108]. Zum UNO-Pakt über bür-

---

104 Vgl. *Schindler*, Die Schweiz und das Völkerrecht, in: Alois Riklin/Hans Haug/Raymond Probst (Hg.), Neues Handbuch der schweizerischen Aussenpolitik, 1992, S. 99 ff.
105 Zum Ganzen *Wildhaber*, Erfahrungen mit der Europäischen Menschenrechtskonvention, ZSR 1979 II, S. 229 ff.
106 Vgl. *Luzius Wildhaber*, Rund um Belilos. Die schweizerischen Vorbehalte und auslegenden Erklärungen zur Europäischen Menschenrechtskonvention im Verlaufe der Zeit und im Lichte der Rechtsprechung, in: Alois Riklin/ders./Herbert Wille (Hg.), Kleinstaat und Menschenrechte, FG Batliner, 1993, S. 324 ff.
107 So konnte etwa der Vorbehalt zu Art. 5 EMRK betreffend gerichtliche Überprüfung bei administrativen Anstaltsversorgungen bereits 1982 zurückgezogen werden, nachdem die innerstaatliche Gesetzgebung über den fürsorgerischen Freiheitsentzug angepaßt worden war. Auch sind nunmehr sämtliche Schweizer Vorbehalte zu Art. 6 EMRK zurückgezogen worden.
108 Im Fall Belilos (*EGMR*, Urt. v. 29. 4. 1988, Belilos ./. Schweiz, Série A, Nr. 3), erklärte der Europäische Gerichtshof für Menschenrechte die auslegende Erklärung zu Art. 6 Abs. 1 EMRK, welche das Recht auf Zugang zum Gericht auf die letztinstanzliche Überprüfung mit beschränkter Kognition reduzierte, für ungültig. Im Fall Weber (*EGMR*, Urt. v. 22. 5. 1990, Weber ./. Schweiz, Série A, Nr. 177) wurde der schweizerische Vorbehalt zum Grundsatz der Öffentlichkeit des Verfahrens bzw. der Urteilsverkündung ebenfalls für ungültig befunden, weil er die von Art. 57 EMRK geforderte Inhaltsangabe der betreffenden Gesetze nicht enthielt.

gerliche und politische Rechte (UNO-Pakt II) brachte die Schweiz neun Vorbehalte[109], zum UNO-Pakt über wirtschaftliche, soziale und kulturelle Rechte (UNO-Pakt I) keinen Vorbehalt an.

Nicht ratifiziert wurde trotz mehreren Anläufe die Europäische Sozialcharta[110]. Auch ist die Schweiz bis heute drei Protokollen zur Europäischen Menschenrechtskonvention nicht beigetreten. Die Ratifikation des 1. Zusatzprotokolls scheiterte an Bedenken der Kantone, das Recht auf Bildung sowie das Recht auf freie und geheime Wahlen nicht vollumfänglich gewährleisten zu können[111]; der Ratifikation des 4. Protokolls standen Bestimmungen des schweizerischen Ausländerrechts entgegen, die mit dem Recht auf Freizügigkeit nicht vereinbar sind; auch das 12. Protokoll, das ein allgemeines Diskriminierungsverbot einführt, ist bis heute weder unterzeichnet noch ratifiziert. Die Schweiz ist sodann dem 1. Fakultativprotokoll zum Internationalen Pakt über bürgerliche und politische Rechte (UNO-Pakt II), das ein Individualbeschwerderecht vorsieht, bisher ferngeblieben.

39
Nicht ratifizierte Abkommen

II. Verhältnis von Völkerrecht und Landesrecht

1. Geltung

Die Art der Einordnung des Völkerrechts in das innerstaatliche Rechtssystem ist auch nach der Totalrevision der Bundesverfassung von 1999 noch nicht abschließend geklärt[112]. Unumstritten ist, daß das Völkerrecht in der Schweiz im Sinne des „Adoptionsprinzips" automatische (das heißt „transformationsfreie") Geltung besitzt.

40
Adoptionsprinzip

2. Rang

Art. 5 Abs. 4 der Bundesverfassung von 1999 statuiert: „Bund und Kantone beachten das Völkerrecht". Und in Art. 191 BV werden „Bundesgesetze und

41

---

109 Die Schweiz wollte u.a. diejenigen Bestimmungen wegbedingen, die über die EMRK hinausgehen. Die Rücksichtnahme auf die noch in wenigen Kantonen bestehenden Landsgemeinden, auf denen traditionell durch Handerheben abgestimmt und gewählt wird, erforderte einen Vorbehalt zu Art. 25 lit. b UNO-Pakt II wegen des in dieser Bestimmung statuierten Prinzips des Stimmgeheimnisses. Vgl. *Giorgio Malinverni*, Les réserves de la Suisse, in: Walter Kälin/ders./Manfred Nowak (Hg.), Die Schweiz und die UNO-Menschenrechtspakte, ²1997, S. 100f., mit Verweis auf General Comment Nr. 18 und 24 des UNO-Menschenrechtsausschusses, denen der schweizerische Vorbehalt zuwiderläuft.

110 Die Sozialcharta sieht vor, daß Vertragsstaaten aus einem Kern von sieben Vertragsartikeln zumindest fünf und aus dem Kreise der übrigen materiellen Sozialrechtsbestimmungen insgesamt mindestens 10 Artikel bzw. 45 Absätze übernehmen muß. In der Schweiz erachtete das Parlament in verschiedenen Anläufen die erste Voraussetzung innerstaatlich für (noch) nicht erfüllt.

111 Während die noch in den Kantonen Glarus und Appenzell Innerrhoden praktizierten Landsgemeinden dem Prinzip der geheimen Wahlen zuwiderlaufen, ist die Befürchtung eines Eingriffs in die kantonale Schulhoheit unbegründet; vgl. *Villiger*, EMRK (LitVerz.), S. 124f.

112 Vgl. hierzu *Keller* (FN 64), S. 285ff.; *Thürer*, Bundesverfassung und Völkerrecht, in: Aubert/Eichenberger/Müller/Rhinow/Schindler (Hg.), Bundesverfassung 1874 (LitVerz.), S. 1ff. (Einleitung zum Kommentar); *dens.*, Verfassungsrecht und Völkerrecht, in: ders./Aubert/Müller, Verfassungsrecht (LitVerz.), S. 179ff.

§ 203   Vierzehnter Teil: I. Allgemeiner Teil

Prinzipieller Vorrang des Völkerrechts

Völkerrecht ... (als) für das Bundesgericht und die anderen Behörden massgebend" bezeichnet; dabei gehen Rechtsprechung und Lehre davon aus, daß das Völkerrecht im Rahmen der Normenhierarchie des innerstaatlichen Rechts grundsätzlich dem Gesetzesrecht übergeordnet ist[113]. Das Bundesgericht hat, was die Normstufe des Völkerrechts betrifft, insofern eine Klärung gebracht, als es festhielt: „(Es) ergibt sich, dass im Konfliktfall Völkerrecht dem Landesrecht prinzipiell vorgeht. Dies hat zur Folge, dass eine völkerrechtswidrige Norm im Einzelfall nicht angewendet werden kann. Diese Konfliktregelung drängt sich umso mehr auf, wenn sich der Vorrang aus einer völkerrechtlichen Norm ableitet, die dem Schutz der Menschenrechte dient"[114]. Die schweizerische Verfassung erkennt sodann dem völkerrechtlichen „*ius cogens*" Überverfassungsrang zu, indem sie Volksinitiativen auf Revision der Bundesverfassung, die „zwingende Bestimmungen des Völkerrechts" verletzen, als ungültig bezeichnet (Art. 139 Abs. 3 BV).

3. Anwendung

42
Selbständige und unselbständig anwendbare Normen

Völkerrechtliche Normen können von Gerichten und Verwaltungsbehörden unmittelbar auf den Einzelnen zur Anwendung gebracht werden, wenn sie hierzu geeignet („self-executing") sind. Oft ist es allerdings nicht einfach zu ermitteln, ob eine Norm als solche Rechte oder Pflichten für die Einzelnen statuiert oder ob sie – da nicht unmittelbar anwendbar („non self-executing") – zur effektiven Umsetzung auf eine weitere Konkretisierung auf dem Wege der innerstaatlichen Rechtsetzung angewiesen ist. Als Grundregel gilt, daß liberale und politische Rechte, wie sie etwa in der Europäischen Menschenrechtskonvention oder im UNO-Pakt II gewährleistet sind, in die erste und die etwa in der Europäischen Sozialcharta oder im UNO-Pakt II verankerten wirtschaftlichen, sozialen und kulturellen Rechte in die zweite Kategorie fallen. Doch ist letztlich von Norm zu Norm auf dem Auslegungsweg zu ermitteln, ob sie angesichts ihrer Präzision, ihres Sinns und Zwecks, ihrer systematischen Stellung im Normtext oder im gesamten Regelungszusammenhang darauf angelegt und geeignet ist, vom Richter bzw. Verwaltungsbeamten angewendet zu werden oder nicht[115].

43
Zürcher Studiengebühren

Zur Veranschaulichung der Komplexität der Problematik sei auf den Fall der Zürcher Studiengebühren hingewiesen. Studierende der Universität Zürich vertraten in einem Rechtsstreit mit dem Kanton Zürich die Auffassung, daß durch eine Erhöhung der Studiengebühren das in Art. 13 Abs. 2 lit. c des Wirtschafts- und Sozialpakts verbriefte Recht auf Bildung verletzt sei. Das Bundesgericht entschied 1994, auf die Beschwerde nicht einzutreten mit der

---

[113] Für den Fall, daß der Bundesgesetzgeber klar den Willen hat, sich über das Völkerrecht hinwegzusetzen, hat das Bundesgericht freilich dem Bundesgesetz Vorrang vor dem älteren Völkerrecht zuerkannt (*BGE* 99 Ib 39 [43ff.] – Schubert; die sog. Schubert-Praxis wurde in späteren Entscheiden bestätigt).
[114] *BGE* 125 II 425, Erw. 4d (Propagandamaterial PKK).
[115] Vgl. *Künzli*, Soziale Menschenrechte: blosse Gesetzgebungsaufträge oder individuelle Rechtsansprüche? Überlegungen zur direkten Anwendbarkeit des UNO-Sozialpaktes in der Schweiz, AJP 1996, S. 527ff.

Begründung, die von den Studierenden angerufene Menschenrechtsnorm habe lediglich einen programmatischen Charakter und begründe keinen Individualanspruch[116]. Das UNO-Komitee zur Überwachung des Pakts vertrat demgegenüber die Meinung, das Recht auf Bildung schließe als unmittelbar anwendbaren Teilgehalt zumindest ein Verbot der Erhöhung bestehender Studiengebühren für staatliche Bildungsanstalten ein[117].

III. EMRK als Kernstück des schweizerischen Menschenrechtsschutzes

Am 28. November 1974 ist – ein Jahrhundert nach der damals geltenden Bundesverfassung – in der Schweiz die Europäische Konvention zum Schutze der Menschenrechte und Grundfreiheiten (EMRK) in Kraft getreten. Die EMRK und die Zusatzprotokolle enthalten eine Auswahl von Kerngarantien des modernen, liberalen Menschenrechtsschutzes und werden – dies ist ihre besondere Stärke und Originalität – durch einen eigenen gerichtlichen Kontrollmechanismus überwacht und fortentwickelt. Die EMRK stellt ein dynamisches Werk von internationalem Verfassungsrecht dar. Sie hat – in symbiotischer Verbindung – einen grundlegenden Wandel des schweizerischen Verfassungsrechts herbeigeführt, das – obwohl seit 1874 im Durchschnitt jedes Jahr ein Mal revidiert – gemessen an den seit dem Zweiten Weltkrieg einsetzenden internationalen Menschenrechtsentwicklungen erhebliche Lücken und Rückständigkeiten aufwies[118].

44
Grundlegender Wandel schweizerischen Verfassungsrechts

Die Europäische Menschenrechtskonvention ist als Minimalstandard konzipiert, hat aber auf dem Wege der Komplementierung und interpretatorischen Anpassung doch erheblich zur Umgestaltung und Modernisierung des Grundrechtssystems in der Schweiz beigetragen. Bereits im Vorfeld und im Hinblick auf einen Beitritt der Schweiz zur EMRK wurden mit der Einführung des Frauenstimmrechts auf Bundesebene (1971) und der Beseitigung der konfessionellen Ausnahmeartikel (1973) einige rechtsstaatlich längst fällige Verfassungsrevisionen vorgenommen. Auch zeitigte die Konvention insofern Vorwirkungen, als das Bundesgericht sich schon vor dem Beitritt zur Konvention anschickte, Grundrechte des eigenen Verfassungsrechts im Lichte der EMRK-Garantien und der Straßburger Praxis zu konkretisieren[119].

45
EMRK als Minimalstandard

---

116 *BGE 120* Ia 1 ff.
117 Siehe Abschließende Bemerkungen des Ausschusses zum Schweizer Staatenbericht UN Doc. E/C.12/1 Add.30; vgl. auch *Kälin/Malinverni/Nowak* (FN 109).
118 Zum Ganzen vgl. etwa *Villiger*, EMRK (LitVerz.); *dens.*, EMRK und UNO-Menschenrechtspakte, in: Thürer/Aubert/Müller, Verfassungsrecht (LitVerz.), S.647ff.; Vgl. *Daniel Thürer*, EMRK – Zu ihren Entwicklungen und zu ihren Umrissen, in: ders. (Hg.), EMRK: Neuere Entwicklungen, 2005, S. 1 ff.; *Trechsel*, Die Schweiz und die Europäische Konvention zum Schutze der Menschenrechte und Grundfreiheiten, in: Alois Riklin/Hans Haug/Hans Christoph Binswanger (Hg.), Handbuch der Schweizerischen Aussenpolitik, 1975, S. 361 ff.; *dens.*, Erste Erfahrungen mit der Europäischen Menschenrechtskonvention, ZBJV 1979, S. 457 ff.
119 Vgl. etwa die bundesgerichtliche Praxis zur Persönlichen Freiheit. Zum Ganzen: *Stefan Trechsel*, Die Europäische Menschenrechtskonvention, ihr Schutz der Persönlichen Freiheit und die schweizerischen Strafprozessrechte, 1974; *Thürer*, Soft Law – Eine neue Form von Völkerrecht, ZSR 1985 I, S. 447.

46

Vier Schwerpunkte

Überblickt man die Einwirkungen der Europäischen Menschenrechtskonvention auf die schweizerische Rechtsordnung insgesamt, so lassen sich vier Schwerpunkte ausmachen:

47

Reformen im Ausländerrecht

Eine wesentliche Auswirkung des internationalen Menschenrechtsschutzes und insbesondere der EMRK war eine stufenweise Angleichung des Grundrechtsschutzes der Ausländer an denjenigen der Schweizer: So wurden etwa die Vereins- und die Versammlungsfreiheit, die – zumindest im Falle politischer Betätigung – in Lehre und Praxis traditionell als den Schweizern vorbehaltene Staatsbürgerrechte verstanden wurden, nunmehr im Lichte der EMRK zu „Jedermanns-Rechten" uminterpretiert.

48

Garantien fairen Gerichtsverfahrens

Die in Art. 6 EMRK niedergelegten Grundsätze des „fair trial" erweiterten in mehreren Kantonen den Zugang Rechtsuchender zum Gericht und bewirkten ganz allgemein eine erhebliche Stärkung der richterlichen Funktion und insbesondere einen Ausbau der Verwaltungsgerichtsbarkeit. Sie führten zu vermehrten Kontrollen im Ablauf von Prozessen, etwa bezüglich der Verfahrensdauer[120].

49

„Besonderes Gewaltverhältnis"

Bereits im Jahr 1979 wurde die Schweiz im Fall *„Eggs"* von der Straßburger Menschenrechtskommission einer Menschenrechtsverletzung bezichtigt, weil Angehörige der Armee ohne richterliche Kontrolle mit schweren Arreststrafen diszipliniert werden konnten, was eine Revision der Militärstrafprozeßordnung zur Folge hatte[121]. Ganz allgemein machte Art. 5 EMRK, der die Haftbedingungen regelt, Anpassungen in bezug auf die Funktionen des Untersuchungsrichters und die Änderungen des Haftprüfungsverfahrens notwendig.

50

Erweiterung der Verfassungsgerichtsbarkeit

Tiefgreifend war auch die durch die EMRK induzierte Erweiterung der Verfassungsgerichtsbarkeit[122]. Diese ist in der Schweiz nicht, wie in Deutschland oder in Österreich, bei einem hierzu besonders geschaffenen Gerichtshof monopolisiert, sondern kann – zumindest vorfrageweise – von irgend einem Gericht im Lande ausgeübt werden. Schwergewichtig wird sie freilich vom Bundesgericht wahrgenommen, das Fragen der Einhaltung der Verfassung auf dem Wege der Staats-, aber auch der Verwaltungs-, Zivil- und Strafgerichtsbarkeit prüfen kann. Im Vordergrund stand dabei die staatsrechtliche Beschwerde[123], die dem Einzelnen, subsidiär zu andern zur Verfügung stehenden Rechtsmitteln, die Rüge von Verletzungen verfassungsmäßiger Rechte gestattete. Nun ist aber wichtig festzuhalten, daß die Verfassungsgerichtsbarkeit in der Schweiz insofern eingeschränkt ist, als ihr gemäß Art. 191 BV die Kontrolle von Bundesgesetzen entzogen ist. Eine Volksinitiative von 1939 und ein vom Bundesrat im Rahmen der Justizreform von 2000 dem Parlament

---

120 Vgl. etwa *EGMR*, Urt. v. 13.7.1983, Zimmermann und Steiner ./. Schweiz, Série A, Bd. 66, betr. ein verwaltungsgerichtliches Beschwerdeverfahren vor dem Bundesgericht in einer Enteignungssache.
121 Vgl. hierzu *Villiger*, EMRK (LitVerz.), S. 211 f.
122 Vgl. *J.P. Müller*, Die Verfassungsgerichtsbarkeit im Gefüge der Staatsfunktionen, in: VVDStRL 39 (1981), S. 53 ff.
123 Ab 1.1.2007 traten an die Stelle der staatsrechtlichen Beschwerde die Einheitsbeschwerde in öffentlich-rechtlichen Angelegenheiten und subsidiäre Verfassungsbeschwerde. Siehe FN 43.

unterbreiteter Antrag zur Beseitigung dieser Schranke der Verfassungsgerichtsbarkeit scheiterten an der in Parlament und Volk verbreiteten Auffassung, daß es nicht Sache des Richters sei, die demokratisch legitimierte Gesetzgebung zu kontrollieren; statt der Justiz sei die Kontrollfunktion über referendumspflichtige Erlasse dem Volk anzuvertrauen. Hier führte die EMRK einen entscheidenden Wandel herbei. Das Bundesgericht gelangte nämlich, um Rügen durch die Straßburger Konventionsorgane zu vermeiden, nach längerem Zögern zum Schluß, daß die staatsrechtlich gewährleisteten Grundrechte zumindest insofern dem Schutze der Verfassungsgerichtsbarkeit unterstehen, als sie sich mit Konventionsgarantien decken[124].

Bahnbrechend für die an der Europäischen Menschenrechtskonvention orientierte Erweiterung der Verfassungsgerichtsbarkeit war der Entscheid des Bundesgerichts im Fall *„Propagandamaterial PKK"*[125]. In diesem Entscheid hatte daß Bundesgericht die Zulässigkeit einer Verwaltungsgerichtsbeschwerde gegen einen Entscheid des Bundesrates zu beurteilen, beschlagnahmtes Propagandamaterial der Kurdischen Arbeiterpartei (PKK) aus Gründen der äußeren und inneren Sicherheit einzuziehen und zu vernichten. Während das innerstaatliche Recht (Art. 98 lit. a des Bundesrechtspflegegesetzes) den Rechtsweg an das Bundesgericht ausschloß, machten die Beschwerdeführer gestützt auf Art. 6 Abs. 1 EMRK einen Anspruch auf gerichtliche Überprüfung mit der Begründung geltend, der Einziehungsentscheid stelle einen Eingriff in die durch diese Bestimmung geschützten zivilrechtlichen Rechte dar. Das Bundesgericht entschied sich in diesem (nicht auf dem Wege der völkerrechtskonformen Auslegung des Landesrechts zu lösenden) Konflikt für die Anwendbarkeit der EMRK. Damit wurde – ein Ausnahmefall im System der schweizerischen Verfassungsgerichtsbarkeit – ein Entscheid des Bundesrates der richterlichen Kontrolle unterstellt. Vor allem aber hatte die Tatsache, daß das Bundesgericht sich bereit fand, ein Bundesgesetz auf seine Konventionskonformität hin zu überprüfen, zur logischen Folge, daß eine solche Kontrolle auch eingreifen mußte, wenn sich eine Konventions- mit einer Verfassungsnorm deckte. Mit dieser Rechtsprechung des Bundesgerichts wurde in der Schweiz, indirekt und gleichsam „auf kaltem Wege", ein wesentliches Stück Verfassungsgerichtsbarkeit selbst über die Bundesgesetzgebung geschaffen. Es gibt nunmehr in der Verfassung zwei „Klassen" von Grundrechten: diejenigen, die – da sie auch durch die EMRK gewährleistet sind – dem Schutz der Verfassungsgerichtsbarkeit unterstellt sind, und diejenigen, bei denen (wie bei der Niederlassungsfreiheit, der Eigentumsgarantie, der Rechtsgleichheit, dem Willkürverbot usw.) dies nicht der Fall ist.

---

124 Siehe *BGE 117* Ib 371; zum Ganzen auch *Kälin*, Verfassungsgerichtsbarkeit, in: Thürer/Aubert/Müller, Verfassungsrecht (LitVerz.), S. 1167 (1176 ff.); *Daniel Thürer*, Die Worte des Richters, in: *ders.*, Kosmopolitisches Staatsrecht, Grundidee Gerechtigkeit, Bd. I, 2005, S. 407 (431 ff.).
125 *BGE 125* II 417; Rechtsprechung bestätigt in *BGE 130* I 318.

IV. Neuere Rechtsprechung des EGMR zur Schweiz[126]

52
Häufigkeit der Individualbeschwerde

Die Effektivität der Europäischen Menschenrechtskonvention wird im wesentlichen durch das Individualbeschwerdeverfahren verbürgt. Seit 1974 wurden über zweitausend Beschwerden gegen die Schweiz registriert[127]. Neuere Urteile des Europäischen Gerichtshofs für Menschenrechte zur Schweiz betreffen die unverhältnismäßig lange Prozeßdauer[128], die Verweigerung des rechtlichen Gehörs[129], die Verweigerung einer Konzession für ein Spartenfernsehprogramm[130], die fürsorgerische Freiheitsentziehung[131], die Entscheidung eines Gerichts innerhalb kurzer Frist über die Rechtmäßigkeit des Freiheitsentzugs[132] und die Meinungsäußerungsfreiheit[133]. Im folgenden werden zwei neuere Fälle genauer betrachtet.

53
Fall Jäggi ./. Schweiz

Der Europäische Gerichtshof für Menschenrechte stellte im Fall „*Jäggi gegen die Schweiz*"[134] eine Verletzung von Art. 8 EMRK fest (Recht auf Achtung des Privat- und Familienlebens). Gegenstand des Entscheids war die Verweigerung einer DNA-Analyse, die der Antragsteller benötigte, um Klarheit über seinen leiblichen Vater zu erlangen. Der 1939 geborene Schweizer Andreas Jäggi hatte vor und nach dem Tod seines mutmaßlichen Vaters im Jahr 1976 vergeblich versucht, Aufschluß über seine Herkunft zu bekommen. Im Jahr 1999 hatte das Bundesgericht die Exhumierung des Leichnams und einen DNA-Test mit der Begründung abgelehnt, daß das Recht des Verstorbenen auf Totenruhe höher zu bewerten sei als das Anliegen des Antragstellers, der in sechzig Jahren seine Persönlichkeit auch ohne das Wissen um seinen Erzeuger habe festigen können. Der Europäische Gerichtshof für Menschenrechte wertete hingegen das Recht zur Klärung der persönlichen Herkunft von Herrn Jäggi höher, das auch mit zunehmendem Alter nicht abnehme.

54
Fall Stoll ./. Schweiz

Im Fall „*Stoll gegen die Schweiz*"[135] stellte der Europäische Gerichtshof für Menschenrechte mit vier gegen drei Stimmen eine Verletzung des Rechts auf freie Meinungsäußerung (Art. 19 EMRK) durch die Schweiz fest. Der Zürcher Reporter Martin Stoll hatte in der Sonntagszeitung aus einem vertraulichen Dokument des damaligen Schweizer Botschafters in den USA (Carlo Jagmetti) über Verhandlungen der Schweizer Banken mit dem Jüdischen

---

126 Vgl. die jährlich in der SZIER erscheinende Praxis-Übersicht, zuletzt *Malinverni/Hottelier*, La pratique suisse relative aux droits de l'homme 2004, SZIER 2005, S. 535 ff.
127 Siehe *Villiger*, EMRK und UNO-Menschenrechtspakte, in: Thürer/Aubert/Müller, Verfassungsrecht (LitVerz.), S. 647 (650).
128 *EGMR*, Urt. v. 5. 11. 2002, Müller ./. Schweiz, Beschwerde Nr. 41202/98; Urt. v. 22. 6. 2006, Bianchi ./. Schweiz, Beschwerde Nr. 7548/04.
129 *EGMR*, Urt. v. 21. 2. 2002, Ziegler ./. Schweiz, Beschwerde Nr. 33499/96; Urt. v. 11. 10. 2005, Spang ./. Schweiz, BeschwerdeNr. 45228/99; Urt. v. 15. 12. 2005, Hurter ./. Schweiz, Beschwerde Nr. 53146/99; Urt. v. 13. 7. 2006, Ressegatti ./. Schweiz, Beschwerde Nr. 17671/02.
130 *EGMR*, Urt. v. 5. 11. 2002, Demuth ./. Schweiz, Beschwerde Nr. 38743/97.
131 *EGMR*, Urt. v. 26. 2. 2002, H.M. ./. Schweiz, Beschwerde Nr. 39187/98.
132 *EGMR*, Urt. v. 13. 7. 2006, Fuchser ./. Schweiz, Beschwerde Nr. 55894/00.
133 *EGMR*, Urt. v. 25. 4. 2006, Dammann ./. Schweiz, Beschwerde Nr. 77551/01.
134 *EGMR*, Urt. v. 13. 7. 2006, Beschwerde Nr. 58757/00.
135 *EGMR*, Urt. v. 25. 4. 2006, Beschwerde Nr. 69698/01.

Weltkongreß zitiert. Er wurde in der Folge wegen Veröffentlichung „geheimer amtlicher Debatten" zu einer Geldbuße verurteilt. Der Europäische Gerichtshof für Menschenrechte fand, die im Dokument enthaltenen Informationen hätten eine zeitgenössische Debatte zur Rolle der Schweiz im Zweiten Weltkrieg betroffen. Das Interesse in der Öffentlichkeit an den damit verbundenen Verhandlungen und die zentrale Rolle, die der Botschafter darin spielte, hätten die Veröffentlichung von Informationen über seinen Standpunkt zu den Verhandlungen gerechtfertigt. Die Art und Weise der Darstellung habe allenfalls die Ansichten Jagmettis unverantwortlich dramatisiert und skandalisiert, aber die Form der Informationsaufbereitung sei für die Beurteilung von Verstößen gegen das Amtsgeheimnis nicht relevant; die Pressefreiheit erlaube einen gewissen Grad an Übertreibung und sogar Provokation[136].

E. Dynamisches System von Normen zwischen verschiedenen Polen

Es gibt zwei Formen der Organisation von Rechtsgemeinschaften: diejenige der „Pyramide" und diejenige des „Netzes"[137]. Das (klassische) Modell der Pyramide geht davon aus, daß das Recht in Form von Befehlen unilateral von der Spitze der Hierarchie bis zur Basis geschaffen, angewendet und kontrolliert wird. Das (modernere) netzförmige, pluralistische, offene Modell beruht auf den Gedanken der flexiblen Koordination, Interaktion und Harmonisierung zwischen komplexen, interdependenten Systemen und nicht des „Imperiums" zentralisierter, dekretierender Macht. Der Schutz der Grundrechte in der Schweiz weist hybride Formen auf, die sowohl durch vertikale wie auch durch horizontale Kräfte bestimmt sind. Im Zentrum stehen für den Einzelnen die Grundrechte des Bundes. Diese erhielten ursprünglich Impulse von den Kantonen („von unten"), während heute wesentlichere Einflüsse aus den völkerrechtlichen Systemen des Menschenrechtsschutzes („von oben") stammen. Auch von den europäischen (und internationalen) Rechtssystemen zum Schutz der Menschenrechte kann nicht gesagt werden, daß sie dem nationalen Recht schlechterdings übergeordnet sind. Vielmehr läßt sich in der tatsächlichen Funktionsweise des transnationalen Grundrechtsschutzes ein subtiles, multipolares Gefüge von Strukturen und Rechtsprozessen beobachten, in denen es – wie etwa von *Jörg Paul Müller* näher dargelegt[138] – im Grunde genommen keine oberste Instanz und kein letztes Wort gibt.

55
„Pyramide" und „Netz"

---

136 Die Schweiz hat beim EGMR eine Neubeurteilung des Falls durch die Große Kammer beantragt. Dabei handelt es sich um den ersten solchen Antrag der Schweiz. Vgl. NZZ v. 17. 8. 2006, S. 14.
137 *Thürer*, Grundrechtsschutz in Europa – Globale Perspektive, ZSR 2005 II, S. 51 (67 ff.), mit Hinweisen.
138 *J.P. Müller*, Koordination des Grundrechtsschutzes in Europa, ZSR 2005 II, S. 9 (18 ff.).

56
Prozeß stetiger Rechtsvergleichung

Die Europäische Menschenrechtskonvention ist als Minimalgarantie konzipiert[139]. Die Rechtsprechung des Europäischen Gerichtshofs für Menschenrechte verfolgt aber eine „dynamische und damit verfassungsgerichtsähnliche Linie"[140]. Der vielleicht interessanteste und originellste Grundzug der Straßburger Menschenrechtspraxis liegt in den vielfältigen Prozessen stetiger Rechtsvergleichung, welche die Rechtsprechung des Gerichtshofes prägen. Das „Schweifenlassen des Blicks" zwischen den Rechtssystemen bildet die besondere Methode, ja wohl die Wesensform des „judicial reasoning" des Europäischen Gerichtshofes für Menschenrechte. Die Menschenrechtskonvention bezieht ihre Lebendigkeit zu einem wesentlichen Teil aus der unablässigen Suche nach Konvergenzen (und Divergenzen) nationaler Regelungen, also gleichsam aus Gesprächen zwischen nationalen und europäischen Richtern[141].

57
marge d'appréciation

Kerngehalte

Ein zweiter Wesenszug der Rechtsprechung des Europäischen Gerichtshofes für Menschenrechte liegt in der Spannung zwischen dem Ziel der einheitlichen Rechtsgewährleistung einerseits und der Respektierung pluralistischer Ordnungssysteme andererseits. Abwägungsprozesse zwischen gebotener Uniformität und legitimer Pluralität sind typisch für viele Prozesse der Rechtsetzung und Rechtsanwendung im Rahmen des europäischen Integrationssystems. Beim Europäischen Gerichtshof für Menschenrechte spricht man von einer den Mitgliedstaaten zugestandenen „marge d'appréciation": einem Kunstgriff, um trotz Einheitlichkeit des europäischen Menschenrechtsstandards Vielfalt der Gestaltungsformen zu bewahren und das nationale „droit à la différence" zu achten. Es ist dies eine der wichtigsten, sensibelsten Aufgaben des Gerichtshofes: die Linie zwischen den unverzichtbaren Kerngehalten der Konvention und ihren variablen Elementen richtig zu ziehen. Es ist – so scheint es – eine Differenzierung zu machen zwischen Gewährleistungselementen, die einer Relativierung im Sinne einer „marge d'appréciation" nicht zugänglich sind, und solchen, die nationale Eigengestaltungen zulassen[142]. Zur Gruppe der absolut zu respektierenden Prinzipien gehören wohl etwa das Recht auf Leben, das Folterverbot sowie Kerngehalte der Freiheits- und Justizgarantien. Die vom Gerichtshof herausgebildeten Kategorien von Kerngehalten des Menschenrechtsschutzes ließen sich, „mutatis mutandis", dogmatisch auch auf andere Gewährleistungen und Typen von Grundrechten (z.B. den Kerngehalt eines Rechts auf Nahrung, Obdach, Gesundheit) übertragen.

58
Bedeutung des Subsidiaritätsprinzips

Wichtig für die Effektivität und die langfristige Glaubwürdigkeit des EMRK-Systems wird sein, daß dem Subsidiaritätsprinzip ein hoher Stellenwert beigemessen wird, nach dem eine übergeordnete Einheit für eine Regelung erst

---

[139] Art. 53 EMRK. Zur Koordination des Grundrechtsschutzes in Europa siehe *J.P. Müller*, Koordination des Grundrechtsschutzes in Europa – Einleitungsreferat, ZSR 2005 II, S. 9ff.
[140] *J.P. Müller*, Subsidiarität und Menschenrechtsschutz, in: Martin Morlok (Hg.), FS Häberle, 2001, S. 35 (41).
[141] *Wildhaber*, The Role of Comparative Law in the Case-Law of the European Court of Human Rights, in: Jürgen Bröhmer u.a. (Hg.), FS Ress, 2005, S. 1101 ff.
[142] Dazu siehe *Eyal Benvenisti*, Margin of Appreciation, Consensus, and Universal Standards, New York University Journal of International Law and Politics (JILP) 31 (1998), S. 843 ff.

zuständig wird, wenn eine kleinere Einheit dazu nicht in der Lage ist[143].

59
Wandel des Verfassungsverständnisses

Die Idee, der Geist und das Recht des internationalen Menschenrechtsschutzes hatten das schweizerische Staatsrecht von Anfang an beeinflußt und geprägt. Dies gilt vor allem für die klassisch-liberalen Menschenrechte und die verfahrensmäßigen Garantien („procedural fairness"), während die Wirksamkeit der Normen sozialer Gerechtigkeit eher marginal blieb. Gewährleistungen des völkerrechtlichen Menschenrechtsschutzes hatten gelegentlich, präventiv oder repressiv, zur Beseitigung widersprechender Normen des Landesrechts geführt. Im großen und ganzen führten sie aber eher indirekt – das heißt auf dem Wege der völkerrechtskonformen Auslegung, Konkretisierung und Ausgestaltung des nationalen Rechts – zu einem Wandel des Verfassungsverständnisses sowie zu Anpassungen des Rechtssystems und insbesondere auch der Institutionen des Verfassungsschutzes. Die allmähliche, oft beinahe unbemerkte Durchdringung weiter Bereiche des innerstaatlichen Rechts durch den internationalen Menschenrechtsschutz wurde begünstigt durch Strukturen der Verfassung, die offen sind für Einwirkungen von außen und ihre flexible Verbindung mit den Normen im Innern.

60
„Ensemble" von Grund- und Menschenrechtsnormen

Läßt sich aus dem System des Grundrechtsschutzes in der Schweiz eine allgemeine Lehre ziehen? Ergibt sich aus den spezifischen Erfahrungen der Schweiz ein Modell, das zu kennen sich für andere lohnt? Vielleicht liegt das Besondere an der Grundrechtsentwicklung und am Grundrechtsschutz in der Schweiz darin, daß sie nicht von Gedanken der Hierarchie der Systeme, sondern von unablässigen Lernprozessen beherrscht sind, wie sie zwischen den verschiedenen (eidgenössischen, kantonalen und internationalen) Regelungswerken hin und her fließen. *Mireille Delmas-Marty* hat diese dynamische Verbindung von notwendiger Einheit und Respekt vor der Vielfalt als „pluralisme ordonné"[144] bezeichnet. Hinter der Fassade hierarchisch strukturierter Regelungswerke oszillieren also in vielfältigen Rhythmen Prozesse des pluralistischen Austausches, in denen auch etwa nationale Richter durchaus in der Lage sind, internationale Regelungswerke (vor allem die EMRK) nicht bloß zu applizieren, sondern auch nach Maßgabe ihrer eigenen Traditionen und Ideen mitzugestalten. Angesichts der pragmatischen Verbindung von Grundrechtselementen verschiedener Regelungsstufen zeigt sich, wie sehr die Rolle des souveränen Rechtsstaates durch den Gedanken eines weitgespannten „Rule of Law" relativiert und allmählich in ein den (Bundes)Staat übergreifendes föderatives System eingefügt worden ist. Die Essenz der Betrachtungen dieses Kapitels ist vielleicht die Einsicht, daß herkömmliche Schemata der Rechtshierarchie im Begriffe sind, im Rahmen sich integrierender Rechtsordnungen durch Methoden eines fluiden, mehrpoligen, juristisch-pluralistischen Raisonnements transformiert und abgelöst zu werden.

„pluralisme ordonné"

Ablösung der Rechtshierarchien?

---

143 Jörg Paul Müller zufolge ist zu entscheiden, „welche Anliegen so dringlich und unverzichtbar sind und eine möglichst weite Perspektive in Raum und Zeit voraussetzen, dass sie nicht dem politischen Prozess oder der lokalen Überzeugung überlassen werden dürfen, sondern zwingend für alle gelöst werden müssen." Vgl. *J.P. Müller*, Subsidiarität (FN 140), S. 43.
144 *Mireille Delmas-Marty*, Le pluralisme ordonné, Paris 2006.

F. Bibliographie

Auer, Andreas/Malinverni, Giorgio/Hottelier, Michel, Droit constitutionnel suisse, ²2006.
Biaggini, Giovanni, Die neue Zürcher Kantonsverfassung: Gesamtbetrachtung im Lichte der Verfassungsfunktionen, in: Leo Lorenzo Fosco/Tobias Jaag/Markus Notter (Hg.), Die neue Zürcher Kantonsverfassung, 2006, S. 175 ff.
Buser, Denise, Kantonales Staatsrecht, 2004.
Häfelin, Ulrich/Haller, Walter, Schweizerisches Bundesstaatsrecht, ⁶2005.
Hangartner, Yvo/Kley, Andreas, Die demokratischen Rechte in Bund und Kantonen der Schweizerischen Eidgenossenschaft, 2000.
Kägi-Diener, Regula, Grundrechtsschutz durch die Kantone, in: Daniel Thürer/ Jean-François Aubert/Jörg Paul Müller (Hg.), Verfassungsrecht der Schweiz, 2001, S. 837 ff.
Keller, Helen, Rezeption des Völkerrechts, 2003.
Kley, Andreas, Der Grundrechtskatalog der nachgeführten Bundesverfassung – ausgewählte Neuerungen, ZBJV 1999, S. 301 ff.
Kölz, Alfred, Neuere schweizerische Verfassungsgeschichte, Bd. I: Ihre Grundlinien vom Ende der Alten Eidgenossenschaft bis 1848, 1992; Bd: II: Ihre Grundlinien in Bund und Kantonen seit 1848, 2004.
Müller, Jörg Paul, Allgemeine Bemerkungen zu den Grundrechten, in: Daniel Thürer/ Jean François Aubert/Jörg Paul Müller (Hg.), Verfassungsrecht der Schweiz, 2001, S. 621 ff.
ders., Grundrechte in der Schweiz, ³1999.
Nuspliger, Kurt, Wechselwirkungen zwischen neueren Kantonsverfassungen und der Bundesverfassung, in: Ulrich Zimmerli (Hg.), Die neue Bundesverfassung, 2000, S. 63 ff.
Rhinow, René, Grundzüge des Schweizerischen Verfassungsrechts, 2003.
Saladin, Peter, Grundrechte im Wandel, ³1982.
Schefer, Markus, Die Beeinträchtigung von Grundrechten. Zur Dogmatik von Art. 36 BV, 2006.
ders., Die Grundrechte in der Schweiz – Ergänzungsband, 2005.
ders., Die Kerngehalte von Grundrechten, 2001.
Thürer, Daniel, Kosmopolitisches Staatsrecht, Grundidee Gerechtigkeit, Bd. I, 2005.
ders., Perspektive Schweiz – Übergreifendes Verfassungsdenken als Herausforderung, 1998.
ders./Aubert, Jean-François/Müller, Jörg Paul (Hg.), Verfassungsrecht der Schweiz – Droit constitutionnel suisse, 2001.
Villiger, Mark E., Handbuch der Europäischen Menschenrechtskonvention (EMRK), ²1999.

2. Allgemeine Grundrechtslehren

§ 204
Schutzwirkung der Grundrechte

Georg Müller

Übersicht

	RN
A. Auftrag zur Verwirklichung der Grundrechte (Art. 35 Abs. 1 BV)	1–12
I. Konstitutives Grundrechtsverständnis	1
II. Schaffung der Voraussetzungen für die Ausübung der Grundrechte	2–3
III. Allgemeine grundrechtliche Schutzpflicht	4–7
IV. Besondere grundrechtliche Schutzpflichten	8
V. Rechtsfolgen der grundrechtlichen Schutzpflichten und ihre Durchsetzung	9–11
VI. Zusammenfassung	12
B. Grundrechtsverpflichtete (Art. 35 Abs. 2 BV)	13–29
I. Gemeinwesen	14–16
II. Private, die staatliche Aufgaben erfüllen	17–23
III. Mischformen	24–28
IV. Zusammenfassung	29
C. Grundrechtsschutz zwischen Privaten (Art. 35 Abs. 3 BV)	30–42
I. Regelung von Grundrechtskonflikten zwischen Privaten durch den Gesetzgeber	31–33
II. Direkte und indirekte Drittwirkung	34–37
III. Eignung der Grundrechte für die Wirksamkeit unter Privaten	38
IV. Zusammenfassung	39–42
D. Bibliographie	

A. Auftrag zur Verwirklichung der Grundrechte (Art. 35 Abs. 1 BV)[*]

I. Konstitutives Grundrechtsverständnis

1
Grundrechtsfunktionen

Grundrechte schützen in erster Linie die Privaten vor Eingriffen des Staates. Sie sind also primär Abwehrrechte[1], die den Staat zu einem *Unterlassen* von Eingriffen verpflichten. Darüber hinaus sind Grundrechte aber auch objektive Grundsatznormen[2], die vom Staat verlangen, daß er zu ihrer Verwirklichung durch ein *positives Tun*, eine Leistung oder eine Maßnahme zum Schutz von Grundrechtsträgern beiträgt. Dieses konstitutive Grundrechtsverständnis bringt Art. 35 Abs. 1 BV zum Ausdruck[3].

II. Schaffung der Voraussetzungen für die Ausübung der Grundrechte

2
Staatliche Leistungen

Damit die Grundrechte in der ganzen Rechtsordnung zur Geltung kommen können, muß der Staat die Voraussetzungen für deren Ausübung schaffen. Oft bedingt die tatsächliche Inanspruchnahme von Grundrechten, daß der Staat entsprechende Leistungen erbringt[4]. So kann die Freiheit, Meinungen durch Demonstrationen zu äußern, nur ausgeübt werden, wenn der Staat die Benutzung des öffentlichen Grundes zu diesem Zweck erlaubt[5]. Von seinem durch die Eigentumsgarantie[6] geschützten Recht, ein Grundstück zu überbauen, kann der Eigentümer erst Gebrauch machen, wenn der Staat die notwendigen Erschließungsanlagen erstellt hat. Ein Anspruch auf solche staatlichen Leistungen läßt sich aber bloß dann unmittelbar aus den Grundrechten ableiten, wenn deren Normgehalt justiabel, das heißt „durch Argumente des Verfassungsrechts so bestimmbar ist, daß für die Umsetzung im Rahmen der Rechtsanwendung keine politische Wertung notwendig ist"[7].

---

[*] Für ihre Mitarbeit bei der Sammlung des Materials und bei der Überarbeitung des Textes danke ich meinen Assistierenden, Frau lic. iur. *Petra Hauser* und Herrn Dr. iur. *Marc Thommen*.
[1] → Bd. II: *Sachs*, Abwehrrechte, § 39.
[2] → Bd. I: *Wahl*, Die objektiv-rechtliche Dimension der Grundrechte im internationalen Vergleich, § 19.
[3] Botschaft über eine neue Bundesverfassung v. 20.11.1996 (BBl 1997, S. 1 [192]); *Patricia Egli*, Drittwirkung von Grundrechten, Zugleich ein Beitrag zur Dogmatik der grundrechtlichen Schutzpflichten im Schweizer Recht (Diss. iur. Zürich 2001), 2002, S. 135 ff.; *Häfelin/Haller*, Bundesstaatsrecht (LitVerz.), RN 271; *J.P. Müller*, in: Thürer u. a., Verfassungsrecht (LitVerz.), § 39 RN 29 ff.; *René Rhinow*, Grundzüge des Schweizerischen Verfassungsrechts, 2003, RN 1050 ff.; *Schindler*, Begriff und Verständnis der „Grundrechte" in der neuen Bundesverfassung, in: Thomas Gächter/Martin Bertschi (Hg.), Neue Akzente in der „nachgeführten" Bundesverfassung, 2000, S. 51 (59 ff.); *R. J. Schweizer*, in: Ehrenzeller u. a., St. Galler Kommentar (LitVerz.), Art. 35 RN 3 ff.; *Azucena Sorrosal*, Soziale Wirksamkeit der Grundrechte, dargestellt am Beispiel der Einelternfamilie (Diss. iur. St. Gallen 2002), 2002, S. 93 ff.
[4] *R. J. Schweizer* (FN 3), RN 9; *Sorrosal* (FN 3), S. 29 ff. spricht von der staatlichen Pflicht zur Effektuierung von Grundrechten. S. auch *Besson*, ZSR 2003 I, S. 49 (62 ff.). Schon vor über 100 Jahren hat das Bundesgericht die Regierung des Kantons Tessin dazu verpflichtet, mit den geeigneten Mittel dafür zu sorgen, daß evangelische Gottesdienste frei und ohne Beeinträchtigung im ganzen Kantonsgebiet abgehalten werden können (*BGE 20*, 274 [283]).
[5] → Unten *Zimmerli*, § 219: Versammlungsfreiheit.
[6] → Unten *Biaggini*, § 221: Eigentumsgarantie.
[7] *J.P. Müller*, in: Thürer u. a., Verfassungsrecht (LitVerz.), § 39 RN 29.

Das trifft beim Anspruch auf gesteigerten Gemeingebrauch des öffentlichen Grundes zu, nicht jedoch beim Anspruch auf Erschließung von Bauland[8].

In den meisten Fällen muß der Gesetzgeber den Anspruch auf staatliche Leistungen näher umschreiben, um ihn justitiabel zu machen. Soweit sich der Leistungsanspruch nicht unmittelbar aus dem Grundrecht ergibt, ist der Gesetzgeber verpflichtet, die Voraussetzungen für dessen Ausübung zu schaffen[9].

3
Normative Anspruchskonkretisierung

III. Allgemeine grundrechtliche Schutzpflicht

Aus dem konstitutiven Verständnis der Grundrechte folgt, daß der Staat sie vor Beeinträchtigungen jeder Art zu schützen hat. Sollen die Grundrechte, wie Art. 35 Abs. 1 BV vorsieht, in der ganzen Rechtsordnung zur Geltung kommen, so müssen sie gegenüber staatlichen Eingriffen und vor privater Machtausübung Schutz bieten[10]. In ihrer Abwehrfunktion schützen die Grundrechte den Privaten vor *staatlichen* Übergriffen in seine Freiheitssphäre. Die Schutzpflicht gebietet dem Staat, Übergriffe *Privater* in die grundrechtlich geschützte Freiheitssphäre anderer Privater durch geeignete Maßnahmen zu verhindern[11]. Der Schutz von Grundrechten Dritter rechtfertigt nach Art. 36 Abs. 2 BV zwar Grundrechtseinschränkungen[12], vermag aber die dazu erforderliche gesetzliche Grundlage nicht zu ersetzen[13]. Ebensowenig begründet die Schutzpflicht zusätzliche Ansprüche der Privaten gegen den Staat. Der Begriff der Schutzpflicht macht jedoch deutlich, daß der Staat die Grundrechte nicht nur respektieren muß, indem er Eingriffe unterläßt, sondern aktiv zu ihrer Verwirklichung beitragen soll.

4
Umfassende Grundrechtsverwirklichung

Die Schutzpflicht kann einerseits durch *rechtliche* Maßnahmen erfüllt werden. Oft muß der Gesetzgeber Anordnungen zum Schutz der Grundrechte treffen[14]. Dabei hat er meist Abwägungen vorzunehmen zwischen gegenläufigen Schutzbedürfnissen. So ging es bei der Regelung der Strafbarkeit des Schwan-

5
Rechtliche Verwirklichung

---

8 Zur Ableitung von Ansprüchen auf staatliche Leistungen aus Grundrechten *Auer/Malinverni/Hottelier*, Droit constitutionnel (LitVerz.), Bd. II, ²2006, RN 162 ff. Der Europäische Gerichtshof für Menschenrechte hat einen sich aus Art. 8 EMRK ergebenden Anspruch der betroffenen Nachbarn auf behördliche Informationen über den gesundheitsschädlichen Betrieb einer Chemiefabrik bejaht (Urt. v. 19. 2. 1998, in: EuGRZ 1999, S. 188 ff.). Weitere Beispiele bei *Tschannen*, Staatsrecht (LitVerz.), § 7 RN 33.
9 *J.P. Müller*, in: Thürer u.a., Verfassungsrecht (LitVerz.), § 39 RN 30, spricht in diesem Zusammenhang von der „programmatischen" im Gegensatz zur justitiablen Schicht der Grundrechte.
10 *Egli* (FN 3), S. 283 ff.; *Markus Schefer*, Die Kerngehalte von Grundrechten, 2001, S. 276 ff.; *Rhinow* (FN 3), RN 1085 ff.; *ders.*, Gefährdung von Grundrechten, Risiko und Recht, FG zum Schweizerischen Juristentag 2004, 2004, S. 441 (445 ff.); *René Wiederkehr*, Die Kerngehaltsgarantie am Beispiel kantonaler Grundrechte (Diss. iur. St. Gallen 1999), 2000, S. 99 ff., 176 ff.; *BGE 126* II 300 (314 f.) m.H.; *116* IV 31 (40). Zur Schutzpflicht in Deutschland *Isensee*, Das Grundrecht als Abwehrrecht und als staatliche Schutzpflicht, HStR ²V, § 111 RN 77 ff.; rechtsvergleichend *Besson*, ZSR 2003, S. 49 (57 ff. 66 ff.).
11 *Isensee*, HStR ²V, § 111 RN 1 ff., *Göksu*, SJZ 1998, S. 89 (91).
12 → Unten *Schefer*, § 208: Beeinträchtigung von Grundrechten.
13 Kritisch zur Ableitung von Schutzpflichten aus Grundrechten deshalb *Tschannen*, Staatsrecht (LitVerz.), § 7 RN 73 passim.
14 Nach *H.H. Klein*, Die grundrechtliche Schutzpflicht, DVBl. 1994, S. 489 (491), ist der Staat verpflichtet, „seine Rechtsordnung so zu gestalten, daß in ihr und durch sie die Grundrechte gesichert sind und die von ihnen gewährleisteten Freiheitsrechte sich wirksam entfalten können".

gerschaftsabbruchs auf der einen Seite um den Schutz des ungeborenen Lebens, dem auf der andern Seite das durch die persönliche Freiheit geschützte Selbstbestimmungsrecht und das Recht auf körperliche Unversehrtheit der Mutter gegenüberstanden[15]. Die kommunale Nutzungsplanung muß Zonen und Plätze vorsehen, die für den Aufenthalt von Fahrenden geeignet sind und deren traditioneller Lebensweise entsprechen, die verfassungsrechtlichen Schutz genießt[16], doch sind bei der Festsetzung solcher Zonen auch die planerischen Ziele und Interessen zu berücksichtigen[17]. Zahlreiche Beispiele gesetzgeberisch umgesetzter Schutzpflichten finden sich im Arbeitsgesetz[18], das Bestimmungen zum Gesundheits- und Integritätsschutz (Art. 6 ff.), zum Schutz jugendlicher Arbeitnehmer (Art. 29 ff.) sowie eine Pflicht zur besonderen Rücksichtnahme auf Arbeitnehmer mit Familienpflichten (Art. 36) enthält. Der Gesetzgeber hat hierbei die privatautonomen Vertragsgestaltungsmöglichkeiten der Arbeitgeber bewußt eingeschränkt zugunsten grundrechtlich geschützter Positionen der Arbeitnehmer. Grundrechtliche Schutzpflichten treffen den Staat aber auch im Bereich der Außenpolitik; Rechtshilfe ist deshalb zu verweigern, wenn die Menschenrechte des betroffenen Bürgers im ersuchenden Staat beeinträchtigt würden[19]. Die Schutzpflicht gebietet den rechtsanwendenden Behörden schließlich, die Grundrechte bei der Auslegung von Rechtsnormen zur Geltung zu bringen (grundrechtskonforme Auslegung)[20].

6
Reale Verwirklichung

Andererseits können zum Schutz der Grundrechte unter Umständen auch *tatsächliche* Maßnahmen des Staates notwendig sein. So muß die Polizei bedrohte Personen schützen oder besetzte Häuser räumen, um den Eigentümern die Nutzung ihrer Rechte zu ermöglichen. Strafgefangenen ist Gelegenheit zu Spaziergängen oder zur Teilnahme an Gottesdiensten zu geben. In hängigen Verfahren sind Akteneinsicht und rechtliches Gehör zu gewähren[21]. Die Meinungs- und die Versammlungsfreiheit verpflichten die Behörden, unter gewissen Voraussetzungen den öffentlichen Grund für die Durchführung von Demonstrationen zur Verfügung zu stellen und durch geeignete

---

15 Zu den unterschiedlichen Ergebnissen der Abwägung zwischen diesen Schutzgütern vgl. Parlamentarische Initiative – Änderung des Strafgesetzbuches betreffend Schwangerschaftsabbruch, Bericht der Kommission für Rechtsfragen des Nationalrates v. 19. 3. 1998, BBl 1998, S. 3005 (3015 ff.); Stellungnahme des Bundesrates v. 26. 8. 1998 zu diesem Bericht, BBl 1998, S. 5377 (5380 ff.); Botschaft zur Volksinitiative „Für Mutter und Kind – für den Schutz des ungeborenen Kindes und für die Hilfe an seine Mutter in Not" (Initiative „Für Mutter und Kind") v. 15. 11. 2000, BBl 2001, S. 675 (687 f.); *Yvo Hangartner*, Schwangerschaftsabbruch und Sterbehilfe, 2000.
16 → Unten *Kley*, Unverletzlichkeit der Wohnung, § 214 RN 17.
17 *BGE 129* II 321 (326 f.).
18 Bundesgesetz über die Arbeit in Industrie, Gewerbe und Handel v. 13. 3. 1964 (Arbeitsgesetz; SR 822.11).
19 *BGE 126* II 324 (327).
20 *J.P. Müller*, in: Thürer u.a., Verfassungsrecht (LitVerz.), § 39 RN 33, bezeichnet diese Wirkung der Grundrechte als „flankierende" (indirekt justitiable) Schicht. Die grundrechtskonforme Auslegung des Privatrechts stellt eine indirekte Drittwirkung der Grundrechte dar (dazu dort RN 34 ff.). Zum Verhältnis von Schutzpflichten und Drittwirkung eingehend *Egli* (FN 3), S. 155 ff., 283 ff.; vgl. auch *Weber-Dürler*, Der Grundrechtseingriff, in: VVDStRL 57 (1997), S. 57 (80 ff.).
21 Vgl. auch die Beispiele bei *Egli* (FN 3), S. 171 ff.; *Schefer* (FN 10), S. 247 f., 276 ff.; *R.J. Schweizer* (FN 3), RN 9.

Maßnahmen – vor allem ausreichenden Polizeischutz – dafür zu sorgen, daß öffentliche Kundgebungen tatsächlich stattfinden können[22]. Der Bund informiert in einer breit angelegten Informationskampagne seit Mitte der achtziger Jahre über AIDS und macht auf Maßnahmen zur Prävention von HIV-Infizierungen aufmerksam[23]. Dieses staatliche Informationshandeln läßt sich als grundrechtlich gebotene Maßnahme zum Schutz der Gesundheit und des Lebens der Bevölkerung verstehen[24].

Derartige Realakte zum Schutz der Grundrechte weisen Gemeinsamkeiten mit Leistungen auf, welche Voraussetzungen für die Ausübung von Grundrechten bilden[25]. Deutliche Unterschiede bestehen dagegen, soweit es um den Schutz der Grundrechte vor Gefährdungen durch Dritte geht. Die Pflicht, solche Gefährdungen zu verhindern, kann dazu führen, daß der Staat tatsächliche Hindernisse einer wirksamen Grundrechtsausübung aus dem Weg zu räumen und präventive Maßnahmen zum Schutz vor Störungen durch Dritte zu treffen hat. Die Disziplinarbefugnis der Schulbehörden gegenüber Schülern dient nicht nur der Aufrechterhaltung eines geordneten Schulbetriebes, sondern ergibt sich auch aus der grundrechtlichen Schutzpflicht des Staates vor Gefährdungen der Grundrechte von Schülern, die von andern Schülern ausgehen. Wird ein geordneter Schulbetrieb durch einen einzelnen Schüler faktisch verunmöglicht, so ist dessen Ausschluß gerechtfertigt, um den Mitschülern ihren verfassungsmäßigen Anspruch auf Grundschulbildung gewährleisten zu können[26]. Weil mit diesem Ausschluß gleichzeitig auch der grundrechtliche Bildungsanspruch des Störers beschnitten wird, muß sich der Ausschluß seinerseits auf eine genügende Eingriffsgrundlage stützen. Der Grundrechtsschutz Dritter bildet zwar ein legitimes *Eingriffsinteresse* im Sinne von Art. 36 Abs. 2 BV, die für Grundrechtsbeschränkungen notwendige (gesetzliche) *Eingriffsgrundlage* vermag er jedoch nicht zu ersetzen[27].

7
Störungen durch Dritte

IV. Besondere grundrechtliche Schutzpflichten

Die Bundesverfassung statuiert neben der allgemeinen grundrechtlichen Schutzpflicht (Art. 35 Abs. 1 BV) auch besondere Schutzaufträge. So ist nach Art. 7 BV die Würde des Menschen zu achten und zu schützen[28]. Gemäß

8
Beispiele

---

22 Regierungsrat des Kantons Schwyz, Entscheid v. 25. 11. 2003, ZBl 2004, S. 536 (545).
23 *Zenger*, Öffentlich-rechtlicher Teil, in: Bundesamt für Gesundheitswesen/Aids Info Docu Schweiz (Hg.), Drei Gutachten über rechtliche Fragen im Zusammenhang mit AIDS, 1991, S. 204 f.; ebenso *Schefer* (FN 10), S. 277; für eine Übersicht über die bisherigen Kampagnen s. http://www.suchtundaids.bag.admin.ch/themen/aids/stopaids/index.html (Stand: 1. 2. 2004).
24 Was *Tschannen*, Staatsrecht (LitVerz.), § 7 RN 73 f., für Grundrechtsverletzungen durch Dritte festhält, gilt auch für die hier diskutierten tatsächlichen Maßnahmen zum Schutze der Grundrechte: Im Grunde geht es um staatlichen Schutz der Polizeigüter (z. B. öffentliche Gesundheit). Die Ableitung dieser Schutzpflichten aus den Grundrechten bringt also nur in der Begründung, nicht aber im Ergebnis Neues.
25 Oben, RN 2 f.
26 *BGE 129* I 12 (24 f.).
27 *Tschannen*, Staatsrecht (LitVerz.), § 7 RN 73.
28 → Unten *Haller*, Menschenwürde, Recht auf Leben und persönliche Freiheit, § 209.

Art. 11 BV haben Kinder und Jugendliche Anspruch auf besonderen Schutz ihrer Unversehrtheit und auf Förderung ihrer Entwicklung[29]. Art. 13 Abs. 2 BV räumt jeder Person einen Anspruch auf Schutz vor Mißbrauch ihrer persönlichen Daten ein[30]. Art. 15 BV verpflichtet den Staat, für eine ungestörte Ausübung der Religionsfreiheit und damit auch für den Schutz entsprechender Minderheiten zu sorgen[31]. Besondere Schutzpflichten, die den Privaten einen Anspruch auf eine staatliche Leistung gewähren[32], ergeben sich aus Art. 19 BV (Anspruch auf unentgeltlichen Grundschulunterricht) und Art. 29 Abs. 3 BV (Recht auf unentgeltliche Rechtspflege), ferner aus Art. 8 EMRK (Schutz des Privat- und Familienlebens)[33]. Art. 12 BV (Recht auf Hilfe in Notlagen) sieht ein subjektives Recht auf das für ein menschenwürdiges Dasein notwendige Existenzminimum vor. Dazu gehören alltägliche Überlebensnotwendigkeiten wie Nahrung, Kleidung, Obdach und medizinische Grundversorgung[34].

V. Rechtsfolgen der grundrechtlichen Schutzpflichten und ihre Durchsetzung

9
„Grundrechtspolitik" als Grundrechtsschutz

Wie der Staat seine Pflicht, Vorkehrungen zum Schutz von Grundrechten zu treffen, erfüllen muß, läßt sich nicht aus Art. 35 Abs. 1 BV ableiten, sondern nur im Einzelfall bestimmen. Maßgebend sind dabei das Schutzobjekt der Grundrechte sowie Art und Schwere der Beeinträchtigung oder Gefährdung grundrechtlich geschützter Positionen. Zu berücksichtigen sind ferner die zur Verfügung stehenden Mittel und die Verhältnismäßigkeit der Beschränkungen der Grundrechte Dritter, die als Folge der Schutzmaßnahmen eintreten[35]. In Deutschland verlangt das Bundesverfassungsgericht für die Konkretisierung der grundrechtlichen Schutzpflichten, daß die Vorkehrungen des Gesetzgebers für einen angemessenen und wirksamen Schutz ausreichen sowie auf sorgfältigen Tatsachenermittlungen und vertretbaren Einschätzungen beruhen[36]; der Gesetzgeber ist verpflichtet, dafür zu sorgen, daß das erlassene Gesetz auch künftig mit dem Grundgesetz übereinstimmt[37].

10
Schutzpflichten sind – im Gegensatz zu den Abwehrrechten – oft nicht justitiabel. Sie richten sich primär an den Gesetzgeber. Dieser verfügt über die not-

---

29 Dieser besondere Schutzauftrag wurde beispielsweise gesetzgeberisch umgesetzt durch die vorne (RN 5) genannten Schutzbestimmungen des Arbeitsgesetzes (Art. 29ff.) zugunsten jugendlicher Arbeitnehmer; → unten *Weber-Dürler*, Träger der Grundrechte, § 205.
30 Zu diesen besonderen Schutzpflichten im einzelnen *Egli* (FN 3), S. 160 ff.
31 *Rhinow*, Religionsfreiheit heute, in: recht 2002, S. 45 (47); *BGE 20*, 274 (283); siehe oben FN 4.
32 → Unten *Epiney/Waldmann*, Soziale Grundrechte und soziale Zielsetzungen, § 224.
33 *BGE 129* II 420 (432): „Le droit fédéral permet ainsi, dans un cas tel que celui des recourants, de tenir compte des exigences de l'art. 8 CEDH"; vgl. auch *Bertschi/Gächter*, Der Anwesenheitsanspruch auf Grund der Garantie des Privat- und Familienlebens, ZBl 2003, S. 225 (240 ff., 246).
34 *BGE 130* I 71 (75); *Kathrin Amstutz*, Das Grundrecht auf Existenzsicherung (Diss. iur. Bern), 2002; *Bigler-Eggenberger*, in: Ehrenzeller u.a., St. Galler Kommentar (LitVerz.), Art. 12 RN 19 ff.; *Carlo Tschudi* (Hg.), Das Recht auf Hilfe in Notlagen, 2005.
35 *BGE 126* II 300 (315); *119* Ia 28 (31); *Besson*, ZSR 2003 I, S. 49 (76, 89 ff.); *Egli* (FN 3), S. 305 ff.; *Wiederkehr* (FN 10), S. 181.
36 → Bd. III: *Papier*, Das Bundesverfassungsgericht als Hüter der Grundrechte, § 79.
37 *BVerfGE 88*, 203 (309 f.).

wendige demokratische Legitimation, um die Abwägung zwischen den kollidierenden Grundrechten oder Interessen vorzunehmen und somit „Grundrechtspolitik" zu betreiben[38]. Nur ausnahmsweise ergeben sich unmittelbar aus den Schutzpflichten Ansprüche, die sich gerichtlich durchsetzen lassen.

Ansprüche als Ausnahme

Nimmt der Gesetzgeber seine Schutzpflicht nicht oder nicht richtig wahr, so kann dies in der Regel vor Gericht gerügt werden. Allerdings werden Gerichte oft nur die Verletzung der Schutzpflicht feststellen, nicht aber das Gesetz ändern. Bundesgesetze sind nach Art. 190 BV[39] für das Bundesgericht und die anderen rechtsanwendenden Behörden maßgebend. Dies bedeutet, daß die Verfassungswidrigkeit eines Bundesgesetzes in jedem Fall bloß festgestellt, dieses aber nicht außer Kraft gesetzt werden kann[40]. Bei kantonalen und kommunalen Erlassen respektieren die Gerichte in der Regel die Gestaltungsspielräume, die dem Gesetzgeber bei der Erfüllung der Schutzpflicht zukommen[41].

11
Verletzung der Schutzpflicht ohne Normkassation

VI. Zusammenfassung

Art. 35 Abs. 1 BV verlangt ein umfassendes Wirken der Grundrechte in der gesamten Rechtsordnung. Über ihre Abwehrfunktion hinaus sollen die Grundrechte staatliches Handeln ganz allgemein bestimmen. Die grundrechtliche Schutzpflicht umfaßt sämtliche *aktiven* Vorkehrungen rechtlicher oder tatsächlicher Natur, die der Staat zur Verwirklichung der Grundrechte treffen muß. Für *rechtliche* Schutzmaßnahmen ist primär der Gesetzgeber zuständig; zudem haben die Behörden den Grundrechten bei der Rechtsanwendung Geltung zu verschaffen. Durch *tatsächliche* Schutzmaßnahmen soll einerseits die Ausübung der Grundrechte ermöglicht werden, andererseits sollen dadurch die Grundrechte vor Gefährdungen durch Dritte geschützt werden.

12
Schutzmaßnahmen als Wirkungsvoraussetzungen

B. Grundrechtsverpflichtete (Art. 35 Abs. 2 BV)

Art. 35 Abs. 2 BV legt fest, daß diejenigen, die staatliche Aufgaben wahrnehmen, an die Grundrechte gebunden und verpflichtet sind, zu ihrer Verwirklichung beizutragen. Der Kreis der Grundrechtsverpflichteten, die in der

13
Grundrechtsadressaten

---

[38] *Auer/Malinverni/Hottelier* (FN 8), RN 120; *Besson*, ZSR 2003, S. 49 (81); *Egli* (FN 3), S. 317 f.; *Rhinow* (FN 3), RN 1064; *Schweizer* (FN 3), RN 13; *Wiederkehr* (FN 10), S. 220 ff.
[39] In Kraft seit 1.1.2007; früher Art. 191 BV.
[40] Bundesgesetzen kann dagegen die Anwendung versagt werden, wenn den Schutzpflichten der EMRK nicht ausreichend Rechnung getragen wird (*BGE 125* II 417 [424 f.]; 117 Ib 367 [372 f.]; *Egli* [FN 3], S. 235 ff., 337).
[41] Vgl. dazu *Bernhard Rütsche*, Rechtsfolgen von Grundrechtsverletzungen (Diss. iur. Bern), 2002, S. 165 ff., 186 ff; *Weber-Dürler*, Grundrechtseingriffe, in: Ulrich Zimmerli (Hg.), Berner Tage für die juristische Praxis (BTJP) 1999, Die neue Bundesverfassung – Konsequenzen für Praxis und Wissenschaft, 2000, S. 131 (153 f.).

schweizerischen Lehre und Rechtsprechung häufig als „Adressaten" bezeichnet werden[42], erfaßt nicht nur staatliche Organe, sondern auch private Träger staatlicher Aufgaben[43]. Damit wurde der Tendenz zur Privatisierung der Aufgabenerfüllung in den letzten Jahren Rechnung getragen. Ob und wie weit eine Grundrechtsbindung besteht, ist nicht leicht festzustellen, da der Begriff der staatlichen Aufgabe unbestimmt ist[44]. Die in Art. 35 Abs. 2 BV gewählte Formulierung läßt zudem eine Differenzierung der Grundrechtsbindung je nach der übertragenen Aufgabe und deren Träger zu[45].

I. Gemeinwesen

14
Gebietskörperschaften

Bund, Kantone und Gemeinden nehmen staatliche Aufgaben wahr und sind deshalb an die Grundrechte gebunden. Das trifft auch auf die Stimmberechtigten zu, wenn sie – wie beim Entscheid über ein Einbürgerungsgesuch – Verwaltungsfunktionen ausüben. Sie haben somit bei der Abstimmung über Einbürgerungsgesuche in Gemeindeversammlungen oder an der Urne die Grundrechte – namentlich das Diskriminierungsverbot – zu beachten[46].

15
Keine „Flucht ins Privatrecht"

Art. 35 Abs. 2 BV ist ebenso maßgebend für die öffentlich-rechtlichen Anstalten, Körperschaften und Stiftungen auf allen drei Staatsebenen, deren Zweck in der dezentralen Erfüllung von Staatsaufgaben liegt. Diese öffentlich-rechtlichen Aufgabenträger handeln nicht nur dann „staatlich", wenn sie hoheitlich auftreten, das heißt einseitige, zwangsweise durchsetzbare Anordnungen treffen, insbesondere Rechtsnormen und Verfügungen erlassen, sondern auch, wenn sie eine wirtschaftliche Tätigkeit in Konkurrenz zu Privaten und in den Formen des Privatrechts ausüben[47]. Das gilt selbst dann, wenn es sich um sogenannte Nebentätigkeiten handelt, die wie zum Beispiel die Werbung an oder in Fahrzeugen des öffentlichen Verkehrs der Verbesserung der wirtschaftlichen Situation dienen und so mittelbar zur primären Aufgabenerfüllung beitragen. Der Staat und seine dezentralen Organisationen können sich

---

42 Diese Terminologie ist darauf zurückzuführen, daß die grundrechtlichen Abwehransprüche an die Grundrechtsverpflichteten gerichtet („adressiert") sind.
43 „Die Delegatäre staatlicher Aufgaben sind jedoch Substitute des Gemeinwesens, für das sie handeln, wenn sie die besagten Aufgaben wahrnehmen; in diesem Sinn ist ihnen ein Teil der staatlichen Gewalt übertragen und als solche können sie den Privaten Verpflichtungen auferlegen. Deshalb geht es nicht an, sie von der Verpflichtung zu entbinden, die Grundrechte zu respektieren"; Botschaft (FN 3), S. 193.
44 *Philipp Häsler*, Geltung der Grundrechte für öffentliche Unternehmen (Diss. iur. Bern), 2005, S. 71 f.; *Schefer*, AJP 2002, S. 1131 (1132 ff.); *Tschannen*, Staatsrecht (LitVerz.), § 7, RN 38 ff. Zu Recht weist *Rhinow* (FN 3), RN 1066, darauf hin, daß Aufgaben durch die Übertragung auf Private eigentlich ihren „Staatscharakter" verlieren und diese Aufgaben in Art. 178 Abs. 3 BV als „Verwaltungsaufgaben" bezeichnet werden.
45 Botschaft (FN 3), S. 193.
46 *BGE 130* I 140 (146 f.); *129* I 232 (240); *129* I 217 (225); vgl. dazu auch das Gutachten des Bundesamtes für Justiz vom 22. 1. 2001, VPB 65 (2001), Nr. 35, S. 357 (362 ff.).
47 Dazu *BGE 127* I 84 ff. sowie den Entscheid des Luzerner Verwaltungsgerichts vom 14. 8. 2000, ZBl 2002, S. 95 ff. Zur Abgrenzung der privatwirtschaftlichen Tätigkeit vom öffentlichrechtlichen Handeln des Gemeinwesens vgl. auch *BGE 120* II 321 ff. sowie den Entscheid der Rekurskommission UVEK vom 17. 10. 2000, VPB 65 (2001), Nr. 63, S. 688 ff.

durch die „Flucht ins Privatrecht" der Grundrechtsbindung nicht entziehen[48]. Sie kann höchstens gelockert werden, wenn das Gemeinwesen unternehmerische Ziele verfolgt und die Privaten nicht auf seine Leistungen angewiesen sind. Ausnahmsweise dürfen in solchen Fällen die fiskalischen Interessen des Staates bei der Prüfung der Rechtfertigung eines Freiheitsrechtseingriffes mitberücksichtigt werden[49].

Anders hat allerdings die I. Zivilabteilung des Bundesgerichts entschieden. Sie hielt fest, die Post als öffentlich-rechtliche Anstalt des Bundes nehme im Bereich der Wettbewerbsdienste keine staatlichen Aufgaben wahr. Sie erbringe Dienstleistungen, die von jedem anderen Privaten auch angeboten werden könnten. Deshalb bleibe eine auf Art. 35 Abs. 2 BV gestützte Grundrechtsbindung der Post außer Betracht und sie könne den Versand von Publikationen ablehnen. Die Post sei auch nicht als selbständige Anstalt des öffentlichen Rechts des Bundes gestützt auf Art. 35 Abs. 1 und 3 BV an die Grundrechte gebunden. Das Postgesetz verpflichte die Post nur, eine flächendeckende Grundversorgung mit Post- und Zahlungsverkehrsdienstleistungen sicherzustellen (sog. Universaldienst), nicht aber zu bestimmten Tätigkeiten im Bereich der Wettbewerbsdienste. Das Gesetz sehe überdies vor, daß die Post vorbehaltlich gesetzlicher Ausnahmen denselben Regeln unterstehe wie die privaten Anbieter. Damit werde bezweckt, daß die Post im freien Wettbewerb mit Privaten gleich lange Spieße wie ihre Konkurrenten habe. Das Bundesgericht leitete jedoch aus dem Verbot des Verstoßes gegen die guten Sitten eine privatrechtliche Kontrahierungspflicht ab, welche die Post zur Beförderung der Publikationen verpflichtet hätte. Damit folgte das Bundesgericht nicht in der Begründung, aber im Ergebnis der Vorinstanz[50]. – Das Urteil wird von der Lehre zu Recht kritisiert[51]. Es wird unter anderem angeführt, die Verfassung wolle mit Art. 35 Abs. 2 nicht einen bestimmten Teil des staatlichen Handelns von der Grundrechtsbindung befreien, sondern sie auf alle Privaten ausdehnen, die mit der Wahrnehmung staatlicher Aufgaben betraut sind. Die

16
Wettbewerbsdienste als nichtstaatliche Aufgabe?

---

48 *Häner*, AJP 2002, S. 1144 (1145); *Hangartner*, Öffentlich-rechtliche Bindungen privatrechtlicher Tätigkeit des Gemeinwesens, in: Ernst Brem/Jean Nicolas Druey/Ernst A. Kramer/Ivo Schwander (Hg.), FS Pedrazzini, 1990, S. 129 (142 ff.); *ders.*, AJP 2000, S. 515 ff.; *Mahon*, in: *Aubert/Mahon*, Petit commentaire (LitVerz.), Art. 35 RN 7; *Schefer*, AJP 2002, S. 1131 (S. 1141 f.). So auch *BGE* 127 I 84 (89 f.); 109 Ib 146 (155). Nach der Ansicht von *Tschannen*, Staatsrecht (LitVerz.), § 7 RN 57, kann dagegen der staatliche Marktauftritt nach der Umstellung vom Monopol auf Wettbewerb nicht mehr als Erfüllung einer Staatsaufgabe betrachtet werden; die Grundrechtsbindung der in Konkurrenz zu Privaten auftretenden Staatsbetriebe entfalle deshalb. Zur Rechtslage in Deutschland *Merten*, Die Grundrechtsbindung der Verwaltung bei Handeln in Privatrechtsform, in: Karl-Peter Sommermann (Hg.), Aktuelle Fragen zu Verfassung und Verwaltung im europäischen Mehrebenensystem, Speyer 2003, S. 1 (6 ff.).
49 *Häner*, AJP 2002, S. 1144 (1151 f.).
50 *BGE* 129 III 35 ff.
51 *Arnet*, Bemerkungen zu BGE 129 III 35 ff., AJP 2003, S. 593 ff.; *Hangartner*, Bemerkungen zu 129 III 35 ff., AJP 2003, S. 690 ff.; *Kälin*, Die staatsrechtliche Rechtsprechung des Bundesgerichts in den Jahren 2003 und 2004, ZBJV 2004, S. 633 (644 ff.); *Mächler*, ZBl 2003, S. 365 (375 f.), und *Rhinow* (FN 3), RN 1074 ff.; zustimmend dagegen *Tschannen*, Staatsrecht (LitVerz.), § 7 RN 57 ff. S. auch *Camprubi*, Kontrahierungszwang gemäß BGE 129 III 35: ein Verstoß gegen die Wirtschaftsfreiheit, AJP 2004, S. 384 (386 f., 396 ff.); *Schlatter*, Die Grundrechtsbindung der wirtschaftlichen Tätigkeit des Gemeinwesens, in: Martin Eckner/Tina Kempin (Hg.), Recht des Stärkeren – Recht des Schwächeren. Analysen und Perspektiven von Assistierenden des Rechtswissenschaftlichen Instituts der Universität Zürich, 2005, S. 198 (215 ff.).

Unterscheidung zwischen Tätigkeiten, die dem Staat (oder damit betrauten Privaten) vorbehalten sind und solchen, die auch von Dritten erbracht werden können, sei kein taugliches Kriterium zur Feststellung der Grundrechtsbindung, weil auf diese Weise der gesamte nichtmonopolisierte Teil der Leistungsverwaltung von der Grundrechtsbindung ausgenommen würde.

II. Private, die staatliche Aufgaben erfüllen

17
Schutz vor privater Überlegenheit

Überträgt der Staat die Erfüllung der ihm obliegenden Aufgaben Privaten, so sind diese ebenfalls an die Grundrechte gebunden[52]. Das gilt nicht nur dann, wenn den Privaten hoheitliche Befugnisse eingeräumt werden, indem sie zum Beispiel zur Regelung von Rechtsverhältnissen durch Verfügung ermächtigt werden. Die Grundrechte sind auch in jenen Fällen zu beachten, in denen die Privaten zwar in den Formen des Privatrechts handeln, sich anderen Privaten gegenüber jedoch in einer überlegenen Position befinden, die sie in Vertragsverhandlungen zur Geltung bringen können; in diesen Fällen besteht ebenso ein Bedürfnis nach Grundrechtsschutz wie bei hoheitlichem Handeln des Gemeinwesens.

18
Beispiel: „Carbura"

So hielt die Pflichtlagerkommission fest, daß die Carbura, ein Verein im Sinne von Art. 60ff. ZGB, ungeachtet ihrer privatrechtlichen Organisationsform bei der Erfüllung ihrer Aufgaben im Bereich der Lagerhaltung von Treib- und Brennstoffen den rechtsstaatlichen Bindungen unterliege, die für die öffentliche Verwaltung gelten, da sie unter anderem Vorschriften des Landesversorgungsgesetzes vollziehe und befugt sei, selbst Verfügungen und Weisungen zu erlassen. In diesem Sinne trete sie eigentlich als Staat in privatrechtlichem Kleid auf[53].

19
Beispiel: „Molki AG"

In einem anderen Fall hatte das Bundesgericht zu beurteilen, ob eine private Milchsammelstelle (Molki AG) gestützt auf ihre Privatautonomie berechtigt sei, mit einem Teil ihrer Lieferanten privatrechtlich einen höheren als den damals vom Bund vorgeschriebenen Mindestabnahmepreis zu vereinbaren. Das Bundesgericht entschied, daß solche Preisvereinbarungen zwar zulässig seien, die Milchsammelstellen sich dabei jedoch an das Rechtsgleichheitsgebot und an das Willkürverbot halten müßten. Sie hätten deshalb für Milch von gleicher Qualität und unter gleichen Verwertungsverhältnissen gleiche Preise zu bezahlen. Dabei berücksichtigte das Bundesgericht, daß die Milchlieferanten aufgrund des damals geltenden Landwirtschaftsrechts die Milchsammelstellen grundsätzlich nicht wechseln durften, wodurch ihnen die Freiheit der Partner-

---

52 Zum Grundsatz vgl. Botschaft (FN 3), S. 193; *Biaggini*, Rechtsstaatliche Anforderung an die Auslagerungen und an den ausgelagerten Vollzug staatlicher Aufgaben sowie Rechtsschutz, in: René Schaffhauser/Thomas Poledna (Hg.), Auslagerung und Privatisierung von staatlichen und kommunalen Einheiten: Rechtsformen und ihre Folgen, 2002, S. 143 (166 f.); *Franz Degiacomi*, Erfüllung kommunaler Aufgaben durch Private unter besonderer Berücksichtigung der Verhältnisse im Kanton Graubünden (Diss. iur. Zürich), 1989; *Häner*, AJP 2002, S. 1144 ff.; *Mahon* (FN 48), No. 8; *J.P. Müller*, in: Thürer u. a., Verfassungsrecht (LitVerz.), § 39 RN 34 f.; *Tschannen*, Staatsrecht (LitVerz.), § 7 RN 39 ff.
53 Entscheid v. 14. 4. 1993, VPB 58 (1994), Nr. 15, S. 118 ff.

wahl, die ein wesentliches Merkmal der Privatautonomie bildet, entzogen war. Den Sammelstellen hingegen wurde durch diesen gesetzlichen Kontrahierungszwang eine faktische Monopolstellung und damit eine wesentlich stärkere Position als den Anbietern eingeräumt. Wenn privatrechtliche Organisationen öffentlichrechtliche Aufgaben wahrzunehmen hätten, seien sie an die Verfassung und namentlich an die darin gewährleisteten Rechte der Bürger gebunden; „private" Autonomie könne ihnen in dieser Funktion nicht zukommen[54].

Im Entscheid „*Braderie*" hat das Bundesgericht die Durchführung eines Volksfestes durch einen privaten Verein aufgrund der ihm vom Gemeinwesen eingeräumten Befugnis, während des Festes Dritten das Recht zur Benutzung des öffentlichen Grundes einzuräumen, als staatliche Aufgabe behandelt. Es verlangte, daß der Verein dabei die Grundrechte dieser Dritten wahrt, insbesondere die Gewerbetreibenden, die im Rahmen des Festes auf öffentlichem Grund einen Verkaufsstand oder eine Gastwirtschaft betreiben, gleich behandelt[55].

20
Beispiel: „Braderie"

Stehen sich Private als Träger staatlicher Aufgaben und die mit ihnen verhandelnden Dritten gleichrangig gegenüber und sind die Dritten nicht auf die Leistungen der Träger staatlicher Aufgaben angewiesen, so gelten die Grundrechte nur beschränkt[56]. Entscheidend für das Ausmaß der Grundrechtsbindung ist nach *Rhinow*[57] die Wirksamkeit des Marktes, in welchem die Leistung angeboten wird. Mit zunehmender Effizienz des Marktes sinke die Notwendigkeit, den privaten Marktteilnehmern einen besonderen grundrechtlichen Schutz einzuräumen. In diesem Sinne hat auch das Bundesgericht in einem Fall entschieden, in welchem die Frage zu beurteilen war, ob ein grundrechtlicher Anspruch darauf besteht, daß ein Fahrzeug der städtischen Verkehrsbetriebe als Werbeträger zur Verbreitung einer Meinung zur Verfügung gestellt wird. Es führte aus, im Bereich der kommerziellen Nutzung öffentlicher Sachen kollidiere das Gleichbehandlungsgebot mit dem Bedürfnis nach unternehmerischer Freiheit. Je mehr ein Interessent auf die Benützung der (direkt oder indirekt) vom Gemeinwesen betriebenen Einrichtungen angewiesen sei, desto höhere Anforderungen seien an die sachliche Begründung von Zulassungsschranken zu stellen. Je eher dagegen die privaten Interessenten auf andere Anbieter ausweichen könnten, desto mehr Freiheit müsse dem öffentlichen Unternehmen bei der Wahl seiner Vertragspartner oder der zu erbringenden Leistung zustehen[58].

21
Grundrechtsbindung bei Marktverhältnissen

Die Grundrechtsbindung der Privaten beschränkt sich auf die unmittelbare Erfüllung der ihnen übertragenen staatlichen Aufgabe. Bei anderen Tätigkeiten

22

---

54 Entscheid v. 10. 7. 1986, ZBl 1987, S. 205 ff.
55 Entscheid v. 8. 6. 2001, ZBl 2001, S. 656 ff. sowie die Bemerkungen dazu von *Hangartner*, AJP 2002, S. 67 ff. Zu dem sich allenfalls aus der Meinungsäußerungs- und Versammlungsfreiheit ergebenden Anspruch auf Benutzung von Grundstücken im Gemeingebrauch, die sich im Privateigentum befinden, vgl. *BGE 127* I 164 (178 f.).
56 S. auch *BGer*, Entscheid v. 10. 7. 1986, ZBl 1987, 205 (208); *Schefer*, AJP 2002, S. 1131 (1139 ff. m.w.H.).
57 *Rhinow* (FN 3), RN 1070.
58 *BGE 127* I 84 (90 f.).

Beschränkte Bindung	können sie sich uneingeschränkt auf ihre eigene Grundrechtsträgerschaft berufen und sind insbesondere zum privatautonomen Handeln befugt[59].
23 Keine Bindung bei freiwilliger Aufgabenerfüllung	Nehmen die Privaten – allenfalls mit Unterstützung des Staates – freiwillig Aufgaben wahr, die im öffentlichen Interesse liegen (zum Beispiel Betrieb von Einrichtungen des öffentlichen Verkehrs, Durchführung von kulturellen Anlässen, Bewirtschaftung von Land nach ökologischen Kriterien), kann ihr Handeln nicht dem Staat zugerechnet werden. Ihn trifft in diesen Fällen keine Verantwortung für die Erfüllung der Aufgaben, so daß auch die Privaten nicht an die Grundrechte gebunden sind[60].

III. Mischformen

24 Gemischt-wirtschaftliche Unternehmen	Wie verhält es sich mit der Grundrechtsbindung bei Organisationen, insbesondere Unternehmungen, an welchen Staat und Private beteiligt sind? Drei Fälle sind zu unterscheiden:
25 Grundrechtsverpflichtung durch bestimmenden Einfluß	a) Übt das Gemeinwesen einen bestimmenden Einfluß auf die Organisation aus, so wird sie ungeachtet ihrer Rechtsform dem Gemeinwesen zugeordnet und ist demzufolge grundsätzlich in gleicher Weise wie dieses grundrechtsverpflichtet[61]. Noch nicht geklärt sind die genauen Kriterien, anhand derer ein bestimmender Einfluß des Gemeinwesens festgestellt werden kann. Das Bundesgericht hat sich dazu erst in einzelnen Fällen geäußert. Es stellte bei der Frage, ob sich gemischt-wirtschaftliche Unternehmen an einem Abstimmungskampf beteiligen dürfen oder ob sie sich wegen ihrer Bindung an die Wahl- und Abstimmungsfreiheit neutral zu verhalten haben, auf das Maß der staatlichen Beteiligung an bzw. der Beherrschung von gemischt-wirtschaftlichen Unternehmen ab[62]. Das Bundesgericht qualifizierte die Stellung des Gemeinwesens in einer privatrechtlichen Aktiengesellschaft, bei welcher es in der Generalversammlung über die absolute Mehrheit verfügte, als beherrschend[63], während es bei einer kapital- und stimmenmäßigen Beteiligung des Kantons, der Kantonalbank und der Pensionskasse des Staatspersonals mit insgesamt 33,5 v.H. an der Aktiengesellschaft sowie des statutarischen Rechts

---

[59] *Häner*, AJP 2002, S. 1144 (1151); *Häsler* (FN 44), S. 129.
[60] *Häner* aaO., S. 1148 ff.; *Häsler* aaO., S. 80; *R.J. Schweizer* (FN 3), RN 15 ff. Vgl. zur Abgrenzung der Wahrnehmung staatlicher Aufgaben *BGE* 126 I 250 ff. sowie *Lienhard*, Bemerkungen zu *BGE* 126 I 250 ff, AJP 2001, S. 713 ff.
[61] Vgl. dazu *Häner* aaO., S. 1150 f.; *Jaag*, Der Staat als Aktionär, in: Hans Caspar von der Crone u.a. (Hg.), FS Forstmoser, 2003, S. 387 f.; *Schefer*, AJP 2002, S. 1131 (1141 ff.); *Stefan Vogel*, Der Staat als Marktteilnehmer (Diss. iur. Zürich), 2000, S. 49 f. sowie S. 7. Zur Frage, ob und in welchem Umfang eine als privatrechtliche Aktiengesellschaft organisierte Unternehmung, die Linien des öffentlichen Verkehrs betreibt und über deren Aktienmehrheit die öffentliche Hand verfügt, bei der Zuteilung von Standplätzen für Zeitungsboxen an Tramhaltestellen die Grundrechte beachten muß, vgl. *G. Schmid/Uhlmann*, Öffentliche Unternehmen in den Untiefen zwischen Grundrechtsbindung, Gewinnorientierung und Sachen im Gemeingebrauch, ZBl 2001, S. 337 ff., sowie die Entgegnung auf diesen Aufsatz von *Baumgartner*, Grundrechtsanspruch auf Zeitungsboxen für Gratisanzeiger an Tramhaltestellen?, ZBl 2001, S. 640 ff.
[62] ZBl 1993, S. 119 (121 ff.). Für Deutschland → Bd. II: *Selmer*, Zur Grundrechtsberechtigung von Mischunternehmen, § 53 RN 54 ff.
[63] ZBl 1996, S. 233 (238).

des Kantons, drei bzw. vier des aus sieben bis elf Personen bestehenden Verwaltungsrates dieser Gesellschaft zu ernennen, implizit verneinte[64].

b) Dient die unter bestimmendem Einfluß des Gemeinwesens stehende gemischt-wirtschaftliche Unternehmung nicht nur der Erfüllung von staatlichen Aufgaben, sondern auch oder primär der Gewinnerzielung, so ist die Bindung an die Grundrechte wie beim privatwirtschaftlich tätigen Gemeinwesen eingeschränkt[65].

26
Bindungsbeschränkung bei Gewinnerzielungsabsicht

c) Wird der gemischt-wirtschaftlichen Unternehmung, die nicht unter dem bestimmenden Einfluß des Gemeinwesens steht, eine staatliche Aufgabe übertragen, so sind die Grundrechte wie für Private, die staatliche Aufgaben wahrnehmen, maßgebend[66]. In Bereichen, die keinen direkten Zusammenhang mit der Erfüllung der staatlichen Aufgaben aufweisen, ist die Unternehmung dagegen nicht an die Grundrechte gebunden.

27
Differenzierung bei nicht bestimmendem Einfluß

Aus diesem Grund trat das Bundesgericht auf eine staatsrechtliche Beschwerde gegen einen Entscheid der „Rekurskommission der ART Basel", bei welcher die Ablehnung der Zulassung zur internationalen Kunstmesse ART angefochten werden kann, wegen Fehlens eines anfechtbaren Hoheitsakts nicht ein. Das Bundesgericht stellte fest, die Rekurskommission werde von der Messeleitung eingesetzt, deren Handeln der Schweizer Mustermesse AG zuzurechnen sei. Die Schweizer Mustermesse sei eine Aktiengesellschaft nach Art. 762 OR, bei welcher das Gemeinwesen (Kanton, Kantonalbank und Pensionskasse des Staatspersonals) insgesamt mit 33,5 v.H. kapital- und stimmenmäßig beteiligt sei und der Regierungsrat das statutarische Recht habe, drei bzw. vier Mitglieder des aus sieben bis elf Personen bestehenden Verwaltungsrates zu ernennen. Das Bundesgericht schloß daraus, die dem Gemeinwesen eingeräumten Einflußmöglichkeiten reichten für eine beherrschende Stellung in der Unternehmung nicht aus, weshalb die Schweizer Mustermesse AG nicht dem Gemeinwesen zugerechnet werden könne. Zudem handle die Schweizer Mustermesse AG nicht hoheitlich, sondern als Subjekt des Privatrechts, wenn sie Verträge über Standplätze an einer Messe abschließe oder es ablehne, solche Plätze zur Verfügung zu stellen. Es bestünden keine besonderen öffentlichrechtlichen Vorschriften, welche diese Gesellschaft verpflichten würden, interessierte Private unter bestimmten Voraussetzungen als Aussteller zuzulassen, und die ihr die Kompetenz gäben, über streitige Fragen des Benutzungsverhältnisses einseitig durch eine hoheitliche Verfügung zu entscheiden. Deshalb seien die ablehnenden Entscheide gegenüber Bewerbern für Standplätze keine hoheitlichen Akte im Sinne von Art. 84 OG. Bei der Zulassung als Aussteller der ART gehe es nicht um die Inanspruchnahme öffentlichen Grundes,

28
Beispiel: „Schweizer Mustermesse AG"

---

64 *BGE* 126 I 250 (253); vgl. *Jacobs,* Bemerkungen zu BGE 126 I 250, AJP 2001, S. 857 (860 f.), welcher die vom Bundesgericht vorgenommene Prüfung des Einflusses des Gemeinwesens auf das Unternehmen als unzureichend kritisiert und vorschlägt, als Maßstab für die Feststellung einer beherrschenden Stellung den im Kartellrecht entwickelten Kontrollbegriff heranzuziehen. Weitere Kriterien finden sich bei *Schefer,* AJP 2002, S. 1131 (1133, 1141 f.); *Vogel* (FN 61), S. 37 f.
65 S. oben, RN 15 ff.
66 S. oben, RN 17 ff.

da das für die Messeveranstaltung bestimmte Gelände der Rechtsvorgängerin der Schweizer Mustermesse AG vom Kanton seinerzeit für diesen Zweck im Baurecht abgetreten worden sei und damit nicht mehr zu jenen öffentlichen Flächen gehöre, welche allenfalls gestützt auf die Wirtschaftsfreiheit vorübergehend auch interessierten Privaten zur Verfügung gestellt werden müßten[67].

IV. Zusammenfassung

29
Prüfungsprogramm

Um den Kreis der Grundrechtsverpflichteten nach Art. 35 Abs. 2 BV zu bestimmen, muß als erstes geprüft werden, von wem ein Verhalten ausgeht oder ein bestimmtes Verhalten erwartet wird. Ist dies der Staat oder eine seiner dezentralisierten Verwaltungseinheiten, so ist die Grundrechtsbindung zu bejahen. Dem Staat zugerechnet werden außerdem Organisationen in Privatrechtsform, wenn der Staat auf sie einen bestimmenden Einfluß ausübt. Liegt ein Verhalten oder Unterlassen von Privaten vor, so muß in einem weiteren Schritt geprüft werden, ob sie mit der Wahrnehmung staatlicher Aufgaben betraut worden sind. Nur in einem solchen Fall gehören sie zu den Grundrechtsverpflichteten. In allen anderen Fällen gelten die Grundrechte zwischen den Privaten lediglich im Rahmen von Art. 35 Abs. 3 BV (Drittwirkung).

C. Grundrechtsschutz zwischen Privaten (Art. 35 Abs. 3 BV)

30
Schutzpflicht als Verdeutlichung

Grundrechte können nicht nur durch den Staat, sondern ebenso sehr oder vielleicht noch mehr durch Private bedroht werden[68]. Die Behörden haben deshalb nach Art. 35 Abs. 3 BV dafür zu sorgen, daß die Grundrechte, soweit sie sich dazu eignen, auch unter Privaten wirksam werden. Mit dieser Formulierung bringt die Verfassung zum Ausdruck, daß die Grundrechte in der Regel nicht unmittelbar zwischen Privaten gelten, sondern der Staat seine Gesetze so auszugestalten und anzuwenden hat, daß die Grundrechte auch die Rechtsbeziehungen zwischen Privaten prägen[69]. Der Staat muß mit anderen Worten die Grundrechte vor Beeinträchtigungen durch Private schützen, die ihre Übermacht ausnützen. Dies ergibt sich bereits aus Art. 35 Abs. 1 BV, wonach die Grundrechte in der ganzen Rechtsordnung zum Ausdruck kommen müssen. Die in Art. 35 Abs. 3 BV statuierte grundrechtliche Schutzpflicht

---

[67] *BGE 126* I 250 ff. Vgl. dazu die Kritik bei *Jacobs* (FN 64), S. 860 f., sowie bei *Lienhard* (FN 60), S. 713 ff., welcher zutreffend anmerkt, daß die Prüfung, ob der Mustermesse öffentliche Aufgaben übertragen wurden, zu wenig gründlich erfolgt sei und daß auch im Baurecht stehendes Vermögen zum Verwaltungsvermögen gehören könne, auf dessen Benutzung unter bestimmten Voraussetzungen ein Anspruch bestehe. Diese Kritik wird geteilt von *Häner*, AJP 2002, S. 1144 (1148).
[68] Statt vieler *Auer/Malinverni/Hottelier* (FN 8), RN 124 ff.; *Häfelin/Haller* (FN 3), RN 278 ff.
[69] *Rhinow* (FN 3), RN 1078 ff.; *Weber-Dürler* (FN 41), S. 153.

des Staates für das Verhältnis zwischen Privaten ist deshalb lediglich eine Verdeutlichung und bei einem konstitutiven Grundrechtsverständnis eigentlich eine Selbstverständlichkeit[70].

I. Regelung von Grundrechtskonflikten zwischen Privaten durch den Gesetzgeber

Der Schutz der Grundrechte vor Beeinträchtigungen durch Private erfordert in der Regel eine Abwägung zwischen Grundrechtspositionen. So stehen sich bei der Frage, ob der Vermieter dem Mieter das Anbringen einer Parabolantenne verbieten darf, die Vertrags- bzw. die Wirtschaftsfreiheit und evtl. die Eigentumsgarantie des Vermieters einerseits und die Informationsfreiheit des Mieters andererseits gegenüber[71]. Die Kunstfreiheit der Autorin kollidiert mit der persönlichen Freiheit des Betroffenen, wenn eine Darstellung in einem Buch ehrverletzende Äußerungen enthält[72].

31 Abwägung der Grundrechtspositionen

Die Regelung derartiger Konflikte ist von so großer politischer Tragweite, daß sie grundsätzlich vom Gesetzgeber vorgenommen werden muß[73]. In einem Streit über die Pflicht der Schweizerischen Radio- und Fernsehgesellschaft zur Ausstrahlung eines tierschützerischen Werbespots hat der Europäische Gerichtshof für Menschenrechte entschieden, daß dessen Nichtausstrahlung in einem demokratischen Staat nicht mit dem politischen Charakter der Werbeaussage begründet werden dürfe. Im darauf folgenden Revisionsverfahren weigerte sich das Bundesgericht allerdings, dem Tierschützer einen direkten (grundrechtlichen) Anspruch auf Ausstrahlung seines Werbespots einzuräumen und verwies ihn auf die entsprechenden zivilrechtlichen Verfahren. Zur Begründung führte das Bundesgericht aus, die Schweiz sei ihrer aus Art. 10 EMRK (Freiheit der Meinungsäußerung) fließenden Pflicht, für eine angemessene Realisierung der in der Europäischen Menschenrechtskonvention garantierten Rechte unter Privaten zu sorgen, mit dem Erlaß der entsprechenden (zivilrechtlichen) Gesetzgebung und den damit verbundenen gerichtlichen Durchsetzungsmöglichkeiten nachgekommen. Die wettbewerbs- und kartellrechtliche Regelung diene einer fairen, einen Interessenausgleich suchenden Umsetzung grundrechtlicher Positionen im wirtschaftlichen Bereich unter Privaten[74].

32 Gesetzgebung als Konfliktbewältigung

Vor allem die Privat- und die Strafrechtsgesetzgebung enthalten Normen zum Schutz der Grundrechte vor Eingriffen durch Private. So lassen sich beispielsweise die strafrechtlichen Tötungstatbestände (Art. 111 ff. StGB) als gesetzge-

33

---

70 Botschaft (FN 3), S. 193; *Auer*, ZBl 1993, S. 2 (10 ff.); *Egli* (FN 3), S. 151 ff.; *Mahon* (FN 48), Art. 35 RN 13; *G. Müller*, ZBl 1978, S. 233 (242 ff.); *ders.*, ZBJV 1993, S. 153 (163 ff.); *J.P. Müller*, in: Thürer u. a., Verfassungsrecht (LitVerz.), § 39 RN 36 f.; *Wiederkehr* (FN 10), S. 99.
71 Vgl. dazu das Urteil des deutschen Bundesverfassungsgerichts v. 9. 2. 1994, *BVerfGE 90*, 27 ff., sowie EuGRZ 1994, 183 ff.
72 Vgl. dazu *BGE 120* II 225 ff.
73 Botschaft (FN 3), S. 193; *Egli* (FN 3), S. 317 ff.; *Mahon* (FN 48), Art. 35 No. 12; *Schindler* (FN 3), S. 60 f. Zu den Möglichkeiten der Durchsetzung der Schutzpflicht gegenüber dem Gesetzgeber oben, RN 9 ff.
74 Urt. v. 29. 4. 2002 (2A.526/2001), Erw. 4.3.

berische Maßnahmen zum Schutze des Rechts auf Leben verstehen (Art. 10 Abs. 1 Satz 1 BV)[75]. Der strafrechtliche Schutz der Willens- und Bewegungsfreiheit (Art. 180 ff. StGB) und der sexuellen Integrität (Art. 187 ff. StGB) sowie die Körperverletzungstatbestände (Art. 122 ff. StGB) sichern grundlegende Elemente der Persönlichkeitsentfaltung und damit der persönlichen Freiheit (Art. 10 Abs. 2 BV). Ebenso dient der zivilrechtliche Persönlichkeitsschutz (Art. 27 ff. ZGB) dem Schutz grundrechtlicher Freiheiten vor Beeinträchtigungen durch Private[76]. Diese Normen sind allerdings oft relativ unbestimmt, so daß die rechtsanwendenden Behörden den Abwägungsvorgang bei der Konkretisierung der Normen im Einzelfall zu vollenden haben[77]. Die Gerichte können zudem überprüfen, ob der Gesetzgeber seine Schutzpflichten erfüllt hat, soweit die Verfassung dies zuläßt[78].

Vollendung des Abwägungsvorgangs durch normanwendende Behörde

II. Direkte und indirekte Drittwirkung

34

Drittwirkende Verfassungsnormen

Wie bereits dargelegt[79], verpflichten die Grundrechte in der Regel den Staat und die Privaten, die staatliche Aufgaben wahrnehmen, nicht aber andere Private. Im Verhältnis zwischen Privaten kommen die Grundrechte nur dann unmittelbar zur Anwendung, wenn die Verfassung dies vorsieht[80], was für den in Art. 8 Abs. 3 Satz 3 BV statuierten Anspruch von Frau und Mann auf gleichen Lohn für gleichwertige Arbeit unbestrittenermaßen zutrifft[81]. Teile der Lehre fordern die direkte Drittwirkung aber auch für das Folterverbot (Art. 10 Abs. 3 BV), das Redaktionsgeheimnis (Art. 17 Abs. 3 BV) und das Streikrecht (Art. 28 Abs. 3 BV)[82], ferner für das Diskriminierungsverbot (Art. 8 Abs. 2 BV)[83] und das Recht auf Leben (Art. 2 Abs. 2 BV). Eine solche soll auch Art. 119 Abs. 2 BV (Schutz der Menschenwürde, der Persönlichkeit

---

75 *Schwarzenegger*, in: Marcel Alexander Niggli/Hans Wiprächtiger (Hg.), Basler Kommentar zum Strafgesetzbuch, Bd. II, 2003, Vor Art. 111 RN 3 ff.
76 Explizit *BGE 107* Ia 277 (280): „C'est par les lois civiles et pénales que l'individu est protégé contre les atteintes que d'autres sujets de droit privé pourraient porter à ses droits constitutionnels"; weitere Beispiele bei *Tschannen*, Staatsrecht (LitVerz.), § 7 RN 66.
77 Dazu nachfolgend RN 34 ff.
78 Vgl. oben RN 11.
79 S. oben sub B, RN 13 ff.
80 *BGer*, Urt. v. 5. 5. 2003 (5P.482/2002), Erw. 4.2., wonach das Zivilrecht (und Strafrecht) den Einzelnen gegen Angriffe anderer Privatrechtssubjekte auf seine verfassungsmäßigen Rechte schütze und die Tatsache, daß das Bundeszivilrecht durch das Verfassungsrecht beeinflußt werde, nicht bedeute, daß das letztere direkt Anwendung finde. Vgl. auch *BGE 107* Ia 277 (280 f.); *111* II 330 (337 ff.); *Rhinow* (FN 3), RN 1078 ff.
81 *BGE 126* II 217 (219); *124* II 409 (411 ff.) m.H.; *Bigler-Eggenberger*, in: Ehrenzeller u.a., St. Galler Kommentar (LitVerz.), Art. 8 RN 91 ff.; *J.P. Müller*, Grundrechte (LitVerz.), S. 464 ff.
82 *R.J. Schweizer* (FN 3), RN 22; für das Streikrecht ebenso *Mahon* (FN 48), Art. 35 RN 11 (dortige FN 18); *Rhinow* (FN 3), RN 1084.
83 A.A. *Bernhard Waldmann*, Das Diskriminierungsverbot von Art. 8 Abs. 2 BV als besonderer Gleichheitssatz, 2003, S. 391 ff. Nach der Wichtigkeit der betroffenen Güter differenzierend *J.P. Müller*, Die Diskriminierungsverbote nach Art. 8 Abs. 2 der neuen Bundesverfassung, in: Ulrich Zimmerli (Hg.), Berner Tage für die juristische Praxis (BTJP) 1999, Die neue Bundesverfassung – Konsequenzen für Praxis und Wissenschaft, 2000, S. 129.

und der Familie durch Vorschriften über den Umgang mit menschlichem Keim- und Erbgut) zukommen[84].

Nach meinem Dafürhalten wird damit der Kreis der Grundrechte mit direkter Drittwirkung zu weit gezogen. Mit der direkten Drittwirkung wird den Privaten ein unmittelbarer, subjektiver Anspruch auf Durchsetzung ihrer grundrechtlichen Freiheiten gegenüber anderen Privaten eingeräumt. Dies führt zu sogenannten Grundrechtskollisionen. Wie bereits angedeutet, erfordert der Schutz der Grundrechte vor Beeinträchtigungen durch Private deshalb eine Abwägung zwischen verschiedenen Grundrechtspositionen. Über diesen Ausgleich zwischen kollidierenden Grundrechtsansprüchen hat wegen seiner politischen Dimension jedoch in aller Regel der Gesetzgeber und nicht ein Gericht zu entscheiden[85].

35
Begrenzung der direkten Drittwirkung

Gegen eine Erweiterung des Kreises unmittelbar drittwirkender Grundrechte spricht ferner, daß die Verfassung sie in sehr knappen, auslegungsbedürftigen Bestimmungen umschreibt. Gerade die fundamentalsten Grundrechtsgarantien wie beispielsweise das Diskriminierungsverbot (Art. 8 Abs. 2 BV) eignen sich wegen ihrer allgemeinen Formulierung und ihres geringen Konkretisierungsgrades kaum für die Ableitung unmittelbarer subjektiver Ansprüche unter Privaten. Außerdem weist *Jean-François Aubert*[86] zu Recht darauf hin, daß eine direkte Horizontalwirkung des Diskriminierungsverbotes sich mit dem die Rechtsverhältnisse zwischen Privaten prägenden Prinzip der Privatautonomie nicht vereinbaren läßt[87]. Dies bedeutet aber nicht, daß Diskriminierungsverbote nicht zwischen Privaten wirken sollen. Es ist jedoch nicht Sache der Gerichte, sondern des Gesetzgebers, darüber zu befinden, ob und wie weit die Privatautonomie durch ein Diskriminierungsverbot zwischen Privaten eingeschränkt werden soll. Das grundrechtlich verbürgte Diskriminierungsverbot wurde auf Gesetzesebene beispielsweise durch Art. 261bis StGB (Verbot der Rassendiskriminierung) umgesetzt[88].

36
Abwägung durch den Gesetzgeber

In der Regel läßt die Bundesverfassung die unmittelbare Ableitung subjektiver Grundrechtsansprüche gegenüber anderen Privaten somit nicht zu. Die Rechtsverhältnisse zwischen Privaten sind primär nach den Vorschriften der privat- oder strafrechtlichen Gesetzgebung zu beurteilen. Sind diese Bestimmungen auslegungsbedürftig oder lückenhaft oder räumen sie den Gerichten Ermessen ein, so können Grundrechte herangezogen werden. Eine solche grundrechtskonforme Handhabung von Normen, welche die Rechtsbeziehun-

37
Grundrechtskonforme Normhandhabung

---

84 *Rainer J. Schweizer*, Verfassungs- und völkerrechtliche Vorgaben für den Umgang mit Embryonen, Föten sowie Zellen und Geweben, 2002, S. 29.
85 *G. Müller*, ZBl 1978, S. 233 (241); *Vincent Martenet* (La protection contre les discriminations émanant de particuliers, ZSR 2006 I, S. 429 ff.) will dagegen unter bestimmten Voraussetzungen auch Richterrecht als Grundlage für die Wirkung von Grundrechten zwischen Privaten genügen lassen, wenn der Gesetzgeber seine Schutzpflichten nicht erfüllt hat. *Martenet* beachtet m. E. zu wenig, daß Grundrechte mangels demokratischer Legitimation nicht geeignet sind, um die politisch wichtige Abwägung zwischen gegenläufigen Grundrechtsinteressen vorzunehmen.
86 *Jean-François Aubert*, Bundesstaatsrecht der Schweiz, Bd. II, 1995, RN 1745.
87 Ebenso *Kurt Eichenberger*, Verfassung des Kantons Aargau vom 25. Juni 1980, 1986, § 7 RN 8. Anderer Ansicht *Martenet* (FN 85), S. 434.
88 Weitere Beispiele bei *Göksu*, SJZ 1998, S. 89 (91 f.).

gen zwischen Privaten regeln, wird als indirekte (mittelbare, horizontale) Drittwirkung bezeichnet[89]. Diese Form des Schutzes der Grundrechte vor Beeinträchtigungen durch Private ist Sache der rechtsanwendenden Behörden.

III. Eignung der Grundrechte für die Wirksamkeit unter Privaten

38
Unterschiedliche Einflußintensität

Die Grundrechtsgeltung unter Privaten steht ferner unter einem Eignungsvorbehalt. Gewisse Grundrechte – zum Beispiel der Anspruch auf Grundschulunterricht (Art. 19 BV), der Schutz vor Ausweisung, Auslieferung und Ausschaffung (Art. 25 BV)[90], die Verfahrensrechte (Art. 29 ff. BV)[91], das Petitionsrecht (Art. 33 BV) und die politischen Rechte (Art. 34 BV)[92] – richten sich nur gegen den Staat. Sie eignen sich schon ihrem Wesen nach nicht für die (indirekte) Anwendung auf das Verhältnis zwischen den Privaten[93]. Nach Art. 35 Abs. 3 BV trifft die Behörden für diese Grundrechte keine Pflicht zum Schutz vor Beeinträchtigungen durch Private. Ihre Wirksamkeit beschränkt sich auf das Verhältnis zwischen Staat und Privaten. Die (mittelbare) Wirksamkeit unter Privaten ist zudem je nach Grundrecht und Sachverhalt unterschiedlich, das heißt die Grundrechte können die Rechtsverhältnisse zwischen Privaten stärker oder weniger stark beeinflussen.

IV. Zusammenfassung

39
Schutzbedürftigkeit bei Machtgefälle

Nach Art. 35 Abs. 3 BV sollen Grundrechte auch im Verhältnis zwischen Privaten wirken. Diese Dritt- oder Horizontalwirkung ist nur von Bedeutung, wenn zwischen den Privaten ein Machtgefälle besteht. Im Rechtsverkehr zwischen gleich Starken ist keine Partei auf grundrechtlichen Schutz vor Mißbrauch der Macht angewiesen[94].

40
Mittelbare Drittwirkung als Regelfall

In erster Linie muß der Gesetzgeber für eine grundrechtskonforme Ausgestaltung der Rechtsbeziehungen unter Privaten sorgen. Bei der Konkretisierung seiner Regelungen haben die rechtsanwendenden Organe die Grundrechte zu beachten. Eine solche grundrechtskonforme Interpretation von Normen, welche Konflikte zwischen Privaten regeln, wird als indirekte

---

[89] Nach *Auer*, ZBl 1993, S. 2 (11), dienen die Freiheitsrechte der Erhaltung einer gesellschaftlichen Sphäre, d.h. der Möglichkeit, mit anderen in Kontakt zu treten, zu verhandeln, zu streiten, zuzuhören, [sich] auszutauschen; dies sei ihre Erst- und Hauptwirkung. Der Begriff *Dritt*wirkung sei deshalb verfehlt, weil er terminologisch Nebensächlichkeit suggeriere. *Walter Kälin* (Die staatsrechtliche Rechtsprechung des Bundesgerichts in den Jahren 2000 und 2001, ZBJV 2002, S. 605 [617f.]) will nur noch bei der verfassungsrechtlich vorgesehenen Grundrechtsbindung Privater von (direkter) Drittwirkung sprechen, im übrigen von grundrechtlicher Schutzpflicht, grundrechtskonformer Auslegung und Ausrichtung der Gesetzgebung auf die Grundrechte. Vgl. auch *Besson*, ZSR 2003 I, S. 49 (66ff.); *J.P. Müller*, in: Thürer u.a., Verfassungsrecht (LitVerz.), § 39 RN 36f.
[90] → Unten *Kley*, Niederlassungsfreiheit, § 215.
[91] → Unten *Keller*, Garantie fairer Verfahren und des rechtlichen Gehörs, § 225; *Hänni*, Grundrechte des Angeschuldigten im Strafprozess, § 226; *Kiener*, Garantie des verfassungsmäßigen Richters, § 227.
[92] → Unten *Tschannen*, Schutz der politischen Rechte, § 220.
[93] *Egli* (FN 3), S. 152f., *R. J. Schweizer* (FN 3), RN 23f.
[94] *Tschannen*, Staatsrecht (LitVerz.), § 7 RN 68.

oder mittelbare Drittwirkung bezeichnet. Sie ist nach dem Willen des Verfassungsgebers der Regelfall[95]. Die unmittelbare Wirkung unter Privaten sollte beschränkt werden auf Grundrechte, bei welchen sich dies unmißverständlich aus dem Verfassungstext ergibt.

Gewisse Grundrechte eignen sich nicht für eine Drittwirkung. Die Grundrechte wirken sich zudem in unterschiedlicher Weise auf die Rechtsbeziehungen zwischen Privaten aus. Es ist Sache der rechtsanwendenden Behörden, Art und Ausmaß der Drittwirkung im Einzelfall zu bestimmen.

41
Eignung für Drittwirkung

Was schließlich das Verhältnis von grundrechtlichen Schutzpflichten nach Art. 35 Abs. 1 BV zur Drittwirkung der Grundrechte nach Art. 35 Abs. 3 BV betrifft, so handelt es sich bei der Drittwirkung um eine Modalität der Schutzpflicht: Der Staat hat die Grundrechte vor Beeinträchtigungen durch übermächtige Private zu schützen. Es geht, wie in der Überschrift zu Art. 35 BV zum Ausdruck kommt, bei der Schutzpflicht wie bei der Drittwirkung um die „*Verwirklichung der Grundrechte*", wobei Art. 35 Abs. 1 BV den Umfang („in der gesamten Rechtsordnung") und Art. 35 Abs. 3 BV die Art und Weise der Verwirklichung („auch unter Privaten") regelt[96].

42
Drittwirkung als Modalität der Schutzpflicht

---

95 Art. 35 Abs. 3 BV statuiert grundsätzlich die *indirekte* Drittwirkung (ebenso *Rhinow* [FN 3], RN 1083), was aber entgegen *Egli* (FN 3), S. 154, nicht bedeutet, daß die *direkte* Drittwirkung durch Art. 35 Abs. 3 BV ausgeschlossen wird.
96 Das „*auch*" ist so zu verstehen, daß Grundrechte nicht nur als Abwehrrechte gegenüber dem Staat, sondern auch unter Privaten wirken sollen.

D. Bibliographie

Auer, Andreas, Freiheitsrechte im Dreiecksverhältnis zwischen Staat, Gesellschaft und Individuum, ZBl 1993, S. 2 ff.
Besson, Samantha, Les obligations positives de protection des droits fondamentaux – Un essai en dogmatique comparatif, ZSR 2003 I, S. 49 ff.
Biaggini, Giovanni, Rechtsstaatliche Anforderung an die Auslagerungen und an den ausgelagerten Vollzug staatlicher Aufgaben sowie Rechtsschutz, in: René Schaffhauser/Thomas Poledna (Hg.), Auslagerung und Privatisierung von staatlichen und kommunalen Einheiten: Rechtsformen und ihre Folgen, 2002, S. 143 ff.
Camastral, Claudia, Grundrechte im Arbeitsverhältnis (Diss. iur. Zürich 1995), 1996.
Degiacomi, Franz, Erfüllung kommunaler Aufgaben durch Private unter besonderer Berücksichtigung der Verhältnisse im Kanton Graubünden (Diss. iur. Zürich), 1989.
Egli, Patricia, Drittwirkung von Grundrechten, Zugleich ein Beitrag zur Dogmatik der grundrechtlichen Schutzpflichten im Schweizer Recht (Diss. iur. Zürich 2001), 2002.
Göksu, Tarkan, Drittwirkung der Grundrechte im Bereich des Persönlichkeitsschutzes, SJZ 1998, S. 89 ff.
Häner, Isabelle, Grundrechtsgeltung bei der Wahrnehmung staatlicher Aufgaben durch Private, AJP 2002, S. 1144 ff.
Hangartner, Ivo, Grundrechtsbindung öffentlicher Unternehmen, AJP 2000, S. 515 ff.
ders., Öffentlich-rechtliche Bindungen privatrechtlicher Tätigkeit des Gemeinwesens, in: Ernst Brem/Jean Nicolas Druey/Ernst A. Kramer/Ivo Schwander (Hg.), FS Mario M. Pedrazzini, 1990, S. 129 ff.
Häsler, Philipp, Geltung der Grundrechte für öffentliche Unternehmen (Diss. iur. Bern), 2005.
Martenet, Vincent, La protection contre les discriminations émanant de particuliers, ZSR 2006 I, S. 419 ff.
Müller, Georg, Die Drittwirkung der Grundrechte, ZBl 1978, S. 233 ff.
ders., Zur Problematik der Drittwirkung von kantonalen Grundrechtsgarantien, ZBJV 1993, S. 153 ff.
Müller, Jörg Paul, Allgemeine Bemerkungen zu den Grundrechten, in: Daniel Thürer/Jean-François Aubert/Jörg Paul Müller (Hg.), Verfassungsrecht der Schweiz/Droit constitutionnel suisse, 2001, § 39, S. 621 ff.
Rütsche, Bernhard, Rechtsfolgen von Grundrechtsverletzungen (Diss. iur. Bern), 2002.
Saladin, Peter, Grundrechte und Privatrechtsordnung, SJZ 1988, S. 373 ff.
Schefer, Markus, Grundrechtliche Schutzpflichten und die Auslagerung staatlicher Aufgaben, AJP 2002, S. 1131 ff.
ders., Die Kerngehalte von Grundrechten, 2001.
Schindler, Benjamin, Begriff und Verständnis der „Grundrechte" in der neuen Bundesverfassung, in: Thomas Gächter/Martin Bertschi (Hg.), Neue Akzente in der „nachgeführten" Bundesverfassung, 2000, S. 51 ff.
Sorrosal, Azucena, Soziale Wirksamkeit der Grundrechte, dargestellt am Beispiel der Einelternfamilie (Diss. iur. St. Gallen), 2002.
Vogel, Stefan, Der Staat als Marktteilnehmer (Diss. iur. Zürich), 2000.
Weber-Dürler, Beatrice, Grundrechtseingriffe, in: Ulrich Zimmerli (Hg.), Berner Tage für die juristische Praxis, BTJP 1999, Die neue Bundesverfassung – Konsequenzen für Praxis und Wissenschaft, 2000, S. 131 ff.
Wiederkehr, René, Die Kerngehaltsgarantie am Beispiel kantonaler Grundrechte (Diss. iur. St. Gallen 1999), 2000.

§ 205
Träger der Grundrechte

Beatrice Weber-Dürler

Übersicht

	RN
A. Allgemeines	1– 2
B. Natürliche Personen als Grundrechtsträger	3–17
I. Beginn und Ende der Grundrechtsfähigkeit	3– 6
1. Beginn des Lebens	3– 4
2. Zeitpunkt des Todes	5– 6
II. Grundrechte mit eingeschränktem Trägerkreis	7–12
1. Beschränkung auf schweizerische Staatsangehörige	8–10
2. Altersgrenzen	11–12
III. Selbständige Ausübung der Grundrechte	13–17
1. Grundrechtsmündigkeit	13–16
2. Entmündigung	17
C. Juristische Personen als Grundrechtsträger	18–43
I. Juristische Personen des Privatrechts	18–33
1. Allgemeines	18–20
2. Einzelne Grundrechte	21–29
a) Recht auf Leben, persönliche Freiheit und Schutz der Privatsphäre	21
b) Glaubens- und Gewissensfreiheit	22–23
c) Grundrechte der freien Kommunikation	24–26
d) Eigentumsgarantie, Wirtschaftsfreiheit und Niederlassungsfreiheit	27
e) Rechtsgleichheit, Willkürverbot, Vertrauensschutz und Verfahrensgarantien	28–29
3. Sonderfälle	30–33
a) Ausländische juristische Personen	30
b) Juristische Personen mit öffentlichen Aufgaben	31
c) Juristische Personen mit staatlicher Beteiligung	32–33
II. Juristische Personen des öffentlichen Rechts	34–43
1. Grundsatz der fehlenden Grundrechtsberechtigung	34
2. Betroffensein „wie eine Privatperson" als Ausnahme	35–37
3. Ausnahmen bei Trägern hoheitlicher Gewalt	38–43
a) Gemeindeautonomie und weitere Autonomiegarantien	38–40
b) Rechtsgleichheit, Willkürverbot, Vertrauensschutz und Verfahrensgarantien?	41
c) Treuhänderische Grundrechtswahrnehmung?	42–43
D. Bibliographie	

A. Allgemeines

1
Grundrechts-trägerschaft als Auslegungsproblem

Im Unterschied zum deutschen Grundgesetz, das sich wenigstens über die Grundrechte juristischer Personen äußert[1], enthält die schweizerische Bundesverfassung gar keine Bestimmung, welche die Frage nach der Grundrechtsträgerschaft allgemein beantwortet. Hingegen war man bei der Ausarbeitung der neuen Bundesverfassung grundsätzlich bestrebt, den Trägerkreis der einzelnen Grundrechte durch eine einheitliche Terminologie klarzustellen. So wurde der Begriff „Person" eingeführt, der in der Bundesverfassung von 1874 noch nicht vorkam[2]. Er sollte natürliche und juristische Personen umfassen[3], während mit dem Begriff „Mensch" selbstverständlich nur die natürlichen Personen angesprochen werden. Die Absicht, den jeweiligen Trägerkreis durch konsequente Verwendung dieser Begriffe zu klären, wurde jedoch aus verschiedenen Gründen nicht voll verwirklicht. So fand die allgemeine Rechtsgleichheit ihren Ausdruck im Satz „Alle Menschen sind vor dem Gesetz gleich", obwohl unbestrittenermaßen auch juristische Personen Träger dieses Grundrechts sind[4]. Hier verzichtete man bewußt auf sprachliche Präzision und unterschlug die juristischen Personen, um das Pathos der berühmten Norm nicht zu zerstören. Umgekehrt wurde der Begriff „Person" bei gewissen Grundrechten verwendet, die klarerweise nur für natürliche Personen Geltung haben können, so z. B. beim verfahrensrechtlichen Schutz vor Freiheitsentzug[5]. Schließlich blenden die Formulierungen verschiedener Grundrechte die Trägerfrage gänzlich aus[6]; hier hat der Verfassungsgeber auf Klarstellung durch genaue Wortwahl von vornherein verzichtet. Das Konzept ist offensichtlich nicht konsequent verwirklicht worden, weshalb nicht einfach auf den Wortlaut abgestellt werden kann; die Frage nach dem Trägerkreis ist vielmehr durch Auslegung der einzelnen Grundrechtsbestimmungen zu beantworten[7].

Keine konsequente Begriffsbildung

2
Trägerschaft als Voraussetzung für Verfassungsbeschwerden

Die praktisch wichtigste Instanz zur Beantwortung dieses Auslegungsproblems ist das schweizerische Bundesgericht, welches Verfassungsbeschwerden beurteilt. Die bisherige staatsrechtliche Beschwerde steht nach Gesetz „Bürgern (Privaten) und Korporationen"[8] gegen kantonale Staatsakte zu und kann

---

1 Nach Art. 19 Abs. 3 GG gelten Grundrechte „auch für inländische juristische Personen, soweit sie ihrem Wesen nach auf diese anwendbar sind"; → Bd. II: *Tettinger*, Juristische Personen des Privatrechts als Grundrechtsträger, § 51; *Schnapp*, Zur Grundrechtsberechtigung juristischer Personen des öffentlichen Rechts, § 52; *Selmer*, Zur Grundrechtsberechtigung von Mischunternehmen, § 53.
2 Dazu kritisch *Kley*, in: Zeitschrift des Bernischen Juristenvereins 135 (1999), S. 301 (333 ff.).
3 *Hangartner*, Der Entwurf einer nachgeführten Bundesverfassung, AJP 1997, S. 139 (148).
4 Dazu unten Abschnitt C I 2 e, RN 28 f.
5 Art. 31 BV; dazu *Kley*, in: Zeitschrift des Bernischen Juristenvereins 135 (1999), S. 301 (338). Auch bei der Glaubens- und Gewissensfreiheit wird „jede Person" als berechtigt erklärt (Art. 15 Abs. 2 und 3 BV), obwohl juristische Personen grundsätzlich nicht als Träger anerkannt sind; vgl. unten Abschnitt C I 2 b, RN 22 f.
6 Vgl. etwa Art. 26 Abs. 1 BV („Das Eigentum ist gewährleistet") oder Art. 27 Abs. 1 BV („Die Wirtschaftsfreiheit ist gewährleistet").
7 *Rhinow*, Grundzüge (LitVerz.), RN 1026 ff.
8 Art. 88 Bundesgesetz über die Organisation der Bundesrechtspflege (OG) v. 16. 12. 1943, in Kraft bis 31. 12. 2006. Am 1. 1. 2007 ersetzt das Bundesgesetz über das Bundesgericht (BGG) v. 17. 6. 2005 (SR 173.110) das OG.

insbesondere wegen Verletzung verfassungsmäßiger Rechte erhoben werden[9]. Die Frage, ob der Beschwerdeführer Träger des angerufenen Grundrechts ist, wird vom Bundesgericht nicht erst bei der materiellen Beurteilung der Beschwerde beantwortet, sondern stellt bereits eine der formellen Voraussetzungen für das Eintreten auf die Beschwerde dar: Nur der Träger eines Grundrechts ist legitimiert, sich über dessen Verletzung zu beschweren[10]. Der persönliche Geltungsbereich der Grundrechte wird deshalb regelmäßig bei den Eintretensvoraussetzungen der Verfassungsbeschwerde abgehandelt[11].

B. Natürliche Personen als Grundrechtsträger

I. Beginn und Ende der Grundrechtsfähigkeit

1. Beginn des Lebens

Der Grundrechtsschutz beginnt nicht erst mit der Geburt[12]. Für den Nasciturus stehen naheliegenderweise das Recht auf Leben und das Recht auf körperliche Unversehrtheit[13] im Vordergrund, doch sind andere Grundrechte wie etwa die Rechtsgleichheit oder die Eigentumsgarantie nicht auszuschließen. Auch wenn noch nicht alle Grundrechte aktuell sind, setzt mit dem Beginn des menschlichen Lebens die allgemeine Grundrechtsfähigkeit der natürlichen Personen ein. Die Bundesverfassung äußert sich allerdings nicht über den genauen Zeitpunkt, in dem das menschliche Leben beginnt[14]. Die Frage ist auch relevant für Fortpflanzungsmedizin und Gentechnologie, die Gegenstand einer ausführlichen Verfassungsbestimmung außerhalb des Grundrechtsteils sind. Der einschlägige Art. 119 BV beantwortet eine Reihe von wichtigen Fragen explizit, doch wurde auch mit dieser Bestimmung keine verbindliche Festsetzung des Lebensbeginns angestrebt[15].

3
Keine verbindliche Festsetzung

Anders als die Verfassungsgerichte in Deutschland und den USA hat sich das Bundesgericht bis jetzt nicht über die Frage des Beginns des Lebens äußern

4

---

9 Art. 84 Abs. 1 lit. a OG. Bei Verfügungen, welche gestützt auf öffentliches Recht des Bundes ergehen, übernimmt die Verwaltungsgerichtsbeschwerde die Funktion der staatsrechtlichen Beschwerde. Im neuen Bundesgerichtsgesetz werden die beiden Rechtsmittel in der Beschwerde in öffentlich-rechtlichen Angelegenheiten verschmolzen (Art. 82 ff. BGG). Verfassungsmäßige Rechte können neu auch mit Beschwerde in Zivilsachen (Art. 72 ff. BGG) und mit Beschwerde in Strafsachen (Art. 78 ff. BGG) geltend gemacht werden. Ist keine ordentliche Beschwerde möglich (vgl. insbes. den Ausnahmekatalog in Art. 83 BGG), steht gegen letztinstanzliche kantonale Entscheide eine subsidiäre Verfassungsbeschwerde zur Verfügung (Art. 113 ff. BGG).
10 *Häfelin/Haller*, Bundesstaatsrecht (LitVerz.), RN 2004 ff.
11 *Walter Kälin*, Das Verfahren der staatsrechtlichen Beschwerde, ²1994, S. 224 f.
12 Statt vieler *Yvo Hangartner*, Schwangerschaftsabbruch und Sterbehilfe, 2000, S. 22 ff., und *Rhinow*, Grundzüge (LitVerz.), RN 1032; zurückhaltend *Schefer*, Grundrechte (LitVerz.), S. 4 f.
13 → Unten *Haller*, § 209, insb. C II, RN 21.
14 Auch in der nachgeführten Bundesverfassung sollte dazu nicht Stellung genommen werden; so *J.P. Müller*, Grundrechte (LitVerz.), S. 16, insb. FN 27 (mit Verweis auf die Botschaft des Bundesrats, BBl 1997, S. 1 [147]).
15 So das Gutachten des *Bundesamts für Justiz* in: VPB 60 (1996), Nr. 67, S. 575 (589).

Bundesgesetzliche Regelung des Schwangerschaftsabbruchs	müssen. Die kontroversen Bestimmungen über den Schwangerschaftsabbruch, welche dem Schutz des werdenden Lebens dienen, finden sich im Schweizerischen Strafgesetzbuch, also in einem Bundesgesetz. Und Bundesgesetze sind in der Schweiz selbst im Falle der Verfassungswidrigkeit verbindlich und für das Bundesgericht und für alle rechtsanwendenden Instanzen maßgebend[16].

2. Zeitpunkt des Todes

5 Bundesgerichtliche Umschreibung der Mindestanforderungen	Im Zeitpunkt des Todes erlischt auch die Grundrechtsfähigkeit des Menschen[17]. Das Bundesgericht hatte sich im Zusammenhang mit einer kantonalen Verordnung über Todesfeststellung, Obduktionen und Organentnahmen mit der Frage zu befassen, unter welchen Voraussetzungen der Tod unter dem Gesichtswinkel der Verfassung als erwiesen gelten darf[18]. Es erblickte die Aufgabe des Verfassungsrichters nicht darin, abschließend die „richtigen" Kriterien für die Todesfeststellung festzulegen, sondern nur, die verfassungsrechtlich gebotenen Mindestanforderungen zu umschreiben, denen eine Todesdiagnose zu genügen habe. Im Ergebnis folgte es der medizinischen Lehre[19], wonach der Hirntod dem bis dahin allein anerkannten Herz- und Kreislauftod gleichzusetzen sei, wenn der Zustand mit Sicherheit irreversibel sei. Diese Rechtsprechung wurde seither bestätigt[20]. Die Todesdefinition, die auf dem Hirntod beruht, hat Eingang gefunden in das eidgenössische Transplantationsgesetz[21].
6 Selbstbestimmungsrecht	Das Ende der Grundrechtsfähigkeit schließt es freilich nicht aus, daß die Menschenwürde und insbesondere das darin enthaltene Selbstbestimmungsrecht, zu Lebzeiten über den toten Körper zu verfügen und die Modalitäten der Bestattung festzulegen, Wirkungen über den Tod hinaus zeitigen[22].

II. Grundrechte mit eingeschränktem Trägerkreis

7 Altersgrenzen und Staatsangehörigkeit	Alle natürlichen Personen sind rechts- und grundrechtsfähig[23], unabhängig von ihrem Alter[24]. Ausnahmsweise – vor allem bei den politischen Rechten – statuiert die Verfassung eine Altersgrenze. Wenige Grundrechte sind auch heute noch schweizerischen Staatsangehörigen vorbehalten.

---

16 Art. 190 BV.
17 *BGE 126* I 43 (45) und *113* Ia 351 (352), welche beide die Grundrechtsfähigkeit des Angeklagten betreffen, und *BGE 129* I 302 (306 ff.), zur allgemeinen Rechtsfähigkeit; allgemein *Rhinow*, Grundzüge (LitVerz.), RN 1033.
18 *BGE 98* Ia 508 (514 ff.).
19 Und dem in der Verordnung enthaltenen Verweis auf die Richtlinien der Schweizerischen Akademie der medizinischen Wissenschaften.
20 *BGE 123* I 112 (128).
21 Art. 9 Abs. 1 Bundesgesetz über die Transplantation von Organen, Geweben und Zellen v. 8.10.2004 (BBl 2004, S. 5453 ff.).
22 *BGE 129* I 173 (180) mit Verweisen. Vgl. dazu sowie zur Ablehnung eines postmortalen Persönlichkeitsschutzes (der es gestatten würde, daß jemand für einen Verstorbenen in dessen Namen Klage erhebt) den Beitrag von → *Haller*, § 209, insb. D II 10, RN 59 ff.
23 *Yvo Hangartner*, Grundzüge des schweizerischen Staatsrechts, Bd. II, 1982, S. 34 u. 36; *Felix Oskar Müller*, Grundrechte der Kinder (Diss. Bern) 1996, S. 16 ff.; *Hänni/Belser*, AJP 1998, S. 139 (140).
24 *F.O. Müller* aaO., S. 19 f.; *Hänni/Belser* aaO., S. 142.

1. Beschränkung auf schweizerische Staatsangehörige[25]

Explizit gesteht die Bundesverfassung die Niederlassungsfreiheit (Art. 24 BV) und den damit verknüpften Schutz vor Ausweisung und Auslieferung (Art. 25 Abs. 1 BV) nur „Schweizerinnen und Schweizern" zu[26]. Sodann beschränkt Art. 136 Abs. 1 BV die politischen Rechte in Bundessachen auf schweizerische Staatsangehörige; es ist in diesem Zusammenhang in Erinnerung zu rufen, daß die politischen Rechte in der Schweiz nicht nur das Wahlrecht, sondern auch das Stimmrecht sowie Initiativ- und Referendumsrechte umfassen. Die politischen Rechte in kantonalen und kommunalen Angelegenheiten fallen gemäß Art. 39 Abs. 1 BV in die Kompetenz der Kantone und können auch Ausländerinnen und Ausländern eingeräumt werden[27].

8
Niederlassungsfreiheit
Politische Rechte

Bei den meisten Grundrechten nennt die Bundesverfassung jeden Menschen oder jede Person als Träger und schafft damit bewußt Jedermanns-Rechte. Unter der alten Bundesverfassung war auch die Rechtsgleichheit (Art. 4 Abs. 1 aBV) trotz ihres engen Wortlauts („Alle Schweizer sind vor dem Gesetze gleich") seit jeher als Jedermanns-Recht verstanden worden[28]. Auf die Wirtschafts- bzw. Handels- und Gewerbefreiheit, deren Formulierung nicht auf den Trägerkreis Bezug nimmt[29], konnten sich Ausländer bis 1982 nicht berufen; seither liberalisierte das Bundesgericht seine Praxis schrittweise und hat sie unter bestimmten Voraussetzungen in den Trägerkreis einbezogen[30].

9
Jedermanns-Rechte

Wirtschaftsfreiheit

Da das Trägerproblem wie erwähnt regelmäßig unter den formellen Voraussetzungen der staatsrechtlichen Beschwerde auftaucht[31], sei an dieser Stelle noch auf eine prozessuale Besonderheit hingewiesen: Die Rechte der Europäischen Menschenrechtskonvention, welche selbstverständlich Jedermanns-Rechte sind, werden vom Bundesgericht wegen ihrer engen inhaltlichen Beziehung zu den verfassungsmäßigen Rechten in verfahrensmäßiger Hinsicht den Grundrechten der Bundesverfassung gleichgestellt und berechtigen zur Verfassungsbeschwerde[32]. Gleich hat das Bundesgericht vor kurzem im Hinblick auf die Rechte des Internationalen Pakts über bürgerliche und politische Rechte entschieden[33]. Anders verhielt es sich bisher bei Staatsverträgen, welche keine Rechte-Erklärungen darstellen und bloß Angehörigen

10
Verfahrensmäßige Gleichstellung der EMRK-Rechte

---

25 Zum Status der Ausländer → unten *Thürer*, § 206.
26 Der Vollständigkeit halber ist noch zu erwähnen, daß sich der Schutz vor Bevorzugung oder Benachteiligung „wegen der Bürgerrechte" auf schweizerische Staatsangehörige beschränkt (Art. 37 Abs. 2 BV).
27 Die der französischsprachigen Westschweiz angehörenden Kantone Neuenburg, Jura und Waadt sowie die deutschschweizerischen Kantone Appenzell Außerrhoden und Graubünden haben von der Möglichkeit (in unterschiedlichem Maß) Gebrauch gemacht; vgl. zum derzeitigen Stand Neue Zürcher Zeitung, Nr. 44 v. 23. 2. 2004.
28 *R. J. Schweizer*, in: Ehrenzeller u. a., St. Galler Kommentar (LitVerz.), Art. 8 RN 20.
29 Art. 27 BV bzw. Art. 31 Abs. 1 aBV.
30 *Vallender*, in: Ehrenzeller u. a., St. Galler Kommentar (LitVerz.), Art. 27 RN 30, u. *BGE 131* I 223 (225 f.).
31 Oben A, RN 1 f.
32 *Häfelin/Haller*, Bundesstaatsrecht (LitVerz.), RN 1969. Unter dem BGG steht die subsidiäre Verfassungsbeschwerde nur wegen Verletzung verfassungsmäßiger Rechte offen (Art. 116).
33 *BGE 128* III 244 (245).

eines ausländischen Staates Gleichstellung mit schweizerischen Staatsangehörigen hinsichtlich gewisser verfassungsmäßiger Rechte garantieren. Die staatsvertraglich begünstigten ausländischen Staatsangehörigen wurden dadurch nicht zu Trägern der verfassungsmäßigen Rechte und konnten auch keine Verfassungsbeschwerde erheben. Demgegenüber hat das Bundesgericht jüngst Personen, die gemäß dem Freizügigkeitsabkommen zwischen der Schweiz und der Europäischen Union einen Anspruch auf wirtschaftliche Betätigung in der Schweiz haben, eine Berufung auf die Wirtschaftsfreiheit zugestanden[34].

2. Altersgrenzen

11
Politische Rechte

Die politischen Rechte in Bundessachen stehen laut Art. 136 Abs. 1 BV allen Schweizern und Schweizerinnen zu, die das achtzehnte Altersjahr zurückgelegt haben und nicht wegen Geisteskrankheit oder Geistesschwäche entmündigt sind. Die Kantone dürfen für die politischen Rechte in kantonalen und kommunalen Angelegenheiten eine andere Altersgrenze festlegen als der Bund[35], doch haben zur Zeit alle Kantone die sogenannte politische Mündigkeit beim vollendeten achtzehnten Altersjahr angesetzt[36].

12
Schutz Minderjähriger

Zwei Bestimmungen im Grundrechtsteil setzen umgekehrt gerade ein jugendliches Alter voraus. Art. 11 Abs. 1 BV gibt Kindern und Jugendlichen Anspruch auf besonderen Schutz ihrer Unversehrtheit und auf Förderung ihrer Entwicklung[37]. Die Bedeutung und insbesondere der grundrechtliche Gehalt dieser erst vom Parlament eingefügten Bestimmung sind noch wenig geklärt[38]. Nach der Entstehungsgeschichte sind als Träger Minderjährige im Sinne des Zivilgesetzbuches angesprochen, das heißt Personen, welche das achtzehnte Altersjahr noch nicht vollendet haben[39].

Grundschulunterricht

In Art. 19 BV, der den Anspruch auf „ausreichenden ... Grundschulunterricht" gewährleistet, findet sich zwar kein direkter Hinweis auf ein jugendliches Alter. Doch ist zusätzlich Art. 62 Abs. 2 BV heranzuziehen, wonach die Kantone für einen ausreichenden Grundschulunterricht sorgen, der „allen Kindern" offensteht. Die Kantone lassen die Schulpflicht gemäß einem interkantonalen Vertrag übereinstimmend nach dem vollendeten sechsten Altersjahr beginnen und sehen eine obligatorische Schulzeit von neun Jahren vor[40].

---

34 *BGE 131* I 223 (226 f.), bisher: *BGE 87* I 163 (167); *Hans Marti*, Die Wirtschaftsfreiheit der schweizerischen Bundesverfassung, 1976, S. 33.
35 Vgl. soeben 1., FN 27.
36 *Yvo Hangartner/Andreas Kley*, Die demokratischen Rechte in Bund und Kantonen der Schweizerischen Eidgenossenschaft, 2000, S. 54. → Unten *Tschannen*, Schutz der politischen Rechte, § 220.
37 → Unten *Epiney/Waldmann*, § 224 RN 49.
38 *Reusser/Lüscher*, in: Ehrenzeller u.a., St. Galler Kommentar (LitVerz.), Art. 11 RN 2 ff. u. 16, und als neusten Entscheid *BGE 129* I 12 (32 f.).
39 *Reusser/Lüscher* aaO., Art. 11 RN 7.
40 *BGE 129* I 12 (16); *Kägi-Diener*, in: Ehrenzeller u.a., St. Galler Kommentar (LitVerz.), Art. 19 RN 8 f. (Erwachsene können sich nicht auf das Grundrecht berufen, selbst wenn sie keinen Grundschulunterricht genossen haben).

III. Selbständige Ausübung der Grundrechte

1. Grundrechtsmündigkeit

Die selbständige Ausübung der Grundrechte setzt Grundrechtsmündigkeit[41] voraus. Zwar nehmen Kinder und Jugendliche laufend grundrechtlich geschützte Handlungen vor, ohne sich um die Grundrechtsmündigkeit zu kümmern. Probleme ergeben sich jedoch im allgemeinen erst, wenn ein staatlicher Eingriff in ein Grundrecht erfolgt, den der jugendliche Grundrechtsträger selbständig abwehren möchte[42]. Beispielsweise können Schüler ohne weiteres eine Schülerzeitung produzieren und damit von der Meinungs- und Pressefreiheit Gebrauch machen, doch wird die Grundrechtsmündigkeit wichtig, wenn ein Schüler wegen eines Beitrags mit einer Disziplinarmaßnahme bestraft wird und diese anfechten möchte[43].

13 Selbständige Grundrechtsausübung

Für die Glaubens- und Gewissensfreiheit setzte die alte Bundesverfassung die religiöse Mündigkeit auf das vollendete 16. Altersjahr fest[44]. In der Folge hat das Schweizerische Zivilgesetzbuch diese fixe Grenze übernommen und als maßgebend für den selbständigen Entscheid des Kindes über sein religiöses Bekenntnis bezeichnet[45]. Obwohl die neue Bundesverfassung die religiöse Mündigkeit nicht mehr speziell fixiert, ist die im Zivilgesetzbuch – einem Bundesgesetz – statuierte Altersgrenze verbindlich[46]. Bis zur Erreichung der religiösen Mündigkeit verfügt der Inhaber der elterlichen Sorge oder der Vormund über die religiöse Erziehung[47]. Mit dem Eintritt der religiösen Mündigkeit darf der Jugendliche nicht nur selbständig über seine Religion entscheiden, sondern ist insofern auch prozeßfähig[48].

14 Religiöse Mündigkeit

Der Verfassungsartikel, den das Parlament zum Schutz der Kinder und Jugendlichen einfügte[49], enthält in seinem zweiten Absatz die allgemeine Bestimmung, Kinder und Jugendliche würden ihre Rechte im Rahmen ihrer Urteilsfähigkeit ausüben. Da sich die Vorschrift im Grundrechtsteil befindet, liegt es nahe, sie auf die Grundrechte zu beziehen. Die Verfassung verzichtet danach grundsätzlich auf eine fixe Altersgrenze für die Grundrechtsmündigkeit – wie sie indes für die Religionsfreiheit nach wie vor gilt – und stellt viel-

15 Mündigkeit nach Maßgabe der Urteilsfähigkeit

---

41 *Kley*, Die Religionsfreiheit in der alten und neuen Bundesverfassung, in: René Pahud (Hg.), Das Religionsrecht der neuen Bundesverfassung, 2001, S. 9 (19), lehnt den Begriff ab, weil er das Bestehen einer fixen Altersgrenze suggeriere.
42 *F.O. Müller* (FN 23), S. 24 ff.
43 BGer, Urt. v. 24.5.1978, ZBl 79 (1978), S. 505 ff. (insb. Erw. 1 a).
44 Art. 49 Abs. 3 aBV. Die Meinungen über die genaue Bedeutung dieser Grenze gingen auseinander; vgl. *Häfelin*, in: Aubert u. a., Bundesverfassung 1874 (LitVerz.), Art. 49 RN 116.
45 Art. 303 Abs. 3 ZGB v. 10.12.1907 (SR 210).
46 Vgl. oben bei FN 16 sowie *J.P. Müller*, Grundrechte (LitVerz.), S. 87; *Häfelin/Haller*, Bundesstaatsrecht (LitVerz.), RN 432; *Kley* (FN 41), S. 19; *Rhinow*, Grundzüge (LitVerz.), RN 1350.
47 *BGE 119* Ia 178 (181 f.). Das Bundesgericht geht für diese Zeit von einer „doppelten Trägerschaft" aus: Die religiöse Erziehung ist einerseits Bestandteil der Glaubens- und Gewissensfreiheit der Eltern (so auch *BGE 129* III 689 [692]); andererseits ist auch das Kind bereits Grundrechtsträger, doch ist seine Fähigkeit zur selbständigen Geltendmachung eingeschränkt.
48 *Kälin* (FN 11), S. 217.
49 Oben bei FN 38.

mehr auf die Urteilsfähigkeit im Einzelfall ab[50]. Die Grundrechtsmündigkeit kann nicht nur von Grundrecht zu Grundrecht variieren, sondern hängt auch von der konkreten Grundrechtsbetroffenheit und von der Urteilsfähigkeit des betreffenden Grundrechtsträgers ab[51]. Problematisch an der neuen Bestimmung über die Grundrechtsmündigkeit ist freilich, daß sie eine wichtige Einschränkung verschweigt, welche die öffentlichrechtliche Doktrin und die Rechtsprechung unter der alten Bundesverfassung in Anlehnung an die Regelung im Zivilgesetzbuch betonten: Urteilsfähige Unmündige können nur persönlichkeitsnahe Grundrechte selbständig ausüben, nicht aber beispielsweise die Eigentumsgarantie, die Wirtschaftsfreiheit oder die Niederlassungsfreiheit[52]. Da im Parlament wiederholt geäußert wurde, die Verfassungsbestimmung enthalte materiell nichts Neues, muß diese Einschränkung auch unter der neuen Bundesverfassung gelten, selbst wenn sie aus deren Wortlaut nicht hervorgeht[53].

16 Eine gewisse Komplikation ergibt sich, wenn die Ausübung der grundrechtlich geschützten Tätigkeit durch Rechtshandlungen erfolgt, für die dem Grundrechtsträger die privatrechtliche Handlungsfähigkeit noch fehlt. Beispielsweise kann der urteilsfähige Unmündige einen Lehrvertrag oder andere Verträge, bei denen es nicht allein um die Erlangung von unentgeltlichen Vorteilen geht, nicht selbständig abschließen[54]. In diesen Fällen ist die Zustimmung der Eltern bzw. des Vormunds trotz Grundrechtsmündigkeit unerläßlich[55]. Einen Sonderfall bildet hingegen die prozessuale Durchsetzung des (persönlichkeitsnahen) Grundrechts; zur Verfolgung dieses Ziels muß der urteilsfähige Unmündige notfalls selbständig einen Anwalt beauftragen können[56].

2. Entmündigung

17 Analoge Probleme wie beim Unmündigen stellen sich beim Entmündigten. Urteilsunfähige Entmündigte werden durch ihren Vormund vertreten[57]. Urteilsfähige Entmündigte können ihre Grundrechte grundsätzlich nur mit Einwilligung ihres gesetzlichen Vertreters im Prozeß wahrnehmen; eine Ausnahme bilden Grundrechte, die dem Entmündigten um seiner Persönlichkeit

---

50 *Rhinow*, Grundzüge (LitVerz.), RN 1235.
51 *J.P. Müller*, Grundrechte (LitVerz.), S. 423; *Reusser/Lüscher*, in: Ehrenzeller u. a., St. Galler Kommentar (LitVerz.), Art. 11 RN 24.
52 *Saladin*, Rechtsbeziehungen zwischen Eltern und Kindern als Gegenstand des Verfassungsrechts, in: Frank Vischer/Adrian Staehelin (Hg.), FS Hans Hinderling, 1976, S. 175 (188 f.); *F.O. Müller* (FN 23), S. 35 f. (mit Hinweisen auf die ältere Judikatur); *Hänni/Belser*, AJP 1998, S. 139 (155); aus der neueren Rechtsprechung *BGE 120 Ia 369* (371 f.).
53 Statt vieler *J.P. Müller*, Grundrechte (LitVerz.), S. 422 f.; *Reusser/Lüscher*, in: Ehrenzeller u. a., St. Galler Kommentar (LitVerz.), Art. 11 RN 18 ff.; *Mahon*, in: Aubert/ders., Constitution (LitVerz.), Art. 11 RN 5.
54 Art. 19 Abs. 1 u. 2 ZGB (FN 45).
55 *F.O. Müller* (FN 23), S. 40 ff.; *Reusser/Lüscher*, in: Ehrenzeller u. a., St. Galler Kommentar (LitVerz.), Art. 11 RN 22 f.
56 *F.O. Müller* aaO., S. 45.
57 *Kälin* (FN 11), S. 218. Bei Urteilsunfähigen entfällt damit die Möglichkeit, absolut höchstpersönliche Rechte durchzusetzen, *Kälin* aaO. (mit Verweisen auf die Rechtsprechung).

willen zustehen[58]. Ganz unabhängig von der Frage nach einer Entmündigung hat das Bundesgericht einem „psychopathischen Querulanten" die Urteilsfähigkeit und damit die Prozeßfähigkeit abgesprochen[59].

C. Juristische Personen als Grundrechtsträger

I. Juristische Personen des Privatrechts

1. Allgemeines

Gemäß dem bisherigen Gesetz steht das Recht zur Führung von Verfassungsbeschwerden „Bürgern (Privaten) und Korporationen" zu[60]. Korporation steht als pars pro toto für juristische Personen, umfaßt also auch Stiftungen[61]. Das Gesetz setzt voraus, daß die juristischen Personen überhaupt Träger verfassungsmäßiger Rechte sein können, was bei juristischen Personen des Privatrechts zweifellos zutrifft[62]. Das neue Bundesgerichtsgesetz verzichtet auf eine ausdrückliche Regelung der Parteifähigkeit, geht aber selbstverständlich von der bisherigen Rechtslage aus. Wie das Bundesgericht schon 1878 ausführte, kann die juristische Person aber „nicht Subjekt solcher Rechte sein, welche leibliche Existenz voraussetzen", etwa des Rechts zur Ehe[63]. In der Folge hat die Lehre den (an das deutsche Grundgesetz[64] angelehnten) Grundsatz formuliert, daß Grundrechte auch für juristische Personen des Privatrechts gelten, soweit sie ihrem Wesen nach auf diese anwendbar sind[65].

18 Anwendbarkeitsvorbehalt

Der Begriff der Korporation wurde in großzügiger Auslegung auf Personenverbindungen ohne juristische Persönlichkeit ausgedehnt, wenn sie gesetzlich generell befugt sind, im eigenen Namen zu klagen bzw. beklagt zu werden. So anerkannte das Bundesgericht namentlich die Parteifähigkeit von Kollektiv- und Kommanditgesellschaften[66]. Zwar kann man aus der Parteifähigkeit selbstverständlich nicht auf die Grundrechtsträgerschaft schließen, doch wäre es inkonsequent, diese Gesellschaften am wirtschaftlichen Wettbewerb teil-

19 Personenverbindungen ohne juristische Persönlichkeit

---

58 *Kälin* aaO. (mit Verweisen auf die Rechtsprechung).
59 BGE 118 Ia 236, 237ff. Auf Art. 36a Abs. 2 OG wurde nicht ausdrücklich Bezug genommen; danach sind Beschwerden unzulässig, „die auf querulatorischer oder rechtsmissbräuchlicher Prozessführung beruhen".
60 Art. 88 OG.
61 *Zaccaria Giacometti,* Die Verfassungsgerichtsbarkeit des Schweizerischen Bundesgerichtes, 1933, S. 160.
62 *Giacometti* aaO.; eine vertiefte Begründung findet sich bei *Hangartner* (FN 23), S. 38.
63 BGE 4, 533 (537). Nach *J. P. Müller/Baldegger,* Grundrechte juristischer Personen, in: Eugen Bucher/Claus-Wilhelm Canaris/Heinrich Honsell/Thomas Koller (Hg.), FS Wolfgang Wiegand, 2005, S. 551 (562), hat das Gericht seither keine über diese Feststellung hinausgehende allgemeine Theorie entwickelt.
64 Oben FN 1.
65 Statt vieler *Hangartner* (FN 23), S. 39; *Kley,* in: Zeitschrift des Bernischen Juristenvereins 135 (1999), S. 301 (339); *Rhinow,* Grundzüge (LitVerz.), RN 1040.
66 *Kälin* (FN 11), S. 210f. (auch Stockwerkeigentümergemeinschaft, Konkursmasse usw.).

nehmen zu lassen, sie aber nicht an der Wirtschaftsfreiheit und an der Eigentumsgarantie teilhaben zu lassen. Nicht Träger verfassungsmäßiger Rechte sind hingegen sonstige Gruppierungen ohne juristische Persönlichkeit, insbesondere einfache Gesellschaften[67].

20
Abgrenzung zur egoistischen Verbandsbeschwerde

Wenn das Bundesgericht eine Verfassungsbeschwerde eines Verbandes beurteilt und nicht alle Erwägungen in die Urteilspublikation aufnimmt, bleibt mitunter unklar, ob das Gericht die juristische Person selbst als Grundrechtsträger anerkannte oder ob es sich um die in der Schweiz recht verbreitete egoistische Verbandsbeschwerde handelte[68]. Diese kann von einem Verband, der eine juristische Person sein muß, in eigenem Namen, jedoch zur Wahrung der Interessen der Mitglieder erhoben werden. Die Vereinigung muß statutarisch zur Wahrung der betroffenen Mitgliederinteressen ermächtigt sein, und eine Mehrzahl oder zumindest eine große Zahl von Mitgliedern müßte zur Beschwerde legitimiert sein[69]. Wegen der letztgenannten Voraussetzung kommt die Verbandsbeschwerde vor allem für die Anfechtung von generell-abstrakten Erlassen in Betracht[70].

2. Einzelne Grundrechte

a) Recht auf Leben, persönliche Freiheit und Schutz der Privatsphäre

21
Einzelaspekte für juristische Personen relevant

Die Menschenwürde, das Recht auf Leben und einzelne Aspekte der persönlichen Freiheit wie die körperliche Unversehrtheit und die Bewegungsfreiheit können von vornherein nur auf natürliche Personen Anwendung finden. Die „geistige Unversehrtheit", welche durch die persönliche Freiheit außerdem geschützt ist[71], wird vom Bundesgericht auf „elementare Erscheinungsformen der Persönlichkeitsentfaltung" beschränkt[72]; diese Vorstellung läßt sich offensichtlich nicht auf juristische Personen übertragen. Eine Reihe von Autoren versagt denn auch den juristischen Personen jede Berufung auf die persönliche Freiheit[73]. Andere Autoren machen eine Ausnahme für den Schutz der Ehre und des guten Rufes[74]. Auch der Schutz der Privatsphäre, der unter der alten Bundesverfassung in der persönlichen Freiheit mitenthalten war, heute aber separat garantiert ist[75], würde sich in Teilaspekten zur Anwendung auf juristische Personen eignen, beispielsweise was den Schutz der Geschäfts-

---

67 *BGE 100* Ia 392 (394); *Kälin* (FN 11), S. 211.
68 Beispielsweise *BGE 106* Ia 277 (Groupe Action Prison); vgl. zur gleichen Beschwerdeführerin dann aber *BGE 106* Ia 355 (358).
69 *Kälin* (FN 11), S. 268 ff.; *Häfelin/Haller*, Bundesstaatsrecht (LitVerz.), RN 2023; *Alfred Kölz/Isabelle Häner*, Verwaltungsverfahren und Verwaltungsrechtspflege des Bundes, ²1998, RN 560 ff.
70 Vgl. als Beispiel *BGE 123* I 221 (224 ff.).
71 Art. 10 Abs. 2 BV.
72 Vgl. → unten *Haller*, § 209, insb. D II 1 und 2, RN 34 und 35 ff.
73 *Hangartner* (FN 23), S. 39; *Häfelin/Haller*, Bundesstaatsrecht (LitVerz.), RN 294; *Mahon*, in: Aubert/ders., Constitution (LitVerz.), Art. 10 RN 6.
74 *J.P. Müller*, Grundrechte (LitVerz.), S. 8; *R.J. Schweizer*, in: Ehrenzeller u.a., St. Galler Kommentar (LitVerz.), Art. 10 RN 8. Nach ständiger Rechtsprechung gelten juristische Personen auch als Träger der Ehre und sind in Ehrverletzungsprozessen aktivlegitimiert, *BGE 114* IV 14 (15).
75 Vgl. Art. 13 BV und → unten *Haller*, § 209, insb. A II 1, RN 4 ff.

räume, des Brief-, Post- und Fernmeldegeheimnisses und den informationellen Datenschutz anbelangt[76]. Ob die juristischen Personen diese Aspekte der persönlichen Freiheit beanspruchen können, ist durch die Rechtsprechung noch zu klären.

b) Glaubens- und Gewissensfreiheit[77]

22 Freiheitsrecht nur der natürlichen Personen

Bereits 1878 entschied das Bundesgericht, eine Aktiengesellschaft könne sich gegen Kirchensteuern nicht auf die Glaubens- und Gewissensfreiheit berufen, weil dieses Freiheitsrecht nur physischen Personen, nicht aber juristischen Personen zustehe[78]. Obwohl diese Praxis auf nicht nachlassende Kritik von namhaften Autoren stieß, wurde sie 1976 in einem Grundsatzentscheid bestätigt[79]. Anders als das deutsche Bundesverfassungsgericht argumentierte das Bundesgericht, die Verfassung statuiere für Kirchensteuern nicht das positive Erfordernis der Kirchenzugehörigkeit und verbiete es nicht, die Staats- oder Landeskirchen als Gebietskörperschaften auszugestalten[80]. Daß indirekt die hinter der juristischen Person stehenden natürlichen Personen in ihrer Glaubens- und Gewissensfreiheit verletzt sein könnten, wirke bei großen Erwerbsgesellschaften als gekünstelter Einwand. Bei kleineren Unternehmen befriedige die Rechtslage möglicherweise nicht ganz, doch habe man mit der Verselbständigung einer juristischen Person auch deren Nachteile in Kauf zu nehmen[81]. Immerhin wurde eine Ausnahme gemacht für juristische Personen, die selber religiöse oder kirchliche Zwecke verfolgen[82]. Obwohl die Kritik an der grundsätzlichen Vereinbarkeit der Kirchensteuerpflicht mit der Verfassung nicht verstummte[83] und man sich von der neuen Bundesverfassung eine Änderung erhoffte, erging im Jahr 2000 erneut ein Grundsatzentscheid, der die bisherige Rechtsprechung zementierte[84].

23 Juristische Personen mit religiösen oder kirchlichen Zwecken

Juristischen Personen, die selber religiöse oder kirchliche Zwecke verfolgen, wurde auch in anderen Bereichen als dem Steuerrecht zugestanden, unmittelbar die durch die Glaubensfreiheit geschützten Interessen der einzelnen Kirchenmitglieder zu verteidigen[85]. Religionsgemeinschaften konnten außerdem die sogenannte Kultusfreiheit anrufen, die unter der alten Bundesverfassung noch eigens garantiert war[86]. Schließlich wurde auch der Verein Scientology

---

[76] *R. J. Schweizer*, in: Ehrenzeller u. a., St. Galler Kommentar (LitVerz.), Art. 10 RN 8 und Art. 13 RN 39; zurückhaltender *Kley*, in: Zeitschrift des Bernischen Juristenvereins 135 (1999), S. 301 (337).
[77] Art. 15 BV.
[78] BGE 4 533 (537). Art. 49 Abs. 6 aBV enthielt ein explizites Verbot, Steuern für Kultuszwecke von Personen zu erheben, die der Religionsgemeinschaft nicht angehören; die Bestimmung wurde vom Bundesgericht indes als bloße „Konsequenz" des Freiheitsrechts erachtet (aaO., 536).
[79] *BGE 102* Ia 468 (470 ff.).
[80] BGE aaO., S. 472 ff.
[81] BGE aaO., S. 476.
[82] *BGE 95* I 350 (354 f.).
[83] *Peter Karlen*, Das Grundrecht der Religionsfreiheit in der Schweiz, 1988, S. 259 ff.; *Kley*, in: Zeitschrift des Bernischen Juristenvereins 135 (1999), S. 301 (337); *J. P. Müller*, Grundrechte (LitVerz.), S. 101; *Kley* (FN 41), S. 19 ff.
[84] *BGE 126* I 122.
[85] *BGE 97* I 221 (228).
[86] BGE aaO., S. 227 (betr. Bestattung der Kirchenangehörigen).

Kirche als Träger der Glaubens- und Gewissensfreiheit anerkannt und konnte sich über eine Verletzung des Gebots der religiösen Neutralität des Staates beschweren[87].

c) Grundrechte der freien Kommunikation

24
Juristische Personen als Träger

Im Anschluß an *Jörg Paul Müller* werden die Meinungsfreiheit, die Medienfreiheit, die Kunstfreiheit, die Wissenschaftsfreiheit, die Versammlungsfreiheit und die Vereinigungsfreiheit[88] im vorliegenden Kontext in einer Gesamtgruppe zusammengefaßt, weil juristische Personen des Privatrechts bei allen diesen Grundrechten als Grundrechtsträger anerkannt sind[89]. Eine gewisse Unklarheit besteht nur noch bei der Vereinigungsfreiheit, weil hier auch noch nach 1950 gewisse Zweifel an der Trägerschaft der juristischen Personen geäußert wurden[90]. Das letzte negative Präjudiz enthält zwar den Leitsatz, juristische Personen könnten sich nicht auf die Vereinsfreiheit berufen[91]. Es liegt aber mittlerweile dreißig Jahr zurück und betrifft bei näherem Zusehen einen Fall, in dem es um einen Zusammenschluß von Gemeinden und nicht von juristischen Personen des Privatrechts ging[92]. Der irritierende Entscheid stieß in der Doktrin auf Kritik[93].

25
Sprachenfreiheit

Die Sprachenfreiheit (Art. 18 BV) wird im allgemeinen nicht bei den Grundrechten der freien Kommunikation eingeordnet, bildet aber dennoch eine wichtige Voraussetzung dafür[94]. Es wäre nur konsequent, sie als Vorbedingung der Kommunikationsgrundrechte auch den juristischen Personen zuzugestehen[95].

26
Petitionsfreiheit

Das Petitionsrecht (Art. 33 BV) schließlich betrifft nicht die Kommunikation unter Privaten, sondern die freie Meinungsäußerung gegenüber Behörden. Es steht unbestrittenermaßen auch juristischen Personen zu[96].

d) Eigentumsgarantie, Wirtschaftsfreiheit und Niederlassungsfreiheit

27

Juristische Personen können sich nach einhelliger Meinung auf die beiden Freiheitsrechte berufen, die für die freie Privatwirtschaft zentral sind: die

---

87 *BGE 118* Ia 46 (52 f.).
88 Art. 16, 17 und 20–23 BV; vgl. *J.P. Müller*, Grundrechte (LitVerz.), S. 181 ff.
89 Statt vieler *J.P. Müller*, Grundrechte (LitVerz.), S. 185; *Häfelin/Haller*, Bundesstaatsrecht (LitVerz.), RN 481, 539 und 557; *Rhinow*, Grundzüge (LitVerz.), RN 1423; *Mahon*, in: Aubert/ders., Constitution (LitVerz.), Art. 16 RN 5. Das Bundesgericht sah sich kaum veranlaßt, die Selbstverständlichkeit in neuerer Zeit explizit zu bestätigen; siehe aber *BGE 92* I 24 (29) für die Versammlungsfreiheit und weitere Kommunikationsgrundrechte und *BGE 123* IV 236 (244) für den Quellenschutz für die Presse gemäß Art. 10 EMRK.
90 *BGE 97* I 116 (121, mit Literaturhinweisen).
91 *BGE 100* Ia 277.
92 *BGE* aaO., S. 286 f.
93 Juristische Personen sind Träger nach *Häfelin/Haller*, Bundesstaatsrecht (LitVerz.), RN 557, und *Rhinow*, Grundzüge (LitVerz.), RN 1554.
94 *Rhinow*, Grundzüge (LitVerz.), RN 1408.
95 *J.P. Müller*, Grundrechte (LitVerz.), S. 142; *Auer/Malinverni/Hottelier*, Droit constitutionnel (LitVerz.), Bd. II, RN 658. Das Bundesgericht hat sich zu dieser Frage lediglich im Rahmen der Handels- und Gewerbefreiheit äußern müssen, vgl. *BGE 116* Ia 345 (347) und ZBl 94 (1993), S. 133 (134 f.).
96 *J.P. Müller*, Grundrechte (LitVerz.), S. 391; *Häfelin/Haller*, Bundesstaatsrecht (LitVerz.), RN 903.

Eigentumsgarantie (Art. 26 BV) und die Wirtschaftsfreiheit (Art. 27 BV)[97]. Ein Vorbehalt wird lediglich für spezifisch menschenrechtliche Aspekte der Wirtschaftsfreiheit – etwa die freie Berufswahl – angebracht[98]. Auch bei der *Koalitionsfreiheit*, welche mit der Vereinigungsfreiheit zusammenhängt, aber spezifisch Vereine zum Schutz der Arbeits- und Wirtschaftsbedingungen betrifft[99], sind Verbände als Träger anerkannt[100]. Hingegen sind juristische Personen nicht Träger der Niederlassungsfreiheit (Art. 24 BV); dieses Freiheitsrecht steht nur natürlichen Personen schweizerischer Nationalität zu[101]. Juristische Personen sind in ihrer freien Sitzwahl jedoch durch die Wirtschaftsfreiheit oder die Vereinigungsfreiheit geschützt[102].

Juristische Personen als Träger

Niederlassungsfreiheit als Ausnahme

e) Rechtsgleichheit, Willkürverbot, Vertrauensschutz und Verfahrensgarantien

Die allgemeine Rechtsgleichheit wurde bereits unter der alten Bundesverfassung entgegen dem engen Wortlaut des damaligen Artikels 4, der von „Schweizern" sprach, als Jedermanns-Recht verstanden und überdies auch auf juristische Personen erstreckt[103]. Die neue, nachführende Bundesverfassung hat juristische Personen keineswegs ausschließen wollen, wenn sie in Art. 8 Abs. 1 BV „alle Menschen" als vor dem Gesetze gleich erklärt. Da die allgemeine Rechtsgleichheit bekanntlich nur relative Gleichheit verlangt, kann eine ungleiche Behandlung von natürlichen und juristischen Personen aber durchaus mit diesem Grundrecht im Einklang stehen.

28
Allgemeine Rechtsgleichheit als Jedermanns-Recht

In schöpferischer Rechtsprechung leitete das Bundesgericht aus dem Art. 4 aBV wichtige rechtsstaatliche Prinzipien ab, welche die damalige Verfassung nicht enthielt: das Willkürverbot, verschiedene Verfahrensgarantien (etwa das Verbot der Rechtsverweigerung, den Anspruch auf rechtliches Gehör und den Anspruch auf unentgeltliche Rechtspflege) und schließlich den Anspruch auf Vertrauensschutz[104]. Diese gestützt auf Art. 4 aBV anerkannten verfassungsmäßigen Rechte wurden in der neuen Bundesverfassung von der allgemeinen Rechtsgleichheit getrennt und in besonderen Verfassungsartikeln garantiert[105]. Ihre Herleitung aus Art. 4 aBV und ihr Bezug zur Rechtsstaatsidee legen es nahe, daß sie auch juristischen Personen zustehen. Fraglich ist dies einzig beim Anspruch auf unentgeltliche Rechtspflege, den das Bundesgericht juristischen Personen während langer Zeit kategorisch verweigerte[106].

29
Aus der Rechtsgleichheit abgeleitete rechtsstaatliche Prinzipien

Unentgeltliche Rechtspflege für juristische Personen als Ausnahme

---

97 *BGE 113* Ia 126 (129) und *109* Ia 61 (64 f.); statt vieler *Häfelin/Haller* aaO., RN 613 und 656; *Rhinow*, Grundzüge (LitVerz.), RN 1609 und 2895.
98 *J.P. Müller*, Grundrechte (LitVerz.), S. 653.
99 Art. 28 BV; dazu *Häfelin/Haller*, Bundesstaatsrecht (LitVerz.), RN 566.
100 *BGE 129* I 113 (119).
101 *Häfelin/Haller*, Bundesstaatsrecht (LitVerz.), RN 583.
102 Statt vieler *J.P. Müller*, Grundrechte (LitVerz.), S. 157; *Rhinow*, Grundzüge (LitVerz.), RN 1576.
103 *R.J. Schweizer*, in: Ehrenzeller u.a., St. Galler Kommentar (LitVerz.), Art. 8 RN 19 f.
104 Dazu *G. Müller*, in: Aubert u.a., Bundesverfassung 1874 (LitVerz.), Art. 4 RN 48 f., 59 ff. und 85 ff.
105 Dazu ausführlicher *Weber-Dürler*, in: Thürer/Aubert/Müller, Verfassungsrecht (LitVerz.), § 41 RN 5.
106 *BGE 88* II 386 und *116* II 651 (652; während Kollektiv- und Kommanditgesellschaften die unentgeltliche Prozeßführung zugestanden wird, wenn die Prozeßarmut sowohl der Gesellschaft wie der unbeschränkt haftenden Gesellschafter erstellt ist [aaO., 656]).

Das Bundesgericht hatte das prozessuale Armenrecht im 19. Jahrhundert anerkannt, um dem armen Bürger die gleichen Garantien richtiger Rechtsprechung zu verschaffen wie dem Begüterten[107]. Das soziale Anliegen der Chancengleichheit von arm und reich läßt sich nicht auf juristische Personen übertragen. Hingegen ist das Bundesgericht in seiner neusten Praxis bereit, den juristischen Personen unter bestimmten Voraussetzungen ausnahmsweise unentgeltliche Rechtspflege zu gewähren[108]. Zu denken ist an den Fall, daß eine juristische Person vom Konkurs bedroht ist und in einem Prozeß um ihr Hauptaktivum kämpft; ohne unentgeltliche Rechtspflege wäre der Konkurs nicht abzuwenden, obwohl ein siegreicher Prozeß die Existenz der Rechtsperson retten könnte.

3. Sonderfälle

a) Ausländische juristische Personen

30
Jedermanns-Rechte

Das Bundesgericht stellt für die Nationalität einer juristischen Person grundsätzlich auf deren Sitz ab[109]. Ob eine ausländische juristische Person sich auf ein Grundrecht berufen kann oder nicht, hängt nach der Praxis davon ab, ob es sich um ein Jedermanns-Recht oder um ein Grundrecht der schweizerischen Staatsangehörigen handelt[110]. Schwierigkeiten ergeben sich zwangsläufig bei der Wirtschaftsfreiheit, welche das Bundesgericht gewissen Kategorien von ausländischen Staatsangehörigen seit 1982 schrittweise eröffnet hat, aber noch heute nicht allen Ausländern und Ausländerinnen zugesteht[111]. Die Frage, ob sich ausländische juristische Personen auf die Wirtschaftsfreiheit berufen können, ist in der Literatur kontrovers und konnte vom Bundesgericht bis anhin offen gelassen werden[112].

Wirtschaftsfreiheit

b) Juristische Personen mit öffentlichen Aufgaben

31
Grundrechtliche Gleichstellung mit öffentlich-rechtlichen Rechtspersonen

Privatrechtliche Korporationen, die „mit öffentlichen Aufgaben betraut werden und gegenüber den ihrer Gewalt unterworfenen Privaten als Hoheitsträger auftreten", sind nicht Grundrechtsträger und demzufolge gegenüber einem Entscheid, der sie in dieser Eigenschaft trifft, nicht zur staatsrechtlichen Beschwerde legitimiert[113]. Sie werden mit andern Worten den öffentlichrechtlichen Rechtspersonen gleichgestellt, das heißt den „normalen" Hoheits-

---

107 *BGE 13* 251 (254).
108 *BGE 119* Ia 337 (mit grundsätzlichen Erwägungen), *124* I 241 (246f.) und der auf dem Internet abrufbare *Bundesgerichtsentscheid* 2A.179/2001 Erw. 3 b bb lassen die Frage offen, *BGE 131* II 306 (326f.) bejaht sie.
109 *BGE 102* Ia 406 (410); *Hangartner* (FN 23), S. 40.
110 *Hangartner* (FN 23), S. 39f.
111 Vgl. oben bei FN 30.
112 *BGE 125* I 182 (197f.), der neue *BGE 131* I 223 (226) scheint die Frage zu verneinen.
113 *BGE 112* Ia 356 (364), *121* I 218 (220f.); *Hangartner*, Verfassungsmäßige Rechte juristischer Personen des öffentlichen Rechts, in: Walter Haller u.a. (Hg.), FS Ulrich Häfelin, 1989, S. 111 (113); *Kälin* (FN 11), S. 215.

trägern. Eine Ausnahme liegt vor, wenn sich die private Rechtsperson gegen die Übertragung der hoheitlichen Aufgabe als solche wehren will[114].

c) Juristische Personen mit staatlicher Beteiligung

Gemeinwesen können sich privatrechtlicher Organisationsformen bedienen; sind keine Privatpersonen beteiligt, liegt eine öffentliche Unternehmung in Privatrechtsform vor[115]. Wenn indes neben den öffentlichrechtlichen Rechtssubjekten auch Private beteiligt sind, spricht man von einer gemischtwirtschaftlichen Unternehmung[116]. Was die Grundrechte anbetrifft, ist in Praxis und Doktrin anerkannt, daß die öffentliche Unternehmung in Privatrechtsform bzw. das Gemeinwesen als Aktionär an die Grundrechte gebunden ist[117]. Hingegen fand die Frage, ob die öffentlichen Unternehmen Grundrechtsträger seien, bis vor kurzem wenig Beachtung[118]. Sie muß im Zusammenhang mit anderen Trägerproblemen bei juristischen Personen gesehen werden: Wenn sich juristische Personen des Privatrechts nicht auf die Grundrechte berufen können, soweit sie öffentliche Aufgaben erfüllen und hoheitlich auftreten[119], muß dies umso mehr gelten, wenn der Staat beteiligt ist. Wenn umgekehrt sogar juristische Personen des öffentlichen Rechts, die auf der Ebene des Privatrechts handeln oder sonst wie eine Privatperson betroffen sind, als Grundrechtsträger anerkannt werden[120], muß dies a fortiori gelten, wenn das Gemeinwesen überdies eine private Rechtsgestalt angenommen hat. Tritt die juristische Person, an welcher der Staat beteiligt ist, also privatrechtlich auf bzw. ist sie wie eine Privatperson betroffen, spricht im Grunde nichts gegen eine Grundrechtsträgerschaft. Soeben ist das Bundesgericht denn auch ohne Bedenken auf eine Verfassungsbeschwerde der Schweizerischen Bundesbahnen AG, einer spezialgesetzlichen Aktiengesellschaft[121], eingetreten, die sich der Besteuerung widersetzte und Steuerbefreiung beanspruchte[122].

32
Grundrechtsträgerschaft bei Betroffensein wie andere Private

---

114 *BGE 112* Ia 356 (364). In ZBl 95 (1994), S. 531 (532 f.), anerkannte das *Bundesgericht* als weitere Ausnahme eine Streitigkeit über die finanzielle Abgeltung, wenn das private Rechtssubjekt (i.c. ein Spital) ein finanzielles Risiko trägt (FN 95); das Vorliegen dieser Ausnahme wurde verneint in *BGE 121* I 218 (220 ff.).
115 *Ulrich Häfelin/Georg Müller/Felix Uhlmann,* Allgemeines Verwaltungsrecht, ⁵2006, RN 1483.
116 *Häfelin/Müller/Uhlmann* aaO., RN 1496. Für Deutschland → Bd. II: *Selmer,* Zur Grundrechtsberechtigung von Mischunternehmen, § 53.
117 *Häfelin/Müller/Uhlmann* aaO., RN 1530a u. 1530d. Nach *Philipp Häsler,* Geltung der Grundrechte für öffentliche Unternehmen, 2005, S. 120 f., gilt dies nicht, wenn das öffentliche Unternehmen keine staatliche Aufgabe wahrnimmt und wie ein Privater handelt.
118 *Biaggini,* Sind öffentliche Unternehmen grundrechtsberechtigt?, in: Hans Caspar von der Crone u. a. (Hg.), FS Peter Forstmoser, 2003, S. 623 (624).
119 Dazu soeben 3 b, RN 31.
120 Dazu im folgenden II 2, RN 35 ff. Auch nach *Häsler* (FN 117), S. 156 ff., sind die öffentlichen Unternehmen grundrechtsberechtigt, wenn sie keine staatlichen Aufgaben wahrnehmen, d. h. wenn sie wie Private betroffen sind.
121 Die Rechtsnatur der spezialgesetzlichen Aktiengesellschaften ist zwar umstritten, doch werden sie nach wie vor unter den privatrechtlichen Verwaltungsträgern eingereiht; vgl. *Häfelin/Müller/Uhlmann* (FN 115), § 22 RN 1488. Ihre Einreihung unter die juristischen Personen des öffentlichen Rechts würde jedenfalls im vorliegenden Zusammenhang zu großen Schwierigkeiten führen.
122 *BGE 130* I 96 (98).

33 Wirtschaftsfreiheit	In der Literatur finden sich vor allem Stellungnahmen zur Wirtschaftsfreiheit, welche allerdings bis vor kurzem eher ablehnend lauteten. Nach älteren Zeugnissen konnten sich öffentliche Unternehmen in Privatrechtsform nicht auf dieses Grundrecht berufen, wohl aber möglicherweise gemischtwirtschaftliche Unternehmen[123]. Die neuere Doktrin äussert sich vorsichtiger und bezeichnet es als nicht ausgeschlossen, daß sich eine vom Gemeinwesen gegründete Erwerbsgesellschaft auf die Wirtschaftsfreiheit berufen könne[124]. *Giovanni Biaggini* erblickt die Besonderheit der Wirtschaftsfreiheit nicht in ihrem persönlichen, sondern in ihrem *sachlichen* Schutzbereich, der sich nur auf die privatwirtschaftliche Erwerbstätigkeit bezieht[125]; von dieser Basis ausgehend, gelangt er zu einer differenzierenden Antwort[126]. Das Bundesgericht hat sich noch nicht festgelegt und es neulich offen gelassen, ob sich die Swisscom AG als gemischtwirtschaftliches Unternehmen auf die Wirtschaftsfreiheit berufen könne[127].

II. Juristische Personen des öffentlichen Rechts

1. Grundsatz der fehlenden Grundrechtsberechtigung

34 Funktion der Grundrechte	Grundrechte stehen grundsätzlich den Privaten zu und schützen sie gegen Übergriffe der Staatsgewalt; demgegenüber stehen sie den öffentlichrechtlichen Korporationen, welche die Staatsgewalt gerade innehaben, nicht zu[128]. Dieser Grundsatz gilt für den Bund, die Kantone und die Gemeinden[129] sowie für alle Hoheitsträger, die sich von diesen Gemeinwesen ableiten[130]. So geniessen juristische Personen des öffentlichen Rechts beispielsweise keinen Persönlichkeitsschutz[131] oder können sich nicht auf die Vereinigungsfreiheit berufen[132].

---

123 *Marti* (FN 34), S. 33 f. Weitere Belege bei *Biaggini* (FN 118), S. 629, insb. FN 35 u. 37, und bei *Stefan Vogel*, Der Staat als Marktteilnehmer, 2000, S. 102.
124 *Fritz Gygi/Paul Richli*, Wirtschaftsverfassungsrecht, ²1997, S. 68; *Rhinow*, Grundzüge (LitVerz.), RN 1042; weitere Belege bei *Biaggini* (FN 118), S. 629 f.
125 *Biaggini* aaO., S. 632 f.
126 *Biaggini* aaO., S. 635 f.: Die interkantonale Komponente (die sogenannte Binnenmarktfunktion) der Wirtschaftsfreiheit kann es rechtfertigen, daß öffentliche Unternehmen die Wirtschaftsfreiheit anrufen können. *Häsler* (FN 117), S. 179, tritt für die Berufung auf die Wirtschaftsfreiheit ein, sofern keine staatlichen Aufgaben wahrgenommen werden.
127 *BGE 127* II 8 (17), der auf dem Internet abrufbare Entscheid des *BGer*, Urt. v. 3. 10. 2001, 2A.503/2000, Erw. 7a, und *BGE 131* II 13 (27 f.). Vgl. dazu ein Gutachten zuhanden der Swisscom AG von *Andreas Kley*, in: Zeitschrift für Immaterialgüter-, Informations- und Wettbewerbsrecht 2003, S. 873 (880 ff.), und die Replik von *Tomas Poledna/Lorenzo Marazzotta*, ebd. S. 923 (928 ff.).
128 *BGE 129* I 313 (318); *121* I 218 (219); *Hangartner* (FN 113), S. 111 f.; *Kälin* (FN 11), S. 212 (der das Problem anders als etwa *Häfelin/Haller*, Bundesstaatsrecht [LitVerz.], RN 2005, als Frage der Parteifähigkeit und nicht der Legitimation behandelt); vgl. für das Stimmrecht und die Stimmrechtsbeschwerde insb. *BGE 117* Ia 233 (244).
129 Und selbstverständlich auch für deren Behörden, *BGE 119* Ia 214 (216).
130 *BGE 121* I 218 (219).
131 *R.J. Schweizer*, in: Thürer/Aubert/Müller, Verfassungsrecht (LitVerz.), § 43 RN 10, FN 42. Vgl. zu den juristischen Personen des Privatrechts oben Abschnitt C I 2 a, RN 21.
132 *BGE 100* Ia 277 (286 f.); *Malinverni*, in: Aubert u. a., Bundesverfassung 1874 (LitVerz.), Art. 56 RN 22.

2. Betroffensein „wie eine Privatperson" als Ausnahme

Die Rechtsprechung läßt eine Ausnahme zu, wenn die öffentlichrechtlichen Körperschaften „nicht hoheitlich handeln, sich auf dem Boden des Privatrechts bewegen oder sonstwie, z.B. als Steuer- oder Gebührenpflichtige, als dem Bürger gleichgeordnete Rechtssubjekte auftreten und durch den angefochtenen staatlichen Akt wie eine Privatperson betroffen werden"[133]. Im Unterschied zu Deutschland kann sich die öffentlichrechtliche Körperschaft auch auf die Eigentumsgarantie berufen[134], jedenfalls wenn Gegenstände des Finanz- oder Verwaltungsvermögens betroffen sind[135]. Ebenso kann beispielsweise eine Gemeinde Grundrechte ins Feld führen, wenn sie gegen den Kanton Verantwortlichkeitsansprüche geltend macht[136]. An die genannte Rechtsprechung knüpfen wohl auch jene Autoren an, die dem privatrechtlich handelnden Gemeinwesen die Berufung auf die Wirtschaftsfreiheit erlauben[137].

Nicht gleich (oder ähnlich) wie ein Privater betroffen sind Gemeinden hingegen, wenn ihnen der Kanton Ausgleichsabgaben zugunsten finanzschwacher Gemeinden auferlegt[138]. Sie können sich auch nicht auf die Eigentumsgarantie berufen, um eine Reduktion der Enteignungsentschädigung zu erreichen, die sie an einen privaten Grundeigentümer auszurichten haben[139]. Schließlich ist das Gemeinwesen auch durch einen Entscheid über einen Lohngleichheitskonflikt aus einem öffentlichrechtlichen Dienstverhältnis nicht wie ein Privater betroffen[140].

Yvo Hangartner äußert Bedenken gegenüber dieser Praxis für den Fall, daß sich das privatrechtlich tätige Gemeinwesen beispielsweise beim Kauf von Büromaterial oder beim Verkauf von Wertschriften des Finanzvermögens auf Grundrechte berufen möchte, weil ihm die Freiheit privatautonomer Willkür in diesen Fällen nicht zustehe[141]. Die Bindung des privatrechtlich handelnden Gemeinwesens an die Grundrechte wird auch vom Bundesgericht in neueren Entscheiden bejaht[142], so daß sich tatsächlich eine Kombination von Grundrechtsbindung und Grundrechtsberechtigung ergeben könnte. Diese wird in traditioneller Sicht als logisch unmöglich erachtet und hat denn auch zur prinzipiellen Verneinung der Grundrechtsfähigkeit öffentlichrechtlicher Korporationen geführt. Es ist aber nicht ausgeschlossen, daß die Grundrechtsbindung

---

35 Ausnahmen bei nichthoheitlichem Handeln

36 Betroffenheit als Hoheitsträger

37 Vereinbarkeit von Grundrechtsbindung und Grundrechtsberechtigung

---

133 *BGE 120* Ia 95 (97) und als neueste Bestätigung *BGE 129* I 313 (318f.); *Kälin* (FN 11), S. 213f. (mit weiteren Hinweisen); *Häsler* (FN 117), S. 160ff.
134 *BGE 129* I 313 (319); zu Deutschland *Rüfner*, HStR ²V, § 116 RN 67; → Bd. II: *Schnapp*, Zur Grundrechtsberechtigung juristischer Personen des öffentlichen Rechts, § 52 RN 6, 9, 20.
135 *BGE 112* Ia 356 (365); *Kälin* (FN 11), S. 214; *Häfelin/Müller/Uhlmann* (FN 115), RN 2040.
136 *BGE 107* Ia 175 (179, oben).
137 *Aubert*, Bundesstaatsrecht (LitVerz.), RN 1879; *Gygi/Richli* (FN 124), S. 68 (freilich sehr zurückhaltend); *Häfelin/Haller*, Bundesstaatsrecht (LitVerz.), RN 632; *J.P. Müller*, Grundrechte (LitVerz.), S. 646.
138 *BGE 119* Ia 214, (216).
139 *BGE 99* Ia 110; *93* I 65.
140 *BGE 120* I 95 (98); die Variante eines privatrechtlichen Dienstverhältnisses war nicht zu entscheiden (100). Vgl. auch *BGE 124* II 409 (418f.).
141 *Hangartner* (FN 113), S. 121f.; ähnlich *Marti* (FN 34), S. 34f.
142 *Häfelin/Müller/Uhlmann* (FN 115), RN 296.

im Verhältnis zu den Privaten und die Grundrechtsberechtigung gegenüber obrigkeitlichen Eingriffen miteinander vereinbar sind[143]. Außerdem ist zu beachten, daß sich die öffentlichrechtlichen Korporationen – ähnlich wie Personen im Sonderstatutsverhältnis – möglicherweise besondere Beschränkungen ihrer Freiheitsrechte gefallen lassen müssen[144].

3. Ausnahmen bei Trägern hoheitlicher Gewalt

a) Gemeindeautonomie und weitere Autonomiegarantien

38
Autonomiebeschwerde

Werden die Gemeinden als Träger hoheitlicher Gewalt betroffen[145], können sie sich auf die Gemeindeautonomie berufen, welche alle Kantone ausdrücklich oder stillschweigend als verfassungsmäßiges Recht garantieren[146]. Die neue Bundesverfassung erwähnt diesen besonderen Fall einer Verfassungsbeschwerde ausdrücklich in Art. 189 Abs. 1 lit. e und bestätigt zudem in Art. 50 Abs. 1, die Gemeindeautonomie sei „nach Massgabe des kantonalen Rechts gewährleistet"[147]. Mit der Autonomiebeschwerde können die Gemeinden ihre Existenz, ihr Gebiet und ihre Autonomie verteidigen[148]. Materiellrechtlich wird ihr Schutz allerdings dadurch relativiert, daß die Kantone diese verfassungsmäßigen Rechte häufig nur im Rahmen der Gesetzgebung garantieren[149]. Das hat zur Folge, daß die Gemeinden einen gesetzmäßigen Eingriff in ihre Existenz, ihr Gebiet oder ihre Autonomie nicht abwehren können und auch Änderungen der kantonalen Gesetzgebung hinnehmen müssen.

39
Fehlende Grundrechtsqualität der Gemeindeautonomie

Als Begründung für die Anerkennung der Gemeindeautonomie als verfassungsmäßiges Recht der Gemeinden machte das Bundesgericht geltend, die Gemeinden seien die Grundzellen des demokratischen Staates und es werde ihnen – „ähnlich dem Freiheitsrecht eines Einzelnen"[150] – gegenüber dem Staat ein eigener, selbständiger Wirkungsbereich gewährt[151]. Selbst wenn das Gericht einen Vergleich zu einem Freiheitsrecht zieht, ist die Gemeindeautonomie wohl kaum zu den Grundrechten zu zählen[152]. Sie ist zwar in der Schweiz als verfassungsmäßiges Recht der Gemeinden[153] anerkannt, doch

---

143 *Biaggini* (FN 118), S. 626; *Häsler* (FN 117), S. 170.
144 Vgl. ähnlich zur Wirtschaftsfreiheit *Aubert*, Bundesstaatsrecht (LitVerz.), RN 1879. Auch *Vallender*, in: Ehrenzeller u. a., St. Galler Kommentar (LitVerz.), Art. 27 RN 32, fordert eine differenzierende Lösung.
145 Vgl. die Beispiele oben FN 138–140; es handelt sich um das Gegenstück zum Betroffensein „wie ein Privater", vgl. *Markus Dill*, Die staatsrechtliche Beschwerde wegen Verletzung der Gemeindeautonomie, 1996, S. 153. Dieses Werk ist für alle verfahrens- und materiellrechtlichen Fragen im Zusammenhang mit der Gemeindeautonomie aufschlußreich.
146 *Hangartner* (FN 113), S. 115 f.
147 Vgl. auch Art. 89 Abs. 2 lit. c BGG.
148 *BGE 113* Ia 336 (338); *Kälin* (FN 11), S. 212.
149 *Hangartner* (FN 113), S. 116. Einzelne neue Kantonsverfassungen regeln die Aufhebung einer Gemeinde abschließend und setzen deren Zustimmung voraus.
150 *BGE 65* I 129 (131).
151 *BGE 109* Ia 173 (176) u. *65* I 129 (131); *Dill* (FN 145), S. 12 f.
152 *Dill* (FN 145), S. 16 f., 20 u. 189 f.
153 Ein Privater kann nicht selbständig wegen Verletzung der Gemeindeautonomie Beschwerde führen, das Argument wohl aber im Rahmen einer Beschwerde wegen Verletzung von Individualrechten vorfrage- oder hilfsweise einbringen, so *BGE 105* Ia 47 (48); dazu *Dill* aaO, S. 156 ff.

stellt die Autonomiebeschwerde bei genauer Betrachtung nur eine scheinbare Ausnahme vom Grundsatz dar, daß öffentlichrechtliche Korporationen nicht Träger von Grundrechten sind.

Art. 189 Abs. 1 lit. e BV erwähnt neben der Gemeindeautonomie noch die Verletzung „anderer Garantien der Kantone zu Gunsten öffentlichrechtlicher Körperschaften"[154]. Bei der Frage, ob eine solche Autonomiegarantie vorliegt oder nicht, orientiert sich das Bundesgericht an der Begründung für die Anerkennung der Gemeindeautonomie. Der Körperschaft muß nicht nur eine relativ erhebliche Entscheidungsfreiheit zustehen, sondern sie hat überdies ein Element der demokratischen Selbstverwaltung zu bilden, so daß sie in ähnlichem Maß schutzwürdig ist wie die Gemeinden[155]. Gestützt auf diese Kriterien wurde die Evangelisch-reformierte Kirche eines Kantons als Autonomieträger anerkannt[156], nicht hingegen z. B. eine Studentenschaft oder eine landwirtschaftliche Korporation[157]. Offensichtlich würde eine kantonale Universität, die vom Gesetz als autonome Anstalt ausgestaltet ist, die genannten Anforderungen mangels demokratischer Willensbildung nicht erfüllen.

40
Andere Autonomieträger

b) Rechtsgleichheit, Willkürverbot, Vertrauensschutz und Verfahrensgarantien?

Nach ständiger Rechtsprechung kann sich eine Gemeinde im Rahmen einer Autonomiebeschwerde auf die rechtsstaatlichen Garantien berufen[158], welche seinerzeit aus Art. 4 aBV abgeleitet wurden[159]. Erforderlich ist, daß ein enger Zusammenhang mit dem streitigen Eingriff in die Autonomie besteht. Die Gemeinden können die genannten Grundrechte somit nicht selbständig – unabhängig von Autonomie oder Bestandesgarantie – geltend machen[160], sondern nur zur Unterstützung einer Autonomiebeschwerde. Diese Praxis verstärkt zwar die Wirksamkeit der Autonomiebeschwerde, bestätigt aber letztlich die Regel, daß die Gemeinden grundsätzlich nicht Träger dieser Grundrechte sind[161]. Die Freiheitsrechte können von den Gemeinden demgegenüber nicht einmal hilfsweise angerufen werden[162]. Einzelne Autoren haben an

41
Hilfsweise Anrufung

---

154 Vgl. auch Art. 89 Abs. 2 lit. c BGG.
155 *BGE 95* I 49 (55f.) – Zweckverband; *99* Ia 754 (757f.) – Studentenschaft; *109* Ia 173 (175f.) – Schwellenbezirk des bernischen Rechts; in allen diesen Fällen wurde eine vergleichbare Autonomie verneint. Hingegen konnte ein Zweckverband seine Autonomie neulich aus derjenigen der Gemeinden ableiten, so das *Bundesgericht* in ZBl 103 (2002), S. 481 (482f.).
156 *BGE 108* Ia 82 (85f.).
157 Siehe oben FN 153; weitere Beispiele bei *Dill* (FN 145), S. 155f.
158 *BGE 103* Ia 191 (197), vom *Bundesgericht* bestätigt u.a. in ZBl 98 (1997), S. 260 (261), u. *BGE 129 I* 313 (319f.); *Dill* (FN 145), S. 93ff. u. 106ff.
159 Dazu oben Abschnitt C I 2 e, RN 28f.
160 *BGE 120* Ia 95 (100).
161 Oben C II 1, RN 34.
162 *BGE 72* I 17 (21) u. *103* Ia 191 (195f.). Indirekt können die Freiheitsrechte (wie sämtliche Grundrechte) bei Autonomiebeschwerden eine Rolle spielen, wenn die kantonalen Instanzen einen kommunalen Akt zu Unrecht als verfassungswidrig qualifiziert haben; vgl. etwa *BGE 104* Ia 120 (127f.) sowie *Dill* (FN 145), S. 123ff.

der geltenden Praxis – ohne Erfolg[163] – Kritik geübt. Sie verlangen, daß die Gemeinden bzw. die juristischen Personen des öffentlichen Rechts die Rechtsgleichheit und die daraus abgeleiteten rechtsstaatlichen Garantien selbständig anrufen können[164]. Die Kritik dieser Autoren betrifft übrigens nicht die Freiheitsrechte, bei welchen höchstens vereinzelt gewisse Ausnahmen gefordert werden[165].

c) Treuhänderische Grundrechtswahrnehmung?

42 *Kultusfreiheit*
Im Jahr 1910 konnte sich eine Zürcher Kirchgemeinde, die sich gegen eine neue städtische Läuteordnung wehrte, auf die Kultusfreiheit berufen. Bei einem Verbot solcher Kultushandlungen sei die Korporation – so führte das Bundesgericht aus – in ihrer eigenen rechtlichen Stellung direkt betroffen und könne ihre Rechte wahren (die sich freilich mit den kirchlichen Interessen ihrer Angehörigen deckten)[166]. Das Gericht hat der öffentlichrechtlichen Korporation damit eine quasi treuhänderische Grundrechtswahrnehmung zugestanden, wie es sie auch privaten Religionsgemeinschaften ermöglicht hat[167]. Der Entscheid ist in bezug auf juristische Personen des öffentlichen Rechts singulär geblieben[168].

43 *Funktion bei Grundrechtsverwirklichung maßgebend?*
In Deutschland können sich Kirchen, öffentlichrechtliche Rundfunkanstalten und Hochschulen auf Grundrechte berufen, weil sie den Bürgern zur Verwirklichung ihrer Grundrechte dienen[169]. Für die Schweiz haben namhafte Autoren vor einiger Zeit die gleiche Lösung postuliert und die restriktive Haltung des Bundesgerichts kritisiert[170]. Unter der neuen Bundesverfassung ist die Frage noch nicht grundsätzlich thematisiert worden. Bei der neu garantierten Wissenschaftsfreiheit nennen die Kommentare jedoch mit einer gewissen Selbstverständlichkeit auch Hochschulen oder Forschungsanstalten als Grundrechtsträger, ohne freilich auf die öffentlichrechtliche Rechtsgrundlage einzugehen[171].

---

163 *BGE* 94 I 451 (455).
164 *Hans Peter Matter*, Die Legitimation der Gemeinde zur staatsrechtlichen Beschwerde, 1965, S. 58 ff.; *Hangartner* (FN 23), S. 43; *ders.* (FN 113), S. 118 ff.; *ders.*, AJP 1993, S. 1521 (1523).
165 *Matter* (FN 164), S. 56 ff.
166 *BGE* 36 I 374 (377).
167 Oben C I 2 b, RN 22.
168 *Karlen* (FN 83), S. 264. *Auer/Malinverni/Hottelier*, Droit constitutionnel (LitVerz.), Bd. II, RN 466, kritisieren, daß sich öffentlichrechtliche Kirchen nicht auf die Religionsfreiheit berufen können.
169 *Rüfner* (FN 134), § 116 RN 73 ff., sowie → Bd. II: *Schnapp*, Zur Grundrechtsberechtigung juristischer Personen des öffentlichen Rechts, § 52 RN 31.
170 *Hangartner* (FN 113), S. 122 ff., und *J.P. Müller*, in: Aubert u.a., Bundesverfassung 1874 (LitVerz.), Einleitung zu den Grundrechten, RN 108.
171 *Rhinow*, Grundzüge (LitVerz.), RN 1523; *Ch. Meyer/Hafner*, in: Ehrenzeller u.a., St. Galler Kommentar (LitVerz.), Art. 20 RN 7.

D. Bibliographie

Biaggini, Giovanni, Sind öffentliche Unternehmen grundrechtsberechtigt?, in: Hans Caspar von der Crone/Rolf H. Weber/Roger Zäch/Dieter Zobl (Hg.), Neuere Tendenzen im Gesellschaftsrecht, FS Peter Forstmoser, 2003, S. 623 ff.

Dill, Markus, Die staatsrechtliche Beschwerde wegen Verletzung der Gemeindeautonomie, 1996.

Hänni, Peter/Belser, Eva Maria, Die Rechte der Kinder, AJP 1998, S. 139 ff.

Häsler, Philipp, Geltung der Grundrechte für öffentliche Unternehmen, 2005.

Hangartner, Yvo, Verfassungsmäßige Rechte juristischer Personen des öffentlichen Rechts, in: Walter Haller/Alfred Kölz/Georg Müller/Daniel Thürer (Hg.), FS Ulrich Häfelin, 1989, S. 111 ff.

ders., Schwangerschaftsabbruch und Sterbehilfe, 2000.

Kley, Andreas, Der Grundrechtskatalog der nachgeführten Bundesverfassung – ausgewählte Neuerungen, in: Zeitschrift des Bernischen Juristenvereins 135 (1999), S. 301 ff.

Müller, Felix Oskar, Grundrechte der Kinder, Diss. Bern 1996.

Müller, Jörg Paul/Baldegger, Mirjam, Grundrechte juristischer Personen, in: Eugen Bucher/Claus-Wilhelm Canaris/Heinrich Honsell/Thomas Koller (Hg.), Norm und Wirkung, FS Wolfgang Wiegand, 2005, S. 551 ff.*

Saladin, Peter, Rechtsbeziehungen zwischen Eltern und Kindern als Gegenstand des Verfassungsrechts, in: Frank Vischer/Adrian Staehelin (Hg.), Familienrecht im Wandel, FS Hans Hinderling, 1976, S. 175 ff.

---

* Nach Korrektur der Typoskripten erschienen und nur noch punktuell in die Umbruchfahnen eingearbeitet.

§ 206
Der Status der Ausländer

Daniel Thürer

Übersicht

	RN		RN
A. Einleitung	1– 6	C. Verwaltungsrecht	16–26
I. Begriffe	1– 3	I. Allgemeines Ausländerrecht	17–23
II. Geschichtliche Entwicklung	4– 6	II. Asylrecht	24–26
B. Staatsrecht	7–15	D. Völkerrecht	27–29
I. Bundeskompetenz	7	E. Europarecht	30–33
II. Grundrechte der Ausländer	8–15	F. Rechtsstellung illegal anwesender Ausländer	34–36
1. Allgemeines	8	G. Internationale Perspektiven	37
2. Freiheitsrechte der Ausländer	9	H. Bibliographie	
3. Politische Rechte der Ausländer	10–13		
4. Sozialer Status der Ausländer	14–15		

A. Einleitung[*]

I. Begriffe

1
Ausländer und Ausländerrecht

Ausländer sind Menschen, die nicht Bürger eines Staates sind[1]. Sie besitzen einen Grundbestand von völkerrechtlichen (bzw. gemeinschaftsrechtlichen) Rechten und Pflichten außerhalb des Heimatstaates, sofern sie einen solchen haben. Die Rechtsordnungen der Staaten regeln den Zugang, den Status und die Beendigung der Anwesenheit von Ausländern im staatlichen Hoheitsbereich. Diese Regelungen befinden sich in besonderen Erlassen des Staats- und Verwaltungsrechts (Ausländerrecht, Asylrecht etc.) und im Völkerrecht (Ausländerrecht im engeren Sinne), sind aber auch über praktisch alle Teile der Rechtssetzung (Privatrecht, Strafrecht, Prozeßrecht etc.) verstreut (Ausländerrecht im weiteren Sinne).

2
Rechtsstatus von Ausländern und Bürgern

Die Art und Weise, wie ein Staat seine Ausländer behandelt, ist ein Gradmesser seiner rechtsstaatlichen Kultur. Gewiß: Der Erdball ist aufgeteilt in eine Vielzahl von Staaten mit ihren je eigenen Institutionen und Kulturen, Völkern mit ihren Identitäten, Grenzen und Gebieten, wie sie oft aus dem historischen Zufall hervorgegangen sind und deren politischer, menschlicher, wirtschaftlicher, sozialer (und ökologischer) Schutz ihnen anvertraut ist[2]; und Menschen befinden sich, aus ökonomischen Motiven, aber auch wegen Verfolgung oder aus Furcht vor Verfolgung und aus Not, in einem in der Geschichte einmaligen Ausmaß in Bewegung. Die Staaten können nicht alle aufnehmen, die Einlaß begehren. Wie treffen sie die Auswahl, welche Kategorien bilden sie? Welche (zentralstaatlichen, regionalen oder lokalen) Behörden und welche gesellschaftlichen Akteure (z.B. Arbeitgeber, Arbeitnehmerverbände) fällen die Entscheide bzw. sind am Entscheidungsverfahren direkt oder indirekt beteiligt? In welchem Maße sind sie an Rechtsvorschriften, ermessensleitende Direktiven, Präzedenzfälle oder Praktiken gebunden? Der Ausländer, der im Staat anwesend ist, besitzt „per definitionem" nicht den gleichen Rechtsstatus wie der Bürger. Die „Differenz" zur Rechtsstellung der Staatsbürger ist vor allem in Form eines dem Ausländer gewährten, in einem besonderen Typus von Anwesenheitsbewilligung festgehaltenen Status definiert. Der Bürger

Anwesenheitsbewilligung

---

[*] Ich danke Herrn lic. iur. *Felix Schwendimann* für seine sehr wertvolle Mitarbeit.
[1] Der Norweger *Atle Grahl-Madsen* schlägt eine radikal verschiedene Variante zu dieser gängigen Definition des „Ausländers" vor, nämlich: „(1) Alien is anyone who is not inlander or Northerner. (2) Inlander is anyone who is a Norwegian citizen, a Norwegian senior civil servant (embetsmann), stateless person with habitual residence in Norway, or refugee recognized in Norway, and also a person born in the realm who subsequently has had his habitual residence there. (3) Northerner is additionally anyone who has a corresponding relationship to Denmark, Finland, Iceland, or Sweden, inclusive the Faroes, Kalaallit Nunaat (Greenland), and Åland". Vgl. *Peter Macalister-Smith/Gudmundur Alfredsson* (ed.), The Land Beyond – Collected Essays of Atle Grahl-Madsen on Refugee Law and Policy, The Hague/Boston/London 2001, S. 371. Zum Ganzen bereits *Hans Huber*, Die Grundrechte der Ausländer und ihre Rechtsquellen, in: Association Henri Zwahlen pour le développement du droit administratif et du droit fiscal (éd.), Mélanges Henri Zwahlen, 1977, S. 117 ff.
[2] Vgl. *John Rawls*, The Law of Peoples, Cambridge (Mass.), London 1999, insbes. S. 8 f.

steht unter dem besonderen Schutz seines Heimatstaates, während die Anwesenheit des Ausländers, je nach seinem Status, weniger fest gesichert ist.

Das Ausländerrecht stellt eine komplexe, heterogen zusammengesetzte, rechtsstaatlich hochsensible Rechtsmaterie dar[3]. Rechtliche Basis des Ausländerrechts bildet zunächst das Staats- und Verwaltungsrecht. Es ist aber in besonderem Maße auch in die Völkerrechtsordnung hineingestellt und mit dieser verwoben. Für die Staatsangehörigen der Schweiz und der Europäischen Union ist sodann ein besonderes Rechtsregime geschaffen worden, das Vorrang vor dem allgemeinen Ausländerrecht genießt. In drei sich teils überschneidenden, teils auch überlagernden Rechtskreisen wird also die Rechtsstellung des Ausländers in der Schweiz geregelt.

3 Unterschiedliche Rechtskreise

II. Geschichtliche Entwicklung

Die Geschichte des Ausländerrechts der Schweiz erhielt ihr Gepräge einerseits durch die demographischen, (migrations)politischen, wirtschaftlichen und kulturellen Verhältnisse des Landes und seines näheren und weiteren Umfeldes, andererseits durch seine spezifisch politisch-rechtliche Struktur und Tradition. Die schweizerischen Rechtsentwicklungen reflektierten zu einem wesentlichen Teil allgemeine Tendenzen im Ausland, erhielten aber, vor allem als Folge starker direkt-demokratischer Einwirkungen, auch eine besondere, eigenständige Gestalt[4].

4 Eigenständige Gestalt

Die Schweiz, die heute – abgesehen von Luxemburg und Liechtenstein – das Land mit der weitaus größten Ausländerquote in Europa ist[5], war während Jahrhunderten ein klassisches Auswanderungsland. Erst seit einem massiven wirtschaftlichen Aufschwung in der zweiten Hälfte des neunzehnten Jahrhunderts stellte sich ein eigentlicher Immigrationsschub ein. Die Schweiz wurde damals durch ein dichtes Netz von Niederlassungsverträgen mit dem Ausland verbunden. Doch fand diese liberale Epoche der Freizügigkeit mit dem

5 Abschließungstendenzen

---

3 Vgl. als einen bedeutsamen systematischen Versuch der rechtsvergleichenden Erfassung *Jochen Abr. Frowein/Torsten Stein* (Hg.), Die Rechtsstellung von Ausländern nach staatlichem Recht und Völkerrecht (Beiträge des Max-Planck-Instituts zum ausländischen Recht und Völkerrecht, Bd. 94), 1987, und hierin etwa *Daniel Thürer*, Die Rechtsstellung des Ausländers in der Schweiz, Bd. II, S. 1341 ff; *dens.* Gerechtigkeit im Ausländerrecht?, in: ders. (Hg.), Kosmopolitisches Staatsrecht, Grundidee Gerechtigkeit, Bd. I, 2005, S. 187 ff.; Thomas Giegerich/Rüdiger Wolfrum (Hg.), Einwanderungsrecht – national und international, 2001, und hierin etwa den Bericht von *Dagmar Richter*, Das Einwanderungsrecht ausgewählter Staaten: Schweiz, S. 243 ff. Vgl. auch die Gesamtdarstellungen von *Peter Max Gutzwiller/Urs L. Baumgartner*, Schweizerisches Ausländerrecht, ²1997; Peter Uebersax/Peter Münch/Thomas Geiser/Martin Arnold (Hg.), Ausländerrecht, 2002; *Minh Son Nguyen*, Droit public des étrangers, 2003; Marc Spescha/Peter Sträuli (Hg.), Ausländerrecht, ²2004.
4 Vgl. zum historischen Hintergrund neuerdings etwa Hans Mahnig (Hg.), Histoire de la politique de migration, d'asile et de l'intégration en Suisse depuis 1948, 2005; *Etienne Piguet*, L'immigration en Suisse depuis 1948 – Une analyse des flux migratoires, 2005; *Daniel Thürer*, Gerechtigkeit im Ausländerrecht?, in: ders., Kosmopolitisches Staatsrecht, Grundidee Gerechtigkeit, Bd. 1, 2005, S. 187 (191 ff. m.H.).
5 2005 betrug die ständige ausländische Wohnbevölkerung 1.541.912. Das waren 22.2 v.H. der ständigen Wohnbevölkerung des Landes. Vgl. http://www.bfs.admin.ch/bfs/portal/de/index/themen/bevoelkerung/stand-u-struktur/blank/kennzahlen0/auslaendische-bevoelkerung/staatsangehoerigkeit.html (zuletzt besucht am 8.9.2006).

Ersten Weltkrieg ein Ende. Es folgten, wie auch in den anderen Ländern, Bestrebungen von nationalstaatlichen, polizeilich-administrativen Kontrollen und Abschließungstendenzen. Sie fanden im Zweiten Weltkrieg einen Kulminationspunkt. Die Schweiz hatte in den Vorkriegs- und Kriegsjahren zwar zahlreiche Flüchtlinge, darunter 27 000 Juden, aufgenommen; die Zahl war weit höher als etwa in den Vereinigten Staaten oder Kanada. Doch fragen wir uns rückblickend, ob das Land nicht mehr Verfolgte hätte aufnehmen können und sollen, um Not und Massenmord entgegenzutreten[6]. Die humanitäre Tradition der Schweiz, die mitunter auf die großzügige Aufnahme von Glaubensflüchtlingen (vor allem Hugenotten) im sechzehnten und siebzehnten Jahrhundert zurückgeht, hatte keine überzeugende Bestätigung erfahren.

6 Massiver Zustrom nach dem Zweiten Weltkrieg

Die Epoche nach dem Zweiten Weltkrieg stand im Zeichen eines zum Teil massiven Zustroms von ausländischen Erwerbstätigen und Asylsuchenden. Die Folge dieser Entwicklung war, daß in weiten Bevölkerungskreisen eine „Überfremdung" des Landes befürchtet wurde. Zwischen 1965 und 1974 kamen fünf Volksinitiativen zur Einschränkung des Ausländerbestandes zustande, denen jedoch kein Erfolg beschieden war. 1981 lehnten Volk und Stände die sog. Miteinander-Initiative ab, die eine großzügigere Ausländerpolitik anstrebte. Dasselbe Schicksal widerfuhr im Jahre 2000 einer Volksinitiative, die eine Begrenzung des Ausländerbestandes bei 18 v.H. der Gesamtbevölkerung forderte. Im Zeichen der verschiedenen Vorstöße aus dem Volk erließ der Bundesrat einschneidende Stabilisierungsmaßnahmen (vor allem in Form eines Kontingentierungssystems).

Gesamtrevision des Ausländerrechts

Auch sah er sich in zwei Anläufen veranlaßt, eine Gesamtrevision des Ausländerrechts an die Hand zu nehmen. Ziel der Reformbestrebungen sollte es sein, die in einer Vielzahl von Verordnungen, Kreisschreiben und Weisungen über die Jahre herangewachsene, unübersichtliche Rechtslage zu bereinigen und in eine Form zu bringen, die den Grundsätzen des demokratischen Rechtsstaates genügt. Es sollte die Zuwanderung sachgerecht gesteuert und die Integration der aufgenommenen Ausländer gefördert werden. Im Falle des Asylrechts sollte das Verfahren gestrafft und den gewandelten Fluchtrealitäten – nämlich der Zunahme innerstaatlicher Konflikte und bürgerkriegsähnlicher Gewaltsituationen – angepaßt werden. Ein Projekt für ein neues Ausländergesetz, das wesentliche rechtsstaatliche Verbesserungen gebracht hätte, scheiterte indessen 1982 an einer hauchdünnen Volksmehrheit.

Neues Ausländer- und Asylgesetz 2006

Am 24. September 2006 hat das Volk nunmehr über zwei neue vom Parlament beschlossene Vorlagen für ein neues Ausländer- und Asylgesetz abgestimmt. Umstritten waren, im Falle des Ausländergesetzes, vor allem wesentliche (zum Teil erst anläßlich der parlamentarischen Beratungen eingefügte) Verschärfungen von Zwangsmaßnahmen zur Beendigung illegaler Anwesenheit und, im Asylrecht, die neue (völkerrechtlich fragwürdige) Bestimmung, der gemäß den Behörden ermöglicht werden soll, auf Gesuche von Asylbewerbern, die keine Reise- oder Identitätspapiere

---

6 Vgl. Unabhängige Expertenkommission Schweiz – Zweiter Weltkrieg, Die Schweiz, der Nationalsozialismus und der Zweite Weltkrieg – Schlussbericht, 2002, S. 107 ff.

vorzuweisen vermögen, nicht einzutreten[7]. Viel wird nun nach Annahme beider Gesetze von ihrer praktischen Handhabung abhängen; dabei wird die Gesetzespraxis auch vom „esprit des lois" beeinflußt werden, wie er – von einem Primat der Mißbrauchsbekämpfung oder demjenigen des Respekts vor den Ausländern und ihren Schicksalen geprägt – in der Abstimmungsdebatte zum Ausdruck kam. Die genannten Gesetze kommen in bezug auf Angehörige von EU-Staaten, die dem Sonderregime des Abkommens über die Personenfreizügigkeit vom 21. Juni 1999 samt Protokoll zur Ausdehnung des Freizügigkeitsabkommens um die neuen EU-Staaten vom 26. Oktober 2004 unterstehen, nur subsidiär zur Anwendung.

B. Staatsrecht

I. Bundeskompetenz

Die Bundesverfassung spricht von den Ausländern nur ganz am Rande. Lediglich eine einzige Bestimmung widmet sie „expressis verbis" dem allgemeinen Ausländerrecht. In Artikel 121, der zugleich den 9. Abschnitt über „Aufenthalt und Niederlassung von Ausländerinnen und Ausländern" bildet, heißt es: „[1] Die Gesetzgebung über Ein- und Ausreise, den Aufenthalt und die Niederlassung von Ausländerinnen und Ausländern sowie über die Gewährung von Asyl ist Sache des Bundes. [2] Ausländerinnen und Ausländer können aus der Schweiz ausgewiesen werden, wenn sie die Sicherheit des Landes gefährden".

7
Art. 121 BV

Die Bundesverfassung verweist damit die Gestaltung des Ausländerrechts pauschal in den Aufgabenbereich des Bundes(verwaltungs)gesetzgebers und behält für den Fall der Sicherheitsgefährdung Maßnahmen des Staatsschutzes vor.

II. Grundrechte der Ausländer

1. Allgemeines

Grundrechte bilden ein Kernanliegen des modernen Verfassungsrechts. Die Grundrechte schützen die Ausländer vor Bestrebungen zur umfassenden Assimilation in die Gesellschaft des Gaststaates, indem sie ihnen einzeln und

8
Gegenseitige Rücksichtnahme

---
[7] Art. 32 Abs. 2 und 3 des Gesetzes lauten: „[2] Auf Asylgesuche wird nicht eingetreten, wenn Asylsuchende: a. den Behörden nicht innerhalb von 48 Stunden nach Einreichung des Gesuchs Reise- oder Identitätspapiere abgeben; d. Aufgehoben e. in der Schweiz bereits ein Asylverfahren erfolglos durchlaufen haben oder während des hängigen Asylverfahrens in den Heimat- oder Herkunftsstaat zurückgekehrt sind, ausser es gebe Hinweise, dass in der Zwischenzeit Ereignisse eingetreten sind, die geeignet sind, die Flüchtlingseigenschaft zu begründen, oder die für die Gewährung vorübergehenden Schutzes relevant sind;
[3] Absatz 2 Buchstabe a findet keine Anwendung, wenn: a. Asylsuchende glaubhaft machen können, dass sie aus entschuldbaren Gründen nicht in der Lage sind, innerhalb von 48 Stunden nach Einreichung des Gesuchs Reise- oder Identitätspapiere abzugeben; b. auf Grund der Anhörung sowie gestützt auf die Art. 3 und 7 die Flüchtlingseigenschaft festgestellt wird; oder c. sich auf Grund der Anhörung erweist, dass zusätzliche Abklärungen zur Feststellung der Flüchtlingseigenschaft oder eines Wegweisungsvollzugshindernisses nötig sind".

als Gruppe einen Eigenwert, ein Eigendasein und eigene Entfaltung zuerkennen[8]. Die Grundrechtsordnung schützt insgesamt Pluralismus und autonome Räume für ausländische Bevölkerungsteile. Freilich hat der Staat umgekehrt aber auch die Aufgabe, die essenziellen Grundlagen für den Zusammenhalt der Gesellschaft sicherzustellen, also etwa die Erlernung einer Landessprache (oder verschiedener Landessprachen) und den Besuch (öffentlicher) Schulen zu verlangen. Auch darf es der Staat nicht hinnehmen, daß unter dem Schutzmantel der Autonomie von gesellschaftlichen Gruppen gegen die Grundwerte seiner Verfassungsordnung verstoßen wird; gedacht ist dabei etwa an die Stellung von Frauen und Kindern in Familie und Gesellschaft oder an die Struktur und den Geist der Toleranz in Religionsgemeinschaften. Insgesamt gilt es, nach Prinzipien zu suchen, welche einen möglichst gerechten Ausgleich der sich gegenüberstehenden Interessen ermöglichen[9]. Übergreifendes Ziel soll dabei der Wille von Staat und Volk sein, „in gegenseitiger Rücksichtnahme und Achtung ihre Vielfalt in der Einheit zu leben", wie es in der Präambel zur schweizerischen Bundesverfassung heißt. Im folgenden wird vertieft auf die Freiheitsrechte, die politischen Rechte und den sozialen Status der Ausländer in der Schweiz eingegangen.

2. Freiheitsrechte der Ausländer

9
Menschen- und Bürgerrechte

In der schweizerischen Bundesverfassung sind die Grundrechte als „Menschenrechte" ausgestaltet; die Niederlassungsfreiheit (Art. 24 BV) und der Schutz vor Ausweisung (Art. 25 Abs. 1 BV) erscheinen allerdings als den Schweizern vorbehaltene „Bürgerrechte"[10]. In einer früheren Phase hatte das Bundesgericht noch die Vereins- und Versammlungsfreiheit wegen ihrer inneren Nähe zur Politik des Staates so verstanden, daß nur Staatsbürger in ihren Schutzbereich einbezogen waren; später aber erkannten Lehre und Praxis auch bei diesen „politischen" Grundrechten dem menschenrechtlichen Gehalt ein Übergewicht zu und begriffen sie als „Jedermanns-Rechte". Es gehört wohl ganz allgemein zu den stärksten – offenen und verborgenen – Wirkungen des modernen Menschenrechtsschutzes und insbesondere der von der Schweiz im Jahr 1974 ratifizierten Europäischen Menschenrechtskonvention, daß sie Angehörige von Minderheiten wie auch Ausländer als gleichwertige Träger menschlicher Würde anerkennen und in Schutz nehmen. Die schweize-

---

[8] Der Gedanke der Integration von Ausländern in Staat und Gesellschaft und nicht derjenige der Assimilation muß Ausgangspunkt der Ausländerpolitik sein. Vgl. *Kälin*, Grundrechte in der Einwanderungsgesellschaft: Integration zwischen Assimilation und Multikulturalismus, in: Hans-Rudolf Wicker/Rosita Fibbi/Werner Haug (Hg.), Migration und die Schweiz, 2003, S. 143 ff. Vgl. auch *Wyss*, Ausländische Staatsangehörige und Integration, in: Peter Uebersax/Peter Münch/Thomas Geiser/Martin Arnold (Hg.), Ausländerrecht, 2002, S. 1025 ff.
[9] *Walter Kälin*, Grundrechte im Kulturkonflikt, 2000, S. 91 ff.
[10] Die Wirtschaftsfreiheit (Art. 27 BV) steht nach der Rechtsprechung des Bundesgerichts lediglich denjenigen Ausländern zu, die einen Anwesenheitsanspruch in der Schweiz haben. Vgl. *Rhinow*, Grundzüge (LitVerz.), S. 505 ff. Auch nicht explizit den Ausländern vorbehaltene Grundrechte (Rechtsgleichheit und Diskriminierungsverbot, Art. 8 Abs. 1 und 2 BV; Recht auf persönliche Freiheit, Art. 10 Abs. 2 BV; Schutz des Privat- und Familienlebens, Art. 13 BV) enthalten besondere Schutzbereiche für Ausländer. Vgl. *Rhinow* aaO., S. 67.

rische Bundesverfassung kennt kein Grundrecht auf Asyl[11]. Doch werden Ausländer (Flüchtlinge) vor Auslieferung und Ausschaffung in einen Staat geschützt, in dem sie verfolgt werden (Art. 25 Abs. 2 BV).

3. Politische Rechte der Ausländer

Jeder fünfte Einwohner der Schweiz ist Ausländer. Die Bundesverfassung behält aber auf Bundesebene die politischen Rechte – das heißt das Wahl- und Stimmrecht sowie das Initiativ- und Referendumsrecht – den Schweizerbürgern vor (Art. 136 BV). Staatsvolk und Zivilgesellschaft klaffen damit weit auseinander. Der Status des Aktivbürgers hat insofern einen „exklusiven" Charakter. Nur die Schweizerbürger erscheinen im Bund als vollwertige Subjekte und als Teil der (politisch) organisierten Staatsgemeinschaft; die Bürger bilden den „Demos" des als Demokratie verfaßten Staates[12]. Stehen wir – wie kritisiert wurde – vor dem Phänomen einer „Bürgeraristokratie"[13] oder gar einer „Tyrannei von Bürgern über Nichtbürger"[14]? Eine Fixierung der Frage der politischen Freiheit von Ausländern allein auf den Tatbestand der fehlenden politischen Rechte im Bund greift allerdings zu kurz. Zwei relativierende Bemerkungen scheinen angebracht.

10 Exklusivität der politischen Rechte im Bund

Erstens: Die Bundesverfassung überläßt es den Kantonen, im Rahmen ihrer Verfassungsautonomie auch Ausländern politische Rechte zu gewähren oder die Gemeinden hierzu zu ermächtigen. Wie seit den fünfziger Jahren im Zuge der schrittweisen Einführung des Frauenstimmrechts können sich die Kantone und Gemeinden als Experimentierfelder oder Laboratorien erweisen, in denen Vorteile und Nachteile, Urteile und Vorurteile über eine weitere Ausdehnung der demokratischen Rechte auf neue Kreise empirisch und gedanklich getestet werden. Die Kantone Neuenburg, Jura, Appenzell Ausserrhoden, Genf, Waadt, Graubünden und Freiburg haben bereits – in je variierenden Formen – von ihrer Kompetenz zur Einführung des Ausländerstimmrechts Gebrauch gemacht[15].

11 Föderalistische Vielfalt

Zweitens: Es gehört zu den Eigentümlichkeiten des Geistes und der Praxis des schweizerischen Staatsrechts, daß sie die Freiheitsrechte nicht bloß negativ und

12 Politische Freiheit

---

11 Anders als Art. 16a des deutschen Grundgesetzes und Art. 10 Abs. 3 der italienischen Verfassung. Vgl. *Haller*, Statement Schweiz, in: Klaus Stern (Hg.), Zeitgemäßes Zuwanderungs- und Asylrecht – ein Problem der Industriestaaten, 2003, S. 211 (213).
12 *Mahon*, La citoyenneté active en droit public suisse, in: Thürer/Aubert/Müller, Verfassungsrecht (Lit-Verz.), S. 335 ff.
13 *Georges Sauser-Hall*, La nationalisation des étrangers en Suisse, 1914, S. 138.
14 *Michael Walzer*, Spheres of Justice – A Defense of Pluralism and Equality, New York 1983, S. 62.
15 *Daniel Thürer*, Der politische Status der Ausländer in der Schweiz – Rechtsposition im Spannungsfeld zwischen politischer Rechtlosigkeit und Gleichberechtigung?, in: Walter Haller/Alfred Kölz/Georg Müller/ders. (Hg.), FS Häfelin, 1989, S. 183 ff. Zu den Auswirkungen eines Kommunalwahlrechts für Unionsbürger vgl. *dens.*, Kommunalwahlrecht in der Rechtsordnung der Europäischen Union – Auswirkungen auf die Schweiz im Falle eines EU-Beitritts, in: Konferenz der Kantonsregierungen (Hg.), Die Kantone vor der Herausforderung eines EU-Beitritts, 2000, S. 222 ff; *Harzenmoser*, Warum ein Stimmrecht für Ausländerinnen und Ausländer?, in: Patricia M. Schiess Rütimann (Hg.), Schweizerisches Ausländerrecht in Bewegung?, 2003, S. 165 ff; *Yvo Hangartner/Andreas Kley*, Die demokratischen Rechte in Bund und Kantonen der Schweizerischen Eidgenossenschaft, 2000, S. 46 ff.

defensiv, sondern auch politisch-funktional verstehen[16]. Die Demokratie erschöpft sich nicht in institutionalisierten Akten der Selbstbestimmung des Volkes, wiewohl Urnengänge als Formen des sich laufend neu definierenden Selbstverständnisses und der sich periodisch neu konstituierenden Identität von Staat und Gesellschaft eine große Rolle spielen. Der politische Wille manifestiert sich auch in Form von Meinungsäußerungen (unter anderem in den Medien), von Versammlungen oder im Vereinsleben, zu denen Ausländer den gleichen verfassungsrechtlich gesicherten Zugang haben wie Staatsangehörige. Sie können – etwa im Rahmen von Gewerkschaften oder mit Hilfe von Petitionen – die politische Willensbildung beeinflussen wie die Staatsbürger. Nur im Bereiche der institutionellen Teilhabe an der Staatsmacht wird rechtlich ein Unterschied zwischen Bürgern und Ausländern gemacht.

13
Einbürgerungspraxis

Es fragt sich, ob nicht eine liberalere Einbürgerungspraxis mehr Ausländern den vollen Einbezug in die Aktivbürgerschaft ermöglichen soll. Dabei sollen politische Rechte freilich erst gewährt werden, wenn auch die soziale und politische Eingliederung erfolgt ist und die Einbürgerungswilligen zur Übernahme der entsprechenden Verantwortung bereit sind. Auch muß der Einbürgerungsakt unter Wahrung der Grundrechte stattfinden. Das Bundesgericht bezeichnete in den zwei wichtigen Entscheiden „*Emmen*" und „*SVP Zürich*" im Jahr 2003 kommunale Urnengänge zur Einbürgerung insofern als unzulässig, als sie gegen die verfassungsrechtlichen Ansprüche der Gesuchsteller auf rechtliches Gehör und auf Begründung von ablehnenden Entscheiden, ihren Anspruch auf Schutz vor Mißbrauch persönlicher Daten sowie gegen das Diskriminierungs- und Willkürverbot verstießen[17].

4. Sozialer Status der Ausländer

14
Sozialziele des Art. 41 BV

Gemäß Art. 41 BV setzen sich Bund und Kantone in Ergänzung zur persönlichen Verantwortung und privater Initiative dafür ein, daß

1. jede Person an der sozialen Sicherheit teilhat,
2. jede Person die für ihre Gesundheit notwendige Pflege erhält,
3. Familien als Gemeinschaften von Erwachsenen und Kindern geschützt und gefördert werden,
4. Erwerbsfähige ihren Lebensunterhalt durch Arbeit zu angemessenen Bedingungen bestreiten können,
5. Wohnungssuchende für sich und ihre Familie eine angemessene Wohnung zu tragbaren Bedingungen finden können,
6. Kinder und Jugendliche sowie Personen im erwerbsfähigen Alter sich nach ihren Fähigkeiten bilden, aus- und weiterbilden können und

---

16 *J.P. Müller*, Allgemeine Bemerkungen zu den Grundrechten, in: Thürer/Aubert/ders., Verfassungsrecht (LitVerz.), S. 627 f.
17 *BGE 129* I 217 und *129* I 232. Vgl. *Thürer/Frei*, Einbürgerungen im Spannungsfeld zwischen direkter Demokratie und Rechtsstaatlichkeit, in: *Daniel Thürer*, Kosmopolitisches Staatsrecht, Grundidee Gerechtigkeit, Bd. I, 2005, S. 151 ff.

7. Kinder und Jugendliche in ihrer Entwicklung zu selbständigen und sozial verantwortlichen Personen gefördert und in ihrer sozialen, kulturellen und politischen Integration unterstützt werden.

Auch setzen sich Bund und Kantone gemäß Art. 41 Abs. 2 BV dafür ein, daß jede Person gegen die wirtschaftlichen Folgen von Alter, Invalidität, Unfall, Krankheit, Arbeitslosigkeit, Mutterschaft, Verwaisung und Verwitwung gesichert ist. Es ist bezeichnend, daß die hier aufgelisteten Sozialziele auf „jede Person", also auch auf Ausländer und Staatenlose zugeschnitten sind, auch wenn das Ausländerrecht naturgemäß Sonderregelungen in bezug auf die Teilnahme am Wirtschaftsleben, insbesondere die Erwerbstätigkeit, und den sozialen Bereich kennt.

Wichtig ist auch das in Art. 12 BV in allgemeiner Form proklamierte Sonderrecht, wonach „[w]er in Not gerät und nicht in der Lage ist, für sich zu sorgen, [...] Anspruch auf Hilfe und Betreuung und auf die Mittel [hat], die für ein menschenwürdiges Dasein unerlässlich sind"[18]. Das Bundesgericht befand im Jahr 2005, daß die in Art. 12 BV gewährleistete Nothilfe auch illegal anwesenden Ausländern, die sich weigern, die Schweiz zu verlassen, nicht vorenthalten werden darf[19]. Das Gericht hatte den Fall eines abgewiesenen Asylbewerbers zu beurteilen, der sich einer Ausreise widersetzte. Der zuständige Kanton Solothurn wollte ihm daraufhin die Nothilfe verweigern. Das Bundesgericht hielt fest, daß es mit der Menschenwürde (Art. 7 BV), auf deren Wahrung Art. 12 BV ausgerichtet ist, nicht vereinbar sei, wenn durch den Ausschluß von Nothilfe das Überleben der davon betroffenen Menschen in Frage gestellt werde[20].

15
Recht auf Hilfe in Notlagen

C. Verwaltungsrecht

Zwei Regelungskomplexe des Verwaltungsrechts beherrschen unsere Rechtsmaterie: das allgemeine Ausländerrecht und das Asylrecht.

16

I. Allgemeines Ausländerrecht

Grundlage des schweizerischen Ausländerrechts bildete bis zur Annahme des neuen Ausländergesetzes am 24. September 2006 das Bundesgesetz vom

17

---

18 Zum Ganzen vgl. *J. P. Müller*, Grundrechte (LitVerz.), S. 166 ff.; *Kathrin Amstutz*, Das Grundrecht auf Existenzsicherung. Bedeutung und inhaltliche Ausgestaltung des Art. 12 der neuen Bundesverfassung, 2002; *Breining-Kaufmann/Wintsch*, Rechtsfragen zur Beschränkung der Nothilfe, ZBl 2005, S. 497 ff.
19 *BGE 131* I 166; siehe auch den früheren Entscheid *BGE 130* I 71.
20 *BGE 131* I 166 Erw.7.1. In der ersten Lesung des Ständerats zum neuen Asylgesetz wurde ein Artikel vorgeschlagen, der vorsah, daß die Nothilfe eingeschränkt oder verweigert werden kann, wenn die Wegweisung rechtskräftig verfügt wurde und die betroffene Person die Ausreise verweigert, obwohl der Vollzug der Wegweisung zulässig, zumutbar und möglich ist (AB 2005, S. 361). Diese Bestimmung wurde nicht in das Asylgesetz vom 16. 12. 2005 aufgenommen. Art. 83a AsylG lautet: „Die betroffene Person hat beim Vollzug einer rechtskräftigen Wegweisung, die zulässig, zumutbar und möglich ist, sowie bei der Ermittlung der Voraussetzungen der Nothilfe mitzuwirken".

Bundesgesetz von 1931 (ANAG)

26. März 1931 über Aufenthalt und Niederlassung der Ausländer[21]. Es regelte als Grundordnung die Rechtsstellung der Ausländer in der Schweiz unter Vorbehalt abweichender gesetzlicher oder staatsvertraglicher Regime. Es enthielt Bestimmungen zu einzelnen Bewilligungsarten[22], Zuständigkeiten und Verfahren[23] und regelte auch die Aus-[24] und Wegweisung[25], die vorläufige Aufnahme[26] sowie Zwangsmaßnahmen gegenüber Ausländern[27]. Das als Rahmenerlaß konzipierte Gesetz enthielt weitreichende Rechtssetzungsdelegationen und wurde durch eine Reihe von Verordnungen ergänzt und präzisiert. So waren die wichtigsten Bestimmungen des Ausländerrechts im Bereich des Arbeitsmarktes und der Erwerbstätigkeit in Verordnungen des Bundesrates enthalten[28]. Es war dies kein Prunkstück unserer Gesetzgebung[29]. Das Gesetz erfaßte die Ausländer in Form von Bewilligungskategorien, deren rechtlicher Status sich mit der Dauer der Anwesenheit vom Aufenthalter (Ausweis B) bis zum Niedergelassenen (Ausweis C) verfestigte. Dazwischen gab es Kurzaufenthalter und Stagiaires (Ausweis L), Grenzgänger (Ausweis G), Flüchtlinge (Ausweis F), Asylsuchende (Ausweis N) und Schutzbedürftige (Ausweis S). Nach dem Bundesgesetz über Aufenthalt und Niederlassung der Ausländer hatten Niedergelassene Anspruch auf berufliche Mobilität.

18

Bundesgesetz von 2006 über die Ausländerinnen und Ausländer (AuG)

Als Ersatz für das veraltete und mit Grund häufig kritisierte Bundesgesetz vom 26. März 1931 über Aufenthalt und Niederlassung der Ausländer wurde das neue Bundesgesetz über die Ausländerinnen und Ausländer (AuG) erarbeitet. Es entstand als faktischer Gegenvorschlag zu der im Jahr 2000 in einer Volksabstimmung verworfenen „18 Prozent-Initiative"[30], wurde am 16. Dezember 2005 vom Parlament verabschiedet und bildet nunmehr nach Gutheißung in der Volksabstimmung vom 24. September 2006 die neue Grundlage des schweizerischen Ausländerrechts. Gemäß dem neuen Gesetz werden die grundlegenden Prinzipien der schweizerischen Ausländerpolitik auf Gesetzesstufe verankert. Das Gesetz gilt in erster Linie für die Einreise und den Aufenthalt von Ausländern aus nicht der Europäischen Union oder der Europäischen Freihandelsassoziation angehörenden Ländern (duales Zulas-

---

21 ANAG (SR 142.20).
22 Art. 5 ff. ANAG.
23 Art. 15 ff. ANAG.
24 Art. 10 f. ANAG.
25 Art. 12 ff. ANAG.
26 Art. 14a ANAG.
27 Art. 13a ANAG.
28 Vgl. insbesondere Art. 16 ff. der Verordnung vom 6. 10. 1986 über die Begrenzung der Zahl der Ausländer (BVO).
29 Gerade angesichts der Konzeption und Abfassung dieses Gesetzes wird sichtbar, welch beträchtliche Fortschritte die Methodik der Gesetzgebung mittlerweile gebracht hat. Vgl. *Georg Müller*, Elemente einer Rechtssetzungslehre, ²2006; *Thomas Fleiner-Gerster*, Wie soll man Gesetze schreiben? – Leitfaden für die Redaktion normativer Texte, 1985.
30 Die Initiative „Für eine Regelung der Zuwanderung" („18 Prozent-Initiative") wurde in der Volksabstimmung vom 24. 9. 2000 mit 36,2 % Ja- zu 63,8 % Nein-Stimmen verworfen.

sungssystem)³¹. Zur Ausübung einer Erwerbstätigkeit werden nur Führungskräfte, Spezialisten und andere beruflich besonders qualifizierte Personen zugelassen³². Die Zahl der jährlichen Zulassung von Ausländern ist beschränkt.

Das neue Gesetz statuiert auch Grundsätze der Integration³³. Ziel der Integration ist nach dem Ausländergesetz „das Zusammenleben der einheimischen und ausländischen Wohnbevölkerung auf der Grundlage der Werte der Bundesverfassung und gegenseitiger Achtung und Toleranz"³⁴. Die Aufenthaltsbewilligung kann durch die Behörden mit der Bedingung verknüpft werden, daß Ausländer einen Sprach- oder Integrationskurs besuchen³⁵.

19
Ziel der Integration

Das neue Ausländergesetz kennt folgende Bewilligungsarten: die Kurzaufenthaltsbewilligung³⁶, die Aufenthaltsbewilligung³⁷, die Niederlassungsbewilligung³⁸ und die Grenzgängerbewilligung³⁹. Niedergelassene, Aufenthalter und Kurzaufenthalter, die zur selbständigen oder unselbständigen Erwerbstätigkeit zugelassen sind, können ihre Tätigkeit in der ganzen Schweiz ausüben⁴⁰. Wenn keine Widerrufsgründe vorliegen, haben Niedergelassene Anspruch auf einen Wohnortswechsel⁴¹.

20
Bewilligungsarten

Der Familiennachzug ist im neuen Ausländergesetz detailliert geregelt⁴². Für den Familiennachzug von ausländischen Familienangehörigen von Schweizern gilt neu die gleiche Regelung wie für EU/EFTA-Bürger⁴³. Um Scheinehen, das heißt Eheschließungen zur Umgehung der Bestimmungen über Zulassung

21
Familiennachzug

---

31 Für EU/EFTA-Staatsangehörige steht seit dem 1.6.2002 das Personenfreizügigkeitsabkommen in Kraft, das nun auch auf die neuen EU-Mitgliedstaaten ausgedehnt wird. Die Eidgenössische Kommission gegen Rassismus (EKR) forderte die Gleichbehandlung für alle Zugewanderten im Inland. Das Rechtsgleichheitsgebot (Art. 8 Abs. 1 und 2 BV) sei durch das duale System verletzt; siehe Pressemitteilung v. 2.5.2003. Das anfangs der neunziger Jahre durch den Bundesrat eingeführte Drei-Kreise-Modell, welches die Ausländer nach dem jeweiligen Herkunftsland einstufte (1. Kreis: EU/EFTA-Staaten; 2. Kreis: traditionelle Rekrutierungsländer wie Nordamerika und Neuseeland; 3. Kreis: nichttraditionelle Rekrutierungsstaaten), wurde 1998 aufgegeben. Der UNO-Ausschuß gegen Rassendiskriminierung äußerte anläßlich der Präsentation des ersten Berichts der Schweiz seine Besorgnis in bezug auf das Rekrutierungsprinzip nach dem Drei-Kreise-Modell. Vgl. UN Doc. CERD/C/304/Add.44, Ziff. 6 (1998).
32 Art. 23 AuG.
33 Art. 4 und 53 ff. AuG.
34 Art. 4 Abs. 1 AuG.
35 Art. 54 AuG.
36 Für befristete Aufenthalte bis zu einem Jahr. Siehe Art. 32 AuG.
37 Für Aufenthalte von mehr als einem Jahr. Siehe Art. 33 AuG.
38 Nach 10 bzw. 5 Jahren rechtmäßigen Aufenthalts. Siehe Art. 34 AuG. Niedergelassene können sich auch auf die Wirtschaftsfreiheit berufen.
39 Für die Ausübung einer Erwerbstätigkeit in einer Grenzzone. Siehe Art. 35 AuG.
40 Art. 38 AuG. Niedergelassene und Aufenthalter können Beruf und Arbeitsstelle zudem ohne Bewilligung wechseln.
41 Art. 37 AuG. Aufenthalter dürfen zudem nicht arbeitslos sein.
42 Art. 42 ff. AuG. Für den Familiennachzug ist nach dem jeweiligen Aufenthaltstitel zu unterscheiden: Angehörige von Schweizerinnen und Schweizern (Art. 42 AuG), Angehörige von EU/EFTA-Bürgern (siehe Freizügigkeitsabkommen), Angehörige von Niedergelassenen (Art. 43 AuG), Angehörige von Aufenthaltern (Art. 44 AuG), Angehörige von Kurzaufenthaltern (Art. 45 AuG) und Angehörige von vorläufig aufgenommenen Personen sowie Flüchtlingen (Art. 85 Abs. 7 AuG).
43 Art. 42 Abs. 2 AuG. Mit dem Freizügigkeitsabkommen entstand eine Ungleichbehandlung beim Nachzug von ausländischen Familienangehörigen. Personen aus EU/EFTA-Staaten sind nach der heute geltenden Regelung besser gestellt als Schweizer.

und Aufenthalt von Ausländern, zu verhindern, soll ein neuer Zivilgesetzbuch-Artikel eingeführt werden, der es Zivilstandsbeamten erlaubt, Auskünfte über die Brautleute einzuholen und die Trauung zu verweigern, wenn die Braut bzw. der Bräutigam offensichtlich keine Lebensgemeinschaft begründen will[44].

22
Beendigung des Aufenthalts und Zwangsmaßnahmen

Im umfangreichsten Kapitel des neuen Gesetzes wird in über zwanzig Bestimmungen die Beendigung des Aufenthaltes geregelt[45]. Bei den Zwangsmaßnahmen sollen die Vorbereitungshaft bei nachträglichem Asylgesuch nach illegalem Aufenthalt und die Ausschaffungshaft wegen fehlender Mitwirkung bei der Beschaffung der Reisepapiere eingeführt werden[46].

23
Referendumsdebatte zum AuG

Gegen das neue Ausländergesetz war das Referendum ergriffen worden. Gegner der Vorlage hatten bedauert, es sei eine Chance verpaßt worden, das über siebzig Jahre alte Bundesgesetz über Aufenthalt und Niederlassung der Ausländer inhaltlich und methodisch den heutigen Herausforderungen anzupassen. Verschiedene Kreise hatten sich für das Prinzip gleicher Rechte und Pflichten für alle in der Schweiz lebenden Migranten ausgesprochen; sie ließen sich von der Idee leiten, daß die in den bilateralen Verträgen mit der Europäischen Union enthaltenen Bestimmungen den Maßstab bilden[47]. Gegner hatten auch vorgebracht, daß sich eine duale Zulassungspolitik zwar im Bereich der Arbeitsimmigration in bezug auf Europa sachlich begründen lasse, nicht aber eine Ungleichbehandlung im Familiennachzug je nach Aufenthaltstitel[48]. Strittig war vor allem aber die Verschärfung der Zwangsmaßnahmen zur Durchsetzung der Wegweisung, wonach Ausländer, die nicht aus Staaten der Europäischen Union stammen (darunter auch Jugendliche von mehr als fünfzehn Jahren), welche sich illegal in der Schweiz aufhalten, bis zu maximal zwei Jahre in Haft genommen werden können[49]. Diese Vorschriften wurden als unverhältnismäßig und unwirksam bekämpft. Auch hatten Gegner den Geist der Mißbrauchsbekämpfung kritisiert, der das Gesetz und die Abstimmungsdebatte dominiert habe[50].

II. Asylrecht

24
Asylgesetz

Während des Zweiten Weltkrieges und in dessen Vorfeld wurde die von der Schweiz in langer Tradition proklamierte und in verschiedenen Perioden ihrer

---

44 Art. 97a ZGB.
45 Art. 60 ff. AuG.
46 Art. 75 Abs. 1 lit. f und Art. 77 AuG.
47 Siehe unter www.auslaendergesetz-nein.ch (zuletzt besucht am 15. 8. 2006).
48 Vgl. *Spescha*, Absolute Demokratie – gefährdeter Rechtsstaat. Demokratiepraktische und staatsethische Überlegungen aus Anlass aktueller Gesetzesrevisionen im Bürger-, Asyl- und Ausländerrecht, AJP 2006, S. 181 (191).
49 Art. 75 ff. AuG. Zu den Zwangsmaßnahmen nach ANAG siehe *Yar*, Zwangsmassnahmen im Ausländerrecht, in: Peter Uebersax/Peter Münch/Thomas Geiser/Martin Arnold (Hg.), Ausländerrecht, 2002, S. 255 ff.
50 Vgl. die kritische Stellungnahme, die am 2. 9. 2006 anläßlich eines (für die schweizerische Staatstradition typischen) „Banquet républicain" im Berner Rathaus zum Äusseren Stand von einem breiten Kreis von Bürgern abgegeben wurde (abrufbar unter: http://www.banquet-republicain.ch/htm/index.php?id=18).

Geschichte auch tatkräftig betätigte humanitäre Tradition herausgefordert. Das Land hat die Probe, wie wir auf Grund der Forschungen der „Unabhängigen Expertenkommission Schweiz – Zweiter Weltkrieg" rückblickend wissen, nicht überzeugend bestanden[51]; dies nicht in einem strikt positiv-rechtlichen Sinn, denn weder Völkerrecht noch Landesrecht setzten seinerzeit nennenswerte Ziele und Schranken, sondern politisch und moralisch. Wurden vom schweizerischen Gesetzgeber aus der geschichtlichen Erfahrung Lehren gezogen? Welchen Niederschlag findet der Asylgedanke in der geltenden Rechtsordnung[52]? Die Bundesverfassung begnügt sich in Artikel 121 damit, dem Bund die Kompetenz für die „Gesetzgebung über die Gewährung von Asyl" zuzuweisen, und in Artikel 25 (in den Sätzen 2 und 3) bestimmt sie unter dem Titel „Schutz vor Ausweisung, Auslieferung und Ausschaffung": „Flüchtlinge dürfen nicht in einen Staat ausgeschafft oder ausgeliefert werden, in dem sie verfolgt werden. Niemand darf in einen Staat ausgeschafft oder ausgeliefert werden, in dem ihm Folter oder eine andere Art grausamer und unmenschlicher Behandlung oder Bestrafung droht".

Schutz durch die Bundesverfassung

Nach sechs Teilrevisionen des Asylgesetzes von 1979 wurde das neue Asylgesetz[53] geschaffen, das am 1. Oktober 1999 in Kraft trat[54]. Das Gesetz straffte das Verfahren und trug der geänderten Fluchtrealität – nämlich der Zunahme interner bewaffneter Konflikte und bürgerkriegsähnlicher Gewaltsituationen – Rechnung, indem nun rascher und auf weniger bürokratische Weise Hilfe gewährt werden konnte[55]. Das Asylgesetz von 1998 wurde in der Folge erneut teilrevidiert, wobei gegen die Änderungen vom 16. Dezember 2005 das Referendum ergriffen wurde. Das Gesetz wurde in der Abstimmung vom 24. September 2006 vom Volk angenommen.

25
Referendum gegen das Asylgesetz

Gegner der Vorlage hatten vorgebracht, daß das revidierte Asylgesetz unmenschlich und – was die neuen Vollzugsbestimmungen betreffe – unwirksam sei. Auch seien diverse Bestimmungen der Vorlage völkerrechtlich und verfassungsrechtlich fragwürdig[56]. Strittig war insbesondere der in Art. 32 Abs. 2 lit. a AsylG geregelte Nichteintretensgrund wegen fehlender Reise- oder Identitätspapiere. Danach wird auf Asylgesuche nicht eingetreten, wenn Asyl-

26
Fehlende Reise- oder Identitätspapiere

---

51 Vgl. Unabhängige Expertenkommission Schweiz – Zweiter Weltkrieg, Die Schweiz, der Nationalsozialismus und der Zweite Weltkrieg – Schlussbericht, 2002.
52 Was die Zahl der Asylbewerber betrifft, so wurde 1999 ein Höchststand mit 48 057 Gesuchen erreicht. Im Jahr 2005 haben lediglich noch 10 061 Personen in der Schweiz um Asyl nachgesucht. Die Schweiz hat die Dublin-II-Verordnung v. 18. 2. 2003 im März 2006 ratifiziert, nach welcher Asylsuchende im Dublin-Raum nur noch ein einziges Asylgesuch stellen können.
53 Vom 26. 6. 1998 (AsylG, SR 142.31).
54 In der Volksabstimmung vom 13. 6. 1999 wurde das Asylgesetz, gegen welches das Referendum ergriffen wurde, mit 70,6 v.H. Ja-Stimmen angenommen.
55 Die Schweizerische Asylrekurskommission hat in einem Grundsatzurteil v. 8. 6. 2006 ihre Rechtsprechung zur flüchtlingsrechtlichen Relevanz nichtstaatlicher Verfolgung geändert und sich für den Wechsel zur Schutztheorie entschieden, da eine Auslegung der Genfer Flüchtlingskonvention von 1951 eindeutig dafür sprechen würde. Dies ist aus dem Schutzgedanken heraus, der das ganze Asylrecht tragen muß, zu begrüßen.
56 Vgl. insbesondere Art. 8 Abs. 1 lit. e (biometrische Daten); Art. 9 Abs. 1 (Durchsuchung von Asylsuchenden in Privatunterkunft); Art. 14 Abs. 2 lit. c (kantonale Härtefälle-Verfahren); Art. 17 Abs. 4 und Art. 108 Abs. 2 (Rechtsschutz); Art. 32 Abs. 2 lit. a (Nichteintreten wegen Papierlosigkeit); Art. 82 und Art. 83a (Sozialhilfestopp).

suchende den Behörden nicht innerhalb von achtundvierzig Stunden nach Einreichung des Gesuchs Reise- oder Identitätspapiere abgeben. Nach dem neuen Gesetz wird die Abgabe von Schulzeugnissen, Fahrausweisen und ähnlichen Dokumenten nicht mehr genügen. Ausnahmen zum Nichteintretensentscheid wegen Papierlosigkeit (Art. 32 Abs. 3 AsylG) sind für den Fall vorgesehen, daß Asylsuchende glaubhaft machen können, daß entschuldbare Gründe für das Nichtvorliegen der erforderlichen Papiere bestehen (lit. a), auf Grund der Anhörung sowie gestützt auf Artikel 3 und 7 die Flüchtlingseigenschaft festgestellt wird (lit. b) oder sich auf Grund der Anhörung erweist, daß zusätzliche Abklärungen zur Feststellung der Flüchtlingseigenschaft oder eines Wegweisungsvollzugshindernisses nötig sind (lit. c). Ob der Nichteintretensgrund wegen fehlender Reisepapiere völkerrechtswidrig ist, ist umstritten. Es stellt sich insbesondere die schwerwiegende Frage, ob nicht schweizerische Verpflichtungen aus der Genfer Flüchtlingskonvention von 1951 und das menschenrechtliche Refoulement-Verbot (Art. 3 EMRK, Art. 7 UNO-Pakt II) durch Art. 32 AsylG verletzt werden.

D. Völkerrecht

27
Fremdenrecht, Freizügigkeitsregime und Menschenrechtsverträge

Drei völkerrechtliche Regelungsbereiche sind für das Ausländerrecht vor allem relevant:

– erstens das traditionelle völkerrechtliche Fremdenrecht als Minimalstandard, das einen Vorläufer des modernen Menschenrechtsschutzes bildet, von diesem heute aber weitgehend überlagert wird und im wesentlichen nur noch von historischem Interesse ist;

– zweitens das Freizügigkeitsregime auf der Grundlage der Reziprozität, wie es um die vorletzte Jahrhundertwende bestand und nunmehr in bezug auf Angehörige von Mitgliedstaaten der Europäischen Union wieder auflebt; und

– drittens schließlich eine Vielzahl multilateraler Menschenrechtsverträge, die, zurückgehend auf den Gewissensschock des Zweiten Weltkrieges, einen neuen „ordre international humanitaire" begründeten und damit die Staatsmacht beschränken und die modernen Staaten mitkonstituieren.

28
Multilaterale Menschenrechtsverträge

Von großer Bedeutung sind verschiedene multilaterale Menschenrechtsverträge. Für die Schweiz stehen die folgenden Abkommen im Vordergrund: die Konvention zum Schutze der Menschenrechte und Grundfreiheiten[57]; der UNO-Pakt II über die bürgerlichen und politischen Rechte[58]; das Genfer Abkommen über die Rechtsstellung der Flüchtlinge[59]; das Übereinkommen

---

[57] Vom 4.11.1950 (EMRK), für die Schweiz seit dem 28.11.1974 verbindlich (SR 0.101).
[58] Vom 19.12.1966, für die Schweiz seit dem 18.9.1992 in Kraft (SR 0.103.2).
[59] Vom 25.6.1951, für die Schweiz seit dem 21.4.1955 verbindlich (SR 0.142.30).

gegen Folter und andere grausame, unmenschliche oder erniedrigende Behandlung oder Strafe[60]; das Übereinkommen zur Beseitigung jeder Form von Rassendiskriminierung[61] sowie das Übereinkommen über die Rechtsstellung der Staatenlosen[62].

Der Familiennachzug stellt in der Schweiz einen der zahlenmäßig wichtigsten Zulassungsgründe dar. Mit der Trennung der Familie durch internationale Grenzen hat sich auch das Völkerrecht befaßt[63]. Zwei Sachverhalte sind zu bedenken: der Fall, daß die Behörden einem Ausländer untersagen, zu seinen in der Schweiz lebenden Familienangehörigen zu ziehen, und der Fall, daß ein mit seiner Familie in der Schweiz lebender Ausländer verhalten wird, das Land zu verlassen. Die Europäische Menschenrechtskonvention verbürgt in dem in ihr niedergelegten Katalog der Menschenrechte und Grundfreiheiten den Ausländern kein Einreise- und Verbleiberecht als solches. Doch läßt sich ein derartiger Anspruch unter bestimmten Voraussetzungen indirekt aus der in Art. 8 EMRK gewährleisteten „Achtung des Familienlebens" ableiten, denn durch die Nichtzulassung und die Entfernung von Ausländern kann der Staat eine Spaltung der Familie herbeiführen[64]. Der Europäische Gerichtshof für Menschenrechte hat hierzu eine langjährige Spruchpraxis entwickelt[65]. Die nachhaltigste Wirkung der Familienschutzgarantie der Europäischen Menschenrechtskonvention auf das schweizerische Rechtsleben liegt wohl darin, daß mit der Anerkennung eines Rechtsanspruchs auf Familieneinheit der Zugang von Betroffenen zur Verwaltungsgerichtsbarkeit des Bundes erschlossen und der gerichtliche Rechtsschutz von Ausländern erheblich erweitert wurde[66].

29
Familiennachzug und EMRK

E. Europarecht

Im Rahmen der Europäischen Union wurde ein besonderes, neuartiges Rechtsregime betreffend die Rechtsstellung von Angehörigen der Mitgliedstaaten geschaffen, das, etappenweise und etwas modifiziert, mit dem Freizügigkeitsabkommen (FA) auch auf die Schweiz erstreckt wurde und nun für EU-Ausländer als „lex specialis" das allgemeine Ausländerrecht überlagert[67].

30
Freizügigkeitsabkommen als lex specialis

---

60 Vom 10.12.1984, für die Schweiz seit dem 10.12.1984 in Kraft (SR 0.105).
61 Vom 21.12.1951, für die Schweiz seit dem 29.12.1994 in Kraft (SR 0.104).
62 Vom 28.9.1954, für die Schweiz seit dem 1.10.1972 in Kraft (SR 0.142.40).
63 Vgl. hierzu etwa *Walter Kälin/Martina Caroni*, Diskriminierungsverbot und Familiennachzug, 1998; *Thürer*, Familientrennung durch Staatsgrenzen? In: Hans Michael Riemer/Hans Ulrich Walder/Peter Weimar (Hg.), FS Hegnauer, 1986, S. 573 ff.
64 *J.P. Müller*, Grundrechte (LitVerz.), S. 114 ff.
65 Vgl. etwa *Frowein/Peukert*, EMRK (LitVerz.), S. 354 ff.
66 Vgl. den bahnbrechenden *BGE 110* Ia 24, Erw. 5.
67 Vgl. hierzu *Kälin*, Die Bedeutung des Freizügigkeitsabkommens für das Ausländerrecht, in: Thomas Cottier/Matthias Oesch (Hg.), Die sektoriellen Abkommen Schweiz – EG, 2002, S. 30 ff; *Grossen*, Sonderregelungen für Staatsangehörige der EU-Mitgliedstaaten, in: Peter Uebersax/Peter Münch/Thomas Geiser/Martin Arnold (Hg.), Ausländerrecht, 2002, S. 113 ff.; *Nguyen* (FN 3), S. 335 ff.

Das ordentliche Ausländerrecht kommt auf Bürger der Mitgliedstaaten der Europäischen Union nur subsidiär für den Fall zur Anwendung, daß das Abkommen nichts anderes vorsieht oder die Vorschriften des Gesetzes günstiger sind[68]. Das Freizügigkeitsabkommen ist am 1. Juni 2002 in Kraft getreten. Die Ausdehnung des Personenfreizügigkeitsabkommens auf die neuen Mitgliedstaaten der Europäischen Union wurde am 25. September 2005 vom Volk angenommen. Das Protokoll zur Ausdehnung des Freizügigkeitsabkommens auf die zehn neuen EU-Staaten trat am 1. April 2006 in Kraft.

31
Etappenweise Einführung der Personenfreizügigkeit

Das Personenfreizügigkeitsabkommen ist ein rein völkerrechtlicher Vertrag, der kein supranationales Recht schafft; die Vertragsparteien werden verpflichtet, „alle erforderlichen Massnahmen" zu treffen, „damit in ihren Beziehungen gleichwertige Rechte und Pflichten wie in den Rechtsakten der Europäischen Gemeinschaft, auf die Bezug genommen wird, Anwendung finden"[69]. Soll eine Weiterentwicklung des Rechts der Europäischen Gemeinschaft auch für die Schweiz wirksam werden, muß der Vertrag revidiert werden. Das Abkommen ist ein Rahmenvertrag mit nur fünfundzwanzig Artikeln. Die einzelnen Rechte finden sich in den Anhängen I bis III und entfalten für die Betroffenen unmittelbare Wirkung[70]. Ziel des Abkommens zwischen der Europäischen Gemeinschaft und ihren Mitgliedstaaten einerseits und der Schweizerischen Eidgenossenschaft andererseits ist es, etappenweise die Freizügigkeit der Bürger der Schweiz und der Mitgliedstaaten der Europäischen Union einzuführen (Art. 1 FA). Fünf Jahre nach Inkrafttreten des Vertrages soll die Abschaffung aller Kontingente erfolgen (Art. 10 FA). Von diesem Zeitpunkt an wären die Prinzipien des freien Personenverkehrs, wie sie schon in der Europäischen Union gelten, auch auf die Schweiz anwendbar (Art. 1 FA)[71]. Der Schweiz ist aber während weiterer sieben Jahre (das heißt bis ins Jahr 2014) das Recht vorbehalten, im Falle massiver Zuwanderung von Arbeitnehmern aus der Europäischen Union wiederum Kontingente einzuführen.

32
Individueller Rechtsanspruch

Hauptwirkung des auf Reziprozität beruhenden Regimes ist die Freizügigkeit von Arbeitnehmern, Selbständigerwerbenden, Nichterwerbstätigen und deren Familien. Sie alle haben das Recht auf Aus- und Einreise, Aufenthalt und Verbleib, gegebenenfalls auch auf Aufnahme einer selbständigen oder unselbständigen Erwerbstätigkeit. Im wesentlichen werden die Bewilligungsarten aus dem Europäischen Gemeinschaftsrecht übernommen. Unterschieden wird dabei nur noch zwischen Dauer-, Kurzaufenthalts-, Niederlassungs- und Grenzgängerbewilligung. Diese Bewilligungen sind rein deklaratorischer Natur und ergehen auf der Grundlage eines individuellen Rechtsanspruchs. Die Rechtsstellung von Ausländern aus der Europäischen Union ist somit

---

[68] Näheres bei *Malinverni*, Le droit des étrangers, in: Thürer/Aubert/Müller, Verfassungsrecht (LitVerz.), S. 979 (981 f.).
[69] Art. 16 Abs. 1 FA.
[70] *Gasser*, Grundsätzliche Charakteristik des Abkommens über die Freizügigkeit, in: Daniel Felder/Christine Kaddous (Hg.), Bilaterale Abkommen Schweiz – EU (Erste Analysen), 2001, S. 274.
[71] *Jaag*, Die Beziehungen zwischen der Schweiz und der Europäischen Union, ZSR 2000 I, S. 223 (237 f.).

wesentlich besser als diejenige der übrigen Ausländer (Drittstaatenangehörige). Es bestehen eine berufliche wie geographische Mobilität[72] und ein umfassender Anspruch auf Familiennachzug[73] in bezug auf alle Bewilligungsarten. Damit verbunden sind ein weitgehendes Recht auf Inländergleichbehandlung[74] und ein Diskriminierungsverbot[75]. Diese subjektiven Rechtsansprüche stehen jedoch unter einem Schrankenvorbehalt der öffentlichen Ordnung, Sicherheit und Gesundheit[76]. Rechtsansprüche bestehen zudem nur, wenn die betreffenden Personen über genügende finanzielle Mittel verfügen und sie während ihres Aufenthaltes keine Sozialhilfe in Anspruch nehmen müssen.

Neue Fragen des Familiennachzugs ergeben sich im Hinblick auf Bestimmungen des Freizügigkeitsabkommens zwischen der Europäischen Union und der Schweiz, welches den Bürgern der Europäischen Union ein großzügigeres Nachzugsrecht einräumt als den Schweizern mit ausländischen Verwandten[77]. Die Einwanderer aus der Europäischen Union dürfen nicht nur mit ihren unterstützungsbedürftigen Nachkommen unter einundzwanzig Jahren, sondern auch mit ihren abhängigen Eltern gleich welcher Nationalität in der Schweiz zusammenleben. Schweizerischen Staatsangehörigen ist lediglich der Nachzug von ausländischen Kindern unter achtzehn Jahren gestattet. Zudem kann ein schweizerischer Elternteil sein ausländisches Kind kaum nachziehen lassen, wenn dieses lange beim anderen Elternteil oder bei anderen Verwandten im Ausland gelebt hat. Da eine solche Inländerdiskriminierung vom Bundesgericht aber nicht beanstandet wurde, muß auf einen politischen Entscheid in dieser Frage gewartet werden[78]. Das neue Ausländergesetz vom 16. Dezember 2005 soll diese Ungleichbehandlung korrigieren[79].

33
Familiennachzug und Freizügigkeitsabkommen

Inländerdiskriminierung

F. Rechtsstellung illegal anwesender Ausländer

Eine fundamentale Herausforderung für die Rechtsordnung stellen die illegal anwesenden Ausländer dar. Dabei kann es sich um Personen handeln, die gar nie über eine Aufenthalts- und Arbeitsbewilligung verfügten, um abgewiesene

34

---

72 Art. 8 Anhang I FA.
73 Art. 3 Anhang I FA. Gegenüber dem schweizerischen Ausländerrecht wird von einem erweiterten Familienbegriff ausgegangen: Der Kreis der berechtigten Personen entspricht dem EG-Recht und umfaßt – ungeachtet der Staatsangehörigkeit der Familienangehörigen – neben dem Ehegatten die Verwandten in auf- und absteigender Linie unter 21 Jahren und alle übrigen Verwandten in absteigender Linie, sofern ihnen Unterhalt gewährt wird. Zudem haben sowohl Ehegatten als auch Kinder ein Recht auf Aufnahme einer Erwerbstätigkeit nach Art. 3 Abs. 2 Anhang I FA.
74 Art. 9 Anhang I FA.
75 Art. 2 FA.
76 Art. 5 Anhang I FA.
77 *Spirig*, Recht auf Familienleben und Ausländerrecht, Entwicklungen und Spannungen in der Praxis, NZZ v. 4. 5. 2004, S. 15.
78 *BGE 129* II 249 und *130* II 137.
79 Art. 42 AuG.

§ 206　　Vierzehnter Teil: I. Allgemeiner Teil

Fundamentale Herausforderung für die Rechtsordnung

Asylbewerber, die sich der Wegweisung entzogen, um Erwerbstätige mit abgelaufener Arbeitsbewilligung oder um ausländische Ehegatten von Schweizern, die nach Auflösung der Ehe die Schweiz nicht verlassen. Illegal anwesende Ausländer machen in vielen Staaten einen großen Teil der Einwohnerschaft aus. In der Schweiz leben rund 90 000 Ausländer ohne Aufenthaltsbewilligung[80]. Nach geltendem Recht können Ausländer, die sich illegal im Land befinden, jederzeit aus der Schweiz ausgewiesen werden[81]. Die Ausreise kann ohne besonderes Verfahren angeordnet werden; es ist umstritten, ob die Wegweisung der Verfügungsform bedarf oder sogar formlos ergehen kann[82]. Auch Ablauf, Verweigerung oder Widerruf einer Bewilligung begründen die Ausreisepflicht[83]. Im neuen Ausländergesetz wurde auf eine Regularisierung der sogenannten Sans Papiers verzichtet.

35 Persönlicher Härtefall

Bei Vorliegen eines persönlichen Härtefalls besteht allerdings die Möglichkeit, eine sogenannte „humanitäre Bewilligung" zu beantragen[84]. Das Rundschreiben des Bundesamtes für Zuwanderung, Integration und Auswanderung (IMES) an die Kantone vom Dezember 2001 über die Legalisierung der Sans Papiers nennt für die Beurteilung, ob ein solcher Härtefall bejaht werden kann, etwa die Anwesenheitsdauer in der Schweiz und auch den erreichten Integrationsgrad (Sprachkenntnisse, Erwerbstätigkeit etc.) sowie die Gesamtsituation der Familie, wobei Alter und Einschulungsgrad der Kinder von Bedeutung sind. Gesuche von abgewiesenen Asylsuchenden wurden nur angenommen, falls ein Kanton einen entsprechenden Antrag stellte. Diese Härtefallregelung galt jedoch nur bis Ende 2004[85]. Die Prüfung eines Härtefalls muß seither wieder individuell beantragt werden. Die Berücksichtigung der Besonderheiten des Einzelfalles ist wohl geeignet, eine für den Einzelnen möglichst gerechte Lösung zu finden, schafft jedoch auch eine Situation der Rechtsunsicherheit. Diese Rechtslage hat zur Folge, daß illegale Aufenthalter ihre Aussichten auf Anerkennung als Härtefall kaum abschätzen können und daher aus Furcht vor einer Wegweisung darauf verzichten, ihren Fall den Behörden zu unterbreiten.

36 Dilemma des Rechtsstaats

Der Rechtsstaat steht einem Dilemma gegenüber. Natürlich gebieten die Prinzipien der Legalität und der Rechtsgleichheit, dem geltenden Recht konsequent Nachachtung zu verschaffen. Es ist aber auch zu bedenken, daß ille-

---

[80] Vgl. den Forschungsbericht der schweizerischen Gesellschaft für praktische Sozialforschung (gfs), Sans Papiers in der Schweiz: Arbeitsmarkt, nicht Asylpolitik ist entscheidend, 2005, S. 2.
[81] Siehe Art. 12 ANAG. Nach Art. 64 Abs. 1 lit. a AuG werden Ausländerinnen und Ausländer von den zuständigen Behörden formlos aus der Schweiz weggewiesen, wenn sie eine erforderliche Bewilligung nicht besitzen.
[82] Vgl. Marc Spescha/Peter Sträuli (Hg.), Ausländerrecht, ²2004.
[83] Art. 12 Abs. 2 und 3 ANAG. Siehe Art. 61 ff. AuG.
[84] Art. 13 lit. f BVO. Diese Bestimmung wurde nicht ins neue Ausländergesetz aufgenommen.
[85] NZZ am Sonntag, 15. 8. 2004, S. 10.

gal anwesende Ausländer oft Opfer von Menschenhandel und Ausbeutung durch Arbeitgeber sind und sie aus Angst vor Wegweisung nicht gewillt sind, die Härteklausel anzurufen. Würde hier die Errichtung einer Ombudsstelle weiterhelfen? Sollen die Sanktionen gegen illegale Beschäftigung verschärft werden? Wäre eine kollektive Legalisierung angezeigt, wie dies beispielsweise in Frankreich, Italien oder Spanien versucht wurde? Die Defizite des geltenden Rechts liegen vor allem im mangelhaften Ausbau der Rechtsmittel und auch in den faktischen und psychologischen Schwierigkeiten, von diesen Gebrauch zu machen.

G. Internationale Perspektiven

Es war vom Ausländerrecht die Rede. Dieses aber ist holistisch auf einem weiten Hintergrund zu sehen: dem Bild einer Weltbevölkerung, die sich – vom Süden und Osten in Richtung Norden und Westen – in Migration befindet, dies mit einer stark anwachsenden Tendenz[86]. Gründe sind Überbevölkerung, Armut und Hunger, Kriege und Bürgerkriege in den Ursprungsländern, Bevölkerungsrückgang und Prosperität in den Zielländern. Ungleichgewicht und Ungerechtigkeit in den Lebensverhältnissen rufen nach fairen Regimes (Institutionen, normativen Standards und Regelungswerken) im globalen und regionalen Rahmen. Vernünftiges Ideal und politische Wirklichkeit klaffen aber weit auseinander. Es fehlt nicht nur an griffigen Prinzipien und Strukturen einer internationalen Migrationsordnung: Das an der Konferenz der Vereinten Nationen in Kairo im Jahr 1994 über Bevölkerung und Entwicklung verabschiedete Schlußdokument hat nur einen unverbindlichen Entwurfscharakter, und die UNO-Konvention betreffend den Schutz der Rechte von Migranten und ihren Familien vom 18. Dezember 1990[87] wurde nur von vierunddreißig Staaten ratifiziert und ist erst am 1. Juli 2003 in Kraft getreten. Internationale Institutionen mit einschlägigen Kompetenzen sind rudimentär und fragmentiert. Bedeutsame Aktionszentren sind immerhin das Hochkommissariat der Vereinten Nationen für Flüchtlinge (UNHCR, Sitz in Genf) und die Internationale Organisation für Migration (IOM, Sitz in Genf). Ein Hauptproblem der internationalen Politik wird es sein, umfassende, effektive und transparente Integrationsregimes aufzubauen und überzeugend so auszugestalten, daß – im Gegensatz zur heute bestehenden Praxis – Institutionen für das politische Asyl nicht mehr zu Zwecken wirtschaftlich bedingter und motivierter Migration mißbraucht werden.

---

[86] Vgl. *Jean-Christophe Rufin*, L'Europe et les nouveaux barbares, Paris 1991.
[87] Die Konvention wurde im Jahr 2000 ergänzt durch die zwei Palermo-Protokolle betreffend den Schmuggel von Migranten zu Land, zur See und in der Luft und betreffend die Verhinderung von Unterdrückung und Bestrafung des Menschenhandels, insbesondere von Frauen und Kindern. Sie haben nur einen punktuellen Charakter.

H. Bibliographie

Kälin, Walter, Grundrechte in der Einwanderungsgesellschaft: Integration zwischen Assimilation und Multikulturalismus, in: Hans-Rudolf Wicker/Rosita Fibbi/Werner Haug (Hg.), Migration und die Schweiz, 2003, S. 139 ff.

ders., Grundrechte im Kulturkonflikt, 2000, S. 91 ff.

ders./Caroni, Martina, Diskriminierungsverbot und Familiennachzug, 1998.

Malinverni, Giorgio, Le droit des étrangers, in: Daniel Thürer/Jean-François Aubert/Jörg Paul Müller (Hg.), Verfassungsrecht der Schweiz, 2001, S. 979 ff.

Nguyen, Minh Son, Droit public des étrangers, 2003.

Spescha, Marc, Absolute Demokratie – gefährdeter Rechtsstaat, Demokratiepraktische und staatsethische Überlegungen aus Anlass aktueller Gesetzesrevisionen im Bürger-, Asyl- und Ausländerrecht, AJP 2006, S. 181 ff.

ders./Sträuli, Peter (Hg.), Ausländerrecht, ^{2}2004.

Thürer Daniel, Gerechtigkeit im Ausländerrecht?, in: ders., Kosmopolitisches Staatsrecht, Grundidee Gerechtigkeit, Bd. I, 2005, S. 187 ff.

ders., Der politische Status der Ausländer in der Schweiz – Rechtsposition im Spannungsfeld zwischen politischer Rechtlosigkeit und Gleichberechtigung?, in: Walter Haller/Georg Müller/Alfred Kölz/Daniel Thürer (Hg.), FS für Ulrich Häfelin, 1989, S. 183 ff.

ders., Familientrennung durch Staatsgrenzen?, in: Hans Michael Riemer/Hans Ulrich Walder/Peter Weimar (Hg.), FS für Cyril Hegnauer zum 65. Geburtstag, 1986, S. 573 ff.

ders./Frei, Michael, Einbürgerungen im Spannungsfeld zwischen direkter Demokratie und Rechtsstaatlichkeit, in: *Daniel Thürer*, Kosmopolitisches Staatsrecht, Grundidee Gerechtigkeit, Bd I, 2005, S. 151 ff.

§ 207
Grundrechtskonkurrenzen und Grundrechtskollisionen

Michel Hottelier

Übersicht

	RN
A. Einleitung	1–3
B. Die Grundrechtskonkurrenz	4–6
C. Konkurrenz von Grundrechten aus unterschiedlichen Rechtsquellen	7–22
I. Konkurrenz zwischen Bundes- und Kantonsgrundrechten	9–11
II. Konkurrenz zwischen Bundesgrundrechten und den Rechten der Europäischen Menschenrechtskonvention	12–17
III. Konkurrenz zwischen Bundesgrundrechten und anderen internationalen Abkommen zum Schutz der Menschenrechte	18–22
1. Internationaler Pakt über bürgerliche und politische Rechte	19–20
2. Internationaler Pakt über wirtschaftliche, soziale und kulturelle Rechte	21–22
D. Konkurrenz von Grundrechten aus derselben Rechtsquelle	23–32
I. Konkurrenz von Freiheitsrechten	23–29
II. Konkurrenz zwischen Freiheitsrechten und anderen Grundrechten	30–32
E. Grundrechtskollisionen	33–44
I. Allgemeines	33–36
II. Rolle des Gesetzgebers und der Richter	37–38
III. Elemente einer Lösung der Grundrechtskollisionen	39–44
F. Bibliographie	

A. Einleitung

1
Begriff

Auch wenn alle Grundrechte in der Verfassung verankert sind und durch sie garantiert werden, so bestehen diese Rechte oder erfüllen sie ihre Funktion dennoch keineswegs isoliert oder losgelöst. Sie unterhalten zugleich enge wie komplexe Beziehungen, die in zweierlei offenbar konfliktbeladene Situationen münden können, die jedoch zugleich ihre unvermeidliche Interdependenz aufzeigen: Bei einer *Konkurrenz*[1] von Grundrechten kommt es zu einer Situation, in der sich ein und dieselbe Partei auf zwei oder mehrere in der Verfassung verankerte Rechte beruft. Dies ergibt sich aus der Tatsache, daß eine staatliche Maßnahme gleichzeitig in den Schutzbereich mehrerer Grundrechte fallen kann. Hier stellt sich demnach die Frage, welches Recht bzw. welche Rechte bei der Entscheidung der Streitigkeit zu berücksichtigen sind[2]. Die *Kollision*[3] von Grundrechten beschreibt eine Situation, in der sich zwei oder mehrere Parteien jeweils auf Garantien berufen, die in dem entsprechenden Fall miteinander kollidieren[4]. Das Recht der einen Partei steht somit in Widerspruch zum Recht der anderen Partei. Analog zur Konkurrenz gilt es daher festzustellen, welcher der vorliegenden Grundrechtspositionen der Vorrang zu geben ist.

2
Verhältnis zur neuen Bundesverfassung

Ganz anders als die vorangehende Verfassung vom 29. Mai 1874 enthält die Schweizer Bundesverfassung vom 18. April 1999, die am 1. Januar 2000 in Kraft trat, in den Art. 7 bis 34 einen ausführlichen Grundrechtskatalog. Die Aufzählung dieser Rechte wird durch die Art. 35 und 36 der Bundesverfassung abgerundet. Diese beiden Artikel besitzen eine weitgehende Bedeutung, da sie sich zum einen auf die Verwirklichung der Grundrechte in der Schweizer Rechtsordnung (Art. 35 BV) und zum anderen auf die Voraussetzungen beziehen, unter denen staatliche Stellen Grundrechte einschränken können (Art. 36 BV). Trotz der Systematik und der Zielsetzung dieser Regelungen enthält die Bundesverfassung allerdings keine Vorschrift, die sich konkret auf Grundrechtskonkurrenzen oder -kollisionen bezieht. Ebensowenig enthält die Bundesverfassung eine eindeutige Vorschrift zur Beurteilung der Beziehungen zwischen den verfassungsmäßig verankerten Grundrechten und Rechten mit gleichem Inhalt, die jedoch aus anderen normativen Quellen stammen, wie den Verfassungen der sechsundzwanzig Kantone oder auch den internationalen Verträgen zum Schutz der Menschenrechte, denen die Schweiz beigetreten ist. Diese Fragen spielen jedoch eine ganz entscheidende Rolle bei der Gestaltung des Schweizer Systems zum Schutz der Grundrechte.

---

1 → Bd. III: *Berg*, Grundrechtskonkurrenzen, § 71.
2 *Auer/Malinverni/Hottelier*, Droit constitutionnel (LitVerz.), Bd. II, S. 121; *J.P. Müller*, in: Thürer/Aubert/ders., Verfassungsrecht (LitVerz.), S. 630; *Gygi*, Grundrechtskonkurrenz?, in: Association Henri Zwahlen pour le développement du droit administratif et du droit fiscal (Hg.), Mélanges Henri Zwahlen, 1977, S. 61 (62); *Beat Rohrer*, Beziehungen der Grundrechte untereinander, 1982, S. 37; *Venanzoni*, ZSR 1979 I, S. 267 (268); *Mathias Adank*, La coexistence des libertés, 1980, S. 3.
3 → Bd. III, *Bethge*, Grundrechtskollisionen, § 72.
4 *J.P. Müller* aaO., S. 630.

Da keine konkrete formelle Verfassungsnorm existiert, ergeben sich die bei einer Konkurrenz oder einer Kollision von Grundrechten anzuwendenden Regeln vorrangig aus Methoden und Lösungen, die von der Rechtsprechung auf Grundlage von Lösungsbeiträgen der Lehre entwickelt wurden. Im vorliegenden Beitrag werden zunächst in den folgenden Abschnitten (B. bis D.) verschiedene Fälle von Grundrechtskonkurrenzen angesprochen, bevor im letzten Abschnitt (E.) auf Grundrechtskollisionen eingegangen wird.

3
Rolle der Doktrin und der Rechtsprechung

B. Die Grundrechtskonkurrenz

Verschiedene Arten von Grundrechtskonkurrenzen lassen sich in Theorie und Praxis darstellen. Typischerweise bedeutet der Begriff, daß sich zwei oder mehrere persönliche Freiheitsrechte gegenüberstehen, die von einem einzigen Anspruchsberechtigten auf Grundlage derselben Rechtsquelle geltend gemacht werden. Demnach kann auch die Frage gestellt werden, wie menschliches Verhalten rechtlich zu bewerten ist, wie der jeweilige Anwendungsbereich der entsprechenden Freiheitsrechte festgelegt werden kann und ebenso, ob die Grenzen, die für *ein* Grundrecht gelten, in gleicher Weise auch für die anderen Grundrechte gelten („Schrankendivergenz").

4
Konkurrenz von Freiheitsrechten

Ein weiterer Fall einer Konkurrenz von Grundrechten kann dann auftreten, wenn ein und dieselbe Garantie gleichzeitig in Anspruch genommen wird, diese jedoch durch Normen mit unterschiedlichem Rang geschützt ist: Bundesverfassung, Kantonsverfassungen, internationale Abkommen zum Schutz der Menschenrechte. Hierbei stellt sich die Frage, welche Rechtsquelle für eine entsprechende Anwendung im jeweiligen Einzelfall berücksichtigt werden muß.

5
Konkurrenz von Bundes- und Kantonsgarantien

Eine Konkurrenz kann aber nicht nur zwischen Freiheitsrechten vorliegen. Auch andere, verschiedenen Kategorien zuzuordnende verfassungsmäßige Rechte, wie Sozialrechte, rechtsstaatliche Garantien oder auch sonstige verfassungsmäßige Rechte können parallel und gleichzeitig in Anspruch genommen werden. Daher soll zwischen diesen verschiedenen Möglichkeiten von Konkurrenzen unterschieden werden.

6
Konkurrenz von Grundrechten und anderen verfassungsmäßigen Rechten

C. Konkurrenz von Grundrechten aus unterschiedlichen Rechtsquellen

Die Konkurrenz zwischen Grundrechten aus unterschiedlichen Rechtsquellen ist typisch für Staaten mit einer föderalistischen Struktur wie Deutschland, die Vereinigten Staaten oder die Schweiz. Ein und dasselbe Grundrecht kann sowohl aus geschichtlichen wie auch aus rechtlichen und institutionellen

7
Föderalistische Struktur des Staates und Grundrechte

Gründen in der nationalen Verfassung wie auch in den Verfassungen der einzelnen Bundesstaaten oder Bundesländer verankert sein[5].

8
Zuständigkeit des Bundesgerichts

In der Schweiz hat die föderalistische Staatsstruktur dazu geführt, daß zwei Quellen für den Schutz der Grundrechte nebeneinander bestehen: Garantien auf Kantonsebene und Garantien auf Bundesebene. Während die Grundrechte auf Kantonsebene nur die Kantonsbehörden rechtlich binden, gelten die Grundrechte auf bundesstaatlicher Ebene sowohl für die Bundes- wie auch für die Kantonsbehörden. Gemäß Art. 189 Abs. 1 lit. a und d BV ist das Bundesgericht für Beschwerden wegen Verletzung verfassungsmäßiger Rechte zuständig – und zwar unabhängig davon, ob sich diese aus der Bundesverfassung oder aus den Kantonsverfassungen ergeben.

I. Konkurrenz zwischen Bundes- und Kantonsgrundrechten

9
Bedeutung der kantonalen Grundrechte

Zurückblickend wurden die Grundrechte zunächst auf Ebene der Kantonsverfassungen garantiert und angewendet. Auch wenn in der Bundesverfassung vom 29. Mai 1874 nur vereinzelt einige Grundrechte aufgeführt waren, so führte dies dennoch zu Kollisionen von Vorschriften und Zuständigkeiten. Die Kollision von Vorschriften warf die Frage auf, welches Recht im Einzelfall anzuwenden sei, wenn sich zwei Rechtsgrundlagen auf den gleichen Gegenstand beziehen, aber aus verschiedenen Quellen stammen[6]. Bei der Kollision von Zuständigkeiten ging es um die Frage, welche Behörde für Beschwerden in bezug auf Rechte zuständig war, die von verschiedenen Behörden auf Bundesebene bestätigt werden konnten. Während das Bundesgericht seit 1874 für Beschwerden in bezug auf in den Kantonsverfassungen verankerte Grundrechte zuständig war, war die Bestätigung von in der Bundesverfassung verankerten Garantien, wie der Handels- und Gewerbefreiheit, der Glaubensfreiheit, der Niederlassungsfreiheit oder auch der politischen Rechte in den Kantonen lange Zeit Aufgabe der politischen Bundesbehörden[7]. Daher stellte sich die Frage, welche Bundesbehörde im Falle von aus dem Kantonsrecht hervorgegangenen Garantien zuständig war, die im Grunde in letzter Instanz vom Bundesgericht zu entscheiden waren, deren zu schützender Gegenstand jedoch in den Zuständigkeitsbereich des Bundesrates fiel. Diese Frage wurde in der Vergangenheit mit Hilfe des *Günstigkeitsprinzips* entschieden, nach

---

5 S. *Martin Kurer*, Die kantonalen Grundrechtsgarantien und ihr Verhältnis zum Bundesrecht, 1987, S. 118, der neben der Schweiz auch die Vereinigten Staaten und Deutschland als Beispiele anführt.
6 S. z.B. BGE 7, 502 (512) – Obrist: „Es ist gewiss durch die Bundesverfassung durchaus nicht ausgeschlossen, dass die Kantone in der Gewährleistung individueller Rechte, beziehungsweise in der Beschränkung ihrer Staatsgewalt zu Gunsten der individuellen Freiheit weiter gehen, als dies durch die Bundesverfassung gefordert wird; vielmehr ist es den Kantonen völlig freigestellt, verfassungsmässige Schranken der kantonalen Staatsgewalt aufzustellen, welche bundesrechtlich entweder überhaupt nicht oder doch nicht in gleichem Umfange bestehen und es enthalten denn auch die Kantonsverfassungen bekanntlich faktisch zahlreiche derartige Bestimmungen".
7 *Theodor De Joncheere*, Der Rechtsschutz in Verfassungsstreitigkeiten durch die politischen Bundesbehörden, 1958, S. 42, 61 und 135 mit Hinweisen; *Jörg Paul Müller*, Elemente einer schweizerischen Grundrechtstheorie, 1982, S. 56; s. auch *Hans Brühwiler*, Die Freiheitsrechte der Kantonsverfassungen in ihrem Verhältnis zur Bundesverfassung, 1948, S. 57.

dem nur die Verfassungsnorm angewendet werden soll, die dem jeweiligen Anspruchsberechtigten den größtmöglichen Schutz gewährt[8]. Die Anwendung dieses Prinzips wurde in der Folgezeit zur Regel und ermöglichte dem Bundesgericht die Prüfung von Fällen, in denen eine Konkurrenz von Bundesgrundrechten und Kantonsgrundrechten vorlag[9].

Heutzutage werden Fälle, in denen eine Konkurrenz von Grundrechten aus verschiedenen Quellen besteht, immer noch auf Grundlage des Günstigkeitsprinzips entschieden[10]. Betrachtet man die Beziehungen zwischen Bundesgrundrechten und Kantonsgrundrechten, so zeigt sich jedoch, daß das Bundesgericht bei der Anwendung dieses Prinzips immer mehr dazu neigte, fast schon in systematischer Weise den in der Bundesverfassung verankerten Grundrechten den Vorrang zu geben. Durch diesen zentralistischen Ansatz wurden die aus den Verfassungen der sechsundzwanzig Kantone hervorgegangenen Garantien immer mehr in den Hintergrund gedrängt, so daß sie nur noch dann Rechtswirkung entfalten, wenn der durch sie gewährte Schutz im konkreten Fall über den Schutz eines entsprechenden Bundesgrundrechts hinausgeht[11]. Die Anwendung des Günstigkeitsprinzips hat daher insoweit eine Vereinheitlichung des Schutzes der Grundrechte bewirkt, als der aus der Bundesverfassung abgeleitete Schutz den durch die Kantonsverfassungen gewährten Schutz fast vollständig überlagert hat. Jeder einzelne Kanton war dennoch sehr darauf bedacht, in seiner jeweiligen Verfassung einen mehr oder minder bedeutsamen Katalog von Grundrechten beizubehalten[12]. Wenn die Bundesversammlung die Kantonsverfassungen in Anwendung von Art. 51 Abs. 2 und Art. 172 Abs. 2 BV gewährleistet, erinnert sie regelmäßig an die Rolle, die das Günstigkeitsprinzip bei der Verknüpfung von Garantien auf Kantonsebene und solchen Garantien spielen soll, die sich aus der Verfassung oder internationalen Abkommen ergeben, welche auf Bundesebene Gültigkeit besitzen[13].

10
Bedeutung des Günstigkeitsprinzips

Vereinheitlichung des Grundrechtsschutzes

Seit etwa vierzig Jahren sind die Verfassungen der Schweizer Kantone in einem vollständigen Wandel begriffen[14]. Die meisten Kantone haben ihr jeweiliges Grundgesetz völlig umgestaltet. In jeder der vollständig neu gefaß-

11
Neue kantonale Grundrechte

---

8 *BGE 5*, 334 (337) – Bank in St. Gallen und Toggenburger Bank; *11*, 156 (158) – Sprenger; *12*, 93 (105) – Schaaff; *15*, 730 (733) – Weber.
9 *BGE 38* I 66 (71) – Globus; *45* I 347 (357) – Globus; *51* I 485 (498) – Forster; *55* I 226 (227) – Dellberg; *93* I 130 (137) – Erben Schulthess; *94* I 602 (610) – Häfeli; *95* I 356 (359) – Achermann; *95* I 219 (223) – Nöthiger; *96* I 350 (355) – Frei; *98* Ia 484 (487) – B.; *99* Ia 262 (266) – Minelli; *103* Ia 293 (294) – Bonzi; *104* Ia 434 (435) – Yolande Stauffacher; *108* Ia 155 (157) – Ruppli, Pircher und Lamprecht; *113* Ia 412 (415) – X., Y. und Z.; *115* Ia 234 (246) – K. und Mitbeteiligte; *118* Ia 427 (433) – C., B. und Ehepaar mit Kindern.
10 *Tschannen*, Staatsrecht (LitVerz.), S. 105 und 307; *Auer/Malinverni/Hottelier*, Droit constitutionnel (LitVerz.), Bd. II, S. 126; *Kurer* (FN 5), S. 39.
11 BBl 2003 S. 3174; *BGE 121* I 267 (269) – I. M. und S. M.: „Solche kantonalen Grundrechtsgarantien haben dort selbständige Bedeutung, wo sie über die entsprechenden Rechte der Bundesverfassung (oder der EMRK) hinausgehen oder ein Recht gewährleisten, das die Bundesverfassung nicht garantiert"; *BGE 119* Ia 53 (55) – St.
12 BBl 1997 I S. 62.
13 S. zum Beispiel BBl 2003 S. 3354.
14 *Häberle*, Neuere Verfassungen und Verfassungsvorhaben in der Schweiz, insbesondere auf kantonaler Ebene, JöR NF 34 (1985), S. 303.

ten Kantonsverfassungen ist nunmehr ein äußerst umfassender und weit entwickelter Katalog von Grundrechten enthalten, die in gewissen Bereichen über den Schutz der in der Bundesverfassung verankerten Grundrechte hinausgehen[15]. Derzeit scheinen die Bundesrichter jedoch an der Auffassung festzuhalten, daß die in den Kantonsverfassungen verankerten Freiheitsrechte im Grundsatz in ihrer Bedeutung und Tragweite nicht über die in der Bundesverfassung verankerten Garantien hinausgehen, sofern aus dem Kantonsrecht nicht eindeutig das Gegenteil hervorgeht.

II. Konkurrenz zwischen Bundesgrundrechten und den Rechten der Europäischen Menschenrechtskonvention

12
Internationaler Schutz der Menschenrechte

Konkurrenzen aufgrund der traditionell nebeneinander bestehenden Grundrechte auf Bundes- und Kantonsebene wurden in der zweiten Hälfte des zwanzigsten Jahrhunderts dadurch verstärkt, daß die Ratifizierung internationaler Abkommen zum Schutz der Menschenrechte durch die Schweiz auf internationaler und auch auf europäischer Ebene einen noch größeren Schutz gewährleistet. Am 28. November 1974 trat die Schweiz der Europäischen Menschenrechtskonvention bei. Der Internationale Pakt über bürgerliche und politische Rechte und der Internationale Pakt über wirtschaftliche, soziale und kulturelle Rechte wurden am 18. Juni 1992 ratifiziert. Seit dieser Zeit gibt es im Verfassungssystem der Schweiz in bezug auf den Schutz der Grundrechte drei verschiedene, parallel nebeneinander bestehende Ebenen: die Kantonsverfassungen, die Bundesverfassung sowie die vom Bundesrat ratifizierten internationalen Abkommen zum Schutz der Menschenrechte[16].

13
Rechtsprechung zur EMRK

Seit die Europäische Menschenrechtskonvention für die Schweiz in Kraft getreten war, stellte sich die Frage, welcher Stellenwert diesem internationalen Abkommen im Rahmen des Schweizer Systems zum Schutz der Menschenrechte eingeräumt werden sollte. In seiner berühmt gewordenen Entscheidung vom 19. März 1975 stellte das Bundesgericht den Grundsatz auf, wonach die durch die Europäische Menschenrechtskonvention garantierten Rechte einen verfassungsmäßigen Inhalt haben, was in prozessualer Hinsicht ihre Einordnung auf gleicher Ebene mit den in der Bundesverfassung verankerten Rechten ermöglicht[17]. Die Rechtsprechung hat sich jedoch nicht durchgängig an diesen Grundsatz gehalten. Im Ganzen kann man zwischen drei Zeitabschnitten unterscheiden, in denen die Rolle der Europäischen Menschenrechtskonvention innerhalb des Schweizer Systems zum Schutz der Menschenrechte vom Bundesgericht jeweils unterschiedlich eingestuft wurde. Insgesamt gesehen ist dabei eine deutliche Entwicklung erkennbar.

---

15 Vgl. für Deutschland → Bd. III: *Lange*, Grundrechtliche Besonderheiten in den Landesverfassungen, § 82.
16 → Oben *Thürer*, § 203 RN 1, 8 ff., 59 f.
17 *BGE 101* Ia 67 – Diskont- und Handelsbank AG; s. darüber *Giorgio Malinverni*, L'application de la Convention européenne des droits de l'homme en Suisse, 1976, S. 18.

Der erste Zeitabschnitt erstreckt sich etwa über einen Zeitraum von zwölf Jahren, das heißt von 1975 bis 1987. In dieser Zeit wies das Bundesgericht ohne weitere Begründung sehr häufig darauf hin, daß die Bedeutung und Tragweite der in der Europäischen Menschenrechtskonvention verankerten Rechte nicht über den Schutz der in der Bundesverfassung verankerten Rechte hinausging[18]. Gemäß dem Günstigkeitsprinzip sei allein die Bundesverfassung anwendbar, womit sich der durch die Konvention gewährte Schutz von Anfang an als nebensächlich erwies. Damit sollte implizit ausgedrückt werden, daß die Bundesverfassung das Nonplusultra in bezug auf den Schutz der Rechte des Einzelnen darstellte und internationales Recht in dieser Wechselbeziehung weitgehend unbeachtet bleiben konnte. Nur in einigen Fällen, vor allem in bezug auf Strafverfahren, berücksichtigte das Bundesgericht parallel zum Schweizer Verfassungsrecht die von den Straßburger Institutionen im Hinblick auf die Art. 5, 6 und 8 EMRK entwickelten Grundsätze[19]. In der genannten Zeitspanne wurde die Konvention nur in Ausnahmefällen als ausschließliche Rechtsgrundlage herangezogen, ohne daß jedoch für diesen Ansatz eindeutige Gründe genannt wurden[20].

14
Erste Phase: Vorrang der Bundesverfassung

Etwa Mitte der achtziger Jahre änderte das Bundesgericht seine Vorgehensweise nach den ersten Urteilen des Europäischen Gerichtshofes für Menschenrechte gegen die Schweiz. Die ersten beiden Urteile ergingen am 25. März 1983[21] bzw. am 13. Juli 1983[22]. In der Folge zeigten sich sämtliche Möglichkeiten und der praktische Nutzen der Europäischen Menschenrechtskonvention im Urteil *F.*[23], bei dem es um die Frage der Vereinbarkeit einer Bestimmung des Schweizer Zivilrechts mit Art. 12 EMRK ging und insbesondere im Urteil *Belilos*[24] betreffend das Strafverfahren auf Kantonsebene und die Gültigkeit der von der Schweiz im Hinblick auf Art. 6 Ziff. 1 EMRK geäußerten Bedenken. Diese Präzedenzfälle zeigten gemeinsam mit einer Reihe anderer Schweizer Fälle, über die der Gerichtshof[25] in dieser Zeit entschied, daß eine wirksame Anwendung der Konvention in der Schweiz vorgenommen werden mußte, wollte man weitere Urteile des Straßburger Gerichtshofes vermeiden.

15
Zweite Phase: EGMR-Urteile betreffend die Schweiz

---

18 *BGE 102* Ia 196 (200) – Christen; *103* V 190 (193) – Scattareggia; *104* Ia 17 (18) – B.; *105* Ia 172 (180) – Hefti; *106* Ia 33 (35) – X.; *107* Ia 52 (58) – Z.; *107* Ia 138 (140) – P. und Mitbeteiligte; *107* Ia 148 (149) – X.; *107* Ib 160 (164) – R.; *108* Ia 316 (318) – R., S. und Z.; *109* Ia 177 (178) – D.; *Trechsel*, Erste Erfahrungen mit der Europäischen Menschenrechtskonvention, ZBJV 115 (1979), S. 467.
19 *BGE 102* Ia 279 (284) – Minelli; *104* Ia 271 (277) – X.; *105* Ia 26 (29) – W.; *106* Ia 33 (35) – X.; *108* Ia 64, (66) – X.
20 *BGE 104* Ia 314 (319) – G. und F.; *105* Ia 396 (397) – X.; *108* Ia 275 – Zbinden; *109* Ia 239 (244) – Goetschy.
21 *EGMR*, Urt. v. 25. 3. 1983, Minelli ./. Schweiz, Reihe A Nr. 62.
22 *EGMR*, Urt. v. 13. 7. 1983, Zimmermann und Steiner ./. Schweiz, Reihe A Nr. 66.
23 *EGMR*, Urt. v. 18. 12. 1987, F. ./. Schweiz, Reihe A Nr. 128.
24 *EGMR*, Urt. v. 29. 4. 1988, Belilos ./. Schweiz, Reihe A Nr. 132.
25 *EGMR*, Urt. v. 24. 5. 1988, Müller u. a. ./. Schweiz, Reihe A Nr. 133; Urt. v. 28. 3. 1990, Groppera Radio AG u. a. ./. Schweiz, Reihe A Nr. 173; Urt. v. 22. 5. 1990, Weber ./. Schweiz, Reihe A Nr. 177; Urt. v. 22. 5. 1990, Autronic AG ./. Schweiz, Reihe A Nr. 178; Urt. v. 24. 5. 1991, Quaranta ./. Schweiz, Reihe A Nr. 205.

16 Dritte Phase: sorgfältige Anwendung der EMRK	Seit Ende der achtziger Jahre wendet das Bundesgericht in viel systematischerer Weise internationales Recht an, jedoch nicht immer auf Grundlage des Günstigkeitsprinzips[26]. In Art. 53 EMRK ist jedoch ganz eindeutig der Grundsatz festgeschrieben, wonach den in der Konvention verankerten Rechten im Vergleich zu den aus dem Recht der Mitgliedstaaten hervorgegangenen entsprechenden Garantien nur eine subsidiäre Bedeutung zukommt. In der Rechtsprechung gibt es derzeit Fälle, in denen das Bundesgericht sogar erklärt, daß die Bundesverfassung keinen höherrangigen Schutz als die Konvention von 1950 gewährt, bzw. in denen das Gericht das internationale Recht in ausschließlicher Weise anwendet[27]. Der in der Bundesverfassung verankerte Grundrechtskatalog lehnt sich zugegebenermaßen an die von der Schweiz ratifizierten internationalen Abkommen zum Schutz der Menschenrechte an, vor allem im Bereich der Verfahrensgarantien[28].
17 EMRK und Verfassungsgerichtsbarkeit	Die Bedeutung der Europäischen Menschenrechtskonvention für das Schweizer System zum Schutz der Grundrechte war nicht nur aufgrund der durch die Konvention eingeräumten Garantien an sich und der durch sie möglicherweise ausgelösten internationalen Kontrolle beträchtlich. Die Konvention ermöglichte es dem Bundesgericht ebenso, eine neue Form der Kontrolle von Bundesgesetzen zu entwickeln. Denn durch Art. 190 BV war das Bundesgericht von jeher daran gehindert, die Anwendung eines Bundesgesetzes mit der Begründung zurückzuweisen, daß dieses Gesetz nicht mit der Verfassung vereinbar sei[29]. Bezüglich der in der Verfassung verankerten Grundrechte haben die Bundesrichter demnach keine Handhabe, wenn die angefochtene Maßnahme auf einem Bundesgesetz basiert. Das Bundesgericht erklärt sich hingegen damit einverstanden, die Vereinbarkeit dieser Maßnahmen mit der Europäischen Menschenrechtskonvention zu überprüfen, und praktiziert damit eine Art Konventionsgerichtsbarkeit[30], die nicht nur an die Stelle der fehlenden Verfassungsgerichtsbarkeit im Hinblick auf die Maßnahmen tritt, auf die in Art. 190 BV Bezug genommen wird, sondern sogar noch über sie hinausgeht[31].

III. Konkurrenz zwischen Bundesgrundrechten und anderen internationalen Abkommen zum Schutz der Menschenrechte

18 Grundrechtskonkurrenz betreffend UNO-Pakte	Neben der Europäischen Menschenrechtskonvention kann eine Konkurrenz zwischen den Grundrechten Schweizer Ursprungs und anderen internationalen Abkommen zum Schutz der Menschenrechte, denen die Schweiz beige-

---

26 *BGE 131* I 272 – X.; *126* I 68 – Y.; *126* I 194 – X.; *126* I 228 – A.; *125* I 347 – X. und Mitbeteiligte.
27 S. z. B. *BGE 129* I 139 – X.; *129* I 151 – A.; *127* I 213 – B.; *126* I 26 – B.; *126* I 36 – E.
28 BBl 1997 I S. 181; *BGE 131* V 66 – M.; *128* I 288 (293) – X.; *126* I 194 (196) – X.; *126* I 235 – SI X. S.A.
29 *BGE 129* III 656 – I., Y. und Z.; *128* II 112 (125) – Grande Dixence SA; *126* IV 236 (248) – Martin Stoll.
30 *Malinverni*, L'article 113 alinéa 3 de la Constitution fédérale et le contrôle de la conformité des lois fédérales à la Convention européenne des droits de l'homme, in: Francis Cagianut/Willi Geiger/Yvo Hangartner/Ernst Höhn (Hg.), FS Otto K. Kaufmann, 1989, S. 381.
31 *BGE 131* V 66 – M.; *130* I 312 A. A.G. und Mitbeteiligte; *129* III 656 – I., Y. und Z.; *128* IV 201 – X., Y. und Z.; *128* III 113 – M. W. und K. S.; *125* II 417 – A.; *124* II 480 – Erben P.

treten ist, entstehen. Hier geht es insbesondere um den Internationalen Pakt über bürgerliche und politische Rechte sowie um den Internationalen Pakt über wirtschaftliche, soziale und kulturelle Rechte[32].

1. Internationaler Pakt über bürgerliche und politische Rechte

Das Problem einer Konkurrenz zwischen Grundrechten Schweizer Ursprungs und Menschenrechten, die sich aus von der Schweiz ratifizierten internationalen Verträgen ergeben, stellte sich aus einer geschichtlichen Perspektive erstmalig bei der Europäischen Menschenrechtskonvention. Eine ähnliche Konkurrenz kann sich jedoch auch bei anderen Abkommen ergeben. In bezug auf den Internationalen Pakt über bürgerliche und politische Rechte, der für die Schweiz seit dem 18. September 1992 in Kraft ist, ist die Vorgehensweise des Bundesgerichts identisch mit der der Bundesrichter beim Inkrafttreten der Europäischen Menschenrechtskonvention für die Schweiz. Das Bundesgericht beruft sich bei der Entscheidung über eine solche Konkurrenz auf das Günstigkeitsprinzip.

19
Grundrechtskonkurrenz von Bundesverfassung und IPbürgR

Grundsätzlich vertritt die Rechtsprechung die Auffassung, daß die gemäß dem Internationalen Pakt über bürgerliche und politische Rechte verliehenen Rechte keinen umfassenderen Schutz als die Grundrechte Schweizer Ursprungs einräumen. Art. 5 Ziff. 2 des Paktes enthält allerdings eine Klausel, die mit Art. 53 EMRK vergleichbar ist und die Menschenrechte im Vergleich zum innerstaatlichen Recht möglicherweise weitergehend schützt. Die Tatsache, daß die Schweiz das erste Fakultativprotokoll vom 16. Dezember 1966, auf Grundlage dessen der Ausschuß für Menschenrechte von Einzelpersonen angerufen werden kann, nicht unterzeichnete, hat im übrigen zur Folge, daß eine allgemeine Überprüfung der Vereinbarkeit von Schweizer Recht mit dem Pakt auf gerichtlichem Wege unmöglich ist. Die Rechtsprechung des Ausschusses ist daher trotz ihrer unbestreitbaren Zielsetzung und ihrer umfassenden Entscheidungen in der Schweiz relativ unbekannt, und der Internationale Pakt über bürgerliche und politische Rechte hat insgesamt gesehen keinen entscheidenden Einfluß auf das Schweizer System zum Schutz der Grundrechte[33].

20
Vorrang der Bundesverfassung

2. Internationaler Pakt über wirtschaftliche, soziale und kulturelle Rechte

Konkurrenzen zwischen den in der Schweizer Verfassung verankerten Grundrechten und dem seit dem 18. September 1992 für die Schweiz in Kraft getretenen Internationalen Pakt über wirtschaftliche, soziale und kulturelle Rechte sind relativ selten.

21
Bundesverfassung und IPWSKR

---

32 → Bd. VI/2: *Heintschel von Heinegg*, Spezielle Menschenrechtspakte, § 174 RN 21 ff.
33 Siehe SZIER 1996, S. 453 – M. S.; 1998, S. 523 – J. M. R.-R.; *BGE 125* I 289 (298) – Esther Bucher Helfenstein; SZIER 2002, S. 449 – X.; *BGE 129* I 185 (192) – X. und Y; SZIER 2006, S. 387 – F.

22
Keine unmittelbare Durchsetzbarkeit der IPWSKR-Garantien

Auf der einen Seite gewährt die Verfassung recht wenige soziale Rechte: Diese betreffen im wesentlichen das Recht auf Hilfe in Notlagen (Art. 12 BV), den Anspruch auf Grundschulunterricht (Art. 19 BV), das Streikrecht (Art. 28 Abs. 3 BV) und das Recht auf unentgeltliche Rechtspflege (Art. 29 Abs. 3 BV). Zum anderen hat die vom Bundesgericht im Hinblick auf den Internationalen Pakt über wirtschaftliche, soziale und kulturelle Rechte entwickelte Rechtsprechung in praktischer Hinsicht nur einen stark eingeschränkten Nutzen, da diese durchgängig und ohne fundierte Analyse zu der Annahme neigt, daß den wirtschaftlichen, sozialen und kulturellen Rechten eine direkte Anwendbarkeit fehlt, die für eine Geltendmachung vor einem Richter oder einer Verwaltungsbehörde unerläßlich ist. Da die im Internationalen Pakt über wirtschaftliche, soziale und kulturelle Rechte genannten Rechte nicht als „self executing" angesehen werden, werden diese – um es so auszudrücken – von den Bundesrichtern nicht berücksichtigt[34].

D. Konkurrenz von Grundrechten aus derselben Rechtsquelle

I. Konkurrenz von Freiheitsrechten

23
Verschiedenartigkeit der Freiheitsrechte

Die Schweizer Bundesverfassung sieht nicht nur ein einziges allgemeines Freiheitsrecht vor, sondern verschiedene persönliche Freiheitsrechte. Von daher ist es unvermeidlich, daß sich eine und dieselbe staatliche Handlung gleichzeitig auf mehrere Freiheitsrechte auswirken kann. Die Meinungsfreiheit kann also in Konkurrenz zur Wirtschaftsfreiheit[35], die Versammlungsfreiheit zur Glaubensfreiheit[36] oder die Eigentumsgarantie zur Wirtschaftsfreiheit[37] treten. Trotz der hierbei unvermeidlich auftretenden Konkurrenzen beschäftigten sich die Lehre und auch die Rechtsprechung lange Zeit nur wenig mit dem Phänomen der Konkurrenz von Freiheitsrechten. Erst in den siebziger Jahren des vergangenen Jahrhunderts erschienen die ersten Abhandlungen zu dieser Problematik[38].

24
Entwicklung von Lösungen

Die Antwort auf die Probleme, die sich aus der Konkurrenz von Freiheitsrechten ergeben, kann weder dauerhaft gleich noch einheitlich ausfallen, sondern sie ist aufgrund der subtilen und verschiedenartigen Sachverhalte, die sich im praktischen Alltag ergeben können, zwangsläufig differenziert. Da

---

34 *BGE 120* Ia 1 (10) – Verband Studierender an der Universität Zürich; *121* V 229 – B.; *121* V 246 (250) – T.; *122* I 101 – E.M.; *123* II 472 – H.; *125* III 277 – K.; *126* I 240 – A. und B.; SZIER 2004, S. 332 – A.
35 *BGE 87* I 114 – Sphinx Films SA; *101* Ia 256 – Ernst.
36 *BGE 108* Ia 41 – Rivara.
37 *BGE 119* Ia 348 – Genfer Immobilienkammer und Mitbeteiligte.
38 *Morand*, Tendances récentes dans le domaine de la liberté d'expression, in: Douzième Journée juridique, 1973, S. 23-59; *Gygi* (FN 2); *Venanzoni* (FN 2); s. auch *Adank* (FN 2); *Rohrer* (FN 2); *J.P. Müller* (FN 7); *Peter Saladin*, Grundrechte im Wandel, ³1982, S. XLI; *Adrian Rüesch*, Die Versammlungsfreiheit nach schweizerischem Recht, 1983.

eine Kodifizierung schwierig ist, kann die rechtliche Beurteilung von Fällen, in denen mehrere Freiheitsrechte geltend gemacht werden, per definitionem nur vom Richter vorgenommen werden. In der Kasuistik des Bundesgerichts ist in dieser Hinsicht ein bedeutsamer Wandel erkennbar, welcher die Entwicklung der Schweizer Theorie der Grundrechte widerspiegelt.

Lange Zeit war das Bundesgericht in seiner Rechtsprechung mehr oder minder darauf bedacht, die Problematik einer Grundrechtskonkurrenz zu vermeiden oder eine Lösung des Problems zumindest zu vereinfachen. Dieser Ansatz führte dazu, daß die Bundesrichter ein vom Beschwerdeführer angeführtes Freiheitsrecht als vorrangig definierten, wobei nach Prüfung der Besonderheiten dieses Freiheitsrechts eine Analyse der weiteren Grundrechte überflüssig und damit ausgeschlossen wurde. Das Bundesgericht erkannte in einem Urteil aus dem Jahre 1972 beispielsweise für Recht, daß die Disziplinarstrafe, die gegen einen Rechtsanwalt verhängt wurde, weil er in den Medien Kritik bezüglich eines laufenden Verfahrens geäußert hatte, eine zulässige Einschränkung der Wirtschaftsfreiheit darstelle, die jedoch gleichzeitig nicht auch noch gegen die Pressefreiheit verstoßen könne[39]. Ebenso war das Gericht der Auffassung, daß das Verbot, ein Reklameschild anzubringen, das nach entsprechender Prüfung nicht gegen die Eigentumsgarantie verstieß, nicht als Verstoß gegen die Wirtschaftsfreiheit einzustufen sei[40].

25
Verneinung der Konkurrenz von Freiheitsrechten

Ein Sonderfall der Grundrechtskonkurrenz betrifft die Beziehungen zwischen der persönlichen Freiheit (Handlungsfreiheit) und sonstigen, in der Bundesverfassung verankerten persönlichen Grundrechten. Nachdem das Bundesgericht 1963[41] die persönliche Freiheit als ungeschriebenes Verfassungsrecht anerkannt hatte, führte das Gericht aus, daß die Fähigkeit, eine Situation zu beurteilen und sich in der Folge zu entscheiden, in den Anwendungsbereich dieser Garantie fällt[42]. Es ergänzte außerdem, daß sich der durch die persönliche Freiheit gewährte Schutz auf sämtliche Möglichkeiten erstrecke, die eine elementare Äußerung der Entfaltung der Persönlichkeit eines Menschen darstellen[43]. Die persönliche Freiheit hat somit schrittweise extrem heterogene Formen bis zu dem Punkt angenommen, an dem sich schließlich die Frage stellte, ob sie ein allgemeines und subsidiäres Freiheitsrecht („Auffanggrundrecht") darstellt, unter das alle menschlichen Verhaltensweisen fallen, die nicht durch andere Grundrechte abgedeckt sind[44]. Diese Frage wurde von den Bundesrichtern ab dem Jahre 1975 abschlägig beschieden, indem sie sich weigerten, in der persönlichen Freiheit ein Auffanggrundrecht für jegliches, nicht durch andere Grundrechte abgedeckte Verhalten zu sehen. Sie unterstrichen, daß die persönliche Freiheit nicht den Schutz jeder auch noch so unbedeuten-

26
Persönliche Freiheit als allgemeine Handlungsfreiheit?

Funktion als Auffanggrundrecht

---
39 *BGE 98* Ia 56 (63) – X.
40 *BGE 99* Ia 42 (48) – Hildebrand AG.
41 *BGE 89* I 92 (98) – Kind X.
42 *BGE 90* I 29 (36) – X.
43 *BGE 97* I 45 (49) – X.; 97 I 839 (842) – Müller-Gilliers.
44 *BGE 100* Ia 189 (193) – Feuz; *101* Ia 336 (346) – Verband der Schweizerischen Automatenbranche; *102* Ia 321 (325) – X.; *104* Ia 35 (50) – X.; *107* Ia 52 (55) – Z.; *108* Ia 59 (60) – Schweizerische Vereinigung für den Wassersport.

den Wahl- und Selbstbestimmungsmöglichkeit eines Menschen umfaßt. Nur die elementaren Freiheitsrechte, deren Ausübung für die freie Entfaltung eines Menschen unerläßlich ist, fallen unter die Garantie der geistigen Unversehrtheit gemäß Art. 10 Abs. 2 BV[45]. Die persönliche Freiheit hat beispielsweise unter diesem Gesichtspunkt im Vergleich zur Glaubensfreiheit subsidiären Charakter, wie im Falle einer zum Islam übergetretenen Lehrerin, die im Unterricht ihr Kopftuch tragen wollte[46].

27
Anerkennung der Konkurrenz von Freiheitsrechten

Heutzutage schließt das Bundesgericht nicht mehr aus, daß eine Maßnahme, die mit einem der Freiheitsrechte vereinbar ist, welche in einem bestimmten Einzelfall geltend gemacht werden, sich in der Systematik als mit anderen Freiheitsrechten unvereinbar erweist[47]. Diese Änderung der Sichtweise erfolgte, weil sich das Gericht darüber bewußt wurde, daß die durch die Verfassung geschützten Freiheitsrechte Werte und Rechtspositionen zum Ausdruck bringen, die sich zum Zweck ihrer Unterschiedlichkeit nicht ausschließen können, sondern vielmehr unter einander ergänzenden Gesichtspunkten aufgefaßt, ausgelegt und angewendet werden müssen. Der Ansatz des Bundesgerichts läßt darauf schließen, daß sich aus dem persönlichen und materiellen Anwendungsbereich der jeweiligen Freiheitsrechte tatsächlich Konkurrenzen ergeben, ohne daß im Einzelfall ein Freiheitsrecht in bezug auf ein anderes spezieller anwendbar wäre. Sofern jedoch eine speziellere Anwendung eines Freiheitsrechts zu bejahen ist, kommt allein das als vorrangig angesehene Freiheitsrecht zur Anwendung[48].

Scheinbare und unvollkommene Konkurrenz

Gemäß der vom Bundesgericht verwendeten Terminologie wird die scheinbare Konkurrenz in Wirklichkeit zu einer unvollkommenen Konkurrenz[49]. Die Bundesrichter erklärten beispielsweise, daß Werbebotschaften mit kommerzieller Zielsetzung im Grundsatz nicht unter den Schutz der Pressefreiheit, der Meinungsfreiheit und der Informationsfreiheit fallen. Lediglich Meinungsäußerungen mit ideellem Inhalt profitieren tatsächlich vom Schutz dieser Freiheitsrechte; jede Meinungsäußerung mit kommerzieller Zielsetzung fällt vielmehr in den Anwendungsbereich der Wirtschaftsfreiheit[50]. Das Bundesgericht erkannte daher für Recht, daß das Verbot eines in einer anderen Sprache abgefaßten Werbeschildes in einer rätoromanischen Gemeinde ebenso unter die Eigentumsgarantie, die Wirtschaftsfreiheit wie auch die Sprachenfreiheit fällt, so daß jede dieser Garan-

---

45 *BGE 101* Ia 336 (346); s. auch *BGE 113* Ia 257 (262) – P.; *123* I 221 (226) – Demokratische JuristInnen der Schweiz; *124* I 85 (86) – Polizeibeamtenverband Basel-Stadt; *127* I 6 (11) – P.
46 *BGE 123* I 296 (301) – X.
47 *Auer/Malinverni/Hottelier*, Droit constitutionnel (LitVerz.), Bd. II, S. 123.
48 *BGE 126* I 133 (137) – Stadt Zürich: Die Person, die Leistungen gegen Entgelt erbringen will, ohne der Öffentlichkeit die mit diesen Leistungen möglicherweise verbundene missionarische Zielsetzung eindeutig zu offenbaren, muß Vorsorge treffen, daß ihr Werben nicht unter dem Gesichtspunkt der Religionsfreiheit bewertet wird, sondern als Vorgehensweise mit wirtschaftlichen Beweggründen angesehen und gemäß den hierfür geltenden Vorschriften behandelt wird. Siehe auch *BGE 125* I 369 (378) – Verein Scientology Kirche Basel und M.: Das Verbot des unlauteren oder täuschenden Anwerbens auf öffentlichem Grund kann einen Eingriff in die Religionsfreiheit bewirken, der im vorliegenden Fall nicht auf seine Vereinbarkeit mit anderen Grundrechten zu prüfen ist.
49 *BGE 101* Ia 252 (256) – Ernst.
50 *BGE 128* I 295 (308) – Schweizer Werbeauftraggeber-Verband; *125* I 417 – B.

tien separat zu prüfen war[51]. Im gleichen Sinn stellt das Vermummungsverbot einen Eingriff in die Versammlungsfreiheit sowie in die Meinungsfreiheit dar[52].

Die heutige Praxis des Bundesgerichts stützt sich in bezug auf eine Konkurrenz von Freiheitsrechten auf einen differenzierten Ansatz, der in der Qualifizierung der entsprechenden Verhaltensweisen, in der Auslegung der Positionen, die die Grundrechte zum Ausdruck bringen und in der Berücksichtigung – sofern das im Einzelfall möglich ist – aller relevanten und charakteristischen Aspekte jedes einzelnen, im konkreten Fall geltend gemachten Grundrechts besteht[53]. Diese globale Sichtweise des Phänomens, die für die von der deutschen Grundrechtstheorie entwickelte praktische Konkordanz charakteristisch ist, beruht auf dem Postulat, dem zufolge alle Verfassungsnormen hierarchisch gesehen gleichrangig sind, so daß möglichst ein Ausgleich untereinander und keine Unter- oder Überordnung stattfinden sollte, sofern natürlich die Verfassung selbst keine entsprechende Unterordnung vorsieht[54]. Diese Sichtweise entspricht im übrigen der Konzeption der Grundrechte, deren punktuelle Garantie den Willen widerspiegelt, gewisse Werte und Verhaltensweisen von Menschen in besonderem Maße zu schützen, deren Bedeutung und Verwundbarkeit die Geschichte auf oft tragische Weise aufgezeigt hat[55].

28
Anwendung aller relevanten Freiheitsrechte

Praktische Konkordanz

Es kommt nicht selten vor, daß das Bundesgericht – insbesondere im Rahmen der von ihm in bezug auf Kantonsgesetze ausgeübten abstrakten Kontrolle der Verfassungsmäßigkeit – lange und ausführliche Urteile verkündet, in dem jedes vom Beschwerdeführer geltend gemachte Freiheitsrecht einer eingehenden Prüfung unterzogen wird. Insoweit beeinträchtigt die Abweisung eines Antrages wegen Verletzung eines bestimmten Freiheitsrechts im Grundsatz in keiner Weise die Erfolgsaussichten bezüglich einer Prüfung der Begründetheit anderer Freiheitsrechte, auf die sich der Beschwerdeführer substantiiert beruft[56].

29
Abstrakte Normenkontrolle

II. Konkurrenz zwischen Freiheitsrechten und anderen Grundrechten

Nicht nur zwischen einzelnen Freiheitsrechten kann es zu einer Konkurrenz kommen, sondern auch zwischen Freiheitsrechten und anderen, in der Bundesverfassung verankerten Grundrechten. Wird ein Freiheitsrecht geltend gemacht, so kann sich der Beschwerdeführer hierbei auch auf den Grundsatz der Rechtsgleichheit (Art. 8 BV) oder auf das Willkürverbot und den Grundsatz des Gutglaubensschutzes (Art. 9 BV) berufen[57]. Die Besonderheit dieser

30
Begriff

---

[51] *BGE 116* Ia 345 – Bar Amici.
[52] *BGE 117* Ia 472 – Sozialdemokratische Partei Baselstadt.
[53] *BGE 125* I 417 (420) – B.; *125* I 276 (277) – X.
[54] *BGE 99* Ia 604 (618) – Righi; *102* Ia 104 (113) – Globus; *103* Ia 586 (592) – Buess.
[55] Siehe *Tschannen*, Staatsrecht (LitVerz.), S. 104: „Grundrechte sind immer nur *Antworten auf geschichtlich erhärtete besondere Bedrohungslagen*. Daher rührt ihre *punktuelle Natur* sowie die Notwendigkeit, sie für eine *stetige Weiterentwicklung* durch Verfassungsgeber und Verfassungsjustiz offen zu halten".
[56] *BGE 128* I 295 – Schweizer Werbeauftraggeber-Verband; *118* Ia 64 – Minelli.
[57] *BGE 129* I 91 – X.; *129* I 113 – Gewerkschaftsverband SUD und Mitbeteiligte; *125* I 182 – IATA.

beiden Bestimmungen liegt darin begründet, daß ihr Inhalt nicht in präziser Weise auf das Verhalten von Einzelpersonen ausgerichtet ist, sondern daß sie rechtsstaatliche Garantien darstellen, zu deren Einhaltung staatliche Behörden in jedem Fall verpflichtet sind. Zwischen der Rechtsgleichheit und dem Willkürverbot einerseits und den persönlichen Freiheitsrechten andererseits, die in bezug auf die ersteren einen zusätzlichen Schutz gewähren, kann es folglich oft zu einer Konkurrenz kommen. Gleiches gilt für die verschiedenen Verfahrensgarantien gemäß den Art. 29 bis 32 BV.

31
Konkurrenz von Grundrechten und anderen Verfassungsbestimmungen

Weitere, in der Verfassung verankerte institutionelle Garantien, die nicht direkt mit den Grundrechten in Verbindung stehen, können ebenfalls bei der Geltendmachung eines oder mehrerer Freiheitsrechte in Betracht gezogen werden. Dies gilt für den Grundsatz des Vorrangs von Bundesrecht vor Kantonsrecht (Art. 49 Abs. 1 BV), für den Grundsatz der Rechtmäßigkeit der Besteuerung (Art. 127 Abs. 1 BV), für das Verbot einer interkantonalen Doppelbesteuerung (Art. 127 Abs. 3 BV) und auch für den Grundsatz der Gewaltenteilung, wie er sich aus dem ungeschriebenen Verfassungsrecht herleitet[58].

32
Prüfung aller relevanten Rechte

In jedem Einzelfall prüft das Bundesgericht im Grundsatz jede einzelne, ihm in rechtsgültiger Form vorgelegte Beschwerde[59]. In seiner Entscheidung vom 28. März 2002 prüften die Bundesrichter beispielsweise die Verfassungsmäßigkeit eines Genfer Gesetzes über ein Verbot der Werbung für Zigaretten und Alkohol nicht nur unter dem Gesichtspunkt der Wirtschaftsfreiheit (Art. 27 BV), der Eigentumsgarantie (Art. 26 BV) und des Grundsatzes der Rechtsgleichheit (Art. 8 BV), sondern auch insofern im Hinblick auf den Grundsatz des Vorrangs von Bundesrecht vor Kantonsrecht (Art. 49 Abs. 1 BV), als der Bund bereits einige Normen zu diesem Gegenstand erlassen hatte. Die Bundesrichter waren der Ansicht, daß das angefochtene Gesetz mit allen diesen Garantien vereinbar sei[60].

E. Grundrechtskollisionen

I. Allgemeines

33
Begriff

Da sich Grundrechte oft gegenseitig ergänzen und von daher ein entsprechender Ausgleich zwischen ihnen notwendig ist, können sich hieraus auch Kollisionen ergeben. So kann eine Kollision auftreten, wenn sich zwei Parteien auf dasselbe Freiheitsrecht berufen, jedoch in einem unterschiedlichen Kontext: Ein Arbeitnehmer, der seinen Arbeitsplatz behalten möchte, kann sich möglicherweise ebenso auf die Wirtschaftsfreiheit berufen wie sein Arbeitgeber, der ihn entlassen möchte. Eine Kollision kann sich auch daraus ergeben, daß

---

58 *BGE 128* I 327 (329) – Botta, mit Hinweisen.
59 *BGE 128* I 19 (22) – Associazione L. U. de S.; *125* I 431 (433) – X.
60 *BGE 128* I 295 – Schweizer Werbeauftraggeber-Verband.

die Ausübung eines Freiheitsrechts durch eine Person in Widerspruch zur Ausübung eines anderen Freiheitsrechts steht, das von einem Dritten in Anspruch genommen wird: Ein solcher Sachverhalt kann bei einem Journalisten eintreten, der sich bei der Veröffentlichung eines Textes, der sich gegen die Glaubensfreiheit oder gegen die persönliche Freiheit eines Dritten richtet, auf die Pressefreiheit beruft. Eine solche Situation spiegelt die Auffassung wider, die bereits zu Zeiten der Französischen Revolution von 1789 bekannt war, der gemäß die Freiheit eines Einzelnen dort endet, wo die Freiheit eines anderen beginnt[61]. Der Schutz der Rechte Dritter ist auch in den internationalen Abkommen zum Schutz der Menschenrechte, vor allem als Grund für die Einschränkung der Freiheitsrechte gemäß den Art. 8 bis 11 EMRK verankert[62].

34
Bedeutung des Art. 36 BV

Die Bundesverfassung sieht die Möglichkeit einer Kollision vor, indem gemäß Art. 36 Abs. 2 die Einschränkungen von Grundrechten nicht nur durch ein öffentliches Interesse, sondern auch durch den Schutz von Grundrechten Dritter gerechtfertigt sein können. Die Bestimmung weist darauf hin, daß die ungestörte und gleichzeitige Ausübung von Grundrechten einen Aspekt des Schutzes der öffentlichen Ordnung darstellt[63]. In der Schweizer Lehre gaben Grundrechtskollisionen bislang noch keinen Anlaß zu weitergehenden Studien. Zudem wurde in diesem Bereich kaum Recht gesprochen.

35
Freiheits- und andere Grundrechtskollisionen

Wie auch bei den Grundrechtskonkurrenzen betreffen die Grundrechtskollisionen nicht ausschließlich die Freiheitsrechte. Kollisionen können sich auch in bezug auf andere persönliche Garantien ergeben, was insbesondere bei den Verfahrensgarantien der Fall ist. In einem Fall, in dem es um die außerprozessuale Einsicht in eine Akte ging, welche die Ergebnisse einer behördlichen Ermittlung enthielt, entschied das Bundesgericht beispielsweise, daß die besonderen Interessen der Personen, die die entsprechenden Auskünfte gegeben hatten, nicht in Widerspruch zu den Interessen der betroffenen Partei standen. Die Einsicht in die Akte sollte demnach in bezug auf Art. 29 Abs. 2 BV möglich sein[64].

---

61 Art. 4 der Erklärung der Menschen- und Bürgerrechte vom 26. 8. 1789.
62 S. *EGMR*, Urt.v. 25. 8. 1998, Hertel ./. Schweiz, Samml. 1998-VI, S. 2298 (2328, Abs. 42): bei der Bekämpfung des unlauteren Wettbewerbs geht es darum, den Schutz der Rechte Dritter zu gewährleisten und die Meinungsfreiheit gemäß Art. 10 Abs. 2 EMRK wirksam zu beschränken.
63 *Tschannen*, Staatsrecht (LitVerz.), S. 142: „Auch hier geht es um öffentliche Interessen, nämlich um die Sorge, die Grundrechtsausübung des einen vor den Bedrängungen des anderen zu schützen"; siehe auch *Aubert/Mahon*, Constitution (LitVerz.), S. 326; *J.P. Müller*, in: Thürer/Aubert/ders., Verfassungsrecht (LitVerz.), S. 638; s. auch *BGE 119* Ia 28 (31) – M.: „Das Bundesgericht hat jedoch in bezug auf andere Verfassungsrechte eingestanden, dass die zuständigen Behörden möglicherweise einschreiten müssen, um eine Beeinträchtigung abzustellen, die nicht von einer staatlichen Massnahme oder Entscheidung ausgeht, sondern ihren Ursprung im Verhalten Dritter hat. Diese Behörden sind demnach verpflichtet, die Ausübung des entsprechenden, verfassungsmässig garantierten Rechts aktiv zu schützen (...). Gemäss der heutigen Auffassung von Rolle und Umfang der Grundrechte besteht diese Interventionspflicht im Prinzip ganz allgemein in bezug auf sämtliche dieser Rechte, einschliesslich des Eigentumsrechts, weil die tatsächliche Möglichkeit einer ungestörten Ausübung dieser Rechte ein Bestandteil der öffentlichen Ordnung ist, die der Staat gewährleisten muss; die Polizei, deren Auftrag ganz besonders die Aufrechterhaltung der öffentlichen Ordnung ist, muss demnach einschreiten, wenn eine Person in der Ausübung eines Grundrechts behindert oder entsprechend bedroht wird".
64 *BGE 129* I 249 (257) – Josef Meichtry.

36
Grundrechts-
kollisionen und
Drittwirkung der
Grundrechte

Die Bezugnahme auf den Schutz der Grundrechte Dritter gemäß Art. 36 Abs. 2 BV zeigt in dem speziellen Bereich der Einschränkungen von Freiheitsrechten den allgemeineren Grundsatz der „Drittwirkung der Grundrechte" im Sinne von Art. 35 Abs. 3 BV auf. Gemäß diesem Artikel sorgen die Behörden dafür, daß die Grundrechte, soweit sie sich dazu eignen, auch unter Privatpersonen wirksam werden[65]. Art. 36 Abs. 2 BV, der in diesem Zusammenhang „eine Art negative Horizontalwirkung" zum Ausdruck bringt, zeigt dennoch keinerlei Weg für die Beilegung einer solchen Kollision auf. Sowohl der Gesetzgeber als auch der Richter sind aufgerufen, zur Klärung dieser Problematik beizutragen.

II. Rolle des Gesetzgebers und der Richter

37
Notwendigkeit einer
Harmonisierung der
Grundrechte

Zunächst einmal ist es Aufgabe des Gesetzgebers, eine Grenze zu ziehen, die zwangsläufig für die persönliche Ausübung von Freiheitsrechten gilt, zwischen denen eine Kollision auftreten kann. Dem Staat kommt hierbei die Verpflichtung zu, die Einhaltung von Grundrechten Einzelner in ihren Beziehungen zu Dritten sicherzustellen[66]. Die Zivil- oder Strafrechtsgesetzgebung nimmt beispielsweise Einschränkungen der Meinungsfreiheit zum Schutz der Persönlichkeitsrechte vor[67]. Der Schutz der Würde eines Einzelnen als Angehöriger einer Rasse, eines Volkes oder einer Religion kann die Verabschiedung von Normen des Strafrechts zur Bekämpfung einer Rassendiskriminierung erfordern[68]. Der Kampf gegen die Pornographie kann die Verabschiedung von Normen des Strafrechts nicht nur zum Schutz der öffentlichen Moral, sondern auch zum Schutz der Grundrechte Dritter rechtfertigen[69]. Wenn ein einfaches Gesetz ein Freiheitsrecht rechtmäßig einschränkt und damit einen Dritten schützt, stellt dieses Freiheitsrecht wiederum eine Einschränkung bei der Auslegung dieses Gesetzes dar[70]. Der Schutz der persönlichen Rechte Dritter verschmilzt somit in großem Maße mit der Einhaltung des Grundsatzes der Rechtmäßigkeit im Sinne von Art. 36 Abs. 1 BV.

38
Bedeutung der ver-
fassungskonformen
Auslegung

Bei der Anwendung zivil- und strafrechtlicher Gesetze muß der Richter die tatsächliche Einschränkung von Freiheitsrechten durch den Gesetzgeber berücksichtigen und die Freiheitsrechte in Einklang mit der Verfassung auslegen. Im Rahmen einer Interessenabwägung, die der Verfassungsrichter vornehmen muß, wenn er über die Frage zu entscheiden hat, ob eine Einschränkung eines Freiheitsrechts rechtmäßig ist, muß er über die Kollision der Freiheitsrechte im konkret vorliegenden Fall entscheiden. Zu einer Lösung ge-

---

65 *Tschannen*, Staatsrecht (LitVerz.), S. 126 und 143; *Weber-Dürler*, Grundrechtseingriffe, in: Ulrich Zimmerli (Hg.), Die neue Bundesverfassung. Konsequenzen für Praxis und Wissenschaft, 2000, S. 131 (141).
66 *BGE 126* II 300 (314) – Ruth Gonseth.
67 BBl 1997 I 197; *Aubert/Mahon*, Constitution (LitVerz.), S. 316 und 326; *Weber-Dürler* (FN 65), S. 141.
68 *BGE 123* IV 202 – P.
69 *BGE 128* IV 201 (207) – X., Y. und Z.: „Die Strafbarkeit pornographischer Darstellungen mit Gewalttätigkeiten und menschlichen Ausscheidungen gemäss Art. 197 Ziff. 3 und 3bis StGB dient dem Schutz der öffentlichen Moral und damit eng verknüpft jenem der Rechte anderer".
70 *Auer/Malinverni/Hottelier*, Droit constitutionnel (LitVerz.), Bd. II, S. 128.

langt man hierbei durch die Abwägung entgegengesetzter Interessen. Letztendlich geht es bei einer Kollision von Freiheitsrechten darum, eine Lösung zu finden, wobei einerseits die vorgebrachten Gründe für eine Einschränkung der Freiheitsrechte untersucht werden und andererseits ihre Verhältnismäßigkeit geprüft wird. Natürlich muß bei den sich widersprechenden Standpunkten das Legalitätsprinzip gewahrt bleiben.

III. Elemente einer Lösung der Grundrechtskollisionen

Das erste bei der Anwendung von Art. 36 Abs. 2 BV zu berücksichtigende Element ist die Festlegung des materiellen Anwendungsbereichs der Rechte, die im konkreten Fall miteinander kollidieren. Dieser Artikel sieht allerdings vor, daß allein die Grundrechte Dritter eine Einschränkung von Freiheitsrechten rechtfertigen können. Rechtliche Privilegien jedoch, für die zwar eine Rechtsgrundlage besteht, die aber nicht in den Geltungsbereich der Grundrechte fallen, können keine Einschränkung von Freiheitsrechten im Hinblick auf die Privatinteressen Dritter rechtfertigen. Es obliegt dem Gesetzgeber, diese Privilegien ohne verfassungsmäßigen Inhalt zu definieren und zu bewerten, um Normen erlassen zu können, die die Freiheitsrechte im Sinne von Art. 36 Abs. 2 BV über ein zwischengeschaltetes Gesetz beschränken können. Die Interessenabwägung erfolgt in erster Linie über eine Auswahl und Qualifizierung der jeweils kollidierenden Rechtspositionen.

39
Prüfung des sachlichen Geltungsbereichs der Grundrechte

In zweiter Linie muß darauf hingewiesen werden, daß die auf die Achtung der Grundrechte Dritter ausgerichtete Klausel in der Verfassungsvorschrift hinsichtlich der Bedingungen für eine Einschränkung von Grundrechten genannt ist. Hieraus folgt, daß im Hinblick auf die Nennung in Art. 36 Abs. 2 BV dieser Grund für eine Einschränkung voraussetzt, daß die anderen Voraussetzungen für eine Einschränkung von Grundrechten gegeben sind, allen voran die Einhaltung des Legalitätsprinzips gemäß Art. 36 Abs. 1 BV. Die sich aus den geltend gemachten Grundrechten ergebenden rechtlichen Ansprüche müssen folglich zwangsläufig mit dem Legalitätsprinzip vereinbar sein, damit eine tatsächliche Kollision entsteht. Somit können sich Teilnehmer an einer nicht genehmigten Demonstration nicht auf die Versammlungsfreiheit berufen, um Übergriffe in das Privateigentum Dritter vornehmen zu können. Ebenso wenig kann man sich auf die Meinungsfreiheit berufen, um Inhalte zu veröffentlichen, die eine Ehrverletzung eines Dritten bewirken.

40
Bedeutung des Legalitätsprinzips

In dritter Linie setzt die Lösung einer Grundrechtskollision voraus, daß die sich in einem konkreten Fall widersprechenden Garantien genau definiert und qualifiziert sein müssen. Nach Art. 36 Abs. 2 BV kann allerdings nur eine Kollision zwischen der Rechtsposition eines Einzelnen und dem Schutz von Grundrechten Dritter entstehen. Die Berücksichtigung kollektiver Interessen hängt dagegen mit dem weitergehenden Begriff des öffentlichen Interesses im Sinne der Bestimmung zusammen[71]. Auf Verfahrensebene führte das Bundes-

41
Unterscheidung zwischen öffentlichem und privatem Interesse

---
71 *R.J. Schweizer*, Art. 36, in: Ehrenzeller u.a., St. Galler Kommentar (LitVerz.), S. 498.

gericht hierzu aus, daß in dem Maße, in dem alles im Bereich der Grundrechtskollision von den jeweiligen Besonderheiten eines Einzelfalles abhängt, die konkrete, angesichts der jeweiligen Entscheidungen ausgeübte Kontrolle der Verfassungsmäßigkeit angemessener zu sein scheint als die abstrakte Kontrolle der Verfassungsmäßigkeit, um die verschiedenen vorliegenden Interessen bewerten zu können[72].

42
Kasuistik

Das Bundesgericht hat beispielsweise für Recht erkannt, daß die Willensäußerung einer Einzelperson, bei der diese in umfassender Kenntnis der Sachlage bestimmte, wie in bezug auf ihre sterblichen Überreste zu verfahren sei, Vorrang vor einem anders gearteten Interesse der Angehörigen nach dem Tod dieser Person habe. Die Bundesrichter waren im vorliegenden Fall der Ansicht, daß der Wunsch des Verstorbenen höher einzustufen sei als der Wille seiner Angehörigen, dem nur subsidiärer Charakter zukommen könne. Das Recht auf Wahrung der persönlichen Freiheit der Angehörigen wird demnach durch das Recht auf Wahrung der persönlichen Freiheit des Verstorbenen eingeschränkt; dieses Recht entfaltet seine Wirkung in gewisser Weise auch noch über seinen Tod hinaus[73].

43
Verhältnismäßigkeitsprinzip

Entsprechende Beispiele aus dem Ausland[74] zeigen, daß das Problem der Grundrechtskollision prinzipiell auf Grundlage einer Abwägung der jeweiligen Rechtsgüter auf gleichberechtigter Ebene gelöst werden muß. Unabhängig davon, welcher Kategorie die kollidierenden Rechte zuzuordnen sind, besteht keinerlei Hierarchie zwischen ihnen. Auf Grundlage dieser sowohl objektiven wie auch gemäßigten Methode muß der Richter alle relevanten Merkmale und Fakten sorgfältig in Betracht ziehen, sie bewerten und ihre jeweilige Bedeutung ermitteln, bevor eine Entscheidung im jeweiligen Rechtsstreit ergehen kann[75]. Diese Interessenabwägung ist ein wesentliches Merkmal des Grundsatzes der Verhältnismäßigkeit, aus dem sich Vorschriften ableiten lassen wie die Eignung, die Erforderlichkeit und die Verhältnismäßigkeit im engen Sinne, die dem Richter letztendlich die Lösung von Grundrechtskollisionen ermöglichen.

44
Harmonisierung der Grundrechte

Sofern dies möglich ist, sollte eine Harmonisierung der Rechtsgüter, die miteinander kollidieren und in Widerspruch zueinander stehen, angestrebt werden. Der französische Verfassungsrat, der oft mit Grundrechtskollisionen befaßt ist, bemüht sich um eine Harmonisierung der Grundrechte, ohne grundsätzlich einem Recht den Vorrang vor einem anderen zu geben[76]. Das Bundesgericht hat ebenso darauf hingewiesen, daß bei der Berücksichtigung verschiedener Grundrechte, die in einem bestimmten Einzelfall miteinander kollidieren können, „eine besonders sorgfältige Interessenabwägung und Beachtung der Verhältnismässigkeit ohne einseitige Bevorzugung einzelner

---

72 *BGE 128* I 327 (345) – Botta.
73 *BGE 129* I 173 (180) – X. und Mitbeteiligte, mit Hinweisen.
74 S. *Louis Favoreu* (Hg.), Droit constitutionnel, Paris ⁹2006, S. 812, Abs. 1268 und zitierte Quellen.
75 S. *Charles-Albert Morand*, Vers une méthodologie de la pesée des valeurs constitutionnelles, in: De la Constitution. Etudes en l'honneur de Jean-François Aubert, 1996, S. 57 (63).
76 *Favoreu* (FN 74), S. 812.

Gruppen" erforderlich ist[77]. Auf jeden Fall ist der Kerngehalt jedes einzelnen kollidierenden Grundrechts gemäß Art. 36 Abs. 4 BV unantastbar. Der Europäische Gerichtshof für Menschenrechte verfährt in seinen Entscheidungen ähnlich. So wies er in seiner Entscheidung zur Zulässigkeit einer Klage gegen das Verbot für eine zum Islam übergetretene Lehrerin, im Unterricht ein Kopftuch zu tragen, darauf hin, daß das Recht der Beschwerdeführerin auf öffentliche Darstellung ihres Glaubens gegen den Schutz der Schüler auf Sicherstellung ihrer Glaubensfreiheit abgewogen werden müsse. Der Gerichtshof entschied schließlich, daß das Verbot in diesem Fall nicht abwegig sei und wies die Klage gleichzeitig wegen nicht eindeutiger Begründetheit im Sinne von Art. 35 Ziff. 3 EMRK zurück[78].

Unantastbarkei des Kerngehalts

---

77 *BGE 128* I 327 (344) – Botta; zur Abwägung konträrer Interessen bei Demonstrationen in bezug auf öffentliches Eigentum, s. *Yvo Hangartner/Andreas Kley-Struller*, Demonstrationsfreiheit und Rechte Dritter, ZBl 1995, S. 101–116.
78 *EGMR*, Klage Nr. 42393/98, Dahlab ./. Schweiz, Entscheid über die Zulässigkeit v. 15. 2. 2001, Samml. 2001-V, S. 429 (445).

F. Bibliographie

Adank, Mathias, La coexistence des libertés, 1980.
Auer, Andreas/Malinverni, Giorgio/Hottelier, Michel, Droit constitutionnel suisse, Bd. II, Les droits fondamentaux, ²2006.
Gygi, Fritz, Grundrechtskonkurrenz?, in: Association Henri Zwahlen pour le développement du droit administratif et du droit fiscal (Hg.), Mélanges Henri Zwahlen, 1977, S. 61 ff.
Kurer, Martin, Die kantonalen Grundrechtsgarantien und ihr Verhältnis zum Bundesrecht, 1987.
Müller, Jörg Paul, Allgemeine Bemerkungen zu den Grundrechten, in: Daniel Thürer/Jean-François Aubert/Jörg Paul Müller (Hg.), Verfassungsrecht der Schweiz, 2001, S. 621 ff.
ders., Grundrechte in der Schweiz, ³1999.
ders., Elemente einer schweizerischen Grundrechtstheorie, 1982.
Rohrer, Beat, Beziehungen der Grundrechte untereinander, 1982.
Tschannen, Pierre, Staatsrecht der Schweizerischen Eidgenossenschaft, 2004.
Venanzoni, Reto, Konkurrenz von Grundrechten, ZSR 1979 I, S. 267 ff.
Weber-Dürler, Beatrice, Grundrechtseingriffe, in: Ulrich Zimmerli (Hg.), Die neue Bundesverfassung. Konsequenzen für Praxis und Wissenschaft, 2000, S. 131 ff.

§ 208
Beeinträchtigung von Grundrechten

Markus Schefer

Übersicht

	RN		RN
A. Bedeutung und Anwendungsbereich von Art. 36 BV	1– 13	2. Gesetzliche Grundlage und Eingriffsintensität	54– 65
I. Zweck und Bedeutung	1– 7	3. Beeinträchtigungen in dringlichen Situationen	66– 74
1. Grundgedanke und materieller Gehalt	1– 2	4. Besonderes Rechtsverhältnis	75– 78
2. Nicht abschließender Gehalt	3– 4	5. Einwilligung	79– 84
3. Verhältnis zwischen Art. 36 und Art. 5 BV	5– 6	II. Öffentliches Interesse oder Grundrechte Dritter	85– 96
4. Grundrechtsschranken der Bundesverfassung	7	1. Öffentliches Interesse	86– 91
II. Anwendungsbereich	8– 13	2. Grundrechte Dritter und Grundrechtskollisionen	92– 96
1. Grundsatz	8– 9	III. Verhältnismäßigkeit	97–112
2. Je spezifischer Anwendungsbereich	10– 11	1. Grundsatz	97
3. Spezifischer Gehalt der einzelnen Absätze je nach Grundrecht	12– 13	2. Normativer Gehalt: Präzision und Intensität	98–102
B. Schutzbereich und Beeinträchtigung von Grundrechten	14– 52	3. Verhältnismäßigkeit bei grundrechtlichen Schutzpflichten und Leistungsansprüchen	103–107
I. Begriff des Schutzbereichs	14– 28	4. Prüfungsdichte	108–111
1. Schutzbereich und Beeinträchtigung	14– 17	5. Bestimmung des Schutzbereichs	112
2. Weite oder enge Umschreibung des Schutzbereichs?	18– 22	IV. Kerngehalt	113–123
3. Zweckwidrige Ausübung von Grundrechten?	23– 24	1. Kerngehalte als kristallisierte Abwägungen	113–114
4. Besonderheiten von einfach-rechtlich vermittelten Grundrechten	25– 28	2. Menschenwürde	115–116
II. Spezifische Fragen der Grundrechtsbeeinträchtigung	29– 52	3. Absolute Geltung	117
1. Überblick	29	4. Normative Wirkungen	118–123
2. Intensität einer Beeinträchtigung	30– 31	D. Tragweite und Bedeutung von Art. 36 BV für einige spezifische Grundrechte	124–146
3. Staatliche Handlung	32– 39	I. Leistungsrechte	124–132
4. Unterlassung des Staates	40– 45	1. Geltung	124–125
5. Beeinträchtigung aufgrund einer Gefährdung	46– 52	2. Konkretisierung des Schutzbereichs	126–127
C. Rechtfertigung einer Grundrechtsbeeinträchtigung nach Art. 36 BV	53–123	3. Beeinträchtigung	128–130
I. Gesetzliche Grundlage	53– 84	4. Kerngehalt	131–132
1. Funktionen	53	II. Verfahrensgrundrechte	133–134
		III. Gleichheitsrechte	135–146
		1. Gesetzliche Grundlage	135–138
		2. Öffentliches Interesse	139–141
		3. Verhältnismäßigkeit	142–146
		E. Bibliographie	

A. Bedeutung und Anwendungsbereich von Art. 36 BV[*]

I. Zweck und normative Bedeutung

1. Grundgedanke und materieller Gehalt

1
Der Mensch als Mittelpunkt der Rechtsordnung

Artikel 36 der Bundesverfassung bringt zentrale Elemente der Struktur von Grundrechten zum Ausdruck: Sie schützen einen unaufgebbaren Kern menschlicher Existenz vor jeder Verletzung und gewährleisten darüber hinaus grundlegende Aspekte der Persönlichkeit so weit, als es mit der Eingebundenheit des Menschen in die Gesellschaft vereinbar erscheint. Damit spiegelt Art. 36 BV die Einsicht, daß der Mensch um seiner selbst willen der Rechtsordnung vorangeht und diese auf ihn ausgerichtet bleibt und daß er stets und existenziell auch ein sozial vermitteltes Wesen ist[1].

2
Materieller Gehalt

Den jeder Relativierung entzogenen Schutz garantiert Art. 36 Abs. 4 BV mit den Kerngehalten. Zur Vermittlung zwischen der Gewährleistung grundlegender Aspekte der Persönlichkeit eines Menschen und den Bedingungen gesellschaftlichen Zusammenlebens verankert Artikel 36 in den Absätzen 1 bis 3 die Erfordernisse der Grundlage im Gesetz, des überwiegenden öffentlichen oder privaten Interesses und der Verhältnismäßigkeit[2]. Diese drei Absätze bringen erhärtete materielle, verfahrensrechtliche und organisatorische Anforderungen eines angemessenen Ausgleichs zwischen individuellen Schutzbedürfnissen und gesamtgesellschaftlichen Ordnungsinteressen zum Ausdruck[3]. Sie verankern jene prozessualen und materiellen Garantien, welche sich in der bisherigen Erfahrung[4] als unaufgebbare Aspekte eines gerechten Gemeinwesens herauskristallisiert haben: Sie sollen gewährleisten, daß Grundrechte nur auf der Basis legitimitätsstiftender demokratischer Diskurse (gesetzliche Grundlage), im Rahmen längerfristig wirksamer Gemeinwohlvorstellungen (öffentliches Interesse) und unter Wahrung der Angemessenheit im Einzelfall (Verhältnismäßigkeit) beeinträchtigt werden. Diese Gerechtigkeitstopoi sind dort von ganz besonderer Bedeutung, wo der Einzelne

---

[*] Der Verfasser dankt Herrn *Martin Looser*, Fürsprecher, sehr herzlich für seine enorme Hilfe. Dieser Beitrag beruht auf der umfassenderen Studie von *Markus Schefer*, Die Beeinträchtigung von Grundrechten: Zur Dogmatik von Art. 36 BV, Bern 2006.

[1] Mit Bezug auf Grundrechtsbeeinträchtigungen *Auer/Malinverni/Hottelier*, Droit constitutionnel (LitVerz.), Bd. II, RN 168–173; *J.P. Müller*, Allgemeine Bemerkungen, in: Thürer/Aubert/ders., Verfassungsrecht (LitVerz.), § 39 RN 40ff.

[2] Der Text der Verfassung von 1874 enthielt noch keine dem heutigen Art. 36 BV entsprechende Bestimmung.

[3] Vgl. *Jörg Paul Müller*, Die demokratische Verfassung, 2002, S. 87ff.; *Aubert*, Notion et fonctions de la Constitution, in: Thürer/ders./Müller, Verfassungsrecht (LitVerz.), § 1 RN 16ff. m.w.H.; *Rhinow*, Grundzüge (LitVerz.), RN 46ff.; *Markus Schefer*, Die Kerngehalte von Grundrechten, 2001, S. 63f.

[4] Die Garantien nach Art. 36 BV wurden von Lehre und Praxis im Verlauf des 20. Jahrhunderts entwickelt; s. *Jörg Paul Müller*, Elemente einer schweizerischen Grundrechtstheorie, 1982, S. 103ff.; *Peter Saladin*, Grundrechte, ³1982, S. 335ff.

in erhöhtem Maße verletzlich erscheint – das heißt bei den Grundrechten. Deshalb werden sie in Art. 36 BV, im Grundrechtsteil der Verfassung, besonders aufgeführt.

2. Nicht abschließender Gehalt

Art. 36 BV verankert jene Anforderungen an eine rechtmäßige Grundrechtsbeeinträchtigung, die bei typischen Eingriffen in Abwehrrechte üblicherweise erfüllt sein müssen. Die Aufzählung in den vier Absätzen dieses Artikels ist aber nicht abschließend[5]: So verankert die Verfassung für die Beeinträchtigung spezifischer Grundrechte[6] wie etwa des Persönlichkeitsschutzes oder der Eigentumsgarantie zusätzlich besondere Verfahrensvorschriften[7] und Kompensationspflichten[8]. Darüber hinaus konkretisiert der Verfassungstext selber einzelne Gewährleistungen von Art. 36 BV für bestimmte Grundrechte[9], wie etwa das Erfordernis einer Verfassungsgrundlage für „grundsatzwidrige"[10] Beeinträchtigungen der Wirtschaftsfreiheit nach Art. 94 Abs. 4 BV[11].

3
Keine abschließende Aufzählung

Weitere Konkretisierung durch die Verfassung

Keine Aufnahme in Art. 36 BV und den weiteren Text der Verfassung fanden etwa die Anforderungen an Grundrechtsbeeinträchtigungen im Notstand[12], an die Verwirkung eines Grundrechts wegen mißbräuchlicher Ausübung[13] oder aufgrund der Einwilligung des Betroffenen[14]. Besondere, vom Verfassungstext nicht angesprochene Fragen stellen sich auch etwa bei Grundrechtsbeeinträchtigungen durch extrakonstitutionelles Dringlichkeitsrecht[15].

4
Ungeschriebene Anforderungen

---

5 In diese Richtung geht auch die Lehre zur analogen Schrankenbestimmung von Art. 52 Abs. 1 EU-Grundrechtecharta; s. etwa *Margit Bühler*, Einschränkung von Grundrechten nach der Europäischen Grundrechtecharta, 2005, S. 266 ff.; *Jörg Pietsch*, Das Schrankenregime der EU-Grundrechtecharta, 2005, S. 167 f.; *Zuleeg*, Zum Verhältnis nationaler und europäischer Grundrechte, EuGRZ 2000, S. 516; vgl. auch *Szczekalla*, in: Heselhaus/Nowak (Hg.), Handbuch (LitVerz.), § 7 RN 61 ff.; *Borowsky*, in: Jürgen Meyer (Hg.), Kommentar zur Charta der Grundrechte der EU, ²2006, Art. 52 RN 19.
6 Dabei handelt es sich um Voraussetzungen ihrer rechtmäßigen Beeinträchtigung und nicht um Rechtsfolgen ihrer Verletzung; vgl. *Bernhard Rütsche*, Rechtsfolgen von Grundrechtsverletzungen, 2002, S. 370.
7 Zu Art. 31 BV etwa *J.P. Müller*, Grundrechte (LitVerz.), S. 65 ff.; *Schefer*, Grundrechte (LitVerz.), S. 48 f.; *BGE 131* I 66 (73 f. Erw. 4.8); *132* I 21 (28 Erw. 4.1) je m.w.H. Zu Art. 5 Abs. 5 EMRK *Stefan Trechsel*, Human Rights in Criminal Proceedings, 2005, S. 495–501.
8 Zu Art. 26 BV *Riva/Müller-Tschumi*, Eigentumsgarantie, in: Thürer/Aubert/Müller, Verfassungsrecht (LitVerz.), § 48 RN 21 ff.; *Rhinow*, Grundzüge (LitVerz.), RN 1623. *BGE 131* I 321 (328 Erw. 5.4).
9 Dazu *Biaggini*, Von der Handels- und Gewerbefreiheit zur Wirtschaftsfreiheit, ZBl 2001, S. 237 f.
10 Dazu *Rhinow*, Grundzüge (LitVerz.), RN 2906 ff.; *Vallender*, in: Ehrenzeller u. a., St. Galler Kommentar (LitVerz.), Art. 27 RN 36 ff.; *Biaggini*, Wirtschaftsfreiheit, in: Thürer/Aubert/Müller, Verfassungsrecht (LitVerz.), § 49 RN 17.
11 Die BV enthält zahlreiche solcher Verfassungsvorbehalte, s. etwa den Vorbehalt der kantonalen Regalrechte in Art. 94 Abs. 4 BV selber, Art. 100 Abs. 3 (Konjunkturpolitik), Art. 101 Abs. 2 (Außenwirtschaftspolitik), Art. 102 Abs. 2 (Landesversorgung), Art. 103 (Strukturpolitik), Art. 104 Abs. 2 BV (Landwirtschaft), u. a.
12 In Art. 15 EMRK und Art. 4 UNO-Pakt II hat dieser Aspekt auf internationaler Ebene Ausdruck gefunden; vgl. auch die Ausführungen unten RN 72–74, 119.
13 S. demgegenüber die ausdrücklichen Regelungen auf internationaler Ebene in Art. 17 EMRK und Art. 5 Abs. 1 UNO-Pakt II, im deutschen Verfassungsrecht Art. 18 GG. Vgl. auch unten RN 24.
14 Dazu eingehend *Schefer*, Kerngehalte (FN 3), S. 377 ff. m.w.H.; unten RN 74 ff.
15 Dazu weiter unten RN 70 f.

3. Verhältnis zwischen Art. 36 und Art. 5 BV

5
Anwendungsbereich von Art. 5 BV

Art. 5 BV gewährleistet mit den Grundsätzen der Verhältnismäßigkeit, der Gesetzmäßigkeit und dem Erfordernis, daß staatliches Handeln im öffentlichen Interesse liegen muß, allgemeine Rechtsgrundsätze mit analogen Gehalten wie Art. 36 BV[16]. Sein Anwendungsbereich ist jedoch weiter: Art. 5 BV leitet jedes staatliche Handeln[17], Art. 36 BV konkretisiert die entsprechenden Gehalte für jene Situationen, in denen ein Grundrecht beeinträchtigt wird. Dementsprechend verankert Art. 36 BV die spezifischeren materiellen Garantien als Art. 5 BV[18]. Es ist aber noch weitgehend ungeklärt, wo die Unterschiede im einzelnen liegen[19].

6
Deklaratorischer Charakter des Art. 36 BV

In ihren spezifischen Gehalten gehen die Garantien von Art. 36 BV grundsätzlich über die allgemeinen Rechtsgrundsätze von Art. 5 BV hinaus. Die Anforderungen an die rechtmäßige Beeinträchtigung sind ein Aspekt der Geltung und Ausgestaltung eines Grundrechts und treten nicht quasi „von außen" an dieses heran. Sie finden ihre normative Grundlage in den jeweiligen Grundrechtsgewährleistungen selber. Ihre ausdrückliche Verankerung in Art. 36 BV hat allein deklaratorischen Charakter.

4. Grundrechtsschranken der Bundesverfassung

7
Schranken und Konkretisierungen des Schutzbereichs

Verschiedene Bestimmungen der Bundesverfassung selber beeinträchtigen gewisse Grundrechte[20]. So wird beispielsweise die Religionsfreiheit nach Art. 15 BV in ihrem Teilgehalt als Garantie staatlicher Neutralität durch die Möglichkeit öffentlich-rechtlicher Anerkennung von Kirchen in Art. 72 Abs. 1 BV eingeschränkt[21], die Sprachenfreiheit (Art. 18 BV) durch das Territorialitätsprinzip (Art. 70 Abs. 2 BV)[22] oder der Anspruch auf Gleichbehandlung von Mann und Frau nach Art. 8 Abs. 3 und Abs. 2 BV im Bereich des Militär-

---

16 Aus der bisherigen Praxis zu Art. 5 BV vgl. etwa *BGE 131* I 91 (99 Erw. 3.3); *130* I 1 (5 Erw. 3.1); *128* II 292 (297 Erw. 5); aus der Lehre *Pierre Tschannen/Ulrich Zimmerli*, Allgemeines Verwaltungsrecht, 2005, § 19, insb. RN 21 ff. und 42, § 20, insb. RN 9 f., sowie § 21; *Moor*, Principes de l'activité étatique et responsabilité de l'Etat, in: Thürer/Aubert/Müller, Verfassungsrecht (LitVerz.), § 16 RN 29, 40, 58.

17 Vgl. die grundsätzlichen Ausführungen in *BGE 123* I 1 (3 f. Erw. 2 b) und von *Rhinow*, Rechtsstaatlichkeit im Spiegel der neuen Bundesverfassung, in: Gauch/Thürer, Bundesverfassung (LitVerz.), S. 55 ff.

18 Vgl. *Mahon*, in: Aubert/ders., Constitution (LitVerz.), Art. 5 RN 6 f.; *R.J. Schweizer*, in: Ehrenzeller u.a., St. Galler Kommentar (LitVerz.), Art. 36 RN 9.

19 Ansätze bei *Weber-Dürler*, Ablösung der Freiheitsrechte durch rechtsstaatliche Verfassungsprinzipien?, in: Piermarco Zen-Ruffinen/Andreas Auer (Hg.), FS Jean-François Aubert, 1996, insb. S. 441–444; *dies.*, Der Grundrechtseingriff, in: VVDStRL 57 (1998), S. 57 (94). Aus der Praxis zu Art. 5 BV etwa *BGE 128* I 113 (121 Erw. 3 c); *129* I 161 (164 f. Erw. 2.1).

20 Vgl. auch *R.J. Schweizer*, in: Ehrenzeller u.a., St. Galler Kommentar (LitVerz.), Art. 36 RN 3; *Weber-Dürler*, Grundrechtseingriffe, in: Ulrich Zimmerli (Hg.), Die neue Bundesverfassung – Konsequenzen für Praxis und Wissenschaft, 2000, S. 144. Zur Grundrechtsbeeinträchtigung durch internationales Recht *Auer/Malinverni/Hottelier*, Droit constitutionnel (LitVerz.), Bd. II, RN 200.

21 So die ständige Praxis des BGer, etwa *BGE 125* I 347 (354 Erw. 3 a); *118* Ia 46 (58 Erw. 4 e aa). Dazu *Rhinow*, Grundzüge (LitVerz.), RN 1373–1381; *Schefer*, Grundrechte (LitVerz.), S. 61 ff.

22 S. etwa *Schefer*, Grundrechte (LitVerz.), S. 101 f.; *J.P. Müller*, Grundrechte (LitVerz.), S. 142–145; *Borghi*, La liberté de la langue et ses limites, in: Thürer/Aubert/Müller, Verfassungsrecht (LitVerz.), § 38 RN 24 ff. Aus der Praxis etwa *BGE 128* V 34 (37 f. Erw. 2 b).

dienst durch Art. 59 Abs. 1 BV²³. Zum Teil erscheinen solche Verfassungsnormen auch als einschränkende Konkretisierung des Schutzbereichs von Grundrechten, wie etwa die Beschränkung der politischen Rechte im Bund auf Schweizer Bürger oder auf über 18-Jährige (Art. 136 Abs. 1 BV)²⁴. Bestimmungen der Verfassung erfüllen die Erfordernisse von Art. 36 BV an die Normstufe. Sie können *im konkreten Einzelfall* aber nur so weit eine Beeinträchtigung von Grundrechten rechtfertigen, wie sie die Anforderungen von Art. 36 Abs. 1 BV an die Normdichte erfüllen²⁵.

Normstufe und Normdichte

II. Anwendungsbereich

1. Grundsatz: Anwendung von Art. 36 BV auf alle Grundrechte

Die grundlegende Gerechtigkeitsfunktion von Art. 36 BV muß bei allen Grundrechten zum Tragen kommen. Unabhängig von seiner dogmatischen Struktur darf ein Grundrecht nur dann beeinträchtigt werden, wenn die erforderliche demokratische Legitimation dafür vorhanden und die einschränkende Maßnahme von legitimen Gemeinwohlüberlegungen getragen ist. Unabhängig davon, welches Grundrecht in Frage steht, darf der Einzelne nur im Rahmen des Angemessenen und unter Wahrung seiner existenziellen Daseinsbedingungen getroffen werden. Für den Geltungsbereich von Art. 36 BV bedeutet dies, daß die einzelnen Gewährleistungen dieser Bestimmung grundsätzlich auf *jedes* Grundrecht Anwendung finden²⁶.

8
Demokratische Legitimation und Gemeinwohlbezug

---

23 *J.P. Müller*, Grundrechte (LitVerz.), S. 460 f., hält zu Recht fest, diese Bestimmungen seien im Lichte von Art. 8 Abs. 3 BV dahingehend auszulegen, daß sie Frauen und Männer im Militär- und Zivilschutzdienst nur insoweit unterschiedlich behandeln, als dies aus biologischen Gründen zwingend erforderlich ist. Kritisch dazu *Beatrice Weber-Dürl*er, Rechtsgleichheit, in: Thürer/Aubert/Müller (LitVerz.), § 41 RN 29. Aus der Rechtsprechung *BGE 118* Ia 341 (346 Erw. 2 e).
24 *Steinmann*, Die Gewährleistung der politischen Rechte durch die neue Bundesverfassung (Art. 34 BV), ZBJV 2003, S. 485; *Pierre Tschannen*, Stimmrecht und politische Verständigung, 1995, RN 68 (der sie als „Geltungsbedingungen" bezeichnet); *Yvo Hangartner/Andreas Kley*, Die demokratischen Rechte in Bund und Kantonen der Schweizerischen Eidgenossenschaft, 2000, RN 29, 46 ff., 97 ff., 120 f. Zu Recht regt *Mahon* an, diese Begrenzungen der politischen Rechte zu hinterfragen; s. *dens.*, La citoyenneté active en droit public suisse, in: Thürer/Aubert/Müller, Verfassungsrecht (LitVerz.), § 20 RN 16, 32 f.
25 Dazu eingehender unten RN 54–56.
26 Für einen weiten Anwendungsbereich plädiert auch etwa *J.P. Müller*, Allgemeine Bemerkungen, in: Thürer/Aubert/ders., Verfassungsrecht (LitVerz.), § 39 RN 49–51; *Schefer*, Kerngehalte (FN 3), S. 63–72; auch *Tschannen*, Staatsrecht (LitVerz.), § 7 RN 98, anerkennt, daß einzelnen Aspekten von Art. 36 BV außerhalb von Freiheitsrechten eine Bedeutung zukommen kann; ebenso → Bd. I: *Kokott*, Grundrechtliche Schranken und Schrankenschranken, § 22 RN 13. Die Europäische Kommission erachtet die analoge Schrankenbestimmung von Art. 52 Abs. 1 EU-Grundrechtecharta als „auf praktisch alle Rechte anwendbar"; s. Mitteilung v. 13. 9. 2000, KOM(2000) 559 endg., RN 26. Für eine jedenfalls „sinngemässe (Teil-)Anwendung" auf Sozialrechte *BGE 129* I 12 (20 Erw. 6.4) und *129* I 35 (42 f. Erw. 8.2); *131* I 166 (176 Erw. 5.2) vgl. auch *BGE 132* I 134 (137 Erw. 2.1). Kritisch zu diesen Entscheiden *Kiener/Kälin*, Grundrechte (LitVerz.), S. 392 f.

9
Kein Prüfungsprogramm

Praxis[27] und Doktrin[28] gehen demgegenüber davon aus, die Schrankenregelungen von Art. 36 BV seien primär auf Freiheitsrechte zugeschnitten. Dieses Verständnis beruht auf dem Gedanken, daß diese Norm so etwas wie ein Prüfungsprogramm für Grundrechtseinschränkungen enthalte. Bei den meisten Freiheitsrechten wendet das Bundesgericht die Anforderungen von Art. 36 Abs. 1 bis 4 BV denn auch wie ein Prüfungsschema an. Deshalb könnte diese Bestimmung tatsächlich als Anleitung zur Fallösung verstanden werden. Prüfungsprogramme sind aber bloße Hilfsmittel zu didaktischen Zwecken, welche bei der Ausbildung Studierender oder im Rahmen der Fallentscheidung in der Praxis nützliche Dienste leisten. Verfassungsrecht stellen sie nicht dar[29]. Ein solches Verständnis von Art. 36 BV wird deshalb der Bedeutung dieser Bestimmung nicht gerecht und verkürzt sie in ihrem normativen Gehalt erheblich[30].

2. Je spezifischer Anwendungsbereich der vier Absätze von Art. 36 BV

10
Grundrechtsstruktur und Art der Beeinträchtigung

Je nach der dogmatischen Struktur eines Grundrechts und der Art seiner Beeinträchtigung werden die einzelnen Teilgehalte von Art. 36 BV in unterschiedlicher Weise tangiert. Die Absätze 1 bis 4 des Art. 36 BV kommen deshalb je nachdem, welches Grundrecht betroffen ist und wie es beeinträchtigt wird, gesamthaft oder je einzeln zur Anwendung. Bei hoheitlichen Eingriffen in Abwehrrechte, wie etwa bei der Zwangsmedikation psychisch Kranker, sind alle vier Teilgehalte von Art. 36 BV anwendbar. Im Rahmen des Gleichheitssatzes stellen sich hingegen primär Fragen nach den Gemeinwohlzielen einer Ungleichbehandlung, nach ihrer Angemessenheit und nach der Vergleichbarkeit mehrerer Sachverhalte[31]; hier finden primär die Absätze 2 und 3 von Art. 36 Anwendung.

11

Der Anwendungsbereich von Art. 36 BV ist dementsprechend für jeden der vier Absätze gesondert zu beurteilen. Die Nichtanwendbarkeit des einen

---

27 Botschaft VE 96, S. 194; entsprechend die grundsätzlichen Erwägungen in *BGE 129* I 12 (19 Erw. 6.2); *129* I 35 (42 Erw. 8.2), die jedoch in der weiteren Begründung relativiert werden, vgl. FN 26.

28 *Kiener/Kälin*, Grundrechte (LitVerz.), S. 77 f., 392 f.; *Tschannen*, Staatsrecht (LitVerz.), § 7 RN 91–98; *Rhinow*, Grundzüge (LitVerz.), RN 1102–1104; *Mahon*, in: Aubert/ders., Constitution (LitVerz.), Art. 36 RN 4; *R.J. Schweizer*, in: Ehrenzeller u. a., St. Galler Kommentar (LitVerz.), Art. 36 RN 7; *Häfelin/Haller*, Bundesstaatsrecht (LitVerz.), RN 302 f.; *Auer/Malinverni/Hottelier*, Droit constitutionnel (LitVerz.), Bd. II, RN 138, 172; *Weber-Dürler*, Grundrechtseingriffe (FN 20), S. 133; *Roland Feuz*, Materielle Gesetzesbegriffe (Diss. Bern), 2002, S. 130–134 mit entsprechenden Folgerungen für die Auslegung von Art. 164 Abs. 1 lit. b BV; *Schindler*, Die „formelle Natur" von Verfahrensgrundrechten, ZBl 2005, S. 195 mit Fn. 129. Nun auch *Borowsky*, in: Jürgen Meyer (Hg.), Kommentar zur Charta der Grundrechte der EU, ²2006, Art. 52 RN 18 unter Hinweis auf die Schweizer Lehre.

29 Zum Verhältnis zwischen Prüfungsprogrammen und Verfassungsnormen s. *Fallon*, Foreword: Implementing the Constitution, Harv.L.Rev. 111 (1997), 54 (61–67).

30 *Auer/Malinverni/Hottelier*, Droit constitutionnel (LitVerz.), Bd. II, RN 170 f., erblicken den Grund für die Fokussierung von Art. 36 BV auf die Freiheitsrechte in deren besonderer Struktur: Aufgrund der notwendigerweise sozialen Eingebundenheit des Menschen sei seine Freiheit stets eine inhärent beschränkte. M.E. ist dies jedoch nicht ein Spezifikum der Freiheitsrechte, sondern betrifft sämtliche Grundrechte.

31 Dies ist insbesondere dort der Fall, wo interne Ziele in Frage stehen. Zur Unterscheidung von internen und externen Zielen im schweizerischen Recht *J.P. Müller*, Grundrechte (LitVerz.), S. 397–400, im Anschluß an die deutsche Differenzierung von *Stefan Huster*, Rechte und Ziele, 1993, S. 164 ff.

führt nicht zwangsläufig dazu, daß Artikel 36 als Ganzes außer Betracht bleibt[32]. Je nachdem, welche prozessualen und materiellen Garantien erforderlich sind, um ein spezifisches Grundrecht vor Beeinträchtigung zu schützen, kommen nur einzelne der Gewährleistungen von Absatz 1 bis 4 zur Anwendung.

Gesonderte Anwendungsbereiche

3. Spezifischer Gehalt der einzelnen Absätze von Art. 36 BV je nach Grundrecht

Je nach Grundrecht kann den einzelnen Gewährleistungen seiner vier Absätze nicht nur ein je eigener Anwendungsbereich zukommen, sondern sie können auch unterschiedlichen Gehalt annehmen. Die Erfordernisse der gesetzlichen Grundlage, des öffentlichen Interesses, der Verhältnismäßigkeit und des Kerngehalts sind deshalb bei jedem Grundrecht spezifisch zu konkretisieren[33]. So verlangt die Verhältnismäßigkeit im allgemeinen eine *Gewichtung* der unterschiedlichen involvierten Interessen im Einzelfall[34]; beim allgemeinen Gleichheitssatz dagegen erfordert sie regelmäßig auch einen *Vergleich* der Sachverhalte[35]. Bei der Wirtschaftsfreiheit nimmt Art. 94 Abs. 4 BV das Interesse an umfassender Steuerung des Marktes vom Kreis zulässiger öffentlicher Interessen aus[36].

12
Grundrechtsspezifische Gehalte von Art. 36 BV

Beispiele

Die Unterschiede zwischen der allgemeinen Schrankenbestimmung von Art. 36 BV und den je grundrechtsspezifischen Regelungen, wie sie dem Bonner Grundgesetz und der Europäischen Menschenrechtskonvention zugrunde liegen[37], dürfen deshalb nicht überschätzt werden. Auch Art. 36 BV ist für jedes Grundrecht spezifisch zu konkretisieren, entsprechend seiner dogmatischen Struktur, der Art seiner Beeinträchtigung und den typischen Schutzbedürfnissen, auf die es antwortet. Entsprechend ist die Kontroverse insbeson-

13
Grundrechtsspezifische oder einheitliche Schranken?

---

32 Dazu auch *Schefer*, Kerngehalte (FN 3), S. 66; *J.P. Müller*, Allgemeine Bemerkungen, in: Thürer/Aubert/*ders.*, Verfassungsrecht (LitVerz.), § 39 RN 52; im Grundsatz zustimmend auch *Tschannen*, Staatsrecht (LitVerz.), § 7 RN 98.
33 In rechtsvergleichender und internationaler Sicht zeigt sich dies deutlich: Die Grundrechte im Bonner Grundgesetz verfügen je über spezifische Schranken und Schrankenschranken; s. dazu *H. Dreier*, GG (LitVerz.), Vorbem. vor Art. 1 RN 134 ff. Die EMRK formuliert in den zweiten Absätzen der Art. 8–11 die Voraussetzungen zulässiger Beeinträchtigung je unterschiedlich; *Grabenwarter*, EMRK (LitVerz.), § 18 RN 1. Auch im U.S.-amerikanischen Verfassungsrecht wurden für jedes Grundrecht gesonderte sog. „tests" zulässiger Beeinträchtigung entwickelt; dazu *Fallon*, Foreword: Implementing the Constitution, Harv.L.Rev. 111 (1997), S. 54 (67 ff.).
34 S. dazu aus der schweizerischen Lehre im Anschluß an *Peter Lerche*, Übermaß und Verfassungsrecht, 1961, S. 29 ff. (ferner: ²1999, S. XIV), insb. *G. Müller*, Der Gleichheitssatz, in: VVDStRL 47 (1989), S. 41 (51); *dens.*, in: Aubert u.a., Bundesverfassung 1874 (LitVerz.), Art. 4 RN 31–32a.
35 In der deutschen Doktrin sind die Meinungen zur Struktur der Rechtsgleichheit gespalten. Im Sinne der Strukturgleichheit etwa *Huster* (FN 31), S. 165 f., und daran anschließend *Pieroth/Schlink*, Grundrechte (LitVerz.), RN 441 f.; dagegen etwa *Paul Kirchhof*, Die Verschiedenheit der Menschen und die Gleichheit vor dem Gesetz, 1996, S. 30 f.
36 S. dazu die Hinweise in FN 9–11. Der materielle Gehalt der einzelnen Anforderungen kann sogar innerhalb eines Grundrechts variieren; so hält Art. 36 Abs. 1 BV fest, daß die Anforderungen an die Normstufe und -dichte der gesetzlichen Grundlage je nach Schwere einer Beeinträchtigung unterschiedlich sind. S. zu den entsprechenden Unterschieden unten RN 54 f. (gesetzliche Grundlage), RN 89 (öffentliches Interesse), RN 98 ff., 142 ff. (Verhältnismäßigkeit).
37 S. nur etwa *H. Dreier*, GG (LitVerz.), Vorbem. vor Art. 1 GG RN 136 ff.

dere in der deutschen Literatur darüber, ob die allgemeine Schrankenbestimmung von Art. 52 Abs. 1 EU-Grundrechtecharta[38] oder die Ordnung des Grundgesetzes[39] und der Europäischen Menschenrechtskonvention vorzuziehen sei[40], vielleicht gar nicht so grundlegend[41].

B. Schutzbereich und Beeinträchtigung von Grundrechten

I. Zum Begriff des Schutzbereichs

1. Gesichtspunkte der Unterscheidung zwischen Schutzbereich und Beeinträchtigung

14
Unterscheidung der Begriffe

Die Grundrechtsdogmatik unterscheidet zwischen dem Schutzbereich eines Grundrechts und seiner Beeinträchtigung[42]. Die beiden Begriffe sind voneinander zu unterscheiden, stehen aber in einem engen gegenseitigen Verhältnis[43].

15
Schutzbereich als Umschreibung des Schutzobjekts

Der *Schutzbereich* eines Grundrechts umschreibt das *Schutzobjekt*[44]. Dieses umfaßt jene Aspekte menschlichen Daseins, die aufgrund ihrer existenziellen Bedeutung für den Einzelnen oder für die demokratische Auseinandersetzung und ihrer Anfälligkeit für Verletzung eines besonderen verfassungsrechtlichen Schutzes bedürfen. Entscheidend für die Identifizierung der Schutzobjekte sind die historischen Gefährdungserfahrungen und die aktuellen Einsichten in die grundlegenden Bedingungen menschlicher Existenz.

16

Der verfassungsrechtliche Persönlichkeitsschutz beispielsweise umfaßt „alle elementaren Aspekte der Persönlichkeitsentfaltung"[45]. Was als elementar in

---

38 Zustimmend zur allgemeinen Bestimmung etwa *Borowsky*, in: Jürgen Meyer (Hg.), Kommentar zur Charta der Grundrechte der EU, ²2006, Art. 52 RN 42 und *Hans D. Jarass*, EU-Grundrechte, 2005, § 6 RN 25.
39 Für spezifische Schrankenbestimmungen plädiert etwa *Edgar Stieglitz*, Allgemeine Lehren im Grundrechtsverständnis nach der Europäischen Menschenrechtskonvention und der Grundrechtsjudikatur des Europäischen Gerichtshofs, 2002, S. 129.
40 S. den Überblick bei *Bühler* (FN 5), S. 264–268.
41 Auch *Holoubek* (in: Alfred Duschanek/Stefan Griller [Hg.], Grundrechte für Europa – Die Europäische Union nach Nizza, 2002, S. 36 f.) hält fest, die spezifischen Schrankenbestimmungen der EMRK hätten im Rechtsalltag gegenüber einer allgemeinen Normierung keinen Gewinn an Rechtssicherheit und Rechtsklarheit zur Folge.
42 S. etwa *J.P. Müller*, Grundrechtstheorie (FN 4), S. 96–101; *ders.*, Allgemeine Bemerkungen, in: Thürer/Aubert/*ders.*, Verfassungsrecht (LitVerz.), RN 40–48; *Häfelin/Haller*, Bundesstaatsrecht (LitVerz.), RN 302 ff., insb. RN 304; *Weber-Dürler*, Grundrechtseingriffe (FN 20), S. 131–136; *Marcel Bolz*, Das Verhältnis von Schutzobjekt und Schranken der Grundrechte, 1991, S. 13 ff., 17 ff.
43 *J.P. Müller*, Grundrechtstheorie (FN 4), S. 96–101; *ders.*, Allgemeine Bemerkungen, in: Thürer/Aubert/*ders.*, Verfassungsrecht (LitVerz.), RN 42; *Weber-Dürler*, in: VVDStRL 57 (1998), S. 82; *Mahon*, in: Aubert/*ders.*, Constitution (LitVerz.), Art. 36 RN 5; *Auer/Malinverni/Hottelier*, Droit constitutionnel (LitVerz.), Bd. II, RN 169; *Bolz* aaO., S. 218–263.
44 Vgl. dazu und zum folgenden auch *Isensee*, HStR ²V, RN 40 ff. m.H.; vgl. auch *Bolz* aaO., S. 24–26, 282 f.
45 Vgl. statt vieler *J.P. Müller*, Grundrechte (LitVerz.), S. 7–9 und aus der bundesgerichtlichen Rechtsprechung etwa *BGE 128* II 259 (268 Erw. 3.2); *127* I 6 (11 Erw. 5 a); *124* I 85 (86 Erw. 2 a); *119* Ia 460 (474 Erw. 5 a); *118* Ia 305 (315 Erw. 4 a); *114* Ia 286 (290 Erw. 6 a); *101* Ia 336 (346 f. Erw. 7); *97* I 45 (49 Erw. 3).

diesem Sinne erscheint, erschließt sich aufgrund historischer Verletzungserfahrungen und Schutzbedürfnisse, aber auch der aktuellen Bedrohungslage im konkreten Fall[46]. So ist anerkannt, daß der verfassungsrechtliche Persönlichkeitsschutz nur die elementaren Aspekte der Persönlichkeitsentfaltung umfaßt[47]; er garantiert grundsätzlich kein Recht, sich an einem beliebigen Ort aufzuhalten[48]. Wird aber beispielsweise ein Obdachloser aus den schützenden Baulichkeiten eines Bahnhofs weggewiesen, kann der Schutzbereich des Grundrechts betroffen sein[49].

Beispiel Persönlichkeitsschutz

Die Frage der *Beeinträchtigung* von Grundrechten stellt sich dort, wo sich der grundrechtliche Schutz des Einzelnen mit kollidierenden Interessen des Gemeinwohls oder von Dritten reibt[50]. Art. 36 BV formuliert verschiedene verfassungsrechtliche Anforderungen an die Lösung solcher Konflikte. Auch dieser Ausgleich muß auf allgemeiner Ebene die berührten Interessen berücksichtigen und gegeneinander abwägen[51] und auf konkreter Ebene den spezifischen Interessen des Gemeinwesens mit jenen der betroffenen Einzelnen in einen Ausgleich bringen[52].

17
Beeinträchtigung als Rechtsgüterkollision

2. Weite oder enge Umschreibung des Schutzbereichs?

Insbesondere in der deutschen Lehre[53] und Praxis[54] wird die Ansicht vertreten, die Schutzbereiche der Grundrechte seien möglichst prägnant zu konturieren und eher eng zu umschreiben[55]. Damit verbindet sich die Hoffnung, die

18
Prägnante Umschreibung der Schutzbereiche?

---

46 Dabei ist aber noch nicht in Anschlag zu bringen, welche Interessen einem Schutz solcher elementaren Aspekte menschlicher Existenz entgegenstehen. Dies geschieht erst in einer Abwägung; dazu unten RN 17, 86 ff., 97 ff.
47 Vgl. die Hinweise in FN 45.
48 Vgl. etwa *BGE* 108 Ia 59 (61 Erw. 4 a). Ebensowenig läßt sich nach der Praxis des BGer und des BR der persönlichen Freiheit ein „Recht auf freie Routenwahl" entnehmen; vgl. *BGer*, Urt. v. 13. 5. 1997, ZBl 1998, S. 379 (385 Erw. 5) und *Bundesrat*, Entscheid v. 25. 2. 1987, in: VPB 51/1987, Nr. 51 Erw. 7 c (S. 307 f.).
49 *BGE* 132 I 49 (55 f. Erw. 5.2) Dogmatisch noch etwas unklar *BGE* 128 I 327 (337 Erw. 3.3 und 342 Erw. 4.3.1). Das BGer scheint in neuerer Zeit den Schutzbereich des Grundrechts auszudehnen, ohne dies aber zu begründen; s. *BGE* 130 I 388 (398 Erw. 5.3), wo ein Journalist daran gehindert wurde, zum WEF nach Davos zu reisen und das BGer dies als Eingriff in die Bewegungsfreiheit qualifiziert. Dazu *Schefer*, Grundrechte (LitVerz.), S. 23 f.
50 Vgl. *J.P. Müller*, Allgemeine Bemerkungen, in: Thürer/Aubert/ders., Verfassungsrecht (LitVerz.), § 39 RN 40 ff.; vgl. auch → Bd. I: *Ossenbühl*, Grundsätze der Grundrechtsinterpretation, § 15 RN 28.
51 Diese Abwägung auf einer abstrakten Ebene findet im Rahmen des Erfordernisses eines überwiegenden öffentlichen Interesses nach Art. 36 Abs. 2 BV statt.
52 Diese Abwägung ist im Rahmen der Verhältnismäßigkeit nach Art. 36 Abs. 3 BV vorzunehmen.
53 S. aus der neueren Lehre insb. *Böckenförde*, Schutzbereich, Eingriff, verfassungsimmanente Schranken – Zur Kritik gegenwärtiger Grundrechtsdogmatik, in: Der Staat 42 (2003), S. 165 ff. Eine Übersicht über die in der deutschen Literatur vertretenen Standpunkte gewährt *Kahl*, Vom weiten Schutzbereich zum engen Gewährleistungsgehalt, in: Der Staat 43 (2004), S. 167 ff.
54 S. aus der neueren Praxis des Bundesverfassungsgerichts insb. die Osho-Entscheidung *BVerfGE* 105, 279 (292 ff.) und den Glykol-Beschluß *BVerfGE* 105, 252 (265 ff.) und dazu zu Recht kritisch *Murswiek*, Das Bundesverfassungsgericht und die Dogmatik mittelbarer Grundrechtseingriffe, NVwZ 2003, S. 1 (3). W.H. auf die neuere Praxis bei *Kahl* aaO., S. 170 f.; vgl. dazu auch die ausgleichenden Anmerkungen von *Hoffmann-Riem*, Grundrechtsanwendung unter Rationalitätsanspruch, in: Der Staat 43 (2004), S. 203 ff.
55 Tendenziell in die gleiche Richtung zielt auch *Tschannen*, ZSR 1999 II, S. 410 ff. Er geht aber bedeutend weniger weit als das Bundesverfassungsgericht und zieht die m.E. unannehmbaren Konsequenzen des Gerichts nicht. S. insb. seine Fallbeispiele auf S. 412.

Grundrechtsanwendung rationaler und vorhersehbarer zu gestalten. Dieser Ansatz wirft verschiedene Fragen auf:

19
Gefahr einer Verkürzung des Grundrechtsschutzes

Beispiel Religionsfreiheit

a) Der Schutzbereich stellt nur ein dogmatisches Instrument dar, um die Unversehrtheit des zu Schützenden – des Schutzobjekts – sicherzustellen. Er ist so zu umschreiben, daß das anvisierte Schutzobjekt möglichst gut geschützt wird[56]. Dem Bedürfnis nach gesteigerter Rationalität darf deshalb nur so weit durch eine enge Umschreibung des Schutzbereichs Rechnung getragen werden, als die Integrität des Schutzobjekts dadurch nicht leidet[57]. So darf etwa durch eine enge Umschreibung der Religionsfreiheit der Schutz religiöser Minderheiten nicht verkürzt werden[58]; die zunehmende religiöse Heterogenität der Bevölkerung verlangt vielmehr nach einer Intensivierung des Schutzes[59].

20
Enges Schutzobjekt und enger Schutzbereich

Eine enge Umschreibung des Schutzbereichs ist hingegen dort sinnvoll, wo auch das Schutzobjekt entsprechend eng erscheint. Deshalb hat sich das Schweizer Bundesgericht[60] nicht der Elfes-Rechtsprechung des Bundesverfassungsgerichts[61] angeschlossen, sondern den Persönlichkeitsschutz prägnant konturiert[62].

21
Zurechenbarkeit zum Staat

b) Von einer engen Umschreibung des Schutzbereichs zu unterscheiden ist die Frage der Zurechenbarkeit einer Beeinträchtigung zum Staat[63]. So ist beispielsweise eine staatliche Warnung vor dem Verzehr gewisser Käsesorten nicht primär als Problem des Schutzbereichs der Wirtschaftsfreiheit zu analysieren, sondern als Frage der Zurechenbarkeit des Nachfrageeinbruchs zum Staat[64].

22
Zurechenbarkeit und Adressatenkreis

Probleme der Zurechenbarkeit einer Verletzung des Schutzobjekts zum Staat oder der Ausgleich mit konfligierenden Rechtsgütern betreffen nicht die Umschreibung des Schutzobjekts. Vielmehr geht es dabei um eine Konkretisierung des Adressatenkreises von Grundrechten. Die Frage, wer an die Grundrechte gebunden ist, stellt kein Problem des sachlichen oder persön-

---

56 Ähnlich *Tschannen*, Staatsrecht (LitVerz.), § 7 RN 83; *Rhinow*, Grundzüge (LitVerz.), RN 1018; *J.P. Müller*, Allgemeine Bemerkungen, in: Thürer/Aubert/ders., Verfassungsrecht (LitVerz.), § 39 RN 21.
57 Dazu eingehend *Schefer*, Gefährdung von Grundrechten – Eine grundrechtsdogmatische Skizze, in: Thomas Sutter-Somm u.a. (Hg.), Risiko und Recht – Festgabe zum Schweizerischen Juristentag 2004, 2004, S. 464 ff.
58 So aber *Böckenförde*, in: Der Staat 42 (2003), S. 181 f. Dies erkannte das BGer schon vor über 100 Jahren; vgl. *BGE 12*, 93 (109 f. Erw. 5); *20*, 274 (280 f. Erw. 2); *20*, 746 (753 Erw. 3); *49* I 138 (155 f. Erw. 4 e).
59 *Walter Kälin*, Grundrechte im Kulturkonflikt – Freiheit und Gleichheit in der Einwanderungsgesellschaft, 2000, S. 117 ff. und S. 140 ff.; w.H. auf aktuelle Fragestellungen bei *Schefer*, Grundrechte (LitVerz.), S. 52 ff.
60 Entscheidend dafür war die Rechtsprechung Mitte der siebziger Jahre; s. *BGE 101* Ia 336 (345 f. Erw. 7 a); *102* Ia 279 (282 Erw. 2 a); aus der neueren Praxis etwa *130* I 16 (20 Erw. 5.2).
61 *BVerfGE 6*, 32 (36 f.) – Elfes. Kritik bei *K. Hesse*, Grundzüge (LitVerz.), RN 425 ff., sowie die abweichende Meinung von Bundesverfassungsrichter *Grimm* in *BVerfGE 80*, 137 (164 ff.) – Reiten im Walde.
62 Dazu auch *Bolz* (FN 42), S. 42 ff.; *J.P. Müller*, Grundrechtstheorie (FN 4), S. 17 f.; *Rhinow*, Grundzüge (LitVerz.), RN 892–894; *Kiener/Kälin*, Grundrechte (LitVerz.), S. 128 f.; *R.J. Schweizer*, Verfassungsrechtlicher Persönlichkeitsschutz, in: Thürer/Aubert/Müller, Verfassungsrecht (LitVerz.), § 43 RN 1; vgl. auch *J.P. Müller*, Allgemeine Bemerkungen, in: Thürer/Aubert/ders., Verfassungsrecht (LitVerz.), § 39 RN 6 f. und RN 21.
63 Dazu *Markus Schefer*, Die Beeinträchtigung von Grundrechten – Zur Dogmatik von Art. 36 BV, 2006, S. 48 ff.
64 Vgl. *BGE 118* Ib 473 (483 Erw. 18 b). W.H. bei *Schefer*, Grundrechte (LitVerz.), S. 198.

lichen Schutzbereichs, sondern der normativen Wirkungsrichtungen der Grundrechte (Art. 35 BV) dar.

3. Zweckwidrige Ausübung von Grundrechten?

Die Begrenzung des grundrechtlichen Schutzes auf „demokratieverträgliche" Handlungen Privater ist kein Problem des Schutzbereichs, sondern eine Frage der Beeinträchtigung. Im Zentrum steht die Frage, ob das Schutzobjekt aus Gründen der Sicherung demokratischer Verfahren beeinträchtigt werden darf. So wäre es für eine lebendige öffentliche Meinungsbildung fatal, den Schutz der Versammlungsfreiheit von vornherein auf friedliche Versammlungen zu begrenzen[65]. Gerade große Veranstaltungen auf öffentlichem Grund ziehen regelmäßig auch unfriedliche oder gar gewaltbereite Personen an. Dadurch darf die Versammlung nicht gesamthaft vom Grundrechtsschutz ausgeschlossen werden[66].

23
Demokratieverträgliche Ausübung von Grundrechten?

Beispiel unfriedlicher Versammlungen

Der Topos des Mißbrauchs von Grundrechten ist als spezifisches Problem der Grundrechtsbeeinträchtigung und nicht des Schutzbereichs zu verstehen[67]. Zu beantworten ist dabei, ob der Grundrechtsschutz aus Gründen von Treu und Glauben oder der Wahrung einer auf die Grundrechte verpflichteten Rechtsordnung zurückstehen muß[68]. Entsprechend beurteilt der Europäische Gerichtshof für Menschenrechte[69] die Vereinbarkeit der Bestrafung eines französischen Revisionisten im Rahmen der Schrankenbestimmung von Art. 10 Abs. 2 EMRK und nicht als Frage des Schutzbereichs[70].

24
Mißbrauch von Grundrechten

---

65 Zu apodiktisch erscheint die Formulierung in *BGE 127* I 164 (170 Erw. 3 b), wonach die „öffentliche Ordnung ... keinen Raum für Meinungskundgebungen (lässt), die mit rechtswidrigen Handlungen verbunden sind". Entscheidend ist vielmehr, ob die Versammlung und insb. ihre Organisatoren einen friedlichen oder einen gewalttätigen Zweck verfolgen; vgl. *EGMR*, Urt. v. 2. 10. 2001, Stankov u. United Macedonian Organisation Ilinden ./. Bulgarien, Rep. 2001-IX 273, Ziff. 77 f., 90.
66 Dazu *Schefer*, Grundrechte (LitVerz.), S. 212 f. m.w.H.; *Wyss*, Appell und Abschreckung, ZBl 2002, S. 409 f. Wegleitend die Praxis des Bundesverfassungsgerichts, grundlegend in *BVerfGE 111*, 147 (154 ff.). Zu Art. 21 UNO-Pakt II *Manfred Nowak*, U.N. Covenant on Civil and Political Rights: CCPR Commentary, ²2005, Art. 21 RN 9–11; vgl. auch *BGE 127* I 164 (172 ff. Erw. 3 d u. e) m.H.
67 Ausführlich dazu *Schefer*, Kerngehalte (FN 3), S. 377–387 und S. 397–399 m.w.H.; vgl. auch *Thomas Gächter*, Rechtsmißbrauch im öffentlichen Recht – Unter besonderer Berücksichtigung des Bundessozialversicherungsrechts, 2005, S. 321–330, insb. 325 ff. m.w.H.; spezifisch mit Bezug auf Art. 12 BV vgl. *Kathrin Amstutz*, Das Grundrecht auf Existenzsicherung (Diss. Bern), 2001, S. 304 ff.; *Meyer-Blaser/Gächter*, Der Sozialstaatsgedanke, in: Thürer/Aubert/Müller, Verfassungsrecht (LitVerz.), § 34 RN 31.
68 Das *BGer* versteht das Mißbrauchsverbot im Rahmen der Grundrechte analog zur Ausgestaltung, die es im Zivilrecht erhalten hat. Danach steht im Zentrum, ob die Berufung auf das Grundrecht dessen Schutzzweck vereitelt oder nicht; s. *BGE 131* I 166 (178 Erw. 6.3). Dieser Ansatz führt etwa bei der Frage nicht weiter, ob die Eingehung einer Ehe mißbräuchlich ist, wenn damit die Erteilung einer ausländerrechtlichen Aufenthaltsbewilligung verfolgt wird (s. Art. 7 Abs. 2 ANAG). Hier wäre zu beantworten, worin der Schutzzweck der Ehefreiheit liegt. Vgl. dazu *Wullschleger*, Die Ehe als Institut zur Absicherung von Lebensrisiken?, in: Sutter-Somm u. a. (FN 57), S. 225 ff. Aus der neueren Praxis zum Rechtsmißbrauch *BGE 131* I 185 (193 f. Erw. 3.2.4).
69 *EGMR*, Urt. v. 23. 9. 1998, Lehideux ./. Frankreich, Rep. 1998-VIII 2864, Ziff. 38 und 58.
70 So auch *Grabenwarter*, EMRK (LitVerz.), § 23 RN 4. In verschiedenen neueren Urteilen hat der EGMR allerdings festgehalten, gewisse rassistische Äußerungen würden von Art. 10 EMRK nicht geschützt; vgl. *EGMR*, Urt. (ZE) v. 24. 6. 2003, Garaudy ./. Frankreich, Rep. 2003-IX 333, S. 362 (abgedruckt in: NJW 2004, S. 3691); Urt. (ZE) v. 13. 12. 2005, Witzsch ./. Deutschland, Beschwerde Nr. 7485/03, Ziff. 3; Urt. (ZE) v. 16. 11. 2004, Norwood ./. Großbritannien, Beschwerde Nr. 23131/03. Vgl. dazu *Schefer*, Grundrechte (LitVerz.), S. 122 f. m.H.

4. Besonderheiten von einfach-rechtlich vermittelten Grundrechten

25 *Vorrechtliche Äußerungen menschlicher Existenz*

Die Schutzobjekte beispielsweise der Meinungsfreiheit oder des verfassungsrechtlichen Persönlichkeitsschutzes sind unmittelbarer Ausdruck gesellschaftlicher Interaktionsprozesse oder individueller Bedürfnisse nach Anerkennung und Privatheit. Diese Grundrechte schützen deshalb Äußerungen menschlicher Existenz, die jeder rechtlichen Vermittlung vorangehen.

26 *Rechtlich vermittelte Schutzobjekte*

Die Schutzobjekte der Ehefreiheit und der Eigentumsgarantie entsprechen zwar ebenfalls grundlegenden menschlichen Schutzbedürfnissen, werden aber erst durch die Rechtsordnung geschaffen[71]. Damit der Einzelne eine Ehe eingehen oder über sein Eigentum frei verfügen kann, muß die Rechtsordnung die Institute der Ehe und des Eigentums erst schaffen[72].

27 *Übergänge zwischen Schutzbereich und Beeinträchtigung*

Bei den einfach-rechtlich vermittelten Grundrechten der Eigentumsgarantie und der Ehefreiheit sind die Übergänge zwischen Schutzbereich und Beeinträchtigung besonders fließend. Das Problem der Abgrenzung zwischen Schutzbereich und Beeinträchtigung akzentuiert sich etwa bei der Frage, ob der Erlaß eines Zonenplanes die Eigentumsfreiheit einschränkt oder erst in ihrem Gehalt umschreibt[73]. Im Bereich der Ehefreiheit fragt sich, ob das einfache Recht mit seiner Beschränkung der Ehe auf die Verbindung von Mann und Frau das Schutzobjekt der Ehefreiheit umschreibt oder ob es diese für die Transsexuellen[74] und Homosexuellen[75] einschränkt[76].

Beispiele

28 *Autonomer Schutzbereich*

Auch solche durch das einfache Recht vermittelte Grundrechte verfügen über einen autonomen, vom Gesetzesrecht unabhängigen, spezifisch verfassungsrechtlich bestimmten Schutzbereich[77]. Diese Autonomie ist jedoch nur eine beschränkte. Das einfache Recht ist primär ein Ausdruck *konkreter* gesellschaftlicher Überzeugungen zu einem spezifischen Zeitpunkt, während die

Grundrechte und gesellschaftlicher Konsens

---

71 Vgl. auch → Bd. I: *Ossenbühl*, Grundsätze der Grundrechtsinterpretation, § 15 RN 25 f.; *Pieroth/Schlink*, Grundrechte (LitVerz.), RN 209–218; *Bethge*, Der Grundrechtseingriff, in: VVDStRL 57 (1998), S. 7 (30).

72 Zum Problem der von der Eigentumsgarantie geschützten Interessen *Riva/Müller-Tschumi*, Eigentumsgarantie, in: Thürer/Aubert/Müller, Verfassungsrecht (LitVerz.), § 48 RN 13 f.; *Auer/Malinverni/Hottelier*, Droit constitutionnel (LitVerz.), Bd. II, RN 784 f. Zur bundesgerichtlichen Praxis *Schefer*, Grundrechte (LitVerz.), S. 338 f.

73 Illustrativ *BGE 118* Ib 38 (40 f. Erw. 2 a); vgl. schon *BGE 105* Ia 330 (334 Erw. 3); weitere Erläuterungen bei *Vallender*, in: Ehrenzeller u.a., St. Galler Kommentar (LitVerz.), Art. 26 RN 36 f.; *Marc D. Veit*, Die Ordnungsfunktion der Eigentumsgarantie (Diss. St. Gallen), 1999, S. 56–58.

74 S. aus der Straßburger Praxis *EGMR*, Urt. v. 11.7.2002, Christine Goodwin ./. Großbritannien, Rep. 2002-VI 1, insb. Ziff. 98 ff. (abgedruckt in: NJW-RR 2004, S. 289), und Urt. v. 11.7.2002, I. ./. Großbritannien, Beschwerde Nr. 25680/94, insb. Ziff. 78 ff.

75 *Supreme Judicial Court of Massachusetts* v. 18.11.2003, Goodridge ./. Department of Public Health, 798 N.E.2d 941 (Mass. 2003) m.H. auf die weitere Praxis U.S.-amerikanischer Gerichte zu dieser Frage in FN 3 des Urteils.

76 Dazu *Schefer*, Kerngehalte (FN 3), S. 296 f.; zu den neueren Entwicklungen *ders.*, Grundrechte (LitVerz.), S. 70 f., 116 f., 256 f. je m.w.H.

77 Aus der Lehre zur Eigentumsgarantie der BV vgl. *Vallender*, in: Ehrenzeller u.a., St. Galler Kommentar (LitVerz.), Art. 26 RN 12; *Riva/Müller-Tschumi*, Eigentumsgarantie, in: Thürer/Aubert/Müller, Verfassungsrecht (LitVerz.), § 48 RN 10; eingehend *Enrico Riva*, Hauptfragen der materiellen Enteignung, 1990, S. 259 ff. Zu den entsprechenden Grundrechten der EMRK vgl. *Ehlers*, Allgemeine Lehren, in: *ders.*, Europäische Grundrechte (LitVerz.), § 2 RN 41. Aus der Praxis *BGE 105* Ia 330 (336 Erw. 3 c) und daran anschließend *BGE 119* Ib 124 (127 f. Erw. 2 a); *118* Ib 38 (40 Erw. 2 a).

Grundrechte *längerfristige* Konsense von grundsätzlicher Bedeutung verankern[78]. In ihrer Entwicklung über die Zeit beeinflussen sich beide Ebenen gegenseitig und laufen letztlich weitgehend parallel[79]. In ihren längerfristigen Gerechtigkeitsgehalten können die Grundrechte die gesellschaftliche Praxis in kleinen Schritten nach und nach verändern[80]. Illustrativ dazu ist etwa die neuere Rechtsprechung des Europäischen Gerichtshofs für Menschenrechte zur Ehefreiheit, die langsam von ihrer engen Bindung an gegengeschlechtliche Paare gelöst und etwa auf Transsexuelle ausgedehnt worden ist[81]. Die Autonomie einfach-rechtlich vermittelter Grundrechte ist damit als prozeßhafter Aspekt der Rechtsentwicklung zu verstehen und darf nicht auf die statische Frage nach den Grenzen der Grundrechtskonkretisierung im Einzelfall reduziert werden.

II. Spezifische Fragen der Grundrechtsbeeinträchtigung

1. Überblick

Für die Beantwortung der Frage, ob ein Grundrecht im konkreten Fall beeinträchtigt worden ist, sind verschiedene Gesichtspunkte von Bedeutung. So ist zu fragen, wie intensiv der Einzelne getroffen wird und in welcher Form der Staat handelt (Rechts- oder Realakt?). Zudem spielt eine Rolle, ob die Beeinträchtigung *unmittelbare Folge* einer staatlichen Handlung ist oder nur einen *Reflex* davon darstellt, *von wem* sie ausgeht (Staat oder Privatem?) und ob sie durch eine *Handlung* des Staates bewirkt wird oder Folge staatlicher *Untätigkeit* ist. Darüber hinaus kann eine Beeinträchtigung darin liegen, daß das grundrechtlich geschützte Interesse *tatsächlich verletzt* worden ist oder daß es nur einer gewissen *Gefahr* der Verletzung ausgesetzt wird. Im Folgenden wird auf diese Gesichtspunkte näher eingegangen.

29 Typische Fragestellungen

2. Bedeutung der Intensität einer Grundrechtsbeeinträchtigung

Beeinträchtigungen von Grundrechten können unterschiedlich intensiv sein. Entscheidend für die Intensität sind die Persönlichkeitsnähe des Eingriffs für den Betroffenen, die Bedeutung des beeinträchtigten Gehalts für die demo-

30 Materielle Kriterien der Intensität

---

78 S. etwa *R.C. Post*, Fashioning the Legal Constitution: Culture, Courts, and the Law, Harv.L.Rev. 117 (2003), S. 4 (36–41). Zu Grundrechten als Fundamentalrechten → Bd. II: *Merten*, Begriff und Abgrenzung der Grundrechte, § 35 RN 124f.
79 S. dazu etwa die eingehende Studie von *Michael J. Klarman*, From Jim Crow to Civil Rights, 2004. *Klarman* geht von dieser Grundthese aus und bestätigt sie eindrücklich am Beispiel der Entwicklung der gesellschaftlichen Anschauungen zur Rassendiskriminierung in den USA und der verfassungsrechtlichen Praxis der Gerichte.
80 Dazu eingehend *Cass R. Sunstein*, One Case at a Time, 1999, S. 3–60.
81 S. *EGMR*, Urt. v. 11.7.2002, Christine Goodwin ./. Großbritannien, Rep. 2002-VI 1 (NJW-RR 2004, S. 289), Ziff. 98 ff. (m.H. auf die ältere Praxis in Ziff. 73 u. 97), sowie Urt. v. 11.7.2002, I. ./. Großbritannien, Beschwerde Nr. 25680/94, Ziff. 78 ff. Der EuGH schließt sich dieser Praxis an: Gesetze, die den Transsexuellen Heirat und Pensionsansprüche verweigern, verstoßen gegen Art. 141 EG; s. *EuGH*, Urt. v. 7.1.2004, Rs. C-117/01 (K.B. ./. Secretary of State for Health), Ziff. 23.

kratische Willens- und Entscheidbildung und die Relevanz des fraglichen Grundrechtsbereichs für eine gerechte Ausgestaltung der Verfahren der Rechtsanwendung. Zu berücksichtigen ist dabei, wie stark diese materiellen Gehalte im konkreten Einzelfall betroffen werden, wie viele Menschen berührt werden und ob die Intensität allenfalls Folge systematischer Beeinträchtigungen[82] ist. Zudem kann die besondere Intensität daher rühren, daß ein Grundrecht in seiner zentralen Schutzfunktion getroffen wird.

31
Auswirkungen zunehmender Intensität

Mit zunehmender Intensität steigen die Anforderungen an Normstufe und -dichte des Gesetzes[83], das die Beeinträchtigung rechtfertigt; im Rahmen der Verhältnismäßigkeit sind umso gewichtigere Interessen an der Beeinträchtigung erforderlich und die Dichte der Überprüfung[84] im Rechtsmittelverfahren[85] steigt; zudem erhöht sich das *Beweismaß*, mit dem die rechtfertigenden Sachverhalte darzutun sind[86].

3. Beeinträchtigung durch staatliche Handlung

a) Direkte Beeinträchtigung

32
Formelle Handlungen

Der typische Fall einer Grundrechtsbeeinträchtigung liegt dann vor, wenn der Staat durch formelle Handlung (insbesondere Verfügung, Plan, Vertrag) in einen grundrechtlichen Schutzbereich eingreift. Wird auf diese Weise das Schutzobjekt im konkreten Fall beeinträchtigt, ist diese Verletzung dem Staat zurechenbar[87].

33

Im Gegensatz zur deutschen Doktrin[88] konnte sich in der Schweiz die Ansicht nie durchsetzen, daß die Beeinträchtigung durch formale Rechtshandlung als

---

82 So werden nach Art. 7 ICC-Statut nur besonders schwerwiegende Verletzungen von Menschenrechten bestraft. Die besondere Schwere ergibt sich insbesondere auch daraus, daß nur Verletzungen als Folge einer „widespread or systematic attack" erfaßt werden. S. dazu *Dixon*, in: Otto Triffterer (ed.), Commentary on the Rome Statute of the International Criminal Court, 1999, Art. 7 RN 11; *Antonio Cassese*, in: ders./Paola Gaeta/John R.W.D. Jones (eds.), The Rome Statute of the International Criminal Court: A Commentary, 2002, Bd. I, S. 356 ff.
83 S. dazu eingehend unten RN 54–56.
84 Dazu auch unten RN 108–111.
85 So auch die Praxis des *EGMR*, Urt. v. 26. 9. 1996, Manoussakis u. a. ./. Griechenland, Rep. 1996-IV 1364, Ziff. 44; Urt. v. 6. 7. 2005, Nachova u. a. ./. Bulgarien, Beschwerde Nr. 43577/98, Ziff. 93–95; Urt. v. 8. 7. 2003, Sommerfeld ./. Deutschland, Rep. 2003-VIII, Ziff. 63. Dazu *Grabenwarter*, EMRK (LitVerz.), § 18 RN 20 f.; *David Harris/Michael O'Boyle/Colin Warbrick*, Law of the European Convention on Human Rights, 1995, S. 293, 299.
86 Illustrativ etwa *EKMR*, Entscheid v. 17. 5. 1995, Stürm ./. Schweiz, App. No. 22686/93, bestätigt vom Ministerkomitee mit Resolution v. 15. 12. 1995, DR 97, S. 477; der Fall wurde abgeschlossen mit Resolution DH (97) 499 (1997). Für die hohen Anforderungen an die Begründungspflicht, die der U.S. Supreme Court an Grundrechtsbeschränkungen stellt, vgl. etwa *U.S. Supreme Court* v. 28. 6. 2001, Lorillard Tobacco Co. ./. Reilly, 533 U.S. 525, 556 ff. (2001).
87 Vgl. zum „klassischen" Eingriffsbegriff etwa *Pieroth/Schlink*, Grundrechte (LitVerz.), RN 238; *H. Dreier*, GG (LitVerz.), Vorbem. vor Art. 1 GG RN 124.
88 Auch in der deutschen Lehre wird anerkannt, daß ein Grundrechtseingriff nicht auf formale Rechtshandlungen beschränkt ist; s. etwa *Hans-Ulrich Gallwas*, Faktische Beeinträchtigungen im Bereich der Grundrechte, 1970, S. 9 f.; *Wolfgang Roth*, Faktische Eingriffe in Freiheit und Eigentum, 1994, S. 29; *Bethge*, in: VVDStRL 57 (1998), S. 7 (39); *Pieroth/Schlink*, Grundrechte (LitVerz.), RN 240.

"klassischer" Eingriff gelte⁸⁹. Aus prozessualen Gründen beschränkte sich die ältere Praxis des Bundesgerichts⁹⁰ zwar weitgehend auf Fälle formeller Hoheitsakte, der Bundesrat beurteilte jedoch schon früh zahlreiche Grundrechtsverletzungen ohne formelle Eingriffe. So erachtete er den Anspruch auf ein schickliches Begräbnis nach Art. 53 Abs. 2 BV 1874 dadurch als verletzt, daß die Glocken anläßlich der Bestattung von Selbstmördern nicht geläutet wurden⁹¹.

Realakte: ältere Praxis

Glockengeläut

Nach heutiger Doktrin sind Grundrechtsbeeinträchtigungen nicht notwendig Folgen von formellen Handlungen des Staates⁹². Auch informelle Handlungen⁹³ können Grundrechte beeinträchtigen⁹⁴. So wird etwa das Verbot der Rechtsverzögerung gerade dadurch verletzt, daß die Behörde *nicht* entscheidet⁹⁵. Auch bei der Wahl- und Abstimmungsfreiheit wird besonders deutlich, daß Beeinträchtigungen durch rein tatsächliche Handlungen erfolgen können und kein formaler staatlicher Rechtsakt erforderlich ist⁹⁶. Auch Warnungen und Empfehlungen der Behörden können die Privaten in ihren Grundrechten treffen⁹⁷, wie auch etwa die Fluoridierung von Trinkwasser⁹⁸ oder die Entnahme eines Organs⁹⁹.

34
Realakte Beispiele

---

89 So weist auch *Weber-Dürler* in: Grundrechtseingriffe (FN 20), S. 135, und in: VVDStRL 57 (1998), S. 57 (69, 74–76), darauf hin, daß das BGer schon seit längerem ein an den tatsächlichen Auswirkungen orientiertes Verständnis der Beeinträchtigung entwickelt hat. Dazu auch *Schefer*, Kerngehalte (FN 3), S. 264ff.; *Richli*, Zum Rechtsschutz gegen verfügungsfreies Staatshandeln in der Totalrevision der Bundesrechtspflege, AJP 1998, S. 1426ff.; *Manuel Brandenberg*, Sekteninformation durch Behörden, 2002, S. 132ff.; *M. Müller*, Rechtsschutz im Bereich des informalen Staatshandelns – Überlegungen am Beispiel von staatlichen Empfehlungen, ZBl 1995, S. 533f.; vgl. auch *Bolz* (FN 42), S. 49–53.
90 Schon das erste Bundesgesetz über die Organisation der Bundesrechtspflege aus dem Jahr 1874 (Art. 59 Abs. 1 OG v. 27.6.1874, abgedr. in: Der Schweizerische Rechtsfreund, Sammlung aller infolge der Bundesverfassung von 1874 erlassenen Bundesgesetze, Bd. I, Bern 1876, S. 45f.) als auch das nachfolgende von 1893 (Art. 178 Ziff. 1 OG v. 22.3.1893, abgedr. in: Schweizerisches Rechtsbuch, Bd. 2, Basel 1913, S. 362) verlangten einen formellen kantonalen Hoheitsakt als Anfechtungsobjekt der staatsrechtlichen Beschwerde.
91 S. *Ludwig Rudolf v. Salis*, Bundesrecht, Bd. III, ²1903, Nr. 1070, 1072, 1073.
92 Vgl. *Rhinow*, Grundzüge (LitVerz.), RN 1097–1101; *J.P. Müller*, Allgemeine Bemerkungen, in: Thürer/Aubert/ders., Verfassungsrecht (LitVerz.), § 39 RN 46; *Tschannen*, Staatsrecht (LitVerz.), § 7 RN 85; *Weber-Dürler*, Grundrechtseingriffe (FN 20), S. 145f., 148f.; *Mahon*, in: Aubert/ders., Constitution (LitVerz.), Art. 36 RN 5; *Kiener/Kälin*, Grundrechts (LitVerz.), S. 80; *Markus Müller*, Das besondere Rechtsverhältnis, 2003, S. 88–90. Zur Praxis des EGMR vgl. *Stieglitz* (FN 39), S. 42ff.; *Ehlers*, Allgemeine Lehren, in: ders., Europäische Grundrechte (LitVerz.), § 2 RN 40.
93 Eingehend *Thomas Müller-Graf*, Entrechtlichung durch Informalisierung? (Diss. Bern), 2001, S. 38ff.; vgl. auch *Dieter Grimm*, Die Zukunft der Verfassung, ²1994, S. 159ff.
94 Etwa *BGE 126* I 250 (254 Erw. 2 d); *124* I 107 (113f. Erw. 3); *121* I 87 (91f. Erw. 1 b). W.H. bei *Schefer*, Gefährdung (FN 57), S. 443ff.; *Weber-Dürler*, Grundrechtseingriffe (FN 20), S. 145f.
95 Erst auf prozessualer Ebene ist es erforderlich, in solchen Situationen ein Anfechtungsobjekt zu schaffen; s. Art. 46a VwVG (Rechtsverzögerungsbeschwerde). Zur Praxis unter Art. 29 Abs. 1 BV vgl. *Schefer*, Grundrechte (LitVerz.), S. 281ff.
96 Entsprechend umschreibt Art. 82 lit. c BGG das Anfechtungsobjekt bei der Stimmrechtsbeschwerde – anders als bei den anderen Beschwerden in diesem Artikel – nicht, sondern bezeichnet nur das Sachgebiet (oder den Rügegrund?), indem es Beschwerden „betreffend die politische Stimmberechtigung" zuläßt.
Auch in der Praxis zur alten Stimmrechtsbeschwerde nach Art. 85 lit. a OG war völlig unbestritten, daß kein formeller Rechtsakt erforderlich ist; vgl. *BGE 130* I 290 (294f. Erw. 3.2); *Michel Besson*, Behördliche Information vor Volksabstimmungen (Diss. Bern), 2003, S. 115f.
97 *Tschannen*, ZSR 1999 II, S. 413f.; *Müller-Graf*, Entrechtlichung (FN 93), S. 178f.; *BGE 121* I 87 (91f. Erw. 1 b).
98 *BGer*, Urt. v. 29.6.1990, ZBl 1991, S. 27 (29 Erw. 2 e).
99 *BGE 98* Ia 508 (510f. Erw. I.1); vgl. auch *BGE 123* I 112.

b) Beeinträchtigung durch Reflexwirkungen

35
Reflexe staatlichen Handelns

Typischerweise richtet sich staatliches Handeln an gewisse Adressaten und bezweckt, bei ihnen bestimmte Wirkungen zu erzielen. In solchen Fällen ist der Staat für daraus resultierende Grundrechtsbeeinträchtigungen regelmäßig verantwortlich. Die Frage der Verantwortlichkeit des Staates für eine Grundrechtsbeeinträchtigung kann aber dort kontrovers werden, wo seine Handlung (Erlaß, Verfügung, Realakt) Auswirkungen zeigt, die nicht unmittelbar mit ihr verbunden sind. Hier stehen „Neben-" oder „Reflexwirkungen" in Frage.

Telefonabhörung

So kann ein bisher Unverdächtiger dadurch in seinen Grundrechten beeinträchtigt werden, daß die Behörden beim Abhören des Telefons eines Verdächtigen auch seine Äußerungen zur Kenntnis nehmen[100].

Filmvorführverbote

Auch etwa das Verbot an einen Kinobetreiber, einen bestimmten Film vorzuführen, kann die potenziellen Zuschauer reflexartig in ihren Grundrechten berühren[101].

36
Zurechenbarkeit

Die grundrechtliche Verantwortlichkeit des Staates für Reflexwirkungen beurteilt sich danach, wie eng der Bezug zwischen dem angestrebten Zweck sowie der zu seiner Verfolgung eingesetzten Mittel einerseits und den resultierenden Wirkungen anderseits ist. Hier handelt es sich um ein Problem der *Zurechenbarkeit*: Wie weit darf sich die in Frage stehende Reflexwirkung vom eigentlichen Zweck des Erlasses oder des Einzelaktes entfernen, ohne daß der Staat die grundrechtliche Verantwortung dafür verliert[102]?

37
Reflexwirkungen

Reflexwirkungen liegen insbesondere dann vor, wenn eine staatliche Handlung Dritte, Nichtadressaten trifft[103] und wenn sie zwar die Adressaten selber trifft, aber erst weitere, äußere Einflüsse dazu führen, daß sie in einem grundrechtlichen Schutzobjekt tangiert werden[104]. In solchen Situationen bleibt die Zurechnung zum Staat gesondert zu beurteilen.

38
Eingriffsmotivation Wirtschaftsfreiheit

Besonders stellt sich das Problem der Reflexwirkungen dort, wo ein Grundrecht generell gewisse Arten von Beeinträchtigungen untersagt. So verbietet die Wirtschaftsfreiheit allgemein grundsatzwidrige, das heißt insbesondere wirtschaftspolitisch motivierte Eingriffe[105]. In ihren Auswirkungen können aber auch etwa polizeilich oder sozialpolitisch motivierte Maßnahmen des Staates wirtschaftspolitische Nebenwirkungen nach sich ziehen. Beispielsweise hat ein Gebäudeversicherungsmonopol gravierende wirtschaftspolitische Auswirkungen, auch wenn es primär sozialpolitische Zwecke verfolgt[106].

---

100 Siehe *BGE 125* I 96 (99 Erw. 2 c); *125* I 46 (49 Erw. 5); *122* I 182 (189 Erw. 3 b und 190 ff. Erw. 4 b).
101 *BGE 120* I 190 (192 Erw. 2).
102 Dazu näher unten RN 51 f.
103 Trotzdem verneint das BGer beispielsweise die Legitimation der Apotheker zur Beschwerde gegen die Zulassung der Selbstdispensation der Ärzte mit dem Argument, Apotheker und Ärzte stellten keine direkten Konkurrenten dar; *BGE 131* I 205 (211 f. Erw. 2.2); *131* I 198 (201 Erw. 2.3), je m.w.H. S. auch die Kritik an dieser Praxis bei *Biaggini*, Von der Handels- und Gewerbefreiheit zur Wirtschaftsfreiheit, ZBl 2001, S. 239 f.
104 Dies kann etwa bei einer Telefonabhörung der Fall sein, in deren Verlauf auch die Gespräche Dritter mit einbezogen werden; s. dazu die Hinweise in FN 100.
105 Noch nicht ganz geklärt ist, wie weit die Motivation hinter dem Eingriff und wie weit dessen Auswirkungen von Bedeutung sind; s. Art. 94 Abs. 4 BV und etwa *Biaggini*, Wirtschaftsfreiheit, in: Thürer/Aubert/Müller, Verfassungsrecht (LitVerz.), § 49 RN 17 und 21.
106 *BGE 124* I 11 (17 f. Erw. 4); vgl. auch *BGE 124* I 25 (31 Erw. 3 g).

Noch keine Reflexwirkung, sondern eine direkte Grundrechtsbeeinträchtigung liegt vor, wenn ein Eingriff den Adressaten trifft und untrennbar mit der staatlichen Handlung verbunden ist, wie etwa bei Lenkungsabgaben[107]. Eine Beeinträchtigung ist auch dann als direkt zu qualifizieren, wenn verschiedene Rechtsnormen in ungewollter und nicht vorhergesehener Weise zusammenwirken und dadurch Grundrechte tangieren[108]. Solche Beeinträchtigungen sind dem Staat generell zurechenbar.

39
Generell zurechenbare Beeinträchtigungen

4. Beeinträchtigung durch Unterlassung des Staates

a) Anerkennung staatlicher Schutzpflichten

Beeinträchtigungen von Grundrechten können sowohl durch positive Handlungen des Staates erfolgen als auch dadurch, daß der Staat untätig bleibt und so den gebotenen Schutz nicht gewährt. Während die abwehrrechtliche Seite der Grundrechte dogmatisch relativ gut strukturiert ist[109], sind die Fragen nach den Voraussetzungen und dem Ausmaß von Schutzpflichten im schweizerischen Verfassungsrecht erst in Ansätzen geklärt[110]. In der schweizerischen und europarechtlichen[111] Praxis stehen Verletzungen grundrechtlicher Schutzobjekte durch Handlungen Privater[112], von Drittstaaten[113] und durch materi-

40
Positive Schutzpflichten des Staates

---

107 S. *BGE 125* I 182. Zu den Lenkungsabgaben *Ernst Blumenstein/Peter Locher*, System des Schweizerischen Steuerrechts, ⁶2002, S. 6. Das BGer hält demgegenüber daran fest, daß auch Lenkungsabgaben grundsätzlich keine Eingriffe in die Wirtschaftsfreiheit darstellen; *BGE 125* I 182 (199 Erw. 5 b), in Bestätigung von *BGE 101* Ia 269 (280 Erw. 8 b). Gerade bei diesen Abgaben, die nicht finanzpolitisch sind, sondern klarerweise das Verhalten der Betroffenen beeinflussen wollen, scheint mir eine Verneinung der Grundrechtsrelevanz eher künstlich; *Vallender*, in: Ehrenzeller u. a., St. Galler Kommentar (LitVerz.), Art. 27 RN 41.
108 Illustrativ *BGer*, Urt. v. 10. 5. 1985, in: ASA 56, S. 439 (443 Erw. 2 e).
109 *J.P. Müller*, Grundrechtstheorie (FN 4), S. 96 f.; *Tschannen*, Staatsrecht (LitVerz.), § 7 RN 84–87; *ders.*, ZSR 1999 II, S. 411; *Rhinow*, Grundzüge (LitVerz.), RN 1097–1099; *Weber-Dürler*, Grundrechtseingriffe (FN 20), S. 135; *Mahon*, in: Aubert/ders., Constitution (LitVerz.), Art. 36 RN 5; *Auer/Malinverni/Hottelier*, Droit constitutionnel (LitVerz.), Bd. II, RN 157 ff.
110 Aus der Rechtsprechung des BGer etwa *BGE 131* I 455 (462–464 Erw. 1.2.5); *126* II 300 (315 Erw. 5 b); *129* I 12 (23 f. Erw. 8.4); *119* Ia 28 (31 Erw. 2). Aus der Schweizer Lehre insb. *Schefer*, Kerngehalte (FN 3), S. 235 ff., v. a. 246 ff.; *S. Besson*, Les obligations positives de protection des droits fondamentaux, ZSR 2003 I, S. 49 ff.; *Patricia Egli*, Drittwirkung von Grundrechten – zugleich ein Beitrag zur Dogmatik der grundrechtlichen Schutzpflichten in der Schweiz (Diss. Zürich), 2002, S. 135 ff.; *Kiener/Kälin*, Grundrechte (LitVerz.), S. 34 ff., 82.
111 Eingehend *Alastair Mowbray*, The Development of Positive Obligations under the European Convention on Human Rights by the European Court of Human Rights, Oxford 2004; *Cordula Dröge*, Positive Verpflichtungen der Staaten in der Europäischen Menschenrechtskonvention, S. 11 ff.; *Stieglitz* (FN 39), S. 151 ff.; *Grabenwarter*, EMRK (LitVerz.), § 19 RN 7 ff.
112 Vgl. *EGMR*, Urt. v. 26. 3. 1985, X. & Y. ./. Niederlande, Ser. A Nr. 91, Ziff. 23 f., 27, 29 f.; Urt. v. 19. 2. 1998, Guerra ./. Italien, Rep. 1998-I 210; Urt. v. 28. 10. 1998, Osman ./. Vereinigtes Königreich, Rep. 1998-VIII 3214, Ziff. 115 ff.; Urt. v. 10. 5. 2001, Z. u. a. ./. Vereinigtes Königreich, Rep. 2001-V 1, Ziff. 73 f.; Urt. v. 14. 3. 2002, Paul & Audrey Edwards ./. Vereinigtes Königreich, Rep. 2002-II 137, Ziff. 54–64; Urt. v. 4. 12. 2003, M.C. ./. Bulgarien, Beschwerde Nr. 39272/98, Ziff. 149 ff.
113 So kann etwa das Gebot des non-refoulement als Pflicht des Staates verstanden werden, vor den Grundrechtsverletzungen zu schützen, die von Seiten der Drittstaaten drohen; vgl. *BGE 123* II 511 und die Darstellung der internationalen Praxis in: *Schefer*, Kerngehalte (FN 3), S. 413 f. und S. 260 ff. Zur Praxis des EGMR auch *Grabenwarter*, EMRK (LitVerz.), § 20 RN 27–32. Aus der neueren Praxis *BGE 130* II 337 (350 Erw. 7.6, vgl. auch die nicht amtlich publizierte Erw. 4.3) sowie *EGMR*, Urt. v. 11. 1. 2007, Salah Sheekh ./. Niederlande, Beschwerde Nr. 1948/04, Ziff. 135 ff.

§ 208 Vierzehnter Teil: I. Allgemeiner Teil

elle Not[114] im Vordergrund; ob auch Naturkatastrophen[115] erfaßt werden, ist noch nicht geklärt.

41
Zwei Ebenen der Analyse

Die Analyse grundrechtlicher Schutzpflichten erfolgt – analog zur Unterscheidung zwischen Schutzbereich und Eingriff bei Beeinträchtigungen durch staatliche Handlungen[116] – grundsätzlich auf zwei Ebenen[117]:

42
Abstrakte Ebene

Auf einer ersten, *abstrakten Ebene* sind jene Tatbestände zu umschreiben, die *grundsätzlich* geeignet sind, den Staat in die grundrechtliche Verantwortung zu ziehen. Auf dieser Ebene sind grundrechtliche Schutzpflichten dann anzuerkennen, wenn zentrale Gehalte der Grundrechte intensiv beeinträchtigt werden, diese Beeinträchtigung dem Staat zurechenbar ist und ihr mit den verfügbaren Mitteln des Staates wirksam begegnet werden kann. Die grundrechtlichen Pflichten zum aktiven Schutz von Grundrechten treffen die verschiedenen Organe des Staates in unterschiedlicher Weise. Entscheidend ist, daß das jeweilige Organ die Folgen überblicken kann, die mit der Anerkennung einer Schutzpflicht verbunden sind; jedes Organ muß sich im Rahmen seiner funktionellen Zuständigkeit bewegen[118].

43
Konkrete Ebene

Interessenausgleich

Wird auf grundsätzlicher Ebene eine staatliche Schutzpflicht anerkannt, bleibt auf einer zweiten Ebene *im konkreten Anwendungsfall* die grundrechtliche Verantwortlichkeit des Staates – als Frage der Verletzung der Schutzpflicht im spezifischen Einzelfall – zu beurteilen. Es ist zu fragen, ob in Anbetracht aller Umstände der Staat letztlich für die Verletzung des Schutzobjekts verantwortlich gemacht werden kann. Der Europäische Gerichtshof für Menschenrechte hält diesbezüglich fest, daß ein „faires Gleichgewicht" zwischen den widerstreitenden individuellen Interessen und jenen der Gemeinschaft herzustellen sei[119]. Auf der konkreten Ebene, im Einzelfall, ist primär zu beurteilen, ob Maßnahmen zum Grundrechtsschutz verfügbar sind, mit denen das in Frage stehende grundrechtliche Rechtsgut genügend gut geschützt werden kann. Dabei steht die Verhältnismäßigkeit nach Art. 36 Abs. 3 BV[120] im Vordergrund.

---

114 *EGMR*, Urt. v. 2.5.97, D. ./. Vereinigtes Königsreich, Rep. 1998-III 777, Ziff. 53 (mangelnde Verfügbarkeit von Medikamenten zur Behandlung von AIDS in St. Kitts).
115 Beispiele wären etwa eine Lawine, ein Erdbeben, ein Orkan oder ein Hochwasser. Am ehesten in die Nähe einer Naturkatastrophe kommt der Fall *EGMR*, Urt. v. 18.6.2002, Öneryildiz ./. Türkei, Beschwerde Nr. 48939/99: Eine Methangasexplosion auf einer Abfallhalde verursachte einen Erdrutsch, der mehrere Behausungen eines darunter liegenden Elendsviertels verschüttete. 39 Menschen verloren dadurch ihr Leben. In den unterbliebenen Bemühungen der Behörden, eine solche Katastrophe zu vermeiden, erblickte der EGMR eine Verletzung von Art. 2 EMRK (vgl. insb. Ziff. 69–74, 89 ff.).
116 Vgl. oben RN 14–17.
117 So sinngemäß auch *Grabenwarter*, EMRK (LitVerz.), § 19 RN 11 f.; *S. Besson*, ZSR 2003 I, S. 82 ff.; *Egli* (FN 110), S. 283 ff.
118 S. etwa *BVerfGE* 46, 160 (164f.) – Schleyer. Diese Fragen sind im Rahmen von Art. 35 BV zu diskutieren.
119 *EGMR*, Urt. v. 30.7.1998, Sheffield & Horsham ./. Vereinigtes Königreich, Rep. 1998-V 2011, Ziff. 51 f.; Urt. v. 7.3.2006, Evans ./. Vereinigtes Königreich, Beschwerde Nr. 6339/05, Ziff. 59, EuGRZ 2006, S. 389. Hier stehen Überlegungen der Verhältnismäßigkeit im Vordergrund; w.H. bei *Dröge* (FN 111), S. 361 f.; vgl. auch *Peter Szczekalla*, Die sogenannten grundrechtlichen Schutzpflichten im deutschen und europäischen Recht, 2002, S. 716 f.; *Grabenwarter*, EMRK (LitVerz.), § 19 RN 12.
120 In diesem Zusammenhang wird der Grundsatz der Verhältnismäßigkeit auch etwa als „Untermaßverbot" bezeichnet; dazu grundlegend *Arno Scherzberg*, Grundrechtsschutz und „Eingriffsintensität", 1989, S. 208 ff.; s. im weiteren *Isensee*, HStR ²V, § 111 RN 165; *Hoffmann-Riem*, Reform des Allgemeinen Verwaltungsrechts: Vorüberlegungen, DVBl. 1994, S. 1384 ff.

b) Präventive und nachträgliche Schutzpflichten

Grundrechtliche Schutzpflichten können vor drohenden Verletzungen eines Grundrechts schützen und wirken insofern präventiv[121]. Dies ist beispielsweise bei der Pflicht der Polizei der Fall, eine öffentliche Kundgebung vor einer geplanten Gegendemonstration zu schützen oder bei drohenden Anschlägen auf die Redaktionsräume einer Zeitung die nötigen Sicherheitsmaßnahmen zu ergreifen[122].

44 Präventiver Schutz Demonstrationen

Pflichten zum Schutz von Grundrechten können anderseits auch erst nach einer erfolgten Grundrechtsverletzung, entstehen[123]. So greift die Pflicht zur eingehenden Untersuchung der Umstände, durch die Menschen unnatürlich zu Tode gekommen[124] oder mit Merkmalen der Mißhandlung aus dem Polizeigewahrsam entlassen worden sind[125], erst nachträglich.

45 Nachträglicher Schutz Untersuchungspflichten

5. Beeinträchtigung aufgrund einer Gefährdung

a) Vorverlagerung der Grundrechtsschutzes

Grundrechte bezwecken, die Integrität der von ihnen erfaßten Schutzobjekte möglichst sicherzustellen. Um dieses Ziel zu erreichen, kann es notwendig sein, schon die *Gefahr* einer Verletzung grundrechtlicher Schutzobjekte als Grundrechtsfrage wahrzunehmen und nicht abzuwarten, bis eine Beeinträchtigung erfolgt ist. Der Grundrechtsschutz ist deshalb – nicht notwendigerweise zeitlich – vorzuverlagern, um präventiv entsprechende Verletzungen möglichst zu verhindern[126]. Grundrechte gewährleisten deshalb auch einen gewissen Schutz vor der Gefahr einer Verletzung.

46 Verhinderung drohender Verletzung

Eine solche Vorverlagerung wird im Rahmen verschiedener dogmatischer Gefäße ermöglicht: So werden gewisse Gefährdungssituationen etwa im Rahmen der grundrechtlichen Schutzpflichten erfaßt, als mittelbare und als faktische Grundrechtseingriffe thematisiert oder durch Einbezug tatsächlicher Interessen in den Schutzbereich beispielsweise der Eigentumsgarantie eingefangen. Darüber hinaus haben sich gewisse Grundrechtsgehalte herauskristallisiert, die generell auf den Schutz vor Gefährdungen ausgerichtet sind[127].

47 Dogmatische Einordnung

---

121 Zur Unterscheidung präventiver und nachträglicher Schutzpflichten *Schefer*, Kerngehalte (FN 3), S. 255–258; *Walter Kälin/Jörg Künzli*, Universeller Menschenrechtsschutz, 2005, S. 101.
122 EGMR, Urt. v. 16.3.2000, Özgür Gündem ./. Türkei, Rep. 2000-III 1, Ziff. 43–46, und dazu *de Fontbressin*, La liberté d'expression, les obligations positives des autorités publiques et un juste équilibre, RTDH 2001, S. 105 ff.
123 Sie können sowohl präventive Wirkung entfalten als auch zur Wiedergutmachung begangener Verletzungen beitragen.
124 EGMR, Urt. v. 7.2.2006, Scavuzzo-Hager u.a. ./. Schweiz, Beschwerde Nr. 41773/98, Ziff. 80 ff.; vgl. auch *Grabenwarter*, EMRK (LitVerz.), § 20, RN 17 f.; *Schefer*, Grundrechte (LitVerz.), S. 8 m.w.H.
125 Vgl. aus der Lausanner Praxis BGE 131 I 455.
126 Eingehend zum Ganzen *Schefer*, Gefährdung (FN 57), S. 443 ff., *ders.* (FN 3), S. 245, bez. Nichtigkeit von Staatsakten S. 370, bez. beschränkter Durchsetzbarkeit des Schutzanspruchs S. 404 f. m.w.H.
127 *Schefer*, Gefährdung (FN 57), S. 445 ff., und aus der Straßburger Praxis statt vieler EGMR, Urt. v. 11.1.2007, Mammador (Jalaloglu) ./. Aserbeidschan, Beschwerde Nr. 34445/04, Ziff. 73 f.

Vorzensur

Informationelle Selbstbestimmung

Entsprechend stellt etwa das Verbot systematischer Vorzensur[128] sicher, daß keine staatlichen Überwachungsverfahren eingerichtet werden, mit denen eine Gefahr der Unterdrückung von Kritik verbunden wäre[129]. Oder Art. 13 Abs. 2 BV schützt vor der Sammlung und Aufbewahrung persönlicher Daten, ohne daß der Staat damit Interessen – beispielsweise der Verbrechensbekämpfung – verfolgt. Damit wird der Gefahr begegnet, daß die fraglichen Daten zu illegitimen Zwecken mißbraucht werden könnten[130].

b) Konkrete und abstrakte Gefährdung

48

Umfassender Grundrechtsschutz

Die Grundrechte schützen sowohl vor konkreten Gefahren als auch vor abstrakten Risiken[131]. Konkrete Gefahren ergeben sich regelmäßig aus spezifischen Handlungen des Staates (oder auch von Privaten), wie etwa dem Betrieb eines Atomkraftwerks[132], dem Transport gefährlicher Güter[133] oder dem Betrieb eines Flughafens[134].

49

Abstrakte Gefahr

Abstrakte Gefahren werden durch generell-abstrakte Normen[135] oder durch eine konstante Praxis von Behörden und Gerichten[136] geschaffen. Auf dieser Grundlage könnten konkrete Handlungen erfolgen, mit denen sich die Ge-

---

128 Zum Zensurbegriff von Art. 17 Abs. 2 BV *Schefer*, Kerngehalte (FN 3), S. 462–466; *Roberto Peduzzi*, Meinungs- und Medienfreiheit in der Schweiz (Diss. Zürich), 2004, S. 244 ff.; *Franz Zeller*, Zwischen Vorverurteilung und Justizkritik (Diss. Bern), 1998, S. 200, 214, 228. Aus der deutschen Lehre *Hoffmann-Riem*, in: AK-GG (LitVerz.), Art. 5 Abs. 1, 2, RN 89–96.

129 Ein anschauliches Beispiel findet sich bei *Rudolf E. Ullmer*, Staatsrechtliche Praxis der schweizerischen Bundesbehörden, Bd. I, 1862, RN 186: Das kantonale Pressegesetz, das der Kanton Tessin dem Bund zur Genehmigung vorgelegt hatte, enthielt eine Bestimmung, die jede Äußerung über philosophische und religiöse Fragen von einem Gutachten des Bischofs abhängig gemacht hätte. Die Gerichte wären zudem an die Ergebnisse der bischöflichen Gutachten gebunden gewesen. Der Bundesrat erklärte diese Bestimmungen für verfassungswidrig, da sie „jede freie Kritik religiöser Systeme, jede philosophische Forschung, jede freie Äusserung über Religion fast unmöglich" gemacht hätten. Vgl. auch *BGE 107* Ia 292 (298 f. Erw. 4).

130 *BGE 133* I 77 (85 Erw. 5.3); *128* II 259 (279 Erw. 4); *124* I 80 (84 Erw. 2 e); *120* Ia 147 (149 f. Erw. 2 a). Zur neueren Praxis *Schefer*, Grundrechte (LitVerz.), S. 32 ff.

131 Vgl. auch *Ossenbühl*, Grundrechtsgefährdungen, in: Burkhardt Ziemske u. a. (Hg.), FS Martin Kriele, 1997, S. 153; *Schefer*, Gefährdung (FN 57), S. 443 ff.

132 EGMR, Urt. v. 26. 8. 1997, Balmer-Schafroth u. a. ./. Schweiz, Rep. 1997-IV 1346, Ziff. 40 und dazu *Kley*, Gerichtliche Kontrolle von Atombewilligungen, EuGRZ 1999, S. 177. Vgl. im weiteren *BVerfGE 49*, 89 (140 ff.) - Kalkar I; *53*, 30 (57 ff.) – Mülheim-Kärlich.

133 *BGE 121* II 176 (182 Erw. 3 c).

134 EGMR, Urt. v. 8. 7. 2003, Hatton u. a. ./. Vereinigtes Königreich, Rep. 2003-VIII, Ziff. 96 ff.; vgl. auch *BGE 126* II 522 (564 Erw. 37 d und 575 ff. Erw. 43 ff.).

135 Solche abstrakten Gefahren können sich daraus ergeben, daß der Gesetzgeber seine Entscheidungen auf beschränktes Wissen abstützen muß und zukünftige Entwicklungen nur schwer vorhersehbar sind; vgl. dazu *Hoffmann-Riem*, Gesetz und Gesetzesvorbehalt im Umbruch – Zur Qualitäts-Gewährleistung durch Normen, AöR 130 (2005), S. 34 f.

136 S. zu dieser Problematik im Völkerrecht *Wolfrum Karl*, Vertrag und spätere Praxis im Völkerrecht – zum Einfluss der Praxis auf Inhalt und Bestand völkerrechtlicher Verträge, 1983, S. 114 ff. Zur Bedeutung von Rechtsprechung und Verwaltungspraxis im öffentlichen Recht vgl. *Pierre Moor*, Droit administratif, Vol. I: Les fondements généraux, ²1994, S. 69 ff.

fahr realisiert[137]. So erblickt der Europäische Gerichtshof für Menschenrechte eine Verletzung der Meinungsfreiheit darin, daß ein Gesetz den Geschworenen für die Festlegung von Genugtuungsansprüchen in Ehrverletzungsprozessen einen enorm weiten Ermessensspielraum zubilligt[138]. Dadurch wird die Gefahr eröffnet, daß der Einzelne aus Angst vor allfälligen rechtlichen Konsequenzen seine Meinung nicht mehr frei äußert.
Beispiel: Drohender Regreß

Der Übergang von abstrakten zu konkreten Gefährdungen ist fließend[139]. Die primären Auswirkungen der Unterscheidung liegen darin, daß die Gefahrenabschätzung mit zunehmendem Abstraktionsgrad anspruchsvoller wird.
50 *Fließende Übergänge*

c) Kriterien der Zulässigkeit einer Gefährdung

Entscheidend für die grundrechtliche Beurteilung einer Gefährdung sind die Kriterien, aufgrund derer ihre Zulässigkeit zu bestimmen ist. Im Zentrum steht dabei die Intensität individueller Betroffenheit[140] und der demokratischen Ordnung[141]. So gewährleistet das Recht auf Leben beispielsweise einen besonders weitgehenden Schutz vor Gefährdungen durch den Bau von Atomkraftwerken[142] oder durch Inhaftierte im Hafturlaub[143]. Entscheidend sind auch die Wahrscheinlichkeit[144], mit der sich die Gefahr realisiert, und ihre Unmittelbarkeit[145]. Zudem ist die Breite gesellschaftlicher Berührtheit von
51 *Intensität und demokratische Ordnung*
Beispiel: Recht auf Leben

---

137 Neben den nachgenannten Beispielen vgl. aus der Praxis *BGE 129* I 232, in dem die Zulässigkeit einer Initiative mit dem Titel „Einbürgerungen vors Volk!" zu beurteilen war. Das BGer führt aus, daß „in Einbürgerungsverfahren (...) die Gefahr besteht, dass der ‚Eignung' eines Bewerbers aufgrund seiner Zugehörigkeit zu einer bestimmten ethnisch-kulturellen Gruppe verneint wird, die von der Mehrheit als ‚fremd' empfunden wird. ... Ohne eine Begründungspflicht besteht die Gefahr, dass das Diskriminierungsverbot faktisch leer läuft" (Erw. 3.4.3 [S. 240 f.], interne Zitate weggelassen); zur Begründungspflicht von Einbürgerungsentscheiden auch *BGE 131* I 18 (20 ff. Erw. 3).
138 *EGMR*, Urt. v. 13.7.1997, Tolstoy Miloslavski ./. Vereinigtes Königreich, Ser. A Nr. 316-B, Ziff. 51 und 55; *BVerfGE 90*, 241 (249, 254) – Auschwitz-Lüge; *82*, 272 (282) – Zwangsdemokrat; dazu *J.P. Müller*, Grundrechte (LitVerz.), S. 210 mit FN 134.
139 Entsprechend dem Übergang zwischen generell-abstrakter und individuell-konkreter Regelung; *René Rhinow*, Rechtsetzung und Methodik, 1979, S. 195, 201 f.
140 Vgl. etwa *BGE 129* I 232 (246 Erw. 4.3.2) und dazu *Schefer*, Grundrechte (LitVerz.), S. 35 f.
141 *Dietrich Murswiek*, Die staatliche Verantwortung für die Risiken der Technik, 1985, S 125 ff.; ders., Technische Risiken als verfassungsrechtliches Problem, in: Raban Graf von Westphalen u. a. (Hg.), Technikfolgenabschätzung als politische Aufgabe, ³1997, S. 238 ff. Vgl. auch *Schefer*, Kerngehalte (FN 3), S. 257 und 278 f.
142 *BVerfGE 49*, 89 (142) – Kalkar I; *53*, 30 (56 ff.) – Mülheim-Kärlich.
143 *EGMR*, Urt. v. 24.10.2002, Mastromatteo ./. Italien, Rep. 2002-VIII 151, Ziff. 71.
144 In Fällen der abstrakten Normenkontrolle stellt das BGer auf die „Wahrscheinlichkeit verfassungskonformer Anwendung" der angefochtenen Normen durch die zuständigen Behörden ab: *BGE 128* I 240 (252 Erw. 3.3.2); *125* I 369 (374 Erw. 2); *125* II 440 (443 f. Erw. 1 d).
145 Der EGMR verwendet die Formulierung „real and immediate risk", vgl. *EGMR*, Urt. v. 24.10.2002, Mastromatteo ./. Italien, Rep. 2002-VIII 151, Ziff. 68; Urt. v. 5.7.2005, Trubnikov ./. Russland, Beschwerde Nr. 49790/99, Ziff. 69, 71 ff. Grundlegend zu den Schutzpflichten *EGMR*, Urt. v. 28.10.1998, Osman ./. Vereinigtes Königreich, Rep. 1998-VIII 3214, Ziff. 116, und seither konstante Praxis; dazu *Schefer*, Kerngehalte (FN 3), S. 256.

Bedeutung[146] und die Frage, ob der Staat selber[147] bzw. andere Staaten[148] oder Private[149] die Gefahr geschaffen haben.

52
Grenzen grundrechtlicher Argumentation

Notwendigkeit demokratischer Verfahren

Restrisiko

Beim Schutz vor Gefahren zeigen sich die Grenzen grundrechtlicher Argumentation besonders deutlich. Die Grundsatzfrage, ob eine Gefahr überhaupt geschaffen werden darf, ist jedenfalls dort primär den Prozessen der demokratischen Entscheidfindung zu überlassen, wo Risiken zu beurteilen sind, welche die Gesellschaft als Ganzes treffen und nicht nur individualisierte Einzelne. Dies ist insbesondere bei der breiten Anwendung der Technik in der Gesellschaft der Fall. Die Beantwortung solcher grundsätzlichen Probleme überfordert die Grundrechte in ihrer individualrechtlichen Funktion[150]. So ist die Frage, ob an Embryonen im Frühstadium ihrer Entwicklung geforscht werden darf, primär in den demokratischen Verfahren zu beantworten. Grundrechtliche Argumentation und Dogmatik sind dafür auf der individualrechtlichen Ebene noch kaum genügend tragfähig[151]. In solchen Situationen beschränkt sich die gerichtlich durchsetzbare, grundrechtliche Gefahrenabwehr im Wesentlichen darauf, das Risiko („Restrisiko") so weit als möglich zu vermindern, indem etwa besondere Verfahren und Organe bereitgestellt werden[152].

---

146 *Schefer*, Kerngehalte (FN 3), S. 257; *BGE 122* I 360 (366 Erw. 5 c); *125* I 65 (68 Erw. 3 c).
147 Sammeln die Untersuchungsbehörden sensible Daten Einzelner, etwa über ihre Mitgliedschaft bei einem bestimmten Verein oder über die Zugehörigkeit zu einer Minderheit, kann damit eine Gefahr kompromittierender Indiskretionen, der Verwechslung, evtl. sogar des Mißbrauchs einher gehen. Da der Urheber der Gefährdung der Staat selbst ist, muß eine damit verbundene Grundrechtsbeeinträchtigung ihm zugerechnet werden; vgl. *BGE 122* I 360 (366 Erw. 5 c); *113* Ia 1 (6 Erw. 4 b bb); vgl. auch *BGE 128* II 259 (279 Erw. 4); *124* I 80 (84 Erw. 2 e).
148 Vgl. etwa die in FN 113 angegebenen Fälle.
149 In Frage kommen hier nur Handlungen von Dritten, die dem Staat nicht zurechenbar sind. Wirken Staat und Dritte jedoch eng zusammen, sind die entsprechenden Handlungen Privater dem Staat unter Umständen zurechenbar. Dies war etwa in einem Entscheid des EGMR der Fall, in dem die Polizei und die Angehörigen bei der Inhaftierung von Sektenmitgliedern eng miteinander kooperierten; s. *EGMR*, Urt. v. 14. 10. 1999, Riera Blume ./. Spanien, Rep. 1999-VII 1, Ziff. 30 ff.
150 Gewisse Rahmenbedingungen für den Umgang mit gefährlicher Technik lassen sich demgegenüber grundrechtlich umschreiben. Insb. in der deutschen Praxis hat dieser Aspekt der Grundrechtsgefährdung eingehende Beachtung gefunden; *BVerfGE 49*, 89 (141 f.) – Kalkar I; *53*, 30 (57 ff.) – Mülheim-Kärlich; *77*, 170 (222 ff.) – C-Waffen.
151 *Schefer*, Geltung der Grundrechte vor der Geburt, in: Hans-Peter Schreiber (Hg.), Biomedizin und Ethik, 2004, S. 43 ff.
152 *Schefer*, Kerngehalte (FN 3), S. 278 f.; *J.P. Müller*, Grundrechtliche Anforderungen an Entscheidstrukturen, in: Georg Müller (Hg.), FS Eichenberger, 1982, S. 169 ff.; *Walter Kälin*, Verfassungsgerichtsbarkeit in der Demokratie – Funktionen der staatsrechtlichen Beschwerde, 1987, S. 61 ff. Aus der Rechtsprechung *EGMR*, Urt. v. 8. 7. 2003, Hatton u.a. ./. Vereinigtes Königreich, Rep. 2003-VIII, Ziff. 99 und 128; Urt. v. 19. 2. 1998, Guerra ./. Italien, Rep. 1998-I 210, Ziff. 58–60.

C. Rechtfertigung einer Grundrechtsbeeinträchtigung nach Art. 36 Abs. 1 bis 4 BV

I. Gesetzliche Grundlage: Art. 36 Abs. 1 BV

1. Funktionen

Art. 36 Abs. 1 BV verlangt, daß jede Beeinträchtigung eines Grundrechts auf einer gesetzlichen Grundlage beruht. Dadurch soll eine gewisse demokratische Legitimität sichergestellt werden. Das Gesetz ermöglicht dem Einzelnen zudem, allfällige Beeinträchtigungen vorauszusehen und sich dagegen im Rahmen eines Rechtsmittels zu wehren. Die generell-abstrakte Form eines Gesetzes garantiert darüber hinaus auf grundsätzlicher Ebene die Gleichbehandlung der Betroffenen[153].

53
Legitimität, Vorhersehbarkeit, Überprüfung, Gleichbehandlung

2. Gesetzliche Grundlage und Eingriffsintensität

a) Normdichte und Normstufe

Je intensiver ein Schutzobjekt betroffen ist, desto strenger sind die Anforderungen an das Gesetz[154]. Je schwerwiegender eine Grundrechtsbeeinträchtigung erscheint, desto präziser und klarer muß das Gesetz formuliert sein, das zur Beeinträchtigung ermächtigt[155]. Analoges gilt für die Normstufe: Art. 36 Abs. 1 Satz 2 BV hält ausdrücklich fest, daß „schwerwiegende Einschränkungen ... *im Gesetz selbst*" – das heißt im Gesetz im formellen Sinn – vorgesehen sein müssen[156].

54
Eingriffsintensität und Anforderungen an das Gesetz

Tendenziell eher geringe Anforderungen an die Normdichte sind bei Regelungsmaterien zu stellen, die sich einer detaillierten Normierung auf generell-

55

---

153 *Rhinow*, Grundzüge (LitVerz.), RN 1110; *J.P. Müller*, Allgemeine Bemerkungen, in: Thürer/Aubert/ders., Verfassungsrecht (LitVerz.), § 39 RN 53; *Kiener/Kälin*, Grundrechte (LitVerz.), S. 86f.; *Werner Ritter*, Schutz der Freiheitsrechte durch genügend bestimmte Normen (Diss. St. Gallen), 1994, S. 62ff. und 252; vgl. schon *Zaccaria Giacometti*, Das Staatsrecht der schweizerischen Kantone, 1941, S. 175. Aus der Praxis des BGer vgl. *BGE 128* I 327 (339 Erw. 4.2); *115* Ia 277 (288f. Erw. 6a); *109* Ia 273 (282ff. Erw. 4d).

154 Vgl. dazu und zum folgenden aus der Lehre *Moor*, Principes de l'activité étatique et responsabilité de l'Etat, in: Thürer/Aubert/Müller, Verfassungsrecht (LitVerz.), § 16 RN 26; *Rhinow*, Grundzüge (LitVerz.), RN 1112ff.; *J.P. Müller*, Allgemeine Bemerkungen, in: Thürer/Aubert/ders., Verfassungsrecht (LitVerz.), § 39 RN 53; *ders.*, Grundrechtstheorie (FN 4), S. 106–108; *Kiener/Kälin*, Grundrechte (LitVerz.), S. 85ff.; *Mahon*, in: Aubert/ders., Constitution (LitVerz.), Art. 36 RN 8f.; *Auer/Malinverni/Hottelier*, Droit constitutionnel (LitVerz.), Bd. II, RN 189ff.; *Tschannen*, Staatsrecht (LitVerz.), § 7 RN 100f.; *R.J. Schweizer*, in: Ehrenzeller u.a., St. Galler Kommentar (LitVerz.), Art. 36 RN 10ff.; *Tschannen/Zimmerli*, Verwaltungsrecht (FN 16), § 19 RN 21f.; *Bolz* (FN 42), S. 123ff. Aus der neueren Praxis *BGE 131* I 425 (434 Erw. 6.1); *130* I 360 (362f. Erw. 14.2); *130* I 65 (68 Erw. 3.3).

155 *BGE 132* I 49 (58 Erw. 6.2); *130* I 360 (362f. Erw. 14.2); *128* I 327 (339ff. Erw. 4.2); *125* I 369 (380f. Erw. 6); *Moor*, Droit administratif, Bd. I (FN 136), S. 338f., 350f. Zu den Anforderungen an die gesetzliche Grundlage bei Reflexwirkungen (oben RN 35ff.); *Hoffmann-Riem*, Gesetz und Gesetzesvorbehalt im Umbruch – Zur Qualitäts-Gewährleistung durch Normen, AöR 130 (2005), S. 42–45.

156 (Kursiv hinzugefügt) Vgl. dazu *Feuz* (FN 28), S. 137f. Aus der Praxis *BGE 128* I 184 (186 Erw. 2.1); *126* I 112 (116 Erw. 3c).

Niedrigere Anforderungen an Normdichte	abstrakter Ebene entziehen, etwa weil die Vielfalt der Sachverhalte im geregelten Bereich besonders weit und unvorhersehbar ist[157], aufgrund der rasanten Entwicklung der Technik oder gesellschaftlicher Veränderungen[158] oder wo für eine Regelung Sachkenntnisse erforderlich sind, die sich ein Parlament mit seinen Strukturen nicht aneignen kann[159].
56 Grundlegende Regelungen und demokratische Legitimität	Grundlegende Bestimmungen bedürfen aber auch dort einer besonderen demokratischen Legitimität, wo schwer überschaubare Regelungsmaterien betroffen sind. Dies gilt insbesondere auch in vielen Bereichen neuerer Technologien, die regelmäßig in besonderem Maße gesellschaftlich kontrovers diskutiert werden. Illustrative Beispiele sind etwa die Technologien zur Nutzung der Atomenergie, zur Übertragung digitaler Signale oder im Rahmen biomedizinischer Forschung. Es bleibt Aufgabe des Gesetzgebers, sich die für den Erlaß grundlegender Bestimmungen erforderliche Sachkenntnis anzueignen[160]. Er darf nur jene technisch komplexen Regelungen an den Verordnunggeber delegieren, die für das gesellschaftliche Zusammenleben erst von zweitrangiger Bedeutung sind.

b) Zum Begriff des Gesetzes

aa) Auf Bundesebene

57 Gesetzesbegriff nach Art. 164 Abs. 1 BV	Der Gesetzesbegriff in Art. 36 BV knüpft an Art. 164 BV an. Art. 164 Abs. 1 BV verlangt, daß alle „wichtigen rechtsetzenden Bestimmungen" in die Form des Bundesgesetzes zu kleiden sind. Dazu gehören insbesondere die „grundlegenden Bestimmungen über ... die Ausübung der politischen Rechte (und) die Einschränkung verfassungsmässiger Rechte"[161]. In der Terminologie von Art. 36 BV handelt es sich hier – soweit Grundrechte betroffen sind – um jene Rechtssätze, die „schwerwiegende Einschränkungen" von Grundrechten vorsehen. Art. 36 Abs. 1 Satz 2 konkretisiert insofern den Gesetzesbegriff von

---

157 *BGE 132* I 49 (58 Erw. 6.2); *128* I 327 (339–342 Erw. 4.2); *127* V 431 (434 f. Erw. 2 b bb u. cc); *123* I 1 (5 f. Erw. 4 b). Aus der Lehre statt vieler *Rhinow*, Grundzüge (LitVerz.), RN 1115; *Tschannen/Zimmerli*, Verwaltungsrecht (FN 16), § 19 RN 27. Vage gesetzliche Grundlagen können in gewissem Maße durch strikte Verfahren der gerichtlichen Kontrolle oder durch besondere Anforderungen an die Verwaltungsverfahren kompensiert werden; s. *Moor*, Principes de l'activité étatique et responsabilité de l'Etat, in: Thürer/Aubert/Müller, Verfassungsrecht (LitVerz.), § 16 RN 28.
158 Aus Sicht der Verwaltung liegen hier Ermessens- und Beurteilungsspielräume vor; s. dazu *Ulrich Häfelin/Georg Müller/Felix Uhlmann*, Allgemeines Verwaltungsrecht, ⁵2006, RN 427 ff.; *Moor*, Droit administratif, Vol. I (FN 136), S. 371 ff.
159 *Georg Müller*, Elemente einer Rechtsetzungslehre, ²2006, RN 219–222.
160 Art. 64 RTVG (vom 24. 3. 2006, BBl 2006 S. 3587 [3611]) beispielsweise hält fest, der Bundesrat könne offene Schnittstellen vorschreiben, soweit dies für die Sicherung der Meinungsvielfalt notwendig ist. Das Parlament muß zu den grundlegenden Fragen – auch technischer Art –, die sich hinter dieser Bestimmung verbergen, über gewisse Grundkenntnisse verfügen. Erst dann vermag es eine solche Regel angemessen zu diskutieren.
161 Art. 164 Abs. 1 lit. a und b BV und dazu *Thomas Sägesser*, in: ders. (Hg.), Die Bundesbehörden: Bundesversammlung, Bundesrat, Bundesgericht, 2000, RN 440–456.

Art. 164 Abs. 1 lit. a und b BV[162]. Die Verfassung enthält aber kein Verbot, auch weniger schwerwiegende Beeinträchtigungen von Grundrechten im formellen Gesetz zu verankern[163]. Alternativ steht dazu die Form der Verordnung[164] zur Verfügung.

bb) In den Kantonen

Für Beeinträchtigungen von Grundrechten durch die Kantone ist die Frage nach dem Gesetzesbegriff schwieriger zu beantworten. Die Bundesverfassung definiert den Begriff des Gesetzes für die Kantone grundsätzlich nicht[165]. Welche Erlasse „Gesetze" darstellen, ergibt sich aus dem jeweiligen kantonalen Staatsrecht[166]. Es fragt sich allerdings, ob Art. 36 Abs. 1 BV für Grundrechtsbeeinträchtigungen gewisse Minimalanforderungen an den kantonalen Gesetzesbegriff stellt. Insbesondere ist zu erwägen, ob ein formelles Gesetz dem Referendum unterstehen und eine generell-abstrakte Form aufweisen muß[167] und in welchem Rahmen ein Gesetz Einzelfallregelungen enthalten dürfe.

58
Eigenständiger Gesetzesbegriff der Kantone

Die Frage, ob ein formelles Gesetz eines Kantons im Sinne von Art. 36 BV dem *Referendum* unterstehen müsse oder ob auch nicht-referendumspflichtige kantonale Erlasse schwerwiegende Beeinträchtigungen von Grundrechten rechtfertigen können, ist vom Bundesgericht in den letzten Jahrzehnten uneinheitlich beantwortet worden: In seiner älteren, konstanten Praxis zur Delegation von Rechtsetzungsbefugnissen hatte das Bundesgericht verlangt, die Delegationsnorm müsse in einem referendumspflichtigen Erlaß enthalten sein[168]. Bis in die neunziger Jahre verlangte es in solchen Fällen ausdrücklich, daß ein entsprechender Erlaß der Volkabstimmung unterliegt[169].

59
Erfordernis eines Referendums?

Referendumserfordernis in der älteren Praxis

Im Jahr 1992 „präzisierte" das Gericht diese Praxis. Es hielt fest, daß die Kantone von Bundesrechts wegen nicht gehalten seien, ihre Gesetze dem Referen-

60

---

162 *Rhinow*, Grundzüge (LitVerz.), RN 1112 und 2479 ff.; *R.J. Schweizer*, in: Ehrenzeller u. a., St. Galler Kommentar (LitVerz.), Art. 36 RN 12; *Mahon*, in: Aubert/ders., Constitution (LitVerz.), Art. 36 RN 8 und im selben Band *Aubert*, Art. 164 RN 24, 27; *J.P. Müller*, Allgemeine Bemerkungen, in: Thürer/ Aubert/ders., Verfassungsrecht (LitVerz.), § 39 RN 53 mit FN 79 (S. 642); *Feuz* (FN 28), S. 134; *Kley/Feller*, Die Erlaßformen der Bundesversammlung im Lichte des neuen Parlamentsgesetzes, ZBl 2004, S. 234.
163 S. Art. 22 Abs. 2 ParlG; dazu etwa *Tschannen*, Staatsrecht (LitVerz.), § 45 RN 26; *Moor*, Droit administratif, Vol. I (FN 136), S. 332; *Rhinow*, Grundzüge (LitVerz.), RN 2487, 2490. Anders demgegenüber die Rechtslage unter Art. 34 der französischen Verfassung v. 4. 10. 1958; dazu *Louis Fevoreu* et al., Droit constitutionnel, ^{5}2002, RN 1150 ff.
164 In Frage kommen Verordnungen des Parlaments nach Art. 163 Abs. 1 BV sowie des Bundesrats nach Art. 182 Abs. 1 BV (und im Falle der Subdelegation untergeordneter Verwaltungsbehörden).
165 Der Gesetzesbegriff von Art. 164 BV gilt nur für den Bund. Aus Art. 5 Abs. 1 BV, wonach „Grundlage und Schranke staatlichen Handelns ... das Recht" ist, läßt sich kaum ein einheitlicher Gesetzesbegriff ableiten; s. etwa Botschaft VE 96, S. 132; *Andreas Auer*, La notion de loi en droit cantonal: Carrefour du fédéralisme et de la démocratie suisses, in: ders./Walter Kälin (Hg.), Das Gesetz im Staatsrecht der Kantone, 1991, S. 23; *Moor*, Droit administratif, Vol. I (FN 136), S. 332 f.
166 *Auer* aaO, S. 22 ff.
167 Vgl. auch *Feuz* (FN 28), S. 202 ff.
168 Vgl. *BGE 98* Ia 105 (109 Erw. 2), m.H. auf die vorangehende konstante Praxis zu dieser Frage.
169 Eingehend begründet in *BGE 103* Ia 369 (374 ff. Erw. 3 a); im weiteren etwa *BGE 115* Ia 378 (379 f. Erw. 3 a); *115* Ia 277 (290 Erw. 7 c); *112* Ia 251 (254 Erw. 2 a); *103* Ia 394 (404 Erw. 3 a bb).

Relativierung des Referendumserfordernisses

dum zu unterstellen[170]. Die Funktion eines formellen Gesetzes könne auch ein vom Parlament allein beschlossener Erlaß – also eine Parlamentsverordnung[171] – erfüllen, wenn dies die kantonale Verfassungsordnung so vorsehe[172]. Seither folgt das Gericht dieser Praxis[173]. Die heute geltende Bundesgerichtspraxis läßt zu, daß schwere Grundrechtseingriffe auf kantonale Erlasse abgestützt werden, die dem Referendum nicht unterstehen[174]. Das Gericht begründet dies damit, daß Art. 51 BV den Kantonen generell nicht vorschreibe, überhaupt ein Gesetzesreferendum vorzusehen[175]. Daraus leitet es ab, die Bundesverfassung verlange auch im besonderen Fall der Grundrechtsbeeinträchtigung kein Referendum[176]. Diese Praxis befriedigt nicht und ist zu differenzieren:

61 Kantone mit Gesetzesreferendum

Das Bundesgericht anerkennt eine kompetenzkonform erlassene Parlamentsverordnung auch dann als formelles Gesetz im Sinne von Art. 36 Abs. 1 BV, wenn der betreffende Kanton referendumspflichtige Gesetze kennt[177]. In solchen Situationen besteht jedoch keine Gefahr, daß dem betreffenden Kanton ein Gesetzesreferendum durch Art. 36 Abs. 1 BV aufgezwungen würde. Jedenfalls dann, wenn das kantonale Verfassungsrecht ein Gesetzesreferendum kennt, bleibt deshalb daran festzuhalten, daß schwere Grundrechtsbeeinträchtigungen in einem solchen Erlaß vorgesehen sein müssen[178]. Da heute alle Kantone ein Gesetzesreferendum kennen[179], kann als formelles Gesetz im Sinne von Art. 36 Abs. 1 BV nur ein dem Referendum unterstehender Erlaß in Frage kommen[180].

62 Referendumserfordernis aus Art. 51 BV

Komplexer wäre die Situation, wenn ein Kanton *generell* kein Referendum für Erlasse unterhalb der Verfassungsstufe vorsähe. Diesfalls wäre zunächst die Annahme des Bundesgerichts zu hinterfragen, ob Art. 51 Abs. 1 Satz 2 BV, wonach eine Mehrheit der Stimmberechtigten eine Revision der Kantonsverfassung verlangen kann, die Anforderungen an die direkt-demokratischen

---

170 *BGE 118* Ia 245 (248 Erw. 3 b), m.H. auf *Auer*, La notion de loi (FN 165), S. 22 ff., und *G. Müller*, Legalitätsprinzip und kantonale Verfassungsautonomie, in: Walter Haller u. a. (Hg.), FS Schindler, 1989, S. 747 ff., 755 f.
171 Vgl. dazu *Moor*, Droit administratif, Vol. I (FN 136), S. 257; *Denise Buser*, Kantonales Staatsrecht, 2004, RN 275, 277 f.; *Hangartner/Kley* (FN 24), RN 1664, 1680 ff.
172 *BGE 118* Ia 245 (248 Erw. 3 b).
173 Aus der weiteren Rechtsprechung vgl. etwa *BGE 118* Ia 320 (323 f. Erw. 3 a); *118* Ia 305 (310 f. Erw. 2 b); *124* I 216 (218 f. Erw. 3 a); *128* I 113 (122 Erw. 3 c); *131* I 126 (131 f. Erw. 5); *132* I 157 (159 Erw. 2.2).
174 *BGE 128* I 327 (337 f. Erw. 4.1); zu Recht kritisch zu diesem Entscheid *Kälin*, Die staatsrechtliche Rechtsprechung des Bundesgerichts in den Jahren 2002 und 2003, ZBJV 2003, S. 688 f.
175 So auch die übereinstimmende Lehre; s. nur etwa *Aubert*, in: ders./Mahon, Constitution (LitVerz.), Art. 51 RN 6; *Vincent Martenet*, L'autonomie constitutionnelle des cantons (Diss. Genf), 1999, S. 213 ff. m.w.H.; *Bolz* (FN 42), S. 143 f.
176 Zum Ganzen *Auer*, La notion de loi (FN 165), S. 25 f., und *Kälin*, Das Gesetz im Staatsrecht der Kantone: Ein Überblick, ebd., S. 10 ff.; *Moor*, Droit administratif, Vol. I (FN 136), Vol. I, S. 332–334.
177 *BGE 128* I 327 (337 f. Erw. 4.1); *124* I 216 (218 f. Erw. 3 a).
178 So sinngemäß auch *Moor*, Droit administratif, Vol. I (FN 136), S. 333; vgl. auch *Feuz* (FN 28), S. 204; *Schefer*, Grundrechte (LitVerz.), S. 19.
179 *Buser*, Kantonales Staatsrecht (FN 171), RN 271, 275; *Hangartner/Kley* (FN 24), RN 1653 ff.
180 Zum selben Ergebnis führt *Pierre Moors* Vorschlag, jene kantonale Erlaßform stelle ein formelles Gesetz im Sinne der Bundesverfassung dar, die normhierarchisch unmittelbar unterhalb der Kantonsverfassung liegt; *Moor*, Droit administratif, Vol. I (FN 136), S. 333.

Partizipationsrechte der kantonalen Verfassungen abschließend regelt. Es erscheint höchst fraglich, ob die Gewährleistung einer „demokratische[n] Verfassung" nach Satz 1 dieser Bestimmung heute noch in einem derart minimalistischen Sinn verstanden werden darf. Jedenfalls im Bereich schwerwiegender Beeinträchtigungen von Grundrechten erscheint ein solches Verständnis von Art. 51 BV kaum haltbar. Denn hier sind die Anforderungen an die demokratische Legitimität besonders hoch. Solche erhöhten Legitimitätserfordernisse werden in der schweizerischen Verfassungsordnung jedenfalls seit den sechziger Jahren des 19. Jahrhunderts[181] primär mit direkt-demokratischen Partizipationsrechten befriedigt. Solange ein Kanton keine alternativen Verfahren demokratischer Legitimitätsstiftung einrichtet, schreiben ihm meines Erachtens deshalb Art. 51 Abs. 1 BV i.V.m. Art. 36 Abs. 1 BV für schwere Grundrechtsbeeinträchtigungen ein Referendum vor[182].

cc) Einzelfallgesetze

Auf Bundesebene werden auch unter der BV 1999 *Einzelfallregelungen* in Gesetzen noch in gewissem Rahmen als zulässig erachtet[183]. Dies erscheint nicht unproblematisch, weil dadurch die gleichheitsschützende Funktion generell-abstrakter Erlasse nicht zum Tragen kommen kann. Unzulässig wären jedenfalls reine Einzelfallgesetze[184].

63 Beschränkte Zulässigkeit im Bund

Die Bundesverfassung verbietet auch den Kantonen grundsätzlich nicht, Einzelfallgesetze zu erlassen[185]. Im Rahmen von Art. 36 Abs. 1 BV kommt der gleichheitsschützenden Funktion der generell-abstrakten Struktur von Gesetzen jedoch besondere Bedeutung zu[186]. Die Möglichkeit, daß ein Gesetz künf-

64 Kantone

---

181 Dazu *Alfred Kölz*, Neuere Schweizerische Verfassungsgeschichte – Ihre Grundlinien in Bund und Kantonen seit 1848, 2004, S. 31 ff.
182 Diese Frage wirft auch *Feuz* (FN 28), S. 204, mit Bezug auf kantonale Parlamentsverordnungen auf; anderer Meinung *G. Müller*, Legalitätsprinzip (FN 170), S. 755; *Auer*, La notion de loi (FN 165), S. 25.
183 So erachten etwa *G. Müller*, Formen der Rechtssetzung, in: Ulrich Zimmerli (Hg.), Die neue Bundesverfassung, 2000, S. 256; *Rhinow*, Grundzüge (LitVerz.), RN 2442; *Tschannen*, Staatsrecht (LitVerz.), § 45 RN 19, die Aufnahme von Einzelfallbestimmungen in ein ansonsten generell-abstraktes Gesetz als zulässig. Vgl. auch *Sutter-Somm*, in: Ehrenzeller u.a., St. Galler Kommentar (LitVerz.), Art. 163 RN 11. *Feuz* (FN 28), S. 39, weist auf die Mißverständnisse hin, welche diesbezüglich dem Bericht der Staatspolitischen Kommission des Nationalrats zum Parlamentsgesetz v. 1.3.2001 (BBl 2001 S. 3467) zugrunde liegen; vgl. auch seine Ausführungen auf S. 76 f. und 170 f. In einer Stellungnahme v. 30.11.1966 (VPB 33/1966–1967, Nr. 30) erachtete die damalige Justizabteilung des Bundes Einzelfallgesetze aus Gründen der Rechtsgleichheit und der Gewaltenteilung grundsätzlich als unzulässig.
184 *Tschannen*, Staatsrecht (LitVerz.), § 45 RN 19.
185 Vgl. *Kälin*, Das Gesetz im Staatsrecht der Kantone (FN 176), S. 7 f.
186 Dieser Gedanke liegt auch dem Verbot der sog. „Bill of Attainder" in Art. I § 9 cl. 3 der U.S.-Verfassung zugrunde. Gestützt auf diese Bestimmung erachtete der U.S. Supreme Court ein Gesetz als unzulässig, welches den Mitgliedern der kommunistischen Partei verbot, als Funktionär oder als Angestellter einer Gewerkschaft tätig zu sein. Siehe *U.S. Supreme Court*, Urt. v. 7.6.1965, United States ./. Brown, 381 U.S. 437 (1965). Derselbe Grundgedanke steht auch hinter der Erkenntnis des BGer, daß über Einbürgerungen nicht an der Urne abgestimmt werden darf; vgl. *BGE 129* I 232 (248 Erw. 5); *129* I 217 (223 ff. Erw. 2 u. 3). S. zum Problem auch *Kiener*, Rechtsstaatliche Anforderungen an Einbürgerungsverfahren, in: recht 2000, S. 216 f.; *Auer/v. Arx*, Direkte Demokratie ohne Grenzen? – Ein Diskussionsbeitrag zur Frage der Verfassungsmäßigkeit von Einbürgerungsbeschlüssen durch das Volk, AJP 2000, S. 923 ff.; dazu auch *Hangartner*, Neupositionierung des Einbürgerungsrechts – Bemerkungen aus Anlaß der Bundesgerichtsentscheide v. 9.7.2003, in: AJP 2004, S. 3 ff. Vgl. zum Ganzen auch *Moor*, Droit administratif, Vol. I (FN 136), S. 207 ff.

tig jeden Einzelnen treffen kann, bändigt die Bereitschaft, schwerwiegende Grundrechtseingriffe im Gesetz vorzusehen.

65
Keine Einzelfallgesetze bei schweren Grundrechtsbeeinträchtigungen

Es erscheint deshalb fraglich, ob ein Einzelfallgesetz eine genügende Grundlage zur schwerwiegenden Beeinträchtigung von Grundrechten nach Art. 36 Abs. 1 BV darstellen kann. Meines Erachtens stellen die Grundrechte auch hier qualifizierte Anforderungen an den Gesetzesbegriff sowohl gegenüber dem Bund als auch gegenüber den Kantonen: Soll ein Gesetz schwerwiegende Eingriffe in Grundrechte rechtfertigen können, muß es nach hier vertretener Ansicht generell-abstrakten Charakter haben[187].

3. Beeinträchtigungen von Grundrechten in dringlichen Situationen

66
Relativierung der Anforderungen

Die Verfassung eröffnet verschiedene Möglichkeiten, um in außerordentlichen Situationen die Anforderungen an die gesetzliche Grundlage zu relativieren[188].

a) Polizeiliche Generalklausel

67
Art. 36 BV

Art. 36 Abs. 1 Satz 3 BV hält ausdrücklich fest, daß im Falle einer ernsten, unmittelbaren und nicht anders abwendbaren Gefahr schwerwiegende Grundrechtsbeeinträchtigungen so lange auch ohne formell-gesetzliche Grundlage zulässig sind, als die Maßnahme zwingend notwendig ist. Damit verankert die Verfassung die polizeiliche Generalklausel für den Bereich der Grundrechte[189].

68
Weitere Verankerungen

Die Bundesverfassung enthält weitere Bezugnahmen auf die Polizeiklausel bei der Umschreibung der Kompetenzen der Organe des Bundes. Danach dürfen Parlament[190] und Bundesrat[191] unter den Voraussetzungen der polizeilichen Generalklausel zum Schutz besonders hochrangiger Rechtsgüter selbständige Verordnungen erlassen oder individuell-konkrete Anordnungen treffen. Der Bundesrat muß nach ausdrücklichem Verfassungstext seine Verordnungen befristen[192]. Sie werden – wie auch jene des Parlaments – spätestens

---

187 Weitere Probleme von Einzelfallgesetzen werden in *BGE 119* Ia 141 angesprochen: So stellt sich auch etwa die Frage des rechtlichen Gehörs (149 ff. Erw. 5); vgl. auch *BGE 121* I 230 (232 f. Erw. 2 c).
188 Zum Ganzen auch *Ruch*, Äußere und innere Sicherheit, in: Thürer/Aubert/Müller, Verfassungsrecht (LitVerz.), § 59 RN 6 f., 44.
189 Vgl. *Kiener/Kälin*, Grundrechte (LitVerz.), S. 95 ff.; *M. Müller*, Legalitätsprinzip, Polizeiliche Generalklausel, Besonderes Rechtsverhältnis, ZBJV 2000, S. 725 (735 f.); *Moor*, Droit administratif, Vol. I (FN 136), S. 337; *R.J. Schweizer*, in: Ehrenzeller u. a., St. Galler Kommentar (LitVerz.), Art. 36 RN 66; *Rhinow*, Grundzüge (LitVerz.), RN 1119–1122. Eine detaillierte Umschreibung der polizeilichen Generalklausel findet sich in *BGE 121* I 22 (27 f. Erw. 4 b aa); *130* I 369 (381 ff. Erw. 7.3).
190 Art. 173 Abs. 1 lit. c BV und dazu *Aubert*, in: ders./Mahon, Constitution (LitVerz.), Art. 173 RN 7–12; *Tschannen*, Staatsrecht (LitVerz.), § 45 RN 39; *Häfelin/Haller*, Bundesstaatsrecht (LitVerz.), RN 1881; *Sägesser*, in: ders. (Hg.), Bundesbehörden (FN 161), RN 697–704.
191 Art. 184 Abs. 3 und Art. 185 Abs. 3 BV; dazu *Aubert*, in: ders./Mahon, Constitution (LitVerz.), Art. 184 RN 11 ff. und Art. 185 RN 4–8; *Tschannen*, Staatsrecht (LitVerz.), § 46 RN 25 ff., 30 f.; *Thürer*, in: Ehrenzeller u. a., St. Galler Kommentar (LitVerz.), Art. 184 RN 17 ff.; *Saxer* ebd., Art. 185 RN 38 ff.
192 *Aubert*, in: ders./Mahon, Constitution (LitVerz.), Art. 184 RN 18 f.; *Tschannen*, Staatsrecht (LitVerz.), § 46 RN 27, 30; *Rhinow*, Grundzüge (LitVerz.), RN 2462.

dann gegenstandslos, wenn die Gefahr wegfällt oder ihr im Rahmen der ordentlichen Rechtsetzung begegnet werden kann[193].

Der Verzicht auf das Erfordernis einer gesetzlichen Grundlage auch für schwerwiegende Grundrechtseingriffe berührt die demokratische und rechtsstaatliche Ordnung des Gemeinwesens im Kern. Die polizeiliche Generalklausel darf deshalb nur mit größter Zurückhaltung zur Anwendung gelangen[194].

Zurückhaltende Anwendung

Ursprünglich war die Generalklausel auf den Schutz der klassischen Polizeigüter beschränkt. Zunehmend wird aber geltend gemacht, daß sie auch zum Schutz anderer zentraler Rechtsgüter, wie etwa einer intakten Umwelt[195], eingesetzt werden könne[196]. Jede solche Ausdehnung des Anwendungsbereichs der Generalklausel erscheint aus Sicht der Grundrechte problematisch. Sie kann allenfalls dann vertretbar sein, wenn die übrigen Erfordernisse der Rechtfertigung einer Beeinträchtigung mit ganz besonderer Strenge beachtet werden. Dabei ist der grundsätzliche Vorrang ideeller vor wirtschaftlichen Grundrechtsgehalten[197] von Bedeutung: So kann es gerechtfertigt erscheinen, die Eigentumsgarantie oder die Wirtschaftsfreiheit vorübergehend einzuschränken, um einen unmittelbar drohenden schweren Schaden an der Umwelt zu verhindern[198]. Schwere Beeinträchtigungen der Persönlichkeit eines Menschen wären demgegenüber nur äußerst zurückhaltend zuzulassen[199].

69
Schutzgüter

Vorrang ideeller Grundrechtsgehalte

b) Dringlichkeitsrecht nach Art. 165 BV

Das ordentliche Gesetzgebungsverfahren kann sich als zu schwerfällig erweisen, um zeitlich besonders dringlichen Fragen von großer Bedeutung zu begegnen. Die Verfassung ermächtigt deshalb in Artikel 165 den Bundesgesetzgeber, in solchen Situationen Dringlichkeitsrecht zu erlassen[200]. Er kann

70
Grundsatz

---

[193] *Tschannen*, Staatsrecht (LitVerz.), § 46 RN 25–27; *Saxer*, in: Ehrenzeller u. a., St. Galler Kommentar (LitVerz.), Art. 173 Abs. 1 lit. c RN 44 f., und *ders.* ebd., Art. 185 RN 43 f., sowie *Thürer* ebd., Art. 184 RN 22 f. Aus der Praxis des BGer zur Polizei-Notverordnungskompetenz des Bundesrates vgl. *BGer*, Urt. v. 9. 5. 1996, in: plä 4/1996, S. 64 (Erw. 2 d aa); *BGE 123* IV 29 (36 ff. Erw. 4) *132* I 229 (242 ff. Erw. 10).

[194] Vgl. dazu *M. Müller*, ZBJV 2000, S. 725 (735 ff. m.w.H.); *Moor*, Droit administratif, Vol. I (FN 136), S. 337 f.; *Tschannen/Zimmerli*, Verwaltungsrecht (FN 16), § 54 RN 6; *Hans Reinhard*, Allgemeines Polizeirecht: Aufgaben, Grundsätze und Handlungen (Diss. Bern, 1993, S. 157 ff. Aus der Praxis illustrativ *BGer*, Urt. v. 13. 7. 1990, ZBl 1991, S. 270.

[195] Vgl. etwa *Schrade/Loretan*, in: Vereinigung für Umweltrecht/Helen Keller (Hg.), Kommentar zum Umweltschutzgesetz, 1985 ff., Art. 11 (2001) RN 42.

[196] Für weitere Beispiele vgl. *Moor*, Droit administratif, Vol. I (FN 136), S. 337 f.

[197] So ausdrücklich *BGE 126* I 133 (140 Erw. 4 d). Aus der Literatur *Tobias Jaag*, „Preferred Freedoms" im schweizerischen Verfassungsrecht, in: FS Aubert, S. 355 ff., insb. S. 367 f.; vgl. auch *J. P. Müller/Looser*, Zum Verhältnis von Meinungs- und Wirtschaftsfreiheit im Verfassungsrecht des Bundes und in der Europäischen Menschenrechtskonvention, in: medialex 2000, S. 13 (16 m.w.H.). Auch der EuGH scheint in seiner neueren Praxis von einem gewissen Vorrang ideeller Grundrechte auszugehen; s. dazu *Scheeck*, The Relationship between the European Courts and Integration through Human Rights, ZaöRV 2005, S. 851.

[198] Vgl. den Hinweis in *BGE 121* I 334 (343 Erw. 4 c).

[199] Besonders problematisch deshalb *BGE 126* I 112 (114 ff. Erw. 3 u. 4) und dazu *M. Müller*, ZBJV 2000, S. 725 (S. 726 ff.).

[200] *Rhinow*, Grundzüge (LitVerz.), RN 2446–2448; *Tschannen*, Staatsrecht (LitVerz.), § 45 RN 30 ff.; *Aubert*, in: ders./Mahon, Constitution (LitVerz.), Art. 165; *Schefer*, Kerngehalte (FN 3), S. 159 ff.; *Häfelin/Haller*, Bundesstaatsrecht (LitVerz.), RN 1828–1833; *Sutter-Somm*, in: Ehrenzeller u. a., St. Galler Kommentar (LitVerz.), Art. 165.

Erfordernis der Dringlichkeit

unter Ausschluß des Referendums – und unter Umständen sogar ohne Grundlage in der Verfassung[201] – Gesetze erlassen und zeitlich befristet in Kraft setzen[202]. Die Verfassung stellt an die Dringlichkeit eines solchen Gesetzes jedoch nicht die gleich strengen Voraussetzungen wie bei der polizeilichen Generalklausel. Vielmehr genügt es, daß mit der Inkraftsetzung nicht zugewartet werden kann, bis die vier Monate seit Publikation im Bundesblatt abgelaufen oder gar bis die weiteren acht bis zwölf Monate verstrichen sind, die zur Durchführung eines Referendums erforderlich sind[203].

71
Bindung dringlicher Bundesgesetze an Art. 36 BV

Aus grundrechtlicher Sicht stellt sich die Frage, ob Art. 165 Abs. 3 BV den Bundesgesetzgeber nicht nur von der Abstützung auf eine Verfassungsgrundlage entbindet, sondern ihn auch zu Grundrechtsbeeinträchtigungen ermächtigt, die über das im Rahmen ordentlicher Bundesgesetze zulässige Maß hinausgehen. Schon der Wortlaut dieser Bestimmung macht deutlich, daß der Gesetzgeber nur vom Erfordernis einer Zuständigkeitsgrundlage in der Verfassung dispensiert wird, nicht aber von seiner Bindung an die Grundrechte. Auch die Praxis der Straßburger Organe zur Zulässigkeit der Derogation nach Art. 15 EMRK deutet in diese Richtung: Die von Art. 165 Abs. 3 BV anvisierten Umstände stellen regelmäßig keine Notstandssituationen nach Art. 15 EMRK dar, die eine Relativierung der Erfordernisse der gesetzlichen Grundlage rechtfertigen würden[204]. Dringliche Bundesgesetze sind daher vollumfänglich an die Anforderungen von Art. 36 BV gebunden. Der Dringlichkeit einer Maßnahme kann im Rahmen der Verhältnismäßigkeit Rechnung getragen werden[205].

---

201 S. Art. 165 Abs. 3 BV.
202 Die spezifischen Voraussetzungen zum Erlaß von Dringlichkeitsrecht sind dargestellt bei *Sutter-Somm*, in: Ehrenzeller u. a., St. Galler Kommentar (LitVerz.), Art. 165 RN 4; *Aubert*, in: ders./Mahon, Constitution (LitVerz.), Art. 165 RN 4 ff. Art. 165 BV regelt die Kompetenzen der Bundesversammlung zum Erlaß von Bundesgesetzen ohne Verfassungsgrundlage abschließend. In neuerer Zeit zeigt sich in der Bundesversammlung eine bedenkliche Bereitschaft, auch ordentliches Gesetzesrecht ohne Grundlage in der Bundesverfassung zu erlassen. Vgl. etwa die Änderung des Bundesgesetzes über Maßnahmen zur Wahrung der inneren Sicherheit (Gewaltpropaganda/Gewalt bei Sportveranstaltungen) v. 24. 3. 2006, Referendumsvorlage, BBl 2006 S. 3539 ff., und dazu *Schefer*, BWIS I: Kompetenzen und Grundrechte, in: digma 2006, S. 10 ff.
203 *Aubert*, in: ders./Mahon, Constitution (LitVerz.), Art. 165 RN 5. Die Bundesversammlung hält sich in ihrer Praxis aber nicht immer an diese verfassungsrechtlichen Anforderungen; s. auch *dens.*, Bundesstaatsrecht (LitVerz.), Bd. II, RN 1123.
204 Diese Argumente werden eingehender begründet und wissenschaftlich abgestützt in: *Schefer*, Kerngehalte (FN 3), S. 162–166.
205 Vgl. *Gächter*, Demokratie und Dringlichkeit – Gedanken zu Geschichte und Anwendung des Dringlichkeitsrechts der schweizerischen Bundesverfassung, in: Isabelle Häner (Hg.), Beiträge für Alfred Kölz, 2003, S. 75 (93). Das *UN Human Rights Committee* (HRC) hat in den concluding observations zur Schweiz v. 12. 11. 2001 in Ziff. 7 der Besorgnis Ausdruck verliehen, daß durch das Dringlichkeitsrecht nach Art. 165 BV Rechten des UNO-Pakts II entgegen Art. 4 UNO-Pakt II derogiert werden könnte. Nach der hier vertretenen Auslegung von Art. 165 Abs. 3 BV besteht diese Gefahr nicht. Zu den Anforderungen von Art. 4 UNO-Pakt II vgl. Sarah Joseph/Jenny Schultz/Melißa Castan, The International Covenant on Civil and Political Rights: Cases, Materials, and Commentary, ^{2}2004, Ziff. 25.49 ff.

c) Derogation im Notstand

Keine eigenständigen Regelungen enthält die Bundesverfassung – etwa im Unterschied zum Bonner Grundgesetz – zum eigentlichen Notrecht[206]. Die grundrechtlichen Grenzen des Notstandsrechts werden in Art. 15 EMRK und Art. 4 UNO-Pakt II geregelt[207]. Der Europäische Gerichtshof für Menschenrechte hält dazu fest, daß Derogationen auch im Notstand nur im Rahmen der Verhältnismäßigkeit zulässig sind[208].

72 Kein Notrecht im Verfassungstext
Verhältnismäßigkeitsgrundsatz

Die Grundrechtsbindung des Staates bleibt damit auch im Notstand grundsätzlich bestehen. Insbesondere die Anforderungen an die gesetzliche Grundlage gehen im Notstand aber weniger weit als in ordentlichen Situationen. Entsprechend ermächtigte der Vollmachtenbeschluß vom 30. August 1939 den Bundesrat, bei absolut erforderlichen und unaufschiebbaren Maßnahmen von der Gesetzgebung abzuweichen. Darunter fielen auch solche Maßnahmen, welche die Grundrechte der Einzelnen zum Teil erheblich beeinträchtigten[209].

73 Grundrechtsbindung auch im Notstand
Vollmachtenbeschlüsse

Wie weit die Relativierung der ordentlichen Anforderungen an die Grundlage im Gesetz und etwa an die gerichtliche Überprüfung geht, ist in der konkreten Notstandssituation zu beurteilen. Dabei ist zusätzlich zur Schwere eines Eingriffs etwa die Dringlichkeit der Maßnahme sowie die Funktionsfähigkeit des Gesetzgebers oder des Gerichts in der konkreten Notstandssituation[210] einschließlich der Frage zu berücksichtigen, wie gut diese die zu regelnde Situation selber beurteilen können.

74 Relativierung der Eingriffsvoraussetzungen

---

206 *Tschannen*, Staatsrecht (LitVerz.), § 10 RN 12 f.; *Häfelin/Haller*, Bundesstaatsrecht (LitVerz.), RN 1802 f.; *Rhinow*, Grundzüge (LitVerz.), RN 24.
207 Dazu *Schefer*, Kerngehalte (FN 3), S. 148–156.
208 Aus der Praxis s. *EGMR*, Urt. v. 18.12.1996, Aksoy ./. Türkei, Rep. 1996-VI 2260, Ziff. 68; Urt. v. 26.5.1993, Brannigan & McBride ./. Vereinigtes Königreich, Ser. A Nr. 258-B, Ziff. 43; Urt. v. 21.2.2006, Bilen ./. Türkei, Beschwerde Nr. 34482/97, Ziff. 46. In gleichem Sinne auch der *UNO-Menschenrechtsausschuß*, in: General Comment No. 29, Ziff. 4. S. auch *Kälin/Künzli*, Menschenrechtsschutz (FN 121), S. 132–137; *Schefer*, Kerngehalte (FN 3), S. 152 f., 154 f.
209 Eingehend zu den Vollmachtenregimes während der beiden Weltkriege *Kölz*, Verfassungsgeschichte (FN 181), S. 665 ff. (1. Weltkrieg), S. 677 ff. und 763 ff. (Zwischenkriegszeit), S. 773 ff. (2. Weltkrieg und Nachkriegszeit); *Kälin*, Rechtliche Aspekte der schweizerischen Flüchtlingspolitik im Zweiten Weltkrieg, in: Unabhängige Expertenkommission (UEK) Schweiz – Zweiter Weltkrieg (Hg.), Die Schweiz, der Nationalsozialismus und das Recht – Bd. I: Öffentliches Recht (Veröffentlichungen der UEK, Bd. 18), 2001, S. 377 ff.
210 Analog dazu erachtete der damalige Chief Justice *Roger B. Taney* die Inhaftierung von Personen in Notstandssituationen ohne gerichtliche Überprüfung während des Sezessionskriegs nur dann als zulässig, wenn keine funktionierenden zivilen Gerichte eine wirksame Kontrolle wahrnehmen könnten; *U.S. Supreme Court*, Ex parte Merryman, 17 Fed. Cas. 144 (1861). Der einzige Fall, in welchem der U.S. Supreme Court von diesem Grundsatz abgewichen war, betraf die später als fundamentale Ungerechtigkeit gewertete Internierung von japanisch-stämmigen Amerikanern an der Westküste während des Zweiten Weltkriegs; s. *U.S. Supreme Court*, Korematsu v. United States, 323 U.S. 214 (1944). Vgl. dazu *Geoffrey R. Stone*, Perilous Times: Free Speech in Wartime – From the Sedition Act of 1798 to the War on Terrorism, 2004, S. 121–123; *William H. Rehnquist*, All the Laws But One, 1998, S. 32–42.

4. Anforderungen an die gesetzliche Grundlage im besonderen Rechtsverhältnis

75 *Relativierung der Anforderungen*

Die Anforderungen an die gesetzliche Grundlage zur Beeinträchtigung von Grundrechten sind in besonderen Rechtsverhältnissen weniger streng[211] als dort, wo kein spezifisches Näheverhältnis zum Staat besteht. Im einzelnen haben sich folgende Grundsätze herausgebildet:

76 *Begründung und Ausgestaltung*

Die Anforderungen an die *Begründung* eines besonderen Rechtsverhältnisses beurteilen sich – soweit Grundrechte betroffen sind – nach den allgemeinen Regeln von Art. 36 Abs. 1 BV[212]. Gewisse Besonderheiten ergeben sich jedoch bei der *Ausgestaltung* eines bestehenden besonderen Rechtsverhältnisses[213]. Im Rahmen des Gesetzmäßigkeitsprinzips nach Art. 5 BV gelten hier weniger strenge Anforderungen sowohl an die Normstufe als auch an die Normdichte[214].

77 *Schwere Grundrechtsbeeinträchtigungen*

Im Rahmen von Art. 36 BV ist daran festzuhalten, daß schwere Grundrechtsbeeinträchtigungen auch dann eine Grundlage im formellen Gesetz erfordern, wenn sie in einem besonderen Rechtsverhältnis erfolgen[215]. Analoges muß grundsätzlich auch für die dabei erforderliche Normdichte gelten. Die Anforderungen an die Normdichte können aber dort relativiert werden, wo eine schwere Grundrechtsbeeinträchtigung zwingend mit einem präzise umschriebenen Zweck eines besonderen Rechtsverhältnisses verbunden ist. Hier kann sich die normative Bestimmtheit aus der Verbindung zwischen Eingriffsnorm und Zweckbestimmung ergeben. Soweit beispielsweise eine disziplinarische Maßnahme in einer Haftanstalt, wie etwa die weitergehende Einschränkung des Zugangs zu Fernsehen und Presseerzeugnissen, zur Sicherung der Ordnung in der Anstalt zwingend erforderlich ist, darf sie auf niedrigerer normativer Ebene geregelt werden[216].

78 *Erhöhung der Anforderungen?*

Das Bestehen eines besonderen Rechtsverhältnisses kann in gewissen Konstellationen aber auch dafür sprechen, *besonders hohe Anforderungen* an die Rechtfertigung einer Grundrechtsbeeinträchtigung zu stellen: Gewisse besondere Rechtsverhältnisse – wie etwa im Gefängnis oder im Militär[217] – bestim-

---

211 Zu Lehre und Rechtsprechung eingehend *M. Müller*, Rechtsverhältnis (FN 92), S. 17 ff., 23 ff. und 129 ff., zur Frage der Grundrechtsgeltung und -wirkung in verschiedenen Formen besonderer Rechtsverhältnisse S. 45 ff.; vgl. im Weitern *Moor*, Droit administratif, Vol. I (FN 136), S. 362 ff.; *Kiener/Kälin*, Grundrechte (Lit.Verz.), S. 92 f.; *Auer/Malinverni/Hottelier*, Droit constitutionnel (LitVerz.), Bd. II, RN 201 ff.; *Rhinow*, Grundzüge (LitVerz.), RN 1123 ff.; *J.P. Müller*, Grundrechtstheorie (FN 4), S. 108 f.
212 *M. Müller* aaO., S. 24, 41 f. m.H. auf die Praxis; *Häfelin/Haller*, Bundesstaatsrecht (LitVerz.), RN 330; *Häfelin/Müller/Uhlmann*, Verwaltungsrecht (FN 158), RN 482; *Moor*, Droit administratif, Vol. I (FN 136), S. 363.
213 Zum Ganzen *M. Müller* aaO., S. 24 ff.; *Häfelin/Haller* aaO., RN 330; aus der neueren Praxis etwa BGE 129 I 74 (77 f. Erw. 4.3); 129 I 12 (23 Erw. 8.3 und 24 Erw. 8.5).
214 *M. Müller* aaO., S. 26 f. und 31 ff.; *Tschannen/Zimmerli*, Verwaltungsrecht (FN 16), § 49 RN 10; *Häfelin/Müller/Uhlmann*, Verwaltungsrecht (FN 158), RN 478–487.
215 S. die Hinweise bei *M. Müller* aaO., S. 44 f.; *Auer/Malinverni/Hottelier*, Droit constitutionnel (LitVerz.), Bd. II, RN 202; *Häfelin/Müller/Uhlmann* aaO., RN 482. BGE 128 I 280 (283 Erw. 4.1.2); 129 I 12 (22 f. Erw. 8.3).
216 S. etwa *J.P. Müller*, Grundrechte (LitVerz.), S. 69 m.w.H.
217 Vgl. dazu *Alain Griffel*, Der Grundrechtsschutz in der Armee (Diss. Zürich), 1990, S. 17 ff., insb. S. 18.

men das Leben der von ihnen Betroffenen in umfassender Weise. Die Lebensumstände in solchen Rechtsverhältnissen sind regelmäßig einem derart strikten Regime untergeordnet, daß ein stringenter Grundrechtsschutz für den Betroffenen von existenzieller Bedeutung ist. Dogmatisch bedeutet dies, daß die Anforderungen an die Grundlage im Gesetz und im Rahmen der Verhältnismäßigkeit in solchen besonderen Rechtsverhältnissen speziell hoch sind.

5. Einwilligung des Betroffenen als Ersatz für eine gesetzliche Grundlage?

a) Das Problem

Regelt der Staat ein Rechtsverhältnis durch zustimmungsbedürftige Verfügung oder durch öffentlich-rechtlichen Vertrag[218], kann sich die Frage stellen, ob die Zustimmung des Betroffenen als Ersatz für eine gesetzliche Grundlage zur Beeinträchtigung seiner Grundrechte dienen kann[219]. Aktuell wird diese Frage dann, wenn der Betroffene im Nachhinein die fraglichen Grundrechte entgegen seiner vorgängigen Einwilligung ausüben möchte. Hier fragt sich, ob ihm die Einwilligung rechtsgültig entgegengehalten werden kann[220]. So ist etwa zu fragen, ob eine Grundschullehrerin muslimischen Glaubens mit ihrer Zustimmung zur Anstellungsverfügung darin einwilligen kann, im Unterricht kein Kopftuch zu tragen[221].

79
Zustimmung zu Verfügung oder Vertrag

b) Keine Einwilligung in schwerwiegende Grundrechtseingriffe

Schwerwiegende Grundrechtsbeeinträchtigungen[222] bedürfen nach Art. 36 Abs. 1 BV einer formell-gesetzlichen Grundlage. Erforderlich sind damit besondere parlamentarische Beratungen und die Möglichkeit direkt-demokratischer Partizipation[223]. Über diese demokratischen Geltungsgrundlagen

80
Unverfügbarkeit demokratischer Legitimität

---

218 Für ein gängiges Anwendungsbeispiel vgl. etwa *Vera Marantelli-Sonanini*, Erschließung von Bauland – Vorgaben des eidgenössischen Raumplanungsgesetzes betreffend die Pflichten des Gemeinwesens und die Möglichkeiten Privater (Diss. Bern), 1997, S. 134 ff.
219 Vgl. die Hinweise bei *Ralph Malacrida*, Der Grundrechtsverzicht (Diss. Zürich), 1992, S. 42 ff. und 133 ff.; *Häner*, Die Einwilligung der betroffenen Person als Surrogat der gesetzlichen Grundlage bei individuell-konkreten Staatshandlungen, ZBl 2002, S. 57 ff.
220 Es geht hier nicht darum, den Einzelnen zur Ausübung seiner Grundrechte zu zwingen. Vgl. aber die Beurteilung der deutschen Behörden, welche dem Laserdrome-Urteil des EuGH (Erste Kammer) zugrundeliegt: EuGH, Urt. v. 14.10.2004, Rs. C-36/02 (Omega Spielhallen- und Automatenaufstellungs GmbH ./. Oberbürgermeisterin der Stadt Bonn), Slg. 2004, I-9609, Ziff. 11f. (Begründung des vorlegenden Gerichts), Ziff. 32ff., 39. Aus der neueren Literatur illustrativ *Hufen*, Verbot oder einschränkende Auflagen für die Ausstellung „Körperwelten"?, DÖV 2004, S. 611 ff., insb. 615 f.
221 Das BGer tönt die Frage der Einwilligung im Genfer Kopftuchfall dadurch an, daß es der Lehrerin entgegenhält, sie sei das Anstellungsverhältnis freiwillig eingegangen; *BGE 123* I 296 (303 Erw. 3) – übersetzt in: PRA 87/1998, Nr. 47, S. 302; dazu *Schefer*, Grundrechte (LitVerz.), S. 64 f. m.w.H.
222 Zum Verzicht bei Eingriffen in den Kerngehalt und in kerngehaltsnahe Grundrechtsgehalte s. *Schefer*, Kerngehalte (FN 3), S. 374 ff.; *Häner*, Einwilligung (FN 219), S. 72 f.; *Kiener/Kälin*, Grundrechte (LitVerz.), S. 58. Aus der deutschen Lehre *Klaus Stern*, Der Grundrechtsverzicht, in: *ders.*, Staatsrecht III/2 (LitVerz.), § 86, S. 887 (924 f.). → Bd. III: *Merten*, Grundrechtsverzicht, § 73.
223 S. dazu oben RN 53–56.

eines Gesetzes kann der einzelne Betroffene nicht verfügen[224]. Die Erklärung des Betroffenen, wonach er in schwerwiegende Grundrechtseingriffe einwilligt, kann ihm damit nicht rechtsgültig entgegengehalten werden, wenn er seine Meinung später ändert[225].

c) Differenzierte Lösung bei weniger intensiven Eingriffen

81 Bei weniger intensiven Eingriffen ist je nach den Kompetenzen der Verwaltung im fraglichen Bereich zu unterscheiden:

82
Keine Kompensation fehlender Verordnungskompetenz

Eine fehlende Rechtsetzungskompetenz kann nicht durch die Einwilligung im Einzelfall kompensiert werden. Fehlt der Verwaltung die Zuständigkeit zum Erlaß einer Verordnung, so kommt ihr im entsprechenden Sachbereich auch keine Kompetenz zu, im Einzelfall auf der Grundlage der Einwilligung des Betroffenen in dessen Grundrechte einzugreifen[226].

83
Zulässigkeit einzelfallbezogener Regelung

Ist die Behörde jedoch zum Erlaß einer Verordnung befugt, welche nach Art. 36 Abs. 1 BV als Grundlage für eine wenig intensive Grundrechtsbeeinträchtigung dienen könnte, so vermag die Einwilligung eine fehlende Rechtsgrundlage allenfalls bei Regelungsmaterien zu kompensieren, die nur sehr beschränkt generell-abstrakt geregelt werden können. Dies ist etwa dort der Fall, wo sich die geregelten Sachverhalte nur schwer typisieren, sondern nur je mit Bezug auf ihre konkrete Ausgestaltung im Einzelfall vergleichen lassen[227]. Hier kann die rechtssatzmäßige Verankerung ihre gleichheitsschützende Funktion kaum wahrnehmen; aus dieser Sicht kann eine Einwilligung als genügende Rechtfertigung für leichte Grundrechtsbeeinträchtigungen in Frage kommen.

84
Notwendigkeit freier Willensbildung

Unabdingbare Voraussetzung dafür ist aber, daß der Betroffene seine Einwilligung aufgrund einer tatsächlich möglichst freien Willensbildung erteilen kann[228]. Dabei sind sowohl Beschränkungen der freien Willensbildung seitens Privater als auch des Staates zu berücksichtigen. Die erforderliche Freiheit dürfte regelmäßig in jenen Situationen fehlen, in denen sich das typische Machtpotenzial des Staates realisiert.

II. Öffentliches Interesse oder Grundrechte Dritter: Art. 36 Abs. 2 BV

85
Grundsatz

Art. 36 Abs. 2 BV läßt eine Beeinträchtigung von Grundrechten nur zu, wenn damit „ein öffentliches Interesse oder (der) Schutz von Grundrechten Dritter" verfolgt wird.

---

224 Hier äußert sich das Verständnis der Grundrechte als „negative Kompetenznormen": Die Verwaltungsbehörden verfügen über keine Zuständigkeit, in schwerwiegender Weise in die Grundrechte einzugreifen, wenn ihr dazu von der demokratischen Öffentlichkeit keine entsprechende Ermächtigung erteilt wird.
225 Aus der bundesgerichtlichen Praxis *BGE 124* II 436 (451 ff. Erw. 10 e).
226 Dazu *Stern*, Staatsrecht III/2 (LitVerz.), S. 909 f., 919 ff.; vgl. auch *Häner*, Einwilligung (FN 219), S. 60, 66.
227 *Häner* aaO., S. 69 f.
228 Dazu *Häner* aaO., S. 66 ff.

1. Öffentliches Interesse

Mit dem Erfordernis des öffentlichen Interesses bindet die Verfassung Grundrechtsbeeinträchtigungen an jene Aspekte des Gemeinwohls, die sich im Verlauf einer längerfristigen demokratischen Auseinandersetzung in der Gesellschaft als besonders bedeutsam herauskristallisiert haben[229]. Normativen Ausdruck finden sie primär in den Aufgaben-, Staats- und Sozialzielbestimmungen der Verfassung und etwa in grundlegenden völkerrechtlichen Rechtsquellen[230].

86 Begriff

Öffentliche Interessen sind vorläufiges Ergebnis öffentlicher Deliberation und damit Ausdruck demokratischer Prozesse in der Zeit[231]. In diese Prozesse bringen die Einzelnen auch ihre eigenen Interessen ein. Im Rahmen deliberativer Entscheidfindung können aber nur jene Partikularinteressen als Aspekte des Gemeinwohls Anerkennung finden, die auch aus der Perspektive des Anderen tragfähig erscheinen[232].

87 Öffentliche Deliberation

Im Unterschied zum Bonner Grundgesetz[233] verlangt die Bundesverfassung im allgemeinen keine besonders qualifizierten öffentlichen Interessen[234]. Deren Bandbreite ist heute dementsprechend weit, weshalb ihnen in der Praxis kaum begrenzende Wirkung zukommt[235]. In dieser Weite widerspiegeln sich die umfassenden Aufgaben, die der Staat in der heutigen Gesellschaft wahrnimmt[236].

88 Keine besondere Qualifizierung

Nicht alle öffentlichen Interessen sind gleichermaßen geeignet, Grundrechtsbeeinträchtigungen zu rechtfertigen. Je nach in Frage stehendem Grundrecht treten gewisse öffentliche Interessen in den Vordergrund, andere eher in den Hintergrund[237]. Öffentliche Interessen, die der zentralen Schutzrichtung eines Grundrechts im Kern zuwiderlaufen, vermögen eine Beeinträchtigung regel-

89 Schutzrichtung des Grundrechts

---

229 *Martin Philipp Wyss*, Öffentliche Interessen – Interessen der Öffentlichkeit, 2001, S. 217 ff.; *J.P. Müller*, Allgemeine Bemerkungen, in: Thürer/Aubert/ders., Verfassungsrecht (LitVerz.), § 39 RN 41; *ders.*, Grundrechtstheorie (FN 4), S. 126–129, 130–132; *Moor*, Droit administratif, Vol. I (FN 136), S. 388 ff.; *Tschannen*, Staatsrecht (LitVerz.), § 7 RN 106.
230 Vgl. *J.P. Müller*, Allgemeine Bemerkungen, in: Thürer/Aubert/ders., Verfassungsrecht (LitVerz.), § 39 RN 54 und 41; vgl. auch *Bolz* (FN 42), S. 111 f. und S. 157 ff. Die grundlegendste Aufgabe der Rechtsgemeinschaft, den Frieden zu sichern, steht etwa bei der UNO-Charta im Vordergrund; dazu *Wolfrum*, Purposes and Principles, in: Bruno Simma (Hg.), The Charter of the United Nations: A Commentary, Vol. 1, ²2002, S. 39 ff.
231 Sie stellen nicht einfach die Summe privater Interessen dar; *Robert Uerpmann*, Das öffentliche Interesse: seine Bedeutung als Tatbestandsmerkmal und als dogmatischer Begriff, 1999, S. 35 f., 132–134.
232 *Wyss* (FN 229), S. 76 ff.; *J.P. Müller*, Allgemeine Bemerkungen, in: Thürer/Aubert/ders., Verfassungsrecht (LitVerz.), § 39 RN 41 ff.; *R.J. Schweizer*, in: Ehrenzeller u.a., St. Galler Kommentar (LitVerz.), Art. 36 RN 19; vgl. auch *Moor*, Droit administratif, Vol. I (FN 136), S. 403 ff.
233 *H. Dreier*, GG (LitVerz.), Vorbem. vor Art. 1 GG RN 139 ff.; *Starck*, in: v. Mangoldt/Klein/ders., GG (LitVerz.), Art. 1 RN 276 f.; *Denninger*, in: AK-GG (LitVerz.), Vor Art. 1 GG RN 9 f.
234 *Wyss* (FN 229), S. 262 ff.; *Mahon*, in: Aubert/ders., Constitution (LitVerz.), Art. 36 RN 13.
235 *Wyss* aaO., S. 206 ff.; *J.P. Müller*, Grundrechtliche Anforderungen (FN 152), S. 171.
236 *Dieter Grimm*, Der Wandel der Staatsaufgaben und die Zukunft der Verfassung, in: ders. (Hg.), Staatsaufgaben, 1994, S. 613 (623–631).
237 *Wyss* (FN 229), S. 264, 277 f.; *J.P. Müller*, Grundrechtstheorie (FN 4), S. 124 f., 159 f.; *Rhinow*, Grundzüge (LitVerz.), RN 1132–1134; *Weber-Dürler*, Grundrechtseingriffe (FN 20), S. 139 f.

mäßig nicht zu rechtfertigen. So können beispielsweise Einschränkungen der Kommunikationsgrundrechte nicht mit dem Interesse gerechtfertigt werden, öffentliche Kritik an den politischen Organen einzudämmen[238]. Die Wirtschaftsfreiheit darf – sofern die Verfassung keine entsprechende Grundlage enthält[239] – nicht mit dem Ziel eingeschränkt werden, einen ganzen Wirtschaftsbereich nach einem festen Plan zu lenken oder sonst den Marktmechanismus von Angebot und Nachfrage außer Kraft zu setzen[240].

Kommunikationsgrundrechte
Wirtschaftsfreiheit

90 Öffentliche Interessen vermögen eine Grundrechtsbeeinträchtigung nur dann zu rechtfertigen, wenn sie auf einer *abstrakten Ebene* die entgegenstehenden Interessen an der Grundrechtsausübung *überwiegen*[241]. Auf Seite der Grundrechte ist in Anschlag zu bringen, wie sich die fragliche Anordnung des Staates auf die Ausübung des betroffenen Grundrechts in der Gesellschaft generell auswirkt[242]. Dies verlangt eine Typisierung des konkret in Frage stehenden Einzelfalles und damit einhergehend eine Hebung der Abstraktionsstufe. Im Unterschied zu dieser Bewertung auf abstrakter Ebene erfordert der Grundsatz der Verhältnismäßigkeit eine Güterabwägung im Hinblick auf den *konkreten* Sachverhalt[243].

Güterabwägung

91 Auf der Seite der öffentlichen Interessen sind die grundsätzlichen Gemeinwohlbezüge zu beurteilen, die mit der fraglichen Maßnahme verfolgt werden. Dadurch werden die Interessen an der Grundrechtsausübung auf eine ähnliche Ebene der Allgemeinheit gehoben wie die entgegenstehenden Interessen am Regelungsziel. Erst durch eine solche Angleichung der Abstraktionshöhe werden die involvierten Interessen vergleichbar und einer Abwägung zugänglich[244].

Angleichung der Abstraktionshöhe

2. Grundrechte Dritter und Grundrechtskollisionen

92 Der Verfassungstext läßt Grundrechtseinschränkungen nicht nur zum Schutz öffentlicher Interessen, sondern auch zum Schutz der „Grundrechte Dritter" zu[245]. Der Verfassunggeber wollte damit zum Ausdruck bringen, daß Grundrechte auch durch konfligierende Grundrechte anderer begrenzt werden können[246]. Diese Bestimmung darf aber nicht in dem Sinne verstanden werden,

Interessen Dritter

---

238 *J.P. Müller*, Grundrechte (LitVerz.), S. 196 f.; vgl. auch *Kley/Tophinke*, in: Ehrenzeller u. a., St. Galler Kommentar (LitVerz.), Art. 16 RN 15, und *Rohner* ebd., Art. 22 RN 24.
239 Zum Verfassungsvorbehalt s. Art. 94 Abs. 4 BV.
240 S. dazu *Rhinow*, Grundzüge (LitVerz.), RN 2909–2921; *Vallender*, in: Ehrenzeller u. a., St. Galler Kommentar (LitVerz.), Art. 27 RN 63 ff.; *Biaggini*, Von der Handels- und Gewerbefreiheit zur Wirtschaftsfreiheit, ZBl 2001, S. 225 (238). Aus der Praxis *BGE 131* I 223 (231 f. Erw. 4.2); *130* I 26 (43 Erw. 4.5).
241 Vgl. etwa *Tschannen*, Staatsrecht (LitVerz.), § 7 RN 108 f.; *Wyss* (FN 229), S. 208 f.
242 S. auch *Rhinow*, Grundzüge (LitVerz.), RN 1138–1141; *Tschannen*, Staatsrecht (LitVerz.), § 7 RN 112.
243 Dazu weiter unten RN 97 ff., insb. RN 102.
244 Dazu *Bernhard Schlink*, Abwägung im Verfassungsrecht, 1976, S. 188 f.; vgl. auch *Laura Clérico*, Die Struktur der Verhältnismäßigkeit, 2001, S. 212 ff., insb. S. 223 ff.
245 S. auch etwa für die Religionsfreiheit Art. 18 Abs. 3 UNO-Pakt II.
246 Botschaft VE 96, S. 196.

daß *nur* Grundrechte und nicht auch andere Interessen Dritter zur Beschränkung eines Grundrechts legitimieren können[247].

Mit Art. 36 Abs. 2 BV anerkennt die Bundesverfassung Kollisionen von Grundrechten[248] als einen Spezialfall der Grundrechtsbeeinträchtigung. Diese Bestimmung bringt zum Ausdruck, daß die als Voraussetzungen zulässiger Beeinträchtigung formulierten Elemente von Art. 36 BV auch als Regeln zur Auflösung von Grundrechtskollisionen zu verstehen sind.

93
Grundrechtskollisionen

Spezifische Fragen ergeben sich insbesondere beim Erfordernis einer gesetzlichen Grundlage zur Auflösung von Grundrechtskollisionen: Grundsätzlich ist daran festzuhalten, daß die Lösung einer Grundrechtskollision durch ein Gesetz erfolgen muß[249]. Denn nur dann ist sichergestellt, daß die mit der Kollision verbundenen Grundrechtsbeeinträchtigungen demokratisch genügend legitimiert erscheinen.

94
Grundrechtskollisionen und gesetzliche Grundlage

Die Grundrechte oder andere Verfassungsbestimmungen selber kommen als Grundlage für die Auflösung von Konflikten im Einzelfall kaum je zur Geltung, weil sie regelmäßig zu vage formuliert sind[250].

95
Vage Verfassungsbestimmungen

Läßt sich eine Kollision nicht auflösen, ohne die Grundrechte der einen oder andern Partei einzuschränken und werden diese Beeinträchtigungen durch kein Gesetz legitimiert, sind in gewissem Sinne kompensatorisch besondere Anforderungen an jene Entscheidstrukturen zu stellen, die zum Ausgleich des Widerstreits[251] durchlaufen werden[252].

96
Anforderung an Entscheidstrukturen

---

247 Vgl. auch *Wyss* (FN 229), S. 204 f.; *J.P. Müller*, Grundrechtstheorie (FN 4), S. 119. In *BGE 127* I 6 (26 Erw. 8) spricht das BGer denn auch nicht von Grundrechten Dritter, sondern richtigerweise von „Interessen Dritter"; anderer Ansicht aber *Céline Martin*, Grundrechtskollisionen (Diss. Basel), 2007. Mit dem Verweis auf „Grundrechte Dritter" lehnt sich die Bundesverfassung insb. auch *nicht* an die Figur der vorbehaltlos gewährleisteten Grundrechte des GG an. Hierzu → Bd. III: *Papier*, Vorbehaltlos gewährleistete Grundrechte, § 64.
248 Dazu *Schefer*, Kerngehalte (FN 3), S. 90; *Rhinow*, Grundzüge (LitVerz.), RN 1045; vgl. auch Botschaft VE 96, S. 196. Aus der Praxis etwa *BGE 129* I 173 (180 f. Erw. 4); *130* I 16 (20 f. Erw. 5 2). → Bd. III: *Bethge*, Grundrechtskollisionen, § 72.
249 Vgl. auch *Tschannen*, Staatsrecht (LitVerz.), § 7 RN 107 und 73.
250 Das Bundesgericht hat im Genfer Kopftuchfall erwogen, die damals in Art. 27 Abs. 3 BV 1874 verankerte Garantie des religiös neutralen Primarschulunterrichts als gesetzliche Grundlage zur Beeinträchtigung der Religionsfreiheit der muslimischen Lehrerin heranzuziehen; *BGE 123* I 296 (305 Erw. 3 in fine) – übersetzt in: Pra 87/1998, Nr. 47, S. 304. Diese Bestimmung erfüllte jedoch die hohen Anforderungen nicht, die bei einer schwerwiegenden Grundrechtseinschränkung an die Normdichte zu stellen sind.
251 Vgl. etwa *BGE 129* I 173 (181 Erw. 5.1); *Schefer*, Kerngehalte (FN 3), S. 90; *Häfelin/Haller*, Bundesstaatsrecht (LitVerz.), RN 313, 319; *Venanzoni*, Konkurrenz von Grundrechten, ZSR 1979 I, S. 284; *Rüfner*, Grundrechtskonflikte, in: Christian Starck (Hg.), Bundesverfassungsgericht und Grundgesetz, Bd. II, 1976, S. 465 ff.
252 Dazu *J.P. Müller*, Grundrechtliche Anforderungen (FN 152), S. 173 ff. Zum Problem der Anforderungen an Entscheidstrukturen grundlegend *L.H. Tribe*, Structural Due Process, Harv.C.R.-C.L.L.Rev. 10 (1975), S. 269; aus der neueren Literatur etwa *D.T. Coenen*, The Rehnquist Court, Structural Due Process, and Semisubstantive Constitutional Review, S.Cal.L.Rev. 75 (2002), S. 1281 m.w.H.

III. Verhältnismäßigkeit: Art. 36 Abs. 3 BV

1. Grundsatz

97
Eignung, Erforderlichkeit, Zumutbarkeit

Grundrechtsbeeinträchtigungen müssen verhältnismäßig sein. Gemäß einhelliger Lehre[253] und Praxis[254] ist ein Eingriff dann verhältnismäßig, wenn er (1) geeignet ist, das anvisierte Ziel zu erreichen, (2) erforderlich dafür ist und (3) den Einzelnen nicht mit unzumutbarer Härte trifft[255].

2. Normativer Gehalt: Präzision und Intensität

98
Zusammenhang von Maßnahme und Regelungsziel

Der staatliche Akt muß damit erstens mit einer gewissen *Präzision* auf das anvisierte Ziel ausgerichtet sein; hier steht das Näheverhältnis zwischen Maßnahme und Regelungsziel in Frage[256]. Zweitens stellt das Erfordernis der Verhältnismäßigkeit Anforderungen an die *Intensität* der grundrechtlichen Beeinträchtigung[257].

99
Eignung

Die Eignung einer Maßnahme beurteilt sich primär aufgrund der Präzision, mit welcher der staatliche Akt sein Ziel zu erreichen versucht. Maßgeblich sind dabei die tatsächlichen Auswirkungen der Anordnung[258]. Je weniger präzise ein Ziel erreicht wird, desto eher erscheint die Maßnahme ungeeignet. Dies kann etwa dann der Fall sein, wenn der Adressatenkreis, an den sich die Anordnung richtet, zu eng ist[259]. Darüber hinaus können auch Aspekte der Intensität von Bedeutung sein[260]: Ist eine Maßnahme zu milde, kann sie unter Umständen ihr Ziel nicht mehr erreichen und ist deshalb ungeeignet. Dem Bundesgericht stellte sich etwa die Frage, ob ein Verbot der Tabak- und Alko-

---

253 *Kiener/Kälin*, Grundrechte (Lit.Verz.), S. 103 ff.; *Rhinow*, Grundzüge (LitVerz.), RN 1135–1138; *Tschannen*, Staatsrecht (LitVerz.), § 7 RN 110–112; *Mahon*, in: Aubert/ders., Constitution (LitVerz.), Art. 36 RN 16; *R.J. Schweizer*, in: Ehrenzeller u.a., St. Galler Kommentar (LitVerz.), Art. 36 RN 22–24; *J.P. Müller*, Allgemeine Bemerkungen, in: Thürer/Aubert/ders., Verfassungsrecht (LitVerz.), § 39 RN 55; *Moor*, Systématique et illustration du principe de la proportionnalité, in: Constance Grewe u.a. (Hg.), Mélanges Fromont, 2001, S. 319 (332 ff.); *Auer/Malinverni/Hottelier*, Droit constitutionnel (LitVerz.), Bd. II, RN 229–237; *Häfelin/Haller*, Bundesstaatsrecht (LitVerz.) RN 320–323; *Weber-Dürler*, Grundrechtseingriffe (FN 20), S. 142; *Tschannen/Zimmerli*, Verwaltungsrecht (FN 16), § 21 RN 4 ff.
254 *BGE 133* I 77 (81 Erw. 4); *129* I 173 (181 Erw. 5); *129* I 12 (24 Erw. 9.1); *91* I 457 (464 Erw. 3 b).
255 Eingehend zu den Entwicklungslinien des Verhältnismäßigkeitsgedankens für die Schweiz *Zimmerli*, Der Grundsatz der Verhältnismäßigkeit im öffentlichen Recht, ZSR 1978, S. 12 ff. Zur Verhältnismäßigkeitsprüfung in der Rechtsprechung der Straßburger Organe vgl. *Petr Muzny*, La technique de proportionnalité et le juge de la Convention Européenne des Droits de l'Homme, 2 Bde., 2005. → Bd. III: *Merten*, Verhältnismäßigkeitsgrundsatz, § 68.
256 Im U.S.-amerikanischen Verfassungsrecht wird dieser Topos insb. im Rahmen des 1st Amendment als „overinclusion" und „underinclusion" diskutiert; *Laurence H. Tribe*, American Constitutional Law, ^{2}1988, S. 1022 ff.
257 Ähnlich *J.P. Müller*, Allgemeine Bemerkungen, in: Thürer/Aubert/ders., Verfassungsrecht (LitVerz.), § 39 RN 55, der von Qualität und Quantität des Eingriffs spricht.
258 Vgl. etwa *BGE 130* I 26 (55f. Erw. 6.3.4.2); *129* I 337 (345 Erw. 4.2); *128* I 295 (309f. Erw. 5 b cc); *123* I 152 (164 ff. Erw. 5 b).
259 Ist der Anwendungsbereich einer grundrechtsbeeinträchtigenden Maßnahme zu eng, ist regelmäßig auch ein Gleichheitsrecht tangiert. Dazu unten RN 142–144.
260 *BGer*, Urt. v. 24.10.2001, ZBl 2002, S. 322 (329 Erw. 7 a) (hat die Beschränkung der Medikamentenabgabe für Ärzte unzumutbare Konsequenzen für die Patienten?); vgl. auch *BGE 130* I 369 (384 Erw. 7.5).

holwerbung allein auf Plakaten und nicht auch in weiteren Werbeträgern wie etwa Zeitschriften, geeignet sei, um Jugendliche wirksam vom Konsum solcher Suchtmittel abzuhalten[261].

Auch das Kriterium der *Erforderlichkeit* umfaßt Aspekte sowohl der Intensität einer Maßnahme als auch ihrer Präzision. Im Rahmen der Intensität steht die Frage im Vordergrund, ob das Regelungsziel auch mit milderen Mitteln erreicht werden kann[262]. Von Bedeutung ist zudem – als Aspekt der Präzision –, ob die Anordnung auch Sachverhalte trifft, deren Regelung zur Erreichung des anvisierten Ziels nicht notwendig ist. Möchte der Staat beispielsweise in Zeiten der Wohnungsknappheit günstigen Wohnraum erhalten und erläßt er dafür ein Abbruch- oder Zweckänderungsverbot, so darf dieses keine Wohnungen treffen, die gar nicht knapp sind (z. B. Luxuswohnungen)[263].

100 Erforderlichkeit

Im Rahmen der *Zumutbarkeit* einer Grundrechtsbeeinträchtigung stehen Fragen der Intensität im Vordergrund[264]. Zu fragen ist, ob die Grundrechtsinteressen des Betroffenen die entgegenstehenden Interessen an der Verfolgung des Regelungsziels überwiegen oder nicht[265]. Im Gegensatz zur Abwägung auf hoher Abstraktionshöhe, wie sie bei der Beurteilung des öffentlichen Interesses erfolgt, findet diese Abwägung auf der Ebene des konkret zu beurteilenden Falles statt.

101 Zumutbarkeit

In der Praxis werden die Abwägungen im Rahmen des öffentlichen Interesses einerseits und der Verhältnismäßigkeit anderseits oft miteinander vermischt[266]. Eine Folge davon ist regelmäßig, daß den konkret im Einzelfall betroffenen Grundrechtsinteressen die abstrakten Gemeinwohlinteressen gegenübergestellt werden. Dadurch entsteht die Gefahr, daß die Gemeinwohlinteressen gegenüber den Grundrechten zu stark gewichtet werden. Die vorliegend vorgeschlagene Trennung der Abwägung auf abstrakter Ebene von jener auf konkreter Ebene versucht, dieser Gefahr zu begegnen[267].

102 Abstraktionsebene der Güterabwägung

---

261 *BGE 128* I 295 (313 Erw. 7c aa und 313 f. Erw. 7c bb), vgl. dort auch Erw. 5b cc (S. 310), wo das BGer ausführt, „on ne voit pas quelle autre mesure moins incisive pourrait être prise pour atteindre les objectifs visés".
262 Statt vieler *BGE 128* I 3 (15 ff., insb. S. 16 f. Erw. 3e cc); *130* I 26 (54 Erw. 6.3.3.3); *129* I 173 (181 Erw. 5.1); *129* I 12 (26 Erw. 9.4); *127* I 6 (27 f. Erw. 9 b).
263 Vgl. *BGE 103* Ia 417 (422 f. Erw. 4 b); *113* Ia 126 (134 ff. Erw. 7b aa); *119* Ia 348 (356 ff. Erw. 4).
264 Vgl. BGer, Urt. v. 29. 6. 1990, ZBl 1991, S. 25 (31 Erw. 3 d); *BGE 131* I 425 (435 Erw. 6.4).
265 Auf die Gefahren dieser Abwägung der entgegenstehenden Interessen machen *Pieroth/Schlink*, Grundrechte (LitVerz.), RN 289 ff., aufmerksam.
266 S. beispielsweise *BGE 130* I 126 (132 f. Erw. 3.2 u. 3.3). In diesem Fall hatte das BGer zu beurteilen, ob die Aussagen eines Angeschuldigten für das weitere Strafverfahren auch dann verwertbar sind, wenn die verfassungsrechtlich gebotene behördliche Aufklärung über das Recht auf Aussageverweigerung (Art. 31 Abs. 2 BV) unterlassen wurde. Hier standen allgemeine Erwägungen der wirksamen Strafverfolgung den konkreten Grundrechtsinteressen des Angeklagten gegenüber. Damit wurde die Abwägung von vornherein auf eine schiefe Ebene gestellt. Dazu *Schefer*, Grundrechte (LitVerz.), S. 29 f. m.w.H.
267 Ähnlich *Bolz* (FN 42), S. 182 f.

3. Verhältnismäßigkeit bei grundrechtlichen Schutzpflichten und Leistungsansprüchen

103
Anerkennung einer Schutzpflicht

Auch im Bereich staatlicher Schutz- und Leistungspflichten kommt dem Aspekt der Verhältnismäßigkeit zentrale Bedeutung zu[268]. Auf einer ersten, abstrakten Ebene ist das Bestehen und der Umfang einer entsprechenden Pflicht festzustellen[269]. Dabei ist ein im Hinblick auf die Möglichkeiten des Staates angemessener Schutz des fraglichen Schutzobjekts zu gewährleisten.

104
Konkretisierung der Schutzpflicht

Auch auf einer zweiten Ebene, bei der Konkretisierung von Schutz- und Leistungspflichten im Einzelfall, stehen Aspekte der Verhältnismäßigkeit im Vordergrund. Hier sind unter Einbezug sämtlicher Umstände des konkreten Falles Art und Umfang der staatlichen Pflicht zu bestimmen[270]. Dabei sind sowohl jene Gesichtspunkte zu berücksichtigen, die einer Leistungspflicht im konkreten Fall entgegenstehen, als auch jene, die für sie sprechen.

Beispiel: Schulausschluß

Ob diese Abwägung als Konkretisierung des Schutzbereichs oder als Einschränkung formuliert wird, spielt letztlich keine Rolle[271]; die Erwägungen der Verhältnismäßigkeit bleiben unverändert. So erscheint es sekundär, ob die Vereinbarkeit des Ausschlusses eines Schülers aus der Grundschule mit dem Anspruch auf unentgeltlichen Grundschulunterricht als Konkretisierung des Schutzbereichs oder als Beeinträchtigung verstanden wird[272]. Entscheidend ist, daß die erforderlichen Erwägungen u.a. im Rahmen der Verhältnismäßigkeit angestellt werden.

105
Untermaßverbot

Bei Schutzpflichten und Leistungsansprüchen zielt der Grundsatz der Verhältnismäßigkeit jedoch nicht darauf, übermäßige Eingriffe in Grundrechte abzuwehren. Gefordert wird vielmehr, daß der Staat gewisse minimale Schutzmaßnahmen trifft respektive Leistungen ausrichtet, die das anvisierte Schutzziel mit der nötigen Präzision verfolgen[273]. Auch hier stellen sich demnach zentral die Fragen nach der Präzision einer Regelung und der Intensität einer Grundrechtsbeeinträchtigung.

106
Zu weitgehender Schutz

Zudem sind die staatlichen Maßnahmen so auszugestalten, daß sie nicht *zu umfassend* schützen[274]. Ein solcher Schutz würde in seiner Intensität zu weit gehen und wäre deshalb nicht erforderlich. Ein zu weitgehender Schutz ver-

---

268 *BGE 126* II 300 (315 Erw. 5b); *J.P. Müller*, Allgemeine Bemerkungen, in: Thürer/Aubert/ders., Verfassungsrecht (LitVerz.), § 39 RN 50 f.; für die Praxis des EGMR vgl. *Dröge* (FN 111), S. 309 ff., 352–354. Dazu auch oben RN 43.
269 *BGE 126* II 300 (315 Erw. 5 b); *121* V 8 (9 ff. Erw. 6); *119* Ia 28 (31 Erw. 2); *118* V 206 (210 ff. Erw. 5); *113* V 22 (28 ff. Erw. 4); Urt. v. 25.10.2002, I 752/01, Erw. 2.3; ferner Urt. v. 13.9.2002, I 506/01, Erw. 4.3.2; Urt. v. 28.6.2002, C 249/01, Erw. 4.
270 *BGE 119* Ia 28 (31 f. Erw. 2); *118* V 206 (212 f. Erw. 5 c). *J.P. Müller*, Allgemeine Bemerkungen, in: Thürer/Aubert/ders., Verfassungsrecht (LitVerz.), § 39 RN 52.
271 S. dazu *Schefer*, Beeinträchtigung (FN 63), S. 15 ff.
272 Vgl. *BGE 129* I 12 und *129* I 35.
273 *BGE 129* I 12 (20 Erw. 6.4); *129* I 35 (42 Erw. 8.2). Das BGer erachtet in diesen Fällen Art. 36 BV als analog anwendbar; nach hier vertretener Konzeption ist diese Bestimmung demgegenüber direkt anwendbar.
274 In diesem Fall besteht prozessual aber nur dann die Möglichkeit gerichtlicher Überprüfung, wenn ein Dritter zur Beschwerde legitimiert ist. Zur Legitimation des Drittbeschwerdeführers vgl. *Walter Kälin*, Das Verfahren der staatsrechtlichen Beschwerde, ²1994, S. 246 ff.

letzt zwar das fragliche Grundrecht nicht, wird von diesem aber auch nicht gefordert.

Bei der Wahl der Mittel, die zum Schutz eines Grundrechts eingesetzt werden sollen, verfügen die rechtsanwendenden Behörden im allgemeinen über einen weiten Gestaltungsspielraum. Entscheidend ist, daß die gewählten Mittel die beschriebenen materiellen Anforderungen der Verhältnismäßigkeit zu erfüllen vermögen. Es würde aber die Möglichkeiten gerichtlicher Kontrolle überschreiten, der Regierung auch die spezifischen Schutzmaßnahmen vorzuschreiben, die sie in einem konkreten Fall zur Errettung eines Entführungsopfers zu ergreifen hat[275].

107
Wahl der Mittel

4. Verhältnismäßigkeit und Prüfungsdichte

a) Das Problem

Die Prüfungsdichte gibt Auskunft darüber, mit welcher Intensität ein Gericht die vorinstanzliche Bewertung des Falles neu aufrollt und durch selbständige Erwägungen ersetzt[276]. Die Dichte, mit welcher ein Gericht die ihm gestellte Grundrechtsfrage überprüft, äußert sich ausschließlich auf prozessualer Ebene[277]. Sie ist bei der Beurteilung der öffentlichen Interessen und der Verhältnismäßigkeit von Bedeutung[278].

108
Intensität gerichtlicher Überprüfung

b) Prüfungsdichte und Intensität der Beeinträchtigung

Eine Beschränkung der Prüfungsdichte kommt insbesondere bei der Frage zum Tragen, wie präzise die staatliche Anordnung auf das verfolgte Ziel zugeschnitten sein muß. Hier sind primär Fragen der konkreten Auswirkung einer staatlichen Anordnung (Erlaß oder Einzelakt) zu beantworten. Dies erfordert Sachkenntnis, über die vor allem die rechtsanwendenden Behörden verfügen. Bei wenig intensiven Beeinträchtigungen beschränkt sich die bundesgerichtliche Überprüfung deshalb im wesentlichen auf eine Vertretbarkeitskontrolle[279].

109
Prüfungsdichte

Vertretbarkeitskontrolle

---

275 S. etwa *BVerfGE 46*, 160 – Schleyer.
276 Dazu *Kälin*, Verfahren (FN 274), S. 197 ff.; *Matthias Leuthold*, Die Prüfungsdichte des Bundesgerichts im Verfahren der staatsrechtlichen Beschwerde wegen Verletzung verfassungsmässiger Rechte (Diss. St. Gallen), 1992, S. 156 ff. Aus der Praxis *BGE 125* II 225 (229 Erw. 4 a); *126* II 366 (374 Erw. 5 b).
277 Davon zu unterscheiden ist die Frage der Kognitionsbeschränkung, die primär eine materiell-rechtliche Beschränkung des Prüfungsmaßstabs darstellt. S. dazu *Kälin* aaO., S. 157 ff. sowie *Leuthold* aaO., S. 60 ff.
278 Vgl. *Leuthold* aaO., S. 156 ff. Dies kommt besonders deutlich in der Praxis des EGMR zum Ausdruck; *Richard Clayton/Hugh Tomlinson*, The Law of Human Rights, 2000, RN 643–648; eingehend *Sébastien van Drooghenbroeck*, La proportionnalité dans le droit de la Convention européenne des droits de l'homme, 2001, S. 669 ff. Aus der Praxis statt vieler *EGMR*, Urt. v. 8. 7. 2003, Hatton u. a. ./. Vereinigtes Königreich, Rep. 2003-VIII, Ziff. 97–103, 122 f.; Urt. v. 7. 12. 1976, Handyside ./. Vereinigtes Königreich, Ser. A Nr. 24, Ziff. 48. Unterschiede in der Prüfungsdichte stehen auch im Zentrum der Differenzierung zwischen der Verhältnismäßigkeit im Sinne der EMRK und der Überprüfung auf „reasonableness" unter dem Human Rights Act. S. dazu *Richard Clayton/Hugh Tomlinson*, The Law of Human Rights, Supplement 2003, RN 6.81A m.w.H.
279 *Leuthold* aaO., S. 50 f., 160 ff.; *Kälin*, Verfahren (FN 274), S. 159 und 197 ff., insb. S. 202 ff.

§ 208　　　　*Vierzehnter Teil: I. Allgemeiner Teil*

110
Variierung der Prüfungsintensität

Wo schwerwiegende Beeinträchtigungen zentraler Grundrechtsgehalte zu beurteilen sind, muß die Überprüfung in jedem Fall eingehend erfolgen[280]. Besonders strenge Anforderungen an die Verhältnismäßigkeit sind etwa dort zu stellen, wo politische Äußerungen[281] oder besonders persönlichkeitsnahe Aspekte des Privatlebens[282] in Frage stehen[283]. Sind demgegenüber Beeinträchtigungen des Eigentums[284] oder der wirtschaftlichen[285] Tätigkeit zu beurteilen, sind die Anforderung im allgemeinen weniger streng[286]. Dem entspricht die Praxis des Bundesgerichts, wonach ideelle Grundrechte auf öffentlichem Grund intensiver geschützt sind als wirtschaftliche[287].

111
Funktionale Grenzen?

Eine Zurückhaltung der Überprüfung etwa aus föderalistischen Gründen, aus dem Gedanken der Gewaltenteilung[288], wegen unabschätzbarer politischer Konsequenzen[289] oder bei der Würdigung örtlicher Verhältnisse rechtfertigt sich bei schwerwiegenden Grundrechtsbeeinträchtigungen nicht.

---

280 S. etwa *BGE 116* V 198 (207 f. Erw. II.2 a bb); *106* Ia 136 (138 Erw. 3 a); *106* Ib 182 (188 Erw. 4 a). Aus der Lehre *Leuthold* aaO., S. 45 f. m.w.H. So auch die Praxis des U.S. Supreme Court; dazu *Fallon*, Implementing the Constitution, Harv.L.Rev. 111 (1997), S. 54 (75 ff.).
281 *Clayton/Tomlinson*, Human Rights (FN 278), RN 645. Aus der Praxis *EGMR*, Urt. v. 20. 5. 1999, Bladet Tromsø & Stensaas ./. Norwegen, Rep. 1999-IV 289, Ziff. 59, 64 und 73; Urt. v. 10. 7. 2003, Murphy ./. Irland, Rep. 2003-IX, Ziff. 67; Urt. v. 14. 2. 2006, Christian Democratic People's Party ./. Moldawien, Beschwerde Nr. 28793/02, Ziff. 63–69.
282 *EGMR*, Urt. v. 26. 2. 2004, Gorgulu ./. Deutschland, Beschwerde Nr. 74969/01, Ziff. 42 ff.; Urt. v. 13. 2. 2003, Odièvre ./. Frankreich, Rep. 2003-III 51, Ziff. 40 ff.; Urt. v. 29. 4. 2002, Pretty ./. Vereinigtes Königreich, Rep. 2002-III 155, Ziff. 70 f.; Urt. v. 22. 10. 1081, Dudgeon ./. Vereinigtes Königreich, Ser. A Nr. 45, Ziff. 52.
283 Vgl. auch *McBride*, Proportionality and the European Convention on Human Rights, in: Evelyn Ellis (ed.), The Principle of Proportionality in the Laws of Europe, 1999, S. 28 ff.
284 Dazu *Clayton/Tomlinson*, Human Rights (FN 278), Ziff. 18.65, 18.76 ff. und Supplement 2003, 18.77 ff.; *EGMR*, Urt. v. 19. 10. 2000, Ambruosi ./. Italien, Beschwerde Nr. 31227/96, Ziff. 31 ff.; Urt. v. 5. 1. 2000, Beyeler ./. Italien, Rep. 2000-I 57, Ziff. 114 ff.
285 *EGMR*, Urt. v. 24. 2. 1994, Casado Coca ./. Spanien, Ser. A Nr. 285-A, Ziff. 50 u. 55 f., m.H. auf die vorangegangene Entwicklung der Rspr. in Ziff. 35 (deutsche Übersetzung in: ÖJZ 1994, S. 636 ff.); Urt. v. 5. 11. 2002, Demuth ./. Schweiz, Rep. 2002-IX 1, Ziff. 40–42. Ein anschauliches Beispiel für den Übergang von politischen Äußerungen zu solchen, die primär wirtschaftlichen Zwecken dienen, stellt der Fall *EGMR*, Urt. v. 17. 10. 2002, Stambuk ./. Deutschland, Beschwerde Nr. 37928/97, Ziff. 39 f. dar.
286 Eingehend *Scheyli*, Die Abgrenzung zwischen ideellen und kommerziellen Informationsgehalten als Bemessungsgrundlage der „margin of appreciation" im Rahmen von Art. 10 EMRK, in: EuGRZ 2003, S. 455 (458 ff. m.w.H.). Einen Vergleich zur Praxis des U.S. Supreme Court unternimmt *Roger A. Shiner*, Freedom of Commercial Expression, 2003, S. 95 ff. und S. 25 ff.
287 Dazu *BGE 126* I 133 (140 Erw. 4 d) m.H. auf *Jaag*, Gemeingebrauch und Sondernutzung öffentlicher Sachen, ZBl 1992, S. 158 f. Ähnlich argumentiert das BGer in *BGE 130* I 369 (385 Erw. 7.5): Die Verweigerung des Zugangs nach Davos anläßlich des Weltwirtschaftsforums trifft einen Journalisten, der über den Anlaß zu berichten bezweckt, stärker als einen Tagestouristen, der seinem Vergnügen nachgehen will.
288 Das BGer überprüft einen Entscheid mit geringer Prüfungsdichte, wenn die Vorinstanz besser in der Lage ist, die tatsächlichen Verhältnisse zu überblicken; s. *Leuthold* (FN 276), S. 50 f. und S. 160 ff.; *Kälin*, Verfahren (FN 274), S. 197 ff.; aus der Praxis etwa *BGer*, Urt. v. 5. 5. 2003, ZBl 2004, S. 111, Erw. 6.1.
289 Eingehend *Fallon*, Judicially Manageable Standards and Constitutional Meaning, Harv.L.Rev. 119 (2006), S. 1275 m.w.H.

5. Verhältnismäßigkeit und Bestimmung des Schutzbereichs von Grundrechten

Die Bestimmung des Schutzbereichs von Grundrechten erfordert regelmäßig gewisse Wertungen[290]. In besonderen Fällen bestimmt sich der Schutzbereich auch aufgrund einer Güterabwägung, etwa bei der Wirtschaftsfreiheit. Nach alter Praxis schützte dieses Grundrecht nur Schweizer[291], unter anderem, um den Arbeitsmarkt kontrollieren zu können. Als diese Interessen in den Hintergrund traten, dehnte das Bundesgericht den Schutz auch auf Ausländer mit Niederlassungsbewilligung aus[292].

112
Schutzbereich und Güterabwägung

IV. Kerngehalt: Art. 36 Abs. 4 BV

1. Kerngehalte als kristallisierte Abwägungen

Im Verlauf der historischen Entwicklung haben sich gewisse grundrechtliche Gehalte als besonders schutzbedürftig erwiesen. Aufgrund ihrer existenziellen Bedeutung für die Einzelnen und besonderer Gefahren staatlicher Verletzung hat sich bei ihnen die Einsicht nach und nach verdichtet, daß Beeinträchtigungen unter keinen Umständen zugelassen werden dürfen. Die Abwägung führt hier stets zum gleichen Ergebnis: Die entsprechenden Kernbereiche gehen jedem denkbaren gegenläufigen Interesse vor[293]. In längeren historischen Prozessen kristallisieren sich damit diejenigen *Schutzgehalte* heraus, deren Verletzung unter keinen Umständen zulässig erscheint. Aufgabe von Wissenschaft und Praxis ist es, jene rechtlichen Regeln zu formulieren, welche die Integrität dieser Schutzgehalte möglichst umfassend sicherstellen. Diese Regeln sind, entsprechend den sich stetig ändernden Bedrohungslagen, stets von neuem zu suchen und zu umschreiben.

113
Absolute Geltung

Kerngehalte

Grundrechtliche Kerngehalte stellen in diesem Sinne kristallisierte Güterabwägungen dar. Sie sind das Ergebnis längerfristiger Erkenntnisprozesse, in denen sich die Einsicht in ihre existenzielle Bedeutung, in ihre Anfälligkeit für Verletzung und – als Konsequenz – in die Notwendigkeit ihres ausnahmslosen Schutzes verdichtet[294]. Der Kern eines Grundrechts nach Art. 36 Abs. 4 BV unterscheidet sich damit markant vom „Wesensgehalt" des Art. 19 Abs. 2 GG[295]: Es geht nicht um den Schutz eines wie auch immer gearteten „We-

114
Pragmatische Begründung der Kerngehalte

---

290 Vgl. *Schefer*, Beeinträchtigung (FN 63), S. 15 f.
291 Vgl. noch *BGE 108* Ia 148 und *BGer*, Urt. v. 24.2.1984, ZBl 1984, S. 457 ff.
292 *BGE 116* Ia 237 (239 f. Erw. 2 c), neuerdings *BGE 131* I 223 (225–227 E 1.1). Dazu *Schefer*, Grundrechte (LitVerz.), S. 355 f. m.w.H.
293 So auch *Rhinow*, Grundzüge (LitVerz.), RN 1023; *J.P. Müller*, Allgemeine Bemerkungen, in: Thürer/Aubert/ders., Verfassungsrecht (LitVerz.), § 39 RN 59–62.
294 Eingehend *Schefer*, Kerngehalte (FN 3), S. 74 f.; vgl. auch *Morand*, Le noyau intangible des droits constitutionnels, in: Patrice Meyer-Bisch (Hg.), Le noyau intangible des droits de l'homme, 1991, S. 53 (55 f.).
295 → Bd. III: *Leisner-Egensberger*, Wesensgehaltsgarantie, § 70.

sens"²⁹⁶ der Grundrechte, sondern um jene punktuellen Schutzgehalte, die aufgrund der bisherigen Erfahrung in keinem Fall aufgegeben werden dürfen²⁹⁷. Kerngehalte erscheinen damit – wie Grundrechte im allgemeinen – als kulturspezifischer Ausdruck gesellschaftlicher Praxis.

2. Kerngehalte und Menschenwürde

115
Punktueller Charakter der Kerngehalte

Beispiel: Präventivzensur

Schon die systematische Stellung von Art. 36 Abs. 4 BV macht deutlich, daß grundsätzlich jedes Grundrecht über einen Kerngehalt verfügt. Entsprechend ihrer pragmatischen Begründung läßt sich aber nicht systematisch ableiten, welches die Kerngehalte eines spezifischen Grundrechts sind. Das Verbot systematischer inhaltlicher Präventivzensur²⁹⁸ nach Art. 17 Abs. 2 BV beispielsweise stand schon historisch im Zentrum der Pressefreiheit, die sich mit der Erfindung der Buchdruckerkunst insbesondere gegen die Kontrollversuche etwa der Kirche wandte²⁹⁹.

116
Konkretisierung der Menschenwürde

Art. 7 BV als Auffangkerngehalt

In ihrem Schutzgehalt knüpfen die Kerngehalte an die Garantie der Menschenwürde nach Art. 7 BV an³⁰⁰. Sie konkretisieren – für den Bereich jedes einzelnen Grundrechts – jene Aspekte menschlicher Würde, deren Antastung keinem Menschen zugemutet werden darf. Die Kerngehalte leiten sich aber nicht aus einem vorbestehenden Begriff der Menschenwürde ab. Sie *konstituieren* diesen vielmehr je punktuell, vorläufig und stets unvollständig. Art. 7 BV geht entsprechend nicht in den Kerngehalten der einzelnen Grundrechte auf, sondern weist programmatisch die grundsätzliche inhaltliche Ausrichtung des Rechts überhaupt. Art. 7 BV stellt damit auf individualrechtlicher Ebene einen Auffangkerngehalt dar³⁰¹. Da der Grundrechtekatalog der Bundesverfassung nicht abschließend ist, bleibt die Möglichkeit offen, daß sich neu entstehende Bedürfnisse nach Kerngehaltsschutz entwickeln, die sich nicht als Kerngehalte bestehender Grundrechte formulieren lassen. In solchen Fällen dient Art. 7 BV als Auffangnorm für neue Kerngehalte³⁰². Ihre materielle Grundlage finden die Kerngehalte dementsprechend in Art. 7 BV und den einzelnen Grundrechtsgarantien³⁰³. Art. 36 Abs. 4 BV stellt ihre dogmatische Grundlage dar; dieser Bestimmung kommt keine konstitutive Funktion für die Garantie der Kerngehalte zu.

---

296 Zur Unmöglichkeit der Bestimmung eines Wesens von Grundrechten s. *Arthur Kaufmann*, Über den „Wesensgehalt" der Grund- und Menschenrechte, ARSP 1984, S. 384 ff.
297 Zum Ganzen *Schefer*, Kerngehalte (FN 3), S. 50 f. und 83 f.; für die deutsche Lehre vgl. auch *Sachs*, in: ders., GG (LitVerz.), Art. 19 RN 40–44.
298 Vgl. die Hinweise in FN 128 f.
299 Grundlegend *John Milton*, Areopagitica (1644), hg. von George H. Sabine, 1951, S. 17 f.
300 Vgl. *J.P. Müller*, Grundrechte (LitVerz.), S. 1 f.; *Schefer*, Kerngehalte (FN 3), S. 5 ff.; *Mastronardi*, in: Ehrenzeller u.a., St. Galler Kommentar (LitVerz.), Art. 7 RN 45; → Bd. I: *Kokott*, Grundrechtliche Schranken und Schrankenschranken, § 22 RN 84.
301 *J.P. Müller*, Grundrechte (LitVerz.), S. 1 f.; *Rhinow*, Grundzüge (LitVerz.), RN 174–178, 945; *Schefer*, Kerngehalte (FN 3), S. 16 f., insb. S. 20 f.; *Mastronardi*, Menschenwürde als materielle Grundnorm des „Rechtsstaates"?, in: Thürer/Aubert/Müller, Verfassungsrecht (LitVerz.), § 14 RN 15, 22, 30 f.
302 *Mastronardi*, in: Ehrenzeller u.a., St. Galler Kommentar (LitVerz.), Art. 7 RN 18, 29–31, 42, 46 ff.
303 Dazu *Schefer*, Kerngehalte (FN 3), S. 21 f.

3. Absolute Geltung von Kerngehalten

Grundrechtliche Kerngehalte gelten absolut[304]. Eine Güterabwägung im Einzelfall findet nicht statt[305]. Die Einwände gegen die absolute Geltung, wie sie insbesondere in der deutschen Lehre unter Hinweis auf das „Wesen" der Grundrechte formuliert werden[306], laufen im schweizerischen Verfassungsrecht angesichts des pragmatischen Begriffs der Kerngehalte weitgehend leer[307].

117
Keine Güterabwägung im Einzelfall

Indem sie von jeder Abwägung im konkreten Einzelfall ausgenommen sind, gewährleisten sie ein hohes Maß an Rechtssicherheit. Dies ist besonders in Situationen von Bedeutung, in denen erhärtete Einsichten in die unaufgebbaren Aspekte menschlicher Integrität im Strudel alltagspolitischer Notwendigkeiten – etwa im Zusammenhang mit der Bekämpfung des Terrorismus – unterzugehen drohen[308]. Im Hinblick auf solche Situationen gesellschaftlicher Pathologie ist zentral, die unaufgebbaren Schutzgehalte auch dogmatisch so auszugestalten, daß im konkreten Einzelfall der Einfluß verzerrter Wahrnehmung und getrübter Einsicht möglichst gering bleibt[309].

Rechtssicherheit

4. Normative Wirkungen von Kerngehalten

Aus dem absoluten Verbot, grundrechtliche Kerngehalte zu beeinträchtigen, ergeben sich zahlreiche weitere normative Wirkungsrichtungen[310]:

118
Wirkungsrichtungen

---

304 Vgl. *Schefer*, Kerngehalte (FN 3), S. 72–84; *Rhinow*, Grundzüge (LitVerz.), RN 1020; *J.P. Müller*, Allgemeine Bemerkungen, in: Thürer/Aubert/ders., Verfassungsrecht (LitVerz.), § 39 RN 59; *Mastronardi*, in: Ehrenzeller u.a., St. Galler Kommentar (LitVerz.), Art. 7 RN 52; *Kiener/Kälin*, Grundrechte (Lit.Verz.), S. 60 f.; *Martin Kayser*, Grundrechte als Schranke der schweizerischen Verfassunggebung (Diss. Zürich), 2001, S. 247–249; → Bd. I: *Kokott*, Grundrechtliche Schranken und Schrankenschranken, § 22 RN 89, 91; *René Wiederkehr*, Die Kerngehaltsgarantie am Beispiel kantonaler Grundrechte (Diss. St. Gallen), 2000, S. 242 ff.
305 So auch *BVerfGE 109*, 279 (314) – Großer Lauschangriff. Aus der Schweizer Praxis etwa *BGE 131* I 166 (176 f. Erw. 5.3).
306 Vgl. insb. *Peter Häberle*, Die Wesensgehaltgarantie des Art. 19 Abs. 2 Grundgesetz, ³1983, S. 234, 326, 341. W.H. bei *Kayser* (FN 304), S. 247; *Manfred Stelzer*, Das Wesensgehaltsargument und der Grundsatz der Verhältnismäßigkeit, 1991, S. 47 ff.
307 Vgl. die Hinweise bei *Schefer*, Kerngehalte (FN 3), S. 59 f. Seither *J.P. Müller*, Allgemeine Bemerkungen, in: Thürer/Aubert/ders., Verfassungsrecht (LitVerz.), § 39 RN 59; *Rhinow*, Grundzüge (LitVerz.), RN 1019–1025; *Kayser* (FN 304), S. 248 f.
308 So der *U.S. Supreme Court* v. 28.4.2004, Hamdi ./. Rumsfeld, 542 U.S. 507, 601 (2004). Das Gericht erachtet es als unzulässig, einen des Terrorismus Verdächtigen davon, wie die Möglichkeit einer gerichtlichen Überprüfung seiner Haft festzuhalten. Ein illustratives Beispiel pathologischer Jurisprudenz stellt ein Memorandum zuhanden des Beraters des U.S.-Präsidenten in verfassungsrechtlichen Fragen, Alberto Gonzales, dar; s. *Jay S. Bybee*, Memorandum for Alberto R. Gonzales, Counsel to the President, August 1, 2002. Darin wird eingehend dargetan, weshalb das Folterverbot den Präsidenten nicht bindet und wie gefoltert werden kann, ohne gegen das Folterverbot zu verstoßen. Abgedr. in: *Karen J. Greenberg/Joshua L. Dratel* (ed.), The Torture Papers, 2005, S. 172 ff.
309 Grundlegend *Vincent Blasi*, The Pathological Perspective and the First Amendment, Colum.L.Rev. 85 (1985), S. 449 ff.
310 Da sich die Lehre zum Teil auf eine Auseinandersetzung mit dem absoluten Eingriffsverbot beschränkt, kommt sie etwa zum Schluß, Kerngehalten käme in der Praxis keine Relevanz zu; vgl. *Auer/Malinverni/Hottelier*, Droit constitutionnel (LitVerz.), Bd. II, RN 253; *Manon*, in: Aubert/ders., Constitution (LitVerz.), Art. 36 RN 18; *Tschannen*, Staatsrecht (LitVerz.), § 7 RN 115; *R.J. Schweizer*, in: Ehrenzeller u.a., St. Galler Kommentar (LitVerz.), Art. 36 RN 28; *Bolz* (FN 42), S. 185 ff.

119
Notstandsfeste Kerngehalte

Dem Staat ist es auch in Situationen des Notstands[311] untersagt, in Kerngehalte einzugreifen[312]. Die Garantien notstandsfester Grundrechte in Art. 15 EMRK und Art. 4 UNO-Pakt II bezeichnen jedoch nicht Kerngehalte schlechthin. Vielmehr werden hier jene Grundrechte vor Derogation geschützt, deren Weitergeltung gerade im Notstand von besonderer Bedeutung ist. Notstandsfeste Kerngehalte finden sich auch in Grundrechten, die in diese Kataloge nicht aufgenommen sind[313].

120
Unverfügbarkeit von Kerngehalten

Die Unverfügbarkeit von Kerngehalten gilt umfassend; sie dürfen durch kein positives Recht verletzt werden, unabhängig von der Normstufe des entsprechenden Erlasses. Insbesondere auch der Verfassungsgeber ist im Sinne einer autonomen Schranke der Verfassungsrevision daran gebunden[314]. Mit den zwingenden menschenrechtlichen Bestimmungen kristallisieren sich auch im Völkerrecht materielle Schranken der Rechtsordnung überhaupt heraus[315].

121
Materielle Normenhierarchie

Wo Kerngehalte betroffen sind, greift auch die traditionelle Normenhierarchie etwa zwischen Völkerrecht und Landesrecht nicht. Die formale, auf der Rechtsquellenqualität beruhende Hierarchie wird jedenfalls hier zunehmend durch eine materielle Hierarchie[316] abgelöst. So geht das innerstaatliche absolute Verbot der Todesstrafe nach Art. 10 Abs. 1 Satz 2 BV auch etwa einem völkerrechtlichen Übereinkommen vor, welches eine Auslieferung bei drohender Todesstrafe erlaubt[317].

122
Verfahrensrechtliche Wirkungen

In ständiger Praxis anerkannt, letztlich aber noch weitgehend brachliegend sind die verfahrensrechtlichen Wirkungen grundrechtlicher Kerngehalte. Die Rüge, ein Kerngehalt oder ein kerngehaltsnaher Bereich sei verletzt, kann unabhängig von prozessualen Fristen geltend gemacht werden[318]. Urteile erwachsen in dieser Hinsicht nicht in Rechtskraft, Verfügungen sind nicht rechtsbeständig[319]. Die Verletzung eines Kerngehalts kann deshalb auch als eigenständiger verfassungsrechtlicher Revisionsgrund aufgefaßt werden[320].

---

311 Zum Notstandsbegriff vgl. die Hinweise bei *Schefer*, Kerngehalte (FN 3), S. 147 ff.
312 *Schefer*, Kerngehalte (FN 3), S. 160–167; *Rhinow*, Grundzüge (LitVerz.), RN 1020.
313 S. dazu den *UNO-Menschenrechtsausschuß*, in: General Comment No. 29, Ziff. 6.
314 Vgl. auch *Kayser* (FN 304), S. 250 f.; *Schefer*, Kerngehalte (FN 3), S. 167–177.
315 *Thürer*, Verfassungsrecht und Völkerrecht, in: ders./Aubert/Müller, Verfassungsrecht (LitVerz.), § 11 RN 13; vgl. auch *Häfelin/Haller*, Bundesstaatsrecht (LitVerz.), RN 1756.
316 *Alberto Achermann*, Der Vorrang des Völkerrechts, in: Thomas Cottier/ders./Daniel Wüger/Valentin Zellweger (Hg.), Der Staatsvertrag im schweizerischen Verfassungsrecht, 2001, S. 82–86; *Schefer*, Kerngehalte (FN 3), S. 231–233; vgl. auch *J. P. Müller*, Verfassung und Gesetz. Zur Aktualität von Art. 1 Abs. 2 ZGB, in: recht 2000, S. 127; *Kälin*, Verfassungsgerichtsbarkeit, in: Thürer/Aubert/Müller, Verfassungsrecht (LitVerz.), § 74 RN 30; *Rhinow*, Grundzüge (LitVerz.), RN 493; ferner *Häfelin/Haller*, Bundesstaatsrecht (LitVerz.), RN 1921 f.
317 *Schefer*, Kerngehalte (FN 3), S. 175–177; w. H. auf neuere Entwicklungen bei *Schefer*, Grundrechte (LitVerz.), S. 2. Die neue Praxis des *UNO-Menschenrechtsausschusses*, wonach ein Mitgliedstaat von UNO-Pakt II, der selber die Todesstrafe abgeschafft hat, bei drohender Todesstrafe nicht ausliefern darf, überlagert diese bundesgerichtliche Rechtsprechung weitgehend; s. *UN Human Rights Committee* v. 7. 8. 1998, Judge ./. Canada, Communication No. 829/1998, Ziff. 10.6, und dazu *Kälin/Künzli*, Menschenrechtsschutz (FN 121), S. 281 f.
318 S. zu den unverjährbaren und unverzichtbaren Grundrechten *BGE 118* Ia 209 (214 Erw. 2 c) und *118* Ia 282 (293 f. Erw. 6 b) und dazu *Schefer*, Kerngehalte (FN 3), S. 365 ff. m. w. H.
319 Aus der Praxis zum rechtlichen Gehör *BGE 129* I 361 (363 f. Erw. 2.1) m. H. auf Praxis und Lehre.
320 Vgl. zum Ganzen *Schefer*, Kerngehalte (FN 3), S. 393–396.

Eine weitere Rechtsfolge grundrechtlicher Kerngehalte liegt darin, daß ein Verzicht – mit der Rechtsfolge des Untergangs der fraglichen Rechtsposition in materieller und prozessualer Hinsicht – ausgeschlossen ist[321]. Damit ist aber kein Zwang zur Grundrechtsausübung verbunden. So darf ein Obdachloser nicht unter Hinweis auf die Menschenwürde (oder die Garantie der Existenzsicherung nach Art. 12 BV) gezwungen werden, in einem Obdachlosenheim und nicht auf der Straße zu schlafen. Eine Erklärung des Rechtssuchenden, auf die prozessuale Geltendmachung der Verletzung eines Kerngehalts zu verzichten, entfaltet keine Rechtswirkung. Ändert er seine Ansicht und strengt trotz Verzichtserklärung ein Verfahren an, kann ihm diese nicht entgegegenhalten werden[322].

123
Ausschluß des Verzichts

Kein Zwang zur Grundrechtsausübung

D. Tragweite und Bedeutung von Art. 36 BV für einige spezifische Grundrechte

I. Besonderheiten der Anwendung auf grundrechtliche Leistungsrechte

1. Geltung von Leistungsrechten

Grundrechtliche Leistungsrechte gewährleisten dem Einzelnen unter anderem einen direkten verfassungsrechtlichen Anspruch auf gewisse staatliche Leistungen. Dieser Anspruch besteht unabhängig davon, ob er im einfachen Recht verankert und konkretisiert wird. Die Bundesverfassung gewährleistet beispielsweise einen selbständigen Anspruch auf unentgeltlichen, religiös neutralen Grundschulunterricht (Art. 19 BV), auf unentgeltliche Prozeßführung (Art. 29 Abs. 3 BV) oder auf die für ein menschenwürdiges Leben unabdingbaren Mittel (Art. 12 BV).

124
Direkte Leistungsansprüche

Beispiele

Eine einfach-rechtliche Verankerung und Konkretisierung solcher Ansprüche erscheint aber in der Regel dann erforderlich, wenn sie im Rechtsalltag weit verbreitet geltend gemacht werden. Der unmittelbare Rückgriff auf die Verfassung muß die Ausnahme bleiben[323], wenn die gesetzliche Umsetzung mangelhaft ist[324]. Im Gesetz sind die Voraussetzungen, der Gehalt und die institutionelle Umsetzung des Anspruchs näher festzulegen. Dabei bleibt der Gesetzgeber an den grundrechtlichen Minimalanspruch gebunden. Dieser steht ihm nicht zur Disposition.

125
Einfach-rechtliche Konkretisierung

---

321 Dazu *Schefer*, Kerngehalte (FN 3), S. 374–377.
322 *Schefer*, Kerngehalte (FN 3), S. 387–393.
323 *J.P. Müller*, Allgemeine Bemerkungen, in: Thürer/Aubert/ders., Verfassungsrecht (LitVerz.), § 39 RN 52.
324 Vgl. *BGE 121* I 367 (373 Erw. 2 c).

2. Konkretisierung des Schutzbereichs

126
Anspruchs-voraussetzungen

Leistungsrechte garantieren dem Einzelnen nur dann einen Anspruch, wenn er gewisse Voraussetzungen erfüllt. So hat nur Anspruch auf existenzsichernde Leistungen, wer sich in einer Notlage befindet und ihr nicht selber begegnen kann[325]. Ein Anspruch auf unentgeltlichen Grundschulunterricht kommt nach überwiegender Ansicht nur Kindern und Jugendlichen zu[326]. Diese Voraussetzungen erscheinen in dogmatischer Hinsicht als Aspekte des Schutzbereichs. Sie sind darauf gerichtet, den Zweck des jeweiligen Leistungsanspruchs zu verwirklichen. So ist es eine Frage des Schutzbereichs von Art. 19 BV, unter welchen Voraussetzungen das Recht auf unentgeltlichen Grundschulunterricht im konkreten Fall einen Anspruch auf Übernahme der Transportkosten für den Schulweg vermittelt. Im konkreten Fall ist dabei entscheidend, daß „die räumliche Distanz zwischen Wohn- und Schulort [...] den Zweck der ausreichenden Grundschulausbildung nicht gefährde[t]"[327].

127
Konkretisierung durch den Gesetzgeber

Der Gesetzgeber kann diese Elemente des Schutzbereichs näher konkretisieren[328]. Dabei darf er aber nur solche Voraussetzungen formulieren, die darauf gerichtet sind, daß der grundrechtliche Leistungsanspruch im Rechtsalltag tatsächlich zum Tragen kommt[329]. Es wäre unzulässig, die Voraussetzungen im Hinblick auf die Verfolgung öffentlicher oder privater Interessen zu formulieren, die nicht unmittelbar der Sicherstellung des Leistungsanspruchs selber dienen. Sonst erschienen sie als versteckte Beeinträchtigungen; der grundrechtliche Leistungsanspruch würde im Ergebnis durch weitere, vom Gesetzgeber verfolgte Interessen relativiert. Dies würde dem Zweck und der Struktur der grundrechtlichen Leistungsrechte widersprechen.

3. Beeinträchtigung von Leistungsrechten

128
Bereitstellung der notwendigen Finanzmittel

Bei Abwehrrechten ergibt sich die Notwendigkeit ihrer Beeinträchtigung aufgrund einer Kollision mit anderen Rechtsgütern: Gewisse öffentliche und private Interessen lassen sich nur verfolgen, wenn Grundrechte beeinträchtigt werden. Bei Leistungsrechten ergeben sich Kollisionen weniger aus den Erfordernissen gesellschaftlichen Zusammenlebens; im Vordergrund stehen vielmehr die politischen Prioritäten in der Zuteilung finanzieller Mittel. Sie setzen individuellen Ansprüchen auf staatliche Leistungen faktische Grenzen. Durch die grundrechtliche Verankerung eines Leistungsanspruchs entzieht die Verfassung den politischen Behörden aber gerade diese Entscheidbefugnis: Jener finanzielle Aufwand, der zur tatsächlichen Gewährleistung des grundrechtlichen Minimalanspruchs erforderlich ist, steht nicht mehr zur Dis-

---
325 Statt vieler *BGE 121* I 367 (375 Erw. 3 b); *Amstutz*, Existenzsicherung (FN 67), S. 172–174.
326 S. etwa *Mahon*, in: Aubert/ders., Constitution (LitVerz.), Art. 19 RN 4; *Meyer-Blaser/Gächter*, Der Sozialstaatsgedanke, in: Thürer/Aubert/Müller, Verfassungsrecht (LitVerz.), § 34 RN 37; *Auer/Malinverni/Hottelier*, Droit constitutionnel (LitVerz.), Bd. II, RN 1535.
327 *BGer*, Urt. v. 14.10.2004, 2P.101/2004, Erw. 3.1.
328 Zu Recht hält das BGer fest, hier stelle der Staat keine Schranken auf; s. *BGE 129* I 12 (19 Erw. 6.2).
329 S. mit Bezug auf Art. 12 BV *BGE 131* I 166 (175 Erw. 4.4).

position des politischen Prozesses. Gesetzgeber und rechtsanwendende Behörden müssen das Gemeinwohl auf eine Art und Weise fördern, daß die tatsächliche Gewährleistung des Leistungsanspruchs davon nicht tangiert wird. Eine Beeinträchtigung grundrechtlicher Leistungsrechte ist deshalb grundsätzlich unzulässig[330].

In Ausnahmefällen können aber auch Leistungsrechte rechtmäßig beeinträchtigt werden; außerhalb der Kerngehalte gelten auch grundrechtliche Leistungsansprüche nicht absolut.

129
Ausnahmen

Grundrechtliche Leistungsrechte können nur rechtmäßig beeinträchtigt werden, wenn dies zur Auflösung unvermeidbarer Kollisionen mit Rechtsgütern Dritter zwingend erforderlich ist. Solche Konflikte sind nicht Ergebnis von Entscheidungen des Gesetzgebers oder rechtsanwendender Behörden und resultieren dementsprechend nicht aus der Verfolgung weiterer öffentlicher oder privater Interessen. Da sie nicht vermeidbar sind, verlangen sie zwingend nach einem Ausgleich. Im Vordergrund stehen jene Fälle, in denen Dritten das Leistungsrecht aus tatsächlichen Gründen nur dann gewährleistet werden kann, wenn es für einen Einzelnen beeinträchtigt wird. Stört ein Schüler den Schulunterricht derart intensiv, daß ein geordneter Unterricht nicht mehr möglich erscheint, gefährdet er seine Mitschüler in ihrem Anspruch auf ausreichenden Grundschulunterricht. Können sie auf andere Weise in ihrem Grundrecht nicht geschützt werden, kann es gerechtfertigt sein, ihn vom Schulbesuch vorübergehend auszuschließen[331].

130
Auflösung unvermeidbarer Kollisionen

Beispiel: Störung des Unterrichts

4. Kerngehalt von Leistungsrechten

Auch Leistungsrechte verfügen über Kerngehalte. So stellt die Garantie nach Art. 12 BV insgesamt einen Kerngehalt dar[332]. Der Anspruch auf unentgeltlichen Grundschulunterricht dagegen ist nur in seinem innersten Kern gegen jede Art der Beeinträchtigung absolut geschützt. Wie grundrechtliche Leistungsrechte überhaupt darf der Gesetzgeber auch ihre Kerngehalte insofern konkretisieren, als er die Voraussetzungen des Anspruchs näher umschreibt: er muß damit aber darauf zielen, die tatsächliche Ausübung des Kerngehalts zu sichern[333]. Verfolgt er damit jedoch weitere, außerhalb der Sicherstellung

131
Grundsatz

Grundrechtssichernde Konkretisierung

---

330 *Meyer-Blaser/Gächter*, Der Sozialstaatsgedanke, in: Thürer/Aubert/Müller, Verfassungsrecht (Lit-Verz.), § 34 RN 37; *Weber-Dürler*, Grundrechtseingriffe (FN 20), S. 151 f.; *Bolz*, in: Walter Kälin/ders. (Hg.), Handbuch des bernischen Verfassungsrechts, 1995, Art. 29 KV/BE (Sozialrechte), RN 2, S. 314; *BGE 129* I 12 (19 Erw. 6.3); *129* I 35 (42 Erw. 8.2).
So hält der Bundesrat schon im Jahr 1889 mit Bezug auf den Anspruch auf unentgeltlichen Primarschulunterricht fest: „Eine auch nur teilweise Beschränkung des Grundsatzes der Unentgeltlichkeit des Unterrichts in den öffentlichen Primarschulen, wäre es durch Gesetzesvorschrift oder durch hergebrachte Übung, widerstreitet der kategorischen Bestimmung des Art. 27 der BV (von 1874; ms) und kann daher vor dieser nicht bestehen". *Bundesrat*, Entscheid v. 26. 4. 1889, in: *Ludwig Rudolf v. Salis*, Schweizerisches Bundesrecht, Bd. V, ²1904, RN 2471.
331 *BGE 129* I 12 (23 Erw. 8.4).
332 *BGE 130* I 71 (75 Erw. 4.1); *Amstutz*, Existenzsicherung (FN 67), S. 137; *Schefer*, Kerngehalte (FN 3), S. 338, 348 ff.; *ders.*, Grundrechte (LitVerz.), S. 114.
333 *BGE 131* I 166 (175 Erw. 4.4).

der Grundrechtsausübung gelegene Ziele, würde er – wie oben dargelegt[334] – das Leistungsrecht in unzulässiger Weise beeinträchtigen und damit erst recht seinen Kerngehalt verletzen. So verstößt es gegen Art. 12 BV als Kerngehalt, existenzsichernde Leistungen nur dann auszurichten, wenn der Betroffene an der Feststellung seiner Identität mitwirkt[335].

132
Leistungsminimum bei Interessenkollisionen

Über diese die Leistungsrechte insgesamt betreffende Grenze gesetzgeberischer Eingriffe hinaus verwehrt der Kerngehalt sowohl dem Gesetzgeber als auch den rechtsanwendenden Behörden ausnahmslos, unvermeidliche Kollisionen mit anderen Anspruchsberechtigten durch Verminderung der Leistungen aufzulösen. Im Rahmen leistungsrechtlicher Kerngehalte sind solche Konflikte so auszugleichen, daß keiner der Leistungsberechtigten in seinem kerngehaltsgeschützten Minimalanspruch beeinträchtigt wird. Dies kann den Einsatz zusätzlicher finanzieller Mittel erforderlich machen. Ein Asylbewerber darf auch dann nicht auf die Straße gestellt werden, wenn er wiederholt und schwerwiegend gegen die Hausordnung seiner Unterkunft verstößt, so daß seine Anwesenheit den Mitbewohnern nicht mehr zumutbar ist. Es ist

Beispiel: Asylbewerber

Beispiel: Schulunterricht

ihm eine alternative Unterkunft offenzuhalten[336]. Bessert sich das Betragen eines Schülers auch nach einem zwölfwöchigen Schulausschluß nicht genügend, um ihn wieder in den regulären Unterricht eingliedern zu können[337], ist ihm auf andere Weise ein ausreichender und unentgeltlicher Unterricht zu gewährleisten.

II. Besondere Ausprägung bei den Verfahrensgrundrechten

133
Minimalstandards

Grundrechtliche Verfahrensrechte stellen Minimalstandards dar[338]. Als solche können sie zwar beeinträchtigt werden. Die Voraussetzungen dafür sind jedoch strenger als bei traditionellen Grundrechten[339]. So genügt es nicht, daß eine im öffentlichen Interesse aufgestellte gesetzliche Grundlage verhältnismäßige Einschränkungen beispielsweise des Anspruchs auf vorgängige Anhörung nach Art. 29 Abs. 2 BV vorsieht. Dieser grundrechtliche Anspruch stellt jedoch auch keinen Kerngehalt dar.

---

334 RN 127.
335 *BGE 131* I 166 (179 Erw. 7.1).
336 In diese Richtung *BGE 122* II 193 (199 ff. Erw. 3). Das BGer beurteilt diesen Fall noch unter dem Gesichtspunkt der Verhältnismäßigkeit. Seither hat es klargestellt, daß Art. 12 BV insgesamt einen Kerngehalt darstellt. Entsprechend ist die behandelte Frage heute als Aspekt des Kerngehalts zu diskutieren.
337 Das BGer erachtet einen Schulausschluß von 12 Wochen als „im oberen Bereich des Vertretbaren"; *BGE 129* I 12 (30 Erw. 10.4).
338 Eingehend *Schefer*, Kerngehalte (FN 3), S. 84 ff. und 512 ff.
339 Vgl. auch *Regina Kiener*, Die staatsrechtliche Rechtsprechung des Bundesgerichts im Jahr 2003, ZBJV 2004, S. 667 (672), und *dies.*, Richterliche Unabhängigkeit: Verfassungsrechtliche Anforderungen an Richter und Gerichte, 2001, S. 84 ff. Zur EMRK *Grabenwarter*, EMRK (LitVerz.), § 18 RN 26–28; *Clayton/Tomlinson*, Human Rights (FN 278), RN 11.184, 11.204 und 6.124.

Beeinträchtigungen von Verfahrensgrundrechten müssen darauf gerichtet sein, die Fairneß des Verfahrens insgesamt zu wahren[340]. Im einzelnen ergeben sich aus dieser Zielrichtung insbesondere die folgenden vier Anforderungen:

– (1) Nur qualifizierte, die Gewährleistung eines fairen Verfahrens insgesamt fördernde öffentliche Interessen können eine Verkürzung des Rechts im konkreten Fall legitimieren.
– (2) An die Präzision, mit welcher sie ihr Ziel zu erreichen suchen, sind strenge Anforderungen zu stellen.
– (3) Beeinträchtigungen von Verfahrensgrundrechten müssen zudem umfassender gerichtlicher Überprüfung zugänglich sein[341].
– (4) Darüber hinaus sind die Voraussetzungen, unter denen eine Beeinträchtigung zulässig ist, in der Form präziser Regeln zu normieren, die im konkreten Einzelfall möglichst wenig Spielraum lassen[342].

Diese Anforderungen stellen zum Teil besondere Ausprägungen der Garantien von Art. 36 BV dar: Voraussetzung (1) und (2) konkretisieren die Erfordernisse des öffentlichen Interesses und der Verhältnismäßigkeit nach Art. 36 Abs. 2 und 3 BV. Voraussetzung (4) spezifiziert die Anforderungen an die gesetzliche Grundlage nach Art. 36 Abs. 1 BV mit Bezug auf die Normdichte.

Auch Verfahrensgrundrechte verfügen über einen unantastbaren Kern[343]. Dieser darf in keinem Fall beeinträchtigt werden; die Rechtswirkungen verfahrensrechtlicher Kerngehalte entsprechen jenen der übrigen Grundrechte[344]. So ist etwa anerkannt, daß der Einsatz von Lügendetektoren im Strafverfahren gegen den Willen des Angeschuldigten in keinem Fall zulässig wäre[345].

III. Spezifische Probleme bei den Gleichheitsrechten

1. Gesetzliche Grundlage

Bei den traditionellen Grundrechten dient das Erfordernis der gesetzlichen Grundlage (Art. 36 Abs. 1 BV) primär zur Rechtfertigung einer Beeinträchtigung. Bei der Rechtsgleichheit dagegen unterstützt das generell-abstrakte Gesetz die Wirkungsrichtung des Grundrechts und dient erst sekundär der Beeinträchtigung des grundrechtlichen Anspruchs.

---

340 Aus der umfangreichen entsprechenden Straßburger Praxis etwa *EGMR*, Urt. v. 19. 4. 1993, Kraska ./. Schweiz, Ser. A Nr. 254-B; Urt. v. 2. 6. 2005, Goktepe ./. Belgien, Beschwerde Nr. 50372/99, Ziff. 25; Urt. v. 7. 3. 2006, Donadze ./. Georgien, Beschwerde Nr. 74644/01, Ziff. 31; zur internationalen Praxis eingehend *Stefan Trechsel*, Human Rights in Criminal Proceedings, 2005, S. 86–89. Vgl. auch *BGE 131* I 272 (274 Erw. 3.2); *131* I 350 (356f. Erw. 3.2).
341 S. mit Bezug auf Art. 30 Abs. 2 lit. e VwVG *BGE 126* II 111 (122f. Erw. 6 b aa); Analoges muß für Art. 29 Abs. 2 BV gelten.
342 Vgl. zum Ganzen *Schefer*, Kerngehalte (FN 3), S. 87f. und S. 512 ff.
343 *Schefer*, Kerngehalte (FN 3), S. 512 ff.
344 Dazu oben RN 113 ff.
345 *BGE 109* Ia 273. *J.P. Müller*, Grundrechte (LitVerz.), S. 29f.

136
Sicherung der Gleichbehandlung

Das allgemeine Gesetz ist ein Instrument zur Gewährleistung rechtsgleicher Behandlung[346]. Soweit ein Gesetz mit einer Ungleichbehandlung tatsächlichen Unterschieden Rechnung trägt, beurteilen sich die Anforderungen an Normstufe und -dichte nach dem allgemeinen Grundsatz der Gesetzmäßigkeit (Art. 5 Abs. 1 BV)[347]. Analoges gilt dort, wo Gleiches gleich behandelt wird[348].

137
Kompensation genereller Ungleichheiten

Beispiel: Quotenregelungen

Das Gesetz kann aber auch bei der Rechtsgleichheit eine Funktion wahrnehmen, die jener bei sonstigen Grundrechtsbeeinträchtigungen weitgehend entspricht. Eine solche Situation liegt dort vor, wo Einzelne im konkreten Fall durch eine Ungleichbehandlung, welche *generelle* Ungleichheiten zwischen verschiedenen Gruppen kompensieren soll, besonders stark getroffen werden. Hier trägt die Ungleichbehandlung nicht tatsächlichen, im konkreten Einzelfall vorliegenden Ungleichheiten Rechnung. Vielmehr werden *allgemeine Ungleichheiten* auf einer *abstrakten Ebene* zum Anlaß genommen, Einzelne ungleich zu behandeln, die im *konkreten Fall* jedoch in den relevanten Gesichtspunkten *gleich* sind[349]. Dies läßt sich am Beispiel der Quoten für Frauen illustrieren[350]: Ein Mann und eine Frau, die sich für ein Amt bewerben, können in jeder Hinsicht über die gleichen Voraussetzungen für das Amt verfügen. *Im konkreten Fall* bestehen keinerlei relevante tatsächliche Ungleichheiten. Eine Bevorzugung der Frau zu Lasten des Mannes kann sich in einem solchen Fall aber dadurch rechtfertigen, daß Frauen *im allgemeinen* schlechter gestellt sind als Männer. Solche Schlechterstellungen der Männer benötigen eine Grundlage im Gesetz[351].

138
Ungleichbehandlung zur Verfolgung anderer Ziele

Das Erfordernis der gesetzlichen Grundlage nach Art. 36 Abs. 1 BV kommt im Bereich der Rechtsgleichheit in einer weiteren Konstellation zum Tragen: Das Gesetz schützt den Einzelnen auch vor jenen Ungleichbehandlungen, die nicht bestehenden Ungleichheiten Rechnung tragen, sondern weitere öffentliche Interessen verwirklichen sollen[352]. Werden beispielsweise die Landegebühren für laute Flugzeuge höher angesetzt als für leise Flugzeuge[353], so steht das (externe) Ziel im Vordergrund, die Bevölkerung im Bereich des Flughafens vor Lärm zu schützen. Eine solche Ungleichbehandlung muß sich nach Art. 36 Abs. 1 BV[354] auf ein Gesetz stützen können.

---

346 *Moor*, Droit administratif, Vol. I (FN 136), S. 314 f., 441 f.; *Auer/Malinverni/Hottelier*, Droit constitutionnel (LitVerz.), Bd. II, RN 1059 f.; *BGE 128* I 327 (339 Erw. 4.2); *127* V 431 (434 Erw. 2 b aa). *Pio Caroni*, Gesetz und Gesetzbuch – Beiträge zu einer Kodifikationsgeschichte, 2003, S. 99 ff., 108 ff., 115 ff., weist aber eindringlich darauf hin, daß die Allgemeinheit des Gesetzes gerade auch in historischer Sicht zur Vertuschung tatsächlicher Ungleichheiten gedient hat.
347 Vgl. *BGE 129* I 1 (6 f. Erw. 3.2.4); *123* I 1 (6 Erw. 4 b und 7 f. Erw. 6 a); w. H. auf die Praxis bei *Weber-Dürler*, Zum Anspruch auf Gleichbehandlung in der Rechtsanwendung, ZBl 2004, S. 5 ff.
348 *BGE 123* I 1 (7 f. Erw. 6 a).
349 *J.P. Müller*, Grundrechte (LitVerz.), S. 399 f.; *Rhinow*, Grundzüge (LitVerz.), RN 1655 f.
350 *BGE 123* I 152; *125* I 21; *131* II 361.
351 Dazu auch etwa *Martenet*, Géométrie (FN 175), RN 702 ff. m. w. H.; *Auer*, „Combien de chameaux pour une professeure?", in: Barbara Lischetti/Maya Widmer (Hg.), Kopfprämien für Professorinnen?, 2004, S. 13 (17).
352 Zu den sog. „externen Zielen" s. *J.P. Müller*, Grundrechte (LitVerz.), S. 399 f.; w. H. in FN 31.
353 *BGE 125* I 182 (201 f. Erw. 6 und 196 f. Erw. 4 h).
354 Eine gesetzliche Grundlage ist auch aufgrund des Legalitätsprinzips erforderlich, welches im Abgaberecht besonders streng ausgestaltet ist; s. *BGE 125* I 182 (193 ff. Erw. 4).

2. Öffentliches Interesse

Das Erfordernis des öffentlichen Interesses dient dann nicht zur Begrenzung einer Ungleichbehandlung, wenn diese tatsächlichen Ungleichheiten Rechnung trägt[355]. Denn dadurch verfolgt die Ungleichbehandlung gerade jenes zentrale Interesse, das hinter dem Gleichheitssatz steht.

139 Funktion

Eine begrenzende Wirkung kann das Erfordernis eines legitimen öffentlichen Interesses bei der Rechtsgleichheit allenfalls bei der Frage haben, welche tatsächlichen Unterschiede eine rechtliche Ungleichbehandlung rechtfertigen können[356] oder eine rechtlich differenzierte Behandlung erfordern[357]. In diesem Spannungsfeld bewegen sich etwa die Bestrebungen in Bund und Kantonen, die Eigenmietwertbesteuerung zu reduzieren oder sogar abzuschaffen, um den Erwerb von Wohneigentum zu fördern. Eine solche Begünstigung der Eigentümer führt notwendigerweise zu einer Schlechterstellung der Mieter. Dazu hält das Bundesgericht grundsätzlich fest, daß selbst der verfassungsmäßige Auftrag der Wohneigentumsförderung keine rechtsungleichen Maßnahmen zu rechtfertigen vermöge[358]. Jedenfalls würde eine vollständige und undifferenzierte Abschaffung der Eigenmietwertbesteuerung vor Art. 8 Abs. 1 BV nicht standhalten[359].

140 Begrenzende Wirkung

Beispiel: Wohneigentumsförderung

Besonderen Gehalt nimmt das Erfordernis eines legitimen öffentlichen Interesses bei den Verboten der Diskriminierung nach Art. 8 Abs. 2 BV an. Diese gewährleisten den Angehörigen gewisser Gruppen einen besonders stringenten Schutz vor Schlechterstellung[360]. Nur besonders qualifizierte öffentliche Interessen können eine Benachteiligung von Mitgliedern einer spezifisch geschützten Gruppe rechtfertigen. Der Kreis legitimer öffentlicher Interessen

141 Öffentliches Interesse bei Diskriminierungsverboten

---

355 Vgl. etwa *BGE 131* I 1 (10 Erw. 4.5); *128* I 155 (159ff. Erw. 2); *124* I 289 (293 Erw. 3 e). Dies kommt z.B. im Grundsatz der Besteuerung nach der wirtschaftlichen Leistungsfähigkeit zum Ausdruck; vgl. *BGE 128* I 240 (243 Erw. 2.3).
356 Die Tatsache, daß ein Ausländer bei der Begehung einer Straftat in der Schweiz gleichzeitig sein „Gastrecht missbraucht", ist kein legitimer Grund, ihn strenger zu bestrafen als einen Schweizer, vgl. *BGE 125* IV 1 (3 Erw. 5 b) m.w.H. Aus der neueren Praxis etwa *BGE 131* I 1 (7 Erw. 4.2).
357 Vgl. etwa *Rhinow*, Grundzüge (LitVerz.), RN 1640ff.; *J.P. Müller*, Grundrechte (LitVerz.), S. 397 ff.; *Moor*, Droit administratif, Vol. I (FN 136), S. 449 ff.; *Weber-Dürler*, ZBl 2004, S. 1 (5 ff.); *Häfelin/Haller*, Bundesstaatsrecht (LitVerz.), RN 756 ff.; *Auer/Malinverni/Hottelier*, Droit constitutionnel (LitVerz.), Bd. II, RN 1046 f.
358 *BGE 112* Ia 240 (247 Erw. 6).
359 *BGE 116* Ia 321 (324 Erw. 3 d); *131* I 377 (380f. Erw. 2.1). *132* I 157 (163f. Erw. S. 3 f.). Hingegen erscheint das „Anliegen (zulässig), die Selbstvorsorge durch Eigentumsbildung fiskalisch zu fördern" oder der geringeren Disponibilität des Wohneigentums gegenüber ungebundenem Vermögen dadurch Rechnung zu tragen, daß der steuerbare Eigenmietwert unter dem Marktmietwert festgesetzt wird; *BGE 125* I 65 (68 Erw. 3 c). Die Praxis ist zusammengefaßt in *BGE 128* I 240 (243 f. Erw. 2.4). Wie stark die Bemessung des Eigenmietwerts vom Marktwert abweichen darf, ist eine Frage der Verhältnismäßigkeit; vgl. dazu unten FN 373.
360 *BGE 126* II 377 (392ff. Erw. 6); *129* I 232 (239ff. Erw. 3.4); *129* I 217 (223ff. Erw. 2); *129* I 392 (397 f. Erw. 3.2.2., 401 Erw. 3.3). *J.P. Müller*, Grundrechte (LitVerz.), S. 416; *Martenet*, Géométrie (FN 175), RN 210ff., 865 ff.

§ 208　　　*Vierzehnter Teil: I. Allgemeiner Teil*

Beispiel: Rassendiskriminierung

ist je nach Diskriminierungstatbestand unterschiedlich[361]. So kann kein öffentliches Interesse rechtfertigen, Schwarze *schlechter* als Weiße zu behandeln. Auch eine *formal gleiche*, aber *unterschiedliche* Behandlung von Weißen und Schwarzen erscheint angesichts nach wie vor bestehender gesellschaftlicher Stereotype äußerst problematisch[362]. Sie kann nur dann allenfalls gerechtfertigt sein, wenn sie zur Abwehr einer unmittelbaren, schweren Gefährdung von Leib und Leben unabdingbar ist. So könnte es zulässig sein, schwarze und weiße Inhaftierte vorübergehend in unterschiedlichen Trakten der Haftanstalt unterzubringen, wenn dies zwingend notwendig ist, um einer lebensbedrohenden Gefängnisrevolte zu begegnen[363].

3. Verhältnismäßigkeit

142
Präzision und Intensität

Die Anforderungen an die Rechtfertigung einer Ungleichbehandlung stimmen in weitem Maße mit jenen überein, welche die Verhältnismäßigkeit an die Einschränkung von Abwehrrechten stellt. So stehen insbesondere die beiden Elemente der Präzision und der Intensität[364] auch bei der Rechtsgleichheit im Zentrum[365].

143
Präzision rechtlicher Differenzierung

Ungleichbehandlungen setzen voraus, daß das Recht mindestens zwei Gruppen von Sachverhalten voneinander unterscheidet[366]. Solche Differenzierungen können sich aus dem Gesetz ergeben oder Folge der Rechtsanwendung sein. Die Bildung dieser Gruppen bezweckt regelmäßig, ein bestimmtes Regelungsziel zu erreichen. Die Gruppen sind so zu umschreiben, daß sie sich in einer Art und Weise unterscheiden, die im Hinblick auf das Regelungsziel

---

361　Die in Art. 8 Abs. 2 BV aufgezählten Diskriminierungsverbote sind überaus heterogen und bedürfen einer spezifischen dogmatischen Ausgestaltung, damit der ihnen eigene Schutzgedanke optimal zur Entfaltung gebracht werden kann; s. *Schefer*, Kerngehalte (FN 3), S. 479 ff.; auf die Heterogenität der verschiedenen Merkmale weisen auch *Mahon*, in: Aubert/ders., Constitution (LitVerz.), Art. 8 RN 15 f., *Weber-Dürler*, Rechtsgleichheit, in: Thürer/Aubert/Müller, Verfassungsrecht (LitVerz.), § 41 RN 26, *Bernhard Waldmann*, Das Diskriminierungsverbot von Art. 8 Abs. 2 BV als besonderer Gleichheitssatz, 2003, S. 327 ff.; *Bernhard Pulver*, L'interdiction de la discrimination: étude de l'article 8 alinéa 2 de la Constitution fédérale du 18 avril 1999 (Diss. Neuenburg), 2002, RN 253, und *Andreas Rieder*, Form oder Effekt? Art. 8 Abs. 2 BV und die ungleichen Auswirkungen staatlichen Handelns (Diss. Bern), 2002, S. 97, hin.

362　Dieser Gedanke trägt schon Richter *Harlans* Dissent in: *U.S. Supreme Court* v. 18. 5. 1896, Plessy ./. Ferguson, 163 U., S. 537, 552 (1896).

363　Der U.S. Supreme Court hob im Jahr 1968 eine Bestimmung des Staates Alabama auf, welche generell die Trennung von weißen und schwarzen Inhaftierten anordnete. Das Gericht hielt fest, es müßten spezifische Umstände dargetan werden, die eine Trennung zwingend erforderlich machten; siehe *U.S. Supreme Court* v. 11. 3. 1968, Lee ./. Washington, 390 U.S. 333 (1968). Das Bundesberufungsgericht in San Francisco erachtete im Jahr 2003 eine Praxis der kalifornischen Gefängnisbehörden als unzulässig, welche Inhaftierte während der ersten 60 Tage generell nach „Rasse" den Zellen zuwies; siehe *U.S. Court of Appeals for the 9th Circuit*, Johnson ./. California, 321 F.3d 791 (9th Cir. 2003). Der U.S. Supreme Court hält fest, diese Differenzierung sei am gleichen strengen Prüfungsmaßstab zu messen wie Schlechterbehandlungen wegen der Rasse; siehe *U.S. Supreme Court* v. 23. 2. 2005, Johnson ./. California, 543 U.S. 499 (2005). Vgl. auch den Überblick in: Harv.L.Rev. 117 (2004), S. 2448–2455.

364　Dazu oben RN 98 ff.

365　So sinngemäß auch *Moor*, Droit administratif, Vol. I (FN 136), S. 456.

366　Zur Bildung der Vergleichsgruppen und den Anforderungen an die Vergleichbarkeit vgl. *Weber-Dürler*, ZBl 2004, S. 1 (9 ff.).

relevant ist³⁶⁷. Die Sachverhalte sind den beiden Gruppen so zuzuordnen, daß nur jene schlechter respektive besser behandelt werden, deren unterschiedliche Behandlung für die Erreichung des Regelungsziels erforderlich ist. Erstattet beispielsweise ein Kanton den in seinem Gebiet tätigen politischen Parteien gewisse Kosten des Wahlkampfes (etwa Druckkosten für Wahllisten), so kann es zulässig sein, die Ausrichtung der Beiträge von einem gewissen Erfolg bei der Wahl abhängig zu machen, um „Jux-Listen" von der Unterstützung auszuschließen. Die Erfolgsschwelle darf jedoch nicht so hoch angesetzt werden, daß im Ergebnis nur bereits etablierte Parteien mit einer Stammwählerschaft davon profitieren können³⁶⁸. Die Umschreibung der Gruppen muß mit andern Worten möglichst *präzise* erfolgen³⁶⁹.

Beispiel: Wahlkampfkosten

Das Erfordernis der Präzision unterscheidet sich beim Gleichheitssatz nicht grundlegend von jenem bei traditionellen Grundrechtsbeeinträchtigungen³⁷⁰. Bei der Rechtsgleichheit wird die staatliche Maßnahme spezifisch unter dem Gesichtspunkt beleuchtet, ob die Differenzierung wirklich nur jene (aber auch alle jene) Sachverhalte ungleich behandelt, die tatsächlich entsprechend ungleich sind³⁷¹. Es ist damit letztlich die Präzision der Gruppenbildung zu beurteilen wie bei der Einschränkung von Abwehrrechten. Bei diesen erfolgt – im Unterschied zur Rechtsgleichheit – die Gruppenbildung aber nicht im Hinblick auf die Gleichheit oder Ungleichheit der Sachverhalte; den Ausschlag für die Auswahl, wer von der Einschränkung betroffen ist und wer nicht, gibt bei den traditionellen Grundrechten vielmehr die Zielrichtung der fraglichen Maßnahme.

144
Präzision bei der Rechtsgleichheit

Auch im Rahmen des Gleichheitssatzes ist der Kreis der Sachverhalte, die in einer Gruppe zusammengefaßt werden, so auszuwählen, daß die Ungleichbehandlung *geeignet* ist, ihr Ziel – das heißt tatsächlichen Ungleichheiten Rechnung zu tragen respektive externe Ziele zu verfolgen – zu erreichen. Es dürfen zudem nur jene Sachverhalte schlechter behandelt werden, die zur Zielerreichung *erforderlich* sind³⁷².

145
Eignung und Erforderlichkeit

Ungleichbehandlungen sind insbesondere dort unter dem Gesichtspunkt der *Intensität* zu beurteilen³⁷³, wo sie Ungleichheiten auf allgemeiner Ebene kompensieren und nicht konkreten Ungleichheiten im Einzelfall Rechnung tra-

146
Intensität kompensatorischer Regelungen

---

367 Vgl. etwa *Rhinow*, Grundzüge (LitVerz.), RN 1633–1639.
368 *BGE 124* I 55 (68 Erw. 5 c cc und 69 ff. Erw. 6). Zu Recht kritisch mit Bezug auf das vom BGer angeführte Kriterium der Ernsthaftigkeit *J.P. Müller/Looser*, Staatsrechtliche Rechtsprechung des Bundesgerichts in den Jahren 1997 u. 1998, ZBJV 1999, S. 752 f. Dazu auch *Steinmann*, Die Gewährleistung der politischen Rechte durch die neue Bundesverfassung (Artikel 34 BV), ZBJV 2003, S. 481 (488).
369 Vgl. auch *J.P. Müller*, Grundrechte (LitVerz.), S. 399; *Häfelin/Haller*, Bundesstaatsrecht (LitVerz.), RN 754.
370 Vgl. oben RN 98 ff.
371 Vgl. etwa *BGE 131* I 198 (204 Erw. 2.6); *131* I 205 (214 ff. Erw. 3).
372 Vgl. auch *J.P. Müller*, Grundrechtstheorie (FN 4), S. 123. Zu eng m.E. *H. Dreier*, GG (LitVerz.), Vorbem. vor Art. 1 GG RN 152, sowie *Heun* ebd., Art. 3 RN 27, die nur bei der Verfolgung externer Ziele Aspekte der Verhältnismäßigkeit prüfen.
373 Hier ist auf das Beispiel der Wohneigentumsbesteuerung zurückzukommen (FN 359): Eine steuerliche Begünstigung der Wohneigentümer gegenüber den Mietern kann zulässig sein, soweit sich der Grad der Ungleichbehandlung in einem gewissen Rahmen bewegt. Zusammenfassung der Rechtsprechung in *BGE 128* I 240 (243 f. Erw. 2.4).

Beispiel: Frauenquoten

Intensität als Vergleichsgröße

gen[374]. Dies wird besonders deutlich etwa in den drei Bundesgerichtsentscheiden über Quoten zugunsten von Frauen. Das Gericht fragt hier, ob die Männer durch die Quoten in unzumutbarer – das heißt zu intensiver – Weise belastet werden[375]. Gleichheitsfragen betreffen stets jedenfalls zwei Gruppen von Menschen. Die Intensität ihrer Betroffenheit in ihrem Anspruch auf Gleichbehandlung ist jeweils im Hinblick auf die Behandlung der anderen Gruppe zu beurteilen. Die Intensität ist insofern beim Gleichheitssatz eine Vergleichsgröße: Von Bedeutung ist, ob die Benachteiligung der einen Gruppe gegenüber der anderen für die Betroffenen[376] zumutbar ist. Dabei ist das Gewicht von zentraler Bedeutung, das dem mit der Ungleichbehandlung angestrebten Regelungsziel zukommt: Je höherrangig das Regelungsziel erscheint, desto schwerwiegendere Ungleichbehandlungen können den Betroffenen zugemutet werden.

---

374 *J.P. Müller*, Grundrechte (LitVerz.), S. 400; w.H. in FN 31 und 35.
375 *BGE 123* I 152 (169 ff. Erw. 7 b); *125* I 21 (39 Erw. 5 b cc); *131* II 361 (376 ff. Erw. 6).
376 Zu diesem relationalen Aspekt insb. *G. Müller*, Der Gleichheitssatz, in: VVDStRL 47 (1989), S. 41, 49 ff.

E. Bibliographie

Bethge, Herbert, Der Grundrechtseingriff, in: VVDStRL 57 (1998), S. 7 ff.
Bolz, Marcel, Das Verhältnis von Schutzobjekt und Schranken der Grundrechte, 1991.
Bühler, Margit, Einschränkung von Grundrechten nach der Europäischen Grundrechtecharta, 2005.
Häberle, Peter, Die Wesensgehaltgarantie des Art. 19 Abs. 2 Grundgesetz, ^{3}1983.
Schefer, Markus, Gefährdung von Grundrechten – Eine grundrechtsdogmatische Skizze, in: Thomas Sutter-Somm/Felix Hafner/Gerhard Schmid/Kurt Seelmann (Hg.), Risiko und Recht – Festgabe zum Schweizerischen Juristentag 2004, 2004, S. 441 ff.
ders., Die Kerngehalte von Grundrechten, 2001.
ders., Die Beeinträchtigungen von Grundrechten: Zur Dogmatik von Art. 36 BV, Bern 2006.
Tschannen, Pierre, Amtliche Warnungen und Empfehlungen, ZSR 1999 II, S. 355 ff.
ders./Zimmerli, Ulrich, Allgemeines Verwaltungsrecht, 2005.
Weber-Dürler, Beatrice, Grundrechtseingriffe, in: Ulrich Zimmerli (Hg.), Die neue Bundesverfassung – Konsequenzen für Praxis und Wissenschaft, 2000, S. 131 ff.
dies., Der Grundrechtseingriff, in: VVDStRL 57 (1998), S. 57 ff.
Wyss, Martin Philipp, Öffentliche Interessen – Interessen der Öffentlichkeit, 2001.

II. Einzelgrundrechte

1. Freiheit und Gleichheit

§ 209
Menschenwürde, Recht auf Leben und persönliche Freiheit

Walter Haller

Übersicht

	RN		RN
A. Rechtliche Grundlagen	1–13	D. Persönliche Freiheit	24–61
I. Entwicklung durch die Rechtsprechung	1–3	I. Physische Freiheit	24–33
1. Punktuelle Regelung in der Bundesverfassung von 1874	1	1. Körperliche Integrität	25–28
2. Persönliche Freiheit als ungeschriebenes Grundrecht	2–3	2. Bewegungsfreiheit	29–30
II. Verankerung in der neuen Bundesverfassung	4–13	3. Verfahrensgarantien bei Freiheitsentzug	31–33
1. Übersicht; Verhältnis zu anderen Grundrechten	4–8	II. Geistige Unversehrtheit und Schutz der Privatsphäre	34–61
2. Bedeutung internationaler Menschenrechtsabkommen	9–10	1. Rechtliche Grundlagen: Art. 10 Abs. 2 und Art. 13 BV	34
3. Verwirklichung der Menschenwürde und der persönlichen Freiheit: Leistungsansprüche, Schutzpflichten und Gesetzgebungsaufträge	11–13	2. Schutz nur der elementaren Erscheinungsformen der Persönlichkeitsentfaltung	35–38
B. Menschenwürde	14–18	3. Gestaltung der Lebensführung und sexuelle Selbstbestimmung	39–40
I. Verortung im Verfassungstext	14	4. Zugang zur Fortpflanzungsmedizin	41
II. Inhalt	15	5. Schwangerschaftsabbruch	42
III. Funktionen	16–18	6. Informationelle Selbstbestimmung	43–48
1. Tragender Grundwert und Leitprinzip	16–17	7. Schutz des Brief-, Post- und Fernmeldeverkehrs	49–51
2. Selbständiges Grundrecht	18	8. Schutz der Persönlichkeit Inhaftierter	52–56
C. Recht auf Leben	19–23	9. Selbstbestimmte Sterbehilfe	57–58
I. Schutzumfang	19–20	10. Bestimmung über den eigenen Körper nach dem Tod	59–61
II. Beginn und Ende des Lebens	21–22	E. Folterverbot	62–64
1. Beginn des Lebens	21	F. Bibliographie	
2. Ende des Lebens	22		
III. Staatliche Schutzpflichten	23		

A. Rechtliche Grundlagen

I. Entwicklung durch die Rechtsprechung

1. Punktuelle Regelung in der Bundesverfassung von 1874

1
Schutz der persönlichen Freiheit

Die bis Ende 1999 geltende alte Bundesverfassung (aBV) von 1874 erwähnte die Menschenwürde nirgends und schützte nur punktuelle Aspekte der persönlichen Freiheit, indem sie den Schuldverhaft, die Todesstrafe wegen politischer Vergehen sowie körperliche Strafen untersagte[1]. Dem Schutz der persönlichen Freiheit dienten ferner die Gewährleistung des Post- und Telegraphengeheimnisses[2] sowie eine 1992 eingefügte Bestimmung, die den Menschen und seine Umwelt gegen Mißbräuche der Fortpflanzungs- und Gentechnologie schützte[3].

Kantonsverfassungen

Allerdings gewährleisteten fast alle Kantonsverfassungen die persönliche Freiheit, wenn auch in sehr unterschiedlichem Umfang. In neueren Verfassungen kam das Bemühen zum Ausdruck, den Schutz vor Mißbrauch persönlicher Daten als besonderes Grundrecht auszugestalten.

Privatrecht

Im Privatrecht kommt dem Persönlichkeitsschutz eine zentrale Bedeutung zu[4]. Für die Entwicklung eines verfassungsrechtlichen Persönlichkeitsschutzes waren die entsprechenden Normen des Zivilgesetzbuches wegen ihres Grundsatzcharakters impulsgebend.

2. Persönliche Freiheit als ungeschriebenes Grundrecht

2
Körperliche Unversehrtheit

1963 urteilte das Bundesgericht, daß die persönliche Freiheit im Sinne der physischen Freiheit, das heißt der Freiheit über den eigenen Körper, durch das ungeschriebene Verfassungsrecht des Bundes geschützt sei; im betreffenden Fall qualifizierte es Blutuntersuchungen als Beweismittel in Ehelichkeitsanfechtungs- und Vaterschaftsprozessen als Eingriffe in die der persönlichen Freiheit zugeordnete körperliche Unversehrtheit[5].

3
Willens- und Entscheidungsfreiheit

Ein Jahr später entschied das Bundesgericht, daß die persönliche Freiheit neben der Bewegungsfreiheit und der körperlichen Integrität auch die psychische Unversehrtheit im Sinne der Willens- und Entscheidungsfreiheit umfasse[6]. In nachfolgenden Urteilen dehnte es den Schutzbereich der persönlichen Freiheit noch weiter aus, was in der Lehre auf Kritik stieß. So warf *Hans Huber* dem Gericht vor, es habe den Schutzbereich der persönlichen Freiheit

Abgrenzung zur allgemeinen Handlungsfreiheit

in konturloser Weise erweitert und sich dabei zu sehr von Art. 2 Abs. 1 GG inspirieren lassen[7]. Dieser Kritik teilweise Rechnung tragend, bemühte sich

---

1 Art. 59 Abs. 3 und 65 aBV.
2 Art. 36 Abs. 4 aBV.
3 Art. 24^{novies} aBV.
4 Wichtig sind vor allem die Art. 27 und 28 ff. des ZGB vom 10.12.1907 (SR 210).
5 *BGE* 89 I 92 (98).
6 *BGE* 90 I 29 (36).
7 *Hans Huber*, Die persönliche Freiheit, SJZ 69 (1973), S. 113 ff.

das Bundesgericht ab 1975, den Schutzbereich deutlicher gegenüber einer allgemeinen Handlungsfreiheit abzugrenzen und nur „elementare Erscheinungen der Persönlichkeitsentfaltung" dazuzurechnen[8].

II. Verankerung in der neuen Bundesverfassung

1. Übersicht; Verhältnis zu anderen Grundrechten

An die vom Bundesgericht in einer schöpferischen Rechtsprechung aus dem ungeschriebenen Grundrecht der persönlichen Freiheit entwickelten Teilgehalte, die grundlegende Aspekte der menschlichen Existenz betreffen und neben der körperlichen auch die geistige Unversehrtheit umfassen, knüpft die neue Bundesverfassung von 1999 an. Die Überführung des durch die Verfassungsrechtsprechung geschaffenen „ungeschriebenen Verfassungsrechts" in den Verfassungstext bildete eines der wichtigsten Anliegen der Totalrevision. Dabei wurden die aus der persönlichen Freiheit abgeleiteten verfassungsmäßigen Ansprüche mehreren Artikeln zugeordnet:

4 Normierung „ungeschriebenen Verfassungsrechts"

Im Zentrum steht die persönliche Freiheit gemäß Art. 10 Abs. 2 BV (persönliche Freiheit im engeren Sinn). Darnach hat jeder Mensch das „Recht auf persönliche Freiheit, insbesondere auf körperliche und geistige Unversehrtheit und auf Bewegungsfreiheit". Andere Teilgehalte der persönlichen Freiheit, so wie sie von der Rechtsprechung seit 1963 entwickelt wurden, bilden Gegenstand besonderer Verfassungsgarantien. Die Menschenwürde, welche die Grundlage der bisherigen persönlichen Freiheit bildete[9], weist über die persönliche Freiheit hinaus und wurde daher in Art. 7 BV an die Spitze des Grundrechtskatalogs gestellt. Das Recht auf Leben (einschließlich des Verbots der Todesstrafe) garantiert Art. 10 Abs. 1 BV, während Art. 10 Abs. 3 BV – in Übereinstimmung mit Art. 3 EMRK – Folter und jede andere Art grausamer, unmenschlicher oder erniedrigender Behandlung oder Bestrafung verbietet. Art. 31 BV umschreibt in enger Anlehnung an Art. 5 EMRK die Voraussetzungen des Freiheitsentzugs. Das (vorher auf Richterrecht beruhende) Recht auf Hilfe in Notlagen (Art. 12 BV) steht in enger Beziehung zur persönlichen Freiheit und ist als eigenes soziales Grundrecht ausgestaltet[10]. Auch der Anspruch von Kindern und Jugendlichen auf besonderen Schutz ihrer Unversehrtheit (Art. 11 BV) weist Bezüge zur persönlichen Freiheit auf.

5 Persönliche Freiheit als zentrales Anliegen

Dogmatische Schwierigkeiten bereitet das Verhältnis von Art. 13 BV (Schutz der Privatsphäre) zur geistigen Unversehrtheit gemäß Art. 10 Abs. 2 BV. Art. 13 Abs. 1 BV entspricht in allen wesentlichen Punkten Art. 8 EMRK, indem er den Anspruch jeder Person auf Achtung ihres Privat- und Familien-

6 Abgrenzungsfragen

---

8 Beispiel: *BGE 101* Ia 336 (346f.). Darstellung der bundesgerichtlichen Rechtsprechung in den ersten zwei Jahrzehnten ab 1963 bei *Haller*, Die persönliche Freiheit in der neueren Rechtsprechung des Bundesgerichts, in: Jean-François Aubert/Philippe Bois (Hg.), Mélanges André Grisel, 1983, S. 95 ff.
9 *BGE 97* I 45 (49); vgl. auch *BGE 90* I 29 (36).
10 Vgl. dazu → unten *Epiney/Waldmann*, Soziale Grundrechte und soziale Zielsetzungen, § 224 RN 9 ff.

lebens, ihrer Wohnung sowie ihres Brief-, Post- und Fernmeldeverkehrs sichert. Art. 13 Abs. 2 BV schützt vor dem Mißbrauch persönlicher Daten. Der Schutz der Privatsphäre bildete bisher Teil der ungeschriebenen persönlichen Freiheit und wird auch vom neuen Art. 10 Abs. 2 BV miterfaßt. Bei der Darstellung der geistigen Unversehrtheit und der Privatsphäre sind daher beide Verfassungsartikel einschlägig.

7
Weites Verständnis persönlicher Freiheit

Im vorliegenden Beitrag wird „Persönliche Freiheit" weit verstanden, als auch die geistige Unversehrtheit und die Privatsphäre umfassend[11]. Allerdings werden diejenigen Teilgehalte des Art. 13 BV, die Gegenstand besonderer Beiträge bilden, hier ausgeklammert[12].

8
Subsidiarität der persönlichen Freiheit

Das Recht auf Leben, die körperliche Integrität und die Bewegungsfreiheit fallen ausschließlich in den Schutzbereich der Art. 10 und 31 BV. Im übrigen erfassen verschiedene weitere Grundrechte spezifische Aspekte der Persönlichkeitsentfaltung im Sinne der geistigen Unversehrtheit. Das gilt etwa für das Recht auf Ehe, die Glaubens- und Gewissensfreiheit, die Grundrechte freier Kommunikation sowie die Garantien prozeduraler Fairneß. Gegenüber solchen spezifischen Grundrechtsgarantien ist die persönliche Freiheit subsidiär; sie findet nur dort Anwendung, wo ein grundlegender Aspekt menschlicher Existenz in Frage steht, der nicht in den Schutzbereich eines anderen Grundrechts fällt[13].

2. Bedeutung internationaler Menschenrechtsabkommen

9
Entscheidungshilfe

Die – weit verstandene – persönliche Freiheit wird auch auf völkerrechtlicher Ebene gewährleistet. Solchen Garantien kommt gemäß der höchstrichterlichen Praxis nur insoweit selbständige Bedeutung zu, als ihr Schutzbereich über denjenigen der Bundesverfassung hinausgeht, was im Hinblick auf das Bemühen des Verfassungsgebers, den völkerrechtlichen „minimal standard" in den neuen Verfassungstext zu integrieren, nur sehr selten vorkommen dürfte. Indes sind internationale Menschenrechtsgarantien bei der Konkretisierung der die persönliche Freiheit betreffenden Verfassungsartikel eine wichtige Entscheidungshilfe. Das Bundesgericht ist nämlich – stärker als manche ausländischen Verfassungsgerichte – bestrebt, Inhalt und Schranken eines Grundrechts der Bundesverfassung unter Berücksichtigung der vom Beschwerdeführer angerufenen internationalen Garantien, vor allem der Europäischen Menschenrechtskonvention und der Praxis der Straßburger Organe,

---

11 *J.P. Müller*, Grundrechte (LitVerz.), S. 10, faßt diejenigen Grundrechtsgehalte, die dem bisherigen ungeschriebenen Grundrecht der persönlichen Freiheit entsprachen, unter dem Begriff „Persönlichkeitsschutz des Verfassungsrechts" zusammen. Da der einen Bezug zum Privatrecht herstellende Begriff bei deutschen Lesern im Hinblick auf die Gliederung des Art. 2 GG falsche Vorstellungen wecken kann, wird hier der Terminus „Persönliche Freiheit" verwendet.
12 Das gilt vor allem für die Achtung des Familienlebens und für die Unverletzlichkeit der Wohnung; vgl. → unten *R. J. Schweizer*, Recht auf Ehe und Familie, § 213, sowie → *Kley*, Unverletzlichkeit der Wohnung, § 214.
13 *BGE 123* I 112 (118).

zu bestimmen; in neuerer Zeit wird vermehrt auch der Internationale Pakt über bürgerliche und politische Rechte von 1966 (UNO-Pakt II) herangezogen[14].

Für die Menschenwürde und persönliche Freiheit von Bedeutung sind vor allem erstens die Europäische Menschenrechtskonvention, dort Art. 2 (Recht auf Leben), Art. 3 (Verbot der Folter), Art. 4 (Verbot der Sklaverei und der Zwangsarbeit), Art. 5 (Recht auf Freiheit und Sicherheit) und Art. 8 (Recht auf Achtung des Privat- und Familienlebens); zweitens die Zusatzprotokolle Nr. 6 und Nr. 13 zur EMRK über die Abschaffung der Todesstrafe; drittens der Internationale Pakt über bürgerliche und politische Rechte: Art. 6 (Recht auf Leben), Art. 7 (Folterverbot), Art. 8 (Verbot der Sklaverei und der Zwangsarbeit), Art. 9 (Recht auf persönliche Freiheit und Sicherheit), Art. 10 (menschenwürdige Behandlung von Inhaftierten), Art. 11 (Verbot des Schuldverhafts), Art. 12 (Bewegungsfreiheit) und Art. 17 (Recht auf Achtung des Privat- und Familienlebens); viertens das UNO-Übereinkommen gegen Folter und andere grausame, unmenschliche oder erniedrigende Behandlung oder Strafe von 1984; fünftens das Abkommen des Europarates gegen die Folter von 1987; sechstens das UNO-Übereinkommen über die Rechte des Kindes von 1989, sowie siebtens das Übereinkommen des Europarates über Menschenrechte und Biomedizin von 1997 mit dem Zusatzprotokoll von 1998 über das Verbot des Klonens menschlicher Lebewesen[15].

10
Zentrale Dokumente

3. Verwirklichung der Menschenwürde und der persönlichen Freiheit: Leistungsansprüche, Schutzpflichten und Gesetzgebungsaufträge

Wie alle anderen Grundrechte muß auch die persönliche Freiheit in der ganzen Rechtsordnung zur Geltung kommen[16]. Neben ihrem „direkt anspruchsbegründenden Gehalt" weist sie auch eine „programmatische Schicht" auf; ferner hat sie eine „flankierende Funktion", die vor allem zum Zug kommt, wenn bei der Auslegung unbestimmter Rechtsbegriffe grundrechtliche Wertentscheidungen herangezogen werden[17].

11
Dimensionen

Im Rahmen von Sonderstatusverhältnissen ergeben sich aus der persönlichen Freiheit sogar justitiable *Ansprüche auf staatliche Leistungen,* die allerdings an einen staatlichen Eingriff anknüpfen. Das gilt vor allem für die Ausgestaltung eines menschenwürdigen Haft- und Strafvollzugs (z.B. Anspruch auf gesunde Ernährung, Spaziergänge im Freien und medizinische Versorgung)[18]. Ob außerhalb von Sonderstatusverhältnissen klagbare Ansprüche aus der persönlichen Freiheit resultieren, ist fraglich. Bisher hat es das Bundesgericht abgelehnt, Schadenersatz- oder Genugtuungsansprüche unmittelbar aus der

12
Sonderstatusverhältnisse

---

14 Anschauliches Beispiel: *BGE 127* I 6 (15 ff.) betreffend Vereinbarkeit einer medikamentösen Zwangsbehandlung mit internationalem Recht.
15 Genehmigung beantragt mit Botschaft des Bundesrates vom 12.9.2001 (BBl 2002 S. 271 ff.).
16 Art. 35 Abs. 1 BV.
17 Vgl. zur Unterscheidung dieser drei Teilgehalte *Jörg Paul Müller,* Elemente einer schweizerischen Grundrechtstheorie, 1982, S. 46 ff.
18 Vgl. dazu D II 8, RN 52 ff.

persönlichen Freiheit abzuleiten[19]. Der Frage, ob die persönliche Freiheit auch einen Anspruch auf Bildung enthalte, wich das Gericht aus[20].

13
Objektive Grundsatznormen

Gesetzgebungsaufträge

Schutznormen

Menschenwürde und persönliche Freiheit beschränken nicht nur den Zugriff des Staates gegenüber dem Einzelnen. Darüber hinaus kommt ihnen die Bedeutung von *objektiven Grundsatznormen* zu, an denen staatliches Handeln auszurichten ist. Wenn menschliches Leben und persönliche Freiheit bedroht sind, trifft den Staat eine *Schutzpflicht*[21]. Im besonderen resultieren aus diesen Grundrechten *Gesetzgebungsaufträge:* Im Rahmen ihrer Zuständigkeiten sind die Gesetzgeber von Bund und Kantonen verpflichtet, die Menschenwürde zu achten sowie menschliches Leben, körperliche und geistige Unversehrtheit und Bewegungsfreiheit des Menschen zu schützen. Im Hinblick auf zunehmende Bedrohungen durch technische Entwicklungen (beispielsweise in der Medizin und in der Informationstechnologie) kommt solchen Gesetzgebungsaufträgen eine erhebliche Bedeutung zu. Zahlreiche Schutznormen finden sich nicht nur im Strafrecht, sondern auch etwa im Straßenverkehrs- und im Gesundheitsrecht. Der Schutz von Leben und Gesundheit des Menschen bildet ein vordringliches Anliegen des Umweltrechts, insbesondere von Normen, welche die Zulässigkeit von Umweltimmissionen regeln. Daß der Gesetzgeber hier über einen weiten politischen Gestaltungsspielraum verfügt und daß es in der Schweiz weitgehend an rechtlichen Sanktionsmöglichkeiten gegenüber dem untätigen Gesetzgeber gebricht, stellt die normative Natur solcher Gesetzgebungsaufträge nicht in Frage.

B. Menschenwürde

I. Verortung im Verfassungstext

14
Vorbildfunktion des Art. 1 Abs. 1 GG

Die explizite Erwähnung der Menschenwürde stellt eine Neuerung dar. Vor Inkrafttreten der Bundesverfassung von 1999 kannten nur einige neuere Kantonsverfassungen eine Menschenwürdeklausel[22]. In der Rechtsprechung zur Bundesverfassung von 1874 wurde die Menschenwürde als ungeschriebener Verfassungsgrundsatz betrachtet und vor allem im Zusammenhang mit der persönlichen Freiheit genannt, sei es als Grundlage dieses ungeschriebenen Grundrechts, als Wertungsgesichtspunkt bei seiner Konkretisierung oder bloß

---

[19] Urt. v. 5.5.1995, in: ZBl 97 (1996), S. 281.
[20] Vgl. *BGE 117* Ia 27 (30); *103* Ia 369 (388f.). Leistungsansprüche im Bildungswesen ergeben sich aus Art. 19 BV (Anspruch auf Grundschulunterricht). Die für ein menschenwürdiges Dasein unerläßlichen staatlichen Leistungen, z.B. auf eine minimale medizinische Versorgung, können auf das Recht auf Hilfe in Notlagen (Art. 12 BV) gestützt werden.
[21] Kritisch zum Begriff der Schutzpflicht *Tschannen,* Staatsrecht (LitVerz.), § 7 RN 73f.: Die Lehre von den „Schutzpflichten aus Grundrechten" laufe Gefahr, die Grundrechte des einen als gesetzliche Grundlage für Eingriffe in die Grundrechte anderer genügen zu lassen und dadurch das Legalitätsprinzip auszuhöhlen.
[22] Art. 9 KV Bern; Art. 10 KV Uri; Art. 6 KV Solothurn; § 5 KV Basel-Landschaft; Art. 4 KV Appenzell Ausserrhoden; § 9 KV Aargau; Art. 6 Abs. 2 KV Tessin; Art. 7 KV Jura.

als Teilgehalt[23]. Art. 7 BV steht an der Spitze des Grundrechtskatalogs und bestimmt nun ausdrücklich, daß die Würde des Menschen zu achten und zu schützen sei. Art. 1 Abs. 1 GG diente dabei als Modell, wobei aber die Bestimmung in der Schweiz systematisch anders verortet und auf die Formulierung verzichtet wurde, daß die Menschenwürde „unantastbar" sei, weil sonst der Eindruck erweckt werde, „der Staat müsse jederzeit einen umfassenden und absoluten Schutz der Menschenwürde bieten"[24].

II. Inhalt

Ihren Inhalt gewinnt die Menschenwürde aus Wertvorstellungen, über die das Recht einen minimalen Konsens voraussetzt, die jedoch trotz des offensichtlichen Einflusses von *Kant*schem Gedankengut in unserer pluralistischen, offenen Gesellschaft nicht auf spezifische weltanschauliche oder religiöse Grundpositionen eingeengt werden dürfen. Positiv folgt aus der Menschenwürde das Gebot, den Menschen als vernunftbegabtes und freies Wesen zu achten, ihn stets als Subjekt des Rechts und nicht bloß als Objekt zu behandeln, wobei die jedem Menschen eigene Würde in allen Menschen gleicherweise zu respektieren ist. In ihrer Negation ist die Menschenwürde leichter faßbar: Sie ist verletzt, wenn jemand grausam, schikanös oder erniedrigend behandelt oder diskriminiert wird[25].

15
Mensch als Subjekt des Rechts

III. Funktionen

1. Tragender Grundwert und Leitprinzip

Der Umstand, daß das Gebot der Achtung der Menschenwürde nicht den Allgemeinen Bestimmungen des Ersten Titels zugeordnet wurde, sondern den im Zweiten Titel enthaltenen Grundrechtskatalog einleitet, bringt einerseits den Willen des Verfassungsgebers zum Ausdruck, die Menschenwürde als unmittelbar anspruchsbegründendes, justiziables Individualrecht auszugestalten. Anderseits reicht die Tragweite der Garantie der Menschenwürde über diejenige der spezifischen verfassungsmäßigen Rechte, die sie gleichsam untermauert, hinaus. Sie stellt einen *tragenden Grundwert* dar, an dem die gesamte Rechtsordnung auszurichten ist, und bildet die Basis des Grundrechtskata-

16
Basis des Grundrechtskatalogs

---

23 Wie in *BGE 124* I 40 (42).
24 So der Bundesrat in BBl 1997 I S. 141. Eine andere Erklärung gibt *Rhinow*, Grundzüge (LitVerz.), RN 173: „Die Menschenwürdeklausel in Art. 7 BV verzichtet auf das Pathos entsprechender Gewährleistungen in anderen Verfassungen. Sie wird nicht als ‚unverletzlich' oder ‚unantastbar' erklärt, sondern als verletzliches, schutzbedürftiges Gut ausgewiesen".
25 Vgl. die Umschreibung des Inhalts der Menschenwürdegarantie bei *Mastronardi*, Menschenwürde als materielle „Grundnorm" des Rechtsstaates, in: Thürer u. a., Verfassungsrecht (LitVerz.), S. 236f., m H. auf *Günter Dürig* und *Peter Häberle; dens.*, in: Ehrenzeller u. a., St. Galler Kommentar (LitVerz.), Art. 7 RN 32ff. *Markus Schefer*, Die Kerngehalte von Grundrechten, 2001, S. 29ff., unternimmt den Versuch, die durch die Menschenwürde garantierten Aspekte der menschlichen Existenz zu strukturieren, wobei er folgende Teilgehalte unterscheidet: 1. Gleichheit menschlicher Würde; 2. Schutz vor körperlicher Grausamkeit; 3. Schutz vor psychischer Demütigung (mit Konsequenzen für Rechtssetzungs- und vor allem Rechtsanwendungsverfahren).

logs. Verschiedene Grundrechte, wie das Diskriminierungsverbot[26] oder das Verbot der Folter und jeder anderen Art grausamer, unmenschlicher oder erniedrigender Behandlung oder Bestrafung[27], ferner persönlichkeitsbezogene Verfahrensgarantien, die verhindern, daß der Mensch zum bloßen Objekt herabgewürdigt wird[28], ergeben sich zwingend aus dem Gebot, die Menschenwürde zu achten und zu schützen. Gleiches gilt für das Recht auf Hilfe in Notlagen; hier nimmt der Verfassungstext ausdrücklich auf die Menschenwürde Bezug[29]. Die Verfassungsnormen betreffend Fortpflanzungsmedizin und Gentechnologie im Humanbereich sowie Transplantationsmedizin erwähnen die Menschenwürde als Schutzziel[30].

17
Richtschnur zur Konkretisierung anderer Grundrechte

Die Menschenwürde stellt ein *Leitprinzip* dar, das für die gesamte Rechtsordnung Geltung beansprucht. Zu Recht spricht *René Rhinow* von einem obersten, konstituierenden und überdachenden Leitprinzip der Verfassung[31]. Wie der Bundesrat in seiner Botschaft zur Reform der Bundesverfassung ausführte, dient die Menschenwürde als Richtschnur für die Auslegung und Konkretisierung anderer Grundrechte[32]. Wenn beispielsweise die Verfassungsmäßigkeit von Haftbedingungen zu beurteilen ist, so muß der Richter bei der Anwendung von Art. 10 Abs. 2 BV (persönliche Freiheit) immer die Fragestellung im Auge behalten, ob der Vollzug des Freiheitsentzugs in einer menschenwürdigen Weise erfolge. Eingriffe in die Freiheit, die nicht dem Kriterium der Menschenwürde standhalten, werden regelmäßig gegen den unantastbaren grundrechtlichen Kern im Sinne von Art. 36 Abs. 4 BV verstoßen[33].

2. Selbständiges Grundrecht

18
Lückenschließung

In der Schweiz gehen die meisten Autoren davon aus, daß die Menschenwürde nicht nur einen objektiv-rechtlichen Gehalt hat, sondern auch ein selbständig klagbares Grundrecht darstellt[34]. Gerade weil die Achtung der

---

26 Art. 8 Abs. 2 BV; vgl. dazu → unten *Peters*, Diskriminierungsverbote, § 211.
27 Art. 10 Abs. 3 BV.
28 Vgl. Art. 29 BV sowie → unten *Keller*, Garantien fairer Verfahren und des rechtlichen Gehörs, § 225.
29 Gemäß Art. 12 BV besteht ein Anspruch auf die Mittel, die für ein *menschenwürdiges* Dasein notwendig sind. Entgegen der in der parlamentarischen Beratung zu einem neuen Asylgesetz im Frühjahr 2005 von zahlreichen Politikern vertretenen Auffassung ist es verfassungswidrig, jemandem diese Nothilfe zu verweigern, um ihn den Behörden gegenüber gefügig zu machen; vgl. *BGE 131* I 166 (174 ff.).
30 Art. 119 Abs. 2 Satz 2 und 119a Abs. 1 Satz 2 BV. Im Art. 120 BV über Gentechnologie im Außerhumanbereich wird die „Würde der Kreatur", die sich auf die Tier- und Pflanzenwelt erstreckt, als Entscheidungskriterium für die Rechtsetzung genannt. Wichtiges Ziel eines in Vorbereitung befindlichen Verfassungsartikels und eines Gesetzes über die Forschung am Menschen (Humanforschungsgesetz) ist der Schutz der Würde und Persönlichkeit des Menschen in der Forschung; die Vernehmlassungsfrist zum Entwurf des Bundesrates ist am 31.5.2006 abgelaufen.
31 *Rhinow*, Grundzüge (LitVerz.), RN 945; ähnlich *Mahon*, in: Aubert/ders., Constitution (LitVerz.), Art. 7 RN 4, und *J.P. Müller*, Grundrechte (LitVerz.), S. 1.
32 BBl 1997 I S. 140.
33 Vgl. zur Funktion von Art. 7 BV als materielle Verfassungsgrundlage der Kerngehalte *Schefer* (FN 25), S. 20 ff.
34 *Mastronardi*, Menschenwürde als materielle „Grundnorm" des Rechtsstaates, in: Thürer u. a., Verfassungsrecht (LitVerz), S. 242 RN 45; *Schefer* (FN 25), S. 34 ff.; vgl. auch *Schlauri*, Ist die Menschenwürde Grundrecht oder Verfassungsprinzip?, in: Thomas Gächter/Martin Bertschi (Hg.), Neue Akzente in der „nachgeführten" Bundesverfassung, 2000, S. 73 ff. Eher ablehnend dagegen *Auer/Malinverni/Hottelier*, Droit constitutionnel (LitVerz.), Bd. II, RN 314.

Menschenwürde verschiedenen Verfassungsnormen zugrunde liegt und weil der Grundrechtskatalog der neuen Verfassung sehr umfassend ist, kommt indes der Menschenwürde als selbständigem Grundrecht nur eine geringe praktische Bedeutung zu. Der eigene subjektiv-rechtliche Gehalt des Art. 7 BV wird sich „in der Regel über den verfassungsrechtlichen Persönlichkeitsschutz oder über ein Diskriminierungsverbot realisieren"[35]. Eine von andern Grundrechten losgelöste anspruchsbegründende Funktion wurde der Menschenwürde bisher nur in zwei Fällen zuerkannt: Die neue Bundesverfassung enthält im Gegensatz zu ihrer Vorgängerin kein ausdrückliches Recht auf ein schickliches Begräbnis, davon ausgehend, daß ein entsprechender justitiabler Anspruch in der Garantie der Menschenwürde enthalten sei; dasselbe trifft für das nicht mehr ausdrücklich verankerte Verbot des Schuldverhafts (Art. 59 aBV) zu, das allerdings auch auf Art. 10 Abs. 2 BV (Bewegungsfreiheit) abgestützt werden kann[36]. Da der schweizerische Grundrechtskatalog keine allgemeine Handlungsfreiheit analog Art. 2 Abs. 1 GG kennt, könnte sich der Menschenwürdeartikel inskünftig in weiteren Fällen als „Sicherheitsnetz" erweisen, um gravierende Lücken im Grundrechtsschutz zu verhindern[37]. Freilich darf die Menschenwürde nicht zu einem Grundrecht auf allgemeine Handlungsfreiheit umfunktioniert und dadurch verwässert werden[38].

C. Recht auf Leben

I. Schutzumfang

Art. 10 Abs. 1 Satz 1 BV bestimmt, daß jeder Mensch das Recht auf Leben hat. Damit wird die Gesamtheit der biologischen und psychischen Funktionen erfaßt, die den Menschen als Lebewesen ausmachen[39]. Schon im Jahr 1972 anerkannte das Bundesgericht bei der Beurteilung der Zulässigkeit von Todesfeststellungen, Obduktionen und Organverpflanzungen die Grundrechtsqualität des Rechts auf Leben, das er unter den Schutz des ungeschriebenen Rechts der persönlichen Freiheit stellte. Gleichzeitig ordnete er das Recht auf Leben dem absolut geschützten Kernbereich der persönlichen Freiheit zu; jeder absichtliche Eingriff stelle zugleich eine Verletzung dieses Wesenskerns dar und verstoße deshalb gegen die Verfassung[40]. Diese Aussage erweist sich als zu kategorisch[41]. Denn die polizeiliche Gefahrenabwehr kann ausnahmsweise die Abgabe eines beabsichtigen tödlich wirkenden Schusses

19
Gesamtheit der biologischen und psychischen Funktionen

Differenzierungen

---

35 *J.P. Müller*, Grundrechte (LitVerz.), S. 2.
36 *BGE* 125 I 300 (306); vgl. auch BBl 1997 I S. 111 und S. 141; *BGE* 130 I 169 (171).
37 Vgl. *Rhinow*, Grundzüge (LitVerz.), RN 178: Als „Sicherheitsnetz" stehe die Menschenwürde bereit, im Bedarfsfall den elementaren Schutz menschlicher Würde zu garantieren. Ob (und gar wie oft) es wirklich „gebraucht" werde, könne dabei aus heutiger Sicht offen bleiben.
38 Davor warnt *Andreas Kley,* Der Grundrechtskatalog der nachgeführten Bundesverfassung – ausgewählte Neuerungen, ZBJV 1999, S. 332.
39 Vgl. *BGE* 98 Ia 508 (515).
40 *BGE* 98 Ia 508 (514).
41 Kritik bei *Haller*, Persönliche Freiheit, in: Aubert u. a., Bundesverfassung 1874 (LitVerz.), RN 51.

in Notwehr- und Notstandssituationen rechtfertigen oder sogar gebieten, nämlich als letztes Mittel, um Geiseln aus akuter Lebensgefahr zu befreien[42]. Ferner können rechtmäßige Kriegshandlungen die Tötung eines Menschen bezwecken[43]. Hingegen wird die Todesstrafe, welche die alte Bundesverfassung nur für „politische Vergehen" untersagte, in Art. 10 Abs. 1 Satz 2 BV ohne Vorbehalt verboten; hier geht die neue Bundesverfassung über den europäischen Minimalstandard hinaus[44].

20
Auslieferungsschutz

Das Recht auf Leben schützt auch davor, an einen Staat ausgeliefert zu werden, in welchem der betreffenden Person die Todesstrafe droht[45]. Unzulässig ist ferner die Vollstreckung einer Freiheitsstrafe, wenn dies mit größter Wahrscheinlichkeit den Tod oder eine dauernde schwere Krankheit des Verurteilten zur Folge hätte[46].

II. Beginn und Ende des Lebens

1. Beginn des Lebens

21
Schwangerschaftsabbruch

Die Verfassung läßt die Frage nach dem Beginn des Lebens offen. Da der Schwangerschaftsabbruch im Strafgesetzbuch geregelt wird und Art. 190 BV das Bundesgericht zur Anwendung der Bundesgesetze ohne Rücksicht auf ihre Verfassungsmäßigkeit zwingt, konnte die verfassungsrechtliche Zulässigkeit der gesetzlichen Regelung des Schwangerschaftsabbruchs in der Schweiz, anders als in Deutschland und den USA, nicht getestet werden[47]. Eine gegen die Liberalisierung eines Schwangerschaftsabbruchs gerichtete Volksinitiative auf Revision der Bundesverfassung, welche das Leben des Menschen „mit dessen Zeugung" beginnen lassen wollte, wurde im Jahr 1985 in einer Volksabstimmung sehr klar verworfen[48]. Nicht besser erging es einer Volksinitiative „für Mutter und Kind", die den Schwangerschaftsabbruch weitgehend verbie-

---

42 Gleicher Meinung sind *Auer/Malinverni/Hottelier*, Droit constitutionnel (LitVerz.), Bd. II, RN 300. *R.J. Schweizer*, Verfassungsrechtlicher Persönlichkeitsschutz, in: Thürer u.a., Verfassungsrecht (LitVerz.), RN 14, betrachtet demgegenüber „jegliche staatliche Gewaltanwendung mit in Kauf genommener oder gezielter Todesfolge" als Kerngehaltsverletzung. Zurückhaltender *J.P. Müller*, Grundrechte (LitVerz.), S. 13 ff., der eine eventualvorsätzliche Tötung in Kauf nimmt, wenn das Ziel der Schutz des Lebens eines Menschen bleibe. Beiden Autoren ist wohl darin zuzustimmen, daß Art. 10 Abs. 1 BV über den Minimalstandard von Art. 2 Abs. 2 EMRK hinausgeht, jedenfalls wenn der Verhältnismäßigkeitsgrundsatz (Art. 36 Abs. 3 BV) mit der notwendigen Strenge appliziert wird. *Rhinow*, Grundzüge (LitVerz.), RN 1046 ff., spricht im Zusammenhang mit dem finalen Todesschuß bei Geiselnahmen von einer „Kerngehaltskollision".
43 Vgl. Art. 15 Abs. 2 EMRK.
44 Art. 2 des Zusatzprotokolls Nr. 6 zur EMRK über die Abschaffung der Todesstrafe läßt diese in Kriegszeiten und bei unmittelbarer Kriegsgefahr zu. Das von der Schweiz ratifizierte Zusatzprotokoll Nr. 13 hat indes die vollständige Abschaffung der Todesstrafe zum Ziel.
45 Vgl. *BGE 123* II 511 (521 f.); *130* II 217 (233).
46 *BGE 108* Ia 69 (71). Weiterer Judikatur-Nachweis bei *Jörg Paul Müller/Markus Schefer*, Staatsrechtliche Rechtsprechung des Bundesgerichts 1992–1996, 1998, S. 72.
47 Seit dem 1.10.2002 gelten die revidierten Art. 118–120 des Strafgesetzbuches (SR 311.0). Gemäß Art. 119 Abs. 2 StGB ist der Schwangerschaftsabbruch in den ersten zwölf Wochen seit Beginn der letzten Periode straffrei, wenn die Frau eine Notlage geltend macht. In einer Referendumsabstimmung wurde diese Regelung vom Volk mit großer Mehrheit (72 v.H.) gutgeheißen. Vgl. BBl 2002 S. 5117.
48 BBl 1985 II S. 673.

ten wollte; sie wurde im Juni 2002 vom Volk mit beinahe 82 v.H. Nein-Stimmen verworfen[49]. Auch bei den Beratungen der neuen Bundesverfassung lehnte das Parlament einen Antrag ab, wonach jeder Mensch vom Zeitpunkt der Empfängnis an das Recht auf Leben habe[50]. Daraus kann jedoch nicht gefolgert werden, daß menschliches Leben vor der Geburt verfassungsrechtlich nicht geschützt sei. Vielmehr enthält Art. 119 BV einen detaillierten Auftrag an den Bundesgesetzgeber, menschliche Keimzellen und Embryonen zu schützen[51]. Damit wird auch zum Ausdruck gebracht, daß die in der betreffenden Verfassungsnorm als Schutzziel genannte Menschenwürde bereits vor der Geburt beginnt[52]. Das Bundesgesetz über die medizinisch unterstützte Fortpflanzung[53] schützt die Menschenwürde in Verfahren der medizinisch unterstützten Fortpflanzung und verbietet mißbräuchliche Anwendungen der Bio- und Gentechnologie. Es ist so konzipiert, daß bei der In-vitro-Fertilisation möglichst wenige überzählige Embryonen anfallen. Eine weitere Konkretisierung des Embryonenschutzes bringt das Bundesgesetz über die Forschung an embryonalen Stammzellen[54]. Insbesondere wird die Verwendung überzähliger menschlicher embryonaler Stammzellen zu Forschungszwecken nur unter sehr restriktiven Voraussetzungen zugelassen[55]. Mit *Yvo Hangartner* kann davon ausgegangen werden, daß die Bundesverfassung über die Menschenwürde und die persönliche Freiheit dem Menschen schon vor der Geburt Schutz gewährt, und zwar unabhängig vom zivilrechtlichen Vorbehalt der Lebendgeburt[56]. Praktisch bedeutsam sind vor allem die Schutzpflichten, die sich daraus für den Staat ergeben. Ob dem Nasciturus subjektive Rechte zustehen und wie sie prozessual geltend zu machen wären, ist nicht geklärt.

Schutzauftrag an den Bundesgesetzgeber

2. Ende des Lebens

Bei der Beantwortung der Frage nach dem Ende des Lebens stellt das Bundesgericht in Übereinstimmung mit den Richtlinien der Akademie der Medi-

22
Hirntod

---

49 BBl 2002 S. 5117.
50 Amtliches Bulletin der Bundesversammlung/Nationalrat 1998, S. 687. Vgl. auch BBl 1997 I S. 147.
51 Zwar wurde diese Norm erlassen, um im Rahmen der assistierten Fortpflanzung menschliche Keimzellen und Embryonen *in vitro* zu schützen. Die zugrunde liegenden Wertvorstellungen gelten indes auch für Embryonen und Föten *in vivo*.
52 *Mastronardi*, in: Ehrenzeller u. a., St. Galler Kommentar (LitVerz.), Art. 7 RN 9 und 50. Vgl. auch das Gutachten des Bundesamtes für Justiz, VPB 60 (1995) Nr. 67, S. 575 (589 ff.).
53 Vom 18. 12. 1998 (SR 814.90).
54 Vom 19. 12. 2003 (SR 810.31), vom Volk klar angenommen in einer Referendumsabstimmung vom 28. 11. 2004.
55 Schutzbestimmungen für in Entstehung begriffenes Leben bringt auch das Bundesgesetz über genetische Untersuchungen beim Menschen vom 8. 10. 2004 (SR 814.92): Pränatale Untersuchungen dürfen gemäß Art. 11 nicht darauf abzielen, Eigenschaften des Embryos oder des Fötus, welche dessen Gesundheit nicht beeinträchtigen, zu ermitteln oder das Geschlecht des Embryos oder des Fötus zu einem anderen Zweck als der Diagnose einer Krankheit festzustellen.
56 *Yvo Hangartner*, Schwangerschaftsabbruch und Sterbehilfe, 2000, S. 22 ff. Gemäß Art. 31 Abs. 2 ZGB ist das Kind vor der Geburt unter dem Vorbehalt rechtsfähig, daß es lebendig geboren wird; eine analoge Regelung trifft Art. 544 Abs. 1 ZGB für die Erbfähigkeit. *M. Schefer*, Grundrechte (LitVerz.), S. 5, findet es beim heutigen Stand der verfassungs- und völkerrechtlichen Diskussion verfrüht, die Grundrechte auf vorgeburtliche Entwicklungsstadien des Menschen zu erstrecken. Vielmehr seien die Fragen des Umgangs mit Embryonen „zunächst primär in den Verfahren demokratischer Willens- und Entscheidbildung" zu klären.

zinischen Wissenschaften auf den Hirntod ab, der nur dann als erwiesen gelten darf, „wenn die Gehirnfunktion in ihrer Gesamtheit versagt hat, das heißt, wenn mit Sicherheit feststeht, daß der dadurch eingetretene Zustand irreversibel ist"; ob eine Diagnose dieser Anforderung genügt, muß dem ärztlichen Fachurteil überlassen bleiben[57]. Der Schutz der Menschenwürde und der Persönlichkeit reicht jedoch über den Tod hinaus[58].

III. Staatliche Schutzpflichten

23
Weiter gesetzgeberischer Gestaltungsspielraum

Wenn das Recht auf Leben bedroht ist, muß der Staat Maßnahmen zu seinem Schutz ergreifen. Diesem Zweck dienen Normen, die Tötungsdelikte mit Strafe bedrohen. Schutznormen finden sich aber auch in zahlreichen anderen Rechtsgebieten. Die Verfassung läßt dabei einen sehr weiten Spielraum offen für die Beurteilung, wie der Schutzauftrag zu erfüllen sei. Das gilt ganz besonders im Hinblick auf die zum Schutz des werdenden Lebens und zum Schutz künftiger Generationen zu treffenden Regelungen, zum Beispiel für den Schwangerschaftsabbruch oder im Bereich der Kernenergie. Bezüglich des Schutzes vor Mißbräuchen der Fortpflanzungsmedizin und der Gentechnologie enthält bereits die Verfassung detaillierte Vorgaben, indem sie beispielsweise alle Arten des Klonens und Eingriffe in das Erbgut menschlicher Keimzellen und Embryonen, Embryonenspende und Leihmutterschaft sowie den Handel mit Keimgut und Erzeugnissen aus Embryonen verbietet[59].

D. Persönliche Freiheit

I. Physische Freiheit

24
Freiheit über den eigenen Körper

Die physische Freiheit des Menschen im Sinne der Freiheit über den eigenen Körper ist das klassische Schutzobjekt der persönlichen Freiheit. Ihre Wurzeln lassen sich bis zur Magna Charta von 1215 zurückverfolgen. Art. 10 Abs. 2 BV nennt die körperliche Unversehrtheit und die Bewegungsfreiheit ausdrücklich als Schutzgüter.

---

57 *BGE* 98 Ia 508 (516); Bestätigung in *BGE 123* I 112 (128 f.). Von der Maßgeblichkeit des Hirntodes geht auch Art. 9 des Bundesgesetzes über die Transplantation von Organen, Geweben und Zellen vom 8. 10. 2004 (SR 810.2) aus. Vgl. *R.J. Schweizer,* Überlegungen zur gesetzlichen Todesdefinition im Zusammenhang mit Organspenden, in: Hirokazu Kawaguchi/Kurt Seelmann (Hg.), Rechtliche und ethische Fragen der Transplantationstechnik in einem interkulturellen Vergleich, 2003, S. 93 ff.

58 Für den Sonderfall der Transplantation von Organen, Geweben und Zellen ergibt sich das sogar unmittelbar aus Art. 119a Abs. 1 BV. Vgl. auch D II 10, RN 59 ff.

59 Vgl. die Aufzählung in Art. 119 Abs. 2 BV. Art. 119 a Abs. 3 BV schreibt für die Transplantationsmedizin vor, daß die Spende von menschlichen Organen, Geweben und Zellen unentgeltlich ist und verbietet den Handel mit menschlichen Organen. Einen vorzüglichen Überblick über die grundrechtlichen Probleme und staatlichen Schutzpflichten, die sich aus der Entwicklung der Biotechnologie ergeben, und über die bisherigen Bemühungen, diese Entwicklung durch die Gesetzgebung zu steuern, vermittelt *Rainer J. Schweizer,* Verfassungs- und völkerrechtliche Vorgaben für den Umgang mit Embryonen, Föten sowie Zellen und Geweben, 2002.

1. Körperliche Integrität

Die persönliche Freiheit schützt vor jedem Eingriff in den menschlichen Körper. Eine eigentliche Schädigung oder die Verursachung von Schmerzen wird, wie das Bundesgericht immer wieder betont, nicht vorausgesetzt. Im ersten Entscheid, in welchem das Gericht die persönliche Freiheit als ungeschriebenes Freiheitsrecht qualifizierte, ging es um harmlose Blutentnahmen als verfahrensrechtliche Beweismittel[60]. Als (zulässige) Eingriffe in die körperliche Integrität wurden auch Impfungen und Schirmbilduntersuchungen taxiert[61], ebenso die Fluoridisierung des Trinkwassers zur Bekämpfung der Zahnkaries[62]. Praktische Folge dieser Zuordnung ist, daß entsprechende Zwangsmaßnahmen des Staates auch bei offensichtlichen öffentlichen Interessen und Geringfügigkeit des Eingriffs immer einer gesetzlichen Grundlage im Sinne von Art. 36 Abs. 1 BV bedürfen. Schon die Extraktion einiger Haare in einer Strafuntersuchung, um einen vermuteten Drogenkonsum nachzuweisen, bewirkt einen Eingriff in die körperliche Integrität[63]. Dasselbe gilt für die zwangsweise angeordnete Rasur eines Bartes, den sich ein Beschuldigter in der Untersuchungshaft hatte wachsen lassen; das Bundesgericht erachtete die vor der Konfrontation mit Augenzeugen eines Raubüberfalls verfügte Maßnahme als zulässigen Eingriff in die körperliche Unversehrtheit[64]. Hingegen wird die körperliche Integrität nicht betroffen durch die Anordnung einer Urinprobe mit dem Zweck festzustellen, ob ein Inhaftierter Rauschgift konsumiert habe[65].

25 Schutz vor jeglichen Eingriffen

Die körperliche Integrität wird ferner durch starken Lärm, verunreinigte Luft und Strahlenbelastungen berührt. Hier trifft den Staat eine Schutzpflicht, die er vor allem durch Erlaß umweltrechtlicher Normen wahrzunehmen hat.

26 Immissionen

Auch wenn medizinische Behandlungen gerade die Herstellung der Gesundheit des Patienten bezwecken, liegt im Therapieakt selbst ein Eingriff in dessen persönliche Freiheit. Im Normalfall muß der Patient über einen medizinischen Eingriff umfassend aufgeklärt werden und sich frei entscheiden können, ob er sich der Behandlung unterziehen will oder nicht[66]. Ist der Patient nicht oder nur reduziert urteilsfähig, so sind seine Rechte durch einen gesetzlichen Vertreter wahrzunehmen[67].

27 Therapieakt als Eingriff

Die körperliche Integrität steht auch dem Nasciturus zu[68].

nasciturus als Rechtsträger

---

60 BGE 89 I 92 (98); bestätigt in BGE 112 Ia 248 (249).
61 BGE 99 Ia 747 (749) betreffend Schutzimpfung gegen Diphtherie; BGE 104 Ia 480 (486) betreffend obligatorische Schirmbilduntersuchungen an öffentlichen Schulen als Maßnahme im Kampf gegen die Tuberkulose.
62 BGer, Urt. v. 29.6.1990, ZBl 92 (1991), S. 25 ff.
63 BGer, Urt. v. 19.12.1995, EuGRZ 1996, S. 470 f.
64 BGE 112 Ia 161 (162 ff.).
65 BGer, Urt. v. 4.1.1983, ZBl 85 (1984), S. 45 f.
66 Das Einverständnis des Patienten macht in solchen Fällen eine Eingriffsermächtigung des Gesetzgebers entbehrlich; vgl. Ralph Malacrida, Der Grundrechtsverzicht, 1992, S. 142 f.; → Bd. III: Merten, Grundrechtsverzicht, § 73.
67 BGE 118 Ia 427 (434 f.) betreffend zahnmedizinische Behandlungen an einer Schule; BGE 114 Ia 350 (358 ff.) betreffend medizinische Eingriffe in einer psychiatrischen Klinik.
68 Hangartner (FN 56), S. 24 und 40.

28

Betroffenheit mehrerer Teilgehalte

Zwangsweise Medikation

Staatliche Maßnahmen können gleichzeitig mehrere Teilgehalte der persönlichen Freiheit betreffen. Das gilt etwa für die medikamentöse Zwangsbehandlung mit Neuroleptika in einer psychiatrischen Klinik während eines fürsorgerischen Freiheitsentzugs. Während der Freiheitsentzug als solcher die Bewegungsfreiheit beeinträchtigt, stellt die zwangsweise Medikation gleichzeitig einen Eingriff in die körperliche und in die geistige Unversehrtheit dar, bei deren Konkretisierung die „zentral betroffene" Menschenwürde heranzuziehen ist[69]. Als schwerer Eingriff bedarf eine solche Zwangsbehandlung einer ausdrücklichen Grundlage in einem formellen Gesetz. Im betreffenden Fall ließ das Gesetz eine solche Maßnahme nur bei urteilsunfähigen Personen zu, während Urteilsfähige der Behandlung zustimmen mußten. Das Bundesgericht bejahte sämtliche Eingriffsvoraussetzungen nach Art. 36 BV und hielt

Kein Eingriff in den Kernbereich der Menschenwürde

abschließend fest, daß kein Eingriff in den unantastbaren Gehalt der betroffenen Grundrechte vorliege: Zum einen habe die Zwangsbehandlung „nicht die Vernichtung der Persönlichkeit, eine Schmerz- oder Leidenszufügung oder einen eigentlichen Einbruch in den seelischen Eigenraum des Menschen zum Zweck oder zur Folge", und zum anderen werde damit eine Hilfeleistung bezweckt, die den Kernbereich der Menschenwürde respektiere[70]. Eine therapeutische Zwangsbehandlung stellt auch keine unmenschliche oder erniedrigende Behandlung im Sinne von Art. 10 Abs. 3 BV oder Art. 3 EMRK dar, wenn die ärztliche Notwendigkeit im Einzelfall überzeugend dargetan ist[71].

2. Bewegungsfreiheit

29

Schutz vor ungerechtfertigtem Freiheitsentzug

Schutz der Bewegungsfreiheit bedeutet vor allem Schutz vor ungerechtfertigten Freiheitsentzügen. Unter den Begriff Freiheitsentzug fallen alle Maßnahmen der öffentlichen Gewalt, „durch die jemand gegen oder ohne seinen Willen an einem bestimmten, begrenzten Ort für gewisse Dauer festgehalten wird"[72]. Einen Freiheitsentzug stellen namentlich die Verhaftung im Rahmen einer Strafverfolgung, der Vollzug einer Freiheitsstrafe, die strafrechtliche Verwahrung oder die zwangsweise verfügte administrative Einweisung in eine Anstalt dar. Im Ausländerrecht können freiheitsentziehende Maßnahmen

Ausschaffungshaft

getroffen werden, um die Durchführung eines Wegweisungsverfahrens sicherzustellen. Unter gesetzlich näher umschriebenen Voraussetzungen kann der Ausländer, namentlich bei Verschleierung seiner Identität oder Verfolgung wegen strafbarer Handlungen gegen Leib und Leben, für höchstens drei

---

69 *BGE 127* I 6 (10 ff.).
70 *BGE 127* I 6 (30). Vgl. zu den Anforderungen an die gesetzliche Grundlage bei medizinischen Zwangseingriffen auch *BGE 126* I 112 (116 ff.) sowie die kritische Würdigung bei *Kälin*, in: ZBJV 2002, S. 630 ff., ferner *Tschannen*, Staatsrecht (LitVerz.), § 7 RN 74. In *BGE 130* I 16 bestätigte das Bundesgericht seine Praxis, daß eine medikamentöse Zwangsbehandlung einen schweren Eingriff in die persönliche Freiheit darstelle und die Menschenwürde zentral betreffe, wobei es die Maßnahme im konkret zu beurteilenden Fall wegen Fehlens einer vollständigen und umfassenden Abwägung der auf dem Spiel stehenden Interessen als verfassungswidrig qualifizierte.
71 *BGer*, Urt. v. 15. 6. 2001, EuGRZ 2001, S. 634 (636). Vgl. zum Folterverbot unten E, RN 62 ff.
72 *BGE 123* II 193 (197); in diesem Entscheid wurde das Festhalten von Asylanten im Transitbereich eines Flughafens über mehrere Tage als Freiheitsentzug qualifiziert.

Monate in Haft genommen werden[73]. Allerdings darf die Ausschaffungshaft nicht einfach vorsorglicherweise angeordnet werden, nur weil erfahrungsgemäß zur Ausreise verpflichtete Ausländer nicht selten untertauchen; vielmehr verlangt das Bundesgericht, daß in jedem konkreten Fall eine Prognose gestellt wird[74].

In den Schutzbereich der Bewegungsfreiheit fallen auch freiheitsbeschränkende Maßnahmen, die nicht einen eigentlichen Freiheitsentzug im Sinne von Art. 5 EMRK darstellen[75]. Schon eine polizeiliche Festnahme zwecks erkennungsdienstlicher Behandlung, die vier bis sechs Stunden dauert, greift in die durch die persönliche Freiheit geschützte Bewegungsfreiheit ein[76], ebenso die nach Art. 13e des Ausländergesetzes mögliche Auflage, ein zugewiesenes Gebiet nicht zu verlassen oder ein bestimmtes Gebiet nicht zu betreten[77]. Dagegen stellt nicht jede staatliche Maßnahme, welche die räumliche Fortbewegung des Menschen irgendwie behindert, bereits einen Eingriff in die persönliche Freiheit dar. Ein solcher Eingriff ist etwa zu verneinen bezüglich Verkehrskontrollen, Geschwindigkeitsbegrenzungen, Absperrmaßnahmen, Zollkontrollen, das Verbot des Windsurfing auf einem See oder Schiffahrtsverboten für ausgeschiedene Wasserzonen[78]. Ein Fahrverbot berührt die persönliche Freiheit nach Ansicht des Bundesgerichts nicht, weil es kein Recht auf freie Routenwahl gibt; eine grundrechtlich relevante Beeinträchtigung der Bewegungsfreiheit könne „höchstens dann vorliegen, wenn ein Fahrverbot die Anwohner zu Umwegen zwingt, die mit einem derart großen, unvermeidbaren Zeitverlust verbunden sind, daß dadurch die zur Verfügung stehende Freizeit einschneidend verkürzt wird"[79].

30
Freiheitsbeschränkende Maßnahmen

Fehlender Eingriff

3. Verfahrensgarantien bei Freiheitsentzug

Der Schutz in Fällen von Freiheitsentziehung lehnt sich eng an Art. 5 EMRK und Art. 9 UNO-Pakt II an. Art. 5 Ziff. 1 EMRK zählt abschließend auf, in welchen Fällen jemandem die Freiheit entzogen werden darf. In diesem Rahmen muß nach Art. 31 Abs. 1 BV das Gesetz (eine Verordnung genügt nicht) Tatbestände, die einen Freiheitsentzug rechtfertigen, sowie die Modalitäten des Freiheitsentzugs regeln. Der Begriff des Freiheitsentzugs gemäß Art. 5

31
Anlehnung an Völkervertragsrecht

---

73 Rechtsgrundlage: Art. 13a ff. des Bundesgesetzes über Aufenthalt und Niederlassung der Ausländer vom 26. 3. 1931 (SR 142.20). Das neue Ausländergesetz und die Revision des Asylgesetzes, über die das Volk am 24. 9. 2006 abgestimmt hat, sehen erhebliche Verschärfungen der ausländerrechtlichen Zwangsmaßnahmen vor. → Oben *Thürer*, Der Status der Ausländer, § 206 RN 6.
74 *BGE 129* I 139 (146). Zudem sieht Art. 13c Abs. 2 des Bundesgesetzes über Aufenthalt und Niederlassung der Ausländer (FN 73) vor, daß Rechtmäßigkeit und Angemessenheit der Haft spätestens nach 96 Stunden durch eine richterliche Behörde auf Grund einer mündlichen Verhandlung zu überprüfen sind.
75 Vgl. zur Einordnung der Bewegungsfreiheit im deutschen Verfassungsrecht *Detlef Merten,* Der Inhalt des Freizügigkeitsrechts, 1970, S. 52 ff., der zwischen Freiheitsentziehungen im Sinne von Art. 2 Abs. 2 Satz 2 GG und den Art. 2 Abs. 1 GG zuzuordnenden Freiheitsbeschränkungen unterscheidet; → Bd. IV: *Merten,* Freizügigkeit, § 93; Bewegungsfreiheit, § 94.
76 *BGE 107* Ia 138 (140). Hier ließ das Gericht offen, ob auch Art. 5 EMRK betroffen sei.
77 Vgl. *Markus Heer,* Die ausländerrechtliche Ein- und Ausgrenzung – ein problematischer Versuch, Sicherheit zu gewinnen, in: Madeleine Camprubi (Hg.), Angst und Streben nach Sicherheit in Gesetzgebung und Praxis, 2004, S. 1 ff.
78 Vgl. zum letzteren *BGE 108* Ia 59 (61).
79 *BGer,* Urt. v. 13. 5. 1997, ZBl 99 (1998), S. 385. Vgl. auch *BGE 116* Ia 149 (152).

Begriff des Freiheitsentzugs	EMRK umfaßt einerseits nicht nur klassische Formen des Freiheitsentzugs wie die Verhaftung oder die zwangsweise verfügte Anstaltseinweisung; andererseits fallen nicht alle Beschränkungen der Bewegungsfreiheit (auch wenn sie die persönliche Freiheit berühren) darunter. So stellt die Unterbringung von Asylbewerbern in Empfangsstellen mit strenger Regelung des Tagesablaufs und einem Verbot, die Empfangsstelle ohne Ausnahmebewilligung zu verlassen, meines Erachtens keinen eigentlichen Freiheitsentzug dar, obwohl sie die Bewegungsfreiheit als Teilelement der persönlichen Freiheit berührt[80]. Art, Dauer und Wirkungen der freiheitsbeschränkenden Maßnahme sind bei der Zuordnung zu Art. 5 EMRK bzw. Art. 31 BV zu berücksichtigen. Vorausgesetzt wird eine „*weitgehende Einschränkung* der Bewegungsfreiheit..., die es dem jeweils Betroffenen substantiell verunmöglicht, seinen *normalen Alltag* ... zu führen"[81]. Zuordnungsprobleme werfen polizeiliche Standardmaßnahmen
Polizeiliche Standardmaßnahmen	auf, die kurzfristige Einschränkungen der Bewegungsfreiheit implizieren. Die Unterbringung in einer Zelle während gut vier Stunden, zwischen der polizeilichen Befragung und dem Verhör vor dem Untersuchungsrichter, fällt jedenfalls unter Art. 5 EMRK und Art. 31 BV[82]. Bei noch kürzerem Festhalten auf dem Polizeiposten kommt es wesentlich auf die gesamten Umstände der einschränkenden Maßnahme an. So anerkannte das Bundesgericht einen Schadenersatzanspruch gemäß Art. 5 Ziff. 5 EMRK in einem Fall, in welchem jemand auf offenem Platz mitten in der Stadt von der Polizei angehalten, nach Abnahme der persönlichen Effekten mit dem Polizeiwagen abtransportiert und anschließend für mehrere Stunden in eine Zelle eingesperrt wurde[83].
32 Auskunftsanspruch und weitere Rechte	Art. 31 Abs. 2 BV räumt dem Festgenommenen einen Anspruch ein, über die Gründe des Freiheitsentzugs sowie über seine Rechte unverzüglich und in einer verständlichen Sprache informiert zu werden. Gemäß dem klaren Wortlaut der Verfassung muß die betroffene Person „die Möglichkeit haben, ihre Rechte geltend zu machen". Solche Rechte sind beispielsweise das Aussageverweigerungsrecht, das Recht auf Beizug eines Anwalts und eines unentgeltlichen Übersetzers, das Recht auf gerichtliche Kontrolle des Freiheitsentzugs, ferner das Recht auf Benachrichtigung der nächsten Angehörigen. Ob ein Recht auf *sofortigen* Beizug eines Anwalts dazu gehört, ist umstritten[84].

---

[80] *BGE 128* II 156 (161).
[81] *Mark E. Villiger*, Handbuch der Europäischen Menschenrechtskonvention, ²1999, RN 318, m.H. auf die Straßburger Rechtsprechung. Besonders illustrativ ist *EGMR*, Urt. v. 6.11.1980, Guzzardi ./. Italien, EuGRZ 1983, S. 633 ff., ein Fall, in dem die Verbannung auf eine kleine Insel als Freiheitsentzug qualifiziert wurde. Vgl. auch EGMR, Urt. v. 26.2.2002, VPB 66.106, sowie *Felix Baumann,* ZBl 105 (2004) S. 513 ff.
[82] *BGE 113* Ia 177 (180).
[83] *BGer,* Urt. v. 15.12.1987, ZBl 89 (1988), S. 359.
[84] Vgl. zum Umfang der Informationsrechte *Auer/Malinverni/Hottelier*, Droit constitutionnel (LitVerz.), Bd. II, RN 357; *Rhinow,* Grundzüge (LitVerz.), RN 2785 f.; *Schindler,* Miranda warning – bald auch in der Schweiz?, in: Jürg-Beat Ackermann/Andreas Donatsch/Jörg Rehberg (Hg.), FS Niklaus Schmid, 2001, S. 472 ff.; *Wyss,* „Miranda Warnings" im schweizerischen Verfassungsrecht?, in: recht 2001, S. 138 f.; → unten *Hänni,* Grundrechte des Angeschuldigten im Strafprozeß, § 226 RN 27 ff. Vgl. zum Aussageverweigerungsrecht und der korrelierenden Aufklärungspflicht *BGE 130* I 126. Aussagen, die in Unkenntnis des Schweigerechts gemacht werden, sind grundsätzlich nicht verwertbar, wobei das Bundesgericht aber Ausnahmen zuläßt. Vgl. die Kritik dieser Relativierung der „exclusionary rule" bei *M. Schefer,* Grundrechte (LitVerz), S. 30.

Jede Person, der die Freiheit nicht von einem Gericht entzogen wird, hat nach Art. 31 Abs. 4 BV einen Anspruch auf richterliche Kontrolle des Freiheitsentzugs, die so rasch wie möglich zu erfolgen hat. Auch wenn der Freiheitsentzug durch ein Gericht angeordnet oder bereits überprüft wurde, besteht ein solcher Anspruch, wenn geltend gemacht werden kann, daß die Haftgründe seither weggefallen seien[85]. Zwar wird in solchen Fällen keine Vorführung vor den Richter und keine mündliche Verhandlung vorgeschrieben, doch ist ein Mindestmaß an kontradiktorischer Ausgestaltung des Haftprüfungsverfahrens notwendig. Insbesondere muß dem Beschwerdeführer ausreichend Gelegenheit gegeben werden, sein Haftentlassungsgesuch zu begründen und auf die Vernehmlassungen der Strafjustizbehörden zu replizieren; ausnahmsweise kann eine mündliche Verhandlung vor dem Haftrichter sachlich geboten sein[86]. Daß der Staat im Falle einer widerrechtlichen Festnahme oder Haft schadenersatzpflichtig wird, ergibt sich aus Art. 5 Abs. 5 EMRK und Art. 9 Abs. 5 UNO-Pakt II, wird jedoch in der Bundesverfassung nicht ausdrücklich gesagt.

33
Anspruch auf richterliche Kontrolle

Staatshaftung

II. Geistige Unversehrtheit und Schutz der Privatsphäre

1. Rechtliche Grundlagen: Art. 10 Abs. 2 und Art. 13 BV

Art. 10 Abs. 2 BV bezieht auch die geistige Unversehrtheit in den Schutzbereich der persönlichen Freiheit ein und knüpft damit an eine gefestigte bundesgerichtliche Rechtsprechung zum (früher) ungeschriebenen Recht der persönlichen Freiheit an. Die Formulierung, daß „insbesondere" ein Recht auf körperliche und geistige Unversehrtheit sowie auf Bewegungsfreiheit eingeräumt wird, läßt die Möglichkeit offen, weitere Bereiche der Persönlichkeitsentfaltung dem Grundrecht der persönlichen Freiheit zuzuordnen. Allerdings bilden denkbare weitere Bereiche, die als für die Persönlichkeitsentfaltung grundlegend anzusehen sind, jeweils Gegenstand besonderer Grundrechte. Das gilt unter anderem bezüglich Art. 13 BV (Schutz der Privatsphäre), dessen Absatz 1 inhaltlich weitgehend mit Art. 8 Abs. 1 EMRK übereinstimmt und der in Absatz 2 einen Anspruch auf Schutz vor Mißbrauch persönlicher Daten verankert. Da der Schutz der Privatsphäre gemäß der Praxis zur alten Bundesverfassung einen wichtigen Teilgehalt der persönlichen Freiheit bildete und sich nur schwer von der geistigen Unversehrtheit nach Art. 10 Abs. 2 BV abgrenzen läßt[87], werden der Anspruch auf Achtung des Privatlebens sowie des damit zusammenhängenden Brief-, Post- und Fernmeldeverkehrs, ferner das Recht auf informationelle Selbstbestimmung in diesem Beitrag

34
Zuordnung weiterer Bereiche der Persönlichkeitsentfaltung

---

85 BBl 1997 I S. 186. In der Volksabstimmung v. 8. 2. 2004 wurde eine Volksinitiative angenommen, wonach extrem gefährliche und nicht therapierbare Sexual- oder Gewaltstraftäter bis an ihr Lebensende zu verwahren sind (vgl. BBl 2004, S. 2199). Die EMRK-konforme Umsetzung dieser Verfassungsnorm stellt den Gesetzgeber vor eine kaum lösbare Aufgabe. Vgl. dazu *Günter Stratenwerth*, in: NZZ Nr. 27 v. 2. 2. 2005, S. 15, sowie *M. Schefer*, Grundrechte (LitVerz), S. 25 f.; ferner Botschaft zur Umsetzung von Art. 123a BV über die lebenslange Verwahrung extrem gefährlicher Straftäter, BBl 2006, S. 889 ff.
86 *BGE 126* I 172 (175 f.).
87 Vgl. zur fließenden Abgrenzung *BGE 127* I 6 (10 f.).

§ 209   Vierzehnter Teil: II. Einzelgrundrechte

Überschneidung der Schutzbereiche

erörtert. Dies rechtfertigt sich umso mehr, als sich die Schutzbereiche der beiden Artikel nicht selten überschneiden. So fallen die Erstellung eines Desoxyribonukleinsäure-Profils und dessen Bearbeitung (DNA-Analyse) durch den Staat in den Schutzbereich des informationellen Selbstbestimmungsrechts gemäß Art. 13 Abs. 2 BV, während die Entnahme der für eine solche Analyse notwendigen körpereigenen Vergleichsproben (Wangenschleimhautabstrich und Blutprobe) die körperliche Integrität im Sinne von Art. 10 Abs. 2 BV berührt[88].

2. Schutz nur der elementaren Erscheinungsformen der Persönlichkeitsentfaltung

35

Abgrenzung gegen allgemeine Handlungsfreiheit

Wesentlichkeitsaspekt

Das Bundesgericht ist seit 1975 bemüht, den von der persönlichen Freiheit erfaßten Schutzbereich gegen eine allgemeine Handlungsfreiheit abzugrenzen. Nicht jede Beschränkung der eigenen Lebensgestaltung ist grundrechtsrelevant. Dies gilt sowohl für die Umschreibung des Schutzobjekts der Bewegungsfreiheit als auch für die geistige Unversehrtheit. In einem Urteil, in dem die Zulässigkeit eines kantonalen Verbots von Geldspielautomaten zu beurteilen war, befand das Bundesgericht, daß die potentiellen Spieler durch ein solches Verbot nicht in ihrer persönlichen Freiheit tangiert seien. Denn diese umfasse „nicht jede noch so nebensächliche Wahl- oder Betätigungsmöglichkeit des Menschen", sondern „nur elementare Möglichkeiten, die für die Persönlichkeitsentfaltung wesentlich sind und jedem Menschen zustehen sollten"[89].

36

Einschränkung der Willens- und Entscheidungsfreiheit

Betroffen wird die geistige Unversehrtheit vor allem durch staatliche Maßnahmen, welche die Willens- und Entscheidungsfreiheit des Menschen in einem für die Persönlichkeitsentfaltung wesentlichen Bereich einschränken. Im ersten Entscheid, in welchem das Bundesgericht die geistige Freiheit (liberté morale) dem Schutzobjekt der persönlichen Freiheit zuordnete und sie auch als verletzt betrachtete, war es um die strafrechtliche Verantwortlichkeit eines Angeschuldigten gegangen, der unter schwerem Alkoholeinfluß einen Verkehrsunfall mit tödlichem Ausgang verursacht hatte; der um eine lückenlose Rekonstruktion des Tathergangs besorgte Untersuchungsrichter hatte den Täter im Rahmen einer Expertise zwingen wollen, sich nochmals zu betrinken[90]. Wird die Willensfreiheit vollständig ausgeschaltet, so liegt sogar ein

---

88 *BGE 128* II 259 (268). Vgl. zur Abgrenzung auch *M. Schefer,* Grundrechte (LitVerz), S. 32.
89 *BGE 101* Ia 336 (346f.). In *BGE 118* I a 305 (315) ließ das Bundesgericht offen, ob eine Regelung über das Waffentragen und den Waffenbesitz die persönliche Freiheit berühre. Offensichtlich nicht betroffen wird die persönliche Freiheit durch die Erhebung von Parkierungsgebühren, *BGE 122* I 279 (288). Nicht tangiert ist der Schutzbereich der persönlichen Freiheit ferner, wenn ein Schulortswechsel zum Besuch einer Fußballklasse, an der Nachwuchstalente besonders gefördert werden, nicht bewilligt wird; *BGer,* Urt. v. 16. 9. 2003, ZBl 105 (2004), S. 276ff. Dagegen greift die in einem Polizeigesetz festgelegte Verpflichtung der Polizeibeamten, mit der Uniform ein Namensschild zu tragen, (in zulässiger Weise) in die persönliche Freiheit ein: *BGE 124* I 85 (88ff.). M.E. kann auch das Verbot des Haltens eines sog. „gefährlichen" Hundes, der zum treuen Begleiter seines Eigentümers wurde, durchaus die persönliche Freiheit berühren; Frage offen gelassen in *BGE 132* I 7 (9ff.).
90 *BGE 90* I 29 (36).

Eingriff in den unantastbaren Kerngehalt der persönlichen Freiheit im Sinne von Art. 36 Abs. 4 BV vor. So führte das Bundesgericht (allerdings nur in einem obiter dictum) aus, daß die Verwendung von Lügendetektoren, der Narkoanalyse oder von Wahrheitsseren zum Zweck der Wahrheitsermittlung verfassungsrechtlich absolut unzulässig sei und in einem Rechtsstaat auch in Ausnahmefällen nicht zur Selbstverteidigung des Angeschuldigten eingesetzt werden dürfe[91].

Die persönliche Freiheit schützt den Einzelnen auch davor, durch den Staat in seiner Ehre beeinträchtigt oder gar der Lächerlichkeit preisgegeben zu werden. So betrachtete das Bundesgericht die Veröffentlichung des Namens eines fruchtlos gepfändeten Schuldners im kantonalen Amtsblatt, allein um Gläubigern den Gang zum Betreibungsamt zu ersparen, als unverhältnismäßigen Eingriff in die persönliche Freiheit[92].

37
Schutz vor staatlicher Ehr-Beeinträchtigung

Im folgenden werden anhand aktueller Themen Schutzbereich und Schranken der geistigen Unversehrtheit und der Privatsphäre in verschiedenen Lebenssituationen und -abschnitten erörtert. In einigen Fällen überschneiden sich die Schutzbereiche mit demjenigen der körperlichen Unversehrtheit (z. B. bei der Desoxyribonukleinsäure-Analyse oder der Ausgestaltung von Haftbedingungen). Zudem ist bei der Konkretisierung immer die Würde des Menschen zu achten und zu schützen.

38
Überblick

3. Gestaltung der Lebensführung und sexuelle Selbstbestimmung

Die persönliche Freiheit schützt den Einzelnen in seiner Freiheit, in wichtigen Fragen über seine Lebensweise zu entscheiden und Beziehungen zu seinen Mitmenschen anzuknüpfen. Von zentraler Bedeutung ist die sexuelle Selbstbestimmung. So führte das Bundesgericht im Zusammenhang mit der zivilstandsrechtlichen Anerkennung einer durchgeführten Geschlechtsumwandlung aus, daß das Recht auf geschlechtliche Identität „als Teil des Rechts auf Achtung des Privatlebens, insbesondere des Verfügungsrechts über den eigenen Körper" in den Schutzbereich des Art. 8 EMRK falle, wobei allerdings die Anerkennung der Geschlechtsänderung aus Gründen der Rechtssicherheit die Durchführung eines gerichtlichen Verfahrens voraussetze[93].

39
Recht auf geschlechtliche Identität

Gleichgeschlechtliche Partnerschaften fallen unter das Recht auf Achtung des Privatlebens; dieses kann unter bestimmten Voraussetzungen Fernhalte- und Entfernungsmaßnahmen gegen einen Ausländer entgegenstehen und einen Anspruch auf Erteilung einer Aufenthaltsbewilligung begründen[94].

40
Gleichgeschlechtliche Partnerschaften

---

[91] *BGE 109* Ia 273 (289 f.). Der Einsatz eines Lügendetektors auf Antrag eines Angeschuldigten ist verfassungsrechtlich nicht von vornherein ausgeschlossen, sofern Gewähr besteht, daß der Betroffene einen entsprechenden Willen frei bilden konnte; vgl. *M. Schefer*, Grundrechte (LitVerz), S. 21.
[92] *BGE 107* Ia 52 (56 ff.).
[93] *BGE 119* II 264 (268). Hier überschneiden sich gemäß der neuen Bundesverfassung die Schutzbereiche von Art. 10 Abs. 2 und Art. 13 Abs. 1 BV.
[94] *BGE 126* II 425 (432 ff.). In einer Referendumsabstimmung v. 5. 6. 2005 hat das Schweizer Volk dem Bundesgesetz über die eingetragene Partnerschaft gleichgeschlechtlicher Paare v. 18. 6. 2004 zugestimmt. Dieses Gesetz verbessert die rechtliche Stellung solcher Paare, ohne jedoch eingetragene Partnerschaften in bezug auf die Adoption von Kindern und den Zugang zur Fortpflanzungsmedizin der Ehe gleichzustellen.

4. Zugang zur Fortpflanzungsmedizin

41

Kein generelles Verbot

Bei der Beurteilung gesetzlicher Regelungen des Zugangs zur Fortpflanzungsmedizin stellte das Bundesgericht fest, daß der Wunsch nach Kindern durch die persönliche Freiheit geschützt sei. Als unverhältnismäßige und daher unzulässige Eingriffe in die persönliche Freiheit erachtete es dabei generelle Verbote der heterologen künstlichen Insemination, der In-vitro-Fertilisation mit anschließendem Embryotransfer sowie der Konservierung von Eizellen; auch die längerfristige Aufbewahrung von Samenzellen dürfe nicht untersagt werden[95]. Weniger weit gehende Beschränkungen des Zugangs zu den Methoden der Fortpflanzungsmedizin sind dagegen zulässig, ja durch die Verpflichtung des Staates zum Schutz der Menschenwürde und des Rechts auf Leben geboten.

Schutzauftrag

Der neue Art. 119 BV sowie das bereits erwähnte Bundesgesetz über die medizinisch unterstützte Fortpflanzung[96] tragen einerseits diesem Schutzauftrag, anderseits dem schon vorher vom Bundesgericht aus der persönlichen Freiheit abgeleiteten Anspruch auf Zugang zu den Methoden der künstlichen Fortpflanzung Rechnung. Eine Volksinitiative „zum Schutz des Menschen vor Manipulationen in der Fortpflanzungstechnologie", welche die In-vitro-Fertilisation und die heterologe künstliche Insemination ganz verbieten wollte, wurde am 12. März 2000 vom Volk und von sämtlichen Kantonen klar abgelehnt[97].

5. Schwangerschaftsabbruch

42

Gesetzgeberischer Gestaltungsspielraum

In einem älteren Entscheid hob das Bundesgericht im Verfahren der abstrakten Normenkontrolle eine kantonale Verordnungsbestimmung auf, die von einer um Abbruch der Schwangerschaft ersuchenden Frau verlangte, daß sie seit mindestens zwei Monaten im Kanton Wohnsitz habe. Sei eine Schwangere der Auffassung, daß durch einen solchen medizinischen Eingriff eine große Gefahr dauernden Schadens an ihrer Gesundheit abgewendet werden könne, so müsse sie sich an den Arzt ihrer Wahl wenden können[98]. Zwar argumentierte das Bundesgericht mit der körperlichen Integrität, doch stehen beim Entscheid, eine Schwangerschaft abzubrechen, auch die von der geistigen Unversehrtheit erfaßte Willens- und Entscheidungsfreiheit sowie die Privatsphäre der Schwangeren auf dem Spiel. Denn einem solchen Entscheid kommt für das weitere Leben und die Persönlichkeitsentfaltung der schwangeren Frau eine zentrale Bedeutung zu[99]. Dem Gesetzgeber, der eine Interes-

---

[95] *BGE 119* Ia 460 ff.; *115* Ia 234 ff. Vgl. auch *Hegnauer*, Künstliche Fortpflanzung und Grundrechte, in: Walter Haller u. a. (Hg.), FS Häfelin, 1989, S. 127 ff.

[96] Vgl. FN 53.

[97] BBl 2000 S. 2990. Text der Volksinitiative in BBl 1999 S. 8770.

[98] *BGE 101* Ia 575 (577 ff.). Die Aufhebung der Norm erfolgte, weil sie sowohl ohne gesetzliche Grundlage die persönliche Freiheit einschränkte als auch weil sie gegen Bundesrecht (Regelung des Schwangerschaftsabbruchs im schweizerischen Strafgesetzbuch) verstieß. Vgl. zur abschließenden Regelung durch den Bund auch *BGE 114* Ia 452 (457 ff.).

[99] *J. P. Müller*, Grundrechte (LitVerz.), S. 53. Eine interessante Argumentation finden wir bei *R. J. Schweizer*, Verfassungsrechtlicher Persönlichkeitsschutz, in: Thürer u. a., Verfassungsrecht (LitVerz.), RN 16: „Doch da menschliches Leben *nur dank und durch die Mutter* zur selbständigen Person wird, muss primär die Mutter entscheiden, unter welchen Voraussetzungen dieses werdende Leben ausnahmsweise aus gesundheitlichen oder (vor allem) aus sozialen Gründen abgebrochen werden darf".

senabwägung zwischen dem Schutz des werdenden Lebens und der Achtung der Entscheidungsfreiheit der Schwangeren treffen muß, eröffnet sich hier ein erheblicher Ermessensspielraum, wobei er „weder in der einen noch in der anderen Richtung Extremlösungen treffen" darf[100].

6. Informationelle Selbstbestimmung

Aus Art. 10 Abs. 2 in Verbindung mit Art. 13 BV ergibt sich, daß der Einzelne grundsätzlich selbst über die Offenbarung persönlicher Lebenssachverhalte entscheidet, Einsicht in ihn betreffende persönliche Daten verlangen darf und – wie Art. 13 Abs. 2 BV nun ausdrücklich festhält – Anspruch auf Schutz vor Mißbrauch seiner persönlichen Daten hat. In Anlehnung an die Rechtsprechung des deutschen Bundesverfassungsgerichts werden diese Rechte unter dem Begriff der informationellen Selbstbestimmung zusammengefaßt[101].

43 Selbstentscheidungsrecht

Schon vor der ausdrücklichen Verankerung des Datenschutzes in der Verfassung leitete das Bundesgericht aus der persönlichen Freiheit ein – unabhängig von hängigen oder abgeschlossenen Verfahren bestehendes – Auskunftsrecht des Einzelnen bezüglich der ihn betreffenden und von einer Amtsstelle registrierten Daten ab[102]. Auch die Beschaffung, Aufbewahrung, Verwendung und Bekanntgabe schützenswerter Personendaten unterstellte es dem Schutzbereich der persönlichen Freiheit[103]. Der Bundesgesetzgeber trug diesem Anliegen im Bundesgesetz über den Datenschutz[104] Rechnung, indem er das Bearbeiten von Personendaten durch Private und Bundesbehörden eingehend normierte und Auskunftsrechte sowie verfahrensrechtliche Sicherungen (unter anderem Rechte auf Berichtigung und Löschung von Personendaten) vorsah. Für den Bereich der kantonalen Verwaltungen gelten kantonale Datenschutzgesetze. In Anlehnung an die im Bund getroffene Lösung sehen diese häufig die Institution des Datenschutzbeauftragten vor.

44 Schutzbereich

Die persönliche Freiheit wird nicht nur durch die Erhebung persönlicher Daten, sondern auch durch deren Aufbewahrung betroffen. Beides erfordert eine gesetzliche Grundlage. Wie lange erkennungsdienstliches Material über den Abschluß eines Strafverfahrens hinaus aufbewahrt werden darf, ist auf Grund einer Interessenabwägung zu bestimmen. Wenn jemand begründeten Anlaß für die Erfassung der Daten gegeben hat, die Strafverfolgung jedoch mangels Beweisen nicht zu einer Verurteilung führt, ist es jedenfalls unverhältnismäßig, das erkennungsdienstliche Material noch länger als fünf Jahre aufzubewahren[105].

45 Relevanz der Datenaufbewahrung

---

100 So *Hangartner* (FN 56), S. 68; vgl. auch aaO. S. 38, 40f. und 48f.
101 *BVerfGE 65*, 1 (41 ff.). Das Bundesgericht hat diesen Begriff übernommen und verwendet ihn immer wieder, z.B. in *BGE 128* II 259 (268). → Bd. IV: *Rudolf*, Recht auf informationelle Selbstbestimmung, § 89.
102 *BGE 113* Ia 257 (263 ff.); *125* I 257 (260).
103 *BGE 122* I 360 (362 ff.); *BGE 124* I 34 (36 f.). Vgl. auch *BGE 109* Ia 273 (288 ff.) betreffend den Einsatz technischer Überwachungsgeräte.
104 Vom 19. 6. 1992 (SR 235.1).
105 *BGE 120* Ia 147 (151 ff.).

46 Anspruch auf Kenntnis der Abstammung	Aus der persönlichen Freiheit nach Art. 10 Abs. 2 BV in Verbindung mit Art. 8 EMRK und Art. 7 Abs. 1 des UNO-Übereinkommens über die Rechte des Kindes ergibt sich ein Anspruch auf Kenntnis der Abstammung. Nach Ansicht des Bundesgerichts steht dieser Anspruch dem volljährigen Adoptivkind unbeschränkt zu, das heißt, es kann Eintragungen im Zivilstandsregister über die leiblichen Eltern einsehen, ohne daß eine Abwägung mit entgegenstehenden Interessen stattzufinden hat[106]. Im Bereich der Fortpflanzungsmedizin ist das Recht jeder Person auf Zugang zu den Daten über ihre Abstammung sogar ausdrücklich in der Verfassung verankert[107]. Wenn es nicht um die Kenntnis der Abstammung geht, ist das Auskunftsrecht über persönliche Daten gegen entgegenstehende Interessen – Geheimhaltungsinteressen von Drittpersonen oder öffentliche Interessen – abzuwägen.
47 DNA-Profile zur Identifizierung	Die Erstellung eines DNA-Profils zu Identifizierungszwecken wie auch dessen Bearbeitung in einem Informationssystem werden vom Bundesgericht nur als leichte Eingriffe in das Recht auf informationelle Selbstbestimmung und auf körperliche Integrität betrachtet. Denn Informationen über Erbanlagen würden nicht erhoben, und die Persönlichkeit des Menschen werde höchstens am Rande getroffen; ferner erfolge die Eingabe und Abgleichung im Informationssystem weitgehend in anonymisierter Form[108]. Da sich DNA-Analysen in besonderer Weise für die Aufklärung schwerer Straftaten, beispielsweise von Tötungs- und Sexualdelikten, eignen, stellen sie ein besonders effizientes Mittel der Strafverfolgung dar. Daher sind sie im Zusammenhang mit der Verbrechensbekämpfung in aller Regel verhältnismäßig. Allerdings besteht ein verfassungsrechtlicher Anspruch auf Vernichtung des Wangenschleimhautabstrichs, sobald das DNA-Profil erfolgreich erstellt worden ist[109]. Das Bundesgesetz über die Verwendung von DNA-Profilen im Strafverfahren und zur Identifizierung von unbekannten oder vermißten Personen regelt, unter welchen Voraussetzungen solche Profile im Strafverfahren verwendet und in einem Informationssystem des Bundes bearbeitet werden dürfen[110].
48 Beweismittel in Vaterschaftsprozessen	DNA-Profile eignen sich auch als Beweismittel in Vaterschaftsprozessen, weil damit die Abstammung einer Person festgestellt werden kann. Auch hier wiegt der Eingriff in die persönliche Freiheit weniger schwer als das entgegenstehende Interesse an der Wahrheitsfindung. Soweit jedoch mittels geneti-

---

[106] *BGE 128* I 63 (68 ff.). Der nach diesem Entscheid am 1.1.2003 in Kraft getretene Art. 268 c ZGB verankert ein absolutes Auskunftsrecht für Adoptivkinder ab Vollendung des 18. Lebensjahrs. Vgl. zur Entwicklung dieser Lösung durch die Hauptakteure des Grundrechtsfortbildungsprozesses (Bundesgericht und Gesetzgeber) *Samantha Besson*, Das Grundrecht auf Kenntnis der eigenen Abstammung, ZSR 124 I (2005), S. 39 ff. Nach Ansicht *M. Schefers*, Grundrechte (LitVerz), S. 36 f. und 294, wird ein unbedingter Anspruch auf Kenntnis der Abstammung in gewissen Situationen der grundrechtlich geforderten Güterabwägung nicht gerecht.
[107] Art. 119 Abs. 2 lit. g BV. Vgl. auch Art. 27 des Fortpflanzungsmedizingesetzes (SR 814.90). Schon 1987 leitete die Lehre aus dem (damals ungeschriebenen) Grundrecht der persönlichen Freiheit einen Anspruch auf Kenntnis der eigenen Abstammung ab: vgl. *Cottier*, Die Suche nach der eigenen Herkunft: Verfassungsrechtliche Aspekte, ZSR, Beiheft 6 (1987), S. 44 ff.
[108] *BGE 128* II 259 (272).
[109] *BGE 128* II 259 (277 ff.).
[110] Vom 20.6.2003 (SR 363); Botschaft des Bundesrates v. 8.11.2000 (BBl 2001 S. 29 ff.).

scher Untersuchungen Informationen über Erbanlagen gewonnen und verwertet werden, eröffnen sich Mißbrauchsgefahren, welche die persönliche Freiheit und auch die Menschenwürde bedrohen und denen der Gesetzgeber mit geeigneten Restriktionen begegnen muß[111].

7. Schutz des Brief-, Post- und Fernmeldeverkehrs

Die Bundesverfassung von 1874 gewährleistete in Art. 36 Abs. 4 die Unverletzlichkeit des Post- und Telegrafengeheimnisses. Damit wurden die am Post-, Telegrafen- und Telefonverkehr beteiligten Personen in ihrer Privat- und Geheimsphäre gegenüber den für die Erbringung der entsprechenden Dienstleistungen zuständigen Stellen geschützt. Das Briefgeheimnis fiel nach Auffassung des Bundesgerichts nur insoweit in den Schutzbereich dieser Vorschrift, als ein Eingriff durch die Angestellten der Postverwaltung in Frage stand. Indes leitete das Gericht aus dem (damals) ungeschriebenen Recht der persönlichen Freiheit in Verbindung mit Art. 8 EMRK ab, daß auch das Briefgeheimnis des Inhaftierten gegenüber dem Gefängnispersonal grundrechtlich geschützt sei; bei der an sich zulässigen Kontrolle des Briefverkehrs von Untersuchungsgefangenen sei deshalb darauf zu achten, daß das Personal, welches die Post vom Untersuchungsrichter zum Gefangenen und umgekehrt befördern müsse, nicht in die Briefe Einsicht nehmen könne[112].

49
Entwicklungslinien

Art. 13 Abs. 1 BV verankert nun in allgemeiner Weise den Anspruch jeder Person auf Achtung ihres Brief-, Post- und Fernmeldeverkehrs. Der Schutz besteht auch gegenüber privaten Anbietern solcher Dienstleistungen. Das Fernmeldegeheimnis gilt auch für den E-Mail-Verkehr und erfaßt ebenfalls die Erhebung von Randdaten wie Angaben über Absender und Sendezeiten[113]. Der Provider kann sich ebenfalls darauf berufen[114].

50
Reichweite des Fernmeldegeheimnisses

Das Bundesgesetz betreffend die Überwachung des Post- und Fernmeldeverkehrs[115] regelt Voraussetzungen und Verfahren für die Überwachung im Rahmen von Strafverfahren und zum Vollzug von Rechtshilfeersuchen. Eine Überwachung ist nur bei dringendem Tatverdacht und als ultima ratio zur Verfolgung der in Art. 3 des Gesetzes aufgezählten Delikte zulässig. Sie bedarf immer der Genehmigung durch eine richterliche Instanz (Art. 7). Nach Beendigung der Überwachung sind die verdächtigen Personen und Dritte, deren Postadresse oder Fernmeldeanschluß überwacht worden ist, über Grund, Art und Dauer der Überwachung zu informieren; nur bei Vorliegen gesetzlich enumerierter Ausnahmen darf von der Mitteilung abgesehen werden (Art. 10).

51
Überwachung des Post- und Fernmeldeverkehrs

Nachträgliche Unterrichtung

---

111 Vgl. Bundesgesetz über genetische Untersuchungen beim Menschen (FN 55); Botschaft des Bundesrates v. 11. 9. 2002 (BBl 2002 S. 7361 ff.).
112 *BGE 107* Ia 148. Vgl. zum Verhältnis zwischen persönlicher Freiheit und der lex specialis des Art. 36 Abs. 4 aBV auch *BGE 122* I 182 (187) m.w.H.
113 *BGE 126* I 50 (64 ff.). E-Mail-Adressen stellen Personendaten i.S. des Datenschutzgesetzes dar; *Eidg. Datenschutzkommission*, Urt. v. 15. 4. 2005, VPB 69.106, S. 1305 ff.
114 *BGE 126* I 50 (57).
115 Vom 6. 10. 2000 (SR 780.1).

Schon lange vor Erlaß des Bundesgesetzes betreffend die Überwachung des Post- und Fernmeldeverkehrs hatte das Bundesgericht aus der persönlichen Freiheit in Verbindung mit dem Recht auf eine wirksame Beschwerde gemäß Art. 13 EMRK abgeleitet, daß eine betroffene Person nachträglich von der Überwachung unterrichtet werden müsse, soweit dadurch deren Zweck nicht gefährdet werde oder der Benachrichtigung kein dauerndes überwiegendes öffentliches Interesse entgegenstehe[116].

8. Schutz der Persönlichkeit Inhaftierter

52
Rechte von Gefangenen

Schutzobjekt und Schranken der persönlichen Freiheit wurden in zahlreichen höchstrichterlichen Urteilen über die Rechte von Untersuchungsgefangenen weiterentwickelt. Auf diesem Gebiet entstand im Laufe der Zeit ein Richterrecht von erheblicher Normierungsdichte, das für die Ausgestaltung des kantonalen Rechts wegleitend ist. Die Menschenwürde diente dabei in besonders augenfälliger Weise als Richtschnur für die Grundrechtskonkretisierung, indem das Bundesgericht bestrebt war, einen menschenwürdigen, von schikanösen und sachlich unbegründeten Eingriffen freien Haft- und Strafvollzug sicherzustellen. Die Beschränkung der persönlichen Freiheit von Gefangenen „darf nicht über das hinausgehen, was zur Gewährleistung des Haftzweckes und zur Aufrechterhaltung eines ordnungsgemäßen Anstaltsbetriebes erforderlich ist"[117]. Zweck der Untersuchungshaft ist die Vermeidung von Flucht- oder Verdunkelungsgefahr. Zusätzlich zur Bundesverfassung und zu Art. 10 IPbürgR (UNO-Pakt II) berücksichtigt das Bundesgericht bei der Beurteilung von Haftbedingungen auch die Empfehlungen der Organe des Europarates[118].

Empfehlungen des Europarates

53
Anfechtung kantonaler Gefängnisverordnungen

Die wichtigsten Leitentscheidungen auf diesem Gebiet ergingen im Rahmen von abstrakten Normenkontrollverfahren, ausgelöst durch die direkte Anfechtung von kantonalen Gefängnisverordnungen[119]. Haftbedingungen berühren neben der geistigen Unversehrtheit häufig auch die Bewegungsfreiheit (z.B. Disziplinararrest oder Anspruch auf Spaziergänge im Gefängnishof), manchmal auch die körperliche Integrität (z.B. medizinische Betreuung in der Haft). Unter anderem hat das Bundesgericht die Ausgestaltung folgen-

---

116 *BGE* 109 Ia 273 (298 ff.) sowie *BGer*, Urt. v. 9. 5. 1984, ZBl 86 (1985), S. 30 ff. Im Zusammenhang mit der Terrorismusbekämpfung besteht in neuester Zeit eine starke Tendenz, das Instrumentarium der präventivpolizeilichen Überwachung auf Kosten der persönlichen Freiheit und des Schutzes der Privatsphäre auszuweiten; vgl. zu den von der Bundesregierung anfangs Juli 2006 vorgeschlagenen neuen Maßnahmen: NZZ Nr. 154 v. 6. 7. 2006, S. 13.
117 *BGE* 118 Ia 64 (73).
118 *BGE* 118 Ia 64 (69 f.).
119 Zur Anfechtung kantonaler Rechtssetzungsakte vor dem Bundesgericht sind gemäß der Auslegung von Art. 88 des Bundesgesetzes über die Organisation der Bundesrechtspflege vom 16. 12. 1943 sowie neu Art. 89 Abs. 1 des Bundesgesetzes über das Bundesgericht vom 17. 6. 2005 (SR 173.110) alle „virtuell Betroffenen" legitimiert. Es genügt, daß der Beschwerdeführer eine minimale Wahrscheinlichkeit dartut, daß die Norm künftig auf ihn angewendet werden könnte. So kann z. B. eine Gefängnisverordnung auch von Personen angefochten werden, die lediglich im betreffenden Kanton wohnen und nicht in ein Strafverfahren verwickelt sind; vgl. *BGE* 99 Ia 262 (265 f.).

der Haftbedingungen auf ihre Vereinbarkeit mit der persönlichen Freiheit und Menschenwürde hin überprüft[120]:
- Mitnahme persönlicher Gegenstände in die Zelle;
- Besuche von Angehörigen und Zulässigkeit disziplinarischer Besuchssperren;
- Empfang von Gaben Dritter;
- Anspruch auf tägliche Spaziergänge im Freien;
- Verpflichtung zur Arbeitsleistung im Haft- und Strafvollzug;
- Recht auf ärztliche Betreuung;
- Mahlzeitenregelung und Anspruch auf vegetarische Kost;
- Zulässigkeit von Alkohol- und Rauchverboten.

In neueren Entscheiden befaßte sich das Bundesgericht vermehrt mit Zwangsmaßnahmen im Ausländerrecht[121]. Hier bestehen im Vergleich mit Untersuchungshaft und Strafvollzug wichtige Unterschiede, denen bei der Konkretisierung der persönlichen Freiheit Rechnung zu tragen ist. Insbesondere ist bei der Ausgestaltung der ausländerrechtlichen Administrativhaft zu berücksichtigen, daß sie nicht wegen des Verdachts einer Straftat angeordnet wird, sondern der Durchsetzung der Ausreiseverpflichtung dient; der Haftzweck rechtfertigt daher ein freieres Haftregime[122].

54 Zwangsmaßnahmen im Ausländerrecht

Die gerichtliche Beurteilung von Haftbedingungen führte auch zu einer Weiterentwicklung des Legalitätsprinzips im Rahmen von Sonderstatusverhältnissen. Während früher, unter Zugrundelegung der obrigkeitsstaatlichen Figur des „besonderen Gewaltverhältnisses", nur die zwangsweise Begründung eines solchen Verhältnisses (z.B. die Verhaftung oder Anstaltseinweisung) einer gesetzlichen Grundlage bedurfte, verlangt das Bundesgericht seit 1973, daß auch der wesentliche Inhalt durch Gesetz und die einzelnen Haftbedingungen in den Grundzügen durch Verordnung geregelt werden, wobei allerdings nicht alle Einzelheiten rechtssatzmäßig festzulegen sind[123].

55 Legalitätsprinzip in Sonderstatusverhältnissen

Regelungen über den Bezug von Büchern und Zeitungen, Fernsehkonsum, Briefverkehr und elektronische Kommunikation mit der Außenwelt sind unter Zugrundelegung der *Meinungs-, Informations- und Medienfreiheit* gemäß Art. 16 und 17 BV sowie von Art. 10 EMRK zu beurteilen. Wird die Möglichkeit von Strafgefangenen, mit Bittschriften an Behörden zu gelangen, aus Gründen der Anstaltsordnung eingeschränkt, so ist das *Petitionsrecht*

56 Weitere Grundrechte Inhaftierter

---

120 Vgl. aus der neueren Rechtsprechung *BGE 118* Ia 64 und *118* Ia 360; *123* I 221; *124* I 203; ferner *J.P. Müller*, Grundrechte (LitVerz.), S. 70 ff. Übersicht über die ältere Praxis bei *Haller* (FN 41), RN 66, 67 und 147–158. Kasuistik zur neueren Rechtsprechung bei *Auer/Malinverni/Hottelier*, Droit constitutionnel (LitVerz.), Bd. II, RN 367.
121 Vgl. *J.P. Müller* aaO., S. 77 ff.
122 *BGE 122* I 222 (227); *122* II 299 (303 ff.).
123 Begründung dieser Rechtsprechung in *BGE 99* Ia 262 (268 f.), unter Hinweis auf die Praxis des deutschen Bundesverfassungsgerichts. Vgl. auch *BGE 106* Ia 277 (282). → Bd. III: *Peine*, Grundrechtsbeschränkungen in Sonderstatusverhältnissen, § 65.

(Art. 33 BV) berührt[124]. Auch aus der *Glaubens- und Gewissensfreiheit* (Art. 15 BV sowie Art. 9 EMRK) ergeben sich Rechte von Inhaftierten[125].

9. Selbstbestimmte Sterbehilfe

57 *Entscheidungsfreiheit*

Die durch die persönliche Freiheit geschützte Willens- und Entscheidungsfreiheit sowie der Anspruch auf Achtung des Privatlebens umfassen auch das Recht des Urteilsfähigen, selber darüber zu entscheiden, ob er weiter leben oder sterben möchte. Allerdings hat der Staat, etwa im Rahmen von Regelungen für Spitäler und Altersheime, Maßnahmen zu treffen, die sicherstellen, daß ein Entscheid zur Selbsttötung dem freien Willen des Betroffenen entspricht[126]. Andererseits hat der Sterbewillige keinen Anspruch gegen den Staat auf Beihilfe zur Selbsttötung, auch wenn gemäß schweizerischem Recht die Beihilfe zum Suizid straflos ist, sofern sie nicht aus selbstsüchtigen Beweggründen erfolgt[127].

58 *Verlangen nach passiver Sterbehilfe*

Aus der grundrechtlich geschützten Willens- und Entscheidungsfreiheit ergibt sich indes, daß das Verlangen eines Patienten nach passiver Sterbehilfe, das heißt nach Abbruch oder Unterlassung von Behandlungen, die den Todeseintritt hinauszögern, auch in einem staatlichen Krankenhaus respektiert werden muß[128]. Allerdings verbleibt dem behandelnden Arzt ein erheblicher Entscheidungsspielraum, insbesondere dort, wo die passive Sterbehilfe in eine – grundsätzlich zulässige – indirekte aktive Sterbehilfe ausmündet, beispielsweise, wenn durch Verabreichung schmerzlindernder Medikamente die Herabsetzung der Lebensdauer als Nebenwirkung bewußt in Kauf genommen wird. Dort, wo der Betroffene nicht oder nicht mehr in der Lage ist, seinen Willen zu bilden und zu äußern, steht der Arzt vor der schwierigen Aufgabe, sich am mutmaßlichen Willen des Patienten und an dessen Menschenwürde zu orientieren[129].

10. Bestimmung über den eigenen Körper nach dem Tod

59

In einer weit zurückreichenden Praxis ist das Bundesgericht davon ausgegangen, daß der verfassungsmäßige Persönlichkeitsschutz mit dem Tod des Indi-

---

[124] *BGE 100* Ia 77 (80ff.).
[125] Vgl. z. B. *BGE 113* Ia 304: Anspruch von islamischen Häftlingen auf Durchführung eines gemeinsamen Freitagsgebets in der Strafanstalt Regensdorf; *BGE 129* I 74 betreffend Beschränkung der Teilnahme an Gottesdiensten und Befreiung von Arbeitsverpflichtungen an religiösen Feiertagen im Strafvollzug.
[126] Vgl. *Jaag/Rüssli*, ZBl 102 (2001), S. 113 ff.
[127] Art. 115 StGB. Dagegen stellt die direkte aktive Sterbehilfe, d.h. die gezielte Tötung eines anderen Menschen, um dessen Leiden zu beenden, eine vorsätzliche Tötung dar, die auch dann strafbar ist, wenn sie auf ernsthaftes und eindringliches Verlangen des Sterbewilligen erfolgt; vgl. Art. 114 StGB (Tötung auf Verlangen).
[128] Gleicher Meinung *Hangartner* (FN 56), S. 79; *Jaag/Rüssli* aaO., S. 120; *J.P. Müller*, Grundrechte (Lit-Verz.), S. 61. Patienten an Privatspitälern können einen solchen Anspruch aus dem Auftragsrecht ableiten.
[129] Vgl. zur fremdbestimmten passiven Sterbehilfe *Hangartner* (FN 56), S. 81 ff. Sehr zurückhaltend *R.J. Schweizer*, in: Ehrenzeller u.a., St. Galler Kommentar (LitVerz.), Art. 10 RN 14.

viduums nicht dahinfalle. Seit 1972 ordnet es das Bestimmungsrecht über den toten Körper dem Grundrecht der persönlichen Freiheit zu[130]. Die Anordnung einer Autopsie muß daher den für die Einschränkung von Freiheitsrechten in Art. 36 BV aufgestellten Anforderungen genügen[131].

<small>Anordnung einer Autopsie</small>

In einem grundlegenden Entscheid betreffend die Verfassungsmäßigkeit eines kantonalen Gesetzes über die Entnahme und Transplantation von Organen und Geweben bestätigte das Bundesgericht 1997, daß die persönliche Freiheit nicht mit dem Leben des Individuums ende, sondern über seinen Tod hinauswirke und das Verfügungsrecht über die sterbliche Hülle umfasse[132]. Im Rahmen einer abstrakten Normenkontrolle wog es dabei das Recht zur Bestimmung über den eigenen Körper gegen die Interessen von Patienten ab, denen nur mit Hilfe von (nicht in genügender Zahl vorhandenen) Spenderorganen geholfen werden kann; es betrachtete eine gesetzliche Regelung, die bei Fehlen eines Widerspruchs (Anordnung des Verstorbenen zu Lebzeiten, subsidiär Einspruch der Angehörigen) von einer vermuteten Einwilligung ausging, als verhältnismäßigen Eingriff in die persönliche Freiheit, sofern eine gezielte Information der Bevölkerung über die Rechtslage erfolgt und die Angehörigen umgehend über einen Todesfall informiert werden[133]. Die persönliche Freiheit umfaßt auch das Recht des Einzelnen, zu Lebzeiten selbst über Ort und Art der Bestattung zu bestimmen. Darüber hinaus schützt sie auch die emotionalen Bindungen der nächsten Angehörigen des Verstorbenen, deren Recht zur Bestimmung der Bestattungsmodalitäten sowie über den toten Körper jedoch nur subsidiär zum Zug kommt, wenn keine entsprechenden Anordnungen des Verstorbenen vorliegen[134].

<small>**60**
Verfügungsrecht über die sterbliche Hülle</small>

<small>Bestattungsweise</small>

Die Persönlichkeit endet gemäß Art. 31 Abs. 1 des Zivilgesetzbuches mit dem Tod. Verstorbene sind daher nicht rechtsfähig. Angriffe auf ihre Persönlichkeit können indes auf dem Rechtsweg durch nahe Angehörige abgewehrt werden, soweit diese wegen der emotionalen Bindungen zum Verstorbenen in ihren eigenen Persönlichkeitsrechten betroffen sind[135]. Dagegen hat es das Bundesgericht bisher unter Hinweis auf die klare Anordnung von Art. 31 Abs. 1 ZGB ausgeschlossen, daß im Namen eines Verstorbenen eine Klage erhoben oder eine Beschwerde eingereicht wird[136].

<small>**61**
Kein Klagerecht im Namen Verstorbener</small>

<small>130 *BGE 98* Ia 508 (522); *111* Ia 231 (233).
131 *BGE 127* I 115 (119).
132 *BGE 123* I 112 (118 f.).
133 Gemäß Art. 8 des seither ergangenen Transplantationsgesetzes (FN 57) genügt das Fehlen eines Widerspruchs nicht. Verlangt wird in jedem Fall die Zustimmung des Spenders oder – wenn dieser keinen Willen geäußert hat – seiner nächsten Angehörigen.
134 *BGE 129* I 173 (180).
135 *BGE 109* II 353 (359); sog. „Andenkensschutz".
136 *BGE 129* I 302 (306 ff.). Für einen solchen postmortalen Persönlichkeitsschutz, wie er in der deutschen Rechtsprechung und Lehre vertreten wird: *Walter Ott/Thomas Grieder,* Plädoyer für den postmortalen Persönlichkeitsschutz, AJP 2001, S. 627 ff. Schwierige Rechtsfragen stellen sich in bezug auf die Vererblichkeit vermögenswerter Persönlichkeitsrechtsaspekte; vgl. dazu *Büchler,* Die Kommerzialisierung Verstorbener, AJP 2003, S. 3 ff.</small>

E. Folterverbot

62 **Rechtsprechung des EGMR**

Art. 10 Abs. 3 BV verbietet Folter und jede andere Art grausamer, unmenschlicher oder erniedrigender Behandlung oder Bestrafung. Das Verbot stimmt inhaltlich mit Art. 3 EMRK und Art. 7 Satz 1 IPbürgR überein. Bei der Konkretisierung dieser Normen, beispielsweise im Rahmen der Beurteilung von polizeilichen Verhören oder Haftbedingungen, kann weitgehend auf die Rechtsprechung des Europäischen Gerichtshofs für Menschenrechte[137] abgestellt werden. Da Festnahmen und Verurteilungen regelmäßig als sehr unangenehm und auch erniedrigend empfunden werden und zudem Art. 3 EMRK keine Ausnahmen zuläßt[138], wird bereits die Schwelle zur unmenschlichen oder erniedrigenden Behandlung oder Strafe hoch angesetzt. Ob eine solche vorliegt, ist gestützt auf eine Würdigung der gesamten Umstände (wie Dauer und Wirkungen des Eingriffs, Alter, Geschlecht und Gesundheitszustand der betroffenen Person) zu beurteilen. Die „zweite Schwelle" zur Folter wird erreicht bei absichtlicher Zufügung von schweren psychischen oder physischen Leiden, der eine besondere Ruchlosigkeit anhaftet[139]. Im Sinne von Empfehlungen sind auch die Berichte des Europäischen Folterausschußes zu berücksichtigen[140].

63 **Absolute Unzulässigkeit der Folter**

Das Folterverbot ergibt sich bereits aus der persönlichen Freiheit im Sinne von Art. 10 Abs. 2 BV, weil es hier um schwere Eingriffe in die körperliche und auch in die geistige Unversehrtheit geht, die zudem den unantastbaren Kerngehalt der persönlichen Freiheit verletzen und die Menschenwürde mißachten. Folter ist daher absolut unzulässig. Das Verbot des Art. 10 Abs. 3 BV darf auch nicht im Rahmen der Bekämpfung des Terrorismus relativiert werden[141].

64 **Non-Refoulement-Gebot**

Im Ausländerrecht hat das Verbot eine besondere Bedeutung, was durch das in Art. 25 Abs. 3 BV verankerte Verbot der Rückschiebung in einen „Folterstaat" unterstrichen wird. Dieses Non-Refoulement-Gebot findet sich auch in Art. 3 des UNO-Übereinkommens gegen Folter und andere grausame, unmenschliche oder erniedrigende Behandlung oder Strafe von 1984[142]. Eine Person darf nicht an einen andern Staat ausgewiesen, abgeschoben oder an

---

137 → Bd. VI/1: *Bröhmer*, Menschenwürde, Freiheiten der Person und Freizügigkeit, § 139.
138 Art. 15 Abs. 2 EMRK.
139 Vgl. zu den beiden „Schwellen" *Villiger* (FN 81), RN 275 ff.
140 *BGer*, Urt. v. 10.12.1993, EuGRZ 1994, S. 238 (240). Das Europäische Übereinkommen zur Verhütung von Folter und unmenschlicher oder erniedrigender Behandlung oder Strafe vom 26.11.1987 (SR 0.106) ist für die Schweiz am 1.2.1989 in Kraft getreten.
141 Gleicher Meinung *J.P. Müller*, Grundrechte (LitVerz.), S. 20; *Hottelier*, Das Recht auf Leben und auf persönliche Freiheit (Art. 10 BV), in: Schweizerische Juristische Kartothek Nr. 1389, Stand: 30.6.2003, RN 50 f.; *Rhinow*, Grundzüge (LitVerz.), RN 1049. Im Gegensatz zum „finalen Rettungsschuß" (FN 42) ist das Folterverbot einer „bilanzierenden Gewichtung und Bewertung" kollidierender Grundrechtspositionen (*Herdegen*, in: Maunz/Dürig, GG [LitVerz], Art. 1 Abs. 1 RN 46) nicht zugänglich, weil das Schutzgut des Folterverbots, die Menschenwürde, durch Verfassungs- und Völkerrecht absolut geschützt ist. Auf die fatalen Auswirkungen einer Lockerung des Folterverbots weist auch *Schefer*, Grundrechte (LitVerz.), S. 10 f., hin.
142 Für die Schweiz in Kraft getreten am 26.6.1987 (SR 0.105). Anwendungsfall: *BGE 122* II 373 (376 ff.).

ihn ausgeliefert werden, wenn stichhaltige Gründe für die Annahme bestehen, daß sie dort Gefahr liefe, gefoltert zu werden. Dieses Rückschiebungsverbot stellt völkerrechtliches ius cogens dar, an das sogar der Verfassungsgeber gebunden ist[143].

---

143 Vgl. Art. 139 Abs. 3, 193 Abs. 4 u. 194 Abs. 2 BV. Eine Volksinitiative, die u. a. verlangte, daß illegal eingereiste Asylbewerber umgehend und ohne Beschwerdemöglichkeit aus der Schweiz weggewiesen werden sollten, wurde daher im Jahr 1996 vom Parlament als ungültig erklärt (BBl 1996 I S. 1355). Gemäß Urt. der Asylrekurskommission v. 28. 1. 2004, VPB 68.142, ist der Vollzug der Wegweisung einer abgewiesenen Asylbewerberin in ein Land, in dem ihr eine der üblichen Formen der Genitalverstümmelung ernsthaft droht, mit Art. 3 EMRK unvereinbar.

F. Bibliographie

Baumann, Felix, Inhalt und Tragweite der Bewegungsfreiheit (Art. 10 Abs. 2 BV), ZBl 105 (2004), S. 505 ff.
Baumgarten, Mark-Oliver, The Right to Die? Rechtliche Probleme um Sterben und Tod, ²2000.
Breitenmoser, Stephan, Der Schutz der Privatsphäre gemäss Art. 8 EMRK, 1986.
Grisel, André, La liberté personnelle et les limites du pouvoir judiciaire, in: Revue internationale de droit comparé 1975, S. 549 ff.
Gross, Jost, Die Persönliche Freiheit des Patienten, 1977.
Haller, Walter, Die persönliche Freiheit in der neueren Rechtsprechung des Bundesgerichts, in: Jean-François Aubert/Philippe Bois (Hg.), Mélanges André Grisel, 1983, S. 95 ff.
Hangartner, Yvo, Schwangerschaftsabbruch und Sterbehilfe, 2000.
Hottelier, Michel, Das Recht auf Leben und auf persönliche Freiheit (Art. 10 BV), in: Schweizerische Juristische Kartothek Nr. 1389 (Stand: 30.6.2003).
Jaag, Tobias/Rüssli, Markus, Sterbehilfe in staatlichen Spitälern, Kranken- und Altersheimen, ZBl 102 (2001), S. 113 ff.
Mastronardi, Philippe, Der Verfassungsgrundsatz der Menschenwürde in der Schweiz, 1978.
ders., Menschenwürde als materielle „Grundnorm" des Rechtsstaates, in: Daniel Thürer/Jean-François Aubert/Jörg Paul Müller (Hg.), Verfassungsrecht der Schweiz, 2001, § 4.
Müller, Jörg Paul, Grundrechte in der Schweiz im Rahmen der Bundesverfassung von 1999, der UNO-Pakte und der EMRK, ³1999.
Müller, Markus, Zwangsmassnahmen als Instrument der Krankheitsbekämpfung – das Epidemiengesetz und die persönliche Freiheit, 1992.
Saladin, Peter, Persönliche Freiheit als soziales Grundrecht?, in: Faculté de Droit de l'Université de Genève (ed.), Mélanges Alexandre Berenstein, 1989, S. 89 ff.
Schefer, Markus, Grundrechte in der Schweiz, Ergänzungsband zur 3. Aufl. des gleichnamigen Werks von Jörg Paul Müller, 2005.
Schrepfer, Thomas W., Datenschutz und Verfassung, 1985.
Schweizer, Rainer J., Verfassungsrechtlicher Persönlichkeitsschutz, in: Daniel Thürer/ Jean-François Aubert/Jörg Paul Müller (Hg.), Verfassungsrecht der Schweiz, 2001, § 43.
ders., Verfassungs- und völkerrechtliche Vorgaben für den Umgang mit Embryonen, Föten sowie Zellen und Geweben, 2002.
Walter, Jean-Philippe, La protection de la personnalité lors du traitement des données à des fins statistiques, 1988.

§ 210
Gleichheit

Beatrice Weber-Dürler

Übersicht

	RN		RN
A. Allgemeines	1– 8	II. Voraussetzungen des Gleichbehandlungsanspruchs	26–30
I. Entwicklung des Gleichheitsartikels	1– 4	1. Art und Anzahl der Vergleichsfälle	26–27
II. Schutzbereich	5– 6	2. Sachliche Gründe für die Ungleichbehandlung	28–30
III. Grundrechtsträger	7	III. Schranken des Gleichbehandlungsanspruchs	31–40
IV. Grundrechtsverpflichtete	8	1. Divergierende Entscheide verschiedener Behörden	31–32
B. Bedeutung für die Rechtsetzung	9–24	2. Praxisänderung	33–35
I. Formeln des Bundesgerichts	9–11	3. Gleichbehandlung im Unrecht	37–40
II. Wertmaßstab des Bundesgerichts	12–13	IV. Durchsetzungsprobleme	41–47
III. Methode der Prüfung	14–16	1. Rechtsmittel ans Bundesgericht	41–43
IV. Besondere Probleme	17–19	2. Legitimation zur ordentlichen Beschwerde	44
1. Auswirkungen der föderalistischen Staatsstruktur	17	3. Legitimation zur subsidiären Verfassungsbeschwerde	45–47
2. Berücksichtigung von Praktikabilität und Verwaltungsökonomie	18–19	D. Abbau sozialer Ungleichheiten und Chancengleichheit	48–49
V. Durchsetzungsprobleme	20–24	E. Bibliographie	
1. Unüberprüfbare und unanfechtbare Erlasse	20–22		
2. Legitimation zur Beschwerde	23		
3. Bloße „Appellentscheide"	24		
C. Bedeutung für die Rechtsanwendung	25–44		
I. Formeln des Bundesgerichts	25		

A. Allgemeines

I. Entwicklung des Gleichheitsartikels

1
Rechtsgleichheit

Die Rechtsgleichheit hatte bereits in der ersten Bundesverfassung von 1848 einen prominenten Platz. Sie war in Art. 4 aBV garantiert, der mit der grundsätzlichen Aussage „Alle Schweizer sind vor dem Gesetze gleich" begann. Im Gegensatz zur alten Verfassung enthält die neue Bundesverfassung von 1999 ein eigenes Grundrechtskapitel; der Grundrechtskatalog wird durch die Garantie der Menschenwürde eröffnet; unmittelbar darauf folgt der Gleichheitsartikel. Im Rahmen der Nachführung wurde die Formulierung des allgemeinen Gleichheitssatzes modernisiert, ohne daß damit eine inhaltliche Änderung verbunden war[1]. Der geltende Art. 8 Abs. 1 BV lautet: „Alle Menschen sind vor dem Gesetz gleich".

2
Politische Gleichberechtigung

Umfassender Anwendungsbereich

Anfänglich war die Konkretisierung des Art. 4 aBV Sache der politischen Behörden, vor allem des Bundesrats und der Bundesversammlung, welche sich in erster Linie mit Fragen der politischen Gleichberechtigung zu befassen hatten[2]. Unter der Rechtsprechung des Bundesgerichts, bei dem kantonale Staatsakte seit 1874 angefochten werden konnten, erlangte die Rechtsgleichheit binnen kurzem ihre umfassende Bedeutung und ihren heute noch geltenden Gehalt. Von Anfang an beschränkte das Gericht den Gleichbehandlungsanspruch nicht auf den Bereich der Rechtsanwendung, sondern erblickte darin eine auch den Gesetzgeber bindende Norm[3].

3
Diskriminierungsverbot

Gleichberechtigung von Frau und Mann

Die alte Bundesverfassung ließ auf den allgemeinen Gleichheitssatz einen zweiten Satz folgen, der sich auf die Abschaffung der politischen Vorrechte der alten Eidgenossenschaft bezog[4]. Dieser zweite Satz hatte seine praktische Bedeutung bereits zu Beginn des 20. Jahrhunderts verloren[5]. Bei der Totalrevision der Bundesverfassung von 1999 entschied man sich deshalb für eine Aktualisierung und ersetzte den überlebten Verfassungstext durch das neue Diskriminierungsverbot[6]. 1981 wurde eine weitere Sondervorschrift zum allgemeinen Gleichheitssatz erlassen, welche die Gleichberechtigung von Frau und Mann statuierte[7]. Bis zu diesem Zeitpunkt waren Beschwerden, welche Rechtsungleichheiten zwischen Frau und Mann betrafen, auf der Grundlage des allgemeinen Gleichheitssatzes beurteilt worden[8].

---

1 *BGE 126* V 48 (53).
2 *Arthur Haefliger*, Alle Schweizer sind vor dem Gesetze gleich, 1985, S. 21 ff.
3 Vgl. den grundlegenden *BGE 6* 171 (174). Die Rechtsetzungsgleichheit war also viel früher anerkannt als in Deutschland, vgl. *Heun*, in: H. Dreier, GG (LitVerz.), Art. 3 RN 6.
4 „Es gibt in der Schweiz keine Untertanenverhältnisse, keine Vorrechte des Orts, der Geburt, der Familien oder Personen".
5 *Fritz Fleiner/Zaccaria Giacometti*, Schweizerisches Bundesstaatsrecht, 1949, S. 410; *Beatrice Weber-Dürler*, Die Rechtsgleichheit in ihrer Bedeutung für die Rechtsetzung, 1973, S. 119 f.; die politische Gleichberechtigung ist im allgemeinen Gleichheitssatz enthalten, *BGE 129* I 185 (190).
6 → Unten *Peters*, § 211: Diskriminierungsverbote.
7 → *Peters* aaO.
8 Vgl. zur Judikatur vor 1981 *Roland Henninger*, Gleichberechtigung von Mann und Frau im Wandel, 1984, S. 55 ff.

In schöpferischer Rechtsprechung leitete das Bundesgericht aus Art. 4 aBV sodann wichtige rechtsstaatliche Prinzipien ab, welche die damalige Verfassung nicht enthielt. Bereits im 19. Jahrhundert anerkannte es das Willkürverbot und verschiedene Verfahrensgarantien (etwa das Verbot der Rechtsverweigerung, den Anspruch auf rechtliches Gehör und den Anspruch auf unentgeltliche Rechtspflege) und in der zweiten Hälfte des 20. Jahrhunderts den Anspruch auf Vertrauensschutz[9]. Nachdem das Gericht sich anfänglich bemüht hatte, einen inhaltlichen Zusammenhang zur Gleichbehandlung herzustellen[10], verselbständigten sich diese Prinzipien zunehmend. Sie wurden in der neuen Bundesverfassung von der Rechtsgleichheit getrennt und in separaten Verfassungsartikeln garantiert[11]. Während der Willkürbegriff in Deutschland heute noch eine gewisse Rolle bei Rechtsgleichheitsbeschwerden spielt[12], ist er aus der bundesgerichtlichen Rechtsprechung zum allgemeinen Gleichheitssatz schon seit einiger Zeit völlig verschwunden. Die begriffliche Trennung von Gleichbehandlungsgebot und Willkürverbot erfolgte für den Bereich der Rechtsanwendung schon zu Beginn des zwanzigsten Jahrhunderts; für den Bereich der Rechtsetzung vollzog das Bundesgericht den gleichen Schritt 1980[13].

4
Willkürverbot, Verfahrensgarantien und Vertrauensschutz

II. Schutzbereich

In ihrem Inhalt ist die Rechtsgleichheit in erster Linie ein verfassungsmäßiges Abwehrrecht gegen den Staat[14]. Ähnlich wie die Freiheitsrechte ermöglicht sie dem Einzelnen, Erlasse oder Einzelakte zu bekämpfen und ihre Aufhebung zu erzwingen. Im Unterschied zu den Freiheitsrechten hat die Rechtsgleichheit aber kein spezielles Schutzobjekt, das an einen bestimmten menschlichen Lebensbereich oder an ein bestimmtes Institut anknüpft[15]. Es geht nicht darum, einen staatlichen Eingriff in eine definierte individuelle Freiheitssphäre, sondern eine bestimmte Modalität des Staatshandelns abzuwehren[16]. Der allgemeine Gleichheitssatz verbietet dem Rechtsetzer und dem Rechtsanwender primär eine (näher zu bestimmende) ungerechtfertigte Ungleichbehandlung. Wie noch im einzelnen darzulegen ist, kann allenfalls auch eine ungerechtfertigte Gleichbehandlung eine Verletzung der Rechtsgleichheit darstellen. Im Vergleich zu den Freiheitsrechten und anderen

5
Abwehrrecht gegen den Staat

Abstrakte Struktur

---

9 *G. Müller*, in: Aubert u. a., Bundesverfassung 1874 (LitVerz.), Art. 4 RN 48 ff., 59 f. u 85 ff.
10 *Weber-Dürler*, ZBl 105 (2004), S. 1 (3 f.).
11 Vgl. dazu. ausführlicher *Weber-Dürler*, in: Thürer u. a., Verfassungsrecht (LitVerz.), § 41 RN 5, und vor allem → unten *Keller*, § 225: Garantien fairer Verfahren und des rechtlichen Gehörs, sowie → *Aubert*, § 228: Willkürverbot und Vertrauensschutz als Grundrechte.
12 *Heun*, in: H. Dreier, GG (LitVerz.), Art. 3 RN 19 ff.
13 Belege bei *Weber-Dürler*, ZBl 105 (2004), S. 1 (4); für den Bereich der Rechtsetzung markiert *BGE 106 Ib 182* (188) die Wende.
14 *G. Müller*, in: Aubert u. a., Bundesverfassung 1874 (LitVerz.), Art. 4 RN 21.
15 Insofern ähnelt die Rechtsgleichheit dem Willkürverbot, vgl. *BGE 121* I 267 (270).
16 *G. Müller*, in: VVDStRL 47 (1989), S. 37 (S. 39 f.), erwähnt den Begriff des modalen Abwehrrechts unter Verweis auf *Michael Sachs*; vgl. als neueren Beleg aus Deutschland auch *Heun*, in: H. Dreier, GG (LitVerz.), Art. 3 RN 17.

6
Derivative
Leistungsansprüche

Originäre Leistungsansprüche

Grundrechten weist die Rechtsgleichheit mithin nicht nur eine sehr abstrakte Struktur, sondern auch einen außerordentlich weiten Schutzbereich auf[17].

Wird die Rechtsgleichheit als Abwehrrecht umschrieben, heißt das nicht, daß sie sich auf die Abwehr von Belastungen beschränkt, die der Staat Dritten nicht auferlegt, obwohl sie sich in vergleichbaren Verhältnissen befinden. Die Rechtsgleichheit kann vielmehr auch einen unmittelbaren Anspruch auf eine positive Leistung begründen, die anderen Personen gewährt worden ist[18]. Während dann sogenannte „derivative" oder „akzessorische" Teilhaberechte entstehen, hat das Bundesgericht sogar einen „originären" Leistungsanspruch aus der Rechtsgleichheit abgeleitet, als es unter bestimmten Voraussetzungen einen Anspruch auf einen unentgeltlichen Rechtsbeistand (das heißt auf Bestellung eines Anwalts auf Staatskosten) anerkannte[19]. Damit hat das Gericht ausnahmsweise positive staatliche Leistungen gewährt, um die unterschiedlichen faktischen Voraussetzungen unter den Privaten auszugleichen und Chancengleichheit zu verwirklichen[20].

III. Grundrechtsträger

7
Natürliche und juristische Personen

Nach dem Wortlaut des Art. 8 Abs. 1 BV sind „alle Menschen" Träger der Rechtsgleichheit. Das Grundrecht wurde jedoch bereits unter der alten Bundesverfassung, die bloß von „Schweizern" sprach, nicht nur als Jedermanns-Recht verstanden[21], sondern auch auf juristische Personen erstreckt[22]. Bei der Nachführung verzichtete man hinsichtlich der juristischen Personen bewußt auf sprachliche Präzision, um das Pathos der berühmten Norm nicht zu zerstören.

IV. Grundrechtsverpflichtete

8
Bund, Kantone und Gemeinden

Abgeleitete öffentlichrechtliche Rechtspersonen und private Träger von Staatsaufgaben

Als Abwehrrecht gegen den Staat bindet die Rechtsgleichheit den Bund, die Kantone und die Gemeinden[23]. Wie das Bundesgericht jüngst in einem Beschwerdefall feststellen mußte, sind auch die Stimmberechtigten, die in einer Gemeinde als zuständiges Organ über Einbürgerungsgesuche entscheiden, ohne Einschränkung an die Grundrechte gebunden[24]. Zur Respektierung der Rechtsgleichheit verpflichtet sind überdies – wie bei andern Grundrechten – sämtliche von diesen Gemeinwesen abgeleiteten öffentlichrechtlichen Rechtspersonen sowie Privatpersonen, die mit staatlichen Aufgaben betraut sind[25]. Ohne Zweifel an die Grundrechte gebunden sind Privatperso-

---

17 Diese Eigenheit hat jüngst zu Problemen beim Rechtsschutz geführt, vgl. dazu unten C IV 2, RN 47.
18 *G. Müller*, in: Aubert u. a., Bundesverfassung 1874 (LitVerz.), Art. 4 RN 21.
19 *G. Müller* aaO., RN 21 u. 126.
20 Dazu unten D, RN 49.
21 *BGE 129* I 392 (397).
22 *G. Müller*, in: Aubert u. a., Bundesverfassung 1874 (LitVerz.), Art. 4 RN 27; *R. J. Schweizer*, in: Ehrenzeller u. a., St. Galler Kommentar (LitVerz.), Art. 8 RN 19 f.
23 *Häfelin/Haller*, Bundesstaatsrecht (LitVerz.), RN 750 u. 765.
24 *BGE 129* I 217 (224 ff.).
25 Vgl. Art. 35 Abs. 2 BV und dazu → oben Georg Müller, § 204: Schutzwirkung der Grundrechte.

nen, die hoheitlich auftreten[26], doch hat der Staat nach einem neuen Entscheid auch sicherzustellen, daß ein Verein, der ein Volksfest auf öffentlichem Grund organisiert und die Standplätze durch privatrechtliche Verträge abgibt, den Gleichbehandlungsgrundsatz wahrt[27]. In neuerer Zeit hat das Bundesgericht schließlich auch die Grundrechtsbindung des privatrechtlich handelnden Gemeinwesens anerkannt. Der Vorwurf der Verletzung der Rechtsgleichheit taucht in den einschlägigen Beschwerden besonders oft auf[28].

Privatrechtlich handelndes Gemeinwesen

B. Bedeutung für die Rechtsetzung

I. Formeln des Bundesgerichts

Die Frage, wann ein Rechtsetzungsakt beziehungsweise eine generell abstrakte Norm der Rechtsgleichheit entspricht, hat in der bundesgerichtlichen Rechtsprechung größere Bedeutung als das Problem der ungleichen Rechtsanwendung; dementsprechend wurde das Thema auch in der Literatur häufiger und intensiver bearbeitet. Wie zuvor die zuständigen politischen Instanzen stellte das Bundesgericht zu Beginn seiner Rechtsprechung fest, die Verfassung verlange keine absolute Gleichbehandlung[29]. Bereits im Jahr 1880 nahm es jedoch eine entscheidende Präzisierung vor und erkannte, die Verfassung verlange „Gleichheit der Behandlung unter der Voraussetzung der Gleichheit aller *erheblichen* thatsächlichen Verhältnisse"[30]. Damit war das Konzept der relativen Gleichheit begründet, das heute noch gilt und seinen Ausdruck in verschiedenen Formeln des Gerichts findet.

9
Konzept der relativen Gleichheit

Am nichtssagendsten ist die Formel, die Rechtsgleichheit gebiete, daß Gleiches nach Maßgabe seiner Gleichheit gleich, Ungleiches nach Maßgabe seiner Ungleichheit ungleich behandelt werde[31]. Der Gleichbehandlungsanspruch hängt danach von der tatsächlichen Gleichheit der verglichenen Fallgruppen ab. Der Begriff der Gleichheit ist indessen nach den Erkenntnissen der Rechtsphilosophie nur scheinbar einfach und klar. Nach der Logik läßt sich bei zwei Objekten stets nur die Übereinstimmung in bestimmter Beziehung

10
Anknüpfen an erhebliche tatsächliche Unterschiede

---

26 *Rhinow,* Grundzüge (LitVerz.), RN 1065 ff.
27 *BGer,* Urt. v. 8. 6. 2001, ZBl 102 (2001), S. 656 (660).
28 *Ulrich Häfelin/Georg Müller/Felix Uhlmann,* Allgemeines Verwaltungsrecht, ⁵2006, RN 296; der umstrittene *BGE* 129 III 35 (40 f.) macht die Grundrechtsbindung allerdings davon abhängig, daß staatliche Aufgaben wahrgenommen werden. Im Unterschied zu Deutschland (vgl. *Heun,* in: H. Dreier, GG [LitVerz.], Art. 3 RN 58) trifft man in der Schweiz nicht auf die Ausnahme der fiskalischen Verwaltung. → Bd. II: *Kempen,* Grundrechtsverpflichtete, § 54 RN 48 ff.
29 *BGE* 2 169 (177).
30 *BGE* 6 171 (174).
31 *BGE* 131 I 1 (6 f.) u. 313 (316); *129* I 1 (3); *125* I 173 (178); *125* II 326 (345). Das deutsche Bundesverfassungsgericht hat unter dem Einfluß von *Gerhard Leibholz* weitgehend entsprechende Formeln verwendet; vgl. statt vieler *Heun,* in: H. Dreier, GG (LitVerz.), Art. 3 RN 19 f.; diese gehen wohl indirekt auf das schweizerische Vorbild zurück; vgl. die Ausführungen über die Schweiz bei *Gerhard Leibholz,* Die Gleichheit vor dem Gesetz, 1925, S. 36 ff., 41 ff. u. 78 ff. → Bd. V: *Pietzcker,* Der allgemeine Gleichheitssatz.

und die gleichzeitig bestehende Verschiedenheit unter anderen Vergleichsaspekten feststellen[32]. Dieser Schwierigkeit trägt das Bundesgericht Rechnung, indem es gestützt auf den allgemeinen Gleichheitssatz verlangt, daß eine rechtliche Differenzierung im Gesetz an einen erheblichen tatsächlichen Unterschied beziehungsweise an eine wesentliche Tatsache anknüpft[33]. In der jüngeren Rechtsprechung überwiegt die Formel, ein Erlaß verletze die Rechtsgleichheit, wenn er rechtliche Unterscheidungen treffe, für die ein vernünftiger oder sachlicher Grund in den zu regelnden Verhältnissen nicht ersichtlich sei[34]. Selbstverständlich müssen alle Formeln im konkreten Fall zum selben Ergebnis führen. Im Vergleich zur deutschen Rechtsprechung ist hervorzuheben, daß das Formelinventar des Bundesgerichts seit vielen Jahrzehnten keine Wandlung erfahren hat[35]. Wie bereits erwähnt, sind einzig der Begriff der Willkür und die Willkürformeln seit dem Jahr 1980 aus der Rechtsprechung zur Rechtsetzungsgleichheit verschwunden[36].

11
Anspruch auf rechtliche Differenzierung

Sind die erheblichen tatsächlichen Verhältnisse nicht gleich, ist eine Ungleichbehandlung zulässig. Mehr noch: Rechtliche Unterscheidungen können sich „aufgrund der Verhältnisse aufdrängen"[37], das heißt bei wesentlichen tatsächlichen Unterschieden geradezu durch die Rechtsgleichheit geboten sein[38]. Die Komponente „Ungleiches nach Massgabe seiner Ungleichheit ungleich" wird somit nicht nur als Ermächtigung, ungleich zu behandeln, sondern als Imperativ aufgefaßt und kann einen Anspruch auf eine rechtliche Differenzierung begründen. Orientiert man sich an den erfolgreichen Beschwerden wegen Verletzung der Rechtsgleichheit, ist die praktische Bedeutung des Differenzierungsgebots verglichen mit dem Gleichbehandlungsgebot allerdings sehr gering[39]. In neuerer Zeit wird das Differenzierungsgebot von der Doktrin gern über die sogenannte mittelbare Ungleichbehandlung begriffen: Eine äußerlich gleichbehandelnde Regelung entpuppt sich bei Berücksichtigung ihrer tatsächlichen Auswirkungen in Wahrheit als Ungleichbehandlung, die nicht sachlich gerechtfertigt werden kann[40]. Hat zum Beispiel jeder Prozeßwillige die Gerichtskosten im voraus sicherzustellen, resultiert aus dieser absolut gleichbehandelnden Regelung eine ungleiche Behandlung, die nicht hingenommen werden kann[41]: Während der Wohlhabende sein Recht durchsetzen kann, bleibt dem Armen die Verfolgung seiner Ansprüche versagt.

Mittelbare Ungleichbehandlung

---

32 Grundlegend *Hans Nef*, Gleichheit und Gerechtigkeit, 1941, S. 3 ff.
33 *BGE 131* I 1 (7) u. 313 (316); *129* I 1 (3); *125* II 326 (345); vgl. schon *BGE 6* 171 (174).
34 *BGE 131* I 1 (6 f.) u. 313 (316); *129* I 1 (3); *125* II 326 (345); vgl. die vielen Belege für diese Formel im Sachregister der *BGE* zu Art. 8 Abs. 1 BV (Stichwort: „Rechtsgleichheit in der Rechtsetzung").
35 Vgl. *Weber-Dürler*, Rechtsetzung (FN 5), S. 140 ff.
36 Siehe FN 13.
37 *BGE 131* I 1 (6) u. 313 (316); *129* I 1 (3); inhaltlich auch in diesem Sinne *BGE 129* I 1 (6), *129* V 327 (332 f.) u. *128* V 95 (99).
38 *Rhinow*, Grundzüge (LitVerz.), RN 1653; *R.J. Schweizer*, in: Ehrenzeller u. a., St. Galler Kommentar (LitVerz.), Art. 8 RN 24; viele Belege zur Judikatur bei *Weber-Dürler* (FN 5), S. 158 ff.
39 *Weber-Dürler* (FN 5), S. 161 Anm. 11; aus der neueren Bundesgerichtspraxis ZBl 92 (1991) S. 266 (268 f.), *BGE 125* I 441 (447 f.) u. *131* I 1 (10).
40 *J.P. Müller*, Grundrechte (LitVerz.), S. 409 f.; Belege zur Judikatur bei *Weber-Dürler* (FN 5), S. 26 ff.
41 „Eine solche Ordnung behandelt die Bürger nur äusserlich, dem Scheine nach gleich...", so *BGE 60* I 179 (182).

II. Wertmaßstab des Bundesgerichts

Die verschiedenen Formeln zur Rechtsgleichheit können nur schlecht verschleiern, daß ihre Anwendung nicht ohne eine Wertung möglich ist. Es ist eine Wertungsfrage, ob ein tatsächlicher Unterschied in einem Regelungsbereich relevant ist bzw. ob die an ihn anknüpfende Begründung einer Ungleichbehandlung akzeptabel ist. Die Frage der Rechtsgleichheit „fällt letztlich zusammen mit der Frage, ob das Gesetz gerecht sei, d.h. mit der Frage des ‚richtigen Rechts'"[42]. Da die Ansichten über die Gerechtigkeit auseinandergehen, fragt es sich, welcher Wertmaßstab gelten soll. Das Bundesgericht bezieht sich auf die herrschenden Anschauungen und Zeitverhältnisse, das heißt auf die im Urteilszeitpunkt in der Schweiz herrschenden Wertanschauungen[43]. Auch sie sind oft nicht leicht zu ermitteln, doch können Hilfsmittel zu einer größeren Objektivierung beitragen, beispielsweise der Hinweis auf neuere Revisionen der Bundesverfassung[44] oder auf gesamtschweizerische Gesetzgebungstendenzen, die in der Literatur allgemein gebilligt werden[45]. Da der Maßstab der herrschenden Wertanschauungen wandelbar ist, kann „die Frage, ob für eine rechtliche Unterscheidung ein vernünftiger Grund in den zu regelnden Verhältnissen ersichtlich ist, ... zu verschiedenen Zeiten unterschiedlich beantwortet werden"[46].

12
Herrschende Anschauungen und Zeitverhältnisse

Die Annahme, Art. 8 Abs. 1 BV determiniere über Gleichbehandlungs- und Differenzierungsansprüche gleichsam den Inhalt der Gesetze bzw. der Rechtsordnung, wäre nun allerdings verfehlt. Vielmehr bleibt dem Gesetzgeber im Rahmen der geschilderten Grundsätze ein weiter Spielraum der Gestaltungsfreiheit[47]. Dies wird offensichtlich, wenn das Bundesgericht eine bestimmte Ungleichbehandlung als sachlich begründet und verfassungsrechtlich zulässig beurteilt, später aber eine Beschwerde abweist, welche dieselbe Ungleichbehandlung in einem anderen Kanton erzwingen will[48].

13
Legislative Gestaltungsfreiheit

III. Methode der Prüfung

Nach der heute herrschenden Meinung ist zweistufig zu prüfen, ob ein Erlaß mit der Rechtsgleichheit im Einklang steht[49]. Zuerst wird abgeklärt, ob die Auswahl der geregelten Sachverhalte oder Normadressaten dem Gesetzes-

14
Zweistufigkeit Gesetzeszweck

---

42 *BGE 96* I 560 (567).
43 Belege (seit 1880) bei *Weber-Dürler* (FN 5), S. 116 f.; neueste Bestätigung durch *BGE 125* I 173 (178).
44 Es ist also plausibel, die Sozialziele gemäß Art. 41 BV als Hilfsmittel bei der Konkretisierung der Rechtsgleichheit beizuziehen; so *J.P. Müller*, Grundrechte (LitVerz.), S. 438 f.; *G. Müller*, in: VVDStRL 47 (1989), S. 37 (51), will allgemein auf Verfassungsnormen abstellen.
45 Belege bei *Weber-Dürler* (FN 5), S. 118 f.; vgl. auch *BGE 103* Ia 517 (524 ff.).
46 *BGE 131* I 1 (7) u. 313 (316 f.); *125* I 173 (178). Meistzitiertes Beispiel: 1923 konnten die Frauen den Zugang zur Advokatur erzwingen (*BGE 49* I 14 [19 f.]), nachdem das Bundesgericht dieses Begehren noch 1887 abgewiesen hatte (*BGE 13* 1 [4 f.]).
47 *BGE 131* I 1 (7) u. 313 (317); *129* I 1 (3) und 161 (165); *125* I 173 (178).
48 *BGE 129* I 1 (5 ff.).
49 *G. Müller*, in: Aubert u.a., Bundesverfassung 1874 (LitVerz.), Art. 4 RN 31; *J.P. Müller*, Grundrechte (LitVerz.), S. 399 f.; *Häfelin/Haller*, Bundesstaatsrecht (LitVerz.), RN 754; *Rhinow*, Grundzüge (LitVerz.), RN 1655–57; *R.J. Schweizer*, in: Ehrenzeller u.a., St. Galler Kommentar (LitVerz.), Art. 8 RN 40 f.; zu diesem Ansatz in der älteren Literatur *Weber-Dürler* (FN 5), S. 53 ff. u. 100 ff.

zweck entspricht. Der gesetzliche Tatbestand oder Adressatenkreis darf weder zu weit noch zu eng gefaßt sein[50]. Bei Erlassen mit einem bestimmten Zweck, der nicht in Zweifel gezogen wird, kann bereits dieser gesetzgeberische Wertungsgesichtspunkt ein Urteil über erhebliche tatsächliche Unterschiede oder wesentliche tatsächliche Gleichheit ermöglichen[51]. In der Praxis überwiegen allerdings komplexe Erlasse mit mehrdimensionaler Zwecksetzung[52], bei denen die Legitimität einzelner Ziele oder zumindest das Ausmaß ihrer Verwirklichung strittig ist.

15
Gerechtigkeit und herrschende Wertanschauungen

Ist die gesetzliche Klassierung mit dem Normzweck vereinbar, muß in einem zweiten Schritt geprüft werden, ob dieser Zweck angesichts der Unterscheidungen, die er bewirkt, mit den Vorstellungen über die Gerechtigkeit bzw. mit den herrschenden Wertanschauungen harmoniert[53]. Die richtige Abgrenzung des Normtatbestandes oder des Kreises der Normadressaten steht und fällt eben mit der „richtigen" Zweckverfolgung. Bei Erlassen mit mehrdimensionaler Zwecksetzung mag die grundsätzliche Berechtigung eines Sonderziels oder auch dessen Gewichtung fraglich sein. Wenn das Bundesgericht – wie soeben erwähnt[54] – den Maßstab der Wertanschauungen heranzieht, die im Urteilszeitpunkt in der Schweiz gelten, befindet es sich auf dieser zweiten Prüfungsstufe.

16
Modifizierte Verhältnismäßigkeitsprüfung

In der Literatur vertreten einige Autoren einen neueren Ansatz und befürworten in Anlehnung an einen Teil der deutschen Doktrin eine modifizierte Verhältnismäßigkeitsprüfung: Erfolgt die unterschiedliche Behandlung, um einen bestimmten Zweck zu erreichen, muß sie geeignet und erforderlich sein, dieses Regelungsziel zu erreichen; außerdem muß abgewogen werden zwischen dem Interesse an der Verwirklichung des Regelungsziels und dem Interesse daran, daß die dazu notwendige Ungleichbehandlung unterbleibt[55]. Die Parallele zur Verhältnismäßigkeitsprüfung hat meines Erachtens nur einen beschränkten Erkenntniswert[56]. Die Untersuchung der Eignung und der Erforderlichkeit macht zwar Sinn, bleibt aber auf einfache Fälle der ersten Prüfungsstufe beschränkt[57]. Die anschließende Abwägung ist bekanntlich für Eingriffe in Freiheitsrechte entwickelt worden: Das mit dem Eingriff verfolgte Ziel muß in einem vernünftigen Verhältnis zur Eingriffswirkung – das heißt: zur Beschränkung der Freiheit des betroffenen Privaten – stehen. Soll die Abwägung auf die Rechtsgleichheit übertragen werden, muß die „Eingriffswirkung" im Interesse erblickt werden, daß die Ungleichbehandlung unter-

---

50 Vgl. viele Beispiele aus der Judikatur bei *Weber-Dürler* (FN 5), S. 69 ff.
51 *G. Müller*, in: Aubert u.a., Bundesverfassung 1874 (LitVerz.), Art. 4 RN 31; *Weber-Dürler* (FN 5), S. 66 ff.
52 Dazu *Weber-Dürler* aaO., S. 79 ff.
53 *G. Müller*, in: Aubert u.a., Bundesverfassung 1874 (LitVerz.), Art. 4 RN 31; weitere Angaben zur älteren Literatur bei *Weber-Dürler* (FN 5), S. 100 ff.
54 Oben II, RN 12. Vgl. viele Beispiele aus der Judikatur bei *Weber-Dürler* aaO., S. 115 ff.
55 *G. Müller*, in: Aubert u.a., Bundesverfassung 1874 (LitVerz.), Art. 4 RN 32 a (auch zum Folgenden); ähnlich auch *Markus Schefer*, Die Kerngehalte von Grundrechten, 2001, S. 67 f., und *Vincent Martenet*, Géométrie de l'égalité, 2003, RN 445 ff.
56 Vgl. für ähnliche Kritik in Deutschland *Heun*, in: H. Dreier, GG (LitVerz.), Art. 3 RN 26 ff.
57 Vgl. *Heun* aaO., RN 27.

bleibt[58]. Dahinter steckt wohl letztlich doch die Vorstellung, die Rechtsgleichheit verlange an sich absolute Gleichbehandlung. Dogmatische Schwierigkeiten bereitet es schließlich, die genannte Argumentation auf die unzulässige Gleichbehandlung zu übertragen; dies ist aber nötig, will man auch das Differenzierungsgebot in die modifizierte Verhältnismäßigkeitsprüfung einbeziehen.

IV. Besondere Probleme

1. Auswirkungen der föderalistischen Staatsstruktur

Häufig wird in Beschwerden argumentiert, die Rechtsgleichheit sei verletzt, weil in anderen Kantonen oder in anderen Gemeinden eine andere Regelung gelte. Die Rüge ist laut Bundesgericht unbegründet[59]. Es ist eine zwangsläufige Folge der föderalistischen Struktur der Schweiz, daß die Kantone und Gemeinden von ihrer Rechtsetzungsautonomie in verschiedener Weise Gebrauch machen. Das Gleichbehandlungsgebot schützt nicht vor rechtlichen Divergenzen zwischen den verschiedenen Territorien und ist bloß von jeder Gebietskörperschaft bei der Rechtsetzung in ihrem Zuständigkeitsbereich zu beachten[60]. Werden die rechtlichen Unterschiede von Kanton zu Kanton als sachlich völlig unbegründet und stoßend empfunden, bleibt nur die Rechtsvereinheitlichung durch einen interkantonalen Vertrag oder durch Übertragung der Rechtsetzungskompetenz auf den Bund.

17 Wahrnehmung der Rechtsetzungsautonomie

2. Berücksichtigung von Praktikabilität und Verwaltungsökonomie

Der Gedanke der Praktikabilität kann Rechtsungleichheiten im Gesetz rechtfertigen, wenn die rechtsgleiche Behandlung über das Staatsgebiet hinausgreifen und deshalb die Möglichkeiten der Verwaltung übersteigen würde, die in anderen Staaten nicht ermitteln darf[61]. Die verwaltungsökonomischen Hindernisse, welche zu einer ungleichen Behandlung führen, brauchen nicht mit der begrenzten Gebietshoheit zusammenzuhängen. Auch in anderen Fällen können Praktikabilität und Verwaltungsökonomie Rechtsungleichheiten legitimieren, wenn der Gesetzgeber gewisse Fallkategorien nur deshalb nicht einer Regelung unterstellt, weil der Rechtsanwender sie praktisch nicht oder nur mit übermäßigem administrativen Aufwand abklären könnte[62]. So hat das Bundesgericht im Abgaberecht anerkannt, Gebühren für Dauerparkieren dürften sich auf die Nacht beschränken, weil die Kontrolle von Dauerparkierern bei Tag bedeutend schwieriger und aufwendiger sei[63].

18 Rechtfertigung von Rechtsungleichheiten

---

58 Vgl. *Heun* aaO., RN 30.
59 *BGE 125* I 173 (179).
60 *Saladin*, Bund und Kantone, ZSR NF 103 II (1984), S. 431 (476), bezeichnet es aber zu Recht als fraglich, ob „jegliche Ungleichheit solchermassen hinzunehmen ist".
61 Dazu *Weber-Dürler*, Verwaltungsökonomie und Praktikabilität im Rechtsstaat, ZBl 87 (1986), S. 193 (210f.).
62 Dazu *Weber-Dürler* aaO., S. 211.
63 *BGE 108* Ia 111 (114ff.); ebenso akzeptierte das Bundesgericht, daß Konkubinatspaare im Unterschied zu Ehepaaren nicht als Gemeinschaft besteuert werden, weil bloß faktische Gemeinschaften praktisch schwierig zu erfassen seien, vgl. *BGE 110* Ia 7 (19).

19
Schematische Regelungen

Gestützt auf die Rechtsgleichheit haben Beschwerdeführende häufig eine schematische Ordnung bekämpft und verlangt, der Gesetzgeber habe Ungleiches ungleich zu behandeln. Es steht dem Rechtsetzer jedoch frei, statt auf einen sachlich überzeugenderen Anknüpfungspunkt, der aber bei der Rechtsanwendung im konkreten Fall einen großen Verwaltungsaufwand bedingen würde, auf praktisch leicht erkennbare Merkmale abzustellen[64]. Aus Gründen der Praktikabilität darf eine schematische Regelung gewählt werden, sofern das Ergebnis vertretbar bleibt und die administrative Erleichterung die Abweichung von der gesetzgeberischen Grundidee aufwiegt[65]. In diesen Grenzen dürfen administrative Überlegungen beziehungsweise das Interesse an einer zweckmäßigen Gesetzesanwendung bei der Rechtsetzung berücksichtigt werden[66].

V. Durchsetzungsprobleme

1. Unüberprüfbare und unanfechtbare Erlasse

20
Verbindliche Bundesgesetze

Verfassungskonforme Auslegung

Gemäß Art. 190 BV sind Bundesgesetze und Völkerrecht für das Bundesgericht und für alle rechtsanwendenden Behörden maßgebend, das heißt, auch im Falle der Verfassungswidrigkeit anzuwenden. Dies schließt eine verfassungskonforme, insbesondere mit dem Grundsatz der rechtsgleichen Behandlung im Einklang stehende Auslegung eines Bundesgesetzes nicht aus. Die verfassungskonforme Auslegung findet aber nach der Rechtsprechung im klaren Wortlaut und Sinn der Gesetzesbestimmung eine Schranke[67]. Nach der neuesten Praxis darf das Bundesgericht zwar ein Bundesgesetz nicht anwenden, wenn es der Europäischen Menschenrechtskonvention widerspricht[68]. Diese neu eröffnete Möglichkeit, ein Bundesgesetz zu überprüfen, hilft bei der Rechtsgleichheit indes kaum weiter, weil Art. 14 EMRK bloß verbietet, jemanden im Genuß der in der Konvention festgelegten Rechte zu benachteiligen.

21
Keine direkte Anfechtung von Bundeserlassen

Für alle übrigen Bundeserlasse – namentlich die eidgenössischen Verordnungen – verbietet die Bundesverfassung die Verfassungsgerichtsbarkeit nicht. Das geltende gesetzliche Rechtsmittelsystem läßt jedoch eine direkte Anfech-

---

64 *Häfelin/Müller/Uhlmann* (FN 28), RN 2641 (Bemessung von Gebühren) u. RN 2655 (Bemessung von Beiträgen); allgemein zum Problem *Weber-Dürler* (FN 61), S. 210 ff.
65 *BGE 125* I 1 (4 f.); *Weber-Dürler* aaO., S. 213.
66 *BGE 124* I 247 (251 f.); *123* I 112 (141 f.); *123* II 9 (13).
67 *BGE 131* II 697 (703) u. 710 (716); *129* II 249 (263) (keine Angleichung des Familiennachzugs von Schweizern an die großzügigere Regelung für Staatsangehörige der EU-Mitgliedstaaten). *Giovanni Biaggini*, Verfassung und Richterrecht, 1991, S. 439 ff., kritisiert die Verabsolutierung der Bindung an Bundesgesetze und tritt dafür ein, auch die verfassungsmäßigen Rechte der Bürger einzubeziehen und praktische Konkordanz zwischen beiden Verfassungsgeboten herzustellen.
68 *Häfelin/Haller*, Bundesstaaatsrecht (LitVerz), RN 1926.

tung von Bundeserlassen nicht zu[69], so daß nur eine akzessorische Prüfung der Verordnungen des Bundesrats und der Bundesversammlung möglich ist.

Im Unterschied zu Bundeserlassen können kantonale Erlasse beim Bundesgericht mit Beschwerde wegen Verletzung der Rechtsgleichheit angefochten werden[70]. Gemäß der bundesgerichtlichen Praxis steht dieses Rechtsmittel allerdings gegen kantonale Verfassungsbestimmungen nicht offen[71]. Diese müssen von der Bundesversammlung genehmigt werden, wobei die Bundesversammlung vorgängig zu prüfen hat, ob die Kantonsverfassung mit der Bundesverfassung (und dem übrigen Bundesrecht) in Einklang steht[72]. Eine zusätzliche gerichtliche Anfechtung der Kantonsverfassung wegen Verletzung verfassungsmäßiger Rechte der Bundesverfassung könnte zu sich widersprechenden Entscheiden von Bundesversammlung und Bundesgericht führen, was unbedingt vermieden werden soll. Das Bundesgericht läßt in neuerer Zeit eine akzessorische Prüfung der Kantonsverfassungen zu, wenn das verfassungsmäßige Recht im Zeitpunkt der Genehmigung durch die Bundesversammlung noch gar nicht in Kraft stand oder sich seit damals weiterentwickelt hat[73]. Dann kann man nicht von widersprüchlichen Entscheiden der obersten Staatsorgane sprechen, weil die Bundesversammlung die Genehmigung seinerzeit durchaus zu Recht erteilte – die Kantonsverfassung ist erst nachträglich in einen Widerspruch zur Bundesverfassung geraten. Konsequenterweise sollte diese differenzierte Praxis auch bei dem hier behandelten verfassungsmäßigen Recht Anwendung finden: Die Rechtsgleichheit steht zwar seit Beginn des Bundesstaats in Kraft, doch wandelt sich ihr Gehalt dauernd mit den herrschenden Wertanschauungen, so daß eine akzessorische Prüfung einer vor Jahrzehnten genehmigten Kantonsverfassung auf Übereinstimmung mit der Rechtsgleichheit durchaus möglich wäre.

22
Beschwerde gegen kantonale Erlasse

Keine Anfechtung der Kantonsverfassung

Akzessorische Prüfung

2. Legitimation zur Beschwerde

Nach einer langjährigen Praxis des Bundesgerichts konnte man gegen einen Erlaß, der Dritte begünstigt, keine staatsrechtliche Beschwerde erheben[74], was die Durchsetzung der Rechtsgleichheit stark beeinträchtigte. Vor gut zwanzig Jahren änderte das Bundesgericht seine Praxis und erkannte, daß die Einräumung von Privilegien den Nichtbegünstigten grundsätzlich benachteilige. Gemäß der neuen Praxis ist die (komplexe!) Legitimationsvoraussetzung des rechtlich geschützten Interesses gegeben, wenn sich der Beschwerdefüh-

23
Rechtsschutz Nichtbegünstigter

---

69 Nach dem Bundesgesetz über das Bundesgericht (BGG) vom 17.6.2005 (SR 173.110) ist die Beschwerde in öffentlich-rechtlichen Angelegenheiten das einzige Rechtsmittel (des eidgenössischen Rechts), das gegen Erlasse erhoben werden kann; es steht nur gegen kantonale Erlasse offen (Art. 82 lit. b). Dies entspricht inhaltlich der bis Ende 2006 geltenden Ordnung nach dem Bundesgesetz über die Organisation der Bundesrechtspflege (OG) vom 16.12.1943 (vgl. insb. Art. 84 Abs. 1 und Art. 97 Abs. 1 OG).
70 Mit Beschwerde in öffentlich-rechtlichen Angelegenheiten gemäß Art. 82 lit. b BGG, bis zu dessen Inkrafttreten mit staatsrechtlicher Beschwerde (Art. 84 Abs. 1 OG).
71 *Häfelin/Haller*, Bundesstaatsrecht (LitVerz.), RN 1028; Supplement (LitVerz.) RN 1033.
72 Art. 51 Abs. 2 u. Art. 172 Abs. 2 BV.
73 *BGE 121* I 138 (146f.) und *Häfelin/Haller*, Bundesstaatsrecht (LitVerz.), RN 1029 ff.
74 *BGE 110* Ia 7 (10f.) mit Hinweisen.

rer in einer vergleichbaren Situation befindet wie die vom Erlaß Begünstigten und wenn sich der den Dritten gewährte Vorteil gleichzeitig für ihn als Nachteil auswirkt. Die seit dem 1.1.2007 offenstehende Beschwerde in öffentlich-rechtlichen Angelegenheiten erweitert die Legitimation gegenüber der staatsrechlichen Beschwerde[75]. Eine Rückkehr zur alten Praxis ist nicht zu erwarten, vielmehr dürfte die bisherige Rechtsprechung weitergeführt werden.

3. Bloße „Appellentscheide"

24
Ausnahmsweise keine Kassation

Eine erfolgreiche Beschwerde führt an sich zur Kassation des angefochtenen Erlasses[76]. In einem aufsehenerregenden Entscheid von 1984 sah das Bundesgericht indes von der Aufhebung verschiedener Bestimmungen eines neuen Steuergesetzes ab, obwohl dieses Ehepaare in rechtsungleicher Weise gegenüber Konkubinatspaaren benachteiligte. Da eine Kassation laut Bundesgericht zur Folge gehabt hätte, daß die noch unbefriedigendere frühere Regelung wieder Geltung erlangt hätte, wies das Gericht die Beschwerde ab und begnügte sich damit, die Verfassungswidrigkeit in der Begründung festzustellen[77]. Der Entscheid blieb in der Literatur sehr umstritten[78]; unter anderem wurde beanstandet, daß das Bundesgericht – im Unterschied zum deutschen Bundesverfassungsgericht[79] – den kantonalen Gesetzgeber nicht formell mit der Vornahme der nötigen Korrekturen beauftragt und eine entsprechende Frist angesetzt hatte[80]. Der hier erstmals befolgte Entscheidungsstil ist problematisch, weil er in einen „Pyrrhussieg" der Beschwerdeführenden mündet; er fand denn auch in der seitherigen Rechtsprechung zur Rechtsgleichheit sozusagen keine Fortsetzung[81].

C. Bedeutung für die Rechtsanwendung

I. Formeln des Bundesgerichts

25
Verletzungen der Rechtsgleichheit

Der Rechtsanwender verletzt die Rechtsgleichheit nach der seit ungefähr achtzig Jahren geltenden Praxis, wenn er einen Rechtssatz bei gleichen tatsächlichen Verhältnissen das eine Mal so, das andere Mal anders auslegt[82]. Nachdem das Bundesgericht anfänglich mit der ausnahmsweisen Behandlung

---

75 *BGE 109* Ia 252; neueste Bestätigung in *BGE 131* I 198 (203). Vgl. Art. 89 Abs. 1 BGG.
76 *Madeleine Camprubi*, Kassation und positive Anordnungen bei der staatsrechtlichen Beschwerde, 1999, S. 143 ff.
77 *BGE 110* Ia 7 (26 f.).
78 Vgl. Literaturangaben bei *Camprubi* (FN 76), S. 230 ff.
79 *Heun*, in: H. Dreier, GG (LitVerz.), Art. 3 RN 54.
80 *Camprubi* (FN 76), S. 241 f.
81 *Camprubi* aaO., S. 233 f., nennt einen einzigen Fall zur Rechtsgleichheit, jedoch einige Entscheide zur Gleichberechtigung von Frau und Mann.
82 *BGE 82* I 102 (106 f.); *90* I 1 (8); *93* I 455 (458); vgl. zur früheren Praxis *Weber-Dürler*, ZBl 105 (2004), S. 1 (3 ff.).

operiert hatte, verwendet es seit ungefähr 1920 für die rechtsanwendenden Organe dieselbe Formel, die schon seit den ersten Jahren der bundesgerichtlichen Rechtsprechung für die Rechtsetzung galt[83]: Art. 4 aBV bzw. Art. 8 Abs. 1 BV verbietet eine rechtliche Differenzierung, wenn sachliche Gründe fehlen bzw. wenn die erheblichen tatsächlichen Verhältnisse gleich liegen[84]. Sporadisch findet sich in den Entscheiden zur Rechtsanwendungsgleichheit auch die Formel, Gleiches sei nach Maßgabe seiner Gleichheit gleich, Ungleiches nach Maßgabe seiner Ungleichheit ungleich zu behandeln[85].

II. Voraussetzungen des Gleichbehandlungsanspruchs

1. Art und Anzahl der Vergleichsfälle

Es erstaunt, daß circa die Hälfte der Beschwerden keine konkreten Drittfälle anführt, sondern mit abstrakten Fallkategorien argumentiert. Wenn der Rechtsanwender auf dem Weg der Auslegung oder Lückenfüllung eine gegenüber dem Gesetz präzisierte generell abstrakte Norm aufstellt, erheben sich dieselben Gleichbehandlungsprobleme, wie wenn die rechtliche Differenzierung bereits im Rechtssatz vorgezeichnet wäre[86]. Prägnant ausgedrückt dürfen Auslegung und Lückenfüllung eben nicht zu Differenzierungen führen, die dem Gesetzgeber untersagt wären[87]. Die Gleichheitsprüfung gegenüber dem Rechtsanwender erfolgt dann genau gleich wie eine Gleichheitsprüfung gegenüber dem Rechtsetzer im Rahmen der abstrakten oder konkreten Normenkontrolle[88]. Nur bei dieser Fallkategorie kommt es übrigens auch vor, daß innerhalb der Rechtsgleichheit nicht die Komponente „Gleiches gleich", sondern die Komponente „Ungleiches ungleich" angerufen wird[89]. So hat eine Studentin, welcher ein unentgeltlicher Rechtsbeistand mit Rücksicht auf die Unterhaltspflicht der Eltern verweigert worden war, (allerdings vergebens) geltend gemacht, es verletze Art. 8 Abs. 1 BV, wenn der Rechtsanwender bei der Unterhaltspflicht nicht zwischen unmündigen und mündigen Kindern differenziere und die Eltern auch für die Prozeßkosten von mündigen Kindern heranziehe[90].

26
Problematik abstrakter Fallkategorien

Typischer und spezifischer für die Rechtsanwendungsgleichheit sind Beschwerden, in denen *konkrete Drittfälle* ins Feld geführt werden[91]. Eine ge-

27

---

83 Vgl. FN 30.
84 *BGE 131* I 105 (107) u. 394 (399); *129* I 113 (125f.); in *BGE 112* Ia 193 findet sie sich sogar im Leitsatz.
85 *BGE 131* I 394 (399); *127* I 202 (209); *129* I 113 (125f.).
86 *Weber-Dürler* (FN 5), S. 22 ff.
87 *Heun*, in: H. Dreier, GG (LitVerz.), Art. 3 RN 61; *Jarass*, in: ders./Pieroth, GG (LitVerz.), Art. 3 RN 37.
88 Vgl. als relativ anschauliche Beispiele *BGE 123* I 1 (7 ff.); das Bundesgericht verwendet sogar die Rechtsetzungsformel (!); *122* I 109 (114 f.); *121* I 97 (99 ff.); weitere Judikatur bei *Weber-Dürler*, ZBl 105 (2004), S. 1 (9 FN 51).
89 Neuestes Beispiel: *BGE 129* V 110 (112).
90 *BGE 127* I 202 (209); weitere Judikatur bei *Weber-Dürler* aaO., S. 10 FN 52.
91 Der Inhaber der Minigolfanlage weist auf die benachbarte Kegelbahn hin, bei der keine Billettsteuer erhoben wird (*BGE 90* I 159), der Käufer eines Reiheneinfamilienhauses auf die viel tiefere Besteuerung der vier Nachbarhäuser (*BGE 98* Ia 151 [156 ff.]) usw.

wisse Unsicherheit besteht in der Frage, ob es genügt, einen einzigen Drittfall zu nennen, der anders behandelt wurde, oder ob es nötig ist, eine Reihe von Drittfällen oder gar eine verbreitete oder allgemeine Praxis anzuführen[92]. Wenn es darum geht, daß das Gesetz das eine Mal so, das eine Mal anders angewendet wird, ist es nicht erforderlich, eine ganze Reihe von Präjudizien aufzuzeigen. Der Schutz der Rechtsgleichheit setzt ein, sobald ein *einziger vergleichbarer Drittfall* ins Feld geführt wird[93]. Das Bundesgericht hat auch bei Beschwerden, die auf einem oder ein paar wenigen Präjudizien aufbauten, die sachliche Begründung geprüft[94]; solche Beschwerden waren wiederholt erfolgreich[95]. Allerdings ist der Anspruch auf jene Behandlung, die dem Drittfall zukam, selbst bei fehlender sachlicher Begründung noch nicht ohne weiteres ausgewiesen. Wie sogleich auszuführen ist (Abschnitt III), tritt der Gleichbehandlungsanspruch nämlich häufig in eine Antinomie mit anderen Grundprinzipien und findet in ihnen möglicherweise eine Schranke.

Anzahl vergleichbarer Drittfälle

2. Sachliche Gründe für die Ungleichbehandlung

28 *Fallgruppen*

Die zentrale Frage, ob sachliche Gründe für eine unterschiedliche Beurteilung vorliegen, wird in der Gerichtspraxis einzelfallbezogen beantwortet; es lassen sich also keine weiterführenden abstrakten Formeln herauskristallisieren. Immerhin können folgende Fallgruppen herausgearbeitet werden:

29 *Sachliche Differenzierung nach Maßgabe des Gesetzeszwecks*

Vielfach ergeben sich sachliche Gründe, welche eine differenzierende Gesetzesanwendung rechtfertigen, aus dem Gesetzeszweck. Zum Teil ist der Bezug zum Gesetzeszweck gelockert, weil zusätzliche Gesichtspunkte einbezogen werden. Wenn die Behörde direkte Zufahrten von Privatgrundstücken zu Hauptstraßen im Interesse der Verkehrssicherheit unterbinden kann, ist es sachlich begründet, nicht nur die Gefährlichkeit der Zufahrt zu berücksichtigen, sondern gewisse Betriebe wie Tankstellen wegen ihrer Funktion zu privilegieren[96]. Die durch die unbestimmten Rechtsbegriffe eröffneten Beurteilungsspielräume dürfen also großzügig genutzt werden, solange die Begründung vernünftig und sachlich bleibt.

30 *Kriterienwahl bei Ermessensspielräumen*

Noch größer ist die Freiheit der Verwaltung in der Kriterienwahl bei Ermessensspielräumen. Als eine Kantonsregierung die fünfzehn Fischereipatente, die dem betreffenden Kanton für den Zürichsee zustanden, unter die fünfundzwanzig Bewerber verteilen mußte, fehlte es laut Bundesgericht völlig an ei-

---

92 Sie wird spürbar, wenn ein Beschwerdeführer zum Mißvergnügen der Rechtsmittelinstanz den Beweisantrag stellt, die Steuerakten von mehr als hundert Geschäftsleuten beizuziehen (*BGE* 103 Ib 341 [348]) oder einen Amtsbericht über die gesamte Praxis einzuholen (*BGE* 122 II 446 [451]).
93 *Silvio Arioli,* Das Verbot der willkürlichen und der rechtsungleichen Rechtsanwendung im Sinne von Art. 4 der Bundesverfassung, 1968, S. 105; *Hans Dubs,* Praxisänderungen, 1949, S. 177 f.; *Biaggini* (FN 67), S. 369.
94 Als Beispiele *BGE* 125 II 613 (622); *123* II 402 (417 f.); *121* I 279 (285 f.); weitere Judikatur bei *Weber-Dürler,* ZBl 105 (2004), S. 1 (12 FN 74).
95 Als Beispiele *BGE* 129 I 113 (im Ls. und 125 ff.); *107* Ib 334 (339); *98* Ib 333 (340); weitere Judikatur bei *Weber-Dürler* aaO., S. 12 FN 75.
96 *BGE* 101 Ia 188 (190 f.).

ner Aussage im positiven Recht, nach welchen Gesichtspunkten die Verteilung zu erfolgen habe[97]. Das Gericht schloß aus der Rechtsgleichheit, die Auswahl habe nach gewissen Kriterien persönlicher und sachlicher Art zu geschehen, die nach außen erkennbar, kontrollierbar und ihrerseits vor dem Grundsatz der Rechtsgleichheit haltbar sein müßten[98]. Ausnahmsweise bewegt sich die Behörde sodann außerhalb des Gesetzes. Fehlt ein Gesetz, ist es offensichtlich ausgeschlossen, die sachlichen Gründe bzw. die erheblichen tatsächlichen Unterschiede auf Grund der gesetzesimmanenten Zwecksetzung zu ermitteln; vielmehr müssen ähnliche Maßstäbe wie gegenüber dem Gesetzgeber selbst zur Anwendung kommen. Als Beispiele seien Fälle genannt, in denen die Behörde ohne gesetzliche Vorschrift Rechtsmittelbelehrungen erteilt[99], Informationen abgibt[100], Prozeßakten herausgibt[101] oder eine staatliche Entschädigung ausrichtet[102].

Handeln außerhalb des Gesetzes

III. Schranken des Gleichbehandlungsanspruchs

1. Divergierende Entscheide verschiedener Behörden

Der Gleichbehandlungsanspruch setzt nach der Rechtsprechung voraus, daß die gleiche Behörde vergleichbare Fälle ohne sachlichen Grund ungleich behandelt hat. Er ist mit andern Worten an das Erfordernis der Identität der Behörde geknüpft und versagt, sobald verschiedene Behörden divergierende Entscheide fällen. So kann von einer rechtsungleichen Behandlung keine Rede sein, wenn eine obere Behörde eine Gesetzesbestimmung anders auslegt als die untere Instanz[103].

31
Identität der Behörde

Probleme ergeben sich zwangsläufig, wenn ein Gesetz von verschiedenen Behörden mit unterschiedlicher *örtlicher Zuständigkeit* angewendet wird. Überläßt der Bund die Anwendung des Bundesrechts den Kantonen, besteht das Risiko ungleicher Praxen, ohne daß die Unterschiede sachlich begründbar sind. Daß es zu solchen rechtsungleichen Entscheiden kommt, ist dem föderalistischen Gesetzesvollzug inhärent[104]. Es kommt nicht in Frage, daß ein Beschwerdeführer die Behörden eines Kantons durch Rechtsmittel zwingen kann, sich der Praxis eines andern Kantons anzupassen[105]; insofern bildet der Föderalismus eine absolute Schranke des Gleichbehandlungsanspruchs. Entsprechendes gilt für die uneinheitliche Anwendung kantonalen Rechts durch kommunale oder andere örtlich dezentralisierte Behörden. Der ungleichen Handhabung des gleichen Gesetzes durch rechtsanwendende Behörden mit

32
Dezentralisierte Rechtsanwendung

---

97 *BGE 34* I 207 (212).
98 AaO., S. 213.
99 *BGE 98* Ib 333 (340).
100 *BGE 104* Ia 377 (378).
101 *BGE 122* I 109 (112 f.).
102 *BGE 46* I 491 (495 f.).
103 *BGE 102* Ia 81 (87).
104 *BGE 124* IV 44 (47).
105 *BGE 117* II 340 (345 f.).

verschiedener örtlicher Zuständigkeit muß also primär auf anderen Wegen begegnet werden – über die Einrichtung von zentralen Rechtsmittelinstanzen, an die auch die Behörde gelangen kann[106], oder durch aufsichtsrechtliche Maßnahmen[107].

2. Praxisänderung

33
Mögliche Einschränkung des Gleichbehandlungsanspruchs

Die Entscheidungstätigkeit der rechtsanwendenden Behörden ist zwangsläufig mit Praxisänderungen verbunden, eine starre Bindung an die eigenen Präjudizien würde jede Rechtsfortbildung verunmöglichen. Das Bundesgericht löste den Konflikt, indem es die Praxisänderung ausdrücklich als mögliche Einschränkung des Gleichbehandlungsanspruchs anerkannte[108].

34
Hinreichende Gründe

Vertrauensschutz

Laut der Rechtsprechung, die sich neben der Rechtsgleichheit noch auf den Grundsatz der Rechtssicherheit stützt, ist eine Praxisänderung zulässig, sofern sie auf hinreichenden sachlichen Gründen beruht[109]; in Betracht kommen vor allem veränderte tatsächliche Verhältnisse sowie verbesserte Erkenntnis oder Einsicht des Rechtsanwenders[110]. Hingegen ist eine Praxisänderung unzulässig, wenn sie berechtigtes Vertrauen in die bisherige Praxis enttäuscht und gegen Treu und Glauben verstößt, doch wird dieses bloße Übergangsproblem heute über den Vertrauensschutz gemäß Art. 9 BV gelöst[111]. Sieht man von den Vertrauensschutzfällen ab, sind auf Art. 4 aBV gestützte Rekurse gegen eine Praxisänderung äußerst selten erfolgreich gewesen[112]. Von der Rechtsgleichheit aus gesehen bedeutet dies, daß der Gleichbehandlungsanspruch praktisch chancenlos ist, sobald die Behörde eine Praxisänderung ins Feld führt und diese mit plausiblen Erwägungen begründet.

35
Bedeutsame Schranke

Dem Gleichbehandlungsanspruch erwächst durch die Praxisänderung eine praktisch sehr bedeutsame Schranke. Das schlagende Argument kann von der Behörde fast immer mobilisiert werden – weil sich die Beschwerden meistens auf früher entschiedene Fälle stützen – und scheidet eigentlich nur aus, wenn wie bei Prüfungen, Einbürgerungen oder Personaleinstellungen parallele Fälle im gleichen Zeitpunkt[113] oder gar in einem einzigen Verfahren rechtsungleich behandelt werden. Selbstverständlich muß die Praxisänderung zeitlich prinzipiell für alle Fälle einheitlich erfolgen; unzulässig wäre es, wenn eine Behörde die neue Praxis zunächst nur gegenüber einem oder wenigen Privaten zur Anwendung bringen will, um anhand dieser „Testfälle" abzuklären, ob höhere Instanzen die Praxisänderung akzeptieren oder nicht[114].

---

106 *BGE 129* I 1 (3f.).
107 *BGE 128* I 254 (267).
108 *BGE 49* I 293 (300f.); *Arioli* (FN 93), S. 105 ff.
109 *BGE 127* I 49 (52); *127* V 289 (292); *125* I 458 (471); *125* II 152 (162f.); *Biaggini* (FN 67), S. 362 ff.
110 *BGE 127* V 289 (292); *122* I 57 (59).
111 *Beatrice Weber-Dürler*, Vertrauensschutz im öffentlichen Recht, 1983, S. 234 ff.; *dies.*, Neuere Entwicklung des Vertrauensschutzes, ZBl 103 (2002), S. 304 f.; die ältere Literatur hat den Vertrauensschutz noch nicht von der Rechtsgleichheit getrennt, vgl. *Arioli* (FN 93), S. 107.
112 *BGE 49* I 293 (302) wäre heute ein typischer Vertrauensschutzfall.
113 *BGE 127* I 1 (4).
114 *Max Imboden/René A. Rhinow*, Schweizerisches Verwaltungsrechtsprechung, Bd. I, 1976, Nr. 72 IV.

Noch eine weitere Überlegung schließt sich an: Darf die Behörde eine konstante, einheitliche Praxis aus sachlichen Gründen revidieren, muß es ihr a fortiori erlaubt sein, eine bisher schwankende Praxis zu korrigieren, um zu einer konsistenten Praxis überzugehen[115]. Desgleichen darf sie einzelne Präjudizien, die ein Beschwerdeführer als Drittfälle heranzieht, zu bedauerlichen Ausnahmen („Ausreißern") deklarieren und die Absicht äußern, sich künftig konsequent an die Regelpraxis zu halten[116].

36
Übergang zu konsistenter Praxis

3. Gleichbehandlung im Unrecht

In der Regel kann die Rechtsgleichheit keinen Anspruch auf eine gesetzwidrige Behandlung – auf sogenannte Gleichbehandlung im Unrecht – verschaffen[117]. Im Gegensatz zur deutschen Rechtsprechung[118] anerkennt das schweizerische Bundesgericht aber ausnahmsweise einen solchen Anspruch. Begründet die Behörde mit haltbaren Gründen eine Praxisänderung, ist der Gleichbehandlungsanspruch wie soeben ausgeführt chancenlos. Das muß umso mehr für die Aufgabe einer gesetzwidrigen Praxis gelten[119]. Umgekehrt handelt die Behörde der Rechtsgleichheit zuwider, wenn sie es ablehnt, ihre gesetzwidrige Praxis aufzugeben und sich in Zukunft konsequent an das Gesetz zu halten[120]. Eine solche Ablehnung wurde insbesondere dann angenommen, wenn die Behörde von der gesetzmäßigen Praxis einen untragbaren Verwaltungsaufwand befürchtete[121] oder sich an (gesetzwidrige) Weisungen hielt, deren Aufhebung nicht in Sicht war[122]. In den dazwischenliegenden Fällen, in denen die Behörde sich weder für noch gegen eine Praxisänderung ausspricht, stellt das Bundesgericht auf die mutmaßliche Haltung der Behörde ab[123].

37
Ausnahmsweise Anerkennung

Orientierung an mutmaßlicher Haltung der Behörde

Bei Renitenz der Behörde begründet die Rechtsgleichheit also einen Anspruch auf die gesetzwidrige Behandlung, die dem oder den Dritten zukam. Dieser Anspruch stößt jedoch auf das Hindernis, daß das Gesetzmäßigkeitsprinzip[124] gleichzeitig einen gesetzmäßigen Entscheid erheischt – die Rechtsanwendungsgleichheit und das Gesetzmäßigkeitsprinzip fordern im konkreten Fall Konträres und können nicht beide verwirklicht werden. Der Konflikt zwischen den beiden Verfassungsgrundsätzen wird durch eine Interessenabwägung im Einzelfall gelöst[125]. Es geht darum, praktische Konkordanz zwi-

38
Rechtsanwendungsgleichheit und Gesetzmäßigkeitsprinzip

Interessenabwägung im Einzelfall

---

115 So schon *BGE 7*, 624 (633).
116 *BGE 47* I 394 (406); *BGer* ZBl 79 (1978), S. 349 f.
117 *BGE 126* V 390 (392); *122* II 446 (451); weitere Belege bei *Weber-Dürler*, ZBl 105 (2004), S. 1 (19 FN 120); nach der frühen Rechtsprechung galt der Grundsatz absolut.
118 *Heun*, in: H. Dreier, GG (LitVerz.), Art. 3 RN 60.
119 *BGE 127* II 113 (121); weitere Belege bei *Weber-Dürler*, ZBl 105 (2004), S. 1 (21 FN 136).
120 Eine solch renitente Haltung der Behörde wurde bejaht in *BGE 108* Ia 212 (214 f.) u. *99* Ib 283 (291) und stand zur Debatte in *BGE 115* Ia 81 (83 f.).
121 *BGE 98* Ia 151 (162) und 657 (658 f.).
122 *BGE 126* V 390 (392 f.); *103* Ia 242 (245 f.).
123 *Auer*, ZBl 79 (1978), S. 281 (297).
124 In der neuen Bundesverfassung als Grundsatz rechtsstaatlichen Handelns garantiert in Art. 5 Abs. 1.
125 *BGE 115* Ia 81 (83); *108* Ia 212 (214); *99* Ib 377 (384 f.); *Auer*, ZBl 79 (1978), S. 281 (298 f.).

§ 210   Vierzehnter Teil: II. Einzelgrundrechte

schen den beiden konkurrierenden Verfassungssätzen herzustellen[126]. Das Legalitätsinteresse wiegt in gewissen Rechtsgebieten wie im Polizei-, Raumplanungs- und Umweltrecht tendenziell relativ schwer und wird dem Gleichbehandlungsinteresse im allgemeinen vorgehen[127]. Im Strafrecht wurde eine Gleichheit im Unrecht sogar wiederholt kategorisch abgelehnt[128], was aber zu weit geht[129]. Ein Anspruch auf Gleichheit im Unrecht kommt hingegen im Abgaberecht in Betracht; die meisten positiven Urteile betreffen denn auch dieses Rechtsgebiet[130].

39
Zusätzliche Voraussetzung des Anspruchs auf Gleichbehandlung

Die geschilderte Rechtsprechung gilt zwar noch heute, wurde jedoch in neuerer Zeit durch eine zusätzliche Bedingung ergänzt; damit haben sich die Aussichten auf Gleichbehandlung im Unrecht verschlechtert. Die Entwicklung nahm ihren Anfang, als das Bundesgericht nach 1970 erstmals erklärte, die Rechtsgleichheit gebe (grundsätzlich) keinen Anspruch, ebenfalls abweichend vom Gesetz behandelt zu werden, wenn nur in einem einzigen oder einigen wenigen Fällen gesetzwidrig entschieden worden sei[131]. Obwohl es sich nur um ein obiter dictum handelte, hat das Gericht die Aussage in der Folge vielfach stereotyp wiederholt[132]. In Tat und Wahrheit ist die Rechtsgleichheit in diesem Fall sehr wohl betroffen[133], doch stößt sie – wie soeben besprochen – an eine Schranke, wenn die Behörde die gesetzwidrigen Drittfälle zu bedauerlichen Ausnahmen erklärt und die Absicht äußert, sich in Zukunft konsequent an das Gesetz zu halten. Wenn sich die Behörde hingegen renitent verhält, sollte sich der Anspruch auf Gleichbehandlung entgegen dem Gesetz durchsetzen, obwohl nur ein einzelnes oder einige wenige Präju-

Ständige gesetzwidrige Praxis

dizien angeführt werden[134]. Neuere Entscheide sind nun aber noch einen Schritt weiter gegangen, haben die gefährliche Kurzformel durch einen Umkehrschluß verselbständigt und fordern positiv eine ständige gesetzwidrige Praxis, damit ein Anspruch auf Gleichbehandlung im Unrecht in Betracht komme[135]. Diese zusätzliche Voraussetzung entbehrt jeder dogmatischen Begründung. Sie bewirkt, daß der Gleichbehandlungsanspruch auch bei stoßenden Ungleichheiten zu einem oder verschiedenen Präjudizien – trotz

---

126 *K. Hesse* (LitVerz.), RN 72 und 317.
127 *BGE 117* Ib 414 (425) – Umweltschutzrecht; *117* Ib 266 (270) – Raumplanung; *116* Ib 228 (235) – Raumplanung; *108* Ia 212 (215) – Baurecht, Einbezug der Interessen des beschwerdeführenden Nachbarn.
128 *BGE 100* IV 190 (191); *98* Ia 20; *97* IV 77 (82); *89* IV 132 (135) und 195 (200); *81* IV 112 (118).
129 Nicht so absolut lauten *BGE 115* Ia 81 (84) – Frage der Interessenabwägung, deren Ergebnis für den Straftatbestand der unzüchtigen Veröffentlichung offengelassen wird; *BGer* ZBl 93 (1992), S. 232 (234).
130 *BGE 103* Ia 242 (244 ff.) – Steuerrecht; *99* Ib 283 (291) – Beförderung zur Zeitungstaxe; *98* Ia 151 (162) u. 657 (658 f.).
131 *BGE 98* Ia 151 (161 f.).
132 *BGE 126* V 390 (392); *123* II 248 (254); *122* II 446 (451) usw. bis zu *99* Ib 283 (291) und 377 (384).
133 Vgl. C II, RN 27 (bei FN 93–95).
134 So in *BGE 99* Ib 283 (290 ff.) – Zeitschrift PRO im Gegensatz zur NSB-Revue zur Zeitungstaxe befördert; in *BGE 98* Ia 151 nannte der erfolgreiche Beschwerdeführer bloß vier Fälle; *Auer*, ZBl 79 (1978), S. 281 (296). In vielen weiteren Urteilen hat das Bundesgericht die Prüfung des Gleichbehandlungsanspruchs zumindest fortgesetzt, vgl. die Belege bei *Weber-Dürler*, ZBl 105 (2004), S. 1 (20 FN 130).
135 *BGE 127* I 1 (4); *123* II 248 (254); *115* Ia 81 (83); *112* Ib 381 (387).

Renitenz der Behörde – von vornherein ausscheidet. Seit 1977 sind denn auch praktisch keine erfolgreichen Beschwerden mehr zu registrieren[136].

Zusammenfassend anerkennt das Bundesgericht nach der geltenden Rechtsprechung einen Anspruch auf Gleichbehandlung entgegen dem Gesetz, wenn eine eigentliche gesetzwidrige Praxis besteht, welche die Behörde nicht aufgeben will, und wenn zugleich keine überwiegenden Interessen die Anwendung des Gesetzes fordern. Meines Erachtens ist die Voraussetzung einer eigentlichen gesetzwidrigen Praxis nicht haltbar; es sollte genügen, daß in der Beschwerde auf ein gesetzwidriges Präjudiz hingewiesen wird, von dem sich die Behörde aber nicht distanzieren will.

40
Voraussetzung gesetzwidriger Praxis nicht haltbar

IV. Durchsetzungsprobleme

1. Rechtsmittel ans Bundesgericht

Gemäß dem neuen Bundesgerichtsgesetz kann mit der ordentlichen Beschwerde die Rüge der Verletzung von Bundesrecht erhoben werden[137]. Zum Bundesrecht gehören selbstverständlich auch die Grundrechte der Bundesverfassung, insbesondere der allgemeine Gleichheitssatz in Art. 8 Abs. 1 BV. Wenn das Bundesgericht eine umfassende Rechtmäßigkeitskontrolle vornehmen darf, hat das Gleichbehandlungsgebot aber nur eine beschränkte Bedeutung[138]. So spielt die Rüge, eine Praxisänderung der Vorinstanz verstoße gegen die Rechtsgleichheit, praktisch keine Rolle. Das Bundesgericht wird ohnehin mit freier Kognition über die richtige Auslegung des Gesetzes entscheiden.

41
Umfassende Rechtmäßigkeitskontrolle

Soweit beim angefochtenen Entscheid hingegen nicht Bundesrecht, sondern kantonales Recht zur Anwendung gelangt ist, scheidet die Rüge, das einfache Gesetzesrecht sei mißachtet worden, aus. Falls nicht kantonale verfassungsmäßige Rechte angerufen werden[139], bleibt nur die Rüge, Bundesrecht – insbesondere das Willkürverbot in Art. 9 BV oder aber das Gleichbehandlungsgebot in Art. 8 Abs. 1 BV – seien verletzt. Die Rechtmäßigkeitskontrolle des Bundesgerichts hinsichtlich des kantonalen Rechts ist also beschränkt, was zu einer vergleichsweise größeren Bedeutung des Gleichbehandlungsgebots führt.

42
Beschränkte Rechtmäßigkeitskontrolle bei kantonalem Recht

Ist die ordentliche Beschwerde gegen kantonale Entscheide nicht zulässig, steht die subsidiäre Verfassungsbeschwerde offen[140]. Sie springt insbesondere in die Lücke, wenn die Beschwerde in öffentlich-rechtlichen Angelegenheiten nicht gegeben ist, weil die Materie – wie beispielsweise die ordentliche Einbürgerung oder Subventionen, auf die kein Anspruch besteht – im Ausnahme-

43
Beschränkte Rechtmäßigkeitskontrolle bei subsidiärer Verfassungsbeschwerde

---

136 In der offiziellen Sammlung wird der Anspruch auf Gleichbehandlung im Unrecht seit *BGE* 103 Ia 242 (244 ff.) nur noch in *BGE 126* V 390 bejaht (einem eigenartigen Entscheid, bei dem der Sachverhalt unklar bleibt); kritisch gegenüber dem allzu starken Vorrang der Legalität gegenüber der Gleichheit *Martenet* (FN 55), RN 163 ff.
137 Art. 95 lit. a BGG.
138 Vgl. zu Deutschland *Heun*, in: H. Dreier, GG (LitVerz.), Art. 3 RN 50, 55 u. 61.
139 Art. 95 lit. c BGG.
140 Art. 113 BGG.

katalog des Art. 83 BGG figuriert. Mit der subsidiären Verfassungsbeschwerde kann aber nur die Verletzung von verfassungsmäßigen Rechten gerügt werden[141]. Das allgemeine Gleichheitsgebot dürfte bei diesem Rechtsmittel, das nur eine sehr beschränkte Rechtmäßigkeitskontrolle erlaubt, eine wichtige Rolle spielen[142].

2. Legitimation zur ordentlichen Beschwerde

44
Adressat

Die Legitimation zur ordentlichen Beschwerde hängt im wesentlichen davon ab, daß der Beschwerdeführer vom angefochtenen Entscheid besonders berührt ist und ein schutzwürdiges Interesse an dessen Aufhebung hat[143]. Diese Voraussetzungen sind beim Adressaten eines Rechtsanwendungsakts unproblematisch und stets erfüllt, sofern er beschwert ist[144]. Bei Dritten wird der Kreis der Legitimierten hingegen eng gefaßt[145]. Schon nach bisherigem Recht verlangte das Bundesgericht, daß der Beschwerdeführer oder die Beschwerdeführerin stärker als jedermann betroffen ist und in einer besonderen, beachtenswerten, nahen Beziehung zur Streitsache steht[146]. Als Dritte kamen praktisch nur von nachteiligen Immissionen betroffene Nachbarn oder eventuell auch Konkurrenten in Betracht[147]. Unter dem neuen Recht wird das Beschwerderecht Dritter keinesfalls großzügiger interpretiert werden[148], so daß auch Gleichbehandlungsbeschwerden von Dritten eine seltene Ausnahme bleiben werden.

Dritte

3. Legitimation zur subsidiären Verfassungsbeschwerde

45
Engere Legitimation

Die Legitimation zur subsidiären Verfassungsbeschwerde ist enger als bei der ordentlichen Beschwerde. Wie bei der früheren staatsrechtlichen Beschwerde wird ein rechtlich geschütztes Interesse an der Aufhebung oder Änderung des angefochtenen Entscheids verlangt[149]. Es ist zu erwarten, daß das Bundesgericht die bisherige Rechtsprechung weiterführen wird.

46
Ausschluß von Drittbeschwerden

In den ersten Jahrzehnten der bundesgerichtlichen Rechtsprechung war es möglich, eine *drittbegünstigende Verfügung* mit staatsrechtlicher Beschwerde wegen Verletzung der Rechtsgleichheit anzufechten[150]. Erst in der späteren Rechtsprechung hat das Bundesgericht die Legitimation bei solchen Rechts-

---

141 Art. 116 BGG.
142 Sofern sich die neueste Legitimationsbeschränkung nicht als Hindernis erweist; dazu die folgende RN 47.
143 Art. 89 Abs. 1 lit. b und c BGG.
144 *BGE 131* II 449 (452); *123* II 359 (362).
145 *BGE 131* II 649 (651 f.).
146 *BGE 131* II 587 (589 f.); *127* V 80 (82). Das schutzwürdige Interesse besteht im praktischen Nutzen, den die Gutheißung der Beschwerde dem Betroffenen verschaffen würde.
147 Urteil 1 A.54/2005 E. 2.7.1 (Nachbarn); *BGE 127* II 264 (269) (Konkurrenten).
148 Botschaft zur Totalrevision der Bundesrechtspflege, Bundesblatt 2001, 4202 (4329).
149 Art. 115 lit. b BGG; vgl. zur staatsrechtlichen Beschwerde Art. 88 OG.
150 *Zaccaria Giacometti*, Die Verfassungsgerichtsbarkeit des Schweizerischen Bundesgerichtes, 1933, S. 173; Rückblick in *BGE 109* Ia 252 (253 f.).

gleichheitsbeschwerden verneint, weil sonst Popularbeschwerden zugelassen würden[151]. In der neueren Bundesgerichtspraxis trifft man ausschließlich auf Fälle, in denen der Beschwerdeführer eine Verfügung (bzw. ein Urteil) anficht, von der er persönlich als Adressat betroffen ist. Das Argument der rechtsungleichen Behandlung verhilft nicht mehr dazu, eine drittbegünstigende Verfügung zu Fall zu bringen, und kann im Verfahren der staatsrechtlichen Beschwerde nur noch benützt werden, um einen günstigeren Entscheid in eigener Sache zu erzielen[152].

Durch die jüngste Rechtsprechung ist jedoch in Frage gestellt, ob man sich in einer Verfassungsbeschwerde *in eigener Sache* auf die Rechtsanwendungsgleichheit berufen kann. Nach einem Entscheid des Jahres 2003 verschafft Art. 8 Abs. 1 BV für sich allein keine legitimationsbegründende geschützte Rechtsstellung[153]. Erforderlich ist wie bei der Willkürrüge[154], daß Vorschriften rechtsungleich angewendet werden, die einen Anspruch des Betroffenen begründen oder zumindest auch dem Schutz des Betroffenen dienen. An dieser neuen Legitimationshürde werden zwangsläufig fast alle Beschwerden[155] in den durch weitgehende Ermessensfreiheit gekennzeichneten Bereichen[156] scheitern. Betroffen sind also genau jene Fälle, in denen die Gefahr einer rechtsungleichen Behandlung besonders groß ist. Die subsidiäre Verfassungsbeschwerde wird die ihr zugedachte Funktion im Bereich des Einbürgerungs- und des Subventionsrechts gerade nicht erfüllen und ausscheiden. Die neueste Praxis zur Legitimation bei Beschwerden wegen rechtsungleicher Behandlung ist meines Erachtens klar abzulehnen[157], weil sie die Rechtsanwendungsgleichheit in einem zentralen Bereich ihres verfassungsgerichtlichen Schutzes beraubt. Die bedeutende Praxisänderung ist zudem ohne Begründung – unter Berufung auf frühere obiter dicta[158] – erfolgt. Man kann lediglich vermuten, daß der weite Schutzbereich der Rechtsgleichheit[159] ein Argument bildete. Der Schutz der Rechtsanwendungsgleichheit setzt jedoch nur ein, wenn der Beschwerdeführer vergleichbare Fälle namhaft macht, die von der gleichen Behörde anders entschieden wurden; der Kreis der Personen, die sich auf das Grundrecht berufen können, sollte in einem Rechtsstaat nicht allzu groß sein, so daß sich eine Legitimationsbeschränkung nicht aufdrängt.

47
Problematische Legitimationsbeschränkung beim Adressaten

---

151 *BGE 116* Ia 193 (195); *85* I 52 (53 f.); *72* I 97. Weitere Belege bei *Pierre Moor*, Droit administratif, Bd. I, 1994, S. 465 f., der sich kritisch zur neueren Rechtsprechung äußert.
152 Vgl. zur unterschiedlichen Beurteilung der Legitimation *BGE 98* Ia 151 (155).
153 Die Praxis wurde in *BGE 126* I 81 (86, erste Zeile) in einem obiter dictum angekündigt, die Praxisänderung in *BGE 129* I 113 (118) angenommen; anders noch ausdrücklich *BGE 98* Ia 151 (155, Erw. 2).
154 *BGE 129* I 217 (221 f.).
155 Es sei denn, das Ermessen sei im Interesse des Privaten eingeräumt worden, was kaum je der Fall sein dürfte; kritisch zu entsprechenden Entscheiden aus Deutschland auch *Pietzcker*, Zu den Voraussetzungen des Anspruchs auf Gleichbehandlung nach Art. 3 I GG, JZ 1989, S. 305 f.
156 *BGE 121* I 267 (271 f.) nennt diese Bereiche (im Zusammenhang mit der Willkürbeschwerde): Wahlen und Wiederwahlen von Beamten, fakultative Staatsbeiträge, Aufenthaltsbewilligungen, Einbürgerungen, Steuererlasse, Begnadigungen usw.
157 So auch *Martenet* (FN 55), RN 196 ff.; mit eingehender Begründung *Weber-Dürler*, ZBl 105 (2004), S. 1 (32 ff.).
158 *BGE 112* Ia 174 (178) und *105* Ia 271 (275).
159 Wie beim Willkürverbot, vgl. *BGE 129* I 217 (220).

D. Abbau sozialer Ungleichheiten und Chancengleichheit

48
Konstitutiv-institutionelle Deutung der Grundrechte

Die „konstitutiv-institutionelle" Deutung der Freiheitsrechte hat in der Schweiz in *Peter Saladin* und *Jörg Paul Müller* prominente Vertreter gefunden; danach verpflichten die Freiheitsrechte den Gesetzgeber programmatisch, die tatsächliche Freiheitsausübung zu fördern und zu schützen, etwa durch finanzielle Vorkehren oder durch Bestimmungen, welche den Freiheitsrechten indirekte Drittwirkung unter Privaten verschaffen[160]. Obgleich das Bundesgericht den Bestrebungen der Doktrin zurückhaltend begegnete[161], hat sie einen deutlichen Niederschlag in der neuen Bundesverfassung gefunden[162]. Im Hinblick auf die allgemeine Rechtsgleichheit hat dieses moderne Grundrechtsverständnis, welches die tatsächliche Egalisierung und den Abbau sozialer Ungleichheiten verlangen würde, vergleichsweise sehr wenig Resonanz gefunden[163]. Nur am Rande sei bemerkt, daß es sich bei der Gleichberechtigung von Frau und Mann anders verhält; dort beauftragt die Verfassung den Gesetzgeber ausdrücklich, auch für die „tatsächliche Gleichstellung, vor allem in Familie, Ausbildung und Arbeit", zu sorgen[164]. Immerhin gibt die

Neue Impulse für die allgemeine Rechtsgleichheit

totalrevidierte Bundesverfassung dem Gesetzgeber neue Impulse, die auch für die allgemeine Rechtsgleichheit von Bedeutung sind: In Art. 41 BV werden dem Staat neu „Sozialziele" vorgezeichnet, welche staatliche Leistungen von existenzieller Bedeutung betreffen[165]. Die Verfassung formuliert programmatisch Handlungsaufträge, die den Bund und die Kantone verpflichten, sich für elementare menschliche Bedürfnisse wie Gesundheit, soziale Sicherheit, Wohnen, Bildung und Arbeit einzusetzen[166]. Soweit es um diese Ziele geht, besteht der nötige Konsens, um auch die Rechtsgleichheit als Appell an den Gesetzgeber heranzuziehen. Ein weitergehendes Umverteilungsziel findet indes keine Grundlage in der Bundesverfassung. Es würde überdies in einem prinzipiellen und kaum lösbaren Spannungsverhältnis zu den Freiheitsrechten stehen, namentlich zur Wirtschafts- und Eigentumsfreiheit[167]. Angesichts des heftigen politischen Kampfes, welcher der rechtlichen Verankerung

---

160 *Häfelin/Haller*, Bundesstaatsrecht (LitVerz.), RN 261 ff., mit Literaturhinweisen.
161 *Häfelin/Haller* aaO., RN 269 f.
162 Art. 35 Abs. 1: „Die Grundrechte müssen in der ganzen Rechtsordnung zur Geltung kommen", und Abs. 3: „Die Behörden sorgen dafür, dass die Grundrechte, soweit sie sich dazu eignen, auch unter Privaten wirksam werden".
163 Vgl. aber immerhin *G. Müller*, in: Aubert u. a., Bundesverfassung 1874 (LitVerz.), Art. 4 RN 4 ff., und ihm folgend *Andreas Rieder*, Form oder Effekt?, Art. 8 Abs. 2 BV und die ungleichen Auswirkungen staatlichen Handelns, 2003, S. 49 f. *Bernhard Waldmann*, Das Diskriminierungsverbot von Art. 8 Abs. 2 BV als besonderer Gleichheitssatz, 2003, S. 81 ff., lehnt ein allgemeines Egalisierungsgebot ab und befürwortet nur partielle Egalisierungsgebote; seine Ergebnisse decken sich weitgehend mit den nachfolgenden Ausführungen.
164 Art. 8 Abs. 3 Satz 2 BV und dazu → unten *Peters*, § 211: Diskriminierungsverbote. Vgl. ferner Art. 8 Abs. 4 BV: „Das Gesetz sieht Massnahmen zur Beseitigung von Benachteiligungen der Behinderten vor".
165 *J.P. Müller*, Grundrechte (LitVerz.), S. 438 f.
166 *Häfelin/Haller*, Bundesstaatsrecht (LitVerz.), RN 912 f.
167 *G. Müller*, in: VVDStRL 47 (1989), S. 37 (52 ff., insb. S. 55).

der Sozialziele voranging, wäre es fragwürdig, den Abbau sozialer Ungleichheiten ohne Zustimmung des Souveräns als Forderung der herrschenden Wertanschauungen anzuerkennen.

Der Auftrag, elementare menschliche Bedürfnisse zu erfüllen und insoweit soziale Gleichheit zu schaffen, richtet sich wie gesagt an den Gesetzgeber und vermag überdies allenfalls die Gesetzesauslegung und Gesetzesanwendung zu beeinflussen[168]. Eine unmittelbar anspruchsbegründende Wirkung kommt ihm demgegenüber nicht zu. Erschöpft sich der justitiable allgemeine Gleichheitssatz somit in formaler Gleichbehandlung durch den Staat? Gewiß hat die Rechtsprechung den allgemeinen Gleichheitssatz als Gebot der *rechtlichen* Gleichbehandlung entwickelt. Das Konzept der relativen Gleichbehandlung ist aber so differenziert, daß eine bloß formale Gleichbehandlung nicht ohne weiteres verfassungsmäßig ist. Diese kann sich bei Berücksichtigung der tatsächlichen Auswirkungen als Ungleichbehandlung entpuppen, die sachlich nicht zu rechtfertigen ist[169]. Wie erwähnt, hat das Bundesgericht die Bedürftigen im Prozeß vom gesetzlich vorgesehenen Kostenvorschuß befreit und ihnen, gestützt auf das Gebot „Ungleiches ungleich", Chancengleichheit verschafft[170]. Chancengleichheit verlangt, „die tatsächlichen Voraussetzungen anzugleichen, unter denen von den rechtlich garantierten Freiheiten Gebrauch gemacht werden kann"[171]. Urteile zur Rechtsgleichheit, welche die formale Gleichbehandlung von benachteiligten Personen gestützt auf das Differenzierungsgebot für verfassungswidrig erklären, sind jedoch ziemlich selten geblieben[172]. Noch einen Schritt weiter ging das Bundesgericht freilich, als es den Bedürftigen einen Anspruch auf einen unentgeltlichen Rechtsbeistand zuerkannte und damit eine *originäre staatliche Leistungspflicht* aus Art. 4 aBV ableitete[173]. Die Praxis ist nicht nur durch den rechtsstaatlich zentralen Wert der gleichmäßigen Rechtsanwendung zu erklären, sondern auch durch die Tatsache, daß armenrechtliche Ansprüche bereits in vielen kantonalen Gesetzen verankert waren, so daß bloß Lücken zu schließen waren[174]. Im allgemeinen ist die Vorstellung der Chancengleichheit jedoch nicht hinreichend bestimmt und kann vom Richter nicht in Leistungsansprüchen konkretisiert

49
Kein Konzept bloß formaler Gleichbehandlung

Chancengleichheit

Chancengleichheit durch staatliche Leistungen

---

168 Vgl. (zur Berücksichtigung der Grundrechte bei der Gesetzesanwendung) *Häfelin/Haller*, Bundesstaatsrecht (LitVerz.), RN 270.
169 Siehe FN 41.
170 Siehe FN 41; *Weber-Dürler*, Chancengleichheit und Rechtsgleichheit, in: Walter Haller u.a. (Hg.), FS Ulrich Häfelin, 1989, S. 209, vgl. auch S. 213f., 217 u. 221f.
171 *J.P. Müller*, Soziale Grundrechte in der Verfassung?, ZSR NF 92 (1973) II, S. 883. Neben den Freiheitsrechten könnte man angesichts der Gerichtspraxis noch die Wahlrechte und die Verfahrensrechte nennen, vgl. *Weber-Dürler* aaO., S. 208ff. u. 218ff.
172 In *BGE 122* I 130 (138) ging es um einen Behinderten, der eine Anwaltsprüfung zu wiederholen hatte. Seiner besonderen Situation wurde dadurch Rechnung getragen, daß er nur die schriftliche Nachprüfung zu absolvieren hatte, und zwar mit einem angepaßten Ablauf; das Gebot „Ungleiches ungleich" verlangte indes nicht, auch noch die zu stellenden Anforderungen zu reduzieren. Laut *BGE 125* I 441 (447f.) verstößt ein Gesetz über die Ausübung der politischen Rechte, welches die Finanzierung des Wahlkampfs eines Kandidaten durch Dritte auf 50.000 Schweizer Franken begrenzt, (schon mit Rücksicht auf reiche Kandidaten) gegen den Grundsatz der Chancengleichheit.
173 *Daniel Trachsel*, Über die Möglichkeiten justiziabler Leistungsforderung aus verfassungsmäßigen Rechten der Bundesverfassung, 1980, S. 195ff.; *Weber-Dürler* (FN 170), S. 209, vgl. auch S. 216 u. 222.
174 *Trachsel* aaO., S. 200.

werden; es fehlt ihr die Justitiabilität[175]. Es ist deshalb in der Regel Sache des Gesetzgebers, Chancengleichheit durch staatliche Leistungen zu verwirklichen[176]. Dieses Ergebnis wird auch bestätigt durch das „Sozialziel", daß sich Kinder und Jugendliche sowie Personen im erwerbsfähigen Alter nach ihren Fähigkeiten bilden, aus- und weiterbilden können[177]. In dieser Bestimmung klingt offensichtlich die Chancengleichheit an, die im Bildungsbereich besondere Bedeutung hat[178]; sie wird jedoch als Ziel für den Gesetzgeber vorgegeben und vermag – gemäß ausdrücklicher Anordnung[179] – keine unmittelbaren Ansprüche auf staatliche Leistungen zu begründen. Bezeichnenderweise hat die Chancengleichheit ihren Platz außerdem im Zweckartikel der Bundesverfassung gefunden[180]. Diese Verfassungsnormen sollen den Gesetzgeber zur Verwirklichung der Chancengleichheit motivieren. Darüber hinaus legitimieren sie rechtliche Ungleichheiten in den auftragsgemäß erlassenen Gesetzen; strebt der Gesetzgeber Chancengleichheit in angemessener Weise an, befindet er sich im Einklang mit den herrschenden Wertanschauungen und der Rechtsgleichheit[181].

---

[175] Vgl. *BGE 121* I 367 (373).
[176] *G. Müller*, in: Aubert u.a., Bundesverfassung 1874 (LitVerz.), Art. RN 4 u. 4a; *R.J. Schweizer*, in: Ehrenzeller u.a., St. Galler Kommentar (LitVerz.), Art. 8 RN 32.
[177] Art. 41 Abs. 1 lit. f BV.
[178] *Weber-Dürler* (FN 170), S. 205 u. 217 f.; *R. J. Schweizer*, in: Ehrenzeller u.a., St. Galler Kommentar (LitVerz.), Art. 8 RN 36.
[179] Art. 41 Abs. 4 BV.
[180] Art. 2 Abs. 3 BV: „Sie [die Schweizerische Eidgenossenschaft] sorgt für eine möglichst grosse Chancengleichheit unter den Bürgerinnen und Bürgern"; auch die Aufnahme dieser Bestimmung in die BV war in der Bundesversammlung sehr umstritten, vgl. *Ehrenzeller*, in: ders. u.a., St. Galler Kommentar (LitVerz.), Art. 2 RN 20.
[181] Siehe FN 44; vgl. auch *Weber-Dürler* (FN 170), S. 210 ff., insb. 214.

E. Bibliographie

Arioli, Silvio, Das Verbot der willkürlichen und der rechtsungleichen Rechtsanwendung im Sinne von Art. 4 der Bundesverfassung, 1968.
Auer, Andreas, L'égalité dans l'illégalité, in: Schweizerisches Zentralblatt für Staats- und Gemeindeverwaltung 79 (1978), S. 281 ff.
Grisel, Etienne, Egalité, 2000.
Haefliger, Arthur, Alle Schweizer sind vor dem Gesetze gleich, 1985.
Martenet, Vincent, Géométrie de l'égalité, 2003.
Müller, Georg, Der Gleichheitssatz, in: VVDStRL 47 (1989), S. 37 ff.
Weber-Dürler, Beatrice, Die Rechtsgleichheit in ihrer Bedeutung für die Rechtsetzung, 1973.
dies., Zum Anspruch auf Gleichbehandlung in der Rechtsanwendung, in: Schweizerisches Zentralblatt für Staats- und Verwaltungsrecht 105 (2004), S. 1 ff.

§ 211
Diskriminierungsverbote

Anne Peters

Übersicht

	RN		RN
A. Allgemeines	1–6	VI. Soziale Stellung	42–43
I. Entstehungsgeschichte	1	VII. Lebensform	44–46
II. Berechtigte und Verpflichtete	2	VIII. Überzeugung	47
III. Grundrechtskonkurrenzen und Verhältnis zu den Freiheitsrechten	3–6	IX. Behinderung	48–51
		D. Die Rechtfertigung verdächtiger Ungleichbehandlungen	52–59
B. Der Tatbestand der Diskriminierung	7–27	E. Die mittelbare Diskriminierung	60–63
I. Überblick	7–11	F. Die Gleichberechtigung von Mann und Frau nach Art. 8 Abs. 3 BV	64–89
II. Die Schutzgüter der Diskriminierungsverbote	12–16	I. Allgemeines	64–67
III. Symmetrischer Schutz durch die Diskriminierungsverbote	17–24	II. Das Diskriminierungsverbot des Satzes 1	68–73
IV. Weitere Aspekte	25–27	III. Das Gebot der Lohngleichheit des Satzes 3	74–81
C. Die sensiblen Kriterien	28–51	IV. Positive Maßnahmen für Frauen	82–89
I. Grundgedanken	28–31	G. Schutz vor privater Diskriminierung	90–93
II. Herkunft	32–34	H. Bibliographie	
III. Rasse	35–36		
IV. Alter	37–38		
V. Sprache	39–41		

A. Allgemeines

I. Entstehungsgeschichte

1
Aufnahme internationaler Diskriminierungsverbote

Ein Verbot der Diskriminierung anhand aufgezählter Merkmale wurde erstmals in der schweizerischen Bundesverfassung (BV) vom 18. April 1999 (in Kraft seit 1.1.2000) normiert (Art. 8 Abs. 2 BV)[1]. Unter anderem wollte der Verfassungsgeber damit die internationalen Diskriminierungsverbote[2] in das schweizerische Verfassungsrecht aufnehmen[3]. Die bis zum 31. Dezember 1999 geltende Verfassung von 1874 (aBV) enthielt lediglich ein in praxi bedeutungsloses Privilegierungsverbot, das keine subjektiven Rechtsansprüche gewährte[4]. Seit dem sogenannten *Henggeler*-Urteil von 1980 hatte allerdings das Bundesgericht spezifische Fallgruppen im Anwendungsbereich von Art. 4 aBV einer strikteren Kontrolle unterworfen[5]. Auf diese Weise war richterrechtlich, in großer Ähnlichkeit zum Ansatz des US-amerikanischen Supreme Courts, ein ungeschriebenes Grundrecht auf Nichtdiskriminierung geschaffen worden. Mit Wirkung zum 14. Juni 1981 war außerdem der Geschlechtergleichberechtigungsartikel in die alte Bundesverfassung[6] eingefügt worden (jetzt leicht verändert Art. 8 Abs. 3 BV).

II. Berechtigte und Verpflichtete

2
Individualrecht mit Gruppenbezug

Das Diskriminierungsverbot gewährt ein Individualrecht[7], wenn auch in der Literatur zum Teil der „Gruppenbezug"[8] des Verbots betont wird. Grundrechtsträger sind natürliche Personen unabhängig von ihrer Staatsangehörig-

---

1 Zur Genese (Materialien) s. *Mahon*, in: Auer/ders., Petit Commentaire (LitVerz.), Art. 8, S. 91; *Bernhard Waldmann*, Das Diskriminierungsverbot von Art. 8 Abs. 2 BV als besonderer Gleichheitssatz, 2003, S. 42–46.
2 Insb. Art. 14 EMRK, daneben Art. 2 Abs. 1, Art. 24 und 26 IPbürgR.
3 Botschaft des Bundesrates über eine neue Bundesverfassung v. 20.11.1996 (BBl I S. 1 [141 f.]); *BGE 129* I 312 (Erw. 3.2.2) (2003) – Volksinitiative „SchweizerInnen zuerst!", sowie EuGRZ 2004, S. 431 ff.
4 Art. 4 Abs. 1 Satz 2 aBV: „Es gibt in der Schweiz keine Untertanenverhältnisse, keine Vorrechte des Orts, der Geburt, der Familien oder Personen". S. zu den Vorläufern des Diskriminierungsverbotes eingehend *Waldmann* (FN 1), S. 135–151.
5 Während nach dem allgemeinen Gleichheitssatz rechtliche Unterscheidungen zulässig waren, sofern dafür ein vernünftiger Grund ersichtlich war, war „[e]in strengerer Massstab ... dann anzuwenden, wenn die rechtlich ungleiche Behandlung in einem Bereich erfolgt, der durch Grundrechte einen besonderen Schutz erfährt. Dies [war] der Fall, wenn die ungleiche Behandlung den Menschen in seiner *Wertschätzung als Person* betrifft (Diskriminierung aufgrund von Geschlecht, Rasse usw. ...) oder im Bereiche von *verfassungsmässigen Ansprüchen* der Bürger sowie von *grundrechtsbeschränkenden Massnahmen* erfolgt. ... In solchen Fällen [mußten] triftige und ernsthafte Gründe vorliegen, die sich aus den tatsächlichen Unterschieden ergeben, damit eine rechtliche Ungleichbehandlung vor der Verfassung standhält". *BGE 106* Ib 182 (188 f. Erw. 4 a) (1980) – Henggeler (Hervorhebungen der Verf.).
6 Art. 4 Abs. 2 aBV lautete: „Mann und Frau sind gleichberechtigt. Das Gesetz sorgt für ihre Gleichstellung vor allem in Familie, Ausbildung und Arbeit. Mann und Frau haben Anspruch auf gleichen Lohn für gleichwertige Arbeit".
7 Deutlich *BGE 108* Ia 22 (31 Erw. 5 b) (1982) – Fischer; aus der Literatur *Hangartner*, Diskriminierung als neuer verfassungsrechtlicher Begriff, ZSR 122 (2003), S. 97 (119).
8 *Rhinow*, Grundzüge (LitVerz.), RN 1690; kritisch hierzu *Etienne Grisel*, Egalité: Les Garanties de la Constitution fédérale du 18 Avril 1999, 2000, S. 69 (RN 122) und S. 102 (RN 198).

keit sowie ausnahmsweise juristische Personen mit ideeller Zielsetzung[9]. Die Adressaten des Diskriminierungsverbotes ergeben sich aus den allgemeinen Grundsätzen der Grundrechtsbindung. Demnach sind Verpflichtete in erster Linie die Staatsorgane. Außerdem müssen alle Personen oder Einheiten, die staatliche Aufgaben wahrnehmen[10], beispielsweise die Stimmberechtigten der Gemeinde bei ihrer Einbürgerungsentscheidung per Urnenabstimmung, das verfassungsrechtliche Diskriminierungsverbot beachten[11]. Eine darüber hinausgehende unmittelbare Drittwirkung hat vor allem das Lohngleichheitsgebot nach Art. 8 Abs. 3 Satz 3 BV, das auch private Arbeitgeber verpflichtet. Staatliche Pflichten zum Schutz vor Diskriminierung durch Private werden unten[12] erörtert.

Unmittelbare Drittwirkung des Lohngleichheitsgebots

III. Grundrechtskonkurrenzen und Verhältnis zu den Freiheitsrechten

Das Diskriminierungsverbot des Art. 8 Abs. 2 BV ist nicht lediglich die Kehrseite des allgemeinen Gleichbehandlungsgebotes nach Art. 8 Abs. 1 BV[13]. Die „Kehrseitentheorie" ist mit der Systematik der neuen Bundesverfassung nicht zu vereinbaren und würde Art. 8 Abs. 2 BV leer laufen lassen[14]. Das Diskriminierungsverbot sollte deshalb entweder eine Art negativer *Steigerung* des Gleichheitssatzes oder aber als ein *aliud* dazu aufgefaßt werden[15]. Es schützt nicht allgemein vor rechtlicher Ungleichbehandlung (bzw. zu pauschaler Gleich-

3
Negative Steigerung des Gleichheitssatzes oder aliud

Schutz vor spezifischen Nachteilen

---

9 Dies ist umstritten. *Waldmann* (FN 1), S. 484, schließt wegen des Bezugs des Diskriminierungsverbotes zur Menschenwürde juristische Personen aus. *Bernhard Pulver*, L'interdiction de la discrimination: Etude de l'Art. 8 al. 2 de la Constitution fédérale du 18 avril 1999, 2003, S. 162 f. (RN 224 f.), bejaht eine Grundrechtsträgerschaft juristischer Personen mit ideellem Ziel; nach *Hangartner*, ZSR 122 (2003), S. 118, sind juristische Personen, die in der Vergangenheit typischerweise diskriminiert wurden (z. B. Gewerkschaften oder Kirchen), anspruchsberechtigt.
10 S. Art. 35 Abs. 2 BV: „Wer staatliche Aufgaben wahrnimmt, ist an die Grundrechte gebunden und verpflichtet, zu ihrer Verwirklichung beizutragen".
11 *BGE 129* I 217 (225 Erw. 2.2.1) (2003) – Einbürgerung Emmen; *BGE 129* I 232 (240 Erw. 3.4.2) (2003) – Einbürgerung vors Volk; ferner *BGE 130* I 140; *131* I 18 (2005); *132* I 167 (2006); *132* I 196 (2006).
12 S. unten G, RN 90 ff.
13 Anders noch die wohl überwiegende Auffassung zum seinerzeit ungeschriebenen Diskriminierungsverbot unter der alten Bundesverfassung. Damals wurde die Diskriminierung als Benachteiligung, die sich nicht sachlich rechtfertigen läßt, verstanden. S. die Botschaft zum Bundesgesetz über die Gleichstellung von Mann und Frau (BBl 1993 I S. 1248 [1295]); aus der Rspr. z. B. *BGE 124* II 409 (424 f. Erw. 7) (1998) – Maya Alincic. Auch in den parlamentarischen Beratungen zur neuen Bundesverfassung wurde das erstmals auf Verfassungsstufe zu kodifizierende Diskriminierungsverbot noch als bloße „Kehrseite der Medaille" bezeichnet (z. B. *Arnold Koller*, Amtl. Bull. 1998, Sonderdruck Reform der Bundesverfassung, Nationalrat [N], S. 173; in diesem Sinne auch z. B. Amtl. Bull., Januarsession 1998, Ständerat [S], S. 32, *Inderkum Beerli; Rochat* aaO. S. 35). In der Literatur scheint *Weber-Dürler*, Rechtsgleichheit, in: Thürer/Aubert/Müller, Verfassungsrecht (LitVerz.), S. 657 (668 f.) noch diesem Konzept zuzuneigen.
14 *Markus Schefer*, Die Kerngehalte von Grundrechten, 2001, S. 426.
15 Die Botschaft zum Bundesgesetz über die eingetragene Partnerschaft gleichgeschlechtlicher Paare (BBl 2003 S. 1288 [1305]) stellt fest, daß sich in der schweizerischen Literatur „ein recht breiter Konsens im Grundsätzlichen" abzeichne: „Namentlich ist das Diskriminierungsverbot *strenger* als das allgemeine Rechtsgleichheitsgebot". *Grisel* (FN 8), S. 69 (RN 122) weist darauf hin, daß der allgemeine Gleichheitssatz eine abstrakte, dogmatische Vorstellung, basierend auf der naturrechtlichen Idee der Gleichheit aller Menschen, ist. Im Gegensatz dazu ist das Diskriminierungsverbot die juristische Antwort auf historische Unrechtserfahrung in einer konkreten Gesellschaft. Dogmatisch spiegeln sich die unterschiedlichen Ausgangspunkte beider Normen darin, daß im Anwendungsbereich des allgemeinen Gleichheitssatzes die bloß relative Gleichbehandlung die Regel ist und ein Anspruch auf absolute

behandlung), sondern vor unter Umständen damit einhergehenden spezifischen Nachteilen[16]. Daraus folgt, daß hier die Rechtfertigungslast anders und in jedem Fall höher ist als bei der einfachen Ungleichbehandlung, die nach Art. 8 Abs. 1 BV durch sachliche Gründe gerechtfertigt werden kann.

4
Spezielle Diskriminierungsverbote und positive Handlungsaufträge

Die Geschlechtsdiskriminierung wird sowohl durch Art. 8 Abs. 2 als auch durch Art. 8 Abs. 3 Satz 1 BV verboten; man könnte letztere Norm als die speziellere ansehen. Art. 37 Abs. 1 Satz 1 BV („Niemand darf wegen seiner Bürgerrechte bevorzugt oder benachteiligt werden") verleiht einen strikten Anspruch auf Gleichbehandlung und ist lex specialis zu Art. 8 Abs. 2 BV[17]. Der positive Handlungsauftrag zum Schutz vor gesellschaftlicher Diskriminierung, der in der Literatur zum Teil direkt aus Art. 8 Abs. 2 BV abgeleitet wird, findet konkretere Ausprägung in den Vorschriften der Art. 8 Abs. 3 Satz 2 (Gleichstellungsauftrag); Art. 8 Abs. 4 (Gesetzgebungsauftrag bezüglich Behinderter); Art. 1 Abs. 1 (Schutz von Kindern und Jugendlichen)[18] sowie Art. 12 (Recht auf Hilfe in Notlagen).

5
Gleichbehandlung des Konkurrenten

Das Grundrecht der Wirtschaftsfreiheit (Art. 27 BV) verleiht unter anderem den unmittelbaren Konkurrenten einen Anspruch auf Gleichbehandlung[19]. Dieser ist strikter als der allgemeine Gleichbehandlungsanspruch (vor allem, weil im Rahmen der Wirtschaftsfreiheit wirtschaftspolitisch motivierte Differenzierungen verboten sind) und kann unter Umständen das Diskriminierungsverbot ergänzen.

6
Prozessuale Eigenständigkeit des Diskriminierungsverbots

Anders als die wichtigste Modellnorm für das schweizerische Diskriminierungsverbot, Art. 14 EMRK, ist Art. 8 Abs. 2 BV nicht akzessorisch zu den in der Bundesverfassung garantierten Freiheitsrechten. Prozeßrechtliche Konsequenz der Eigenständigkeit des schweizerischen Diskriminierungsverbots ist, daß die Legitimation (Klagebefugnis) für die Erhebung einer Verfassungsbeschwerde[20] allein aus der behaupteten Verletzung von Art. 8 Abs. 2 BV fließt, ohne daß der Beschwerdeführer eine weitere Schutznorm geltend machen

---

Gleichbehandlung nur im Ausnahmefall entsteht, wohingegen das Regel-Ausnahmeverhältnis im Anwendungsbereich des Diskriminierungsverbotes umgekehrt ist: Hier sollte die absolute Gleichbehandlung der Normalfall sein, so *Hangartner*, ZSR 122 (2003), S. 111 f. Vgl. auch *Pulver* (FN 9), S. 144 f. (RN 211) zum aliud-Verhältnis. *J.P. Müller*, Die Diskriminierungsverbote nach Art. 8 Abs. 2 der neuen Bundesverfassung, in: Ulrich Zimmerli (Hg.), Die neue Bundesverfassung: Konsequenzen für Praxis und Wissenschaft, 2000, S. 103 (112), sieht in der Diskriminierung wegen des Geschlechts, der Rasse oder der Behinderung einen „Einbruch in den unantastbaren Kernbereich des Gleichheitssatzes"; ähnlich *Waldmann* (FN 1), S. 180. Nicht systemkonform prüft das Bundesgericht Ungleichbehandlungen z. T. anhand der Absätze 1 u. 2 des Art. 8 BV. So z.B. *BGE 129* I 312 (Erw. 3.3) (2003) – Volksinitiative „SchweizerInnen zuerst!" (Diskriminierung wegen der Staatsangehörigkeit); *BGE 126* V 70 (74 Erw. 4 c cc) (2000) – IV-Stelle Schwyz (Alterdiskriminierung).

16 Dazu unten B II, RN 12 ff.
17 Vgl. *BGE 122* I 209 (1996) zu Art. 43 Abs. 4 aBV.
18 S. auch die Sozialziele der Art. 41 Abs. 1 lit. g u. f BV.
19 Der „Grundsatz der Gleichbehandlung der Gewerbegenossen" wurde in der Rechtsprechung z. T. ausschließlich aus der Wirtschaftsfreiheit, z. T. aus dem Freiheitsrecht i.V.m. dem Gleichbehandlungsgebot abgeleitet (eingehend *BGE 121* I 129 [1995] – Margot Knecht).
20 Nach Art. 115 des Bundesgerichtsgesetzes (BGG), in Kraft seit 1. 1. 2007 (SR 173.110). Dasselbe galt für die Legitimation zur staatsrechtlichen Beschwerde nach Art. 88 des bis zum 31. 12. 2006 geltenden Bundesgesetzes über die Organisation der Bundesrechtspflege (OG; SR 173.110).

müßte[21]. Allerdings sind Sachverhalte, die sowohl Freiheitsrechte als auch das Diskriminierungsverbot betreffen, relativ häufig: Wenn der Staat beispielsweise spezifischen Gruppen die Religionsausübung, die Meinungsäußerung, eine politische Versammlung oder den Gebrauch der Muttersprache verbietet oder die jeweilige Tätigkeit behindert, könnte dies als Freiheitseinschränkung oder aber als Diskriminierung (z.B. wegen religiöser oder politischer Überzeugung, wegen der Sprache oder der Herkunft) bewertet werden. Vor der Normierung des Diskriminierungsverbots wurden Ungleichbehandlungen im Bereich der Freiheitsrechtsausübung einer erhöhten Rechtfertigungslast unterworfen[22]. Teilweise wird noch im Rahmen der Anwendung von Art. 8 Abs. 2 BV in dieser Situation eine verschärfte richterliche Kontrolle gefordert. Allerdings prüft die Rechtsprechung derartige Konstellationen primär oder ausschließlich unter dem Gesichtspunkt des Freiheitsrechts, selbst wenn die Beschwerdeführer zusätzlich eine Diskriminierung geltend machen[23].

Ungleichbehandlungen in Ausübung von Freiheitsrechten

B. Der Tatbestand der Diskriminierung

I. Überblick

Das Bundesgericht umschrieb erstmals im Jahr 2000 und seitdem in ständiger Rechtsprechung den Diskriminierungstatbestand wie folgt: „Eine Diskriminierung gemäss Art. 8 Abs. 2 BV liegt dann vor, wenn eine Person rechtsungleich behandelt wird allein aufgrund ihrer Zugehörigkeit zu einer bestimmten Gruppe, welche historisch und in der gegenwärtigen sozialen Wirklichkeit tendenziell ausgegrenzt oder sonst minderwertig behandelt wurde. (...) Die Diskriminierung stellt eine qualifizierte Art von Ungleichbehandlung von Personen in vergleichbaren Situationen dar, indem sie eine Benachteiligung eines Menschen bewirkt, die als Herabwürdigung oder Ausgrenzung einzustufen ist, weil sie an ein Unterscheidungsmerkmal anknüpft, das einen wesentlichen und nicht oder nur schwer aufgebbaren Bestandteil der Identität der betreffenden Person ausmacht; insofern beschlägt die Diskriminierung auch Aspekte der Menschenwürde. Das Diskriminierungsverbot (...) macht aber die Anknüpfung an ein verpöntes Merkmal (...) nicht absolut unzulässig. Vielmehr begründet dieser Umstand zunächst den blossen Verdacht einer ‚unzulässigen Differenzierung'; sich daraus ergebende Ungleichbehandlungen sind infolgedessen ‚qualifiziert zu rechtfertigen'"[24].

7
Diskriminierungstatbestand

---

21 *BGE 129* I 217 (220 Erw. 1.1) (2003) – Einbürgerung Emmen. Im Gegensatz dazu gewährt der allgemeine Gleichheitssatz nach der Rechtsprechung isoliert nicht die Legitimation zur staatsrechtlichen Beschwerde/Verfassungsbeschwerde (i.d.S. *BGE 105* Ia 271 [276 Erw. 2 c] [1979]; *112* Ia 174 [178 Erw. 3 c] [1986]; aus der Literatur *Walter Kälin*, Das Verfahren der staatsrechtlichen Beschwerde, ²1994, S. 238).
22 *Kälin*, Ausländerdiskriminierung, in: Bernhard Ehrenzeller u.a. (Hg.), FS Hangartner, 1998, S. 561 (582).
23 S. z.B. *BGE 126* II 425 (2000) – P. und C. Umgekehrt *BGE 132* I 167 (2006): Prüfung der Diskriminierung wegen der Religionszugehörigkeit nur anhand von Art. 8 Abs. 2; Art. 15 BV entfaltete daneben „keine eigenständige Bedeutung".
24 *BGE 126* II 377 (392f. Erw. 6) (2000) – F.A. und A.A., Hervorhebungen weggelassen. Einen guten Überblick über die in der Schweizer Literatur vertretenen Diskriminierungsbegriffe gibt *Andreas Rieder*, Form oder Effekt? Art. 8 Abs. 2 BV und die ungleichen Auswirkungen staatlichen Handelns, 2003, S. 53–67.

8 Tatbestandselemente	Diese Passage nennt vier Elemente, die den Diskriminierungstatbestand bilden: erstens eine *Ungleichbehandlung* (unter Umständen auch eine Gleichbehandlung), die zweitens auf gruppenbezogene (körperliche und/oder identitätsstiftende) *Merkmale* gestützt ist, die drittens *ungerechtfertigt* ist und welche viertens die Betroffenen in spezifischer Weise *schädigt*. An dieser Stelle werden das erste und vierte Diskriminierungselement kurz erörtert, wohingegen das zweite und das dritte Element eingehender gesondert analysiert werden[25].
9 Schutz vor unfairer Gleichbehandlung und mittelbarer Diskriminierung	Art. 8 Abs. 2 BV schützt nicht nur vor ungerechtfertigten Differenzierungen, sondern ebenso vor *Gleichbehandlung*, die den Besonderheiten eines Einzelfalls unter Mißachtung eines sensiblen Kriteriums nicht Rechnung trägt[26]. Außerdem schützt Art. 8 Abs. 2 BV auch vor mittelbarer Diskriminierung, also vor Differenzierungen anhand eines unverfänglichen Kriteriums, welche die Träger eines sensiblen Merkmals überproportional benachteiligen[27]. Die Rechtsfiguren der direkten Diskriminierung durch ungerechtfertigte Gleichbehandlung und der mittelbaren Diskriminierung werden meist nicht klar voneinander abgegrenzt. Dies ist insofern unschädlich, als die Rechtfertigungsanforderungen, richtig verstanden, identisch sind[28].
10 Kein absolutes Differenzierungsverbot	Ein Element der Diskriminierung ist ihr ungerechtfertigter Charakter. Anders gewendet: Nicht jede Differenzierung ist auch diskriminierend. Art. 8 Abs. 2 stellt *kein absolutes Verbot* jeglicher Differenzierung anhand der benannten Merkmale auf[29]. Vielmehr sind Ungleichbehandlungen unter engen Voraussetzungen („qualifiziert") rechtfertigungsfähig[30].
11 Formaler und materialer Diskriminierungsbegriff	Zum Teil werden in der Literatur ein formaler und ein materialer Diskriminierungsbegriff gegeneinander ausgespielt. Der formale Begriff stelle auf die Anknüpfung an die sensiblen Kriterien ab, wohingegen der materiale Diskriminierungsbegriff die Auswirkungen einer Ungleich- (oder Gleich-)behand-

---

25 S. unten C, RN 28 ff., u. D, RN 52 ff.
26 Hierzu *Waldmann* (FN 1), S. 379–385; *Rieder* (FN 24), S. 216.
27 Hierzu unten E, RN 60 ff.
28 Dazu ebenfalls unten E, RN 60 ff.
29 Angesichts der Offenheit der Liste der Differenzierungsmerkmale wäre ein absolutes Differenzierungsverbot letztlich nicht durchhaltbar (*Grisel* [FN 8], RN 139 [S. 74]; *Pulver* [FN 9], S. 135). Anders (offenbar i.S. eines absoluten Differenzierungsverbotes) noch die Botschaft BV (FN 3), S. 142: Nach dem Diskriminierungsverbot „rechtfertigt kein Umstand die unterschiedliche Behandlung einer Personengruppe, wenn er als Beweggrund für die Diskriminierung dieser Gruppe dient. Abs. 2 zählt einige dieser Kriterien beispielhaft auf, die als rechtliche Unterscheidungskriterien unzulässig sind". Teilweise wird angenommen, daß speziell rassische Differenzierungen absolut verboten sind (*Mahon*, in: Auer/ ders., Petit Commentaire [LitVerz.], Art. 8 RN 15 b [S. 82]).
30 St. Rspr. seit *BGE* 126 V 70 (73 f. Erw. 4 c aa) (2000) – IV-Stelle Schwyz, unter Verweis auf den Berichterstatter des Ständerats im parlamentarischen Verfahren, *René Rhinow*. In der Literatur wird in diesem Zusammenhang vereinzelt betont, daß die Vorstellung der „Rechtfertigung" einer Unterscheidung unangemessen sei. Vielmehr sei die Überprüfung des Unrechtsgehalts (einschließlich der Verhältnismäßigkeitsprüfung) integraler Bestandteil des Diskriminierungsbegriffs (so *Waldmann* [FN 1], S. 256 f.). Diese Ansicht geht mit anderen Worten von einer Strukturverschiedenheit von Freiheitsrechte und des Diskriminierungsverbotes aus. Demgegenüber setzt sich in neuerer Zeit unter dem Einfluß der EGMR-Rechtsprechung zunehmend die Ansicht der Strukturgleichheit von Freiheits- und Gleichheitsrechten durch. Hierzu näher *D. König/A. Peters*, Kapitel 21: Das Diskriminierungsverbot (vergleichende Kommentierung zu Art. 14 EMRK/Art. 3 Abs. 2 und 3 GG), in: Rainer Grote/Thilo Marauhn (Hg.), EMRK/ GG: Konkordanzkommentar, 2006, RN 181.

lung auf geschützte Gruppen berücksichtige[31]. Diese Begriffsbildung schließt an die bekannte Dichotomie von „formeller" (rechtlicher) Gleichheit und „materieller" Gleichheit (der tatsächlichen Lebensumstände) an, scheint mir aber keinen dogmatischen Nutzen zu bringen.

II. Die Schutzgüter der Diskriminierungsverbote

Der Tatbestand der Diskriminierung impliziert, daß die Unterscheidung anhand eines sensiblen Kriteriums die Betroffenen in spezifischer Weise benachteiligt. Dieser (ideelle) Nachteil wird durch die Diskriminierungshandlung selbst bewirkt beziehungsweise liegt in ihr. Ein materieller Schaden oder ein Rechtsnachteil sind nicht erforderlich[32]. Zusätzliche materielle Schäden (z. B. Behinderung der Erfüllung existentieller Lebensbedürfnisse) oder rechtliche Nachteile (vor allem die Schmälerung des Genusses eines Freiheitsgrundrechts) führen aber in der Regel dazu, daß eine potentiell diskriminierende Ungleichbehandlung besonders streng geprüft werden muß[33].

12
Ideeller Nachteil

Eine zentrale Frage ist, um welchen ideellen Nachteil es hier geht bzw. was das *spezifische Schutzgut* des Diskriminierungsverbotes ist. Die Vielfalt der im juristischen und philosophischen Schrifttum diskutierten Schutzziele des Diskriminierungsverbotes können holzschnittartig in vier Hauptrichtungen eingeteilt werden. Die erste Hauptrichtung hebt den Schutz vor Stereotypisierung und Anpassungszwang hervor. In dieser klassisch-liberalen Perspektive schützen Diskriminierungsverbote vor der Mißachtung der Personalität von Individuen. Nach dieser Auffassung besteht die Diskriminierung darin, daß Menschen nicht aufgrund ihrer individuellen Verdienste und Fähigkeiten wahrgenommen werden, sondern sozusagen in Schubladen gesteckt werden.

13
Schutz vor Stereotypisierung

Die zweite Hauptschutzrichtung des Diskriminierungsverbotes hängt enger mit der Menschenwürde zusammen. Sie liegt in der Verhinderung von Herabwürdigung (Abwertung/Stigmatisierung) und/oder einer gesellschaftlichen Unterdrückung (Knechtung/Entmachtung). Eine dritte Schutzrichtung ist der Schutz vor sozialer Ausgrenzung oder Aussonderung der anders behandelten Personen. Die beiden letztgenannten Schutzgüter verweisen auf die gesellschaftlich-historische Erfahrung, daß gewissen Differenzierungen die genannten Gefahren innewohnen. Ein vierter Aspekt ist, daß Diskriminierungsverbote auch die Benachteiligung bestimmter Gruppen im normalen politischen Prozeß kompensieren sollen. In der schweizerischen Literatur wird die zweitgenannte Schutzrichtung in den Vordergrund gerückt: Nach überwiegender Auffassung liegt das spezifische Übel der Diskriminierung in der Gefahr der

14
Schutz vor Herabwürdigung, Unterdrückung und Ausgrenzung

Ausgleich für politische Benachteiligung

---

31 Eingehend *Waldmann* (FN 1), S. 228–259.
32 *Grisel* (FN 8), S. 74 (RN 138); *Schefer*, Kerngehalte (FN 14), S. 494; *Waldmann* (FN 1), S. 249; *Pulver* (FN 9), S. 140 (RN 207). Vgl. auch den französischen Text von Art. 8 Abs. 2 BV: „Nul ne doit *subir* une discrimination" (Hervorhebung der Verf.).
33 Vgl. *J.P. Müller*, Grundrechte in der Schweiz (LitVerz.), S. 433–441.

Herabsetzung bzw. Abwertung[34], Entwürdigung[35] und Stigmatisierung[36]. Es ist insofern konsequent, daß diese Literatur den teleologischen Zusammenhang von Diskriminierungsverboten und Menschenwürde stark betont[37]. Andere Stimmen heben allein oder zusätzlich auf den Schutz vor sozialer Ausgrenzung[38] oder vor Unterdrückung bzw. Knechtung[39] ab.

15
Schutzgut laut Rechtsprechung

Die bundesgerichtliche Rechtsprechung äußert sich weniger eindeutig zum Schutzgut des Diskriminierungsverbotes. Ein älteres Urteil stellte auf die Stereotypisierung ab. Hier wurde die gerichtliche Verurteilung von Schulquoten zugunsten von Knaben mit dem Hinweis begründet, daß jeder Schüler als Individuum wahrgenommen werden müsse[40]. Im Gegensatz dazu stellt die Rechtsprechung zur neuen Bundesverfassung den Schutz vor „Herabwürdigung oder Ausgrenzung"[41] bzw. „die Gefahr der Stigmatisierung und des gesellschaftlichen Ausschlusses"[42] oder die „menschenunwürdig[e], demütigend[e] oder erniedrigend[e]" Behandlung[43] in den Mittelpunkt und führt aus: Insofern „beschlägt die Diskriminierung auch Aspekte der Menschenwürde"[44].

16
Verengung des Diskriminierungsverbots

Mit der Konzentration auf den Würdeschutz wird das Diskriminierungskonzept verengt: Nicht jede ungerechtfertigte Andersbehandlung aufgrund einer Gruppenzugehörigkeit erscheint bereits als Diskriminierung, sondern nur die aktuell oder potentiell abwertende, entwürdigende oder ausgrenzende Differenzierung. Die rechtskonstruktiven und rechtspolitischen Konsequenzen der konzeptionellen Verengung des Diskriminierungsverbots sind unbefriedigend, wie sogleich deutlich werden wird. Auch in systematischer Hinsicht ist die Zuspitzung des Diskriminierungsverbotes auf menschenverachtende bzw. oppressive Unterscheidungen nicht überzeugend. Zwar stehen die Diskriminierungsverbote in engem historischen Zusammenhang zum Schutz vor Ausgrenzung und Unterdrückung bestimmter Gruppen. Andererseits paßt der lange Katalog der verdächtigen Unterscheidungskriterien in Art. 8 Abs. 2 BV

---

34 *Kälin* (FN 22), S. 569; *ders./Caroni*, Das verfassungsrechtliche Verbot der Diskriminierung wegen der ethnisch-kulturellen Herkunft, in: Walter Kälin (Hg.), Das Verbot ethnisch-kultureller Diskriminierung: Verfassungs- und menschenrechtliche Aspekte, 1999, S. 67 (76); *Grisel* (FN 8), S. 71 (RN 127); *Auer/Malinverni/Hottelier*, Droit constitutionnel suisse (LitVerz.), Bd. II, RN 1075; *R.J. Schweizer*, in: Ehrenzeller u. a., St. Galler Kommentar (LitVerz.), Art. 8 RN 51; *Mahon*, in: Auer/ders., Petit Commentaire (LitVerz.), Art. 8 RN 15.

35 *Kiener*, Rechtsstaatliche Anforderungen an das Einbürgerungsverfahren, in: recht 18 (2000), S. 213 (216); *Schefer*, Kerngehalte (FN 14), S. 476; *Pulver* (FN 9), S. 136 (RN 201); *Hangartner*, ZSR 122 (2003), S. 97.

36 *Katharina Simone Arioli*, Frauenförderungsmassnahmen im Erwerbsleben unter besonderer Berücksichtigung der Verfassungsmässigkeit von Quotenregelungen, 1992, S. 47; *Rhinow*, Grundzüge (LitVerz.), RN 1691.

37 Vor allem *Waldmann* (FN 1), S. 173–180; auch *Hangartner*, ZSR 122 (2003), S. 102; *Rhinow*, Grundzüge (LitVerz.), RN 1692; *Häfelin/Haller*, Bundesstaatsrecht (LitVerz.), RN 776.

38 *Häfelin/Haller* aaO., RN 774.

39 *J.P. Müller*, Grundrechte in der Schweiz (LitVerz.), S. 411.

40 *BGE 108* Ia 22 (31 Erw. 5 b) (1982) – Fischer.

41 Erstes Urteil zur neuen BV *BGE 126* II 377 (392 Erw. 6) 2000 – F.A. und A.A.; ähnlich z.B. *BGE 126* II 377 (392 Erw. 6a) (2000) – Kosovo. S. *BGE 132* I 49 (65f. Erw. 8) (2006) – Berner Rayonverbot: Kein Diskriminierungsschutz für alkoholkonsumierende Randständige im Bahnhofsareal mangels abgrenzbarer Grupe.

42 *BGE 130* I 352 (357 Erw. 6.1.2) (2004) – Sonderschule.

43 *BGer*, Urt. v. 7. 6. 2004, 2A.292/2004, Erw. 2.2.2.

44 St. Rspr. seit *BGE 126* II 377 (393 Erw. 6) (2000) – F.A. und A.A.

nicht zum engen Diskriminierungsbegriff. Ein direkter Zusammenhang mit der Menschenwürde ist bei Merkmalen wie Alter, Herkunft, soziale Stellung oder Geschlecht nicht offensichtlich. Demgegenüber sind alle Merkmale Ausdruck der Personalität der Individuen. Eine unter Gerechtigkeitsgesichtspunkten befriedigende und gleichzeitig dogmatisch vertretbare Lösung wäre es, multiple Schutzgüter des Diskriminierungsverbotes[45] anzuerkennen, jeweils unter Berücksichtigung des eingesetzten Unterscheidungskriteriums und des Kontextes. Sofern im konkreten Fall ein Angriff auf die Menschenwürde liegt und die konkrete Gefahr sozialer Ausgrenzung und Unterdrückung besteht, kann ein strengerer Prüfungsmaßstab angelegt werden. Insofern ist die seit *Henggeler* etablierte Rechtsprechungsformel, nach der die Diskriminierung einen Angriff auf die „Wertschätzung als Person" darstellt[46], wegen ihrer Offenheit brauchbar. Diese Formel wird der Heterogenität der Schutzziele gerecht, die sowohl mit der Würde, als auch mit der sozialen Zugehörigkeit, als auch mit der Individualität von Personen zu tun haben (wobei die Aspekte isoliert oder ineinander übergehend betroffen sein können).

Multiple Schutzgüter des Diskriminierungsverbotes?

Angriff auf die „Wertschätzung als Person"

III. Symmetrischer Schutz durch die Diskriminierungsverbote

Es ist in der Schweiz umstritten, ob die Diskriminierungsverbote symmetrisch oder asymmetrisch wirken. Nach der Lehre der Symmetrie der Diskriminierungsverbote schützen diese prinzipiell alle Personen vor Differenzierungen anhand der sensiblen Merkmale. Demgegenüber sind nach dem asymmetrischen Konzept nur Angehörige bestimmter, historisch und aktuell besonders gefährdeter Gruppen geschützt, also beispielsweise Frauen, nicht aber Männer; Schwarze, nicht aber Weiße; Juden, nicht aber Protestanten; Alte, nicht aber Junge usw. Die ebengenannten konträren Positionen werden oft als „Anknüpfungsverbot" versus „Benachteiligungsverbot" bezeichnet[47], wobei diese Terminologie irreführend ist und vermieden werden sollte[48].

17
Symmetrisches versus asymmetrisches Schutzkonzept

Das asymmetrische Konzept des spezifischen Gruppenschutzes ist die logische Konsequenz des engen Diskriminierungsbegriffs, der das Übel der Diskriminierung in (potentieller) Erniedrigung und Ausgrenzung sieht[49]. Denn diese spezifischen Nachteile sind typischerweise nur für bestimmte, nicht

18
Asymmetrisches Konzept als Folge des engen Diskriminierungsbegriffs

---
45 So *Waldmann* (FN 1), S. 260–262 u. 323; s. auch *Schefer*, Kerngehalte (FN 14), S. 490; *Rieder* (FN 24), S. 220.
46 *BGE 106* Ib 182 (188 f. Erw. 4 a) (1980) – Henggeler. Aus der Literatur i.d.S. *Tschannen/Kiener*, Rechtsgleiche Behandlung von Gehörlosen im Telefonverkehr, AJP 5 (1996), S. 403 (412); *Waldmann* (FN 1), S. 222 u. 241 f.
47 *Schefer*, Kerngehalte (FN 14), S. 485 ff.; *Rhinow*, Grundzüge (LitVerz.), RN 1700. Ähnliche Terminologie mit abweichender Bedeutung bei *Landolt*, Bemerkungen zu *BGE 130* I 352 (2004), AJP 14 (2005), S. 619 (620): „Anknüpfungstheorie", „Benachteiligungstheorie" und „Herabwürdigungstheorie".
48 Der Terminus „Anknüpfungsverbot" stammt aus dem deutschen Verfassungsrecht. Er bezeichnet dort die Gegenposition zum „Begründungsverbot". In der deutschen Kontroverse geht es um die Beachtlichkeit von Motiven und Begründungen (wogegen sich die Lehre vom Anknüpfungsverbot richtet). Diese Frage ist in der Schweiz unkontrovers. Demgegenüber wird in Deutschland eine eventuelle Asymmetrie des Diskriminierungsverbotes ersichtlich nicht erwogen, und der deutsche Rechtsbegriff „Anknüpfung" hat mit diesem Problem m.E. nichts zu tun.
49 Dazu oben B II, RN 12 ff.

§ 211　　　*Vierzehnter Teil: II. Einzelgrundrechte*

Fördermaßnahmen im asymmetrischen Konzept

dominierende Gesellschaftsgruppen relevant. Praktisch wichtig wird der Streit vor allem für die rechtliche Beurteilung von Fördermaßnahmen zugunsten gesellschaftlich traditionell benachteiligter Gruppen (z. B. Frauen). Nach dem asymmetrischen Konzept stellen positive Fördermaßnahmen definitionsgemäß keine Diskriminierung der dominanten Gruppe (z. B. Männer) dar, sondern berühren lediglich den allgemeinen Gleichheitssatz. Folglich können sich nach dem asymmetrischen Konzept Männer nicht auf das Diskriminierungsverbot des Art. 8 Abs. 2 BV berufen, sondern sind auf den Schutz durch Art. 8 Abs. 1 BV verwiesen.

19
Uneinigkeit in Literatur und Rechtsprechung

Die schweizerische Literatur ist in dieser Frage in zwei ähnlich große Lager gespalten[50]. Die Rechtsprechung scheint momentan eher dem asymmetrischen Konzept zuzuneigen[51], verlangt aber jedenfalls im Bereich der Geschlechtsdiskriminierung eine Geschlechterneutralität[52] und hat vielfach Differenzierungen zu Lasten von Männern streng geprüft.

20
Teleologische Argumente

Für das asymmetrische Konzept wird vor allem teleologisch argumentiert: Die Merkmale der Rasse, des Geschlechts und der religiösen Überzeugung hätten in der Vergangenheit typischerweise Anlaß zu menschenverachtenden, jedenfalls benachteiligenden Unterscheidungen gegeben, aber nur zu Lasten spezifischer Gruppen. Nur diese Gruppen seien nach der historischen Erfahrung und in der aktuellen gesellschaftlichen Wirklichkeit erhöht schutzbedürftig. Sinn und Zweck des Diskriminierungsverbotes sei nicht, die künftige gesellschaftliche Auseinandersetzung blind zu machen gegenüber dem Geschlecht oder anderen sensiblen Merkmalen[53]. Die Anwendung von Art. 8 Abs. 2 BV

50　Für eine Asymmetrie des Diskriminierungsverbotes grundlegend *J.P. Müller*, Grundrechte in der Schweiz (LitVerz.), S. 414–417; *ders.* (FN 15), S. 106–113; *Auer*, La prohibition de la discrimination des requérants d'asile et des réfugiées, in: Walter Kälin (Hg), Droit des réfugiées, Fribourg 1991, S. 269, RN 3: „La discrimination ... est inséparable ... des rapports rapports de domination. ... Voilà pourquoi elle est *toujours à sens unique*: elle ne peut aller que du plus fort au plus faible". (Hervorhebung der Verf.). S. auch *R. J. Schweizer*, in: Ehrenzeller u. a., St. Galler Kommentar (LitVerz.), Art. 8 RN 50; *Rhinow*, Grundzüge (LitVerz.), RN 1706–1711. Speziell gegen die Geschlechterneutralität des Geschlechtsdiskriminierungsverbotes *Arioli* (FN 36), S. 47; *Auer*, Les mesures positives et l'article 4 al. 2 Cst., AJP 2 (1993), S. 1336 (1340). Differenziert demgegenüber *Schefer*, Kerngehalte (FN 14), S. 486-496; *Schefer/Rhinow*, Zulässigkeit von Altersgrenzen für politische Ämter aus Sicht der Grundrechte, in: Jusletter 7. 4. 2003 (www.weblaw.ch/jusletter), RN 17: Die Verbote der Diskriminierung wegen Rasse, Geschlechts, Behinderung, Lebensform (sexuelle Orientierung) wirken symmetrisch; demgegenüber seien die Verbote der Diskriminierung wegen der religiösen, weltanschaulichen und politischen Überzeugung asymmetrisch. Für eine Symmetrie der Diskriminierungsverbote explizit *Vincent Martenet*, Géométrie de l'égalité, 2003, RN 948 ff.; *Waldmann* (FN 1), S. 238-245; *Hangartner*, ZSR 122 (2003), S. 103–105; offenbar i.d.S. *Kälin* (FN 22), S. 569; *Kälin/Caroni* (FN 45), S. 75–77; *Kiener* (FN 35), S. 213.

51　Nach *BGE 126* II 377 (392 Erw. 6) – F.A. und A.A. (2000) schützt Art. 8 Abs. 2 BV „Gruppen, welche historisch und in der gegenwärtigen sozialen Wirklichkeit tendenziell ausgegrenzt oder sonst minderwertig behandelt wurden". Nach *BGE 129* I 217 (220 Erw. 1.1) (2003) – Einbürgerung Emmen – soll „[d]ieses Grundrecht ... den Angehörigen bestimmter traditionell unterprivilegierter bzw. gefährdeter gesellschaftlicher Gruppen einen besonderen Schutz gegen Benachteiligung und Ausgrenzung gewähren". *BGE 130* I 352 (357 Erw. 6.1.2) (2004) – Sonderschule: „[I]m Zentrum steht der Schutz einer *unterprivilegierten Gruppe* und ihrer Angehörigen" (Hervorhebung der Verf.).

52　*BGE 126* I 1 (3 Erw. 2 c) (2000) – Namensänderung: „Das Recht muss geschlechtsneutral sein".

53　*J.P. Müller*, Grundrechte in der Schweiz (LitVerz.), S. 414; In diese Richtung auch *Rhinow*, Grundzüge, (LitVerz.), RN 1709; *Schefer*, Kerngehalte (FN 14), S. 486 f.

zugunsten „dominanter" Gruppen drohe das Diskriminierungsverbot zu verwässern. Hier reiche der Schutz des Gleichbehandlungsgebotes aus[54].

Dieser Ansicht ist entgegenzutreten. Die besseren Argumente sprechen für ein symmetrisches Diskriminierungsverbot. Nach dem Wortlaut des Art. 8 Abs. 2 BV darf „niemand" diskriminiert werden. Wortwörtlich wird nicht die Diskriminierung von Frauen und Schwarzen, sondern es wird die Diskriminierung wegen des Geschlechts (also auch von Männern), wegen der Hautfarbe (also auch von Weißen) etc. verboten[55]. Auch die Entstehungsgeschichte gibt keinerlei Anhaltspunkte für ein asymmetrisches Verständnis des Diskriminierungsverbotes[56]. Ferner sollte Art. 8 Abs. 2 BV völkerrechtskonform und rechtsvergleichend ausgelegt werden. Dabei ist zu berücksichtigen, daß weder die Europäische Menschenrechtskonvention noch das Recht der Europäischen Union noch wichtige Staatsverfassungen, wie die deutsche oder die US-amerikanische, eine Asymmetrie der Diskriminierungsverbote kennen[57]. Hinzu kommt ein praktisches Argument: Jede Festlegung der spezifischen Gruppen, die sich exklusiv auf Art. 8 Abs. 2 BV berufen können, läuft Gefahr, den juristischen Tatbestand an gesellschaftlichen Zuständen zu orientieren, die sich schon in naher Zukunft ändern könnten. Es wäre der Rechtsprechung überlassen, zu entscheiden, ab welchem Zeitpunkt eine Gruppe nicht mehr schutzbedürftig ist. Sie müßte dabei zwischen den Übeln der Zementierung des Diskriminierungsverbotes und dem der Rechtsunsicherheit wählen[58].

21
Bejahung eines symmetrischen Diskriminierungsverbots

Wandelbarkeit gesellschaftlicher Zustände

Ein weiterer Einwand gegen das asymmetrische Konzept ist, daß es zu Unrecht eine klare Zuordnung von Benachteiligung und Bevorzugung durch eine konkrete differenzierende Maßnahme unterstellt. Das Beispiel der Behandlung der Geschlechter zeigt aber, daß oft – auf unterschiedliche Art und Weise – beide Gruppen durch eine bestimmte Politik geschädigt werden. So sollen Abeitsschutzregelungen (Nachtarbeitsverbot, Mutterschutz) Frauen schützen, benachteiligen sie aber indirekt durch Beeinträchtigung ihrer Konkurrenzfähigkeit. Ein anderes Beispiel sind Zugangsbeschränkungen für Männer zu bestimmten Berufen, z.B. Pflegeberufen. Nur oberflächlich gesehen begünstigen sie Frauen, denn sie verfestigen gleichzeitig das Klischee des Frauenberufes (der typischerweise schlechter bezahlt wird). Auch Frauenquoten können Frauen indirekt benachteiligen, indem sie die Rede von der Quotenfrau begünstigen und das Selbstbewußtsein der geförderten Frauen untergraben. Auch im bekannten schweizerischen Fall *Burghartz*, in dem einem Ehemann die Voranstellung seines früheren Nachnamens an den Familien-

22
Mangelnde Prägnanz von „Benachteiligung" und „Bevorzugung"

---

54 *Rhinow*, Grundzüge (LitVerz.), RN 1704f.
55 Hierauf erwidert *Rhinow*, daß es rechtssetzungstechnisch schwierig sei, statt des Unterscheidungskriteriums jede geschützte Gruppe gesondert aufzuführen (*Rhinow*, Grundzüge [LitVerz.], RN 1709). Dieser Hinweis überzeugt nicht.
56 S. die Botschaft BV (FN 3), S. 142f. und die parlamentarischen Materialien (FN 1).
57 *König/Peters*, Konkordanzkommentar (FN 30), RN 55 m.w.N.
58 Vgl. *Pulver* (FN 9), S. 156 (RN 220). S. auch *Hangartner*, ZSR 122 (2003), S. 104: Der historisch-gesellschaftliche Sachverhalt weist nicht durchweg in dieselbe Richtung. So waren und sind Diskriminierungen wegen der weltanschaulichen und der politischen Überzeugung je nach Ort und Zeit verschieden. Das Verbot der Diskriminierung hätte je nach Kanton oder sogar Gemeinde eine andere Bedeutung.

namen (Geburtsname der Frau) verweigert wurde, hatten sowohl der Mann als auch die Frau ein Interesse an der Abschaffung der Ungleichbehandlung[59]. In allen diesen Situationen läge nach dem asymmetrischen Konzept weder eine Diskriminierung von Frauen noch von Männern vor. In Wirklichkeit sind diese Situationen aber so komplex, daß jeweils eingehend untersucht werden muß, ob die betreffenden Unterscheidungen verfassungsrechtlich zulässig sind. Eine solche Untersuchung geht weit über jenen Prüfungsstandard hinaus, der durch das Erfordernis der „sachlichen Gründe" im Rahmen des allgemeinen Gleichbehandlungsgebotes angesetzt wird[60].

23
Symmetrisches Konzept als Konsequenz der Pluralität der Schutzziele

Entscheidend ist schließlich der Rekurs auf das Schutzgut des Diskriminierungsverbotes. Unter Berücksichtigung der *Pluralität der Schutzziele* des Diskriminierungsverbotes[61] ist allein das symmetrische Konzept folgerichtig. Schutzgut des Diskriminierungsverbots ist unter anderem die Personalität des Individuums, in den Worten des Bundesgerichts die „Wertschätzung" aller Personen[62]. Durch Fördermaßnahmen, die beispielsweise ausschließlich Frauen im Berufsleben oder in der Politik zugute kommen, werden Männer sowohl in ihrer Identität betroffen als auch handfest in ihrer beruflichen oder politischen Karriere benachteiligt. Diese Schlechterstellung trifft die einzelnen viel intensiver als jene Differenzierungen, auf die der allgemeine Gleichheitssatz zugeschnitten ist. Das Schutzniveau von Art. 8 Abs. 1 BV (Rechtfertigung der Fördermaßnahmen durch sachliche Gründe) ist in diesen Konstellationen ungenügend[63].

24
Symmetrischer Schutz als Prinzip

Nach all diesen Erwägungen ist eine starre Asymmetrie des Diskriminierungsverbotes nicht sachgerecht. Es schützt vielmehr prinzipiell symmetrisch alle Menschen vor Differenzierungen anhand der sensiblen Merkmale. Den realen gesellschaftlichen Machtverhältnissen bzw. der Gefahr der moralischen Abwertung und Stigmatisierung einer Person kann bei der Prüfung der Rechtfertigung der Ungleichbehandlung im Einzelfall Rechnung getragen werden.

IV. Weitere Aspekte

25
Kein Erfordernis einer Diskriminierungsabsicht

Art. 8 Abs. 2 BV verbietet die Diskriminierung „wegen" eines verdächtigen Merkmals. Dabei geht es um objektive Kausalität: Anknüpfung einer Differenzierung an verpönte Merkmale (unmittelbare Diskriminierung) oder negative Auswirkungen für Träger sensibler Merkmale (mittelbare Diskriminierung). Eine Diskriminierungs*absicht* ist nicht erforderlich[64]. Die diesbezüglich

---

59 *BGE 115* II 193 (1989).
60 *Schefer*, Kerngehalte (FN 14), S. 488.
61 S. oben B II, RN 12 ff.
62 S. oben FN 46.
63 So auch *Schefer*, Kerngehalte (FN 14), S. 488–490.
64 Bereits *BGE 113* Ia 107 (116 Erw. 4 a) (1987), zu Art. 4 Abs. 2 Satz 3 aBV. Siehe aus neuerer Zeit *BGE 127* III 207 (216 Erw. 5 b) (2001), zu Art. 8 Abs. 2 BV; *BGE 129* I 217 (227 Erw. 2.2) (2003) – Einbürgerung Emmen. Eindrücklich *BGE 130* I 26 (33 Erw. 3.1) (2003) – Zulassungstop für Ärzte: Der Zulassungstop hatte zum Ziel, die erwartete starke Zunahme der Ärztezahl durch Angehörige der EU-Staaten zu begrenzen. „Hierin allein liegt noch keine unzulässige Diskriminierung. ... Solche Vor-

eindeutige schweizerische Position erscheint sachgerecht. Eine Erforschung der Absichten und Motive (einzelner Parlamentarier oder Verwaltungsverantwortlicher?) jenseits des verlautbarten oder offenkundigen rechtspolitischen Ziels einer Maßnahme wäre nicht praktikabel[65]. Ferner spricht grundsätzlich gegen einen Fokus auf die Diskriminierungsabsicht, daß Diskriminierungsverbote auch vor struktureller Diskriminierung, die nicht auf bewußte Einzelakte oder Vorurteile zurückführbar ist, schützen sollen. Und schließlich wäre das Abstellen auf Hintergedanken unvereinbar mit der Rechtfertigung einer Differenzierung mittels einer Verhältnismäßigkeitsprüfung, bei der es um die Beziehung zwischen dem objektiven Regelungsziel und der Unterscheidung geht.

Das Diskriminierungsverbot wirkt auch als Verfahrensgarantie. Aus Art. 29 Abs. 2 BV (Anspruch auf rechtliches Gehör) in Verbindung mit Art. 8 Abs. 2 BV fließt ein Anspruch auf Begründung sensibel differenzierender Entscheide unter anderem im Rahmen von Verwaltungsverfahren[66]. Bei der kommunalen *Urnenabstimmung* über Einbürgerungsgesuche ist eine Begründung der Einbürgerungsentscheidung des Gemeindevolkes, das hier als Träger staatlicher Aufgaben grundrechtsgebunden ist, nicht möglich. Eine nachträgliche Begründung durch eine Gemeindebehörde reicht nicht aus. Denn dieses Surrogat ändert nichts daran, daß eine tatsächliche Diskussion der Entscheidung nicht stattfand und daß über die Vielfalt der wahren Entscheidungsmotive der Bürger nur spekuliert werden kann. Wegen der systembedingten Unmöglichkeit einer aktuellen Begründung durch die entscheidenden Bürger selbst verletzt das Einbürgerungsverfahren per Urnenabstimmung Art. 8 Abs. 2 BV[67]. Demgegenüber können Einbürgerungsentscheidungen in der *Gemeindeversammlung* grundsätzlich ausreichend begründet werden und damit den Verfahrensanforderungen aus Art. 8 Abs. 2 BV prinzipiell genügen. Für die Erfüllung dieser Begründungspflicht ergeben sich verschiedene Möglichkeiten. Wenn die Gemeindeversammlung dem ablehnenden Antrag des vorprüfenden Gremiums (z. B. Gemeinderat) folgt, ergibt sich die Begründung in der Regel aus der Begründung dieses Ablehnungsantrags. Verweigert

26
Diskriminierungsverbot als Verfahrensgarantie

---

kehrungen gelten nicht schon wegen der Zielsetzung als diskriminierend. Entscheidend ist, wie diese ausgestaltet werden und ob sie im Resultat diskriminierend wirken". Aus der Literatur *Kälin/Caroni* (FN 34), S. 77; *J.P. Müller*, Grundrechte in der Schweiz (LitVerz.), S. 416; *R. J. Schweizer*, in: Ehrenzeller u. a., St. Galler Kommentar (LitVerz.), Art. 8 RN 50; *Waldmann* (FN 1), S. 248; *Pulver* (FN 9), S. 140 (RN 206); *Hangartner*, ZSR 122 (2003), S. 102 f. Anders noch die Botschaft BV (FN 3), die auf den „Beweggrund" für die Diskriminierung abstellte (S. 142); unklar *Grisel* (FN 8), S. 95 (RN 176).

65 Es ist weder klar, worauf sich die Absicht beziehen muß, um „diskriminierend" zu sein (auf die Mißachtung des Individuums, auf Ausgrenzung, Entwürdigung oder Stigma?), noch besteht Konsens darüber, wie direkt die Absicht sein muß. Müßte es dem Gesetzgeber (nur) darauf ankommen, eine Gruppe zu benachteiligen? Weiter ist unklar, wie die in der Realität meist vorhandenen Motivbündel zu bewerten wären. Hinzu kommt, daß Schutzbehauptungen jederzeit möglich wären. Bei mittelbarer Diskriminierung bereitete das Absichtserfordernis zusätzliche Probleme, denn hier wäre eine eventuelle Diskriminierungsabsicht zwangsläufig nur latent vorhanden.

66 *BGE 129* I 232 (239 Erw. 3.4) (2003) – Einbürgerung vors Volk: „Das Diskriminierungsverbot hat also rechtlich die Bedeutung, dass ungleiche Behandlungen einer besonders qualifizierten Begründungspflicht unterstehen".

67 *BGE 129* I 232 (241–243 Erw. 3.5 u. 3.7). Zur Verletzung des Art. 8 Abs. 2 BV durch Einbürgerungsverfahren per Urnenabstimmung auch *BGE 129* I 217 (230 Erw. 3.3) (2003) – Einbürgerung Emmen.

aber die Gemeindeversammlung entgegen dem positiven Antrag des Gemeinderates eine Einbürgerung, muß sich die Begründung der Ablehnung aus den protokollierten Wortmeldungen ergeben[68].

27
Diskriminierung bei Leistungen

Sozialversicherungsrecht

Nach richterlich festgestellter Diskriminierung bei der Zuerkennung staatlicher oder (soweit relevant) privater Leistungen hat das Opfer grundsätzlich keinen Anspruch auf Aufstockung durch das Gericht. Ein diskriminierungsfreies Leistungssystem kann auch durch Herabsetzung aller Begünstigten geschaffen werden. Vor allem in komplexen Regelungsmaterien, deren Ausgestaltung erhebliche finanzielle Konsequenzen nach sich zieht, insbesondere im Sozialversicherungsrecht, ist es grundsätzlich nicht Sache des Bundesgerichts, zu bestimmen, wie eine Diskriminierung zu beseitigen ist. Dies obliegt vielmehr dem Gesetzgeber. Etwas anderes könnte dann gelten, wenn ein gerichtliches Urteil eine von der Vorsorgeeinrichtung bisher nicht versicherte neue Leistungsart einführen würde. Dies deutete das Bundesgericht in einem Rechtsstreit um eine Witwerrente an. Sofern und solange die hinterbliebenen Ehefrauen völlig voraussetzungslos und ohne Rücksicht auf zusätzliche Voraussetzungen die Witwenrente erhalten, so lange müsse von Verfassungs wegen eine solche Rente auch dem Witwer zustehen. Das heißt, hier schuf eine gerichtliche Entscheidung einen Anspruch auf Anpassung „nach oben", solange der Gesetz- oder Verordnungsgeber kein neues System seiner Wahl geschaffen hatte[69].

Lohndiskriminierung

Ein Sonderfall ist die Lohndiskriminierung nach Art. 8 Abs. 3 Satz 3 BV. Solange die höheren Löhne der Vergleichsgruppe vertraglich oder durch die anwendbaren öffentlichrechtlichen Besoldungsregeln festgelegt sind, beinhaltet der Anspruch auf Beseitigung der Lohndiskriminierung einen Anspruch auf Aufstockung des Lohns. Diese Verträge oder Regelungen können jedoch auf dem Wege der ordentlichen Vertragskündigung bzw. Rechtsänderung dahingehend modifiziert werden, daß bisher relativ zu hohe Löhne gesenkt werden[70].

C. Die sensiblen Kriterien

I. Grundgedanken

28
Heterogenität der Kriterien

Art. 8 Abs. 2 BV nennt eine Reihe „sensibler"[71] Kriterien, die nach historischer Erfahrung Anlaß zu Diskriminierung gegeben haben. Fallengelassen wurden die nicht mehr zeitgemäßen Merkmale der Privilegierungsverbote der Verfassungen von 1848 und 1874 wie „Untertanenverhältnisse" oder „Vorrechte des Orts"[72]. Die aufgezählten Merkmale stimmen weitgehend mit den

---
68 *BGE 132* I 196 (2006); siehe auch *BGE 131* I 18 (2005) und *132* I 167 (2006).
69 *BGE 116* V 198, Erw. II.3 (1990) – Witwerrente.
70 *BGE 124* II 426, Erw. 11 (1998) – Sandra Altermatt.
71 So die überwiegende schweizerische Terminologie. Ausführlich zu den sensiblen Merkmalen im einzelnen *Waldmann* (FN 1), S. 577 ff.; *Martenet* (FN 50), RN 865 ff.
72 Vgl. die Botschaft BV (FN 3), S. 142.

klassischen Katalogen des internationalen und des europäischen Rechts, insbesondere der Europäischen Menschenrechtskonvention, der EU-Grundrechtecharta und den nationalen europäischen Verfassungsordnungen überein. Neu und weniger international konsentiert sind die Merkmale der Behinderung, der Lebensform und des Alters, die erst in späteren Phasen der Verfassungsrevision in das schweizerische Diskriminierungsverbot integriert wurden[73]. Die in Art. 8 Abs. 2 BV aufgezählten Merkmale sind heterogen, und ihre explizite Nennung läßt sich nicht auf eine einzige Ratio zurückführen[74]. Vielmehr manifestiert der Katalog die Vielfalt der Schutzgüter des Diskriminierungsverbotes[75]. Immerhin können die Kriterien in zwei Gruppen, die sich allerdings überlappen, aufgeteilt werden[76].

Zur ersten Gruppe kann man eindeutig die Merkmale Rasse, Geschlecht sowie Behinderung zählen, unter Umständen auch die Sprache, Herkunft und die soziale Stellung, in einem eingeschränkten Sinn auch das Alter. Hierbei handelt es sich um physische bzw. sozial konstruierte Eigenschaften oder Zuschreibungen, die nicht frei gewählt sind und nicht oder nur schwer aufgebbar sind. Sie sind deshalb „schicksalhaft", identitätsbestimmend[77] und geeignet, stereotypen Vorstellungen Nahrung zu geben[78]. Das Merkmal „Geschlecht" verweist sowohl auf biologische Gegebenheiten als auch auf die gesellschaftlich eingespielte Rollenverteilung und die damit verbundenen Stereotypen, welche den Vorwand für benachteiligende Differenzierungen abgeben[79]. Das Geschlechtsdiskriminierungsverbot bzw. Gleichberechtigungsgebot und der Gleichstellungsauftrag werden später erörtert[80].

29
„Schicksalhafte", identitätsbestimmende Kriterien

Merkmal „Geschlecht"

---

73 Der zur Vernehmlassung gestellte Vorentwurf des Bundesrates von 1995 enthielt diese moderneren Kriterien noch nicht. Erst aufgrund der Vernehmlassung wurde in den Verfassungsentwurf (VE) 1996 die „körperliche oder geistige Behinderung" als sensibles Kriterium aufgenommen (dort Art. 7). Die „psychische" Behinderung, „Alter" und „Lebensform" blieben demgegenüber im Verfassungsentwurf 1996 noch ausgeklammert (s. die Botschaft BV (FN 3), S. 142 f.). Jene Merkmale wurden erst in der parlamentarischen Diskussion des Verfassungsentwurfs 1996 in den Text aufgenommen: Die Verfassungskommission des Nationalrates fügte „psychische" Behinderung und „Lebensform" ein (s. den Entwurf der Verfassungskommission des Nationalrates v. 21.11.1997 [BBl 1998 I S. 364ff., 370]). Im Ständerat als Zweitrat wurde außerdem noch das Kriterium „Alter" aufgenommen (Amtl. Bull. 1998, Sonderdruck Verfassungsreform, Nationalrat [N], S. 176 und Ständerat [S], S. 155). Kritik an den „atypischen" Merkmalen übt *Hangartner*, ZSR 122 (2003), S. 110 u. 116: Gefahr der Verwässerung des Diskriminierungsverbots.
74 Vertreter des Konzepts des Diskriminierungsverbotes i.S. eines asymmetrischen Gruppenschutzes betonen demgegenüber, daß die Nennung der meisten Merkmale (nicht z.B. das Alter) auf historisch typische Gefährdungslagen (aber nur für Mitglieder bestimmter Gruppen, die anhand dieser Merkmale ausgesondert wurden) reagiert.
75 S. oben B II, RN 12 ff.
76 Hierzu *Schefer*, Kerngehalte (FN 14), S. 490; *Pulver* (FN 9), S. 185 f.; ähnlich *Waldmann* (FN 1), S. 250–255; andere Einteilung bei *Tschannen/Kiener*, AJP 5 (1996), S. 403 (412). Für eine flexible richterliche Kontrolle je nach Einzelfall bereits *Auer*, in: Kälin, Droit des réfugiés (FN 50), S. 271 f. (RN 7); i.d.S. auch *Rhinow*, Grundzüge (LitVerz.), RN 1717; *Schefer*, Grundrechte (LitVerz.), S. 246 (eigenständige dogmatische Ausgestaltung der einzelnen Diskriminierungsverbote).
77 Vgl. *J.P. Müller*, Grundrechte in der Schweiz (LitVerz.), S. 411; *Rhinow*, Grundzüge (LitVerz.), RN 1714 f.; plastisch *Kälin/Caroni* (FN 34), S. 77: Unterscheidungen anhand dieser Kriterien machen den Betroffenen „zu Gefangenen von Merkmalen".
78 *Waldmann* (FN 1), S. 252.
79 Vgl. *J.P. Müller*, Grundrechte in der Schweiz (LitVerz.), S. 421, der ausschließlich auf das soziale Konstrukt abstellt.
80 Unten F, RN 64 ff.

30
Kriterien im Zusammenhang mit der Freiheitsausübung

Die zweite Gruppe von Merkmalen betrifft die Ausübung von Freiheitsrechten, nämlich die Äußerung der religiösen, weltanschaulichen oder politischen Überzeugung oder den Gebrauch der Muttersprache. Eine Differenzierung anhand dieser Merkmale ist prinzipiell verpönt, weil die Verfassungsordnung die Ausübung der Religions-, Meinungs- und Sprachenfreiheit schützt, und die Aufgabe der persönlichen Überzeugungen bzw. der Sprache nicht zugemutet werden darf. Gleichzeitig können diese Merkmale, wie jene der ersten Gruppe, identitätsbestimmend und (faktisch) unaufgebbar sein.

31
Offenheit des Kriterienkatalogs

„Kulturelle Eigenart"

Der Merkmalskatalog des Art. 8 Abs. 2 BV ist nicht abschließend („namentlich")[81]. Die Offenheit des Diskriminierungsverbots erscheint sinnvoll, weil auf diese Weise ohne formelle Verfassungsrevision Veränderungen der Gefährdungssituation Rechnung getragen werden kann[82]. Um im Wege der Auslegung weitere, nicht benannte Merkmale zu ermitteln, werden sich die Rechtsanwender an den Schutzzielen des Diskriminierungsverbotes und der gesellschaftlichen Realität orientieren müssen[83]. Ein Bedürfnis nach verfassungsmäßigem Schutz vor Stereotypisierung bzw. vor Stigmatisierung und Ausgrenzung scheint vor allem in bezug auf Ausländer (sofern nicht unter „Herkunft" subsumierbar[84]) oder – noch spezieller – auf Asylbewerber[85] zu bestehen. Man könnte in diesem Kontext die benannten Merkmale der Rasse, Herkunft, Sprache und religiösen Überzeugung als „kulturelle Eigenart" zusammenfassen und diese unter besonderen verfassungsmäßigen Schutz stellen[86].

II. Herkunft

32
Anknüpfung an frühere Privilegierungsverbote

Die Bedeutung des Merkmals der „Herkunft" ist noch nicht vollends geklärt. Dieses greift die Tatbestände des alten Privilegierungsverbotes auf („keine Untertanenverhältnisse, keine Vorrechte des Orts, der Geburt, der Familien oder Personen"). Entsprechend dem historischen Verständnis sind regionale, soziale und personenstandsmäßige Differenzierungen suspekt. Für die Rechtsstellung kantonsfremder Schweizer Bürger ist Art. 37 Abs. 2 BV lex specialis und verbietet absolut jede auf das kantonale Bürgerrecht gestützte

---

[81] Diese Offenheit teilt der Katalog mit Art. 14 EMRK; abschließend demgegenüber der Katalog des Art. 3 Abs. 2 GG.
[82] S. aber *Grisel* (FN 8), S. 71 f. (RN 128–130), der den nicht-abschließenden Charakter des Katalogs u.a. wegen der damit verbundenen Rechtsunklarheit kritisiert.
[83] Z.T. wird vertreten, daß (wie im Anwendungsbereich von Art. 14 EMRK) nur personenbezogene Merkmale erfaßt sind, so *Hangartner*, ZSR 122 (2003), S. 101.
[84] S. zum Tatbestand der „Herkunft" sogleich.
[85] In *BGE 114* Ia 1 (5 Erw. 4) (1988) wurde die Verweigerung einer Kinderzulage allein an Asylbewerber (im Gegensatz zu sonstigen Ausländern) etwas strenger als im Rahmen des allgemeinen Gleichheitssatzes üblich geprüft („kein vernünftiger und *einigermassen gewichtiger Grund*") und als Verfassungsverletzung qualifiziert (Hervorhebung der Verf.).
[86] Vgl. *J.P. Müller*, Grundrechte in der Schweiz (LitVerz.), S. 428 f.

Ungleichbehandlung, mit Ausnahme gewisser Privilegierungen der Bürger von Bürgergemeinden[87].

Praktisch bedeutsam ist das Verbot der Diskriminierung wegen der Herkunft heute vor allem für Personen mit von der Mehrheit abweichender ethnischer, kultureller oder geographischer Herkunft[88]. Es fragt sich, ob darüber hinaus (zum Teil mit den ebengenannten Merkmalen überlappend) auch die nationale Herkunft erfaßt ist. Dann wären Differenzierungen anhand der Staatsangehörigkeit streng zu prüfen. Die Rechtsprechung zur alten Bundesverfassung lehnte dies ab. Unterscheidungen zwischen Schweizerbürgern und Ausländern waren nur dann unzulässig, wenn kein sachlicher Differenzierungsgrund ersichtlich war[89]. Im Gegensatz dazu führte das Bundesgericht nach Inkrafttreten der Bundesverfassung von 1999 explizit aus, daß unter „Herkunft" vor allem die Staatsangehörigkeit falle[90]. Trotzdem legte das Gericht (im Rahmen der Anwendung von Art. 8 Abs. 2 neben Absatz 1 [!] BV) einen großzügigen Prüfungsstandard an und forderte lediglich sachliche Gründe für die Bevorzugung von Schweizern[91]. Auch in den Fällen der (vorübergehenden) Inländerdiskriminierung aufgrund des Personenfreizügigkeitsabkommens zwischen der Schweiz und der Europäischen Gemeinschaft wendete das Bundesgericht nur Art. 8 Abs. 1 BV an[92].

33
Nationale Herkunft?

---

87 Hierzu *Häfelin/Haller*, Bundesstaatsrecht (LitVerz.), RN 797–803. Differenzierungen anhand des kantonalen *Wohnsitzes* werden nicht von Art. 37 Abs. 2 BV erfaßt. Ein kantonaler Vorbehalt hoheitlicher Urkundsbefugnisse für Personen mit Wohnsitz im Kanton ist mit der Niederlassungsfreiheit vereinbar (*BGE* 128 I 280 [282 Erw. 3] [2002] – Innerrhodener Notar).
88 *Schefer*, Grundrechte (LitVerz.), S. 247.
89 St. Rspr., zuletzt *BGE* 125 IV 1 (3 Erw. 5 b) (1999). In diesem Sinne in der Lehre *Kälin/Caroni* (FN 34), S. 72.
90 *BGE* 129 I 392 (398 Erw. 3.2.2) (2003) – Volksinitiative „SchweizerInnen zuerst!": „'Herkunft' i.S. von Art. 8 Abs. 2 BV zielt vor allem auf Menschen, die u. a. wegen ihrer nationalen Herkunft von Diskriminierung bedroht sind ... Ausländer sollen gegenüber Schweizern oder auch unter sich nicht diskriminiert werden". In diesem Sinne in der Lehre auch *J.P. Müller*, Grundrechte in der Schweiz (LitVerz.), S. 420; *Pulver* (FN 9), S. 190 u. 195 f.; *Hangartner*, ZSR 122 (2003), S. 100; *Mahon*, in: Auer/ders., Petit Commentaire (LitVerz.), Art. 8 RN 16 a. Weiterführend weist *Schefer* darauf hin, daß wegen der zunehmenden Heterogenität der Staatsangehörigen die Nationalität zunehmend weniger als Kristallisationspunkt für Identitätsvorstellungen fungiert und daß sich die typische Gefahr der Schlechterbehandlung wegen der Herkunft deshalb zunehmend von jener aufgrund der Staatsangehörigkeit unterscheidet (*Schefer*, Grundrechte [LitVerz.], S. 248).
91 *BGE* 129 I 392 (399 Erw. 3.2.3). Im konkreten Fall (Volksinitiative „SchweizerInnen zuerst!") fehlten jegliche sachlichen Gründe für die von der Initiative geforderte generelle Bevorzugung von Schweizer Bürgern in der Gemeinde Zürich, so daß die Anwendung des Rechtsgleichheitsgebots und des Diskriminierungsverbots zum gleichen Ergebnis führte.
92 Die ausländischen Kinder eines Schweizer Bürgers haben noch bis zur Neufassung des Bundesgesetzes über Aufenthalt und Niederlassung der Ausländer (ANAG; SR 142.20, neu Ausländergesetz [AuG] voraussichtlich ab 1.1.2008) kein privilegiertes Nachzugsrecht. Im Gegensatz dazu haben die Kinder eines EU-Bürgers einen Aufenthaltstitel aus Art. 3 Anhang I Freizügigkeitsabkommen Schweiz–EG (SR 0.142.112.681; in Kraft seit 1.6.2002). Die temporäre Inländerdiskriminierung verletzte nicht den allgemeinen Gleichheitssatz, weil der Gesetzgeber bewußt auf eine entsprechende Teilrevision des Bundesgesetzes über Aufenthalt und Niederlassung der Ausländer verzichtet hat und damit die (vorübergehende) Schlechterstellung von Schweizer Bürgern bewußt in Kauf nahm, was vom Bundesgericht zu respektieren war. In *BGE* 129 II 249 (262 ff. Erw. 5) (2003) blieb unklar, ob Art. 8 Abs. 1 oder Abs. 2 betroffen oder sogar verletzt sei („Diskriminierung in der Rechtsetzung"); *BGE* 130 II 137 (2004) stützte sich ausschließlich auf Art. 8 Abs. 1 BV.

34
Privilegien eigener Staatsangehöriger

Die Verfassung selbst behält als traditionellen Ausdruck des Bürgerrechts die politischen Rechte und Pflichten (Militärdienst), aber auch einen absoluten Schutz vor Ausweisung den Schweizer Staatsbürgern vor (Art. 25, 59, 136 BV)[93]. Weitere traditionelle Privilegien der eigenen Staatsangehörigen betreffen die wirtschaftliche Betätigung[94]. Das Diskriminierungsverbot wendet sich nicht gegen diese überkommenen Differenzierungen[95]. Etwas strenger zu beurteilen wären neuartige, nicht mit dem Bürgerrecht zusammenhängende Schlechterstellungen von Ausländern (z. B. segregierte Ausländerschulklassen oder die Verweigerung von Berufszulassungen, soweit diese nicht die Wahrnehmung von hoheitlichen Aufgaben betreffen). Dementsprechend sind „traditionelle" Differenzierungen zwischen In- und Ausländern, „neue" Differenzierungen zwischen In- und Ausländern und Differenzierungen zwischen Ausländern untereinander mit steigender Strenge zu prüfen[96]. Nur bei letzteren beiden Ungleichbehandlungen besteht der Verdacht, daß hier die Staatsangehörigkeit letztlich Stellvertreter für vermutete ethnische oder kulturelle Eigenarten ist. Solche Unterscheidungen unterliegen deshalb einer strengeren Rechtfertigungslast[97].

III. Rasse

35
Subjektive und soziale Komponenten

Das Merkmal der „Rasse" überlappt mit dem der „Herkunft" und verweist auf ein soziales Konstrukt. „Jedenfalls schliesst der Begriff der Rasse subjektive und soziale Komponenten mit ein: Eine Rasse ist in diesem breiten – soziologischen – Sinn eine Menschengruppe, die sich selbst als unterschiedlich von anderen Gruppen versteht und/oder so verstanden wird, auf der Grundlage angeborener und unveränderlicher Merkmale"[98]. Wenn auch „Rasse" kein tragfähiger naturwissenschaftlicher Begriff ist, so ist seine Aufnahme in das verfassungsrechtliche Diskriminierungsverbot sinnvoll, weil dies den Anschluß an völkerrechtliche Vorgaben wahrt[99] und weil das Diskriminierungsverbot auf gesellschaftliche, unter anderem durch Irrationalität und Willkür geprägte Zustände reagieren soll.

---

93 Die Vorenthaltung des regionalen und kantonalen Stimmrechts für langansässige Ausländer erscheint zunehmend illegitim (vgl. *Mahon*, La citoyenneté active en droit public suisse, in: Thürer/Aubert/Müller, Verfassungsrecht [LitVerz.], S. 335 ff., RN 32).
94 Ausländer sind nicht Träger der Niederlassungsfreiheit (Art. 24 BV) und genießen nur unter bestimmten Umständen die Wirtschaftsfreiheit (Art. 27 BV). Siehe aber für den Wirtschaftskontext die vertraglichen Verbote der Diskriminierung wegen der Staatsangehörigkeit im Anwendungsbereich der sektoriellen Verträge zwischen Schweiz und EG, insb. Art. 2 des Personenfreizügigkeitsabkommens (FN 92).
95 *Schefer*, Grundrechte (LitVerz.), S. 249 (nur allgemeiner Gleichheitssatz).
96 *Schefer* aaO., S. 249 f.
97 *Schefer* aaO., S. 246; vgl. auch *Pulver* (FN 9), S. 195.
98 Botschaft des Bundesrates über den Beitritt der Schweiz zum Internationalen Übereinkommen von 1965 zur Beseitigung jeder Form von Rassendiskriminierung und über die entsprechende Strafrechtsrevision v. 2. 3. 1992 (BBl 144 [1992], S. 269 ff. [279]), mit Verweis auf *Partsch*, Rassendiskriminierung, in: Rüdiger Wolfrum (Hg.), Handbuch Vereinte Nationen, 1992, S. 649 ff., RN 9.
99 Insb. an das Internationale Übereinkommen zur Beseitigung jeder Form von Rassendiskriminierung v. 21. 12. 1965 (CERD) – in Kraft für die Schweiz seit 1994 (SR 0.104).

Im Zuge der Umsetzung des UN-Rassendiskriminierungsabkommens wurde mit Wirkung zum 1. Januar 1995 ein Straftatbestand der „Rassendiskriminierung" (Art. 261bis StGB) geschaffen, der als Ausdruck der Erfüllung der grundrechtlichen Schutzpflicht verstanden werden kann[100]. Das Schutzgut dieser Strafbestimmung ist die „angeborene Würde und Gleichheit aller Menschen"[101]. Jene Schutzrichtung sollte auch dem verfassungsrechtlichen Verbot der Diskriminierung wegen der Rasse – im Einklang mit völkerrechtlichen Rassendiskriminierungsverboten[102] – zuerkannt werden. Das verfassungsrechtliche Rassendiskriminierungsverbot ist in der heutigen Schweiz für potentielle (unter Umständen indirekte) Diskriminierung bei polizeilichen Maßnahmen, der Strafverfolgung und der Einbürgerung relevant[103]. Das zweite Anwendungsfeld ist die Rassendiskriminierung durch Private, insbesondere in der Arbeitswelt. Art. 8 Abs. 2 BV verpflichtet den Staat, hiergegen schützend vorzugehen, wobei ein politischer Handlungsspielraum besteht[104].

36
Straftatbestand der „Rassendiskriminierung"

IV. Alter

Das Merkmal „Alter" wurde erst ganz zuletzt im Verfassungsgebungsprozeß in den Verfassungstext aufgenommen[105]. Von diesem Diskriminierungsverbot[106] umfaßt ist sowohl die Benachteiligung von Betagten als auch die von Jugendlichen und Kindern[107]. Letztere sind außerdem Träger des Grundrechts aus Artikel 11 (Förderung und Schutz für Kinder und Jugendliche). Im Schrifttum wird diskutiert, ob die Betroffenen wirklich eines besonderen Diskriminierungsschutzes bedürfen[108]. Jedenfalls sind Unterscheidungen anhand

37
Benachteiligung von Betagten, Jugendlichen und Kindern

---

100 Umfassend zur völkerrechtlichen Ächtung und zur strafrechtlichen Ahndung der Rassendiskriminierung in der Schweiz, Frankreich und Deutschland *Alexandre Guyaz*, L'incrimination de la discrimination raciale, 1996; vgl. auch *Marcel Alexander Niggli*, Rassendiskriminierung: Ein Kommentar zu Art. 261bis StGB und Art. 171c MStG, 1996.
101 *BGE* 130 IV 111 Erw. 3 (2004); ebenso *BGE* 131 IV 23 Erw. 3 (2004). S. auch *Schleiminger* in: Marcel A. Nigli/Hans Wipächter (Hg.), Basler Kommentar, Strafgesetzbuch II, RN 8 zu Art. 261bis.
102 Insb. Art. 1 Abs. 1 CERD; Art. 14 EMRK.
103 S. hierzu *BGE* 129 I 232 Erw. 3.4–3.7 (2003) – „SVP-Initiative Einbürgerungen vors Volk"; *BGE* 129 I 217 Erw. 2 (2003) – „Einbürgerung in der Einwohnergemeinde Emmen" (jeweils Diskriminierung aufgrund der *Herkunft* bejaht); *BGE* 129 I 392 Erw. 3.2 (2003) – Volksinitiative „SchweizerInnen zuerst!" (Ungültigerklärung einer kantonalen Volksinitiative).
104 S. hierzu unten G, RN 90 ff.
105 Einfügung in der parlamentarischen Beratung durch den Ständerat, Amtl. Bull. 1998, Sonderdruck Verfassungsreform, Ständerat [S], S. 155.
106 Eingehend zur verfassungsrechtlichen Beurteilung von altersbezogenen Differenzierungen *Schefer/Rhinow*, Altersgrenzen (FN 50); *Schefer*, Grundrechte (LitVerz.), S. 253–256.
107 Vgl. *BGE* 126 V 70 (73 Erw. 4 c bb) (2000) – IV-Stelle Schwyz (obiter dictum). In den parlamentarischen Beratungen zur BV stand der Schutz von Kindern und Jugendlichen im Vordergrund.
108 „Alte" oder „Junge" sind keine separate Gruppe, sondern jeder Mensch befindet sich einmal in dieser Situation, wodurch die Diskriminierungsgeneigtheit der anderen sinkt. Für Betagte gilt, daß aus demographischen Gründen ihr Einfluß im politischen Prozeß wächst. *Schefer/Rhinow* (Altersgrenzen [FN 50], RN 22–29) erwägen deshalb, daß Jugendliche keines Schutzes durch Art. 8 Abs. 2 BV bedürfen. Sie sehen jedoch bei altersbezogenen Differenzierungen die Gefahr der Ausgrenzung, Entwürdigung oder Stereotypisierung und befürworten deshalb letztlich einen gesteigerten Schutz (*id.*, RN 41–53). *J.P. Müller* (Grundrechte in der Schweiz [LitVerz.], S. 422) hält insb. für Betagte den Schutz des allgemeinen Gleichheitssatzes für ausreichend.

§ 211   Vierzehnter Teil: II. Einzelgrundrechte

Mindestaltersgrenzen des Alters relativ leicht zu rechtfertigen[109]. Das erste bundesgerichtliche Urteil zum Diskriminierungsverbot der neuen Bundesverfassung betraf eine Altersgrenze: Nach einer auf das Invalidenversicherungsgesetz (IVG) gestützten Liste der zugelassenen Hilfsmittel für fortbewegungsunfähige Invalide übernahm die Versicherung die Abänderung von Motorfahrzeugen nur für volljährige Versicherte. Das Bundesgericht sah hierin eine verfassungswidrige Altersdiskriminierung[110]. Weitere Beispiele für rechtliche Differenzierungen, die *Jugendliche* potentiell benachteiligen, sind die Beschränkung des Genusses der politischen Rechte[111] auf Personen über 18 Altersjahren[112], Altersuntergrenzen für Mitglieder der Exekutive oder Judikative (z.B. 25 oder 27 Jahre) sowie schematisierende Regelungen der religiösen Mündigkeit von Jugendlichen.

38
Höchstaltersgrenzen *Betagte* werden durch Höchstaltersgrenzen für öffentliche Ämter in mehreren Kantonen (z.B. 65 oder 70 Jahre) benachteiligt[113]. Insofern es um Wahlämter geht, wird dadurch auch die Wahl- und Abstimmungsfreiheit der Stimmbürger (Art. 34 Abs. 2 BV) betroffen. Deshalb ist hier eine strengere Prüfung angezeigt[114]. Der Bundesrat hielt Altersobergrenzen für öffentliche Ämter für verfassungsrechtlich bedenklich und empfahl den Kantonen und Gemeinden, hierauf zu verzichten[115]. Demgegenüber wurden die altersbedingte Fahrtüchtigkeitsüberprüfung[116] sowie die Altersgrenze von fünfundsechzig Jahren für die allgemeine Direktzahlung an Landwirte gemäß Landwirtschaftsgesetz[117] vom Bundesgericht als nicht diskriminierend gewertet. Weitere Beispiele für eine mögliche Diskriminierung von Betagten wären die Aberkennung des aktiven Wahlrechts ab einem bestimmten Alter oder Rationierungsmaßnahmen im Gesundheitswesen (Altersobergrenzen für Operationen, insbesondere für Organtransplantationen).

---

109 S. auch unten D, RN 52 ff.
110 *BGE 126* V 70 (2000) – „IV-Stelle Schwyz".
111 Abstimmungsrecht, aktives und passives Wahlrecht sowie das Recht, Initiativen und Referenden zu unterzeichnen.
112 S. für die Bundesebene Art. 136 BV. Auf Bundes- und kantonaler Ebene wurde eine Absenkung der Altersgrenze auf sechzehn Jahre abgelehnt (Amtl. Bull. NR. 5. 6. 2000).
113 S. zur Rechtslage in den Kantonen den Bericht des Bundsrates über Altersschranken auf kantonaler und kommunaler Ebene für Mitglieder der Exekutive und Legislative v. 21. 4. 2004 (BBl 2004 S. 2113 ff.). Die Altergrenze von siebzig Jahren für das Notariat im Kanton Neuchâtel wurde vom *BGer* u. a. anhand des damaligen Art. 4 aBV großzügig geprüft und gebilligt (*BGE 124* I 297 [299, 303 Erw. 4] [1998] – Luc Meylan).
114 *Schefer/Rhinow*, Altersgrenzen (FN 50), RN 122. Mildere Alternative zu Altergrenzen wären individualisierte Abklärungen (deren Eignung und Praktikabilität jedoch fraglich ist) und Amtszeitbeschränkungen.
115 Bericht, 2003 (FN 113), S. 2147 f.
116 Art. 27 Abs. 1 lit. b der Verordnung v. 27. 10. 1976 über die Zulassung von Personen und Fahrzeugen zum Straßenverkehr (SR 741.51) sieht vor, daß Führerausweisinhaber über siebzig Jahren sich alle zwei Jahre einer vertrauensärztlichen Kontrolluntersuchung unterziehen müssen. *BGer*, Urt. v. 28. 5. 2003, 2A.234/2003, hält diese Schematisierung zu Recht für vereinbar mit Art. 8 Abs. 2 BV (zur Vorgängervorschrift Art. 7 Abs. 3).
117 Hierzu *BGer*, Urt. v. 7. 6. 2004, 2A.292/2004, Erw. 2.2.2.

V. Sprache

Das Merkmal „Sprache" ist für die Schweiz als mehrsprachiger Staat besonders relevant[118], schützt aber auch die (ausländischen) Angehörigen neuer fremdsprachiger Minderheiten[119]. Es ist noch offen, inwieweit auch die Diskriminierung aufgrund der Gebärdensprache der Gehörlosen verboten ist. Ferner ist unklar, ob das Verbot der Diskriminierung wegen der Sprache eine über das Grundrecht der Sprachenfreiheit nach Art. 18 BV hinausgehende praktische Bedeutung entfalten wird. Die Sprachenfreiheit und somit auch das diesbezügliche Diskriminierungsverbot werden durch das Territorialitätsprinzip (implizit in Art. 70 Abs. 2 BV) begrenzt[120]. Dieses Prinzip erlaubt den Kantonen, verfassungsmäßige „Massnahmen zu ergreifen, um die überlieferten Grenzen der Sprachgebiete und deren Homogenität zu erhalten, selbst wenn dadurch die Freiheit des einzelnen, seine Muttersprache zu gebrauchen, eingeschränkt wird"[121].

39 Relevanz für die Schweiz

Territorialitätsprinzip

Situationen, in denen es zu Sprachdiskriminierung kommen könnte, sind Spracherfordernisse für Einstellungen in den öffentlichen Dienst der Kantone, das Erfordernis der sprachlich angemessenen Repräsentation in den Bundesorganen[122], die Festlegung von Verfahrenssprachen in behördlichen und gerichtlichen Verfahren oder von Unterrichtssprachen an öffentlichen Schulen. Die meisten dieser Sprachfestlegungen differenzieren nicht zwischen Personengruppen, sondern legen im Gegenteil eine einheitliche Regelung fest. Weil hiermit regelmäßig die Nicht-Muttersprachler benachteiligt werden, kann hierin unter Umständen eine mittelbare Diskriminierung bzw. eine Diskriminierung durch die Unterlassung einer gebotenen Differenzierung liegen. Abzuwägen ist gegen die unter anderem mit dem Territorialitätsprinzip verfolgten Anliegen der kostengünstigen Wahrnehmung öffentlicher Aufgaben, der Wahrung des Sprachfriedens, der Erhaltung bedrohter Sprachen (Rätoromanisch) sowie der Sicherung des demokratischen Diskurses.

40 Gefährdungssituationen

Rechtfertigungsgründe für Sprachfestlegungen

Ein Beispiel für eine nicht gerechtfertigte Sprachdiskriminierung bot eine Verfahrensweise der Abklärungsstelle der Invalidenversicherung (MEDAS): Einem invaliden Versicherten, der in einer französischsprachigen Jura-Gemeinde im Kanton Bern lebte, wurde ein Gutachten, von dem seine Versicherungsleistungen abhingen, nur in deutscher Sprache angefertigt und nicht übersetzt. Das Bundesgericht sah hierin eine Verletzung von Art. 8 Abs. 2 BV[123].

41 Ungerechtfertigte Sprachdiskriminierung

---

118 Nach Art. 4 u. Art. 70 Abs. 1 BV sind Landes- und Amtssprachen Deutsch, Französisch und Italienisch. Rätoromanisch ist Landessprache und nach Art. 70 Abs. 1 BV eine „hinkende" Amtssprache.
119 *Schefer*, Grundrechte (LitVerz.), S. 106.
120 Nach *Grisel* (FN 8), S. 79 (RN 154) geht das Territorialitätsprinzip dem Diskriminierungsverbot generell vor.
121 *BGE 122* I 236 (238f. Erw. 2 c) (1996) – Jorane Althaus.
122 S. für den Bundesrat Art. 175 Abs. 4 BV.
123 *BGE 127* V 219 (225f. Erw. 2 b) (2001) – MEDAS II.

VI. Soziale Stellung

42
Keine allgemeine Förderungspflicht

Mit dem Kriterium „soziale Stellung" werden die Merkmale des alten Privilegierungsverbotes zusammengefaßt. Gemeint ist die wirtschaftliche Leistungsfähigkeit einer Person, ihr Vermögen, ihre berufliche und familiäre Position, die Zugehörigkeit zu Institutionen der Verwaltung, Bildung, Wirtschaft oder Politik[124]. Relevant ist dieses Merkmal beispielsweise für die Benachteiligung von Arbeitslosen, ehemaligen Strafgefangenen oder nichtehelichen Kindern. Im (engen) Anwendungsbereich von Art. 12 BV (Recht auf Hilfe in Notlagen) tritt Art. 8 Abs. 2 BV allerdings in den Hintergrund. Auch dieses Diskriminierungsverbot ist grundsätzlich symmetrisch, schützt also prinzipiell auch sozial besser gestellte Personen vor unverhältnismäßig benachteiligenden Differenzierungen. Das Diskriminierungsverbot zielt nicht auf die Beseitigung wirtschaftlicher, kultureller oder sozialer Unterschiede ab und enthält insofern keine allgemeine Förderungspflicht[125]. Es verbietet jedoch, die soziale Stellung zum Anlaß für unverhältnismäßige Benachteiligungen in anderen Lebensbereichen zu nehmen. Beispielsweise verböte es, Kinder von Migranten vom Besuch höherer Schulen auszuschließen. Mit dem Diskriminierungsverbot vereinbar ist jedoch die bundesgesetzliche Vorschrift, nach der ein Ausländer ausgewiesen werden kann, „wenn er oder eine Person, für die er zu sorgen hat, der öffentlichen Wohltätigkeit fortgesetzt und in erheblichem Masse zur Last fällt"[126]. Die Beschränkung des Anspruches auf unentgeltlichen Rechtsbeistand auf Mittellose (Art. 29 Abs. 3 BV) sichert den effektiven Rechtsschutz.

Verhältnismäßigkeit

43
Steuerprogression und -degression

Die Differenzierung nach der wirtschaftlichen Leistungsfähigkeit und eine maßvolle relative Höherbelastung der Leistungskräftigeren durch Steuern (Steuerprogression)[127], Versicherungsbeiträge und Gebühren ist durch das Anliegen des sozialen Ausgleichs gerechtfertigt. Eine andere Frage ist, ob das Verbot der Diskriminierung wegen der sozialen Stellung die Steuerprogression sogar *gebietet*. Dies wird in der Literatur zum Teil unter Verweis auf den abnehmenden Grenznutzen des höheren Einkommens oder Vermögens und des dementsprechend geringeren Opfers der betreffenden Steuerpflichtigen vertreten. Die Rechtsprechung erörterte bisher diese Frage lediglich in der Perspektive des allgemeinen Gleichheitssatzes und nicht mit Blick auf das Diskriminierungsverbot. Wenn man unter „sozialer Stellung" jedoch auch die einkommens- und vermögensmäßige Stellung einer Person versteht, liegt die Frage der Steuerprogression grundsätzlich im Anwendungsbereich von Art. 8 Abs. 2 BV. Die Vorschrift des Art. 127 Abs. 2 BV, nach der „die Grundsätze der Allgemeinheit und der Gleichmässigkeit sowie der Grundsatz der Besteuerung nach der wirtschaftlichen Leistungsfähigkeit zu beachten" sind, könnte allerdings als lex specialis angesehen werden. Nach zutreffender An-

---

124 Vgl. *J.P. Müller*, Grundrechte in der Schweiz (LitVerz.), S. 424; *Auer/Malinverni/Hottelier*, Droit constitutionnel suisse (LitVerz.), Bd. II, RN 1093; *Grisel* (FN 8), S. 79 (RN 155); *Waldmann* (FN 1), S. 747 u. 749.
125 *Auer/Malinverni/Hottelier*, Droit constitutionnel suisse (LitVerz.), Bd. II, RN 1094; *Waldmann* (FN 1), S. 758.
126 Art. 10 Abs. 1 lit. d des Bundesgesetzes über Aufenthalt und Niederlassung der Ausländer (ANAG, S.R. 142.20).
127 *BGE 114* Ia 221 (224 Erw. 2 a) (1998).

sicht gebieten weder Art. 8 BV noch das Leistungsfähigkeitsprinzip des Art. 127 BV die Steuerprogression. Eine proportionale Tarifgestaltung wäre demnach verfassungsmäßig erlaubt. Schließlich hat die erfolgte oder geplante Einführung *degressiver Steuersätze* in mehreren Kantonen die Frage aufgeworfen, ob dies verfassungsmäßig zulässig ist. Durch eine Steuerdegression wird zwischen Einkommensgruppen differenziert und werden Personen mit niedrigeren Einkommen, also aufgrund ihrer „sozialen Stellung" benachteiligt. Ein grundsätzlich legitimes, außerfiskalisches Ziel dieser Differenzierung ist die Wirtschaftsförderung. Die Ungleichbehandlung muß jedoch in einem angemessenen Verhältnis zu diesem Ziel stehen[128]. Ein anderes, hier nicht zu behandelndes Problem ist die Vereinbarkeit kantonaler degressiver Steuern mit dem einfachen Bundesrecht. Auch in anderen Bereichen stellt sich die Frage von punktuellen Differenzierungs*pflichten* in Anknüpfung an das Einkommen oder sogar für bestimmte Bevölkerungsgruppen (z. B. Migranten), die im Schnitt wirtschaftlich schlecht gestellt sind. Aus dem Diskriminierungsverbot könnte sich unter Umständen in bestimmten Sachbereichen eine Pflicht zur Staffelung ergeben, z. B. von Schulgebühren[129].

Punktuelle Differenzierungspflichten

VII. Lebensform

Das Merkmal der „Lebensform" meint ausweislich der Materialien zur neuen Bundesverfassung in erster Linie die sexuelle Orientierung, insbesondere die Homosexualität[130]. Die zentrale Ungleichbehandlung Homosexueller ist der Ausschluß vom Institut der Ehe[131] samt der damit verbundenen Vorteile, wie z. B. dem Recht auf gemeinschaftliche Adoption eines Kindes[132], Rechten auf finanzielle Vergünstigungen[133] oder steuerrechtliche Bevorzugung. Die mit Wirkung zum 1. Januar 2007 eingeführte registrierte Partnerschaft führt nur annährend ein „separate but equal"-Regime ein (ohne gemeinschaftliches Adoptionsrecht und Zugang zu fortpflanzungsmedizinischen Verfahren, so Art. 28 PartG)[134], wird jedoch von der herrschenden Meinung als ausreichende Beseitigung früherer Diskriminierung erachtet[135].

44
Sexuelle Orientierung

---

128 Hierzu *Locher*, Degressive Tarife bei den direkten Steuern natürlicher Personen, in: recht 24 (2006), S. 117 ff., insb. S. 125 ff. Der Autor beurteilt degressive Tarife am Maßstab von Art. 8 Abs. 1 bzw. Art. 127 Abs. 2 BV. Abweichungen vom Grundsatz der Besteuerung nach der Leistungsfähigkeit sollen nur verfassungsmäßig sein, wenn sie geeignet und erforderlich sind, um Ziele *mit Verfassungsrang* zu erfüllen; die Degression erfülle diese Voraussetzungen nicht.
129 *Pulver* (FN 9), S. 266.
130 S. auch *BGE 126* II 425 (433 Erw. c aa) (2000) – P. und C.
131 S. hierzu z. B. *Karin A. Hochl*, Gleichheit – Verschiedenheit: Die rechtliche Regelung gleichgeschlechtlicher Partnerschaften in der Schweiz im Verhältnis zur Ehe, 2002; *Martin Bertschi*, Schützt die Rechtsordnung vor Diskriminierung aufgrund der sexuellen Orientierung?, 1997.
132 Eine andere Benachteiligung liegt im häufigen *de facto*-Ausschluß der Einzeladoption (Art. 264 b ZGB) bei bekannter Homosexualität des Bewerbers.
133 S. z. B. Entscheid der eidgenössischen Personalrekurskommission v. 27. 5. 2003, VPB 67.110 (Erw. 5. a): Ausschluß von Fahrvergünstigungen (wie für Ehegatten) bei der SBB.
134 Art. 28 des Bundesgesetzes über die eingetragene Partnerschaft gleichgeschlechtlicher Paare (PartG), in Kraft seit 1. 1. 2007 (BBl 2004 S. 3137). Argumente gegen das Adoptionsrecht in Botschaft PartG (FN 15), S. 1319 ff.
135 Das Diskriminierungsverbot verschafft keinen Anspruch auf Zulassung Homosexueller zum Institut der Ehe oder auf eine ehe-identische Ausgestaltung des Instituts der eingetragenen Partnerschaft (vgl. Botschaft PartG [FN 15], S. 1303 f.); a.A. *Pulver* (FN 9), S. 274 f.

45
Nachzugs- und Aufenthaltsrecht homosexueller Partner

Eine weitere wichtige Ungleichbehandlung Homosexueller liegt im ausländerrechtlichen Nachzugs- und Aufenthaltsrecht. Im Gegensatz zum ausländischen Ehegatten hat der homosexuelle Partner keinen einfachgesetzlichen Anspruch auf Aufenthaltsbewilligung[136]. Das Ermessen der Ausländerbehörde nach Art. 4 ANAG ist allerdings unter Beachtung von Art. 13 BV (Recht auf Privatleben des homosexuellen Paares) auszuüben, wenn das Paar eine stabilisierte, mehrjährige Partnerschaft nachweisen kann[137]. Im Rahmen der Interessenabwägung muß auch berücksichtigt werden, ob die Partner im anderen Staat wegen ihrer sexuellen Neigung diskriminiert würden[138].

46
Fahrende als nationale Minderheit

Das Verbot der Diskriminierung wegen der Lebensform schützt auch *Fahrende*[139]. Ein Gutachten des Bundesamts für Justiz kommt zum Ergebnis, „dass die geltende Rechtsordnung gegenüber den Fahrenden als nationaler Minderheit zumindest indirekte Diskriminierungen etwa im Bereich der Raumplanung und Baupolizei, im Bereiche der Gewerbepolizei sowie der Schulpflicht enthält. ... Ein Abbau dieser indirekten Diskriminierungen sowie allfällige staatliche Kompensations- und Förderungsleistungen wären auf dem Wege der Gesetzgebung anzustreben"[140]. Entsprechende Revisionen wurden zum Teil bereits vorgenommen[141].

VIII. Überzeugung

47
Flankenschutz für die Glaubens-, Gewissens- und Meinungsfreiheit

Das Verbot der Diskriminierung wegen der „religiösen, weltanschaulichen oder politischen Überzeugung" schützt flankierend die Glaubens-, Gewissens- und Meinungsfreiheit (Art. 15, 15 BV)[142]. Es hat als eigenständiges Recht neben diesen Freiheitsrechten eine geringe praktische Bedeutung[143]. Primär

---

136 Art. 7 ANAG (FN 92).
137 *BGE 126* II 425 (2000) – P. und C. – prüfte den Anspruch auf Familiennachzug für die lesbische Partnerin nur unter dem Gesichtspunkt des Privat- und Familienlebens und stellte lediglich fest, daß Art. 8 Abs. 2 BV am Ergebnis nichts ändert. *Pulver* (FN 9), S. 278, hält die beschriebene Rechtslage für eine verfassungswidrige Diskriminierung.
138 *BGE 126* II 425 (434 Erw. 4 c cc) (2000) – P. und C.
139 Hierzu *Rieder*, Indirekte Diskriminierung – das Beispiel der Fahrenden, in: Walter Kälin (Hg.), Das Verbot ethnisch-kultureller Diskriminierung, 1999, S. 149 ff. (164); *Waldmann* (FN 1), S. 689–706; *BGE 129* II 321 (2003).
140 Gutachten des Bundesamts für Justiz v. 27. 3. 2002 betreffend die Rechtstellung der Fahrenden, VPB 66.50, Abschn. 5 (Zusammenfassung); siehe auch Bericht des Bundesrates über die Situation der Fahrenden in der Schweiz (Oktober 2006).
141 Z.B. das Bundesgesetz v. 23. 3. 2001 über das Gewerbe der Reisenden (SR 943.1), in Kraft seit 1. 1. 2003.
142 Hierzu *Waldmann* (FN 1), S. 629–633, 654–663. In der Literatur werden die Ungleichbehandlungen im Bereich der Freiheitsrechtsausübung teilweise noch als gesonderte Fallgruppe mit erhöhter Rechtfertigungslast erörtert (vgl. *J.P. Müller*, Grundrechte in der Schweiz [LitVerz.], S. 433–436). Dies entspricht der *Henggeler*-Praxis zur alten Bundesverfassung, die kein normiertes Diskriminierungsverbot kannte. Dort wurde eine über den allgemeinen Gleichheitssatz hinausgehende Prüfung im Bereich von „verfassungsmässigen Ansprüchen der Bürger sowie von grundrechtsbeschränkenden Massnahmen" verlangt (*BGE 106* Ib 182 [188f. Erw. 4 a] [1980] – Henggeler). „Verfassungsmässige Ansprüche" meinte Grundrechte (s. *BGE 104* Ia 377 [379 Erw. 3] [1978] – Telefonziitig). Diese Fallgruppe ist jetzt im wesentlichen durch die Kriterien der „religiösen, weltanschaulichen oder politischen" Überzeugung erfaßt.
143 Bspw. wird bereits aus der Glaubens- und Gewissensfreiheit eine Pflicht des Staates abgeleitet, alle religiösen Bekenntnisse gleich zu behandeln. Ein System mit konfessionell getrennten öffentlichen Schulen ist hiermit nicht vereinbar, weil sämtlichen Bekenntnissen je eigene, gleichwertige Schulen angeboten werden müßten, was in der Realität nicht möglich erscheint (*BGE 125* I 347 [357 Erw. 4] [1999]).

Art. 8 Abs. 2 BV ist allerdings einschlägig für die Beurteilung der Verfassungskonformität der noch geltenden schweizerischen Regelung des Bundesgesetzes über den zivilen Ersatzdienst, nach dem der zivile Ersatzdienst je nach Dienstgrad 1,5 bzw. 1,1mal so lange dauert wie der Militärdienst insgesamt[144]. Die darin liegende Benachteiligung von Männern mit pazifistischer Überzeugung, die den Militärdienst aus Gewissensgründen verweigern, wird mit Verweis auf die geringere körperliche und psychische Belastung und mehr Freizeit im Ersatzdienst gerechtfertigt sowie als „Tatbeweis" zur Verhinderung der mißbräuchlichen Berufung auf nicht vorhandene Gewissensgründe gewertet[145]. Die letztgenannte Begründung wird allerdings vom UN-Menschenrechtsausschuß als unzulässige Diskriminierung wegen der religiösen oder sonstigen Überzeugung qualifiziert[146].

IX. Behinderung

Art. 8 Abs. 2 BV enthält schließlich das Verbot der Diskriminierung wegen einer „körperlichen, geistigen oder psychischen Behinderung"[147]. Eine „Behinderung" im Sinne von Art. 8 BV liegt vor, „wenn die betroffene Person in ihren körperlichen, geistigen oder psychischen Fähigkeiten auf Dauer beeinträchtigt ist und diese Beeinträchtigung schwerwiegende Auswirkungen auf elementare Aspekte ihrer Lebensführung hat"[148]. Nach der Rechtsprechung soll „entscheidend für die Erfassung durch das Diskriminierungsverbot [wegen Behinderung] ... die Gefahr der Stigmatisierung und des gesellschaftlichen Ausschlusses wegen körperlicher und geistiger Anormalität" sein[149]. Diese Bestimmung des Schutzzwecks des Behindertendiskriminierungsverbotes ist zu eng, zumal die große Vielfalt der Behinderungsformen stark unterschiedliche Schutzbedürfnisse generiert[150]. Dementsprechend müßte auch die Prüfungsdichte für Ungleichbehandlungen Behinderter variieren[151]. Das Diskriminierungsverbot wird durch den nicht justitiablen Gesetzgebungsauftrag

48
Auswirkung auf elementare Aspekte der Lebensführung

Behindertengleichstellungsgesetz

---

144 Art. 8 Abs. 1 ZDG (SR. 824.0).
145 Botschaft zum ZDG (BBl 1994 III S. 1609 [1639 f.]); abschwächend Botschaft zur Änderung des ZDG (BBl 2001 S. 6127 [6158 f.]). Bewertung der aktuellen Rechtslage als verfassungswidrige Diskriminierung bei *Waldmann* (FN 1), S. 660.
146 Mitteilung Nr. 690/1996 v. 31.7.2000, Erw. 10.4 – Maille v. Frankreich; Miteilung Nr. 690 und 691/1996 v. 1.8.2000, Erw. 10.4 – Vernier & Nicolas v. Frankreich. Weil die Schweiz das Fakultativprotokoll zum IPbürgR nicht ratifiziert hat, sind Individualmitteilungen in bezug auf die Schweiz nicht möglich.
147 Grundlegend *Caroline Klein*, La discrimination des personnes handicapées, 2002; s. auch *Luiginbühl*, Zur Gleichstellung der Behinderten in der Schweiz, in: Thomas Gächter/Martin Bertschi (Hg.), Neue Akzente in der „nachgeführten" Bundesverfassung, 2000, S. 99 ff.
148 *Schefer*, Grundrechte (LitVerz.), S. 258 f. Siehe ähnlich die Legaldefinition im einfachen Gesetzesrecht, Art. 2 Abs. 1 BehiG (SR 151.3).
149 BGE 130 I 352 (357 Erw. 6.1.2) (2004) – Sonderschule.
150 *Schefer*, Grundrechte (LitVerz.), S. 259 f.; kritisch auch *Landolt*, AJP 14 (2005), S. 619 ff. Die Verengung paßt überdies schlecht zum Gesetzgebungsauftrag des Art. 8 Abs. 4 BV („Beseitigung von Benachteiligungen").
151 *Pulver* (FN 9), S. 301.

in Art. 8 Abs. 4 BV ergänzt. In dessen Erfüllung wurde mit Wirkung zum 1. Januar 2004 das Behindertengleichstellungsgesetz erlassen[152].

49
Zuweisung an Sonderschulen

Besonders praxisrelevant ist die Frage der Zuweisung behinderter Kinder an eine Sonderschule, welche das Kind zwar einerseits spezifisch fördert, aber auch zu Lasten seiner sozialen Integration gehen kann. Nach der neuesten Rechtsprechung muß die behinderungsbedingte Ungleichbehandlung, nämlich die Nichteinschulung in die Regelschule, „qualifiziert gerechtfertigt werden. Eine unterschiedliche Behandlung – indes nicht eine Benachteiligung – ist aber mit Verfassung und Gesetz durchaus vereinbar. Massgebend ist dabei in erster Linie das Wohl [des behinderten Kindes], wobei das effektiv Mögliche nicht ausser Acht gelassen werden darf"[153].

50
Ausschluß vom Wahl- und Stimmrecht

Nichtverlängerung der Aufenthaltserlaubnis

Der Ausschluß von Personen, die wegen Geisteskrankheit oder Geistesschwäche entmündigt wurden, vom Wahl- und Stimmrecht[154] ist zum Schutze eines rationalen politischen Prozesses gerechtfertigt. Die Nichtverlängerung der Aufenthaltserlaubnis eines wegen Invalidität arbeitsunfähig gewordenen Ausländers wurde vom Bundesgericht geschützt. Es verneinte eine Diskriminierung wegen der Behinderung, weil die Verweigerung der Verlängerung der Aufenthaltsbewilligung nicht an die Invalidität anknüpft, sondern an die Tatsache, daß der Betroffene seit längerer Zeit keine Erwerbstätigkeit mehr ausübt. Es lag nach Ansicht des Bundesgerichts auch keine mittelbare Diskriminierung vor, weil die behördliche Praxis nicht dazu führt, daß anteilsmäßig Behinderte stärker erfaßt werden als andere Personen[155].

51
Mittelbare Diskriminierungen

Praktisch relevant ist oft eine potentielle mittelbare Diskriminierung aufgrund einer spezifisch negativen Betroffenheit der Behinderten, beispielsweise durch bauliche Hindernisse im öffentlichen Raum oder durch allgemein geltende körperliche Anforderungen für die Zulassung zu bestimmten Berufen. Die Benachteiligung der Betroffenen in ihrer Lebensführung gründet zwar primär in ihrer körperlichen bzw. geistigen Konstitution, wird aber durch die Ausrichtung von Gebäuden oder sonstiger staatlicher Infrastruktur an den Bedürfnissen der Durchschnittsbevölkerung zumindest verstärkt. Deshalb dienen bauliche Maßnahmen und spezielle Programme zur Integration Behinderter in die öffentliche Schule und zur Gewähr des Zugangs zum Berufsleben der Kompensation (auch) gesellschaftlich, nicht (nur) „natürlich" beding-

---

152 Bundesgesetz über die Beseitigung von Benachteiligungen von Menschen mit Behinderungen (BehiG, SR 151.3). Dieses Gesetz war ein indirekter Gegenvorschlag zur letztlich abgelehnten Volksinitiative „Gleiche Rechte für Behinderte", die eine Revision von Art. 8 Abs. 4 BV in Richtung eines subjektiven, verfassungskräftigen Rechts auf Zugang zu Gebäuden mit unmittelbarer Drittwirkung für Private gefordert hatte. Das BehiG enthält u. a. ein Diskriminierungsverbot für Private, die Dienstleistungen öffentlich anbieten, einen Anspruch auf räumlichen Zugang zu Neubauten, soweit wirtschaftlich zumutbar, Regelungen für den öffentlichen Verkehr und für Dienstleistungen der Gemeinwesen sowie die Änderung zahlreicher anderer Gesetze zur Ausrichtung auf die Bedürfnisse Behinderter.
153 *BGE 130* I 352 (358 f. Erw. 6.1.2) (2004) – Sonderschule – mit Anm. *Hangartner*, AJP 14 (2005), S. 617 ff.; *Landolt*, AJP 14 (2005), S. 619 ff. (sehr kritisch); *Kettiger*, Zwischen Förderung und Integration, in: Jusletter 2. 5. 2005, http://weblaw.ch/jusletter/.
154 Art. 2 Bundesgesetz über die politischen Rechte (BPR) (SR 1612.1.); Art. 369 ZGB.
155 *BGE 126* II 377 (393 f. Erw. 6 b und c) (2000) – F.A. u. A.A. – mit kritischer Anm. *Mettler/Bangerter*, AJP 10 (2001), S. 589 ff.

ter Nachteile. Bei der Beurteilung der verfassungsrechtlichen Zulässigkeit bzw. unter Umständen sogar Gebotenheit solcher Ausgleichsmaßnahmen[156] müssen die Interessen des Behinderten an der Beseitigung seiner durch die äußeren Umstände jedenfalls verstärkten Benachteiligung gegen die (finanzielle) Belastung des Gemeinwesens, im Kontext der Berufsausübung unter Berücksichtigung der sachlich zwingenden professionellen Erfordernisse, abgewogen werden[157]. *Gebot von Ausgleichsmaßnahmen*

D. Die Rechtfertigung verdächtiger Ungleichbehandlungen

Nach überwiegender Meinung ist *Art. 36 BV* im Bereich von Art. 8 BV *nicht anwendbar*. Die Begründung lautet, es gehe beim Diskriminierungsverbot wie beim allgemeinen Gleichheitssatz nicht um Einschränkungen, die anhand der Kriterien des Art. 36 gerechtfertigt werden könnten[158]. Demgegenüber wird hier vertreten, daß Freiheits- und Gleichheitsrechte prinzipiell strukturgleich sind[159]. Nicht jede Ungleichbehandlung ist bereits eine Verletzung des Anspruchs auf Nichtdiskriminierung, sondern Ungleichbehandlungen sind (wie Eingriffe in ein Freiheitsrecht) prinzipiell rechtfertigungsfähig. Das Verhältnismäßigkeitsprinzip greift dann, wenn zwei oder mehrere Rechtsgüter nicht gleichzeitig vollständig verwirklicht werden können und daher einseitig beschränkt oder zu einem sinnvollen Ausgleich gebracht werden müssen. Weil der Anspruch auf diskriminierungsfreie Behandlung ein solches Rechtsgut ist, paßt die Verhältnismäßigkeitsprüfung[160].

52
Rechtfertigung durch Verhältnismäßigkeitsprinzip

---

156 Das Bundesgesetz über die Beseitigung von Benachteiligungen von Menschen mit Behinderungen (BehiG) sieht Maßnahmen zur Realisierung der Chancengleichheit im Personalbereich des Bundes vor, verzichtet jedoch bewußt auf Quoten, um das Anliegen „flexibel" umzusetzen (Botschaft BehiG, BBl 2001 S. 1715 [1783]).
157 Vgl. *Schefer*, Grundrechte (LitVerz.), S. 261.
158 Botschaft BV (FN 3), S. 194; *Weber-Dürler*, in: Thürer/Aubert/Müller (LitVerz.), RN 15. A.A. *Schefer*, Kerngehalte (FN 14), S. 66–68; *Martenet* (FN 50), RN 689ff. u. 743ff.; differenziert *Pulver* (FN 9), S. 149 (RN 215). *BGE* 126 V 70 (74 Erw. 4 c cc) (2000) – IV-Stelle Schwyz – prüfte, ob ein öffentliches Interesse i.S.v. Art. 36 Abs. 2 BV vorliege.
159 Zwar gibt es keinen konkreten Lebensbereich, auf den sich die Diskriminierungsverbote beziehen. Sie gelten vielmehr sachlich umfassend. Die in der Lehre postulierte Einschränkungsresistenz soll aber vor allem besagen, daß die Diskriminierungsverbote, wie der allgemeine Gleichheitssatz, keine rechtmäßigen Ungleichbehandlungen kennten. Die Grenzen trügen diese Grundrechte bereits in sich: Immer dann, wenn für eine Diskriminierung/Ungleichbehandlung ein (qualifizierter) sachlicher Grund geltend gemacht werden könne, liege bereits tatbestandsmäßig keine Diskriminierung bzw. Ungleichbehandlung vor. Mit dieser Konstruktion wird der Erkenntnis Rechnung getragen, daß die Diskriminierungsverbote wie der verfassungsrechtliche Gleichheitssatz keine abstrakte Gleichheitsforderung enthalten, sondern von vornherein nur ein Gebot angemessener Nichtdiskriminierung/Gleichbehandlung. Vor allem aber soll die Nichtanwendbarkeit des Eingriff-Rechtfertigungsschemas die Beliebigkeit der Abwägung vermeiden. Der alternative Weg des Tatbestandsausschlusses scheint aber nicht weniger wertungsoffen zu sein und überdies undifferenzierter.
160 So im Ergebnis auch *Martenet* (FN 50), RN 719. Somit überrascht es nicht, daß bei der verfassungsmäßigen Beurteilung von potentiell diskriminierenden Ungleichbehandlungen eine transnationale Konvergenz in Richtung einer zweistufigen Prüfung der staatlichen Ziele und der Zweck-Mittel-Relation zu verzeichnen ist. Ausführlich *König/Peters*, Konkordanzkommentar (FN 30), RN 181 u. 190–193 m.w.N. zur Dogmatik und zur internationalen, europäischen, deutschen, US-amerikanischen und französischen Rechtsprechung.

53 Vergleichbarkeitstest in Differenzierungsfällen	Gelegentlich prüft das Bundesgericht vorab, ob in Differenzierungsfällen überhaupt „vergleichbare" Gruppen oder Sachverhalte vorliegen[161]. Dieser Vergleichbarkeitstest stammt aus der Rechtsprechung des Europäischen Gerichtshofs für Menschenrechte zu Art. 14 EMRK und wird vom Bundesgericht nicht weiter reflektiert oder systematisch eingesetzt. Die Bejahung der Vergleichbarkeit ist eine Wertungsfrage. Sie stützt sich zwangsläufig auf Aspekte, die auch in der Rechtfertigungsprüfung berücksichtigt werden. Es wäre deshalb konstruktiv schlüssig, den Vergleichbarkeitstest auf die Rechtfertigungsstufe zu verlagern, zumal die Vorschaltung eines Vergleichbarkeitstests die Gefahr birgt, ohne Reflexion und Offenlegung der erforderlichen Wertung eine differenzierte Prüfung der Rechtfertigung der Ungleichbehandlung von vornherein zu blockieren[162].
54 Formalgesetzliche Grundlage	Eine weitere Vorfrage ist, ob potentiell diskriminierende Regelungen einer formalgesetzlichen Grundlage bedürfen (vgl. Art. 36 Abs. 1 BV). Weil verdächtige Differenzierungen nach der hier vertretenen Auffassung eine „Einschränkung verfassungsmässiger Rechte" im Sinne von Art. 164 Abs. 1 lit. c BV beinhalten können, sind diesbezügliche wichtige rechtsetzende Bestimmungen in der Gestalt eines formellen Gesetzes zu erlassen. Dies gilt nach dem Legalitätsprinzip (Art. 5 BV) auch für kantonale Regelungen. In der Literatur und Rechtsprechung wurde dies bisher nur in bezug auf *Frauenquoten* erörtert. Vor allem starre (qualifikationsunabhängige) Quoten dürfen nicht ohne eine spezielle formalgesetzliche Grundlage eingeführt werden, welche jedenfalls die Grundzüge des Systems regelt [163].
55 Vermutung der Unzulässigkeit einer Differenzierung	Das Bundesgericht prüft behauptete Verletzungen des Diskriminierungsverbotes unsystematisch. Seit Inkrafttreten der Bundesverfassung von 1999 lautet die stehende Formel, Ungleichbehandlungen anhand eines sensiblen Merkmals seien „qualifiziert zu rechfertigen"[164]. Die Lehre und ihr folgend die Rechtsprechung stellen – in Rezeption der Rechtsprechung des

---

[161] *BGE 120* Ia 126 (144 f. Erw. 6 b) (1994): Keine Vergleichbarkeit von Geldspielautomaten, Nichtgeldspielautomaten und anderen gefährlichen Freizeitvergnügen (zum Gleichbehandlungsgebot nach Art. 4 aBV); *BGE 120* Ib 142 (149 Erw. 4 b bb) (1994): Keine Vergleichbarkeit von Gratisblättern und der normalen Presse (im Rahmen der Prüfung von Art. 10 i.V.m. Art. 14 EMRK); *BGE 124* II 529 (532 Erw. 4 c) (1998): Keine Vergleichbarkeit zwischen Führungspositionen und sonstigen Positionen (im Rahmen der Prüfung des Lohngleichheitsgebots nach Art. 4 Abs. 2 Satz 3 aBV); *BGE 125* II 585 (590 Erw. 2 c) (1999): Keine Vergleichbarkeit von Kindern getrennt lebender bzw. geschiedener Eheleute mit Kindern verheirateter und zusammenlebender Eltern (im Rahmen der Prüfung von Art. 17 Abs. 2 ANAG).

[162] S. i.d.S. kritisch *Waldmann* (FN 1), S. 69–71 u. 319–322.

[163] *BGE 131* II 361, Erw. 7 (2005) – Frauenquoten an der Universität Fribourg. S. aus der Literatur z. B. *Arioli* (FN 36), S. 240; *Martenet* (FN 50), RN 703; *Auer*, „Combien de chameaux pour une professeure?": La constitutionnalité plus que douteuse du système des primes à la nomination, in: Barbara Lischetti/Maya Widmer (Hg.), Kopfprämien für Professorinnen?, 2004, S. 13 (17 f.); w.N. im genannten *BGer*-Urteil, Erw. 7.5; näher auch unten F IV, RN 84.

[164] St. Rspr. seit dem ersten Urteil zu Art. 8 Abs. 2 der BV 1999, *BGE 126* V 70 (73 Erw. 4 c bb) v. 22.5.2000 (dort: „besonders qualifizierte Begründungspflicht"); wörtlich wie oben *BGE 126* II 377 (393 Erw. 6) – F.A. und A.A. (v. 11.9.2000) unter Verweis auf den parlamentarischen Berichterstatter *Rhinow*; s. aus jüngerer Zeit z. B. *BGE 130* I 352 (357 Erw. 6.1.2) (2004) – Sonderschulzuweisung. Vor der verfassungsrechtlichen Normierung der Diskriminierungsverbote forderte die Rechtsprechung „triftige und ernsthafte Gründe" für gewisse Ungleichbehandlungen (st. Rspr. seit *BGE 106* Ib 182 [189 Erw. 4 a] [1980] – Henggeler).

US-Supreme Court zur „suspect qualification" – die „Vermutung" der Unzulässigkeit der Differenzierung anhand eines sensiblen Merkmals auf[165]. Damit fällt die Begründungslast auf die öffentliche Stelle[166]. Das Bundesgericht hat bereits in wichtigen Fällen eine Verfassungsverletzung durch Diskriminierung wegen des Alters, der Sprache, der Herkunft und des Geschlechts bejaht[167].

In Teilen der Literatur[168], nicht aber in der Rechtsprechung, wird – wohl inspiriert durch die Rechsprechung des Europäischen Gerichtshofs für Menschenrechte und des US-Supreme Court – ein *zweistufiger Test* durchgeführt. Demnach muß die Differenzierung erstens ein legitimes Ziel verfolgen und zweitens verhältnismäßig sein. Bereits kraft Verfassung gelten als prinzipiell legitime Ziele einer Ungleichbehandlung die Kompensation von Nachteilen von Frauen und Behinderten sowie die Wahrung des Territorialitätsprinzips. Auch fiskalische Erwägungen (Verwaltungspraktikabilität, Kostendämpfung) können – je nach Kontext – eine Ungleichbehandlung oder umgekehrt eine pauschale Gleichbehandlung rechtfertigen[169]. Möglicherweise muß die Legitimität eines staatlichen Zieles stets kontextbezogen beurteilt werden[170]. Das zweite Element, die Verhältnismäßigkeit, wird regelmäßig ausführlich in Fällen von Männerdiskriminierung durch Frauenquoten geprüft[171], ansonsten kaum[172].

56
Legitimes Ziel

Verhältnismäßigkeit

Die Lehre propagiert einhellig einen abgestuften Rechtfertigungsstandard je nach betroffenem Unterscheidungsmerkmal[173]. Die Herausbildung eines differenzierten Prüfungsstandards hat den Vorteil, daß auf diese Weise den multiplen und heterogenen Schutzgütern der Diskriminierungsverbote[174] sowie

57
Abgestufte Rechtfertigungsstandards

---

165 *Kälin/Caroni* (FN 34), S. 78; *J.P. Müller*, Grundrechte in der Schweiz (LitVerz.), S. 416; sinngemäß *Schefer*, Kerngehalte (FN 14), S. 494; *Pulver* (FN 9), S. 90, 137, 143; *Rhinow*, Grundzüge (LitVerz.), RN 1694. Mit ausdrücklichem Verweis auf die Supreme Court-Rechtsprechung *R. J. Schweizer*, in: Ehrenzeller u.a., St. Galler Kommentar (LitVerz.), Art. 8 RN 48; *Hangartner*, ZSR 122 (2003), S. 111. St. Rspr. seit *BGE 126* II 377 (393 Erw. 6) (2000) – F.A. und A.A. – unter Verweis auf *Kälin/Caroni* (FN 34); aus neuerer Zeit *BGE 129* I 217 (224 Erw. 2.1) (2003) – Einbürgerung Emmen.
166 *Grisel* (FN 8), S. 75 (dort RN 142); *Pulver* (FN 9), S. 90.
167 *BGE 126* V 70 (74 Erw. 4 c cc) (2000) – IV-Stelle Schwyz; *127* V 129 – MEDAS II; *129* I 217 (225 Erw. 2.2.1.) (2003) – Einbürgerung Emmen; *129* I 232 (240 Erw. 3.4. 2.) (2003) – Einbürgerung vors Volk; *129* I 312 Erw. 3.2.2. (2003) – Volksinitiative „SchweizerInnen zuerst!"; *BGE 131* II 361 (2005) – Quoten Universität Fribourg.
168 Deutlich *Schefer/Rhinow*, Altergrenzen (FN 50), RN 57 f.
169 *BGE 126* V 70 (74 Erw. 4 c cc) (2000) – IV-Stelle Schwyz („Begrenzung der Hilfsmittelkosten"); vgl. auch *BGE 130* I 352 (358 Erw. 6.1.2) (2004) – Sonderschule.
170 *J.P. Müller* (FN 15), S. 112: Bspw. ist die Rücksichtnahme auf das ästhetische Empfinden der Besucher legitim, wenn es um Kleidervorschriften für ein Restaurant geht (Verbot von Shorts). Das Ziel ist aber nicht legitim in bezug auf den Ausschluß von Behinderten.
171 Zu Frauenquoten unten F IV, RN 82 ff.
172 S. allgemein *Kälin/Caroni* (FN 34), S. 78; bei der Ungleichbehandlung im Rahmen der Ausübung eines Freiheitsrechts *Kälin* (FN 22), S. 582 f.
173 *Kälin*, aaO., S. 576 ff.; *Kälin/Caroni* (FN 34), S. 78; *Grisel* (FN 8), RN 140 u. 145 (S. 74 u. 76); *Weber-Dürler*, in: Thürer/Aubert/Müller (LitVerz.) S. 669; *R. J. Schweizer*, in: Ehrenzeller u.a., St. Galler Kommentar (LitVerz.), Art. 8 RN 54 u. 63; *Pulver* (FN 9), S. 84 f.; *Waldmann* (FN 1), S. 326–338; *Pulver* (FN 9), S. 183; *Mahon*, in: Auer/ders., Petit Commentaire (LitVerz.), Art. 8 RN 15. Siehe auch die Botschaft PartG (FN 15), S. 1305. Die Differenzierung wird jedoch nicht – wie in der US-Rechtsprechung – systematisch im Rahmen der beiden Prüfstationen des legitimen Zieles und der Verhältnismäßigkeit vorgenommen.
174 Dazu oben B II, RN 12 ff.

der Offenheit der Merkmalsliste und den möglicherweise wechselnden gesellschaftlichen Bedürfnissen Rechnung getragen werden kann. Auf der anderen Seite ist eine starke (richterrechtliche) Differenzierung kaum handhabbar, schafft Rechtsunsicherheit und läuft Gefahr, in bloße Kasuistik unter Verzicht auf dogmatische Ordnung zu münden[175]. Symptomatisch ist, daß in der schweizerischen Literatur bisher nur über die Extrempunkte Einigkeit herrscht: Nach allgemeiner Ansicht sind rassebezogene Unterscheidungen absolut verboten oder nur bei äußerst stringenter Rechfertigung zulässig[176]. Auf der anderen Seite sollen altersbezogene Differenzierungen leicht zu rechtfertigen sein, fast wie im Anwendungsbereich des allgemeinen Gleichheitssatzes[177]. Über den oder die Standards der Verfassungsmäßigkeit bei Differenzierungen anhand anderer Merkmale, die offenbar zwischen diesen Extremen angesiedelt sind, herrscht Unsicherheit[178] – mit Ausnahme der Beurteilung von geschlechtsbezogenen Differenzierungen, zu der eine gefestigte Rechtsprechung besteht[179].

58 Zugang zu lebenswichtigen Gütern

Schließlich wird als besonders strikt zu beurteilende Fallgruppe die Ungleichbehandlung beim Zugang zu lebenswichtigen Gütern erörtert (Zugang zu Wasser, Obdach, medizinischer Betreuung)[180]. Diese Fallkonstellation steht quer zu den genannten Merkmalen. Seit der Aufstellung des Katalogs von sensiblen Merkmalen, in dem auch die „soziale Stellung" aufgeführt wird, besteht möglicherweise kein praktisches Bedürfnis mehr für diese Fallgruppe. Eine ähnliche Schutzrichtung hat Art. 12 BV, der die diskriminierungsfreie Gewähr von Nothilfe vorsieht. Jedoch richtet sich jener Anspruch nur auf das Existenzminimum.

59 Zwei Rechtfertigungsstandards

Im Ergebnis ist aus Gründen der Praktikabilität und der Rechtsklarheit eine Abstufung der Rechtfertigungslast in nur zwei Gruppen vorzugswürdig. Differenzierungen anhand von Rasse, Geschlecht, religiöser, weltanschaulicher oder politischer Überzeugung sind eher streng, Differenzierung nach Alter, Sprache, sozialer Stellung, Lebensform oder Behinderung und unter Umständen nach der Herkunft sind eher weniger streng zu beurteilen. Die auf der Rechtfertigungsstufe vorzunehmende Verhältnismäßigkeitsprüfung räumt genügend Flexibilität ein.

---

175 Vgl. *Hangartner*, ZSR 122 (2003), S. 110f., mit der Forderung, nur zwischen den „typischen" und den „atypischen" Kriterien zu unterscheiden. Bereits die „two-tiers" Rechtsprechung des US-Supreme Court mit drei Prüfungsstandards ist kaum praktikabel. Die Einordnung einiger Kriterien in die Stufenleiter der Prüfungsstrenge ist außerdem stark vom gesellschaftspolitischen Vorverständnis abhängig (so insb. das Merkmal der „sozialen Stellung").
176 S. nur *R. J. Schweizer*, in: Ehrenzeller u. a., St Galler Kommentar (LitVerz.), RN 54; *Grisel* (FN 8), S. 77; *Mahon*, in: Auer/ders., Petit Commentaire (LitVerz.), Art. 8 RN 15; *Waldmann* (FN 1), S. 327 mwN.
177 S. nur *J.P. Müller*, Grundrechte in der Schweiz (LitVerz.), S. 422 (nur allgemeiner Gleichheitssatz); *Auer/Malinverni/Hottelier*, Droit constitutionnel suisse (LitVerz.), Bd. II, RN 1090; *R. J. Schweizer*, in: Ehrenzeller u. a., St Galler Kommentar (LitVerz.), RN 54; *Hangartner*, ZSR 122 (2003), S. 116f.; *Waldmann* (FN 1), S. 327; *Rhinow*, Grundzüge (LitVerz.), RN 1722; *Schefer/Rhinow*, Altergrenzen (FN 50), RN 38–40; *BGer*, Urt. v. 7. 6. 2004, 2A.292/2004, Erw. 2.2.2.
178 Konsequente Einzelfalldogmatik bei *Schefer*, Grundrechte (LitVerz.), S. 246 ff.
179 Dazu unten F II, RN 68 ff.
180 *J.P. Müller*, Grundrechte in der Schweiz (LitVerz.), S. 436–440; *R. J. Schweizer*, in: Ehrenzeller u. a., St. Galler Kommentar (LitVerz.), Art. 8 RN 54. Die Rechtsfigur der „derivativen Teilhaberechte" existiert in der Schweizer Verfassungsordnung nicht.

E. Die mittelbare Diskriminierung

Art. 8 Abs. 2 BV schützt (ebenso wie Art. 8 Abs. 3 Satz 1 BV) nicht nur vor unmittelbarer, sondern auch vor mittelbarer Diskriminierung[181]. Zunächst war das Verbot der mittelbaren Diskriminierung auf einfachgesetzlicher Ebene verankert worden, nämlich im Gleichstellungsgesetz von 1995[182]. Das Konzept der „indirekten" Geschlechtsdiskriminierung wurde dort jedoch nicht legaldefiniert. 1998 stellte das Bundesgericht mit ausdrücklichem Verweis auf die Rechtsprechung des Europäischen Gerichtshofs klar, daß auch die schweizerische Verfassung die mittelbare Diskriminierung verbietet[183]. Bis heute betreffen die meisten Urteile in diesem Kontext die mittelbare Lohndiskriminierung von Frauen. Über die Geschlechtsdiskriminierung hinausgehend lautet die aktuelle Formel des Bundesgerichts: „Eine indirekte bzw. mittelbare Diskriminierung ist dann gegeben, wenn eine Regelung, die keine offensichtliche Benachteiligung von spezifisch gegen Diskriminierung geschützten Gruppen enthält, in ihren tatsächlichen Auswirkungen Angehörige einer solche Gruppe benachteiligt, ohne dass dies sachlich begründet wäre"[184]. Nach dieser Umschreibung kann eine mittelbare Diskriminierung auch in nichtdifferenzierenden Maßnahmen liegen, die gleichermaßen für alle Rechtsunterworfenen gelten. Ein Beispiel ist die allgemeine Helmpflicht, die Sikhs (Turbanträger aus religiösen Gründen) in spezifischer Weise nachteilig betrifft[185]. Jener Sachverhalt kann allerdings ebenso gut unter den älteren Tatbestand der ungerechtfertigten Gleichbehandlung subsumiert werden, so daß der Rekurs auf die neue Figur der indirekten Diskriminierung hier entbehrlich ist[186]. Folgerichtig wird demgegenüber als Hauptfall der mittelbaren Diskriminierung eine differenzierende Maßnahme erörtert, die anhand eines neutralen (nicht sensiblen) Kriteriums unterscheidet, welches typischerweise

60
Gleichstellungsgesetz von 1995

Lohndiskriminierung

Nichtdifferenzierende Maßnahmen

Differenzierungen anhand scheinbar neutraler Kriterien

---

181 So erstmals zu Art. 8 Abs. 2 BV, 1999: *BGE 126* II 377 (393 f. Erw. 6 c) (2000) – Kosovo. Siehe aus der Literatur *Arioli*, Die Rechtsfigur der indirekten Diskriminierung, AJP 2 (1993), S. 1327 ff.; *Refaeil/Sigwart*, Das Konzept der mittelbaren Diskriminierung im europäischen und schweizerischen Recht, in: Swiss Papers on European Integration 9 (1997), S. 5 ff.; *Olivier Steiner*, Das Verbot der indirekten Diskriminierung aufgrund des Geschlechts im Erwerbsleben, 1999, S. 329 ff.; *Michèle Stampe*, Das Verbot der indirekten Diskriminierung wegen des Geschlechts, 2001; *Rieder* (FN 24); *Waldmann* (FN 1), S. 344–372; *Pulver* (FN 9), S. 151–153 mwN. Weil die Anerkennung der mittelbaren Diskriminierung der gesellschaftlichen Realität Rechnung trägt, wird das Konzept verschiedentlich mit einem „materiellen" Diskriminierungsbegriff assoziiert (so z.B. *Epiney/Duttweiler*, Das Recht der Gleichstellung von Mann und Frau im europäischen Gemeinschaftsrecht und im schweizerischen Recht – Konvergenzen und Divergenzen, ZBl 105 [2004], S. 47).
182 Art. 3 Abs. 1 des Bundesgesetzes über die Gleichstellung von Frau und Mann (GlG) v. 24. 3. 1995, in Kraft seit 1. 1. 1996: „Arbeitnehmerinnen und Arbeitnehmer dürfen aufgrund ihres Geschlechts weder direkt noch indirekt benachteiligt werden, ..." (SR 151.1).
183 In *BGE 124* II 409 (425 Erw. 7) (1998) – Maya Alincic – umschrieb das Bundesgericht erstmals den verfassungsrechtlichen Tatbestand der mittelbaren Geschlechtsdiskriminierung (nach Art. 4 Abs. 2 aBV). Der Tatbestand ist identisch auf Verfassungs- und Gesetzesebene.
184 *BGE 129* I 217 (224 Erw. 2.1) (2003) – Einbürgerung Emmen.
185 *BGE 119* IV 260 (1993) – Helmpflicht.
186 Nach *Rieder* (FN 24), S. 212 steht die „Sikh"-Konstellation wegen ihres individuellen Bezugspunkts näher am Verbot der direkten Diskriminierung; ebenso *Waldmann* (FN 1), S. 349 u. 380. Anders z. B. *Kälin/Caroni* (FN 34), S. 88 (mittelbare Diskriminierung).

mit einer sensiblen Eigenschaft gekoppelt ist[187]. Dadurch benachteiligt die scheinbar unverfängliche Differenzierung überproportional viele Mitglieder der geschützten Gruppe. Das Schulbeispiel für diese Konstellation ist die Anknüpfung unterschiedlicher Rechtsfolgen an die Voll- oder Teilzeitarbeit, wodurch überproportional viele Frauen negativ betroffen werden, weil sie den Großteil der Teilzeitarbeitenden stellen. Das Konzept der mittelbaren Diskriminierung stellt die Rechtsanwender vor mehrere Herausforderungen. Zum einen kann das quantitative Kriterium („überwiegend", „wesentlich mehr", „überproportional") nicht mit pauschalen Prozentangaben spezifiziert werden[188]. Diesbezüglich müssen die konkreten Umstände berücksichtigt werden, welche auch die maßgebliche Bezugsgruppe (z.B. der örtliche Arbeitskräftepool?, die Gesamtbevölkerung?) bestimmen. Des weiteren stellt nach Ansicht der Lehre nicht jede negative Betroffenheit eine mittelbare Diskriminierung dar; vielmehr muß die überproportionale Schlechterstellung eine gewisse „Intensität" erreichen[189], deren Bewertung offenbar dem Richter obliegt.

61
Fehlende sachliche Begründung

Schließlich sind die Rechtsnatur und die Prüfungsstrenge des Elements der fehlenden sachlichen Begründung umstritten. Zum Teil wird dieses Erfordernis als „Kausalitätsprüfung" im Gegensatz zur Rechtfertigungsprüfung qualifiziert[190]. Wichtiger als die dogmatische Einordnung ist die Frage des Prüfungsstandards. In der frühen Rechtsprechung und Literatur schienen die Anforderungen an die Begründung bzw. Rechtfertigung im Vergleich zur direkten Diskriminierung abgesenkt. Der Verweis auf sachliche oder objektive Gründe ähnelte der Prüfung im Anwendungsbereich des allgemeinen Gleichheitssatzes nach Art. 8 Abs. 1 BV[191].

62
Zweistufige Rechtfertigungsprüfung

Die neuere Rechtsprechung und Literatur haben jedoch die Anforderungen zu Recht höher geschraubt und fordern jedenfalls ansatzweise eine zweistufige Prüfung[192]. Es erscheint sinnvoll, die Rechtfertigungsprüfung *strukturgleich* zur Prüfung bei unmittelbarer Diskriminierung vorzunehmen, weil die negativen Auswirkungen beider Arten von Diskriminierung identisch sein können, weil die Abgrenzung zwischen Diskriminierung durch pauschale

---

187 *Waldmann* (FN 1), S. 228 ff.; *Rieder* (FN 24), S. 211 f. u. 229.
188 *Waldmann* aaO., S. 357–359 mwN.
189 *J.P. Müller*, Grundrechte in der Schweiz (LitVerz.), S. 433; *Rhinow*, Grundzüge (LitVerz.), RN 1699.
190 So *Waldmann* (FN 1), S. 359 u. 363.
191 S. aus der Literatur z.B. *Hangartner*, ZSR 122 (2003), S. 115; vgl. auch *Arioli*, AJP 2 (1993), S. 1331 mwN.
192 *BGE 125* III 368 (373 f. Erw. 5) (1999) – X Tagblatt (zur indirekten Lohndiskriminierung). „Nicht diskriminierend sind nach der Rechtsprechung in der Regel Lohnunterschiede, die auf *objektiven Gründen* beruhen. ... Allerdings kann auch mit derartigen, formal geschlechtsneutralen Kriterien unter Umständen eine indirekte Diskriminierung verbunden sein, wie bspw. dann, wenn dem Dienstalter *zu grosses Gewicht* für die Entlöhnung beigemessen wird, ohne Rücksicht auf nach wie vor typischerweise von Frauen zu verzeichnende Karriereunterbrüche aufgrund familiärer Pflichten ..." (Hervorhebung der Verf.). S. aus der Literatur *J.P. Müller*, Grundrechte in der Schweiz (LitVerz.), S. 443 f. (qualifizierte Gründe); *Weber-Dürler*, in: Thürer/Aubert/Müller (LitVerz.), S. 673 (Interessenabwägung unter dem Gesichtspunkt der Verhältnismäßigkeit); *Epiney/Duttwiler*, ZBl 105 (2004), S. 55 f. Siehe bereits die Botschaft zum Gleichstellungsgesetz v. 24. 2. 1993 (BBl 1993 I S. 1248 [1296]): legitimes Ziel und Verhältnismäßigkeit.

Gleichbehandlung und mittelbare Diskriminierung, wie dargelegt, nicht eindeutig ist und schließlich, weil die parallele Behandlung die Rechtswendung vereinfacht und damit die Rechtssicherheit erhöht. Die „objektiven/sachlichen Gründe" im Kontext der mittelbaren Diskriminierung sollten somit als „legitime Ziele" im ersten Teil der üblichen Rechtfertigungsprüfung bei der unmittelbaren Diskriminierung rekonstruiert werden. Zusätzlich muß die Verhältnismäßigkeit der in Frage stehenden Maßnahme oder Anforderung geprüft werden. Unverhältnismäßig wäre es beispielsweise, bei der Gehaltseinstufung für eine konkrete Tätigkeit dem Dienstalter allein entscheidendes Gewicht einzuräumen, weil hierdurch Frauen übermäßig benachteiligt würden.

Eine Beweislastumkehr findet statt, wenn der oder die Betroffene eine wesentlich überproportionale Benachteiligung der spezifischen Gruppe glaubhaft macht[193]. Die staatliche Stelle bzw. der Arbeitgeber muß Gründe für seine Maßnahme vorbringen und ihre Objektivität und Angemessenheit beweisen.

63
Beweislastumkehr

F. Die Gleichberechtigung von Mann und Frau nach Art. 8 Abs. 3 BV

I. Allgemeines

Der Gleichberechtigungsartikel des Art. 8 Abs. 3 BV[194] enthält drei Normen mit unterschiedlichem Regelungsgehalt, nämlich ein Diskriminierungsverbot[195], ein Egalisierungsgebot und ein Lohngleichheitsgebot[196]. Vorläufer von Art. 8 Abs. 3 BV war Art. 4 Abs. 2 aBV, der mit Wirkung zum 14. Juni 1981 in die damalige Bundesverfassung eingefügt wurde[197].

64
Diskriminierungsverbot, Egalisierungs- und Lohngleichheitsgebot

Art. 8 Abs. 2 Satz 2 BV enthält einen Gesetzgebungsauftrag, der als „Egalisierungsgebot"[198] bzw. als „materieller Gleichstellungsauftrag" bezeichnet

65

---

193 S. auf gesetzlicher Ebene Art. 6 GlG; aus der Literatur *Schefer*, Kerngehalte (FN 14), S. 496–499; *Waldmann* (FN 1), S. 367–371.
194 S. speziell zur Gleichberechtigung *Béguin*, La constitutionalisation du principe d'égalité hommes/femmes en Suisse et le processus de concrétisation, RIDC 50 (1998), S. 67 ff.; *Manuel Arroyo*, Praxis des Bundesgerichts zur Gleichberechtigung von Mann und Frau (1848–1981): Eine rechtshistorische Analyse mit besonderer Berücksichtigung der Auseinandersetzungen um die politische Gleichstellung der Frau in der Schweiz, 2001; *Margrith Bigler-Eggenberger*, Justitias Waage – wagemutige Justitia? Die Rechtsprechung des Bundesgerichts zur Gleichstellung von Mann und Frau, 2003; *Astrid Epiney/Ira von Danckelmann* (Hg.), Gleichstellung von Frauen und Männern in der Schweiz und der EU/L'égalité des femmes et hommes en Suisse et dans l'UE, 2004; *Epiney/Duttweiler*, ZBl 105 (2004), S. 37 ff.; *Bigler-Eggenberger*, Art. 4 Abs. 2/ Art. 8 Abs. 3 BV – eine Erfolgsgeschichte?, ZBl 106 (2005), S. 57 ff.
195 Näher unten F II, RN 68 ff.
196 Näher unten F III, RN 74 ff.
197 Volksabstimmung v. 14. 6. 1981. Sein Wortlaut war beinahe identisch mit dem jetzigen Art. 8 Abs. 3 BV; es fehlte lediglich im Gesetzgebungsauftrag des Satzes 2 der Passus „rechtliche und tatsächliche" Gleichstellung.
198 St. Rspr. seit *BGE 116* Ib 270 (283 Erw. 7 a) (1990) – Nachtarbeitsverbot; aus neuerer Zeit *BGE* 131 II 361, Erw. 5.2. (2005).

Legislatives Egalisierungsgebot	wird[199]. Laut Rechtsprechung enthält dieser Satz „einen Auftrag an den Gesetzgeber, tatsächliche Gleichstellung der Geschlechter in der sozialen Wirklichkeit bzw. materielle Chancengleichheit zu schaffen"[200]. Der Gesetzgebungsauftrag ist lediglich objektives Verfassungsrecht, beinhaltet also kein einklagbares subjektives Recht von Frauen auf Förderung und schafft auch keine neuen Bundeskompetenzen. Er verpflichtet die Legislativen in Bund und Kantonen zur Änderung zahlreicher gleichberechtigungswidriger Gesetze.
66 Schleppende Erfüllung des Gesetzesauftrags Interventionen des Bundesgerichts	Mit dem Gleichstellungsgesetz von 1995[201] und zahlreichen anderen Gesetzesrevisionen[202] ist der Gesetzgeber diesem Auftrag nachgekommen. Wichtige Bereiche (Besteuerung, Zivilrecht und Sozialversicherung, Namensrecht, Bürgerrechtserwerb) wurden allerdings nur schleppend und teilweise bis heute nicht vollständig angepaßt. Zu dieser Situation trägt bei, daß das Bundesgericht Bundesgesetze nicht wegen Verfassungswidrigkeit aufheben darf[203]. Aus diesem Grund hat das Gericht verschiedentlich bundesgesetzliche Vorschriften zwar als gleichberechtigungswidrig qualifiziert, jedoch ohne sie kassieren zu können (Namensrecht, Bürgerrechtswettbewerb, Nachtarbeitsverbot)[204]. Des weiteren hob das Bundesgericht zunächst nur diejenigen (kantonalen) Gesetze auf, die nach dem Inkrafttreten des Gleichberechtigungsartikels erlassen wurden. In bezug auf die früheren Gesetze sah das Gericht den Gesetzgeber als primären Adressaten der neuen Verfassungsvorschrift an[205] und billigte den Kantonen eine Anpassungsfrist zu. Ab 1990 begann das Bundesgericht jedoch, die von den Kantonen in Anspruch genommenen Übergangsfristen nicht mehr hinzunehmen und verfassungswidrige kantonale Regelungen aufzuheben[206].
67	Im Kontext der Geschlechtergleichberechtigung ist intensiv über den Begriff der Gleichheit diskutiert worden. Akademische Unterscheidungen zwischen

---

199 *BGE 125* I 21 (31 Erw. 3 d bb) (1998) – Urner Quoteninitiative.
200 *BGE 123* I 152 (164 Erw. 5 b) (1997) – Solothurner Quoten; ähnlich bereits *BGE 116* Ib 270 (283 Erw. 7 a) (1990) – Nachtarbeitsverbot.
201 Bundesgesetz über die Gleichstellung von Frau und Mann (GlG) v. 24.3.1995 (SR 151). Hierzu *Ivo Schwander/René Schaffhauser* (Hg.), Das Bundesgesetz über die Gleichstellung von Frau und Mann, 1996; *Margrith Bigler-Eggenberger/Claudia Kaufmann* (Hg.), Kommentar zum Gleichstellungsgesetz/Commentaire sur la loi sur l'égalité, 2000; *Katharina Simone Arioli/Felicitas Furrer Iseli*, Die Anwendung des Gleichstellungsgesetzes auf öffentlichrechtliche Arbeitsverhältnisse, 2000.
202 Eherechtsreform (1988), Bürgerrechtsreform (1992), 10. AHV-Revision (1997), Scheidungsrechtsreform (2000).
203 Art. 190 BV.
204 S. als Beispiel *BGE 116* II 657 (665 Erw. 5) (1990) – Bürgerrecht: „Schliesslich berufen sich die Beschwerdeführerinnen auch noch auf Art. 4 Abs. 2 BV [der alten BV, entspricht Art. 8 Abs. 3 BV]. Nach ihrer Auffassung verstösst der angefochtene Entscheid gegen den Grundsatz der Gleichbehandlung der Geschlechter. Dass die Regelung von Name und Bürgerrecht im neuen Eherecht Art. 4 Abs. 2 BV widerspricht, ist zuzugeben. Doch kann im Hinblick auf Art. 113 Abs. 3 BV [der alten BV, entspricht Art. 190 BV] nichts daran geändert werden, dass sich der Gesetzgeber gegen eine volle Gleichstellung der Ehegatten in diesem Bereich entschieden hat". Ebenso *BGE 115* II 193 (197 Erw. 4) (1989) – Burghartz (zum Namensrecht); *BGE 116* Ib 270 (283 f. Erw. 7) (1990) zum Nachtarbeitsverbot für Frauen ambivalent. Das Bundesgericht dürfte demgegenüber Bundesgesetze wegen EMRK-Widrigkeit aufheben (Verletzung von Art. 14 EMRK i.V.m. einem EMRK-Freiheitsrecht), hat dies jedoch bisher im Gleichstellungsbereich noch nie getan (vgl. *BGE 120* V 3 [4 Erw. 2] [1994]).
205 S. noch *BGE 116* V 198 (213 Erw. 3) (1990) – Lehrerversicherung St. Gallen.
206 S. z.B. *BGE 123* I 56 (60 f. Erw. 3 b) (1997) – Feuerwehrersatzabgabe.

formeller und materieller (bzw. rechtlicher und faktischer) Gleichheit[207] sowie zwischen Chancen- und Ergebnisgleichheit[208] haben jedoch die praktische Lösung konkreter Probleme nicht wesentlich beeinflußt[209]. Eine weitere Literaturströmung fordert eine vermehrte Berücksichtigung der tatsächlich bestehenden gesellschaftlichen, sozialen und sonstigen unterschiedlichen Lebensumstände von Männern und Frauen und propagiert damit in Anlehnung an kultur- und radikal-feministische Ansätze ein „materielles" Verständnis der Rechtsgleichheit[210]. Rechtliche Konsequenz dieser Betrachtungsweise soll sein, daß bestimmte geschlechtsspezifische Differenzierungen im Recht (insbesondere frauenfördernde Maßnahmen) leichter akzeptabel, eventuell sogar geboten sind und daß die Rechtsanwender stärker für mittelbare Diskriminierung sensibilisiert werden. Allerdings birgt dieser Ansatz die Gefahr der Wiederbelebung von Vorurteilen über die „weibliche Natur". Die geforderten Rechtsfolgen können im Rahmen des „liberalen" Ansatzes (nach dem relevant Unterschiedliches unterschiedlich behandelt werden muß) ebenfalls herbeigeführt werden.

Begriff der Gleichheit

Gefahr einer Wiederbelebung von Vorurteilen

II. Das Diskriminierungsverbot des Satzes 1

Art. 8 Abs. 3 Satz 1 BV enthält ein Verbot der Diskriminierung wegen des Geschlechts. Die Vorschrift ist lex specialis zu Art. 8 Abs. 2 BV. Nach der ständigen Rechtsprechung des Bundesgerichts gebietet das Diskriminierungsverbot, Mann und Frau ohne Rücksicht auf gesellschaftliche Verhältnisse und Vorstellungen in allen Bereichen gleichzubehandeln. Die hergebrachten Anschauungen über die Rollen der Geschlechter sind rechtlich nicht mehr entscheidend. Die Zugehörigkeit zum einen oder anderen Geschlecht stellt grundsätzlich keinen rechtserheblichen Aspekt dar[211].

68

lex specialis zu Art. 8 Abs. 2 BV

Das Geschlechtsdiskriminierungsverbot ist *symmetrisch*[212]. Es verbietet, so die Rechtsprechung, grundsätzlich die „geschlechtsbezogene Regelung, unabhängig davon, ob dadurch Frauen oder Männer benachteiligt werden; das

69

Symmetrisches Diskriminierungsverbot

---

207 Z.B. bei *Waldmann* (FN 1), S. 259 ff.
208 *BGE 123* I 152 (164 f. Erw. 5) (1997) – Solothurner Quoteninitiative, in Rezeption von *EuGH*, Urt. v. 17. 10. 1995, Rs. C-450/93 (Kalanke), Slg. 1995, I-3051. Kritische Anm. von *Epiney*, AJP 6 (1997), S. 1033 ff.
209 Das Bundesgericht versteht den „Geschlechtergleichheitssatz als formelles Diskriminierungsverbot", das jedoch auch „einen Aspekt materieller Gleichstellung auf[weise]"; *BGE 125* I 21 (24 Erw. 3 a) (1998) – Urner Quoteninitiative.
210 Grundlegend *Tobler*, Quoten und Verständnis der Rechtsgleichheit der Geschlechter im schweizerischen Verfassungsrecht, unter vergleichender Berücksichtigung der EuGH-Entscheidung Kalanke, in: Katharina Simone Arioli (Hg.), Frauenförderung durch Quoten, 1997, S. 49 (insb. 115 ff.); *dies.*, Der Diskriminierungsbegriff und seine Auswirkung auf die Gleichstellung von Mann und Frau, in: Epiney/von Danckelmann (FN 194), S. 27 (insb. 46 ff.); *Bigler-Eggenberger* (FN 194), RN 268 ff. u. 674 ff.
211 St. Rspr., s. bspw. *BGE 116* V 198 (208 Erw. 2 II 2 a bb) (1990) – kantonale Lehrerversicherungskasse St Gallen; *BGE 123* I 56 (58 Erw. 2) (1997) – Feuerwehrersatzpflicht; *BGE 123* I 152 (156 Erw. 3 a) (1997) – Solothurner Quoteninitiative; *BGE 129* I 265 (269 Erw. 3) (2003) – Familienzulage.
212 *Grisel* (FN 8), S. 94 (RN 175). A.A. (Diskriminierungsschutz nur für Frauen): *J.P. Müller*, Grundrechte in der Schweiz (LitVerz.), S. 415. Differenziert *Rhinow*, Grundzüge (LitVerz), RN 1730 f.: Art. 8 Abs. 2 BV sei asymmetrisch (nur zugunsten von Frauen), wohingegen Art. 8 Abs. 3 BV für beide Geschlechter gelte.

Recht muß *geschlechtsneutral* sein"[213]. Oft haben sich *Männer* auf das Diskriminierungsverbot berufen, um Benachteiligungen beim Pensions- oder Rentenalter, bei der Witwerrente, der Invaliditätsbemessung, dem Elternurlaub, dem Zivilschutzobligatorium, der Feuerwehrersatzabgabe, im Namensrecht, bezüglich des Sonderurlaubs zwecks Adoption, sowie um Frauenquoten zu bekämpfen, und waren dabei oft erfolgreich. *Frauen* haben ihrerseits auf dem gerichtlichen Wege deutlich weniger, nämlich die erschwerte Aufnahmeprüfung einer weiterführenden Schule für Mädchen[214], die Vorenthaltung des Stimmrechts in Appenzell Innerrhoden (1990!)[215] oder die Ausrichtung der Familienzulage auf die Erwerbstätigkeit des Mannes[216] erfolgreich bekämpft.

70
Biologische Unterschiede

Beispiele

Nach der ungeschriebenen Rechtfertigungsformel der Rechtsprechung sind geschlechtsbezogene Differenzierungen nur dann gerechtfertigt, wenn biologische oder funktionale Unterschiede von Mann und Frau die Ungleichbehandlung *zwingend* erfordern bzw. eine Gleichbehandlung absolut ausschließen[217]. Beispiele für Differenzierungen, die mit Verweis auf biologische Unterschiede gerechtfertig wurden, sind Mutterschutzregelungen[218] sowie die Mutterschaftsversicherung[219]. Die „funktionalen" Unterschiede wurden in der Rechtsprechung nie definiert. Sie sollten als Rechtfertigungsgrund wegen der darin liegenden Stereotypisierungsgefahr fallengelassen werden[220].

71
Rechtfertigung aus Art. 8 Abs. 3 Satz 2 BV

Ein zweiter Typ von Rechtfertigung ergibt sich aus Vorschriften der Verfassung selbst. Praxisrelevant ist vor allem das Egalisierungsgebot des Art. 8 Abs. 3 Satz 2 BV. Dieses Gebot legitimiert prinzipiell auch solche Gleichstellungsmaßnahmen, die spezifisch nur Angehörigen des weiblichen Geschlechts zugute kommen. Jene Fördermaßnahmen stellen dann keine verfassungswidrige Männerdiskriminierung dar, wenn sie *verhältnismäßig* sind[221].

72
Wertungswiderspruch bei Militär- und Zivilschutzdienstpflicht

Auch die Verfassungsvorschriften des Art. 59 Abs. 1 und 2 BV (Militärdienstpflicht nur für Männer) und Art. 61 Abs. 3 Satz 1 BV (obligatorischer Zivilschutzdienst nur für Männer) werden herkömmlich als leges speciales zum Verbot der Geschlechtsdiskriminierung aufgefaßt[222]. Hier liegt allerdings ein Wertungswiderspruch zum Gleichberechtigungsartikel vor[223]. Diese Vorschriften sollten deshalb nicht als pauschal vorrangig vor Art. 8 Abs. 2 BV auf-

---

213 St. Rspr., zuletzt *BGE 129* I 265 (269 Erw. 3.1) (2003) – Familienzulage (Hervorhebung der Verf.).
214 *BGE 108* Ia 25 (1982) – Fischer.
215 *BGE 116* Ia 359 (1990) – Theresa Rhoner.
216 *BGE 129* I 265 (2003).
217 St. Rspr. nach Inkrafttreten des Gleichberechtigungsartikels seit *BGE 108* Ia 25 (1982) – Fischer (dt. in: Praxis 71 [1982], Nr. 144 [S. 355]).
218 In *BGE 108* Ia 25 Erw. 5 a (1982) genannt.
219 Vorgesehen nach Art. 116 BV.
220 So zu Recht *J.P. Müller*, Grundrechte in der Schweiz (LitVerz.), S. 459; *Rhinow*, Grundzüge (LitVerz.), RN 1739; *Mahon*, in: Auer/ders., Petit Commentaire (LitVerz.), Art. 8 RN 19.
221 Im einzelnen s. dazu unten F IV, RN 82 ff.
222 *BGE 118* Ia 341 (352) (1992) zu Art. 22bis Abs. 4 aBV (Prüfung nur am Maßstab von Art. 14 i.V.m. Art. 4 EMRK) mit der Begründung, die Ungleichbehandlung sei vom Verfassungsgeber selbst gewollt. In der Literatur *Häfelin/Haller*, Bundesstaatsrecht (LitVerz.), RN 779.
223 *Weber-Dürler*, in: Thürer/Aubert/Müller, Verfassungsrecht (LitVerz.), S. 671; kritisch auch *Grisel* (FN 8), S. 77 (RN 150), S. 93 (RN 173) u. S. 96 (RN 180): Art. 14 EMRK ist verletzt.

gefaßt werden, sondern nur insoweit vorgehen, als eine Sonderregelung durch zwingende biologische Gründe erforder wird[224].

Schließlich bleibt nach Art. 39 Abs. 1 Halbsatz 2 BV (Art. 74 Abs. 4 aBV) die Regelung der politischen Rechte auf kantonaler und kommunaler Ebene den Kantonen vorbehalten. Diese Verfassungsvorschrift ist jedoch keine lex specialis bzw. kein echter Vorbehalt zugunsten der Kantone. Letztere konnten sich nicht auf sie stützen, um ein reines Männerwahlrecht beizubehalten[225].

73
Kein kantonaler Vorbehalt für politische Rechte

III. Das Gebot der Lohngleichheit des Satzes 3

Der Anspruch von Mann und Frau auf „gleichen Lohn für gleichwertige Arbeit" (Art. 8 Abs. 2 Satz 3 BV)[226] ist lex specialis zum Diskriminierungsverbot wegen des Geschlechts. Das Lohngleichheitsgebot wurde im Gleichberechtigungsartikel von 1981 in die damalige Bundesverfassung eingefügt[227]. Es wird durch das Gleichstellungsgesetz von 1995 konkretisiert (insb. Art. 3 Abs. 2 GlG) und durch flankierende gesetzliche Ansprüche unterstützt. Der verfassungskräftige Anspruch auf gleichen Lohn hat unmittelbare Drittwirkung. Die Vorschrift ist gleichzeitig ein justitiables Grundrecht und eine zwingende Norm des Bundesprivatrechts. Sie gilt direkt für öffentlichrechtliche und für privatrechtliche Anstellungsverhältnisse (einzel- und kollektivvertragliche Regelungen) und ist insbesondere für die Allgemeinverbindlicherklärungen von Gesamtarbeitsverträgen relevant. „Lohn" im Sinne der Verfassung sind sämtliche Entgelte für Arbeitsleistungen, einschließlich Gratifikationen, Naturalleistungen etc., auch soziale Lohnkomponenten, wie Familien Orts- oder Kinderzulagen. Nicht hierzu gehören Renten- und Pensionsansprüche[228].

74
lex specialis zum Diskriminierungsverbot

Gerichtliche Verfahren wegen direkter Lohndiskriminierung dahingehend, daß Frauen für eine identische bzw. vom Arbeitgeber als gleichwertig anerkannte Arbeit weniger Lohn erhalten als ihre männlichen Kollegen, finden in der Schweiz ersichtlich nicht mehr statt. Heutige Lohndiskriminierung scheint insofern mehr oder minder *indirekt* zu sein. Dies hängt mit dem Schlüsselbegriff des Lohngleichheitsgebotes, nämlich der „Gleichwertigkeit" der Arbeit

75
„Gleichwertigkeit" der Arbeit

---

224 *J.P. Müller*, Grundrechte in der Schweiz (LitVerz.), S. 461 f.
225 Zu diesem Ergebnis kam das Bundesgericht mittels dynamischer Auslegung von Art. 74 Abs. 4 aEV (*BGE 116* Ia 359 [371 ff. Erw. 7–9] [1990] – Theresa Rhoner zum Frauenstimmrecht in Appenzell Innerrhoden).
226 S. aus neuerer Zeit *Steiger-Sackmann*, 5 Jahre Gleichstellungsgesetz – 5 Jahre Lohngleichheit?, AJP 10 (2001), S. 1263 ff.; *Bigler-Eggenberger* (FN 194), RN 516 ff.; *Seiler*, ZBl 104 (2003), S. 113.
227 Art. 4 Abs. 2 Satz 3 aBV – Wortlaut unverändert in Art. 8 Abs. 3 Satz 3 BV. Der erste (und erfolgreiche) Lohngleichheitsprozeß fand bereits vorher auf der Grundlage von Art. 4 aBV statt (*BGE 103* Ia 517 [1977] – Loup [zur Entlohnung von Primarlehrerinnen]).
228 *BGE 117* V 318 (322 Erw. 4 a) (1991).

zusammen[229]. Diese Gleichwertigkeit kann nicht wissenschaftlich objektiv und wertfrei bestimmt werden. Dementsprechend muß öffentlich- und privatrechtlichen Arbeitgebern bei der Ausgestaltung ihres Lohnsystems ein gewisser Gestaltungsspielraum zukommen[230]. Folglich ist der Begriff der Gleichwertigkeit fast zwangsläufig ein Einfallstor für mittelbare Diskriminierung. Diese geschieht entweder durch die Unterbewertung von Anforderungen oder Tätigkeitselementen, die weiblich geprägt sind (Fürsorge- oder pflegerische Elemente etc.[231]) oder durch die Heranziehung von scheinbar geschlechtsneutralen Bewertungskriterien, die Frauen mittelbar benachteiligen (z. B. das Dienstalter).

76
Individuelle Lohndiskriminierung

Lohndiskriminierung kommt in zwei ganz unterschiedlichen Konstellationen vor: Zum einen werden immer noch Frauen individuell diskriminiert, die eine gleichwertige Arbeit wie ein männlicher Kollege oder ihr männlicher Vorgänger auf derselben Stelle verrichten (z. B. indem ihre Arbeit zu Unrecht als nicht gleichwertig qualifiziert wird)[232].

77
Kollektive Lohndiskriminierung von Frauen

Überproportional negative Betroffenheit

Daneben findet sich die kollektive Diskriminierung von Frauen. Eine solche liegt vor, wenn eine frauentypische Tätigkeit in eine niedrigere Lohnklasse eingereiht wird als eine objektiv gleichwertige Tätigkeit (unterschiedlicher Natur) beim selben Arbeitgeber, die nicht geschlechtsspezifisch identifiziert ist. Dies geschieht vor allem, wenn die Frauentätigkeit zu Unrecht als nicht gleichwertig wie eine geschlechtsneutrale oder männlich identifizierte Arbeit qualifiziert wird[233]. Diese Konstellation ähnelt dem Normalfall der mittelbaren Diskriminierung, weil hier die überproportional negative Betroffenheit von Frauen (die in jenem Frauenberuf tätig sind) eine Tatbestandsvoraussetzung ist. Eine frauentypische Arbeit nimmt das Bundesgericht an, wenn der Frauenanteil „erheblich höher" ist als der des anderen Geschlechts (momentan zu bejahen für Handarbeits- und Hauswirtschaftslehrerinnen sowie für Kindergärtnerinnen) und/oder historisch weiblich geprägt ist[234].

---

229 Hierzu *Andreas C. Albrecht*, Der Begriff der gleichwertigen Arbeit i.S. des Lohngleichheitssatzes „Mann und Frau haben Anspruch auf gleichen Lohn für gleichwertige Arbeit", 1998. Der Wert einer Arbeit hängt in erster Linie von den objektiven Anforderungen und in zweiter Linie von der individuellen Leistungsfähigkeit und Leistungsbereitschaft des Arbeiters ab. Daher ist die Arbeit verschiedener Personen praktisch nie exakt gleich wertvoll.
230 Dieser Ermessensspielraum ist im Bereich der Lohngleichheit allerdings eingeschränkt. „Wird eine geschlechtsbedingte Besoldungsdiskriminierung geltend gemacht, muss daher eingehend überprüft werden, ob ein Besoldungsunterschied nicht in Wirklichkeit eine – verdeckte – Diskriminierung darstellt" (*BGer*, Urt. v. 21. 3. 2003, 2P.369/1998, Erw. 3 e).
231 Hierzu jedoch unkritisch *BGE 125* I 71 (80 Erw. 3) (1998).
232 Beispiel: *BGE 125* III 368 (1999).
233 Beispiel: Niedrigere kantonale Lohneinreihung von Handarbeitslehrerinnen und Kindergärtnerinnen (weiblich identifiziert) im Vergleich zu Primarlehrern (geschlechtsneutral), *BGE 124* II 409 ff. (1998) – Maya Alincic; *BGE 124* II 436 ff. (1998) – Sandra Altermatt. Fraglich: Sozialarbeiter und -arbeiterinnen im Vergleich zu technisch/administrativen Sachbearbeitern und -bearbeiterinnen (*BGE 124* II 529 [1999] läßt offen); Krankenschwestern im Vergleich zu Sanitätsmännern (*BGer*, Urt. v. 11. 11. 1983, ZBl 85 [1984], S. 162 [166, Erw. 5] läßt offen).
234 *BGE 124* II 529 (532 ff. Erw. 5) (1999).

Wegen der besonderen Struktur und der stark divergierenden Fallgruppen des Lohngleichheitsgebotes hat die dogmatische Unterteilung in Tatbestands- und Rechtfertigungsebene hier wenig praktischen Wert. Lohndifferenzen zwischen Frauen und Männern sind erstens dann zulässig, wenn ihre Arbeit aufgrund von *nicht geschlechtsspezifischen* Kriterien als nicht gleichwertig zu beurteilen ist. Die Ungleichwertigkeit einer Arbeit kann sich beispielsweise aus den intellektuellen Anforderungen, der zur Erledigung erforderlichen Bildung/Qualifikation, der Art der Tätigkeit oder der damit verbundenen Verantwortung, der Führungsfunktion, dem Risiko und schließlich aus dem konkreten Anforderungsprofil ergeben[235].

78
Nicht geschlechtsspezifische Ungleichwertigkeit

Lohndifferenzen sind zweitens dann zulässig, wenn die Arbeit zwar aufgrund *geschlechtsspezifischer* Kriterien, jedoch *berechtigterweise* als ungleich bewertet werden darf. Bewertungskriterien sind „dann geschlechtsspezifisch, wenn sie von den Angehörigen eines Geschlechts wesentlich leichter oder anteilsmässig erheblich häufiger erfüllt werden können als von den Angehörigen des anderen Geschlechtes"[236]. Hierzu gehören biologische Eigenschaften wie Körpergröße oder körperliche Kraft, aber auch gesellschaftlich bedingte Faktoren (z.B. Dienstalter). Der Einsatz solcher Kriterien benachteiligt überproportional ein Geschlecht, so daß die Vermutung einer mittelbaren (Lohn-)diskriminierung durch die fälschliche Bewertung als „ungleichwertige" Arbeit begründet wird. Diese wird dann entkräftet, wenn der Arbeitgeber nachweist, daß das Vorliegen der hoch bewerteten Eigenschaften für die Art der auszuübenden Tätigkeit relevant ist.

79
Relevanz geschlechtsspezifischer Eigenschaften

Drittens kann eine unterschiedliche Entlohnung *trotz gleichwertiger Arbeit* ausnahmsweise durch objektive (wiederum formal und de facto geschlechtsneutrale) Gründe gerechtfertigt werden. Anerkannt sind soziale Rücksichten sowie als nur begrenzte und vorübergehende Rechtfertigung konjunkturelle Gründe (Marktlage und Verhandlungsmacht des Bewerbers)[237].

80
Objektive Rechtfertigungsgründe

Praktische Hauptschwierigkeiten in der Handhabung des Lohngleichheitsgebotes bleiben die Ermittlung der „Gleichwertigkeit" von Arbeit, die genaue Einordnung einer Tätigkeit als „weiblich" sowie Unsicherheiten des Rechtsweges für Lohnklagen[238].

81
Praktische Probleme

---

235 Beispiel: Erfordernis der regionalen Verwurzelung für die Stelle eines Journalisten einer Regionalzeitung.
236 *BGE 124* II 409 (428 Erw. 9 d) (1998).
237 Hierzu eingehend *BGE 125* III 368 (376 ff. Erw. 5 c) (1999).
238 Hierzu z.B. *Grisel* (FN 8), S. 128–130 (RN 269 ff.).

IV. Positive Maßnahmen für Frauen

82
Frauenquoten

Rechtlich kontrovers waren bisher vor allem Frauenquoten[239], und zwar für Stellenbesetzungen im öffentlichen Dienst des Bundes[240] oder der Kantone[241] im Kontext politischer Wahlen[242] sowie bei der Besetzung von Stellen des oberen Mittelbaus an kantonalen Universitäten aufgrund eines temporären Systems finanzieller Anreize seitens des Bundes[243].

83
Spannung zwischen Diskriminierungsverbot und Gleichstellungsauftrag

Die Brisanz von Quoten liegt darin, daß Arbeitsplätze und politische Ämter ein knappes Gut sind. Die Vergabe einer Stelle an eine Frau bedeutet automatisch einen unmittelbaren Nachteil für ihre männlichen Konkurrenten. Darin liegt ein Eingriff in das Individualrecht der Männer auf Nichtdiskriminierung aus Art. 8 Abs. 3 Satz 1 BV. Zum Diskriminierungsverbot von Satz 1 steht der Gleichstellungsauftrag des Art. 8 Abs. 3 Satz 2 BV in einem Spannungsverhältnis. Der Konflikt zwischen den beiden Rechtsvorschriften muß durch

---

[239] S. zu Quoten *Georg Müller*, Quotenregelungen – Rechtssetzung im Spannungsfeld von Gleichheit und Verhältnismässigkeit, ZBl 91 (1990), S. 306 ff.; *Hangartner*, Geschlechtergleichheit und Frauenquoten in der öffentlichen Verwaltung, AJP 1 (1992), S. 835 ff.; *Arioli* (FN 36); *Marianne Schwander Claus*, Verfassungsmässigkeit von Frauenquoten, 1995; *Katharina Simone Arioli* (Hg.), Frauenförderung durch Quoten, 1997; *Buser/Podlena*, Politische Quoten auf dem Schafott, AJP 6 (1997), S. 981 ff.; *Zwikker*, Geschlechterquoten, in: Peter Helbling/Thomas Podlena (Hg.), Personalrecht des öffentlichen Dienstes, 1999, S. 281 ff.; *Kokott/Egli*, Rechtsfragen zu positiven Massnahmen in Staat und Unternehmen, AJP 9 (2000), S. 1485 ff.

[240] Art. 6 Abs. 2 der Bundespersonalverordnung v. 3. 6. 2001 (SR 172.220.111.3) ermächtigt die Departemente dazu, „im Rahmen der bundesrätlichen Vorgaben gezielte Massnahmen [zu treffen], um die Chancengleichheit und die Gleichstellung von Frau und Mann zu verwirklichen. Sie *können* Fachpersonen einsetzen oder *Zielquoten festlegen*". (Hervorhebung der Verf.). Auf dieser Grundlage erläßt der Bundesrat die sog. Chancengleichheitsweisungen (siehe zuletzt die Weisungen des Bundesrates zur Verwirklichung der Chancengleichheit von Frau und Mann in der Bundesverwaltung v. 22. 1. 2003 [BBl 2203 S. 1435 ff.]). Nach Ziff. 421 der aktuellen Weisung müssen „Bewerbungen des untervertretenen Geschlechts bei gleichwertiger Qualifikation so lange vorrangig [berücksichtigt werden], bis innerhalb einer Organisationseinheit ein paritätisches Verhältnis zwischen Frauen und Männern besteht". Mehrere Volksinitiativen, die zum Ziel hatten, Frauenquoten für den öffentlichen Dienst einzuführen, scheiterten (zuletzt die Volksinitiative „für eine gerechte Vertretung der Frauen in den Bundesbehörden [Initiative 3. März]", Ablehnung in der Volksabstimmung v. 12. 3. 2000 [BBl 2000 S. 2990]).

[241] Art. 26A Abs. 1 der Loi sur l'université des Kantons Genf (eingefügt mit Wirkung zum 27. 7. 1991), RS/GE C 1 30, sieht vor, daß der Staatsrat bei der Aufnahme von Bewerbern in den Lehrkörper im Falle „gleichwertiger wissenschaftlicher und pädagogischer Eignung" derjenigen Person, die dem unterrepräsentierten Geschlecht angehört, den Vorzug geben muß. Siehe hierzu *BGer*, Urt. 2A.637/2004 v. 19.1.2006: Nicht berücksichtigten Männern muß ein Beschwerderecht eingeräumt werden, damit überprüft werden kann, ob das Kriterium der gleichen wissenschaftlichen und pädagogischen Eignung nicht diskriminierend angewendet wurde. Hierzu *Hangartner*, AJP 15 (2006), S. 1137 ff.

[242] Hierzu *BGE 123* I 152 (1997) – Solothurner Quoteninitiative; *BGE 125* I 21 (1998) – Urner Quoteninitiative.

[243] Rechtsgrundlage sind Art. 2 Abs. 1 lit. b des Universitätsförderungsgesetzes: „Der Bund fördert Massnahmen, die: ... die Gleichstellung zwischen Frauen und Männern auf allen universitären Stufen verwirklichen" (Bundesgesetz v. 8. 10. 1999 über die Förderung der Universitäten und über die Zusammenarbeit im Hochschulbereich [SR 414.20]) sowie eine Verordnung des Eidgenössischen Departement des Inneren v. 12. 4. 2000 über projektgebundene Beiträge zur Förderung des Nachwuchses an den kantonalen Universitäten für die akademischen Jahre 2001/2 bis 2003/4 (AS 2000, S. 2097 ff.). Deren Art. 1 lautet: „Abs. 1: Mit dem Ziel, den akademischen Nachwuchs an den Schweizer Universitäten zu fördern, den Anteil der Frauen im Lehrkörper nachhaltig zu erhöhen und die Betreuungsverhältnisse zu verbessern, kann der Bund für zusätzliche befristete Stellen des oberen Mittelbaus (Oberassistenzen und Assistenzprofessuren, nach Anhang) projektgebundene Beiträge leisten. Abs. 2: Beitragsberechtigt sind die kantonalen Universitäten, ...". Art. 7 Abs. 1 lautet: „*Grundsätzlich* muss jede Universität selber mindestens *40 Prozent der Programmstellen mit Frauen besetzen*" (Hervorhebung der Verf.).

Abwägung der Interessen unter Wahrung des Prinzips der praktischen Konkordanz gelöst werden, so daß keines der entgegenstehenden Interessen völlig zu Lasten des anderen verwirklicht wird[244]. In der Perspektive der Grundrechtsprüfung formuliert: Das Egalisierungsgebot ist ein legitimes Ziel im Sinne der Rechtfertigung einer potentiellen Diskriminierung von Männern[245].

Positive Maßnahmen für Frauen, vor allem qualifikationsunabhängige Quoten, müssen in der Regel durch ein formelles eidgenössisches oder kantonales Gesetz (im parlamentarischen Verfahren mit [fakultativem] Referendum) eingeführt werden. Im kontroversen Dialog zwischen Literatur und Rechtsprechung wird das Erfordernis einer formellgesetzlichen Grundlage für Frauenquoten vielfach davon abhängig gemacht, ob die Verfassungsgrundlage von Frauenfördermaßnahmen Satz 1 oder Satz 2 des Art. 8 Abs. 2 BV sei[246]. Autorinnen, die Frauenfördermaßnahmen direkt auf Satz 1 (als Maßnahme zur Herstellung „materieller" Gleichheit) stützen, halten eine formalgesetzliche Grundlage für entbehrlich, weil es sich in dieser Perspektive gar nicht um eine „Einschränkung" von Grundrechten (der Männer) handelt. Die Gegenansicht verweist auf den Wortlaut des Gesetzgebungsauftrages des Satzes 2, der ein „Gesetz" verlangt. Dies meint nach dem üblichen Sprachgebrauch der neuen Bundesverfassung im Gegensatz zur „gesetzlichen Grundlage" ein Parlamentsgesetz. Allerdings folgt aus der von der Rechtsprechung favorisierten Fundierung von Fördermaßnahmen in Satz 2 nicht schon aus formalrechtlichen Gründen die Notwendigkeit einer parlamentsgesetzlichen Grundlage, zumal dieser Wortwahl offenbar von den Verfassungsgebern nicht jene Bedeutung beigemessen wurde[247]. Seine innere Rechtfertigung findet der Gesetzesvorbehalt vielmehr darin, daß Quoten in der Öffentlichkeit umstritten sind und deshalb einer starken demokratischen Legitimation bedürfen. Art. 3 Abs. 3 GlG stellt nach Wortlaut und Entstehungsgeschichte keine solche spezielle Ermächtigung dar[248].

84
Parlamentsgesetzliche Grundlage positiver Maßnahmen

Gesetzesvorbehalt zur Legitimationsstärkung von Quoten

Sofern Maßnahmen in Erfüllung des Egalisierungsgebots außerdem verhältnismäßig sind, vermögen sie den grundrechtlichen Anspruch auf Nichtdiskriminierung wirksam einzuschränken.

85
Verhältnismäßigkeit

Im *Solothurner Quoten-Fall* hatte eine Volksinitiative verlangt, daß in der kantonalen Legislative, Exekutive und Judikative Männer und Frauen entsprechend ihrem kantonalen Bevölkerungsanteil vertreten sein sollten. Diese

86
Solothurner Quoten-Fall

---

244 *BGE 123* I 152 (157f. Erw. 3 a und b) (1997) – Solothurner Quoten; *BGE 131* II 361 (2005), Erw. 5.3 – Freiburger Quoten.
245 S. allgemein zur Rechtfertigungsprüfung oben F II, RN 68ff.
246 Vgl. *BGE 131* II 361, Erw. 7.1. m.w.N.; aus der Literatur v. a. *Tobler*, Quoten zum Dritten: Gesetzliche Grundlage für Frauenförderungsmassnahmen und Entschädigungen für Diskriminierungen, in: recht 23 (2005), S. 220 (224–227).
247 S. zum Gleichberechtigungsartikel von 1981 die Botschaft über die Volksinitiative „Gleiche Rechte für Mann und Frau" v. 14. 11. 1979 (BBl 1980 I S. 69 [116f. u. 142]).
248 Art. 3 Abs. 3 GlG (Bundesgesetz über die Gleichstellung von Frau und Mann [SR 151.1]): „Angemessene Massnahmen zur Verwirklichung der tatsächlichen Gleichstellung stellen keine Diskriminierung dar". Nachweise zu den parlamentarischen Materialien in *BGE 131* II 361 (2005), Erw. 7.5. Mangels ausreichender gesetzlicher Grundlage war die Frauenquote für die Besetzung von Professuren keine „angemessene Massnahme" i.S. von Art. 3 Abs. 3 GlG.

Initiative hatte der Kantonsrat (die kantonale Legislative) für ungültig erklärt. Das Bundesgericht bestätigte die Ungültigkeit. Es hielt die Quote für *nicht geeignet*, weil die Untervertretung der Frauen in leitenden Positionen „nicht in erster Linie ein rechtliches Problem sei, sondern vor allem auf soziale und gesellschaftliche Ursachen zurückzuführen sei". Sie sei *nicht erforderlich*, weil der Frauenanteil ohnehin steigen werde. Sie sei schließlich „offensichtlich" *nicht verhältnismäßig im engeren Sinne,* weil sie auf „Ergebnisgleichheit" anstatt auf Chancengleichheit abziele[249].

„Ergebnisgleichheit" statt Chancengleichheit?

87 Im *Urner Quoten-Fall*[250] forderte die kantonale Initiative, daß erstens Behörden und Kommissionen, die unmittelbar oder mittelbar vom Volk gewählt werden, „annähernd je zur Hälfte" mit Frauen und Männern zu besetzen seien. Beide Geschlechter sollten jedoch mindestens zu einem Drittel vertreten sein. Das Bundesgericht hielt diese Initiativforderung für gültig. Zweitens sollte bei Landratswahlen in Gemeinden, denen zwei Sitze zustehen, je ein Mann und eine Frau gewählt werden. Diese Klausel hielt das Bundesgericht für ungültig. Drittens sollte bei Landratswahlen, in denen nach dem Proporzsystem gewählt wird, die zahlenmäßige Differenz zwischen Frauen und Männern auf den gedruckten Wahllisten höchstens eins sein. Dies hielt das Bundesgericht für gültig. Das Gericht relativierte die im Solothurner Fall getroffene Unterscheidung zwischen Chancen- und Ergebnisgleichheit und führte aus, „dass Quotenregelungen nicht wegen ihrer Ergebnisbezogenheit generell aus dem Gleichstellungsinstrumentarium ausgeschlossen werden können"[251].

Urner Quoten-Fall

88 Im *Fribourger Quoten-Fall*[252] hatte die Universität Fribourg die Stelle eines Assistenzprofessors bzw. Oberassistenten im öffentlichen Recht für Bewerberinnen reserviert, um in den Genuß einer Bundesförderung zu gelangen[253]. Auf die Beschwerde eines (männlichen) Bewerbers hin, dessen Bewerbung von vornherein nicht geprüft worden war, stellte das Bundesgericht fest, daß sogenannte starre (qualifikationsunabhängige) Frauenquoten durch ein formelles Gesetz legitimiert sein müssen[254]. Genau genommen ist diese Quote nicht „qualifkationsunabhängig", denn für alle Bewerber wird eine Mindestqualifikation gefordert. Verzichtet wird jedoch auf das Erfordernis der gleichen oder gleichwertigen Qualifikation für die Bevorzugung des unterrepräsentierten Geschlechts. Unter Verwendung der Ergebnisse der vom Erziehungsdepartement in Auftrag gegebenen Evaluierung des Bundesanreizprogrammes prüfte das Gericht außerdem detailliert die Verhältnismäßigkeit[255]: Die Eignung der Quote sei zweifelhaft, weil unklar sei, ob eine dauerhafte Erhöhung des Frauenanteils an Professuren bewirkt werde, und weil die Quote die strukturellen Barrieren für Frauen nicht beseitige. Die Erforderlichkeit sei nicht gegeben,

Fribourger Quoten-Fall

Verhältnismäßigkeit

---

249 *BGE 123* I 152 (insb. 163 ff. Erw. 5–7) (1997) – Solothurner Quoteninitiative.
250 *BGE 125* I 21 (1998) – Urner Quoteninitiative.
251 *BGE* aaO., S. 30 Erw. 3 d aa.
252 *BGE 131* II 361 (2005) m. Anm. *Hangartner,* AJP 14 (2005), S. 1414 ff.; *ders.,* AJP 15 (2006), S. 597 ff.; *Tobler* (FN 246); *Kägi-Diener,* AJP 15 (2006), S. 107 ff.
253 S. die Rechtsgrundlagen oben FN 243.
254 S. zum Gesetzesvorbehalt oben D, RN 54, und in diesem Abschn. F IV, RN 84.
255 Verhältnismäßigkeitsprüfung in *BGE 131* II 361 (2005), Erw. 6.5–6.

weil mildere Alternativmaßnahmen wie Kinderbetreuungseinrichtungen und Mentoringprogramme zur Verfügung stünden. Die Verhältnismäßigkeit im engeren Sinne sei kaum gewahrt: Die Quote ist eine unvermeidbare und eindeutige Beeinträchtigung der Rechte der Männer, da sich momentan mehr Männer als Frauen um die Mittelbaustellen bewerben. Es gibt lange Wartezeiten, bis überhaupt ein Lehrstuhl frei wird. Vor allem hat die Universität Fribourg nicht die Qualifikation der Bewerber berücksichtigt (starre Quote). Im Ergebnis hielt das Bundesgericht die Verhältnismäßigkeit der Fribourger Quote für zweifelhaft, mußte die Frage aber nicht definitiv entscheiden, weil die Quote bereits wegen Verletzung des Gesetzesvorbehalts rechtswidrig war. *Zweifel an starrer Quote*

Die in diesen drei Urteilen konsolidierte und kontinuierlich verfeinerte Quoten-Rechtsprechung geht grundsätzlich in die richtige Richtung. Zentral ist meines Erachtens eine umfassende und differenzierte Abwägung. Faktoren, welche die Verhältnismäßigkeit von Quoten wahren können, sind ihre maßvolle Höhe, ihre zeitliche Befristung und/oder periodische Überprüfung, Ausnahmeklauseln zugunsten von Männern im Einzelfall und insbesondere die Berücksichtigung der Qualifikation. „Harte" oder „starre" Quoten sind in aller Regel unverhältnismäßig[256]. **89** *Differenzierte Abwägung*

G. Schutz vor privater Diskriminierung

Die Diskriminierungsverbote richten sich in erster Linie an den Staat und nicht an Privatpersonen[257]. Sie entfalten keine umfassende unmittelbare Drittwirkung. Ein Spezialfall ist lediglich das Verbot der Lohndiskriminierung nach Art. 8 Abs. 3 Satz 3 BV, das direkt auch private Arbeitgeber verpflichtet[258]. **90** *Keine unmittelbare Drittwirkung*

Die Normierung der speziellen Gesetzgebungsaufträge (nur) zugunsten von Frauen und von Behinderten[259] zeigt systematisch, daß die Verfassungsgeber in den Diskriminierungsverboten an sich *keinen umfassenden Schutzauftrag an den Staat* erblickt haben[260]. Nach Art. 35 Abs. 1 BV müssen allerdings die Grundrechte in der ganzen Rechtsordnung zur Geltung kommen. Außerdem schreibt Art. 35 Abs. 3 BV vor: „Die Behörden sorgen dafür, dass die Grund- **91** *Spannungsverhältnis zur Privatautonomie*

---

256 Sie sind insofern kontraproduktiv, als sie auf der Seite der Beobachter Vorurteile gegen „Quotenfrauen" verstärken und das Selbstbewußtsein der bevorzugten Frauen unterminieren können.
257 Grundlegend *Samantha Besson*, L'égalité horizontale: L'egalité de traitement entre particuliers, 1999; *Kurt Pärli*, Gleichbehandlung und Nichtdiskriminierung im privatrechtlichen Arbeitsverhältnis (in Vorbereitung); s. auch *Wyss*, Gesetzgeberische Massnahmen zum Abbau von Diskriminierungen, in: Walter Kälin (Hg.), Das Verbot ethnisch-kultureller Diskriminierung, 1999, S. 115 ff. (130 f.); *Martenet*, La protection contre les discriminations émanant de particuliers, ZSR 125 (2006) I, S. 419 ff.
258 Die Schutzaufträge der Art. 8 Abs. 2 Satz 2 und Art. 8 Abs. 4 BV wurden mit dem GlG (FN 182), in Kraft seit 1. 1. 1996, und dem BehiG (FN 152), in Kraft seit dem 1. 1. 2004, erfüllt. Diese Gesetze enthalten Diskriminierungsverbote für Private.
259 Die Schutzaufträge der Art. 8 Abs. 2 Satz 2 und Art. 8 Abs. 4 BV wurden mit dem GlG (FN 182), in Kraft seit 1. 1. 1996, und dem BehiG (FN 152), in Kraft seit dem 1. 1. 2004, erfüllt. Diese Gesetze enthalten Diskriminierungsverbote für Private.
260 S. aus der parlamentarischen Diskussion Amtl. Bull. 1998 [S], S. 32 ff. (*Inderkum, Beerli, Rhinow*).

rechte, *soweit sie sich dazu eignen*, auch unter Privaten wirksam werden"[261]. Weil heutzutage Diskriminierung möglicherweise öfter aus der Mitte der Gesellschaft heraus stattfindet als vom Staat ausgeht, erscheint das Grundrecht, nicht diskriminiert zu werden, als besonders drittwirkungsrelevant bzw. schutzpflichtengenerierend. Hier besteht ein Spannungsverhältnis zu den Grundrechten der gegenüberstehenden Privatpersonen, insbesondere deren Privatautonomie. Eine möglichst ausgleichende Linie muß durch Rechtsgüterabwägung gezogen werden[262].

92
Zivilrechtliches Antidiskriminierungsgesetz

Ein Schutzbedürfnis existiert vor allem in bezug auf rassische bzw. ethnisch-kulturelle Diskriminierung im Arbeitsleben, weniger deutlich im Bereich der Wohnungsanmietung und beim Zugang zu Hotels oder Gaststätten[263]. Mit zunehmender Privatisierung von Leistungen der Daseinsvorsorge steigt das Schutzbedürfnis gegenüber möglicher privater Diskriminierung noch weiter. In der neueren Literatur wird deshalb vielfach die Schaffung eines zivilrechtlichen Antidiskriminierungsgesetzes gefordert[264]. Dies ist jedoch nicht zwingend von der Verfassung vorgegeben. Der Erlaß und die konkrete Ausgestaltung derartiger Vorschriften obliegen der politischen Entscheidung des Gesetzgebers.

93
Verfassungskonforme Anwendung

Die konstitutive Dimension der Diskriminierungsverbote verlangt jedoch, daß Gerichte im Streitfall die existierenden allgemeinen Vorschriften des Zivilrechts[265] verfassungskonform anwenden und auslegen, so daß dem Grundrecht auf Nichtdiskriminierung (mittelbar) zur Geltung verholfen wird[266]. Dabei müssen die Interessen und Grundrechte der privaten potentiellen „Angreifer" ausreichend berücksichtigt werden (Abwägung)[267]. Dem Diskriminierungsschutz kommt insbesondere dann ein hoher Rang zu, wenn existentielle Güter oder Dienstleistungen betroffen sind bzw. wenn der Anbieter eine marktbeherrschende Stellung besitzt oder eine sonstige Machtposition (beispielsweise als Arbeitgeber) hat[268]. Im Extremfall kann aus den verfassungskonform ausgelegten Generalklauseln des einfachen Rechts ein Kontrahierungszwang fließen[269].

---

261 Hervorhebung der Verf.
262 *Waldmann* (FN 1), S. 400–405: Sphärentheorie; s. auch *Hangartner*, ZSR 122 (2003), S. 121.
263 Das strafrechtliche Verbot rassistischer Äußerungen (Art. 261bis StGB, in Kraft seit dem 1.1.1995) erfüllt dieses Schutzbedürfnis nur zu einem kleinen Teil.
264 *Caplazi/Naguib*, Schutz vor ethnisch-kultureller Diskriminierung in der Arbeitswelt trotz Vertragsfreiheit, in: Jusletter 7.2.2004. http://weblaw.ch/jusletter/.; vgl. auch *Waldmann* (FN 1), S. 399 f.
265 Insb. Art. 2 Abs. 2, Art. 28 ff. ZGB; Art. 328 OR – Persönlichkeitsschutz; Art. 41 Abs. 2 OR – sittenwidrige Schädigung.
266 S. z.B. *BGE 120* V 312 (316 Erw. 3) (1994) zu Art. 4 Abs. 1 aBV.
267 S. als Beispiel für eine fragwürdige Abwägung *VG Zürich*, Urt. v. 13.4.2000, ZBl 102 (2001), S. 103 (105–107): Die Bewilligung zur Aufstellung von Plakaten auf öffentlichem Grund wurde von der Stadtpolizei unter der Auflage erteilt, ein Plakat mit dem Slogan „Europa, Dein Weg zur Hölle ist: Porno Brutalo Drogen Abtreibung und Homosexualität" dürfe nicht verwendet werden. Die hierin liegende Beschränkung des Grundrechts der freien Meinungsäußerung (Art. 15 BV) wurde damit gerechtfertigt, daß Art. 8 Abs. 2 sowie Art. 35 Abs. 3 BV der Polizeibehörde gebiete, andere Bürger vor Diskriminierung wegen der Lebensform zu schützen.
268 *J.P. Müller*, Grundrechte in der Schweiz (LitVerz.), S. 453; *Waldmann* (FN 1), S. 404 u. 410 f.
269 Vgl. *BGE 129* III 35 (40 ff. Erw. 5–6) (2002) – VgT gegen Post (betraf die Meinungsfreiheit).

H. Bibliographie

Arioli, Katharina Simone, Frauenförderungsmassnahmen im Erwerbsleben unter besonderer Berücksichtigung der Verfassungsmässigkeit von Quotenregelungen, 1992.
Besson, Samantha, L'égalité horizontale: L'egalité de traitement entre particuliers, 1999.
Bigler-Eggenberger, Margrith, Justitias Waage – wagemutige Justitia? Die Rechtsprechung des Bundesgerichts zur Gleichstellung von Frau und Mann, 2003.
Grisel, Etienne, Egalité: Les garanties de la Constitution fédérale du 18 Avril 1999, 2000.
Hangartner, Yvo, Diskriminierung als neuer verfassungsrechtlicher Begriff, in: Zeitschrift für schweizerisches Recht (ZSR) 122 (2003), S. 97 ff.
Kälin, Walter, Ausländerdiskriminierung, in: Bernhard Ehrenzeller/Philippe Mastronardi/René Schaffhauser/Rainer J. Schweizer/Klaus A. Vallender (Hg.), Der Verfassungsstaat vor neuen Herausforderungen, FS Ivo Hangartner, 1998, S. 561 ff.
ders./Martina Caroni, Das verfassungsrechtliche Verbot der Diskriminierung wegen der ethnisch-kulturellen Herkunft, in: Walter Kälin (Hg.), Das Verbot ethnisch-kultureller Diskriminierung: Verfassungs- und menschenrechtliche Aspekte, 1999, S. 67 ff.
Klein, Caroline, La discrimination des personnes handicapées, 2002.
Martenet, Vincent, Géométrie de l'égalité, 2003.
Müller, Jörg Paul, Die Diskriminierungsverbote nach Art. 8 Abs. 2 der neuen Bundesverfassung, in: Ulrich Zimmerli (Hg.), Die neue Bundesverfassung: Konsequenzen für Praxis und Wissenschaft, 2000, S. 103 ff.
Pulver, Bernhard, L'interdiction de la discrimination: Etude de l'Art. 8 al. 2 de la Constitution fédérale du 18 avril 1999, 2003.
Rieder, Andreas, Form oder Effekt? Art. 8 Abs. 2 BV und die ungleichen Auswirkungen staatlichen Handelns, 2003.
Seiler, Hansjörg, Gleicher Lohn für gleichwertige Arbeit, in: Schweizerisches Zentralblatt für Staats- und Verwaltungsrecht (ZBl) 104 (2003), S. 113 ff.
Stampe, Michèle, Das Verbot der indirekten Diskriminierung wegen des Geschlechts, 2001.
Steiner, Olivier, Das Verbot der indirekten Diskriminierung aufgrund des Geschlechts im Erwerbsleben, 1999.
Tobler, Christa, Quoten zum Dritten: Gesetzliche Grundlage für Frauenförderungsmassnahmen und Entschädigungen für Diskriminierungen, in: recht 23 (2005), S. 220 ff.
Waldmann, Bernhard, Das Diskriminierungsverbot von Art. 8 Abs. 2 BV als besonderer Gleichheitssatz, 2003.

§ 212
Glauben, Gewissen und Weltanschauung

Bernhard Ehrenzeller

Übersicht

	RN		RN
A. Grundlagen	1–8	C. Verpflichtung des Staates als objektivrechtlicher Inhalt	29–41
I. Entwicklung und aktuelle Bedeutung	1–4	I. Neutralitätspflicht und Toleranzgebot	29–38
II. Rechtliche Verankerung	5–6	II. Verwirklichung der Religionsfreiheit	39–41
III. Einbettung in die Religionsverfassung	7–8	D. Zulässige Einschränkungen	42–51
B. Begriff und individueller Schutzbereich	9–28	E. Bibliographie	
I. Glaubens-, Gewissens- und Weltanschauungsfreiheit	9–13		
II. Sachlicher Schutzbereich	14–25		
III. Persönlicher Schutzbereich	26–28		

A. Grundlagen*

I. Entwicklung und aktuelle Bedeutung

1
Christlich-abendländische Tradition als Wertebasis

Die Freiheit von Religion und Weltanschauung gehört zu den ursprünglichen, fortdauernden und komplexen Spannungs- und Konfliktfeldern im Verhältnis von Mensch, Bürger und Staat. Glaube, Gewissen und Überzeugung betreffen als geistig-seelische Realität das innere Wesen des einzelnen Menschen, bedürfen aber zu ihrer vollen Entfaltung des öffentlichen Raumes und des gemeinsamen Bekenntnisses. Die Religionsfreiheit fordert deshalb den Staat in besonderer Weise heraus: Als Garant des Grundrechts muß er die Freiheit jedes einzelnen Menschen gewährleisten und darf sich nicht mit einem bestimmten Bekenntnis identifizieren. Doch Religion und Weltanschauung lassen sich nicht einfach individualisieren und aus der staatlichen Einflußsphäre verdrängen. Der demokratische Rechtsstaat kann und muß sich nicht vollständig von seiner christlich-abendländischen Tradition lösen, aus der er entstanden ist, und die nach wie vor die grundlegende Wertebasis für eine große Mehrheit seiner Bürger bildet.

2
Neujustierung des Verhältnisses von Staat und Kirche

Der Prozeß der Verfassungsreform, der zur Schaffung einer neuen Bundesverfassung (BV) führte, bot die Gelegenheit, die Religionsfreiheit und das Verhältnis von Staat und Kirche neu zu umschreiben und von den Ablagerungen des Kulturkampfes zu befreien, welche die alte Bundesverfassung immer noch stark geprägt hatten[1]. Die Bundesverfassung von 1848 garantierte nur die Kultusfreiheit der anerkannten christlichen Kirchen. Erst die totalrevidierte Bundesverfassung von 1874 gewährleistete auch die individuelle Glaubens- und Gewissensfreiheit, allerdings unter Vorbehalt der bürgerlichen Rechte und Pflichten (Art. 49 aBV). Auch bei der Kultusfreiheit blieb – neben dem allgemeinen Polizeivorbehalt – das Recht von Bund und Kantonen ausdrücklich vorbehalten, die geeigneten Maßnahmen zur Wahrung des Religionsfriedens unter den Religionsgemeinschaften sowie gegen Eingriffe kirchlicher Behörden in die Rechte der Bürger und des Staates zu treffen (Art. 50 aBV)[2]. Gleichzeitig wurden in der Verfassung auch mehrere Bestimmungen verankert, die sich insbesondere gegen die Freiheit der Katholischen Kirche richteten wie das Jesuiten- und Klosterverbot[3] oder die Vorschrift, daß nur

---

* Meinem Assistenten, lic.iur. *Paul-Lukas Good*, danke ich bestens für die wertvolle Mitarbeit bei der Erstellung dieses Beitrages.
1 *Cavelti*, in: Ehrenzeller u.a., St. Galler Kommentar (LitVerz.), Art. 15 RN 1 ff.; *J.P. Müller*, Grundrechte (LitVerz.), S. 80f. (m.w.H.).
2 Wie *Auer/Malinverni/Hottelier*, Droit constitutionnel, Bd. II (LitVerz.), RN 441, hervorheben, ging es dabei offensichtlich weniger darum, die Freiheit der Gläubigen zu verbürgen, als um das Ziel, die Katholische Kirche zu schwächen.
3 Dieses Verbot wurde mit Volksabstimmung v. 20.5.1973 abgeschafft. Wenige Monate später wurde das in der Verfassung ebenfalls verankerte Schächtverbot aufgehoben, allerdings auf Gesetzesstufe erneut geregelt (heute: Art. 20 Tierschutzgesetz [SR 455]).

Schweizer Bürger weltlichen Standes in den Nationalrat gewählt werden durften. Die Errichtung neuer Bistümer bedurfte der Genehmigung des Bundes[4].

Diese „Erinnerungen" des Verfassungstextes an eine stark konfliktbeladene Entstehungsgeschichte des schweizerischen Bundesstaates, bei der das Verhältnis zwischen Staat und Religionen eine zentrale Rolle spielte[5], sind einem zeitgemäßen Verständnis der Religionsfreiheit als Grund- und Menschenrecht (Art. 15 BV) und des Verhältnisses von Staat und Kirche als institutionellen Bezugsrahmens (Art. 72 BV) gewichen. Die geschichtliche Entwicklung und die Besonderheiten dieses Verhältnisses, insbesondere die verbleibende föderalistische Ausgestaltung, wirken allerdings nach und finden mit der spezifischen Erwähnung „der Wahrung des öffentlichen Friedens zwischen den Angehörigen der verschiedenen Religionsgemeinschaften" in Art. 72 Abs. 2 BV weiterhin sichtbaren Ausdruck. Dies gilt auch für den ausdrücklichen Gottesanruf in der Präambel der Verfassung, der in seiner Art und Formulierung einen verfassungsrechtlichen Traditionsanschluß par excellence darstellt[6].

3
Zeitgemäßes Verständnis der Religionsfreiheit

invocatio Dei

Haben die institutionellen Fragen im Verhältnis von Staat und Kirche an Gewicht und Virulenz heute eher eingebüßt, so ist die verfassungsrechtliche und gesellschaftspolitische Bedeutung der Religionsfreiheit in neuerer Zeit stark gewachsen. Die Individualisierung der Werthaltungen, die zunehmend multikulturelle Zusammensetzung der Bevölkerung und – mit der Einwanderung verbunden – die Bildung neuer kultureller Minderheiten, das sichtbare Anwachsen nichtchristlicher Religionsgemeinschaften (insbesondere des Islam), das Aufkommen neuer religiöser Bewegungen und eine gewisse Radikalisierung religiöser Gruppen bringen die Religionsfreiheit zusehends in den Brennpunkt grundlegender gesellschaftspolitischer Auseinandersetzungen[7]. Gesetzgeber, Verwaltung und Gerichte sind deshalb heute in besonderer Weise gefordert, die heikle Rechtsgüterabwägung zwischen Freiheitsgarantie und Einbindung in die verfassungsmäßige Ordnung vorzunehmen.

4
Bedeutung der Religionsfreiheit

II. Rechtliche Verankerung

Die Bundesverfassung gewährleistet in Art. 15 Abs. 1 die Glaubens- und Gewissensfreiheit als Menschenrecht. Die Absätze 2 bis 4 umschreiben den zentralen Inhalt dieses Rechts. Besondere grundrechtliche Ausprägungen der

5
Glaubensfreiheit als Menschenrecht

---

4 Aus politischen Gründen verblieb diese Genehmigungspflicht als letztes Relikt des Kulturkampfes vorerst im Verfassungstext der neuen Bundesverfassung (Art. 72 Abs. 3 BV). Mit Volksabstimmung v. 10.6.2001 ist die Bestimmung kurz nach Inkrafttreten der Bundesverfassung aufgehoben worden. Vgl. *Rhinow*, in: recht, 2002, S. 45 (48 f.).

5 → Bd. I: *P. Kirchhof*, Grundrechtsinhalte und Grundrechtsvoraussetzungen, § 21 RN 57. Dieser sieht denn auch die Verfassung „als Gedächtnis der Demokratie und als Bilanz gegenwärtig erreichter Rechtskultur".

6 Vgl. *Ehrenzeller*, in: ders. u.a., St. Galler Kommentar (LitVerz.), Zur Präambel, RN 14 ff.

7 Vgl. hierzu *Sandor Cattacin/Cla Reto Famos/Michael Duttwiler/Hans Mahnig*, Staat und Religion in der Schweiz, Eine Studie des Schweizerischen Forums für Migrations- und Bevölkerungsstudien (SFM), 2003, S. 5 ff.

§ 212 *Vierzehnter Teil: II. Einzelgrundrechte*

Religionsfreiheit finden sich auch in anderen Verfassungsbestimmungen, so in dem Verbot der Diskriminierung „wegen der Herkunft, der Rasse, ... der Sprache, ... der Lebensform, der religiösen, weltanschaulichen oder politischen Überzeugungen ..." (Art. 8 Abs. 2 BV) oder in dem Anspruch auf ausreichenden und unentgeltlichen Grundschulunterricht (Art. 19 BV), der allen Kindern offenstehen muß, obligatorisch ist und unter staatlicher Leitung oder Aufsicht steht (Art. 62 Abs. 2 BV). Nach Art. 72 BV ist die Regelung des Verhältnisses zwischen Staat und Kirche Sache der Kantone. Alle Kantonsverfassungen gewährleisten demgemäß nicht nur die Religionsfreiheit als solche, sondern regeln auch die institutionellen Grundzüge des kantonalen Staatskirchenrechts[8]. Die Kantone können mit den Religionsgemeinschaften Verträge über staatskirchenrechtliche Fragen abschließen. Insbesondere steht ihnen unter Mitwirkung des Bundes auch das Recht zu, mit dem Heiligen Stuhl Konkordate abzuschließen (Art. 56 BV).

Kantonale Zuständigkeit

6
Völkerrechtliche Garantien

Ebenso maßgeblich für den Schutz der Religionsfreiheit sind die für die Schweiz verbindlichen völkerrechtlichen Garantien, die landesrechtlich unmittelbar anwendbar sind und auch verfahrensrechtlich den verfassungsmäßigen Rechten gleichgesetzt werden: Art. 9 und 14 EMRK, Art. 18 und 27 UNO-Pakt II. Das in diesen Abkommen gewährleistete Recht auf Gedanken-, Gewissens- und Religionsfreiheit, das Diskriminierungsverbot und der menschenrechtliche Minderheitenschutz decken sich weitgehend mit den grundrechtlichen Garantien der Bundesverfassung[9]. Dies gilt auch in bezug auf die in Art. 18 BV garantierte Sprachenfreiheit[10], die zusammen mit der Religionsfreiheit von besonderer Bedeutung für die Pflege des eigenen kulturellen Lebens von ethnischen, religiösen und sprachlichen Gruppen und Minderheiten ist. Speziellen verfassungsmäßigen Schutz genießen die angestammten sprachlichen Minderheiten (Art. 70 BV)[11].

III. Einbettung in die Religionsverfassung

7
Verfassungsrechtliche Grundentscheidungen

Das Grundrecht der Religionsfreiheit kann nicht isoliert betrachtet werden. Vielmehr ist dieses Recht eingebettet in das Geflecht der kulturellen (Vor-)Prägung des Staates und der verfassungsrechtlichen Grundentscheidungen, wie sie in der Präambel und in den Allgemeinen Bestimmungen der Bundes-

---

8 Die Ausgestaltung des Verhältnisses von Staat und Kirche in den Kantonen ist entsprechend den unterschiedlichen Traditionen nach wie vor sehr vielfältig. Vgl. *Auer/Malinverni/Hottelier*, Droit constitutionnel, Bd. II (LitVerz.), RN 448ff.
9 Vgl. *BGE 129* I 74 (76f.); *125* I 300 (jeweils m.w.H.) und *Auer/Malinverni/Hottelier* aaO., Bd. II (LitVerz.), RN 446f.
10 → Unten *Thomas Fleiner*, Sprachenfreiheit, § 217.
11 Betreffend die generelle Rechtsstellung von kulturellen Minderheiten vgl. – am Beispiel der Fahrenden – das ausführliche Gutachten des Bundesamtes für Justiz v. 27. 3. 2002 (VPB 66.50). In einem neueren Entscheid (*BGE 129* II 321) anerkennt das Bundesgericht das grundsätzliche Recht der Fahrenden auf Bewahrung ihrer Lebensweise, verweigert aber in concreto einen Anspruch auf eine raumplanungsrechtliche Ausnahmebewilligung für einen Standplatz als Ort für eine zu erstellende Kirche; → oben *Anne Peters*, Diskriminierungsverbote, § 211 RN 46.

verfassung (1. Titel)[12] wie auch im Katalog der Zuständigkeiten von Bund und Kantonen zum Ausdruck kommen[13]. Im Gegensatz zur alten Bundesverfassung von 1874 unterscheidet die geltende Verfassung schon systematisch zwischen der Gewährleistung des Grundrechts der Religionsfreiheit im Grundrechtskatalog (2. Titel der Bundesverfassung) und der institutionellen Verankerung des Verhältnisses von Staat und Kirche in den Organisations- und Aufgabenbestimmungen (3. Titel der Bundesverfassung). Das Grundrecht der Religionsfreiheit wird auf diese Weise von seinem institutionellen Bezugs- und Regelungsrahmen getrennt; die beiden Teile verbleiben aber, da die Verfassung immer in ihrer Gesamtheit gelesen werden muß, innerlich aufeinander bezogen. Es besteht damit eine gewisse Analogie zur Gewährleistung der Wirtschaftsfreiheit in Art. 27 BV und der Verankerung der Grundsätze der Wirtschaftsordnung in Art. 94 BV[14]. Auch wenn es die Verfassung – im Unterschied zu Art. 94 BV – nicht ausdrücklich sagt: Auch für Art. 72 BV gilt, daß sich Bund und Kantone im Rahmen ihrer Zuständigkeiten im Verhältnis von Staat und Kirche an den Grundsatz der Religionsfreiheit zu halten haben. Die Religionsfreiheit erweist sich als Leitplanke für die Gestaltung des Staat–Kirche–Verhältnisses[15]. Auf der einen Seite bedeutet dies, daß Bund und Kantone ihre diesbezügliche Gesetzgebung und ihr Handeln an der Religionsfreiheit ausrichten müssen[16]. Auf der anderen Seite kommt mit der gegenseitigen Bezugnahme aber auch zum Ausdruck, daß der individuelle, kollektive und korporative Gehalt des Grundrechts im institutionellen und allgemeinen Regelungsrahmen von Staat und Religionsgemeinschaften notwendigerweise eine gewisse Einschränkung erfährt.

Trennung des Grundrechts vom institutionellen Rahmen

Die gegenseitige Bezogenheit zeigt sich besonders klar beim Neutralitätsgebot. Dieses erfordert vom Staat keine Abstinenz oder laizistische Haltung in Glaubens- und Weltanschauungsfragen[17]. Auch der säkulare Staat darf zur Wertordnung, die von der Bürgermehrheit getragen wird, stehen und ihr, beispielsweise in der Feiertagsordnung[18], im Raumplanungs- und Baurecht, beim Kirchengeläute[19], in der Ausrichtung des Schulunterrichts oder im Rahmen der Konzessionserteilung an öffentlich-rechtliche Fernseh- und Rundfunkanstalten eine Präferenz gegenüber anderen religiösen Traditionen einräumen. Auch stimmen Lehre und Praxis überein, daß den Kantonen das Recht zusteht, unter bestimmten Voraussetzungen Religionsgemeinschaften einen öffentlich-rechtlichen Körperschaftsstatus zu verleihen, was unter anderem das

8
Neutralitätsgebot

---

12 Vgl. *Ehrenzeller*, in: ders. u.a., St. Galler Kommentar (LitVerz.), Vorbem. zu Art. 1–6 BV.
13 Zum „Grund-Recht religionsrechtlicher Ordnung" s. *Peter Karlen*, Das Grundrecht der Religionsfreiheit in der Schweiz (Diss. Zürich), 1987, S. 57 ff., 61 ff., 125 ff.
14 Vgl. *Vallender*, in: Ehrenzeller u.a., St. Galler Kommentar (LitVerz.), Art. 27 RN 6 ff., 63 ff. sowie aaO., Vorbem. zu Art. 94 RN 5 ff.
15 So in Analogie zu den von *J.P. Müller*, Allgemeine Bemerkungen zu den Grundrechten, in: Thürer u.a., Verfassungsrecht (LitVerz.), § 39 RN 6 erwähnten Ordnungsprinzipien der Eigentums-, Wirtschafts- und Sozialordnung.
16 Dazu C II, RN 39 f.
17 Dazu C I, RN 29 ff.
18 Vgl. *Hafner*, Glaubens- und Gewissensfreiheit, in: Thürer u.a., Verfassungsrecht (LitVerz.), § 44 RN 9.
19 *BGE 126* II 366.

Recht beinhaltet, Kirchensteuern zu erheben. Auch in anderer Weise, beispielsweise beim Religionsunterricht an den öffentlichen Schulen oder bei der Spitalseelsorge, kann ihnen dieser Status eine privilegierte Stellung verschaffen[20].

B. Begriff und individueller Schutzbereich

I. Glaubens-, Gewissens- und Weltanschauungsfreiheit

9
Einbeziehung der Weltanschauungsfreiheit

Art. 15 Abs. 1 BV gewährleistet die „Glaubens- und Gewissensfreiheit" (so auch die dortige Marginalie). Die Verfassung stellt die beiden zentralen Aspekte der Religionsfreiheit in den Vordergrund und läßt andere Teilgehalte unerwähnt. Lehre und Rechtsprechung verwenden dagegen den Begriff der Religionsfreiheit als Sammelbezeichnung für die Glaubens-, Gewissens- und Weltanschauungsfreiheit[21]. Glaube, Gewissen und Weltanschauung gehören zum Kernbereich menschlicher Würde und Identität: Beim Gläubigen geht es um die unbedingte Bezugnahme seines Daseins zum Göttlichen, beim Nichtgläubigen betrifft es die Verwurzelung seiner inneren Überzeugung in einer diesseitigen Lebenskonzeption und Sinngebung[22]. Demgemäß erfaßt die Religionsfreiheit auch einen Bereich persönlicher und kollektiver Selbstbestimmung.

10
Unantastbarer Bereich der Selbstverantwortung

Gesamtsicht von Grundfragen

Nach der Rechtsprechung des Bundesgerichtes, die in der Lehre breite Anerkennung findet, garantiert die Glaubensfreiheit „die religiöse Bezeugung des einzelnen Menschen als selbstverantwortlichen Bereich, der vom Staat nicht angetastet werden darf. Davon erfasst werden grundsätzlich alle Arten von Vorstellungen über die Beziehung des Menschen zum Göttlichen beziehungsweise zum Transzendenten"[23]. Dabei bleibt der Religionsbegriff nicht der persönlichen Beliebigkeit überlassen. „Das Glaubensbekenntnis muss eine gewisse grundsätzliche, weltanschauliche Bedeutung erlangen, somit einer Gesamtsicht der Welt entsprechen; das heißt, dass mit dem Glaubensbekenntnis eine religiös fundierte, zusammenhängende Sicht grundlegender Probleme zum Ausdruck zu gelangen hat, ansonsten sich die Religionsfreiheit zu einer schwer fassbaren Allgemein- und Handlungsfreiheit erweitern würde"[24]. Demgemäß fallen alle Glaubensgemeinschaften, nicht nur die christlich-abendländischen Kirchen und Religionsgemeinschaften, unter den Schutz der Religionsfreiheit. Dies gilt, unabhängig von Verbreitungsgrad und sozialer Relevanz, auch für minoritäre religiöse Bewegungen oder Sekten wie die Scientology Church[25].

---

20 Vgl. zur Praxis der öffentlich-rechtlichen Anerkennung in den Kantonen: *Cattacin/Famos/Duttweiler/Mahnig* (FN 7), S. 11 ff.
21 Vgl. *Hafner*, in: Thürer u. a., Verfassungsrecht (LitVerz.), § 44 RN 2.
22 Vgl. *J.P. Müller*, Grundrechte (LitVerz.), S. 82 f.
23 *BGE 119* Ia 178 (183, m.w.H.); *125* I 369 (373).
24 Vgl. FN 20.
25 Vgl. *BGE 125* I 369 (369).

In Art. 15 BV nicht (mehr) eigens erwähnt wird die – früher in Art. 50 Abs. 1 aBV geregelte – Kultusfreiheit. Sie ist als „Bestandteil und Ausfluss der Glaubens- und Gewissensfreiheit" zu betrachten und genießt somit weiterhin ungebrochenen verfassungsrechtlichen Schutz[26]. Die Kultusfreiheit ist eigentlich eine besondere Ausdrucksform der allgemeinen Bekenntnisfreiheit, die „alles vom Glauben oder von der Weltanschauung erfüllte Handeln" erfaßt[27]. Kultus- und Bekenntnisfreiheit schützen – in ihrer gemeinschaftlichen Dimension – auch die freie Betätigung der religiösen Gemeinschaften und werden unter diesem Aspekt oft als „Kirchenfreiheit" oder als kollektive Religionsfreiheit bezeichnet[28]. Derselbe Schutz gilt auch für die in der Bundesverfassung nicht erwähnte Gedankenfreiheit, die implizit von Art. 15 BV erfaßt wird.

11
Kultusfreiheit

Kollektive Religionsfreiheit

Die Gewissensfreiheit stellt einen eigenständigen Bestandteil der Religionsfreiheit dar. Ihr Gehalt deckt sich oft mit jenem der Glaubensfreiheit. Mit dem Gewissen ist „jene kritische Instanz" zu verstehen, „die dem Leben und Handeln des Menschen ethische oder moralische Massstäbe setzt" und die er „als Gebote eines unbedingten Sollens" erfährt[29]. Diese Sollensverpflichtung kann durchaus auch nichtreligiös motiviert sein. Art. 15 BV erfaßt jede Art der Gewissensentscheidung[30]. Das Gewissen als solches ist ein rein individuelles Phänomen, das dem forum internum des Menschen zuzurechnen ist. Mit der Achtung der persönlichen Gewissensentscheidung im staatlichen und gesellschaftlichen Leben trifft die Verfassung jedoch einen grundlegenden Wertentscheid, der in der Rechtsanwendung besondere Bedeutung erlangen kann[31].

12
Gewissensfreiheit

Noch weniger klar faßbar ist die Weltanschauungsfreiheit. Art. 15 BV erwähnt sie selbständig weder in der Marginalie noch in Absatz 1. Sie wird jedoch unzweifelhaft von der in Absatz 1 gewährleisteten Glaubens- und Gewissensfreiheit miterfaßt. Dies ergibt sich klar aus der Umschreibung des Schutzbereiches in Absatz 2, wo die „weltanschauliche Überzeugung" ausdrücklich angesprochen wird. Darunter ist eine grundlegende und gesamtheitliche Deutung der Welt und des Lebens zu verstehen, die für die betroffene Person eine wesentliche, identitätsstiftende Bedeutung hat[32].

13
Weltanschauungsfreiheit

---

26 *BGE 129* I 74 (76f., m.w.H.). Mit diesem offenen Religionsbegriff befindet sich das Bundesgericht weitgehend auf der Linie des Europäischen Gerichtshofs für Menschenrechte. Dazu: *Konrad Sahlfeld*, Aspekte der Religionsfreiheit (Diss. Basel), 2004, (Luzerner Beiträge zur Rechtswissenschaft, Bd. 3), S. 1, 100 ff.
27 *Karlen* (FN 13), S. 45.
28 *Karlen* aaO., S. 48 f.
29 *J.P. Müller*, Grundrechte (LitVerz.), S. 84.
30 Es ist von einem einheitlichen Gewissensbegriff auszugehen. So wird auch bei der Gewissensprüfung eines Militärdienstverweigerers nicht unterschieden zwischen religiös, ethisch oder politisch begründeten Gewissensentscheiden. Vgl. *Hafner*, in: Thürer u.a., Verfassungsrecht (LitVerz.), § 44 RN 16.
31 So auch, bezogen auf Art. 4 GG: *Bethge*, HStR ²VI, § 137 RN 41.
32 *Rhinow*, in: recht, 2002, S. 45 (46); *J.P. Müller*, Grundrechte (LitVerz.), S. 83 f., der auch eine Abgrenzung zum Gedankenexperiment und zur bloßen Meinungsäußerung vornimmt.

II. Sachlicher Schutzbereich

14
Schutz der inneren und äußeren Freiheit

Die Religionsfreiheit schützt in erster Linie den einzelnen vor jeder Einflußnahme des Staates auf die religiösen und weltanschaulichen Überzeugungen. Erfaßt ist der gesamte Bereich des Denkens, Fühlens und Handelns des Menschen. Die Religionsfreiheit betrifft demgemäß sowohl die innere Freiheit des Menschen, „zu glauben, nicht zu glauben und jederzeit auf beliebige Weise seine eigene religiöse Überzeugung zu ändern", wie auch die äußere Freiheit, „seine religiöse Überzeugung oder seine Weltanschauung innerhalb gewisser Schranken zu äussern, zu praktizieren und zu verbreiten"[33], sei es durch Wort, Schrift, Bild, Musik, Film oder jede andere Ausdrucksweise[34]. Auch religiöse Werbung und öffentliche Missionierung fallen unter den Schutzbereich[35]. Jede Person hat somit das Recht, ihre Religion oder Weltanschauung frei zu wählen und diese, allein oder gemeinschaftlich, privat oder öffentlich zu bekennen und auszuüben (Art. 15 Abs. 2 BV). Dazu gehören alle Formen von Kultushandlungen[36] wie überhaupt das Recht, „grundsätzlich sein ganzes Verhalten nach den Lehren des Glaubens auszurichten und seinen inneren Glaubensüberzeugungen gemäss zu handeln"[37].

15
Abgrenzungsprobleme

Aufgrund dieser weiten, die ganze Lebensführung umfassenden Umschreibung kann in der heutigen pluralistischen Gesellschaft die Abgrenzung zwischen den verfassungsrechtlich geschützten und den unter diesem Titel nicht mehr geschützten Lebensgeboten und Verhaltensweisen schwierig sein. Das Bundesgericht nimmt grundsätzlich eine undoktrinäre Haltung ein und vermeidet, soweit möglich, eine theologische Auseinandersetzung und eine inhaltliche Qualifizierung von Glaubensansichten. Hingegen betrachtet es sich als frei, sich mit der Religion als sozialem Phänomen auseinanderzusetzen und darüber zu befinden, „ob sich eine bestimmte Verhaltensweise auf den Glauben zurückführen lässt oder in anderen Zusammenhängen begründet ist"[38]. Dabei stellt es darauf ab, ob das fragliche Verhalten unmittelbar einer

---

33 *BGE 123* I 296 (300 m.w.H.), zit. nach deutscher Übersetzung in: Praxis 4/47 (1998), S. 307.
34 Botschaft des Bundesrates über eine neue Bundesverfassung v. 20. 11. 1996 (BBl 1997 I/a, S. 155).
35 So: *BGE 125* I 369 (379), worin aber auch darauf hingewiesen wird, daß religiöse Anwerbung als Deckmantel für materielle und soziale Ziele nicht unter diesen Schutz fällt. In einem ebenfalls die Scientology Church betreffenden Fall (*BGE 126* I 133 [137]) hat das Bundesgericht zudem klargestellt, daß es Sache der betreffenden Religionsgemeinschaft sei, beim Vertrieb entgeltlicher Leistungen auf öffentlichem Grund das Missionierungsziel gegenüber dem anvisierten Publikum klar zu erkennen zu geben, wenn sie im Rahmen des Bewilligungsverfahrens den erhöhten Schutz der Religionsfreiheit genießen wolle.
36 Die Botschaft des Bundesrates (FN 34), S. 156, zählt das Gebet, die Beichte, die Meditation, das Fasten oder die rituelle Waschung auf, welche gemeinhin zu den persönlichen Kultushandlungen gehören, während sie namentlich den Gottesdienst, die Predigt, die Messe, rituelle Tänze, Prozessionen, die Erteilung der Sakramente, Taufe, Hochzeit, religiöse Gesänge, das Geläute der Kirchenglocken oder das Freitagsgebet der Muslime den gemeinschaftlichen Kultushandlungen zuordnet. Anzufügen wäre auch die kirchliche Bestattung und ganz generell das religiöse Brauchtum.
37 *BGE 119* Ia 178 (184 f.).
38 So setzt sich das Bundesgericht in *BGE 119* Ia 178 (185) (Verbot des gemischtgeschlechtlichen Schwimmens für islamische Mädchen) eingehend mit den einschlägigen Koranstellen auseinander, ohne sich auf eine bestimmte Auslegung festzulegen. Im Fall der Helmtragepflicht für Sikhanhänger begnügt es sich dagegen mit der Feststellung, daß die Vorinstanzen „in tatsächlicher Hinsicht" verbindlich festgestellt hätten, daß die Religion den Sikhs verbiete, in der Öffentlichkeit das Haupt zu entblößen (*BGE 119* IV 260 [265]).

religiösen Motivation entspringt. Nicht jede gesellschaftspolitische Stellungnahme und Tätigkeit einer Religionsgemeinschaft fällt daher unter den Schutzbereich[39]. Trotz dieses offenen Religionsbegriffs, der, wie das Bundesgericht selbst anspricht, die Gefahr einer „konturlosen" Religionsfreiheit[40] in sich birgt, verdient die Rechtsprechung Unterstützung. Die Grenzen der Religionsfreiheit sind zu recht weniger im Religionsbegriff und im weitgezogenen Schutzbereich zu suchen als im Rahmen einer differenzierten Auseinandersetzung mit den zulässigen Schranken des Grundrechts.

Die Religionsfreiheit hat einen positiven und einen negativen Schutzbereich[41]. Die beiden Aspekte korrelieren miteinander und können sich auch überschneiden. Diese herkömmliche Unterscheidung, der von Teilen der Lehre wenig Erkenntniswert abgewonnen wird[42], ergibt sich implizit aus dem Wortlaut und aus der Systematik von Art. 15 BV. Vor allem aber erzwingt die Gegenüberstellung von positiven und negativen Ausprägungen des Grundrechtsanspruches die Güterabwägung im Rahmen der Beschränkung der Religionsfreiheit und vermeidet dadurch die Bevorzugung der negativen Religionsfreiheit, wie sie in der gegenwärtigen Rechtsprechung tendenziell zum Ausdruck kommt[43].

16
Schutz der positiven und negativen Freiheit

Aus der positiven Religionsfreiheit, seine Religion frei zu wählen, öffentlich zu bekennen und danach zu leben (Art. 15 Abs. 2 BV), fließt das Recht, das Alltagsleben nach den Geboten seiner Religion zu gestalten. Das Bundesgericht hat demgemäß religiös begründete Kleidervorschriften[44], wie das Tragen des Kopftuches oder des Turbans[45] in der Öffentlichkeit oder das Verbot des gemischtgeschlechtlichen Schwimmens für islamische Mädchen[46], unter den Schutz der Religionsfreiheit gestellt. Darunter ist zweifellos auch die jüdische und islamische Vorschrift zu zählen, nur koscheres Fleisch zu essen, was notwendigerweise eine Beurteilung des in der Schweiz geltenden Schächtverbotes unter dem Aspekt der Religionsfreiheit bedingt[47].

17
Religionsgemäße Alltagsgestaltung

---

39 Dies gilt insbesondere für Tätigkeiten, die primär einen wirtschaftlichen Zweck verfolgen (*BGE 126* I 133 [133 ff.]).
40 *BGE 119* Ia 178 (185). So auch *Frowein/Peukert*, EMRK (LitVerz.) Art. 9 RN 13. Die Religionsfreiheit hat sich bisher in der Praxis auch nicht zum subsidiären Auffanggrundrecht entwickelt. Ausweichend allerdings das Bundesgericht im Entscheid v. 20. 9. 2005 (1 P.336/2005) bei der Frage, ob sich die Raëlitische Bewegung nebst der Meinungsfreiheit auch auf die Religionsfreiheit berufen könne. Dazu Bemerkung von *Hangartner*, AJP 2006, S. 228 ff.
41 → Bd: II: *Merten*, Negative Grundrechte, § 42 RN 62 ff.
42 Vgl. *Sahlfeld* (FN 26), S. 6 ff. (m.w.H).
43 Dazu unten FN 49. Vgl. auch *Cavelti*, in: Ehrenzeller u. a., St. Galler Kommentar (LitVerz.), Art. 15 RN 28; *Sahlfeld* (FN 26), Einleitung FN 38, 45 (m.w.H.).
44 Das Bundesgericht bezeichnet das Tragen des Kopftuches sogar als „symbole religieux ‚fort', c'est à dire un signe immédiatement visible pour les tiers" (*BGE 123* I 296 [300]). Die betroffene Person hat aber glaubhaft darzutun, daß ihre Art, sich zu kleiden, religiöser Motivation entspringt und nicht bloß Ausdruck von Mode ist.
45 Betr. das Tragen des Turbans s. FN 38.
46 Siehe FN 38.
47 Siehe FN 3. Allerdings ist der Import koscheren Fleisches gestattet. Entscheidende Bedeutung bei der Lösung dieses Grundrechtskonfliktes kommt daher der Verhältnismäßigkeitsprüfung zu (D, RN 49). Zur gegenwärtig hängigen Volksinitiative „Für einen zeitgemässen Tierschutz (Tierschutz Ja!)" s. die Botschaft des Bundesrates (BBl 2004 S. 3283 ff.).

18 Kultische Handlungen	Kultische Handlungen wie Gottesdienste oder Prozessionen, auch außerhalb des kirchlichen Raumes, fallen klarerweise unter den Schutz der positiven Religionsfreiheit[48]. Niemand darf an einer Teilnahme gehindert werden. Deshalb fließt aus dem Recht, seine Religion frei auszuüben, nach der bundesgerichtlichen Rechtsprechung auch ein grundsätzlicher Anspruch auf Schuldispensation während religiöser Feiertage[49]. Auch in Sonderstatusverhältnissen, wie im Strafvollzug oder im Militärdienst, besteht grundsätzlich das Recht, den religiösen Vorschriften nachzuleben und an Gottesdiensten teilzunehmen[50].
19 Gewissensfreiheit Ersatzdienst Kollegialprinzip des Bundesrates	Auch die Gewissensfreiheit hat einen eigenen positiven Schutzbereich. Dieser umfaßt das Recht, sich bei bestimmten staatlichen Verpflichtungen auf den Gewissensnotstand zu berufen. Besonders deutlich kommt dies im Recht der Militärdienstverweigerung aus Gewissensgründen zum Ausdruck. Der Betroffene, der sich glaubwürdig auf den Gewissenskonflikt beruft, wird allerdings nicht ohne weiteres von der für alle Schweizer geltenden Dienstpflicht befreit. Vielmehr ist er zu einem zivilen Ersatzdienst verpflichtet[51]. Damit besteht eine analoge Situation wie bei der Eidesabgabe, bei welcher die betroffene Person auch nur die Wahl hat zwischen Eid oder Gelübde[52]. Eine helvetische Ausprägung der Geltendmachung des Gewissenskonfliktes ergibt sich aus dem Kollegialprinzip des schweizerischen Bundesrates. Dieses in Art. 177 Abs. 1 BV verankerte Prinzip verpflichtet die einzelnen Bundesräte, den kollegial gefällten Regierungsentscheid nach außen solidarisch zu vertreten. Dies kann, in Fällen mit starkem ethischem Bezug wie etwa der Abtreibungsfrage, einem in der Sache zuständigen, im Regierungskollegium aber mit seinem Antrag unterlegenen Bundesrat persönliche Probleme bereiten, wenn er in Parlament und Öffentlichkeit eine Vorlage vertreten muß, die er mit seinem Gewissen nicht vereinbaren kann. Das gleiche Prinzip gilt für die kantonalen Regie-

---

48 Dies gilt auch für die freie Grabmalgestaltung (*BGE 97* I 221 [221 ff.]). Hingegen ergibt sich nach der bundesgerichtlichen Rechtsprechung kein Anspruch, in einem öffentlichen Friedhof eine nach den Regeln des Islam ausgestaltete, auf unbestimmte Zeit garantierte Grabstätte zu erhalten (*BGE 125* I 300 [305 ff.]). Dazu kritisch *Walter Kälin*, Grundrechte im Kulturkonflikt, 2000, S. 126 f., der eine indirekte Diskriminierung annimmt. Detailliert zu Problemfeldern in diesem Kontext *Cattacin/Famos/Duttwiler/Mahnig* (FN 7), S. 33 ff. Zur Abgrenzung kultischer Handlungen von offenen religiösen Anlässen mit starkem Unterhaltungscharakter: Bundesgerichtsentscheid v. 25.10.2005 (2 P.152/2005).
49 Vgl. *BGE 114* Ia 129 (132 ff.: Dispensation während des sechstägigen Laubhüttenfestes); *BGE 117* Ia 311 (314 ff.: genereller Schuldispens an Samstagen). Der Dispensationsanspruch besteht unabhängig von der tatsächlichen Teilnahme an kultischen Handlungen. Das Kriterium, wie stark eine religiöse Überzeugung vom landesüblich Anerkannten abweicht, kann kein maßgebliches Kriterium sein. So, entgegen seiner früheren Rechtsprechung, nun auch das Bundesgericht in *BGE 119* Ia 178 (193) (Schwimmunterricht). Dies ist besonders bedeutungsvoll für den Minderheitenschutz, denn es genügt als Dispensationsgrund die Tatsache, daß man einer religiösen oder kulturellen Gruppe angehört.
50 So ist die Weigerung einer Strafanstalt, muslimischen Gefangenen die Möglichkeit eines gemeinsamen Gottesdienstes einzuräumen, grundsätzlich verfassungswidrig (*BGE 113* Ia 304 [308]). Nach *BGE 129* I 74 (77) müssen auch in einer Strafanstalt Mittel und Wege gefunden werden, „um die Ausübung des Glaubenslebens möglichst gut zu gewährleisten, ohne den Strafvollzug übermäßig zu belasten". Vgl. auch *Wyss*, in: recht 1998, S. 173 (S. 179). Zum Militärdienst s. Art. 63, 65 des Dienstreglements der Schweizerischen Armee (SR 510.107.0).
51 S. Art. 59 Abs. 1 BV und das Bundesgesetz über den zivilen Ersatzdienst (Zivildienstgesetz; ZDG) v. 6.10.1995 (SR 824.0). Vgl. *Auer/Malinverni/Hottelier*, Droit constitutionnel, Bd. II (LitVerz.), RN 480.
52 Vgl. bspw. Art. 3 Parlamentsgesetz (SR 171) für die Mitglieder der Bundesversammlung und der Regierung. Dabei entfällt die Notwendigkeit der Glaubhaftmachung religiöser Gründe. Wer sich jedoch weigert, den Eid oder das Gelübde abzulegen, verzichtet auf das Amt (Abs. 3).

rungen⁵³. In solchen Ausnahmefällen nehmen Lehre und Praxis an, daß sich das betroffene Mitglied von seiner Vertretungsverpflichtung befreien kann⁵⁴. Das Gewissen befreit nicht von der Pflicht zur Befolgung der Gesetze. Im schweizerischen Recht nicht anerkannt ist deshalb ein persönliches Widerstandsrecht gegen staatliche Entscheidungen (Recht auf zivilen Ungehorsam). Ein solcher, nur extrakonstitutionell zu begründender Rechtsanspruch könnte nur zum Tragen kommen, wenn insgesamt die Grundprinzipien des Rechtsstaates nicht mehr Anwendung finden würden⁵⁵. Wer demzufolge aus Gewissensgründen den Gesetzesvollzug hindert (z. B. durch Verstecken von illegalen Aufenthaltern), muß die möglichen rechtlichen Folgen in Kauf nehmen.

20
Kein Recht auf zivilen Ungehorsam

Art. 15 Abs. 3 BV verleiht jeder Person das Recht, einer Religionsgemeinschaft beizutreten oder anzugehören und religiösem Unterricht zu folgen. Darin eingeschlossen ist das Recht, eine religiöse Handlung vorzunehmen, religiösen Unterricht zu erteilen oder eine Religionsgemeinschaft zu gründen⁵⁶. Ohne den Rahmen der religiösen Gemeinschaft könnte der einzelne Gläubige seine Religion gar nicht oder nur sehr beschränkt ausüben. Der positive Schutzbereich dieser kollektiven Religionsfreiheit, insbesondere der Bekenntnis- und Kultusfreiheit, gilt deshalb auch für die Kirchen und religiösen Vereinigungen wie überhaupt für religiöse Minderheiten⁵⁷. Nicht mehr unter diesen Schutzbereich fallen Tätigkeiten, die keinen direkten religiösen Charakter haben, wie allgemeine kirchenpolitische Stellungnahmen oder die kirchliche Vermögensverwaltung. Das in der Lehre verschiedentlich geforderte Recht auf Selbstorganisation und Selbstbestimmung gemäß dem je eigenen Selbstverständnis der Religionsgemeinschaften, die sogenannte korporative Religionsfreiheit⁵⁸, läßt sich nach geltender Rechtsprechung nicht allein aus der positiven Religionsfreiheit ableiten. Sie ergibt sich erst aus der Verbindung von kollektiver Religionsfreiheit und konkreter staatskirchenrechtlicher Ordnung in den Kantonen⁵⁹.

21
Kollektive Religionsfreiheit

Korporative Religionsfreiheit

---

53 So Art. 18 u. 19 der Geschäftsordnung der St. Galler Regierung, wonach ein Mitglied der Regierung gegen einen Regierungsbeschluß „Verwahrung" erklären kann, wenn es diesen aus schwerwiegenden Gründen nicht mittragen kann (sGS 141.2).
54 Vgl. *Ehrenzeller*, in: ders. u. a., St. Galler Kommentar (LitVerz.), Art. 177 RN 17.
55 So *Kley*, Rechtsstaat und Widerstand, in: Thürer u. a., Verfassungsrecht (LitVerz.), S. 297; *Yvo Hangartner*, Grundzüge des schweizerischen Staatsrechts, Bd. I, 1980, S. 40.
56 Vgl. Botschaft des Bundesrates (FN 34), S. 156.
57 Das Recht, religiöse Gemeinschaften zu bilden (religiöse Vereinigungsfreiheit), gilt als lex specialis zur allgemeinen Vereinigungsfreiheit (Art. 23 BV). Vgl. *Cavelti*, in: Ehrenzeller u. a., St. Galler Kommentar (LitVerz.), Art. 15 RN 18. Zur kollektiven Religionsfreiheit s. *Karlen* (FN 13), S. 236.
58 Vgl. *Ueli Friedrich*, Kirchen und Glaubensgemeinschaften im pluralistischen Staat. Zur Bedeutung der Religionsfreiheit im schweizerischen Staatskirchenrecht (Diss. Bern), 1993, S. 361 ff.; *Auer/Malinverni/Hottelier*, Droit constitutionnel, Bd. II (LitVerz.), RN 493.
59 So auch: *Karlen*, Korporative religiöse Freiheit; *Hafner*, in: Thürer u. a., Verfassungsrecht (LitVerz.), § 44 RN 35. Bei den privatrechtlich organisierten religiösen Vereinigungen gilt kraft des sehr frei gestaltbaren zivilrechtlichen Vereinsrechts weitgehende Selbstbestimmung. Einige neuere Kantonsverfassungen wie jene von St. Gallen gewähren den öffentlich-rechtlich anerkannten Kirchen im Rahmen der demokratisch-rechtsstaatlichen Ordnung weitgehende Autonomie im inneren wie in den äußeren Angelegenheiten und anerkennen auch im Organisationsrecht das Selbstverständnis der einzelnen Kirchen (Art. 109 f. Kantonsverfassung von St. Gallen [sGS 111.1]). Es kann derzeit jedoch noch nicht von einem allgemeingültigen Grundsatz des schweizerischen Staatskirchenrechts gesprochen werden. Dazu *Cavelti*, in: Ehrenzeller u. a., St. Galler Kommentar (LitVerz.), Art. 72 RN 10; *EGMR*, Urt. v. 26. 10. 2000, Hasan und Chaush ./. Bulgarien v. 26. 10. 2000, Appl. no. 30985/96.

22
Recht auf religiösen Unterricht

Im Recht, religiösem Unterricht zu folgen, wird auch die in Art. 18 Abs. 4 UNO–Pakt II verankerte Freiheit der Eltern angesprochen, die religiöse und sittliche Erziehung ihrer Kinder in Übereinstimmung mit ihren eigenen Überzeugungen sicherzustellen[60]. Dieses elterliche Erziehungsrecht ist für das kulturelle und religiöse Leben und die Wahl der eigenen Identität von Gruppen und Minderheiten von entscheidender Bedeutung[61].

23
Negative Religionsfreiheit

Art. 15 Abs. 4 BV hebt den negativen Schutzbereich der Religionsfreiheit in den Vordergrund. Danach darf niemand gezwungen werden, einer Religionsgemeinschaft beizutreten oder anzugehören, eine religiöse Handlung vorzunehmen oder religiösem Unterricht zu folgen. Auch darf niemand aus religiösen Gründen an der Ausübung seiner bürgerlichen Rechte und Freiheiten gehindert werden[62]. Jeglicher unlautere staatliche Zwang oder auch indirekter Druck („chilling effect") in religiösen oder weltanschaulichen Fragen ist verpönt. Negative Religionsfreiheit heißt daher auch, daß niemand gegen seinen Willen von Staates wegen mit Handlungen, Tatsachen oder Symbolen religiösen Charakters direkt konfrontiert und auch nicht gezwungen werden darf, sich mit religiösen Inhalten auseinanderzusetzen. Das bedeutet selbstverständlich, daß in der öffentlichen Schule kein Schüler religiösem Unterricht folgen muß und der allgemeine Schulunterricht nicht konfessionell geprägt sein darf[63].

Kruzifixe in öffentlichen Räumen

Ein besonderer Streitpunkt ist das Kruzifix in den Schulzimmern[64] oder anderen öffentlichen Räumen wie Gerichtssälen oder Spitälern. Dieses christlich-abendländische Symbol in Räumen, in denen unmittelbar staatliche Aufgaben wahrgenommen werden, betrifft klarerweise den Schutzbereich der Religionsfreiheit. Hingegen gibt es keinen generellen Abwehranspruch darauf, im öffentlichen Raum religiös-kulturellen Symbolen begegnen zu müssen.

24
Kirchenaustritt und Kirchensteuern

Von stets aktueller Bedeutung ist die negative Religionsfreiheit in bezug auf den Austritt aus den öffentlich-rechtlich anerkannten Religionsgemeinschaften und in bezug auf die Kirchensteuern. In konstanter Rechtsprechung hat das Bundesgericht die Zugehörigkeit zu diesen öffentlich-rechtlichen Körperschaften auf der Basis der Präsumtivmitgliedschaft als verfassungskonform

---

60 Dagegen ist Art. 2 des 1. ZP EMRK für die Schweiz nicht verbindlich (Nichtunterzeichnung des Protokolls).
61 *Wyttenbach/Kälin*, AJP 3 (2005), S. 315 ff.
62 So fällt bspw. das Sonntagsarbeitsverbot unter den Schutzbereich. Die Frage der Verletzung der Religionsfreiheit beurteilt sich anhand der zulässigen Schranken. Vgl. *Auer/Malinverni/Hottelier*, Droit constitutionnel, Bd. II (LitVerz.), RN 488.
63 Die Regelung des Religionsunterrichts an den öffentlichen Schulen ist, unter Wahrung der Religionsfreiheit, Sache der Kantone. Diese können bestimmen, daß Religionsgeschichte oder „Religion und Kultur" (so z. B. im Kanton Zürich) im Sinne eines allgemeinen Kulturfaches, das alle Weltreligionen erfaßt, obligatorisch ist.
64 *BGE 116* Ia 252 (256 ff.) – Kruzifixfall Cadro (deutsch übersetzt in ZBl 1991, S. 70 ff.). Das Bundesgericht stellte in concreto bei der Umschreibung des Schutzbereiches stark auf die Annahme ab, „dass einige Personen sich in ihren religiösen Überzeugungen verletzt fühlen, wenn in der Schule dauernd ein Symbol einer Religion gegenwärtig ist, der sie nicht angehören" (zit. nach ZBl 1991, S. 79). → Bd. II: *Merten*, Negative Grundrechte, § 42 RN 30, 75.

bezeichnet (sog. „Nexus")⁶⁵. Demgegenüber muß der Austritt jederzeit möglich sein⁶⁶. Niemand kann gezwungen werden, Kirchensteuern zu bezahlen für Kultuszwecke einer Religionsgemeinschaft, der er nicht angehört⁶⁷. Dies gilt nach konstanter Rechtsprechung trotz breiter Kritik nicht für juristische Personen⁶⁸.

Der Schutzbereich der Glaubens- und Gewissensfreiheit kann sich mit demjenigen anderer Grundrechte überschneiden. Nach der bundesgerichtlichen Praxis gilt die Religionsfreiheit grundsätzlich als lex specialis zur Meinungs-, Informations- und Kunstfreiheit, zur persönlichen Freiheit und zum Schutz der Privatsphäre wie auch zur Wirtschaftsfreiheit.⁶⁹

25
Schutzbereichskonkurrenzen

III. Persönlicher Schutzbereich

Als Menschenrecht steht die Religionsfreiheit allen natürlichen Personen zu, unabhängig von Alter und Staatsangehörigkeit. Dies gilt auch für Personen in einem Sonderstatusverhältnis wie Lehrer, Schüler, Patienten, Strafgefangene oder Militärpersonen. Bis zum religiösen Mündigkeitsalter von sechzehn Jahren können sich sowohl Eltern wie Kinder auf den verfassungsmäßigen Schutz berufen. Danach entscheiden die Kinder selbständig über ihr religiöses Bekenntnis (Art. 303 Abs. 3 ZGB)⁷⁰.

26
Sonderstatusverhältnisse
Religionsmündigkeit

---

65 Die Mitgliedschaft in der Kirchgemeinde als öffentlich-rechtlicher Körperschaft ist danach – positiv wie negativ – verknüpft mit den innerkirchlichen Voraussetzungen der Zugehörigkeit zur Religionsgemeinschaft (*BGE 129* I 68 [72]). Bei christlichen Kirchen gilt demnach die Taufe als Zugehörigkeitsgrund. Auch das System von Basel-Stadt, wonach eine Nichtmitgliedschaft ausdrücklich erklärt werden muß, ist verfassungskonform (ZBl 1979, S. 78). Dazu auch: *Cavelti*, in: Ehrenzeller, St. Galler Kommentar (LitVerz.), Art. 15 RN 28. Die Ansicht *Froweins*, in: ders./Peukert, EMRK (LitVerz.), Art. 9 RN 10, wonach die Religionsfreiheit gebieten kann, den religiösen Taufakt durch das staatliche Recht allenfalls rückwirkend korrigieren zu können, erscheint unter dem Aspekt des religiösen Erziehungsrechts der Eltern wie auch der Autonomie der Kirchen problematisch.
66 Die Austrittserklärung aus der Kirche muß klar und unmißverständlich sein. Die Bestimmung der Austrittsmodalitäten ist Sache der Kantone. Es dürfen aber außer der Schriftlichkeit keine unangemessenen Formerfordernisse, wie Wartefristen oder Beglaubigung von Unterschriften, aufgestellt werden (*BGE 104* Ia 79 [84]; *93* I 350 [353]). Kontrovers beurteilt wird die Frage des Teilaustrittes aus der Körperschaft bei gleichzeitigem Verbleib in der Religionsgemeinschaft (s. *BGE 129* I 68 [71]).
67 So ausdrücklich noch Art. 49 Abs. 6 aBV. Unklar und umstritten ist, ob unter der Geltung von Art. 15 BV auch Zuwendungen aus allgemeinen staatlichen Mitteln für religiöse Zwecke verboten sind. M.E. sind solche Zuwendungen für eigentliche Kultuszwecke mit der Religionsfreiheit nicht vereinbar. Dazu *Cavelti*, in: Ehrenzeller u.a., St. Galler Kommentar (LitVerz.), Art. 15 RN 27; *Auer/Malinverni/Hottelier*, Droit constitutionnel, Bd. II (LitVerz.), RN 509 ff.; *Hafner*, in: Thürer u.a., Verfassungsrecht (LitVerz.), § 44 RN 13.
68 Vgl. *BGE 126* I 122 – Model AG. Das Hauptargument gegen eine Gleichstellung mit den natürlichen Personen liegt nach Ansicht des Bundesgerichts darin, daß sich die juristischen Personen wegen fehlenden Glaubens nicht auf die Religionsfreiheit berufen können. Darin liegt aber letztlich ein Zirkelschluß. Zur Kritik an der fragwürdigen Rechtsprechung *J.P. Müller*, Grundrechte (LitVerz.), S. 100 f.; *Cavelti*, in: Ehrenzeller u.a., St. Galler Kommentar (LitVerz.), Art. 15 RN 24 ff.
69 Zur Frage der Grundrechtskollision s. *Cavelti* aaO., Art. 15 RN 14 f.
70 Vgl. *Auer/Malinverni/Hottelier*, Droit constitutionnel, Bd. II (LitVerz.), RN 462 ff. Das gleichzeitige und selbständige Recht der Kinder ergibt sich aus Art. 11 Abs. 2 BV, wonach diese ihre Rechte im Rahmen ihrer Urteilsfähigkeit ausüben. Dazu *Reusser/Lüscher*, in: Ehrenzeller u.a., St. Galler Kommentar (LitVerz.), Art. 11 RN 24.

27
Juristische Personen

Auch juristische Personen können sich auf die Religionsfreiheit berufen, allerdings nur, soweit sie religiöse Zwecke verfolgen[71]. Andernfalls steht ihnen „mangels einer schützenswerten religiösen Überzeugung" eine Berufung auf die Religionsfreiheit nicht zu[72].

28
Religiöse und kulturelle Minderheiten

Religiöse und kulturelle Minderheiten können sich nicht als solche auf die Religionsfreiheit berufen, da sie keinen eigenen Rechtsstatus innehaben. Dieser Anspruch kommt nur den Angehörigen dieser Gruppen zu[73].

C. Verpflichtung des Staates als objektivrechtlicher Inhalt

I. Neutralitätspflicht und Toleranzgebot

29
Kernbestandteil fundamentaler Verfassungsentscheide

Religiöse Freiheit ist nur in einem Staat möglich, dessen Rechtssystem grundsätzlich auf einer Trennung des Bereichs des Staatlichen vom Bereich des Religiösen beruht. Dem subjektiven Anspruch des Einzelnen oder der Religionsgemeinschaften auf Gewährleistung von Religionsfreiheit entspricht daher die Verpflichtung des säkularen Staates, sich in religiösen Angelegenheiten „neutral" zu verhalten. Die – ungeschriebene – religiöse Neutralitätspflicht des Staates ist in Lehre und Rechtsprechung derart unbestritten, daß sie dem „Kernbestand an fundamentalen Verfassungsentscheiden zuzurechnen" ist[74]. Diese ist nach dem Verständnis des Bundesgerichtes und eines Großteils der Lehre nicht nur notwendige Voraussetzung, sondern gilt auch als inhärenter Bestandteil des individuellen Grundrechtsanspruchs[75]. Der negativen und positiven Religionsfreiheit entspricht demgemäß eine negative und positive Form der religiösen Neutralität. Allerdings, so betonen Lehre und Rechtsprechung ebenfalls deutlich, ist die religiöse Neutralität nicht gleichbedeutend mit einer Verbannung des Religiösen oder Metaphysischen aus dem staatlichen Handlungsraum und zwingt den Staat nicht zur religiösen Indifferenz und Abstinenz[76]. Religiöse Neutralität ist deshalb nie als Gebot völliger Trennung von Staat und Kirche verstanden worden.

Keine religiöse Indifferenz und Abstinenz

---

71 Das trifft ohne weiteres zu für privatrechtlich organisierte religiöse Vereinigungen. Das Bundesgericht stellt bei der Beurteilung ihrer Zweckverfolgung auf die Statuten dieser Organisationen ab. Dazu *BGE 118* Ia 46 (52f. – infoSekta). S. auch: *J.P. Müller*, Grundrechte (LitVerz.), S. 87, und *Karlen* (FN 13), S. 253 ff. Juristischen Personen des öffentlichen Rechts kommt dieser Schutz aber grundsätzlich nicht zu. Die öffentlich-rechtlich anerkannten Religionsgemeinschaften sind zwar zur Autonomiebeschwerde (Art. 189 Abs. 1 lit. b BV) befugt (*BGE 108* Ia 82 (85 – Straubenzell), nicht jedoch zur Anrufung der Religionsfreiheit. Zu dieser rechtsungleichen Rechtsprechung zu Recht kritisch: *Auer/Malinverni/Hottelier*, aaO., RN 466; *Karlen* (FN 13), S. 240 f.
72 *BGE 126* I 122 (126, 130). Vgl. *Hafner*, in: Thürer u. a., Verfassungsrecht (LitVerz.), § 44 RN 22.
73 Vgl. *Wyttenbach/Kälin*, AJP/PJA 3 (2005), S. 315 ff.; Bundesamt für Justiz (FN 11), S. 3 ff.
74 *Wyss*, in: recht, 1998, S. 173 (176).
75 Vgl. *J.P. Müller*, Grundrechte (LitVerz.), S. 89.
76 So die mehrfach und in Übereinstimmung mit der Lehre wiederholte Aussage des Bundesgerichts, z.B. in *BGE 123* I 296 (Genfer Kopftuchfall). Und das Gericht folgert: „Eine antireligiöse Haltung, wie ein kämpferischer, sogar irreligiöser Laizismus, ist ebensowenig neutral" (zit. nach Praxis 4/47 [1998], S. 307.)

Im Kern bedeutet der Grundsatz der religiösen Neutralität, daß sich der Staat nicht mit einer Religion oder einer Religionsgemeinschaft identifizieren und staatliches Handeln nicht religiös motiviert sein darf (Identifikationsverbot)[77]. Dem Staat – Bund, Kantonen und Gemeinden – steht es in der pluralistischen Gesellschaft nicht zu, in konfessionellen Fragen Partei zu ergreifen, einzelne Gruppen zu bevorzugen oder zu benachteiligen oder sich in religiöse Angelegenheiten einzumischen. Jede staatliche Steuerung oder wertende Einflußnahme auf das religiöse Denken, Fühlen und Handeln der Menschen oder religiöser Gemeinschaften und Gruppen ist verpönt. Überhaupt darf sich der Staat keinen Wahrheitsanspruch in religiösen und weltanschaulichen Fragen anmaßen (Bewertungsverbot). Betrifft sein positives Handeln die Religionsgemeinschaften, so muß er den Grundsatz der Parität wahren und speziell das Diskriminierungsverbot (Art. 8 Abs. 2 BV) beachten[78].

30
Identifikationsverbot

Bewertungsverbot

Bei genauerer Betrachtung zeigt sich, daß weder der Neutralitätsbegriff noch die staatliche Verhaltenspflicht jene inhaltliche Eindeutigkeit und einheitliche Bedeutung aufweisen, von der Rechtsprechung und Lehre zumeist ausgehen. Es stehen erhebliche Gestaltungsspielräume offen. Je nach Anwendungszusammenhang kommt der religiösen Neutralität durchaus unterschiedliche Bedeutung und Gewichtung zu. Sie ist keine feste Formel, mit der Grundrechtsfälle schematisch gelöst werden können.

31
Staatliche Gestaltungsspielräume

Genau besehen dient die religiöse Neutralität oft auch nur scheinbar als klare und praktische Formel, zu der allerdings gerne Zugriff genommen wird, um eine heikle Rechtsgüterabwägung im Rahmen der Schrankenproblematik zu vermeiden. Eine strikte „Neutralität" im Sinne eines unbeteiligten Beobachtens oder einer völligen Gleichbehandlung gibt es für den Staat in Religionsfragen gar nicht. Der Staat ist, wie *Hollerbach* sagt, „kein Neutrum"[79]. In der pluralistischen Gesellschaft kann er, selbst wenn er es wollte, der Konfrontation mit dem Religiösen nicht ausweichen. Er ist unweigerlich zu einer positiven oder negativen Stellungnahme gezwungen. Es geht bei der religiösen Neutralität um eine objektive Verhaltensnorm des Staates, die über den Einzelfall hinausreicht und sich nicht nur als Antwort auf den subjektiven Grundrechtsanspruch verstehen läßt. Schon aus ihrer historischen Rolle als institutionelle und staatspolitische Maxime heraus wie auch aus ihrer Bedeutung für die Rolle des Staates in der heutigen pluralistischen Gesellschaft erweist sich somit die religiöse Neutralität primär als Verfassungsgrundsatz und als politische Leitlinie staatlichen Handelns[80].

32
Unmöglichkeit strikter Neutralität

---

[77] *BGE* 125 I 347 [359] und *Auer/Malinverni/Hottelier*, Droit constitutionnel, Bd. II (LitVerz.), RN 494.
[78] Vgl. *Kälin* (FN 48), S. 105 ff., 113 ff.
[79] *Hollerbach*, Der Staat ist kein Neutrum, in: Hans Maier (Hg.), Das Kreuz im Widerspruch, 1996.
[80] *Kälin* (FN 48), S. 47 f., spricht angesichts der Unbestimmtheit des Neutralitätsbegriffs sogar nur von einem „obersten Leitprinzip allgemeinster Art", einem „topos", der eine bestimmte Sicht auf spezifische Probleme erlaube. *Auer*, Le crucifix et le foulard devant le juge constitutionnel suisse, in: Dietmar Mieth u. a. (Hg.), Recht – Ethik – Religion: der Spannungsbogen für aktuelle Fragen, historische Vorgaben und bleibende Probleme, FG Giusep Nay, 2002, S. 210 ff., Ziff. 21 f. hebt mit Recht hervor, daß das Neutralitätsgebot im Lichte der Religionsfreiheit auszulegen sei, nicht umgekehrt.

33 „Positive" Ausrichtung der Neutralität	Religiöse Neutralität ist weder Verfassungsdogma noch Selbstzweck. Jede Verabsolutierung des Grundsatzes wäre falsch. Mit der Veränderung der gesellschaftlichen Verhältnisse wandelt sich auch seine historische Bedeutung[81]. Der hauptsächliche Zweck der staatlichen Neutralität besteht heute primär darin, die freie Wahl der persönlichen Überzeugungen und Lebensauffassungen in der pluralistischen Gesellschaft zu ermöglichen[82]. Anzustreben ist demnach eine „positive" Ausrichtung der Neutralität, die Religion als gesellschaftliches Phänomen wahrnimmt und damit offen und unparteiisch umgeht. In Anlehnung an *Kälin* können der religiösen Neutralität drei Hauptfunktionen zugeordnet werden: erstens die Sicherung des inneren Friedens, zweitens der Schutz individueller Freiheit und drittens die Erleichterung der Identifikation aller Bürgerinnen und Bürger mit dem Staat[83].
34 Sicherung des konfessionellen Friedens	Die Sicherung des konfessionellen Friedens als wichtiger Teil der allgemeinen Friedenssicherungsaufgabe des Staates ist die historisch erste und auch heute noch zentrale Funktion der staatlichen Neutralität[84]. Nach Art. 72 Abs. 2 BV können Bund und Kantone die notwendigen Maßnahmen zum Schutz des religiösen Friedens zwischen den Angehörigen der verschiedenen Religionsgemeinschaften treffen. Auffällig ist, daß der schweizerische Verfassungsgeber den religiösen Frieden ausdrücklich im institutionellen Teil des Verhältnisses von Staat und Kirche erwähnt. Zweifellos soll damit nicht ausgeschlossen werden, daß der religiöse Friede ein ordentliches Polizeigut im Sinne der allgemeinen Grundrechtsschranken von Art. 36 BV darstellt. Insofern kommt seiner speziellen Erwähnung in Art. 72 BV keine eigenständige Bedeutung zu. Mit der besonderen verfassungsmäßigen Verankerung im institutionellen Teil wird aber der Wahrung des religiösen Friedens von Verfassungs wegen eine Bedeutung für das Gesamtverhältnis des Staates zu den Religionsgemeinschaften zugemessen, die klar über die Polizeigutfunktion im Grundrechtsfall hinausweist.
35 Grenzen der Friedenssicherung	Gleichzeitig grenzt die Verfassung die Rolle von Bund und Kantonen bei der Wahrung des religiösen Friedens auch ein. Auf der einen Seite legitimieren nur interkonfessionelle Spannungen, nicht jedoch innerkonfessionelle Problemlagen zu staatlichen Maßnahmen. Auf der anderen Seite kann, in Respektierung der kantonalen Polizeihoheit, der Bund nur subsidiär eingreifen, wenn der religiöse Friede im Lande in einem Ausmaß gefährdet ist, daß kantonale Maßnahmen zu deren Bewältigung nicht mehr genügen[85]. Die

---

81 *Kälin* aaO., S. 39, *Karlen*, ZSR 1997 I, S. 193 (205 f.).
82 In diesem Sinne *Wyss*, in: recht 1998, S. 173 (177).
83 *Kälin* (FN 48), S. 36 ff.
84 Sie fand besondern Ausdruck in Art. 50 Abs. 2 aBV.
85 Vgl. *Cavelti*, in: Ehrenzeller u. a., St. Galler Kommentar (LitVerz.), Art. 72 RN 15. Unter Bezugnahme auf diese einschränkenden Eingriffsvoraussetzungen des Bundes hat der Bundesrat, trotz erheblichen Drängens mehrerer Kantonsregierungen, bspw. darauf verzichtet, im Fall des umstrittenen Churer Bischofs Wolfgang Haas beim Heiligen Stuhl zu intervenieren. Obschon die Öffentlichkeit von diesem Konflikt erheblich betroffen sei, wie der Bundesrat argumentierte, handle es sich doch primär um innerkonfessionelle Spannungen, die den religiösen Frieden im Lande nicht zu gefährden vermögen, s. z. B. Amtl. Bull. 1997, 5137. Auf inoffiziellem diplomatischem Wege jedoch hat der Bundesrat dem Heiligen Stuhl gegenüber verschiedentlich seine Besorgnis über die Spannungen im Bistum Chur und deren Auswirkungen auf das friedliche Zusammenleben der Religionsgemeinschaften zum Ausdruck gebracht.

Wahrung des religiösen Friedens im Lande könnte schließlich, nach dem Wegfall des Bistumsartikels[86], auch die verfassungsmäßige Legitimationsbasis für Konkordate zwischen Staat und Kirche bilden, insbesondere für den Abschluß eines gesamtschweizerischen Konkordates mit dem Heiligen Stuhl über Fragen wie jene der Bistumsneueinteilung oder der Mitwirkung ortskirchlicher Kreise bei Bischofswahlen in der Schweiz[87].

Im Schutz der individuellen Freiheit als zweiter Funktion der religiösen Neutralität kommt die moderne, menschenrechtliche Dimension der Religionsfreiheit zum Ausdruck. Es ist für den Einzelnen und für religiöse Gruppen, insbesondere auch für kulturelle Minderheiten, von entscheidender Bedeutung, daß sie einen persönlichen, auch gegenüber der Mehrheitsauffassung durchsetzbaren Anspruch auf Anerkennung der Gleichwertigkeit ihrer religiösen Auffassungen und damit verbunden auf Gleichbehandlung und Schutz in ihrer Religionsausübung haben. Wichtig ist dabei nicht in erster Linie die formelle Gleichbehandlung der Angehörigen der verschiedenen Religionsgemeinschaften sowie religiöser Gruppen und Minderheiten, sondern ein materielles Paritätsverständnis, das primär auf die Wirkung des – positiven oder negativen – staatlichen Handelns auf die Betroffenen abstellt[88].

36 Schutz der individuellen Freiheit

Die dritte Funktion der konfessionellen Neutralität schließlich, die eng mit den beiden ersten zusammenhängt, zielt auf die Integration im demokratischen Staat. Weil der einzelne weiß und konkret erlebt, daß der Verfassungsstaat offen und nicht auf ein bestimmtes religiöses und weltanschauliches Bekenntnis festgelegt ist, kann er sich mit der demokratisch verankerten Verfassungsordnung identifizieren und ist auch leichter bereit, sich in die staatliche Gemeinschaft zu integrieren. Integration und Identifikation sind nur in einem Gemeinwesen möglich, bei dem die Vielfalt an altem und neuem kulturellen Erbe geachtet und auf die Unterschiedlichkeit in religiösen und weltanschaulichen Fragen gegenseitig Rücksicht genommen wird[89]. Dieses in der Bundesverfassung verankerte Toleranzgebot ist Teil des Grundsatzes der religiösen Neutralität. Toleranz bedeutet allerdings weit mehr als passives Geltenlassen anderer religiöser oder weltanschaulicher Auffassungen. Echte gegenseitige Toleranz erfordert ein Ernstnehmen und ein Akzeptieren, daß auch das Andersartige seinen Platz in der Gemeinschaft hat und gegebenenfalls staatlichen Schutz verdient. Die anzustrebende Integration kultureller und religiöser Minderheiten ist deshalb von einem staatlichen Assimilationszwang zu unterscheiden, welcher die eigene Identität dieser Gruppen auflösen würde[90]. Eine nicht einfach zu lösende Frage betrifft dabei die Grenze der

37 Integrationsfunktion konfessioneller Neutralität

Toleranzgebot

Kein staatlicher Assimilationszwang

---

86 Vgl. FN 4.
87 Vgl. *Ehrenzeller*, Das Konkordat betr. die Reorganisation und die neue Umschreibung des Bistums Basel v. 26. 3. 1828. Seine Bedeutung damals, heute und in Zukunft, in: 175 Jahre Bistum Basel (Sonderdruck der Staatskanzlei des Kantons Solothurn, 2004), S. 34 ff.
88 Dieser Ansatz ist vor allem von *Karlen*, ZSR 1997 I, S. 193 (203 ff.) herausgearbeitet worden.
89 In diesem Sinne auch die Präambel der Bundesverfassung: „im Willen, in gegenseitiger Rücksichtnahme und Achtung ihrer Vielfalt in der Einheit zu leben". Vgl. *Ehrenzeller*, in: ders. u. a., St. Galler Kommentar (LitVerz.), Präambel, RN 24.
90 Vgl. *Kälin* (FN 48), S. 64.

Toleranz gegenüber der Intoleranz[91]. Religiöse Neutralität, so verstanden, bedeutet im Sinne der *Kokinakkis*-Rechtsprechung des Europäischen Gerichtshofes eine Garantie des weltanschaulichen, religiösen und kulturellen Pluralismus, der essentiell ist für die Lebensfähigkeit der demokratischen Gesellschaft[92].

38
Abwägungsgebot

Die drei Teilfunktionen der religiösen Neutralität hängen innerlich zusammen und können nicht losgelöst voneinander betrachtet werden. Als Leitlinie vermittelt der Verhaltensgrundsatz wichtige Orientierungspunkte bei der Lösung von Grundrechtskonflikten wie bei der generellen Gestaltung der Beziehung zu den Religionsgemeinschaften. Religiöse Neutralität ist aber nicht eine feste Formel, wonach im Voraus feststeht, ob und wie der Staat im Einzelfall handeln darf. Vielmehr ergibt sich die Antwort auf die Frage, ob der Grundsatz der religiösen Neutralität in concreto verletzt ist, unausweichlich erst als Ergebnis einer wertenden Abwägung zwischen kollidierenden Ansprüchen und Rechtsgütern. Dem Identifikationsverbot auf der einen Seite entspricht das Abwägungsgebot auf der anderen[93]. Es ist nicht der Sinn des Neutralitätsgrundsatzes, zu verhindern, daß es im staatlichen Handlungsbereich zu einer Auseinandersetzung zwischen den unterschiedlichen religiösen und weltanschaulichen Vorstellungen und Ansprüchen kommt oder daß mögliche Kollisionen im voraus „neutralisiert" oder gar tabuisiert werden. Der Neutralitätsgrundsatz verpflichtet vielmehr den Staat, im Interessenkonflikt eine ausgleichende Rolle wahrzunehmen und dem Toleranzgebot Nachdruck zu verleihen. Darin zeigt sich auch die tiefere Bedeutung der Verpflichtung des Staates auf die religiöse Neutralität, nämlich dafür zu sorgen, daß staatliches Handeln angesichts der vielfältigen, teilweise kollidierenden und konkurrierenden Interessen in der pluralistischen Gesellschaft eine friedliche Koexistenz unter den Religionsangehörigen, Religionsgemeinschaften und religiösen Minderheiten bewirkt oder zumindest begünstigt.

---

91 *Kälin* aaO., S. 36f., 43ff., 181ff., wie auch *Sahlfeld* (FN 26), S. 205.
92 Vgl. *Sahlfeld* aaO., S. 98.
93 Die Verabsolutierung des Neutralitätsgebotes einerseits und die mangelnde Güterabwägung andererseits haben denn auch zu den in der Sache wie in der Begründung fragwürdigen bundesgerichtlichen Leitentscheidungen betr. das Kruzifix (*BGE 116* Ia 252 – Cadro) und das Kopftuch einer Lehrerin (*BGE 123* I 300) geführt. Es läßt sich nicht generell, ohne Berücksichtigung der konkreten Umstände möglicher und aktueller Grundrechtsverletzungen sagen, daß das Kruzifix als Symbol einer Religion die religiösen Gefühle von Schülern verletzt, die dieser Religion nicht angehören. Analoges gilt für die konkrete Wirkung des Kopftuches einer Lehrerin. Käme der Tatsache an sich, daß die Schüler unter dem Kruzifix lernen müssen, die Wirkung einer unzulässigen Identifikation und Beeinflussung in der Überzeugungsbildung zu, so müßte z.B. umso mehr die Pflege der religiösen Traditionen wie Advents- und Weihnachtsspiele und -bräuche in den Grundschulen untersagt werden, da diese in weit höherem Maße christliches Gedankengut vermitteln und auf das Gefühlsleben der Schuljugend einzuwirken vermögen. Dies würde aber offensichtlich dem ganzen Integrationsgedanken der Schule zuwiderlaufen. Kritikwürdig ist dieser wie auch der Kopftuchentscheid vor allem auch deshalb, weil er von einer rein negativen Sicht des Neutralitätsgebotes ausgeht und den positiven Aspekt des Toleranzgebotes und des sozialen Lernprozesses überhaupt nicht in eine Güterabwägung einbezieht. Dazu die eindrückliche Rezension dieser Entscheide von *Auer* (FN 80), Ziff. 1ff., und *Karlen*, in: ZSR 1997, S. 193ff. Zur Neutralitätspflicht des Staats im gleichen Sinn auch: *EGMR* (GK), Urt. v. 10.11.2005, Leyla Sahin ./. Türkei, Beschwerde Nr. 44774/98.

II. Verwirklichung der Religionsfreiheit

Nach Art. 35 Abs. 1 BV müssen die Grundrechte in der ganzen Rechtsordnung zur Geltung kommen. Aus der Bindung aller staatlichen Aufgabenträger an die Grundrechte (Absatz 2) fließt eine Schutzpflicht des Staates gegenüber den Grundrechtsträgern. Die Organe von Gesetzgebung, Regierung und Verwaltung können sich daher nicht damit begnügen, nicht in die Religionsfreiheit einzugreifen, sondern sie müssen aktiv zu deren Verwirklichung beitragen. Dies gilt auch für Private, die öffentliche Aufgaben wahrnehmen. Es ist somit Aufgabe des Staates, die ungestörte Ausübung der Religionsfreiheit sicherzustellen und dafür die notwendigen Schutzmaßnahmen zu ergreifen[94]. So hat er insbesondere in der Ausgestaltung des Schul- und Anstaltsrechts den Bedürfnissen der religiösen Minderheiten Rechnung zu tragen, beispielsweise in bezug auf die Gottesdienstordnung oder Essensvorschriften in Gefängnissen und im Militärdienst[95], bei der Dispensgewährung in öffentlichen Schulen[96] oder bei der Regelung der Spitalseelsorge.

39 Schutz- und Sicherstellungsauftrag

In zahlreichen Gesetzen von Bund und Kantonen kommt besonders die programmatische Funktion der Religionsfreiheit zur Geltung[97]. Grundsätzlich bindet die Religionsfreiheit einzig die staatlichen Organe. Eine direkte Drittwirkung kommt nur zum Tragen, wo dies die Verfassung ausdrücklich vorsieht. Nach Art. 35 Abs. 3 BV haben jedoch die Behörden dafür zu sorgen, daß die Grundrechte, soweit sie sich dafür eignen, auch unter den Privaten wirksam werden. Die Lehre von den staatlichen Schutzpflichten und von der (indirekten) Drittwirkung haben deshalb einen engen Zusammenhang. Daß die Religionsfreiheit „drittwirkungsgeeignet" ist[98], zeigt sich an verschiedenen Orten der Gesetzgebung. So kann die Kündigung eines privaten Arbeitsverhältnisses mißbräuchlich sein (Art. 336 Abs. 1 lit. b OR), falls die Ausübung der Religionsfreiheit den Kündigungsgrund darstellt. Nach geltendem Eherecht sind die Ehegatten zu gegenseitigem Respekt ihrer religiösen Überzeugungen verpflichtet[99]. Ebenso haben Eltern Willen und Ansichten ihrer Kinder in Religionsfragen zu achten (Art. 303 ZGB)[100]. Das Verbot der Rassendiskriminierung in Art. 262bis StGB – ein Paradefall indirekter Drittwirkung – verstärkt den allgemeinen Schutz der ungestörten Religionsausübung und der

40 Drittwirkungseignung

---

94 *J.P. Müller*, Grundrechte (LitVerz.), S. 93; *Karlen* (FN 13), S. 266 ff.; *Wyss*, in: recht 1998, S. 173 (179 f.); *Kälin* (FN 48), S. 183 ff.
95 Siehe *BGE 129* I 74 (77).
96 Die bundesgerichtliche Formel, wonach die Gewährleistung eines „geordneten und effizienten Schulbetriebes" ohne „ernsthafte organisatorische Probleme" den individuellen Grundrechtsansprüchen Grenzen setze (*BGE 119* Ia 178 [196] – Schwimmunterrichtsfall), muß gerade auch in Sonderstatusverhältnissen, die eine enge persönliche Beziehung zum Staat mit sich bringen, im Lichte der staatlichen Schutzpflicht beurteilt werden.
97 *Karlen* (FN 13), S. 184 ff.
98 *Rhinow*, in: recht, 2002, S. 45 (47, FN 27); *Karlen* aaO., S. 184 ff.
99 Dies ergibt sich aus Art. 159 Abs. 3 ZGB. Vor Inkrafttreten des ZGB hatte das Bundesgericht sogar eine direkte Drittwirkung der Religionsfreiheit unter Ehegatten angenommen. Vgl. *Karlen* (FN 13), S. 276.
100 Nach Art. 303 Abs. 3 ZGB entscheidet das Kind nach dem 16. Altersjahr selbständig über sein religiöses Bekenntnis.

Wahrung des Totenfriedens, welche durch Art. 261 und Art. 262 StGB seit langem strafrechtlich garantiert sind. Auch die übliche Befreiung der wohltätigen Organisationen von der Steuerpflicht in Bund und Kantonen oder die Gewährung des „Geistlichenprivilegs" in den Zivilprozeßordnungen entspringen letztlich der Pflicht des Staates, die Ausübung der Religionsfreiheit zu begünstigen.

41
Auftrag an Verwaltung und Justiz

Darüber hinaus sind Verwaltungs- wie Justizbehörden in ihrer Tätigkeit gehalten, eine wie immer geartete Diskriminierung aus religiösen und anderen Gründen zu unterbinden (Art. 8 Abs. 2 BV)[101] und überhaupt der Religionsfreiheit, soweit möglich, Geltung zu verschaffen[102]. So trifft die Behörden eine positive Handlungspflicht, wenn Gefahr besteht, daß die aktive Ausübung des Grundrechts durch Dritte in der Öffentlichkeit gestört wird. Nur im Rahmen einer differenzierten Güterabwägung ist die heikle Frage zu entscheiden, wieweit der Staat berechtigt und auch verpflichtet ist, direkt in den geschützten Autonomiebereich von religiösen und kulturellen Gruppen einzugreifen, z. B. zur Verhinderung von Mädchenbeschneidungen oder der Arrangierung von Zwangsheiraten[103]. Ein solcher Eingriff in die Autonomiesphäre von Privaten läßt sich nur in Fällen begründen, in denen insbesondere unmündige oder abhängige Personen der Gefahr schwerwiegender Grundrechtsverletzungen ausgesetzt sind und des besonderen staatlichen Schutzes bedürfen. Dagegen läßt sich aus der Verfassung kein genereller Anspruch des Staates ableiten, die Grundrechte auch innerhalb der Religionsgemeinschaften zur Geltung zu bringen.

D. Zulässige Einschränkungen

42
Bedeutung der Schrankenfrage

Wie andere Freiheitsrechte kann auch die Religionsfreiheit unter bestimmten, von der Verfassung und den Menschenrechtsverträgen vorgesehenen Voraussetzungen eingeschränkt werden. Der Schrankenfrage kommt bei der Religionsfreiheit besondere Bedeutung zu, wie sich schon aus der differenzierten Formulierung in den drei Rechtsquellen ergibt. Weil die Glaubens-, Gewissens- und Weltanschauungsfreiheit wesensgemäß eine offene Umschreibung des Begriffs und des Schutzbereiches bedingt, bedarf es einer umso klareren Formulierung der möglichen Einschränkungen dieses Freiheitsrechts.

43
Schranken und Schrankenschranken

Nach Art. 36 Abs. 1 BV bedürfen Einschränkungen von Grundrechten einer gesetzlichen Grundlage. Schwerwiegende Einschränkungen müssen im (formellen) Gesetz selbst vorgesehen sein. Ausgenommen sind Fälle ernster, unmittelbarer und nicht anders abwendbarer Gefahr. Solche Einschränkun-

---

[101] Vgl. *Kälin* (FN 48), S. 105 ff., 113 ff.
[102] Wie *BGE* 125 I 369 – Scientology – zeigt, kommt den Verwaltungs- und Justizbehörden in diesem Zusammenhang eine gewichtige Auslegungsaufgabe zu.
[103] Vgl. *Kälin* (FN 48), S. 186, und *Sahlfeld* (FN 26), S. 221, welche unter bestimmten Voraussetzungen ein Interventionsrecht bejahen.

gen müssen zudem durch das öffentliche Interesse oder durch den Schutz Dritter gerechtfertigt (Absatz 2) und verhältnismäßig sein (Absatz 3). Der Kerngehalt des Grundrechts ist unantastbar (Absatz 4). Diese Voraussetzungen müssen kumulativ erfüllt sein.

Bezogen auf die Religionsfreiheit ist diese generelle Schrankenformulierung der Bundesverfassung teilweise enger und teilweise weiter gefaßt als die entsprechende Umschreibung in Art. 9 Abs. 2 EMRK oder in Art. 18 Abs. 3 UNO-Pakt II. Europäische Menschenrechtskonvention und UNO-Pakt lassen nur Einschränkungen der Bekenntnisfreiheit, also der Ausübung der Religionsfreiheit zu. Damit ist das forum internum des Schutzbereichs von jeglicher Möglichkeit der Grundrechtsbeschränkung ausgenommen[104]. Aus dem Grundsatz der völkerrechtsfreundlichen Auslegung des Landesrechts ergibt sich[105], daß die Umschreibung der Schranken in Art. 36 BV im Lichte des völkerrechtlichen Mindeststandards auszulegen ist, was auch in Übereinstimmung steht mit der schweizerischen Lehre und Praxis[106].

44
Unbeschränkbares forum internum

Höhere Anforderungen setzt dagegen Art. 36 Abs. 1 BV in bezug auf den Gesetzesvorbehalt. Menschenrechtskonvention und UNO-Pakt II sehen zwingend nur vor, daß die Einschränkungen einer gesetzlichen Grundlage („gesetzlich vorgesehen") bedürfen, die den allgemein anerkannten Anforderungen an Gesetze, wie insbesondere dem Grundsatz der Bestimmtheit und der Zugänglichkeit, genügen[107]. Diese der Gültigkeit der Gesetze inhärenten Anforderungen anerkennt das Bundesgericht auch für das schweizerische Recht, hält aber in Anwendung von Art. 36 Abs. 1 BV und bezogen auf die Religionsfreiheit zusätzlich fest, daß schwerwiegende Einschränkungen in den Grundzügen einer formell-gesetzlichen Grundlage bedürfen[108].

45
Formell-gesetzliche Grundlage schwerwiegender Einschränkungen

In verschiedenen Gesetzen von Bund und Kantonen sind solche Einschränkungen vorgesehen (so u. a. im Strafgesetzbuch sowie in den Gesetzen über das Schulwesen, die Justiz, das öffentliche Personal). Dabei ist auch der Gesetzgeber, gestützt auf Art. 5 BV, an das Gebot des öffentlichen Interesses und der Verhältnismäßigkeit gebunden. Ein absoluter Vorrang des staatlichen Rechts, insbesondere der bürgerlichen Rechte und Pflichten, wie ihn Art. 49 Abs. 5 aBV vorsah, ist deshalb mit der Religionsfreiheit nicht vereinbar. Unbestritten ist die Zulässigkeit der allgemeinen Wehr- und Schulpflicht, die allgemeine Krankenversicherungspflicht oder die gerichtliche Zeugnispflicht. Es handelt sich dabei je um „ein spezifisches Anliegen des säkularen Staates

46
Maßstäbe für einen Vorrang öffentlicher Interessen

---

104 Vgl. *Sahlfeld* aaO., S. 98, 204.
105 *Hangartner*, in: Ehrenzeller u. a., St. Galler Kommentar (LitVerz.), Art. 191 RN 18 ff., 22 ff.
106 Art. 36 BV ist, im Lichte von Art. 9 Abs. 2 EMRK, auch insofern völkerrechtsfreundlich auszulegen, als es dem Gesetzgeber verboten ist, die Bekenntnisfreiheit mit präventiven Strafnormen einzuschränken. Vgl. *Sahlfeld* (FN 26), S. 205.
107 Vgl. *Sahlfeld* aaO., S. 211 ff.
108 „Les atteintes graves portées à une liberté constitutionnelle doivent être réglées, pour l'essentiel, de manière claire et non équivoque dans la loi au sens formel" (*BGE 123* I 296 [303] – Genfer Kopftuchfall). Ob es sich um eine schwerwiegende Einschränkung handelt, prüft das Bundesgericht nach objektiven Kriterien in freier Kognition.

bezüglich seines inneren Zusammenhalts"[109], die den Vorrang des öffentlichen Interesses begründen.

47
Einschränkungen in Sonderstatusverhältnissen

Beachtung der religionsfreiheitlichen Schutzpflicht

Zahlreiche Einschränkungen der Religionsfreiheit finden im Rahmen von Sonderstatus- und Anstaltsverhältnissen statt. Diese besonderen Rechtsverhältnisse erlauben eine nähere Ausgestaltung auf Verordnungs- und Satzungsstufe. Dabei werden oft sehr allgemeine und unbestimmte Einschränkungsklauseln eingefügt, beispielsweise betreffend Schuldispens und Kleidervorschriften, die auch auf Fälle der Religionsausübung Anwendung finden. Gilt generell wie im Einzelfall, daß solche Klauseln vom Anstaltszweck her begründet sowie willkür- und diskriminierungsfrei gehandhabt werden müssen, so sind unter dem Aspekt der Religionsfreiheit zusätzlich die staatlichen Schutzpflichten zu berücksichtigen. Dies gilt gleichermaßen in den Fällen einer ernsten, unmittelbaren und nicht anders abwendbaren Gefahr, in denen die Behörden auch im Schutzbereich der Religionsfreiheit von der polizeilichen Generalklausel Gebrauch machen dürfen, insbesondere in bezug auf die Nutzung des öffentlichen Grundes zu Bekenntnis- und Kultuszwecken, aber auch und vor allem in bezug auf notrechtsmäßige Eingriffe im Rahmen besonderer Rechtsverhältnisse wie in Kliniken oder Gefängnissen. Es gelten dabei die restriktiven Grundsätze, wie sie das Bundesgericht in jüngerer Zeit formuliert hat[110].

48
Öffentliches Interesse und Rechte Dritter als Schranken

Keine Verschonung von Glaubenskonfrontationen

Das „öffentliche Interesse" und die „Rechte Dritter" als Schranke der Ausübung der Religionsfreiheit (Art. 36 Abs. 2 BV) decken sich weitgehend mit den in Art. 9 Abs. 2 EMRK und Art. 18 Abs. 3 UNO-Pakt II verwendeten Begriffen. Es fallen, neben dem Schutz der öffentlichen Ordnung im allgemeinen, alle Polizeigüter, namentlich die öffentliche Sicherheit, Gesundheit und Sittlichkeit darunter. Wie an anderer Stelle hervorgehoben[111], kommt – im staatskirchenrechtlichen Kontext der Schweiz, aber auch unter dem Aspekt der Wahrung des gesellschaftlichen Pluralismus – dem Schutz des religiösen Friedens eine besondere Bedeutung zu. Ebenso legitim ist eine Einschränkung der Religionsfreiheit zum Schutz der Grundrechte Dritter. Dabei können sich jedoch, wie die europäische Grundrechtsrechtsprechung zeigt[112], heikle Fragen der Grundrechtskollision stellen. Wie der Europäische Gerichtshof für Menschenrechte hält auch das Bundesgericht fest, daß die Religionsfreiheit grundsätzlich keinen Anspruch darauf verschafft, in der staatlichen Einflußsphäre „von Konfrontationen mit anderen religiösen und weltanschaulichen Ansichten oder von Kritik an der eigenen Glaubensauffassung durch andere Private verschont zu bleiben"[113]. Grundsätzlich hat sich der Staat bei solchen Grundrechtskollisionen große Zurückhaltung aufzuerlegen,

---

109 *J.P. Müller*, Grundrechte (LitVerz.), S. 95.
110 S. bspw. *BGE 126* I 112 ff.
111 C I, RN 29 ff.
112 Vgl. *Auer/Malinverni/Hottelier*, Droit constitutionnel, Bd. II (LitVerz.), RN 519 f.; *Sahlfeld* (FN 26), S. 218 ff.
113 *BGE 118* Ia 46 (56) – infoSekta. Auf das subjektive Empfinden der Belästigung, auch einer Mehrheit des Publikums, kommt es gemäß *BGE 123* I 369 (387) – Scientology – nicht an. Hingegen dürfen die Behörden gegen „unzumutbare Belästigungen" einschreiten.

bevor er zu Gunsten oder zu Lasten einer Seite eingreift. Soweit die strafrechtlichen Grenzen beachtet werden und keine Ausnützung einer persönlichen Notlage vorliegt, sollte der Staat in besonderen Rechtsverhältnissen, insbesondere in öffentlichen Schulen, dieses – für Kritik offene und auf soziale Kommunikation angelegte – Verständnis der Religionsfreiheit zur Basis nehmen für einen positiven gesellschaftlichen Lernprozeß im alltäglichen Umgang mit dem Fremdartigen. Allerdings setzt ein solcher Lernprozeß eine gegenseitige Bereitschaft zur Auseinandersetzung mit dem anderen voraus.

Die wirksamste, aber auch anspruchsvollste Voraussetzung für staatliche Eingriffe in die Religionsfreiheit bildet die Verhältnismäßigkeit (Art. 36 Abs. 3 BV). Sie vermittelt den in diesem Bereich besonders geforderten „sens de la mesure"[114]. Verhältnismäßig ist nach schweizerischer Lehre und Praxis ein Grundrechtseingriff, wenn er geeignet, erforderlich und zumutbar ist[115]. Die so verstandene Verhältnismäßigkeit deckt sich im wesentlichen mit der Anforderung von Art. 9 Abs. 2 EMRK („in einer demokratischen Gesellschaft notwendig") und von Art. 18 Abs. 3 UNO-Pakt II („erforderlich"). Der Verhältnismäßigkeit inhärent ist die Güterabwägung. Die Schwere des Eingriffs – objektiv wie subjektiv in der Wirkung für die betroffenen Personen oder religiösen Gemeinschaften und Gruppen – muß in vernünftiger Beziehung stehen zum Ziel, das die Maßnahme rechtfertigt. Zumutbar ist der Eingriff nur, wenn das geltend gemachte öffentliche Interesse oder das Schutzinteresse Dritter das entgegenstehende private oder öffentliche Interesse klar überwiegt. Diese Güterabwägung kann im Einzelfall sehr heikel sein, da oft widerstrebende Interessen auf dem Spiele stehen und der Staat leicht in die Rolle des Schiedsrichters gedrängt wird. Konfessionell neutral würde er bei dieser Abwägung gerade nicht handeln, wenn er, um eine Auseinandersetzung zu vermeiden, der negativen Seite der Religionsfreiheit den Vorzug geben würde. Vielmehr ist er verpflichtet, auch im Rahmen der Verhältnismäßigkeitsprüfung dem Gebot der Rücksichtnahme gebührenden Nachdruck zu verleihen[116].

49 Verhältnismäßigkeit

Anforderungen an die Güterabwägung

Besonders heikel ist die Güterabwägung bei der Kollision von öffentlichem Interesse mit Grundrechtsansprüchen neuer religiöser Gruppen und Minderheiten. Oft wird nur eine differenzierte, die langfristigen Wirkungen der staatlichen Maßnahme berücksichtigende Entscheidfindung der realen Konfliktlage gerecht. Es gilt den Ausgleich zu finden zwischen Integrationsgebot und Integrationschance einerseits und der Gefahr möglicher Desintegration und Isolation anderseits[117].

50 Grundrechtsansprüche neuer religiöser Gruppierungen

Schließlich darf, als vierte Voraussetzung von Grundrechtsbeschränkungen (Art. 36 Abs. 4 BV)[118], ein Eingriff den Kerngehalt der Religionsfreiheit nicht

51 Kerngehalt

---

114 *Auer/Malinverni/Hottelier*, Droit constitutionnel, Bd. II (LitVerz.), RN 523. → Bd. III: *Merten*, Verhältnismäßigkeitsgrundsatz, § 68.
115 *R.J. Schweizer*, in: Ehrenzeller u.a., St. Galler Kommentar (LitVerz.), Art. 36 RN 21 ff.; → oben *Georg Müller*, Schutzwirkung der Grundrechte, § 204 RN 9; → oben *Schefer*, Beeinträchtigung von Grundrechten § 208 RN 97 ff.
116 Dazu C I, RN 29 ff.
117 Vgl. *Wyttenbach/Kälin*, AJP/PJA 3 (2005), S. 315 (321 ff.).
118 → Oben *Schefer*, Beeinträchtigung von Grundrechten, § 208 RN 113 ff.

antasten. Diesem Kerngehalt zuzurechnen ist zweifellos das „forum internum", also der gesamte Bereich der inneren Überzeugung, des Denkens und Fühlens in religiösen und weltanschaulichen Fragen. Unabhängig von der im einzelnen heiklen Abgrenzung zwischen den rein inneren und den äußeren Aspekten der Religionsfreiheit, erfaßt der Kerngehalt auch Teile des „forum externum". So wäre es mit der Grundrechtsgarantie unvereinbar, wenn der Staat die Bekenntnisfreiheit eines einzelnen oder einer Religionsgemeinschaft vollständig und auf Dauer einschränken würde[119].

---

119 Vgl. *Auer/Malinverni/Hottelier*, Droit constitutionnel, Bd. II (LitVerz.), RN 524.

E. Bibliographie

Auer, Andreas, Le crucifix et le foulard devant le juge constitionnel suisse, in: Dietmar Mieth/René Pahud de Mortanges (Hg.), Recht – Ethik – Religion: Der Spannungsbogen für aktuelle Fragen, historische Vorgaben und bleibende Probleme, FG Giusep Nay, 2002, S. 210 ff.

Auer, Andreas/Malinverni, Giorgio/Hottelier, Michel, Droit constitutionnel suisse, ²2006, vol. II, Les droits fondamentaux, chapitre 6, La liberté religieuse, S. 209 ff.

Cattacin, Sandor/Famos, Cla Reto/Duttwiler, Michael/Mahnig, Hans, Staat und Religion in der Schweiz, Eine Studie des Schweizerischen Forums für Migrations- und Bevölkerungsstudien (SFM), 2003.

Friedrich, Ueli, Kirchen und Glaubensgemeinschaften im pluralistischen Staat. Zur Bedeutung der Religionsfreiheit im schweizerischen Staatskirchenrecht (Diss. Bern) 1993.

Hafner, Felix, Glaubens- und Gewissensfreiheit, in: Daniel Thürer u. a. (Hg.), Verfassungsrecht der Schweiz, 2001, § 44, S. 707 ff.

Kälin, Walter, Grundrechte im Kulturkonflikt. Freiheit und Gleichheit in der Einwanderungsgesellschaft, 2000.

Karlen, Peter, Das Grundrecht der Religionsfreiheit in der Schweiz (Diss. Zürich) 1987.

ders., Umstrittene Religionsfreiheit. Zu aktuellen Streitfällen und den Richtpunkten ihrer Beurteilung, in: ZSR 1997 I, S. 193 ff.

ders., Die korporative religiöse Freiheit in der Schweiz. Von der Kirchenautonomie zur Selbstbestimmung, in: René Pahud de Mortanges (Hg.), Das Religionsrecht der neuen Bundesverfassung, 2001, S. 33 ff.

Kley, Andreas, Das Religionsrecht der alten und neuen Bundesverfassung, in: René Pahud de Mortanges (Hg.), Das Religionsrecht der neuen Bundesverfassung, 2001, S. 9 ff.

Müller, Jörg Paul, Grundrechte in der Schweiz, ³1999.

Rhinow, René, Religionsfreiheit heute, in: recht 2002, S. 45 ff.

Sahlfeld, Konrad, Aspekte der Religionsfreiheit (Diss. Luzern) 2004, (Luzerner Beiträge zur Rechtswissenschaft, Bd. 3).

Schefer, Markus, Grundrechte in der Schweiz: Ergänzungsband zur dritten Auflage des gleichnamigen Werks von Jörg Paul Müller/Markus Schefer, 2005.

Wyss, Martin Philipp, Vom Umgang mit dem Transzendenten. Überlegungen und Anmerkungen zur Religionsfreiheit im Spiegel der neueren bundesgerichtlichen Literatur, in: recht 1998, S. 173 ff.

Wyttenbach, Judith/Kälin, Walter, Schulischer Bildungsauftrag und Grundrechte, in: AJP 3/2005, S. 315 ff.

§ 213
Recht auf Ehe und Familie

Rainer J. Schweizer

Übersicht

		RN
A.	Einführung	1– 6
	I. Entstehungsgeschichte	3– 4
	II. Auslegungshinweise	5
	III. Abgrenzungen	6
B.	Recht auf Ehe und Familie (Art. 14 BV)	7–33
	I. Vorbemerkung	7–10
	1. Historische Interpretation	8
	2. Art. 12 EMRK	9
	3. Grammatikalische Interpretation	10
	II. Recht auf Ehe	11–27
	1. „Ehe"	11–14
	2. Schutzbereich	15–20
	3. Grundrechtsträger	21–23
	4. Grundrechtseingriffe	24
	5. Institutsgarantie	25–26
	6. Horizontal- resp. Drittwirkung	27
	III. Recht auf Familie	28–33
	1. Schutzbereich	28–30
	2. Grundrechtsträger	31
	3. Grundrechtseingriffe	32
	4. Institutsgarantie	33
C.	Achtung des Familienlebens (Art. 13 Abs. 1 BV)	34–49
	I. Vorbemerkung	34
	II. „Familie"	35–37
	III. Schutzbereich	38–45
	1. Das Zusammenleben der Familie	39–41
	a) Ausländerrecht	40
	b) Trennung von Eltern und Kindern	41
	2. Die rechtliche Anerkennung familiärer Beziehungen	42
	3. Verfahrensrecht	43–45
	a) Verfahrensbeteiligte	44
	b) Verfahrensdauer	45
	IV. Grundrechtsträger	46
	V. Rechtfertigung von Grundrechtseingriffen	47
	VI. Institutsgarantie	48
	VII. Horizontal- resp. Drittwirkung	49
D.	Das Diskriminierungsverbot aus Gründen der Lebensform und der Geburt	50–54
E.	Gleichberechtigung der Ehegatten nach Art. 5 des 7. Zusatzprotokolls zur EMRK	55–56
F.	Bibliographie	

A. Einführung[*]

1
Umfassender Verfassungsschutz von Ehe und Familie

Ehe und Familie sind nach der neuen Bundesverfassung der Schweizerischen Eidgenossenschaft vom 18. April 1999 umfassend geschützt. Art. 14 BV gewährleistet das Recht, eine Ehe einzugehen und (dadurch) eine Familie zu gründen[1]. Art. 13 Abs. 1 BV schützt das Familienleben einer bestehenden Familie[2]. Vorbild beider Vorschriften sind die einschlägigen Bestimmungen der Europäischen Menschenrechtskonvention[3]. Art. 14 BV faßt Art. 12 EMRK zur Formulierung „Das Recht auf Ehe und Familie ist gewährleistet" zusammen, während Art. 13 Abs. 1 BV und Art. 8 Abs. 1 EMRK fast wörtlich übereinstimmen[4]. Art. 8 Abs. 2 BV verbietet schließlich im Rahmen des allgemeinen Diskriminierungsverbots explizit eine Diskriminierung aufgrund der Lebensform[5]. Damit sollte insbesondere ein Schutz für Menschen mit gleichgeschlechtlicher sexueller Orientierung geschaffen werden. Die Bestimmung gilt aber auch für andere Lebensformen.

2
Zivilrechtlicher Schutz

Im folgenden werden die grundrechtlichen Garantien für die Ehe und Familie in der Schweiz im einzelnen dargestellt. Objektiv betrachtet haben sie allerdings nur eine punktuelle und bescheidene Bedeutung erlangt, weil der Schutz von Ehe und Familie seit jeher vornehmlich vom Zivilrecht (Ehe-, Familien-, Kindes- und Vormundschaftsrecht des ZGB etc.) gewährleistet wird.

I. Entstehungsgeschichte

3
Bundesverfassung von 1874

Die schweizerische Bundesverfassung von 1874 enthielt als hier einschlägige Norm lediglich Art. 54 aBV, der das Recht zur Ehe unter den Schutz des Bundes stellte[6]. Die Vorschrift richtete sich insbesondere gegen ungerechtfertigte kantonale Ehehindernisse. Dementsprechend war Art. 54 aBV als klassisches Abwehrrecht zu verstehen. Seine Tragweite beschränkte sich im wesentlichen auf die Garantie der Eheschließungsfreiheit[7]. Enthalten war außerdem eine Institutsgarantie für die Ehe[8]. Nur vereinzelt wurde in der Lehre der Versuch unternommen, aus Art. 54 aBV – nach dem Vorbild von Art. 12 EMRK – auch ein Recht auf Familiengründung abzuleiten[9]. Seit dem Beitritt der Schweiz

Beitritt zur EMRK

---
[*] Für ihre wertvolle Mitarbeit danke ich Frau lic. rer. publ. *Julia Stütz* herzlichst.
[1] *Häfelin/Haller*, Bundesstaatsrecht (LitVerz.), RN 391.
[2] Zur Abgrenzung vgl. unten C I, RN 34 und *Breitenmoser*, in: Ehrenzeller u. a., St. Galler Kommentar (LitVerz.), Art. 13 Abs. 1 RN 24.
[3] Zur Entstehungsgeschichte: *Reusser*, in: Ehrenzeller u. a., St. Galler Kommentar (LitVerz.), Art. 14 RN 3; *Breitenmoser*, in: Ehrenzeller u. a., St. Galler Kommentar (LitVerz.), Art. 13 Abs. 1, RN 2.
[4] An die Stelle von „und ihrer Korrespondenz" (Art. 8 Abs. 1 EMRK) tritt „sowie ihres Brief-, Post- und Fernmeldeverkehrs" (Art. 13 Abs. 1 BV).
[5] Zur Entstehungsgeschichte: *R. J. Schweizer*, in: Ehrenzeller u. a., St. Galler Kommentar (LitVerz.), Art. 8 Abs. 1 und 2, RN 5.
[6] Zu Art. 54 aBV vgl. *Dicke*, in: Aubert u. a., Bundesverfassung 1874 (LitVerz.).
[7] *Fritz Fleiner/Zaccaria Giacometti*, Schweizerisches Bundesstaatsrecht, 1965, S. 346 f.; *J.P. Müller*, Grundrechte (LitVerz.), S. 102 f.; vgl. auch *Mahon*, in: Aubert/ders., Constitution (LitVerz.), Art. 14 RN 1; aus der Rspr. *BGE 101* Ia 7 ff., 24 f.
[8] *BGE 110* Ia 25; *BGE 119* II 264, 267; *Dicke*, in: Aubert u. a., Bundesverfassung 1874 (LitVerz.), Art. 54 RN 10; *J.P. Müller*, Grundrechte (LitVerz.), S. 102.
[9] Vgl. *Dicke* aaO., RN 2, 16, 70.

zur Europäischen Menschenrechtskonvention im Jahre 1974 legten Lehre[10] und Rechtsprechung[11] Art. 54 aBV in Verbindung mit Art. 12 EMRK aus. Die neue Bundesverfassung folgte auch im Bereich des Schutzes von Ehe und Familie dem Konzept der Nachführung, also dem Prinzip, daß lediglich das geltende geschriebene und ungeschriebene Verfassungsrecht kodifiziert werden sollte[12]. Gleichzeitig wurden die wichtigsten völker- und europarechtlichen Menschenrechtsgarantien „konstitutionalisiert" bzw. sprachlich fast unverändert rezipiert[13].

4 Prinzip der Nachführung

II. Auslegungshinweise

Die Auslegung von Art. 13 und Art. 14 BV ist weitgehend durch die Entstehungsgeschichte vorgegeben. Beide Normen müssen unter Einbezug von Lehre und Rechtsprechung zu Art. 8 und 12 EMRK interpretiert werden. Das entspricht der Intention des Verfassungsgebers, der sich explizit bei der Formulierung der Verfassungsnormen auf die EMRK-Bestimmungen als Vorbild berief und außerdem das ungeschriebene Verfassungsrecht kodifizieren wollte, das sich auf Art. 8 und Art. 12 EMRK stützte. Eine von der EGMR-Judikatur stark divergierende Auslegung ließe sich deshalb kaum rechtfertigen. In der Praxis zitiert das Bundesgericht die Bestimmungen der Bundesverfassung denn auch parallel zu denen der Europäischen Menschenrechtskonvention[14].

5 EMRK-Bestimmungen als Vorbild

III. Abgrenzungen

Die verfassungsrechtlichen Normen zum Schutz von Ehe und Familie erfassen im wesentlichen drei Lebensbereiche: Art. 14 BV garantiert das Recht, eine Ehe einzugehen. Damit ist das Recht verbunden, eine Familie zu gründen. Art. 13 Abs. 1 BV schützt das Familienleben im Rahmen einer bestehenden

6 Erfaßte Lebensbereiche

---

10 *Yvo Hangartner*, Grundzüge des schweizerischen Staatsrechts, Bd. II, Grundrechte, 1982, S. 101 f.; *J.P. Müller*, Grundrechte (LitVerz.), S. 103 f.
11 Vgl. z. B. *BGE 113* II 3; *116* II 500; *117* Ia 466; *119* II 267; *120* V 4.
12 Vgl. den Bundesbeschluß über die Totalrevision der Bundesverfassung v. 3. 6. 1987: „Der Entwurf wird das geltende geschriebene und ungeschriebene Verfassungsrecht nachführen, es verständlich darstellen, systematisch ordnen sowie Dichte und Sprache vereinheitlichen" (BBl 1987 II S. 963); zur Bedeutung von „Nachführung" (BBl 1997 I S. 45): „Das geltende Verfassungsrecht *nachführen* heisst, den genannten Normenkomplex gegenwarts- und wirklichkeitsnahe aufbereiten, das Verfassungsrecht als solches identifizieren, festhalten und neu verfasst «vermitteln»"; zur Nachführung außerdem: *Pierre Tschannen*, Staatsrecht der Schweizerischen Eidgenossenschaft, 2004, S. 74 ff.; *Häfelin/Haller*, Bundesstaatsrecht (LitVerz.), RN 23, 68; *Koller*, Die Reform der Bundesverfassung als Weg in die Zukunft, ZBl 1996, S. 1 (13 f.); *ders.*, Die Nachführung der Bundesverfassung, in: AJP 1995, S. 980 ff.; spezifisch zu den Grundrechten *ders.*, Der Einleitungsartikel und die Grundrechte in der neuen Bundesverfassung, AJP 1999, S. 656 (659 f.).
13 *R.J. Schweizer*, Die erneuerte schweizerische Bundesverfassung, in: Peter Häberle (Hg.), JöR NF 48 (2000), S. 263 (267 ff.).
14 Nachw. für die Rspr. zur aBV in FN 11; aus der Rspr. zur neuen BV: *BGE 126* II 430. Zu Urteilen des EGMR über schweizerische Fälle in Zusammenhang mit Art. 8 u. 12 EMRK s. *Michel Hottelier/Hanspeter Mock/Michel Puéchavy*, La Suisse devant la Cour européenne des droits de l'homme, Brüssel 2005, S. 133 ff. u. 213 ff.

Familie, ohne spezifisch auf das Recht zur Familiengründung Bezug zu nehmen. Art. 8 Abs. 2 BV verbietet schließlich die Diskriminierung von Menschen, die eine andere Lebensform als die Ehe wählen. Den gleichen verfassungsrechtlichen Schutz wie die Ehe genießen diese anderen Lebensformen aber nicht.

B. Recht auf Ehe und Familie (Art. 14 BV)

I. Vorbemerkung

7
Selbständiges Recht auf Familie?

Wesentlich für die Interpretation von Art. 14 BV ist die Frage, ob die Norm ein zwingend miteinander verknüpftes Recht auf „Ehe und Familie" oder neben dem Recht auf Ehe ein davon zu trennendes, selbständiges Recht auf Familie enthält[15]. Ist ersteres zutreffend, ist das Recht auf Familie im Sinne von Art. 14 BV von der Ehe abhängig; andernfalls gewährt Art. 14 BV jeder Person ein von der Ehe unabhängiges Recht auf Familie. Wie nachstehend gezeigt wird, ergibt sich aus der historischen Interpretation, verbunden mit dem systematischen Rückgriff auf Art. 12 EMRK, sowie aus dem Wortlaut, daß das Recht auf Familie nach Art. 14 BV mit dem Recht auf Eheschließung verbunden ist.

1. Historische Interpretation

8
Anspruchsbegrenzungen

Art. 14 BV in der Fassung des bundesrätlichen Entwurfs gewährleistete nach dem Vorbild von Art. 54 Abs. 1 aBV das Recht auf Ehe, ohne die Familie zu erwähnen[16]. Auf Antrag der Verfassungskommission (VK) des Nationalrates wurde der Artikel erweitert[17] und erhielt die heutige Form. Die Verfassungskommission bezog sich dabei explizit auf Art. 12 EMRK. Die Verfassungskommission des Ständerates lehnte zuerst das ausdrückliche Recht auf Familie ab, weil sie befürchtete, aus diesem Recht könnten Ansprüche abgeleitet werden, an die man überhaupt nicht gedacht hatte. Erst im Rahmen der Differenzbereinigung schloß sich der Ständerat dem Nationalrat an. In den Materialien wurde ausdrücklich darauf hingewiesen, daß Art. 14 BV im Sinne von Art. 12 EMRK zu verstehen sei[18]. Aus Sicht des Verfassungsgebers geht Art. 14 BV somit nicht weiter als Art. 12 EMRK.

---

15 Vgl. *Auer/Malinverni/Hottelier*, Droit constitutionnel suisse, Bd. II (LitVerz.), RN 411 ff.; *Mahon*, in: Aubert/ders., Constitution (LitVerz.), Art. 14 RN 10.
16 Botschaft des BR zum VE 96, S. 154.
17 Prot. VK (NR) v. 3. 7. 1997, S. 16 f.; *Reusser* (FN 3), Art. 14 RN 3.
18 Prot. VK (NR) v. 12./13. 11. 1998, S. 14; *Reusser* aaO., RN 4 f.

2. Art. 12 EMRK

Art. 12 EMRK enthält nach herrschender Lehre ein zusammenhängendes Recht auf Eheschließung und Familiengründung[19]. Aufgrund von Art. 12 EMRK steht Eheleuten zu bzw. ist ihnen garantiert, eine Familie zu gründen und Kinder zu haben[20]. Entsprechend ist das Recht auf Familie nach Art. 12 EMRK – im Gegensatz zum Schutz des Privat- und Familienlebens nach Art. 8 EMRK, welcher einerseits die Existenz einer Familie voraussetzt und andererseits auch auf nichteheliche Familien Anwendung findet – als Recht auf Familiengründung (durch Heirat) zu verstehen[21]. Das Recht auf Familiengründung erscheint daher als notwendiger Ausfluß der Eheschließungsfreiheit. Dennoch haben auch nach Art. 12 EMRK die beiden Rechte unterschiedliche Rechtsinhalte[22].

9
Zusammenhängendes Recht auf Eheschließung und Familiengründung

3. Grammatikalische Interpretation

Daß die Eheschließungsfreiheit und das Recht auf Familie zusammenhängen, ergibt sich schließlich auch aus dem Wortlaut von Art. 14 BV. Es wird nicht vom „Recht auf Ehe und Recht auf Familie" oder von einem „Recht auf Ehe und auf Familie", sondern von einem „Recht auf Ehe und Familie"[23] gesprochen. Damit wird klargestellt, daß Art. 14 BV jeder Person das Recht zur Eheschließung und damit zusammenhängend zur Familiengründung und Familienführung gibt.

10
Zusammenhang beider Rechte

II. Recht auf Ehe

1. „Ehe"

Art. 14 BV versteht unter „Ehe" eine dauerhafte, das heißt grundsätzlich bis zum Tod eines Partners geltende, als staatliche Zivilehe geschlossene, monogame, umfassende Lebensgemeinschaft zwischen Mann und Frau[24]. Dieses Verständnis ist identisch mit dem von Art. 12 EMRK, wo für die Ehe auch die

11
Dauerhafte Verbindung von Mann und Frau

---

19 *Frowein/Peukert*, EMRK-Kommentar (LitVerz.), Art. 12 RN 6; *Francis G. Jacobs/Robin C.A. White*, The European Convention on Human Rights, 1996, S. 177; *David J. Harris/Michael O'Boyle/Chris Warbrick*, Law of the European Convention on Human Rights, London/Dublin/Edinburgh 1995, S. 435; für die Schweiz bestätigt durch *BGE 115* Ia 234; *119* Ia 477.
20 *Villiger*, EMRK (LitVerz.), RN 646; *Harris/O'Boyle/Warbrick* aaO., S. 436; *Grabenwarter*, EMRK (LitVerz.), S. 209.
21 *EGMR*, Urt. v. 17. 10. 1986, Rees ./. UK, Série A-106, RN 49; Urt. v. 27. 9. 1990, Conney ./. UK, Série A-184, RN 46; *Anne Peters*, Einführung in die Europäische Menschenrechtskonvention, mit rechtsvergleichenden Bezügen zum deutschen Grundgesetz, 2003, S. 168; *Arthur Haefliger/Frank Schürmann*, Die Europäische Menschenrechtskonvention und die Schweiz. Die Bedeutung der Konvention für die schweizerische Rechtspraxis, 1999, S. 256.
22 Es stellt keine Voraussetzung für die Eheschließung eines Paars dar, daß es ihm auch möglich ist, Kinder zu haben; *Grabenwarter*, EMRK (LitVerz.), S. 209.
23 Anders formuliert ist z. B. Art. II-69 des Verfassungsvertrags der EU: „Das Recht, eine Ehe einzugehen, und das Recht, eine Familie zu gründen, ...".
24 *BGE 126* II 431 f.; *119* II 267; *Reusser* (FN 3), Art. 14 RN 8 f.; *Mahon*, in: Aubert/ders., Constitution (LitVerz.), Art. 14 RN 5; *Auer/Malinverni/Hottelier*, Droit constitutionnel suisse, Bd. II (LitVerz.), RN 421 ff.; vgl. auch *J.P. Müller*, Grundrechte (LitVerz.), S. 104 f.

§ 213   Vierzehnter Teil: II. Einzelgrundrechte

Verschiedengeschlechtlichkeit konstitutiv ist[25]. Den verfassungsrechtlichen Vorstellungen entspricht der Begriff der Ehe respektive der ehelichen Gemeinschaft nach Art. 159ff. ZGB[26].

12
Ausschluß polygamer und gleichgeschlechtlicher Gemeinschaften

Vom verfassungsrechtlichen Ehebegriff nicht erfaßt sind polygame Lebensgemeinschaften sowie gleichgeschlechtliche Gemeinschaften[27]. Fundamentale Verfassungsgrundsätze wie Geschlechtergleichstellung und Schutz des Kindeswohls und der Kindesentwicklung stehen zwingend Ehevorstellungen anderer Kulturen oder Weltanschauungen entgegen. In seiner neueren Rechtsprechung[28] hat der Europäische Gerichtshof für Menschenrechte aber die Eheschließung von Transsexuellen zugelassen, indem er zur Bestimmung des

Soziale Kriterien

Geschlechts der Brautleute neben biologischen auch soziale Kriterien heranzog. Er hat damit zugleich das unterschiedliche Geschlecht der Brautleute als Voraussetzung der Eheschließung bestätigt und nur die Kriterien für die Geschlechtsbestimmung neu umschrieben.

13
Diskriminierungsverbot

Art. 14 BV gilt somit nicht für Personen, die in anderen Formen als der Ehe zusammenleben[29]. Ihre Lebensform findet jedoch in Art. 10 Abs. 2 BV (Persönliche Freiheit) und Art. 13 Abs. 1 BV (Schutz der Privatsphäre) Schutz[30]. Diese Personen können sich außerdem, wenn sie herabgesetzt oder ausgegrenzt werden, auf Art. 8 Abs. 2 BV (Diskriminierungsverbot) berufen[31].

14
Institutsgrarantie

Dem Gesetzgeber ist es aufgrund der Institutsgarantie nicht möglich, den Begriff der Ehe auf andere Lebensformen auszudehnen[32]. Wortlaut und Entstehungsgeschichte von Art. 14 BV zeigen, daß der von der Verfassung geschützte Begriff der Ehe der Verbindung von Mann und Frau vorbehalten ist, und der Telos von Art. 14 ist, daß der Ehe im Vergleich zu anderen Formen

---

25 Zu Art. 12 EMRK u.a. *Villiger*, EMRK (LitVerz.), RN 643; *Harris/O'Boyle/Warbrick* (FN 19), S. 436; *Grabenwarter*, EMRK (LitVerz.), S. 208 f.; *EGMR*, Urt. v. 17. 10. 1986, Rees ./. UK, Série A-106, RN 49; Urt. v. 27. 9. 1990, Cossey ./. UK, Série A-184, RN 43; Urt. v. 30. 7. 1998, Sheffield and Horsham ./. UK, Recueil 1998-V, RN 66; Urt. v. 11. 7. 2002, Christine Goodwin ./. UK, Nr. 28957/95, RN 98; Urt. v. 11. 7. 2002, I. ./. UK, Recueil 2002-VI, RN 78.
26 *Heinz Hausheer/Ruth Reusser/Thomas Geiser*, Berner Kommentar. Kommentar zum schweizerischen Privatrecht, Bd. II, 1. Abteilung, 2. Teilbd., ²1999, Art. 159 RN 7 ff.
27 *BGE 126* II 425 f.; *119* II 264 ff.; Botschaft zum VE 96, S. 155; *Reusser* (FN 3), Art. 14 RN 19; *J.P. Müller*, Grundrechte (LitVerz.), S. 104 f.; dagegen *Schefer*, Grundrechte (LitVerz.), S. 70; *Hangartner*, Verfassungsrechtliche Grundlagen einer registrierten Partnerschaft für gleichgeschlechtliche Paare, AJP 2001, S. 252 (255). Dazu aber *EGMR*, Urt. v. 17. 10. 1986, Rees ./. UK, Série A-106, RN 49 ff.; auch im Ausland geschlossene gleichgeschlechtliche Partnerschaften werden in der Schweiz nicht anerkannt (*BGE 119* II 266 f.); *Häfelin/Haller*, Bundesstaatsrecht (LitVerz.), RN 395.
28 *EGMR*, Urt. v. 11. 7. 2002, Christine Goodwin ./. UK, Nr. 28957/95, RN 98 ff.; Urt. v. 11. 7. 2002, I. ./. UK, Recueil 2002-VI, RN 78 ff.; *Grabenwarter*, EMRK (LitVerz.), S. 211 f.; sowie *EuGH*, Urt. v. 7. 1. 2004, Rs. C-117/01 (K.B. ./. National Health Service Pensions Agency), Slg. 2004, I-541 ff., RN 26. Noch zur alten Rspr.: *EGMR*, Urt. v. 17. 10. 1986, Rees ./. UK, Série A-106, RN 49; Urt. v. 27. 9. 1990, Cossey ./. UK, Série A-184, RN 43 ff.; Urt. v. 30. 7. 1998, Sheffield and Horsham ./. UK, Recueil 1998-V, RN 66; *Reusser* (FN 3), Art. 14 RN 8; *Haefliger/Schürmann* (FN 21), S. 314 f.; *Harris/O'Boyle/Warbrick* (FN 19), S. 438 f.; kritisch früher dazu *Frowein/Peukert*, EMRK-Kommentar (LitVerz.), Art. 12 RN 5.
29 *Häfelin/Haller*, Bundesstaatsrecht (LitVerz.), RN 395.; *Reusser* (FN 3), Art. 14 RN 19; *J.P. Müller*, Grundrechte (LitVerz.), S. 104 f.
30 *Häfelin/Haller* aaO., RN 395; *J.P. Müller* aaO., S. 104 f.
31 *Reusser* (FN 3), Art. 14 RN 20; *J.P. Müller* aaO., S. 104 f.; s. dazu unten D, RN 50 ff.
32 Wie dies *Hangartner* (FN 27), S. 225, oder *Ziegler*, Der verfassungsrechtliche Schutz von Lesben und Schwulen, in: Recht der Lesben und Schwulen in der Schweiz, hg. von Ziegler u.a., 2007, S. 30, für möglich halten.

des Zusammenlebens ein besonderer Schutz zu gewähren ist[33]. Dies darf bei der Auslegung von Art. 8 Abs. 2 BV nicht außer Acht gelassen werden.

2. Schutzbereich

Inhalt der Ehefreiheit ist das Recht einer Person, selber darüber zu entscheiden, ob und wen sie heiraten möchte[34]. Die Ehefreiheit enthält (negativ) somit das Verbot der Zwangsheirat[35]. Wurde die Ehe aufgrund einer Drohung geschlossen, kann sie gemäß Art. 107 Ziff. 4 ZGB aufgelöst werden. In der Eheschließungsfreiheit mit enthalten ist schließlich die Freiheit, keine Ehe einzugehen[36].

15
Positive und negative Eheschließungsfreiheit

Die jüngere Lehre leitet aus dem in der Eheschließungsfreiheit enthaltenen Recht, nicht zu heiraten, die Unzulässigkeit von Konkubinatsverboten[37] ab[38]. Das Bundesgericht hat solche kantonalen Verbote in der älteren Rechtsprechung noch als mit dem Bundesrecht vereinbar erklärt[39]. Demgegenüber sind neuerdings Konkubinate durch Art. 8 Abs. 2 BV vor staatlichen Beeinträchtigungen geschützt[40].

16
Unzulässigkeit von Konkubinatsverboten

Fraglich ist, ob die Ehefreiheit auch ein Recht auf Scheidung einschließt, um eine neue Ehe eingehen zu können[41]. Der Europäische Gerichtshof für Menschenrechte hat dies für Art. 12 EMRK verneint, dem Art. 14 BV nachgebildet ist. Ein Recht auf Scheidung sei bewußt nicht in die Norm aufgenommen worden[42]. Die Möglichkeit einer Scheidung wird allerdings durch Art. 5 des 7. Zusatzprotokolls zur EMRK über die gleichen privatrechtlichen Rechte für Mann und Frau vorausgesetzt, der auch die Rechtsfolgen für die Scheidung regelt[43].

17
Kein Recht auf Scheidung

Ob die Ehefreiheit auch das eheliche Zusammenleben schützt, hat das Bundesgericht bis jetzt offengelassen[44]. Soweit die eheliche Gemeinschaft tatsäch-

18

---

33 Vgl. Botschaft v. 29. 11. 2002 zum Bundesgesetz über die eingetragene Partnerschaft gleichgeschlechtlicher Paare (BBl 2003 S. 1371 f.).
34 *Reusser* (FN 3), Art. 14 RN 11; vgl. *Häfelin/Haller*, Bundesstaatsrecht (LitVerz.), RN 391; *J.P. Müller*, Grundrechte (LitVerz.), S. 102; vgl. zu Art. 12 EMRK *Villiger*, EMRK (LitVerz.), RN 644; *Meyer-Ladewig*, EMRK (LitVerz.), Art. 12 RN 2; *Peters* (FN 21), S. 168.
35 Vgl. dazu auch Art. 23 Abs. 2 des Paktes über bürgerliche und politische Rechte v. 16. 12. 1966 (UNO-Pakt II), SR 0.103.2.
36 → Bd. II: *Merten*, Negative Grundrechte, § 42 RN 154 ff.
37 Das letzte Konkubinatsverbot wurde 1996 aufgehoben (vgl. *Head-König*, Konkubinat, in: Historisches Lexikon der Schweiz, URL: http://www.dhs.ch/externe/protect/textes/f/F16107.html [zuletzt besucht am 26. 6. 2006]).
38 *Reusser* (FN 3), Art. 14 RN 15; *Hangartner* (FN 10), S. 102 f.; anders *J.P. Müller*, Grundrechte (LitVerz.), S. 10 ff.
39 Vgl. *BGE 71* IV 47.
40 *Reusser* (FN 3), Art. 14 RN 15; *J.P. Müller*, Grundrechte (LitVerz.), S. 105.
41 Tendenziell befürwortend *Reusser* (FN 3), Art. 14 RN 11; dagegen *Auer/Malinverni/Hottelier*, Droit constitutionnel suisse, Bd. II (LitVerz.), RN 423.
42 EGMR, Urt. v. 18. 12. 1986, Johnston ./. Irland, Série A-112, RN 51 ff., sowie EuGRZ 1987, S. 313 ff. (316 f. m.H. auch zur Entstehung von Art. 12 EMRK); *Villiger*, EMRK (LitVerz.), S. 439 f.; *Harris/O'Boyle/Warbrick* (FN 19), S. 439 f.; *Peters* (FN 21), S. 168; *Grabenwarter*, EMRK (LitVerz.), S. 209.
43 *Frowein/Peukert*, EMRK-Kommentar (LitVerz.), Anm. zu Art. 5 des 7. ZP; *Grabenwarter*, EMRK (LitVerz.), S. 209 u. 383 f. m.w.H.
44 *Häfelin/Haller*, Bundesstaatsrecht (LitVerz.), RN 392; *Reusser* (FN 3), Art. 14 RN 14.

Schutz des ehelichen Zusammenlebens	lich gelebt wird, greift jedenfalls kumulativ der Schutz des Familienlebens nach Art. 13 Abs. 1 BV resp. Art. 8 EMRK[45]. Daß die Ehefreiheit nach Art. 14 BV (und Art. 12 EMRK) das Recht zum ehelichen Zusammenleben und zur Familiengründung einschließt, hat der Gesetzgeber insbesondere bei der Ausgestaltung des Ausländer- und Asylrechts[46], aber auch bei der Ordnung der Adoption und der Regelung der assistierten Fortpflanzung zu berücksichtigen[47].
19 Eheschließung für Strafgefangene	Auch Strafgefangenen steht das Recht auf Eheschließung zu[48], ohne daß daraus allerdings ein Anspruch auf unüberwachte Besuche abgeleitet werden könnte[49]. Sicherzustellen ist aber ein angemessener Kontakt zwischen den Eheleuten durch Korrespondenz oder Besuche[50].
20 Behinderungsverbot	Aus dem Auftrag des Staates zur Förderung der Ehe ergibt sich, daß Regelungen, die Ehepaare in spezifischer Weise benachteiligen (z.B. exzessive Formvorschriften, Ehevoraussetzungen oder Ehehindernisse), die Ehefreiheit verletzen können[51].

3. Grundrechtsträger

21 Menschenrecht	Die Ehefreiheit steht als Menschenrecht allen Menschen unabhängig von ihrer Staatsbürgerschaft zu[52]. Sie ist auch ein höchstpersönliches Recht (Art. 19 ZGB)[53].
22 Ehefähigkeit	Die Ausübung der (positiven) Ehefreiheit setzt die Ehefähigkeit voraus, die verfassungsrechtlich nicht zu einschränkend normiert werden darf. Sie bestimmt sich nach Art. 94 ZGB. Gefordert ist Urteilsfähigkeit, an die allerdings keine allzu hohen Anforderungen gestellt werden dürfen[54]. Bei entmündigten Personen ist außerdem die Zustimmung des gesetzlichen Vertreters erforderlich, der aber sein Zustimmungsrecht in Einklang mit der Eheschließungsfreiheit ausüben muß[55].
23	Jeder Mensch ist aufgrund der (negativen) Ehefreiheit vor Zwangsheirat geschützt. Eine im Ausland geschlossene Zwangsehe widerspricht schon dem

---

45 Vgl. dazu die Rspr. des BGer zu Art. 8 EMRK: *BGE 118* Ib 153.
46 *Reusser* (FN 3), Art. 14 RN 14.
47 Vgl. Art. 119 BV und Bundesgesetz v. 18.12.1998 über die medizinisch unterstützte Fortpflanzung (SR 810.11).
48 *J.P. Müller*, Grundrechte (LitVerz.), S. 108; *Grabenwarter*, EMRK (LitVerz.), S. 208.
49 *BGE 117* Ia 465f.; *EKMR*, in: VPB 47 (1973) Nr. 184; *Reusser* (FN 3), Art. 14 RN 13.
50 *J.P. Müller*, Grundrechte (LitVerz.), S. 108.
51 *BGE 110* Ia 7 (25); *Häfelin/Haller*, Bundesstaatsrecht (LitVerz.), RN 394; *Mahon*, in: Aubert/ders., Constitution (LitVerz.), Art. 14 RN 6.
52 *Auer/Malinverni/Hottelier*, Droit constitutionnel suisse, Bd. II (LitVerz.), RN 419; *Reusser* (FN 3), Art. 14 RN 11; *Mahon* aaO., Art. 14 RN 4.
53 *Reusser* aaO., RN 12; *Bigler-Eggenberger*, in: Heinrich Honsell/Nedim Peter Vogt/Thomas Geiser (Hg.), Basler Kommentar zum Schweizerischen Privatrecht, ²2002, S. 174ff., Art. 19 ZGB, RN 40.
54 *Reusser* aaO., RN 12; *J.P. Müller*, Grundrechte (LitVerz.), S. 106, FN 21; *Heussler*, in: Honsell/Vogt/Geiser, aaO., S. 621ff., Art. 94 ZGB, RN 6; vgl. *BGE 109* II 276.
55 *BGE 106* II 177ff.; *Heussler* (FN 54), RN 10; *J.P. Müller*, Grundrechte (LitVerz.), S. 105.

Völkerrecht⁵⁶. Sie ist mit dem schweizerischen ordre public⁵⁷ nicht vereinbar und daher nicht anzuerkennen⁵⁸. Zum Schutz von Minderjährigen ist der Staat zu besonderen Maßnahmen verpflichtet⁵⁹. Wollen Betroffene, insbesondere Kinder, sich Zwangsheiraten entziehen, muß der Staat geeignete Schutzvorkehren treffen⁶⁰.

Schutzverpflichtung gegen Zwangsehen

4. Grundrechtseingriffe

Die Ehefreiheit kann beschränkt werden⁶¹. Einschränkungen dürfen allerdings das Recht auf Ehe nicht seiner Substanz berauben⁶². Zudem müssen sie die Vorgaben von Art. 36 BV (Beschränkung von Grundrechten) beachten: Für die Rechtfertigung eines Grundrechtseingriffs sind eine gesetzliche Grundlage, öffentliches Interesse und die Verhältnismäßigkeit des Eingriffs erforderlich⁶³. Bei den heute bestehenden Ehevoraussetzungen und Ehehindernissen des Zivilgesetzbuches (Artikel 94 und 95), die vor allem genetischen Anliegen Rechnung tragen, ist dies der Fall⁶⁴. Unzulässig aber wären Vorschriften, die den Kerngehalt der Ehefreiheit verletzen („the very essence" von Art. 12 EMRK) oder das Eingehen einer Ehe faktisch unmöglich machen würden⁶⁵.

24

Substanzerhalt

5. Institutsgarantie

Art. 14 BV (wie schon Art. 54 aBV⁶⁶) gewährleistet auch den Schutz der Ehe als Institut⁶⁷. Die Institutsgarantie beinhaltet eine positive staatliche Gewährleistungspflicht und verpflichtet den Gesetzgeber, ein staatliches Eherecht vorzusehen, das den Vorgaben der Verfassung Rechnung trägt. Zu regeln sind

25

Positive staatliche Gewährleistungspflicht

---

56 Art. 23 Abs. 3 IPbürgR (UNO-Pakt II).
57 Dazu *Walter Kälin*, Grundrechte im Kulturkonflikt: Freiheit und Gleichheit in der Einwanderungsgesellschaft, 2000, S. 203 f.; *Andreas Bucher*, Droit international privé suisse, Bd. II, 1992–1998, RN 347 ff.
58 Art. 17 IPRG; *Bucher* aaO., RN 347 ff.
59 Art. 11 BV; Zum völkerrechtlichen Schutz der Interessen des Kindes durch die Kinderrechtskonvention der Vereinten Nationen s. *Sharon Detrick*, A commentary on the United Nations Convention on the Rights of the Child, Den Haag 1999.
60 *Kälin* (FN 57), S. 207.
61 *Reusser* (FN 3), Art. 14 RN 12; *Auer/Malinverni/Hottelier*, Droit constitutionnel suisse, Bd. II (LitVerz.), RN 426 ff.; *Mahon*, in: Aubert/ders., Constitution (LitVerz.), Art. 14 RN 6.
62 BGE 106 II 177 Erw. 2; 109 II 273; *Reusser* aaO., RN 12.
63 Dazu *R. J. Schweizer*, in: Ehrenzeller u. a., St. Galler Kommentar (LitVerz.), Art. 36; *Auer/Malinverni/Hottelier*, Droit constitutionnel suisse, Bd. II (LitVerz.), Art. 14 RN 6. Zu den Einschränkungsregeln, die für Art. 12 EMRK gelten, vgl. *Grabenwarter*, EMRK (LitVerz.), S. 210 f.
64 BBl 1996 I S. 1; *Reusser* (FN 3), Art. 14 RN 12. Das Ehehindernis des Stiefkindverhältnisses (Art. 95 Abs. 1 ZGB), das dem sog. Familienfrieden dienen soll, hat in der heutigen Zeit seine Berechtigung verloren und ist mit Bundesgesetz v. 18. 6. 2004 (BBl 2004, S. 3154) aufgehoben worden.
65 Für Art. 12 EMRK z. B. *EGMR*, Urt. v. 18. 12. 1987, F. ./. Schweiz, Série A-128, RN 32 (Unzulässigkeit eines befristeten Wiederverheiratungsverbotes für Geschiedene), EuGRZ 1993, S. 131 § 32; *EGMR*, Urt. v. 17. 10. 1986, Rees ./. UK, Série A-106, RN 50; *Harris/O'Boyle/Warbrick* (FN 19), S. 436.
66 BGE 119 II 264 (267); *Dicke*, in: Aubert u. a., Bundesverfassung 1874 (LitVerz.), Art. 54 RN 10; *J. P. Müller*, Grundrechte (LitVerz.), S. 102.
67 BGE 126 II 425; 119 II 267; *Reusser* (FN 3), Art. 14 RN 16 ff.; *Mahon*, in: Aubert/ders., Constitution (LitVerz.), Art. 14 RN 7. Demgegenüber verweist Art. 12 EMRK für die Ausgestaltung der Ehe insgesamt auf das nationale Recht, vgl. z. B. *Irene Fahrenhorst*, Familienrecht und Europäische Menschenrechtskonvention, 1994, S. 170; *Grabenwarter*, EMRK (LitVerz.), S. 208.

der Abschluß der Ehe, die Ehe selbst und ihre Auflösung[68]. Dementsprechend darf der Gesetzgeber die Ehe nicht einfach auf neue oder andere Formen des Zusammenlebens erstrecken[69]. Auch das Bundesgericht hat festgestellt, daß gleichgeschlechtliche Partnerschaften keine Ehen im Sinne von Art. 14 BV sein können[70]. Dem Gesetzgeber ist es aber nicht verwehrt, gleichgeschlechtliche Partnerschaften durch eheähnliche Institute wie die „Eingetragene Partnerschaft"[71] zu schützen. Er ist dazu ausdrücklich durch Art. 8 Abs. 2 BV legitimiert[72].

"Eingetragene Partnerschaft"

26
Schutzpflicht des Staates

Aus der Institutsgarantie wird eine Schutzpflicht des Staates für die Ehe abgeleitet[73]. So ist es unzulässig, Ehepaare gegenüber Konkubinatspaaren in der Steuergesetzgebung oder im Sozialversicherungsrecht zu benachteiligen[74]. Dem Gesetzgeber verbleibt allerdings ein großer Spielraum in der Wahl seiner Mittel[75], und er muß keine absolute Gleichbehandlung gewährleisten[76].

6. Horizontal- resp. Drittwirkung

27
Keine Wiederverheiratungsverbote oder Zölibatsklauseln

Aus der Institutsgarantie ergibt sich eine Horizontal- resp. Drittwirkung der Ehefreiheit, die auch Private bindet. So dürfen privatrechtliche Verträge oder Verfügungen die Ehefreiheit nicht einschränken: Ungültig sind etwa Testamentsklauseln, die dem überlebenden Ehegatten die Wiederverheiratung verbieten, oder Zölibatsklauseln in Arbeitsverträgen[77]. Auch unter den Eheleuten selbst ist die Ehefreiheit wirksam: Eine unter Zwang eines der Ehegatten geschlossene Ehe kann für ungültig erklärt werden (Art. 107 Ziff. 4 ZGB).

III. Recht auf Familie

1. Schutzbereich

28

Das Recht auf Familie gemäß Art. 14 BV leitet sich aus dem Recht auf Ehe ab[78] und erweitert den Schutzbereich der Ehefreiheit um das Recht, eine

---

68 *J.P. Müller*, Grundrechte (LitVerz.), S. 102 f.; *Reusser* aaO., RN 17; *Mahon* aaO., Art. 14 RN 7; vgl. dazu auch EGMR, Urt. v. 16. 7. 2002, Selim ./. Zypern, Recueil 2002-VI, (friendly settlement; im Zuge des Verfahrens führte Zypern die Zivilehe auch für die muslimische Bevölkerung ein und entschädigte die Gegenpartei).
69 *Reusser* aaO., RN 17; vgl. aber auch *J.P. Müller*, Grundrechte (LitVerz.), S. 102 f.; *Hangartner* (FN 27), S. 255; *Mahon* aaO., Art. 14 RN 7; *Schefer*, Grundrechte (LitVerz.), S. 70.
70 BGE 126 II 432; vgl. auch BGE 119 II 266 f.
71 Bundesgesetz v. 18. 6. 2004 über die eingetragene Partnerschaft gleichgeschlechtlicher Paare (SR 211.231). *Moutini*, Die eingetragene Partnerschaft: Abschluss, Auflösung und allgemeine Wirkungen, in: Rechte der Lesben und Schwulen in der Schweiz, hg. von Ziegler u. a., 2007, S. 107 ff.
72 BBl 2003 I S. 1304; zu Art. 8 Abs. 2 BV S. 18 ff.
73 Botschaft des BR zum VE 96, S. 154; *Reusser* (FN 3), Art. 14 RN 18.
74 BGE 120 Ia 329 (334 ff. Erw. 4); 110 Ia 24, Erw. 5.; *J.P. Müller*, Grundrechte (LitVerz.), S. 106 f.; *Reusser* aaO., RN 18; *Moser*, Problematische Familienbesteuerung, Bemerkungen zu den eidgenössischen Steuerharmonisierungsprojekten, ZSR 1983 I, S. 539 (548 ff.); Regelungen des Sozial- oder des Steuerrechts werden hingegen nicht als Eingriffe in Art. 12 EMRK angesehen (*Grabenwarter*, EMRK [LitVerz.], S. 210).
75 BGE 110 Ia 16 f.; *J.P. Müller*, Grundrechte (LitVerz.), S. 107.
76 *J.P. Müller* aaO., S. 107; EKMR, Erk. v. 11. 11. 1986, Lindsay ./. UK, Nr. 11089/84, RN 49, 181.
77 *Reusser* (FN 3), Art. 14 RN 18.
78 Vgl. vorn, II 1, RN 11 ff.

Familie zu gründen. Nach der Rechtsprechung des Europäischen Gerichtshofs für Menschenrechte zu Art. 12 EMRK liegt in der Familiengründung eine wichtige Funktion der Ehe[79]. Doch umgekehrt stellt „die Möglichkeit für ein Paar, Eltern zu werden, keine Voraussetzung für ihr Recht auf Eheschließung dar"[80].

Ableitung aus dem Recht auf Ehe

Das Recht auf Familie nach Art. 14 BV ist ein Recht auf Familiengründung[81]. Nicht erfaßt ist der Schutz bestehender Familienbande, der in den Schutzbereich von Art. 13 Abs. 1 BV (Art. 8 Abs. 1 EMRK) fällt[82]. Die Familiengründung kann durch natürliche Zeugung, künstliche Befruchtung oder Adoption[83] erfolgen. Die Beschränkungen der Möglichkeiten künstlicher Befruchtung nach Art. 119 Abs. 2 lit. c BV[84] und die Regelungen des Bundesgesetzes über die medizinisch unterstützte Fortpflanzung[85] stellen einen zu rechtfertigenden Eingriff in das Recht auf Familie dar[86]. Sie dienen unter anderem dem Kindeswohl. Dieses steht auch bei der Adoption als einem Kinderfürsorgeinstitut im Zentrum. Von einem Recht auf ein Adoptivkind aufgrund des Rechts auf Familie kann keinesfalls gesprochen werden[87].

29
Familiengründungsfreiheit

Im Widerspruch zu Art. 14 BV hingegen steht staatliche Familienplanung, also z. B. Zwangssterilisation, Verpflichtungen zur Empfängnisverhütung oder die Festlegung einer bestimmten Kinderzahl pro Familie[88]. Hier handelt es sich um unzumutbare Eingriffe, die als Beschneidungen auch der persönlichen Freiheit zu werten sind. Aus Art. 14 BV ist außerdem das Recht der Eltern ableitbar, ihre Kinder zu erziehen, das sich z. B. gegen kollektivistische Gesellschaftsformen richtet[89].

30
Verbot staatlicher Familienplanung

2. Grundrechtsträger

Da das Recht auf Familie gemäß Art. 14 BV Ausfluß und Bestandteil der Eheschließungsfreiheit ist[90], sind Grundrechtsträger die Ehepartner. Die Familiengründung ist traditionell eine wichtige Komponente des Rechts auf Eheschließung, weshalb eine Ausdehnung der Grundrechtsträgerschaft des

31
Beschränkung auf Ehepartner

---

79 EGMR, Urt. v. 17. 10. 1986, Rees ./. UK, Série A-106, RN 49; Urt. v. 30. 7. 1998, Sheffield and Horsham ./. UK, Recueil 1998-V, RN 66; Urt. v. 11. 7. 2002, Christine Goodwin ./. UK, Nr. 28957/95, RN 98.
80 *Grabenwarter*, EMRK (LitVerz.), S. 209.
81 EGMR, Urt. v. 18. 12. 1987, F. ./. Schweiz, Série A-128, RN 32; *Mahon*, in: Aubert/ders., Constitution (LitVerz.), Art. 14 RN 8.
82 EGMR, Urt. v. 16. 7. 2002, P., C., S. ./. UK, Recueil 2002-VI, RN 142; *Breitenmoser*, in: Ehrenzeller u. a., St. Galler Kommentar (LitVerz.), Art. 13 Abs. 1, RN 23.
83 BGE 119 Ia 477; *Reusser* (FN 3), Art. 14 RN 26; *J.P. Müller*, Grundrechte (LitVerz.), S. 103; *Mahon*, in: Aubert/ders., Constitution (LitVerz.), Art. 14 RN 8 f.
84 Ebenso das Verbot der Leihmutterschaft oder das der Embryonenspende nach Art. 119 Abs. 2 lit. d BV.
85 Vom 18. 12. 1998 (SR 814.90).
86 Bisher hat das Bundesgericht die Frage offen gelassen, ob die Beschränkung der Methoden künstlicher Befruchtung einen Eingriff in die Ehefreiheitsgarantie in Art. 12 EMRK darstellt und das Problem unter dem Aspekt der persönlichen Freiheit erörtert (BGE 119 Ia 248 f.).
87 BGE 129 III 656 (663); *Reusser* (FN 3), Art. 14 RN 24.
88 *Reusser* aaO., RN 26; *J.P. Müller*, Grundrechte (LitVerz.), S. 103.
89 *Reusser* aaO., RN 27; *Manfred Nowak*, UNO-Pakt über bürgerliche und politische Rechte und Fakultativprotokoll: CCPR-Kommentar, 1989, Art. 23 RN 6; ²2005, Art. 23 RN 5.
90 Vgl. oben B I 1, RN 8.

Rechts auf Familie nach Art. 14 BV auf Konkubinatspaare abzulehnen ist[91]. Deren schützenswerten Interessen wird durch das Diskriminierungsverbot gemäß Art. 8 Abs. 2 BV und durch das Grundrecht der persönlichen Freiheit gemäß Art. 10 Abs. 2 BV Rechnung getragen. Unstrittig ist, wie im europäischen Menschenrechtsschutz[92], die Verweigerung des Rechts auf Familiengründung im Sinne von Art. 14 BV für gleichgeschlechtliche Paare und Einzelpersonen[93]. Eine Person ohne Partnerin oder Partner kann sich ebenfalls nicht auf das Recht auf Familie nach Art. 14 berufen, um z.B. Zugang zur Fortpflanzungsassistenz zu erlangen, denn Familiengründung ist ein Paarprojekt[94]. Dementsprechend bedeutet das Recht auf Familie als Individualrecht namentlich das Recht einer heiratsfähigen Person, mit einer Partnerin resp. einem Partner Kinder zu zeugen, die Zahl der gemeinsamen Kinder frei zu bestimmen sowie die eigenen Kinder aufzuziehen[95].

3. Grundrechtseingriffe

32
Einschränkbarkeit gemäß Art. 36 BV

Das Recht auf Familie ist, wie das Recht auf Ehe, unter den Voraussetzungen von Art. 36 BV einschränkbar[96]. Zu denken ist dabei vor allem an Regelungen über die Familiengründung selbst, etwa die rechtliche Ordnung der Abstammung oder die Normierung des Rechts auf künstliche Befruchtung. Für die Rechtfertigung einer Grundrechtsbeschränkung ist beim Recht auf Familie wie schon beim Recht auf Ehe die Praxis des Europäischen Gerichtshofs für Menschenrechte beizuziehen, die selbst Einschränkungen des mitgliedstaatlichen Gesetzgebers nach der Verhältnismäßigkeit prüft[97]. Unzulässig in den Kernbereich des Grundrechts eingreifen würden jedenfalls ein generelles Fortpflanzungsverbot für Ehepaare oder – wie schon erwähnt – Maßnahmen zwangsweiser Familienplanung.

4. Institutsgarantie

33
Regelung des Kinder-Eltern-Verhältnisses

Aus Art. 14 BV ergibt sich auch eine Bestandes bzw. Institutsgarantie des Staates für die Familie[98]. Darunter fällt etwa die Pflicht des Staates, das Verhältnis von Kindern und Eltern zueinander zu regeln[99], die allerdings subsidiär zur analogen Verpflichtung aus Art. 13 Abs. 1 BV sein dürfte. Der Auftrag des Staates zum Schutz und zur Förderung der Familie, der sich aus Art. 14 ergibt, geht

---

91 *Auer/Malinverni/Hottelier*, Droit constitutionnel, Bd. II (LitVerz.), RN 425; *Reusser* (FN 3), Art. 14 RN 26.
92 *EGMR*, Urt. v. 13.6.1979, Marckx ./. Belgien, Série A-31, RN 67 f.; Urt. v. 17.10.1986, Rees ./. UK, Série A-106, RN 49; Urt. v. 27.9.1990, Cossey ./. UK, Série A-184, RN 48; *Harris/O'Boyle/Warbrick* (FN 19), S. 442; *Frowein/Peukert*, EMRK-Kommentar (LitVerz.), Art. 12 RN 6.
93 *BGE 126* II 425 (430).
94 *Reusser* (FN 3), Art. 14 RN 25; Art. 3 Abs. 3 FMedG (SR 810.11).
95 *Reusser* aaO., RN 26 f.
96 *Mahon*, in: Aubert/ders., Constitution (LitVerz.), Art. 14 RN 6.
97 Vgl. z.B. *EGMR*, Urt. v. 18.12.1986, Johnston u.a. ./. Irland, Série A-112, RN 34.
98 *Reusser* (FN 3), Art. 14 RN 28.
99 *Reusser* aaO., RN 28.

allerdings im Sozialziel von Art. 41 Abs. 1 lit. c BV auf [100]. Einen Anspruch auf Familienförderungsleistungen gewähren beide Bestimmungen nicht.

C. Achtung des Familienlebens (Art. 13 Abs. 1 BV)

I. Vorbemerkung

Während Art. 14 BV, wie gezeigt, das Eingehen einer Ehe und die damit verbundene Familiengründung schützt, garantiert Art. 13 Abs. 1 BV unter anderem den Schutz bestehender familiärer Beziehungen unabhängig davon, wie sie entstanden sind[101]. Die Bestimmung ist in Verbindung mit der Europäischen Menschenrechtskonvention auszulegen; Absatz 1 stimmt fast wörtlich mit Art. 8 Abs. 1 EMRK überein. Auch Lehre[102] und Rechtsprechung[103] gehen davon aus, daß sich die Garantien der beiden Normen nach der Intention des Verfassungsgebers materiell weitgehend entsprechen.

34
Schutz bestehender familiärer Beziehungen

II. „Familie"

Der Begriff „Familie" ist weit zu verstehen[104]. In seiner Rechtsprechung zu Art. 8 EMRK hat das Bundesgericht den Begriff der Familie zunächst auf die Eltern und ihre Kinder beschränkt[105], dann aber unter Einfluß der Rechtsprechung der Straßburger Organe erweitert[106]. Geschützt sind einmal die Beziehungen zwischen Eltern und ihren (unmündigen oder volljährigen) Kindern, unabhängig davon, ob sie tatsächlich zusammenleben[107], und unabhängig davon, ob die Elternteile noch zusammenleben oder z. B. geschieden sind[108]. Ferner sind die Beziehungen zu anderen Familienangehörigen geschützt, sofern ein (altersunabhängiges) Abhängigkeitsverhältnis vorhanden ist[109], die fraglichen Beziehungen gelebt werden und eine gewisse Nähe aufweisen[110].

35
Weiter Begriff

---

100 *Reusser* aaO., RN 28; Näheres bei *Bigler-Eggenberger*, in: Ehrenzeller u. a., St. Galler Kommentar (LitVerz.), Art. 41 RN 44–49.
101 *Breitenmoser*, in: Ehrenzeller u. a., St. Galler Kommentar (LitVerz.), Art. 13 Abs. 1, RN 23; *Martina Caroni*, Privat- und Familienleben zwischen Menschenrecht und Migration, eine Untersuchung zu Bedeutung, Rechtsprechung und Möglichkeiten von Art. 8 EMRK im Ausländerrecht, 1999, S. 37.
102 *Breitenmoser* aaO., RN 2.
103 *BGE 126* II 394; *129* II 217 f.; *129* II 329.
104 *Mahon*, in: Aubert/ders., Constitution (LitVerz.), Art. 13 RN 7; *J.P. Müller*, Grundrechte (LitVerz.), S. 110 f. *Schefer*, Grundrechte (LitVerz.), S. 75; zu Art. 8 EMRK: *Meyer-Ladewig*, EMRK (LitVerz.), Art. 8 RN 18; *Haefliger/Schürmann* (FN 21), S. 259; *Caroni* (FN 101), S. 22.
105 *BGE 115* Ib 97; *118* Ib 153; *120* Ib 1 und 22.
106 *Breitenmoser*, in: Ehrenzeller u. a., St. Galler Kommentar (LitVerz.), Art. 13 Abs. 1, RN 24.
107 *J.P. Müller*, Grundrechte (LitVerz.), S. 112; einschränkend *Caroni* (FN 101), S. 34; *Achermann/Caroni*, Homosexuelle und heterosexuelle Konkubinatspaare im schweizerischen Ausländerrecht, SZIER 2001, S. 125 (126).
108 Vgl. *EGMR*, Urt. v. 26. 5. 1994, Keegan ./. Irland, Série A-290, RN 44; Urt. v. 13. 7. 2000, Elsholz ./. Deutschland, Recueil 2000-VIII, RN 43.
109 *BGE 115* Ib 1; *120* Ib 257 (261); *Breitenmoser*, in: Ehrenzeller u. a., St. Galler Kommentar (LitVerz.), Art. 13 Abs. 1, RN 24; *Caroni* (FN 101), S. 32.
110 *J.P. Müller*, Grundrechte (LitVerz.), S. 112; *Mahon*, in: Aubert/ders., Constitution (LitVerz.), Art. 13 RN 7; *Caroni* (FN 101), S. 24, 34 f.

Dem natürlichen Kindschaftsverhältnis gleichgestellt sind Adoptivverhältnisse[111] und unter Umständen die Beziehung zu einem Stiefelternteil[112] oder stabile Pflegekindverhältnisse[113].

36
Andere Beziehungsformen

Gemäß Lehre[114] – wie Rechtsprechung des Europäischen Gerichtshofs für Menschenrechte zu Art. 8 EMRK[115] – können auch Konkubinatspaare den Schutz von Art. 13 Abs. 1 BV beanspruchen, ebenso Partner gleichgeschlechtlicher Beziehungen[116]. Schließlich umfaßt der Begriff der Familie nach Art. 8 EMRK grundsätzlich auch gelebte Beziehungen zumindest zu nahen Verwandten, z.B. zu Geschwistern, Großeltern, Enkelinnen und Enkeln oder Onkeln respektive Tanten sowie Neffen respektive Nichten[117].

37
Begriffsdefinition

Die konstituierenden Elemente des erweiterten Familienbegriffs sind „die Blutsverwandtschaft, das Zusammenleben, die gegenseitige Fürsorgepflicht und die finanzielle Abhängigkeit sowie weitere Elemente substantieller oder effektiver Bindungen. Mehrere dieser Elemente, aber nicht alle, müssen vorhanden sein, damit eine Familie vorliegt"[118]. Die Definition von Familie stellt daher, ausgehend von der biologischen bzw. rechtlichen Verwandtschaft, stark auf die soziale Wirklichkeit gelebter familiärer Beziehungen ab[119] und schützt grundsätzlich auch faktische soziale Lebensgemeinschaften von Erwachsenen und Kindern oder unter Erwachsenen[120].

III. Schutzbereich

38
Effektiver Schutz des Familienlebens

Das Gebot der Achtung familiärer Beziehungen erfordert namentlich, der Familie das Zusammenleben zu ermöglichen, familiäre Beziehungen (auch) rechtlich angemessen anzuerkennen und bei Eingriffen in das Familienleben

---

111 *EGMR*, Urt. v. 28.10.1998, Söderbäck ./. Schweden, Recueil 1998-VII, RN 31 ff.; Urt. v. 26. 2. 2003, Fretté ./. Frankreich, Recueil 2002-I, RN 32; *Meyer-Ladewig*, EMRK (LitVerz.), Art. 8 RN 24; *Haefliger/Schürmann* (FN 21), S. 260; *Frowein/Peukert*, EMRK-Kommentar (LitVerz.), Art. 8 RN 17.
112 *EGMR*, Urt. v. 28.10.1998, Söderbäck ./. Schweden, Recueil 1998-VII, RN 33.
113 Vgl. *Frowein/Peukert* aaO., Art. 8 RN 17; *Caroni* (FN 101), S. 32 f.
114 *Breitenmoser*, in: Ehrenzeller u.a., St. Galler Kommentar (LitVerz.), Art. 13 Abs. 1, RN 24; *Achermann/Caroni* (FN 107), S. 126 ff.; *Mahon*, in: Aubert/ders., Constitution (LitVerz.), Art. 13 RN 7; *Auer/Malinverni/Hottelier*, Droit constitutionnel suisse, Bd. II (LitVerz.), RN 392.
115 *EGMR*, Urt. v. 18.12.1986, Johnston ./. Irland, Série A-112, RN 56; Urt. v. 13.7.2000, Elsholz ./. Deutschland, Recueil 2000-VIII, RN 43; Urt. v. 12.7.2001, K. und T. ./. Finnland, Recueil 2001-VII, RN 150; *Haefliger/Schürmann* (FN 21), S. 259; *Villiger*, EMRK (LitVerz.), RN 571; *Caroni* (FN 101), S. 27 f.; *Grabenwarter*, EMRK (LitVerz.), S. 183.
116 *EGMR*, Urt. v. 21.12.1999, Salgueiro da Silva Mouta ./. Portugal, Recueil 1999-IX, RN 22; ablehnend noch für ein lesbisches Paar die *EKMR*, Erk. v. 19.5.1992, Kerkhoven u.a. ./. Niederlande, Nr. 15666/89, RN 1.
117 Vgl. *EGMR*, Urt. v. 13.6.1979, Marckx ./. Belgien, Série A-31, RN 45 (Beziehung Großeltern zu Enkel); Urt. v. 24.4.1996, Boughanemi ./. Frankreich, Recueil 1996-II, RN 35 (Beziehungen unter nah verwandten Erwachsenen); *EKMR*, Bericht v. 27.6.1995, X., Y. und Z. ./. UK, Nr. 21830/93, RN 52 (Beziehung Onkel zu Neffen).
118 Botschaft des BR zum VE 96, S. 153. *Grabenwarter*, EMRK (LitVerz.), S. 183 f.; *EGMR*, Urt. v. 12.7.2001, K. u T. ./. Finnland, Recueil 2001-VII, RN 150.
119 Vgl. u.a. *Auer/Malinverni/Hottelier*, Droit constitutionnel suisse, Bd. II (LitVerz.), RN 379 f.; *Breitenmoser*, in: Ehrenzeller u.a., St. Galler Kommentar (LitVerz.), Art. 13 Abs. 1, RN 24; *Mahon*, in: Aubert/ders., Constitution (LitVerz.), Art. 13 RN 7; *Grabenwarter*, EMRK, S. 183 f.
120 *BGE* 128 IV 162 f.; *EGMR*, Urt. v. 12.7.2001, K. u T. ./. Finnland, Receuil 2001-VII, RN 150; *Caroni* (FN 101), S. 24.

den Betroffenen einen effektiven, auch verfahrensrechtlich durchsetzbaren Schutz zu gewähren. Aus dem Grundrecht auf Achtung des Familienlebens kann aber nicht abgeleitet werden, der Gesetzgeber müsse unterschiedlich feste Bindungen gleich behandeln[121]. Eine absolute Gleichbehandlung aller familiären Bindungen liegt deshalb außerhalb des Schutzbereiches von Art. 13 Abs. 1 BV wie auch von Art. 8 Abs. 1 sowie Art. 14 EMRK.

1. Das Zusammenleben der Familie

Das zentrale Recht auf Achtung des Familienlebens ist das Recht einer Person, in einer Familie zusammenzuleben und nicht von den Angehörigen dieser Familie getrennt zu werden[122]. Der Staat hat außerdem sicherzustellen, daß Dritte diesen Kontakt nicht vereiteln[123]. Er ist verpflichtet, so weit wie möglich ein normales Familienleben, vor allem zwischen Eltern und Kindern, zu gewährleisten[124]. Diese Verpflichtungen sind insbesondere im Bereich des Ausländerrechts und bei Kindesschutzmaßnahmen zu beachten.

39
Schutz vor Trennung

a) Ausländerrecht

Der Schutz des Familienlebens spielt in der Praxis zum Ausländer- und Aufenthaltsrecht eine enorme Rolle. Zwar ergibt sich weder aus Art. 13 Abs. 1 BV noch aus Art. 8 EMRK direkt ein Anspruch auf Asyl, Einreise und Aufenthalt für Familienmitglieder. Nach ständiger Rechtsprechung des Bundesgerichts[125] können aber unter Umständen Maßnahmen des Ausländerrechts, wenn eine oder einer der Familienangehörigen über ein gefestigtes Aufenthaltsrecht in der Schweiz verfügt, einen Eingriff in das Recht auf Achtung des Familienlebens darstellen („Reneja-Praxis"[126]). Dieser Eingriff bedarf der Rechtfertigung nach Art. 36 BV bzw. Art. 8 Abs. 2 EMRK[127]. Keine Verletzung des Rechts auf Schutz des Familienlebens besteht nach der Rechtsprechung des Bundesgerichts aber z. B. in jenen Fällen, in denen die Trennung der Familie freiwillig erfolgt ist[128] oder wenn es den in der Schweiz aufenthaltsberechtigten Personen zumutbar ist, ihren Familienangehörigen, die über keine Aufenthaltsberechtigung verfügen, ins Ausland zu folgen[129], oder wenn vor-

40
Familiennachzugsberechtigung

---

121 Botschaft des BR zum VE 96, S. 153.
122 *J.P. Müller*, Grundrechte (LitVerz.), S. 113; *Caroni* (FN 101), S. 36 f.; *Mahon*, in: Aubert/ders., Constitution (LitVerz.), Art. 13 RN 8; *Meyer-Ladewig*, EMRK (LitVerz.), Art. 8 RN 19.
123 *J.P. Müller* aaO., S. 114.
124 *Meyer-Ladewig*, EMRK (LitVerz.), Art. 8 RN 20; vgl. auch *Caroni* (FN 101), S. 38.
125 *BGE 119* Ib 93 f.; *122* II 5; *126* II 382; *130* II 281; *Auer/Malinverni/Hottelier*, Droit constitutionnel suisse, Bd. II (LitVerz.), RN 385 ff.; *Breitenmoser*, in: Ehrenzeller u. a., St. Galler Kommentar (LitVerz.), Art. 13 Abs. 1, RN 26; *Mahon*, in: Aubert/ders., Constitution (LitVerz.), Art. 13 RN 9; *Schefer*, Grundrechte (LitVerz.), S. 114.
126 *Breitenmoser*, Das Recht auf Achtung des Privat- und Familienlebens in der Schweizer Rechtsprechung zum Ausländerrecht, EuGRZ 1993, S. 537 (538 ff.); *Hottelier/Mock/Puéchavy* (FN 14), S. 149 ff.
127 *BGE 130* II 281; *126* II 425; *120* Ib 1; *125* II 585; *Breitenmoser*, in: Ehrenzeller u. a., St. Galler Kommentar (LitVerz.), Art. 13 Abs. 1, RN 25. Zu Art. 8 EMRK: EGMR, Urt. v. 2. 8. 2001, Boultif ./. Schweiz, Recueil 2001-IX, RN 40; Urt. v. 17. 4. 2003, Yilmaz ./. Deutschland, Nr. 52853/99, RN 36.
128 *BGE 118* Ib 153; *119* Ib 81; EGMR, Urt. v. 19. 2. 1996, Gül ./. Schweiz, Recueil 1996-I, RN 41.
129 *BGE 122* II 289; *Breitenmoser*, in: Ehrenzeller u. a., St. Galler Kommentar (LitVerz.), Art. 13 Abs. 1, RN 27; *J.P. Müller*, Grundrechte (LitVerz.), S. 116; *Schefer*, Grundrechte (LitVerz.), S. 115.

§ 213　　*Vierzehnter Teil: II. Einzelgrundrechte*

rangige Sicherheitsinteressen eine Ausweisung oder eine Fernhaltung erfordern[130].

b) Trennung von Eltern und Kindern

41
Rechtfertigung im Kindesinteresse

Mindestmaß an Kontakt

Die Trennung von Eltern und unmündigen Kindern ist ein weitreichender Eingriff in das Recht auf Familie der Beteiligten, der in der Regel nur durch die Kindesinteressen gerechtfertigt werden kann und verhältnismäßig sein muß[131]. Die Unterbringung eines Kindes außerhalb der Familie sollte grundsätzlich eine zeitlich befristete Maßnahme sein, die gewisse Anforderungen erfüllen muß[132] und die sobald wie möglich wieder aufzuheben ist[133]. Auch im Falle einer Trennung von Eltern und Kindern als Kindesschutzmaßnahme ist ein Mindestmaß an Kontakt sicherzustellen[134] und eine „positive Entwicklung des Verhältnisses zwischen Eltern und Kind zu gewährleisten"[135].

2. Die rechtliche Anerkennung familiärer Beziehungen

42
Anerkennung biologischer Verwandtschaft

Natürlicher Vater

Mutter-Kind-Beziehung

Art. 13 BV schützt indirekt auch die rechtliche Anerkennung biologischer Verwandtschaftsbeziehungen. Die Herstellung eines Kindesverhältnisses darf vom Staat nicht (unverhältnismäßig) beschränkt werden[136]. Praktisch bedeutsam ist vor allem die Stellung des natürlichen Vaters. Nach der Rechtsprechung des Europäischen Gerichtshofs für Menschenrechte hat er zumindest dann, wenn die Mutter nicht mit einem anderen Mann verheiratet ist[137] und der Anerkennung somit keine widersprechende Ehelichkeitsvermutung entgegensteht, das Recht, sein Kind auch rechtlich anzuerkennen. Auch die Mutter-Kind-Beziehung untersteht dem Schutz von Art. 8 EMRK bzw. Art. 13 BV.

---

130 *BGE 129* II 193; *120* Ib 6; *EGMR*, Urt. v. 18. 2. 1991, Moustaquim ./. Belgien, Série A-193, RN 43; Urt. v. 26. 3. 1992, Beldjoudi ./. Frankreich, Série A-234 A, RN 44; Urt. v. 2. 8. 2001, Boultif ./. Schweiz, Recueil 2001-IX, RN 39 ff.; Urt. v. 17. 4. 2003, Yilmaz ./. Deutschland, Nr. 52853/99, RN 48 f.; *Grabenwarter*, EMRK (LitVerz.), S. 190, 199 ff.
131 *Auer/Malinverni/Hottelier*, Droit constitutionnel suisse, Bd. II (LitVerz.), RN 402 ff.; *Cyril Hegnauer*, Grundriss des Kindesrechts und des übrigen Verwandtschaftsrechts, 1999, S. 214; *BGE 120* II 387 f.; *100* Ia 308; zu Art. 8 EMRK: *Meyer-Ladewig*, EMRK (LitVerz.), Art. 8 RN 22; *Haefliger/Schürmann* (FN 21), S. 266 f.; *Frowein/Peukert*, EMRK-Kommentar (LitVerz.), Art. 8 RN 22. Umgekehrt kann es auch einen Eingriff ins Familienleben darstellen, wenn ein Kind von Pflegeeltern getrennt wird, zu welchen es in jungem Alter kam und lange eine enge Beziehung entwickelt hat. Vgl. EKMR, Erk. v. 10. 7. 1978, Fall X., Nr. 8257/78, DR 13, S. 248 (253).
132 Vgl. *EGMR*, Urt. v. 13. 7. 2000, Scozzari und Giunta ./. Italien, Recueil 2000-VIII, RN 201 ff.
133 *EGMR*, Urt. v. 24. 3. 1988, Olsson ./. Schweden, A-130, RN 81, sowie EuGRZ 1988, S. 591; Urt. v. 13. 7. 2000, Scozzari und Giunta ./. Italien, Recueil 2000-VIII, RN 169 ff.; *Meyer-Ladewig*, EMRK (LitVerz.), Art. 8 RN 22; *Caroni* (FN 101), S. 36 f.
134 *J.P. Müller*, Grundrechte (LitVerz.), S. 114.
135 *Grabenwarter*, EMRK (LitVerz.), S. 185; *EGMR*, Urt. v. 22. 6. 1989, Eriksson ./. Schweden, Série A-156, RN 71; Urt. v. 22. 4. 1992, Rieme ./. Schweden, Série A-226 B, RN 69, 73. Zum völkerrechtlichen Schutz der Interessen des Kindes s. auch die Kinderrechtskonvention der Vereinten Nationen, insb. Art. 3, 9, 12, 18, 20, 21 u. 25 (Übereinkommen v. 20. 11. 1989 über die Rechte des Kindes [SR 0.107], für die Schweiz in Kraft seit dem 26. 3. 1997, Botschaft des Bundesrates v. 29. 6. 1994 betr. den Beitritt der Schweiz zum Übereinkommen von 1989 über die Rechte des Kindes [BBl 1994 V S. 1]), sowie *Detrick* (FN 59)
136 *J.P. Müller*, Grundrechte (LitVerz.), S. 113.
137 *EGMR*, Urt. v. 27. 10. 1994, Kroon ./. Niederlande, Série A-297 C, RN 29 ff.

So ist es unzulässig, daß Kinder, die außerhalb der Ehe geboren werden, von ihrer Mutter anerkannt werden müssen, wenn dies im Falle einer ehelichen Geburt nicht erforderlich ist[138].

3. Verfahrensrecht

Aus Art. 8 EMRK und Art. 13 BV ergibt sich eine Reihe von Verfahrensrechten. Gefordert sind insbesondere eine angemessene Beteiligung aller Betroffenen an einschlägigen Verfahren und eine möglichst kurze Verfahrensdauer[139].

43 Beteiligungsrechte und Verfahrensdauer

a) Verfahrensbeteiligte

An Verfahren über Eingriffe in das Recht auf Achtung des Familienlebens sind alle Betroffenen angemessen zu beteiligen[140]. Dabei ist es unerheblich, ob die zu Grunde liegende familiäre Beziehung bereits rechtlich anerkannt ist bzw. überhaupt rechtlich anerkannt werden kann. Sowohl der Europäische Gerichtshof für Menschenrechte als auch die Lehre gehen davon aus, daß die biologischen Eltern, wenn sie bekannt sind, am Verfahren zu beteiligen sind – auch wenn kein rechtliches Kindesverhältnis besteht[141]. Aus der Praxis des Europäischen Gerichtshofs für Menschenrechte bedeutsam sind z. B. Fälle, in denen ein Kind ohne die Zustimmung beider biologischen Eltern zur Adoption freigegeben wurde[142] oder in denen ohne ausreichende Verfahrensbeteiligung respektive Berücksichtigung der Interessen der leiblichen Eltern ein Vormund bestellt wurde[143]. Nach dem schweizerischen Recht ist zwar die Zustimmung des biologischen Vaters zur Adoption des Kindes nicht erforder-

44 Angemessene und umfassende Beteiligung

Informationspflichten

---

138 *Peters* (FN 21), S. 164 f.; *EGMR*, Urt. v. 13. 6. 1979, Marckx ./. Belgien, Série A-31, RN 45.
139 *Grabenwarter*, EMRK (LitVerz.), S. 203 f.; *EGMR*, Urt. v. 8. 7. 1987, W. ./. UK, Série A-121, RN 65; Urt. v. 8. 7. 1987, H. ./. UK, Série A-120, RN 89 f.; Urt. v. 9. 5. 2003, Covezzi und Morselli, Nr. 52763/99, RN 137 f.; Urt. v. 29. 6. 2004, Voleský, Nr. 63627/00, RN 117 ff.; Urt. v. 13. 7. 2000, Scozzari und Giunta ./. Italien, Recueil 2000-VIII, RN 173; Urt. v. 24. 4. 2003, Sylvester ./. Österreich, Nr. 36812/97 u. a., RN 59; Urt. v. 13. 7. 2000, Elsholz ./. Deutschland, Recueil 2000-VIII, RN 52; Urt. v. 14. 1. 2003, K.A. ./. Finnland, Nr. 27751/95, RN 104 f.; Urt. v. 9. 5. 2003, Covezzi und Morselli ./. Italien, Nr. 52763/99, RN 137 f.; Urt. v. 26. 5. 1994, Keegan ./. Irland, Série A-290, RN 55; speziell zum Recht auf Akteneinsicht vgl. *EGMR*, Urt. v. 24. 2. 1995, McMichael ./. UK, Série A-307 B, RN 92; zum Anhörungsrecht vgl. *EGMR*, Urt. v. 8. 7. 1987, W. ./. UK, Série A-121, RN 63 f., und Urt. v. 26. 5. 1994, Keegan ./. Irland, Série A-290, RN 55; zum Informationsrecht vgl. *EGMR*, Urt. v. 13. 7. 2000, Scozzari und Giunta ./. Italien, Recueil 2000-VIII, RN 208; zum Recht auf Stellungnahme *EGMR*, Urt. v. 20. 12. 2001, Buchberger ./. Österreich, Nr. 32899/96, RN 43 f., und Urt. v. 10. 5. 2001, T.P. und K.M. ./. UK, Recueil 2001-V, RN 82.
140 *Grabenwarter*, EMRK (LitVerz.), S. 204; *EGMR*, Urt. v. 13. 7. 2000, Elsholz ./. Deutschland, Recueil 2000-VIII, RN 52; Urt. v. 14. 1. 2003, K.A. ./. Finnland, Nr. 27751/95, RN 104 f.; Urt. v. 9. 5. 2003, Covezzi und Morselli ./. Italien, Nr. 52763/99, RN 137 f.; zum Recht auf Akteneinsicht vgl. *EGMR*, Urt. v. 24. 2. 1995, McMichael ./. UK, Série A-307 B, RN 92; zum Anhörungsrecht vgl. *EGMR*, Urt. v. 8. 7. 1987, W. ./. UK, Série A-121, RN 63 f., und Urt. v. 26. 5. 1994, Keegan ./. Irland, Série A-290, RN 55; zum Informationsrecht vgl. *EGMR*, Urt. v. 13. 7. 2000, Scozzari und Giunta ./. Italien, Recueil 2000-VIII, RN 208; zum Recht auf Stellungnahme vgl. *EGMR*, Urt. v. 20. 12. 2001, Buchberger ./. Österreich, Nr. 32899/96, RN 43 f., und Urt. v. 10. 5. 2001, T.P. und K.M. ./. UK, Recueil 2001-V, RN 82.
141 Zu Entscheiden des EGMR siehe FN 137, 138 und 140; *J.P. Müller*, Grundrechte (LitVerz.), S. 114.
142 *EGMR*, Urt. v. 26. 5. 1994, Keegan ./. Irland, Série A-290, RN 55.
143 *EGMR*, Urt. v. 8. 7. 1987, W., B. and R. ./. UK, Série A-121 RN 60 ff.; Urt. v. 24. 2. 1995, McMichael ./. UK, Série A-307 B, RN 92.

lich[144]; die Vormundschaftsbehörde ist aber verpflichtet, diesen darüber zu informieren, daß er durch Anerkennung des Kindes ein Zustimmungsrecht erwerben kann[145]. Diese Praxis sollte mit Art. 13 Abs. 1 BV sowie mit Art. 8 EMRK vereinbar sein.

b) Verfahrensdauer

45
Beeinflussung des Verfahrens durch Zeitablauf

Insbesondere in Verfahren, die Sorge- und Umgangsrechte mit Kindern zum Gegenstand haben, kann der Zeitablauf das Verfahren maßgeblich beeinflussen: Je länger ein Kind mit einem Elternteil allein lebt, desto wahrscheinlicher ist es, daß eine Trennung von diesem dem Kindeswohl widerspricht und daher unzulässig ist. Das kann selbst dann der Fall sein, wenn zum Zeitpunkt des Streitbeginns eine gegenteilige Entscheidung geboten wäre. Daher fordert der Europäische Gerichtshof für Menschenrechte, daß derartige Verfahren so ausgestaltet sein müssen, daß sich während des Verfahrens keine neue entscheidungserhebliche Sachlage ergibt[146].

IV. Grundrechtsträger

46
Jedermann-Recht

Auf die Achtung des Familienlebens kann sich jeder Mensch unabhängig von seiner Staatsbürgerschaft berufen[147]. Das Grundrecht steht selbstverständlich auch Minderjährigen nach Maßgabe von Art. 11 BV uneingeschränkt zu[148].

V. Rechtfertigung von Grundrechtseingriffen

47
Verhältnismäßigkeit sowie Notwendigkeit des Eingriffs

Art. 8 EMRK regelt in Absatz 2 die Rechtfertigung von Grundrechtseingriffen[149]. Demgegenüber enthält Art. 13 BV keine speziellen Regelungen. Vielmehr gilt die allgemeine formale Vorschrift von Art. 36 BV. Die Anforderungen an die Rechtfertigung des Eingriffs nach Art. 36 BV bleiben jedoch hinter jenen von Art. 8 Abs. 2 EMRK, der fordert, daß der Eingriff sowohl verhältnismäßig als auch in „einer demokratischen Gesellschaft notwendig ist". Begrenzt sind außerdem die öffentlichen Interessen, aufgrund derer ein Eingriff gerechtfertigt werden kann. Da staatliche Organe auf die Einhaltung von Völkerrecht und damit auch der Europäischen Menschenrechtskonvention

---

144 Art. 265c ZGB; *Breitschmid*, in: Heinrich Honsell/Nedim Peter Vogt/Thomas Geiser (Hg.), Basler Kommentar zum Schweizerischen Privatrecht, ²2002, Art. 265c ZGB, RN 2.
145 Art. 265a ZGB; *Breitschmid* aaO., Art. 265a ZGB, RN 2 f.; *BGE 113* Ia 275.
146 *Grabenwarter*, EMRK (LitVerz.), S. 203 f.; *EGMR*, Urt. v. 8. 7. 1987, W. ./. UK, Série A-121, RN 65; Urt. v. 8. 7. 1987, H. ./. UK, Série A-120, RN 89 f.; Urt. v. 9. 5. 2003, Covezzi und Morselli, Nr. 52763/99, RN 137 f.; Urt. v. 29. 6. 2004, Voleský, Nr. 63627/00, RN 117 f.; Urt. v. 13. 7. 2000, Scozzari und Giunta ./. Italien, Recueil 2000-VIII, RN 173; zur unverzüglichen Vollstreckung der angeordneten Rückgabe eines entführten Kindes vgl. *EGMR*, Urt. v. 24. 4. 2003, Sylvester ./. Österreich, Nr. 36812/97 u. a., RN 59.
147 *Auer/Malinverni/Hottelier*, Droit constitutionnel suisse, Bd. II (LitVerz.), RN 419.
148 *Reusser/Lüscher*, in: Ehrenzeller u. a., St. Galler Kommentar (LitVerz.), Art. 11, bes. RN 22 f.
149 Vgl. *Grabenwarter*, EMRK (LitVerz.), S. 192 ff., bes. 196 f.; *Peters* (FN 21), S. 154 f.; *Haefliger/Schürmann* (FN 21), S. 275 ff.; *Pieter van Dijk/G.J.H. van Hoof*, Theory and Practice of the European Convention on Human Rights, 1998, S. 537 ff. u. 761 ff.; *Meyer-Ladewig*, EMRK (LitVerz.), Art. 8 RN 37 ff.

verpflichtet sind, sind für die Prüfung der Rechtmäßigkeit von Eingriffen in das Recht auf Achtung des Familienlebens auch die strengeren Voraussetzungen und Rechtfertigungsgründe von Art. 8 Abs. 2 EMRK heranzuziehen[150]. Es ist auszuschließen, daß der Verfassungsgeber, der sich insbesondere im Falle von Art. 13 BV explizit auf Art. 8 EMRK beruft, hier bewußt von seinen völkerrechtlichen Verpflichtungen abweichen wollte.

VI. Institutsgarantie

Aus Art. 13 BV läßt sich keine Institutsgarantie für die Familie ableiten. Dies ergibt sich einmal aus dem Wortlaut der Bestimmung[151]. Zudem schließt auch die Vielfältigkeit der familiären Beziehungen, zu deren Schutz Art. 13 BV angerufen werden kann, eine Institutsgarantie aus. Ebenso ist für Art. 8 EMRK weitgehend unstritig, daß eine abschließende Aufzählung der geschützten Familienverhältnisse nicht möglich oder sinnvoll ist.

48
Keine Institutsgarantie aus Art. 13 BV

VII. Horizontal- resp. Drittwirkung

Aus der Pflicht des Staates gemäß Art. 35 BV, die Grundrechte nicht nur zu achten, sondern auch zu gewährleisten und in der ganzen Rechtsordnung durchzusetzen, ergibt sich auch im Falle von Art. 13 BV eine Horizontal- oder Drittwirkung. Als Beispiel kann hier die Verhinderung der Ausführung von fremdenpolizeilichen Maßnahmen dienen, welche die Einheit und das Zusammenleben einer Familie gefährden würden[152].

49
Grenzen fremdenpolizeilicher Maßnahmen

D. Das Diskriminierungsverbot aus Gründen der Lebensform und der Geburt

Art. 8 BV (Rechtsgleichheit) bestimmt in Absatz 2, daß niemand diskriminiert werden darf, namentlich nicht [...] wegen der Lebensform[153]. Mit Lebensform ist, wie aus den Materialien eindeutig hervorgeht, die sexuelle Orientierung gemeint, die sich zu einer Lebensform verdichtet hat. Durch die Formulierung „Lebensform" soll ausgeschlossen werden, daß sexuelle Neigungen schlechthin, also etwa auch Pädophilie oder Exhibitionismus, mit erfaßt würden[154].

50
Sexuelle Lebensform

---

150 *R. J. Schweizer* (FN 63), RN 4; ders., Zur Nachführung des Legalitätsprinzips, in: Benoît Bovay/Minh Son Nguyen (Hg.), Mélanges en l'honneur de Pierre Moor, 2005, S. 517 (523 f.).
151 Vgl. *Reusser* (FN 3), Art. 14 RN 10.
152 Vgl. *R. J. Schweizer* (FN 63), Art. 35 RN 9; *BGE 126* II 377 (382 ff.).
153 Zum Diskriminierungsverbot nach Art. 8 Abs. 2 BV s. *Bernhard Waldmann*, Das Diskriminierungsverbot von Art. 8 Abs. 2 BV als besonderer Gleichheitssatz, 2003; zur Diskriminierung ganz allgemein vgl. *Vincent Martenet*, Géométrie de l'égalité, 2003.
154 Amt. Bull. NR 1998, S. 154 f., S. 161; *J.P. Müller*, Die Diskriminierungsverbote nach Art. 8 Abs. 2 der neuen Bundesverfassung, in: Ulrich Zimmerli (Hg.), Die neue Bundesverfassung, Konsequenzen für Praxis und Wirtschaft, Tagung vom 21./22. Oktober an der Universität Bern, 2000, S. 103 (122); *R. J. Schweizer* (FN 63), Art. 8 Abs. 1 und 2, RN 75; *Waldmann* (FN 153), S. 633.

Sexuelle Orientierungen, die nicht als Lebensform angesehen werden können, sind allenfalls durch das allgemeine Diskriminierungsverbot geschützt. Vom Begriff der Lebensform im Sinne von Art. 8 Abs. 2 BV erfaßt werden auf jeden Fall heterosexuelle und homosexuelle Konkubinate[155]. Wahrscheinlich unterstehen aber auch nicht sexuell bestimmte Lebensformen, wie Geschwistergemeinschaften oder Lebensformen von Fahrenden oder Artisten, dem Schutz der Lebensform[156].

Nicht sexuell bestimmte Lebensformen

51
Kein Egalisierungsgebot

Art. 8 Abs. 2 BV enthält kein Egalisierungsgebot[157]. Verboten ist vielmehr die qualifizierte Ungleichbehandlung von Personen in vergleichbaren Situationen, wenn diese eine Benachteiligung der betreffenden Menschen zum Ziel oder zur Folge hat, die als Herabwürdigung oder Ausgrenzung einzuschätzen ist, weil sie an ein Unterscheidungsmerkmal anknüpft, das einen wesentlichen Bestandteil der Identität der betroffenen Person ausmacht[158]. Im Gegensatz zu Abs. 3 und 4 von Art. 8 BV, die Fördermaßnahmen zugunsten von Frauen und Behinderten vorsehen, ist der Gesetzgeber keinesfalls verpflichtet, die Gleichstellung in allen Belangen durchzusetzen.

52
Verbot lebensformbezogener Benachteiligung
Kein Ordnungs- oder Institutionalisierungsgebot

Aus dem Diskriminierungsverbot aufgrund der Lebensform ergibt sich, daß es unzulässig ist, eine benachteiligende Behandlung von Personen mit ihrer Lebensform zu begründen. Dagegen ist aus Art. 8 Abs. 2 BV keine Verpflichtung des Staates ableitbar, diese Lebensform selbst zu ordnen oder gar zu institutionalisieren. Die Einführung einer registrierten Partnerschaft für gleichgeschlechtliche Paare[159] trägt zwar Art. 8 Abs. 2 BV Rechnung, ist aber nicht im strengen Sinne aufgrund dieser Vorschrift, sondern aus sozialpolitischen Gründen geboten. Das Bundesgericht hatte bisher nicht Gelegenheit, sich zur Diskriminierung aufgrund der Lebensform zu äußern[160], womit sowohl der Schutzbereich wie die Verhältnismäßigkeitsfragen noch recht unbestimmt sind.

53
Zusätzlicher Schutz durch die Verfassung

Das Diskriminierungsverbot aufgrund der Lebensform läßt sich aber auch aus Art. 8 Abs. 2 BV unter Beachtung von Art. 14 EMRK ableiten, welcher eine Diskriminierung aufgrund des „sonstigen Status" – zu welchem die sexuelle Orientierung zählt – verbietet[161]. Anders als das Bundesgericht hatte der

---

155 *Reusser* (FN 3), Art. 14, RN 20; *J.P. Müller*, Grundrechte (LitVerz.), S. 105; *Waldmann* (FN 153), S. 634 f.
156 So *J.P. Müller* (FN 152), S. 122.
157 *Häfelin/Haller*, Bundesstaatsrecht (LitVerz.), RN 775; *R. J. Schweizer* (FN 63), Art. 8 Abs. 1 und 2, RN 52.
158 *BGE 126* II 377; *R. J. Schweizer* aaO., RN 50.
159 Bundesgesetz über die eingetragene Partnerschaft gleichgeschlechtlicher Paare v. 18. 6. 2004 (SR 211.231).
160 Entschieden wurde bisher die Frage, ob die neuseeländische Lebensgefährtin einer Schweizerin ein Aufenthaltsrecht in der Schweiz hätte; das Bundesgericht stellte die Beziehung unter den Schutz des Privatlebens nach Art. 13 Abs. 1 BV, hielt aber die Verweigerung der Aufenthaltsgenehmigung für gerechtfertigt, weil das Paar ihre Beziehung schon vorher über Jahre in Neuseeland gelebt hatte (*BGE 126* II 425). Es folgte damit seiner Rspr. zum Schutz des Familienlebens (dazu C III 1 a, RN 39 f.), wonach die Verweigerung eines Aufenthaltsrechts für den ausländischen Partner ebenfalls zulässig ist, wenn dem Paar ein Zusammenleben im Ausland zumutbar ist. Die Frage nach einer Diskriminierung nach Art. 8 Abs. 2 BV stellte sich daher nicht.
161 Vgl. *Peters* (FN 21), S. 221; *Grabenwarter*, EMRK (LitVerz.), S. 375.

Europäische Gerichtshof für Menschenrechte schon einige Fälle zum Thema zu entscheiden[162] und verringerte dabei stetig – aufgrund der steigenden europaweiten Akzeptanz bestimmter Formen der Sexualität – den Entscheidungsspielraum der Mitgliedstaaten in diesem Bereich[163].

Die in Art. 8 Abs. 2 BV enthaltene Aufzählung verbotener Diskriminierungsgründe ist jedoch nicht abschließend, sondern enthält bloß Beispiele[164]. Aus diesem Grund ist für den Schutz des Familienlebens (Art. 13 BV, Art. 8 EMRK) auch der in Art. 14 EMRK genannte Diskriminierungsgrund der „Geburt" relevant, die Unterscheidung zwischen ehelichen und unehelichen Kindern[165]. In diesem sensiblen Bereich verlangt der Europäische Gerichtshof für Menschenrechte zur Rechtfertigung von Ungleichbehandlungen besonders schwerwiegende Gründe[166]. Als diskriminierend wurden z.B. Ungleichbehandlungen im Erbrecht[167] sowie von Vätern nichtehelicher Kinder in bezug auf Umgangs- und Sorgerechte bezeichnet[168]. Der Europäische Gerichtshof für Menschenrechte erklärte explizit, eine Differenzierung nach ehelicher und nichtehelicher Geburt sei nicht erforderlich, um dem legitimen Ziel des Schutzes von Gesundheit und Wohl der Kinder gerecht zu werden[169].

54
Verbot der Diskriminierung unehelicher Kinder

---

162 *EGMR*, Urt. v. 22.19.1981, Dudgeon ./. UK, Série A-45, RN 66 ff.; Urt. v. 27. 9. 1999, Lustig-Prean u. a. ./. UK, Nr. 31417/96, RN 108; Urt. v. 21. 12. 1999, Salgueiro da Silva Mouta ./. Portugal, Recueil 1999-IX, RN 23 ff.; Urt. v. 26. 2. 2002, Fretté ./. Frankreich, Recueil 2002-I, RN 26 ff.; Urt. v. 24. 7. 2003, Karner ./. Österreich, Recueil 2003-IX, RN 33.
163 Vgl. *Grabenwarter*, EMRK (LitVerz.), S. 381; *EGMR*, Urt. v. 24. 7. 2003, Karner ./. Österreich, Recueil 2003-IX, RN 41; Urt. v. 9. 1. 2003, L. und V. ./. Österreich, Recueil 2003-I, RN 50; Urt. v. 9. 1. 2003, S.L. ./. Österreich, Recueil 2003-I, RN 42.
164 BGE 126 II 393; 129 I 224; 129 I 240; 129 I 397; BGer BBl 1997 I S. 142 f.; *R. J. Schweizer* (FN 63), Art. 8 Abs. 1 und 2, RN 61 f.; *J.P. Müller* (FN 154), S. 117 ff.
165 Vgl. *Grabenwarter*, EMRK (LitVerz.), S. 377; *Albrecht Weber*, Menschenrechte, Texte und Fallbeispiele, 2004, S. 919; *EGMR*, Urt. v. 13. 6. 1979, Marckx ./. Belgien, Série A-31; Urt. v. 28. 10. 1987, Inze ./. Österreich, Série A-1261; zur Diskriminierung aufgrund der Abstammung s. auch *Waldmann* (FN 153), S. 746 ff.
166 *EGMR*, Urt. v. 13. 6. 1979, Marckx ./. Belgien, Série A-31, RN 28 ff.; Urt. v. 28. 10. 1987, Inze ./. Österreich, Série A-126, RN 35 ff.; Urt. v. 24. 2. 1994, McMichael ./. UK, Série A-307 B, RN 94 ff.; Urt. v. 3. 10. 2000, Camp und Bourimi ./. Niederlande, Recueil 2000-X, RN 33 ff.; Urt. v. 11. 10. 2001, Hoffmann ./. Deutschland, Nr. 34045/96, RN 49 ff.
167 *EGMR*, Urt. v. 28. 10. 1987, Inze ./. Österreich, Série A-126, RN 43 ff.; Urt. v. 3. 10. 2000, Camp und Bourimi ./. Niederlande, Recueil 2000-X, RN 38 ff.
168 *Grabenwarter*, EMRK (LitVerz.), S. 380; *EGMR*, Urt. v. 8. 7. 2003, Sommerfeld ./. Deutschland, Recueil 2003-VIII, RN 91 ff.; Urt. v. 8. 7. 2003, Sahin ./. Deutschland, Recueil 2003-VIII, RN 92 ff.; Urt. v. 11. 10. 2001, Hoffmann ./. Deutschland, Nr. 34045/96, RN 59 f.; Zur früheren Rspr. s. *EGMR*, Urt. v. 24. 2. 1995, McMichael ./. UK, Série A-307 B, RN 98, wo der EGMR noch die Zuweisung des Sorgerechts für ein außereheliches Kind allein an die Mutter rechtfertigt.
169 *Grabenwarter*, EMRK (LitVerz.), S. 380; *EGMR*, Urt. v. 11. 10. 2001, Hoffmann ./. Deutschland, Nr. 34045/96, RN 59 f.; *EGMR*, Urt. v. 8. 7. 2003, Sommerfeld ./. Deutschland, Recueil 2003-VIII, sowie EuGRZ 2004, S. 711.

E. Gleichberechtigung der Ehegatten nach Art. 5 des 7. Zusatzprotokolls zur EMRK

55
Geltung nur in der zivilrechtlichen Ausgestaltung

Der besondere Gleichheitssatz des Art. 5 7. ZP EMRK[170] spricht Mann und Frau gleiche Rechte und Pflichten untereinander sowie in der Beziehung zu ihren Kindern bezüglich der Eheschließung, während der Ehe und bei der allfälligen Auflösung letzterer zu. Die Gleichberechtigung der Ehegatten gilt allerdings nur im privatrechtlichen Bereich[171]. Art. 5 7. ZP EMRK verpflichtet somit die Mitgliedstaaten lediglich, die zivilrechtlichen Vorschriften über die Regelung des ehelichen Zusammenlebens, des ehelichen Vermögensrechts, des Sorge- und Erziehungsrechts und des Scheidungsrechts entsprechend auszugestalten. Dabei darf ein Mitgliedstaat einzig mit Maßnahmen zugunsten der Interessen von Kindern vom grundsätzlichen Gleichheitsgebot in der Ehe abweichen[172].

Keine Pflicht zur Scheidungsgesetzgebung

Art. 5 7. ZP EMRK verpflichtet die Staaten im übrigen nicht, ein Scheidungsrecht – also die Möglichkeit der Eheauflösung – vorzusehen oder die Voraussetzungen für eine Eheschließung gleichheitssatzkonform festzulegen[173].

56
Öffentlich-rechtliche Belange

Fragen der Regelung der Eheschließung oder der Namenswahl fallen jedoch, da öffentlich-rechtliche Belange betreffend, nicht unter diesen besonderen Gleichheitssatz, sondern unter Art. 8, 12 und 14 EMRK[174]. Außerdem hat es der Europäische Gerichtshof für Menschenrechte abgelehnt, Art. 5 7. ZP EMRK als lex specialis gegenüber Art. 8 EMRK zu behandeln. Der Anwendungsbereich von Art. 8 EMRK werde durch den Artikel im Zusatzprotokoll ergänzt und nicht beschränkt[175]. Der Europäische Gerichtshof für Menschenrechte hat sodann bis 2006 keine einzige Verletzung von Art. 5 7. ZP EMRK festgestellt[176]. Daher und aufgrund der starken Garantien der Konvention selbst kommt dem Artikel in der Praxis keine große Bedeutung zu[177].

---

170 Protokoll Nr. 7 v. 22. 11. 1984 zur Konvention zum Schutze der Menschenrechte und Grundfreiheiten (SR 0.101.07), für die Schweiz in Kraft seit dem 1. 11. 1988. Botschaft des Bundesrates über die Genehmigung der Protokolle Nr. 6, 7 u. 8 zur Europäischen Menschenrechtskonvention v. 7. 5. 1986 (BBl 1986 S. 589).
171 Vgl. *Grabenwarter*, EMRK (LitVerz.), S. 383; *Peters* (FN 21), S. 228.
172 Vgl. *Grabenwarter* aaO.
173 Vgl. *Grabenwarter* aaO.; *EGMR*, Urt. v. 18. 12. 1986, Johnston u. a. ./. Irland, Série A-112, RN 53; Explanatory Report (7. ZP EMRK), RN 37, 39.
174 Vgl. *Peters* (FN 21), S. 228; *Grabenwarter* aaO., S. 383.
175 Vgl. *Grabenwarter* aaO., S. 384; *EGMR*, Urt. v. 22. 2. 1994, Burghartz ./. Schweiz, Série A 280-B, RN 22 f.
176 Vgl. *Grabenwarter* aaO., S. 384.
177 Vgl. *Peters* (FN 21), S. 228; *Grabenwarter* aaO.

D. Bibliographie

Breitenmoser, Stephan, Art. 13 Abs. 1 BV, in: Ehrenzeller u. a., St. Galler Kommentar (LitVerz.), S. 187 ff.
Caroni, Martina, Privat- und Familienleben zwischen Menschenrecht und Migration, eine Untersuchung zu Bedeutung, Rechtsprechung und Möglichkeiten von Art. 8 EMRK im Ausländerrecht, Berlin 1999.
Dicke, Detlev-Christian, Kommentar zu Art. 54 aBV, in: Aubert u. a., Bundesverfassung 1874 (LitVerz.).
van Dijk, Pieter/van Hoof, G.J.H., Theory and Practice of the European Convention on Human Rights, Den Haag 1998.
Fahrenhorst, Irene, Familienrecht und Europäische Menschenrechtskonvention, 1994.
Haefliger, Arthur/Schürmann, Frank, Die Europäische Menschenrechtskonvention und die Schweiz, Die Bedeutung der Konvention für die schweizerische Rechtspraxis, 1999.
Hausheer, Heinz/Reusser, Ruth/Geiser, Thomas, Berner Kommentar, Kommentar zum schweizerischen Privatrecht, Bd. II, 1. Abteilung, 2. Teilbd., ^{2}1999.
Kälin, Walter, Grundrechte im Kulturkonflikt: Freiheit und Gleichheit in der Einwanderungsgesellschaft, 2000.
Mahon, Pascal, Art. 14 BV, in: Aubert/ders., Constitution (LitVerz.).
Peters, Anne, Einführung in die Europäische Menschenrechtskonvention, mit rechtsvergleichenden Bezügen zum deutschen Grundgesetz, 2003.
Reusser, Ruth, Art. 14 BV, in: Bernhard Ehrenzeller/Philippe Mastronardi/Rainer J. Schweizer/Klaus A. Vallender (Hg.), Die schweizerische Bundesverfassung: Kommentar, 2002, S. 211 ff.
Reusser, Ruth/Lüscher, Kurt, Art. 11 BV, in: Ehrenzeller u. a., St. Galler Kommentar (LitVerz.), S. 164 ff.
Schweizer, Rainer J., Art. 8 Abs. 1 und 2 BV, in: Ehrenzeller u. a., St. Galler Kommentar (LitVerz.), S. 91 ff.
Waldmann, Bernhard, Das Diskriminierungsverbot von Art. 8 Abs. 2 BV als besonderer Gleichheitssatz: unter besonderer Berücksichtigung der völkerrechtlichen Diskriminierungsverbote einerseits und der Rechtslage in den USA, in Deutschland, Frankreich sowie im europäischen Gemeinschaftsrecht anderseits, 2003.

§ 214
Unverletzlichkeit der Wohnung

Andreas Kley

Übersicht

		RN			RN
A.	Verankerung	1– 3	E.	Schranken	19
B.	Entstehung und Herkunft	4– 5	F.	Drittwirkung der Unverletzlichkeit der Wohnung?	20–21
C.	Schutzbereich	6–10	G.	Verhältnis zur persönlichen Freiheit	22
	I. Sachlicher Schutzbereich	6– 8	H.	Bibliographie	
	II. Persönlicher Schutzbereich und Relevanz des zugrundeliegenden Rechtsverhältnisses	9–10			
D.	Eingriffe	11–18			

A. Verankerung

1
Art. 13 Abs. 1 BV

Die Unverletzlichkeit der Wohnung wird von Art. 13 Abs. 1 der Schweizerischen Bundesverfassung (BV)[1] garantiert. Dieser mit „Schutz der Privatsphäre" überschriebene Artikel enthält weitere Garantien, so die Achtung des Privat- und Familienlebens[2] sowie des Brief-, Post- und Fernmeldeverkehrs. Art. 13 Abs. 2 BV schützt zudem vor dem Mißbrauch persönlicher Daten.

2
Kantonale Grundrechte

Viele Verfassungen der Kantone enthalten entsprechende Bestimmungen[3]. Die kantonalen Grundrechte haben jedoch keine selbständige Bedeutung, da sie nicht über den Schutzgehalt der Bundesverfassung hinausgehen[4]. Einige Kantonsverfassungen wiederum verzichten auf die Nennung der Unverletzlichkeit der Wohnung, was indessen zu keinem geringeren Schutzniveau führt.

3
Internationale Gewährleistungen

Die von der Schweiz ratifizierten internationalen Abkommen enthalten entsprechende Garantien, nämlich Art. 8 Abs. 1 EMRK[5] sowie Art. 17 IPbürgR[6].

B. Entstehung und Herkunft

4
Europäisches Schutzniveau als Vorbild

Die alte Bundesverfassung vom 29. Mai 1874 kannte über das Post- und Telegraphengeheimnis des Art. 36 Abs. 4 aBV hinaus keine ausdrückliche Bestimmung zum Recht auf Unverletzlichkeit der Wohnung. Auch das Bundesgericht hat sich nie für oder gegen dessen Anerkennung als selbstständiges, ungeschriebenes Grundrecht ausgesprochen, obwohl die von ihm entwickelten Voraussetzungen[7] grundsätzlich vorlagen[8]. Indessen war das Recht auf Unverletzlichkeit der Wohnung im ungeschriebenen Grundrecht der persönlichen Freiheit und in Art. 8 Abs. 1 EMRK mitenthalten[9]. Der Bundesrat wollte das Schutzniveau der Europäischen Menschenrechtskonvention bzw. die dazugehörende Straßburger Rechtsprechung in die neue Verfassung überführen, weshalb er in Anlehnung an Art. 8 EMRK in seinem Verfassungsentwurf

---

1 Bundesverfassung der Schweizerischen Eidgenossenschaft v. 18. 4. 1999 (BV; SR 101).
2 → Oben *R. J. Schweizer*, Recht auf Ehe und Familie, § 213.
3 Art. 12 Abs. 3 KV Bern; Art. 12 lit. c KV Uri; Art. 13 lit. g KV Obwalden; Art. 1 Abs. 2 Ziff. 6 KV Nidwalden; § 6 Abs. 2 lit. f KV Basel-Land; Art. 9 Abs. 3 KV Appenzell-Ausserrhoden; § 15 Abs. 2 KV Aargau; Art. 9 Abs. 1 KV Tessin; Art. 11 Abs. 1 KV Neuenburg. Vgl. im Internet: http://www.admin.ch/ch/d/schweiz/kantone/index.html.
4 Vgl. *BGE 121* I 196 (200 Erw. 2 d); *119* Ia 53 (55 Erw. 2); *118* Ia 427 (433 Erw. 4).
5 Konvention zum Schutze der Menschenrechte und Grundfreiheiten v. 4. 11. 1950 (EMRK; SR 0.101).
6 Internationaler Pakt über bürgerliche und politische Rechte v. 16. 12. 1966 (UNO-Pakt II; SR 0.103.2); → Bd. VI/2: *Heintschel von Heinegg*, Spezielle Menschenrechtspakte, § 175.
7 Zu diesen Kriterien: *BGE 121* I 367 (370 Erw. 2: Anerkennung des Rechts auf Existenzsicherung als selbstständiges, ungeschriebenes Grundrecht; heute in Art. 12 BV enthalten); *Häfelin/Haller*, Bundesstaatsrecht (LitVerz.), RN 226 ff.
8 *J.P. Müller*, Grundrechte (LitVerz.), S. 120.
9 Vgl. *Breitenmoser*, in: Ehrenzeller u. a., St. Galler Kommentar (LitVerz.), Art. 13 RN 1; *J.P. Müller* aaO. mit FN 8 m.w.H..

einen Artikel 11 vorgeschlagen hatte[10], welcher schließlich vom Parlament unverändert als Artikel 13 in die Verfassung übernommen wurde[11].

Wortlaut und Schutzzweck des gesamten Art. 13 BV lehnen sich eng an Art. 8 Abs. 1 EMRK an, der übrigens ein Pendant in Art. II-7 der Charta der Grundrechte der Europäischen Union gefunden hat[12]. Hinsichtlich der Unverletzlichkeit der Wohnung entspricht Art. 13 Abs. 1 BV dem Art. 8 Abs. 1 EMRK[13]. Die Auslegung und die Praxis zu Art. 13 BV dürfen sich deshalb an die Rechtsprechung des Europäischen Gerichtshofes für Menschenrechte (EGMR) halten[14], zumal hinsichtlich der Unverletzlichkeit der Wohnung nur wenig schweizerische Rechtsprechung vorhanden ist. Dies ist auch insofern unproblematisch, da sich die Schweiz gegenüber Völkerrecht monistisch verhält. Mit erfolgter Ratifikation gilt die Europäische Menschenrechtskonvention automatisch als Bestandteil des schweizerischen Landesrechts[15]. Zudem bildet Art. 8 Abs. 1 EMRK direkt anwendbares Recht[16].

5
Europäischer Praxisbezug

C. Schutzbereich

I. Sachlicher Schutzbereich

Als Wohnung gilt jede Räumlichkeit, „der eine gewisse Privatsphäre anhaftet"[17] und die auf einen bestehenden oder künftigen, dauernden oder vorübergehenden Lebensmittelpunkt schließen läßt[18]. Es soll ein geschützter „Freiraum vor den Blicken staatlicher Behörden bzw. der Öffentlichkeit"[19] erhalten bleiben. Die Räumlichkeit muß sich also gegen die Außenwelt abschirmen lassen[20], wobei aber – wie die folgenden Beispiele zeigen werden – die Möglichkeit einer hermetischen Abriegelung nicht bestehen muß. Es reicht eine erkennbare Abgrenzung aus, die objektiv die Beanspruchung als Privatsphäre erkennen läßt[21].

6
Definition der Wohnung

---

10 Vgl. Botschaft des Bundesrates über eine neue Bundesverfassung v. 20.11.1996, S. 152, Separatdruck oder BBl 1997, S. 1 ff. (zit.: Botschaft).
11 Vgl. Amtliches Bulletin des Ständerates (Sonderdruck), S. 41, und Amtliches Bulletin des Nationalrates (Sonderdruck), S. 188 ff. Im Inhaltsverzeichnis wird das Recht auf Unverletzlichkeit der Wohnung bereits als Art. 13 BV aufgeführt.
12 Charta der Grundrechte der Europäischen Union v. 18.12.2000, ABl.EG 2000 Nr. C 364 S. 1 (10), sowie EuGRZ 2000, S. 559 (561); *Breitenmoser*, in: Ehrenzeller u. a., St. Galler Kommentar (LitVerz.), Art. 13 RN 2; *Bernsdorff*, in: Jürgen Meyer (Hg.), Charta der Grundrechte der Europäischen Union, ²2006, Art. 7 RN 22 ff. Vgl. zur integralen Übertragung von Art. II-7 in den EU-Verfassungsvertrag, Entwurf in der Fassung von Thessaloniki, EuGRZ 2003, S. 357 (370 und 389 ff.).
13 Botschaft (FN 10), S. 152.
14 Vgl. z. B. *BGE 120* Ia 147 (149 ff. Erw. 2).
15 *Mark E. Villiger*, Handbuch der Europäischen Menschenrechtskonvention, ²1999, S. 43, RN 56.
16 *Villiger* aaO., S. 47, RN 63. Vgl. sinngemäß *BGE 111* Ia 239 (243 Erw. 6).
17 *Heinz Guradze*, Die Europäische Menschenrechtskonvention, 1968, Art. 8 RN 12; *Wildhaber/Breitenmoser*, in: Golsong u. a., EMRK (LitVerz.), S. 163, RN 458.
18 Vgl. *J.P. Müller*, Grundrechte (LitVerz.), S. 118 ff.
19 *Villiger* (FN 15), S. 375, RN 584.
20 Vgl. *Wildhaber/Breitenmoser*, in: Golsong u. a., EMRK (LitVerz.), S. 164, RN 463.
21 Vgl. *J.P. Müller*, Grundrechte (LitVerz.), S. 122.

7
Sonstige „Wohnungen"

In Rechtsprechung und Lehre werden neben der Wohnung bzw. dem Haus im umgangssprachlichen Sinn folgende Räume als „Wohnung" im Sinne von Art. 13 Abs. 1 BV eingestuft:

– Neben- und Außenräume, wie Innenhöfe, Balkone, Terrassen, Lauben, umfriedete Gärten und Garagen[22];

– Geschäftsräumlichkeiten natürlicher, aber auch juristischer Personen[23];

– vorübergehend bewohnte Räume, zum Beispiel Hotelzimmer oder Zelte, wenn sie eine Privatsphäre zu begründen vermögen und zumindest für eine beschränkte Dauer den Lebensmittelpunkt darstellen[24];

– Innenraum eines Autos, sofern er nach Abschirmungsmöglichkeit, Ausstattung und Charakter eine Wohnung bilden kann. Die Eigenschaft als Wohnung ist bei Wohnwagen und vergleichbaren Fahrzeugen zweifellos gegeben[25], insbesondere wenn sie von Zirkusleuten, Schaustellern und Fahrenden benutzt werden. Dagegen bilden Personenwagen mit ihrem bloß kleinen Innenraum keine Wohnung. Sie sind zu wenig abgeschirmt, dienen primär der Fortbewegung und verunmöglichen durch ihre Kleinheit selbst einen vorübergehenden Aufenthalt im Sinne von Art. 13 Abs. 1 BV[26]. Hier verbleibt aber unter Umständen der grundrechtliche Schutz der Eigentumsgarantie nach Art. 26 BV oder des Privatlebens nach Art. 13 Abs. 1 BV bzw. Art. 8 Abs. 1 EMRK.

8
Abgrenzung zur Niederlassungsfreiheit

In Abgrenzung zur Niederlassungsfreiheit des Art. 24 Abs. 1 BV[27] verschafft Art. 13 Abs. 1 BV keinen Aufenthaltsstatus im Land selbst für den Fall, daß ein Ausländer zur Nutzung einer Wohnung berechtigt ist. Mit dem Anspruch der Unverletzlichkeit der Wohnung kann der ausländerrechtliche Status nicht verändert werden. So kann etwa ein Ausländer, gegen welchen eine Einreisesperre verhängt wurde, gestützt auf das Recht der Unverletzlichkeit seiner Wohnung keine Einreise erzwingen[28]. Das ergibt sich zwanglos aus dem Verhältnis der beiden Grundrechte sowie aus Art. 8 Abs. 1 EMRK.

---

22 Vgl. Botschaft (FN 10), S. 153; *J.P. Müller* aaO., S. 121 f.
23 *EGMR*, Urt. v. 16.12.1992, Niemietz ./. Deutschland, Appl. Nr. 13710/88, § 29 (sowie EuGRZ 1993, S. 65 ff. bzw. ÖJZ 1993, S. 389 ff.) und dazu der Kommentar von *Hangartner*, AJP 1993, S. 724; *EGMR*, Urt. v. 25.3.1998, Kopp ./. Schweiz, Appl. Nr. 23224/94, § 50 und *EGMR*, Urt. v. 16.4.2002, Stés Colas Est u.a. ./. Frankreich, Appl. Nr. 37941/97, §§ 40 ff. Das Bundesgericht hat deshalb zu Recht im Urteil v. 11.4.1996 die Durchsuchung einer Anwaltskanzlei dem Schutzbereich der Privatsphäre unterstellt (Pra 1996 Nr. 197, Erw. 3 a, S. 749); *J.P. Müller*, Grundrechte (LitVerz.), S. 123 ff. Zur restriktiveren Rechtsprechung des Europäischen Gerichtshofs: vgl. *Bernsdorff* (FN 12), S. 154, RN 23 mit FN 58.
24 Vgl. *EGMR*, Urt. v. 25.9.1996, Buckley ./. Großbritannien, Appl. Nr. 20348/92, §§ 52 ff. (sowie ÖJZ 1997, S. 313 ff. bzw. ÖIMR-Newsletter 1996/5, S. 137 f.); *Wildhaber/Breitenmoser*, in: Golsong u.a., EMRK (LitVerz.), S. 164, RN 463; *Breitenmoser*, in: Ehrenzeller u.a., St. Galler Kommentar (LitVerz.), Art. 13 RN 31; Botschaft (FN 10), S. 153.
25 Vgl. *Breitenmoser* aaO.; *Wildhaber/Breitenmoser*, in: Golsong u.a., EMRK (LitVerz.), S. 166, RN 468.
26 *J.P. Müller*, Grundrechte (LitVerz.), S. 126; *Wildhaber/Breitenmoser* aaO., RN 467 f.
27 → Unten *Kley*, Niederlassungsfreiheit, § 215.
28 Unzulässigkeitsentscheid der Europäischen Kommission für Menschenrechte v. 2.3.1994, S. F. ./. Schweiz, Appl. Nr. 16360/90, VPB 58 (1994), Nr. 94, S. 698 f.; vgl. dazu auch den Kommissions-Entscheid v. 10.12.1976 X. ./. Belgien, Appl. Nr. 7256, D&R 8, S. 163, Ziff. 2.

II. Persönlicher Schutzbereich und Relevanz des zugrundeliegenden Rechtsverhältnisses

Art. 13 BV ist ein Menschenrecht, das heißt jeder Mensch wird unabhängig von seinem ausländerrechtlichen Status geschützt[29]. Sodann anerkennt der Europäische Gerichtshof für Menschenrechte auch juristische Personen als Träger dieses Grundrechts[30].

9 Umfassendes Menschenrecht

Das Rechtsverhältnis, das dem Benutzer der Wohnung sein Recht verschafft, ist für den persönlichen Schutzbereich irrelevant. Deshalb kann sich sowohl der Eigentümer als auch der Mieter oder Pächter (auch zum Beispiel während der Zeit der Erstreckung des Mietverhältnisses) auf die Unverletzlichkeit der Wohnung berufen[31]. Die Lehre ist in der Frage gespalten, ob auch eine Person, die nicht rechtmäßig eine Wohnung besitzt, sich auf Art. 13 Abs. 1 BV bzw. Art. 8 Abs. 1 EMRK berufen kann[32]. Bei der Hausbesetzung und dem Verbleiben in einer Wohnung nach abgelaufenem Mietvertrag ist m.E. der soziale Tatbestand des Wohnens und der Wohnung weiterhin gegeben. Das zugrunde liegende Rechtsverhältnis ließe sich im Falle der Duldung durch den Vermieter nachschieben: es handelte sich um ein faktisches Mietverhältnis[33], das durch die konkludente Zustimmung des Vermieters rechtmäßig wird. Fehlt es an diesem Willen des Eigentümers zur Duldung, so sollte den Wohnungsbesetzern die Berufung auf Art. 13 Abs. 1 BV verweigert werden. Es kann nicht angehen und verletzt den Grundsatz der Widerspruchsfreiheit der Rechtsordnung, daß eine im Privat- und Strafrecht rechtswidrige Handlung durch das Verfassungsrecht geheilt wird.

10 Bedeutung des zugrundeliegenden Rechtsverhältnisses

Kein Grundrechtsschutz für Wohnungsbesetzer

D. Eingriffe

Als bedeutsamster Eingriff in die Unverletzlichkeit der Wohnung gilt die Hausdurchsuchung[34]. Damit werden Informationen und Gegenstände erkundet und beschlagnahmt; ferner werden Personen gesucht, ihre Personalien festgehalten und gegebenenfalls Verhaftungen vorgenommen. Mit der Hausdurchsuchung sollen Straftaten aufgeklärt oder verhindert werden. Freilich sind auch zur Durchsetzung des Verwaltungsrechts derartige Durchsuchungen

11 Hausdurchsuchung

---

29 → Oben *Thürer*, Der Status der Ausländer, § 206.
30 *EGMR*, Urt. v. 16.4.2002, Stés Colas Est u.a. ./. Frankreich, Appl. Nr. 37971/97, § 1.
31 *EGMR*, Urt. v. 21.11.1995, Velosa Barreto ./. Portugal, Appl. Nr. 18072/92, § 24, und *EGMR*, Urt. v. 25.3.1999, Iatridis ./. Griechenland, Appl. Nr. 31107/96, §§ 54 und 55 i.V.m. 69 (sowie EuGRZ 1999, S. 317f.).
32 Bejahend: *J.P. Müller*, Grundrechte (LitVerz.), S. 122 m.w.H. in FN 20; verneinend: *Wildhaber/Breitenmoser*, in: Golsong u.a., EMRK (LitVerz.), S. 164, RN 463; *Stephan Breitenmoser*, Der Schutz der Privatsphäre gemäß Art. 8 EMRK (Diss. iur. Basel 1985), 1986, S. 271 und 275.
33 Das Bundesgericht anerkennt diese Rechtsfigur, vgl. *BGer* v. 27.3.2000, in: MietRecht Aktuell 2000, S. 343 ff.; *BGE 119* II 437 (441 Erw. 3 b); *63* II 368 (370 ff. Erw. 2).
34 *J.P. Müller*, Grundrechte (LitVerz.), S. 127; Kommissionsentscheid v. 13.10.1988, M. ./. Schweiz, Appl. Nr. 11908/85, in: VPB 53 (1989), Nr. 60, S. 534, Erw. 2.

§ 214   Vierzehnter Teil: II. Einzelgrundrechte

möglich und zulässig³⁵. Als weitere Möglichkeit wird in der Lehre anstelle einer „klassischen" Hausdurchsuchung auch ein Zugriff über das Fernmeldenetz im Sinne eines „Onlinezugriffs" für die Erhebung von Daten postuliert³⁶. Die Prüfung, ob eine Hausdurchsuchung verfassung- bzw. konventionskonform war, ist besonders eingehend, wenn das nationale Recht die Anordnung solcher Zwangsmaßnahmen durch die Verwaltung ohne richterlichen Auftrag zuläßt³⁷.

12
Behördliche Inspektionen

Eigentliche Hausdurchsuchungen und behördliche Inspektionen sind auseinanderzuhalten. Die Hausdurchsuchung erfaßt im Prinzip die gesamte Wohnung, ihre Bewohner und die sich dort befindlichen Gegenstände. Dagegen dienen behördliche Inspektionen bestimmten Zwecken, so etwa soll in Verkaufsläden und Gaststätten die Einhaltung der Hygienevorschriften geprüft werden³⁸, Angestellte der kommunalen Elektrizitätswerke lesen von den Zählern den Verbrauch ab³⁹ oder die Bau-⁴⁰ und Feuerpolizei⁴¹ prüft die Einhaltung der einschlägigen Vorschriften. Hier ist das Betreten einer Wohnung auf einen spezifischen Zweck begrenzt und zieht keine weitergehende Durchsuchung nach sich. Eine Genehmigung durch den Richter ist daher nach Auffassung von Lehre und Praxis nicht erforderlich⁴². Ähnlich begrenzt sind auch die Wohnungsbesuche der Beitreibungsbeamten⁴³.

13
Technische Überwachungsmaßnahmen

Technische Überwachungsmaßnahmen ersetzen heute zunehmend das physische Eindringen in Wohnungen. Mit modernen Geräten – wie ausgefeilten Abhörtechniken oder digitalen Überwachungskameras – läßt sich von außen das Geschehen in einer Wohnung erkunden, ohne daß die Bewohner das Geringste bemerken. Es handelt sich um Eingriffe in die Unverletzlichkeit der Wohnung, die der offiziellen Hausdurchsuchung in nichts nachstehen⁴⁴.

---

35 Z.B. kontrolliert das zuständige Bundesamt, ob die Vorschriften über das Anbieten, das Inverkehrbringen, die Inbetriebnahme, das Erstellen oder das Betreiben von Fernmeldeanlagen eingehalten werden, vgl. Art. 33 Abs. 1 des Fernmeldegesetzes v. 30.4.1997 (FMG; SR 784.10).
36 *Michael Aepli*, Die strafprozessuale Sicherstellung von elektronisch gespeicherten Daten (Diss. iur. Zürich 2003), 2004, S. 31 sowie im Detail S. 129 ff.; der Autor selber vertritt jedoch die Auffassung, daß bei einem „Onlinezugriff" nicht die Unverletzlichkeit der Wohnung, sondern die Geheim- und Privatsphäre im Vordergrund steht.
37 *EGMR*, Urt. v. 16.12.1997, Camenzind ./. Schweiz, Appl. Nr. 21353/93, § 45 (sowie VPB 62 [1998], Nr. 113, S. 964f. bzw. ÖJZ 1998, S. 797ff.).
38 Z.B. Art. 24 Abs. 3 und Art. 27 des Bundesgesetzes v. 9.10.1992 über Lebensmittel und Gebrauchsgegenstände (LMG; SR 817.0). Vgl. auch *Aubert/Mahon*, Constitution (LitVerz.), Art. 13 RN 12.
39 Art. 29 des Berner Energiegesetzes v. 14.5.1981 (EnG; BSG 741.1). Die nachfolgenden Berner Erlasse sind alle in der Bernischen Systematischen Gesetzessammlung (BSG) zu finden: http://www.sta.be.ch/belex/d/default.asp
40 Art. 45 Abs. 3 des Berner Baugesetzes v. 9.6.1985 (BauG; BSG 721.0).
41 Art. 9 des Berner Feuerschutz- und Feuerwehrgesetzes v. 20.1.1994 (FFG; BSG 871.11).
42 VPB 70 (2006), Nr. 46, S. 783.
43 Vgl. Art. 89 ff., insb. Art. 91 Abs. 3 und 4 des Bundesgesetzes v. 11.4.1889 über das Schuldbetreibungs- und Konkursverfahrens (SchKG; SR 281.1). Vgl. dazu *Heinrich Steiner*, Das Grundrecht der Unverletzlichkeit der Wohnung (Diss. iur. Bern 1959), 1959, S. 34f.; *Jean-Marc v. Gunten*, Das Grundrecht der Unverletzlichkeit der Wohnung (Diss. iur. Zürich 1992), 1992, S. 73f.
44 *EGMR*, Urt. v. 16.2.2000, Amann ./. Schweiz, Appl. Nr. 27798/95, § 56 (sowie ÖJZ 2001, S. 71ff. bzw. ÖIMR-Newsletter 2000/2, S. 50ff.) und *EGMR*, Urt. v. 25.3.1998, Kopp ./. Schweiz, Appl. Nr. 23224/94, § 72 (sowie ÖJZ 1999, S. 115ff.); vgl. *J.P. Müller*, Grundrechte (LitVerz.), S. 127f.

Nach der Rechtsprechung des Europäischen Gerichtshofes für Menschenrechte stellen gesundheits- und umweltschädigende Immissionen Eingriffe in die Unverletzlichkeit der Wohnung dar. Das gilt auch dann, wenn diese Immissionen von Privaten ausgehen. Der Staat muß auf Grund seiner Schutzpflichten aus Art. 8 Abs. 1 EMRK zumindest die gröbsten Immissionen unterbinden. So hat der Gerichtshof den unerträglichen Gestank aus einer Abwasserreinigungsanlage[45] bzw. aus einer Fabrik[46] sowie den Lärm eines Flughafens[47] als derartige Eingriffe angesehen. Auch kann es sein, daß der Staat für Unannehmlichkeiten einzustehen hat, welche Personen aufgrund gesetzgeberischer Defizite entstehen können[48].

14
Immissionen

Auch die Behinderung des Zugangs zu einer Wohnung stellt einen Eingriff in die Unverletzlichkeit der Wohnung dar. Die Wohnung muß aber bereits bestehen und darf nicht erst geplant sein[49]. Als besonders schwere Eingriffe gelten gewaltsame Zwangsräumungen und das Zerstören von Wohnungen und Häusern[50].

15
Zugangsbehinderung als Eingriff

Bau- und planungsrechtliche Bewilligungsentscheide können ebenfalls in das Recht auf Unverletzlichkeit der Wohnung eingreifen[51]. Das Bundesgericht und vor ihm der Europäische Gerichtshof für Menschenrechte haben entschieden, daß das Leben in Wohnwagen zu einer langen Tradition der Fahrenden gehöre. Oftmals würden sie nicht vollständig als Nomaden leben, da sie sich während längerer Zeit in der gleichen Umgebung einrichteten. Die staatlichen Maßnahmen der Raumplanung würden daher die Identität der Fahrenden sowie ihre Art, ein Privat- und Familienleben zu führen, beeinflussen. Aus den persönlichkeitsrelevanten Grundrechten sowie aus Art. 13 Abs. 1 BV ergibt sich das Recht, die Identität als Fahrender bewahren und ein dementsprechendes Privat- und Familienleben im Sinne traditioneller Fahrender führen zu können. Dieses Recht muß nicht an einem Ort der freien Wahl ausgeübt werden können, es ist also beschränkbar. Jedoch muß es im Rahmen der Ziele der Raumplanung verwirklicht werden können[52].

16
Schutz Fahrender

---

45 *EGMR*, Urt. v. 9.12.1994, Lopez Ostra ./. Spanien, Appl. Nr. 16798/90, §§ 51 ff. (sowie EuGRZ 1995, S. 530 ff. bzw. ÖJZ 1995, S. 347 ff.); vgl. dazu *Kley*, Der Schutz der Umwelt durch die Europäische Menschenrechtskonvention, EuGRZ 1995, S. 507 ff.
46 *EGMR*, Urt. v. 19.2.1998, Guerra ./. Italien, Appl. Nr. 14967/89, §§ 58 ff. (sowie EuGRZ 1999, S. 190 f.) und *EGMR*, Urt. v. 2.11.2006, Giacomelli ./. Italien, Appl. Nr. 59909/00, §§ 76 ff.
47 *EGMR*, Urt. v. 8.7.2003, Hatton ./. Großbritannien, Appl. Nr. 36022/97, §§ 119 ff. (sowie ÖIMR-Newsletter 2003/4, S. 193 ff.).
48 *EGMR*, Urt. v. 20.9.2006, Babylonova ./. Slowakei, Appl. Nr. 69146/01, §§ 51 f.
49 *EGMR*, Urt. v. 18.12.1996, Loizidou ./. Türkei, Appl. Nr. 15318/89, §§ 65 und 66. Jedoch wurde der Beschwerdeführerin Schutz durch die Eigentumsgarantie von Art. 1 des 1. Zusatzprotokolls zur EMRK gewährt vgl. §§ 58–64 (sowie EuGRZ 1997, S. 561 f., bzw. ÖJZ 1997, S. 793 ff.). Vgl. *Bernsdorff* (FN 12), N. 22.
50 *EGMR*, Urt. v. 16.9.1996, Akdivar u. a. ./. Türkei, Appl. Nr. 21893/93; §§ 85–88 (sowie ÖIMR-Newsletter 1996/1, S. 12) und *EGMR*, Urt. v. 28.11.1997, Mentes ./. Türkei, §§ 71–73.
51 *EGMR*, Urt. v. 25.9.1996, Buckley ./. Großbritannien, Appl. Nr. 20348/92, §§ 56–60 (sowie ÖJZ 1997, S. 313 ff. bzw. ÖIMR-Newsletter 1996/5, S. 137 f.) und *EGMR*, Urt. v. 18.1.2001, Chapman u. a. ./. Großbritannien, Appl. Nr. 27238/95, §§ 71–78; vgl. hierzu auch *BGE 129* II 321 (326 f. Erw. 3.2.).
52 *BGE 129* II 321 (329 f. Erw. 3.4.); → oben *Georg Müller*, Schutzwirkung der Grundrechte, § 204 RN 5.

17
Residenzpflicht

Eine Residenzpflicht für eine öffentlich-rechtlich angestellte Person hingegen tangiert weder die Integrität ihrer Wohnung noch ihren Anspruch auf Achtung des Privat- und Familienlebens, weshalb aus Art. 8 EMRK kein Recht abgeleitet werden kann, das dieser Verpflichtung entgegenstünde[53]. Hingegen kann sich die betroffene Person auf die Niederlassungsfreiheit nach Art. 24 BV stützen und sich gegen eine solche Residenzpflicht erfolgreich zur Wehr setzen, falls nicht zwingende Gründe des Dienstes diese nötig machen oder besonders enge Beziehungen zur Bevölkerung erforderlich sind[54].

18
Überfahren mit Fesselballon

Ebenfalls kein Eingriff in die Unverletzlichkeit der Wohnung liegt vor, wenn ein Fesselballon 300 Meter über den betroffenen Grundstücken schwebt, aber das Mitbringen von optischen Geräten, wie zum Beispiel Ferngläsern, untersagt ist[55].

E. Schranken

19
Problem eines abstrakten Kerngehalts

Die Schweizerische Bundesverfassung nennt – anders als die Europäische Menschenrechtskonvention oder das deutsche Grundgesetz – in ihrem Grundrechtskatalog die Schranken nicht grundrechtsspezifisch. Vielmehr werden sie in Art. 36 BV für alle Freiheitsrechte gesamthaft geregelt[56]. In bezug auf die Unverletzlichkeit der Wohnung ergeben sich daraus keine spezifischen Bemerkungen. Es sind also eine formell-gesetzliche Grundlage, ein öffentliches Interesse und die Wahrung der Verhältnismäßigkeit (Eignung, Notwendigkeit, Zumutbarkeit) für die Rechtfertigung des staatlichen Eingriffs erforderlich. Außerdem darf der Kerngehalt (in Deutschland der Wesensgehalt[57]) nicht verletzt werden. Es fragt sich nun, was dieser im vorliegenden Zusammenhang umfaßt. Man könnte eine unbegrenzte heimliche Überwachung einer Wohnung ohne Wissen des Wohnungsbesitzers als eine Verletzung des Kerngehaltes ansehen. Damit wird die Privatheit der Wohnung außer Kraft gesetzt; sie wird gewissermaßen nach außen gekehrt und zu einer (unkontrollierbaren) Öffentlichkeit. Allerdings kann dagegen eingewendet werden, daß ein Eingriff bei einem gewichtigen öffentlichen Interesse (zum Beispiel Verhinderung eines Terroraktes) und ausreichender verfahrensrechtlicher Absicherung (Anordnung durch eine richterliche Behörde[58], periodische Überprüfung der Notwendigkeit der Überwachung und spätere Benachrichtigung der betroffenen Personen) eben doch zulässig ist, das heißt, daß der Kerngehalt in solchen Fällen nicht betroffen ist. In diesem Sinne dürfte es schwierig sein, abstrakt einen nicht einschränkbaren Gehalt der

---

[53] Pra 1990, Nr. 135, S. 464, Erw. 2 b S. 466; *BGE 115* Ia 207 (209 Erw. 2 b); *103* Ia 455 (458 Erw. 4 b).
[54] *BGE 118* Ia 410 (412 Erw. 3); → unten *Kley*, Niederlassungsfreiheit, § 215.
[55] Unveröffentlichtes Bundesgerichtsurteil v. 29.9.2000 (1P.134/2000), vgl. ZBl 2001, S. 668.
[56] → Oben *Schefer*, Beeinträchtigung von Grundrechten, § 208.
[57] → Bd. III: *Leisner-Egensperger*, Wesensgehaltsgarantie, § 70.
[58] Vgl. *Aubert/Mahon*, Constitution (LitVerz.), Art. 13 RN 11.

Unverletzlichkeit der Wohnung zu formulieren, zumal die internationalen Abkommen zum Schutze der Menschenrechte nicht notstandsfeste Ansprüche der Unverletzlichkeit der Wohnung festlegen[59].

F. Drittwirkung der Unverletzlichkeit der Wohnung?

Das Recht auf Unverletzlichkeit der Wohnung ist ein traditionelles Abwehrrecht, das Angriffe auf die Privatsphäre der Wohnung verhindern soll. Das personelle wie auch elektronische Eindringen soll zurückgewiesen werden. Die Bundesverfassung anerkennt in Art. 35 Abs. 3 die indirekte Dritt- bzw. Horizontalwirkung ihrer Grundrechte, sofern sich diese dazu eignen[60]. Es fragt sich nun, ob eine Drittwirkung der Unverletzlichkeit der Wohnung wirksam wird. Für Art. 13 BV kann dies sicher bejaht werden. Der Staat ist gehalten, Beeinträchtigungen der Unverletzlichkeit der Wohnung seitens Privater sowohl generell-abstrakt und als auch individuell-konkret abzuwehren[61]. Ersteres ist etwa durch das Strafgesetzbuch (Art. 186 StGB[62], den Tatbestand des Hausfriedensbruchs) geschehen. Sodann hat der Staat dafür zu sorgen, daß Lärm oder Luftverunreinigungen seitens Privater auf einem erträglichen Niveau bleiben, etwa durch Maßnahmen im Umweltschutzrecht[63]. Man kann diese Gesetzgebung und ihre Anwendung als indirekte Drittwirkung der Unverletzlichkeit der Wohnung ansehen, soweit dadurch tatsächlich die Wohnung vor Immissionen geschützt werden soll. Im weiteren gebietet Art. 35 Abs. 3 BV, daß immer dann, wenn unbestimmte Rechtsbegriffe und Spielräume auszulegen und auszufüllen sind, dies möglichst im Sinne der Grundrechte bzw. von Art. 13 BV geschehen soll.

20
Staatliche Schutzpflichten

Darüber hinaus besteht indessen kein soziales Grundrecht in dem Sinne, daß der Staat nicht nur Beeinträchtigungen von seiner Seite oder seitens Privater zu unterlassen hat, sondern auch für die Schaffung von (günstigem) Wohnraum zu sorgen hat[64]. Art. 13 Abs. 1 BV weist keinen Gehalt als eigentliches soziales Grundrecht auf. Vielmehr besteht ein entsprechendes, nicht einklagbares Sozialziel in Art. 41 Abs. 1 lit. e BV und nach Art. 108 BV ein diesbezüglicher Gesetzgebungsauftrag[65].

21
Kein soziales Grundrecht

---

59 Vgl. Art. 15 Abs. 2 EMRK und Art. 4 Abs. 2 IPbürgR.
60 → Oben *Georg Müller*, Schutzwirkung der Grundrechte, § 204.
61 Der *EGMR* anerkennt ebenfalls Schutzpflichten (sog. „positive obligations"), z.B. das berühmte Urt. v. 26. 3. 1985, X. und Y. ./. Niederlande, Appl. Nr. 8978/80, §§ 27ff. (sowie EuGRZ 1985, S. 297); vgl. hierzu auch die FN 45ff.; *Breitenmoser*, in: Ehrenzeller u.a., St. Galler Kommentar (LitVerz.), Art. 13 RN 6f.; *Villiger* (FN 15), S. 113 ff., RN 174 ff.
62 Schweizerisches Strafgesetzbuch v. 21. 12. 1937 (StGB; SR 311.0).
63 Vgl. Art. 11 ff. des Bundesgesetzes v. 7. 10. 1983 über den Umweltschutz (USG; SR 814.01), die Luftreinhalte-Verordnung v. 16. 12. 1985 (LRV; SR 814.318.142.1) und die Lärmschutz-Verordnung v. 15. 12. 1986 (LSV; SR 814.41).
64 Vgl. *Bernsdorff* (FN 12), RN 22; *Wildhaber/Breitenmoser*, in: Golsong u.a., EMRK (LitVerz.), S. 163, RN 459.
65 → Unten *Epiney/Waldmann*, Soziale Grundrechte und soziale Zielsetzungen, § 224.

G. Verhältnis zur persönlichen Freiheit

22
Art. 13 Abs. 1 BV als spezielle Gewährleistung

Art. 13 Abs. 1 BV ist gegenüber der Garantie der Persönlichen Freiheit von Art. 10 Abs. 2 BV[66] schwer abzugrenzen[67]. Für den Bereich der Unverletzlichkeit der Wohnung ist die Sachlage indessen klarer. Denn diese Garantie ist eine spezifische Gewährleistung, und wenn immer ihr sachlicher Schutzbereich gegeben ist[68], entfällt eine Berufung auf die persönliche Freiheit. Berührt ein Sachverhalt zusätzlich zur Wohnung noch persönlichkeitsrelevante Gesichtspunkte, so müssen diese Aspekte in die grundrechtliche Beurteilung aufgrund der Unverletzlichkeit der Wohnung mit einfließen[69]. Das Recht auf Unverletzlichkeit der Wohnung ist gegenüber der persönlichen Freiheit des Art. 10 Abs. 1 BV eigenständig, da das Bundesgericht unter Art. 10 Abs. 2 BV nur die „elementaren Erscheinungen der Persönlichkeitsentfaltung" schützt[70].

---

66 → Oben *Haller*, Menschenwürde, Recht auf Leben und persönliche Freiheit, § 209.
67 Vgl. *Breitenmoser*, in: Ehrenzeller u.a., St. Galler Kommentar (LitVerz.), Art. 13 RN 4f.
68 Vgl. oben RN 6ff.
69 Vgl. *Kley*, Der Grundrechtskatalog der nachgeführten Bundesverfassung – ausgewählte Neuerungen, ZBJV 1999, S. 301 ff., insb. S. 322.
70 *BGE 117* Ia 27 (30 Erw. 5 a); *118* Ia 305 (315 Erw. 4 a); *123* I 112 (118 Erw. 4 a); vgl. *J.P. Müller*, Grundrechte (LitVerz.), S. 7 ff.; *R.J. Schweizer*, in: Ehrenzeller u.a., St. Galler Kommentar (LitVerz.), Art. 10 RN 5.

H. Bibliographie

Aepli, Michael, Die Strafprozessuale Sicherstellung von elektronisch gespeicherten Daten (Diss. iur. Zürich 2003), 2004.
Aubert, Jean-François/Mahon, Pascal, Kommentar zu Art. 13 BV, in: *dies.*, Petit commentaire de la Constitution fédérale de la Confédération suisse du 18 avril 1999, 2003, S. 123 ff.
Breitenmoser, Stephan, Kommentar zu Art. 13 Abs. 1 BV, in: Bernhard Ehrenzeller/Philippe Mastronardi/Rainer J. Schweizer/Klaus A. Vallender (Hg.), Die schweizerische Bundesverfassung (St. Galler Kommentar), 2002, S. 187 ff.
ders., Der Schutz der Privatsphäre gemäss Art. 8 EMRK (Diss. iur. Basel 1985), 1986.
Müller, Jörg Paul, Grundrechte in der Schweiz, 1999, S. 118 ff.
Steiner, Heinrich, Das Grundrecht der Unverletzlichkeit der Wohnung (Diss. iur. Bern 1959), 1959.
Villiger, Mark E., Handbuch der Europäischen Menschenrechtskonvention, 1999, S. 375 ff.
von Gunten, Jean-Marc, Das Grundrecht der Unverletzlichkeit der Wohnung (Diss. iur. Zürich 1992), 1992.
Wildhaber, Luzius/Breitenmoser, Stephan, Kommentar zu Art. 8 EMRK, in: Heribert Golsong/Wolfram Karl/Herbert Miehsler (Hg.), Internationaler Kommentar zur Europäischen Menschenrechtskonvention (Loseblattwerk), Stand 2004, S. 163 ff.

§ 215
Niederlassungsfreiheit

Andreas Kley

Übersicht

	RN
A. Verankerung	1– 2
B. Entstehungsgeschichte	3– 5
C. Begriff und Schutzbereich	6–14
I. Begriff der Niederlassung und sachlicher Geltungsbereich der innerstaatlichen Freizügigkeit	6– 8
II. Örtlicher Geltungsbereich der innerstaatlichen Freizügigkeit	9
III. Ausreise- und Auswanderungsfreiheit sowie Einreise- und Einwanderungsfreiheit	10–11
IV. Abgrenzung zu anderen Grundrechten	12–14
1. Persönliche Freiheit	12–13
2. Wirtschaftsfreiheit	14
D. Grundrechtsträger	15–19
I. Schweizerinnen und Schweizer sowie juristische Personen	15–16
II. Status von Ausländern	17–19

	RN
E. Allgemeine Voraussetzungen der Einschränkung von Grundrechten	20
F. Schranken der Niederlassungsfreiheit	21–27
I. Strafrechtliche Einschränkungen	21
II. Einschränkungen im Sonderstatusverhältnis	22–24
III. Übrige Einschränkungen	25–26
IV. Kerngehalt	27
G. Drittwirkung der Niederlassungsfreiheit?	28
H. Bibliographie	

A. Verankerung[*]

1
Rechtsquellen der Niederlassungsfreiheit

Die internationalrechtliche Verankerung der Niederlassungsfreiheit findet sich in Artikel 12 des Internationalen Pakts über bürgerliche und politische Rechte (IPbürgR; UNO-Pakt II)[1]. Die Wirkungen dieser Paktbestimmung gehen jedoch nicht über die entsprechende Garantie in der Schweizerischen Bundesverfassung (Art. 24 BV) hinaus. Aspekte der Niederlassungsfreiheit werden durch das in Artikel 8 der Europäischen Menschenrechtskonvention[2] enthaltene Gebot der Achtung der privaten Sphäre garantiert. Die Menschenrechtskonvention als solche garantiert zwar kein Recht auf Einreise in einen oder auf Aufenthalt in einem Staat, dessen Staatsangehörigkeit man nicht besitzt[3], doch wird aus Artikel 8 unter bestimmten Voraussetzungen ein menschenrechtlicher Anspruch auf Anwesenheit in der Schweiz abgeleitet[4]. Art. 2 bis 4 des (von der Schweiz nicht ratifizierten) vierten Zusatzprotokolls zur Europäischen Menschenrechtskonvention enthalten ebenfalls Rechte der Freizügigkeit. Multilaterale Wirtschaftsabkommen wie namentlich das EFTA-Übereinkommen oder das WTO-Abkommen[5]/GATS räumen bestimmten Personenkategorien einen Rechtsanspruch auf eine fremdenpolizeiliche Bewilligung ein[6]. Zahlreich abgeschlossene bilaterale Abkommen im Bereich der Niederlassung gewähren Angehörigen der Vertragsstaaten gewisse fremdenpolizeiliche Sonderrechte[7]. Diese Verträge – häufig älteren Datums – werden heute restriktiv interpretiert im Sinne eines Vorbehalts der nationalen Fremdenpolizeigesetzgebung[8]. Im europäischen Kontext von besonderer Bedeutung ist das im Rahmen der bilateralen Abkommen zwischen der Schweiz und der Europäischen Union (EU) abgeschlossene Freizügigkeitsabkommen (FZA)[9]. Die Lehre geht dabei davon aus, daß die Niederlassungsfreiheit des Art. 43 EG sowie die diesbezügliche Rechtsprechung bis zum 21. Juni 1999 (und die seither vorgenommenen Präzisierungen zur diesbezüglichen Praxis)

---

[*] Für die Mitarbeit bei der Sammlung des Materials und bei der Überarbeitung des Textes danke ich Herrn lic. iur. *Reto Feller*, Fürsprecher, Bern.
[1] → Bd. VI/2: *Heintschel von Heinegg*, Spezielle Menschenrechtspakte, § 175.
[2] EMRK (SR 0.101).
[3] So z.B. zuletzt *EGMR*, Urt. v. 16.6.2005, Sisojeva und andere ./. Lettland, Appl. Nr. 60654/00, § 99; Urt. v. 8.6.2006, Lupsa ./. Rumänien, Appl. Nr. 10337/04, § 25; Urt. v. 12.10.2006, Mubilanzila Mayeka und Kaniki Mitunga ./. Belgien, Appl. Nr. 13178/03, § 81.
[4] Vgl. *Bertschi/Gächter*, Der Anwesenheitsanspruch aufgrund der Garantie des Privat- und Familienlebens, ZBl 2003, S. 225ff.
[5] → Bd. VI/2: *Petersmann*, Wirtschaftliche Grundrechte (WTO), § 182.
[6] *J.P. Müller*, Grundrechte (LitVerz.), S. 153f.
[7] Z.B. Niederlassungsvertrag vom 13.11.1909 zwischen der Schweizerischen Eidgenossenschaft und dem Deutschen Reiche (SR 0.142.111.361); Niederlassungsvertrag vom 23.2.1882 zwischen der Schweiz und Frankreich (SR 0.142.113.491).
[8] *J.P. Müller*, Grundrechte (LitVerz.), S. 153; *BGer*, Urt. v. 12.2.1993, in: Pra 1994 Nr. 22 S. 79f.
[9] Abkommen vom 21.6.1999 zwischen der Europäischen Gemeinschaft und ihren Mitgliedstaaten einerseits und der Schweizerischen Eidgenossenschaft andererseits über die Freizügigkeit (SR 0.142.112.681). S. unten RN 17ff.

im Falle von natürlichen Personen durch das Abkommen auf die Schweiz erstreckt wird[10].

Innerstaatlich gewährt Art. 24 Abs. 1 BV „Schweizerinnen und Schweizern [...] das Recht, sich an jedem Ort des Landes niederzulassen". Absatz 2 derselben Bestimmung sieht vor: „Sie haben das Recht, die Schweiz zu verlassen oder in die Schweiz einzureisen." Eine explizite Garantie der Niederlassungsfreiheit oder ein Verweis auf Art. 24 BV findet sich überdies durchgängig in den Verfassungen der Gliedstaaten (Kantone)[11].

2
Art. 24 BV

B. Entstehungsgeschichte

Die Helvetische Verfassung von 1798 gewährleistete die Niederlassungsfreiheit nicht ausdrücklich. Sie war aber garantiert durch die Kombination der Organisationsform des Einheitsstaates sowie des Schweizerbürgerrechts. Ein Gesetz von 1799 garantierte denn auch das freie Niederlassungsrecht, was allerdings im Zuge der erstarkenden Kantone immer mehr beschnitten wurde.

3
Helvetische Verfassung von 1798

Die Bundesverfassung der Mediationsakte von 1803 enthielt in Art. 4 das freie Niederlassungsrecht der Schweizerbürger[12]. Mit dem Untergang der Mediationsverfassung 1813 verlor sich die Niederlassungsfreiheit zunächst. Allerdings schlossen ursprünglich zwölf Kantone das Konkordat vom 10. Juli 1819 betreffend das Niederlassungsverhältnis unter den Eidgenossen[13]. Das Abkommen gestattete den Bürgern der Mitgliedskantone unter bestimmten polizeilichen und formellen Bedingungen das Niederlassungsrecht, welches auch die wirtschaftliche Betätigung, nicht dagegen die politischen Rechte mit einschloß. Die Niederlassungsfreiheit gelangte in der Regeneration ab 1830 in fast alle

4
Fortentwicklung im 19. Jahrhundert

---

10 *Michael Lang*, Jüngste Tendenzen in der Rechtsprechung des EuGH zur Bedeutung der Grundfreiheiten für die direkten Steuern, in: zsis 2006; *ders.*, Steueranrechnung und Betriebsstätten, in: ST 2006, S. 70; *Astrid Epiney*, Zur Bedeutung der Rechtsprechung des EuGH für die Anwendung und Auslegung des Personenfreizügigkeitsabkommens, ZBJV 1/2005, S. 3 und 31; *Kurt Pärli*, Bedeutung der EuGH-Rechtsprechung für die arbeitsrechtlichen Gleichbehandlungsansprüche nach dem Personenfreizügigkeitsabkommen, in: Jusletter, 14. August 2006, Rz 14; a.M. *BGer*, Urt. v. 28.11.2005, 2A.239/2005 (E. 3.5.2.).
11 Art. 14 KV Zürich; Art. 16 KV Bern; § 21 Abs. 2 KV Luzern; Art. 12 lit. h KV Uri; § 14 Abs. 1 KV Schwyz; Art. 13 lit. e KV Obwalden; Art. 1 Abs. 2 Ziff. 4 KV Nidwalden; Art. 13 KV Glarus; § 22 KV Zug; Art. 11 KV Freiburg; Art. 15 KV Solothurn; § 10 KV Basel-Stadt verweist auf die Bundesverfassung; § 6 Abs. 2 lit. i KV Basel-Land; Art. 12 Abs. 1 lit. i KV Schaffhausen; Art. 11 KV Appenzell-Ausserrhoden; Art. 14 KV Appenzell-Innerrhoden; Art. 1 lit. c KV Graubünden verweist auf die Bestimmungen des Bundesrechts; Art. 2 lit. r KV St. Gallen; § 16 KV Aargau; Art. 7 KV Graubünden verweist auf Art. 24 BV; § 6 Ziff. 8 KV Thurgau; Art. 8 Abs. 2 lit. g KV Tessin; Art. 24 KV Waadt; Art. 10 KV Wallis; Art. 15 KV Neuenburg; Art. 9 Abs. 1 KV Genf; Art. 8 lit. l KV Jura.
12 Vgl. *Alfred Kölz*, Neuere Schweizerische Verfassungsgeschichte. Ihre Grundlinien vom Ende der Alten Eidgenossenschaft bis 1848, 1992, S. 132, 148.
13 Offizielle Sammlung der das Schweizerische Staatsrecht betreffenden Aktenstücke, der in Kraft bestehenden Eidgenössischen Beschlüsse, Verordnungen und Concordate und der zwischen der Eidgenossenschaft und den benachbarten Staaten abgeschlossenen besonderen Verträge, Bd. 1: 1815-1820, Zürich 1820, S. 289 ff. Im Jahre 1823 trat auch der Kanton Schaffhausen bei.

erneuerten Verfassungen[14]. Sie galt teilweise nur kantonsintern und unter Vorbehalt des Gegenrechts auch für Auswärtige, weshalb das erwähnte Konkordat weiterhin bedeutsam blieb. In diesem Sinne war es nur folgerichtig, daß die Niederlassungsfreiheit auch im Entwurf der „Bundesurkunde der Schweizerischen Eidgenossenschaft vom 15. Dezember 1832" in Art. 36 enthalten war[15]. Mit der Schaffung der Schweizerischen Bundesverfassung von 1848 erhielten Schweizer christlicher Konfession im interkantonalen Verhältnis „das Recht der freien Niederlassung im ganzen Umfange der Eidgenossenschaft" (Art. 41 BV 1848)[16]. Eine Teilrevision der Bundesverfassung, die aufgrund eines Niederlassungsvertrages mit Frankreich nötig wurde, beseitigte diese konfessionelle Diskriminierung, und ab 1866 wurde das Recht der freien Niederlassung auch Nichtchristen gewährt. Die Möglichkeit freier Niederlassung verbunden mit der Garantie der „Handels- und Gewerbefreiheit" (Art. 31 BV 1874) war maßgeblicher Baustein bundesstaatlicher Integration und erleichterte die Bildung eines einheitlichen schweizerischen Wirtschaftsraums[17]. Heute besteht der Hauptzweck der Niederlassungsfreiheit neben dieser weitestgehend verwirklichten Integrationsfunktion in der Garantie eines Abwehrrechts gegen staatliche Eingriffe. Positive staatliche Leistungspflichten wie etwa die finanzielle Unterstützung studentischer Mobilität oder von Wohnbauprojekten können aus der Niederlassungsfreiheit grundsätzlich nicht abgeleitet werden.

5
Schrankenlose Niederlassungsfreiheit ab 1975

Mit Inkrafttreten der totalrevidierten Bundesverfassung von 1874 erhielt der Bund auch die Kompetenz zur Regelung der innerkantonalen Niederlassungsfreiheit. Eine Beschränkung der Niederlassungsfreiheit galt weiterhin für jene Personen, die dauernd der öffentlichen Wohltätigkeit zur Last fielen und deren Heimatgemeinde beziehungsweise -kanton eine angemessene Unterstützung nicht gewährte (Art. 45 Abs. 3 BV 1874). Erst nach einer Verfassungsrevision im Jahr 1975 wurde die Niederlassungsfreiheit ohne Einschränkungen allen Schweizern gewährt. Seither gilt im Fürsorgewesen das Prinzip der wohnörtlichen Unterstützung, demzufolge den Kantonen untersagt ist, einem Bedürftigen die Niederlassungsfreiheit zu entziehen[18]. In der nachgeführten und auf den 1. Januar 2000 in Kraft getretenen Bundesverfassung vom 18. April 1999[19] ist in systematisch korrekter Stellung die Niederlassungsfreiheit im Grundrechtsteil verankert (Art. 24 BV).

---

14 Vgl. z.B. Art. 8 der Verfassung des Kantons Zürich vom 10.3.1831, in: Hans Nabholz/Paul Kläui (Hg.), Quellenbuch zur Verfassungsgeschichte der Schweizerischen Eidgenossenschaft und der Kantone von den Anfängen bis zur Gegenwart, 1947, S. 243 (245).
15 Vgl. *Kölz* (FN 12), S. 380.
16 Vgl. auch *Kölz* (FN 12), S. 584 ff.
17 *J.P. Müller*, Grundrechte (LitVerz.), S. 151.
18 Vgl. Art. 115 BV und das hierauf gestützt erlassene Bundesgesetz vom 24.6.1977 über die Zuständigkeit für die Unterstützung Bedürftiger (ZUG [SR 851.1]). Vgl. auch die Botschaft des Bundesrates über eine neue Bundesverfassung vom 20.11.1996, S. 169, Separatdruck oder BBl 1997, S. 1 ff. (zit.: Botschaft).
19 → Oben *J.P. Müller*, § 202: Geschichtliche Grundlagen, Zielsetzung und Funktionen der Grundrechte.

C. Begriff und Schutzbereich

I. Begriff der Niederlassung und sachlicher Geltungsbereich der innerstaatlichen Freizügigkeit

Der Begriff der Niederlassung ist weit zu verstehen: Nicht nur die eigentliche Wohnsitznahme mit der Absicht dauernden Verweilens, sondern auch der bloße Aufenthalt, mithin das persönliche Verweilen an einem Ort für kürzere Dauer werden erfaßt[20]. Eine absolute Gleichbehandlung zwischen Niedergelassenen und bloß zwecks Aufenthalts Anwesender darf aber hieraus nicht abgeleitet werden. Ebenso folgt aus der Niederlassungsfreiheit kein Anspruch auf direkte staatliche (Geld)leistungen[21].

6 Weites Begriffsverständnis

Die Niederlassungsfreiheit gewährt die Möglichkeit persönlichen Verweilens an jedem beliebigen Ort der Schweiz; sie gebietet den Kantonen und Gemeinden, jedem Schweizerbürger die Niederlassung auf ihrem Gebiet zu erlauben, und verbietet ihnen gleichzeitig, die Verlegung des einmal gewählten Wohnsitzes zu verhindern oder zu erschweren[22]. Die nachgeführte Bundesverfassung enthält keine dem Art. 62 BV 1874 (Verbot so genannter Abzugsrechte) entsprechende Bestimmung mehr, weil die Niederlassungsfreiheit dessen Regelungsgehalt abdeckt[23]. Die Wiedereinführung von Abgaben auf Vermögen, das aus dem Kanton wegzieht, bleibt damit ausgeschlossen. Dasselbe gilt für „Zugrechte", welche analog den gesetzlichen Vorkaufsrechten Verwandten und Gemeindegenossen zugestand, an Fremde veräußerte oder vererbte Grundstücke entgeltlich an sich zu ziehen[24].

7 Verbot von Abzugsrechten und Zugrechten

Zur Veranschaulichung der Grenzziehung des sachlichen Geltungsbereichs mag der Hinweis auf Art. 1 Abs. 2 der Verordnung über den Heimatschein[25] dienen. Gemäß dieser Norm konnten Bürger verpflichtet werden, ihren Heimatschein bei der Niederlassung zu hinterlegen. Diese Anordnung berührt ebensowenig den Schutzbereich der Niederlassungsfreiheit wie die im kantonalen Recht vorgesehene Pflicht von zuziehenden Bürgern, sich (persönlich) bei der kommunalen Einwohnerkontrolle anzumelden[26]. Auch eine Ordnung, welche die Eigentümer von Ferienhäusern (und deren Gäste) nicht gleich den

8 Abgrenzung

---

20 *Häfelin/Haller*, Bundesstaatsrecht (LitVerz.), RN 576; *Aubert/Mahon*, Petit commentaire (LitVerz.), Art. 24 RN 6; *Zufferey*, La liberté d'établissement, in: Thürer/Aubert/Müller, Verfassungsrecht (LitVerz.), § 47 RN 5; *Dicke*, in: Aubert u.a., Bundesverfassung 1874 (LitVerz.), Art. 45 RN 7. Vgl. zur Abgrenzung zur persönlichen Freiheit sub C IV 1, RN 12f.
21 *EGMR*, Urt. v. 1.6.2006, Kutsenko ./. Russland, Appl. Nr. 12049/02, § 62.
22 *BGE 128* I 280 (282 Erw. 4.1.1); *108* Ia 248 (249 Erw. 1); PVG 2005 Nr. 4, S. 28; erwähnt sei an dieser Stelle auch die diesbezügliche Rechtsprechung des EGMR zu Art. 2 des vierten Zusatzprotokolls zur EMRK, so z.B. *EGMR*, Urt. v. 23.5.2006, Riener ./. Bulgarien, Appl. Nr. 46343/99, § 128.
23 Botschaft (FN 18), S. 108, 170; *Dicke* (FN 20), Art. 62 BV 1874 RN 5.
24 Vgl. zum Ganzen *Dicke* aaO., Art. 62 BV 1874 RN 1–10, und *Cavelti*, in: Ehrenzeller u.a., St. Galler Kommentar (LitVerz.), Art. 24 RN 7.
25 Vom 22.12.1980 (SR 143.12); inzwischen aufgehoben durch Art. 99 Abs. 1 Ziff. 1 der Zivilstandsverordnung vom 28.4.2004 (SR 211.112.2).
26 *Aubert/Mahon*, Petit commentaire (LitVerz.), Art. 24 RN 7.

am Orte Niedergelassenen von der Kurtaxe befreit[27], stellt keinen Verstoß gegen die Niederlassungsfreiheit dar.

II. Örtlicher Geltungsbereich der innerstaatlichen Freizügigkeit

9
Inter- und innerkantonale Geltung

Die Niederlassungsfreiheit gilt inter- und innerkantonal[28] und schließt die in Art. 24 Abs. 2 BV explizit aufgeführte Aus- und Einwanderungsfreiheit in die Schweiz mit ein. Die innerkantonale Geltung wird betont durch Aufnahme der Niederlassungsfreiheit in sämtliche Kantonsverfassungen.

III. Ausreise- und Auswanderungsfreiheit sowie Einreise- und Einwanderungsfreiheit

10
Regelungsinhalte und Mitwirkungspflichten

Die Ausreise- und Auswanderungsfreiheit kann als negativer Gebrauch[29] der Niederlassungsfreiheit angesprochen werden. Aus ihr fließt eine Mitwirkungspflicht der Kantone und Gemeinden, namentlich bei der Herausgabe des Heimatscheins[30] und beim Ausstellen der nötigen Ausweisschriften und Reisedokumente. Die Einreise- und Einwanderungsfreiheit beinhaltet sowohl das Recht des im Ausland geborenen Schweizers, erstmalig in die Schweiz einzureisen als auch das Recht des Ausgereisten, in die Schweiz zurückzukehren.

11
Schutz vor Ausweisung, Auslieferung und Ausschaffung

In engem Zusammenhang mit dem Staatsangehörigkeitsrecht und der Niederlassungsfreiheit steht der Schutz vor Ausweisung, Auslieferung und Ausschaffung für Schweizer Bürger (Art. 25 BV)[31]. Die Ausweisung (zwangsweise durchgeführt als „Ausschaffung" bezeichnet) beinhaltet ein Rückkehrverbot und steht damit im Widerspruch zur Garantie jederzeitiger Einreise (Art. 24 Abs. 2 BV). Das Ausweisungsverbot gilt absolut und kann auch nicht durch den vorgängigen Entzug des Schweizerbürgerrechts umgangen werden[32]. So darf etwa die in Art. 55 des Schweizerischen Strafgesetzbuches[33] vorgesehene Nebenstrafe der Landesverweisung nur gegenüber Ausländern ausgesprochen werden. Die Auslieferung erfolgt auf Ersuchen einer ausländischen Behörde im Rahmen von Strafverfolgung und Strafvollzug. Art. 7 Abs. 1 des Bundesgesetzes über internationale Rechtshilfe in Strafsachen[34] macht die Auslieferung von der Zustimmung des betroffenen Schweizer Bürgers abhängig. Gegenstück dieses Verbots, Schweizer gegen ihren Willen auszuliefern, ist das in Art. 6 StGB enthaltene Prinzip der stellvertretenden Strafrechtspflege. Diesem Grundsatz von *aut dedere aut iudicare* folgend, hat sich die Schweiz

---

27 *BGE* 93 I 17 (22 ff. Erw. 4).
28 *BGE* 68 I 129 (132 Erw. 1).
29 → Bd. II: *Merten*, Negative Grundrechte, § 42 RN 57, 161 ff.
30 Vgl. *BGE* 110 Ia 67 (69 Erw. 3 a).
31 Botschaft (FN 18), S. 171.
32 Das Schweizerbürgerrecht kann keinem Bürger gegen dessen Willen durch behördlichen Beschluß entzogen werden. Im Zweiten Weltkrieg wurden dennoch schweizerischen Doppelbürgern im Ausland aufgrund der Notrechtsgesetzgebung das schweizerische Bürgerrecht entzogen, vgl. dazu *Andreas Kley*, Grundpflichten Privater im schweizerischen Verfassungsrecht (Diss. St. Gallen), 1989, S. 312 f. m.w.H.
33 Vom 21. 12. 1937 – StGB (SR 311.0).
34 Vom 20. 3. 1981 – IRSG (SR 351.1).

unter einschränkenden Voraussetzungen verpflichtet, schweizerische Straftäter in der Schweiz für eine im Ausland begangene Tat zu verfolgen und zu bestrafen[35]. Diese Haltung hat die Schweiz mit entsprechenden Vorbehalten zum Europäischen Auslieferungsübereinkommen[36] und zum Europäischen Übereinkommen zur Bekämpfung des Terrorismus[37] deklariert. Zu unterscheiden ist die Auslieferung zudem von der Überstellung an ein internationales Gericht. Dies ist möglich auch gegen den Willen des betroffenen Schweizer Staatsangehörigen[38].

IV. Abgrenzung zu anderen Grundrechten

1. Persönliche Freiheit

Als Aspekt der persönlichen Freiheit garantiert Art. 10 Abs. 2 BV jedem Menschen Bewegungsfreiheit in einem umfassenden Sinne[39]. Demgegenüber schützt die Niederlassungsfreiheit mit der Garantie der freien Wahl von Wohn- und Arbeitsort eine spezifischere Form freier Bewegung. Mehrere Bestimmungen des Strafgesetzbuches ermöglichen dem Richter im Straf- und Maßnahmenvollzug, Anweisungen über den Aufenthalt zu erteilen. Mit dem Strafvollzug vergleichbar, handelt es sich dabei um Bestimmungen, welche die Ausübung der Niederlassungsfreiheit für eine bestimmte Zeit gänzlich verunmöglichen. Die augenblickliche Präsenz an einem Ort wird aber vom Schutzbereich der Bewegungsfreiheit nach Art. 10 Abs. 2 BV erfaßt[40]. Wäre dies anders, könnten sich von solchen Maßnahmen Betroffene nur auf Art. 24 BV berufen, wenn sie Schweizer Bürger sind[41]. Dies würde Lehre und Rechtsprechung zu freiheitsentziehenden Maßnahmen zuwiderlaufen; es ist anerkannt, daß sich in diesem Zusammenhang auch Ausländer auf die Bewegungsfreiheit berufen können[42].

12
Spezifischer Schutz der Bewegungsfreiheit

Das Bundesgesetz über Aufenthalt und Niederlassung der Ausländer (ANAG)[43] statuiert in Artikel 13e Absatz 1 ein so genanntes Rayonverbot, welches der zuständigen Behörde erlaubt, einem Ausländer ohne Aufenthalts- oder Niederlassungsbewilligung die Auflage zu machen, ein ihm zugewiesenes

13
Rayonverbot

---

35 *Breitenmoser*, in: Ehrenzeller u.a., St. Galler Kommentar (LitVerz.), Art. 25 RN 10; *Günter Stratenwerth*, Schweizerisches Strafrecht, Allgemeiner Teil, Bd. I: Die Straftat, ²1996, § 5 RN 10–14.
36 Vom 13. 12. 1957 (SR 0.353.1).
37 Vom 27. 1. 1977 (SR 0.353.3).
38 So für den Internationalen Strafgerichtshof (vgl. das diesbezügliche Römer Statut unter SR 0.312.1) und den entsprechenden Bundesbeschluß vom 21. 12. 1995, SR 351.20.
39 → Oben *Haller*, § 209: Menschenwürde, Recht auf Leben und persönliche Freiheit; zur Abgrenzung von Freizügigkeit und Bewegungsfreiheit in Deutschland → Bd. IV: *Merten*, § 93: Freizügigkeit; *ders.*, § 94: Bewegungsfreiheit; in Österreich → Bd. VII/1: *A. Hauer*, § 191: Freiheit der Person und Freizügigkeit.
40 So auch *Detlef Merten*, Der Inhalt des Freizügigkeitsrechts (Art. 11 des Grundgesetzes) (Diss. iur. Berlin 1969), 1970, S. 51, 59, für vergleichbare Bestimmungen im deutschen Strafrecht.
41 Vgl. unten, RN 15 ff.
42 *Dicke* (FN 20), Art. 54 BV 1874 RN 20; *Haller*, Artikel persönliche Freiheit, in: Aubert u.a., Bundesverfassung 1874 (LitVerz.), RN 16 ff. Vgl. auch *J.P. Müller*, Grundrechte (LitVerz.), S. 156 und 162, sowie *Cavelti* (FN 24), Art. 24 RN 14.
43 Vom 26. 3. 1931 (SR 142.20).

Gebiet nicht zu verlassen oder ein bestimmtes Gebiet nicht zu betreten. Voraussetzung ist eine Störung oder Gefährdung der öffentlichen Ordnung oder Sicherheit. Anvisiert wird insbesondere der Betäubungsmittelhandel. Dauer und örtliche Ausdehnung des Rayonverbots sind an den Anforderungen von Art. 10 Abs. 2 BV zu messen. Ebenfalls dem Schutzbereich der Bewegungsfreiheit zuzuordnen ist der Freiheitsentzug aus fürsorgerischen Gründen (FFE) gemäß Art. 397a ff. des Schweizerischen Zivilgesetzbuches (ZGB)[44] und die „Absonderung" zwecks Verhütung der Weiterverbreitung übertragbarer Krankheiten gestützt auf Art. 16 des Epidemiengesetzes[45].

2. Wirtschaftsfreiheit

14
Wirtschaftsfreiheit als funktionelle Ergänzung

Funktionell ergänzen sich Niederlassungs- und Wirtschaftsfreiheit (Art. 27 BV)[46] gegenseitig. Die beiden eng verflochtenen Grundrechte sind elementare Bestandteile für die Verwirklichung des in Art. 95 Abs. 2 Satz 1 BV angestrebten einheitlichen schweizerischen Wirtschaftsraums. Satz 2 von Art. 95 Abs. 2 BV verpflichtet den Bund, die Freizügigkeit der Berufstätigen zu gewährleisten. Das Bundesgesetz über den Binnenmarkt (BGBM)[47] bezweckt die Umsetzung dieses verfassungsrechtlich vorgegebenen Binnenmarktprinzips und soll unter anderem die berufliche Mobilität innerhalb der Schweiz erleichtern (Art. 1 Abs. 2 lit. a BGBM). Der Bundesgesetzgeber hat in Art. 2 Abs. 1 BGBM das im EU-Recht geltende Cassis-de-Dijon-Prinzip verankert. Ein Produkt, welches den in einem Kanton oder einer Gemeinde geltenden Anforderungen entspricht, darf grundsätzlich auf dem gesamten Gebiet der Schweiz vertrieben werden. Das Prinzip gilt indes nur für Waren und Dienstleistungen, nicht hingegen für die Niederlassung. Wer sich in einem Kanton zu Geschäftszwecken niederlassen will, hat sich nach dem dort geltenden Recht zu richten. Die Niederlassungsfreiheit gewährt zwar dem Kantonsfremden den Anspruch, dies unter gleichen Voraussetzungen tun zu dürfen wie Kantonsangehörige. Er kann sich hingegen nicht darauf berufen, im anderen (Herkunfts-)Kanton würden für eine entsprechende Niederlassung andere (für den Gewerbetreibenden allenfalls weniger strenge) Vorschriften gelten[48].

D. Grundrechtsträger

I. Schweizerinnen und Schweizer sowie juristische Personen

15 Träger der Niederlassungsfreiheit sind natürliche Personen mit schweizerischem Bürgerrecht. Auch Minderjährige können sich vollumfänglich auf die Niederlassungsfreiheit berufen. Allerdings ist der Wohnsitz von Personen

---

44 Vom 10.12.1907 (SR 210).
45 Vom 18.12.1970 (SR 818.101).
46 → Unten *Vallender*, § 222: Wirtschaftsfreiheit.
47 Vom 6.10.1995 (SR 943.02).
48 *BGE 125* I 322 (324f. Erw. 2b).

unter achtzehn Jahren ein abgeleiteter. Art. 25 ZGB bestimmt als Wohnsitz des Kindes unter elterlicher Sorge denjenigen der Eltern. Ähnliches gilt für Ehegatten, die gemeinsam die eheliche Wohnung bestimmen (Art. 162 ZGB), wobei die Begründung separater Wohnsitze möglich bleibt[49]. Bevormundete Personen genießen ebenfalls den Schutz der Niederlassungsfreiheit; als Wohnsitz gilt gemäß Art. 25 ZGB der Sitz der Vormundschaftsbehörde[50]. *Niederlassungsfreiheit für Kinder, Ehepaare und Bevormundete*

Die freie Wahl des Geschäftssitzes juristischer Personen ist durch die Wirtschaftsfreiheit (Art. 27 BV) garantiert[51]. Die im Zivilrecht statuierten Anknüpfungspunkte zur Sitzbestimmung bleiben aber zu beachten. Die Grundsatznorm von Art. 56 ZGB sieht etwa vor, daß sich der Sitz einer juristischen Person ohne abweichende Statutenbestimmung an dem Ort befindet, wo ihre Verwaltung geführt wird. Bei Vereinen steht die Erfüllung eines nicht wirtschaftlichen Zwecks im Vordergrund. Ihre Freiheit, den Sitz zu bestimmen, garantiert die in Art. 23 BV verbriefte Vereinigungsfreiheit. **16** *Freie Wahl des Geschäftssitzes*

II. Status von Ausländern

Ausländer[52] können sich nicht auf die Niederlassungsfreiheit berufen, selbst wenn sie Inhaber einer unbefristeten Niederlassungsbewilligung sind. Wenn kantonale Verfassungen wie diejenige des Kantons Bern in Art. 16 Ausländern die Berufung auf die Niederlassungsfreiheit zugestehen, so steht der Durchsetzbarkeit dieses Individualrechts der Grundsatz der derogatorischen Kraft des Bundesrechts (Art. 49 Abs. 1 BV) entgegen: Einschränkungen, die sich aus dem Ausländerrecht des Bundes ergeben, gehen der kantonalen Verfassungsgarantie vor[53]. **17** *Kein Schutz aus Bundesrecht*

Ausnahmsweise vermitteln internationalrechtliche Garantien einen Anspruch auf Anwesenheit in der Schweiz: Flüchtlingen steht die Berufung auf den Grundsatz des non-refoulement[54] offen. Nach diesem Prinzip ist es unzulässig, den Flüchtling in ein Land zurückzuschieben, in dem Leben oder seine Freiheit wegen seiner Rasse, Religion, Staatszugehörigkeit, der politischen Anschauung oder seiner sozialen Gruppenzugehörigkeit gefährdet ist. Für alle Ausländer gilt zudem das Verbot der Ausschaffung in einen Staat, in dem der betreffenden Person Folter oder eine andere Art grausamer und unmenschlicher Behandlung oder Bestrafung droht (Art. 25 Abs. 3 BV). Ausländer mit einer starken familiären Bindung in der Schweiz besitzen nach Art. 8 EMRK einen menschenrechtlichen Anwesenheitsanspruch. Stimmen in der Lehre fordern einen grundrechtlichen Schutz vor einer Ausweisung oder **18** *Schutz von Flüchtlingen*

---

49 Vgl. zu dieser sog. Drittwirkung der Niederlassungsfreiheit unten, RN 28.
50 *BGE* 131 I 266 (269 Erw. 3), ZBJV 6/2006, S. 532, sowie in: FamPra.ch 4/2005, S. 994 sowie ZVW 2005, S. 283.
51 → Unten *Vallender*, § 222: Wirtschaftsfreiheit.
52 → Oben *Thürer*, § 206: Der Status der Ausländer.
53 *J.P. Müller*, Grundrechte (LitVerz.), S. 157 mit FN 35.
54 Mehrfach garantiert, vgl. Art. 25 Abs. 2 BV, Art. 3 EMRK, Art. 33 des Abkommens vom 28. 7. 1951 über die Rechtsstellung der Flüchtlinge – UNO-Flüchtlingskonvention (SR 0.142.30) und schließlich auf bundesgesetzlicher Ebene in Art. 5 des Asylgesetzes vom 26. 6. 1998 – AsylG (SR 142.31).

19
Verwirklichung
freien Personen-
verkehrs

einem Einreiseverbot bei Ausländern mit einer intensiven und langjährigen faktischen Bindung an die Schweiz[55]. Die Praxis hat einen derartig begründeten Anwesenheitsanspruch theoretisch anerkannt, aber noch nie gewährt[56].

Das Aufenthaltsrecht von Ausländern in der Schweiz wird im Wesentlichen auf Gesetzesstufe geregelt[57]. Der Aufenthalt bedarf einer Bewilligung, über deren Erteilung gemäß Art. 4 ANAG die zuständige Behörde im Rahmen der gesetzlichen Vorschriften nach „freiem Ermessen" befindet. Auch nach Erhalt einer Aufenthalts- oder Niederlassungsbewilligung gilt für den betroffenen Ausländer keine interkantonale Niederlassungsfreiheit. Art. 8 Abs. 1 ANAG hält fest, daß die Bewilligung grundsätzlich nur für den Kanton gilt, der sie ausgestellt hat. Diese restriktive Grundsatzregelung wird teilweise durchbrochen im Falle widersprechender staatsvertraglicher Bestimmungen[58]. Das zwischen der Schweiz und der Europäischen Union geltende Freizügigkeitsabkommen bezweckt eine schrittweise Einführung der Freizügigkeit für Erwerbstätige und Nichterwerbstätige. Vorgesehen ist eine Übergangsfrist von zwölf Jahren bis zur vollständigen Verwirklichung des freien Personenverkehrs. Inhaltlich gewährt der freie Personenverkehr das Recht, in die Schweiz oder einen Mitgliedstaat der Europäischen Union einzureisen, sich dort aufzuhalten, Zugang zu einer Beschäftigung zu suchen, sich als Selbständigerwerbender niederzulassen und gegebenenfalls nach der Ausübung einer Erwerbstätigkeit dort zu verbleiben[59].

E. Allgemeine Voraussetzungen der Einschränkung von Grundrechten

20
Art. 36 BV

Die nachgeführte Bundesverfassung enthält mit Art. 36 eine Norm, welche die Voraussetzungen für die Einschränkung klassischer Freiheitsrechte allgemein benennt[60]. Greift der Staat mit einem normativen Akt oder durch faktisches Handeln in einen grundrechtlich geschützten Bereich ein, muß sein Handeln in einer *gesetzlichen Grundlage* vorgezeichnet sein. Schwerwiegende Einschränkungen bedürfen einer Grundlage in einem Erlaß mit ausreichender demokratischer Legitimation; auf Bundesebene steht dafür das Bundesgesetz zur Verfügung. Parallel zur Zunahme der Eingriffsintensität steigen die

---

55 *J.P. Müller*, Grundrechte (LitVerz.), S. 159.
56 Vgl. die Hinweise bei *Bertschi/Gächter* (FN 4), S. 232 f.
57 Dieser Rechtsbereich ist gekennzeichnet durch außerordentliche Dynamik und Rücksichtnahme auf das aktuelle ausländerpolitische Umfeld. Eine größere Revision im Ausländerrecht ist derzeit im Gang, vgl. die Botschaft des Bundesrates zum Bundesgesetz über die Ausländerinnen und Ausländer vom 8.3.2002 (BBl 2002 S. 3709).
58 Vgl. RN 1 ff.
59 Vgl. auch *Aubert/Mahon*, Constitution (LitVerz.), Art. 24 RN 14.
60 → Oben *Schefer*, § 208: Beeinträchtigung von Grundrechten.

Anforderungen an die Bestimmtheit der Norm[61]. Jede Einschränkung von Grundrechten bedarf überdies eines hinreichenden *öffentlichen Interesses*. Darunter fallen insbesondere polizeiliche Interessen (Schutz der öffentlichen Ordnung, Sicherheit, Gesundheit und Sittlichkeit sowie von Treu und Glauben im Geschäftsverkehr). Eingriffe in die Freiheitsrechte halten nur dann vor der Verfassung stand, wenn sie *verhältnismäßig* sind. Unter diesen Begriff fallen drei Prüfpunkte: Eine behördliche Anordnung muß geeignet sein, das angestrebte – und im öffentlichen Interesse liegende – Ziel überhaupt zu erreichen. Ferner muß die Anordnung unterbleiben, wenn eine ebenso geeignete, aber mildere Maßnahme das anvisierte Ziel genauso erreicht. Schließlich bleibt unter dem Titel „Zumutbarkeit" zu prüfen, ob nicht die mit dem Eingriff verbundenen Konsequenzen für den Einzelnen nach einer wertenden Gegenüberstellung der mit dieser Intervention verfolgten öffentlichen Interessen unangemessen schwer wiegen[62].

F. Schranken der Niederlassungsfreiheit

I. Strafrechtliche Einschränkungen

Das urteilende Gericht kann gestützt auf das Strafgesetzbuch einem Verurteilten verbindliche Anweisungen über seinen Aufenthaltsort erteilen. Wie oben[63] ausgeführt, sind derartige Maßnahmen dem Schutzbereich der persönlichen Freiheit zuzuordnen. Sie werden an dieser Stelle wegen der engen Bezüge zur Niederlassungsfreiheit trotzdem kurz aufgeführt. Diese Anordnungen treffen den bedingt aus dem Straf- oder Maßnahmenvollzug Entlassenen (Art. 38 Ziff. 3 und Art. 45 Ziff. 2 StGB), den Verurteilten, dessen Freiheitsstrafe bedingt vollzogen wird (Art. 41 Ziff. 2 Abs. 1 StGB) und im Falle ambulanter Behandlung geistig Abnorme beziehungsweise Trunk- und Rauschgiftsüchtige (Art. 43 Ziff. 2 Abs. 2 und Art. 44 Ziff. 1 Abs. 1 StGB). Den Betroffenen kann vorgeschrieben werden, sich in einer bestimmten Gemeinde niederzulassen oder umgekehrt, sich von einem bestimmten Ort fernzuhalten. Zweckmäßig im Sinne der Suchtprävention kann die Auflage sein, sich in ein Heim einzugliedern oder die Arbeit an einer bestimmten Arbeitsstelle zu verrichten[64]. Einschränkungen der freien Wahl des Aufenthaltsortes im Strafvollzug müssen verhältnismäßig sein. Es gilt sicherzustellen, daß die Weisung überhaupt befolgt werden kann und der Gefahr neuer Verfehlungen vorbeugt. Unzulässig wäre eine Anweisung, die vorwiegend oder aus-

21 Präventive Funktion

---

61 Zur Haltung des EGMR vgl. z.B. zuletzt *EGMR*, Urt. v. 6.6.2006, Lupsa ./. Rumänien, Appl. Nr. 10337/04, § 32.
62 Vgl. zur Darstellung der Schrankenregelung z.B. *Rhinow*, Grundzüge (LitVerz.), S. 199.
63 Sub C IV 1, RN 12 f.
64 *Baechtold*, in: Marcel Alexander Niggli/Hans Wiprächtiger (Hg.), Basler Kommentar zum Strafgesetzbuch, Bd. I, Art. 1–110 StGB, 2003, Art. 38 StGB RN 33.

schließlich darauf abzielt, dem Verurteilten Nachteile zuzufügen[65]. Die zeitliche und örtliche Dimension der Maßnahme ist so auszugestalten, daß die damit verbundene Einschränkung der Bewegungsfreiheit für den Einzelnen im Sinne von Art. 36 Abs. 3 BV zumutbar ist.

II. Einschränkungen im Sonderstatusverhältnis

22
Hinnahme von Einschränkungen

Fragen der Residenzpflicht von Beamten beziehungsweise öffentlich-rechtlich Angestellten beanspruchen in der Rechtsprechung zur Niederlassungsfreiheit einen bedeutenden Platz. Beamte stehen in einem Sonderstatusverhältnis; ihre Rechtsbeziehung zum Staat ist enger als diejenige der übrigen Menschen[66]. Dennoch sind sie auch bei der Wahrnehmung ihrer Beamtenfunktion Grundrechtsträger. Sie müssen aber bei der Ausübung ihrer Freiheitsrechte Einschränkungen hinnehmen, die sich aus ihrer Treue- oder Dienstpflicht ergeben[67].

23
Begründung einer Residenzpflicht

Für die Rechtfertigung einer gesetzlich vorgesehenen Pflicht, an einem bestimmten Ort seinen Wohnsitz zu begründen, bedarf es eines hinreichenden öffentlichen Interesses. Nach Kritik an seiner früheren Rechtsprechung faßt das Bundesgericht in seiner neueren Praxis dieses Interesse relativ eng. Es sieht eine Einschränkung der Niederlassungsfreiheit nur mehr dann als zulässig, „wo zwingende Gründe des Dienstes oder das Erfordernis besonderer Beziehung zur Bevölkerung dies gebieten; bloss fiskalische Gründe reichen nicht aus"[68]. In diesem Sinne kann ein zwingender Grund vorliegen, wenn die Art des Dienstes erhöhte Bereitschaft und rasche Verfügbarkeit am Einsatzort bedingt. Dies gilt namentlich für Angehörige des Polizei- oder Feuerwehrkorps[69]. Zur Sicherstellung der sachgerechten Erfüllung ihrer Aufgaben kann ein öffentliches Interesse bestehen, wenn Lehrkräften[70], dem Aufseher einer Strafanstalt[71], dem Chef einer kommunalen Einwohnerkontrolle[72], Gerichts- oder Urkundspersonen[73] oder vom Volk gewählten Magistratspersonen[74] zwecks Pflege der Verbundenheit mit der Bevölkerung eine Wohnsitzpflicht auferlegt wird[75]. Allgemein formuliert erblickt das Bundesgericht ein öffentliches Interesse an einer Residenzpflicht, wenn hoheitliche Tätigkeiten durch die Beamten in großer Selbständigkeit ausgeführt werden[76].

---

65 *R.M. Schneider*, in: Niggli/Wiprächtiger (FN 64), Art. 41 StGB RN 171.
66 Vgl. für Deutschland → Bd. III: *Peine*, Grundrechtsbeschränkungen in Sonderstatusverhältnissen, § 65; → Bd. V: *Merten*, Der Beruf des Beamten und das Berufsbeamtentum, § 114.
67 *Ulrich Häfelin/Georg Müller/Felix Uhlmann*, Allgemeines Verwaltungsrecht, ⁵2006, RN 478 f. und 1579.
68 *BGE 120* Ia 203 (205 Erw. 3 a); *118* Ia 410 (414 Erw. 4 a).
69 *BGE 103* Ia 455 (457 Erw. 4 a).
70 *BGE 115* Ia 207.
71 *BGE 116* Ia 382.
72 Urt. v. 3. 4. 1992 (2 P.134/1991), auf welches in *BGE 118* Ia 410 (412 Erw. 2) verwiesen wird.
73 *BGE 128* I 280.
74 *BGE 128* I 34.
75 Mit weiteren Beispielen und einer Rechtsprechungsübersicht: *Aubert/Mahon*, Constitution (LitVerz.), Art. 24 RN 10 mit FN 35. Vgl. auch *Zufferey* (FN 20), § 47 RN 30; *J.P. Müller*, Grundrechte (LitVerz.), S. 163.
76 *BGE 128* I 280 (285 Erw. 4.3).

Die Wohnsitzpflicht muß gemäß Art. 36 Abs. 1 BV im (formellen) Gesetz selbst enthalten sein. Die weniger strenge Haltung des Bundesgerichts, wonach als genügend erachtet wird, wenn die Residenzpflicht im Gesetz nicht ausgeschlossen ist und stattdessen ihre Grundlage in einer (von der Regierung) erlassenen Verordnung findet, wird in der Lehre stark kritisiert[77]. Im Rahmen der Verhältnismäßigkeitsprüfung sind die im Einzelfall maßgebenden Interessen des Gemeinwesens mit denjenigen des betroffenen Beamten abzuwägen. Die familiäre Situation oder das Angebot auf dem Immobilienmarkt können gewichtige Interessen sein, die es mitzuberücksichtigen gilt[78]. Angesichts der fortschreitenden Mobilität der Arbeitnehmer und des verbreiteten Einsatzes der elektronischen Datenverarbeitung, insbesondere des Internets, dürfte die Bedeutung der Residenzpflicht weiter abnehmen. Das ist eine Entwicklung, die aus grundrechtlicher Sicht zu begrüßen ist.

24
Bedeutungswandel

III. Übrige Einschränkungen

Eine unzulässige Einschränkung der Niederlassungsfreiheit stellt es dar, wenn die Gemeindebehörde einem Bürger, der sich zum Wegzug entschieden hat, die Herausgabe von Ausweisschriften und Reisedokumenten mit der Begründung ausstehender Steuerschulden oder Bußen verweigert[79]. Die Ausstellung solcher Dokumente darf nur verweigert werden, wenn dem Wegzug des Betroffenen besondere öffentlich-rechtliche Pflichten entgegenstehen (so z. B. eine Paßsperre im Rahmen einer hängigen Strafuntersuchung)[80].

25
Unzulässige Einschränkung

Der nach Ablauf der Befristung ersatzlos ausgelaufene „Bundesbeschluss über eine Sperrfrist für die Veräusserung nichtlandwirtschaftlicher Grundstücke und die Veröffentlichung von Eigentumsübertragungen von Grundstücken"[81] untersagte die Veräußerung landwirtschaftlicher Grundstücke während fünf Jahren nach ihrem Erwerb. Eine Ausnahme war in Artikel 4 Absatz 1 lit. b vorgesehen für Veräußerer, denen das Grundstück während mindestens zwei Jahren als (Familien-)Wohnung diente. Damit wurde dem Umzug eines Erwerbstätigen aus beruflichen Gründen und dem damit notwendig werdenden Verkauf des Eigenheims Rechnung getragen. Das zur Rechtfertigung des Grundrechtseingriffs angerufene öffentliche Interesse an der Eindämmung der Bodenspekulation weckt verfassungsrechtliche Bedenken. Für Berufstätige mit häufigen Wechseln des Arbeitsortes stellte je nach

26
Bodenmarktbezogene Steuerungsmaßnahmen

---

[77] *Zufferey* (FN 20), § 47 RN 31; *J.P. Müller*, Grundrechte (LitVerz.), S. 162 f.
[78] *BGE 116* Ia 382 ff. zur Wohnsitzpflicht eines Gefängniswärters.
[79] *Fritz Fleiner/Zaccaria Giacometti*, Schweizerisches Bundesstaatsrecht, 1949, S. 255 f.; *Häfelin/Haller*, Bundesstaatsrecht (LitVerz.), RN 580; *Aubert/Mahon*, Constitution (LitVerz.), Art. 24 RN 7. Ob direkt gestützt auf Art. 24 Abs. 2 BV ein Anspruch auf Ausstellung einer bloßen Abmeldebestätigung (Reisedokument im weiteren Sinne; vgl. auch oben, RN 10) durch die Einwohnerkontrolle besteht, hat das Bundesgericht in *BGE 127* I 97 (101 f. Erw. 4) offen gelassen, weil im konkreten Fall die Weigerung der Herausgabe bereits wegen Verstoßes gegen das Willkürverbot (Art. 9 BV) als verfassungswidrig taxiert wurde.
[80] *Fleiner/Giacometti* (FN 79), S. 255 f.
[81] Vom 6. 10. 1989 (AS 1989 1974 und 1992 643).

den persönlichen Umständen auch die „Erleichterung" im Ausnahmekatalog eine hohe Hürde dar. Obwohl der erwähnte Bundesbeschluß nicht mehr angewendet wird, bleibt die Thematik bedeutsam, weil auch künftig nicht auszuschließen ist, daß seitens des Staates Interventionen zur Steuerung des Bodenmarktes erfolgen[82].

IV. Kerngehalt

27
Niederlassungsfreiheit als Grundrecht ohne Kerngehalt?

Der Kerngehalt eines Grundrechts ist unantastbar (Art. 36 Abs. 4 BV)[83]. Dieser Begriff spricht denjenigen Aspekt eines Grundrechts an, der absoluten Schutz vor Eingriffen vermittelt und auch in Notstandszeiten nicht eingeschränkt werden darf. Den Kerngehalt zu ermitteln fällt am einfachsten, wenn er im Verfassungstext umschrieben ist[84]. Für die Niederlassungsfreiheit (Art. 24 BV) trifft dies nicht zu. In verschiedenen Menschenrechtsverträgen werden bestimmte (Teil-)Gehalte von Grundrechten als notstandsfest bezeichnet[85]. Absolut geschützte Elemente der Niederlassungsfreiheit sucht man jedoch in internationalen Abkommen ebenso vergeblich wie in der Rechtsprechung des Bundesgerichts zur Niederlassungsfreiheit[86]. Damit bestehen zahlreiche Indizien, die den Schluß nahe legen, Art. 24 BV enthalte keine Kerngehaltsgarantie. Anderes gilt für das mit der Niederlassungsfreiheit zusammenhängende und in Art. 25 Abs. 1 BV enthaltene Ausweisungsverbot (unter Zustimmungsvorbehalt des Betroffenen). Die Kerngehaltsgarantie ist hier bereits durch den Verfassungstext angesprochen.

G. Drittwirkung der Niederlassungsfreiheit?

28
Fälle indirekter Drittwirkung

Die Drittwirkungseignung von Grundrechten wird durch Art. 35 Abs. 3 BV ausgedrückt[87]. Diese Verfassungsbestimmung beläßt Gesetzgebung und Rechtsanwendung einen weiten Spielraum bei der Festlegung, ob Grundrechte auch Rechtsbeziehungen zwischen Privaten erfassen. Während die These der direkten Drittwirkung von Grundrechten (unmittelbare Bindung im Privatrechtsverkehr) in der Schweiz kaum vertreten wird, ist für jedes Grundrecht genauer zu untersuchen, ob es eine indirekte Drittwirkung ent-

---

82 Vgl. *Ernst Heinrich Egli*, Die Beschränkung der Freizügigkeit durch den Bundesratsbeschluss vom 15. November 1941 betreffend Massnahmen gegen die Wohnungsnot (Diss. iur. Bern 1946), 1948.
83 Eingehend *Markus Schefer*, Die Kerngehalte von Grundrechten, 2001.
84 Beispielhaft die Kantonsverfassung Bern, die bei einzelnen Grundrechten die Kerngehaltsbindung anzeigt, vgl. Art. 10 Abs. 1, 12 Abs. 2, 14 Abs. 2, 17 Abs. 2, 20 Abs. 2, 25 und 26 KV BE. Keine Umschreibung des Kerngehalts findet sich bei Art. 16 KV BE (Niederlassungsfreiheit).
85 Z.B. Art. 15 Abs. 2 EMRK.
86 Eine erste zaghafte Annäherung ist in *BGE 128* I 280 (283 Erw. 4.1.2) ausgedrückt: „[...] die Niederlassungsfreiheit des Beschwerdeführers unter den gegebenen Umständen nur am Rande, keinesfalls in ihrem Kerngehalt betroffen sein kann".
87 → Oben *Georg Müller*, Schutzwirkung der Grundrechte, § 204.

hält. Wird dies bejaht, sind offene Normen des Privat- und Strafrechts im Lichte des betroffenen Grundrechts (verfassungskonform) auszulegen[88]. Eine Drittwirkung der Niederlassungsfreiheit im erläuterten Sinne könnte Bedeutung erlangen im Arbeitsvertragsrecht. Art. 336 Abs. 1 lit. b des Obligationenrechts (OR)[89] bezeichnet die Kündigung eines Arbeitsverhältnisses unter anderem dann als mißbräuchlich, wenn sie ausgesprochen wird, weil eine Vertragspartei ein verfassungsmäßiges Recht ausübt. Ferner zeigt sich eine Drittwirkung im Eherecht. Art. 162 und Art. 23 ff. ZGB sind unter Berücksichtigung der Drittwirkung der Niederlassungsfreiheit so auszulegen, daß eine separate Wohnsitznahme der Ehegatten zulässig bleibt[90].

---

[88] *Häfelin/Haller*, Bundesstaatsrecht (LitVerz.), RN 281 f. und 287.
[89] Vom 30. 3. 1911 (SR 220).
[90] Vgl. auch oben RN 15. *BGE 115* II 120 (121 Erw. 4 a).

H. Bibliographie

Aubert, Charles, La liberté d'établissement des Confédérés (Thèse Univ. de Genève 1939), 1939.
Bertschi, Martin/Gächter, Thomas, Der Anwesenheitsanspruch aufgrund der Garantie des Privat- und Familienlebens, ZBl 2003, S. 225 ff.
von Beust, Hans, Das Verhältnis des Konkordats über wohnörtliche Unterstützung vom 16. Juni 1937 zur Niederlassungsfreiheit (Diss. iur. Bern 1951), 1951.
Boesch, Walter, Die Kantons- und Stadtverweisungen von Schweizerbürgern, ZBl 1941, S. 49 ff.
Egli, Ernst Heinrich, Die Beschränkung der Freizügigkeit durch den Bundesratsbeschluss vom 15. November 1941 betreffend Massnahmen gegen die Wohnungsnot (Diss. iur. Bern 1946), 1948.
Epiney Astrid, Zur Bedeutung der Rechtsprechung des EuGH für die Anwendung und Auslegung des Personenfreizügigkeitsabkommen, ZBJV 1/2005, S. 3 und 31.
Gabus, Pierre, La liberté d'établissement face à l'obligation de résidence des fonctionnaires: étude de la jurisprudence récente du Tribunal fédéral, RDAF 1986, S. 125 ff.
Kälin, Walter, Das Prinzip des non-refoulement (Diss. iur. Bern 1982), 1982.
Lang, Michael, Jüngste Tendenzen in der Rechtsprechung des EuGH zur Bedeutung der Grundfreiheiten für die direkten Steuern, in: zsis 2006.
ders., Steueranrechnung und Betriebsstätten, ST 2006, S. 70.
Nussberger, Erhard, Die Beschränkung der Freizügigkeit als Massnahme gegen die Wohnungsnot (Diss. iur. Zürich 1944), 1945.
Pärli, Kurt, Bedeutung der EuGH-Rechtsprechung für die arbeitsrechtlichen Gleichbehandlungsansprüche nach dem Personenfreizügigkeitsabkommen, in: Jusletter 14. August 2006, Rz 14.
Rüegg, Ernst, Die Beschränkung der Freizügigkeit, ZBl. 1942, S. 337 ff.
ders., Niederlassungsfreiheit, 1958.
Spühler, Karl, Die Rechtsprechung zur polizeilichen Meldepflicht bei Niederlassung und Aufenthalt, ZBl 1992, S. 337 ff.
Weber, Konrad, Niederlassungsfreiheit, Heimatschein, Bürgerrecht, 1979.

2. Kommunikationsgrundrechte

§ 216
Meinungs-, Medien- und Informationsfreiheit

Giorgio Malinverni

Übersicht

	RN		RN
A. Quellen	1–25	II. Die Informationsfreiheit	38–42
I. Die schweizerische Bundesverfassung	1– 7	III. Die Pressefreiheit	43–56
1. Die schweizerische Bundesverfassung von 1874 und das ungeschriebene Verfassungsrecht	1– 3	1. Allgemeines	43–44
		2. Zensur	45–47
		3. Politische Demokratie	48–50
		4. Gerichtsverfahren	51–52
		5. Quellenschutz	53
2. Die schweizerische Bundesverfassung vom 18. April 1999	4– 7	6. Unlauterer Wettbewerb	54
		7. Interne Pressefreiheit	55–56
		IV. Die Freiheit von Radio und Fernsehen	57–64
II. Die Europäische Menschenrechtskonvention und der Internationale Pakt über bürgerliche und politische Rechte	8– 9	V. Die Kunstfreiheit	65–67
		VI. Die Wissenschaftsfreiheit	68–70
		D. Einschränkungen	71–82
		I. Einschränkungen aufgrund von Art und Wesen der Äußerung	72–73
III. Die Kantonsverfassungen	10–11		
IV. Umsetzung durch Recht ohne Verfassungsrang	12–25	II. Einschränkungen aufgrund des Personenkreises	74–79
1. Strafrecht	13–20		
2. Zivilrecht	21–23	III. Einschränkungen aufgrund des Ortes	80–81
3. Verwaltungsrecht	24–25		
B. Berechtigte Personen	26–28	IV. Der Grundsatz der Verhältnismäßigkeit	82
C. Die einzelnen Grundfreiheiten	29–70		
I. Die Meinungsfreiheit	29–37	E. Bibliographie	

A. Quellen

I. Die schweizerische Bundesverfassung

1. Die schweizerische Bundesverfassung von 1874 und das ungeschriebene Verfassungsrecht

1 *Ausdrückliche Garantien*

Die Bundesverfassung von 1874 garantierte ausdrücklich das Briefgeheimnis (Art. 36 Abs. 4 aBV), die Pressefreiheit (Art. 55 aBV) sowie im Bereich von Radio und Fernsehen die freie Meinungsbildung der Zuhörer und Zuschauer (Art. 55 a Abs. 2 aBV).

2 *Entwicklungsstufen*

1961 erkannte das Bundesgericht der Freiheit der Meinungsäußerung den Rang einer nicht schriftlich verankerten Grundfreiheit zu. In der Folgezeit bekräftigte das Bundesgericht zunächst, daß die Freiheit der Meinungsäußerung ein „Grundprinzip des Bundes- und Kantonsrechts unabhängig von deren schriftlicher Verankerung"[1] sei. Vier Jahre später erkannte das Gericht an, daß es sich um eine „ungeschriebene Grundfreiheit der Bundesverfassung"[2] handele. 1970 hoben Richter in Lausanne erstmalig eine Kantonsentscheidung auf, weil sie gegen die Freiheit der Meinungsäußerung verstieß, „ein nicht schriftlich verankertes, durch die Bundesverfassung garantiertes Grundrecht, das sich unter anderem in der Pressefreiheit äussert"[3]. In einer Grundsatzentscheidung von 1971 findet sich schließlich die erste Definition dieser nicht schriftlich verankerten Grundfreiheit, die „die Fähigkeit beinhaltet, seine Meinung frei zu äussern und diese ausschließlich unter Verwendung rechtmässiger Mittel zu verbreiten"[4].

3 *Informationsfreiheitliche Grundrechtsverbindungen*

1978 wurde die Informationsfreiheit in der Rechtsprechung mit der Freiheit der Meinungsäußerung und der Pressefreiheit in Verbindung gebracht, womit anerkannt wurde, daß man zunächst in der Lage sein muß, sich zu informieren, bevor man sich eine Meinung bilden und diese äußern kann. Die Meinungsfreiheit umfaßt daher die „Freiheit, sich aus allgemein zugänglichen Quellen zu unterrichten"[5]. Die Rechtsprechung brachte die Freiheit der Meinungsäußerung darüber hinaus in Verbindung mit weiteren Grundfreiheiten, insbesondere mit der Freiheit der Kunst[6], der Freiheit der Wissenschaft[7] und dem Recht auf das Briefgeheimnis[8].

---

[1] *BGE 87* I 114 (117) – Sphinx Film.
[2] *BGE 91* I 480 (485) – Association de l'école française de Zurich.
[3] *BGE 96* I 586 (590) – Aleinick.
[4] *BGE 97* I 893 (896) – Küpfer.
[5] *BGE 104* Ia 88 (94) – Bürgin.
[6] ZBl 1963, 365.
[7] *BGE 101* Ia 252 (255) – Ernst.
[8] *BGE 119* Ia 71 (73) – Stürm.

2. Die schweizerische Bundesverfassung vom 18. April 1999

Art. 16 BV garantiert ausdrücklich die Meinungs- und Informationsfreiheit. Jede Person hat das Recht, „ihre Meinung frei zu bilden und sie ungehindert zu äussern und zu verbreiten" (Absatz 2), sowie das Recht, „Informationen frei zu empfangen, aus allgemein zugänglichen Quellen zu beschaffen und zu verbreiten" (Absatz 3).

4
Ausdrückliche Garantie

In Art. 17 BV wird die Medienfreiheit behandelt, das heißt „die Freiheit von Presse, Radio und Fernsehen sowie anderer Formen der öffentlichen fernmeldetechnischen Verbreitung von Darbietungen und Informationen" (Absatz 1). In diesem Artikel wird darüber hinaus jegliche Zensur verboten (Absatz 2), und das Redaktionsgeheimnis wird ausdrücklich gewährleistet (Absatz 3).

5
Medienfreiheit

In bezug auf Radio und Fernsehen ist Art. 17 BV in Verbindung mit Art. 93 BV zu sehen. Gemäß diesem Artikel ist die Gesetzgebung über Radio und Fernsehen sowie über andere Formen der öffentlichen fernmeldetechnischen Verbreitung von Darbietungen und Informationen Sache des Bundes (Absatz 1). Der Artikel besagt, daß Radio und Fernsehen „zur Bildung und kulturellen Entfaltung, zur freien Meinungsbildung und zur Unterhaltung" beitragen (Absatz 2 Satz 1), „die Besonderheiten des Landes und die Bedürfnisse der Kantone" berücksichtigen (Satz 2), die Ereignisse sachgerecht darstellen und „die Vielfalt der Ansichten angemessen zum Ausdruck" bringen (Satz 3). Art. 93 Abs. 2 BV „basiert auf der Grundidee, daß die elektronischen Medien in einer demokratischen Gesellschaft eine Aufgabe im Interesse der Allgemeinheit erfüllen" und daß „die Verfassung zur Erfüllung dieser Aufgabe und im Sinne der Informationsfreiheit der Öffentlichkeit ein Leistungsmandat vorsieht"[9]. Dieser Artikel gewährleistet darüber hinaus „die Unabhängigkeit von Radio und Fernsehen sowie die Autonomie in der Programmgestaltung" (Absatz 3).

6
Inhalt der Bundesgesetzgebungskompetenz

Art. 20 BV gewährleistet die Freiheit der Wissenschaft, das heißt „die Freiheit der wissenschaftlichen Lehre und Forschung". Durch Art. 21 BV ist schließlich die Freiheit der Kunst gewährleistet.

7
Lehre, Forschung und Kunst

II. Die Europäische Menschenrechtskonvention und der Internationale Pakt über bürgerliche und politische Rechte

Art. 10 Abs. 1 EMRK betrifft die Freiheit der Meinungsäußerung. Der Gerichtshof hat diesem Artikel eine weitreichende Bedeutung eingeräumt, die von der Freiheit, sich Informationen zu beschaffen, bis zur Freiheit reicht, diese ohne jede Beschränkung weiterzugeben, und auch die Gewährleistung einer objektiven und von Meinungsvielfalt geprägten Information, die künstlerische Freiheit, öffentliche Verlautbarungen von Firmen und die freie Weitergabe von Informationen „ohne Rücksicht auf Staatsgrenzen" umfaßt. Folglich ist aufgrund von Art. 10 „die Teilnahme am öffentlichen Austausch von kulturel-

8
Gerichtlicher Entscheidungsmaßstab

---
9 BBl 1997 I S. 276.

len, politischen und gesellschaftlichen Informationen und Ideen aller Art möglich"[10]. Der durch die Europäische Menschenrechtskonvention gewährte Schutz trat zunehmend an die Stelle des durch die Bundes- und Kantonsverfassungen gewährten Schutzes. In den vergangenen Jahren basierten die Entscheidungen über die wichtigsten Fälle in diesem Bereich auf der Grundlage von Art. 10 EMRK.

9
Informationsfreiheit und Schranken nach IPbürgR

Der Wortlaut von Art. 19 IPbürgR ist an Art. 10 EMRK angelehnt. Der zweite Absatz von Artikel 19 sieht ausdrücklich vor, daß jede Person nicht nur das Recht hat, Informationen zu empfangen und weiterzugeben, sondern sich diese auch zu beschaffen. Artikel 20 dieses Pakts schränkt die Meinungsfreiheit insoweit ein, als Kriegspropaganda und sämtliche nationalistischen, rassistischen oder religiösen Haßkampagnen verboten sind.

III. Die Kantonsverfassungen

10
Pressefreiheit und Zensurverbot

Die Kantonsverfassungen aus dem 19. Jahrhundert beschränken sich im allgemeinen darauf, die Pressefreiheit zu garantieren und eine vorherige Zensur zu verbieten (Art. 9 Verf. Republik und Kanton Genf, Art. 26 Verf. Kanton St. Gallen). In manchen Kantonsverfassungen, wie in Art. 10 der Verfassung der Republik und des Kantons Genf, wird die Freiheit der wissenschaftlichen Lehre erwähnt.

11
Kommunikationsfreiheit

In den neueren Verfassungen findet sich hingegen eine zuweilen sehr detaillierte Aufzählung verschiedener Einzelaspekte der Kommunikationsfreiheit, wie der Meinungsfreiheit, der Informationsfreiheit, der Freiheit der Kunst, der Wissenschaft, der Forschung und der wissenschaftlichen Lehre. In verschiedenen Kantonsverfassungen wird, wie in Art. 12 der Verfassung des Kantons Solothurn und in Art. 9 der Verfassung des Kantons Glarus, auch die Medienfreiheit erwähnt. Hinsichtlich der Informationsfreiheit sieht die Berner Verfassung vom 6. Juni 1993 eine interessante Neuerung vor, indem sie „jeder Person das Recht auf Einsicht in amtliche Akten verleiht, soweit keine überwiegenden öffentlichen oder privaten Interessen entgegenstehen" (Art. 17 Abs. 3).

IV. Umsetzung durch Recht ohne Verfassungsrang

12
Konflikt mit Rechten und Interessen Dritter

Da die Freiheit der Meinungsäußerung mehr als alle anderen Grundfreiheiten auf die Kommunikation innerhalb der Gesellschaft ausgerichtet ist, ist sie fest im Rahmen des Rechts ohne Verfassungsrang verankert, dessen Aufgabe in erster Linie darin besteht, die verschiedenen grundlegenden Beziehungen der bürgerlichen Gesellschaft zu regeln. Eine Aufgabe, die allerdings insoweit viel häufiger negativ als positiv ausfällt, als die Ausübung dieser Freiheit nur äußerst selten von einem staatlichen Eingriff abhängt, sondern vielmehr häu-

---

10 *EGMR*, Urt. v. 24.5.1988, Müller ./. Schweiz, Serie A Nr.°133, Ziff. 27.

fig in Konflikt mit den Rechten und Interessen Dritter steht. Daher beziehen sich zahlreiche Vorschriften im schweizerischen Straf-, Zivil- und Verwaltungsrecht auf die Ausübung der Kommunikationsfreiheit.

1. Strafrecht

Im Strafrecht findet man in erster Linie besondere Vorschriften zur Haftung für Verstöße in Form von Veröffentlichungen in einem Medium. Hinzu kommt seit kurzer Zeit ein besonderer Quellenschutz.

13 Schutz vor Veröffentlichung

Art. 27 StGB bezeichnet den Autor als vorrangig verantwortliche und allein strafbare Person (Absatz 1). Kann der Autor nicht ermittelt oder in der Schweiz nicht vor ein Gericht gestellt werden, so ist der verantwortliche Redakteur bzw., falls es diesen nicht gibt, diejenige Person strafbar, die für die Veröffentlichung verantwortlich ist (Absatz 2). Der Autor einer wahrheitsgetreuen Berichterstattung über öffentliche Verhandlungen und amtliche Mitteilungen einer Behörde kann nicht bestraft werden (Absatz 4).

14 Verantwortlichkeit des Autors

Durch Art. 27bis StGB werden Personen, die sich beruflich mit der Veröffentlichung von Informationen im redaktionellen Teil eines periodisch erscheinenden Mediums befassen und Zeugnis über die Identität des Autors oder über die Quellen ihrer Informationen verweigern, vor Strafen oder prozessualen Zwangsmaßnahmen geschützt.

15 Quellenschutz

Die Auskunftspflicht stellt in gewisser Weise einen Ausgleich für den Quellenschutz dar. Die Medien sind danach verpflichtet, jeder Person auf Anfrage unverzüglich und schriftlich ihren Sitz sowie die Identität des für die Veröffentlichung Verantwortlichen mitzuteilen (Art. 322 StGB).

16 Auskunftspflicht

Darüber hinaus werden im schweizerischen Strafgesetzbuch zahlreiche mögliche Verstöße im Rahmen der Ausübung der Freiheit der Meinungsäußerung unter Strafe gestellt. Zu den strafbaren Handlungen, die sich gegen die Ehre eines Dritten richten, gehören insbesondere die üble Nachrede, die Verleumdung und die Beleidigung (Art. 173, 174 und 177 StGB). Alle diese Bestimmungen schränken selbstverständlich die Pressefreiheit ein.

17 Ehrenschutz

Das schweizerische Strafgesetzbuch stellt darüber hinaus die Beleidigung eines fremden Staates (Art. 296), von zwischenstaatlichen Einrichtungen (Art. 297), von Hoheitszeichen eines fremden Staates (Art. 298) sowie die Nötigung (Art. 181 StGB) unter Strafe. Die zuletzt genannte Bestimmung kann zu einer Einschränkung der Kommunikationsfreiheit führen: beispielsweise die Behinderung des öffentlichen Verkehrs durch einen Sitzstreik als Zeichen des Protestes gegen den Golfkrieg[11] mit dem Ziel, die Öffentlichkeit am Besuch einer Militärausstellung[12] zu hindern.

18 Strafrechtliche Grenzen politischer Kommunikation

Bestimmte, gegen die öffentlichen Sitten gerichtete strafbare Handlungen wirken sich ganz unmittelbar auf die Freiheit der Meinungsäußerung aus.

19

---

11 *BGE 119* IV 301 – X.
12 *BGE 108* IV 165 – M.

Straftaten gegen die öffentlichen Sitten

Gleiches gilt insbesondere für das Verbot harter Pornographie (Art. 197 Abs. 3 StGB)[13]. Art. 135 StGB bedroht die Darstellung von Gewalt mit Strafe. Diese Vorschrift stellt somit eine Beschränkung der Freiheit der Meinungsäußerung, der Informations- und der Kunstfreiheit dar, was nach Auffassung des Gesetzgebers aufgrund der Notwendigkeit des Schutzes der menschlichen Würde[14] gerechtfertigt ist. Hinzu kommt eine Reihe von strafbaren Handlungen gegen den öffentlichen Frieden, wie der öffentliche Aufruf zur Begehung einer Straftat oder zur Gewalt (Art. 259 StGB) oder die Teilnahme an einer öffentlichen Zusammenrottung (Art. 260 StGB). Im Rahmen von Verbrechen und Vergehen in Zusammenhang mit der Geheimhaltung ist auf die Veröffentlichung geheimer amtlicher Unterlagen (Art. 293 StGB)[15] und von Staatsgeheimnissen (Art. 267 StGB) hinzuweisen. Art. 261bis StGB stellt die Diskriminierung von Personen wegen ihrer Rasse unter Strafe. Da es um den Schutz der Menschenwürde von Opfern diskriminierender Handlungen geht, muß die Freiheit der Meinungsäußerung an dieser Stelle eingeschränkt werden[16].

20
Abhören von Telefongesprächen

Die Vorschriften zum Abhören von Telefongesprächen (Art. 179bis bis Art. 179^{septies} StGB) betreffen sowohl den Schutz der Privatsphäre als auch die Freiheit der Meinungsäußerung[17].

2. Zivilrecht

21
Schutz der Persönlichkeitsrechte

Auch im schweizerischen Zivilrecht kommt die Freiheit der Meinungsäußerung zum Tragen, insbesondere im Bereich des Schutzes der Persönlichkeitsrechte. Hierbei geht es einerseits darum, die Ausübung dieser Freiheiten einzuschränken, andererseits aber auch darum, ihre Ausübung zu begünstigen.

22
Richterliches Publikationsverbot

So kann ein Richter gemäß Art. 28 ZGB einem Journalisten die Veröffentlichung eines Artikels untersagen, der die Persönlichkeitsrechte eines Dritten beeinträchtigt. Ein solches Verbot bewirkt eine Einschränkung der Meinungsfreiheit von Journalisten[18].

23
Gegendarstellung

Gemäß Art. 28 g Abs. 1 ZGB besteht für denjenigen ein Anspruch auf Gegendarstellung, der „durch Tatsachendarstellungen in periodisch erscheinenden Medien, insbesondere Presse, Radio und Fernsehen, in seiner Persönlichkeit unmittelbar betroffen ist".

3. Verwaltungsrecht

24

Auch das schweizerische Verwaltungsrecht ist in zunehmendem Maße an der Durchsetzung der Freiheit der Meinungsäußerung beteiligt. Im Radio- und

---

13 *BGE 108* IV 165 – M.
14 BBl 1985 II S. 1021.
15 *BGE 126* IV 236 – Martin Stoll.
16 *BGE 123* IV 202 (206) – P.; *127* IV 203 – Amaudruz.
17 *BGE 123* IV 236 (244) – A.
18 *BGE 107* Ia 277 (281) – André Luisier; *109* II 353 – X.; *111* II 209 – Frischknecht.

Fernsehbereich betrifft und konkretisiert das Bundesgesetz vom 21. Juni 1991 über Radio und Fernsehen (RTVG) sowohl die Freiheit der Radio- und Fernsehsender wie auch diejenige ihrer Zuhörer und Zuschauer. Erstere sind an den Grundsatz einer sachgerechten Information und der Berücksichtigung der Vielfalt der Ereignisse und Ansichten gebunden (Art. 4 RTVG). Den Zuhörern und Zuschauern wiederum verleiht das Gesetz die Empfangsfreiheit (Art. 52 RTVG), ohne ihnen jedoch einen „Anspruch auf die Verbreitung bestimmter Informationen" (Art. 5 Abs. 3 RTVG) einzuräumen.

Konkretisierung der Informationsfreiheit

Im Bereich des Telekommunikationswesens regelt das Bundesgesetz vom 30. April 1997 über die Organisation der Postunternehmung des Bundes die Übertragung von Informationen mittels Telekommunikationsmitteln (Art. 2). Durch das Gesetz, mit dem die Monopolstellung der Post-, Telefon- und Telegrafen (PTT)-Unternehmen beendet wird, wird zum ersten Mal „ein wirksamer Wettbewerb" im Bereich der Telekommunikationsdienstleistungen eingeführt. Im Baurecht nimmt die Bedeutung ästhetischer Vorschriften stetig zu. Sie beziehen sich ebenso auf die Freiheit der Meinungsäußerung von Architekten wie auf die Freiheit der Öffentlichkeit, ein bestimmtes Bauwerk oder einen bestimmten Stil anschauen zu können – oder auch nicht. Die Kantonsgesetze bezüglich einer Zensur im Filmwesen stellen weitere Beispiele für Gesetze zur Freiheit der Meinungsäußerung im Verwaltungsrecht dar.

25
Wettbewerbsgestaltung im Telekommunikationssektor

Baurechtliche Vorgaben

Filmzensur

B. Berechtigte Personen

Grundsätzlich steht die Freiheit der Meinungsäußerung jeder juristischen oder natürlichen Person[19] – ob Schweizer oder ausländischer Staatsbürger, ob minder- oder volljährig[20] – zu, die auf welche Weise auch immer mit einer besonderen Zielsetzung und in einem festgelegten Zeitraum am gesellschaftlichen Kommunikationsprozeß beteiligt ist. Der genaue Inhalt und Umfang dieser Freiheit kann jedoch je nach Rechtsstellung einer Person (Schüler, Häftling, Delegierter, Ausländer) oder Beruf (Beamter, Rechtsanwalt, Richter, Journalist) äußerst verschieden sein.

26
Jedermannsrecht

Man kann sich die Freiheit der Meinungsäußerung sowohl aus der Perspektive derer vorstellen, die Informationen weitergeben, als auch aus der Perspektive derjenigen, die diese erhalten. Im geschichtlichen Rückblick ist sicherlich die erstgenannte Perspektive wichtiger. Durch das Verbot der Zensur galt die Pressefreiheit lange Zeit ausschließlich als die Freiheit der Autoren, der Herausgeber und der Druckanstalten, jedoch nicht als die Freiheit der Leser[21].

27
Aktive und passive Informationsfreiheit

---

19 *BGE 123* IV 236 (244) – A.
20 BBl 1997 I S. 160.
21 S. z. B. Art. 11 der Déclaration française v. 26. 8. 1789.

28
Schutz der Informationsempfänger

Seit die Kommunikationsmittel zu Massenmedien geworden sind, wird immer häufiger die Meinung vertreten, daß durch die Kommunikationsfreiheit auch die Empfänger von Informationen geschützt werden müssen. Aus den Vorschriften und der Rechtsprechung zum Verfassungsrecht ergibt sich daher die Informationsfreiheit, die der Leser, der Zuhörer und der Zuschauer, kurz: die Öffentlichkeit, für sich geltend machen können. Daher garantieren Art. 10 EMRK, Art. 19 IPbürgR sowie Art. 16 Abs. 3 BV ausdrücklich das Recht, Informationen und Gedankengut zu empfangen. Diese Erweiterung des Kreises der berechtigten Personen wirkte sich natürlich auch auf den Inhalt der Kommunikationsfreiheiten aus. In dem Maße, in dem der Schutz der Informationsempfänger durch die Verfassung steigt, scheint der Schutz der Informationsgeber abzunehmen. Im Rahmen des Schutzes der Informationsempfänger geht es um Begriffe wie Transparenz und Meinungsvielfalt, durch die im Sinne einer größeren Kommunikationsfreiheit Beschränkungen der Pressefreiheit gerechtfertigt werden können.

C. Die einzelnen Grundfreiheiten

I. Die Meinungsfreiheit

29
Kern der Kommunikationsfreiheiten

Die Meinungsfreiheit[22], die in Art. 16 BV, Art. 10 EMRK und Art. 19 des Paktes der Vereinten Nationen sowie in den meisten Kantonsverfassungen verankert ist, steht stellvertretend für die Kommunikationsfreiheiten im Sinne der Autoren der Mitteilung. Sie ist immer wieder zentrales Thema, wenn die Verfassungsgerichte eine Verbindung zwischen Demokratie und Kommunikationsfreiheiten herstellen. Mit der Meinungsfreiheit werden Überlegungen zum besonderen Inhalt und zu den verschiedenen Ausdrucksformen in Zusammenhang gebracht. Und um sie geht es auch in den meisten Fällen, die im Bereich Kommunikation vor dem Europäischen Gerichtshof für Menschenrechte verhandelt werden.

30
Engere Auslegung der Meinungsfreiheit

Die Meinungsfreiheit stricto sensu gewährt jeder Person das Recht, ihre Meinung frei zu bilden, sie ungehindert zu äußern und zu verbreiten (Art. 16 Abs. 2 BV), und zwar durch jedes verfügbare und rechtmäßige Medium. Da es bei der Meinungsfreiheit darum geht, eine Meinung zu äußern und zu verbreiten, wird diese oft auch „Freiheit der Meinungsäußerung" genannt. Die Meinungsfreiheit gemäß Art. 16 BV umfaßt die Freiheit der Meinungsäußerung im Sinne von Art. 10 EMRK.

---

22 *Aubert*, La liberté d'opinion, RDS 1973 I, S. 429 ff.; *Barrelet*, Les autoroutes de l'information et la liberté d'opinion, in: Reto M. Hilty (Hg.), Information Highway, 1996, S. 143 ff.; *ders.*, Les libertés de communication, in: Thürer/Aubert/Müller, Verfassungsrecht (LitVerz.), S. 721 ff.; *J.P. Müller*, liberté d'expression, in: Aubert u.a., Constitution fédérale 1874 (LitVerz.); *Jean-Daniel Perret*, La liberté d'opinion face à l'Etat, 1968; *Peter Curdin Ragaz*, Die Meinungsäußerungsfreiheit in der EMRK, 1979; *Christoph Stalder*, Das Verhältnis der Meinungsäußerungsfreiheit zu den anderen Grundrechten, 1977; *Franz A. Zölch/Rena Zulauf*, Kommunikationsrecht für die Praxis, 2001.

Der Begriff der Meinung umfaßt im weiteren Sinne jede Einschätzung, jede Beurteilung, Vorstellung, gedankliche Äußerung, Stellungnahme, Anschauung, künstlerische und literarische Leistung, ja sogar jede politische Tätigkeit. Informationen und Meinungen sind unabhängig von der Reaktion geschützt, die sie bei Behörden oder in der Öffentlichkeit hervorrufen. Gemäß der vom Europäischen Gerichtshof für Menschenrechte in Straßburg geprägten Formulierung gilt die Freiheit der Meinungsäußerung „nicht nur für die günstig aufgenommenen oder als unschädlich oder unwichtig angesehenen ‚Informationen' oder ‚Gedanken', sondern auch für die, welche den Staat oder irgendeinen Bevölkerungsteil verletzen, schockieren oder beunruhigen"[23]. Darüber hinaus sind Meinungen an sich unter Schutz gestellt, selbst dann, wenn sie nicht der Wahrheit entsprechen, da eine Meinung per se nicht dem Wahrheitsbeweis zugänglich ist[24].

31
Begriffsinhalt der Meinung

Die Meinungsfreiheit bezieht sich ebenso auf bestimmte nonverbale Ausdrucksformen, vor allem, wenn durch diese eine bestimmte Mitteilung erfolgt. Dies gilt insbesondere für Kunstwerke[25], Spruchbänder[26], Fahnen[27] und für während einer Demonstration getragene Vermummungen[28]. Auch die Blockade einer Schranke an einem Bahnübergang, durch die der Verkehr als Zeichen des Protests gegen den Golfkrieg lahmgelegt wird, wurde vom Bundesgericht als eine Form der Meinungsäußerung[29] gewertet.

32
Vielfalt der Ausdrucksformen

Blockaden

Nicht jedes Verhalten, durch das indirekt eine Meinung zum Ausdruck kommt, wird jedoch unter einen besonderen Schutz gestellt. So lehnte es das Bundesgericht ab, eine Ordnungsstrafe unter dem Gesichtspunkt der Freiheit der Meinungsäußerung zu prüfen, die gegen einen Rechtsanwalt verhängt wurde, der den Sitzungssaal als Zeichen seines Protests gegen die Haft- und Verteidigungsbedingungen seiner Mandanten[30] verlassen hatte.

33
Grenzen indirekter Meinungskundgabe

Das Bundesgericht räumt ein, daß die Kommunikationsfreiheiten nicht nur den Inhalt der Informationen schützen, sondern auch die Mittel und Umstände ihrer Übertragung und ihres Empfangs[31]. So gilt ein allgemeines Verbot von Lautsprechern bei politischen Versammlungen im Freien als Verletzung der Freiheit der Meinungsäußerung[32]. Ganz allgemein geht auch der Straßburger Gerichtshof davon aus, daß Art. 10 EMRK nicht nur Inhalt und Wesen von Informationen und Gedankengut schützt, sondern auch die Wege zu deren Weiterverbreitung[33]. Daher fällt das Internet wie auch die anderen

34
Übertragungs- und Empfangsmittel

Internet

---

23 *EGMR*, Urt. v. 7.12.1976, Handyside, Serie A Nr. 24, Ziff. 49.
24 *EGMR*, Urt. v. 24.2.1997, De Haes et Gijsels ./. Belgien, Recueil des arrêts et décisions 1997 I, S. 198, Ziff. 47.
25 *BGE 120* II 225 (227) – D.
26 *BGE 111* Ia 322 – I.
27 *BGE 107* Ia 59 (62) – L'amicale des patoisants de la Prévôté.
28 *BGE 117* Ia 472 – Sozialdemokratische Partei Basel-Stadt.
29 *BGE 119* IV 301 – X.
30 *BGE 108* Ia 316 (318) – R.
31 *BGE 120* Ib 142 (148) – Obersee Nachrichten AG.
32 *BGE 107* Ia 64 (69) – Progressive Organisationen Basel.
33 *EGMR*, Urt. v. 23.5.1991, Oberschlick ./. Österreich (I), Serie A, Nr. 204, Ziff. 47; Urt. v. 1.7.1997, Oberschlick ./. Österreich (II), Rec. 1997 IV, Ziff. 34; *Berger*, Publicité professionnelle et liberté d'expression, in: Paul Mahoney u.a. (Hg.), Mélanges Rolv Ryssdal, 2000, S. 103 ff.

Informationswege der Datenautobahnen unter den Schutz der Freiheit der Meinungsäußerung.

35
Öffentliche Mitteilungen kommerziellen Inhalts

Auch für die sogenannten öffentlichen Verlautbarungen von Unternehmen gilt der Schutz der Meinungsfreiheit. Viele Jahre lang hielt das Bundesgericht an der Auffassung fest[34], nur Meinungen und Ausdrucksformen mit ideellem Inhalt fielen in den Schutzbereich der Freiheit der Meinungsäußerung, für alle sonstigen gelte gegebenenfalls die Wirtschaftsfreiheit[35]. Eine solche Trennung zwischen Mitteilungen mit ideeller Zielsetzung und Mitteilungen mit wirtschaftlichem Hintergrund wirkt jedoch künstlich.

36
Werbung

Werbung für Waren kann nicht nur wichtige Informationen für Verbraucher enthalten und eine künstlerische Form besitzen, sondern ebenso ist das Phänomen der Werbung nicht mehr von den Kommunikationsfreiheiten zu trennen, insbesondere im Bereich der Presse, des Radios und des Fernsehens. Das Bundesgericht räumt daher seit einer gewissen Zeit ein, daß auch für Mitteilungen kommerzieller Art die Freiheit der Meinungsäußerung gilt, legt aber weiterhin hauptsächlich die Wirtschaftsfreiheit zugrunde[36].

37
Diskriminierende Äußerungen

Diskriminierende Äußerungen gegenüber einer Person wegen ihrer Zugehörigkeit zu einer bestimmten Rasse, Volksgruppe oder Religionsgemeinschaft sind gemäß internationalen Abkommen[37] verboten und stehen unter Strafe. Art. 261bis des schweizerischen Strafgesetzbuchs, der am 1. Januar 1995 in Kraft trat, stellt eine spürbare Beschränkung der Freiheit der Meinungsäußerung dar. Gemäß diesem Artikel wird derjenige bestraft, der durch Worte, Gebärden, Veröffentlichungen oder sonstiges Verhalten eine Person wegen ihrer Zugehörigkeit zu einer bestimmten Rasse, Volksgruppe oder Religionsgemeinschaft in einer gegen die Menschenwürde verstoßenden Weise herabsetzt oder Völkermord oder andere Verbrechen gegen die Menschlichkeit[38] zu leugnen oder zu rechtfertigen versucht. Das Bundesgericht hat den Zweck dieser Bestimmung, das heißt den Schutz der Würde jedes einzelnen Menschen, sorgfältig festgelegt und die verschiedenen Tatbestände einer Verletzung eingehend untersucht[39]. In dem Maße, in dem diese Bestimmung der freien Weitergabe von Gedankengut Grenzen auferlegt und die politische Debatte beschränkt, bedarf sie einer engen Auslegung, wobei soweit wie möglich zwischen dem Autor der diskriminierenden Äußerungen und der Person zu unterscheiden ist, die diese verbreitet, und auch der Grundsatz der Verhältnismäßigkeit zu beachten ist.

---

34 *BGE 73* IV 12 (15) – Mettler.
35 *BGE 120* Ib 142 (144) – Obersee Nachrichten AG; *108* Ib 142 (146) – Schweizerische Journalisten-Union; *J.P. Müller/Looser*, Zum Verhältnis von Meinungs- und Wirtschaftsfreiheit im Verfassungsrecht des Bundes und in der EMRK, in: medialex 2000, S. 13–23.
36 *BGE 123* I 12 (18) – X.; *128* I 295 – Association suisse des annonceurs.
37 Internationales Übereinkommen zur Beseitigung jeder Form von Rassendiskriminierung v. 21.12.1965 (SR 0.104); Art. 20 des Internationalen Paktes über bürgerliche und politische Rechte v. 16.12.1966 (SR 0.103.2).
38 *Aubert*, L'article sur la discrimination raciale et la Constitution fédérale, AJP 1994, S. 1079–1086; *Marcel Alexander Niggli*, Rassendiskriminierung; ein Kommentar zu Art. 261 bis StGB und 171c MStG, 1996; *Alexandre Guyaz*, L'incrimination de la discrimination raciale, 1996.
39 *BGE 124* IV 121 – P.; *123* IV 202 (206) – P.

II. Die Informationsfreiheit

Art. 16 BV bezieht sich neben der Meinungsfreiheit auch auf die Informationsfreiheit[40]. Die Informationsfreiheit gewährt jeder Person „das Recht, Informationen frei zu empfangen, aus allgemein zugänglichen Quellen zu beschaffen und zu verbreiten" (Art. 16 Abs. 3 BV). Die Rechtsprechung des Bundesgerichts legt die Informationsfreiheit in engerem Sinne aus als „das Recht, Nachrichten und Meinungen frei und ohne Kontrolle durch Behörden zu empfangen und sich mittels allgemein zugänglicher oder verfügbarer Quellen zu informieren". Somit können sich die potentiellen Zuschauer eines zensierten Films auf die Informationsfreiheit berufen, um gegen eine Zensurentscheidung vorzugehen[41].

38 Absehen von behördlicher Kontrolle

Das Bundesgericht wollte jedoch der Informationsfreiheit keine autonome Bedeutung zuerkennen. Die Informationsfreiheit beinhaltet folglich für die Behörden keine allgemeine Verpflichtung, Informationen über die Verwaltungstätigkeit herauszugeben[42]. Sie erstreckt sich auch nicht auf die Information über materielle Probleme jenseits der eigentlichen staatlichen Tätigkeit[43]. Diese Rechtsprechung entspricht der herkömmlichen Auffassung, nach der die staatliche Verwaltung eine „Gesamtheit interner Ereignisse" ist, über deren Inhalt die Öffentlichkeit nur dann zu informieren ist, wenn es um einen Gegenstand von allgemeinem Interesse geht und wenn diesem kein öffentlicher oder privater Grund entgegensteht[44]. Das Bundesgericht geht insbesondere unter Bezugnahme auf Art. 320 StGB, durch den das Amtsgeheimnis geschützt wird, von dem Grundsatz aus, daß die Verwaltungstätigkeit mit Ausnahme der gesetzlich vorgesehenen Ausnahmen geheim ist[45].

39 Keine allgemeine Informationspflicht

Der Grundsatz des Amtsgeheimnisses öffentlicher Behörden ist jedoch nicht ausdrücklich in der Verfassung verankert. Er ist vielmehr das Ergebnis einer bestimmten Vorstellung vom Staat und seinen Beziehungen zu den Bürgern, die als veraltet angesehen werden kann. Stützt man sich auf die verfassungs-

40 Amtsgeheimnis als Ausnahme

---

40 *Denis Barrelet*, L'Etat entre le devoir d'informer et le désir de cultiver ses relations publiques, in: Piermarco Zen-Ruffinen/Andreas Auer (Hg.), Mélanges Jean-François Aubert, 1996, S. 303 ff.; *ders.*, La liberté de l'information (Diss. Université de Neuchâtel 1972), 1972; *Bertil Cottier*, La publicité des documents administratifs, 1982; *Mahon*, L'information par les autorités, RDS 1999 II, S. 199 ff.; *ders.*, Les enjeux du droit à l'information, in: Thierry Tanquerel/François Bellanger (Hg.), L'administration transparente, 2002, S. 9 ff.; *Malinverni*, La liberté de l'information dans la Convention européenne des droits de l'homme et dans le Pacte international relatif aux droits civils et politiques, in: Aspects du droit des médias II, 1984, S. 181 ff.; *J. P. Müller*, Liberté d'information, in: Aubert u. a., Commentaire de la Constitution fédérale v. 29. 5. 1874, 1986; *ders.*, Informationsfreiheit: Anspruch auf Information durch die Behörden?, in: recht 1983, S. 137 ff.; *Patrick Nützi*, Rechtsfragen verhaltenslenkender staatlicher Information, 1995; *Richli*, Öffentlichrechtliche Probleme bei der Erfüllung von Staatsaufgaben mit Informationsmitteln, RDS 1990 I, S. 151 ff.; *Seiler*, Die (Nicht-)Öffentlichkeit der Verwaltung, RDS 1992 I, S. 415 ff.; *Tschannen*, Amtliche Warnungen und Empfehlungen, RDS 1999 II, S. 353 ff.; *Sibylle A. Vorbrodt Stelzer*, Informationsfreiheit und Informationszugang im öffentlichen Sektor, 1995; *Rolf H. Weber*, Informations- und Kommunikationsrecht, 1996; *ders.*, Der Journalist in der Verfassungsordnung, ZBl 1988, S. 93 ff.
41 BGE 120 Ia 190 (192) – E.Z.
42 BGE 113 Ia 309 (317) – Verband der Schweizer Journalisten.
43 BGE 118 Ib 473 (479) – Laiteries Réunies SA; 127 I 145 – Wottreng.
44 BGE 107 Ia 304 (308) – Fuchs.
45 BGE 111 II 48 – Clavel; 108 Ia 275 – Zbinden.

mäßige Natur der Informationsfreiheit, muß man jedoch davon ausgehen, daß das Recht der Öffentlichkeit, über die von der öffentlichen Verwaltung bearbeiteten Angelegenheiten Kenntnis zu erhalten, allein auf gesetzlicher Grundlage eingeschränkt werden kann. Die Freiheit ist demnach die Regel, das Amtsgeheimnis die Ausnahme. Zu dieser Sichtweise neigt jedenfalls derzeit das positive Recht. Dieser Auffassung haben sich auch bestimmte Kantonsverfassungen angeschlossen, wie die Verfassungen des Kantons Bern (Art. 17 Abs. 3) und des Kantons Appenzell Innerrhoden (Art. 12 Abs. 3).

41
Informationsverpflichtungen des Staates

Falls die Verfassung oder die Europäische Menschenrechtskonvention dem Staat keine allgemeine Pflicht zur Erfassung und Weitergabe von Informationen[46] auferlegen, kann diese Pflicht in bestimmten Bereichen kraft Gesetzes eingeführt werden. Dies gilt insbesondere auch für Abstimmungen und Wahlen, bei denen die meisten Kantone wie auch der Bund die Exekutive dazu verpflichten, für die Wähler eine erklärende Stellungnahme abzufassen und diesen zukommen zu lassen. Diese Stellungnahme hat objektiv zu sein[47]. Das Recht auf freie Stimmabgabe umfaßt in der Tat für den Bürger das Recht, über den Gegenstand und die Konsequenzen der Wahl unterrichtet zu werden. Diesem Recht steht eine entsprechende Pflicht des Staates gegenüber[48].

42
Recht auf Auskunft

Die Rechtsprechung erkennt das Vorhandensein eines Rechts auf Auskunft an, das sie gleichzeitig in Verbindung mit der Informationsfreiheit, der persönlichen Freiheit und dem Anspruch auf rechtliches Gehör bringt. Jeder Bürger hat somit das Recht, Auskunft über die von Behörden zu seiner Person gespeicherten Daten sowie über die Frage zu erhalten, für welche Zwecke diese Daten verwendet wurden.

III. Die Pressefreiheit

1. Allgemeines

43
Konkretisierung der Meinungs- und Informationsfreiheit

Die Pressefreiheit[49], die in Art. 17 BV ausdrücklich verankert ist, ist ein besonderer Aspekt der Meinungs- und Informationsfreiheit, den diese konkretisiert, indem sie dem Bürger die Möglichkeit einräumt, die Presse, das heißt

---

46 *EGMR*, Urt. v. 19.2.1998, Guerra ./. Italien, Rec. 1998 I, S. 210, Ziff. 53.
47 *BGE 121* I 252 – Alliance de gauche; *Steinmann*, Interventionen des Gemeinwesens im Wahl- und Abstimmungskampf, AJP 1996, S. 255 ff.
48 *BGE 123* II 241 – G.
49 *Cherpillod*, Information et protection des intérêts personnels; les publications des médias, RDS 1999 II, S. 87–197; *Konrad Fischer*, Über den Geltungsbereich der Pressefreiheit, 1973; *Kley*, Die Medien im neuen Verfassungsrecht, in: Ulrich Zimmerli (Hg.), Die neue Bundesverfassung: Konsequenzen für Praxis und Wissenschaft, 2000, S. 183 ff.; *J.P. Müller*, in: Aubert u.a., Constitution fédérale 1874 (Lit-Verz.), Art. 55; *Peter Nobel*, Leitfaden zum Presserecht, 1983; *Kurt Nuspliger*, Pressefreiheit und Pressevielfalt, 1980; *Béatrice U. Pfister*, Präventiveingriffe in die Meinungs- und Pressefreiheit, 1986; *Franz Riklin*, Schweizerisches Presserecht, 1996; *Antje Ruckstuhl*, Machtgefüge und die freie Presse, 1997; *Beat Sigel*, Über die Grundrechte, insbesondere die Pressefreiheit in der Schweiz und in Großbritannien, 1989. *Peter Studer/Rudolf Mayr von Baldegg*, Medienrecht für die Praxis, 2000; *Rolf H. Weber*, Medienrecht für Medienschaffende, 2000; ders. (Hg.), Informations- und Kommunikationsrecht, in: Heinrich Koller/Georg Müller/René Rhinow/Ulrich Zimmerli (Hg.), Schweizerisches Bundesverwaltungsrecht, Bd. V, Teilbd. 1: Allgemeiner Überblick, Fernmelderecht, Presse- und Filmverwaltungsrecht, ²2003; *Michael Widmer*, Das Verhältnis zwischen Medienrecht und Medienethik, 2003.

ein Druckerzeugnis zu nutzen, um seiner Meinung Ausdruck zu verleihen[50]. Durch sie wird sowohl die Herstellung als auch die Verbreitung dieser Erzeugnisse geschützt.

Der Begriff des Druckerzeugnisses sollte im weiten Sinne ausgelegt werden. Er umfaßt nicht nur auf typographischem Weg erzeugte Dokumente, sondern auch Lithographien, Fotografien, Filme, Heliographien sowie alle Arten von Reproduktionen unter der Voraussetzung, daß diese für eine Veröffentlichung bestimmt sind[51].

44
Begriff des Druckerzeugnisses

2. Zensur

Die Pressefreiheit schützt die Autoren und Empfänger von Druckerzeugnissen vor der Notwendigkeit einer vorherigen Genehmigung, vor Verboten, Einstellungen und vor allem vor einer im Vorfeld der Veröffentlichung ausgeübten Zensur. In Art. 17 Abs. 2 BV wird die Zensur im übrigen ausdrücklich verboten. Dieses Verbot bezieht sich ebenso auf die vorherige Zensur wie auf die Überwachung und Kontrolle der Presse[52]. Gemäß der Rechtsprechung des Bundesgerichts „ist und bleibt diese die Negierung der Pressefreiheit"[53].

45
Verbot von Zensur und Vorzensur

Falls der Verkauf von Druckerzeugnissen, das Aufstellen eines Informationsstandes oder die gemeinsame Verteilung eines Flugblatts auf öffentlichem Grund einer Genehmigung bedarf, kann eine Behörde hiervon nicht die Zustimmung oder die Ablehnung des Inhalts dieser Erzeugnisse oder Informationen abhängig machen. Hierdurch würde sie tatsächlich eine vorherige Zensur ausüben, die jedoch durch die Verfassung verboten ist[54]. Viel häufiger und viel verdeckter als die unmittelbare Zensur richtet sich die indirekte Zensur nicht minder stark gegen die Pressefreiheit. Die indirekte Zensur kann in verschiedenen Formen auftreten, die nicht immer leicht zu erkennen sind[55].

46
Erscheinungsformen indirekter Zensur

Gemäß Art. 28c Abs. 3 ZGB kann der Zivilrichter im Rahmen einstweiliger Maßnahmen, die auf Antrag eines Geschädigten erlassen werden, eine durch regelmäßig erscheinende Medien erfolgte Beeinträchtigung der Persönlichkeitsrechte untersagen oder beseitigen lassen. Der Gesetzgeber war sehr bemüht, klarzustellen, daß eine solche gerichtliche Zensur nur dann erfolgen kann, wenn die Beeinträchtigung „einen besonders schweren Nachteil verursachen kann, offensichtlich kein Rechtfertigungsgrund vorliegt und die Massnahme nicht unverhältnismässig erscheint". Das Bundesgericht fügte hinzu, daß eine solche Maßnahme nur bei Vorliegen eines Schadens angeordnet werden darf, der nicht auf eine andere Weise abgewendet werden kann, ohne daß die Maßnahme unverhältnismäßig erscheint. Eine Richtigstellung durch einst-

47
Gerichtliche Wahrung von Persönlichkeitsrechten

---
50 *BGE 120* Ib 142 (144) – Obersee Nachrichten AG; *113* Ia 309 (316) – Verband der Schweizer Journalisten; *112* Ia 398 (410) – Association vaudoise des journalistes.
51 *BGE 96* I 586 (588) – Aleinick; ZBl 1978, S. 505; *BGE 100* Ia 445 (453) – AWAG Außenwerbung AG.
52 BBl 1997 I S. 162–163.
53 *BGE 96* I 586 (590) – Aleinick.
54 *BGE 105* Ia 15 – S.
55 *BGE 107* Ia 45 (50) – X.

weilige Maßnahmen ist somit im Prinzip nur zulässig, wenn die Voraussetzungen für das Recht auf Gegendarstellung nicht erfüllt sind[56].

3. Politische Demokratie

48
Pressefreiheit als Institution

Die Pressefreiheit als Institution ist eine Grundvoraussetzung für die politische Demokratie. Aufgabe der Presse ist es, die Öffentlichkeit über Tatsachen von allgemeinem Interesse zu informieren, die öffentliche Debatte und Diskussion anzuregen sowie die Kontrolle von und gegebenenfalls die öffentliche Kritik an staatlichen Institutionen und gesellschaftlichen Einrichtungen in Gang zu bringen. Die durch die Verfassung gewährte Pressefreiheit soll diese im Bereich der bürgerlichen Gesellschaft verankern. Falls die Presse zum Sprachrohr der Behörden oder zum ausführenden Organ des Staates wird, aber auch, wenn Verschiedenartigkeit und Meinungsvielfalt der Presse nicht mehr bestehen, läuft diese Gefahr, ihre Aufgabe nicht mehr adäquat zu erfüllen[57].

49
Mittler zwischen Behörden und Öffentlichkeit

Die Beziehungen zwischen den Behörden und der Presse sind zwar besonders problematisch und heikel, aber sie stehen auch im Mittelpunkt der Kommunikationsfreiheiten. Das Bundesgericht, das die Rolle der Presse als Mittler zwischen den öffentlichen Behörden und der Öffentlichkeit hervorhebt, räumt ein, daß es eine ganze Reihe von Beschränkungen der Pressefreiheit in diesem Bereich gibt[58].

50
Kein Wahrheitsbeweis für Werturteile

Falls Journalisten zuweilen gezwungen sein sollten, den Wahrheitsgehalt der von ihnen berichteten Fakten nachzuweisen, kann eine Behörde diese nicht auffordern, für die von ihnen dargelegten Werturteile oder Kommentare Beweise vorzulegen, ohne damit gegen die Pressefreiheit zu verstoßen. Werturteile eignen sich *per definitionem* nicht dazu, einem Nachweis in bezug auf ihre Richtigkeit zugeführt zu werden.

4. Gerichtsverfahren

51
Rücksicht auf die Unschuldsvermutung

Die Pressefreiheit enthält außerdem das Recht des Journalisten, die Öffentlichkeit über laufende Gerichtsverfahren zu informieren. Bei ihren Kommentaren zu den Fakten eines laufenden Strafverfahrens müssen die Medien jedoch grundsätzlich der Unschuldsvermutung Rechnung tragen und dürfen die erforderliche Unvoreingenommenheit der Richter und die Fairneß des Prozesses unter keinen Umständen gefährden. Mit anderen Worten besteht ein potentieller Konflikt zwischen der Pressefreiheit, die sich auf die Berichterstattung über Gerichtsverhandlungen bezieht, und den Art. 32 Abs. 1 BV und Art. 6 EMRK, in denen insbesondere die Grundsätze der Unschuldsvermutung und der Unparteilichkeit der Gerichte verankert sind. Die Gefahr einer „Vorverurteilung" durch die Presse wirkt sich direkt auf die Fairneß des

---

56 *BGE 118* II 369 (372) – Eglise de Scientologie de Lausanne; *122* III 449 – R. AG.
57 *BGE 109* II 353 (358) – SRG; *95* II 481 (492) – Club Méditerranée; *37* I 368 (377) – Kälin.
58 *BGE 113* Ia 309 (322) – Verband der Schweizer Journalisten.

Prozesses aus. Diese ist dann entsprechend hoch, wenn Laienrichter an den Verhandlungen beteiligt sind, die weitaus intensiver durch Pressekampagnen beeinflußt werden können[59].

Bei einem Prozeß bezüglich eines Sittlichkeitsverbrechens kann der Richter anordnen, daß das Verfahren unter Ausschluß der Öffentlichkeit erfolgt, und dennoch Journalisten zulassen, da das Recht der Öffentlichkeit auf Information den Interessen des Angeklagten vorgehen kann. Das Bundesgericht erkannte in einem solchen Fall für Recht, daß kein Verstoß gegen Art. 6 Abs. 1 EMRK vorläge[60].

52
Ausschluß der Öffentlichkeit

5. Quellenschutz

Das Bundesgericht räumt ein, daß der Schutz der Vertrauensbeziehung zwischen der Presse und ihren privaten Informationsgebern ein notwendiger Faktor für die Erfüllung der besonderen Aufgabe der Presse darstellt und daher unter die Pressefreiheit fällt[61]. Im schweizerischen Recht wurde jedoch lange Zeit Journalisten das Recht verwehrt, die Informationen, die sie erhalten hatten bzw. ihre Informationsquelle nicht preiszugeben[62]. Erst im Anschluß an das Urteil vom 27. März 1996 im Fall *Goodwin*, bei dem der Straßburger Gerichtshof einräumte, daß „der Schutz der journalistischen Quellen ... eine der Grundbedingungen der Pressefreiheit"[63] ist, und erkannte, daß „unter Bedachtnahme auf die Wichtigkeit des Schutzes journalistischer Quellen für die Pressefreiheit in einer demokratischen Gesellschaft und dem möglicherweise negativen Effekt, den eine Verfügung, eine Quelle offenzulegen, auf die Ausübung dieser Freiheit haben könnte, ... eine solche Maßnahme nicht mit Art. 10 MRK vereinbar sein" könnte, „es sei denn, sie ist durch ein gebieterisches Erfordernis (an overriding requirement) im öffentlichen Interesse gerechtfertigt", sah der schweizerische Gesetzgeber ausdrücklich ein Recht auf Quellenschutz vor[64].

53
Schutz journalistischer Informationsquellen

6. Unlauterer Wettbewerb

Die Gesetzgebung der schweizerischen Eidgenossenschaft in bezug auf unlauteren Wettbewerb wirkt sich direkt auf die Kommunikationsfreiheit und insbesondere auf die Pressefreiheit aus. Das Bundesgesetz gegen den unlauteren Wettbewerb vom 19. Dezember 1986 bezieht sich nicht nur auf Mitbewerber, sondern auch auf Medien, wenn der Wettbewerbsteilnehmer durch ihren Einsatz „andere, ihre Waren, Werke, Leistungen, deren Preise oder ihre Ge-

54
Direkte Auswirkungen auf die Pressefreiheit

---

59 *Franz Zeller*, Zwischen Vorverurteilung und Justizkritik, 1998; *BGE 116* IV 31 – Proksch.
60 *BGE 117* Ia 387 – W.
61 *BGE 115* IV 75 (77) – Schweizerische Bundesanwaltschaft.
62 *BGE 107* Ia 45 (51) – X.; *107* IV 208 (210) – Ministère public de la Confédération.
63 EGMR, Urt. v. 27.3.1996, Goodwin ./. Großbritannien, Rec. 1996 II, S. 483, Ziff. 39, sowie ÖJZ 1995, S. 795 (796); *Rostan*, La protection des sources, pierre angulaire de l'information, in: medialex 1996, S. 83 ff.
64 Art. 26a StGB. Siehe auch *BGE 123* IV 236 – A.; *127* IV 122 – Staatsanwaltschaft des Kantons Zürich.

schäftsverhältnisse durch unrichtige, irreführende oder unnötig verletzende Äusserungen herabsetzt" (Art. 3 lit. a UWG). Hieraus ergibt sich im allgemeinen Sinne die Gefahr einer ernsthaften Beschränkung der Pressefreiheit im Bereich der Wirtschaft. Der Richter kann nicht nur den widerrechtlichen Charakter einer unlauteren Wettbewerbshandlung feststellen, die mittels eines Presseorgans durchgeführt wird[65], sondern auch einen Journalisten oder einen Autor wegen einer solchen Handlung zu einer Geldstrafe verurteilen oder gar die Veröffentlichung eines Presseartikels untersagen. Diese Vorschriften, die den Geltungsbereich des Gesetzes gegen den unlauteren Wettbewerb auf Personen ausdehnen, die keine Mitbewerber sind, berücksichtigen nicht ausreichend die Bedeutung der Pressefreiheit: Diese besteht darin, die öffentliche Diskussion über Fragen der Wirtschaftsordnung mit möglicherweise wichtigen Konsequenzen für die Gesellschaft in Gang zu bringen und aufrechtzuerhalten[66].

7. Interne Pressefreiheit

55
Keine Drittwirkung

Die interne Pressefreiheit bezieht sich auf eine Struktur der Presseanstalten, durch die sich Journalisten und andere Mitglieder der Redaktionen bei der Ausübung ihres Berufs auf eine gewisse Unabhängigkeit gegenüber den Herausgebern und den Chefredakteuren berufen können. Der Gedanke hierbei ist, einen Ausgleich zwischen der Macht der Herausgeber einerseits, die für sich die Wirtschaftsfreiheit und Pressefreiheit geltend machen, um ihr Redaktionsteam zusammenzustellen, zu leiten und nötigenfalls zu entlassen, und der Stellung der Journalisten andererseits zu schaffen, die sich gegenüber ihrem Arbeitgeber nicht direkt auf die Pressefreiheit berufen können. Das schweizerische Recht sieht allerdings keine „Drittwirkung" dieser Freiheit vor. Zu diesem Ungleichgewicht kommt das Phänomen der Konzentration von Presseanstalten hinzu, das letztendlich zur Bildung von Monopolen führt. Die interne Freiheit der Medien soll demnach eine gewisse Unabhängigkeit der Redakteure innerhalb von Monopolunternehmen gewährleisten.

56
Ideeller oder wirtschaftlicher Konflikt

Kein verfassungsunmittelbarer Freiheitsschutz

Der Konflikt zwischen Herausgeber und Journalist kann auf ideeller oder auf wirtschaftlicher Ebene bestehen. Ein ideeller Konflikt liegt dann vor, wenn der dem Chefredakteur oder dem Herausgeber vorgelegte Artikel nicht den Vorstellungen des einen oder anderen entspricht. Ein wirtschaftlicher Konflikt besteht dann, wenn der veröffentlichte Artikel das Mißfallen der Zeitungsabonnenten hervorruft oder die Gefühle von Inserenten in einer Weise verletzt, daß der Fortbestand des Unternehmens gefährdet ist. In beiden Fällen kann das Problem möglicherweise durch eine Entlassung oder Zensur gelöst werden, wodurch jedes Mal die Pressefreiheit direkt in Gefahr ist. Die Verfassung sieht jedoch keinerlei Gegenmaßnahme zu dieser Gefahr vor.

---

65 *BGE* 120 II 371.
66 *BGE* 125 III 185 – H.; *123* IV 211 – B.; *120* IV 32 – X.; *117* IV 193 – X.; *Lorenz Baumann*, Presse und unlauterer Wettbewerb, 1999; *Saxer*, Wirtschaftsfreiheit vs. Medienfreiheit: Wie weit soll der Schutz der Wirtschaft gegenüber den Medien gehen?, AJP 1994, S. 1136 ff.

Diese kann nur aus dem Recht ohne Verfassungsrang abgeleitet werden: aus besonderer Gesetzgebung, aus Tarifverträgen, aus Redaktionsstatuten, aus der Mitwirkung der Journalisten an der Leitung der Presseanstalt.

IV. Die Freiheit von Radio und Fernsehen

Radio und Fernsehen[67] gehören zu den Telekommunikationstechniken, unter die auch Telefax und Videotext fallen. Die Besonderheit dieser Medien besteht zunächst in den Zwängen technischer Art: die elektromagnetische oder digitale Übertragung des Bildes, Wortes oder Tons mittels des Äthers oder durch Kabel als Träger, die Begrenzung der verfügbaren Frequenzen, die Verlegung von Kabeln oder die Ausstrahlung per Satellit.

57 Technische Zwänge

Außerdem handelt es sich um Massenmedien, was bedeutet, daß diese aufgrund ihres Sendebereichs eine große Anzahl Menschen erreichen. Eine weitere Besonderheit sind die enormen Investitionen, die für diese Medien erforderlich sind. Hieraus resultiert ein verstärktes Engagement des Staates, der die öffentliche Ausstrahlung von Sendungen übernimmt und der den Fernseh- und Rundfunkanstalten, deren Autonomie in der Verfassung (Art. 93 Abs. 3 BV) verankert ist, Nutzungsbewilligungen und Genehmigungen erteilt und Zuhörern und Zuschauern die Möglichkeit von Programmbeschwerden einräumt (Art. 93 Abs. 5 BV).

58 Besonderheiten

Die Freiheit von Radio und Fernsehen, die gemäß Art. 17 BV zur Medienfreiheit gehört, wird vor allem den Zuhörern und den Fernsehzuschauern eingeräumt. Ihre kulturelle Entfaltung, ihre freie Meinungsbildung und die Unterhaltung, die das Ziel des Leistungsumfangs darstellen, werden dem Gesetzgeber, dem Radio- und Fernsehwesen als solchem sowie jeder einzelnen Sendeanstalt gemäß Art. 93 Abs. 2 BV auferlegt.

59 Adressaten

Die gegen den Staat gerichtete Freiheit von Radio und Fernsehen hindert diesen durch sein Technikmonopol, selbst im Bereich Radio und Fernsehen tätig zu werden und seine eigenen Programme auszustrahlen und zu senden. Art. 93 Abs. 3 BV, der die Unabhängigkeit und Autonomie von Radio und Fernsehen festschreibt, bestätigt die Rechtsprechung des Bundesgerichts, das bereits 1980 entschieden hatte, daß die Garantie der Freiheit der Meinungsäu-

60 Technikmonopol des Staates

---

67 *Barrelet*, La surveillance des programmes de radio-télévision à l'avenir, in: medialex 2000, S. 24 ff.; *ders.*, Les activités de la SSR dans le domaine de la presse écrite périodique, in: medialex 1996, S. 26 ff.; *ders.*, Une nouvelle liberté: la liberté des télécommunications, in: Bertil Cottier (Hg.), Le droit des télécommunications en mutation, 2001, S. 35 ff.; *Dumermuth*, Rundfunkrecht, in: Heinrich Koller/Georg Müller/René Rhinow/Ulrich Zimmerli (Hg.), Schweizerisches Bundesverwaltungsrecht, 1996, S. 1 ff.; *Graber*, Das neue Filmrecht: Durch Selbstregulation zur Vielfalt?, in: medialex 2002, S. 175 ff.; *Theo Krummenacher*, Rundfunkfreiheit und Rundfunkorganisation, 1988; *Charles Albert Morand* (Hg.), Droit des médias audiovisuels, 1989; *Jörg Paul Müller/Franziska Grob*, Commentaire de la Constitution fédérale du 29 mai 1874, Art. 55bis, 1995; *Charles Poncet*, La surveillance de l'Etat sur l'information radiotélévisée en régime de monopole public, 1985; *Probst*, Die Bedeutung von Art. 10 EMRK für das europäische Rundfunkwesen, in: medialex 1997, S. 19 ff.; *Michel Rossinelli*, La liberté de la radio-télévision en droit comparé, 1991; *Blaise Rostan*, Le service public de la radio-télévision, 1982; *Beat Vonlanthen*, Das Kommunikationsgrundrecht „Radio- und Fernsehfreiheit", 1987; *Rolf H. Weber*, Neustrukturierung der Rundfunkordnung, 1999; *ders.*, Neues Fernmelderecht: Erste Erfahrungen, 1998.

§ 216 *Vierzehnter Teil: II. Einzelgrundrechte*

ßerung der Bürger dem Bund untersagt, selbst die Vorrechte auszuüben, die sich aus seinem Monopol ergeben[68]. Er muß diese Aufgabe daher an einen Dritten abtreten bzw. abgeben. Der Staat kann somit für den Betrieb von Radio- und Fernsehsendern eine Genehmigung vorsehen. Die Möglichkeit, die der Staat hinsichtlich der Nutzung von Massenmedien durch das Erfordernis der Genehmigung hat, unterscheidet diese Kommunikationsmittel von der Presse, bei der das Erfordernis einer vorherigen Genehmigung gegen die Verfassung verstieße.

61
Sonderstatus der SRG

Die Schweizer Radio- und Fernsehgesellschaft (SRG) besitzt seit 1941 eine Konzession. Seit dem 1. Mai 1992 regelt das Bundesgesetz über Radio und Fernsehen vom 21. Juni 1991 (RTVG) die Veranstaltung, die Weiterverbreitung und den Empfang von Radio- und Fernsehprogrammen. Seit dem Inkrafttreten dieses Gesetzes hat die Schweizer Radio- und Fernsehgesellschaft ihre Monopolstellung verloren, genießt aber weiterhin einen Sonderstatus. Die Radio- und Fernsehgesellschaft erhält insbesondere eine Konzession für die Veranstaltung nationaler und sprachregionaler Programme (Art. 26 RTVG) sowie für einen Großteil der Empfangsgebühren (Art. 17 RTVG). Das Bundesgericht hat bestätigt, daß die Radio- und Fernsehgesellschaft eine öffentliche Leistung erbringt, das heißt sie trägt zur kulturellen Entfaltung der Öffentlichkeit und zur freien Bildung der öffentlichen Meinung bei[69].

62
Kontrolle der Radio- und Fernsehprogramme

Gemäß Art. 93 Abs. 5 BV hat der Gesetzgeber eine Kontrolle der Radio- und Fernsehprogramme eingerichtet. Jede Person kann bei einer Ombudsstelle eine Beanstandung wegen einer Sendung einreichen (Art. 57 und 60 RTVG). Innerhalb einer Frist von dreißig Tagen kann dieses Organ eine von mindestens zwanzig Personen zu unterzeichnende Beschwerde bei einer unabhängigen Beschwerdeinstanz vorlegen, die aus neun, vom Bundesrat ernannten Mitgliedern besteht (Art. 58 und 62 RTVG). Entscheidungen der Beschwerdeinstanz können beim Bundesgericht angefochten werden (Art. 65 RTVG). Die Kontrolle der Programme stimmt mit der Freiheit der Meinungsäußerung überein, da sie unmittelbar die freie Bildung der öffentlichen Meinung begünstigt[70].

63
Sachlichkeit und Ausgewogenheit

In den Sendungen müssen „Ereignisse ... sachgerecht dargestellt werden. Die Vielfalt der Ereignisse und Ansichten muss angemessen zum Ausdruck kommen" (Art. 4 Abs. 1 RTVG). Dies bedeutet, daß sich der Zuhörer oder Fernsehzuschauer ausgehend von Fakten und Ansichten, die in einer Sendung vermittelt wurden, eine möglichst genaue Vorstellung vom Sachverhalt machen und sich seine eigene Meinung bilden können muß. Diese Anforderungen sollen die Vielfalt der Informationen schützen, die in einer Demokratie unerläßlich ist, und begründen in gleicher Weise Beschränkungen der Autonomie und

---

68 ZBl 1982, S. 217 (222).
69 *BGE 123* II 402 (407) – Verein gegen Tierfabriken; *122* II 471 (479) – SRG.
70 *BGE 122* II 471 (480) – SRG; *Martin Dumermuth*, Die Programmaufsicht bei Radio und Fernsehen, 1992.

Unabhängigkeit der Sendeanstalten, wie sie in der Verfassung im übrigen ausdrücklich verankert sind[71].

Auch wenn die Zuhörer und Fernsehzuschauer über die Freiheit von Radio und Fernsehen verfügen, verleiht diese ihnen jedoch kein Zugangsrecht, das sie gegen den Radio- oder Fernsehsender geltend machen könnten. Es gibt keinen Anspruch auf die Verbreitung bestimmter Informationen[72]. Ein solches Recht läßt sich weder aus Art. 17 Abs. 1 oder aus Art. 93 BV, noch aus Art. 10 EMRK oder Art. 19 IPbürgR entnehmen. Art. 5 Abs. 3 RTVG bestätigt, daß niemand einen Anspruch auf die Verbreitung bestimmter Darbietungen und Informationen durch einen Veranstalter hat[73].

64
Kein Zugangsrecht

V. Die Kunstfreiheit

Wie in zahlreichen neueren Kantonsverfassungen[74] ist die Freiheit der Kunst[75] auch in der Bundesverfassung verankert. Seit 1963 ist das Bundesgericht der Auffassung, daß das künstlerische Schaffen ebenso wie seine Darstellung und seine Werke „Meinungen" darstellen, die im Rahmen der Freiheit der Meinungsäußerung geschützt sind[76]. Der Straßburger Gerichtshof teilt diese Auffassung[77]. Durch Art. 21 BV wird jedoch einem Kunstwerk kein größerer verfassungsmäßiger Schutz eingeräumt als durch die Meinungsfreiheit.

65
Schutz im Rahmen der Meinungsfreiheit

Die Freiheit der Kunst „schützt einerseits das Schaffen von Kunst und andererseits die Präsentation von Kunst sowie das Kunstwerk"[78]. Sie „schützt nicht nur die Kunstschaffenden, sondern auch diejenigen, die Kunst vermitteln, insbesondere Galeriebesitzer, Künstleragenten, Buchverleger oder Kinobesitzer"[79].

66
Verbreitung

Für sich genommen impliziert die Freiheit der Kunst keine positiven Leistungen von Seiten des Staates[80]. Dennoch ermächtigen einige Artikel der Bundesverfassung den Bund, „kulturelle Bestrebungen von gesamtschweizerischem Interesse" zu „unterstützen sowie Kunst und Musik" zu „fördern" (Art. 69 Abs. 2 BV) und die „Schweizer Filmproduktion und die Filmkultur" zu fördern (Art. 71 Abs. 1 BV).

67
Förderung durch den Bund

---

71 *BGE 114* Ib 204 (207) – Nessim Gaon; *BGE* v. 21.11.2000 – SSR, in: medialex 2001.
72 *BGE 123* II 402 (414) – Verein gegen Tierfabriken; *119* Ib 241 (249) – Association mondiale pour l'Ecole Instrument de Paix.
73 *BGE 97* I 731 – Vigilance; *119* Ib 250 – Egger; *123* II 402 – Verein gegen Tierfabriken.
74 Art. 14 Verf. Kanton Aargau, Art. 14 Verf. Kanton Solothurn, Art. 10 Verf. Kanton St. Gallen, Art. 22 Verf. Kanton Bern.
75 *De Werra*, Liberté de l'art et droit d'auteur, in: medialex 2001, S. 143 ff.; *Bruno Glaus/Peter Studer*, Kunstrecht: ein Ratgeber für Künstler, Sammler, Galeristen, Kuratoren, Architekten, Designer, Medienschaffende und Juristen, 2003; *Heinrich Hempel*, Die Freiheit der Kunst, 1991; *J.P. Müller*, Liberté de l'art, in: Aubert u.a., Constitution fédérale 1874 (LitVerz.).
76 *BGE 101* Ia 252 (255) – Ernst; *117* Ia 472 (478) – Sozialdemokratische Partei Basel-Stadt; *120* II 225 (227) – D.
77 *EGMR*, Urt. v. 24.5.1988, Müller u.a. ./. Schweiz, Serie A, Nr. 133.
78 Botschaft BV, BBl 1997 I S. 1 (164).
79 Idem.
80 Idem.

VI. Die Wissenschaftsfreiheit

68
Schutzbereich und Schranken

Die Freiheit der Wissenschaft[81], die gemäß Art. 20 BV gewährleistet ist, findet sich ausdrücklich auch in mehreren Kantonsverfassungen[82] sowie in den zwei Pakten der Vereinten Nationen (Art. 15 § 3 Pakt I und Art. 19 § 2 Pakt II).

69
Autonomie

Die Freiheit der wissenschaftlichen Lehre verleiht dem Lehrkörper der öffentlichen Hochschulen „grosse Handlungsfreiheit in bezug auf die Unterrichtsmethoden und die Stoffauswahl"[83]. Sie gewährleistet „das Recht, den Unterrichtsstoff und die Lehrpersonen auszuwählen sowie die Studien und die wissenschaftliche Arbeit frei zu organisieren"[84].

70
Forschung und Lehre

Hinsichtlich der Freiheit der Forschung schützt sie „die intellektuelle und methodische Unabhängigkeit der Forschenden vor staatlichen Eingriffen"[85]. Die Freiheit der wissenschaftlichen Lehre wird insbesondere beschränkt „durch Unterrichtsprogramme (Lehrpläne), Prüfungsreglemente, die verfügbare Infrastruktur, die wissenschaftlichen Fähigkeiten der Studierenden, die Aufnahmekapazitäten der Hochschule und das Pflichtenheft der Lehrperson"[86].

D. Einschränkungen

71
Gesellschaftliche Kommunikation als Hauptziel

Die gesellschaftliche Kommunikation, das Hauptziel der Kommunikationsfreiheiten, stellt ein komplexes Phänomen dar. Einschränkungen dieser Freiheiten variieren aufgrund verschiedener Kriterien. Hinsichtlich dieser Einschränkungen muß zwischen Art und Wesen der Äußerung, der Person, die diese Äußerung vornimmt, und dem Ort, an dem die Äußerung stattfindet, unterschieden werden.

I. Einschränkungen aufgrund von Art und Wesen der Äußerung

72
Politische Rede

Ein Bereich, in dem der Gerichtshof „wenig Raum für Beschränkungen" der Freiheit der Meinungsäußerung akzeptieren will, ist die politische Rede[87].

---

81 *Calame*, Zur Patentierbarkeit von Erfindungen im Bereich der Stammzellenforschung, in: Patrick Sutter (Hg.), Selbstbestimmung und Recht, FG Rainer J. Schweizer, 2003, S. 61 ff.; *Nicole Florio*, La liberté d'expression et la liberté académique dans les universités en droits allemand, français et suisse, 1979; *Hans Gruber*, Forschungsförderung und Erkenntnisfreiheit, 1986; *Haller*, Die Forschungsfreiheit, in: Georg Müller/Dietrich Schindler (Hg.), FS Hans Nef, 1981, S. 125 ff.; *Franck Höpfel*, Meinungsfreiheit – Wissenschaftsfreiheit – Zivilcourage, in: Alexander Niggli/Nicolas Queloz (Hg.), Justice pénale et Etat de droit, Symposium pour le 60ème anniversaire de Franz Riklin et José Hurtado Pozo, 2003, S. 33 ff.; *J.P. Müller*, Liberté de la science, in: Aubert u. a., Constitution fédérale 1874 (LitVerz.); *Verena Schwander*, Das Grundrecht der Wissenschaftsfreiheit im Spannungsfeld rechtlicher und gesellschaftlicher Entwicklungen, 2002.
82 Art. 8 Abs. 2 lit. i Verf. der Republik und des Kantons Jura, Art. 14 Verf. Kanton Aargau, Art. 6 Abs. 2 lit. c Verf. der Republik und des Kantons Basel, Art. 12 lit. i Verf. Kanton Uri.
83 BBl 1997 I S. 1 (165).
84 Idem.
85 Idem.
86 Idem.
87 *EGMR*, Urt. v. 25. 11. 1996, Wingrove ./. Großbritannien, Rec. 1996 V, S. 1937, Nr. 58.

Dies liegt daran, daß die politische Diskussion im weiten Sinne in größtmöglicher Freiheit geführt werden muß, wenn man möchte, daß die Stimme des Bürgers und die Verantwortung der gewählten Vertreter einen Sinn ergeben, wobei allein die öffentliche Ordnung als Einschränkung gilt, die es sicherlich in diesem Bereich ganz eng auszulegen gilt[88].

Im Gegenzug geht der Gerichtshof davon aus, daß es zu größeren Einschränkungen der Kommunikationsfreiheit kommen kann, wenn Äußerungen zu Fragen abgegeben werden, die persönliche Überzeugungen in bezug auf Moralvorstellungen, Glaube und Religion betreffen[89]. Es gibt noch weitere Kriterien, mit denen man Kommunikation nach ihrem Wesen oder ihrem Inhalt unterscheiden kann und die solche Einschränkungen anzuwenden erlauben, die als annehmbar gewertet werden: vom öffentlichkeitswirksamen Auftreten von Handelsfirmen bis hin zu rassistischen[90], zu Gewalt verbreitenden oder zu Gewalt aufrufenden Äußerungen etc.

73
Inhaltliche Differenzierungen

II. Einschränkungen aufgrund des Personenkreises

Wenn auch die Kommunikationsfreiheiten jeder Person zustehen, so gelten jedoch nicht für alle Personen die gleichen Einschränkungen. Mitglieder von politischen Einrichtungen, wie Parlament und Regierung, befinden sich im Hinblick auf die Kommunikationsfreiheiten in einer besonderen Lage[91]. Wenn sie ihre Meinung in Ausübung ihrer Funktionen innerhalb und im Namen des Staatsorgans, zu dem sie gehören, ausdrücken, genießen sie diesbezüglich vollkommene Immunität. Dies bedeutet, daß die allgemeinen Grenzen des Rechts ohne Verfassungsrang, die für die Ausübung der Kommunikationsfreiheiten gelten, keine Anwendung auf sie finden und damit die Erfüllung ihrer Aufgaben in möglichst großer Unabhängigkeit gesichert ist: Als Abgeordneter genießt eine Person größere Freiheit als ein Bürger. Die Kehrseite der Medaille ist jedoch, daß der Abgeordnete und das Mitglied der Regierung hinnehmen müssen, daß die Bürger ihre Meinung über sie freier äußern können, als sie dies in bezug auf einen Mitbürger tun können.

74
Differenzierungen Parlaments- und Regierungsmitglieder

Die Grenzen zulässiger Kritik – so der Europäische Gerichtshof für Menschenrechte – sind im Hinblick auf eine Regierung viel weiter anzusetzen als in bezug auf einen Privatmann oder sogar einen Politiker[92]. In bezug auf die Regierung besitzt der Bürger daher weitaus größere Freiheiten als in bezug

75
Erweiterte Grenzen zulässiger Kritik

---

[88] EGMR, Urt. v. 23.4.1992, Castells ./. Spanien, Serie A, Nr.°236, Ziff. 43; Urt. v. 25.6.1992, Thorgeir Thorgeirson ./. Island, Serie A, Nr.°239, Ziff. 64; Urt. v. 8.7.1996, Lingens ./. Österreich, Serie A, Nr.°103 Ziff. 42.
[89] EGMR, Urt. v. 25.11.1996, Wingrove ./. Großbritannien, Rec. 1996 V, S. 1937, Nr. 58; Urt. v. 20.9.1994, Otto-Preminger-Institut ./. Österreich, Serie A, Nr.°295–A.
[90] *Mock*, Le discours raciste et la liberté d'expression en Suisse, RTDH 2001, S. 469 ff.; *Poncet*, La répression du négationnisme sous l'angle de l'art. 10 CEDH, in: medialex 2001, S. 81 ff.; *Wachsmann*, Liberté d'expression et négationnisme, RTDH 2001, S. 585 ff.
[91] *Auer*, Les limites imposées au gouvernement en matière de publicité politique, in: medialex 2002, S. 133 ff.; *Barrelet*, Faut-il autoriser la publicité politique à la radio-TV?, in: medialex 2002, S. 143 ff.
[92] EGMR, Urt. v. 23.4.1992, Castells ./. Spanien, Serie A, Nr.°236, Ziff. 46.

76 Richterliche Zurückhaltung	auf seine Mitbürger. Aufgrund der Rechtsprechung ist es den Mitgliedern öffentlicher Behörden möglich, sich als Privatpersonen auf die Freiheit der Meinungsäußerung zu berufen, um aktiv an Wahlkämpfen und Referenden teilnehmen[93] oder um direkt in diese eingreifen zu können, während die Eingriffsmöglichkeiten der Staatsorgane als solche im Interesse des Rechts auf freie Stimmabgabe weitaus beschränkter sind[94]. Als Bürger besitzt der Abgeordnete demnach die gleichen Freiheiten wie andere Bürger auch.

Die Richter haben das Recht, ihre politische oder sonstige Meinung zu vertreten und dieser Ausdruck zu verleihen. Ihre erforderliche Unabhängigkeit bedeutet nicht, daß sie sich aus dem politischen und gesellschaftlichen Leben vollständig zurückziehen müssen, in dem doch die Streitfälle entstehen, über die sie zu entscheiden haben. Aber die in der Verfassung verankerte Unabhängigkeit und Unbefangenheit der Richter machen es notwendig, daß diese ihre Meinung zurückhaltend und auf eine Art und Weise äußern, die sie in der von ihnen zu entscheidenden Angelegenheit nicht als voreingenommen oder befangen erscheinen läßt[95].

77 Anwaltliche Selbstdarstellung

Als „Diener des Rechts" und „Mitarbeiter der Justiz" müssen Rechtsanwälte gemäß der Rechtsprechung über eine große Handlungsfreiheit verfügen, um Kritik an der Justizverwaltung üben zu können. Hinsichtlich der Werbung von Rechtsanwälten räumt das Bundesgericht in seiner Rechtsprechung ein, daß diese nicht einfach untersagt werden kann, erkennt aber an, daß die Kantone besondere Beschränkungen der Werbung verhängen und insbesondere irreführende und aufdringliche Werbung untersagen können[96]. Die Rechtsprechung des Gerichtshofs geht in die gleiche Richtung[97].

78 Beamtenrechtliche Treuepflicht

Beamte unterliegen der Treuepflicht, die ihnen bestimmte Einschränkungen hinsichtlich ihrer Freiheit der Meinungsäußerung auferlegen kann[98]. Gemäß der Rechtsprechung genießen sie diese Freiheit im Bereich ihrer privaten Tätigkeit. Aber die Ausübung dieser Freiheit unterliegt dem Erfordernis der Rücksichtnahme und der Verpflichtung, alles zu unterlassen, was dem Vertrauen der Öffentlichkeit in die Verwaltung abträglich sein könnte[99].

79 Schüler und Studierende

Auch Schüler und Studierende sind Träger von Kommunikationsfreiheiten, aber die Rechtsprechung zeigt, daß sich bestimmte Einschränkungen aus dem Ziel, dem Wesen, dem Niveau und der Verwaltung der schulischen Einrichtung ergeben können. Demnach kann ein Studierender an einer Universität ein höheres Maß an Freiheit geltend machen als ein Oberschüler und ein Oberschüler wiederum ein höheres Maß als ein Schüler einer Grundschule[100].

---

93 *BGE 119* Ia 271 (275) – A.; *112* Ia 332 (335) – Kritisches Forum Uni.
94 *Michel Besson*, Behördliche Information vor Volksabstimmungen, 2002.
95 *BGE 115* Ia 172 – P.; *108* Ia 172, 176 – X.
96 *BGE 123* I 12 (18) – X.; *106* Ia 100 (108) – R.
97 *EGMR*, Urt. v. 24. 2. 1994, Casado Coca ./. Spanien, Serie A, Nr.°285–A; Urt. v. 20. 5. 1998, Schöpfer ./. Schweiz, Rec. 1998 III, S. 1042; Urt. v. 9. 6. 1998, Incal ./. Türkei, Rec. 1998 IV, S. 1547.
98 *Hänni*, Personalrecht des Bundes, in: Koller u. a. (FN 67), S. 60 f.
99 *BGE 120* Ia 203 – Einwohnergemeinde der Stadt Bern; *123* I 296 – X.
100 ZBl 1978, S. 505.

III. Einschränkungen aufgrund des Ortes

80
Öffentlicher Bereich

Die Freiheit der Meinungsäußerung, die Pressefreiheit und die Informationsfreiheit können nicht ausschließlich an nicht-öffentlichen Orten oder mittels individueller Kommunikationsmittel ausgeübt werden. Straßen, öffentliche Plätze, Bürgersteige und Parks sind Orte, an denen diese Freiheiten mittlerweile bevorzugt ausgeübt werden[101]. Daher stellt sich die Frage, ob und unter welchen Bedingungen die Kommunikationsfreiheiten im öffentlichen Bereich ausgeübt werden dürfen. Solange eine Kommunikationsfreiheit im öffentlichen Bereich im Rahmen des allgemein Üblichen ausgeübt wird, bedarf sie keiner Beschränkung oder einer Genehmigung. Jede Person besitzt somit ein verfassungsmäßig verankertes Recht, den öffentlichen Bereich zu nutzen, um dort Ideen, Vorstellungen und Wissen mitzuteilen[102]. Lange Zeit wollte die Rechtsprechung dem Einzelnen nicht das Recht zuerkennen, sich auf die Kommunikationsfreiheiten zu berufen, um seine Meinung verstärkt in der Öffentlichkeit zu äußern. Da diese zu jener Zeit als Eigentum des Staates angesehen wurde, mußten die Vorschriften nicht das Vorhandensein von Freiheiten berücksichtigen, umso weniger – gemäß der klassischen Theorie –, da diese Freiheiten keine positive Leistung nach sich zogen, sondern den Staat lediglich zur Zurückhaltung verpflichteten[103].

Freie Nutzung öffentlichen Raumes

81
„Bedingter Anspruch" auf Nutzung

Seit 1979 erkennt das Bundesgericht dem Einzelnen einen „bedingten Anspruch" auf eine gesteigerte Nutzung des öffentlichen Grundes zur Ausübung seiner Freiheiten zu[104]. Dies bedeutet, daß die Behörde für diese besondere Ausübung von Freiheiten eine Genehmigung vorsehen kann, daß sie jedoch, wenn sie über eine solche Genehmigung entscheidet, der Existenz und der Bedeutung dieser Freiheiten Rechnung tragen muß[105]. Durch diese Rechtsprechung ist der Gesetzgeber demnach daran gehindert, durch strenge Vorschriften von vornherein auszuschließen, daß der Inhalt der Kommunikationsfreiheiten von der Behörde, die über deren Genehmigung zu entscheiden befugt ist, in Betracht gezogen wird[106].

IV. Der Grundsatz der Verhältnismäßigkeit

82
Ausgleichsfunktion

Im gleichen Maße, wie die gesetzliche Grundlage und das öffentliche Interesse bei der Rechtsprechung im Zusammenhang mit den Kommunikationsfreiheiten eine eher untergeordnete Rolle spielen, ist die Verhältnismäßigkeit

---

101 *Hangartner*, Meinungsäusserungs- und Versammlungsfreiheit: Art. 14 Abs. 1 BV, AJP 1999, S. 101 ff.; *Jaag*, Gemeingebrauch und Sondernutzung öffentlicher Sachen, ZBl 1992, S. 145 ff.; *Malinverni*, L'exercice des libertés sur le domaine public, in: Jean-François Aubert/Philippe Bois (Hg.), Mélanges André Grisel, 1983, S. 145–159; *ders.*, L'exercice des libertés idéales sur le domaine public, in: François Bellanger/Thierry Tanquerel (Hg.), Le domaine public, 2004, S. 25 ff.; *Urs Saxer*, Die Grundrechte und die Benützung öffentlicher Sachen, 1987.
102 *BGE 96* I 586 – Aleinick.
103 *BGE 98* Ia 362 – Studentenschaft der Universität Zurich.
104 *BGE 105* Ia 91 (95) – Plüss.
105 *BGE 100* Ia 392 – Komitee für Indochina; *105* Ia 91 – Plüss; *127* I 84 – P.
106 *BGE 107* Ia 64 – Progressive Organisationen Basel; *107* Ia 292 – Nyffeler.

in diesem Bereich von ganz ausschlaggebender Bedeutung. Die Übereinstimmung und die richtige Einordnung der gesetzlich vorgesehenen Mittel und der vom Staat verfolgten Ziele sind das Grundproblem beim Prozeß der Durchsetzung dieser Freiheiten. Dies bedeutet, daß sich das Eingreifen eines Verfassungsrichters in einer Frage der Verhältnismäßigkeit oftmals als entscheidend erwies, um die Behörden an die Grenzen ihrer Befugnis zum Erlaß von Vorschriften und vor allem von Entscheidungen zu erinnern. Dies läßt sich insbesondere aus der Rechtsprechung des Gerichtshofs[107], aber auch aus der des Bundesgerichts ablesen[108].

---

107 *EGMR*, Urt. v. 24. 2. 1997, De Haes et Gijsels ./. Belgien, Rec. 1997 I, S. 197; Urt. v. 26. 9. 1995, Vogt ./. Deutschland, Serie A, Nr.°323; Urt. v. 19. 12. 1994, Vereinigung demokratischer Soldaten Österreichs u. Gubi ./. Österreich, Serie A, Nr.°302; Urt. v. 22. 5. 1990, Autronic SA ./. Schweiz, Serie A, Nr.°178; Urt. v. 22. 5. 1990, Weber ./. Schweiz, Serie A, Nr.°177; Urt. v. 28. 10. 2003, Steur ./. Niederlande (Beschwerde Nr. 39657/98); Urt. v. 17. 6. 2001, Association Ekin ./. Frankreich (Beschwerde Nr. 39288/98); Urt. v. 25. 7. 2001, Perna ./. Italien (Beschwerde Nr.°48898/99); Urt. v. 13. 2. 2003, Cetin u. a. ./. Türkei (Beschwerde Nr. 40153/98 u. 40160/98); Urt. v. 28. 6. 2001, Verein gegen Tierfabriken ./. Schweiz (Beschwerde Nr. 24699/94).
108 *BGE 127* IV 115 – X.; *127* I 84 – P.; *127* II 91 – EDI.

E. Bibliographie

Barrelet, Denis, Les libertés de communication, in: Daniel Thürer/Jean-François Aubert/Jörg Paul Müller (Hg.), Droit constitutionnel suisse, 2001, S. 721 ff.
ders., Droit de la communication, 1998.
Besson, Michel, Behördliche Information vor Volksabstimmungen, 2002.
Glaus, Bruno/Studer, Peter, Kunstrecht: ein Ratgeber für Künstler, Sammler, Galeristen, Kuratoren, Architekten, Designer, Medienschaffende und Juristen, 2003.
Kühling, Jürgen, Die Kommunikationsfreiheit als europäisches Gemeinschaftsgrundrecht, 1999.
Müller, Jörg Paul, Liberté d'expression, in: Commentaire de la Constitution fédérale du 29 mai 1874, 1986.
Peduzzi, Roberto, Meinungs- und Medienfreiheit in der Schweiz, 2004.
Rossinelli, Michel, La liberté de la radio-télévision en droit comparé, Paris 1991.
Studer, Peter/Mayr von Baldegg, Rudolf, Medienrecht für die Praxis, 2000.
Zeller, Franz, Öffentliches Medienrecht, 2004.
Zimmer, Anja, „Hate Speech" im Völkerrecht. Rassendiskriminierende Äußerungen im Spannungsfeld zwischen Rassendiskriminierungsverbot und Meinungsfreiheit, 2001.
Zölch, Franz A./Zulauf, Rena, Kommunikationsrecht für die Praxis. Ein Hand- und Arbeitsbuch zur Lösung kommunikations- und medienrechtlicher Fragen, 2001.

§ 217
Sprachenfreiheit

Thomas Fleiner

Übersicht

	RN		RN
A. Das Grundrecht der Sprachenfreiheit	1–30	II. Gleichheit und Rechtsstaatlichkeit	49–60
I. Der Stellenwert der Sprachenfreiheit	1–11	1. Gleichberechtigung der Amtssprachen	49–52
1. Sprachenfreiheit als Grundrecht der Kultur und der Kommunikation	1–2	2. Gesetzessprache	53
		3. Parlamentssprache	54
2. Muttersprache und Menschenwürde	3–4	4. Medien	55
		5. Recht auf Verschiedenheit	56–60
3. Sprachbeeinflussung des Denkens und Handelns	5–7	III. Förderung der Sprachgemeinschaften als Schranke der Sprachenfreiheit	61–62
4. Sprachenfreiheit und Religionsfreiheit	8–9	IV. Legitimität	63–69
5. Sprachenfreiheit – Chancengleichheit – Globalisierung	10–11	1. Individuelle versus kollektive Legitimität	63–66
II. Gewährleistung und Umfang der Sprachenfreiheit	12–14	2. Nation verschiedener Sprachgemeinschaften	67–68
III. Individual- und/oder Gruppenrecht?	15–28	3. Politische und kulturelle Loyalität	69
1. Besonderes Grundrecht	15–16	V. Demokratie	70–74
2. Schranken des Grundrechts	17–20	1. Sprachenfreiheit und Sprachenfrieden	70–72
3. Sprache und Identität	21	2. Tyrannei der Mehrheit oder der Minderheit	73–74
4. Besonderheit der Mehrsprachigkeit	22–23	VI. Föderalismus	75–76
5. Chancengleichheit?	24–26	D. Sprachenvielfalt und Kantone	77–107
6. Status negativus?	27	I. Kantonale Autonomie im Rahmen der Rechtsprechung des Bundesgerichts	77–80
7. Fremde Sprachen	28		
IV. Auswirkungen auf das Grundrecht der Sprachenfreiheit?	29–30	II. Kantonale Amtssprachen mit einer sprachlich homogenen Bevölkerung	81–82
B. Vielfalt der Sprachen	31–40	III. Einige spezifische Probleme der mehrsprachigen Kantone	83–94
I. Vielfalt als Element der gesellschaftlichen Identität der Schweiz	31–34	IV. Sprache und Verfassung in den mehrsprachigen Kantonen	95–101
II. Sprachenvielfalt der Wohnbevölkerung	35–40	V. Zweisprachigkeit von Gemeinden	102–107
C. Sprachenvielfalt im Bundesstaat	41–76	E. Ausblick	108–110
I. Legitimität des multikulturellen Staates	41–48	F. Bibliographie	
1. Fragmentierter Demos ohne Homogenität	41–46		
2. Zusammengesetzte Nation	47–48		

A. Das Grundrecht der Sprachenfreiheit[*]

I. Der Stellenwert der Sprachenfreiheit

1. Sprachenfreiheit als Grundrecht der Kultur und der Kommunikation

1
Sprache als Kulturträgerin

Schutz der Sprachgemeinschaft

Die Sprachenfreiheit gewährleistet die Kommunikation zwischen den Menschen, die die gleiche Sprache sprechen oder zumindest verstehen. Sprache ermöglicht aber nicht nur die horizontale Kommunikation der Gegenwart, Sprache ist auch Kulturträgerin eines geschichtlichen Prozesses: In der Sprache ist die Geschichte und die Kultur eines Volkes gespeichert. Mit der Diskriminierung seiner Sprache wird ein Mensch nicht nur im Innersten seines Selbst getroffen, sondern man entmannt mit ihm seine Kultur, seine Herkunft und seine Sprachgemeinschaft. Jede individuelle Diskriminierung aus Gründen der Sprache trifft nicht nur das Individuum, sondern die ganze Gemeinschaft, der es angehört. Die Sprachenfreiheit soll die Würde, die Identität, die geistige Existenz einer Person und mit ihr den Bestand einer ganzen Sprachgemeinschaft schützen.

2
Sprachenfreiheit ermöglicht Kommunikation

Die Sprachenfreiheit ist auch Voraussetzung der Ausübung der Kommunikationsgrundrechte. Die Grundrechte der Kommunikation wie die Meinungsäußerungs- und Pressefreiheit, aber auch die Kunst- und die Religionsfreiheit, haben zum Ziel, den einzelnen Menschen die Möglichkeit zu belassen, sich entsprechend ihrer inneren Überzeugung zu entfalten und darüber in der Gesellschaft zu kommunizieren. Das Grundrecht der Presse-, Meinungsäußerungs- und Informationsfreiheit soll überdies den unersetzbaren offenen demokratischen Diskurs ermöglichen. Erst die Gewährleistung der Sprachenfreiheit ermöglicht die Wahrnehmung der Grundrechte der Kommunikation.

2. Muttersprache und Menschenwürde

3
Sprachenfreiheit als Kern der Menschenwürde

Meinungs- und Pressefreiheit sind als Grundrechte auf Menschen angewiesen, die lesen und schreiben können. Die Mutter spricht das noch sprachlose Kind in ihrer Muttersprache an, so daß es mit der Mutter die ersten wohl schwierigsten Denkprozesse zur Erlernung seiner eigenen Sprache gehen kann. Die Sprache, namentlich die Muttersprache, gehört zum intimsten Bereich des Menschen und der zwischenmenschlichen Beziehungen. Das Grundrecht der Sprachenfreiheit ist deshalb in erster Linie als Teil der Menschenwürde und des inneren Kerns jedes Menschen und jeder Person zu schützen.

4
Sprachkultur in der Generationenfolge

Eltern, die zu einer bestimmten Sprachkultur gehören, möchten diese Kultur auch der nächsten Generation mitgeben. Sie möchten, daß die Kinder die Sprache nicht nur zu Hause, sondern auch in ihrer weiteren Ausbildung pflegen und entfalten können. Für sie ist die Sprache nicht nur der innere Kern

---

[*] Meinem Assistenten *Markus Kern* danke ich für die wertvollen inhaltlichen Hinweise und die Überarbeitung des Textes.

ihres individuellen Persönlichkeitsrechts, ihre Sprache und Kultur soll auch in ihren Kindern weiterleben können. Eltern, die mit ihren Kindern nicht mehr in der eigenen Sprache sprechen können, fühlen sich in ihrer gesellschaftlichen Umgebung völlig entwurzelt. Das Grundrecht der Sprachenfreiheit hat in der zeitlichen Vertikalen sowohl eine historische als auch eine auf die zukünftigen Generationen sich auswirkende Dimension. Sie ist Teil des Bildungsrechts der Eltern und ihrer Kinder und gehört damit auch zum Schutz des Intimbereichs der Familie (Art. 8 EMRK).

Sprachenfreiheit als Teil elterlichen Bildungsrechts

3. Sprachbeeinflussung des Denkens und Handelns

Sprache steht aber auch in engstem Zusammenhang zum eigentlichen Bildungssystem des Staates. Bereits *Ludwig Wittgenstein* in seinen späteren Werken hat erkannt, daß sich Menschen wesentlich durch ihre Sprache voneinander unterscheiden. Die Grundlage einer universellen Grammatik wurde bis heute nicht gefunden. In der Tat bestimmt die Sprache die Beziehung zwischen den Menschen, ihr Handeln, ja ihr eigentliches Denken. Wer den Unterschied zwischen dem neutralen englischen „you" (wo kein familiäres „Du" existiert), dem eher freundlichen und respektvollen französischen „vous" als Unterschied zum familiären „tu" und der kühlen Verwendung der dritten Person, das heißt dem „Sie" im Deutschen kennt, kann ermessen, wie unterschiedlich sich die Nuancen der Beziehungen zwischen den Menschen dieser unterschiedlichen Sprachen gestalten. Andere Sprachen, wie zum Beispiel das Japanische, bieten einen noch viel größeren Reichtum an Worten, mit denen ältere, jüngere, Respekt gebietende, untergeordnete oder abhängige Personen angesprochen werden.

5
Sprache als Unterscheidungsmerkmal

Eine Sprache, die wie die indogermanischen Sprachen zwischen Form und Inhalt unterscheidet, in der man also „ein Glas Wasser" trinkt und „ein Stück Brot" ißt, wird auch das Denken der Menschen, die in dieser Sprache beheimatet sind, entsprechend beeinflussen. Wer hingegen „ein Wasser" trinkt oder „ein Brot ißt", dem wird es mehr Mühe bereiten, sich in unserer Rechtsordnung zurechtzufinden, die zwischen Inhalt und Form bzw. zwischen materiellem und formellem Recht unterscheidet. Wer nur in Sehnsucht oder Furcht ausdrücken kann, was sich in Zukunft ereignen wird und was in der Vergangenheit geschah, nur mit Abscheu oder Befriedigung wiedergeben kann, wird einen anderen Bezug zur Geschichte oder zur zukunftsgestaltenden Politik haben als Menschen, die diese zeitliche Dimension in objektiver, von ihrer Person distanzierter Sprache ausdrücken können.

6
Differenzierung nach Inhalt und Form

Die Sprache beeinflußt das Verhalten der Menschen zueinander, sie bestimmt ihr Denken, ihre Logik und ihren Wortschatz; zugleich ist sie Ausdruck der besonderen Kultur, Geschichte und Geographie eines Volkes. Sie ist das ganz persönliche Gut jedes einzelnen Individuums wie auch das kollektive Gut eines ganzen Volkes.

7
Sprache als individuelles und kollektives Gut

4. Sprachenfreiheit und Religionsfreiheit

8
Staatskommunikation

Im Bereich der Meinungsäußerungsfreiheit können die Staaten gegenüber den unterschiedlichsten Meinungen ohne weiteres offen sein. Ihre Politik bestimmt sich letztlich nach der Meinung der demokratischen Mehrheit. Ändert sich diese Ideologie, ändert sich auch die Politik der betreffenden Staaten. Schon schwieriger wird es mit der Glaubens- und Gewissensfreiheit. Viele Staaten bekennen sich zu einer bestimmten Religion, tolerieren gleichzeitig jedoch andere Religionen. Andere Staaten wiederum haben sich von der Religion losgesagt und säkularisiert, sei es nach dem antiklerikalen Modell Frankreichs oder nach dem religionsfreundlichen, alle Religionen unterstützenden Modell der Vereinigten Staaten von Amerika. Die Staaten können sich also zur Gleichstellung der Religionen gewissermaßen religionslos erklären, das heißt sich säkularisieren. Zur Gleichstellung ihrer verschiedenen Sprachen können die Staaten aber nicht „sprachlos" werden. Sie müssen wenigstens eine Sprache sprechen und sich dafür entscheiden, in welcher Sprache sie mit ihren Bürgern kommunizieren wollen. Staaten, in denen mehrere Sprachen gesprochen werden, müssen sich entweder zu einer Sprache bekennen und die anderen Sprachen tolerieren oder ebenfalls als gleichberechtigte offizielle Sprachen zulassen. Indien, wo mehr als hundert Sprachen gesprochen werden, kommt wohl nicht darum herum, Sprachen teilweise ungleich zu behandeln, ja gewisse Sprachen sogar zu diskriminieren.

9
Diskriminierung von Sprachen

Ehemalige Kolonialstaaten haben allerdings lange Zeit alle einheimischen Sprachen diskriminiert, indem sie die frühere Kolonialsprache als eigentlich staatsfremde Sprache zur offiziellen Sprache bzw. zur „lingua franca" erklärten. Wie immer sich die Staaten in dieser Frage auch entscheiden mögen, im Gegensatz zur Religion brauchen sie gegenüber den Sprachen eine bestimmte Sprachpolitik. Damit stellt sich aber die Frage, in welchem Verhältnis diese Sprachpolitik zum allgemeinen Grundrecht der Sprachenfreiheit steht bzw. aus Gründen des Grundrechtsschutzes stehen sollte.

5. Sprachenfreiheit – Chancengleichheit – Globalisierung

10
Sprache als Wirtschaftsfaktor

Verständliche Produktbezeichnungen

Die Sprachenfreiheit muß aber auch im Lichte der wirtschaftlichen Entwicklung im Zeitalter der Globalisierung analysiert werden. Wer in fremde Märkte vorstoßen möchte, hat nur Chancen, wenn er der lokalen Sprache der Mehrheit der Bevölkerung mächtig ist. Der Konsum erfordert mehr und mehr Produktbezeichnungen namentlich der Lebensmittel, die verständlich sind. Kenntnis der lokalen Sprache stellt im globalen Wettbewerb einen Trumpf dar, der dazu führen könnte, daß mehr als früher verschiedene Sprachen gelernt und verstanden werden.

11
Globale Zeichensprache

Natürlich führt die Globalisierung auch zur gegenläufigen Entwicklung, daß man sich nach und nach auf eine einzige globale Zeichensprache einigt, die jeder versteht. Man darf aber auch nicht übersehen, daß die Sprachen des Sicherheitsrates der Vereinten Nationen einschließlich der spanischen Sprache weit verbreitet sind und daß innerhalb dieser Weltsprachen das Englische zur lingua franca geworden ist, die als Verbindung zwischen den Kontinenten die globale Kommunikation sowie den globalen Wettbewerb erst ermöglicht, gleichzeitig aber auch die lokalen Sprachen verdrängen oder gar in ihrer Existenz gefährden kann.

II. Gewährleistung und Umfang der Sprachenfreiheit

Lange Zeit war die Sprachenfreiheit ein vom Bundesgericht anerkanntes ungeschriebenes Freiheitsrecht. Das Grundrecht auf Sprachenfreiheit wurde erstmals im Jahre 1965 in einem publizierten Entscheid des Bundesgerichtes die französische Schule in Zürich betreffend als ungeschriebenes Verfassungsrecht anerkannt[1]. Das Bundesgericht hat allerdings sogleich präzisiert, daß dieses Freiheitsrecht an die Amtssprache des Staates gebunden ist und daß diese Amts- und Schulsprache in der Schweiz gestützt auf das Territorialitätsprinzip durch die Kantone bzw. die Gemeinden festgelegt werde[2]. Heute findet sich in Art. 18 der Schweizerischen Bundesverfassung von 1999 eine ausdrückliche Gewährleistung des Grundrechts der Sprachenfreiheit als Individualrecht. Artikel 18 gewährleistet grundsätzlich die Sprachenfreiheit für sämtliche möglichen Sprachen. Selbst nicht mehr gesprochene Sprachen, Dialekte oder gar Geheimsprachen unterliegen dem Schutzbereich von Art. 18 BV. Das Grundrecht schützt jedes mögliche Kommunikationsmittel, mit welchem man sich gegenüber anderen verständigen kann. Zweifellos fällt auch die Zeichensprache in den Schutzbereich der Sprachenfreiheit.

12
Bundesgerichtlich anerkanntes Freiheitsrecht

Bindung an die Amtssprache

In Staaten, in denen wie in der Schweiz mehrere Sprachen gesprochen werden, bietet die ausgeglichene Behandlung der verschiedenen Sprachgemeinschaften eine besondere Herausforderung. Die Lösung dazu findet sich in einem Balanceakt zwischen dem in Art. 18 BV festgelegten individuellen Grundrecht der Sprachenfreiheit und dem in Art. 70 Abs. 2 BV etwas versteckt enthaltenen Territorialitätsprinzip: „Die Kantone bestimmen ihre Amtssprachen. Um das Einvernehmen zwischen den Sprachgemeinschaften zu wahren, achten sie auf die herkömmliche sprachliche Zusammensetzung der Gebiete und nehmen Rücksicht auf die angestammten sprachlichen Minderheiten". Damit wird das Territorialitätsprinzip als Schranke des individuellen Grundrechts anerkannt[3]. Die Gründe, die das Bundesgericht dazu veranlaßt haben, in langjähriger Rechtsprechung das individuelle Grundrecht zu-

13
Balance von Sprachenfreiheit und Territorialitätsprinzip

---

[1] Seit dem berühmten Entscheid v. 31.3.1965, *BGE 91* I 480, ist die Sprachenfreiheit vom Bundesgericht als ungeschriebenes, mit Art. 116 der alten Bundesverfassung zusammenhängendes Grundrecht anerkannt worden: „Die Sprachenfreiheit gehört nach der Lehre zu den ungeschriebenen Freiheitsrechten der BV (...). Dieser Auffassung ist zuzustimmen"; vgl. hierzu auch den nicht publizierten Entscheid v. 3.6.1932, Zähringer et consorts contre Conseil d'Etat du canton du Tessin, zit. in: *Christine Marti-Rolli*. La Liberté de la Langue en droit suisse (Diss. Lausanne), 1978, S. 16. Eingehend zur Entwicklung der Sprachenfreiheit: *Dagmar Richter*, Sprachenordnung und Minderheitenschutz im schweizerischen Bundesstaat, 2004, S. 219 ff.
[2] *BGE 91* I 480, Erw. II.2.
[3] Ausführlich zum Territorialitätsprinzip: *Richter* (FN 1), S. 145 ff.

gunsten des Territorialitätsprinzips einzuschränken, sind im Friedensprinzip zwischen den verschiedenen sprachlichen Gemeinschaften zu finden. So hat das Bundesgericht ausdrücklich festgehalten: „Beachtet die Rechtsordnung diese Beschränkung nicht, so kann längerfristig ein Widerspruch zwischen Recht und Lebenswirklichkeit entstehen, der seinerseits für den Sprachfrieden eine Gefahr darstellen könnte"[4].

14
Territorialitätsprinzip

Die Lehre beurteilt diese Rechtsprechung zum Territorialitätsprinzip als wesentliche Schranke des Grundrechts der Sprachenfreiheit teilweise kontrovers. So kann beispielsweise die Frage aufgeworfen werden, inwieweit der Schutz des historischen Territoriums einer angestammten Sprache ein genügendes öffentliches Interesse zur Einschränkung der Sprachenfreiheit darstellt[5]. Das öffentliche Interesse schützt die Gesamtinteressen eines Landes. Handelt es sich bei der zu schützenden Sprache folglich um eine Landessprache, muß der Schutz dieser Sprache als öffentliches Interesse angesehen werden. Das Bundesgericht läßt es aber zu, daß die Kantone, gestützt auf ihre föderalistische Autonomie, das öffentliche Interesse auf ihr eigenes Staatsgebiet beschränken. Ja, die Gemeinden innerhalb der Kantone können ihr eigenes Sprachgebiet schützen, selbst gegenüber einer Landessprache des Kantons. So hat das Bundesgericht im Fall *Disentis*[6] das Territorium des Romanischen gegenüber dem im Kanton gleichberechtigten Italienischen geschützt.

Erhaltung des Sprachfriedens

Das einzige gemeinsame öffentliche Interesse, an dem alle Sprachen in gleicher Weise teilhaben, ist die Erhaltung des Sprachfriedens und die Förderung der gegenseitigen Sprachverständigung. Allerdings ist schwer zu verstehen, inwieweit eine Abschottungs- oder Ghettostrategie, wie sie dem Territorialitätsprinzip innewohnt, tatsächlich das einzige Mittel zur Förderung des Sprachfriedens sein kann. Die gegenseitige Verständigung und das gegenseitige Verständnis sind ja letztlich nur dann möglich, wenn sich die Sprachgemeinschaften über ihre Grenzen hinaus verstehen können. In der Lehre wird deshalb immer wieder darauf hingewiesen, daß das Territorialitätsprinzip nur bedingt als zulässige Schranke der Sprachenfreiheit angesehen werden kann.

Gegenseitiges Verständnis

III. Individual- und/oder Gruppenrecht?

1. Besonderes Grundrecht

15
Gemeinschaftsbezug

Die Sprachenfreiheit ist ein Grundrecht besonderer Natur. Auch der größte Außenseiter, der eine isolierte Meinung vertritt, kann sich auf die Meinungsäußerungsfreiheit abstützen. Isoliert, ohne wenigstens einen Partner oder eine Partnerin, ist dahingegen jede Sprache wertlos. Die Sprache setzt eine Gemeinschaft voraus, in welcher die Menschen miteinander kommunizieren können.

---

[4] *BGE 122* I 236, Erw. 4.
[5] Vgl. dazu vor allem *Borghi*, Langues Nationales et langues officielles, in: Thürer/Aubert/Müller, Verfassungsrecht (LitVerz.), S. 593 ff., sowie *dens.*, La liberté de la langue et ses limites, in: Thürer/Aubert/Müller, Verfassungsrecht (LitVerz.), S. 607 ff.
[6] *BGE 116* Ia 345.

Als staatlich garantiertes Grundrecht hat die Sprachenfreiheit verschiedene Facetten. Nur schon um das Grundrecht zu garantieren, muß der Staat eine bestimmte Sprache verwenden. Welche Bedeutung hat diese vom Staat verwendete Sprache für das Grundrecht der Sprachenfreiheit? Reduziert sich die Sprachenfreiheit auf die vom Staat verwendete Sprache? Kann der Staat im Interesse der Sprachenfreiheit der Mehrheit seine offizielle Sprache allen aufzwingen, wie es die seinerzeit berühmte – allerdings vom französischen Conseil Constitutionnel gestützt auf Art. 11 der französischen Menschenrechtserklärung wenigstens teilweise zensurierte – „Loi Toubon" vorgesehen hat[7]? Können umgekehrt Minderheiten gestützt auf die Sprachenfreiheit beanspruchen, ihre Sprache im Verkehr mit der Verwaltung oder als Prozeßsprache zu verwenden? Können sie verlangen, daß für ihre Kinder die Minderheitensprache mindestens teilweise als Unterrichtssprache verwendet wird oder daß ihre Kinder wenigstens Sprachunterricht in der Minderheitensprache erhalten? Welche Auswirkungen hat die Sprachenfreiheit auf Sprachen, die am Aussterben sind? Können sich Sprachgruppen zur Verteidigung ihres Sprachterritoriums auf die Sprachenfreiheit der Gruppe berufen, um zum Schutz ihres Sprachgebietes die Sprachenfreiheit der in diesem Gebiet lebenden Minderheit einzuschränken?

16
Minderheitenprobleme

2. Schranken des Grundrechts

Für die Schranken der Grundrechte gilt Art. 36 BV, der abschließend die Schranken aller Grundrechte regelt. Grundrechte können aufgrund einer gesetzlichen Grundlage eingeschränkt werden, sofern die Einschränkung im öffentlichen Interesse und nicht unverhältnismäßig ist. Der Kerngehalt des Grundrechts darf nicht berührt werden.

17
Verhältnismäßigkeit

Als gesetzliche Grundlage kann sowohl ein Bundesgesetz wie auch ein kantonales Gesetz oder ein Gemeindereglement dienen. Zwar wurde in der Schweiz im Bereich des Sprachenrechts im Gegensatz zum Religionsrecht (z. B. Staatskirchenrecht) ein eigentliches Gruppenrecht als Gegenpol zum Individualrecht nicht anerkannt. Durch die weitgehende Gewährleistung der Autonomie der Gebietskörperschaften wird das Gruppenrecht aber de facto territorial garantiert. Dies führt dazu, daß auf der kleinsten territorialen Ebene die Mehrheit der Gemeinde ihre Sprache, z. B. als Amts- oder Schulsprache, gesetzlich verankern kann.

18
Gesetzliche Grundlage

Während sich bei den geistigen Freiheitsrechten, wie auch bei der Wirtschaftsfreiheit, das öffentliche Interesse vor allem auf polizeiliche Interessen, das heißt auf den Schutz gegen Gefährdungen von Polizeigütern beschränkt, sind nach der bundesgerichtlichen Rechtsprechung die öffentlichen Interessen im Bereich der Sprachenfreiheit viel unbestimmter, weshalb die Mehrheit über

19
Öffentliches Interesse

---

7 *A.-A. Pavel*, La Loi Toubon – un modèle à suivre ?, in: Genoveva Vrabie/Joseph Tur: (eds.), The theory and the practice of linguistic policies in the world. Proceedings of the Eighth International Conference of the International Academy of Linguistic Law, Iasi 2003, S. 295 ff.

einen – im Vergleich zu anderen Freiheitsrechten – größeren politischen Spielraum verfügt. So rechtfertigen namentlich Gründe der Spracherhaltung, der Praktikabilität und finanzielle Möglichkeiten eine Einschränkung der individuellen Sprachenfreiheit. Die Verpflichtung der Eltern beispielsweise, ihre Kinder in eine Schule zu schicken, die sie in der offiziellen Landessprache unterrichtet, ist nicht polizeilicher Natur, sondern rechtfertigt sich durch das Interesse der Integration. Schließlich beschränkt sich das öffentliche Interesse auf das Interesse der Menschen, die in der betreffenden Gebietskörperschaft leben. Somit wird das öffentliche Interesse einerseits in die Interessen der Sprachgemeinschaften, aber andererseits auch in die Interessen der Kantone bzw. der Gemeinden fragmentiert.

20 Verhältnismäßigkeitsargument der Minderheiten

Mit diesen Möglichkeiten der Einschränkung der Sprachenfreiheit genießen zwar die Sprachgemeinschaften im Rahmen der Kantone und Gemeinden eine weitgehende Autonomie, ihre Sprache zu regeln. Sprachminderheiten innerhalb einer Gemeinde können sich dagegen in den meisten Fällen nur mehr über das Prinzip der Verhältnismäßigkeit zur Wehr setzen, da die Mehrheit die Sprache durch Gesetz regeln und meist auch in Anspruch nehmen kann, daß der Schutz ihres Sprachterritoriums im öffentlichen Interesse liegt. Es ist deshalb nicht verwunderlich, daß es gerade auf der untersten territorialen Stufe der mehrsprachigen Gemeinden am schwierigsten ist, den Interessen der verschiedenen Sprachgemeinschaften Rechnung zu tragen.

3. Sprache und Identität

21 Identitätsprägung durch die Muttersprache

Die Sprache, namentlich die Muttersprache jeder einzelnen Person, bestimmt aber auch ein Element ihrer Identität, das letztlich niemand einfach abschütteln kann. Die Menschen können ihre persönlichen Überzeugungen, ja sogar Ideologien, Weltanschauungen oder Religionszugehörigkeit ändern. Sie können sich auch neue Sprachen aneignen. Ihre eigene Kindheit, in der sie gelernt haben, in ihrer Muttersprache zu sprechen, können sie höchstens verdrängen, aber nie mehr aufgeben. Die Muttersprache prägt die persönliche Identität eines Menschen für sein ganzes Leben. Sie bestimmt die Art des Denkens und oft auch sein Handeln, ohne daß er sich dessen bewußt ist[8]. Die Sprache prägt aber nicht nur die individuelle Identität eines Menschen, sondern auch die Art und Weise wie er sich der Gruppe zugehörig fühlt, die seine Sprache als Muttersprache spricht. Die Sprache ist das Symbol der Gruppe und oft auch des Territoriums, die für ihn Heimat, Sicherheit, Solidarität und Geborgenheit bedeutet. Ein Angriff auf seine Muttersprache stellt damit die eigentliche Existenz der betroffenen Person in Frage. Dies ist denn auch der Grund, weshalb in vielen Grundrechtsbestimmungen die Sprache der Menschen durch das verschärfte nationale, aber vor allem auch völkerrechtliche Diskriminierungs-

---

8 *Nenad Miscevic*, Is National Identity essential for Personal Identity?, in: ders. (Hg.), Nationalism and Ethnic Conflict, Philosophical Perspectives, Chicago 2000, S. 239 ff.; *Ålund*, The Quest for Identity: Modern Strangers and New/Old Ethnicities in Europe, in: Hans-Rudolf Wicker (ed.), Rethinking Nationalism and Ethnicity, Oxford 1997, S. 91 ff.

verbot geschützt ist[9]. Das Merkmal der Sprache wird den anderen Merkmalen der Identität und Menschenwürde, wie Rasse, Hautfarbe oder Herkunft gleichgestellt. Die Sprache und die Möglichkeit, sich in seiner Muttersprache auszudrücken, sind somit Teil der völkerrechtlich geschützten Menschenwürde.

4. Besonderheit der Mehrsprachigkeit

Für viele Schweizer ist aber nicht nur ihre eigene Muttersprache, sondern die Mehrsprachigkeit Teil ihrer Identität. Sie sind in einem zwei- oder mehrsprachigen Milieu aufgewachsen, leben in einer zweisprachigen Umgebung oder sind ganz einfach mit dem Kulturbereich der anderen Sprache oder Sprachen aus den verschiedensten Gründen eng verbunden. Ist die Verbundenheit zu zwei Sprachen sehr stark, empfinden es diese Menschen ebenfalls als einen Eingriff in ihre Identität, wenn sie sich beispielsweise bei Formularen oder statistischen Erhebungen zu einer Hauptsprache bekennen müssen, wo sie sich doch beiden Sprachen in gleicher Weise verbunden fühlen.

22 Identitätsstiftende Mehrsprachigkeit

Für den mehrsprachigen Staat stellen sich bei der Sprachenfreiheit aber vor allem im Zusammenhang mit der Frage der Gleichbehandlung der Sprachen weitere schwierige Probleme. Niemand wird wohl in Abrede stellen wollen, daß – kulturell betrachtet – jeder Sprache von ihrer Qualität her grundsätzlich der gleiche Wert zukommt. Wie sollen nun aber verschiedene Sprachen behandelt werden, wenn die Menschen selbst den Sprachen eine unterschiedliche Bedeutung zumessen? Weil Eltern und ihre Kinder in Zürich die englische gegenüber der französischen Sprache bevorzugen, hat der Kanton in der Ausbildung dem Englischen gegenüber der zweiten Landessprache den Vorzug geben. Wer in der modernen globalisierten Wettbewerbsgesellschaft die Gleichheit der Chancen sucht, ist auf eine gute Ausbildung in einer Weltsprache bzw. der englischen Sprache angewiesen. Sprachenfreiheit und Chancengleichheit sind Werte, die für alle Angehörigen von Minderheitensprachen in der Realität oft nicht in Einklang gebracht werden können.

23 Gleichbehandlung der Sprachen

5. Chancengleichheit?

Selbst wenn die Schweiz auf Bundesebene die Gleichheit der drei Sprachen Deutsch, Französisch und Italienisch anerkennt, so werden faktisch dennoch die Bürger mit französischer oder italienischer Muttersprache diskriminiert. Diese Diskriminierung kann etwa durch Quotenregelungen bei der Anstellung von Angestellten der Bundesverwaltung teilweise ausgeglichen werden. Die Generaldirektion einer Großbank in Zürich wird sich aber kaum von solchen staatspolitischen Überlegungen leiten lassen. Maßgebend für sie ist die Leistung im internationalen Wettbewerb.

24 Begrenzter Ausgleich diskriminierender Effekte

---

9 Vgl. *BGE 129* I 232; *Rüdiger Wolfrum*, Das Verbot der Diskriminierung aufgrund von Rasse, Herkunft, Sprache oder Hautfarbe im Völkerrecht, in: ders. (Hg.), Gleichheit und Nichtdiskriminierung im nationalen und internationalen Menschenrechtsschutz, 2003, S. 215 ff.

25 Quotenregelungen	Hat der amerikanische *Supreme Court* gegenüber den diskriminierten Rassen während einer gewissen Zeit über die Rechtsprechung der sogenannten *affirmative action* Quotenregelungen als positive Diskriminierungen benachteiligter Gruppen zugelassen, wird er zunehmend zurückhaltend und fordert „color-blindness" gegenüber allen Merkmalen, welche die Identität der Menschen bestimmen.
26 Anzahlunabhängige Gleichbehandlung	Aus dem Grundsatz der Sprachenfreiheit kann man zweifellos ableiten, daß die Sprachen innerhalb der ihnen vom Staat zugesprochenen Rechtsstellung grundsätzlich gleich zu behandeln sind. Wenn die Bundesverfassung Deutsch, Französisch und Italienisch als offizielle Sprachen anerkennt, müssen diese Sprachen grundsätzlich unabhängig von der Anzahl der Menschen, welche die jeweilige Sprache sprechen, auch gleich behandelt werden.

6. Status negativus?

27 Sprachenförderung	Grundrechte sind grundsätzlich Abwehrrechte und beinhalten einen status negativus. Staaten, in denen wie in der Schweiz mehrere Amtssprachen gesprochen werden, können sich nicht damit begnügen, lediglich nicht in die Sprachenfreiheit der einzelnen Individuen einzugreifen; sie müssen auch dafür sorgen, daß sich die verschiedenen Sprachen erhalten und entwickeln und daß sich die Menschen der verschiedenen Sprachgemeinschaften miteinander verständigen können. Der Erhaltung des Sprachfriedens kommt eine ebenso große Bedeutung zu wie dem Schutz der Sprachenfreiheit gegen unrechtmäßige Eingriffe.

7. Fremde Sprachen

28 Pragmatischer Ansatz zur Sprachenauswahl	Anordnungen der staatlichen Behörden werden in der Regel in der offiziellen Sprache der betreffenden Gebietskörperschaft veröffentlicht. Sobald sich aber die Gebietskörperschaften, z.B. die Gemeinden, für den Tourismus oder für potentielle Steuerzahler attraktiv zeigen wollen[10] oder zur Sicherstellung der öffentlichen Ordnung an Menschen anderer Sprachen interessiert sind, verwenden sie in der Regel pragmatisch die entsprechenden Sprachen. So hat beispielsweise die Stadt Freiburg einen Internetauftritt in französischer und deutscher Sprache. Die Gemeinde bezeichnet sich aber als offiziell französischsprachig. Dementsprechend sind die Gemeindereglemente nur französisch publiziert[11]. Für die Organisation der Abfallentsorgung beispielsweise bedienen sich die Gemeinden teilweise sogar der Sprachen der ausländischen Bevölkerung, da sie natürlich daran interessiert sind, daß auch diese die entsprechenden Anordnungen kennt und befolgt. Fraglich ist dahingegen, ob sich

---

10 Z.B. das teilweise zweisprachige Mitteilungsblatt der Stadt Freiburg: http://www.fr.ch/ville-fribourg/informations/1700.

11 Vgl. für den französischsprachigen Zugang: http://www.fr.ch/ville-fribourg; für den deutschsprachigen Zugang: http://www.fr.ch/ville-fribourg/de; für die Reglemente aber: http://www.fr.ch/ville-fribourg/organisation/default.asp#reglement.

aus der Sprachenfreiheit Ansprüche auf die Benutzung der entsprechenden Sprache im amtlichen Verkehr ableiten lassen.

IV. Auswirkungen auf das Grundrecht der Sprachenfreiheit?

Wenn im folgenden die Sprachenfreiheit der Schweiz näher analysiert werden soll, so muß dieser mehrdimensionalen Realität Rechnung getragen werden. Die Sprachenfreiheit muß im Kontext ihrer Bedeutung für den einzelnen Menschen, aber auch für die Sprachgemeinschaft untersucht werden. Neben dem Individualrecht der Sprachenfreiheit muß auch das kollektive Recht der Sprachgemeinschaft betrachtet werden. Dieses wiederum steht in engem Zusammenhang zur Sprache des Staates bzw. zur Sprache der betreffenden Nation. Dabei ist die Verwendung als Amts-, Gerichts- und Schulsprache ebenso bedeutsam wie die Stellung der Sprache in der Öffentlichkeit, sei es in der politischen Auseinandersetzung oder in den Medien.

29
Mehrdimensionale Realität

Um allen diesen Dimensionen Rechnung zu tragen, soll zunächst die gesellschaftliche Realität der vielsprachigen Schweiz aufgezeigt werden. Diese wird einerseits bestimmt durch den Sprachgebrauch der Menschen, aber auch durch den verfassungsrechtlichen Stellenwert der Sprachen im Bund. Da die Kantone – und in mehrsprachigen Kantonen sogar die Bezirke oder Gemeinden – ihre Amts- und Schulsprache selber festlegen, muß auch der Realität in den Kantonen Rechnung getragen werden. Ein besonderes Augenmerk soll dabei auf die zwei- oder mehrsprachigen Kantone gelegt werden.

30
Differenzierter Sprachgebrauch

B. Vielfalt der Sprachen

I. Vielfalt als Element der gesellschaftlichen Identität der Schweiz

Die Schweiz existiert aufgrund, mit, durch und dank der vier Landessprachen: Deutsch, Französisch, Italienisch und Romanisch, von denen die ersten drei gleichzeitig auch die Hauptsprachen der unmittelbaren Nachbarländer sind[12]. Seit mehr als zweihundert Jahren ist die Mehrsprachigkeit wesentlicher Teil der schweizerischen Identität. In diesem Kontext läßt sich das Recht auf Sprachenfreiheit nicht isoliert als Grundrecht im Sinne eines reinen Individualrechts behandeln. Das Grundrecht muß im Zusammenhang mit den bestehenden Sprachen und den kollektiven Interessen der Sprachgemeinschaften untersucht werden; es ist Teil der individuellen Menschenwürde, aber auch Teil der Würde der einzelnen Sprachgemeinschaften.

31
Sprachenfreiheit mehr als ein Individualgrundrecht

Lange Zeit war die Eidgenossenschaft vor allem geprägt durch die zwei großen christlichen Konfessionen, die während und nach dem Dreißigjährigen Krieg das Land gespalten haben. Die Vielfalt, aber auch der Konflikt der Konfessionen war lange Zeit das prägende und spaltende Element der Schweiz.

32
Vielfalt der Konfessionen

---

12 *Lidija Basta/Thomas Fleiner* (eds.), Federalism and Multiethnic States: The Case of Switzerland, ²2000.

Sie hat allerdings – außer im Kanton Appenzell, der sich im Anschluß an die Religionskriege in Halbkantone gespalten hat – nie zu einer „ethnischen Säuberung" des Territoriums der Kantone geführt. Lediglich die kleineren Landgemeinden sind innerhalb der Kantone noch stark durch konfessionelle Mehrheiten geprägt. In fast allen Kantonen teilt sich der Souverän in einen reformierten, katholischen und teilweise christkatholischen und jüdischen Volksteil.

33
Keine sprachliche Homogenisierung

Mußte das Land seit der Reformationszeit die Konflikte zwischen den Religionen überbrücken, muß es sich heute vor allem mit den verschiedenen Ansprüchen der unterschiedlichen Sprachgemeinschaften auseinandersetzen. Aber auch die Mehrsprachigkeit hat – vielleicht abgesehen von der Gründung des Kantons Jura – nicht zu einer sprachlichen Homogenisierung des Landes geführt. Wie die nachfolgenden Karten zeigen, überschneiden sich in der Schweiz die Staatsgrenzen der Kantone mit den konfessionellen und sprachlichen Grenzen. Die Kantone haben, wie ebenfalls aus den Karten ersichtlich, ihre religiöse und sprachliche Vielfalt behalten.

34
Kantonsgrenzen und Sprachgrenzen

Die Mehrsprachigkeit prägt die Staatsstruktur der Eidgenossenschaft erst seit etwa zweihundert Jahren. Während der Besetzung durch die französischen Truppen hat damals vor allem *Napoleon* die Schweiz zu einem eigentlich mehrsprachigen Land umgestaltet[13]. Allerdings hat die Mehrsprachigkeit nicht zur Korrektur der Kantonsgrenzen entlang der Sprachgrenzen geführt. Neueste Ausgrabungen lassen übrigens darauf schließen, daß sich die Sprachgrenzen seit den ersten Siedlungen der Alemannen und Kelten in der Schweiz kaum verändert haben.

II. Sprachenvielfalt der Wohnbevölkerung

35
Migrationsbedingte sprachliche Differenzierung

Seit dem Fall der Berliner Mauer sind in den Regionen der früheren „Stellvertreter-Konflikte" der beiden verfeindeten Blöcke des Kalten Krieges überall Minderheitenkonflikte aufgebrochen, welche die Staatengemeinschaft, die Vereinten Nationen, aber insbesondere auch die westeuropäischen Staaten als Zufluchtsort für Flüchtlinge ständig in Atem halten. Globalisierung und Lokalisierung haben zu einer neuen Welle weltweiter Migration geführt, welche die Staaten Europas mit ihren im Territorium verwurzelten Kulturgemeinschaften vor große Herausforderungen stellt. In der Tat beherbergt die Schweiz neben Luxemburg die pro Einwohner höchste Zahl an Ausländern und Flüchtlingen (20 v.H. der schweizerischen Wohnbevölkerung sind Ausländer). Längst haben Serbisch/Kroatisch (1,4 v.H.), Albanisch (1,3 v.H.), Portugiesisch (1,2 v.H.), Spanisch (1,1 v.H.), Englisch (1 v.H.) und Türkisch (0,6 v.H.) die angestammte Minderheit der rätoromanisch sprechenden Bevölkerung (0,5 v.H.) zahlenmäßig überholt. Insgesamt sechs Nichtlandessprachen werden somit häufiger gesprochen als das Rätoromanische[14]!

---

13 Vgl. dazu auch *Auer*, D'une liberté non écrite qui n'aurait pas dû l'être: la „liberté de la langue", AJP 1992, S. 955 ff.
14 Vgl. dazu *Georges Lüdi/Iwar Werlen*, Sprachenlandschaft in der Schweiz, Bundesamt für Statistik, 2005, S. 7 ff.

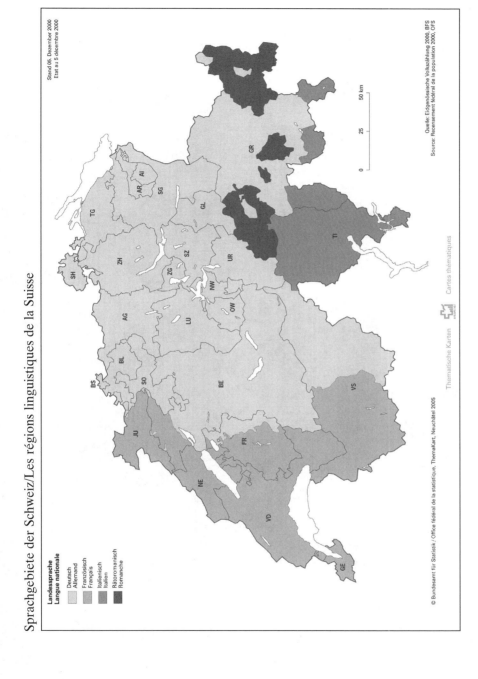

Konfessionsgebiete der Schweiz/Les aires confessionelles de la Suisse

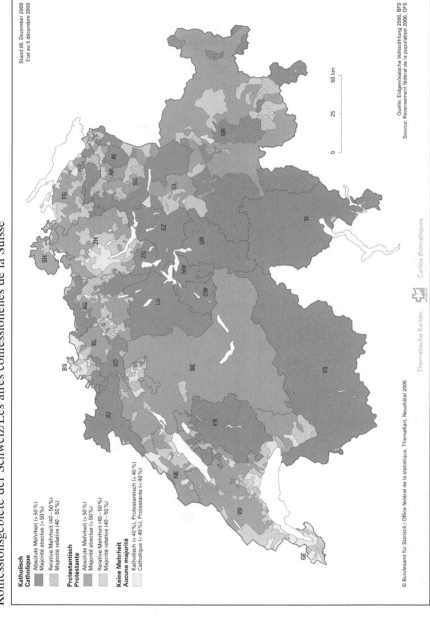

Nach der Statistik vom Jahr 2000 geben von einer Wohnbevölkerung von etwas über sieben Millionen 63,7 v.H. Deutsch als Hauptsprache, 20,4 v.H. Französisch, 6,5 v.H. Italienisch, 0,5 v.H. Rätoromanisch und 9 v.H. eine Nichtlandessprache als Hauptsprache an. Während sich das Deutsche und das Französische stets als Hauptsprachen behaupten konnten, sind das Italienische und vor allem das Rätoromanische in jüngerer Zeit gefährdete Sprachen der Schweiz. Sie sind in den letzten zehn Jahren als Hauptsprachen zurückgegangen. Zugenommen hat aber die Sprachenvielfalt. Insgesamt 16,6 v.H. der Bevölkerung geben nämlich an, daß sie zu Hause und in der Familie eine Nichtlandessprache sprechen; dies entspricht einem Zuwachs von drei Prozentpunkten innerhalb von zehn Jahren[15].

36 Deutsch als Hauptsprache

Zunehmende Sprachenvielfalt

Die Vielsprachigkeit der Schweiz darf nicht darüber hinwegtäuschen, daß in der Deutschschweiz am Arbeitsplatz durchschnittlich nur etwa 1,5 Sprachen gesprochen werden (in den oberen Kadern und in den freien Berufen sind es über 2 Sprachen) und 1,4 Sprachen in der französischen Schweiz. Seit 1990 hat die Verwendung des Englischen am Arbeitsplatz von 15,9 v.H. auf 21,7 v.H., in städtischen Zentren gar auf über 24 v.H. als zweite Sprache sehr stark zugenommen[16].

37 Zunahme des Englischen

Ein schwerwiegendes Kulturproblem der Schweiz findet sich auch in der Tatsache, daß der Gebrauch der englischen Sprache mit 23,4 v.H. bei den Deutschschweizern die zweite Landessprache um fast vier Prozentpunkte übertrifft[17]. Dieser Einfluß der zunehmenden Globalisierung wirkt sich auch auf die Schulbildung aus. Mehr und mehr Eltern verlangen, daß ihre Kinder in erster Priorität Englisch und erst in zweiter Priorität Französisch als Fremdsprache vermittelt bekommen. Die wenigen Deutschschweizer Kantone, die bisher diesem Wunsch nachgekommen sind, wurden für diese Vernachlässigung der zweiten Landessprache im Schulsystem von den übrigen Kantonen arg kritisiert.

38 Vernachlässigung der zweiten Landessprache

Sind die vier Landessprachen Deutsch, Französisch, Italienisch und Rätoromanisch die traditionellen Sprachen der historisch bestimmten Gebiete der Schweiz, verteilen sich die Sprachen der ausländischen Bevölkerung auf das ganze Gebiet der Schweiz. Selbstverständlich wollen diese Einwanderer neben der neuen Sprache der Wahlheimat auch die Sprache ihrer ursprünglichen Heimat sprechen. Als Träger des Individualrechts Sprachenfreiheit stellen jedenfalls viele von ihnen diese Forderung. Andererseits erfordert die Integration der ausländischen Bevölkerung in das schweizerische gesellschaftliche Leben Grundkenntnisse in der Landessprache ihres Kantons oder ihrer Gemeinde. In diesem Sinne ist die zunehmende sprachliche Integration der ausländischen Bevölkerung durchaus erfreulich. Im Jahr 2000 gaben rund zwei Drittel der ausländischen Bevölkerung eine Landessprache als Zweitsprache an. Dies sind über sechzehn Prozentpunkte mehr als noch im Jahr 1990[18].

39 Zunehmende sprachliche Integration

---

15 *Lüdi/Werlen* aaO., S. 25 ff.
16 *Lüdi/Werlen* aaO., S. 43 ff.
17 *Lüdi/Werlen* aaO., S. 46.
18 *Lüdi/Werlen* aaO., S. 10.

40
Differenzierte Betrachtung der Sprachenfreiheit

Sprachenfreiheit der Ausländer

Schon die drei Gegebenheiten Mehrsprachigkeit, territoriale Gliederung und Migration erfordern eine differenzierte Betrachtungsweise des Grundrechts der Sprachenfreiheit. Sie wird entweder geltend gemacht als Individualrecht von Angehörigen der angestammten Bevölkerung im Gebiet ihrer Landessprache oder in einem Kanton mit einer anderen Landessprache, oder sie wird von der angestammten Sprachengemeinschaft als kollektives Recht auf Entfaltungsmöglichkeit ihrer Kultur oder gar als Überlebensschutz zur Erhaltung des Sprachgebietes in Anspruch genommen. Aber auch die in der Schweiz lebenden Ausländer können sich auf die Sprachenfreiheit etwa in einem Strafverfahren berufen. Das Ausbildungsrecht ihrer Kinder in ihrer Kultursprache als Zweit- oder Drittsprache ist verfassungsrechtlich jedoch ebensowenig verankert wie die Inanspruchnahme des Individualrechts als Gruppenrecht.

C. Sprachenvielfalt im Bundesstaat

I. Legitimität des multikulturellen Staates

1. Fragmentierter Demos ohne Homogenität

41
Zusammengesetzte Nation

Einheit in der Vielfalt

Förderungspflichten

Nach der Präambel der Bundesverfassung bekennt sich die Schweiz dazu, in gegenseitiger Rücksichtnahme und Achtung die Einheit in der Vielfalt zu pflegen. Träger des Staates sind, wie die Präambel festhält, „*das Schweizervolk und die Kantone*" („Le peuple et les cantons Suisses"; „Il Populo svizzero e i Cantoni"; „Il pievel svizzer ed ils chantuns"), das heißt eine aus verschiedenen Kantonen, Sprachen, Religionen und Kulturen zusammengesetzte Nation[19]. Damit bringt die Präambel zum Ausdruck, daß das Land nicht einer einheitlichen und homogenen Nation[20], sondern einer zusammengesetzten Nation „gehört". Die Einheit in der Vielfalt pflegen kann man nur, wenn man neben der Achtung und Toleranz, das heißt dem Vertrauen auf die jeweils andere Gemeinschaft auch dafür sorgt, daß sich alle Gemeinschaften sinnvoll im Ganzen entfalten können. Folgerichtig verpflichtet Art. 2 BV unter anderem auch dazu, den inneren Zusammenhalt und die kulturelle Vielfalt des Landes zu fördern. Im Zusammenhang mit der Vielsprachigkeit wird diese Aufgabe noch durch Art. 70 BV konkretisiert. Diese grundlegende Bestimmung verpflichtet in Absatz 3 Bund und Kantone, die Verständigung und den Austausch zwischen den Sprachgemeinschaften zu fördern. Nach Absatz 4 und Absatz 5 muß der Bund überdies die mehrsprachigen Kantone bei der Erfüllung ihrer besonderen Aufgabe fördern und die Maßnahmen der Kan-

---

19 Art. 1 aBV lautete noch: „Die durch gegenwärtigen Bund vereinigten Völkerschaften der dreiundzwanzig souveränen Kantone, als: Zürich, Bern, Luzern, (...) und Jura, bilden in ihrer Gesamtheit die Schweizerische Eidgenossenschaft".
20 Vgl. im Gegensatz dazu die Präambel des deutschen Grundgesetzes: „Im Bewußtsein seiner Verantwortung vor Gott und den Menschen, (...) hat sich das Deutsche Volk kraft seiner verfassungsgebenden Gewalt dieses Grundgesetz gegeben (...)".

tone Graubünden und Tessin zur Erhaltung und Förderung der rätoromanischen und der italienischen Sprache unterstützen.

In seinem berühmten Maastricht-Urteil hat das deutsche Bundesverfassungsgericht unter anderem festgestellt: „Die Staaten bedürfen hinreichend bedeutsamer Aufgabenfelder, auf denen sich das jeweilige Staatsvolk in einem von ihm legitimierten und gesteuerten Prozeß politischer Willensbildung entfalten und artikulieren kann, um so dem, was es – *relativ homogen* – geistig, sozial und politisch verbindet ..., rechtlichen Ausdruck zu geben"[21].

42 Hinreichende binnenstaatliche Homogenität

Diese Homogenität fehlt in der Schweiz. Dennoch hat das Schweizervolk in den letzten zweihundert Jahren unter anderem *wegen* und nicht *trotz* seiner eigenständigen, die Homogenität ablehnenden und die Vielfalt pflegenden Sprachpolitik ohne gewaltsame innere Konflikte bestehen können.

43 Befriedungswirkungen der Sprachenvielfalt

Es wäre verfehlt, die verfassungsrechtliche Verankerung der schweizerischen Sprachenvielfalt unabhängig von dieser gesellschaftlichen Realität betrachten zu wollen. Schon die Tatsache, daß die neue Bundesverfassung in ihrem Text dreizehn Mal das Wort Sprache verwendet[22], zeigt, daß sowohl das Konfliktpotential wie auch der Reichtum der Vielsprachigkeit anerkannt sind. Im Vergleich dazu findet sich im Bonner Grundgesetz[23] wie auch in der Französischen Verfassung[24] nur je ein Hinweis auf die Sprache. Die Verfassung des mehrsprachigen Spaniens enthält fünf Hinweise, und jene von Belgien regelt die Sprache in sieben verschiedenen Verfassungsbestimmungen. Selbst der Verfassungsentwurf für die Europäische Union enthält lediglich zwölf Vorschriften mit Sprachbezug[25].

44 Sprachenvielfalt in der Bundesverfassung

Die Schweiz ist aber, wie bereits erwähnt, nicht nur durch Sprache, sondern im Gegensatz zu etwa Belgien und Spanien auch durch verschiedene Konfessionen fragmentiert. Allerdings ist die Schweiz im Vergleich zum früheren Jugoslawien nicht noch zusätzlich durch verschiedene Schriften und Alphabete zergliedert. Während aber Spanien und Belgien neben der gemeinsamen Verfassung und Konfession vor allem durch die geschichtlich legitimierte Monarchie zusammengehalten werden, kann die Schweiz als Land der Einheit durch die Vielfalt nur durch ihre gemeinsamen Werte wie etwa die Verfassung oder die genossenschaftlich-demokratischen und föderalistischen Werte als „Willensnation" zusammengehalten werden. Die neue Bundesverfassung bestimmt nun ausdrücklich auch kulturelle Vielfalt als einen Wert, der nach Art. 2 gefördert werden muß. War das Land ursprünglich durch den Zwiespalt der Konfessionen geteilt, so muß es sich heute vielmehr darum bemühen, das un-

45 Konfessionelle Fragmentierung

Zusammenhalt als eine „Willensnation"

Rationalisierung der Sprachenkonflikte

---

21 Vgl. *BVerfGE 89*, 155 – Maastricht (Kursiv vom Autor).
22 BV Art. 4, Art. 8 Abs. 2, Art. 18, Art. 31, Art. 69 Abs. 3; Art. 70 Abs. 1, Abs. 2, Abs. 3, Abs. 4 und Abs. 5, Art. 71, 175 Abs. 4 sowie Art. 188 Abs. 4.
23 Art. 3 Abs. 3 (Diskriminierungsverbot).
24 Art. 2 Abs. 1 (Französisch als Sprache des Landes).
25 *Faingold*, Language Rights and Language Justice in the Constitutions of the World, in: Genoveva Vrabie/Joseph Turi (eds.), The theory and the practice of linguistic policies in the world, Proceedings of the Eighth International Conference of the International Academy of Linguistic Law, Iasi 2003, S. 213 ff., wo eine Typologie von vierundzwanzig unterschiedlichen verfassungsrechtlichen Regelungen der Sprache aller Weltverfassungen erarbeitet wird.

berechenbare emotionale Potential des Sprachenkonfliktes in den Griff einer permanenten rationalen demokratischen Auseinandersetzung zu bekommen.

46
Gemeinden als Sprach-, Kultur- und Konfessionsträger

Die Mehrsprachigkeit der Schweiz wirkt sich deshalb nicht nur auf die Verwendung der verschiedenen Sprachen aus, sie bestimmt elementar die Struktur des Landes wie auch der Kantone, ihrer Bezirke und vor allem ihrer Gemeinden. Namentlich in den mehrsprachigen Kantonen sind die Gemeinden und teilweise die Bezirke die eigentlichen Träger von Sprache, Kultur und Konfession. Schließlich ist auch das weltweit einzigartige, auf die französische Verfassung von 1795 zurückgehende Direktoralsystem mit dem kollegialen siebenköpfigen Bundesrat nicht zuletzt auf die Realität der multikulturellen Schweiz zurückzuführen. Die individuell durch die Vereinigte Bundesversammlung auf eine feste Amtszeit gewählten Mitglieder des Bundesrates verkörpern gemeinsam sowohl das Staatsoberhaupt wie auch das Exekutivorgan, bei dessen Zusammensetzung die verschiedenen Sprachregionen berücksichtigt werden müssen (Art. 175 Abs. 4 BV). Jede der drei großen Sprachgemeinschaften ist somit permanent oder mit Unterbrüchen (Italienisch) über wenigstens eine Landesmutter oder einen Landesvater im Bundesrat vertreten. Der Gesamtbundesrat kann so bereits auf der Stufe der Exekutive für eine ausgeglichene, die verschiedenen Sprachinteressen berücksichtigende Regierungspolitik sorgen.

Sprachenvielfalt im Bundesrat

2. Zusammengesetzte Nation

47
Sprache als Trägerin der Kultur

Die Verfassung anerkennt nicht nur, daß die Sprache Ausdruck der persönlichen Identität jedes einzelnen Menschen ist, sie würdigt die Sprache auch als Trägerin der Kultur der verschiedenen in der Schweiz lebenden Kulturgemeinschaften. Die schweizerische Nation wird weder durch einen vorverfassungsrechtlichen Volksbegriff bestimmt, noch läßt sie sich auf das französische Modell der durch die universellen Werte der Déclaration des droits de l'homme bestimmten „Nation" reduzieren. Ein wesentlicher Unterschied besteht aber auch zum Selbstverständnis der spanischen Nation. Die spanische Verfassung erklärt nämlich in Artikel 2 die spanische Nation zu einer unauflösbaren Einheit. Von dieser eigentlichen Nation als Trägerin des Staates unterscheidet sie die anderen Nationalitäten, die lediglich als Minderheiten anerkannt sind.

48
Kantonale Amtssprachen

Im Gegensatz zur belgischen Verfassung, die den Staat in Sprachgemeinschaften und Regionen gliedert, gründet die Verfassung der Eidgenossenschaft aber nicht auf den verschiedenen Sprachgemeinschaften, sondern auf den gleichberechtigten „Völkerschaften" der Kantone, wie es noch ausdrücklich in Artikel 1 der früheren Verfassung (1874 bis 1999) hieß. Demzufolge obliegt es folgerichtig den Kantonen, die für ihr Kantonsgebiet maßgebende Amtssprache oder Amtssprachen zu bestimmen. Das Schweizer Volk bestimmt sich somit vor allem durch die Wertschätzung des Reichtums der Vielfalt, die durch Anerkennung und Pflege der kulturellen Autonomie der Kantone und Gemeinden wie auch durch Solidarität zwischen den Kulturen und Regionen zusammengehalten werden soll. In diesem Sinne geht die schweizerische Verfassung weit über den für die Moderne maßgebenden Konstitutionalismus hinaus, nach dem die Nation als in der Regel homogen verstandene Einheit Trägerin des Staates ist[26]. Die verfassungsrechtliche Regelung der Sprache und der Sprachenfreiheit muß letztlich im Lichte dieser vorverfassungsrechtlichen, gesellschaftlichen Realität betrachtet werden.

Vorverfassungsrechtliche Realität

II. Gleichheit und Rechtsstaatlichkeit

1. Gleichberechtigung der Amtssprachen

Nach Art. 4 BV hat die Schweiz vier Landessprachen, das heißt Deutsch, Französisch, Italienisch und Rätoromanisch. Mit dieser Bestimmung gewährt die Verfassung zunächst den ursprünglichen in der Schweiz gesprochenen Sprachen im Rahmen der Sprachenfreiheit und der Rechtsgleichheit einen besonderen Schutz. Wer eine der vier Landessprachen spricht, kann sich gegenüber den Behörden des Bundes, gestützt auf das Grundrecht der Sprachenfreiheit, in seiner Landessprache ausdrücken.

49
Sprachen- und Rechtsgleichheit

Dieser Schutz ist allerdings gleichzeitig durch das bereits angesprochene Territorialitätsprinzip eingeschränkt. Die Kantone bestimmen nämlich im Rahmen der verfassungsrechtlich festgelegten Landessprachen ihre offizielle Amtssprache. Personen, die sich deshalb in einem Kanton an die Behörden in einer Landessprache wenden wollen, die nicht als Amtssprache anerkannt ist, können sich wegen des in der Schweiz anerkannten Territorialitätsprinzips für die Verwendung ihrer Muttersprache nicht auf die Sprachenfreiheit berufen[27].

50
Territorialitätsprinzip als Schranke

Offizielle Amtssprachen nach Art. 70 BV sind Deutsch, Französisch und Italienisch sowie im Verkehr mit Personen, die rätoromanisch sprechen, das Rätoromanische. Die Bezeichnung für die schweizerische, im 19. Jahrhundert vom französischen „franc" übernommene Währung, der „Franken" (deutsche Bezeichnung) beispielsweise, ist auf den schweizerischen Banknoten in allen vier Landessprachen aufgeführt, während das Wort „Euro" einheitlich in jeder Amtssprache der Europäischen Union verwendet werden kann. Für die Anschrift wird neben der lateinischen Anschrift lediglich zusätzlich noch das griechische Alphabet verwendet. Inwieweit das Kyrillische ebenfalls verwendet werden wird, wird sich zeigen, sobald ein Land mit kyrillischer Schrift der Eurozone beitritt. Soweit sich die Schweiz nur einer Sprache bedienen kann, findet, etwa für die Anschrift „Confoederatio Helvetica" auf der Fünf-Franken-Münze, die lateinische Sprache (als lingua franca des Mittelalters) Verwendung.

51
Währung und Sprache

Mit der Gleichbehandlung der Sprachen unabhängig von der Bevölkerungszahl der Sprachgemeinschaft bringt die Verfassung auch zum Ausdruck, daß

52

---

26 Vgl. dazu *Thomas Fleiner/Lidija Basta Fleiner*, Allgemeine Staatslehre. Über die konstitutionelle Demokratie in einer multikulturellen globalisierten Welt, ³2004, insb. S. 513 ff.
27 *BGer*, Urt. v. 10. 6. 2003 (1P.327/2003), Erw. 4.

sie keine Sprache zu einer „Minderheitensprache" deklassieren will. Jede Sprache soll grundsätzlich den gleichen Wert haben und nicht als Sprache zweiter Klasse behandelt werden.

Keine „Minderheitensprachen"

2. Gesetzessprache

53

Maßgeblichkeit für die Gesetzesauslegung

Eine rechtlich bedeutsame Konsequenz der Gleichbehandlung ist die Verwendung der Sprachen in der Gesetzgebung. Gesetze werden in der Schweiz stets in den drei Sprachen Deutsch, Französisch und Italienisch veröffentlicht[28]. Müssen Gesetzestexte ausgelegt werden, sind für die Auslegung die drei Sprachen in gleicher Weise maßgebend. Ergeben sich Widersprüche zwischen den einzelnen Sprachen, hat grundsätzlich diejenige Sprache den Vorrang, die dem eigentlichen Gehalt des Gesetzes am nächsten kommt, wobei sich dieser wiederum nach dem Normzweck, dem Geiste der Bestimmung und den Werten bestimmt, auf welchen die Norm beruht[29]. In der Praxis der eidgenössischen Gesetzgebung hat allerdings die deutsche Sprache als Entwurfssprache weitgehend Vorrang. Fast alle Gesetzes- und Verordnungsentwürfe werden zunächst in deutscher Sprache veröffentlicht, um anschließend für die parlamentarische Beratung auf Französisch und Italienisch übersetzt zu werden. Diese Verpflichtung zur Übersetzung führt oft dazu, daß man sich bereits im Stadium des Entwurfes fragen muß, wie eine entsprechende Fassung übersetzt werden kann. Oft zwingt gerade die Übersetzung zu einer sprachlichen Verbesserung und namentlich zur Vereinfachung und besseren Klarheit des Textes in der Ursprungssprache.

Deutsch als Entwurfssprache in der Gesetzgebungspraxis

3. Parlamentssprache

54

Unterschiedliche Gleichberechtigung

Im Parlament werden alle drei Amtssprachen gleichberechtigt verwendet. Im Nationalrat (große Kammer) werden die Debatten in alle drei Amtssprachen simultan übersetzt[30]. Dies gilt aber nicht für den Ständerat. In der kleinen Kammer geht man davon aus, daß jedes Mitglied die drei Amtssprachen des Bundes versteht. Dies führt de facto natürlich dennoch zu einer gewissen Diskriminierung der Minderheiten. So sagen sich die italienisch sprechenden Mitglieder des Parlaments: Wenn sie eine schöne Rede halten wollen, sprechen sie italienisch; für eine Rede, der man zuhört, verwenden sie Französisch; wenn sie aber verstanden werden wollen, müssen sie deutsch sprechen! Immerhin gilt wenigstens der Grundsatz, daß für den Bericht einer Kommission des jeweiligen Rates immer je ein Bericht von einem deutschsprachigen und einem französischsprachigen Kommissionsmitglied vorgetragen wird.

---

28 Art. 14 Publikationsgesetz. Nach Art. 15 werden Bundeserlasse besonderer Tragweite zudem als Einzelausgaben in rätoromanischer Sprache veröffentlicht.
29 Vgl. *BGE 105* Ib 49, Erw. 3.
30 Vgl. Art. 37 Abs. 2 Geschäftsreglement des Nationalrates (SR 171.13).

4. Medien

Von Bedeutung auf nationaler Ebene sind schließlich auch die Medien. Die Schweizerische Radio- und Fernsehgesellschaft ist als Verein organisiert[31]. Sie ist verpflichtet, eigene Radioprogramme in den Regionen aller Nationalsprachen sowie Fernsehprogramme in den Regionen aller Amtssprachen auszustrahlen, wobei der Bundesrat die Bedürfnisse für die rätoromanische Sprache festlegt[32]. Von großer Bedeutung aber ist vor allem die Regelung des Finanzausgleichs innerhalb des Unternehmens. Gemäß dem Unternehmensgrundsatz erhalten die französisch-, italienisch- und rätoromanischsprachigen Landesteile von den Gesamteinnahmen einen überproportional großen Teil der Mittel, damit ähnlich viele Sendungen produziert und empfangen werden können wie in der Deutschschweiz[33].

55
Sprachenvielfalt der gesamtschweizerischen Radio- und Fernsehgesellschaft

Ausgewogenheit durch Finanzausgleich

5. Recht auf Verschiedenheit

Wer die Sprachenfreiheit sowohl als Individualrecht wie auch als Gruppenrecht versteht, muß das Grundrecht als Teil der Rechtsstaatlichkeit anerkennen, die nicht mehr allein nur auf der absoluten Gleichheit aller Menschen beruhen kann, sondern sowohl ihre Gleichheit wie auch ihre Verschiedenheit anerkennt. Gegenüber dem Recht auf Gleichheit und Gleichberechtigung muß das Recht auf Verschiedenheit in die Waagschale geworfen werden. Dies zeigt sich etwa im „Defizit" an Rechtsgleichheit der föderalen Schweiz, die den sprachlichen Minderheiten bei Verfassungs- und Gesetzgebung mehr Gewicht einräumt, als ihnen rein zahlenmäßig zukäme.

56
Rechtsstaatlichkeit versus Rechtsgleichheit

Das grundlegende Fundament des rechtsstaatlichen, auf den Konstitutionalismus zurückzuführenden Verfassungssystems beruht auf der Anerkennung der Gleichheit aller Menschen als Angehörige der Spezies des homo sapiens. Deshalb sollen alle Menschen in ihrem politischen Gemeinwesen die gleichen Chancen haben. In multikulturellen Staaten aber wollen die Menschen zunächst vor allem innerhalb ihrer Kulturgemeinschaft gleiche Chancen haben. Das „öffentliche Interesse" einer Sprachgemeinschaft muß dem öffentlichen Interesse des Gesamtstaates gegenübergestellt werden.

57
Divergierendes öffentliches Interesse in Sprachgemeinschaft und Gesamtstaat

Aber auch die Kulturgemeinschaft muß als Kollektiv gegenüber anderen Kulturgemeinschaften unabhängig von ihrer Größe, zum Beispiel im Sinne der Gleichberechtigung der Sprachen, gleich behandelt werden. Hinsichtlich ihrer kulturellen Eigenart wollen die Menschen in ihrer Ungleichheit, das heißt in ihrer Partikularität anerkannt und deshalb im Vergleich zu den Menschen anderer Kulturgemeinschaften unterschiedlich behandelt werden. Als Angehörige der Minderheitskultur wollen sie wiederum im Vergleich zu den Angehörigen der Mehrheitskultur als Staatsbürger respektiert werden, die ungeachtet der zahlenmäßigen Ungleichheit eine gleichwertige Kulturtradition ver-

58
Gleichheit der Partikularität

---

31 Art. 1 Abs. 1 Statuten der Schweizerischen Radio- und Fernsehgesellschaft.
32 Art. 27 Abs. 1 Bundesgesetz über Radio und Fernsehen (SR 784.40).
33 http://www.srgssrideesuisse.ch/de/fees/finanzausgleich.html.

treten. Staatstragend sollen nicht nur die einzelnen Individuen, sondern auch die untereinander gleichberechtigten Kultur- und Sprachgemeinschaften sein.

59
Positive Diskriminierung von Sprachminderheiten?

Dieses Grundrecht auf Verschiedenheit kommt mit den Traditionen der Europäischen Union in Konflikt. Wenn beispielsweise der Europäische Gerichtshof im Fall *Kalanke*[34] eine positive Diskriminierung von Frauen aus Gründen der Rechtsgleichheit ausgeschlossen hat, stellt sich die Frage, ob die schweizerische Praxis, Sprachminderheiten bei der Anstellung in der Bundesverwaltung zu bevorzugen (*affirmative action*) nach der Praxis des Gerichtshofes zulässig wäre. In der Beantwortung einer Interpellation hat der Bundesrat kürzlich ausdrücklich auf Weisungen hingewiesen, die für eine gerechte Verteilung der Sprachgemeinschaften in der Bundesverwaltung sorgen sollen[35].

60
Ziel der Identifikation mit Staat und Verwaltung

In einem mehrsprachigen Land besteht für die Angehörigen der jeweiligen Landessprache die Sprachenfreiheit nur, soweit sie sich in ihrer Sprache auch mit den jeweiligen Behörden, das heißt mit dem Staat und der von ihm verwendeten Sprache identifizieren können. Das Ziel einer möglichst breiten Identifikation mit dem Staat und seinen Behörden kann dem Grundsatz der Gleichheit entgegenstehen. In einem ähnlichen Spannungsverhältnis steht die Gleichheitsmaxime allgemein zur staatlichen Förderung von Sprachgemeinschaften.

III. Förderung der Sprachgemeinschaften als Schranke der Sprachenfreiheit

61
Maßnahmen des Bundes zum Sprachenerhalt

Die Sprachenfreiheit läßt sich – entsprechend schweizerischer Überzeugung – in einem mehrsprachigen Land nur dann verwirklichen, wenn die angestammten Sprachen als Landes- und Amtssprachen eine privilegierte Stellung innehaben. Überdies muß die gegenseitige Verständigung und Achtung zwischen den Kulturen und Sprachgemeinschaften gepflegt werden. Darüber hinaus sind Maßnahmen zur Erhaltung von Sprachen der Minderheiten zu treffen, wenn diese in ihrer Existenz bedroht sind und nur durch zusätzliche Maßnahmen des Bundes erhalten werden können. Gemäß der Bundesverfassung sollen die Sprachen nicht einfach dem freien Wettbewerb ausgesetzt werden und in der technisierten, auf globale Interessen ausgerichteten Zivilisation sang- und klanglos untergehen. Werden sie durch die gesellschaftliche und wirtschaftliche Entwicklung gefährdet, müssen Gegenmaßnahmen getroffen wer-

---

34 *EuGH*, Urt. v. 17.10.1995, Rs. C-450/93 (Kalanke ./. Freie Hansestadt Bremen), Slg. 1995, I-3051ff., sowie EuGRZ 1995, S. 546.
35 „Was die Vertretung der sprachlichen Minderheiten in der Bundesverwaltung angeht, so hat der Bundesrat 1997 Weisungen über die Förderung der Mehrsprachigkeit in der Bundesverwaltung erlassen. 2003 hat er sie erneuert. Am 11.11.2004 hat das Eidgenössische Personalamt den aktuellen Bericht über die Mehrsprachigkeit in der Bundesverwaltung veröffentlicht. Darin wird aufgezeigt, dass über die gesamte Bundesverwaltung die Verteilung der Mitarbeiter nach Sprachgruppen in etwa den Sprachgruppenanteilen der schweizerischen Wohnbevölkerung und somit den Zielwerten des Bundesrates entspricht. Noch unbefriedigend ist allerdings die Verteilung auf der Stufe des oberen Kaders, wo insbesondere die Italienischsprachigen untervertreten sind". Antwort des Bundesrates v. 4.3.2005 auf die Interpellation Rennwald (04.3293), Diskussion verschoben am 18.3.2005 (Amtl. Bull. NR 2005 S. 469).

den. Allerdings zeigt die gesellschaftliche Realität, daß einzig mit künstlichen politischen Eingriffen eine Sprache letztlich kaum vor dem Untergang gerettet werden kann.

Maßnahmen zur Erhaltung der Sprachen fördern einerseits die Sprachgemeinschaft insgesamt, sie können aber auch zur Einschränkung der individuellen Sprachenfreiheit von Minderheiten führen, die im betreffenden Gebiet leben. So ist die Sprachenfreiheit der Landessprachen im Rahmen des Territorialitätsprinzips nur soweit gewährleistet, als dadurch die sprachliche Homogenität des angestammten Territoriums nicht gefährdet wird. Das Individualrecht muß in diesem Fall dem territorial gefaßten Gruppenrecht den Vorrang lassen. Gruppenrecht und Individualrecht halten sich die Waage. Je gefährdeter die Sprachgemeinschaft ist, desto stärker kann das Individualrecht des einzelnen auf Sprachenfreiheit eingeschränkt werden.

62
Sprachliche Homogenität als Individualrechtsgrenze

IV. Legitimität

1. Individuelle versus kollektive Legitimität

In einem mehrsprachigen Land, das die individuelle Sprachenfreiheit anerkennt, aber zudem die Achtung, die Verständigung und den Respekt zwischen den Sprachgemeinschaften pflegt, die kulturelle Vielfalt fördert und für die Erhaltung gefährdeter Sprachen sorgen will, muß die Sprachenfreiheit als Individualrecht neu überdacht werden. Auf der Grundlage der herkömmlichen, individuumsbezogenen Verfassungsprinzipien läßt sich kein Staat zusammenhalten, der aus verschiedenen sprachlichen, religiösen und kulturellen Gemeinschaften zusammengesetzt ist.

63
Neue Wege staatlicher Integration

Dies zeigt sich schon bei der Legitimität: Die nach dem klassischen Modell des Konstitutionalismus errichteten Staaten ignorieren die Kultur ihrer Nation und bauen nach dem französischen Modell auf einem fiktiven Menschen auf, das heißt auf einem Menschen, der auf den eindimensionalen akulturellen Citoyen reduziert ist, der somit als rein rationales Wesen im Sinne von *Jean-Jacques Rousseau* an der staatlichen Willensbildung teilnimmt. Wäre die Schweiz nach einem solchen Modell konstruiert, müßte jeder kulturelle Unterschied nicht nur ignoriert, sondern als politisch bestimmendes Element abgelehnt werden. Maßgebend wäre allein die Gleichheit aller Menschen; und die Konsequenz bestünde in der faktischen Verdrängung der Minderheitensprachen.

64
Kulturalität

Staaten, die auf der vorverfassungsrechtlichen Volkseinheit aufbauen, anerkennen zwar die Kultur ihrer Volksmehrheit. Minderheitenkulturen werden aber nur insoweit toleriert, als sie die Mehrheit nicht in Frage stellen. Auch dieses Modell ist für die Schweiz undenkbar. Im Schmelztiegel des Immigrationsstaates USA werden schließlich alle Sprachen im „Tiegel" des Englischen aufgelöst. Auch in diesem Modell können sich andere Sprachen kaum behaupten. Sie werden verdrängt durch das „English only". Der klassische Nationalstaat hat bis heute kein Modell entwickelt, in welchem sich verschie-

65
Volkseinheit und Volksmehrheit

dene Kulturen als politisch gleichberechtigte Einheiten behaupten können. Staaten, welche die kulturelle Vielfalt ernst nehmen wollen, sind auf neue, innovative Modelle angewiesen[36].

66
Legitimationsstiftende Beteiligung der Minderheitengemeinschaften

So müssen sie die Voraussetzungen für ein Vaterland schaffen, mit dem sich die Angehörigen aller Kulturen identifizieren können. Der Staat „gehört" nicht allein der kulturellen Mehrheit, die kapriziös einheimische Minderheiten als Gäste und damit als Bürger zweiter Klasse toleriert. Die Angehörigen aller Kulturen müssen im Staat ihren und letztlich auch von und mit ihnen gestalteten Staat anerkennen können. Dies setzt auf der Ebene des Bundes zunächst die Gleichbehandlung aller Sprachen voraus; dann aber müssen die verschiedenen Sprachgemeinschaften die Möglichkeit haben, sich einerseits autonom zu entfalten und andererseits in der politischen Öffentlichkeit mitzuwirken. Diese Pflicht läßt sich beispielsweise auch aus Art. 15 des Rahmenabkommens zum Schutz nationaler Minderheiten des Europarates ableiten. Gemäß dieser Bestimmung müssen die Vertragsparteien die notwendigen Voraussetzungen schaffen, damit Angehörige nationaler Minderheiten wirksam am kulturellen, sozialen und wirtschaftlichen Leben und an öffentlichen Angelegenheiten, insbesondere denjenigen, die sie betreffen, teilnehmen können. Durch Beteiligung der Minderheitengemeinschaften legitimiert sich der Staat somit nicht allein aus den einzelnen Individuen, sondern auch aus den Kollektiven der verschiedenen Gemeinschaften.

2. Nation verschiedener Sprachgemeinschaften

67
Genossenschaftliche föderale Konsensdemokratie als Wertebasis

Solche politischen Lebensbedingungen lassen sich aber nur dann verwirklichen, wenn sich im multikulturellen Staat keine Volksgruppe als Mehrheit und keine Volksgruppe als Minderheit versteht. Einheit in der Vielfalt läßt sich nur über das Konzept der zusammengesetzten Nation realisieren. Die Werte nämlich, welche die verschiedenen Kulturgemeinschaften zusammenhalten, müssen ideeller Natur sein. Die Homogenität eines multikulturellen Staates läßt sich nur auf der Ebene gemeinsamer politischer Werte verwirklichen, welche die innerhalb des Staates lebenden Kulturgemeinschaften zusammenhalten und zusammenbringen, aber gleichzeitig gegenüber anderen Staaten auch partikuläre Abgrenzungen schaffen können. Mit dem Begriff der sogenannten Willensnation bringt die Schweiz diese Realität zum Ausdruck. Es sind die Werte der genossenschaftlichen Konsensdemokratie sowie des auf der Gemeindeautonomie aufbauenden Föderalismus, die das gemeinsame Band bilden, das die durch verschiedene Sprachen fragmentierte Schweiz zusammenhält und Grundlage einer Solidargemeinschaft bildet, ohne die Sprachgemeinschaften in einem Schmelztiegel aufzulösen, aber dennoch das Land von seinen Nachbarländern abgrenzt.

---

36 Vgl. *Fleiner/Basta Fleiner* (FN 26), S. 513 ff.

Für die Sprachenfreiheit bedeutet dies, daß die verschiedenen gleichberechtigten Sprachen nur bestehen können, wenn die Eidgenossenschaft den gemeinsamen Wert der Sprachen nicht nur anerkennt, sondern sie in ihrer Eigenart fördert und jede Sprache und jede Sprachgemeinschaft ihren Selbstwert im Rahmen der Willensnation finden kann. Sprachenfreiheit ist somit nicht nur ein Grundrecht, das allen Individuen zukommt, sie kommt als Kollektivrecht auch den verschiedenen Kulturgemeinschaften zu.

68
Sprachenfreiheit als Kollektivrecht der Kulturgemeinschaften

3. Politische und kulturelle Loyalität

Die meisten Staaten verlangen von ihren Staatsangehörigen uneingeschränkte Loyalität zu den Grundwerten der Nation und schließen deshalb Doppel- oder gar Mehrfach-Bürgerrechte aus. Es ist kein Zufall, daß Deutschland als typische Kulturnation das doppelte Bürgerrecht grundsätzlich ausschließt. Nur wer sich sowohl kulturell wie auch politisch in den Staat und seine „Leitkultur" integriert und bereit ist, auf ein bestehendes ausländisches Bürgerrecht zu verzichten, kann das Bürgerrecht erwerben. Staaten aber, die durch den gemeinsamen politischen Wert ihrer verschiedenen kulturellen Gemeinschaften zusammengehalten werden, müssen anerkennen, daß sich die Angehörigen ihrer Kulturgemeinschaften mit ihren Mutterkulturen in den Nachbarstaaten identifizieren. Die deutschsprachigen Schweizer beispielsweise gehören der Sprachkultur Goethes an und sind sowohl loyal zur politischen Kultur der Schweiz als auch zur deutschen Sprachkultur. Diese Akzeptanz einer doppelten – manchmal sogar multiplen – Loyalität muß konsequenterweise ihren Niederschlag in einem Bürgerrechtskonzept finden, welches das doppelte oder gar mehrfache Bürgerrecht akzeptiert.

69
Akzeptanz mehrfacher Loyalität im Bürgerrechtskonzept

V. Demokratie

1. Sprachenfreiheit und Sprachenfrieden

Das eigentliche Ziel des liberalen Staates ist der Schutz, die Erhaltung und die Förderung der individuellen Freiheit. Ein Staat, der sich aus verschiedenen Kulturgemeinschaften zusammensetzt, muß sich nicht nur um die individuelle Freiheit kümmern, er muß auch für den Frieden zwischen den Kulturgemeinschaften sorgen. Eine durch Sprachen fragmentierte Staatsgemeinschaft ist potentiell immer labil und gefährdet. Nur wenn der Gesamtstaat das friedliche Zusammenleben seiner Kulturgemeinschaften als permanente grundlegende Staatsaufgabe anerkennt und auch bereit ist, den notwendigen Preis an Aufwendungen und Regelungen zur Sicherstellung dieser Verständigung zu zahlen, werden sich alle im Staat lebenden Sprachgemeinschaften entfalten können.

70
Staatsaufgabe friedlichen Zusammenlebens der Kulturgemeinschaften

Aufgabe der Verfassung ist es, die Linie für die schwierige Gratwanderung zwischen der individuellen Freiheit einerseits und dem Frieden zwischen den Sprachgemeinschaften andererseits zu ziehen. Im Interesse des Friedens müssen individuelle Freiheiten, wie etwa die individuelle Sprachenfreiheit, be-

71
Individualfreiheit versus Frieden zwischen Sprachgemeinschaften

schränkt werden, wenn sich eine Minderheit in ihrer Existenz bedroht fühlt oder um ihre territoriale Homogenität und Integrität fürchtet.

72
Demokratische Verfahren als Instrument der Konfliktbewältigung

Demokratische Verfahren sollen nicht nur dazu dienen, effiziente Mehrheiten hervorzubringen. Demokratische Verfahren müssen auch als Instrument der Konfliktbewältigung verstanden werden. Dies setzt voraus, daß die Verfahren so ausgestaltet werden, daß Konflikte zwischen verschiedenen Kulturgemeinschaften über die Demokratie gewaltlos durch rationalen Diskurs bewältigt werden können. Die demokratischen Rechte beinhalten ebenfalls ein Element der Sprachenfreiheit, insoweit sie den Sprachgemeinschaften bis auf Gemeindeebene ermöglichen, über ihren Status und die Verwendung ihrer Sprache, beispielsweise als Amts- oder Schulsprache, selbst zu entscheiden. Diese politischen Rechte bringen aber auch die Gefahr der Dominanz einer Sprachgemeinschaft mit sich. *Thomas Hobbes* wollte den Menschen vor seinem Bürgerkriegsfeind, *John Locke* wollte ihn vor der Übermacht des Herrschenden schützen. Im multikulturellen Staat muß man ihn vor der Tyrannei der Mehrheit, aber auch vor der Tyrannei der Minderheit schützen.

2. Tyrannei der Mehrheit oder Tyrannei der Minderheit

73
Legitimitätsbasis aus allen Volksgemeinschaften

Verfassungsgebung multikultureller Staaten kann staatliche Macht nur dann rechtfertigen, begründen oder beschränken, wenn sie sich beim Großteil der Bevölkerung legitimieren kann. Auf die Legitimität aller Volksgemeinschaften kann sich die Staatsmacht aber nur dann abstützen, wenn die verschiedenen Sprach- und Kulturgemeinschaften ihrerseits an der Staatsbildung und Verfassungsgebung gestaltend mitwirken und sich deshalb mit dem Staat und seiner Verfassung identifizieren können.

74
Optimierung der Selbstbestimmung

Ein auf Konsens ausgerichteter demokratischer Prozeß, in welchem Entscheide von unten nach oben erarbeitet werden, gründet auf der Überzeugung, daß jeder Entscheid des politischen Gemeinwesens dem einzelnen ein Optimum an Selbstbestimmung, sei es über individuelle Freiheit oder über die optimale Mitbestimmung in der Gemeinschaft, gewährleisten soll. Je kleiner die Gemeinschaft ist, in welcher entschieden werden muß, desto geringer ist die Einschränkung der individuellen Selbstbestimmung. In der kleinen Gruppe haben die einzelnen Individuen die größtmögliche Chance der Selbstgestaltung und damit der Freiheit in der Gruppe. Die föderale Aufteilung der Demokratie in die Gemeinde-, Kantons- und Bundesdemokratie gewährleistet das erforderliche Gleichgewicht von Selbst- und Mitbestimmung.

VI. Föderalismus

75
Stützung durch territoriale oder personale Autonomie

Kultur- und namentlich Sprachgemeinschaften müssen ihre mit ihrem Kulturverständnis verbundenen Anliegen, gestützt auf eine territoriale oder personale Autonomie, selbständig und autonom regeln können. Sie müssen die Möglichkeit haben, selber über ihr kulturelles Erbe und über dessen Pflege und Weiterentwicklung zu entscheiden. Überdies müssen sie innerhalb ihrer Kulturgemeinschaft gefaßte Mehrheitsentscheidungen mit eigener Staatsmacht durchsetzen können. Dies bedeutet Autonomie in Fragen der Bildung, der Gerichtsbarkeit, der Verwaltung und des Polizeiwesens.

Die Kultur- und Sprachgemeinschaften müssen davon überzeugt sein, daß sich ihre Werte innerhalb der bestehenden gesamtstaatlichen Gemeinschaft besser verwirklichen lassen als in einem durch Sezession und Selbstbestimmung errichteten eigenen Kulturstaat. Föderalistische Staaten sind Beispiele für die Entwicklung komplexer Formen der politischen Ordnung, die geeignet sind, sprachliche Vielfalt zu beherbergen und zu pflegen. Ja, man kann sie mit der musikgeschichtlichen Entwicklung von der Monophonie zur polyphonen Musik vergleichen!

76
Eignung föderaler Ordnung zur Aufnahme der Sprachenvielfalt

D. Sprachenvielfalt und Kantone

I. Kantonale Autonomie im Rahmen der Rechtsprechung des Bundesgerichts

Das gute Einvernehmen zwischen den Sprachgemeinschaften ist ein wesentliches verfassungsrechtliches Grundprinzip der Sprachenpolitik des Bundes gegenüber den Kantonen. Ausdrücklich bestimmt Art. 70 Abs. 3 BV: „Bund und Kantone fördern die Verständigung und den Austausch zwischen den Sprachgemeinschaften".

77
Förderungspflicht aus Art. 70 Abs. 3 BV

Der innere Friede zwischen den Kulturgemeinschaften wird vom Bundesgericht nicht nur im Bereich der Sprachenfreiheit, sondern in langjähriger Rechtsprechung auch bei der Religionsfreiheit als zulässige Schranke zur Einschränkung der Grundfreiheit anerkannt[37].

78
Friede zwischen den Kulturgemeinschaften

Im folgenden soll nun die Sprachenfreiheit insbesondere vor dem Hintergrund der sprachlichen Vielfalt der Kantone etwas näher beleuchtet werden. Anschließend soll die sprachrechtliche Situation der Landessprachen des Bundes als kantonale Amtssprachen einer näheren Betrachtung unterzogen werden. Diese Darstellung wird zeigen, daß die Verfassung zwar nicht ausdrücklich, aber implizit die Sprachenfreiheit als Gruppenrecht anerkennt, indem sie einerseits die Sprachengleichheit anerkennt und andererseits die Vielfalt der historischen Entwicklung der Sprachgemeinschaften durch die Anerkennung des Territorialitätsprinzips als Schranke der Sprachenfreiheit berücksichtigt.

79
Sprachenfreiheit als Gruppenrecht

Die Ausgestaltung des Gruppenrechts geschieht letztlich über die Autonomie der Kantone, die ihrerseits die Amtssprachen festlegen (Art. 70 Abs. 2 BV)

80

---

37 Vgl. z.B. *BGE 123* I 296.

Gruppenrecht durch Kantonsautonomie

und damit auch dem Territorialitätsprinzip Rechnung tragen können. Die Bundesverfassung gewährleistet zwar kein ausdrückliches Gruppenrecht einzelner Sprachgemeinschaften unabhängig vom Territorium wie die belgische Verfassung (Brüssel), sie gewährleistet das Gruppenrecht aber über das Territorium, das heißt indirekt über die Autonomie der Gebietskörperschaften der Kantone und der Gemeinden. Träger der Autonomie sind somit nicht Personengruppen, sondern Gebietskörperschaften wie Kantone und Gemeinden. Diese setzen ihre Rechte meist nicht über Rechtsansprüche, sondern über die Kantons- bzw. Gemeindedemokratie durch.

Leitgrundsätze für den Konfliktfall

Im Falle eines Konfliktes zwischen dem Anspruch auf individuelle Sprachenfreiheit und der Autonomie des Kollektivs auf Durchsetzung der sprachlichen Homogenität des Territoriums läßt sich das Bundesgericht von Grundsätzen leiten, die der Erhaltung und Pflege der sprachlichen Vielfalt Rechnung tragen.

II. Kantonale Amtssprachen mit einer sprachlich homogenen Bevölkerung

81
Kantonale Differenzierung

Ein für das Überleben der Schweiz und ihrer Sprachenvielfalt unerläßlicher Grundsatz findet sich somit in der föderalistischen Hoheit der Kantone, im Rahmen der vier Landessprachen die Amtssprache eigenständig festzulegen. In der Schweiz kennen heute zweiundzwanzig Kantone und Halbkantone nur eine Amtssprache. Vier Kantone sind französischsprachig (Genf, Waadt, Neuenburg und Jura), einer italienischsprachig (Tessin mit einer ganz kleinen deutschsprachigen Minderheit in der Gemeinde Bosco Gurin) und die übrigen siebzehn Kantone sind deutschsprachig. Vier Kantone sehen als Amtssprache zwei oder drei Sprachen vor: drei Kantone sind zweisprachig (Französisch und Deutsch: Bern, Freiburg, und Wallis) und einer, der Kanton Graubünden, ist dreisprachig (Deutsch, Italienisch und Rätoromanisch).

82
Vorbehalte der Sprachintegration, Praktikabilität und Finanzierbarkeit

Die Sprachenfreiheit ist im Umgang mit Behörden und in der Schule unter Vorbehalt des öffentlichen Interesses der Sprachintegration, der Praktikabilität und der Finanzierbarkeit gewährleistet. Die Verfahrensrechte, insbesondere das rechtliche Gehör im Straf- bzw. Asylverfahren, dürfen hingegen nicht gestützt auf die Interessen der Amtssprache eingeschränkt werden. Aufgrund des anerkannten Territorialitätsprinzips können die Kantone mit einer Amtsprache die öffentliche Schulausbildung wie auch die Verwaltung auf diese Sprache ausrichten.

III. Einige spezifische Probleme der mehrsprachigen Kantone

83
Bundesgerichtliche Schrankensetzung

Zur Frage, inwieweit im Einzelfall aufgrund des Territorialitätsprinzips die Sprachenfreiheit eingeschränkt werden kann, finden sich in der bundesgerichtlichen Rechtsprechung differenzierte Urteile, die dem jeweiligen konkreten Einzelfall Rechnung tragen wollen. Zu unterscheiden ist namentlich zwischen der Schulsprache einerseits und der Verfahrens- und Gerichtssprache andererseits.

1. Schulsprache

84 *Sprachenfreiheit im staatlichen Schulunterricht?*

Wenn Sprachenfreiheit und Schulsprache in der Schweiz zur Debatte stehen, muß dies im folgenden Kontext beurteilt werden. Gemäß Art. 62 BV müssen die Kantone für einen ausreichenden Grundschulunterricht sorgen. Für die Regelung des Schulwesens sind grundsätzlich die Kantone zuständig. Die Eltern haben zwar das Recht, ihre Kinder in einer vom Staat beaufsichtigten privaten Schule unterrichten zu lassen oder sie zu Hause selber zu unterrichten. Im Lande, dessen Bildungswesen stark vom großen Pädagogen *Johann Heinrich Pestalozzi* beeinflußt ist, hat die Bundesverfassung aber seit 1874 die Kantone verpflichtet, während der acht- bis neunjährigen Grundschulzeit (Art. 19 und 62 BV) unentgeltliche Schulen zur Verfügung zu stellen. In der Tat besuchen mehr als 90 v.H. aller minderjährigen Kinder, die in der Schweiz wohnen, eine öffentliche, durch den Kanton oder die Gemeinde finanzierte Schule[38]. Damit stellen sich im Zusammenhang mit der Sprachenfreiheit vor allem folgende Fragen:

Mögliche Konfliktlinien

a) Können die Eltern verlangen, daß ihre Kinder in einer anderen Landessprache als der Sprache der Bevölkerungsmehrheit des jeweiligen Schulgebietes unterrichtet werden? b) Kann die öffentliche Hand aufgrund der verfassungsrechtlichen Garantie der Unentgeltlichkeit des Schulunterrichts verpflichtet werden, auch den öffentlichen Schulunterricht einer Nachbargemeinde oder eines Nachbarkantons zu finanzieren? c) Können Eltern, falls sie die Ausbildung selber zu finanzieren bereit sind, ihre Kinder in einer Privatschule in der Sprache ihrer Wahl unterrichten lassen?

85 *Territorialitätsprinzip als Leitbild*

Maßgebend für die Beantwortung dieser Fragen ist wiederum das sprachliche Territorialitätsprinzip. Dieses ermächtigt die für das Schulwesen zuständige Körperschaft, grundsätzlich für die sprachliche Homogenität des Gebietes zu sorgen und sicherzustellen, daß die Kinder, die sich in ihrem Sprachgebiet aufhalten, auch in der Sprache der Mehrheit unterrichtet werden, damit sie sich voll in die Gesellschaft integrieren können. Ziel der schweizerischen Bildung ist weniger das amerikanische „individual empowerment" als vielmehr das europäische Konzept der Integration der Kinder in die Welt der Erwachsenen. So bestimmt beispielsweise § 4 Abs. 3 des Gesetzes des Kantons Luzern über die Volksschulbildung: „Sie [die Bildung] „befähigt Menschen, Leistungen zu erbringen, das gesellschaftliche, kulturelle und wirtschaftliche Leben mitzugestalten und sich darin zu bewähren"[39]. Die Schule hat somit zum Ziel, die Kinder auch in die jeweilige offizielle Sprache des Gebiets, das heißt der Gemeinde, des Bezirks oder des Kantons zu integrieren.

86 *Einsprachige und mehrsprachige Gebiete*

Bezüglich der Bedeutung des Territorialitätsprinzips unterscheidet das Bundesgericht zwischen einsprachigen und mehrsprachigen Gebieten. Das für die Festlegung der Sprache maßgebende Gebiet (Gemeinde, Bezirk, Kanton oder Bund für die Hochschulen des Bundes) ist dabei das Gebiet der jeweiligen

---

38 Vgl. dazu *Plotke*, Bildung und Schule in den kantonalen Verfassungen, in: Strukturen des schweizerischen Bildungswesens, ZSR, Beiheft 17 (1994), S. 5 (52).
39 *Herbert Plotke*, Schweizerisches Schulrecht, ²2003, S. 5.

Körperschaft, die für die Führung und Finanzierung der Schule verantwortlich ist. Dies ist in den meisten Kantonen die Gemeinde. Daraus ergibt sich, daß die Schulsprache in der Regel identisch ist mit der Amtssprache der Gemeinde. Ist die Gemeinde einsprachig mit einer kleinen Minderheit einer anderen Landessprache, kann der Gesetzgeber für die Minderheit die Möglichkeit vorsehen, die Kinder in der Nachbargemeinde unterrichten zu lassen[40]. Allerdings räumt das Bundesgericht ein, daß Gemeinden auf der Sprachgrenze ein besonderes schützenswertes Interesse daran haben, ihre sprachliche Homogenität und das Territorium ihrer Sprache gegen die wachsende Mobilität zu schützen. „Selon la juridiction intimée, la situation géographique de la commune de Granges-Paccot à la frontière des langues, justifie une application rigoureuse du principe de la territorialité des langues, l'intérêt public consistant à maintenir l'homogénéité linguistique du territoire communal"[41].

Schutz gegen wachsende Mobilität

87 *Schulbesuch in der Nachbargemeinde*
Wenn in einer Grenzgemeinde allerdings sprachliche Minderheiten leben, so können die betreffenden Eltern beanspruchen, ihre Kinder in einer Nachbargemeinde in ihrer Sprache unterrichten zu lassen, sofern die Nachbargemeinde damit einverstanden ist[42] und die Betroffenen für die entsprechenden Kosten selber aufkommen[43]. Ein Anspruch auf unentgeltlichen Unterricht in der Minderheitensprache gegen die Nachbargemeinde besteht nicht[44].

88 *Verhältnismäßigkeit als Grundlage*
Begründet werden diese Entscheide mit dem Grundsatz der Verhältnismäßigkeit. Das Interesse der Gemeinde an einer vernünftigen Planung des Schulwesens, das alle potentiellen Schüler mit einbezieht, vermag unter dem Gesichtspunkt der Verhältnismäßigkeit das Interesse an der Schulbildung in der Muttersprache nicht zu überwiegen. Eine Ausnahme besteht lediglich dann, wenn die Schulgemeinde bereit und in der Lage ist, die Kinder einer anderen Landessprache auch noch in ihrer Muttersprache zu unterrichten[45].

89 *Kommunale Sicherstellung der Unterrichtssprache der Minderheit?*
Offen bleibt nun aber die Frage, unter welchen Voraussetzungen eine Gemeinde verpflichtet ist, für die Kinder nach Wahl eine Ausbildung in der Sprache der Mehrheit oder in der Sprache der Minderheit anzubieten. Das Bundesgericht hat diesbezüglich in einem Urteil zur Gerichtssprache in einem obiter dictum festgehalten, daß es bei einem Anteil der Minderheitensprache von 26 v.H. jedenfalls nicht gerechtfertigt wäre, bloß die Mehrheitssprache als

---

40 Vgl. dazu den unveröffentlichten Entscheid des Bundesgerichtes v. 4.3.1993 (2 P.51/1992) – Rodi Jaquier –, in welchem das Bundesgericht auf die staatsrechtliche Beschwerde gegen ein Gemeinderegement von Marly nicht eingetreten ist, das vorsieht, den Besuch der deutschsprachigen Schule in der Nachbarstadt Freiburg durch die Gemeinde zu finanzieren. Die staatsrechtliche Beschwerde stützte sich auf ein verfassungsmäßiges Recht des Territorialitätsprinzips. Das Bundesgericht anerkennt das Territorialitätsprinzip zwar als öffentliches Interesse zur Beschränkung der Sprachenfreiheit, aber nicht als verfassungsmäßiges Recht, das dem einzelnen einen individuellen Rechtsanspruch auf eine staatsrechtliche Beschwerde einräumt.
41 *BGer*, Urt. v. 2.11.2001 (2P.112/2001), nicht veröffentlicht.
42 *BGE 122* I 236.
43 *BGer*, Urt. v. 2.11.2001 (2P.112/2001), nicht veröffentlicht
44 *BGE 100* Ia 362.
45 *BGE 100* Ia 362.

Unterrichtssprache vorzusehen[46]. Auszugehen für die Beurteilung dieser rechtlich heiklen Frage ist einerseits von den entsprechenden Bestimmungen der Bundesverfassung[47]. In Betracht zu ziehen sind ferner auch die internationalen Verpflichtungen der Schweiz, wie neben Art. 8 EMRK[48] und Art. 27 des Internationalen Paktes über bürgerliche und politische Rechte[49] namentlich Art. 5 des Rahmenabkommens des Europarates über den Schutz nationaler Minderheiten[50] und die Europäische Charta der Regional- und Minderheitensprachen[51].

Prüfungsmaßstab

Grundsätzlich kommt den Eltern auch das Recht zu, ihre Kinder privat unterrichten zu lassen. Darin findet der Schutz der Sprachenfreiheit gegenüber dem Territorialprinzip ein weiteres Argument. Wenn Eltern ohnehin das Recht haben, ihre Kinder in einer Privatschule unterrichten zu lassen, müssen sie auch das Recht haben, die Kinder auf eigene Kosten in einer Schule einer anderen Gemeinde unterrichten zu lassen, sofern diese Gemeinde, die das Kind aufnehmen soll, dazu bereit ist und ihr daraus keine zusätzlichen Kosten erwachsen. Im Prinzip muß auch im Rahmen des Privatunterrichts für die Ausbildung in der Mehrheitssprache des jeweiligen Sprachgebietes gesorgt werden[52]. Ausgenommen von dieser Pflicht sind lediglich Familien, die sich nur vorübergehend in einem Sprachgebiet aufhalten. Nicht gelöst ist damit aber das Bedürfnis der Kinder mancher ausländischer Eltern, die in der Schweiz arbeiten, sich in die schweizerische Gesellschaft integrieren wollen, aber gleichzeitig verhindern möchten, daß ihre Kinder vollständig von ihrer traditionellen Kultur und Sprache entwurzelt werden. Dabei ist auch zu beachten, daß Kinder eine zweite Sprache oft besser lernen, wenn sie zunächst auch ihre Muttersprache beherrschen.

90

Privatschulfreiheit als Argument

---

46 *BGE 106* Ia 299 Erw. 2 a cc – Brunner: „Es handelt sich dabei allerdings – insbesondere im Hinblick auf den Umfang der deutschsprachigen Bevölkerung in der im Saanebezirk liegenden Stadt Freiburg (22.437 französischsprachige, 11.114 deutschsprachige Einwohner) – um einen Grenzfall. Wenn sich aufgrund dieser Überlegungen die Anerkennung einer einzigen Gerichtssprache rechtfertigen lässt, so bedeutet dies hingegen nicht, dass beim gegebenen Verhältnis der Sprachgruppen die Bezeichnung der Mehrheitssprache als einzige Unterrichtssprache für die öffentlichen Schulen mit dem Grundrecht der Sprachenfreiheit vereinbar wäre".
47 Insb. Art. 2 BV, Art. 70 Abs. 3 BV sowie das Diskriminierungsverbot nach Art. 8 BV.
48 Vgl. den Entscheid zu Art. 8 EMRK (v. 23. 7. 1968): Ainsi, „un régime scolaire qui, sans méconnaître le droit des parents d'assurer l'instruction et l'éducation de leurs enfants conformément à leurs convictions religieuses ou philosophiques", chercherait à éloigner les enfants de leurs parents, pourrait violer l'article 8 (art. 8)". „De même, des dispositions relatives à la langue de l'enseignement peuvent", „sous certaines conditions", apparaître „incompatibles avec l'article 8 (art. 8)", si elles entraînent „des troubles graves à la vie privée ou familiale", cette incompatibilité ne découlant pas „du fait que l'Etat ne respecterait pas la volonté des parents quant à la langue de l'enseignement", mais „des troubles graves et non justifiés apportés à la vie privée ou familiale".
49 SR 103.2.
50 SR 0.441.1 sowie dort enthaltene Vorbehalte der Schweiz.
51 SR 0.441.2 sowie dort enthaltene Vorbehalte der Schweiz.
52 *BGE 91* I 480.

§ 217 *Vierzehnter Teil: II. Einzelgrundrechte*

2. Verfahrens- und Gerichtssprache

91
Spannungsfeld von Sprachenfreiheit und Gerichtsverfahren

Im Spannungsfeld von Sprachenfreiheit und Gerichtsverfahren muß einerseits die Frage beurteilt werden, inwieweit die in einem Verfahren Betroffenen das Recht haben, in ihrer Sprache wenigstens durch eine Übersetzung am Verfahren teilzunehmen und über alle sie betreffenden Angelegenheiten informiert zu werden. Anderseits stellt sich die Frage nach der Verhandlungssprache[53].

92
Verständlichkeit der Gerichtssprache

Art. 31 BV gewährleistet jeder Person, die in Haft genommen wird, daß sie in einer für sie verständlichen Sprache über die Gründe des Freiheitsentzuges und über ihre Rechte orientiert wird. Gestützt auf die Europäische Menschenrechtskonvention und auf die Grundsätze des in der Bundesverfassung gewährleisteten rechtlichen Gehörs (Art. 29 Abs. 2 BV) haben die Parteien in einem Verfahren Anspruch darauf, alle für den Ausgang relevanten Aussagen zu verstehen und ihre Verteidigungsrechte in ihrer Muttersprache mit entsprechender Übersetzung geltend zu machen. Der freie Zugang zum Gericht und die Waffengleichheit im Verfahren müssen auch gegenüber anderssprachigen Personen gewährleistet sein.

93
Kein Anspruch auf Verfahren in der Muttersprache

Von diesem unmittelbar aus Art. 29 Abs. 2 BV und aus den Verfahrensgarantien der Europäischen Menschenrechtskonvention ableitbaren Rechten muß der Anspruch auf ein Verfahren in der Muttersprache der Betroffenen unterschieden werden. Hier hat das Bundesgericht in den Fällen *Noth*[54] und dem zitieren Fall *Brunner*[55] entschieden, daß sich die Verfahrenssprache nach der Sprache des Gebietes des hiefür zuständigen Gerichts richtet. Es sei, so entschied das Gericht, sowohl für das zivilrechtliche Verfahren wie auch für das strafrechtliche Verfahren den deutschsprachigen Parteien zumutbar, sich einem französischsprachigen Prozeß zu unterziehen. Dem auf das Urteil *Brunner* hin erfolgten Entscheid des Staatsrates (Exekutive des Kantons Freiburg) kann entnommen werden, daß nunmehr der Gerichtspräsident des deutschsprachigen Nachbarbezirkes als Vizepräsident des – im Fall *Brunner* betroffenen – Saanegerichtes die Verfahren in deutscher Sprache führt[56]. Als Folge

Praktikabilität zweisprachiger Gerichtsführung

dieses Entscheides darf angenommen werden, daß das Bundesgericht in Zukunft davon ausgehen wird, daß es angesichts der offenbaren Praktikabilität einer zweisprachigen Gerichtsführung unverhältnismäßig wäre, deutschsprachige Personen mit einem französischsprachigen Prozeß zu belasten. Denn offensichtlich führt die Berücksichtigung der Deutschsprachigen im Gerichtsverfahren für den Staat zu keinen unhaltbaren, im öffentlichen Interesse nicht zu rechtfertigenden Belastungen. Der aus der Sprachenfreiheit abzuleitende Anspruch auf ein Gerichtsverfahren in der Minderheitensprache ist demzufolge verhältnismäßig.

---

53 Vgl. zum Ganzen *Papaux*, La langue judiciaire en procédure civile fribourgeoise, in: Revue Fribourgeoise de Jurisprudence 1999, S. 1 ff.
54 *BGE 121* I 196 – Noth.
55 *BGE 106* Ia 299 – Brunner.
56 Vgl. den unveröffentlichten Entscheid des Staatsrates v. 1. 12. 1992.

In einem Urteil vom 24. November 1998[57] hat auch der Europäische Gerichtshof entschieden, daß Angehörige eines deutschsprachigen Staates der Europäischen Union Anspruch auf ein deutschsprachiges Verfahren im italienischen Tirol haben, weil dort die einheimischen deutschsprachigen Italiener ebenfalls in deutscher Sprache prozessieren können. Nach dieser Rechtsprechung des Europäischen Gerichtshofs stellt es eine Diskriminierung dar, deutschsprachige Bürger anderer Länder der Europäischen Union mit einem Verfahren in italienischer Sprache zu belasten.

94
Anspruch auf deutschsprachiges Verfahren

IV. Sprache und Verfassung in den mehrsprachigen Kantonen

1. Freiburg

Bereits der Jurakonflikt des Kantons Bern hat deutlich gemacht, daß die seit den fünfziger Jahren des letzten Jahrhunderts je länger je virulenter werdenden Sprachkonflikte die mehrsprachigen Kantone der Schweiz in besonderem Maße herausfordern. Im Kanton Freiburg ist es die französischsprachige Mehrheit, die die Germanisierung durch die Deutschsprachigen fürchtet und deshalb sicherstellen will, daß das ursprüngliche Territorium der Deutschsprachigen nicht auf angestammtes französischsprachiges Territorium übergreift. Um diesem Konflikt Rechnung zu tragen, findet sich in der Kantonsverfassung in Artikel 6 ein ausgefeilter verfassungsrechtlicher Kompromiß, der den Interessen der beiden Sprachgemeinschaften Rechnung zu tragen versucht. Dieser Kompromiß hält neben der Anerkennung des Territorialitätsprinzips insbesondere fest, daß Gemeinden in der Regel nur eine Amtssprache haben sollen, läßt aber Ausnahmen – ähnlich wie die communes de facilités in Belgien – für zweisprachige Gemeinden zu (Art. 6 Abs. 3 KV). In Anlehnung an Art. 70 Abs. 3 BV verpflichtet Absatz 4 schließlich die Behörden, für die Verständigung zwischen den Sprachgemeinschaften zu sorgen.

95
Verfassungskompromiß

2. Graubünden

Grundsätzlich beläßt der Kanton den Gemeinden weitgehende Autonomie bei der Festlegung von Amts- und Schulsprache. Nach Art. 3 der Kantonsverfassung von 2003 sind alle drei Sprachen (Deutsch, Romanisch, Italienisch) gleichberechtigt. Bei der Bestimmung von Amts- und Schulsprachen haben die Gemeinden auf die herkömmliche sprachliche Zusammensetzung zu achten und tragen den Minderheitensprachen Rechnung. Kanton und Gemeinden fördern namentlich auch die romanische und italienische Sprache sowie den Austausch und die Verständigung zwischen den Sprachen.

96
Kommunalautonome Bestimmung von Amts- und Schulsprachen

Im Kanton Graubünden sind es die Angehörigen der verschiedenen Idiome der rätoromanischen Sprache, die sich in den letzten Jahren ein ausgeprägtes sprachliches Selbstbewußtsein erworben haben, aber inzwischen um das Überleben ihrer Sprache überhaupt fürchten müssen. Der Kanton Graubün-

97
Anerkennung des Bündner Romanisch als Amtssprache

---

[57] *EuGH*, Urt. v. 24.11.1998, Rs C-274/96 (Bickel und Franz), Slg. 1998, I-7637 ff., sowie EuGRZ 1998, S. 591.

§ 217 *Vierzehnter Teil: II. Einzelgrundrechte*

den hat nun in einer umkämpften Abstimmung die Zustimmung der Mehrheit des kantonalen Stimmvolkes (allerdings unter Ablehnung einiger romanischsprachiger Gemeinden und Kreise) zur Anerkennung des „künstlichen" Bündner Romanisch als Amtssprache erlangt. Der Kanton verspricht sich dadurch eine Stärkung der in sieben Idiome fragmentierten romanischen Sprache.

3. Wallis

98
Gleichberechtigung beider Landessprachen

Im Kanton Wallis hat die deutschsprachige Minderheit, die im Ancien Régime den Kanton beherrscht hat, ihren Herrschaftsanspruch verloren. Die Verfassung von 1907 garantiert in Artikel 12 ausdrücklich die Gleichberechtigung der beiden Landessprachen. Viele Deutschsprachige geben sich mit der klassischen Sprachengleichheit und den traditionellen Minderheitenrechten, die den Regionen einen Sitz in der kollegialen Regierung garantieren, jedoch nicht mehr zufrieden[58]. Der Kanton Wallis ist territorial in zwei klar abgetrennte Sprachgebiete (Französisch und Deutsch) gegliedert. Der Hauptort Sitten/Sion gehört zum französischsprachigen Gebiet. Einzig die Gemeinde Siders/Sierre, die auf der Sprachgrenze liegt, hat eine deutschsprachige Minderheit. Die Schul- und Kulturautonomie liegt in der Verantwortung der Gemeinden, die abgesehen von Siders/Sierre sprachlich weitgehend homogen sind.

4. Bern

a) Das Recht auf Selbstbestimmung des Jura als kollektives Grundrecht

99
Autonomiestatut für die französischsprachige Bevölkerung

Seit den Entscheidungen des Wiener Kongresses, der die Region des Jura (zuvor Gebiet des Fürstbischofs von Basel) dem Kanton Bern als Ersatz für den seit der Besetzung des Landes durch Napoleon verlorenen französischsprachigen Kanton Waadt übertrug, zeigen sich in dieser Region die politischen und kulturellen Probleme der sprachlichen und teilweise auch konfessionellen Minderheit. Der französischsprachige katholische Teil der Region konnte sich in Wahrnehmung seines Selbstbestimmungsrechts vom Kanton Bern loslösen und mit dem Kanton Jura vor etwa dreißig Jahren einen neuen eigenständigen Kanton gründen. Der im Kanton Bern verbliebene Südjura mit einem ebenfalls französischsprachigen, aber konfessionell mehrheitlich reformierten Gebiet erhält demnächst ein eigentliches Autonomiestatut, das der französischsprachigen Bevölkerung größere Identität und kulturelle Selbstentfaltung ermöglichen soll.

100
Kantonsgründung zur Beilegung des Sprachen- und Konfessionenkonflikts

Der Kanton Jura wurde 1978 nach einem jahrhundertealten Konflikt in Wahrnehmung des durch die Verfassung des Kantons Bern gewährleisteten Selbstbestimmungsrechts zu einem neuen gleichberechtigten 26. Kanton. Diese Kantonsgründung war eine einzigartige friedliche Lösung eines schwierigen

---

58 Vgl. Art. 52 Verf. Kanton Bern (BSG 101.1).

Konfliktes, der einerseits sprachlich und andererseits konfessionell bedingt war, und zeigt die große Autonomie, welche die Kantone im Rahmen ihrer verfassungsrechtlichen Kompetenz gegenüber dem Bund wahrnehmen können. So hat der Kanton Bern durch eine eigenständige Verfassungsänderung der Bevölkerung der historischen Region Jura das Recht eingeräumt, durch ein demokratisches Referendum selber zu bestimmen, ob sie einen eigenen Kanton errichten wolle. Die Abstimmung wurde zunächst in der ganzen Region, anschließend auf Bezirks- und dann auf Gemeindeebene durchgeführt. Im Ergebnis haben sich die mehrheitlich katholischen französischsprachigen Gemeinden und Bezirke für einen eigenen Kanton entschieden. Sogar Gemeinden als unterste kollektive Einheiten konnten damit letztlich auf Grund der kollektiven Sprachenfreiheit über ihren eigenen Verfassungsstatus entscheiden.

b) Das neue Jurastatut

Die französischsprachigen, aber konfessionell reformierten Gemeinden und Bezirke des Südjuras haben ihre Zugehörigkeit zum Kanton Bern beibehalten und ringen derzeit mit dem Kanton um ein eigenes Jurastatut[59], das der französischsprachigen Minderheit dieser Region besseren Schutz und größere Autonomie bringen soll. Dieses neue Jurastatut wurde vom Großen Rat des Kantons angenommen und ist seit 1. Januar 2006 in Kraft. Erstmals in der Schweiz wird durch dieses Autonomiestatut einer Region innerhalb eines Kantons ein Sonderstatut für die eigenverantwortliche Wahrnehmung kultureller Fragen eingeräumt. Die Region erhält auch verbesserte Möglichkeiten zur politischen Mitbestimmung auf kantonaler Ebene. Für die Besserstellung der französischsprachigen Minderheit in der zweisprachigen Stadt Biel wird überdies ein eigener Rat eingesetzt, der ihre Interessen unmittelbar vertreten kann.

101
Autonomie der Sprachregion Jura

V. Zweisprachigkeit von Gemeinden

Wenn eine sprachenrechtliche Regelung nicht mehr durch territoriale Gliederung möglich ist, muß der Kanton bzw. die Gemeinde das Sprachenrecht, ähnlich wie z.B. im Bereich des Staatskirchenrechts, auf die Person oder Gruppe und nicht mehr auf das Territorium abstützen. Namentlich auf der Stufe der Gemeinden, in denen traditionell mehrere Sprachen gesprochen werden, ist dies unerläßlich. Notgedrungen müssen damit aber auch viel schwierigere Probleme bewältigt werden, die oft zu umstritteneren Lösungen führen, wie auf internationaler Ebene die mehrsprachigen Gemeinden Brüssel, Sarajevo und Turku zeigen. In der Schweiz sind vor allem die drei Gemeinden Biel/Bienne, Freiburg/Fribourg und Murten/Morat mit diesem Problem konfrontiert. Während Freiburg und Murten Gemeinden des Kantons Freiburg sind,

102
Sprachenrecht jenseits territorialer Gliederung

---

59 Gesetz v. 13. 9. 2004 über das Sonderstatut des Berner Juras und über die französischsprachige Minderheit des zweisprachigen Amtsbezirks Biel (Sonderstatutsgesetz, SStG; BSG 102.1).

wird die sprachenrechtliche Situation von Biel durch die Gesetzgebung des Kantons Bern bestimmt.

103
Deutsch-französische Sprachgrenze

Mit der wohl größten Herausforderung ist die an der deutsch-französischen Sprachgrenze gelegene Stadt Freiburg konfrontiert. Freiburg als Hauptstadt des zweisprachigen Kantons beherbergt seit alters her eine deutschsprachige Minderheit, führt für die deutschsprachigen Kinder deutschsprachige Schulen, ist aber im französischsprachigen Bezirk (vor allem Gerichtsbezirk) Saane gelegen, weshalb die Gerichtssprache für Zivilstreitigkeiten Französisch ist[60].

104
Gemeinden mit bedeutender angestammter Sprachminderheit

Die neue Verfassung des Kantons Freiburg sieht in Artikel 6 Absatz 3 ausdrücklich vor, daß in Gemeinden mit einer bedeutenden angestammten sprachlichen Minderheit Französisch und Deutsch Amtssprachen sein können. Noch vor Inkrafttreten dieser Bestimmung hat der Staatsrat des Kantons Freiburg in einem Entscheid vom 1. Dezember 1992 entschieden, daß die Stadt Freiburg mit einem Anteil der deutschsprachigen Bevölkerung von 27 v.H., gemessen an der Gesamtzahl aller Einwohner, und von 31,6 v.H., gemessen am Anteil der französischsprachigen Bevölkerung, als zweisprachig zu qualifizieren sei. Maßgebend hiefür ist die Anwendung des Prinzips der Verhältnismäßigkeit. Konkret müsse man davon ausgehen, daß keine der beiden Sprachen in ihrer Existenz bedroht sei, daß die Stadt Freiburg bereits faktisch zweisprachig sei, daß in der Stadtverwaltung und im Parlament auch Deutsch gesprochen werde, daß die Stadt Freiburg den Übergang von Französisch zu Deutsch bilde und die Zweisprachigkeit somit nicht zu einer Sprachinsel führe.

105
Konflikte um Anerkennung der Zweisprachigkeit

Verfassungsanspruch auf Unterricht in der Minderheitensprache

Gemeinde als Sprachterritorium

Trotz dieses Entscheides ist die Anerkennung der Zweisprachigkeit der Stadt Freiburg namentlich von seiten der Stadtverwaltung für die Amtssprache noch nicht erfolgt. Kürzlich entbrannte erneut ein Streit um die Beschriftung des Bahnhofes. Zuständig dafür sind eigentlich die Bundesbahnen. Diese halten sich aber an die Gemeinden. In diesem Zusammenhang hat sich die Stadt Freiburg mit der alleinigen französischen Beschriftung durchgesetzt. Unbestritten ist hingegen die Anerkennung der Zweisprachigkeit im Schulbereich. Offen ist aber wie gesagt nach wie vor die Frage, ob in einer mehrsprachigen Gemeinde die Sprachenminderheit gestützt auf die Sprachenfreiheit einen verfassungsmäßigen Anspruch auf Unterricht in ihrer Sprache geltend machen kann. Unter Berücksichtigung aller oben angeführten Rechtsgrundlagen muß von einem solchen Anspruch ausgegangen werden. Denn bereits die Anerkennung des Territorialitätsprinzips geht letztlich von einem Gruppenrecht der Sprachminderheit aus. Wenn das Sprachterritorium auf die Gemeinde reduziert wird, bedarf es demzufolge einer entsprechenden verfassungsrechtlichen Anerkennung der beiden in der betreffenden Gemeinde gesprochenen Sprachen. Eine Festlegung auf eine bestimmte Prozentzahl des Anteils der Sprachenminderheit ist dabei höchst fragwürdig, weil solche Prozentzahlen zu unabsehbaren Konflikten, z.B. zum unmittelbaren oder mittel-

---

60 Vgl. *Papaux* (FN 53), S. 1 ff.

baren Druck auf die Menschen, sich umsiedeln zu lassen, führen können. Überdies verletzen solche Prozentzahlen auch das Recht der Menschen, sich als zweisprachig zu bezeichnen und damit zum Ausdruck zu bringen, daß sie sich beiden Sprachen gegenüber zugehörig fühlen. Auch dies ist Inhalt der Sprachenfreiheit[61].

Vor allem sollte das Gericht bei der Gegenüberstellung von Sprachenfreiheit und Territorialitätsprinzip von der Tatsache ausgehen, daß das Territorialitätsprinzip letztlich selbst auf dem kollektiven Sprachenrecht der Sprachgruppe fußt. Es stehen sich also das Individualrecht und das Gruppenrecht gegenüber. Bei der Frage, welchem Recht im konkreten Einzelfall der Vorrang zukommt, müssen der Sprachfriede, die mögliche Bedrohung des Sprachgebietes und die gegenseitige Verständigung als Kriterium der Verhältnismäßigkeit berücksichtigt werden. Erst diese Gegenüberstellung ermöglicht eine sinnvolle Beurteilung aller auf dem Spiele stehenden Interessen, des individuellen Grundrechtsinteresses der Sprachenfreiheit und des kollektiven Gruppeninteresses[62].

Als Beispiel kann in diesem Zusammenhang auf das neue Jurastatut verwiesen werden. Mit diesem Statut wird wohl erstmals in der Schweiz ein politisches Organ geschaffen, das nicht mehr rein territorial, sondern personal an die Sprache gebunden ist. Das Kollektiv der französischsprachigen Bevölkerung im zweisprachigen Amtsbezirk Biel wird damit anerkannt, gestützt auf die Muttersprache als eine Gruppeneinheit.

E. Ausblick

Der Schutz und die Ausgestaltung der Sprachenfreiheit stellt die Schweiz auch in Zukunft vor schwierige Herausforderungen. Die zunehmende Globalisierung wird zu einem stärkeren Einfluß der englischen Sprache und damit zur Verminderung der (Fremd-) Sprachkompetenzen in den Landessprachen führen. Die sich weltweit verstärkende Migration wird das Bedürfnis nach Anerkennung und Förderung neuer Sprachen in Schule und Gesellschaft verstärken. Die neue verfassungsrechtliche Pflicht der Eidgenossenschaft, die kulturelle Vielfalt des Landes zu fördern, wird im Lichte dieser Entwicklung neu interpretiert werden müssen.

Vor allem wird es aber darum gehen, das Gleichgewicht zwischen der individuellen Sprachenfreiheit und dem Gruppenrecht auf Erhaltung und Förderung der Sprache zu finden. Die individuelle Sprachenfreiheit muß am öffentlichen Interesse des Friedens der Sprachgemeinschaften eine klare Grenze

---
[61] Vgl. dazu allerdings auch *Lüthi*, Die Sprachenfrage in der neuen Verfassung des Kantons Freiburg, in: LeGes 2004/2, S. 65 ff.
[62] Vgl. dazu vor allem *Biaggini*, Sprachenfreiheit und Territorialitätsprinzip, in: recht 1997, S. 112 ff., insb. S. 121.

finden. Im übrigen aber wird sich die Erhaltung von Sprachen und Sprachgebieten wohl kaum über Zwangsmaßnahmen sicherstellen lassen, die die individuelle Sprachenfreiheit beschränken.

110
Territorialitätsprinzip als ein Element des Gruppenrechts

Das Territorialitätsprinzip sollte fortan als ein, aber eben nur ein Element des Gruppenrechts anerkannt werden. Das Territorialitätsprinzip fördert, überspitzt formuliert, die Trennung und das Apartheiddenken. Es kann das eigentliche Ziel, nämlich die bessere Verständigung der Sprachen, untergraben und in diesem Sinne der Friedensförderung unter den Sprachen entgegenstehen. In einer Zeit der zunehmenden Mobilität müssen zum Schutz der Gruppenrechte, wie das Beispiel des Jurastatuts zeigt, andere Maßnahmen getroffen werden. Anstatt das Grundrecht der Sprachenfreiheit einzuschränken, müssen Maßnahmen zur Förderung bedrängter Sprachen und zur besseren Verständigung zwischen den Sprachen gefunden werden. Wer Sprachen erlernt, eröffnet sich eine neue Welt. In einem mehrsprachigen Land haben die Menschen die ungeahnte Chance, ihr Leben durch das Erlernen mehrerer Sprachen und durch die Durchdringung mehrerer Kulturen zu bereichern.

F. Bibliographie

Ålund, Aleksandra, The Quest for Identity: Modern Strangers and New/Old Ethnicities in Europe, in: Hans-Rudolf Wicker (ed.), Rethinking Nationalism and Ethnicity, Oxford 1997, S. 91 ff.
Auer, Andreas, D'une liberté non écrite qui n'aurait pas dû l'être: la „liberté de la langue", AJP, 1992, S. 955 ff.
Basta, Lidija/Fleiner, Thomas (eds.), Federalism and Multiethnic States: The Case of Switzerland, ²2000.
Biaggini, Giovanni, Sprachenfreiheit und Territorialitätsprinzip, in: recht, 1997, S. 112 ff.
Borghi, Marco, Langues Nationales et langues officielles, in: Thürer/Aubert/J. P. Müller (Hg.), Verfassungsrecht der Schweiz, 2001, S. 593 ff.
ders., La liberté de la langue et ses limites, ebenda, S. 607 ff.
Faingold, Eduardo, Language Rights and Language Justice in the Constitutions of the World, in: Genoveva Vrabie/Joseph Turi (eds.), The theory and the practice of linguistic policies in the world, Proceedings of the Eighth International Conference of the International Academy of Linguistic Law, Iasi 2003, S. 213 ff.
Fleiner, Thomas/Basta Fleiner, Lidija, Allgemeine Staatslehre. Über die konstitutionelle Demokratie in einer multikulturellen globalisierten Welt, ³2004.
Guckelberger, Annette, Das Sprachenrecht in der Schweiz, ZBl 2005, S. 609 ff.
Kägi-Diener, Regula, Sprachenordnung vor neuen Herausforderungen, AJP, 1995, S. 443 ff.
Lüdi, Georges/Werlen, Iwar, Sprachenlandschaft in der Schweiz, Bundesamt für Statistik, 2005.
Lüthi, Ambros, Die Sprachenfrage in der neuen Verfassung des Kantons Freiburg, in: LeGes 2004/2, S. 65 ff.
Marti-Rolli, Christine, La Liberté de la Langue en droit suisse (Diss. Lausanne) 1978.
Miscevic, Nenad, Is National Identity essential for Personal Identity?, in: ders. (ed.), Nationalism and Ethnic Conflict, Philosophical Perspectives, Chicago 2000, S. 239 ff.
Papaux, Alexandre, La langue judiciaire en procédure civile fribourgeoise, in: Revue Fribourgeoise de Jurisprudence 1999, S. 1 ff.
Pavel, Anca-Andreea, La Loi Toubon – un modèle à suivre?, in: Genoveva Vrabie/ Joseph Turi (eds.), The theory and the practice of linguistic policies in the world. Proceedings of the Eighth International Conference of the International Academy of Linguistic Law, Iasi 2003, S. 295 ff.
Plotke, Herbert, Bildung und Schule in den kantonalen Verfassungen, in: Strukturen des schweizerischen Bildungswesens, Zeitschrift für Schweizerisches Recht, Beiheft 17, 1994, S. 5 ff.
ders., Schweizerisches Schulrecht, ²2003.
Richter, Dagmar, Sprachenordnung und Minderheitenschutz im schweizerischen Bundesstaat, 2004.
Viletta, Rudolf, Die Regelung der Beziehungen zwischen den schweizerischen Sprachgemeinschaften, ZBl 1981, S. 193 ff.
Wolfrum, Rüdiger, Das Verbot der Diskriminierung aufgrund von Rasse, Herkunft, Sprache oder Hautfarbe im Völkerrecht, in: ders. (Hg.), Gleichheit und Nichtdiskriminierung im nationalen und internationalen Menschenrechtsschutz, 2003, S. 215 ff.
Wyss, Martin Phillip, Das Sprachenrecht der Schweiz nach der Revision von Art. 116 BV, ZSR 1997 I, S. 141 ff.

§ 218
Wissenschaftsfreiheit und Kunstfreiheit

Rainer J. Schweizer

Übersicht

	RN		RN
A. Wissenschaftsfreiheit	1–39	c) Tierschutz	35
I. Einführung	1	d) Gentechnologie im außerhumanen Bereich	36
II. Geschichte der Wissenschaftsfreiheit	2– 9	4. Schutz des Staates und der öffentlichen Ordnung	37
1. Die Wissenschaftsfreiheit in der alten Bundesverfassung von 1874	5– 8	VII. Schlußbemerkungen: Schranken der Beschränkungen	38–39
a) Vorbemerkung	5		
b) Die Wissenschaftsfreiheit in der Rechtsprechung des Bundesgerichts	6– 8	B. Kunstfreiheit	40–57
		I. Geschichte der Kunstfreiheit	40–41
		II. Inhalt und Tragweite der Kunstfreiheit	42–46
2. Die Kodifikation der Wissenschaftsfreiheit in der neuen Bundesverfassung von 1999	9	1. Kein rechtlicher Kunstbegriff	42
		2. Schutzbereich	43
III. Inhalt und Teilgehalte der Wissenschaftsfreiheit	10–17	3. Kunstfreiheit als Abwehrrecht und Ausübungsgarantie	44
1. Vorbemerkung	10–11	4. Bezug zu anderen Grundrechten	45
2. Die Forschungsfreiheit	12–13	5. Staatliche Kunstförderung	46
3. Die Lehrfreiheit	14	III. Träger der Kunstfreiheit	47
4. Die Lernfreiheit	15–17	IV. Schranken der Kunstfreiheit	48–56
IV. Träger der Wissenschaftsfreiheit	18–19	1. Persönlichkeitsschutz	48–51
V. Organisation von Forschung und Hochschulen	20–24	a) Verfassungsrechtlicher Persönlichkeitsschutz	49
1. Vorbemerkung	20	b) Strafrechtlicher Persönlichkeitsschutz	50
2. Forschungsförderung	21	c) Privatrechtlicher Persönlichkeitsschutz	51
3. Hochschulorganisation	22–24	2. Schutz anderer Interessen	52–56
VI. Schranken der Wissenschaftsfreiheit	25–37	a) Achtung religiöser Überzeugungen anderer (Art. 261 StGB)	52–54
1. Vorbemerkung	25	b) Pornographieverbot (Art. 197 Abs. 5 StGB)	55
2. Schutz des Menschen	26–32	c) Verbot von Bild- und Tonaufnahmen gewalttätigen Inhalts (Art. 135 StGB)	56
a) Menschenwürde	26		
b) Recht auf Leben und persönliche Freiheit	27–28		
c) Gesundheitsschutz	29–30		
d) Schutz der Privatsphäre	31		
e) Forschung im Bereich der Fortpflanzungsmedizin und der humanen Gentechnik	32	V. Schlußbemerkungen: Schranken der Beschränkungen	57
3. Schutz der Umwelt	33–36		
a) Nachhaltigkeit	33	C. Bibliographie	
b) Umweltschutz	34		

445

A. Wissenschaftsfreiheit[*]

I. Einführung

1
Probleme der Konturierung

Die Wissenschaftsfreiheit wie auch die Kunstfreiheit stellen sehr individuelle Anliegen dar. Meist gibt es, im Gegensatz zu Garantien wie der Religions- oder der Medienfreiheit, keine Lobby, die für ihre Durchsetzung sorgt oder diese forciert. Doch nicht nur was ihre Durchsetzung betrifft, stößt man bei diesen Freiheitsrechten auf Probleme, auch ihre Schutzbereiche und Tragweiten sind sehr offen und wenig konturiert, und sie unterliegen ständigem Wandel. So beruft man sich schon bei der Definition dessen, was als Wissenschaft und Forschung oder als Kunst gilt, auf die Auffassungen der sogenannten Scientific bzw. Artistic Community. Wie sich diese Auffassungen aber äußern oder ändern können oder wer diese vertritt und repräsentiert, darüber schweigen Lehre und Rechtsprechung weitgehend. Der Schutz dieser Freiheiten obliegt also über weite Bereiche den Auffassungen der Gerichte und ihrer Repräsentanten.

Beitrag zur gesellschaftlichen Entwicklung

Trotzdem stellen sowohl die Wissenschafts- als auch die Kunstfreiheit äußerst wichtige und nicht zu unterschätzende grundrechtliche Garantien dar, denn sie tragen entscheidend zu einem großen Teil der Weiterentwicklung der Gesellschaft, zu deren Kultur wie zu deren Kritik sowie zur persönlichen Entfaltung der Individuen bei.

II. Geschichte der Wissenschaftsfreiheit

2
Traditioneller Verfassungsbestandteil

Die Schweiz hat die Wissenschaftsfreiheit auf Bundesverfassungsebene erst in der nachgeführten Bundesverfassung von 1999 (in Art. 20) kodifiziert. Damit wurde dem Auftrag Rechnung getragen, auch ungeschriebene Grundrechte in die Verfassung aufzunehmen. Die Wissenschaftsfreiheit war jedoch schon vorher wesentlicher Bestandteil des Verfassungsrechts, auf Bundesebene vorwiegend aus der Meinungsfreiheit abgeleitet[1], auf kantonaler Ebene als Bestandteil der Kantonsverfassungen.

3
Basis in den Universitätsgesetzen

Ursprünglich wurde die Wissenschaftsfreiheit in den Universitätsgesetzen zugesichert. So enthalten bereits das Zürcher Universitätsgesetz von 1832 wie auch das Berner Universitätsgesetz von 1834 die Gewährleistung bzw. Geltung der „akademischen Lehr- und Lernfreiheit"[2]. Nicht berücksichtigt wurde die Wissenschaftsfreiheit hingegen in den Bundesverfassungen von 1848 und 1874. Da die meisten Kantone bereits 1830 Grundrechtskataloge in ihre Verfassungen aufgenommen hatten, enthielt die Bundesverfassung von 1848 nur

---

[*] Für die sehr wertvolle Unterstützung danke ich Frau lic. rer. publ. *Julia Stütz* und Herrn Dr. iur. Mag. phil. *Ulrich Zelger* vielmals.
[1] *BGE 115* Ia 234 (269); *119* Ia 460 (500 f.); *Meyer/Hafner*, in: Ehrenzeller u.a., St. Galler Kommentar (Lit.-Verz.), Art. 20 RN 1.
[2] § 144 des Zürcher Unterrichtsgesetzes vom 28. 9. 1832; § 23 des Berner Gesetzes vom 14. 3. 1834 über das höhere Gymnasium und die Hochschule (beide zit. nach *Verena Schwander*, Grundrecht der Wissenschaftsfreiheit im Spannungsfeld rechtlicher und gesellschaftlicher Entwicklungen, 2002, S. 23 FN 15); dazu auch *Wildhaber*, Professor Pfürtner und die Lehrfreiheit, ZSR 1972 I, S. 395 (399).

wenige, für den Bundesstaat als wesentlich empfundene Grundrechte³. Diese Haltung war auch noch 1874 vorherrschend, wenngleich damals die Verankerung der Unterrichtsfreiheit bewußt abgelehnt wurde, vor allem, um vor dem Hintergrund des Kulturkampfes die Gründung von katholischen Privatschulen in protestantischen Kantonen zu verhindern⁴.

Mit dem Beitritt der Schweiz zur Europäischen Menschenrechtskonvention (EMRK) im Jahre 1974 erhielt die Wissenschaftsfreiheit auch auf völkerrechtlicher Ebene einen Schutz, da sie gemäß Praxis der Organe des Europarats in den Schutzbereich des in der Konvention verankerten Art. 10 fällt, welcher die Kommunikationsfreiheiten schützt⁵. Ebenso wird die Wissenschaftsfreiheit auch durch die in Art. 19 des UNO-Paktes über bürgerliche und politische Rechte (UNO-Pakt II) garantierte Meinungs- und Informationsfreiheit geschützt und entsprechend vom Bundesgericht seit der Ratifikation des Paktes durch die Schweiz im Jahre 1992 anerkannt⁶. Und mit der Verbindlicherklärung des UNO-Paktes über wirtschaftliche, soziale und kulturelle Rechte (UNO-Pakt I) erhielt die Wissenschaftsfreiheit in den Artikeln 13 bis 15 noch einen zusätzlichen, wenn auch kaum justiziablen Schutz⁷.

4 Völkerrechtliche Ergänzung

1. Die Wissenschaftsfreiheit in der alten Bundesverfassung von 1874

a) Vorbemerkung

Schon unter der Bundesverfassung von 1874 gingen Bundesrat⁸ und Bundesversammlung⁹ selbstverständlich vom Bestehen der Wissenschaftsfreiheit als Grundrecht aus¹⁰. Auch die Verfassungspraxis der Kantone zeigte die Anerkennung der Wissenschaftsfreiheit¹¹. Auf einfachgesetzlicher Ebene war und

5 Verfassungspraxis der Kantone

---

3 *Ulrich Im Hof*, Geschichte der Schweiz, ⁷2001, S. 119; *Schwander* aaO., S. 24 f.; *J.P. Müller*, Allgemeine Bemerkungen zu den Grundrechten, in: Thürer/Aubert/ders. (Hg.), Verfassungsrecht (LitVerz.), § 39, S. 621 ff., RN 3 ff. Vgl. auch *Haller*, Die akademische Lehrfreiheit als verfassungsmässiges Recht, ZSR 1976 I, S. 113 (115); zur Lückenhaftigkeit der alten Bundesverfassung auch *Koller*, Der Einleitungsartikel und die Grundrechte in der neuen Bundesverfassung, AJP 1999, S. 656 (658).
4 *Schwander* aaO., S. 25 f.; dazu auch *Max Müller*, Die Lehr- und Lernfreiheit, Versuche einer systematisch-historischen Darstellung unter Berücksichtigung der französischen, deutschen und schweizerischen Verhältnisse, 1911, S. 140 ff.
5 *Grabenwarter*, EMRK (LitVerz.), S. 236.
6 *Kälin/Malinverni/Novak*, UNO-Menschenrechtspakte (LitVerz.), S. 9 ff., 155 ff., 211 ff.
7 *Kälin/Malinverni/Novak* aaO., S. 9 ff., 105 ff., 144 ff.
8 BBl 1981 III, S. 1021 (1029 f.) – Botschaft über ein Forschungsgesetz; BBl 1988 I S. 741 (769 f.) – Botschaft über ein ETH-Gesetz; zuletzt BBl 1997 I S. 1 (164) – Botschaft über eine neue Bundesverfassung; *Haller*, in: Ulrich Häfelin u. a. (Hg.), FS Hans Nef, 1981, S. 125 (125 f.); *Schwander* (FN 2), S. 40 f.
9 AB 1982 NR 1746; *Haller* aaO., S. 113 (126).
10 *J.P. Müller*, Wissenschaftsfreiheit, in: Aubert u.a., Bundesverfassung 1874 (LitVerz.), RN 6 f.
11 Überblick bei *Schwander* (FN 2), S. 30 ff.; *J.P. Müller* aaO., RN 7; *Haller*, in: FS Nef (FN 8), S. 113 (131 ff.); *J.P. Müller*, Grundrechte (LitVerz.), S. 316 f., FN 5; *Monica Koechlin Büttiker*, Schranken der Forschungsfreiheit bei der Forschung an menschlichen Embryonen, 1997, S. 19 f.; *Hermann Plotke*, Bildung und Schule in den kantonalen Verfassungen, in: ders. u.a. (Hg.), Strukturen des schweizerischen Bildungswesens, Beiheft ZSR 41 (1994), S. 5 (38); zu den älteren Kantonsverfassungen *Wildhaber* (FN 2), ZSR 1972 I, S. 395 (400 f.); *Hans Gruber*, Forschungsförderung und Erkenntnisfreiheit, Versuch über die Grundlegung des Verhältnisses von Wissenschaft und Staat (Diss. Bern), 1986, S. 102, 187 ff.

ist die Wissenschaftsfreiheit im Forschungsgesetz[12] und im ETH-Gesetz[13] sowie in den kantonalen Universitätsgesetzen[14] garantiert. Demgegenüber sah das Bundesgericht von der Anerkennung der Wissenschaftsfreiheit als selbständiges Grundrecht ab[15]. Es schützte diese vor allem als Ausfluß der Meinungs- und Informationsfreiheit, die nach schweizerischem Verständnis auch das Recht der Informationsbeschaffung mit einschließen, sowie als Teilgehalt der persönlichen und der Wirtschaftsfreiheit[16].

b) Die Wissenschaftsfreiheit in der Rechtsprechung des Bundesgerichts

6 Meinungsfreiheit als Grundrecht

In der Verfassung von 1874 fehlten manche für den modernen Rechtsstaat unbedingt notwendige Grundrechte. Das Bundesgericht hat daher seit den fünfziger Jahren des 20. Jahrhunderts wichtige Rechtspositionen als Grundrechte anerkannt[17]. So wurde 1961[18] die Meinungsfreiheit als fundamentales Prinzip des schweizerischen und kantonalen Rechts bezeichnet, von der dann schon 1965[19] behauptet wurde, sie gehöre dem ungeschriebenen Verfassungsrecht des Bundes an.

7 Zuordnung zur Meinungsfreiheit

In der Folge subsumierte das Bundesgericht in bewußt weiter Auslegung[20] wesentliche Inhalte der Wissenschaftsfreiheit unter die Meinungsfreiheit: Durch das Gericht geschützt war die „Freiheit, sich mittels Forschung eine Meinung über Sachverhalte zu bilden und diese später ebenfalls zu verbreiten"[21]. Die Wissenschaftsfreiheit wurde somit durch eine umfassend verstandene Meinungsfreiheit garantiert[22], welche in manchen Urteilen des Bundesgerichts gar nur mehr den Anknüpfungspunkt für ein selbständig erscheinendes Grundrecht bildete[23].

8 Zuordnung zur persönlichen Freiheit

Zugleich ordnete das Bundesgericht die Wissenschaftsfreiheit der persönlichen Freiheit zu und meinte, „daß Forschung, verstanden als Methode zur Vertiefung und Mehrung der Erkenntnisse, unmittelbar der Selbstverwirkli-

---

12 Art. 3 Bundesgesetz vom 7.10.1983 über die Forschung (Forschungsgesetz, FG), SR 420.1; dazu *Schwander* (FN 2), S. 41; *Gruber* aaO., S. 183; *Koechlin Büttiker* (FN 11), S. 18.
13 Art. 5 Abs. 3 Bundesgesetz vom 4.10.1991 über die Eidgenössischen Technischen Hochschulen (ETH-Gesetz), SR 414.110; *Koechlin Büttiker* (FN 11), S. 19.
14 Details bei *Schwander* (FN 2), S. 43 f.
15 BGE 115 Ia 234 – St. Galler Fortpflanzungsmedizin-Beschluß; *119* Ia 460 – Fortpflanzungsmedizin-Gesetz des Kantons Basel-Stadt; dazu *Schwander* aaO., S. 58 ff.; *Koechlin Büttiker* (FN 11), S. 21 ff.
16 U. a. *J.P. Müller*, Grundrechte (LitVerz.), S. 316, mit Nachweis der Judikatur.
17 Dazu u. a. *Kieser*, Die Anerkennung von ungeschriebenen Freiheitsrechten in der bundesgerichtlichen Rechtsprechung, SJZ 87 (1991), S. 18 ff.; zu den Bedingungen für die Anerkennung ungeschriebener Grundrechte u. a. *Schwander* (FN 2), S. 53 ff.; *Haller*, in: FS Nef (FN 8), S. 113 (129 f.); *Kämpfer*, Bestand und Bedeutung der Grundrechte im Bildungsbereich in der Schweiz (mit besonderer Berücksichtigung des Rechts auf Bildung), EuGRZ 1981, S. 687 (688).
18 BGE 87 I 114 (117).
19 BGE 91 I 480 (485).
20 BGer, in: ZBl 1963, S. 365 – Filmklub Luzern; *Schwander* (FN 2), S. 63.
21 BGE 115 Ia 234 (269) – St. Galler Fortpflanzungsmedizin-Beschluß; *119* Ia 460 (500) – Fortpflanzungsmedizin-Gesetz des Kantons Basel-Stadt –, zit. nach *Schwander* aaO.
22 *Schwander* aaO., S. 62; *J.P. Müller*, Wissenschaftsfreiheit, in: Aubert u. a., Bundesverfassung 1874 (LitVerz.), RN 5; *Koechlin Büttiker* (FN 11), S. 13 ff.; einschränkend dazu noch *Haller*, in: FS Nef (FN 8), S. 113 (135).
23 *Schwander* (FN 2), S. 66; die Anerkennung als eigenständiges Grundrecht forderte schon 1986 *J.P. Müller* aaO., RN 8.

chung des Menschen dienen könne und auf diese Weise der persönlichen Freiheit zuzuordnen sei"[24]. Sie gehörte damit zum „Kernbereich der Persönlichkeitsentfaltung, der durch die persönliche Freiheit geschützt ist"[25]. Der Forscher konnte sich allerdings nur dann auf den Persönlichkeitsschutz berufen, wenn ihm keine andere Norm als *lex specialis* zur Verfügung stand[26]. Obwohl derart für einen grundrechtlichen Schutz der Wissenschaft gesorgt war, erschien eine Kodifikation der Wissenschaftsfreiheit richtigerweise als wünschenswert[27] und notwendig, um neuen Herausforderungen der und durch die Wissenschaft, insbesondere im Bereich der Biomedizin, besser entsprechen zu können.

Kodifikationswunsch

2. Die Kodifikation der Wissenschaftsfreiheit in der neuen Bundesverfassung von 1999

Die „nachgeführte"[28] Bundesverfassung vom 18. April 1999 bestimmt in Artikel 20: „Die Freiheit der wissenschaftlichen Lehre und Forschung ist gewährleistet". Die Einbeziehung der Wissenschaftsfreiheit in die Bundesverfassung war von Anfang an unstrittig[29]. Schon 1967 hatte die „Arbeitsgruppe Wahlen" die Aufnahme der „Freiheit von Wissenschaft, Forschung und Lehre" als eigenes Grundrecht vorgeschlagen[30]. Der Entwurf der „Expertenkommission Furgler" von 1977 verknüpfte die Wissenschafts- mit der Kunstfreiheit und formulierte: „Die wissenschaftliche Lehre und Forschung sowie die künstlerische Betätigung sind frei"[31]. Die Modellstudie des Eidgenössischen Justiz- und Polizeidepartements übernahm die Bestimmung unverändert[32]; auch der Vernehmlassungsentwurf der nachgeführten Bundesverfassung faßte Kunst- und Wissenschaftsfreiheit in einer Bestimmung zusammen[33]. Nach Kritik in der

9
Verfassungsdiskussion

Unstrittige Einbeziehung

---

24 *BGE 115* Ia 234 (269) – St. Galler Fortpflanzungsmedizin-Beschluß; außerdem *BGE* 119 Ia 460 (501) – Fortpflanzungsmedizin-Gesetz des Kantons Basel-Stadt; vgl. dazu schon 1981 *Haller*, in: FS Nef (FN 8), S. 113 (S. 134 f.), und 1972 *Wildhaber* (FN 2), ZSR 1972 I, S. 395 (404 f.); *Gruber* (FN 11), S. 126 ff.
25 *Haller*, in: FS Nef (FN 8), S. 113 (134); *Schwander* (FN 2), S. 67 f., 72 f.; *Koechlin Büttiker* (FN 11), S. 12 f.
26 So die ständige Rechtsprechung des Bundesgerichts hinsichtlich der persönlichen Freiheit, vgl. *Haller*, ZSR 1976 I, S. 113 (134), und *BGE 97* I 45 (50); *101* Ia 346; *104* Ia 35 (40); *Koechlin Büttiker* (FN 11), S. 13.
27 *Schwander* (FN 2), S. 68 f.; *Haller*, ZSR 1976 I, S. 113 (134 f.); *Koller* (FN 3), S. 658.
28 Vgl. den Bundesbeschluß über die Totalrevision der Bundesverfassung vom 3. 6. 1987: „Der Entwurf wird das geltende geschriebene und ungeschriebene Verfassungsrecht nachführen, es verständlich darstellen, systematisch ordnen sowie Dichte und Sprache vereinheitlichen" (BBl 1987 II S. 963); zur Bedeutung von „Nachführung" BBl 1997 I S. 1 (45): „Das geltende Verfassungsrecht *nachführen* heißt, den genannten Normenkomplex gegenwarts- und wirklichkeitsnah aufbereiten, das Verfassungsrecht als solches identifizieren, festhalten und neu verfasst ‚vermitteln'"; zur Nachführung außerdem: *Pierre Tschannen*, Staatsrecht (LitVerz.), S. 74 ff.; *Häfelin/Haller*, Bundesstaatsrecht (LitVerz.), RN 23, 68; *Koller*, Die Reform der Bundesverfassung als Weg in die Zukunft, ZBl 1996, S. 1 (13 f.); *dens.*, Die Nachführung der Bundesverfassung, AJP 1995, S. 980 ff.; spezifisch zu den Grundrechten *Koller* (FN 3), S. 659 f.
29 Zur Geschichte der Totalrevision hinsichtlich der Wissenschaftsfreiheit vgl. *Schwander* (FN 2), S. 27 ff.
30 Schlußbericht Arbeitsgruppe, S. 130 (zit. nach *Schwander* aaO., S. 28).
31 Bericht Expertenkommission, S. 41 (zit. nach *Schwander* aaO.).
32 BBl 1985 III S. 1 (194).
33 Art. 15: „Die Freiheit der Kunst sowie die Freiheit der wissenschaftlichen Lehre und Forschung sind gewährleistet" (vgl. *Schwander* [FN 2], S. 28 f., FN 44).

Vernehmlassung³⁴ erhielt die Bestimmung im Verfassungsentwurf von 1996 ihre endgültige Formulierung³⁵, getrennt von der Kunstfreiheit. Im Parlament scheiterten Anträge, die Forschungsfreiheit nur „im Rahmen der Verantwortung gegenüber Mensch und Mitwelt" zu gewährleisten³⁶, und Anträge, auch die Lernfreiheit zu verankern³⁷.

III. Inhalt und Teilgehalte der Wissenschaftsfreiheit

1. Vorbemerkung

10
Primär abwehrrechtliche Konzeption

Die Wissenschaftsfreiheit ist primär als Abwehrrecht konzipiert³⁸: Ein individueller Anspruch auf eine staatliche Leistung im Bereich der Wissenschaftsförderung, insbesondere auf Finanzierung der eigenen Forschung oder auf einen bestimmten Anteil einer Institution am Forschungsbudget³⁹, ist ausgeschlossen. Ein Anspruch auf Zugang zu staatlichen Daten und Informationen, welcher jedoch gemäß Rechtsprechung des Bundesgerichts nicht über das in Art. 16 Abs. 3 BV garantierte Recht auf Zugang und Beschaffung von Information hinausgeht⁴⁰, sowie vereinzelte Ansprüche betreffend das Hochschulstudium – wie z.B. der bedingte Anspruch auf Zulassung, nicht aber der Anspruch auf ein bestimmtes Lehrangebot – sind hingegen garantiert⁴¹. Zugleich ist die Wissenschaftsfreiheit ein objektives Gestaltungsprinzip, eine Zielvorgabe für den Gesetzgeber⁴².

11
Begriff der Wissenschaft

Geschützt ist nicht jede, sondern nur *wissenschaftliche* Forschung und Lehre. Der Begriff der Wissenschaft wird in der schweizerischen Gesetzgebung allerdings auf keiner Ebene definiert⁴³; auch die Materialien zur Bundesverfassung setzen ihn voraus⁴⁴. Im Ergebnis ist wohl nur eine einzelfallbezogene Konkretisierung des Wissenschaftsbegriffs möglich, die von der „Praxis der Scientific Community" auszugehen hat⁴⁵, aber für neue Fragestellungen,

Einzelheiten

Methoden und Interpretationen offen sein muß. Nach herrschender Lehre umfaßt die Wissenschaftsfreiheit die *Forschungsfreiheit*, die *Lehrfreiheit* und die *Lernfreiheit*⁴⁶.

---

34 BBl 1997 I S. 1 (164).
35 BBl 1997 I S. 1 (592).
36 BBl 1999 I S. 1 (374); dazu *Schwander* (FN 2), S. 85 ff.
37 AB 1998 NR 208.
38 *Schwander* (FN 2), S. 135 f.; *Koechlin Büttiker* (FN 11), S. 28; *Rhinow*, Grundzüge (LitVerz.), S. 266.
39 BBl 1997 I S. 1 (165); *Schwander* aaO., S. 146 f., 153.
40 *BGE 127* I 145 (156 f.) – *Wottreng*; *Mahon*, in: Aubert/ders., Constitution (LitVerz.), Art. 20 RN 6.
41 Dazu ausführlich *Schwander* (FN 2), S. 135 ff.
42 *Schwander* aaO., S. 134, 153 ff.; *Schefer*, Grundrechte (LitVerz.), S. 209.
43 Zur Unmöglichkeit einer verfassungsrechtlichen Definition von Wissenschaft *Schwander* aaO., S. 100 ff.
44 Dazu *Schwander* aaO., S. 91 f.
45 *Schwander* aaO., S. 111 f.
46 *J.P. Müller*, Wissenschaftsfreiheit, in: Aubert u.a., Bundesverfassung 1874 (LitVerz.), RN 5; *Meyer/Hafner* (FN 1), Art. 20 RN 3 ff.; *J.P. Müller*, Grundrechte (LitVerz.), S. 316; *Gruber* (FN 11), S. 96 f.; *Koechlin Büttiker* (FN 11), S. 10; *Rhinow*, Grundzüge (LitVerz.), S. 267 f. Gegen die Einbeziehung der Lernfreiheit *Häfelin/Haller*, Bundesstaatsrecht (LitVerz.), RN 528; vorher schon *Plotke* (FN 11), S. 39.

2. Die Forschungsfreiheit

Die Forschungsfreiheit „schützt" nach der Botschaft des Bundesrates „die intellektuelle und methodische Unabhängigkeit des Forschenden vor staatlichen Eingriffen"[47]. Forschung ist dabei, wie *Jörg Paul Müller* trefflich sagt, als „die nach wissenschaftlicher Methode ausgeführte, erfolgreiche oder nicht erfolgreiche Suche nach Erkenntnissen und deren redliche Bekanntgabe an die scientific community oder ein weiteres Publikum durch Vortrag, Gespräch oder Publikation"[48] zu verstehen[49]. Im einzelnen umfaßt die Forschungsfreiheit die Wahl von Fragestellungen und Methoden, die Planung und Durchführung von Materialsammlungen, die Ermittlung des Forschungsstandes, die Erstellung wissenschaftlicher Gutachten, Veröffentlichungen und Zusammenfassungen sowie die kritische Auseinandersetzung mit Forschungsergebnissen; kurz, alle Handlungen, die zur Umsetzung des Forschungsvorhabens notwendig sind[50].

12
Unabhängigkeit nach Inhalt und Methode

Einzelkriterien

Forschungsergebnisse, die nicht unter den Bedingungen der Wissenschaftsfreiheit entstanden sind, dürfen nicht als „wissenschaftlich" bezeichnet werden. Darunter fallen etwa verwaltungsinterne oder unternehmensinterne, weisungsabhängige Abklärungen, deren wissenschaftliche Freiheit, gerade was den Forschungsbereich bzw. die Themenwahl betrifft, nicht gegeben ist[51].

13
Fehlende Wissenschaftlichkeit

3. Die Lehrfreiheit

Die Lehrfreiheit berechtigt, eigene oder übernommene[52] wissenschaftliche Erkenntnisse in eigener Verantwortung weiterzugeben[53]. Dies umfaßt auch das Recht, über Inhalt, Methode und Ablauf der Lehrveranstaltung zu bestimmen[54]. Die Lehrfreiheit realisiert sich zumeist an anerkannten Hochschulen, ohne allerdings auf diese beschränkt zu sein[55]. Dabei liegt die Konkretisierung des Lehrauftrages in der Eigenverantwortung des Wissenschaftlers, die nur durch den Lehrplan, die Studien- und die Prüfungsordnung unter Achtung der thematischen Auswahl- und Äußerungsfreiheit der Lehrperson eingeschränkt ist[56].

14
Verantwortliche Weitergabe wissenschaftlicher Erkenntnis

---

47 BBl 1997 I S. 165.
48 *J.P. Müller*, Grundrechte (LitVerz.), S. 319.
49 Zur Offenheit der Methode vgl. *EGMR*, Urt. v. 25.8.1998, Hertel ./. Schweiz, Recueil 1998-VI.
50 *J.P. Müller*, Grundrechte (LitVerz.), S. 319 f.; *Schwander* (FN 2), S. 113 ff.; *Rhinow*, Grundzüge (LitVerz.), S. 267; Schmid/Schott, in: Ehrenzeller u.a., St. Galler Kommentar (LitVerz.), Art. 64 RN 3.
51 *J.P. Müller*, Grundrechte (LitVerz.), S. 320; *Meyer/Hafner* (FN 1), Art. 20 RN 4.
52 Einschränkend zur Wiedergabe fremder Erkenntnisse *Schwander* (FN 2), S. 119 f.
53 *J.P. Müller*, Grundrechte (LitVerz.), S. 322; *ders.*, Wissenschaftsfreiheit, in: Aubert u.a., Bundesverfassung 1874 (LitVerz.), RN 14; *Meyer/Hafner* (FN 1), Art. 20 RN 3; vgl. auch *Kämpfer*, EuGRZ 1981, S. 687 (695 f.); *M. Müller* (FN 4), S. 174.
54 *J.P. Müller*, Grundrechte (LitVerz.), S. 322; *Meyer/Hafner* (FN 1), Art. 20 RN 3.
55 *J.P. Müller*, Wissenschaftsfreiheit, in: Aubert u.a., Bundesverfassung 1874 (LitVerz.), RN 14; *Kämpfer*, EuGRZ 1981, S. 687 (695); *Schwander* (FN 2), S. 120; *Meyer/Hafner* (FN 1), RN 3; *Gruber* (FN 11), S. 96 f.
56 *J.P. Müller*, Grundrechte (LitVerz.), S. 322; *ders.*, Wissenschaftsfreiheit, in: Aubert u.a., Bundesverfassung 1874 (LitVerz.), RN 14; *Kämpfer* aaO., S. 695 f.; *Schwander* (FN 2), S. 121; *Rhinow*, Grundzüge (LitVerz.), S. 268.

4. Die Lernfreiheit

15
Spiegelbild der Lehrfreiheit

Die Lernfreiheit ist das Recht der Studierenden, im Rahmen der Lehrpläne, Studien- und Prüfungsordnungen ihr Studium und ihre wissenschaftlichen Arbeiten selbst zu gestalten[57]. Insbesondere dürfen Lehrende die eigenen wissenschaftlichen Erkenntnisse der Studierenden nicht unterdrücken[58]. Die Lernfreiheit, die auch in der neuen Bundesverfassung mit Absicht keine Erwähnung findet[59], stellt nach herrschender Auffassung kein eigenes Grundrecht dar: Sie ist das vor allem in einer demokratischen Gesellschaft notwendige Spiegelbild der Lehrfreiheit[60] und umfaßt „alle Handlungen der Lernenden, die für wissenschaftliches Lernen notwendig sind"[61]. Meines Erachtens wird ihr damit aber Unrecht getan, denn aus Sicht des Studierenden ist die Lernfreiheit fundamentaler Bestandteil seiner persönlichen Entfaltung und Entwicklung im Hinblick auf seine Bildung und damit Teil der persönlichen Freiheit. Außerdem brauchen Dozierende nicht nur für sich selbst eine Freiheitsgarantie, sondern auch Garantien für die Lernenden, denn nur mit diesen zusammen können in der Lehre Erkenntnisse aufgebaut werden.

16
Kein Leistungsanspruch

Aus der Lernfreiheit lassen sich allerdings keine Ansprüche auf staatliche Leistungen ableiten[62], insbesondere nicht die Pflicht, Hochschulen zu errichten oder bestimmte Studienrichtungen anzubieten. Auch Zulassungsbeschränkungen (*numerus clausus*)[63], die sich an der Kapazität[64] oder am Bedarf[65] ausrichten, sind grundsätzlich zulässig.

17
Kein allgemeines Recht auf Bildung

Das im UNO-Pakt über wirtschaftliche, soziale und kulturelle Rechte garantierte Recht auf Bildung (Artikel 13) entfaltet nach Auffassung des Bundesgerichts aufgrund mangelnder Bestimmtheit keine rechtlich bindende Wirkung für die Schweiz und kann nicht von Individuen geltend gemacht werden. Dadurch hat das Bundesgericht bisher auch kein über die in Art. 19 BV (Art. 27 Abs. 2 aBV) niedergelegte verfassungsrechtliche Garantie eines obligatorischen, unentgeltlichen, konfessionell neutralen und genügenden Primarschulunterrichts hinausgehendes Recht auf Bildung anerkennen müssen bzw. ein solches aus anderen Bestimmungen abgeleitet. Ob allerdings Studiengebühren über inflationsbedingte Anpassungen hinaus erhöht werden dür-

---

57 *Rhinow*, Grundzüge (LitVerz.), S. 268; *M. Müller* (FN 4), S. 251 f.
58 *J.P. Müller*, Grundrechte (LitVerz.), S. 323; *ders.*, Wissenschaftsfreiheit, in: Aubert u. a., Bundesverfassung 1874 (LitVerz.), RN 16; *Schwander* (FN 2), S. 127 f.; *Meyer/Hafner* (FN 1), Art. 20 RN 5.
59 *Häfelin/Haller*, Bundesstaatsrecht (LitVerz.), RN 528; *Schwander* aaO., S. 121 f.
60 Dazu auch *Schwander* (FN 2), S. 125 f.; ähnlich schon *M. Müller* (FN 4), S. 203.
61 *Schwander* (FN 2), S. 126.
62 *Kämpfer*, EuGRZ 1981, S. 687 (697).
63 Grundlegend dazu *Saladin/Aubert*, Zulassungsbeschränkungen an schweizerischen Hochschulen, in: Hermann Plotke et al. (Hg.), Strukturen des schweizerischen Bildungswesens, Beiheft ZSR 41 (1994), S. 153 ff., vor allem S. 158 ff.; *Markus Schön*, Die Zulassung zu anstaltlich genutzten öffentlichen Einrichtungen aus verfassungsrechtlicher Sicht (Diss. Zürich), 1985, S. 137 ff.; *Zenger*, Der Numerus clausus an Hochschulen als Grundrechtsfrage, ZSR 1983 I, S. 1 ff.; *Paul Richli*, Chancengleichheit im Schul- und Ausbildungssystem als Problem des Staats- und Verwaltungsrechts, ZBl 1995, S. 197 (213 ff.); *Schwander* (FN 2), S. 149 f.
64 *BGE 103* Ia 369 (373–375); *Schön* (FN 63), S. 148 f.; *Kämpfer*, EuGRZ 1981, S. 687 (697).
65 *BGE 103* Ia 369 (387); *104* Ia 305 (308 Erw. 2); VPB 35 (1970–1971), Nr. 57; *Schön* (FN 63), S. 149 ff.; *Kämpfer*, EuGRZ 1981, S. 687 (697).

fen oder ob Zugangsbeschränkungen zu Bildungseinrichtungen zulässig sind, ist in jedem Fall genau zu prüfen. Zumindest die Begründung und die Begleitmaßnahmen müßten einer gerichtlichen Überprüfung unterliegen und standhalten können[66].

IV. Träger der Wissenschaftsfreiheit

Die Wissenschaftsfreiheit steht allen wissenschaftlich Tätigen zu: Als Menschenrecht[67] (Jedermann-Recht) steht sie natürlichen Personen unabhängig von ihrer Staatsangehörigkeit zu. Auch Personen, die in besonderen Rechtsverhältnissen stehen, namentlich Mitarbeiter von Verwaltungen und Universitäten, können sich auf die Wissenschaftsfreiheit berufen[68].

18
Menschenrecht

Unter den Schutz der Wissenschaftsfreiheit können juristische Personen des Privatrechts[69] und wohl auch solche des öffentlichen Rechts[70] fallen, sofern es um den Schutz ihrer Autonomie in Forschung und Lehre geht.

19
Juristische Personen

V. Organisation von Forschung und Hochschulen

1. Vorbemerkung

Wissenschaftliche Tätigkeit benötigt heute in hohem Maße Organisation und Finanzierung. Diese Aufgaben werden zu einem erheblichen Teil vom Staat, vom Bund und von den Kantonen wahrgenommen. Aus der Wissenschaftsfreiheit ergeben sich dabei vor allem zwei Prinzipien: Als Abwehrrecht verbietet die Wissenschaftsfreiheit staatliche Eingriffe in die wissenschaftliche Tätigkeit; als Gestaltungsprinzip verpflichtet die Wissenschaftsfreiheit den Staat dazu, die Wissenschaft zu achten und zu fördern. Dabei ergeben sich wichtige Grundsätze, insbesondere für die staatliche Forschungsförderung und für die Organisation von Universitäten.

20
Abwehrrecht und Gestaltungsprinzip

2. Forschungsförderung

Art. 64 BV verpflichtet den Bund parallel zu den für das Bildungswesen primär zuständigen Kantonen zur Förderung der wissenschaftlichen Forschung[71]. Die

21
Förderpflicht

---

66 Z.B. *BGE 120* Ia 1, 119ff.; *130* I 115ff.; Zur Rechtsprechung des Bundesgerichts vgl. *Kälin/Malinverni/Novak* (FN 7), S. 146 ff.
67 Z.B. *BGE 127* I 145 (153 ff.); *Schwander* (FN 2), S. 170; *J.P. Müller*, Grundrechte (LitVerz.), S. 185.
68 *BGE 115* Ia 234 (267 ff.); *120* Ia 1; *Schwander* aaO., S. 170; *Meyer/Hafner* (FN 1), Art. 20 RN 7. Außerdem sind gemäß Urteil des Bundesgerichts vom 22. 12. 1983 Disziplinarmaßnamen gegen Beamte, welche sich wissenschaftlich äußern, unzulässig und können nicht mit einer Treuepflicht des Beamten gerechtfertigt werden, ZBl 1984, S. 308 ff.
69 *Schwander* aaO., S. 172; *J.P. Müller*, Grundrechte (LitVerz.), S. 319.
70 *Schefer* (FN 42), S. 207; *Meyer/Hafner* (FN 1), Art. 20 RN 7; *Rhinow*, Grundzüge (LitVerz.), S. 268; differenzierter *Schwander* aaO., S. 172 ff., da sich nach herrschender Rechtsprechung juristische Personen öffentlichen Rechts nicht auf Grundrechte berufen können, und *Koechlin Büttiker* (FN 11), S. 36 f.; kritisch dazu schon *J.P. Müller*, Elemente einer schweizerischen Grundrechtstheorie, 1982, S. 92 ff.
71 *Schmid/Schott*, in: Ehrenzeller u. a., St. Galler Kommentar (LitVerz.), Art. 64 RN 5.

Förderpflicht fließt auch aus der Wissenschaftsfreiheit, die staatliches Handeln zur Förderung der Wissenschaft als eine Grundlage sowohl der demokratischen Gesellschaftsordnung als auch der wirtschaftlichen Prosperität einfordert. Die Förderung hat im Rahmen der Verfassung, also auch unter Respektierung der individuellen Wissenschaftsfreiheit der forschenden Menschen und Institutionen stattzufinden. Gefordert ist daher etwa staatliche Zurückhaltung bei der Beurteilung der Forschungsmethoden. Hinsichtlich der *Mittelverteilung* ist neben der Wissenschaftsfreiheit außerdem auch der Gleichheitsgrundsatz zu beachten, wonach allen Forschenden ein einigermaßen gleichberechtigter Zugang zu staatlichen Leistungen zu gewährleisten ist, was allerdings disziplinenübergreifend schwer zu ermitteln und kaum justitiabel ist. Zulässig und geboten (Art. 64 Abs. 2 BV) ist dabei die Koordination[72] der Forschung. Ein individueller Anspruch auf Förderung und Finanzierung der eigenen Forschung kann jedoch weder aus Art. 64 BV noch aus kantonalen verfassungsmäßigen Rechten abgeleitet werden[73]. Wichtigstes Instrument zur Forschungsförderung ist der Schweizerische Nationalfonds zur Förderung der wissenschaftlichen Forschung[74]. Daneben wird die Forschung aber auch in nicht-finanzieller Hinsicht mit manch spezialgesetzlicher Bestimmung gefördert und gestaltet. So wird z.B. im Patentrecht eine Lockerung des patentrechtlichen Schutzes im Rahmen von wissenschaftlichen Forschungsarbeiten angestrebt[75].

3. Hochschulorganisation

Seiner Aufgabe zur Förderung der Wissenschaft kommt der Staat vor allem durch die *Errichtung von Universitäten*, Hochschulen, Fachhochschulen und anderen Lehr- und Forschungseinrichtungen nach[76]. Der Bund unterhält die beiden Eidgenössischen Technischen Hochschulen[77], die Kantone alle anderen Universitäten sowie die Fachhochschulen, wobei der Bund die Hochschulen in den Kantonen mit unterstützt (Art. 63a BV).

Für die Organisation von Hochschulen sind aus dem Blickwinkel der Wissenschaftsfreiheit zwei Ebenen von Bedeutung: Sicherzustellen ist erstens die individuelle Wissenschaftsfreiheit aller wissenschaftlich Tätigen, also der Pro-

---

[72] Zur Koordination *Schmid/Schott* aaO., RN 14–19.
[73] *Schmid/Schott* aaO., RN 10; *Kämpfer*, EuGRZ 1981, S. 687 (696); *Schwander* (FN 2), S. 146 f.
[74] Art. 8 Bundesgesetz v. 7.10.1983 über die Forschung (Forschungsgesetz, FG), SR 420.1; dazu *René Schwarzmann*, Der Schweizerische Nationalfonds zur Förderung der wissenschaftlichen Forschung (Diss. Zürich), 1985. Daneben werden im Forschungsgesetz noch weitere Institutionen der Forschungsförderung des Bundes wie z.B. die Akademien sowie kantonale und private Förderungen anerkannt. (Das FG ist 2006/7 in Revision.)
[75] Vgl. Botschaft des Bundesrates v. 23.11.2005 zur Änderung des Patentgesetzes und zum Bundesbeschluss über die Genehmigung des Patentrechtvertrags und die Ausführungsordnung, BBl 2006 I 1, insbes. die neuen Art. 9 Abs. 1 Ziff. b sowie Art. 40b und Art. 40c PatG.
[76] Der Bund ist dazu durch Art. 64 Abs. 3 BV berechtigt, allerdings nicht verpflichtet; dazu auch *Schmid/Schott*, in: Ehrenzeller u.a., St. Galler Kommentar (LitVerz.), Art. 64 RN 20.
[77] Bundesgesetz vom 4.10.1991 über die Eidgenössischen Technischen Hochschulen (ETH-Gesetz), SR 414.110.

fessoren, Assistenten und Studierenden, soweit sie in wissenschaftlicher Forschung oder Lehre beschäftigt sind. Für jene Personen, deren Anstellung die Verpflichtung zu wissenschaftlicher Forschung oder Lehre enthält, ist die Sicherstellung der Wissenschaftsfreiheit Voraussetzung dafür, daß sie ihren Dienstpflichten nachkommen können. Zweitens ist zu beachten, daß staatliche Hochschulen und Forschungseinrichtungen zum Zwecke wissenschaftlicher Forschung und Lehre errichtet werden[78]: Die Garantie der Wissenschaftsfreiheit ist notwendige Bedingung für die Erreichung dieses Zwecks, da Forschung und Lehre nur dann als wissenschaftlich bezeichnet werden können, wenn sie unter den Bedingungen der Wissenschaftsfreiheit entstanden sind. Die Wissenschaftsfreiheit ermöglicht daher erst die Erreichung des Ziels der vom Staat errichteten wissenschaftlichen Anstalten.

Wissenschaftsfreiheit als Vorbedingung

Die Verpflichtung, Wissenschaftsfreiheit zu gewähren und zu fördern, trifft den Staat auch dann, wenn er, wie im Falle der Universität Freiburg, in die Führung einer theologischen Fakultät eine Kirche mit einbindet[79]. Zwar leitet sich aus der kirchlichen Anerkennung der Fakultät ein Zustimmungserfordernis des Großkanzlers und mit ihm des Dominikanerordens, der vereinbarungsgemäß einen Teil des Lehrkörpers stellt, zu Professorenernennungen ab, doch führt der Entzug der *missio canonica* nur zum Ausscheiden des Professors aus der Fakultät, rechtfertigt aber nach richtiger Auffassung der Lehre seine Entlassung aus dem Universitätsdienst nicht[80]. Unbeschadet bleibt das Recht der Religionsgemeinschaften, eigene Ausbildungs- und Forschungseinrichtungen zu schaffen. Wo aber Lehre und Forschung nicht unter den Voraussetzungen der Wissenschaftsfreiheit stattfinden, ist es nicht möglich, sie als „wissenschaftlich" zu bezeichnen.

24
Universitätsdienst und missio canonica

Wissenschaftlichkeitsanspruch

---

78 Diese Zweckbestimmung ergibt sich klar aus Art. 64 BV. Art. 63 BV über die Berufsbildung und Art. 63a BV über die Hochschulen (einschließlich anderer höherer Bildungsanstalten wie den Fachhochschulen) sind aber auch im Sinne der Zweckbestimmung von Art. 64 BV zu verstehen. Dasselbe gilt auch für die entsprechenden Bundesgesetze wie z.B. das Bundesgesetz vom 4.10.1991 über die Eidgenössischen Technischen Hochschulen (ETH-Gesetz), SR 414.110, oder auch das Bundesgesetz vom 6.10.1995 über die Fachhochschulen (Fachhochschulgesetz, FHSG, SR 414.71. Vor allem ist die Neuordnung der Verfassungsbestimmungen zur Bildung vom 16.12.2005 an zu beachten (BBl 2005, S. 7273), anhand derer die internationale Wettbewerbsfähigkeit des schweizerischen Bildungswesens erhöht, die interkantonale und internationale Mobilität erleichtert und die kantonalen Bildungssysteme in einzelnen Punkten gesamtschweizerisch harmonisiert werden sollen (Bericht der Kommission für Wissenschaft, Bildung und Kultur des Nationalrats, BBl 2005, S. 5479).
79 Vgl. dazu: Abkommen vom 8.7.1985 betreffend die Theologische Fakultät der Universität Freiburg (SR [Freiburg] 4.1.0.0.1); Statuten vom 23.1.2001 der Theologischen Fakultät der Universität Freiburg i.Ue. (SR [Freiburg] 4.1.0.0.2); *Fleiner-Gerstner*, Artikel 27 Abs. 3 und die kantonalen Universitäten, namentlich Freiburg, in: Francis Cagianut/Willi Geiger/Yvo Hangartner/Ernst Höhn (Hg.), Aktuelle Probleme des Staats- und Verwaltungsrechts, FS Otto K. Kaufmann zum 75. Geburtstag, 1989, S. 83 ff.; *Felix Hafner*, Kirchen im Kontext der Grund- und Menschenrechte, 1992, vor allem S. 345–356; *Wildhaber* (FN 2), ZSR 1972 I, S. 395 ff.
80 *Fleiner-Gerster* (FN 79), S. 94; *Hafner* aaO, S. 353 f.

VI. Schranken der Wissenschaftsfreiheit

1. Vorbemerkung

25
Kollidierende Grundrechte und explizite Normen als Schranken

Die Wissenschaftsfreiheit kann, wie andere Grundrechte auch, unter Einhaltung der Voraussetzungen von Art. 36 BV eingeschränkt werden, soweit dadurch ihr Kerngehalt nicht berührt wird[81]. Ihre Grenzen sind vielfach schon in der Bundesverfassung durch kollidierende Grundrechte und durch explizite Normierung abgesteckt. Daneben können sich Einschränkungen der Forschungsfreiheit aus dem Strafrecht und dem Polizeirecht ergeben. Staatlich finanzierte Forschung kann außerdem durch den Forschungsauftrag[82], durch das Forschungsziel und die zur Verfügung stehenden Mittel beschränkt sein[83]. Neben den rechtlichen Schranken der Forschungsfreiheit kann aber auch die Frage nach etwaigen moralischen Grenzen gestellt werden. So könnten gewisse Forschungsziele, Methoden und ihre Nebeneffekte sowie Anwendungen der Ergebnisse als moralisch verwerflich erscheinen[84]. Sogleich soll jedoch auf die wesentlichen rechtlichen Schranken der Wissenschaftsfreiheit eingegangen werden.

2. Schutz des Menschen

a) Menschenwürde

26
Grundrechtskern

Der Grundrechtskatalog der Bundesverfassung steht unter dem Primat der Menschenwürde, die zu achten und zu schützen ist (Art. 7 BV). Dem Staat ist es verboten, den Persönlichkeitswert des Menschen zu verletzen; zugleich ist er verpflichtet, Übergriffe Dritter auf die Persönlichkeit des Einzelnen abzuwehren[85]. Im Kern gebietet es die Menschenwürde, den Menschen als Subjekt zu respektieren und nicht zum Objekt zu machen[86]. Daraus ergibt sich namentlich ein Verbot unmenschlicher und erniedrigender Behandlung (Art. 10 Abs. 3 BV, Art. 3 EMRK)[87]. In ihrem Individualrechtsbereich ist die Menschenwürde unbeschränkbar[88]. Jegliche Forschung darf deshalb nie den Kerngehalt und zugleich Schutzbereich der Menschenwürde unterlaufen, nämlich die persönliche Integrität und Würde einer jeden Person. Dies umfaßt neben dem Willen und den Absichten eines jeden Menschen sowie seiner körperlichen Selbstbestimmung und Unversehrtheit auch sein Ansehen und seine Würde von einem objektiven Standpunkt aus.

---

81 *Mahon*, in: Aubert/ders., Constitution (LitVerz.), Art. 20 RN 4. Zur Einschränkung von Grundrechten statt vieler: *R. J. Schweizer*, Art. 36, in: Ehrenzeller u.a., St. Galler Kommentar (LitVerz.).
82 Hier entfällt die Freiheit der Wahl des Forschungsproblems. Davon abgesehen steht die Auftragsforschung ebenso wie die Ressortforschung (verwaltungsinterne Forschung) unter der Garantie der Wissenschaftsfreiheit (*J.P. Müller*, Grundrechte [LitVerz.], S. 320).
83 BBl 1981 III S. 1021 (1068); BBl 1997 I S. 1 (165).
84 Ausführlich dazu *Andreas Bachmann/Klaus Peter Rippe*, Gibt es unmoralische Forschungsziele?, Gutachten zu Handen der Sektion „Forschung am Menschen und Ethik", Bundesamt für Gesundheit, 2005.
85 Vgl. dazu u.a. *Mastronardi*, in: Ehrenzeller u.a., St. Galler Kommentar (LitVerz.), Art. 7 RN 32.
86 *Mastronardi* aaO., RN 43.
87 *Mastronardi* aaO., RN 44.
88 *Mastronardi* aaO., RN 52.

b) Recht auf Leben und persönliche Freiheit

Art. 10 BV[89] spricht jedem Menschen „das Recht auf Leben" (Absatz 1), „auf persönliche Freiheit, insbesondere auf körperliche und geistige Unversehrtheit und Bewegungsfreiheit" (Absatz 2) zu und verbietet die Folter (Absatz 3). Da jeglicher Eingriff in das Leben absolut unzulässig ist[90], sind Versuche am Menschen, die vorhersehbar zu dessen Tod führen, in jedem Fall und unabhängig von der Zustimmung der Versuchsperson[91] als Eingriff in den unverzichtbaren Kerngehalt des Grundrechts auf Leben zu werten und damit unzulässig[92]. Bei anderer Forschung am Menschen[93] ist Art. 10 Abs. 2 BV gegen die Wissenschaftsfreiheit abzuwägen. Im Einklang mit Forderungen der Lehre[94] hat der schweizerische Gesetzgeber dafür „Leitplanken"[95] gesetzlich vorgegeben[96]. Der Versuch wird dabei von der Zustimmung der vorher umfassend aufgeklärten Versuchsperson, der vorgängigen Sicherstellung des Ersatzes für Schäden aus dem Versuch und der Befürwortung durch eine Ethikkommission abhängig gemacht.

27 Verbot von Folter

„Leitplanken" für das Humanforschungsrecht

Auf den in der Verfassung verankerten Bundeskompetenzen zum Schutz der Gesundheit der Bevölkerung und der Arbeitnehmer sowie fundamentalen Grundrechten, wie dem Schutz des Lebens, der Würde oder der persönlichen Freiheit, beruhen sodann gesetzliche Vorschriften, welche vom Umgang mit Blutreserven, über die Verwendung überzähliger Eizellen zu Forschungszwecken bis hin zum Schutz von DNA-Daten eines Menschen reichen[97]. Auf diese soll nun besonders eingegangen werden.

28 Gesetzliche Ausprägungen

c) Gesundheitsschutz

Art. 118 BV gibt dem Bund beschränkt Kompetenzen zum Schutz der Gesundheit. So ist er befugt, Vorschriften über den Umgang mit Heilmitteln[98],

29

---

[89] Vgl. dazu u.a. *R.J. Schweizer*, in: Ehrenzeller u.a., St. Galler Kommentar (LitVerz.), Art. 10.
[90] *R.J. Schweizer* aaO., RN 11.
[91] Vgl. 114 Strafgesetzbuch (StGB) „Tötung auf Verlangen", SR 311.0; dazu *Christian Schwarzenegger*, Art. 114, in: ders. (Hg.), StGB: Schweizerisches Strafgesetzbuch, ²2003, bes. RN 8; *Günther Stratenwerth*, Schweizerisches Strafrecht, Allgemeiner Teil, Band 1, ³2005, S. 206ff.; *Peter Noll/Stefan Trechsel*, Schweizerisches Strafrecht Allgemeiner Teil I, ⁶2004, S. 141f.; auch BBl 1997 I S. 1 (145f.); grundlegend nach wie vor *BGE 98* Ia 508 Erw. 4a, beruhend auf *J.P. Müller*, Recht auf Leben, Persönliche Freiheit und das Problem der Organtransplantation, ZSR 1971 I, S. 451 (461f.).
[92] Vgl. auch *Schwander* (FN 2), S. 201f.
[93] Vgl. *R.J. Schweizer*, Recht der Forschungen im Gesundheitsbereich, in: Thomas Poledna/Ueli Kieser (Hg.), Schweizerisches Bundesverwaltungsrecht, Bd. VIII: Gesundheitsrecht, 2005, S. 375ff.
[94] Z.B. *R.J. Schweizer*, Verfassungsrechtlicher Persönlichkeitsschutz, in: Thürer/Aubert/Müller, Verfassungsrecht (LitVerz.), S. 691ff., RN 33; *ders.*, in: Ehrenzeller u.a., St. Galler Kommentar (LitVerz.), Art. 10 RN 29.
[95] Botschaft zu einem Bundesgesetz über Arzneimittel und Medizinprodukte (BBl 1999 III S. 3453 [3534]).
[96] Art. 53–57 Bundesgesetz über Arzneimittel und Medizinprodukte (Heilmittelgesetz, HMG), SR 812.21; Verordnung über klinische Versuche mit Heilmitteln (VKlin), SR 812.214.2; vgl. dazu u.a. *Schwander* (FN 2), S. 206f.; aus strafrechtlicher Sicht *Stratenwerth* (FN 91), S. 205.
[97] Vgl. dazu *R.J. Schweizer* (FN 93).
[98] Dazu *Kieser*, Heilmittel, in: Thomas Poledna/ders. (Hg.), Schweizerisches Bundesverwaltungsrecht, Bd. VIII: Gesundheitsrecht, 2005, S. 135ff.

§ 218　　　*Vierzehnter Teil: II. Einzelgrundrechte*

Sicherheit am Arbeitsplatz

Lebensmitteln[99], Chemikalien und anderen Stoffen und Gegenständen, welche die Gesundheit beeinträchtigen können, zu erlassen, sofern diese grundsätzlich von jedermann *verwendet* werden können[100]. Ausgeschlossen sind damit Waren oder Gegenstände, „mit denen ausschliesslich Spezialisten in Ausübung ihrer beruflichen Tätigkeiten in Kontakt kommen"[101]. Doch auch für diese Gruppe erläßt der Bund im Rahmen seiner Kompetenzen (Art. 110 lit. a sowie Art. 118 BV) Vorschriften über die Sicherheit am Arbeitsplatz und ähnliches, welche der Verhinderung von Berufsunfällen und Berufskrankheiten dienen[102].

Strahlenschutz

Explizit in der Bundesverfassung aufgetragen ist dem Bund der Erlaß von Vorschriften zum „Schutz vor ionisierenden Strahlen" (Art. 118 Abs. 2 lit. c BV). Das Strahlenschutzgesetz[103] behält Tätigkeiten, die eine Gefährdung mit ionisierenden Strahlen mit sich bringen, sachkundigen Personen, also auch Wissenschaftlern, vor[104]. Mensch und Umwelt dürfen nur dann ionisierenden Strahlen ausgesetzt werden, wenn dies „sich mit den damit verbundenen Vorteilen und Gefahren rechtfertigen läßt"[105]. Im Gegenzug ist es Aufgabe des Bundes, die wissenschaftliche Forschung über Strahlenwirkungen und Strahlenschutz sowie die Ausbildung von Fachleuten, also auch von Wissenschaftlern, zu fördern[106].

30

Gesundheitsforschung

Für die Forschung im Gesundheitsbereich, wie z. B. in der Bio-, der Fortpflanzungs- oder der Transplantationsmedizin, kommen neben den in der Verfassung verankerten Bundeskompetenzen zur Regelung dieses Bereichs (Art. 118, Art. 119a und Art. 119 BV) auch Vorschriften aus internationalen Abkommen zum Tragen: so etwa aus dem 5. Zusatzprotokoll zur Europäischen Konvention über Menschenrechte und Biomedizin über biomedizinische Forschung vom Januar 2005[107] oder aus sogenanntem „Soft Law", wie den International Ethical Guidelines for Biomedical Research involving Human Subjects[108] des an die

---

99　Für den Verkauf von gentechnisch veränderten Nahrungsmitteln kennt die Schweiz heute bloß ein Kennzeichnungs- und Informationsgebot, jedoch kein generelles Verbot, da gesundheitsschädigende Auswirkungen des Verzehrs derartiger Nahrungsmittel bis heute nicht zweifelsfrei nachgewiesen werden konnten. Vgl. Art. 3, 17f. Gentechnikgesetz (GTG), SR 814.91. Daneben können gemäß Art. 19 GTG vom Bundesrat noch spezielle Regelungen für bestimmte gentechnisch veränderte Organismen oder den Transport solcher etc. getroffen werden.
100　*Mader* in: Ehrenzeller u. a., St. Galler Kommentar (LitVerz.), Art. 118 RN 7.
101　*Mader* (FN 100), RN 7.
102　Vgl. dazu auch *Krummenacher/Güggi*, Verhütung von Berufsunfällen und Berufskrankheiten, in: Thomas Poledna/Ueli Kieser (Hg.), Schweizerisches Bundesverwaltungsrecht, Bd. VIII: Gesundheitsrecht, 2005, S. 263 ff.
103　Strahlenschutzgesetz (StSG), SR 814.50; Botschaft dazu in BBl 1988 S. 181.
104　Art. 5 StSG.
105　Art. 8 StSG; zur Begrenzung der Strahlenexposition Art. 9 ff.; zum Schutz strahlenexponierter Personen Art. 11 ff.
106　Art. 5 StSG; analoge Bestimmungen bestanden in Art. 2 des ehemaligen Atomgesetzes v. 1958; Botschaft dazu in BBl 1958 II S. 1521; heute enthalten Art. 86 und 87 Kernenergiegesetz (KEG) noch ähnliche Bestimmungen (SR 732.1); Botschaft dazu in BBl 2001 S. 2665.
107　Additional Protocol to the Convention on Human Rights and Biomedicine, concerning Biomedical Research, CETS No. 195. Dieses Protokoll ist jedoch mangels genügender Ratifikationen noch nicht in Kraft. Die Schweiz hat es außerdem (noch) nicht unterzeichnet. Nach Annahme des neuen Bundesgesetzes über die Humanforschung ist eine Unterzeichnung und Ratifikation jedoch beabsichtigt.
108　*Council for International Organizations of Medical Sciences (CIOMS)*, International Ethical Guidelines for Biomedical Research Involving Human Subjects, 2002.

Weltgesundheitsorganisation (WHO) angeschlossenen Council for International Organizations of Medical Sciences (CIOMS) aus dem Jahre 2002. Diese völkerrechtlichen Quellen umfassen Schutzvorschriften und Schutzempfehlungen sowie ethische Verpflichtungen für Wissenschaftler und Patienten bzw. Betroffene.

d) Schutz der Privatsphäre

Die Wissenschaftsfreiheit wird weiter durch den Schutz der Privatsphäre und den Datenschutz beschränkt (Art. 13 BV)[109]. Eingriffe in die Privatsphäre sind Wissenschaftlern ohne Zustimmung der Betroffenen verboten und können durch die Wissenschaftsfreiheit nicht gerechtfertigt werden. Dies ergibt sich klar aus den Datenschutzbestimmungen, die jede unrechtmäßige Beschaffung oder Weiterverwendung bzw. Weitergabe von Personendaten verbieten[110]. Ausgeschlossen ist damit der Zugriff auf Daten und Informationen über Personen ohne deren Zustimmung, soweit es sich dabei nicht um allgemein zugängliche Informationen handelt[111]. Namentlich die Veröffentlichung und Weitergabe medizinischer Daten durch die Forschung ist regelmäßig problematisch und wird in Art. 321bis des schweizerischen Strafgesetzbuches (StGB) deshalb speziell geregelt[112]. Zulässig ist die Bearbeitung von Personendaten zu Forschungszwecken, die nicht personenbezogen sind und die die betroffenen Personen in der Veröffentlichung nicht erkennen lassen[113]. Dies ist z.B. in statistischen Erhebungen des Bundes weitgehend garantiert[114].

31 Zustimmung der Betroffenen

Veröffentlichung und Weitergabe medizinischer Daten

e) Forschung im Bereich der Fortpflanzungsmedizin und der humanen Gentechnik

Art. 119 BV führt den Schutz von Menschenwürde und Persönlichkeit bei der Forschung am Menschen im Bereich der Gentechnik näher aus[115]. So enthält Art. 119 BV[116] das Gebot, den Menschen „vor Missbräuchen der Fortpflanzungsmedizin und der Gentechnologie" zu schützen (Absatz 1). Außerdem verpflichtet er den Bund, Vorschriften zum „Schutz der Menschenwürde, der Persönlichkeit und der Familie" zu erlassen (Absatz 2). Über diese allgemeine Vorschrift hinaus legt die Bundesverfassung die dabei zu verfolgenden

32 Spezifische Schutzverpflichtungen des Staates

---

109 Vgl. dazu u.a. *Breitenmoser/R.J. Schweizer*, in: Ehrenzeller u.a., St. Galler Kommentar (LitVerz.), Art. 13.
110 Art. 4 Datenschutzgesetz (DSG), SR. 235.1.
111 BGE 127 I 145; dazu *Breitenmoser/R.J. Schweizer* (FN 109), Art. 13 RN 12 f.; vgl. auch Art. 12 DSG.
112 Schweizerisches Strafgesetzbuch vom 21.12.1937 (StGB), SR 311.0; vgl. dazu insbesondere *Niklaus Ruckstuhl*, Art. 321bis StGB: Das Berufsgeheimnis in der medizinischen Forschung (Diss. Basel), 1999; außerdem *Arzt*, Art. 321bis StGB, in: Urs Maurer/Nedim Peter Vogt (Hg.), Kommentar zum schweizerischen Datenschutzgesetz, 1995, S. 477 ff.; die Verordnung vom 14.6.1993 über die Offenbarung des Berufsgeheimnisses im Bereich der medizinischen Forschung (VOBG), SR 235.154, regelt im weiteren den konkreten Umgang mit medizinischen Daten durch Forschende.
113 Art. 13 Abs. 2 lit. e DSG.
114 Bundesstatistikgesetz vom 9.10.1992 (BStatG), SR 431.01.
115 *Reusser/R.J. Schweizer*, in: Ehrenzeller u.a., St. Galler Kommentar (LitVerz.), Art. 119 RN 13 ff.
116 Vgl. dazu u.a. *Reusser/R.J.Schweizer* aaO., Art. 119; außerdem *Koechlin Büttiker* (FN 11), vor allem S. 75 ff.; *R.J. Schweizer*, in: Aubert/Eichenberger/Müller, Bundesverfassung 1874 (LitVerz.), Art. 24[novies].

Grundsätze, bei denen es sich auch um Verbote handelt, fest. Normiert ist damit eine Beschränkung der Wissenschaftsfreiheit. Insbesondere sind „alle Arten des Klonens und Eingriffe in das Erbgut menschlicher Keimzellen und Embryonen" ebenso verboten (Absatz 2 lit. a) wie das Einbringen nichtmenschlichen Keim- und Erbguts in das menschliche (Interspeziesmanipulationen; Absatz 2 lit. b). In der Verfassung festgelegt ist damit eine zumindest teilweise explizit formulierte Schranke der Forschungsfreiheit, die nicht danach differenziert, zu welchem Zweck die Eingriffe vorgenommen werden. Konkretisiert werden diese Garantien sodann im Fortpflanzungsmedizingesetz[117], im Stammzellenforschungsgesetz[118] und im Heilmittelgesetz[119]. Außerdem hat der Bundesgesetzgeber ein neues Gesetz über genetische Untersuchungen am Menschen erlassen, welches speziell zur Privatsphäre und zum Datenschutz Regelungen trifft, jedoch noch nicht in Kraft ist[120].

Explizite Schranke der Forschungsfreiheit

3. Schutz der Umwelt

a) Nachhaltigkeit

33

Ausgewogenheit von Mensch und Umwelt

Art. 73 BV verpflichtet Bund und Kantone, „ein auf Dauer ausgewogenes Verhältnis zwischen der Natur und ihrer Erneuerungsfähigkeit einerseits und ihrer Beanspruchung durch den Menschen anderseits" anzustreben. Wie sich auch aus Art. 2 Abs. 2 BV[121] und der Präambel[122] ergibt, ist damit eine (wirtschaftliche) Entwicklung gemeint, die sich ihrer Verantwortung vor der Schöpfung, aber auch gegenüber den künftigen Generationen bewußt ist und die Erhaltung der natürlichen Lebensgrundlagen sichert. Folgerichtig wird der Grundsatz der Nachhaltigkeit[123] überwiegend in Bestimmungen zur Waldgesetzgebung, zum Gewässerschutz, zur Fischerei, zur Raumordnung, zur Landwirtschaft und zur Energiewirtschaft umgesetzt[124]. Wissenschaftliche Forschung hat stets die Grenzen zu beachten, die ihr durch die Forderung einer nachhaltigen Entwicklung gesetzt werden. Obwohl sich das Prinzip der Nachhaltigkeit vor allem auf die wirtschaftliche Nutzung natürlicher Ressourcen bezieht, setzt es auch der Forschung, insoweit sie diese dafür in Anspruch nimmt, Grenzen.

---

117 Bundesgesetz vom 18. 12. 1998 über die medizinisch unterstützte Fortpflanzung (Fortpflanzungsmedizingesetz, FMedG), SR 810.11.
118 Bundesgesetz vom 19. 12. 2003 über die Forschung an embryonalen Stammzellen (Stammzellenforschungsgesetz, StFG), SR 810.31.
119 Bundesgesetz vom 15. 12. 2000 über Arzneimittel und Medizinprodukte (Heilmittelgesetz, HMG), SR 812.21, insbesondere Art. 53–57 zur klinischen Forschung. Dazu außerdem die Verordnung vom 17. 10. 2001 über klinische Versuche mit Heilmitteln (VKlin), SR 812.214.2. *Schefer* (FN 42), S. 208f.
120 Bundesgesetz über genetische Untersuchungen beim Menschen (GUMG); Botschaft des Bundesrates, BBl 2002 S. 7361.
121 Dazu *Ehrenzeller*, in: ders. u. a., St. Galler Kommentar (LitVerz.), Art. 2, vor allem RN 18; *Vallender/ Morell*, in: Ehrenzeller u. a., St. Galler Kommentar (LitVerz.), Art. 73 RN 14.
122 Dazu *Ehrenzeller* aaO., Präambel, RN 21, 25; *Vallender/Morell* aaO., RN 14.
123 Zum Begriff der Nachhaltigkeit ausführlich *Griffel*, Grundprinzipien des Umweltrechts, in: Walter Haller (Hg.), Umweltrecht, Ein Lehrbuch, 2004, S. 5 ff., insb. RN 14–23, 30 f.
124 Überblick dazu bei *Vallender/Morell* (FN 121), S. 33 ff.; *Griffel* (FN 123), RN 32 ff.

b) Umweltschutz

Nach Art. 74 BV ist der Bund verpflichtet, „Vorschriften über den Schutz des Menschen und seiner natürlichen Umwelt vor schädlichen oder lästigen Einwirkungen" zu erlassen (Absatz 1) und dafür Sorge zu tragen, daß „solche Einwirkungen vermieden werden" (Absatz 2)[125]. Lästige und schädliche Einwirkungen sind dabei nicht nur Schadstoff- oder Lärmimmissionen, sondern auch andere nachteilige Veränderungen, wie Klimaveränderungen oder Einwirkungen auf die natürliche Beschaffenheit des Erdreichs[126]. Nicht von Art. 74 BV erfaßt werden hingegen gesundheitsschädliche Einwirkungen[127]. Die Forschungsfreiheit wird also auch durch das öffentliche Interesse an einer intakten Umwelt begrenzt, sofern sie auf diese einwirkt oder sie für ihre Zwecke nützt.

34
Schutzverpflichtung des Bundes

c) Tierschutz

Wie die Forschung am Menschen hat auch die Forschung am Tier eine verfassungsrechtliche Grundlegung: „Der Bund erläßt Vorschriften über den Schutz der Tiere" (Art. 80 Abs. 1 BV)[128] und regelt insbesondere „die Tierversuche und die Eingriffe am lebenden Tier" (Art. 80 Abs. 2 lit. b BV) sowie „das Töten von Tieren" (Art. 80 Abs. 2 lit. f BV). Der Bund hat diese Verpflichtungen im Tierschutzgesetz umgesetzt und Tierversuche restriktiv geregelt[129]. Erforderlich ist stets eine einzelfallbezogene Abwägung zwischen der Belastung des Versuchstiers einerseits und dem möglichen Erkenntnisgewinn, der Bedeutung des Versuches für Gesundheit und Fortbestand der Menschen und Tiere andererseits[130]. A priori kommt dabei weder dem Tierschutz noch der Wissenschaftsfreiheit Vorrang zu[131].

35
Tierversuche

d) Gentechnologie im außerhumanen Bereich

Aufgabe des Bundes ist es schließlich auch, den Menschen und seine Umwelt vor Mißbräuchen der Gentechnologie zu schützen (Art. 120 BV)[132]. Er ist verfassungsrechtlich verpflichtet, „Vorschriften über den Umgang mit Keim- und Erbgut von Tieren, Pflanzen und anderen Organismen" zu erlassen[133]. Die Bundesverfassung verbietet nicht jeden Umgang mit Gentechnik, sondern nur den Mißbrauch; mißbräuchlich ist der Umgang, „wenn er der Würde der Kreatur oder der Sicherheit von Mensch, Tier und Umwelt nicht Rechnung

36
Schutz vor Mißbrauch

---

125 Vgl. dazu *Peter Hänni*, Planungs-, Bau- und besonderes Umweltschutzrecht, ⁴2002, S. 342 ff.; *Morell*, in: Ehrenzeller u. a., St. Galler Kommentar (LitVerz.), Art. 74.
126 *Morell* (FN 125), RN 13; Detailregelungen u. a. bei *Hänni* (FN 125), S. 347 ff.
127 Zu diesen vgl. *Morell* (FN 125), RN 13.
128 Zu Art. 80 BV vgl. insb. *Steiger/R.J. Schweizer*, in: Ehrenzeller u. a., St. Galler Kommentar (LitVerz.), Art. 80.
129 *Steiger/R.J.Schweizer* aaO., RN 13 f.
130 *Steiger/R.J. Schweizer* aaO., RN 14; *Christoph Andreas Zenger*, Das „unterläßliche Maß" an Tierversuchen, Ergebnisse und Grenzen der juristischen Interpretation eines „unbestimmten Rechtsbegriffs" Beiheft ZSR 8 (1989), S. 87.
131 *Steiger/R.J. Schweizer* aaO., RN 14; *Zenger* aaO., S. 87.
132 Vgl. dazu *R.J. Schweizer*, in: Ehrenzeller u. a., St. Galler Kommentar (LitVerz.), Art. 120.
133 Art. 120 Abs. 2 BV.

trägt oder die genetische Vielfalt der Tier- und Pflanzenarten nicht schützt"[134]. Die Bundesverfassung enthält damit eine explizite Forschungsschranke, da der Schutz der genannten Güter der Wissenschaftsfreiheit nach dem Willen des Verfassungsgesetzgebers vorgeht.

Explizite Forschungsschranke

4. Schutz des Staates und der öffentlichen Ordnung

37

Schutz der Sicherheit und Unabhängigkeit des Landes

Der Schutz der Sicherheit und Unabhängigkeit des Landes ist mit ein Zweck der Eidgenossenschaft (Art. 2 Abs. 1 BV)[135]. Eine Schranke für die Forschung ergibt sich dabei insofern, als sie mit ihren Versuchen, Publikationen und ähnlichem nicht die öffentliche Sicherheit gefährden bzw. die Unabhängigkeit des Landes in Frage stellen darf. Besonders was den ersten Aspekt betrifft, sei auf die abscheuliche Rolle so mancher Vertreter der Wissenschaft im Zweiten Weltkrieg verwiesen (Eugenik, Menschenexperimente, Bücherverbrennung, Volksverhetzung, etc.). Heikel im Zusammenhang mit Forschungsschranken ist natürlich auch Forschung, die im militärischen Bereich stattfindet, aufgrund ihrer stark politischen Verflechtung.

VII. Schlußbemerkungen: Schranken der Beschränkungen

38

Erhalt der Forschungsfreiheit

Die rasante Entwicklung der wissenschaftlichen und technischen Erkenntnisse sowie Forschungsmethoden im letzten Jahrhundert wie in den heutigen Tagen hat eine zunehmend detailliertere und weitreichende Schrankenregelung für wissenschaftliche Betätigungen aller Art notwendig werden lassen. Nichtsdestotrotz ist die Wissenschaftsfreiheit mitsamt ihren Teilgehalten aber auch ein Gestaltungsprinzip, die Vorgabe einer Grundordnung für den Gesetzgeber. Deshalb ist es von entscheidender Bedeutung, daß durch die umfangreiche Schrankenregelung nicht wissenschaftlicher Forschungsdrang und Forschungsbedarf im Keim erstickt werden, sondern eine von Freiheit geprägte Forschungskultur erhalten bleibt. War in der alten Bundesverfassung die Wissenschaftsfreiheit noch aus der Meinungsfreiheit hergeleitet worden, galt für sie automatisch auch sinngemäß das Zensurverbot. Gerade dieser Aspekt des Schutzes der freien wissenschaftlichen Betätigung und Publikation erscheint heute aber durch die von der Meinungsfreiheit losgelöste Garantie der Wissenschaftsfreiheit an Beachtung zu verlieren. Es ist aber zentraler Bestandteil einer Kultur der freien Wissenschaft, daß sowohl die Forschungsfragen unbefangen ausgewählt als auch die Forschungsergebnisse ungehindert publiziert und weitergegeben werden können.

Parallelen zum Zensurverbot

39

Restriktive Schrankensetzung

Der Europäische Gerichtshof für Menschenrechte hat in seiner Leitentscheidung *Hertel gegen die Schweiz* mehr als deutlich gemacht, wie wichtig eine äußerst sorgfältige Prüfung der Notwendigkeit einer Beschränkung der Wis-

---

[134] *R.J. Schweizer* aaO., Art. 120 RN 4; Art. 120 Abs. 2 BV.
[135] Zum Zweckartikel der Bundesverfassung *Ehrenzeller*, in: ders. u.a., St. Galler Kommentar (LitVerz.), Art. 2.

senschaftsfreiheit in einer demokratischen Gesellschaft gemäß Art. 10 Abs. 2 EMRK ist und wie restriktiv bei dieser Beurteilung von den Behörden vorgegangen werden muß[136]: „this freedom is subject to exceptions, which [...] must, however, be construed strictly, and the need for any restrictions must be established convincingly"[137]. Auf das Schweizer Rechtssystem angewandt, bedeutet dies eine äußerst sorgfältige Prüfung und Beurteilung der Verhältnismäßigkeit einer Beschränkung dieser für die Gesellschaft so wichtigen Freiheit sowie eine genaue Untersuchung auf eine etwaige Antastung ihres Kerngehalts hin. Nur so kann dem Gestaltungsprinzip einer von Freiheit geprägten wissenschaftlichen Kultur sowie einer dennoch den Grundrechten und einer menschenwürdigen Ethik verpflichteten Forschung Rechnung getragen werden.

B. Kunstfreiheit

I. Geschichte der Kunstfreiheit

Wie die Wissenschaftsfreiheit hat auch die Kunstfreiheit erst durch die neue Bundesverfassung (in Artikel 21) expliziten bundesverfassungsrechtlichen Schutz erhalten. Zuvor wurde sie in Einklang mit der Praxis des Europäischen Gerichtshofs für Menschenrechte zu Art. 10 EMRK[138] in ständiger Rechtsprechung[139] als Teilgehalt der Meinungsäußerungsfreiheit geschützt, ohne daß sie als selbständiges Grundrecht anerkannt war[140]. Dies war ein Fortschritt, nachdem vor allem die ältere Rechtsprechung Teilbereiche des künstlerischen Schaffens durch die Handels- und Gewerbefreiheit geschützt hatte[141]. Auch im Falle der Kunstfreiheit liegt heute daher „nachgeführtes"[142] Verfassungsrecht vor. Die Aufnahme der Kunstfreiheit in den Text der Bundesverfassung war unstrittig[143].

40
Verselbständigung als Grundrecht

---

136 *EGMR*, Urt. v. 25.8.1998, Hertel ./. Schweiz, Recueil 1998-VI, §§ 64 ff.
137 *EGMR* aaO., § 64.
138 *EGMR*, Urt. v. 24.5.1988, *Müller u.a. ./. Schweiz*, Série A Nr. 133, Ziff. 33, sowie EuGRZ 1988, S. 545; dazu auch *Grabenwarter* (FN 5), S. 236.
139 U.a. *BGE 101* Ia 252 (255 Erw. 3b); *117* Ia 472 (478 Erw. 5c); gute Übersicht der älteren Rechtsprechung bei *Susanne Baeggli*, Die Kunstfreiheitsgarantie in der Schweiz, 1974, S. 20 ff., und *Ursula Vogt*, Die Freiheit der Kunst im Verfassungsrecht der Bundesrepublik Deutschland und der Schweiz, 1975, S. 40 ff.
140 BBl 1997 I S. 1 (163 f.); *Meyer/Hafner* (FN 1), Art. 20 RN 1 f.; *J.P. Müller*, Grundrechte (LitVerz.), S. 302 f.; *ders.*, Kunstfreiheit, in: Aubert u.a., Bundesverfassung 1874 (LitVerz.), RN 1 f.; *Baeggli* aaO., S. 12 ff.; *Heinrich Hempel*, Die Freiheit der Kunst. Eine Darstellung des schweizerischen, deutschen und amerikanischen Rechts, 1991, S. 62 ff., 103 ff.; *Mischa Charles Senn*, Satire und Persönlichkeitsschutz. Zur rechtlichen Beurteilung satirischer Äußerungen auf der Grundlage der Literatur- und Rezeptionsforschung, 1998, S. 116 ff.
141 *BGE 59* I 58 – Wandertheater; *59* I 107 – Variété; *80* I 121 – Bildhauerei; *80* I 139 – Zirkus; *Hempel* aaO., S. 81 ff.
142 Vgl. dazu FN 28.
143 Diskutiert wurde lediglich, ob es, wie vorgeschlagen, angebracht wäre, Kunst- und Wissenschaftsfreiheit in einem Artikel aufzuführen.

41
Völkerrechtliche Flankierung

Auf völkerrechtlicher Ebene findet sich neben den Garantien der Meinungsäußerungsfreiheit und des Privatlebens in Art. 8 und 10 EMRK sowie Art. 17 und 19 UNO-Pakt II, aus denen traditionell die Kunstfreiheit abgeleitet wurde, eine spezielle Garantie der Freiheiten in Zusammenhang mit der Schaffung und Förderung von Kunst in Art. 15 UNO-Pakt I. Diese hat zwar bloß programmatischen Charakter und ist im Gegensatz zu den beiden Artikeln aus dem UNO-Pakt II nicht direkt justitiabel, doch schlägt sie aufgrund der hohen Bedeutsamkeit dieser Pakte auf die rechtliche Situation in der Schweiz durch[144].

II. Inhalt und Tragweite der Kunstfreiheit

1. Kein rechtlicher Kunstbegriff

42
Fehlender Konsens

Entwicklungsoffenheit

In der schweizerischen Lehre ist unbestritten, daß es keinen rechtlich verbindlichen Kunstbegriff gibt[145], da weder eine anerkannte Theorie der Ästhetik noch ein gesellschaftlich vorgegebener Kunstbegriff noch ein Konsens der Kunstschaffenden auszumachen sind[146]. Dabei erscheint es auch nicht als entscheidend, ob Kunstschaffende selbst ihre Werke als Kunst bezeichnen (z.B. bei Performance-Kunst). Eine abschließende rechtliche Definition von Kunst ist jedoch weder notwendig noch sinnvoll[147], da künstlerische Tätigkeit der Möglichkeit der Innovation und Weiterentwicklung in neuen Formen unbedingt bedarf. Als Indizien für das Vorliegen von Kunst werden das Selbstverständnis der schöpferisch Tätigen, die Ansicht der Rezipienten von Kunst, der Konsens der Artistic Community und der Vorstellungs- bzw. Ausstellungsort angeführt[148], ohne daß diesen Kriterien jedoch ein notwendiger oder abschließender Charakter zugesprochen werden könnte.

2. Schutzbereich

43
Umfassender Schutz

Die Kunstfreiheit schützt die Kunst im umfassenden Sinn. Geschützt sind insbesondere das Schaffen von Kunst, die Präsentation bzw. Wiedergabe von Kunst und das Kunstwerk selbst[149].

---

144 *Kälin/Malinverni/Novak* (FN 6), S. 9 ff., 105 ff., 150 ff., 155 ff., 200 ff. und 211 ff.
145 *Meyer/Hafner* (FN 1), Art. 20 RN 3; *J.P. Müller*, Grundrechte (LitVerz.), S. 303 f.; zur Situation in Deutschland und der Praxis des Bundesverfassungsgerichtshofes vgl. *Denninger*, HStR²VI, § 146, S. 848 ff.; vor allem → Bd. IV: *Hufen*, Kunstfreiheit, § 100 RN 11, 19 ff.
146 *Meyer/Hafner* aaO., RN 3; *J.P. Müller* aaO., S. 303 f.; informativ dazu *Muschg*, Wohin mit der Kultur?, in: Erich Grüner/Jörg Paul Müller (Hg.), Erneuerung der schweizerischen Demokratie?, 1977, S. 60 ff., sowie *Hammermeister*, Kleine Systematik der Kunstfeindschaft, 2007.
147 *J.P. Müller* aaO., S. 304.
148 *J.P. Müller* aaO., S. 304 f.
149 BBl 1997 I S. 1 (164).

3. Kunstfreiheit als Abwehrrecht und Ausübungsgarantie

Die Kunstfreiheit ist als Abwehrrecht konzipiert[150], das einen Bereich künstlerischen Schaffens und seine Rezeption vor staatlichen Eingriffen schützt. Fast genauso wichtig wie die negative Abwehrfunktion der Kunstfreiheit ist aber auch die positive Verpflichtung des Staates, für eine allgemeine Veranstaltungsfreiheit für Kunst zu sorgen bzw. die Ausübung der Kunstfreiheit überhaupt erst zu ermöglichen[151]. Genau wie der Staat bei der Wissenschaftsfreiheit um die Forschungsanstalten besorgt sein muß, so muß er bei der Kunstfreiheit für geeignete Veranstaltungs- und Ausstellungsorte wie Theater, Kunsthallen u.ä. sorgen[152]. Und bei beiden Freiheiten sind durch den Staat „günstige" Rahmenbedingungen für die Ausübung der Freiheiten zu schaffen[153]. Hierbei ist nicht zuletzt an die Garantie der Versammlungsfreiheit zu denken, ohne die z.B. ein Konzert schwer denkbar wäre.

44
status negativus und allgemeine Veranstaltungsfreiheit

Günstige Rahmenbedingungen

4. Bezug zu anderen Grundrechten

Künstlerisches Schaffen unter den Garantien der Kunstfreiheit muß auch als ein elementares persönliches Entfalten verstanden werden, woraus sich ein enger Bezug zur persönlichen Freiheit nach Art. 10 Abs. 2 BV und darüber hinaus zu den Kommunikationsgrundrechten von Art. 16 und 17 BV sowie Art. 10 EMRK und Art. 19 UNO-Pakt II ergibt[154]. Auch der Schutz des Privatlebens in Art. 13 Abs. 1 BV und in Art. 8 EMRK sowie in Art. 17 UNO-Pakt II weist eine Nähe, ja eine Schnittmenge mit der Kunstfreiheit auf, da Kunst, wenn sie nicht gewerblich betrieben wird und damit auch unter den Schutzbereich von Art. 27 BV fällt, meist im Rahmen des Privatlebens stattfindet bzw. geschaffen wird.

45
Freiheit der Person, der Kommunikation, des Privatlebens

5. Staatliche Kunstförderung

Aus der Kunstfreiheit läßt sich kein individueller Anspruch auf eine finanzielle staatliche Förderung des eigenen künstlerischen Schaffens ableiten[155]. Dies entbindet den Staat jedoch nicht von der allgemeinen Aufgabe, die Kunstfreiheit in seinem Handeln zu berücksichtigen und für die Kunst gedeihliche Rahmenbedingungen zu schaffen[156] bzw. sie gar gezielt zu fördern[157]. Dies kann

46
Kein Förderungsanspruch

---

150 BBl 1997 I S. 1 (164); *Rhinow*, Grundzüge (LitVerz.), S. 266.
151 Vgl. dazu auch *Andrew Holland*, Bundesstaatliche Kunstförderung in der Schweiz, Anregungen aus einem Rechtsvergleich mit den USA (Diss. St. Gallen), 2002, S. 12 ff.
152 Vgl. auch *Rhinow*, Grundzüge (LitVerz.), S. 267.
153 Damit sind insbesondere Rahmenbedingungen gemeint, welche nicht-finanziellen Charakter haben.
154 Zur besonderen Problematik der Zensur vgl. *Renato Martinoni*, Censure. Cronache di quattro casi culturali, 1996.
155 BBl 1997 I S. 1 (164); *Mahon*, in: Aubert/ders., Constitution (LitVerz.), Art. 21 RN 4.
156 Siehe oben RN 44. Anders BBl 1997 I S. 1 (164), wo lediglich wünschenswert ist, daß der Staat angemessene Rahmenbedingungen schafft; wie hier *J.P. Müller*, Grundrechte (LitVerz.), S. 314 f.
157 Vgl. Art. 69 und Art. 71 BV. Zur staatlichen Kunstförderung *Denninger*, HStR²VI, § 146, S. 865 ff.; *Mahon*, in: Aubert/ders., Constitution (LitVerz.), Art. 21 RN 4. Ausführlich dazu außerdem: *Holland* (FN 151). *Bätschmann*, Kunstförderung: Organisationen und Institutionen, in: Schweizerisches Institut für Kunstwissenschaft. Das Kunstschaffen in der Schweiz 1848–2006, 2006, S. 149 ff.

direkt mittels Subventionen und Beiträgen sowie Defizitgarantien oder indirekt mittels Steuererleichterungen für kulturelle Betriebe oder der erleichterten Erteilung von Bewilligungen und ähnlichem erfolgen[158].

III. Träger der Kunstfreiheit

47
Mittelbarer Schutz der Rezipienten

Träger der Kunstfreiheit sind Kunstschaffende und Kunstvermittelnde, also auch Galeristen, Verleger oder Kinobesitzer[159]; mittelbar geschützt sind wohl auch die Rezipienten von Kunst[160]. Beispielhaft ist der Fall *Müller und andere versus Schweiz*, bei dem sich neben dem Künstler, dessen Werke aufgrund ihrer Obszönität konfisziert worden waren, auch die Veranstalter der betreffenden Ausstellung auf die Meinungsäußerungs- und Kunstfreiheit beriefen, nachdem sie ebenfalls zu Geldstrafen verurteilt worden waren[161].

IV. Schranken der Kunstfreiheit

1. Persönlichkeitsschutz

48
Ehrverletzungen

Künstlerische Darstellungen können die Persönlichkeit, insbesondere die Ehre anderer Personen verletzen[162]. Die Kunstfreiheit steht daher in einem Spannungsverhältnis zum verfassungsrechtlichen Persönlichkeitsschutz[163]. Sie wird außerdem durch eine Vielzahl öffentlicher und privater Interessen beschränkt.

a) Verfassungsrechtlicher Persönlichkeitsschutz

49

Abwägungsgebot

Art. 10 BV schützt die Persönlichkeit und insbesondere auch den Aspekt der psychischen Integrität. Dieser umfaßt das persönliche Ehrgefühl, das durch die künstlerische Tätigkeit eines anderen verletzt werden kann. Im Falle einer derartigen Grundrechtskollision muß eine einzelfallbezogene Abwägung durchgeführt bzw. praktische Konkordanz geschaffen werden, so daß die jeweiligen Freiheitsrechte nur so geringfügig wie möglich eingeschränkt werden müssen, ohne dabei einem der beiden Grundrechte oder Grundrechtsträger Priorität zu gewähren[164].

---

158 *Holland* (FN 151), S. 27 ff.
159 BBl 1997 I S. 1 (164); *J.P. Müller*, Grundrechte (LitVerz.), S. 305 f.; *Hempel* (FN 140), S. 73; *Mahon*, in: Aubert/ders., Constitution (LitVerz.), Art. 21 RN 3.
160 *BGE 120* Ia 190 (192 Erw. 2a); *J.P. Müller*, Grundrechte (LitVerz.), S. 307 f.; *Hempel* (FN 140), S. 75.
161 EGMR, Urt. v. 24.5.1988, Müller u. a. ./. Schweiz, Série A Nr. 133, sowie EuGRZ 1988, S. 545.
162 *Senn* (FN 140), S. 126 ff.; vgl. dazu auch *Thomas Geiser*, Die Persönlichkeitsverletzung insbesondere durch Kunstwerke, 1990.
163 *R.J. Schweizer* (FN 94).
164 S. dazu auch *Denninger*, HStR ²VI, § 146, S. 872 f.

b) Strafrechtlicher Persönlichkeitsschutz

Der strafrechtliche Persönlichkeitsschutz findet seinen Ausdruck in der Strafbarkeit der üblen Nachrede (Art. 173 StGB) und der Verleumdung (Art. 174 StGB). Dabei ist es unerheblich, ob die Verletzung mündlich, schriftlich, durch ein Bild, eine Gebärde oder andere Mittel erfolgt (Art. 176 StGB). Auch das Ansehen Verstorbener wird strafrechtlich geschützt (Art. 175 StGB). Gemeinsam ist den Strafbestimmungen, daß das Bundesgericht es bisher ablehnte, Künstlern eine Sonderstellung einzuräumen[165]. Diese können sich daher wohl nicht auf den Rechtfertigungsgrund der Wahrnehmung öffentlicher Interessen berufen, wenn ihr Tun unter die genannten Tatbestände fällt[166]. Zu beachten ist jedoch, daß gerade satirische Äußerungen den Tatbestand der Ehrverletzung in vielen Fällen nicht erfüllen, wenn sie adressatenbezogen interpretiert und die genretypischen Übertreibungen ausgefiltert werden[167].

50 Keine Privilegierung für Künstler

c) Privatrechtlicher Persönlichkeitsschutz

Der Persönlichkeitsschutz durch Art. 28 Zivilgesetzbuch (ZGB)[168] bildet die eigentliche Quelle des Persönlichkeitsschutzes im schweizerischen Recht[169]. Unzulässig ist danach jede widerrechtliche Verletzung der Persönlichkeit (Absatz 1), wobei als „widerrechtlich" jede Verletzung gilt, die weder durch die Einwilligung des Verletzten noch durch ein übergeordnetes öffentliches oder privates Interesse oder durch das Gesetz gerechtfertigt werden kann (Absatz 2). Zwar ist die Entfaltung der Kunst im Rahmen der Kunstfreiheit als öffentliches Interesse anerkannt, doch entbindet dies im Einzelfall nicht von der Abwägung zwischen Persönlichkeitsschutz und Kunstfreiheit[170]. Im Leitfall *Hodler* wurde die Ausstellung eines Gemäldes, das den Verstorbenen auf seinem Totenbett zeigt, fast zwanzig Jahre nach dessen Tod als Verletzung der Persönlichkeit der Witwe angesehen, deren Zustimmung nicht eingeholt worden war[171]. Satire und Karikatur müssen dagegen hingenommen werden, solange die Grenzen des Genre nicht in unerträglicher Weise überschritten werden[172].

51 Zentrale Rechtsquelle

Abwägungsgebot

---

165 *BGE 86* IV 19 (23).
166 *Riklin*, Vor Art. 173, in: Marcel Alexander Niggli/Hans Wiprächtiger (Hg.), Strafgesetzbuch II, 2003, RN 62.
167 *Riklin* (FN 166), RN 27 und 62. S. dazu auch ausführlich *Senn* (FN 140).
168 Schweizerisches Zivilgesetzbuch vom 10.12.1907, SR 210.
169 Vgl. dazu *R.J Schweizer*, Verfassungsrechtlicher Persönlichkeitsschutz, in: Thürer/Aubert/Müller, Verfassungsrecht (LitVerz.), § 43 RN 2.
170 Zur Persönlichkeitsverletzung durch Kunstwerke ausführlich *Geiser* (FN 162).
171 *BGE 70* II 121; kritisch dazu u.a. *Hempel* (FN 140), S. 209ff.; vgl. auch *BGE 95* II 481; *120* II 225 (227f.) und *BGer*, Urt. v. 27.5.2003, 5C.26/2003, sowie Urt. v. 27.5.2003, 5P.40/2003; aus der neueren Literatur *J.P. Müller*, Grundrechte (LitVerz.), S. 309; *Meyer/Hafner* (FN 1), Art. 20 RN 9; für die Satire *Meli*, in: Heinrich Honsell/Nedim Peter Vogt/Thomas Geiser (Hg.), Zivilgesetzbuch I, ²2002, Art. 28 RN 51.
172 *BGE 95* II 481; *Meli* (FN 171), Art. 28 RN 51.

2. Schutz anderer Interessen

a) Achtung religiöser Überzeugungen anderer (Art. 261 StGB)

52 *Schutz von Glauben und Kultus*

Nach Art. 261 StGB wird bestraft, „wer öffentlich und in gemeiner Weise die Überzeugung anderer in Glaubenssachen, insbesondere den Glauben an Gott, beschimpft oder verspottet oder Gegenstände religiöser Verehrung verunehrt". Strafbar macht sich außerdem, wer Kultushandlungen böswillig verhindert, stört oder öffentlich verspottet. Nach herrschender Lehre[173] und Rechtsprechung[174] schützt Art. 261 StGB die religiösen Gefühle der Menschen. Geschütztes Rechtsgut ist damit die Glaubensfreiheit, verstanden als Achtung vor dem Mitmenschen und seinen Überzeugungen in religiösen Dingen[175]. Wer diese vorsätzlich verletzt, macht sich strafbar, wobei es sowohl auf die äußere Tathandlung wie auch auf die innere Gesinnung ankommt[176].

Strafbarkeitsausnahmen

Ausgenommen von der Strafbarkeit sind daher nur sachliche Kritik und lediglich geringfügige Beschimpfungen[177], die nicht geeignet sind, den öffentlichen Frieden zu gefährden, die notwendige Toleranz nicht vermissen lassen und auch nicht die Grundrechte Dritter beeinträchtigen[178]. Um strafbar zu sein, muß die Beschimpfung insgesamt eine gewisse Schwere erreichen, wobei sich der Maßstab insbesondere am Durchschnittsempfinden der Angehörigen der angegriffenen Glaubensgruppe bemißt[179]. Dem Grundsatz der Religionsfreiheit soll Rechnung getragen werden, indem die Religionsfreiheit nicht weiter eingeschränkt wird, als dies im Interesse des Gemeinschaftslebens erforderlich ist[180].

53 *Schutz religiöser Persönlichkeitsentfaltung*

Die Strafandrohung in Art. 261 StGB ist daher nicht als Schutz der Religion zu sehen; ihr Ziel ist vielmehr der Schutz der religiösen Persönlichkeitsentfaltung, auch als Voraussetzung des friedlichen Zusammenlebens. In diesem Sinn steht die Strafandrohung wohl auch im Einklang mit Art. 21 BV.

54 *Keine Sonderstellung künstlerischer Äußerungen*

Künstlerischen Äußerungen kommt hinsichtlich des Anwendungsbereichs von Art. 261 StGB keine Sonderstellung zu, womit diese allen anderen Äußerungen völlig gleichgestellt sind[181]. Auch in der neueren Rechtsprechung ist keine Privilegierung künstlerischer Tätigkeiten auszumachen[182]. Allerdings stellt

Grenzbereich Satire

eine satirische Äußerung allein noch keine Verletzung im Sinne des Art. 261 StGB dar, solange sich nicht unter Abzug der satirischen Elemente eine Kern-

---

173 *Fiolka*, in: Marcel Alexander Niggli/Hans Wiprächtiger (Hg.), Strafgesetzbuch II, 2003, Art. 261 RN 5 f.; *Krauss*, Der strafrechtliche Konflikt zwischen Glaubensfreiheit und Kunstfreiheit, in: Robert Hauser/Jörg Rehberg/Günter Strathenwerth (Hg.), GS P. Noll, 1984, S. 209 ff.
174 *BGE 86* IV 19.
175 *BGE 86* IV 19; *120* Ia 220 (225); *Fiolka* (FN 173), Art. 261 RN 7 ff.
176 *BGE 86* IV 19; *Fiolka* (FN 173), Art. 261 RN 25.
177 *Fiolka* (FN 173), RN 25.
178 *BGE 120* Ia 220 (225).
179 So schon im Jahr 1960 *BGE 86* IV 19 (22 ff.); explizit bestätigt in *BGE 120* Ia 220 (224 ff.).
180 *BGE 120* Ia 220 (225); zuvor schon *BGer*, Urt. v. 13.3.1986, ZR 85 (1986) Nr. 44, Erw. 4 b.
181 *Fiolka* (FN 173), Art. 261 RN 31.
182 Vgl. dazu auch *Fiolka* (FN 173), Art. 261 RN 9.

aussage ergibt, die die Voraussetzungen des Art. 261 StGB erfüllt[183]. Ähnlich wird wohl auch mit anderen künstlerischen Äußerungen umzugehen sein[184].

b) Pornographieverbot (Art. 197 Abs. 5 StGB)

Als pornographisch gelten Darstellungen (und Gegenstände), die sich auf den Genitalbereich konzentrieren[185] und „sexuelles Verhalten aus seinen menschlichen Bezügen heraustrennen und dadurch vergröbert und aufdringlich wirken lassen"[186], sofern sie nicht einen „schutzwürdigen kulturellen oder wissenschaftlichen Wert haben" (Art. 197 Abs. 5 StGB). Da ein endgültiges Urteil über den kulturellen Wert einer Darstellung nicht möglich ist, wird wohl davon auszugehen sein, daß im Zweifel zu Gunsten der Kunstfreiheit zu entscheiden ist[187].

55 Vorrang der Kunstfreiheit

c) Verbot von Bild- und Tonaufnahmen gewalttätigen Inhalts (Art. 135 StGB)

Nach Art. 135 StGB sind Gewaltdarstellung ohne kulturellen oder wissenschaftlichen Wert strafbar. Es ist anerkannt, daß der Begriff der Kultur weit zu fassen ist. Der kulturelle Wert umfaßt somit zweifellos auch den künstlerischen Wert[188], wobei wiederum die künstlerische Intention und die Beurteilung des Werks durch die Fachwelt entscheidend sind[189].

56 Aspekt des kulturellen Werts

V. Schlußbemerkungen: Schranken der Beschränkungen

Die Kunst ist ein Medium, welches auf Grund der ihr inhärenten Eigenschaften und Gepflogenheiten immer wieder mit Grundrechten anderer oder gar mit der öffentlichen Sicherheit und Ordnung kollidiert[190]. Bei einer etwaigen Beschränkung (unter Art. 36 Abs. 2 BV) gilt es jedoch stets, die überaus besondere Bedeutung der Kunst für die Gesellschaft zu beachten. Kunst spielt nicht nur eine zentrale Rolle in der „Kultur" (vgl. Art. 69 BV) bzw. im kulturellen Leben der Gesellschaft[191]: ihr kommt auch eine fundamentale Bedeutung als

57 Kollisionsgefahr

---

183 *Fiolka* (FN 173) Art. 261 RN 32.
184 Vgl. dazu die Ausführungen von *Bernhard Schlink*, Das Dilemma der Kunstfreiheit, in: ders. (Hg.), Vergewisserungen, Über Politik, Recht, Schreiben und Glauben, 2005, S. 112 ff., insb. S. 121 ff.
185 *Schwaibold/Meng*, in: Marcel Alexander Niggli/Hans Wiprächtiger (Hg.), Strafgesetzbuch II, 2003, Art. 197 RN 14.
186 BBl 1985 II S. 1089.
187 Vgl. *Schwaibold/Meng* (FN 185), Art. 197 RN 63 ff.; anders *BGE 131* IV 64 (68 ff.), welcher sich ausführlich mit der Abgrenzung von Kunst und Pornographie befaßt.
188 *Aebersold*, in: Marcel Alexander Niggli/Hans Wiprächtiger (Hg.), Strafgesetzbuch, Bd. 2, 2003, Art. 135 RN 17.
189 *Aebersold* aaO.
190 *Harald Nägeli* erlangte als Sprayer von Zürich Berühmtheit, weil er in künstlerischer Absicht kahle Betonwände mit Strichmännchen besprayte, was jedoch Sachbeschädigungsklagen der Eigentümer zur Folge hatte, denen in der Folge auch Recht gegeben wurde. Dazu auch betreffend die Auslieferung von *Harald Nägeli BVerfG* (Vorprüfungsausschuß) NJW 1984, S. 1293 ff., sowie EuGRZ 1984, S. 271 ff., und EKMR, E. v. 13. 10. 1983, EuGRZ 1984, S. 259.
191 Zu Kultur und Kulturbegriff im Recht vgl. *Karl Korinek/Richard Potz/Armin Bammer/Wolfgang Wieshaider*, Kulturrecht im Überblick, 2004, S. 9 ff., 24 ff.; *Holland* (FN 151), S. 6 ff.

Gesellschaftlicher Sensor

gesellschaftlicher „Sensor" für die Sorgen, Probleme und Gefährdungen der Menschen bzw. für den Zustand und die Lage der Gesellschaft zu. Deshalb ist bei jeder Einschränkung dieser Freiheit stets mit aller Sorgfalt und Zurückhaltung vorzugehen, und die der Kunst eigenen Ausdrucksformen und Effekte müssen in ihrer Eigenschaft als Kunst wahrgenommen und bewertet werden und nicht anders.

Kritik und Widerspruch

Kunst bringt häufig Kritik an und Widerspruch zu den herrschenden Auffassungen zum Ausdruck; erinnert sei beispielhaft an Künstlerpersönlichkeiten wie *Jeremias Gotthelf*, *Max Frisch*, *Lukas Meienberg*, die Dadaisten, *Meret Oppenheimer* oder den Komponisten *Willi Burkhard*. Kunst will nicht nur verherrlichen oder tadeln, sondern ebenso auch mit Scherz, Satire, Ironie und Karikatur aufrütteln und unterhalten; man denke z. B. an *Rodolphe Töpffer*, *Martin Disteli* oder an *Friedrich Dürrenmatt* und *Peter Bichsel*. Spott und Karikaturen sind namentlich gegenüber Personen des öffentlichen Lebens als zulässige Ausdrucksmittel der Kunst und Kritik anzusehen[192].

Schockierendes

Außerdem bedingt ein Schutz des gestalterischen Freiraumes der Künstlerinnen und Künstler selbst eine Offenheit für „Schockierendes", da sich Kunst seit jeher auch der Provokation zur Erregung von Aufmerksamkeit und zum Aufrütteln des Publikums bedient. Man denke hier z. B. an die damals als skandalös erachteten Bilder und Zeichnungen *Hodler*s von seiner sterbenden Lebensgefährtin *Valentine Godé-Darel*[193].

Freiraum für Invention, Gestaltung und Ausdruck

Der Kunst kommt somit (und muß kommen) ein absolut einzigartiger Freiraum der Invention, Gestaltung und des Ausdruckes zu, sowie ganz spezifische Bewertungs- und Beurteilungsmaßstäbe. Denn (in Anlehnung an *Hölderlin*) gilt: Was aber bleibt, schaffen die Künstler. Dies alles vermag die Stellung der Kunstfreiheit als gesondertes, besonderes Grundrecht der Bundesverfassung mehr als zu rechtfertigen.

---

192 Vgl. auch die lockereren Datenschutzbestimmungen für Personen des öffentlichen Lebens, sofern deren Wirken in der Öffentlichkeit betroffen ist: Art. 13 Abs. 2 Ziff. f DSG (SR 235.1). In seinem wegweisenden Entscheid hat das deutsche Bundesverfassungsgericht aber auch die Grenzen solcher Darstellungen aufgezeigt und festgestellt, daß eine Karikatur, welche den verstorbenen bayerischen Ministerpräsidenten Franz Josef Strauß als kopulierendes Schwein zeigte, dessen Menschenwürde verletze und damit nicht zulässig sei (*BVerfGE 75*, 369). Für die Schweiz s. *BGE 95* II 481 – Club Medityrannis; *120* II 225 – Soziale Hohlfahrt, wo ebenfalls jeweils den Klägern Recht gegeben wurde.

193 Gerade auch auf internationaler Ebene gibt und gab es immer prominente Beispiele für „schockierende" Kunst. Man bedenke z. B. die damals absolut skandalträchtige Darstellung eines nackten Christus durch *Michelangelo*, oder *Pablo Picasso*s Gemälde „Les Demoiselles d'Avignon", welches offen eine Szene in einem Bordell zeigt. Und Künstler wie *Luis Buñuel* und *Salvador Dalí* mit ihrem Kurzfilm „Le Chien Andalous" oder *Otto Dix* und seine expressiven, verstörenden Bilder haben es geschafft, das Publikum damit bis heute zu irritieren, ganz zu schweigen von Künstlern der Gegenwart wie *Hermann Nitsch*, dessen Schweineblut-Schüttbilder u.ä. jeweils erneut zu erregten Diskussionen über das Wesen von Kunst führen. In der Welt der Musik wiederum sind es heute z. B. Komponisten wie *Karlheinz Stockhausen*, *John Cage* oder *Luciano Berio*, die mit dem Medium Musik in extrem neuartiger und experimenteller Weise umgehen.

C. Bibliographie

Baeggli, Susanne, Die Kunstfreiheitsgarantie in der Schweiz, 1974.
Denninger, Erhard, § 146 Freiheit der Kunst, in: Isensee/Kirchhof (Hg.), Handbuch des Staatsrechts der Bundesrepublik Deutschland, Band VI: Freiheitsrechte, ²2001.
Geiser, Thomas, Die Persönlichkeitsverletzung insbesondere durch Kunstwerke, 1990.
Gruber, Hans, Forschungsförderung und Erkenntnisfreiheit. (Diss. Bern), 1986.
Hafner, Felix, Kirchen im Kontext der Grund- und Menschenrechte, 1992.
Haller, Walter, Die akademische Lehrfreiheit als verfassungsmäßiges Recht, ZSR 1976 I, S. 113 ff.
ders., Die Forschungsfreiheit, in: Häfelin u.a. (Hg.), FS Hans Nef, 1981, S. 125 ff.
Hempel, Heinrich, Die Freiheit der Kunst. 1991.
Holland, Andrew, Bundesstaatliche Kunstförderung in der Schweiz. Anregungen aus einem Rechtsvergleich mit den USA (Diss. St. Gallen), 2002.
Kämpfer, Walter, Bestand und Bedeutung der Grundrechte im Bildungsbereich in der Schweiz, EuGRZ 1981, S. 687 ff.
Koechlin Büttiker, Monica, Schranken der Forschungsfreiheit bei der Forschung an menschlichen Embryonen, 1977.
Mahon, Pascal, Art. 20 und 21, in: Aubert/ders. (Hg.), Petit commentaire (LitVerz.).
Mastronardi, Philippe, Art. 7, in: Ehrenzeller u.a., St. Galler Kommentar (LitVerz.).
Meyer, Christoph/Hafner, Felix, Art. 20, in: Ehrenzeller u.a., St. Galler Kommentar.
Müller, Jörg Paul, Recht auf Leben, Persönliche Freiheit und das Problem der Organtransplantation, ZSR 1971 I, S. 451 ff.
ders., Kunstfreiheit, in: Aubert u.a., Bundesverfassung 1874, Band III, 1986.
ders., Wissenschaftsfreiheit, in: Aubert u.a., Bundesverfassung 1874, Band III, 1986.
Müller, Max, Die Lehr- und Lernfreiheit. 1911.
Muschg, Adolf, Wohin mit der Kultur?, in: Erich Grüner/Jörg Paul Müller (Hg.), Erneuerung der schweizerischen Demokratie?, 1977.
Plotke, Hermann, Bildung und Schule in den kantonalen Verfassungen, in: ders. u.a. (Hg.), Strukturen des schweizerischen Bildungswesens, Beiheft ZSR 41 (1994), S. 5 ff.
Reusser, Ruth/Schweizer, R. J., Art. 119, in: Ehrenzeller u.a., St. Galler Kommentar.
Saladin, Peter/Aubert, Martin, Zulassungsbeschränkungen an schweizerischen Hochschulen, in: Hermann Plotke u.a. (Hg.), Strukturen des schweizerischen Bildungswesens, Beiheft ZSR 41 (1994), S. 153 ff.
Schmid, Gerhard/Schott, Markus, Art. 64, in: Ehrenzeller u.a., St. Galler Kommentar.
Schwander, Verena, Grundrecht der Wissenschaftsfreiheit im Spannungsfeld rechtlicher und gesellschaftlicher Entwicklungen, 2002.
Schwarzmann, René, Der Schweizerische Nationalfonds zur Förderung der wissenschaftlichen Forschung (Diss. Zürich), 1985.
Schweizer, Rainer J., Art. 24^{novies} BV, in: Aubert u.a., Bundesverfassung 1874, Stand 1995.
ders., Art. 10, in: Ehrenzeller u.a., St. Galler Kommentar (LitVerz.).
Senn, Mischa Charles, Satire und Persönlichkeitsschutz, 1998.
Vogt, Ursula, Die Freiheit der Kunst im Verfassungsrecht der Bundesrepublik Deutschland und der Schweiz, 1975.
Wildhaber, Luzius, Professor Pfürtner und die Lehrfreiheit, ZSR 1972 I, S. 395 ff.
Zenger, Christoph Andreas, Das „unterlässliche Mass" an Tierversuchen, Ergebnisse und Grenzen der juristischen Interpretation eines „unbestimmten Rechtsbegriffs", Beiheft ZSR 8 (1989).
ders., Der Numerus clausus an Hochschulen als Grundrechtsfrage, ZSR 1983 I, S. 1 ff.

§ 219
Versammlungsfreiheit

Ulrich Zimmerli

Übersicht

	RN		RN
A. Vorbemerkungen	1– 3	2. Vermummungsverbot	19
B. Verfassungsrechtliche Verankerung	4– 7	3. Observierung	20
I. Ausdrückliche Gewährleistung in Art. 22 BV	4– 6	II. Schutz der Veranstaltenden	21–28
		1. Grundsatz	21–24
II. Verhältnis zu Art. 11 EMRK und Art. 21 UNO-Pakt II	7	2. Schutz- und Leistungspflichten des Gemeinwesens	25–28
C. Geltungsbereich	8–16	III. Drittwirkung	29
I. Schutzobjekt	8–15	E. Schranken	30–40
1. Grundrechtlich geschützte Versammlungen – traditionelle Begriffselemente	8–14	I. Allgemeines	30–32
		II. Bewilligungspflicht für Demonstrationen	33–40
2. Neue Formen von „Versammlungen"	15	1. Voraussetzungen	33–38
II. Rechtsträger	16	2. Bedingungen und Auflagen	39–40
D. Elemente des Grundrechtsschutzes	17–29	F. Probleme des Rechtsschutzes	41–45
I. Schutz der Teilnehmenden	17–20	G. Bibliographie	
1. Grundsatz	17–18		

A. Vorbemerkungen

1
Zentrales Grundrecht freier Kommunikation

Die Versammlungsfreiheit gehört zusammen mit der Vereinigungsfreiheit[1] zu den zentralen Grundrechten freier Kommunikation[2], die ganz besonders das Recht auf Mitteilung und Auseinandersetzung mit anderen Menschen schützen. Die Freiheit der Menschen, sich versammeln zu können, ist unverzichtbare Voraussetzung einerseits für die soziale Kommunikation, das heißt für den zwischenmenschlichen Meinungsaustausch sowie die Willenskundgabe unter Menschen schlechthin und andererseits für die politische Meinungs- und Willensbildung, das heißt für eine rechtsstaatliche Demokratie. Sie hat demnach sowohl eine *menschenrechtliche* als auch eine *demokratische* Funktion. Sie garantiert mithin, daß allen sozialen, kulturellen oder politischen Gruppen die Möglichkeit offen steht, sich selber adäquat darzustellen und in öffentlicher Auseinandersetzung zur Lösung sozialer Probleme der Allgemeinheit beizutragen, wie des für eine demokratische Ordnung charakteristisch ist[3]. Sie ist mit anderen Worten *konstitutives Element* der schweizerischen Demokratie[4].

2
Demonstrationsfreiheit

Im Grundrechtskatalog der Bundesverfassung fehlt ein selbständiges Grundrecht auf Demonstrationen. Die „Demonstrationsfreiheit" wird vielmehr im Rahmen der Meinungsäußerungsfreiheit[5] und der Versammlungsfreiheit geschützt[6]. Auf die Grundrechtsproblematik von Demonstrationen, das heißt von Versammlungen mit spezifischer Appellfunktion an die Öffentlichkeit ist demnach bei der Kommentierung der Versammlungsfreiheit besonders einzugehen.

3
Praktische Grundrechtsbedeutung

Anders als in Deutschland[7] hat die Versammlungsfreiheit in den letzten Jahren verhältnismäßig selten Anlaß zu höchstrichterlichen Urteilen gegeben. Insbesondere die grundrechtliche „Veredelung" einer eigenständigen Demonstrationsfreiheit ist kein Thema mehr. Neuere Urteile des Bundesgerichts beschäftigen sich vorab mit Verboten von Kundgebungen auf öffentlichem Grund oder Modalitäten der Bewilligung von solchen sowie mit prozessualen Fragen zur Durchsetzung des Grundrechtsschutzes. Auf sie wird bei der nachfolgenden Erörterung von einzelnen Aspekten der Versammlungsfreiheit besonders hingewiesen werden.

---

1 → Unten *Biaggini*, § 223: Vereinigungsfreiheit und Koalitionsfreiheit.
2 Zum Begriff, wie er in der schweizerischen Grundrechtsdoktrin verwendet wird, namentlich *J.P. Müller*, Grundrechte (LitVerz.), S. 181 ff., und *Rhinow*, Grundzüge (LitVerz.), § 16 RN 1407 ff., S. 251 ff.
3 Vgl. dazu namentlich *Jörg Paul Müller*, Die demokratische Verfassung, 2002, S. 95 (Öffentlichkeit als regulatives Prinzip der Demokratie).
4 *BGE 96* I 219 (224 Erw. 4) – *Nöthiger*.
5 → Oben *Malinverni*, § 216: Meinungs-, Medien- und Informationsfreiheit.
6 Zusammenfassung der Rechtsprechung in *BGE 127* I 164 (167 Erw. 3 a) – Partei der Arbeit betr. WEF Davos; vgl. dazu auch *Rhinow*, Grundzüge (LitVerz.), § 16 RN 1540, S. 271.
7 Vgl. zum Einfluß der Rechtsprechung des Bundesverfassungsgerichts auf die schweizerische Praxis namentlich *Wyss*, ZBl 103 (2002), S. 393 ff.; → Bd. IV: *Hoffmann-Riem*, Versammlungsfreiheit, § 106.

B. Verfassungsrechtliche Verankerung

I. Ausdrückliche Gewährleistung in Art. 22 BV

Das Bundesgericht anerkannte die Versammlungsfreiheit im Jahre 1970 ausdrücklich als ungeschriebenes Grundrecht der Bundesverfassung, und zwar als Voraussetzung für die Ausübung der politischen Meinungsbildung[8]. In vielen Kantonsverfassungen ist die Versammlungsfreiheit ausdrücklich garantiert[9].

4 Ungeschriebene Grundrechtsgewähr

Im Rahmen der Totalrevision der Bundesverfassung (sogenannte „Nachführung")[10] beantragte der Bundesrat bei der Bundesversammlung, die Versammlungsfreiheit als „ideelles Freiheitsrecht" explizit in den Grundrechtskatalog aufzunehmen, und zwar mit verhältnismäßig knappen, offenen Formulierungen, damit „eine Weiterentwicklung durch Rechtsprechung und internationales Recht möglich bleibt"[11]. Dieser Antrag blieb (abgesehen vom Begehren, in der Verfassung selber die Möglichkeit vorzusehen, Versammlungen und Kundgebungen auf öffentlichem Grund von einer Bewilligung abhängig zu machen[12]) unbestritten. Artikel 22 BV[13] (Randtitel: „Versammlungsfreiheit") bestimmt in Absatz 1: „Die Versammlungsfreiheit ist gewährleistet". Absatz 2 lautet: „Jede Person hat das Recht, Versammlungen zu organisieren, an Versammlungen teilzunehmen oder Versammlungen fernzubleiben". Eine ausdrückliche Garantie der „Demonstrationsfreiheit" kennt indessen auch die neue Bundesverfassung nicht.

5 Regelungsgehalt des Art. 22 BV

Die in Art. 22 BV gewährleistete Versammlungsfreiheit verbietet somit staatliche Maßnahmen gegen Einberufung, Organisation, Durchführung oder Gestaltung einer Versammlung oder gegen die Teilnahme bzw. zur Teilnahmepflicht an einer solchen.

6 Schutz vor staatlicher Intervention

II. Verhältnis zu Art. 11 EMRK und Art. 21 UNO-Pakt II

Art. 11 EMRK[14] räumt jeder Person unter anderem das Recht ein, sich frei und friedlich mit anderen zu versammeln. Die Ausübung dieses Rechts darf keinen andern Einschränkungen unterworfen werden als den vom Gesetz vorgesehenen, die in einer demokratischen Gesellschaft im Interesse der nationalen Sicherheit, der Aufrechterhaltung der Ordnung und der Verbrechensver-

7 Kein weiterreichender internationaler Schutz

---

[8] *BGE 96* I 219 (223 ff. Erw. 4) – Nöthiger. Vgl. zur Vorgeschichte dieses Grundsatzurteils insb. *Rohner*, in: Ehrenzeller u. a., St. Galler Kommentar (LitVerz.), Art 22 RN 3, sowie *J.P. Müller*, Grundrechte (LitVerz.), S. 325; → unten *Tschannen*, § 220: Schutz der politischen Rechte.
[9] Hinweise bei *J.P. Müller*, Grundrechte (LitVerz.), S. 325.
[10] → Oben *J.P. Müller*, § 202: Geschichtliche Grundlagen, Zielsetzung und Funktionen der Grundrechte.
[11] Botschaft des Bundesrates vom 20.11.1996 über die neue Bundesverfassung, BBl 1997 I S. 1 ff., insb. S. 166 ff.
[12] Vgl. dazu unten E II, RN 33 ff.
[13] Bundesverfassung der schweizerischen Eidgenossenschaft vom 18.4.1999 (SR 101).
[14] Europäische Konvention zum Schutze der Menschenrechte und Grundfreiheiten vom 4.11.1950 (SR 0.101).

hütung, des Schutzes der Gesundheit und der Moral oder des Schutzes der Rechte und Freiheiten anderer notwendig sind. Die Garantie von Art. 11 EMRK umfaßt ausdrücklich nur friedliche Versammlungen und Meinungsäußerungen. In der Rechtsprechung des Europäischen Gerichtshofes für Menschenrechte wird insbesondere deren Bedeutung in einem demokratischen Staatswesen im allgemeinen und im Hinblick auf Wahlen unterstrichen. Ferner wird aus der Garantie eine positive Verpflichtung von Seiten der Behörden abgeleitet und verlangt, daß zur Gewährleistung einer tatsächlichen Möglichkeit der Meinungsäußerung für einen gewissen Schutz der Demonstranten zu sorgen ist. Das Bundesgericht hat unter Hinweis auf Lehre und Rechtsprechung zu Art. 11 EMRK erkannt, daß die Konventionsgarantie nach Art. 11 nicht über die Gewährleistung der Meinungs- und Versammlungsfreiheit nach der Bundesverfassung hinausgeht[15]. Auch Art. 21 des Internationalen Pakts über bürgerliche und politische Rechte (IPbürgR; UNO-Pakt II)[16] anerkennt das Recht, sich friedlich zu versammeln. Gemäß Bundesgericht geht auch diese Umschreibung der Versammlungsfreiheit nicht über die Garantie von Art. 22 BV hinaus[17].

C. Geltungsbereich

I. Schutzobjekt

1. Grundrechtlich geschützte Versammlungen – traditionelle Begriffselemente

8
Begriffsbildende Elemente

Zu den mit Art. 22 BV geschützten Versammlungen gehören „verschiedenste Formen des Zusammenfindens von Menschen im Rahmen einer gewissen Organisation mit einem weit verstandenen gegenseitig meinungsbildenden oder meinungsäussernden Zweck"[18]. Dieser Begriffsumschreibung können folgende Elemente entnommen werden[19]:

9
Zeitliche Begrenzung

– Als Versammlung ist eine *vorübergehende*, das heißt zeitlich begrenzte Zusammenkunft zu verstehen, die in der Regel an einem bestimmten Ort stattfindet, sich allerdings auch in Bewegung befinden kann (Demonstration). Eine bestimmte Mindest- oder Höchstdauer ist nicht vorgegeben.

---

15 *BGE 127* I 164 (172 f. Erw. 3 d) – Partei der Arbeit betr. WEF Davos.
16 Vom 16.12.1966 (SR 0.103.2); → Bd. VI/2: *Heintschel von Heinegg*, Spezielle Menschenrechtspakte, § 175.
17 *BGE 127* I 164 (174 Erw. 3 e) – Partei der Arbeit betr. WEF Davos – unter Hinweis auf die Doktrin zu Art. 21 UNO-Pakt II.
18 So das Bundesgericht in *BGE 127* I 164 (168 Erw. 3 b) – Partei der Arbeit betr. WEF Davos – unter Hinweis auf die frühere Rechtsprechung und die Lehre. Bestätigt in *BGE 132* I 49 (56 Erw. 5.3) – A gegen Einwohnergemeinde Bern.
19 Vgl. dazu insb. *J.P. Müller*, Grundrechte (LitVerz.), S. 326 ff.; *Malinverni*, Versammlungsfreiheit, in: Kommentar zur (alten) Bundesverfassung, 1986, RN 4 ff.; *Häfelin/Haller*, Bundesstaatsrecht (LitVerz.), RN 532 ff.; *Rohner*, in: Ehrenzeller u.a., St. Galler Kommentar (LitVerz.), Art. 22 RN 6 ff.; *Mahon*, in: Aubert/ders., Constitution (LitVerz.), Art. 22 RN 4; *Manfrini*, La liberté de réunion et d'association, in: Thürer/Aubert/Müller, Verfassungsrecht (LitVerz.), § 46 RN 8.

- Eine Mindestzahl von Versammelten läßt sich *nicht* festlegen, das heißt die Zahl der Teilnehmenden ist kein Begriffsmerkmal der Versammlung. Es darf aber davon ausgegangen werden, daß wenigstens zwei Personen für eine „Versammlung" nötig sind.

    10
    Mindestteilnehmerzahl

- Geschützt sind Versammlungen auf *privatem* wie auch auf *öffentlichem Grund*, wobei für letztere aber weitergehende Beschränkungen zulässig sind[20].

    11
    Versammlungsort

Die Erscheinungsformen von Versammlungen sind vielfältig. Denkbar sind Vorträge, Zusammenkünfte mit öffentlichem oder privatem Charakter, Orientierungsabende, Versammlungen unter freiem Himmel (z.B. auf einem Platz oder in einem Stadion) oder in geschlossenen Räumen (z.B. Saal, Gastwirtschaft), das heißt jede Ansammlung mehrerer Personen zum Zwecke der Kommunikation ist eine Versammlung, sofern die Zusammenkunft minimal *tatsächlich* organisiert ist. Daran fehlt es beispielsweise einem Menschenauflauf bei einem spektakulären Verkehrsunfall, nicht aber, wenn sich am folgenden Tag eine Gruppe von Menschen zum Gedenken an die verunglückte Person am Unglücksort einfindet. Im Gegensatz zur Vereinigungsfreiheit (Art. 23 BV) verlangt die Versammlungsfreiheit somit nicht, daß die Teilnehmenden *rechtlich* organisiert sind.

12
Erscheinungsformen

Die Versammlung muß die Kundgabe von Meinungen bezwecken. Sinn dieser traditionellen Einschränkung ist der Ausschluß rein unterhaltender oder kommerzieller Veranstaltungen, wie beispielsweise Sport- und Tanzanlässe, Konzerte, Filme und Theater, weil diese Veranstaltungen in der Regel unter dem Schutz anderer Grundrechte stehen (zum Beispiel Kunstfreiheit oder Wirtschaftsfreiheit). Die neuere Lehre nimmt indessen an, daß solche Veranstaltungen unter bestimmten Voraussetzungen auch meinungsbildende Funktion haben können[21]. Auch politische Anliegen und gesellschaftliche Bedürfnisse können auf attraktive Inszenierungen angewiesen sein (Parties, Benefizkonzerte und andere mehr). Es rechtfertigt sich, den grundrechtlichen Schutz insoweit zeitgemäß zu praktizieren.

13
Meinungskundgabe als Versammlungszweck

Versammlungen müssen friedlich sein. Das folgt ohne weiteres aus der demokratischen und rechtsstaatlichen Funktion der Versammlungsfreiheit. Die öffentliche Ordnung läßt grundsätzlich keinen Raum für Meinungskundgebungen, die mit rechtswidrigen Handlungen verbunden sind. Meinungskundgebungen mittels strafbarer Handlungen genießen daher prinzipiell keinen grundrechtlichen Schutz. Nach der Praxis darf eine Versammlung indessen erst dann als unfriedlich bezeichnet werden, wenn offensichtlich ist, daß Gewalt um der Gewalt willen oder aus reiner Zerstörungslust kollektiv ausgeübt werden soll. Es dürfen mithin nur krasse Fälle der Gewalttätigkeit zum Anlaß dafür genommen werden, Versammlungen von vornherein vom Schutzbereich der Versammlungsfreiheit auszunehmen. Die Gefahrenprognose muß von den Polizeibehörden nach den konkreten Umständen objektiv

14
Gebot der Friedlichkeit

---

20 S. unten E, RN 30 ff.
21 Vgl. die Hinweise bei *Wyss*, ZBl 103 (2002), S. 393 (395).

§ 219   Vierzehnter Teil: II. Einzelgrundrechte

gestützt auf klare Indizien gestellt werden können[22]. Insbesondere genügt die bloße Möglichkeit, daß es bei einer Veranstaltung zu rechtswidrigen Handlungen kommen könnte, nicht, um ein Verbot auszusprechen. Ein solches ist vielmehr nur dann zulässig, „wenn eine konkrete Gefahr für die öffentliche Ordnung besteht, das heisst wenn bei einer Kundgebung Ausschreitungen (...) nach den Umständen mit Sicherheit oder hoher Wahrscheinlichkeit vorauszusehen sind"[23]. Sodann macht die Aufforderung zu Gewalt eine Versammlung nach ständiger höchstrichterlicher Praxis nur dann zu einem unfriedlichen Ereignis, wenn zu *unmittelbarer Gewalt* aufgerufen wird[24]. Die verfassungskonforme Handhabung dieses Kriteriums stellt namentlich im Bewilligungsverfahren für Demonstrationen[25] höchste Anforderungen an die zuständigen Behörden[26].

2. Neue Formen von „Versammlungen"

15
Schutz elektronischer Gruppen-Kommunikation?

Nach traditioneller Rechtsauffassung kann von einer Versammlung – wie ausgeführt – nur dann die Rede sein, wenn die Teilnehmenden physisch präsent sind, das heißt an einem Ort beisammen sind; daß sie bloß mittels technischer Hilfsmittel untereinander kommunizieren, miteinander konferieren und dabei gegebenenfalls öffentlichkeitswirksam Meinungen äußern, genügt nicht, um solche Aktivitäten dem Schutzbereich der Versammlungsfreiheit zu unterstellen. Im Zeitalter von Video-Konferenzen und interaktiven „on line"-Kommunikationsmöglichkeiten über Internet („chat"-Rooms und dergleichen) fragt sich, ob an dieser engen Betrachtungsweise festgehalten werden kann, zumal die Meinungs- und Informationsfreiheit (Art. 16 BV)[27] nach der neueren Lehre auch das Internet erfaßt[28]. Aus dieser Optik erscheint es in der Tat nicht als abwegig, die Auffassung zu vertreten, Meinungskundgebungen über solche Orte der elektronischen interaktiven Gruppen-Kommunikation verdienten einen über Art. 16 BV hinausgehenden grundrechtlichen Schutz und könnten von der Versammlungsfreiheit erfaßt werden[29]. Damit würden sich indessen neue Problemfelder eines angemessenen Grundrechtsschutzes ergeben, namentlich im Verhältnis eines dergestalt erweiterten Schutzbe-

---

22 *BGE 127* I 164 (170 Erw. 3) – Partei der Arbeit betr. WEF Davos – m.w.H.
23 So beispielsweise *BGE 111* I a 322 (Erw. 6 a). Vgl. dazu nunmehr auch das Urteil des Bundesgerichts 1P.396/2006 vom 4.9.2006 (zur Veröffentlichung bestimmt) betr. Verbot einer am 1.8.2006 (Nationalfeiertag) in Brunnen geplanten Kundgebung, Erw. 4.
24 So bereits *BGE 58* I 84 (90 Erw. 1) – Humbert-Droz: „... à aucun moment Humbert-Droz n'a provoqué ou incité ses auditeurs à une action violente immédiate".
25 Vgl. dazu unten E II, RN 33 ff.
26 Vgl. dazu insb. *J.P. Müller*, Grundrechte (LitVerz.), S. 328 ff. und *Wyss*, ZBl 103 (2002), S. 393 (402 ff.), sowie *Manfrini*, in: Thürer/Aubert/Müller, Verfassungsrecht (LitVerz.), § 46 RN 13 ff., S. 745 f.; zur strengen Praxis des Bundesgerichts zum Straftatbestand der Nötigung (Art. 181 StGB), begangen durch illegale Blockadeaktionen, die außerhalb des Schutzbereichs der Versammlungsfreiheit liegen, *BGE 129* IV 6 (9 ff. Erw. 2.2–2.5) – „Greenpeace"-Aktionen gegen Kernkraftwerke – mit Verweisungen auf frühere Urteile.
27 → Oben *Malinverni*, § 216: Meinungs-, Medien- und Informationsfreiheit.
28 So etwa *Auer/Malinverni/Hottelier*, Droit constitutionnel suisse (LitVerz.), Bd. II, RN 556, S. 264 f.
29 In diesem Sinne *Manfrini*, in: Thürer/Aubert/Müller, Verfassungsrecht (LitVerz.), § 46 RN 9, S. 743.

reichs der Versammlungsfreiheit zur Medienfreiheit (Art. 17 BV)[30] und mit bezug auf eine wohlverstandene Drittwirkung (Art. 35 Abs. 3 BV)[31] der Versammlungsfreiheit (Schutzpflichten der monopolistischen Anbieter). Man darf gespannt sein, ob und wie solche Ideen von Lehre und Gerichtspraxis aufgenommen werden.

II. Rechtsträger

Als Menschenrecht steht die Versammlungsfreiheit vorab den *natürlichen Personen* zu, und zwar grundsätzlich auch Ausländern[32]. Diesen können indessen im Rahmen des verfassungskonformen Ausländerrechts spezifische Einschränkungen auferlegt werden[33]. Auch *juristische Personen* können den Schutz der Versammlungsfreiheit beanspruchen, mindestens soweit sie als Veranstaltende auftreten[34].

16 Menschenrecht

D. Elemente des Grundrechtsschutzes

I. Schutz der Teilnehmenden

1. Grundsatz

Die Versammlungsfreiheit schützt in erster Linie das Recht des Individuums, an einer Versammlung *teilzunehmen* oder ihr *fernzubleiben*[35]. Als teilnehmend gilt, wer anwesend ist und den inneren Willen hat, zu dem von der Versammlung verfolgten Zweck beizutragen. Freie Teilnahme bedeutet weiter, daß das Grundrecht die grundsätzlich unbehinderte Anreise, den Zugang zur Versammlung, den Verbleib an dieser und deren Auflösung schützt[36]. Das schließt indessen verhältnismäßige Sicherheitskontrollen nicht aus.

17 Individuelles Teilnahme- und Zugangsrecht

Wer an einer Versammlung teilzunehmen gedenkt, braucht dafür keine vorgängige Bewilligung einzuholen, denn dies stünde sinngemäß im Widerspruch zum Zensurverbot (Art. 17 Abs. 2 BV), das für alle Kommunikationsgrund-

18 Kerngehaltselemente

---

30 Vgl. dazu etwa *Barrelet*, Les libertés de communication, in: Thürer/Aubert/Müller, Verfassungsrecht (LitVerz.), § 46, insb. RN 40; → oben *Malinverni*, § 216: Meinungs-, Medien- und Informationsfreiheit
31 Nach dieser Bestimmung haben die „Behörden" dafür zu sorgen, „dass die Grundrechte, soweit sie sich dazu eignen, auch unter Privaten wirksam werden." Vgl. dazu auch unten D III, RN 29; → oben *Georg Müller*, § 204: Schutzwirkung der Grundrechte.
32 → Oben *Weber-Dürler*, § 205: Träger der Grundrechte; oben *Thürer*, § 206: Der Status der Ausländer.
33 Näheres dazu bei *J.P. Müller*, Grundrechte (LitVerz.), S. 331, und *Rohner*, in: Ehrenzeller u.a., St. Galler Kommentar (LitVerz.), Art. 22 RN 11, sowie *Hangartner/Kley-Struller*, ZBl 96 (1995), S. 101 (103 f.), je m.w.H.; vgl. auch *BGE 125* I 417 (427 Erw. 6) – Einziehung von Propagandamaterial der Kurdischen Arbeiterpartei.
34 *BGE 92* I 24 (29 Erw. 1) – Rassemblement jurassien – und – präzisierend – *BGE 100* Ia 392 (394 Erw. 1 a aa) – Komitee für Indochina.
35 Zu negativen Grundrechten → Bd. II: *Merten*, Negative Grundrechte, § 42, insb. RN 196 ff.
36 So *Rohner* aaO., Art. 22 RN 18; s. auch *J.P. Müller*, Grundrechte (LitVerz.), S. 331.

rechte gilt und zum unantastbaren Kerngehalt auch der Versammlungsfreiheit gehört (Art. 36 Abs. 4 BV)[37]. Allerdings müssen sich die Teilnehmenden gewisse Einschränkungen gefallen lassen, sofern diese den Anforderungen entsprechen, wie sie die Bundesverfassung in Art. 36 für Beschränkungen der Grundrechte vorsieht[38]. Zwei Problembereiche dazu sollen im folgenden kurz erwähnt werden.

2. Vermummungsverbot

19
Verhinderung von Gewalt

Auf gesetzlicher Grundlage beruhende Vermummungsverbote sind grundsätzlich zulässig, soweit sie verfassungskonform praktiziert werden können[39]. Ein Vermummungsverbot dient freilich ausschließlich der Verhinderung von Gewalt. Zu beachten ist dabei, daß private und öffentliche Interessen nach dem Zweck der Versammlung eine Vermummung durchaus rechtfertigen können und daß mitunter ein spezifisches privates und öffentliches Interesse daran besteht, daß sich bestimmte Personen oder Personengruppen öffentlich artikulieren können, ohne später Angriffen ausgesetzt zu sein[40].

3. Observierung

20
Grundrechtsbehinderung

Wer damit rechnen muß, anläßlich der Teilnahme an einer Versammlung oder Demonstration von der Polizei gefilmt zu werden, wird allenfalls auf eine Mitwirkung und damit auf die Ausübung einer grundrechtlich geschützten Tätigkeit verzichten. Observationen und bildliche oder sonstige Registrierungen wirken daher zumindest mittelbar grundrechtsbeschränkend und sind geeignet, Interessierte von einer Teilnahme abzuhalten, da sie Nachteile zu befürchten glauben (sogenannter „chilling effect"). Selbst wenn sie auf hinreichender gesetzlicher Grundlage beruhen[41], sind sie deshalb verfassungsrechtlich nicht unbedenklich. Auf jeden Fall ist bei der Überprüfung ihrer verfassungskonformen Handhabung Strenge am Platz, und es muß Gewähr dafür bestehen, daß Mißbräuchen vorgebeugt wird und anerkannte datenschutzrechtliche Regeln (zum Beispiel sofortige, beweismäßig gesicherte Vernichtung nicht mehr benötigter Daten) eingehalten werden[42].

---

37 Vgl. dazu insb. *Markus Schefer*, Die Kerngehalte von Grundrechten, Bern 2001, insb. S. 454 ff.
38 Vgl. dazu unten E, RN 30 ff.; → oben *Schefer*, § 208: Beeinträchtigung von Grundrechten.
39 *BGE 117* I a 472 ff. – SP Basel-Stadt; differenziert zustimmend ebenfalls *J.P. Müller*, Grundrechte (Lit-Verz.), S. 335 f.
40 Näheres dazu bei *J.P. Müller* aaO., m.w.H.
41 Wie etwa gemäß Art. 51 des Polizeigesetzes des Kantons Bern vom 8. 6. 1997 (BSG 551.1), wonach die Polizei „bei oder im Zusammenhang mit öffentlichen Veranstaltungen und Kundgebungen Personen oder Personengruppen sowie deren Äußerungen auf Bild- und Tonträgern" aufnehmen kann, „wenn konkrete Anhaltspunkte die Annahme rechtfertigen, es könne zu strafbaren Handlungen gegen Menschen oder Sachen kommen".
42 Solche Schutznormen enthält beispielsweise die Verordnung des Regierungsrats des Kantons Bern über den Einsatz von Bild- und Tonaufzeichnungsgeräten durch die Polizei bei Massenveranstaltungen (Video-Verordnung) vom 20. 12. 1989, BSG 551, 332 (Ausführungsverordnung zu Art. 51 Abs. 2 des Polizeigesetzes).

II. Schutz der Veranstaltenden

1. Grundsatz

Art. 22 BV schützt die Organisation und die Gestaltung einer Versammlung. Wer also eine Kundgebung veranstalten will, soll frei darüber befinden, wann und wie er dazu aufrufen will, und soll selber über Art, Inhalt und Aufmachung des Anlasses entscheiden können. Der Staat darf auf diese Gestaltungsfreiheit auch nicht dadurch einwirken, daß er die Organisierenden verpflichtet, die für eine Versammlung vorgesehenen Redner im Voraus bekannt zu geben[43]. Weil nicht nur verbale Kundgebungsformen grundrechtlich geschützt sind, werden von der Versammlungsfreiheit auch andere Aktionen (wie zum Beispiel Sitzblockaden) erfaßt, sofern sie dazu dienen, die öffentliche Aufmerksamkeit für den eigenen meinungsbildenden Standpunkt zu gewinnen[44].

21
Schutz von Organisation und Gestaltung

Dieses Selbstbestimmungsrecht findet freilich dort seine *Grenzen*, wo Rechte anderer beeinträchtigt werden und das Gemeinwesen verpflichtet ist, entgegenstehende Grundrechte Dritter zu schützen[45]. Für bewilligungspflichtige Veranstaltungen[46] dürfen den Veranstaltenden ferner Organisations- und Mitwirkungspflichten im Hinblick auf einen sicheren Ablauf auferlegt werden[47]. Wie weit solche Pflichten im konkreten Fall gehen dürfen, ist noch weitgehend offen, aber offenbar in der Praxis wenig konflikträchtig, wenn sie Gegenstand von verhältnismäßigen Auflagen bilden[48].

22
Auferlegung sicherheitsrelevanter Mitwirkungspflichten

Ausgesprochen heikel ist die Frage, ob für die Durchführung einer Veranstaltung ein Anspruch auf Benützung des *privaten Eigentums Dritter* besteht. Probleme ergeben sich etwa dort, wo ein privater Eigentümer über das einzige für eine bestimmte Versammlung geeignete Lokal verfügt. In seiner früheren Rechtsprechung lehnte es das Bundesgericht unter Hinweis auf den Vorrang der privatrechtlichen Verfügungsmacht ab, einen privaten Grundeigentümer gestützt auf die Versammlungsfreiheit Dritter zu verpflichten, die Veranstaltung auf seinem Grundstück zu dulden[49]. Diese von der Rechtslehre[50] mit Grund kritisierte Praxis scheint das Bundesgericht nunmehr aufgegeben zu haben, wenn es zumindest für im Privateigentum stehende Straßen und Plätze darauf abstellt, ob diese nach den gesamten Umständen dem Gemeingebrauch gewidmet sind und sich für eine Kundgebung mit der verfassungsmäßig geschützten Appellwirkung eignen[51]. Der Entscheid im konkreten Fall verlangt freilich allemal eine sorgfältige *Interessenabwägung*.

23
Inanspruchnahme von Privateigentum

---

43 *BGE 107* I a 292 (298 f. Erw. 4) – Nyffeler.
44 Weitere Hinweise bei *Wyss*, ZBl 103 (2002), S. 393 (407).
45 Vgl. dazu *BGE 127* I 164 (178 f. Erw. 5 b bb) – Partei der Arbeit betr. WEF Davos.
46 Vgl. dazu unten E II, RN 33 ff.
47 Dem Grundsatze nach anerkannt in *BGE 127* I 164 (171 Erw. 3 b); vgl. dazu auch *Wyss*, ZBl 103 (2002), S. 393 (408 f.).
48 Vgl. dazu unten E II 2, RN 39 f.
49 *BGE 97* I 911 (914 Erw. 3 a) – Arnet: „Or il va de soi que le propriétaire civil peut, en vertu de son droit de propriété, s'opposer à ce qu'une réunion ait lieu sur son fonds sans son consentement".
50 Namentlich von *J.P. Müller*, Grundrechte (LitVerz.), S. 332 f.
51 *BGE 127* I 164 (178 f. Erw. 5 b bb) – Partei der Arbeit betr. WEF Davos; vgl. dazu auch *Wyss*, ZBl 103 (2002), S. 393 (396).

24
Kostenauflagen

Die Benutzung öffentlichen Grundes zur Ausübung von Grundrechten verursacht dem Gemeinwesen regelmäßig *Kosten*, namentlich für den Polizeischutz, Verkehrsumleitungen, Kontrollen, Aufstellen von Abschrankungen und Aufräumarbeiten. Eine Kostenauflage für die Ausübung der Grundrechte freier Kommunikation, namentlich der Versammlungsfreiheit, erscheint verfassungsrechtlich problematisch. Abgesehen von Kanzleigebühren für allfällig erforderliche Bewilligungen dürfen den Veranstaltenden keine Kosten für behördlichen Aufwand in Rechnung gestellt werden, die direkt mit der Ausübung der Versammlungsfreiheit zu tun haben[52]. Anders verhält es sich für Kosten, die unabhängig vom Inhalt einer Veranstaltung anfallen und keinen unmittelbaren Bezug zur Versammlungsfreiheit (Äußerung von Meinungen) haben (etwa Aufräumungskosten wegen des Ausschanks von Getränken oder der Verteilung von Eßwaren). Allerdings genügt hier die Berufung auf das sogenannte Verursacherprinzip allein wohl nicht. Zu fordern ist dafür eine formelle gesetzliche Grundlage[53].

2. Schutz- und Leistungspflichten des Gemeinwesens

25
Nutzung öffentlichen Grundes und Polizeischutz

Die Versammlungsfreiheit kann sich nicht auf die Abwehr staatlicher Einflußnahmen auf die Grundrechtsausübung beschränken. Weil öffentliche Straßen, Plätze und Säle für die Ausübung von Grundrechten zur Verfügung zu stehen haben, anerkennt das Bundesgericht in ständiger Rechtsprechung einen bedingten Anspruch auf *Benützung des öffentlichen Bodens* namentlich für Veranstaltungen, die unter dem Schutz der Versammlungsfreiheit stehen[54]. Die Versammlungsfreiheit gebietet somit in gewissen Grenzen, daß öffentlicher Grund zur Verfügung gestellt wird oder daß das Gemeinwesen dem Publizitätsbedürfnis der Veranstaltenden „in anderer Weise angemessen Rechnung trägt"[55]. Sodann sind die Behörden über die Überlassung von öffentlichem Grund hinaus verpflichtet, durch geeignete Maßnahmen, namentlich durch die Gewährung eines ausreichenden *Polizeischutzes*, dafür zu sorgen, daß öffentliche Kundgebungen tatsächlich stattfinden können und nicht durch gegnerische Kreise gestört oder verhindert werden[56]. Weiter ist anerkannt, daß Gemeindesäle, die für Versammlungen benutzt werden können, dem öffentlichen Grund gleichzustellen und hinsichtlich Inanspruchnahme für Versammlungen unter Berücksichtigung der konkreten, lokalen Verhältnisse gleich zu behandeln sind wie die Benutzung öffentlichen Grundes. Damit deckt sich die höchstrichterliche Praxis mit der Rechtsprechung des Europäischen Gerichtshofs für Menschenrechte[57].

---

52 So auch *J.P. Müller*, Grundrechte (LitVerz.), S. 221, und *Rohner*, in: Ehrenzeller u.a., St. Galler Kommentar (LitVerz.), Art. 22 RN 26.
53 Wie es beispielsweise Art. 61 Abs. 1 des bernischen Polizeigesetzes (FN 41) vorsieht: „Ersatz der Kosten für polizeilich erbrachte Leistungen kann verlangt werden, wenn es die Gesetzgebung vorsieht". Gemeint sind vorab kommunale Gebührenreglemente.
54 Grundlegend *BGE 105* Ia 91 (95 Erw. 4 a) – Plüss.
55 *BGE 127* I 164 (169 Erw. 3 b) – Partei der Arbeit betr. WEF Davos.
56 Näheres zu den Schutzpflichten des Staates insb. bei *J.P. Müller*, Grundrechte (LitVerz.), S. 220.
57 *BGE 127* I 164 (169f. Erw. 3 b) – Partei der Arbeit betr. WEF Davos – unter Hinweis auf frühere Urteile sowie auf *EGMR*, Urt. v. 21.6.1988, Ärzte für das Leben ./. Österreich, Serie A, Bd. 139, Ziff. 32–34, sowie EuGRZ 1989, S. 522.

Polizeiliche Schutzmaßnahmen haben sich – einem allgemeinen Rechtsgrundsatz entsprechend – gegen den *Störer* zu richten, das heißt gegen denjenigen, der die öffentliche Sicherheit und Ordnung stört oder gefährdet. Das bedeutet aber auch, daß Versammlungen nicht allein deshalb verboten werden dürfen, weil sie durch außenstehende Elemente gestört werden könnten. Die Einhaltung des Störerprinzips ist freilich problematisch bei Gegendemonstrationen und entfällt im Falle eines eigentlichen *Polizeinotstandes*, das heißt bei Handlungen gestützt auf die polizeiliche Generalklausel, wenn sich unaufschiebbare Maßnahmen aufdrängen, um eingetretene ernste Störungen oder unmittelbar drohende ernste Gefahren für die öffentliche Sicherheit und Ordnung zu beseitigen oder abzuwehren[58].

26
Reichweite polizeilichen Schutzes

Endlich sind die Behörden ihrerseits zu einer „versammlungsfreundlichen Kooperation" mit den Veranstaltenden verpflichtet, etwa indem sie mit ihnen Alternativen für Routenwahl, Versammlungsort oder Kundgebungszeitpunkt erörtern und nötigenfalls ein Sicherheitsdispositiv entwickeln[59].

27
Kooperation

Ob und inwieweit die Veranstaltenden für *Schäden* verantwortlich gemacht werden können, ist weitgehend ungeklärt[60]. Gleiches gilt für die Staatshaftung wegen pflichtwidriger Untätigkeit oder Fehlleistungen der Polizei im Rahmen von verfassungsmäßig gebotenen Schutzmaßnahmen[61].

28
Haftung

III. Drittwirkung

Nach der bundesgerichtlichen Rechtsprechung soll der Versammlungsfreiheit im Rahmen der verfassungsrechtlich gebotenen Interessenabwägungen Drittwirkung zukommen[62], das heißt die Behörden sind gehalten, dafür zu sorgen, „dass die Grundrechte auch unter Privaten wirksam werden", wie es Art. 35 BV vorsieht[63]. Unter diesem verfassungsrechtsdogmatischen Gesichtswinkel ist die bereits in anderem Zusammenhang erörterte Frage zu beurteilen, ob Grundeigentümer verpflichtet werden können, ihr Grundstück für Kundgebungen Dritter zur Verfügung zu stellen[64]. Aber auch etwa Art. 336 Abs. 1 lit. b OR[65] kann als Ausdruck der Drittwirkung von Grundrechten, insbesondere der Versammlungsfreiheit, verstanden werden[66].

29
Wirksamkeit unter Privaten

---

58 Vgl. zum Ganzen insb. *Malinverni*, Versammlungsfreiheit, in: Kommentar zur (alten) Bundesverfassung, Basel 1986, RN 49–51 m.w.H., sowie etwa *BGE 103* Ia 310 (315 Erw. 4) – Rassemblement jurassien.
59 Näheres dazu bei *Wyss*, ZBl 103 (2002), S. 393 (396).
60 Vgl. dazu *Wyss* aaO., S. 409
61 Vgl. dazu die Übersicht über die spärliche Praxis bei *Jaag*, Staatshaftung nach dem Entwurf für die Revision und Vereinheitlichung des Haftpflichtrechts, ZSR 2003 II S. 3 ff., insb. S. 44 f.
62 → Oben *Georg Müller*, § 204: Schutzwirkung der Grundrechte.
63 *BGE 127* I 164 (172 Erw. 3 c) – Partei der Arbeit betr. WEF Davos – mit Hinweisen auf die Lehre.
64 S. oben D II, RN 21 ff.
65 Schweizerisches Obligationenrecht (SR 220). Nach Art. 336 Abs. 1 lit b OR ist die Kündigung eines Arbeitsverhältnisses mißbräuchlich, wenn eine Partei sie ausspricht, „weil die andere Partei ein verfassungsmässiges Recht ausübt, es sei denn, die Rechtsausübung verletze eine Pflicht aus dem Arbeitsverhältnis oder beeinträchtige wesentlich die Zusammenarbeit im Betrieb".
66 So *Rohner*, in: Ehrenzeller u.a., St. Galler Kommentar (LitVerz.), Art. 22 RN 32.

E. Schranken

I. Allgemeines

30
Schutz öffentlicher Ordnung und Sicherheit

Allgemeine Schranken der Versammlungsfreiheit ergeben sich aus dem Schutz der öffentlichen Ordnung und Sicherheit. In diesem Zusammenhang ist auch auf die Straftatbestände des 12. Titels „Verbrechen und Vergehen gegen den öffentlichen Frieden" des Schweizerischen Strafgesetzbuchs[67], insbesondere auf Art. 260 StGB (Landfriedensbruch) und Art. 261bis StGB (Rassendiskriminierung) hinzuweisen. Weitere spezifische Einschränkungen können sich etwa für Angehörige des öffentlichen Dienstes aus der Treuepflicht bei Sonderstatusverhältnissen ergeben[68].

31
Art. 36 BV

Generell richtet sich die Zulässigkeit von Einschränkungen der Versammlungsfreiheit nach der Schrankenbestimmung von Art. 36 BV[69]. Soweit es nicht um die Gefahrenabwehr gestützt auf die Polizeigeneralklausel geht, bedürfen Einschränkungen somit einer gesetzlichen Grundlage, wobei schwerwiegende Einschränkungen im (formellen) Gesetz selber vorgesehen sein müssen[70]. Sodann müssen Einschränkungen durch ein *öffentliches Interesse* oder durch den Schutz von Grundrechten Dritter gerechtfertigt und *verhältnismäßig* sein. Mit Blick auf Gehalt und Bedeutung der Versammlungsfreiheit für den Rechtsstaat und die Demokratie ist dabei ein strenger Maßstab anzulegen.

32
Interessenabwägung

Namentlich bei Versammlungen mit Appellwirkung *auf öffentlichem Grund* (Demonstrationen) erweist sich die verfassungsrechtlich gebotene Interessenabwägung als besonders anspruchsvoll[71]. Die Behörde, welcher die Aufsicht und die Verfügung über den öffentlichen Grund zusteht, soll die gegen die Demonstration sprechenden polizeilichen Gründe berücksichtigen dürfen. Dazu zählen solche des öffentlichen und des privaten Verkehrs, der Vermeidung von übermäßigen Immissionen, der Aufrechterhaltung der Sicherheit und der Abwendung unmittelbarer Gefahren von Ausschreitungen, Krawallen und Gewalttätigkeiten sowie Übergriffen und Straftaten jeglicher Art. Die öffentliche Ordnung läßt, wie erwähnt[72], keinen Raum für Meinungskundgebungen, die mit rechtswidrigen Handlungen verbunden sind. Dabei ist das Gewaltrisiko nicht nur abstrakt, sondern anhand konkreter Umstände objektiv zu würdigen. Weitere zu beachtende öffentliche Interessen betreffen die zweckmäßige Nutzung der vorhandenen öffentlichen Anlagen im Interesse

---

[67] StGB, vom 21. 12. 1937 (SR 311.0).
[68] S. dazu etwa *Rohner* aaO., RN 31 m.w.H. Grundlegend zur Geltung und Schutzwirkung der Grundrechte bei Sonderstatusverhältnissen *Markus Müller*, Das besondere Rechtsverhältnis (Berner Habilitationsschrift), 2003, insb. S. 45 ff. und S. 63 ff.; → Bd. III: *Peine*, Grundrechtsbeschränkungen in Sonderstatusverhältnissen, § 65.
[69] → Oben *Schefer*, § 208: Beeinträchtigung von Grundrechten.
[70] Vgl. zur Bedeutung des Legalitätsprinzips im Polizeirecht nunmehr *BGE 128* I 327 (339 ff. Erw. 4.2) – Botta.
[71] Vgl. dazu namentlich *Hangartner/Kley-Struller*, ZBl 96 (1995), S. 101 (105 ff.).
[72] Vgl. oben C, RN 8 ff.

der Allgemeinheit und der Anwohner, wobei die Besonderheiten oder speziellen Zweckbestimmungen gewisser Örtlichkeiten gegen die Benutzung für Manifestationen sprechen können[73]. Ferner ist die durch die Kundgebung verursachte Beeinträchtigung von Freiheitsrechten unbeteiligter Dritter (zum Beispiel die persönliche Freiheit, die Wirtschaftsfreiheit oder die Eigentumsgarantie) in die Beurteilung einzubeziehen. Wohl kommt der Behörde dabei Ermessen zu. Sie ist indessen nicht nur an das Willkürverbot und an das Gleichheitsgebot gebunden, sondern hat vielmehr stets auch dem ideellen Gehalt der Versammlungsfreiheit Rechnung zu tragen[74].

II. Bewilligungspflicht für Demonstrationen

1. Voraussetzungen

Versammlungen in privaten Lokalen oder auf privatem Grund dürfen keiner Bewilligungspflicht unterstellt werden, denn eine solche präventive behördliche Kontrolle ließe sich mit der wohlverstandenen Versammlungsfreiheit nicht vereinbaren[75].

33
Private Versammlungen

Anders verhält es sich bei größeren Veranstaltungen mit Appellwirkung auf öffentlichem Grund *(Demonstrationen)*. Solche Kundgebungen stellen nach ständiger Rechtsprechung des Bundesgerichts *gesteigerten Gemeingebrauch* dar, weil sie die gleichartige Mitbenützung des öffentlichen Grundes durch unbeteiligte Personen einschränken und sowohl lokal wie auch temporär nicht mehr gemeinverträglich sind[76]. Obwohl, wie ausgeführt, ein bedingter Anspruch auf Benutzung des öffentlichen Grundes besteht, kann die Grundrechtsausübung nicht jederzeit oder umstandslos erfolgen, weil Prioritätenordnungen erstellt werden müssen. Solche Veranstaltungen dürfen daher weitergehenden Beschränkungen unterworfen werden als Versammlungen auf privatem Boden und andere Formen der Meinungsäußerung. Sie können deshalb für *bewilligungspflichtig* erklärt werden[77]. Somit ist die Interessenabwägung[78] im Bewilligungsverfahren vorzunehmen, in aller Regel mit dem Ergebnis, daß für voraussichtlich friedliche Versammlungen mit Beeinträchtigun-

34
Interessenausgleich als Zweck der Bewilligungspflicht

---

73 Vgl. etwa *BGE 124* I 267 – Verein gegen Tierfabriken Schweiz, wo das Bundesgericht ein generelles Demonstrationsverbot auf dem Klosterplatz Einsiedeln wegen dessen besonderer Bedeutung und Funktion als störungsfreie Zone für Pilger und andere Klosterbesucher schützte; vgl. dazu die Besprechung von *Hangartner*, in: AJP 1999, S. 101 ff.
74 Grundlegend *BGE 127* I 164 (170 f. Erw. 3 b) – Partei der Arbeit betr. WEF Davos – und *BGer*, Urt. v. 20. 9. 2001, 1P.53/2001, in: ZBl 103 (2002), S. 411 ff. – Böhner betr. WEF Davos, besprochen von *Kley*, Die staatsrechtliche Rechtsprechung des Bundesgerichts in den Jahren 2000 und 2001, in: ZBJV 2002, S. 648.
75 *BGE 107* Ia 292 (300 Erw. 6); s. auch *J.P. Müller*, Grundrechte (LitVerz.), S. 335.
76 Vgl. *Jaag*, ZBl 93 (1992), S. 145 (157 f.).
77 *BGE 127* I 164 (168 Erw. 3 b) – Partei der Arbeit betr. WEF Davos – mit Hinweisen auf Lehre und Rechtsprechung. Nach einem neuesten Urteil des Bundesgerichts (1P.396/2006 vom 4.9. 2006, zur Veröffentlichung bestimmt) war es zulässig, die Bewilligung für eine am 1.8. 2006 (Nationalfeiertag) in Brunnen geplante Kundgebung zu verweigern.
78 S. oben E, RN 30 ff.

gen, die unbeteiligten Dritten zugemutet werden dürfen, die Bewilligung erteilt wird[79].

35
Gesetzliche Grundlage

Bisher wurde die Befugnis, Veranstaltungen auf öffentlichem Grund für bewilligungspflichtig zu erklären, direkt aus der Hoheit des Gemeinwesens über öffentliche Sachen und aus dem Vorliegen von gesteigertem Gemeingebrauch, das heißt aus dem allgemeinen Verwaltungsrecht abgeleitet. Nicht nur die Verweigerung einer Bewilligung, sondern bereits das Bewilligungs*erfordernis* selber stellt indessen eine Grundrechtsbeschränkung dar, die im Lichte der Schrankenbestimmung von Art. 36 BV einer gesetzlichen Grundlage bedarf. Im Zuge der Totalrevision der Bundesverfassung wollte der Bundesrat die sich daraus ergebenden Probleme lösen. Er schlug deshalb vor, Art. 18 des Verfassungsentwurfs mit einem dritten Absatz zu ergänzen, der wie folgt gelautet hätte: „Versammlungen und Kundgebungen auf öffentlichem Grund können von einer Bewilligung abhängig gemacht werden"[80]. Zur Begründung führte er unter anderem aus, auch Art. 11 Ziff. 2 EMRK und Art. 21 UNO-Pakt II (IPbürgR) machten Einschränkungen der Versammlungsfreiheit von einer genügenden gesetzlichen Grundlage abhängig. Der Ständerat folgte dem Bundesrat, nicht aber der Nationalrat, der darin eine Überregulierung erblickte und eine ungebührliche Beschränkung der Versammlungsfreiheit befürchtete, wenn die Bewilligungspflicht direkt in der Bundesverfassung eingeführt würde. In der Differenzbereinigung setzte sich der Nationalrat durch, und auf den vom Bundesrat vorgeschlagenen Absatz 3 von Artikel 18 des Verfassungsentwurfs (heute Art. 22 BV) wurde verzichtet[81]. Daß diese Debatte irrelevant sei, wie das Bundesgericht anzunehmen scheint[82], und daß demnach alles beim Alten bleiben könne, trifft nicht zu. In der Differenzbereinigung vor dem Ständerat machte der Berichterstatter ausdrücklich darauf aufmerksam, daß die Einführung einer Bewilligungspflicht für Veranstaltungen auf öffentlichem Grund aus grundrechtlicher Sicht zwar prinzipiell nicht zu beanstanden sei, aber einer gesetzlichen Grundlage bedürfe[83]. Das Bundesgericht wird seine Praxis entsprechend ändern müssen, wenn das Erfordernis einer gesetzlichen Grundlage für Grundrechtsbeschränkungen (Art. 36 Abs. 1 BV) im hier interessierenden Bereich nicht toter Buchstabe bleiben soll[84]. Den Gemeinden geschieht kein Unrecht, wenn sie verpflichtet werden, verfassungsmäßige Reglemente über Kundgebungen auf öffentlichem Grund zu erlassen.

---

79 So sieht beispielsweise Art. 2 Abs. 2 des stadtbernischen Reglements vom 26. 11. 1995 über Kundgebungen auf öffentlichem Grund (KgR, Städtische Rechtssammlung 143.1) ausdrücklich vor, daß eine Bewilligung zu erteilen ist, „wenn ein geordneter Ablauf der Kundgebung gesichert und die Beeinträchtigung der anderen Benutzerinnen und Benutzer des öffentlichen Grundes zumutbar erscheint".
80 BBl 1997 I S. 167 (Verfassungsbotschaft, FN 11) sowie S. 592.
81 Vgl. Amtliches Bulletin der Bundesversammlung 1998, Sonderausgabe Reform der Bundesverfassung, Ständerat S. 43, 158 und 209; Nationalrat S. 212 und 421.
82 *BGE 127* I 164 (169 Erw. 3 b).
83 Votum des Mitglieds des Ständerats Dr. *Hansheiri Inderkum* (CVP), Amtliches Bulletin der Bundesversammlung 1998, Sonderausgabe Reform der Bundesverfassung, Ständerat S. 209.
84 S. dazu auch *Weber-Dürler*, Grundrechtseingriffe, in: Ulrich Zimmerli (Hg.), Die neue Bundesverfassung, Berner Tage für die juristische Praxis 1999, 2000, S. 137 f.

Für kleinere Umzüge und Kundgebungen, die weder umfassende polizeiliche Schutzmaßnahmen erfordern noch schwierige Koordinationsaufgaben stellen, erscheint die Einführung einer Bewilligungspflicht als unverhältnismäßig. Eine Meldepflicht genügt[85].

36
Meldepflicht

Spontandemonstrationen, die sich als unmittelbare Reaktion vor allem des Protestes gegen unvorhersehbare Ereignisse bilden, ertragen ebenfalls keine Bewilligungspflicht[86]. Die Gesetzgebung kann für sie jedoch eine Meldepflicht vorsehen[87].

37
Spontandemonstrationen

Die Regeln über die Bewilligung der Grundrechtsausübung auf öffentlichem Grund sind *Ordnungsvorschriften*. Ihre Nichtbeachtung kann demnach sanktioniert werden (zum Beispiel durch eine Buße gegenüber den Veranstaltenden). Sie macht die Kundgebung aber nicht widerrechtlich und vermag für sich allein ein Verbot und allenfalls polizeiliche Maßnahmen (wie das Einziehen von Flugblättern, Auflösung einer Demonstration) der fraglichen Tätigkeit nicht zu rechtfertigen[88].

38
Bewilligungsregelungen als Ordnungsvorschriften

2. Bedingungen und Auflagen

Anstelle eines Verbots einer Veranstaltung auf öffentlichem Grund ist unter dem Gesichtswinkel der Verhältnismäßigkeit zu prüfen, ob allenfalls spezielle Bedingungen und Auflagen mit der Bewilligung verknüpft werden können[89].

39
Mildestes Mittel

Im Sinne von Nebenbestimmungen können auch behördliche Anordnungen über Modalitäten der Durchführung von bewilligungspflichtigen Veranstaltungen (zum Beispiel hinsichtlich Zeitpunkt und Routenwahl oder Ort) getroffen werden, sofern sie als verhältnismäßig erscheinen. Zulässig sind unter bestimmten Voraussetzungen auch örtliche Demonstrationsverbote im Sinne von „Bannmeilen"[90]. In jedem Fall ist aber darauf zu achten, daß die Grenze des Zweck- und Sachwidrigen nicht überschritten wird. Würde eine Auflage beispielsweise bewirken, daß das Zielpublikum und die Medien nicht mehr erreicht werden könnten, würde dem ideellen Gehalt der Versammlungsfreiheit nicht mehr Rechnung getragen[91].

40
Verhältnismäßigkeitsprüfung

---

85 So auch *J.P. Müller*, Grundrechte (LitVerz.), S. 215.
86 Hinweise bei *J.P. Müller* aaO., S. 216.
87 So ausdrücklich Art. 3 des Stadtberner KgR (FN 79): „Spontankundgebungen bedürfen keiner Bewilligung. Wer zu einer solchen Spontankundgebung aufruft, hat diese jedoch zugleich mit dem Aufruf der Stadtpolizei zu melden".
88 So überzeugend *J.P. Müller*, Grundrechte (LitVerz.), S. 217.
89 *BGE 127* I 164 (171 Erw. 3 b) – Partei der Arbeit betr. WEF Davos.
90 Vgl. dazu etwa *Wyss*, ZBl 103 (2002), S. 393 (398). Das erwähnte Stadtberner KgR (FN 79) sieht vor, daß Kundgebungen auf dem Bundesplatz während der Sessionswochen des eidgenössischen Parlaments für die Zeit vom Montag bis Freitag grundsätzlich nicht bewilligt werden und daß über Ausnahmen der Gemeinderat entscheidet.
91 Vgl. etwa die Ausführungen des Bundesgerichts in *BGE 127* I 164 (180 Erw. 5 c aa) – Partei der Arbeit betr. WEF Davos – und im Urt. v. 20. 9. 2001, 1P.53/2001 – Böhner betr. WEF Davos, in: ZBl 103 (2002), S. 411 (insb. S. 426) zur Frage der Verschiebung einer Demonstration auf einen anderen Wochentag.

F. Probleme des Rechtsschutzes

41
Effektives Verwaltungsverfahren

Veranstalter sind verpflichtet, ihre Gesuche frühzeitig zu stellen, damit die Verkehrs- und Sicherheitsfragen abgeklärt werden. Anderseits muß die Bewilligungsbehörde das Verfahren so zügig durchführen und bewilligungsfähige Abweichungen vom ursprünglichen Gesuch so frühzeitig ankündigen, daß den Organisierenden genügend Zeit bleibt, um die sich aus dem Entscheid ergebenden Konsequenzen ziehen zu können, ihr Publikum mit entsprechenden Aufrufen darüber zu informieren und einen abschlägigen Entscheid anzufechten. Sodann hat die Behörde ihren Entscheid ordnungsgemäß zu begründen.

42
Art. 29 BV

Die allgemeinen Verfahrensgarantien von Art. 29 BV erweisen sich im Bewilligungsverfahren für Veranstaltungen auf öffentlichem Grund demnach als anspruchsvoll[92].

43
Fortfall aktuellen Interesses

Oft ist das aktuelle Interesse an der Anfechtung einer negativen Verfügung längst dahingefallen, wenn sich das Bundesgericht im staatsrechtlichen Beschwerdeverfahren mit der Angelegenheit zu befassen hat. Das Bundesgericht tritt ungeachtet Art. 88 OG[93] auf staatsrechtliche Beschwerden ein und sieht vom Erfordernis des aktuellen Interesses an der Anfechtung ab, wenn sich die mit der Beschwerde aufgeworfene Frage jederzeit und unter den gleichen oder ähnlichen Umständen wieder stellen könnte, an ihrer Beantwortung wegen ihrer grundsätzlichen Bedeutung ein hinreichendes öffentliches Interesse besteht und eine rechtzeitige verfassungsgerichtliche Überprüfung im Einzelfall kaum je möglich wäre[94]. Selbst wenn das Bundesgericht in einem solchen Verfahren eine Verletzung der Versammlungsfreiheit feststellt, führt dies aber nicht zwingend zur Gutheißung der staatsrechtlichen Beschwerde und zur Aufhebung des angefochtenen Entscheids. Die Beschwerdeführenden müssen sich unter Umständen mit der Erwartung begnügen, daß die Behörden den bundesgerichtlichen Erwägungen bei nächster Gelegenheit gebührende Beachtung schenken werden[95].

44
Keine abstrakte Anfechtbarkeit

Nach der bundesgerichtlichen Rechtsprechung ist die abstrakte Anfechtbarkeit eines Polizeieinsatzbefehls (qualifiziert als Verwaltungsverordnung) ausgeschlossen, wenn ein hinreichender Rechtsschutz im Anschluß an Realakte anläßlich eines Polizeieinsatzes gewährleistet bleibt[96].

---

[92] Illustrativ dazu *BGer*, Urt. v. 20. 9. 2001, 1P.53/2001, aaO.
[93] Bundesgesetz über die Organisation der Bundesrechtspflege (SR 173.110). Seit 1. 1. 2007 Art. 89 Abs. 1 des Bundesgerichtsgesetzes vom 17. 5. 2005 (BGG, SR 173.110) – Beschwerderecht zur Einheitsbeschwerde in öffentlich-rechtlichen Angelegenheiten.
[94] So statt vieler *BGE 127* I 164 (166 Erw. 1 a) – Partei der Arbeit betr. WEF Davos – mit Verweisungen.
[95] So beispielsweise in *BGer*, Urt. v. 20. 9. 2001, 1P.53/2001 – Böhner betr. WEF Davos, in: ZBl 103 (2002), S. 411 (insb. S. 427 f.).
[96] So *BGE 128* I 167 (170 ff. Erw. 4) – Erklärung von Bern.

Das Bundesgericht überprüft im staatsrechtlichen Beschwerdeverfahren grundsätzlich frei, ob der angefochtene Entscheid den verfassungsrechtlichen Anforderungen genügt. Es setzt indessen nicht sein Ermessen an die Stelle desjenigen der in der Sache zuständigen Behörden, und es übt Zurückhaltung, soweit es um die Würdigung der besonderen örtlichen Verhältnisse geht[97].

45
Prüfungsumfang

---

97 *BGE 127* I 164 (172 Erw. 3 c) – Partei der Arbeit betr. WEF Davos.

G. Bibliographie

Auer, Andreas/Malinverni, Giorgio/Hottelier, Michel, Droit constitutionnel suisse, Bd. II: Les droits fondamentaux, ²2006, S. 323 ff.
Hangartner, Yvo/Kley-Struller, Andreas, Demonstrationsfreiheit und Rechte Dritter, ZBl 96 (1995), S. 101 ff.
Jaag, Tobias, Gemeingebrauch und Sondernutzung öffentlicher Sachen, ZBl 93 (1992), S. 145 ff.
Mahon, Pascal, Kommentar zu Art. 22 BV, in: *Jean-François Aubert/ders.*, Petit commentaire de la Constitution fédérale de la Confédération suisse du 18 avril 1999, 2003.
Malinverni, Giorgio, Versammlungsfreiheit, Kommentar zur (alten) Bundesverfassung, 1986.
ders., L'exercice des libertés idéales sur le domaine public, in: François Bellanger/Thierry Tanquerel (éd.), Le domaine public, 2004, S. 25 ff.
Manfrini, Pierre Louis, La liberté de réunion et d'association, in: Daniel Thürer/Jean-François Aubert/Jörg Paul Müller (Hg.), Verfassungsrecht der Schweiz/Droit constitutionnel suisse, 2001, § 46.
Rhinow, René, Grundzüge des schweizerischen Verfassungsrechts, 2003.
Rüesch, Adrian, Die Versammlungsfreiheit nach schweizerischem Recht, (Diss. iur. Zürich 1983), 1983.
Rohner, Christoph, Kommentar zu Art. 22 BV, in: Bernhard Ehrenzeller/Philippe Mastronardi/Rainer J. Schweizer/Klaus A. Vallender (Hg.), Die schweizerische Bundesverfassung (St. Galler Kommentar), 2002, S. 293 ff.
Wyss, Martin Philipp, Appell und Abschreckung, Verfassungsrechtliche Beobachtungen zur Versammlungsfreiheit, ZBl 103 (2002), S. 393 ff.

3. Politische Rechte

§ 220
Schutz der politischen Rechte

Pierre Tschannen

Übersicht

	RN
A. Vorbemerkungen	1–15
I. Zum politischen System	2–9
1. Direkte Demokratie	2–4
2. Volksrechte als Instrument okkasioneller Opposition	5–6
3. Konkordanzdemokratie	7–9
II. Begriffsbestimmungen	10–15
1. Volkswahl	11
2. Volksabstimmung, Konsultativabstimmung	12–13
3. Volksinitiative	14
4. Referendum	15
B. Die einzelnen politischen Rechte	16–25
I. Im Bund	16–20
1. Nationalratswahlen	16
2. Eidgenössische Abstimmungen	17–19
3. Initiativen und Referenden	20
II. In den Kantonen	21–25
1. Bundesrechtliches Minimum	21
2. Weitere Wahlen	22
3. Weitere Abstimmungen, Initiativen u. Referenden	23–25
C. Voraussetzungen und Ausübung des Stimmrechts	26–32
I. Voraussetzungen	26–29
1. Schweizer Bürgerrecht	27
2. Politische Volljährigkeit	28
3. Fehlen von Stimmausschlußgründen	29
II. Ausübung des Stimmrechts	30–32
1. Wohnsitzprinzip	30
2. Wartefrist für Zugezogene	31
3. Bürgerpflicht?	32
D. Anspruch auf freie und unverfälschte Willenskundgabe	33–57
I. Vorbemerkung: Rechtsschutz	34
II. Richtige Zusammensetzung des Stimmkörpers	35
III. Schutz des Wahlrechts	36–38
IV. Schutz des Initiativ- und Referendumsrechts	39–47
1. Unterschriftensammlung	39–40
2. Fristgerechte Behandlung und getreue Umsetzung einer Volksinitiative	41–42
3. Schutz vor ungerechtfertigter Ungültigerklärung	43–45
4. Anspruch auf Unterstellung referendumspflichtiger Erlasse unter das Referendum und auf Durchführung der Abstimmung	46–47
V. Einheit der Materie	48–52
1. Im allgemeinen	48
2. Der „sachliche Zusammenhang" als Leitkriterium	49
3. Differenzierung nach dem Objekt der Vorlage	50–51
4. Strengerer Maßstab bei Volksinitiativen?	52
VI. Wahrung des Stimm- und Wahlgeheimnisses	53–55
1. Im allgemeinen	53–54
2. Sonderfall Versammlungsdemokratie?	55
VII. Korrekte Ermittlung von Ergebnissen	56–57
E. Verbot der Irreführung	58–72
I. Grundsätze	58–59
II. Irreführung durch Behörden bei Abstimmungen	60–66
III. Irreführung durch Behörden bei Wahlen	67–68
IV. Irreführung durch Private	69–72
F. Folgen festgestellter Unregelmäßigkeiten	73–76
G. Bibliographie	

§ 220 *Vierzehnter Teil: II. Einzelgrundrechte*

A. Vorbemerkungen

1
Politische Rechte im politischen System

Art. 34 BV[1] gewährleistet die politischen Rechte und schützt die freie Willensbildung sowie die unverfälschte Stimmabgabe der Bürger. Diese Verfassungsgarantien sind ohne Grundkenntnisse des politischen Systems in der Schweiz nur schlecht zu verstehen. Vorweg müssen darum die Eigenheiten der Schweizer Demokratie und die damit zusammenhängenden Begriffe in groben Zügen skizziert werden.

I. Zum politischen System in der Schweiz

1. Die Schweiz als direkte Demokratie

2
Volksrechte

Nach Dichte und Qualität der verfassungsrechtlich eingerichteten Legitimationsketten unterscheidet man zwischen indirekter (mittelbarer, repräsentativer) und direkter (unmittelbarer, plebiszitärer) Demokratie. Während sich im System der indirekten Demokratie die politische Teilhabe des Volkes grundsätzlich auf die periodische Wahl des Parlaments beschränkt, kennen direkte Demokratien darüber hinaus eine Reihe von Sachentscheidungsbefugnissen, die von den Stimmberechtigten in eigener Kompetenz wahrgenommen werden können. Unter Sachentscheidungsbefugnissen verstehen wir an dieser Stelle Volksabstimmungen, Volksinitiativen und Referenden[2]; zusammengenommen spricht man von Volksrechten. Sachentscheidungsbefugnisse des Volkes gibt es in der Schweiz in reichem Maße, und dies nicht nur auf der lokalen Ebene der Kantone und Gemeinden, sondern auch im Bund. Hier gehören Volksabstimmungen über Referenden und Initiativen seit je zur politischen Routine.

3
Stimmbürgerschaft als Interventionschance

Ein populäres Demokratieverständnis sieht in der direkten Demokratie eine „Selbstregierung des Volkes"[3]. Das Bild verfehlt die Realitäten. Auch in der Schweiz werden die staatlichen Entscheidungen zur Hauptsache durch die Repräsentativorgane getroffen. Die Stimmbürgerschaft beherrscht den politischen Prozeß keineswegs vom Anfang bis zum Ende. Die Partizipationsbefugnisse der Bürger erscheinen lediglich als eine Reihe von Interventionschancen, die zum ordentlichen parlamentarischen Entscheidungsprozedere punktuell dazutreten.

4
Pouvoir constituant und Pouvoir constitué

Die Auswirkungen dieser punktuellen Interventionschancen sollte man gleichwohl nicht unterschätzen. Die Sachentscheidungsrechte der Bürger stehen nämlich für eine Eigenheit des schweizerischen Staatsverständnisses: die fortwährende Gleichzeitigkeit von Pouvoir constituant und Pouvoir constitué. So halten manche Kantonsverfassungen ausdrücklich fest, die Staatsgewalt

---

1 Bundesverfassung der Schweizerischen Eidgenossenschaft vom 18. 4. 1999 (SR 101).
2 Zu den Begriffen unten II, RN 10 ff.
3 Darstellung und Kritik dieses Demokratieverständnisses z.B. bei *Richard Bäumlin*, Lebendige oder gebändigte Demokratie?, 1978, S. 15 ff., oder *Rhinow*, ZSR 1984 II, S. 111 (167 ff.).

werde durch die Stimmberechtigten und die Behörden ausgeübt – also werden sie (was hier zählt) immer auch durch die Stimmberechtigten selbst ausgeübt. Die Bürger der direkten Demokratie sehen sich nicht (wie dies für repräsentative Systeme gewöhnlich postuliert wird) auf den Status eines Pouvoir constitué reduziert. Freilich sind sie das auch und nehmen damit Kompetenzen *im* Verfassungsstaat wahr. Aber zugleich behalten sie die Kompetenzhoheit *über* den Verfassungsstaat, bleiben somit trotz konsolidierter Verfassung Pouvoir constituant[4]. Dies bedeutet konkret, daß die Schweizer Stimmbürgerschaft nicht unwiderruflich auf die von der Verfassungsordnung vorgezeichneten Bahnen verwiesen ist, sondern diese Ordnung aus eigenem Recht (nämlich mittels Volksinitiative auf Verfassungsrevision) zum Gegenstand neuer Entscheidung machen kann.

2. Die Volksrechte als Instrument okkasioneller Opposition

Allemal ist es der politische Prozeß insgesamt, der – wenn überhaupt – demokratische Legitimation zu erreichen erlaubt. Weil Volksinitiativen, Referendumsbegehren und Volksabstimmungen dem politischen Prozeß eingefügt sind und daher als Teilinstrument zur Herstellung demokratischer Legitimation erscheinen, können sie übers Ganze gesehen auch nur Teilbeiträge zur Legitimation politischer Entscheidungen liefern. So fällt die Frage nach dem spezifischen Legitimationsbeitrag der Bürgerpartizipation mit der Frage nach der Funktion der Volksrechte im politischen Prozeß zusammen.

<small>5 Teilbeiträge zur Legitimation</small>

Nun sind Initiative, Referendum und Volksabstimmung verfassungsrechtlich weder auf bestimmte Inhalte noch auf bestimmte Konstellationen festgelegt und daher funktional grundsätzlich neutral. Mit Blick auf die typischen Strukturen und Abläufe des politischen Prozesses läßt sich gleichwohl feststellen, daß die Volksrechte zur Hauptsache als Mittel zur Artikulation von Volksopposition fungieren. Wenn es zutrifft, daß die Volksrechte zur kontinuierlichen Rechtsetzung von Parlament und Regierung punktuell hinzutreten, dann wirkt die Oppositionsfunktion in der Tat plausibel[5]. Zu präzisieren ist aber: In Opposition setzen sich Referendum und Initiative einzig zum Rechtsetzungshandeln (oder zum Unterlassen von Rechtsetzung) der Repräsentativorgane in der je konkreten Situation. Opposition heißt hier – nur – punktueller Dissens in einem singulären politischen Prozeß. Initiative und Referendum können zwar einen Dissens mit den parteipolitischen oder institutionellen Mehrheitsverhältnissen anzeigen, ja selbst Ausdruck von Fundamentalopposition sein. Sie müssen es aber nicht. Die Volksrechte schweizerischen Zuschnitts sind keine Mittel einer institutionalisierten parlamentarischen Opposition, sondern Mittel verschiedenster politischer Gruppen zur Opposition aus konkretem Anlaß – ein Mittel, zu welchem nicht selten auch die Regierungsparteien greifen.

<small>6 Volksopposition als politische Funktion der Volksrechte</small>

<small>Konkrete Opposition</small>

---

[4] Vgl. *Rhinow* aaO., S. 168.
[5] *Pierre Tschannen*, Stimmrecht und politische Verständigung – Beiträge zu einem erneuerten Verständnis von direkter Demokratie, 1995, S. 202 f., m.w.H.

3. Die Schweiz als Konkordanzdemokratie

7
Hohe Wert- und Interessenberücksichtigung

Konkordanz meint das Bemühen, im politischen Prozeß eine möglichst hohe Wert- und Interessenberücksichtigung herbeizuführen[6]. Die typische Konkordanzdemokratie (man kann auch von Verhandlungs- oder Proporzdemokratie sprechen) läßt es ungern auf knappe Mehrheiten ankommen. Lieber strebt sie nach konsensfähigen Lösungen, denen sich über die minimale Gewinnkoalition hinaus alle maßgeblichen Kräfte anschließen können. Die Konkordanzdemokratie unterzieht politische Vorhaben einem langen Prozeß des Mitwirkens, Aushandelns, Abschleifens. Auch und gerade Normunterworfene und Normvollziehende nehmen an diesem Prozeß teil. Dazu passend rechnet die Konkordanzdemokratie mit der Bereitschaft zur gegenseitigen Rücksichtnahme, verzichtet auf das Ausspielen von Blockmehrheiten, lebt von Sachkoalitionen ad hoc.

8
Neigung zu Konkordanzmustern

Direkte Demokratien sind nicht zwingend Konkordanzdemokratien, sowenig wie repräsentative Demokratien stets als Konkurrenz- oder Mehrheitsdemokratien erscheinen. Die Gegenüberstellung von Konkordanz und Konkurrenz hat die Art und Weise der Mehrheitsbeschaffung zum Gegenstand und dabei vorab die Intensität, mit welcher ein politisches System sich bemüht, errechnete politische Mehrheit und tatsächliche gesellschaftliche Mehrheit zur Übereinstimmung zu bringen. Wahr ist aber, daß direkte Demokratien wegen der Sachentscheidungsrechte des Volkes eher zu Konkordanzmustern neigen als repräsentative Demokratien. Konkordanzdemokratie ist in ausgeprägtem Maße auch die Schweiz. Der „typisch helvetische Kompromiß" prägt das Lebensgefühl des Landes weit über die staatlichen Entscheidungsprozesse hinaus[7].

9
Vorwirkung der Volksrechte

Eigenheiten Schweizer Staatsstruktur

Auf der Suche nach der Herkunft der Schweizer Konkordanz stößt man gewöhnlich auf zwei Stichworte: Volksrechte und Staatsstruktur. Das Referendum, teils auch die Initiative, setzt die Politik einem plebiszitären Risiko aus. Wer dieses Risiko tief halten will, muß dazu übergehen, die referendumsfähigen Gruppen in das politische Projekt einzubinden. Daher sehen manche Forscher im Streben nach Kompromiß und Konsens wesentlich eine Vorwirkung der Volksrechte.[8] Dazu kommen die Eigenheiten der Schweizer Staatsstruktur[9]. Die Schweiz, Land der Minderheiten und Willensnation, zeigt sich

---

6 Dazu einläßlich *Wolf Linder*, Schweizerische Demokratie – Institutionen, Prozesse, Perspektiven, 1999, S. 295 ff.; *Rhinow*, ZSR 1984 II, S. 111 (237 ff.).

7 *Auer*, ZSR 1984 II, S. 1 (94 ff.).

8 *Leonhard Neidhart*, Plebiszit und pluralitäre Demokratie, 1970, S. 10 ff., 22, 313 ff. und durchgehend. Die angebliche „Bremswirkung" der Volksrechte wird u.a. aus wirtschaftswissenschaftlicher Sicht skeptisch beurteilt. Vgl. dazu *Silvio Borner/Aymo Brunetti/Thomas Straubhaar*, Die Schweiz im Alleingang, 1994; Silvio Borner/Hans Rentsch (Hg.), Wieviel direkte Demokratie verträgt die Schweiz?, 1997; *Walter Wittmann*, Direkte Demokratie – Bremsklotz der Revitalisierung, 2001. Die zugegebenermaßen zeitraubenden Aushandlungsmechanismen der direkten Demokratie tragen dem politischen System aber auch Effizienzgewinne ein. Näheres bei *Gebhard Kirchgässner/Lars P. Feld/Marcel R. Savioz*, Die direkte Demokratie – modern, erfolgreich, entwicklungs- und exportfähig, 1999.

9 Vgl. *Alfred Kölz*, Bewahrung und Neubelebung der schweizerischen Demokratie durch institutionelle Reformen, in: Direkte Demokratie (Schweizerisches Jahrbuch für Politische Wissenschaft 31), 1991, S. 272; *Rhinow*, ZSR 1984 II, S. 111 (237 f.).

sprachlich und konfessionell, wirtschaftlich und regional vielfach fraktioniert und zutiefst inhomogen; sie verfügt über keine vorgegebenen Entlastungsfaktoren, auf die sie zur Identitätsbildung bauen könnte (wie etwa eine Nationalsprache oder eine einheitliche Konfession). Gegenteils sind die benötigten Integrationsleistungen allein vom politischen System zu erbringen. Diesem Erklärungsmuster zufolge hätten die Konkordanzmuster die Funktion, die Stabilitätsdefizite eines geopolitisch und soziokulturell stark segmentierten Gemeinwesens durch Beschaffung überbreiter Mehrheiten auszugleichen.

II. Begriffsbestimmungen

Im folgenden ist nur von politischen Rechten im Sinne von Art. 34 Abs. 1 BV die Rede, das heißt von Rechten, die den Stimmbürgern eine unmittelbare und rechtsverbindliche Teilhabe an der staatlichen Entscheidfindung vermitteln. Behördliche Wahlen und Abstimmungen z. B. in Parlamenten und Regierungen sind von der verfassungsmäßigen Garantie der politischen Rechte nicht erfaßt und fallen damit außer Betracht.

10 Rechtsverbindliche Teilhabe an staatlicher Entscheidfindung

1. Volkswahl

Volkswahlen sind auch in der Schweiz von Verfassungs wegen allgemein, unmittelbar, frei und gleich, wegen der verbreiteten Versammlungsdemokratie in den Gemeinden aber nicht immer auch geheim[10]. Parlamentswahlen werden in der Schweiz fast durchwegs als Proporzwahlen (Verhältniswahlen) durchgeführt, Regierungswahlen dagegen üblicherweise als Majorzwahlen (Mehrheitswahlen).

11 Verhältniswahl und Mehrheitswahl

2. Volksabstimmung, Konsultativabstimmung

Mittels Volksabstimmung (Bürgerentscheid) wird über Annahme oder Verwerfung einer Abstimmungsvorlage (einer Verfassung, eines Gesetzes, eines Parlamentsbeschlusses) befunden. Der Begriff „Plebiszit" ist in der Schweiz nicht üblich. Die Stimmbeteiligung beträgt bei eidgenössischen Volksabstimmungen durchschnittlich 40 bis 45 vom Hundert[11]. Die vergleichsweise niedrige Beteiligung rührt von der ungewöhnlichen Häufigkeit her, mit welcher die Schweizer Stimmbürger zur Urne gerufen werden. Üblich sind jährlich zwei bis vier Abstimmungen über eidgenössische, kantonale und kommunale Vorlagen, wobei es nicht selten vorkommt, daß dem Volk an ein und demselben Abstimmungstermin zehn und mehr Geschäfte unterbreitet werden. *Beteiligungsquoten* (das heißt Vorschriften, wonach eine Volksabstimmung nur gültig ist, wenn mindestens ein bestimmter Prozentsatz der Stimmberechtigten zur Urne geht) sind dem schweizerischen Recht unbekannt.

12 Stimmbeteiligung

---

10 Vgl. unten D VI 2, RN 55.
11 *Linder* (FN 6), S. 65.

13
Rechtlich unverbindliche Entscheidungshilfe

Als Konsultativabstimmungen gelten Volksbefragungen (Bürgerbefragungen), die zwar in den Formen einer Volksabstimmung durchgeführt werden, deren Ergebnis aber rechtlich unverbindlich bleibt. Die Konsultativabstimmung soll es den Behörden erlauben, die Meinung des Volkes autoritativ zu ermitteln und auf diese Weise eine politische Entscheidungshilfe zu gewinnen[12]. Ohne besondere Verfassungsgrundlage sind Konsultativabstimmungen nach überwiegender Lehrmeinung unzulässig[13].

3. Volksinitiative

14
Selbstgesetzgebung der Bürger

Initiative (Volksbegehren, initiierendes Bürgerbegehren) meint das Recht eines definierten Teils der Stimmbürgerschaft, die Änderung oder Aufhebung bestehender Erlasse oder die Festsetzung neuer Erlasse aus dem Zuständigkeitsbereich des Parlaments vorzuschlagen. Die Initiative weist gewöhnlich die Form des ausgearbeiteten Entwurfs auf. Als rechtsetzungstechnisch fertig redigierter „Antrag aus dem Volk an das Volk"[14] erlaubt der ausgearbeitete Entwurf eine Art Selbstgesetzgebung der Bürger unter Umgehung von Regierung und Parlament. Zulässig ist aber auch die Form der allgemeinen Anregung. Solche Volksbegehren bestehen lediglich aus allgemeinen Leitgedanken, die vom Parlament sodann in geeigneter Weise umzusetzen sind.

Anregung

4. Referendum

15
Obligatorisches oder fakultatives Referendum

Ordentliches oder außerordentliches Referendum

Referendum (korrigierendes Bürgerbegehren) bezeichnet das Recht der Stimmbürgerschaft, über Annahme oder Verwerfung einer Parlamentsvorlage zu befinden. Vom obligatorischen Referendum spricht man, wenn der Parlamentsbeschluß von Amtes wegen der Volksabstimmung zugeleitet wird, vom fakultativen Referendum dagegen, wenn dies erst auf Verlangen eines definierten Teils der Stimmbürgerschaft geschieht. Das (obligatorische oder fakultative) Referendum ist ordentliches Referendum, wenn das Parlament rechtlich verpflichtet ist, seiner Vorlage die Referendumsklausel beizufügen; es ist außerordentliches (parlamentarisches) Referendum, wenn das Parlament frei bleibt, die Vorlage dem Referendum zu unterstellen. Referenden gegen Ausgabenbeschlüsse des Parlaments heißen *Finanzreferendum*. Die skizzierten Begriffsbestimmungen zielen auf den Normalfall, das *Volks*referendum. Daneben gibt es auch das *Behörden*referendum: das Recht bestimmter Behörden oder Gemeinwesen, gegen einen referendumspflichtigen Parlamentsbeschluß das Referendum zu ergreifen. So sind im Bund neben den Stimmbürgern auch acht Kantone berechtigt, eine Volksabstimmung zu verlangen (Art. 141 BV).

---

12 *BGE 104* Ia 226 (228 Erw. 1 a).
13 *Aubert,* Bundesstaatsrecht (LitVerz.), RN 1202.
14 *BGE 25* I 64 (77 Erw. 5).

B. Die einzelnen politischen Rechte in Bund und Kantonen

I. Politische Rechte im Bund

1. Teilnahme an Nationalratswahlen

Wer in Bundessachen stimmberechtigt ist, kann zunächst an den Wahlen in den *Nationalrat* teilnehmen, das heißt Abgeordnete wählen oder sich als Abgeordneter wählen lassen (Art. 136 Abs. 2 BV). Der Nationalrat mit 200 Abgeordneten verkörpert im schweizerischen Zweikammersystem die Volkskammer. Nationalratswahlen sind direkte Volkswahlen; gewählt wird alle vier Jahre nach Proporz (Art. 149 BV). Für die Wahlen in den *Ständerat*, die Kantonskammer mit 46 Abgeordneten, ist kantonales Staatsrecht maßgebend (Art. 150 BV). Der *Bundesrat* – die Schweizer Regierung – wird vom Parlament gewählt (Art. 175 Abs. 2 BV).

16 Direkte Volkswahlen

2. Teilnahme an eidgenössischen Abstimmungen

Weiter können die Stimmberechtigten an eidgenössischen Abstimmungen partizipieren. Volksabstimmungen finden teils von Amtes wegen statt (obligatorisches Referendum), teils auf Begehren von 50 000 Stimmberechtigten oder acht Kantonen (fakultatives Referendum).

17 Obligatorisches oder fakultatives Referendum

Dem *obligatorischen Referendum* unterstehen vorab die Änderungen der Bundesverfassung sowie der Beitritt zu Organisationen für kollektive Sicherheit oder zu supranationalen Gemeinschaften (Art. 140 Abs. 1 BV). Diese Vorlagen erfordern neben dem Volksmehr auch noch das so genannte Ständemehr, das heißt die Zustimmung einer Mehrheit der Kantone (Art. 142 Abs. 2–4 BV). Für einige weitere obligatorisch zur Abstimmung gelangende Vorlagen verlangt die Bundesverfassung bloß die Zustimmung des Volks, so beispielsweise für Volksinitiativen auf Totalrevision der Verfassung (Art. 140 Abs. 2, Art. 142 Abs. 1 BV).

18 Verfassungsänderungen

Das *fakultative Referendum* ist vorgesehen für Bundesgesetze (Gesetzesreferendum) und bestimmte völkerrechtliche Verträge (Staatsvertragsreferendum). Abstimmungen über Einzelbeschlüsse (Verwaltungsreferenden) finden nur ausnahmsweise statt. Beim fakultativen Referendum genügt das Volksmehr (Art. 141, Art. 142 Abs. 1 BV).

19 Gesetzes-, Staatsvertrags- und Verwaltungsreferenden

3. Unterzeichnung von Initiativen und Referenden

Der Kanon der politischen Rechte im Bund umfaßt endlich das Recht der Stimmbürger, Volksinitiativen und Referendumsbegehren zu unterzeichnen. Zum Referendum ist im vorstehenden Absatz das Nötige ausgeführt worden. Volksinitiativen erfordern die Unterschrift von 100 000 Stimmberechtigten.

20 Volksinitiativen

Mittels Volksinitiative kann die *Totalrevision der Bundesverfassung* in Gang gebracht oder die Annahme, Änderung oder Aufhebung bestimmter Verfassungssätze, somit die *Teilrevision* der Bundesverfassung, verlangt werden (Art. 138 und 139 BV). Außerdem besteht die Möglichkeit, vom Parlament den Erlaß von Verfassungs- oder Gesetzesbestimmungen zu verlangen (sogenannte allgemeine Volksinitiative, Art. 139a BV).

II. Politische Rechte in den Kantonen

1. Bundesrechtliches Minimum

21 *Vorgaben der Bundesverfassung*

Gemäß Art. 51 Abs. 1 BV müssen sich die Kantone als Demokratien konstituieren. An Volksrechten auf kantonaler Ebene verlangt die Bundesverfassung dreierlei, nämlich die Bestellung des Kantonsparlaments durch direkte Volkswahl, das obligatorische Verfassungsreferendum sowie die Volksinitiative auf Revision der Kantonsverfassung. Hingegen erwartet die Bundesverfassung nicht, daß sich die Kantone nach dem System der direkten Demokratie organisieren. Ob und wieweit über das bundesrechtliche Minimum hinaus weitere Volksrechte wie z. B. das Gesetzesreferendum oder die Verwaltungsinitiative eingeführt werden sollen, ist ihnen freigestellt; Art. 51 BV läßt eine bloß repräsentativ-demokratische Verfassung genügen[15]. Indessen haben sich alle Kantone – wenn auch in unterschiedlichem Maß – für das System der direkten Demokratie entschieden. An dieser Stelle müssen wenige Hinweise genügen[16].

2. Weitere Wahlen

22 *Direkte Volkswahlen als Gestaltungsform*

Nach dem Recht aller Kantone sind die *Wahlen in den Ständerat* (in der Regel zwei Abgeordnete je Kanton [Art. 150 Abs. 2 BV]) direkte Volkswahlen. Auch die *kantonalen Regierungen* werden überall vom Volk gewählt. In vielen Kantonen können die Stimmbürger außerdem die Mitglieder bestimmter *Verwaltungs- und Justizbehörden* wählen. Vereinzelt hat das Stimmvolk schließlich das Recht, das Parlament oder die Regierung während laufender Amtsperiode abzuberufen und *Neuwahlen* herbeizuführen.

3. Weitere Abstimmungen, Initiativen und Referenden

23 *Kantonale Volksabstimmungen*

Kantonale Volksabstimmungen finden wie im Bund teils von Amtes wegen statt (obligatorisches Referendum), teils aufgrund eines fakultativen Referendums, teils als Folge einer Volksinitiative; in gewissen Fällen steht die Anord-

---

15 *BGE 100* Ia 263 (271 Erw. 4 b aa).
16 Darstellungen der politischen Rechte in den Kantonen z. B. bei *Etienne Grisel*, Les droits populaires au niveau cantonal, in: Thürer/Aubert/Müller, Verfassungsrecht (LitVerz.), § 25; *ders.*, Initiative et référendum populaires – Traité de la démocratie semi-directe en droit suisse, ³2004; *Yvo Hangartner/Andreas Kley*, Die demokratischen Rechte in Bund und Kantonen der Schweizerischen Eidgenossenschaft, 2000; *Poledna*, Grundzüge des Wahlrechts in den Kantonen, in: Thürer/Aubert/Müller, wie vor, § 23. Für eine Kurzübersicht vgl. *Tschannen*, Staatsrecht (LitVerz.), § 50.

nung einer Volksabstimmung im Ermessen des Parlaments (parlamentarisches Referendum). Ein einheitliches Bild läßt sich nicht zeichnen.

Anders als der Bund kennen die Kantone durchwegs die Gesetzesinitiative. Manche Kantone lassen ferner die so genannte Verwaltungsinitiative zu. In der Sache handelt es sich bei der Verwaltungsinitiative um eine Parlamentsbeschlußinitiative, das heißt um das Volksbegehren auf Erlaß eines Einzelakts, der in der Zuständigkeit des Parlaments liegt und überdies referendumspflichtig wäre, wenn der entsprechende Beschluß vom Parlament selbst gefaßt würde[17].

24
Gesetzes- und Verwaltungsinitiative

Das Gesetzesreferendum ist in allen Kantonen eingeführt. Referendumspflichtig sind verbreitet auch bestimmte Sachbeschlüsse des Parlaments (Verwaltungsreferendum) sowie Beschlüsse des Parlaments über bestimmte Ausgaben (Finanzreferendum).

25
Gesetzes-, Verwaltungs- und Finanzreferenden

C. Voraussetzungen und Ausübung des Stimmrechts

I. Voraussetzungen des Stimmrechts

Die Voraussetzungen des Stimmrechts richten sich für eidgenössische Wahlen und Abstimmungen nach Bundesrecht, für kantonale Urnengänge nach kantonalem Recht (Art. 39 Abs. 1 BV). Im Großen und Ganzen haben sich die Kantone indessen der Bundesregelung angeschlossen, denn am Grundsatz des allgemeinen und gleichen Stimmrechts gibt es verfassungsrechtlich nichts zu deuteln. Überhaupt kommt diesem Gebot im Bereich der politischen Rechte herausragende Bedeutung zu. Dem egalitären Grundzug des Demokratieprinzips entsprechend ist die politische Gleichheit aller Bürger streng formal zu verstehen[18].

26
Allgemeines und gleiches Stimmrecht

1. Schweizer Bürgerrecht

Stimmberechtigt sind sowohl im Bund als auch in den meisten Kantonen nur Schweizer Bürger. Die ausländische Wohnbevölkerung ist von den politischen Rechten weitgehend ausgeschlossen. Für die Bundesebene folgt dies bereits aus Art. 136 Abs. 1 BV. Auch in den Kantonen ist der Ausschluß die Regel[19].

27
Ausschluß ausländischer Wohnbevölkerung

---

17 Vgl. *BGE 111* Ia 115; *108* Ia 38.
18 *BGE 124* I 55 (62 Erw. 5 a); *116* Ia 359 (367 ff., Erw. 5–8).
19 Einige Kantone kennen das Ausländerstimmrecht auf kommunaler Ebene. In den Kantonen Neuenburg und Jura sind Ausländer auch in kantonalen Angelegenheiten stimmberechtigt.

2. Politische Volljährigkeit

28
Altersgrenzen

Im Bund setzt die Stimmfähigkeit mit dem zurückgelegten 18. Altersjahr ein (Art. 136 Abs. 1 BV). Auch in den Kantonen gilt durchwegs das Stimmrechtsalter 18. Obere Altersgrenzen beim aktiven Stimm- und Wahlrecht sind verfassungsrechtlich unzulässig. Beim *passiven* Wahlrecht lassen sich obere Altersgrenzen allenfalls mit Bezug auf vollamtliche Regierungsämter rechtfertigen, weil solche Ämter erfahrungsgemäß mit hohen physischen und psychischen Belastungen verbunden sind[20].

3. Fehlen von Stimmausschlußgründen

29
Minimale politische Urteilsfähigkeit

In eidgenössischen Angelegenheiten ist vom Stimmrecht einzig ausgeschlossen, wer wegen Geisteskrankheit oder Geistesschwäche entmündigt wurde, mithin selbst über eine minimale politische Urteilsfähigkeit nicht mehr verfügt (Art. 136 Abs. 1 BV). Gleiches trifft auch auf die Kantone zu, von unbedeutenden Ausnahmen abgesehen[21].

II. Ausübung des Stimmrechts

1. Wohnsitzprinzip

30
Absage an Wahlsöldnertum

Politische Rechte dürfen *nur am Wohnsitz* ausgeübt werden. Der Satz gilt ohne Unterschied für eidgenössische, kantonale und kommunale Angelegenheiten (Art. 39 Abs. 2 BV). Das Wohnsitzprinzip will einerseits sicherstellen, daß die Betätigung des politischen Willens jenem Gemeinwesen zugerechnet wird, von dessen Rechtsordnung die einzelnen Stimmberechtigten am stärksten betroffen sind; andererseits soll es Wahlsöldnertum unterbinden[22]. Aus dem Wohnsitzprinzip ergibt sich u.a., daß niemand an mehreren Orten zugleich politische Rechte ausüben darf (Art. 39 Abs. 3 BV).

2. Wartefrist für Zugezogene

31
Funktion der Wartefrist

Bei *eidgenössischen* Urnengängen besteht keine Wartefrist: Zugezogene haben am neuen Wohnsitz zu Wahlen und Abstimmungen des Bundes sofort Zutritt, soweit sie sich über ihre Stimmberechtigung ausgewiesen haben. In *kantonalen* und *Gemeindeangelegenheiten* wird das Stimmrecht spätestens nach einer Niederlassung von drei Monaten erworben (Art. 39 Abs. 4 BV). Die Wartefrist soll dafür sorgen, daß sich Ortsfremde einleben, bevor sie an lokalen Wahlen und Abstimmungen teilnehmen. Nur noch wenige Kantone kennen solche Wartefristen.

---

20 *Tschannen,* Staatsrecht (LitVerz.), S. 631. Vgl. auch *Mahon,* La citoyenneté active en droit public suisse, in: Thürer/Aubert/Müller, Verfassungsrecht (LitVerz.), § 20 RN 17.
21 *Hangartner/Kley* (FN 16), S. 57 f.
22 *BGE 49* I 416 (431 ff., Erw. 3 f). Die briefliche Stimmabgabe stellt keine Durchbrechung des Wohnsitzprinzips dar, weil die Briefstimme jener Gemeinde zugeordnet wird, in der der brieflich Stimmende im Stimmregister eingetragen ist.

3. Bürgerpflicht?

Die politischen Partizipationsbefugnisse weisen zunächst Grundrechtscharakter auf. Als solche vermitteln sie dem einzelnen Stimmbürger einen *individualrechtlichen Anspruch* auf Schutz der freien Willensbildung und der unverfälschten Stimmabgabe (Art. 34 Abs. 2 BV[23]). Über die grundrechtlichen Aspekte hinaus stehen die politischen Rechte aber auch für eine kollektive Funktion des gesamten Stimmvolks (so genannte Organfunktion des Stimmrechts). „Durch das politische Stimm- und Wahlrecht nehmen die Bürger ... nicht nur ein Recht, sondern zugleich eine Organkompetenz und damit eine öffentliche Funktion wahr"[24]. Entsprechend kann die Teilnahme an Wahlen und Abstimmungen – wie dies in einigen Kantonen geschehen ist – zur Bürgerpflicht erklärt und unentschuldigtes Fernbleiben mit Buße bestraft werden[25]. Außerdem kann das Gemeinwesen die Pflichtkandidatur und den Amtszwang vorsehen, ohne das Stimmrecht zu verletzen[26].

32
Schutz freier Willensbildung

Organfunktion des Stimmrechts

D. Anspruch auf freie und unverfälschte Willenskundgabe

Nach ständiger Rechtsprechung verbürgen die politischen Rechte den Anspruch darauf, „dass kein Abstimmungs- und Wahlergebnis anerkannt werde, welches nicht den freien Willen der Stimmbürger zuverlässig und unverfälscht zum Ausdruck bringt"[27]. Das Bundesgericht hat diesen Leitsatz in mancherlei Hinsicht konkretisiert und aus der Verfassungsgarantie der politischen Rechte eine Vielzahl einzelner Abwehr-, Teilhabe- und Leistungsansprüche abgeleitet. Die folgenden Abschnitte beschränken sich auf eine Auswahl.

33
Abwehr-, Teilhabe- und Leistungsansprüche

I. Vorbemerkung: Rechtsschutz bei Wahlen und Abstimmungen

Soweit *kantonale* Wahlen und Abstimmungen in Frage stehen, kann nach Ausschöpfung der kantonalen Rechtsmittel Beschwerde an das Schweizerische Bundesgericht geführt werden. Bezüglich *eidgenössischer* Urnengänge kommt das Bundesgericht dagegen nur eingeschränkt zum Zug. Die höchstrichterliche Praxis zum Schutz der politischen Rechte bezieht sich folglich ganz überwiegend auf Wahlen und Abstimmungen in den Kantonen. Soweit in der Sache auf die Bundesebene übertragbar, gelten die Urteile des Bundesgerichts aber auch für eidgenössische Wahlen und Abstimmungen[28].

34
Zuständigkeit des Bundesgerichts

---

23 Näheres dazu unter D, sogleich RN 33 ff., und E, RN 58 ff.
24 *BGE 119* Ia 167 (172 Erw. 1 d).
25 *BGE 72* I 165 (169 f., Erw. 4).
26 *BGE 95* I 223 (226 Erw. 4 a).
27 Statt vieler *BGE 124* I 55 (57 Erw. 2 a). Zuletzt *BGE 130* I 290 (294 Erw. 3.1).
28 Vgl. *BGer*, ZBl 1986 272 (275 f., Erw. 3 c).

II. Richtige Zusammensetzung des Stimmkörpers

35
Organfunktion des Stimmrechts

Die Garantie der politischen Rechte vermittelt den Anspruch auf richtige Zusammensetzung des Stimmkörpers[29]. Der Anspruch zielt nicht nur auf die eigene Stimmberechtigung, sondern wegen der Organfunktion des Stimmrechts auch auf die Stimmberechtigung Dritter. Er umfaßt den Anspruch auf Zuerkennung der eigenen Stimmberechtigung, auf Eintragung in das Stimmregister von Amtes wegen sowie auf Zulassung aller Stimmberechtigten und auf Ausschluß der Nichtberechtigten.

III. Schutz des Wahlrechts

1. Im allgemeinen

36
Nähere Ausgestaltung des Wahlsystems

Art. 51 Abs. 1 Satz 1 BV verlangt von den Kantonen die Durchführung direkter Parlamentswahlen. In der Bestimmung des Wahlsystems (Verhältniswahl oder Mehrheitswahl) sind die Kantone indessen frei. Auch der bundesverfassungsrechtliche Schutz der politischen Rechte ändert daran nichts[30]. Für die nähere Ausgestaltung des Wahlsystems gelten aber gewisse Grundsätze. So müssen Vorschriften, nach denen gewählt wird, vor dem Wahlgang eindeutig umschrieben sein und über das ganze Wahlgebiet einheitlich gehandhabt werden[31]. Zudem darf der Gesetzgeber den durch die Kantonsverfassung getroffenen Grundentscheid zum Wahlsystem nicht unterlaufen[32]. Proporzsysteme insbesondere dürfen Sperrklauseln wie allgemeine Prozenthürden („direktes" Quorum) oder Mindeststimmenanteile als Folge kleiner Wahlkreise („natürliches" Quorum) nur mit Maß vorsehen[33]. Die oberste Grenze des verfassungsrechtlich Zulässigen liegt bei zehn vom Hundert[34].

2. Zur Frage der Geschlechterquoten

37

Das Bundesgericht hat sich in zwei Urteilen eingehend mit der Zulässigkeit von Geschlechterquoten bei Wahlen befaßt[35]. Im einzelnen ist zwischen Volkswahlen und Behördenwahlen zu unterscheiden, innerhalb der Volkswahlen außerdem zwischen Wahlvorschlagsquoten (Nominierungsquoten) und Ergebnisquoten (Mandatsquoten). Geschlechterquoten bei Behörden, die vom Volk gewählt werden, berühren vorab das Stimmrecht (Art. 34 BV).

---

[29] *BGE 116* Ia 359 (364 Erw. 3 a); *109* Ia 41 (46 Erw. 3 a).
[30] *BGE 131* I 74 (79 Erw. 3.2).
[31] *BGE 109* Ia 203 (205 Erw. 4 b).
[32] *BGE 109* Ia 203 (207 Erw. 5 b).
[33] Zusammenfassung von Rechtsprechung und Lehre in *BGE 129* I 185 (193 ff., Erw. 6); ferner *103* Ia 603 (607 ff., Erw. 5 und 6); *BGer*, ZBl 1994, S. 479 (481 f., Erw. 3).
[34] *BGE 131* I 74 (83 Erw. 5.4). *Poledna*, Grundzüge des Wahlrechts in den Kantonen, in: Thürer/Aubert/Müller, Verfassungsrecht (LitVerz.), § 23 RN 15. Ausführlich zu den Wahlrechtsgrundsätzen *Pierre Garrone*, L'élection populaire en Suisse, 1991; *Kölz*, ZBl 1987, S. 1 ff., 49 ff.; *Tomas Poledna*, Wahlrechtsgrundsätze und kantonale Parlamentswahlen, 1988.
[35] *BGE 123* I 152 und *125* I 21.

Dieses Recht, so das Bundesgericht, gebe Anspruch darauf, „dass jeder Stimmbürger, der die als verfassungskonform anerkannten Voraussetzungen erfüllt, mit gleichen Chancen an einer Wahl soll teilnehmen können, sei es als Wähler oder als Kandidat"[36]. Ergebnisquoten, das heißt Regelungen, welche die Mandate von vornherein nach einem bestimmten Schlüssel auf die beiden Geschlechter aufteilen, lassen sich mit dem zitierten Anspruch nicht vereinbaren[37]. Wahlvorschlagsquoten bei Volkswahlen dagegen sind unter dem Gesichtspunkt des allgemeinen und gleichen Stimmrechts unbedenklich, sieht man vom eher seltenen Fall der Einerwahlkreise ab. Vorschlagsquoten wirken sich zwar auf die Nominierungschancen der Amtswilligen aus und mindern auch die Nominierungsfreiheit der Stimmberechtigten. Solange die Quote die Verhältnismäßigkeit wahrt, sind die damit verbundenen Einschränkungen jedoch hinzunehmen, zumal die Gleichheit des aktiven und passiven Wahlrechts intakt bleibt[38].

Unzulässigkeit von Ergebnisquoten

Wahlvorschlagsquoten

Geschlechterquoten bei behördlich vorzunehmenden Wahlen müssen sich einzig am Gebot der Rechtsgleichheit messen lassen (Art. 8 BV) Verhältnismäßigkeit vorausgesetzt, sind Ergebnisquoten bei solchen Wahlen verfassungsrechtlich zulässig[39].

38
Rechtsgleichheit

IV. Schutz des Initiativ- und Referendumsrechts

1. Schutz der Unterschriftensammlung für Initiative und Referendum

Zu den politischen Rechten gehört das Recht, Initiativen und Referenden zu unterzeichnen[40]. Es versteht sich darum von selbst, daß im Gegenzug auch das freie Sammeln von Unterschriften – selbst auf der Straße – in den grundrechtlichen Schutzbereich der politischen Rechte fällt[41]. Immerhin dürfen Unterschriftensammlungen auf öffentlichem Grund bewilligungspflichtig erklärt werden, und dies nach nicht unumstrittener Rechtsprechung sogar dann, wenn die Unterschriften bloß durch frei zirkulierende Personen eingeworben werden, was verwaltungsrechtlich gesehen eigentlich noch zum schlichten (und daher bewilligungsfreien) Gemeingebrauch zählen würde[42].

39
Freies Sammeln von Unterschriften

Die Stimmberechtigung der Unterzeichnenden muß *amtlich beglaubigt* werden. Das Verfahren richtet sich nach dem anwendbaren kantonalen oder eidgenössischen Recht. In der Sache ist der beglaubigenden Behörde jeder unnötige Formalismus untersagt. Eine allfällige Verweigerung der Stimmrechtsbescheinigung muß wenigstens mit Stichworten begründet werden und in Gestalt einer anfechtbaren Verfügung ergehen[43].

40
Stimmrechtsbescheinigung

---

36 *BGE 123* I 152 (172 Erw. 8).
37 *BGE* aaO.
38 *BGE 125* I 21 (39 ff., Erw. 5 c).
39 *BGE 125* I 21 (37 ff., Erw. 5 b).
40 Vgl. für den Bund Art. 136 Abs. 2 BV.
41 In diesem Sinn *BGE 97* I 893 (895 f. Erw. 2).
42 *BGE 109* Ia 208 (210 f., Erw. 4 a); *97* I 893 (897 f. Erw. 5).
43 *BGE 103* Ia 280 (283 Erw. 2 b).

2. Anspruch auf fristgerechte Behandlung und getreue Umsetzung einer Volksinitiative

41
Inhalt des Initiativrechts

Das Initiativrecht verbürgt den Anspruch, daß ein Volksbegehren, welches die geltenden Formerfordernisse erfüllt und keinen übergeordneten materiellen Vorschriften widerspricht, den Stimmbürgern in dem dafür vorgesehenen Verfahren unterbreitet wird[44]. Für die Behandlung von Initiativen durch Regierung und Parlament gelten darum regelmäßig bestimmte *Fristen*. Sie sollen verhindern, daß das Volksbegehren verschleppt und den Stimmberechtigten erst zu einem Zeitpunkt unterbreitet wird, da es alle Aktualität verloren hat[45].

42
Allgemeine Anregung

Volksbegehren in der Form der allgemeinen Anregung[46] müssen vom Parlament näher ausgeführt werden. Dazu passend vermittelt das Stimmrecht den Anspruch auf Ausarbeitung einer Parlamentsvorlage im Sinne der Initiative. Der Wille der Initianten verpflichtet den Gesetzgeber „nicht nur dazu, *dass* er tätig werde, sondern er weist ihm auch den Weg, *wie* er tätig werden soll"[47].

3. Schutz vor ungerechtfertigter Ungültigerklärung einer Volksinitiative

43
Mindestanforderungen

Bevor es zur Volksabstimmung kommt, werden Initiativen durch das Parlament auf ihre Gültigkeit geprüft. Das Stimmrecht schützt dabei vor ungerechtfertigter Ungültigerklärung. Um gültig zu sein, muß eine Initiative bestimmten Anforderungen genügen. Zu prüfen sind:

- die Einheit der Form (das Begehren muß entweder ausgearbeiteter Entwurf oder allgemeine Anregung sein; Mischformen sind aus verfahrensrechtlichen Gründen unzulässig)[48];
- die Einheit der Materie[49];
- die Durchführbarkeit der Initiative (das Begehren darf nichts tatsächlich Unmögliches verlangen)[50];
- regelmäßig auch die Vereinbarkeit der Initiative mit dem übergeordneten Recht[51].

44
Interpretation der Initiative

Im Zuge der Gültig- oder Ungültigerklärung von Volksinitiativen kann sich die Frage nach dem wahren Sinn des Begehrens stellen. Grundsätzlich sind Initiativtexte (wie Rechtsnormen allgemein) vom Wortlaut ausgehend zu interpretieren und nicht nach dem subjektiven Willen der Initianten[52]. Immer-

---

44 *BGE 108* Ia 165 (166 Erw. 2).
45 Vgl. *BGE 101* Ia 492 (501 Erw. 6); *100* Ia 53 (55 Erw. 5 a).
46 Vgl. oben A II 3, RN 14.
47 *BGE 25* I 64 (74 Erw. 4); vgl. auch *121* I 357 (361 Erw. 4 b).
48 *BGE 114* Ia 413 (416 Erw. 3 b und c).
49 Dazu unten V, RN 48 ff.
50 *BGE 128* I 190 (201 f., Erw. 5); *101* Ia 354 (365 Erw. 9).
51 Volksinitiativen auf Bundesebene dürfen die zwingenden Bestimmungen des Völkerrechts nicht verletzen (Art. 139 Abs. 2 BV); kantonale Volksinitiativen müssen den Vorrang des Bundesrechts beachten (Art. 49 Abs. 1 BV; vgl. *BGE 128* I 190 [193 Erw. 1.2]; *114* Ia 267 [271 ff. Erw. 3]).
52 *BGE 129* I 392 (395 Erw. 2.2).

hin dürfen die Begründung des Begehrens sowie Meinungsäußerungen des Initiativkomitees berücksichtigt werden. Im übrigen gelten die Maßstäbe der abstrakten Normenkontrolle[53]. Von verschiedenen Auslegungsmöglichkeiten ist also jene zu wählen, die einerseits dem Sinn und Zweck der Initiative am besten entspricht und andererseits mit dem übergeordneten Recht am ehesten vereinbar erscheint. Der Spielraum für eine mit dem übergeordneten Recht übereinstimmende Auslegung ist bei allgemeinen Anregungen größer als bei formulierten Initiativen. Kann der Initiative in diesem Rahmen ein Sinn beigemessen werden, der sie nicht klarerweise als unzulässig erscheinen läßt, ist sie als gültig zu erklären und der Volksabstimmung zu unterstellen[54].

Die Verhältnismäßigkeit gebietet, nur die allenfalls mangelhaften Passagen einer Initiative ungültig zu erklären, das Begehren aber im übrigen als gültig zu betrachten und zur Abstimmung zu bringen. Eine teilweise Gültigerklärung setzt freilich voraus, daß der Kern der Initiative – das heißt die mit Blick auf die politische Zielsetzung maßgeblichen Bestimmungen – unter der Entfernung der ungültigen Normelemente nicht leidet[55].

45
Möglichkeit teilweiser Gültigerklärung

4. Anspruch auf Unterstellung referendumspflichtiger Erlasse unter das Referendum und auf Durchführung der Referendumsabstimmung

Das Stimmrecht vermittelt den *Anspruch auf förmliche Unterstellung* referendumspflichtiger Akte *unter das Referendum*. Für die Referendumsklausel zu sorgen, ist Aufgabe des Parlaments. Das Stimmrecht ist verletzt, wenn ein referendumspflichtiger Erlaß ohne Referendumsklausel veröffentlicht wird oder wenn statt des obligatorischen nur das fakultative Referendum angeordnet wird[56].

46
Referendumsklausel

Ein zustande gekommenes Referendum gibt Anspruch auf Durchführung der Volksabstimmung; der Rückzug des Referendums ist unzulässig. Dagegen hat das Parlament die Möglichkeit, auf eine durch Referendum angefochtene Vorlage zurückzukommen und die Volksabstimmung als gegenstandslos dahinfallen zu lassen – dies allerdings nur wegen triftiger sachlicher Gründe und nicht aus bloßer Furcht vor einem negativen Volksentscheid[57].

47
Anspruch auf Durchführung der Volksabstimmung

V. Einheit der Materie (Koppelungsverbot)

1. Im allgemeinen

Zu Abstimmungsvorlagen können die Stimmbürger bloß Ja oder Nein sagen oder leer einlegen. Eine freie und unverfälschte Äußerung des politischen Willens ist unter diesen Umständen nur dann gewährleistet, wenn die Abstim-

48
Hinreichender Sachzusammenhang

---

53 *BGE 111* Ia 292 (295 Erw. 2).
54 *BGE 129* I 392 (395 Erw. 2.2).
55 *BGE 121* I 334 (338 Erw. 2 a).
56 *BGE 118* Ia 422; *108* I a 234.
57 *BGer*, ZBl 1991, S. 231 (232 Erw. 2).

mungsvorlage die „Einheit der Materie" wahrt, das heißt sich auf *eine einzige politische Frage* reduzieren läßt. Der Grundsatz von der Einheit der Materie soll verhindern, daß sich die Stimmberechtigten mit nur einem Votum zu mehreren politischen Fragen äußern müssen, die keinen hinreichenden Sachzusammenhang aufweisen. Er ist auf alle Volksabstimmungen anwendbar, unabhängig davon, ob sie aus Anlaß einer Volksinitiative oder eines Referendums stattfinden[58].

2. Der „sachliche Zusammenhang" als Leitkriterium

49
Thematische Klammer

Die Einheit der Materie ist gewahrt, wenn zwischen den einzelnen Regelungselementen einer Vorlage ein „sachlicher Zusammenhang" besteht. Das Bundesgericht handhabt den Grundsatz zu Recht mit einiger Nachsicht, um die politische Gestaltungsfreiheit von Parlament und Initianten nicht zu sehr einzuengen. „Im Vordergrund steht der Gesichtspunkt, die freie, unverfälschte Kundgabe des politischen Willens des Stimmbürgers zu garantieren. Lässt sich eine Vorlage als eine politische Frage verstehen, so ist die Einheit der Materie auch dann gegeben, wenn innerhalb des thematischen Rahmens mehrere verschiedene Massnahmen zu deren Umsetzung vorgeschlagen werden. Ist eine solche thematische Klammer aber bloß künstlich geschaffen oder rein abstimmungspsychologisch motiviert, so fehlt es an der Einheit der Materie"[59]. Die Praxis anerkennt einen *sachlichen Zusammenhang* namentlich in folgenden Fällen[60]:

– Die Regelungselemente der Vorlage stehen in einer Zweck-Mittel-Relation zueinander.
– Die Regelungselemente der Vorlage verfolgen ein und dasselbe Ziel.
– Die Regelungselemente der Vorlage betreffen eine einheitliche Thematik.

Die Einheit der Materie ist hingegen nicht mehr gewahrt, wenn die Vorlage mehrere selbständige politische Ziele verfolgt.

3. Differenzierung nach dem Objekt der Vorlage

50
Verfassungsvorlage oder Gesetzesvorlage

Bei *Rechtsetzungsgeschäften* differenziert die Rechtsprechung unter anderem danach, ob den Stimmbürgern eine Verfassungsvorlage oder eine Gesetzesvorlage unterbreitet wird. Für Verfassungsvorlagen gelten vergleichsweise „höhere Anforderungen"; bei Gesetzesvorlagen dagegen genügt es, wenn „eine bestimmte Materie geregelt werden soll und die einzelnen, zu diesem Zweck aufgestellten Vorschriften zueinander in einer sachlichen Beziehung stehen. Der Stimmbürger hat keinen verfassungsmässigen Anspruch darauf, dass ihm einzelne, allenfalls besonders wichtige Vorschriften eines Gesetzes,

---

[58] *BGer*, ZBl 1995, S. 470 (471 Erw. 4 a bb).
[59] *BGer*, ZBl 1995, S. 470 (472 Erw. 4 a cc). Im selben Sinne auch *BGE 123* I 63 (71 u. 73 Erw. 4 b u. d).
[60] Vgl. die Übersicht bei *Luzius Wildhaber*, in: Aubert u.a., Bundesverfassung 1874 (LitVerz.), Art. 121/122 RN 104 ff. Zusammenfassung der Rechtsprechung in *BGE 129* I 366 (369 ff. Erw. 2).

das eine bestimmte Materie regelt, gesondert zur Abstimmung vorgelegt werden; er muss sich vielmehr auch dann für die Gutheissung oder Ablehnung der ganzen Gesetzesvorlage entscheiden, wenn er nur mit einzelnen Vorschriften einverstanden bzw. mit einzelnen Bestimmungen nicht einverstanden ist"[61].

Sachgeschäfte gehören grundsätzlich als Einzelvorlage zur Abstimmung gebracht; Maßnahmenpakete aus purer Abstimmungstaktik sind verpönt[62]. Zulässig bleibt die Zusammenfassung mehrerer gleichartiger Projekte zu einer einzigen Vorlage namentlich aus regional- oder sozialpolitischen Gründen, oder anders: wenn es sich darum handelt, „alle Teile des Kantons und alle Glieder der Bevölkerung in gleicher Weise an der allgemeinen Wohlfahrt teilnehmen zu lassen"[63]. Bei Finanzvorlagen endlich verbietet die Einheit der Materie die künstliche Etappierung eines Projekts mit dem einzigen Ziel, die Kreditschwellen des Finanzreferendums zu unterlaufen[64].

51 Einzelvorlagen

Finanzvorlagen

4. Strengerer Maßstab bei Volksinitiativen?

Das Bundesgericht hat mehrfach festgehalten, bei Volksinitiativen erfülle die Einheit der Materie einen besonderen Zweck: „Wäre es ... zulässig, die verschiedensten Postulate zum Gegenstand einer einzigen Initiative zu machen, so wäre die Sammlung der vorgeschriebenen Zahl von Unterschriften übermässig erleichtert. Die Vorschrift über die Einheit der Materie dient hier nicht nur dazu, dem Stimmbürger die ihm zukommende Abstimmungsfreiheit zu gewährleisten und eine unverfälschte Kundgebung des Volkswillens zu ermöglichen, sondern sie soll darüber hinaus auch verhindern, dass das Volksinitiativrecht missbräuchlich gehandhabt wird"[65]. Damit werden Volksinitiativen, was die Einheit der Materie angeht, etwas strenger beurteilt als Behördenvorlagen[66].

52 Einheit der Materie als Mißbrauchskontrolle

VI. Wahrung des Stimm- und Wahlgeheimnisses

1. Im allgemeinen

Zentrale Voraussetzung freier Willensäußerung ist das Stimmgeheimnis. Der Anspruch auf Wahrung des Stimmgeheimnisses ist *formeller Natur;* und so ist das Stimmrecht z. B. schon dann verletzt, wenn die Einrichtung des Wahllokals ein unbeobachtetes Ausfüllen des Zettels nicht sicherstellt, gleichgültig ob jemand zusieht oder nicht. „Die politischen Verhältnisse können sich ändern, und im Hinblick darauf ist das Wahlgeheimnis auch dann streng zu hüten, wenn solche Vorkommnisse [das heißt eine Kontrolle der Stimmenden]

53 Ausgestaltung im einzelnen

---

61 *BGE 113* Ia 46 (53 Erw. 4a).
62 *BGE 118* Ia 184 (191 Erw. 3 b); *105* Ia 80 (89 Erw. 7 c).
63 *BGE 105* Ia 80 (89 Erw. 7 c).
64 *BGE 118* Ia 184 (191 Erw. 3 b).
65 *BGE 99* Ia 177 (182 Erw. 3 b). So auch *BGE 123* I 63 (72 Erw. 4 b); *113* Ia 46 (52 Erw. 4 a).
66 Für Kritik: *Tschannen*, Staatsrecht (LitVerz.), S. 664.

fern liegen"⁶⁷. Aus dem Stimmgeheimnis ergibt sich die Pflicht des Gemeinwesens, für eine geeignete Einrichtung der Wahllokale zu sorgen⁶⁸. Bei Briefwählern muß sichergestellt werden, daß die Kontrolle des Stimmausweises keine Rückschlüsse auf das individuelle Stimmverhalten erlaubt⁶⁹. Weiter dürfen sich die Stimmzettel äußerlich nicht unterscheiden und müssen von solcher Papierqualität sein, daß das Votum der Stimmenden nicht durchscheinen kann⁷⁰.

54
Publizität der Unterzeichner von Wahlvorschlägen

Der Schutz des Stimmgeheimnisses erstreckt sich hingegen nicht auf die Unterzeichner von Wahlvorschlägen. Die Stimmbürgerschaft hat ein berechtigtes Interesse daran, einen Kandidaten nicht nur nach seinen Worten beurteilen zu müssen, sondern auch den politischen Standort des Nominierungskomitees zu kennen⁷¹.

2. Sonderfall Versammlungsdemokratie?

55
Problematik offener Stimmabgabe

An Landsgemeinden (es gibt sie nur noch in den Kantonen Glarus und Appenzell Innerrhoden) sowie an Gemeindeversammlungen wird in der Regel offen abgestimmt und gewählt. Offene Stimmabgabe bedeutet Stimmabgabe unter voller Sozialkontrolle; sie verlängert die Abhängigkeiten des wirtschaftlichen und gesellschaftlichen Alltags ins Politische. Damit wird nicht nur das Stimmrecht des Bundes verletzt, sondern auch Art. 25 lit. b des UNO-Pakts II⁷². Das Bundesgericht schützt die Institution der Versammlungsdemokratie nach wie vor, wenn auch mit Bedenken⁷³.

VII. Korrekte Ermittlung von Wahl- und Abstimmungsergebnissen

56
Auszählung und Nachzählung

Die Stimmbürgerschaft hat ein „Recht auf ordnungsgemässe und sorgfältige Auszählung der Stimmen"⁷⁴. Der Einsatz technischer Hilfsmittel wie Zählmaschinen oder Präzisionswaagen ist damit nicht ausgeschlossen. Bei Urnenabstimmungen kann die Behörde eine *Nachzählung* anordnen, falls dies aufgrund der Sachlage für die zuverlässige Ermittlung des Ergebnisses als „geboten" erscheint.⁷⁵ Ein stimmrechtlicher Anspruch auf Nachzählung besteht aber nur, wenn „konkrete Anhaltspunkte für eine fehlerhafte Auszählung

---

67 *BGE 98* Ia 602 (613 Erw. 10 b).
68 *BGE 98* Ia 602 (613 Erw. 10 b).
69 Vgl. dazu *BGE 121* I 187 (190 ff. Erw. 3), sowie *BGer*, ZBl 1997, S. 351.
70 *BGE 75* I 234 (237 ff. Erw. 5).
71 So zu Recht *BGE 98* Ib 289 (296 f., Erw. 4 g bis i).
72 Internationaler Pakt über bürgerliche und politische Rechte vom 16. 12. 1966, für die Schweiz in Kraft getreten am 18. 9. 1992 (SR 0.103.2). Die Schweiz hat zu Art. 25 des Pakts einen Vorbehalt angebracht; vgl. AS 1993 748 und BBl 1991 I S. 1201.
73 *BGE 121* I 138 (143 f., Erw. 4 a, und 145 f., Erw. 5 b). Treffende Kritik bei *Poledna,* Grundzüge des Wahlrechts in den Kantonen, in: Thürer/Aubert/Müller, Verfassungsrecht (LitVerz.), § 23 RN 2. Der Kanton Appenzell Ausserrhoden, den der genannte Entscheid betraf, hat die Landsgemeinde mittlerweile abgeschafft.
74 *BGE 98* Ia 73 (85 Erw. 4).
75 *BGE 101* Ia 238 (245 Erw. 4 a).

oder für ein gesetzwidriges Verhalten der hiefür zuständigen Organe" vorliegen. Ein knappes Ergebnis allein genügt als Nachweis solcher Anhaltspunkte nicht, sofern das Abstimmungswesen „zweckmässig geordnet" war[76].

An Landsgemeinden und Gemeindeversammlungen werden in der Regel nicht Einzelstimmen gezählt, sondern die Mehrheitsverhältnisse durch Abschätzen ermittelt. Das Bundesgericht nimmt die damit verbundenen Ungenauigkeiten in Kauf[77].

57
Abschätzen der Mehrheitsverhältnisse

E. Insbesondere: Verbot der Irreführung

I. Grundsätze

Die politischen Rechte schützen insbesondere „die freie Willensbildung und die unverfälschte Stimmabgabe" (Art. 34 Abs. 2 BV). Mit den Worten des Bundesgerichts: „Es soll garantiert werden, dass jeder Stimmbürger seinen Entscheid gestützt auf einen möglichst freien und umfassenden Prozess der Meinungsbildung treffen kann"[78]. Dieser Willensfindungsprozeß kann durch beeinflussende Interventionen Dritter auf die Stimmbürger verfälscht werden.

58
Freiheit der Willensfindung

Nicht jede Beeinflussung der Stimmbürger ist eine verfassungsrechtlich verbotene Irreführung[79]. Vereinfachend läßt sich folgendes festhalten: Es ist grundlegend zu unterscheiden zwischen der Einflußnahme durch Behörden und der Einflußnahme Privater. Behördliche Einflußnahme wird nur unter bestimmten Voraussetzungen toleriert[80]; Beeinflussungen durch Private dagegen sind Ausdruck freien Grundrechtsgebrauchs[81]. Die Einflußnahme durch Behörden im Besonderen ist soweit zulässig, als sie die Voraussetzungen einer freien und unverfälschten Äußerung des politischen Willens herstellt oder sichert. Dabei gelten bei Wahlen strengere Maßstäbe[82] als bei Abstimmungen[83].

59
Fremde Einflußnahme

---

76 *BGE 98* Ia 73 (85 Erw. 4). Vgl. auch *BGE 131* I 442 (452 Erw. 3.6).
77 *BGE 104* Ia 428 (431 ff., Erw. 3); *100* Ia 362 (363 f., Erw. 5 b, c).
78 *BGE 119* Ia 271 (272 f., Erw. 3 a).
79 Leitentscheide: *BGE 119* Ia 271 (unzulässige Unterstützung eines Abstimmungskomitees; Zusammenfassung der Rechtsprechung); *BGE 118* Ia 259 (unzulässige Wahlempfehlung; Zusammenfassung der Rechtsprechung); *BGE 114* Ia 427 (unzulässige Unterstützung eines Abstimmungskomitees); *BGE 113* Ia 291 (unzulässige Unterstützung von Ortsparteien); *BGer*, ZBl 1996, S. 233 (unzulässige Propaganda einer öffentlichen Unternehmung). Zum Thema besteht reichlich Literatur. Aus neuerer Zeit etwa *Michel Besson*, Behördliche Information vor Volksabstimmungen, 2003; *Gion-Andri Decurtins*, Die rechtliche Stellung der Behörde im Abstimmungskampf, 1992; *G. Müller*, ZBl 1987, S. 425 ff.; *Jeanne Ramseyer*, Zur Problematik der behördlichen Information im Vorfeld von Wahlen und Abstimmungen, 1992.
80 Unten II, RN 60 ff., und III, RN 67 ff.
81 Unten IV, RN 69 ff.
82 Unten III, RN 67 ff.
83 Unten II, RN 60 ff.

II. Irreführung durch Behörden bei Abstimmungen

1. Vorbereitende Information zu Abstimmungen

60
Publikation und Versendung

Das Stimmrecht gibt Anspruch auf rechtzeitige Publikation der Abstimmungsvorlage sowie auf rechtzeitige Versendung des Stimmmaterials[84]. Abstimmungserläuterungen der Behörden sind verfassungsrechtlich allgemein zulässig[85]. Im Bund und in den meisten Kantonen ist eine derartige Information ausdrücklich vorgesehen. Eine besondere gesetzliche Grundlage wäre aber nach der – allerdings nicht völlig eindeutigen – Rechtsprechung entbehrlich. In der Regel gehen die Erläuterungen von der Regierung aus. Bei der Abfassung der Erläuterungen ist die Behörde zur Objektivität verpflichtet. Sie verletzt das Stimmrecht, wenn sie „über den Zweck und die Tragweite der Vorlage falsch orientiert"[86]. Die Erläuterungen können kurz bleiben; sie müssen sich nicht mit jeder Einzelheit der Vorlage befassen. Nach der wenig überzeugenden Praxis des Bundesgerichts genügt es, wenn die Haltung der Parlamentsmehrheit wiedergegeben wird; die Argumente der Gegnerschaft müssen nicht erscheinen, außer das einschlägige Gesetzesrecht ordne ausdrücklich anderes an[87]. Die Behörde darf politische Ermessensfragen aus ihrer Sicht darstellen, „denn es ist Sache des Bürgers, sich insoweit eine eigene Meinung zu bilden"[88]. Sie ist ferner frei, auf „allfällige Mängel" einer Volksinitiative hinzuweisen, solange sie dabei nicht in politische Propaganda verfällt[89].

Abstimmungserläuterungen

61
Objektivität bei Abstimmungsempfehlungen

Der Abstimmungsvorlage darf die *Empfehlung* oder der Antrag beigefügt werden, die Vorlage anzunehmen oder – sofern es sich um eine Volksinitiative handelt – abzulehnen. Eine besondere gesetzliche Grundlage ist dafür nicht nötig. Strenger noch als beim Abfassen der Abstimmungserläuterungen gilt die Objektivitätspflicht des Gemeinwesens bei der Formulierung der Abstimmungsfrage, „denn die vom Bürger verlangte Antwort steht in engem Zusammenhang mit der ihm gestellten Frage und wird durch diese bis zu einem gewissen Grade bestimmt"[90]. Die Frage muß „klar und objektiv" abgefaßt werden und darf „weder irreführend sein noch suggestiv" wirken[91]. Diesen Ansprüchen hält nur der einfache Satz stand, ob die Stimmbürger die Vorlage annehmen wollen.

2. Gezielte Intervention in Abstimmungskämpfe

62

Behördliche Interventionen in laufende Abstimmungskampagnen sind unter bestimmten Voraussetzungen zulässig. Die Rechtsprechung betrachtet das Eingreifen der Behörde freilich als Ausnahme[92]. Grundsätzlich muß sich die

---

[84] *BGE 104* Ia 236 (239f., Erw. 2 c); *98* Ia 602 (610 Erw. 9).
[85] Statt vieler *BGE 119* Ia 271 (273 Erw. 3 b).
[86] *BGE 119* Ia 271 (273 Erw. 3 b).
[87] *BGE 106* Ia 197 (200 Erw. 4 a).
[88] *BGE 98* Ia 615 (622 Erw. 4 a).
[89] *BGE 105* Ia 151 (153 Erw. 3 a).
[90] *BGE 106* Ia 20 (22 Erw. 1).
[91] *BGE 121* I 1 (12 Erw. 5 b aa).
[92] Statt vieler *BGE 117* Ia 452 (456 Erw. 3 b).

Intervention durch ein besonderes Informationsbedürfnis der Stimmbürger rechtfertigen lassen (die Praxis verlangt das Vorliegen „triftiger Gründe"); außerdem muß die Intervention in Form und Inhalt den Umständen angemessen bleiben (die Behörden dürfen, so die Rechtsprechung, „keine verwerflichen Mittel" einsetzen).

Informationsbedürfnis als Rechtfertigungsgrund

Im einzelnen ist zwischen korrigierender Richtigstellung und werbender Intervention zu unterscheiden. Richtigstellungen sind zulässig, ja geboten, wenn es sich darum handelt, Irreführungen seitens Privater entgegenzutreten oder auf zwischenzeitlich eingetretene neue Tatsachen einzugehen, und wenn ohne Richtigstellung die Chance einer unverfälschten Willensbildung nicht mehr gegeben wäre[93]. Die „triftigen Gründe" ergeben sich ohne weiteres aus der Notwendigkeit, Verzerrungen in der Informationslage zu beheben.

63
Richtigstellungen

Zur Intervention im Sinne eines *werbenden, aktiven Positionsbezugs* muß sich die Behörde vom Parlament oder der Gemeindeversammlung bevollmächtigen lassen[94]. Die Rechtsprechung anerkennt das Vorliegen „triftiger Gründe" allerdings nur mit Zurückhaltung. Vom eben erwähnten Fall der korrigierenden Richtigstellung abgesehen können triftige Gründe vorliegen, wenn die Komplexität des Abstimmungsgegenstandes Zusatzinformationen erfordert[95]. Die bloße Absicht der Behörden, die Stimmbürger zur Annahme einer Abstimmungsvorlage zu bewegen, stiftet für sich allein keinen hinreichenden Interventionsgrund[96]. Triftige Gründe anerkennt die Rechtsprechung außerdem, wenn Gemeinden von einem kantonalen Urnengang in besonderer Weise betroffen sind und die Stimmbürger der intervenierenden Gemeinde folglich „am Ausgang der Abstimmung ein unmittelbares und besonderes Interesse haben, das jenes der übrigen Gemeinden des Kantons bei weitem übersteigt"[97]. Eine solche besondere Betroffenheit kann sich am ehesten bei Sachgeschäften mit konkreten örtlichen Auswirkungen einstellen, beispielsweise bei Vorlagen zu Straßenbauvorhaben oder Kraftwerken, kaum aber bei Abstimmungen über generell-abstrakte Normen[98]. Für Interventionen von Gemeinden oder Kantonen zu eidgenössischen Vorlagen gilt Entsprechendes[99].

64
Zusatzinformationen bei Komplexität

Betroffenheit von Gemeinden

Sowohl bei Richtigstellungen als auch bei eigentlichen Kampagnen muß das intervenierende Gemeinwesen den Grundsatz der Verhältnismäßigkeit wahren und von der Verwendung „verwerflicher Mittel" absehen. Daraus ergeben sich mehrere Konsequenzen. So darf das Gemeinwesen *keine Propaganda* betreiben; es muß von ihm „ein höherer Grad an Objektivität und Sachlich-

65
Wahrung der Verhältnismäßigkeit

---

93 Vgl. *BGE 112* Ia 332 (337 Erw. 4 d); *114* Ia 427 (434 Erw. 4 c); *BGer*, ZBl 2001, S. 148 (150 Erw. 2 b).
94 *BGE 114* Ia 427 (445 Erw. 6 b). Anderes gilt für die allgemeine Informationstätigkeit der Behörden. Hier dürfen die Behörden über Ziel und Ablauf ihrer politischen Projekte frei unterrichten, auch wenn diese Projekte zu einem späteren Zeitpunkt allenfalls der Volksabstimmung zugeleitet werden. Die strengen stimmrechtlichen Maßstäbe, denen eine behördliche Intervention nach der Rechtsprechung zu genügen hat, greifen erst ab Beginn des Abstimmungskampfs (vgl. *BGE 121* I 252 [256 ff., Erw. 2]).
95 *BGE 114* Ia 427 (434 Erw. 4 c, 442 Erw. 5 e).
96 *BGE 112* Ia 332 (337 f., Erw. 4 d).
97 *BGE 114* Ia 427 (433 Erw. 4 c).
98 *BGE 108* Ia 155 (160 f., Erw. 5 a).
99 Vgl. *BGer*, ZBl 1985, S. 201 (207 f., Erw. 4 a). Weitere Einzelheiten z. B. bei *Besson* (FN 79), besonders S. 337 ff.; *Hangartner/Kley* (FN 16), S. 1063 ff., je mit Hinweisen auf Literatur und Rechtsprechung.

keit erwartet werden als von privaten politischen Gruppierungen"[100]. Auch ist es der Behörde untersagt, *private Abstimmungskomitees* zu unterstützen, denn die gebotene Kontrolle über den Einsatz der Gelder und die Einhaltung der Objektivitätspflichten ließe sich kaum gewährleisten[101]. Verboten sind ferner verdeckte Einflußnahmen. Weder darf die Behörde Private mit heimlichen Geldzahlungen unterstützen, noch ist es statthaft, Befürworter der Vorlage gezielt mit Informationen und Dokumenten zu versorgen[102]. Schließlich müssen sich die eingesetzten Geldmittel in einem vernünftigen Rahmen bewegen. Das Gemeinwesen darf nicht mehr ausgeben, „als den Parteien und anderen Interessengruppen ohne erhebliche Opfer möglich ist"[103].

Verbot verdeckter Einflußnahmen

3. Zur Stellung öffentlicher Unternehmen

66
Objektive Interessenvertretung

Interventionen öffentlicher Unternehmen stehen einer behördlichen Intervention gleich, wenn das Unternehmen staatlich beherrscht ist und seine Handlungen daher dem Gemeinwesen zugerechnet werden müssen. Die Organisationsform ist unerheblich. Im übrigen gelten ähnliche Voraussetzungen wie für die soeben[104] behandelte Intervention von Gemeinden zu kantonalen Angelegenheiten: Ist das Unternehmen vom Urnengang in besonderer Weise betroffen, so darf es in den Abstimmungskampf eingreifen. Es muß aber seine Interessen in objektiver Weise und mit verhältnismäßigen Mitteln vertreten, zumal wenn es Gelder einsetzt, die dank rechtlicher oder faktischer Monopole erwirtschaftet wurden[105].

III. Irreführung durch Behörden bei Wahlen

1. Vorbereitende Information zu Wahlen

67
Keine Beratung in der Sache

Die Wahlvorschläge sind zu veröffentlichen und die Wahlunterlagen den Stimmberechtigten rechtzeitig zuzustellen[106]. Außerdem dürfen die Behörden technische Wahlanleitungen abgeben[107]. Im übrigen beurteilt sich die amtliche Information vor Wahlen nach grundsätzlich anderen Maßstäben als die Information über Abstimmungsvorlagen. Wahlen dienen dazu, neue Behörden zu konstituieren; sie haben nicht den Sinn, die gegebenen Machtverhältnisse unverändert fortzuschreiben. Darum fehlt den noch amtierenden Behörden jede Legitimation, die Stimmberechtigten in der Sache zu beraten[108]. Die Vorstellung der zur Wahl antretenden Personen und ihrer Programme ist vielmehr ausschließlich Sache der Parteien und der Medien.

---

100 *BGE 108* Ia 155 (162 Erw. 5 b).
101 *BGE 114* Ia 427 (443 Erw. 6 a).
102 *BGE 114* Ia 427 (444 f., Erw. 6 b); *BGer*, ZBl 1992, S. 312 (317 Erw. 4 d).
103 *BGE 108* Ia 155 (157 Erw. 3 b).
104 Oben II 2, RN 62 ff.
105 *BGer*, ZBl 1996, S. 233 (237 Erw. 3 c).
106 Vgl. *BGE 104* Ia 360 (363 Erw. 3 a).
107 Das Fehlen einer Wahlanleitung verletzt das Stimmrecht aber nicht (so *BGer*, ZBl 2001, S. 188 [192 ff. Erw. 4]).
108 *BGE 124* I 55 (57 f., Erw. 2 a).

2. Gezielte Intervention in Wahlkämpfe

Ist es den Behörden verwehrt, die Wähler in der Sache zu beraten, so werden sie auch kaum je triftige Gründe finden, in das Wahlkampfgeschehen gezielt einzugreifen. Die Behörden müssen *parteipolitisch neutral* bleiben; es gilt ein *grundsätzliches Interventionsverbot*[109]. Amtliche Wahlempfehlungen sind darum unzulässig. Wahlhilfen (wie Beiträge an politische Parteien oder die Finanzierung von Wahlinseraten) müssen neutral ausgestaltet sein; weder dürfen sie einzelne Kandidaten oder Parteien bevorzugen oder benachteiligen noch die verfassungsrechtlich gebotene Offenheit der Wahl beeinträchtigen[110]. Im übrigen sind behördliche Interventionen in den Wahlkampf streng nur zur Richtigstellung irreführender Informationen zulässig[111].

68
Grundsätzliches Interventionsverbot

IV. Irreführung durch Private

1. Grundsatz: Unregulierter Meinungsbildungsprozeß

Eine freie und unverfälschte Bildung und Äußerung des politischen Willens ist ohne ein Mindestmaß an behördlicher Information nicht möglich. Dennoch bleibt der Willensfindungsprozeß primär Sache der gesellschaftlichen Akteure. Dieser Prozeß profitiert vom Schutz der ideellen Grundrechte. Man mag den Kampf mit unwahren oder irreführenden Angaben und den Einsatz massiver Finanzen als Verstoß gegen die guten Sitten verurteilen; verfassungsrechtlich indessen sind solche Praktiken vorerst hinzunehmen. Das Bundesgericht hat es seit je abgelehnt, Wahl- und Abstimmungskämpfe rigiden Anstandsregeln zu unterstellen, denn solche Regeln ließen sich nicht ohne schwere Eingriffe in die Meinungsfreiheit aufstellen. Eher vertraut das Gericht auf die Fähigkeit der Bürger, „Übertreibungen als solche zu erkennen und vernunftgemäss zu entscheiden"[112].

69
Willensfindung als Aufgabe der gesellschaftlichen Akteure

Interventionen Privater sind folglich *nur ausnahmsweise unzulässig,* nämlich wenn mit irreführenden Angaben unmittelbar vor dem Urnengang eingegriffen wird und es „dem Bürger nach den Umständen unmöglich ist, sich aus andern Quellen ein zuverlässiges Bild von den tatsächlichen Verhältnissen zu machen", somit die Chance einer unverfälschten Meinungsbildung nicht mehr gegeben ist[113]. Ob der Staat die private Finanzierung von Wahl- und Abstimmungskämpfen beschränken darf, hat das Gericht in einem neueren Entscheid offen gelassen[114].

70
Unverfälschte Meinungsbildung als Leitbild

---

109 *BGE 124* I 55 (57f., Erw. 2); *118* I a 259 (262 Erw. 3).
110 Vgl. *BGE 124* I 55 (69ff., Erw. 6 und 7); *113* Ia 291 (299ff., Erw. 3 f).
111 Vgl. *BGE 118* Ia 259 (262f., Erw. 3); *117* Ia 452 (457 Erw. 3 c); *113* Ia 291 (296f., Erw. 3 b).
112 *BGE 98* Ia 73 (80 Erw. 3 b).
113 *BGE 119* Ia 271 (274 Erw. 3 c).
114 Vgl. *BGE 125* I 441 (447ff., Erw. 3 b).

2. Interventionen durch die Presse

71
Äußerer und innerer Pressepluralismus

Für Interventionen durch die Presse gilt das eben Gesagte[115] unabhängig davon, ob der redaktionelle Teil oder der Anzeigenteil in Frage steht. In seiner bisherigen Rechtsprechung ist das Bundesgericht davon ausgegangen, daß die einseitige Darstellung einer Abstimmungsvorlage grundsätzlich nicht schade, denn die Zahl der voneinander unabhängigen und politisch unterschiedlich ausgerichteten Zeitungen biete ausreichende Möglichkeiten einer wirksamen Gegendarstellung[116]. Angesichts zunehmender Pressekonzentration ist heute jedoch kaum noch Verlaß auf die selbstregulierenden Kräfte eines äußeren Pressepluralismus. Die neuere Praxis postuliert daher zu Recht eine Art inneren Pluralismus: „Wichtig ist ..., dass die Informationsorgane den jeweiligen politischen Gegnern dieselben Möglichkeiten einräumen, sich auszusprechen, was insbesondere dann gilt, wenn diese Informationsorgane regional oder lokal praktisch eine Monopolstellung innehaben"[117].

3. Interventionen von Radio und Fernsehen

72
Zurückhaltung und Pflicht zur Ausgewogenheit

Wahl- und Abstimmungssendungen von Radio und Fernsehen unterliegen besonderen Regeln, die über das allgemein geltende Gebot der „sachgerechten" Berichterstattung (Art. 93 Abs. 2 BV) hinausgehen. Wegen der einzigartigen Massenwirkung der elektronischen Medien und wegen der erschwerten Gegendarstellungsmöglichkeiten verlangt das Stimmrecht allgemein eine gewisse Zurückhaltung der Programmgestalter, die in ihren Sendungen hängige Abstimmungen und bevorstehende Wahlen behandeln[118] – namentlich bei der Auswahl der Gesprächspartner und in der Art und Weise der Fragestellung. Außerdem gilt eine verschärfte *Pflicht zur Ausgewogenheit*. Vor Abstimmungen sind die unterschiedlichen Ansichten in der gleichen Sendung oder wenigstens am gleichen Tag darzustellen[119]. Vor Wahlen muß den politischen Parteien angemessene und rechtsgleiche Gelegenheit zur Selbstdarstellung gegeben werden[120].

F. Folgen festgestellter Unregelmäßigkeiten

73
Fehlererheblichkeit

Unregelmäßigkeiten führen nur dann zur Aufhebung einer Abstimmung oder Wahl, „wenn der Fehler eine entscheidende Auswirkung auf das Ergebnis haben konnte". Ob der Fehler in diesem Sinne erheblich war, beurteilt sich ver-

---

115 Oben IV 1, RN 69 f.
116 *BGE 98* Ia 73 (80 Erw. 3 b).
117 *BGE 117* Ia 41 (47 Erw. 5 a).
118 *BGE 98* Ia 73 (82 Erw. 3 c).
119 Vgl. *BGer*, ZBl 1991, S. 327 (328 Erw. 2 a).
120 *BGE 97* I 731 (734 f., Erw. 3).

schieden je nachdem, ob seine Auswirkungen ziffernmäßig genau feststellbar sind oder nicht[121].

1. Unregelmäßigkeiten mit bezifferbaren Auswirkungen

Bezifferbare Auswirkungen können vor allem bei solchen Mängeln eintreten, die sich auf die Rechtmäßigkeit von nachweisbaren Einzelstimmen beziehen. Hierzu zählen die Teilnahme nicht stimmberechtigter Personen, der Ausschluß Berechtigter vom Urnengang, Stimmenfang sowie doppelte Stimmabgabe. Die Wahl oder Abstimmung ist zu kassieren, wenn das Ergebnis nach Abrechnung der mangelhaften Stimmen umschlägt. In der Praxis sind solche Fälle selten[122].

74 Unrechtmäßigkeit bei nachweisbaren Einzelstimmen

2. Übrige Unregelmäßigkeiten

Meistens läßt sich die genaue Zahl der verfälschten Stimmen nicht feststellen. Dies trifft besonders auf Fälle unzulässiger behördlicher Interventionen zu. Dann muß eine Interessenabwägung vorgenommen werden. „Dabei ist nach den gesamten Umständen – sowohl in quantitativer als auch in qualitativer Hinsicht – zu beurteilen, ob eine Beeinflussung des Abstimmungsergebnisses möglich gewesen ist. Namentlich wird auf die Schwere des festgestellten Mangels und dessen Bedeutung im Rahmen der gesamten Abstimmung sowie auf die Grösse des Stimmenunterschiedes abgestellt. Erscheint die Möglichkeit, dass die Abstimmung ohne den Mangel anders ausgefallen wäre, nach den gesamten Umständen als derart gering, dass sie nicht mehr ernsthaft in Betracht fällt, so kann von der Aufhebung des Urnenganges abgesehen werden"[123]. Allgemein gilt: Je grundsätzlicher der Mangel erscheint, desto weniger kann es auf den Stimmenunterschied ankommen. Die Wiederholung des Urnengangs hat dann vor allem den Sinn, die Zweifel an der Legitimität des Ergebnisses zu beseitigen und das Vertrauen in den demokratischen Prozeß wiederherzustellen[124].

75 Legitimität des Ergebnisses als Ziel

In Abweichung von der oben wiedergegebenen Formel führen private Interventionen in Wahl- und Abstimmungskämpfe nur ganz ausnahmsweise zur Wiederholung einer Wahl oder Abstimmung: erst dann nämlich, wenn die Auswirkung des Mangels auf das Abstimmungsergebnis „ausser Zweifel steht oder zumindest als sehr wahrscheinlich erscheint"[125].

76 Begrenzte Auswirkungen privater Interventionen

---

121 *BGE 112* Ia 129 (134 Erw. 3 a).
122 Vgl. etwa *BGer*, ZBl 1997, S. 252 (253 f.).
123 *BGE 119* Ia 271 (274 Erw. 3 b).
124 Vgl. *BGE 113* Ia 291 (303 Erw. 4 b); *114* Ia 427 (451 Erw. 8 b).
125 *BGE 119* Ia 271 (274 f., Erw. 3 c).

G. Bibliographie

Auer, Andreas, Problèmes fondamentaux de la démocratie suisse, ZSR 1984 II, S. 1 ff.
Besson, Michel, Behördliche Information vor Volksabstimmungen, 2003.
Decurtins, Gion-Andri, Die rechtliche Stellung der Behörde im Abstimmungskampf, 1992.
Garrone, Pierre, L'élection populaire en Suisse, 1991.
Grisel, Etienne, Initiative et référendum populaires – Traité de la démocratie semi-directe en droit suisse, ³2004.
Hangartner, Yvo/Kley, Andreas, Die demokratischen Rechte in Bund und Kantonen der Schweizerischen Eidgenossenschaft, 2000.
Kölz, Alfred, Die kantonale Volksinitiative in der Rechtsprechung des Bundesgerichts, ZBl 1982, S. 1 ff.
ders., Probleme des kantonalen Wahlrechts, ZBl 1987, S. 1 ff., 49 ff.
Linder, Wolf, Schweizerische Demokratie – Institutionen, Prozesse, Perspektiven, 1999.
Müller, Georg, Die innenpolitische Neutralität der kantonalen öffentlichen Unternehmen, ZBl. 1987, S. 425 ff.
Poledna, Tomas, Wahlrechtsgrundsätze und kantonale Parlamentswahlen, 1988.
Ramseyer, Jeanne, Zur Problematik der behördlichen Information im Vorfeld von Wahlen und Abstimmungen, 1992.
Rhinow, René, Grundprobleme der schweizerischen Demokratie, ZSR 1984 II, S. 111 ff.
Tschannen, Pierre, Stimmrecht und politische Verständigung – Beiträge zu einem erneuerten Verständnis von direkter Demokratie, 1995.

4. Wirtschaftliche und soziale Grundrechte

§ 221
Eigentumsgarantie

Giovanni Biaggini

Übersicht

	RN		RN
A. Grundlagen	1–20	C. Die Eigentumsgarantie als Wertgarantie	35–49
I. Allgemeine Charakterisierung	1– 5	I. Inhalt und Tragweite	35–37
II. Rechtliche Grundlagen	6– 7	II. Zu den einzelnen Tatbeständen	38–46
III. Schutzbereich und Schutzwirkungen	8–20	1. Formelle Enteignung	38–40
1. Verfassungsrechtlicher Eigentumsbegriff	8–13	2. Beschränkungen, die einer Enteignung gleichkommen (materielle Enteignung)	41–42
2. Teilgehalte und Bedeutungsschichten	14–18	3. Entschädigungslos hinzunehmende Beschränkungen	43–46
3. Grundrechtsträger	19	III. Art und Bemessung der Entschädigung	47–49
4. Verhältnis zu anderen Grundrechten	20	D. Die Eigentumsgarantie als Institutsgarantie	50–55
B. Die Eigentumsgarantie als Bestandesgarantie	21–34	I. Inhalt und Tragweite	50–52
I. Inhalt und Tragweite	21–25	II. Entbehrlichkeit der Institutsgarantie?	53–55
II. Anforderungen an grundrechtsbeschränkende Maßnahmen	26–31	E. Bibliographie	
1. Gesetzliche Grundlage	26		
2. Öffentliches Interesse und Verhältnismäßigkeit	27–29		
3. Schutz des Kerngehalts	30–31		
III. Schrankenziehung und Inhaltsbestimmung	32–34		

A. Grundlagen*

I. Allgemeine Charakterisierung

1
Schutzgut „Eigentum"

Das Grundrecht der Eigentumsgarantie (Art. 26 BV) steht in der Tradition der Philosophie der Aufklärung und der Menschenrechtskataloge des 18. Jahrhunderts[1]. Anders als die klassischen Freiheitsrechte schützt die Eigentumsgarantie allerdings nicht eine menschliche Eigenschaft, Befähigung oder Tätigkeit. Das verfassungsrechtliche Schutzgut „Eigentum" (Art. 26 Abs. 1 BV) ist vielmehr – trotz natur- und vernunftrechtlicher Wurzeln[2] – ein „Produkt der Rechtsordnung"[3]. Man sollte daher besser nicht von „Eigentumsfreiheit"[4], sondern – wie die Verfassung – von „Eigentumsgarantie"[5] sprechen.

2
Zentrale Rolle des Gesetzgebers

Mit dieser strukturellen Besonderheit hängt ein weiteres Spezifikum des Eigentumsgrundrechts zusammen: Bei der näheren Bestimmung des Schutzgegenstands fällt dem *Gesetzgeber*, heute namentlich dem Bundesgesetzgeber, eine zentrale Rolle zu[6]. Daraus darf allerdings nicht gefolgert werden, daß das Eigentum in der Schweiz lediglich „im Rahmen der Gesetzgebung" gewährleistet und somit letztlich dem Belieben des Gesetzgebers ausgeliefert wäre[7]. Der Gestaltungsspielraum des inhaltsbestimmenden Gesetzgebers ist

Institutsgarantie

zwar groß, aber letztlich doch verfassungsrechtlich begrenzt. Dafür sorgt unter anderem die im Eigentumsgrundrecht mitenthaltene Institutsgarantie, die es dem Gesetzgeber untersagt, das Privateigentum „als fundamentale Einrichtung der schweizerischen Rechtsordnung"[8] auszuhöhlen[9].

3
Umfang des Eigentumsbegriffs

Anerkanntermaßen schützt die Eigentumsgarantie nicht nur das sachenrechtliche Eigentum, wie es im Vierten Teil des Zivilgesetzbuches (Art. 641 ff. ZGB) umschrieben ist, sondern auch weitere vermögenswerte Rechtspositionen des Privatrechts und des öffentlichen Rechts. Allerdings ist Art. 26 BV keine klare Aussage über den Umfang des verfassungsrechtlichen Eigentumsbegriffs zu entnehmen. Damit verfassungsrechtliche Offenheit nicht in Beliebigkeit umschlägt, müssen Kriterien gefunden werden, die es erlauben, den

---

* Der Verfasser dankt seiner früheren Mitarbeiterin lic. iur. *Anja Tschirky* für die wertvolle Mithilfe bei der Vorbereitung dieses Beitrags.
1 Vgl. insb. Art. 2 u. 17 der Déclaration des droits de l'homme et du citoyen v. 26. 8. 1789.
2 Dazu etwa *Peter Saladin*, Grundrechte im Wandel, ³1982, S. 110, 114; *BGE 35* I 558 (571) – Autavaux.
3 *Yvo Hangartner*, Besonderheiten der Eigentumsgarantie, in: Walter Haller/Alfred Kölz/Georg Müller/Daniel Thürer (Hg.), FS Dietrich Schindler, 1989, S. 711 ff. (714). Vgl. auch *G. Müller*, in: Aubert u. a., Bundesverfassung 1874 (LitVerz.), Art. 22ter aBV, RN 1.
4 So etwa *Markus Schefer*, Die Kerngehalte von Grundrechten, 2001, S. 292 ff., 466 f.
5 Art. 26 BV, Sachüberschrift.
6 Näher A I, RN 3; III 1, RN 8 ff.; B III, RN 33; D II, RN 54.
7 Diesen Eindruck erweckte, entgegen der Absicht der Autoren, Art. 17 des Verfassungsentwurfs von 1977: „Das Eigentum ist im Rahmen der Gesetzgebung gewährleistet". Vgl. Expertenkommission für die Vorbereitung einer Totalrevision der Bundesverfassung, Bericht, Bern 1977, S. 44.
8 *BGE 105* Ia 134 (140) – Hausbesitzer-Verein Basel. Vgl. auch *BGE 127* 160 (67) – A.; *G. Müller*, in: Aubert u. a., Bundesverfassung 1874 (LitVerz.), Art. 22ter aBV, RN 12 ff.; *Riva/Müller-Tschumi*, Eigentumsgarantie, in: Thürer/Aubert/J.P.Müller, Verfassungsrecht (LitVerz.), S. 765 ff. (768); *Vallender*, in: Ehrenzeller u. a., St. Galler Kommentar (LitVerz.), Art. 26 RN 29 ff.
9 Näher D I, RN 50 ff.

grundrechtlichen Schutzbereich sachgerecht abzugrenzen[10]. Mit gutem Grund suchen Praxis und Lehre Orientierung bei den Eigentumsfunktionen. Unter diesen sind die Unabhängigkeitsfunktion, die Sicherungs- und Vorsorgefunktion, die Dispositionsfunktion und die Ansporrnfunktion hervorzuheben[11]. Das private Eigentum verringert die „Abhängigkeit von den Wechselfällen des Lebens, vom Arbeitgeber und vom Markt"[12] und hat als „Quelle der Freiheit" konstitutive Bedeutung für eine selbstbestimmte Lebensgestaltung. Das Rechtsinstitut des Privateigentums ist daneben ein Grundpfeiler der freiheitlich-wettbewerbsorientierten schweizerischen *Wirtschaftsverfassung*[13]. Diese wirtschaftsverfassungsrechtliche Dimension des Eigentumsgrundrechts ist in der höchstrichterlichen Rechtsprechung kaum präsent, was in einem auffälligen Gegensatz zur hohen Aufmerksamkeit steht, die dem Institut Privateigentum in Staatsphilosophie und Ökonomie zuteil wird. Daß das wirtschaftliche Profil der Eigentumsgarantie heute erstaunlich unscharf ist, hat nicht zuletzt damit zu tun, daß in der wirtschaftsbezogenen Verfassungsrechtsprechung die traditionsreiche Wirtschaftsfreiheit – die bereits 1874, das heißt fast hundert Jahre vor der Eigentumsgarantie (1969), Aufnahme in die Verfassungsurkunde fand[14] – im Mittelpunkt stand und steht[15].

Eigentumsfunktionen

Als *Bestandesgarantie* schützt das Eigentumsgrundrecht den Bestand konkreter vermögenswerter Rechte des einzelnen[16], dies jedoch nicht absolut: Selbst ein vollständiger Entzug von Eigentumspositionen[17] gilt traditionell als grundsätzlich zulässig, sofern bestimmte Voraussetzungen erfüllt sind[18]. Wenn die aus persönlichkeitsbezogener wie aus wirtschaftlicher Sicht wichtigen Eigentumsfunktionen[19], namentlich die Sicherungs- und Vorsorgefunktion, nicht leerlaufen sollen, muß die Rechtsordnung im Enteignungsfall Ersatz bieten. In der Schweiz nimmt sich die Bundesverfassung dieses Anliegens an: Das Eigentumsgrundrecht ist nicht nur als Bestands- und als Institutsgarantie, sondern auch als *Wertgarantie* (Art. 26 Abs. 2 BV) ausgestaltet. In verfassungsvergleichender Perspektive ist bemerkenswert, daß das schweizerische Recht hier einen *verfassungsmäßigen* (das heißt nicht bloß gesetzlichen) Anspruch auf *volle* Entschädigung einräumt, und zwar nicht nur bei Enteig-

4
Bestandsschutz und Wertsicherung

---

10 Näher A III, RN 8 ff.
11 Vgl. *G. Müller*, ZSR 1981 II, S. 1 (66, 76); *Saladin* (FN 2), S. 401 f.; *Klaus A. Vallender/Peter Hettich/Jens Lehne*, Wirtschaftsfreiheit und begrenzte Staatsverantwortung, ⁴2006, § 6 RN 87, S. 244.
12 *Vallender/Hettich/Lehne* aaO., § 6 RN 86, S. 243. Vgl. auch *J.P. Müller*, Grundrechte (LitVerz.), S. 594.
13 Vgl. *Rhinow*, Grundzüge (LitVerz.), S. 284; *G. Müller*, ZSR 1981 II, S. 1 (76 ff.); *René Rhinow/Gerhard Schmid/Giovanni Biaggini*, Öffentliches Wirtschaftsrecht, 1998, S. 133 ff.; *Vallender/Hettich/Lehne* aaO., § 6 RN 87 ff., S. 244 f. Zu den beiden Grundrechtsdimensionen vgl. auch *J.P. Müller*, Grundrechte (LitVerz.), S. 594 f.; *Hangartner* (FN 3), S. 712 f.; *Vallender*, in: Ehrenzeller u.a., St. Galler Kommentar (LitVerz.), Art. 26 RN 71.
14 Art. 31 aBV, heute Art. 27 BV.
15 Vgl. *Rhinow/Schmid/Biaggini* (FN 13), S. 134 f. Für eine vermehrte Berücksichtigung dieser „ordnungspolitischen" Dimension in der Praxis zur Eigentumsgarantie *Vallender*, in: Ehrenzeller u.a., St. Galler Kommentar (LitVerz.), Art. 26 RN 79; *Marc D. Veit*, Die Ordnungsfunktion der Eigentumsgarantie – Eine ökonomische Analyse der bundesgerichtlichen Rechtsprechung, 1999, S. 141 ff.
16 Näher B I, RN 21 ff.
17 Zur Enteignung näher C II 1, RN 38 ff.
18 Vgl. bereits Art. 17 der Déclaration von 1789.
19 Vgl. A I, RN 3.

nungen, sondern von Verfassungsrechts wegen auch bei all jenen Grundrechtsbeschränkungen, die einer Enteignung gleichkommen[20]. Über der intensiven Beschäftigung mit der traditionsreichen Dreiheit von Bestands-, Wert- und Institutsgarantie hat die schweizerische Grundrechtsdogmatik die Frage des Verhältnisses dieser Teilgarantien zu den – jetzt teilweise kodifizierten (Art. 35 und 36 BV) – allgemeinen Grundrechtslehren etwas vernachlässigt. Dies hat in jüngerer Zeit zu gewissen Verunsicherungen geführt, von denen noch zu sprechen sein wird[21].

5
Sozialpflichtigkeit des Eigentums?

Die Bundesverfassung bekennt sich – anders als die italienische Verfassung von 1947 (Art. 42) oder das deutsche Grundgesetz (Art. 14) und trotz wiederholter diesbezüglicher Forderungen in der schweizerischen verfassungspolitischen Debatte[22] – nicht ausdrücklich zur *Sozialpflichtigkeit* des Eigentums. Immerhin appelliert nunmehr der neuartige Art. 6 BV in allgemeiner Weise an die „gesellschaftliche Verantwortung" des Individuums – und damit auch des Eigentümers. Daß und in welchem Maße „Eigentum verpflichtet"[23], ergibt sich in der schweizerischen Verfassungsordnung nicht schon aus der Grundrechtsnorm (Art. 26 BV), sondern erst aus dem Zusammenspiel verfassungsrechtlicher und einfachgesetzlicher Normen, die das Eigentum inhaltlich bestimmen und ihm aus verschiedenen – nicht zuletzt sozial- und umweltpolitischen – Motiven Schranken ziehen[24]. Verschiedene verfassungsrechtliche Ziel- und Aufgabennormen verpflichten den Gesetzgeber dazu, bei der grundsätzlich freiheitlichen Ausgestaltung der Eigentumsordnung dem Allgemeinwohl Rechnung zu tragen und auf Sozialverträglichkeit zu achten. In diesem Sinne besteht auch in der Schweiz eine „Sozialbindung" des Eigentums. Diese kann für den einzelnen Grundrechtsberechtigten etwa dann spürbar werden, wenn ein Eigentumseingriff entschädigungslos hinzunehmen ist[25]. Im Zuge der Entwicklung zum modernen Sozial-, Wirtschafts-, Umwelt- und Raumplanungsstaat haben die Belastungen des Eigentums ein erhebliches Ausmaß erreicht. Dennoch wäre es eine Übertreibung zu sagen, das Eigentumsgrundrecht sei heute fundamental in Frage gestellt.

II. Rechtliche Grundlagen

6
Entwicklung

Die neue Bundesverfassung gewährleistet das Eigentum in Art. 26 BV. Diese Bestimmung führt die frühere Grundrechtsgewährleistung (Art. 22ter aBV) redaktionell angepaßt, aber inhaltlich unverändert weiter. Auf Bundesebene gehört die Eigentumsgarantie zu den jüngeren Grundrechten. Sie fand erst im Jahre 1969 Eingang in die Verfassungsurkunde. Bei der damaligen Teilrevi-

---

20 Näher C II 2, RN 41 f.
21 Vgl. D II, RN 53 ff.
22 Zuletzt im Rahmen der jüngst abgeschlossenen Totalrevision der Bundesverfassung. Vgl. Amtliches Bulletin der Bundesversammlung 1998 (Sonderausgabe Reform der Bundesverfassung), Nationalrat, S. 213 ff. Vgl. auch Expertenkommission (FN 7), S. 45.
23 So Art. 14 Abs. 2 Satz 1 GG; → Bd. V: *P. Kirchhof*, Gewährleistung des Eigentums.
24 Vgl. B II, RN 26 ff.
25 Vgl. *G. Müller*, ZSR 1981 II, S. 1 (56); *Saladin* (FN 2), S. 187 ff. Vgl. unten RN 46 f.

sion der Bundesverfassung ging es weniger um die Eigentumsgarantie und ihre verfassungsrechtliche Verankerung als vielmehr um die neu zu schaffende Grundsatzgesetzgebungskompetenz des Bundes auf dem Gebiet der Raumplanung[26]. Dieser Bundeskompetenz wollte man die neue Grundrechtsbestimmung gewissermaßen als „Gegengewicht" beigeben. Bereits einige Jahre zuvor hatte das Bundesgericht die Eigentumsgarantie als ungeschriebenes Grundrecht des Bundes anerkannt, was bemerkenswerterweise eher beiläufig und nicht in einem in der amtlichen Sammlung (BGE) veröffentlichten Urteil geschah[27]. Wie sich zeigen sollte, war dies der erste Schritt auf dem Weg zu einer mutigen richterrechtlichen Modernisierung der schweizerischen Grundrechtsordnung. Schon bald nämlich anerkannte das Bundesgericht weitere ungeschriebene Grundrechte[28]. Für den Eigentumsschutz selbst war die praktische Tragweite dieses Schritts eher gering, denn das Eigentumsgrundrecht war damals in fast allen Kantonsverfassungen ausdrücklich gewährleistet, und das Bundesgericht hatte schon zuvor einen von den konkreten kantonalen Gewährleistungen abgelösten „gemeineidgenössischen" Schutzstandard entwickelt[29].

Das kantonale Verfassungsrecht bietet heute in der Regel keinen über Art. 26 BV hinausgehenden Schutz. Von eher untergeordneter Bedeutung ist in der Schweiz auch der völkerrechtliche Eigentumsschutz. Die Wahrung des fremdenrechtlichen Mindeststandards scheint in der Praxis keine Probleme zu bereiten. Entsprechendes gilt auch für die Einhaltung der zahlreichen von der Schweiz abgeschlossenen bilateralen Investitionsschutzabkommen[30]. Da die Schweiz das erste Zusatzprotokoll zur Europäischen Menschenrechtskonvention vom 20. März 1952 bisher nicht ratifiziert hat[31], ist die dortige Eigentumsgewährleistung (Art. 1) für die Schweiz nicht maßgeblich. Allerdings geht diese völkerrechtliche Garantie nach allgemein geteilter Auffassung ohnehin weniger weit als das Eigentumsgrundrecht gemäß der Bundesverfassung[32]. Von erheblicher praktischer Bedeutung für den Eigentumsschutz sind dagegen die bei Streitigkeiten um *civil rights* zu beachtenden Verfahrensgarantien gemäß Art. 6 Abs. 1 EMRK[33].

7
Kantonaler und völkerrechtlicher Schutz

---

26 Art. 22^quater aBV, heute Art. 75 BV.
27 Vgl. *BGer*, Urt.v. 11.5.1960, ZBl 1961, S. 69 – Zurzach –, wo auf zwei im Jahr 1959 ergangene unveröffentlichte Urteile verwiesen wird.
28 → Oben *J.P. Müller*, § 202: Geschichtliche Grundlagen, Zielsetzung und Funktionen der Grundrechte.
29 Vgl. *Saladin* (FN 2), S. 114 ff.
30 Wiedergegeben in der Systematischen Rechtssammlung (SR), Ordnungsnummer 0.975 (Investitionsschutz).
31 Der Grund dafür sind gewisse (vorab föderalistisch motivierte) Bedenken im Zusammenhang mit der Gewährleistung des Rechts auf Bildung (Art. 2).
32 Vgl. *Villiger*, EMRK (LitVerz.), RN 640. Das *Schutzniveau* der schweizerischen Eigentumsgarantie (Anforderungen an Grundrechtsbeschränkungen, Entschädigungspflicht) dürfte in der Tat höher sein als jenes, das die europäische Garantie vermittelt. Weniger gewiß ist dies beim *sachlichen* Schutzbereich (Eigentumsbegriff).
33 Vgl. z.B. *BGE 120* Ia 209 (213 ff.) – O. und Mitb. ./. Kanton Luzern; *J.P Müller*, Grundrechte (LitVerz.), S. 627 ff.

III. Schutzbereich und Schutzwirkungen

1. Verfassungsrechtlicher Eigentumsbegriff

8
Vermögenswerte Rechte des Privatrechts

Der verfassungsrechtliche Begriff „Eigentum" (Art. 26 BV) umfaßt nicht nur alle Formen des sachenrechtlichen Eigentums (Art. 641 ff. ZGB), sondern auch andere vermögenswerte Rechte des Privatrechts (beispielsweise beschränkte dingliche Rechte, Immaterialgüterrechte, Besitz, obligatorische Rechte)[34]. Keine eigenständige Rolle spielt in der Dogmatik der schweizerischen Eigentumsgarantie das der deutschen Rechtsordnung bekannte Recht am eingerichteten und ausgeübten Gewerbebetrieb[35]. Dies dürfte wohl vor allem darauf zurückzuführen sein, daß die in der Funktionseinheit „Unternehmen" verkörperten Werte in der schweizerischen Verfassungsordnung anderweitig (insbesondere im Rahmen der Wirtschaftsfreiheit) hinreichend geschützt sind.

9
Öffentlich-rechtliche Rechtspositionen

Neben den vermögenswerten Rechten des Privatrechts sind auch bestimmte öffentlich-rechtliche Ansprüche geschützt, nämlich die sogenannten wohlerworbenen Rechte des öffentlichen Rechts. Dabei handelt es sich um eine dem Verfassungsgrundsatz des Vertrauensschutzes nahestehende heterogene Rechtsfigur mit Wurzeln in vorkonstitutioneller Zeit[36]. Gemäß neuerer Praxis und Lehre umfaßt der verfassungsrechtliche Eigentumsschutz namentlich folgende Kategorien von Rechtspositionen[37]: seit unvordenklicher Zeit bestehende, „ehehafte" Rechte (z.B. Weiderechte, Nutzungsrechte an öffentlichen Gewässern)[38]; Rechte aus öffentlich-rechtlichen Verträgen; bestimmte Rechte aus vertragsähnlichen Rechtsverhältnissen des Verwaltungsrechts (Monopol- oder Sondernutzungskonzessionen, wirtschaftspolitische Bewilligungen)[39]; ferner ausnahmsweise gewisse finanzielle Ansprüche aus dem Dienstverhältnis des Staatspersonals; Besoldungs- und Pensionsansprüche jedoch gemäß Bundesgericht nur dann, „wenn das Gesetz die entsprechenden Beziehungen ein für alle Mal festlegt und von den Einwirkungen der gesetzlichen Entwicklung ausnimmt oder wenn bestimmte, mit einem einzelnen Anstellungsverhältnis verbundene Zusicherungen abgegeben worden sind"[40]. Die wohlerworbenen von den übrigen Rechten abzugrenzen, fällt in Praxis und Lehre

---

34 Vgl. *BGE 128* I 295 (311) – Association suisse des annonceurs. Überblick bei *Vallender*, in: Ehrenzeller u.a., St. Galler Kommentar (LitVerz.), Art. 26 RN 18. Vgl. zum Schutz des Mieters *BGE 105* Ia 43 (46) – Seiler; des Besitzers *BGE 120* Ia 120 (121) – G.; des Patentinhabers *BGE 126* III 129 (148) – Kodak; des Aktionärs *BGE 121* I 326 (333) – X. Die Rechtsprechung zum Fahrniseigentum ist eher spärlich. Vgl. z.B. *BGE 130* I 360 (362) – Hanfpflanzen; *BGE 118* Ia 305 (317) – Waffen; *BGE 113* Ia 368 (376) – private archäologische Sammlung.
35 Vgl. *Papier*, in: Maunz/Dürig, GG (LitVerz.), Art. 14 RN 95 ff.; → Bd. V: *P. Kirchhof*, Gewährleistung des Eigentums; aus Schweizer Sicht: *Saladin* (FN 2), S. 327; *Enrico Riva*, Hauptfragen der materiellen Enteignung, 1990, S. 244; *BGE 118* Ib 241 (251) – A.
36 Vgl. *Saladin* (FN 2), S. 111; *Rhinow*, ZBl 1979, S. 1 ff.; *Beatrice Weber-Dürler*, Vertrauensschutz im öffentlichen Recht, 1983, S. 63 ff.; *BGE 106* Ia 163 (167 ff.) – Graf.
37 Überblick bei *Vallender*, in: Ehrenzeller u.a., St. Galler Kommentar (LitVerz.), Art. 26 RN 19 ff.; *G. Müller*, in: Aubert u.a., Bundesverfassung 1874 (LitVerz.), Art. 22ter aBV, RN 2.
38 Vgl. *BGE 117* Ia 35 (37) – Frésard.
39 Vgl. z.B. *BGE 128* II 112 (126) – Grande Dixence SA; *BGE 113* Ia 357 (361 f.) – X.
40 So *BGE 118* Ia 245 (255) – X.

häufig schwer. Nicht zufällig nimmt die Argumentation gelegentlich zirkelhafte Züge an: Als „wohlerworben" eingestuft werden am Ende jene Rechte, die des besonderen Schutzes durch die Eigentumsgarantie als bedürftig und würdig angesehen werden.

An dieser Stelle wird, zumindest im Ansatz, ein funktionales Verständnis des verfassungsrechtlichen Eigentumsbegriffs erkennbar. Ein funktionales Verständnis erlaubt es, die Eigentumsgarantie in einer der modernen Sozialstaatlichkeit angemessenen Weise weiterzuentwickeln. Nicht so sehr das Eigentum im sachenrechtlichen Sinne, sondern vielmehr der Lohn bzw. der Lohnersatz (in Form von Alters-, Invaliden- oder Hinterbliebenen-Renten) übernimmt heute für weite Teile der Bevölkerung die Funktion der ökonomischen Daseinssicherung[41]. Es sprechen gute Gründe dafür, den entwicklungsoffenen verfassungsrechtlichen Eigentumsbegriff, der weder 1969 (Art. 22ter aBV) noch 1999 (Art. 26 BV) auf einem bestimmten Stand „eingefroren" wurde, grundsätzlich auf Ansprüche aus Sozialversicherungen auszudehnen[42], soweit diese als funktionales Äquivalent des klassischen Eigentums angesehen werden können und nicht bereits anderweitig (etwa durch Art. 9 BV) grundrechtlich abgesichert sind. Eine derartige Erweiterung des verfassungsrechtlichen Eigentumsbegriffs wurde in der schweizerischen Verfassungsrechtslehre wiederholt postuliert[43]; dies allerdings in einer manchmal etwas zu pauschalen Form, welche die Differenzierungen, die in der neueren europäischen Rechtsentwicklung Fuß gefaßt haben[44], zu wenig berücksichtigt. Mit einer baldigen höchstrichterlichen Klärung der Frage ist nicht zu rechnen, da das einschlägige Rechtsgebiet im wesentlichen durch Gesetze des Bundes geregelt und zufolge Art. 190 (früher Art. 191) BV einer verfassungsrichterlichen Kontrolle weitgehend entzogen ist.

10
Ansprüche aus Sozialversicherungen?

Funktionales Äquivalent

Nach traditionellem Verständnis schützt die Eigentumsgarantie nur die aus dem Eigentum fließenden rechtlichen (Nutzungs- und Verfügungs-) Befugnisse, nicht jedoch faktische Interessen, die mit der Ausübung jener Rechte zusammenhängen[45]. Die Beeinträchtigung von Vorteilen oder Chancen, die aus tatsächlichen Gegebenheiten (beispielsweise der Lage an einer gut frequentierten öffentlichen Straße oder einem direkten See-Anstoß) resultieren, ist nach dieser Auffassung nicht als Eingriff in die Eigentumsgarantie einzustufen. So hat der Anstößer in den Worten des Bundesgerichts „kein besseres Recht auf Benützung einer im Gemeingebrauch stehenden Strasse" als

11
Schutz faktischer Interessen?

---

41 Vgl. *Saladin* (FN 2), S. 401 f.
42 Wenig ratsam erscheint eine Weiterentwicklung der verfassungsrechtlichen Eigentumsdogmatik auf der Grundlage der überkommenen Figur des wohlerworbenen Rechts. Skeptisch bereits *Saladin* aaO., S. 133.
43 Vgl. *Hangartner* (FN 3), S. 712; *J.P. Müller*, Grundrechte (LitVerz.), S. 600; *Saladin* aaO., S. 130. Zurückhaltend *Ulrich Häfelin/Georg Müller/Felix Uhlmann*, Allgemeines Verwaltungsrecht, ^{5}2006, RN 2046 c.
44 Zur Entwicklung im Rahmen von Art. 1 des (ersten) Zusatzprotokolls zur EMRK vgl. etwa *B.W. Wegener*, Wirtschaftsgrundrechte, in: Dirk Ehlers (Hg.), Europäische Grundrechte und Grundfreiheiten, ^{2}2005, § 5 RN 13 f. Zur differenzierenden Rechtsprechung des deutschen Bundesverfassungsgerichts eingehend *Papier*, in: Maunz/Dürig, GG (LitVerz.), Art. 14 RN 129 ff.
45 Vgl. z. B. *BGE 105* Ia 219 (222) – Dr. Blaser. Zu dieser Auffassung kritisch *G. Müller*, in: Aubert u. a., Bundesverfassung 1874 (LitVerz.), Art. 22ter aBV, RN 4 ff.; *Saladin* (FN 2), S. 135 ff.

andere Personen; er verfügt nur „über eine tatsächliche Vorzugsstellung", jedoch „nicht über ein unter dem Schutz der Eigentumsgarantie stehendes Recht auf Zugang (zu) und Benützung einer an sein Land angrenzenden Strasse"[46]. Die für eine Tankstelle oder Gaststätte unter Umständen existenzbedrohende Aufhebung einer öffentlichen Straße stellt nach dieser Auffassung keinen Eingriff in die Eigentumsgarantie dar[47]. Nicht zum Zuge kommen somit die verfassungsrechtlichen Sicherungen zum Schutze der Bestandesgarantie (Art. 26 Abs. 1 BV in Verbindung mit Art. 36 BV) und die Entschädigungspflicht gemäß Art. 26 Abs. 2 BV[48]. Die anhaltende Kritik in der Rechtslehre[49] veranlaßte das Bundesgericht vor kurzem zu einer Änderung seiner Rechtsprechung. Da „der Entzug faktischer Vorteile den Eigentümer im Ergebnis gleichermassen treffen kann wie eine Einschränkung seiner rechtlichen Befugnisse", dehnte das Bundesgericht im Jahre 2000 den Schutz der Eigentumsgarantie „auf gewisse faktische Voraussetzungen" dieser rechtlichen Befugnisse aus[50]. Die praktische Tragweite der Praxisänderung darf nicht überschätzt werden: In erster Linie dürfte sich auf der prozessualen Ebene der Zugang zum Bundesgericht (als Verfassungsgericht) verbessern, während die Berufung auf die Eigentumsgarantie in der Sache selbst wohl auch künftig häufig nicht von Erfolg gekrönt sein wird.

Entzug faktischer Vorteile

12

Vermögen

Auch dem in der Rechtslehre immer wieder geforderten Einbezug des Vermögens in den verfassungsrechtlichen Eigentumsschutz[51] begegnete das Bundesgericht lange Zeit ablehnend. Hinter den Forderungen der Doktrin stand nicht zuletzt das Anliegen, die „Steuergewalt" (noch stärker[52]) verfassungsrechtlich zu disziplinieren. Seit 1979 läßt das Bundesgericht die Berufung auf die Eigentumsgarantie grundsätzlich auch im Zusammenhang mit der Abgabenerhebung zu, dies obschon öffentliche Abgaben – wie das Bundesgericht betont – keine „Eigentumsbeschränkungen, sondern persönliche Leistungspflichten" darstellen und lediglich „das Vermögen in seinem wertmässigen Bestand beeinträchtigen", jedoch die eigentlichen „Eigentumsbefugnisse" (Verfügungs- und Nutzungsmacht) in bezug auf eine bestimmte Sache „unberührt" lassen[53]. Daß nunmehr auch das Vermögen als solches in den Genuß

---

46 So *BGE 126* I 213 (215) – Eduard Waldburger AG – m.w.H. In Betracht kommt gemäß Bundesgericht unter Umständen eine Berufung auf das Grundrecht der Wirtschaftsfreiheit (vgl. *BGer*, Urt.v. 14. 10. 1994, ZBl 1995, S. 510f.).
47 Vgl. *BGer*, Urt.v. 18. 4. 1958, ZBl 1959, S. 48f., und Urt. v. 11. 11. 1959, ZBl 1960, S. 80ff. Vgl. auch *BGE 105* Ia 219 (222) – Dr. Blaser.
48 Näher C I, RN 35ff. Vgl. z. B. *BGE 100* Ib 197 (199) – Niggli.
49 Vgl. z. B. *G. Müller*, in: Aubert u.a., Bundesverfassung 1874 (LitVerz.), Art. 22ter aBV, RN 4ff.; *J.P. Müller*, Grundrechte (LitVerz.), S. 604; *Saladin* (FN 2), S. 135ff. Vgl. auch *Vallender*, in: Ehrenzeller u.a., St. Galler Kommentar (LitVerz.), Art. 26 RN 15f.
50 *BGE 126* I 213 (216) – Eduard Waldburger AG: Hiernach ist die Festsetzung einer Zutrittsverbotslinie für den Anstößer einer öffentlichen Straße nunmehr als Eingriff in die Eigentumsgarantie einzustufen. Vgl. auch *BGE 131* I 12 (16) – Sulzer.
51 Vgl. z. B. *Max Imboden*, Die verfassungsrechtliche Gewährleistung des Privateigentums als Schranke der Besteuerung, in: ASA 29 (1960/61), S. 2ff.; *Höhn*, Verfassungsmäßige Schranken der Steuerbelastung, ZBl 1979, S. 241 ff.; *G. Müller*, ZSR 1981 II, S. 1 (93 ff.).
52 Verfassungsrechtlichen Schutz bieten auch die vom Bundesgericht aus Art. 4 aBV abgeleiteten (heute in Art. 127 BV kodifizierten) Grundsätze der Abgabenerhebung.
53 Vgl. *BGE 105* Ia 134 (139) – Hausbesitzer-Verein Basel.

des verfassungsrechtlichen Eigentumsschutzes gelangen kann, ist grundsätzlich zu begrüßen. Ein undifferenzierter allgemeiner Vermögensschutz erscheint allerdings nicht erstrebenswert[54].

Gemäß Bundesgericht bleibt der Schutz der Eigentumsgarantie auf jene Fälle beschränkt, in denen die Abgabenerhebung geradezu konfiskatorisch wirkt. Das vom Bundesgericht als Anwendungsfall der Institutsgarantie aufgefaßte[55] Verbot der „konfiskatorischen Besteuerung" untersagt es dem Staat, „den Abgabepflichtigen ihr privates Vermögen oder einzelne Vermögenskategorien (z.B. das Immobilienvermögen) durch übermässige Besteuerung nach und nach zu entziehen"[56]. Die Möglichkeit der Neubildung von Vermögen muß erhalten bleiben. Die Grenzziehung zwischen einer zulässigen steuerlichen Belastung und einem konfiskatorisch wirkenden Eingriff ist gemäß Bundesgericht im Einzelfall unter Beizug eines ganzen Bündels von Kriterien vorzunehmen. Bis heute hat das Bundesgericht den Tatbestand der „konfiskatorischen Besteuerung" noch in keinem seiner amtlich publizierten Urteile als erfüllt angesehen: nicht bei einer bis zu sechzigprozentigen Abschöpfung des durch Planungsmaßnahmen geschaffenen Mehrwerts; nicht bei einer einmaligen hohen Steuerbelastung (die den betroffenen Steuerpflichtigen im streitigen Einzelfall dazu nötigte, vorübergehend die Vermögenssubstanz anzugreifen); ebenfalls nicht im Fall der im Kanton Basel-Landschaft per Volksinitiative geforderten Einführung einer sogenannten „Reichtumssteuer", die bei einem steuerbaren Einkommen von 500 000 Franken zu einer Steuergesamtbelastung von über 46 v.H. (statt 26 v.H.) geführt hätte[57].

13
Verbot konfiskatorischer Besteuerung

2. Teilgehalte und Bedeutungsschichten

Traditionellerweise wird in Darstellungen der Eigentumsgarantie das Grundrecht in drei relativ eigenständige, wenn auch nicht unverbundene Teilgehalte aufgegliedert: die Bestandes-, die Wert- und die Institutsgarantie[58]. Als Bestandesgarantie schützt die Eigentumsgarantie konkrete Vermögensrechte vor staatlichen Eingriffen[59]. Die Wertgarantie verschafft bei Enteignungen und bei bestimmten Eigentumsbeschränkungen Anspruch auf volle Entschädigung[60]. Die Institutsgarantie bewahrt das Rechtsinstitut „Privateigentum"

14
Bestandes-, Wert- und Institutsgarantie

---

54 In diese Richtung aber *BGE 124* I 6 (8) – X., wo das Bundesgericht eine Ersatzforderung für unrechtmäßigen Vorteil (im Betrag von Fr. 695.000) ohne nähere Erörterung als Eigentumseingriff einstufte.
55 In der Lehre wird eine Berücksichtigung auch der Bestandesgarantie gefordert. Vgl. *Vallender*, in: Ehrenzeller u.a., St. Galler Kommentar (LitVerz.), Art. 26 RN 32 (gegen *BGE 127* I 60 [68] – A.); *G. Müller*, in: Aubert u.a., Bundesverfassung 1874 (LitVerz.), Art. 22ter aBV, RN 7.
56 *BGE 106* Ia 342 (349) – X. Vgl. auch *BGE 128* II 112 (126) – Grande Dixence SA.
57 Sofern die Stimmberechtigten die Initiative angenommen hätten. Vgl. *BGE 105* Ia 139 ff. – Hausbesitzer-Verein Basel; *BGE 106* Ia 342 (348 ff.) – X.; *BGE 99* Ia 638 (649 f.) – Weber. Vgl. auch *BGE 128* II 112 (126) – Grande Dixence SA; *BGE 122* I 305 (322) – Chambre Vaudoise Immobilière, sowie *Mahon*, in: Aubert/ders., Constitution (LitVerz.), Art. 26 RN 15 f. (mit Hinweis auf ein nicht amtlich publiziertes Urteil v. 10.5.1985).
58 Vgl. A I, RN 2, 4. Vgl. statt vieler *Riva/Müller-Tschumi* (FN 8), S. 771 ff.; *J.P. Müller*, Grundrechte (LitVerz.), S. 605 ff.
59 Näher B I, RN 21 ff.
60 Näher C I, RN 35 ff.

davor, seines Wesensgehalts beraubt oder ganz beseitigt zu werden[61]. Diese Dreiteilung hat auch in der Rechtsprechung Fuß gefaßt[62]. Im Text der neuen Bundesverfassung hat sie sich indes nicht direkt niedergeschlagen[63]. Gleichwohl kann auch die künftige Dogmatik der Eigentumsgarantie auf dieser Dreiteilung aufbauen. Allerdings ist in Erinnerung zu rufen, daß das Grundrecht auch Facetten aufweist, die nicht ohne Weiteres einer dieser drei Komponenten zugeordnet werden können. Es erscheint daher nicht ratsam, die Bestands-, die Wert- und die Institutsgarantie (im Stil einer abschließenden Aufzählung) als *die* drei Teilgehalte der Eigentumsgarantie zu bezeichnen[64].

15
Abwehrrecht

Strukturell gesehen ist die Eigentumsgarantie in erster Linie ein gegen den Staat gerichtetes Abwehrrecht. Die Eigentumsgarantie vermittelt grundsätzlich keine einklagbaren Leistungsansprüche[65]. Eine Ausnahme bildet der besonders gelagerte Fall des verfassungsrechtlichen Entschädigungsanspruchs gemäß Art. 26 Abs. 2 BV.

16
Objektive Schutzgehalte

Die Eigentumsgarantie umfaßt indes nicht nur subjektiv-defensive Gehalte. Als Grundsatznorm und Element objektiver Ordnung[66] auferlegt die Eigentumsgarantie den Rechtsetzungs- und Rechtsanwendungsorganen die generelle Verpflichtung, sich für die Verwirklichung des Grundrechts einzusetzen (Art. 26 i.V.m. Art. 35 BV). So ist der Staat gehalten, die für Erwerb, Ausübung und Veräußerung vermögenswerter Rechte erforderliche rechtliche „Infrastruktur"[67] einzurichten. Zu dieser Grundausstattung gehört auch – wie das Bundesgericht schon früh gestützt auf eine „institutionelle Deutung der Eigentumsgarantie"[68] festhielt – die Bereitstellung von Zivilgerichten, die bei Beeinträchtigungen privaten Eigentums durch andere Private angerufen werden können. Darüber hinaus erwächst dem Staat aus der Eigentumsgarantie unter Umständen die Verpflichtung, gegen private Eigentumsstörer vorzugehen.

Anspruch auf Schutz

Bei gravierenden Beeinträchtigungen schließlich ist es nach herrschender Auffassung grundsätzlich denkbar, daß zu dieser den Staat treffenden objektiven Verpflichtung ein einklagbarer Anspruch des Beeinträchtigten auf Ergreifung polizeilicher Maßnahmen zum Schutz seines Eigentums hinzutritt[69]. Die Eigentumsgarantie entfaltet jedoch keine Direktwirkung im Verhältnis zwischen Privaten[70].

---

61 Näher D I, RN 50 ff.
62 Vgl. etwa *BGE 92* I 503 (509 f.) – Hell; *BGE 96* I 350 (357) – Frei; *BGE 123* II 481 (489) – M.
63 Deshalb wird heute gelegentlich die selbständige Bedeutung der Institutsgarantie in Frage gestellt; vgl. D I, RN 52.
64 So aber z. B. *J.P. Müller*, Grundrechte (LitVerz.), S. 605.
65 Vgl. *BGE 119* Ia 28 (30) – M.; *BGE 105* Ia 330 (337) – Meier; *BGE 92* I 503 (509) – Hell.
66 Vgl. *G. Müller*, in: Aubert u.a., Bundesverfassung 1874 (LitVerz.), Art. 22ter aBV, RN 3.
67 Begriff bei *G. Müller*, ZSR 1981 II, S. 1 (53). Vgl. auch *Riva/Müller-Tschumi* (FN 8), S. 769; *Saladin* (FN 2), S. 206.
68 So die Kennzeichnung bei *Saladin* aaO., S. 301 (mit Hinweisen auf die Rechtsprechung).
69 Vgl. *J.P. Müller*, Grundrechte (LitVerz.), S. 603; *Riva/Müller-Tschumi* (FN 8), S. 770; *Saladin* aaO., S. 350 f. – In *BGE 119* Ia 28 (31) – M. – ließ das Bundesgericht die Frage offen, weil angesichts der konkreten Umstände selbst bejahendenfalls ein Anspruch auf polizeiliche Intervention (gegen Hausbesetzer) zu verneinen gewesen wäre.
70 Vgl. *BGE 111* II 330 (337 f.) – Frey – Verneinung einer unmittelbaren Anwendung der Eigentumsgarantie im Verhältnis zwischen Stockwerkeigentümern. Zur Frage der indirekten Drittwirkung vgl. *Saladin* aaO., S. 208 ff.

Aus dem Grundrecht der Eigentumsgarantie ergeben sich nicht nur inhaltliche Anforderungen an das staatliche Handeln, sondern auch gewisse Verfahrensgarantien, so namentlich ein verfassungsmäßiger Anspruch auf gerichtliche Beurteilung von Streitigkeiten im Zusammenhang mit Enteignungen und Entschädigungsansprüchen[71]. Diese dem Eigentumsgrundrecht innewohnenden Verfahrensgarantien weisen heute jedoch neben Art. 6 Abs. 1 EMRK, Art. 29a und Art. 30 BV kaum mehr eigenständige Bedeutung auf.

17
Verfahrensgarantie

Gestützt auf die Eigentumsgarantie wird mitunter auch die „programmatische Forderung" nach einer möglichst breiten Streuung des Eigentums erhoben[72]. Konkrete Aufträge für eine staatliche Eigentumspolitik ergeben sich jedoch nicht schon aus Art. 26 BV, sondern erst aus speziellen Verfassungsbestimmungen wie Art. 108 BV (Wohneigentumsförderung) oder Art. 111 BV (Förderung der Selbstvorsorge durch Maßnahmen der Fiskal- und Eigentumspolitik)[73] und spätestens nach Inkrafttreten des Art. 29a BV.

18
Programmatische Dimension

3. Grundrechtsträger

Die Eigentumsgarantie kann von allen natürlichen Personen (unabhängig von der Staatszugehörigkeit) sowie von den juristischen Personen des Privatrechts angerufen werden[74]. Auch juristische Personen des öffentlichen Rechts können sich gemäß Bundesgericht auf das Grundrecht berufen, sofern sie „nicht hoheitlich handeln, sondern sich auf dem Boden des Privatrechts bewegen und vom angefochtenen Entscheid in gleicher Weise wie ein Privater betroffen sind"[75]. Dies ist laut Bundesgericht dann zu bejahen, wenn das Finanz- oder das Verwaltungsvermögen, nicht jedoch, wenn öffentliche Sachen im Gemeingebrauch betroffen sind[76]. Die schweizerische Eigentumsgarantie schützt somit nicht nur das Eigentum Privater (bzw. Privateigentum), sondern auch bestimmte Vermögensrechte der öffentlichen Hand. Diese im internationalen Vergleich großzügige Lösung hat historische Hintergründe[77] und ist nicht zuletzt dem Umstand zu verdanken, daß die Verfassungsgerichtsbarkeit des Bundes traditionell auch die Funktion hat, den öffentlich-rechtlichen Körperschaften der kommunalen und kantonalen Ebene eine Rechtsschutzmög-

19
Natürliche und juristische Personen

---

71 Vgl. *BGE 120* Ia 209 (213) – O. und Mitb. ./. Kanton Luzern; *BGE 128* I 129 (134) – G.; *Andreas Kley-Struller*, Der richterliche Rechtsschutz gegen die öffentliche Verwaltung, 1995, S. 56 ff.
72 Vgl. *J.P. Müller*, Grundrechte (LitVerz.), S. 594. Vgl. auch Art. 42 der italienischen Verfassung von 1947.
73 Weitergehend sind die eigentumspolitischen Zielvorgaben der Verfassungsentwürfe von 1977 (Art. 30) und von 1985 (Art. 41).
74 Vgl. statt vieler *J.P. Müller*, Grundrechte (LitVerz.), S. 604 f. – Nicht von vornherein ausgeschlossen ist es, für bestimmte Personenkategorien weitergehende Beschränkungen vorzusehen. Das oft zitierte Hauptbeispiel ist das Bundesgesetz v. 16. 12. 1983 über den Erwerb von Grundstücken durch Personen im Ausland. Dazu (mißverständlich) *BGE 112* Ib 241 (244) – Voeffray.
75 *BGE 112* Ia 356 (363 f.) – Gewerbekrankenkasse.
76 Vgl. *BGE 97* I 639 (640 f.) – Commune de Pully.
77 Die kantonalen Gewährleistungen, aus denen sich die eidgenössische Eigentumsgarantie entwickelt hat (vgl. oben A II, RN 6), schützen vielfach ausdrücklich auch das Eigentum der Gemeinden oder, allgemeiner, der Körperschaften des öffentlichen Rechtes. Vgl. z. B. Art. 4 der Verfassung für den Eidgenössischen Stand Appenzell Inner Rhoden vom 24. Wintermonat 1872 (SR 131.224.2); Art. 14 Abs. 1 der Verfassung des Kantons Obwalden v. 19. 5. 1968 (SR 131.216.1).

lichkeit auf Bundesebene, das heißt außerhalb des „eigenen" Kantons, zu verschaffen. Die schweizerische Eigentumsgarantie läßt sich somit nicht auf die Funktion einer „Quelle individueller Freiheit"[78] reduzieren.

4. Verhältnis zu anderen Grundrechten

20
Harmonisierende Rechtsprechung

Berührungspunkte und Überschneidungen bestehen vor allem im Verhältnis der Eigentumsgarantie zur Wirtschaftsfreiheit (Art. 27 BV[79]), zur Rechtsgleichheit (Art. 8 BV) und zum verfassungsmäßigen Anspruch auf Wahrung von Treu und Glauben (Art. 9 BV). Das Bundesgericht überprüft staatliche Maßnahmen gewöhnlich primär am Maßstab des schwerpunktmäßig betroffenen Grundrechts; der Gehalt weiterer berührter Garantien ist mitzuberücksichtigen[80]. Da nach traditioneller Auffassung der Kreis der eingriffsrechtfertigenden öffentlichen Interessen bei der Wirtschaftsfreiheit enger ist als bei der Eigentumsgarantie[81], sah sich das Bundesgericht zu einer „Schrankenharmonisierung" veranlaßt. Diese spielt vor allem im Zusammenhang mit raumplanerischen Anordnungen eine Rolle, so etwa bei der Überprüfung von Maßnahmen, welche die Errichtung von Einkaufszentren verhindern oder deren Nutzfläche beschränken. Gemäß der vom Bundesgericht geprägten Formel ist die Wirtschaftsfreiheit verletzt, wenn eine eigentumsbeschränkende Maßnahme „unter dem Deckmantel der Raumplanung einen Eingriff in den wirtschaftlichen Wettbewerb" bezweckt, „um bestimmte Gewerbezweige oder Betriebsformen vor Konkurrenz zu schützen oder in ihrer Existenz zu sichern". Hat eine raumplanerische Maßnahme unbeabsichtigt wirtschaftspolitische „Nebenwirkungen", so ist gemäß der Auffassung des Bundesgerichts „auf dem Wege einer Interessenabwägung abzuklären, ob das raumplanerische Anliegen das erforderliche Gewicht besitzt", um wettbewerbsverzerrende Auswirkungen zu rechtfertigen[82].

Verletzung der Wirtschaftsfreiheit

---

78 Vgl. A I, RN 3.
79 Vgl. auch oben A I, RN 3.
80 Vgl. z.B. *BGE 118* Ia 245 (255) – X. – und *BGE 128* II 112 (126) – Grande Dixence SA –, beide betreffend das Verhältnis von Eigentumsgarantie und Vertrauensschutz bei wohlerworbenen Rechten. Vgl. auch *Elisabeth Chiariello*, Treu und Glauben als Grundrecht nach Art. 9 der schweizerischen Bundesverfassung, 2003, S. 176 ff.
81 Als grundsätzlich unzulässig gelten gemäß Bundesgericht sog. „wirtschaftspolitische" Maßnahmen. Vgl. dazu (kritisch) *Biaggini*, Wirtschaftsfreiheit, in: Aubert/Müller/Thürer, Verfassungsrecht (Lit-Verz.), S. 788 f.
82 Vgl. *BGE 102* Ia 104 (116) – Globus. Vgl. auch *BGE 110* Ia 167 – Genossenschaft Migros Basel; *G. Müller*, in: Aubert u.a., Bundesverfassung 1874 (LitVerz.), Art. 22ter aBV, RN 10.

B. Die Eigentumsgarantie als Bestandesgarantie

I. Inhalt und Tragweite

Die Eigentumsgarantie als Bestandesgarantie (Art. 26 Abs. 1 BV) bietet Schutz gegen staatliche Eingriffe in konkrete vermögenswerte Rechtspositionen. Die Bestandesgarantie gilt nicht absolut. Beschränkungen sind zulässig – auch bei den sogenannten wohlerworbenen Rechten[83] –, sofern die Voraussetzungen gemäß Art. 36 BV erfüllt sind, das heißt, wenn eine ausreichende gesetzliche Grundlage besteht und wenn der Eingriff einem überwiegenden öffentlichen Interesse entspricht, verhältnismäßig ist und den unantastbaren Kerngehalt des Grundrechts wahrt[84].

21
Eigentumsbeschränkungen

Nicht mit der Bestandesgarantie zu verwechseln ist die sogenannte Besitzstandsgarantie[85]. In der Praxis wird diese Rechtsfigur häufig angerufen, um den Fortbestand von altrechtlichen Bauten und Anlagen zu sichern oder trotz geänderter Gesetzgebung einen Um- oder Ausbau zu ermöglichen. Verfassungsrechtlich betrachtet weist die Besitzstandsgarantie keinen eigenständigen normativen Gehalt auf[86]. Sie ist Ausfluß der Eigentumsgarantie und des verfassungsrechtlichen Vertrauensschutzgrundsatzes, die den Gesetzgeber zu einer schonungsvollen Einführung neuen Rechts verpflichten[87], aber keinen absoluten Besitzstandsschutz bieten.

22
Besitzstandsgarantie

Eine Typologie der Eigentumsbeschränkungen wurde in der Schweiz nicht in erster Linie unter dem Aspekt der Bestandesgarantie entwickelt, sondern – nicht zufällig, wenn man sich den Verfassungswortlaut (Art. 26 BV bzw. Art. 22ter aBV) vergegenwärtigt – vor allem im Zusammenhang mit der Wertgarantie[88]. Aus der Sicht der Bestandesgarantie kann unterschieden werden zwischen Maßnahmen, die den *Entzug* geschützter Rechtspositionen bewirken, und Maßnahmen, welche *Nutzungs- oder Verfügungsbefugnisse beschränken*[89]. Der Eigentumsentzug erfolgt gewöhnlich in Gestalt der sogenannten formellen Enteignung[90]. Eine gewisse praktische Bedeutung weist daneben das Institut der Einziehung auf[91].

23
Typologie der Eigentumsbeschränkungen

---

83 Vgl. auch *BGE 119* Ia 154 (162) – Bieri. Spezifischen Schutz bietet mitunter der verfassungsmäßige Anspruch auf Wahrung von Treu und Glauben (Art. 9 BV). Vgl. *Weber-Dürler*, Neuere Entwicklung des Vertrauensschutzes, ZBl 2002, S. 281 ff.
84 Näher B II, RN 26 ff.
85 Vgl. *BGE 113* Ia 119 (122) – G. et B.; *Konrad Willi*, Die Besitzstandsgarantie für vorschriftswidrige Bauten und Anlagen innerhalb der Bauzonen (Diss. Zürich), 2003. Als *gesetzliches* Institut hat die Besitzstandsgarantie im Sozialversicherungsrecht eine erhebliche praktische Bedeutung; vgl. z. B. *BGE 129* V 305 (307 ff.) – V.
86 Vgl. *Griffel*, ZBl 2002, S. 169 (187).
87 Vgl. *BGE 113* Ia 119 (122) – G. et B.; *G. Müller*, in: Aubert u. a., Bundesverfassung 1874 (LitVerz.), Art. 22ter aBV, RN 17.
88 Näher C I, RN 35 ff.
89 Zum Verhältnis von Schrankenziehung und Inhaltsbestimmung vgl. unten B III, RN 32 ff.
90 Näher C II 1, RN 38 ff.
91 Vgl. *BGE 118* Ia 305 (317) – Einziehung von Waffen. Zu weiteren enteignungsähnlichen Eingriffen *G. Müller*, in: Aubert u. a., Bundesverfassung 1874 (LitVerz.), Art. 22ter aBV, RN 46 f.; *Pierre Moor*, Droit administratif, Vol. 3, 1992, S. 397 ff.

24
Enteignungsbegriff

Der Enteignungsbegriff ist in der Schweiz kaum Gegenstand vertiefter verfassungsdogmatischer Erörterungen. Dies hängt damit zusammen, daß die Bundesverfassung, anders als etwa das deutsche Grundgesetz (Art. 14 Abs. 3)[92], für das Institut der Enteignung kein spezifisches Regime mit besonderen verfassungsrechtlichen Vorgaben errichtet. Praxis und Lehre gehen im Wesentlichen vom klassischen Enteignungsbegriff aus, den man aus schweizerischer Sicht stichwortartig wie folgt fassen kann: als die Entziehung eines vermögenswerten Rechts gegen volle Entschädigung in einem speziellen Verfahren durch einseitigen, hoheitlichen Akt zwecks Erfüllung einer spezifischen öffentlichen Aufgabe[93]. Bisweilen wird in Erweiterung des klassischen Begriffs auch der direkt durch Gesetz erfolgende Entzug von Rechten als Enteignung eingestuft[94].

Ausnahmen

Nicht als Enteignung im Sinne des Art. 26 Abs. 2 BV gelten dagegen nach herrschender Auffassung bestimmte besonders gelagerte Fälle des zwangsweisen Entzugs von Eigentumspositionen wie die bereits erwähnte Einziehung, die Landumlegung oder die militärrechtliche Requisition. Immerhin kann hier eine Entschädigung auf anderer (verfassungsrechtlicher oder gesetzlicher) Grundlage geschuldet sein[95].

25
Materielle Enteignung

Daß sich in der Schweiz der klassische Enteignungsbegriff bis heute halten konnte, ist nicht zuletzt darauf zurückzuführen, daß Rechtsprechung und Lehre in einem langen, wechselvollen Prozeß[96] die Rechtsfigur der sogenannten materiellen Enteignung hervorgebracht haben. Bei der Kodifikation der Eigentumsgarantie im Jahre 1969 fand diese Figur Eingang in die Bundesverfassung (Art. 22ter Abs. 3 aBV, heute Art. 26 Abs. 2 BV). Der Begriff der materiellen Enteignung erfaßt jene staatlichen Maßnahmen, die nicht den Entzug eines vermögenswerten Rechts zur Folge haben, sondern dieses lediglich *einschränken*, dies jedoch in einer Art und Weise, die den Eigentümer *enteignungsähnlich* trifft, weshalb wie bei der formellen Enteignung von Verfassungsrechts wegen volle Entschädigung zu leisten ist[97].

---

92 → Bd. V: *P. Kirchhof*, Gewährleistung des Eigentums.
93 Zu diesen und weiteren Elementen des Enteignungsbegriffs vgl. z.B. *Häfelin/Müller/Uhlmann* (FN 43), RN 2070 ff.; *Heinz Hess/Heinrich Weibel*, Das Enteignungsrecht des Bundes, Bd. I, 1986, S. 10 ff.; *Riva* (FN 35), S. 250 f.
94 Vgl. z.B. *Häfelin/Müller/Uhlmann* (FN 43), RN 2070. Vgl. auch *BGE 88* I 248 (251) – Dafflon. Anders *Hess/Weibel* aaO., Bd. II, S. 42.
95 Vgl. *G. Müller*, in: Aubert u.a., Bundesverfassung 1874 (LitVerz.), Art. 22ter aBV, RN 47; *BGE 118* Ia 305 (318) – X. – betreffend Beschlagnahme von Waffen; *BGE 110* Ia 145 – Haug – betreffend Landumlegung; Art. 1 der (bundesrätlichen) Verordnung v. 9.12.1996 über die Requisition (SR 519.7): „angemessene Entschädigung". Vgl. auch C II 2, RN 42.
96 Eingehend *Riva* (FN 35), insb. S. 13 ff.
97 Nicht in den Kontext der formellen oder materiellen Enteignung gehört, trotz einer gewissen begrifflichen Nähe, das Verbot der „konfiskatorischen Besteuerung", welches vom Bundesgericht als Ausfluß der Institutsgarantie verstanden wird. Vgl. oben A III 1, RN 13.

II. Anforderungen an grundrechtsbeschränkende Maßnahmen

1. Gesetzliche Grundlage

Einer traditionsreichen Unterscheidung folgend, verlangt Art. 36 Abs. 1 BV für schwerwiegende Grundrechtsbeschränkungen eine hinreichend bestimmte – „klare und eindeutige" (so das Bundesgericht) – Grundlage in einem Gesetz im formellen Sinn. Wiegt eine Beschränkung *weniger schwer*, so genügt es nach ständiger Rechtsprechung, wenn der staatliche „Eingriff in einem Gesetz im materiellen Sinn, das heißt in einer generell-abstrakten Norm vorgesehen ist, die sich ihrerseits als verfassungsmässig" (das heißt kompetenzmäßig) erweist[98]. Ein schwerer Eingriff liegt gemäß Rechtsprechung etwa dann vor, wenn Grundeigentum zwangsweise entzogen wird oder wenn durch Verbote und Gebote der bisherige oder der künftig mögliche bestimmungsgemäße Gebrauch eines Grundstücks verunmöglicht oder stark erschwert wird. Weniger schwer wiegt dagegen etwa die Verpflichtung des Eigentümers, die äußere Hülle eines Gebäudes zu erhalten[99]. Aus funktionellrechtlichen und föderalistischen Gründen übt das Bundesgericht (als Verfassungsgericht) bei der Überprüfung der (kantonalen) gesetzlichen Grundlage eine gewisse Zurückhaltung, wenn es nicht um schwerwiegende Eingriffe geht[100].

26
Schwerwiegende Grundrechtsbeschränkungen

2. Öffentliches Interesse und Verhältnismäßigkeit

Gemäß Bundesgericht ist „grundsätzlich jedes öffentliche Interesse geeignet (...), einen Eingriff in das Eigentum zu rechtfertigen, sofern das angestrebte Ziel nicht rein fiskalischer Natur ist oder gegen anderweitige Verfassungsnormen verstösst"[101]. In der höchstrichterlichen Rechtsprechung, die sich bisher hauptsächlich mit Beschränkungen des Grundeigentums zu befassen hatte, stehen Interessen der Raumplanung, des Umweltschutzes, des Denkmalschutzes, des Landschaftsschutzes, der Verkehrs- und Energiepolitik und der Sozialpolitik im Vordergrund[102]. Ein kategorischer Ausschluß des fiskalischen Interesses, das heißt des Interesses „an der Deckung des allgemeinen Finanzbedarfs"[103], erscheint nicht mehr sachgerecht, seit das Bundesgericht dazu übergegangen ist, auch die Abgabenerhebung an der Eigentumsgarantie zu messen (Verbot der „konfiskatorischen Besteuerung")[104]. Fiskalische Interessen sind aber nach wie vor kein legitimer Grund für eine Enteignung.

27
Fiskalische Interessen?

---

98 *BGE 108* Ia 33 (35) – Alastor AG. Vgl. auch *BGE 130* I 360 (362) – X. und Z. GmbH.
99 Vgl. *J.P. Müller*, Grundrechte (LitVerz.), S. 607; aus der Judikatur z. B. *BGE 109* Ia 188 (190) – Erbengemeinschaft Candrian; *BGE 119* Ia 362 (366) – X. AG; *BGE 124* II 538 (540) – C.; *BGE 126* I 213 (218) – Eduard Waldburger AG; *BGE 130* I 360 (362) – X. und Z. GmbH.
100 Zur sog. Kognition des Bundesgerichts vgl. z. B. *BGE 121* I 117 (120f.) – Planungskonsortium „Rosenegg"; *BGE 124* II 538 (540) – C.
101 *BGE 106* Ia 94 (96f.) – Gemeinde Klosters-Serneus. Vgl. auch *BGE 111* Ia 93 (98) – SKA.
102 Überblick bei *Mahon*, in: Aubert/ders., Constitution (LitVerz.), Art. 26 RN 10; *J.P. Müller*, Grundrechte (LitVerz.), S. 609. Zum Einbezug sozialpolitischer Motive grundlegend *BGE 88* I 248ff. – *Dafflon*: Bekämpfung der Wohnungsknappheit als legitimes öffentliches Interesse. Vgl. seither etwa *BGE 119* Ia 348 (355f.) – Chambre genevoise immobilière.
103 Vgl. *BGE 116* Ia 81 (84) – X. AG.
104 Vgl. A III 1, RN 13. Ebenso *G. Müller*, in: Aubert u.a., Bundesverfassung 1874 (LitVerz.), Art. 22ter aBV, RN 34; implizit *BGE 114* Ib 117 (120ff.) – Firma X.

28 Bedeutung des öffentlichen Interesses	In der Rechtslehre wird mitunter bemängelt, daß das Bundesgericht das Erfordernis des öffentlichen Interesses zu großzügig handhabe, so daß dieses Kriterium kaum noch Lenkungs- und Begrenzungswirkungen entfalte[105]. In der Tat kommt es nur sehr selten vor, daß das Bundesgericht eine eigentumsbeschränkende Maßnahme mangels eines hinreichenden öffentlichen Interesses für unzulässig erklärt[106]. Auch wenn die Kritik in manchem Einzelfall berechtigt sein mag, so darf man doch nicht übersehen, daß das Bundesgericht bei der Überprüfung von Bewertungen und Abwägungen, die aus demokratischen Entscheidungsprozessen hervorgehen, zu Recht eine gewisse Zurückhaltung übt[107]. In den achtziger Jahren des zwanzigsten Jahrhunderts wurde in der Lehre vorgeschlagen, nur noch die auf der Verfassungsstufe anerkannten öffentlichen Interessen zur Rechtfertigung von Eigentumsbeschränkungen zuzulassen[108]. Dieser Vorschlag dürfte heute sein Ziel kaum mehr erreichen können, denn in der neuen Bundesverfassung mit ihren vielfältigen Ziel- und Aufgabennormen läßt sich wohl in der Regel ohne größere Mühe ein Anknüpfungspunkt für ein „Verfassungsinteresse" finden. Wichtiger ist es, daß sich die Grundrechtsdogmatik entschieden gegen die in der Praxis immer wieder zu beobachtende Tendenz wendet, die geltend gemachten Eingriffsinteressen ohne nähere Prüfung als „überwiegend" einzustufen. Sonst könnte es in der Tat geschehen, daß die Eigentumsgarantie nach und nach unter einen „umfassenden Gemeinwohlvorbehalt"[109] gerät.
29 Verhältnismäßigkeitsprüfung	So oder so werden allerdings bei der Überprüfung der Verfassungsmäßigkeit von eigentumsbeschränkenden Maßnahmen auch künftig das Erfordernis einer genügenden demokratischen Abstützung und die Verhältnismäßigkeitsprüfung die entscheidenden Hürden sein[110]. Letztere erfolgt gestützt auf die üblichen Kriterien (Eignung, Erforderlichkeit, Verhältnismäßigkeit im engeren Sinn)[111]. Das Bundesgericht übt Zurückhaltung, wenn die zuständige Behörde über einen eigenen Gestaltungsspielraum verfügt oder wenn die Beurteilung von der Würdigung örtlicher Verhältnisse abhängt[112].

---

105 Vgl. etwa *G. Müller*, in: Aubert u. a., Bundesverfassung 1874 (LitVerz.), Art. 22ter aBV, RN 35; *Vallender*, in: Ehrenzeller u. a., St. Galler Kommentar (LitVerz.), Art. 26 BV, RN 42.
106 Vgl. immerhin etwa *BGE 103* Ia 182 (188 f.) – Gemeinde Savognin (kein öffentliches Interesse an der Freihaltung von Land für ein Straßenprojekt, dessen Verwirklichung noch sehr ungewiß ist). Vgl. auch *BGE 116* Ia 401 (419) – Chambre genevoise immobilière; *BGE 117* Ia 35 (40) – Frésard.
107 Ebenso *Saladin* (FN 2), S. 398.
108 Vgl. *G. Müller*, in: Aubert u. a., Bundesverfassung 1874 (LitVerz.), Art. 22ter aBV, RN 35; vgl. auch *dens.*, ZSR 1981 II, S. 1 (59 ff.) – Kritisch dazu *Aubert*, Bundesstaatsrecht (LitVerz.), Bd. II, 1995, RN 2183bis.
109 So eine (mißverständliche) Formulierung bei *Hangartner* (FN 3), S. 715.
110 Vgl. auch *G. Müller*, in: Aubert u. a., Bundesverfassung 1874 (LitVerz.), Art. 22ter aBV, RN 35.
111 Vgl. *G. Müller* aaO., Art. 22ter aBV, RN 38 ff.; *Riva/Müller-Tschumi* (FN 8), S. 772; *BGE 119* Ia 348 (353) – Chambre genevoise immobilière.
112 Vgl. *G. Müller* aaO., Art. 22ter aBV, RN 38; *BGE 114* Ia 233 (243) – X. und Y. Vgl. auch *BGE 111* Ia 23 (27) – Hôtel Astoria SA – betreffend die Prüfungsdichte bei der abstrakten Normenkontrolle.

3. Schutz des Kerngehalts

Die neue Bundesverfassung erklärt den „Kerngehalt der Grundrechte" für „unantastbar" (Art. 36 Abs. 4 BV). Welche Bedeutung diese allgemeine Bestimmung für das Grundrecht der Eigentumsgarantie hat, wird in der Literatur kontrovers beurteilt. Dafür ist nicht zuletzt die vom Bundesgericht verwendete Terminologie verantwortlich: In seiner Rechtsprechung zur Eigentumsgarantie der früheren Bundesverfassung (Art. 22ter aBV) sprach das Bundesgericht wiederholt von einem „Kern"[113], „Wesenskern"[114] oder „Kerngehalt"[115] des Eigentums[116]. Dabei stellte das Bundesgericht regelmäßig einen Zusammenhang mit der Institutsgarantie her. So heißt es beispielsweise in einem Urteil aus dem Jahr 1980: „Vor der Institutsgarantie halten jedoch nur solche Eingriffe stand, die den Wesenskern des Privateigentums als fundamentale Einrichtung der schweizerischen Rechtsordnung unangetastet lassen"[117]. An den höchstrichterlichen Sprachgebrauch anknüpfend, neigt ein Teil der Doktrin dazu, die Institutsgarantie als Erscheinungsform der Kerngehaltsgarantie (Art. 36 Abs. 4 BV) aufzufassen, ja Instituts- und Kerngehaltsgarantie miteinander gleichzusetzen[118]. Andere Autoren werfen die Frage auf, ob die Kerngehaltsgarantie nicht eher in den Zusammenhang der Wertgarantie gehöre[119]. Für eine solche Sicht läßt sich anführen, daß der denkbar stärkste Eingriff in das Grundrecht, nämlich der vollständige Entzug des geschützten Rechts (Enteignung), prinzipiell möglich ist, wenn auch nur bei voller Entschädigung.

30 Zusammenhang mit der Institutsgarantie

Gleichsetzung mit der Kerngehalts- oder Wertgarantie?

Beide Ansätze vermögen letztlich nicht zu überzeugen. Denn sie vernachlässigen die wichtige persönlichkeitsbezogene Dimension des Art. 36 Abs. 4 BV und den engen inneren Zusammenhang des Kerngehaltsschutzes mit dem fundamentalen Prinzip der Menschenwürde (Art. 7 BV)[120]. Die Kerngehaltsgarantie reicht weiter als die Institutsgarantie: Sie verbietet, worauf bereits *Peter Saladin* eindringlich hingewiesen hat, auch staatliche Eingriffe, „welche die Institution zwar durchaus in Geltung lassen, jedoch einen oder wenige Bürger in ihrem unantastbaren Person-Sein beeinträchtigen würden"[121]. Auch voller Wertersatz vermag solche Eingriffe nicht zu rechtfertigen. Die in Art. 36 Abs. 4 BV angesprochene Kerngehaltsgarantie hat auch bei der Eigen-

31 Eigenständige Bedeutung der Kerngehaltsgarantie

---

113 Vgl. z.B. *BGE 103* Ia 417 (418) – Schweizer; *BGE 105* Ia 134 (140f.) – Hausbesitzer-Verein Basel.
114 Vgl. z.B. *BGE 99* Ia 35 (37) – Genossenschaft Hausbesitzer-Verein Basel; *BGE 106* Ia 342 (350) – X.; *BGE 114* Ib 17 (23) – Firma X.
115 *BGE 105* Ia 330 (336) – Meier; *BGE 106* Ia 342 (350) – X.
116 In älteren Entscheidungen taucht auch das Wort „Wesensgehalt" auf; vgl. *BGE 92* I 503 (509) – Hell.
117 *BGE 106* Ia 342 (350) – X.
118 Vgl. z.B. *J.P. Müller*, Grundrechte (LitVerz.), S. 605, 612; *Häfelin/Müller/Uhlmann* (FN 43), RN 2041.
119 So etwa *Mahon*, in: Aubert/ders., Constitution (LitVerz.), Art. 26, RN 10.
120 Vgl. *Schefer* (FN 4), S. 5 ff.; *R.J. Schweizer*, in: Ehrenzeller u.a., St. Galler Kommentar (LitVerz), Art. 36 RN 27.
121 *Saladin* (FN 2), S. 366. Vgl. auch *Schefer* aaO., S. 294f., 466f.; *G. Müller*, ZSR 1981 II, S. 1 (100); *Mahon*, in: Aubert/ders., Constitution (LitVerz.), Art. 26 RN 10 (der auf Parallelen zur Nichtpfändbarkeit im Rahmen der Zwangsvollstreckung hinweist). – Die praktische Relevanz der Kerngehaltsgarantie darf nicht überschätzt werden, da tiefgehende Eingriffe wohl gewöhnlich bereits an der Verhältnismäßigkeitsprüfung scheitern. Vgl. z.B. *G. Müller*, in: Aubert u.a., Bundesverfassung 1874 (LitVerz.), Art. 22ter aBV, RN 15.

§ 221   *Vierzehnter Teil: II. Einzelgrundrechte*

tumsgarantie eine eigenständige Funktion und geht weder in der Wertgarantie noch in der Institutsgarantie auf. Umgekehrt läßt sich die Institutsgarantie nicht auf die Rolle einer eigentumsspezifischen Ausprägung der allgemeinen Kerngehaltsgarantie reduzieren[122].

III. Schrankenziehung und Inhaltsbestimmung

32
Abgrenzungszweifel

Obwohl der Wortlaut der Grundrechtsbestimmung keinen direkten Anknüpfungspunkt dafür bietet, hat es sich in der schweizerischen Lehre und Rechtsprechung eingebürgert, bei den eigentumsbezogenen Regelungen zwischen „Inhaltsbestimmung" und „Schrankenziehung" zu unterscheiden[123]. Diese Unterscheidung hat eine gewisse praktische Relevanz, so etwa, wenn zu beurteilen ist, ob die einseitige Anpassung einer Wassernutzungs-Konzession als ein – an Art. 36 BV zu messender, allenfalls entschädigungspflichtiger (Art. 26 Abs. 2 BV) – Eingriff in ein wohlerworbenes Recht einzustufen ist oder nicht[124]. Allerdings ist es bisher nicht gelungen, Schrankenziehung und Inhaltsbestimmung klar voneinander abzugrenzen. Einzelne Äußerungen des Bundesgerichts erwecken sogar den Eindruck, daß es auf diese Unterscheidung nicht ankomme[125].

33
Relativierung der Unterscheidung

Diese Unschärfen und Unsicherheiten dürfen nicht überbewertet werden. Denn bei näherer Betrachtung relativiert sich die Bedeutung der Unterscheidung[126]. Einerseits verfügt der „eigentumsbeschränkende" Gesetzgeber trotz Art. 36 BV über einen beträchtlichen Gestaltungsspielraum, andererseits ist auch der „inhaltsbestimmende" Gesetzgeber verfassungsrechtlich eingebunden (durch die Institutsgarantie, durch Aufgabennormen, durch den Grundrechtsverwirklichungsauftrag des Art. 35 BV). Im Ergebnis dürfte es oft keinen großen Unterschied machen, ob man eigentumsrelevante Bestimmungen der Bundesverfassung – wie Art. 74 (Umweltschutz) oder Art. 75 (Raumplanung) – als Grundlage für Eigentumsbeschränkungen oder als Rahmenbedingungen für die nähere gesetzliche Ausgestaltung der Eigentumsordnung ansieht. Für das Bundesgericht ist entscheidend, wie es in einem 1979 gefällten Leitentscheid festhielt, daß die „gewichtigen öffentlichen Interessen,

---

122 Dazu unten D II, RN 53 ff.
123 Vgl. insb. *Riva* (FN 35), S. 54 ff., 259 ff. Aus der Judikatur vgl. z.B. *BGE 123* II 560 (565 f.) – Kanton Luzern; *BGE 122* II 326 (329) – Billeter. Anders namentlich *G. Müller*, ZSR 1981 II, S. 1 (22 ff.), nach dessen Konzeption die Tätigkeit des Gesetzgebers durchweg als (verfassungsgeleitete und verfassungsgebundene) Konkretisierung aufzufassen ist, nicht als Schrankenziehung oder Eingriff. Trotz wohlwollender Aufnahme in der Lehre – vgl. die Hinweise bei *Griffel*, ZBl 2002, S. 169 (173) – vermochte sich diese Konzeption nicht gegen das anschauliche und praxistaugliche „Schrankendenken" durchzusetzen.
124 Vgl. z.B. *BGE 126* II 171 (179 ff.) – Kraftwerke Oberhasli AG. Vgl. auch *BGE 123* III 454 (459) – Stato del Cantone Ticino.
125 Vgl. *BGE 105* Ia 134 (140) – Hausbesitzer-Verein Basel –, wonach Art. 22ter Abs. 2 aBV die Kantone ermächtige, „Eigentums*beschränkungen* vorzusehen und auf diese Weise im Rahmen ihrer verfassungsmäßigen Befugnisse den *Inhalt* des Eigentums näher zu umschreiben" (Hervorhebungen hinzugefügt).
126 Vgl. *Vallender/Hettich/Lehne* (FN 11), § 6 RN 32 f., S. 219 f.; *Riva* (FN 35), S. 146 ff.

deren Wahrung" solche Verfassungsnormen fordern, „der Gewährleistung des Eigentums grundsätzlich gleichgestellt" sind[127].

Zur Relativierung der Unterscheidung tragen auch weitere Gründe bei. So schließt das Bundesgericht es offenbar nicht kategorisch aus, daß auch bei der Inhaltsbestimmung des Grundeigentums mittels raumplanerischer Maßnahmen eine Entschädigung geschuldet sein könnte[128]. Zum andern liegt bei grundrechtsbeschränkenden Maßnahmen die Schwelle zur entschädigungspflichtigen materiellen Enteignung eher hoch[129]. In den verbleibenden Abgrenzungs-Problemfällen kann man nicht selten ein pragmatisches Vorgehen beobachten, das vom Einzelfall und von dem für sachgerecht gehaltenen Ergebnis her denkt[130]. Ein solches Vorgehen mag zwar der Rechtssicherheit nicht besonders förderlich sein, stößt jedoch nicht auf prinzipielle grundrechtliche Bedenken.

34
Pragmatisches Vorgehen

C. Die Eigentumsgarantie als Wertgarantie

I. Inhalt und Tragweite

Als Wertgarantie (Art. 26 Abs. 2 BV) begründet die Eigentumsgarantie bei bestimmt gearteten Grundrechtseingriffen einen direkt aus der Verfassung fließenden Anspruch auf volle Entschädigung[131]. Für den einzelnen wie für die freiheitliche Wirtschaftsordnung erfüllt die Wertgarantie eine unentbehrliche „Stabilisierungsfunktion"[132]. Im System der staatlichen Entschädigungsleistungen zählt die Ersatzleistung gemäß Art. 26 Abs. 2 BV zu den Entschädigungen für rechtmäßiges staatliches Handeln[133]. Entschädigungspflichtig sind zum einen formelle Enteignungen, zum anderen all jene „Eigentumsbeschränkungen, die einer Enteignung gleichkommen" (sogenannte materielle Enteignungen). Andere Eigentumsbeschränkungen sind im Rahmen der Eigentums-

35
Anspruch auf volle Entschädigung

---

127 *BGE 105* Ia 330 (336) – Meier. Vgl. auch *BGE 105* Ia 134 (143) – Hausbesitzer-Verein Basel, wo das Bundesgericht andeutet, daß der (traditionsreiche) „Gedanke einer potentiell überall vorhandenen (präexistenten) Baufreiheit" heute wohl „nicht mehr aufrechtzuerhalten" sei. Vgl. auch *Riva/Müller-Tschumi* (FN 8), S. 769.
128 So spricht das Bundesgericht in *BGE 122* II 326 (329) – Billeter – von der „*in der Regel* entschädigungslos zulässigen Inhaltsbestimmung des Grundeigentums" (Hervorhebung hinzugefügt).
129 Näher C II 2, RN 41 f.
130 Einstufung einer Maßnahme als „grundrechtsbeschränkend", wenn eine Entschädigung grundsätzlich in Betracht kommen soll, als „inhaltsbestimmend" in den übrigen Fällen. Vgl. z. B. *BGE 122* II 326 (329) – Billeter.
131 Anläßlich der Verfassungsreform wurde der französische Normtext besser mit dem deutschen in Einklang gebracht. Zuvor sprach Art. 22ter aBV von einer „*juste indemnité*", was aber nach herrschender Auffassung als „*pleine indemnité*" zu lesen war. Vgl. auch *BGE 127* I 185 (188) – R. Eine Junktimklausel nach dem Muster des Art. 14 Abs. 3 Satz 2 GG fehlt in der schweizerischen Bundesverfassung.
132 *G. Müller*, in: Aubert u. a., Bundesverfassung 1874 (LitVerz.), Art. 22ter aBV, RN 19; vgl. auch *Rhinow/Schmid/Biaggini* (FN 13), S. 134.
133 Vgl. *G. Müller* aaO., Art. 22ter aBV, RN 48.

garantie entschädigungslos hinzunehmen[134], was nicht ausschließt, daß die Betroffenen gestützt auf andere Rechtstitel Ansprüche erheben können.

36
Keine Flexibilisierung der Entschädigung

Rechtsvergleichend gehört es zu den Besonderheiten der schweizerischen Eigentumsgarantie, daß bei (formeller und materieller) Enteignung von Verfassungsrechts wegen stets volle – nicht bloß angemessene – Entschädigung zu leisten ist. Dieser in der Rechtsprechung des Bundesgerichts entwickelte Lösungsansatz fand 1969 – nach längeren intensiven Debatten – Eingang in die Verfassungsurkunde[135]. Die Frage, ob es sachgerecht sei, bei formeller wie bei materieller Enteignung stets volle Entschädigung vorzusehen, gab auch später immer wieder Anlaß zu Diskussionen. Der Verfassungsentwurf von 1977 begnügte sich mit dem Passus „ist Entschädigung zu leisten" (Art. 17). Die Autoren des Entwurfs wollten damit eine gewisse Flexibilisierung in der Entschädigungsfrage erreichen[136]. Der Verfassungsentwurf des Bundesrates von 1996 beließ es bei der Lösung von 1969 (Art. 22ter aBV). Im Rahmen der parlamentarischen Beratungen zur neuen Bundesverfassung blieb der Antrag, eine „angemessene" statt eine „volle" Entschädigung vorzusehen, in der Minderheit. Nach eingehender Diskussion wurde auch der Vorschlag abgelehnt, wonach für „andere Eigentumsbeschränkungen ein angemessener Ausgleich vorzunehmen" sei[137]. Es bleibt aber weiterhin möglich, entsprechende Ausgleichsleistungen auf Gesetzesstufe einzuführen[138].

37
Grenzen des kantonalen Unfreiwilligkeitszuschlags

Vereinzelt sieht das kantonale Recht im Zusammenhang mit der Enteignungsentschädigung einen sogenannten Unfreiwilligkeitszuschlag vor. Gemäß Bundesgericht schließt das verfassungsrechtliche Gebot der vollen Entschädigung einen solchen Zuschlag, der eher Genugtuungs- als Kompensationscharakter hat, nicht generell aus. Bei materiellen Enteignungen im Rahmen der Raumplanungsgesetzgebung des Bundes ist es den Kantonen jedoch untersagt, den Betroffenen mehr zuzusprechen, als nach den bundesrechtlichen Entschädigungsgrundsätzen geschuldet ist[139].

II. Zu den einzelnen Tatbeständen

1. Formelle Enteignung

38
Begriff

Von formeller Enteignung (oder Expropriation) spricht man in der Schweiz, wenn ein (durch die Eigentumsgarantie geschütztes) vermögenswertes Recht in einem speziellen Verfahren durch einseitigen, hoheitlichen Akt zwecks

---

134 Näher C II 3, RN 43 f.
135 Zur Entwicklung vgl. *Saladin* (FN 2), S. 199 f., 401 f.
136 Vgl. Expertenkommission (FN 7), S. 46 f.
137 Vgl. Amtliches Bulletin der Bundesversammlung 1998 (Sonderausgabe Reform der Bundesverfassung), Nationalrat, S. 213 ff., 421 ff.
138 Vgl. z. B. Art. 5 des Bundesgesetzes v. 22. 6. 1979 über die Raumplanung (SR 700), wonach es Sache der Kantone ist, „einen angemessenen Ausgleich" für planungsbedingte „Vor- und Nachteile" zu regeln.
139 Vgl. *BGE 127* I 185 (189 ff.) – R. –, betreffend den Unfreiwilligkeitszuschlag im Kanton Wallis.

Erfüllung einer spezifischen öffentlichen Aufgabe dem Berechtigten entzogen und auf den Enteigner übertragen wird[140]. Neben diesem Hauptfall gibt es weitere Arten der formellen Enteignung. So geht das enteignete Recht ausnahmsweise „nicht über, sondern unter"[141] (beispielsweise bei Enteignung eines Wegrechts), oder es entsteht ein neues, dem Enteigner zufallendes Recht (beispielsweise bei zwangsweiser Begründung einer Dienstbarkeit). Nach schweizerischem Rechtsverständnis kann die Enteignung nur nach vorheriger Entrichtung der verfassungsrechtlich geschuldeten vollen Entschädigung gültig vorgenommen werden, weshalb die Entschädigung häufig als „Voraussetzung" der formellen Enteignung bezeichnet wird[142].

39
Enteignungsgegenstand

Als Gegenstand einer Expropriation kommen nicht nur Sacheigentum und beschränkte dingliche Rechte in Betracht, sondern auch obligatorische Rechte (beispielsweise Nutzungsrechte von Mietern und Pächtern), wohlerworbene Rechte des öffentlichen Rechts oder aus dem Sacheigentum fließende Rechtspositionen. Anlaß zu höchstrichterlichen Urteilen gab in jüngerer Zeit wiederholt die Frage der Enteignung von nachbarrechtlichen Abwehransprüchen im Zusammenhang mit öffentlichen Werken (wie z. B. Autobahnen oder Flughäfen). Bei der Enteignung von nachbarrechtlichen Abwehransprüchen wird dem Anlieger das Recht entzogen, sich gegen die von einem öffentlichen Werk ausgehenden übermäßigen Immissionen zu wehren. Diese müssen somit künftig geduldet werden. Gemäß der Rechtsprechung des Bundesgerichts ist bei Lärmimmissionen ein entschädigungspflichtiger Enteignungsfall allerdings nur dann gegeben, wenn die Immissionen für den Nachbarn nicht voraussehbar waren, ihn in spezieller Weise treffen und einen schweren Schaden verursachen[143]. Daß der Nachbar im Interesse der Allgemeinheit ohne Entschädigung auf gewisse Abwehrrechte verzichten muß, wird in der Literatur gelegentlich als Ausdruck der Sozialpflichtigkeit des Eigentums gedeutet[144].

Enteignung nachbarrechtlicher Abwehransprüche

Entsprechend der aktuellen Kompetenzlage verfügen sowohl der Bund als auch die einzelnen Kantone je über eigene allgemeine Enteignungsgesetze. Diese werden mitunter durch spezialgesetzliche Regelungen ergänzt. Das Enteignungsverfahren durchläuft typischerweise mehrere (mitunter parallel ablaufende) Phasen[145]: Entscheidung über die Ausübung des Enteignungs-

40
Enteignungsgesetz und Enteignungsverfahren

---

140 Näher *Häfelin/Müller/Uhlmann* (FN 43), RN 2069 ff.; *Hess/Weibel* (FN 93). Vgl. auch oben B I, RN 24.
141 So prägnant *G. Müller*, in: Aubert u. a., Bundesverfassung 1874 (LitVerz.), Art. 22ter aBV, RN 43.
142 Vgl. z. B. *J.P. Müller*, Grundrechte (LitVerz.), S. 612; *BGE 93* I 130 (143) – Schulthess. Vgl. auch Art. 91 des Bundesgesetzes über die Enteignung (EntG) v. 20. 6. 1930 (SR 711). Diese Lösung steht in der Tradition des Art. 17 der Déclaration des droits de l'homme et du citoyen v. 26. 8. 1789.
143 Vgl. zum Ganzen (kritisch) *G. Müller*, in: Aubert u. a., Bundesverfassung 1874 (LitVerz.), Art. 22ter aBV, RN 62 ff.; *Grégory Bovey*, L'expropriation des droits de voisinage, Diss. Lausanne 2000. Aus der jüngeren Judikatur vgl. etwa *BGE 123* II 481 – M.; *BGE 123* II 560 – Kanton Luzern; *BGE 128* II 329 – SI Valverne A; *BGE 129* II 72 (74 ff.) – Flughafen Genf –, wonach zu unterscheiden ist zwischen bloßen Fluglärmimmissionen einerseits und Beeinträchtigungen aus dem eigentlichen Überflug andererseits (wobei hier gemäß Bundesgericht die drei Voraussetzungen der Unvorhersehbarkeit, der Spezialität und der Schwere des Schadens nicht erfüllt sein müssen).
144 Vgl. *G. Müller*, in: Aubert u. a., Bundesverfassung 1874 (LitVerz.), Art. 22ter aBV, RN 64.
145 Vgl. *Jagmetti*, in: Aubert u. a., aaO., Art. 23 aBV, RN 71 ff.; *Häfelin/Müller/Uhlmann* (FN 43), RN 2120 ff.

rechts[146], Planauflage und -genehmigung, Festsetzung der Entschädigung, Vollzug. Für den Fall, daß sich der Enteignungszweck nicht realisiert, sehen die einschlägigen Gesetze gewöhnlich ein Rückforderungsrecht vor[147]. Dieses Rückforderungsrecht hat seine Grundlage letztlich in der Eigentumsgarantie.

2. Beschränkungen, die einer Enteignung gleichkommen (materielle Enteignung)

41
Begriff und Rechtsfolge

Die schweizerische Bundesverfassung geht vom Grundsatz aus, daß Beschränkungen von Nutzungs- oder Verfügungsmöglichkeiten im allgemeinen entschädigungslos zu dulden sind. Eine Ausnahme von dieser Grundregel legt Art. 26 Abs. 2 BV fest: Werden Nutzungs- oder Verfügungsbefugnisse in einer Weise eingeschränkt, die einer Enteignung gleichkommt (sog. materielle Enteignung), so schuldet das Gemeinwesen volle Entschädigung. Von der formellen Enteignung unterscheidet sich die materielle Enteignung hauptsächlich dadurch, daß kein Rechtsübergang stattfindet und daß die Entschädigung nicht Gültigkeitsvoraussetzung[148], sondern Folge des Eigentumseingriffs ist[149].

Formel des Bundesgerichts

Nach ständiger Rechtsprechung des Bundesgerichts, die auf ein im Jahre 1965 gefälltes Urteil zurückgeht[150], liegt eine entschädigungspflichtige materielle Enteignung dann vor, „wenn dem Eigentümer der bisherige oder ein voraussehbarer künftiger Gebrauch einer Sache untersagt oder in einer Weise eingeschränkt wird, die besonders schwer wiegt, weil der betroffenen Person eine wesentliche aus dem Eigentum fließende Befugnis entzogen wird. Geht der Eingriff weniger weit, so wird gleichwohl eine materielle Enteignung angenommen, falls einzelne Personen so betroffen werden, daß ihr Opfer gegenüber der Allgemeinheit unzumutbar erschiene und es mit der Rechtsgleichheit nicht vereinbar wäre, wenn hierfür keine Entschädigung geleistet würde"[151].

42
Unterschiedliche Tatbestände

Die Formel des Bundesgerichts unterscheidet zwei Tatbestände: zum einen den Fall des Entzugs einer wesentlichen Eigentümerbefugnis; zum anderen den – wesentlich selteneren – Fall des Sonderopfers, der etwa bei Maßnahmen des Denkmal- oder Landschaftsschutzes, die einen oder wenige Grundeigentümer besonders treffen, auftreten kann. Die einzelnen Elemente der höchstrichterlichen Formel sind Gegenstand einer sehr umfangreichen Rechtspre-

---

146 Das Enteignungsrecht kann unter Umständen auch einem Dritten übertragen werden. Vgl. z.B. Art. 2 EntG; *BGE 124* II 219 (222) – Einwohnergemeinde Biel.
147 Vgl. z.B. Art. 102ff. EntG. Vgl. auch *Häfelin/Müller/Uhlmann* (FN 43), RN 2141 f.
148 Vgl. C II 1, RN 38.
149 Zu den Unterschieden vgl. *G. Müller*, in: Aubert u.a., Bundesverfassung 1874 (LitVerz.), Art. 22ter aBV, RN 44; *Riva* (FN 35), S. 99, 247 ff.
150 *BGE 91* I 329 (338 f.) – Barret. Entgegen der seinerzeitigen Einstufung (*BGE* aaO., S. 329) handelte es sich um mehr als eine bloße „Präzisierung" der bisherigen Rechtsprechung. Eingehend dazu *Riva* (FN 35), S. 105 ff.
151 So statt vieler *BGE 125* II 431 (433) – Arthur Wiederkehr. Zur Anwendbarkeit der Formel auf bewegliche Sachen vgl. *BGE 113* Ia 368 (376) – Balli; auf wohlerworbene Rechte *BGE 113* Ia 357 (362) – Chur.

chung, auf die hier nicht im einzelnen eingegangen werden kann[152]. Als schwere, entschädigungspflichtige Eingriffe gelten gewöhnlich Bauverbote (z. B. infolge Auszonung von Bauland)[153]. Verneint wird eine materielle Enteignung bei den üblichen baupolizeilichen und raumplanerischen Maßnahmen[154], aber auch etwa bei einer auf fünf bis zehn Jahre befristeten Bausperre[155]. Die Fälle, in denen das Bundesgericht eine materielle Enteignung bejaht, sind heute seltener geworden[156]. Auch beim Tatbestand des Sonderopfers wird eine gewisse Schwere des Eingriffs vorausgesetzt, die nach objektiven Kriterien zu ermitteln ist. Als mögliche Anwendungsfälle nennt das Bundesgericht etwa: die Unterschutzstellung eines einzelnen Gebäudes in einem Straßenzug mit der Folge, daß allein auf dieser Liegenschaft die gemäß Zonenordnung an sich zulässige Geschoßzahl nicht ausgeschöpft werden kann; ein partielles Bauverbot für eine einzelne baureife Parzelle aus Gründen des Landschafts- und Heimatschutzes; die Unterschutzstellung einer privaten archäologischen Sammlung[157]. Auch die Beschlagnahme von Gegenständen kann unter Umständen eine Entschädigungspflicht nach den Grundsätzen der materiellen Enteignung auslösen[158].

Schwerwiegender Eingriff

Sonderopfer

3. Entschädigungslos hinzunehmende Beschränkungen

43

Weniger schwerwiegende Eingriffe

Eigentumsbeschränkungen, welche die Voraussetzungen der materiellen Enteignung nicht erfüllen, sind „entschädigungslos hinzunehmen"[159]. Baupolizeiliche und raumplanerische Maßnahmen, wie die Festlegung von Ausnutzungsziffern, von Grenz- und Gebäudeabständen oder von Baulinien, stellen in aller Regel keine materielle Enteignung dar. Keinen Anspruch auf Entschädigung hat, wer einer bloß vagen Hoffnung auf Wertsteigerung oder Realisierung einer Nutzungsmöglichkeit verlustig geht. Im weiteren gilt der „Grundsatz, daß die Festlegung des Eigentumsinhaltes auf der Stufe der einfachen Gesetzgebung keine Entschädigungsfolgen auslöst"[160].

44

In langjähriger Rechtsprechung geht das Bundesgericht davon aus, daß polizeilich motivierte Eigentumsbeschränkungen – unabhängig von der Schwere

---

152 Im Zusammenhang mit der Anpassung kommunaler Zonenordnungen an die Vorgaben der neuen Raumplanungsgesetzgebung des Bundes mußte sich das Bundesgericht vielfach zur Frage der Abgrenzung zwischen (für gewöhnlich entschädigungspflichtiger) *Auszonung* und (für gewöhnlich nicht entschädigungspflichtiger) *Nichteinzonung* äußern. Vgl. z. B. *BGE 122* II 326 (330) – Billeter.
153 Vgl. z. B. *BGE 122* II 326 (330) – Billeter; *BGE 121* II 417 (427 ff.) – Gemeinde Meilen.
154 Siehe unten II 3, RN 43 ff.
155 Vgl. *BGE 109* Ib 20 (22 f.) – Zwieb.
156 Vgl. *Mahon*, in: Aubert/ders., Constitution (LitVerz.), Art. 26 RN 13.
157 Vgl. *BGE 108* Ib 352 (355 f.) – Einwohnergemeinde Wohlen; *BGE 107* Ib 380 (384) – Kocher; *BGE 113* Ia 368 (376) – Balli.
158 Vgl. *BGE 118* Ia 305 (318) – X. –, betreffend Einziehung von rechtmäßig erworbenen, später jedoch verbotenen Waffen.
159 So *BGE 125* II 431 (434) – Arthur Wiederkehr. Denkbar bleibt eine Entschädigung unter einem anderen Rechtstitel. Vgl. z. B. *BGE 108* Ib 352 (357) – Einwohnergemeinde Wohlen: Vertrauensschutzgrundsatz.
160 *Riva/Müller-Tschumi* (FN 8), S. 774; vgl. B III, RN 32 ff. Vgl. auch *G. Müller*, in: Aubert u. a., Bundesverfassung 1874 (LitVerz.), Art. 22ter aBV, RN 53 ff.; *BGE 123* II 481 (488) – M.

§ 221   Vierzehnter Teil: II. Einzelgrundrechte

Polizeilich motivierte Eigentumsbeschränkungen

des Eingriffs – keine Entschädigungspflicht auslösen[161]. In der Rechtslehre wurde zu Recht bezweifelt, ob der polizeiliche Charakter einer Maßnahme für sich allein genommen ein taugliches Kriterium für die Abgrenzung zwischen entschädigungslosen und entschädigungspflichtigen Eingriffen bilde[162]. Unter dem Eindruck dieser Kritik präzisierte das Bundesgericht im Jahr 1980 seine Rechtsprechung: Entschädigungslos zu dulden sind „nur die im Sinne des Verhältnismäßigkeitsgrundsatzes notwendigen" Eigentumsbeschränkungen „polizeilicher Natur im engeren Sinne", nicht dagegen „Anordnungen, die weiter gehen, als zur Abwendung der ernsthaften und unmittelbaren Gefahr erforderlich ist"[163]. Überdies anerkennt das Bundesgericht nunmehr ausdrücklich einzelne Ausnahmen vom Grundsatz der Entschädigungslosigkeit polizeilicher Maßnahmen. In der nach wie vor überwiegend kritischen Lehre wird zu Recht die Frage aufgeworfen, ob es angesichts der Präzisierungen und Ausnahmen nicht konsequenter wäre, auf die im Zusammenhang mit der materiellen Enteignung entwickelten allgemeinen Kriterien der Eingriffsschwere und des Sonderopfers abzustellen[164].

45
Grenzen der Entschädigungspflicht

Mit der Tragweite der Entschädigungspflicht aus Art. 26 Abs. 2 BV hatte sich das Bundesgericht 1992 im Rahmen einer Serie von Klageverfahren zu befassen, die durch bäuerliche Entschädigungsforderungen gegen die Eidgenossenschaft wegen verschärfter Lenkungsmaßnahmen im Bereich der Fleischproduktion (Tierhöchstbestände pro Betrieb) ausgelöst worden waren. Das Bundesgericht kam zum Ergebnis, daß die Wertgarantie nur angerufen werden könne, wenn „unmittelbar Befugnisse aus dem Eigentum beschränkt" würden, und nicht schon dann, „wenn staatliche Massnahmen nur sekundär und indirekt Auswirkungen auf das Eigentum" hätten, denn sonst verliere „der Begriff der materiellen Enteignung seine Konturen". Eine finanzielle Kompensation zur Abmilderung übergangsrechtlicher Härten (Investitionsschutz) vorzusehen, sei grundsätzlich Sache des Gesetzgebers[165].

46
Systembrüche

Anzufügen bleibt, daß die stark durch die Grundrechtsbestimmung (Art. 26 Abs. 2 BV) geprägte Regelung der Entschädigungsfrage neben einigen Abgrenzungsproblemen auch verschiedene grundsätzliche Fragen aufwirft. So erscheint es wenig sachgerecht (ja paradox), daß bei einer formellen Enteignung jeder noch so geringfügige Eingriff stets voll entschädigt wird, während Eigentumsbeschränkungen, die zwar relativ einschneidend sind, aber nicht im Sinne der höchstrichterlichen Formel „besonders schwer wiegen", gewöhnlich

---

161 Vgl. *BGE 96* I 350 (359) – Frei. Vgl. auch *Saladin* (FN 2), S. 187; *Mahon*, in: Aubert/ders., Constitution (LitVerz.), Art. 26 RN 14.
162 Vgl. z.B. *Saladin* aaO., S. 189; *Weber-Dürler*, ZBl 1984, S. 289 (296 ff.).
163 *BGE 106* Ib 336 (338 f.) – Einwohnergemeinde Aarberg. Vgl. auch *BGE 106* Ib 330 (334 f.) – Gebrüder Thomann & Co.
164 Vgl. *Häfelin/Müller/Uhlmann* (FN 43), RN 2214; *Riva* (FN 35), S. 320 ff.; differenzierend *J.P. Müller*, Grundrechte (LitVerz.), S. 622.
165 *BGE 118* Ib 241 (251) – A. Im selben Jahr 1992 gelangte das Bundesgericht zum Schluß, daß ein im Nachgang zu behördlichen Warnungen vor Listeriose-verseuchtem Käse eingetretener Verkaufsrückgang weder unter dem Titel der Eigentumsgarantie noch unter dem Titel der Wirtschaftsfreiheit Entschädigungsansprüche gegenüber dem Staat entstehen lasse: *BGE 118* Ib 473 (477) – Laiteries Réunies.

keine Entschädigungspflicht auslösen[166]. Weitere Probleme resultieren aus dem Umstand, daß der Anspruch auf volle Entschädigung direkt aus der Verfassung fließt. Dem Gesetzgeber verbleibt kaum Spielraum für die Entwicklung einer eigenen „Entschädigungspolitik". Diese ist in der Schweiz im wesentlichen zu einer Angelegenheit der Justiz geworden, die dabei in das Korsett des verfassungsrechtlichen „Entweder-Oder" – entweder volle oder keine Entschädigung – eingebunden ist. Der Rechtssicherheit ist dies nicht eben förderlich.

III. Art und Bemessung der Entschädigung

Die Bundesverfassung äußert sich in Art. 26 Abs. 2 nicht näher zur Art und Weise, wie die „volle" Entschädigung zu berechnen ist. Wer von einer formellen oder materiellen Enteignung betroffen ist, soll gemäß bundesgerichtlicher Rechtsprechung „keinen Verlust erleiden, aber auch keinen Gewinn erzielen"[167]. Nach herrschender Auffassung ist die Entschädigung grundsätzlich in Form von Geld zu leisten. Ein Anspruch auf Realersatz läßt sich aus der Bundesverfassung nicht ableiten, doch ist es auch nicht ausgeschlossen, daß die Gesetzgebung eine Pflicht zur Leistung oder zur Annahme von Realersatz festlegt oder Sachleistungen vorsieht (beispielsweise eine Schalldämmung bei Lärmimmissionen)[168].

47
Grundsätze

Die Enteignungsentschädigung bemißt sich gemäß Bundesgericht bei einem Grundstück „in erster Linie am Verkehrswert, das heisst am Wert, den es aufgrund der bisherigen Nutzung oder einer möglichen besseren Verwendung für einen beliebigen Käufer aufweist", was oft nicht dem Ankaufs-, Wiederbeschaffungs- oder Ertragswert entspricht. Hinzu kann eine Entschädigung für weitere Nachteile (sogenannte Inkonvenienzen) kommen, wie beispielsweise Umzugskosten, Anpassungskosten oder Auslagen für unnütz gewordene Planungen. Umgekehrt muß sich der Betroffene enteignungsbedingte Vorteile anrechnen lassen. Bei einer Teilenteignung sind auch Wertminderungen beim nicht betroffenen Teil zu berücksichtigen. Übersteigt das finanzielle Interesse des Enteigneten an der Weiternutzung seiner Liegenschaft deren Verkehrswert, so ist gemäß Bundesgericht der mißverständlich sogenannte „subjektive Schaden" zu vergüten, welcher „dadurch entsteht, daß die gegenwärtige oder in Aussicht genommene Verwendung des Grundstücks verunmöglicht oder eingeschränkt wird". Dabei ist darauf zu achten, daß Schadensposten nicht doppelt entschädigt werden[169].

48
Verkehrswert

---

166 Vgl. *Riva* (FN 35), S. 248; *G. Müller*, in: Aubert u.a., Bundesverfassung 1874 (LitVerz.), Art. 22ter aBV, RN 64. Denkbar ist, daß der betroffene Grundeigentümer im Falle übermäßiger Immissionen auf dem (Um-)Weg über die (formelle) Enteignung nachbarrechtlicher Abwehransprüche zu einer Entschädigung gelangen kann. Vgl. *BGE 123* II 481 (490) – M. –, betreffend den Betrieb des Flughafens Zürich.
167 *BGE 122* I 168 (177) – Rüsch.
168 Vgl. *Häfelin/Müller/Uhlmann* (FN 43), RN 2105 f.; *BGE 122* II 337 (342, 347 ff.) – Favre; *BGE 119* Ib 348 (362 ff.) – Etat de Fribourg.
169 Zitate aus *BGE 113* Ib 39 (41 f.) – R.

49
Wertermittlungsmethoden

Die zahllosen Fein- und Eigenheiten der Entschädigungsrechtsprechung können hier nicht dargestellt werden[170]. Erwähnt sei immerhin, daß gemäß Bundesgericht der Verkehrswert primär anhand von Vergleichspreisen festzulegen ist (sog. statistische Methode oder Vergleichsmethode) und daß nur dann, wenn keinerlei Vergleichspreise vorhanden sind, ausschließlich nach anderen Methoden vorgegangen werden darf, die (wie die sog. Lageklassenmethode oder die Methode der Rückwärtsrechnung) auf bloße Hypothesen abstellen[171]. Sinngemäß kommen diese Grundsätze auch bei der materiellen Enteignung zur Anwendung. Als maßgeblicher Zeitpunkt (sog. Stichtag) gilt hier jener des Inkrafttretens der Eigentumsbeschränkung. Bei der formellen Enteignung stellt die Gesetzgebung meist auf den Zeitpunkt der Entscheidung durch die zuständige Schätzungskommission ab[172].

D. Die Eigentumsgarantie als Institutsgarantie

I. Inhalt und Tragweite

50
Grundlage

Gesetzgeberischer Spielraum

Die Eigentumsgarantie schützt nicht nur konkrete vermögenswerte Rechte, sondern auch das Privateigentum „als fundamentale Einrichtung der schweizerischen Rechtsordnung"[173]. Diese Dimension der Eigentumsgarantie wird in Rechtsprechung und Lehre gewöhnlich als Institutsgarantie bezeichnet. Sie findet ihre Grundlage heute in Art. 26 Abs. 1 BV[174], wo generell „das Eigentum" – auch als Rechtsinstitut – gewährleistet wird[175]. Adressat der Institutsgarantie ist in erster Linie der Gesetzgeber[176]. Dieser muß, wie sich das Bundesgericht ausdrückt, „die sich aus dem Eigentum ergebenden privaten Verfügungs- und Nutzungsrechte im wesentlichen" erhalten. Vor der Institutsgarantie halten nur solche Maßnahmen stand, „die den Wesenskern des Privateigentums (...) unangetastet lassen"[177]. Das Eigentum als Rechtsinstitut darf nicht ausgehöhlt und seiner Substanz entleert oder gar beseitigt werden. Privatpersonen müssen Sachen und Rechte als etwas Eigenes erwerben, inneha-

---

170 Vgl. dazu etwa *Häfelin/Müller/Uhlmann* (FN 43), RN 2107 ff.; *Vallender*, in: Ehrenzeller u. a., St. Galler Kommentar (LitVerz.), Art. 26 RN 65 ff. – Aus der neueren Rechtsprechung vgl. z. B. *BGE 128* II 74 (77) – Zürcher Kantonalbank ./. Kanton Zürich u. a.
171 Vgl. *BGE 122* I 168 (173 f.) – Rüsch.
172 Vgl. *Häfelin/Müller/Uhlmann* (FN 43), RN 2117 ff., 2199.
173 *BGE 105* Ia 134 (140) – Hausbesitzer-Verein Basel. Vgl. auch *BGE 127* I 60 (67) – A.; *Riva/Müller-Tschumi* (FN 8), S. 768; *Vallender*, in: Ehrenzeller u. a., St. Galler Kommentar (LitVerz.), Art. 26 RN 29 ff.; *G. Müller*, in: Aubert u. a., Bundesverfassung 1874 (LitVerz.), Art. 22ter aBV, RN 12 ff.
174 Vgl. *BGE 127* I 60 (67) – A. Mitunter wird die Institutsgarantie aus der allgemeinen Kerngehaltsgarantie des Art. 36 Abs. 4 BV abgeleitet; so z. B. *Häfelin/Müller/Uhlmann* (FN 43), RN 2041. Vgl. oben B II 3, RN 30, und unten D II, RN 53 ff.
175 So schon in Art. 22ter aBV.
176 Vgl. *Saladin* (FN 2), S. 123; *BGE 96* I 557 (558) – Achermann; *BGE 105* Ia 134 (140) – Hausbesitzer-Verein Basel.
177 *BGE 105* Ia 134 (140 – Hausbesitzer-Verein Basel.

ben, nutzen und darüber verfügen können[178]. Die Institutsgarantie hat eine doppelte Stoßrichtung: Sie verbietet nicht nur „eine zu intensive generelle Einschränkung der Eigentümer in ihrer Verfügungs- und Nutzungsmacht", sondern auch „zu umfangreiche Übertragungen von Eigentumsrechten auf den Staat"[179]. Insgesamt beläßt die Institutsgarantie dem Gesetzgeber freilich einen weiten Spielraum bei der Ausgestaltung der Eigentumsordnung. Die Institutsgarantie darf nicht als Garantie einer bestimmten historischen Ordnung des Eigentums verstanden werden. Bei der Anpassung an veränderte Verhältnisse und gewandelte Anschauungen wird sich der Gesetzgeber allerdings wohl im allgemeinen nicht allzu weit von den traditionellen Vorstellungen betreffend das Rechtsinstitut Eigentum entfernen können[180].

51
Rechtsprechung des Bundesgerichts

In der Rechtsprechung des Bundesgerichts hat die Institutsgarantie als Begriff und Rechtsfigur in den sechziger Jahren des zwanzigsten Jahrhunderts Fuß gefaßt[181]. Ihre praktische Bedeutung ist allerdings gering geblieben. In keinem seiner amtlich veröffentlichten Urteile sah das Bundesgericht bisher die Institutsgarantie als verletzt an[182]. Nicht gegen die Institutsgarantie verstößt eine Regelung, welche bei akuter Wohnungsnot die vorübergehende Enteignung der Nutzung leerstehender Wohnungen (Zwangsvermietung) ermöglicht, ebensowenig ein (sozialpolitisch motiviertes) prinzipielles Abbruch-, Umbau- und Zweckänderungsverbot für Wohnbauten, die weder abbruchreif noch sanierungsbedürftig sind[183]. Die in Lehre und Rechtsprechung angeführten Beispiele für Verletzungen der Institutsgarantie sind meist sehr hypothetischer Natur[184].

52
Unterschiedliche Einschätzungen in der Lehre

Die Bilanz nach gut vier Jahrzehnten höchstrichterlicher Rechtsprechung zur Institutsgarantie fällt zwiespältig aus. Einerseits betont das Bundesgericht (zu Recht) immer wieder den fundamentalen Charakter der Institutsgarantie. Andererseits wurden bei der Konkretisierung der Institutsgarantie kaum Fortschritte erzielt. Letzteres ist gewiß auch dem (erfreulichen) Umstand zuzuschreiben, daß sich das Bundesgericht bisher kaum mit staatlichen Maßnahmen zu befassen hatte, die das Privateigentum substantiell in Frage stellten. Bei diesem Befund verwundert es nicht, daß die Einschätzungen der Institutsgarantie in der Rechtslehre stark auseinandergehen. Während man

---

178 Vgl. *Vallender/Hettich/Lehne* (FN 11), § 6 RN 24, S. 216, die betonen, daß dies nicht nur für das Privateigentum i.e.S., sondern auch für das unternehmerische Eigentum an Produktionsmitteln gilt.
179 *Saladin* (FN 2), S. 123.
180 Vgl. *G. Müller*, in: Aubert u.a., Bundesverfassung 1874 (LitVerz.), Art. 22ter aBV, RN 1.
181 Vgl. *BGE 88* I 248 (255) – Dafflon; *Saladin* (FN 2), S. 122 ff.
182 Hinweise auf einzelne nicht amtlich publizierte Urteile, in denen eine Verletzung der Institutsgarantie zur Diskussion stand, bei *Mahon*, in: Aubert/ders., Constitution (LitVerz.), Art. 26 RN 15 f.; *Häfelin/Müller/Uhlmann* (FN 43), RN 2042.
183 Vgl. *BGE 119* Ia 348 (355) – Chambre genevoise immobilière; *BGE 103* Ia 417 (419) – Schweizer. Vgl. auch die – ebenfalls den Wohnungsmarkt betreffenden – *BGE 113* Ia 119 – G.; *BGE 101* Ia 502 (514) – Chambre vaudoise immobilière; *BGE 99* Ia 35 – Genossenschaft Hausbesitzer-Verein Basel.
184 Genannt wird etwa der Fall, daß „der private Grund gänzlich oder zu einem erheblichen Teil an das Gemeinwesen übertragen wird" (*BGE 105* Ia 134 [140] – Hausbesitzer-Verein Basel), oder die allfällige Einführung eines uneingeschränkten Vorkaufsrechts des Staates für Grundstücke mit dem Ziel der Errichtung eines staatlichen Bodenmonopols (vgl. *J.P. Müller*, Grundrechte [LitVerz.], S. 626). – Zum Unterfall der „konfiskatorischen Besteuerung" vgl. oben A III 1, RN 13.

auf der einen Seite die Wichtigkeit und Unverzichtbarkeit der Institutsgarantie betont[185], ist auf der anderen Seite, gerade in jüngerer Zeit, von einer bloß „deklaratorischen Bedeutung" der Institutsgarantie und von ihrer Entbehrlichkeit die Rede[186].

II. Entbehrlichkeit der Institutsgarantie?

53
Die Institutsgarantie in der Verfassungsrechtsprechung

Die Frage nach der Stellung der Institutsgarantie im Rahmen des verfassungsrechtlichen Eigentumsschutzes bedarf der Einordnung in einen weiteren Zusammenhang. Zur Institutsgarantie äußert sich das Bundesgericht gewöhnlich im Rahmen seiner Rolle als Verfassungsgericht[187]. Aus demokratischfunktionellrechtlichen Gründen muß sich das Bundesgericht bei der verfassungsrichterlichen Überprüfung gesetzgeberischer Anordnungen eine gewisse Zurückhaltung auferlegen. Dieses Zurückhaltungsgebot besteht namentlich dort, wo der Gesetzgeber – wie bei der näheren Ausgestaltung des Rechtsinstituts „Eigentum" – über einen weiten Gestaltungsspielraum verfügt[188]. Eine verfassungsrichterliche Intervention gegenüber dem Gesetzgeber ist nur zulässig, wenn dieser die Grenzen seines Gestaltungsspielraums überschreitet.

Wesenskern des Privateigentums

In seiner Rechtsprechung zur Eigentumsgarantie sieht sich das Bundesgericht dann zu einer Intervention legitimiert, wenn der Gesetzgeber den „Wesenskern des Privateigentums" antastet. Der vom Bundesgericht in diesem Zusammenhang verwendete Begriff „Wesenskern" (oder „Kern" oder „Kerngehalt"[189]) bezeichnet mithin einen justiziablen, abwehrrechtlich gesicherten institutsbezogenen Gehalt der Eigentumsgarantie. Dieser institutsbezogene „Wesenskern" darf nicht gleichgesetzt werden mit dem menschenrechtlichen Kerngehalt der Eigentumsgarantie, wie er heute im Rahmen des Art. 36 Abs. 4 BV geschützt ist[190].

54
Allgemeine Grundrechtslehren

Dieses Verständnis des vom Bundesgericht in seiner Rechtsprechung zur Institutsgarantie angesprochenen „Wesenskerns" ermöglicht einen Brückenschlag zwischen der hergebrachten Dogmatik der Eigentumsgarantie und den jetzt teilweise kodifizierten allgemeinen Grundrechtslehren. Die Grundrechte umfassen nach modernem Verständnis nicht nur subjektive Ansprüche des Einzelnen gegenüber dem Staat. Als objektive Grundsatznormen auferlegen sie dem Staat und seinen Organen die Verpflichtung, sich generell für die Grundrechtsverwirklichung einzusetzen (Art. 35 BV). Dies gilt auch im Bereich

---

185 Vgl. *R.H. Weber*, ZSR 1978 I, S. 161 (181).
186 Vgl. *Auer/Malinverni/Hottelier*, Droit constitutionnel (LitVerz.), Bd. II, RN 806; *Mahon*, in: Aubert/ders., Constitution (LitVerz.), Art. 26 RN 16. – Kritisch auch (aus der Sicht seiner spezifischen Konzeption) *G. Müller*, ZSR 1981 II, S. 1 (100).
187 Eine Einschränkung ergibt sich dabei im Verhältnis zum Bundesgesetzgeber, da gemäß Art. 190 BV Bundesgesetze für das Bundesgericht maßgebend sind, selbst wenn sie sich als verfassungswidrig erweisen sollten.
188 Vgl. oben A I, RN 2; D I, RN 50. Vgl. *BGE 96* I 557 (558) – Achermann; *BGE 103* Ia 417 (418) – Schweizer.
189 Vgl. oben B II 3, RN 30.
190 Vgl. oben B II 3, RN 30.

der Eigentumsgarantie. Der die Institutsgarantie tragende Satz „Das Eigentum ist gewährleistet." (Art. 26 Abs. 1 BV) hat eine zweifache Stoßrichtung: Dem Gesetzgeber ist nicht nur – negativ – die Aushöhlung des Rechtsinstituts „Eigentum" untersagt, sondern auch – positiv – die Verwirklichung des Rechtsinstituts aufgegeben, vorab durch Bereitstellung der erforderlichen (zivil-)rechtlichen „Infrastruktur"[191], allgemeiner gesprochen durch eine grundrechtsfreundliche Ausgestaltung der Eigentumsordnung. Die verfassungsrechtliche Gewährleistung des Instituts „Eigentum" umfaßt somit neben der in der höchstrichterlichen Judikatur sichtbar werdenden justiziablen Komponente auch einen in erster Linie an den Gesetzgeber gerichteten, gewöhnlich nicht justiziablen Verwirklichungsauftrag. Die Institutsgarantie ist somit nicht bloß eine „letzte Bastion", die lediglich dem Schutz eines „innersten Kerns" des Eigentums dient[192]. Die Institutsgarantie weist vielmehr eine bisher oft übersehene programmatisch-konstitutive Komponente auf (die mitverantwortlich sein dürfte für die nicht sonderlich scharfen Konturen der Institutsgarantie). Neben diesen vorab grundrechtstheoretischen Gründen sprechen auch pragmatische Überlegungen gegen einen Verzicht auf die Institutsgarantie (oder ihre Gleichsetzung mit der Kerngehaltsgarantie des Art. 36 Abs. 4 BV). Wenn die Figur der Institutsgarantie nicht zur Verfügung gestanden hätte, wäre es dem Bundesgericht wohl sehr viel schwerer gefallen, den verfassungsrechtlichen Eigentumsschutz partiell auf das Vermögen auszudehnen[193].

Verwirklichungsauftrag

Programmatisch-konstitutive Komponente

Zusammenfassend ist festzuhalten, daß heute nicht die Verabschiedung der historisch gewachsenen eigentumsspezifischen Institutsgarantie auf der Tagesordnung steht, sondern vielmehr die weitere Klärung ihres Verhältnisses zu den jetzt teilweise verfassungsrechtlich kodifizierten allgemeinen Grundrechtslehren (Art. 35 und 36 BV). Es erscheint durchaus möglich, daß mit fortschreitender Klärung dieses Verhältnisses die heute recht gegenläufigen Einschätzungen betreffend die Institutsgarantie sich einander wieder annähern werden.

55
Zukunft der Institutsgarantie

---

191 Vgl. oben A III 2, RN 16.
192 Vgl. *Rhinow/Schmid/Biaggini* (FN 13), S. 131. Gegen diese Vorstellung auch *G. Müller*, ZSR 1981 II, S. 1 (100).
193 Vgl. oben A III 1, RN 12.

E. Bibliographie

Griffel, Alain, Bauen im Spannungsfeld zwischen Eigentumsgarantie und Bauvorschriften, ZBl 2002, S. 169 ff.
Hangartner, Yvo, Besonderheiten der Eigentumsgarantie, in: Walter Haller/Alfred Kölz/Georg Müller/Daniel Thürer (Hg.), FS Dietrich Schindler, 1989, S. 711 ff.
Hänni, Peter, Eigentumsschutz, Sozialbindung und Enteignung bei der Nutzung von Boden und Umwelt, in: VVDStRL 51 (1992), S. 252 ff.
Hess, Heinz/Weibel, Heinrich, Das Enteignungsrecht des Bundes, 2 Bände, 1986.
Hottelier, Michel, La garantie constitutionnelle de la propriété en droit fédéral Suisse: Fondements, contenu et fonctions, in: Revue internationale de droit comparé 1997, S. 135 ff.
Kuttler, Alfred, Eigentumsbeschränkungen, die einer Enteignung gleichkommen (Art. 22ter Abs. 3 BV), in: Georg Müller/René A. Rhinow (Hg.), FS Kurt Eichenberger, 1982, S. 645 ff.
Meier-Hayoz, Arthur, Zur Eigentumsordnung, ZSR 1978 I, S. 313 ff.
Moor, Pierre, Aménagement du territoire et propriété privée, ZSR 1976 II, S. 365 ff.
Müller, Georg, Privateigentum heute, ZSR 1981 II, S. 1 ff.
Müller, Jörg Paul, Grundrechte in der Schweiz, ^{3}1999, S. 593 ff., samt Ergänzungsband (verfaßt von *Markus Schefer*), 2005, S. 333 ff.
Rhinow, René, Wirtschafts- und Eigentumsverfassung, in: Daniel Thürer/Jean-François Aubert/Jörg Paul Müller (Hg.), Verfassungsrecht der Schweiz, 2001, S. 565 ff.
ders., Wohlerworbene und vertragliche Rechte im öffentlichen Recht, ZBl 1979, S. 1 ff.
Riva, Enrico, Hauptfragen der materiellen Enteignung, 1990.
ders./Müller-Tschumi, Thomas, Eigentumsgarantie, in: Daniel Thürer/Jean-François Aubert/Jörg Paul Müller (Hg.), Verfassungsrecht der Schweiz, 2001, S. 765 ff.
Ruch, Alexander, Die expansive Kraft der materiellen Enteignung, ZBl 2000, S. 617 ff.
Saladin, Peter, Grundrechte im Wandel, ^{3}1982.
Schefer, Markus, Die Kerngehalte von Grundrechten, 2001.
Vallender, Klaus A., Wirtschaftsfreiheit und begrenzte Staatsverantwortung, ^{3}1995.
Veit, Marc D., Die Ordnungsfunktion der Eigentumsgarantie – Eine ökonomische Analyse der bundesgerichtlichen Rechtsprechung, 1999.
Weber, Rolf H., Eigentum als Rechtsinstitut, ZSR 1978 I, S. 161 ff.
Weber-Dürler, Beatrice, Der Grundsatz des entschädigungslosen Polizeieingriffs, ZBl 1984, S. 289 ff.
Zen-Ruffinen, Piermarco/Guy-Ecabert, Christine, Aménagement du territoire, construction, expropriation, 2001.

§ 222
Wirtschaftsfreiheit

Klaus A. Vallender

Übersicht

	RN
A. Entstehungsgeschichte	1– 5
B. Funktionen	6– 9
C. Die Wirtschaftsfreiheit als Individualrecht	10–73
I. Allgemeines	10–12
II. Schutzobjekt	13–38
1. Umfassende Gewährleistung der freien wirtschaftlichen Betätigung und Vertragsfreiheit	13–19
2. Zentrale Teilgehalte der Wirtschaftsfreiheit	20–38
a) Berufsfreiheit	21
b) Freie Wahl der Ausbildungsstätte	22–23
c) Freie Wahl des Arbeitsplatzes	24
d) Freiheit unternehmerischer Betätigung	25–29
e) Gleichbehandlung der Konkurrenten (Gewerbegenossen)	30–38
III. Träger	39–43
IV. Schranken	44–73
1. Grundsatzkonforme Eingriffe	46–47
2. Grundsatzwidrige Eingriffe (Abweichungen)	48–58
3. Monopole	59–73
a) Monopole im Rahmen des Regalvorbehaltes	63–65
b) Monopole außerhalb des Regalvorbehaltes	66–72
c) Monopole des Bundes	73
D. Die Wirtschaftsfreiheit als Ordnungsprinzip – Systemrelevanz der Wirtschaftsfreiheit	74–82
E. Bibliographie	

A. Entstehungsgeschichte[*]

1
Individualrecht und Freiheit interkantonalen Wirtschaftsverkehrs

Das Grundrecht der Wirtschaftsfreiheit hat geschichtlich weit zurückliegende Ursprünge[1]. Zu unterscheiden sind dabei zwei Anliegen, wovon sich das eine in allen Staaten, das andere namentlich in föderalistisch organisierten Staaten stellt: die individualrechtliche Dimension und die Freiheit des interkantonalen (interstate) Wirtschaftsverkehrs[2]. Einschneidend und über die Geltung der Zeit ideenmäßig hinauswirkend ist hier die Zeit der Helvetik (1798 bis 1803), die den abrupten Wechsel vom Staatenbund zum Einheitsstaat brachte.

Erste helvetische Verfassung von 1798

Die Wirtschaftsfreiheit als Individualrecht war in der ersten helvetischen Verfassung[3] von 1798 zwar noch nicht enthalten, sie wurde aber als Element des Rechts auf individuelle Freiheit[4] gesehen[5] und auf Gesetzesstufe 1798 wie folgt formuliert: „Alle Gewerbe und Zweige der Industrie sollen in Helvetien frei und aller bisheriger Zunftzwang gegen dieselben aufgehoben sein"[6]. Mit der ersten helvetischen Verfassung – Übergang vom Staatenbund zur einen und ungeteilten Republik – entfielen naturgemäß Schranken für den innerschweizerischen Wirtschaftsverkehr, die sich aus der Organisation des Staatenbundes ergeben hatten. Infolge des Niedergangs der Helvetik sank die Begeisterung für die Wirtschaftsfreiheit[7].

2
Mediationsverfassung von 1803

Mit der Mediationsverfassung von 1803 wurde die kantonale Souveränität wiederhergestellt, was zur Folge hatte, daß die Kantone über ihre Wirtschaftsordnung wieder selbst bestimmen konnten[8]. Gesamtschweizerisch von Bedeutung blieben jedoch die interkantonale Niederlassungsfreiheit und die interkantonale Warenverkehrsfreiheit, wie sie die Mediationsakte in Art. 4 und 5 vorsah. Hiernach galt, wie wir heute sagen würden, etwas in ersten Ansätzen

---

[*] Der Verfasser dankt den Herren Dr. *Peter Hettich*, Dr. *Jens Lehne* und lic.iur. *Martin Looser* für wertvolle Anregungen.
[1] Vgl. hierzu *Peter Saladin*, Grundrechte im Wandel, 1970, S. 211 ff. m.w.N.
[2] *Jean-François Aubert*, Bundesstaatsrecht der Schweiz, Fassung von 1967, Neubearb. Nachtrag bis 1994, Bd. II, 1995, S. 855, RN 1852 ff.
[3] Man spricht von der ersten helvetischen Verfassung (1798), die eine unitarische Verfassung darstellte, um sie von der zweiten 1802 in Kraft getretenen zu unterscheiden, die eine föderalistische Verfassung war und am 2.7.1802 verkündet wurde und schon 1803 durch die Mediationsverfassung abgelöst wurde (vgl. *Jean-François Aubert*, Bundesstaatsrecht der Schweitz, Fassung von 1967, Neubearb. Nachtrag bis 1990, Bd. I, 1991, S. 10 f.).
[4] Art. 5 der ersten helvetischen Verfassung v. 12.4.1798 lautete: „Die natürliche Freiheit des Menschen ist unveräußerlich. Sie hat keine andern Grenzen als die Freiheit jedes andern, und die Verfügungen, welche das allgemeine Wohl unumgänglich erheischt; jedoch unter der Bedingung, dass diese unumgängliche Notwendigkeit rechtskräftig erwiesen sei (...)"; (Quelle: *Carl Hilty*, Öffentliche Vorlesung über die Helvetik, Bern 1878, S. 731 ff.).
[5] Vgl. hierzu und zum Folgenden *Hans Marti*, Die Wirtschaftsfreiheit der schweizerischen Bundesverfassung, 1976, S. 3 ff.
[6] Die auf diese Weise umfassend formulierte Gewerbe- und Industriefreiheit wurde vom darauf nicht vorbereiteten Gewerbe bekämpft mit der Folge, daß sie durch zahlreiche wirtschaftspolitische Maßnahmen beschränkt wurde. *Eduard His*, Geschichte des neuern Schweizerischen Staatsrechts, Bd. I, 1968, S. 502; *Marti* (FN 5), S. 3.
[7] *His* aaO., S. 512 m.H.
[8] Die Kantone reagierten unterschiedlich: Ein Teil der Kantone führte den Zunftzwang wieder ein, andere bekannten sich zu einem reformierten Zunftsystem, wieder andere beließen es bei weitgehender Freiheit von Handel und Gewerbe. *Marti* (FN 5), S. 3; *His* aaO., S. 486 f., 514 ff.

den Prinzipien der Freizügigkeit und der Inländergleichbehandlung Vergleichbares. Nach Art. 4 erster Satz war jeder Schweizer befugt, „seinen Wohnsitz in einen anderen Kanton zu verlegen und sein Gewerbe daselbst frei zu treiben", das heißt unter den gleichen rechtlichen Bedingungen wie die dortigen Kantonsbürger[9]. Art. 5 Satz 1 schaffte die ehemaligen Zugs- und Abzugsrechte ab[10]. Art. 5 Satz 2 gewährleistete den freien Verkehr mit Lebensmitteln, Vieh und Handelswaren. Art. 5 Satz 3 bestimmte, daß im Innern der Schweiz keine örtlichen oder allgemeinen Eingangs-, Durchpaß- oder Zollgebühren eingeführt werden, und Art. 5 Satz 3 legte fest, daß die äußeren Grenzzölle den an das Ausland stoßenden Kantonen gehörten, wobei die Tarife der Tagsatzung zur Genehmigung vorzulegen waren. Im Bundesvertrag vom 7. August 1815 war die interkantonale Niederlassungsfreiheit nicht mehr enthalten. Dreizehn Stände schlossen jedoch am 10. Juli 1819 ein Niederlassungs-Konkordat ab. Dieses räumte den Bürgern der beigetretenen Kantone ein Niederlassungsrecht ein[11].

Bundesvertrag von 1815

Die Bundesverfassung von 1848 kannte die Wirtschaftsfreiheit in der heutigen Form ebenfalls noch nicht. Sie wurde einzig im Zusammenhang mit der Freiheit des interkantonalen Handels genannt. Letztere wurde namentlich durch Art. 29 Abs. 1 BV (1848) geregelt, der für „Lebensmittel, Vieh und Kaufmannswaren, Landes- und Gewerbezeugnisse jeder Art" feststellte, es seien „freier Kauf und Verkauf, freie Ein-, Aus- und Durchfuhr von einem Kanton in den andern gewährleistet". Für das Individualrecht der Handels- und Gewerbefreiheit war die Zeit noch nicht reif. Das änderte sich indessen im Zuge der Totalrevision der Bundesverfassung von 1874 (aBV). Art. 31 Abs. 1 aBV lautete: „Die Freiheit des Handels und der Gewerbe ist im ganzen Umfange der Eidgenossenschaft gewährleistet". Die Aufnahme des Art. 31 aBV bedeutete, daß für die ganze Schweiz „das liberale Wirtschaftssystem" eingeführt worden war[12] und zugleich weitergehende Ansätze für einen echten schweizerischen Binnenmarkt geschaffen wurden. Die Gewährleistung der Handels- und Gewerbefreiheit bedeutete vor allem eine „Absage an merkantilistische Wirtschaftslenkung zugunsten des Grundsatzes des freien Wettbewerbs und individueller wirtschaftlicher (...) Selbstbestimmung"[13].

3
Bundesverfassung von 1848

Totalrevision der Bundesverfassung 1874

Der unmittelbare Vorläufer des Art. 27 BV ist Art. 31 aBV in der Fassung vom 6. Juli 1947. Dessen hier interessierender Absatz 1 lautete: „Die Handels- und Gewerbefreiheit ist im ganzen Umfange der Eidgenossenschaft gewährleistet, soweit sie nicht durch die Bundesverfassung und die auf ihr beruhende Gesetzgebung eingeschränkt ist". Der Wortlaut macht deutlich, daß Art. 31 in

4
Art. 31 aBV i.d.F. vom 6. Juli 1947

---

9 *His* (FN 6), S. 485.
10 Abzugsrechte waren Abgaben, die vom Vermögen, das aus einem Kanton wegfloß, z. B. als Folge einer Heirat, einer Übersiedlung, erhoben wurden, d. h. dem Wegziehenden einen Teil seines Vermögens wegnahmen; Zugsrechte verschafften den Kantonsbürgern beim Verkauf einer Liegenschaft an einen Kantonsfremden das Recht, diese zum vereinbarten Preis an sich zu ziehen. S. hierzu *His* (FN 6), S. 515.
11 *Christian Pfister*, Geschichte des Kantons Bern seit 1798, Bd. IV: Im Strom der Modernisierung: Bevölkerung, Wirtschaft und Umwelt im Kanton Bern 1700–1914, 1995, S. 127; *His* aaO., S. 489 ff.
12 *Eduard His*, Geschichte des neueren Schweizerischen Staatsrechts, Bd. III, 2. Halbbd., 1938, S. 595.
13 *J.P. Müller*, Grundrechte (LitVerz.), S. 632.

Wirtschafts-relevanter Kontext

der zitierten Fassung im wesentlichen den Inhalt übernommen hatte, der im Rahmen der Totalrevision vom 29. Mai 1874 erstmals in die Bundesverfassung aufgenommen worden war[14]. Bei dieser Aussage ist freilich – was eine Selbstverständlichkeit ist – zu beachten, daß der Inhalt und die Reichweite des Art. 31 nicht losgelöst von den anderen wirtschaftsrelevanten Verfassungsbestimmungen interpretiert werden kann. Beachtlich ist insbesondere, daß die Wirtschaftsfreiheit zwar das zentrale, aber doch nur ein „Teilstück der schweizerischen Wirtschaftsverfassung" ausmacht[15]. Die Handels- und Gewerbefreiheit wurde in der Folge durch Lehre, Rechtsprechung und Gesetzgebungspraxis schöpferisch fortentwickelt. Was die bundesgerichtliche Rechtsprechung betrifft, so entwickelte sich diese namentlich im Zuge der Überprüfung kantonaler Eingriffe[16]. Schöpferisch konkretisiert wurden hier einige bedeutende Elemente, wie z.B. die Frage nach den Trägern dieses Freiheitsrechts (namentlich Ausdehnung auf niedergelassene Ausländer) und die teilweise Klärung des Verhältnisses zwischen dem allgemeinen Gleichheitssatz und dem aus der Wirtschaftsfreiheit fließenden Gebot der Gleichbehandlung der Konkurrenten. Im Rahmen der „Nachführung" der Bundesverfassung wurde das durch Lehre und Praxis konkretisierte Verständnis übernommen und schöpferisch verdeutlicht[17].

5
Bundesverfassung von 1999

Vergleicht man die alte Bundesverfassung von 1874 mit der geltenden Bundesverfassung vom 18. April 1999, so fällt vor allem auf, daß die Wirtschaftsfreiheit neu einerseits im Kapitel „Grundrechte" als Individualrecht, andererseits im Kapitel „Verhältnis von Bund und Kantonen" im Abschnitt „Wirtschaft" als „Grundsatz der Wirtschaftsordnung" formuliert ist. Entsprechend ist die spezifische Schrankenlösung zweigeteilt: Geregelt ist sie einerseits in Art. 36 BV für grundsatzkonforme Eingriffe, andererseits in Art. 94 Abs. 4 BV bezüglich grundsatzwidriger Maßnahmen („Abweichungen vom Grundsatz")[18]. Sodann wurde die unbestrittene Formulierung des Art. 31 Abs. 1 aBV, wonach die Handels- und Gewerbefreiheit „im ganzen Umfange der

Einheitlicher Wirtschaftsraum

---

14 *Rhinow*, in: Aubert u.a., Bundesverfassung 1874 (LitVerz.), Art. 31, Entstehungsgeschichte.
15 *Yvo Hangartner*, Grundzüge des schweizerischen Staatsrechts, Bd. II: Grundrechte, 1982, S. 131.
16 Eine Verfassungsgerichtsbarkeit betreffend die Überprüfung von Bundesgesetzen auf ihre Verfassungsmäßigkeit besteht grundsätzlich nicht (Art. 191 BV; neu: Art. 190 BV). S. indessen Art. 139a des Bundesgesetzes über die Organisation der Bundesrechtspflege (OG; am 1.1.2007 durch Art. 122 des Bundesgesetzes über das Bundesgericht [BGG] abgelöst), wonach die Revision eines Urteils des Bundesgerichts oder einer Vorinstanz namentlich dann zulässig ist, wenn der Europäische Gerichtshof für Menschenrechte eine Individualbeschwerde wegen Verletzung der Europäischen Menschenrechtskonvention gutgeheißen hat und eine Wiedergutmachung nur durch eine Revision möglich ist. Vgl. als Anwendungsbeispiel *BGE 124* II 480 (487), wo das Bundesgericht zutreffend feststellte, Art. 139a OG stelle eine Sondernorm dar, „die nach ihrem Sinn und Zweck es dem Richter verbietet, ein Gesetz weiterhin anzuwenden, wenn auf Grund einer Entscheidung des Gerichtshofes oder des Ministerkomitees festgestellt worden ist, dass es der Europäischen Menschenrechtskonvention widerspricht". In seiner jüngeren Rspr. war das Bundesgericht auch bereit, Bundesgesetze auf ihre Vereinbarkeit mit der Europäischen Menschenrechtskonvention zu prüfen und ihnen bei Widerspruch die Anwendung zu verweigern; vgl. *BGE 117* Ib 367; *BGE 125* II 417; *BGE 128* IV 201. Im Zusammenhang mit der Rspr. zur Wirtschaftsfreiheit dürfte diese Revisionsmöglichkeit allerdings kaum praktische Relevanz haben.
17 Hierzu Botschaft v. 20.11.1996 über eine neue Bundesverfassung, BBl 1997, S. 1 (174ff., 289ff.).
18 Vgl. *J.P. Müller*, Grundrechte (LitVerz.), S. 635 f.; *Rhinow*, Wirtschafts-, Sozial- und Arbeitsverfassung, in: Ulrich Zimmerli (Hg.), Die neue Bundesverfassung: Konsequenzen für Praxis und Wissenschaft, 2000, S. 157 (161); *Vallender*, Grundzüge der „neuen" Wirtschaftsverfassung, AJP 1999, S. 677 (680f.).

Eidgenossenschaft" gilt, gestrichen und gleichzeitig im Abschnitt „Wirtschaft" der klare Auftrag an den Bundesgesetzgeber aufgenommen, für einen einheitlichen schweizerischen Wirtschaftsraum zu sorgen. Zu erwähnen ist ferner, daß „Vorschriften gegen volkswirtschaftlich oder sozial schädliche Auswirkungen von Kartellen und ähnlichen Organisationen" (Art. 31bis Abs. 3 lit. d aBV) nicht mehr als „Abweichungen von der Wirtschaftsfreiheit" verstanden werden können, und zudem als Auftrag – „Der Bund erlässt Vorschriften gegen volkswirtschaftlich oder sozial schädliche Auswirkungen von Kartellen und anderen Wettbewerbsbeschränkungen" – unter anderem das Ziel hat, die Wirtschaftsfreiheit auch unter Privaten zur Wirkung zu bringen.

B. Funktionen

Die Wirtschaftsfreiheit ist zunächst ein Grundrecht (individualrechtliche Funktion). Sodann kommt der Wirtschaftsfreiheit beachtliche Relevanz für die Wirtschaftsordnung zu (institutionelle Funktion). Mit dem Element der Niederlassungsfreiheit (Freizügigkeit) hat die Wirtschaftsfreiheit weiter die Funktion, für ein einheitliches Wirtschaftsgebiet zu sorgen. Schließlich bindet die Wirtschaftsfreiheit den Gesetzgeber dadurch, daß sie ihm ohne besondere Verfassungsermächtigung „vom Grundsatz der Wirtschaftsfreiheit abweichende Massnahmen" verbietet (Verfassungsvorbehalt für Abweichungen). Diese Schrankenlösung wird regelmäßig als demokratische Funktion bezeichnet[19].

6 Multifunktionalität

Die bundesstaatliche Funktion, die von Anfang an ein wesentliches Motiv für die Verankerung der Wirtschaftsfreiheit in der Bundesverfassung darstellte, kann von ihrer Stoßrichtung her gesehen in einem weiteren und in einem engeren Sinn verstanden werden. Die Bezeichnung „bundesstaatliche Funktion" legt den Akzent auf die positive Rolle der Grundrechte zur „Integration des Gemeinwesens Schweiz"[20]. Legt man die Betonung auf die Schaffung des einheitlichen Wirtschaftsgebietes und auf das Verbot protektionistischer Maßnahmen[21], und dies namentlich unter dem Aspekt der Wettbewerbswirtschaft, erscheint es treffender, von Binnenmarktfunktion zu sprechen, die – worauf bereits hingewiesen wurde – heute in Art. 95 Abs. 2 BV unterstrichen wird.

7 Bundesstaats- oder Binnenmarkt-Funktion

Der Gesetzgeber wollte mit dem Binnenmarktgesetz (BGBM) das einheitliche Wirtschaftsgebiet optimieren und gewährleisten, „dass Personen mit Nie-

8 Binnenmarktgesetz

---

19 *Rhinow*, in: Aubert u. a., Bundesverfassung 1874 (LitVerz.), Art. 31 RN 28 ff. u. 57 ff.; die Bezeichnung ist insofern sachgerecht, als sie darauf hinweist, daß für Abweichungen ein Verfassungsvorbehalt besteht, d.h. daß sie nur mit Volks- und Ständemehrheit beschlossen werden können. Geht man von der ordnungspolitischen Relevanz (dieser Mehrheitsregel) aus, ist die demokratische Funktion wenig aussagekräftig. Hier wäre die „ordnungpolitische Einbindung" des Gesetzgebers durch die Bundesverfassung wohl die treffendere Umschreibung. Vgl. hierzu unten RN 78 ff.
20 *Jörg Paul Müller*, Elemente einer schweizerischen Grundrechtstheorie, 1982, S. 41.
21 *J.P. Müller* aaO., S. 42.

derlassung oder Sitz in der Schweiz für die Ausübung ihrer Erwerbstätigkeit auf dem gesamten Gebiet der Schweiz freien und gleichberechtigten Zugang zum Markt haben" (Art. 1 Abs. 1 BGBM). Die Zielsetzungen wurden nur unbefriedigend erreicht. So ergab eine Evaluation insbesondere, daß für bestimmte Anbieter noch beachtliche Marktzutrittschranken bestehen[22]. Das Ziel des Binnenmarktgesetzes, einen freien und gleichberechtigten Zugang zum gesamten schweizerischen Markt für alle in der Schweiz niedergelassenen Anbieter zu gewährleisten, wurde bisher nicht erreicht. Das wird namentlich dem Umstand zugeschrieben, daß die bundesgerichtliche Rechtsprechung bei der Abwägung des Grundsatzes des freien Marktzuganges gegen denjenigen des Föderalismus regelmäßig zugunsten der Eigenständigkeit der Kantone entscheidet und damit die Realisierung des Binnenmarktes stark behindert[23]. Sodann wird festgehalten, die Kantone seien legislatorisch kaum tätig geworden, um die Ziele des Binnenmarktgesetzes zu realisieren[24]. Der Gesetzgeber hat inzwischen die Schwächen des Binnenmarktgesetzes behoben. Er folgte dabei weitgehend einem entsprechenden Vorschlag des Bundesrates[25]. Dabei bestand ein Kernanliegen der Revision in der „Ausdehnung des freien Marktzugangs nach Maßgabe der Herkunftsvorschriften auf die gewerbliche Niederlassung"[26]. Entscheidend ist in diesem Zusammenhang namentlich Art. 2 Abs. 4 Satz 1 BGBM (neu), wonach jede Person, die eine Erwerbstätigkeit rechtmäßig ausübt, das Recht hat, sich zwecks Ausübung dieser Tätigkeit auf dem gesamten Gebiet der Schweiz niederzulassen und sie vorbehaltlich der in Art. 3 BGBM geregelten zulässigen Beschränkungen nach den Vorschriften der Erstniederlassung auszuüben.

Maßgeblichkeit von Herkunftsvorschriften

9 Im folgenden wird die Wirtschaftsfreiheit zunächst in ihrer Bedeutung als Individualrecht behandelt, anschließend wird auf ihre Ordnungsrelevanz (bzw. Systemrelevanz) eingegangen.

Individualrecht und Systemrelevanz

---

22 Bericht der Geschäftsprüfungskommission des Nationalrats auf der Grundlage einer Evaluation der parlamentarischen Verwaltungskontrollstelle v. 27. 6. 2000, Auswirkungen des Bundesgesetzes über den Binnenmarkt (BGBM) auf den freien Dienstleistungs- und Personenverkehr in der Schweiz, BBl 2000, S. 6027 (6048 f.).
23 Vgl. zur diesbezüglichen Rspr. des Bundesgerichts betreffend die Zeit vor dem Erlaß des BGBM auch *Auer/Malinverni/Hottelier*, Droit constitutionnel, Bd. II (LitVerz.), S. 428 RN 911: „Le Tribunal fédéral (...) a généralement été plus sensible au respect de l'autonomie fiscale et législative cantonale qu'à la concrétisation de la promesse de non-discrimination contenue implicitement dans la Constitution fédérale".
24 Bericht der Geschäftsprüfungskommission des Nationalrats auf der Grundlage einer Evaluation der parlamentarischen Verwaltungskontrollstelle v. 27. 6. 2000, Auswirkungen des Bundesgesetzes über den Binnenmarkt (BGBM) auf den freien Dienstleistungs- und Personenverkehr in der Schweiz, BBl 2000, S. 6027 (6049).
25 Botschaft v. 24. 11. 2004 über die Änderung des Binnenmarktgesetzes, BBl 2005, S. 465 (zum Revisionsbedarf s. S. 472 ff.); der Entwurf bildet eine Weiterentwicklung des Vernehmlassungsentwurfs des Eidgenössischen Volkswirtschaftsdepartements (EVD) zur Änderung des Binnenmarktgesetzes, Erläuternder Bericht v. 24. 2. 2004 (abrufbar unter www.evd.admin.ch).
26 Botschaft v. 24. 11. 2004 über die Änderung des Binnenmarktgesetzes, BBl 2005, S. 465 (481); EVD, Erläuternder Bericht (FN 25), S. 6. Die Änderung ist am 1. 7. 2006 in Kraft getreten.

C. Die Wirtschaftsfreiheit als Individualrecht

I. Allgemeines

Nach Art. 27 Abs. 1 BV ist die Wirtschaftsfreiheit gewährleistet. Art. 27 Abs. 2 BV umschreibt exemplarisch den wesentlichen Inhalt der Gewährleistung. Im Mittelpunkt stehen die Berufswahlfreiheit, Berufszugangsfreiheit und die Berufsausübungsfreiheit[27]. Geschützt sind sowohl rechtliche wie auch faktische Interessen[28]. Demnach ist der Schutz nicht auf unmittelbar aus der Wirtschaftsfreiheit fließende Befugnisse, namentlich Ausübungsbefugnisse, beschränkt, sondern umfaßt auch bestimmte faktische Voraussetzungen der Ausübung[29]. So hat das Bundesgericht zutreffend hervorgehoben, der freie Verkehr auf öffentlichen Straßen sei eine der Grundlagen für eine erfolgreiche wirtschaftliche Tätigkeit und könne daher dem Wirkungsbereich von Art. 31 aBV (heute Art. 27 BV) nicht von vornherein entzogen sein[30].

10
Gewährleistungsinhalt

Art. 27 BV ist in erster Linie ein Abwehrrecht gegen den Staat und unter diesem Aspekt ein klassisches Grundrecht, das prinzipiell keine subjektiven Rechte auf staatliche Leistungen einräumt[31]. Auch direkte Drittwirkung kommt der Wirtschaftsfreiheit nicht zu. Der Gesetzgeber ist aber durch Art. 96 BV verpflichtet, Vorschriften gegen volkswirtschaftlich oder sozial schädliche Auswirkungen von Kartellen und anderen Wettbewerbsbeschränkungen zu erlassen. Dieser Verfassungsauftrag soll entsprechend Art. 35 Abs. 3 BV – wonach die Behörden dafür sorgen müssen, daß die Grundrechte, soweit sie sich dazu eignen, auch unter Privaten wirksam werden – bewirken, daß die Wirtschaftsfreiheit sich auch unter Privaten entfaltet[32].

11
Abwehrrecht

Verfassungsauftrag zur Drittwirkung

Die Wirtschaftsfreiheit verleiht dem einzelnen ein subjektives Recht, sich entsprechend der Prozeßordnung gegen Eingriffe des Staates vor unabhängigen Gerichten zur Wehr setzen zu können. Nach Erschöpfung des kantonalen Instanzenzugs kann er sich mit staatsrechtlicher Beschwerde an das Bundesgericht wenden (Art. 189 Abs. 1 lit. a BV und Art. 84 OG; neu: Art. 82 und Art. 95 lit. a BGG bzw. Art. 113 und 116 BGG)[33]. Bedauerlicherweise besteht betreffend Akten des Bundesgesetzgebers auch für das Bundesgericht zwar kein Prüfungsverbot, aber ein Anwendungsgebot (Art. 191 BV, neu: Art. 190 BV)[34].

12
Eingeschränkte Verfassungsgerichtsbarkeit

---

27 *BGE 128* I 92 (94 f.); *128* I 19 (29).
28 BGer, Urt. v. 14. 10. 1994, 2P.109/1994 u. 2P.147/1994, ZBl 96 (1995), S. 508 (510 f.); *BGE 126* I 213 (215 f.).
29 Die Rspr. ist im Lichte der Kritik zu sehen, welche die frühere Praxis in der Lehre ausgelöst hatte. Die Kritik entzündete sich vor allem an der Praxis des Bundesgerichts zur Eigentumsgarantie. Vgl. namentlich *G. Müller*, in: Aubert u.a., Bundesverfassung 1874 (LitzVerz.), Art. 22ter RN 4 ff. m.w.H.
30 BGer, Urt. v. 14. 10. 1994, 2P.109/1994 u. 2P.147/1994, ZBl 96 (1995), S. 508 (511).
31 *BGE 124* I 107 (113): „Conçue comme un droit fondamental classique, la liberté du commerce et de l'industrie ne confère en principe aucun droit à une prestation de la part de l'Etat". Hinzuweisen ist in diesem Zusammenhang indessen auf den „bedingten Anspruch" auf Nutzung des öffentlichen Grundes; weiter *BGE 125* I 161 (166).
32 Vgl. *Hangartner*, Das Grundrecht der Wirtschaftsfreiheit, in: Jürg Furrer/Bruno Gehrig (Hg.), FS Franz Jäger, 2001, S. 337 (344); vgl. oben RN 5 sowie unten RN 47 u. 80.
33 *Auer/Malinverni/Hottelier*, Droit constitutionnel, Bd. II (LitVerz.), S. 424, RN 899.
34 Siehe FN 16.

II. Schutzobjekt

1. Umfassende Gewährleistung der freien wirtschaftlichen Betätigung und Vertragsfreiheit

13
Bindung auch des Gesetzgebers

Die Wirtschaftsfreiheit schützt die freie wirtschaftliche Betätigung in einem umfassenden Sinn und nicht nur einzelne Aspekte. Eine derart weitgehende Verankerung dieses Freiheitsrechtes ist wohl eine schweizerische Besonderheit[35]. Das gilt namentlich für die grundsätzlich uneingeschränkte Bindung auch des Gesetzgebers an die Wirtschaftsfreiheit[36].

14
„Verfassungsfunktion" internationalen Wirtschaftsrechts

Dem internationalen Wirtschaftsrecht, namentlich den Diskriminierungsverboten und den spezifischen Marktfreiheiten, kommt, insbesondere was den grenzüberschreitenden Güter- und Leistungsaustausch betrifft, eine der Wirtschaftsfreiheit vergleichbare Funktion zu[37]. Man spricht in diesem Zusammenhang von der „Verfassungsfunktion des Wirtschaftsvölkerrechts"[38]. Freilich ist dabei zu beachten, daß die jeweiligen Garantien in ihrem Wirkungsbereich regelmäßig auf den zwischenstaatlichen Wirtschaftsverkehr fokussiert sind und den innerstaatlichen Gesetzgeber dementsprechend keineswegs in einem Maße binden, wie das für Art. 27 BV zutrifft. Lehren betreffend Gewährleistungen der Wirtschaftsfreiheit oder betreffend Teilaspekte derselben dürfen daher nicht unbesehen auf die schweizerische Rechtslage übertragen werden. Das gilt namentlich hinsichtlich der Grundfreiheiten (Binnenmarktfreiheiten) des Europarechts. Solche Gewährleistungen können weiter gehen als die schweizerischen oder hinter ihnen zurückbleiben[39].

---

35 *Hangartner* (FN 15), S. 130; gleicher Meinung *J.P. Müller*, Grundrechte (LitVerz.), S. 633 f. mit vergleichenden Hinweisen auf die amerikanische Unionsverfassung (due process clause des 5. u. 14. Amendments) und auf das Grundgesetz (Art. 2 Abs. 1, Art. 12, Art. 14 GG). Im Schrifttum wird teilweise hervorgehoben, die Schweiz sei das einzige Land gewesen, das die Handels- und Gewerbefreiheit in der Verfassung selbst garantiert habe. Nur Liechtenstein sei diesem Beispiel gefolgt. *Marti* (FN 5), S. 5; dabei ist indessen darauf hinzuweisen, daß Art. 36 der Verfassung des Fürstentums Liechtenstein zwar ebenfalls vorsieht, daß „Handel und Gewerbe" frei sind, dies aber nur „innerhalb der gesetzlichen Schranken". Der Gesetzgeber ist nicht auf grundsatzkonforme Maßnahmen beschränkt. Vgl. zur Tragweite des Art. 36 LVFL und namentlich zum allgemeinen Gesetzesvorbehalt *Wolfram Höfling*, Die liechtensteinische Grundrechtsordnung, eine kritisch-systematische Bestandesaufnahme der Rechtsprechung des Staatsgerichtshofs unter Berücksichtigung der Grundrechtslehren des deutschsprachigen Raumes, 1994, S. 185 ff., 200 ff.; unten → *Höfling*, Grundrechte in Liechtenstein, § 230.
36 Ausländische Dogmatik zur Berufsfreiheit ist daher nicht ohne weiteres auf die schweizerische Rechtslage übertragbar. Vgl. *Hangartner* (FN 32), S. 337 (338 f.).
37 Vgl. *J.P. Müller*, Grundrechte (LitVerz.), S. 634, der darauf hinweist, daß der EuGH den vier Grundfreiheiten den Charakter individueller Rechte zubilligt und ungeschriebene Grundrechtsgarantien anerkennt.
38 *Klaus A. Vallender*, Wirtschaftsfreiheit und begrenzte Staatsverantwortung, ³1995, S. 40 m.H. auf *Petersmann*, Die Verfassungsentscheidung für eine völkerrechtskonforme Rechtsordnung als Strukturprinzip der Schweizer Bundesverfassung, AöR 115 (1990), S. 537; s. nunmehr auch *dens./Peter Hettich/Jens Lehne*, Wirtschaftsfreiheit und begrenzte Staatsverantwortung, ⁴2006, § 3 RN 2 ff.; *ders.*, Why do Governments Need the Uruguay Round Agreements, NAFTA and the EEA?, in: Aussenwirtschaft 49 (1994), S. 31.
39 *Hangartner* weist darauf hin, daß z. B. die europarechtlichen Regelungen auf der Vorstellung eines weiteren Gestaltungsspielraumes in wirtschaftlichen Angelegenheiten beruhen, als das nach schweizerischem Verfassungsrecht der Fall ist; *Hangartner* (FN 32), S. 337 (339). Weiter *Biaggini*, Schweizerische und europäische Wirtschaftsverfassung im Vergleich, ZBl 97 (1996) S. 49 (71); *Auer/Malinverni/Hottelier*, Droit constitutionnel, Bd. II (LitVerz.), S. 422 f. RN 896, weisen zutreffend darauf hin, daß der EuGH in seiner Rspr. den vier Grundfreiheiten allgemeine Prinzipien des Gemeinschaftsrechts entnimmt, deren Bedeutung tendenziell weitergeht als die bloße Gewährleistung des freien zwischenstaatlichen Personen-, Waren-, Dienstleistungs- und Kapitalverkehrs.

Die Teilgehalte der umfassenden Gewährleistung der Wirtschaftsfreiheit lassen sich naturgemäß nicht abschließend beschreiben. Nach der Praxis des Bundesgerichtes bildet das Schutzobjekt jede privatwirtschaftliche Tätigkeit[40]. Eine Tätigkeit muß demnach, um in den Schutzbereich der Wirtschaftsfreiheit zu fallen, eine *private* und eine *wirtschaftliche* sein.

15
Teilgehalte

„Privat" steht hier in Abgrenzung zur öffentlich-rechtlichen Funktion: Nicht geschützt sind demnach Tätigkeiten im Bereich der Erfüllung staatlicher oder kommunaler öffentlich-rechtlich übertragener Aufgaben. So kann sich beispielsweise ein Notar hinsichtlich seiner notariellen Tätigkeit nicht auf die Wirtschaftsfreiheit berufen[41]; ebensowenig können dies Beamte im Rahmen ihrer Beamtenfunktion[42], wie beispielsweise Spitalärzte[43], soweit es um die Erfüllung ihres vom öffentlichen Recht bestimmten Amtes geht. Freilich ist dem Beamten die Berufung auf die Wirtschaftsfreiheit nicht generell versagt. Er kann sich jedenfalls so weit auf die Wirtschaftsfreiheit berufen, als er „beabsichtigt, in seiner Freizeit eine privatwirtschaftliche, mit seiner amtlichen Funktion in keinem Zusammenhang stehende Tätigkeit auszuüben"[44]. Bisher nicht in den sachlichen Schutzbereich einbezogen sind die rechtmäßig errichteten staatlichen Monopole. In diesem Zusammenhang wurde angesichts des teilweisen Rückzugs des Staates aus seinen Monopolen und der erfolgten oder geplanten (Teil-)Privatisierungen zu Recht die Frage aufgeworfen, ob es sich angesichts dieser Entwicklungen noch rechtfertigen läßt, „den Bereich der Monopolkompetenzen ganz aus dem Schutzbereich der Wirtschaftsfreiheit auszuklammern"[45].

16
Abgrenzung privater Tätigkeiten

Monopolkompetenzen

Die Vertragsfreiheit als Element der Wirtschaftsfreiheit macht deutlich, daß nicht nur das Individuum im engeren Sinn, sondern zugleich die Austauschbeziehungen geschützt sind, welche die Grundrechtsträger mit anderen unterhalten[46].

17
Vertragsfreiheit

Eine Tätigkeit gilt in diesem Sinn insbesondere als *wirtschaftliche*, wenn mit ihr wirtschaftliche Güter und Dienstleistungen erstellt werden. Entsprechend fallen unter den Schutz namentlich Aktivitäten, die der Erzielung eines Gewinnes oder eines andern Erwerbseinkommens dienen. Dabei genügt es, daß die private Tätigkeit nicht ausschließlich ideelle Zwecke verfolgt. So verfolgt beispielsweise eine als Verein organisierte private Universität keinen rein ideellen Zweck; sie kann sich dank des Zusammenhangs mit dem Einsatz

18
Gewinnerzielungsabsicht

---

40 *BGE 103* Ia 394 (401).
41 *BGE 128* I 280 (281 f.); *124* I 297 (298 u. 301). Hinsichtlich des Berufs des Notars ist zu beachten, daß die Kantone das Notariatswesen nach Art. 55 Schlußtitel des Zivilgesetzbuches zu regeln haben, was dazu führt, daß ganz unterschiedliche Regelungen anzutreffen sind. So übt bspw. der Notar im Kanton Neuenburg, obgleich er eine öffentliche Aufgabe wahrnimmt, seine Tätigkeit als freien Beruf völlig selbständig aus, während er im Kanton Zürich vom Staat angestellt ist und zum Gemeinwesen in einem öffentlichen Dienstverhältnis steht.
42 *BGE 121* I 326 (329).
43 *BGer*, Urt. v. 11.8.1998, 2P.158/1997, in: Pra 1999, S. 11 (21).
44 *BGE 121* I 326 (329).
45 *Biaggini*, Wirtschaftsfreiheit, in: Thürer u.a., Verfassungsrecht (LitVerz.), S. 779 (782 u.792).
46 *Auer/Malinverni/Hottelier*, Droit constitutionnel, Bd. II (LitVerz.), S. 424 RN 900.

Intensität der Ausübung	wirtschaftlicher Mittel auf die Wirtschaftsfreiheit berufen[47]. Beim Einbezug der wirtschaftlichen Tätigkeit in den Kreis der geschützten Tätigkeiten spielt es grundsätzlich keine Rolle, ob es sich um haupt- oder nebenberufliche, dauernde oder gelegentliche, selbständig oder unselbständig ausgeübte private Tätigkeiten handelt[48]. Erfaßt werden etwa Tätigkeiten in Industrie und Handel, Gewerbe, Dienstleistungen, Land- und Forstwirtschaft, freie Berufe (namentlich Heilberufe), Führung von Privatschulen, Unterhaltung, Berufssport sowie Einrichtung und Betrieb von Geldspielautomaten[49]. Gewährleistet Art. 27 BV jede private wirtschaftliche Tätigkeit im soeben umschriebenen Sinn, wird deutlich, daß die Vertragsfreiheit „ein zentrales Element der Wirtschaftsfreiheit"[50] darstellt. Wirtschaftsfreiheit ohne Vertragsfreiheit läuft notwendig leer[51]. Die Wirtschaftsfreiheit setzt somit unabdingbar die Vertragsfreiheit voraus. Das Institut der Vertragsfreiheit wird daher zu Recht zum unantastbaren Kern der Wirtschaftsfreiheit gezählt[52]. Das Bundesgericht geht in ständiger Rechtsprechung davon aus, daß die Wirtschaftsfreiheit die Vertragsfreiheit einschließt[53].
Vertragsfreiheit als Zentralelement der Wirtschaftsfreiheit	
19 Wirtschaftsfreiheit als lex specialis	Das Recht auf persönliche Freiheit (Art. 10 BV) tritt nach der Rechtsprechung des Bundesgerichtes gegenüber den speziellen Verfassungsrechten grundsätzlich zurück. Dementsprechend wird die Ausübung von Erwerbstätigkeiten nur durch die Wirtschaftsfreiheit, nicht aber durch die persönliche Freiheit geschützt[54]. Die Frage, ob das herausragende Gewicht der Berufswahlfreiheit für die Persönlichkeitsentfaltung eine kumulative Berufung auf beide Grundrechte rechtfertigen könne, ließ das Bundesgericht bisher offen[55].

2. Zentrale Teilgehalte der Wirtschaftsfreiheit

20 Teilgehalte	Auf Teilgehalte, die in der Vergangenheit aktuell geworden sind, soll im folgenden eingegangen werden.

a) Berufsfreiheit

21 Persönlichkeitsentfaltung im wirtschaftlichen Bereich	Der Verfassungsgeber nennt in Art. 27 Abs. 2 BV beispielhaft zentrale Teilgehalte der Wirtschaftsfreiheit. Im Mittelpunkt der Garantie stehen demnach von ihrem sachlichen Geltungsbereich her gesehen insbesondere die freie Wahl des Berufes, der freie Berufszugang sowie die freie Berufsausübung[56].

---

47 *BGE 128* I 19 (30) m.H.
48 S. z.B. zum Recht der Beamten, sich für die Ausübung einer nebenberuflichen Tätigkeit auf die Wirtschaftsfreiheit zu berufen, *BGE 121* I 326 (329).
49 Vgl. zur neueren Kasuistik *J.P. Müller*, Grundrechte (LitVerz.), S. 647 ff., und zur früheren Rspr. *Marti* (FN 5), S. 44 ff.
50 *BGer*, Urt. v. 27.11.2003, 2P.305/2002, Erw. 4.3.
51 Vgl. schon *Fritz Fleiner/Zaccharia Giacometti*, Schweizerisches Bundesstaatsrecht, 1949 (ND 1969), S. 286.
52 *J.P. Müller*, Grundrechte (LitVerz.), S. 667 f.
53 *BGE 124* I 107 (114 f.); *131* I 333 (339).
54 *BGE 122* I 130 (132 f.).
55 *BGE 122* I 130 (133).
56 *BGE 122* I 130 (133).

Dabei ist zu beachten, daß der Wirtschaftsfreiheit als Berufsfreiheit durchaus auch ein menschenrechtlicher Teilgehalt innewohnt. So gesehen beinhaltet die Wirtschaftsfreiheit die Gewährleistung der „Entfaltung der Persönlichkeit im wirtschaftlichen Bereich"[57], „un droit au libre épanouissement économique"[58]. Auch das Bundesgericht erkennt in der Wirtschaftsfreiheit einen menschenrechtlichen Gehalt[59]. Aus der Berufswahlfreiheit ergibt sich insbesondere ein grundsätzliches Verbot der Ausbildungslenkung nach Bedarf. Das Bundesgericht erblickt darin eine unzulässige wirtschaftspolitische Maßnahme[60]. Der freie Berufszugang hat Bedeutung vor allem in seiner Ausprägung als Garantie für einen freien Marktzutritt. Namentlich Bewilligungspflichten für die Berufsausübung stellen schwere Eingriffe in die Wirtschaftsfreiheit dar[61]. Die Garantie des freien Berufszuganges schützt materiell in erster Linie vor grundsatzwidrigen und vor unverhältnismäßigen grundsatzkonformen Marktzutrittsbarrieren. Die Ausübungsfreiheit schützt insbesondere die Aspekte der Unternehmungsfreiheit[62].

Keine Ausbildungslenkung nach Bedarf

b) Freie Wahl der Ausbildungsstätte

Einbezogen in den Schutz der Wirtschaftsfreiheit ist namentlich die freie Wahl der Ausbildungsstätte; indessen ergibt sich aus der Wirtschaftsfreiheit kein Anspruch auf freien Zugang zum Universitätsstudium. Die Wirtschaftsfreiheit verschafft keine Teilhaberechte, die einen Zugang zu staatlichen Bildungseinrichtungen garantieren[63]. Mit einer Zulassungsbeschränkung zum Universitätsstudium wird nach der Rechtsprechung des Bundesgerichts nicht in den freien Markt eingegriffen, sondern die Zulassung zu einem staatlichen Angebot geregelt: Gewährleistet sei bloß der Anspruch auf ausreichenden und unentgeltlichen Grundschulunterricht (Art. 19 i.V.m. Art. 62 BV)[64]. Schon im Jahre 1977 hob das Bundesgericht jedoch ebenfalls hervor, die Möglichkeit, sich eine Hochschulbildung anzueignen, bilde eine Grundvoraussetzung für die Verwirklichung von verfassungsmäßig gewährleisteten Rechten und für eine freie und harmonische Entwicklung der Persönlichkeit[65].

22
Keine Zugangsgarantie zu staatlichen Bildungseinrichtungen

Heute ist in Art. 41 Abs. 1 lit. f BV im Sinne eines vom Gesetzgeber zu konkretisierenden Sozialziels festgehalten, daß sich Bund und Kantone in Ergänzung zu persönlicher Verantwortung und privater Initiative dafür einsetzen,

23
Recht auf Bildung?

---

57 *J.P. Müller* (FN 20), S. 151.
58 *Auer/Malinverni/Hottelier*, Droit constitutionnel, Bd. II (LitVerz.), S. 424 f. RN 901.
59 Für das Bundesgericht ergibt sich aus der menschenrechtlichen Komponente der Wirtschaftsfreiheit zum Beispiel, „daß der Staat die Berufszulassung nicht unnötigerweise von Voraussetzungen abhängig machen darf, die Behinderte nicht erfüllen können. Solange jedoch polizeilich gerechtfertigte Anforderungen zur Diskussion stehen, kann der blosse Umstand, dass einzelne Personen diese nicht zu erfüllen vermögen, noch kein Grund sein, die Anforderungen zu senken". *BGE 122* I 130 (137) m.H. auf *Christoph Andreas Zenger*, Die Bedeutung der Freiheit wirtschaftlicher Entfaltung für eine freie Berufswahl, 1985, S. 140 ff.
60 *BGE 103* Ia 394 (401).
61 *BGE 123* I 212 (217) m.w.H.
62 Vgl. unten RN 25 ff.
63 *BGE 121* I 22 (24).
64 *BGE 125* I 173 (175 f.).
65 *BGE 103* Ia 369 (389).

daß Kinder und Jugendliche sowie Personen im erwerbsfähigen Alter sich nach ihren Fähigkeiten bilden, aus- und weiterbilden können. Teile der Lehre erblicken in diesem Recht „ein im Einzelfall durchsetzbares, *justiziables Recht auf Bildung*"[66]. Das Bundesgericht weist in diesem Zusammenhang darauf hin, Studienplätze seien wie alle staatlichen Leistungen zwangsläufig ein beschränkt vorhandenes Gut; verfassungsrechtlich bestehe ein Anspruch auf willkürfreie und rechtsgleiche Regelung bei der Zulassung zu den vorhandenen Studienplätzen, „aber kein Anspruch darauf, daß die Kantone jedem Studienwilligen den gewünschten Studienplatz zur Verfügung stellen"[67]. Freilich verlangt – auch wenn kein Eingriff in ein spezielles Grundrecht vorliegt – der Grundsatz der Gewaltenteilung, „dass wichtige bildungs- und hochschulpolitische Entscheide, wie die Einführung von Zulassungsbeschränkungen, zumindest in den Grundzügen auf der Stufe eines formellen Gesetzes getroffen werden müssen"[68].

c) Freie Wahl des Arbeitsplatzes

24
Freiheitsrecht auch abhängig Beschäftigter

Für die unselbständig Erwerbstätigen bedeutet die freie Berufswahl in erster Linie die freie Wahl des Arbeitsplatzes. Während man der Wirtschaftsfreiheit zunächst nur für die selbständig Erwerbenden Bedeutung beimaß, entspricht es bereits seit 1958 bundesgerichtlicher Praxis, daß sich auch unselbständig Erwerbende auf die Wirtschaftsfreiheit berufen können[69]. Die Wirtschaftsfreiheit kommt demzufolge sowohl den Arbeitnehmern wie den Selbständigen zu[70]. In der Lehre wird auf die relativ geringe Relevanz der Wirtschaftsfreiheit für die Unselbständigen hingewiesen[71].

d) Freiheit unternehmerischer Betätigung

25
Umfassender Begriff selbständiger Erwerbstätigkeit

Art. 27 BV schützt insbesondere jede gewerbsmäßig ausgeübte, privatwirtschaftliche Tätigkeit, die der Erzielung eines Gewinnes dient[72]. Die Wirtschaftsfreiheit gewährleistet demnach die Freiheit der selbständigen Erwerbstätigkeit mit allen ihren Implikationen. Zu nennen sind namentlich die freie Wahl der Mitarbeiter[73], die freie Wahl der Organisation im Rahmen der vom Privatrecht zur Verfügung gestellten Formen, die freie Wahl der sachlichen Mittel (Produktionsmittel[74]), die freie Geschäftsbeziehung sowie die Freiheit der Werbung[75].

---

[66] *Bigler-Eggenberger*, in: Ehrenzeller u.a., St. Galler Kommentar (LitVerz.), Art. 41 RN 67. Vgl. zu dieser Problematik auch *Richli*, Chancengleichheit im Schul- und Ausbildungssystem als Problem des Staats- und Verwaltungsrechts, ZBl 96 (1995), S. 197 (215 ff.).
[67] *BGE 125* I 173 (176).
[68] *BGE 125* I 173 (176).
[69] *BGE 84* I 18 (21).
[70] *BGE 103* Ia 259 (262).
[71] *Fritz Gygi/Paul Richli*, Wirtschaftsverfassungsrecht, ²1997, S. 57; a.M. *Marti* (FN 5), S. 49.
[72] *BGE 125* I 276 (277).
[73] *BGE 122* I 44 (47).
[74] *BGE 118* Ib 356 (362 f.).
[75] *BGE 123* I 201 (209).

Art. 27 BV garantiert dem Arbeitgeber grundsätzlich die freie Wahl seiner Mitarbeiter. Diese Freiheit bezieht sich nur auf Arbeitskräfte, die im Arbeitsmarkt zugelassen sind: Der Arbeitnehmer selber kann aus der Wirtschaftsfreiheit keinen Anspruch auf eine Aufenthaltsbewilligung ableiten. Ebensowenig verschafft die Wirtschaftsfreiheit „dem interessierten schweizerischen Arbeitgeber einen verfassungsrechtlich geschützten Anspruch auf Erteilung einer Aufenthaltsbewilligung" für einen ausländischen Arbeitnehmer[76].

26
Freie Mitarbeiterwahl
Kein Anspruch auf Aufenthaltsbewilligung

In einem marktwirtschaftlichen System ist die Werbung „une manière naturelle, voire nécessaire, de pratiquer la vente, car les producteurs et les négociants doivent renseigner les consommateurs sur les prix et les qualités de leurs marchandises"[77]. Freilich gilt auch die Freiheit der Werbung nicht absolut. Namentlich im Bereich der freien Berufe sind zwecks Polizeigüterschutzes verhältnismäßige Einschränkungen angezeigt[78]. Meinungsäußerungen, die nicht kommerziellen Zwecken dienen, fallen hingegen in den Schutzbereich der Meinungsfreiheit (Art. 16 BV)[79].

27
Freiheit der Werbung

Des weiteren schützt die Wirtschaftsfreiheit die freie wirtschaftliche Niederlassung. Während die interkantonale Niederlassungsfreiheit im allgemeinen durch Art. 24 BV gewährleistet wird, ist sie in bezug auf gewerbliche Niederlassungen durch die Wirtschaftsfreiheit geschützt[80].

28
Niederlassungsfreiheit

Die Wirtschaftsfreiheit umfaßt sodann die Außenwirtschaftsfreiheit, das heißt sie gewährleistet namentlich die Befugnis, Waren, insbesondere auch immaterialgüterrechtlich geschützte Produkte, ein- und auszuführen[81]. Dieser Gesichtspunkt ist auch bei der Auslegung des einfachen Gesetzesrechts zu berücksichtigen (sog. verfassungskonforme Auslegung); so beispielsweise bei der Auslegung von Art. 12 Abs. 1 und 1bis URG[82], Art. 13 Abs. 2 in Verbindung mit Art. 3 Abs. 1 lit. a MSchG[83] oder Art. 8 Abs. 1 PatG[84] im Hinblick auf die Frage, ob diesen Vorschriften der Wille des Gesetzgebers zu entnehmen ist, Parallelimporte urheberrechtlich, markenrechtlich oder patentrechtlich geschützter Produkte zu verbieten[85].

29
Außenwirtschaftsfreiheit

---

76 *BGE* 122 I 44 (47) m.H. auf *BGE* 114 Ia 307 (312).
77 *BGE* 123 I 201 (205).
78 Hierzu grundlegend *BGE* 123 I 201 (insb. 209 ff.); weiter *BGE* 125 I 417 (422 ff.).
79 *BGE* 125 I 417 (420 f.).
80 *BGE* 125 I 276 (280); weiter *BGE* 125 I 322 (325).
81 *BGE* 126 III 129 (149); *124* III 321 (331).
82 BG v. 9.10.1992 über das Urheberrecht und verwandte Schutzrechte (Urheberrechtsgesetz [URG], SR 231.1).
83 BG v. 28.8.1992 über den Schutz von Marken und Herkunftsangaben (Markenschutzgesetz [MschG], SR 232.11).
84 BG v. 25.6.1954 über die Erfindungspatente (Patentgesetz [PatG], SR 232.14).
85 Verneint für das Urheberrecht (nachträglich vom Gesetzgeber beschränkt für audiovisuelle Werke) und Markenrecht in *BGE* 124 III 321 (331); *122* III 469 (480); bejaht in *BGE* 126 III 129 (155) für das Patentrecht.

e) Gleichbehandlung der Konkurrenten (Gewerbegenossen)

30
Anspruch auf staatliche Wettbewerbsneutralität

Ein Teil der Lehre[86] und die bundesgerichtliche Praxis[87] entnehmen der Wirtschaftsfreiheit den Grundsatz der Gleichbehandlung der Konkurrenten. Das Bundesgericht spricht in diesem Zusammenhang herkömmlich vom Grundsatz der Gleichbehandlung der Gewerbegenossen[88]. Nach der höchstrichterlichen Rechtsprechung müssen staatliche Maßnahmen grundsätzlich wettbewerbsneutral sein; sie dürfen den Wettbewerb insbesondere nicht verzerren[89]. Art. 27 BV enthält demnach den „Anspruch, dass staatliche Massnahmen wettbewerbsneutral sind"[90]. Verboten sind Maßnahmen namentlich dann, „wenn sie bezwecken, in den Wettbewerb einzugreifen, um einzelne Konkurrenten oder Konkurrentengruppen gegenüber anderen zu bevorzugen oder zu benachteiligen"[91]. *René Rhinow* spricht zutreffend von einem aus der Wirtschaftsfreiheit fließenden „Wettbewerbsverzerrungsverbot"[92]. So gesehen

Ergänzung des allgemeinen Gleichbehandlungsgebots

ergänzt Art. 27 BV das allgemeine Gleichbehandlungsgebot und bietet einen darüber hinausgehenden Schutz[93]. Der über das allgemeine Gleichbehandlungsgebot hinausgehende Schutz wurde in der Vergangenheit namentlich relevant bezüglich des bedingten Anspruchs auf Nutzung des öffentlichen Grundes, hinsichtlich unterschiedlicher Ladenöffnungszeiten oder verschiedener Belastung mit fiskalischen Abgaben[94]. Der besondere Gleichbehandlungsgrundsatz könnte möglicherweise „als spezifisches verfassungsmässiges Recht eine Legitimation des Benachteiligten begründen, ohne dass zusätzlich die verfassungswidrige Anwendung einer besonderen drittschützenden Ge-

---

86 *Gygi/Richli* (FN 71), S. 16 m.H. auf die unterschiedlichen Lehrmeinungen. Vgl. auch *Auer/Malinverni/Hottelier*, Droit constitutionnel, Bd. II (LitVerz.), S. 462, RN 986. Man kann diesen Gleichbehandlungsanspruch systematisch als Element der umfassend verstandenen Wirtschaftsfreiheit einordnen, wie das hier geschieht, oder im Rahmen der Schrankenproblematik behandeln, wie das z. B. von *Rhinow*, in: Aubert u. a., Bundesverfassung 1874 (LitVerz.), Art. 31 RN 176 ff., gemacht wird.

87 Durch das Bundesgericht im Jahre 1995 in grundlegender Weise begründet, vgl. *BGE 121* I 129 (135). Weiter *Auer/Malinverni/Hottelier*, Droit constitutionnel, Bd. II (LitVerz.), S. 463, RN 987. Vgl. zum Leitentscheid auch die Analyse von *Lienhard*, Zum Anspruch der Gewerbegenossen auf wettbewerbsneutrale Behandlung durch den Staat, in: recht 1995, S. 210 ff.

88 Das Festmachen eines speziellen Gleichbehandlungsgebots an der Wirtschaftsfreiheit läßt sich zunächst historisch begründen: Staatsrechtliche Beschwerden wegen Verletzung des Gleichheitssatzes wurden schon ab 1874 durch das Bundesgericht entschieden, während staatsrechtliche Beschwerden wegen Verletzung der Handels- und Gewerbefreiheit bis 1911 vom Bundesrat zu entscheiden waren. „Wenn daher der Bundesrat (...) bei Beurteilung eines Rekurses wegen Verletzung der Gewerbefreiheit für Gleichbehandlung der Gewerbegenossen sorgen wollte, blieb ihm nur übrig, das Gleichbehandlungsgebot in den Art. 31 BV ‚hineinzuinterpretieren'". *H. Huber*, Die Gleichbehandlung der Gewerbegenossen, in: *ders.*, Rechtstheorie, Verfassungsrecht, Völkerrecht, hg. von Kurt Eichenberger u. a., 1971, S. 288 (292).

89 *BGE 121* I 129 (134); 123 II 385 (401) m.H. auf *BGE 123* II 16 (35).

90 *BGE 125* II 326 (346).

91 *BGE 125* I 431 (435 f.) m.H. auf *BGE 121* I 129 (135).

92 *Rhinow*, in: Aubert u. a., Bundesverfassung 1874 (LitVerz.), Art. 31 RN 184.

93 In *BGE 121* I 129 (132 ff.) referiert das Bundesgericht ausführlich seine frühere Praxis (ausschließliche Ableitung aus der Wirtschaftsfreiheit [Hinweis z. B. auf *BGE 108* Ia 135, Erw. 4]; Ableitung sowohl aus der Wirtschaftsfreiheit als auch aus dem allgemeinen Gleichheitssatz [Hinweis auf *BGE 91* I 98]) und geht dann auf die Kritik in der Lehre ein, die das Bundesgericht dazu veranlaßt, die Frage, ob die Wirtschaftsfreiheit einen besonderen Anspruch auf Gleichbehandlung gewährleiste, bis zum vorliegenden „Taxileitentscheid" offenzulassen. Vgl. zu den verschiedenen Phasen der bundesgerichtlichen Rspr. *Veit*, Die Gleichbehandlung der Gewerbegenossen, AJP 1998, S. 569 ff.

94 *Auer/Malinverni/Hottelier*, Droit constitutionnel, Bd. II (LitVerz.), S. 463, RN 987.

setzesbestimmung erforderlich wäre"⁹⁵. Zu denken ist beispielsweise an Fälle, in denen die Behörden Vorschriften in ungleicher Weise anwenden und dadurch einzelne Wettbewerber benachteiligen. Auf keinen Fall kann indessen aus der Wirtschaftsfreiheit ein Schutz vor Konkurrenz abgeleitet werden⁹⁶.

<small>Kein Konkurrenzschutz</small>

Der Grundsatz der Gleichbehandlung der Konkurrenten gilt nach bisheriger Rechtsprechung des Bundesgerichtes nur für sog. direkte Konkurrenten. Als solche gelten „Angehörige der gleichen Branche, die sich mit dem gleichen Angebot an dasselbe Publikum richten, um das gleiche Bedürfnis zu befriedigen"⁹⁷. Das Bundesgericht hat im leading case „Taxi" Taxis mit und Taxis ohne Funkanschluß als direkte Konkurrenten eingestuft⁹⁸; auch kleine und große Zirkusse wurden so qualifiziert⁹⁹. Mit Bezug auf die präjudizielle Wirkung von Entscheiden betreffend die Frage, ob von direkten Konkurrenten auszugehen ist, kann nicht ohne weiteres auf vor dem angeführten Entscheid „Taxi" ergangene Urteile abgestellt werden, weil das Bundesgericht inzwischen bereits einen Teil der im Schrifttum vorgebrachten Kritik berücksichtigt hat. So dürfte es wohl heute davon ausgehen, daß das spezifische Gleichbehandlungsgebot des Art. 27 BV keine Grundlage für eine kantonale Strukturerhaltungspolitik bilden kann¹⁰⁰. Das Bundesgericht¹⁰¹ stufte beispielsweise nicht als direkte Konkurrenten ein: Drogerien und Apotheken¹⁰², Kinos und Theater¹⁰³, Apotheken und selbstdispensierende Ärzte¹⁰⁴ sowie die Anbieter von abonnierten Zeitungen und von am Kiosk verkauften Zeitungen¹⁰⁵.

31
<small>Gleichbehandlung nur unter direkten Konkurrenten</small>

Die Reduktion des aus Art. 27 BV abgeleiteten Gleichbehandlungsgrundsatzes auf die so verstandenen direkten Konkurrenten ist teleologisch fragwürdig. Sie findet insbesondere im schweizerischen Wettbewerbsrecht keine Stütze¹⁰⁶. Der Vorschlag von *Paul Richli*, hier an der kartellrechtlichen Eingrenzung des relevanten Marktes¹⁰⁷ anzuknüpfen¹⁰⁸, zielt in die richtige Rich-

32
<small>Kartellrechtlicher Maßstab des relevanten Marktes</small>

---

95 *BGE 123* I 279 (282).
96 *BGE 123* II 376 (384).
97 *BGE 125* I 431 (436).
98 *BGE 121* I 129 (137).
99 *BGE 121* I 279 (286 f.) mit Verweis auf *BGE 119* Ia 445 (448).
100 Darauf lief in der früheren Rechtsprechung des Bundesgerichts die Funktion der Gleichbehandlung der Gewerbegenossen zeitweise hinaus, worauf sich dann die Kritik bezog. *H. Huber* (FN 88), S. 288 (302 ff.).
101 Vgl. zu dieser Aufzählung, *Veit* (FN 93), S. 569 (573) und *Mahon*, in: Aubert/ders., Constitution (Lit-Verz.), Art. 27 RN 17.
102 *BGE 89* I 27 (35).
103 *BGE 93* I 305 (309).
104 *BGE 119* Ia 433 (437).
105 *BGE 123* II 385 (401).
106 Vgl. so schon *H. Huber* (FN 88), S. 288 (306), der hervorhebt, die Unterscheidung müsse „überhaupt als unwissenschaftlich gelten".
107 Art. 11 der Verordnung über die Kontrolle von Unternehmenszusammenschlüssen v. 17. 6. 1996 (VKU, SR 251.4) könnte auch hier im Kontext des Grundsatzes der Gleichbehandlung der Konkurrenten als Leitlinie für die Bestimmung des sachlich und räumlich relevanten Marktes herangezogen werden. Nach Art. 11 Abs. 3 VKU umfaßt der sachliche Markt „alle Waren oder Leistungen, die von der Marktgegenseite hinsichtlich ihrer Eigenschaften und ihres vorgesehenen Verwendungszwecks als substituierbar angesehen werden". Der räumlich relevante Markt „umfasst das Gebiet, in welchem die Marktgegenseite die den sachlichen Markt umfassenden Waren oder Dienstleistungen nachfragt oder anbietet".
108 *Gygi/Richli* (FN 71), S. 17; vgl. zu ähnlicher Fundierung *Veit* (FN 93), S. 569 (574 f.), weiter *René Rhinow/Gerhard Schmid/Giovanni Biaggini*, Öffentliches Wirtschaftsrecht, 1998, S. 125.

tung. Das Kriterium der „objektiven und subjektiven Austauschbarkeit von Gütern und Dienstleistungen"[109] ist sachgerecht. Dabei ist nicht vom Gesamtangebot auszugehen, wie es das Bundesgericht in der Vergangenheit offenbar tat, sondern es ist zu beachten, daß im Wettbewerb typischerweise Konkurrenten stehen, „deren Waren oder Leistungen nach Preis, Qualität, Verwendungszweck und Verbrauchergewohnheiten gegeneinander austauschbar sind"[110]. Vereinzelte Erwägungen des Bundesgerichts sind von dieser Betrachtungsweise nicht mehr allzu weit entfernt. So führte das Bundesgericht im Zusammenhang mit der Überprüfung von Ladenöffnungszeiten in den Zürcher „Zentren des öffentlichen Verkehrs" aus, es handele sich bei den beschwerdeführenden Betrieben um Geschäfte, die – „zumindest *virtuell*" – „von ihrem Angebot und Kundenkreis her in einem Konkurrenzverhältnis [...] stehen können oder stehen"[111].

33
Schutz bei allen wirtschaftsrelevanten Maßnahmen

Der spezifische Gleichbehandlungsgrundsatz schützt (jedenfalls die direkten Konkurrenten) nach der ständigen Rechtsprechung, was die erweiterte Schutzfunktion gegenüber dem allgemeinen Gleichheitsgebot (Art. 8 BV) deutlich macht, „vor staatlichen Ungleichbehandlungen, die zwar auf ernsthaften, sachlichen Gründen beruhen", gleichzeitig aber „einzelne Konkurrenten namentlich durch unterschiedliche Belastungen oder staatlich geregelten Marktzugang bzw. -ausschluss begünstigen oder benachteiligen"[112]. Der Grundsatz gilt hinsichtlich aller „wirtschaftsrelevanten Massnahmen", also sowohl bezüglich staatlicher Maßnahmen, die grundsatzkonform sind, als auch hinsichtlich auf besonderer Verfassungsgrundlage beruhender und daher ausnahmsweise zulässiger grundsatzwidriger Vorkehren des Staates[113]. Unzulässige Ungleichbehandlungen stellen vor allem diejenigen Maßnahmen dar, die durch gewerbe- oder wirtschaftspolitische Überlegungen begründet sind und wettbewerbsverzerrend diskriminieren oder privilegieren. Das heißt: Maßnahmen, welche die Wirtschaftsfreiheit beschränken, sollen die „Wettbewerbslage prinzipiell nicht zugunsten bzw. zu Lasten bestimmter Wettbewerberinnen und Wettbewerber verändern"[114]. Geht man davon aus, kann man festhalten, daß von der Zielsetzung des spezifischen Gleichbehandlungsgrundsatzes her das Schwergewicht einerseits bei grundsatzkonformen Vorkehren in der Verhinderung von Maßnahmen liegt, die eine Anknüpfung so wählen, daß daraus Wettbewerbsverzerrungen resultieren, oder andererseits bei (ausnahmsweise, weil von Verfassungs wegen vorgesehen) zulässigen grundsatzwidrigen Maßnahmen, die Wettbewerbsverzerrungen bewirken, welche nicht durch die Zielsetzung der Abweichungskompetenz begründet und zu ihrer Erreichung erforderlich sind.

Schutz vor Wettbewerbsverzerrungen

---

109 *Gygi/Richli* (FN 71), S. 17.
110 *Veit* (FN 93), S. 569 (574) in Anlehnung an *Walter R. Schluep*, Kartellgesetz/Preisbildungsgesetz, Kommentar, 1988, S. 256.
111 *BGE 125* I 431 (436).
112 *BGE 125* I 431 (436) m.H. auf *BGE 121* I 129 (135).
113 Zur Unterscheidung grundsatzkonformer und grundsatzwidriger Maßnahmen unten RN 45.
114 *Gygi/Richli* (FN 71), S. 17.

Freilich gilt der Grundsatz schon wesensgemäß nicht absolut[115]; er schließt namentlich gewisse Differenzierungen aus Gründen gegenläufiger öffentlicher und/oder privater Interessen, wie z.B. des Umweltschutzes oder der Kulturpolitik nicht aus. So erachtet es das Bundesgericht z.B. als zulässig, einen größeren Verursacher einer Umweltbelastung einer stärkeren Einschränkung (in casu Parkplatzbewirtschaftungspflicht) zu unterstellen als einen kleinen[116]. Das gilt nach der zutreffenden Ansicht des Bundesgerichts grundsätzlich auch bezüglich polizeilich oder umweltpolitisch motivierter Lenkungsabgaben. Daß sich eine solche Abgabe (in casu eine emissionsabhängige Landegebühr) „für verschiedene Wirtschaftssubjekte je nach der durch sie verursachten Umweltbeeinträchtigung unterschiedlich auswirkt, stellt keine unzulässige Ungleichbehandlung dar, sondern ist gerade der legitime Zweck der Massnahme"[117]. Es gibt zudem zahlreiche Fälle, in denen zwischen unterschiedlichen Alternativen von Ungleichbehandlungen abzuwägen ist und eine völlig befriedigende Gleichbehandlung infolge widerstreitender schützenswerter Interessen (z.B. Sonntagsruhe contra Ladenöffnungsfreiheit) nicht möglich erscheint[118]. Auch die Abweichung vom Grundsatz der Gleichbehandlung der Konkurrenten aufgrund eines zulässigen öffentlichen Interesses muß indessen den allgemeinen Eingriffsvoraussetzungen (Art. 36 BV) genügen, sie darf insbesondere nicht unverhältnismäßig sein und darf den Grundsatz nicht seines Gehalts entleeren (sog. Kerngehaltsgarantie). Insbesondere sind spürbare Wettbewerbsverzerrungen möglichst zu vermeiden[119].

Die Rüge eines Verstoßes gegen den Grundsatz der Gleichbehandlung der Konkurrenten bzw. das Prinzip der Wettbewerbsneutralität ist erfolglos, wenn die in Frage stehende Ungleichbehandlung bereits in der Bundesverfassung selbst vorgesehen ist (z.B. unterschiedlicher Mehrwertsteuersatz bezüglich Abgabe von Eß- und Trinkwaren einerseits und von gastgewerblichen Leistungen andererseits[120] oder die unterschiedliche Regelung der Steuerpflicht je nach Umsätzen[121]). Ebenfalls keinen Schutz bietet der Grundsatz der Gleichbehandlung der Konkurrenten – folgt man der Rechtsprechung des Bundesgerichtes – gegen eine allgemeine Steuer, dies selbst dann nicht, wenn sie eine Erschwerung des Konkurrenzkampfes bewirkt[122]. Diesbezüglich wird zu Recht eine differenziertere Betrachtungsweise gefordert. Es gibt keine überzeugenden Gründe, die nahelegen, daß das positive Steuerrecht grundsätzlich Vorrang vor der Wirtschaftsfreiheit und dem aus ihr fließenden Gebot der Gleichbehandlung der Konkurrenten haben soll[123]. Zutreffend wird argumentiert, es müßten heute alle Steuern an der Wirtschaftsfreiheit gemessen

---

115 Vgl. *Biaggini* (FN 45), S. 779 (784).
116 *BGE 125* II 129 (150).
117 *BGE 125* I 182 (201).
118 Vgl. *BGE 125* I 431 (439).
119 *BGE 125* I 431 (436) m.H. auf *BGE 121* I 279 (288).
120 *BGE 123* II 16 (35).
121 *BGer*, Urt. v. 5.11.2003, 2A.524/2003, Erw. 3.1.
122 *BGE 125* II 326 (347).
123 *Gygi/Richli* (FN 71), S. 19, *Vallender/Hettich/Lehne* (FN 38), § 5 RN 115 ff.

werden, „da auch allgemeine Steuern eine übermässige Belastung der Wirtschaft bewirken und zu einer Verzerrung der Wettbewerbsverhältnisse führen können"[124].

36
Steuerbefreiung öffentlichrechtlicher Teilkonkurrenten

Besonderes Augenmerk verdient die Gleichbehandlung von Konkurrenten hinsichtlich bestimmter Transaktionssteuern. So ist fraglich, ob es mit der Wirtschaftsfreiheit im Einklang steht, öffentliche Anstalten, die mindestens in gewissen Teilbereichen in Konkurrenz mit privaten Unternehmen stehen, wie dies bei der Post der Fall ist, von speziellen Rechtsverkehrssteuern (z.B. Handänderungssteuern) zu befreien[125].

37
Spezieller Gleichbehandlungsgrundsatz

Erhebliche Bedeutung kommt dem speziellen Gleichbehandlungsgrundsatz zu, wenn es um die Gewährleistung des freien Marktzugangs geht. So sind beispielsweise Unterscheidungen grundsätzlich unzulässig, die ohne ein zwingendes und überwiegendes öffentliches Interesse an den Wohnsitz oder Sitz des Anbieters anknüpfen[126]. Das gilt namentlich für die Dienstleistungen der Anwälte[127].

38
Gesteigerter Gemeingebrauch öffentlichen Grundes

Der Grundsatz der Gleichbehandlung der Konkurrenten ist sodann insbesondere bei der Zurverfügungstellung des öffentlichen Grundes zum gesteigerten Gemeingebrauch zu beachten, worauf nach der Rechtsprechung des Bundesgerichtes ein „bedingter Anspruch" besteht. Die Verweigerung einer solchen Bewilligung stellt somit einen Eingriff in die Wirtschaftsfreiheit dar, weshalb die üblichen Eingriffsvoraussetzungen (Art. 36 BV) erfüllt sein müssen. „Bedingter Anspruch" heißt, daß bei der Interessenabwägung die Systemrelevanz, der „institutionelle Gehalt"[128] der Wirtschaftsfreiheit zu berücksichtigen ist.

Wettbewerbsbeschränkungen aus der Natur der Sache

Dabei ist zu unterscheiden zwischen Wettbewerbsbeschränkungen, die sich aus der Natur der Sache ergeben – z.B. begrenzt zur Verfügung stehender öffentlicher Grund für Zirkusunternehmungen – und solchen, die sich aus der Ermessenshandhabung im Rahmen der Bewilligungspraxis ergeben. Nicht in der Natur der Sache läge eine regelmäßige Bevorzugung bestimmter Unternehmungen bei der Zuteilungspraxis der Gemeinden[129]. Das Bundesgericht hat im „Riesenradentscheid"[130] hervorgehoben, die Gemeindebehörden befänden sich bei der Zuteilung von Standplätzen für gewerbliche Veranstaltungen typischerweise in einer Doppelrolle, indem sie einerseits in Bindung an

---

124 G. Müller, Wirtschaftspolitik und Steuerrecht, Zur Verfassungsmässigkeit einer Staffelung der Biersteuer, in: Blaise Knapp/Xavier Oberson (éd.), Mélanges Charles-André Junod, 1997, S. 309 (321).
125 Diese Frage mußte in BGE 127 II 1 (6) nicht näher geprüft werden.
126 BGE 122 I 109 (117). Vgl. aber Art. 12 b E-FMG, wonach der Bundesrat für Erbringer von Mehrwertdiensten im Fernmeldebereich einen Sitz in der Schweiz vorschreiben kann. Entwurf zur Änderung des Fernmeldegesetzes, BBl 2003, S. 8007 (8009).
127 „Sauf motif impérieux d'intérêt public (...) constitue une restriction inadmissable à la liberté du commerce et de l'industrie le fait pour un avocat établi dans un canton (canton d'établissement), effectuant une libre prestation de service intercantonale en plaidant devant les tribunaux d'un autre canton (canton d'accueil), de devoir consulter le dossier de l'affaire sur le territoire du canton d'accueil, lorsque les avocats établis dans ce dernier canton peuvent recevoir le dossier à leur domicile professionnel"; BGE 122 I 109 (117f.).
128 BGE 126 I 133 (140).
129 Vgl. in diesem Sinne BGE 121 I 279 (287f.).
130 BGE 128 I 136 (146ff.).

Art. 27 BV gehalten seien, die bedingten Ansprüche auf Benützung des öffentlichen Grundes zu gewerblichen Zwecken zu beachten und sich bei der Zuteilung an den Grundsatz der Gleichbehandlung der Konkurrenten zu halten, andererseits aber durch die Inanspruchnahme der öffentlichen Plätze regelmäßig auch in ihren eigenen Interessen berührt seien. Problematisch scheint in diesem Fall, daß das Bundesgericht die Gemeinde hier „bis zu einem gewissen Grade" in der „Stellung eines Marktteilnehmers" sieht, der „eigene" Interessen vertritt[131]. Immerhin hält es fest, daß die Berücksichtigung eigener Interessen nicht von der Beachtung des institutionellen Gehalts der Wirtschaftsfreiheit entbindet[132]. Die Wahrung der Grundrechte obliegt auch Privaten, welche vom Gemeinwesen die Erlaubnis zur Nutzung des öffentlichen Grundes erhalten haben: „Lorsqu'une collectivité publique autorise elle-même les administrés à utiliser de façon accrue une portion de son domaine public, elle est tenue de prendre en considération un certain nombre de droits et principes fondamentaux. C'est ainsi qu'elle doit respecter le principe de l'égalité de traitement, notamment entre personnes appartenant à la même branche économique. Elle peut aussi déléguer à un particulier (personne physique ou personne morale de droit privé) le pouvoir d'autoriser une telle utilisation du domaine public, mais elle garde alors un pouvoir de surveillance et reste responsable du respect par le délégataire des normes légales et constitutionnelles dans l'exercice de ces compétences"[133].

Wahrung der Grundrechte durch Private

III. Träger

Die Grenzziehung des persönlichen Schutzbereichs wird vom Wortlaut des Art. 27 BV wie zuvor von der Formulierung des Art. 31 aBV nicht thematisiert. Nach der Rechtsprechung sind Träger der Wirtschaftsfreiheit zunächst Schweizer Bürger sowie die inländischen juristischen Personen des Privatrechts und – bei Vorliegen bestimmter Voraussetzungen – Ausländer.

39
Keine ausdrücklichen Verfassungsregelungen

Während das Bundesgericht bis 1982 den persönlichen Schutzbereich der Wirtschaftsfreiheit den Schweizern vorbehielt, geht es seit dem Entscheid *Werner*[134] davon aus, daß, wenn bestimmte Voraussetzungen erfüllt sind, auch Ausländer in den persönlichen Schutzbereich der Wirtschaftsfreiheit fallen. Das trifft nach heutiger Rechtsprechung dann zu, wenn Ausländer fremdenpolizeilich uneingeschränkt auf dem schweizerischen Arbeitsmarkt zugelas-

40
Beschränkte Einbeziehung von Ausländern

---

131 Vgl. zu dieser Problematik *Stefan Vogel*, Der Staat als Marktteilnehmer. Voraussetzungen der Zulässigkeit wirtschaftlicher Tätigkeit des Gemeinwesens in Konkurrenz zur Privatwirtschaft, 2000, S. 60.
132 *BGE 128* I 136 (145 ff.).
133 BGer, Urt. v. 8. 6. 2001, 2P.96/2000, Erw. 5 b: Der Fall beschlägt das Verhalten eines privaten Vereins, welcher bei der Organisation eines Volksfestes auf öffentlichem Grund unterschiedliche Gebühren für Standplätze von Einheimischen und Ortsfremden verlangte; vgl. dazu die Urteilsbesprechung von *Hangartner*, AJP 2002, S. 67 (68). Dagegen trat das Bundesgericht auf eine Beschwerde gegen die Verteilung von Standplätzen an einer Kunstmesse durch eine gemischtwirtschaftliche Aktiengesellschaft nicht ein, da diese gegenüber den Ausstellern als Subjekt des Privatrechts auftrete und nicht auf hoheitlicher Grundlage den Marktzugang beschränke; auch sei das betreffende Gelände im Baurecht an die AG abgetreten und gehöre nicht mehr zum öffentlichen Grund; *BGE 126* I 250 (254 f.).
134 *BGE 108* Ia 148 (149 ff.).

§ 222   Vierzehnter Teil: II. Einzelgrundrechte

Niederlassungs-bewilligung

sen sind[135]. Konkret bedeutet dies, daß sie eine Niederlassungsbewilligung im Sinne von Art. 6 ANAG[136] benötigen oder gemäß Art. 7 ANAG oder gestützt auf einen Staatsvertrag einen Rechtsanspruch auf eine Aufenthaltsbewilligung haben müssen[137]. Erfüllen Ausländer diese Anforderungen, müssen allfällige Eingriffe in die Wirtschaftsfreiheit den Voraussetzungen von Art. 36 BV genügen[138]. Eingriffe sind indessen auch aus Gründen nicht völlig ausgeschlossen, die im Zusammenhang mit dem Ausländerstatus stehen. Erfüllen Ausländer die genannten Voraussetzungen nicht, bleibt ihnen der Schutz der Wirtschaftsfreiheit versagt, was unter dem Aspekt des menschenrechtlichen Gehaltes der Wirtschaftsfreiheit problematisch erscheint[139].

41
Freizügigkeits-abkommen

Für Bürger der EU-Staaten ist die Rechtslage durch die Freizügigkeit charakterisiert, die mit dem Abkommen vom 21. Juni 1999 zwischen der Europäischen Gemeinschaft und ihren Mitgliedstaaten einerseits und der Schweizerischen Eidgenossenschaft andererseits über die Freizügigkeit (FZA) garantiert wird, welches den schrittweisen Übergang zu einer weitgehenden Gleichstellung mit den Inländern gewährt[140]. Die Gesetzgebung befindet sich hier in einem Anpassungsprozeß[141].

42
Juristische Personen ausländischen Rechts

Offen gelassen hat das Bundesgericht bisher die Frage, ob sich juristische Personen des ausländischen Rechts auf die Wirtschaftsfreiheit berufen können. Die unterschiedliche Behandlung inländischer und ausländischer juristischer Personen wurde unter anderem damit gerechtfertigt, daß die den natürlichen Personen zugestandene Wirtschaftsfreiheit auch das Recht umfasse, grundsätzlich darüber zu entscheiden, unter welcher Rechtsform sie wirtschaftlich auftreten wollen, weswegen kein Grund bestehe, ausländischen juristischen Personen Rechte aus der Wirtschaftsfreiheit zuzuerkennen, die den ausländischen natürlichen Personen verweigert würden. Diese Sicht ist obsolet, insoweit ausländische juristische Personen einen staatsvertraglichen Anspruch auf wirtschaftliche Betätigung in der Schweiz haben, was z.B. für eine Dienstleistungen erbringende Gesellschaft aus der Europäischen Gemeinschaft gemäß

---

135 Vgl. zur Entwicklung der Rspr. hinsichtlich Wirtschaftsfreiheit der Ausländer *Vallender/Hettich/Lehne* (FN 38), § 5 RN 11 ff.; weiter *Auer/Malinverni/Hottelier*, Droit constitutionnel, Bd. II (LitVerz.), S. 437 ff., RN 928 ff. Das Bundesgericht faßt seine bisherige Rspr. in *BGE 123* I 212 (214 ff.) zusammen.
136 BG v. 26. 3. 1931 über Aufenthalt und Niederlassung der Ausländer (ANAG, SR 142.20).
137 *BGE 123* I 19 (20 ff.); *123* I 212 (214 ff.), jeweils m.H.; *BGE 47* I 45 (50 f.).
138 *J.P. Müller*, Grundrechte (LitVerz.), S. 654.
139 *J.P. Müller* aaO., S. 654; *Vallender/Hettich/Lehne* (FN 38), § 5 RN 15.
140 In Kraft getreten am 1. 6. 2002 (SR 0.142.112.681). Gleiches gilt für Bürger der EFTA-Staaten gemäß dem Übereinkommen v. 4. 1. 1960 zur Errichtung der Europäischen Freihandelsassoziation EFTA. Besonders bedeutend sind Art. 2 u. 7 FZA (Nichtdiskriminierung, Gleichbehandlung) i.V.m. Art. 15 Anhang I FZA (Gleichbehandlung für Selbständige) sowie die analogen Art. 20 Abs. 2 lit. d EFTA-Übereinkommen i.V.m. Art. 2 u. 7 Anhang K und Art. 14 Anlage 1 zu Anhang K des EFTA-Übereinkommens.
141 Vgl. z. B. das BG v. 23. 6. 2000 über die Freizügigkeit der Anwältinnen und Anwälte (Anwaltsgesetz [BGFA], SR 935.61), das hinsichtlich der Ausübung des Anwaltsberufs durch Bürger aus Mitgliedstaaten der EU zwischen der punktuellen vorübergehenden Parteivertretung im Rahmen des grenzüberschreitenden Dienstleistungsverkehrs gemäß Art. 21 BGFA und der ständigen Ausübung des Anwaltsberufs nach Art. 27 BGFA unterscheidet. S. hierzu *BGer*, Urt. v. 4. 3. 2003, 4C.371/2002; vgl. in diesem Kontext auch *BGer*, Urt. v. 29. 1. 2004, 2A.110/2003, namentlich Erw. 5.1.2.

dem Freizügigkeitsabkommen (Art. 5 FZA und Art. 17 ff. des Anhangs I des FZA) in weitgehendem Umfang der Fall ist[142].

Vom persönlichen Schutzbereich der Wirtschaftsfreiheit ist das Gemeinwesen ausgenommen[143]. Ebensowenig können sich Personen im Rahmen einer Tätigkeit auf die Wirtschaftsfreiheit berufen, die einen öffentlichen Dienst darstellt (Pflichtverteidiger, staatlich konzessionierte Kaminfeger etc.)[144]. Das gilt freilich nicht für privatwirtschaftliche Tätigkeiten, welche diese Personen neben ihrem öffentlichen Dienst ausüben[145]. Weiterer Klärung bedarf die Frage, ob und gegebenenfalls in welchem Umfang sich öffentliche oder gemischtwirtschaftliche Unternehmen, die in den verschiedensten Organisationsformen[146] auftreten, auf die Wirtschaftsfreiheit berufen können[147].

43
Schutzbereichsausnahmen für Gemeinwesen und öffentlichen Dienst

Öffentliche und gemischtwirtschaftliche Unternehmen

IV. Schranken

Die Wirtschaftsfreiheit gilt nicht absolut. Sie darf nach den allgemeinen Regeln für Grundrechtseingriffe eingeschränkt werden, das heißt Eingriffe bedürfen „einer gesetzlichen Grundlage, müssen durch ein überwiegendes öffentliches Interesse gerechtfertigt sein und den Grundsatz der Verhältnismässigkeit sowie der Rechtsgleichheit wahren"[148]. Außerdem dürfen solche Eingriffe die Wirtschaftsfreiheit nicht ihres Gehaltes entleeren (Schutz des Kerngehaltes). In der geltenden Bundesverfassung sind diese Anforderungen in Artikel 36 umschrieben[149].

44
Allgemeine Grundrechtsschranken aus Art. 36 BV

Ein Schlüssel zum richtigen Verständnis der Wirtschaftsfreiheit kann im spezifischen, im Vergleich zu anderen Grundrechten differenzierten Schrankensystem (Art. 36 i.V.m. Art. 94 Abs. 1 und Abs. 4 BV) erblickt werden[150]. Dabei sticht die Unterscheidung zwischen grundsatzkonformen, das heißt mit dem

45
Differenziertes Schrankensystem

---

142 Vgl. hierzu wegleitend *BGer*, Urt. v. 10.12.2004, 2P.4/2004, Erw. 1.1, in dem das Bundesgericht seine bisherige Praxis unter Bezugnahme auf die unterschiedlichen Meinungen im Schrifttum erläutert und die Frage offen läßt, „ob das auch unabhängig vom Freizügigkeitsabkommen bzw. gestützt auf die im Rahmen der Welthandelsorganisation (WTO) geschlossenen Verträge (insb. das Abkommen über Handel mit Dienstleistungen, Anhang 1.B zum WTO-Abkommen, sog. GATS [General Agreement of Trade in Services], SR 0.632.20 S. 312 ff.) gilt". Diese Frage dürfte ebenfalls zu bejahen sein.
143 *BGE* 72 I 17; vgl. zur Problematik *Hangartner*, Verfassungsmässige Rechte juristischer Personen des öffentlichen Rechts, in: Walter Haller u.a. (Hg.), FS Ulrich Häfelin, 1989, S. 111 ff.
144 *BGE* 124 I 297 (Ls., mit Bezug auf Erw. 3a): „Urkundspersonen können sich nicht auf die Handels- und Gewerbefreiheit berufen", sowie *BGE* 128 I 280 (S. 281 f.): „Da die vom Kanton verliehene Beurkundungsbefugnis den Charakter einer übertragenen hoheitlichen Funktion hat, steht diese Tätigkeit nicht unter dem Schutz der Wirtschaftsfreiheit" (unter Bezug auf *BGE* 73 I 366 ff.; 124 I 297 [298 Erw. 3a]; *BGer*, Urt. v. 30.6.1998, 2P.433/1997, ZBGR 81 [2000], S. 64 ff., jeweils m.H.).
145 *BGE* 121 I 326 (328 f.).
146 Vgl. *Vogel* (FN 131), S. 34 ff.
147 Vgl. zu den unterschiedlichen Auffassungen *Biaggini*, Sind öffentliche Unternehmen grundrechtsberechtigt? Betrachtungen am Beispiel der Wirtschaftsfreiheit (Art. 27 BV), in: Hans Caspar von der Crone u.a. (Hg.), FS Peter Forstmoser, 2003, S. 623 ff.
148 *BGE* 125 I 335 (337), unter Bezug auf *BGE* 124 I 310 (313 Erw. 3); 123 I 12 (15 Erw. 2a m.H.).
149 Vgl. *BGE* 128 I 92 (95); weiter Botschaft v. 20.11.1996 über eine neue Bundesverfassung, BBl 1997, S. 1 (194 ff.) m.H. auf *BGE* 115 Ia 247; 118 Ia 73; 118 Ia 436; 119 Ia 353; 119 Ia 478. → Oben *Schefer*, Beeinträchtigung von Grundrechten, § 208.
150 *Biaggini* (FN 39), S. 49 (58).

Grundsatz der Wirtschaftsfreiheit zu vereinbarenden, und grundsatzwidrigen, das heißt von der Wirtschaftsfreiheit abweichenden Eingriffen hervor.

1. Grundsatzkonforme Eingriffe

46
Polizeigüterschutz

Die Gründe für grundsatzkonforme, grundsätzlich zulässige Eingriffe liegen namentlich im Polizeigüterschutz oder in der Verfolgung „polizeiverwandter" sozialpolitischer Ziele. Solche Einschränkungen können folglich insbesondere „dem Schutz der öffentlichen Ordnung, der Gesundheit, Sittlichkeit, Sicherheit oder von Treu und Glauben im Geschäftsverkehr dienen"[151].

47
Grundentscheid für wettbewerbsgesteuerte Privatwirtschaft

Grundsatzkonforme Eingriffe sind insbesondere solche, die mit dem ordnungspolitischen Grundentscheid der Bundesverfassung für eine wettbewerbsgesteuerte Privatwirtschaft[152] im Einklang stehen. Die Frage, ob die Kartellgesetzgebung eine Abweichung von der Wirtschaftsfreiheit darstellt, war allerdings unter der Geltung der alten Bundesverfassung umstritten. Ausgehend vom Verfassungstext und von der Systematik des Art. 31bis Abs. 3 lit. d aBV wurde die Frage von einem Teil der Lehre bejaht[153], von der herrschenden Lehre jedoch verneint[154]. Eine klare Entscheidung wurde im Rahmen der Verfassungsrevision von 1999 getroffen. Während Art. 27 BV in Verbindung mit Art. 94 sicherstellt, daß sich der Staat (Bund und Kantone) an die Wirtschaftsfreiheit bzw. an den Grundsatz der Wirtschaftsfreiheit hält, namentlich in ihrer Funktion, die freie Konkurrenz zu schützen, hat der Gesetzgeber gemäß Art. 96 BV die Aufgabe, das Konkurrenzsystem gegen Beschränkungen durch Vorkehren Privater zu schützen, die volkswirtschaftlich oder sozial schädliche Auswirkungen haben. Die Art. 96 BV ausführende Kartellgesetzgebung[155] stellt demzufolge keine Abweichung von der Wirtschaftsfreiheit dar, sondern dient ihrer Ausgestaltung[156]. Hier sorgt der Gesetzgeber – worauf bereits hingewiesen wurde[157] – in Übereinstimmung mit Art. 35 Abs. 3 BV für eine gewisse Horizontalwirkung der Wirtschaftsfreiheit. Demgegenüber wollen grundsatzwidrige Maßnahmen den Marktmechanismus korrigieren oder außer Kraft setzen.

Kartellgesetzgebung als Ausgestaltung der Wirtschaftsfreiheit

2. Grundsatzwidrige Eingriffe (Abweichungen)

48
Verfassungsvorbehalt

Grundsatzwidrige Eingriffe sind solche, die vom Grundsatz der Wirtschaftsfreiheit abweichen. Sie sind nur zulässig, wenn sie in der Bundesverfassung vorgesehen oder durch kantonale Regalrechte begründet sind (Art. 94 Abs. 4 BV). Der Verfassungsgeber geht davon aus, daß bestimmte wirtschaftspoliti-

---

151 *BGE 125* I 335 (337).
152 Vgl. hierzu unten RN 78 ff.; *Vallender*, in: Ehrenzeller u.a., St. Galler Kommentar (LitVerz.), Art. 94 RN 14–28.
153 *Marti* (FN 5), S. 150 f. i.V.m. S. 139.
154 *Gygi/Richli* (FN 71), S. 151 ff.
155 BG v. 6. 10. 1995 über Kartelle und andere Wettbewerbsbeschränkungen (Kartellgesetz [KG], SR 251).
156 Vgl. zu dieser Problematik auch *Aubert*, in: ders./Mahon, Constitution (LitVerz.), Art. 96 RN 3 u. 9.
157 Vgl. oben RN 6 f., 13 sowie unten RN 80.

sche Maßnahmen grundsätzlich verboten sind und von diesem Verbot nur ausnahmsweise aufgrund einer entsprechenden Ermächtigung in der Bundesverfassung dispensiert werden kann. Für grundsatzwidrige Eingriffe gibt es somit einen besonderen Verfassungsvorbehalt. Dieselbe Verfassung, welche die Wirtschaftsfreiheit institutionalisiert, kann auch bestimmte Ausnahmen davon vorsehen[158], freilich nur, solange sie den menschenrechtlichen Gehalt unangetastet läßt. Im Verfassungsvorbehalt für eine bestimmte Wirtschaftspolitik erblickt die Lehre eine spezifische demokratische Funktion der Wirtschaftsfreiheit. Notwendig ist eine von Volk und Ständen gutgeheißene Norm[159]. Das zeigt, daß der Verfassungsgeber in der Beantwortung der Frage, ob und gegebenenfalls in welchen Bereichen Abweichungen vom Gesetzgeber geregelt werden dürfen, nach wie vor eine so bedeutende Materie erblickt, daß er sich diese selbst vorbehält, das heißt dem (einfachen) Gesetzgeber entzieht. Den politischen Sinn der Wirtschaftsfreiheit bringt der Verfassungsgeber zum Ausdruck durch seine rechtliche Vorabentscheidung, wirtschaftliche Überlegungen in der Erwerbswirtschaft den Privaten zu überlassen. Aus diesem Grund „sind sogenannte wirtschaftspolitische Eingriffe in die Handels- und Gewerbefreiheit, das heisst Eingriffe aus wirtschaftlichen Motiven, nur zulässig, wenn die Bundesverfassung dies (...) besonders erlaubt"[160].

Spezifische demokratische Funktion der Wirtschaftsfreiheit

Der Verfassungsvorbehalt für Abweichungen vom Grundsatz der Wirtschaftsfreiheit trägt beachtlich dazu bei, die Qualität des politischen Diskurses zu verbessern. Er bewirkt, daß die Folgen staatlicher Eingriffe eingehender diskutiert und damit transparenter werden; dies namentlich deshalb, weil Abweichungen zweimal diskutiert werden müssen, einerseits in grundsätzlicher Weise und langfristiger Perspektive im Rahmen der Schaffung der Verfassungsgrundlage und andererseits bei der Inanspruchnahme der Kompetenz durch den Gesetzgeber. Auch hinsichtlich des Verfassungsvorbehalts trifft es zu, was *Jan Tumlir* in allgemeiner Weise als zentrale Verfassungsfunktion festhielt: „Constitutions, as a set of rules for the making of rules, are ultimately concerned with the efficient structuring of political discussion, (...) efficient in the sense that the maximum of relevant knowledge and information latent in the society can be brought to bear on collective decisions about rights"[161].

49
Funktion des Verfassungsvorbehalts

Unter einem materiellen Aspekt ist festzuhalten, daß die Bundesverfassung mit dem Verfassungsvorbehalt für Abweichungen vom Grundsatz der Wirtschaftsfreiheit eine Sperrwirkung für bestimmte Arten der Wirtschaftspolitik erzeugt. Sie bringt damit zum Ausdruck, daß nicht jedes öffentliche Interesse herangezogen werden kann, um Eingriffe in die Wirtschaftsfreiheit zu rechtfertigen. Damit verhindert der Verfassungsgeber – ökonomisch gesprochen – politikinduzierte Unsicherheit in beachtlichem Maß[162].

50
Sperrwirkung für bestimmte Arten der Wirtschaftspolitik

---

158 Ähnlich *Mahon*, in: Aubert/ders., Constitution (LitVerz.), Art. 27 RN 20.
159 *Rhinow/Schmid/Biaggini* (FN 108), S. 94 f.
160 *Hangartner*, Zur Konzeption der Handels- und Gewerbefreiheit, in: Detlev-Christian Dicke/Thomas Fleiner-Gerster (Hg.), FS Leo Schürmann, 1987, S. 117 (126).
161 *Tumlir*, Clash of Security and Progress: The Constitutional Resolution, in: ORDO 36 (1985), S. 3 (8 f.).
162 Vgl. *Heinz Hauser/Klaus A. Vallender*, Zur Bindung des Wirtschaftsgesetzgebers durch Grundrechte, 1989, S. 3 ff., 54 ff.

51
Gegen den Wettbewerb gerichtete Maßnahmen

Der Verfassungsgeber umschreibt die grundsatzwidrigen Eingriffe nicht näher. Er beläßt es bei der Nennung eines wichtigen Typus. Demnach geht es insbesondere um Maßnahmen, die sich gegen den Wettbewerb richten (Art. 94 Abs. 4 BV). Das Beispiel, das die Verfassung ausdrücklich nennt – „Massnahmen, die sich gegen den Wettbewerb richten" („mesures menaçant la concurrence"; „provvedimenti dirretti contro la concorrenza") – steht im Einklang mit den vom Bundesgericht in langjähriger Rechtsprechung entwickelten Regeln. Unzulässig sind demnach „wirtschaftspolitische oder standespolitische Massnahmen, die den freien Wettbewerb behindern, um gewisse Gewerbezweige oder Bewirtschaftungsformen zu sichern oder zu begünstigen"[163]. Die Wortwahl des Verfassungsgebers verstellt etwas den Blick für den Gesamtzusammenhang. Das zeigt sich, wenn man vom Sinn und Zweck der Institutionalisierung des Wettbewerbs als Koordinationsmechanismus ausgeht. Wettbewerb ist aus dem Blickwinkel des Verfassungsgebers kein Selbstzweck, sondern ein in der Regel zweckmäßiges Instrument zur Lösung der Koordinationsproblematik im Interesse übergeordneter Ziele. Dort, wo der Verfassungsgeber zuläßt, daß von diesem Koordinationstyp abgewichen wird, geht er davon aus, daß in diesen Bereichen unter Umständen andere Mechanismen (Plan, Gruppenvereinbarung) die auf diesen Gebieten bestehenden Ziele besser erreichen[164]. Insofern trifft es zu, daß die Formulierung „Massnahmen, die sich gegen den Wettbewerb richten" nicht sehr glücklich gewählt wurde[165]. Der Sinn besteht darin, daß hier eine Modifikation oder gar ein Ersatz des Wettbewerbsmechanismus durch alternative Koordinationsmechanismen im Zielinteresse zulässig sein soll.

Institutionalisierung des Wettbewerbs als Koordinationsmechanismus

52
Grundsatzwidrige Eingriffe

Auch grundsatzwidrige Eingriffe müssen sodann die allgemeinen Eingriffsvoraussetzungen gemäß Art. 36 BV erfüllen. Grundsatzwidrig sind insbesondere Eingriffe, „die ein strukturpolitisches Ziel verfolgen (z.B. Erhaltung eines bestimmten Gewerbes, Schutz gegen Konkurrenz, Steuerung von Angebot oder Nachfrage)"[166]. Es geht im Grunde genommen um bestimmte Maßnahmen mit Eingriffscharakter, die wirtschaftspolitisch motiviert sind, das heißt um wirtschaftslenkende Eingriffsmaßnahmen[167]. Als grundsatzwidrig gelten z.B. Lenkungsmaßnahmen, die bestimmte Gastronomiebetriebe verpflichten wollen, über Mittag offen zu halten[168], ebenso wie unverhältnismäßige Anforderungen an Fähigkeitszeugnisse[169]. Ob man letztere als unverhältnismäßige grundsatzkonforme oder als grundsatzwidrige Maßnahmen bezeichnet, ist eine Frage der Terminologie. Man könnte auch argumentieren, daß grundsatzkonforme Maßnahmen von einer bestimmten Eingriffsintensität an zu grundsatzwidrigen werden. Man hätte wohl auf diese Weise der Lehrmeinung Rechnung getragen, wonach es bei der Beurteilung der Frage, ob

Wirtschaftslenkende Eingriffsmaßnahmen

Elemente der Grundsatzwidrigkeit

---
163 *BGE 125* I 335 (337).
164 Vgl. zu dieser instrumentellen Sicht *Vallender/Hettich/Lehne* (FN 38), § 1 IV RN 31 ff.
165 In diesem Sinne wohl *Aubert*, in: ders./Mahon, Constitution (LitVerz.), Art. 94 RN 15.
166 *J.P. Müller*, Grundrechte (LitVerz.), S. 663.
167 *Andreas Lienhard*, Deregulierung – Leitmotiv im Wirtschaftsverwaltungsrecht?, 1995, S. 18 ff.
168 *BGE 116* Ia 113 (117f.).
169 *BGE 117* Ia 440 (446 ff.).

ein Eingriff grundsatzwidrig ist, nicht nur auf das Motiv, sondern auch auf die Wirkungen ankommt[170]. Es ist in erster Linie das Ziel einer Maßnahme, das auf den Ausnahmecharakter der Politik verweist. Das Instrument allein läßt noch keinen abschließenden Aufschluß hinsichtlich der Frage der Grundsatzwidrigkeit oder Grundsatzkonformität zu[171]. Indessen gibt es bestimmte Eingriffsinstrumente, die auf die Grundsatzwidrigkeit hindeuten, indem sie eine gewisse Vermutung in diese Richtung nähren. Es handelt sich dabei um Instrumente, „qui sont suspects par définition", weil sie üblicherweise zur Erreichung protektionistischer Ziele eingesetzt werden; zu denken ist hier beispielsweise an Bedürfnisklauseln[172], Preiskontrollen, Kontingentierungen, Regelungen mit Vertragszwang[173]. Eine nähere Untersuchung kann indessen ergeben, daß ein solches Instrument zur Durchsetzung polizeilicher Ziele eingesetzt wird[174]. Zuweilen bleibt der Charakter – wie bei der noch bis vor kurzem geltenden Bedürfnisklausel für Atomkraftwerke – auch umstritten[175]. Zu Diskussionen Anlaß gegeben haben der Gesetz- und der Verordnungsgeber mit der Einführung einer zeitlich befristeten Bedürfnisklausel für Ärzte[176]. Nach Meinung des Bundesgerichts verletzt der zeitlich befristete Ärztestopp – „soweit dies gestützt auf Art. 191 BV geprüft werden kann (...) – weder das Freizügigkeitsabkommen (...) noch die Wirtschaftsfreiheit (...)"[177]. Das Bundesgericht geht von einer impliziten Abweichungskompetenz aus, die es in Art. 117 BV erblickt. Ob diese Interpretation zutrifft, ist fraglich. Weder der Wortlaut noch die Materialien legen das „Auslegungsergebnis" des Bundesgerichts nahe. Einzig ein Präjudiz des Eidgenössischen Versicherungsgerichts aus dem Jahr 1996[178] bildet hier einen Anknüpfungspunkt. Immerhin ist auch das Bundesgericht der Meinung, daß sich eine dauernde vollständige Abschottung des Marktes gegenüber neuen Konkurrenten mit der Wirtschaftsfreiheit kaum vereinbaren ließe[179]. Inzwischen hat der Gesetzgeber Art. 55a

Vermutung für Grundsatzwidrigkeit

„Ärztestopp"

---

170 Vgl. *Biaggini* (FN 45), S. 779 (787); *Vogel* (FN 131), S. 99.
171 *Vallender/Hettich/Lehne* (FN 38), § 11 II, RN 11 ff.
172 Nach der Rspr. des Bundesgerichts „sind Bedürfnisklauseln regelmässig mit der Wirtschaftsfreiheit unvereinbar, weshalb sie einer besonderen Grundlage in der Verfassung bedürfen". BGer, Urt. v. 27. 11. 2003, 2P.305/2002, Erw. 6.2.
173 *Mahon*, in: Aubert/ders., Constitution (LitVerz.), Art. 27, RN 21.
174 Wie z. B. in früherer Zeit Bedürfnisklauseln im Gastwirtschaftsgewerbe, die ihre Grundlage in Art. 31^{quater} aBV (nicht in Art. 31ter aBV) hatten. Vgl. *Vallender* (FN 38), ^{3}1995, S. 484, nunmehr *Vallender/Hettich/Lehne* (FN 38), § 31 IV RN 92 ff.
175 Art. 3 Bundesbeschluß zum Atomgesetz (SR 732.01), der bis zum Inkrafttreten des neuen Kernenergiegesetzes (SR 732.1), d. h. bis zum 1. 2. 2005 galt. Man konnte die Bedürfnisklausel polizeilich entsprechend der Argumentation motiviert sehen „Je weniger Atomkraftwerke, je weniger Gefahren ausgehend von Atomkraftwerken!".
176 Art. 55a des BG v. 18. 3. 1994 über die Krankenversicherung (KVG, SR 832.10); VO v. 3. 7. 2002 über die Einschränkung der Zulassung von Leistungserbringern zur Tätigkeit zu Lasten der obligatorischen Krankenpflegeversicherung (SR 832.103); vgl. hierzu die einläßliche Kritik bei *David Hofmann*, La clause du besoin pour les médecins et la Constitution fédérale, AJP 2003, S. 789 ff.
177 *BGE* 130 I 26 (Ls., Hervorhebung nur hier).
178 *BGE* 122 V 85 (95 f.).
179 Für die Auffassung des Bundesgerichts spricht, daß die Zulassung oder Nichtzulassung als Leistungserbringer zu Lasten der obligatorischen Krankenversicherung – und nur darum ging es im konkreten Fall – einen Bereich betrifft, welcher der Wirtschaftsfreiheit weitgehend entzogen ist (Versicherungsobligatorium einerseits und Leistungsobligatorium andererseits). Bei der Würdigung des in Frage stehenden Bundesgerichtsentscheids ist die Besonderheit zu berücksichtigen, daß der Zulassungsstopp sowie die Grundzüge der Regelung und die Delegation ihrer weiteren Ausgestaltung an den Bundes-

KVG bereits wieder geändert. Neu ist insbesondere Art. 55 a Abs. 1 Satz 3 KVG, wonach der Bundesrat diese Maßnahme einmal erneuern kann. Von der eingeräumten Verlängerungsmöglichkeit hat der Bundesrat umgehend Gebrauch gemacht und die Geltungsdauer bis zum 3. Juli 2008 verlängert[180]. Ausgehend von der Verlängerung ist die Verfassungsmäßigkeit, namentlich unter dem Aspekt der Verhältnismäßigkeit, noch fragwürdiger geworden; dies vor allem, wenn man die fehlende Zielerreichung berücksichtigt[181].

53
Sachgerechte Lenkungsabgaben

Sachgerecht ausgestaltete Lenkungsabgaben zur Förderung von Zielen, die ihren Niederschlag in der Bundesverfassung gefunden haben, z. B. zur Erreichung umweltpolitischer Ziele, stellen keine grundsatzwidrigen Eingriffe dar[182]. Sie müssen freilich die Voraussetzungen von Art. 36 BV einhalten und dürfen keine grundsatzwidrigen wirtschaftspolitischen Nebenzwecke verfolgen[183]. Lenkungsabgaben haben gegenüber Geboten und Verboten den Vorteil, daß sie grundsätzlich die Vertragsfreiheit respektieren. Wie das Bundesgericht zutreffend festhält, führen sachgerecht ausgestaltete Lenkungsabgaben nicht zu einer Verzerrung des Wettbewerbs, sondern „im Gegenteil idealtypisch zu einer Verbesserung der Wettbewerbssituation, indem sie durch Internalisierung externalisierter Kosten Wettbewerbsverzerrungen ausgleichen"[184].

54
Abweichungskompetenzen betreffend die Kantone

Bindung an den Grundsatz der Wirtschaftsfreiheit

Was die Kantone betrifft, sieht die Bundesverfassung nur zwei Abweichungskompetenzen vor: einerseits Art. 94 Abs. 4 BV, der die kantonalen Regalrechte vorbehält[185], und andererseits die zeitlich befristete Kompetenz des Art. 196 Ziff. 7 BV, wonach die Kantone während längstens zehn Jahren ab Inkrafttreten (1. Januar 2000) der Verfassung vom 18. April 1999 bestehende Regelungen beibehalten können, die zur Sicherung der Existenz bedeutender Teile eines bestimmten Zweigs des Gastgewerbes die Eröffnung von Betrieben vom Bedürfnis abhängig machen können. Die Kantone sind demnach „durchweg an den Grundsatz der Wirtschaftsfreiheit gebunden. Es ist ihnen – abgesehen vom Bereich der Regalrechte – untersagt, den Grundsatz der Wirtschaftsfreiheit zu beeinträchtigen und wirtschaftspolitische Massnahmen im Sinne der bundesgerichtlichen Rechtsprechung zu Art. 31 Abs. 2 aBV zu tref-

---

rat der richterlichen Kontrolle weitgehend entzogen sind. Die auf der Ebene des formellen Bundesgesetzes (Art. 55 a KVG) geregelten Vorgaben betreffend Zulassungsplanung sind nämlich „im Rahmen von Art. 191 BV [neu: Art. 190 BV] – losgelöst davon, ob sie verfassungskonform sind oder nicht – für das Bundesgericht verbindlich". Allerdings besteht kein Prüfungsverbot, sondern nur ein Anwendungs*gebot*. Das Bundesgericht hätte also durchaus, was es in anderen Fällen konsequent tat (z. B. *BGE 131* II 697 [702]), das Verhältnis des Art. 55a KVG bzw. der in Frage stehenden VO zum Bundesverfassungsrecht unter allen Aspekten prüfen und auf diese Weise die Rechtslage klären können. *BGE 130* I 26 (50).
180 Art. 6 Abs. 2 der VO v. 3. 7. 2002 über die Einschränkung der Zulassung von Leistungserbringern zur Tätigkeit zu Lasten der obligatorischen Krankenversicherung (SR 832.10).
181 Hierzu NZZ v. 6. 2. 2004, S. 13: „Ärztestopp bleibt vorerst ohne Wirkung – Eine Stabilisierung der Ärztezahl ist nicht feststellbar"; ähnlich SDA v. 9. 7. 2006: „Mehr Arztpraxen trotz Zulassungsstopp".
182 Vgl. *Klaus A. Vallender/Reto Jacobs*, Ökologische Steuerreform. Rechtliche Grundlagen, 2000, S. 104 ff.
183 *BGE 125* I 182 (199).
184 *BGE 125* I 182 (199 f.) m.H. auf *Michael Beusch*, Lenkungsabgaben im Strassenverkehr, 1999, S. 7 ff., und *Hansjörg Seiler*, in: Vereinigung für Umweltrecht/Helen Keller (Hg.), Kommentar zum Umweltschutzgesetz, ²2002, Art. 35 a USG (Stand März 1999), RN 28; vgl. weiter *Reto Jacobs*, Marktwirtschaftlicher Umweltschutz aus rechtlicher Sicht – Zertifikatslösungen im Luftreinhalterecht der USA und der Schweiz, 1997, S. 185 ff.
185 Vgl. unten RN 66 ff.

fen"[186]. Der Verfassungsgeber geht davon aus, daß im Verhältnis zur Koordination der Wirtschaft durch Wettbewerb Staatsinterventionismus, wenn überhaupt, auf Bundesebene erfolgen soll[187].

Die Bundesverfassung kennt auch eine Reihe ausdrücklicher Vorbehalte für grundsatzwidrige Maßnahmen des Bundes. Diese sind im Abschnitt „Wirtschaft" (Art. 94 bis 107 BV) geregelt. Der Verfassungsgeber normiert in diesem Zusammenhang regelmäßig, der Bund könne im Rahmen der jeweils in Frage stehenden Politik „nötigenfalls vom Grundsatz der Wirtschaftsfreiheit abweichen". Zu nennen sind der Konjunkturartikel (Art. 100 Abs. 3 BV), der Außenwirtschaftsartikel (Art. 101 Abs. 2 Satz 2 BV), der Artikel über die Landesversorgung (Art. 102 Abs. 2 BV), der Strukturpolitikartikel (Art. 103 Satz 2 BV), der Landwirtschaftsartikel (Art. 104 Abs. 2 BV). Diese Abweichungskompetenzen sind Elemente von Normen, denen regelmäßig zugleich der Charakter einer Ziel- und Schrankenziehungskompetenz zukommt. Auch sie bedürfen der Auslegung, um ihre Bedeutung angesichts konkreter Gesetzgebungsvorhaben zu ermessen.

55
Ausdrückliche Vorbehalte grundsatzwidriger Maßnahmen des Bundes

Ziel- und Schrankensetzung

In diesem Zusammenhang stellt sich die Frage, ob es neben diesen expliziten Abweichungsermächtigungen noch weitere, durch Auslegung zu erschließende Kompetenzen zu grundsatzwidrigen Eingriffen in die Wirtschaftsfreiheit gibt. Unter dem Recht der alten Bundesverfassung wurde diese Frage bejaht und anerkannt, daß neben den ausdrücklichen auch implizite Abweichungskompetenzen existierten. Der Verfassungstext von 1999 (Art. 94 Abs. 4 BV) läßt, sieht man einmal von den kantonalen Regalrechten ab, die Abweichungen nur zu, „wenn sie in der Bundesverfassung vorgesehen" sind („si elles sont prévues par la Constitution féderale"; „se previste dalla presente Costituzione"). Vom Wortlaut der Verfassung her gesehen wäre es daher naheliegend, davon auszugehen, daß die Vorbehalte ausdrücklich formuliert sein müßten. Es ist bedauerlich, daß die Kompetenzen für grundsatzwidrige Eingriffe in die Wirtschaftsfreiheit im Rahmen der Totalrevision nicht ausdrücklich „nachgeführt" worden sind. Daraus kann indessen kaum geschlossen werden, daß es keine impliziten Abweichungskompetenzen mehr gibt. Das „Nachführungskonzept" gemäß der Botschaft des Bundesrats, wonach die Ermächtigung zur Abweichung „eine ausdrückliche oder eine stillschweigende" sein kann[188], und das Fehlen entgegenstehender Argumente in den Beratungen legen vielmehr nahe, daß an der bisherigen Rechtslage nichts geändert werden sollte. Demgemäß sind weiterhin auch nicht ausdrücklich genannte Abweichungskompetenzen anzunehmen. Auch die Rechtsprechung des Bundesgerichts geht von impliziten Abweichungskompetenzen aus[189]. Das ist ein Schönheitsfehler, mit dem Juristen leben müssen[190].

56
Implizite Abweichungsermächtigungen

„Nachführungskonzept" des Bundesrates

---

186 *BGer*, Urt. v. 17. 5. 2002, 2P.306/2001, Erw. 2.2.
187 *Mahon*, in: Aubert/ders., Constitution (LitVerz.), Art. 27 RN 22.
188 Botschaft v. 20. 11. 1996 über eine neue Bundesverfassung, BBl 1997, S. 1 (297, FN 337; s. a. S. 275).
189 *BGer*, Urt. v. 27. 11. 2003, 2P.305/2002, Erw. 6.2.
190 „Il faudra donc continuer d'expliquer que les dérogations sont, en principe, contraires à la Constitution, mais *qu'elles* ne le sont pas quand la Constitution le précise et que ne le sont non pas non plus dans plusieurs domaines où la Constitution ne le précise pas"; *Aubert*, Regards sur la nouvelle Constitution Fédérale, in: plädoyer 5/1999, S. 41 (44).

57
Kein Unterschieben neuer Abweichungskompetenzen

Indessen ist angesichts der Konzeption von Art. 94 Abs. 1 BV davon auszugehen, daß der Bundesverfassung keine neuen Abweichungskompetenzen „unterlegt" werden dürfen. Implizite Kompetenzen für grundsatzwidrige Eingriffe sind daher nur dann anzunehmen, wenn sie sich durch überzeugende Auslegung herleiten lassen. Zu beachten ist namentlich, daß nicht immer, wenn eine umfassende Bundeskompetenz gegeben ist, auf eine Abweichungskompetenz „geschlossen" werden kann[191]. Ein solcher Schluß ist aufgrund von Art. 94 Abs. 1 BV offenkundig unhaltbar. Ein Beispiel für eine stillschweigende Kompetenz, die sich durch Interpretation zwingend ergibt, bildet Art. 90 BV (Bundeskompetenz auf dem Gebiet der Kernenergie). Hier folgt zumindest unter Zugrundelegung der Materialien, daß es in der Gestaltungsfreiheit des Bundesgesetzgebers liegt, die Wahl des Koordinationstyps vorzunehmen. Er hat die Möglichkeit, ein Monopol zu errichten, ein Konzessionssystem vorzusehen oder das Gebiet durch grundsatzwidrige und/oder grundsatzkonforme Vorschriften zu regeln[192]. Diese Gestaltungsfreiheit ergibt sich

Wille des Verfassungsgebers

indessen nicht daraus, daß der Bund eine umfassende Kompetenz im Bereich der Atomenergie hat, sondern aus dem Willen des Verfassungsgebers[193]. Wirtschaftspolitische Einschränkungen der Wirtschaftsfreiheit und die Errichtung eines Monopols wurden ausdrücklich vorbehalten[194].

58
Geringe Bedeutung der Abweichungskompetenzen

Die Relevanz namentlich der ausdrücklichen Abweichungskompetenzen ist in der Praxis weniger ausgeprägt, als es aufgrund der Lektüre des Verfassungstextes zunächst den Anschein macht. Die mit den Abweichungskompetenzen angesprochenen Politiken sind schon lange „aus der Mode" gekommen. Sie wurden vor allem bis in die Anfänge der fünfziger Jahre des letzten Jahrhunderts praktiziert, um vom Wettbewerb bedrohte Strukturen zu erhalten[195]. Gründe für die verhältnismäßig geringe Bedeutung der Abweichungskompetenzen sind insbesondere darin zu erblicken, daß die entsprechenden Kompetenzen, die schon Ende der dreißiger Jahre beraten und im Jahr 1947 in die alte Bundesverfassung aufgenommen wurden, das wirtschaftswissenschaftliche Grundverständnis dieser Zeit widerspiegeln. Heute dürften von der Wirtschaftsfreiheit abweichende interventionistische Instrumente, wie sie beispielsweise aufgrund von Art. 103

Begrenztes Abweichungspotential des Konjunkturartikels

BV (Strukturpolitik) rechtlich zulässig wären, kaum eine Chance haben. Was das Abweichungspotential des Konjunkturartikels (Art. 100 BV) betrifft, ist festzustellen, daß die Nationalbank seit Jahren mit grundsatzkonformen Steuerungsinstrumenten auskommt. Im Bereich der Außenwirtschaft (Art. 101 BV) kommen vom Grundsatz der Wirtschaftsfreiheit abweichende Maßnahmen am ehesten noch als Retorsionsmaßnahmen in Frage. Dem entspricht auch die Kon-

---

191 *Aubert*, in: ders./Mahon, Constitution (LitVerz.), Art. 94 RN 21.
192 *Vallender/Hettich/Lehne* (FN 38), § 29 RN 6; a.M. *Etienne Grisel*, Liberté de commerce et de l'industrie. Libéralisme et droit économique en Suisse, Bd. II, 1995, S. 215.
193 Botschaft v. 26.4.1957 über die Ergänzung der Bundesverfassung durch einen Artikel betreffend Atomenergie und Strahlenschutz, BBl 1957, S. 1137 (1154 f.).
194 Vgl. *Jagmetti*, in: Aubert u.a., Bundesverfassung 1874 (LitVerz.), Art. 24^{quinquies} RN 28.
195 *Aubert*, in: ders./Mahon, Constitution (LitVerz.), Art. 94 RN 17.

zeption der hier einschlägigen Gesetzgebung[196]. Die Kompetenz im Bereich der Landesversorgung (Art. 102 BV) zielt allein auf außergewöhnliche Situationen (machtpolitische oder kriegerische Bedrohungen sowie schwere Mangellagen, „denen die Wirtschaft nicht selbst zu begegnen vermag") und ist von daher eng begrenzt. Eine bedeutende Rolle spielt die Abweichungskompetenz demgegenüber nach wie vor bezüglich der Landwirtschaft (Art. 104 BV), nicht zuletzt, weil diese neben marktfähigen Gütern und Dienstleistungen auch öffentliche Güter (z. B. Landschaftspflege) erstellt.

Landesversorgung

3. Monopole

Die wohl weitestgehenden Eingriffe in die Wirtschaftsfreiheit bzw. Ausnahmen von ihr bilden bestimmte Monopole des Bundes und der Kantone. Mit der Monopolisierung werden bestimmte wirtschaftliche Tätigkeiten dem Gemeinwesen vorbehalten[197]. Das Verwaltungsgericht des Kantons Zürich spricht hier zutreffend vom „Marktausschluss"[198]. Man unterscheidet unter den Monopolen namentlich unmittelbar und mittelbar rechtliche Monopole sowie faktische Monopole.

59
Marktausschluß zugunsten des Gemeinwesens

Rechtliche Monopole sind solche, bei denen dem Gemeinwesen durch Rechtssatz bestimmte wirtschaftliche Tätigkeiten vorbehalten werden. Damit wird den Privaten die entsprechende Tätigkeit untersagt[199]. Das unmittelbar rechtliche Monopol räumt dem Gemeinwesen die ausschließliche Befugnis ein, eine bestimmte wirtschaftliche Tätigkeit auszuüben. Das mittelbar rechtliche Monopol beinhaltet eine Benützungspflicht für eine vom Gemeinwesen angebotene Leistung. Die rechtlichen Monopole sind also unterschieden nach dem Kriterium der Zulässigkeit privatwirtschaftlicher Tätigkeit im gleichen Geschäftsbereich[200]. Bei den unmittelbar rechtlichen Monopolen kann der Staat die private Erwerbstätigkeit im Monopolbereich verbieten, bei den mittelbar rechtlichen Monopolen schließt er die private Tätigkeit nicht aus, sieht aber einen Benützungszwang für die vom Gemeinwesen angebotenen Leistungen vor (z.B. obligatorische Versicherung bei den kantonalen Gebäudeversicherungsanstalten[201], obligatorische Schülerunfallversicherung[202], obligatorische Inanspruchnahme der kommunalen Kehrichtentsorgung[203]).

60
Unmittelbare und mittelbare rechtliche Monopole

Im Schrifttum wird sodann zwischen formellen rechtlichen Monopolen und realen rechtlichen Monopolen unterschieden. Von ersteren spricht man, wenn eine Wirtschaftstätigkeit rechtlich dem Gemeinwesen vorbehalten ist,

61
Formelle und reale rechtliche Monopole

---
196 BG v. 25.6.1982 über aussenwirtschaftliche Massnahmen (SR 946.201); ansonsten handelt es sich im wesentlichen nicht um Eingriffsgesetze, sondern um Förderung. Dazu BG v. 6.10.2000 über die Förderung des Exports (Exportförderungsgesetz, SR 946.14).
197 *Vallender/Hettich/Lehne* (FN 38), § 5 III RN 125 ff.
198 *Verwaltungsgericht Zürich*, Urt. v. 18.12.1998, ZBl 100 (1999), S. 428 (431).
199 *BGE 128* I 3 (11); *125* I 209 (222).
200 *Marti* (FN 5), S. 167.
201 *BGE 124* I 11 (14 ff.); *124* I 25 (27 ff.).
202 *BGE 101* Ia 124 (127 ff.).
203 *BGE 125* II 508 (511).

es dieses aber nicht selbst vornimmt, sondern die der Privatwirtschaft entzogene Tätigkeit „konzessionsweise Privaten zur Wahrnehmung" verleiht. Man kann hier auch von einem Konzessionssystem sprechen[204]. Reale rechtliche Monopole liegen dagegen vor, wenn das Gemeinwesen die Tätigkeit selbst ausübt[205].

62
Faktische Monopole

Von einem faktischen Monopol spricht man, wenn sich die Monopolstellung aus der Herrschaft des Gemeinwesens über öffentliche Sachen ergibt. Wie das Bundesgericht hervorhebt, handelt es sich um ein faktisches Monopol, „wenn das Gemeinwesen kraft seiner Herrschaft über den öffentlichen Grund Private von einer ihnen an sich nicht verbotenen wirtschaftlichen Tätigkeit ausschliesst"[206]. Beim faktischen Monopol werden demnach die privaten Wirtschaftssubjekte infolge von tatsächlichen Umständen, „Fakten", in der Regel aufgrund der Hoheitsgewalt des Gemeinwesens über öffentliche Sachen, von wirtschaftlichen Betätigungen ausgeschlossen, die dem Grundsatz nach erlaubt sind[207]. Zu denken ist etwa an Leitungen für die Verteilung von Elektrizität, Gas und Wasser über oder unter öffentlichen Straßen.

a) Monopole im Rahmen des Regalvorbehaltes

63
Kantonale Regale als Ausgangspunkt

Nachführungskonzept

Die alte Bundesverfassung in der Fassung von 1874 behielt nur das Salzregal ausdrücklich vor. Dessen ungeachtet gingen Lehre und Praxis davon aus, daß noch weitere kantonale Regale zulässig waren. Im Rahmen der Revision der Wirtschaftsartikel wurde 1947 ein allgemeiner Regalvorbehalt in Art. 31 Abs. 2 letzter Satz aBV verankert[208]. In der geltenden Bundesverfassung findet sich der Regalvorbehalt in Art. 94 Abs. 4 BV. Inhaltlich entspricht diese Übernahme dem Nachführungskonzept[209]. Im folgenden wird auf den Inhalt dieses Vorbehalts und auf die Monopolisierungskompetenz der Kantone eingegangen.

64
Synonymität von Regal und Monopol

Ursprünglich verstand man unter Regal „das ausschliessliche Recht des Gemeinwesens zur Gewinnung von Boden- und Wasserschätzen (z.B. Bergregal, Salzregal, Wasser-, Fischereiregal)"[210]. Davon unterschied man das Monopol als dem privaten Monopol vergleichbares Ausschließlichkeitsrecht (ausschließlich dem Gemeinwesen vorbehaltenes Anbieten von Gütern und Dienstleistungen). In der neueren Lehre werden indessen die Begriffe Regal und Monopol zunehmend synonym verwendet, und es wird auf die nur noch historische Bedeutung der Unterscheidung verwiesen[211]. Was die Zulässigkeit

---

204 *Gygi/Richli* (FN 71), S. 72.
205 *Gygi/Richli* (FN 71), S. 71.
206 *BGE 128* I 3 (11); *125* I 209 (222).
207 *Ulrich Häfelin/Georg Müller/Felix Uhlmann*, Allgemeines Verwaltungsrecht, ⁵2006, RN 2568; *Vallender/Hettich/Lehne* (FN 38), § 5 III RN 133.
208 Vgl. zu dieser Entwicklung die sorgfältige Analyse des Bundesgerichts in *BGE 124* I 11 (15 f.); weiter *Karin Sutter-Somm*, Das Monopol im schweizerischen Verwaltungs- und Verfassungsrecht, 1989, S. 106 ff.
209 Botschaft v. 20. 11. 1996 über eine neue Bundesverfassung, BBl 1997, S. 1 (297); *BGE 128* I 3 (10) m.H.
210 *Gygi/Richli* (FN 71), S. 71.
211 *J.P. Müller*, Grundrechte (LitVerz.), S. 668.

solcher Rechte betraf, gab es unterschiedliche Positionen. Während ein Teil der früheren Lehre den Begriff des Regals den historisch begründeten Grund- und Bodenregalen vorbehielt, gesellten andere diesen zugleich diejenigen Gewerbemonopole zu, die zum Zeitpunkt der Totalrevision der Bundesverfassung von 1874 schon bestanden, so namentlich das Gebäudeversicherungsmonopol[212].

Bestandsorientierte Zulässigkeit

Weitgehend unbestritten ist heute, daß sich der Regalvorbehalt des Art. 94 Abs. 4 BV auf die historischen Grundmonopole bezieht, namentlich auf das Jagd-, das Fischerei-, das Bergwerk- und das Salzregal[213]. Nach der höchstrichterlichen Praxis dürfen diese Monopole vom Gemeinwesen auch fiskalisch genutzt werden[214]. Es wird argumentiert, es handle sich bei diesen Monopolen um solche, die vorbestandene, nur beschränkt vorhandene, wirtschaftlich nutzbare Naturgüter beträfen, die herrenlos seien und daher den Kantonen zustünden. Das Bundesgericht ist der Auffassung, daß das Gemeinwesen, dem die Herrschaft über diese Güter zusteht, daraus den gleichen Nutzen ziehen kann, wie das – stünden die fraglichen Güter im Privateigentum – ein Privater könnte[215]. Die Frage, ob die Rechtsauffassung in dieser Allgemeinheit zutrifft, soll hier nicht näher untersucht werden. Angemerkt sei nur, daß namentlich fraglich ist, ob diese Rechtsmeinung den Vorbehalt des öffentlichen Interesses als Legitimationsgrundlage allen staatlichen Handelns (Art. 5 Abs. 2 BV) gebührend gewichtet. Dies auch und gerade, wenn man das öffentliche Interesse nicht als vor-, sondern aufgegeben und substantiell verfassungsgebunden einstuft.

65
Historische Grundmonopole

Vorbehalt öffentlichen Interesses

b) Monopole außerhalb des Regalvorbehaltes

Weniger gefestigt ist die Antwort auf die Frage, ob die Kantone neue Monopole errichten dürfen, die sich nicht auf den Regalvorbehalt des Art. 94 Abs. 4 BV stützen lassen. Die Frage wird bejaht, sofern hierfür hinreichende Gründe bestehen. Solche neuen Monopole – es dürfte sich typischerweise um Gewerbemonopole handeln – lassen sich nur rechtfertigen als kantonale Vorschriften, die aus Gründen der Gefahrenabwehr oder aus zulässigen sozialpolitischen Motiven oder anderen Gründen des öffentlichen Wohls erforderlich sind[216]. Die Erforderlichkeit muß zeitlich und sachlich andauern, das heißt insbesondere, daß die Zulässigkeit der Monopolisierung grundsätzlich jederzeit überprüfbar bleiben muß[217]. Wichtig ist somit, daß es sich bei den neuen Monopolen nicht um Monopole handeln darf, die auf grundsatzwidrigen Motiven beruhen[218]. Auch nach der Rechtsprechung des Bundesgerichtes kommen zur Rechtfertigung vor allem polizeiliche oder sozialpolitische Gründe in Frage[219].

66
Errichtung neuer Monopole

Erforderlichkeitskriterium

---

212 Vgl. hierzu *Rhinow*, in: Aubert u. a., Bundesverfassung 1874 (LitVerz.), Art. 31 RN 229 m.w.N.
213 *BGE 128* I 3 (10).
214 *BGE 124* I 11 (15) m.H. auf *BGE 119* Ia 123 (128) und *114* Ia 8 (11) sowie auf einschlägige Publikationen.
215 *BGE 124* I 11 (17).
216 Gleicher Meinung *Rhinow*, in: Aubert u. a., Bundesverfassung 1874 (LitVerz.), Art. 31 RN 232.
217 *J.P. Müller*, Grundrechte (LitVerz.), S. 668 unter Hinweis auf die Rspr. des Bundesgerichts zum nicht (mehr) erforderlichen Hausinstallationsmonopol.
218 *BGE 125* I 209 (221).
219 *BGE 128* I 3 (10).

67
Unzulässigkeit von Fiskalmonopolen

Sodann dürfen solche Monopole im Unterschied zu den historischen Monopolen nicht als Fiskalmonopole ausgestaltet werden[220]. Das Bundesgericht stellt zu Recht einen wesentlichen Zweck des Verbots von Fiskalmonopolen in den Vordergrund: „Die Unzulässigkeit von Fiskalmonopolen dient in erster Linie dem Schutz einer privatwirtschaftlichen Ordnung; würde ein rein fiskalisches Interesse als hinreichendes öffentliches Interesse für die Begründung eines Monopols anerkannt, könnte ein Kanton die ganze Wirtschaftstätigkeit, soweit sie gewinnbringend ist, monopolisieren und damit die privatwirtschaftliche Ordnung und die Handels- und Gewerbefreiheit faktisch aus den Angeln heben"[221]. Freilich ist auch hier anzumerken, daß ein fiskalisch motiviertes Gewerbemonopol nur eine Ausprägung der grundsatzwidrigen Monopole darstellt.

68
Zulässigkeit fiskalischen Nebeninteresses

Die Erzielung eines unbedeutenden Reinertrages soll hingegen nach der Meinung des Bundesgerichts keinen Grund darstellen, der erfolgreich gegen ein polizeilich oder sozialpolitisch begründetes Monopol angeführt werden kann. Das Bundesgericht läßt also ein fiskalisches Nebeninteresse zu. Als entscheidendes Argument führt es an, die Wirtschaftsfreiheit werde dadurch in ihrem Sinn als Hüterin der privatwirtschaftlichen Ordnung wie auch als individualrechtlicher Schutz der Ausübung bestimmter wirtschaftlicher Tätigkeiten nicht stärker beeinträchtigt als durch ein (zulässiges) Monopol, das keinen Ertrag abwerfe[222]. Diese Argumentation besticht auf den ersten Blick. Näheres Hinsehen fördert aber zutage, daß Monopole, die typischerweise einen Ertrag abwerfen, wie beispielsweise Gebäudeversicherungsmonopole, unter dem Aspekt der Grundsatzwidrigkeit (unter dem Abweichungsaspekt) anders zu beurteilen sind als Monopole, bei denen aufgrund der Leistungsart nicht mit Erträgen gerechnet werden kann.

Typizität der Ertragsorientierung

69
Voraussetzungen neuer kantonaler Monopole

Für die Einführung eines neuen kantonalen Monopols verlangt das Bundesgericht die Erfüllung der üblichen Eingriffsvoraussetzungen (Art. 36 BV), das heißt eine gesetzliche Grundlage, ein überwiegendes öffentliches Interesse sowie die Beachtung des Verhältnismäßigkeitsgrundsatzes. Außerdem darf, wie oben bereits erwähnt, ein neues Monopol nicht aus wirtschaftspolitischen, das heißt grundsatzwidrigen Gründen eingeführt werden („ne peuvent toutefois se fonder sur des motifs de politique économique"[223]).

70
Anforderungen an gesetzliche Grundlage

Die Anforderungen an die gesetzliche Grundlage sind unterschiedlich, je nachdem um welches Monopol es sich handelt. Dabei kommt namentlich der Unterscheidung in faktische und rechtliche Monopole Bedeutung zu[224]. Das Bundesgericht erklärt das anhand des Plakatanschlagsmonopols wie folgt: „La réglementation de l'affichage fait apparaître nettement la différence entre les deux notions: si une commune veut se réserver la pose des placards sur tout son territoire, y compris les fonds privés, elle doit nécessairement créer un monopole de droit, fondé sur une base légale explicite. Si elle veut limiter son activité au

---

220 *BGE 124* I 11 (16).
221 *BGE 124* I 11 (18).
222 *BGE 124* I 11 (18f.).
223 *BGE 125* I 209 (221).
224 Vgl. zu den Begriffen oben RN 59ff.

domaine public, elle peut instituer un simple monopole de fait (...). Un tel monopole de fait n'est, par définition, soumis à aucune base légale expresse. C'est d'ailleurs ce qui le distingue du monopole de droit"[225]. Diese Auffassung steht meines Erachtens in einem Spannungsverhältnis zum Demokratieprinzip. Der Entscheid über die Ausnützung der aus den „Fakten" (Hoheit über die öffentlichen Sachen) resultierenden Monopolstellung (im obigen Beispiel betreffend Plakatanschlag) bedürfte demokratischer Legitimation und müßte im Einklang mit dem Grundsatz der Wirtschaftsfreiheit stehen.

Das Bundesgericht[226] hat im Zusammenhang mit dem *öffentlichen Interesse* unter anderem ausgeführt, die marktwirtschaftliche Ordnung, die durch die wirtschaftspolitische Komponente von Art. 31 aBV (Art. 27 BV) geschützt werde, finde ihre Legitimation darin, daß dadurch die wirtschaftlichen Bedürfnisse der Bevölkerung möglichst effizient und preisgünstig befriedigt werden sollten. Das ist nach dem hier vertretenen Standpunkt als ein Motiv des Bundesverfassungsgebers zutreffend; es ist freilich nicht das einzige, kommt doch namentlich der freien wirtschaftlichen Entfaltung des Individuums herausragende Bedeutung zu. Das Bundesgericht argumentiert weiter: Wenn sich erweise, daß eine Dienstleistung, an deren Obligatorium ein erhebliches öffentliches Interesse bestehe, mit einem Monopolsystem wesentlich vorteilhafter erbracht werde als durch die Privatwirtschaft, so könne das ein zulässiges öffentliches Interesse darstellen, um eine Einschränkung der Wirtschaftsfreiheit zu rechtfertigen. Diese Erwägung bedarf der Präzisierung. Sie kann nicht bedeuten, daß es Sache der (26 kantonalen) Gesetzgeber ist, darüber zu entscheiden, wann unter wirtschaftspolitischen Aspekten Marktlösungen und wann Monopollösungen angezeigt sind. Diese Frage ist prinzipiell nicht vom Gesetzgeber zu entscheiden, sondern ist bereits vom Bundesverfassungsgeber vorentschieden. Der Verfassungsgeber sprach sich zugunsten des Vorranges der Freiheit der Wirtschaftenden aus. Neben dem individualrechtlichen Aspekt entschied er damit über eine klassisch wirtschaftspolitische, die Koordination der Wirtschaftstätigkeit betreffende Frage. Nach Bundesverfassungsrecht können neue Monopole, die sich nicht als verhältnismäßige (insbesondere auch erforderliche) wirtschaftspolizeiliche oder sozialpolitische Maßnahme begründen lassen, nicht damit gerechtfertigt werden, die Koordination mittels Staatswirtschaft (staatliches Monopol) sei im betreffenden Bereich erfolgreicher als diejenige mittels Wettbewerbs. Dies zu regeln ist Sache des Verfassungsgebers (Art. 94 Abs. 4 BV). Es zuzulassen, daß ein Gewerbezweig aus wirtschaftspolitischen Gründen dem Schutzbereich der Wirtschaftsfreiheit weitgehend entzogen werden kann, ist dem Bundesverfassungsgeber vorbehalten. Abstrakt sieht das auch das Bundesgericht so: „Les restrictions cantonales à la liberté du commerce et de l'industrie ne peuvent (...) se fonder sur des motifs de politique économique et intervenir dans la libre concurrence pour favoriser certaines formes d'exploitation en dirigeant l'économie selon

71
Legitimationsgründe marktwirtschaftlicher Ordnung

Eingrenzung des öffentlichen Interesses

Freiheitsvorrang der Wirtschaftenden

---

225 *BGE 125* I 209 (222); ebenso *BGE 128* I 3 (11); vgl. zur Unzulässigkeit eines solchen Plakatanschlagmonopols sogleich RN 72.
226 In *BGE 124* I 25 (31).

un certain plan, à moins que cela ne soit prévu par une disposition constitutionnelle spéciale (...). L'Art. 31 al. 2 Cst. autorise les cantons à instituer d'autres monopoles que les ‚régales cantonales', pour autant qu'ils respectent également les principes mentionnés ci-dessus"[227].

72
Verhältnismäßigkeit der Monopolbildung

Die Monopolisierung eines Gewerbezweiges muß *verhältnismäßig*[228] sein, was insbesondere bedeutet, daß sie zur Erfüllung des öffentlichen Interesses erforderlich ist. Die Voraussetzung der Erforderlichkeit dürfte in der Praxis hinsichtlich der meisten kantonalen Monopole nicht gegeben sein. Das gilt auch für das oben[229] angeführte Gebäudeversicherungsmonopol. Reduziert man die Gründe für seine Einführung oder Aufrechterhaltung unter Außerachtlassung fiskalischer Nebenmotive und grundsatzwidriger wirtschaftspolitischer Motive (wie sie im Glarner Entscheid[230] unter anderem mit dem Hinweis auf „deutlich tiefere Versicherungsprämien" anklingen) auf die zulässigen angeführten feuerpolizeilichen und sozialpolitischen Gründe, liegt die Annahme nahe, daß diese Anliegen mit weniger weitgehenden Maßnahmen erreicht werden können. Insbesondere das öffentliche Interesse an einer obligatorischen Versicherung kann ohne Verstaatlichung durch die Einführung eines Versicherungsobligatoriums erreicht werden. Betreffend Plakatanschlag auf privatem Grund hat das Bundesgericht seine Rechtsprechung bezüglich der Zulässigkeit rechtlicher Monopole geändert[231]. Es ist zur Überzeugung gelangt, daß ein rechtliches Monopol, soweit es privaten Grund erfaßt, einen unverhältnismäßigen Eingriff in die Wirtschaftsfreiheit darstellt, weil eine Bewilligungspflicht verbunden mit entsprechenden Sachnormen zur Durchsetzung der maßgeblichen öffentlichen Interessen genügt[232].

c) Monopole des Bundes

73
Erfordernis bundesverfassungsrechtlicher Grundlage

Monopole des Bundes, durch die ein Gewerbezweig der Privatwirtschaft entzogen werden soll, bedürfen, da es sich um grundsatzwidrige Eingriffe (Abweichungen) handelt, einer besonderen Grundlage in der Bundesverfassung. Einen allgemeinen Monopolvorbehalt enthält die Bundesverfassung nicht. Der Bundesgesetzgeber hat eine Monopolkompetenz nur, wenn hierfür eine spezifische Verfassungsgrundlage besteht. Auch hier gilt, was bereits oben gesagt wurde, daß sich diese Monopolkompetenzen nicht ausdrücklich im Verfassungstext niedergeschlagen haben müssen, sondern sich auch aufgrund der Verfassungsinterpretation ergeben können[233]. Unzulässig ist es allerdings auch hier, schon daraus, daß etwas zur Bundessache erklärt wird, zu schließen, es dürfe im fraglichen Bereich von der Wirtschaftsfreiheit abgewichen werden[234].

---

227 *BGE 125* I 209 (221 f.).
228 → Bd. III: *Merten*, Verhältnismäßigkeitsgrundsatz, § 68.
229 RN 68.
230 *BGE 124* I 25.
231 Vgl. zur früheren Rspr. *BGE 100* Ia 445.
232 *BGE 128* I 3 (14 ff. u. 17).
233 Vgl. oben RN 63.
234 Vgl. oben RN 64.

D. Die Wirtschaftsfreiheit als Ordnungsprinzip – Systemrelevanz der Wirtschaftsfreiheit

Folge namentlich der umfassenden Gewährleistung der Wirtschaftsfreiheit ist eine institutionelle Garantie zugunsten der Privatwirtschaft. Demnach ist Wirtschaften grundsätzlich Sache der Privaten. Das dürfte heute weitgehend unbestritten sein[235].

74
Institutionelle Garantie der Privatwirtschaft

Man kann im Grundsatz der Privatwirtschaft auch eine Institutsgarantie erblicken[236]. Die verfaßte Privatwirtschaft wird dann als Einrichtung der schweizerischen Rechtsordnung geschützt. Zu weit ginge es, dem Grundsatz der Privatwirtschaft die Qualität eines selbständigen verfassungsmäßigen Rechts zuteil werden zu lassen[237]. Indessen überzeugt der Vorschlag, dem Gesetzmäßigkeitsprinzip analog zum Abgaberecht als Teilgehalt des Grundsatzes der Privatwirtschaft im Kontext mit staatlichen Wirtschaftstätigkeiten den Rang eines verfassungsmäßigen Rechts einzuräumen[238].

75
Institutsgarantie

Die Bundesverfassung gewährleistet den Privaten den freien Zugang zu einer privatwirtschaftlichen Erwerbstätigkeit und deren freie Ausübung. Damit verpflichtet der Verfassungsgeber den Staat, die Träger der Wirtschaftsfreiheit in ihrer privatwirtschaftlichen Erwerbstätigkeit gewähren zu lassen[239]. Wie bei anderen Grundrechten trifft der Verfassungsgeber mit der Gewährleistung der Wirtschaftsfreiheit eine politische Entscheidung, die den Gesetzgeber bindet. Im Bereich der Wirtschaftsfreiheit ist dies die Freiheit ökonomischer Entscheidung[240].

76
Freie Aufnahme und Ausübung privatwirtschaftlicher Erwerbstätigkeit

Der Umfang und die Bedeutung dieser Garantie waren unter der Geltung der alten Bundesverfassung umstritten. Im Rahmen der Nachführung hat der Verfassungsgeber die Rechtslage nach ausgiebiger Diskussion geklärt. Erhellend wirkte hier namentlich die Diskussion um das Verhältnis des Art. 27 BV zu den Art. 94, 95 und 96 BV. Insbesondere aufgrund zweier im Nationalrat eingebrachter Minderheitsanträge[241] wurde die Rechtslage präzisiert. Einerseits wurde der Antrag abgelehnt, der Wirtschaftsfreiheit eine Sozialpflichtigkeitsklausel beizugeben (Minderheitsantrag I); andererseits führten die Argumente gegen ein Aufgeben des ausdrücklichen – individualrechtlich durchsetzbaren – Verfassungsvorbehaltes für von der Wirtschaftsfreiheit abwei-

77
Präzisierung der Rechtslage

---

235 *Auer/Malinverni/Hottelier*, Droit constitutionnel, Bd. II (LitVerz.), S. 426, RN 904.
236 *Vallender*, Grundzüge der „neuen" Wirtschaftsverfassung, AJP 1999, S. 677 (682) m.H.
237 Gleicher Meinung *Vogel* (FN 131), S. 117.
238 *Vogel* aaO., S. 120. Einen Anknüpfungspunkt für diesen Gedanken bildete in der alten Bundesverfassung Art. 32, der zwar nicht als Grundrecht ausgestaltet war, aber explizit verlangte, daß die Ausführungsbestimmungen zu den in Art. 32 Abs. 1 aBV aufgezählten Ermächtigungen zu Interventionen in einem der Volksabstimmung unterliegenden Erlaß zu ergehen hatten. Vgl. hierzu *Rhinow*, in: Aubert u. a., Bundesverfassung 1874 (LitVerz.), Art. 32 RN 3 ff.
239 *Hangartner* (FN 160), S. 117 (118).
240 *Hangartner* aaO., S. 127.
241 Amtl. Bull. NR, Reform der Bundesverfassung, Separatdruck (abrufbar unter: www.parlament.ch/ Poly/amtl–Bulletin/D/Amtliches–Bulletin.htm), S. 218 ff., Minderheitsantrag I: *Remo Gysin*, Minderheitsantrag II: *Dorle Vallender*.

chende Maßnahmen beim Grundrecht selbst zu Gegenargumenten und Feststellungen, welche die institutionelle Dimension der Wirtschaftsfreiheit klärten (Auseinandersetzung mit dem Minderheitsantrag II). Die vorgebrachten Befürchtungen bezogen sich insbesondere auf eine Verminderung des Rechtsschutzes im Zusammenhang mit den von der Wirtschaftsfreiheit abweichenden staatlichen Maßnahmen und auf eine Schwächung der institutionellen Bedeutung der Wirtschaftsfreiheit. Die Bedenken wurden durch vergleichsweise klare Feststellungen zuhanden der Materialien weitestgehend beseitigt[242]. Bemerkenswert ist hier, daß die Argumentation, wonach die Aufteilung des Grundrechtsteils und des institutionellen Aspekts in Art. 27 BV einerseits und Art. 94 BV andererseits zu einer Verminderung der Garantie der Wirtschaftsfreiheit führe, sowohl von bürgerlicher[243] als auch von sozialdemokratischer Seite[244] und vom Bundesrat[245] begründet und schöpferisch klärend zurückgewiesen wurde. Die Begründungen der These, das bundesrätliche Konzept sei „bis auf den letzten Buchstaben Nachführung"[246], haben vor allem betreffend die Schrankensystematik zu erhöhter Klarheit auch im Vergleich zur alten Bundesverfassung geführt.

78
Klarer ordnungspolitischer Grundentscheid

Durch die in Art. 94 Abs. 1 BV vorgenommene – ausdrücklich festgehaltene – Bindung von Bund und Kantonen an den Grundsatz der Wirtschaftsfreiheit sowie mit Art. 96 BV in Verbindung mit der ausdrücklichen Formulierung des Verfassungsvorbehaltes für Abweichungen vom Grundsatz der Wirtschaftsfreiheit in Art. 94 Abs. 4 BV enthält die Bundesverfassung nun eine klare Grundentscheidung für eine marktwirtschaftlich organisierte Privatwirtschaft[247].

Bei dieser „Grundentscheidung für eine ‚freie Marktwirtschaft'"[248] handelt es sich um einen ordnungspolitischen Grundentscheid. Von einem ordnungspolitischen Grundentscheid spricht man dann, wenn die Staatsverfassung den Gesetzgeber grundsätzlich auf einen bestimmten Koordinationstypus oder auf eine bestimmte Kombination von Koordinationstypen festlegt[249]. Ordnungspolitisch heißt der Grundentscheid, weil er sich auf die Ordnungspolitik be-

---

[242] Vgl. *Vallender* (FN 236), S. 677 (680 ff.).
[243] Amtl. Bull. NR (FN 241), S. 220, Votum *Pelli*.
[244] Amtl. Bull. NR aaO., S. 221, Votum *Gross*.
[245] Amtl. Bull. NR aaO., S. 221 f., Votum Bundesrat *Koller*.
[246] Amtl. Bull. NR aaO., S. 221, Votum *Gross*.
[247] Vgl. *J.P. Müller*, Grundrechte (LitVerz.), S. 636, der von der „Grundentscheidung für eine marktwirtschaftlich organisierte Wirtschaft" spricht; weiter Amtl. Bull. NR aaO., S. 222, Votum Bundesrat *Koller*, wonach „die Wirtschaftsordnung der Schweiz die einer marktwirtschaftlich orientierten Privatwirtschaft" ist; weiter Botschaft v. 20. 11. 1996 über eine neue Bundesverfassung, BBl 1997, S. 1 (294), wonach sich aus der „systembezogenen" oder „institutionellen Dimension der Wirtschaftsfreiheit" eine „verfassungsrechtliche Grundentscheidung zugunsten einer freiheitlich-marktwirtschaftlichen Wirtschaftsordnung" ergibt; weiter den Überblick bei *Vallender* (FN 236), S. 677 (682 ff.); vgl. eher skeptisch *St. Vogel*, Grundsätze der Wirtschaftsordnung (Art. 94 BV), in: Thomas Gächter/Martin Bertschi (Hg.), Neue Akzente in der „nachgeführten" Bundesverfassung, 2000, S. 203 (214 ff.), der aber im Zusammenhang mit dem Verfassungsvorbehalt immerhin festhält, der Grundsatz der Wirtschaftsfreiheit verfüge über einen materiellen Gehalt im Sinne einer „Grundspielregel im Verhältnis Staat–Wirtschaft" (S. 215).
[248] *J.P. Müller*, Grundrechte (LitVerz.), S. 638 f.
[249] *Vallender*, Der ordnungspolitische Grundentscheid, in: Max-Emanuel Geis/Dieter Lorenz (Hg.), FS Maurer, 2001, S. 1033 (1035); zu einem anderen Begriffsverständnis vgl. *Philippe Mastronardi*, Strukturprinzipien der Bundesverfassung?, 1988, S. 78.

zieht, das heißt auf die gesollte Wirtschaftsordnung. Bringt die Staatsverfassung beispielsweise zum Ausdruck, daß die Koordination der Volkswirtschaft nach dem Prinzip zentraler Planung erfolgen soll oder prinzipiell mittels Wettbewerbs zu bewerkstelligen ist, dann haben wir ordnungspolitische Grundentscheide für die zentrale Planwirtschaft bzw. für die Marktwirtschaft. Je nach der Ausgestaltung und Bestimmtheit bindet dieser Grundentscheid den Gesetzgeber. Ob und inwieweit das der Fall ist, ergibt sich aufgrund der Auslegung der Verfassung.

Die schweizerische Bundesverfassung enthält, was die vorherigen Ausführungen zum institutionellen Aspekt der Wirtschaftsfreiheit deutlich machen, einen ordnungspolitischen Grundentscheid. Dieser ergibt sich in Übereinstimmung mit der das Gesamtbild der Verfassung grundierenden Präambel und dem Zweckartikel (Art. 2 BV), insbesondere aus bestimmten die Privatwirtschaftsordnung institutionalisierenden Grundrechten, namentlich der Wirtschaftsfreiheit einerseits sowie aus den im Abschnitt „Wirtschaft" der Bundesverfassung geregelten Grundsätzen und prinzipiell begrenzten wirtschaftspolitischen Kompetenzen und Aufträgen andererseits[250].

79
Elemente des Grundentscheids

Aus den wirtschaftlichen Grundrechten, namentlich aus der Wirtschaftsfreiheit, ergibt sich ein impliziter ordnungspolitischer Grundentscheid des Verfassungsgebers im Sinne der Institutionalisierung der Privatwirtschaft, verbunden mit einer negativen Wettbewerbsgarantie. Demnach ist Wirtschaften grundsätzlich Sache der Privaten. Die Bundesverfassung enthält eine „*Garantie der Privatwirtschaft*"[251]. Sie auferlegt damit dem Staat in erster Linie eine (negative) Verpflichtung; er hat zwar die Rahmenordnung zu setzen, sich aber grundsätzlich Interventionen in das freie Spiel von Angebot und Nachfrage zu enthalten[252]. Daraus folgt, daß die Koordination der Wirtschaftstätigkeit prinzipiell dezentral durch Vereinbarung, nicht durch staatliche Anweisung erfolgt. Die Frage, wie weit das private Wirtschaften durch Wettbewerb und/oder durch Gruppenvereinbarung (z.B. durch Gesamtarbeitsverträge) erfolgen soll, läßt sich aus den Grundrechten allein nicht beantworten. Der ordnungspolitische Grundentscheid für eine grundsätzlich *wettbewerbsgesteuerte Privatwirtschaft* wird erst deutlich, wenn die im Abschnitt „Wirtschaft" enthaltenen Grundsätze und Gesetzgebungsaufträge, namentlich die Art. 94 und 96 BV, mit in die Betrachtung einfließen. Es zeigt sich, daß sich der Verfassungsgeber grundsätzlich für eine Privatwirtschaft ohne volkswirtschaftliche oder sozial schädliche Auswirkungen von Kartellen und anderen Wettbewerbsbeschränkungen, das heißt für eine prinzipiell wettbewerbsgesteuerte Privatwirtschaft ausspricht. Da aus verfassungsrechtlicher Optik typischerweise ein volkswirtschaftlicher oder sozialer Schaden entsteht, wenn wirksamer Wettbewerb erheblich beschränkt oder beseitigt wird[253], verlangt

80
Garantie der Privatwirtschaft

Grundsatz der Wettbewerbskoordination

---
250 *Vallender* (FN 249), S. 1033 (1034 ff.).
251 *Hangartner* (FN 32), S. 337 (344).
252 *Aubert*, in: ders./Mahon, Constitution (LitVerz.), Art. 94 RN 5.
253 Rigider *Hangartner*, Selektive Vertriebssysteme als Problem des Wettbewerbsrechts, in: sic! (Zeitschrift für Immaterialgüter-, Informations- und Wettbewerbsrecht) 2002, S. 321 (324).

§ 222   *Vierzehnter Teil: II. Einzelgrundrechte*

die Verfassung Wettbewerbskoordination als Grundsatz. Der Kontext von Art. 27, 94 Abs. 1, Art. 35 Abs. 3 und Art. 96 BV unterstreicht die „ordnungspolitische Konzeption der Wirtschaftsfreiheit als Summe individueller Wirtschaftsfreiheiten"[254].

81
Schutz des Wettbewerbs als Institution

Zwar erschöpft sich der Sinngehalt von Art. 94 Abs. 1 BV – Verpflichtung des Staates auf den „Grundsatz der Wirtschaftsfreiheit" – und des Art. 96 Abs. 1 BV – Verpflichtung zum Erlaß von Vorschriften gegen „volkswirtschaftlich oder sozial schädliche Auswirkungen von Kartellen" – nicht in Effizienzzielen; die besondere Funktion des Art. 96 BV besteht aber im „Schutz des Wettbewerbs als Institution"[255].

82
Kein bestimmtes modelltheoretisches Wirtschaftssystem

Der Grundentscheid ist ein ordnungspolitischer, den Typus der Wirtschaftskoordination betreffender Entscheid. Er beinhaltet keinesfalls die ganze Wirtschaftsverfassung und bedeutet offensichtlich nicht die Entscheidung für ein bestimmtes modelltheoretisches Wirtschaftssystem im Sinne der Theorie der Wirtschaftspolitik[256].

---

254 *Hangartner* (FN 253), S. 321 (326); auch nach Meinung des Bundesgerichts enthält Art. 94 BV eine institutionelle Komponente, „wonach die wirtschaftliche Tätigkeit nach dem Grundsatz des Wettbewerbs geregelt werden soll (...)", *BGer*, Urt. v. 23. 9. 2004, 2P.67/2004, Erw. 1.6.
255 *Hangartner* (FN 32), S. 337 (344).
256 *Vallender* (FN 249), S. 1033 (1050).

E. Bibliographie

Aubert, Jean-François, Art. 94 CF, in: ders./Pascal Mahon (Hg.), Petit commentaire de la Constitution fédérale de la Confédération suisse du 18 avril 1999, 2003.

Biaggini, Giovanni, Wirtschaftsfreiheit, in: Daniel Thürer/Jean-François Aubert/Jörg Paul Müller (Hg.), Verfassungsrecht der Schweiz, 2001.

Hangartner, Yvo, Zur Konzeption der Handels- und Gewerbefreiheit, in: Detlev-Christian Dicke/Thomas Fleiner (Hg.), Staat und Gesellschaft, FS Leo Schürmann, 1987, S. 117 ff.

ders., Das Grundrecht der Wirtschaftsfreiheit, in: Jürg Furrer/Bruno Gehrig, Aspekte der schweizerischen Wirtschaftspolitik, FS Franz Jaeger, 2001, S. 337 ff.

Gygi, Fritz/Richli, Paul, Wirtschaftsverfassungsrecht, ^{2}1997.

Lienhard, Andreas, Deregulierung – Leitmotiv im Wirtschaftsverwaltungsrecht? (Diss. Bern 1994), 1995.

Marti, Hans, Die Wirtschaftsfreiheit der schweizerischen Bundesverfassung, 1976.

Mahon, Pascal, Art. 27 CF, in: Jean-François Aubert/ders. (Hg.), Petit commentaire de la Constitution fédérale de la Confédération suisse du 18 avril 1999, 2003.

Rhinow, René, Wirtschafts-, Sozial- und Arbeitsverfassung, in: Ulrich Zimmerli (Hg.) Die neue Bundesverfassung, Konsequenzen für Praxis und Wissenschaft, Berner Tage für die juristische Praxis (BTJP) 1999, 2000, S. 157 ff.

ders., in: *Jean-François Aubert* u. a.(Hg.), Kommentar BV, Art. 31 aBV.

Rhinow, René/Schmid, Gerhard/Biaggini, Giovanni, Öffentliches Wirtschaftsrecht, 1998, S. 89 ff.

Richli, Paul, Zur Leitung der Wirtschaftspolitik durch Verfassungsgrundsätze und zum Verhältnis zwischen Wirtschaftspolitik und Handels- und Gewerbefreiheit, 1983.

Vallender, Klaus A., Der ordnungspolitische Grundentscheid der schweizerischen Bundesverfassung, in: Max-Emanuel Geis/Dieter Lorenz (Hg.) Staat – Kirche – Verwaltung, FS Hartmut Maurer, 2001, S. 1033 ff.

ders./Peter Hettich/Jens Lehne, Wirtschaftsfreiheit und begrenzte Staatsverantwortung, ^{4}2006.

Wunder, Kilian, Die Binnenmarktfunktion der schweizerischen Handels- und Gewerbefreiheit im Vergleich zu den Grundfreiheiten in der Europäischen Gemeinschaft, (Diss. Basel), 1998.

§ 223
Vereinigungsfreiheit und Koalitionsfreiheit

Giovanni Biaggini

Übersicht

	RN		RN
A. Eigenart und Bedeutung der Vereinigungs- und der Koalitionsfreiheit	1– 8	III. Beschränkungen	32
I. Allgemeine Charakterisierung	1– 4	IV. Freiheiten des Arbeitskampfes als Teilgehalte der Koalitionsfreiheit	33–47
II. Geschichtliche Entwicklung und heutige Bedeutung	5– 8	1. Bedeutung und Grundlagen der Arbeitskampffreiheiten	33–37
B. Vereinigungsfreiheit	9–25	a) Arbeitsfrieden und Arbeitskampffreiheiten unter der alten Bundesverfassung	33–34
I. Rechtliche Grundlagen	9	b) Zulässigkeit von Streik und Aussperrung gemäß neuer Bundesverfassung	35–37
II. Schutzbereich und Schutzwirkung	10–20	2. Streikfreiheit und Aussperrungsfreiheit als verfassungsmäßige Rechte	38–47
1. Sachlicher und persönlicher Schutzbereich	10–19	a) Bedeutung und Funktion von Art. 28 Abs. 1 und Abs. 3 BV	38–41
a) Zum Begriff der Vereinigung	11–15	b) Zur Tragweite der Gewährleistung der Streikfreiheit	42–45
b) Einzelne Schutzgehalte	16–18	c) Beschränkungen der Streikfreiheit	46–47
c) Persönlicher Schutzbereich	19	D. Bibliographie	
2. Schutzwirkung	20		
III. Beschränkungen	21–25		
1. Allgemeines	21–22		
2. Maßnahmen gegen staatsgefährdende Vereinigungen	23–24		
3. Die Vereinigungsfreiheit in besonderen Rechtsverhältnissen	25		
C. Koalitionsfreiheit	26–47		
I. Rechtliche Grundlagen	26		
II. Schutzbereich und Schutzwirkung	27–31		
1. Sachlicher und persönlicher Schutzbereich	27–29		
2. Schutzwirkung	30–31		

A. Eigenart und Bedeutung der Vereinigungs- und der Koalitionsfreiheit[*]

I. Allgemeine Charakterisierung

1
Gegenstand

Das in Art. 23 BV gewährleistete traditionsreiche Grundrecht der Vereinigungsfreiheit schützt „das Recht, Vereinigungen zu bilden, Vereinigungen beizutreten oder anzugehören und sich an den Tätigkeiten von Vereinigungen zu beteiligen" (Absatz 2), sowie die Freiheit, einer Vereinigung nicht beitreten oder angehören zu müssen (Absatz 3). Die eigenständig gewährleistete Koalitionsfreiheit (Art. 28 BV) – historisch aus der Vereinigungsfreiheit hervorgegangen – umfaßt inhaltlich gleichgerichtete Garantien zugunsten der Arbeitnehmer und der Arbeitgeber sowie ihrer jeweiligen Organisationen.

2
Gemeinsamkeiten beider Freiheitsrechte

Beleg für die enge Verwandtschaft der beiden Freiheitsrechte[1] sind auch zahlreiche weitere Gemeinsamkeiten. Vereinigungs- wie Koalitionsfreiheit stehen als *Menschenrechte* allen zu, unabhängig von der Nationalität. Bei beiden Grundrechten unterscheidet man eine *positive* (Gründungs-, Beitritts-, Betätigungsfreiheit) und eine *negative* Komponente (Freiheit des Fernbleibens)[2]. Vereinigungs- wie Koalitionsfreiheit ermöglichen es den Grundrechtsträgern, ihre Kräfte zu bündeln und ihre „soziale Potenz"[3] zu steigern. Diese charakteristische *kollektive Dimension* sollte jedoch nicht dazu verleiten, von „Kollektivrechten" zu sprechen[4]. Verfassungsrechtlicher Ausgangspunkt ist das Individuum[5], das vor Gericht gegebenenfalls auch allein gegen eine Verletzung seines – inhaltlich kollektivbezogenen – verfassungsmäßigen Rechts vorgehen kann.

Individuum als Ausgangspunkt

3
Instrumentelle Dimension

Sowohl die Vereinigungs- als auch die Koalitionsfreiheit weisen *instrumentelle* Züge auf. Die Koalitionsfreiheit dient der grundrechtlichen Absicherung wichtiger Funktionsvoraussetzungen einer freiheitlichen Wirtschaftsordnung. Im Zusammenhang mit der Vereinigungsfreiheit wird regelmäßig auf die große Bedeutung eines freiheitlichen Vereinswesens für das politische System und für eine demokratische Gesellschaft hingewiesen[6]. Beide Grundrechte haben eine soziale Komponente und dienen nicht zuletzt auch dem Schutz politischer, kultureller und anderer Minderheiten (was nicht unterschätzt werden darf in einem Land, das zwar viele Minderheiten, jedoch nur wenige minderheitenspezifische Schutznormen kennt). Daraus darf jedoch nicht gefol-

---

[*] Der Verfasser dankt seiner früheren Mitarbeiterin *Anja Tschirky*, lic. iur., für die wertvolle Mithilfe bei der Vorbereitung dieses Beitrags.
[1] Statt als „Schwester" der Vereinigungsfreiheit – so *Vallender*, in: Ehrenzeller u. a., St. Galler Kommentar (LitVerz.), Art. 28 RN 1 – sollte man die Koalitionsfreiheit besser als deren – mittlerweile recht eigenständige – „Tochter" bezeichnen.
[2] → Bd. II: *Merten*, Negative Grundrechte, § 42.
[3] *J.P. Müller*, Grundrechte (LitVerz.), S. 340.
[4] Vgl. aber *Vallender* (FN 1), Art. 28, Titel vor RN 16 sowie RN 27.
[5] Was auch der Wortlaut von Art. 23 Abs. 2 und Art. 28 Abs. 1 BV deutlich macht.
[6] Vgl. z. B. *J.P. Müller*, Grundrechte (LitVerz.), S. 339 (Verein als „Rückgrat der schweizerischen Demokratie"). Vgl. auch *EGMR*, Urt. v. 10. 7. 1998, Sidiropoulos u. a. ./. Griechenland, Rec. 1998-IV 1594, § 40 (Stellenwert der Vereinigungsfreiheit in einer Rechtsordnung als Indikator für den Zustand der Demokratie).

gert werden, die Freiheitsgewährleistung sei bloßes Mittel zur (kollektiven) Verwirklichung anderer Grundrechte oder übergeordneter Interessen. Der Einzelne ist weder dazu verpflichtet noch darauf beschränkt, seine Freiheit für solch höhere Zwecke einzusetzen.

Strukturell gesehen sind Vereinigungsfreiheit wie Koalitionsfreiheit in erster Linie gegen den Staat gerichtete Abwehrrechte, aus denen sich grundsätzlich keine verfassungsmäßigen Leistungsansprüche ableiten lassen. Allerdings handelt es sich nicht um „naturwüchsige" Freiheiten, sind doch beide Grundrechte auf gesetzgeberische Vorleistungen angewiesen (Bereitstellung geeigneter zivilrechtlicher Rechtsinstitute).

4
Primär Abwehrrechte

II. Geschichtliche Entwicklung und heutige Bedeutung

Die *Vereinigungsfreiheit* zählt zwar nicht zum Grundbestand der Menschenrechtskataloge des ausgehenden 18. Jahrhunderts. Dennoch gehört sie zu den bundesstaatlichen Grundrechten der ersten Stunde: Art. 46 der Bundesverfassung von 1848 schützte ausdrücklich „das Recht, Vereine zu bilden", dies freilich nur, „sofern solche weder in ihrem Zweck noch in den dafür bestimmten Mitteln rechtswidrig oder staatsgefährlich sind". Die Verfassungsväter wollten einerseits die freie politische Betätigung erleichtern und schützen, andererseits aber sicherstellen, daß gegen den „Missbrauch dieses Rechts" (so Art. 46 Satz 2) eingeschritten werden kann[7]. Bei der ersten Totalrevision der Bundesverfassung im Jahre 1874 wurde die Bestimmung über die Vereinsfreiheit ohne Änderung als Artikel 56 übernommen. Die neue Bundesverfassung von 1999 schreibt das Grundrecht unter neuer Bezeichnung („Vereinigungsfreiheit") in etwas abgewandelter Form, aber mit unveränderter Substanz fort[8]. Während man sich in Lehre und Praxis im Wesentlichen darin einig war, daß die Vereinsfreiheit gemäß alter Bundesverfassung auch die *Koalitionsfreiheit* umfaßte, blieb lange unklar, ob und in welchem Umfang das schweizerische Verfassungsrecht die sogenannten *Arbeitskampffreiheiten* (Streik, Aussperrung) schützte. Die neue Bundesverfassung hat hier gewisse Klärungen gebracht[9].

5
Entwicklungsstufen

Die Vereinigungs- und die Koalitionsfreiheit waren in den letzten Jahrzehnten eher selten Gegenstand höchstrichterlicher Urteile. Dies ist nicht eine Folge geringer Relevanz, sondern in erster Linie Zeichen dafür, daß es sich um zwei im Wesentlichen unangefochtene Grundrechte handelt. Zu einschneidenden staatlichen Maßnahmen kam es namentlich in den Kriegs- und Krisenjahren der ersten Hälfte des 20. Jahrhunderts[10]. Unter den häufig auf der Grundlage verfassungsunmittelbarer Regierungsverordnungen (Art. 102 BV 1874) getroffenen Vorkehren seien hier beispielhaft erwähnt: die sogenannte Demokratieschutzverordnung von 1938 sowie die vom Bundesrat 1940 ausge-

6
Kritische Phasen der Grundrechtsentwicklung

---
7 Vgl. *Aubert*, Bundesstaatsrecht (LitVerz.), RN 2124.
8 Vgl. *Mahon*, in: Aubert/ders., Constitution (LitVerz.), Art. 28 RN 2.
9 Näher C IV 1 b, RN 35 ff.
10 Näher *Aubert*, Bundesstaatsrecht (LitVerz.), RN 2127 ff.

sprochenen gesamtschweizerischen Verbote der sogenannte Nationalen Bewegung und der Kommunistischen Partei[11], denen Maßnahmen auf kantonaler Ebene vorausgegangen waren. Bereits im Jahr 1937 hatte das Bundesgericht entschieden, daß das vom Neuenburger Gesetzgeber verhängte kantonale Verbot der Kommunistischen Partei verfassungsrechtlich nicht zu beanstanden sei[12].

7
Parteienverbote und Verfassung

Heute sind keine Parteienverbote mehr in Kraft. Das Bundesrecht kennt nicht einmal ein spezifisches Verbotsverfahren. Dies ist auch Ausdruck eines allgemeineren Phänomens: Die politischen Parteien genießen in der schweizerischen Gesetzgebung traditionell wenig Aufmerksamkeit, obschon mittlerweile auch hierzulande gewisse Anzeichen einer „Parteienstaatlichkeit" feststellbar sind[13]. Wie ihre Vorgängerinnen kennt auch die neue Bundesverfassung keine besondere Parteienfreiheit[14]. Immerhin widmet sie den politischen Parteien eine eigene, wenn auch substanzarme Verfassungsbestimmung (Art. 137 BV)[15]. Eine direkte staatliche Parteienfinanzierung gibt es auf Bundesebene nicht, auf kantonaler Ebene nur vereinzelt und in bescheidenem Rahmen[16]. Bis vor kurzem fehlte sogar eine bundesrechtliche Legaldefinition des Begriffs der „politischen Partei". Nunmehr bestimmt Art. 2 der Verordnung über das Parteienregister lapidar: „Als politische Partei [...] gilt ein Verein, der auf Grund seiner Statuten vornehmlich politische Zwecke verfolgt"[17].

8
Aktuelle Herausforderungen

In jüngerer Zeit ergingen verschiedene gesetzliche Maßnahmen, die sich speziell gegen rechtswidrige und gefährliche Organisationen richten. Zum älteren Straftatbestand der „Rechtswidrigen Vereinigung" (Art. 275ter StGB) trat 1994 jener der „Kriminellen Organisation" (Art. 260ter StGB) hinzu. Mit dem 1997 erlassenen Staatsschutzgesetz wurde die Beobachtung von Organisationen, welche die innere oder äußere Sicherheit gefährden, auf solide Rechtsgrundlagen gestellt[18]. Gestützt auf seine sogenannten Notkompetenzen erließ der Bundesrat am 7. November 2001 die (befristete) „Verordnung über das

---

11 Beschluß des Bundesrates (BRB) vom 5.12.1938 betreffend Maßnahmen gegen staatsgefährliche Umtriebe und zum Schutze der Demokratie (AS 1938, 856 ff.), u. a. mit Maßnahmen gegen Vereinigungen, welche die innere oder äußere Sicherheit des Landes gefährden; BRB vom 19.11.1940 betreffend die Auflösung der Nationalen Bewegung der Schweiz (AS 1940, 1814); BRB vom 26.11.1940 betreffend die Auflösung der kommunistischen Partei (AS 1940, 1861).
12 *BGE 63* I 281 (289) – Barraud. Vgl. auch *BGE 60* I 349 (352) – Nationale Front ./. Otto Brunner: Zulässigkeit des Verbots der Kampforganisationen „Harst der Nationalen Front" und „Kampfbund gegen den Faschismus".
13 Vgl. *Rhinow*, Parteienstaatlichkeit – Krisensymptome des demokratischen Verfassungsstaates, in: VVDStRL 44 (1986), S. 84 ff.
14 Vgl. *BGE 96* I 219 (224) – Nöthiger –, wonach die Parteien unter dem Schutz der Vereinsfreiheit stehen.
15 Art. 137 BV lautet: „Die politischen Parteien wirken an der Meinungs- und Willensbildung des Volkes mit". Vgl. auch Art. 147 BV betreffend den Einbezug der Parteien in das sog. Vernehmlassungsverfahren.
16 Vgl. *BGE 124* I 55 ff. – EVP Freiburg – betreffend Wahlkampfkostenerstattung im Kanton Freiburg. Auf Bundesebene haben die Fraktionen der Bundesversammlung Anspruch auf gewisse finanzielle Leistungen. Vgl. Art. 12 des Parlamentsressourcengesetzes vom 18.3.1988 (SR 171.21).
17 Verordnung der Bundesversammlung vom 13.12.2002 über das Parteienregister (SR 161.15). Vgl. *BGE 129* II 305, 309 – Freies Forum Schweiz.
18 Vgl. RN 24. Bundesgesetz vom 21.3.1997 über Maßnahmen zur Wahrung der inneren Sicherheit (BWIS, SR 120). – Zur prekären früheren Rechtslage vgl. den Bericht der Parlamentarischen Untersuchungskommission vom 22.11.1989 (BBl 1990 I 637 ff.) sowie *BGE 117* I a 202 (211 ff.) – Schweizerische Eidgenossenschaft gegen Kanton Basel-Landschaft.

Verbot der Gruppierung „Al-Qaida' und verwandter Organisationen", deren Geltungsdauer in verfassungsrechtlich fragwürdiger Weise jeweils kurz vor dem Auslaufen zwei Mal um zwei Jahre verlängert wurde[19]. Vor neuen Herausforderungen steht nicht nur der demokratische Verfassungsstaat, sondern auch die Rechtslehre, die als kritische Begleiterin der Praxis dazu aufgerufen ist, allfälligen überschießenden staatlichen Maßnahmen entgegenzutreten. Auf einer anderen Ebene liegen die Herausforderungen, mit denen sich die Koalitionsfreiheit als Teil der Arbeitsverfassung im Zuge rasanter Veränderungen in der Arbeitswelt konfrontiert sieht. Zu wünschen bleibt, daß über der Lösung anstehender Sachprobleme nicht außer Blickfeld gerät, welch wichtige Impulse die Vereinigungs- und die Koalitionsfreiheit zur Herausbildung und Weiterentwicklung der allgemeinen Grundrechtslehren gegeben haben und auch künftig geben können, etwa im Bereich der Drittwirkungsproblematik oder in Fragen der kollektiven Freiheitsverwirklichung.

Koalitionsfreiheit als Teil der Arbeitsverfassung

B. Vereinigungsfreiheit

I. Rechtliche Grundlagen

Die neue Bundesverfassung gewährleistet die Vereinigungsfreiheit in Art. 23 BV. Diese Bestimmung führt das Grundrecht der „Vereinsfreiheit" (Art. 56 BV 1874) weiter. Bis auf wenige Ausnahmen garantieren auch die kantonalen Verfassungen die Vereinigungsfreiheit. Den einschlägigen Bestimmungen kommt allerdings im allgemeinen keine eigenständige Bedeutung zu. Auch die für die Schweiz verbindlichen internationalen Gewährleistungen der Vereinigungsfreiheit (insbesondere Art. 11 EMRK, Art. 22 UNO-Pakt II) bieten nach herrschender Auffassung keinen über die Bundesverfassung hinausgehenden Schutz[20]. Die Bedeutung des internationalen Rechts sollte aber nicht unterschätzt werden. Dies gilt vor allem für die Europäische Menschenrechtskonvention mit ihrem gerichtlichen Kontrollsystem, das sich nicht um die in Art. 190 BV statuierte „Massgeblichkeit" der Bundesgesetze kümmern muß.

9
Bedeutung nationalen und internationalen Rechts

II. Schutzbereich und Schutzwirkung

1. Sachlicher und persönlicher Schutzbereich

Der Erörterung bedürfen vor allem die Fragen nach dem verfassungsrechtlichen Begriff der Vereinigung (a), nach den einzelnen grundrechtlichen Schutzgehalten (b) und nach den Grundrechtsberechtigten (c).

10
Fragestellungen

---
[19] SR 122 (abgestützt auf Art. 184 Abs. 3 und Art. 185 Abs. 3 BV); AS 2003, 4485 (Verlängerung bis Ende 2005); AS 2005, 5425 (Verlängerung bis Ende 2008).
[20] Vgl. *Arthur Haefliger/Frank Schürmann*, Die Europäische Menschenrechtskonvention und die Schweiz, ²1999, S. 306.

a) Zum Begriff der Vereinigung

11 *Definition*

Die Vereinigungsfreiheit schützt Personenzusammenschlüsse, die auf eine gewisse Dauer angelegt sind und – so die herrschende Lehre – einen ideellen Zweck verfolgen[21]. Die einzelnen Begriffselemente sollten im Interesse eines wirksamen Grundrechtsschutzes nicht isoliert betrachtet werden, sondern als Grundlage für eine Gesamtbeurteilung dienen.

12 *Weites Begriffsverständnis in der Rechtslehre*

Einbezug der Kollektiv- und der Kommanditgesellschaften

Als Vereinigungen im Sinne des Art. 23 BV gelten nicht nur Vereine gemäß Art. 60 ZGB, sondern grundsätzlich alle *juristischen Personen des Privatrechts*. Regelmäßig wird in der Lehre, meist ohne nähere Erläuterung, auch die Stiftung erwähnt[22], die genau genommen nicht zu den Personenzusammenschlüssen gehört. Dies ist Ausdruck einer verbreiteten Grundhaltung, die den verfassungsrechtlichen Vereinigungsbegriff nicht eng und formalistisch fassen will[23]. Sachgerecht erscheint, ungeachtet der fehlenden Rechtspersönlichkeit, der Einbezug von Personenzusammenschlüssen in der Form der Kollektiv- und der Kommanditgesellschaft[24], denn es handelt sich um stabile Gebilde, die in der Gesetzgebung in mancher Hinsicht den juristischen Personen angenähert sind. Personenverbindungen in der Form der einfachen Gesellschaft sollten weder prinzipiell ausgeklammert noch, wie dies mitunter geschieht, unbesehen eingeschlossen werden[25]. Einerseits ist zu berücksichtigen, daß das schweizerische Zivilgesetzbuch die Gründung eines mit Rechtspersönlichkeit ausgestatteten Kollektivs leicht macht, genügt doch (im Fall des Vereins), daß „der Wille, als Körperschaft zu bestehen", aus schriftlichen Statuten ersichtlich ist (Art. 60 ZGB). Umgekehrt kann ein Einbezug von ad-hoc-Gruppierungen angezeigt sein (etwa mit Blick auf ihre Bedeutung für die direkte Demokratie)[26].

13 *Schutz beliebiger Zwecke*

Nach herrschender Lehre schützt die Vereinigungsfreiheit nur Zusammenschlüsse mit ideellem Zweck (*but idéal*)[27]. Diese Auffassung ist in zweifacher Hinsicht fragwürdig: Einmal berücksichtigt sie nicht, daß die Vereinigungsfreiheit seit jeher auch Berufsorganisationen und Wirtschaftsverbände schützt[28], obwohl diese der Wahrung von Interessen dienen, die man schwerlich als „ideell" bezeichnen kann. Gemeint ist denn auch meistens, daß die Verfolgung *erwerbs*wirtschaftlicher Zwecke (*but lucratif*) nicht in den Schutzbereich des Art. 23 BV falle, da hier die Wirtschaftsfreiheit (Art. 27 BV) einschlägig sei. Auch diese Überlegung erscheint fragwürdig. Warum sollte ge-

---

21 Vgl. z.B. *Malinverni*, in: Aubert u.a., Bundesverfassung 1874 (LitVerz.), Art. 56 aBV, RN 2 f.; *Rohner*, in: St. Galler Kommentar (LitVerz.), Art. 23 RN 6 ff.
22 Vgl. z.B. *Mahon*, in: Aubert/ders., Constitution (LitVerz.), Art. 23 RN 6; *J.P. Müller*, Grundrechte (LitVerz.), S. 341.
23 Vgl. z.B. *Malinverni*, in: Aubert u.a., Bundesverfassung 1874 (LitVerz.), Art. 56 aBV, RN 4; *J.P. Müller* aaO., S. 342.
24 Im Ergebnis ebenso *Aubert*, Bundesstaatsrecht (LitVerz.), RN 2137.
25 Vgl. etwa *Mahon*, in: Aubert/ders., Constitution (LitVerz.), Art. 23 RN 6. Differenzierend *J.P. Müller*, Grundrechte (LitVerz.), S. 342.
26 Vgl. *Manfrini*, in: Thürer/Aubert/Müller, Verfassungsrecht (LitVerz.), S. 739 (745).
27 Vgl. statt vieler *Mahon*, in: Aubert/ders., Constitution (LitVerz.), Art. 23 RN 6.
28 Vgl. schon *Walther Burckhardt*, Kommentar der schweizerischen Bundesverfassung vom 29. Mai 1874, ³1931, S. 522.

rade im Verhältnis von Vereinigungs- und Wirtschaftsfreiheit eine Überlappung grundrechtlicher Schutzbereiche von vornherein ausgeschlossen und eine gleichzeitige Anrufung des einen *und* des anderen Grundrechts prinzipiell unmöglich sein? Ausgangspunkt einer zeitgemäßen Dogmatik der Vereinigungsfreiheit sollte nicht die überkommene zivilistische Gegenüberstellung ‚ideell' versus ‚wirtschaftlich' (vgl. Art. 60 ZGB) sein, sondern ein Satz, den das Bundesgericht im Jahr 1961 (in anderem Zusammenhang) geprägt hat: Die Vereinigungsfreiheit „garantiert die Verfolgung beliebiger Zwecke [...], sofern sie nicht rechtswidrig oder staatsgefährlich sind"[29].

Unter der alten Bundesverfassung waren rechtswidrige und staatsgefährliche Vereine von der Vereinsfreiheit ausgenommen (Art. 56). Die neue Bundesverfassung verzichtet auf einen entsprechenden Passus. Die Rechtslage hat sich dadurch nicht wesentlich geändert[30]. Immerhin ist die Streichung insofern nicht ohne Belang, als nunmehr klar ist, daß Maßnahmen gegen rechtswidrige oder staatsgefährliche Vereine nicht von vornherein außerhalb des vom Grundrecht erfaßten Bereichs liegen, wie dies Rechtsprechung und Lehre zu Art. 56 BV 1874 gelegentlich annahmen[31], sondern als Grundrechtseingriffe den verfassungsrechtlichen Anforderungen des Art. 36 BV genügen müssen.

14
a priori-Ausschluß

Anders als Art. 9 GG[32] bietet die schweizerische Vereinigungsfreiheit nicht nur Schutz bei Zusammenschlüssen, die auf Freiwilligkeit beruhen.[33] Das Grundrecht kann vielmehr auch gegen die staatlich angeordnete Zwangsmitgliedschaft in öffentlichrechtlichen Körperschaften angerufen werden[34]. Zwangskörperschaften haben eine gewisse Tradition im Hochschulbereich (Zusammenschluß aller Studierenden in sogenannten Studentenschaften), in einzelnen Kantonen auch im Bereich der freien Berufe (obligatorische Mitgliedschaft in Berufsorganisationen)[35]. Den Schutz der Vereinigungsfreiheit auch auf nicht-freiwillige Zusammenschlüsse zu erstrecken, bereitet dogmatisch keine besondere Mühe, sobald man sich von der Vorstellung löst, daß der Schutzumfang allein über die Definition des Begriffs „Vereinigung" bestimmt wird (dem das Merkmal der „Freiwilligkeit" anzuhaften scheint). Entscheidend ist, daß das Grundrecht auch die Freiheit des Sich-Zusammenschließens schützen will, und zwar auch in negativer Hinsicht (Freiheit des Fernbleibens)[36]. Die Rechtsprechung stufte vereinzelt Zwangskörperschaften

15
Schutz vor Zwangskörperschaften

Freiheit des Zusammenschlusses

---

29 Vgl. *BGE 87* I 275 (286) – Filmklub Luzern.
30 Vgl. z.B. *Rhinow*, Grundzüge (LitVerz.), S. 274.
31 Vgl. z.B. *BGE 60* I 349 (352) – Nationale Front ./. Otto Brunner; *Malinverni*, in: Aubert u.a., Bundesverfassung 1874 (LitVerz.), Art. 56 aBV, RN 9. Vgl. immerhin *Burckhardt* (FN 28), S. 523.
32 → Bd. IV: *Ziekow*, Vereinigungsfreiheit.
33 Zur (begrenzten) Tragweite von Art. 11 EMRK vgl. *Christoph Grabenwarter*, Europäische Menschenrechtskonvention, ²2005, S. 265 ff.; *Anne Peters*, Einführung in die Europäische Menschenrechtskonvention, 2003, S. 86.
34 Vgl. *BGE 110* Ia 36 (37) – Rüst; *J.P. Müller*, Grundrechte (LitVerz.), S. 344; *Hangartner*, Grundrechtliche Fragen der Zwangsmitgliedschaft in öffentlich-rechtlichen Personalkörperschaften, in: Walther J. Habscheid (Hg.), FS Hans Giger, 1989, S. 231 ff. Einschlägig können auch andere Grundrechte sein, namentlich die Wirtschaftsfreiheit. Vgl. *BGE 78* I 409 (415) – Gomelschi.
35 Vgl. *Grisel*, Les professions libérales organisées en corporations de droit public, in: Mélanges Charles-André Junod, 1997, S. 135 ff.; *Jürg Kugler*, Zwangskörperschaften (Diss. iur. Zürich 1984), S. 40 ff.
36 → Bd. II: *Merten*, Negative Grundrechte, § 42 RN 202 ff.

als verfassungswidrig ein[37]. In einem Urteil betreffend die Studentenschaft der Hochschule St. Gallen entschied das Bundesgericht, daß Zwangskörperschaften zu „parteipolitischer Neutralität" verpflichtet sind[38].

b) Einzelne Schutzgehalte

16
Grundrechtsteilgehalte

Wie verschiedene andere Bestimmungen des neuen Grundrechtskatalogs nennt auch Art. 23 BV einige besonders wichtige Grundrechtsteilgehalte ausdrücklich. Es sind dies die („positiven") Freiheiten des Gründens, Beitretens, Angehörens und des Sich-Beteiligens (Absatz 2) sowie die („negative") Freiheit des Fernbleibens (Absatz 3)[39]. Diese Aufzählung ist nicht abschließend. So ist neben der Gründungs- auch die Auflösungsfreiheit, neben der Beitrittsauch die Austrittsfreiheit verfassungsrechtlich geschützt, ferner auch etwa die Organisationsfreiheit, die Werbefreiheit oder die Freiheit, nicht an die Öffentlichkeit zu treten[40]. Diese und weitere, hier nicht erwähnte Teilaspekte der Vereinigungsfreiheit sind entweder Ausfluß ausdrücklich genannter Schutzgehalte oder Konkretisierungen der allgemeinen Gewährleistung der Vereinigungsfreiheit in Art. 23 Abs. 1 BV.

17
Immanente Grenzen der Betätigungsfreiheit

Wenig befaßt hat sich die schweizerische Rechtslehre bisher mit den Besonderheiten der Betätigungsfreiheit. Bei einem allzu großzügigen Verständnis dieses Teilgehalts der Vereinigungsfreiheit könnte eine Tätigkeit, die man heute bewußt nicht speziell grundrechtlich schützen möchte (wie beispielsweise das Glücksspiel), über den „Umweg" der Vereinigungsfreiheit verfassungsrechtlichen Schutz erlangen, wenn und soweit die Tätigkeit im Rahmen eines durch Art. 23 BV erfaßten Zusammenschlusses *kollektiv* ausgeübt wird (das gemeinsame Glücksspiel als Vereinsbetätigung, um im Beispiel zu bleiben). Eine solche Ausweitung des Grundrechtsschutzes wäre kaum sachgerecht. Daher ist die Betätigungsfreiheit dergestalt zu konzipieren, daß sie grundsätzlich *nicht weiter* reicht als der individualbezogene Grundrechtsschutz im jeweiligen Tätigkeitsfeld[41]. Auch wenn gewöhnlich nicht mit solchen Worten umschrieben, scheint dieser Grundgedanke der schweizerischen Lehre und Rechtsprechung nicht fremd zu sein[42].

18
Verhältnis zu anderen Grundrechten

Das Problem der Betätigungsfreiheit ist somit letztlich auch eine Frage des Verhältnisses der Vereinigungsfreiheit zu anderen Grundrechten. Diese Frage kann hier nicht vertieft werden, doch sei immerhin erwähnt, daß die Koalitionsfreiheit[43], die Religionsfreiheit und die Wirtschaftsfreiheit als speziellere

---

37 Vgl. z. B. *BGer*, Urt. v. 4. 7. 1990, in: Rivista di diritto amministrativo e tributario ticinese 1991 II, S. 58 (62), anders dagegen *BGE 78* I 409 – Gomelschi, beide betreffend die Tessiner Ärzteschaft.
38 *BGE 110* Ia 36 (42) – Rüst.
39 Zur gängigen (verfassungsrechtlich aber nicht weiter bedeutsamen) Unterscheidung von positiven und negativen Gehalten z. B. *Mahon*, in: Aubert/ders., Constitution (LitVerz.), Art. 23 RN 5.
40 Im Unterschied zur italienischen Verfassung (Art. 18) kennt die Bundesverfassung kein Verbot von „Geheimgesellschaften". – Zur Privatsphäre des Vereins *J. P. Müller*, Grundrechte (LitVerz.), S. 345; *BGE 97* II 97 – Metzler.
41 Zum Problem (aus deutscher Sicht) *Merten*, Vereinsfreiheit, in: HStR ²VI, § 144 RN 50.
42 Vgl. z. B. *Burckhardt* (FN 28), S. 524; *BGE 87* I 275 (286) – Filmklub Luzern –, wonach Vereine mit Blick auf die allgemeinen polizeilichen Freiheitsbeschränkungen „keine Vorzugsstellung geniessen".
43 Vgl. C I, RN 26.

Garantien gewöhnlich vorrangig heranzuziehen sind. Berührungspunkte und Überschneidungen bestehen auch im Verhältnis zur Versammlungs- und zur Meinungsäußerungsfreiheit sowie zu den sogenannten politischen Rechten[44].

c) Persönlicher Schutzbereich

Die Vereinigungsfreiheit steht gemäß Art. 23 BV „jeder Person" zu. Grundrechtsträger sind nicht nur, unabhängig von ihrer Staatszugehörigkeit[45], alle natürlichen Personen[46], sondern auch die juristischen Personen des Privatrechts[47]. Diesen hatte das Bundesgericht unter der alten Bundesverfassung die Grundrechtsberechtigung abgesprochen[48], was durch eine relativ großzügige Zulassung der sogenannte Verbandsbeschwerde etwas abgemildert wurde[49]. Mit dem bewußten Einbezug der juristischen Personen hat der Verfassungsgeber der verbreiteten Kritik in der Rechtslehre sowie der Straßburger Rechtsprechung zu Art. 11 EMRK Rechnung getragen[50]. Welche Konsequenzen sich aus der Erweiterung zum „Doppelgrundrecht" ergeben (etwa im Bereich der Betätigungsfreiheit), ist noch nicht in jeder Hinsicht klar.

19
Natürliche und juristische Personen

2. Schutzwirkung

Die Vereinigungsfreiheit ist in erster Linie ein gegen den Staat gerichtetes Abwehrrecht. Als objektive Grundsatznorm auferlegt Art. 23 BV (i.V.m. Art. 35 BV) dem Staat die Verpflichtung, sich für die Verwirklichung des Grundrechts einzusetzen. So hat der Gesetzgeber die nötige zivilrechtliche Infrastruktur zur Verfügung zu stellen und dabei „auf die berechtigten [Interessen] des Vereinslebens Rücksicht zu nehmen"[51]. Die Vereinigungsfreiheit entfaltet keine direkte Drittwirkung[52]. Die Aufnahme und der Ausschluß von Mitgliedern fallen grundsätzlich in den Bereich der Privatautonomie[53]. Doch haben die Rechtsetzungs- und Rechtsanwendungsorgane dafür zu sorgen, „daß die Grundrechte, soweit sie sich dazu eignen, auch unter Privaten wirk-

20
Keine direkte Drittwirkung

---

44 Auf die Wahl- und Abstimmungsfreiheit können sich vor dem Bundesgericht auch politische Parteien sowie Initiativ- und Abstimmungskomitees berufen, sofern sie sich als juristische Personen konstituiert haben. Vgl. *BGE* 115 Ia 148 (153) – Comité d'initiative „Soins à domicile".
45 Siehe bereits *Burckhardt* (FN 28), S. 526. Ausländer müssen unter Umständen weitergehende Beschränkungen hinnehmen. Vgl. z.B. *J.P. Müller*, Grundrechte (LitVerz.), S. 346; (kritisch) *Patricia M. Schiess Rütimann*, Von Ausländern mit Wohnsitz in der Schweiz gegründete Vereinigungen, in: recht 2003, S. 60f.
46 Minderjährige können ihre Rechte im Rahmen ihrer Urteilsfähigkeit selbst ausüben (Art. 11 Abs. 2 BV).
47 Vgl. z.B. *Rohner* (FN 21), Art. 23 RN 10.
48 Vgl. *BGE 100* Ia 277 (286) – Commune de Lens et consorts – unter Berufung auf ein *obiter dictum* in *BGE* 97 I 116 (121) – Verein Freie Evangelisch-Theologische Hochschule Basel.
49 Vgl. *Walter Kälin*, Das Verfahren der staatsrechtlichen Beschwerde, ²1994, S. 262ff.
50 Vgl. *Malinverni*, in: Aubert u. a., Bundesverfassung 1874 (LitVerz.), Art. 56 aBV, RN 19, 21; *Mahon*, in: Aubert/ders., Constitution (LitVerz.), Art. 23 RN 4.
51 *Burckhardt* (FN 28), S. 527.
52 Vgl. *BGE 75* II 305 (309) – Müller.
53 Vgl. *H.M. Riemer*, in: Arthur Meier-Hayoz (Hg.), Berner Kommentar zum Schweizerischen Privatrecht: Die Vereine, 1990, Systematischer Teil, RN 226, und Art. 76–79 ZGB, RN 45.

sam werden" (Art. 35 Abs. 3 BV). In der Praxis stehen die Sicherstellung der Verfahrensfairneß (Anhörung) und der Schutz vor willkürlichem Ausschluß im Vordergrund[54].

III. Beschränkungen

1. Allgemeines

21
Liberale Grundhaltung

Beschränkungen der Vereinigungsfreiheit müssen den Anforderungen von Art. 36 BV (und Art. 11 Abs. 2 EMRK) genügen. Noch keine klaren Konturen zeigt der gemäß Art. 36 Abs. 4 BV absolut geschützte Kerngehalt[55]. Gesetzgebung und Rechtspraxis zeichnen sich traditionell durch eine liberale Grundhaltung aus[56]. Was *Walther Burckhardt* 1931 vermerkte, trifft noch heute zu: Das schweizerische Recht kennt „sozusagen keine besonderen polizeilichen Einschränkungen des Vereinslebens", allerdings kann die „tendenziöse Anwendung *allg.* Polizeigesetze" zu Grundrechtsgefährdungen und -verletzungen führen[57].

22
Einzelfragen

Eine Bewilligungs- oder Registrierungspflicht bei der Gründung von Vereinen ist dem schweizerischen Recht fremd geblieben. Entgegen einer verbreiteten Auffassung heißt dies jedoch nicht, daß die Einführung solcher Instrumente von vornherein verfassungswidrig wäre[58]. Als ungenau erweisen sich auch andere gängige Aussagen. So trifft es nicht zu, daß die „allgemeinen Vorschriften der Rechtsordnung" einfach hingenommen werden müßten; auch diese sind an den Anforderungen des Art. 36 BV zu messen und dürfen insbesondere nicht unverhältnismäßig sein[59]. Umgekehrt dürfte es zu weit gehen, die Verpflichtung zur Offenlegung einer Vereinsmitgliedschaft als von vornherein verfassungswidrig einzustufen[60]. Die Wahl von Verbandsorganen oder Verbandsangestellten einer staatlichen Einflußnahme zu unterwerfen, dürfte zwar in aller Regel unzulässig sein, doch sind begründete Ausnahmen zumindest denkbar[61]. Erst wenig Klarheit besteht darüber, inwieweit der Staat im Rahmen von Rechtsetzung und Rechtsanwendung berechtigt oder gar ver-

---

54 Vgl. *J.P. Müller*, Grundrechte (LitVerz.), S. 343.
55 Keine Kerngehaltsgarantie normiert Art. 23 Abs. 3 BV („Niemand darf gezwungen werden ..."). Vgl. *Mahon*, in: Aubert/ders., Constitution (LitVerz.), Art. 23 RN 12.
56 Zum freiheitlichen Charakter speziell des Vereinsrechts *Riemer* (FN 53), Systematischer Teil, RN 41.
57 *Burckhardt* (FN 28), S. 524. Vgl. auch *Mahon*, in: Aubert/ders., Constitution (LitVerz.), Art. 23 RN 9.
58 So aber *J.P. Müller*, Grundrechte (LitVerz.), S. 339 f., und die in *BGE* 96 I 219 (229) – Nöthiger – zitierten Autoren. Wie hier *Burckhardt* (FN 28), S. 525. – Die Eintragung in das sog. „Parteienregister" (FN 17) erfolgt freiwillig; die in Aussicht stehenden administrativen Erleichterungen (im Zusammenhang mit den Nationalratswahlen) haben einen gewissen „Registrierungsdruck" zur Folge, der aber aus der Sicht von Art. 23 BV nicht problematisch erscheint. Vgl. auch (kritisch) *Patricia M. Schiess Rütimann*, Art. 137 BV, Die politische Gleichheit und das Parteienregister, ZBl 2006, S. 505 ff.
59 In diesem Sinne schon *Burckhardt* (FN 28), S. 524.
60 Strenger wohl *J.P. Müller*, Grundrechte (LitVerz.), S. 345.
61 Strenger wohl *Riemer* (FN 53), Systematischer Teil, RN 231. – Für ein Beispiel vgl. Art. 29 des (alten) Bundesgesetzes vom 21.6.1991 über Radio und Fernsehen (RTVG; SR 784.40), der die Möglichkeit vorsah, daß der Bundesrat gewisse Mitglieder von leitenden Organen der Schweizerischen Radio- und Fernsehgesellschaft (SRG), die heute als Verein organisiert ist, selber wählt (bzw. bestätigt).

pflichtet ist, gegen Vereinspraktiken mit diskriminierendem Charakter (beispielsweise betreffend Aufnahme oder Ausschluß von Mitgliedern) vorzugehen[62].

2. Maßnahmen gegen staatsgefährdende Vereinigungen

Neben straf- und zivilrechtlichen Sanktionen sieht die schweizerische Gesetzgebung im Zusammenhang mit staatsgefährdenden Vereinigungen auch gewisse (präventiv-)polizeiliche Maßnahmen vor[63]. Das schweizerische Recht kennt jedoch kein „Verbotsverfahren" vor einer Exekutivbehörde, sondern nur die Auflösung durch den Richter[64]. Da der Bundesverfassung kein diesbezüglicher Richtervorbehalt zu entnehmen ist, wäre es immerhin nicht von vornherein ausgeschlossen, ein solches Administrativverfahren per Gesetz einzurichten[65]. Daß dies nicht geschehen ist, ist Ausdruck der bereits erwähnten liberalen Grundhaltung der schweizerischen Vereinsgesetzgebung. Die unschöne Begleiterscheinung ist, daß in den dreißiger und vierziger Jahren des zwanzigsten Jahrhunderts sowie jüngst wieder beim Verbot der Gruppierung „Al-Qaida" jeweils ein rechtsstaatlich fragwürdiges ad-hoc-Vorgehen auf der Grundlage von sogenannten Polizeinotverordnungen zur Anwendung kam[66].

23 Kein spezifisches Verbotsverfahren

Während unter der alten Bundesverfassung die Auslegung der Verfassungsbegriffe „staatsgefährlich" und „rechtswidrig" im Mittelpunkt des Interesses stand[67], geht es heute um die allgemeinere Frage der Vereinbarkeit von staatlichen Maßnahmen mit den Anforderungen des Art. 36 BV. Dabei sind schwierige Abgrenzungs- und Abwägungsfragen zu beantworten. Wenn eine Vereinigung die gewaltsame Beseitigung der staatlichen Ordnung bezweckt oder zum gewaltsamen Umsturz aufruft, dürfte ein Verbot verfassungsrechtlich nicht zu beanstanden sein. Umgekehrt kann es keinesfalls genügen, daß eine Vereinigung eine kritische Haltung zur bestehenden Ordnung einnimmt[68]. Praktisch bedeutsamer als repressive Maßnahmen, aber rechtlich nicht minder heikel, sind präventive Maßnahmen, wie sie heute die Staatsschutzgesetzgebung vorsieht. Die einschlägigen Bestimmungen sind durch viele unbestimmte Rechtsbegriffe gekennzeichnet („bedrohen", „gefährden", „innere Sicherheit"). Immerhin sind verschiedene prozedurale Sicherungen

24 Repressive und präventive Maßnahmen

---

62 Zur Problematik *Besson*, Liberté d'association et égalité de traitement, ZSR 2001 I, S. 43 (66 ff.).
63 Vgl. Art. 11 BWIS (Beobachtung von Organisationen, welche im Verdacht stehen, die innere oder die äußere Sicherheit zu gefährden). – Vgl. im übrigen die bereits genannten Straftatbestände (Art. 260ter und Art. 275ter StGB) sowie Art. 57 ZGB (Auflösung der juristischen Person, Einziehung des Vermögens).
64 Vgl. z.B. (für den Verein) Art. 78 ZGB (Klage der zuständigen Behörde oder eines Beteiligten).
65 Vgl. *Burckhardt* (FN 28), S. 528; im Ergebnis ebenso *Riemer* (FN 53), Art. 76–79 ZGB RN 59. Anders beiläufig BGE 58 I 84 (95) – Humbert-Droz.
66 Vgl. *Aubert*, Bundesstaatsrecht (LitVerz.), RN 2128; *Biaggini*, Die „Al-Qaida"-Verordnung, in: ius.full – Forum für juristische Bildung, 1/2002, S. 22 ff.
67 Dazu *Malinverni*, in: Aubert u.a., Bundesverfassung 1874 (LitVerz.), Art. 56 aBV, RN 10 ff.; *Burckhardt* (FN 28), S. 523 ff.; *Rudolf Kappeler*, Der Begriff der Staatsgefährlichkeit (Diss. iur. Zürich 1953). Vgl. auch BGE 60 I 349 (351 f.) – Nationale Front ./. Otto Brunner.
68 Vgl. *Mahon*, in: Aubert/ders., Constitution (LitVerz.), Art. 23 RN 10; *Burckhardt* (FN 28), S. 524 f.

und Kontrollen vorgesehen (beispielsweise Art. 11 BWIS)[69]. Und bei Personensicherheitsprüfungen dürfen kraft ausdrücklicher Gesetzesvorschrift keine Daten über die Ausübung verfassungsmäßiger Rechte erhoben werden (Art. 20 BWIS).

3. Die Vereinigungsfreiheit in besonderen Rechtsverhältnissen

25
Liberalisierung für Staatsbedienstete

Auch Personen in besonderen Rechtsverhältnissen (Verwaltungspersonal, Lehrende und Lernende an staatlichen Schulen und Universitäten, Gefangene usw.) können sich auf die Vereinigungsfreiheit berufen[70]. Die ältere Rechtsprechung ließ mitunter weitreichende Grundrechtsbeschränkungen zu. So entschied das Bundesgericht, es sei auch ohne ausdrückliche gesetzliche Grundlage zulässig, den Staatsbediensteten zu verbieten, „Vereinen anzugehören, welche sie an der Erfüllung ihrer allgemeinen Treupflicht gegenüber dem Staat und an der gewissenhaften Wahrung seiner Interessen, auch ausserhalb des Dienstes, hindern oder doch hindern können"[71]. In einem 1973 gefällten Urteil bejahte das Bundesgericht die Verfassungsmäßigkeit der Entlassung einer jungen Postbediensteten, die einer von der Bundespolizei überwachten oppositionellen Organisation angehörte, unter Hinweis auf das „akute Risiko einer Verletzung der Geheimhaltungspflicht", auch wenn eine solche Verfehlung nicht nachgewiesen sei[72]. Das vor kurzem abgelöste Bundesbeamtengesetz enthielt bis 1987 eine Bestimmung, die es den Beamten untersagte, „einer Vereinigung anzugehören, die den Streik von Beamten vorsieht oder anwendet"[73]. Das neue Personalrecht des Bundes ist wesentlich freiheitsfreundlicher und sieht Streikverbote nur noch punktuell vor[74].

C. Koalitionsfreiheit

I. Rechtliche Grundlagen

26
Eigenständiges Grundrecht

Die früher als Teilgehalt der Vereinsfreiheit (Art. 56 BV 1874) geschützte[75] Koalitionsfreiheit ist heute in einer eigenen Verfassungsbestimmung (Art. 28 BV) gewährleistet. Diese folgt im Grundrechtskatalog unmittelbar auf die Wirtschaftsfreiheit (Art. 27 BV), womit der enge Zusammenhang von Koalitionsfreiheit und Wirtschaftsverfassung unterstrichen wird. Der Sache nach ist die Koalitionsfreiheit jedoch weiterhin eine spezielle Ausprägung der Ver-

---

69 S. FN 63.
70 Vgl. z.B. *Mahon* aaO., Art. 23 RN 11. Vgl. auch Art. 11 Abs. 2 EMRK.
71 *BGE 65* I 236 (244) – Nationale Front. Vgl. auch *Burckhardt* (FN 28), S. 523.
72 *BGE 99* Ib 129 (137 ff.) – Y.
73 Art. 13 Abs. 2 BtG. – Das generelle Beamtenstreikverbot (Art. 13 BtG) wurde erst Ende 2001 aufgehoben.
74 Vgl. C IV 2 b, RN 46 f.
75 Vgl. *BGE 111* II 245 (252) – X. AG; *124* I 107 (114) – Parti socialiste; *Malinverni*, in: Aubert u.a., Bundesverfassung 1874 (LitVerz.), Art. 56 aBV, RN 42 ff.

einigungsfreiheit (Art. 23 BV)[76]. Bemerkenswert ist, daß die neue Bundesverfassung im Zusammenhang mit der Koalitionsfreiheit die beiden Arbeitskampfinstrumente des Streiks und der Aussperrung ausdrücklich erwähnt (Absatz 3)[77]. Das Grundrecht der Koalitionsfreiheit fand auch Aufnahme in einige neuere kantonale Verfassungen[78]. Ein weitergehender Schutz resultiert daraus gewöhnlich nicht. Darüber hinaus wird die Koalitionsfreiheit auch durch mehrere von der Schweiz ratifizierte internationale Übereinkommen garantiert, wobei häufig die gewerkschaftliche Freiheit im Mittelpunkt steht[79].

II. Schutzbereich und Schutzwirkung

1. Sachlicher und persönlicher Schutzbereich

Auch wenn der Verfassungswortlaut bei der Koalitionsfreiheit etwas knapper ist (Art. 28 Abs. 1 BV) als beim „Muttergrundrecht" der Vereinigungsfreiheit (Art. 23 BV)[80], sind die Grundrechtsstrukturen grundsätzlich dieselben. Der Schutz umfaßt Gründung und Auflösung, Beitritt und Austritt, Fern- und Verbleiben und die freie Verbandsbetätigung[81]. Auch die Koalitionsfreiheit ist kollektivbezogen und besitzt eine „positive" und eine „negative" Komponente. Erfaßt werden allerdings nicht alle Vereinigungen, sondern nur *Koalitionen* (das heißt: Zusammenschlüsse von Arbeitnehmern oder von Arbeitgebern) sowie Koalitionszusammenschlüsse (Dachverbände).

27
Teilgehalte

Die Betätigungsfreiheit umfaßt namentlich auch das Recht, an Kollektivverhandlungen teilzunehmen und mittels Gesamtarbeitsvertrags Arbeitsbedingungen zu regeln (sog. Tarifautonomie)[82]. Das Recht auf Teilnahme an Kollektivverhandlungen gilt gemäß Bundesgericht grundsätzlich auch im Bereich des öffentlichen Dienstes, hier allerdings mit gewissen Abstrichen, da die Festlegung der Arbeitsbedingungen zum Teil auf dem Gesetzgebungsweg erfolgt. Den Arbeitnehmerorganisationen ist beim Erlaß von Vorschriften, welche die Arbeitsbedingungen ihrer Mitglieder wesentlich beeinflussen, in angemessener Weise Gehör zu gewähren. Auch darf der Staat nicht einzelne Organisationen diskriminieren[83]. Weitere spezifische Ausprägungen der Betätigungsfreiheit sind die gesondert zu erörternden Freiheiten des Arbeitskampfes (Streikfreiheit, Aussperrungsfreiheit)[84].

28
Tarifautonomie und Arbeitskampffreiheiten

---

76 Vgl. *Mahon*, in: Aubert/ders., Constitution (LitVerz.), Art. 28 RN 4 f.
77 Näher C IV 1 b, RN 35 ff.
78 Vgl. Art. 2 KV SG; Art. 27 KV NE; Art. 23 KV BE (als Teilgehalt der Wirtschaftsfreiheit).
79 Vgl. insb. Art. 11 EMRK, Art. 8 UNO-Pakt I, Art. 22 UNO-Pakt II sowie das ILO-Übereinkommen Nr. 87 vom 9.7.1948 über die Vereinigungsfreiheit und den Schutz des Vereinigungsrechtes (SR 0.822.719.7). Bisher nicht ratifiziert hat die Schweiz die Europäische Sozialcharta. – Überblick bei *Garrone*, in: Thürer/Aubert/Müller, Verfassungsrecht (LitVerz.), S. 795 (797).
80 Vgl. B II 1 b, RN 16.
81 Vgl. *Garrone* aaO., S. 796 f.; *BGE 129* I 113 (121) – Fédération syndicale SUD.
82 Vgl. z.B. *Vallender*, in: Ehrenzeller u.a., St. Galler Kommentar (LitVerz.), Art. 28 RN 17 ff.; *BGE 129* I 113 (121) – Fédération syndicale SUD, sowie (unter Einbezug auch der Wirtschaftsfreiheit) *BGE 124* I 107 (113 f.) – Parti socialiste.
83 Vgl. *BGE 129* I 113 (121) – Fédération syndicale SUD.
84 Vgl. unten C IV 1, RN 33 ff.

29
Grundrechtsträger

Grundrechtsträger sind neben den Arbeitnehmern und den Arbeitgebern auch „ihre Organisationen", das heißt Gewerkschaften und Arbeitgeberverbände, die gewöhnlich jeweils in der Rechtsform des Vereins organisiert sind. Ungeachtet des symmetrischen Aufbaus von Art. 28 BV werden die Arbeitnehmer- und die Arbeitgeberseite in der Rechtslehre nicht durchweg gleich behandelt: Während auf Arbeitnehmerseite stets nur kollektives Handeln Schutz findet (nicht jedoch beispielsweise die individuelle Arbeitsniederlegung), soll nach einer verbreiteten Auffassung auch die von einem *einzelnen* Arbeitgeber geführte Tarifverhandlung bzw. die von ihm allein verhängte Aussperrung unter Art. 28 BV fallen[85]. Davon zu trennen ist die Frage der Geltendmachung des verfassungsmäßigen Rechts im Rahmen der Verfassungsgerichtsbarkeit: Grundrechtsverletzungen können grundsätzlich auch vom einzelnen Arbeitnehmer oder Arbeitgeber gerügt werden. Hier zeigt sich die mitunter verkannte individualrechtliche Komponente der kollektivbezogenen Koalitionsfreiheit[86]. Auch wenn das Grundrecht vor allem die Stellung der strukturell schwächeren Arbeitnehmerseite verbessert und somit eine soziale Komponente aufweist, drängt sich die Einordnung der Koalitionsfreiheit und ihrer Teilgehalte bei den sozialen Grundrechten nicht auf[87].

2. Schutzwirkung

30
Subjektive und objektive Dimension

Wie die Vereinigungsfreiheit ist die Koalitionsfreiheit in erster Linie ein gegen den Staat gerichtetes Abwehrrecht. Die Verfassung auferlegt dem Staat darüber hinaus die allgemeine Verpflichtung, sich für die Verwirklichung der Grundrechte einzusetzen (Art. 35 BV). Dazu gehört im Bereich der Koalitionsfreiheit etwa die Bereitstellung der für die Freiheitsbetätigung erforderlichen rechtlichen Instrumente. Die Bundesgesetzgebung stellt den Sozialpartnern das Institut des Gesamtarbeitsvertrags (GAV) zur Verfügung[88], dessen Funktion es laut Bundesgericht ist, „die schwächere Partei zu schützen, eine einheitliche Behandlung der Arbeitnehmer zu sichern, sozialen Konflikten vorzubeugen und die Anstellungsbedingungen mit relativ flexiblen Normen zu ordnen"[89]. Gesamtarbeitsverträge können gemäß Art. 110 BV durch Beschluß der zuständigen Behörde für allgemeinverbindlich erklärt, das heißt auf am Vertrag nicht beteiligte Arbeitgeber und Arbeitnehmer des betreffenden Wirtschaftszweiges oder Berufes ausgedehnt werden, „wenn sie begrün-

---

85 Vgl. z.B. *Portmann*, Der Einfluss der neuen Bundesverfassung auf das schweizerische Arbeitsrecht, in: Jürgen Becker/Retho Hilty/Jean-Fritz Stöckli/Thomas Würtenberger (Hg.), FS Rehbinder, 2002, S. 73 (79).
86 Mißverständlich *Vallender*, in: Ehrenzeller u.a., St. Galler Kommentar (LitVerz.), Art. 28 RN 27, wonach nur die Gewerkschaften, nicht einzelne Arbeitnehmer, Träger des Streikrechts seien.
87 Anders für das Recht auf Streik *Auer/Malinverni/Hottelier,* Droit constitutionnel (LitVerz.), Bd. II, RN 1604 ff.
88 Vgl. Art. 356 ff. OR sowie das Bundesgesetz vom 28.9.1956 über die Allgemeinverbindlicherklärung von Gesamtarbeitsverträgen (AVEG; SR 221.215.311). Dazu *Manfred Rehbinder*, Schweizerisches Arbeitsrecht, 15 2002, S. 223 ff.; *Wolfgang Portmann/Jean-Fritz Stöckli*, Kollektives Arbeitsrecht, 2004, S. 39 ff.
89 *BGE 121* III 168 (171 f.) – Gewerkschaft Druck und Papier. Vgl. auch *Vallender*, in: Ehrenzeller u.a., St. Galler Kommentar (LitVerz.), Art. 28 RN 18.

deten Minderheitsinteressen und regionalen Verschiedenheiten angemessen Rechnung tragen und die Rechtsgleichheit sowie die Koalitionsfreiheit nicht beeinträchtigen"[90].

Anders als das deutsche Grundgesetz (Art. 9 Abs. 3 GG) verleiht die schweizerische Bundesverfassung der Koalitionsfreiheit keine direkte Drittwirkung. Einhellig anerkannt ist jedoch, daß die einschlägige Gesetzgebung freiheitsrechtskonform auszulegen und anzuwenden ist. Da die Schutzgehalte der Koalitionsfreiheit nicht zuletzt auch von privater Seite bedroht sind, enthält die Bundesgesetzgebung verschiedene Vorschriften, die der Koalitionsfreiheit Wirkung im Horizontalverhältnis verschaffen[91].

31
Keine unmittelbare Drittwirkung

III. Beschränkungen

Beschränkungen der Koalitionsfreiheit müssen den Anforderungen von Art. 36 BV (und Art. 11 Abs. 2 EMRK) genügen. Das Bundesgericht hatte bisher nur selten Beschränkungen der Koalitionsfreiheit zu beurteilen. Gemäß einem 1998 ergangenen höchstrichterlichen Entscheid, der eine kantonale Volksinitiative betraf, ist es verfassungswidrig, von einem Unternehmen, das staatliche Finanzhilfen in Anspruch nehmen will, zu verlangen, daß es sich einem durch Gesamtarbeitsvertrag gebundenen Arbeitgeberverband anschließt[92]. Die gesetzliche Ordnung des Gesamtarbeitsvertrages schränkt die Privatautonomie der Parteien des Gesamtarbeitsvertrags zwar ein, was aber laut Bundesgericht durch den Zweck des Instituts gerechtfertigt wird[93]. Die Verfassungsbestimmung, welche die Allgemeinverbindlicherklärung von Gesamtarbeitsverträgen ermöglicht, ruft gleichzeitig in Erinnerung, daß dabei die Koalitionsfreiheit nicht beeinträchtigt werden darf (Art. 110 BV)[94]. Eine vergleichbare Ermahnung enthält auch das neue Staatsschutzgesetz: Sicherheitsorgane dürfen „Informationen über die politische Betätigung und die Ausübung der Meinungs-, Koalitions- und Versammlungsfreiheit nicht bearbeiten", außer wenn der begründete Verdacht besteht, daß die Ausübung dieser Rechte als Vorwand genommen wird, „um terroristische, nachrichtendienstliche oder gewalttätig extremistische Tätigkeiten vorzubereiten oder durchzuführen" (Art. 3 BWIS).

32
Rahmenbedingungen des kollektiven Arbeitsrechts

---

90 Vgl. auch Art. 2 AVEG (FN 88). Zur Rechtsnatur der Allgemeinverbindlicherklärung vgl. *BGE 128* II 13 (18 f.) – X. Am 1.5.2001 waren auf Bundesebene 18 allgemeinverbindlich erklärte GAV in Kraft. Diese betrafen rund 415000 Arbeitnehmer.
91 Vgl. z. B. Art. 336 OR (arbeitsvertraglicher Kündigungsschutz); Art. 356a OR (Nichtigkeit von sog. *closed-shop*-Klauseln in Gesamtarbeitsverträgen). Vgl. auch *Garrone*, in: Thürer/Aubert/Müller, Verfassungsrecht (LitVerz.), S. 795 (799).
92 *BGE 124* I 107 (113 ff.) – Parti socialiste.
93 Vgl. *BGE 121* III 168 (172) – Gewerkschaft Druck und Papier.
94 Vgl. oben C II 2, RN 30.

IV. Freiheiten des Arbeitskampfes als Teilgehalte der Koalitionsfreiheit

1. Bedeutung und Grundlagen der Arbeitskampffreiheiten

a) Arbeitsfrieden und Arbeitskampffreiheiten unter der alten Bundesverfassung

33
Tradition des Arbeitsfriedens

In der Schweiz ist der *Streik* – verstanden als „kollektive Verweigerung der geschuldeten Arbeitsleistung zum Zwecke der Durchsetzung von Forderungen nach bestimmten Arbeitsbedingungen gegenüber einem oder mehreren Arbeitgebern"[95] – eine seltene Erscheinung. Die Statistik verzeichnet für die Jahre 1993 bis 2002 insgesamt zweiundvierzig Streiks mit einer Mindestdauer von vierundzwanzig Stunden[96]. Die *Aussperrung* – als Gegenstück auf Arbeitgeberseite[97] – ist noch seltener. Entsprechend rar sind höchstrichterliche Urteile[98]. Angesichts der langen Tradition des Arbeitsfriedens, die mit dem Abschluß des sogenannten Friedensabkommens in der Maschinen- und Metallindustrie (1937) begann und sich heute in einem an die Sozialpartner gerichteten verfassungsrechtlichen „Friedensappell" (Art. 28 Abs. 2 BV) widerspiegelt, blieb das Bedürfnis nach rechtlicher Erfassung und dogmatischer Durchdringung von Streik und Aussperrung gering. Immerhin war man sich in der Rechtslehre im Grundsatz darin einig, daß Streik und Aussperrung in einer freiheitlichen Wirtschaftsordnung jedenfalls im Sinne einer *ultima ratio* legitime Mittel des Arbeitskampfes sind. Nach herrschender Auffassung waren die Arbeitskampffreiheiten im Rahmen der alten Bundesverfassung stillschweigend mitgewährleistet. Allerdings wurde die Frage der verfassungsrechtlichen Anknüpfung nicht einheitlich beantwortet[99]. Ausdrückliche Anerkennung fand das Recht auf Streik (*droit de grève*) 1977 in der Verfassung des Kantons Jura (Art. 20 lit. g)[100]. Die Tragweite dieser Bestimmung ist bis heute unklar geblieben. Mit Fragen des Streiks befassen sich auch verschiedene von der Schweiz ratifizierte internationale Abkommen[101].

34
Recht auf Streik?

Das Bundesgericht konnte der Frage nach dem Bestehen eines verfassungsmäßigen Rechts auf Streik lange ausweichen. In einem 1985 gefällten Urteil, das die zivilrechtliche Zulässigkeit einer streikbedingten fristlosen Entlassung betraf, ließ das Bundesgericht die Frage offen. In den Erwägungen klingt jedoch an, daß das Bundesgericht die Anerkennung eines (ungeschriebenen) Rechts auf Streik nicht für ausgeschlossen hielt[102]. In einem Urteil, das am 28.

---

[95] *BGE 125* III 277 (283) – K.c.L. AG.
[96] Vgl. *Rhinow*, Grundzüge (LitVerz.), S. 529; *Aubert-Piguet*, AJP 1996, S. 1497 ff.
[97] Vgl. *Portmann/Stöckli* (FN 88), S. 17. – Zu Aussperrungen kam es in den letzten Jahren offenbar nicht.
[98] Die beiden Leiturteile betreffend Streik sind *BGE* 125 III 277, 284 – K.c.L. AG – und *BGE 111* II 245 (253) – X. AG. Zur Aussperrung gibt es keine amtlich publizierte höchstrichterliche Judikatur.
[99] Überblick bei *René Rhinow/Gerhard Schmid/Giovanni Biaggini*, Öffentliches Wirtschaftsrecht, 1998, S. 138 ff.
[100] Vgl. nunmehr auch die neue Verfassung des Kantons Neuchâtel (vom 24. 9. 2000), die neben dem „droit de grève" auch ein „droit de mise à pied collective (lock-out)" garantiert.
[101] Vgl. insb. Art. 8 UNO-Pakt I. Weitere Hinweise bei *Garrone*, in: Thürer/Aubert/Müller, Verfassungsrecht (LitVerz.), S. 795 (800 f.).
[102] *BGE 111* II 245 (253) – X. AG. Vgl. auch *BGE 125* III 277 (284) – K.c.L. AG.

Juni 1999 erging – gut zwei Monate nach der Volksabstimmung über die neue Bundesverfassung, aber ein halbes Jahr bevor diese (mit ihrem neuartigen „Streikartikel", Art. 28 Abs. 3 BV) in Kraft trat –, gelangte das Bundesgericht zu folgendem Schluß: „Lückenfüllend ist somit auch im schweizerischen Arbeitsrecht ein Streikrecht zu bejahen". Dem fügte es die problematische Aussage hinzu, Art. 28 Abs. 3 BV „normier(e) den Streik nicht als verfassungsmässiges Individualrecht"[103].

b) Zulässigkeit von Streik und Aussperrung gemäß neuer Bundesverfassung

Ermutigt durch die Stellungnahmen in der Rechtslehre schlug der Bundesrat im Rahmen der Totalrevision der Bundesverfassung vor, sowohl das „Recht auf Streik" als auch das „Recht auf Aussperrung" ausdrücklich zu gewährleisten[104]. In der Bundesversammlung wurde der „Streikartikel" sehr kontrovers aufgenommen. Manche sahen darin eine der Tradition des Arbeitsfriedens zuwiderlaufende Ermunterung zum Streik. Nach langem Ringen fand man schließlich eine Kompromißlösung (Art. 28 Abs. 3 BV), welche den Streik und die Aussperrung unter bestimmten – teils ausdrücklich normierten, teils stillschweigenden – Voraussetzungen für „zulässig" erklärt, jedoch den Ausdruck „Recht auf" vermeidet. Heute werden meist *vier Voraussetzungen* unterschieden. Streik und Aussperrung sind von Verfassungsrechts wegen zulässig[105]: erstens, „wenn sie Arbeitsbeziehungen betreffen" (Art. 28 Abs. 3 BV); zweitens, „wenn keine Verpflichtungen entgegenstehen, den Arbeitsfrieden zu wahren oder Schlichtungsverhandlungen zu führen" (Art. 28 Abs. 3 BV)[106]; drittens, wenn die Arbeitskampfmaßnahme als letztes Mittel eingesetzt wird und nicht unverhältnismäßig ist (vgl. Art. 28 Abs. 2 BV)[107]; und viertens, wenn (im Fall des Streiks) der Arbeitskampf von einer tariffähigen Organisation getragen wird.

35 Verfassungskompromiß

Voraussetzungen der Zulässigkeit

Der anläßlich der Totalrevision gefundene „Verfassungskompromiß" hat in bezug auf den verfassungsrechtlichen Status von Streik und Aussperrung Klärungen, aber keine letzte Klarheit gebracht. Unterschiedlich beantwortet wird die alles andere als nebensächliche Frage, ob Art. 28 BV – trotz seiner Textgeschichte – nicht doch auch ein *verfassungsmäßiges Individualrecht* auf Streik verbürgt. Das Bundesgericht hat diese Frage – vor Inkrafttreten der neuen Verfassung – verneint[108]. In der Lehre scheint sich dagegen die Auffas-

36 Grundrechtsqualität

---

103 *BGE 125* III 277 (283 u. 284) – K.c.L. AG. Kritisch zum Entscheid *Rhinow*, Grundzüge (LitVerz.), S. 530; *J.P. Müller*, Verfassung und Gesetz. Zur Aktualität von Art. 1 Abs. 2 ZGB, in: recht 2000, S. 119ff. Dazu unten C IV 2 a, RN 41.
104 Vgl. Art. 24 Abs. 3 des bundesrätlichen Verfassungsentwurfs vom 20.11.1996 (BBl 1997 I S. 593). – Zur Entstehungsgeschichte des heutigen „Streikartikels" *Portmann* (FN 85), S. 73ff.
105 Vgl. statt vieler *Mahon*, in: Aubert/ders., Constitution (LitVerz.), Art. 28 RN 8ff. (mit differenzierenden Ausführungen zur Aussperrung); aus der Rechtsprechung *BGE 125* III 277 (284) – K.c.L. AG.
106 Solche Verpflichtungen können sich aus Gesetz oder Vertrag ergeben. Näher *Portmann* (FN 85), S. 87.
107 Manche sehen darin zwei eigenständige Voraussetzungen. Vgl. *Rhinow*, Grundzüge (LitVerz.), S. 529f. Zur Verpflichtung auf den Grundsatz der „fairen Kampfführung" aus privatrechtlicher Sicht *Portmann* aaO., S. 88.
108 *BGE 125* III 277 (284) – K.c.L. AG. Vgl. auch *Vallender*, in: Ehrenzeller u.a., St. Galler Kommentar (LitVerz.), Art. 28 RN 27: „nur ein Kollektivrecht, kein Individualrecht". Vgl. C IV 1 a, RN 34.

sung durchzusetzen, daß Streik und Aussperrung „Grundrechtsqualität" besitzen[109].

37
Zivilistische Perspektive

Die hier zutage tretenden Unsicherheiten sind nicht zuletzt darauf zurückzuführen, daß man sich im Rahmen der Verfassungsreform (ähnlich wie zuvor in der höchstrichterlichen Rechtsprechung) in erster Linie mit der – speziell gelagerten – Frage auseinandersetzte, welches die Konsequenzen einer verfassungsrechtlichen „Anerkennung" des Streiks für das *horizontale* Verhältnis zwischen Privaten (Arbeitsverhältnis) sind. Diese „zivilistische" Perspektive führt leicht zu einer verzerrten Wahrnehmung der verfassungsrechtlichen Dimensionen des Problems.

2. Streikfreiheit und Aussperrungsfreiheit als verfassungsmäßige Rechte

a) Bedeutung und Funktion von Art. 28 Abs. 1 und Abs. 3 BV

38
Koalitionsfreiheit als Ausgangspunkt

Verfassungsrechtlicher Ausgangspunkt für die Klärung der Frage nach der „Grundrechtsqualität" von Streik und Aussperrung ist die Koalitionsfreiheit (Art. 28 Abs. 1 BV). Die in der Koalitionsfreiheit mitgarantierte Betätigungsfreiheit[110] schützt auch den Einsatz der Arbeitskampfinstrumente des Streiks und der Aussperrung[111]. Dem Grundcharakter der Koalitionsfreiheit als Abwehrrecht entsprechend[112] greift dieser Schutz in erster Linie im *Vertikalverhältnis*: Die Träger der Koalitionsfreiheit[113] können unter Berufung auf eine verfassungsmäßig geschützte Rechtsposition gegen staatliche Maßnahmen vorgehen, die den Arbeitskampf unterbinden, übermäßig erschweren oder (in Mißachtung des Neutralitätsgebotes[114]) verzerren. Um Mißverständnissen vorzubeugen, erscheint es ratsam, hierbei von Streik- bzw. Aussperrungsfreiheit zu sprechen.

39
Bestätigung der Staatsgerichtetheit

Daß aus dem ursprünglich vorgeschlagenen „Recht auf Streik" bzw. „auf Aussperrung" im Verlauf der parlamentarischen Beratungen zur neuen Bundesverfassung eine objektiv formulierte „bedingte Zulässigkeit" von Streik und Aussperrung geworden ist (Art. 28 Abs. 3 BV), heißt nicht, daß der Verfassungsgeber sich gegen das (Weiter-)Bestehen einer aus der Koalitionsfreiheit fließenden, staatsgerichteten Streik- bzw. Aussperrungsfreiheit aussprechen wollte: Aus der Entstehungsgeschichte des Art. 28 BV ergeben sich keine Hinweise auf eine solche Absicht; die Existenz einer auf das Vertikalverhältnis von Staat und Individuum bezogenen Streikfreiheit findet in Art. 28 Abs. 4 BV vielmehr eine indirekte Bestätigung[115].

---

109 So *Rhinow*, Grundzüge (LitVerz.), S. 530. Vgl. auch z. B. *Mahon*, in: Aubert/ders., Constitution (LitVerz.), Art. 28 RN 10; *Portmann* (FN 85), S. 82; *Susanne Kuster Zürcher*, Streik und Aussperrung – vom Verbot zum Recht. Das Recht auf Streik und Aussperrung nach Art. 28 Abs. 2–4 BV (Diss. iur. Zürich), 2004, S. 219 ff.
110 Vgl. C II 1, RN 27.
111 So auch *Portmann* (FN 85), S. 81 f.
112 Vgl. C II 2, RN 30.
113 Vgl. C II 1, RN 29.
114 Vgl. C IV 2 b, RN 45.
115 Art. 28 Abs. 4 BV lautet: „Das Gesetz kann bestimmten Kategorien von Personen den Streik verbieten".

Sind Streik und Aussperrung als staatsgerichtete Arbeitskampffreiheiten verfassungsrechtlich garantiert (Art. 28 Abs. 1 BV), so stellt sich die weitere Frage nach den Wirkungen der Gewährleistung im Verhältnis zwischen Privaten (Horizontalverhältnis). Nach der allgemeinen Regel des Art. 35 Abs. 3 BV haben die Rechtsetzungs- und Rechtsanwendungsorgane dafür zu sorgen, „dass die Grundrechte, soweit sie sich dazu eignen, auch unter Privaten wirksam werden". Bei den Grundrechten des Arbeitskampfes zeigt sich eine Besonderheit: Die Verfassung überläßt hier die Frage, ob und inwieweit die Arbeitskampffreiheiten auch im Horizontalverhältnis „wirksam werden" sollen, nicht – wie bei anderen Grundrechten – dem Gesetzgeber oder den (Zivil-)Gerichten, sondern nimmt selbst dazu Stellung, indem sie (in Art. 28 BV) festlegt, unter welchen Voraussetzungen ein Streik oder eine Aussperrung „zulässig" sind. Die Verfassung unternimmt hier den Versuch, die Ausgestaltung und vor allem die Anwendung einschlägiger zivilrechtlicher Normen in bestimmte Bahnen zu lenken. Sie will verhindern, daß in der arbeitsrechtlichen Rechtsprechung nach und nach – gestützt auf die Lehre von der indirekten Drittwirkung – auch Formen der Arbeitsniederlegung richterlichen Schutz finden, die allzu weit entfernt sind vom weithin akzeptierten traditionellen Bild des Streiks als letztem Mittel im Kampf um bessere Arbeitsbedingungen. Das Setzen verfassungsrechtlicher Leitplanken für die Auslegung zivilrechtlicher Normen im Zusammenhang mit Arbeitskämpfen kann man als Hauptfunktion des „Streikartikels" ansehen. Art. 28 Abs. 3 BV entpuppt sich insoweit als „lex specialis" zum allgemeinen Grundrechtsverwirklichungsauftrag des Art. 35 BV. Ob Art. 28 Abs. 3 BV als Fall der *direkten* Horizontalwirkung eingestuft werden kann[116], ist angesichts seiner Normstruktur fraglich. Den Vorzug verdient ein Verständnis des „Streikartikels" als Norm, die sich über Modalitäten der indirekten Drittwirkung ausspricht.

Die Aussage, die Bundesverfassung gewährleiste den Streik „nicht als verfassungsmässiges Individualrecht"[117], erweist sich somit gleich in zweifacher Hinsicht als unzutreffend. Die Streikfreiheit ist ein verfassungsmäßiges Recht; allerdings findet sich entgegen einer verbreiteten Auffassung[118] ihre Verfassungsgrundlage im ersten Absatz des Art. 28 BV und nicht im dritten (wo die Streikfreiheit – wie im vierten Absatz – vorausgesetzt wird). Die Streikfreiheit als verfassungsmäßiges Recht ist sodann nicht nur ein „Kollektivrecht", sondern auch ein (inhaltlich kollektivbezogenes) *Individualrecht*[119], denn im Rahmen gerichtlicher Verfahren steht es auch dem einzelnen Arbeitnehmer zu, eine Verletzung der Streikfreiheit zu rügen bzw. eine verfassungskonforme Auslegung und Anwendung zivilrechtlicher Normen zu fordern.

---

116 So beiläufig *R.J. Schweizer,* in: St. Galler Kommentar (FN 1), Art. 35 RN 22.
117 So (zu Art. 28 Abs. 3 BV) *BGE 125* III 277 (284) – K.c.L. AG. Vgl. auch *Vallender,* in: Ehrenzeller u. a., St. Galler Kommentar (LitVerz.), Art. 28 RN 27 („nur ein Kollektivrecht, kein Individualrecht").
118 Vgl. z.B. *Portmann/Stöckli* (FN 88), S. 17; *Rhinow,* Grundzüge (LitVerz.), S. 530f.
119 A.M. *Vallender,* in: Ehrenzeller u.a., St. Galler Kommentar (LitVerz.), Art. 28 RN 27. Wie hier *Garrone,* in: Thürer/Aubert/Müller, Verfassungsrecht (LitVerz.), S. 795 (803); *Portmann* (FN 85), S. 84.

b) Zur Tragweite der Gewährleistung der Streikfreiheit

42
Wilder und politischer Streik

In der Literatur wird aus Art. 28 Abs. 3 BV häufig abgeleitet, daß der nicht von einer tariffähigen Organisation getragene sogenannte wilde Streik „unzulässig"[120] bzw. „verboten"[121] sei. Auch der sog. *politische Streik*, welcher Druck auf die staatlich-politischen Entscheidungsträger (und nicht auf die Arbeitgeberseite) erzeugen soll, wird regelmäßig als „unzulässig" oder „verboten"[122] bezeichnet. Aus verfassungsrechtlicher Sicht kann diesen zu einseitig aus der zivilrechtlichen Optik des Horizontalverhältnisses formulierten Aussagen nicht vorbehaltlos zugestimmt werden. Angesichts der Entstehungsgeschichte des Art. 28 BV spricht vieles dafür, daß der politische Streik und wohl auch der wilde Streik – im Horizontalverhältnis – in aller Regel als „unzulässig" einzustufen sind, so daß die Teilnehmenden mit zivilrechtlichen Sanktionen rechnen müssen. Immerhin ist zu bedenken, daß die Grenze zwischen dem „zulässigen" und dem „unzulässigen" Streik von der Verfassung nicht messerscharf gezogen wird. Die teils geschriebenen, teils ungeschriebenen Voraussetzungen werden überwiegend mit Hilfe unbestimmter Rechtsbegriffe definiert. Der zivilrechtlichen Rechtsprechung, gegebenenfalls dem Gesetzgeber, eröffnen sich dadurch gewisse Konkretisierungsspielräume.

43
Differenzierende Beurteilung im Vertikalverhältnis

Wichtig ist sodann weiter, daß die mit Blick auf das Horizontalverhältnis erfolgende Qualifikation bestimmter Erscheinungsformen des Streiks als „unzulässig" oder „verboten" nicht unbesehen auf das Vertikalverhältnis übertragen werden darf. So bildet Art. 28 Abs. 3 BV für den Staat keine hinreichende Grundlage, um gegen (zivilrechtlich) „verbotene" politische Streiks einzuschreiten. Ob und gegebenenfalls welche Maßnahmen der Staat ergreifen kann, bedarf einer gesonderten Prüfung im Lichte der einschlägigen Gesetzgebung und der betroffenen Grundrechte (etwa der Meinungsäußerungsfreiheit). In allgemeiner Weise von einem aus Art. 28 BV fließenden „Verbot des politischen Streiks" zu sprechen, ist nicht gerechtfertigt. Entsprechendes gilt beim wilden Streik. Einer differenzierenden Betrachtung bedürfen aus verfassungsrechtlicher Sicht auch weitere häufig als „unzulässig" eingestufte Phänomene, wie der Warn-, Protest-, Sympathie- oder Solidaritätsstreik[123] und die Angriffsaussperrung. Letztere wird wohl gewöhnlich vor dem Zivilrichter, das heißt im Horizontalverhältnis, wegen Unverhältnismäßigkeit keinen Schutz finden[124]. Dies heißt jedoch nicht, daß sie auch im Vertikalverhältnis „verboten" ist und daß ein aussperrender Arbeitgeber gestützt auf Art. 28 Abs. 3 BV mit staatlichen Sanktionen belegt werden kann.

---

120 Vgl. z.B. *Vallender* aaO., Art. 28 RN 25. Differenzierend *J.P. Müller*, Grundrechte (LitVerz.), S. 357; *Schiess Rütimann*, Politische und wilde Streiks im Lichte von Art. 28 Abs. 3 BV besehen, in: Thomas Gächter/Martin Bertschi (Hg.), Neue Akzente in der „nachgeführten" Bundesverfassung, 2000, S. 135 (145 ff.); *Kuster Zürcher* (FN 109), S. 334 ff.
121 Vgl. z.B. *Portmann* (FN 85), S. 84 (mit Hinweisen). Vgl. auch *BGE 125* III 277 (284) – K.c.L. AG.
122 Vgl. z.B. *Portmann* aaO., S. 84 („Verbot politischer Streiks"). Vgl. auch *BGE 125* III 277 (284) – K.c.L. AG. Für beschränkte Zulässigkeit *Schiess Rütimann* (FN 120), S. 135 (143 ff.).
123 Vgl. *J.P. Müller*, Grundrechte (LitVerz.), S. 358.
124 Vgl. *Auer/Malinverni/Hottelier*, Droit constitutionnel (LitVerz.), Bd. II, RN 1621; *Mahon*, in: Aubert/ders., Constitution (LitVerz.), Art. 28 RN 13; *Portmann* (FN 85), S. 82.

Nicht zu beanstanden ist aus verfassungsrechtlicher Sicht, daß das Bundesgericht im Einklang mit der herrschenden Lehre der sogenannten Suspendierungstheorie folgt. Die Teilnahme an einem rechtmäßigen Streik stellt keine Verletzung der vertraglichen Arbeitspflicht dar, denn der Arbeitsvertrag ist diesfalls „in seinen Hauptpflichten suspendiert". Eine streikbedingte ordentliche Kündigung gilt als rechtsmißbräuchlich im Sinne von Art. 336 OR, „weil andernfalls das Streikrecht illusorisch bliebe"; ebensowenig besteht gemäß Bundesgericht ein legitimer Grund für eine fristlose Auflösung des Arbeitsvertrages[125].

44
Suspendierungstheorie im Horizontalverhältnis

Einigkeit besteht darüber, daß sich der Staat in Arbeitskonflikten grundsätzlich neutral zu verhalten hat[126]. Der Staat darf den Arbeitskampf weder durch Zwangsschlichtung noch durch zivil- oder strafrechtliche Normen und Maßnahmen funktionsunfähig machen[127]. Die Tragweite des Neutralitätsgebots, dem man beim „Muttergrundrecht" der Vereinigungsfreiheit nicht begegnet, ist noch nicht in allen Einzelheiten geklärt. In der Rechtslehre geht man davon aus, daß die Polizei nicht gegen den Streik als solchen vorgehen darf, wie dies vor 1914 wiederholt geschehen war, daß aber umgekehrt polizeiliche Maßnahmen zum Schutz von Leib und Leben, Eigentum und öffentlicher Sicherheit unter den allgemeinen Voraussetzungen polizeilichen Handelns grundsätzlich zulässig sind[128].

45
Neutralitätsgebot

c) Beschränkungen der Streikfreiheit

Die Streikfreiheit ist nicht absolut geschützt. Beschränkungen müssen den Anforderungen von Art. 36 BV und Art. 11 EMRK genügen. Zu beachten ist überdies Art. 28 Abs. 4 BV, wonach das Gesetz nur „bestimmten Kategorien von Personen den Streik verbieten" darf. Ein generelles Streikverbot für das Staatspersonal, wie es früher der Bund und zahlreiche Kantone in ihrer Beamtengesetzgebung vorsahen[129], wäre demnach heute verfassungswidrig[130]. Im Zuge der jüngsten Reformen der Staatspersonal-Gesetzgebung im Bund und in vielen Kantonen hat das öffentliche Dienstrecht sich stark dem privaten Arbeitsrecht angenähert. Einzug gehalten haben auch das Institut des Gesamtarbeitsvertrages und die damit verbundenen Kollektivverhandlungen

46
Streikrecht im öffentlichen Dienst

---

125 *BGE 125* III 277 (284f.) – K.c.L. AG. Vgl. auch *Mahon* aaO., Art. 28 RN 15; *Portmann* aaO., S. 83.
126 Vgl. z.B. *Portmann* aaO., S. 82 (der von einer Verpflichtung zu „strikter Neutralität" spricht). Vgl. auch Art. 39 Abs. 3 KV Bern: „Kanton und Gemeinden nehmen bei rechtmässigen Kampfmassnahmen zwischen Sozialpartnern nicht Partei".
127 Vgl. *J.P. Müller*, Grundrechte (LitVerz.), S. 352; *Portmann* aaO., S. 83; *BGE 125* III 277 (280) – K.c.L. AG.
128 Vgl. z.B. *Aubert-Piguet*, AJP 1996, S. 1497 (1503ff.); *Garrone*, in: Thürer/Aubert/Müller, Verfassungsrecht (LitVerz.), S. 795 (804). – Gemäß einem älteren Urteil des Bundesgerichts war das gegen die Zeitung „Kämpfer" verhängte temporäre Erscheinungsverbot gerechtfertigt, weil die Zeitung Streikende gegen Staatsorgane und Arbeitswillige aufgehetzt habe (*BGE 60* I 108ff.).
129 Vgl. Art. 23 des (früheren) Beamtengesetzes vom 30.6.1927. Weitere Nachweise bei *Aubert-Piguet*, AJP 1996, S. 1497 (1502). Auf ein allgemeines Streikverbot verzichtete etwa die Gesetzgebung des Kantons Genf.
130 Vgl. *Vallender*, in: Ehrenzeller u.a., St. Galler Kommentar (LitVerz.), Art. 28 RN 31. Unter der alten Bundesverfassung mußte das Bundesgericht die Frage nicht abschließend entscheiden; vgl. *BGE 125* III 277 (280) – K.c.L. AG.

über Arbeitsbedingungen. Die in der Literatur gelegentlich in Frage gestellte Funktionalität des Arbeitskampfmittels „Streik" im Verhältnis zum Arbeitgeber „Staat" ist daher heute grundsätzlich zu bejahen[131].

47
Punktuelle Streikverbote

Als zulässig gelten Beschränkungen der Streikfreiheit für Angehörige der Polizei und andere Erbringer unerläßlicher Dienstleistungen (wie Feuerbekämpfung, Behandlung und Pflege von Kranken und ähnliches)[132]. Als Adressaten eines gesetzlichen Streikverbots kommen, bei gegebenem öffentlichen Interesse und unter Wahrung der Verhältnismäßigkeit, grundsätzlich auch Arbeitnehmer in der Privatwirtschaft in Betracht[133]. Das neue Personalgesetz des Bundes ermächtigt den Bundesrat, das Streikrecht für bestimmte Kategorien von Angestellten zu beschränken oder aufzuheben, soweit dies „für die Staatssicherheit, für die Wahrung von wichtigen Interessen in auswärtigen Angelegenheiten oder für die Sicherstellung der Landesversorgung mit lebensnotwendigen Gütern und Dienstleistungen erforderlich ist"[134].

---

131 Vgl. *Rhinow*, Grundzüge (LitVerz.), S. 531. Vgl. auch *J.P. Müller*, Grundrechte (LitVerz.), S. 359 f.; BGE 129 I 113 (121) – Fédération syndicale SUD. Zurückhaltend *Vallender*, in: Ehrenzeller u.a., St. Galler Kommentar (LitVerz.), Art. 28 RN 34; *Auer/Malinverni/Hottelier*, Droit constitutionnel (LitVerz.), Bd. II, RN 1624 f.
132 Vgl. auch *Vallender* aaO., Art. 28 RN 30; *Salome Stähelin*, Das Streikrecht in unerlässlichen Diensten (Diss. iur. Basel) 2001.
133 Vgl. *Auer/Malinverni/Hottelier*, Droit constitutionnel (LitVerz.), Bd. II, RN 1626.
134 Näher dazu Art. 96 der Bundespersonalverordnung vom 3.7.2001 (SR 172.220.111.3). Vgl. auch Art. 8 der Verordnung des Bundesrates vom 18.12.1995 über den Flugsicherungsdienst (SR 748.132.1). Kritisch dazu *Kuster Zürcher* (FN 109), S. 379 ff.

D. Bibliographie

Aubert-Piguet, Béatrice, L'exercice du droit de grève, AJP 1996, S. 1497 ff.
Bellanger, François, La liberté d'association, Fiches juridiques suisses Nr. 698, 2002.
Besson, Samantha, Liberté d'association et égalité de traitement, ZSR 2001 I, S. 43 ff.
Biaggini, Giovanni, Die Vereinigungsfreiheit – Streiflichter auf ein Bundes-Grundrecht der ersten Stunde, in: Festgabe zum Schweizerischen Juristentag 2006, 2006, S. 415 ff.
Garrone, Pierre, Liberté syndicale, in: Daniel Thürer/Jean-François Aubert/Jörg Paul Müller (Hg.), Verfassungsrecht der Schweiz, 2001, S. 795 ff.
Hangartner, Yvo, Grundrechtliche Fragen der Zwangsmitgliedschaft in öffentlich-rechtlichen Personalkörperschaften, in: Walther J. Habscheid (Hg.), Festschrift Hans Giger, 1989, S. 231 ff.
Kugler, Jürg, Zwangskörperschaften (Diss. iur. Zürich), 1984.
Kuster Zürcher, Susanne, Streik und Aussperrung – vom Verbot zum Recht. Das Recht auf Streik und Aussperrung nach Art. 28 Abs. 2–4 BV (Diss. iur. Zürich), 2004.
Manfrini, Pierre Louis, La liberté de réunion et d'association, in: Daniel Thürer/Jean-François Aubert/Jörg Paul Müller (Hg.), Verfassungsrecht der Schweiz. 2001, S. 739 ff.
Portmann, Wolfgang, Der Einfluss der neuen Bundesverfassung auf das schweizerische Arbeitsrecht, in: Jürgen Becker/Reto Hilty/Jean-Fritz Stöckli/Thomas Würtenberger (Hg.), Festschrift Manfred Rehbinder, 2002, S. 73 ff.
ders./Stöckli, Jean-Fritz, Kollektives Arbeitsrecht, 2004.
Rehbinder, Manfred, Schweizerisches Arbeitsrecht, [15]2002.
Rhinow, René/Schmid, Gerhard/Biaggini, Giovanni, Öffentliches Wirtschaftsrecht, 1998.
Schiess Rütimann, Patricia M., Politische und wilde Streiks im Lichte von Art. 28 Abs. 3 BV besehen, in: Thomas Gächter/Martin Bertschi (Hg.), Neue Akzente in der „nachgeführten" Bundesverfassung, 2000, S. 135 ff.
Stähelin, Salome, Das Streikrecht in unerlässlichen Diensten (Diss. iur. Basel) 2001.
Stöckli, Jean-Fritz, Das Streikrecht in der Schweiz, BJM 1997, S. 169 ff.

§ 224
Soziale Grundrechte und soziale Zielsetzungen

Astrid Epiney/Bernhard Waldmann

Übersicht

	RN		RN
A. Einleitung	1– 2	II. Recht auf Grundschulunterricht (Art. 19 BV)	30–46
B. Zum völkerrechtlichen Kontext	3– 8	1. Allgemeines	30–33
C. Die sozialen Grundrechte der schweizerischen Bundesverfassung	9–50	2. Inhalt	34–41
I. Recht auf Hilfe in Notlagen (Art. 12 BV)	9–29	a) Ausreichender Grundschulunterricht	35–39
1. Hintergrund und Ziele des Art. 12 BV	10–13	b) Unentgeltlicher Grundschulunterricht	40–41
2. Träger und Adressat	14–15	3. Träger und Adressat	42–43
a) Art. 12 BV als Menschenrecht	14	4. Zur Problematik der Schranken	44–46
b) Verpflichtete	15	III. Andere Garantien	47–50
3. Inhalt	16–26	D. Zu den Sozialzielen (Art. 41 BV)	51–69
a) Bedürftigkeit	16–17	I. Rechtliche Tragweite	53–61
b) Zur „Subsidiarität"	18–21	II. Zu den inhaltlichen Vorgaben	62–69
c) Anspruchsgegenstand	22–26	E. Schluß	70
4. Zur Problematik der Schranken	27–29	F. Bibliographie	

A. Einleitung[*]

1 **Sozialstaatlichkeit**

Obwohl die „Sozialstaatlichkeit" der Schweiz im Grundsatz bereits seit längerem anerkannt ist[1], bildet die Frage, ob und inwieweit auf verfassungsrechtlicher Ebene neben eigentlichen „Abwehrrechten" auch Ansprüche auf staatliche Leistungen gewährt werden sollen oder ob in einer anderen Form soziale Anliegen (vermehrt) Eingang in die Verfassung finden müßten, bereits seit einiger Zeit Gegenstand von Auseinandersetzungen. So überrascht es denn auch nicht, daß diese Problematik auch im Rahmen der Vorarbeiten zur neuen Bundesverfassung Gegenstand von teilweise heftigen Diskussionen war[2]. Die schließlich gefundene Lösung stellt insofern einen Kompromiß dar, als zwar darauf verzichtet wurde, über die „traditionell" anerkannten *sozialen Rechte* noch weitere einklagbare Leistungsansprüche zu verankern, jedoch mit Art. 41 BV sogenannte *Sozialziele* in die Verfassung aufgenommen wurden.

2 **Sozialrechte und Sozialziele**

Deutlich wird damit auch, daß – in Anlehnung an die Verfassung – zwischen sogenannten Sozialrechten und sogenannten Sozialzielen zu unterscheiden ist[3]: Während unter „Sozialrechten" grundrechtliche Garantien verstanden werden, die dem Einzelnen unmittelbar einen Leistungsanspruch gegen den Staat einräumen, ist dies bei „Sozialzielen" gerade nicht der Fall, sondern sie formulieren (nur, aber immerhin) zu verfolgende Zielsetzungen[4]. Nachfolgend werden – nach dem Überblick über den völkerrechtlichen Kontext (B.)[5] – die der schweizerischen Bundesverfassung zu entnehmenden zentralen sozialen Grundrechte (C.)[6] sowie die in Art. 41 BV formulierten Sozialziele (D.)[7] erörtert. Weitere, für die Ausgestaltung des Sozialstaates Schweiz zentrale Verfassungsbestimmungen[8] bleiben hingegen ausgeklammert.

---

[*] Das Manuskript für den vorliegenden Beitrag wurde Ende 2003 eingereicht. Spätere Entwicklungen in Gesetzgebung, Lehre und Rechtsprechung sind in den Fußnoten berücksichtigt.
[1] Vgl. hierzu m.w.N. *Meyer-Blaser/Gächter,* Der Sozialstaatsgedanke, in: Thürer u.a., Verfassungsrecht (LitVerz.), § 34 RN 1 ff.; *Uebersax,* AJP 1998, S. 3 (4).
[2] Vgl. den Überblick über die Diskussion und die Entwicklung bei *Bigler-Eggenberger,* in: Ehrenzeller u.a., St. Galler Kommentar (LitVerz.), Art. 41 RN 1 ff.
[3] Zu dieser Unterscheidung auch etwa *Häfelin/Haller,* Bundesstaatsrecht (LitVerz.), RN 907 ff.; *Auer/Malinverni/Hottelier,* Droit constitutionnel (LitVerz.), Bd. II, RN 1498 ff.; *Meyer-Blaser/Gächter,* Der Sozialstaatsgedanke, in: Thürer u.a., Verfassungsrecht (LitVerz.), § 34 RN 21 f., m.w.N. für die Entwicklung dieser Unterscheidung.
[4] Zu ihrer rechtlichen Tragweite noch unten RN 53 ff.
[5] RN 3 ff.
[6] RN 9 ff.
[7] RN 51 ff.
[8] So insbesondere der „Zweckartikel", der in Art. 2 Abs. 2 BV auf die Förderung der „gemeinsamen Wohlfahrt" Bezug nimmt und in Art. 2 Abs. 3 BV die Herstellung möglichst großer Chancengleichheit als Zielsetzung formuliert, und Art. 94 Abs. 2 BV, der die Wohlfahrtsförderung und die wirtschaftliche Sicherheit als Staatsaufgaben bezeichnet. Siehe darüber hinaus noch Art. 96 BV (Vorschriften u.a. gegen sozial schädliche Kartelle), Art. 97 BV (Verbraucherschutz), Art. 100 BV (Bekämpfung von Arbeitslosigkeit und Verteuerung im Rahmen der Konjunkturpolitik), Art. 108 BV (Wohnbauförderung) und Art. 111 ff. BV (Sozialversicherungsrecht). Elemente der Sozialverfassung finden sich aber in fast allen Zuständigkeitsbereichen wieder. Vgl. zum Ganzen *Meyer-Blaser/Gächter,* Der Sozialstaatsgedanke, in: Thürer u.a., Verfassungsrecht (LitVerz.), RN 13 ff.; *Meyer-Blaser,* Einwirkungen der neuen Bundesverfassung

B. Zum völkerrechtlichen Kontext

Die in der Bundesverfassung enthaltenen Rechte und Zielsetzungen sind (auch) vor dem Hintergrund der völkerrechtlichen Regelungen – denen in der Rechtsanwendung gegebenenfalls eine bedeutende Wirkung zukommen kann – auf diesem Gebiet zu sehen. Diese können hauptsächlich in zweierlei Hinsicht auf die in der Schweiz zu gewährenden Rechte oder zu verfolgenden Zielsetzungen einwirken, wobei sich die beiden Aspekte auch überschneiden können[9]:

3
Einwirkung des Völkerrechts

– Zunächst können die völkerrechtlichen Verträge selbst Rechte enthalten, die verfassungsrechtliche Garantien ergänzen. Auf der Grundlage des der schweizerischen Verfassung zugrunde liegenden monistischen Verständnisses von Völker- und Landesrecht[10] erlangen die völkerrechtlichen Verträge mit ihrem Inkrafttreten auf völkerrechtlicher Ebene auch Geltung im innerstaatlichen Bereich. Unter der Voraussetzung einer hinreichenden inhaltlichen Präzision und der Verankerung von Rechten Einzelner können sich diese denn auch unmittelbar auf völkervertragsrechtliche Bestimmungen berufen („self-executing")[11].

4
Unmittelbare Anwendung völkerrechtlicher Verträge

– Die in der Verfassung enthaltenen Rechte und Zielsetzungen werden im Lichte der völkerrechtlichen Bestimmungen ausgelegt. Eine solche Anlehnung ist rechtlich geboten, wenn die entsprechenden Vertragsbestimmungen für die Schweiz verbindlich sind: Denn in diesem Fall sind sie Teil der in der Schweiz geltenden Rechtsordnung, so daß sie jedenfalls im Sinne einer systematischen Auslegung zu beachten sind. Gerade im Bereich der Grund- und Menschenrechte hat denn auch die Anlehnung des Bundesgerichts an die Rechtsprechung des Europäischen Gerichtshofs für Menschenrechte für die Auslegung der in der Bundesverfassung verankerten Grundrechte – soweit sich die in der Bundesverfassung und der Europäischen Menschenrechtskonvention enthaltenen Rechte decken – zu einer weitgehenden Parallelität der in der Bundesverfassung und der Europäischen Menschenrechtskonvention garantierten Rechte geführt[12].

5
Völkerrecht als Auslegungshilfe

---

auf das schweizerische Sozialrecht, in: Gauch/Thürer, Bundesverfassung (LitVerz.), S. 105 (112 ff.); *Rhinow*, Wirtschafts-, Sozial- und Arbeitsverfassung, in: Ulrich Zimmerli (Hg.), Die neue Bundesverfassung, Konsequenzen für Praxis und Wissenschaft, 2000, S. 157 (171 ff.); *Mader*, AJP 1999, S. 698 (701 f.).

9 S. zu diesen Grundsätzen m.w.N. *Klett*, Inspiration des Bundesgerichts durch das EU-Recht im Bereich der Gleichstellung der Geschlechter, in: Astrid Epiney/Ira von Danckelmann (Hg.), Gleichstellung von Frauen und Männern in der Schweiz und der EU, 2004, S. 133 (134 f.).

10 Vgl. hierzu – unter Berücksichtigung der Entwicklung – *Helen Keller*, Rezeption des Völkerrechts, 2003, S. 344 ff.; s. auch *Epiney*, Das Primat des Völkerrechts als Bestandteil des Rechtsstaatsprinzips, ZBl 1995, S. 537 (540 ff.).

11 Vgl. zu diesen Grundsätzen aus der Rechtsprechung *BGE 124* III 90 (91 f.); *124* II 361 (368); *123* III 445 (447); ausführlich aus der Literatur *Patrick Edgar Holzer*, Die Ermittlung der innerstaatlichen Anwendbarkeit völkerrechtlicher Vertragsbestimmungen, 1998, S. 35 ff.

12 Vgl. hierzu die sehr instruktive Erörterung der in der Bundesverfassung garantierten Grundrechte mit jeweils systematischem Bezug zu den internationalen Garantien bei *Auer/Malinverni/Hottelier*, Droit constitutionnel (LitVerz.), Bd. II.

6
Völkerrechtliche
Regelwerke

Sozialrechte bzw. Sozialziele sind in erster Linie in folgenden, für die Schweiz verbindlichen völkerrechtlichen Regelwerken[13] enthalten:

– Übereinkommen Nr. 102 der International Labour Organization vom 28. Juni 1952 über die Mindestnormen der sozialen Sicherheit[14];
– Europäische Ordnung der sozialen Sicherheit vom 16. April 1964[15];
– Übereinkommen Nr. 100 der International Labour Organization über die Gleichheit des Entgelts für Frau und Mann vom 29. Juni 1951[16];
– Übereinkommen Nr. 111 der International Labour Organization betreffend das Verbot jeder Diskriminierung von Frau und Mann in Ausbildung und Beruf vom 25. Juni 1958[17];
– Internationaler Pakt über wirtschaftliche, soziale und kulturelle Rechte[18];
– Übereinkommen zur Beseitigung jeder Form von Diskriminierung der Frau vom 18. Dezember 1979[19].

7
Keine Unmittelbarkeit völkervertraglichen Sozialrechts

Im Hinblick auf die innerstaatliche Wirkung völkerrechtlicher Verträge im Bereich der Grund- und Menschenrechte ist festzuhalten, daß die bundesgerichtliche Rechtsprechung den vertraglich garantierten Abwehrrechten (so den in der Europäischen Menschenrechtskonvention verankerten Rechten) durchgehend unmittelbare Wirkung zuerkennt, weil die entsprechenden Garantien als hinreichend präzise angesehen werden[20]. Hingegen verneint das Bundesgericht fast durchgehend die unmittelbare Anwendbarkeit vertraglicher Bestimmungen, denen eigentliche Sozialrechte oder staatliche Aufträge zu entnehmen sind, dies mit dem Argument, das Vertragswerk sei zu allgemein gehalten und enthalte nur allgemeine Zielbestimmungen („programmatischer Inhalt"), deren Verwirklichung dann dem Gesetzgeber obliege. Dies gilt insbesondere für die im Internationalen Pakt über wirtschaftliche, soziale und kulturelle Rechte enthaltenen Garantien[21], aber auch für das Übereinkommen Nr. 111 der International Labour Organization über die Diskriminierung in Be-

---

13 Hinzuweisen ist aber darauf, daß die Schweiz nicht durch die Europäische Sozialcharta von 1961 gebunden ist; vgl. zu den Gründen der nicht erfolgten Ratifikation der Schweiz *Uebersax*, AJP 1998, S. 3 (8). Vgl. zum Ganzen auch BBl 1996 II S. 721 ff.; 1983 II S. 1273.
14 Für die Schweiz in Kraft seit dem 18.10.1978 (SR 0.822.720.2).
15 Für die Schweiz in Kraft seit dem 18.10.1978 (SR 0.831.104).
16 Von der Schweiz 1972 ratifiziert (SR 0.822.720.0).
17 Von der Schweiz 1976 ratifiziert (SR 0.822.721.1).
18 UNO-Pakt I (UNO-Sozialpakt) vom 19.12.1966 (SR 0.103.1), von der Schweiz am 18.9.1992 ratifiziert.
19 Von der Schweiz am 23.3.1997 ratifiziert (SR 0.108).
20 Vgl. etwa *BGE* 120 Ia 247 (255) in bezug auf den UNO-Pakt II; *BGE* 122 III 414 ff. in bezug auf Art. 8, 14 EMRK.
21 Vgl. etwa *BGE* 120 Ia 1 (11 ff.); *121* V 229 ff.; *122* I 101 ff.; *126* I 240 (242 ff.). In der Literatur wird diese Rechtsprechung zumindest in ihrer Pauschalität überwiegend kritisiert, vgl. etwa *Künzli*, AJP 1996, S. 527 ff.; *Auer*, Constitution et politique d'immigration: la quadrature des trois cercles, AJP 1996, S. 1230 ff.; *Holzer* (FN 11), S. 74. Konkret umstritten war insbesondere die Frage, ob sich aus Art. 13 Ziff. 2 lit. b UNO-Pakt I ein subjektives „Recht auf Bildung" zumindest insoweit ableiten läßt, als ein unentgeltliches Zugangsrecht zu allen (staatlichen) Bildungsinstitutionen – jedenfalls durch eine allmähliche Einführung dieser Unentgeltlichkeit, was einen Verzicht auf in die entgegen gesetzte Richtung gehende Bestrebungen implizierte – besteht. Diese Frage wird in der Rechtsprechung verneint. Vgl. neben den soeben bereits zitierten Urteilen insbesondere *BGE* 120 Ia 179 ff.; *121* I 367 (370 ff.); *122* II 193 ff.; *130* I 113 (123 f.).

schäftigung und Beruf[22]. Es finden sich immerhin vereinzelte Urteile, die auch im Fall von Sozialrechten eine unmittelbare Anwendbarkeit bejahen[23].

Insgesamt erscheint die Rechtsprechung hier gelegentlich etwas zu pauschal zu operieren: Das Bundesgericht dürfte dazu neigen, bei bestimmten Arten von Vertragswerken – eben denjenigen, die (vor allem) Sozialrechte und Sozialziele enthalten – die unmittelbare Anwendbarkeit relativ unbesehen zu verneinen, mit dem allgemeinen Hinweis auf die (nur) programmatischen Inhalte. Ohne die bei zahlreichen staatsvertraglich gewährten „Sozialrechten" bestehende Schwierigkeit der inhaltlichen Bestimmung der konkreten Ansprüche verneinen zu wollen, ist dies insofern unbefriedigend, als es eben durchaus soziale Grundrechte gibt, die in hinreichend präziser Form die (Leistungs-)Ansprüche der Einzelnen umschreiben, so daß der effektive Regelungsgehalt der einzelnen vertraglichen Bestimmungen ausschlaggebend sein und geprüft werden müßte. Insofern wäre hier eine differenziertere Betrachtung zu wünschen[24]. Nur am Rande sei dabei bemerkt, daß die Verneinung der unmittelbaren Anwendbarkeit staatsvertraglicher Bestimmungen insofern von nicht zu vernachlässigender Bedeutung ist, als sie letztlich die Konsequenz nach sich zieht, daß die entsprechenden völkerrechtlichen Normen in der Praxis nicht angewandt werden (können) und die jeweiligen Rechte der Einzelnen damit leer laufen, insbesondere in den Fällen, in denen durch die Verfassung keine gleichwertigen Rechte garantiert werden.

8
Undifferenzierte Rechtsprechung

C. Die sozialen Grundrechte der schweizerischen Bundesverfassung

I. Recht auf Hilfe in Notlagen (Art. 12 BV)

Art. 12 BV garantiert denjenigen, die in Not geraten und nicht in der Lage sind, für sich zu sorgen, Anspruch auf „Hilfe und Betreuung und auf die Mittel, die für ein menschenwürdiges Dasein unerlässlich sind". Die ausdrückliche Verankerung dieses verfassungsmäßigen Rechts in der neuen Bundesverfassung erschließt sich vor dem Hintergrund der bundesgerichtlichen Rechtsprechung und der Entstehungsgeschichte der Vorschrift, auf die zunächst kurz hingewiesen sei (1.), bevor der Schutzbereich (2.) und die Problematik der Schranken (3.) erörtert werden sollen.

9
Überblick

---

[22] *BGE 106* Ib 182 (187). Merkwürdigerweise lehnt das Bundesgericht aber auch die unmittelbare Anwendung der Übereinkommen Nr. 100 über die Entgeltgleichheit von Mann und Frau ab (*BGE 103* Ia 517 [524]), dies, obwohl die einschlägige europäische und nationale Rechtsprechung gezeigt hat, daß dieser Grundsatz hinreichend präzisiert werden kann.

[23] Siehe *BGE 119* V 171 ff., in bezug auf Art. 32 Abs. 1 lit. e des Übereinkommens Nr. 128 der ILO, der vorsieht, daß eine Kürzung der Invalidenrente nur im Falle vorsätzlicher Herbeiführung der Invalidität zulässig ist. Das Bundesgericht hielt diese Bestimmung für hinreichend bestimmt, um der Anwendung einer entgegenstehenden gesetzlichen Bestimmung (die grobe Fahrlässigkeit ausreichen ließ) die Anwendung zu versagen.

[24] Vgl. in diese Richtung etwa *Künzli*, AJP 1996 S. 527 ff.

1. Hintergrund und Ziele des Art. 12 BV

10
Subjektives Recht

In der alten Bundesverfassung war nur in Artikel 48 eine Pflicht der Kantone formuliert, Bedürftigen beizustehen; ein subjektives Recht auf (auch materielle) Hilfe war hingegen nicht verankert[25]. In Anknüpfung an entsprechende Forderungen in der Lehre[26] entwickelte das Bundesgericht[27] aber 1995 ein verfassungsmäßiges Recht auf Existenzsicherung[28]. Vor dem Hintergrund dieser Rechtsprechung war es nur folgerichtig, daß dieses Recht im Sinne des Konzepts einer „nachgeführten Bundesverfassung"[29] auch ausdrücklich Eingang in die neue Verfassung fand[30], wobei die durch das Parlament erfolgte Umbenennung in „Recht auf Hilfe in Notlagen" keine Einengung des Anspruchs nach sich zieht[31].

11
Grundbedingung menschlicher Existenz und Entfaltung

Das Bundesgericht begründete die Entwicklung dieses Rechts – unter Bezugnahme auf seine ständige Rechtsprechung, wonach ungeschriebene Grundrechte dann anzuerkennen sind, wenn sie die Voraussetzung für die Ausübung anderer (in der Verfassung genannter) Freiheitsrechte bilden oder sonst als unentbehrliche Bestandteile der demokratischen und rechtsstaatlichen Ordnung des Bundes erscheinen – im wesentlichen damit, daß die Sicherung elementarer menschlicher Bedürfnisse wie Nahrung, Kleider und Obdach die Bedingung menschlicher Existenz und Entfaltung überhaupt sei und zugleich unentbehrlicher Bestandteil eines rechtsstaatlichen und demokratischen Gemeinwesens bilde. Dieses Leistungsrecht erfülle auch die Voraussetzungen der Justiziabilität, da es auf ein grundrechtsgebotenes Minimum ausgerichtet sei und es klar sei, was eine unabdingbare Voraussetzung eines menschenwürdigen Lebens ist[32].

12
Wahrung der Menschenwürde

Diese Begründung läßt auch den Sinn und Zweck des Art. 12 BV erkennen: Als Ausfluß des Rechts auf Leben und der Menschenwürde geht es darum, dafür zu sorgen, daß eine bedürftige Person über die lebensnotwendigen Güter verfügt und ihr in Notlagen Beistand geleistet wird. Auf diese Weise

---

25 Auf völkerrechtlicher Ebene wird dieses Recht in Art. 11 Abs. 1 UNO-Pakt I über wirtschaftliche, soziale und kulturelle Rechte erwähnt.
26 S. etwa *Jörg Paul Müller*, Soziale Grundrechte in der Verfassung?, ²1981, S. 236 ff.; *Saladin*, Persönliche Freiheit als soziales Grundrecht?, in: Faculté de droit de l'Université de Genève (éd.), Mélanges Alexandre Berenstein, 1989, S. 104. Skeptisch aber – auch zur Entwicklung des „neuen Rechts" durch das Bundesgericht – *Kley-Struller*, AJP 1996, S. 756 ff.
27 Wohl auch vor dem Hintergrund der praktisch flächendeckenden kantonalen Fürsorge durch die öffentliche Sozialhilfe, vgl. *Charlotte Gysin*, Der Schutz des Existenzminimums in der Schweiz, 1999, S. 12 ff.; *J.P. Müller*, Grundrechte (FN 26), S. 167 ff.
28 *BGE 121* I 367 ff., bestätigt durch *BGE 122* I 101 (104); *121* V 17 (26); *122* II 193 (197).
29 Die Totalrevision der Bundesverfassung hat es sich zum ausdrücklichen Ziel gesetzt, das geltende Verfassungsrecht übersichtlich, klar und vollständig zu formulieren, während Neuerungen nur punktuell eingeführt wurden. Vgl. zu diesem Konzept etwa *Rhinow*, Bundesverfassung (LitVerz.), S. 5 ff.
30 Hinzuweisen ist aber darauf, daß bereits der aus dem Jahr 1977 stammende Entwurf der Expertenkommission (VE 77) in Art. 26 lit. d ein Recht auf Fürsorge im Falle der Bedürftigkeit vorsah. Der VE 96 (der im Vorfeld der dann erfolgten Totalrevision erstellt wurde) enthielt in Art. 9 Abs. 3 ein Recht auf Existenzsicherung, das vom Parlament dann in etwas modifizierter Form in Art. 12 BV (so wie er heute besteht) formuliert wurde. Vgl. VE VK (NR) 1997, S. 9; VE VK (StR) 1997, S. 78; Amtl. Bull. NR, Verfassungsreform, S. 184 ff.; Amtl. Bull. StR, Verfassungsreform, S. 40 f.
31 Vgl. Amtl. Bull. SR, 1998, Reform der Bundesverfassung, S. 40, 187 f.
32 *BGE 121* I 367 (373).

sollen menschenunwürdige Zustände, in die Personen verschuldet oder unverschuldet geraten können, vermieden oder beseitigt werden, so daß der Schutzzweck des Art. 12 BV letztlich in der Bewahrung der Menschenwürde durch Existenzsicherung zu sehen ist. Darüber hinaus sollen mit der Garantie einer minimalen materiellen Existenz auch die berufliche und soziale Integration gefördert und die soziale Ausgrenzung vermieden werden.

Art. 12 BV ist ein echtes Leistungsrecht in dem Sinn zu entnehmen, als es – sofern die noch zu behandelnden Voraussetzungen erfüllt sind – dem Einzelnen einen Anspruch darauf einräumt, daß ihm die lebensnotwendigen Güter und Hilfen zur Verfügung gestellt werden. Insofern ist Art. 12 BV einklagbar und justiziabel.

13
Leistungsrecht

2. Träger und Adressat

a) Art. 12 BV als Menschenrecht

Art. 12 BV ist – wie schon das Bundesgericht betont hat[33] – ein „Menschenrecht", so daß er sowohl Schweizer als auch Ausländer berechtigt, und zwar unabhängig von ihrem aufenthaltsrechtlichen Status. Dieser soweit ersichtlich unbestrittene Charakter des Art. 12 BV als echtes Menschenrecht[34] ergibt sich zwingend aus Ziel und Zweck des Rechts: Wenn dieses in engem Zusammenhang mit dem Schutz der Menschenwürde steht und deren Verwirklichung gewährleisten will, muß es notwendigerweise allen Menschen unabhängig von ihrer Staatsangehörigkeit oder ihrer Aufenthaltsberechtigung zustehen[35].

14
Keine aufenthaltsrechtliche Begrenzung

b) Verpflichtete

Verpflichtet sind die staatlichen Behörden, wobei sich aus der Kompetenzverteilung zwischen Bund und Kantonen (Art. 42, 43, 115 BV) ergibt, daß die Kantone und Gemeinden den Anspruch auf Hilfe in Notlagen erfüllen müssen. Jedenfalls berührt Art. 12 BV nicht die Kompetenzverteilung zwischen Bund und Kantonen[36].

15
Keine kompetenzzuweisende Funktion

3. Inhalt

a) Bedürftigkeit

Auf Art. 12 BV können sich nur diejenigen Personen berufen, die in einer „Notlage" sind. Ob und inwieweit eine damit vorausgesetzte Bedürftigkeit gegeben ist, muß – vor dem Hintergrund, daß es bei Art. 12 BV notwendiger-

16
Vorliegen einer Notlage

---

33 BGE 121 I 367 (374); s. auch BGE 122 II 186 (197).
34 Aus der Lehre etwa *Auer/Malinverni/Hottelier*, Droit constitutionnel (LitVerz.), Bd. II, RN 1529; *J.P. Müller*, Grundrechte (FN 26), S. 169; *Kley-Struller*, AJP 1996, S. 756; *Uebersax*, AJP 1998, S. 3 (11); *Waldmann*, ZBl 2006, S. 351. Die zitierten Autoren weisen im übrigen zu Recht darauf hin, daß juristische Personen als Träger des Grundrechts nicht in Frage kommen.
35 Eine andere Frage ist dann aber diejenige danach, ob das Recht unter allenfalls zu bestimmenden Voraussetzungen Schranken unterliegt. Hierzu unten RN 27 ff.
36 Vgl. *Mahon*, in: Aubert/ders., Constitution (LitVerz.), Art. 12 RN 7.

weise um individuelle Hilfe geht – in jedem Einzelfall konkret festgestellt werden, wobei es auf die tatsächlichen Verhältnisse ankommt, so daß eine Bedürftigkeit etwa auch dann vorliegen kann, wenn Rechtsansprüche gegen Dritte bestehen, diese aber nicht durchgesetzt werden können[37].

17
Bedürftigkeit als hinreichende Voraussetzung

Aus dem Zusammenhang des Rechts auf Art. 12 BV mit der Menschenwürde ergibt sich, daß die Bedürftigkeit eine notwendige, aber auch eine hinreichende Bedingung für die Anspruchsberechtigung aus Art. 12 BV darstellt. Daher kommt es nicht darauf an, aus welchen Gründen die Notlage entstanden ist[38]; ausschlaggebend ist vielmehr, daß es einer Person objektiv unmöglich ist, sich die für ein menschenwürdiges Dasein notwendigen Mittel zu beschaffen[39]. Dabei bezieht sich die Bedürftigkeit auf die Grundbedürfnisse des Menschen, die für eine menschenwürdige Existenz notwendig sind. Da die Feststellung der Bedürftigkeit über das, was eben für eine menschenwürdige Existenz fehlt, den Anspruchsinhalt bestimmt, sei darauf bei der Erörterung des Anspruchsinhalts eingegangen[40].

Begrenzung auf Grundbedürfnisse

b) Zur „Subsidiarität"

18
Verweis auf eigene Möglichkeiten und Fähigkeiten

Allerdings kann sich nur eine Person auf Art. 12 BV berufen, die nicht selbst in der Lage ist, für ihre minimalen Bedürfnisse zu sorgen, so daß insofern auch von der Subsidiarität des in Art. 12 BV garantierten Anspruchs gesprochen wird. Wer hingegen objektiv in der Lage ist bzw. wäre, sich – insbesondere durch die Annahme einer zumutbaren Arbeit – aus eigener Kraft die für das Überleben erforderlichen Mittel selbst zu verschaffen, dem fehlt es an der Anspruchsvoraussetzung der Notlage[41]. Aus dogmatischer Sicht impliziert dieser Aspekt des Art. 12 BV bereits eine Einschränkung der durch Art. 12 BV Berechtigten, da Personen, die selbst in der Lage sind, für ihren Unterhalt aufzukommen, sich erst gar nicht auf Art. 12 BV berufen können. Dieser Verweis auf die eigenen Möglichkeiten und Fähigkeiten der Betroffenen, für ihre Bedürfnisse selbst aufzukommen, kann durch folgende Punkte konkretisiert werden:

19
Vermögenswerte und Arbeitskraft

– Zunächst sind allfällige Vermögenswerte zu berücksichtigen.

– Sodann kann der Einsatz der eigenen Arbeitskraft verlangt werden. Allerdings gilt dies insofern nicht „absolut", als dieser Einsatz zumutbar sein muß. Daher kann etwa bei Invalidität oder Familienpflichten nicht der (ganze) Einsatz der Arbeitskraft gefordert werden. Auch muß es für den Betroffenen möglich sein, eine Stelle zu finden. Fraglich könnte sein, wie diejenigen Fälle zu beurteilen sind, in denen die Betroffenen zwar zu hun-

---

37 So wohl auch *BGE 124* I 1 (2). Aus der Literatur *J.P. Müller,* Grundrechte (FN 26), S. 170.
38 Ebenso *Markus Schefer,* Der Kerngehalt von Grundrechten. Geltung, Dogmatik, inhaltliche Ausgestaltung, 2001, S. 348, m.w.N.
39 Zur Frage der Schranken noch unten RN 27 ff.
40 Unten RN 22 ff.
41 Grundlegend *BGE 130* I 71 (75 ff.); *131* I 166 (173 ff.); ferner *Bigler-Eggenberger,* in: Ehrenzeller u.a., St. Galler Kommentar (LitVerz.), Art. 12 RN 13 ff.; *Rhinow,* Grundzüge des Schweizerischen Verfassungsrechts (LitVerz.), RN 3095; *Waldmann,* ZBl 2006, S. 352 ff.

dert Prozent arbeiten, ihr Lohn aber nicht ausreicht, um ihre elementaren Bedürfnisse zu decken (sogenanntes „working poor"). Unseres Erachtens können sich diese Personen ebenfalls auf Art. 12 BV berufen, auch wenn sie allenfalls noch Zusatzarbeiten („Nebenbeschäftigungen") verrichten könnten: Geht man nämlich davon aus, daß eine Person bei einer hundertprozentigen Tätigkeit grundsätzlich voll ausgelastet ist und die restliche Zeit als Ruhe- und Erholungszeit benötigt wird, ist eine zusätzliche Arbeitstätigkeit grundsätzlich nicht zumutbar[42].

– Stehen den Betroffenen Sozialversicherungsleistungen zu, sind diese zunächst in Anspruch zu nehmen[43]; auch hier handelt es sich letztlich um sonstige „Einkünfte".

20
Sozialversicherungsleistungen

– Ob und inwieweit die Subsidiarität des in Art. 12 BV gewährten Anspruchs auch impliziert, daß die Möglichkeit der Unterstützung durch Dritte zur Verneinung der Berechtigung führt, ergibt sich nicht aus Art. 12 BV. Vor dem Hintergrund des Sinns und Zwecks des Rechts auf Hilfe in Notlagen, daß der Staat immer dann die notwendigen Mittel gewähren soll, wenn dies auf eine andere Weise nicht möglich ist, ist eine solche Leistungsmöglichkeit Dritter nur unter der Voraussetzung zu berücksichtigen, als diese eine gesetzlich verankerte Unterstützungspflicht trifft. So ist dies durch Art. 328 ZGB im Verhältnis von Eltern und Kindern vorgesehen, nicht aber zwischen Geschwistern. Insofern kann aus dem Grundgedanken der Subsidiarität und dem Sinn und Zweck des Art. 12 BV nur abgeleitet werden, daß gesetzliche Unterstützungspflichten einzubeziehen sind[44].

Unterstützung durch Dritte

– Der grundrechtliche Anspruch auf Nothilfe ist nach dem Gesagten nur ausgeschlossen, wenn die in Not geratene Person die Notlage durch eigenes Handeln unmittelbar und rechtzeitig verhindern kann. Keinen Einfluß auf die Anspruchsvoraussetzungen hat indes die Weigerung eines Bedürftigen, Maßnahmen zu ergreifen, die keinen sachlichen Zusammenhang mit der Beendigung der Notlage haben. In diesem Sinn ist es verfassungswidrig, Asylsuchende mit rechtskräftigem Nichteintretensentscheid, die sich weigern, bei der Vollstreckung der Wegweisung mitzuwirken, von der Nothilfe gemäß Art. 12 BV ausschließen, denn diese Mitwirkungspflichten zielen nicht auf die Beseitigung der Notlage, sondern auf die Vollstreckung ausländerrechtlicher Pflichten[45].

Im übrigen ist darauf hinzuweisen, daß die Frage, ob Art. 12 BV „missbräuchlich" geltend gemacht werden kann[46], dogmatisch im Zusammenhang mit der Subsidiarität des Anspruchs steht: Denn da der Anspruch auf Hilfe in Notla-

21
Konturenarme Mißbrauchsgrenze

---

42 Ebenso *Bigler-Eggenberger* aaO., Art. 12 RN 15. – Gemäß einem neuesten Entscheid des Bundesgerichts darf die Ausrichtung materieller Hilfe mit der Auflage verbunden werden, daß der Betroffene an Beschäftigungs- und Integrationsmaßnahmen teilnimmt. Diese Maßnahmen bzw. Programme sind grundsätzlich als zumutbare Arbeit anzusehen. Vgl. *BGE 130 I 71 (77ff.).*
43 *Bigler-Eggenberger* aaO., Art. 12 RN 18.
44 Nicht ganz klar insoweit *Bigler-Eggenberger* aaO., RN 16.
45 *BGE 131 I 166 (175)..*
46 Ausführlich zur Problematik *Johannes Schleicher*, Rechtsmissbrauch bei der Ausübung des Grundrechts auf Existenzsicherung, 1998.

gen vor dem Hintergrund seiner untrennbaren Verbindung mit dem Schutz der Menschenwürde nicht eingeschränkt werden kann[47], kann ein allfälliger Mißbrauch nur unter der Rubrik der Subsidiarität relevant werden, etwa dann, wenn eine Person in der Schweiz um eine solche Hilfe nachsucht, obwohl sie keinerlei Verbindung zur Schweiz aufweist und auf andere, zumutbare Weise ihre Bedürfnisse befriedigen könnte. Im Grunde genommen fehlt es in solchen Fällen bereits an den Anspruchsvoraussetzungen, so daß sich die Frage des Rechtsmißbrauchs gar nicht stellt, denn ein Recht, das nicht besteht, kann auch nicht verwirkt werden[48]. Darüber hinaus kann nach der hier vertretenen Ansicht durchaus geprüft werden, ob die Inanspruchnahme des Anspruchs einen „Rechtsmißbrauch" darstellt, etwa im Fall der zweckwidrigen Verwendung der zugesprochenen Mittel[49].

c) Anspruchsgegenstand

22 *Maß des Notwendigen*
Der Anspruch aus Art. 12 BV bezieht sich auf „Hilfe und Betreuung und auf die Mittel, die für ein menschenwürdiges Dasein unerlässlich sind". Zum Ausdruck kommt damit der Zusammenhang mit der Menschenwürde, die den Umfang der einzelnen Bedürfnisse bestimmt. Gleichzeitig aber kann das Ausmaß dessen, was auf der Grundlage von Art. 12 BV vom Staat „eingefordert" werden kann, nur im konkreten Einzelfall – der eben dafür ausschlaggebend ist, was für ein menschenwürdiges Dasein notwendig ist – bestimmt werden[50]. Im übrigen ist darauf hinzuweisen, daß einfachgesetzliche Regelungen konkretisieren können, was zu der so umrissenen Existenzsicherung zu zählen hat.

23 *Mindestumfang der Nothilfe*
Dies bedeutet allerdings nicht, daß das Recht auf Hilfe in Notlagen in bezug auf sein Ausmaß in jeder Beziehung zur Disposition des (Bundes- oder kantonalen) Gesetzgebers stünde. Vielmehr impliziert die Ausgestaltung des Art. 12 BV als echtes soziales Grundrecht, daß sich ein gewisser Mindestumfang der „Nothilfe" bereits aus Art. 12 BV selbst ergibt, gewährt diese Bestimmung doch ein echtes Leistungsrecht, dessen Reichweite nicht durch die (kantonale) Gesetzgebung relativiert werden kann. Insofern ist der Hinweis des Bundesgerichts, der Umfang der Leistungen werde in erster Linie durch das zuständige Gemeinwesen auf der Grundlage seiner Gesetzgebung festgelegt[51], mißverständlich, auch wenn natürlich nicht zu verkennen ist, daß die Sozial-

---

47 Siehe unten RN 27 ff., 29.
48 *BGE 131* I 166 (173); *130* I 71 (75 f.). Anders nach *BGE 121* I 367 (375 ff.), wo das Bundesgericht prüfte, ob ein Mißbrauch vorlag, diesen aber dann verneinte; vgl. auch *BGE 122* II 193 (198).
49 *BGE 131* I 166 (178). Vgl. ausführlich *Waldmann*, ZBl 2006, S. 361 f. Die wohl herrschende Ansicht in der Lehre dürfte aber wohl eine Berufung auf den Rechtsmißbrauch ablehnen, vgl. *Meyer-Blaser/Gächter*, Der Sozialstaatsgedanke, in: Thürer u.a., Verfassungsrecht (LitVerz.), RN 31; *J.P. Müller*, Grundrechte (FN 26), S. 179 f.; *Schleicher* (FN 46), S. 47 ff.
50 Vgl. *J.P. Müller*, Grundrechte (FN 26), S. 169 ff.; *Mahon*, in: Aubert/ders., Constitution (LitVerz.), Art. 12 RN 4; *Schefer* (FN 38), S. 340 f.
51 *BGE 121* I 367 (373). Gemäß bundesgerichtlicher Rechtsprechung ist es allerdings nicht notwendig, daß die Höhe der Leistungen in der Form eines formellen Gesetzes festgelegt wird, solange die vorgesehenen Leistungen noch oberhalb dessen liegen, was nach Art. 12 BV als Minimum staatlicher Leistungen geboten ist; vgl. *BGE 130* I 1 (14).

gesetzgebung für die tatsächliche Verwirklichung des Anspruchs von großer Bedeutung ist und daß der konkrete Umfang der Hilfe – wie erwähnt – von den konkreten Umständen des Einzelfalles abhängt, so daß aus Art. 12 BV jedenfalls kein Anspruch auf einen feststehenden Betrag abgeleitet werden kann[52].

Auf dieser Grundlage fragt es sich sodann, wie dieses Minimum, auf das Art. 12 BV einen Anspruch einräumt, bestimmt werden kann. Nach der hier vertretenen Ansicht kann ein „menschenwürdiges Dasein" nur im Kontext des gesellschaftlichen und sozialen Umfelds bestimmt werden[53], so daß für die Umschreibung dessen, was zu einem menschenwürdigen Dasein gehört, von den in der Schweiz herrschenden Lebensverhältnissen auszugehen ist. Daher erscheint es zumindest mißverständlich, wenn das Bundesgericht die Nothilfe als eine Minimalhilfe versteht, die nur (aber immerhin) zur Aufgabe habe, den Betroffenen (und gegebenenfalls seine Familie) vor einer unwürdigen Bettelexistenz zu bewahren[54]. Denn in einem Umfeld wie der Schweiz dürfte auch ein Mindestmaß an Teilnahme am öffentlichen Leben und an Kommunikation zu den Bedingungen einer menschenwürdigen Existenz gehören, so daß der Zusammenhang des Art. 12 BV mit der in Art. 7 BV verankerten Menschenwürde es nahelegt, auch diese Bedürfnisse in einem gewissen Maß zu berücksichtigen.

24
Menschenwürdigkeit des Daseins im sozialen Kontext

Daher räumt Art. 12 BV nach der hier vertretenen Ansicht nicht nur einen Anspruch auf ausreichende Nahrung, Bekleidung, Wohnung, ärztliche Versorgung usw.[55], sondern auch auf gewisse (wenn auch niedrige) Mittel für die Kommunikation (Telefon) und die Teilnahme am öffentlichen Leben ein[56]. In bezug auf den anwendbaren Maßstab für die Bemessung der notwendigen Hilfe dürfte aber grundsätzlich der fürsorgerechtliche Maßstab – in dem Sinn, daß es um die Gewährleistung eines Lebensstandards, der nicht unter das für bescheidene Verhältnisse übliche und notwendige Maß herabsinkt, geht – anwendbar sein[57].

25
Kommunikation und Teilnahme am öffentlichen Leben

---

52 *Mahon*, in: Aubert/ders., Constitution (LitVerz.), Art. 12 RN 4; *J.P. Müller*, Grundrechte (FN 26), S. 172; *BGE 121* I 367 (373).
53 So auch ausdrücklich *J.P. Müller*, Grundrechte (FN 26), S. 171.
54 *BGE 122* II 193 ff.; *122* I 101 (106); *121* I 367 (373).
55 Vgl. *BGE 122* I 101 (104 ff.), wonach jedenfalls die Grundbedürfnisse des Menschen im Anspruch auf Nothilfe enthalten seien.
56 Ausdrücklich auch *J.P. Müller*, Grundrechte (FN 26), S. 172 f. In diese Richtung auch *Bigler-Eggenberger*, in: Ehrenzeller u.a., St. Galler Kommentar (LitVerz.), RN 23, die davon spricht, man solle bei der Grenzziehung des Anspruchs auf Hilfe „grosszügig" sein. Im Ergebnis ebenfalls ähnlich *Wolffers*, Der Anspruch auf Existenzsicherung, in: plädoyer 1994, S. 30 (33 f.); *Auer*, Le droit à des conditions minimales d'existence: un nouveau droit social?, in: Blaise Knapp/Xavier Oberson (éd.), Mélanges Charles-André Junod, 1997, S. 27 (35 ff.).
57 Dieser steht im Gegensatz zu anderen Maßstäben für die Bemessung der notwendigen Hilfe, insbesondere dem zivilrechtlichen (vor allem bei Scheidungsverfahren, Art. 125 ZGB), dem betreibungsrechtlichen (Art. 93 SchKG) und dem sozialversicherungsrechtlichen (Art. 10 AHVG, Art. 2 ff. ELG). Vgl. die Zusammenstellung bei *J.P. Müller*, Grundrechte (FN 26), S. 175 ff. Im einzelnen ist das Verhältnis dieser gesetzlichen Ansprüche zum verfassungsrechtlich gewährleisteten Art. 12 BV aber noch ungeklärt. Jedenfalls kann die Tragweite des Art. 12 BV aber durch diese gesetzlichen Ansprüche nicht relativiert werden, denen auf der anderen Seite aber gewisse Anhaltspunkte für die Konkretisierung des Anspruchsinhalts des Art. 12 BV entnommen werden können.

26

Geld- oder Sachleistungen

Die Nothilfe kann entweder in Geld- oder Naturalleistungen erbracht werden[58]. Daneben gewährt Art. 12 BV auch ausdrücklich einen Anspruch auf „Hilfe und Betreuung", womit insbesondere Beratung und Hilfestellung in schwierigen Lebenslagen (wirtschaftlicher oder persönlicher Natur) gemeint sind[59].

4. Zur Problematik der Schranken

27

Voraussetzungen

Art. 36 BV sieht vor, daß „Grundrechte" eingeschränkt werden können, sofern diese Einschränkungen durch ein öffentliches Interesse oder durch den Schutz von Grundrechten Dritter gerechtfertigt sind und der Grundsatz der Verhältnismäßigkeit gewahrt ist (Absätze 1 bis 3). Weiter ist der Kerngehalt unantastbar (Absatz 4).

28

Zusammenfallen von Kern- und Schutzbereich

Das Bundesgericht ging denn auch anfangs davon aus, daß Art. 12 BV, ähnlich wie die anderen Grundrechte, unter den genannten Voraussetzungen eingeschränkt werden kann[60]. Für diese Sicht könnte sprechen, daß sich der Wortlaut des Art. 36 BV auf alle „Grundrechte" bezieht, so daß diese Bestimmung – obwohl eigentlich auf Freiheitsrechte zugeschnitten – zumindest implizit auch auf Art. 12 BV anzuwenden sein könnte[61]. In der Lehre wurde diese Rechtsprechung jedoch einhellig kritisiert. Dabei wurde im wesentlichen darauf hingewiesen, daß bei Art. 12 BV der Kerngehalt des Grundrechts bereits mit seinem Schutzbereich zusammenfalle, so daß Einschränkungen nicht möglich seien bzw. daß im Falle der Einräumung eines Rechts auf staatliche Leistungen ein solcher Anspruch nicht einfach vom Gesetzgeber wieder abgesprochen werden dürfe[62]. Das Bundesgericht hat sich dieser Meinung nun angeschlossen[63].

29

Keine Beschränkung bei Antastung der Menschenwürde

Dieser zuletzt genannte Ansatz erscheint vor dem Hintergrund des Zusammenhangs des Art. 12 BV mit der Menschenwürde zwingend: Wenn dieser Anspruch darauf beruht, daß ein „menschenwürdiges Dasein" und damit die Achtung der Menschenwürde als solche sichergestellt werden soll, kann er keinen Schranken zugänglich sein, denn in diesem Fall würde die Menschenwürde selbst angetastet werden, was in Widerspruch zu Art. 7 BV stünde. Daher können die ansonsten Grundrechtseinschränkungen rechtfertigenden öffentlichen Interessen nicht greifen, so daß etwa bei Selbstverschulden der Notlage (beispielsweise bei Fristversäumnis für die Geltendmachung von Rechtsansprüchen oder beim Verspielen der Einkünfte) der Anspruch nicht

---

58 Vgl. nur *Uebersax*, AJP 1998, S. 3 (10).
59 Vgl. *Mahon*, in: Aubert/ders., Constitution (LitVerz.), Art. 12 RN 3.
60 *BGE 122* II 193 (198 ff.): Das Bundesgericht fragte sich hier, ob der Entzug der Sozialhilfe den Kerngehalt des Grundrechts des Art. 12 BV berührt; es ließ diese Frage aber offen, da bereits der Grundsatz der Verhältnismäßigkeit nicht gewahrt worden sei.
61 Vgl. auch *BGE 129* I 19.
62 Vgl. *Rhinow*, Bundesverfassung (FN 29), S. 154, 341; *Meyer-Blaser/Gächter*, Der Sozialstaatsgedanke, in: Thürer u. a., Verfassungsrecht (LitVerz.), RN 31; *J.P. Müller*, Grundrechte (FN 26), S. 178 f., *Weber-Dürler*, Grundrechtseingriffe, in: Ulrich Zimmerli (Hg.), Die neue Bundesverfassung, 2000, S. 131 (151 f.); *Uebersax*, AJP 1998, S. 3 (11).
63 *BGE 130* I 71 (75), *131* I 166 (177).

abgesprochen werden darf, da auch dieses Selbstverschulden nicht dazu führen kann, daß der betroffenen Person keine Menschenwürde mehr zukäme. Fälle, in denen Nothilfe wegen Rechtsmißbrauchs verweigert wird, sind indes nach dem hier vertretenen Verständnis nicht als Einschränkungen des Grundrechts auf Existenzsicherung, sondern im Zusammenhang mit den Tatbestandsvoraussetzungen von Art. 12 BV (Subsidiarität des Anspruchs) zu behandeln[64].

II. Recht auf Grundschulunterricht (Art. 19 BV)

1. Allgemeines

Art. 19 BV gewährleistet einen Anspruch auf ausreichenden und unentgeltlichen Grundschulunterricht und schließt damit unmittelbar an Art. 27 Abs. 2a BV an, der zwar als Handlungsauftrag an die Kantone formuliert war, von Rechtsprechung und Lehre aber schon früh als einklagbares Recht ausgelegt wurde[65]. Gleichzeitig orientiert er sich an den Vorgaben von Art. 13 Ziff. 2 lit. a UN-Sozialpakt, Art. 28 Abs. 1 lit. a sowie von Art. 29 Abs. 1 KRK.

30 Handlungsauftrag und Anspruch

Hintergrund des Art. 19 BV ist primär die Verwirklichung der Chancengleichheit, indem in der Schweiz alle Menschen ein Mindestmaß an Bildung erhalten sollen, das sowohl für ihre Entfaltung als auch für die Wahrnehmung der Grundrechte unabdingbar ist[66]. Darüber hinaus kommt der Sicherstellung einer flächendeckenden Grundausbildung auch „institutionelle" Bedeutung zu, zum einen als Basis für eine funktionstüchtige Demokratie[67] und zum anderen als Grundlage einer diskriminierungsfreien, „multikulturellen" Gesellschaft[68].

31 Chancengleichheit

Art. 19 BV wird – wie sein Vorgänger – oftmals als „kleines Sozialrecht" bezeichnet[69]. Darin kommt zum Ausdruck, daß in der Schweiz kein umfassendes Recht auf Bildung, aber immerhin ein Anspruch auf eine genügende und unentgeltliche Grundausbildung existiert. In der Umschreibung des sachlichen Geltungsbereichs verwendet die neue Bundesverfassung nicht mehr den mißverständlichen Begriff des „Primarunterrichts", sondern spricht von „Grundschulunterricht" und bringt damit zum Ausdruck, daß sich Art. 19 BV auf die Elementarausbildung während der obligatorischen Schulzeit bezieht[70].

32 Elementarausbildung

---

64 In diese Richtung tendiert neuestens auch die bundesgerichtliche Rechtsprechung; vgl. *BGE 130* I 71 (76). Zum Ganzen oben RN 18 ff.
65 Vgl. aus der früheren Rechtsprechung des Bundesrats statt vieler VEB 6 (1932) 39; 9 (1935) 43; 10 (1936) 50.
66 *BGE 129* I 12 (16); *Kägi-Diener*, in: Ehrenzeller u. a., St. Galler Kommentar (LitVerz.), Art. 19 RN 4; *Meyer-Blaser/Gächter*, Der Sozialstaatsgedanke, in: Thürer u. a., Verfassungsrecht (LitVerz.), RN 32.
67 Botschaft BV (BBl 1997 I S. 277 f.); *Kägi-Diener* aaO., Art. 19 RN 5; *Meyer-Blaser/Gächter* aaO., RN 32.
68 *Kägi-Diener* aaO., Art. 19 RN 5.
69 Vgl. statt vieler Botschaft Bundesverfassung, BBl 1997 I S. 278; *Häfelin/Haller*, Bundesstaatsrecht (LitVerz.), RN 922; implizit auch *BGE 129* I 12 (17).
70 *BGE 129* I 35 (39); *Mahon*, in: Aubert/ders., Constitution (LitVerz.), Art. 19 RN 6 mit Hinweisen auf die Materialien; *Kägi-Diener*, in: Ehrenzeller u. a., St. Galler Kommentar (LitVerz.), Art. 19 RN 11; vgl. ferner zu Art. 27 Abs. 2 aBV *Borghi*, in: Aubert u. a., Bundesverfassung 1874 (LitVerz.), Art. 27 aBV, RN 29; *Herbert Plotke*, Schweizerisches Schulrecht, 2003, S. 103; Entscheid des *Bundesrats* vom 14. 8. 1991, VPB/JAAC 57 (1993), 42, Erw. 3.1.

33
Weitergehende
Sozialziele

Da die Festlegung der obligatorischen Schulzeit in den Händen der Kantone liegt, wird der Geltungsbereich des Grundrechts von Art. 19 BV letztlich auch durch die Kantone umschrieben[71], was angesichts der verfassungsrechtlichen Mindestanforderungen an eine „genügende" Grundausbildung inkonsequent erscheint. Immerhin lassen sich aus Art. 19 BV gewisse Mindestanforderungen entnehmen, die von den Kantonen nicht unterschritten werden dürfen[72].

Jedenfalls findet Art. 19 BV keine Anwendung auf vorschulische und schulbegleitende Angebote sowie auf die an die obligatorische Schulzeit anschließenden Bildungsstufen, wie beispielsweise Mittelschulen, Berufsausbildungen oder Hochschulen[73]. Den Kantonen bleibt es aber vorbehalten, auch für diese Bereiche entsprechende Sozialrechte in den Kantonsverfassungen vorzusehen[74]. Im übrigen werden diese Bildungsstufen von den keinerlei subjektive Rechte begründenden Sozialzielen (Art. 41 Abs. 1 lit. f BV) erfaßt[75].

2. Inhalt

34
Mindest-
anforderungen

Im Rahmen seines sachlichen Geltungsbereichs gewährleistet Art. 19 BV jedem Kind eine unentgeltliche, seinen Fähigkeiten entsprechende Grundausbildung[76]. Die Bundesverfassung verlangt indes weder eine bestimmte Form noch einen bestimmten Inhalt der Ausbildung, sondern begnügt sich mit Mindestanforderungen, denen die Kantone im Rahmen ihrer Schulhoheit (Art. 62 Abs. 1 BV) nachzukommen haben. Für das Verständnis dieser Mindestanforderungen muß notwendigerweise auf die außerhalb des Grundrechtskatalogs gelegene Zuständigkeitsbestimmung von Art. 62 Abs. 2 BV zurückgegriffen werden[77]. Im übrigen findet sich in der Rechtsprechung eine Reihe von Anhaltspunkten für die Konkretisierung dieses Anspruchs[78]. Vorstöße zur

---

71 Gemäß Art. 2 lit. b des Konkordats über die Schulkoordination vom 29. 10. 1970 (SR 411.9) dauert die Schulpflicht mindestens neun Jahre. Dem Konkordat sind – abgesehen vom Kanton Tessin – alle Kantone beigetreten. Im Kanton Tessin beläuft sich die obligatorische Schulzeit aber ebenfalls auf neun Jahre.
72 Vgl. sogleich unten RN 34 ff.
73 Zum Ganzen *BGE* 129 I 35 ff. (39); Entscheid des *Bundesrats* vom 14. 8. 1991, VPB/JAAC 57 (1993) 42, Erw. 3.1; *Kägi-Diener*, in: Ehrenzeller u. a., St. Galler Kommentar (LitVerz.), Art. 19 RN 11. *Rhinow*, Grundzüge des Schweizerischen Verfassungsrechts (LitVerz.), RN 3102 ff.
74 Vgl. z. B. Art. 29 Abs. 2 Verfassung des Kantons Bern vom 6. 6. 1993 sowie zum Ganzen *Plotke* (FN 70), S. 14 f.
75 Siehe unten RN 62 ff.
76 *BGE* 129 I 35 ff. (39).
77 Art. 62 Abs. 2 BV (in seiner neuen Fassung vom 21. 5. 2006) lautet: „Sie [die Kantone] sorgen für einen ausreichenden Grundschulunterricht, der allen Kindern offen steht. Der Grundschulunterricht ist obligatorisch und untersteht staatlicher Leitung oder Aufsicht. An öffentlichen Schulen ist er unentgeltlich". Neu werden die Kantone in Art. 62 Abs. 4 BV verpflichtet, das Schulwesen hinsichtlich bestimmter Eckwerte zu organisieren (Schuleintrittsalter, Schulpflicht, Dauer und Ziele der Bildungsstufen und deren Übergänge sowie Anerkennung von Abschlüssen). Kommt in diesen Bereichen keine Harmonisierung zustande, erläßt der Bund die notwendigen Vorschriften.
78 Unter der Bundesverfassung von 1874 waren Streitigkeiten im Zusammenhang mit dem Anspruch auf genügenden Primarunterricht vom Bundesrat zu beurteilen, dessen Entscheide letztinstanzlich an die Bundesversammlung weiter gezogen werden konnten. Seit dem 1. 3. 2000 kommt als einziges eidgenössisches Rechtsmittel die staatsrechtliche Beschwerde an das Bundesgericht in Frage (vgl. AS 2000 416).

Verdeutlichung der Mindestanforderungen in einem Bundesgesetz sind in der Vergangenheit immer wieder gescheitert[79].

a) Ausreichender Grundschulunterricht

Mit dem Erfordernis des „ausreichenden" Grundschulunterrichts beläßt die Bundesverfassung den Kantonen einen erheblichen Gestaltungsspielraum. Immerhin ergeben sich aus Art. 19 BV i.V.m. Art. 62 Abs. 2 BV gewisse qualitative und quantitative Mindestanforderungen, denen die Kantone Rechnung zu tragen haben. Dabei wird zunächst verlangt, daß die Kantone die aufgrund von Art. 19 BV geschuldete Grundschulung in einem Gesetz festzulegen haben[80]. Inhalt, Form und Organisation der Grundausbildung müssen den Schülern auf jeden Fall ermöglichen, ein selbstverantwortliches Leben im modernen Alltag zu führen, einen Beruf zu erlernen und auszuüben sowie am demokratischen Gemeinwesen teilzunehmen[81]. Aus diesem allgemeinen Kriterium haben Rechtsprechung und Lehre verschiedene Anforderungen an einen „ausreichenden" Grundschulunterricht entwickelt:

35 Kantonaler Gestaltungsspielraum

– Das Ziel der genügenden Vorbereitung der Kinder für den späteren Alltag bedingt zunächst zwangsläufig eine Mindestdauer der Schulpflicht[82].

– In qualitativer Hinsicht sind ein auf das Ziel der Vermittlung von Elementarkenntnissen abgestimmtes Schulprogramm und entsprechend fähige und ausgebildete Lehrpersonen notwendig. Unterrichtsziele und -methoden sind dem Wandel der Anschauungen sowie den wirtschaftlichen und gesellschaftlichen Bedingungen anzupassen[83]. Zu den heute als elementar eingestuften Kenntnissen gehören hauptsächlich mündliche und schriftliche Ausdrucksfähigkeit in der Muttersprache, elementares Rechnen, Kenntnis der Geschichte und der politischen Strukturen des Landes, Grundkenntnisse in Geographie und Naturwissenschaften, Verständnis für Multikulturalität, Zeichnen, Gesang, Turnen und je nach Ort Kenntnis der Grundregeln des Straßenverkehrs, der Umgangsformen und der Gesundheitspflege[84]. Aus Art. 19 BV läßt sich dagegen für ein Kind, welches der sprachlichen Minderheit angehört, kein Anspruch auf Unterricht in der eigenen Muttersprache ableiten[85].

36 Mindestdauer und Schulprogramm

---

79 Vgl. BBl 1882 III S. 167; BBl 1972 I S. 375 ff.
80 *BGE* 129 I 35 (38); *J.P. Müller*, Allgemeine Bemerkungen zu den Grundrechten, in: Thürer/Aubert/ders., Verfassungsrecht (LitVerz.), § 39 RN 52.
81 *BGE* 129 I 35 (38); *Borghi*, in: Aubert u.a., Bundesverfassung 1874 (LitVerz.), Art. 27 aBV, RN 33; *Kiener*, Bildung, Forschung und Kultur, in: Thürer u.a., Verfassungsrecht (LitVerz.), § 57 RN 7; *Mahon*, in: Aubert/ders., Constitution (LitVerz.), Art. 19 RN 8; *Meyer-Blaser/Gächter*, Der Sozialstaatsgedanke, in: Thürer u.a., Verfassungsrecht (LitVerz.) RN 35.
82 Vgl. FN 71.
83 *Borghi*, in: Aubert u.a., Bundesverfassung 1874 (LitVerz.), Art. 27 aBV, RN 31; Entscheid des Bundesrats v. 19.9.1994, VPB/JAAC 59 (1995), 58.
84 *Borghi* aaO., Art. 27 aBV, RN 31; *Hildegard Maerki*, Das Prinzip des obligatorischen unentgeltlichen und genügenden Primarunterrichts gemäß Artikel 27 der schweizerischen Bundesverfassung (Diss. Zürich), 1947, S. 90 f.
85 *Auer/Malinverni/Hottelier*, Droit constitutionnel (LitVerz.), Bd. II, RN 1542; *Borghi* aaO., Art. 27 aBV, RN 35. Ein solches Recht kann sich allerdings aus der Sprachenfreiheit (Art. 18 BV) ergeben; vgl. *BGE* v. 2.11.2001, FZR/RFJ 2001, S. 366 ff.

37

Orientierung an individuellen Fähigkeiten

– Die Ausbildung muß sodann den individuellen Fähigkeiten des Kindes und seiner Persönlichkeitsentwicklung entsprechen[86]. In diesem Sinn muß für behinderte und lernschwache Kinder nach einer angemessenen und geeigneten Organisation der Ausbildung gesucht werden[87]. Insbesondere ist dafür zu sorgen, daß wahrnehmungs- und artikulationsbehinderte Kinder und Jugendliche eine auf die Behinderung abgestimmte Kommunikationstechnik erlernen können[88]. Aufgrund des Diskriminierungsverbots von Art. 8 Abs. 2 BV müssen die Kinder aber wenn immer möglich in die Regelklasse integriert bleiben, und es besteht eine qualifizierte Begründungspflicht zu Lasten einer Sondereinschulung[89]. Im Gefolge einer individuellen Betrachtungsweise haben umgekehrt auch hochbegabte Kinder einen Anspruch auf einen ihren Fähigkeiten angepaßten Unterricht, soweit sich eine solche Förderung aus pädagogischen oder psychologischen Gründen für die Entwicklung des Betroffenen als unabdingbar erweist[90].

38

Schulbesuch unter zumutbarem Aufwand

– Ein ausreichender Grundschulunterricht setzt ferner voraus, daß der Schulbesuch ohne unzumutbaren Aufwand für den Schulweg möglich ist. An dieser Voraussetzung fehlt es, wenn die Distanz vom Wohnort zur Schule entweder zu lang, zu mühsam oder zu gefährlich ist[91]. In solchen Fällen ergibt sich für die Kinder ein einklagbarer Anspruch auf Abhilfe. Dabei kommen allerdings verschiedene Formen in Frage: Möglich sind sowohl die Zulassung zum Schulbesuch in der Nachbargemeinde als auch die Organisation eines Busbetriebs. Wenn die Gemeinde statt eines Taxitransports über den Mittag einen Mittagstisch anbietet, liegt darin kein Verstoß gegen das Recht auf Privat- und Familienleben (Art. 13 BV, Art. 8 Ziff. 1 EMRK)[92].

39

Wahrung der Eltern- und Kindergrundrechte

– Als ungenügend gilt schließlich ein Unterricht, der nur unter unzulässigen Eingriffen in Grundrechte des Kindes bzw. der Eltern möglich ist. Insbesondere kann sich aus dem Recht auf Achtung des Familienlebens (Art. 13 BV, Art. 8 EMRK) ein Recht auf Einschulung am Arbeitsort der Mutter ergeben, wenn sich für das Kind am „Schlafort" keine zumutbare Tagespflege finden läßt[93].

---

86 *BGE 129* I 35 (38f.); *117* I a 27 (31).
87 Botschaft Bundesverfassung (BBl 1997 I S. 277); vgl. auch Art. 20 Abs. 1 BehiG; Entscheid des Bundesrats vom 14. 8. 1991, VPB/JAAC 56 (1992) 38, Erw. 4.1.
88 Siehe auch Art. 20 Abs. 3 BehiG.
89 Vgl. auch Art. 20 Abs. 2 BehiG. Zum Ganzen *BGE 130* I 352 ff. sowie *Bernhard Waldmann*, Das Diskriminierungsverbot von Art. 8 Abs. 2 BV als besonderer Gleichheitssatz, 2003, S. 740f.
90 *Kägi-Diener*, in: Ehrenzeller u.a., St. Galler Kommentar (LitVerz.), Art. 19 RN 14; so nun auch *BGer*, Entscheid v. 16. 9. 2003 (2P.150/2003), Erw. 4.3. In diesem Entscheid schützte das Bundesgericht allerdings die Weigerung der kantonalen Behörden, einem Knaben mit fußballerischer Begabung für die Gemeinde grundsätzlich mit Schulgeldübernahme verbundenen Besuch einer Schule zu ermöglichen, die ihr Unterrichtsprogramm auf die Förderung von talentierten Fußballjunioren abstimmt. Namentlich sei nicht erwiesen gewesen, daß der Übertritt in die Fußballklasse für die persönliche Entwicklung des Knaben unabdingbar sein würde.
91 Vgl. aus der reichhaltigen Rechtsprechung des Bundesrats statt vieler den Entscheid v. 17. 2. 1999, VPB/JAAC 64 (2000) 56; Entscheid v. 1. 7. 1998, VPB/JAAC 64 (2000) 1; vgl. auch *BGE 117* Ia 27 (31).
92 Entscheid des Bundesrats, VPB/JAAC 63 (1999) 59, Erw. 3.1.
93 Entscheid des Bundesrats, VPB/JAAC 63 (1999) 59, Erw. 3.2 und 3.2.

b) Unentgeltlicher Grundschulunterricht

Der Anspruch auf unentgeltlichen Grundschulunterricht bildet das Korrelat zur Grundschulpflicht (Art. 62 Abs. 2 BV). Unabhängig von den sozialen Verhältnissen soll jedes Kind Zugang zur Grundschule erhalten. Die Kostenlosigkeit gilt allerdings nur für öffentliche Schulen[94], es sei denn, daß ein Kind aufgrund des mangelnden Angebots an öffentlichen Schulen nur in einer Privatschule eingeschult werden kann[95]. Nach gefestigter Praxis gilt als Ort, an dem ein Kind zur Schule gehen muß und an dem es Anspruch auf unentgeltlichen Unterricht hat, derjenige Ort, an dem sich das Kind mit Zustimmung der Eltern aufhält. Kinder, die aus irgendeinem Grund nicht bei ihren Eltern wohnen, haben Anspruch auf Grundschulunterricht am Ort ihres Aufenthalts[96]. — **40** Korrelat zur Grundschulpflicht / Aufenthaltsort als Schulort

Der Anspruch auf Unentgeltlichkeit bezieht sich primär auf den Unterricht und verbietet die Erhebung von Schulgeld[97]. Darüber hinaus muß nach wohl herrschender Auffassung auch das Schulmaterial kostenlos abgegeben werden[98], wofür insbesondere spricht, daß dieses untrennbarer und unentbehrlicher „Teil des Schulbesuchs" ist. Muß zur Gewährleistung eines ausreichenden Grundschulunterrichts aufgrund eines zu langen oder gefährlichen Schulwegs ein Schülertransport organisiert oder der Schulbesuch in der Nachbargemeinde gestattet werden[99], dürfen hierfür ebenfalls keine Kosten erhoben werden[100]. Wird dagegen statt eines Transports ein Mittagstisch angeboten, darf hierfür ein Selbstkostenbeitrag in Rechnung gestellt werden[101], denn hier geht es ja nicht um einen integralen „Bestandteil" des Schulbesuchs. — **41** Kostenfreiheit

3. Träger und Adressat

Auf das Grundrecht von Art. 19 BV können sich alle Kinder und Jugendlichen berufen, die in der Schweiz wohnen, unabhängig von ihrer Nationalität und ihrem Aufenthaltsstatus[102]. Allerdings ist die Geltendmachung des Rechts zeitlich begrenzt auf die Lebensphase, in welcher üblicherweise Grundschulunterricht erteilt wird[103]. In diesem Sinn können Erwachsene, die selbst keine — **42** Begrenzung auf Lebensphase

---

94 Botschaft Bundesverfassung, BBl 1997 I S. 278; *Auer/Malinverni/Hottelier*, Droit constitutionnel (LitVerz.), Bd. II, RN 1543; *Mahon*, in: Aubert/ders., Constitution (LitVerz.), Art. 19 RN 9.
95 *Meyer-Blaser/Gächter*, Der Sozialstaatsgedanke, in: Thürer u.a., Verfassungsrecht (LitVerz.), RN 32.
96 Entscheid des Bundesrats, VPB/JAAC 63 (1999) 59, Erw. 2.1; *Plotke* (FN 67), S. 175 f.
97 *Borghi*, in: Aubert u.a., Bundesverfassung 1874 (LitVerz.), Art. 27 aBV, RN 53 f.; *Mahon*, in: Aubert/ders., Constitution (LitVerz.), Art. 19 BV, RN 9.
98 *Auer/Malinverni/Hottelier*, Droit constitutionnel (LitVerz.), Bd. II, RN 1544; *Mahon* aaO., RN 9. *Meyer-Blaser/Gächter*, Der Sozialstaatsgedanke, in: Thürer u.a. Verfassungsrecht (LitVerz.), RN 36.
99 Vgl. oben RN 35 ff.
100 *Auer/Malinverni/Hottelier*, Droit constitutionnel (LitVerz.), Bd. II, RN 1544; *Mahon*, in: Aubert/ders., Constitution (LitVerz.), Art. 19 RN 9; Entscheid des Bundesrats v. 17. 2. 1999, VPB/JAAC 64 (2000) 56; Entscheid des Bundesrats v. 1. 7. 1998, VPB/JAAC 64 (2000) 1, Erw. 2.3.
101 Entscheid des Bundesrats v. 7. 12. 1998, VPB/JAAC 63 (1999) 59, Erw. 5.
102 Botschaft BV (BBl 1997 I S. 278); *Auer/Malinverni/Hottelier*, Droit constitutionnel (LitVerz.), Bd. II, RN 1543; *Borghi*, in: Aubert u.a., Bundesverfassung 1874 (LitVerz.), Art. 27 aBV, RN 54; *Häfelin/Haller*, Bundesstaatsrecht (LitVerz.), RN 923.
103 Gemäß dem Konkordat über die Schulkoordination (FN 71) beginnt die Grundschulpflicht ab dem vollendeten sechsten Altersjahr und dauert mindestens neun Jahre.

oder nur eine ungenügende Grundausbildung genossen haben, für sich keine Leistungsansprüche aus Art. 19 BV ableiten[104].

43
Kantonszuständigkeit

Der Anspruch auf ausreichenden und unentgeltlichen Grundschulunterricht richtet sich in erster Linie an den Kanton (Art. 62 Abs. 2 BV). Nach Maßgabe der kantonalen Schulgesetzgebung können die Ansprüche aber auch unmittelbar gegen die Gemeinden geltend gemacht werden[105].

4. Zur Problematik der Schranken

44
Mindeststandards

Ebenso wie Art. 12 BV garantiert Art. 19 BV Mindeststandards, die in jedem Fall zu respektieren sind. Eine Beschränkung des Rechts auf ausreichenden und unentgeltlichen Grundschulunterricht ist daher ausgeschlossen; insbesondere kommt die auf Freiheitsrechte zugeschnittene Schrankenregel von Art. 36 BV nicht zur Anwendung[106]. In diesem Sinn rechtfertigen beispielsweise fehlende öffentliche Mittel keine Einschränkung des Rechts auf ausreichenden Grundschulunterricht.

45
Konkretisierung durch Gesetzgeber und Gerichte

Als soziales Grundrecht bedarf indes auch Art. 19 BV der Konkretisierung durch den Gesetzgeber und den Richter. Mit dieser Konkretisierung geht zwangsläufig eine Eingrenzung der Leistungsansprüche einher. Stehen solche konkretisierenden Einschränkungen in Frage, ist in sinngemäßer Anwendung von Art. 36 BV zu prüfen, ob die Erfordernisse der gesetzlichen Grundlage, des überwiegenden öffentlichen Interesses sowie der Verhältnismäßigkeit erfüllt sind, wobei der Kernbereich des Sozialrechts in jedem Fall gewahrt bleiben muß[107]. Diese Prüfung erfolgt allerdings nicht im Hinblick auf die Eruierung zulässiger Einschränkungen des sozialen Grundrechts; vielmehr dient sie der Kontrolle, ob der verfassungsrechtlich garantierte Minimalgehalt anläßlich der Konkretisierung der Leistungsansprüche durch Gesetzgeber oder Richter unterschritten wurde.

46
Ausschluß vom Grundschulunterricht

Vor diesem Hintergrund hat das Bundesgericht die Möglichkeit eines disziplinarischen Ausschlusses vom Grundschulunterricht in zwei neueren Entscheiden für verfassungskonform befunden, sofern hierfür eine genügende gesetzliche Grundlage vorhanden ist, der Ausschluß mit der Sicherstellung eines geordneten Schulbetriebs bzw. mit dem Interesse am Grundschulunterricht

---

104 *Kägi-Diener*, in: Ehrenzeller u.a., St. Galler Kommentar (LitVerz.), Art. 19 RN 9. Hingegen ist ihnen in der Praxis auch schon das Recht zugestanden worden, als Erziehungsberechtigte im eigenen Namen für die Ansprüche ihrer Kinder Beschwerde zu erheben, Entscheid des Bundesrats vom 17. 11. 1993, VPB/JAAC 58 (1994) 71; vgl. auch *Häfelin/Haller*, Bundesstaatsrecht (LitVerz.), RN 923.
105 Vgl. *Kägi-Diener* aaO., Art. 19 BV RN 20.
106 Statt vieler *BGE 129* I 12 (19); *129* I 35 (42); *Auer/Malinverni/Hottelier*, Droit constitutionnel (LitVerz.), Bd. II, RN 25 ff., 31; *Mahon*, in: Aubert/ders., Constitution (LitVerz.), Art. 19 RN 10; *Meyer-Blaser/Gächter*, Der Sozialstaatsgedanke, in: Thürer u. a., Verfassungsrecht (LitVerz.), RN 37; *J. P. Müller*, Allgemeine Bemerkungen zu den Grundrechten, in: Thürer/Aubert/ders., Verfassungsrecht (LitVerz.), § 39 RN 52; *Weber-Dürler* (FN 62), S. 131 (151).
107 *BGE 129* I 12 (20 f.); *129* I 35 (42); vgl. ferner auch *Auer/Malinverni/Hottelier* aaO., RN 25 ff., 31; *J. P. Müller*, in: Verfassungsrecht (FN 80), § 39 RN 52; *Schefer* (FN 38), S. 66 ff., 72.

der Mitschüler gerechtfertigt werden kann und verhältnismäßig ist[108]. In solchen Fällen hat das Gemeinwesen aber die Weiterbetreuung ausgeschlossener Schüler durch geeignete Personen oder öffentliche Institutionen zu gewährleisten[109]. Ein unzulässiger Eingriff in die Minimalgarantie von Art. 19 BV liegt hingegen dann vor, wenn der Ausschluß aus der Grundschule auf unbestimmte Dauer und ohne Anordnung von Ersatzmaßnahmen erfolgt[110].

III. Andere Garantien

Neben dem Recht auf Hilfe in Notlagen (Art. 12 BV) und dem Anspruch auf einen ausreichenden und unentgeltlichen Grundschulunterricht (Art. 19 BV) werden in der Lehre auch andere mit Leistungsansprüchen verbundene oder im Kontext der Sozialverfassung anzutreffende Garantien als soziale Grundrechte bezeichnet.

47
Weitere soziale Grundrechte

– Nach einem Teil der Doktrin gehört auch der Anspruch auf unentgeltliche Rechtspflege (Art. 29 Abs. 3 BV) – den das Bundesgericht schon früh aus dem Rechtsgleichheitsgebot abgeleitet hat[111] – zu den sozialen Grundrechten[112]. In der Tat weist Art. 29 Abs. 3 BV eine gewisse Verwandtschaft mit sozialen Leistungsansprüchen auf, da er einerseits eine Mindestgarantie umschreibt, die nicht nach Maßgabe von Art. 36 BV eingeschränkt werden kann, sowie andererseits auch den Bedürftigen den Zugang zur Rechtspflege offen halten will und ihnen hierfür ein echtes Leistungsrecht gegen den Staat einräumt. Unter der heutigen Bundesverfassung gehört er indes aus systematischer Sicht zu den Verfahrensgarantien[113].

48
Anspruch auf unentgeltliche Rechtspflege

– Einen gewissen Bezug zu Art. 19 BV weist ferner Art. 11 Abs. 1 BV auf[114], wonach Kinder und Jugendliche einen Anspruch auf Förderung ihrer Entwicklung haben. Diese Bestimmung ist jedoch nicht hinreichend präzise formuliert, so daß sie nicht justiziabel ist und ihr somit nicht der Charakter eines selbständigen einklagbaren Rechts zukommt[115]. Art. 11 Abs. 1 BV gehört daher nicht zu den sozialen Grundrechten, vermag aber immerhin den in Art. 19 BV enthaltenen Anspruch auf einen ausreichenden Grundschulunterricht dahingehend zu verdeutlichen, daß sich die Aufgabe der Schule nicht im Unterricht erschöpft, sondern auch die Erziehung und die Unterstützung des Kindes bei seiner geistigen und körperlichen Entwick-

49
Förderungsanspruch für Kinder und Jugendliche

---

108 *BGE 129* I 12 (22 ff.); *129* I 35 (43 ff.). Hingegen hält *Mahon*, in: Aubert/ders., Constitution (LitVerz.), Art. 19 RN 10, einen disziplinarischen Ausschluß in jedem Fall für verfassungswidrig.
109 *BGE 129* I 12 (26); *BGE 129* I 35 (47).
110 *BGE 129* I 12 (22).
111 Vgl. grundlegend *BGE 13* 251 ff., ferner *BGE 57* I 346 und *112* Ia 15 ff.
112 *Auer/Malinverni/Hottelier*, Droit constitutionnel (LitVerz.), Bd. II, RN 1546 ff.; *Rhinow*, Bundesverfassung (FN 29), S. 342.
113 So auch *J.P. Müller*, Grundrechte (FN 26), S. 542 ff.; *Häfelin/Haller*, Bundesstaatsrecht (LitVerz.). RN 840 ff., 909.
114 *Rhinow*, Bundesverfassung (LitVerz.), S. 342.
115 Statt vieler *Häfelin/Haller*, Bundesstaatsrecht (LitVerz.), RN 910; *Rhinow*, aaO., S. 109 f.; *BGE 126* II 377 ff. (dort wurde diese Frage offengelassen).

lung miterfaßt¹¹⁶. Dieser Gedanke wird in den Sozialzielen wieder aufgenommen (Art. 41 Abs. 1 lit. g BV).

50
Streikrecht
– Aufgrund seines Bezugs zur Sozialverfassung wird schließlich vereinzelt auch das Streikrecht (Art. 28 Abs. 3 BV) zu den sozialen Grundrechten gezählt¹¹⁷. Beim Streikrecht stehen jedoch nicht Leistungsansprüche gegen den Staat, sondern Handlungsfreiheiten im Vordergrund¹¹⁸.

D. Zu den Sozialzielen (Art. 41 BV)

51
Verankerung des Sozialstaatsgedankens
Der durch die Totalrevision neu in die Verfassung eingeführte Art. 41 BV – der den „Sozialstaatsgedanken" eindeutig in der Verfassung verankert und durch die Aufzählung der im einzelnen zu beachtenden Anliegen konkretisiert – ist vor dem Hintergrund langjähriger Diskussionen zu sehen¹¹⁹: Eine ausdrückliche Erwähnung sozialer Ziele und Rechte fand sich bereits im Verfassungsentwurf 1977 (Art. 26), der neben Zielen aber auch gewisse Rechte vorsah, so auf Bildung und Weiterbildung. Gerade diese sozialen Rechte stießen aber auch auf teilweise heftigen Widerstand¹²⁰, obwohl zahlreiche kantonale Verfassungen bereits ähnliche Sozialrechte eingeführt hatten¹²¹. Ganz allgemein war die Frage, in welchem Umfang Sozialrechte bzw. Sozialziele in die total revidierte Bundesverfassung aufgenommen werden sollen, sehr umstritten¹²². Während teilweise einklagbare Sozialrechte als Bestandteil eines modernen Sozialstaats angesehen wurden, stieß die Verankerung solcher Rechte aber auch auf viel Kritik und wurde als wenig hilfreich und den Sozialstaat überfordernd angesehen. Vor diesem Hintergrund wurde dann teilweise – quasi als „Mittelweg" – gefordert, zumindest Sozialziele in der Verfassung festzuschreiben, während bei anderen auch diese Idee auf Widerstand stieß, da es Sache des Einzelnen sei, für seine Existenz zu sorgen. Auch im Parlament drehte sich die Diskussion im wesentlichen um diese Fragen¹²³.

52
Insofern stellt Art. 41 BV¹²⁴ nunmehr einen Kompromiß zwischen den verschiedenen Ansätzen dar, als zwar die Sozialziele explizit und auch rechtlich

---

116 Vgl. zum Ganzen *Reusser/Lüscher*, in: Ehrenzeller u.a., St. Galler Kommentar (LitVerz.), Art. 11 RN 16.
117 Vgl. *Auer/Malinverni/Hottelier*, Droit constitutionnel (LitVerz.), Bd. II, RN 1604 ff.; *Mader*, in: LeGes 1996/3, S. 11 (21 f.).
118 Wie hier auch *Häfelin/Haller*, Bundesstaatsrecht (LitVerz.), RN 909.
119 Vgl. schon oben RN 1 ff.
120 Bericht BR 1985, S. 167, 583 ff.; 595; s. zum Ganzen auch *Uebersax*, AJP 1998, S. 3 (6).
121 Hierzu den Überblick bei *W. Kämpfer*, Über soziale Grundrechte in den totalrevidierten Kantonsverfassungen, in: Regierungsrat des Kantons Solothurn (Hg.), FS Alfred Rötheli, 1990, S. 203 ff.; *René Wiederkehr*, Die Kerngehaltsgarantie am Beispiel kantonaler Grundrechte, 2000, S. 70 ff.
122 Vgl. zur Diskussion nur *J.P. Müller*, Grundrechte (FN 26), S. 192 f.; *Rhinow*, Bundesverfassung (LitVerz.), S. 343.
123 Vgl. Amtl. Bull. NR, Verfassungsreform, S. 238 ff. Vgl. zu den teilweise heftigen Auseinandersetzungen im Parlament etwa *Rhinow* (FN 8), S. 157 (173 ff.).
124 Der sich insbesondere auch durch den UNO-Pakt I und neuere Kantonsverfassungen inspiriert hat, vgl. Botschaft BV (BBl 1997 I S. 201).

verbindlich formuliert werden[125], aber keine Grundlage für Leistungsansprüche Einzelner bilden können; zudem wird auf den Vorrang der Selbsthilfe und privaten Hilfe sowie die verfügbaren Mittel hingewiesen. Die systematische Stellung des Art. 41 BV im Zweiten Titel, der Grundrechte, Bürgerrechte und Sozialziele umfaßt, macht aber auch den Bezug der Sozialziele zu den Grundrechten deutlich. Vor diesem Hintergrund dürfte die neue Verfassung davon ausgehen, daß ein gewisses Mindestmaß staatlicher Leistungen auch zu der schützenswerten Sphäre der Einzelnen gehört und eines der notwendigen Bestandteile eines demokratischen Gemeinwesens darstellt[126].

Keine Grundlage für Leistungsansprüche

I. Rechtliche Tragweite

Die rechtliche Tragweite der in Art. 41 BV formulierten Sozialziele erschließt sich einerseits bereits aus deren Formulierung selbst („Bund und Kantone setzen sich in Ergänzung zu persönlicher Verantwortung und privater Initiative dafür ein...", Art. 41 Abs. 1 BV), andererseits aus Art. 41 Abs. 3 und 4 BV: Danach streben Bund und Kantone die Sozialziele „im Rahmen ihrer verfassungsmässigen Zuständigkeiten und ihrer verfügbaren Mittel" an (Art. 41 Abs. 3 BV), und aus den Sozialzielen „können keine unmittelbaren Ansprüche auf staatliche Leistungen abgeleitet werden" (Art. 41 Abs. 4 BV).

53
Vorbehalt verfügbarer Mittel

Somit können aus diesen Bestimmungen keine subjektiven Rechte des Einzelnen abgeleitet werden, und sie vermögen keine neuen Bundeskompetenzen zu begründen[127]. Daraus folgt aber nicht, daß die Sozialziele rechtlich unbeachtlich wären; ihre rechtliche Verbindlichkeit[128] ergibt sich schon aus der Aufnahme der Ziele in die Verfassung und ihrer systematischen Stellung im Zweiten Titel der Verfassung.

54
Keine subjektiven Rechte

Versucht man eine Präzisierung des rechtlichen Gehalts der in Art. 41 BV enthaltenen Sozialziele, so sind in erster Linie folgende Aspekte von Bedeutung:

55
Präzisierung

– Adressat der Sozialziele ist der Staat: Bund und Kantone haben diese bei der Rechtsetzung und Rechtsanwendung zu verwirklichen, wie sich schon klar aus dem Wortlaut des Art. 41 BV ergibt. Damit geht es bei den Sozialzielen um Grundsätze objektiver Rechtsgestaltung[129].

56
Adressat der Sozialziele

– In inhaltlicher Hinsicht stehen die in Art. 41 BV formulierten Zielsetzungen nicht etwa zur Disposition der staatlichen Organe; vielmehr sind Bund und Kantone rechtlich verpflichtet, alle in Art. 41 BV aufgeführten Sozialziele zu möglichst großer Entfaltung zu bringen. Hieran ändern auch die „wei-

57
Pflicht zur Zielentfaltung

---

125 Zur rechtlichen Tragweite noch sogleich unten RN 55 ff.
126 Vgl. *J.P. Müller* (FN 26), S. 185; *Uebersax*, AJP 1998, S. 3 ff.
127 Nur am Rande sei darüber hinaus erwähnt, daß die Sozialziele Bund und Kantone nicht ermächtigen, von der Wirtschaftsfreiheit abzuweichen, vgl. Art. 94 Abs. 1, 4 BV.
128 Die auch in der Literatur – soweit ersichtlich – einhellig bejaht wird, vgl. etwa *Auer/Malinverni/Hottelier*, Droit constitutionnel (LitVerz.), Bd. II, RN 1519; *Meyer-Blaser*, Einwirkungen der neuen Bundesverfassung auf das schweizerische Sozialrecht, in: Gauch/Thürer, Bundesverfassung (LitVerz.), S. 105 (121); *Rhinow* (FN 8), S. 157 (174); *Mader*, AJP 1999, S. 698 (699).
129 Vgl. *J.P. Müller* (FN 26), S. 179, 191 ff.

chen" Formulierungen in Art. 41 BV („streben an....", „setzen sich dafür ein") nichts, denn diese sollen nur den Gestaltungsspielraum der staatlichen Organe und insbesondere des Gesetzgebers unterstreichen, ändern aber nichts an der grundsätzlichen Verbindlichkeit aller Ziele. Dieser Ansatz drängt sich schon deshalb auf, weil nur auf diese Weise gewährleistet ist, daß der Gesamtheit der in Art. 41 BV enthaltenen Ziele ein rechtlich verbindlicher Charakter zukommt. Ein „Auswahlermessen" der staatlichen Organe liefe dem gerade entgegen und bedeutete letztlich eine Art Dispositionsbefugnis der staatlichen Organe über die in Art. 41 BV enthaltenen Zielsetzungen.

58 *Weiter Gestaltungsspielraum*
– Allerdings wird den staatlichen Organen bei der Antwort auf die Frage, wie denn nun die einzelnen Zielsetzungen verwirklicht werden sollen, ein denkbar weiter Gestaltungsspielraum eingeräumt, wie sich aus den verwandten Formulierungen und dem in Art. 41 Abs. 3 BV erwähnten Umstand ergibt, daß die Sozialziele im Rahmen der verfassungsmäßigen Zuständigkeiten und der verfügbaren Mittel anzustreben sind. Mit anderen Worten stehen die Sozialziele zwar nicht zur Disposition des Gesetzgebers und der staatlichen Organe; ihre inhaltlichen Vorgaben sind aber so weit gefaßt, daß es kaum denkbar ist, daß der eingeräumte, ausgesprochen weite Gestaltungsspielraum verlassen wird. Gerade die Bezugnahme auf die zur Verfügung stehenden Mittel dürfte nämlich auch ein Auswahlermessen hinsichtlich der Reihenfolge und Gewichtung der verschiedenen Sozialziele beinhalten. Allenfalls wäre es denkbar, einen Verstoß gegen Art. 41 BV dann anzunehmen, wenn der Staat ein Ziel tatsächlich während längerer Zeit in keiner Weise beachtet und keinerlei Maßnahmen zu seiner Verwirklichung ergreift.

59 *Kein Nachrang der Sozialziele*

Subsidiaritätsvorbehalt
– Art. 41 BV läßt keine Schlüsse auf den den Sozialzielen zukommenden „Rang" oder ihr Gewicht im Vergleich zu anderen verfassungsrechtlich vorgesehenen Zielsetzungen zu. Insbesondere kann aus dem „Vorbehalt" der verfügbaren Mittel nicht geschlossen werden, daß die Sozialziele erst dann zu verwirklichen wären, wenn (alle) anderen Ziele bereits erfüllt sind[130]. Denn die „Verfügbarkeit" finanzieller Mittel ist keine statisch feststehende Größe, sondern das Ergebnis der Definition von Prioritäten. Somit obliegt es dem Gesetzgeber, im Rahmen „praktischer Konkordanz" die öffentlichen Mittel angemessen einzusetzen und einen Ausgleich zwischen den verschiedenen, der Verfassung zu entnehmenden Zielen zu finden. Ähnliches gilt für den sogenannten „Subsidiaritätsvorbehalt", der für die in Art. 41 Abs. 1 BV enthaltenen Bereiche gilt. Danach setzen sich Bund und Kantone „in Ergänzung zu persönlicher Verantwortung und privater Initiative" für die in diesem Absatz genannten Zielsetzungen ein. Wann allerdings die private Initiative nicht mehr ausreichend ist, ist auch eine politische Frage, so daß dieser Klausel jedenfalls keine „Abwertung" der Sozialziele entnom-

---

130 Vgl. *Rhinow* (FN 8), S. 157 (175), der pointiert formuliert, daß es hier um einen „polit-psychologischen Mahnfinger" gehe. Ebenso *Mader*, AJP 1999, S. 698 (699); *Mahon*, in: Aubert/ders., Constitution (Lit-Verz.), Art. 41 RN 8.

men werden kann. Immerhin impliziert sie insofern eine gewisse Einschränkung des gesetzgeberischen Gestaltungsspielraums, als der Staat die Privaten nicht vollständig substituieren darf.

– Schließlich ist darauf hinzuweisen, daß die in Art. 41 BV niedergelegten Sozialziele auch insofern „indirekte" Wirkungen entfalten können, als sie bei der Auslegung anderer Verfassungsnormen (im Sinne einer systematischen Auslegung) und einfachen Gesetzesrechts (im Sinne einer verfassungskonformen Auslegung) heranzuziehen sind[131]. So ist z.B. das nach Art. 12 BV zu gewährende Existenzminimum vor dem Hintergrund des Art. 41 BV zu bestimmen, und sind z.B. einfachgesetzliche Bestimmungen des Sozialrechts unter Berücksichtigung der in Art. 41 BV enthaltenen Zielsetzungen auszulegen. Nur in dieser Hinsicht ist die teilweise geäußerte Einschätzung, es erscheine nicht ausgeschlossen, daß sich die „Rechtspositionen" des Einzelnen „mit der Zeit zu eigentlichen justiziablen, d.h. gerichtlich durchsetzbaren Sozialrechten verdichten können"[132], berechtigt. Denn nach dem ganz klaren Wortlaut des Art. 41 Abs. 4 BV sind nun einmal die in dieser Bestimmung formulierten Ziele keine Grundlage von Rechten des Einzelnen, so daß eine derartige „Verdichtung" immer über einfaches Gesetzesrecht oder andere Verfassungsnormen gehen muß[133]. Anspruchsgrundlage derartiger „Sozialrechte" kann daher niemals Art. 41 BV selbst sein, sondern immer nur eine (andere) Verfassungs- oder Gesetzesbestimmung, die im Lichte des Art. 41 BV ausgelegt wird. Insofern kann denn auch die vor Inkrafttreten ergangene Rechtsprechung des Bundesgerichts von Bedeutung sein[134].

60
Indirekte Wirkungen

Insgesamt handelt es sich bei Art. 41 BV damit um eine Konkretisierung des Sozialstaatsprinzips, die sowohl bei der Gesetzgebung als auch bei der Anwendung und Auslegung zwingend zu beachten ist, woran auch der denkbar weite inhaltliche Rahmen nichts ändert. Insofern verdeutlichen die Sozialziele, in welche Richtung Bund und Kantone ihre sozialen Aufgaben zu entwickeln haben[135] und bilden somit die Grundlage der schweizerischen Sozialpolitik[136].

61
Konkretisierung des Sozialstaatsprinzips

II. Zu den inhaltlichen Vorgaben

Der Sozialstaatsgedanke wird von der Zielsetzung getragen, materielle Chancengleichheit in der Wahrnehmung grundrechtlich garantierter Freiheiten und im Zugang zu relevanten Leistungen und Gütern sicherzustellen. Als relevant

62
Materielle Chancengleichheit

---

131 Vgl. in diesem Zusammenhang etwa *Häfelin/Haller*, Bundesstaatsrecht (LitVerz.), RN 912; *Meyer-Blaser/Gächter*, Der Sozialstaatsgedanke, in: Thürer u.a., Verfassungsrecht (LitVerz.), RN 23.
132 So *Bigler-Eggenberger* in: Ehrenzeller u.a., St. Galler Kommentar (LitVerz.), Art. 41 RN 12. Siehe auch hier RN 22.
133 Siehe denn auch die Formulierung bei *Bigler-Eggenberger* aaO., Art. 41 RN 21, wo die Autorin betont, daß sich aus Art. 41 „in Verbindung mit einzelnen Grund- oder Menschenrechten auch Grundrechte mit sozialer Bedeutung und Tragweite ableiten lassen" könnten.
134 Etwa zum Recht auf ärztliche Betreuung *BGE 102* I a 302 (306); *101* I a 575 (577).
135 *Rhinow* (FN 8), S. 157 (174).
136 *Meyer-Blaser/Gächter*, Der Sozialstaatsgedanke, in: Thürer u.a., Verfassungsrecht (LitVerz.), RN 24.

gelten dabei jene Lebens- und Sachbereiche, die für die Existenz sowie für die freie Entfaltung des Menschen sowohl als Individuum als auch im Kontext der gesellschaftlichen Beziehungen besonders wichtig sind. In Anlehnung an die Sozialrechte des Internationalen Pakts über wirtschaftliche und soziale Rechte hat der Verfassungsgeber in Art. 41 BV sieben Bereiche (soziale Sicherheit, Gesundheit, Familie, Arbeit, Wohnen, Bildung, Jugend) bezeichnet, denen heute und in absehbarer Zukunft besondere Aufmerksamkeit zu schenken ist[137]:

63
Teilhabe an sozialer Sicherheit

– Zunächst soll jede Person an der sozialen Sicherheit teilhaben können (Art. 41 Abs. 1 lit. a BV). Die Gemeinschaft soll für wirtschaftliche und soziale Schäden, die der Einzelne erleidet und erfahrungsgemäß nicht selber tragen kann, aufkommen[138]. Dies geschieht über die Sozialversicherungen (Art. 111–114, 116–117 BV) sowie über die Sozialhilfe (Art. 115 BV). Die Absicherung der wirtschaftlichen Folgen von Alter, Invalidität, Krankheit, Unfall, Arbeitslosigkeit, Mutterschaft, Verwaisung und Verwitwung erfolgt in erster Linie durch den Staat (Art. 41 Abs. 2 BV), der in diesem Bereich der klassischen Sozialversicherung den Grundbedarf an sozialer Sicherheit unmittelbar und nicht nur komplementär abdecken soll[139]. Hingegen ist staatliche Hilfe in anderen Bereichen, insbesondere in der Sozialhilfe, nur „in Ergänzung zu persönlicher Verantwortung und privater Initiative" (Art. 41 Abs. 1 BV) zu leisten[140].

64
Gestaltung des Gesundheitswesens

– Ferner haben Bund und Kantone in Ergänzung zu persönlicher Verantwortung und privater Initiative dafür zu sorgen, daß jede Person die für ihre Gesundheit notwendige Pflege erhält (Art. 41 Abs. 1 lit. b BV). Dieses Sozialziel enthält die materielle Stoßrichtung für die Ausgestaltung des Gesundheitswesens auf allen Staatsebenen. Für den Bund finden sich die entsprechenden konkretisierenden Vorschriften in Art. 117 (Kranken- und Unfallversicherung) und 118 BV (Gesundheitsschutz).

65
Schutz und Förderung der Familie

– Ebenfalls unter dem Subsidiaritätsvorbehalt von Art. 41 Abs. 1 BV steht die staatliche Verantwortung für Schutz und Förderung der Familie (Art. 41 Abs. 1 lit. c BV). Diesem Sozialziel liegt allerdings ein weiter Familienbegriff zugrunde, der nicht auf die Ehe und daraus hervorgehende Kinder beschränkt bleibt, sondern Gemeinschaften von Erwachsenen und Kindern gemeinhin schützt. Vom Sozialziel erfaßt sind somit insbesondere auch Konkubinate, gleichgeschlechtliche Partnerschaften sowie Einelternfamilien mit dazugehörigen leiblichen, Stief-, Adoptiv- und Pflegekindern[141]. Auf Bundesebene erfährt das Sozialziel des Familienschutzes seine Konkretisierung unter anderem in Art. 116 BV.

---

137 Vgl. zum Ganzen *Bigler-Eggenberger*, in: Ehrenzeller u. a., St. Galler Kommentar (LitVerz.), Art. 41 RN 28 ff.; *Mahon*, in: Aubert/ders., Constitution (LitVerz.), Art. 41 RN 5; *Mader*, in: LeGes 1996/3, S. 11 (24); *Hanspeter Tschudi*, Die Sozialverfassung der Schweiz, S. 367 ff.
138 *Bigler-Eggenberger* aaO., Art. 41 RN 30.
139 *Mader*, in: LeGes 1996/3, S. 11 (26).
140 Vgl. zur Bedeutung dieser Klausel oben RN 53 ff., 59.
141 So auch *Bigler-Eggenberger*, in: Ehrenzeller u. a., St. Galler Kommentar (LitVerz.), Art. 41 RN 47.

– Sodann sollen Erwerbsfähige ihren Lebensunterhalt durch Arbeit zu angemessenen Bedingungen bestreiten können (Art. 41 Abs. 1 lit. d BV). Zwar schafft die Verfassung hiermit kein einklagbares Recht auf Arbeit; sie verpflichtet jedoch Bund und Kantone, die im Hinblick auf eine Vollbeschäftigung notwendigen wirtschaftlichen und strukturellen Rahmenbedingungen zu schaffen bzw. anzustreben, so daß aus der Arbeit ein zur Bestreitung des Lebensunterhalts ausreichendes Einkommen erzielt werden kann. Dieses Sozialziel widerspiegelt sich in den Kompetenz- und Aufgabenbestimmungen zur Wirtschaftspolitik des Bundes (vgl. Art. 100, 101, 103 BV), zum Arbeitnehmerschutz (Art. 110 BV) und zur Arbeitslosenversicherung (Art. 114 BV)[142].

66
Rahmenbedingungen für Beschäftigung

– Ferner sollen Wohnungssuchende für sich und ihre Familien eine angemessene Wohnung zu tragbaren Bedingungen finden können (Art. 41 Abs. 1 lit. e BV). Es wäre insbesondere verfassungswidrig, wenn der Gesetzgeber den Wohnungsmarkt gänzlich dem freien Wettbewerb und der Vertragsfreiheit überlassen würde; vielmehr hat er in der Form von sozialpolitischen Leitplanken dafür zu sorgen, daß auch die sozial Schwächeren zu einer angemessenen Wohnung kommen. Auf Bundesebene findet dieses Sozialziel seine Verwirklichung in der Wohnbau- und Wohneigentumsförderung (Art. 108 BV) sowie in der Kompetenz, Rahmenmietverträge unter bestimmten, gesetzlich festzulegenden Voraussetzungen für allgemeinverbindlich zu erklären (Art. 109 Abs. 2 BV). Den sozialpolitischen Zielsetzungen hat der Bund schließlich auch im Rahmen der Ausschöpfung seiner Gesetzgebungskompetenz im privaten Mietrecht (Art. 122 Abs. 1 BV) Rechnung zu tragen.

67
Angemessene Wohnung

– Kinder und Jugendliche sowie Personen im erwerbsfähigen Alter sollen sich nach ihren Fähigkeiten aus- und weiterbilden können (Art. 41 Abs. 1 lit. f BV). Von Bedeutung ist dieses Sozialziel insbesondere in jenen Bereichen, die nicht vom gerichtlich durchsetzbaren Anspruch auf eine ausreichende und unentgeltliche Grundschulausbildung (Art. 19 BV) abgedeckt werden. Hinsichtlich der Mittel-, der Hoch- und Berufsschulen postuliert der Verfassungsgeber sowohl die Schaffung von genügenden Bildungsinstitutionen als auch die Gewährleistung einer allgemeinen Zugänglichkeit, wie sie auch von Art. 13 UN-Pakt I verlangt wird. Letzteres bedingt nicht nur eine angemessene Stipendienordnung, sondern auch die (allmähliche) Einführung einer Unentgeltlichkeit[143]. Angesprochen ist ferner auch die Erwachsenenbildung. Der Konkretisierung des Sozialziels der Bildung hat der Verfassungsgeber einen eigenen Abschnitt gewidmet (vgl. Art. 62 ff., insbesondere Art. 63, 66 und 67 Abs. 2 BV).

68
Aus- und Weiterbildungsziele

---

142 Mit Bezug auf die staatliche Absicherung der wirtschaftlichen Folgen einer Arbeitslosigkeit kommt das Subsidiaritätsprinzip (Art. 41 Abs. 1 BV) nicht zur Anwendung (vgl. Art. 41 Abs. 2 BV).
143 Zumindest sollten entsprechende Schulgebühren sozialverträglich ausgestaltet sein; vgl. auch *Bigler-Eggenberger*, in: Ehrenzeller u.a., St. Galler Kommentar (LitVerz.), Art. 41 RN 70.

69
Querschnittsaufgabe Integration

– In Ergänzung zur Sicherung einer genügenden Bildung fordert Art. 41 Abs. 1 lit. g BV, daß Kinder und Jugendliche in ihrer Entwicklung zu selbständigen und sozial verantwortlichen Personen gefördert und in ihrer sozialen, kulturellen und politischen Integration unterstützt werden. Als Querschnittsaufgabe muß diesem Ziel in allen Sach- und Lebensbereichen Rechnung getragen werden, von der Ausgestaltung der politischen Rechte bis hin zur Baugesetzgebung. Der Bund kann in Ergänzung zu kantonalen Maßnahmen die außerschulische Arbeit mit Kindern und Jugendlichen unterstützen (Art. 67 Abs. 2 BV).

E. Schluß

70
Offenheit der Sozialziele

Insgesamt mag man bedauern, daß die Sozialrechte in der Schweiz relativ rar sind, so daß nur in wenigen Bereichen echte Leistungsansprüche gegen den Staat gewährt werden, und die Sozialziele relativ offen formuliert sind, so daß sie nur grobe Leitplanken für den Gesetzgeber und die rechtsanwendenden Behörden setzen. Zu beachten ist aber immer, daß echte einklagbare Sozialrechte auf Verfassungsstufe nur begrenzt normierbar sind, sind sie doch – soweit sie über bestimmte elementare Bedürfnisse hinausgehen, wie sie etwa in Art. 12 und 19 BV geregelt sind – in aller Regel konkretisierungsbedürftig, so daß der Gesetzgeber gefordert ist. Im Rahmen der Gesetzgebung sind dann auch die im Zusammenhang mit diesen Fragen immer auftretenden politischen Meinungsverschiedenheiten auszutragen. Vor diesem Hintergrund ist es denn auch fraglich, ob die Verankerung zu vieler Sozialrechte in der Verfassung tatsächlich sinnvoll wäre; jedenfalls soweit der nicht justiziable Bereich betroffen ist, dürfte die Formulierung von Sozialzielen sachgerechter sein. Insofern läßt sich das Ergebnis der nachgeführten Verfassung insgesamt durchaus sehen, woran auch einzelne Kritikpunkte nichts ändern.

F. Bibliographie

Amstutz, Kathrin, Das Grundrecht auf Existenzsicherung. Bedeutung und inhaltliche Ausgestaltung des Art. 12 der neuen Bundesverfassung, 2002.

Auer, Andreas, Le droit à des conditions minimales d'existence: un nouveau droit social?, in: Mélanges Charles-André Junod, 1997, S. 27 ff.

Bigler-Eggenberger, Margrith, Nachgeführte Verfassung: Sozialziele und Sozialrechte, in: Bernhard Ehrenzeller u. a. (Hg.), FS Yvo Hangartner, 1998, S. 497 ff.

Grisel, Etienne, Les droit sociaux, ZSR 92 (1973) II S. 1 ff.

Gysin, Charlotte, Der Schutz des Existenzminimums in der Schweiz, 1999.

Hartmann, Karl, Vom Recht auf Existenzsicherung zur Nothilfe – eine Chronologie, in: ZBl. 106 (2005), S. 410 ff.

Kämpfer, Walter, Bestand und Bedeutung der Grundrechte im Bildungsbereich der Schweiz, EuGRZ 1981, S. 687 ff.

Kley-Struller, Andreas, Anerkennung eines selbständigen Rechts auf Existenzsicherung als neues ungeschriebenes Recht der Bundesverfassung (BGE 121 I 367 ff.), AJP 1996, S. 756 ff.

Künzli, Jörg, Soziale Menschenrechte: blosse Gesetzgebungsaufträge oder individuelle Rechtsansprüche?, AJP 1996, S. 527 ff.

Mader, Luzius, Grundrechte und Sozialziele – ein Brennpunkt der Verfassungsreform, in: LeGes 1996/3, S. 11 ff.

ders., Die Sozial- und Umweltverfassung, AJP 1999, S. 698 ff.

Maerki, Hildegard, Das Prinzip des obligatorischen unentgeltlichen und genügenden Primarunterrichts gemäss Artikel 27 der schweizerischen Bundesverfassung (Diss. Zürich) 1947.

Mahon, Pascal, Droits sociaux et réforme de la Constitution, in: FS Jean-François Aubert, 1996, S. 385 ff.

ders./*Müller, Christoph*, La dimension sociale dans la constitution fédérale, aujourd'hui et demain, in: Aspects de la sécurité sociale 4/1998, S. 25 ff.

Müller, Jörg Paul, Soziale Grundrechte in der Verfassung?, ZSR 92 (1973) II S. 687 ff.

ders., Soziale Grundrechte in der Verfassung?, ²1981.

Plotke, Herbert, Schweizerisches Schulrecht, ²2003.

Rhinow, René, Wirtschafts-, Sozial- und Arbeitsverfassung, in: Ulrich Zimmerli (Hg.), Die neue Bundesverfassung, 2000, S. 157 ff.

Rouiller, Claude, La politique sociale, in: Mélanges A. Berenstein, 1989, S. 71 ff.

Saladin, Peter, Persönliche Freiheit als soziales Grundrecht?, ebd., S. 104 ff.

ders./*Aubert, Martin*, Sozialverfassung, in: Walter Kälin/Urs Bolz (Hg.), Handbuch des bernischen Verfassungsrechts, 1995, S. 95 ff.

Schleicher, Johannes, Rechtsmissbrauch bei der Ausübung des Grundrechts auf Existenzsicherung, 1998.

Schmid, Gerhard, Sozialstaatlichkeit, Sozialverfassung und direkte Demokratie in der Schweiz, in: FS Hans F. Zacher, 1998, S. 933 ff.

Tschudi, Hanspeter, Die Sozialverfassung der Schweiz, 1986.

ders., Die Sozialziele der neuen Bundesverfassung, in: SZS 1999, S. 364 ff.

Uebersax, Peter, Stand und Entwicklung der Sozialverfassung in der Schweiz, AJP 1998, S. 3 ff.

Waldmann, Bernhard, Das Recht auf Nothilfe zwischen Solidarität und Selbstverantwortung, in: ZBl 107 (2006), S. 341 ff.

Wolffers, Felix, Der Anspruch auf Existenzsicherung, in: Plädoyer 1994, S. 30 ff.

5. Garantien prozessualer und materieller Gerechtigkeit

§ 225
Garantien fairer Verfahren und des rechtlichen Gehörs

Helen Keller

Übersicht

	RN
A. Grundlagen	1–11
I. Entwicklung der Garantien fairer Verfahren	1–4
II. Garantien fairer Verfahren im Überblick	5–7
III. Zweck und Bedeutung	8
IV. Geltungsbereich	9–11
B. Gebot der gleichen und gerechten Behandlung im Verfahren	12–28
I. Grundsatz	12–13
II. Teilgehalte	14–28
1. Verbot der Rechtsverweigerung	14–17
2. Verbot der Rechtsverzögerung	18–23
3. Verbot des überspitzten Formalismus	24
4. Unabhängigkeit und Unbefangenheit der Entscheidträger	25–26
5. Richtige Zusammensetzung der entscheidenden Behörde	27
6. Anspruch auf Revision oder Wiedererwägung	28
C. Anspruch auf rechtliches Gehör	29–43
I. Bedeutung und Anwendungsbereich	29–31
II. Teilgehalte	32–43
1. Vorgängige Orientierung, Anhörung und Äußerung	33–34
2. Mitwirkung bei Beweiserhebungen	35
3. Akteneinsichtsrecht	36–40
4. Prüfung der Anträge und Begründung des Entscheides	41–42
5. Recht auf Vertretung und Verbeiständung	43
D. Anspruch auf unentgeltliche Rechtspflege und unentgeltlichen Rechtsbeistand	44–52
I. Bedeutung und Tragweite	44–49
II. Voraussetzungen	50–52
E. Zulässigkeit der Einschränkung von Verfahrensgarantien	53
F. Verletzung von Verfahrensgarantien	54–63
I. Rechtsfolgen	54–56
II. Heilung von Verletzungen des rechtlichen Gehörs	57–60
III. Entschädigungspflicht bei der Verletzung von Verfahrensgarantien	61–63
G. Fazit	64–65
H. Bibliographie	

A. Grundlagen[*]

I. Entwicklung der Garantien fairer Verfahren

1
Bedeutungszuwachs der Verfahrensgarantien

Die Verfahrensgarantien verfügen über eine kürzere Tradition als die materiellen Grundrechte[1]. Die Bundesverfassung von 1874[2] kannte nur wenige Verfahrensrechte, so die Ansprüche auf den Wohnsitzrichter in Artikel 58 und den Wohnsitzgerichtsstand in Artikel 59 Absatz 1. Erst in der zweiten Hälfte des zwanzigsten Jahrhunderts haben diese Gewährleistungen einen Bedeutungszuwachs erfahren. In einer schöpferischen Rechtsprechung leitete das Bundesgericht wesentliche Rechte aus dem Gleichheitssatz des Art. 4 aBV ab, beispielsweise die Garantien des rechtlichen Gehörs und der unentgeltlichen Rechtspflege oder die Verbote des überspitzten Formalismus, der Rechtsverweigerung und der Rechtsverzögerung. Mit diesem bedeutenden Korpus von ungeschriebenem Verfassungsrecht definierte das Bundesgericht einen gemeineidgenössischen Minimalstandard für die Verfahrensgarantien. Diese Entwicklung gründet in der Einsicht, daß die Ausgestaltung des Verfahrens für eine faire Rechtsanwendung und die Legitimation staatlicher Entscheidungen essentiell ist[3]. In Anbetracht der kantonalen Verfahrensautonomie darf diese Rechtsprechung nicht als selbstverständlich erachtet werden.

2
Völkervertragsrechtliche Grundlagen

Für die bundesgerichtliche Definition eines fairen Verfahrens spielt die Rechtsprechung der Straßburger Organe zu Art. 5 und 6 EMRK[4] eine wichtige Rolle[5]. Eigenständige Bedeutung mißt das Bundesgericht ferner den Verfahrensgarantien von Art. 9 und 14 IPbürgR (UNO-Pakt II)[6] zu. Das Verhältnis der staatsvertraglichen zu den verfassungsrechtlichen Gewährleistungen ist allerdings komplex und kann an dieser Stelle nicht vertieft behandelt werden.

3
Neue verfassungsrechtliche Verankerung

Im Zuge der Totalrevision der Bundesverfassung wurde das geltende – geschriebene und ungeschriebene – Verfassungsrecht systematisch geordnet[7]. Die aus Art. 4 aBV abgeleiteten und in den internationalen Menschenrechtsübereinkommen enthaltenen Verfahrensgarantien wurden dabei explizit in die neue Verfassung integriert. Die Verfassung von 1999[8] widmet den grundrechtlichen Anforderungen an das Verfahren mehrere Bestimmungen und trägt dadurch der gesteigerten Bedeutung dieser Garantien Rechnung. Art. 29 BV, der die allgemeinen Verfahrensgarantien gewährleistet, bildet die Grund-

---

[*] Die Verfasserin dankt ihrer Mitarbeiterin Dr. iur. *Daniela Thurnherr*, LL.M. (Yale), für die wertvolle Mithilfe bei der Vorbereitung dieses Beitrags. Dieser Text wurde ursprünglich im August 2003 verfaßt und eingereicht. Literatur und Judikatur sind bis Ende 2006 nachgeführt worden.
[1] Eine Ausnahme bilden diesbezüglich die klassischen strafrechtlichen Verfahrensgarantien, wie habeas corpus oder die Unschuldsvermutung, die deutlich älter sind.
[2] Bundesverfassung der Schweizerischen Eidgenossenschaft v. 29. 5. 1874 (im folgenden: aBV).
[3] Vgl. auch *Cottier*, in: recht 1984, S. 1 (2); *Rhinow*, Grundzüge (LitVerz.), RN 2719.
[4] Konvention v. 4. 11. 1950 zum Schutze der Menschenrechte und Grundfreiheiten (Europäische Menschenrechtskonvention – EMRK) (SR 0.101).
[5] Vgl. dazu *de Vries Reilingh*, ZBl 101 (2000), S. 16 ff.
[6] Internationaler Pakt v. 16. 12. 1966 über bürgerliche und politische Rechte (SR 0.103.2).
[7] Vgl. Botschaft über eine neue Bundesverfassung v. 20. 11. 1996 (BBl 1997 I 1 S. 28 ff., 115 ff.).
[8] Bundesverfassung der Schweizerischen Eidgenossenschaft v. 18. 4. 1999 (SR 101), im folgenden: BV.

satznorm, während sich Art. 30 bis 32 BV mit spezifischen Ausprägungen eines fairen Verfahrens befassen, beispielsweise vor Gericht oder bei einem Freiheitsentzug. Die Verfahrensgarantien stellen daher nun eigenständige, von der Rechtsgleichheit losgelöste Grundrechte dar.

Damit tritt die unmittelbare rechtliche Bedeutung der staatsvertraglichen Verfahrensgarantien in den Hintergrund. Aufgrund der Entstehungsgeschichte dieser Gewährleistungen im schweizerischen Verfassungsrecht kommt ihnen aber weiterhin Relevanz als Auslegungshilfen zu. Die Praxis wird auch künftig bestrebt sein, die verfassungsrechtlichen Gewährleistungen in Übereinstimmung mit der Rechtsprechung zur Europäischen Menschenrechtskonvention sowie zum Internationalen Pakt über bürgerliche und politische Rechte auszulegen[9].

4
Auslegungshilfen

II. Garantien fairer Verfahren im Überblick

Die Garantien fairer Verfahren konkretisieren sich anhand verschiedener Teilgehalte. Der Anspruch auf gleiche und gerechte Behandlung im Verfahren (Art. 29 Abs. 1 BV) umfaßt mehrere in der bundesgerichtlichen Rechtsprechung entwickelte Aspekte, die für ein rechtsstaatlich einwandfreies Verfahren unabdingbar sind. Zentral für eine faire Ausgestaltung des Verfahrens ist das rechtliche Gehör (Art. 29 Abs. 2 BV). Schließlich kommt dem Anspruch auf unentgeltliche Rechtspflege und Rechtsverbeiständung (Art. 29 Abs. 3 BV) große Bedeutung zu.

5
Konkretisierung in Teilgehalten

Bei den genannten Garantien handelt es sich um Mindestansprüche, welche die in eidgenössischen und kantonalen Verfahrensgesetzen umschriebenen prozessualen Rechte der Verfahrensbeteiligten nötigenfalls ergänzen[10]. Primär obliegt es dem anwendbaren kantonalen oder eidgenössischen Recht, die verfahrensrechtliche Stellung der Beteiligten nach fairen Grundsätzen auszugestalten. Bund und Kantone können dabei selbstverständlich über die verfassungsrechtlichen Gewährleistungen hinausgehen, was allerdings nur selten der Fall ist[11].

6
Mindestansprüche

Die Verfahrensgarantien finden sich systematisch im Grundrechtsteil der Verfassung (Art. 7 bis 36 BV). Ihnen kommt daher Grundrechtscharakter zu[12]. Von den klassischen Abwehrrechten unterscheiden sie sich dadurch, daß sie die staatlichen Behörden zu einem Tätigwerden, beispielsweise zum Erlaß eines Entscheides innert angemessener Frist, zur Revision eines Entscheides

7
Grundrechtscharakter der Verfahrensgarantien

---

9 *Jaag*, Die Verfahrensgarantien der neuen Bundesverfassung, in: Peter Gauch/Daniel Thürer (Hg.), Die neue Bundesverfassung, 2002, S. 25 (51); vgl. auch *Rhinow*, Grundzüge (LitVerz.), RN 2721.
10 Vgl. BGE *127* I 133 (138 Erw. 6); *127* I 128 (130 Erw. 3 c); *126* I 19 (22 Erw. 2 a); *125* I 257 (259 Erw. 3 a); *124* I 49 (51 Erw. 3 a).
11 Zum rechtlichen Gehör vgl. *Cottier*, in: recht 1984, S. 1 (3); *Lorenz Kneubühler*, ZBl 99 (1998), S. 97 (99); zur Begründungspflicht vgl. *dens.*, Die Begründungspflicht. Eine Untersuchung über die Pflicht der Behörden zur Begründung ihrer Entscheide, 1998, S. 6.
12 Vgl. *Benjamin Schindler*, Die Befangenheit der Verwaltung. Der Ausstand von Entscheidträgern der Verwaltung im Staats- und Verwaltungsrecht von Bund und Kantonen, 2002, S. 52; allgemein → Bd. II: *Merten*, Begriff und Abgrenzung der Grundrechte, § 35 RN 94.

oder zur Orientierung und Anhörung von Verfahrensbeteiligten anhalten. Bei der unentgeltlichen Rechtspflege und Verbeiständung als vermögenswerte Ansprüche handelt es sich um soziale Grundrechte[13].

III. Zweck und Bedeutung

8
Fairneßprinzip

Die Garantien fairer Verfahren sind Ausdruck des Fairneßprinzips[14] und bezwecken die Herstellung prozeduraler Gerechtigkeit. Indem sie Rechtsuchende und andere Verfahrensbeteiligte als Menschen mit einem Eigenwert, als Subjekte des Verfahrens betrachten, verhindern sie, daß der einzelne zum Verfahrensobjekt degradiert wird[15]. In diesem Sinne sind sie Ausdruck des Respekts vor der Persönlichkeit und der Würde des Menschen. Verfahrensrechtliche Gleichbehandlung wird nicht nur zwischen den Parteien angestrebt,

Rechtsstaatliche Funktion

sondern auch gegenüber der entscheidenden Behörde. Gemeinsam mit dem Rechtsgleichheitsgebot, dem Willkürverbot und den Freiheitsrechten erfüllen die Verfahrensgarantien somit eine genuin rechtsstaatliche Funktion. Im übrigen kommt den einzelnen Teilgehalten je eine spezifische Bedeutung zu, die nachstehend erörtert wird.

IV. Geltungsbereich

9
Sämtliche Verfahrensarten

Die Garantien fairer Verfahren betreffen die Rechte der Parteien im Verfahren. Ihr Anwendungsbereich erstreckt sich auf sämtliche Verfahrensarten, namentlich auf zivil-, straf- und verwaltungsrechtliche[16]. Gewisse Teilaspekte des fairen Verfahrens wie das rechtliche Gehör oder die unentgeltliche Rechtspflege wurden zunächst lediglich für Zivil- und Strafverfahren gewährt. Die Ausdehnung auf das Verwaltungsverfahren erfolgte erst in einem späteren Schritt[17]. Außerhalb hängiger Verfahren finden die Verfahrensgarantien nur in beschränktem Maße Anwendung[18].

---

13 *Auer/Malinverni/Hottelier*, Droit constitutionnel (LitVerz.), Bd. II, RN 1513; *Jaag* (FN 9), S. 44; *Rhinow*, Grundzüge (LitVerz.), RN 2751. A.M. *Häfelin/Haller*, Bundesstaatsrecht (LitVerz.), RN 909, die – wohl aufgrund der Entstehungsgeschichte – den Konnex zur Rechtsgleichheit betonen. Zu den sozialen Grundrechten → oben § 224: *Epiney/Waldmann*, Soziale Grundrechte und soziale Zielsetzungen.
14 Vgl. dazu *Saladin*, Das Verfassungsprinzip der Fairness, in: Juristische Fakultät der Universität Basel u. a. (Hg.), Erhaltung und Entfaltung des Rechts in der Rechtsprechung des Schweizerischen Bundesgerichts, FG zur Hundertjahrfeier des Bundesgerichts, 1975, S. 41 (86 f.); *Thomas Schmuckli*, Die Fairness in der Verwaltungsrechtspflege, Art. 6 Ziff. 1 EMRK und die Anwendung auf die Verwaltungsrechtspflege des Bundes, 1990, S. 82 ff.; *René Wiederkehr*, Fairness als Verfassungsgrundsatz, 2006, S. 1 ff.
15 *Jörg Paul Müller*, Demokratische Gerechtigkeit. Eine Studie zur Legitimität politischer und rechtlicher Ordnung, 1993, S. 178.
16 *BGE 129* I 12 (34 Erw. 10.6.5). Er ist somit weiter gefaßt als jener von Art. 30–32 BV. Vgl. *Rhinow*, Bundesverfassung (LitVerz.), S. 215.
17 Zur unentgeltlichen Rechtspflege vgl. *BGE 132* I 201 (214 Erw. 8.2); *Bühler*, SJZ 94 (1998), S. 225 (225 f.); zum rechtlichen Gehör vgl. *Cottier*, in: recht 1984, S. 1 (6); *Alexander Dubach*, Das Recht auf Akteneinsicht. Der verfassungsmässige Anspruch auf Akteneinsicht und seine Querverbindungen zum Datenschutz – unter besonderer Berücksichtigung der elektronischen Datenverarbeitung, 1990, S. 60; zur unentgeltlichen Rechtsverbeiständung vgl. *Forster*, ZBl 93 (1992), S. 457 (462).
18 Vgl. dazu unten C II 3, RN 36 ff., 40.

Die Verfahrensbestimmungen der Europäischen Menschenrechtskonvention, denen für die Konkretisierung der entsprechenden Bestimmungen in der Bundesverfassung Bedeutung zukommt, beziehen sich primär auf straf- und zivilrechtliche Angelegenheiten[19]. Dennoch wird das Verwaltungsverfahren zumindest partiell von der Konvention erfaßt, da sich der Begriff der „zivilrechtlichen Ansprüche und Verpflichtungen" in Art. 6 Ziff. 1 EMRK gemäß der Straßburger Rechtsprechung auch auf bestimmte verwaltungsrechtliche Bereiche erstreckt[20].

10
Einfluß der EMRK

Träger der Garantien fairer Verfahren sind zum einen natürliche Personen ungeachtet ihrer Staatsangehörigkeit, zum anderen können sich in der Regel auch juristische Personen des Privatrechts wie des öffentlichen Rechts auf diese Grundrechte berufen. Die Praxis nimmt hier allerdings insofern eine Einschränkung vor, als die Ansprüche auf unentgeltliche Rechtspflege und Verbeiständung vor allem natürlichen Personen zustehen; juristischen Personen wird die unentgeltliche Rechtspflege lediglich unter bestimmten Voraussetzungen gewährt[21].

11
Grundrechtsträgerschaft

B. Gebot der gleichen und gerechten Behandlung im Verfahren

I. Grundsatz

Art. 29 Abs. 1 BV statuiert in grundsätzlicher Weise einen Anspruch der Parteien auf gleiche und gerechte Behandlung in Verfahren vor Gerichts- und Verwaltungsbehörden und übernimmt dadurch die Funktion einer verfahrensrechtlichen Generalklausel. Beim ersteren Teilgehalt handelt es sich um eine verfahrensbezogene Konkretisierung des allgemeinen Rechtsgleichheitsgebotes von Art. 8 Abs. 1 BV[22]. Im verfahrensrechtlichen Kontext kommt ihm Bedeutung als Anspruch auf Waffengleichheit (Chancengleichheit) zu[23]. Der Anspruch auf gerechte Behandlung verwirklicht in allgemeiner Weise den Fairneßgrundsatz.

12
Verfahrensrechtliche Generalklausel

---

19 Vgl. *BGer*, Urt. v. 14. 1. 2003, 1P.537/2002, Erw. 2.2; *Frowein/Peukert*, EMRK (LitVerz.), Art. 6 RN 5 ff.; *Arthur Haefliger/Frank Schürmann*, Die Europäische Menschenrechtskonvention und die Schweiz, ²1999, S. 131 ff.; *Villiger*, EMRK (LitVerz.), RN 376 ff.
20 Eingehend dazu *Haefliger/Schürmann* aaO., S. 141 ff.; *Ruth Herzog*, Art. 6 EMRK und kantonale Verwaltungsrechtspflege, 1995, S. 7 ff.; *Andreas Kley-Struller*, Art. 6 EMRK als Rechtsschutzgarantie gegen die öffentliche Gewalt, 1993, S. 7 ff.; *Schmuckli* (FN 14), S. 29 ff.; *Thürer*, ZBl 87 (1986), S. 241 (247 ff.); *Villiger* aaO., RN 375, setzt den Anwendungsbereich von Art. 6 EMRK gar weitgehend mit demjenigen von Art. 29 f. BV gleich. Zu Art. 6 EMRK auch → Bd. VI/1: *Gundel*, Verfahrensrechte.
21 Vgl. dazu unten D I, RN 44 ff., 46.
22 *Rhinow*, Grundzüge (LitVerz.), RN 2731, weist daher zutreffend auf die „enge Verzahnung von formellem Recht und (materieller) Rechtsgleichheit (Art. 8 BV)" hin. Zum Rechtsgleichheitsgebot → oben *Weber-Dürler*, § 210: Gleichheit.
23 Vgl. *BGE 126* V 244 (250 Erw. 4 c); *Auer/Malinverni/Hottelier*, Droit constitutionnel (LitVerz.), Bd. II, RN 1394 ff.

13 Angemessene Verfahrensdauer Weitere Teilaspekte	Das Gebot der gleichen und gerechten Behandlung manifestiert sich in verschiedenen Teilaspekten, die unter der Geltung der Verfassung von 1874 aus dem Rechtsgleichheitsgebot von Art. 4 Abs. 1 abgeleitet wurden. Explizit genannt wird das Recht des einzelnen auf Behandlung innert angemessener Frist. Dies hängt einerseits mit der großen Bedeutung dieser Verfahrensgarantie zusammen. Andererseits wird es mit dem Bedürfnis nach Transparenz begründet, da „sich die angemessene Verfahrensdauer sprachlich nicht ohne weiteres der ‚gleichen und gerechten Behandlung' zuordnen [lasse]"[24]. Lehre und Praxis leiten aus dem Anspruch auf gleiche und gerechte Behandlung im Verfahren ferner die Verbote der Rechtsverweigerung, der Rechtsverzögerung und des überspitzten Formalismus, den Anspruch auf Unabhängigkeit, Unbefangenheit und richtige Zusammensetzung der entscheidenden Behörde sowie das Recht auf Revision oder Wiedererwägung ab. Aus dem Umstand, daß diese Teilgehalte in Art. 29 Abs. 1 BV nicht explizit genannt werden, darf nicht gefolgert werden, ihnen komme lediglich untergeordnete Bedeutung zu.

II. Teilgehalte

1. Verbot der Rechtsverweigerung

14 Anspruch auf Verfahren und Entscheid	Das Verbot der Rechtsverweigerung – ein Aspekt des Rechts auf Beurteilung innert angemessener Frist – gewährt einen verfassungsmäßigen Anspruch auf Verfahren und Entscheid. Es bietet den Rechtsuchenden Schutz davor, daß die Behörden das Recht nach Belieben anwenden[25]. Daß das Recht auch tatsächlich zur Geltung gelangt, stellt ein zentrales rechtsstaatliches Erfordernis dar.
15 Keine umfassende Rechtsweggarantie	Das Verbot der Rechtsverweigerung untersagt es einer Gerichts- oder Verwaltungsbehörde, die ein Urteil oder eine Verfügung erlassen müßte, untätig zu bleiben[26]. Voraussetzung für die Anwendbarkeit dieser grundrechtlichen Gewährleistung bildet somit ein Anspruch des Privaten bzw. eine Pflicht der Behörde zur Behandlung eines Begehrens. Dies ist dann der Fall, wenn die ersuchende Person zur Antragstellung berechtigt ist, der Antrag frist- und formgerecht vorgebracht wurde und die angerufene Stelle für die Behandlung zuständig ist[27]. Maßgebend sind dabei in erster Linie die Verfahrensbestimmungen von Bund und Kantonen[28]. Regelungen, welche den Verfahrenszugang normieren, sind zulässig, soweit sie im öffentlichen Interesse den geordneten Verfahrensgang gewährleisten und verhältnismäßig sind. Nicht auf das

---

[24] Botschaft über eine neue Bundesverfassung v. 20. 11. 1996 (BBl 1997 I 1 S. 182).
[25] Eine Garantie auf Entscheidung innert angemessener Frist wird auch von Art. 6 Ziff. 1 EMRK und Art. 14 Ziff. 3 lit. c UNO-Pakt II gewährleistet. Diese völkerrechtlichen Garantien reichen nach bundesgerichtlicher Rechtsprechung nicht über das in Art. 29 Abs. 1 BV Garantierte hinaus. Vgl. *BGE 117* Ia 193 (197 Erw. 1 b); *103* V 190 (193 Erw. 2 b).
[26] Vgl. *BGE 117* Ia 116 (117 Erw. 3 a).
[27] *BGE 118* Ib 26 (29 ff., Erw. 4).
[28] Direkt gestützt auf die Verfassung hat das Bundesgericht einen Anspruch darauf abgeleitet, daß sich eine Behörde mit einem Wiedererwägungsgesuch befaßt, wenn sich die Umstände seit dem ersten Entscheid wesentlich verändert haben oder wenn der Betroffene neue Tatsachen und Beweismittel vorbringen kann. Vgl. zum Anspruch auf Revision oder Wiedererwägung unten 6, RN 28.

Verbot der Rechtsverweigerung berufen kann sich, wer in concreto keinen Anspruch auf Beurteilung durch die Behörden hat[29]. Aus dem Verbot der Rechtsverweigerung ergibt sich somit keine umfassende Rechtsweggarantie[30].

Rechtsverweigerungen können verschiedene Erscheinungsformen aufweisen: Eine Verletzung dieser Gewährleistung liegt beispielsweise vor, wenn ein Gericht oder eine Behörde auf ein Ersuchen nicht eintritt, obwohl die Eintretensvoraussetzungen erfüllt sind und sie dazu verpflichtet wäre[31]. Erachtet sich eine Behörde als unzuständig, so hat sie einen Nichteintretensentscheid zu fällen, außer ihre fehlende Zuständigkeit ist offenkundig[32]. Rechtsverweigerung liegt auch vor, wenn eine Behörde zu Unrecht eine res iudicata geltend macht[33]. Ferner ist eine Verletzung dieses Grundrechts dann anzunehmen, wenn eine Behörde zwar auf ein Begehren eintritt, den maßgeblichen Sachverhalt aber nicht oder nur ungenügend abklärt[34] oder die Prüfungsbefugnis unzulässig einschränkt[35], sofern nicht die Natur der Streitsache einer unbeschränkten Überprüfung entgegensteht[36]. Das Verbot der Rechtsverweigerung gewährt zudem Schutz vor ungerechtfertigter Verfahrenseinstellung[37]. Schließlich liegt eine Rechtsverweigerung auch dann vor, wenn sich eine kantonale Vorinstanz über die Erwägungen des Bundesgerichts hinwegsetzt, das einen früheren Entscheid aufgehoben und zur Neubeurteilung zurückgewiesen hat[38]. Die Lehre bejaht ferner in gewissem Umfang, daß auch die Untätigkeit des Gesetzgebers unter das Verbot der Rechtsverweigerung zu subsumieren ist[39].

16
Erscheinungsformen

Untätigkeit des Gesetzgebers

Über eine gewisse Nähe zum Rechtsverweigerungsgebot verfügen der Anspruch auf Begründung des Entscheides und die Pflicht, sich mit wesentlichen Rügen des Beschwerdeführers auseinanderzusetzen. Diese Aspekte des fairen Verfahrens werden in der Regel aber dem Anspruch auf rechtliches Gehör zugeordnet.

17
Abgrenzung zum rechtlichen Gehör

---

29 Dies ist grundsätzlich bei Aufsichtsbeschwerden, Wiedererwägungsgesuchen und Petitionen der Fall. Eine Pflicht zum Eintreten auf ein Wiedererwägungsgesuch besteht nur in Ausnahmefällen (vgl. *Ulrich Häfelin/Georg Müller/Felix Uhlmann*, Allgemeines Verwaltungsrecht, ⁵2006, RN 1833 und hinten B 6, RN 28). Auch das Petitionsrecht gemäß Art. 33 BV verleiht lediglich einen Anspruch auf Kenntnisnahme, nicht aber auf materielle Behandlung und Beantwortung (*J.P. Müller*, Grundrechte [LitVerz.], S. 389 f.). Allerdings statuiert die Mehrheit der neuen Kantonsverfassungen die Pflicht zu Lasten der Behörden, auf Petitionen zu antworten und materiell auf sie einzutreten. Vgl. z. B. Art. 20 KV Bern, v. 6. 6. 1993 (SR 131.21); Art. 21 KV Unterwalden ob dem Wald v. 19. 5. 1967 (SR 131.2t1.1); Art. 60 KV Glarus v. 1. 5. 1988 (SR 131. 217).
30 Vgl. nun aber Art. 29a in der Fassung der Justizreform, wonach jedermann bei Rechtsstreitigkeiten Anspruch auf Beurteilung durch eine richterliche Behörde hat (AS 2002 S. 3148; in Kraft seit 1. 1. 2007). Diese Bestimmung erlaubt Ausnahmen, wobei dann zumindest ein Rechtsmittel an die übergeordnete Verwaltungsbehörde zur Verfügung stehen sollte, soweit es eine solche gibt.
31 *BGE 118* Ib 26 (29 Erw. 4); *117* Ia 116 (117 Erw. 3 a).
32 *BGer*, Urt. v. 19. 12. 1979, ZBl 81 (1980), S. 265 (267 Erw. 2); *Etienne Grisel*, Egalité: Les garanties de la Constitution fédérale du 18 avril 1999, 2000, RN 425.
33 *BGE 107* Ia 97 (99 Erw. 4).
34 *BGE 119* Ia 21 (26 Erw. 1 c); *116* Ia 106 (112 Erw. 4); *114* Ia 114 (119 Erw. 4 c/ca).
35 *BGE 117* Ia 5 (7 Erw. I a); *116* Ib 270 (274 Erw. 3 d); *115* Ia 5 (6 Erw. 2 b); *114* Ia 114 (119 Erw. 4 c/ca).
36 *BGE 118* Ia 488 (495 Erw. 4 c); *115* Ia 5 (6 Erw. 2 b); *106* Ia 1 (2 Erw. 3 c).
37 *BGE 120* III 143 (144 Erw. 1 b).
38 *BGer*, Urt. v. 15. 3. 2004, 2A.421.2003, Erw. 2.2.
39 *Walter Kälin*, Das Verfahren der staatsrechtlichen Beschwerde, ²1994, S. 149; *Ulrich Zimmerli/Walter Kälin/Regina Kiener*, Grundlagen des öffentlichen Verfahrensrechts, 2004, S. 166; offengelassen in *BGer*, Urt. v. 18. 1. 1985, ZBl 86 (1985), S. 492 (495 Erw. 3 a).

2. Verbot der Rechtsverzögerung

18
Beschleunigungsgebot

Das Verbot der Rechtsverzögerung (Beschleunigungsgebot) untersagt es einer zum Handeln verpflichteten Behörde oder einem Gericht[40], ein Verfahren über Gebühr zu verzögern. Das Beschleunigungsgebot gilt für sämtliche Verfahren vor Gerichts- und Verwaltungsbehörden[41]. Das Verbot der Rechtsverzögerung bezieht sich grundsätzlich nicht auf Rechtsetzungsverfahren[42]. Für die Beantwortung der Frage, ob in einem konkreten Fall eine Rechtsverzögerung vorliegt, ist die Umschreibung der angemessenen Frist von zentraler Bedeutung. Soweit nicht auf gesetzlicher Ebene selbst eine Frist oder ein Zeitraum vorgegeben ist, richtet sich die Bestimmung der Angemessenheit nach einer Reihe von Kriterien, die in der bundesgerichtlichen Rechtsprechung entwickelt worden sind[43]:

19
Rechtfertigung längerer Verfahrensdauer

Maßgebend ist zum einen die Art des Verfahrens. Eine rasche Behandlung hat bei Verfahren über einen Freiheitsentzug zu erfolgen[44]. Längere Fristen sind demgegenüber bei umfangreichen und anspruchsvollen Fällen zulässig, deren Sachverhaltsabklärung und rechtliche Würdigung mehr Zeit erfordern. Dies ist beispielsweise dann der Fall, wenn komplexe Grundsatzfragen präjudiziell geklärt werden müssen[45]. Schließlich kann auch die Einhaltung anderer verfahrensrechtlicher Garantien eine längere Verfahrensdauer rechtfertigen. Relevant ist darüber hinaus die Bedeutung der Angelegenheit für die beschwerdeführende Person. Je einschneidender sich ein Verfahren auf hochrangige Rechtsgüter auswirkt, desto rascher ist zu urteilen[46]. Allerdings ist auch hier unter Umständen eine detaillierte Klärung des Sachverhaltes und der Rechtsfragen vonnöten, die mit einem erheblichen Zeitaufwand verbunden sein kann.

20
Mitwirkungs- und Verteidigungsrechte

In Betracht zu ziehen ist auch das Verhalten der verfahrensbeteiligten Personen, wobei hier zwischen den verschiedenen Verfahrensarten zu unterscheiden ist. Während die Parteien in Zivilsachen dazu angehalten sind, zu einer Beschleunigung des Verfahrens beizutragen, besteht in strafrechtlichen Angelegenheiten keine Pflicht zu kooperativem Verhalten. Es ist den Angeschuldigten vielmehr unbenommen, sämtliche zur Verfügung stehenden Rechtsmittel auszuschöpfen, wobei dies bei der Beurteilung der Angemessenheit der Verfahrensdauer zu berücksichtigen ist[47]. Auch im Rahmen von Verwaltungsverfahren ist es primär Aufgabe der Behörden, innert angemessener Frist

---

40 Bezüglich der Pflicht zum Tätigwerden kann auf das vorne im Zusammenhang mit dem Rechtsverweigerungsverbot Gesagte verwiesen werden.
41 *BGE 130* I 269 (271 Erw. 2.3).
42 *BGE 130* I 174 (178 Erw. 2.2).
43 Zur Erforderlichkeit einer Gesamtwürdigung vgl. *BGE 130* I 312 (332 Erw. 5.2); *125* V 188 (191 Erw. 2 a); *124* I 139 (142 Erw. 2 c).
44 Die große Bedeutung, die dem Rechtsverzögerungsverbot im Haftprüfungsverfahren zukommt, manifestiert sich darin, daß diesbezüglich mit Art. 31 Abs. 3 und 4 BV leges speciales bestehen. Ferner statuieren Art. 5 Ziff. 3 und 4 EMRK sowie Art. 14 Abs. 3 lit. c UNO-Pakt II entsprechende Garantien. Zur Tragweite des Beschleunigungsgebotes im Strafvollzug vgl. *BGE 130* I 269 (273 Erw. 5).
45 *Hotz*, in: Ehrenzeller u. a., St. Galler Kommentar (LitVerz.), Art. 29 RN 16.
46 Vgl. *BGE 122* IV 103 (111 Erw. 4); *119* IV 107 (110 Erw. 1 c); *107* Ib 160 (166 Erw. 3 c).
47 *BGE 119* IV 107 (111 Erw. 1 c).

einen Entscheid zu treffen[48]. Zwischen dem Beschleunigungsgebot und den Mitwirkungs- und Verteidigungsrechten der Betroffenen besteht ein gewisses Spannungsverhältnis. Grundsätzlich genießen die Mitwirkungs- und Verteidigungsrechte sowie der Rechtsschutz Vorrang vor dem Verbot der Rechtsverzögerung. Dem Beschleunigungsgebot ist somit nur insofern Nachachtung zu verschaffen, als die Verfahrensrechte sämtlicher Beteiligter gewahrt sind[49].

21 Behördliche Verfahrensbeförderungspflicht

Von Belang ist ferner das Verhalten der zur Beurteilung zuständigen Behörden. Diese sind gehalten, die Verfahren beförderlich zu behandeln. Eine Rechtsmittelinstanz verstößt gegen das Beschleunigungsgebot, wenn sie für die Einreichung einer Beschwerdeantwort in sämtlichen Fällen jeweils bei Aufnahme des Verfahrens eine Frist von vier Monaten einräumt[50]. Grundrechtswidrigkeit liegt ebenfalls vor, wenn ein Verfahren beliebig lange ausgesetzt wird, um den Entscheid in einem parallel laufenden Prozeß abzuwarten[51]. Nicht berücksichtigt werden dürfen in diesem Zusammenhang strukturelle Mängel in der staatlichen Behördenorganisation, die eine Entscheidung innert angemessener Frist illusorisch machen. Gemäß bundesgerichtlicher Rechtsprechung sind die Instanzen so auszugestalten, daß die angemessene Frist auch bei einer vorübergehenden Überlastung der Behörde eingehalten werden kann[52].

Überlastung der Behörde

Bei der Bestimmung des Fristbeginns ist wiederum nach der Verfahrensart zu unterscheiden. In Zivilsachen beginnt die Frist in der Regel mit der Anhängigmachung einer Klage. In Strafsachen ist grundsätzlich der Zeitpunkt maßgebend, in dem eine Person eines strafbaren Verhaltens amtlich beschuldigt wird und gegen sie Untersuchungsmaßnahmen angeordnet werden[53]. In Verwaltungssachen ist darauf abzustellen, wann ein Gesuch gestellt wurde[54] bzw. wann die Anfechtung einer Verfügung anhängig gemacht wurde[55]. Die Frist endet mit der endgültigen Entscheidung des Falles durch die letzte angerufene Instanz[56].

22 Fristbeginn

Die Abgrenzung zwischen Rechtsverweigerung und Rechtsverzögerung kann im Einzelfall Schwierigkeiten bereiten. Ein Verstoß gegen das Rechtsverzögerungsverbot liegt dann vor, wenn sich die zuständige Behörde zwar bereit zeigt, eine Verfügung zu erlassen, dies aber nicht innert der Frist tut, welche sich nach der Natur der Sache sowie den übrigen Umständen als angemessen erweist. Sobald hinreichende Anhaltspunkte dafür bestehen, daß die zuständige Behörde überhaupt nicht tätig zu werden gedenkt, wird eine Rechtsverzögerung zur Rechtsverweigerung[57]. Die praktische Bedeutung dieser Unter-

23 Rechtsverzögerung und Rechtsverweigerung

---

48 *BGE 110* Ib 332 (335 Erw. 2 b).
49 *Jaag* (FN 9), S. 50.
50 *BGE 126* V 244 (249 f., Erw. 4).
51 *BGE 119* II 386 (389 Erw. I b).
52 *BGE 107* Ib 160 (165 Erw. 3 c).
53 *BGE 124* I 139 (140 f., Erw. 2 a).
54 *BGE 129* I 411 (416 Erw. 1.2).
55 *BGE 103* V 190 (196 Erw. 5).
56 *J.P. Müller*, Grundrechte (LitVerz.), S. 505.
57 Vgl. dazu *Lorenz Meyer*, Das Rechtsverzögerungsverbot nach Art. 4 BV, 1985, S. 3 f.

scheidung darf allerdings nicht überschätzt werden, wird in beiden Fällen doch der identische Grundrechtsschutz gewährt.

3. Verbot des überspitzten Formalismus

24
Frist- und Formvorgaben ohne Schutzwirkung

Der Anspruch auf gleiche und gerechte Behandlung im Verfahren manifestiert sich ferner im Verbot des überspitzten Formalismus, der als besondere Form der Rechtsverweigerung gilt[58]. Wenngleich prozessuale Formvorschriften der Rechtsgleichheit und der Rechtssicherheit dienen und für einen geordneten Verfahrensgang unabdingbar sind, sollen sie dem einzelnen den Rechtsweg nicht in übertriebener Weise erschweren oder versperren. Art. 29 Abs. 1 BV wendet sich gegen exzessive Formstrenge, die keinen schutzwürdigen Interessen entspricht, einen bloßen Selbstzweck darstellt und die Verwirklichung des materiellen Rechts in unhaltbarer Weise erschwert oder verunmöglicht[59]. Überspitzter Formalismus liegt meist dann vor, wenn infolge kleinerer Nachlässigkeiten, die mit geringem Aufwand behoben werden könnten, auf ein Begehren nicht eingetreten wird. Probleme stellen sich in der Praxis hauptsächlich im Zusammenhang mit der zu rigiden Anwendung von Frist-[60] oder Formvorgaben[61].

4. Unabhängigkeit und Unbefangenheit der Entscheidträger

25
Rechtsanwendende Behörden

Aus Art. 29 Abs. 1 BV abgeleitet wird sodann der grundrechtliche Anspruch auf Unbefangenheit und Unabhängigkeit von Behörden, die nicht als richterlich zu qualifizieren sind[62]. Die Unabhängigkeit und Unbefangenheit der Entscheidträger soll gewährleisten, daß sich diese ausschließlich am öffentlichen Interesse orientieren und keine sachfremden oder eigennützigen Erwägungen in ihre Entscheidungen einfließen lassen. Eine Verfügung oder ein Entscheid wird von den Betroffenen besser akzeptiert, wenn sie um die Unbefangenheit der entscheidenden Behörde oder Person wissen. Gleichzeitig wird dadurch das generelle Vertrauen der Bevölkerung in die rechtsanwendenden Behörden gestärkt[63].

---

58 *BGE 127* I 31 (34 Erw. 2 a/bb); Botschaft über eine neue Bundesverfassung v. 20. 11. 1996 (BBl 1997 I 1 S. 181); *Hottelier*, Les garanties de procédure, in: Thürer/Aubert/Müller, Verfassungsrecht (LitVerz.), § 51 RN 8.
59 *BGE 128* II 139 (142 Erw. 2 a); *127* I 31 (34 Erw. 2 a/bb); *125* I 166 (170 Erw. 3 a); *124* II 265 (270 Erw. 4 a); *120* V 413 (417 Erw. 4 b). Vgl. auch die Beispiele bei *Grisel* (FN 32), RN 439 ff.
60 *BGE 127* I 31 (34 f., Erw. 2 b); *121* I 177 (180 f., Erw. 2b/cc); *109* Ia 183 (185 Erw. 3 b).
61 *BGE 118* V 311 (315 f., Erw. 4); *103* Ia 280 (283 Erw. 2 b); *96* I 314 (318 Erw. 1).
62 Vgl. *BGE 127* I 196 (198 Erw. 2 b); BGer, Urt. v. 4. 12. 2001, 1P.489/2001, Erw. 2 c; Urt. v. 16. 7. 2001, 1P.208/2001, Erw. 3 b; *Isabelle Häner*, Die Beteiligten im Verwaltungsverfahren und Verwaltungsprozess. Unter besonderer Berücksichtigung des Verwaltungsverfahrens und des Verwaltungsprozesses im Bund, 2000, RN 416; *Regina Kiener*, Richterliche Unabhängigkeit, 2001, S. 23 f.; *J.P. Müller*, Grundrechte (LitVerz.), S. 582; *Schindler* (FN 12), S. 52.
63 Zu den Funktionen des Unabhängigkeitsgebotes vgl. *Schindler* aaO., S. 43 ff.

Aufgrund dieser Bestimmung zu beurteilen ist beispielsweise die Ausstandspflicht der Mitglieder von Strafuntersuchungs- und Anklagebehörden[64]. Soweit die Unabhängigkeit richterlicher Behörden in Frage steht, findet Art. 30 Abs. 1 BV Anwendung. Gemäß bundesgerichtlicher Rechtsprechung kommt diesen Bestimmungen zumindest hinsichtlich der Unparteilichkeit des Untersuchungsrichters ein weitgehend übereinstimmender Gehalt zu[65]. Im übrigen darf Art. 29 Abs. 1 BV aber nicht unbesehen mit Art. 30 Abs. 1 BV gleichgesetzt werden[66].

26
Unparteilichkeit des Untersuchungsrichters

5. Richtige Zusammensetzung der entscheidenden Behörde

Ein faires Verfahren bedingt darüber hinaus, daß die entscheidende Behörde richtig zusammengesetzt ist[67]. Die Bestellung der entscheidenden Behörde soll nach generell-abstrakten Normen und daher vorhersehbar erfolgen, um eine rechtsgleiche und unbefangene Beurteilung zu ermöglichen[68]. Die Behörde muß sich in der gesetzlich vorgeschriebenen Weise zusammensetzen und die Ausstandsvorschriften beachten[69]. Für die Gerichte ist diesbezüglich wiederum Art. 30 Abs. 1 BV einschlägig.

27
Bestellung und Zusammensetzung

6. Anspruch auf Revision oder Wiedererwägung

Das Gebot der gerechten Behandlung vor Gerichts- und Verwaltungsinstanzen verlangt sodann, daß die Behörden auf einen rechtskräftigen Entscheid zurückkommen und eine neue Prüfung vornehmen, wenn ein klassischer Revisions- oder Wiedererwägungsgrund vorliegt[70]. Vorausgesetzt ist, daß „die Umstände sich seit dem ersten Entscheid wesentlich geändert haben, oder [...] der Gesuchsteller erhebliche Tatsachen und Beweismittel namhaft macht, die ihm in früheren Verfahren nicht bekannt waren oder die schon damals geltend zu machen für ihn rechtlich oder tatsächlich unmöglich war oder keine Veranlassung bestand"[71].

28
Wesentliche Änderung der Umstände

---

64 *BGE 127* I 196 (198 Erw. 2 b).
65 *BGE 127* I 196 (198 Erw. 2 b). Zu Art. 30 Abs. 1 BV vgl. → unten *Kiener*, § 227: Garantie des verfassungsmäßigen Richters, sowie *dies.* (FN 62).
66 *BGE 127* I 196 (199 Erw. 2 b); *125* I 119 (122 ff., Erw. 3). Zu den Gemeinsamkeiten und Unterschieden im Verhältnis zur richterlichen Unabhängigkeit vgl. *Schindler* (FN 12), S. 65 ff.
67 *BGE 127* I 128 (130 ff., Erw. 3 c und 4 c/d); *Grisel* (FN 32), RN 402. Zu diesem, unter der Geltung der BV 1874 aus Art. 4 abgeleiteten Anspruch vgl. *Alfred Kölz/Isabelle Häner*, Verwaltungsverfahren und Verwaltungsrechtspflege des Bundes, ²1998, RN 247; *G. Müller*, in: Aubert u.a., Bundesverfassung 1874 (LitVerz.), Art. 4 aBV, RN 120f. *Hotz*, in: Ehrenzeller u.a., St. Galler Kommentar (LitVerz.), Art. 29 RN 40f., versteht den Anspruch auf richtige Zusammensetzung der entscheidenden Behörde demgegenüber als Teilaspekt des rechtlichen Gehörs (Art. 29 Abs. 2 BV).
68 *Schindler* (FN 12), S. 222.
69 Zum Verhältnis zwischen diesem Anspruch und der behördlichen Unabhängigkeit und Unbefangenheit vgl. *Schindler* aaO., S. 222 f.
70 *BGE 127* I 133 (137 Erw. 6); *120* Ib 42 (46 f., Erw. 2 b); *113* Ia 146 (151 f., Erw. 3 a); *109* Ib 251 (251 f., Erw. 4 a); *100* Ib 368 (371 f., Erw. 3 a). In Gesetzgebung, Lehre und Praxis wird oftmals nicht zwischen Revision und Wiedererwägung unterschieden. Beiden Rechtsbehelfen ist gemeinsam, daß unter bestimmten Voraussetzungen von einer Behörde verlangt werden kann, auf einen früher gefaßten, in Rechtskraft erwachsenen Entscheid zurückzukommen.
71 *BGE 113* Ia 146 (152 Erw. 3 a).

C. Anspruch auf rechtliches Gehör

I. Bedeutung und Anwendungsbereich

29
Rechtsstaatliche Verfahrensausgestaltung

Der in Art. 29 Abs. 2 BV garantierte Anspruch auf rechtliches Gehör ist im Hinblick auf die rechtsstaatliche Ausgestaltung des Verfahrens von fundamentaler Bedeutung[72]. Er dient einerseits der Sachaufklärung und stellt anderseits ein persönlichkeitsbezogenes Mitwirkungsrecht beim Erlaß von Entscheiden dar, welche in die Rechtsstellung des einzelnen eingreifen[73]. Dieser Garantie zugrunde liegt die Einsicht, daß „Wahrheit und Gerechtigkeit nur in zwischenmenschlicher Kommunikation gefunden werden und Entscheidungen letztlich nur so in ihrer Vorläufigkeit und Relativität Anerkennung und Befolgung (Akzeptanz) finden können"[74].

30
Angemessene Beteiligung der Betroffenen

Im übrigen erschließt sich die Bedeutung des rechtlichen Gehörs primär mit Blick auf die Tragweite des Verfahrens für die Konkretisierung und Durchsetzung des Rechts. Das Verwaltungsverfahren zielt darauf ab, einen für die Verfahrensbeteiligten verbindlichen und definitiven Entscheid herbeizuführen und insoweit das materielle Recht zu verwirklichen[75]. Da sich zahlreiche Belange des modernen Staates nurmehr bedingt in generell-abstrakter Weise regeln lassen, kommt der Partizipation Betroffener an der Rechtsgestaltung erhöhte Tragweite zu[76]. Hat die Legislative keinen Ausgleich der involvierten Interessen vorgenommen und müssen die rechtsanwendenden Behörden daher eine wertende Gegenüberstellung vornehmen, ist als Ausgleich eine angemessene Beteiligung der Betroffenen vorzusehen[77].

31
Intensität der Betroffenheit

Das rechtliche Gehör besteht nur in Verfahren, in denen jemand – als Partei – stärker belastet sein kann als andere Personen. Vorausgesetzt ist eine gewisse Intensität der Betroffenheit durch den angefochtenen Entscheid[78]. Im Vordergrund stehen daher staatliche Einzelfallentscheidungen. Nicht maßgeblich ist, welches Staatsorgan eine Entscheidung trifft, wie das Bundesgericht im Zusammenhang mit den umstrittenen Einbürgerungsverfahren durch das Volk betont hat[79]. Das Erfordernis der besonderen Betroffenheit ist bei

---

[72] Für den Freiheitsentzug sowie für das Strafverfahren erfährt das rechtliche Gehör eine Konkretisierung in Art. 31 Abs. 2 bzw. Art. 32 Abs. 2 BV. Vgl. dazu → unten *Hänni*, § 226: Grundrechte des Angeschuldigten im Strafprozeß.
[73] *BGE 127* I 54 (56 Erw. 2 b); *124* I 241 (242 Erw. 2); *120* Ib 379 (383 Erw. 3 b); *116* V 182 (184 Erw. I a).
[74] *Cottier*, in: recht 1984, S. 1 ff. (1); vgl. auch *Michele Albertini*, Der verfassungsmäßige Anspruch auf rechtliches Gehör im Verwaltungsverfahren des modernen Staates. Eine Untersuchung über Sinn und Gehalt der Garantie unter besonderer Berücksichtigung der bundesgerichtlichen Rechtsprechung, 2000, S. 70 ff.
[75] *Kölz/Häner* (FN 67), RN 83.
[76] *Albertini* (FN 74), S. 75 f.; *Cottier*, in: recht 1984, S. 1 (2 f.).
[77] Vgl. *Pierre Moor*, Droit administratif, Vol. II: Les actes administratifs et leur contrôle, ²2002, S. 184 f.
[78] *Cottier*, in: recht 1984, S. 1 (5); *Dubach* (FN 17), S. 61.
[79] *BGE 132* I 196 (197 Erw. 3.1); *129* I 232 (236 f., Erw. 3.2); *129* I 217 (230 Erw. 3.3). Vgl. dazu auch *Yvo Hangartner*, Neupositionierung des Einbürgerungsrechts, AJP 2004, S. 3 (15 f.), der dafür plädiert, geringere Anforderungen an die Begründung von Einbürgerungsentscheiden durch das Volk zu stellen als bei sonstigen Verwaltungsverfügungen.

Rechtsetzungsverfahren nicht[80] und bei Allgemeinverfügungen nur selten erfüllt[81]. Im Rechtsetzungsverfahren kommen vielmehr die verschiedenen demokratischen Partizipationsrechte wie Initiative, Referendum und Petitionsrecht sowie das Vernehmlassungsverfahren zum Tragen[82]. Soweit – wie im Planungsrecht – nicht klar zwischen indivdiuell-konkreten Anordnungen und generell-abstrakten Erlassen differenziert werden kann, ist auf die Intensität der Betroffenheit abzustellen[83]. Ein Anspruch auf rechtliches Gehör besteht hauptsächlich während eines laufenden Verfahrens. Die Interessen des Betroffenen können es allerdings gebieten, verfassungsrechtliche Gehörsansprüche auch vor Anhebung wie nach Abschluß oder sogar unabhängig von einem bestimmten Verfahren zu gewähren[84].

Rechtsetzungsverfahren

II. Teilgehalte

Das rechtliche Gehör weist verschiedene, von der Rechtsprechung entwickelte Teilgehalte auf. Da der Kreis der geschützten Rechte über den bloßen Anspruch, gehört zu werden, weit hinausgeht, postuliert ein Teil der Lehre, den Begriff des rechtlichen Gehörs nur für den Gehörsanspruch im eigentlichen Sinn (vorgängige Äußerung und Anhörung) zu verwenden. Die Gesamtheit der Garantien wird demgegenüber mit dem offeneren Begriff der Garantien verfahrensrechtlicher Kommunikation umschrieben[85].

32
Garantien verfahrensrechtlicher Kommunikation

1. Vorgängige Orientierung, Anhörung und Äußerung

Die Parteien eines Verfahrens haben das Recht, sich vor dem Erlaß einer Anordnung zu allen wesentlichen Aspekten eines Verfahrens zu äußern[86]. Die Stellungnahme kann mündlich oder schriftlich erfolgen, wobei kein verfassungsmäßiger Anspruch auf mündliche Äußerung besteht[87]. Das Recht, zu der von einer Behörde in Anspruch genommenen rechtlichen Würdigung der wesentlichen Tatsachen besonders gehört zu werden, besteht nur dann, wenn sich die Behörde auf juristische Argumente zu stützen gedenkt, die den Parteien nicht bekannt sind und mit deren Heranziehung sie nicht rechnen mußten[88]. Diese Rechtsprechung wurde vom Bundesgericht nun dahingehend prä-

33
Auswirkung auf Verteidigungsrechte

---

80 *BGE 123* I 63 (67 Erw. 2 a); *121* I 334 (337 f., Erw. 1 c).
81 *BGE 119* Ia 141 (150 Erw. 5 c cc).
82 *BGE 121* I 230 (232 Erw. 2 c); *119* Ia 141 (149 f., Erw. 5 c aa).
83 Während beim Erlaß von Richtplänen das rechtliche Gehör nicht gewährt werden muß, präsentiert sich die Situation bei den Nutzungsplänen anders. Eingehend *BGE 119* Ia 141 (150 Erw. 5 c bb); *114* Ia 233 (237 ff., Erw. 2 c); *Haller*, Das rechtliche Gehör bei der Festsetzung von Raumplänen, in: Francis Cagianut/Willi Geiger/Yvo Hangartner/Ernst Höhn (Hg.), FS Otto K. Kaufmann, 1989, S. 367 ff. (371-375).
84 *Cottier*, in: recht 1984, S. 1 (8). Relevanz kommt dem rechtlichen Gehör außerhalb hängiger Verfahren hauptsächlich in seiner Ausprägung als Akteneinsichtsrecht zu. Vgl. dazu unten 3, RN 36 ff., 40.
85 *J.P. Müller*, Grundrechte (LitVerz.), S. 510.
86 *BGE 129* V 73 (74 Erw. 4.1); *127* I 54 (56 Erw. 2 b); *126* V 130 (131 f., Erw. 2 b). Zur Pflicht der Behörden, diese Stellungnahmen zur Kenntnis zu nehmen vgl. unten 4, RN 41 f.
87 *BGE 127* V 491 (494 Erw. 1 b); *125* I 209 (219 Erw. 9 b).
88 *BGE 126* I 19 (22 Erw. 2 c aa); *116* Ia 455 (458 Erw. 3 c).

zisiert, daß von einer Anhörung abgesehen werden kann, wenn sie grundsätzlich keine Auswirkung auf die Ausübung der Verteidigungsrechte haben konnte[89]. Eine Anhörung hat zudem auch dann stattzufinden, wenn das Gericht eine reformatio in peius beabsichtigt[90]. Zudem besteht gemäß neuerer Praxis des Eidgenössischen Versicherungsgerichts auch ein Anspruch auf vorgängige Stellungnahme zu einer Expertise, wenn sie sich zur Rechtsanwendung im konkreten Fall äußert[91]. Mit dem Äußerungsrecht verbunden ist das Recht auf persönliche Teilnahme an der Verhandlung, welches aber nicht absolut gilt[92].

34
Orientierung über vorgesehene Anordnung

Im Hinblick auf das Äußerungsrecht sind die Betroffenen von den Behörden über die wesentlichen Elemente der vorgesehenen Anordnung zu orientieren. Die Orientierung erfolgt grundsätzlich in einer Amtssprache[93]. Nachdem die Schweiz den Vorbehalt zu Art. 6 Ziff. 3 lit. c EMRK zurückgezogen hat[94], besteht nun ein Anspruch auf einen unentgeltlichen Dolmetscher, wenn ein Verfahrensbeteiligter die Verhandlungssprache des Gerichts nicht versteht oder spricht. Die Wirksamkeit der Orientierung bedingt grundsätzlich, daß sie vorgängig stattfindet. Im Einzelfall können der vorgängigen Orientierung allerdings überwiegende Interessen, wie die Dringlichkeit der Entscheidung oder die Gefahr der Vereitelung einer geplanten Maßnahme, entgegenstehen[95].

2. Mitwirkung bei Beweiserhebungen

35
Abhängigkeit von Fristen und Formen

Als weiteren Aspekt des rechtlichen Gehörs haben die Parteien einen Anspruch auf Mitwirkung bei Beweiserhebungen. Dieser umfaßt die Teilnahme am Augenschein und an Zeugeneinvernahmen, die Protokollierung der wichtigsten Äußerungen der Parteien, Zeugen und Experten sowie die Möglichkeit der Stellungnahme zu Äußerungen der Gegenpartei[96]. Darüber hinaus haben sie das Recht, selber Beweisanträge zu stellen. Die Behörden sind verpflichtet, alle ihnen rechtzeitig und formgültig angebotenen Beweismittel abzunehmen, es sei denn, diese beträfen keine erheblichen Tatsachen oder seien offensichtlich untauglich, die streitige Tatsache zu beweisen[97]. Der Anspruch, Beweisanträge zu stellen, darf von der Einhaltung prozessualer Fristen und Formen abhängig gemacht werden[98]. Eingeschränkt werden kann

---

89 *BGE 126* I 19 (24 Erw. 2 d bb).
90 *BGE 129* II 385 (395 Erw. 4.4.3); *126* I 19 (22 Erw. 2 c aa).
91 *BGE 128* V 272 (279 Erw. 5 b cc).
92 *BGE 127* I 213 (215 Erw. 3 a).
93 *BGE 115* Ia 64 (66 Erw. 6 b).
94 AS 2002, 1142. Am 20.8.2003 wurde zudem der entsprechende Vorbehalt zu Art. 14 Abs. 3 lit. f UNO-Pakt II zurückgezogen.
95 *Cottier*, in: recht 1984, S. 1 (11 f. mit Beispielen).
96 *BGE 120* I b 379, 383 E. 3 b; *Auer/Malinverni/Hottelier*, Droit constitutionnel (LitVerz.), Bd. II, RN 1341; *Grisel* (FN 32), RN 462 ff.; *Hotz*, in: Ehrenzeller u. a., St. Galler Kommentar (LitVerz.), Art. 29 RN 33; *J.P. Müller*, Grundrechte (LitVerz.), S. 522 f.
97 *BGE 127* I 54 (56 Erw. 2 b).
98 *René Rhinow/Heinrich Koller/Christina Kiss*, Öffentliches Prozessrecht und Justizverfassungsrecht des Bundes, 1996, RN 318.

der Anspruch auf Mitwirkung bei Beweiserhebungen, wenn überwiegende öffentliche oder private Interessen vorliegen[99].

3. Akteneinsichtsrecht

Eine faire Ausgestaltung des Verfahrens erfordert sodann, daß der Wissensvorsprung der staatlichen Instanzen minimiert wird und die Betroffenen Kenntnis von den Entscheidungsgrundlagen der Behörden erlangen. Eine Partei ist nur dann in der Lage, von ihrem Anhörungs- und Verteidigungsrecht in vernünftiger Weise Gebrauch zu machen, wenn sie die für einen Entscheid relevanten Akten kennt und sich dazu äußern kann. Das Akteneinsichtsrecht als weitere Ausprägung des rechtlichen Gehörs garantiert den Verfahrensbeteiligten daher, am Sitz der aktenführenden Behörde Einsicht in die Unterlagen nehmen und sich Aufzeichnungen machen zu können[100]. Dies bedingt gleichzeitig, daß in einem Verfahren Akten erstellt werden und diese vollständig sind[101].

36
Kenntnis behördlicher Entscheidungsgrundlagen

Ausprägung des rechtlichen Gehörs

Die Verfahrensbeteiligten sind darüber hinaus befugt, Fotokopien zu erstellen, sofern dies der Behörde keine übermäßigen Umstände verursacht[102]. Grundsätzlich besteht kein Anspruch auf Zusendung der Akten. Stellt ein Gemeinwesen in ständiger Praxis die Akten praktizierenden Rechtsanwälten zur Einsicht zu, ist eine rechtsgleiche Behandlung zu garantieren[103]. Als problematisch zu erachten ist die Praxis, einer anwaltlich vertretenen Partei die Akteneinsicht nur über ihren Rechtsanwalt zu gewähren, wenn dies mit der Auflage erfolgt, der vertretenen Partei die Einzelheiten nicht bekanntzugeben[104].

37
Rechtsgleiche Behandlung

Die Funktion des Akteneinsichtsrechts bedingt, daß es sich auf sämtliche Unterlagen bezieht, die für den Entscheid relevant sein können. Die bundesgerichtliche Rechtsprechung läßt es zu, daß sogenannte interne Akten generell und ohne Nachweis eines Geheimhaltungsinteresses von der Akteneinsicht ausgenommen werden können[105]. Die Unterscheidung zwischen internen und externen Akten ist im wissenschaftlichen Schrifttum zu Recht auf Kritik gestoßen[106]. Sie kann nicht genau gezogen werden, da nicht auszuschließen ist, daß eine Behörde in ihrem Entscheid, allenfalls auch nur unbe-

38
Interne Akten

---

99 Vgl. z.B. die Regelung auf Bundesebene in Art. 18 Abs. 2 und 3 Bundesgesetz über das Verwaltungsverfahren v. 20.12.1968 (SR 172.021), im folgenden: VwVG; *BGE 130* II 169 (174f., Erw. 2.3.5).
100 Zu den verschiedenen Arten von Akten vgl. *Dubach* (FN 17), S. 29ff.; *Willi Huber*, Das Recht des Bürgers auf Akteneinsicht im Verwaltungsverfahren, unter besonderer Berücksichtigung der Verwaltungsrechtspflegegesetze des Bundes und des Kantons Aargau, 1980, S. 69.
101 *BGE 130* II 473 (477 Erw. 4.1); *129* I 85 (88 Erw. 4.1); *115* Ia 97 (99 Erw. 4c).
102 *BGE 126* I 7 (10 Erw. 2b); *122* I 109 (112 Erw. 2b).
103 *BGE 122* I 109 (114 Erw. 3c).
104 *BGE 120* Ia 65 (66 Erw. 2); kritisch auch *Hotz*, in: Ehrenzeller u.a., St. Galler Kommentar (LitVerz.), Art. 29 RN 32; *J.P. Müller*, Grundrechte (LitVerz.), S. 533f.; *Rhinow/Koller/Kiss* (FN 98), RN 350.
105 Vgl. *BGE 117* Ia 90 (96 Erw. 5b); *113* Ia 1 (9f., Erw. 4 c cc); *103* Ia 490 (492f., Erw. 8); *101* Ia 309 (311 Erw. 1b). Diese Meinung wurde noch von der älteren Lehre geteilt; vgl. *Tinner*, ZSR 83 (1964) II. S. 295 (348); *Klaus Reinhardt*, Das rechtliche Gehör in Verwaltungssachen, 1968, S. 171f.
106 Vgl. *Cottier*, in: recht 1984, S. 122ff. (122); *Dubach* (FN 17), S. 17; *G. Müller*, in: Aubert u.a., Bundesverfassung 1874 (LitVerz.), Art. 4 aBV, RN 109; *J.P. Müller*, Grundrechte (LitVerz.), S. 529.

39
Geheimhaltung

wußt, auf interne Akten abstellt. Maßgeblich ist daher ausschließlich, ob in einem konkreten Fall überwiegende öffentliche oder private Interessen gegen eine Akteneinsicht sprechen.

Das Einsichtsrecht der Verfahrensbeteiligten stellt eine Ausnahme vom Grundsatz dar, daß die Akten der Verwaltungsbehörden geheim sind[107]. Das Akteneinsichtsrecht gilt allerdings nicht absolut, vielmehr kann es zum Schutz überwiegender privater oder öffentlicher Interessen eingeschränkt werden[108]. Ein Spannungsverhältnis besteht insbesondere zum Persönlichkeits- und Datenschutz. Daneben können auch die ungestörte Willensbildung in Regierung und Verwaltung oder die äußere und innere Sicherheit Geheimhaltung gebieten. In solchen Fällen ist aufgrund einer Interessenabwägung zu entscheiden, inwieweit das Akteneinsichtsrecht eingeschränkt werden soll. Akten, die vom Einsichtsrecht ausgenommen werden, dürfen nicht mehr als Entscheidungsgrundlage herangezogen werden, es sei denn, dem Betroffenen wird der wesentliche Inhalt bekanntgegeben, beispielsweise durch Abdecken der geheimzuhaltenden Stellen oder in Form einer Zusammenfassung[109].

40
Zusammenhang mit einem Verfahren

Das Akteneinsichtsrecht besteht vor, während und nach einem Verfahren[110]. Losgelöst von einem hängigen Verfahren kann das Akteneinsichtsrecht gemäß bundesgerichtlicher Rechtsprechung dann geltend gemacht werden, wenn ein schützenswertes Interesse vorliegt[111]. Dieses Einsichtsrecht, das insbesondere bei Akten über die eigene Person Anwendung findet, geht auch aus dem informationellen Selbstbestimmungsrecht hervor und weist einen engen Bezug zur persönlichen Freiheit sowie zum Anspruch auf Privatsphäre auf[112].

4. Prüfung der Anträge und Begründung des Entscheides

41
Bedeutung behördlicher Begründung

Die Garantie des rechtlichen Gehörs gewährt den Verfahrensbeteiligten darüber hinaus einen Anspruch auf Prüfung ihrer Anträge und Stellungnahmen. Ob die Behörde ihrer Prüfungspflicht nachgekommen ist, ergibt sich aus der Begründung des Entscheides. Zusammen mit dem Akteneinsichtsrecht dient der Anspruch auf Begründung der individuellen Verwaltungs- und Gerichtskontrolle[113]. Die Begründungspflicht hat zur Folge, daß sachfremde Motive

---

107 Diesbezüglich zeichnet sich gegenwärtig eine Änderung ab: Das Bundesgesetz über die Öffentlichkeit der Verwaltung wird den Wechsel vom Geheimhaltungsprinzip mit Öffentlichkeitsvorbehalt zum Öffentlichkeitsprinzip mit Geheimhaltungsvorbehalt vollziehen; vgl. BBl 2004, 7269, SR 152.3.
108 *BGE 126* I 7 (10 Erw. 2 b); *122* I 153 (161 Erw. 6 a); siehe auch die Konkretisierung der möglichen Geheimhaltungsgründe in Art. 27 VwVG.
109 *BGE 117* Ib 481 (494 Erw. 7 a aa); *115* V 297 (300 Erw. 2 c aa); siehe auch die entsprechende Regelung in Art. 28 VwVG (FN 99).
110 *BGE 129* I 249 (254 Erw. 3).
111 *BGE 122* I 153 (161 Erw. 6 a).
112 Zur Abgrenzung zwischen dem aus der persönlichen Freiheit (Art. 10 Abs. 2 BV) und dem Anspruch auf Schutz vor Mißbrauch persönlicher Daten (Art. 13 Abs. 2 BV) abgeleiteten Akteneinsichtsrecht einerseits und dem Anspruch auf rechtliches Gehör (Art. 29 Abs. 2 BV) anderseits vgl. *BGE 128* I 63 (68 f., Erw. 3.1); *127* I 145 (151 Erw. 4 a); *126* I 7 (10 Erw. 2 a).
113 *Cottier*, in: recht 1984, S. 122 (126).

zumindest tendenziell zurückgedrängt werden. Verallgemeinerungsfähige Begründungen begünstigen die Entstehung einer bestimmten Praxis und fördern auf diese Weise die rechtsgleiche Behandlung. Darüber hinaus entfaltet sie zweifellos auch akzeptanzfördernde Wirkung[114].

Die Behörde hat in der Begründung die Argumente darzulegen, die ihrem Entscheid zugrunde liegen. Daraus muß hervorgehen, ob und weshalb die Vorbringen der Parteien nicht für stichhaltig erachtet wurden[115]. Grundsätzlich ist die Begründung so abzufassen, daß der Betroffene den Entscheid gegebenenfalls sachgerecht anfechten kann[116]. Dies bedingt, daß sowohl er wie auch die Rechtsmittelinstanz sich ein Bild über die Tragweite des Entscheides machen können. Die Anforderungen an die Begründungsdichte hängen vom konkreten Fall ab[117]. In der Regel ist eine kurze Darstellung des Sachverhaltes, der einschlägigen Rechtsnormen und der Gründe für deren Anwendung in concreto ausreichend. Komplexere Sach- und Rechtsfragen, beachtliche Ermessens- und Beurteilungsspielräume, Abweichungen von einer gefestigten Praxis oder schwerwiegende Eingriffe in die Rechtsstellung der Betroffenen statuieren höhere Anforderungen an die Begründungsdichte[118]. Umgekehrt genügt bei Massenverfügungen eine kurze, formelhafte Begründung. Keiner Begründung bedürfen sofort vollziehbare Verfügungen sowie Begnadigungsentscheide[119]. Stützt sich eine Behörde auf eine Lehrmeinung, so hat sie diese mit demjenigen Inhalt wiederzugeben, der zum Entscheid geführt hat. Versteht sie eine bestimmte Meinung nicht im Sinne des Autors, so verletzt sie ihre Begründungspflicht nicht, wenn sich der Entscheid auf diejenige Auffassung stützt, die in der Begründung des Entscheides ausgeführt wird[120]. Aus dem Diskriminierungsverbot nach Art. 8 Abs. 2 BV leitet das Bundesgericht im übrigen einen Anspruch darauf ab, daß ungleiche Behandlungen besonders qualifiziert begründet werden[121].

42
Anforderungen an Begründungsdichte

5. Recht auf Vertretung und Verbeiständung

Der Anspruch auf rechtliches Gehör beinhaltet ferner das Recht, sich in einem Verfahren auf eigene Kosten vertreten oder beraten zu lassen. Dieser Aspekt bringt in besonderem Maße die Bedeutung des „kontradiktorischen

43
Inhalt und Beschränkbarkeit des Anspruchs

---

114 „Einen nicht begründeten Entscheid zu erhalten, bedeutet, gehorchen zu müssen, ohne zu begreifen, warum", *Villiger*, ZBl 90 (1989), S. 137 (162).
115 *BGE 126* I 97 (102 f., Erw. 2 b); *117* Ib 64 (86 Erw. 4); *112* Ia 107 (108 f., Erw. 2 b).
116 *BGE 122* V 8 (14 Erw. 2 c); *121* I 54 (57 Erw. 2 c). Ein verfassungsmäßiger Anspruch auf Rechtsmittelbelehrung besteht zwar nicht, doch ist in zahlreichen Verfahrensgesetzen eine Pflicht zur Rechtsmittelbelehrung vorgesehen; vgl. z. B. Art. 35 Abs. 1 VwVG.
117 Eingehend zum notwendigen Inhalt der Begründung *Kneubühler* (FN 11), S. 26.
118 *BGE 121* I 279 (289 Erw. 6 d aa); *112* Ia 107 (110 Erw. 2 b); *Cottier*, in: recht 1984, S. 122 (127).
119 *BGE 107* Ia 103 (104 ff., Erw. 3); bestätigt in *BGer*, Urt. v. 17. 6. 1994, ZBl 96 (1995), S. 135 (140 Erw. 4); Pra 82 (1993) Nr. 24 S. 82. Kritisch dazu *Cottier*, in: recht 1984, S. 122 (126); *Kneubühler* (FN 11), S. 200 f.; *G. Müller*, in: Aubert u. a., Bundesverfassung 1874 (LitVerz.), Art. 4 aBV, RN 114; *J.P. Müller*, Grundrechte (LitVerz.), S. 540; *Rhinow/Koller/Kiss* (FN 98), RN 360.
120 *BGE 126* I 97 (102 f., Erw. 2 b).
121 *BGE 129* I 232 (240 Erw. 3.4.1), und dazu *Schefer*, Beeinträchtigung von Grundrechten (LitVerz.), S. 542 f.

Gespräch[s]"¹²² unter Gleichen" zum Ausdruck. Ein Anwalt kann die Position eines dem Gericht Gleichen aufgrund seines Kenntnisstandes besser wahrnehmen als eine rechtsunkundige Partei. Eine Beschränkung dieses Anspruchs ist aus Gründen überwiegender öffentlicher Interessen zulässig, so bei lediglich unbedeutenden Angelegenheiten, einfachen Rechtsfragen oder einer möglichen Gefährdung des Untersuchungszwecks im Strafverfahren¹²³. In der letztgenannten Konstellation bedingt die zulässige Einschränkung des Rechts auf Vertretung und Verbeiständung allerdings besonders strenge Anforderungen.

D. Anspruch auf unentgeltliche Rechtspflege und unentgeltlichen Rechtsbeistand

I. Bedeutung und Tragweite

44
Umfang der Ansprüche

Art. 29 Abs. 3 BV gewährleistet unter bestimmten Voraussetzungen einen Anspruch auf unentgeltliche Rechtspflege und unentgeltlichen Rechtsbeistand¹²⁴. Die unentgeltliche Rechtspflege (Satz 1) betrifft die Kosten für das Tätigwerden der Behörden, während die unentgeltliche Verbeiständung (Satz 2) den finanziell Minderbemittelten einen Rechtsbeistand ermöglicht. Hingegen erstreckt sich die unentgeltliche Rechtspflege nicht auf die Bezahlung einer Prozeßentschädigung an die obsiegende Partei, wenn die bedürftige unterliegt¹²⁵. Vom Anspruch auf Vertretung und Verbeiständung¹²⁶ unterscheidet sich dieses Grundrecht durch das Kriterium der Unentgeltlichkeit.

45
Waffengleichheit

Rechtsverweigerungsverbot

Der Anspruch auf unentgeltliche Rechtspflege und Verbeiständung dient der Rechtsgleichheit (Waffengleichheit), da es mit diesem Grundsatz nicht vereinbar wäre, könnte eine Partei ihre Rechte gar nicht oder weniger wirksam geltend machen als jemand mit größeren wirtschaftlichen Ressourcen¹²⁷. Ferner besteht ein Konnex zwischen dem Recht auf finanzielle Unterstützung bedürftiger Vertragsparteien und dem Rechtsverweigerungsverbot. Der Anspruch auf einen Entscheid wäre nicht gewährleistet, wenn jemand aus

---

122 *J.P. Müller*, Grundrechte (LitVerz.), S. 179.
123 *BGE 105* Ia 288 (291 Erw. 2 b); *G. Müller*, in: Aubert u. a., Bundesverfassung 1874 (LitVerz.), Art. 4 aBV, RN 118.
124 Im Rahmen von Strafverfahren ist in diesem Zusammenhang auch Art. 32 Abs. 2 Satz 2 BV zu beachten, wonach jede angeklagte Person die Möglichkeit haben muß, die ihr zustehenden Verteidigungsrechte geltend zu machen. Vgl. auf völkerrechtlicher Ebene Art. 6 Ziff. 3 lit. c EMRK und Art. 14 Abs. 3 lit. d UNO-Pakt II.
125 *BGE 122* I 322 (325 Erw. 2 c); kritisch dazu: *Patrick Wamister*, Die unentgeltliche Rechtspflege, die unentgeltliche Verteidigung und der unentgeltliche Dolmetscher unter dem Gesichtspunkt von Art. 4 BV und Art. 6 EMRK, 1983, S. 50 ff.; vgl. auch *G. Müller*, in: Aubert u. a., Bundesverfassung 1874 (LitVerz.), Art. 4 aBV, RN 129. Gemäß *BGE 117* Ia 513 (514 Erw. 2) kann es aber angebracht sein, daß die Kantone die Parteientschädigung an die Gegenpartei übernehmen.
126 Vgl. dazu oben C II 5, RN 43.
127 Vgl. bereits *BGE 13*, 251 (254 Erw. 3).

finanziellen Gründen nicht in der Lage wäre, ein Verfahren einzuleiten und bis zum Abschluß durchzuziehen. Auch die aus dem rechtlichen Gehör abgeleiteten Mitwirkungsrechte wären ineffektiv, wenn eine Partei aus finanziellen Gründen nicht die Möglichkeit hätte, davon Gebrauch zu machen. Die unentgeltliche Rechtsverbeiständung kann bei komplexen Fragen aber auch im Interesse der rechtsanwendenden Behörden liegen[128].

Der Geltungsbereich dieses Grundrechts erstreckt sich in sachlicher Hinsicht auf Verfahren vor staatlichen Organen, nicht jedoch auf private Schiedsverfahren[129]. Ebensowenig besteht ein Anspruch auf außerprozessuale Rechtsberatung und -vertretung[130]. In persönlicher Hinsicht findet eine Beschränkung auf natürliche Personen statt. Daß sich juristische Personen grundsätzlich nicht auf den Anspruch auf unentgeltliche Rechtspflege berufen können[131], ist insofern gerechtfertigt, als deren Bedürftigkeit schwierig zu ermitteln ist und leicht manipuliert werden kann. Das Bundesgericht bejaht einen Anspruch juristischer Personen auf unentgeltliche Rechtspflege lediglich in Ausnahmefällen, beispielsweise wenn eine Aktiengesellschaft eine Forderung einklagen will, bei der es sich um ihr einziges Aktivum handelt[132]. Kommandit- und Kollektivgesellschaften – die nicht über juristische Persönlichkeit verfügen – können sich auf diesen Anspruch berufen, sofern sowohl bei der Gesellschaft wie auch den unbeschränkt haftenden Gesellschaftern Prozeßarmut vorliegt[133]. In zeitlicher Hinsicht treten die Wirkungen der unentgeltlichen Rechtspflege mit der Gesuchstellung ein, sofern die Voraussetzungen dafür erfüllt sind. Ein Gesuch kann jederzeit während eines Verfahrens gestellt werden[134]. Aus Art. 29 Abs. 3 BV läßt sich kein Anspruch auf unentgeltliche Verbeiständung für die gesamte Dauer des Vollzugs einer strafrechtlichen Maßnahme im Hinblick auf ihre jährliche Überprüfung ableiten[135].

46 Sachlicher Geltungsbereich

Gemäß bundesgerichtlicher Rechtsprechung wird lediglich eine vorläufige Kostenbefreiung gewährt[136]. Die Schweiz hatte deshalb bis vor kurzem zu Art. 6 Ziff. 3 lit. c EMRK eine auslegende Erklärung angebracht. Mit der Begründung, diese Bestimmung enthalte gemäß dem Europäischen Gerichtshof für Menschenrechte keinen Anspruch auf endgültige Befreiung von den Ko-

47 Vorläufige Kostenbefreiung

---

128 Vgl. *BGE 112* Ia 14 (17 Erw. 3 b).
129 *BGE 99* Ia 325 (329 Erw. 4 b); vgl. auch *BGE 130* I 180 (182 Erw. 2.2); *128* I 225 (227 Erw. 2.3); *121* I 60 (61 ff., Erw. 2 a bb); *119* Ia 264 (265 Erw. 3 a), wo lediglich von *staatlichen* Verfahren die Rede ist.
130 *BGE 128* I 225 (231 Erw. 2.4.3); *121* I 321 (324 f., Erw. 2 b); *117* Ia 22 (26 Erw. 4 d).
131 *BGE 119* Ia 337 (339 Erw. 4 b); *116* II 651 (652 Erw. 2); vgl. dazu auch *Bühler*, SJZ 94 (1998), S. 225 ff.
132 *BGE 119* Ia 337 (340 f., Erw. 4 e).
133 *BGE 116* II 651 (656 Erw. 2 d); dazu *Bühler*, SJZ 94 (1998), S. 225 (228).
134 *BGE 120* Ia 14 (17 Erw. 3 e).
135 *BGE 128* I 225 (228 f., Erw. 2.4.2).
136 *BGE 122* I 322 (324 Erw. 2 c). *Kley-Struller*, AJP 4 (1995), S. 179 (184), weist allerdings auf die praktischen Schwierigkeiten bei der Rückforderung der finanziellen Unterstützung hin: Kommt die bedürftige Partei nicht im betreffenden Verfahren, sondern erst später zu finanziellen Mitteln, wird die zuständige Instanz regelmäßig keine Kenntnis davon erlangen. Das Kriterium der Vorläufigkeit ist auch auf gesetzlicher Ebene vorgesehen. Vgl. Art. 64 Abs. 4 BGG (Bundesgerichtsgesetz v. 17. 6. 2005 [SR 173.110]) und Art. 65 Abs. 4 VwVG.

sten und die auslegende Erklärung sei insofern überflüssig[137], wurde sie im Jahr 2000 zurückgezogen[138].

48
Anspruch auf effektive Interessenwahrnehmung

Der Betroffene verfügt über einen Anspruch auf eine sachkundige, engagierte und effektive Wahrnehmung seiner Parteiinteressen. Der amtliche Verteidiger ist daher gehalten, die Interessen des Angeschuldigten in ausreichender und wirksamer Weise zu verfolgen und die Notwendigkeit von prozessualen Vorkehrungen sachgerecht und kritisch abzuwägen. Die Verbeiständung muß dabei nicht zwingend anwaltlich erfolgen. Diese Aufgabe kann vielmehr auch von einem Rechtspraktikanten erfüllt werden[139]. Grundsätzlich besteht kein Anspruch auf freie Wahl des unentgeltlichen Rechtsbeistandes[140]. Gemäß bundesgerichtlicher Rechtsprechung soll dem Gesuch um unentgeltliche Verbeiständung durch einen bestimmten Anwalt aber zumindest dann entsprochen werden, wenn zwischen diesem und dem Gesuchsteller bereits ein Vertrauensverhältnis besteht[141].

49
Verstoß gegen Verteidigungsrecht

Treten auf der Seite des amtlichen Verteidigers Pflichtverletzungen – namentlich schwerwiegende Frist- oder Formversäumnisse oder andere Arten mangelnder Sorgfalt – auf, liegt darin ein Verstoß gegen die Verteidigungsrechte. Die Behörden sind nur dann verpflichtet, einzuschreiten und das Erforderliche vorzukehren, wenn offenkundig ist, daß die Verteidigung ungenügend ist oder wenn sie sonstwie in ausreichender Weise darüber informiert werden. Ein Anspruch auf Auswechslung des amtlichen Verteidigers besteht gemäß bundesgerichtlicher Rechtsprechung nur dann, wenn dieser seine Pflichten schwerwiegend vernachlässigt[142]. Diese Hürde ist zu hoch angesetzt; auch ein amtlicher Rechtsbeistand hat die Parteiinteressen stets in kompetenter und wirksamer Weise wahrzunehmen. Die Gefahr, daß sich der Rechtsbeistand nicht ausreichend für seinen Mandanten einsetzt, resultiert insbesondere aus der Tatsache, daß er zwar Anspruch auf eine angemessene Entschädigung von Seiten des Staates hat, diese aber gemäß bundesgerichtlicher Rechtsprechung tiefer sein kann als der Anwaltstarif[143]. Das Bundesgericht hat in der Vergangenheit lediglich geradezu willkürlich tiefe Honorare für unzulässig erachtet, so etwa den Ansatz von 23 Schweizer Franken pro Stunde für zwei Anwalts-

---

137 Botschaft zum Bundesbeschluß über den Rückzug der Vorbehalte und Auslegenden Erklärungen der Schweiz zu Art. 6 EMRK v. 24. 3. 1999 (BBl 1999 S. 3658 [3663 f.]). Auch *Villiger*, EMRK (LitVerz.), RN 519, betont, daß Art. 6 Abs. 3 lit. c EMRK keine endgültige Befreiung von den Kosten garantiert. Unzutreffend ist daher die Interpretation von *Hotz*, in: Ehrenzeller u. a., St. Galler Kommentar (LitVerz.), Art. 29 RN 51, wonach mit dem Rückzug des Vorbehaltes der staatsvertragliche Standard – „*endgültige Befreiung von den Kosten*" (Hervorhebung im Original) – angestrebt werde.
138 Am 8. 3. 2000 (AS 2002, S. 1142). Der entsprechende Vorbehalt zu Art. 14 Abs. 3 lit. d UNO-Pakt II wurde am 20. 8. 2003 zurückgezogen.
139 *BGE 126* I 194 (197 f., Erw. 3 c).
140 *BGE 114* Ia 101 (104 Erw. 3); *105* Ia 296 (301 f., Erw. 1 d).
141 *BGE 113* Ia 69 (71 Erw. 5 c); *95* I 409 (411 f., Erw. 5).
142 *BGE 126* I 194 (198 ff., Erw. 3 d); *124* I 185 (189 Erw. 3 b); *120* Ia 48 (51 Erw. 2 b bb).
143 *BGE 122* I 1 (2 f., Erw. 3 a); *118* Ia 133 (134 Erw. 2 a); *117* Ia 22 (23 Erw. 3); *109* Ia 107 (111 Erw. 3 c). Kritisch auch *J.P. Müller*, Grundrechte (LitVerz.), S. 546. Befürwortet wird die tiefere Entlöhnung demgegenüber von *G. Müller*, in: Aubert u. a., Bundesverfassung 1874 (LitVerz.), Art. 4 aBV, RN 129 FN 323.

praktikanten[144] oder den Stundenansatz von 120[145] bzw. 150 Franken[146]. Als verfassungskonform erachtet wird demgegenüber ein Honorar von 180 Franken pro Stunde, wobei kantonale Unterschiede eine Abweichung nach oben oder unten rechtfertigen können[147].

II. Voraussetzungen

Die Gewährung der unentgeltlichen Rechtspflege bzw. der unentgeltlichen Verbeiständung hängt vom kumulativen Vorliegen verschiedener Voraussetzungen ab, die in der bundesgerichtlichen Rechtsprechung entwickelt wurden: Zum einen muß die ersuchende Person bedürftig sein, d.h. sie darf nicht über die erforderlichen Mittel verfügen[148]. Dies ist dann der Fall, wenn sie nicht in der Lage ist, die anfallenden Prozeß- oder Anwaltskosten aus eigenen Mitteln zu bestreiten, ohne ihren Lebensunterhalt zu gefährden[149]. Ob jemand über die erforderlichen Mittel verfügt, ist nach objektiven Kriterien zu beurteilen[150]. Dabei ist eine Gegenüberstellung der Einkünfte, des Vermögens und der Verbindlichkeiten des Anspruchers mit den mutmaßlichen Prozeßkosten vorzunehmen[151]. Sind die Eltern eines Verfahrensbeteiligten unterhaltspflichtig, sind auch deren finanzielle Verhältnisse mitzuberücksichtigen, da die unentgeltliche Rechtspflege gegenüber der familienrechtlichen Unterstützungspflicht subsidiär ist[152]. In Betracht zu ziehen ist ferner, inwiefern es zumutbar erscheint, auf der Grundlage des bestehenden Vermögens einen Kredit aufzunehmen[153]. Nicht von Belang sind die Gründe für die Bedürftigkeit.

50
Bedürftigkeit

Weiter ist vorausgesetzt, daß das Begehren nicht aussichtslos ist[154]. Dabei ist nach den verschiedenen Verfahrensarten zu differenzieren: In Zivilsachen erscheint ein Begehren dann nicht aussichtslos, wenn die Gewinnchancen nicht beträchtlich geringer ausfallen als die Verlustgefahren. Maßgeblich ist, ob auch eine Partei, die selber über die nötigen Mittel verfügt, sich in dieser Situation bei vernünftiger Überlegung zu einem Prozeß entschließen würde[155]. In straf- und verwaltungsrechtlichen Angelegenheiten beurteilt sich die Aussichtslosigkeit insbesondere nach den Auswirkungen des Verfahrens für die betroffene Partei. Je schwerer diese wiegen, desto vorsichtiger ist die Aus-

51
Aussicht des Begehrens

---

144 *BGE 118* Ia 133 (135 Erw. 2 c).
145 *BGE 122* I 1 (5 Erw. 3 c).
146 *BGE 132* I 201 (217 Erw. 8.6).
147 *BGE 132* I 201 (217f., Erw. 8.7).
148 Dazu *Bühler*, SJZ 94 (1998), S. 225 (229f.); *Forster*, ZBl 93 (1992), S. 457 (460); *Kley-Struller*, AJP 4 (1995), S. 179 (181).
149 *BGE 128* I 225 (232 Erw. 2.5.1); *127* I 202 (205 Erw. 3 b); *124* I 1 (2 Erw. 2 a); *120* Ia 179 (181 Erw. 3 a).
150 *BGE 106* Ia 82 (82f., Erw. 3).
151 *BGE 118* Ia 369 (370ff., Erw. 4).
152 *BGE 127* I 202 (205 Erw. 3 b); *119* Ia 134 (135 Erw. 4); *119* Ia 11 (12 Erw. 3 a); *Christian Favre*, L'assistance judiciaire gratuite en droit suisse, 1988, S. 48f.
153 *BGE 119* Ia 11 (12 Erw. 5).
154 Dazu *Forster*, ZBl 93 (1992), S. 457 (462); *Kley-Struller*, AJP 4 (1995), S. 179 (181f.).
155 *BGE 129* I 129 (135f., Erw. 2.3.1); *128* I 225 (235f., Erw. 2.5.3); *124* I 304 (306 Erw. 2 c); *122* I 267 (271 Erw. 2 b).

sichtslosigkeit zu beurteilen[156]. Nicht von Belang ist das Kriterium der Prozeßchancen im Bereich der notwendigen Verteidigung, das heißt, wenn in einem Strafverfahren eine schwerwiegende freiheitsentziehende Maßnahme oder eine Freiheitsstrafe droht, deren Dauer den bedingten Vollzug ausschließt. Hier besteht bei Bedürftigkeit vielmehr ein unbedingter Anspruch auf unentgeltliche Verbeiständung, der seine Schranke nur in der mutwilligen und trölerischen Prozeßführung findet[157]. Diese Rechtsprechung ist allerdings auf Verfahren vor der rechtskräftigen Verurteilung beschränkt und gilt nicht ohne weiteres auch für Wiederaufnahme- oder Revisionsverfahren[158].

52
Notwendigkeit zur Rechtswahrung

Für die unentgeltliche Verbeiständung ist zusätzlich gefordert, daß sie im konkreten Fall zur Wahrung der Rechte des Gesuchstellers sachlich notwendig ist[159]. Ein Anspruch auf einen unentgeltlichen Rechtsbeistand wird stets dann bejaht, wenn besonders stark in die Rechtsposition des Betroffenen eingegriffen werden soll, so in jenen Fällen, in denen eine Freiheitsstrafe droht, deren Länge die Gewährung des bedingten Vollzugs ausschließt, oder wenn eine freiheitsentziehende Maßnahme von erheblicher Tragweite in Aussicht steht[160].

Besondere tatsächliche oder rechtliche Schwierigkeiten

Droht kein besonders schwerer Eingriff in die Rechte des Gesuchstellers, wird die unentgeltliche Verbeiständung davon abhängig gemacht, ob besondere tatsächliche oder rechtliche Schwierigkeiten vorliegen, denen der Gesuchsteller – auf sich alleine gestellt – nicht gewachsen wäre. Als besondere Schwierigkeit gelten zum einen komplizierte Rechtsfragen, unübersichtliche Sachverhalte und aufwendige verfahrensrechtliche Fragen. Zum anderen wird aber auch die Person des Gesuchstellers, insbesondere deren Fähigkeit, sich im Verfahren zurechtzufinden, in Betracht gezogen[161].

Offizialmaxime kein Ausschlußgrund

Daß im betreffenden Verfahren die Offizialmaxime gilt, schließt die unentgeltliche Rechtsverbeiständung nicht von vornherein aus[162]. Bei offensichtlichen Bagatelldelikten, bei denen nur eine Buße oder eine geringfügige Freiheitsstrafe in Betracht kommt, verneint das Bundesgericht jeglichen verfassungsmäßigen Anspruch auf unentgeltliche Verbeiständung[163].

E. Zulässigkeit der Einschränkung von Verfahrensgarantien

53 Art. 29 BV befindet sich systematisch zwar im Grundrechtsteil der Verfassung, die Anwendbarkeit der Einschränkungsvoraussetzungen von Art. 36 BV

---

156 *BGE 124* I 304 (308 Erw. 4).
157 *BGE 129* I 281 (287f., Erw. 4.3 und 4.5).
158 *BGE 129* I 129 (134f., Erw. 2.2.2).
159 Dazu *Forster*, ZBl 93 (1992), S. 457 (460f.); *Kley-Struller*, AJP 4 (1995), S. 179 (182f.).
160 *BGE 128* I 225 (232f., Erw. 2.5.2); *122* I 275 (276 Erw. 3a); *122* I 49 (51f., Erw. 2cbb); *120* Ia 43 (45 Erw. 2a).
161 *BGE 130* I 180 (182 Erw. 2.2); *128* I 225 (232f., Erw. 2.5.2); *122* I 275 (276 Erw. 3a); *122* I 49 (51f., Erw. 2cbb).
162 In der früheren bundesgerichtlichen Rechtsprechung wurde ein Anspruch auf unentgeltliche Rechtsverbeiständung in Verwaltungs- und Verwaltungsgerichtsverfahren unter Berufung auf die Offizialmaxime noch verneint. Vgl. *Forster*, ZBl 93 (1992), S. 457 (462 m.w.H.).
163 *BGE 128* I 225 (232f., Erw. 2.5.2); *122* I 49 (51f., Erw. 2cbb); *120* Ia 43 (45 Erw. 2a).

auf die Verfahrensgarantien wird im wissenschaftlichen Schrifttum aber zu Recht in Frage gestellt[164]. Den primären Anwendungsbereich der Schrankentrias bilden die klassischen, als Abwehrrechte konzipierten Freiheitsrechte. Das muß nicht notwendigerweise zur Folge haben, daß bei Tangierung des Schutzbereichs der Verfahrensgarantien stets eine Verletzung derselben vorliegt[165]. Richtigerweise ist zwischen den verschiedenen Teilgehalten der Garantien fairer Verfahren zu differenzieren. Während bei den Ansprüchen auf Unbefangenheit und richtige Zusammensetzung der entscheidenden Behörde Schutzbereich und Kerngehalt identisch sind[166] und damit kein Raum besteht für die Anwendung der Schrankentrias, ist die Situation beim rechtlichen Gehör anders gelagert. So sind beim Akteneinsichtsrecht Einschränkungen zum Schutze öffentlicher Interessen und von Grundrechten Dritter[167] durchaus denkbar und auf gesetzlicher Ebene auch vorgesehen[168]. Ob das Einsichtsinteresse des Verfahrensbeteiligten die entgegenstehenden Interessen überwiegt, kann schließlich erst aufgrund einer Interessenabwägung (vgl. Art. 36 Abs. 3 BV) beurteilt werden. Ebenso vermag ein überwiegendes öffentliches Interesse das Recht auf Vertretung und Verbeiständung zulässigerweise einzuschränken[169]. Somit kann zumindest bei gewissen Verfahrensgarantien durchaus zwischen einer zulässigen Einschränkung und einer unzulässigen Verletzung differenziert werden[170].

Differenzierung zwischen den Teilgehalten

Schutz öffentlicher Interessen und von Grundrechten Dritter

F. Verletzung von Verfahrensgarantien

I. Rechtsfolgen

Die Verletzung von Verfahrensgarantien zieht grundsätzlich die Anfechtbarkeit des betreffenden Entscheides nach sich. Der Grundrechtsschutz knüpft an der Verfügung als Anfechtungsobjekt an[171], allerdings ergeht sowohl bei der Rechtsverweigerung als auch bei der Rechtsverzögerung in der Regel keine Verfügung. Um die gerichtliche Geltendmachung in diesen Fällen dennoch zu ermöglichen, wird das unrechtmässige Verweigern oder Verzögern

54
Anfechtbarkeit der Verfügung

---

164 In diesem Sinne insb. *Weber-Dürler*, Grundrechtseingriffe, in: Ulrich Zimmerli (Hg.), Die neue Bundesverfassung, 2000, S. 131 (133); ferner *Auer/Malinverni/Hottelier*, Droit constitutionnel (LitVerz.), Bd. II, RN 171 ff.; *Häfelin/Haller*, Bundesstaatsrecht (LitVerz.), RN 303, 869; *Jaag* (FN 9), S. 43; *Schindler* (FN 12), S. 189; Botschaft über eine neue Bundesverfassung v. 20. 11. 1996 (BBl 1997 I 1 S. 194).
165 So wohl *Schindler* (FN 12), S. 189.
166 Soweit in diesem Fall – trotz der Nichtanwendbarkeit von Art. 36 BV – überhaupt von einem Kerngehalt die Rede sein kann. Kritisch diesbezüglich *Schindler* aaO., S. 189.
167 Vgl. Art. 36 Abs. 2 BV, beispielsweise mit Blick auf das Recht auf informationelle Selbstbestimmung (Art. 13 Abs. 2 BV).
168 Vgl. auf Bundesebene Art. 27 Abs. 1 VwVG.
169 Vgl. dazu oben C II 5, RN 43. Nach der Schrankenregelung von Art. 36 BV beurteilt das Bundesgericht auch Einschränkungen des Rechts von Inhaftierten, jederzeit ein Gericht anzurufen: *BGE 126 I 126* (128 Erw. 2).
170 Anderer Meinung *Schindler* (FN 12), S. 189.
171 Vgl. auf Bundesebene Art. 44 i.V.m. Art. 5 VwVG und Art. 82 lit. a und 113 BGG.

Grundrechtsverzicht

einer Verfügung einer solchen gleichgestellt[172]. Nichtigkeit als Rechtsfolge stellt die Ausnahme dar und bedingt, daß der Verfahrensfehler eine besondere Schwere aufweist[173]. Da die Verfahrensgarantien von Art. 29 BV primär die Verfahrensbeteiligten und nicht die Öffentlichkeit betreffen, kann von der Geltendmachung dieser Ansprüche freiwillig abgesehen werden. Bei einem Grundrechtsverzicht[174] erwächst der Entscheid in Rechtskraft und erlangt trotz Verfahrensmängeln Gültigkeit[175].

55
Aufhebung und Verfahrenswiederholung

Die erfolgreiche Geltendmachung von Verstößen gegen Art. 29 BV führt in der Regel zur Aufhebung des angefochtenen Entscheides durch die Rechtsmittelinstanz und zur Wiederholung des Verfahrens[176]. Aufgrund der formellen Natur der Verfahrensgarantien erfolgt grundsätzlich eine Wiederholung des Verfahrens unabhängig von den (potentiellen) Auswirkungen des Verfahrensfehlers auf den ergangenen Entscheid[177]. Gemäß bundesgerichtlicher Rechtsprechung können Verletzungen des rechtlichen Gehörs unter gewissen Voraussetzungen allerdings im Rechtsmittelverfahren geheilt werden[178].

56
Adäquate Sanktionsmöglichkeiten

Da Verletzungen des Rechtsverweigerungs- sowie des Rechtsverzögerungsverbotes naturgemäß nicht rückgängig gemacht werden können, stellt sich die Frage nach adäquaten Sanktionsmöglichkeiten. Das Bundesgericht berücksichtigt eine Verfahrensverzögerung beispielsweise im Rahmen der Strafzumessung[179]. Trotz Schuldspruchs kann auf eine Strafe verzichtet werden, und bei schweren Verstößen gegen dieses Grundrecht kommt gar die Einstellung des Verfahrens in Betracht[180]. Führt eine Rechtsverweigerung oder Rechtsverzögerung zu monetären Einbußen, ist zudem eine finanzielle Restitution zu prüfen[181].

II. Heilung von Verletzungen des rechtlichen Gehörs

57
Relativierung der Entscheidaufhebung

Wie dargelegt, verlangt die Praxis bei der Verletzung von Verfahrensgarantien nicht immer eine Wiederholung des Verfahrens. Zwar wird auch dem Anspruch auf rechtliches Gehör formelle Natur zuerkannt, weshalb dessen Verletzung grundsätzlich ungeachtet der Erfolgsaussichten der Beschwerde in der Sache selbst zur Aufhebung des angefochtenen Entscheides führt[182]. In der

---

172 Vgl. Art. 46a VwVG und Art. 94 BGG; *BGE 114* Ia 332 (334 Erw. 2 a).
173 *BGE 129* I 361 (363 Erw. 2.1); *120* V 357 (362 Erw. 2 a); *Jaag* (FN 9), S. 47; *Reinhardt* (FN 105), S. 253 ff.
174 Allgemein → Bd. III: *Merten*, Grundrechtsverzicht, § 73.
175 *Jaag* aaO., S. 46.
176 *Jaag* aaO., S. 47.
177 *BGE 127* I 128 (132 Erw. 4 d) betreffend den Anspruch auf richtige Zusammensetzung der Behörde.
178 Vgl. dazu unten II, RN 57 ff., 60.
179 *BGE 122* IV 103 (111 Erw. 4); *119* IV 107 (111 Erw. 1 c).
180 *BGE 124* I 139 (141 Erw. 2 a). Das Bundesgericht hat es im Entscheid *123* I 329 (335 ff., Erw. 3) abgelehnt, daß bei Zusprechung einer Entschädigung durch die Straßburger Organe nach Art. 50 EMRK gleichzeitig die Dauer einer Freiheitsstrafe vermindert werden kann; kritisch dazu *J.P. Müller*, Grundrechte (LitVerz.), S. 509. Zur Aufhebung von Kontosperren bei Verletzungen des Beschleunigungsgebotes vgl. *BGE 126* II 462 (470 f., Erw. 5 e).
181 Vgl. dazu unten III, RN 61 ff., 62.
182 *BGE 127* V 431 (437 f., Erw. 3 d aa); *126* V 130 (132 Erw. 2 b); *125* I 113 (118 Erw. 3); *124* V 180 (183 Erw. 4 a); *122* II 464 (469 Erw. 4 a); *121* III 331 (334 Erw. 3 c). Ablehnend gegenüber der formellen Natur *Hansjörg Seiler*, Abschied von der formellen Natur des rechtlichen Gehörs, SJZ 2004, S. 377 ff.

bundesgerichtlichen Praxis erfährt die formelle Natur des rechtlichen Gehörs allerdings eine gewichtige Relativierung: In ständiger Rechtsprechung wird die Möglichkeit der Heilung von Verletzungen des rechtlichen Gehörs anerkannt, wenn die Kognition der Rechtsmittelinstanz gegenüber derjenigen der gehörsverletzenden Behörde zumindest in den strittigen Punkten nicht eingeschränkt ist und sie ihre Kognition auch tatsächlich ausschöpft. Teilweise wird verlangt, daß dem Beschwerdeführer dadurch kein Nachteil erwachse[183]. Einer restriktiveren Heilungspraxis folgt das Eidgenössische Versicherungsgericht: Danach ist eine Heilung zusätzlich im Fall schwerer oder regelmäßiger Gehörsverletzungen ausgeschlossen. Die Heilung des Mangels soll zudem die Ausnahme bleiben[184]. Das Bundesgericht scheint sich in seiner neueren Praxis dem anzuschließen und Heilungen von Gehörsverletzungen nur noch dann zuzulassen, wenn nicht besonders schwere Verletzungen der Verfahrensrechte in Frage stehen[185].

58
Prozeßökonomie und Verfahrensbeschleunigung

Für die Heilungspraxis sprechen durchaus gewichtige Gründe, da auf diese Weise den Geboten der Prozeßökonomie und der Verfahrensbeschleunigung entsprochen wird[186]. Das Interesse an einem raschen Verfahren ist insbesondere im Sozialversicherungsrecht eminent[187]. Es ist daher nachvollziehbar, daß Gerichte und Verwaltungsbehörden nicht bereit sind, zur Beseitigung nicht entscheidrelevanter Gehörsverletzungen Verfahren zu wiederholen, die in das identische Ergebnis münden. Eine Heilung ist auch in den Fällen vertretbar, in denen der Beschwerdeführer den Antrag stellt, daß die Rechtsmittelinstanz die Gehörsverletzung selbst behebt und materiell entscheidet, sei es, weil er die Wiederholung des vorinstanzlichen Verfahrens als Belastung empfindet oder an einem raschen Entscheid interessierter ist[188]. Allerdings können auch in dieser Konstellation verfahrensökonomische Überlegungen gegen eine Heilung sprechen, wenn dies für die Rechtsmittelinstanz mit einem erheblichen Aufwand verbunden ist[189].

59
Kritik an der Heilbarkeit von Gehörsverletzungen

Nicht von der Hand zu weisen sind allerdings rechtsstaatliche Bedenken gegen die Heilung von Verletzungen des rechtlichen Gehörs, die im wissenschaftlichen Schrifttum seit geraumer Zeit vorgebracht werden[190]: Kann der Betroffene seine Rechte erst im Verfahren vor der Rechtsmittelinstanz voll-

---

183 *BGE 126* I 68 (72 Erw. 2); *125* I 209 (219 Erw. 2).
184 *BGE 127* V 431 (438 Erw. 3 d aa); *126* V 130 (132 Erw. 2 b); *124* V 180 (183 Erw. 4 a); *120* V 357 (363 Erw. 2 b); *119* V 208 (218 Erw. 6). Dazu *Zimmerli*, Zum rechtlichen Gehör im sozialversicherungsrechtlichen Verfahren, in: Eidgenössisches Versicherungsgericht (Hg.), Sozialversicherungsrecht im Wandel, FS 75 Jahre Eidgenössisches Versicherungsgericht, 1992, S. 313 ff.
185 *BGE 129* I 361 (364 Erw. 2.1).
186 Die Heilungsthese wird insb. befürwortet von *Arthur Häfliger*, Alle Schweizer sind vor dem Gesetze gleich. Zur Tragweite des Artikels 4 der Bundesverfassung, 1985, S. 132; *Tinner*, ZSR 83 (1964) II, S. 295 (410 ff.).
187 Vgl. *BGE 116* V 182 (187 Erw. 3 d); *Cottier*, in: recht 1984, S. 1 (12); *Kneubühler*, ZBl 99 (1998), S. 97 (105).
188 *G. Müller*, in: Aubert u. a., Bundesverfassung 1874 (LitVerz.), Art. 4 aBV, RN 103; *Kneubühler*, ZBl 99 (1998), S. 97 (114 f.).
189 *Kneubühler* aaO., S. 115.
190 Vgl. *Schindler*, ZBl 106 (2005), S. 167 (178 ff.).

umfänglich wahren, geht ihm eine Instanz verloren[191]. Dies widerspricht der Forderung, daß das rechtliche Gehör als persönlichkeitsbezogenes Mitwirkungsrecht die Partizipation des Betroffenen und seine Einflußnahme auf den Entscheidungsprozeß von Anfang an sicherstellen soll. Negativ ins Gewicht fällt zudem, daß sich der Rechtsuchende gegen einen bereits ergangenen Entscheid zur Wehr setzen muß[192]. Es wird daher gefordert, auf eine Heilung sei zu verzichten, wenn ein Verfahren schwerwiegend in die Rechtspositionen der Beteiligten eingreift oder wenn die Auswirkungen der Gehörsverletzung auf das Entscheidergebnis ungewiß sind[193]. Vorgeschlagen wird darüber hinaus eine Interessenabwägung, in die die Anliegen sämtlicher Beteiligter – namentlich des Beschwerdeführers, der Vorinstanz sowie Drittbetroffener – Eingang finden sollen[194]. Auch die formelle Natur des rechtlichen Gehörs an sich ist auf Kritik gestoßen, da diese in Anbetracht der Heilungspraxis über die Wirklichkeit der Rechtsfolgebestimmung bei Gehörsverletzungen hinwegtäusche. Für die Wahl des geeigneten Sanktionsmittels soll daher die Kausalität zwischen Gehörsverletzung und angefochtenem Urteil entscheidend sein, welche grundsätzlich dann anzunehmen sei, wenn sie im nachhinein nicht mit hinreichender Sicherheit ausgeschlossen werden könne[195]. Schließlich ist darauf hinzuweisen, daß bei der Heilung von Verfahrensfehlern häufig von einem bipolaren Verhältnis zwischen Bürger und staatlichen Behörden ausgegangen wird. Dabei wird übersehen, daß häufig auch Interessen von Drittbetroffenen im Spiel sein können[196].

60 Besondere Beachtung verdient die Situation bei der Verletzung der aus dem rechtlichen Gehör abgeleiteten Begründungspflicht. Das Bundesgericht spricht unterinstanzlichen Behörden die Möglichkeit zu, die Begründung im Rechtsmittelverfahren nachzureichen[197]. Auf diese Weise geht der Grundrechtsträger keiner Instanz verlustig. Allerdings birgt dieses Vorgehen die Gefahr, daß für die Behörde weniger die argumentative Auseinandersetzung mit dem Entscheid als dessen unbedingte Aufrechterhaltung im Zentrum steht und sie sich daher von unsachlichen Beweggründen leiten läßt. Zudem hat der Betroffene im Zeitpunkt des Einlegens des Rechtsmittels keine Kenntnis der Entscheidmotive. Entscheide ohne oder mit mangelhafter Begründung sind daher zu kassieren und zurückzuweisen[198].

---

191 *Rhinow/Koller/Kiss* (FN 98), RN 332.
192 *Cottier*, in: recht 1984, S. 1 (9); *Rhinow/Koller/Kiss* (FN 93), RN 332.
193 *Kneubühler*, ZBl 99 (1998), S. 97 (112 f.).
194 *Albertini* (FN 74), S. 464 ff.
195 *Bernhard Rütsche*, Rechtsfolgen von Grundrechtsverletzungen. Mit Studien zur Normstruktur von Grundrechten, zu den funktionellen Grenzen der Verfassungsgerichtsbarkeit und zum Verhältnis von materiellem Recht und Verfahrensrecht, 2002, S. 154 ff.
196 *Schindler*, ZBl 106 (2005), S. 167 (190 ff.).
197 *BGE 111* Ia 2 (4 Erw. 4); *111* Ib 182 (188 Erw. 5); *107* Ia 1 (2 f., Erw. 1).
198 *Albertini* (FN 74), S. 431; *Cottier*, in: recht 1984, S. 122 (127 f.); *Kneubühler* (FN 11), S. 104 f., 109 f.; *Rütsche* (FN 195), S. 157.

III. Entschädigungspflicht bei der Verletzung von Verfahrensgarantien

Ist die Wiederherstellung des verfassungskonformen Zustandes nicht anders möglich, stellt sich die Frage nach finanzieller Entschädigung als Ausgleich für die Verletzung der Verfahrensgarantien. Der Anspruch auf Geldersatz bedingt gemäss schweizerischem Staatshaftungsrecht das Vorliegen einer widerrechtlichen Handlung sowie eines Schadens, der in Erfüllung staatlicher Aufgaben entstanden ist[199]. Nicht vorausgesetzt ist ein Verschulden seitens der Behörde oder des Amtsträgers. Wegen der Subsidiarität des Staatshaftungsverfahrens gegenüber dem Rechtsmittelverfahren können rechtskräftige Urteile und Verfügungen im Staatshaftungsprozeß nicht überprüft werden[200]. Bei Schadenersatzansprüchen aufgrund von Rechtsakten bestehen zudem erhöhte Anforderungen an die Widerrechtlichkeit: Um die Amtsträger und ihre Tätigkeit zu schützen, anerkennt die Praxis nur grobe Pflichtverletzungen bei der Rechtsanwendung als widerrechtlich[201]. Der kompensatorische Grundrechtsschutz erfährt dadurch eine starke Einschränkung. Das Bundesgericht hat in der Vergangenheit vor allem bei Verletzungen der Eigentumsgarantie[202] und des Vertrauensschutzes[203] unmittelbar aus der Verfassung eine Entschädigungspflicht des Staates abgeleitet, in anderen Fällen hingegen verneint[204]. Diese Rechtsprechung ist fragwürdig, da bei einer Verletzung von Grundrechten eine Schutznormverletzung und daher Widerrechtlichkeit im Sinne des Staatshaftungsrechts zu bejahen ist[205].

61 Staatshaftungsvoraussetzungen

Erhöhte Anforderungen an Widerrechtlichkeit

Eine Entschädigungspflicht zur Wiedergutmachung von Verstößen gegen die Verfahrensgarantien wird insbesondere im Zusammenhang mit dem Rechtsverweigerungs- und Rechtsverzögerungsverbot bejaht: Bei vermögensrechtlichen Ansprüchen ist eine entsprechende Restitution für den Zeitraum geschuldet, während dessen der Betroffene auf den fraglichen Anspruch wegen der Verfahrensverzögerung verzichten mußte[206]. Bei diesen auf Realakten basierenden Schäden ist die Haftung gemäss bundesgerichtlicher Recht-

62 Restitution bei Rechtsverweigerung und Rechtsverzögerung

---

[199] Art. 3 Bundesgesetz über die Verantwortlichkeit des Bundes sowie seiner Behördenmitglieder und Beamten (Verantwortlichkeitsgesetz) v. 14.3.1958 (SR 170.32) und entsprechende kantonale Regelungen; vgl. z.B. § 6 Abs. 1 des zürcherischen Gesetzes über die Haftung des Staates und der Gemeinden sowie ihrer Behörden und Beamten (Haftungsgesetz) v. 14.9.1969 (Losebl. 170.1).

[200] Art. 12 Verantwortlichkeitsgesetz (FN 199) und entsprechende kantonale Regelungen; vgl. z.B. § 21 Abs. 1 des zürcherischen Haftungsgesetzes (FN 199); dazu *Jost Gross*, Schweizerisches Staatshaftungsrecht, ²2001, S. 353ff.; *Jaag*, Staatshaftung nach dem Entwurf für die Revision und Vereinheitlichung des Haftpflichtrechts, ZSR NF 122 (2003) II, S. 3 (67).

[201] Vgl. *BGE 119* I b 208 (215 Erw. 5 a und b).

[202] Hier ist die Entschädigungspflicht des Gemeinwesens in Art. 26 Abs. 2 BV explizit vorgesehen.

[203] *BGE 122* I 328 (340 Erw. 7).

[204] So bei einer Verletzung der persönlichen Freiheit (Pra 87/1998 Nr. 78; *BGer*, Urt. v. 26.11.1996, ZBl 99 [1998], S. 34ff.), der Meinungsäußerungsfreiheit und des Anspruchs auf Achtung des Familienlebens (*BGer*, Urt. v. 13.8.2001, 1P.220/2001, Erw. 3 c) und des Anspruchs auf Gleichbehandlung der Konkurrenten (*BGE 94* I 628ff.).

[205] Kritisch auch *Jaag* (FN 200), S. 22; *Rütsche* (FN 195), S. 378; vgl. ferner *J. Gross*, Staatshaftung und Grundrechtsschutz, AJP 11 (2002), S. 429 (432f.); zum Grundrechtsschutz durch Staatshaftung → Bd. III: *Grzeszick*, Grundrechte und Staatshaftung, § 75.

[206] Vgl. *BGE 107* Ib 160 (163f., Erw. 3 a, und 167 Erw. 3 d); offen gelassen in *BGE 107* Ib 155 (158 Erw. 2). Auf die Möglichkeit einer Haftung für Rechtsverzögerung infolge mangelhafter Organisation des Betreibungs- und Konkurswesens wird in *BGE 119* III 1 (4 Erw. 3) hingewiesen.

sprechung nicht auf besonders schwerwiegende Rechtsverletzungen beschränkt, sondern es findet der allgemeine, aus Art. 3 Verantwortlichkeitsgesetz abgeleitete Begriff der Widerrechtlichkeit Anwendung[207].

63
Konventionsverletzung als Haftungsvoraussetzung

Größeres Gewicht wird der Ausrichtung von Schadenersatz für Grundrechtsverletzungen auf konventionsrechtlicher Ebene in Art. 41 EMRK beigemessen[208]. Haftungsvoraussetzung bilden dabei eine Konventionsverletzung, die kausale Verursachung eines bestimmten materiellen oder immateriellen Schadens sowie das Fehlen der Wiedergutmachung durch den betroffenen Staat. Die Tatsache, daß mehr als die Hälfte der Haftungsurteile des Europäischen Gerichtshofes für Menschenrechte Verstöße gegen die Verfahrensgarantien betreffen, zeigt die Bedeutung staatlicher Entschädigung für die Wiedergutmachung von Verletzungen der Verfahrensgarantien[209].

G. Fazit

64
Gerechter Verfahrensablauf

Die Garantien fairer Verfahren manifestieren sich in verschiedenen Ansprüchen, die für die Parteien einen gerechten Verfahrensablauf gewährleisten sollen. Sie setzen an unterschiedlichen Punkten wie der Zusammensetzung der entscheidenden Behörde, dem Zugang zu einem Verfahren, dessen zeitlichem Ablauf oder der Stellung der Beteiligten im Verfahren an. Es handelt sich dabei um diejenigen Aspekte, von deren Ausgestaltung abhängt, ob ein Verfahren rechtsstaatlichen Anforderungen genügt.

65
Offenes Prinzip

Die genannten Elemente eines fairen Verfahrens sind nicht als abschließende Aufzählung zu verstehen. Aufgrund seiner offenen Formulierung bietet Art. 29 Abs. 1 BV – insbesondere der Aspekt der gerechten Behandlung – vielmehr Raum für weitere Konkretisierungen. Denkbar wäre etwa die Anerkennung eines Anspruchs auf Rechtsmittelbelehrung durch das Bundesgericht. Ihre volle Tragweite könnte diese Bestimmung insbesondere dann entfalten, wenn ihr die Funktion einer Auffangnorm zugesprochen würde, die bei sämtlichen Fällen rechtsstaatlicher Defizite im Verfahren Anwendung fände.

---

207 *BGE 107* Ib 160 (166 Erw. 3 d).
208 Vgl. dazu *Dannemann*, Haftung für die Verletzung von Verfahrensgarantien nach Art. 41 EMRK, in: Rabels Zeitschrift für ausländisches und internationales Privatrecht 63 (1999), S. 452 ff. Daneben besteht ein Anspruch auf finanzielle Entschädigung nach Art. 5 Ziff. 5 EMRK, wenn jemand entgegen der Garantie von Ziff. 1–4 in Haft gehalten worden ist.
209 *Dannemann* aaO., S. 453.

H. Bibliographie

Albertini, Michele, Der verfassungsmässige Anspruch auf rechtliches Gehör im Verwaltungsverfahren des modernen Staates, 2000.

Bühler, Alfred, Die neuere Rechtsprechung im Bereich der unentgeltlichen Rechtspflege, SJZ 94 (1998), S. 225 ff.

Cottier, Thomas, Der Anspruch auf rechtliches Gehör (Art. 4 BV), in: recht 1984, S. 1 ff. und 122 ff.

Dubach, Alexander, Das Recht auf Akteneinsicht, 1990.

Favre, Christian, L'assistance judiciaire gratuite en droit suisse, 1988.

Forster, Marc, Der Anspruch auf unentgeltliche Rechtsverbeiständung in der neueren bundesgerichtlichen Rechtsprechung, ZBl 93 (1992), S. 457 ff.

Grisel, Etienne, Egalité: Les garanties de la Constitution fédérale du 18 avril 1999, 2000.

Häfliger, Arthur, Alle Schweizer sind vor dem Gesetze gleich. Zur Tragweite des Artikels 4 der Bundesverfassung, 1985.

Herzog, Ruth, Art. 6 EMRK und kantonale Verwaltungsrechtspflege, 1995.

Hottelier, Michel, Les garanties de procédure, in: Daniel Thürer/Jean-François Aubert/ Jörg Paul Müller (Hg.), Verfassungsrecht der Schweiz, 2001, § 51.

Huber, Willi, Das Recht des Bürgers auf Akteneinsicht im Verwaltungsverfahren, unter besonderer Berücksichtigung der Verwaltungsrechtspflegegesetze des Bundes und des Kantons Aargau, 1980.

Jaag, Tobias, Die Verfahrensgarantien der neuen Bundesverfassung, in: Peter Gauch/ Daniel Thürer (Hg.), Die neue Bundesverfassung, 2002, S. 25 ff.

Kley-Struller, Andreas, Der Anspruch auf unentgeltliche Rechtspflege, AJP 4 (1995), S. 179 ff.

Kneubühler, Lorenz, Die Begründungspflicht. Eine Untersuchung über die Pflicht der Behörden zur Begründung ihrer Entscheide, 1998.

ders., Gehörsverletzung und Heilung. Eine Untersuchung über die Rechtsfolgen von Verstössen gegen den Gehörsanspruch, insbesondere die Problematik der sog. „Heilung", ZBl 99 (1998), S. 97 ff.

Meyer, Lorenz, Das Rechtsverzögerungsverbot nach Art. 4 BV, 1985.

Reinhardt, Klaus, Das rechtliche Gehör in Verwaltungssachen, 1968.

Schindler, Benjamin, Die „formelle Natur" von Verfahrensgrundrechten, ZBl 106 (2005), S. 167 ff.

ders., Die Befangenheit der Verwaltung. Der Ausstand von Entscheidträgern der Verwaltung im Staats- und Verwaltungsrecht von Bund und Kantonen, 2002.

Schmuckli, Thomas, Die Fairness in der Verwaltungsrechtspflege. Art. 6 Ziff. 1 EMRK und die Anwendung auf die Verwaltungsrechtspflege des Bundes, 1990.

Thürer, Daniel, Europäische Menschenrechtskonvention und schweizerisches Verwaltungsverfahren, ZBl 87 (1986), S. 241 ff.

Tinner, Rolf, Das rechtliche Gehör, ZSR 83 (1964) II, S. 295 ff.

Villiger, Mark E., Die Pflicht zur Begründung von Verfügungen, ZBl 90 (1989), S. 137 ff.

de Vries Reilingh, Jeanne, Les garanties de procédure et en cas de détention, de la CEDH à la Constitution fédérale en un quart de siècle, ZBl 101 (2000), S. 16 ff.

Wamister, Patrick, Die unentgeltliche Rechtspflege, die unentgeltliche Verteidigung und der unentgeltliche Dolmetscher unter dem Gesichtspunkt von Art. 4 BV und Art. 6 EMRK, 1983.

§ 226
Grundrechte des Angeschuldigten im Strafprozeß

Peter Hänni

Übersicht

	RN		RN
A. Verfassungsrechtliche Grundlagen	1– 2	a) Grundsatz	30
		b) Einschränkungen	31–32
B. Geltungsbereich	3– 6	a) Verteidigung der ersten Stunde	33–34
I. Persönlicher Geltungsbereich	4	b) Rechtliches Gehör	35–42
II. Sachlicher Geltungsbereich	5– 6	aa) Recht auf Beizug eines Dolmetschers	36–37
C. Unschuldsvermutung (Art. 32 Abs. 1 BV)	7–22	bb) Akteneinsicht	38–39
I. Grundsatz	7	cc) Vorbereitung der Hauptverhandlung	40
II. Auswirkungen auf das Beweisrecht	8–11	dd) Zeugeneinvernahmen	41–42
1. Beweiswürdigungsregel	9	IV. Zeugenaussagen von V-Männern	43–47
2. Beweislastregel	10–11	1. Allgemeine Bemerkungen	43
III. Materiell-rechtliche Auswirkungen auf die Stellung des Angeschuldigten	12–22	2. Auswirkungen des V-Mann-Einsatzes auf die Verteidigungsrechte	44–46
1. Schutz vor Vorverurteilung	12–15	3. Das Bundesgesetz über die verdeckte Ermittlung	47
a) Im allgemeinen	12	V. Verbot unzulässiger Beweismethoden	48–57
b) In den Medien	13–15	1. Der verfassungsrechtliche Persönlichkeitsschutz	48
2. Verfahrenskosten	16–17	2. Verwertung rechtswidrig erlangter Beweise	49–57
3. Aufbewahrung erkennungsdienstlichen Materials	18–20	a) Grundsatz: Verwertungsverbot	49
4. Tragweite der Unschuldsvermutung in Untersuchungshaft	21–22	b) Ausnahmen vom Verwertungsverbot	50–52
D. Verteidigungsrechte (Art. 32 Abs. 2 BV)	23–57	c) Zufallsfunde	53–54
I. Allgemeines	23	d) Die Fernwirkung der Beweisverwertungsverbote	55–57
II. Recht auf Orientierung	24	E. Rechtsmittelgarantie (Art. 32 Abs. 3 BV)	58–59
III. Grundsatz des „fair trial"	25–42	F. Bibliographie	
1. Recht auf Beizug eines Verteidigers	26–29		
a) Beizug eines Verteidigers nach eigener Wahl	27		
b) Notwendige und amtliche Verteidigung	28–29		
2. Recht auf Kontakt mit dem Verteidiger	30–42		

A. Verfassungsrechtliche Grundlagen[*]

1
Spezifische Verfahrensgarantien der neuen Bundesverfassung

Art. 32 der neuen Bundesverfassung[1] enthält eine Reihe von besonderen Garantien, die dem Angeschuldigten in einem Strafverfahren zustehen. Die Bestimmung lautet wie folgt: Absatz 1: „Jede Person gilt bis zur rechtskräftigen Verurteilung als unschuldig". Absatz 2: „Jede angeklagte Person hat Anspruch darauf, möglichst rasch und umfassend über die gegen sie erhobenen Beschuldigungen unterrichtet zu werden. Sie muss die Möglichkeit haben, die ihr zustehenden Verteidigungsrechte geltend zu machen". Absatz 3: „Jede verurteilte Person hat das Recht, das Urteil von einem höheren Gericht überprüfen zu lassen. Ausgenommen sind die Fälle, in denen das Bundesgericht als einzige Instanz urteilt". Die meisten dieser Verfahrensgrundsätze wurden bis anhin von Lehre und Rechtsprechung schrittweise aus dem allgemeinen Rechtsgleichheitsgebot (Art. 4 aBV[1]) sowie aus Art. 6 EMRK[2] abgeleitet, ständig weiterentwickelt und ausgebaut. Mit der Revision der Bundesverfassung wurden sie nun erstmals ausdrücklich in der Verfassung verankert. Es handelt sich um spezifische Verfahrensgarantien, die eine faire Behandlung des Angeschuldigten im Strafverfahren sicherstellen und diesem eine wirksame Verteidigung ermöglichen sollen. Weitere, sich gegebenenfalls auf die Stellung des Angeschuldigten auswirkende Verfassungsrechte[3] werden aufgrund ihrer allgemeinen Tragweite vorliegend nicht behandelt. Ähnliche Bestimmungen finden sich in Art. 6 EMRK sowie in Art. 14 UNO-Pakt II (IPbürgR)[4] verankert. Die in der Europäischen Menschenrechtskonvention enthaltenen Garantien genießen Verfassungsrang[5]. Sie gelangen jedoch nur dann selbständig zur Anwendung, wenn sie über die von der Bundesverfassung gewährleisteten Grundrechte hinausgehen.

Früherer Rechtszustand

EMRK und UNO-Pakt II

2
Gliederung

Die zur Diskussion stehende Verfassungsbestimmung gliedert sich in drei Teilbereiche: die Unschuldsvermutung (Abs. 1), die Verteidigungsrechte (Abs. 2) sowie die sogenannte Rechtsmittelgarantie (Abs. 3).

---

[*] Ich danke meinem Kollegen *Franz Riklin*, Professor für Strafrecht an der Universität Freiburg i.Ue., für die kritische Durchsicht des Manuskriptes und die wertvollen Hinweise. Frau Dr. iur. *Daniela Ivanov* danke ich für ihre Mitarbeit an der ersten Fassung des Beitrages, die per Ende Juni 2005 fertiggestellt wurde. Herrn lic. iur. *Markus Gredig*, Rechtsanwalt, danke ich für die Aktualisierung des Beitrages auf den Stand vom 1. Januar 2007.
1 Bundesverfassung der Schweizerischen Eidgenossenschaft v. 18. 4. 1999 (SR 101). Bundesverfassung der Schweizerischen Eidgenossenschaft v. 29. 5. 1874 – aBV.
2 Konvention v. 4. 11. 1950 zum Schutze der Menschenrechte und Grundfreiheiten (SR 0.101).
3 Zu erwähnen sind namentlich die Menschenwürde (Art. 7 BV), die Rechtsgleichheit (Art. 8 BV), das Recht auf Leben und auf persönliche Freiheit (Art. 10 BV) oder die allgemeinen Verfahrensgarantien (Art. 29–31 BV).
4 Internationaler Pakt über bürgerliche und politische Rechte v. 16. 12. 1966 (SR 0.103.2).
5 *BGE 117* Ib 367, Erw. 2 c und *BGE 124* III 205, Erw. 3 b; hingegen behandelt das Bundesgericht den UNO-Pakt II wie einen Staatsvertrag; vgl. dazu *Kley*, ZBJV 135 (1999), S. 301 (314 u. 345).

B. Geltungsbereich

Bei der Bestimmung des Geltungsbereichs von Art. 32 BV ist die Rechtsprechung des Bundesgerichts zu Art. 4 aBV und 6 Ziff. 2 und 3 EMRK sowie die Praxis der Straßburger Organe zu Art. 6 EMRK heranzuziehen. Der sachliche, persönliche und zeitliche Anwendungsbereich von Art. 32 Abs. 1 und 2 BV und Art. 6 Ziff. 2 und 3 EMRK sollte grundsätzlich deckungsgleich sein. Abweichende Auslegungen können sich aus dem zum Teil unterschiedlichen Wortlaut ergeben[6].

3
Heranziehung weiterer Rechtsquellen

I. Persönlicher Geltungsbereich

Die in Art. 32 BV verankerten Verfahrensrechte stehen jeder *Person* zu, die *einer strafbaren Handlung* im nachstehend umschriebenen Sinne *angeklagt* bzw. *beschuldigt* wird. Der Begriff „Person" ist auslegungsbedürftig[7]. Angesichts der Formulierung dieser Bestimmung, welche sich stark an den Wortlaut der Europäischen Menschenrechtskonvention anlehnt sowie der vom schweizerischen Verfassungsgeber beabsichtigten Annäherung an diese[8], rechtfertigt es sich, den Begriff im Sinne der Konvention auszulegen. Erfaßt werden somit natürliche wie juristische Personen, Ausländer und Staatenlose ebenso wie Inländer, Minderjährige und Entmündigte ohne Rücksicht auf das Vorliegen allfälliger Sonderstatusverhältnisse[9].

4
Natürliche und juristische Personen

II. Sachlicher Geltungsbereich

Diese Verfahrensgarantien kommen nur im Rahmen eines Strafverfahrens zur Anwendung. Die „strafrechtliche Anklage" muß sich auf eine „Straftat" beziehen, das heißt auf eine rechtswidrige Handlung, die den Tatbestand einer Strafnorm erfüllt. Die Materialien zur nachgeführten Bundesverfassung geben keinen Aufschluß darüber, wie der Begriff „*angeklagte*" Person auszulegen ist. Es ist wiederum davon auszugehen, daß der verfassungsrechtliche Anklagebegriff mit demjenigen der Europäischen Menschenrechtskonvention übereinstimmt[10]. So wird der Begriff „strafrechtliche Anklage" autonom, das heißt unabhängig vom innerstaatlichen Recht, ausgelegt. Dabei ist nicht von Bedeutung, ob formell Anklage erhoben wurde, sondern ob gegen eine Person der *Verdacht* oder die *Anschuldigung* einer Widerhandlung gegen eine Strafnorm vorliegt (materieller Anklagebegriff)[11].

5
Strafverfahren als Voraussetzung

Materieller Anklagebegriff

---

[6] So zumindest bezüglich Art. 32 Abs. 1 BV und 6 Ziff. 2 EMRK *Esther Tophinke*, Das Grundrecht der Unschuldsvermutung aus historischer Sicht und im Lichte der Praxis des schweizerischen Bundesgerichts, der EMRK-Organe und des UNO-Menschenrechtsausschusses (Diss. Bern), 2000, S. 156.
[7] Zu der mit der Verwendung des Personenbegriffs in der neuen Bundesverfassung verbundenen Problematik vgl. *Kley*, ZBJV 135 (1999), S. 301 (333 ff.).
[8] *Kley* aaO., S. 345.
[9] Vgl. *Frowein/Peukert*, EMRK (LitVerz.), Art. 6 RN 4, und *Tophinke* (FN 6), S. 143 ff.
[10] *Zimmerlin*, ZStrR 121 (2003), S. 311 (324).
[11] *Frowein/Peukert*, EMRK (LitVerz.), Art. 6 RN 35; *Tophinke* (FN 6), S. 156; *Villiger*, EMRK (LitVerz.). RN 393; *Schubarth*, ZSR 94 (1975) I, S. 495 f.

6
Kriterien strafrechtlicher Anklage

Der Europäische Gerichtshof für Menschenrechte hat drei Kriterien entwickelt, anhand derer untersucht wird, ob eine „strafrechtliche Anklage" im Sinne der Konvention vorliegt. Als erstes muß festgestellt werden, ob die Widerhandlung nach innerstaatlichem Recht dem Strafrecht zuzuordnen ist. In einem zweiten Schritt ist die „wahre Natur" der Widerhandlung von Belang. Sind als Folge der Widerhandlung abschreckende oder vergeltende Sanktionen von gewisser Intensität vorgesehen, so ist die strafrechtliche Natur der zu beurteilenden Handlung nach Art. 6 EMRK zu bejahen. Wird der strafrechtliche Charakter aber verneint, so ist drittens noch zu prüfen, ob die Schwere der Sanktion die Anwendung von Art. 6 EMRK zu rechtfertigen vermag[12].

C. Unschuldsvermutung (Art. 32 Abs. 1 BV)

I. Grundsatz

7
Herkunft

Art. 32 Abs. 1 BV statuiert neu die Unschuldsvermutung, die in der alten Bundesverfassung nicht ausdrücklich enthalten war, und orientiert sich dabei an Art. 6 Ziff. 2 EMRK[13] und Art. 14 Ziff. 2 UNO-Pakt II[14]. Gemäß diesem Grundsatz wird bis zum gerichtlichen Nachweis seiner Schuld vermutet, daß der wegen einer strafbaren Handlung Angeklagte unschuldig ist[15].

II. Auswirkungen auf das Beweisrecht

8
Gerichtlicher Schuldnachweis

Die Unschuldsvermutung verlangt, daß die Schuld der beschuldigten Person in einem gerichtlichen Verfahren nachgewiesen wird[16]. Sie entfaltet ihre Wirkungen einerseits als Beweiswürdigungs-, andererseits als Beweislastregel.

---

12 *Villiger*, EMRK (LitVerz.), RN 394 ff.; ausführlich *Tophinke* (FN 6), S. 136 ff. So können nach der Rechtsprechung der EMRK-Organe Übertretungs- und Steuerstrafverfahren sowie Verfahren betreffend Ordnungswidrigkeiten, in der Regel jedoch nicht Disziplinarverfahren, als „Strafverfahren" qualifiziert werden; vgl. bezüglich eines Steuerhinterziehungsverfahrens *EGMR*, Urt. v. 3.5.2001, J.B. ./. Schweiz, in: VPB 2001 Nr. 128.

13 Danach gilt „jede Person, die einer Straftat angeklagt ist, [...] bis zum gesetzlichen Beweis ihrer Schuld als unschuldig".

14 Gemäß dieser Bestimmung hat jeder „wegen einer strafbaren Handlung Angeklagte [...] Anspruch darauf, bis zu dem gesetzlichen Verfahren erbrachten Nachweis seiner Schuld als unschuldig zu gelten".

15 Vgl. *Mahon*, in: Aubert/ders., Constitution (LitVerz.), Art. 32 RN 4; *G. Müller*, in: Aubert u.a., Bundesverfassung 1874 (LitVerz.), Art. 4 aBV, RN 131; vgl. auch *Achermann/Caroni/Kälin*, Die Bedeutung des UNO-Paktes über bürgerliche und politische Rechte für das schweizerische Recht, in: Kälin/Malinverni/Nowak, UNO-Menschenrechtspakte (LitVerz.), S. 185 f.

16 *Auer/Malinverni/Hottelier*, Droit constitutionnel (LitVerz.), Bd. II, RN 1350; in engem Zusammenhang zur Unschuldsvermutung steht auch der strafrechtliche Grundsatz, wonach sich die strafrechtliche Verantwortlichkeit nicht vererbe (so noch ausdrücklich Art. 48 Ziff. 3 aStGB betreffend Bußen); demnach verstößt es gegen die Unschuldsvermutung, die Erben des Steuerpflichtigen, der eine Steuerhinterziehung begangen hat, ohne Rücksicht auf eigenes Verschulden für die von der Steuerbehörde festgesetzten Bußen haften zu lassen, vgl. *EGMR*, Urt. v. 29.8.1997, A.P., M.P. und T.P. ./. Schweiz, in: VPB 1997, Nr. 114; im Anschluß an diesen Entscheid des EGMR wurde Art. 179 des Bundesgesetzes über die direkten Bundessteuern (*DBG*; SR 642.11), welcher eine entsprechende Haftung der Erben vorsah, mit Wirkung seit 1.3.2005 aufgehoben (vgl. Ziff. I 1 des Bundesgesetzes v. 8.10.2004 über die Aufhebung der Haftung der Erben für Steuerbußen; AS 2005, 1051; BBl 2004, 1437).

1. Beweiswürdigungsregel

Als Beweiswürdigungsregel besagt die Unschuldsvermutung, daß sich der Strafrichter nicht von der Existenz eines für den Angeklagten ungünstigen Sachverhalts überzeugt erklären darf, wenn bei objektiver Betrachtung erhebliche und nicht zu unterdrückende Zweifel bestehen, ob sich der Sachverhalt so verwirklicht hat. Der Grundsatz ist verletzt, wenn der Strafrichter an der Schuld des Angeklagten hätte zweifeln müssen; dabei reichen bloß theoretische oder abstrakte Zweifel nicht aus, da solche nie mit absoluter Gewißheit ausgeschlossen werden können[17].

9
Objektive Betrachtung

2. Beweislastregel

Als Beweislastregel verlangt die Unschuldsvermutung, daß die Strafverfolgungsbehörden die Schuld des Angeklagten nachweisen müssen, und nicht umgekehrt[18]. Der Grundsatz ist beispielsweise dann verletzt, wenn der Angeklagte mit der Begründung verurteilt wird, er habe seine Unschuld nicht nachgewiesen, oder wenn der Richter dem Angeklagten zwar Schuldelemente zur Last legen kann, ihm aber keine Gelegenheit gibt, seine Unschuld zu beweisen[19].

10
Unschuldsvermutung als Beweislastregel

In engem Konnex zu diesem Aspekt der Unschuldsvermutung steht der Anspruch des Angeschuldigten, nicht gegen sich selber, das heißt zu seinen Ungunsten, aussagen zu müssen (Art. 14 Ziff. 3 lit. g UNO-Pakt II)[20]. Damit soll der Angeklagte vor mißbräuchlichem Zwang seitens der Behörden geschützt und sollen Justizirrtümer vermieden werden[21]. Verboten ist auch, bloßes Schweigen des Angeklagten im Schuldspruch oder in der Strafzumessung zu seinen Lasten zu bewerten[22]. Erschwert jedoch der Angeklagte die Untersu-

11
Keine Aussagepflicht gegen sich selbst

---

17 Vgl. *Trechsel*, SJZ 77 (1981), S. 317 (321 f.); *J.P. Müller*, Grundrechte (LitVerz.), S. 559; *BGE 120* Ia 31, Erw. 2 a; *BGer*, 25.10.2001, 1P.529/2001, in: Pra 2002, S. 4 ff., Erw. 2 m.w.H.; *BGer*, Urt. v. 3.12.2004, in: SJZ 2005, S. 67.
18 *Mahon*, in: Aubert/ders., Constitution (LitVerz.), Art. 32 BV, RN 5; *Trechsel*, SJZ 77 (1981), S. 317 (320), und *Schubarth*, ZSR 94 (1975) I, S. 504, welche auch auf die besondere Bedeutung der Unschuldsvermutung für den Gesetzgeber hinweisen: Gesetzestexte dürfen keine Formulierungen enthalten, welche z.B. eine Umkehrung der Beweislast zur Folge hätten.
19 Vgl. dazu *Robert Hauser/Erhard Schweri*, Schweizerisches Strafprozessrecht, ⁴1999, RN 13 S. 218; *Frowein/ Peukert*, EMRK (LitVerz.), Art. 6 RN 157; vgl. auch *Tophinke* (FN 6), S. 203 ff.
20 Aus der jüngsten bundesgerichtlichen Rechtsprechung vgl. z. B. *BGer*, Urt. v. 8.1.2004, 1P.631/2003: Der Verwaltungsrat eines Unternehmens darf die Auskunft betreffend den Fahrer eines Firmenfahrzeugs verweigern, wenn er dadurch sich selber oder nahe Familienangehörige der Gefahr einer Strafuntersuchung aussetzt (Erw. 2). Hingegen sind die verschiedenen gesetzlichen Verhaltenspflichten bei einem Unfall mit dem Verbot des Selbstbelastungszwangs vereinbar, auch wenn sie zur Einleitung eines Strafverfahrens gegen den Fahrzeuglenker wegen strafbarer Handlungen im Zusammenhang mit dem Unfall führen können, vgl. *BGE 131* IV 36, Erw. 2 und 3.
21 So verstößt es gegen Art. 6 Ziff. 1 EMRK, den Steuerpflichtigen im Steuerhinterziehungsverfahren mit Bußen zu zwingen, Belege über hinterzogene Beiträge vorzuweisen, vgl. *EGMR*, Urt. v. 3.5.2001, in: VPB 2001, Nr. 128.
22 Vgl. *J.P. Müller*, Grundrechte (LitVerz.), S. 562; vgl. aber *EGMR*, Urt. v. 8.2.1996, John Murray ./. Vereinigtes Königreich, EuGRZ 1996, S. 587 ff., dem zufolge ein innerstaatliches Gericht nicht zu einem Schuldspruch kommen darf, weil der Angeschuldigte entschieden hat zu schweigen; eine Ausnahme ist jedoch zulässig, wenn die belastenden Beweise geradezu nach einer Erklärung des Beschuldigten „rufen" und „der gesunde Menschenverstand" zu keiner anderen Schlußfolgerung kommen würde, als daß der Betroffene schuldig ist (Ziff. 51).

chung durch hartnäckiges Bestreiten, so darf dieses Verhalten gemäß bundesgerichtlicher Praxis als straferhöhender Faktor in die Urteilsfindung einfließen[23]. Ebenfalls zulässig ist es gemäß einer in der Lehre teilweise umstrittenen Praxis des Bundesgerichts, das Geständnis des Angeschuldigten in erheblichem Maße strafmindernd zu berücksichtigen[24]. Gemäß einem neueren Urteil des Bundesgerichts obliegt den Behörden die Pflicht, die festgenommene Person unverzüglich über ihr Aussageverweigerungsrecht aufzuklären. Diese Pflicht läßt sich direkt aus Art. 31 Abs. 2 BV ableiten[25].

III. Materiell-rechtliche Auswirkungen auf die Stellung des Angeschuldigten

1. Schutz vor Vorverurteilung

a) Im allgemeinen

12 *Bindung aller staatlichen Behörden*
Vor dem Verfahren und in seinem Verlauf soll die Unschuldsvermutung den Beschuldigten vor jeglicher Vorverurteilung schützen. Sie richtet sich an alle staatlichen Behörden und verbietet es, jemanden bereits ohne jeglichen Vorbehalt für schuldig zu erklären, bevor überhaupt ein Schuldspruch vorliegt[26].

b) In den Medien

13 *Schutz vor Vorverurteilung*
Von besonderer Bedeutung ist der Schutz vor Vorverurteilung im Zusammenhang mit der Berichterstattung über Strafverfahren in den Medien. Die Orientierung der Öffentlichkeit über hängige Verfahren setzt voraus, daß mehrere divergierende Interessen in Einklang gebracht werden, namentlich das Interesse der Öffentlichkeit, von Strafuntersuchungen in Kenntnis gesetzt zu werden, der Schutz der Beteiligten vor Vorverurteilung sowie das Interesse des Beschuldigten, aber auch der Rechtsgemeinschaft an einem fairen Verfahren[27].

14 *Persönlichkeitsrechte des Angeschuldigten*
Betroffen können zunächst die Persönlichkeitsrechte des Angeschuldigten sein, namentlich dann, wenn eine noch nicht rechtskräftig verurteilte Person in der Medienberichterstattung als schuldig dargestellt wird. Gemäß den vom Bundesgericht entwickelten Grundsätzen ist bei der Schilderung einer nicht rechtskräftig beurteilten Straftat nur eine Formulierung zulässig, die hinreichend deutlich macht, daß es sich einstweilen nur um einen Verdacht handelt

---

23 Vgl. *BGE 113* IV 56, Erw. 4.
24 *BGE 121* IV 202, Erw. 2 d; vgl. *J.P. Müller*, Grundrechte (LitVerz.), S. 562, welcher auf die damit verbundene Gefahr der Aushöhlung des Schweigerechts hinweist.
25 *BGE 130* II 126, Erw. 2.6.
26 *Vest*, in: Ehrenzeller u. a., St. Galler Kommentar (LitVerz.), Art. 32 RN 8; ferner *Tophinke* (FN 6), S. 394 ff. m.w.H. namentlich auf die Straßburger Praxis; zu den Wirkungen der Unschuldsvermutung im Vorfeld der richterlichen Entscheidung vgl. *Trechsel*, SJZ 77 (1981), S. 317 (322 f.) und S. 335.
27 So ist es z. B. im Lichte der europäischen Rechtsprechung zulässig, die Öffentlichkeit über das Vorliegen eines allfälligen Verdachts oder die Gefährlichkeit einer verdächtigen Person zu informieren, vgl. *EGMR*, Urt. v. 10. 2. 1995, Allenet de Ribemont ./. Frankreich, Serie A Nr. 308, Ziff. 38.

und die Entscheidung des zuständigen Strafgerichts noch offen ist[28]. Andererseits ist auch der besonderen Rolle der Presse bei der Berichterstattung über hängige Strafverfahren Rechnung zu tragen, wenn beispielsweise zu befürchten ist, die Strafverfolgung werde wegen politischer Einflüsse oder wegen Überforderung der Strafverfolgungsbehörden nicht mit dem nötigen Druck durchgeführt[29].

Rolle der Presse

Versteht man jedoch unter „Vorverurteilung" die „verpönte Einflußnahme auf ein hängiges Gerichtsverfahren", so ist der Verfahrensschutz tangiert[30]. Es ist in der Tat nicht auszuschließen, daß sich Richter, Geschworene oder Zeugen von einer negativen Pressekampagne beeinflussen lassen, was zur Verletzung des Rechts des Angeschuldigten auf ein faires Verfahren führen kann. Die Pressekampagne muß jedoch eine solche Intensität erlangen, daß sich die Richter dem Druck der öffentlichen Meinung nicht entziehen können und ihre Unabhängigkeit stark gefährdet ist[31]. Das Bundesgericht zeigt sich in der Annahme einer Verletzung von Verfahrensgrundsätzen durch Medienberichte eher zurückhaltend. Bereits 1990 mußte sich das höchste Gericht in einem Urteil mit den Auswirkungen einer massiven Pressekampagne auf die richterliche Urteilsbildung befassen[32]. Zwar anerkannte dieses die Gefahr der Beeinflussung, insbesondere eines Laiengerichts, durch die Medien[33], verneinte jedoch im konkreten Fall eine Verletzung der Unschuldsvermutung, da objektive Anzeichen einer tatsächlichen Beeinflussung fehlten[34].

15
Verfahrensschutz bei Pressekampagne

2. Verfahrenskosten

Der Grundsatz „in dubio pro reo" verbietet den Behörden die Auferlegung von Verfahrenskosten mit einer Begründung, die den Eindruck erweckt, der Beschuldigte sei trotz Freispruchs oder Einstellung des Verfahrens im Grunde doch schuldig[35]. Entscheidend für die schweizerische Praxis ist das Urteil des

16
Keine Verfahrenskosten bei Freispruch

---

28 Für zulässig erachtete das Bundesgericht einen Fahndungsaufruf mit Foto in der TV-Sendung „Aktenzeichen XY" wegen des Verdachts der Begehung eines Vermögensdelikts. Gemäß Bundesgericht verstößt die Veröffentlichung von Bild und Namen einer Person im Fernsehen nicht gegen die Unschuldsvermutung, wenn nicht der Eindruck vermittelt wird, die betroffene Person habe sich tatsächlich eines Delikts schuldig gemacht, vgl. *BGer*, Urt. v. 31.1.1995, 1P.645/1994, in: EuGRZ 1996, S. 330ff., Erw. 7.
29 BGE 116 IV 31, Erw. 5 a: In diesem Fall wurde die Formulierung, es handele sich um einen „sich immer deutlicher abzeichnenden Verdacht auf Mord, denn schließlich kamen beim Schiffsuntergang sechs Personen nicht grundlos ums Leben" als mit der Unschuldsvermutung vereinbar erachtet, da hier genügend deutlich werde, daß die Frage des Mordes noch offen steht. Jedoch verletze der Untertitel des inkriminierten Artikels: „Versicherungsbetrug steuert auf Mordanklage" den Grundsatz der Unschuldsvermutung, da in keiner Weise der Vorbehalt gemacht werde, es handle sich lediglich um einen Verdacht. Dadurch sei die Presse vorgenommen worden, was aufgrund des prinzipiell immer offenen Ausgangs des Strafverfahrens nicht zulässig sei; vgl. auch *BGE 122* IV 311; ferner *Cour de Justice Genève*, Urt. v. 17.6.1994, SJ 1995, S. 174ff.
30 Zur Unterscheidung zwischen Persönlichkeits- und Verfahrensschutz, vgl. *Riklin*, in recht 1991, S. 65 (66ff.).
31 *Riklin* aaO., S. 68f.
32 BGE 116 Ia 14 („Baragiola"); vgl. dazu die Urteilsanmerkung von *Riklin* aaO., S. 72f.
33 BGE 116 Ia 14, Erw. 7 b.
35 BGE 116 Ia 14, Erw. 7 c.
35 *G. Müller*, in: Aubert u.a., Bundesverfassung 1874 (LitVerz.), Art. 4 aBV, RN 131; *Frowein/Peukert*, EMRK (LitVerz.), Art. 6 RN 165; *Schubarth*, ZSR 94 (1975) I, S. 504.

Europäischen Gerichtshofs für Menschenrechte in Sachen *Minelli*[36], durch das ein Journalist zur Bezahlung von zwei Dritteln der Verfahrenskosten sowie einer reduzierten Prozeßentschädigung an die beiden Ankläger verurteilt wurde, obwohl die Anklage wegen Eintritts der absoluten Verjährung ausgeschlossen war. Der Entscheid wurde damit begründet, daß der angefochtene Zeitungsartikel ohne Eintritt der Verjährung sehr wahrscheinlich zu einer Verurteilung des Beschuldigten geführt hätte. Der Gerichtshof erachtete die Unschuldsvermutung als verletzt, weil sich aus den Urteilserwägungen des Geschworenengerichts ergebe, daß dieses von der Schuld des Journalisten überzeugt war, obwohl das Verfahren materiell nie zu Ende geführt werden konnte[37].

17
Anschein strafrechtlichen Schuldvorwurfs durch Kostenentscheidung

Im Anschluß an das erwähnte Urteil des Europäischen Gerichtshofs für Menschenrechte mußte das Schweizerische Bundesgericht seine bisherige Rechtsprechung überprüfen und teilweise ändern[38]. Bei Freispruch oder Einstellung des Verfahrens ist es weiterhin zulässig, dem Beschuldigten die Kosten aufzuerlegen, wenn dieser das Verfahren durch verwerfliches oder leichtfertiges Verhalten veranlaßt, erschwert oder verlängert hat[39] oder wenn er in zivilrechtlich vorwerfbarer Weise gegen eine geschriebene oder ungeschriebene Verhaltensnorm, die aus der gesamten schweizerischen Rechtsordnung stammen kann, klar verstoßen hat[40]. Maßgebend ist gemäß neuester bundesgerichtlicher Rechtsprechung, daß die Kostenauferlegung nicht den Eindruck eines (verdeckten) strafrechtlichen Schuldvorwurfs erweckt. Ferner wird vorausgesetzt, daß sich die Kostenauflage bei einem Verstoß gegen eine Verhaltensnorm in tatsächlicher Hinsicht auf „unbestrittene oder bereits klar nach-

---

36 *EGMR*, Urt. v. 25. 3. 1983, Ludwig A. Minelli ./. Schweiz, in: EuGRZ 1983, S. 475 ff.
37 *EGMR*, Urt. v. 25. 3. 1983, Ziff. 38.
38 Vgl. *Auer/Malinverni/Hottelier*, Droit constitutionnel (LitVerz.), Bd. II, RN 1360 f.; *BGE 109* Ia 160: Das Bundesgericht hielt die Unschuldsvermutung für verletzt, da vorliegend die Kosten eines eingestellten Verfahrens den Erben des beschuldigten Verstorbenen überbunden wurden mit der Begründung, es sei rechtsgenüglich erstellt, daß die Begehren der Strafklage mindestens teilweise hätten geschützt werden müssen, und es den Eindruck erwecke, der Beschuldigte habe die strafbaren Handlungen tatsächlich begangen; vgl. weiter *BGer*, Urt. v. 21. 8. 2001, 1P.442/2001.
39 Zum sog. „prozessualen Verschulden" vgl. *Trechsel*, SJZ 77 (1981), S. 335 (339); das bloße Wahrnehmen verfahrensmäßiger Rechte, wie z. B. des Schweigerechts des Angeschuldigten, genügt für eine Kostenauflage nicht. Vielmehr muß es sich um ein hinterhältiges, gemeines oder kraß wahrheitswidriges Benehmen seitens des Angeschuldigten handeln, das gegen prozessuale Verhaltensnormen verstößt, vgl. *BGer*, Urt. v. 13. 2. 2001, 1P.638/2000, Erw. 2 a bb; vgl. auch *EKMR*, Bericht v. 4. 5. 1979, Geerk ./. Schweiz, in: EuGRZ 1981, S. 126 f.: Die Frage, ob einem Angeklagten die Verfahrenskosten auferlegt werden dürfen, wenn diesem ein verwerfliches, jedoch kein strafrechtlich verpöntes Verhalten zu Lasten gelegt werden darf, konnte durch den Gerichtshof nicht beantwortet werden, da die Parteien sich in jenem Fall gütlich einigen konnten; zur Frage der Kostenauferlegung im allgemeinen vgl. *Marc Forster*, „Kurzer Prozeß" – die Unschuldsvermutung bei Kostenauflagen an Nichtverurteilte, in: Andreas Donatsch/ders./Christian Schwarzenegger (Hg.), Strafrecht, Strafprozessrecht und Menschenrechte, FS Stefan Trechsel, 2002, S. 691 ff.
40 *BGE 109* Ia 160, Erw. 4; *BGE 116* Ia 162, Erw. 2 c und dazu *Forster* aaO., S. 695 f.; *BGer*, Urt v. 29. 9. 2000, in: Pra 2001, S. 350 ff.; ferner *BGer*, Urt. v. 14. 8. 2003, 1P.59/2003: Da das Strafgesetz bereits ein Verhalten mit Strafe bedroht, welches den Anschein der Korruption erweckt, ist es willkürlich, die Annahme von Geschenken als zivilrechtlich schuldhaft und damit leichtfertig zu bezeichnen; zur Zulässigkeit einer Kostenauflage wegen eines unter zivilrechtlichen Gesichtspunkten vorwerfbaren Verhaltens siehe *Tophinke* (FN 6), S. 432 ff.

gewiesene Umstände" stützt[41]. In gleichem Sinne ist die Zuweisung einer Parteientschädigung trotz Freispruchs zu beurteilen: Eine solche ist mit der Unschuldsvermutung unvereinbar, wenn eine entsprechende Verpflichtung des freigesprochenen Beschwerdeführers geeignet wäre, Zweifel an der Eindeutigkeit seiner Unschuld aufkommen zu lassen[42].

3. Aufbewahrung erkennungsdienstlichen Materials

Der Grundsatz der Unschuldsvermutung schützt ferner davor, daß der Staat erkennungsdienstliches Material trotz Freispruchs oder Einstellung des Verfahrens weiterhin aufbewahrt. Durch die Aufbewahrung erkennungsdienstlichen Materials bleibt ein gewisser Verdacht weiterhin bestehen; mit der Zeit wächst die Gefahr von Verwechslungen und Verfälschungen der Daten, und für den Betroffenen erhöht sich dadurch das Risiko, in weiteren Verfahren verdächtigt zu werden[43]. Die Tatsache der Aufbewahrung selbst begründet in der Regel noch keine Verletzung der Unschuldsvermutung. Ein Verstoß gegen die Unschuldsvermutung liegt vielmehr erst dann vor, „wenn die Behörden damit ausdrücken, die betroffene Person sei doch schuldig, obwohl sie freigesprochen oder das Strafverfahren eingestellt worden ist"[44].

18
Unzulässigkeit bei Anschein des Schuldvorwurfs

In diesem Sinne verstößt es nicht gegen die persönliche Freiheit des Betroffenen, ihm allein aufgrund einer Ähnlichkeit mit einem Robotbild Blut zu entnehmen und eine Analyse der Desoxyribonukleinsäure (DNA) für die Aufklärung schwerer Sexualdelikte durchzuführen. Stellt sich jedoch heraus, daß der Betroffene als Verdächtiger ausgeschlossen werden kann, ist die Blutprobe zu vernichten und sind die Daten zu löschen[45]. Das am 1. Januar 2005 in Kraft getretene DNA-Profil-Gesetz[46] regelt die Voraussetzungen, unter denen DNA-Profile[47] im Strafverfahren verwendet und in einem Informationssystem des Bundes bearbeitet werden dürfen (Art. 1 Abs. 1). Kann die betroffene Person als Täter ausgeschlossen werden, so müssen die angeordneten Proben vernichtet werden (Art. 9 Abs. 1 lit. c). Eine Löschung der DNA-Profile ist unter anderem dann geboten, wenn das betreffende Verfahren mit einem Freispruch rechtskräftig abgeschlossen wurde oder ein Jahr nach der definitiven Einstellung des Verfahrens vergangen ist (Art. 16). Die Betroffenen haben Anspruch darauf, vor der Probenahme über die Registrierung ihres DNA-Profils im Informationssystem des Bundes sowie über ihre weiteren Rechte aufgeklärt zu werden (Art. 15).

19
DNA-Profile im Strafverfahren

---

41 *BGer*, Urt. v. 13.2.2001, 1P.638/2000, Erw. 4 b/cc m.w.H.; *Frowein/Peukert*, EMRK (LitVerz.), Art. 6 RN 165.
42 *BGer*, Urt. v. 17.12.2001, 1P.579/2001, Erw. 2.4.
43 *J.P. Müller*, Grundrechte (LitVerz.), S. 564.
44 *BGE 120* Ia 147, Erw. 3 b.
45 *BGE 124* I 80, Erw. 2.
46 Bundesgesetz v. 20.6.2003 über die Verwendung von DNA-Profilen im Strafverfahren und zur Identifizierung von unbekannten oder vermissten Personen (SR 363).
47 Zur Definition des DNA-Profils vgl. Art. 2 Abs. 1 DNA-Profil-Gesetz.

20 Entwurf zur Strafprozeßordnung	Bestimmungen über die Aufbewahrung erkennungsdienstlicher Unterlagen enthält auch der Entwurf zu einer Schweizerischen Strafprozeßordnung[48]. Danach können die Unterlagen und Registratureinträge solange bestehen bleiben und auch benutzt werden, als nach dem jeweils geltenden Recht der betreffende Strafregistereintrag noch nicht gelöscht ist (Art. 260 Abs. 1 lit. a). Bei Einstellung oder Freispruch sind Eintragungen und Unterlagen sofort zu löschen. Dasselbe gilt, wenn kein Verfahren eröffnet wurde (Art. 260 Abs. 1
Ausnahmsweise Aufbewahrung	lit. b und c). Eine Ausnahme besteht dann, wenn anzunehmen ist, daß die erkennungsdienstlichen Materialien auch künftig bedeutsam werden könnten. In diesem Fall dürfen sie während maximal zehn Jahren aufbewahrt und auch verwendet werden (Art. 260 Abs. 2). Es ist jeweils eine Interessenabwägung vorzunehmen zwischen dem Fahndungsinteresse und den Grundrechten des Beschuldigten.

4. Tragweite der Unschuldsvermutung in Untersuchungshaft

21 Strenge Anforderungen	Konflikte mit der Unschuldsvermutung können auch im Rahmen einer angeordneten Untersuchungshaft entstehen[49]. Die Untersuchungshaft trifft Personen, die nicht rechtskräftig verurteilt wurden, deren Unschuld also zu vermuten ist. Trotzdem werden Untersuchungshäftlinge ähnlichen Eingriffen in ihre Freiheitsrechte wie Strafgefangene ausgesetzt. Aus diesem Grund wird die Anordnung der Untersuchungshaft an strenge Voraussetzungen geknüpft, namentlich an das Vorliegen eines dringenden Tatverdachts sowie eines speziellen Haftgrundes, wie Flucht-, Kollusions- oder Fortsetzungsgefahr[50].
22 Grundrechtliche Anforderungen	Ferner hat das Bundesgericht in seiner Rechtsprechung grundrechtliche Minimalanforderungen an die Ausgestaltung der Haftbedingungen in Untersuchungshaft entwickelt[51]. Die Unschuldsvermutung kann unter anderem durch die *Haftdauer* verletzt werden. Das Bundesgericht erachtet eine Haftdauer als unverhältnismäßig, wenn „die Haftfrist die mutmaßliche Dauer der zu erwartenden freiheitsentziehenden Sanktion übersteigt"[52]. Diese Praxis wird von einem Teil der Lehre als Verstoß gegen die Unschuldsvermutung erachtet,

---

48 Entwurf zu einer Schweizerischen Strafprozessordnung (BBl 2006, S. 1389; im folgenden: E-StPO), Art. 260 sowie Botschaft des Bundesrates zur Vereinheitlichung des Strafprozessrechts v. 21. 12. 2005 (BBl 2006, S. 1085; zit.: Botschaft), S. 1244.
49 Besondere Rechte der Untersuchungshäftlinge werden in Art. 31 Abs. 3 BV, Art. 5 EMRK sowie Art. 9 und 10 UNO-Pakt II verankert. Daher wird diese Problematik vorliegend nur am Rande behandelt. Näheres zum Thema bei *J.P. Müller*, Grundrechte (LitVerz.), S. 65 ff., *Tophinke* (FN 6), S. 370 ff. sowie *P. Albrecht*, Die Untersuchungshaft – eine Strafe ohne Schuldspruch? Ein Plädoyer für den Grundsatz der Unschuldsvermutung im Haftrecht, in: Andreas Donatsch/Marc Forster/Christian Schwarzenegger (Hg.), FS Stefan Trechsel, 2002, S. 355 ff.
50 Vgl. *Tophinke* aaO., S. 371 f.; kritisch bezüglich der Vereinbarkeit der Fortsetzungsgefahr als Haftgrund mit Art. 32 Abs. 1 BV *Albrecht* aaO., S. 357.
51 Vgl. insbesondere die drei Minelli-Entscheide: *BGE 99* Ia 262, *102* Ia 279 und *118* Ia 64; von Bedeutung für diese Rechtsprechung sind auch die Empfehlungen des Ministerkomitees des Europarates, in denen Mindestgrundsätze für die Behandlung von Gefangenen festgehalten werden, vgl. namentlich die Empfehlung Nr. R (87) 3 v. 12. 2. 1987, ferner Empfehlung Nr. R (80) 11 v. 27. 6. 1980 über die Untersuchungshaft sowie Empfehlung Nr. R (98) 7 v. 8. 4. 1998 betr. die medizinische Versorgung von Gefangenen.
52 *BGE 126* I 172, Erw. 5 a.

einerseits, weil Maßnahmen gegen Verdächtige in ihrer Dauer nicht den Charakter einer Strafe haben dürfen, andererseits, weil diese Rechtsprechung einzig die Möglichkeit eines Schuldspruchs, nicht aber einer Einstellung des Verfahrens oder eines Freispruchs in Betracht zieht[53].

D. Verteidigungsrechte (Art. 32 Abs. 2 BV)

I. Allgemeines

Die in der Bundesverfassung verankerten Verfahrensrechte stellen nur Minimalgarantien dar, über die der kantonale und der Bundesgesetzgeber hinausgehen können. Es muß demnach zunächst untersucht werden, ob das anwendbare Verfahrensrecht dem Betroffenen mehr Rechte einräumt als die Bundesverfassung. Der Umfang der Rechte des Angeschuldigten auf Verteidigung bestimmt sich in der Schweiz zunächst nach kantonalen Vorschriften. Erst wenn sich der kantonale Schutz als ungenügend erweist, greifen unmittelbar die bundesrechtlichen Verfahrensregeln Platz.

23
Minimalgarantien

II. Recht auf Orientierung

Gemäß Art. 32 Abs. 2 BV hat jede angeklagte Person Anspruch darauf, möglichst rasch und umfassend über die gegen sie erhobenen Beschuldigungen unterrichtet zu werden. Eine entsprechende Bestimmung findet sich in Art. 6 Ziff. 3 lit. a EMRK[54]. Dieses Recht umfaßt sowohl die genauen tatsächlichen Vorwürfe, die der Anklage zugrunde liegen, als auch deren juristische Qualifikation[55]. Diese Garantie ist Ausfluß des rechtlichen Gehörs und soll dem Beschuldigten erlauben, die ihm zustehenden Verteidigungsrechte möglichst früh wahrzunehmen. Damit der Beschuldigte dies auch tatsächlich tun kann, schulden ihm die Strafverfolgungsbehörden detaillierte und vollständige Angaben, die in einer ihm verständlichen Sprache zu erfolgen haben, was unter Umständen den Beizug eines Dolmetschers erfordert[56]. Das Informationsrecht des Beschuldigten entsteht grundsätzlich im Zeitpunkt des polizeili-

24
Tatsachenvorwurf und juristische Qualifikation

---

53 *Albrecht* (FN 49), S. 358 f. m.w.H.
54 Danach hat jede angeklagte Person das Recht, „innerhalb möglichst kurzer Frist in einer ihr verständlichen Sprache in allen Einzelheiten über Art und Grund der gegen sie erhobenen Beschuldigung unterrichtet zu werden".
55 *Auer/Malinverni/Hottelier*, Droit constitutionnel (LitVerz.), Bd. II, RN 1364; vgl. auch *Mahon*, in: Aubert/ders., Constitution (LitVerz.), Art. 32 RN 7; vgl. auch *BGer*, Urt. v. 19.12.2003; 1P.651/2003; 1P.653/2003, Erw. 3.
56 *Vest*, in: Ehrenzeller u.a., St. Galler Kommentar (LitVerz.), Art. 32 RN 17; *Frowein/Peukert*, EMRK (LitVerz.), Art. 6 RN 175 ff.; *Schubarth*, ZSR 94 (1975) I, S. 506 f. und 510; dies gilt jedoch nur für die mündlichen Verhandlungen; der Angeschuldigte kann vom Gericht nicht verlangen, daß die schriftlichen Unterlagen in seiner Sprache abgegeben werden. Hingegen hat er das Recht, von den Behörden eine Übersetzung zu verlangen, falls ihm die finanziellen Mittel dazu fehlen, vgl. *Auer/Malinverni/Hottelier* aaO., RN 1365; vgl. auch Art. 66 E-StPO.

chen Ermittlungsverfahrens oder der Einleitung eines untersuchungsrichterlichen bzw. staatsanwaltlichen Untersuchungsverfahrens[57].

III. Grundsatz des „fair trial"

25
Verteidigungsrechte

Art. 32 Abs. 2 Satz 2 BV sowie Art. 6 Abs. 1 und 3 EMRK verankern Mindestgarantien, die als Ausdruck des Grundsatzes des „fair trial" bezeichnet werden können. Im Zentrum stehen die daraus fließenden Verteidigungsrechte. Der Grundsatz des „fair trial" verbietet es den Behörden, dem Beschuldigten die Verteidigungsrechte zu entziehen[58]. Im folgenden werden die einzelnen Verteidigungsrechte näher erläutert.

1. Recht auf Beizug eines Verteidigers

26
Ausreichende Verteidigungsvorbereitung

Art. 32 Abs. 2 BV begnügt sich mit einer allgemeinen Formulierung, wonach der Angeklagte die Möglichkeit haben muß, die ihm zustehenden Verteidigungsrechte geltend zu machen. Diese Rechte werden jedoch nicht einzeln aufgeführt. Maßgebend ist daher die einschlägige Lehre und Rechtsprechung zum schweizerischen Verfassungsrecht sowie zur Europäischen Menschenrechtskonvention. Letztere hält in Art. 6 Ziff. 3 lit. c ausdrücklich fest, daß jeder Angeklagte das Recht hat, „sich selbst zu verteidigen, sich durch einen Verteidiger (seiner) Wahl verteidigen zu lassen oder, falls (ihm) die Mittel zur Bezahlung fehlen, unentgeltlich den Beistand eines Verteidigers zu erhalten, wenn dies im Interesse der Rechtspflege erforderlich ist". Ein Anspruch auf Kontakt mit dem Verteidiger unmittelbar nach der Verhaftung folgt jedoch aus Art. 6 Ziff. 3 lit. c EMRK nicht. Den Anforderungen der Konvention wird in genügender Weise Rechnung getragen, wenn der Betroffene *spätestens bis zum Prozeß* ausreichende Gelegenheit erhält, seine Verteidigung mit einem Anwalt vorzubereiten[59].

Verteidigerausschluß von erster Einvernahme

Es entspricht auch nicht der bisherigen Schweizer Praxis, daß dem Beschuldigten ein Recht auf Teilnahme des Anwalts bereits an der ersten Einvernahme gewährt wird. In der früheren, heute wohl überholten Rechtsprechung des Bundesgerichts wurde die Auffassung vertreten, der Ausschluß des Verteidigers von der ersten Einvernahme könne unter Umständen der Wahrheitsfindung dienen[60].

---

57 *Vest* aaO., RN 17; *Villiger*, EMRK (LitVerz.), RN 506.
58 Dies gilt selbst dann, wenn der Betroffene trotz ordnungsgemäßer Vorladung und ohne Entschuldigung nicht zur Verhandlung erscheint, *BGE* 127 I 213, Erw. 4: Der Beschwerdeführer verzichtete in concreto auf sein Recht auf persönliche Anwesenheit, nicht aber auf sein Recht, durch einen Offizialverteidiger vertreten zu werden. Wegen des Nichterscheinens wurde ihm jedoch vom Strafgericht die amtliche Verteidigung verwehrt und die Appellation wurde materiell nicht behandelt, was eine Verletzung der Verteidigungsrechte darstellt; zum Abwesenheitsverfahren i.w.S. vgl. auch *BGE* 126 I 38 (Aufhebung eines Abwesenheitsurteils).
59 *Frowein/Peukert*, EMRK (LitVerz.), Art. 6 RN 179; vgl. aber *EGMR*, Urt. v. 24.11.1993, Imbrioscia ./. Schweiz, Serie A Nr. 275, wo der Europäische Gerichtshof für Menschenrechte festhält, daß der Anspruch auf Beizug eines Verteidigers bereits im Stadium der Voruntersuchung bestehen kann, wenn sonst die Fairneß des weiteren Verfahrens ernsthaft gefährdet wäre (Ziff. 36; hier verneint).
60 *BGE* 104 Ia 17, Erw. 3; ausführlicher zur Problematik des „Anwalts der ersten Stunde" hinten Ziff. 3 a.

a) Beizug eines Verteidigers nach eigener Wahl

Grundlegend ist der Anspruch des Angeschuldigten auf Beizug eines frei gewählten und von ihm selbst bezahlten Verteidigers[61]. Dieser Anspruch ist absolut. Vorbehalten bleibt die Befugnis des Staates, die Zulassung von Anwälten zu regeln. Es ist somit mit dem Grundrecht des Beschuldigten auf Beizug eines Verteidigers seiner Wahl vereinbar, wenn die Verteidigerwahl auf patentierte Rechtsanwälte beschränkt wird[62]. Das Gericht hat sich zu vergewissern, daß sowohl die Interessen der Rechtspflege als auch die Verteidigungsrechte des Angeschuldigten gewahrt werden[63].

27 Wahlverteidiger bei Honorierung

b) Notwendige und amtliche Verteidigung

Vom Recht auf Beizug eines Wahlverteidigers ist zunächst das Recht auf notwendige Verteidigung zu unterscheiden. Grundsätzlich besteht in der Schweiz kein allgemeiner Verteidigerzwang. In schwierigen Fällen ist jedoch der Beizug eines Verteidigers nach Verfassung oder Europäischer Menschenrechtskonvention auch gegen den Willen des Beschuldigten zwingend geboten. Die Voraussetzungen für die Anordnung der notwendigen Verteidigung sind in den kantonalen Strafprozeßordnungen geregelt[64]. Zieht der Angeschuldigte keinen frei gewählten Verteidiger bei und sind die Voraussetzungen der notwendigen Verteidigung erfüllt, so ist ihm von der zuständigen Strafverfolgungsbehörde eine amtliche Verteidigung zu bestellen[65]. Auch der Offizialverteidiger muß die rechtlichen Interessen des Angeklagten in ausreichender und wirksamer Weise wahrnehmen. Eine Verletzung der Verteidigungsrechte des Angeschuldigten kann beispielsweise darin liegen, daß die Behörden untätig

28 Verteidigerzwang in schwierigen Fällen

Amtliche Verteidigung

---

61 *J.P. Müller*, Grundrechte (LitVerz.), S. 554; vgl. auch *G. Müller*, in: Aubert u.a., Bundesverfassung 1874 (LitVerz.), Art. 4 aBV, RN 117; ferner Art. 127 E-StPO.
62 *BGE 120* Ia 247, Erw. 4; vgl. auch Art. 125 Abs. 5 E-StPO, der die Verteidigung der beschuldigten Person vor den Strafbehörden den Rechtsanwälten vorbehält, die nach Anwaltsrecht berechtigt sind, Parteien vor Gerichtsbehörden zu vertreten. Vorbehalten bleiben abweichende kantonale Bestimmungen im Bereich des Übertretungsstrafverfahrens.
63 *Villiger*, EMRK (LitVerz.), RN 517; der Richter hat den nicht anwaltlich vertretenen Angeklagten über seine Verteidigungsrechte aufzuklären und bei einer offenkundig ungenügenden (u.U. auch Privat-) Verteidigung Vorkehrungen zur Gewährleistung einer hinreichenden Verteidigung zu treffen, vgl. *BGE 124* I 185, Erw. 3 und 4; betr. Art. 14 UNO-Pakt II vgl. *Achermann/Caroni/Kälin* (FN 15), S. 193 f.
64 Vgl. z.B. Art. 50 StPO-BE (321.1), Art. 35 StPO-FR (32.1), § 11 i.V.m. § 12 StPO-ZH (321), ferner Art. 128 E-StPO: Die notwendige Verteidigung ist u.a. dann geboten, wenn die Strafsache in tatsächlicher oder rechtlicher Hinsicht Schwierigkeiten bietet, denen der Angeklagte nicht gewachsen ist; wenn der Betroffene infolge geistiger oder körperlicher Beeinträchtigungen seine Rechte nicht selber zu wahren vermag; bei ununterbrochener Untersuchungshaft ab mehreren Tagen oder wenn mit einer Freiheitsstrafe von einer bestimmten Dauer oder einer freiheitsentziehenden Maßnahme zu rechnen ist; vgl. auch *Gérard Piquerez*, Procédure pénale Suisse, traité théorique et pratique, 2000, S. 281; *BGE 131* I 350, Erw. 2.1.
65 Die Voraussetzungen für die Anordnung der amtlichen Verteidigung sind ebenfalls in den kantonalen Strafprozeßordnungen geregelt; der Begriff ist weiter zu fassen als die notwendige Verteidigung: Das Institut der amtlichen Verteidigung kann neben Fällen der notwendigen auch solche der *unentgeltlichen Verteidigung* umfassen, vgl. namentlich § 34 Abs. 2 StPO-LU (305), Art. 51 Abs. 2 StPO-BE (321.1) sowie Art. 130 Abs. 1 lit. b E-StPO; ferner *Piquerez* aaO., S. 285 ff. und *Hauser/Schweri* (FN 20), S. 148 ff.; auch die notwendige Verteidigung kann unentgeltlich erfolgen, z.T. wird die Gewährung der unentgeltlichen Verteidigung sogar an das Vorliegen eines Falles der notwendigen Verteidigung geknüpft, vgl. § 15 Abs. 1 lit. a i.V.m. § 14 StPO-BS (257.100); auf die in Art. 29 Abs. 3 Satz 2 BV speziell geregelte unentgeltliche Verteidigung wird vorliegend nicht weiter eingegangen.

dulden, daß der Verteidiger seine anwaltlichen Berufs- und Standespflichten zum Schaden des Angeklagten in grober Weise vernachlässigt. Daraus folgt eine entsprechende Pflicht der Behörden, den säumigen Pflichtverteidiger zu ersetzen[66] und nötigenfalls wichtige Prozeßhandlungen nachzuholen[67].

29
Maßgeblichkeit von Deliktsschwere oder Schwierigkeitsgrad

Liegt ein Fall der notwendigen Verteidigung vor, so würde die Durchführung einer Hauptverhandlung ohne Verteidiger gemäß einem älteren Entscheid des Bundesgerichts gegen Art. 32 Abs. 2 BV sowie Art. 6 Ziff. 3 lit. c EMRK verstoßen[68]. Dieser Grundsatz steht allerdings unter dem Vorbehalt des Rechtsmißbrauchs: Hat der Beschwerdeführer die Dienste seines Wahlverteidigers bewußt nicht in Anspruch genommen und zugleich aus seiner Abwesenheit eine Verletzung seiner Verteidigungsrechte abgeleitet, kann die Verhandlung trotz Fernbleibens des Anwalts und ohne Bestellung eines amtlichen Verteidigers durchgeführt werden[69]. Die Notwendigkeit der Verteidigung beurteilt sich im konkreten Fall namentlich nach der Schwere des Deliktes oder den rechtlichen und tatsächlichen Schwierigkeiten des Falles[70]. Das Bundesgericht bejahte in einem umstrittenen Urteil einen Anspruch des Angeschuldigten auf notwendige Verteidigung unabhängig von der Schwierigkeit des Falles, wenn der Betroffene mit einer Strafe zu rechnen hat, für welche wegen ihrer Dauer von mehr als achtzehn Monaten die Gewährung des bedingten Vollzugs ausgeschlossen ist, oder wenn eine freiheitsentziehende Maßnahme von erheblicher Tragweite in Frage kommt[71]. Auch der Europäische Gerichtshof für Menschenrechte hat in einem die Schweiz betreffenden Urteil erwogen, daß allein aufgrund des abstrakten Strafrahmens von möglichen drei Jahren Gefängnis die amtliche bzw. unentgeltliche Rechtsverbeiständung des Angeschuldigten notwendig gewesen wäre; dies soll selbst dann gelten, wenn im konkreten Fall nichts darauf hinweist, daß eine unbedingt vollziehbare Gefängnisstrafe von über achtzehn Monaten verhängt werden

---

66 Art. 132 Abs. 2 E-StPO geht insofern über die bisherige bundesgerichtliche Rechtsprechung hinaus, als ein Wechsel des amtlichen Verteidigers zulässig sein soll, wenn das Vertrauensverhältnis mit dem Beschuldigten erheblich gestört oder eine wirkungsvolle Verteidigung aus anderen Gründen nicht mehr gewährleistet ist, vgl. Botschaft, S. 1180. Das Bundesgericht ließ bisher einen Wechsel nur aus objektiven Gründen zu, vgl. z. B. *BGE 116* Ia 102, Erw. 4 b; *BGer*, Urt. v. 2. 9. 2002, 1P.195/2002, in: Pra 2003, S. 207 ff.; vgl. auch *Villiger*, EMRK (LitVerz.), RN 521.
67 Vgl. *Piquerez* (FN 65), S. 282 f.; *BGE 120* Ia 48, Erw. 2 e. Ein Verzicht auf Wiederholung bestimmter Prozeßhandlungen seitens der Behörden ist zulässig und mit dem Grundsatz von Treu und Glauben vereinbar, wenn weder der Beschuldigte noch sein neu bestellter amtlicher Verteidiger entsprechende Begehren stellen (Erw. 2 e bb). Vorausgesetzt wird auch, daß der Angeschuldigte mit seinem Verteidiger konstruktiv zusammenarbeitet. Bei nicht nachvollziehbarem, mißbräuchlichem Verhalten kann er keine Verletzung seiner Verteidigungsrechte geltend machen, vgl. *BGer*, Urt. v. 14. 4. 2003, 1P.117/2003, Erw. 4.2.
68 *BGE 113* Ia 218, Erw. 3 c, bestätigt in *BGE 131* I 185, Erw. 3.2.3.
69 *BGE 131* I 185, Erw. 3.
70 *Piquerez* aaO., S. 281; *Niklaus Schmid*, Strafprozessrecht. Eine Einführung auf der Grundlage des Strafprozessrechts des Kantons Zürich und des Bundes, ³1997, S. 135 f.
71 *BGE 113* Ia 218, Erw. 3 b und d; in diesem Entscheid wurden jedoch die Voraussetzungen für die Anordnung der amtlichen Verteidigung auf die dem basel-städtischen Verfahrensrecht in der damals geltenden Fassung unbekannte notwendige Verteidigung ausgedehnt, was vom Bundesgericht selbst in einem späteren Entscheid als unzulässig erachtet wurde, vgl. *BGE 124* I 185, Erw. 2.

kann⁷². Dieser „abstrakten" Betrachtungsweise folgt das Bundesgericht jedoch nicht generell: Maßgebend für die Notwendigkeit der amtlichen bzw. unentgeltlichen Rechtsverbeiständung kann nicht sein, welche Sanktion aufgrund des obersten Strafrahmens theoretisch denkbar wäre, denn sonst müßte auch bei geringfügigen Vergehen mit Bagatellcharakter ein Anspruch auf amtliche Verteidigung bejaht werden. In Fällen, in welchen konkret mit einer Freiheitsstrafe von einigen Wochen bis Monaten zu rechnen ist, hält das Bundesgericht am Erfordernis der besonderen Schwierigkeiten rechtlicher oder tatsächlicher Natur fest⁷³. Zu beachten ist jedoch, daß die meisten kantonalen Strafprozeßordnungen sowie der Entwurf zu einer Schweizerischen Strafprozeßordnung vorsehen, daß der Angeschuldigte unter bestimmten Umständen – namentlich dann, wenn eine Freiheitsstrafe von einer gewissen Mindestdauer zu erwarten ist – einen Anspruch auf notwendige Verteidigung hat⁷⁴. Die Gewährung der notwendigen Verteidigung darf gemäß einem neueren Bundesgerichtsentscheid nicht von den Erfolgsaussichten des Strafverfahrens abhängig gemacht werden⁷⁵.

Abstrakter Strafrahmen nicht generell maßgebend

Anknüpfen an Mindeststrafdauer

2. *Recht auf Kontakt mit dem Verteidiger*

a) Grundsatz

Art. 32 Abs. 2 BV und 6 Abs. 3 lit. c EMRK enthalten auch das Recht jedes Angeschuldigten auf Kontakt mit seinem Verteidiger: Der Angeschuldigte hat Anspruch darauf, ungestört und unüberwacht mit seinem Verteidiger zu kommunizieren. Es handelt sich um einen wesentlichen Aspekt der Vorbereitung der Verteidigung⁷⁶. Der Kontakt mit dem Verteidiger kann sowohl persönlich als auch schriftlich erfolgen. Im Urteil *S. gegen die Schweiz*⁷⁷ hielt der Europäische Gerichtshof für Menschenrechte fest, daß Art. 6 Ziff. 3 lit. c EMRK dem Angeschuldigten das Recht gewährt, sich mit seinem Verteidiger frei außerhalb der Hörweite Dritter zu besprechen. Dies soll auch im Fall schwerwiegender Straftaten gelten. Die Möglichkeit einer Abstimmung der Verteidigungsstrategie mit Rechtsanwälten von Mitangeklagten genüge für sich allein nicht, um von diesem Grundsatz abzuweichen und eine Überwachung von Verteidigergesprächen vorzusehen. Einschränkungen des Kontakts mit dem Verteidiger sind jedoch unter bestimmten Voraussetzungen zulässig.

30
Ungestörte und unüberwachte Kommunikation

---

72 *EGMR*, Urt. v. 24. 5. 1991, Quaranta ./. Schweiz, in: VPB 1991, Nr. 52: Die Verweigerung des Gerichtspräsidenten, einem drogensüchtigen, gesellschaftlich und wirtschaftlich schlecht gestellten jungen Erwachsenen einen Pflichtverteidiger für eine während der Probezeit begangene Straftat beizuordnen, verstößt gegen Art. 6 Ziff. 3 lit. c EMRK.
73 *BGE* 120 Ia 43, Erw. 2 b; vgl. auch *Piquerez* (FN 64), S. 281.
74 Vgl. § 11 Abs. 2 Ziff. 3 StPO-ZH (321), Art. 50 Ziff. 2 lit. a StPO-BE (321.1) oder sinngemäß § 9 Abs. 1 lit. c StPO-SO (321.1) sowie Art. 128 lit. b E-StPO.
75 Vgl. *BGE* 129 I 281, Erw. 4.2–4.3.
76 *Auer/Malinverni/Hottelier*, Droit constitutionnel (LitVerz.), Bd. II, RN 1378 ff.; *J.P. Müller*, Grundrechte (LitVerz.), S. 556; *Villiger*, EMRK (LitVerz.), RN 525.
77 *EGMR*, Urt. v. 28. 11. 1991, S. ./. Schweiz, in: EuGRZ 1992, S. 298 ff.

b) Einschränkungen

31
Kollusionsgefahr

Der Kontakt mit dem Verteidiger kann unter gewissen, strengen Voraussetzungen eingeschränkt werden. Solche Einschränkungen müssen verhältnismäßig und dürfen der Vorbereitung der Verteidigung nicht hinderlich sein[78]. Der wichtigste Einschränkungsgrund ist das Vorliegen einer Kollusionsgefahr; dies jedoch nur, wenn die Gefahr auch auf Seiten des Verteidigers vorhanden ist, wenn also der konkrete Verdacht besteht, der Verteidiger werde seine Vertrauensstellung mißbrauchen und zu Kollusionen beitragen[79]. Die Kommission vertritt die Ansicht, daß die Verteidigungsrechte dem Angeschuldigten bereits im Untersuchungsverfahren zustehen müssen und nicht nur in der Hauptverhandlung[80].

32
Kontaktsperre

Das Bundesgericht hielt in seiner früheren Rechtsprechung fest, die Einschränkung der Verteidigungsrechte könnte auch in Fällen gerechtfertigt werden, in denen dem Angeschuldigten schwerste Delikte zur Last gelegt werden und dieser zu den des Terrorismus dringend verdächtigten Kreisen zu zählen ist. Hier sei nämlich das Risiko groß, daß Dritte – wozu auch Anwälte gehören können – mit oder ohne ihr Wissen zu Komplizen der Gefangenen werden. Liegen solche Umstände vor, sind auch besonders einschneidende Maßnahmen bezüglich des Verkehrs mit dem Anwalt zulässig, und zwar selbst dann, wenn der Anwalt in keiner Weise verdächtig scheint[81]. Im Anschluß an den Entscheid des Europäischen Gerichtshofs für Menschenrechte änderte das Schweizerische Bundesgericht teilweise seine Praxis. Neu wird bei der Frage der Kontaktsperre zwischen Verteidiger und Beschuldigtem auf die konkrete Gefahr eines Mißbrauchs abgestellt[82].

---

78 *Auer/Malinverni/Hottelier*, Droit constitutionnel (LitVerz.), Bd. II, RN 1381.
79 *BGE 111* Ia 341, Erw. 2.3; *BGE 121* I 164, Erw. 2 c; vgl. ferner *BGE 106* Ia 219.
80 Vgl. *EGMR*, Urt. v. 30.9.1985, sowie *Kommission*, Bericht v. 12.7.1984, Can ./. Österreich, in: EuGRZ 1986, S. 276 ff.: Die Anwendung von Art. 6 Ziff. 3 lit. c EMRK sei im Untersuchungsverfahren nicht kategorisch ausgeschlossen, vor allem dann nicht, wenn wegen einer besonderen Verfahrensstruktur der Voruntersuchung im Gesamtzusammenhang des Verfahrens entscheidende Bedeutung zukommt (Ziff. 49); ferner sei es konventionswidrig, den Verkehr zwischen dem Angeschuldigten und seinem Verteidiger akustisch zu überwachen; Ausnahmen von diesem Grundsatz dürften nur unter außerordentlichen Umständen gewährt werden, die in concreto nicht vorlagen (Ziff. 37 und 59 f.); vgl. auch *EGMR*, Urt. v. 8.2.1996, John Murray ./. Vereinigtes Königreich, in: EuGRZ 1996, S. 587 ff.: Der Beistand eines Rechtsanwalts bereits anläßlich der polizeilichen Befragung ist zwar nicht ausdrücklich in der Konvention erwähnt, doch können besondere Umstände dies verlangen, wobei wohlbegründete Einschränkungen zulässig sind, solange das Recht des Angeschuldigten auf ein faires Verfahren gewahrt bleibt (Ziff. 63).
81 *BGE 111* Ia 341, Erw. 3 e: Das Bundesgericht erachtete eine während mehr als sieben Monaten optische und akustische Überwachung des Verkehrs des Angeschuldigten mit seinem Verteidiger in Anbetracht der besonderen Gefährlichkeit des Angeschuldigten und der Schwere der ihm vorgeworfenen Straftaten als zulässig. Diese Auffassung des Bundesgerichts wurde jedoch in diesem Fall vom Europäischen Gerichtshof für Menschenrechte nicht gestützt, vgl. *EGMR*, Urt. v. 28.11.1991, S. ./. Schweiz, EuGRZ 1992, S. 298 und dazu hinten Ziff. 2 a.
82 Vgl. z. B. *BGE 121* I 164.

3. Ausübung der Verteidigungsrechte

a) Verteidigung der ersten Stunde

Wesentlich ist die Frage, ab wann der Angeschuldigte das Recht hat, einen Verteidiger beizuziehen bzw. ob der Verteidiger schon an der ersten polizeilichen Einvernahme teilnehmen darf[83]. Eine klare Antwort darauf ist im Interesse des Angeschuldigten von großer Bedeutung, wenn man bedenkt, daß die Untersuchung in zahlreichen Fällen über längere Zeit hinweg von der Polizei allein geführt wird. In der Untersuchungsphase ist es oft ungewiß, über welche Verteidigungsrechte der Angeschuldigte verfügt, was einer effektiven Verteidigung hinderlich sein kann[84]. In der Schweiz wird die Frage zum Teil in den kantonalen Strafprozeßordnungen geregelt. Diese sehen mehrheitlich keine Teilnahme des Verteidigers bei der ersten polizeilichen Einvernahme vor[85]. Fortschrittlich sind die Strafprozeßordnungen der Kantone Solothurn und Obwalden, welche den Beizug eines Verteidigers bereits im polizeilichen Ermittlungsverfahren garantieren[86]. Das Bundesgericht hält fest, daß weder aus der Bundesverfassung noch aus der Europäischen Menschenrechtskonvention ein unbedingter Anspruch des Angeschuldigten auf Teilnahme seines Verteidigers an der ersten polizeilichen Einvernahme abgeleitet werden könne. Es sei vielmehr von Fall zu Fall zu entscheiden, ob dieses Recht aus wichtigen Gründen eingeschränkt werden dürfe[87].

33 Zeitpunkt der Verteidigerbeiziehung in der Untersuchungsphase

Kein unbedingter Anspruch des Angeschuldigten

Der Entwurf zu einer Schweizerischen Strafprozeßordnung enthält eine Reihe von Neuerungen, welche die Stellung des Angeschuldigten verstärken sollen. So auferlegt Art. 155 der Polizei und der Staatsanwaltschaft die Pflicht, die Beschuldigten vor der ersten Einvernahme auf ihre Rechte und Pflichten aufmerksam zu machen[88]. Wichtig ist vor allem die in Art. 155 Abs. 2 enthaltene Sanktion, wonach Einvernahmen durch Polizei und Staatsanwaltschaft, die ohne eine solche Orientierung erfolgten, beweismäßig nicht verwertbar sind[89]. Grundlegend ist die beabsichtigte Verankerung des Grundsatzes des

34 Aufklärung des Angeschuldigten über seine Rechte

---

83 Zustimmend *Vest*, in: Ehrenzeller u. a., St. Galler Kommentar (LitVerz.), Art. 32 RN 26; gemäß *Schubarth* müßte dieser Anspruch bereits im Untersuchungsverfahren entstehen, vgl. *dens.*, ZSR 94 (1975) I, S. 507 und 495 f.; a.M. *Auer/Malinverni/Hottelier*, Droit constitutionnel (LitVerz.), Bd. II, RN 1381, wonach das Recht auf Kontakt mit dem Verteidiger nicht unbedingt zu Beginn des Verfahrens gewährt werden muß; zur Problematik des „Anwalts der ersten Stunde" vgl. *N. Schmid*, „Anwalt der ersten Stunde". Zu den Lösungsvorschlägen des Vorentwurfs für eine Schweizerische Strafprozessordnung vom Juni 2001, in: Andreas Donatsch/Marc Forster/Christian Schwarzenegger (Hg.), FS Stefan Trechsel, 2002, S. 745 ff.
84 Zu dieser Problematik vgl. *H. Camenzind*, in: pläd. 1/95, S. 30 ff.
85 Vgl. *Schmid*, Vorentwurf (FN 83), S. 749.
86 Vgl. § 7 Abs. 2 StPO-SO (321.1) und Art. 10 StPO-OW (320.11).
87 *BGE* 126 I 153, Erw. 4 c ff.; vgl. auch *BGE* 113 Ia 214, wonach das Bundesgericht es für zulässig erachtet, die Rechte des flüchtigen Angeschuldigten (z.B. auf Kontakt mit seinem Verteidiger) zumindest in der Anfangsphase der Untersuchung einzuschränken; vgl. ferner *Zimmerlin*, ZStrR 121 (2003), S. 311 (319).
88 Diese Orientierungspflicht entspricht in etwa der aus dem amerikanischen Strafrecht bekannten „Miranda"-Warnung: Der Beschuldigte hat das Recht zu erfahren, daß gegen ihn ein Verfahren eröffnet wurde und welche Straftaten Gegenstand des Verfahrens bilden. Ferner muß er über sein Aussageverweigerungsrecht sowie über das Recht, eine Verteidigung beizuziehen und allenfalls einen Übersetzer zu verlangen, aufgeklärt werden, vgl. Botschaft, S. 1192 f.; ausführlich zum Thema *Zimmerlin* aaO., S. 315 ff.
89 Die Garantie hat demnach absoluten Charakter; Ausnahmen können unter bestimmten Umständen jedoch zulässig sein, vgl. *Zimmerlin* aaO., S. 331 und 332 f.

„Anwalts der ersten Stunde" auf gesetzlicher Stufe (Art. 156 Abs. 1). Die Verteidigung hat demnach das Recht, bei polizeilichen Einvernahmen der beschuldigten Person anwesend zu sein und Fragen zu stellen. Wird eine vorläufig festgenommene Person polizeilich einvernommen, so hat die Verteidigung zudem das Recht, mit der beschuldigten Person frei zu verkehren. Das Teilnahmerecht der Verteidigung ist aber auf Einvernahmen ihrer Mandantin oder ihres Mandanten beschränkt. An Einvernahmen, wie etwa von Auskunftspersonen oder Mitbeschuldigten, kann sie nicht teilnehmen[90].

b) Rechtliches Gehör

35
Wirksames Geltendmachen des eigenen Standpunkts

Im Rahmen eines Strafverfahrens ist es für den Betroffenen von besonderer Bedeutung, daß er seinen Standpunkt gegenüber den Behörden wirksam geltend machen kann. Die Gewährung des rechtlichen Gehörs hat unter anderem die Funktion, die Kommunikation zwischen Individuum und Behörden zu ermöglichen, einen Beitrag für die Wahrheitsfindung zu leisten und die Akzeptanz des behördlichen Entscheids zu erhöhen, indem der einzelne an einem ihn betreffenden Verfahren mitwirken darf[91]. Der Anspruch auf rechtliches Gehör wird primär in Art. 29 Abs. 2 BV geregelt. Art. 32 Abs. 2 BV konkretisiert diesen allgemeinen Grundsatz mit Blick auf die besondere Stellung des Angeschuldigten[92]. Die einzelnen Aspekte werden im folgenden erörtert.

aa) Recht auf Beizug eines Dolmetschers

36
Unentgeltlichkeit

Der Anspruch auf rechtliches Gehör gemäß Art. 32 Abs. 2 BV umfaßt auch das Recht des Angeklagten auf Beizug eines Dolmetschers. Dies wird auch in Art. 6 Ziff. 3 lit. e EMRK ausdrücklich festgehalten. Danach hat jede angeklagte Person, welche die Verhandlungssprache des Gerichts nicht versteht oder nicht spricht, das Recht, die unentgeltliche Unterstützung durch einen Dolmetscher zu erhalten[93].

37
Der Anspruch auf Übersetzung erfaßt alle Schriftstücke und mündlichen Äußerungen, die zum Strafverfahren gehören und auf deren Verständnis der

---

90 Ausführlich dazu Botschaft, S. 1193 ff.; vgl. auch *Schmid* (FN 83), S. 755 ff.
91 *Hauser/Schweri* (FN 20), S. 220; *G. Müller*, in: Aubert u.a., Bundesverfassung 1874 (LitVerz.), Art. 4 aBV, RN 98 ff.; zur Tragweite des rechtlichen Gehörs in Strafsachen, *Villiger* (FN 12), RN 488 ff.; vgl. auch statt vieler *BGE 119* Ib 12, Erw. 4 und *BGE 126* I 15, Erw. 2 a aa; auch wenn das rechtliche Gehör in den frühen Phasen der Untersuchung eingeschränkt werden darf, ist es unzulässig, den Angeschuldigten während der gesamten Dauer des Untersuchungsverfahrens über den Gegenstand der Untersuchung im Ungewissen zu lassen (*BGE 119* Ib 12, Erw. 4 c).
92 Im Rahmen des vorliegenden Beitrags werden lediglich jene Aspekte des rechtlichen Gehörs behandelt, welche direkte Auswirkungen auf die Stellung des Angeschuldigten im Strafprozeß entfalten.
93 Ein Vorbehalt der Schweiz bezüglich der Unentgeltlichkeit (vgl. Art. 1 Abs. 1 lit. a des Bundesbeschlusses über die Genehmigung der Konvention v. 4. 11. 1950 zum Schutze der Menschenrechte und Grundfreiheiten v. 3. 10. 1974, AS 1974 II 2148) wurde am 24. 8. 2000 vom Bundesrat zurückgezogen; vgl. auch *BGE 127* I 141: Das Bundesgericht erachtete die Kostenauferlegung für den Dolmetscher als mit Verfassung und Konvention unvereinbar, obwohl die angefochtene Entscheid vor dem Rückzug des Vorbehalts zu Art. 6 EMRK erging (Erw. 3); auch der Vorbehalt der Schweiz bezüglich Art. 14 Abs. 3 lit. d und f UNO-Pakt II wurde am 9. 1. 2004 vom Bundesrat zurückgezogen (AS 2004, 1375); zur Problematik der Unentgeltlichkeit vgl. namentlich *EGMR*, Urt. v. 23. 10. 1978, Luedicke, Belkacem und Koç ./. Bundesrepublik Deutschland, EuGRZ 1979, S. 34 ff. (Ziff. 46); vgl. auch *Auer/Malinverni/Hottelier*, Droit constitutionnel (LitVerz.), Bd. II RN 1390 ff., und *Villiger*, EMRK (LitVerz.), RN 528 ff.

Angeklagte angewiesen ist, um in den Genuß eines fairen Verfahrens zu kommen[94]. Ein Recht des anwaltlich vertretenen Angeschuldigten auf Übersetzung des Strafurteils in die eigene Muttersprache besteht nach Praxis des Bundesgerichts und des Europäischen Gerichtshofs für Menschenrechte nicht[95]. Obwohl besagtes Recht auf Übersetzung primär auf das Verhältnis zwischen Richter und Angeklagtem zugeschnitten ist, kann es unter Umständen auf den Kontakt des Angeschuldigten mit seinem Verteidiger ausgedehnt werden. Es ist in der Tat schwer vorstellbar, wie ein Beschuldigter das ihm zustehende Recht auf eine wirksame Verteidigung wahrnehmen könnte, wenn er nicht in der Lage ist, mit seinem Verteidiger zu kommunizieren[96]. Auch der Entwurf zu einer Schweizerischen Strafprozeßordnung verankert in Art. 66 das Recht auf Übersetzung bei Verhandlungen mit Personen, die die Amtssprache nicht verstehen oder sich darin nicht ausreichend ausdrücken können.

Anspruch auf Übersetzung

bb) Akteneinsicht

Voraussetzung für eine wirksame Ausübung der Verteidigungsrechte und somit elementarer Bestandteil des rechtlichen Gehörs ist die Gewährung der Akteneinsicht. Dieses Recht erstreckt sich auf alle Bestandteile der Strafakten, welche geeignet sind, als Grundlage der richterlichen Urteilsbildung zu dienen. Für den Strafprozeß ist von größter Bedeutung, daß Verurteilungen aufgrund von Akten, die der Angeklagte nicht kennt, unzulässig sind[97].

38
Erstreckung auf alle Bestandteile der Strafakten

Der Anspruch auf Akteneinsicht gilt in der bisherigen Lehre und Rechtsprechung jedoch nicht absolut. Es ist unter Berücksichtigung aller Umstände im Einzelfall zu entscheiden, ob Einschränkungen gerechtfertigt sind. So kann beispielsweise die Gewährung des Akteneinsichtsrechts in einem frühen Verfahrensstadium die laufenden Ermittlungen gefährden; das rechtliche Gehör muß hingegen gewährt werden, sobald die Untersuchung abgeschlossen ist. Das Bundesgericht hält fest, daß ein Anspruch auf umfassende Akteneinsicht vor Abschluß der Untersuchung weder aus Art. 4 aBV noch aus Art. 6 EMRK abgeleitet werden dürfe[98]. Ferner können sich Beschränkungen des Einsichtsrechts aus überwiegenden öffentlichen oder privaten Interessen ergeben[99].

39
Berücksichtigung aller Umstände

---

94 *Frowein/Peukert*, EMRK (LitVerz.), Art. 6 RN 204; es wird nicht die Übersetzung sämtlicher schriftlicher Beweismittel und sonstiger offizieller Verfahrensdokumente gefordert, vgl. *EGMR*, Urt. v. 19.12.1989, Kamasinski ./. Österreich, Serie A Nr. 168, Ziff. 74; im gleichen Sinne *BGE 118* Ia 462.
95 *BGE 118 Ia 462*, Erw. 3 a m.w.H.: Die Frage, ob dies auch bei Verurteilungen zu langjährigen Zuchthausstrafen gelten soll, ließ das Bundesgericht in diesem Entscheid jedoch offen (Erw. 3 a).
96 *Auer/Malinverni/Hottelier*, Droit constitutionnel (LitVerz.), Bd. II RN 1392.
97 *Hauser/Schweri* (FN 19), S. 223; zu den verfassungsrechtlichen Anforderungen an die gerichtliche Verwertung der Überwachung fremdsprachiger Telefongespräche vgl. *BGE 129* I 85, Erw. 4.1.
98 *BGE 119* Ib 12, Erw. 6 b, gemäß welchem Entscheid den Verteidigungsrechten des Beschuldigten Genüge getan ist, wenn mit diesem das Einsichtsrecht spätestens an der Gerichtsverhandlung eingeräumt wird.
99 Darunter fallen u.a. medizinische Gutachten, deren Bekanntgabe die Persönlichkeitsrechte der Betroffenen verletzen könnten, Fabrikations- und Geschäftsgeheimnisse oder Akten, welche im Interesse der öffentlichen Sicherheit und Landesverteidigung geheimgehalten werden müßten, vgl. *Hauser/Schweri* (FN 19), S. 224 f.; *Auer/Malinverni/Hottelier*, Droit constitutionnel (LitVerz.), Bd. II, RN 1382; vgl. aber *BGE 115* Ia 293: Wird einem Verfahrensbeteiligten jedoch die Akteneinsicht verweigert, darf auf diese zum Nachteil des Betroffenen nur abgestellt werden, wenn der Untersuchungsbeamte ihm vom wesentlichen Inhalt Kenntnis gibt und ihm Gelegenheit gibt, sich dazu zu äußern (Erw. 5 c); entsprechende Bestimmungen betr. das Akteneinsichtsrecht finden sich auch im VwVG (SR 172.021), Art. 26 ff.

Akteneinsicht spätestens nach erster Einvernahme

Gemäß dem Entwurf zu einer Schweizerischen Prozeßordnung ist diese einschränkende Praxis nicht mehr zeitgemäß. Artikel 99 stellt deshalb die Regelung auf, daß die Akteneinsicht spätestens nach der ersten Einvernahme des Beschuldigten sowie Abnahme der wichtigsten Beweise zu gewähren ist. Einschränkungen bleiben in den in Artikel 106 aufgezählten Fällen aber möglich.

cc) Vorbereitung der Hauptverhandlung

40
Hinreichende Vorbereitungszeit

Der Anspruch auf rechtliches Gehör enthält auch das Recht des Angeschuldigten, über genügend Zeit zur Vorbereitung seiner Verteidigung zu verfügen. Dieser Anspruch ist absolut. „Kurze Prozesse" sollen verhindert werden, da ansonsten der Betroffene seiner Verteidigungsrechte faktisch beraubt würde. Die Zeitfrage kann nicht abstrakt, sondern muß jeweils im Einzelfall beantwortet werden. Maßgebend sind der Schwierigkeitsgrad des Falles, das jeweilige Verfahrensstadium, der Umfang der Akten und die ungewöhnliche Arbeitsbelastung des Verteidigers[100].

dd) Zeugeneinvernahmen

41
Absoluter Anspruch

Beweisführung in kontradiktorischem Verfahren

Eine wirksame Verteidigung setzt voraus, daß der Angeschuldigte bzw. sein Verteidiger Fragen an die Belastungszeugen stellen sowie Entlastungszeugen vorladen und vernehmen darf[101]. Nach der Rechtsprechung des Bundesgerichts gehört das Recht des Angeschuldigten, Fragen an die Belastungszeugen zu stellen, zu den wichtigsten rechtsstaatlichen Grundsätzen, weshalb diesem Anspruch ebenfalls absoluter Charakter zukommt[102]. Die Beweisführung hat grundsätzlich in einer öffentlichen Verhandlung in einem kontradiktorischen Verfahren zu erfolgen. Dabei genügt es, wenn der Angeschuldigte wenigstens einmal während des Verfahrens Gelegenheit hat, mit den Belastungszeugen konfrontiert zu werden. Es kann aber unter Umständen als ungenügend erscheinen, wenn dem Angeschuldigten die Möglichkeit der Zeugenbefragung nur im Ermittlungsverfahren, nicht aber auch an der Hauptverhandlung eingeräumt wird, insbesondere dann, wenn der Angeschuldigte bei den Konfrontationseinvernahmen im Ermittlungsverfahren nicht anwaltlich vertreten war. Es ist in der Tat davon auszugehen, daß ein Beschuldigter, der im Untersuchungsverfahren zwar mit den Belastungszeugen konfrontiert wurde, bei dieser Gegenüberstellung jedoch ohne Rechtsbeistand war, seine Verteidigungsrechte nicht gleich wirksam ausüben konnte, wie dies bei anwaltlicher Vertretung

---

100 Vgl. Art. 6 Ziff. 3 lit. b EMRK; *Vest*, in: Ehrenzeller u.a., St. Galler Kommentar (LitVerz.), Art. 32 RN 29; *Auer/Malinverni/Hottelier*, Droit constitutionnel (LitVerz.), Bd. II, RN 1374 ff.; vgl. auch *Frowein/Peukert*, EMRK (LitVerz.), Art. 6 RN 179 ff.; unter besonderen Umständen (i.c. drohende Verjährung) kann sogar eine Vorbereitungszeit von drei Werktagen als ausreichend betrachtet werden, vgl. *BGE 131* I 185, Erw. 2.3.
101 Vgl. Art. 6 Ziff. 3 lit. d EMRK, wonach jede angeklagte Person das Recht hat, „Fragen an Belastungszeugen zu stellen oder stellen zu lassen und die Ladung und Vernehmung von Entlastungszeugen unter denselben Bedingungen zu erwirken, wie sie für Belastungszeugen gelten".
102 Vgl. z.B. *BGer*, Urt. v. 6.2.2003, 6P.90/2002, Erw. 2.1: Liegt eine Verletzung dieses Rechts vor, ist der angefochtene Entscheid aufzuheben, ungeachtet der Erfolgsaussichten in der Sache selbst. Demgegenüber kommt dem Recht, Entlastungszeugen zu laden und zu befragen, nur relativer Charakter zu; ferner *BGE 129* I 151, Erw. 3.1; *BGE 131* I 476, Erw. 2.2.

der Fall gewesen wäre[103]. Der Angeschuldigte hat jedoch die Möglichkeit, auf seine Teilnahmerechte ausdrücklich oder stillschweigend zu verzichten[104].

Ein sensibles Thema ist die Konfrontation des Angeschuldigten mit Belastungszeugen, namentlich mit dem mutmaßlichen Opfer, bei Straftaten gegen die sexuelle Integrität oder wenn das Opfer ein Kind ist. In diesem Fall ist zu prüfen, ob das Recht des Beschuldigten auf Konfrontation anders als durch direkte persönliche Gegenüberstellung gewährleistet werden kann. Denkbar wäre z.B. die Zwischenschaltung einer besonders ausgebildeten Person, welche die Befragung vornehmen könnte, oder die audiovisuelle Einvernahme des sich in einem anderen Raum befindenden Opfers. Entscheidend ist aber, daß dem Beschuldigten unter den konkreten Umständen des jeweiligen Falles eine hinreichende und wirksame Möglichkeit zur Verteidigung gegeben wird[105]. Hatte der Angeschuldigte keine Möglichkeit, sein Befragungsrecht auszuüben, sind die betreffenden belastenden Aussagen von Zeugen nur nach sorgfältiger Prüfung und nur dann verwertbar, wenn der Angeschuldigte Gelegenheit hatte, sich zur Sachverhaltsdarstellung des Belastungszeugen zu äußern. Maßgebend ist, daß sich der Schuldspruch nicht allein auf dieses Beweismittel stützt, diesem also keine „ausschlaggebende Bedeutung" zukommt. Die übrige Beweislage ist in die Gesamtwürdigung einzubeziehen[106].

42
Problematik persönlicher Gegenüberstellung

Zeugenaussagen ohne Befragungsrecht

IV. Zeugenaussagen von V-Männern

1. Allgemeine Bemerkungen

Der V-Mann-Einsatz bildet ein unentbehrliches polizeiliches Instrument in der modernen Kriminalitätsbekämpfung[107]. Verdeckte Einsätze sind mit Blick

43

---

103 *BGE 118* Ia 462, Erw. 5 a aa; *BGE 116* Ia 289, Erw. 3 c; *BGer*, Urt. v. 6.9.2002, in: Pra 2003, S. 210ff.; von einer Konfrontation kann allenfalls dann abgesehen werden, wenn es aus äußeren Umständen, die die Strafverfolgungsbehörden nicht zu vertreten haben, unmöglich ist, den Zeugen zu befragen, z.B., weil dieser verstorben oder sonstwie dauernd einvernahmeunfähig geworden ist; vgl. auch *BGE 124* I 274, Erw. 5 b.
104 *BGer*, Urt. v. 26.1.2001, in: Pra 2001, S. 355, wo die Durchführung der Konfrontationseinvernahme mit einem Belastungszeugen unter Zuhilfenahme eines Einwegspiegels vorgenommen wurde. Da sich der Verteidiger des Angeschuldigten mit diesem Vorgehen ausdrücklich einverstanden erklärte, was sich der Angeschuldigte im Sinne eines verbindlichen Verzichts entgegenhalten lassen mußte, ließ das Bundesgericht die Frage offen, ob dieses Vorgehen verfassungs- und konventionskonform sei (Erw. 2 d).
105 *BGer*, Urt. v. 26.11.2001, in: Pra 2001, S. 545ff., Erw. 3 d; eine Verletzung wurde auch in *BGE 129* I 151 bejaht: Schließen die berechtigten Interessen des minderjährigen Opfers aus, daß der Angeklagte es befragen läßt, darf auf die entsprechende Zeugenaussage grundsätzlich nicht abgestellt und der Angeklagte nicht (allein) darauf gestützt verurteilt werden (Erw. 4.3); vgl. auch *BGE 131* I 476, Erw. 2.3.4; Ausnahmen von diesem Grundsatz können sich bezüglich Befragungen anonymer Zeugen ergeben, vgl. unten IV, RN 44ff.
106 *BGE 124* I 274, Erw. 5 b; *BGE 125* I 127, Erw. 6 c dd; vgl. auch *Kassationsgericht Zürich*, Urt. v. 6.1.2003, in: ZR 102 Nr. 11; ebenfalls *Kassationsgericht Zürich*, Urt. v. 20.11.2000, in: ZR 100 Nr. 13, wonach die Verwertung von belastenden Zeugenaussagen als unzulässig zu betrachten ist, wenn der Zeuge die Beantwortung von Ergänzungsfragen in Anwesenheit des Angeschuldigten verweigert und es sich bei den betreffenden Aussagen um das ausschlaggebende Beweismittel handelt; ferner *Schubarth*, ZSR 94 (1975) I, S. 509f., wonach auf Aussagen von Zeugen, welche der Angeschuldigte nicht befragen konnte, nicht abgestellt werden darf; zu den methodischen Anforderungen an die psychologische Glaubwürdigkeit von Zeugenaussagen, vgl. *BGE 129* I 49, Erw. 5 und 6.
107 Zur Definition der V-Person vgl. *Hans Baumgartner*, Zum V-Mann-Einsatz (Diss. Zürich), 1990, S. 26.

2. Auswirkungen des V-Mann-Einsatzes auf die Verteidigungsrechte

44

Aufklärungsrechte des Angeschuldigten

Der Angeschuldigte hat Anspruch darauf, über den Einsatz verdeckter Ermittler (V-Mann-Einsatz) informiert zu werden, eine Begründung für dessen Anordnung zu erhalten und über die Art und Weise der Durchführung aufgeklärt zu werden, um die Rechtmäßigkeit der Maßnahme überprüfen zu können. Ferner hat der Angeschuldigte das Recht, bei der Befragung des V-Mannes anwesend zu sein sowie Fragen und Beweisanträge zu stellen[108]. Grundsätzlich sollte es dem Angeschuldigten möglich sein, die Identität des Zeugen zu erfahren, um dessen persönliche Glaubwürdigkeit und allfällige Zeugenausschluß- oder Ablehnungsgründe einer Überprüfung unterziehen zu können. Die Rechtsprechung anerkennt jedoch die Existenz berechtigter Interessen an der Geheimhaltung der Identität von Zeugen[109]. Im privaten Bereich der V-Personen muß der Schutz vor Repressalien und Druckausübung gewährleistet sein. Ebenso darf ein späterer Einsatz der V-Personen im Dienste der Strafverfolgungsbehörden nicht gefährdet werden[110]. Sind die Aussagen der anonym gebliebenen Person die ausschlaggebenden Beweise, so darf darauf nicht abgestellt werden und der Angeschuldigte ist allenfalls freizusprechen[111]. Nach der bundesgerichtlichen Praxis besteht kein absoluter Anspruch des Angeschuldigten auf direkte Konfrontation mit dem Belastungszeugen, sofern überwiegende schutzwürdige Interessen für die Wahrung der Anonymität sprechen. Ein Befragungsrecht gegenüber anonymen Zeugen steht aber jedem Angeschuldigten von Verfassung wegen zu, damit er die Glaubwürdigkeit der belastenden Aussagen prüfen und allenfalls ergänzende Fragen stellen kann[112].

Berechtigtes Interesse an Geheimhaltung

Konfrontation mit dem Belastungszeugen

---

108 Ausführlich zu dieser Problematik *Baumgartner* aaO., S. 286 ff.; zur Befragung von Belastungszeugen und Verwertbarkeit anonymer Zeugnisse sowie zur Frage der Verteidigungsrechte im Zusammenhang mit anonymen Zeugenaussagen siehe statt vieler *BGE 125* I 127.
109 Vgl. dazu *BGE 132 I* 127.
110 *BGE 125* I 127, Erw. 6 c ff–8 a.
111 *Vest*, in: Ehrenzeller u. a., St. Galler Kommentar (LitVerz.), Art. 32 RN 31.
112 *BGE 118* Ia 462, Erw. 5 a bb; das Bundesgericht hat vermehrt festgehalten, daß weder Bundesverfassung noch Europäische Menschenrechtskonvention einen Anspruch auf schrankenlose Geltung des Unmittelbarkeitsprinzips im Beweisverfahren einräumen und daher kein Anspruch auf Einvernahme von Zeugen vor dem Richter in der Hauptverhandlung besteht, solange die Verteidigungsrechte des Angeschuldigten gewahrt werden, *BGE 125* I 127, Erw. 6 b aa; vgl. aber *Villiger*, EMRK (LitVerz.), RN 478: Spätestens an der Hauptverhandlung müßte dem Beschuldigten das Recht auf unmittelbare Konfrontation mit den Belastungszeugen eingeräumt werden.

In einem die Schweiz betreffenden Urteil äußerte sich der Europäische Gerichtshof für Menschenrechte zu den Modalitäten der Befragung eines verdeckten Ermittlers vor Gericht[113]. Laut Gerichtshof stellt die Nichtzulassung eines V-Mannes der Polizei als Zeuge in einem Strafverfahren dann eine Verletzung des Art. 6 Ziff. 3 lit. d EMRK dar, wenn eine Zeugeneinvernahme unter Wahrung der Anonymität des V-Mannes möglich gewesen wäre, also in einer Weise, welche den legitimen Interessen der Polizeibehörden an der Aufrechterhaltung der Anonymität und gleichzeitig den Verteidigungsrechten des Angeschuldigten Rechnung getragen hätte. Das Bundesgericht erachtete in einem Entscheid aus dem Jahr 1995 die verdeckte Befragung eines V-Mannes als verfassungskonform, die mittels Tonübermittlung aus dem Nebenraum des Gerichtssaales unter Geheimhaltung der Personalien, aber Bekanntgabe der amtlichen Identität erfolgte[114]. In der jüngeren Bundesgerichtspraxis wird die Einvernahme von Zeugen unter Anordnung besonderer Schutzvorkehrungen, wie optischer oder akustischer Abschirmung, als zulässig erachtet, solange Verfahrensmaßnahmen vorgesehen werden, die dadurch verursachte Beschränkungen der Verteidigungsrechte in hinreichender Weise kompensieren[115].

45
Befragungsweise verdeckter Ermittler vor Gericht

Vom V-Mann zu unterscheiden ist der sogenannte „agent provocateur"[116]. Dessen Tätigkeit liegt nicht mehr im Bereich der zulässigen verdeckten Ermittlungen. Überschreitet ein verdeckter Ermittler die gesetzlichen Grenzen, indem er Einfluß auf die zu überführende Person ausübt, so kann die eingeklagte Tat nicht strafrechtlich verfolgt werden[117].

46
„agent provocateur"

---

113 *EGMR*, Urt. v. 25. 6. 1992, Lüdi ./. Schweiz, EuGRZ 1992, S. 300 ff. (Ziff. 49), und dazu *Gnägi*, in: recht 1994, S. 104 ff.
114 *BGer*, Urt. v. 21. 3. 1995, 6P.81/1994 und 6P.157/1994, EuGRZ 1995, S. 250 ff.: Dieses Vorgehen wurde vorliegend als zulässig erachtet, da der Angeschuldigte im Ermittlungsverfahren mit dem Zeugen konfrontiert wurde und Gelegenheit erhielt, diesen in der Hauptverhandlung vor Gericht zu befragen. Ferner war die Anonymität des Zeugen keine vollständige, denn der Beschuldigte kannte seine amtliche Funktion und konnte aufgrund seiner Stimme identifizieren, daß der gehörte Zeuge der fragliche V-Mann war (Erw. 3 d). Die optische Abschirmung der Zeugen kann jedoch eine Einschränkung der Verteidigungsrechte darstellen, da ein solches Vorgehen die unmittelbare Wahrnehmung von Reaktionen, z. B. hinsichtlich des Gesichtsausdrucks oder der Körpersprache der einvernommenen Personen, erschweren kann. Gemäß Bundesgericht handelt es sich dabei jedoch um keine schwerwiegenden Einschränkungen des Befragungsrechts, vgl. *BGE 125* I 127, Erw. 8 d; vgl. aber auch *Gnägi*, in: recht 1994, S. 104 (110); ferner *BGE 118* Ia 327, wo das Bundesgericht ebenfalls eine Verletzung der Verteidigungsrechte des Angeschuldigten feststellte, da dieser keine Gelegenheit erhielt, in einer Konfrontationseinvernahme den V-Mann zu befragen, insbesondere über das Maß seiner Mitwirkung (Erw. 2 c).
115 Vgl. *BGE 125* I 127, Erw. 10.
116 Damit ist ein V-Mann gemeint, der „zusätzlich anstiftend auf den Betroffenen einwirkt, d. h. dessen Tatentschluß weckt und die Tat durch sein Handeln hervorruft in der Absicht, diesen der Strafverfolgung zuzuführen", *Baumgartner* (FN 107), S. 31.
117 Vgl. *Bezirksgericht Zürich*, Urt. v. 7. 5. 2003 (unveröffentlicht): Liegt eine Anstiftung seitens der V-Person vor, so läßt es sich nicht nachweisen, daß die Zielperson dieselbe Tat auch bei zulässigem Verhalten des verdeckten Ermittlers begangen hätte (Erw. 4.5.4). Dies hat ein Beweismethoden- und Beweisverwertungsverbot zur Folge: Die strafrechtliche Verfolgbarkeit der unter unzulässigem Einfluß des V-Mannes zu Stande gekommenen Tat entfällt, der Angeklagte ist freizusprechen (Erw. 4.6.1 ff.); vgl. auch *Gnägi*, in: recht 1994, S. 104 (106); ferner wird bei der Bemessung der Strafe eines aufgrund verdeckter Fahndung festgenommenen Beschuldigten die durch den Einsatz der V-Person bewirkte Förderung der Straftaten strafmindernd berücksichtigt, vgl. *BGE 118* IV 115, Erw. 2 und *BGE 116* IV 294, Erw. 2 b aa; vgl. ferner *Frowein/Peukert*, EMRK (LitVerz.), Art. 6 RN 112.

3. Das Bundesgesetz über die verdeckte Ermittlung

47
Bundesgesetz über verdeckte Ermittlung

Bis vor kurzem fehlte eine klare Regelung des V-Mann-Einsatzes auf Gesetzesstufe. Dies hat den Bundesgesetzgeber dazu veranlaßt, ein Bundesgesetz über die verdeckte Ermittlung auszuarbeiten[118]. Der am 1. Januar 2005 in Kraft getretene Erlaß regelt die Voraussetzungen der Anordnung verdeckter Einsätze und gilt für das Strafverfahren des Bundes und der Kantone (Art. 2 und Art. 4). Verankert wird ebenfalls das Maß der zulässigen Einwirkung von V-Personen: Gemäß Art. 10 hat sich ihre Tätigkeit auf die Konkretisierung eines bereits vorhandenen Tatentschlusses zu beschränken; hingegen dürfen sie keine allgemeine Tatbereitschaft wecken und die Tatbereitschaft nicht auf schwerere Straftaten lenken. Von Bedeutung sind ferner die in Art. 23 aufgezählten Schutzmaßnahmen: Werden solche den Ermittlern zugesichert, so dürfen ihre Personalien im anschließenden Verfahren nicht preisgegeben und auch nicht in die Verfahrensakten aufgenommen werden (Absatz 1). Müssen die Ermittler einvernommen werden, trifft die verfahrensleitende Behörde die notwendigen Schutzmaßnahmen, namentlich Veränderung von Aussehen und Stimme, räumlich getrennte Einvernahme, Ausschluß der Öffentlichkeit oder Ausschluß der beschuldigten Person (Art. 10 Abs. 3 und Abs. 4)[119].

V. Verbot unzulässiger Beweismethoden

1. Der verfassungsrechtliche Persönlichkeitsschutz

48
Rechtsstaatliche Unvereinbarkeiten

Bestimmte Arten der Beweiserhebung sind mit den Grundsätzen eines modernen Rechtsstaates unvereinbar und damit im Strafverfahren absolut unzulässig. Dies gilt beispielsweise für erzwungene Geständnisse, die Anwendung von Folter oder ähnlichen Methoden, den Rückgriff auf Lügendetektoren und Narkoanalysen oder den Einsatz von sogenannten „agents provocateurs". Solche Methoden verletzen die Persönlichkeitsrechte der Betroffenen und sind selbst dann verboten, wenn eine Einwilligung vorliegt[120]. Die zentrale Frage in diesem Zusammenhang ist jedoch, ob auf rechtswidrig erlangte Beweise abgestellt werden darf.

2. Verwertung rechtswidrig erlangter Beweise[121]

a) Grundsatz: Verwertungsverbot

49

Zunächst ist festzuhalten, daß Beweise, die unter Einsatz von Lügendetektoren oder unter Anwendung von Folter erlangt wurden, gegen den Kerngehalt

---

[118] Bundesgesetz über die verdeckte Ermittlung (BVE) v. 20. 6. 2003 (SR 312.8).
[119] Schutzmaßnahmen für Zeugen und Auskunftspersonen werden auch in Art. 146 ff. E-StPO verankert. Voraussetzung ist auch hier, daß die Verteidigungsrechte des Beschuldigten gewahrt werden, da eine *Anonymisierung* eine einschneidende Maßnahme darstellt; vgl. *BGE 132* I 127, Erw. 2; vgl. auch Art. 147 E-StPO.
[120] *Vest*, in: Ehrenzeller u.a., St. Galler Kommentar (LitVerz.), Art. 32 RN 32; *Hauser/Schweri* (FN 19), S. 242; *Auer/Malinverni/Hottelier*, Droit constitutionnel (LitVerz.), Bd. II, RN 1398 ff.; eine ähnliche Regelung ist auch in Art. 138 i.V.m. Art. 3 E-StPO enthalten.
[121] Vgl. den Überblick über die schweizerische und ausländische Gesetzgebung sowie über die Rechtsprechung von Bund und Kantonen bei *Piquerez* (FN 64), S. 415 ff.

der Persönlichkeitsrechte verstoßen und absolut unzulässig sind. Unmittelbar auf solche Maßnahmen gestützte Beweise dürfen auf keinen Fall im Strafverfahren verwendet werden[122]. Weiter wirken Beweisverbote, deren prozessuale Funktion darin besteht, ein sicheres oder gerechtes Urteil zu erwirken, absolut: Sie gelten um ihrer selbst willen, ihre Verletzung führt zur Unverwertbarkeit[123]. Einem Verwertungsverbot können unter Umständen auch Beweismittel unterliegen, die durch einen Verstoß gegen materielles Strafrecht erlangt wurden[124]. Beweise, die bei der Urteilsbildung nicht berücksichtigt werden dürfen, sind so früh wie möglich aus den Akten zu entfernen. Wie im folgenden zu zeigen ist, fällt nicht jedes vorschriftswidrig erlangte Beweismittel unter dieses absolute Verwertungsverbot.

Verstoß gegen persönlichkeitsrechtlichen Kerngehalt

b) Ausnahmen vom Verwertungsverbot

Von einem Verwertungsverbot bedrohte Beweismittel können sowohl durch rechtswidrige Verhaltensweisen von Privatpersonen als auch durch rechtswidrige Verhaltensweisen der Behörden erlangt werden. Stehen rechtswidrige Handlungen von Behörden zur Diskussion, so entspricht es der herrschenden Auffassung, daß Beweismittel, die unter Verletzung von Vorschriften beschafft wurden, die bestimmt oder geeignet sind, die Beibringung dieser Beweismittel zu verhindern (sogenannte Gültigkeitsvorschriften), nicht verwertet werden dürfen, außer wenn diese auch auf rechtmäßige Weise hätten beschafft werden können[125]. Beweise, die unter Verletzung reiner Ordnungsvorschriften[126] erhoben wurden, dürfen grundsätzlich verwertet werden.

50
Rechtswidriges Verhalten

Rechtswidrig erlangte Beweise, welche auch rechtmäßig hätten beschafft werden können, müssen gemäß Lehre und Rechtsprechung einer Interessenabwägung unterworfen werden. Die Interessen des Staates an der Abklärung

51
Interessenabwägung

---

122 *J.P. Müller*, Grundrechte (LitVerz.), S. 566; *Hauser/Schweri* (FN 19), S. 243; so auch *Frowein/Peukert*, EMRK (LitVerz.), Art. 6 RN 109, und *EGMR*, Urt. v. 6. 12. 1988, Barberà, Messegué und Jabardo ./. Spanien, Serie A Nr. 146, Ziff. 87; vgl. auch Art. 15 des Übereinkommens gegen die Folter und andere grausame, unmenschliche oder erniedrigende Behandlungen v. 10. 12. 1984 (SR 0.105).
123 *Hauser/Schweri* (FN 19), S. 244: Darunter können erzwungene Geständnisse oder Zeugenaussagen, bei denen das Zeugnisverweigerungsrecht mißachtet wurde, fallen (*BGE* 130 I 126, Erw. 3.2 f.); vgl. auch *Achermann/Caroni/Kälin* (FN 15), S. 195 f.; vgl. ferner *Kassationsgericht Zürich*, Urt. v. 29. 1. 2003, in: ZR 102 Nr. 30.
124 Z.B. für die durch einen „agent provocateur" erlangten Beweismittel, vgl. dazu *Gnägi*, in: recht 1994, S. 104 (106).
125 *Niklaus Oberholzer*, Grundzüge des Strafprozessrechts, dargestellt am Beispiel des Kantons St. Gallen, 1994, S. 246; *J.P. Müller*, Grundrechte (LitVerz.), S. 567; vgl. auch *BGE* 96 I 437 („Erich von Däniken") bezüglich einer in Abwesenheit des angeschuldigten Wohnungsinhabers vorgenommenen Hausdurchsuchung; vgl. auch *BGE* 103 Ia 206; folgt man dieser Auffassung generell, so könnten unter Umständen auch solche Beweismittel als zulässig erachtet werden, die unter Verletzung grundlegendster menschenrechtlicher Garantien erlangt wurden, solange diese auch rechtmäßig hätten beschafft werden können; äußerste Schranke der besagten Ausnahme muß deshalb der Kerngehalt des verfassungsrechtlichen Persönlichkeitsschutzes bilden; Beweisverwertungsregeln sind auch in Art. 139 E-StPO zu finden. Danach sind Beweise, die von den Strafbehörden in strafrechtlich verpönter Weise erhoben wurden, unverwertbar. Keine Unverwertbarkeit hat die Verletzung bloßer Ordnungsvorschriften zur Folge, vgl. auch Botschaft, S. 1183 f.
126 Vgl. die Aufzählung bei *Oberholzer* aaO., S. 246: Eine solche Ordnungsvorschrift kann z. B. das Gebot sein, daß die Personendurchsuchung einer Frau durch eine Frau vorgenommen werden muß.

§ 226 Vierzehnter Teil: II. Einzelgrundrechte

von Verbrechen und die Persönlichkeitsrechte des Angeschuldigten sind gegeneinander abzuwägen. Dabei ist zu beachten, daß den Interessen des Staates an der Wahrheitsfindung umso mehr Gewicht beigemessen wird, je schwerer die zu beurteilende Straftat ist[127]. Trotz vereinzelter Kritik in der Lehre hält das Bundesgericht auch in seinen jüngsten Urteilen an seiner Rechtsprechung zur Interessenabwägung als Grundlage für den Entscheid über die Verwertbarkeit von rechtswidrig erlangten, aber nicht an sich verbotenen Beweismitteln fest[128]. Art. 6 Ziff. 1 EMRK enthält keine Aussagen über das Beweisrecht. Ob auch rechtswidrig erlangte Beweise im Strafverfahren berücksichtigt werden dürfen, beurteilt sich im konkreten Fall. Maßgebend ist, daß das Verfahren insgesamt fair war und der Beschuldigte die Möglichkeit hatte, seine Verteidigungsrechte auszuüben.

52
Rechtswidrige Beweiserlangung durch Private

Auf Beweise, die von Privaten deliktisch erlangt wurden, darf grundsätzlich nicht abgestellt werden, außer der Private ist selber auch Geschädigter und kann sich in der konkreten Situation auf einen Rechtfertigungsgrund berufen, wie Notstand oder Wahrung berechtigter Interessen. Bei schweren Taten ist eine Abwägung zwischen dem öffentlichen Interesse an der Wahrheitsfindung und dem berechtigten Interesse des Beschuldigten an der Wahrung seiner Rechte vorzunehmen[129]. So ist gemäß Bundesgericht die Verwendung eines unbefugt aufgenommenen Telefongesprächs in einem Mordfall zulässig: Zwar sei das Fernmeldegeheimnis in der schweizerischen Rechtsordnung gewährleistet und dürften Telefonüberwachungen nur aufgrund richterlicher Genehmigung vorgenommen werden[130], doch könne daraus nicht geschlossen werden, daß die Berücksichtigung von Indizien, die sich auf die unbefugte Aufnahme eines Telefongesprächs stützen, schlechthin verboten sei[131]. Dieses Urteil des Bundesgerichts wurde vom Europäischen Gerichtshof für Menschenrechte im wesentlichen gestützt: Der Gerichtshof schließt die Verwertbarkeit einer rechtswidrig erlangten Tonbandaufnahme als Beweismittel nicht grundsätzlich aus, wenn die Aufnahme von einem Privatmann ohne Einverständnis des Betroffenen gemacht wurde, solange das Verfahren insgesamt fair gewesen sei. Wesentlich sei, daß die Rechte der Verteidigung gewahrt wurden und die Verurteilung nicht ausschließlich auf dem rechtswidrig erlangten Beweismittel beruhte[132].

Rechtswidrig erlangte Tonbandaufnahme

---

127 *J.P. Müller*, Grundrechte (LitVerz.), S. 567; *Hauser/Schweri* (FN 19), S. 243; *BGE 130* I 126, Erw. 3.2, bestätigt in *BGE 131* I 272, Erw. 4.1.
128 *BGE 131* I 272, Erw. 4.1.
129 *Schmid* (FN 70), S. 175.
130 Art. 179bis ff. StGB und Bundesgesetz v. 6.10.2000 betr. die Überwachung des Post- und Fernmeldeverkehrs (BÜPF; SR 780.1).
131 *BGE 109* Ia 244, Erw. 2 a f.: In concreto sei das öffentliche Interesse an der Aufklärung eines Mordes höher als das Interesse des Betroffenen an der Vertraulichkeit seines Gesprächs.
132 Vgl. *EGMR*, Urt. v. 12.7.1988, Schenk ./. Schweiz, EuGRZ 1988, S. 390 ff., insb. Ziff. 47 f.; zur Problematik der widerrechtlich erlangten Tonbandaufzeichnungen, vgl. ferner *BGer*, Urt. v. 5.3.2001, 1A.303/2000, insb. Erw. 2 b; vgl. aber *BGE 123* IV 236 („Facts"), worin das Bundesgericht festhielt, daß das öffentliche Interesse an der Aufklärung und Bestrafung einer Amtsgeheimnisverletzung das Interesse an der Gewährleistung der Meinungsäußerungs- und Pressefreiheit, insb. des daraus fließenden Quellenschutzes für Journalisten, nicht überwiege.

c) Zufallsfunde

Eng mit dieser Problematik verbunden ist die Verwendung von Zufallsfunden. Solche liegen vor, „wenn im Zusammenhang mit vermuteten Delikten eines bekannten oder unbekannten Straftäters nach Beweisen gesucht wird und dabei Hinweise zufällig gefunden werden, die auf ein anderes Delikt und/ oder einen anderen Straftäter hinweisen"[133]. Grundsätzlich genießt der Gesprächspartner einer rechtmäßig überwachten Person einen eigenständigen verfassungsmäßigen Schutz. Sollen Telefongespräche als sogenannte Zufallsfunde gegen ihn verwertet werden, müssen die Voraussetzungen einer Telefonüberwachung auch ihm gegenüber gegeben sein. Zu prüfen ist also, ob die Überwachungsmaßnahme auch dem Gesprächspartner gegenüber hätte angeordnet werden dürfen[134].

53 Telefonüberwachung

Auf Bundesebene wurde diese Frage erstmals mit dem Erlaß des Bundesgesetzes betreffend die Überwachung des Post- und Fernmeldeverkehrs[135] (BÜPF), welches am 1. Januar 2002 in Kraft getreten ist, geregelt. Art. 9 BÜPF zieht der Verwertbarkeit von Zufallsfunden enge Grenzen. Demnach dürfen die zufällig gewonnenen Erkenntnisse gegen die verdächtigte Person nur verwendet werden, wenn diese Straftaten zusätzlich zur vermuteten Straftat begangen wurden oder selbst die Voraussetzungen für eine Überwachung erfüllen (Absatz 1). Betreffen die Zufallsfunde Straftaten einer Person, die in der Anordnung keiner Straftat verdächtigt wird, so muß vor Einleitung weiterer Ermittlungen die Zustimmung der Genehmigungsbehörde eingeholt werden. Diese kann wiederum erteilt werden, wenn die Voraussetzungen einer Überwachung hinsichtlich der neu entdeckten Delikte nach Art. 3 BÜPF erfüllt sind (Absatz 2) [136]. Mit dem Inkrafttreten des Bundesgesetzes betreffend die Überwachung des Post- und Fernmeldeverkehrs richten sich die Voraussetzungen der Überwachung des Post- und Fernmeldeverkehrs ausschließlich nach diesem Gesetz; allfällige kantonale Vorschriften wurden somit bedeutungslos. Kantonales Recht gilt nur noch für solche Überwachungsmaßnahmen, die nicht in den Anwendungsbereich des Bundesgesetzes betreffend die Überwachung des Post- und Fernmeldeverkehrs fallen, namentlich den Einsatz technischer Überwachungsgeräte, wobei Art. 179^{octies} StGB in diesen Fällen die unverzügliche Einholung einer richterlichen Genehmigung vorsieht.

54 Enge Grenzen der Verwertbarkeit

Kantonale Vorschriften

d) Die Fernwirkung der Beweisverwertungsverbote

Ein weiteres Problem in diesem Zusammenhang betrifft die Fernwirkung von Beweisverwertungsverboten. Es stellt sich somit die Frage, ob sich das Beweisverwertungsverbot auch auf jene Beweismittel erstreckt, die nur dank

55 Grenzen der Erstreckung des Verbots

---
[133] *Schmid*, ZStrR 120 (2002), S. 284 (285).
[134] *BGE 120* Ia 314, Erw. 2 c., wo die Verwertbarkeit von Zufallsfunden bejaht wurde; ebenfalls als zulässig erachtete das Bundesgericht die Telefonabhörung des Mitbenützers eines überwachten Anschlusses und die Verwendung der Gespräche als Zufallsfunde in *BGE 122* I 182 („Raubüberfall Badischer Bahnhof").
[135] SR 780.1.
[136] Ausführlich zum Thema *Schmid*, ZStrR 120 (2002), S. 284 (286 ff.).

des rechtswidrig erhobenen Beweismittels beschafft werden konnten. Darf beispielsweise die Tatwaffe, die aufgrund eines erzwungenen Geständnisses aufgefunden wurde, im Strafverfahren als Beweismittel berücksichtigt werden? Eine klare Antwort bietet die amerikanische Praxis, wonach sich das Beweisverwertungsverbot auf alle mittelbaren Beweise erstreckt (sog. „fruit of the poisonous tree doctrine")[137]. In der schweizerischen Lehre und Rechtsprechung wurde diese Frage bisher nicht eindeutig beantwortet[138]. Einerseits darf das Verwertungsverbot durch die Zulassung solcher Beweismittel nicht ausgehöhlt werden, andererseits wäre es stoßend, einen unzweifelhaft Überführten freizusprechen, weil die fraglichen Beweise einem Verwertungsverbot unterstehen, wobei auch hier eine Interessenabwägung vorgenommen werden sollte[139]. Weiter besteht die Gefahr, daß die Untersuchungsbehörden dazu verleitet werden könnten, zu rechtswidrigen Mitteln zu greifen, um einen Verdächtigen zu überführen. Auch hier wären mildere Maßnahmen als der Ausschluß solcher Beweismittel denkbar, beispielsweise Disziplinarsanktionen gegen die fehlbaren Beamten[140].

56
Orientierung an Vorgaben für Zufallsfund

Gemäß Art. 9 Abs. 3 BÜPF dürfen die aus der Überwachung gewonnenen Informationen nicht verwendet werden, wenn die Voraussetzungen für die Verwendung als Zufallsfund nach den Absätzen 1 und 2 nicht erfüllt sind. Dies bedeutet, daß die Zufallsfunde nicht ausgewertet werden dürfen, wenn die der Anordnung der Überwachung zugrundeliegende Tat nicht bewiesen wurde und keine andere überwachungsfähige Tat vorliegt. Ob der Gesetzgeber damit eine Fernwirkung der Beweisverbote statuieren wollte, ist angesichts der in der Schweiz vorherrschenden Auffassung, wonach die Verwendung solcher Informationen nicht generell ausgeschlossen wird, fraglich[141.]

57
Ausnahmsweise Abwägung

Der Entwurf zu einer Schweizerischen Prozeßordnung versucht ebenfalls, diese Materie zu regeln. In Art. 139 Abs. 4 wird eine Mittellösung vorgeschlagen: Das zweite Beweismittel soll nur dann unverwertbar sein, wenn es ohne das vorausgehende nicht möglich gewesen wäre, was beispielsweise bei einem

---

137 *Oberholzer* (FN 125) S. 248; *Schmid* aaO., S. 311 f.
138 Leider wurde die Frage der Fernwirkung der Beweisverwertungsverbote vom Bundesgericht offengelassen, vgl. *BGer*, Urt. v. 9.11.1978, in: SJZ 77 (1981), S. 130 ff.: Den Strafverfolgungsbehörden sei es erlaubt, aufgrund der Hinweise, die sich aus den von Privaten rechtswidrig erlangten Beweismitteln ergeben, eigene – mit den gesetzlichen Vorschriften im Einklang stehende – Untersuchungen zu führen. Allerdings hätten sie die fraglichen Schriftstücke vorliegend selber beschaffen können (Erw. 4 b); vgl. auch *Schmid* aaO., S. 309 f.
139 Vgl. *Hauser/Schweri* (FN 19), S. 247; ferner *Schmid* (FN 70), S. 174.
140 Vgl. *J.P. Müller*, Grundrechte (LitVerz.), S. 569; a.M. *Oberholzer* (FN 125), der im Interesse der Rechtsstaatlichkeit eine konsequente Beachtung des Beweisverwertungsverbots postuliert, vgl. S. 249 f.; in Richtung eines grundsätzlichen Verbots der Fernwirkung von Beweismitteln geht das *Kassationsgericht Zürich*, Urt. v. 7.9.1987, in: ZR 86 (1987), S. 233 ff., Erw. II 4 c; vgl. auch *Kassationsgericht Zürich*, Urt. v. 31.8.1992, in: ZR 91/92 (1992/93), S. 13 ff.: Bei späterer Ausübung des Zeugnisverweigerungsrechts besteht ein Verwertungsverbot sowohl für Aussagen des Zeugen selbst wie auch für Aussagen der Verhörsperson über ihre Wahrnehmung anläßlich der betreffenden Befragung; dies gilt auch für Aussagen des Zeugen außerhalb des Verfahrens. Wäre ein derartiges Vorgehen zugelassen, würde dies einer Verletzung der Verteidigungsrechte des Angeschuldigten, insb. nach Art. 6 Ziff. 1 i.V.m. Ziff. 3 lit. d EMRK entsprechen (E. 3 b).
141 Vgl. *Schmid*, ZStrR 120 (2002), S. 284 (305 ff., insb. S. 311).

Gutachten, das auf unverwertbaren Zeugenaussagen beruht, der Fall sein kann. Eine Ausnahme wird für behördlich erhobene Beweise statuiert: Werden solche von den Strafbehörden in strafbarer Weise oder unter Verletzung von Gültigkeitsvorschriften erhoben, ist eine Abwägung zwischen den mit den fraglichen Gültigkeitsvorschriften einerseits und den mit der Strafverfolgung geschützten Interessen andererseits vorzunehmen, wobei die fundamentalen Grundrechte eine absolute Schranke bilden (Art. 139 Abs. 2). Im Vorentwurf war zudem die Verwertbarkeit von Beweisen, die Private in strafrechtlich relevanter Weise beschafft haben, geregelt[142]. Die entsprechende Bestimmung wurde jedoch nicht in den Entwurf übernommen.

E. Rechtsmittelgarantie (Art. 32 Abs. 3 BV)

Art. 32 Abs. 3 der Bundesverfassung enthält neu eine strafrechtliche Rechtsmittelgarantie. Diese ergibt sich bereits aus Art. 2 des Siebten Zusatzprotokolls zur Europäischen Menschenrechtskonvention[143]. Danach hat jede verurteilte Person das Recht, das Urteil von einem höheren Gericht überprüfen zu lassen. Daraus ergibt sich auch eine Rechtsweggarantie[144]. In Fällen der Bundesstrafrechtspflege entscheidet neu das Bundesstrafgericht als Vorinstanz des Bundesgerichts, soweit das Gesetz die Beschwerde nicht ausschließt[145].

58
Instanzenzug als Grundsatz

Wie weit der Anspruch auf Überprüfung reichen soll, ist ungewiß. Gemäß der Auffassung des Bundesgerichts verbleibt den Vertragsstaaten bei der Wahl des Rechtsmittels und bei dessen Ausgestaltung ein weiter Ermessensspielraum[146]. Die Regelung des Rechtsmittelsystems liegt gegenwärtig in der Kompetenz der Kantone. Die kantonalen Strafprozeßgesetze erfüllen grundsätzlich die von dem Internationalen Pakt über bürgerliche und politische Rechte (UNO-Pakt II) und dem Zusatzprotokoll Nr. 7[147] zur Europäischen Menschenrechtskonvention gestellten Anforderungen[148]. Gemäß der Botschaft des Bundesrates reicht eine Rechtskontrolle. Dem Strafgesetzgeber wird in

59
Reichweite des Überprüfungsanspruchs

---

142 Der Vorentwurf sah die Unverwertbarkeit solcher Beweise vor, falls kein Rechtfertigungsgrund (wie z. B. Notstand oder Wahrung berechtigter Interessen) vorliegt. Vgl. Bundesamt für Justiz, Vorentwurf zu einer Schweizerischen Strafprozessordnung, Bern 2001, Art. 150 sowie Bundesamt für Justiz (Hg.), Begleitbericht zum Vorentwurf für eine Schweizerische Strafprozessordnung, Bern 2001, S. 109 f.
143 Eine Rechtsmittelgarantie enthält auch Art. 14 Ziff. 5 UNO-Pakt II.
144 Vgl. *Vest*, in: Ehrenzeller u. a., St. Galler Kommentar (LitVerz.), Art. 32 RN 33; zur neu eingeführten allgemeinen Rechtsweggarantie vgl. auch Art. 29a BV, in Kraft seit 1. 1. 2007 (AS 2006 1059).
145 Vgl. Bundesgesetz über das Bundesstrafgericht v. 4. 10. 2002 (Strafgerichtsgesetz, SGG; SR 173.71), Art. 1 Abs. 2; die Ausnahmefälle, in denen das Bundesgericht als erste und einzige Instanz entschied, haben mit der Schaffung des Bundesstrafgerichts und der Justizreform ihre Bedeutung verloren, vgl. *Mahon*, in: Aubert/ders., Constitution (LitVerz.), Art. 32 RN 10.
146 *BGE 124* I 92, Erw. 2 a; vgl. auch *Mahon* aaO., Art. 32 RN 9.
147 V. 22. 11. 1948 (SR 0.101.07).
148 Vgl. *Hauser/Schweri* (FN 19), S. 406; vgl. Art. 387 ff. E-StPO zum künftigen, vereinheitlichten Rechtsmittelsystem.

dieser Frage ein Spielraum eingeräumt[149]. Das Bundesgericht erachtet es als mit der Europäischen Menschenrechtskonvention und dem UNO-Pakt II vereinbar, wenn das zweitinstanzliche Gericht nur die Rechtsfragen frei, die Tat- und Beweisfragen hingegen nur auf Willkür hin überprüfen kann[150].

---

149 Vgl. Botschaft des Bundesrates über eine neue Bundesverfassung v. 20.11.1996 (BBl 1997 I S. 188); *Auer/Malinverni/Hottelier*, Droit constitutionnel (LitVerz.), Bd. II, RN 1412.

150 *BGE 124* I 92, Erw. 2; vgl. ferner *BGE 128* I 237, welcher die bisher entwickelten Grundsätze zusammenfaßt und bestätigt; vgl. auch *BGer*, Urt. v. 30.6.1997, SZIER 1998, S. 520 und dazu *Auer/Malinverni/Hottelier*, Droit constitutionnel (LitVerz.), Bd. II, RN 1412 f.

F. Bibliographie

Albrecht, Peter, Die Untersuchungshaft – eine Strafe ohne Schuldspruch? Ein Plädoyer für den Grundsatz der Unschuldsvermutung im Haftrecht, in: Andreas Donatsch/Marc Forster/Christian Schwarzenegger (Hg.), Strafrecht, Strafprozeßrecht und Menschenrechte, FS Stefan Trechsel, 2002, S. 355 ff.

Baumgartner, Hans, Zum V-Mann-Einsatz (Diss. Zürich), 1990.

Camenzind, Hugo, Teilnahmerecht der Verteidigung im polizeilichen Ermittlungsverfahren, in: pläd. 1/95, S. 30 ff.

Forster, Marc, „Kurzer Prozess" – die Unschuldsvermutung bei Kostenauflagen an Nichtverurteilte, in: Andreas Donatsch/Marc Forster/Christian Schwarzenegger (Hg.), Strafrecht, Strafprozessrecht und Menschenrechte, FS Stefan Trechsel, 2002, S. 691 ff.

Gnägi, Ernst, Der V-Mann-Einsatz nach dem Urteil Lüdi des Europäischen Gerichtshofs für Menschenrechte, in: recht 1994, S. 104 ff.

Kley, Andreas, Der Grundrechtskatalog der nachgeführten Bundesverfassung – ausgewählte Neuerungen, in: ZBJV 135 (1999), S. 301 ff.

Riklin, Franz, Vorverurteilung durch die Medien, in: recht 1991, S. 65 ff.

Schmid, Niklaus, „Anwalt der ersten Stunde", Zu den Lösungsvorschlägen des Vorentwurfs für eine Schweizerische Strafprozessordnung vom Juni 2001, in: Andreas Donatsch/Marc Forster/Christian Schwarzenegger (Hg.), Strafrecht, Strafprozessrecht und Menschenrechte, FS Stefan Trechsel, 2002, S. 745 ff. (zit.: Vorentwurf).

ders., Verwertung von Zufallsfunden sowie Verwertungsverbote nach dem neuen Bundesgesetz über die Überwachung des Post- und Fernmeldeverkehrs (BÜPF), in: ZStrR 120 (2002), S. 284 ff.

Schubarth, Martin, Die Artikel 5 und 6 der Konvention, insbesondere im Hinblick auf das schweizerische Strafprozessrecht, in: ZSR 94 (1975) I, S. 465 ff.

Tophinke, Esther, Das Grundrecht der Unschuldsvermutung aus historischer Sicht und im Lichte der Praxis des schweizerischen Bundesgerichts, der EMRK-Organe und des UNO-Menschenrechtsausschusses, Diss. Bern 2000.

Trechsel, Stefan, Struktur und Funktion der Vermutung der Schuldlosigkeit. Ein Beitrag zur Auslegung von Art. 6 Ziff. 2 EMRK, in: SJZ 77 (1981), S. 317 ff. und 335 ff.

Zimmerlin, Sven, Miranda-Warning und andere Unterrichtungen nach Art. 31 Abs. 2 BV, in: ZStrR 121 (2003), S. 311 ff.

§ 227
Garantie des verfassungsmäßigen Richters

Regina Kiener

Übersicht

	RN		RN
A. Vorbemerkungen	1–3	2. Äußere Gründe, insb. Gegebenheiten der Verfahrensorganisation	29–30
B. Verfassungsrechtliche Verankerung	4–5	F. Anspruch auf ein unabhängiges Gericht	31–36
C. Schutzbereich	6–12	I. Überblick	31
I. In sachlicher Hinsicht	6–10	II. Kriterien	32
1. Überblick: Drei Teilgehalte	6	III. Die wesentlichen Linien der Praxis	33–36
2. Gerichtliche Verfahren	7–8	1. Funktionelle Unabhängigkeit	34
3. Geltung für alle gerichtlichen Verfahren	9–10	2. Organisatorische Unabhängigkeit	35–36
II. Schutzbereich in persönlicher Hinsicht	11–12	G. Kerngehalte	37
D. Anspruch auf den gesetzlichen Richter und Verbot von Ausnahmegerichten	13–20	H. Verfahrensrechtliche Durchsetzung	38–44
I. Überblick	13–14	I. Anspruch auf den unabhängigen Richter	38–41
II. Anspruch auf den gesetzlichen Richter	15–17	1. Überblick	38–39
III. Verbot von Ausnahmegerichten	18–19	2. Modalitäten der Richterablehnung	40–41
IV. Abstrakte Normierung der Zuständigkeit im Einzelfall	20	II. Übrige Teilgehalte des Anspruchs auf den verfassungsmäßigen Richter	42
E. Anspruch auf unabhängige und unparteiische Richter	21–30	III. Prozessuale Folgen bei Verletzung der Garantie	43–44
I. Überblick	21	J. Bibliographie	
II. Kriterien	22–23		
III. Die wesentlichen Linien der Praxis	24–30		
1. In der Person des Richters liegende Gründe	25–28		

A. Vorbemerkungen

1
Hergebrachte Garantie

„Niemand darf seinem verfassungsmäßigen Richter entzogen, und es dürfen daher keine Ausnahmegerichte eingeführt werden": Mit diesem, in Art. 58 Abs. 1 festgeschriebenen Wortlaut verankerte die Bundesverfassung aus dem Jahr 1874 (aBV) den Anspruch auf den verfassungsmäßigen Richter. Die Garantie wurde durch das Bundesgericht in einer reichhaltigen und schöpferischen Rechtsprechung weiter konkretisiert, deren Gehalte im Rahmen der auf den 1. Januar 2000 in Kraft getretenen, „nachgeführten" Bundesverfassung in Art. 30 Abs. 1 BV überschrieben wurden. Materielle Änderungen im Geltungsbereich der Norm waren mit der Revision nicht verbunden[1].

2
Anlehnung an die EMRK

Das Bundesgericht hat die Garantie des verfassungsmäßigen Richters in enger Anlehnung an die entsprechenden, im innerstaatlichen Recht unmittelbare Geltung entfaltenden Gehalte von Art. 6 Ziff. 1 EMRK[2] interpretiert; die einschlägige Rechtsprechung des Europäischen Gerichtshofs für Menschenrechte hat die bundesgerichtliche Praxis in den vergangenen Jahrzehnten denn auch tief und nachhaltig beeinflußt[3]. Nach der ständigen Praxis des Bundesgerichts sind die verfassungsrechtliche Garantie und der konventionsrechtliche Anspruch inhaltlich deckungsgleich. Wird gleichzeitig eine Verletzung der Verfassungs- und der Konventionsnorm gerügt, behandelt das Bundesgericht die Fragestellung in der Regel nach Maßgabe der konventionsrechtlichen Garantie, und auch bei Rügen, die einzig Art. 30 Abs. 1 BV (bzw. Art. 58 aBV) betreffen, stellt das Bundesgericht regelmäßig auf die einschlägige Rechtsprechung des Europäischen Gerichtshofs ab. Weitere Konturierungen der Verfassungsgarantie, die über den aktuellen Schutzbereich der Konventionsgarantie hinausreichen, werden nach Möglichkeit vermieden[4]. Diese Praxis ist in der Lehre auf Kritik gestoßen; richtig erscheint der Ansatz, die Anforderungen von Europäischer Menschenrechtskonvention und Internationalem Pakt über bürgerliche und politische Rechte (UNO-Pakt II) in die Konkretisierung der bundesverfassungsrechtlichen Garantien aufzunehmen und diesen doch einen möglichst eigenständigen Gehalt zu vermitteln[5].

---

1 *BGE 131* I 113 (116 Erw. 3.4); *126* I 235 (236 Erw. 2 a); *126* I 168 (170 Erw. 2 b); vgl. auch die Botschaft des Bundesrates über die neue Bundesverfassung (BBl 1997 I S. 1 ff. [183 f.]) sowie aus der Doktrin *J.P. Müller*, Grundrechte (LitVerz.), S. 494; *Steinmann*, in: Ehrenzeller u.a., St. Galler Kommentar (LitVerz.), ²2007, Art. 30 RN 8.

2 Konvention zum Schutze der Menschenrechte und Grundfreiheiten, vom 4.11.1950, für die Schweiz in Kraft getreten am 28.11.1974.

3 Die inhaltlich ähnlichen und ebenfalls unmittelbar anwendbaren Garantien von Art. 14 Ziff. 1 UNO-Pakt II (Internationaler Pakt über bürgerliche und politische Rechte, vom 16.12.1966, für die Schweiz in Kraft getreten am 18.9.1992) vermochten die bundesgerichtliche Rechtsprechung nicht in vergleichbarer Weise zu befruchten.

4 Als Beispiel *BGE 126* I 235 (236 Erw. 2 a).

5 Vgl. zu diesem Anliegen *Michel Hottelier*, La convention Européenne des droits de l'homme dans la jurisprudence du tribunal fédéral, 1985, S. 43; *Regina Kiener*, Richterliche Unabhängigkeit. Verfassungsrechtliche Anforderungen an Richter und Gerichte, 2001, S. 44 ff.; *J.P. Müller*, Grundrechte (LitVerz.), S. 493, 575; *Jörg Paul Müller/Markus Schefer*, Staatsrechtliche Rechtsprechung des Bundesgerichts 1992–1996, 1998, S. VII–XII.

Die prozessualen Rechte der Verfahrensbeteiligten werden in erster Linie in den einschlägigen Verfahrenserlassen von Bund und Kantonen umschrieben. Die aus Art. 30 Abs. 1 BV fließenden Ansprüche gelten als verfassungsrechtliche Mindestgarantien, welche die einfachgesetzlichen Regeln überlagern und ergänzen und immer dann vorgehen, wenn das Gesetzesrecht die Rechte der Verfahrensbeteiligten enger umschreibt. Die verfassungsrechtlichen Mindestgarantien und die einfachgesetzlichen Umschreibungen der rechtsstaatlichen Standards stehen indessen nicht isoliert nebeneinander, sondern sind eng miteinander verknüpft: Durch die nähere Ausgestaltung der entsprechenden Grundsätze nimmt der Gesetzgeber an der Konkretisierung der Verfassung und an der schöpferischen Ausgestaltung der Grundrechte teil[6], und umgekehrt ist die gesetzeskonforme Auslegung der Verfassung als mittelbares Prinzip der Verfassungsinterpretation anerkannt.

3
Art. 30 Abs. 1 BV als verfassungsrechtliche Mindestgarantie

Konkretisierung der Verfassung

B. Verfassungsrechtliche Verankerung

Gemäß Art. 30 Abs. 1 BV hat jede Person, deren Sache in einem gerichtlichen Verfahren beurteilt werden muß, Anspruch auf ein durch Gesetz geschaffenes, zuständiges, unabhängiges und unparteiisches Gericht. Ausnahmegerichte sind untersagt. Damit bringt die Verfassung zum Ausdruck, daß in einer rechtsstaatlichen Justizordnung die Rechtsprechung durch ein ordnungsgemäß bestelltes und zusammengesetztes, örtlich und sachlich zuständiges, unabhängiges und mit unparteiischen Richtern urteilendes Gericht erfolgen soll[7]. Die Bestimmung weist zahlreiche Bezüge zur weiteren Verfassungsordnung auf. Sie ergänzt und verfeinert den allgemeinen Anspruch auf gleiche und gerechte Behandlung in Justizverfahren (Art. 29 BV) und schreibt damit jene Mindeststandards prozeduraler Gerechtigkeit fest, die namentlich in Verfahren vor Gerichtsinstanzen Geltung beanspruchen. Darüber hinaus werden mit Art. 30 Abs. 1 BV rechtsstaatliche Grundsätze wie das Gesetzmäßigkeitsprinzip (Art. 5 Abs. 1 BV) und insbesondere der Gewaltenteilungsgrundsatz konkretisiert und gleichzeitig justiziabel gemacht: Der Anspruch auf den gesetzlichen Richter sichert den Vorrang des demokratischen Gesetzgebers bei der Bestimmung von Organisation, Zuständigkeit und Verfahren der Gerichte[8]; der Anspruch auf Beurteilung durch ein unabhängiges Gericht verwirklicht die institutionelle Unabhängigkeit der Dritten Gewalt[9].

4
Mindeststandards prozeduraler Gerechtigkeit

Bezüge zur Verfassungsordnung im übrigen

---

6 *J.P. Müller*, Einleitung zu den Grundrechten, in: Aubert u. a., Bundesverfassung 1874 (LitVerz.), RN 35 f.
7 Botschaft über die neue Bundesverfassung (BBl 1997 I S. 1 [183]).
8 So für den Bund ausdrücklich Art. 164 Abs. 1 lit.g BV; demnach sind alle wichtigen rechtsetzenden Bestimmungen in der Form des Bundesgesetzes zu erlassen, insb. auch die Bestimmungen über die Organisation und das Verfahren der Bundesbehörden.
9 Gemäß Art. 191c BV sind die richterlichen Behörden in ihrer rechtsprechenden Tätigkeit unabhängig und nur dem Recht verpflichtet (BBl 1997 I S. 1ff., 541 f.).

5

Zweifache Zielsetzung

Den durch Art. 30 Abs. 1 BV vermittelten Rechten sind im Wesentlichen zwei Zielsetzungen eigen. Aus der Sicht der Betroffenen sollen sie ein korrektes und faires Verfahren garantieren und damit nicht nur die innere Anerkennung des Urteils ermöglichen, sondern letztlich auch ein gerechtes Urteil sicherstellen. Aus der Sicht der Rechtsgemeinschaft festigen die Garantien das Vertrauen in die gerichtlichen Verfahren, sie stärken die Geltungskraft des Urteils und dienen damit der Legitimation der Justiz im demokratischen Rechtsstaat[10].

C. Schutzbereich

I. In sachlicher Hinsicht

1. Überblick: Drei Teilgehalte

6

Gesetzlichkeit, Unabhängigkeit und Unparteilichkeit des Richters

Drei Teilgehalte sind es, die den Schutzbereich des Anspruchs auf den verfassungsmäßigen Richter umschreiben: Als justizbezogenes Legalitätsprinzip sichert die Verfassung den Anspruch auf den gesetzlichen Richter und verbietet alle Ausnahmegerichte (RN 13 ff.). Daneben garantiert die Bundesverfassung die Beurteilung durch ein „unabhängiges und unparteiisches Gericht". Dieser Anspruch fächert sich in zwei Teilgehalte auf: Der personenbezogene Gehalt der Unabhängigkeitsgarantie rückt die Person des urteilenden Richters ins Zentrum, indem dem Einzelnen ein Recht auf unvoreingenommene, unparteiische Beurteilung zuerkannt wird (RN 21 ff.). Demgegenüber hat der institutionenbezogene Gehalt der Unabhängigkeitsgarantie die Justiz als Staatsorgan im Blick; der Einzelne hat Anspruch auf Beurteilung durch ein in der gewaltenteiligen Behördenordnung unabhängig stehendes Gericht (RN 31 ff.). Gemäß dem Wortlaut von Art. 30 Abs. 1 BV kommen diese Garantien nicht in allen Justizverfahren zum Tragen, sondern nur dann, wenn die in Frage stehende Angelegenheit in einem „gerichtlichen Verfahren" beurteilt werden muß. Art. 30 Abs. 1 BV setzt das Vorliegen gerichtlicher Verfahren voraus, räumt aber keinen Anspruch auf Beurteilung durch ein Gericht oder eine gerichtliche Rechtsmittelinstanz ein[11].

2. Gerichtliche Verfahren

7

Unanwendbarkeit auf nicht-gerichtliche Justizverfahren

Die Garantien des verfassungsmäßigen Richters gelten für alle Verfahren, in denen den Beteiligten ein Rechtsanspruch auf gerichtliche Beurteilung zukommt; e contrario findet Art. 30 Abs. 1 BV auf nicht-gerichtliche Justizverfahren keine Anwendung. Diese Regelung beruht auf dem Umstand, daß die schweizerischen Rechtspflegeordnung keine umfassende Rechtsweggarantie

---

10 Vgl. zu diesem Aspekt *BGE 114* Ia 50 (55 f. Erw. 3c).
11 Zu ersterem *BGE 124* I 255 (263 Erw. 5 b). Zu letzterem *BGE 132* I 140 (146 Erw. 2.2).

kennt¹². Anders als zivilrechtliche Streitigkeiten und strafrechtliche Anklagen werden öffentlichrechtliche Streitigkeiten nicht durchwegs durch Gerichte beurteilt; vielmehr bestehen nach wie vor letztinstanzliche Zuständigkeiten von Regierungs- und Verwaltungsbehörden. Diese Restkompetenzen verwaltungsinterner Rechtskontrolle werden nach Inkraftsetzung der von Volk und Ständen am 12. März 2000 angenommenen Verfassungsnovelle zur Rechtsweggarantie (Art. 29 a BV) zwar erheblich eingeschränkt, aber nicht vollständig aufgehoben¹³.

<small>Restkompetenzen verwaltungsinterner Rechtskontrolle</small>

Ein Rechtsanspruch auf gerichtliche Beurteilung kann sich unmittelbar aus der Verfassung ergeben¹⁴, aber auch auf internationaler Konvention¹⁵ oder – so der Regelfall – auf einer entsprechenden Zuständigkeitsregelung im kantonalen oder eidgenössischen Verfahrensrecht beruhen¹⁶. Die Garantien von Art. 30 Abs. 1 BV verwirklichen sich, sobald eine Norm des Gerichtsorganisations- oder Verfahrensrechts den Rechtsanspruch auf ein gerichtliches Verfahren formuliert. Dies geschieht beispielsweise durch Zuweisung einer Streitigkeit an ein bestimmtes Gericht¹⁷, in ein „gerichtliches Verfahren" oder vor den „Richter"¹⁸. Ob eine solche Behörde die Voraussetzungen an ein verfassungsmäßiges Gericht erfüllt, ist nicht eine Frage des Geltungsbereichs von Art. 30 Abs. 1 BV; aus jedem auf Gesetz oder Verfassungsnorm beruhenden Anspruch auf gerichtliche Beurteilung folgt vielmehr eine unmittelbare grundrechtliche Garantie, daß diese Behörde den in Art. 30 Abs. 1 BV formulierten Mindestanforderungen genügt.

<small>**8**
Rechtsanspruch auf gerichtliche Beurteilung

Verfassungsmäßiges Gericht</small>

3. Geltung für alle gerichtlichen Verfahren

Die Garantien des verfassungsmäßigen Richters erstrecken sich auf die Gesamtheit der gerichtlichen Verfahrensordnung. Sie gelten in allen erst- und oberinstanzlichen Gerichtsverfahren, in Verfahren vor Justizbehörden des Bundes und in kantonalen Verfahren. Ein erstinstanzliches Gericht muß die Anforderungen von Art. 30 Abs. 1 BV auch dann erfüllen, wenn ein Rechtsmittel an ein übergeordnetes Gericht besteht¹⁹.

<small>**9**
Geltung in allen Instanzen</small>

---

12 *BGE 126* I 377 (396f. Erw. 8 d/bb).
13 Gemäß Art. 29a BV hat jede Person bei Rechtsstreitigkeiten Anspruch auf Beurteilung durch eine richterliche Behörde (Satz 1). Bund und Kantone können durch Gesetz die richterliche Beurteilung in Ausnahmefällen ausschließen (Satz 2). Die Bestimmung ist am 1. 1. 2007 in Kraft getreten, vgl. Ziff. III Abs. 2 Bundesbeschluß 1999 über die Reform der Justiz vom 8.10. (BBl 1999 VIII S. 8633 ff.).
14 Zum Beispiel der Anspruch auf gerichtliche Überprüfung eines erstinstanzlichen Gerichtsurteils in Strafverfahren (Art. 32 Abs. 3 BV) und der Anspruch auf richterliche Überprüfung von Freiheitsentziehungen (Art. 31 Abs. 3 und 4 BV).
15 Zum Beispiel der Anspruch auf ein gerichtliches Verfahren bei Streitigkeiten über zivilrechtliche Ansprüche und Verpflichtungen bzw. bei strafrechtlichen Anklagen, Art. 6 Ziff. 1 EMRK, Art. 14 Ziff. 1 UNO-Pakt II.
16 *BGE 128* I 288 (290 Erw. 2.2). Vgl. auch *Häfelin/Haller*, Bundesstaatsrecht (LitVerz.), RN 853; *Auer/Malinverni/Hottelier*, Droit constitutionnel (LitVerz.), Bd. II, RN 1422.
17 Vgl. Art. 82 Bundesgesetz über das Bundesgericht (Bundesgerichtsgesetz [BGG] vom 17. 6. 2005): Dort wird die Zuständigkeit des Bundesgerichts in Angelegenheiten des öffentlichen Rechts formuliert.
18 Vgl. Art. 397d Zivilgesetzbuch (ZGB) vom 10. 12. 1907 (SR 210) betr. fürsorgerischen Freiheitsentzug.
19 *BGE 114* Ia 50 (60 Erw. 3 d) und ständige Praxis; vgl. auch *Auer/Malinverni/Hottelier*, Droit constitutionnel (LitVerz.), Bd. II, RN 1223. Vgl. unten H III, RN 43 f.

10

Geltung in allen Gerichtszweigen

Unter den Geltungsbereich von Art. 30 Abs. 1 BV fallen die ordentlichen Gerichte der Zivil-, Straf-, Verwaltungs- und Verfassungsgerichtsbarkeit, ebenso die für eine thematisch enger begrenzte Zuständigkeit eingesetzten Spezialgerichte (typisch: Handelsgerichte, Militärgerichte, Jugendgerichte) sowie staatliche oder private Schiedsgerichte[20]. Sind die entsprechenden funktionalen und institutionellen Voraussetzungen erfüllt, gelten auch berufsständische Organe, wie beispielsweise Anwalts- oder Ärztekammern, als Gerichte[21]. Auf Verfahren vor Strafverfolgungsbehörden findet Art. 30 Abs. 1 BV nur dann Anwendung, wenn eine umfassende und eigenständige Entscheidkompetenz bezüglich des staatlichen Strafanspruchs besteht, das Strafverfahren mithin durch Sachentscheid (Erlaß eines Strafbefehls) oder Einstellungsverfügung zum Abschluß gebracht werden kann[22]. In Haft- und Haftprüfungsverfahren gelten die Garantien von Art. 30 Abs. 1 BV folglich nur dann, wenn der zuständigen Behörde die Kompetenz zukommt, über die Rechtmäßigkeit der Haft zu entscheiden und die Haftentlassung anzuordnen[23].

II. Schutzbereich in persönlicher Hinsicht

11

Natürliche und juristische Personen des Privatrechts

Soweit ersichtlich, hat sich das Bundesgericht bislang nicht ausdrücklich mit der Frage nach dem persönlichen Schutzbereich des Anspruchs auf den verfassungsmäßigen Richter auseinandergesetzt. Der unbestrittenen Lehre zufolge steht der Anspruch auf den verfassungsmäßigen Richter sowohl natürlichen wie juristischen Personen des Privatrechts unbesehen ihrer Nationalität[24] zu. Maßgeblich ist die Beteiligung am Verfahren im Sinn einer persönlichen Betroffenheit in schutzwürdigen (rechtlichen oder faktischen) Interessen; diese Beteiligung ist offenkundig, wenn der anwendbare Verfahrenserlaß den Betroffenen Parteistellung einräumt[25].

Juristische Personen öffentlichen Rechts

Juristische Personen des öffentlichen Rechts sind der herrschenden Lehre zufolge Träger des Anspruchs auf den verfassungsmäßigen Richter, wenn ihnen die anwendbaren Verfahrenserlasse die Legitimation zur Teilnahme am Verfahren zuerkennen[26].

12

Kein Anspruch mittelbar Beteiligter

Keinen grundrechtlichen Schutzanspruch genießen demgegenüber nur mittelbar am Verfahren Beteiligte wie Anwälte, Zeugen, Sachverständige oder weiteres Gerichtspersonal. Ebensowenig kann sich der zu Unrecht in den Ausstand versetzte oder zu Unrecht im Verfahren belassene Richter oder ein Vertreter der Staatsanwaltschaft auf Art. 30 Abs. 1 BV berufen[27].

---

20 Vgl. die Nachw. bei *Kiener* (FN 5), S. 315 ff. sowie zuletzt *BGE 132* V 303.
21 Vgl. *BGE 126* I 228 betr. Aufsichtskommission über die Rechtsanwälte; *BGE 123* I 87 betr. Notariatskammer.
22 Erstmals *BGE 112* Ia 142; seither etwa *BGE 119* Ia 13; *121* II 53; *127* I 196.
23 BGer, Entscheid v. 7. 10. 1992 (1P.516 und 518/1992), EuGRZ 1992, S. 554 ff., Erw. 3.
24 *Kölz*, in: Aubert u. a., Bundesverfassung 1874 (LitVerz.), Art. 58 RN 6; *Steinmann*, in: Ehrenzeller u. a., St. Galler Kommentar (LitVerz.), ²2007, Art. 30 RN 4; *Jaag*, Die Verfahrensgarantien der neuen Bundesverfassung, in: Gauch/Thürer, Bundesverfassung (LitVerz.), S. 25 ff., 44.
25 Vgl. *Kiener* (FN 5), S. 367 f.
26 *Auer/Malinverni/Hottelier*, Droit constitutionnel (LitVerz.), Bd. II, RN 1198; *Steinmann*, in: Ehrenzeller u. a., St. Galler Kommentar (LitVerz.), ²2007, Art. 30 RN 4; *Jaag* (FN 24), S. 44.
27 *BGE 107* Ia 266 (268 f.); *Kölz*, in: Aubert u. a., Bundesverfassung 1874 (LitVerz.), Art. 58 RN 6.

D. Anspruch auf den gesetzlichen Richter und Verbot von Ausnahmegerichten

I. Überblick

Die verfassungsrechtliche Anerkennung des Rechts auf den gesetzlichen Richter (und die Verdeutlichung dieses Anspruchs durch das Verbot der Ausnahmegerichte) stellt sicher, daß die Rechtsprechung nicht durch gezielte Auswahl der im Einzelfall urteilenden Richter beeinflußt wird, sondern auf einer regelhaft-abstrakten, dem Einzelnen vorhersehbaren und demokratisch legitimierten Zuständigkeitsordnung beruht[28].

13
Regelhaft-abstrakte Zuständigkeitsordnung

Mit der Anerkennung des justizbezogenen Legalitätsprinzips werden verschiedene Gehalte der Verfassungsordnung verknüpft: Zum einen konkretisiert die Garantie des gesetzlichen Richters das allgemeine, in Art. 5 Abs. 1 BV als Grundsatz rechtsstaatlichen Handelns festgeschriebene Gesetzmäßigkeitsprinzip für den Bereich der gerichtlichen Justizverfahren. Zum anderen stellt die abstrakte Normierung der Zuständigkeit die rechtsgleiche Beurteilung sicher; damit werden sowohl der allgemeine Gleichheitssatz (Art. 8 Abs. 1 BV) wie auch der Anspruch auf gleiche und gerechte Behandlung in Justizverfahren (Art. 29 Abs. 1 BV) verdeutlicht. Und schließlich stärkt die Garantie des gesetzlichen Richters auch die richterliche Unabhängigkeit; Unabhängigkeit der Gerichte und abstrakte Normierung der Gerichtsverfassung gehören mithin zusammen[29]. Generell kommt dem Gesetzgeber bei der Ausgestaltung der Gerichtsorganisation ein erheblicher Spielraum zu, und es besteht kein grundrechtlicher Anspruch auf eine bestimmte Ausgestaltung der Gerichtsorganisation[30].

14
Justizbezogenes Legalitätsprinzip

II. Anspruch auf den gesetzlichen Richter

Der Anspruch auf ein „durch Gesetz geschaffenes Gericht" (Art. 30 Abs. 1 BV) ist nach der bundesgerichtlichen Praxis gleichzusetzen mit der Freiheit, „nur von dem Richter Recht zu nehmen, der nach den bestehenden Verfassungsbestimmungen, Gesetzen und Verordnungen allgemein für die Streitsachen zuständig ist, zu denen der in Frage stehende Prozess gehört"[31]. Die Verfassung nennt das Erfordernis des „zuständigen" Gerichts ausdrücklich und neben dem Erfordernis des auf Gesetz beruhenden Gerichts; in der Praxis

15
Zuständigkeitsordnung des Gerichts

---

[28] *J. P. Müller*, Grundrechte (LitVerz.), S. 573.
[29] *BGE 123* I 49 (51 Erw. 2 b); *114* Ia 50 (53 f. Erw. 3 b). Vgl. auch *Kiener* (FN 5), S. 311; *J. P. Müller*, Grundrechte (LitVerz.), S. 573, und *Kölz*, in: Aubert u. a., Bundesverfassung 1874 (LitVerz.). Art. 58 RN 1, 3.
[30] *BGE 132* I 140 (146 Erw. 2.2).
[31] *BGE 91* I 399 (401 Erw. b). Vgl. statt vieler auch *BGE 119* Ia 81 (82 f. Erw. 1 a); *119* V 375 (378, Erw. 4 a); *117* Ia 378 (380 f. Erw. 4b) sowie *J.P. Müller*, ZBJV 106 (1970), S. 249 (258), oder *Kölz*, in: Aubert u. a., Bundesverfassung 1874 (LitVerz.), Art. 58 RN 2.

16
Fehler-Kasuistik

Unzuständigkeit

Ausstand

Besetzungsfehler

Ausnahmeverfahren

Personale Mängel

17
Keine permanente Anwesenheitspflicht

wurde dieser Anspruch bislang als Ausprägung der Garantie des gesetzlichen Richters verstanden.

Der stark kasuistischen Praxis zufolge liegt eine Verletzung des justizbezogenen Legalitätsprinzips in folgenden Fällen vor:

a) Bei Verletzung der gesetzlichen Zuständigkeitsordnung: Ein Prozeß wird der gerichtlichen Zuständigkeit entzogen, und es entscheidet eine rechtssatzmäßig nicht vorgesehene oder eine andere als die im Gesetz genannte Behörde[32].

b) Bei Mißachtung der Ausstandsregeln: Ein Richter wird in den Ausstand versetzt, obwohl dafür kein sachlicher Grund vorliegt[33].

c) Bei unrichtiger Besetzung des Gerichts: Der Spruchkörper entscheidet nicht mit der gesetzlich vorgeschriebenen Anzahl Richter[34], oder die Entscheidkompetenz in der Sache liegt nicht bei den gesetzlich vorgesehenen Funktionsträgern[35]. Eine Verletzung der Garantie ist auch dann gegeben, wenn eine andere als die hierfür vorgesehene und zuständige Person bestimmte Verfahrenshandlungen vornimmt[36] oder wenn die personelle Zusammensetzung eines Spruchkörpers jeweils mit Blick auf den in Frage stehenden Prozeß erfolgt und sich damit nach Belieben ändern kann[37].

d) Bei Anwendung eines Ausnahmeverfahrens[38].

e) Bei Nichteinhaltung der gesetzlichen Erfordernisse für das Richteramt: Wählbarkeitsvoraussetzungen oder Besetzungsvorschriften, die sich auf bestimmte, vom Gesetz verlangte Eigenschaften und Kenntnisse der urteilenden Richter beziehen, werden nicht erfüllt[39].

Demgegenüber besteht kein grundrechtlicher Anspruch darauf, daß die Mitglieder von Kollegialgerichten während sämtlicher Verfahrensschritte anwesend sein müssen. Zwar darf kein Richter urteilen, der nicht Kenntnis von den Parteivorbringen und vom Beweisverfahren hat; solange einem Richter der Prozeßstoff jedoch durch Aktenstudium zugänglich gemacht werden kann, muß er nicht an allen Prozeßhandlungen teilgenommen haben[40].

---
32 *BGE 123* I 49 (53 ff. Erw. 3 c und d); *110* Ia 106 (110 Erw. 4 f); *93* I 228 (236 Erw. 4 d).
33 *BGE 108* Ia 48 (53 Erw. 3).
34 *BGE 127* I 128 (131 Erw. 4 b) S. 131; *125* V 499 (501 Erw. 2 a); *117* Ia 166 (170 Erw. 6 c).
35 *BGE 117* Ia 175 (179 f. Erw. 4 b und c).
36 *BGE 107* Ia 45 (49 Erw. 2) betr. Entscheides über Entsiegelung beschlagnahmter Gegenstände durch den Bezirksanwalt anstelle des Richters.
37 Vgl. aber *BGE 105* Ia 172 (177 ff. Erw. 5); hier billigte das Bundesgericht die Kompetenz des Vorsitzenden zum Beizug von sechs Ersatzrichtern, so daß das Gericht nur mit einem ordentlichen Richter besetzt war, obwohl ordentliche Richter verfügbar gewesen wären; dazu kritisch u.a. *J.P. Müller*, Grundrechte (LitVerz.), S. 573. Die Kritik scheint gefruchtet zu haben, vgl. *BGer*, Entscheid v. 8.6.1999 (1P.645/1998), ZBl 101 (2000), S. 605 ff.
38 *BGE 110* Ib 280 (281 Erw. 5); *98* Ia 356 (359 f. Erw. 2); *39* I 79 (84 Erw. 1).
39 Vgl. *Thomas Merkli/Arthur Aeschlimann/Ruth Herzog*, Kommentar zum Gesetz über die Verwaltungsrechtspflege im Kanton Bern, 1997, Art. 9 RN 13.
40 *BGE 117* Ia 133 (134 f. Erw. 1 e); *103* Ia 407 (408 f. Erw. 2 b).

III. Verbot von Ausnahmegerichten

An die Garantie des gesetzlichen Richters knüpft die Bundesverfassung das Verbot von Ausnahmegerichten. Damit wird kein zusätzlicher Grundrechtsgehalt vermittelt, sondern die besondere Bedeutung der rechtssatzmäßig normierten Gerichtsordnung betont[41]. Ausnahmegerichte stehen außerhalb der ordentlichen Zuständigkeitsordnung und werden einzig für einen bestimmten Prozeß oder für die Beurteilung bestimmter Personen (ad hoc oder ad personam) in offensichtlicher und damit willkürlicher Abweichung von der gesetzlichen Zuständigkeitsregelung gebildet[42].

18
Ausnahmegerichte als willkürliche Abweichung

Kein Ausnahmegericht liegt vor, wenn das formelle Gesetz Zuständigkeit, Organisation und Kompetenzen einer Justizbehörde generell und abstrakt umschreibt und für die Einsetzung dieser Behörde sachliche Gründe bestehen. Deshalb sind nicht-gerichtliche, verwaltungsinterne oder parlamentarische Justizbehörden ebensowenig Ausnahmegerichte wie Spezialgerichte mit beschränkter sachlicher Zuständigkeit[43]. Unter diesen Voraussetzungen ist eine auf den Einzelfall bezogene Manipulation der Zuständigkeitsordnung ausgeschlossen, und es liegt selbst dann kein Ausnahmegericht vor, wenn das Gericht nur für eine beschränkte Zahl von Streitfällen eingesetzt ist[44].

19
Ausnahme bei generell-abstrakt umschriebener Zuständigkeit

IV. Abstrakte Normierung der Zuständigkeit im Einzelfall

Der Anspruch auf den gesetzlichen Richter kann sich nur verwirklichen, wenn das im Einzelfall zuständige Gericht unter Einbezug der urteilenden Richter im voraus eindeutig bestimmt ist und keinen Manipulationsmöglichkeiten unterliegt. Dieses Ziel verlangt nach einer Regelung der Frage, welches Gericht mit welchem Spruchkörper und in welcher personellen Zusammensetzung den in Frage stehenden Streitfall entscheidet. Trotz wiederholter Anstöße und Kritik aus der Lehre[45] hat das Bundesgericht allerdings bislang davon abgesehen, das Gebot des gesetzlichen Richters auch auf die Besetzung des Spruchkörpers im Einzelfall zu erstrecken. Demnach besteht kein grund-

20
Bedeutung der Geschäftsverteilung

---

41 Der Bundesrat hat in seinem Vorentwurf zu einer neuen Bundesverfassung denn auch angeregt, das Verbot der Ausnahmegerichte zu streichen, vgl. Botschaft über die neue Bundesverfassung (BBl 1997 I S. 1 ff., 183).
42 Vgl. allgemein *BGE 131* I 31 (33 f. Erw. 2.1); *129* V 196 (198 Erw. 4.1); *117* Ia 378 (380 f. Erw. 4b); *113* Ia 412 (423 Erw. 5a); *110* Ib 280 (281 Erw. 5); *105* Ia 157 (161 Erw. 5a). Vgl. auch *J.P. Müller*, ZBJV 106 (1970), S. 249 (256); *Kölz*, in: Aubert u.a., Bundesverfassung 1874 (LitVerz), Art. 58 RN 67.
43 *BGE 117* Ia 378 (380 f. Erw. 4b); *113* Ia 412 (423 Erw. 5a) sowie *Kölz* aaO., Art. 58 RN 71; *J.P. Müller* Grundrechte (LitVerz), S. 572.
44 *BGE 110* Ib 280 (282 f. Erw. 5) zum irischen „Special Criminal Court" für die Beurteilung von Verbrechen gegen den Staat oder die öffentliche Sicherheit; vgl. auch *BGE 108* Ib 408 (409 Erw. 7 a) zu den argentinischen Militärgerichten; *BGE 109* Ib 64 (68 Erw. 4) zu den türkischen Militärgerichten.
45 *J.P. Müller*, Grundrechte (LitVerz.), S. 573 f.; *Kölz*, in: Aubert u.a., Bundesverfassung 1874 (LitVerz.), Art. 58 RN 4; *Kiener* (FN 5), S. 376 ff.; *René Rhinow/Heinrich Koller/Christina Kiss*, Öffentliches Prozessrecht und Justizverfassungsrecht des Bundes, 1996, RN 143; *Christoph Bandli*, Zur Spruchkörperbildung an Gerichten – Vorausbestimmung als Fairnessgarantin, in: FS Heinrich Koller, 2006, S. 209 ff., 210.

rechtlicher Anspruch auf eine generell-abstrakte Regelung der internen Geschäftsverteilung, der personellen Zusammensetzung des Spruchkörpers oder der Modalitäten für den Beizug von Ersatzrichtern[46].

E. Anspruch auf unabhängige und unparteiische Richter

I. Überblick

21
Merkmale der Befangenheit

Das Bundesgericht umschreibt die Anforderungen an einen unabhängigen und unparteiischen Richter mit Blick auf eine mögliche Befangenheit und damit negativ. Eine Befangenheit ist nach der ständigen Rechtsprechung anzunehmen, wenn „Umstände vorliegen, die geeignet sind, Misstrauen in die Unparteilichkeit (...) zu erwecken. Bei der Befangenheit handelt es sich allerdings um einen inneren Zustand, der nur schwer bewiesen werden kann. Es braucht daher für die Ablehnung eines Richters nicht nachgewiesen zu werden, dass dieser tatsächlich befangen ist. Es genügt vielmehr, wenn Umstände

Anschein der Befangenheit

vorliegen, die den Anschein der Befangenheit und die Gefahr der Voreingenommenheit zu begründen vermögen. Solche Umstände können entweder in einem bestimmten Verhalten des betreffenden Richters oder in gewissen äusseren Gegebenheiten, wozu auch verfahrensorganisatorische Aspekte gehören, begründet sein. Bei der Beurteilung des Anscheins der Befangenheit (...) kann allerdings nicht auf das subjektive Empfinden einer Partei abgestellt werden. Das Misstrauen in den Richter muss vielmehr in objektiver Weise als begründet erscheinen"[47]. Damit knüpft das Bundesgericht die fehlende Unabhängigkeit und Unparteilichkeit der urteilenden Richter an zwei letztlich nicht voneinander zu trennende Kriterien.

II. Kriterien

22
Konkrete Gründe oder Umstände

Es müssen bestimmte, konkrete Gründe oder Umstände vorliegen, welche eine unvoreingenommene Beurteilung der Streitigkeit in Frage stellen; die nicht weiter begründete Behauptung fehlender Unabhängigkeit genügt von vornherein nicht. Insbesondere sind Gegebenheiten, welche mit der Person des Richters unaufgebbar verbunden sind – wie etwa Geschlecht, familienrechtlicher Status, Konfession, Weltanschauung oder sprachregionale Herkunft –, für sich allein genommen kein Anhaltspunkt für eine fehlende Unabhängigkeit, wenn sie in irgendeiner Weise auch im Verfahren eine Rolle spielen. Dies ändert sich erst dann, wenn konkrete Hinweise dafür bestehen, daß

---

46 *BGE 117* Ia 322 (323 Erw. 1c); *105* Ia 172 (179f. Erw. 5b); neuerdings *BGer*, Entscheid v. 8.6.1999 (1P.645/1998), ZBl 101 (2000), S. 605 (605ff. Erw. 3). Eingehend zur Praxis *Steinmann* (FN 1), Art. 30 RN 8.
47 *BGE 114* Ia 50 (54f. Erw. 3b), seither ständige Praxis.

diese Gegebenheiten die unvoreingenommene Beurteilung der Streitsache tatsächlich in Frage stellen[48]. Das Bundesgericht argumentiert dabei ausgesprochen pragmatisch: Es erwartet von einem Richter Lebensnähe, Erfahrung und menschliches Verständnis; kein Richter sei je restlos frei von Einflüssen wie gesellschaftlichen Werturteilen, öffentlicher Meinung oder aktuellen politischen Ereignissen[49].

Die vorgebrachten Umstände müssen ein bestimmtes Gewicht aufweisen und deshalb den objektiv berechtigten Anschein der Befangenheit, die konkrete Gefahr einer Voreingenommenheit begründen. Individuelle Befürchtungen der Parteien allein sind unerheblich, vielmehr muß das subjektive Mißtrauen auch in objektiver Weise gerechtfertigt erscheinen, müssen die vorgebrachten Gründe mithin nachvollziehbar erscheinen. Letztlich ausschlaggebend ist die – objektivierte – Sichtweise der Parteien als Träger des grundrechtlichen Anspruchs[50]. Das Erfordernis der objektiven Gründe steht in engem Zusammenhang mit der Garantie des gesetzlichen Richters, welches die Rechtsordnung nicht nur vor Manipulationen der staatlichen Behörden, sondern auch der Parteien schützt: Niemand soll die gesetzliche Zuständigkeitsordnung durchbrechen können, indem Zweifel an der inneren Unabhängigkeit des vorgesehenen Richters formuliert werden. Die Absage an rein subjektive Einschätzungen gilt deshalb nicht nur für die Parteien, sondern auch für die Richter: Ob sie sich selber für befangen halten oder im Gegenteil davon überzeugt sind, ein Verfahren mit der erforderlichen Unbefangenheit führen zu können, ist ohne Belang[51].

23
Objektiv berechtigter Anschein der Befangenheit

III. Die wesentlichen Linien der Praxis

Konkrete Umstände, welche die Befangenheit auch objektiv rechtfertigen, können nach der Rechtsprechung entweder in einem bestimmten Verhalten des betreffenden Richters oder in gewissen äußeren, insbesondere verfahrensorganisatorischen Gegebenheiten begründet sein[52]. Hier lehnt sich das Bundesgericht an die entsprechende Differenzierung der Rechtsprechung des Straßburger Gerichtshofs für Menschenrechte an, die zwischen „subjektiven", in der Person des Richters liegenden Gründen, und „objektiven", auf strukturellen Gegebenheiten beruhenden Beeinträchtigungen der Unabhängigkeit unterscheidet[53]. In Anwendung dieser allgemeinen Kriterien läßt sich die überaus reichhaltige, indessen auch stark kasuistische Rechtsprechung des Bundesgerichts in zwei Fallgruppen aufteilen[54].

24
Subjektive oder objektive Gegebenheiten

---
48 *Kiener* (FN 5), S. 67 f.
49 *BGE 105* Ia 157 (162 Erw. 6a). Vgl. auch *J. P. Müller*, Grundrechte (LitVerz.), S. 576.
50 Vgl. *BGer*, Entscheid v. 3.6.2002 (1P.156/2002), Pra 2002, S. 776 (780 Erw. 3.2, m.w.H.); *Kiener* (FN 5), S. 70 ff.
51 *BGE 121* II 53 (58 Erw. 3c); *108* Ia 48 (53 Erw. 2).
52 *BGE 114* Ia 50 (55 Erw. 3b), seither ständige Praxis.
53 Zuerst: *EGMR*, Urt. v. 1.10.1982, Piersack ./. Belgien, Serie A, Nr. 53, RN 30, sowie EuGRZ 1985 S. 301 ff; vgl. auch *EGMR*, Urt. v. 24.5.1989, Hauschildt ./. Dänemark, Serie A, Nr. 54, RN 46 ff.
54 Die Rechtsprechung ist im einzelnen aufgearbeitet bei *Kiener* (FN 5), S. 89 ff., sowie bei *Steinmann* (FN 1), RN 9–14.

1. In der Person des Richters liegende Gründe

25 Nemo iudex in sua causa

Die Befangenheit eines Richters ist offensichtlich, wenn er in eigener Sache entscheidet, sei es, daß er im Verfahren selber Partei ist, sei es, daß ein unmittelbares eigenes Interesse am Ausgang des Verfahrens besteht[55]. Ein solches Eigeninteresse ist nach der Praxis insbesondere beim Entscheid über Ablehnungsbegehren der Fall, welche den Richter selber betreffen[56].

26 Nahe persönliche Beziehungen zu einer Partei

Auch besonders nahe persönliche Beziehungen zu einer Partei vermögen den Anschein einer Befangenheit zu begründen, jedenfalls dann, wenn im Verhältnis von Richter und Partei eine spezifische, über die üblichen gesellschaftsadäquaten Beziehungen hinausgehende Nähe zum Ausdruck kommt, welche die Gleichheit der Parteien in Frage stellt und objektiv begründete Zweifel an der Unvoreingenommenheit der Beurteilung erweckt. Dies gilt insbesondere für Lebensgemeinschaften, nahe Verwandtschaft oder Schwägerschaft, besondere Freundschaft, Feindschaft oder gewisse Pflicht- und Abhängigkeitsverhältnisse[57]. Auch berufliche Beziehungen können den Anschein der Befangenheit begründen; dies gilt insbesondere für nebenamtliche Richter, die hauptberuflich als Anwälte tätig sind[58].

27 Personenbezogenes Werturteil

Äußerungen zur Person oder zum Verhalten der Parteien können den Anspruch auf den unparteiischen Richter beeinträchtigen, wenn sich darin eine Haltung offenbart, welche die sachliche und unbefangene Beurteilung objektiv in Frage stellt[59]. Dies kann nach der Rechtsprechung dann der Fall sein, wenn personenbezogene Werturteile geäußert werden[60]. Auf der anderen Seite sind richterliche Verfahrens- oder Einschätzungsfehler für sich allein genommen ebensowenig Ausdruck einer Voreingenommenheit wie ein inhaltlich falscher Entscheid oder Fehler in der Verhandlungsführung[61].

28 Öffentliche Äußerungen

Bei der Annahme einer Befangenheit aufgrund richterlichen Engagements in der Sache ist das Bundesgericht zurückhaltend. Es hält mit klaren Worten fest, daß jeder Richter auch Staatsbürger ist, eine politische Meinung haben darf und soll und diese, soweit er es mit dem Amt vereinbaren kann, auch nach außen hin vertreten darf[62]. Die Unabhängigkeit ist erst beeinträchtigt,

---

55 *BGE 33* I 143 (146 Erw. 2); *119* II 271 (276 Erw. 3b).
56 *BGE 114* Ia 153 (156 Erw. 3a/aa); *105* Ib 301 (303 Erw. 1b) oder *122* II 471 (476 Erw. 3).
57 *J.P. Müller*, Grundrechte (LitVerz.), S. 577; *Kiener* (FN 5), S. 97 ff. Aus der Praxis etwa *BGE 114* Ia 278 (279 Erw. 1) betr. Verurteilung einer Verfahrenspartei in einem früheren Verfahren.
58 *BGE 116* Ia 485 (489 Erw. 3b) betr. verpönter anwaltlicher Dauerbeziehung zu einer der Prozeßparteien; *BGE 128* V 82 (85 Erw. 2a); *124* I 121 (126 Erw. 3c), beide betr. präjudizieller Wirkung des Urteils zugunsten eines Klienten in einem anderen, hängigen Verfahren. Einläßlich zur Thematik *Kiener* (FN 5), S. 110 ff.; *dies.*, Anwalt oder Richter? – eine verfassungsrechtliche Sicht auf die Richtertätigkeit von Anwältinnen und Anwälten, in: FS 100 Jahre Aargauischer Anwaltsverband, 2005, S. 3 ff.; *Sutter*, Der Anwalt als Richter, die Anwältin als Richterin – Probleme mit der richterlichen Unabhängigkeit und den anwaltlichen Berufsregeln, in: AJP 2006, S. 30 ff.
59 Vgl. *BGE 127* I 196 (200 f. Erw. 2d und e); *BGer*, Entscheid v. 14. 2. 1997 (2A.364/1995), ZBl 99 (1998), S. 289 (292 Erw. 3c).
60 *BGE 115* Ia 172 (178 Erw. 4b/cc); *120* V 357 (365 ff. Erw. 3b).
61 *BGE 125* I 119 (124 E. 3e); *116* Ia 14 (19 f. Erw. 5a); *115* Ia 400 (404 Erw. 3b) oder *112* Ia 142 (148 Erw. 2d).
62 *BGE 105* Ia 157 (162 Erw. 6a); vgl. auch *BGE 108* Ia 48 (54 Erw. 3) und *108* Ia 172 (176 Erw. 4 b/bb).

wenn die Äußerungen in der Öffentlichkeit die unbefangene Beurteilung in einem konkreten Verfahren objektiv in Frage stellen[63]. So hat das Engagement einer Richterin für Frauenanliegen keine Befangenheit in einem Vergewaltigungsprozeß zur Folge[64]; auf der anderen Seite wurde im Umfeld der „Zürcher Jugendunruhen" die Befangenheit einer Jugendrichterin bejaht, die ein Zeitungsinserat unterzeichnet hatte, in dem zu „Milde und Amnestie" gegenüber randalierenden Jugendlichen aufgerufen wurde[65].

2. Äußere Gründe, insbesondere Gegebenheiten der Verfahrensorganisation

Im Anschluß an eine Verurteilung der Schweiz durch den Straßburger Gerichtshof für Menschenrechte[66] hat das Bundesgericht seine Rechtsprechung zur sogenannten Vorbefassung eines Richters entwickelt. Eine Vorbefassung ist gegeben, wenn der Richter bereits zu einem früheren Zeitpunkt in amtlicher (richterlicher oder nicht-richterlicher) Funktion mit der konkreten Streitsache befaßt war. Dabei stellt eine Vorbefassung die Garantie richterlicher Unabhängigkeit nicht zwingend in Frage; vielmehr darf der Richter trotz Vorbefassung im Verfahren bleiben, wenn dieses in bezug auf den konkreten Sachverhalt und die konkret zu entscheidenden Rechtsfragen nach wie vor als offen und nicht vorbestimmt erscheint[67]. Dieser Grundsatz wurde seither in zahlreichen Entscheiden weiterentwickelt, konkretisiert und differenziert. Heute ist die Rechtsprechung des Bundesgerichts aufgrund von Zahl und Verschiedenartigkeit der anwendbaren (kantonalen und eidgenössischen) Verfahrenserlasse immer noch stark kasuistisch, geht aber in ihrer Reichhaltigkeit, Differenziertheit und Klarheit weit über die vom Europäischen Gerichtshof für Menschenrechte gesetzten Standards hinaus[68]. In Anwendung dieser Kriterien wurden beispielsweise die sukzessive Ausübung der Funktionen des Untersuchungsrichters und später des Strafrichters für verfassungswidrig erklärt[69], ebenso diejenige des Überweisungsrichters und Strafrichters[70]. Auf der anderen Seite wurden auch zahlreiche Fälle von Mehrfachbefassungen verfassungsrechtlich geschützt, so ein Tätigwerden als Strafrichter und später als Haftentschädigungsrichter[71] oder der Entscheid im Eheschutzverfahren und im folgenden Ehescheidungsverfahren[72].

29
Vorbefassung eines Richters

Schutz bestimmter Mehrfachbefassungen

---

63 *BGE 108* Ia 48 (52 Erw. 2b).
64 *BGE 118* Ia 282.
65 *BGE 108* Ia 48.
66 EGMR, Urt.v. 29.4.1988, Belilos ./. Schweiz, Serie A, Nr. 132 (1988), EuGRZ 1989, S. 21 ff.
67 St. Rspr. seit *BGE 114* Ia 50 (57 Erw. 3d).
68 Die Rspr. ist aufgearbeitet bei *Kiener* (FN 5), S. 135 ff., sowie bei *Steinmann* (FN 1), RN 12–14.
69 *BGE 112* Ia 290.
70 *BGE 114* Ia 50.
71 *BGE 119* Ia 221.
72 *BGer*, Entscheid v. 26.6.1996 (1P.208/1996), ZBl 98 (1997), S. 515 ff.; Kritik an dieser Rspr. üben *Müller/Schefer*, Rechtsprechung 1992–1996 (FN 5), S. 138 f.; *Kiener* (FN 5), S. 168 f.

30

Äußerer, insbesondere öffentlicher Druck

Eine Beeinträchtigung der richterlichen Unabhängigkeit kann schließlich auf äußerem Druck beruhen; dies insbesondere dann, wenn ein Verfahren die Öffentlichkeit aufgrund außergewöhnlicher Sachumstände besonders beschäftigt und die Vorgänge auch von den Medien aufgenommen oder von Behördenmitgliedern öffentlich thematisiert werden. Damit entsprechende Vorkommnisse eine unvoreingenommene Beurteilung in Frage stellen können, müssen konkrete Hinweise für eine mögliche Beeinflussung vorliegen und muß zudem die objektiv berechtigte Annahme bestehen, daß diese Umstände Eingang in das Verfahren gefunden haben[73]. Das Bundesgericht stellt maßgeblich auf die Festigkeit und das Differenzierungsvermögen der Richter ab. Nach der Praxis begründen selbst virulente, aufhetzende Medienkampagnen keine Gefahr der Voreingenommenheit, solange die Meinungen auch in den Medien geteilt sind und diese nicht systematisch auf einen Schuldspruch hingearbeitet haben; wesentlich ist zudem, daß die Richter den Medieneinfluß thematisieren und sich von allfälligen Vorverurteilungen und Herabsetzungen distanzieren[74]. Bezüglich der Laienrichter wird die Grenze der Beeinflußbarkeit tiefer angelegt als bei Berufsrichtern, allerdings wird diese Einschätzung wiederum relativiert, wenn im Spruchkörper auch Berufsrichter sitzen[75].

Richterliches Differenzierungsvermögen

F. Anspruch auf ein unabhängiges Gericht

I. Überblick

31

Mangelnde Kohärenz des Art. 30 Abs. 1 BV

Muß eine Streitigkeit in einem gerichtlichen Verfahren beurteilt werden, garantiert die Verfassung die Unabhängigkeit des betreffenden Gerichts. Die Formulierung dieses Anspruchs erscheint auf den ersten Blick wenig kohärent; der Normstruktur zufolge ist die besondere Qualität der rechtsprechenden Behörde sowohl als Voraussetzung des Anspruchs („gerichtliches Verfahren") wie als dessen Rechtsfolge („unabhängiges Gericht") formuliert.

II. Kriterien

32

Organisatorische und personale Unabhängigkeit

Als unabhängiges Gericht im Sinn von Art. 30 Abs. 1 BV gilt der bundesgerichtlichen Rechtsprechung zufolge jede Behörde, die nach Gesetz und Recht in einem justizförmigen, fairen Verfahren begründete und bindende Entscheidungen über Streitfragen trifft. Diese Behörde braucht nicht in die ordentliche Gerichtsstruktur von Bund und Kantonen eingegliedert zu sein, muß jedoch organisatorisch und personell, nach der Art der Ernennung der Rich-

---

[73] Vgl. dazu *Kiener* (FN 5), S. 198 ff., sowie *Franz Zeller*, Vorverurteilung und Justizkritik in den Massenmedien, 1998, S. 381 ff.
[74] *BGE 116* Ia 14 (22 ff. Erw. 7).
[75] *BGE 116* Ia 14 (25 ff. Erw. 7b und c); *105* Ia 157 (165 Erw. 6c).

ter, der Amtsdauer, dem Schutz vor äußeren Beeinflussungen und nach ihrem Erscheinungsbild sowohl gegenüber den anderen Behörden als auch gegenüber den Parteien unabhängig sein[76]. Nach dieser – eng an die Praxis des Straßburger Gerichtshofs zu Art. 6 Ziff. 1 EMRK angelehnten – Definition wird die in Frage stehende Behörde dann als Gericht anerkannt, wenn sie Rechtsprechungsfunktionen ausübt und von den anderen Staatsgewalten hinreichend unabhängig ist, mithin sowohl funktionsbezogene wie institutionelle Kriterien erfüllt sind.

III. Die wesentlichen Linien der Praxis

Die bundesgerichtliche Praxis zum verfassungsrechtlichen Anspruch auf Beurteilung durch ein unabhängiges Gericht ist wenig ergiebig; allerdings lehnt sich die Garantie eng an die entsprechenden Standards der Europäischen Menschenrechtskonvention an, und das Bundesgericht hat sich der einschlägigen Praxis des Straßburger Gerichtshofs ausdrücklich angeschlossen[77]. Damit sind die elementaren Anforderungen der Europäischen Menschenrechtskonvention auch als Gehalt von Art. 30 Abs. 1 BV zu beachten[78]. Der grundrechtliche Anspruch auf Beurteilung durch ein unabhängiges Gericht ist gewahrt, wenn der Spruchkörper über funktionelle und organisatorische Unabhängigkeit verfügt.

33
Anlehnung an EMRK-Standards

1. Funktionelle Unabhängigkeit

Ein unabhängiges Gericht zeichnet sich im wesentlichen dadurch aus, daß es seine Kernkompetenz – die Rechtsprechung – selbständig erfüllen kann. Der grundrechtliche Anspruch auf Beurteilung durch ein unabhängiges Gericht umschließt damit die Garantie, daß die Rechtsprechung jederzeit beim urteilenden Spruchköper liegt, die Richter weisungsfrei entscheiden, das Verfahren nicht der gerichtlichen Zuständigkeit entzogen und das Urteil nicht durch eine nicht-richterliche Behörde abgeändert werden kann[79]. Ein Gericht geht seiner Unabhängigkeit nicht erst dann verlustig, wenn eine Beeinträchtigung tatsächlich stattgefunden hat; daß entsprechende Einflußmöglichkeiten gesetzlich vorgesehen sind[80], genügt.

34
Selbständige, weisungsfreie Rechtsprechung

---

76 BGE 126 I 228 (230f. Erw. 2 a/bb); 119 Ia 81 (83 Erw. 3).
77 BGE 126 I 228 (233 Erw. 2c/cc); 119 Ia 81 (83f. Erw. 3); vgl. auch BGE 123 I 87 (91 Erw. 4a).
78 J.P. Müller, Grundrechte (LitVerz.), S. 571.
79 So die herrschende Lehre, vgl. Aubert, in: ders. u.a., Bundesverfassung 1874 (LitVerz.), Art. 71 RN 58, Art. 85 RN 181; Mahon, in: Aubert/ders., Constitution (LitVerz.), Art. 30 RN 7; Kurt Eichenberger, Die richterliche Unabhängigkeit als staatsrechtliches Problem, 1960, S. 260; Häfelin/Haller, Bundesstaatsrecht (LitVerz.), RN 1418, 1538, 1545, 1705; Kiener (FN 5), S. 236ff., m.w.H.
80 BGE 123 II 511 (517 Erw. 5b und 524 Erw. 7b).

2. Organisatorische Unabhängigkeit

35 *Personale Unabhängigkeit*

Ein Gericht ist unabhängig, wenn es in organisatorischer Hinsicht von den anderen Staatsgewalten freigestellt ist. Dazu gehört der Aspekt der personellen Unabhängigkeit und damit die Garantie, daß keine Repräsentanten anderer Staatsorgane Einsitz in den Spruchkörper nehmen[81]. So hat das Bundesgericht einer kantonalen Aufsichtskommission, die von einem Mitglied der Regierung präsidiert wird, die Eigenschaft als unabhängiges Gericht abgesprochen[82]; die Prinzipien personeller Unabhängigkeit werden mitunter auch in Auslieferungsentscheiden untersucht[83].

Richterwahl

Die Art und Weise der Ernennung von Richtern wird als eines der Kriterien für die Bestimmung ihrer Unabhängigkeit genannt; ebenfalls konstitutiv für die institutionelle Unabhängigkeit der Dritten Gewalt ist eine feste, im Voraus bestimmte und nicht änderbare Dauer des richterlichen Mandats[84]. Die in der Schweiz typische Wahl der Richter durch das Volk oder das Parlament wird jedoch als verfassungskonform erachtet[85]. Gleiches gilt für die Wahl der Richter auf eine bestimmte Amtsdauer (in der Regel vier bis sechs Jahre)[86] und das damit einhergehende Erfordernis der Wiederwahl[87].

36 *Parlamentarische Oberaufsicht*

In der Schweiz unterstehen die obersten Gerichte in der Regel der parlamentarischen Oberaufsicht[88]. Solange sich die Aufsicht auf die Kontrolle der Justizverwaltung beschränkt und weder unmittelbare oder auch nur mittelbare Beeinflussungen der Rechtsprechung zur Folge hat, wird darin keine Beeinträchtigung der richterlichen Unabhängigkeit gesehen[89].

G. Kerngehalte

37 *Verfassungsrechtliche Mindeststandards*

Zu den Kerngehalten der Ansprüche gemäß Art. 30 Abs. 1 BV hat sich das Bundesgericht bislang nicht ausdrücklich geäußert. Nach der Lehre sind die Garantien prozeduraler Fairneß grundsätzlich eingriffsresistent, so daß sich die verfassungsrechtlichen Mindeststandards weitgehend den Kerngehalten

---

81 *Kiener* (FN 5), S. 250 ff., m.w.H.
82 *BGer*, Entscheid v. 23.12.1994 (2P.77/1994), RUDH 1996, S. 188 ff., Erw. 3 b.
83 *BGE 123* II 511 (519 Erw. 5 e/cc).
84 *BGE 126* I 228 (230 f. Erw. 2 a/bb); *119* Ia 81 (83 Erw. 3).
85 Vgl. *Eichenberger* (FN 79), S. 222 ff.
86 Vgl. aber die Kritik bei *Spühler*, ZBJV 130 (1994), S. 28 (33); *Kiener* (FN 5), S. 279 ff.
87 Jean-François *Aubert*, Traité de droit constitutionnel suisse II, 1967, RN 1609; *Auer*, RDAT 1986, S. 195 (202); *Grisel*, ZSR 112 (1971) I, S. 385 (390 f.); kritisch aber *Eichenberger* (FN 79), S. 223, 229; *Kiener* (FN 5), S. 285 ff.; *Spühler*, ZBJV 130 (1994), S. 28 (37).
88 Für das Bundesgericht Art. 169 Abs. 1 BV.
89 So die herrschende Lehre; vgl. statt vieler *Aubert*, in: ders. u.a., Bundesverfassung 1874 (LitVerz.), Art. 85 RN 181 ff.; *Eichenberger*, Sonderheiten und Schwierigkeiten der richterlichen Unabhängigkeit in der Schweiz, in: Richard Frank (Hg.), Unabhängigkeit und Bindungen des Richters in der Bundesrepublik Deutschland, in Österreich und in der Schweiz, Beiheft zur ZSR, Heft 22, ²1997, S. 69 (78); *Häfelin/Haller*, Bundesstaatsrecht (LitVerz.), RN 1418, 1545, 1705; *Kiener* (FN 5), S. 294 ff.

annähern[90]. Der Kerngehalt des Rechts auf den gesetzlichen Richter[91] liegt im absoluten Verbot der Ausnahmegerichte[92]. Mit Blick auf die innere Unabhängigkeit und Unparteilichkeit[93] gelten folgende Konstellationen als kerngehaltswidrig[94]: alle Sachverhalte unmittelbaren richterlichen Eigeninteresses am Ausgang des Verfahrens[95]; sehr nahe soziale, insbesondere nahe verwandtschaftliche Beziehungen zwischen Richter und Partei; offene Mandatsverhältnisse; bestimmte Konstellationen von Vorbefassung, insbesondere die Doppelfunktion Richter/Ankläger sowie schließlich herabwürdigende, diskriminierende Äußerungen gegenüber einer Partei. Der Kerngehalt des Anspruchs auf ein institutionell unabhängiges Gericht[96] schließlich ist in folgenden Fällen verletzt[97]: bei Aufhebung des Urteils durch eine nicht-richterliche Behörde, bei Erteilung verbindlicher Weisungen zur Erledigung der Streitsache und bei der willkürlichen Amtsenthebung von Richtern.

H. Verfahrensrechtliche Durchsetzung

I. Anspruch auf den unabhängigen Richter

1. Überblick

Art. 30 Abs. 1 BV vermittelt dem Einzelnen einen grundrechtlichen Anspruch darauf, daß seine Sache von einem unvoreingenommenen Richter beurteilt wird, der Gewähr für eine unparteiische Beurteilung der Streitsache bietet. Diese Garantie umschließt den Anspruch, daß alle Richter, an deren Unabhängigkeit objektiv gerechtfertigte Zweifel bestehen, umgehend aus dem Verfahren ausscheiden. Teilgehalt des grundrechtlichen Anspruchs ist mithin das Recht, den Ausstand eines befangenen Richters zu verlangen[98]. Ein ungerechtfertigter Ausstand oder Ausschluß beeinträchtigt demgegenüber den grundrechtlichen Anspruch auf den gesetzlichen Richter[99].

38
Ausschluß des iudex suspectus

Die Verfahrensparteien dürfen sich darauf verlassen, von einem verfassungskonformen Gericht beurteilt zu werden; sie sind deshalb nicht verpflichtet, von sich aus nach Gründen zu forschen, welche die richterliche Unabhängig-

39
Richterliche Offenlegungspflicht

---

[90] *Markus Schefer*, Die Kerngehalte von Grundrechten, 2001, S. 512 ff.; vgl. auch *Müller/Schefer*, Rechtsprechung 1992–1996 (FN 5), S. 133 f.; *Walter Kälin*, Das Verfahren der staatsrechtlichen Beschwerde, ²1994, S. 83.
[91] Oben D, RN 13 ff.
[92] *Schefer* aaO., S. 512 ff.; *Kiener* (FN 5), S. 321.
[93] Oben E, RN 21 ff.
[94] *Schefer* aaO., S. 536 ff.; *Kiener* aaO., S. 223 f.
[95] Vgl. schon den frühen *BGE 33* I 143 (146 Erw. 2) sowie den in ZBl 68 (1967), S. 53 ff. publizierten Entscheid.
[96] Oben F, RN 31 ff.
[97] *Schefer* (FN 90), S. 544 ff.; *Kiener* (FN 5), S. 320 ff.
[98] Grundlegend *BGE 114* Ia 50 (54 Erw. 3b).
[99] *BGE 108* Ia 48 (53 Erw. 3); *105* Ia 157 (163 Erw. 6a).

keit in Frage stellen könnten[100]. Aus ihrem grundrechtlichen Anspruch auf Behandlung nach Treu und Glauben (Art. 9 BV) ergibt sich ein Anspruch der Parteien, von der Behörde auf entsprechende Verfahrensmängel aufmerksam gemacht zu werden[101]. Die Richter sind von Verfassung wegen verpflichtet, von sich aus alle Umstände offenzulegen, die ihre Unabhängigkeit in einem konkreten Verfahren beeinträchtigen könnten[102]; entsprechende Aufklärungspflichten anerkennt im Grundsatz auch das Bundesgericht[103].

2. Modalitäten der Richterablehnung

40
Maßgeblichkeit von Treu und Glauben

Auch bezüglich der Modalitäten der Richterablehnung ist der Grundsatz von Treu und Glauben maßgebend; dieses rechtsstaatliche Prinzip verpflichtet nicht nur Behörden, sondern auch Private (Art. 5 Abs. 3 BV). Der bundesgerichtlichen Rechtsprechung zufolge sind die Parteien gehalten, Richter so früh wie möglich abzulehnen. Nach der Praxis ist es widersprüchlich, treuwidrig und deshalb unzulässig, das Verfahren trotz Besorgnis der Befangenheit weiterzuführen und Einwände erst nachträglich zu erheben, die schon im vorangehenden Verfahren hätten vorgebracht werden können[104]. Wer eine Justizperson wegen Befangenheit ablehnen will, hat das Begehren deshalb unverzüglich zu stellen, nachdem Kenntnis eines Ablehnungsgrundes erlangt wurde[105] oder der Fehler in der Zusammensetzung bei pflichtgemäßer Aufmerksamkeit hätte erkennbar sein müssen[106]. Wer sich trotz Wissens um einen Ablehnungsgrund stillschweigend auf das Verfahren einläßt, verzichtet nach der Rechtsprechung auf die Geltendmachung seiner Rechte; ein späteres Vorbringen ist aus dieser Optik treuwidrig und das Ablehnungsrecht deshalb verwirkt[107]. Diese Praxis wird in der Lehre zunehmend kritisiert[108]. Ihre Grenzen findet die „Verwirkung" der grundrechtlichen Garantien jedenfalls an den als Kerngehalt definierten Ansprüchen[109].

41
Anspruch auf Bekanntgabe der personellen Zusammensetzung

Eine rechtzeitige Ablehnung setzt frühzeitige Kenntnis der Richterperson voraus. Dies anerkennt auch das Bundesgericht und gesteht den Parteien deshalb einen verfassungsrechtlichen Anspruch auf Bekanntgabe der personellen Zusammensetzung des Spruchkörpers zu. Dabei genügt die Bekanntgabe „in irgendeiner Form"[110]. Der Praxis zufolge können die Namen der urteilenden

---

100 So schon der frühe *BGE 32* I 33 (37 f. Erw. 1); seither *BGE 115* V 257 (263 Erw. 4c).
101 *BGE 124* II 265 (270 Erw. 4a).
102 *J.P. Müller*, Grundrechte (LitVerz.), S. 588; *Kiener* (FN 5), S. 328 ff.
103 *BGE 111* Ia 72 (76 Erw. 2c).
104 Ständige Praxis seit *BGE 114* Ia 348; seither etwa *BGE 120* Ia 19 (24 Erw. 2 c/aa) oder *119* Ia 221 (228 f. Erw. 5 a).
105 *BGE 120* Ia 19 (24 Erw. 2 c/aa); *118* Ia 209 (215 Erw. 2 d).
106 *BGE 91* I 399 (403 f. Erw. c).
107 *BGE 126* I 203 (205 Erw. 1 b); *120* Ia 19 (24 Erw. 2 c/aa); *119* Ia 221 (228 f. Erw. 5 a); zur Verwirkung als immanenter Grenze der Grundrechte → Bd. III: *Merten*, Immanente Grenzen und verfassungsunmittelbare Schranken, § 60.
108 *J.P. Müller*, Grundrechte (LitVerz.), S. 588 ff., 591 f.; *Kiener* (FN 5), S. 350 ff.; vgl. auch *Steinmann*, in: Ehrenzeller u.a., St. Galler Kommentar (LitVerz.), ²2007, Art. 30 RN 15 und 16; *Kölz*, in: Aubert u.a., Bundesverfassung 1874 (LitVerz.), Art. 58 RN 33 ff., sowie *Schefer* (FN 90), S. 365 ff., 370 ff., 387 ff.
109 *J.P. Müller/Schefer*, Rechtsprechung 1992–1996 (FN 5), S. 133 f.; *Schefer* (FN 90), S. 366 f.
110 *BGE 117* Ia 322 (323 Erw. 1 c); *114* Ia 278 (279 f. Erw. 3 b und c) oder *114* V 61 (62 Erw. 2 b).

Personen den Parteien persönlich mitgeteilt werden, etwa, indem sie auf der Vorladung oder dem Rubrum des Entscheides aufgeführt sind oder in einem besonderen Schreiben bekannt gemacht werden. Der verfassungsrechtliche Anspruch auf Bekanntgabe ist jedoch auch dann gewahrt, wenn die Namen der Richter einer allgemein zugänglichen Publikation (z.B. dem Rechenschaftsbericht des Gerichts) entnommen oder erfragt werden können[111]. Auch diese Rechtsprechung ist in der Lehre auf Kritik gestoßen[112]. In der Tat wird durch die bundesgerichtliche Praxis verkannt, daß die Verfahrensparteien sich nach Treu und Glauben auf die Unabhängigkeit der mitwirkenden Richter verlassen dürfen und sie deshalb auch nicht nach möglichen Einwendungen gegen die Richter zu forschen haben[113]. Daß die Namen aller Gerichtsmitglieder einer allgemeinen Publikation zu entnehmen sind, ist unbehelflich, denn solche Angaben beweisen nicht, daß ein bestimmter Spruchkörper im konkreten Fall auch rechtmäßig besetzt war[114].

II. Übrige Teilgehalte des Anspruchs auf den verfassungsmäßigen Richter

Zur Frage nach der prozessualen Durchsetzung des Anspruchs auf den gesetzlichen Richter bzw. auf Beurteilung durch ein unabhängiges Gericht hat sich das Bundesgericht bislang – soweit ersichtlich – nicht ausdrücklich geäußert. Mit Blick auf die Praxis zur Ablehnung bei Befangenheit ist davon auszugehen, daß die entsprechenden Regeln sinngemäß Anwendung finden. Damit gilt auch hier, daß vermutete Beeinträchtigungen des Anspruchs auf den verfassungsmäßigen Richter im frühestmöglichen Zeitpunkt zu rügen sind.

42
Prozessuale Durchsetzung

III. Prozessuale Folgen bei Verletzung der Garantie

Die Garantie des verfassungsmäßigen Richters ist eine persönlichkeitsbezogene Verfahrensgarantie; sie muß deshalb in jedem Verfahren und von Anfang an gewährleistet sein. Nach der bundesgerichtlichen Praxis vermag die Möglichkeit, das Urteil bei einer ordentlichen Rechtsmittelinstanz anzufechten, an einem allfälligen Mangel des Spruchkörpers nichts zu ändern[115]. Die formelle Natur des Anspruchs ist in Rechtsprechung und Lehre anerkannt; ob sich die Beeinträchtigung auf das spätere Urteil ausgewirkt hat, spielt deshalb keine Rolle; der angefochtene Entscheid ist in jedem Fall aufzuheben[116].

43
Aufhebung des Entscheids

---

111 *BGE 118* Ia 282 (290 Erw. 5c); *117* Ia 322 (323 Erw. 1c); *114* I a 278 (280 Erw. 3c); *91* I 399 (404 Erw. c).
112 *Kiener* (FN 5), S. 353f.; *J.P. Müller/Schefer*, Staatsrechtliche Rechtsprechung des Bundesgerichts 1996, ZBJV 133 (1997), S. 645ff., 702f.; *J.P. Müller/Schefer*, Rechtsprechung 1992–1996 (FN 5), S. 152.
113 Richtig *BGE 115* V 257 (263 Erw. 4c).
114 Dies anerkennt nun auch das Bundesgericht, vgl. *BGer*, Entscheide v. 23.4.1999 (1P.21 und 23/1999), Erw. 3d, und v. 19.4.1996 (1P.204/1996), SJZ 92 (1996), S. 295 (296 Erw. 1). Ähnlich auch *Merkli/Aeschlimann/Herzog* (FN 39), Art. 9 RN 6.
115 *BGE 114* Ia 50 (60 Erw. 3d).
116 *BGer*, Entscheid v. 14.2.1997 (2A.364/1995), ZBl 99 (1998), S. 289 (293 Erw. 4) sowie *BGE 115* Ia 8 (10 Erw. 2a); vgl. auch *BGE 125* II 541 (546 Erw. 4d), sowie *Alfred Kölz/Isabelle Häner*, Verwaltungsverfahren und Verwaltungsrechtspflege des Bundes, ²1998, RN 257; *Kiener* (FN 5), S. 369; *Steinmann* (FN 1), Art. 30 RN 16.

44
Ausstands- und Verweisungspflichten

Erweisen sich die Zweifel an der inneren Unabhängigkeit und Unparteilichkeit eines Richters als gerechtfertigt, hat der Betroffene umgehend aus dem Verfahren auszuscheiden[117]. Wird der Anspruch auf den gesetzlichen Richter oder auf Beurteilung durch ein unabhängiges Gericht verletzt, ist das Verfahren vor einen Spruchkörper zu weisen, der den Anforderungen der Verfassung genügt. Wird der Mangel zu Beginn oder im Verlauf des Verfahrens festgestellt, sind die von einer Ausstandspflicht betroffenen Richter von der weiteren Mitwirkung am Verfahren ausgeschlossen, allfällige Prozeßhandlungen sind durch ein verfassungskonform besetztes Gericht zu wiederholen. Wird der Mangel erst nach dem Entscheid der inkriminierten Instanz bestätigt, ist das Verfahren samt Urteil aufzuheben[118].

---

117 Ständige Praxis, vgl. nur *BGE 114* Ia 50 (54 Erw. 3b) oder *112* Ia 290 (293 Erw. 3a).
118 *BGE 119* Ia 13 (16f. Erw. 3a).

J. Bibliographie

Auer, Andreas, Quelques remarques sur la séparation des pouvoirs et le l'indépendance des juges, RDAT 1986, S. 195 ff.
Bandli, Christoph, Zur Spruchkörperbildung an Gerichten – Vorausbestimmung als Fairnessgarantin, in: Festschrift für Heinrich Koller, 2006, S. 209 ff.
Beyeler, Erwin, Das Recht auf den verfassungsmässigen Richter als Problem der Gesetzgebung, 1978.
Eichenberger, Kurt, Sonderheiten und Schwierigkeiten der richterlichen Unabhängigkeit in der Schweiz, in: Richard Frank (Hg.), Unabhängigkeit und Bindungen des Richters in der Bundesrepublik Deutschland, in Österreich und in der Schweiz, Beiheft zur ZSR, Heft 22, [2]1997, S. 69 ff.
ders., Die richterliche Unabhängigkeit als staatsrechtliches Problem, 1960.
Gass, Stephan, Der Richter und die Politik – Die Wahlart der Richter und ihre Unabhängigkeit gegenüber den politischen Gewalten, AJP 1993, S. 1550 ff.
Grisel, André, Le Tribunal fédéral suisse, ZSR 112 (1971) I, S. 385 ff.
Kälin, Walter, Justiz, in: Ulrich Klöti/Peter Knoepfel/Hanspeter Kriesi/Wolf Linder/Yannis Papadopoulos (Hg.), Handbuch der Schweizer Politik, [2]1999, S. 187 ff.
Kiener, Regina, Richterliche Unabhängigkeit. Verfassungsrechtliche Anforderungen an Richter und Gerichte, 2001.
dies., Sind Richter trotz Wiederwahl unabhängig?, in: plädoyer 2001/5, S. 36 ff.
dies., Anwalt oder Richter? – eine verfassungsrechtliche Sicht auf die Richtertätigkeit von Anwältinnen und Anwälten, in: Festschrift 100 Jahre Aargauischer Anwaltsverband, 2005, 3 ff.
dies./Krüsi Melanie, Die Unabhängigkeit von Gerichtssachverständigen, in: ZSR 125 (2006) I, S. 487 ff.
Livschitz, Mark M., Die Richterwahl im Kanton Zürich, ihre Faktizität am Obergericht und an den Bezirksgerichten als verfassungsrechtliches Problem, 2002.
Müller, Jörg Paul, Die Garantie des verfassungsmässigen Richters in der Bundesverfassung, ZBJV 106 (1970), S. 249 ff.
Rütsche, Bernhard, Rechtsfolgen von Grundrechtsverletzungen, 2002.
Saladin, Peter, Das Verfassungsprinzip der Fairness, in: Rechtsfakultät der Universität Basel u.a. (Hg.), Erhaltung und Entfaltung des Rechts in der Rechtsprechung des Schweizerischen Bundesgerichts, Festgabe der schweizerischen Rechtsfakultäten zur Hundertjahrfeier des Bundesgerichts, 1975, S. 41 ff.
Schefer, Markus, Die Kerngehalte von Grundrechten, 2001.
Spühler, Karl, Der Richter und die Politik. Die Wahlart der Richter und ihre Unabhängigkeit gegenüber politischen Gewalten, ZBJV 130 (1994), S. 28 ff.
Steinmann, Gerold, St. Galler Kommentar zu Art. 30, [2]2007.
Sutter, Patrick, Der Anwalt als Richter, die Anwältin als Richterin – Probleme mit der richterlichen Unabhängigkeit und den anwaltlichen Berufsregeln, in: AJP 2006, S. 30 ff.
Zeller, Franz, Vorverurteilung und Justizkritik in den Massenmedien, 1998.

§ 228
Willkürverbot und Vertrauensschutz als Grundrechte

Jean-François Aubert

Übersicht

	RN		RN
A. Willkürverbot	1–41	III. Derzeitige normative Grundlage	46–47
I. Herkunft des Wortes	1–3		
II. Ursprung der Verfassungsnorm	4–8	IV. Gemeinsame Merkmale von Vertrauensschutz und Willkürverbot	48–54
III. Derzeitige normative Grundlage	9–10	1. Ableitung	49
IV. Adressaten	11–12	2. Adressaten	50
V. Begünstigte	13–16	3. Begünstigte	51–52
VI. Subsidiärer Charakter	17	4. Absoluter und subsidiärer Charakter	53–54
VII. Absoluter Charakter	18–20	V. Inhalt des Vertrauensschutzes	55–62
VIII. Inhalt des Willkürverbotes	21–38	1. Vertrauensschutz bei normativen Rechtsakten	57
1. Willkürverbot bei normativen Rechtsakten	22–25	2. Vertrauensschutz bei Entscheiden	58–62
2. Willkürverbot bei Entscheiden	26–38	C. Bibliographie	
IX. Exkurs: Die Prüfungsbefugnis des Bundesgerichtes	39–41		
B. Vertrauensschutz	42–62		
I. Grundsatz und Grundrecht	42–44		
II. Ursprung der Verfassungsnorm	45		

723

A. Willkürverbot

I. Herkunft des Wortes

1
Vorschriftenfreie Entscheidung

Willkür (frz. arbitraire) als Substantiv leitet sich vom lateinischen „arbitrium" ab, das verschiedene Bedeutungen haben kann: Zeugnis, Schiedsspruch, Entscheidung, Wille. Diese letzte Bedeutungsvariante hat im Französischen dem Wort „arbitraire" den Sinn gegeben, den es im vorliegenden Kontext hat[1]. Willkür ist demnach ein *bloßer Wille, der keiner äußeren Vorschrift gehorcht*. Man kann dies ganz subjektiv als bewußten Willen verstehen, sich über Vorschriften hinwegzusetzen, jedoch auch in einem objektiven Sinn als – möglicherweise nicht beabsichtigte – Verletzung einer Vorschrift, die man hätte einhalten müssen.

2
Willkür als Ungerechtigkeit

Ebenso wie bloße Willkür führt auch das Übertreten von Vorschriften, das Belieben, oft zu Lösungen, die als ungerecht angesehen werden: Willkür ist daher gleichbedeutend mit der Vorstellung von Ungerechtigkeit geworden. Hieraus folgt, daß Willkür tatbestandlich nicht nur eine ohne Vorschrift getroffene Entscheidung darstellen kann, sondern es tatbestandlich auch die Vorschrift selbst sein kann, die der Gerechtigkeit widerspricht.

3
Willkür als Ungleichheit

Da Ungerechtigkeit oft auf Ungleichheit beruht, werden zuweilen die Handlungen als willkürlich eingestuft, die zwischen zwei Sachverhalten solche Unterschiede herstellen, für die es keinen sachlichen Grund gibt bzw. solche Unterschiede *nicht* herstellen, die die Vernunft befohlen hätte. In diesem Zusammenhang stehen jedoch den Juristen aufgrund des Gleichheitsgrundsatzes, der somit als Willkürverbot fungiert, ausreichend Möglichkeiten zur Verfügung, um solche Handlungen zu untersagen.

II. Ursprung der Verfassungsnorm

4
Bundesverfassung von 1848

In der ersten Bundesverfassung der Schweiz vom 12. September 1848 war lediglich in Artikel 4 der Gleichheitsgrundsatz verankert. In der Verfassung gab es keinerlei schriftlich fixierte Norm, die den staatlichen Organen Willkür verbot. Auch in der praktischen Umsetzung dieser Verfassung findet man ein solches Willkürverbot nicht.

5
Bundesverfassung von 1874

Auch in der zweiten Verfassung vom 29. Mai 1874, in der Art. 4 der Verfassung von 1848 unverändert übernommen wurde, sucht man vergeblich nach einem Willkürverbot. Allerdings ging man neue Wege bei der Auslegung dieses Artikels, denn durch die neue Verfassung wurde ein Bundesgericht geschaffen, dessen Rechtsprechung schon bald das Willkürverbot verankerte.

---

[1] Das deutsche Wort „Willkür" als Entsprechung des französischen „arbitraire" setzt sich aus den beiden Worten „küren" und „Willen" zusammen; Willkür bedeutet demnach eine Entscheidung oder Wahl, die nur auf dem eigenem Willen basiert. Über die geschichtliche Entwicklung des Begriffs „Willkür" s. *Wilhelm Ebel*, Die Willkür. Eine Studie zu den Denkformen des älteren deutschen Rechts, 1953.

Diese Phase der Verfassungsentwicklung umfaßte fünf Jahre: Schon in seinen ersten Entscheidungen aus dem Jahre 1875 verwendete das Gericht in Anlehnung an den Gedanken der Ungleichheit den Begriff der Rechtsverweigerung, zunächst jedoch in einem rein formalen Sinn; einer Behörde, bei der ein Antrag einging, der in ihren Zuständigkeitsbereich fiel, unterlief demnach jedenfalls dann eine Rechtsverweigerung, wenn sie diesen Antrag nicht beschied[2]. Als ein wichtiges Datum ist das Jahr 1878 anzusehen, als das Gericht die Abweisung eines Antrages in der Sache aus rein vorgeschobenen Gründen mit einer seiner Meinung nach vorliegenden Rechtsverweigerung gleichsetzte[3]. Nur ein Jahr später, 1879, wertete das Gericht den Mißbrauch bei der Anwendung von Gesetzen als Rechtsverweigerung, jedoch nunmehr in materiellem Sinne (eben als Willkür)[4].

6 Formelle „Rechtsverweigerung" als Ursprung

Materielle Rechtsverweigerung

Von diesem Zeitpunkt an während des gesamten Geltungszeitraumes der zweiten Verfassung sah das Bundesgericht zunächst in einer groben Rechtsverletzung eine willkürliche Handlung und damit eine Verletzung von Artikel 4 der Verfassung. Es sei darauf hingewiesen, daß das Gericht, das einige Jahrzehnte lang eine *subjektive* Auffassung des Willkürverbots vertrat und nur dann einschritt, wenn nach seiner Überzeugung eine vorsätzliche oder zumindest bewußte Verletzung[5] vorlag, am Ende einer ausschließlich *objektiven* Sichtweise folgte. Willkür und damit ein verfassungswidriger Tatbestand waren in dieser Sicht bei jeder groben rechtswidrigen Handlung zu bejahen, unabhängig davon, was eine Behörde, der diese willkürliche Handlung zuzuschreiben war, hätte wissen oder wollen können[6].

7 Interpretationswandel

Ergänzend sei angemerkt: Das Willkürverbot wird im folgenden als Grundrechtsgehalt beschrieben, das heißt als das Recht einer Privatperson, durch Inhaber von Staatsgewalt nicht willkürlich behandelt zu werden[7]. Man könnte indessen ebenso einen (objektiven) Grundsatz staatlicher Tätigkeit sehen, im Sinne einer Verpflichtung der staatlichen Organe, in keinerlei Weise und in keinem Bereich Willkür zuzulassen, selbst dann nicht, wenn ihr Handeln (oder ihre Untätigkeit) keine direkten Auswirkungen auf Privatpersonen hat[8].

8 Grundrechte und objektiver Grundsatz

---

2 *BGE 1*, 3 (5) – Fliniaux; *2*, 3 (7) – Moser; *2*, 98 (106) – Hirsbrunner; *3*, 425 (429f.) – Robatel; *4*, 193 (194f.) – Ott.
3 *BGE 4*, 505 (510) – Katholische Kirchgemeinde Luzern.
4 *BGE 5*, 45 (49) – Elmer: „Dem Bundesgericht als Staatsgerichtshof steht es nicht zu, in solchen rein civilrechtlichen Streitigkeiten den von dem bürgerlichen Gericht erlassenen Spruch nach seiner materiellen Richtigkeit zu prüfen. Nur wenn der Spruch selbst oder das ihm vorhergegangene Verfahren eine Verfassungsverletzung enthalten, so namentlich, wenn dieselben augenscheinlich auf blosser Willkür beruhen würden, indem das Gericht seine, bekanntlich weitgehende, Auslegungsbefugnis offenbar missbraucht hätte, um ein klares Recht des Klägers als nichtbestehend zu erklären und den letzteren so um dieses Recht zu bringen, könnte das Bundesgericht wegen Verletzung der Rechtsgleichheit resp. Rechtsverweigerung einschreiten und das Urteil kassieren". S. auch *BGE 5*, 206 (208) – Schwab. Es ist noch darauf hinzuweisen, daß eine Rechtsverweigerung in allen bislang angeführten Fällen verneint wurde. Der erste Fall, in dem das Bundesgericht tatsächlich eine Entscheidung eines Kantonsgerichtes wegen des Vorwurfs der Willkür aufhob, scheint der Fall Bossard zu sein, *BGE 5*, 407 (411), Urt. v. 13.12.1879.
5 Vgl. oben RN 1.
6 S. z. B. *BGE 45* I, 28 (36): „Dass sich das Verwaltungsgericht der Unhaltbarkeit des Entscheides bewusst gewesen ist, ist zu dessen Aufhebung auf Grund des Art. 4 BV nicht erforderlich".
7 → Bd. II: *Sachs*, Abwehrrechte, § 39.
8 → Bd. II: *Jarass*, Funktionen und Dimensionen der Grundrechte, § 38.

Hierzu gehört beispielsweise für eine Behörde, die über einen großen Ermessensspielraum verfügt, das Verbot, überzogene oder unangemessene Ausgaben zu beschließen. Solche Verhaltensweisen, die man sicher unter Willkür subsumieren kann, sind jedoch in der Regel nicht Gegenstand von Beschwerdeverfahren. Sie sind höchstens Gegenstand politischer Sanktionen, beispielsweise im Rahmen eines Referendums, einer Volksinitiative, unter Umständen auch eines Strafprozesses oder einer Schadenersatzklage. Diese Fälle sollen angesichts des grundrechtlichen Schwerpunkts dieses Handbuchs hier jedoch nicht weiter behandelt werden.

III. Derzeitige normative Grundlage

9
Normierung des Willkürverbots

Auch wenn das Bundesgericht bis Ende des 20. Jahrhunderts das Willkürverbot immer in Zusammenhang mit dem Gleichheitsgrundsatz (Art. 4 der früheren Verfassung) brachte, ohne eine entsprechende Notwendigkeit dafür zu erkennen, dem Willkürverbot wie anderen Garantien den Rang eines „nicht schriftlich verankerten Grundrechts"[9] oder sogenannten „ungeschriebenen Grundrechts" zuzuerkennen, so entschieden sich immerhin die Väter der dritten Verfassung, die am 18. April 1999 von Volk und Ständen verabschiedet wurde und zum 1. Januar 2000 in Kraft trat, diesem Grundsatz gemeinsam mit dem Vertrauensschutz[10] einen eigenen Artikel im Kapitel über die Grundrechte zu widmen. Der Gleichheitsgrundsatz ist somit jetzt in Art. 8 der Verfassung verankert. Art. 9 der Verfassung spezifiziert diesen Grundgedanken mit folgendem Wortlaut: „Schutz vor Willkür und Wahrung von Treu und Glauben. Jede Person hat Anspruch darauf, von den staatlichen Organen ohne Willkür und nach Treu und Glauben behandelt zu werden".

10
Tradierte Definition

Trotz dieser Trennung zeigen die Vorbereitungsarbeiten deutlich, daß die Absicht der Verfassungsväter darin bestand, die Definition der Willkür aus der Rechtsprechung des Bundesgerichtes[11] zu übernehmen. So wies das Bundesgericht bereits Anfang des Jahres 2000 darauf hin, daß „die neue Verfassung keine Änderungen in dieser Hinsicht gebracht hat"[12]. Lediglich mit der Frage der Beschwerdelegitimation befaßte sich ein parlamentarischer Ausschuß, ohne daß die Beratungen jedoch eindeutige Ergebnisse erzielt hätten[13].

---

9 Zu dieser Kontroverse (von Art. 4 abgeleitetes Recht oder ungeschriebenes Recht?) s. auch *Rouiller*, ZSR 1987 II, S. 225 (253 f.).
10 S. unten B, RN 42 ff.
11 S. bezüglich der Botschaft des Bundesrates vom 20. 11. 1996, BBl 1997 I S. 144 f.; bezüglich der Beratungen in den Ausschüssen s. die detaillierte Übersicht bei *Mahon*, in: Aubert/ders., Constitution (Lit-Verz.), Art. 9 BV et passim, S. 99 i.V.m. FN 33 (S. 10); bezüglich der Beratungen in der Bundesversammlung s. das Amtliche Bulletin von 1998, Sonderausgabe, Ständerat, S. 40 und Nationalrat, S. 178.
12 *BGE 126* I 168 (170).
13 Vgl. unten A V, RN 16.

IV. Adressaten

Gemäß Art. 9 der Verfassung richtet sich das Willkürverbot an die staatlichen Organe. „Staatlich" bezeichnet in diesem Zusammenhang alle öffentlich-rechtlichen Körperschaften und alle Organe des Staates, die an der Staatsgewalt teilhaben. Das Willkürverbot wird daher gegenüber dem Bund, den Kantonen und den Gemeinden wirksam und bezieht sich für jede Ebene auf den Gesetzgeber, auf die Verwaltung, die Gerichte sowie auf Einzelpersonen, soweit sie staatliche Aufgaben wahrnehmen (Art. 35 Abs. 2 der Verfassung). Natürlich ist die rechtliche Wirksamkeit des Verbotes nicht für alle Ebenen und Funktionen gleich. So kann bei entsprechenden Änderungen der Bundesverfassung das Bundesgericht nicht angerufen werden, es sei denn, die Änderungen hätten einen willkürlichen Inhalt, der zugleich eine zwingende Bestimmung des Völkerrechts verletzt (Art. 193 Abs. 4 und Art. 194 Abs. 2 der Verfassung). Das Bundesgericht anzurufen, ist auch bei Bundesgesetzen nicht möglich, es sei denn, sie verstießen gegen eine – nicht unbedingt zwingende – Bestimmung des Völkerrechts. Die Kontrolle der Kantonsverfassungen ist derzeit mit gewissen Ausnahmen der Bundesversammlung vorbehalten.

11
Staatliche Organe

Das Willkürverbot richtet sich demnach in einem ganz allgemeinen Sinn gegen den Staat, das heißt nicht gegen Privatpersonen, die im Gegensatz zum Staat über ein gewisses „Willkürrecht" als grundlegendes Element ihrer persönlichen Freiheit verfügen. Im Unterschied zum Staat müssen nämlich nicht alle Handlungen von Privatpersonen auf gesetzlicher Grundlage beruhen. Es ist ausreichend, wenn ihre Handlungen nicht gegen gewisse Mindestvorschriften verstoßen, die für das Leben in einer Gesellschaft erforderlich und die vor allem im Straf- und im Zivilgesetzbuch verankert sind. Für Fälle jedoch, in denen Privatpersonen durch die Willkür Dritter in einer Weise bedroht werden, die mit einer Willkür des Staates vergleichbar wäre, das heißt insbesondere aufgrund einer Ausübung von Herrschaftsmacht, sehen das Strafrecht wie auch das Zivilrecht selbstverständlich besondere Beschränkungen vor. Solche Beschränkungen gelten beispielsweise für Vermieter oder Arbeitgeber[14].

12
Grenzen privaten „Willkürrechts"

V. Begünstigte

Das Recht auf Schutz vor Willkür haben alle Personen des Privatrechts. Gemäß Art. 9 der Verfassung umfaßt dies „jede Person", das heißt natürliche und juristische Personen, Schweizer Staatsbürger wie auch Ausländer. Auch öffentlich-rechtliche Rechtssubjekte können das Willkürverbot für sich in Anspruch nehmen, wenn sie als Personen des Privatrechts auftreten[15].

13
Grundrechtsträger

---

14 Art. 271a des Schweizer Obligationenrechts (OR) (Systematische Sammlung des Bundesrechts [SR] 220): unzulässige Kündigung eines Mietvertrages; Art. 336 OR: mißbräuchliche Kündigung eines Arbeitsvertrages.
15 Wie z. B. ein Privateigentümer: vgl. *BGE 123* III 454 (456) – Stato del Cantone Ticino.

14 Beschwerdelegitimation	Das Problem liegt jedoch in der Anerkennung der Beschwerdelegitimation beim Bundesgericht. Auf der einen Seite kann man natürlich feststellen, daß eine Person ein Recht auf Schutz vor Willkür hat. Auf der anderen Seite geht es jedoch in jedem Einzelfall darum, ob gerade diese Person beim Bundesgericht eine Beschwerde wegen einer willkürlichen Behandlung einreichen kann. Um einer Beschwerdeflut vorzubeugen, hat das Bundesgericht eine durchaus restriktive Rechtsprechung entwickelt und stützt sich dabei auf eine Bestimmung des Bundesrechtspflegegesetzes[16]. Behauptet ein Beschwerdeführer, daß ein zu seinem Nachteil ergangener Entscheid aus einer groben oder „krassen" Verletzung von anwendbarem Recht resultiert (dieses Argument wird, wie wir noch sehen werden, am häufigsten in bezug auf die Ein-
Erfordernis der Rechtsverletzung	rede der Willkür vorgebracht[17]), so prüft das Gericht zunächst, ob in dem vorliegenden Fall tatsächlich eine Rechtsverletzung vorliegt, das heißt ob die angeblich verletzte Rechtsnorm dem Beschwerdeführer einen Anspruch verliehen hätte. Ist dies nicht der Fall, wird die Beschwerdelegitimation verneint. Falls etwa ein Bewerber im öffentlichen Dienst nicht angenommen wird und Grund zu der Annahme besteht, dieser ablehnende Bescheid beruhe auf einem willkürlichen Entscheid (die Ernennungsbehörde hat die Bewerbung nicht richtig gelesen oder die Bewerbung aufgrund einer Bedingung abgelehnt, die nicht gesetzlich verankert ist), ist seine Beschwerde nicht zulässig: Da das Gesetz einem Bewerber, der sämtliche Voraussetzungen erfüllt, keinen Anspruch auf eine bestimmte Position oder Funktion einräumt, besitzt dieser Bewerber mangels Verletzung in eigenen Rechten keine Beschwerdelegitimation.
15 Kritik seitens der Lehre	Diese Rechtsprechung wurde von einem Teil der Lehre[18] vehement kritisiert, da nach deren Auffassung die Verfassung, wie sie vom Bundesgericht seit 1879 selbst ausgelegt wurde[19], dem Einzelnen das *Recht* verleihe, nicht willkürlich behandelt zu werden. Somit verletze ein willkürlich ergangener Entscheid dieses Recht, und das Opfer eines solchen Entscheides müsse die Zulässigkeit seiner Beschwerde nicht länger mit einer anderen Rechtsverletzung begründen. Es handelte sich zwar um ein gewichtiges Argument, aber das Gericht zeigte sich hiervon unbeeindruckt und hielt an seiner Rechtsprechung fest[20].
16 Änderungsauftrag	Die Vorbereitungen für die neue Bundesverfassung waren für den Ausschuß des Ständerates eine Gelegenheit, sich erneut mit diesem Problem zu beschäftigen. Die Auslegung durch das Bundesgericht wurde erneut in Zweifel gezogen, aber die Aufnahme des neuen Art. 9 der Verfassung wurde auf zweierlei

---

16 Gesetz vom 16.12.1943 (SR 173.110), Art. 88.
17 Vgl. unten A VIII 2, RN 34.
18 Vgl. *Thürer*, ZSR 1987 II, S. 413 (466f.); *Walter Kälin*, Das Verfahren der staatsrechtlichen Beschwerde, ²1994, S. 239ff.; *J.P. Müller*, Grundrechte (LitVerz.), S. 479f. S. jedoch auch Kommentare, die den Standpunkt des Bundesgerichtes befürworten: *Etienne Grisel*, Egalité, 2000, RN 333–337; *Rohner*, in: Ehrenzeller u.a., St. Galler Kommentar (LitVerz.), Art. 9 RN 25–32.
19 Vgl. oben unter II, RN 6.
20 S. hierzu z.B. auch Entscheidungen aus den letzten Tagen der alten Verfassung: *BGE 122* I 373 (Ablehnung eines Steuererlasses, der gemäß Steuerrecht zulässig war, aber auf den kein *Anspruch* bestand).

Weise verstanden[21]. Einige Abgeordnete waren der Ansicht, das Gericht würde sich nun endlich gezwungen sehen, seine Rechtsprechung zu ändern; andere sahen darin lediglich den Auftrag an den Gesetzgeber, das Bundesrechtspflegegesetz zu ändern. Dies ist offensichtlich die Auffassung, die das Bundesgericht bereits bei seiner ersten Entscheidung im Jahre 2000[22] vertrat, so daß nun allein noch eine Änderung durch den Gesetzgeber abzuwarten bleibt. Vorbereitungen hierfür wurden bereits begonnen, und der Bundesrat schlug in einer Gesetzesvorlage vom Februar 2001 vor, die Beschwerdelegitimation in der Tat weiter zu fassen: Künftig soll es ausreichend sein, daß der Beschwerdeführer ein „schutzwürdiges" Interesse (und nicht mehr im engen Sinne ein „rechtliches" Interesse) daran hat, daß die angefochtene Handlung aufgehoben wird[23].

VI. Subsidiärer Charakter

Gemeinhin heißt es, das Willkürverbot, also der Anspruch, vor Willkür geschützt zu sein, habe einen *subsidiären* Charakter[24]. Dies bedeutet, daß die Behauptung, Willkür läge vor, das letzte Mittel ist, das ein Beschwerdeführer anführen kann, wenn er über keine weiteren Argumente verfügt, um sich gegen die Handlungen eines staatlichen Organs zu wehren, die er als ungerecht oder falsch empfindet. Es ist das letzte Mittel, aber auch das am wenigsten aussichtsreichste. Kann sich der Beschwerdeführer auf ein anderes Grundrecht berufen, das heißt auf eines der Rechte, die man zuweilen als besondere Grundrechte einstuft, wie die Meinungsfreiheit, die Wirtschaftsfreiheit oder gar nur die persönliche Freiheit (Handlungsfreiheit), sollte er diese Möglichkeit in jedem Fall ergreifen, da das Bundesgericht vorbehaltlos prüfen wird, ob die angefochtene Handlung gegen dieses Grundrecht verstößt[25]. Wenn sich der Beschwerdeführer dagegen auf kein besonderes Grundrecht berufen kann, wenn seine Beschwerde also allein auf dem Vorwurf der Willkür basiert, hat er eine schwache Ausgangsposition: Ein Willkürakt setzt ein hohes Maß an Ungerechtigkeit oder einen schwerwiegenden Irrtum voraus, und das Bundesgericht wird überhaupt nur dann von seinem Kassationsrecht Gebrauch machen, wenn es der Auffassung ist, daß eine Hand-

17
Vorrang „besonderer Grundrechte"

---

21 Vgl. oben III, RN 10.
22 *BGE 126* I 81, Urt. v. 3.4.2000, bestätigt durch *BGE 129* I 113 (117). Zum Unterschied zur Beschwerde aufgrund Diskriminierung s. die neue Entscheidung *BGE 129* I 217 (221 f.) bezüglich der Ablehnung eines Einbürgerungsantrages.
23 S. Art. 83 der Gesetzesvorlage zum Bundesgericht vom 28.2.2001 (BBl 2001, S. 4126 f. [4302]). Siehe jetzt Art. 89 des Bundesgerichtsgesetzes vom 17.6.2005 (AS 2006 1205, 1230–1231).
24 Vgl. *Auer/Malinverni/Hottelier*, Droit constitutionnel (LitVerz.), Bd. II, RN 1147 ff.; *Häfelin/Haller*, Bundesstaatsrecht (LitVerz.), RN 807, Mahon, in: Aubert/ders., Constitution (LitVerz.), Art. 9 BV et passim, RN 4.
25 Beispiel: Falls ein Beamter aufgefordert wird, seinen Wohnort zu wechseln, kann er sich auf Art. 24 der Verfassung berufen, der noch mehr als Art. 9 die Niederlassungsfreiheit gewährleistet. Es bestehen in der Tat gute Chancen dafür, daß das Gericht die Maßnahme als Verstoß gegen diese Grundfreiheit anerkennt (vgl. *Mahon*, in: Aubert/ders., Constitution [LitVerz.]), zu Art. 24 RN 10 a.E., auch wenn diese Maßnahme vielleicht nicht als Willkür eingestuft wird.

VII. Absoluter Charakter

18
Verfassungsrechtliches Schrankensystem

Alle Verfassungen und alle internationalen Abkommen zum Schutz von Grundrechten sehen unter bestimmten Bedingungen Einschränkungen dieser Rechte vor. Die Bundesverfassung der Schweiz ist hierbei keine Ausnahme. Artikel 36 der Verfassung hat ein von der Rechtsprechung und der Lehre sorgfältig ausgearbeitetes System verankert. Grundrechte können dann eingeschränkt werden, wenn diese Einschränkungen auf einer gesetzlichen Grundlage beruhen, wenn sie durch ein hinreichendes öffentliches Interesse gerechtfertigt sind, dem Grundsatz der Verhältnismäßigkeit entsprechen und wenn der Kerngehalt der Grundrechte als solcher nicht angetastet wird. Sind diese Voraussetzungen erfüllt, können alle Grundrechte, wie die persönliche Freiheit (Handlungsfreiheit), die Meinungsfreiheit, die Glaubensfreiheit, die Niederlassungsfreiheit, die Wirtschaftsfreiheit und das Eigentum (nachher „Grundfreiheiten") eingeschränkt werden.

19
Schrankenlose Grundrechtsgewährleistungen

Dies gilt jedoch nur für Grundfreiheiten, nicht für alle Grundrechte. Eine Einschränkung des Gleichheitsgrundsatzes, für den andere Regeln gelten, ist beispielsweise ebensowenig möglich wie eine Einschränkung des Schutzes vor Willkür. Das Willkürverbot ist in diesem Sinn eine *absolute* Vorschrift, auf die man Art. 36 der Verfassung nicht anwenden kann. Dies bedeutet insbesondere, daß kein Gesetz Bereiche oder Voraussetzungen festlegen kann, in denen bzw. unter denen staatliche Organe ermächtigt sind, willkürlich zu handeln, und daß kein öffentliches Interesse – und sei es noch so stark – eine willkürliche Maßnahme rechtfertigt.

20
Richterlicher Qualifizierungsspielraum

Auch wenn hier keine Einschränkungen vorgenommen werden können, so heißt dies jedoch nicht, daß das Willkürverbot eine vollkommen starre Regelung darstellt. Der Richter, der über die Einhaltung des Willkürverbotes zu wachen hat, verfügt selbst über einen großen Ermessensspielraum bzw., um eine andere Formulierung zu wählen, über einen Qualifizierungsspielraum. Mit anderen Worten: Was Einschränkungen in bezug auf Grundfreiheiten bedeuten, bedeutet die Qualifizierungsspanne in bezug auf die Willkür, jedoch mit der einen Ausnahme, daß diese Aufgabe dem Richter von Amts wegen zukommt und nicht in erster Linie, wie bei den Grundfreiheiten, dem Gesetzgeber. Viele Handlungen, die nach Ansicht der Beschwerdeführer als willkürlich einzustufen sind, werden nicht für ungültig erklärt, weil das Bundesgericht sie eben *nicht* als willkürliche Handlungen einstuft – möglicherweise als irrtümlich oder falsch, unausgereift oder ungeschickt, aber eben nicht als offensichtlich unhaltbar.

---

26 Vgl. unten A VIII, RN 21 ff.

VIII. Inhalt des Willkürverbotes

Es ist an der Zeit, einen genauen Blick darauf zu werfen, was das Bundesgericht, das den Begriff des Willkürverbotes eingeführt hat[27], tatsächlich unter Willkür versteht. Man stellt hierbei fest, daß das Gericht jahrzehntelang und mit nur geringfügigen Änderungen an bestimmten Formulierungen festgehalten hat. Insbesondere wurden zwei Arten von Formulierungen geprägt: Die eine bezieht sich auf Willkür bei normativen Rechtsakten, die Rechtsnormen enthalten, die andere auf Willkür bei Entscheiden. Auch wenn die Unterscheidung nicht immer ganz eindeutig ist und oft Gegenstand von Kritik war, so erscheint sie uns dennoch angemessen und entspricht allgemein sehr gut einer faktischen Unterscheidung[28]. Man könnte es auch anders formulieren und damit den folgenden Ausführungen vorgreifen: Das Willkürverbot hat bei Entscheiden eine wichtige Rolle gespielt, bei normativen Rechtsakten hingegen nur eine äußerst geringe.

21
Zwei Formulierungsmöglichkeiten

1. *Willkürverbot bei normativen Rechtsakten*

Im Französischen lautet der Kernsatz wie folgt: „Selon la jurisprudence, un arrêté de portée générale[29] est arbitraire lorsqu'il ne repose pas sur des motifs sérieux et objectifs ou n'a ni sens ni but"[30]. Der entsprechende deutsche Satz lautet: „Ein Erlass ist willkürlich, wenn er sich nicht auf ernsthafte sachliche Gründe stützen lässt oder sinn- und zwecklos ist"[31]. Auf diesen Satz folgt – dies sei hier nur erwähnt – noch ein weiterer Satz zu Unterscheidungen oder fehlenden Unterscheidungen, die gegen den Gleichheitsgrundsatz verstoßen. Aber genau aus diesem Grund scheint sich dieser weitere Satz auf Art. 8 und nicht auf Art. 9 der Verfassung zu beziehen, weshalb an dieser Stelle nicht auf ihn eingegangen wird.

22
Kernsatz

Kehren wir zum Kernsatz zurück: Zunächst kann man sich fragen, ob eine Unterscheidung zwischen einer Vorschrift ohne ernsthafte und sachliche Gründe und einer sinn- und zwecklosen Vorschrift überhaupt möglich ist. Im Gerichtsalltag gibt es kaum Beispiele, die eine solche Unterscheidung nahelegen würden. Unabhängig davon, welchen Schluß man in dieser Sache zieht, liegt die tatsächliche Schwierigkeit jedoch anderswo. Will man einer Beschwerde, die wegen Willkür bei einem normativen Rechtsakt erhoben wurde,

23
Problem der Subsidiarität

---

27 S. oben A II, RN 6f.
28 Ein Vorbehalt gilt allerdings für den Fall, daß eine *Rechtsnorm* einer unteren Stufe (z.B. eine Verordnung) in gravierendem Widerspruch zu einer Rechtsnorm einer oberen Stufe (z.B. einem Gesetz) steht. In einem solchen Fall gilt die Rechtsnorm der unteren Stufe nicht im Sinne eines normativen Rechtsakts als willkürlich, sondern in gleichem Range wie ein Entscheid. Vgl. *BGE* 124 I 193 (200f.): Kantonale Verordnung zur Berechnung gewisser Faktoren des zu versteuernden Einkommens, in krassem Widerspruch zum kantonalen Steuergesetz.
29 Der „arrêté de portée générale" bezieht sich hier auf einen normativen Rechtsakt.
30 *BGE* 124 I 297 (299).
31 *BGE* 129 I 1 (3). Hier läßt sich feststellen, daß sich die Formulierung nach dem Inkrafttreten der neuen Verfassung nicht geändert hat; vgl. oben unter A III, RN 10.

einen eigenen Wert zuerkennen und sie nicht nur für unnötig halten, gilt es, eine Vorschrift zu finden, die solche bereits erwähnten Mängel aufweist, ohne jedoch ein anderes Grundrecht zu verletzen. Der Einfachheit halber würde man also eine absurde Vorschrift zu suchen haben, die lediglich absurd wäre und nicht zugleich gegen den Gleichheitsgrundsatz, ein besonderes Grundrecht oder sonstiges Verfassungsrecht verstieße.

24
Beispielentscheidungen

Unter den zu diesem Thema zitierbaren Entscheidungen[32] erfüllen nur ganz wenige die genannte Voraussetzung. Die immer wieder zitierte berühmte Gemeindeverordnung, aufgrund derer auf einem Friedhof Grabsteine untersagt und nur Metall- oder Holzgebilde erlaubt waren, ist zweifellos absurd (und man fragt sich, wer überhaupt auf eine solche Idee kommen konnte). Aber in dieser Verordnung wurde eine Unterscheidung zwischen dem verbotenen Stein und dem erlaubten Metall bzw. Holz getroffen, die durch nichts zu rechtfertigen war und daher allein schon gegen den Gleichheitsgrundsatz verstieß[33]. Die Verordnung, gemäß der es Gefangenen in Gefängnissen verboten war, tagsüber auf ihren Betten zu liegen, stellte eine unnötige Schikane dar. Diese Verordnung wurde im übrigen als Verstoß gegen die persönliche Freiheit (Handlungsfreiheit) anerkannt[34]. Die von einer Behörde erhobene Gebühr in Höhe von zwei Franken pro Kopie kann je nach Anzahl der gemachten Kopien zu einem unverhältnismäßigen und somit unsinnigen Betrag führen, der jedoch überdies gegen den (verfassungsmäßig verankerten) Äquivalenzgrundsatz verstößt[35].

25
Fehlende Eigenständigkeit

Zusammenfassend und unabhängig von der Rechtsprechung und der Lehre läßt sich sagen, daß das Willkürverbot bei normativen Rechtsakten anscheinend keinen wirklich unabhängigen Charakter erlangt hat[36]. Gesetze, gegen die der Willkür-Vorwurf erhoben wurde, verstießen zumeist gegen andere verfassungsrechtliche Vorschriften[37].

---

32 S. insb. *Thürer*, ZSR 1987 II, S. 413 (478 ff.).
33 *BGE 101* Ia 392 (399 f.). – Gemeinde Hunenberg. Weitere Beispiele: *BGE 77* I 274 (Zinsaufschub mit Strafandrohung, unzureichend differenziert); 95 I 130 (134 ff.): kommunale Steuer auf Immobiliengewinne, wobei der „Gewinn" fiktiv festgelegt wurde; die Vorschrift läßt möglicherweise ernsthafte und sachliche Gründe vermissen, aber vor allem verstößt sie gegen den Gleichheitsgrundsatz; 97 I 629 (unberechtigte Unterscheidung bei auferlegten Gerichtskosten); *107* Ib 177 (unberechtigte Unterscheidung zwischen Haupt- und Zweitwohnsitz).
34 *BGE 102* Ia 279 (288) – Minelli.
35 *BGE 107* Ia 29 – Faes. Weiteres Beispiel: *BGE 92* I 249 (unverhältnismäßige Abgabe für Makler aufgrund eines Kantonsgesetzes).
36 Ein ehemaliger Bundesrichter spricht in diesem Zusammenhang sogar von einer „quasi-theoretischen verfassungsrechtlichen Figur"; vgl. *Rouiller*, ZSR 1987 II, S. 225 (259). S. ebenso die schonungslosen Ausführungen von *Grisel* (FN 18), RN 327 f., sowie diejenigen von *Mahon*, in: Aubert/ders., Constitution (LitVerz.), RN 3 (FN 4).
37 Zur Not kann man aus *BGE 92* I 1 (3) – Caravansea SA, ableiten, daß ein willkürlicher normativer Rechtsakt vorliegt (Kantonsgesetz, durch das der *Schuldner* eines Hypothekenbriefes mit einer in regelmäßigen Abständen erhobenen Steuer belegt wurde, die als *Vermögen*steuer angesehen wurde. Das Gesetz verstieß außerdem noch in einem anderen Punkt gegen den Gleichheitsgrundsatz). S. auch kürzlich *BGE 129* I 346 (358): Berechnung eines Beitrags nach Kriterien, die zu der Lage des Schuldners keinen Bezug haben.

2. Willkürverbot bei Entscheiden

Hierzu lautet der französische Kernsatz wie folgt: „Selon la jurisprudence, l'arbitraire, prohibé par l'art. 9 Cst., ne résulte pas du seul fait qu'une autre solution pourrait entrer en considération ou même qu'elle serait préférable; le Tribunal fédéral n'annulera la décision attaquée que lorsque celle-ci est manifestement insoutenable, qu'elle se trouve en contradiction claire avec la situation de fait, qu'elle viole gravement une norme ou un principe juridique indiscuté, ou encore qu'elle heurte de manière choquante le sentiment de la justice et de l'équité; pour qu'une décision soit annulée pour cause d'arbitraire, il ne suffit pas que la motivation formulée soit insoutenable, il faut encore que la décision apparaisse arbitraire dans son résultat"[38]. Der entsprechende deutsche Satz lautet: „Willkürlich ist ein Entscheid nicht schon dann, wenn eine andere Lösung ebenfalls vertretbar erscheint oder gar vorzuziehen wäre, sondern erst dann, wenn er offensichtlich unhaltbar ist, zur tatsächlichen Situation in klarem Widerspruch steht, eine Norm oder einen unumstrittenen Rechtsgrundsatz krass verletzt oder in stossender Weise dem Gerechtigkeitsgedanken zuwiderläuft. Willkür liegt nur dann vor, wenn nicht bloss die Begründung eines Entscheides, sondern auch das Ergebnis unhaltbar ist"[39].

26 Kernsatz

Es wäre sinnvoll gewesen, diese in der Tat lange Aussage deutlicher zu kürzen. Die Kernaussage findet sich in den Worten „offensichtlich unhaltbar". Danach werden lediglich Beispiele mit unterschiedlich großer Bedeutung angeführt, die aber alle den gemeinsamen Nenner akut und intensiv haben: Der Widerspruch muß „klar" sein, die Verletzung „krass" und das Zuwiderlaufen „stossend".

27 „Offensichtlich unhaltbar" als Kernaussage

Wir wollen von Anfang an festhalten, daß wesentliches Willkür-Element in Entscheiden die „krasse Verletzung einer Norm" ist. Diese steht im Mittelpunkt der Rechtsprechung, die ihr ihren unverwechselbaren Charakter verliehen hat. Die krasse Verletzung eines „unbestreitbaren Grundsatzes" spielt dagegen – ungeachtet der Feierlichkeit der Formulierung – eine unbedeutende Rolle. Das gleiche gilt für den Entscheid, der in stoßender Weise „dem Gerechtigkeitsgedanken" zuwiderläuft. Der Bezug auf die „tatsächliche Situation", durch den insbesondere die Wiedergutmachung einiger Justizirrtümer möglich wurde, war auf jeden Fall sinnvoller.

28 Verletzung einer Norm als wesentliches Element

Trotz ihrer Verschiedenartigkeit gehören die vier Formulierungen zur Wortwahl des Bundesgerichtes. An dieser Stelle wollen wir sie daher näher beleuchten. Die Reihenfolge ihrer Erwähnung entspricht ihrer Bedeutung, das heißt die wichtigste Formulierung wird zuletzt genannt.

29 Bundesgerichtliche Formulierungen

a) Krasse Verletzung eines unumstrittenen Grundsatzes: Ganz anders, als die Formulierung vermuten läßt, schließt diese Art von Rechtsgrundsätzen nicht die wichtigen Grundsätze ein, die das Bundesgericht sukzessive aus dem ehemaligen Art. 4 der Verfassung abgeleitet hat, wie beispielsweise das Rückwir-

30 Unabhängige Grundsätze

---

[38] BGE *132* I 13 (17); *131* I 57 (61); *129* I 8 (9).
[39] BGE *127* I 54 (56).

kungsverbot, die Unschuldsvermutung (in dubio pro reo), das Verbot einer doppelten Strafverfolgung (ne bis in idem), das Recht auf Aussageverweigerung, sofern eine Aussage eine Person selbst belasten würde etc. Diese Grundsätze werden zumindest heutzutage als vom Willkürverbot unabhängige Grundsätze angesehen und sind außerdem durch verschiedene internationale Abkommen[40] anerkannt. Sobald das Bundesgericht eine Verletzung dieser Normen erkennt, muß es für deren Einhaltung Sorge tragen, ohne daß eine *krasse* Verletzung festgestellt werden muß.

31
Vom Willkürverbot erfaßte Grundsätze

Die in dem Kernsatz genannten Grundsätze müssen demnach eine andere Bedeutung haben: Wir könnten also von weniger entscheidenden, eher von nur bestimmte Bereiche betreffenden Grundsätzen sprechen. Beispielsweise war im Bereich der Flurbereinigung von einer krassen Mißachtung des Grundsatzes eines vollen Realersatzes die Rede[41].

32
Wörtliche Normanwendung als Willkür

b) Handlungen, die dem Gerechtigkeitsgedanken in stoßender Weise zuwiderlaufen: Auch hier könnte man der Meinung sein, daß das Bundesgericht aufgrund der menschlichen Unvollkommenheit ohne Unterlaß damit beschäftigt ist, Unrecht wieder gutzumachen. Aber die Dinge stellen sich anders dar. Der Gerechtigkeitsgedanke muß in allen Belangen und Bereichen der *Bundes*gesetze generell durch eben diese Gesetze erfüllt und beachtet werden. Erscheint eines dieser Gesetze ungerecht, sollte man es mangels einer verfassungsgerichtlichen Überprüfung auslegen können. Betrifft aber die Ungerechtigkeit nicht das Gesetz, sondern dessen Anwendung, braucht sich das Gericht bei dessen Korrektur in den meisten Fällen nicht auf den Begriff der Willkür zu beziehen, da es hier uneingeschränkte Befugnis zur Rechtsprechung besitzt. Die Beispiele für Handlungen, die dem Gerechtigkeitsgedanken in stoßender Weise zuwiderlaufen, sollten vielmehr bei Rechtshandlungen in Anwendung von *Kantons*gesetzen gesucht werden. Es geht nicht um den Fall, in dem diese verletzt werden: Diese Konstellation steht in Verbindung mit einem anderen Aspekt des Willkürverbotes (der krassen Verletzung einer Norm)[42]. Vielmehr geht es um eine Situation, in der die Kantonsgesetze wortwörtlich angewandt zu einem Ergebnis führen würden, das der Gesetzgeber nicht beabsichtigt haben konnte. Es gibt tatsächlich eine bereits alte Rechtsauffassung, nach der eine wörtliche Anwendung einer Norm unter gewissen Umständen in Ausnahmefällen als Willkür eingestuft werden kann[43]. Zu diesen Umständen zählt eine Verletzung des Gerechtigkeitsgedankens. Es gibt allerdings wenige Beispiele für eine solche Verletzung des Gerechtigkeitsgedankens. Einige finden sich im Zusammenhang mit Geldbußen, und

---

40 Und, was die Unschuldsvermutung anbelangt, durch Art. 32 Abs. 1 der neuen Bundesverfassung.
41 *BGE 105* Ia 324 (326, 329). Siehe zu diesem Thema *Thürer*, ZSR 1987 II, S. 413 (505 f.).
42 S. unten A VIII 2, RN 34 ff.
43 Mißachtung der Entstehungsgeschichte oder der Zielsetzung eines Gesetzes etc. Zu dieser Rechtsprechung s. auch – mit einigen Varianten – *BGE 127* III 318 (322 f.); *127* IV 193 (194 f.); *128* V 5 (7 f.); *131* II 13 (31). In gewissen Fällen ist eine Abweichung einfach zulässig, in anderen ist sie *geboten* (*BGE 127* III 322, wie vorstehend zitiert), und genau hier zeigt sich der willkürliche Charakter der wörtlichen Anwendung.

zwar insbesondere dann, wenn Geldbußen verhängt wurden, ohne daß die jeweilige Behörde das Maß der Schuld des Steuerpflichtigen berücksichtigte[44].

c) Klarer Widerspruch zu einer tatsächlichen Situation: Hierfür lassen sich bedeutend mehr Beispiele finden. Die Willkür kann sich auf die Feststellung von Tatsachen beziehen[45], sie kann jedoch auch in der Mißachtung bereits festgestellter Tatsachen bestehen[46].

33
Willkürliche Tatsachenfeststellung und -mißachtung

d) Schwerwiegende Verletzung einer Norm: Dies ist unbestreitbar der Fall von Willkür, der am häufigsten beanstandet wird. Beim Bundesgericht sollen zehntausende von Beschwerden mit diesem Bezug eingegangen sein. Auch wenn der Prozentsatz der positiv beschiedenen Beschwerden gering ist (man spricht von einem Prozentsatz zwischen 5 und 10 v.H.), so gibt es dennoch einige tausend Fälle, in denen das Gericht festgestellt hat, daß in krasser Form gegen eine Norm verstoßen wurde.

34
Wichtigster Anwendungsfall

Man muß das gesamte System sowie den Stellenwert verstehen, den diese Rechtsprechung im Rahmen der gesamten Tätigkeit des Bundesgerichtes als Organ der Rechtsprechung einnimmt. Geht es um ein *Bundes*gesetz oder um eine *Bundes*verordnung, muß der Beschwerdeführer in der Regel nur nachweisen, daß das Gesetz oder die Verordnung verletzt wurde: Er braucht eben nicht eine „krasse" Verletzung zu behaupten. Das Bundesgericht ist von Amts wegen dafür zuständig, die ordnungsgemäße Anwendung der Bundesgesetze zu gewährleisten, wurde es doch gerade im Hinblick auf diese Funktion als Korrektiv geschaffen. Ein Beschwerdeführer hat bei der Anrufung dieses Gerichtes zwischen verschiedenen Arten von ordentlichen Beschwerdewegen zu wählen, je nachdem, ob es sich um Gesetze aus dem Bereich des Zivil-, des Straf- oder des Verwaltungsrechts handelt[47].

35
Ordentliche Rechtspflege bei Bundesvorschriften

Beruht ein angefochtener Entscheid auf einer *Kantons*vorschrift, gilt eine andere Vorgehensweise. Das Bundesgericht wurde nicht geschaffen, um die Anwendung des Rechts verschiedener Kantone zu überprüfen, da dies Aufgabe der obersten Kantonsgerichte ist[48]. Neben seiner Funktion als Korrektiv wacht das Bundesgericht aber auch über die Einhaltung der *Grundrechte*. Bereits in den ersten Jahren nach seiner Gründung[49] erkannte das Bundesgericht für Recht, daß eine *krasse* Verletzung einer kantonsrechtlichen Vor-

36
Grundrechtsbeschwerde bei Kantonsvorschriften

---

44 *BGE 103* Ia 225 (228 ff.): In diesem Fall hätte man jedoch auch sagen können, daß das angewandte Steuergesetz selbst aufgrund mangelnder Differenzierung gegen den Gleichheitsgrundsatz verstößt. S. auch im gleichen Bereich *BGE 94* I 218 (223 f.). Geht es hingegen um Bundesgesetze, kann das Gericht den Entscheid ohne Bezugnahme auf den Willkürbegriff richtig stellen; vgl. *BGE 101* V 184 (190): Auslegung einer Bestimmung eines Bundesgesetzes zur Altersversicherung in Widerspruch zum Gesetzestext.
45 *BGE 129* I 8 (Eine Behörde ging ohne Nachweis davon aus, daß ein nicht eingeschriebener Brief beim Empfänger ankam); 128 I 81 (Verurteilung aufgrund eines unzureichenden Gutachtens); *126* I 97 (111): Eine Behörde versäumte es, wesentliche Tatsachen zu berücksichtigen.
46 *BGE 128* I 129 (135): Festgestellte Tatsachen wurden nicht berücksichtigt, insb. in bezug auf einen Geldbetrag, der sich in einem separaten Umschlag befand; *124* IV 86 (91): Willkürliche Bewertung von Beweisen, aus denen nicht der Schluß gezogen werden konnte, daß die Angeklagten Mitglieder einer „Bande" waren.
47 S. unten A VIII 2, RN 37 f.
48 S. hierzu den bereits in FN 4 zitierten Auszug aus der Entscheidung *Elmer* (1879).
49 Vgl. hierzu oben A II, RN 6 ff.

schrift gleichzeitig das *Grundrecht* auf Schutz vor Willkür verletzt. Mit anderen Worten: Wenn ein Beschwerdeführer einfach nur die unzureichende Anwendung eines Kantonsgesetzes moniert, kann er seine Beschwerde nicht beim Bundesgericht einreichen. Beklagt er jedoch eine *sehr schlechte* Anwendung dieses Gesetzes, ist seine Beschwerde zulässig und die Beschwerde wird, sofern er das Gericht überzeugen kann, als begründet eingestuft[50].

37
Beispiele

Nachfolgend seien einige Beispiele für Willkür bei der Anwendung von Kantonsrecht[51] aufgeführt:

– Ein oberstes Gericht verringert von Amts wegen, jedoch ohne dazu zuständig zu sein, eine Entschädigung, die ein untergeordnetes Gericht festgelegt hat und die nicht Gegenstand der Beschwerde war: eine krasse Verletzung von Art. 237 der Zivilprozeßordnung von Thurgau[52].
– Von der Befugnis, von einer Bestimmung über die örtliche Zuständigkeit eines Haftrichters abzuweichen, wird dauerhaft Gebrauch gemacht; was Ausnahme bleiben sollte, wird zur Regel: eine krasse Verletzung von Art. 24 a Abs. 1 des Rechtspflegegesetzes von Zürich[53].
– Der den Bau von Büroräumen in einem Industrie- und Dienstleistungsgebiet ablehnende Bescheid legt zugunsten der industriellen Tätigkeit eine Priorität fest, die die Verordnung nicht vorsieht[54].
– Wenn die Zulassung zu einer Prüfung einen „guten Leumund" voraussetzt, so ist es unhaltbar, die Zulassung eines Prüfungskandidaten nur deshalb abzulehnen, weil dieser wegen Wehrdienstverweigerung bestraft wurde[55].
– Unhaltbar ist eine Aussage, wonach eine Bestimmung hinsichtlich des Tragens von Waffen auch für den Besitz von Waffen gilt[56].

38
Ausnahmsweise Willkürentscheidungen bei der Anwendung von Bundesrecht

Es kann jedoch auch vorkommen, daß das Bundesgericht einen willkürlichen Entscheid bei der Anwendung von *Bundes*recht für ungültig erklärt. Die auf den ersten Blick paradox erscheinende Hypothese kommt dann zum Tragen, wenn die ordentlichen Beschwerdewege nicht zulässig sind, das heißt insbesondere im Bereich des Zivilrechts, wenn bei einem Rechtsstreit nicht der gesetzlich vorgeschriebene Mindeststreitwert erreicht wird oder wenn sich der Rechtsstreit auf einen nicht endgültigen Entscheid bezieht[57]. In diesem Zusammenhang hat das Bundesgericht entschieden, daß es ein Zeichen von Willkür wäre, Kinder in einem Scheidungsverfahren einer Partei zuzuspre-

---

50 *BGE 125* I 161 (164): „An dieser Stelle muss daran erinnert werden, dass eine staatsrechtliche Beschwerde bei einer einfachen Verletzung von Kantonsrecht nicht möglich ist. Das Bundesgericht kann nur überprüfen, ob die Anwendung von Kantonsrecht mit den verfassungsmässig verankerten Grundrechten eines jeden Bürgers vereinbar ist, das heisst im vorliegenden Fall, dass keine Willkür vorliegt" (Übersetzung).
51 Substantielle Verzeichnisse findet man insb. bei *Thürer*, ZSR 1987 II, S. 413 (489 ff.), und bei *Grisel* (FN 18), RN 344 f.
52 *BGE 129* I 65; s. dazu in einem ähnlichen Sinne auch: *BGE 128* I 177.
53 *BGE 123* I 49.
54 *BGE 114* Ia 209 (212 f.).
55 *BGE 104* Ia 187; s. dazu in einem ähnlichen Sinne auch: *BGE 103* Ia 544.
56 *BGE 103* Ia 95.
57 Art. 46 und 48 des Bundesrechtspflegegesetzes (SR 173.110); jetzt Art. 74 des Bundesgerichtsgesetzes vom 17. 6. 2005, AS 2006 1205, 1225; s. zu diesem Problem *Kälin* (FN 18), S. 315 ff.

chen, ohne diese Kinder vorher angehört zu haben[58]. Willkür liegt auch darin, einem Minderjährigen, der über genügend Urteilsfähigkeit verfügt, das Recht abzusprechen, bei Gericht selbst die Zahlung seines Lohns einzufordern[59].

IX. Exkurs: Die Prüfungsbefugnis des Bundesgerichtes

In den Entscheidungen des Bundesgerichts, in denen dieses über die Verfassungsmäßigkeit eines Entscheides urteilen muß, tauchen immer wieder Formulierungen wie „freie Prüfung" im Gegensatz zu „Prüfung nur auf Willkür hin" bzw. „Prüfung nur unter dem Gesichtspunkt der Willkür" auf[60]. Die Unterschiede in der Wortwahl deuten darauf hin, daß hier eine rechtliche Differenzierung vorgenommen wird. Eine freie Prüfung bedeutet, daß das Gericht überprüft, ob ein angefochtener Entscheid mit dem anwendbaren Recht vereinbar ist. Falls die Prüfung nur auf den Gesichtspunkt der Willkür beschränkt ist, bedeutet dies, daß das Gericht den Entscheid nur dann aufhebt, sofern dieser das anwendbare Recht *in krasser Form* verletzt.

39
„Freie Prüfung" und „beschränkte Prüfung"

Führt ein Beschwerdeführer an, daß ein Entscheid willkürlich sei, prüft das Bundesgericht uneingeschränkt, ob diese Beschwerde begründet ist, da die hierbei anwendbare Vorschrift eben nicht das Gesetz oder die angefochtene Verfügung ist, sondern das Willkürverbot. Dies ist zumindest die Auffassung der derzeit herrschenden Lehre (eine materiell-rechtliche Auffassung im Gegensatz zu einer verfahrensrechtlichen). Die Rechtsprechung widersetzt sich dieser Lehre nicht, da die vom Gericht vorgenommene Unterscheidung zweier Prüfungsstufen sich *nicht* auf diese Hypothese bezieht. Sie bezieht sich vielmehr auf die Überprüfung der „gesetzlichen Grundlage" von Einschränkungen bei verfassungsmäßig verbrieften Grundrechten[61]. Genau hier führt das Bundesgericht zwei Arten von Prüfungen durch: die freie Prüfung der Art und Weise, wie das Gesetz oder die Verordnung, die eine Einschränkung vorsieht, ausgelegt wurde, sofern das Gericht der Auffassung ist, daß es sich um eine gravierende Einschränkung handelt, bzw. die Prüfung „unter dem Gesichtspunkt der Willkür", sofern das Gericht von einer nicht gravierenden Einschränkung ausgeht. Die derzeit herrschende Lehre bemüht sich, in diesem zweiten Fall ebenfalls eine freie Prüfung einer möglichen Verletzung des Willkürverbotes zu sehen[62]. Hierbei ist der von ihr eingenommene Standpunkt jedoch kaum überzeugend. Es geht nämlich gerade nicht um die Verletzung des Willkürverbotes, sondern um die Verletzung eines individuellen Frei-

40
Zwei Prüfungsstufen

---

58 *BGE 126* III 497 (krasse Verletzung der Art. 137 und 144 Abs. 2 ZGB [SR 210]).
59 *BGE 112* II 102 (krasse Verletzung von Art. 323 Abs. 1 ZGB). S. auch *BGE 99* Ia 312 (Unterstellung der Kündigung eines Mietvertrages zu Bedingungen, die das Gesetz nicht vorsah: krasse Verletzung des ehemaligen Art. 267 a OR).
60 S. z. B. *BGE 131* I 217 (219); 272 (274); *129* I 173 (177); *128* I 19 (30); *127* I 6 (18).
61 Vgl. oben A VII, RN 18.
62 Vgl. insb. *Rouiller*, in: Thürer/Aubert/Müller, Verfassungsrecht (LitVerz.), S. 677 ff., RN 16. S. ebenso die eher subtilen Ausführungen bei *Rohner*, in: Ehrenzeller u. a., St. Galler Kommentar (LitVerz.), RN 36.

heitsrechts, beispielsweise der persönlichen Freiheit (Handlungsfreiheit) oder der Wirtschaftsfreiheit.

41
Beschränkung eigener Prüfungsbefugnis

Der Beschwerdeführer beruft sich also *nicht* auf Art. 9 der Verfassung, sondern beispielsweise auf Art. 10 oder Art. 27[63]. Beschränkt sich das Bundesgericht im Falle einer nicht gravierenden Einschränkung auf die Überprüfung, ob das Gesetz oder die Verordnung, die ihr zugrunde liegt, auf eine Art und Weise ausgelegt wurde, die offensichtlich unhaltbar ist, liegt dies wohl daran, daß das Gericht eine Beschränkung seiner Prüfungsbefugnis beschlossen hat – möglicherweise zu Unrecht: Es ist nicht immer leicht, zwischen einer gravierenden und einer nicht gravierenden Einschränkung zu unterscheiden, und in Art. 36 der Verfassung, der die Bedingungen für eine Einschränkung von Grundrechten festschreibt, wird von einer „gesetzlichen Grundlage" ohne weitere Spezifizierung gesprochen. Hieraus ließe sich ableiten, daß der Beschwerdeführer ein verfassungsmäßig garantiertes Recht hat, vor jeglicher Einschränkung geschützt zu werden, die sich nicht auf eine korrekt ausgelegte gesetzliche Grundlage stützt. Trotz dieser Kritik beschränkt sich das Gericht weiterhin in seiner Prüfungsbefugnis, und wenn es diese Haltung einnimmt, liegt dies vermutlich daran, daß es – außer in schwerwiegenden Fällen – nicht als gestrenger Richter über die Art und Weise auftreten will, in der ein untergeordnetes Gericht die Gesetze seines Kantons verstanden hat (denn in den meisten Fällen geht es um *Kantons*gesetze[64]).

B. Vertrauensschutz

I. Grundsatz und Grundrecht

42
Deutliche Unterscheidung

Deutlicher als beim Willkürverbot haben die schweizerische Rechtsprechung und Lehre seit langer Zeit zwischen dem allgemeinen Grundsatz von Treu und Glauben[65] und dem Grundrecht des Vertrauensschutzes unterschieden[66].

43

Der allgemeine Grundsatz gilt für die gesamte Rechtsordnung. Er wird gegenüber einer öffentlich-rechtlichen Körperschaft in ihren Beziehungen zu Privatpersonen oder zu einer anderen öffentlich-rechtlichen Körperschaft wirk-

---

63 Sogar der Autor der „materiell-rechtlichen" Auffassung scheint diese Unterscheidung einzuräumen: vgl. *Gygi*, ZBl 1985, S. 97 (102), und bereits auch *Gygi*, Freie und beschränkte Prüfung im staatsrechtlichen Beschwerdeverfahren, in: Peter Badura u. a. (Hg.), FS Hans Huber, 1981, S. 191 (207 ff.).
64 Liegt eine Beschränkung eines Grundrechts durch ein *Bundes*gesetz vor, gilt für dessen Anwendung in der Regel der reguläre Beschwerdeweg, d.h. die ordentliche Rechtspflege; vgl. hierzu weiter oben A VIII 2, RN 34 f.
65 Man findet hier auch den Begriff des Vertrauensschutzes, der in Art. 5 Abs. 3 der Verfassung von 1999 (RN 47) jedoch nicht verwendet wird.
66 Vgl. oben RN 8. *Grisel* (FN 18), RN 352–360; *Rouiller*, in: Thürer/Aubert/Müller, Verfassungsrecht (Lit-Verz.), S. 677 ff., RN 18 f.; *Weber-Dürler*, ZBl 2002, S. 281 (292); *Rohner*, in: Ehrenzeller u. a., St. Galler Kommentar (LitVerz.), RN 41; *Mahon*, in: Aubert/ders., Constitution (LitVerz.), RN 10. Man muß jedoch darauf hinweisen, daß das Bundesgericht auch dann zuweilen von „Grundsatz" spricht, wenn es um ein Grundrecht geht; vgl. *BGE 130* I 26 (60); *129* II 361 (381); *128* II 112 (125).

sam und gilt ebenso für die Beziehungen von Privatpersonen zu einer öffentlich-rechtlichen Körperschaft oder zu anderen Privatpersonen. Zu den Rechtsbeziehungen zwischen Privatpersonen siehe schon Art. 2 des schweizerischen Zivilgesetzbuches.

<small>Geltung des Grundsatzes für die gesamte Rechtsordnung</small>

Die Anerkennung als ein Grundrecht folgt aus dem allgemeinen Grundsatz, wenn dieser allgemeine Grundsatz von einer Privatperson gegenüber einer öffentlich-rechtlichen Körperschaft geltend gemacht wird. In dieser Abhandlung wird nur auf den Grundsatz unter dem Aspekt des Grundrechts eingegangen.

44
<small>Treu und Glauben als Grundrecht</small>

II. Ursprung der Verfassungsnorm

Einige Entscheidungen zu Beginn des zwanzigsten Jahrhunderts, die sich auf eine verspätete Geltendmachung von Steuern durch eine Steuerbehörde bezogen, schützten die gutgläubige Auffassung des Steuerzahlers, daß für den abgelaufenen Zeitraum keine Steuerpflicht bestand: Ein Anspruch auf die Zahlung von Steuern wäre willkürlich gewesen[67]. Fünf Jahre danach erging ein Urteil in einem Fall einer erteilten und dann wieder zurückgenommenen Genehmigung allein mit Blick auf das Willkürverbot und ohne Bezug auf Treu und Glauben[68]. Dieser Bezug wurde erst dreißig Jahre später hergestellt, jedoch immer noch in Verbindung mit dem Willkürverbot[69]. Erst 1968 erkannte das Bundesgericht ausdrücklich den Vertrauensschutz als Grundrecht an, das vermutlich aus Art. 4 der Verfassung von 1874 abgeleitet, aber in diesem Fall in keiner Weise mit dem Begriff der Willkür in Verbindung gebracht wurde[70], da nach Auffassung des Gerichtes der angefochtene Entscheid eben nicht in der Verletzung eines Gesetzes bestand, sondern in einer zu strengen Anwendung dieses Gesetzes. Allerdings hätte das Gericht hierin auch einen Tatbestand verwirklicht sehen können, der in „stossender Weise dem Gerechtigkeitsgedanken zuwiderläuft"[71].

45
<small>Ursprüngliche Verbindung mit dem Willkürverbot</small>

III. Derzeitige normative Grundlage

Im Jahr 1996 schlug der Bundesrat der Bundesversammlung vor, angesichts der Totalrevision der Bundesverfassung die Gelegenheit zu ergreifen, in dem Kapitel, in dem die Grundrechte behandelt werden, eine ausdrückliche Garantie für den Vertrauensschutz aufzunehmen[72]. Dieser Vorschlag wurde in die Tat umgesetzt, und zwar durch den zweiten Halbsatz von Art. 9 der Verfassung[73].

46
<small>Verfassungsrechtliche Normierung</small>

---

67 *BGE* 34 I 15 (28); 615 (625) – Erben Spühler; *36* I 497 (566) – Brandt.
68 *BGE* 41 I 468 – Dolderbahn AG.
69 S. die unter *BGE* 94 I 513 (521) zitierten Entscheidungen.
70 *BGE* 94 I 513 (520 ff.), wie vorstehend zitiert.
71 Vgl. oben A VIII 2, RN 32. Zur Geschichte der Vorschrift in der Zeit der Verfassung von 1874 s. *Sameli*, ZSR 1977 II, S. 287 (302 ff.).
72 Botschaft vom 20. 11. 1996 (BBl 1997 I S. 145).
73 Vgl. oben A III, RN 9.

47
Normierung des Grundsatzes

Ergänzend möchten wir hinzufügen, daß auch der allgemeine Grundsatz von Treu und Glauben in die neue Verfassung aufgenommen wurde, und zwar in Art. 5 Abs. 3 der Verfassung.

IV. Gemeinsame Merkmale von Vertrauensschutz und Willkürverbot

48
Unterschiede und Gemeinsames

Da beide Garantien gemeinsam in Art. 9 der Verfassung aufgeführt sind, zeigt dies sehr wohl, daß trotz inhaltlicher Unterschiede einige gemeinsame Merkmale vorhanden sind.

1. Ableitung

49
Gemeinsame Ableitung

Während der Geltungsdauer der vorhergehenden Verfassung leitete das Bundesgericht beide Garantien aus dem früheren Art. 4 der Verfassung ab und stellte sogar einige Jahrzehnte lang eine Verbindung zwischen dem Vertrauensschutz und dem Willkürverbot her[74].

2. Adressaten

50
Identität der Normadressaten

Die Adressaten beider Garantien sind identisch: Es handelt sich um die „staatlichen Organe"[75]. In bezug auf Privatpersonen läßt sich der Vertrauensschutz für Einzelne oder für öffentlich-rechtliche Körperschaften aus Art. 5 Abs. 3 der Verfassung ableiten[76] und – wie wir bereits gesehen haben – auch teilweise aus Art. 2 des schweizerischen Zivilgesetzbuches[77].

3. Begünstigte

51
Identität der Begünstigten

Begünstigte beider Garantien sind alle Personen des Privatrechts oder Personen, die als solche auftreten[78]. Für öffentlich-rechtliche Körperschaften, die als Inhaber der Staatsgewalt handeln, kann man analoge Beziehungen herstellen[79]. Die Zusammenarbeit zwischen dem Bund und den Kantonen sowie zwischen den Kantonen untereinander ist aber insbesondere in Art. 44 der Verfassung geregelt.

52
Nachweis eines Anspruchs

Wenn sich allerdings eine Privatperson gegenüber einer öffentlich-rechtlichen Körperschaft auf Treu und Glauben beruft, erwartet das Bundesgericht von dieser Privatperson von Fall zu Fall, daß sie nachweist, sie hätte *Anspruch* auf das von ihr Verlangte gehabt, sofern die gesetzlichen Bedingungen erfüllt gewesen wären[80]. Diese Forderung erinnert stark an das Erfordernis eines

---

74 S. oben B II, RN 45.
75 Vgl. oben A IV, RN 11 f.
76 S. oben B III, RN 47.
77 S. oben B I, RN 43.
78 Vgl. oben A V, RN 13.
79 *Beatrice Weber-Dürler*, Vertrauensschutz im öffentlichen Recht, 1983, S. 10 ff.
80 *BGE* 126 II 377 (387 f.); vgl. *Rohner*, in: Ehrenzeller u.a., St. Galler Kommentar (LitVerz.), RN 63.

gesetzlichen Anspruchs, dem die aktuelle Rechtsprechung den Vortrag der Willkür unterordnet[81].

4. Absoluter und subsidiärer Charakter

Der Vertrauensschutz ist ebenso wie das Willkürverbot eine *absolute* Garantie, die von den Einschränkungen des Art. 36 der Verfassung nicht berührt wird. Das Grundrecht wird nur durch die Bedingungen seiner Ausübung eingeschränkt[82].

Man hat auch gesagt, daß der Grundsatz von Treu und Glauben *subsidiären* Charakter hat[83]. Damit wird jedoch vor allem daran erinnert, daß man zunächst das Gesetz auslegen und seine Lücken schließen muß, bevor man in Ausnahmefällen die Schlußfolgerung ziehen kann, daß das Gesetz außer acht gelassen werden muß, um schließlich zum *gleichen* Ergebnis zu kommen (z. B. durch Erteilung einer Genehmigung). Hier wird der Unterschied zum Vorwurf der Willkür deutlich, bei dem die Subsidiarität vielmehr eine *schwächere* Position des Beschwerdeführers erkennen läßt, dem nur noch dieses Beschwerdemittel bleibt[84].

V. Inhalt des Vertrauensschutzes

Nach gewissen derzeit gebräuchlichen Formulierungen verleiht „der Grundsatz (sic[85]) von Treu und Glauben dem Bürger unter gewissen Bedingungen das Recht, von den Behörden zu verlangen, dass sich diese an eindeutige, ihm gegenüber gemachte Versprechen oder Zusicherungen halten und nicht das Vertrauen enttäuschen, das er berechtigterweise in diese Versprechen oder Zusicherungen gesetzt hat. Dieses Prinzip bindet ebenso den Gesetzgeber, insbesondere dann, wenn er im Gesetz zugesagt hat, dass dieses nicht geändert oder für einen gewissen Zeitraum in der bestehenden Form beibehalten wird und damit ein wohlerworbenes Recht schafft"[86]. „Das Recht auf Vertrauensschutz kann ganz einfach auch angesichts eines Verhaltens der Verwaltung in Anspruch genommen werden, das bei dem betroffenen Bürger eine entsprechende Erwartung oder eine berechtigte Hoffnung entstehen lässt"[87], etc.

Wir haben gesehen, daß der Vertrauensschutz bei normativen Rechtsakten wie auch bei Entscheiden beansprucht werden kann. Wie wir jedoch bereits im Zusammenhang mit dem Willkürverbot gesehen haben[88], liegt der Schwerpunkt in der Praxis auf den Entscheiden.

---
81 Vgl. oben A V, RN 14 ff.
82 Vgl. oben A VII, RN 18 ff.
83 *Sameli*, ZSR 1977 II, S. 287 (313 f.).
84 Vgl. oben A VI, RN 17.
85 S. o. unter FN 66 a.E.
86 *BGE 128* II 112 (125 f.), Übersetzung.
87 *BGE 129* II 361 (381), Übersetzung.
88 Vgl. oben A VIII, RN 21.

1. Vertrauensschutz bei normativen Rechtsakten

57
Schutz wohlerworbener Rechte

Generell sollten Privatpersonen nicht auf die Unveränderbarkeit von Gesetzen vertrauen; sie sollten vielmehr damit rechnen, daß diese immer geändert oder gar aufgehoben werden. Anders sähe es aus, wenn der Gesetzgeber zugesagt hätte, daß ein Gesetz – zumindest für einen bestimmten Zeitraum – unverändert bestehen bleibt. Dies geschieht indessen selten. Wir stellen in der Praxis allerdings fest, daß eine Zusage gegeben wird, ein neues Gesetz berühre nicht bestimmte Rechte, die sich aus der Anwendung des früheren Gesetzes ergeben. Man spricht daher von „wohlerworbenen Rechten". Diese Rechte sind vor künftigen Beeinträchtigungen durch die erforderliche Achtung des guten Glaubens der jeweiligen Inhaber dieser Rechte geschützt (Art. 9 der Verfassung), jedoch gegebenenfalls auch durch die Eigentumsgarantie gemäß Art. 26 der Verfassung[89]. Es gibt allerdings auch Gesetze, durch die keine wohlerworbenen Rechte geschaffen werden, von denen das Bundesgericht jedoch begleitende Übergangsvorschriften erwartet, durch die bestimmte Übergangsfristen eingeräumt werden. Dies gilt beispielsweise dann, wenn für eine bestimmte Tätigkeit unversehens strengere Bedingungen eingeführt werden[90]. Hier kann sich die Forderung nach einer bestimmten Übergangsfrist aber auch auf den (nicht schriftlich niedergelegten) Grundsatz der Rechtssicherheit oder denjenigen der Verhältnismäßigkeit gemäß Art. 5 Abs. 2 der Verfassung stützen.

2. Vertrauensschutz bei Entscheiden

58
Nichtanwendung eines anwendbaren Gesetzes

Bei Entscheiden wird der Vertrauensschutz viel häufiger als Grundrecht herangezogen, und zwar nicht ohne Erfolg[91]. In der Praxis wurden verschiedene Fallgruppen unterschieden: Die wichtigste ist offensichtlich die, bei der eine Behörde falsche Auskünfte gegeben oder irreführende Zusicherungen gemacht hat[92]. Hierbei wird von folgender Hypothese ausgegangen: Es geht beispielsweise um den Antrag einer Privatperson, etwa auf Erteilung einer Baugenehmigung. Gemäß den gesetzlichen Vorschriften kann eine solche Genehmigung nicht erteilt werden. Eine Behörde hat jedoch dem Beschwerdeführer die Zusicherung gegeben, daß ihm die Genehmigung erteilt würde. Das Bundesgericht hat zu diesem Komplex ein System entwickelt, dem zufolge eine solche Genehmigung trotz widersprechender gesetzlicher Vorschriften dennoch erteilt werden muß, sofern die folgenden fünf Bedingungen erfüllt sind[93]:

---

89 *BGE 118* Ia 245 (255).
90 *BGE 103* Ia 272 bezüglich des Berufes eines Brillen- und Augenoptikers; *118* Ib 241 (256 ff.) bezüglich der Agrarpolitik: Verringerung der zulässigen Nutzviehzahlen. S. auch *BGE 130* I 26 (60).
91 S. die bei *Weber-Dürler*, ZBl 2002, S. 281 (291 f., FN 71), genannten Beispiele.
92 „Der Kern der Rechtsprechung zum Vertrauensschutz", *Weber-Dürler*, aaO., S. 288 f.
93 S. z.B. *BGE 119* V 302 (307); *121* V 65 (66 f.); *131* II 627 (636–637). Vgl. *Rohner*, in: Ehrenzeller u. a., St. Galler Kommentar (LitVerz.), RN 52; *Mahon*, in: Aubert/ders., Constitution (LitVerz.), RN 12. Eine weitere Hypothese der gleichen Fallgruppe: falsche Angabe im Rahmen der Beschwerde (Irrtum bezüglich der Frist oder der Behörde, an die die Beschwerde gerichtet werden sollte); vgl. *BGE 124* I 255 (258); oder: auch längere Duldung einer rechtswidrigen Situation durch eine Behörde, obwohl sich diese der Rechtswidrigkeit bewußt ist.

- Die Zusicherung war speziell an den Beschwerdeführer gerichtet[94];
- die Behörde, die dem Beschwerdeführer gegenüber diese Zusicherung machte, war in der Sache zuständig oder schien zuständig zu sein;
- es war nicht erkennbar, daß die Zusicherung irreführend oder falsch war;
- der Beschwerdeführer hat Maßnahmen getroffen, die er ohne diese Zusicherung nicht getroffen hätte und aufgrund derer er unweigerlich einen Schaden erleidet (oder er hat aufgrund dieser Zusicherung *nicht* die Maßnahmen getroffen, durch die er einen Schaden für sich hätte vermeiden können);
- die Gesetzeslage hat sich seit dem Moment, in dem die Zusicherung gegeben wurde und dem Moment, in dem sich der Beschwerdeführer auf seinen guten Glauben beruft, nicht verändert.

Beispiel: Der Beschwerdeführer kaufte Weideland mit Waldbestand zum Preis von Bauland, weil er im Vertrauen auf die falsche Zusicherung einer Behörde glaubte, daß er auf diesem Land ein Haus bauen könne. In Wirklichkeit handelte es sich bei dem Weideland mit Baumbestand um einen Wald, der laut Gesetz nicht bebaut werden durfte. Unter den vorgenannten Bedingungen mußte die Baugenehmigung dennoch erteilt werden[95]. Dies bedeutet, daß unter den genannten Bedingungen das verfassungsmäßig garantierte Recht auf Vertrauensschutz einen höheren Stellenwert besitzt als ein normales Gesetz oder, wenn man so will, als der Verfassungsgrundsatz der Rechtmäßigkeit. Allerdings kommt es auch vor, daß das Bundesgericht ausnahmsweise die Auffassung vertritt, das öffentliche Interesse an der Einhaltung des Gesetzes sei stärker als der Einwand des Grundsatzes von Treu und Glauben durch den Beschwerführer. Im Falle einer solchen Annahme kann man sich vorstellen, daß der Beschwerdeführer Schadenersatz geltend machen wird[96].

59
Beispiel und Ausnahme

Eine weitere Fallgruppe bezieht sich auf widersprüchliches Verhalten einer öffentlich-rechtlichen Körperschaft. Beispiele hierfür sind jedoch nur sehr selten zu finden[97].

60
Widersprüchliches Verhalten

Was das Verbot des Rechtsmißbrauchs angeht, das zuweilen mit dem Vertrauensschutz in Verbindung gebracht wird, so betrifft dieses Verbot eher den *Grundsatz* und richtet sich an Privatpersonen: Erfolgt der Rechtsmißbrauch

61
Verbot des Rechtsmißbrauchs

---

94 Gemäß *Weber-Dürler*, ZBl 2002, S. 281 (294 ff.), ist dies eine zu enge Auslegung; ein Rundschreiben müßte ausreichend sein.
95 Ein gleich gelagerter Fall liegt vor in *BGE 108* Ib 377 (385 ff.) – Posewitz (eine Genehmigung wurde entgegen den Bestimmungen des ehemaligen Bundesforstgesetzes von 1902 erteilt.).
96 *BGE 101* Ia 328 (331); *129* I 161 (170); vgl. *J.P. Müller*, Grundrechte (LitVerz.), S. 491 f.; *Grisel* (FN 18), RN 392.
97 Ein Beispiel hierfür findet man in *BGE 116* Ib 113 (118). Vgl. *Rohner*, in: Ehrenzeller u.a., St. Galler Kommentar (LitVerz.), RN 59; *Auer/Malinverni/Hottelier*, Droit constitutionnel (LitVerz.), Bd. II, RN 1163–1164. S. auch *BGE 126* II 97 (104 f.): Eine Behörde bittet um Informationen zu einem bestimmten Punkt und weist den Antrag ab, weil sie keine Informationen zu einem anderen Punkt erhalten hat. Eventuell auch *BGE 130* I 258 (267–268): Als willkürlich beurteiltes Verhalten einer Behörde, der man ebenfalls eine Verletzung des Vertrauensschutzes hätte vorwerfen können.

§ 228 *Vierzehnter Teil: II. Einzelgrundrechte*

durch eine öffentlich-rechtlichen Körperschaft, kann man in den meisten Fällen davon ausgehen, daß diese gegen das Gesetz verstößt[98].

62
Ähnliche Rechte

Abschließend ist darauf hinzuweisen, daß Praxis und Lehre des öfteren auf die große Ähnlichkeit hingewiesen haben, die zwischen dem Vertrauensschutz auf der einen Seite und dem Verbot des überspitzten Formalismus[99], den Voraussetzungen für eine Praxisänderung[100], ja sogar dem Grundsatz der Rechtssicherheit[101] und dem Rückwirkungsverbot[102] auf der anderen Seite besteht.

---

98 *Grisel* (FN 18), RN 370. Sogar *BGE 110* Ib 332: Dieser Entscheid wird zuweilen als Ausnahme angeführt, scheint sich jedoch unserer Meinung nach auf einen Gesetzesverstoß zu beziehen (Fall, in dem eine öffentlich-rechtliche Körperschaft ein Verfahren ungerechtfertigt – und damit unrechtmäßig – lange hinausgezögert hat, um somit in den Genuß einer für die Körperschaft günstigeren Gesetzgebung zu kommen).
99 Vgl. *BGE 121* I 177 (179 f.); *125* I 166 (170). S. auch *Grisel* aaO., RN 431–443.
100 Vgl. *BGE 122* I 57 (59 ff.); s. auch *Weber-Dürler* (FN 79), S. 243 ff.; *Grisel* aaO., RN 306–308.
101 Vgl. *BGE 109* Ia 113 (115) zur Beständigkeit von Raumordnungsplänen.
102 Vgl. *BGE 122* II 113 (123 f.). S. auch *Weber-Dürler* (FN 79), S. 280 ff.

C. Bibliographie

Chiariello, Elisabeth, Treu und Glauben als Grundrecht nach Art. 9 der schweizerischen Bundesverfassung, 2004.
Grisel, Etienne, Egalité.
Gueng, Urs, Zur Verbindlichkeit verwaltungsbehördlicher Auskünfte und Zusagen, ZBl 1970, S. 449 ff., 473 ff., 497 ff.
Gygi, Fritz, Freie und beschränkte Prüfung im staatsrechtlichen Beschwerdeverfahren, in: Peter Badura u. a. (Hg.), FS Hans Huber, 1981, S. 191 ff.
ders., Zur bundesgerichtlichen Kognition im staatsrechtlichen Beschwerdeverfahren wegen Verletzung verfassungsmässiger Rechte, ZBl 1985, S. 97 ff.
Haefliger, Arthur, Alle Schweizer sind vor dem Gesetze gleich. Zur Tragweite des Artikels 4 der Bundesverfassung, 1985.
Kälin, Walter, Das Verfahren der staatsrechtlichen Beschwerde, ²1994.
Mahon, Pascal, Kommentar zu Art. 9 BV et passim, in: Jean-François Aubert/ders., Petit commentaire de la Constitution fédérale de la Confédération suisse du 18 avril 1999, 2003.
Martenet, Vincent, Géométrie de l'égalité, 2003.
Moor, Pierre, De la place de la prohibition de l'arbitraire dans l'ordre juridique, in: René Schaffhauser u. a. (Hg.), FS Yvo Hangartner, 1998, S. 605 ff.
Müller, Georg, Reservate staatlicher Willkür, in: Peter Badura u. a. (Hg.), FS Hans Huber, 1981, S. 109 ff.
ders., Kommentar zu Art. 4 BV, in: Jean-François Aubert/Kurt Eichenberger/Jörg Paul Müller/René A. Rhinow/Dietrich Schindler (Hg.), Commentaire de la Constitution fédérale de la Confédération suisse du 29 mai 1874, 1995, RN 48 ff.
Müller, Jörg Paul, Grundrechte in der Schweiz, ³1999, S. 467 ff.
Picot, François, La bonne foi en droit public, ZSR 1997 II, S. 117 ff.
Reymond, Jacques-André, La bonne foi de l'administration en droit fiscal, in: Faculté de Droit de Genève (Hg.), Mélanges pour la Société suisse des juristes, 1991, S. 367 ff.
Rohner, Christoph, Kommentar zu Art. 9 BV, in: Bernhard Ehrenzeller/Philippe Mastronardi/Rainer J. Schweizer/Klaus A. Vallender (Hg.), Die schweizerische Bundesverfassung (St. Galler Kommentar), 2002.
Rouiller, Claude, La protection de l'individu contre l'arbitraire de l'Etat, ZSR 1987 II, S. 225 ff.
ders., Protection contre l'arbitraire et protection de la bonne foi, in: Daniel Thürer/Jean-François Aubert/Jörg Paul Müller (Hg.), Verfassungsrecht der Schweiz/Droit constitutionnel suisse, 2001, S. 677 ff.
Sameli, Katharina, Treu und Glauben im öffentlichen Recht, ZSR 1977 II, S. 287 ff.
Thürer, Daniel, Das Willkürverbot nach Art. 4 BV, ZSR 1987 II, S. 413 ff.
Uhlmann, Felix, Das Willkürverbot (Art. 9 BV), 2004.
Weber-Dürler, Beatrice, Vertrauensschutz im öffentlichen Recht, 1983.
dies., Falsche Auskünfte von Behörden, ZBl 1991, S. 1 ff.
dies., Neuere Entwicklung des Vertrauensschutzes, ZBl 2002, S. 281 ff.

III. Grundrechtsdurchsetzung

§ 229
Durchsetzung des Grundrechtsschutzes

Rainer J. Schweizer

Übersicht

	RN		RN
A. Einleitung	1–2	b) Genehmigung kantonaler Staatsverträge	62
B. Das System der Verfassungsgerichtsbarkeit in der Schweiz	3–8	c) Beurteilung von Volksinitiativen	63
C. Die Durchsetzung des Grundrechtsschutzes bis 2006	9–63	D. Die Durchsetzung des Grundrechtsschutzes ab 2007	64–99
I. Überblick	9–10	I. Überblick	64–69
II. Gerichtlicher Grundrechtsschutz	11–54	II. Gerichtlicher Grundrechtsschutz	70–93
1. Durch kantonale Gerichte	11–14	1. Durch kantonale Gerichte	70
a) Grundrechte der Kantonsverfassung	12	2. Durch andere gerichtliche Instanzen	71–72
b) Grundrechte der Bundesverfassung	13–14	3. Durch das Bundesgericht	73–93
2. Durch untere gerichtliche Instanzen des Bundes	15–17	a) Beschwerde in öffentlich-rechtlichen Angelegenheiten	75–90
3. Durch das Bundesgericht	18–54	b) Subsidiäre Verfassungsbeschwerde	91–93
a) Staatsrechtliche Beschwerde	19–33	4. Problemfelder der neuen Bundesrechtspflege	94–96
b) Stimmrechtsbeschwerde	34–40	III. Außergerichtlicher Grundrechtsschutz	97–96
c) Verwaltungsgerichtsbeschwerde	41–49	E. Lücken im gegenwärtigen Rechtsschutz	100–106
d) Zivil- und strafrechtliche Verfahren	50–54	I. Schranken der Verfassungsrechtspflege	100–102
III. Außergerichtlicher Grundrechtsschutz	55–63	II. Verwaltungshandlungen ohne Verfügungscharakter	103–104
1. Durch kantonale Behörden	55–56	III. Privatisierte staatliche Aufgaben	105–106
2. Durch Bundesrat und Bundesverwaltungsbehörden	57–60	F. Praktische Durchsetzung	107–110
a) Der Bundesrat als Aufsichtsbehörde	57–59	I. Die unentgeltliche Rechtspflege	108
b) Der Bundesrat und die Departemente als Beschwerdeinstanzen	60	II. Folgen der Normenkontrolle	109
3. Durch die Bundesversammlung	61–62	III. Die Grundrechtshaftung	110
a) Gewährleistung der Kantonsverfassung	61	G. Ausblick	111–113
		H. Bibliographie	

A. Einleitung*

1
Subjektive und objektive Anspruchsebene

Sowohl der Bund als auch die Kantone verfügen über eigene Verfassungen mit eigenen Grundrechtsgarantien, deren Verwirklichung in der gesamten Rechtsordnung durch Art. 35 Abs. 1 BV[1] gefordert und durch Art. 189 BV gesichert wird[2]. Die Gewährung von selbständigen justitiablen Ansprüchen des einzelnen gegen den Staat bildet nach wie vor die primäre, aber nicht die einzige Aufgabe der Grundrechte. Als Grundprinzipien der staatlichen Ordnung wenden sie sich an den Gesetzgeber von Bund und Kantonen und fordern eine grundrechtskonforme Ausgestaltung der Gesetze, insbesondere aber auch die Schaffung von wirksamen Verfahren zu ihrer Durchsetzung. Die subjektive und objektive Anspruchsebene findet in unterschiedlicher Ausprägung sowohl im vertikalen Verhältnis zwischen Staat und Bürger als auch im horizontalen Verhältnis zwischen Privaten Beachtung.

2
Verfahren zur Grundrechtsdurchsetzung

Gegenstand dieser Darstellung sollen die vom Gesetzgeber geschaffenen Verfahren zur Grundrechtsdurchsetzung bilden[3]. Im Mittelpunkt steht dabei die Verfassungsgerichtsbarkeit in der Schweiz[4], das heißt die gerichtlichen Verfahren der Kontrolle der Verfassungskonformität von staatlichen Akten. „Gerichtlich" verweist hier auf die Funktion des Urteilens über staatliche Akte, nicht auf eine bestimmte richterliche Behörde[5]: Der Kreis der zur Verfassungsrechtspflege befugten bzw. verpflichteten Organe wird damit weit gezogen und umschließt neben dem Bundesgericht auch kantonale Gerichte sowie den außergerichtlichen Grundrechtsschutz. Dabei ist zu beachten, daß

Neuordnung der Bundesrechtspflege

die geltende Verfahrensordnung auf Bundesebene ab Anfang 2007 vollständig durch die am 17. Juni 2005 vom Parlament angenommene neue Ordnung der Bundesrechtspflege ersetzt wurde[6]: Diese Neuordnung setzt die bereits am 12. März 2000 von Volk und Ständen angenommene verfassungsrechtliche

---

* Für seine wertvolle Mitarbeit danke ich Herrn lic. iur. *Benedikt van Spyk* herzlichst.
1 Bundesverfassung der Schweizerischen Eidgenossenschaft v. 18.4.1999 (SR 101).
2 *Saladin*, in: Aubert u.a., Bundesverfassung 1874 (LitVerz.), Art. 3 aBV; *Ruch*, in: Ehrenzeller u.a., St. Galler Kommentar (LitVerz.), Art. 51; *Kägi-Diener*, Grundrechtsschutz durch die Kantone, in: Thürer/Aubert/Müller, Verfassungsrecht (LitVerz.), S. 837 ff.
3 Ergänzend *Marantelli*, Beziehungen zwischen Schweizerischem Bundesgericht und den übrigen einzelstaatlichen Rechtsprechungsorganen, einschließlich der diesbezüglichen Interferenz des Handelns der europäischen Rechtsprechungsorgane, EuGRZ 2004, S. 30 ff.; *Gerold Steinmann*, XIII. Konferenz der Europäischen Verfassungsgerichte, Zypern 2005. Kriterien der Einschränkung von Grundrechten in der Praxis der Verfassungsgerichtsbarkeit. Bericht des Schweizerischen Bundesgerichts (im Druck).
4 Zum Begriff und zu dessen Stellung innerhalb der schweizerischen Rechtsordnung s. *Eichenberger*, Die Verfassungsgerichtsbarkeit in den Gliedstaaten in der Schweiz, in: Christian Starck/Klaus Stern (Hg.), Landesverfassungsgerichtsbarkeit, Teilbd. I: Geschichte, Organisation und Rechtsvergleichung, 1983, S. 437; *Andreas Auer*, Die schweizerische Verfassungsgerichtsbarkeit, 1984, S. 1 ff.; *Walter Kälin*, Das Verfahren der staatsrechtlichen Beschwerde, 1994, S. 23 ff.; *ders.*, Verfassungsgerichtsbarkeit in der Demokratie. Funktionen der staatsrechtlichen Beschwerde, 1987, § 74 RN 1 ff.; *Tschannen*, Staatsrecht (LitVerz.), § 11 RN 1 ff.
5 *Auer* aaO., S. 5 f.; *ders./Malinverni/Hottelier*, Droit constitutionnel, Bd. I (LitVerz.), ²2006, RN 1819 f.
6 Bundesgesetz v. 17.7.2005 über das Bundesgericht (SR 173.100) sowie Bundesgesetz v. 17.7.2005 über das Bundesverwaltungsgericht (SR 173.61).

Justizreform um. Sie bringt insbesondere im Bereich des Grundrechtsschutzes verschiedene verfahrensrechtliche Neuerungen[7], deren Auswirkungen auf die bundesgerichtliche Rechtsprechung jedoch noch abzuwarten sind.

B. Das System der Verfassungsgerichtsbarkeit in der Schweiz

In einem Bundesstaat wie der Schweiz tritt die Verfassungsgerichtsbarkeit in verschiedenen Funktionen in Erscheinung. Neben der für den Individualrechtsschutz und die Sicherung der Rechtsstaatlichkeit zentralen Normenkontrolle und der Überprüfung von Verfügungen bilden auch bundesstaatliche Streitigkeiten sowie Organstreitigkeiten Gegenstand der schweizerischen Verfassungsrechtspflege. Die verfassungsmäßig vorgesehene Kompetenzaufteilung zwischen dem Bund und einem Kanton wird durch die staatsrechtliche Klage an das Bundesgericht verwirklicht (Art. 189 Abs. 1 lit. d BV, neu: Art. 189 Abs. 2 BV Justizreform)[8]. Zusätzlich kann jedes Rechtssubjekt die Verletzung von Bundesrecht durch einen kantonalen staatlichen Akt mit der Einheitsbeschwerde in öffentlich-rechtlichen Angelegenheiten oder mittels der subsidiären Verfassungsbeschwerde (Verletzung der derogatorischen Kraft des Bundesrechts) rügen[9]. Die horizontale Kompetenzverteilung dagegen kann in der Schweiz ausschließlich durch die oberste Instanz des Bundes, durch die Vereinigte Bundesversammlung umgesetzt werden (Art. 173 Abs. 1 lit. i BV)[10].

3 Funktionen der Verfassungsgerichtsbarkeit

Für die Durchsetzung des Grundrechtsschutzes sind von den verschiedenen Kompetenzen der Verfassungsgerichte insbesondere die Möglichkeit zur Kontrolle von generell-abstrakten Normen sowie die Befugnis zur Überprüfung von Verfügungen von Bedeutung. Anders als in einem konzentrierten System sind in der Schweiz grundsätzlich sämtliche Gerichtsbehörden dazu befugt und verpflichtet, alle nicht von Art. 190 BV (alt: Art. 191 BV) erfaßten[11] kantonalen und bundesrechtlichen Normen, also alle Normen außer Bundesgesetzen und völkerrechtlichen Normen, auf ihre Grundrechtskonformität zu überprüfen. Dieses diffuse System der Normenkontrolle wird in der Schweiz auf Bundesebene durch eine subsidiäre Beschwerde (Verfassungsbeschwerde gegen kantonale Akte, bisher staatsrechtliche Beschwerde genannt) an das Bundesgericht ergänzt. Einige Kantone sehen auch auf kantonaler Ebene ein Verfassungsgericht zum Teil mit abstrakter, meist aber nur mit akzessorischer

4 Diffuses System der Normenkontrolle

Verfassungsbeschwerde gegen kantonale Entscheide

---

7 S. dazu unten D, RN 63 ff.
8 *BGE 130* I 156; *125* II 152. Kompetenzüberschreitungen des Bundesgesetzgebers kann das Bundesgericht aufgrund Art. 191 BV (neu: Art. 190 BV) jedoch nicht korrigieren.
9 S. dazu RN 20 sowie RN 73.
10 Dazu grundlegend *Auer* (FN 4), S. 13 ff.
11 S. dazu ausführlich E I, RN 100 ff.

5
Keine präventive Kontrolle

6
Akzessorische Normenkontrolle

Anwendungsgebot

7
Abstrakte Normenkontrolle gegen kantonales Recht

Tendenz zu verfassungskonformer Auslegung

8
Anwendungskontrolle

Normenkontrolle vor[12]. In der Regel übernimmt aber die kantonale Verwaltungsjustiz diese Funktionen.

In der Schweiz besteht auf keiner Stufe die Möglichkeit einer präventiven, vorgängigen verfassungsgerichtlichen Kontrolle. Nur unverbindlich verpflichtet Art. 141 Abs. 2 lit. a ParlG[13] den Bundesrat, in seinen Botschaften (Regierungsvorlagen) zu Erlaßentwürfen auf deren Auswirkungen auf die Grundrechte und deren Vereinbarkeit mit übergeordnetem nationalen und internationalen Recht hinzuweisen.

Das diffuse System verwirklicht sich insbesondere im Rahmen der Einzelaktkontrolle, deren Rechtsgrundlage das Legalitätsprinzip (Art. 5 Abs. 1 BV) bildet. In Form der akzessorischen (inzidenten, konkreten) Normenkontrolle kann in zivil- und strafrechtlichen wie auch in öffentlich-rechtlichen Streitigkeiten die anzuwendende Norm vorfrageweise auf ihre Verfassungskonformität überprüft werden. Es gilt hier aber zwischen kantonalem Recht und Bundesrecht zu differenzieren. Kantonalem Recht kann im Falle eines negativen Prüfungsergebnisses im konkreten Fall die Anwendung versagt werden. Die Rechtswidrigkeit läßt sich in jedem weiteren Verfahren erneut geltend machen[14]. Bundesgesetze dagegen sind für alle rechtsanwendenden Behörden und damit auch für das Bundesgericht nach Art. 190 BV verbindlich. Nur Verordnungen der Organe des Bundes können bei Verfassungswidrigkeit verworfen werden, soweit diese nicht durch die Ermächtigung des Bundesgesetzes gedeckt sind.

Trotz des diffusen Charakters der schweizerischen Verfassungsrechtspflege steht Einzelpersonen durch die Einheitsbeschwerde in öffentlich-rechtlichen Sachen an das Bundesgericht neben der konkreten Normenkontrolle auch die Möglichkeit der abstrakten Normenkontrolle zumindest gegen kantonale und kommunale Gesetze und Verordnungen zur Verfügung. Unabhängig von einem konkreten Streitfall kann in solchen Verfahren die Frage nach der Verträglichkeit der Norm mit einer Verfassungsbestimmung geprüft werden[15]. Dabei tendiert das Bundesgericht zu einer verfassungskonformen Auslegung der in Frage stehenden Norm. Nur wenn eine solche scheitert, wird die Norm aufgehoben. Gegen Erlasse des Bundes gibt es keine abstrakte Normenkontrolle.

Die Verwaltungsrechtspflege der Kantone und des Bundes besteht zur Hauptsache in einer bloßen Anwendungskontrolle. Individuell-konkrete Einzelakte (in der Regel „Verfügungen") werden dabei auf ihre Gesetzmäßigkeit hin überprüft. Die Grundrechte sind hier insofern von Belang, als ein Erlaß nicht

---

12 S. dazu ausführlich FN 25.
13 Bundesgesetz v. 13. 12. 2002 über die Bundesversammlung (SR 171.10).
14 *Auer/Malinverni/Hottelier*, Droit constitutionnel, Bd. I (LitVerz.), ²2006, RN 1841 ff.; *Ulrich Zimmerli/Walter Kälin/Regina Kiener*, Grundlagen des öffentlichen Verfahrensrechts, 2004, S. 12 ff.; *Tschannen*, Staatsrecht (LitVerz.), § 11 RN 16; *Häfelin/Haller*, Bundesstaatsrecht (LitVerz.), RN 2070 ff.; *BGE* 121 I 102 Erw. 4.
15 *Auer* (FN 4), S. 13 ff.; *Tschannen*, Staatsrecht (LitVerz.), § 11 RN 35 ff.; *Häfelin/Haller*, Bundesstaatsrecht (LitVerz.), RN 1929 ff.; *BGE* 129 I 12, Erw. 2; *128* II 34 Erw. 1b; *128* I 327 Erw. 3 f.; *112* Ia 180 Erw. 2.

in verfassungswidriger Weise angewendet werden darf[16]. Das Gebot der Rechtsgleichheit, das Willkürverbot und der Grundsatz von Treu und Glauben sind damit elementare Grundlagen der Anwendungskontrolle. Auch die rechtsstaatlichen Verfahrensgarantien von Art. 29 und 30 BV sind in der Verwaltungsrechtspflege von tragender Bedeutung, sofern das einschlägige Verfahrensrecht keine spezielleren Normen bereit hält. Verfügungen, die eine Freiheitsrechtsverletzung bewirken, ohne daß damit bereits eine Verletzung der Verfügungsgrundlage einhergeht, sind in der Praxis eher selten. Die Anrufung von Freiheitsrechten innerhalb eines Verfahrens der Verwaltungsrechtspflege zielt in der Regel auf eine akzessorische Überprüfung der Verfügungsgrundlage ab. Die Verwaltungsrechtspflege wird so zu einem bedeutenden Teil der Verfassungsgerichtsbarkeit[17].

Akzessorische Prüfung der Verfügungsgrundlage

C. Die Durchsetzung des Grundrechtsschutzes bis 2006

I. Überblick

Die Durchsetzung der Grundrechte erweist sich in der Schweiz als außerordentlich komplex. Dies ist einmal eine Folge des föderalistischen Ineinandergreifens kantonaler und bundesstaatlicher Kompetenzen. Für den Rechtsanwender stellt sich immer die anspruchsvolle Frage, auf welcher Ebene (der bundesstaatlichen oder der kantonalen) welche Erlasse oder Entscheide (bundesstaatliche, kantonale und kommunale) im Hinblick auf welche Grundrechtsgarantien (aus der Bundesverfassung, aus völkerrechtlichen Verträgen oder aus einer Kantonsverfassung) überprüft werden dürfen und müssen. Ein zweiter Grund für die Komplexität liegt in der Vielzahl der Organe, die zur Verfassungsrechtspflege und damit zur Grundrechtsdurchsetzung verpflichtet sind. Neben den gerichtlichen Behörden auf Bundes- und kantonaler Ebene können begrenzt auch Organe der Legislative oder Exekutive verfassungsgerichtliche Funktionen haben. Durch die unterschiedlichen Rechtsmittel, die je nach Ebenen- und Organzuständigkeit ergriffen werden können, wird die Komplexität des schweizerischen Grundrechtsschutzsystems noch einmal beträchtlich erhöht[18].

9
Komplexität der Grundrechtsdurchsetzung

Vielgestaltigkeit der Verfassungsrechtspflege

Am 1. Januar 2007 trat das neue Bundesgerichtsgesetz (BGG)[19] in Kraft, das für das Höchstgericht des Bundes das alte Bundesgesetz über die Organisation der Bundesrechtspflege (OG[20]) von 1943 bzw. 1968 vollständig ersetzt.

10
Justizreform

---

16 *BGE 126* I 50; *126* I 81.
17 *Auer* (FN 4), S. 34 ff.; Pierre Tschannen/Ulrich Zimmerli, Allgemeines Verwaltungsrecht, 2005, § 12 RN 3 ff.; Beispiel aus dem Sozialversicherungsrecht m.w.H. *BGE 131* V 9.
18 *Auer* aaO., S. 59 ff.
19 Bundesgesetz v. 17. 6. 2005 über das Bundesgericht (SR 173.110).
20 Bundesgesetz v. 16. 12. 1943 über die Organisation der Bundesrechtspflege (SR 173.110).

Fortwirken des alten Rechts

Zudem wird durch das neue Verwaltungsgerichtsgesetz (VGG)[21], das zusammen mit dem Bundesgerichtsgesetz in Kraft getreten ist, die bisherige erstinstanzliche Verwaltungsrechtspflege durch Spezialgerichte (Rekurskommissionen) auf Bundesebene auf das neue Bundesverwaltungsgericht übertragen. Trotz grundlegender Veränderungen des Rechtsmittelsystems auf Bundesebene leben in der neuen Ordnung verschiedene Elemente des alten Rechts weiter fort. Die Einheitsbeschwerde in öffentlich-rechtlichen Angelegenheiten (Art. 82 ff. BGG), welche die Funktion der alten Verwaltungsgerichtsbeschwerde sowie Teilfunktionen der bisherigen staatsrechtlichen Beschwerde übernimmt, folgt in den Beschwerdevoraussetzungen weitgehend jenen der Verwaltungsgerichtsbeschwerde. Ebenso sind bei der Beschwerde in Stimmrechtssachen auch im neuen Recht besondere Bestimmungen über die Legitimation (Art. 89 Abs. 3 BGG), über die Beschwerdegründe (Art. 95 lit. d BGG), über die Fristen (Art. 100 Abs. 3 BGG) sowie über die Vorinstanzen (Art. 88 BGG) zu beachten. Die subsidiäre Verfassungsbeschwerde (Art. 113 ff. BGG) soll in zivil- und öffentlichrechtlichen Angelegenheiten den Rechtsweg an das Bundesgericht öffnen, auch wenn Ausschlußgründe nach Art. 74 und Art. 83 bis 85 BGG erfüllt sind, sofern eine Verletzung verfassungsmäßiger Rechte infrage steht. Hier finden sich wichtige Beschwerdevoraussetzungen der staatsrechtlichen Beschwerde wieder. Somit muß im öffentlichen Rechtsschutz auf Bundesebene weiterhin zwischen drei gerichtlichen Rechtswegen unterschieden werden: der sogenannten Verwaltungsgerichtsbeschwerde an das Bundesverwaltungsgericht, der Beschwerde in öffentlichrechtlichen Angelegenheiten mit Sonderbestimmungen für Beschwerden in Stimmrechtssachen und der subsidiären Verfassungsbeschwerde an das Bundesgericht. Anschließend wird in einem ersten Teil das bisherige Rechtspflegesystem dargestellt. Dies ermöglich einerseits ein Verständnis der bisherigen Rechtsprechungspraxis zur Verwirklichung des Grundrechtsschutzes. Andererseits kann so bei der übersichtsartigen Darstellung des neuen Rechts auf die bereits bestehende Praxis zum alten Recht verwiesen werden. Damit wird die innere Verflechtung der alten und neuen Ordnung deutlich und nachvollziehbar.

Drei Rechtswege

Notwendigkeit der Kenntnis des alten Rechts

II. Gerichtlicher Grundrechtsschutz

1. Grundrechtsschutz durch kantonale Gerichte

11

Erstinstanzliche Zuständigkeit kantonaler Gerichte

In einem föderalistisch geprägten und stufenförmig aufgebauten Rechtspflegesystem wird der Rechtssuchende mit seinem Begehren in der Regel erstinstanzlich an die kantonale Justiz verwiesen, die in den allermeisten Rechtsgebieten zuständig ist[22]. Die Durchsetzung der Grundrechte verwirklicht sich damit bereits zu großen Teilen auf dieser Ebene.

---

21 Bundesgesetz v. 17. 6. 2005 über das Bundesverwaltungsgericht (SR 173.32)
22 Ausnahmen sind z. B. Entscheide über die Veranlagung der Mehrwertsteuer, über Wirtschaftssubventionen des Bundes, über Aufenthalt und Niederlassung von Ausländern oder über Asylbegehren.

a) Grundrechte der Kantonsverfassung

Grundsätzlich ist die Frage, inwieweit kantonalen Gerichtsbehörden die Befugnis zugesprochen wird, kantonales und kommunales Recht auf die Übereinstimmung mit den Grundrechtsgarantien der Kantonsverfassung[23] zu überprüfen, einzig eine Frage des kantonalen Staatsrechts[24]. Nur eine Minderheit der Kantone hat ein gesondertes Gericht und spezielle Verfahren für die Geltendmachung von Verletzungen ihrer Kantonsverfassungen eingerichtet[25]. Der Grundrechtsschutz verwirklicht sich auf kantonaler Ebene zur Hauptsache im Rahmen sachbezogener Beschwerde- und Klagemöglichkeiten, insbesondere in Verwaltungsstreitverfahren in Form einer Anwendungskontrolle resp. einer akzessorischen Normenkontrolle. Um die Einheit der Verfassungsrechtsprechung nicht zu gefährden, muß ein kantonales Verwaltungs- oder Verfassungsgericht, das über die Verfassungsmäßigkeit einer kantonalen Norm zu entscheiden hat, allerdings die Rechtsprechung des Bundesgerichts rezipieren. Soll ein Gesetz für verfassungswidrig erklärt werden, bedarf dieser Entscheid einer Grundlage in einem höchstgerichtlichen Präjudiz. Andernfalls muß die Verfassungsmäßigkeit bejaht werden, um den Rechtsweg an das Bundesgericht offen zu halten[26]. Einen wichtigen Beitrag zur Professionalisierung und damit auch zu einer systematischeren Rechtsprechung mit höherem Grundrechtsbewußtsein der kantonalen Verwaltungsgerichte leistete 1991 die Einführung von Art. 98 a OG[27], der die Kantone zur Einsetzung von gerichtlichen Vorinstanzen im Anwendungsbereich des öffentlichen Rechts des Bundes verpflichtet hat, sowie auch die Praxis zu Art. 6 EMRK[28].

12
Kantonaler Grundrechtsschutz durch Verwaltungsstreitverfahren

Einheit der Verfassungsrechtsprechung

b) Grundrechte der Bundesverfassung

Im Bereich der Grundrechte der Bundesverfassung und der in der Schweiz geltenden völkerrechtlichen Menschenrechtsgarantien haben die Kantone bundesrechtliche Minimalvorgaben, z. B. über die Rechtfertigung von Grundrechtsbeschränkungen (Art. 36 BV) zu beachten, die sie über-, nicht aber unterschreiten dürfen.

13
Bundesrechtliche Vorgaben

Die kantonalen obersten Gerichte werden namentlich verpflichtet, sämtliche von ihnen angewendeten generell-abstrakten kantonalen Normen sowie die Bundesverordnungen im Zusammenhang mit einem konkreten Rechtsanwen-

14
Prüfung der Grundrechtskonformität

---

[23] Die Verletzung kantonaler Grundrechte bildet gemäß Art. 95 lit. c BGG Beschwerdegrund einer Einheitsbeschwerde; zudem werden kantonale Grundrechte von der Lehre und der Rechtsprechung unter den Begriff der verfassungsmäßigen Rechte (Art. 116 BGG) subsumiert (ausführlich und m.w.H. FN 39). Damit kommt ihnen auf Bundesebene der gleiche Schutz zu wie den Grundrechten des Bundes.
[24] *Auer/Malinverni/Hottelier*, Droit constitutionnel, Bd. I (LitVerz.), ²2006, RN 2276 ff.; *Tschannen*, Staatsrecht (LitVerz.), § 11 RN 21/43; *Häfelin/Haller*, Bundesstaatsrecht (LitVerz.), RN 2081.
[25] Verfassungsgerichtsbarkeit mit akzessorischer Normenkontrolle: z. B. Art. 66 KV Bern; Art. 38 KV Schaffhausen; Art. 61 KV Appenzell Ausserrhoden; Art. 86 KV Neuenburg. Verfassungsgerichtsbarkeit mit abstrakter Normenkontrolle: z. B. Art. 55 KV Graubünden; Art. 136 KV Waadt; Art. 104 KV Jura; Art. 69 KV Nidwalden.
[26] *Höhn*, Verfassungsrechtsprechung durch kantonale Verwaltungsgerichte, in: Jörg Paul Müller u.a. (Hg.), FS Hans Huber, 1981, S. 273 (279 f.).
[27] Bundesgesetz v. 16. 12. 1943 über die Organisation der Bundesrechtspflege (SR 173.110).
[28] Konvention v. 4. 11. 1950 zum Schutze der Menschenrechte und Grundfreiheiten (SR 0.101). *Kägi-Diener* (FN 2), § 53 RN 12.

Derogatorische Kraft des Bundesrechts

dungsakt vorfrageweise auf ihre Rechtmäßigkeit und damit auch auf ihre Grundrechtskonformität zu überprüfen[29]. Die Verpflichtung der kantonalen Gerichte zur akzessorischen Normenkontrolle ergibt sich explizit aus der in Art. 49 Abs. 1 BV festgehaltenen derogatorischen Kraft des Bundesrechts und implizit aus dem stufenförmigen Aufbau der Rechtsordnung. Anders als bei der staatsrechtlichen Beschwerde muß die Normenkontrolle von Amtes wegen erfolgen und nicht nur auf Begehren der Parteien hin[30]. Neben der Verpflichtung zur akzessorischen Normenkontrolle enthält die Bundesverfassung mit Art. 190 BV[31] aber auch eine gewichtige Schranke der gerichtlichen Überprüfungsbefugnisse.

2. Grundrechtsschutz durch untere gerichtliche Instanzen des Bundes

15
Eidgenössische Rekurskommissionen

Als erstinstanzliche und unabhängige Organe der nachträglichen Verwaltungsrechtspflege auf Bundesebene (Art. 71 a bis 71 d VwVG[32]) nahmen die rund vierunddreißig eidgenössischen Rekurskommissionen für die Durchsetzung der Grundrechte in der Verwaltungsrechtspflege eine zentrale Stellung ein[33]. Dies war in besonderem Maße dort der Fall, wo eine Rekursbehörde letztinstanzlich entschied[34].

16
Geltendmachung von Bundesrechtsverletzungen

Mit Beschwerde an eine Rekurskommission kann gemäß Art. 49 lit. a VwVG die Verletzung von Bundesrecht geltend gemacht werden. Unter den Begriff *„Bundesrecht"* werden das Bundesverfassungsrecht sowie die von der Schweiz ratifizierten Menschenrechtsverträge subsumiert. Die Verletzung von Grundrechten durch einen Verwaltungsakt kann damit vor der entsprechenden Rekurskommission in vollem Umfang geltend gemacht werden[35]. Die Rekurskommissionen leisteten einen bedeutenden Beitrag zur Sicherung der Grundrechte gegenüber den Bundesverwaltungsinstanzen[36].

---

29 *BGE 127* I 185 Erw. 2; *117* Ia 262 Erw. 3a; *112* Ia 311 Erw. 2c; *106* Ia 383 Erw. 3a; *104* Ia 82 Erw. 2a; *Häfelin/Haller*, Bundesstaatsrecht (LitVerz.), RN 2070.
30 *Alfred Kölz/Isabelle Häner*, Verwaltungsverfahren und Verwaltungsrechtspflege des Bundes, 1998, RN 674 ff.; *Urs Peter Cavelti/Thomas Vögeli*, Verwaltungsgerichtsbarkeit im Kanton St. Gallen – dargestellt an den Verfahren vor dem Verwaltungsgericht, 2003, RN 678; *BGE 82* I 217 Erw. 1; GVP 1971 Nr. 36.
31 Dazu unten RN 87 ff.
32 Bundesgesetz v. 20.12.1968 über das Verwaltungsverfahren (SR 172.021).
33 *Kölz/Häner* (FN 30), RN 786 ff.; *André Moser*, Prozessieren vor eidgenössischen Rekurskommissionen. Die erstinstanzliche nachträgliche Verwaltungsgerichtsbarkeit im Bund, in: ders./Peter Uebersax (Hg.), Handbücher für die Anwaltspraxis, Bd. III, 1998, RN 1.1.; *R.J. Schweizer*, Die erstinstanzliche Verwaltungsgerichtsbarkeit des Bundes durch Rekurs- und Schiedskommissionen. Aktuelle Situation und Reformbedürfnisse. Gutachten zuhanden der Expertenkommission für die Totalrevision der Bundesrechtspflege, in: Bernard Dutoit u.a. (Hg.), Bibliothek zur Zeitschrift für Schweizerisches Recht, Beiheft 26 (1998).
34 Z.B. Entscheide der Schweizerischen Asylrekurskommission gemäß Art. 100 Abs. 1 lit. b Ziff. 2 u. 4 OG.
35 Vgl. *BGE 123* II 385 Erw. 4a.
36 Insb. die Asylrekurskommission; z.B. VPB (Verwaltungspraxis des Bundes) *2005*, 69/77; *2003*, 68/42; *1997*, 63/6.

Die Bestimmungen über die Voraussetzungen für die (seltsamerweise wegen des anwendbaren Verfahrensgesetzes „Verwaltungsbeschwerde" genannte) Beschwerde an eine Rekurskommission und für das Erheben einer Verwaltungsgerichtsbeschwerde vor dem Bundesgericht stimmen – vorbehaltlich spezialgesetzlicher Sondervorschriften – weitgehend überein.

17
Beschwerdevoraussetzung analog Verwaltungsgerichtsbeschwerde

3. Grundrechtsschutz durch das Bundesgericht

Das Bundesgericht als *oberste Rechtsprechungsinstanz* in Zivil-, Straf-, Bundesverwaltungs-, Sozialversicherungs- und Staatsrechtssachen, hat insbesondere auch für die inhaltliche Entwicklung der bundesstaatlichen Grundrechtsgarantien maßgebliche Bedeutung. Aus dem Katalog der Beschwerdegründe in Art. 189 Abs. 1 BV kommt in der Praxis der Beschwerde wegen Verletzung von verfassungsmäßigen Rechten (insbesondere den Grundrechten) weitaus die größte Bedeutung zu. Die Verfassungsbeschwerde (Art. 84 Abs. 1 lit. a OG) machte neben der Verwaltungsgerichtsbeschwerde in Sozialversicherungsfällen (Art. 128 ff. OG) den Hauptteil der beim Bundesgericht anhängigen Beschwerden aus. Sie bildete damit das eigentliche Kernstück der schweizerischen Verfassungsgerichtsbarkeit. Als Teil des Bundesrechts erlangten die Grund- und Menschenrechte insbesondere auch in der Verwaltungsgerichtsbeschwerde (Art. 104 lit. a OG) sowie in zivil- und strafrechtlichen Verfahren vor dem Bundesgericht Bedeutung[37].

18
Entwicklung der bundesstaatlichen Grundrechtsgarantien

Verfassungsbeschwerde als Kernstück der Verfassungsgerichtsbarkeit

a) Staatsrechtliche Beschwerde

Die staatsrechtliche Beschwerde als außerordentliches, unvollkommenes, subsidiäres, grundsätzlich nicht suspensives, devolutives und kassatorisches Rechtsmittel bildete ein selbständiges bundesrechtliches Verfahren, das jeder Person namentlich erlaubte, vor dem höchsten schweizerischen Gericht die Verletzung ihrer Grundrechte durch einen kantonalen Hoheitsakt geltend zu machen. Der Schutz durch diese Verfassungsbeschwerde war vom Vorliegen der in Art. 84 bis 96 OG festgehaltenen Voraussetzungen abhängig. Diese waren eng ineinander verwoben und durch ein komplexes Geflecht von Regeln und Ausnahmen gekennzeichnet[38].

19
Selbständiges bundesrechtliches Verfahren

aa) Beschwerdegründe

Als Beschwerdegrund für die Verfassungsbeschwerde bestimmten Art. 189 Abs. 1 lit. a BV sowie Art. 84 Abs. 1 lit. a OG die Verletzung verfassungsmäßiger Rechte. Der Schutz dieser Rechte machte das Wesen und die Besonder-

20
Verletzung verfassungsmäßiger Rechte

---

[37] *Kiss/Koller*, in: Ehrenzeller u. a., St. Galler Kommentar (LitVerz.), Art. 189 RN 9 ff.
[38] Mit einer aktuellen Übersicht über die Literatur: *Auer* (FN 4), S. 164 ff.; *Forster*, Woran staatsrechtliche Beschwerden scheitern. Zur Eintretenspraxis des Bundesgerichtes, SJZ (Schweizerische Juristen-Zeitung) 1993, S. 77 ff.; *Karl Spühler*, Die Praxis der staatsrechtlichen Beschwerde, 1994, S. 25 ff.; *Kälin*, Verfahren (FN 4), S. 5 ff.; *Forster*, Staatsrechtliche Beschwerde, in: Thomas Geiser/Peter Münch (Hg.), Prozessieren vor Bundesgericht. Handbücher für die Anwaltspraxis, 1998, RN 2.1; *Zimmerli/Kälin/Kiener* (FN 14), S. 142; *Häfelin/Haller*, Bundesstaatsrecht (LitVerz.), RN 1929.

§ 229   Vierzehnter Teil: III. Grundrechtsdurchsetzung

heit der staatsrechtlichen Beschwerde aus, dies gerade auch deshalb, weil die Verfassung und das Gesetz den Inhalt dieser verfassungsmäßigen Rechte weitgehend offenlassen. Eine sich stets entwickelnde Rechtsprechung und die Lehre verstehen unter verfassungsmäßigen Rechten die durch die Bundesverfassung oder eine Kantonsverfassung garantierten, justitiablen Rechtsansprüche des Bürgers.[39] Im Einzelfall obliegt es dem Richter zu prüfen, ob ein verfassungsmäßiges Recht bejaht werden kann. Eine Bestandesaufnahme dieser Rechte hat damit immer etwas Vorläufiges. Als verfassungsmäßige Rechte gelten heute: Die in der Bundesverfassung aufgeführten Grundrechte und Garantien der politischen Rechte[40]; Grundrechte der Kantonsverfassungen[41]; Menschenrechtsverbürgungen der Europäischen Menschenrechtskonvention, des UNO-Pakts II[42] sowie anderer von der Schweiz ratifizierter Menschenrechtspakte wie z. B. das Übereinkommen über das Recht des Kindes[43]; weitere Bestimmungen der Bundesverfassung oder einer Kantonsverfassung, die den einzelnen vor staatlichen Eingriffen schützen wollen (Art. 37 Abs. 2, Art. 49 Abs. 1[44], Art. 82 Abs. 3, Art. 122 Abs. 3, Art. 127 Abs. 1/3[45], Art. 164 Abs. 1, Art. 196 Ziff. 5 BV), sowie die in einer ständigen Rechtsprechung durch das Bundesgericht anerkannte Gemeindeautonomie[46]. Selbst beschwerdeberechtigt ist eine öffentlich-rechtliche Körperschaft, sofern sie auch andere Garantien des kantonalen Rechts, wie z. B. die Bestandesgarantie geltend machen kann[47].

Katalog verfassungsmäßiger Rechte

21 Keine verfassungsmäßigen Rechte sind demgegenüber etwa die Grundsätze des rechtsstaatlichen Handelns nach Art. 5 BV[48], die Sozialziele[49] sowie rein organisationsrechtliche Normen.

Nichtverfassungsmäßige Rechte

22 Trotz des inhaltlich breit ausgebauten Grundrechtskatalogs in der neuen Bundesverfassung ist davon auszugehen, daß das Bundesgericht auch in Zukunft im Rahmen der subsidiären Verfassungsbeschwerde neue ungeschriebene Grundrechte als verfassungsmäßige Rechte anerkennen wird. Als Voraussetzungen dafür gelten neben der genügenden Bestimmtheit (Justitiabilität), der

Neue ungeschriebene Grundrechte

---

39 *BGE 131* I 366 Erw. 2.2; *Auer* (FN 4), S. 167 ff.; *Kälin*, Verfahren (FN 4), S. 67; *Botschaft* des Bundesrates über die neue Bundesverfassung v. 20. 11. 1996 (Botschaft BR zum VE 96), BBl 1997 I, S. 425; *Auer/Malinverni/Hottelier*, Droit constitutionnel, Bd. I (LitVerz.), ¹2000 RN 1894 ff.; *Kiss/Koller* (FN 39), RN 7; *Aubert/Mahon*, Constitution (LitVerz.), S. 59 ff.; *Häfelin/Haller*, Bundesstaatsrecht (LitVerz.), RN 1966.
40 Zum geltenden Bestand nach neuer Bundesverfassung vgl. *Häfelin/Haller* aaO., RN 205; *Zimmerli/Kälin/Kiener* (FN 14), S. 145.
41 *BGE 129* I 12 Erw. 5.; *121* I 196 Erw. 2d.
42 Internationaler Pakt v. 16. 12. 1966 über bürgerliche und politische Rechte (SR 0.103.2); *BGE 120* Ia 247 Erw. 5a; *117* Ib 367 Erw. 2c.
43 Übereinkommen v. 20. 11. 1989 über die Rechte des Kindes (KRK; SR 0.107); m.w.H. *BGE 128* I 63 Erw. 3.2.2.
44 *BGE 130* I 279; *129* I 402.
45 *BGE 130* I 205.
46 Art. 189 Abs. 1 lit. b BV, neu Art. 189 Abs. 1 lit. e BV Justizreform.
47 *BGE 131* I 91 Erw. 1; *128* I 3 Erw. 2; *120* Ia 95 Erw. 1a; *Dill*, Die staatsrechtliche Beschwerde wegen Verletzung der Gemeindeautonomie, in: Heinz Hausheer (Hg.), Abhandlungen zum schweizerischen Recht, 1996.
48 Zuletzt *BGE 130* I 388 Erw. 4; *Kälin*, Verfahren (FN 4), S. 68.
49 *BGE 129* I 12 Erw. 4.3.

Verfassungsrelevanz und dem Schutz individueller Interessen die Bedeutung für den Schutz anderer Grundrechte sowie die breite Konsensfähigkeit der Norm[50].

bb) Anfechtungsobjekte

Im Verfahren der staatsrechtlichen Beschwerde konnte eine Verletzung eines verfassungsmäßigen Rechts nur gegen kantonale Hoheitsakte geltend gemacht werden (vorbehalten blieb die Rüge einer Verletzung in anderen Beschwerdeverfahren, z.B. der Bundesverwaltungsrechtspflege). Da die staatsrechtliche Beschwerde 1874 als Kontrollinstrument gegenüber den Kantonen geschaffen wurde, bezeichnete Art. 84 Abs. 1 OG lediglich kantonale Erlasse[51] oder Entscheide im Einzelfall[52] als Anfechtungsobjekt[53]. Die Bestimmung, ob ein gültiges Anfechtungsobjekt vorlag, wurde durch Art. 86 OG, der die Ausschöpfung des kantonalen Instanzenzuges vorschrieb, erheblich erleichtert. In der Regel bildete ein Urteil des obersten kantonalen Gerichts oder ein Entscheid des Regierungsrates das Anfechtungsobjekt[54]. Folgende Grundsätze hat die Rechtsprechung entwickelt:

23 Kantonale Erlasse oder Einzelfallentscheide

– Es muß sich um einen Akt kantonaler Organe handeln[55]. Neben den Erlassen, Entscheiden bzw. Urteilen von kantonalen Behörden fallen darunter auch Akte von kantonalen Selbstverwaltungskörpern, öffentlich-rechtlichen Anstalten und Stiftungen sowie Akte Privater, die mit hoheitlicher Gewalt ausgestattet worden sind[56]. Auch als Vollzugsbehörden des Bundesrechts gelten die kantonalen und kommunalen Organe nicht als Bundesbehörden; Verfügungen, die gestützt auf Bundesrecht ergehen, sind jedoch auf Grund der Subsidiarität der Verfassungsbeschwerde nach Erschöpfung des kantonalen Rechtsweges mittels Verwaltungsbeschwerde nach dem VwVG oder Verwaltungsgerichtsbeschwerde nach dem Bundesgesetz über die Organisation der Bundesrechtspflege zu rügen, sofern sie nicht endgültig sind[57]. In Form der Rechtsverweigerungsbeschwerde kann gegen das Untätigbleiben von kantonalen Organen eine Beschwerde erhoben werden. Wie weit dies auch für das Untätigbleiben des Gesetzgebers gilt, ist jedoch strittig[58].

24 Akt kantonaler Organe

– Es muß sich um einen Hoheitsakt handeln[59]. Die kantonalen Organe müssen als Träger hoheitlicher Gewalt auftreten und dabei eine verbindliche und erzwingbare Rechtsbeziehung (generell-abstrakt, generell-konkret oder indi-

25 Hoheitsakt

---

50 *Zimmerli/Kälin/Kiener* (FN 14), S. 147; *Häfelin/Haller*, Bundesstaatsrecht (LitVerz.), RN 228.
51 Umschreibung in *BGE* 129 I 265 Erw. 2.3; 125 I 313 Erw. 2; 113 Ia 437 Erw. 1.
52 Umschreibung in *BGE* 128 I 167 Erw. 4.5; 101 Ia 73 Erw. 3a.
53 Statt vieler *Häfelin/Haller*, Bundesstaatsrecht (LitVerz.), RN 1938.
54 *Roland Vetterli*, Kantonale Erlasse als Anfechtungsobjekt der staatsrechtlichen Beschwerde, 1989, S. 11 ff.
55 *BGE* 108 Ia 264 Erw. 1.
56 *BGE* 126 I 250; *Kälin*, Verfahren (FN 4), S. 110 ff.; *Zimmerli/Kälin/Kiener* (FN 14), S. 161.
57 *Auer* (FN 4), 181 f.
58 *BGE* 130 I 174 Erw. 2.2.
59 *BGE* 117 Ia 107 Erw. 5d.

viduell-konkret) für den einzelnen begründen⁶⁰. Damit kommen Schiedsgerichtsentscheide, privat- und öffentlich-rechtliche Verträge, Budgetbeschlüsse, Richtpläne, Empfehlungen, Auskünfte, Entwürfe sowie die Abweisung von Aufsichtsbeschwerden grundsätzlich nicht als Anfechtungsobjekte der staatsrechtlichen Beschwerde in Frage.

26
Hoheitsakte mit Zuordnungsproblemen

Einige Arten von Hoheitsakten bereiteten bei ihrer Beurteilung Mühe und haben das Bundesgericht veranlaßt, sich ausführlich mit der Frage möglicher Anfechtungsobjekte zu beschäftigen insbesondere im Zusammenhang mit Kantonsverfassungen⁶¹, Verwaltungsverordnungen⁶², Nutzungsplänen⁶³, Vollzugsakten⁶⁴, Zuschlägen im Submissionsverfahren⁶⁵ sowie Realakten⁶⁶.

cc) Kognition des Bundesgerichts

27
Umfang und Intensität der Überprüfung

Die Kognition beschreibt den Maßstab, nach dem das Gericht über die Begründetheit des bei ihm anhängig gemachten Rechtsmittels urteilt. Umfang und Intensität der Überprüfung einer Beschwerde variieren je nach dem geltend gemachten Beschwerdegrund⁶⁷. Das Bundesgericht praktiziert eine Unterscheidung in eine *freie Kognition* und eine *Willkürkognition*⁶⁸.

28
Freie Kognition

Ob der angefochtene Hoheitsakt ein verfassungsmäßiges Recht verletzt, prüft das Bundesgericht in freier Kognition umfassend. Hingegen war die Verletzung von Gesetzesrecht nicht als Beschwerdegrund der staatsrechtlichen Beschwerde vorgesehen. Dementsprechend konnte der Verfassungsrichter in diesem Bereich nur prüfen, ob die Anwendung des kantonalen Gesetzes in verfassungswidriger Weise, etwa willkürlich, erfolgt und dadurch Art. 9 BV

Willkürkognition

verletzt war. Bei dieser Willkürkognition darf das Gericht nicht seine eigene, rechtlich begründete Ansicht über die Gesetzesauslegung an die Stelle derjenigen der kantonalen Vorinstanz setzen, sondern es prüft lediglich, ob der Entscheid „offensichtlich unhaltbar ist, zur tatsächlichen Situation in klarem Widerspruch steht, auf einem offenkundigen Versehen beruht, eine Norm oder einen unumstrittenen Rechtsgrundsatz kraß verletzt oder in stoßender Weise dem Gerechtigkeitsgedanken zuwiderläuft"⁶⁹.

29
Kognitionspraxis

Die Praxis des Bundesgerichtes kann unter dem Stichwort „vier Regeln, vier Ausnahmen und zwei Sonderfälle"⁷⁰ zusammengefaßt werden: Als Regel gilt

---

60 *Kälin*, Verfahren (FN 4), S. 114 ff.; *Zimmerli/Kälin/Kiener* (FN 14), S. 162.
61 *BGE 121* I 138 Erw. 5c; *111* Ia 239 Erw. 3.
62 *BGE 128* I 167 Erw. 4.3; *Ulrich Häfelin/Georg Müller/Felix Uhlmann*, Allgemeines Verwaltungsrecht, ⁵2006, RN 129; *Häfelin/Haller*, Bundesstaatsrecht (LitVerz.), RN 1945 ff.
63 *BGE 127* I 103 Erw. 6b; *Häfelin/Haller* aaO., RN 1961 ff.
64 *BGE 118* Ia 282 Erw. 2c; *Häfelin/Haller* aaO., RN 1951 ff.
65 *BGE 125* II 86 Erw. 3b.
66 *BGE 128* I 167 Erw. 4.3; *126* I 250 Erw. 2d. Siehe dazu unten E II, RN 98 ff.
67 *Markus Möhr*, Die Kognition des Bundesgerichts bei der Überprüfung der Anwendung des kantonalen Rechts im Rahmen der staatsrechtlichen Beschwerde wegen Verletzung verfassungsmäßiger Freiheitsrechte, insbesondere der Handels- und Gewerbefreiheit und der persönlichen Freiheit, 1984, S. 25 ff.; *Kälin*, Verfahren (FN 4), S. 157 ff.; m.w.H. *Häfelin/Haller*, Bundesstaatsrecht (LitVerz.), RN 2036 ff.
68 So zuerst *Gygi*, Freie und beschränkte Prüfung im staatsrechtlichen Beschwerdeverfahren, in: Jörg Paul Müller u.a. (Hg.), FS Hans Huber, 1981, S. 191 ff.
69 Statt vieler *BGE 129* I 173 Erw. 3.1.
70 *Kälin*, Verfahren (FN 4), S. 164 f.; *Zimmerli/Kälin/Kiener* (FN 14), S. 178 ff.

erstens: Die Auslegung von eidgenössischem oder kantonalem Verfassungsrecht und von Staatsverträgen wird immer frei geprüft; zweitens: Die Auslegung von Gesetzesrecht wird immer nur auf Willkür geprüft; drittens: Die Ermittlung des Sachverhalts wird nur auf Willkür geprüft[71], sowie viertens: Die Handhabung von Ermessen wird nur auf Willkür geprüft[72]. Eine Gesetzesauslegung wird in den folgenden Konstellationen ausnahmsweise frei geprüft: erstens bei der abstrakten Normenkontrolle[73], zweitens im Rahmen der Einzelaktkontrolle bei schweren Verletzungen von Freiheitsrechten[74], drittens bei Beschwerden wegen Verletzung von Art. 49 BV (derogatorische Kraft des Bundesrechts)[75] sowie viertens bei der Stimmrechtsbeschwerde[76]. Als diesbezüglich erstmals befaßtes Gericht prüft das Bundesgericht folgende Kriterien frei: die Eintretensvoraussetzungen[77] sowie den Sachverhalt im Rahmen zulässiger Noven, bei eigenen Sachverhaltsabklärungen (Art. 95 OG) oder bei Beschwerden, bei denen der kantonale Instanzenzug nicht ausgeschöpft worden ist (Art. 86 Abs. 2 OG).

Ausnahmen

Vom Problemkreis der Kognition ist die Frage nach der Prüfungsdichte zu unterscheiden. In Fällen, in denen eine besondere Rücksichtnahme auf den kantonalen Gesetzgeber gefordert ist, in denen es um die Auslegung kantonalen Verfassungsrechts geht oder in denen eine Materie nur beschränkt justitiabel ist, weil sie stark technischen oder politischen Charakter aufweist oder weil besondere Ortskenntnis erforderlich ist, auferlegt sich das Bundesgericht eine Zurückhaltung, obwohl der Bereich freier Kognition betroffen ist[78].

30
Bundesgerichtliche Prüfungsdichte

dd) Legitimation

Während die Voraussetzung des Anfechtungsobjekts die Frage nach dem objektiven Anfechtungsinteresse beantwortet, stellt die Legitimation die Frage nach dem subjektiven Anfechtungsinteresse[79]. Art. 88 OG nannte als Legitimationsvoraussetzung:

31
Kriterien des subjektiven Anfechtungsinteresses

– *Prozeß- und Parteifähigkeit*[80];
– *Trägerschaft*[81] des geltend gemachten verfassungsmäßigen Rechts. Mit Ausnahme von Gemeinden, die eine Verletzung der Gemeindeautonomie geltend machen konnten, umfaßte die staatsrechtliche Beschwerde keine Behördenbeschwerde[82];

---

[71] *BGE 117* Ia 72 Erw. 1.
[72] *BGE 115* Ia 293 Erw. 1b.
[73] *BGE 129* I 12 Erw. 3.2.
[74] *BGE 129* I 35 Erw. 8.2; *119* Ia 178 Erw. 4a; *106* Ia 299 Erw. 2b aa; einen Überblick über die Kasuistik zum Begriff „schwerer Eingriff" verschaffen *Zimmerli/Kälin/Kiener* (FN 14), S. 186 ff.
[75] *BGE 125* II 440 Erw. 1d.
[76] *BGE 123* I 175.
[77] *BGE 129* I 185 Erw. 1.
[78] *BGE 127* I 164 Erw. 3c; *117* Ia 430 Erw. 4a.
[79] *Kälin*, Verfahren (FN 4), S. 116 ff.
[80] Schweizerisches Zivilgesetzbuch v. 10. 12. 1907 (ZGB; SR 210), Art. 11, 13 ff.
[81] Z.B. Verstorbene, *BGE 129* I 173 Erw. 4; *129* I 302 Erw. 1.2.4; Ausländer, *BGE 119* Ia 35 Erw. 2 ff.
[82] *Häfelin/Haller*, Bundesstaatsrecht (LitVerz.), RN 2005 ff.; *BGE 126* I 122 Erw. 4; *125* I 173 Erw. 1b; *107* Ia 266. Zur Legitimation öffentlich-rechtlicher Körperschaften *BGE 126* I 122; *125* I 173; *120* Ia 95 Erw. 1a.

– *Persönliche Betroffenheit:* Eine Popularbeschwerde war damit ausgeschlossen[83]. Im Falle einer drohenden Rechtsverletzung durch einen Erlaß genügte eine virtuelle Betroffenheit; berechtigt waren Personen, auf die die in Frage stehende Gesetzesvorschrift einmal angewendet werden könnte[84];
– *Verletzung rechtlich geschützter Interessen,* wobei die Verletzung bloß tatsächlicher Interessen nicht genügte. Die Interessen, auf die sich der Beschwerdeführer berief, mußten ihm entweder unmittelbar durch die verfassungsmäßigen Rechte gewährt werden oder direkt aus dem kantonalen oder eidgenössischen Gesetzesrecht fließen[85];
– *aktuelles Rechtsschutzinteresse,* das heißt, der erlittene Nachteil mußte noch bestehen oder dieselbe Frage mußte sich jederzeit unter gleichen oder ähnlichen Umständen wieder stellen können und an der Beantwortung mußte ein hinreichendes öffentliches Interesse bestehen, ohne daß eine rechtzeitige Rüge im Einzelfall möglich war[86].

ee) Subsidiarität

32 *Absolute Subsidiarität*
Die staatsrechtliche Beschwerde war gemäß Art. 84 Abs. 2 OG absolut subsidiär, das heißt sie konnte nur angehoben werden, wenn keine anderen bundesrechtlichen Rechtsmittel gegeben waren.

33 *Relative Subsidiarität*
Um an das Bundesgericht gelangen zu können, mußte nach Art. 86 Abs. 1 OG der kantonale Instanzenzug voll ausgeschöpft worden sein. Von dieser relativen Subsidiarität, die eine Entlastung des Bundesgerichts sowie eine Schonung kantonaler Souveränität bringen sollte, sahen Art. 86 Abs. 2 OG sowie die bundesgerichtliche Rechtsprechung verschiedene Ausnahmen vor. Insbesondere wenn Zweifel über die Zulässigkeit des kantonalen Rechtsmittels bestanden oder wenn der Instanzenzug eine zwecklose Formalität bedeutete, konnte direkt eine Beschwerde an das Bundesgericht gerichtet werden[87].

b) Stimmrechtsbeschwerde

34 *Verletzung politischer Rechte*
Die Beschwerde wegen Verletzung der politischen Rechte bei kantonalen und kommunalen Wahlen und Abstimmungen war eine in Art. 85 lit. a OG geregelte besondere Art der staatsrechtlichen Beschwerde. Sie diente ausschließlich dem Schutz derjenigen Rechte, die dem Bürger eine Teilnahme an den staatlichen Entscheidungsprozessen gewährleisten. In Ausübung ihrer politischen Rechte nimmt eine Person nicht nur die für eine funktionsfähige Demokratie grundlegenden Individualrechte wahr, sondern übt als Stimmbürger

---

[83] *BGE 118* Ia 112 Erw. 2a.
[84] *BGE 125* I 104 Erw. 1a; *119* Ia 123 Erw. 1b; *118* Ia 427 Erw. 2a; *102* Ia 201 Erw. 3.
[85] *BGE 121* I 267 Erw. 2. Bei Willkür *BGE 126* I 81; *Kälin,* Verfahren (FN 4), S. 239 ff.; *Weber-Dürler,* Zum Anspruch auf Gleichbehandlung in der Rechtsprechung, ZBl 2004, S. 32 ff.; *Häfelin/Haller,* Bundesstaatsrecht (LitVerz.), RN 2036 ff.
[86] *BGE 127* I 164 Erw. 1a; *121* I 279 Erw. 1; *116* Ia 359 Erw. 2a.
[87] *BGE 120* Ia 194 Erw. 1d; *106* Ia 229.

auch eine Organkompetenz mit öffentlichen Funktionen aus[88]. Die Stimmrechtsbeschwerde schützt damit sowohl persönliche als auch öffentliche Interessen. Dieser Besonderheit wurde bei der Ausgestaltung der Beschwerdevoraussetzungen Rechnung getragen[89].

aa) Beschwerdegründe

Das Bundesgericht anerkannte über den Wortlaut von Art. 85 lit. a OG hinaus als Beschwerdegründe die Verletzung sämtlicher politischen Rechte, welche dem Bürger durch eidgenössisches, kantonales bzw. kommunales Recht gewährleistet werden[90]. Geschützt sind damit[91]:

35 Ausweitung auf alle politischen Rechte

– das aktive und passive Stimm- und Wahlrecht in kantonalen und kommunalen Angelegenheiten;
– die korrekte Vorbereitung und Durchführung von kantonalen und kommunalen Wahlen und Abstimmungen[92];
– die unverfälschte Willenskundgabe der Stimmberechtigten (Art. 34 Abs. 2 BV)[93];
– das Initiativ- und Referendumsrecht nach kantonalem Recht[94].

Obwohl die Meinungsäußerungs-, die Presse- und die Versammlungsfreiheit für die Ausübung der politischen Rechte von elementarer Bedeutung sind, konnte die Verletzung dieser Grundrechte resp. verfassungsmäßigen Rechte nur dann mittels Stimmrechtsbeschwerde geltend gemacht werden, wenn sie in direktem Zusammenhang mit der Wahrnehmung der politischen Rechte standen[95].

36 Kommunikationsgrundrechte

Erhebliche Abgrenzungsschwierigkeiten bestanden zur Verfassungsbeschwerde wegen Verletzung der Gewaltenteilung. Das Bundesgericht ging dabei vom Grundsatz aus, daß eine Stimmrechtsbeschwerde immer dann erhoben werden kann, wenn eine Abstimmung herbeigeführt werden soll[96]. Geht es nur um die Aufhebung eines unter Verletzung der Gewaltenteilung ergangenen Hoheitsaktes, mußte unter Berufung auf diese Verletzung die staatsrechtliche Beschwerde erhoben werden[97].

37 Gewaltenteilung

---

88 Dazu grundlegend *Zaccaria Giacometti*, Staatsrecht der schweizerischen Kantone, 1941, S. 416 ff.; *Steinmann*, Interventionen des Gemeinwesens im Wahl- und Abstimmungskampf, AJP (Aktuelle Juristische Praxis) 1996, S. 255 ff.; *Kälin*, Verfahren (FN 4), S. 96; *Zimmerli/Kälin/Kiener* (FN 14), S. 153; *Häfelin/Haller*, Bundesstaatsrecht (LitVerz.), RN 1979.
89 Dazu grundlegend *BGE 104* Ia 297 Erw. 1b.
90 *BGE 128* I 34 Erw. 1b.
91 M.w.H. *Kälin*, Verfahren (FN 4), S. 96 ff.; *Zimmerli/Kälin/Kiener* (FN 14), S. 154 ff.
92 *BGE 114* Ia 42 Erw. 4.
93 *BGE 112* Ia 208 Erw. 1b.
94 *BGE 128* I 190 Erw. 1.
95 *BGE 125* I 441.
96 *BGE 118* Ia 308; *Brunschwiler*, Die Gewaltentrennung und die politischen Rechte. Die Legitimation zur Stimmrechtsbeschwerde, in: Georg Müller u. a. (Hg.), Staatsorganisation und Staatsfunktionen im Wandel, FS Kurt Eichenberger, 1982, S. 605 ff.
97 M.w.H. *Christoph Hiller*, Die Stimmrechtsbeschwerde, 1990, S. 144 ff.; *Yvo Hangartner/Andreas Kley*, Die demokratischen Rechte in Bund und Kantonen der Schweizerischen Eidgenossenschaft, 2000, § 6 RN 283 ff.; *Zimmerli/Kälin/Kiener* (FN 14), S. 157.

bb) Anfechtungsobjekte

38
Praxis des Bundesgerichts

Das Bundesgericht beurteilte in einer Stimmrechtsbeschwerde ausschließlich die Verletzung politischer Rechte durch kantonale oder kommunale Volkswahlen und Volksabstimmungen (nicht aber behördeninterne Wahlen und Abstimmungen). Anders als bei der staatsrechtlichen Beschwerde wurden durch Art. 85 lit. a OG die zulässigen Anfechtungsobjekte nicht definiert. Das Bundesgericht ließ als Anfechtungsobjekte gelten[98]:

– letztinstanzliche kantonale Urteile und Entscheide über Verletzung der politischen Rechte;
– Erlasse, die Einfluß auf das Stimm- und Wahlrecht nehmen;
– Wahlen und Abstimmungen sowie deren Vorbereitungsakte, die in den Kantonen nicht angefochten werden können;
– Realakte von Behörden, wie z. B. Abstimmungspropaganda, die Einfluß auf die politischen Rechte haben könnten;
– Beschlüsse über die Ungültigkeit (ausnahmsweise auch über die Gültigkeit) von Initiativen und Referenden;
– Nichtunterstellung eines Aktes unter ein Referendum;
– Rechtsverweigerung und Rechtsverzögerung bei der Durchführung von Wahlen und Abstimmungen;
– Realakte von Privaten mit relevantem Einfluß auf die Willensbildung vor Wahlen und Abstimmungen.

cc) Kognition des Bundesgerichts

39
Freie Prüfung auch des Gesetzesrechts

Entsprechend den zulässigen Beschwerdegründen hatte das Bundesgericht auch bezüglich der Kognition von den Grundregeln bei der Verfassungsbeschwerde abweichende Grundsätze entwickelt. Frei prüfte der Verfassungsrichter sämtliche generell-abstrakten Normen, die den Inhalt des Stimm- und Wahlrechts festlegen oder konkretisieren. Die Feststellung des Sachverhalts sowie die Auslegung von anderem Gesetzesrecht waren dagegen weiterhin bloß einer Willkürprüfung zugänglich[99].

dd) Legitimation

40
Weite Ausgestaltung der Beschwerdelegitimation

Um Sinn und Zweck einer Stimmrechtsbeschwerde gerecht zu werden, mußte die Legitimation zum Erheben dieser Beschwerde sehr viel weiter gefaßt werden als bei der Verfassungsbeschwerde. Gemäß Praxis war jeder Stimmberechtigte zur Stimmrechtsbeschwerde befugt, der an der streitigen Wahl oder Abstimmung zur Teilnahme berechtigt war[100]. Auch politische Parteien sowie ad hoc gebildete Initiativ-, Referendums-, Wahl- und Abstimmungskomitees mit juristischer Persönlichkeit, die im betreffenden Gebiet tätig sind, wurden zur Stimmrechtsbeschwerde zugelassen[101].

---

98 *Kälin*, Verfahren (FN 4), S. 152; *Zimmerli/Kälin/Kiener* (FN 14), S. 155 ff.
99 Grundlegend *BGE 129* I 185 Erw. 2; *123* I 175.
100 *Hangartner/Kley* (FN 97), § 6 RN 286 ff.; *BGE 116* Ia 359 Erw. 3.
101 *BGE 115* Ia 148 Erw. 1b. Die Gründung von Parteien ist an keine spezifischen Voraussetzungen gebunden, sondern richtet sich nach dem Vereinsrecht.

c) Verwaltungsgerichtsbeschwerde

Die Verwaltungsgerichtsbeschwerde an das Bundesgericht stellte als ordentliches, in der Regel aufschiebend wirkendes, devolutives und reformatorisches Rechtsmittel ein wichtiges Glied innerhalb der gesamten kantonalen und bundesstaatlichen Verwaltungsrechtspflege dar. In ihrem Anwendungsbereich nahm die Verwaltungsgerichtsbeschwerde auch die Funktionen der Verfassungsbeschwerde wahr.

41 Bedeutung

aa) Zuständigkeit

Die Verwaltungsgerichtsbarkeit des Bundesgerichts fügte sich in ein komplexes Zusammenspiel von Rechtspflegeinstanzen ein. Die Beantwortung der Frage nach der funktionellen und sachlichen Zuständigkeit des Bundesgerichts in Bundesverwaltungssachen mußte dabei in vier Teilschritten erfolgen[102].

42 Prüfungsschritte

Erstens: Liegt ein taugliches Anfechtungsobjekt vor? Während die Zulässigkeit der staatsrechtlichen Beschwerde maßgeblich von der Geltendmachung einer Verletzung einer Verfassungsbestimmung abhing, knüpfte die Verwaltungsrechtspflege (im Bund und in den Kantonen) bei einem formellen Kriterium an. Gemäß der Generalklausel in Art. 97 OG beurteilte das Bundesgericht nur Beschwerden gegen Verfügungen (Art. 5 VwVG). Folgende Merkmale sind nach Bundesrecht für das Vorliegen einer anfechtbaren Verfügung konstitutiv[103]:

43 Anfechtungsobjekt

– Die verfügende Instanz muß als Behörde im Sinne von Art. 1 VwVG gelten[104];
– es handelt sich um eine einseitige (keine zwei- oder mehrseitige) hoheitliche Anordnung, wobei Art. 18, 26, 29, 31, 33 Abs. 1 sowie Art. 13 VwVG zu beachten sind[105];
– geregelt wird ein individuell-konkreter Einzelfall[106];
– ein Rechtsverhältnis wird verbindlich und erzwingbar festgelegt;
– die einseitige Anordnung stützt sich unmittelbar auf öffentliches Recht des Bundes[107].

Zweitens: Hat eine Vorinstanz im Sinne von Art. 98 OG entschieden? Um mit Verwaltungsgerichtsbeschwerde an das Bundesgericht gelangen zu können, mußten der Instanzenzug über den Kanton und/oder die Bundesverwaltung und allenfalls eine Rekurskommission des Bundes voll ausgeschöpft worden sein.

44 Subsidiarität

---

102 *Peter Saladin*, Das Verwaltungsverfahrensrecht des Bundes, 1979, S. 169 ff.; *Kölz/Häner* (FN 30), RN 830 ff.; *Zimmerli/Kälin/Kiener* (FN 14), S. 73 ff.
103 *BGE 126* II 171 Erw. 1a; *Zimmerli/Kälin/Kiener* aaO., S. 194 ff.; *Pierre Moor*, Droit administratif. Les actes administratifs et leur contrôle, 2002, S. 569 f.; *Häfelin/Müller/Uhlmann* (FN 62), RN 854 ff.; *Tschannen/Zimmerli* (FN 17), § 28 RN 16 ff.
104 *BGE 121* II 454 Erw. 2b aa.
105 *BGE 128* II 139 Erw. 2b.
106 *BGE 121* II 473 Erw. 2c.
107 *BGE 119* Ib 380 Erw. 1b.

45
Besondere Subsidiarität

Drittens: Ist die Verwaltungsgerichtsbeschwerde kraft besonderer Subsidiarität ausgeschlossen? In Art. 102 in Verbindung mit Art. 128 ff. OG wurde die Beschwerde auf Grund besonderer Subsidiarität ausgeschlossen. Auch kennen einige Spezialgesetze (z. B. Art. 34 RPG[108], Art. 66 ZSG[109] oder Art. 73 StHG[110]) Ausnahmen von der letztinstanzlichen Zuständigkeit des Bundes.

46
Ausnahmenkatalog

Viertens: Ist die Verwaltungsgerichtsbeschwerde durch eine sachliche Unzuständigkeit ausgeschlossen? Der breite, weitgehend politisch motivierte Ausnahmenkatalog von Art. 99 bis 101 OG beschränkte die sachliche Zuständigkeit des Bundesgerichts nach Gegenstand, Sachgebiet und nach verfahrensrechtlichem Inhalt der Verfügung teilweise selbst gegenüber den Spezialverwaltungsgerichten sowie den Rekurskommissionen des Bundes[111].

bb) Beschwerdegründe und Kognition

47
Einschränkungen

Während sich die Verwaltungsrechtspflege im Anwendungsbereich des Verwaltungsverfahrensgesetzes des Bundes durch eine volle Rechts- und Ermessenskontrolle auszeichnete (Art. 49 VwVG), waren die Beschwerdegründe und die Kognition durch Art. 104 und 105 OG des Bundesgerichts dahingehend eingeschränkt, daß die unrichtige Feststellung des Sachverhalts durch eine richterliche Behörde sowie die Unangemessenheit einer Verfügung nur in Ausnahmefällen geltend gemacht werden konnten. Die bedeutsamste Ausnahme bildete bisher das Verfahren über Leistungsstreitigkeiten der Sozialversicherungen des Bundes, wo auch Mängel der Sachverhaltsfeststellung und die Unangemessenheit gerügt werden konnten (Art. 132 OG).

cc) Legitimation

48
Keine Popularbeschwerde

Auch die Verwaltungsgerichtsbeschwerde war nicht als Popularbeschwerde ausgestaltet. Gemäß Art. 103 OG mußten folgende Voraussetzungen erfüllt sein:

– Partei- und Prozeßfähigkeit;
– schutzwürdiges Interesse an der Aufhebung der Verfügung. Anders als bei der staatsrechtlichen Beschwerde genügte hier auch ein rein faktisches Interesse wirtschaftlicher oder ideeller Natur[112]. Damit kamen auch Dritte als Beschwerdeberechtigte in Frage[113];
– aktuelles und praktisches Interesse an der Aufhebung der Verfügung, wobei das Bundesgericht die gleichen Ausnahmen zuließ wie bei der Verfassungsbeschwerde[114].

---

108 Bundesgesetz v. 22. 6. 1979 über die Raumplanung (SR 700).
109 Bundesgesetz v. 4. 10. 2002 über den Bevölkerungsschutz und den Zivilschutz (SR 520.1).
110 Bundesgesetz v. 14. 12. 1990 über die Harmonisierung der direkten Steuern der Kantone und Gemeinden (SR 642.14).
111 *BGE 125* II 417 Erw. 4.; *R.J. Schweizer* (FN 33); *Moor* (FN 103), S. 590 ff.
112 *BGE 120* Ib 379 Erw. 4b m.w.H. *Moor* (FN 103), S. 626 f.; *Zimmerli/Kälin/Kiener* (FN 14), S. 102 ff.
113 *Häfelin/Müller/Uhlmann* (FN 62), RN 1946 ff.
114 *BGE 118* Ib 1 Erw. 2b.

Neben diesem individuellen Rechtsschutz ermöglichten Art. 103 lit. b und c OG insbesondere den Bundesverwaltungsbehörden, unter Umständen gestützt auf spezialgesetzliche Ermächtigungen (z. B. Art. 56 Abs. 1 USG[115] oder Art. 51 BüG[116])[117], gegen Entscheide von Vorinstanzen an das Bundesgericht Beschwerde zu führen.

49
Beschwerderecht von Bundesverwaltungsbehörden

d) Zivil- und strafrechtliche Verfahren

Obwohl die Grundrechte sich grundsätzlich gegen den Staat richten, erlangen sie über das Institut der Horizontalwirkung auch Bedeutung im Verhältnis zwischen Privaten (Art. 35 Abs. 3 BV)[118]. Der offene Wortlaut von Art. 35 BV wird von der Lehre weitgehend als Verweis auf die Horizontalwirkung verstanden. In erster Linie ist damit der Gesetzgeber aufgerufen, über geeignete Rechtssetzungsakte den Grundrechtsschutz zwischen den Privaten sicherzustellen. Darüberhinaus muß aber auch im Bereich der Rechtsanwendung den Grundrechten in privatrechtlichen Verhältnissen Nachdruck verliehen werden.

50
Drittwirkung

Eine richterliche Berücksichtigung von Grundrechten ist einmal dann geboten, wenn der Gesetzgeber eine Grundrechtskonkretisierung versäumt hat. Als bekanntestes Beispiel kann hier die Boykottrechtsprechung des Bundesgerichts vor Erlaß des Kartellgesetztes angeführt werden. Über Art. 28 ZGB wurde dem boykottierten Unternehmen die Möglichkeit eingeräumt, sich auf die Wirtschaftsfreiheit zu berufen[119]. Maßgebliche Bedeutung erlangen die Grundrechte insbesondere bei der Auslegung und Konkretisierung von unbestimmten Rechtsbegriffen. So wird beispielsweise der Straftatbestand der üblen Nachrede (Art. 173 StGB[120]) unter Berücksichtigung der verfassungsmäßigen Unschuldsvermutung ausgelegt[121]. Beim Vorwurf der Nötigung (Art. 181 StGB) wird auf die Meinungsäußerungsfreiheit Bezug genommen[122]. Als eigentliche Brücke zwischen öffentlichem Recht und Privatrecht dürfen die offenen und in hohem Maße auslegungsfähigen Bestimmungen zum zivilrechtlichen Persönlichkeitsschutz in Art. 27 ff. ZGB bezeichnet werden[123].

51
Zivilgerichtliche Berücksichtigung von Grundrechten

Unbestimmte Rechtsbegriffe

Die Rechtsprechung des Bundesgerichts z. B. im Fall *Schweizerische Post gegen Verein gegen Tierfabriken*[124] zeigt allerdings die Inkonsistenz und Zufälligkeit des Grundrechtsschutzes in privatrechtlichen Verfahren. Das Gericht hat in diesem Entscheid eine Kontrahierungspflicht der Post bejaht, ohne

52
Inkonsistenz des privatrechtlichen Grundrechtsschutzes

---

115 Bundesgesetz v. 7. 10. 1983 über den Umweltschutz (SR 814.01).
116 Bundesgesetz v. 29. 9. 1952 über Erwerb und Verlust des Schweizer Bürgerrechts (SR 141.0).
117 *BGE 129* II 1 Erw. 1.1; *Moor* (FN 103), S. 644 ff.
118 *Patricia Egli*, Drittwirkung von Grundrechten: Zugleich ein Beitrag zur Dogmatik der grundrechtlichen Schutzpflichten im Schweizer Recht, 2002, S. 152 ff.; m.w.H. *R.J. Schweizer*, in: Ehrenzeller u. a., St. Galler Kommentar (LitVerz.), Art. 35 RN 23; *Göksu*, Drittwirkung der Grundrechte im Bereich des Persönlichkeitsschutzes, SJZ 2002, S. 89 (94); *Aubert/Mahon*, Constitution (LitVerz.), S. 59 ff.; S. 314 ff.; *Pulver*, Die Verbindlichkeit staatlicher Schutzpflichten, AJP 2005, S. 413 (414 f.). Zur Drittwirkung in Deutschland → Bd. II: *Papier*, Drittwirkung der Grundrechte, § 55.
119 *BGE 86* II 365.
120 Schweizerisches Strafgesetzbuch v. 21. 12. 1937 (SR 311.0).
121 *BGE 116* IV 31 Erw. 2.
122 *BGE 101* IV 167 Erw. 5.
123 *Christian Brückner*, Das Personenrecht des ZGB, 2000, S. 111 ff.; *Henri Deschenaux/Paul-Henri Steinauer*, Personnes physiques et tutelle, ⁴2001.
124 *BGE 129* III 35.

dabei auf die Grundrechtspositionen der beteiligten Parteien vertieft einzugehen. Zu recht wurde diese Rechtsprechung von der Lehre kritisiert[125].

aa) Zivilrechtliche Verfahren

53
Beschränkung der Beschwerdegründe

Direkte Horizontalwirkung als Ausnahmefall

Parallelität der Verfassungsbeschwerde

Die Berufung (Art. 43 ff. OG) als ordentliches, suspensives, unvollkommenes, devolutives, reformatorisches und zu kantonalen Verfahren subsidiäres Rechtsmittel bildet den Kern der Bundeszivilrechtspflege[126]. Art. 43 Abs. 1 OG schließt aber bisher die Beschwerde wegen einer unmittelbaren Verletzung verfassungsmäßiger Rechte aus dem Kreis der zulässigen Beschwerdegründe aus[127]. Immerhin kann der in Art. 8 Abs. 3 BV normierte Anspruch auf gleichen Lohn für gleichwertige Arbeit auf Grund seiner direkten Horizontalwirkung auch im Rahmen der Berufung oder Nichtigkeitsbeschwerde geltend gemacht werden[128]. Ebenso hat das Bundesgericht z.B. eine Entlassung eines Arbeitnehmers wegen Teilnahme an einem Streik unter anderem wegen einer Verletzung der in der Bundesverfassung festgehaltenen Streikfreiheit (Art. 28 Abs. 3 BV) aufgehoben[129]. Wird in Zivilstreitigkeiten eine Verletzung von Grundrechten geltend gemacht, so muß aber im Prinzip parallel zur Berufung oder zivilrechtlichen Nichtigkeitsbeschwerde eine Verfassungsbeschwerde geführt werden.

bb) Strafrechtliche Verfahren

54
Nichtigkeitsbeschwerde

Die Nichtigkeitsbeschwerde in Strafsachen als außerordentliches, unvollkommenes, nur fakultativ suspensiv wirkendes, devolutives und kassatorisches Rechtsmittel stellt das zentrale Rechtsmittel der Strafgerichtsbarkeit des Bundes dar[130]. Art. 269 Abs. 2 BStP[131] behält aber (analog Art. 43 Abs. 1 OG) für eine Beschwerde wegen unmittelbarer Verletzung von verfassungsmäßigen Rechten die staatsrechtliche Beschwerde vor. Gerade im Strafrecht kann die Unterscheidung, ob direkt ein verfassungsmäßiges Recht verletzt wurde oder ob bloß eine Strafrechtsbestimmung nicht verfassungskonform ausgelegt worden ist und damit nur eine mittelbare Verfassungsverletzung vorliegt, die in der Nichtigkeitsbeschwerde geltend gemacht werden muß, erhebliche Schwierigkeiten bereiten[132].

---

125 So z.B. *Hangartner*, Bemerkungen zu *BGE 129* III 35, AJP 2003, S. 690 (692); *Camprubi*, Kontrahierungszwang gemäß *BGE 129* III 35. Ein Verstoß gegen die Wirtschaftsfreiheit, zugleich ein Beitrag zur Diskussion über die Grundrechtsbindung von öffentlichen Unternehmen, AJP 2004, S. 384 (400 ff.).
126 *Jean-François Poudret*, in: ders./Suzette Sandoz-Monod, Commentaire de la loi fédérale d'organisation judiciaire, 1990, Art. 43 OG, RN 1.1; *Philipp Ziegler*, Von der Rechtsmittelvielfalt zur Einheitsbeschwerde. Bestandesaufnahme – Probleme – Lösungen (Diss. iur. Basel), 2003, S. 33.
127 *Poudret* (FN 126), RN 2.1; *Peter Münch*, Berufung und zivilrechtliche Nichtigkeitsbeschwerde, in: Geiser/ders. (FN 38), RN 4.38 ff.
128 *BGE 125* III 368 Erw. 2.
129 *BGE 125* III 277; *Schubarth*, Berufung und staatsrechtliche Beschwerde, BJM (Basler juristische Mitteilungen), 1985, S. 57 ff.
130 *Ziegler* (FN 126), S. 41.
131 Bundesgesetz v. 15. 6. 1934 über die Bundesstrafrechtspflege (SR 312.0).
132 *BGE 119* IV 107 Erw. 1a; *Wiprächtiger*, Nichtigkeitsbeschwerde in Strafsachen, in: Geiser/Münch (FN 38), RN 6.79 ff.

III. Außergerichtlicher Grundrechtsschutz

1. Grundrechtsschutz durch kantonale Behörden

Wie für kantonale Gerichte gilt auch für oberste kantonale Exekutivbehörden die Verpflichtung, bundesverfassungswidrigem Recht die Anwendung zu versagen. Zwingend der akzessorischen Normenkontrolle durch die höchsten kantonalen Exekutivbehörden unterliegen auch hier grundsätzlich die angewendeten generell-abstrakten Normen[133]. Wendet z.B. eine untere Behörde einen verfassungswidrigen kantonalen Erlaß an, so kann gegen ihre Verfügung vor dem zuständigen Verwaltungsgericht oder der zuständigen Direktion eine akzessorische Normenkontrolle verlangt werden[134]. Kantonale Verwaltungsbehörden auferlegen sich bei der Überprüfung der Verfassungsmäßigkeit von Verfügungen, die von kantonalen Behörden ausgehen, aber Bundesrecht anwenden, in der Regel größte Zurückhaltung – dies nicht nur aus Rücksicht auf den Urheber der Norm, sondern auch, um den Prozeßweg an das Bundesgericht nicht abzuschneiden.

55
Anwendungsverbot bundesverfassungswidrigen Rechts

Neben der durch die Bundesverfassung in Art. 51 Abs. 1 BV vorgeschriebenen Kantonsverfassungsinitiative ist in allen Kantonen namentlich auch die Gesetzesinitiative für Begehren um Erlaß, Änderung oder Aufhebung eines Gesetzes vorgesehen[135]. Als rechtsstaatliches Institut darf eine Initiative keinen rechtswidrigen Zweck verfolgen oder eine nicht zu rechtfertigende Grundrechtsverletzung implizieren. Die materiellen Schranken einer kantonalen Initiative werden vor allem durch das übergeordnete eidgenössische sowie internationale Recht gesetzt, dem eine kantonale Initiative nicht widersprechen darf. Zuständig, über die Gültigkeit einer Initiativen zu befinden, sind die kantonalen oder kommunalen Parlamente[136]. Diese sind damit unmittelbar zur Durchsetzung der kantonalen, eidgenössischen wie auch der völkerrechtlichen Grundrechtsgarantien aufgerufen[137]. Mit Stimmrechtsbeschwerde kann der Entscheid des kantonalen Parlaments an das Bundesgericht weitergezogen werden[138].

56
Grundrechte als Schranken kantonaler Initiative

Zuständigkeit der Kantons- oder Gemeindeparlamente

2. Grundrechtsschutz durch Bundesrat und Bundesverwaltungsbehörden

a) Der Bundesrat als Aufsichtsbehörde

aa) Genehmigung kantonaler Erlasse und Staatsverträge

Ein Element der schweizerischen Verfassungsgerichtsbarkeit und damit auch ein Instrument zur Durchsetzung der Grundrechte ist die Genehmigung bestimmter kantonaler Erlasse durch die Bundesbehörden, insbesondere

57
Provisorische Verfassungsgerichtsbarkeit

---

133 *BGE 108* Ia 41 Erw. 2b.
134 *Auer* (FN 4), S. 281 ff.
135 *Giacometti* (FN 88), S. 470 ff.; *Hangartner/Kley* (FN 97), § 33 RN 2027 ff.
136 *BGE 129* I 232; *111* Ia 305; *110* Ia 182; *105* Ia 154; m.w.H. *Hangartner/Kley* aaO., § 33 RN 2131 ff.
137 *Hangartner/Kley* aaO., § 33 RN 2134 ff.; *R.J. Schweizer/Küpfer*, in: Ehrenzeller u.a., St. Galler Kommentar (LitVerz.), Art. 52 RN 10 ff.; *R.J. Schweizer*, Homogenität und Vielfalt im schweizerischen Staatsrecht, in: Thürer/Aubert/Müller, Verfassungsrecht (LitVerz.), § 10.
138 *BGE 129* I 392.

durch den Bundesrat (Art. 186 Abs. 2 BV, Art. 61 a RVOG[139] sowie die Verordnung über die Genehmigung kantonaler Erlasse durch den Bund[140]). Beispiele einer solchen Genehmigungspflicht finden sich in Art. 52 Abs. 3 und 4 SchlTZGB[141] oder in Art. 91 Abs. 2 BPR[142]. Es handelt sich dabei aber lediglich um eine provisorische Verfassungsgerichtsbarkeit. Das Bundesgericht erachtet die Überprüfung eines genehmigten kantonalen Erlasses als zulässig[143].

58
Fakultative Genehmigungspflicht

Bei kantonalen Staatsverträgen kommt dem Bundesrat gemäß Art. 172 Abs. 3 und Art. 186 Abs. 3 BV sowie Art. 62 RVOG die Befugnis zu, durch eine Einsprache den kantonalen Staatsvertrag der Bundesversammlung zur Genehmigung zu unterbreiten.

bb) Aufhebung von kantonalen Anwendungsakten

59
Aufsichtsrecht des Bundesrates

Unabhängig von einem Rechtsmittelverfahren steht dem Bundesrat die Befugnis zu, ausnahmsweise konkrete Anwendungsakte von kantonalen Verwaltungsbehörden beim Vollzug von Bundesrecht aufzuheben. Umstritten ist hier die Frage, ob der Bundesrat auch befugt ist, kantonale Gerichtsurteile, die Bundesrecht anwenden, aufsichtsrechtlich aufzuheben[144]. Von der Lehre wird diese Möglichkeit weitgehend abgelehnt[145].

b) Der Bundesrat und die Departemente als Beschwerdeinstanzen

60
Enger Zuständigkeitsbereich

Innerhalb der Verwaltungsrechtspflege nahm die Beschwerde an den Bundesrat eine nur noch rudimentäre Stellung ein. Gemäß Art. 72 VwVG konnten Entscheide von Bundesverwaltungsbehörden und Verfügungen letzter kantonaler Instanzen vor den Bundesrat gebracht werden, sofern kein Ausschlußgrund nach Art. 74 VwVG, namentlich keine Möglichkeit der Verwaltungsgerichtsbeschwerde an das Bundesgericht oder eine Verwaltungsbeschwerde an eine eidgenössische Rekurskommission vorlag[146]. In diversen Fällen ist ein Departement (z. B. Art. 20 ANAG) letzte Beschwerdeinstanz.

3. Durch die Bundesversammlung

a) Gewährleistung der Kantonsverfassung

61
Gesamtes Bundesrecht als Prüfungsmaßstab

Art. 51 Abs. 2 BV verpflichtet die Kantone, für jede Abänderung ihrer Verfassung die Bundesversammlung um Gewährleistung zu ersuchen (Art. 172 Abs. 2 BV). Die kantonalen Verfassungsbestimmungen werden dabei unter

---

[139] Regierungs- und Verwaltungsorganisationsgesetz v. 21. 3. 1997 (SR 127.010).
[140] Vom 30. 1. 1991 (SR 172.068).
[141] Schlußtitel Schweizerisches Zivilgesetzbuch v. 10. 12. 1907 (SR 210).
[142] Bundesgesetz v. 17. 12. 1976 über die politischen Rechte (SR 161.1).
[143] *BGE 104* Ia 480 Erw. 3b; *Ruch*, in: Ehrenzeller u. a., St. Galler Kommentar (LitVerz.), Art. 186; *Häfelin/Haller*, Bundesstaatsrecht (LitVerz.), RN 1216 ff.
[144] So geschehen z. B. im Fall „Fextal", ZBl 1974, S. 529 ff.
[145] *Häfelin/Haller* aaO., RN 1224; *Hangartner*, Bundesaufsicht und richterliche Unabhängigkeit, ZBl 1975, S. 1 ff.; dagegen zustimmend *Tschannen*, Staatsrecht (LitVerz.), § 26 RN 25.
[146] *Häfelin/Haller* aaO., RN 1683 f.

anderem auf ihre Übereinstimmung mit dem gesamten Bundesrecht (explizit Art. 51 Abs. 2 Satz 2 BV, implizit Art. 49 Abs. 1 BV), insbesondere auch der Grundrechte, geprüft[147]. Die Kontrolle, ob eine Kantonsverfassung im richtigen Verfahren zustandegekommen ist, nimmt das Bundesgericht dagegen mittels Stimmrechtsbeschwerde vor[148]. Wenn die inhaltlichen Anforderungen von Art. 51 BV erfüllt sind, spricht die Bundesversammlung den Gewährleistungsbeschluß in Form eines einfachen Bundesbeschlusses (Art. 163 Abs. 2 BV) aus. Das Bundesgericht sieht sich auf Grund der Kompetenzregelung in Art. 172 Abs. 2 BV an den Gewährleistungsbeschluß der Bundesversammlung gebunden[149].

Gewährleistungsbeschluß

Bindung des Bundesgerichts

b) Genehmigung von kantonalen Staatsverträgen

Hat gemäß Art. 186 Abs. 3 BV der Bundesrat gegen einen kantonalen Staatsvertrag eine Einsprache erhoben, obliegt es gemäß Art. 172 Abs. 3 BV der Bundesversammlung, den kantonalen Staatsvertrag insbesondere auf seine Bundesrechtskonformität (Art. 56 Abs. 2 BV) hin zu prüfen[150]. Wie der Gewährleistungsbeschluß einer Kantonsverfassung hat auch die Genehmigung eines kantonalen Staatsvertrages lediglich deklaratorische Wirkung[151].

62
Bundesrechtskonformität

c) Beurteilung von Volksinitiativen

Der Bundesversammlung wird in Art. 139 Abs. 3, in Art. 173 Abs. 1 lit. f in Verbindung mit Art. 194 Abs. 2 BV sowie in Art. 98 ParlG und Art. 75 Abs. 1 BPR die Befugnis zugesprochen, eine Volksinitiative für ungültig zu erklären, wenn sie zwingendes Völkerrecht, namentlich den Kerngehalt der Menschenrechte, sowie die Einheit der Form und die Einheit der Materie verletzt. Weitere materielle Schranken einer Verfassungsrevision sind positivrechtlich nicht verankert, auch wenn sie von der Lehre immer wieder kontrovers diskutiert werden[152]. Am 9. Februar 2003 von Volk und Ständen angenommen, aber bis ins Jahr 2007 noch nicht umgesetzt wurde Art. 189 Abs. 1bis BV, der künftig eine Beschwerdemöglichkeit an das Bundesgericht gegen Entscheide der Bundesversammlung bezüglich der Einhaltung von Inhalt und Zweck einer sog. allgemeinen Volksinitiative vorsieht.

63
Ungültigerklärung

---

147 *Ruch*, in: Ehrenzeller u. a., St. Galler Kommentar (LitVerz.), Art. 53, S. 11 ff.
148 *Auer* (FN 4), S. 148 ff.; *Aubert/Mahon*, Constitution (LitVerz.), S. 437 ff.; *Häfelin/Haller*, Bundesstaatsrecht (LitVerz.), RN 1020 ff.
149 S. dazu ausführlich FN 61
150 *Pfisterer*, in: Ehrenzeller u. a., St. Galler Kommentar (LitVerz.), Art. 56 RN 26 ff.
151 *Häfelin/Haller*, Bundesstaatsrecht (LitVerz.), RN 1216 ff.
152 *Tschannen*, Staatsrecht (LitVerz.), § 11 RN 2; *Häfelin/Haller* aaO., RN 1792 ff.; *Hangartner/Kley* (FN 97), § 10 RN 474 ff.

D. Die Durchsetzung des Grundrechtsschutzes ab 2007

I. Überblick

64
Bundesjustizreform

Am 12. März 2000 haben Volk und Stände mit großer Mehrheit der Reform der Justiz auf Verfassungsstufe (sog. Justizreform der BV) zugestimmt. Sowohl die Organisation und das Verfahren des Bundesgerichts als auch seine Vorinstanzen und die Rechtsmittel wurden neu gestaltet. Die Revision bewegt sich im Spannungsfeld zwischen Bestrebungen zur Entlastung des Bundesgerichts und dem Bedürfnis nach Sicherung eines effektiven Rechtsschutzes durch vereinfachte Verfahren[153].

Die Revision der Bundesrechtspflege auf Bundesebene bringt vor allem vier zentrale Neuerungen gegenüber dem alten Recht.

65
Einheitsbeschwerden

Erstens sind die verschiedenen Beschwerdearten an das Bundesgericht durch eine Einheitsbeschwerde in Strafsachen, Zivilsachen und öffentlich-rechtlichen Angelegenheiten sowie durch eine subsidiäre Verfassungsbeschwerde ersetzt worden. Die Einheitsbeschwerden weisen identische Beschwerdegründe (Art. 95 BGG) auf. Die Unterscheidung der Einheitsbeschwerden beruht einzig auf der sachlichen Zuordnung der Streitsache zu einem der drei Rechtsgebiete: zum Zivilrecht, Strafrecht oder öffentlichen Recht. Dies führt zu einer erheblichen Vereinfachung für den Rechtssuchenden und zu einer Entflechtung der bundesgerichtlichen Prüfungsbefugnisse.

66
Zusammenführung der Verwaltungs- und Staatsrechtspflege

Zweitens wurden durch die Einheitsbeschwerde in öffentlich-rechtlichen Angelegenheiten die Verwaltungs- und Staatsrechtspflege zusammengelegt. Es muß nicht mehr wie bisher unterschieden werden, ob sich ein angefochtener Entscheid auf kantonales Recht oder auf Bundesrecht stützt. Dadurch werden schwierige Differenzierungsfragen vermieden.

67
Verbesserung der Umsetzung der Rechtsweggarantie

Drittens führt die neue Bundesrechtspflege insbesondere in zwei Bereichen zur einer verbesserten Umsetzung der Rechtsweggarantie von Art. 29 a BV. Das Bundesgerichtsgesetz verlangt durch Art. 86 Abs. 2, Art. 88 Abs. 2 sowie Art. 114 BGG einen weiteren Ausbau der Vorinstanzen. Bisher waren die Kantone gemäß Art. 98 a OG nur verpflichtet, im Bereich der Verwaltungsgerichtsbeschwerde gerichtliche Vorinstanzen mit voller Rechts- und Sachverhaltskontrolle vorzusehen. Gemäß Art. 86 Abs. 2 BGG haben die Kantone für den gesamten Bereich, der von der Einheitsbeschwerde in öffentlich-rechtlichen Angelegenheiten abgedeckt wird, eine gerichtliche Vorinstanz mit voller Kognition (Art. 110 BGG) einzusetzen. Dies betrifft vor allem kantonale Ent-

Ausbau von Vorinstanzen

---

153 *Koller*, Grundzüge der neuen Bundesrechtspflege und des vereinheitlichten Prozessrechts, ZBl 2006, S. 57 (61); *Kiener/Kuhn*, Das neue Bundesgerichtsgesetz – eine (vorläufige) Würdigung, ZBl 2006, S. 121 ff.; *Häfelin/Haller/Keller*, Justizreform (LitVerz.), RN 1929 ff.; *Koller*, Leitvorstellungen für die Totalrevision des OG, in: Rainer J. Schweizer (Hg.), Reform der Bundesgerichtsbarkeit. Studientagung an der Universität St. Gallen v. 29./30. 9. 1994 (1995), S. 89 (90); *Botschaft des Bundesrates* zur Totalrevision der Bundesrechtspflege v. 28. 2. 2001, BBl 2001, S. 4202 (4211 ff.).

scheide, die sich auf kantonales Recht stützen, gegen die früher nur die staatsrechtliche Beschwerde zulässig war. Eine Verbesserung des Rechtsschutzes wurde aber auch durch die Ausweitung der Beschwerdemöglichkeiten in Stimmrechtssachen erreicht. Mittels Beschwerde in öffentlich-rechtlichen Angelegenheiten werden neu sämtliche Beschwerden gegen Akte kantonaler Behörden sowie gegen Akte eidgenössischer Behörden (mit Ausnahme von Akten des Bundesrates und der Bundesversammlung gemäß Art. 189 Abs. 4 BV) betreffend die Ausübung der kantonal, kommunal sowie auf Bundesebene (durch BV und BPR) gewährten politischen Rechte dem Bundesgericht zugewiesen. Die bisher in diesem Bereich bestehenden Rechtsprechungskompetenzen des Bundesrates und der Bundesversammlung wurden aufgehoben[154]. Durch diese Stärkung der gerichtlichen Kontrolle kann im Bereich der politischen Rechte eine einheitliche Praxis entwickelt werden.

Ausweitung der Stimmrechtsbeschwerde

Viertens wurde eine subsidiäre Verfassungsbeschwerde geschaffen, die Lücken des Grundrechtsschutzes im neuen Rechtsmittelsystem füllen soll, die sich aus dem Ausnahmenkatalog von Art. 83 BGG, der Streitwertgrenze von Art. 74 und 85 BGG sowie aus den Kognitionsbeschränkungen zum Beispiel von Art. 96 lit. b BGG ergeben. Die subsidiäre Verfassungsbeschwerde übernimmt hier weitgehend die Funktion der staatsrechtlichen Beschwerde.

68
Subsidiäre Verfassungsbeschwerde

Die Schwäche der fehlenden verfassungsrechtlichen Kontrolle des Bundesgesetzgebers wurde durch die Revision des Rechtspflegesystems allerdings nicht behoben[155].

69
Weiterhin Anwendungsgebot für Bundesgesetze

II. Gerichtlicher Grundrechtsschutz

1. Grundrechtsschutz durch kantonale Gerichte

Um das Bundesgericht zu entlasten, wird ein weiterer Ausbau der kantonalen Vorinstanzen angestrebt. Art. 29a und Art. 191b Abs. 1 BV (Justizreform) sowie Art. 75 Abs. 2, Art. 80 Abs. 2 und Art. 86 Abs. 2 BGG verlangen, daß die Kantone für die Anwendung des kantonalen Verwaltungsrechts eine richterliche Behörde mit voller Kognition vorsehen[156]. Bereits 1991 wurde mit der Einführung von Art. 98a OG ein wichtiger Schritt in diese Richtung getan.

70
Ausbau kantonaler Vorinstanzen

---

154 Zu den verbleibenden Rechtsprechungskompetenzen des Bundesrates siehe *Botschaft* Totalrevision (FN 153), S. 4240 ff.
155 *Kley*, in: Ehrenzeller u. a., St. Galler Kommentar (LitVerz.), Art. 29a RN 6 ff.; *Waldmann*, Justizreform und öffentliche Rechtspflege – Quo Vadis?, AJP 2003, S. 747 (749 ff.); *Rhinow*, Neuere Entwicklungen im öffentlichen Prozessrecht, SJZ 2003, S. 517 (520); *Ziegler* (FN 126), S. 333 ff.; *Markus Müller*, Die Rechtsweggarantie – Chancen und Risiken. Ein Plädoyer für mehr Vertrauen in die öffentliche Verwaltung, ZBJV (Zeitschrift des Bernischen Juristenvereins) 2004, S. 161 ff.
156 *Botschaft* Totalrevision (FN 153), S. 4215, 4227 f.

2. Durch andere gerichtliche Instanzen

71
Ausbau gerichtlicher Vorinstanzen

Bundesstrafgericht

Der konsequente und systematische Ausbau von gerichtlichen Vorinstanzen auf Bundesebene durch das Strafgerichts-[157] und Verwaltungsgerichtsgesetz[158] bildet das Kernstück der Totalrevision der Rechtspflege. Das Bundesstrafgericht hat am 1. April 2004 in Bellinzona seine Arbeit aufgenommen und urteilt als erste Instanz in Straffällen, die der Gerichtsbarkeit des Bundes unterliegen (Art. 191a Abs. 1 BV Justizreform). Es entlastet das Bundesgericht von Direktprozessen und verwirklicht die Forderungen nach einem doppelten Instanzenzug von Art. 3 des Protokolls Nr. 7 EMRK und Art. 14 Abs. 4 UNO-Pakt II.

72
Bundesverwaltungsgericht

Entflechtung der Kompetenzen

Durch die Schaffung eines Bundesverwaltungsgerichts, das am 1. Januar 2007 seine Tätigkeit aufgenommen hat, wird eine graduale Stärkung des Grundrechtsschutzes in der Verwaltungsrechtspflege des Bundes angestrebt. Dies einmal durch eine Zusammenfassung von vierunddreißig Rekurskommissionen in einer einzigen Behörde, was zu einer einheitlichen Anwendung des materiellen Rechts erheblich beitragen wird, vor allem aber durch die von der Rechtsweggarantie geforderte Schließung von Lücken in der Verwaltungsgerichtsbarkeit auf Bundesebene[159]. Insbesondere kommt es zu einer Entflechtung der Kompetenzen, in deren Folge der Bundesrat und die Departemente von Rechtsprechungstätigkeiten praktisch voll entlastet werden. Der verwaltungsinterne Beschwerdeweg wird auf Bundesebene damit weitgehend durch eine unabhängige Verwaltungsgerichtsbarkeit ersetzt[160].

3. Grundrechtsschutz durch das Bundesgericht

73
Vereinfachung des Rechtsmittelsystems

Einheitsbeschwerden

Um einen effektiveren Rechtsschutz durch das Bundesgericht gewähren zu können, wird das heutige komplexe Rechtsmittelsystem *vereinfacht*. Die Zuständigkeit des Bundesgerichts wird neu ausschließlich anhand der vorgebrachten Rügegründe (Art. 189 Abs. 1 lit. a–f BV Justizreform) beurteilt. Das maßgebliche Rechtsmittel bestimmt sich einzig nach dem vom Entscheid betroffenen Rechtsgebiet. Anstelle einer Vielzahl von verschiedenen Beschwerden treten damit drei Einheitsbeschwerden: je eine für den Bereich des Zivilrechts, des Strafrechts sowie des öffentlichen Rechts. Damit wird auch das Sozialversicherungsrecht verfahrensrechtlich stärker in das übrige Bundesverwaltungsrecht eingegliedert[161]. Die Einheitsbeschwerde soll die Gefahr eines Nichteintretensentscheids erheblich vermindern und so auch unnötige Kosten vermeiden helfen.

---

157 Bundesgesetz v. 4.10.2002 über das Bundesstrafgericht (SGG; SR 173.71).
158 Bundesgesetz v. 17.6.2005 über das Bundesverwaltungsgericht (VGG).
159 Für eine Zusammenstellung der Probleme der bisherigen Ordnung s. *R.J. Schweizer* (FN 33), S. 63 ff.; *Botschaft* Totalrevision (FN 153), S. 4215/4227 f.
160 *Koller*, ZBl 2006, S. 57 (69 ff.); *Rainer J. Schweizer*, Reform der Bundesverwaltungsrechtspflege, in: ders. (FN 153), S. 65 ff.; *Bundi*, Die Einführung von Bundesverwaltungsgerichten erster Instanz (Art. 191a Abs. 2 BV). Stand der Entwicklung und Handlungsbedarf des Gesetzgebers, in: Benjamin Schindler/Regula Schlauri (Hg.), Auf dem Weg zu einem einheitlichen Verfahren, 2001, S. 283 ff.; *Häfelin/Müller/Uhlmann* (FN 62), RN 2024 ff.
161 *Botschaft* Totalrevision (FN 153), S. 4233 ff.

Die Verletzung des Bundesrechts und damit auch der verfassungsmäßigen Rechte[162] wird in Art. 189 Abs. 1 lit. a BV und Art. 95 lit. a BGG explizit als Beschwerdegrund festgehalten. Die Verletzung verfassungsmäßiger Rechte bildet damit nicht nur Gegenstand der öffentlichen Rechtspflege, sondern kann je nach betroffenem Rechtsgebiet mit einer der drei Einheitsbeschwerden geltend gemacht werden. Dennoch wird auch künftig die Mehrzahl der grundrechtsrelevanten Fälle mit Beschwerde in öffentlich-rechtlichen Angelegenheiten behandelt werden. Subsidiär zu den Einheitsbeschwerden kann die Verletzung verfassungsmäßiger Rechte durch eine kantonale Letztinstanz mit der neuen, aber von der staatsrechtlichen Beschwerde inspirierten sog. subsidiären Verfassungsbeschwerde vor dem Bundesgericht gerügt werden.

74 Verletzung des Bundesrechts als Beschwerdegrund

Subsidiäre Verfassungsbeschwerde

a) Beschwerde in öffentlich-rechtlichen Angelegenheiten

Die Einheitsbeschwerde im Bereich der öffentlich-rechtlichen Angelegenheiten vereinigt als ordentliches, nicht aufschiebend wirkendes, devolutives Rechtsmittel, das sowohl reformatorische als auch kassatorische Wirkungen entfalten kann, Elemente der staatsrechtlichen Beschwerde mit Elementen der Verwaltungsgerichtsbeschwerde in einem Rechtsmittel[163].

75 Einheitsbeschwerde

aa) Beschwerdegründe und Kognition

Die Regelung von Art. 95 BGG führt zu einer Vereinheitlichung der zulässigen Rügen vor dem Bundesgericht und beinhaltet einen umfassenden Schutz der in der Bundesverfassung (lit. a), den Kantonsverfassungen (lit. c) und in völkerrechtlichen Verträgen (lit. b) verbrieften Grundrechte. Die mit dieser Bestimmung einhergehende Vereinheitlichung der bundesgerichtlichen Kognition kann trotz zum Teil geäußerter Bedenken[164] begrüßt werden. Das Rügeprinzip von Art. 106 Abs. 2 BGG, die Beschränkung der Kognition bei der Prüfung von kantonalem Recht sowie die nach wie vor bestehende Möglichkeit einer verringerten Prüfungsdichte durch das Bundesgericht schützen vor undifferenzierter und mit Blick auf den Föderalismus funktionswidriger Kognition[165].

76 Vereinheitlichung der Rügen

Als oberstes Gericht beschränkt sich das Bundesgericht in der Regel auf eine Rechtskontrolle (Art. 97 in Verbindung mit Art. 105 BGG). Dies gilt auch, wenn die Vorinstanz kein Gericht war oder als einzige Instanz entschieden hat. Art. 97 Abs. 2 BGG sieht von diesem Grundsatz eine Ausnahme im Bereich der Militär- und Unfallversicherung vor, soweit Geldleistungen in

77 Sachverhalt

---

162 S. dazu oben RN 20.
163 Ausführlich zum Ganzen: *Aemisegger*, Der Beschwerdegang in öffentlich-rechtlichen Angelegenheiten, in: Ehrenzeller/Schweizer (Hg.), Reorganisation der Bundesrechtspflege (LitVerz.); *François Bellanger*, Le recours en matière de droit public, in: ders./Thierry Tanquerel (Hg.), Les nouveaux recours fédéraux en droit public, 2006, S. 43 ff.; *Kuhn*, Die Einheitsbeschwerde – Mehr Rechtsschutz...oder Entlastung des Bundesgerichts?, in: Benjamin Schindler/Regula Schlauri (FN 159), S. 69 ff.; *Häfelin/Müller/Uhlmann* (FN 62), RN 2006 ff.; *Ziegler* (FN 126), S. 329 ff.
164 *Richli*, Allgemeine Diskussion, in: R.J. Schweizer (FN 153), S. 123 ff. (134).
165 *Häfelin/Haller/Keller*, Justizreform (LitVerz.), RN 1969 ff.; *Waldmann* (FN 155), S. 757 f.

Frage stehen. Eine eigene Sachverhaltsprüfung hat das Bundesgericht bei Direktprozessen (zum Beispiel aufgrund von Art. 88 Abs. 2 Satz 2 BGG) vorzunehmen. Eine eigene Sachverhaltsprüfung erscheint entgegen Art. 97 BGG aber auch dann als angemessen, wenn das Bundesgericht als erste und einzige Beschwerdeinstanz urteilt.

bb) Anfechtungsobjekte

78
Aufzählung

Als mögliche Anfechtungsobjekte nennt Art. 82 in Verbindung mit Art. 90 ff. BGG für die Beschwerde in öffentlich-rechtlichen Angelegenheiten: Endentscheide (lit. a), kantonale Erlasse (lit. b) sowie Akte, die die politischen Rechte betreffen (lit. c).

(1) Entscheide in öffentlich-rechtlichen Angelegenheiten

79
In der Regel Entscheid der kantonalen Vorinstanz

Der Begriff „Entscheid" umfaßt sowohl Verfügungen nach Art. 5 VwVG[166] als auch Entscheide, die von der Praxis des Bundesgerichts zu Art. 84 Abs. 1 OG als Anfechtungsobjekte zugelassen worden sind[167]. Auf Grund von Art. 86 Abs. 2 BGG wird in aller Regel das Urteil der kantonalen Instanz als Anfechtungsobjekt dienen. Die Frage, wie weit eine Beschwerdemöglichkeit auch für Akte ohne Verfügungscharakter gegeben ist, hängt von den jeweiligen Bestimmungen der in Art. 86 BGG bezeichneten Vorinstanzen ab[168]. In bezug auf Realakte ist insbesondere der neu geschaffene Art. 25a VwVG zu beachten, der allerdings nur für die Anwendung von Bundesverwaltungsrecht gilt.

80
Abgrenzung gegen Beschwerden in Zivilsachen

Der Entscheid muß eine öffentlich-rechtliche Angelegenheit zum Inhalt haben. Zur Abgrenzung können die von der Lehre und Rechtsprechung entwickelten Kriterien angewendet werden, wobei rechtsdogmatische Grenzfälle von der künftigen Praxis entschieden werden müssen[169]. Art. 72 Abs. 2 lit. b BGG weist allerdings sämtliche öffentlich-rechtlichen Streitigkeiten, die in unmittelbarem Zusammenhang mit dem Zivilrecht stehen, der Beschwerde in Zivilsachen zu. Neben den bereits früher der Berufung zugänglichen Streitigkeiten – z.B. bezüglich der Verweigerung der Namensänderung oder der Entziehung der elterlichen Gewalt – fallen auch Streitigkeiten aus der Führung des Grundbuches sowie des Zivilstands- und Handelsregisters und die Stiftungsaufsicht in den Bereich der Beschwerde in Zivilsachen[170].

81
Endentscheide

Grundsätzlich sind nach Art. 90 BGG nur Endentscheide anfechtbar, wobei Art. 92 ff. BGG wie bisher gewisse Ausnahmen für Teil- und Zwischenentscheide vorsieht.

(2) Sämtliche kantonalen Erlasse

82
Systembruch

Eine Durchbrechung des angestrebten Systems der Abgrenzung nach Rechtsgebieten stellt die Möglichkeit der abstrakten Normenkontrolle von sämtli-

---

[166] S. dazu RN 43.
[167] Dazu RN 23 ff.
[168] *Botschaft* Totalrevision (FN 153), S. 4319.
[169] *Ziegler* (FN 126), S. 354 ff.
[170] *Waldmann* (FN 155), S. 752 f.

chen kantonalen zivil-, straf- und öffentlich-rechtlichen Erlassen im Verfahren der Beschwerde in öffentlich-rechtlichen Angelegenheiten dar. Die Anfechtungsfähigkeit der Erlasse bestimmt sich auch hier nach der bestehenden Rechtsprechung des Bundesgerichts zu Art. 84 Abs. 1 OG[171].

(3) Akte betreffend die politischen Rechte

In der öffentlich-rechtlichen Beschwerde werden die bisher bestehenden Rechtsmittel betreffend Verletzung der politischen Rechte in kantonalen (Art. 85 lit. a OG) wie auch in eidgenössischen (Art. 81 und 82 BPR) Wahlen und Abstimmungen zusammengeführt (Art. 189 Abs. 1 lit. f BV und Art. 88 BGG i. V. m. Art. 77 und 80 BPR). Durch Art. 88 Abs. 2 BGG in Verbindung mit dem Grundsatzentscheid des Bundesgerichts vom Februar 2007[172] werden die Kantone verpflichtet, für sämtliche behördlichen Akte (auch Realakte), die politische Rechte der Stimmbürger in kantonalen Angelegenheiten verletzen können, eine gerichtliche Vorinstanz vorzusehen. Ausgenommen sind Akte des kantonalen Parlaments und der Kantonsregierung, gegen die die Kantone kein Rechtsmittel vorsehen müssen und die damit direkt beim Bundesgericht gerügt werden können. Die Beschwerdegründe und die Kognition (Art. 95 lit. d BGG)[173] sowie die Beschwerdelegitimation (Art. 89 Abs. 3 BGG)[174] richten sich weitgehend nach der bisherigen Stimmrechtsbeschwerde[175].

83
Ausweitung der Stimmrechtsbeschwerde

(4) Ausnahmen

In Art. 83 BGG werden zahlreiche Sachgebiete (im wesentlichen analog Art. 99–101 OG[176]) von der öffentlich-rechtlichen Beschwerde ausgenommen. Der Ausschluß ist umfassend zu verstehen und betrifft damit nicht nur – wie bisher – den Bereich der Verwaltungsgerichtsbeschwerde, sondern auch die Überprüfung von kantonalen Entscheiden, die bisher im Rahmen der staatsrechtlichen Beschwerde vorgenommen worden ist und so nicht dem Ausnahmenkatalog von Art. 99 bis 101 OG unterstand[177]. Da nur Entscheide vom Ausnahmenkatalog betroffen sind, bleibt die abstrakte Normenkontrolle gegen kantonale Erlasse uneingeschränkt möglich, während hingegen die akzessorische Normenkontrolle von kantonalen Gesetzen durch das Bundesgericht in den erwähnten Sachgebieten ausscheidet[178]. Die subsidiäre Verfassungsbeschwerde gewährleistet, daß auch im Anwendungsbereich des Ausnahmekatalogs die Verletzung verfassungsmäßiger Rechte vor dem Bundesgericht gerügt werden kann.

84
Ausnahmenkatalog

---

171 *Botschaft* Totalrevision (FN 153), S. 4319f. S. dazu RN 23.
172 *BGer*, Urt. v. 12. 2. 2007 (1P.338/2006, Publikation vorgesehen), Erw. 3.10.
173 Siehe dazu RN 35, 39.
174 Siehe dazu RN 40.
175 *Besson*, Die Beschwerde in Stimmrechtssachen, in: Ehrenzeller/Schweizer, Reorganisation der Bundesrechtspflege (LitVerz.), S. 410ff.
176 Übersicht über die wesentlichen Änderungen und deren Grundlage *Botschaft* aaO., S. 4322f.
177 *Botschaft* aaO., S. 4320.
178 *Botschaft* aaO., S. 4320ff.; *Koller*, Grundzüge (FN 153), S. 77ff.; *Waldmann* (FN 155), S. 753f.

(5) Streitwertgrenze

85
Bei Staatshaftung

Sofern keine Rechtsfragen von grundsätzlicher Bedeutung betroffen sind, gilt auf Grund der Verwandtschaft zur zivilrechtlichen Haftung in Fällen der Staatshaftung neu eine Streitwertgrenze von 30 000 Franken (Art. 85 BGG). Was als Rechtsfrage von grundsätzlicher Bedeutung zu gelten hat, muß durch die Praxis des Bundesgerichts bestimmt werden.

cc) Legitimation

86
Verletzung schutzwürdiger Interessen

Art. 89 BGG verlangt neben der formellen Beschwer (lit. a) auch eine materielle Beschwer (lit. c), das heißt eine Verletzung von schutzwürdigen Interessen. Der Beschwerdeführer muß somit darlegen, daß der angefochtene Akt fehlerhaft ist und ihm Nachteile verursacht oder ihn eines Vorteiles beraubt. Da für die Beschwerdelegitimation nicht nur rechtliche Interessen, sondern auch Interessen tatsächlicher Natur genügen, entspricht diese Regelung inhaltlich Art. 103 lit. a OG[179]. Auch für die Überprüfung von kantonalen Erlassen und Entscheiden gelten damit künftig die gegenüber Art. 88 OG weiteren Legitimationsbestimmungen der Verwaltungsgerichtsbeschwerde. Im übrigen verlangt das Bundesgericht bereits heute ein Interesse, das über allgemeine Interessen der Bürger hinausgeht. Damit wird die Formulierung „besonders berührt" (lit. b) voraussichtlich zu keiner Verschärfung der Legitimationsvoraussetzungen führen[180].

87
Behörden und Körperschaften

In Art. 89 Abs. 2 BGG wird die in Art. 103 OG vorgesehene Behördenbeschwerde übernommen und punktuell durch ein Beschwerderecht der Bundeskanzlei ausgebaut. Art. 89 Abs. 2 lit. c BGG übernimmt die ständige Praxis des Bundesgerichts zur Berechtigung von öffentlich-rechtlichen Körperschaften zur staatsrechtlichen Beschwerde[181].

dd) Subsidiarität

88
Relative Subsidiarität

Die wichtigste Maßnahme zur Entlastung des Bundesgerichts soll die Einsetzung von Vorinstanzen bilden. Dementsprechend ist eine Beschwerde an das Bundesgericht nur möglich, wenn der Rechtsweg voll ausgeschöpft worden ist. Ob die heute bestehenden Ausnahmen der relativen Subsidiarität (z.B. Art. 86 Abs. 2 OG, bei Zweifeln über die Zulässigkeit eines kantonalen Rechtsmittels[182] oder wenn dessen Ergreifung eine zwecklose Formalität darstellen würde[183]) weiter Bestand haben, wird die Rechtsprechung zeigen müssen. In Art. 86 bis 88 BGG werden die Vorinstanzen bezeichnet, deren Entscheide einer Beschwerde an das Bundesgericht unterliegen. Das Bundesgericht amtet damit immer nur als zweite oder weitere Instanz, außer in Fällen der abstrakten Normenkontrolle, wenn das kantonale Recht kein eigenes

---

[179] Siehe dazu RN 48 ff.
[180] *Botschaft* aaO., S. 4328 ff.; *Häfelin/Haller/Keller*, Justizreform (LitVerz.), RN 1987 ff.; *Waldmann* (FN 151), S. 756 f.
[181] *BGE 121* I 118.
[182] *BGE 120* Ia 194.
[183] *BGE 106* Ia 229.

Rechtsmittel vorsieht (Art. 87 BGG) sowie in Stimmrechtssachen, wenn Akte eines Parlaments oder einer Regierung infrage stehen (Art. 88 Abs. 2 Satz 2 BGG)[184].

ee) Vorsorgliche Maßnahmen und Entscheid

Die Einheitsbeschwerde hat gemäß Art. 103 BGG wie bisher auch die Verwaltungsgerichtsbeschwerde (Art. 111 OG) und die staatsrechtliche Beschwerde (Art. 94 OG) grundsätzlich keine aufschiebende Wirkung. Die in Art. 111 Abs. 2 OG vorgesehene aufschiebende Wirkung gegen Verfügungen, die zu einer Geldleistung verpflichten, wurde nicht ins neue Recht übernommen. Weiterhin bestehen bleibt die Möglichkeit einer ad hoc Anordnung der aufschiebenden Wirkung oder anderer vorsorglicher Maßnahmen (Art. 103 Abs. 3 bzw. Art. 104 BGG).

89 Grundsätzlich keine aufschiebende Wirkung

Das Bundesgericht ist gemäß Art. 107 BGG an das Begehren der Parteien gebunden. Ausnahmen, wie dies z.B. Art. 114 Abs. 1 OG für Abgabestreitigkeiten vorsah, sind weggefallen. Der Entscheid kann kassatorisch wie auch reformatorisch ausfallen. Aufgrund der auch verfassungsrechtlich angezeigten Rücksichtsnahme des Bundesgerichts auf den kantonalen Gesetzgeber werden auch künftig in der Regel kassatorische Entscheidungen ergehen[185].

90 Bindung an Rechtsbegehren

b) Subsidiäre Verfassungsbeschwerde

Der Vorschlag der Arbeitsgruppe Bundesgerichtsgesetz, das Rechtsmittelsystem des Bundesgerichts durch eine subsidiäre Verfassungsbeschwerde zu ergänzen, fand bei den Kommissionen wie auch den Eidg. Räten breite Zustimmung und wurde in die Gesetzesvorlage integriert[186]. Durch diese Ergänzung der Einheitsbeschwerden werden Rechtsschutzlücken gegenüber den Entscheiden kantonaler Letztinstanzen geschlossen, die sich durch die Streitwertgrenzen, die Ausnahmeregelungen von Art. 83 BGG sowie durch Kognitionsbeschränkungen (z.B. Art. 96 lit. b BGG) ergeben würden[187].

91 Schließung von Rechtsschutzlücken

Da die subsidiäre Verfassungsbeschwerde gemäß Art. 113 BGG lediglich gegen Entscheide letzter kantonaler Instanzen möglich ist, können bedauerlicherweise Entscheide des Bundesverwaltungsgerichts, die auf Grund von Art. 83 BGG nicht mit öffentlich-rechtlicher Beschwerde dem Bundesgericht vorgelegt werden können, sowie die wenigen verbleibenden Rechtspflegeentscheide der Bundesexekutive nicht höchstrichterlich auf ihre Grundrechtskonformität überprüft werden.

92 Rechtsschutzgrenzen

Die subsidiäre Verfassungsbeschwerde verbindet als außerordentliches, in der Regel nicht aufschiebend wirkendes Rechtsmittel, das sowohl reformatorische als auch kassatorische Wirkung entfallten kann, Elemente der staats-

93

---

184 *Botschaft* Totalrevision (FN 153), S. 4325 ff.; *Koller* (FN 153), S. 100.
185 *Aemisegger* (FN 163), S. 171 ff.
186 Ständerat, Amtliches Bulletin, 2005, S. 138 ff.; Nationalrat, Amtliches Bulletin, 2004, S. 1641 f.
187 So bereits *Lüchinger*, Reform der Zivilgerichtsbarkeit des Bundes, in: R.J. Schweizer (FN 153), S. 23 (34 f.); *Knapp*, Allgemeine Diskussion (FN 153), S. 123 (153); *Raselli*, Hat die staatsrechtliche Beschwerde ausgedient?, AJP 2002, S. 3 ff.

Stellung zwischen staatsrechtlicher und Einheitsbeschwerde

rechtlichen Beschwerde mit Elementen der neu geschaffenen Einheitsbeschwerde. Diese Zwischenstellung führt zu verschiedenen Unklarheiten und neuen Auslegungsfragen, aber auch zur Übernahme eines Großteils der prozessualen Schwierigkeiten, die mit der staatsrechtlichen Beschwerde verbunden waren[188]. Bei der inhaltlichen Konkretisierung des Beschwerdegrunds nach Art. 116 BGG (verfassungsmäßige Rechte)[189], des Anfechtungsobjekts gemäß Art. 113 BGG (kantonale Entscheide)[190], wohl auch bezüglich der Kognition[191], der Beschwerdelegitimation gemäß Art. 115 BGG (insbesondere: rechtlich geschütztes Interesse)[192] sowie der Subsidiarität gemäß Art. 113 BGG[193] kann im Bereich der subsidiären Verfassungsbeschwerde weitgehend auf die bisherige Praxis des Bundesgerichts zu den Beschwerdevoraussetzungen der staatsrechtlichen Beschwerde zurückgegriffen werden. Neue Unsicherheiten ergeben sich insbesondere hinsichtlich der Vorinstanzen gemäß Art. 114 in Verbindung mit Art. 75 bzw. Art. 86 BGG. Die sinngemäße Anwendung der Vorinstanzenregelung der Einheitsbeschwerde in öffentlich-rechtlichen Angelegenheiten läßt die (wohl zu verneinende) Frage offen, ob die Kantone durch das Bundesgerichtsgesetz zur Einsetzung kantonaler Verfassungsgerichte verpflichtet werden oder nicht. Im Rahmen der subsidiären Verfassungsbeschwerde können gemäß Art. 117 in Verbindung mit Art. 107 Abs. 2 BGG neben kassatorischen auch reformatorische Entscheide ergehen. Die föderalistische Rücksichtnahme des Bundesgerichts läßt aber weiterhin überwiegend kassatorische Urteile erwarten.

4. Problemfelder der neuen Bundesrechtspflege

94
Bereich der Einheitsbeschwerde

Das neue Recht führt nicht in allen Belangen zu Vereinfachungen, Arbeitsentlastungen für das Bundesgericht und einer Verbesserung des Grundrechtsschutzes. Für das Bundesgericht ergeben sich insbesondere neue Auslegungsfragen. So muß der Ausnahmenkatalog von Art. 83 BGG ausgelegt und konkretisiert werden. Im Zusammenhang mit der Streitwertgrenze (Art. 74 Abs. 2 und Art. 85 BGG) ist zu klären, wann von einer Frage von grundsätzlicher Bedeutung ausgegangen werden muß und in welchem Verhältnis dieser Bereich zum Anwendungsbereich der subsidiären Verfassungsbeschwerde steht. Es ist zu konkretisieren, welche Entscheide überwiegend politischen Charakter aufweisen und deshalb gemäß Art. 86 Abs. 3 BGG nicht durch eine gerichtliche kantonale Vorinstanz überprüft werden müssen.

---

188 *Rainer J. Schweizer*, Die subsidiäre Verfassungsbeschwerde nach dem neuen Bundesgerichtsgesetz, in: Ehrenzeller/ders. (Hg.), Reorganisation der Bundesrechtspflege (LitVerz.), S. 211 ff.; *Hottelier*, Entre tradition et modernité: le recours constitutionnel subsidiaire, in: Bellanger/Tanquerel (FN 163), S. 71 ff.
189 S. dazu RN 20 ff.
190 S. dazu RN 23 ff.
191 S. dazu RN 27 ff.
192 S. dazu RN 31.
193 S. dazu RN 32 f.

Neue Fragestellungen ergeben sich im Bereich der Beschwerde in Stimmrechtssachen. Erstens läßt Art. 88 Abs. 2 BGG offen, ob die Kantone gerichtliche Vorinstanzen einsetzen müssen oder nicht. Das Bundesgericht hat in seinem Grundsatzentscheid vom Februar 2007 diese Frage bejaht und damit den Kantonen den Ausbau gerichtlicher Vorinstanzen in diesem Bereich vorgeschrieben. Zweitens ist die Aufhebung und die Anordnung zur Wiederholung von eidgenössischen Wahlen oder Abstimmungen in einzelnen Kantonen durch das Bundesgericht mit erheblichen praktischen Schwierigkeiten verbunden.

95
Bereich der Stimmrechtsbeschwerde

Neue Fragen wirft aber auch die subsidiäre Verfassungsbeschwerde auf. Insbesondere ist durch die Praxis zu klären, welche Kognition das Bundesgericht bei der Überprüfung von kantonalen Entscheiden anwendet, die sich auf Bundesrecht stützen. Zudem ist unklar, was unter der sinngemäßen Anwendung von Art. 75 bzw. Art. 86 BGG gemäß Art. 114 BGG zu verstehen ist, insbesondere, ob und wieweit den Kantonen eine kantonale Verfassungsgerichtsbarkeit vorgeschrieben wird. Für die Durchsetzung des Grundrechtsschutzes als größter Mangel erweist sich die Beschränkung des Anwendungsbereiches der subsidiären Verfassungsbeschwerde auf Entscheide letzter kantonaler Instanzen. Mit Blick auf einen einheitlichen Grundrechtsschutz wäre eine Verfassungsgerichtsbarkeit insbesondere gegenüber dem Bundesverwaltungsgericht nicht nur möglich, sondern verfassungsrechtlich geboten gewesen.

96
Bereich der subsidiären Verfassungsbeschwerde

III. Außergerichtlicher Grundrechtsschutz

Die Zusammenführung der Rekurskommissionen als Spezialverwaltungsgerichte im neuen Bundesverwaltungsgericht führt zusammen mit dem Abbau der Rechtsprechungskompetenzen der Bundesverwaltungsbehörden zu einer Stärkung des gerichtlichen Rechtsschutzes auf Bundesebene.

97
Stärkung des (bundes-)gerichtlichen Rechtsschutzes

Die Aufhebung der Rechtsprechungskompetenzen des Bundesrates drängt sich sowohl aus Gesichtspunkten der klaren Aufgabenzuteilung als auch aus Gründen der Verwirklichung der Rechtsweggarantie auf. Art. 47 Abs. 6 RVOG sieht neu vor, daß Geschäfte des Bundesrates von Rechts wegen auf das in der Sache zuständige Departement übergehen sollen, sofern Verfügungen zu treffen sind, die der Beschwerde an das Verwaltungsgericht unterliegen. Künftig soll der Bundesrat damit nur noch in Streitigkeiten entscheiden können, die einen überwiegend politischen Charakter aufweisen und deshalb durch die Ausnahmekataloge (Art. 83 BGG sowie Art. 32 VGG) einer gerichtlichen Kontrolle entzogen sind[194]. Im weiteren sollen wichtige Bereiche, in denen bisher die Departemente des Bundes letztinstanzlich entschieden haben (z. B. das Eidgenössische Justiz- und Polizeidepartement über den Aufenthalt oder die Niederlassung von Ausländern) ebenfalls an das Bundesverwaltungsgericht übertragen werden.

98
Verringerte Rechtsprechungskompetenzen des Bundesrates

---

194 *Botschaft* Totalrevision (FN 153), S. 4240 ff.; *Häfelin/Müller/Uhlmann* (FN 62), RN 2031 ff.

99
Bundesversammlung

Die staatsrechtlichen Rechtsprechungskompetenzen der Bundesversammlung[195] bleiben durch die Reform der Bundesrechtspflege unberührt.

E. Lücken im gegenwärtigen Rechtsschutz

I. Schranken der Verfassungsrechtspflege

100
Anwendungsgebot

Die Bundesverfassung erklärt in Art. 190 BV (alt Art. 191 BV) Bundesgesetze und Völkerrecht für maßgeblich und entzieht diese Normen einer gerichtlichen Kontrolle. Der Vorschlag des Bundesrates, die akzessorische Überprüfung von Bundesgesetzen durch das Bundesgericht zuzulassen, wurde 1998 vom Parlament abgelehnt[196]. Art. 190 BV wird von der neueren Lehre und Rechtsprechung nicht mehr als ein striktes Überprüfungsverbot verstanden, sondern lediglich als Anwendungsgebot, das eine Kritik an den anzuwendenden Normen in der Urteilsbegründung zuläßt[197].

101
Bundesgesetze und daraus abgeleitete Erlasse

Als maßgebend gelten sowohl die von der Bundesversammlung nach Art. 163 Abs. 1 BV in Gesetzesform erlassenen rechtsetzenden Bestimmungen als auch die nach Art. 165 BV erlassenen dringlichen Bundesgesetze; andere Erlasse der Bundesversammlung nach Art. 163 BV werden dagegen nicht erfaßt. Diese untergesetzlichen Erlasse der Bundesversammlung sowie Verordnungen des Bundesrates sind allerdings nur insoweit überprüfbar, als sie über den in Verfassung oder Gesetz festgehaltenen Delegationsspielraum hinausgehen[198]. In Ausnahmefällen wird auch eine kantonale Norm als maßgeblich erachtet, sofern sie in engem Zusammenhang mit einer Regelung in einem Bundesgesetz steht[199]. Als maßgebliches Völkerrecht gilt neben den durch die Bundesversammlung genehmigten und unter Umständen durch Volk und Stände gutgeheißenen völkerrechtlichen Verträgen auch Völkergewohnheitsrecht oder das sekundäre Völkerrecht, das heißt Regelungen, die von völkerrechtlichen Organen erlassen worden sind[200].

102
Verfassungskonforme Auslegung und EMRK

Die Maßgeblichkeit von Bundesgesetzen steht einer verfassungskonformen Auslegung nicht entgegen. Das Bundesgericht hat in einer nicht unumstrittenen Entscheidung auch eine verfassungskonforme Auslegung gegen den klaren Wortlaut des Gesetzes für zulässig erklärt[201]. Eine weitere Relativierung

---

195 S. oben RN 61 ff.
196 *Botschaft BR* zum VE 96, S. 641 (Art. 178); Nationalrat, Amtliches Bulletin, 1998, S. 1465 ff.; Ständerat, Amtliches Bulletin, 1998, S. 1018 ff.; *Schubarth* (FN 129).
197 *BGE 117* Ib 367 Erw. 2 f.; *Zimmerli/Kälin/Kiener* (FN 14), S. 16; *Aubert/Mahon*, Constitution (LitVerz.), S. 1453 ff.; *Tschannen*, Staatsrecht (LitVerz.), § 8 RN 10; *Häfelin/Haller*, Bundesstaatsrecht (LitVerz.), RN 2086.
198 *BGE 129* II 249 Erw. 5.4; *128* II 222 Erw. 3.2.1. Übersicht über die Erlaßarten bei *Tschannen* aaO., § 45 RN 20 ff.
199 *BGE 126* I 1 Erw. 2 f.; *113* V 120 Erw. 2d.
200 *Hangartner*, in: Ehrenzeller u. a., St. Galler Kommentar (LitVerz.), Art. 191 RN 10 ff.; *Aubert/Mahon*, Constitution (LitVerz.), S. 1453 ff.
201 *BGE 111* Ia 292 Erw. 3b.

bringt der Vorrang des Völkerrechts, an dem auch die Europäische Menschenrechtskonvention teilhat. Das Bundesgericht erachtet eine Überprüfung von Bundesgesetzen dann als zulässig, wenn deren Anwendung eine Verurteilung der Schweiz durch den Europäischen Gerichtshof für Menschenrechte zur Folge haben könnte[202]. Das Bundesgericht übt sich aber bei der Anwendung dieser Praxis in größter Zurückhaltung[203]. Diese Praxis findet trotz der mit ihr einhergehenden Zweiteilung des Grundrechtsschutzes und den methodisch zum Teil nur wenig überzeugenden Urteilsbegründungen breite Zustimmung[204].

II. Verwaltungshandlungen ohne Verfügungscharakter

Das bisherige wie auch das revidierte öffentliche Prozeßrecht machen den Rechtsschutz gegen Verwaltungshandlungen vom Bestehen einer Verfügung abhängig (Art. 44 VwVG; Art. 97 OG; Art. 33 VGG). Der Bereich des verfügungsfreien Verwaltungshandelns (Warnungen, Empfehlungen, Forschung, statistische Erhebungen, insbesondere aber auch Realakte von Sicherheits-, Gesundheits- und anderen Diensten) muß unter Gesichtspunkten des effektiven Grundrechtsschutzes kritisch betrachtet werden[205].

103 Problematik des Grundrechtsschutzes gegen Realakte

Das Bundesgericht hat in seiner jüngeren Rechtsprechung versucht, durch eine Ausweitung des Verfügungsbegriffs dem berechtigten Rechtsschutzbedürfnis in diesem Bereich vermehrt Rechnung zu tragen – dies nicht nur, wenn eine Behörde eine Verfügung zu Unrecht verweigert oder verzögert, sondern auch wenn der Staat durch einen Realakt in die Grundrechte der Bürger eingreift[206]. Damit wird versucht, der rechtsstaatlich (Art. 5 BV) geforderten und konventions- (Art. 6 und Art. 13 EMRK)[207] sowie verfassungsrechtlich (Art. 29a BV) verankerten Rechtsschutzgarantie vermehrt nachzukommen. Auch in der Gesetzgebung finden sich neue Ansätze, um den Rechtsschutz im verfügungsfreien Bereich zu verbessern. So sehen z.B. Art. 60 Abs. 1 FMG[208] oder Art. 7 Abs. 2 TG[209] explizit eine Anfechtungsmöglichkeit von Akten ohne Verfügungscharakter vor. Auch im Staatshaftungsrecht wird auf Bundesebene sowie auf kantonaler Ebene (z.B. im Kanton Glarus) vermehrt mittels Verfügung über das Begehren des Geschädigten ent-

104 Ausweitung des Verfügungsbegriffs als Ausweg

Verbesserungen in der Gesetzgebung

---

[202] Erstmals *BGE 117* Ib 367 Erw. 2e; m.w.H. auf die Rechtsprechung *BGE 128* IV 201; *Hangartner* (FN 200); *Thomas Scherrer*, Geschichte und Auslegung des Massgeblichkeitsgebots von Art. 190 BV, 2001.
[203] *BGE 125* II 417 Erw. 4d.
[204] M.w.H. *Kälin*, Verfassungsgerichtsbarkeit (FN 4), § 74 RN 24.
[205] Dazu *Richli*, Zum verfahrens- und prozeßrechtlichen Regelungsdefizit beim verfügungsfreien Staatshandeln, AJP 1992, S. 196 ff.; *ders.*, Zum Rechtsschutz gegen verfügungsfreies Staatshandeln in der Totalrevision der Bundesrechtspflege, AJP 1998, S. 1426 (1427); *Hangartner*, Recht auf Rechtsschutz, AJP 2002, S. 131 (146).
[206] *BGE 127* I 84 Erw. 4a.
[207] *BGE 130* I 369; *130* I 388. *R.J. Schweizer*, in: Wolfram Karl u.a. (Hg.), Internationaler Kommentar zur Europäischen Menschenrechtskonvention, Art. 13 RN 8.
[208] Fernmeldegesetz v. 30. 4. 1997 (SR 784.10).
[209] Transportgesetz v. 4. 10. 1984 (SR 742.40).

§ 229　　Vierzehnter Teil: III. Grundrechtsdurchsetzung

Neue Wege bei öffentlich-rechtlichen Verträgen

schieden[210]. In Anwendungsbereichen der öffentlich-rechtlichen Verträge wird zunehmend versucht, das kontraktuelle Vorgehen mit dem Erlaß von Verfügungen zu verbinden. Im Beschaffungswesen (z.B. Art. 26–35 BoeB[211]) wird gemäß der Zweistufentheorie dem Vertragsschluß eine Verfügung vorgeschaltet. Im Personalrecht (z.B. Art. 8 und Art. 34 BPG[212]) müssen Streitigkeiten aus Vertrag durch Verfügung entschieden werden und das Bundesgesetz über Finanzhilfen und Abgeltungen[213] des Bundes hält in Art. 16 explizit fest, daß Finanzhilfen und Abgeltungen in der Regel durch Verfügung gewährt werden sollen[214].

III. Privatisierte staatliche Aufgaben

105

Grundrechtsschutz gegen private Träger staatlicher Aufgaben

Die Privatisierung staatlicher Aufgaben führt zu zahlreichen prozessualen Problemen. In bezug auf den Grundrechtsschutz stellt sich insbesondere die Frage, wie weit eine privatisierte Aufgabenerfüllung unter Art. 35 Abs. 2 BV, der bestimmt, daß jeder der eine staatliche Aufgabe wahrnimmt, an die Grundrechte gebunden ist, subsumiert werden kann.

106

Diffizile Abgrenzung

Die Abgrenzung zwischen grundrechtsgebundener Verwaltungshandlung und grundrechtsgeschützter Privathandlung erweist sich besonders in Bereichen, in denen ein öffentlich-rechtliches Subjekt handelt und dabei in einem privatrechtlichen Konkurrenzverhältnis steht, als äußerst diffizil[215]. Wirksamer Wettbewerb besteht insbesondere, wenn der einzelne die Möglichkeit hat, ohne erheblichen Aufwand auf vergleichbare Angebote auszuweichen (Art. 12 Abs. 2 PüG)[216]. Insbesondere die Swisscom (vom Bund beherrschte Aktiengesellschaft) und die Post (öffentlich-rechtliche Anstalt), aber auch große Bereiche der Bedarfsverwaltung (als privatrechtlicher Nachfrager) sind diesem Bereich zuzuordnen. Die Beurteilung solcher Sachverhalte ist umstritten. Das Bundesgericht[217] und ein Teil der Lehre[218] gehen davon aus, daß es durchaus möglich ist, eine öffentlich-rechtliche Institution wie z.B. die Post von der Grundrechtsbindung zu befreien, wenn der Gesetzgeber auf wettbewerbliche Mechanismen umstellen wollte (z.B. Art. 9 Postgesetz, dort insbesondere Absatz 3) und ein Markt tatsächlich besteht. Die andere Meinung geht von einer vollständigen Grundrechtsbindung nach Art. 35 Abs. 2 BV des Staates und seiner Einrichtun-

---

210 *Jost Gross*, Schweizerisches Staatshaftungsrecht. Stand und Entwicklungstendenzen, 2001, S. 64, 361, 380.
211 Bundesgesetz v. 16.12.1994 über das öffentliche Beschaffungswesen (SR 172.056.1).
212 Bundespersonalgesetz v. 24.3.2000 (SR 172.220.1).
213 Bundesgesetz v. 5.10.1990 über Finanzhilfen und Abgeltungen (SUG, SR 616.1).
214 *Rhinow* (FN 155), S. 524 ff.; *R.J. Schweizer*, Verträge und Absprachen zwischen der Verwaltung und Privaten in der Schweiz, in: VVDStRL 52 (1993), S. 314 ff.
215 *BGE 129* III 35; *Tschannen*, Staatsrecht (LitVerz.), § 7 RN 38; *Hangartner*, Öffentlich-rechtliche Bindungen privatrechtlicher Tätigkeit des Gemeinwesens, in: Ernst Brem u.a. (Hg.), FS Mario M. Pedrazzini, 1990, S. 129 ff.
216 Preisüberwachungsgesetz vom 20.12.1985 (SR 942.20); *Schefer*, Grundrechtliche Schutzpflichten und die Auslagerung staatlicher Aufgaben, AJP 2002, S. 1131 (1142).
217 *BGE 129* III 35.
218 Z.B. *Tschannen*, Staatsrecht (LitVerz.), § 7 RN 57.

gen in allen seinen Organisations- und Handlungsformen aus²¹⁹. Bereits aus Gründen der Praktikabilität ist eine vermittelnde Lösung anzustreben.

F. Praktische Durchsetzung

Die Normierung von geeigneten Rechtsmitteln zur Durchsetzung des Grundrechtsschutzes garantiert in keiner Weise die tatsächliche Verwirklichung der gewährten Rechte. Ein effektives Rechtsmittelsystem muß ergänzt werden, zum einen durch geeignete Sicherungen im Vorfeld des Verfahrens, die den Zugang zu einer Kontrollinstanz sicherstellen, zum anderen auch durch wirksame Sanktionen, die dem Entscheid zur Durchsetzung verhelfen. Obwohl die Verfahrenskosten zum größten Teil sozialverträglich ausgestaltet sind, man denke insbesondere an die Kostenlosigkeit der Schlichtungsstelle für Miet- und für Arbeitsrecht sowie der Sozialversicherungsgerichte, muß der Zugang zum Gericht auch für bedürftige Personen sichergestellt werden.

107
Tatsächliche Verwirklichung der Grundrechte

I. Die unentgeltliche Rechtspflege

Der verfassungsmäßige Anspruch auf unentgeltliche Rechtspflege (Art. 29 Abs. 2 BV) bildet ein wichtiges Instrument zur Sicherung des Rechtsschutzes bedürftiger Personen²²⁰. Als rechtsstaatliche Notwendigkeit wird der Anspruch auf unentgeltliche Prozeßführung durch sämtliche eidgenössischen und kantonalen Prozeßordnungen gewährt; er ließe sich aber auch unmittelbar aus der Minimalgarantie von Art. 29 Abs. 3 BV ableiten²²¹. Die Bewilligung des Anspruchs auf unentgeltliche Rechtspflege setzt ein entsprechendes Begehren voraus, und die Voraussetzungen, insbesondere die *Bedürftigkeit*²²² der Partei, die *Nichtaussichtslosigkeit*²²³ des Prozeßbegehrens sowie unter Umständen die *Notwendigkeit*²²⁴ des Rechtsvertreters sind nachzuweisen²²⁵.

108
Rechtsstaatliche Notwendigkeit

---

219 *Hangartner*, Grundrechtsbindung öffentlicher Unternehmen. Bemerkungen aus Anlass der Auseinandersetzung zwischen einer Bürgerbewegung und der Post, AJP 2000, S. 515 (518); *ders.*, Bemerkungen zum Urteil des Bundesgerichts, I. Zivilabteilung, 7. 5. 2002, Die schweizerische Post ./. Verein gegen Tierfabriken Schweiz, AJP 2003, S. 690 (692).
220 Z. B. *BGE 122* I 203 Erw. 2e.
221 *BGE 128* I 225 Erw. 2.3.
222 *BGE 128* I 225 Erw. 2.5.1.
223 *BGE 128* I 225 Erw. 2.5.3.
224 *BGE 122* I 275 Erw. 3a.
225 *Geiser*, Grundlagen, in: ders./Münch (FN 38), RN 1.43; *Arroyo*, Die unentgeltliche Rechtspflege wird nicht für einen Prozeß, sondern einer Prozeßpartei gewährt – Praxis des Bundesgerichts zu Art. 29 Abs. 3 BV, in: Jusletter v. 25. 4. 2003.

II. Folgen der Normenkontrolle

109
Kassation und Nichtanwendung

Die Kassation im Rahmen der abstrakten Normenkontrolle[226] sowie die Nichtanwendung bei der akzessorischen Normenkontrolle[227] sind in der Schweiz die gängigen Rechtsfolgen einer Grundrechtsverletzung durch gesetzgeberische Akte. Die Aufhebung oder Nichtanwendung sind aber immer dann ungeeignet, wenn grundrechtliche Handlungsansprüche gegen den Gesetzgeber in Frage stehen, das heißt, wenn für die Verwirklichung der Grundrechte eine gesetzliche Grundlage geschaffen werden müßte, oder wenn diese besteht, aber ungenügend ist[228]. In diesen Fällen müßte das Gericht, um den grundrechtlich geforderten Anspruch durchzusetzen, Ersatznormen schaffen oder Normgestaltungen vornehmen. Obwohl das Bundesgericht[229] und mit ihm ein Großteil der Lehre[230], selbst seine Kompetenzen auf die Normnegation beschränkt sieht, hat es dennoch in zahlreichen Fällen[231] Ersatzregelungen geschaffen, allerdings ohne eine Systematik bei der Anwendung dieses Instruments erkennen zu lassen. Auch wenn die Schaffung von Ersatzregelungen ein adäquates Mittel zur Durchsetzung der Grundrechte darstellt, müssen neben der Frage der Zulässigkeit in bezug auf die Gewaltenteilung auch das administrative Vollzugsinteresse sowie betroffene öffentliche Interessen genügend berücksichtigt werden[232]. Dem Bundesgericht verbleibt, wenn weder die Kassation, die Nichtanwendung noch die Schaffung oder Umgestaltung des in Frage stehenden Gesetzes möglich ist, nur die unverbindliche Feststellung der Verfassungswidrigkeit. Diese kann auch mit einer Anweisung der Neuregelung verbunden werden, um so die Ausdruckskraft des Urteils[233] zu erhöhen. Um einen wirkungsvollen gerichtlichen Grundrechtsschutz sicherzustellen, darf insbesondere bei der abstrakten Normenkontrolle das Gericht nicht bei rein kassatorischen Urteilen stehenbleiben, sondern muß auch Ersatzregelungen schaffen können.

Ersatzregelungen

III. Die Grundrechtshaftung

110
Entschädigungsanspruch

In Fällen, in denen durch die staatliche Grundrechtsverletzung der privaten Person ein Schaden entstanden ist, wird mit der alleinigen Feststellung der Verletzung dem Grundrechtsschutz nicht Genüge getan. Der verletzten Per-

---

226 Erstmals *BGE* III 96 107.
227 Erstmals *BGE* VI 477 Erw. 1 f.
228 *BGE 131* I 74 Erw. 5.5; *126* I 112 Erw. 3c; *123* II 193; *102* Ia 279 Erw. 3b; m.w.H. *Rütsche*, Rechtsfolgen von Normenkontrollen. Entwicklungen in Praxis und Lehre seit dem Fall Hegetschweiler vor zwei Jahrzehnten, ZBl 2005, S. 273 (284 ff.).
229 Bestätigt in *BGE 125* I 104 Erw. 1b.
230 *Weber-Dürler*, Auf dem Weg zur Gleichberechtigung von Mann und Frau – Erste Erfahrungen mit Art. 4 Abs. 2 BV, ZSR 1985, S. 1 (21); *Auer*, L'effet des décisions d'inconstitutionnalité du Tribunal fédéral, AJP 1992, S. 559 (560); *Häfelin/Haller*, Bundesstaatsrecht (LitVerz.), RN 2042.
231 *BGE 41* I 423 Erw. 1; *103* Ia 517 Erw. 7; *113* Ia 325; *117* V 318 Erw. 6; *118* Ia 331.
232 *Rütsche* (FN 216), S. 293 ff.
233 Statt vieler *BGE 127* I 115 und *124* I 193 Erw. 5c; m.w.H. *Rütsche* (FN 228), S. 298 ff.

son sollte in solchen Fällen ein Entschädigungsanspruch entweder aus Delikts-, Vertrags- oder Billigkeitshaftung gegen den Staat zugesprochen werden. Grundrechtsverletzungen lassen sich in der Regel als Fälle der Staatshaftung beurteilen. Entgegen dem einheitlichen Widerrechtlichkeitsbegriff im öffentlich- und privatrechtlichen Haftungsrecht folgt das Bundesgericht in dieser Frage einem Entschädigungspositivismus. Eine rechtskräftig festgestellte Grundrechtsverletzung wird nur dann als widerrechtlich qualifiziert, wenn eine gesetzliche Entschädigungsnorm besteht[234]. Einzig die Eigentumsgarantie wird gegenüber anderen Grundrechtsverletzungen privilegiert, indem eine volle Entschädigung für zulässige formelle wie für materielle Eigentumsbeschränkungen anerkannt wird[235]. Der Entschädigungspositivismus des Bundesgerichts ist auf Grund der finanziellen Folgen für den Staat verständlich, aber im Hinblick auf einen effektiven Grundrechtsschutz abzulehnen. Die sanktionslose Feststellung eines (unter Umständen gar kerngehaltsverletzenden) Grundrechtseingriffs bedeutet eine empfindliche Lücke im schweizerischen Grundrechtsschutz, deren Schließung aus rechtsstaatlicher Sicht unbedingt zu fordern ist. Der abwehrende Grundrechtsschutz muß durch einen wiederherstellenden Schutz ergänzt werden, entsprechend der neueren Rechtsprechung der Straßburger Organe zu Art. 41 in Verbindung mit Art. 46 EMRK[236].

Entschädigungspositivismus

Lücke im Grundrechtsschutzsystem

G. Ausblick

Die verfahrensrechtlichen Besonderheiten bei der Durchsetzung der schweizerischen Grundrechtsgarantien haben auf vielfältige Weise die inhaltliche Entwicklung des Grundrechtsschutzes beeinflußt. Verfahrensrechtliche Freiräume, wie z.B. der nicht spezifizierte Begriff der verfassungsmäßigen Rechte als Beschwerdegrund der Verfassungsbeschwerde, boten dem Bundesgericht die Gelegenheit, in einer schöpferischen Rechtsprechung Grundrechte neu zu gewähren, den Schutzbereich von anerkannten Grundrechten zu erweitern und zu verdeutlichen sowie die Garantien von internationalen Konventionen zu übernehmen. Aber auch verfahrensrechtliche Einschränkungen, wie z.B. das Maßgeblichkeitsgebot der Bundesgesetze in Art. 190 BV, haben für die Gestaltung des Grundrechtsschutzes tragende Bedeutung. Das Anwendungsgebot für Bundesgesetze hat das Bundesgericht vor der Belastung durch eine Vielzahl von hochpolitischen Prozessen bewahrt. Im Windschatten dieser

111

Grundrechtliche Auswirkungen verfahrensrechtlicher Besonderheiten

---

234 Z.B. Art. 122, 176, 228 und 237 BStP oder Art. 429a ZGB; so z.B. *BGer*, Urt. v. 5.1.2000 (Me. X ./. Etat du Valais); *Gross* (FN 210), S. 96f. m.w.H.; *Hardy*, Die Grundrechtshaftung. Haftung für grundrechtswidriges Verhalten unter besonderer Berücksichtigung der Verletzung der Rechtsgleichheitsgarantie (Art. 8 BV), AJP 2005, S. 379 (384).
235 Statt vieler *BGE 118* Ib 241 Erw. 5b.
236 *BGE 126* II 145; *Mark E. Villiger*, EMRK (LitVerz.), 1999, S. 151 ff.; Gutachten der Direktion für Völkerrecht v. 19.12.2001, Völkerrechtliche Verbindlichkeit des Urteils, GAAC 67/32; *Gross*, Staatshaftung und Grundrechtsschutz, AJP 2002, S. 1429 (1431).

Schrankenordnung konnte das Gericht eine sehr viel progressivere Rechtsprechung z.B. im Bereich der wirtschafts- und sozialpolitisch relevanten Grundrechte verfolgen.

112
Impulse für den Grundrechtsschutz

Die wichtigsten Impulse für den schweizerischen Grundrechtsschutz ergaben sich einmal aus der Praxis des Bundesgerichts zu Art. 4 aBV[237] (heute Art. 8 BV) sowie nach der Ratifizierung der Europäischen Menschenrechtskonvention aus der Rechsprechung der Straßburger Organe. Insbesondere prozeßrechtliche Fragen wurden im Hinblick auf die Rechtsprechung zu Art. 5, Art. 6 und Art. 13 EMRK beantwortet. Durch den Ausbau des bilateralen Vertragssystems zwischen der Europäischen Union und der Schweiz wird künftig aber sowohl die Rechtsentwicklung durch die europäischen Legislativorgane als auch die Rechtsprechung des Europäischen Gerichtshofes zunehmend Eingang in die schweizerische Rechtsordnung finden und vermehrt grundrechtlich relevante Bereiche betreffen[238].

113
Nicht justizförmige Durchsetzungsinstrumente

An Bedeutung für den nationalen Grundrechtsschutz gewinnen zunehmend auch nicht justizförmige Durchsetzungsinstrumente insbesondere des Völkerrechts. Neben den institutionalisierten Länderberichten an internationale Kontrollgremien[239] wirkt auch eine vor allem durch Non-Governmental Organizations sensibilisierte und informierte, kritische Öffentlichkeit auf eine Intensivierung der Bemühungen für einen wirksamen innerstaatlichen Grundrechtsschutz hin[240].

---

237 Bundesverfassung der Schweizerischen Eidgenossenschaft v. 29.5.1874; *Georg Müller*, in: Aubert u.a., Bundesverfassung 1874 (LitVerz.), Art. 4 aBV RN 1ff.
238 Exemplarisch *BGE 130* II 1.
239 Art. 40 UNO-Pakt II; Art. 16f. IPWSKR, Art. 8 Anti-Rassismus-Übereinkommen, Art. 21 Europäische Sozialcharta; Art. 30 Menschenrechtskonvention zur Biomedizin; Art. 19 Anti-Folter-Konvention des Europarates; Reports der Sektionen der International Commission of Jurists.
240 → Bd. I: *Korinek/Dujmovits*, Grundrechtsdurchsetzung und Grundrechtsverwirklichung, § 23 RN 44ff.

H. Bibliographie

Aubert, Jean François/Mahon, Pascal, Petit commentaire de la Constitution fédérale de la Confédération suisse du 18 avril 1999, 2003.
Auer, Andreas, Die schweizerische Verfassungsgerichtsbarkeit, 1984.
ders./Malinverni, Giorgio/Hottelier, Michel, Droit constitutionnel suisse, Bd. I, 2000.
Ehrenzeller, Bernhard/Schweizer, Rainer H. (Hg.), Die Reorganisation der Bundesrechtspflege – Neuerungen und Auswirkungen in der Praxis, 2006.
Häfelin, Ulrich/Haller, Walter, Schweizerisches Bundesstaatsrecht, ^{6}2005.
ders./Müller, Georg/Uhlmann, Felix, Allgemeines Verwaltungsrecht, ^{5}2006.
Hangartner, Yvo/Kley, Andreas, Die demokratischen Rechte in Bund und Kantonen der Schweizerischen Eidgenossenschaft, 2000.
Kälin, Walter, Das Verfahren der staatsrechtlichen Beschwerde, 1994.
ders., Verfassungsgerichtsbarkeit in der Demokratie. Funktionen der staatsrechtlichen Beschwerde, 1987.
ders., Verfassungsgerichtsbarkeit, in: Thürer Daniel et al. (Hg.), Verfassungsrecht der Schweiz, 2001.
Schweizer, Rainer J., Die erstinstanzliche Verwaltungsgerichtsbarkeit des Bundes durch Rekurs- und Schiedskommissionen. Aktuelle Situation und Reformbedürfnisse. Gutachten zuhanden der Expertenkommission für die Totalrevision der Bundesrechtspflege, in: B. Dutoit et al. (Hg.), Bibliothek zur Zeitschrift für Schweizerisches Recht, Beiheft 26, 1998.
Spühler, Karl, Die Praxis der staatsrechtlichen Beschwerde, 1994.
Tschannen, Pierre, Staatsrecht der Schweizerischen Eidgenossenschaft, 2004.
ders. (HG.), Neue Bundesrechtspflege. Auswirkungen der Totalrevision auf den kantonalen und eidgenössischen Rechtsschutz, 2007.
Zimmerli, Ulrich/Kälin, Walter/Kiener, Regina, Grundlagen des öffentlichen Verfahrensrechts, 2004.

Fünfzehnter Teil
Die Grundrechte in Liechtenstein

§ 230
Die Grundrechtsordnung des Fürstentums Liechtenstein

Wolfram Höfling

Übersicht

	RN
A. Grundlagen	1–10
I. Die Verfassung von 1921	1– 2
II. Die verfassungsmäßig gewährleisteten Rechte	3
III. Der Staatsgerichtshof als „Hüter der Grundrechte"	4
IV. Grundrechtsordnung als Mehr-Ebenen-Modell	5–10
1. Vorbemerkungen	5
2. Katalog verfassungsmäßig gewährleisteter Rechte	6– 7
3. Die EMRK-Grundrechte	8
4. Die Rechte des IPbürgR	9
5. Zur Problematik der EWR-Rechte	10
B. Allgemeine Grundrechtslehren	11–26
I. Grundrechtsfunktionen	11–16
1. Subjektive Grundrechtsgehalte	12–15
2. Objektiv-rechtliche Grundrechtsgehalte	16
II. Zum Umfang der personellen Geltungs- und Bindungskraft	17–23
1. Zur Grundrechtssubjektivität	18–21
2. Die Grundrechtsadressaten	22–23
III. Zur Struktur grundrechtlichen Argumentierens	24–26
1. Grundsätzliches	24
2. Schutzgut, Eingriff und Begrenzungslegitimation	25
3. Schrankenschranken	26
C. Die einzelnen Grundrechtsgewährleistungen im Überblick	27–72
I. Privatsphärenschutz und persönliche Entfaltungsfreiheit	28–32
1. Die Freiheit der Person	28
2. Das Hausrecht	29
3. Brief- und Schriftengeheimnis	30
4. Die Schrankenregelung des Art. 32 Abs. 2 LV	31

	RN
5. Niederlassungsfreiheit	32
II. Glauben, Gewissen, Weltanschauung, Religionsausübung	33–38
1. Glaubens- und Gewissensfreiheit sowie Freiheit der Religionsausübung	34–35
2. Zur Bedeutung des Art. 37 Abs. 2 LV	36–38
III. Garantien freier Kommunikation und Petitionsrecht	39–46
1. Die Meinungsfreiheit	40–42
2. Die Vereins- und Versammlungsfreiheit	43–45
3. Die politischen Rechte	46
IV. Freiheitsgarantien wirtschaftlichen Handelns	47–59
1. Das Recht auf Vermögenserwerb	48–49
2. Eigentumsgarantie und Enteignungsschutz	50–56
3. Die Handels- und Gewerbefreiheit	57–59
V. Die Gleichheitsgarantien	60–67
1. Überblick	60
2. Zum Gewährleistungsgehalt des allgemeinen Gleichheitssatzes	61
3. Zum Willkürverbot	62–63
4. Das Recht auf gleichen Ämterzugang	64
5. Die Geschlechtergleichheit	65–67
VI. Verfahrensgerechtigkeit, Rechtsschutz, Staatshaftung	68–72
1. Überblick	68
2. Das Recht auf den ordentlichen Richter	69–70
3. Beschwerderecht und effektiver Rechtsschutz	71
4. Verfahrensrechtliche Garantie-Elemente des Gleichheitssatzes	72
D. Schlußbemerkungen	73
E. Bibliographie	

A. Grundlagen

I. Die liechtensteinische Verfassung von 1921

1 *Historische Ausgangslage*

Den Verfassungsreformen und völkerrechtlichen Entwicklungen der letzten Jahrzehnte zum Trotz bleibt die liechtensteinische Verfassung von 1921 in ihrem Grundbestand für die Grundrechtswirklichkeit sowie die Grundrechtsdogmatik der zentrale normative Orientierungsrahmen. Bis 1866 war Liechtenstein Mitglied des Deutschen Bundes und blieb darüber hinaus noch für lange Zeit enger Vertragspartner Österreichs. Die verfassungsrechtliche Entwicklung verlief deshalb bis zum Ende des Ersten Weltkrieges im wesentlichen in den Bahnen des deutschen Konstitutionalismus. Dies gilt weitgehend auch für die liechtensteinische Verfassung von 1862[1]. Danach aber vollzog Liechtenstein den Übergang zu einer eigenständigen und eigenartigen Verfassung[2] ganz allein[3].

2 *Mischverfassung*

Artikel 2 der Verfassung von 1921 bezeichnet das Fürstentum als eine „konstitutionelle Erbmonarchie auf demokratischer und parlamentarischer Grundlage" und sieht die Staatsgewalt gleichermaßen „im Fürsten und im Volke verankert". Von beiden soll sie nach Maßgabe der Bestimmungen der Verfassung ausgeübt werden. Man mag insoweit von einer unentschiedenen Verfassungskonstruktion sprechen[4], kann aber auch das Bild eines eliptischen Staatstyps bemühen, das sowohl die Einheit des Staates zum Ausdruck bringt als auch die bedeutsame Tatsache, daß es sich bei beiden Faktoren der Staatsgewalt, nämlich Fürst und Volk, „um solche innerhalb des umrandenden Verfassungsrahmens" handelt[5].

II. Die verfassungsmäßig gewährleisteten Rechte

3 *Anknüpfung an den Frühkonstitutionalismus*

Wichtiger Bestandteil der Verfassung von 1921 ist das IV. Hauptstück, das die Artikel 28 bis 44 umfaßt und den verfassungsmäßig gewährleisteten Rechten gewidmet ist[6]. Mit dieser Begriffsbildung bleibt die Verfassung – trotz ihrer insgesamt eigenständigen und spezifischen Konstruktion – der frühkonstitutionellen Sprache verhaftet, wie es bereits für die Verfassung vom 29. September 1862 galt, die in dem Zweiten Hauptstück (§§ 4 ff.) „von den allgemeinen

---

1 S. nur *Gerard Batliner*, Einführung in das liechtensteinische Verfassungsrecht (1. Teil), in: ders. (Hg.), Die liechtensteinische Verfassung 1921, 1994, S. 15 (30 ff., 40).
2 So der beste Kenner des liechtensteinischen Verfassungsrechts: *Batliner* aaO., S. 41.
3 „Der historische Hintergrund der Verfassungsdiskussion von 1921" wird dargelegt in der gleichnamigen Studie von *Quaderer*, in: Batliner aaO., S. 105 ff.
4 Siehe dazu etwa *Wille*, Monarchie und Demokratie als Kontroversfragen der Verfassung 1921, in: Batliner aaO, S. 190.
5 In diesem Sinne *Batliner* (FN 1), S. 42.
6 Zum Begriff siehe noch unten B I, RN 11 ff.

Rechten und Pflichten der Landesangehörigen" handelte[7]. Auch wenn mit dem Beitritt zum Europarat 1978 und mit der Ratifikation der Europäischen Menschenrechtskonvention die liechtensteinische Grundrechtsordnung eine zusätzliche normative Basis erhalten hat[8], blieb namentlich für die Rechtsprechung des liechtensteinischen Staatsgerichtshofs der Grundrechtsteil der Verfassung von 1921 die zentrale Rechtserkenntnisquelle. Sie enthält zahlreiche Grundrechte, die vom Privatsphärenschutz über die Garantien freier Kommunikation und Weltanschauung bzw. Religion sowie die zentralen Elemente wirtschaftlichen Handelns bis hin zu materiellen verfahrensrechtlichen Gewährleistungen der Gerechtigkeit reichen[9].

Zentrale Bedeutung der Grundrechte von 1921

III. Der Staatsgerichtshof als „Hüter der Grundrechte"

Bedeutung und Wirkkraft der Grundrechte in der liechtensteinischen Rechtsordnung sind untrennbar verknüpft mit dem liechtensteinischen Modell[10] der Verfassungsgerichtsbarkeit und seinem Kernstück eines umfassenden Individualrechtsschutzes. Ohnehin wurzelt die Idee der Grundrechtsbeschwerde im deutschsprachigen Rechtsraum[11]. Hier ist sie – dies gilt jedenfalls für die Schweiz und Deutschland ebenso wie für das Fürstentum Liechtenstein – das „Rückgrat der ... Verfassungsgerichtsbarkeit"[12]. Die liechtensteinische Verfassung von 1921 übernahm praktisch alle damals vorhandenen Hauptströmungen und Zentralkompetenzen von Verfassungsgerichtsbarkeit: aus dem deutschen Konstitutionalismus die oberste Erledigung von Organstreitigkeiten, die in den USA entwickelte und von Österreich ausgeweitete Normenkontrolle am Maßstab der Verfassung und die in der Schweiz entfaltete Individualgrundrechtsbeschwerde[13]. Als ganz wesentliche liechtensteinische Weiterentwicklung muß in diesem Zusammenhang das Institut der Individualbeschwerde gegen alle höchstinstanzlichen Entscheide angesehen werden, das der Sache nach erst wesentlich später Eingang ins deutsche Grundgesetz gefunden hat. Die durch Art. 104 Abs. 1 LV eröffnete Möglichkeit, auch letztinstanzliche Gerichtsentscheidungen im Wege der Verfassungsbeschwerde

4
Umfassender Individualrechtsschutz

Individualbeschwerde

---

7 Als Vorbild für die liechtensteinische Verfassung von 1862 diente wohl die Verfassung von Hohenzollern-Sigmaringen aus dem Jahre 1833; siehe dazu etwa *Peter Geiger*, Die Geschichte des Fürstentums Liechtenstein 1848–1866 (Diss. Zürich), 1970, S. 271, 288 ff.; *Wolfram Höfling*, Die liechtensteinische Grundrechtsordnung, 1994, S. 21 m.w.N.
8 Dazu siehe etwa *Höfling*, Liechtenstein und die Europäische Menschenrechtskonvention, AVR 36 (1998), S. 140 ff.; näher hierzu noch im folgenden sub IV 3, RN 8.
9 Dazu noch unten sub C, RN 27 ff.
10 Formulierung bei *Batliner*, Die liechtensteinische Rechtsordnung und die Europäische Menschenrechtskonvention, in: Peter Geiger/Arno Waschkuhn (Hg.), Liechtenstein: Kleinstaat und Interdependenz, 1990, S. 91 (113).
11 So zu Recht *Brunner*, Grundrechtsschutz durch Verfassungsgerichtsbarkeit in Osteuropa, in: Joachim Burmeister (Hg.), FS Stern, 1997, S. 1041 (1042).
12 So mit Blick auf die Schweiz *Andreas Auer*, Die schweizerische Verfassungsgerichtsbarkeit, 1984, S. 164.
13 Siehe dazu etwa *Batliner*, Schichten der liechtensteinischen Verfassung von 1921, in: Arno Waschkuhr (Hg.), Kleinstaat: Grundsätzliche und aktuelle Probleme, 1993, S. 281 (297); ferner *Wolfram Höfling*, Die Verfassungsbeschwerde zum Staatsgerichtshof, 2003, S. 24 ff.; *dens.*, Die Verfassungsbeschwerde als subjektives und objektives Rechtsschutzinstitut, in: Herbert Wille (Hg.), Verfassungsgerichtsbarkeit im Fürstentum Liechtenstein, 75 Jahre StGH, 2001, S. 138 ff.

der Kontrolle durch den Staatsgerichtshof zu unterziehen, erwies sich als überaus bedeutsame und zugleich wegweisende Neukonzeption. Mit der Fülle seiner Befugnisse war der liechtensteinische Staatsgerichtshof für lange Zeit geradezu konkurrenzlos im internationalen Vergleich[14]. Der liechtensteinische Staatsgerichtshof sichert als „Gerichtshof des öffentlichen Rechts" (Art. 104 Abs. 1 LV) vor dem Hintergrund eines weit gesteckten Kompetenzkataloges[15] die Unverbrüchlichkeit der Verfassung; er ist „Hüter der Verfassung"[16], insbesondere aber auch „Hüter der Grundrechte"[17].

IV. Die liechtensteinische Grundrechtsordnung als Mehr-Ebenen-Modell

1. Terminologische Vorbemerkungen

5
Verfassungsmäßig gewährleistete Rechte

Für das liechtensteinische Grundrechtsverständnis ist in terminologischer Hinsicht die starke rechtstechnische Formalisierung des Grundrechtsbegriffs charakteristisch. Weder der Verfassungstext noch die einfache Rechtsordnung kennen den Begriff „Grundrechte". Stattdessen ist die Rede von „verfassungsmässig gewährleisteten Rechten"[18]. Stärker als in anderem Zusammenhang wird hier die österreichische Vorbildwirkung[19] deutlich. Auch wenn der Staatsgerichtshof inzwischen vielfach von „Grundrechten" spricht[20], meint er damit doch immer nur die verfassungsgesetzlich gewährleisteten Rechte. Diese umschreibt er zum Teil knapp als subjektive Rechte aufgrund einer Norm im Verfassungsrang[21].

2. Der Katalog der verfassungsmäßig gewährleisteten Rechte

6
Abgrenzungsschwierigkeiten

Trotz dieser relativ stark positivistischen Konzeption steht keineswegs zweifelsfrei fest, welche Grundrechte zum Katalog der verfassungsmäßig gewährleisteten Rechte gehören und damit auch als Beschwerdegrund für eine Verfassungsbeschwerde zur Verfügung stehen. Nach Auffassung des Staatsgerichtshofs gehören zu den verfassungsmäßig gewährleisteten Rechten jedenfalls zunächst „zweifellos" die im IV. Hauptstück der Verfassung niedergelegten Grundrechte[22]. Doch darüber hinaus sieht sich der Staatsgerichtshof her-

---

14 Erst mehr als ein Vierteljahrhundert später entstand mit dem deutschen Bundesverfassungsgericht ein Staatsorgan mit ähnlicher Kompetenzausstattung; siehe nur *Höfling* (FN 7), S. 33.
15 Siehe dazu *Herbert Wille*, Die Normenkontrolle im liechtensteinischen Recht auf der Grundlage der Rechtsprechung des Staatsgerichtshofs, 1999, S. 68 ff.; *Wolfram Höfling*, Die Verfassungsbeschwerde zum Staatsgerichtshof, 2003, S. 24 ff.
16 So das Selbstverständnis des Staatsgerichtshofs; siehe StGH, Urt. v. 15. 9. 1983, StGH 1982/65/V, LES 1984, S. 3.
17 Dazu *Höfling* (FN 7), S. 32 ff.; siehe ferner *dens.*, in: Wille (Hg.), Verfassungsgerichtsbarkeit (FN 13), S. 138 ff.
18 Z.B. Art. 104 Abs. 1 LV. → Bd. II: *Merten*, Begriff und Abgrenzung der Grundrechte, § 35 RN 67.
19 Siehe Art. 104 B-VG.
20 Gelegentlich ist auch von den „verfassungsmässig garantierten Freiheiten" die Rede, siehe etwa StGH, E. v. 1. 9. 1958, ELG 1955–1961, S. 125 (129).
21 Siehe StGH, Urt. v. 12. 6. 1978, StGH 1978/4, LES 1981, S. 1 (2).
22 Siehe StGH, Urt. v. 28. 5. 1986, StGH 1984/14, LES 1987, S. 36 (38).

ausgefordert, im Wege der Verfassungsinterpretation näher zu eruieren, ob und inwieweit andere Verfassungsbestimmungen solche verfassungsmäßig gewährleisteten Rechte enthalten[23]. Bejaht hat er dies etwa für die durch Art. 110 LV garantierte Gemeindeautonomie[24], und auch für die politischen Rechte hat er den individualschützenden Charakter hervorgehoben[25].

In ganz spezifischer Weise stellt sich vor dem Hintergrund der skizzierten Grundrechtskonzeption für das Fürstentum Liechtenstein auch die Frage nach der Anerkennung ungeschriebener Grundrechte. In seiner älteren Judikatur hatte der Staatsgerichtshof insoweit ausdrücklich auf den (angeblichen?) Gegensatz zwischen den Verfassungsrechtsordnungen in Österreich und Liechtenstein einerseits sowie der Schweiz und Deutschlands andererseits[26] abgehoben und die Existenz ungeschriebenen Verfassungsrechts verneint[27]. Doch hat er diese Position in jüngster Zeit ausdrücklich aufgegeben[28]. In einer Leitentscheidung zum Willkürverbot hat er diesem den Status eines ungeschriebenen Grundrechts zuerkannt[29] und ist dabei auf deutliche Distanz zum österreichischen Vorbild gegangen[30]. Außerdem hat er das Legalitätsprinzip im Abgabenrecht als ungeschriebenes Grundrecht bezeichnet[31].

7
Ungeschriebene Grundrechte

3. Die EMRK-Grundrechte

Mit zunehmender Tendenz spielen indes auch die Gewährleistungen der Europäischen Menschenrechtskonvention eine wichtige Rolle in der Grundrechtsjudikatur des Staatsgerichtshofs. Das Fürstentum Liechtenstein hat am 8. September 1982 diese Konvention ratifiziert[32]. Am gleichen Tag ist sie für das Fürstentum in Kraft getreten, aufgrund der von der liechtensteinischen Verfassungspraxis angenommenen völkerrechtsfreundlichen Regel der automatischen Adoption des Völkervertragsrechts im innerstaatlichen Bereich[33]. Seitdem werden die materiellen Grundrechtsgarantien der Europäischen Menschenrechtskonvention vom Staatsgerichtshof denn auch in ständiger Recht-

8
Unmittelbare Anwendung

---

23 Zum folgenden siehe *Höfling*, Verfassungsbeschwerde (FN 15), S. 114 ff.; *dens*. (FN 7), S. 22 ff. m.w.N.: siehe auch *StGH*, Urt. v. 28. 9. 1999, StGH 1998/56, LES 2000, S. 107 (109); Urt. v. 1. 3. 2004, StGH 2003/15, LES 2006, S. 12 (19).
24 Grundlegend *StGH*, Urt. v. 28. 5. 1986, StGH 1984/14, LES 1987, S. 36 ff.
25 Siehe nur *StGH*, E. v. 12. 6. 1978, StGH 1978/4, LES 1981, S. 1 (2).
26 Siehe dazu auch *Batliner* (FN 10), S. 91 (110 f.).
27 Siehe *StGH*, E. v. 11. 1. 1971, StGH 1970/2, ELG 1967–1972, S. 256 (259).
28 Siehe dazu auch *Hoch*, Schwerpunkte in der Entwicklung der Grundrechtsprechung des Staatsgerichtshofes, in: Wille (FN 13), S. 65 (78).
29 Siehe *StGH*, Urt. v. 22. 2. 1999, StGH 1998/45, LES 2000, S. 1 (6); dazu auch *Kley*, Urteilsanmerkung, in: Jus and News 1999, S. 256 ff.
30 Vgl. hierzu auch *Andreas Kley*, Grundriß des liechtensteinischen Verwaltungsrechts, 1998, S. 67 ff., worauf *StGH*, Urt. v. 22. 2. 1999, StGH 1998/45, LES 2000, S. 1 (6) ausdrücklich Bezug nimmt.
31 *StGH*, E. v. 11. 6. 2001, StGH 2000/39, LES 2004, S. 43 (LS 2) u. S. 56.
32 Siehe LGBl. 1982/60.
33 Siehe dazu die – im wesentlich von *Luzius Wildhaber* verfaßte – Postulatsbeantwortung vom 17. 11. 1981, die der Landtag ohne Widerspruch zur Kenntnis genommen hat; siehe Landtagsprotokoll 1981, Bd. 4, 1189; ferner auch *Thürer*, Liechtenstein und die Völkerrechtsordnung, AVR 36 (1998), S. 98 (109).

Problematische Kompetenzerweiterung für den StGH	sprechung unmittelbar angewandt[34]. Der Staatsgerichtshof ist nämlich nach Art. 23 Satz 1 lit. b StGHG berufen, über Verfassungsbeschwerden „wegen Verletzung der Rechte der Konvention zum Schutze der Menschenrechte und Grundfreiheiten vom 4. November 1950" zu entscheiden. Zwar bestehen erhebliche verfassungsrechtliche Bedenken, daß diese einfachrechtliche Kompetenzzuweisung zur EMRK-Grundrechtskontrolle an den Staatsgerichtshof einer verfassungsrechtlichen Grundlage entbehrt[35], doch behandelt der Staatsgerichtshof ungeachtet derartiger Zweifel die EMRK-Grundrechte nicht nur materiell, sondern auch verfahrensrechtlich wie verfassungsmäßig
Verwobenheit beider Grundrechtsordnungen	gewährleistete Rechte. Die Verwobenheit der beiden Grundrechtsordnungen hat Auswirkungen sowohl auf die allgemeine Grundrechtsdogmatik als auch auf die Interpretation einzelner Grundrechtsgewährleistungen[36]. Der Staatsgerichtshof spricht insoweit gelegentlich von der „Ausstrahlungswirkung" der EMRK-Rechte[37]. Vereinzelt ergänzen EMRK-Rechte auch die insoweit „lückenhafte" liechtensteinische Grundrechtsordnung[38].

4. Die Rechte des Internationalen Paktes über bürgerliche und politische Rechte

9 Einfachgesetzliche Kompetenzzuweisung	Nach Art. 23 Satz 1 lit. c StGHG kann im Wege der Verfassungsbeschwerde auch die Verletzung der Rechte des Internationalen Paktes über bürgerliche und politische Rechte vom 16. Dezember 1966 erhoben werden. Dieser sog. UNO-Pakt II garantiert in seinen Artikeln 6 bis 27 im wesentlichen die klassischen Menschenrechte[39]. Abgesehen von den hier zu wiederholenden Bedenken gegen eine bloß einfachrechtliche Kompetenzzuweisung[40] spielen die Grundrechte des Internationalen Paktes über bürgerliche und politische Rechte bislang in der Rechtsprechung des Staatsgerichtshofs keine Rolle.

5. Zur Problematik der EWR-Rechte

10 Kompetenzmangel	Seit dem 1. Mai 1995 gilt das EWR-Abkommen im Fürstentum Liechtenstein[41]. In seiner Entscheidung vom 24. April 1997 hat der Staatsgerichtshof insoweit ausgeführt, das EWR-Abkommen habe „materiell einen verfassungsändernden bzw. -ergänzenden Charakter"; hieraus ergebe sich, daß der

---

34 Dazu nur *Höfling*, AVR 36 (1998), S. 114 ff.
35 Zu diesem Problem siehe *Höfling* (FN 7), S. 27 ff.; *dens.*, Verfassungsbeschwerde (FN 15), S. 120 ff.
36 Näher *Höfling*, AVR 36 (1998), S. 140 (147 ff.).
37 Siehe z. B. *StGH*, E. v. 27. 9. 1999, StGH 1998/63, LES 2000, S. 63 (65).
38 Siehe zu Art. 2 Abs. 1 ZP zur EMRK (Recht auf Bildung): *StGH*, E. v. 25. 10. 2000, StGH 2000/45, LES 2003, S. 252 (257); siehe auch *Höfling*, Verfassungsbeschwerde (FN 15), S. 115 f.; zu den verfassungsrechtlichen Gewährleistungen im Bildungsbereich nach der FL-Verfassung ferner *Höfling* (FN 7), S. 146 f. m.w.N.
39 Siehe nur *Manfred Nowak*, UNO-Pakt über bürgerliche und politische Rechte und Fakultativprotokoll. CCPR-Kommentar 1989, Einführung RN 1 ff.; ²2005, aaO., RN 3 ff.
40 Siehe dazu vorstehend 3, RN 8.
41 Zum Integrationsprozeß Liechtenstein insoweit siehe etwa *Bruha/Gey-Ritter*, Kleinstaat und Integration, AVR 36 (1998), S. 154 (161 ff.).

Staatsgerichtshof seine Normenkontrollfunktion auch in bezug auf die Übereinstimmung innerstaatlicher Gesetze und Verordnungen mit dem EWR-Recht wahrzunehmen habe[42]. Zwar mag in der Sache vieles für eine entsprechende Kontrollkompetenz des Staatsgerichtshofs sprechen. Allerdings existiert insoweit nicht einmal eine einfachgesetzliche Zuständigkeitsregelung[43].

B. Zentralelemente der liechtensteinischen Grundrechtsdogmatik: Allgemeine Grundrechtslehren

I. Grundrechtsfunktionen

Die „Multifunktionalität" der Grundrechte[44] ist heute Gemeingut der Grundrechtstheorie (nicht nur) des deutschsprachigen Raumes. Auch wenn die einschlägige Judikatur des Staatsgerichtshofs insoweit eher dürftig ist, lassen sich doch – unter Rückgriff auf die entwickelte Grundrechtsdogmatik namentlich in Deutschland, in der Schweiz und in Österreich – einige Grundstrukturen aufzeigen. Danach ist weitestgehend unbestritten, daß Grundrechte als Verfassungsrechtssätze mit unmittelbarem Geltungsanspruch zwei fundamentale Bedeutungsdimensionen enthalten, nämlich eine subjektiv-rechtliche und eine objektiv-rechtliche Gewährleistungsschicht. In diesem Doppelcharakter kommt die traditionelle Zielbestimmung der Grundrechte zum Ausdruck, zum einen die personal-individuelle Sphäre des Individuums zu schützen und zum anderen das Fundament des Staates zu bilden[45].

11
„Multifunktionalität" der Grundrechte

Doppelcharakter der Gewährleistung

1. Subjektive Grundrechtsgehalte

Die Rechtsqualität der Grundrechte als subjektive Rechte steht dabei heute auch in Liechtenstein außer Frage. Mit Selbstverständlichkeit hat der Staatsgerichtshof immer wieder den Charakter der Grundrechte als Individualrechte betont[46]. Ja, der Staatsgerichtshof definiert die verfassungsmäßig gewährleisteten Rechte der Verfassung geradezu als subjektive Rechte auf-

12
Betonung des Verfassungsrangs

---

42 Siehe *StGH*, Urt. v. 24. 4. 1997, StGH 1996/34, LES 1998, S. 74 (80).
43 *Kley*, Die Beziehungen zwischen den Verfassungsgerichtshöfen und den übrigen einzelstaatlichen Rechtsprechungsorganen einschließlich der diesbezüglichen Interferenz des Handelns der europäischen Rechtsprechungsorgane. Landesbericht Liechtenstein, 2001, EuGRZ 2004, S. 43 (56) verlangt zu Recht für eine so wesentliche Zuständigkeitserweiterung eine Regelung mindestens im StGH-Gesetz; siehe auch *Höfling*, Verfassungsbeschwerde (FN 15), S. 122ff.
44 Als systematische Kategorie wohl eingeführt von *Niklas Luhmann*, Grundrechte als Institution, 1965, S. 80.
45 Siehe nur *J.P. Müller*, Zur sog. subjektiv- und objektiv-rechtlichen Bedeutung der Grundrechte, in: Der Staat 29 (1990), S. 33ff.; zur objektiv-rechtlichen Dimension auch → Bd. I: *Wahl*, Die objektiv-rechtliche Dimension der Grundrechte im internationalen Vergleich, § 19; *Badura*, Grundrechte als Ordnung für Staat und Gesellschaft, § 20; ferner auch *Ossenbühl*, Grundsätze der Grundrechtsinterpretation, ebd. § 15.
46 Siehe z.B. *StGH*, Urt. v. 28. 5. 1986, StGH 1984/14, LES 1987, S. 36 (38); Urt. v. 2. 5. 1988, StGH 1985/11, LES 1988, S. 94 (101).

grund einer Norm in Verfassungsrang⁴⁷. Dies ist zunächst auf die abwehrrechtliche Konzeption der Grundrechte gemünzt, ihre wohl immer noch wichtigste Funktion. Ihrem rechtstechnisch-konstruktiven Gehalt nach sind Abwehrrechte durch Grundrechtsbestimmungen gesicherte subjektive Rechtspositionen, deren Beeinträchtigung durch die Staatsgewalt prinzipiell verboten ist und die durch negatorische Ansprüche der Berechtigten gegen Verletzungen gesichert sind⁴⁸.

13
Leistungsdimension

Daneben haben die Rechtekataloge der Verfassungen von Anfang an, wenngleich oftmals nur vereinzelt, neben abwehrrechtlichen Bestimmungen auch Vorschriften enthalten, die die leistungsbezogene Dimension des Staat–Bürger–Verhältnisses zum Gegenstand hatten. Formuliert man den Begriff der Grundrechte als Leistungsrechte weit, so umfaßt er alle Rechte auf eine positive Handlung des Staates und ist damit das terminologische Gegenstück zum Abwehrrecht. Die Skala der leistungsrechtlichen Ansprüche in diesem rechtstechnisch-formalen Sinne reicht in dieser Perspektive von staatlichem Schutz vor allem gegen Übergriffe privater Dritter auf Grundrechtsschutzgüter⁴⁹ über die Statuierung von Organisations- und Verfahrensnormen bis hin zur Erbringung von Geld- und Sachleistungen (Leistungsrechte im engeren Sinne)⁵⁰.

Objektive Grundrechtsbestimmungen als Voraussetzung

Voraussetzung leistungsrechtlicher Grundrechtsgehalte ist zunächst die Existenz objektiver Grundrechtsbestimmungen, welche dem Grundrechtsadressaten, also dem Staat⁵¹, eine positive Handlungspflicht auferlegen. Unter diesem Gesichtspunkt betrachtet, ist der Grundrechtskatalog der Verfassung Liechtensteins keineswegs unergiebig.

14
Einzelne Leistungsansprüche

Mehr oder weniger deutlich statuieren folgende Vorschriften einen Leistungsanspruch des einzelnen: Art. 32 Abs. 3 Satz 1 LV (Anspruch auf Entschädigung wegen erlittener Strafhaft); Art. 35 Abs. 1 LV (Anspruch auf Schadloshaltung bei Enteignung); Art. 37 Abs. 2 1. Halbs. LV (Anspruch der römisch-katholischen Kirche auf vollen Schutz des Staates); Art. 43 Abs. 2 LV (Anspruch auf Begründung einer Entscheidung). Außerhalb des IV. Hauptstücks der Verfassung gehören zum einen Art. 109 Abs. 1 LV (Amtshaftung), zum anderen grundrechtliche Gewährleistungen aus dem Bildungsbereich⁵², nämlich das Recht auf unentgeltlichen Elementarunterricht (Art. 16 Abs. 3 LV) und das Recht auf Stipendien zum Besuch höherer Schulen (Art. 17 Abs. 2 LV) hierhin. Der Anspruch auf rechtliches Gehör und allgemein auf ein

---

47 So etwa *StGH*, E. v. 12. 7. 1978, StGH 1978/4, LES 1981, S. 1 (2); ferner E. v. 11. 12. 1978, StGH 1978/16, S. 6 (nicht veröffentlicht).
48 Dazu etwa *Sachs*, in: Stern, Staatsrecht III/1 (LitVerz.), S. 621; *Höfling*, in: VVDStRL 61 (2002), S. 260 (269 f.).
49 Der Staatsgerichtshof hat insoweit die dogmatische Dreieckskonstruktion aufgegriffen, wonach der Staat in doppelter Weise einem Grundrechtsträger als „Störer" und einem Grundrechtsträger als „Opfer" gegenübersteht; siehe etwa *StGH*, Urt. v. 22. 2. 1999, StGH 1998/45, LES 2000, S. 1 (5) unter Bezugnahme auf StGH 1997/34, LES 1996, S. 20, und *Höfling* (FN 7), S. 78; vgl. auch *Frick*, Die Ausstrahlung der Grundrechte auf Privatrechtsbeziehungen, in: Liechtenstein-Institut (Hg.), Beiträge, Nr. 3, 1996.
50 Vgl. hierzu etwa *Robert Alexy*, Theorie der Grundrechte, 1985, S. 402 f.; *Höfling* (FN 7), S. 51 f.
51 Dazu sogleich sub II, RN 17 ff.
52 Zu deren Grundrechtscharakter schon *Höfling* (FN 7), S. 23 f.; siehe ferner *Seeger*, EuGRZ 1981, S. 656 (657).

rechtsstaatliches Verfahren ist ebenfalls in die Kategorie der Leistungsrechte einzuordnen. Bei einigen weiteren Grundrechtsbestimmungen läßt der Wortlaut – daß nämlich bestimmte Schutzgegenstände „gewährleistet" werden (so insbesondere Art. 32 Abs. 1, Art. 34 Abs. 1, Art. 37 Abs. 1 LV) – die Möglichkeit offen, insoweit staatliche Schutzverpflichtungen anzunehmen[53].

Neben den Abwehr- und Leistungsrechten bilden die sog. Gestaltungs- bzw. Bewirkungsrechte eine dritte Kategorie von Grundrechtsfunktionen[54]. Bewirkungsrechte gewährleisten Befugnisse, setzen den Berechtigten in die Lage, durch sein Verhalten gezielt eine Änderung der Rechtslage herbeizuführen. Hierzu zählen nicht nur die kompetentiellen Freiheiten, Eigentum zu erwerben, Vereine zu gründen, Ehen zu schließen oder allgemein Vertragsabsprachen zu treffen; vor allem sind in die Kategorie der Bewirkungsrechte als eigenständige Subkategorie die politischen Grundrechte im engeren Sinne einzuordnen[55]. Namentlich diese politischen Grundrechte nehmen im Verfassungssystem Liechtensteins eine herausragende Stellung ein. Der Staatsgerichtshof umschreibt die politischen Rechte der Verfassung des Fürstentums Liechtenstein ganz im Sinne der vorstehend vorgenommenen Charakterisierung als Befugnisse gewährleistende Grundrechte. Der Begriff der politischen Rechte habe einen „ganz bestimmten eng begrenzten Inhalt" und bezeichne „die Befugnisse der Mitwirkung an der Staatswillensbildung"[56]. Dazu zählen namentlich das aktive und passive Wahlrecht sowie das Referendums- und das Initiativrecht[57]. Die spezifische Eigenart der politischen Rechte besteht darin, auf grundrechtlicher Basis rechtsgestaltend auf die Staatswillensbildung einzuwirken: Sie sind als Bewirkungsrechte nicht nur verfassungsmäßig gewährleistete Individualrechte, also subjektive Grundrechte[58], vielmehr ermöglichen sie zugleich die Wahrnehmung einer Organfunktion durch Teilnahme am Rechtsetzungsprozeß[59]. Diese *dualistische* Theorie der politischen Grundrechte kann heute für den gesamten deutschsprachigen Raum als herrschend bezeichnet werden[60].

15 Bewirkungsrechte

Politische Grundrechte

Doppelfunktion auch als Bewirkungsrechte

2. Objektiv-rechtliche Grundrechtsgehalte

Für die schweizerische Staatsrechtslehre haben *Hans Huber* und *Zaccaria Giacometti* schon früh auf den systembildenden Leit- und Orientierungscharakter der Grundrechte hingewiesen[61]. Die sich hierin dokumentierende

16

---

53 Vgl. auch *Sachs* (FN 48), S. 707.
54 Dazu m.w.N. *Sachs* aaO., S. 571 ff.; *Wolfram Höfling*, Vertragsfreiheit, 1991, S. 20 ff.; *ders.* (FN 7), S. 54 f.
55 Siehe näher auch *Höfling*, Demokratische Grundrechte, in: Der Staat 33 (1994), S. 493 (503 ff.).
56 Siehe etwa *StGH*, E. v. 12.7.1978, StGH 1978/4, LES 1981, S. 1 (2); Urt. v. 30.4.1984, StGH 1984/2, LES 1985, S. 65 (68).
57 Näher siehe hierzu *Martin Batliner*, Die politischen Volksrechte, 1993; ferner auch *Manfred Nowak*, Politische Grundrechte, 1982; siehe auch noch unten C V, RN 60 ff.
58 Dazu siehe etwa *StGH*, E. v. 12.7.1978, StGH 1978/4, LES 1981, S. 1 (2 f.); *Batliner*, aaO, S. 45 f.
59 So *StGH*, Urt. v. 11.12.1979, StGH 1979/7, LES 1981, S. 116 (117).
60 Siehe nur m.w.N. *Batliner* (FN 57), S. 47 f.; *Höfling*, in: Der Staat 33 (1994), S. 493 (503 ff.).
61 Siehe *Hans Huber*, Die Garantie der individuellen Verfassungsrechte (Verhandlungen des Schweizerischen Juristenvereins), ZSR NF 55 (1936), S. 1a (152a); *Zaccaria Giacometti*, Das Staatsrecht der schweizerischen Kantone, 1941, S. 163.

objektiv-rechtliche Bedeutung der Grundrechte ist allerdings in ihrer dogmatischen Erschließung bis heute eher unsicher geblieben. Der objektiv-rechtliche Grundrechtsgehalt bezeichnet eine der diffusesten Kategorien der Grundrechtsdogmatik des deutschsprachigen Raums. Die Rechtsprechung des Staatsgerichtshofs enthält zu diesem Problemkreis kaum Äußerungen. Allerdings hat der Staatsgerichtshof den programmatischen Zielbestimmungscharakter des Art. 31 Abs. 1 LV in seinem Gleichberechtigungsurteil vom 2. November 1989 hervorgehoben. Hieraus leitet er eine umfassende Gestaltungsaufgabe des Gesetzgebers ab[62]. Daß Grundrechte vor allem auch in verfahrens- und organisationsrechtlicher Hinsicht normative Relevanz entfalten können[63], läßt sich schließlich der Judikatur zur Verfahrensgerechtigkeit und zum Rechtsschutz entnehmen[64].

II. Zum Umfang der personellen Geltungs- und Bindungskraft der Grundrechte

17
Geltungs- und Bindungskraft der Grundrechte bestimmen die normative Reichweite einer konkreten Grundrechtsordnung. In *personeller* Hinsicht geht es dabei zum einen um die Bestimmung des Kreises der *Grundrechtsberechtigten*, zum anderen um die Kategorie der durch die Grundrechte verpflichteten *Grundrechtsadressaten*[65].

1. Zur Grundrechtssubjektivität

a) Natürliche Personen als Grundrechtsberechtigte

18
Aus der Perspektive liberal-rechtsstaatlicher Verfassungen sind Grundrechte zunächst und vor allem vom einzelnen Menschen und der natürlichen Person her konzipiert. Natürliche Personen sind dementsprechend die wichtigsten Träger der Grundrechte, die „eigentlichen" Grundrechtssubjekte. Ab- und Ausgrenzungsfragen stellen sich insoweit lediglich im Blick auf die Grundrechtsträgerschaft ausländischer natürlicher Personen. Diese Fragen resultieren aus der historisch überkommenen Unterscheidung von Menschen- und Bürgerrechten oder bürgerlichen und staatsbürgerlichen Rechten. Diese Differenzierung findet auch in der Verfassung Liechtensteins ihren textlichen Niederschlag; nicht zuletzt dadurch stehen ihre Grundrechte in der Tradition des deutschen Konstitutionalismus, daß sie als Landesangehörigen-Rechte konzipiert sind[66]. Infolge der Ratifikation der Europäischen Menschenrechtskonvention durch Liechtenstein ist es indes zu einer weitreichenden Neuakzentuierung gekommen[67].

---

62 Siehe *StGH*, Urt. v. 2.11.1989, StGH 1989/9 u. 10, LES 1990, S. 63 (67f.).
63 Wobei bereits hier die Abgrenzung zu entsprechenden subjektiv-rechtlichen Grundrechtsgehalten problematisch ist.
64 Dazu siehe noch unten C VI, RN 68 ff.
65 Dazu im folgenden sub 2, RN 22 f.
66 Siehe auch *Batliner*, LPS 16 (1993), S. 281 (293).
67 Siehe schon *Hangartner*, Die Grundrechte der Ausländer im Fürstentum Liechtenstein, LJZ 1981, S. 129 (129): „tiefgreifende Zäsur".

Während die ältere Judikatur des Staatsgerichtshofs im Blick auf die Grundrechtsträgerschaft ausländischer natürlicher Personen noch schwankend war[68], ist die Rechtsprechung seit den achtziger Jahren des zwanzigsten Jahrhunderts insgesamt deutlich von der Europäischen Menschenrechtskonvention geprägt[69]. Indes wird man die Position des Staatsgerichtshofs wohl nicht dahingehend verstehen dürfen, daß sich Ausländer generell auch auf jene Grundrechtsgewährleistungen berufen können, die ihren personellen Geltungsbereich explizit auf Landesangehörige beschränken[70] und denen hinsichtlich des sachlichen Geltungsbereichs keine EMRK-Garantien korrespondieren[71].

b) Juristische Personen als Grundrechtsberechtigte

Nach Auffassung des Staatsgerichtshofs entspricht es einem „allgemeinen Grundsatz ..., dass die Grundrechte auch inländischen juristischen Personen zustehen, soweit dies dem Wesen der juristischen Person entspricht"[72]. An der grundsätzlichen Anerkennung der Grundrechtssubjektivität juristischer Personen (des Privatrechts) sah sich der Staatsgerichtshof weder durch den Titel des IV. Hauptstücks der Verfassung („Von den allgemeinen Rechten und Pflichten der Landesangehörigen") noch durch die Formulierung des Art. 11 Nr. 1 StGHG (a.F.) gehindert, wonach der Staatsgerichtshof als erste und einzige Instanz zur Beurteilung von Beschwerden zum Schutze der verfassungsmäßig gewährleisteten Rechte „der Bürger" zuständig ist. Dieses Tatbestandselement sei nicht allein grammatikalisch zu interpretieren, sondern umfasse nach seiner Schutzrichtung auch juristische Personen[73].

19 Privatrechtliche juristische Personen

In der soeben zitierten Entscheidung erstreckt der Staatsgerichtshof die Grundrechtsberechtigung über den relativ unproblematischen Kreis der juristischen Personen des Privatrechts[74] hinaus auch auf juristische Personen des öffentlichen Rechts. Es erscheine „in der Tat denkbar, ... dass die Verfassungsbeschwerde auch juristischen Personen des öffentlichen Rechts zustehen könnte". Der Text der Verfassung und des Staatsgerichtshofsgesetzes sei „bewusst so flexibel gehalten, daß sich eine Auslegung aufdrängt, die es gestattet, allen wesentlichen Schutzbedürfnissen von Verfassungswesentlichkeit gerecht zu werden"[75].

20 Juristische Personen öffentlichen Rechts

---

68 Siehe einerseits *StGH*, E. v. 29. 4. 1975, StGH 1975/1, ELG 1973–1978, S. 373 (378), mit einer großzügigen Auslegung der persönlichen Gewährleistungsbereiche wichtiger Grundrechte, sowie – ausgerechnet 9 Monate vor Inkrafttreten der EMRK für Liechtenstein (darauf weist zu Recht *Batliner*, LPS 14 [1990], S. 91 [111]) – *StGH*, B. v. 9. 12. 1981, StGH 1981/5, S. 2 f. (nicht veröffentlicht), sowie B. v. 9. 12. 1981, StGH 1981/10, LES 1982, S. 122 f.; näher hierzu *Höfling* (FN 7), S. 61 f.
69 Siehe näher *Höfling* aaO, S. 62 ff.; *Hoch*, in: Wille (FN 13), S. 65 (82 f.).
70 Siehe Art. 28 Abs. 1 LV: Niederlassungsfreiheit, Vermögenserwerbsfreiheit.
71 In diesem Sinne schon *StGH*, E. v. 29. 4. 1975, StGH 1975/1, ELG 1973–1978, S. 373 (378).
72 So *StGH*, E. v. 24. 10. 1977, StGH 1977/3, LES 1981, S. 41 (43); siehe ferner schon E. v. 6. 7. 1972, StGH 1972/1, ELG 1973–78, S. 336 (338).
73 Siehe *StGH*, Urt. v. 28. 5. 1986, StGH 1984/14, LES 1987, S. 36 (38).
74 Dazu siehe noch *StGH*, E. v. 29. 4. 1975, StGH 1975/1, ELG 1973–1978, S. 371 (378); Urt. v. 3. 5. 1988, StGH 1987/15, LES 1988, S. 134 (135).
75 *StGH*, Urt. v. 28. 5. 1986, StGH 1984/14, LES 1987, S. 36 (38); siehe auch *Wille*, Normenkontrolle (FN 15), S. 111.

21
Begrenzte kommunale Grundrechtsträgerschaft

Allerdings betrifft die Entscheidung eine besondere Kategorie juristischer Personen des öffentlichen Rechts, nämlich die Gemeinden. Ihnen gesteht der Staatsgerichtshof – unter ausdrücklicher Bezugnahme auf eine seit Jahrzehnten feststehende Judikatur des schweizerischen Bundesgerichts – die Berechtigung zur Erhebung von Verfassungsbeschwerden zum Schutze ihres Autonomiestatus dort zu, wo sie in verfassungsrechtlich gewollten und geschützten Selbstverwaltungsrechten betroffen sind[76]. Schließlich hat der Staatsgerichtshof seine diesbezügliche Judikatur präzisierend dahingehend beschrieben, die Gemeinden könnten sich auf diejenigen Grundrechte berufen, „welche direkt der Durchsetzung der Gemeindeautonomie dienten bzw. mit dieser in engem Zusammenhang stehen. Von vornherein ausgeschlossen sind die Gemeinden jedoch von den klassischen Freiheitsrechten"; die Freiheitsrechte gewährleisteten nämlich privatautonome Willkür. Ebensowenig könnte die Gemeinde die EMRK-Grundrechte für sich reklamieren[77].

Ausschlußgrund der zugewiesenen öffentlichen Aufgabe

Auf dieser grundsätzlichen Linie liegen noch weitere Judikate aus den letzten Jahren. In mehreren Entscheidungen zur Beschwerdelegitimation (im Sinne von Antragsberechtigung im Verfassungsbeschwerdeverfahren) der Liechtensteinischen Rechtsanwaltskammer[78], der Liechtensteinischen Alters- und Hinterlassenen-Versicherung[79] und der Gewerbe- und Wirtschaftskammer[80] wird zutreffend auf den prinzipiellen Unterschied zwischen juristischen Personen des Privatrechts und solchen des öffentlichen Rechts hingewiesen. Wenn und soweit gesetzlich zugewiesene öffentliche Aufgaben erfüllt würden, stehe dies der Zuerkennung von Grundrechtssubjektivität entgegen[81].

2. Die Grundrechtsadressaten

22
Gesamtheit der öffentlichen Gewalt

Das liechtensteinische Verfassungsrecht enthält keine explizite Regelung über die aus den Grundrechtsbestimmungen verpflichteten Adressaten. Äußerungen des Staatsgerichtshofs zu diesem Fragenkreis finden sich nur selten[82]. Unstrittig ist indes, daß die öffentliche Gewalt in ihrer Gesamtheit – also die „Gesetzgebung wie ... die Vollstreckung (Gerichtsbarkeit, Verwaltung)"[83] – jedenfalls dann der Grundrechtsbindung unterworfen ist, wenn (in den Worten des Staatsgerichtshofs) die Handhabung der Staatsgewalt im behördlichen Wirkungskreis in Frage steht[84]. Mit diesen eher unscharfen Formulierungen

---

76 *StGH* aaO.; zu dieser Entscheidung siehe auch *Job von Nell*, Die politischen Gemeinden im Fürstentum Liechtenstein, 1987, S. 217 f.; vgl. ferner *Höfling*, Verfassungsbeschwerde (FN 15), S. 88 ff. m.w.N.
77 So *StGH*, Urt. v. 23. 11. 1998, StGH 1998/27, LES 2001, S. 9 (11).
78 Siehe *StGH*, E. v. 21. 2. 1997, StGH 1996/24, S. 7 (nicht veröffentlicht).
79 *StGH* 1999/4.
80 *StGH*, E. v. 5. 12. 2000, StGH 2000/10, (nicht veröffentlicht); siehe auch E. v. 5. 12. 2000, StGH 2000/12, LES 2003, S. 112 (118 f.).
81 Siehe vor allem *StGH*, E. v. 5. 12. 2000, StGH 2000/10, S. 15 f. (nicht veröffentlicht); siehe näher zu dieser neueren Judikatur des Staatsgerichtshofs *Höfling*, Verfassungsbeschwerde (FN 15), S. 91 ff.
82 Siehe etwa *StGH*, E. v. 15. 7. 1952, ELG 1947–1954, S. 259 (263); Urt. v. 28. 8. 1981, StGH 1981/12, LES 1982, S. 125 (126).
83 Siehe *StGH*, E. v. 15. 7. 1952, ELG 1947–1954, S. 259 (263).
84 *StGH*, Urt. v. 28. 8. 1981, StGH 1981/12, LES 1982, S. 125 (126).

glaubt der Staatsgerichtshof namentlich die sog. Privatwirtschaftsverwaltung von der Grundrechtsbindung ausnehmen zu können[85]: „Es wäre ... ein Irrtum zu glauben, jede Verwaltungstätigkeit habe dann behördlichen Charakter, weil und wenn sie von der Regierung oder einem ihrer Mitglieder besorgt wird. Wenn daher die Regierung in ihrem privatwirtschaftlichen Wirkungsbereich tätig wird, so kann das nicht durch eine hoheitsrechtliche ‚Entscheidung' oder ‚Verfügung' geschehen"[86].

Privatwirtschaftsverwaltung als Ausnahme

Von besonderer politischer Brisanz ist die Frage nach der (Verfassungs- und) Grundrechtsbindung des Fürsten. Es entspricht einer weit verbreiteten Rechtsauffassung in der liechtensteinischen Literatur, daß „staatliche Akte des Fürsten nicht beim Staatsgerichtshof anfechtbar" sind[87]. Diese Auffassung ist indes weder mit den Vorgaben der Europäischen Menschenrechtskonvention[88] vereinbar noch ist sie nach Maßgabe des liechtensteinischen Verfassungs(prozeß)rechts geboten. Zunächst ist insoweit festzuhalten, daß die Frage nach der verfassungsrechtlichen Bindung und der verfassungsgerichtlichen Kontrolle von Organhandeln des Landesfürsten nicht durch Art. 7 Abs. 2 der Landesverfassung beantwortet wird, wonach die Person des Fürsten – in der bis 2003 geltenden Fassung – „geheiligt und unverletzlich" ist[89]. Diese sog. absolute Immunität gilt nur der Person des Fürsten; sie schützt diesen nur vor persönlicher gerichtlicher und anderer Verfolgung[90], ändert aber nichts an der uneingeschränkten Einbindung des Fürsten sowohl in die liechtensteinische als auch in die internationale Rechtsordnung. Nach der Entscheidung des Europäischen Gerichtshofs für Menschenrechte im sog. Fall *Wille*[91] ist es unabweisbar, „die Handlungen des Fürsten in der Funktion eines Staatsorgans einer Kontrolle des Staatsgerichtshofs zu unterwerfen, damit der Grundrechtsschutz flächendeckend gewährt wird"[92]. Im Ergebnis jedenfalls kann an

23
Verfassungs- und Grundrechtsbindung des Fürsten

Absolute personale Immunität

---

85 Siehe *StGH*, Urt. v. 28. 8. 1981, StGH 1981/12, LES 1982, S. 125 (126); zur Kritik siehe *Höfling*, Bestand und Bedeutung der Grundrechte im Fürstentum Liechtenstein, LJZ 1995, S. 103 (117 f.)
86 *StGH* aaO.; die Entscheidung betraf die Herstellung, Ausgabe und Verwendung von Postwertzeichen. – Zum gesamten Komplex der Grundrechtsadressaten namentlich aus verfassungsprozessualer Perspektive siehe *Höfling*, Verfassungsbeschwerde (FN 15), S. 126 ff. m.w.N.
87 So *Wille*, Verfassungsgerichtsbarkeit im Fürstentum Liechtenstein – Entstehung, Ausgestaltung, Bedeutung und Grenzen, in: ders. (FN 13), S. 9 (48); *Gerard Batliner*, Aktuelle Fragen des liechtensteinischen Verfassungsrechts, 1998, RN 134.
88 Siehe vor allem *EGMR*, Urt. v. 28. 10. 1999 (Große Kammer), Wille ./. Fürstentum Liechtenstein, LJZ 2000, S. 105 ff., sowie ÖJZ 2000, S. 647 ff., und NJW 2001, S. 1195 ff.
89 Dazu eingehend *Höfling*, Zur Verfassungsbindung des Landesfürsten, in: *Jochen Abr. Frowein/ders.*, Zu den Schreiben SD des Landesfürsten Hans-Adam II. vom 27. 2. 1995 und vom 4. 4. 1995 an den Vorsitzenden der Verwaltungsbeschwerdeinstanz. Zwei Rechtsgutachten, Liechtenstein-Institut, Beiträge Nr. 2, 1995, S. 19 (22 ff.); *Batliner*, Der konditionierte Verfassungsstaat, in: Wille (Hg.), FG Staatsgerichtshof, S. 109 (132 f.).
90 Nach der Verfassungsänderung von 2003 lautet Art. 7 Abs. 2 LV nunmehr: „Die Person des Landesfürsten untersteht nicht der Gerichtsbarkeit und ist rechtlich nicht verantwortlich. Dasselbe gilt für jenes Mitglied des Fürstenhauses, welches gemäss Art. 13bis für den Fürsten die Funktion des Staatsoberhauptes ausübt".
91 Der in Wahrheit ein „Fall Landesfürst" war und ist.
92 So zu Recht *Kley*, EuGRZ 2004, S. 43 (46); näher zu den Möglichkeiten einer verfassungssystematisch-teleologischen Interpretation des geltenden Rechts, die zum Ergebnis einer prozessualen Absicherung der materiellen Grundrechtsbindung des Landesfürsten führt: *Höfling*, Verfassungsbeschwerde (FN 15), S. 150 ff.

der Grundrechtsbindung des Landesfürsten kein Zweifel bestehen[93]. Der Staatsgerichtshof hat im übrigen anläßlich einer Beschwerde im Zusammenhang mit der Abstimmung über den Europäischen Wirtschaftsraum mit deutlichen Worten seine Kontrollkompetenz auch über das Organhandeln des Fürsten in Anspruch genommen und dessen Intervention als unzulässigen Eingriff in die Abstimmungsfreiheit qualifiziert[94].

III. Zur Struktur grundrechtlichen Argumentierens

1. Grundsätzliches

24
Allgemeine Grundrechtslehren

Nicht zuletzt die komplexe funktionell-rechtliche Beziehung zwischen dem gestaltenden Gesetzgeber und der kontrollierenden Verfassungsgerichtsbarkeit setzt eine rechtsdogmatisch strukturierte Grundrechtslehre voraus. Dabei haben sich – bei allen Unterschieden im einzelnen – inzwischen „gemeindeutsche" Gemeinsamkeiten im grundrechtlichen Argumentationsprozeß durch eingestufte Tatbestandsgrenzen, Schranken und Schrankenschranken entwickelt[95]. Allerdings muß im Blick auf das Fürstentum Liechtenstein konstatiert werden, daß bis weit in die siebziger Jahre des zwanzigsten Jahrhunderts hinein die Rechtsprechung des Staatsgerichtshofs von einer prädominanten Schrankenperspektive geprägt war, in der die Definition grundrechtlicher Schutzbereiche eingriffsorientierten Gesichtspunkten folgte und ohne nähere Reflexion die Legitimität gesetzlicher Einschränkungen grundrechtlicher Freiheitspositionen durchweg für unproblematisch erklärt wurde[96].

Prädominante Schrankenperspektive

2. Die Differenzierung zwischen grundrechtlichem Schutzgut, Eingriff und Begrenzungslegitimation

25
Freiheitsakzentuierender Kontrollmaßstab

Erst in den achtziger Jahren setzte sich ein deutlicher Wandel zugunsten eines stärker strukturierten und freiheitsakzentuierenden Kontrollmaßstabes durch. Die bloße Existenz einschlägiger Staatsaufgabennormen legitimiert nun nicht mehr automatisch grundrechtsbeschränkende Eingriffe. „Wenn der Staat die Wohlfahrt und die wirtschaftlichen Interessen des Volkes fördern (Art. 14 der Verfassung), die Arbeitnehmer schützen (Art. 19 der Verfassung) und Gewerbe und Industrie zur Hebung der Erwerbsfähigkeit und zur Pflege seiner wirtschaftlichen Interessen fördern soll (Art. 20 der Verfassung) oder

---

93 Siehe auch *Günther Winkler*, Verfassungsrecht in Liechtenstein, 2001, S. 12, der von der „demokratisch grundgelegte(n) Bindung des Monarchen als Staatsoberhaupt an die Verfassung als Grundgesetz des Staats" spricht.
94 *StGH*, Urt. v. 21. 7. 1993, StGH 1993/8, LES 1993, S. 91 (97); *Batliner* (FN 87), RN 135, hält es zu Recht für bemerkenswert, daß der Landesfürst auf diese Entscheidung mit der Erklärung reagierte, er lasse sich vom Staatsgerichtshof nicht „einen Maulkorb umhängen" (siehe Interview im Liechtensteinischen Vaterland v. 14. 8. 1993).
95 Dazu *Höfling*, Bauelemente einer Grundrechtsdogmatik des deutschsprachigen Raums, in: Alois Riklin u. a. (Hg.), Kleinstaat und Menschenrechte, FG Batliner, 1993, S. 341 ff.
96 Siehe dazu mit Nachweisen *Höfling* (FN 7), S. 82 f., 92 ff.; speziell im Blick auf die Handels- und Gewerbefreiheit, *Höfling*, Die Gewährleistung der Handels- und Gewerbefreiheit nach Art. 36 der liechtensteinischen Verfassung, LJZ 1992, S. 82 (85).

wenn er durch Gesetz öffentlich-rechtliche Körperschaften, Anstalten und Stiftungen errichten kann (Art. 78 Abs. 4 der Verfassung), so hat er bei diesen Tätigkeiten die Grundrechte zu respektieren. ..."[97]. Andernfalls „wären die Grundrechte der Verfassung rein programmatische Normen, über die der Gesetzgeber frei verfügen könnte"[98]. Mit dieser Neuausrichtung, die nicht zuletzt durch die Ratifikation der Europäischen Menschenkonvention durch Liechtenstein beeinflußt ist, rücken nunmehr auch die spezifischen Rechtfertigungsanforderungen an die Verkürzungen grundrechtlicher Freiheit näher in den Blickpunkt. Die für das liechtensteinische Verfassungsrecht charakteristischen einfachen Gesetzesvorbehalte[99] werden nunmehr auch durch die einschlägigen qualifizierten Gesetzesvorbehalte der Menschenrechtskonvention bei parallelen Gewährleistungen überlagert[100].

Ausbau qualifizierter Gesetzesvorbehalte

3. Grundrechtsschrankenschranken: Verhältnismäßigkeitsprinzip und Kerngehaltsgarantie

Erst mit dem in den achtziger Jahren vollzogenen Perspektivenwechsel im dogmatischen Verhältnis zwischen grundrechtlicher Gewährleistung und rechtfertigungsbedürftigem Grundrechtseingriff gewinnt die Rechtsprechung des Staatsgerichtshofs auch im Bereich der Grundrechtsschrankenschranken an freiheitsakzentuierenden Konturen[101]. Nunmehr hebt das Verfassungsgericht hervor, daß es sich bei den Kriterien des überwiegenden öffentlichen Interesses, des Verhältnismäßigkeitsprinzips und der Kerngehaltsgarantie „um die in der schweizerischen und auch der deutschen Lehre und Rechtsprechung generell anerkannten Prüfungsmaximen für die Beurteilung der Zulässigkeit von Grundrechtseingriffen" handelt[102]. Allerdings entwickelt sich die einschlägige Judikatur eher zaghaft; zunächst ist mehr formelhaft vom Grundsatz der Verhältnismäßigkeit die Rede. Erst nach und nach bekennt sich der Staatsgerichtshof auch zu einer präziseren Verhältnismäßigkeitsprüfung und zu einer Güterabwägung im Sinne einer Konfliktbereinigung gegensätzlicher Prinzipien[103]. Daneben bringt der Staatsgerichtshof gelegentlich die Kerngehaltsgarantie als allgemeine Schrankenschranke ins Spiel[104], ohne daß diese im Ergebnis zu einem weitergehenden Freiheitsschutz und zu einer gegenüber dem Übermaßverbot eigenständigen Schrankenschranken-Klausel geführt hat[105].

26
Perspektivenwechsel

Güterabwägung und Kerngehaltsgarantie

---

97 So *StGH*, Urt. v. 5.5.1987, StGH 1985/11, S. 7 (nicht veröffentlicht).
98 *StGH* aaO., S. 5.
99 Siehe auch schon *StGH*, E. v. 14.12.1961, StGH 1961/5, ELG 1962–1966, S. 187 (189).
100 Näher zum Ganzen *Höfling* (FN 7), S. 86 ff.
101 Näher hierzu *Höfling* aaO., S. 98 ff.; *Hoch*, in: Wille (FN 13), S. 65 (71 ff.).
102 So *StGH*, Urt. v. 3.11.1989, StGH 1989/3, LES 1990, S. 45 (47).
103 In diesem allgemeinen Sinne *StGH*, Urt. v. 31.5.1990, StGH 1989/14, LES 1992, S. 1 (8); siehe auch Urt. v. 3.5.1988, StGH 1987/15, LES 1988, S. 134 (136); Urt. v. 23.2.1999, StGH 1995/6, LES 2001, S. 63 (68); E. v. 5.12.2000, StGH 2000/12, LES 2003, S. 112 (120 f.); E. v. 12.6.2000, StGH 2000/65, LES 2004, S. 103 (105); vgl. auch *Andreas Kley*, Grundriß des liechtensteinischen Verwaltungsrechts, 1998, S. 227 ff.
104 Siehe *StGH*, Urt. v. 6.5.1987, StGH 1986/11, LES 1988, S. 45 (49); Urt. v. 3.11.1989, StGH 1989/6, LES 1990, S. 43 (47 f.).
105 Hierzu *Höfling* (FN 7), S. 102 ff. m.w.N.; *ders.*, in: FG Batliner (FN 95), S. 341 (359 ff.).

C. Die einzelnen Grundrechtsgewährleistungen im Überblick

27
Kategorienbildung

Die Möglichkeiten zur Einteilung der Grundrechtsbestimmungen sind vielfältig[106]. Die klassifikatorische Ordnung der Grundrechtskataloge kann z. B. auf den sachlichen Gegenstand der Gewährleistungen, den Kreis der Begünstigten bzw. der Verpflichteten, die rechtstechnische Struktur oder das zugrundeliegende politisch-philosophische Ideengut abstellen. Der folgenden Darstellung liegt die durchaus verbreitete Aufgliederung der Grundrechte nach den betroffenen Lebens- und Interessenbereichen zugrunde[107].

I. Privatsphärenschutz und persönliche Entfaltungsfreiheit

1. Die Freiheit der Person (Art. 32 Abs. 1 1. Alt. LV)

28
Persönlichkeitsentfaltung

Anders als der Tradition des zunächst in England entwickelten Instituts „habeas corpus" verpflichtete, normtextlich vergleichbare Bestimmungen wird die Garantie der Freiheit der Person in Art. 32 Abs. 1 1. Alt. LV in der Deutung des Staatsgerichtshofs umfassender interpretiert. Danach gewährleistet das Grundrecht nicht nur die persönliche Freiheit im Sinne der körperlichen Integrität, der Bewegungsfreiheit sowie bestimmter minimaler rechtsstaatlicher Garantien, sondern auch einen „Anspruch auf Persönlichkeitsentfaltung"[108]. Damit erfährt die grundrechtliche Garantie der Freiheit der Person eine gewisse Dynamisierung; dies gilt umso mehr, als der Staatsgerichtshof seit den späten achtziger Jahren in Art. 32 Abs. 1 LV „allgemein die persönliche Freiheit", die Bewegungsfreiheit und die freie Entfaltung der Persönlichkeit sowie den Schutz der Geheim- und Privatsphäre geschützt sieht[109]. Diese Interpretationskonzeption wird maßgeblich durch Art. 8 EMRK beeinflußt[110].

Zweifel am Auffanggrundrecht auf Privatheit

Allerdings bleibt unklar, ob der Staatsgerichtshof aus der Zusammenschau der in Art. 32 Abs. 1 1. bis 3. Alt. LV enthaltenen Garantien – Freiheit der Person, Hausrecht, Brief- und Schriftengeheimnis – ein einheitliches Grundrecht auf Privatheit und Persönlichkeitsentfaltung entwickeln will[111]. Immerhin spricht das Gericht insofern von einem „Auffanggrundrecht", das zwar nicht die allgemeine Handlungsfreiheit, wohl aber „generell die Freiheit der Person" und als Teilelement etwa das Recht am eigenen Namen schützt[112].

---

106 Siehe dazu nur die Darstellung bei *Sachs*, in: Stern, Staatsrecht III/1 (LitVerz.), S. 338 ff.
107 Zum folgenden *Höfling* (FN 7), S. 110 ff. m.w.N.
108 So *StGH*, E. v. 24.10.1977, StGH 1977/2, LES 1981, S. 39 (41); ferner E. v. 12.6.2001, StGH 2000/65, LES 2004, S. 101 (103).
109 Siehe *StGH*, Urt. v. 9.11.1987, StGH 1987/3, LES 1988, S. 49 (53); siehe auch Urt. v. 3.5.1988, StGH 1987/16, S. 5 (nicht veröffentlicht), wo allerdings tatsächlich Art. 32 Abs. 2 LV genannt wird.
110 Siehe *StGH* aaO.; zur Bedeutung als „Grundrecht auf Familie" s. *StGH*, E. v. 14.4.2003, StGH 2002/84, LES 2005, S. 252 (260).
111 Siehe hierzu näher und auch im rechtsvergleichenden Blick auf die Schweiz *Höfling* (FN 7), S. 112 ff.
112 So *StGH*, Urt. v. 22.2.1999, StGH 1998/47, LES 2001, S. 73 (77).

2. Das Hausrecht (Art. 32 Abs. 1 2. Alt. LV)

Als spezifische Ausprägung des Rechts auf private Lebensgestaltung garantiert Art. 32 Abs. 1 LV in seiner zweiten Alternative das „Hausrecht" und damit den Schutz der Wohnung und der darin befindlichen Gegenstände[113]. Zum Wohnungsbegriff selbst hat der Staatsgerichtshof bislang nicht Stellung genommen; doch dürfte insoweit die weite Auslegung von Art. 8 Abs. 1 EMRK durch den Europäischen Gerichtshof für Menschenrechte prägend sein.

29 Schutz der Wohnung

3. Brief- und Schriftengeheimnis (Art. 32 Abs. 1 3. Alt. LV)

Auch Art. 32 Abs. 1 3. Alt. LV ist eine spezifische Ausprägung des Rechts auf private Lebensgestaltung. Es gewährleistet das Brief- und Schriftengeheimnis als besonders schützenswerten Bereich der Privatsphäre, zugleich aber auch als wichtiges Element einer freiheitlichen Gesellschaftsverfassung. Der Staatsgerichtshof hat sich bislang noch nicht häufig mit Art. 32 Abs. 1 3. Alt. LV auseinandergesetzt, jedoch in anderem Zusammenhang „entschieden festgehalten ..., dass das in Artikel 47 des Bankengesetzes normierte Bankengeheimnis kein durch die Verfassung geschütztes Recht ist"[114]. In einem neuen Judikat hat er – ebenfalls eher restriktiv konkretisierend – betont, das Brief- und Schriftengeheimnis schütze „nicht schon jedes persönliche schriftliche Dokument vor staatlichem Zugriff"[115]. Die textliche Verengung des Schutzbereichs auf den Austausch schriftlicher Mitteilungen ist zweifelsohne entstehungszeitlich bedingt und dürfte einer teleologischen Ausdehnung auf modernere Formen der Nachrichten- und Datenübermittlung ebensowenig entgegenstehen, wie dies für die EMRK-Garantien der Fall ist[116].

30 Privatsphäre und Gesellschaftsverfassung

Teleologische Ausdehnung

4. Die Schrankenregelung des Art. 32 Abs. 2 LV

Nicht zuletzt vor dem Hintergrund der relativ weiten Deutung des sachlichen Gewährleistungsbereichs des Art. 32 Abs. 1 1. Alt. LV ergeben sich schwierige Probleme im Blick auf die Schrankenregelung des Art. 32 Abs. 2 LV. Diese stellt nämlich das Grundrecht der Freiheit der Person nur partiell unter Gesetzesvorbehalt, indem lediglich drei Eingriffskonstellationen erfaßt werden: die Verhaftung, die Haftfortdauer („Inhaftbehalten") und die Durchsuchung von Personen. Auch die hiermit aufgeworfenen Fragen hat der Staatsgerichtshof bislang noch nicht befriedigend beantwortet, sondern geht offenkundig davon aus, daß – entsprechend der interpretatorischen Erweiterung

31 Partieller Gesetzesvorbehalt

Deutung als einfachen Gesetzesvorbehalt

---

113 *StGH*, Urt. v. 9. 11. 1987, StGH 1987/3, LES 1988, S. 49 (53).
114 Siehe *StGH*, E. v. 21. 11. 1977, StGH 1977/8, LES 1981, S. 48 (50).
115 So *StGH*, Urt. v. 23. 2. 1999, StGH 1995/6, LES 2001, S. 63 (68), wo allerdings das Hausrecht (Art. 32 Abs. 1 2. Alt. LV) für einschlägig erachtet wurde.
116 Siehe dazu etwa *EGMR*, Urt. v. 6. 9. 1978, NJW 1979, S. 1755 (1756); zum ganzen *Höfling* (FN 7), S. 114 f.

des Tatbestandes – das Schrankenregime des Art. 32 Abs. 2 LV im Sinne eines allgemeinen einfachen Gesetzesvorbehalts gedeutet werden müsse[117].

5. Niederlassungsfreiheit (Art. 28 Abs. 1 1. Alt. LV)

32
Wohnsitznahme und Aufenthalt

Neben Art. 32 Abs. 1 LV, der in seiner umfassenden Gewährleistung auch die Bewegungsfreiheit schützt[118], garantiert Art. 28 Abs. 1 1. Alt. LV eine spezifische Freiheit, nämlich das „Recht, sich unter Beobachtung der näheren gesetzlichen Bestimmungen an jedem Ort des Staatsgebietes frei niederzulassen". Das damit statuierte Grundrecht auf Freizügigkeit[119] umfaßt die Niederlassung im engeren Sinne, das heißt die Wohnsitznahme, und im weiteren Sinne, also auch den Aufenthalt allgemein. Nicht umfaßt wird von der Gewährleistung allerdings das Recht auf Grunderwerb[120]. Nach dem „klaren Wortlaut und dem unzweifelhaften Sinn"[121] des Verfassungstextes ist der *persönliche Gewährleistungsbereich* der Niederlassungsfreiheit auf Landesangehörige beschränkt. Die Niederlassungsrechte der Ausländer werden durch Staatsverträge, allenfalls durch das Gegenrecht bestimmt (Art. 28 Abs. 2 LV).

Beschränkung auf Landesangehörige

II. Glauben, Gewissen, Weltanschauung, Religionsausübung: Die Gewährleistungen der Art. 37 bis 39 LV

33
Grundrechte und Staatskirchenverfassung

Die Art. 37 bis 39 LV enthalten zwei unterschiedliche Regelungskomplexe: Art. 37 Abs. 1 und Abs. 2 LV statuieren in Parallele zu Art. 9 EMRK die Garantien unterschiedlicher individueller Grundrechtspositionen, nämlich der Glaubens-, Gewissens- und Religionsfreiheit. Diese Gewährleistungen werden durch Art. 39 Halbsatz 1 LV konkretisiert. Art. 37 Abs. 2, 38 und 39 LV umschreiben darüber hinaus in objektiver Hinsicht die liechtensteinische Staatskirchenverfassung[122].

1. Glaubens- und Gewissensfreiheit sowie Freiheit der Religionsausübung (Art. 37 LV)

34
Weitestgehende Selbstverantwortung

Mit der verfassungsrechtlichen Gewährleistung der Glaubens- und Gewissensfreiheit wird ein selbstverantwortlicher Bereich jedes einzelnen Menschen anerkannt, in dem staatlicher Zwang weitestgehend ausgeschlossen sein

---

117 Siehe etwa *StGH*, Urt. v. 9. 11. 1987, StGH 1987/3, LES 1988, S. 49 (53); ähnlich Urt. v. 3. 5. 1988, StGH 1987/16, S. 5 (nicht veröffentlicht); zum ganzen *Höfling* aaO., S. 116 ff.
118 Siehe *StGH*, Urt. v. 9. 11. 1987, StGH 1987/3, LES 1988, S. 49 (53).
119 Von der Garantie der Freizügigkeit spricht etwa *StGH*, B. v. 1. 12. 1982, StGH 1982/39, LES 1983, S. 117 (118).
120 Siehe auch *StGH*, E. v. 11. 12. 1978, StGH 1978/16, S. 6 (nicht veröffentlicht); möglicherweise weitergehend E. v. 1. 9. 1958, StGH 1960/7, ELG 1955–1961, S. 125 (129).
121 So *StGH*, E. v. 11. 10. 1978, StGH 1978/10, LES 1981, S. 7 (10) – allerdings im Blick auf Art. 28 Abs. 1 2. Alt. LV.
122 Dazu eingehend *Herbert Wille*, Staat und Kirche im Fürstentum Liechtenstein (Diss. Freiburg/Schweiz), 1972, S. 72.

soll. Nicht nur der christliche Glaube wird dabei von der Grundrechtsbestimmung erfaßt, auch Atheisten sind in ihrer Überzeugung geschützt, jedenfalls insoweit, als sie nicht zu einem positiven Glaubensbekenntnis gedrängt werden dürfen[123]. Anders als Art. 9 Abs. 1 EMRK schützt Art. 37 Abs. 1 LV die Weltanschauungsfreiheit nicht explizit. Gleichwohl scheint der Staatsgerichtshof zu einer großzügigen Interpretation des sachlichen Gewährleistungsbereichs zu tendieren. Im Blick auf Art. 37 LV umschreibt er die verbotenen staatlichen Eingriffe dahingehend, daß der Einzelne nicht „zu bestimmten weltanschaulichen oder religiösen Ansichten oder Verhaltensweisen angehalten" werden darf[124].

Weltanschauungsfreiheit

Nach dem Wortlaut des Art. 37 Abs. 1 LV sind Glaubens- und Gewissensfreiheit vorbehaltlos gewährleistet[125]. Demgegenüber statuiert Art. 9 Abs. 2 EMRK eine weit gefaßte Schrankenklausel, wobei allerdings die Gewissensfreiheit ausgenommen ist. Ein Fall gänzlicher Freistellung von Beschränkungen kommt indes nur soweit in Betracht, als es um das forum internum der Glaubens- und Gewissensfreiheit geht. Im übrigen steht die Vorbehaltlosigkeit der Gewährleistung einer Beschränkung aufgrund kollidierenden Verfassungsrechts nicht entgegen[126]. Darüber hinaus ist auf Art. 39 Halbsatz 2 LV zu verweisen, dem zufolge durch das Religionsbekenntnis „den staatsbürgerlichen Pflichten ... kein Abbruch geschehen" darf.

35
Vorbehaltlosigkeit des forum internum

2. Zur Bedeutung des Art. 37 Abs. 2 LV

Die Gewährleistungen des Art. 37 Abs. 1 LV werden ergänzt durch Absatz 2 der Verfassungsvorschrift, die zwei unterschiedliche Bedeutungsebenen enthält: Zum einen setzt die Verfassungsbestimmung die römisch-katholische Kirche als Landeskirche[127] ein und unterstellt diese dem vollen Schutz des Staates; zum anderen enthält die Norm die Garantie der Religions- bzw. Kultusfreiheit.

36
Ergänzende Gewährleistungen

a) Die römisch-katholische Kirche als Landeskirche

Durch Art. 37 Abs. 2 Halbsatz 1 LV wird die römisch-katholische Kirche als Staatskirche mit einem bevorzugten öffentlich-rechtlichen Status etabliert[128]. Art. 16 Abs. 1 LV, der auch im Erziehungs- und Unterrichtswesen die „Unantastbarkeit der kirchlichen Lehre" anerkennt, und Art. 19 Abs. 2 LV (Sonn- und Feiertagsruhe)[129] unterstreichen diesen Sonderstatus noch. Bereits in

37
Privilegierter Status

Eherecht

---

123 Siehe nur *Wille* aaO., S. 114 ff.; *Höfling* (FN 7), S. 122 f. Zur negativen Bekenntnisfreiheit auch → Bd. II: *Merten*, Negative Grundrechte, § 42 RN 73 ff.
124 Siehe *StGH*, Urt. v. 2. 5. 1988 (Wiederaufnahmeentscheidung), StGH 1985/11, LES 1988, S. 94 (101).
125 Anderer Ansicht *Wille* (FN 122), S. 127 und 129, der die Schranken des Art. 37 Abs. 2 und Art. 39 Satz 2 LV auch auf die Gewährleistung des Art. 37 Abs. 1 LV beziehen will.
126 Siehe *Höfling* (FN 7), S. 125 f.
127 Dazu eingehend *Wille* (FN 122), S. 261 ff.
128 Näher *Wille* aaO., S. 273 ff.
129 Siehe aber *StGH*, E. v. 30. 6. 2003, StGH 2003/2, LES 2005, S. 281 (291): Die Sonntagsruhe erweise sich „nicht direkt als Teilgehalt der Religionsfreiheit".

einem Gutachten des Staatsgerichtshofs aus dem Jahre 1935 wird hervorgehoben, Art. 37 Abs. 2 Halbsatz 1 LV gebiete es dem Staat, eine katholische Ehe anzuerkennen[130]. Auch die unterschiedlichen Scheidungsmöglichkeiten bei Katholiken und Nicht-Katholiken hat der Staatsgerichtshof im Blick auf Art. 37 Abs. 2 Halbsatz 1 LV gerechtfertigt[131].

b) Die Gewährleistung der Religionsfreiheit

38
Gestufte Kultusfreiheit

Während Art. 37 Abs. 2 LV im ersten Halbsatz die römisch-katholische Kirche unter den vollen Schutz des Staates stellt, garantiert die Norm in ihrem zweiten Halbsatz „anderen Konfessionen ... die Betätigung ihres Bekenntnisses und die Abhaltung ihres Gottesdienstes innerhalb der Schranken der Sittlichkeit und der öffentlichen Ordnung". Damit wird insgesamt eine gestufte Gewährleistung der Kultusfreiheit im Fürstentum Liechtenstein etabliert[132].

III. Garantien freier Kommunikation und Petitionsrecht (Art. 40 bis 42 LV)

39
Ausprägungen des Kommunikationsbereichs

Der Lebensbereich „Kommunikation" wird durch die liechtensteinische Verfassungsrechtsordnung zunächst in zwei Bestimmungen erfaßt: Nach Art. 40 LV hat jedermann das Recht, durch Wort, Schrift, Druck oder bildliche Darstellung innerhalb der Schranken des Gesetzes und der Sittlichkeit seine Meinung frei zu äußern und seine Gedanken mitzuteilen; eine Zensur darf nur öffentlichen Aufführungen und Schaustellungen gegenüber stattfinden. Darüber hinaus gewährleistet Art. 41 LV innerhalb der gesetzlichen Schranken das freie Vereins- und Versammlungsrecht. In einem weiteren Sinne läßt sich in diesen Kontext schließlich in Art. 42 LV einordnen, der das Petitionsrecht gewährleistet[133].

1. Die Meinungsfreiheit: Art. 40 LV

40
Später Anschluß an die europäische Diskussion

Zu den erstaunlichsten Resultaten der systematischen Analyse der Grundrechtjudikatur des Staatsgerichtshofs gehört zweifelsohne die Erkenntnis, daß das Grundrecht der Meinungs- und Gedankenfreiheit (Art. 40 LV) bis in die neunziger Jahre des zwanzigsten Jahrhunderts nahezu bedeutungslos geblieben ist. Die ältere Judikatur des Staatsgerichtshofs ließ in den wenigen einschlägigen Konstellationen jede Problemsensibilität vermissen[134]. Erst spät und unter dem Einfluß der Europäischen Menschenrechtskonvention hat der

---

130 *StGH*, Gutachten v. 22. 6. 1935, in: Rechenschafts-Bericht der fürstlichen Regierung an den Hohen Landtag für das Jahr 1935, S. 51 (55).
131 *StGH*, Gutachten v. 1. 9. 1958, ELG 1955–1961, S. 129 (132f.).
132 Siehe hierzu m.w.N. *Höfling* (FN 7), S. 128f.
133 Eingehender hierzu *Batliner*, LPS 14 (1990), S. 91 (128); siehe auch *Höfling* (FN 7), S. 145f.
134 Beispielhaft hierfür *StGH*, E. v. 9. 3. 1966, StGH 1965/1, ELG 1962–1966, S. 225 ff; hierzu mit kritischen Anmerkungen *Höfling* aaO., S. 132f.

Staatsgerichtshof insoweit Anschluß an die europäische Grundrechtsdiskussion gefunden. In dem sog. Fall „Heinzel" – eines Journalisten, der in einem Zeitungsartikel eine überaus heftige und in der Wortwahl krasse Kritik am Finanzplatz Liechtenstein geübt hatte – hebt der Staatsgerichtshof die besondere Bedeutung der nationalen und europäischen Garantien der Meinungsfreiheit hervor: „Das Grundrecht auf freie Meinungsäußerung ist ... für eine freiheitlich-demokratische Staatsordnung konstitutiv, denn es ermöglicht erst die ständige Auseinandersetzung, den Kampf der Meinungen, der ihr Lebenselement ist. Es ist in gewissem Sinn die Grundlage jeder Freiheit überhaupt (BVerfGE 7, 208). In diesem dynamischen Prozeß der Willensbildung in einem Gemeinwesen spielt die freie Presse zudem eine besonders wichtige Rolle, indem sie nicht nur als Übermittlerin ‚objektiver' Informationen dient, sondern durch die inhaltliche Kommentierung und Bewertung von Ereignissen die öffentliche Meinung mitgestaltet"[135]. Gerade politische Äußerungen, die Institutionen des Staates kritisierten, seien in dem Maße zu tolerieren, als sie kein rechtlich geschütztes Gut verletzten. Gerade im Kleinstaat komme der ungehemmten Information der freien öffentlichen Auseinandersetzung ganz besondere Bedeutung zu[136].

<small>Konstitutive Bedeutung der Meinungsfreiheit</small>

Der sachliche Gewährleistungsbereich des Art. 40 Halbsatz 1 LV garantiert jedermann das Recht, durch Wort, Schrift, Druck oder bildliche Darstellung seine Meinungsfreiheit zu äußern und seine Gedanken mitzuteilen. Mit dieser Textfassung wird ein umfassendes Meinungsgrundrecht gewährleistet. Dies gilt sowohl im Blick auf den Inhalt der Meinungsäußerung[137] als auch für die Formen der Meinungsäußerung[138].

41
<small>Sachlicher Gewährleistungsbereich</small>

Das in Art. 40 Halbsatz 1 LV gewährleistete Meinungsgrundrecht findet seine Schranken ausweislich des Verfassungstextes im Gesetz und in der Sittlichkeit. Damit enthält die Verfassungsbestimmung einerseits einen verfassungsmittelbaren Gesetzesvorbehalt und eine verfassungsunmittelbare Schrankenregelung. In einem Urteil aus dem Jahre 1986 hat der Staatsgerichtshof „daneben" auch Beschränkungen aus der Natur eines besonderen Gewaltverhältnisses als grundsätzlich legitim betrachtet[139]. Trotz der im Ergebnis eher restriktiven Tendenz dieses Judikats klingt in der Entscheidung der zutreffende Gedanke an, den rechtsanwendenden Organen obliege die Pflicht zur freiheitsbeachtenden Schrankenziehung[140]. In dem bereits erwähnten Urteil im Fall „Heinzel" hat der Staatsgerichtshof dann die Anforderungen an die Rechtfertigung von Eingriffen in die Meinungsfreiheit strikter formuliert und auch „mittelbare Sanktionen", nämlich „Bestrafungen" von Meinungsäußerungen dem grundrechtlichen Rechtfertigungsregime unterstellt[141]. Neben den generell zu beachtenden Schrankenschranken enthält Art. 40 Halbsatz 2

42
<small>Schranken</small>

<small>Schrankenschranken und Zensurverbot</small>

---

[135] *StGH*, Urt. v. 4.10.1994, StGH 1994/8, EuGRZ 1994, S. 607 (610).
[136] *StGH* aaO.
[137] Restriktiv aber *StGH*, E. v. 7.3.1977, StGH 1976/8, S. 20f. (nicht veröffentlicht).
[138] Siehe dazu *Höfling* (FN 7), S. 135f.
[139] Siehe *StGH*, Urt. v. 9.4.1986, StGH 1985/17, LES 1987, S. 52 (54).
[140] *StGH* aaO., S. 54; siehe auch Urt. v. 19.12.1991, StGH 1991/8, LES 1992, S. 96 (98).
[141] Siehe *StGH*, Urt. v. 4.10.1994, StGH 1994/8, EuGRZ 1994, S. 607 (609).

§ 230　Fünfzehnter Teil: Die Grundrechte in Liechtenstein

LV eine spezifische Beschränkung der schrankenziehenden Hoheitsgewalt. Mit Ausnahme von öffentlichen Aufführungen und Schaustellungen verbietet er strikt jede Zensur.

2. Die Vereins- und Versammlungsfreiheit: Art. 41 LV

43
Zentrale Aussage zur Grundrechtsdogmatik

Geschützte Tätigkeiten

In unmittelbarem systematischen Kontext zur Meinungsfreiheit des Art. 40 LV garantiert Art. 41 LV zwei weitere fundamentale Kommunikationsgrundrechte: die Vereinsfreiheit und die Versammlungsfreiheit. Die Rechtsprechung des Staatsgerichtshofs hat sich bislang nur mit der Vereinsfreiheit befaßt, in diesem Zusammenhang aber eine der wichtigsten Entscheidungen zur Grundrechtsdogmatik überhaupt getroffen[142]. Die durch Art. 41 LV geschützten Tätigkeiten sind die Bildung, das Aufrechterhalten, der Beitritt[143] oder Austritt, die Selbstauflösung und die vereinsspezifische Betätigung[144]. Demgegenüber vermittelt die Vereinsfreiheit bei einem gemeinschaftlich verfolgten Zweck allerdings keinen größeren Schutz als die Grundrechte einem individuell verfolgten Zweck bieten[145]. Als Verhaltensfreiheit garantiert Art. 41 1. Alt. LV sowohl die positive als auch die negative Vereinigungsfreiheit[146], was jedenfalls hinsichtlich privatrechtlicher Zusammenschlüsse unstrittig ist[147].

44
Zwangsinkorporation

Umstritten ist indes – wie beispielsweise auch in Deutschland[148], – ob und inwieweit die grundrechtliche Vereinigungsfreiheit auch den Prüfungsmaßstab für die Zwangsinkorporation in öffentlich-rechtliche Verbände vorgibt[149]. Der Staatsgerichtshof hatte zunächst in seinem Gutachten zur Verfassungsmäßigkeit des Gesetzes betreffend die Errichtung einer Gewerbegenossenschaft mit Zwangsmitgliedschaft Art. 41 LV als verfassungsrechtliche Maßstabsnorm überhaupt nicht erwähnt[150]. In seinem für die liechtensteinische Grundrechtsdogmatik wegweisenden Urteil vom 2. Mai 1988 deutete der Staatsgerichtshof dieses Vorgehen indes als stillschweigende Annahme, daß die Vereinsfreiheit auf solche Konstellationen keine Anwendung findet[151]. Ein Jahr zuvor hatte der Staatsgerichtshof allerdings in der gleichen Prozeßsache[152] die Zwangsmitgliedschaft in der Gewerbe- und Wirtschaftskammer für verfassungswidrig erklärt und dies unter anderem mit einem Verstoß gegen

---

142 *StGH*, Urt. v. 2.5.1988 (Wiederaufnahmeentscheidung), StGH 1985/11, LES 1988, S. 94 ff.; dazu noch sogleich.
143 Siehe dazu auch *StGH*, Gutachten v. 28.8.1981, StGH 1981/9, LES 1982, S. 119 (121).
144 Dazu mit rechtsvergleichenden Hinweisen *Winkler/Raschauer*, Die Pflichtmitgliedschaft zur Gewerbe- und Wirtschaftskammer im Fürstentum Liechtenstein, LJZ 1991, S. 119 (128).
145 In diesem Sinne *StGH*, Urt. v. 2.5.1988, StGH 1985/11, LES 1988, S. 94 (101).
146 Zu negativen Freiheiten → Bd. II: *Merten*, Negative Grundrechte, § 42.
147 Siehe nur *StGH*, Urt. v. 2.5.1988, StGH 1985/11, LES 1988, S. 94 (100).
148 Siehe dazu etwa m.w.N. *Höfling*, in: Sachs, GG (LitVerz.), Art. 9 RN 21 ff.; → Bd. II: *Merten*, Negative Grundrechte, § 42 RN 202 ff.
149 Dazu siehe auch den Rechtsvergleich im Überblick bei *Winkler/Raschauer*, LJZ 1991, S. 119 (122 ff.).
150 Siehe *StGH*, Gutachten v. 27.3.1957, ELG 1955–1961, S. 118 ff.
151 *StGH*, Urt. v. 2.5.1988, StGH 1985/11, LES 1988, S. 94 (100).
152 Zum komplizierten Prozeßgang siehe StGH 1985/11, aaO., S. 95 f.

die in Art. 41 LV verankerte negative Vereinigungsfreiheit begründet[153]. Nachdem das Streitverfahren wieder aufgenommen worden war[154], entschied der Staatsgerichtshof dann endgültig und ließ in seinem auch rechtsvergleichend argumentierenden Urteil die aufgeworfene verfassungsrechtliche Frage letztlich weitgehend offen. Seiner Auffassung nach betrifft die mit der Beschwerde angefochtene Umlage des zwangsinkorporierten Beschwerdeführers diesen nämlich als Gewerbetreibenden und damit in seiner wirtschaftlichen Betätigungsfreiheit[155].

Der persönliche Gewährleistungsbereich der Vereinsfreiheit erstreckt sich in Liechtenstein – anders als in Deutschland – auch auf Ausländer. Die Vereinigungsfreiheit steht ausweislich des Verfassungstextes („innerhalb der gesetzlichen Schranken") unter einem einfachen Gesetzesvorbehalt[156].

45
Persönlicher Gewährleistungsbereich

3. Die politischen Rechte

Nur vollständigkeitshalber sei auf die in der Verfassungsrechtsordnung Liechtenstein indes besonders bedeutsamen politischen Rechte hingewiesen[157], also jene Bewirkungsrechte[158], die den Berechtigten Einfluß auf die Staatswillensbildung bzw. Befugnisse der Mitwirkung an der Staatswillensbildung einräumen[159]. Nach der Rechtsprechung des Staatsgerichtshofs sind sie im Zweifelsfalle so auszulegen, daß der demokratische Grundcharakter der Verfassung sich durchsetzen kann[160]. Hierzu zählen neben dem aktiven und passiven Wahlrecht vor allem das Stimmrecht zur Stellung eines Initiativbegehrens betreffend die Verfassung oder Gesetze, das Stimmrecht betreffend Einberufung des Landtags, das Stimmrecht zur Stellung eines Referendumsbegehrens betreffend die Verfassung, Gesetze oder Finanzbeschlüsse, das Stimmrecht zur Stellung eines Referendumsbegehrens betreffend Zustimmungsbeschlüsse des Landtags zu Staatsverträgen und ähnliches[161].

46
Demokratiegerichtete Auslegung

Stimmrechte

---

153 Siehe StGH, Urt. v. 5.5.1987, StGH 1985/11, S. 9 ff. (nicht veröffentlicht); sehr kritisch hierzu *Winkler/Raschauer*, LJZ 1991, S. 119 (121 ff.).
154 Die frühere Möglichkeit eines Wiederaufnahmeverfahrens vor dem Staatsgerichtshof ist inzwischen beseitigt.
155 So *StGH*, Urt. v. 2.5.1988, StGH 1985/11, LES 1988, S. 94 (100 f.).
156 Zum Ganzen auch *Höfling* (FN 7), S. 138 ff.
157 Dazu aus politikwissenschaftlicher Perspektive *Arno Waschkuhn*, Politisches System Liechtensteins: Kontinuität und Wandel, 1994, S. 306 ff., 324 ff.
158 Dazu oben B I 1, RN 15.
159 Siehe nur *StGH*, E. v. 12.6.1978, StGH 1978/4, LES 1981, S. 1 (2); Urt. v. 30.4.1984, StGH 1984/2, LES 1985, S. 65 (68).
160 So *StGH*, Gutachten v. 6.3.1987, StGH 1986/10, LES 1987, S. 148 (152).
161 Eingehend hierzu *Batliner* (FN 57); siehe ferner *Ritter*, Besonderheiten der direkten Demokratie Liechtensteins im Vergleich zur Schweiz, LJZ 1990, S. 2 ff.; ferner *Höfling* (FN 7), S. 148 ff. m.w.N. – Zur durch die Änderung der Verfassung auf Betreiben des Fürsten geschaffenen Möglichkeit der „Abschaffung der monarchischen Bestandteile der Landesverfassung" in Art. 13ter LV siehe die scharfsinnige Kritik bei *Batliner* (FN 87), S. 98 ff., der hierin zu Recht den Versuch einer mittelbaren demokratischen Legitimierung des Fürsten durch eine *praktisch* bedeutungslose neue „Volks-Kompetenz" sieht.

IV. Freiheitsgarantien wirtschaftlichen Handelns (Art. 28 Abs. 1 2. Alt., 34 bis 36 LV)

47
Teilbereiche

Die liechtensteinische Verfassung garantiert drei Teilbereiche wirtschaftlichen Handelns: (1) den freien Vermögenserwerb (Art. 28 Abs. 1 2. Alt. LV); (2) die private Eigentumsordnung (Art. 34, 35 LV); (3) die Handels- und Gewerbefreiheit (Art. 36 LV).

1. Das Recht auf Vermögenserwerb: Art. 28 Abs. 1 2. Alt. LV

48
Enge Korrelation zum Eigentum

Art. 28 Abs. 1 2. Alt. LV gewährleistet jedem Landesangehörigen „das Recht, ... Vermögen jeder Art zu erwerben". Mit dieser spezifischen Vermögenserwerbsfreiheit garantiert die liechtensteinische Verfassung ein Grundrecht, das in den anderen Verfassungsordnungen des deutschen Sprachraumes keine Entsprechung findet. Die Garantie steht in enger, korrelierender Beziehung zur Eigentumsgarantie: „Die Eigentumsgarantie gewährleistet dem Eigentümer die aus seiner Eigentümerstellung fliessenden Nutzungs- und Verfügungsrechte, die Vermögenserwerbsfreiheit garantiert hingegen dem Nichteigentümer die Möglichkeit, frei Vermögen und damit Eigentum zu erwerben"[162].

Enger Vermögensbegriff

Die Weite der Formulierung der Verfassungsvorschrift („Vermögen jeder Art") deutet auf eine umfassende Gewährleistung im Sinne einer Freiheit zum Erwerb vermögenswerter Rechtspositionen im weitesten Sinne. Demgegenüber scheint aber der älteren Judikatur des Staatsgerichtshofs eine engere, auf körperliche Gegenstände reduzierte Interpretation des Vermögensbegriffs zugrundezuliegen. Bankkonzessionen jedenfalls würden nicht von Art. 28 Abs. 1 2. Alt. LV erfaßt[163]. Indes deutet die neuere Rechtsprechung in eine andere Richtung[164].

Inländer

Der persönliche Gewährleistungsbereich ist auf Inländer beschränkt[165].

49
Gesetzesvorbehalt

Auch wenn die Formulierung des Art. 28 Abs. 1 LV insoweit nicht zweifelsfrei ist, hat der Staatsgerichtshof in einer Grundsatzentscheidung zur Verfassungsmäßigkeit des Grundverkehrsgesetzes klargestellt, daß grammatikalische, systematische und entstehungsgeschichtliche Auslegungsaspekte eindeutig dafür sprächen, den Gesetzesvorbehalt auch auf den freien Vermögenserwerb zu erstrecken[166].

2. Eigentumsgarantie und Enteignungsschutz: Art. 34, 35 LV

50

Durch Art. 34 Abs. 1 LV wird die Unverletzlichkeit des Privateigentums gewährleistet. Konfiskationen finden nur in den vom Gesetz bestimmten Fäl-

---

[162] So *StGH*, Urt. v. 27.4.1989, StGH 1988/19, LES 1989, S. 122 (125), unter Hinweis auf *Josef Alexander Fehr*, Grundverkehrsrecht und Eigentumsgarantie im Fürstentum Liechtenstein (Diss. Freiburg/Schweiz), 1984, S. 119f.
[163] So *StGH*, E. v. 6.10.1960, ELG 1955–1961, S. 145 (148).
[164] Siehe *StGH*, Urt. v. 27.4.1989, StGH 1988/19, LES 1989, S. 122 (125).
[165] *StGH*, E. v. 11.10.1978, StGH 1978/10, LES 1981, S. 7 (10); ferner etwa E. v. 24.10.1977, StGH 1977/3, LES 1981, S. 41 (43).
[166] Siehe *StGH*, E. v. 6.10.1960, StGH 1960/8, ELG 1955–1961, S. 151 (154f.); zum ganzen auch *Höfling* (FN 7), S. 161ff. m.w.N.

len statt. Nach Art. 35 Abs. 1 LV kann aus Gründen des öffentlichen Wohls die Abtretung oder Belastung jeder Art von Vermögen gegen angemessene Schadloshaltung verfügt werden, wobei das Enteignungsverfahren selbst durch Gesetz zu bestimmen ist[167].

Konfiskationen und Sozialbindung

a) Grundsätzliches

Wie die Vermögenserwerbsfreiheit ist die Eigentumsgarantie eine kompetentielle Freiheit, vermittelt also Befugnisse. Schon in seinem Gutachten betreffend die Verfassungsmäßigkeit des Gesetzes zum Schutze des Alpengebietes aus dem Jahre 1966 hat der Staatsgerichtshof diesen Aspekt betont und hervorgehoben, daß die Eigentumsgewährleistung dem Grundrechtssubjekt das Recht einräume, „den Schutz des Gesetzes zur Wahrung seiner Rechte am Eigentum (Herausgabe etc.) in Anspruch zu nehmen"[168]. Neben die subjektiv-rechtlichen Gewährleistungsdimensionen tritt nach Auffassung des Staatsgerichtshofs die objektiv-rechtliche Einrichtungsgarantie[169]. Der Gesetzgeber dürfe „das Privateigentum als fundamentale Einrichtung der liechtensteinischen Rechtsordnung weder beseitigen noch seiner Substanz berauben"[170].

51
Kompetentielle Freiheit

Das Zentralproblem der Eigentumsdogmatik ist (auch in Liechtenstein) das Verhältnis von Verfassung und einfachem Gesetz. Insoweit hat der Staatsgerichtshof in einer Entscheidung aus dem Jahre 1977 die prinzipielle Feststellung getroffen, grundsätzlich gewährleiste die Verfassung „das Eigentum nur mit dem Inhalt, den es nach Massgabe der jeweiligen Rechtsordnung hat, und bietet ... keinen Schutz gegen Änderungen der Rechtsordnung"[171]. Oder noch deutlicher: „Der Inhalt des Eigentums bestimmt sich immer anhand der die Eigentumsfreiheit einschränkenden Vorschriften des positiven Rechts"[172]. Allerdings hat der Staatsgerichtshof an anderer Stelle deutlich gemacht, daß das Eigentum nur den Beschränkungen unterliege, die im öffentlichen Interesse durch Gesetz aufgestellt sind und sich nicht als unverhältnismäßige Eingriffe ins Privateigentum darstellen[173].

52
Inhaltsbestimmung durch einfaches Gesetz

Verhältnismäßigkeitsgrenze

b) Als Eigentum geschützte Rechtsposition

Unzweifelhaft wird das sachenrechtliche Eigentum durch Art. 34 Abs. 1 LV geschützt[174]. Das schließt als einen der wichtigsten Anwendungsbereiche das Grundeigentum ein[175], wobei der Staatsgerichtshof ein Bebauungsverbot als

53
Sacheigentum

---

167 Siehe Art. 35 Abs. 2 LV.
168 So *StGH*, Gutachten v. 6.6.1966, StGH 1966/1, ELG 1962–1966, S. 227 (228).
169 Zur „Doppelfunktion" des Art. 34 Abs. 1 LV: *StGH*, E. v. 25.3.2003, StGH 2001/12, LES 2005, S. 67 (71).
170 *StGH*, Urt. v. 22.11.1990, StGH 1990/11, LES 1991, S. 28 (30); vgl. ferner *Höfling* (FN 7), S. 166 ff.
171 So *StGH*, E v. 21.11.1977, StGH 1977/9, LES 1981, S. 53 (55), unter Bezugnahme auf die Rechtsprechung des schweizerischen Bundesgerichts; vgl. ferner Urt. v. 11.11.1987, StGH 1987/12, LES 1987, S. 4 (5); Urt. v. 31.5.1990, StGH 1989/14, LES 1992, S. 1 (4).
172 So *StGH*, Gutachten v. 6.6.1966, StGH 1966/1, ELG 1962–1966, S. 227 (228).
173 Siehe etwa *StGH*, Urt. v. 31.5.1990, StGH 1989/14, LES 1992, S. 1 (4).
174 Siehe nur *StGH*, Urt. v. 27.4.1989, StGH 1988/19, LES 1989, S. 122 (124).
175 Siehe *StGH*, Entscheidungen v. 6.10.1960, StGH 1960/8–10, LES 1955–1961, S. 151 (155, 157); 161 (164, 166) und 169 (172f.).

schweren Eingriff in das Privateigentum qualifiziert[176]. Unbestritten ist heute ferner, daß auch andere vermögenswerte *Rechte* in den Schutzbereich des Art. 34 Abs. 1 LV fallen[177]. Immaterialgüterrechte unterliegen in vermögensrechtlicher Hinsicht ebenfalls dem Schutz der Eigentumsgarantie[178]. Ob und inwieweit auch öffentlich-rechtliche Rechtspositionen dem Schutz des Art. 34 Abs. 1 LV unterfallen, ist vom Staatsgerichtshof noch nicht entschieden worden. Doch wird man – wie in der Schweiz[179] – zumindest diejenigen öffentlich-rechtlichen Ansprüche als von Art. 34 Abs. 1 LV geschützt anzusehen haben, die den Charakter sog. wohlerworbener Rechte aufweisen[180].

Immaterialgüter

Wohlerworbene Rechte

54
Eigentumsrechtlicher Vermögensschutz

Die im ganzen deutschsprachigen Raum umstrittene Problematik, ob auch das Vermögen dem Eigentumsschutz unterfällt, ist vom Staatsgerichtshof grundsätzlich in positiver Weise beantwortet worden: „Die ältere Auffassung, dass das verfassungsmässige Recht des Staates zur Erhebung von Abgaben als Spezialregelung der verfassungsmäßigen Gewährleistung des Privateigentums in jedem Falle vorausgehe, ist nicht aufrechtzuerhalten. ... Andernfalls könnte durch eine übersetzte Abgabenerhebung dem Privateigentum die Grundlage entzogen werden. Dies kann nicht der Sinn der verfassungsmässigen Gewährleistung des Privateigentums sein"[181]. Indes erkennt der Staatsgerichtshof hierin nur eine „sehr allgemeine Schranke der Abgabenerhebung"[182], so daß die Eigentumsgarantie Begrenzungswirkung nur gegenüber substanzbeeinträchtigenden Zugriffen des Staates entfaltet[183]. Immerhin aber müsse der Steuergesetzgeber das Vermögen der Privaten in seiner Substanz bewahren und dürfe die Neubildung von Vermögen nicht systematisch verhindern[184].

c) Beschränkungen des Eigentums

55
Sozialpflichtigkeit

Obwohl Art. 34 Abs. 1 LV keine ausdrückliche Schrankenklausel enthält, vertritt der Staatsgerichtshof seit seinen Grundsatzentscheidungen aus den Jahren 1960 in ständiger Rechtsprechung die Auffassung: „Wenn auch die liechtensteinische Verfassung es nicht ausdrücklich sagt, sind mit dem Eigentum und insbesondere mit dem Eigentum an Grund und Boden auch soziale Verpflichtungen verbunden. Der für Bebauung und für landwirtschaftliche Nutzung zur Verfügung stehende Boden ist eine relativ kleine und unvermehrbare Grösse. Während die Bevölkerungszahl ständig zunimmt, nimmt die verfügbare Menge an Boden durch Überbauung, Anlage von Strassen etc. stän-

---

176 Siehe *StGH*, E. v. 26. 3. 1973, StGH 1972/6, ELG 1973–1978, S. 352 (355).
177 Siehe *StGH*, Urt. v. 27. 4. 1989, StGH 1988/19, LES 1989, S. 122 (124); E. v. 25. 3. 2003, StGH 2001/12, LES 2005, S. 67 (71).
178 In diesem Sinne auch *Fehr* (FN 162), S. 145.
179 Dazu etwa *Rhinow*, Wohlerworbene und vertragliche Rechte im öffentlichen Recht, ZBl 80 (1979), S. 1 ff.
180 Vgl. auch *StGH*, E. v. 20. 4. 1950, ELG 1947–1954, S. 230 (235), betreffend eine Apothekenkonzession; ferner *Fehr* (FN 162), S. 145 und 147–149.
181 So *StGH*, Urt. v. 11. 11. 1987, StGH 1987/12, LES 1987, S. 4 (5); ferner Urt. v. 31. 5. 1990, StGH 1989/14, LES 1992, S. 1 (4); Urt. v. 21. 11. 1990, StGH 1990/11, LES 1991, S. 28 (30).
182 *StGH*, Urt. v. 11. 11. 1987, StGH 1987/12, LES 1987, S. 4 (6).
183 Siehe *StGH*, Urt. v. 21. 11. 1990, StGH 1990/11, LES 1991, S. 28 (30); E. v. 11. 6. 2001, StGH 2000/39, LES 2004, S. 43 (55 f.); zum Ganzen auch *Höfling* (FN 7), S. 172 ff.
184 So *StGH*, E. v. 11. 6. 2001, StGH 2000/39, LES 2004, S. 43 (55).

dig ab. Der Eigentümer von Grund und Boden muss sich daher Verfassungsbeschränkungen, die aus Gründen der Wohlfahrt der Allgemeinheit gegeben sind, gefallen lassen. ..."[185]. Darüber hinaus findet sich der Hinweis auf die Enteignungsbestimmung des Art. 35 LV, aus der sich ergebe, daß zum Eigentum „untrennbar" auch dessen Bindung an das öffentliche Wohl gehöre[186]. Als zulässige Beschränkungen bzw. „Sozialbindung" des Eigentums nennt der Staatsgerichtshof beispielhaft: Bau- und Planungsrecht, Natur- und Heimatschutz, Waldordnung, Jagd- und Fischereigesetz, Nachbarrecht, Mieterschutzrecht, Steuerrecht[187].

Eigentumsbeschränkungen auf gesetzlicher Grundlage sind nach der Rechtsprechung des Staatsgerichtshofs aber in doppelter Weise Schrankenschranken gezogen. Dies gilt zum einen für das Übermaßverbot[188]. Zum anderen spielt gerade im Rahmen der Eigentumsjudikatur der Kernbereichsgedanke eine wichtige Rolle[189]. Besondere Regelungen enthält Art. 35 LV zur Enteignung und zur Enteignungsentschädigung. Danach finden Konfiskationen nur in den vom Gesetz bestimmten Fällen statt. Konfiskation bedeutet dabei „entschädigungslose[n] Entzug oder Einschränkung vermögenswerter Rechte zugunsten der öffentlichen Hand"[190]. Dabei kennt das liechtensteinische Verfassungsrecht neben der sog. formellen Enteignung, das heißt der zwangsweisen Rechtsübertragung einer eigentumsrechtlichen Position auf einen anderen Rechtsträger[191], auch das Institut der sog. materiellen Enteignung[192]. Auf dieser Grundlage wird einem Eigentümer Entschädigung auch dann zugesprochen, wenn der Eingriff zwar eine eigentumsrechtliche Position nicht formell entzieht, aber doch „enteignungsgleich oder enteignungsähnlich" wirkt[193]. Dabei bleibt allerdings die Unterscheidung zwischen entschädigungslos hinzunehmenden und enteignungsgleich bzw. enteignungsähnlich treffenden, entschädigungspflichtigen Eigentumsbeschränkungen bis heute eine schwierige Aufgabe, auf die der Staatsgerichtshof mit disparater Kriterienbildung – sei es das Schwere-Kriterium, sei es ein Sonderopferkriterium – reagiert[194].

56
Übermaßverbot und Kernbereichsschutz

Materielle Enteignung

---

185 So *StGH*, Entscheidungen v. 6.10.1960, StGH 1960/8–10, ELG 1955–1961, S. 151 (155); 161 (164) und 169 (171 f.); siehe ferner etwa E. v. 21.11.1977, StGH 1977/9, LES 1981, S. 53 (53 f.).
186 *StGH*, Gutachten v. 6.6.1966, StGH 1966/1, ELG 1962–1966, S. 227 (228).
187 Siehe *StGH*, E. v. 21.11.1977, StGH 1977/9, LES 1981, S. 53 (55); vgl. im übrigen *Höfling* (FN 7), S. 177 f. m.w.N.
188 Siehe etwa *StGH*, Urt. v. 31.5.1990, StGH 1989/14, LES 1992, S. 1 (4); Urt. v. 3.5.1999, StGH 1998/61, LES 2001, S. 126 (131): Eine vierwöchige Kontensperre ist unverhältnismäßig.
189 Siehe z.B. *StGH*, E. v. 21.11.1977, StGH 1977/9, LES 1981, S. 53 (55); Urt. v. 22.11.1990, StGH 1990/11, LES 1991, S. 28 (30); E. v. 25.3.2003, StGH 2001/12, LES 2005, S. 67 (71); weitere Nachweise bei *Höfling* (FN 7), S. 179 f.
190 So *StGH*, E. v. 24.10.1977, StGH 1977/6, LES 1981, S. 45 (47).
191 Siehe etwa *StGH*, E. v. 24.10.1977, StGH 1977/6, LES 1981, S. 45 (47); E. v. 26.3.1973, StGH 1972/6, ELG 1973–1978, S. 352 (356).
192 Siehe hierzu die Nachweise ausgeformter Tatbestände der materiellen Enteignung in *StGH* aaO., StGH 1972/6, aaO; ferner *Ivo Beck*, Das Enteignungsrecht des Fürstentums Liechtenstein (Diss. Bern), 1950, S. 20.
193 Siehe etwa *StGH*, E. v. 21.11.1977, StGH 1977/9, LES 1981, S. 53 (56).
194 Hierzu mit weiteren Nachweisen *Höfling* (FN 7), S. 181 ff.; aus der Rechtsprechung siehe z.B. *StGH*, Urt. v. 15.10.1982, StGH 1982/32, S. 6 (nicht veröffentlicht); Urt. v. 9.2.1983, StGH 1982/65, LES 1984, S. 1 (3); Urt. v. 27.4.1989, StGH 1988/20, LES 1989, S. 125 (129).

§ 230 Fünfzehnter Teil: Die Grundrechte in Liechtenstein

3. Die Handels- und Gewerbefreiheit: Art. 36 LV

a) Zur Mehrdimensionalität der Gewährleistung

57
Berufswahl, Berufszugang, Berufsausübung

Art. 36 LV garantiert die Freiheit von Handel und Gewerbe und schützt damit das wirtschaftliche Handeln als spezifischen Lebensbereich. In seinem subjektiv-rechtlichen und menschenrechtlichen Gehalt geht es vor allem um die zentralen Gewährleistungen der Freiheit der Wahl, des Zugangs und der Ausübung des Berufs[195]. Daneben aber soll die Handels- und Gewerbefreiheit in ihrer objektiv-rechtlichen Bedeutung „die Freiheit ... der Wirtschaft allgemein" gewährleisten[196]. Allerdings steht im Vordergrund nicht dieser systemfunktionale Reflex, sondern das verfassungsmäßig gewährleistete Recht des Einzelnen[197]. Einbezogen in diese doppelfunktionale Gewährleistung ist das Gebot an den Staat, in jeder Branche die Gewerbegenossen gleich zu behandeln[198].

b) Zum Gewährleistungsbereich

58
Urproduktion, Industrie, Dienstleistungen

Während die ältere Rechtsprechung des Staatsgerichtshofs zunächst von einem verengten Begriff von „Handel und Gewerbe" ausging[199] und beispielsweise die Führung eines landwirtschaftlichen Betriebes als nicht erfaßt ansah, ist diese Position in der Folgezeit zu Recht aufgegeben worden. Das Begriffspaar „Handel und Gewerbe" steht historisch bedingt lediglich pars pro toto. Neben den klassischen Tätigkeitsfeldern der handwerklichen Produktion schützt Art. 36 LV auch Tätigkeiten aus dem industriellen Bereich, die Urproduktion[200] und Tätigkeiten des gesamten Dienstleistungssektors[201]. Hier schützt Art. 36 LV

Grundrechtsträger

„alle Handlungen im Rahmen der privaten Erwerbstätigkeit"[202]. Dabei können sich auf das Grundrecht des Art. 36 LV nicht nur – was selbstverständlich ist – natürliche Personen berufen[203], und zwar ebenso Inländer wie Ausländer[204], sondern auch juristische Personen des Privatrechts[205].

59
Spezifische Betroffenheit

Als verfassungsrechtlich rechtfertigungsbedürftige Eingriffe in die Handels- und Gewerbefreiheit hat die ältere Judikatur des Staatsgerichtshofs hoheitliche Ingerenzen jedoch nur dann qualifiziert, wenn sie den Adressaten gerade

---

[195] Siehe dazu etwa *StGH*, E. v. 25. 4. 1978, S. 7 (nicht veröffentlicht).
[196] *StGH* aaO., S. 7; siehe auch E. v. 5. 12. 2000, StGH 2000/12, LES 2003, S. 112 (120); anders noch E. v. 14. 12. 1961, StGH 1961/5, ELG 1962–1966, S. 187 (190).
[197] Siehe zum ganzen näher *Höfling*, Die Handels- und Gewerbefreiheit nach Art. 36 der liechtensteinischen Verfassung, LJZ 1992, S. 82 ff.
[198] *StGH*, StGH 1977/14, S. 7; Urt. v. 14. 4. 1992, StGH 1991/10, S. 7 (nicht veröffentlicht); zum Schutz vor staatlich bedingten Wettbewerbsverzerrungen siehe *StGH*, E. v. 30. 6. 2003, StGH 2003/2, LES 2003, S. 281 (291).
[199] Siehe etwa *StGH*, E. v. 14. 12. 1961, StGH 1961/4, ELG 1962–1966, S. 187 (190).
[200] Siehe *StGH*, Urt. v. 27. 4. 1989, StGH 1988/20, LES 1989, S. 125 (129).
[201] Zu letzterem siehe schon *StGH*, E. v. 4. 12. 1947, ELG 1947–1954, S. 121 ff.; zum ganzen noch *Höfling* (FN 7), S. 190 f. m.w.N.
[202] *StGH*, E. v. 5. 12. 2000, StGH 2000/12, LES 2003, S. 112 (120), unter Bezugnahme auf *Kuno Frick*, Die Gewährleistung der Handels- und Gewerbefreiheit nach Art. 36 der Verfassung des Fürstentums Liechtenstein, 1998, S. 134.
[203] Und zwar unabhängig vom Geschlecht, wie sich der Staatsgerichtshof festzustellen veranlaßt sah, *StGH*, Urt. v. 27. 3. 1957, ELG 1955–1961, S. 115 (117).
[204] Siehe *StGH*, E. v. 29. 4. 1975, StGH 1975/1, ELG 1973–1978, S. 373 (378).
[205] So *StGH*, Urt. v. 3. 11. 1989, StGH 1989/3, LES 1990, S. 45 (47).

in seiner Stellung als Wirtschaftssubjekt und nicht lediglich als Jedermann betreffen. Eine spezifische Betroffenheit in diesem Sinne wurde beispielsweise verneint, wenn mittels Drittverbots der (Rückforderung-)Anspruch eines Schuldners gegenüber einem Anwalt sicherungsweise gepfändet wurde[206]. Diese Begrenzung des Eingriffsbegriffs hat der Staatsgerichtshof jedoch in den letzten Jahren ausdrücklich aufgegeben[207] und verlangt jetzt, daß „der Erwerbstätige in seiner Stellung als Wirtschaftssubjekt besonders (spezifisch) betroffen wird"[208]. Jede Einschränkung der Handels- und Gewerbefreiheit bedarf – so der Staatsgerichtshof – der Rechtfertigung durch ein hinreichendes öffentliches Interesse, der Beachtung des Grundsatzes der Verhältnismäßigkeit und der Respektierung des Kerngehalts[209]. Letzterer sei beispielsweise dann verletzt, wenn ein gesamter „Berufsstand oder zumindest ein großer Teil davon in seiner Tätigkeit beschnitten oder die Tätigkeit überhaupt verboten würde"[210].

Schutz des Kernbereichs

V. Die Gleichheitsgarantien

1. Überblick

Das liechtensteinische Verfassungsrecht statuiert in Art. 31 Abs. 1 Satz 1 LV allgemein den Grundsatz der Rechtsgleichheit. In der Praxis des Staatsgerichtshofs wird diese Verfassungsbestimmung darüber hinaus als eine umfassende materielle Gerechtigkeitsgarantie, nämlich als Willkürverbot, konkretisiert. In enger Beziehung hierzu steht schließlich auch der Grundsatz von Treu und Glauben[211]. Neben diesen allgemeinen Direktiven enthält die Verfassung in Art. 31 Abs. 1 Satz 2 LV eine spezielle Ausprägung des Gleichheitsgebots: die Gewährleistung des gleichen Zugangs zu den öffentlichen Ämtern. Schließlich ist durch Verfassungsgesetz[212] als neuer Art. 31 Abs. 2 LV die Vorschrift eingeführt worden: „Mann und Frau sind gleichberechtigt"[213]. In anderem Zusammenhang sind endlich die formellen Garantie-Elemente des Gleichheitssatzes zu skizzieren, die diesen in der Rechtsprechung des Staatsgerichtshofs auch zu einer wichtigen Maßstabsnorm für Verfahrensgerechtigkeit haben werden lassen[214].

60
Allgemeine Rechtsgleichheit und Willkürverbot

Spezielle Ausprägungen

---

206 Siehe etwa *StGH*, Urt. v. 27.4.1989, StGH 1989/19, LES 1989, S. 122 (125). – Zum Gesetzesvorbehalt des Art. 36 und zur diesbezüglichen Entwicklung der Judikatur des Staatsgerichtshofs siehe im einzelnen *Höfling*, LJZ 1992, S. 82 (85 ff.).
207 *StGH*, E. v. 3.9.1998, StGH 1998/9, LES 1999, S. 178 ff.; E. v. 5.12.2000, StGH 2000/12, LES 2003, S. 112 (120).
208 So *StGH*, E. v. 5.12.2000, StGH 2000/12, LES 2003, S. 112 (120).
209 *StGH*, E. v. 5.12.2000, StGH 2000/12, LES 2003, S. 112 (121).
210 So *StGH* aaO., S. 122, unter Bezugnahme auf StGH 1986/11, LES 1988, S. 45 (49).
211 Zu letzterem Grundsatz m.N. *Höfling* (FN 7), S. 225 ff.; *Andreas Kley*, Grundriß des liechtensteinischen Verwaltungsrechts, 1998, S. 234 ff. m.w.N.; ferner etwa *StGH*, E. v. 24.6.2002, StGH 2001/72, LES 2005, S. 74 (78 f.); E. v. 14.4.2003, StGH 2002/87, LES 2005, S. 269 (280).
212 V. 16.6.1992, kundgemacht am 14.8.1, StGH 1975/1, S. 992; LGBl. 1992, S. 81.
213 Dazu unten sub V 5, RN 65 ff.
214 Dazu unten sub VI, RN 68.

2. Zum Gewährleistungsgehalt des allgemeinen Gleichheitssatzes (Art. 31 Abs. 1 Satz 1 LV)

61
Umfassender Geltungsanspruch

In Übereinstimmung mit parallelen Vorschriften der übrigen deutschsprachigen Länder garantiert auch die liechtensteinische Verfassung in Artikel 31 Absatz 1 Satz 1 die Gleichheit vor dem Gesetz. Dieser Gleichheitssatz muß nach der Deutung des Staatsgerichtshofs „als allgemeiner, das gesamte staatliche Leben beherrschender Grundsatz angesehen werden, der von allen staatlichen Organen ... ausgestaltet und konkretisiert werden muss"[215]. Dabei steht ein Teilgehalt des allgemeinen Gleichheitssatzes im Zentrum: das Sachgerechtigkeitsgebot[216]. Schon früh umschreibt der Staatsgerichtshof das Gleichbehandlungsgebot als Verbot sachlich nicht gerechtfertigter, willkürlicher Differenzierung. Unterscheidungen, die aus sachlich gerechtfertigten Gründen verfügt würden, stünden nicht im Widerspruch zu Art. 31 Abs. 1 Satz 1 LV[217]. Gleiches müsse gleich behandelt werden, Ungleiches dürfe „nicht gleichgemacht" werden[218]. Allerdings ist der Staatsgerichtshof nicht bei dieser relativ groben Konkretisierung stehengeblieben, sondern hat schon Anfang der sechziger Jahre eine Art neue Formel[219] geprägt, die eine differenziertere verfassungsrechtliche Beurteilung ermöglicht. Um eine unterschiedliche Behandlung zu rechtfertigen, müsse „die Verschiedenheit nicht in irgendwelchen, sondern in solchen tatsächlichen Momenten vorliegen, welche nach anerkannten Grundsätzen der geltenden Staats- und Rechtsordnung für die Normierung gerade des bestimmten Rechtsgebietes, um welches es sich handelt, von Erheblichkeit sein können"[220]. Dementsprechend müsse Verschiedenes nach seiner Eigenart verschieden behandelt werden[221]. Die Bindungs- und Verpflichtungswirkung des allgemeine Gleichheitssatzes erstreckt sich dabei auf alle Staatsfunktionen[222].

Sachgerechtigkeit

Neuere Erheblichkeitsformel

Erstreckung auf alle Staatsfunktionen

3. Zum Willkürverbot

62
Fallgruppen

Zu der wichtigsten Konkretisierung des allgemeinen Gleichheitsgrundsatzes durch die Rechtsprechung des Staatsgerichtshofs zählt das Verbot willkürlichen Staatshandelns. Danach geht es um die Abwehr einer „qualifiziert grob unsachlichen Rechtsanwendung"[223], um das Verdikt über ein sinn- und zweckloses Gesetz[224], um die Kassation einer eindeutig gesetzwidrigen Entschei-

---

215 So StGH, E. v. 29. 4. 1975, ELG 1973–1978, S. 373 (378).
216 Dazu m.w.N. *Höfling* (FN 7), S. 205 ff.
217 So z. B. StGH, Gutachten v. 1. 9. 1958, ELG 1955–1961, S. 129 (131).
218 StGH, Gutachten v. 11. 8. 1960, StGH 1960/11, ELG 1955–1961, S. 177; E. v. 16. 9. 2002, StGH 2002/20, LES 2005, S. 135 (139).
219 Mit dieser Formulierung wird der Terminus aus der deutschen Grundrechtsdiskussion aufgegriffen; siehe hierzu nur *Huster*, in: Friauf/Höfling, Berliner Kommentar (LitVerz.), Art. 3 Abs. 1 RN 63 ff.
220 So grundlegend StGH, Gutachten v. 27. 7. 1961, StGH 1961/3, ELG 1962–1966, S. 184 (186); ferner etwa E. v. 17. 10. 1963, StGH 1963/1, ELG 1962–1966, S. 204 (206).
221 So StGH, Gutachten, aaO., S. 186.
222 Siehe nur m.w.N. *Höfling* (FN 7), S. 207 ff.; siehe ferner auch *Kley* (FN 211), S. 204 ff.
223 So StGH, Urt. v. 9. 4. 1986, StGH 1985/8, LES 1987, S. 48 (50).
224 So StGH, Urt. v. 4. 5. 1988, StGH 1987/21 u. 22, LES 1989, S. 45 (47).

dung²²⁵. Die Feststellung von Willkür setzt dabei nicht voraus, daß dem handelnden Staatsorgan ein subjektiver Schuldvorwurf gemacht werden kann. In einer Auseinandersetzung mit der abweichenden österreichischen Judikatur und im Anschluß an die neuere Judikatur des schweizerischen Bundesgerichts hat der Staatsgerichtshof dies bereits in den sechziger Jahren des zwanzigsten Jahrhunderts hervorgehoben²²⁶. Namentlich in verfassungsprozessualer Perspektive kam und kommt dem Willkürverbot dabei die Funktion eines universellen Auffanggrundrechts zu²²⁷.

Seit einigen Jahren nun ist das Willkürverbot durch die Judikatur des Staatsgerichtshofs aus seiner An- und Rückbindung an den allgemeinen Gleichheitssatz des Art. 31 Abs. 1 LV gelöst worden. Nunmehr versteht er das Willkürverbot als ein ungeschriebenes Grundrecht mit einem „originären Schutzbereich"²²⁸. Auch wenn sich die Gewährleistungsbereiche des allgemeinen Gleichheitssatzes und des so konstituierten Willkürverbots überlappen, versucht der Staatsgerichtshof doch, namentlich im Bereich der Rechtsanwendung unterschiedliche Schutzfunktionen herauszuarbeiten²²⁹. Dabei steht allerdings die Frage der Kontrollintensität des Staatsgerichtshofs im Vordergrund²³⁰. Insoweit hat der Staatsgerichtshof auch in bezug auf die Rechtsetzung dann eine Differenzierung zwischen Willkürverbot und Rechtsgleichheitsgebot vorgenommen, wenn es um eine Diskriminierung im engeren Sinne (also aufgrund von Rasse, Sprache, Religionszugehörigkeit usw.) geht. Für solche besonders suspekten gesetzgeberischen Ungleichbehandlungen nimmt der Staatsgerichtshof eine intensive Normenkontrolle für sich in Anspruch²³¹. Dabei spricht er gelegentlich von „die Menschenwürde tangierenden Diskriminierungen"²³².

4. Das Recht auf gleichen Zugang zu den öffentlichen Ämtern: Art. 31 Abs. 1 Satz 2 LV

Als besondere Gleichheitsgarantie enthält Art. 31 Abs. 1 LV in seinem Satz 2 das Recht aller Landesangehörigen auf gleichen Zugang zu den öffentlichen Ämtern. Die Verfassungsbestimmung hat bislang in der Judikatur kaum Erwähnung gefunden²³³. Gleichwohl hat sie später in einer hoch brisanten politischen Auseinandersetzung Bedeutung erlangt, nämlich in dem auch den Europäischen Gerichtshof für Menschenrechte beschäftigenden sog. Fall

---

225 Beispielhaft *StGH*, Urt. v. 24.4.1985, StGH 1984/18, LES 1987, S. 33 (36).
226 *StGH*, E. v. 12.7.1961, StGH 1961/1 (nicht veröffentlicht).
227 Dazu näher *Hoch*, Schwerpunkte in der Entwicklung der Grundrechtsprechung des Staatsgerichtshofs, in: Wille (FN 13), S. 65 (74 ff.).
228 Siehe *StGH*, Urt. v. 22.2.1999, StGH 1998/45, LES 2000, S. 1 (5 f.); relativierend zur praktischen Bedeutung aber E. v. 16.9.2002, StGH 2001/80, LES 2005, S. 86 (89).
229 Hierzu *Hoch* (FN 227), S. 76 ff.
230 Siehe auch *Höfling*, Verfassungsbeschwerde (FN 15), S. 174 ff. m.w.N.
231 Siehe etwa *StGH*, StGH 1998/2, LES 1999, S. 158 (161).
232 So *StGH*, Urt. v. 14.12.1999, StGH 1999/2, LES 2003, S. 128 (132).
233 Siehe *StGH*, E. v. 21.11.1955 (nicht veröffentlicht); veröffentlicht ist nur die bestätigende Vorstellungsentscheidung v. 28.7.1956, ELG 1955–1961, S. 111 ff.

Wille. Diesem, dem damals amtierenden Vorsitzenden der Verwaltungsbeschwerdeinstanz, hatte der Landesfürst in einem Brief mitgeteilt, er werde ihn „nicht mehr für ein öffentliches Amt ernennen ..., sollten Sie mir vom Landtag oder sonst einem Gremium vorgeschlagen werden". Begründet war diese Absichtserklärung mit einer wissenschaftlichen Äußerung des Betroffenen, die der Landesfürst nicht teilte. Die hieran anknüpfende negative Besetzungsentscheidung aber erfüllte in geradezu prototypischer Weise die Voraussetzung einer diskriminierend-willkürlichen Eignungswertung und bedeutet damit einen offenkundigen Verstoß des – ebenfalls an die Grundrechte gebundenen[234] – Fürsten gegen Art. 31 Abs. 1 Satz 2 LV[235].

5. Die Geschlechtergleichheit

65
Restriktive Ausgangslage

Bis Mitte des Jahres 1992 enthielt das liechtensteinische Verfassungsrecht keine spezielle Regelung zur Gleichberechtigung von Mann und Frau. Deshalb hatte sich der Staatsgerichtshof auch bis dahin lediglich auf der Grundlage des allgemeinen Gleichheitssatzes des Art. 31 Abs. 1 Satz 1 LV mit entsprechenden Problemkonstellationen befaßt. Insoweit muß man der älteren Judikatur eine insgesamt äußerst restriktive Grundeinstellung bescheinigen[236]. Zwar erklärte es der Staatsgerichtshof in einem Gutachten aus dem Jahre 1957 für gleichheitswidrig, allen Ehefrauen von Staatsbediensteten eine Erwerbstätigkeit zu untersagen, und konstatiert durchaus forsch in der Formulierung: „Es kommen allen Frauen die gleichen Rechte zu, wie jedem männlichen Landesangehörigen"; dies gelte insbesondere für das Recht auf freien Vermögenserwerb und die Handels- und Gewerbefreiheit[237]. Daß aber der Ehemann seiner Frau die erforderliche Bewilligung für eine Erwerbstätigkeit verweigern konnte, erörterte der Staatsgerichtshof in dem genannten Gutachten ohne jede Problematisierung der Verfassungskonformität der dies ermöglichenden gesetzlichen Regelung[238]. Auf der gleichen Linie lag auch ein weiteres Gutachten aus dem Jahre 1960, in dem der Staatsgerichtshof die „traditionelle Lösung des Staatsbürgerrechts" billigte, wonach das Bürgerrecht der Frau von demjenigen des Mannes abhängig war[239].

66
Frauenstimmrecht

Auch in den achtziger Jahren, in denen die Gleichberechtigungsdiskussion an Intensität zunahm, hielt der Staatsgerichtshof an seiner zurückhaltenden und defensiven Position fest. Dies wurde zunächst deutlich, als der Staatsgerichtshof die Einführung des Frauenstimmrechts als eine Frage bezeichnete, die nicht durch Verfassungsgerichtsurteil, sondern nur auf dem Wege einer Ver-

---

234 Dazu bereits oben B II 2, RN 23.
235 Eingehend hierzu *Höfling,* Die Verfassungsbindung des Landesfürsten (FN 89), S. 24 ff.
236 Dazu näher *Höfling* (FN 7), S. 213 ff. m.w.N.; zur Fragestellung siehe auch *Bizozzero,* Gleichberechtigung von Mann und Frau, LJZ 1986, S. 119 ff.
237 Siehe *StGH,* Gutachten v. 27. 3. 1957, ELG 1955–1961, S. 115 (117).
238 Ebenda.
239 Siehe *StGH,* Gutachten v. 5. 5. 1960, StGH 1960/4, ELG 1955–1961, S. 138 f.

fassungsänderung entschieden werden könne²⁴⁰. Das verfassungstextliche Defizit, nämlich das Fehlen eines konkreten Gleichberechtigungsgebots, bildete dann im weiteren ein zentrales Argument in der einschlägigen Judikatur des Staatsgerichtshofs. Bestehende, „sachlich fragliche Differenzierungen" könnten nur durch den Gesetzgeber beseitigt werden: „Es ginge zu weit und überschritte die ihm durch die Verfassung und Gesetz zugewiesenen Kompetenzen, wenn [der Staatsgerichtshof] sämtliche heute bestehende Differenzierungen rundweg als gleichheits- und verfassungswidrig bezeichnen wollte. ... Eine aufgrund von Individualbeschwerden amtswegige Kassation von Einzelbestimmungen ... hätte eine ungleich bedenklichere Rechtsunsicherheit im Bereich der Bürgerrechte mit großer Ungleichheit zur Folge"²⁴¹. In der Folgezeit qualifiziert der Staatsgerichtshof zwar das Rechtsgleichheitsgebot als „Zielbestimmung", die „dem Gesetzgeber in Bezug auf die Gleichberechtigung von Mann und Frau zweifelsohne ein[en] Gestaltungsauftrag" aufgebe, doch hält er grundsätzlich weiter an seiner im wesentlichen funktionell-rechtlich begründeten Zurückhaltung gegenüber dem Gesetzgeber fest²⁴².

Legislativer Gestaltungsauftrag

Auch nach der Ergänzung der Verfassung durch seinen speziellen Gleichberechtigungssatz in Art. 31 Abs. 2 LV hat der Staatsgerichtshof in seiner ersten Grundsatzentscheidung klargestellt, daß die noch zur alten Verfassungsrechtslage getroffene Feststellung zur primären Verantwortung des Gesetzgebers für die Herstellung von Gleichberechtigung von Mann und Frau weiterhin Gültigkeit beanspruche²⁴³. Gleichwohl läßt sich eine gewisse Neuakzentuierung in der Sache nicht übersehen. Das Gericht führt nämlich zur normativen Direktionskraft des Art. 31 Abs. 2 LV im einzelnen aus:

67
Fortbestehen primärer Legislativverantwortung

Neuakzentuierung

- Rechtliche Unterschiede zwischen den Geschlechtern seien künftig nur noch dann zulässig, wenn sie sich „auf die absolut körperliche Ungleichheit der Geschlechter" bezögen.
- Auch wenn von einer Festsetzung einer Übergangsfrist zur Anpassung des alten Rechts abgesehen werde, falle dem Staatsgerichtshof künftig die Aufgabe zu, „den Gesetzgeber überall dort direkt oder indirekt zu entsprechenden legislatorischen Schritten zu zwingen, wo die Rechtslage nicht rechtzeitig oder nur mangelhaft dem Gleichheitsgrundsatz angepaßt wurde".
- Zwar könne der Staatsgerichtshof Lücken im Recht nicht schließen; dies sei dem Gesetzgeber vorbehalten. Doch könnten insoweit ergehende letzt-

---

240 *StGH*, Urt. v. 28. 4. 1982, StGH 1982/25, LES 1983, S. 69 (73), bestätigt durch Urt. v. 15. 10. 1982 (Vorstellungsentscheidung), StGH 1982/1–25, LES 1983, S. 74. – Der Staatsgerichtshof sah im übrigen auch den Grundsatz der Allgemeinheit der Wahl durch das „patriarchalische Prinzip" (Urt. v. 28. 4. 1982, StGH 1982/1–25, LES 1983, S. 69 [72]) nicht in Frage gestellt. Erst durch das Verfassungsgesetz v. 11. 4. 1984, das durch Volksabstimmung v. 29. 6./1. 7. 1984 angenommen wurde, ist schließlich das Frauenstimmrecht in Liechtenstein eingeführt worden; siehe hierzu *Höfling* (FN 7), S. 152 f.
241 So *StGH*, Urt. v. 28. 4. 1989, StGH 1988/16, LES 1989, S. 115 (118); ebenso Urt. v. 28. 4. 1989, StGH 1988/17, LES 1989, S. 118 (121).
242 Siehe *StGH*, Urt. v. 2. 11. 1989, StGH 1989/9 u. 10, LES 1990, S. 63 (67); siehe ferner Urt. v. 2. 5. 1991, StGH 1990/16, LES 1991, S. 81 (83 f.); Urt. v. 23. 3. 1993, StGH 1991/14, LES 1993, S. 73 (76) spricht selbst von einer „bisher eher zurückhaltend[en] Rechtsprechung".
243 Siehe *StGH*, Urt. v. 23. 3. 1993, StGH 1991/14, LES 1993, S. 73 (74).

instanzliche Entscheidungen der Fachgerichte der Willkürprüfung nach Art. 31 Abs. 2 LV unterzogen werden.
– Schließlich folge für die Rechtsanwendung in Verwaltung und Rechtsprechung „aus der stets gebotenen verfassungskonformen Gesetzesinterpretation, dass nun eindeutig gleichheitswidrige positive Bestimmungen ... dem Staatsgerichtshof zur Prüfung zu unterbreiten sind und Lücken im Gesetz in Analogie, unter Beachtung des Geschlechtergleichheitssatzes zu schliessen" seien[244].

In der Folgezeit sind dann durch die Verfassungsgerichtsjudikatur zum „geschlechtsspezifischen Gleichheitsgebot[es]"[245] einige korrigierende Interventionen erfolgt[246].

VI. Verfahrensgerechtigkeit, Rechtsschutz und Staatshaftung (Art. 31 Abs. 1 Satz 1, 33, 43, 109 Abs. 1 LV)

1. Überblick über die verfassungsrechtlichen Gewährleistungen

68
Rechtsstaatskonstituanten

Die liechtensteinische Verfassung konstituiert die rechtsstaatliche Form durch folgende grundrechtliche Bestimmungen:

– Art. 33 LV statuiert in seinem Absatz 1 das Recht auf den gesetzlichen Richter und enthält in den Absätzen 2 und 3 besondere Garantien gegenüber der staatlichen Strafgewalt[247].
– Art. 43 LV gewährleistet das Recht der Beschwerdeführung, wobei dieses Grundrecht in spezifischer Weise durch die verfassungsmäßig gewährleistete Individualbeschwerde an den Staatsgerichtshof gemäß Art. 104 Abs. 1 LV verstärkt wird.
– Ergänzend treten die verfahrensrechtlichen Garantie-Elemente hinzu, die der Staatsgerichtshof in Konkretisierung des allgemeinen Gleichheitssatzes nach Art. 31 Abs. 1 Satz 1 LV entwickelt hat.
– Schließlich regelt Art. 109 Abs. 1 LV die Amtshaftung und Art. 32 Abs. 3 LV verbürgt Entschädigungsansprüche ungesetzlich oder unschuldig Verhafteter bzw. Verurteilter.

2. Das Recht auf den ordentlichen Richter: Art. 33 Abs. 1 LV

69
Gewaltentrennung

Art. 33 Abs. 1 LV gehört als Konkretisierung des Gewaltentrennungsgrundsatzes zu den zentralen Elementen einer rechtsstaatlichen Ordnung[248]. Der

---
244 So *StGH*, Urt. v. 23. 3. 1993, StGH 1991/14, LES 1993, S. 73 (76); zur Bewertung der einschlägigen Judikatur siehe *Höfling* (FN 7), S. 213 ff.
245 So die Formulierung in *StGH*, E. v. 26. 11. 2001, StGH 2001/41, LES 2005, S. 7 (11).
246 So z. B. *StGH*, Urt. v. 24. 5. 1996, StGH 1995/20, LES 1997, S. 30 (36) mit Kritik an traditionellen Rollenverteilungen; StGH 1997/10, LES 1997, S. 218 (221).
247 Zu Art. 32 Abs. 2 und 3 LV – nulla poena sine lege-Grundsatz sowie Recht auf Verteidigung in Strafsachen – siehe m.N. aus der Rspr. *Höfling* (FN 7), S. 234 ff.; aus der neueren Judikatur siehe z. B. *StGH*, E. v. 24. 6. 2002, StGH 2001/49, LES 2005, S. 20 (22 f.); E. v. 24. 6. 2002, StGH 2001/75, LES 2005, S. 24 (27).
248 Eingehend: *Christian Gstöhl*, Das Recht auf einen ordentlichen Richter in der liechtensteinischen Verfassung, LPS Bd. 31, 2000.

Schutzbereich der Norm umfaßt zunächst das staatsadressierte Verbot, über einen Betroffenen durch ad hoc oder ad personam bestellte Richter entscheiden zu lassen. Das Verbot der Einführung von Ausnahmegerichten (Art. 33 Abs. 1 2. Alt. LV) bekräftigt das Recht auf den ordentlichen Richter nochmals im Blick auf einen besonders krassen Eingriff durch den Gesetzgeber. Der Anspruch auf ein Verfahren vor dem ordentlichen Richter ist auch dann als verletzt anzusehen, wenn ein Gericht kompetenzwidrig eine Entscheidung trifft, zum anderen aber auch in dem Fall, in dem es eine ihm gesetzlich zugewiesene Entscheidungskompetenz ablehnt[249]. Allerdings wird das verfassungsrechtliche Gebot, die richterliche Zuständigkeit im voraus abstraktgenerell festzulegen, nach Auffassung des Staatsgerichtshofs nicht durch eine sog. bewegliche Zuständigkeit beeinträchtigt, bei der aufgrund einer Prognose bezüglich der zu verhängenden Strafe über die Zuständigkeit des ordentlichen Richters entschieden wird[250].

Bewegliche Zuständigkeit

Der so umschriebene Schutzbereich ist indes durch den Staatsgerichtshof interpretatorisch erheblich fortentwickelt worden. So subsumiert das Gericht auch Verwaltungsbehörden unter den Begriff des ordentlichen Richters. Auf diese Weise wird das Recht auf den ordentlichen Richter gemäß Art. 33 Abs. 1 LV zu einem Anspruch auf die Wahrung der gesetzlich begründeten Behördenzuständigkeit[251]. Darüber hinaus entnimmt der Staatsgerichtshof in Übereinstimmung mit Art. 6 Abs. 1 EMRK der grundrechtlichen Gewährleistung des ordentlichen Richters auch das Gebot der richtigen Besetzung des Gerichts und damit eine Besetzung mit unparteiischen und unabhängigen Richtern[252]. Schließlich folgt nach Auffassung des Gerichts aus Art. 33 Abs. 1 LV eine „Gerichtsweggarantie"[253].

70
Erstreckung auf Verwaltungsbehörden

3. Beschwerderecht und effektiver Rechtsschutz: Art. 43 LV

Zwar kennt das liechtensteinische Verfassungsrecht keine dem Art. 19 Abs. 4 des deutschen Grundgesetzes vergleichbare Rechtsweggarantie, doch hat der Staatsgerichtshof – nicht zuletzt unter dem Einfluß der Verfahrensgarantien der Europäischen Menschenrechtskonvention[254] – zum Teil vergleichbare Ge-

71
Gebot tatsächlich wirksamer Sachentscheidung

---

249 Siehe *StGH*, E. v. 24. 4. 1980, StGH 1978/3, LES 1980, S. 28 (31); Urt. v. 28. 8. 1981, StGH 1981/12, LES 1982, S. 125 (126), unter Verweis auf die ständige Rechtsprechung des österreichischen Verfassungsgerichtshofs; zum Schutz vor judikativen Eingriffen siehe *StGH*, E. v. 30. 6. 2003, StGH 2002/69, LES 2005, S. 206 (219).
250 So *StGH*, Urt. v. 2. 5. 1991, StGH 1990/15, LES 1991, S. 77 (79), unter Bezugnahme auf die Rechtsprechung des Bundesverfassungsgerichts.
251 Siehe *StGH*, E. v. 24. 4. 1980, StGH 1978/3, LES 1980, S. 28 (31); Urt. v. 31. 5. 1990, StGH 1989/14, LES 1992, S. 1 (3).
252 Siehe *StGH*, Urt. v. 31. 5. 1990, StGH 1989/14, LES 1992, S. 1 (3); Urt. v. 24. 11. 1998, StGH 1998/25, LES 2001, S. 5 (7 ff.); E. v. 18. 11. 2002, StGH 2002/56, LES 2005, S. 149 (152); *Gstöhl* (FN 248), S. 47 f.; vgl. aber auch *Jehle*, Die richterliche Unabhängigkeit in der liechtensteinischen Rechtsordnung, LJZ 1986, S. 133 ff. – Eindringlich zur Bedeutung der Unabhängigkeit und Unparteilichkeit der Verfassungsgerichte: *Batliner*, Der konditionierte Verfassungsstaat – Die Ausstandsregel des Art. 7 lit. d LVG für liechtensteinische Verfassungsrichter, in: Wille (FN 13), S. 109 (113 ff.).
253 So *StGH*, Urt. v. 31. 5. 1990, StGH 1989/14, LES 1992, S. 1 (3).
254 Siehe etwa den Hinweis auf *StGH*, Urt. v. 2. 5. 1988, StGH 1987/18, LES 1988, S. 131 (134).

währleistungsgehalte entwickelt, die auf möglichst effektiven Rechtsschutz abzielen. Aus einer Zusammenschau des Rechts auf Beschwerdeführung gemäß Art. 43 LV, des aus Art. 31 LV „erfliessenden Verbot[s] formeller Rechtsverweigerung" sowie der Garantien der Art. 6 Abs. 1, 13 EMRK ergibt sich für den Staatsgerichtshof beispielsweise, „dass das verfassungsmässige Beschwerderecht nicht nur formeller Art sein darf, sondern einen tatsächlichen wirksamen Gehalt einer Sachentscheidung haben muss"[255]. Das Beschwerderecht im Sinne von Art. 43 LV wurde in der älteren Judikatur zunächst äußerst restriktiv gedeutet. Der sachliche Gewährleistungsbereich reichte danach immer nur so weit, wie er einfachgesetzlich konkretisiert war[256]. Zu Beginn der achtziger Jahre setzte sich dann jedoch unter dem Einfluß der Europäischen Menschenrechtskonvention eine „materielle" Deutung des Grundrechts durch. Das verfassungsmäßige Beschwerderecht müsse einen tatsächlichen, wirksamen Gehalt haben[257]. Es lag in der Konsequenz dieses Perspektivenwechsels, daß der Staatsgerichtshof einige Jahre später die Möglichkeit der verwaltungsgerichtlichen Prüfung aller Verwaltungsakte als „verfassungsrechtliches Gebot" bezeichnete[258]. Auf dieser Linie der neueren Judikatur liegt auch die Hervorhebung der Begründungspflicht gemäß Art. 43 Satz 3 LV, der nach Deutung des Staatsgerichtshofs ein subjektiver Anspruch auf rechtsgenügliche Begründung korrespondiert[259].

4. Verfahrensrechtliche Garantie-Elemente des Gleichheitssatzes: Verbot der Rechtsverweigerung, Anspruch auf rechtliches Gehör, Waffengleichheit und faires Verfahren

72
Verfahrensgerechtigkeitspostulate

In enger Sachbeziehung zur Gewährleistung des Art. 43 LV und auch in der verfassungsgerichtlichen Judikatur argumentativ mehrfach damit verknüpft, stehen die Verfahrensgerechtigkeitspostulate, wie sie der Staatsgerichtshof im wesentlichen aus Art. 31 Abs. 1 LV bzw. aus Art. 6 Abs. 1 EMRK herleitet. Neben dem Verbot der Rechtsverweigerung und der Rechtsverzögerung[260] ist dabei im vorliegenden Zusammenhang insbesondere der Anspruch auf rechtliches Gehör hervorzuheben[261]. Der Staatsgerichtshof leitet „dieses Grund-

---

255 So *StGH*, Urt. v. 3. 11. 1989, StGH 1989/5, LES 1990, S. 48 (51 f.).
256 Siehe z. B. *StGH*, E. v. 9. 2. 1961, StGH 1960/12, ELG 1955–1961, S. 179 (182); E. v. 12. 6. 1978, StGH 1978/1, LES 1980, S. 25 (26).
257 So *StGH*, Urt. v. 15. 10. 1982, StGH 1982/31, LES 1983, S. 105.
258 So *StGH*, Urt. v. 27. 4. 1989, StGH 1988/20, LES 1989, S. 125 (128); zur Bedeutung dieser Entscheidung siehe auch *Batliner*, LPS 14 (1990), S. 91 (125), der insoweit von einem radikalen Kurswechsel spricht (aaO., S. 143 f.).
259 Siehe *StGH*, Urt. v. 31. 5. 1990, StGH 1989/14, LES 1992, S. 1 (2); E. v. 24. 6. 2002, StGH 2001/75, LES 2005, S. 24 (27 f.); näher hierzu *Höfling* (FN 7), S. 240 f.
260 Siehe etwa *StGH*, E. v. 13. 9. 1976, StGH 1976/3, ELG 1973–1978, S. 401 (406); E. v. 11. 10. 1978, StGH 1978/11, LES 1981, S. 99 (102); Urt. v. 3. 11. 1989, StGH 1989/5, LES 1990, S. 48 (51 f.); zur Rechtsverzögerung: Urt. v. 25. 4. 1985, StGH 1984/11, LES 1986, S. 63 (67); Urt. v. 15. 10. 1982, StGH 1982/31, LES 1983, S. 105; Urt. v. 28. 5. 1986, StGH 1984/14, LES 1987, S. 36 (40); vgl. auch *Kley* (FN 211), S. 246 ff. – Zur grundrechtsdogmatisch oftmals unklaren Herleitung der entsprechenden Direktiven siehe *Höfling* (FN 7), S. 244.
261 Dazu vgl. auch *Kley* aaO., S. 251 ff.

recht primär aus Art. 31 Abs. 1 Satz 1 LV" ab und formuliert seinen wesentlichen Gehalt dahingehend, „daß der Verfahrensbetroffene eine dem Verfahrensgegenstand und der Schwere der drohenden Sanktion angemessene Gelegenheit erhält, seinen Standpunkt zu vertreten. Er soll zu allen wesentlichen Punkten des jeweiligen Verfahrens Stellung nehmen können"[262]. Die Judikatur verlief indes in Argumentation und dogmatischer Herleitung dieses verfassungstextlich nicht explizit gewährleisteten Grundrechts überaus schwankend[263]. Unter dem Eindruck der Straßburger Judikatur hat der Staatsgerichtshof in den letzten Jahren schließlich auch mehrfach die Bedeutung eines fairen Verfahrens hervorgehoben und die Geltungskraft dieses Kernstücks der Verfahrensgarantie in Art. 6 Abs. 1 EMRK auch für die innerstaatliche Rechtsordnung Liechtensteins betont[264].

Verfahrensfairneß

D. Schlußbemerkungen

Die mehrdimensionale liechtensteinische Grundrechtsordnung ist in ihrer heutigen rechtspraktischen Bedeutung ganz wesentlich das Werk der Rechtsprechung des liechtensteinischen Staatsgerichtshofs. Dessen nunmehr achtzigjährige Judikatur, die qua personeller Besetzung den „gemeindeutschen" Rechtsdialog geradezu vorbildlich institutionalisiert hat, ist nach einer langen Phase der übermäßigen Selbstbeschränkung in den achtziger Jahren des zwanzigsten Jahrhunderts in eine dynamisch-freiheitsakzentuierende Entwicklung eingemündet. Dadurch hat das Fürstentum Liechtenstein sowohl an die Grundrechtsdiskussion des deutschsprachigen Raums als auch an die rechtsstaatliche Kultur der Europäischen Menschenrechtskonvention Anschluß gefunden.

73
Grundrechtsordnung als Werk des StGH

---

[262] Siehe *StGH*, Urt. v. 5. 9. 1997, StGH 1997/3, LES 2000, S. 57 (61), wo auf den engen Zusammenhang mit dem Anspruch auf ein faires Verfahren verwiesen wird unter Bezugnahme auf *Höfling* (FN 7), S. 248; aus der Rspr. siehe noch *StGH*, E. v. 18. 2. 2002, StGH 2001/61, LES 2005, S. 13 (19): Verletzung des Gehörgebots durch Abweisung eines Beweisantrags; siehe aber auch die diesbezügliche Einräumung eines Entscheidungsspielraumes für die zuständigen Behörden: *StGH*, E. v. 18. 2. 2002, StGH 2001/61, LES 2006, S. 13 (19).
[263] Dazu näher m.w.N. *Höfling* (FN 7), S. 245 ff.
[264] Siehe *StGH*, Urt. v. 2. 5. 1988, StGH 1987/18, LES 1988, S. 131 (133); Urt. v. 28. 4. 1989, StGH 1988/15, LES 1989, S. 106 (114).

E. Bibliographie

Batliner, Gerard, Aktuelle Fragen des liechtensteinischen Verfassungsrechts, 1998.
ders. (Hg.), Die liechtensteinische Verfassung 1921, 1994.
Batliner, Martin, Die politischen Volksrechte im Fürstentum Liechtenstein, 1993.
Frowein, Jochen/Höfling, Wolfram, Zu den Schreiben SD des Landesfürsten Hans-Adam II. vom 27. Februar 1995 und vom 4. April 1995 an den Vorsitzenden der Verwaltungsbeschwerdeinstanz. Zwei Rechtsgutachten, 1995.
Geiger, Peter, Die Geschichte des Fürstentums Liechtenstein 1848–1866, 1970.
Gstöhl, Christian, Das Recht auf einen ordentlichen Richter in der liechtensteinischen Verfassung, 2000.
Höfling, Wolfram, Die liechtensteinische Grundrechtsordnung, 1994.
ders., Die Verfassungsbeschwerde zum Staatsgerichtshof, 2003.
Kley, Andreas, Grundriß des liechtensteinischen Verwaltungsrechts, 1998.
Waschkuhn, Arno, Politisches System Liechtensteins: Kontinuität und Wandel, 1994.
Wille, Herbert, Die Normenkontrolle im liechtensteinischen Recht auf der Grundlage der Rechtsprechung des Staatsgerichtshofs, 1999.
ders., Staat und Kirche im Fürstentum Liechtenstein, 1972.
Wille, Herbert (Hg.), Verfassungsgerichtsbarkeit im Fürstentum Liechtenstein. 75 Jahre Staatsgerichtshof, 2001.
Winkler, Günther, Verfassungsrecht in Liechtenstein, 2001.

Anhänge

I.
Bundesverfassung der Schweizerischen Eidgenossenschaft

vom 18. April 1999
(Stand: 1. Januar 2007)
– Auszug –

Präambel

Im Namen Gottes des Allmächtigen!
Das Schweizervolk und die Kantone,
in der Verantwortung gegenüber der Schöpfung,
im Bestreben, den Bund zu erneuern, um Freiheit und Demokratie, Unabhängigkeit und Frieden in Solidarität und Offenheit gegenüber der Welt zu stärken,
im Willen, in gegenseitiger Rücksichtnahme und Achtung ihre Vielfalt in der Einheit zu leben,
im Bewusstsein der gemeinsamen Errungenschaften und der Verantwortung gegenüber den künftigen Generationen,
gewiss, dass frei nur ist, wer seine Freiheit gebraucht, und dass die Stärke des Volkes sich misst am Wohl der Schwachen,
geben sich folgende Verfassung[1]:

1. Titel
Allgemeine Bestimmungen

Art. 1 Schweizerische Eidgenossenschaft
Das Schweizervolk und die Kantone Zürich, Bern, Luzern, Uri, Schwyz, Obwalden und Nidwalden, Glarus, Zug, Freiburg, Solothurn, Basel-Stadt und Basel-Landschaft, Schaffhausen, Appenzell Ausserrhoden und Appenzell Innerrhoden, St. Gallen, Graubünden, Aargau, Thurgau, Tessin, Waadt, Wallis, Neuenburg, Genf und Jura bilden die Schweizerische Eidgenossenschaft.

---

1 Angenommen in der Volksabstimmung vom 18. April 1999 (BB vom 18. Dez. 1998, BRB vom 11. Aug. 1999 – AS 1999 2556; BBl 1997 I 1, 1999 162 5986).

Art. 2 Zweck
[1]Die Schweizerische Eidgenossenschaft schützt die Freiheit und die Rechte des Volkes und wahrt die Unabhängigkeit und die Sicherheit des Landes. [2]Sie fördert die gemeinsame Wohlfahrt, die nachhaltige Entwicklung, den inneren Zusammenhalt und die kulturelle Vielfalt des Landes. [3]Sie sorgt für eine möglichst grosse Chancengleichheit unter den Bürgerinnen und Bürgern. [4]Sie setzt sich ein für die dauerhafte Erhaltung der natürlichen Lebensgrundlagen und für eine friedliche und gerechte internationale Ordnung.

Art. 3 Kantone
Die Kantone sind souverän, soweit ihre Souveränität nicht durch die Bundesverfassung beschränkt ist; sie üben alle Rechte aus, die nicht dem Bund übertragen sind.

Art. 4 Landessprachen
Die Landessprachen sind Deutsch, Französisch, Italienisch und Rätoromanisch.

Art. 5 Grundsätze rechtsstaatlichen Handelns
[1]Grundlage und Schranke staatlichen Handelns ist das Recht. [2]Staatliches Handeln muss im öffentlichen Interesse liegen und verhältnismässig sein. [3]Staatliche Organe und Private handeln nach Treu und Glauben. [4]Bund und Kantone beachten das Völkerrecht.

Art. 6 Individuelle und gesellschaftliche Verantwortung
Jede Person nimmt Verantwortung für sich selber wahr und trägt nach ihren Kräften zur Bewältigung der Aufgaben in Staat und Gesellschaft bei.

2. Titel
Grundrechte, Bürgerrechte und Sozialziele

1. Kapitel: Grundrechte

Art. 7 Menschenwürde
Die Würde des Menschen ist zu achten und zu schützen.

Art. 8 Rechtsgleichheit
[1]Alle Menschen sind vor dem Gesetz gleich. [2]Niemand darf diskriminiert werden, namentlich nicht wegen der Herkunft, der Rasse, des Geschlechts, des Alters, der Sprache, der sozialen Stellung, der Lebensform, der religiösen, weltanschaulichen oder politischen Überzeugung oder wegen einer körperlichen, geistigen oder psychischen Behinderung. [3]Mann und Frau sind gleichberechtigt. Das Gesetz sorgt für ihre rechtliche und tatsächliche Gleichstellung, vor allem in Familie, Ausbildung und Arbeit. Mann und Frau haben Anspruch auf gleichen Lohn für gleichwertige Arbeit. [4]Das Gesetz sieht Massnahmen zur Beseitigung von Benachteiligungen der Behinderten vor.

Art. 9 Schutz vor Willkür und Wahrung von Treu und Glauben
Jede Person hat Anspruch darauf, von den staatlichen Organen ohne Willkür und nach Treu und Glauben behandelt zu werden.

Art. 10 Recht auf Leben und auf persönliche Freiheit
[1]Jeder Mensch hat das Recht auf Leben. Die Todesstrafe ist verboten. [2]Jeder Mensch hat das Recht auf persönliche Freiheit, insbesondere auf körperliche und geistige Unversehrtheit und auf Bewegungsfreiheit. [3]Folter und jede andere Art grausamer, unmenschlicher oder erniedrigender Behandlung oder Bestrafung sind verboten.

Art. 11 Schutz der Kinder und Jugendlichen
[1]Kinder und Jugendliche haben Anspruch auf besonderen Schutz ihrer Unversehrtheit und auf Förderung ihrer Entwicklung. [2]Sie üben ihre Rechte im Rahmen ihrer Urteilsfähigkeit aus.

Art. 12 Recht auf Hilfe in Notlagen
Wer in Not gerät und nicht in der Lage ist, für sich zu sorgen, hat Anspruch auf Hilfe und Betreuung und auf die Mittel, die für ein menschenwürdiges Dasein unerlässlich sind.

Art. 13 Schutz der Privatsphäre
[1]Jede Person hat Anspruch auf Achtung ihres Privat- und Familienlebens, ihrer Wohnung sowie ihres Brief-, Post- und Fernmeldeverkehrs. [2]Jede Person hat Anspruch auf Schutz vor Missbrauch ihrer persönlichen Daten.

Art. 14 Recht auf Ehe und Familie
Das Recht auf Ehe und Familie ist gewährleistet.

Art. 15 Glaubens- und Gewissensfreiheit
[1]Die Glaubens- und Gewissensfreiheit ist gewährleistet. [2]Jede Person hat das Recht, ihre Religion und ihre weltanschauliche Überzeugung frei zu wählen und allein oder in Gemeinschaft mit anderen zu bekennen. [3]Jede Person hat das Recht, einer Religionsgemeinschaft beizutreten oder anzugehören und religiösem Unterricht zu folgen. [4]Niemand darf gezwungen werden, einer Religionsgemeinschaft beizutreten oder anzugehören, eine religiöse Handlung vorzunehmen oder religiösem Unterricht zu folgen.

Art. 16 Meinungs- und Informationsfreiheit
[1]Die Meinungs- und Informationsfreiheit ist gewährleistet. [2]Jede Person hat das Recht, ihre Meinung frei zu bilden und sie ungehindert zu äussern und zu verbreiten. [3]Jede Person hat das Recht, Informationen frei zu empfangen, aus allgemein zugänglichen Quellen zu beschaffen und zu verbreiten.

Art. 17 Medienfreiheit
[1]Die Freiheit von Presse, Radio und Fernsehen sowie anderer Formen der öffentlichen fernmeldetechnischen Verbreitung von Darbietungen und Informationen ist gewährleistet. [2]Zensur ist verboten. [3]Das Redaktionsgeheimnis ist gewährleistet.

Art. 18 Sprachenfreiheit
Die Sprachenfreiheit ist gewährleistet.

Art. 19 Anspruch auf Grundschulunterricht
Der Anspruch auf ausreichenden und unentgeltlichen Grundschulunterricht ist gewährleistet.

Art. 20 Wissenschaftsfreiheit
Die Freiheit der wissenschaftlichen Lehre und Forschung ist gewährleistet.

Art. 21 Kunstfreiheit
Die Freiheit der Kunst ist gewährleistet.

I. Bundesverfassung Schweiz (Auszug)

Art. 22 Versammlungsfreiheit
¹Die Versammlungsfreiheit ist gewährleistet. ²Jede Person hat das Recht, Versammlungen zu organisieren, an Versammlungen teilzunehmen oder Versammlungen fernzubleiben.

Art. 23 Vereinigungsfreiheit
¹Die Vereinigungsfreiheit ist gewährleistet. ²Jede Person hat das Recht, Vereinigungen zu bilden, Vereinigungen beizutreten oder anzugehören und sich an den Tätigkeiten von Vereinigungen zu beteiligen. ³Niemand darf gezwungen werden, einer Vereinigung beizutreten oder anzugehören.

Art. 24 Niederlassungsfreiheit
¹Schweizerinnen und Schweizer haben das Recht, sich an jedem Ort des Landes niederzulassen. ²Sie haben das Recht, die Schweiz zu verlassen oder in die Schweiz einzureisen.

Art. 25 Schutz vor Ausweisung, Auslieferung und Ausschaffung
¹Schweizerinnen und Schweizer dürfen nicht aus der Schweiz ausgewiesen werden; sie dürfen nur mit ihrem Einverständnis an eine ausländische Behörde ausgeliefert werden. ²Flüchtlinge dürfen nicht in einen Staat ausgeschafft oder ausgeliefert werden, in dem sie verfolgt werden. ³Niemand darf in einen Staat ausgeschafft werden, in dem ihm Folter oder eine andere Art grausamer und unmenschlicher Behandlung oder Bestrafung droht.

Art. 26 Eigentumsgarantie
¹Das Eigentum ist gewährleistet. ²Enteignungen und Eigentumsbeschränkungen, die einer Enteignung gleichkommen, werden voll entschädigt.

Art. 27 Wirtschaftsfreiheit
¹Die Wirtschaftsfreiheit ist gewährleistet. ²Sie umfasst insbesondere die freie Wahl des Berufes sowie den freien Zugang zu einer privatwirtschaftlichen Erwerbstätigkeit und deren freie Ausübung.

Art. 28 Koalitionsfreiheit
¹Die Arbeitnehmerinnen und Arbeitnehmer, die Arbeitgeberinnen und Arbeitgeber sowie ihre Organisationen haben das Recht, sich zum Schutz ihrer Interessen zusammenzuschliessen, Vereinigungen zu bilden und solchen beizutreten oder fernzubleiben. ²Streitigkeiten sind nach Möglichkeit durch Verhandlung oder Vermittlung beizulegen. ³Streik und Aussperrung sind zulässig, wenn sie Arbeitsbeziehungen betreffen und wenn keine Verpflichtungen entgegenstehen, den Arbeitsfrieden zu wahren oder Schlichtungsverhandlungen zu führen. ⁴Das Gesetz kann bestimmten Kategorien von Personen den Streik verbieten.

Art. 29 Allgemeine Verfahrensgarantien
¹Jede Person hat in Verfahren vor Gerichts- und Verwaltungsinstanzen Anspruch auf gleiche und gerechte Behandlung sowie auf Beurteilung innert angemessener Frist. ²Die Parteien haben Anspruch auf rechtliches Gehör. ³Jede Person, die nicht über die erforderlichen Mittel verfügt, hat Anspruch auf unentgeltliche Rechtspflege, wenn ihr Rechtsbegehren nicht aussichtslos erscheint. Soweit es zur Wahrung ihrer Rechte notwendig ist, hat sie ausserdem Anspruch auf unentgeltlichen Rechtsbeistand.

Art. 29a[2] Rechtsweggarantie
Jede Person hat bei Rechtsstreitigkeiten Anspruch auf Beurteilung durch eine richterliche Behörde. Bund und Kantone können durch Gesetz die richterliche Beurteilung in Ausnahmefällen ausschliessen.

Art. 30 Gerichtliche Verfahren
¹Jede Person, deren Sache in einem gerichtlichen Verfahren beurteilt werden muss, hat Anspruch auf ein durch Gesetz geschaffenes, zuständiges, unabhängiges und unparteiisches Gericht. Ausnahmegerichte sind untersagt. ²Jede Person, gegen die eine Zivilklage erhoben wird, hat Anspruch darauf, dass die Sache vom Gericht des Wohnsitzes beurteilt wird. Das Gesetz kann einen anderen Gerichtsstand vorsehen. ³Gerichtsverhandlung und Urteilsverkündung sind öffentlich. Das Gesetz kann Ausnahmen vorsehen.

Art. 31 Freiheitsentzug
¹Die Freiheit darf einer Person nur in den vom Gesetz selbst vorgesehenen Fällen und nur auf die im Gesetz vorgeschriebene Weise entzogen werden. ²Jede Person, der die Frei-

---

2 Angenommen in der Volksabstimmung vom 12. März 2000, in Kraft seit 1. Jan. 2007 (BB vom 8. Okt. 1999, BRB vom 17. Mai 2000, BB vom 8. März 2005 – AS 2002 3148, 2006 1059; BBl 1997 I 1, 1999 8633, 2000 2990, 2001 4202).

heit entzogen wird, hat Anspruch darauf, unverzüglich und in einer ihr verständlichen Sprache über die Gründe des Freiheitsentzugs und über ihre Rechte unterrichtet zu werden. Sie muss die Möglichkeit haben, ihre Rechte geltend zu machen. Sie hat insbesondere das Recht, ihre nächsten Angehörigen benachrichtigen zu lassen. [3]Jede Person, die in Untersuchungshaft genommen wird, hat Anspruch darauf, unverzüglich einer Richterin oder einem Richter vorgeführt zu werden; die Richterin oder der Richter entscheidet, ob die Person weiterhin in Haft gehalten oder freigelassen wird. Jede Person in Untersuchungshaft hat Anspruch auf ein Urteil innert angemessener Frist. [4]Jede Person, der die Freiheit nicht von einem Gericht entzogen wird, hat das Recht, jederzeit ein Gericht anzurufen. Dieses entscheidet so rasch wie möglich über die Rechtmässigkeit des Freiheitsentzugs.

Art. 32 Strafverfahren
[1]Jede Person gilt bis zur rechtskräftigen Verurteilung als unschuldig. [2]Jede angeklagte Person hat Anspruch darauf, möglichst rasch und umfassend über die gegen sie erhobenen Beschuldigungen unterrichtet zu werden. Sie muss die Möglichkeit haben, die ihr zustehenden Verteidigungsrechte geltend zu machen. [3]Jede verurteilte Person hat das Recht, das Urteil von einem höheren Gericht überprüfen zu lassen. Ausgenommen sind die Fälle, in denen das Bundesgericht als einzige Instanz urteilt.

Art. 33 Petitionsrecht
[1]Jede Person hat das Recht, Petitionen an Behörden zu richten; es dürfen ihr daraus keine Nachteile erwachsen. [2]Die Behörden haben von Petitionen Kenntnis zu nehmen.

Art. 34 Politische Rechte
[1]Die politischen Rechte sind gewährleistet. [2]Die Garantie der politischen Rechte schützt die freie Willensbildung und die unverfälschte Stimmabgabe.

Art. 35 Verwirklichung der Grundrechte
[1]Die Grundrechte müssen in der ganzen Rechtsordnung zur Geltung kommen. [2]Wer staatliche Aufgaben wahrnimmt, ist an die Grundrechte gebunden und verpflichtet, zu ihrer Verwirklichung beizutragen. [3]Die Behörden sorgen dafür, dass die Grundrechte, soweit sie sich dazu eignen, auch unter Privaten wirksam werden.

Art. 36 Einschränkungen von Grundrechten
[1]Einschränkungen von Grundrechten bedürfen einer gesetzlichen Grundlage. Schwerwiegende Einschränkungen müssen im Gesetz selbst vorgesehen sein. Ausgenommen sind Fälle ernster, unmittelbarer und nicht anders abwendbarer Gefahr. [2]Einschränkungen von Grundrechten müssen durch ein öffentliches Interesse oder durch den Schutz von Grundrechten Dritter gerechtfertigt sein. [3]Einschränkungen von Grundrechten müssen verhältnismässig sein. [4]Der Kerngehalt der Grundrechte ist unantastbar.

2. Kapitel:
Bürgerrecht und politische Rechte

Art. 37 Bürgerrechte
[1]Schweizerbürgerin oder Schweizerbürger ist, wer das Bürgerrecht einer Gemeinde und das Bürgerrecht des Kantons besitzt. [2]Niemand darf wegen seiner Bürgerrechte bevorzugt oder benachteiligt werden. Ausgenommen sind Vorschriften über die politischen Rechte in Bürgergemeinden und Korporationen sowie über die Beteiligung an deren Vermögen, es sei denn, die kantonale Gesetzgebung sehe etwas anderes vor.

Art. 38 Erwerb und Verlust der Bürgerrechte
[1]Der Bund regelt Erwerb und Verlust der Bürgerrechte durch Abstammung, Heirat und Adoption. Er regelt zudem den Verlust des Schweizer Bürgerrechts aus anderen Gründen sowie die Wiedereinbürgerung. [2]Er erlässt Mindestvorschriften über die Einbürgerung von Ausländerinnen und Ausländern durch die Kantone und erteilt die Einbürgerungsbewilligung. [3]Er erleichtert die Einbürgerung staatenloser Kinder.

Art. 39 Ausübung der politischen Rechte
[1]Der Bund regelt die Ausübung der politischen Rechte in eidgenössischen, die Kantone regeln sie in kantonalen und kommunalen Angelegenheiten. [2]Die politischen Rechte werden am Wohnsitz ausgeübt. Bund und Kantone können Ausnahmen vorsehen. [3]Niemand darf die politischen Rechte in mehr als einem Kanton ausüben. [4]Die Kantone können vorsehen, dass Neuzugezogene das Stimmrecht in kantonalen und kommunalen Angelegenheiten erst nach einer Wartefrist von höchstens drei Monaten nach der Niederlassung ausüben dürfen.

I. Bundesverfassung Schweiz (Auszug)

Art. 40 Auslandschweizerinnen und Auslandschweizer
[1] Der Bund fördert die Beziehungen der Auslandschweizerinnen und Auslandschweizer untereinander und zur Schweiz. Er kann Organisationen unterstützen, die dieses Ziel verfolgen. [2] Er erlässt Vorschriften über die Rechte und Pflichten der Auslandschweizerinnen und Auslandschweizer, namentlich in Bezug auf die Ausübung der politischen Rechte im Bund, die Erfüllung der Pflicht, Militär- oder Ersatzdienst zu leisten, die Unterstützung sowie die Sozialversicherungen.

3. Kapitel: Sozialziele

Art. 41
[1] Bund und Kantone setzen sich in Ergänzung zu persönlicher Verantwortung und privater Initiative dafür ein, dass:
a. jede Person an der sozialen Sicherheit teilhat;
b. jede Person die für ihre Gesundheit notwendige Pflege erhält;
c. Familien als Gemeinschaften von Erwachsenen und Kindern geschützt und gefördert werden;
d. Erwerbsfähige ihren Lebensunterhalt durch Arbeit zu angemessenen Bedingungen bestreiten können;
e. Wohnungssuchende für sich und ihre Familie eine angemessene Wohnung zu tragbaren Bedingungen finden können;
f. Kinder und Jugendliche sowie Personen im erwerbsfähigen Alter sich nach ihren Fähigkeiten bilden, aus- und weiterbilden können;
g. Kinder und Jugendliche in ihrer Entwicklung zu selbstständigen und sozial verantwortlichen Personen gefördert und in ihrer sozialen, kulturellen und politischen Integration unterstützt werden.
[2] Bund und Kantone setzen sich dafür ein, dass jede Person gegen die wirtschaftlichen Folgen von Alter, Invalidität, Krankheit, Unfall, Arbeitslosigkeit, Mutterschaft, Verwaisung und Verwitwung gesichert ist. [3] Sie streben die Sozialziele im Rahmen ihrer verfassungsmässigen Zuständigkeiten und ihrer verfügbaren Mittel an. [4] Aus den Sozialzielen können keine unmittelbaren Ansprüche auf staatliche Leistungen abgeleitet werden.
[...]

5. Titel Bundesbehörden

[...]

4. Kapitel[3]: Bundesgericht und andere richterliche Behörden

Art. 188 Stellung des Bundesgerichts
[1] Das Bundesgericht ist die oberste rechtsprechende Behörde des Bundes. [2] Das Gesetz bestimmt die Organisation und das Verfahren. [3] Das Gericht verwaltet sich selbst.

Art. 189 Zuständigkeiten des Bundesgerichts
[1] Das Bundesgericht beurteilt Streitigkeiten wegen Verletzung:
a. von Bundesrecht;
b. von Völkerrecht;
c. von interkantonalem Recht;
d. von kantonalen verfassungsmässigen Rechten;
e. der Gemeindeautonomie und anderer Garantien der Kantone zu Gunsten von öffentlich-rechtlichen Körperschaften;
f. von eidgenössischen und kantonalen Bestimmungen über die politischen Rechte.
[2] Es beurteilt Streitigkeiten zwischen Bund und Kantonen oder zwischen Kantonen.
[3] Das Gesetz kann weitere Zuständigkeiten des Bundesgerichts begründen. [4] Akte der Bundesversammlung und des Bundesrates können beim Bundesgericht nicht angefochten werden. Ausnahmen bestimmt das Gesetz.

Art. 190 Massgebendes Recht
Bundesgesetze und Völkerrecht sind für das Bundesgericht und die anderen rechtsanwendenden Behörden massgebend.

Art. 191 Zugang zum Bundesgericht
[1] Das Gesetz gewährleistet den Zugang zum Bundesgericht. [2] Für Streitigkeiten, die keine Rechtsfrage von grundsätzlicher Bedeutung betreffen, kann es eine Streitwertgrenze vorsehen. [3] Für bestimmte Sachgebiete kann das Gesetz den Zugang zum Bundesgericht aus-

---
3 Angenommen in der Volksabstimmung vom 12. März 2000, in Kraft seit 1. Jan. 2007 (BB vom 8. Okt. 1999, BRB vom 17. Mai 2000, BB vom 8. März 2005 – AS 2002 3148, 2006 1059; BBl 1997 I 1, 1999 8633, 2000 2990, 2001 4202).

I. Bundesverfassung Schweiz (Auszug)

schliessen. [4]Für offensichtlich unbegründete Beschwerden kann das Gesetz ein vereinfachtes Verfahren vorsehen.

Art. 191a[4] **Weitere richterliche Behörden des Bundes**
[1]Der Bund bestellt ein Strafgericht; dieses beurteilt erstinstanzlich Straffälle, die das Gesetz der Gerichtsbarkeit des Bundes zuweist. Das Gesetz kann weitere Zuständigkeiten des Bundesstrafgerichts begründen. [2]Der Bund bestellt richterliche Behörden für die Beurteilung von öffentlich-rechtlichen Streitigkeiten aus dem Zuständigkeitsbereich der Bundesverwaltung. [3]Das Gesetz kann weitere richterliche Behörden des Bundes vorsehen.

Art. 191b Richterliche Behörden der Kantone
[1]Die Kantone bestellen richterliche Behörden für die Beurteilung von zivilrechtlichen und öffentlich-rechtlichen Streitigkeiten sowie von Straffällen. [2]Sie können gemeinsame richterliche Behörden einsetzen.

Art. 191c Richterliche Unabhängigkeit
Die richterlichen Behörden sind in ihrer rechtsprechenden Tätigkeit unabhängig und nur dem Recht verpflichtet.

[...]

---

4 Angenommen in der Volksabstimmung vom 12. März 2000, Abs. 1 in Kraft seit 1. April 2003 und die Abs. 2 und 3 seit 1. Sept. 2005 (BB vom 8. Okt. 1999, BRB vom 17. Mai 2000, BB vom 24. Sept. 2002 und 2. März 2005 – AS 2002 3148 3147, 2005 1475; BBl 1997 I 1, 1999 8633, 2000 2990, 2001 4202, 2004 4787).

II.
Verfassung des Fürstentums Liechtenstein

vom 5. Oktober 1921
(LGBl. Nr. 15)
– Auszug –

Wir, Johann II. von Gottes Gnaden souveräner Fürst zu Liechtenstein, Herzog zu Troppau, Graf zu Rietberg etc. etc. etc. tun hiemit kund, dass von Uns die Verfassung vom 26. September 1862 mit Zustimmung Unseres Landtages in folgender Weise geändert worden ist:

I. Hauptstück

Das Fürstentum

Art. 1[1]

[1]Das Fürstentum Liechtenstein ist ein Staatsverband von zwei Landschaften mit elf Gemeinden. Das Fürstentum Liechtenstein soll den innerhalb seiner Grenzen lebenden Menschen dazu dienen, in Freiheit und Frieden miteinander leben zu können. Die Landschaft Vaduz (Oberland) besteht aus den Gemeinden Vaduz, Balzers, Planken, Schaan, Triesen und Triesenberg, die Landschaft Schellenberg (Unterland) aus den Gemeinden Eschen, Gamprin, Mauren, Ruggell und Schellenberg. [2]Vaduz ist der Hauptort und der Sitz des Landtages und der Regierung.

Art. 2

Das Fürstentum ist eine konstitutionelle Erbmonarchie auf demokratischer und parlamentarischer Grundlage (Art. 79 und 80); die Staatsgewalt ist im Fürsten und im Volke verankert und wird von beiden nach Massgabe der Bestimmungen dieser Verfassung ausgeübt.

[...]

Art. 6

Die deutsche Sprache ist die Staats- und Amtssprache.

II. Hauptstück

Vom Landesfürsten

Art. 7

[1]Der Landesfürst ist das Oberhaupt des Staates und übt sein Recht an der Staatsgewalt in Gemässheit der Bestimmungen dieser Verfassung und der übrigen Gesetze aus. [2]Die Person des Landesfürsten untersteht nicht der Gerichtsbarkeit und ist rechtlich nicht verantwortlich. Dasselbe gilt für jenes Mitglied des Fürstenhauses, welches gemäss Art. 13bis für den Fürsten die Funktion des Staatsoberhauptes ausübt.[2]

[...]

Art. 9

Jedes Gesetz bedarf zu seiner Gültigkeit der Sanktion des Landesfürsten.

[...]

Art. 11[3]

Der Landesfürst ernennt die Richter unter Beobachtung der Bestimmungen der Verfassung (Art. 96).

[...]

IV. Hauptstück[4]

Von den allgemeinen Rechten und Pflichten der Landesangehörigen.[5,6]

---

1 Art. 1 abgeändert durch LGBl. 2003 Nr. 186.
2 Art. 7 Abs. 2 abgeändert durch LGBl. 2003 Nr. 186.
3 Art. 11 abgeändert durch LGBl. 2003 Nr. 186.
4 Überschrift vor Art. 27bis eingefügt durch LGBl. 2005 Nr. 267.
5 „Unter dem von der Verfassung verwendeten Begriff ‚Landesangehörige' sind alle Personen mit liechtensteinischem Landesbürgerrecht ohne Unterschied des Geschlechts zu verstehen" (LGBl. 1971 Nr. 22).
6 Überschrift vor Art. 27bis eingefügt durch LGBl. 2005 Nr. 267.

II. Verfassung Liechtenstein (Auszug)

Art. 27bis[7]
[1]Die Würde des Menschen ist zu achten und zu schützen. [2]Niemand darf unmenschlicher oder erniedrigender Behandlung oder Strafe unterworfen werden.

Art. 27ter[8]
[1]Jeder Mensch hat das Recht auf Leben. [2]Die Todesstrafe ist verboten.

Art. 28
[1]Jeder Landesangehörige[9] hat das Recht, sich unter Beobachtung der näheren gesetzlichen Bestimmungen an jedem Orte des Staatsgebietes frei niederzulassen und Vermögen jeder Art zu erwerben. [2]Die Niederlassungsrechte der Ausländer werden durch die Staatsverträge, allenfalls durch das Gegenrecht bestimmt.
[3]Der Aufenthalt innerhalb der Grenzen des Fürstentums verpflichtet zur Beobachtung der Gesetze desselben und begründet den Schutz nach der Verfassung und den übrigen Gesetzen.

Art. 29
[1]Die staatsbürgerlichen Rechte stehen jedem Landesangehörigen[10] nach den Bestimmungen dieser Verfassung zu. [2]In Landesangelegenheiten stehen die politischen Rechte allen Landesangehörigen[11] zu, die das 18. Lebensjahr vollendet, im Lande ordentlichen Wohnsitz haben und nicht im Wahl- und Stimmrecht eingestellt sind.[12]

Art. 30
Über Erwerb und Verlust des Staatsbürgerrechtes bestimmen die Gesetze.

Art. 31
[1]Alle Landesangehörigen[13] sind vor dem Gesetze gleich. Die öffentlichen Ämter sind ihnen unter Einhaltung der gesetzlichen Bestimmungen gleich zugänglich. [2]Mann und Frau sind gleichberechtigt.[14,15] [3]Die Rechte der Ausländer werden zunächst durch die Staatsverträge und in Ermangelung solcher durch das Gegenrecht bestimmt.[16]

Art. 32
[1]Die Freiheit der Person, das Hausrecht und das Brief- und Schriftengeheimnis sind gewährleistet. [2]Ausser den vom Gesetze bestimmten Fällen und der durch das Gesetz bestimmten Art und Weise darf weder jemand verhaftet oder in Haft behalten, noch eine Hausdurchsuchung oder Durchsuchung von Personen, Briefen oder Schriften oder eine Beschlagnahme von Briefen oder Schriften vorgenommen werden. [3]Ungesetzlich oder erwiesenermassen unschuldig Verhaftete und unschuldig Verurteilte haben Anspruch auf volle vom Staate zu leistende, gerichtlich zu bestimmende Entschädigung. Ob und inwieweit dem Staate ein Rückgriffsrecht gegen Dritte zusteht, bestimmen die Gesetze.

Art. 33
[1]Niemand darf seinem ordentlichen Richter entzogen, Ausnahmsgerichte dürfen nicht eingeführt werden. [2]Strafen dürfen nur in Gemässheit der Gesetze angedroht oder verhängt werden. [3]In allen Strafsachen ist dem Angeschuldigten das Recht der Verteidigung gewährleistet.

---

7 Art. 27bis eingefügt durch LGBl. 2005 Nr. 267.
8 Art. 27ter eingefügt durch LGBl. 2005 Nr. 267.
9 „Unter dem von der Verfassung verwendeten Begriff ‚Landesangehörige‘ sind alle Personen mit liechtensteinischem Landesbürgerrecht ohne Unterschied des Geschlechts zu verstehen" (LGBl. 1971 Nr. 22).
10 „Unter dem von der Verfassung verwendeten Begriff ‚Landesangehörige‘ sind alle Personen mit liechtensteinischem Landesbürgerrecht ohne Unterschied des Geschlechts zu verstehen" (LGBl. 1971 Nr. 22).
11 „Unter dem von der Verfassung verwendeten Begriff ‚Landesangehörige‘ sind alle Personen mit liechtensteinischem Landesbürgerrecht ohne Unterschied des Geschlechts zu verstehen" (LGBl. 1971 Nr. 22).
12 Art. 29 Abs. 2 abgeändert durch LGBl. 2000 Nr. 55.

13 „Unter dem von der Verfassung verwendeten Begriff ‚Landesangehörige‘ sind alle Personen mit liechtensteinischem Landesbürgerrecht ohne Unterschied des Geschlechts zu verstehen" (LGBl. 1971 Nr. 22).
14 Art. 31 Abs. 2 abgeändert durch LGBl. 1992 Nr. 81.
15 „Über die Anpassung des geltenden Rechts an die Gleichberechtigung von Mann und Frau bestimmen die Gesetze" (LGBl. 1992 Nr. 81).
16 Art. 31 Abs. 3 abgeändert durch LGBl. 1992 Nr. 81.

II. Verfassung Liechtenstein (Auszug)

Art. 34
¹Die Unverletzlichkeit des Privateigentums ist gewährleistet; Konfiskationen finden nur in den vom Gesetze bestimmten Fällen statt. ²Das Urheberrecht ist gesetzlich zu regeln.

Art. 35
¹Wo es das öffentliche Wohl erheischt, kann die Abtretung oder Belastung jeder Art von Vermögen gegen angemessene, streitigenfalls durch den Richter festzusetzende Schadloshaltung verfügt werden. ²Das Enteignungsverfahren wird durch das Gesetz bestimmt.

Art. 36
Handel und Gewerbe sind innerhalb der gesetzlichen Schranken frei; die Zulässigkeit ausschliesslicher Handels- und Gewerbeprivilegien für eine bestimmte Zeit wird durch das Gesetz geregelt.

Art. 37
¹Die Glaubens- und Gewissensfreiheit ist jedermann gewährleistet. ²Die römisch-katholische Kirche ist die Landeskirche und geniesst als solche den vollen Schutz des Staates; anderen Konfessionen ist die Betätigung ihres Bekenntnisses und die Abhaltung ihres Gottesdienstes innerhalb der Schranken der Sittlichkeit und der öffentlichen Ordnung gewährleistet.

Art. 38
Das Eigentum und alle anderen Vermögensrechte der Religionsgesellschaften und religiösen Vereine an ihren für Kultus-, Unterrichts- und Wohltätigkeitszwecke bestimmten Anstalten, Stiftungen und sonstigen Vermögenheiten sind gewährleistet. Die Verwaltung des Kirchengutes in den Kirchgemeinden wird durch ein besonderes Gesetz geregelt; vor dessen Erlassung ist das Einvernehmen mit der kirchlichen Behörde zu pflegen.

Art. 39
Der Genuss der staatsbürgerlichen und politischen Rechte ist vom Religionsbekenntnisse unabhängig; den staatsbürgerlichen Pflichten darf durch denselben kein Abbruch geschehen.

Art. 40
Jedermann hat das Recht, durch Wort, Schrift, Druck oder bildliche Darstellung innerhalb der Schranken des Gesetzes und der Sittlichkeit seine Meinung frei zu äussern und seine Gedanken mitzuteilen; eine Zensur darf nur öffentlichen Aufführungen und Schaustellungen gegenüber stattfinden.

Art. 41
Das freie Vereins- und Versammlungsrecht ist innerhalb der gesetzlichen Schranken gewährleistet.

Art. 42
Das Petitionsrecht an den Landtag und den Landesausschuss ist gewährleistet und es steht nicht nur einzelnen in ihren Rechten oder Interessen Betroffenen, sondern auch Gemeinden und Korporationen zu, ihre Wünsche und Bitten durch ein Mitglied des Landtages daselbst vorbringen zu lassen.

Art. 43
Das Recht der Beschwerdeführung ist gewährleistet. Jeder Landesangehörige[17] ist berechtigt, über das seine Rechte oder Interessen benachteiligende verfassungs-, gesetz- oder verordnungswidrige Benehmen oder Verfahren einer Behörde bei der ihr unmittelbar vorgesetzten Stelle Beschwerde zu erheben und dies nötigenfalls bis zur höchsten Stelle zu verfolgen, soweit nicht eine gesetzliche Beschränkung des Rechtsmittelzuges entgegensteht. Wird die eingebrachte Beschwerde von der vorgesetzten Stelle verworfen, so ist diese verpflichtet, dem Beschwerdeführer die Gründe ihrer Entscheidung zu eröffnen.

Art. 44
¹Jeder Waffenfähige ist bis zum zurückgelegten 60. Lebensjahre im Falle der Not zur Verteidigung des Vaterlandes verpflichtet. ²Ausser diesem Falle dürfen bewaffnete Formationen nur insoweit gebildet und erhalten werden, als es zur Versehung des Polizeidienstes und zur Aufrechterhaltung der Ordnung im Innern notwendig erscheint. Die näheren Bestimmungen hierüber trifft die Gesetzgebung.

[...]

---

17 „Unter dem von der Verfassung verwendeten Begriff 'Landesangehörige' sind alle Personen mit liechtensteinischem Landesbürgerrecht ohne Unterschied des Geschlechts zu verstehen" (LGBl. 1971 Nr. 22).

VIII. Hauptstück
Von den Gerichten[18]

A. Allgemeine Bestimmungen[19]

Art. 95[20]
¹Die gesamte Gerichtsbarkeit wird im Namen des Fürsten und des Volkes durch verpflichtete Richter ausgeübt, die vom Landesfürsten ernannt werden (Art. 11). Die Entscheidungen der Richter in Urteilsform werden „im Namen von Fürst und Volk" erlassen und ausgefertigt. ²Die Richter sind in der Ausübung ihres richterlichen Amtes innerhalb der gesetzlichen Grenzen ihrer Wirksamkeit und im gerichtlichen Verfahren unabhängig. Sie haben ihren Entscheidungen und Urteilen Gründe beizufügen. Einwirkungen durch nichtrichterliche Organe auf die Rechtsprechung sind nur soweit zulässig, als sie die Verfassung ausdrücklich vorsieht (Art. 12). ³Richter im Sinne dieses Artikels sind die Richter aller ordentlichen Gerichte (Art. 97 bis 101), die Richter des Verwaltungsgerichtshofes (Art. 102 und 103) sowie die Richter des Staatsgerichtshofes (Art. 104 und 105).

Art. 96[21]
¹Für die Auswahl von Richtern bedienen sich Landesfürst und Landtag eines gemeinsamen Gremiums. In diesem Gremium hat der Landesfürst den Vorsitz und den Stichentscheid. Er kann ebenso viele Mitglieder in dieses Gremium berufen wie der Landtag Vertreter entsendet. Der Landtag entsendet je einen Abgeordneten von jeder im Landtag vertretenen Wählergruppe. Die Regierung entsendet das für die Justiz zuständige Regierungsmitglied. Die Beratungen des Gremiums sind vertraulich. Kandidaten können nur mit Zustimmung des Landesfürsten vom Gremium dem Landtag empfohlen werden. Wählt der Landtag den empfohlenen Kandidaten, dann wird dieser vom Landesfürsten zum Richter ernannt. ²Lehnt der Landtag den vom Gremium empfohlenen Kandidaten ab, und lässt sich innerhalb von vier Wochen keine Einigung über einen neuen Kandidaten erzielen, dann hat der Landtag einen Gegenkandidaten vorzuschlagen und eine Volksabstimmung anzuberaumen. Im Falle einer Volksabstimmung sind auch die wahlberechtigten Landesbürger berechtigt, unter den Bedingungen einer Initiative (Art. 64) Kandidaten zu nominieren. Wird über mehr als zwei Kandidaten abgestimmt, dann erfolgt die Abstimmung in zwei Wahlgängen gemäss Art. 113 Abs. 2. Jener Kandidat, der die absolute Mehrheit der Stimmen erhält, wird vom Landesfürsten zum Richter ernannt. ³Ein auf Zeit ernannter Richter bleibt bis zur Vereidigung seines Nachfolgers im Amt.

[...]

D. Der Staatsgerichtshof[22]

Art. 104
¹Im Wege eines besonderen Gesetzes ist ein Staatsgerichtshof als Gerichtshof des öffentlichen Rechtes zum Schutze der verfassungsmässig gewährleisteten Rechte, zur Entscheidung von Kompetenzkonflikten zwischen den Gerichten und den Verwaltungsbehörden und als Disziplinargerichtshof für die Mitglieder der Regierung zu errichten. ²In seine Kompetenz fallen weiter die Prüfung der Verfassungsmässigkeit von Gesetzen und Staatsverträgen sowie der Gesetzmässigkeit der Regierungsverordnungen; in diesen Angelegenheiten urteilt er kassatorisch. Endlich fungiert er auch als Wahlgerichtshof.[23]

Art. 105[24]
Der Staatsgerichtshof besteht aus fünf Richtern und fünf Ersatzrichtern, die vom Landesfürsten ernannt werden (Art. 96). Der Präsident des Staatsgerichtshofes und die Mehrheit der Richter müssen das liechtensteinische Landesbürgerrecht besitzen. Im Übrigen finden die Bestimmungen von Art. 102 sinngemäss Anwendung.

---

18 Überschrift vor Art. 95 eingefügt durch LGBl. 2003 Nr. 186.
19 Überschrift vor Art. 95 abgeändert durch LGBl. 2003 Nr. 186.
20 Art. 95 abgeändert durch LGBl. 2003 Nr. 186.
21 Art. 96 abgeändert durch LGBl. 2003 Nr. 186.
22 Überschrift vor Art. 104 abgeändert durch LGBl. 2003 Nr. 186.
23 Art. 104 Abs. 2 abgeändert durch LGBl. 2003 Nr. 186.
24 Art. 105 abgeändert durch LGBl. 2003 Nr. 186.

II. Verfassung Liechtenstein (Auszug)

IX. Hauptstück

Von den Behörden und Staatsbediensteten[25]

[...]

Art. 109[26]

¹Das Land, die Gemeinden und die sonstigen Körperschaften, Anstalten und Stiftungen des öffentlichen Rechts haften für den Schaden, den die als ihre Organe handelnden Personen in Ausübung ihrer amtlichen Tätigkeit Dritten widerrechtlich zufügen. Bei Vorsatz oder grober Fahrlässigkeit bleibt der Rückgriff auf die fehlbaren Personen vorbehalten. ²Die als Organe handelnden Personen haften dem Land, der Gemeinde oder sonstigen Körperschaft, Anstalt oder Stiftung des öffentlichen Rechts, in deren Dienst sie stehen, für den Schaden, den sie ihnen durch vorsätzliche oder grobfahrlässige Verletzung der Amtspflichten unmittelbar zufügen. ³Die näheren Bestimmungen, insbesondere über die Zuständigkeit, werden durch Gesetz getroffen.

[...]

XI. Hauptstück

Die Verfassungsgewähr[27]

Art. 112[28]

¹Die gegenwärtige Verfassungsurkunde ist nach ihrer Verkündigung als Landesgrundgesetz allgemein verbindlich. ²Abänderungen oder allgemein verbindliche Erläuterungen dieses Grundgesetzes können sowohl von der Regierung als auch vom Landtage oder im Wege der Initiative (Art. 64) beantragt werden. Sie erfordern auf Seite des Landtages Stimmeneinhelligkeit seiner anwesenden Mitglieder oder eine auf zwei nacheinander folgenden Landtagssitzungen sich aussprechende Stimmenmehrheit von drei Vierteln derselben, allenfalls eine Volksabstimmung (Art. 66) und jedenfalls die nachfolgende Zustimmung des Landesfürsten, abgesehen von dem Verfahren zur Abschaffung der Monarchie (Art. 113).

Art. 113[29]

¹Wenigstens 1 500 Landesbürgern steht das Recht zu, eine Initiative auf Abschaffung der Monarchie einzubringen. Im Falle der Annahme der Initiative durch das Volk hat der Landtag eine neue Verfassung auf republikanischer Grundlage auszuarbeiten und diese frühestens nach einem Jahr und spätestens nach zwei Jahren einer Volksabstimmung zu unterziehen. Dem Landesfürsten steht das Recht zu, für die gleiche Volksabstimmung eine neue Verfassung vorzulegen. Das im Folgenden geregelte Verfahren tritt insoweit an die Stelle des Verfassungsänderungsverfahrens nach Art. 112 Abs. 2. ²Liegt nur ein Entwurf vor, dann genügt für die Annahme die absolute Mehrheit (Art. 66 Abs. 4). Liegen zwei Entwürfe vor, dann hat der wahlberechtigte Landesbürger die Möglichkeit, zwischen der bestehenden Verfassung und den beiden Entwürfen zu wählen. In diesem Fall hat der wahlberechtigte Landesbürger in der ersten Abstimmung zwei Stimmen. Diese teilt er jenen beiden Verfassungsvarianten zu, von denen er wünscht, dass sie in die zweite Abstimmung gelangen. Jene zwei Verfassungsvarianten, welche die meisten Erst- und Zweitstimmen auf sich vereinen, kommen in die zweite Abstimmung. In der zweiten Abstimmung, die 14 Tage nach der ersten Abstimmung durchzuführen ist, hat der wahlberechtigte Landesbürger eine Stimme. Jene Verfassung gilt als angenommen, welche die absolute Mehrheit erhält (Art. 66 Abs. 4).

[...]

---

25 Überschrift vor Art. 106 abgeändert durch LGBl. 2003 Nr. 186.
26 Art. 109 (109bis) eingefügt durch LGBl. 1964 Nr. 10 und abgeändert durch LGBl. 2003 Nr. 186.
27 Überschrift vor Art. 112 eingefügt durch LGBl. 2003 Nr. 186.
28 Art. 112 abgeändert durch LGBl. 2003 Nr. 186.
29 Art. 113 abgeändert durch LGBl. 2003 Nr. 186.

Personenregister

Nachgewiesen sind ausschließlich historische Persönlichkeiten.

Burckhardt, Walther **223** 21
Burkhard, Willi **218** 57

Constant, Benjamin **203** 2

Disteli, Martin **218** 57
Dürrenmatt, Friedrich **218** 57

Frisch, Max **218** 57

Gandhi, Mahatma **202** 2
Giacometti, Zaccaria **203** 10, **230** 16
Godé-Darele, Valentine **218** 57
Gotthelf, Jeremias **218** 57

Hobbes, Thomas **217** 72
Hodler, Ferdinand **218** 51, 57
Hölderlin, Friedrich **218** 57
Huber, Hans **203** 10, **209** 3, **230** 16
Hume, David **202** 12

Kant, Immanuel **202** 1, 9 ff.

Locke, John **202** 12, **217** 72

Meienburg, Lukas **218** 57
Montesquieu, Baron Charles de **202** 12

Napoléon I. **202** 23 f., 31

Oppenheimer, Meret **218** 57

Pestalozzi, Johann Heinrich **217** 84

Radbruch, Gustav **202** 7
Rousseau, Jean Jacques **202** 11 f., **203** 2, **217** 64

Schiller, Friedrich von **202** 11

Thomasius, Christian **202** 12
Töpffer, Rodolphe **218** 57
Tumlir, Jan **222** 49

Warren, Earl **202** 41
Wittgenstein, Ludwig **217** 5

Halbfette Zahl = §§; magere Zahl = RN

Sachregister

Von Dr. Antje Draheim

Abwehrrecht
- Anforderungen an Grundrechtsbeeinträchtigungen **208** 3
- Ehe und Familie **213** 3
- Eigentumsgarantie als ~ **221** 15
- Gleichheit als ~ **210** 5
- Grundrechte als ~e **204** 1
- Koalitionsfreiheit als ~ **223** 30
- Kunstfreiheit als ~ **218** 44
- Niederlassungsfreiheit als ~ **215** 4
- Vereinigungsfreiheit als ~ **223** 4, 20
- Wirtschaftsfreiheit als ~ **222** 10
- Wissenschaftsfreiheit als ~ **218** 10

Angeschuldigte(r) im Strafprozeß
226 1ff. *siehe auch* Strafrecht
- Anklagebegriff, materieller **226** 5
- Anklagekriterien, strafrechtliche **226** 6
- Bundesverfassung, ~ in der **226** 1
- EMRK, ~ in der **226** 1
- Entwicklung, historische **226** 1
- Geltungsbereich **226** 5
- Minimalgarantien **226** 23
- Rechtsmittelgarantie **226** 58
- Rechtsweggarantie **226** 58
- Strafverfahren als Voraussetzung **226** 5
- Überprüfung kantonaler Prozeßgesetze **226** 59
- UNO-Pakt-II **226** 1
- Unschuldsvermutung **226** 7ff.
  siehe auch dort
- Verfahrensgarantien **226** 1
  siehe auch Verfahrensgarantien
- Verfahrensrechte
  siehe auch Verfahrens(grund)rechte
  - Akteneinsicht **226** 38f.
  - Aufklärung des Angeschuldigten **226** 34
  - Dolmetscher(s), Beizug eines **226** 36f.
  - Einschränkung der ~ **226** 31f.
  - „fair trial"-Grundsatz **226** 25
  - Hauptverhandlung, Vorbereitung der **226** 40
  - Kommunikation, ungestörte und unüberwachte **226** 30
  - Kontaktsperre **226** 32
  - Recht auf Beiziehung eines Verteidigers **226** 26f.
  - rechtliches Gehör **226** 35ff.
  - verfassungsmäßige **226** 4ff.
  - Verteidigung *siehe auch dort*
  - Verteidigung der ersten Stunde **226** 33
  - Verteidigung und Wahlverteidigung **226** 27f.
  - Verteidigung, amtliche **226** 28
  - Verteidigung, notwendige **226** 28f.

Anstandsregel
- Mißachtung von ~n **227** 16

Asylrecht *siehe* Ausländer

Ausländer
- Abschließungstendenzen **206** 5
- Abwesenheitsbewilligung **206** 2
- Asylbewerberunterbringung **209** 31
- Asylgesetz **206** 24
- Ausländerpolitik **206** 36
- Ausländerrecht **206** 1
- Ausländerrecht und Familie **213** 40
- Ausschaffungshaft **209** 29
- Auswanderungsland Schweiz **206** 5
- Bezüge zu verschiedenen Rechtsregimen **206** 3
- Bundesgesetz über Aufenthalt und Niederlassung der Ausländer **215** 13
- Bundesgesetz von 1931 **206** 17
- Bundesgesetz von 2006 **206** 18
- Bundesverfassung, ~ in der **206** 7
- Definition **206** 1
- Einbürgerungspraxis **203** 23, **206** 13
- EMRK, ~ in der **203** 47, **206** 28
- Entwicklung des Ausländerrechts **206** 4ff.
- Europarecht
  - Diskriminierungsverbot **206** 32
  - Familiennachzug **206** 33
  - Freizügigkeitsabkommen mit der Europäischen Union **206** 30
  - Inländergleichbehandlung **206** 32
  - Personenfreizügigkeit **206** 31
  - Rechtsansprüche, individuelle **206** 32

Sachregister

- Flüchtlinge **215** 18
- freier Personenverkehr **215** 19
- Freiheitsrecht, politisch-funktionales **206** 12
- Freizügigkeitsregime **206** 27
- Fremdenrecht als Minimalstandard **206** 27
- Gesamtrevision des ~rechts **206** 6
- Grundrechte **206** 8 ff.
  - föderale Gestaltungsmacht **206** 11
  - Freiheitsrechte **206** 9
  - Menschen- und Bürgerrechte **206** 9
  - Niederlassungsfreiheit **206** 9
  - Schutz vor Ausweisung **206** 9
- Hilfe in Notlagen **206** 15
- Hugenotten **206** 5
- illegale ~ **206** 34 ff.
- Invalidität und Aufenthaltserlaubnis **211** 44
- Menschen- und Bürgerrechte von ~n **206** 9
- Menschenrechtsverträge, multilaterale **206** 27 f.
- Migration, weltweite **206** 37
- Migrationsordnung, internationale **206** 37
- Nachzugs- und Aufenthaltsrecht homosexueller Partner **211** 1 ff.
- Niederlassungsfreiheit **206** 9, **215** 13, 17
- Niederlassungsrechte in Liechtenstein **230** 32
- politische Rechte **206** 10
  - Exklusivität der Rechte im Bund **206** 10
  - Wahl- und Stimmrecht **206** 10
- Privilegierung eigener Staatsangehöriger **211** 34
- rechtsstaatliche Kultur, ~ und **206** 2
- Rechtsstatus **206** 2
- Referendum gegen Asylgesetz **206** 25
- Referendumsdebatte **206** 23
- Reise- und Identitätspapiere **206** 26
- Schutz durch Bundesverfassung **206** 24
- sozialer Status von ~n **206** 14 f.
- Sozialziele und ~ **206** 14 *siehe auch dort*
- Sprachenfreiheit, ~ und **217** 40
- Staatsrecht, ~ im **206** 7
- Stimmrecht **203** 36
- UNO-Pakt-II **206** 28
- Verbot der Rückschiebung in einen Folterstaat **209** 64
- Vereins- und Versammlungsfreiheit **203** 47
- Verwaltungsrecht, ~ im
  - Aufenthaltsbeendigung **206** 22
  - Bewilligungsarten **206** 20
  - Bundesgesetz von 1931 **206** 17
  - Bundesgesetz von 2006 **206** 18
  - Einreise und Aufenthalt aus Nicht-EU-Ländern **206** 18
  - Familiennachzug **206** 21, 29
  - Integrationsziele **206** 19
  - Scheinehen **206** 21
  - Zulassungssystem, duales **206** 18
  - Zwangsmaßnahmen **206** 22
- Völkerrecht
  - Familiennachzug **206** 29, **213** 40
  - Völkerrecht und ~ **206** 27
- Volksinitiativen **206** 6
- Wirtschaftsfreiheit **222** 40 ff.
- Zustrom nach 1945 **206** 6

Ausnahmegericht
- Verbot von ~en **227** 18

Autonomiebeschwerde **205** 38, 41
Autonomieträger **205** 40

Befangenheit (von Richtern) **227** 21 ff.
Berufsfreiheit **222** 1 ff. *siehe auch* Wirtschaftsfreiheit
- Berufsausübungsfreiheit **222** 10, 21, 75
- Berufswahlfreiheit **222** 10, 21
- Berufszugangsfreiheit **222** 10, 21, 75
- Erwerbstätigkeit, selbständige **222** 25 f.
- Freiheitsrechte und abhängig Beschäftigte **222** 24
- Recht auf Bildung, ~ und **222** 23
- Verbot der Ausbildungslenkung nach Bedarf **222** 21
- Zugangsgarantien für staatliche Bildungseinrichtungen, keine **222** 22
- Zulassungsbeschränkungen **222** 22

Beschwerde, staatsrechtliche
- Anfechtungsobjekte
  - Akte kantonaler Organe **229** 23
  - Hoheitsakt **229** 24 f.
  - kantonale Erlasse oder Einzelfallentscheide **229** 22
- Beschwerdegründe
  - sonstige Rechte **229** 20

844 Halbfette Zahl = §§; magere Zahl = RN; unterstrichene Zahl = Hauptfundstelle

Sachregister

- Verletzung verfassungsmäßiger Rechte **229** 19
- Kognition des Bundesgerichts
  - Erstprüfungskriterien, bundesgerichtliche **229** 28
  - Kognition, freie **229** 27
  - Maßstabsbildung **229** 26
  - Prüfungsdichte **229** 29
  - Regel-Ausnahme-System **229** 28
  - Willkürkognition **229** 27
- Legitimation
  - Anfechtungsinteresse, subjektives **229** 30
  - persönliche Betroffenheit **229** 30
  - Prozeß- und Parteifähigkeit **229** 30
  - Rechtsschutzinteresse **229** 30
  - Trägerschaft **229** 30
  - Verletzung rechtlich geschützter Interessen **229** 30
- selbständiges, bundesrechtliches Verfahren **229** 18
- Stimmrechtsbeschwerde, ~ als besondere *siehe dort*
- Subsidiarität **229** 31 f.

Besetzungsfehler (bei Gericht) **227** 16

Bioethik
- Beginn des Lebens **205** 3, **209** 21
- Embryonenschutz **209** 21
- Ende des Lebens **209** 22
- Hirntod **209** 22
- nasciturus **205** 3
- Schutz menschlichen Lebens vor der Geburt **209** 21, 27
- Schutzpflichten, staatliche **209** 23
- Schwangerschaftsabbruch **209** 21
- Sterbehilfe **209** 57 f.
  - Beihilfe zur Selbsttötung **209** 57
  - Entscheidungsfreiheit **209** 57
  - passive Sterbehilfe **209** 58
- Tod, Definition des ~es **205** 5
- Vorbehalt der Lebendgeburt, zivilrechtlicher **209** 21
- Wissenschaftsfreiheit **218** 30, 32, 36

Brief-, Post- und Fernmeldefreiheit
- Liechtenstein, ~ in *siehe* Grundrechte (Liechtenstein)

Briefgeheimnis *siehe auch* Kommunikationsfreiheiten
- Bundesverfassung von 1874 **216** 1

Bundesgericht
- Altersdiskriminierung **211** 37
- „Ärztestop" **222** 52
- Auswirkung der EMRK auf die Verfassung **207** 13 ff.
- Autonomieverletzungen von Gemeinden **203** 26
- Begriff der Grundrechte **202** 26 f. *siehe auch* Grundrechte
- Blockade als Meinungsäußerung **216** 32
- „Braderie"-Entscheid **204** 20
- Diskriminierung von Männern **203** 20
- Diskriminierungsverbot(s), Schutzgut des **211** 15
- Drittwirkung, indirekte **203** 13
- Eigentum als Institutsgarantie **221** 51, 53
- Eigentumsgarantie als ungeschriebenes Grundrecht **221** 6
- Eigentumsschutz und Entzug faktischer Vorteile **221** 11
- Einbürgerung von Ausländern **203** 23, **206** 13
- Eingriffe in die körperliche Integrität **209** 25
- Enteignung, entschädigungspflichtige **221** 41
- Entwicklung der Rolle des ~s **203** 15
- Familie und Ausländerrecht **213** 40
- „Flucht ins Privatrecht" **204** 16
- Frauenquote-Fälle **211** 54, 86
- Frauenstimmrecht **203** 17
- Geschlechterquote bei Wahlen **220** 37
- Glaubens- und Gewissensfreiheit **203** 21 *siehe auch dort*
- Gleichbehandlung der Konkurrenten (Gewerbegenossen) **222** 30 f.
- Gleichstellung der Geschlechter **211** 66
- Grundrechte, ~ und **203** 15 ff.
- Grundrechtsbindung
  - gemischt-wirtschaftliche Unternehmen **204** 25 f.
  - öffentlich-rechtliche Anstalten **204** 16
  - Private mit staatlichen Aufgaben **204** 19 f.
  - Staates, ~ des **204** 16
- Haftbedingungen und Rechte der Gefangenen **209** 53
- Handlungsfreiheit und persönliche Freiheit **207** 15
- Herkunft und Staatsangehörigkeit **211** 33

Halbfette Zahl = §§; magere Zahl = RN; unterstrichene Zahl = Hauptfundstelle   845

- juristische Personen
  - Grundrechtsträger, ~ des Privatrechts als   205 18
  - unentgeltliche Rechtspflege   205 29
- Koalitionsfreiheit und Gesamtarbeitsvertrag   223 32
- Kommunikationsfreiheiten und Nutzung des öffentlichen Raums   216 80f.
- Konzept der relativen Gleichheit   210 9, 46
- Kopftuchverbot   203 21
- Kruzifixe in Schulen   203 21
- Lohndiskriminierung   211 60
- Meinungsfreiheit als Grundrecht   218 6
- Meinungsfreiheit und Wirtschaftsfreiheit   216 36
- Menschenrechte, Bezug auf   203 24
- Mindestanforderungen an Todeszeitpunkt   205 1 ff.
- „Molki AG"-Entscheid   204 19
- Monopole, Errichtung neuer   222 66
- Pressefreiheit und Quellenschutz   216 53
- „Propagandamaterial PKK"   203 51
- Prüfungsauftrag bei Grundrechten   202 19 f.
- Quotenregelung
  - Diskriminierung, ~ und   203 18
  - ergebnisbezogenes Instrument, ~ als   203 19
- Recht auf Bildung, ~ und   222 23
- Recht auf unentgeltlichen Rechtsbeistand als staatliche Leistungspflicht   210 46
- Rechtsprechung des Europäischen Gerichtshofs für Menschenrechte   203 52 ff.
- religionsgemäße Alltagsgestaltung   212 17
- religiöses Neutralitätsgebot des Staates   212 29
- Residenzpflichten und Niederlassungsfreiheit   215 24
- Schulsprache   217 89
- Schwangerschaftsabbruch   209 42
- „Schweizer Mustermesse AG"-Entscheid   204 28
- Sprachenfreiheit   203 22, 217 12 ff., 19
- Streikrecht   223 34
- Technikmonopol des Staates bei Radio und Fernsehen   216 60
- Untersuchungshaft, Minimalanforderungen der   226 22
- Vereinigungsfreiheit von Staatsbediensteten   223 25
- Verfahrens- und Gerichtssprache   217 93
- Verfahrensfairneß, Prinzip der   203 25
- Verfassungsgerichtsbarkeit, kantonale   203 32
- Versammlungsfreiheit
  - Grundrecht, ~ als ungeschriebenes   219 4
  - Prüfungsumfang   219 45
- Vertrauensschutz
  - Entscheiden, ~ bei   228 58
  - Grundrecht, ~ als ungeschriebenes   228 45
- Verwertungsverbote und Interessenabwägung   226 51
- Völkerrecht und Landesrecht   203 41
- Volksinitiative und Einheit der Materie   220 52
- Volksrechte   203 25
- Werbung, Presse- und Wirtschaftsfreiheit   207 16
- Willkürverbot
  - Begriff   228 21
  - Prüfungsbefugnis   228 39 ff.
- Wissenschaftsfreiheit als Grundrecht   218 5 ff.
- Zulassungsbeschränkungen zum Universitätsstudium   222 22
- Zwangskörperschaften und Vereinigungsfreiheit   223 15
- zwangsweise Medikation und Menschenwürde   209 28

Bundesgesetze
- Verbindlichkeit trotz Verfassungswidrigkeit   205 4
- Völkerrecht, ~ und   229 87

Bundesjustizreform
- Ausbau gerichtlicher Vorinstanzen   229 66
- Ausbau kantonaler Vorinstanzen   229 65
- außergerichtlicher Grundrechtsschutz
  - Bundesversammlung   229 86
  - Kompetenzen des Bundesrates   229 85
  - Stärkung des gerichtlichen Rechtsschutzes   229 84
- Beschwerde in öffentlich-rechtlichen Angelegenheiten
  - Akte politische Rechte betreffend   229 76

Sachregister

- Anfechtungsobjekte **229** 72 ff.
- Ausnahmen **229** 77
- Behörden und Körperschaften **229** 80
- Entscheide **229** 73 f.
- kantonale Erlasse **229** 75
- Legitimation **229** 79 f.
- Rechtswegerschöpfung **229** 81
- Streitwertgrenze **229** 78
- Subsidiarität, relative **229** 81
- Bundesverwaltungsgericht(s), Einrichtung eines **229** 67
- Einheitsbeschwerde **229** 70
- Inhalte **229** 64
- Totalrevision der schweizerischen Bundesrechtspflege **229** 63
- Vereinfachung des Rechtsmittelsystems **229** 68
- Vereinheitlichung der Rügen **229** 71
- Verfassungsbeschwerde **229** 82 f.
  siehe auch dort
- Verletzung von Bundesrecht als expliziter Beschwerdegrund **229** 69

Bundesrat
- Aufsichtsbehörde, ~ als **229** 56 ff.
- Beschwerdeinstanz, ~ als außergerichtliche **229** 59
- Bundesjustizreform, Kompetenzen nach **229** 85
- Kollegialorgan, ~ als **212** 19
- politische Gleichberechtigung **210** 2
- Sprachenfreiheit, Gewährleistung der **217** 46
- Verordnungen des ~ und Grundrechtsschutz **229** 88
- Wahl des ~s **220** 16
- Wirtschaftsfreiheit, ~ und **222** 56

Bundesverfassung *siehe auch* Verfassung
- Ausländer in der ~ **206** 7
- Auswirkung der EMRK auf die Verfassung **207** 13 ff.
- Diskriminierungsverbot **211** 1
- Ehe und Familie **213** 1
- Eigentum **221** 6 f.
- Entwicklung, historische
  siehe Verfassung
- Glaubens-, Gewissens- und Weltanschauungsfreiheit **212** 3
- Katalog verfassungsmäßiger Rechte
  - Eidgenossenschaft **202** 44
  - Eigenverantwortung und Sozialziele **202** 46

- Entwicklung, historische **202** 41, 50 ff.
- Grundsätze staatlichen Handelns **202** 45
- invocatio dei **202** 43
- Menschenwürde **202** 47
- persönliche Freiheit **202** 49
- Präambel **202** 43
- Prioritätensetzung in der Bundesverfassung **202** 47 ff.
- Wesentlichkeitsstufen **202** 42
- Willkürverbot **202** 48
- Koalitionsfreiheit **223** 26
- Kunstfreiheit **216** 7, 65
- Medienfreiheit **216** 5 f.
- Niederlassungsfreiheit **215** 1 f.
- persönliche Freiheit **209** 4 ff.
- „pluralisme ordonné" **203** 60
- politische Rechte im Bund **220** 20
- Recht auf Grundschulunterricht **224** 30
- Recht auf Hilfe in Notlagen **224** 9
- Rechtsgleichheit **210** 1
- Staatssystem *siehe dort*
- Totalrevision und Volksrechte **220** 20
- Unverletzlichkeit der Wohnung **214** 1
- Vereinigungsfreiheit **223** 9
- Verfahrensgarantien **225** 3
- Versammlungsfreiheit **219** 5 f.
- Vertrauensschutz **228** 46 f.
- Wandel des Verfassungsverständnisses **203** 59
- Willkürverbot **228** 9
- Wirtschaftsfreiheit **222** 5
- Wissenschaftsfreiheit **216** 7, **218** 9

Bundesversammlung
- außergerichtlicher Grundrechtsschutz **229** 60
- Erlasse der ~ und Grundrechtsschutz **229** 88

Datenschutz
- Anspruch auf rechtliches Gehör **225** 39
- Datenaufbewahrung **209** 45
- Forschungsfreiheit **218** 31
- Personendaten und informationelle Selbstbestimmung **209** 44
- Überwachung des Post- und Fernmeldeverkehrs **209** 51

Demokratie *siehe auch* Staatssystem
- Föderalismus **217** 75 f.
- Grundrechte, ~ und **203** 6

- Konkordanzdemokratie **220** 7 ff.
- Konsensdemokratie, genossenschaftliche **217** 67
- Pressefreiheit, ~ und **216** 48 ff.
- Sprachenfreiheit, ~ und **217** 70 ff.
- Staatssystem, ~ und **220** 2 ff.
- Versammlungsdemokratie **220** 55
- Versammlungsfreiheit, ~ und **219** 1

Demonstrationsfreiheit
 siehe Versammlungsfreiheit

Derogation (durch Bundesrecht) 229 14

Diskriminierungsverbot 211 1 ff.
- Antidiskriminierungsgesetz, Forderung nach zivilrechtlichem **211** 92
- Ausländer und Europäische Union **206** 32
- Begriff **211** 7
  - formaler **211** 11
  - materieller **211** 11
- Behinderung
  - Begriff **211** 48
  - mittelbare Diskriminierung **211** 51
  - Sonderschulen, Zuweisung zu **211** 49
  - Wahl- und Stimmrecht, Ausschluß vom **211** 50
- „Benachteiligung" und „Bevorzugung" **211** 22
- Bundesverfassung, ~ in der **211** 1
- Bürgerrechte **211** 34
- Chancengleichheit und Rechtsgleichheit **210** 46
- Differenzierungsverbot, kein absolutes **211** 10
- Diskriminierungsabsicht, nicht erforderliche **211** 25
- Diskriminierungsmerkmale
  - Alter **211** 37 f.
  - Ausübung von Freiheitsrechten **211** 30
  - Behinderung **211** 48 ff.
  - Geburt **213** 50
  - Geschlecht **211** 29
  - Herkunft **211** 32 ff.
  - Lebensform **211** 44 ff., 50
  - nicht abschließend normierte ~ **211** 31
  - Rasse **211** 35 f.
  - soziale Stellung **211** 42 f.
  - Sprache **211** 39 ff.
  - Überzeugung **211** 47
- Dogmatik des Schutzkonzepts **211** 17 ff.
- Drittwirkung, keine unmittelbare **211** 90
- Ehe und Familie **213** 1, 13
- Entwicklung, historische **211** 1, 28
- Fahrende **211** 46
- formelles Gesetz als Grundlage **211** 54
- Freiheitsrechte(n), Verhältnis zu **211** 3 f., 6
- Geschlechtsdiskriminierung **211** 4
- Glaubens-, Gewissens- und Meinungsfreiheit **211** 47
- Gleichberechtigung der Ehegatten **213** 56 f.
- Gleichheitsrechte **208** 141
- Grundrechtsberechtigte **211** 2
- Grundrechtskonkurrenzen **211** 3 ff.
- Grundrechtsverpflichtete **211** 2
- Höchstaltersgrenzen **211** 38
- Individualrecht mit Gruppenbezug **211** 2
- Inländerdiskriminierung **211** 33
- Kausalität, objektive **211** 25
- Kommunikationsfreiheiten **216** 19
- Lebensform und Geburt, Diskriminierung aus Gründen der **213** 50
- Leistungssysteme, diskriminierungsfreie **211** 27
- Lohndiskriminierung **211** 27, 60
- Lohngleichheit
  - Drittwirkung **211** 2
  - Gleichwertigkeit der Arbeit **211** 75
  - individuelle Lohndiskriminierung **211** 76
  - kollektive Lohndiskriminierung **211** 77
  - lex specialis **211** 74
  - Rechtfertigungsgründe **211** 78 ff.
- Männern, ~ von **203** 20
- Mehrsprachenstaat **211** 39
- Meinungsfreiheit **216** 37
- Mindestaltersgrenzen **211** 37
- mittelbare Diskriminierung
  - Beweislastumkehr **211** 62
  - Gleichstellungsgesetz von 1995 **211** 60
  - Lohndiskriminierung **211** 60
  - zweistufige Rechtfertigungsprüfung **211** 62
- politische(r) Rechte, Ausübung **211** 38
- Privatautonomie, ~ und **211** 91

848 Halbfette Zahl = §§; magere Zahl = RN; unterstrichene Zahl = Hauptfundstelle

Sachregister

- private(r) Diskriminierung, Schutz vor **211** 90 f.
- Privilegierung
  - Staatsangehöriger, ~ eigener **211** 34
  - Verbote früherer Verfassungen **211** 28, 32
- prozessuale Eigenständigkeit **211** 6
- Prüfungsstandards, differenzierte **211** 57
- Quotenregelungen, ~ und **203** 18 f.
- Rassendiskriminierung **211** 36
- Recht auf Grundschulunterricht **224** 37
- Rechtsgleichheit **210** 3 *siehe auch dort*
- Schutz vor spezifischen Nachteilen **211** 3
- Schutzgüter
  - Ausgleich für politische Benachteiligung **211** 14
  - Herabwürdigung, Unterdrückung und Ausgrenzung, Schutz vor **211** 14
  - ideelle Nachteile **211** 12
  - multiple ~ **211** 16
  - Rechtsprechung **211** 15
  - Stereotypisierung, Schutz vor **211** 13
  - „Wertschätzung als Person" **211** 16
- Schutzkonzept
  - enge Begriffsauslegung **211** 18
  - Fördermaßnahmen **211** 18
  - Lehre und Rechtsprechung **211** 19
  - Pluralität der Schutzziele **211** 23
  - symmetrischer Schutz als Prinzip **211** 24
  - symmetrisches versus asymmetrisches **211** 17
  - teleologische Auslegung **211** 20
- Schutzrichtungen **211** 17 ff.
- sexuelle Lebensform **213** 50 f.
- Sozialversicherungsrecht **211** 27
- Sprachenfreiheit **217** 9, 24
- Steuerprogression und -degression **211** 43
- Tatbestand der Diskriminierung **211** 7 ff.
- Territorialitätsprinzip **211** 39
- uneheliche Kinder **213** 54
- Ungleichbehandlungen, Rechtfertigung von **211** 52 ff.
- Verbot in der EU **206** 32
- Verbot lebensformbezogener Benachteiligung **213** 52 f.
- Verfahrensgarantie, ~ als **211** 26
- verfassungskonforme Anwendung **211** 93

- Verhältnismäßigkeitsgrundsatz **211** 52, 56 *siehe auch dort*
- Wirtschaftsfreiheit, ~ und **211** 5
- Wohnsitzlose **211** 46

Drittwirkung
- Achtung des Familienlebens **213** 49
- begrenzte direkte ~ **204** 35
- bundesgerichtlicher Grundrechtsschutz **229** 49 f.
- direkte ~ **204** 34, **212** 40, **229** 50
- Diskriminierungsverbot **211** 90
- Ehe **213** 27
- Eignungsvorbehalt **204** 38, 41
- Erweiterung der ~ **204** 36
- Glaubens-, Gewissens- und Weltanschauungsfreiheit **212** 40
- Grundrechte(n), indirekte ~ von **203** 13
- Grundrechtskollisionen und ~ **207** 36
- grundrechtskonforme Normhandhabung **204** 37
- Horizontalwirkung **213** 27, 49, **229** 49
- Horizontalwirkung, indirekte **214** 20
- Horizontalwirkung, negative **207** 36
- indirekte ~ **203** 13, **204** 37, **212** 40, **214** 20
- Koalitionsfreiheit **223** 31
- Lohngleichheitsgebot **211** 2
- mittelbare ~ **204** 37
- mittelbare ~ als Regelfall **204** 40
- Niederlassungsfreiheit **215** 28
- Pressefreiheit **216** 55 f.
- Privaten, ~ zwischen **204** 35, 40
- Schutzpflicht, ~ als Modalität der **204** 42
- Streikrecht **202** 40, **223** 40
- unmittelbare ~ **211** 2, 90 *siehe auch* Drittwirkung, direkte
- Unverletzlichkeit der Wohnung **214** 20 f.
- Verfassungsnormen, ~ von **204** 34
- Versammlungsfreiheit **219** 15, 29
- Wirtschaftsfreiheit **222** 11
- zivilrechtliche Verfahren vor dem Bundesgericht **229** 49 ff.

Ehe und Familie 213 1 ff.
- Abwehrrecht, ~ als **213** 3
- Achtung des Familienlebens
  - Ausländerrecht, ~ und **213** 40
  - Begriff **213** 35 ff.
  - Beziehungsformen **213** 36
  - Drittwirkung **213** 49

Sachregister

- Familiennachzugsberechtigung **213** 40
- Grundrechtseingriffe **213** 47
- Grundrechtsträger **213** 46
- Informationspflichten in Verfahren **213** 44
- Institutsgarantie **213** 48
- Jedermann-Recht **213** 46
- Mutter-Kind-Beziehung **213** 42
- Schutz bestehender familiärer Beziehungen **213** 34
- Schutzbereich **213** 38
- Sorge- und Umgangsrechts-Verfahren **213** 45
- Trennung von Eltern und Kind **213** 41
- Vater, natürlicher **213** 42, 44
- Verfahrensrechte **213** 43 ff.
- Verwandtschaft, biologische **213** 42
- Zusammenleben, familiäres **213** 39 ff.
- Anspruch auf Kenntnis der Abstammung **209** 46
- Bundesverfassung, ~ in der **213** 1
- Diskriminierungsverbot
  - allgemeines ~ **213** 1, 13
  - Lebensform und Geburt, ~ wegen der **213** 50
- Ehe
  - Drittwirkung **213** 27
  - Ehefähigkeit **213** 22
  - Eheschließungsfreiheit **213** 15
  - EuGH-Rechtsprechung zur Transsexuellen-Ehe **213** 12
  - gleichgeschlechtliche Gemeinschaften bzw. Partnerschaften **213** 12, 52
  - Grundrechtseingriffe **213** 24
  - Grundrechtsträger **213** 21 ff.
  - Institutsgarantie **213** 14, 25 f.
  - Konkubinatsverbote **213** 16, 26
  - Menschenrecht, Ehefreiheit als **213** 21
  - polygame Gemeinschaften **213** 12
  - Recht auf ~ **213** 11 ff.
  - Scheidung, Recht auf **213** 17
  - Schutzbereich **213** 15 ff.
  - Strafgefangene und ~ **213** 19
  - Verschiedengeschlechtlichkeit, konstitutive **213** 11
  - Zusammenleben, eheliches **213** 18
  - Zwangsehe **213** 23
- EMRK, ~ in der **213** 1, 3, 5, 9, 17

- Entwicklung, historische **213** 3 f., 8
- Familie
  - Adoption **213** 29
  - Familiengründungsfreiheit **213** 29
  - Familienplanung, Verbot staatlicher **213** 29
  - Grundrechtseingriffe **213** 31
  - Grundrechtsträger **213** 30
  - Institutsgarantie **213** 32
  - Schutzbereich **213** 28 ff.
  - selbständiges Recht auf ~ **213** 7 ff.
- Familiennachzug von Ausländern **206** 21, 29
- Gleichberechtigung der Ehegatten **213** 56 f.
- Lebensbereiche, geschützte **213** 6
- Niederlassungsfreiheit von Kindern und Ehepartnern **215** 15
- Prinzip der Nachführung **213** 4
- Scheidungsgesetzgebung, keine Pflicht zur **213** 56
- Scheinehe **206** 21
- sexuelle Lebensform und Diskriminierung **213** 50 f.
- Sozialziele und Schutz und Förderung der Familie **224** 65
- uneheliche(r) Kinder, Diskriminierungsverbot **213** 54
- Vaterschaftsprozesse **209** 48
- Verbot lebensformbezogener Benachteiligung **213** 52 f.
- Zusammenhang zwischen den Rechten **213** 9, 28

Eigentum **221** 1 ff. *siehe auch* Eigentumsgarantie
- Begriff **221** 3, 8 ff.
- Bestandsgarantie **221** 4, 14
- Bundesverfassung, ~ in der **221** 6 f.
- Eigentumsgarantie *siehe dort*
- Entschädigungsansprüche **221** 4
- Funktionen **221** 3
- Institutsgarantie **221** 2, 14
- Schutzgut **221** 1 f.
- Sozialpflichtigkeit **221** 5
- Wertgarantie **221** 4, 14
- Wirtschaftsfreiheit, ~ und **221** 20

Eigentumsgarantie **221** 1 ff. *siehe auch* Eigentum, Grundrechte (Liechtenstein)
- Abwehrrecht, ~ als **221** 15
- Beschränkungen, entschädigungslose
  - Begriff **221** 43

Sachregister

- Grenzen der Entschädigungspflicht **221** 45
- polizeiliche Maßnahmen **221** 44
- Bestandsgarantie
  - Besitzstandsgarantie, Abgrenzung zur **221** 22
  - Eigentumsbeschränkungen **221** 21 ff.
  - Enteignungsbegriff **221** 24 f.
- Eigentumsbegriff
  - Entzug faktischer Vorteile **221** 11
  - öffentlich-rechtliche Rechtspositionen **221** 9
  - sozialversicherungspflichtige Rechtspositionen **221** 10
  - Steuerrecht **221** 13
  - verfassungsrechtlicher ~ **221** 8 f.
  - Vermögen **221** 12
  - vermögenswerte Rechte des Privatrechts **221** 8
- EMRK, ~ in der **221** 7
- Enteignung, formelle
  - Begriff **221** 38
  - Enteignungsgesetz **221** 40
  - Enteignungsverfahren **221** 40
  - Gegenstand **221** 39
  - nachbarrechtliche Abwehransprüche **221** 39
- Enteignung, materielle
  - Begriff **221** 41
  - Beschlagnahme **221** 42
  - Eingriff, schwerwiegender **221** 42
  - Rechtsfolgen **221** 41
  - Sonderopfer **221** 42
  - Tatbestände **221** 42
- Entschädigung
  - Grundsätze **221** 47
  - Inkonvenienzen **221** 48
  - Verkehrswert **221** 48
  - Wertermittlungsmethoden **221** 49
- Grundrecht, ~ als **221** 6, 14
- Grundrechtsträger **221** 19
- Grundrechtsverwirklichung **221** 16
- Grundsatznorm, ~ als **221** 16
- Institutsgarantie
  - Adressat **221** 50
  - Eigentumsordnung, ~ und **221** 50
  - Grundrechtsverwirklichung **221** 54 f.
  - Inhalt **221** 50
  - Kerngehalt der Grundrechte, ~ und **221** 30
  - Lehre, ~ in der **221** 52
- programmatisch-konstitutive Komponente **221** 54
- Rechtsprechung **221** 51, 53
- juristische Personen des Privatrechts **205** 27
- kantonales Verfassungsrecht **221** 7
- Kerngehalt, unantastbarer **221** 30
- Liechtenstein, ~ in
  siehe Grundrechte (Liechtenstein)
- öffentlich-rechtliche Körperschaften **205** 35
- Privilegierung der ~ im Entschädigungsrecht **229** 97
- programmatische Dimension **221** 19, 54
- Rechtsgrundlagen **221** 6 f.
- Schranken
  - Abgrenzungsfragen **221** 32 ff.
  - fiskalische Interessen **221** 27
  - gesetzliche Grundlagen **221** 26
  - öffentliches Interesse **221** 27 f.
  - Verhältnismäßigkeit **221** 29
- Teilgehalte der ~ **221** 14
- Verbände als Grundrechtsträger **205** 27
- Verfahrensgarantie **221** 17
- Verhältnis zu anderen Grundrechten **221** 20
- völkerrechtlicher Schutz **221** 7
- Wertgarantie
  - Entschädigungsanspruch **221** 35 f.
  - Unfreiwilligkeitszuschlag, kantonaler **221** 37

Enteignung *siehe* Eigentumsgarantie
Entschädigung *siehe* Eigentumsgarantie
Europäische Menschenrechtskonvention (EMRK)
- Ausländerrecht, Ausstrahlung ins **203** 47
- Ehe und Familie **213** 1, 3, 5, 9, 17
- Eigentum **221** 7
- Erweiterung der Verfassungsgerichtsbarkeit **203** 50 f.
- „fair trial"-Garantien **203** 48
- Gewährleistung eines gerechten Verfahrensablaufs **225** 64
- Gewaltverhältnis, besonderes **203** 49
- Glaubens-, Gewissens- und Weltanschauungsfreiheit **212** 6
- Individualbeschwerdeverfahren **203** 52
- Informationsempfänger, Schutz der **216** 28
- Kerngehalt, unantastbarer **203** 57

Halbfette Zahl = §§; magere Zahl = RN; unterstrichene Zahl = Hauptfundstelle

Sachregister

- Kernstück des Menschenrechtsschutzes **203** 44 ff.
- "Klassen" von Grundrechten **203** 51
- Konventionskonformität, Prüfung der **203** 51
- Konventionsverletzung und Haftung **225** 63
- Liechtenstein, ~ in **230** 8
- Meinungsäußerungsfreiheit **216** 8
- Meinungsfreiheit **216** 8
- Minimalstandards **203** 45
- Niederlassungsfreiheit **215** 1
- offene Formulierung der ~ **225** 65
- persönliche Freiheit **209** 10
- Ratifikation ohne Transformationsakt **202** 28
- Rechtsprechung des EGMR **203** 52 ff.
- Staatshaftung **225** 61
- Subsidiaritätsprinzip **203** 58
- symbiotische Verbindung mit Verfassungsrecht **203** 44
- Unverletzlichkeit der Wohnung **214** 2, 5
- Verfahrensgarantien **225** 10
- Verfassungsbeschwerde **205** 10
- verfassungsmäßiger Richter **227** 2
- Versammlungsfreiheit **219** 7
- Wissenschaftsfreiheit **218** 4

Europäische Union
- Diskriminierungsverbot **206** 32
- Familiennachzug **206** 33
- Freizügigkeitsabkommen **206** 30
- Grundrechtsschutz **229** 99
- Inländergleichbehandlung **206** 32
- Personenfreizügigkeit **206** 31
- Rechtsansprüche, individuelle **206** 32
- Sprachenfreiheit, ~ und **217** 59
- Wirtschaftsfreiheit, ~ und **222** 14

Europäischer Gerichtshof für Menschenrechte (EGMR)
- Abwägung zwischen Uniformität und Pluralität **203** 57
- Achtung des Familienlebens **203** 53
- Freiheitsentzug **203** 52
- fürsorgerische Freiheitsentziehung **203** 52
- Kerngehalt des Menschenrechtsschutzes **203** 57
- marge d'appréciation **203** 57
- Meinungsäußerungsfreiheit **203** 52, 54
- Prozeßdauer, unverhältnismäßig lange **203** 52
- Rechtsprechung zur Schweiz **203** 52 ff.
- Rechtsvergleichung **203** 56
- Subsidiaritätsprinzip **203** 58
- Verweigerung rechtlichen Gehörs **203** 52

Europarecht siehe Europäische Union

Föderalismus
- Demokratie **217** 75 f.
- Grundrechte, ~ und **203** 5
- Rechtsgleichheit, ~ als Schranke für **210** 32
- Sprachenfreiheit **217** 41 ff., 67

Forschungsfreiheit
siehe Wissenschaftsfreiheit

Freiheit von Radio und Fernsehen
siehe Medien

Freiheitsrechte siehe auch Grundrechte
- Ausländern, ~ von **206** 9
- Autonomie von Gemeinden **205** 41
- Berufsfreiheit, ~ und **222** 24
- Bundesverfassung, ~ in der **203** 11
- Diskriminierungsverbot **211** 3 ff., 30
- Einschränkungsvoraussetzungen **203** 14 f.
- Konkurrenz von ~n
  - Verschiedenartigkeit der Freiheitsrechte **207** 4, 23 ff., 30 ff.
- Schranken
  - gesetzliche Grundlagen **215** 20
  - öffentliches Interesse **215** 20
  - Verhältnismäßigkeit **215** 20
- Schranken von ~n **203** 14
- Schranken, keine grundrechtsspezifischen **215** 20
- Sprachenfreiheit **217** 12

Gemeinden
- Autonomie **205** 38 ff.
  - Autonomiebeschwerde **205** 38, 41
  - Freiheitsrechte **205** 41
  - Grundrechtsqualität, fehlende **205** 39
  - Kultusfreiheit **205** 42
  - treuhänderische Grundrechtswahrnehmung **205** 42 f.
  - Verletzungen **203** 26
- Grundrechtsberechtigung (Liechtenstein) **230** 18 ff.
- Grundrechtsberechtigung von ~ **205** 35 f.

Sachregister

- Grundrechtsbindung der ~ 205 37
- Sprach-, Kultur- und Konfessionsträger; ~ als 217 46
- Zweisprachigkeit von ~ 217 102ff.

„gemeindeutsche" Grundrechtslehren 230 24

Gesetze *siehe auch* Bundesgesetze
- Begriff auf Bundesebene 208 57
- Begriff, kantonaler 208 58
- Einzelfallgesetze 208 63ff.
- Referendum, Begriff des ~s und 208 59ff.

Gewaltenteilung *siehe* Gewaltentrennung

Gewaltentrennung
- Beschwerdegrund für Stimmrechtsbeschwerde, ~ als 229 36
- institutionelle Garantie 207 31
- Prinzip der Bundesverfassung, kein 203 27
- Recht auf den ordentlichen Richter (Liechtenstein) 230 69
- Stimmrechtsbeschwerde 229 36

Glaubens-, Gewissens- und Weltanschauungsfreiheit 212 1ff.
- Auftrag an Verwaltung und Justiz 212 41
- Bundesverfassung von 1848 212 2
- Bundesverfassung von 1874 212 2
- Bundesverfassung, ~ in der 212 3
- christlich-abendländische Tradition 212 1
- Drittwirkung 212 40
- Einbeziehung der Weltanschauungsfreiheit 212 9
- EMRK, ~ und 212 6
- Entwicklung, historische 212 1ff.
- Gewissensfreiheit 212 12, 19
- Grundrechtsberechtigung juristischer Personen 205 22
- Grundrechtsmündigkeit 205 14
- Grundrechtsverwirklichung 212 39ff.
- Inhalt der Glaubensfreiheit 212 10
- juristische Personen 205 22f.
- kantonale Zuständigkeit 212 5
- Kerngehalt, unantastbarer 212 44, 51
- Kirchenaustritt und Kirchensteuer 212 24
- Kollegialprinzip des Bundesrats 212 19
- Kruzifixe in öffentlichen Räumen 212 23
- Kultusfreiheit 212 11
- Liechtenstein, ~ in *siehe* Grundrechte (Liechtenstein)
- Menschenrecht, ~ als 212 5
- Militär- und Zivilersatzdienst 212 19
- Neutralitätsgebot und -pflicht des Staates 212 1ff.
  - Beispiele 212 8
  - Bewertungsverbot 212 30
  - Gestaltungsspielräume 212 31
  - Identifikationsverbot 212 30
  - Integrationsfunktion der Neutralität 212 37
  - Kernbestandteil fundamentaler Verfassungsentscheide 212 29ff.
  - Schutz individueller Freiheit 212 36
  - Sicherung konfessionellen Friedens 212 34f.
  - Toleranzgebot 212 37
  - Zweck der Neutralität 212 33, 38
- Religionsfreiheit *siehe dort*
- Religionsfreiheit als Teilgehalt 212 9
  siehe auch Religionsfreiheit
- religiöse Mündigkeit 205 14
- Schranken
  - Bedeutung 212 42
  - forum internum 212 44
  - Gesetzesvorbehalt 212 45
  - Glaubenskonfrontationen 212 48
  - Güterabwägung 212 49
  - öffentliches Interesse 212 46, 48
  - Rechte Dritter 212 48
  - Schrankenschranken 212 43
  - Sonderstatusverhältnis 212 47
  - Verhältnismäßigkeit 212 49
  siehe auch dort
- Schutzbereich, persönlicher
  - juristische Personen 212 27
  - Minderheiten 212 28
  - Sonderstatusverhältnis 212 26
- Schutzbereich, sachlicher
  - Abgrenzungen 212 15
  - Gewissensfreiheit 212 19
  - innere und äußere Freiheit 212 14
  - kollektive Religionsfreiheit 212 21
  - Konkurrenzen 212 25
  - kultische Handlungen 212 18
  - positive und negative Freiheit 212 16, 23
  - religionsgemäße Alltagsgestaltung 212 17

- Sonderstatusverhältnis 212 18
- Schutzpflicht des Staates 212 39, 47
- Sprachenfreiheit, ~ und 217 8f.
- UNO-Pakt-II 212 6
- Unterricht, religiöser 212 22
- völkerrechtliche Garantien 212 6
- Weltanschauungsfreiheit 212 13
- ziviler Ungehorsam 212 20

Gleichberechtigung von Frau und Mann
  siehe Gleichstellung der Geschlechter

gleichgeschlechtliche Partnerschaften
- Ehe und Familie 213 12
  siehe auch dort

Gleichheit siehe Rechtsgleichheit

Gleichheitsrechte siehe auch Rechtsgleichheit
- Diskriminierungsverbot 208 141
- Funktion der gesetzlichen Grundlage 208 135f.
- Grundrechtsberechtigung juristischer Personen 205 28
- Intensität kompensatorischer Regelungen 208 146
- Kompensation genereller Ungleichheiten 208 137
- öffentliches Interesse 208 139ff.
- Quotenregelungen 208 137
- Ungleichbehandlungen 208 138, 143f.
- Verhältnismäßigkeit 208 142ff.
- Wahlkampfkosten 208 143

Gleichstellung der Geschlechter
- Antidiskriminierungsgesetz, Forderung nach zivilrechtlichem 211 92
- biologische oder funktionale Unterschiede von Frau und Mann 211 70
- Diskriminierung siehe auch dort
  - Geschlecht(s), ~ aufgrund 211 4, 29, 69
  - Männern, ~ von 203 20
  - sexueller Orientierung, ~ wegen 211 44
  - symmetrische ~sverbote 211 69
  - Verbote von ~ und Gleichstellungsauftrag 211 83
- Egalisierungsgebot, legislatives 211 65, 71
- Frauenquoten 211 82ff.
- Freiburger Quoten-Fall 211 88
- Geschlechterquoten für politische Rechte 220 37
- Gleichberechtigung 210 45

- Gleichberechtigung von Ehegatten 213 56f.
- Gleichberechtigungsartikel(s), Inhalt des 211 64
- gleichgeschlechtliche Partnerschaft 209 40
- Gleichheit, Begriff der 211 67
- Gleichstellungsauftrag, materieller 211 65
- Gleichstellungsgesetz von 1995 211 60, 66
- kantonale Vorbehalte, keine 211 73
- Liechtenstein, ~ in
  siehe Grundrechte (Liechtenstein)
- Lohngleichheitsgebot 211 74ff.
- Militär- und Zivilschutzdienstpflicht 211 72
- Recht auf geschlechtliche Identität 209 39
- Rechtsgleichheit, Entwicklung der 210 3
- sexuelle Selbstbestimmung 209 39
- Solothurner Quoten-Fall 211 86
- Sozialziele, Rahmenbedingungen 224 65
- Urner Quoten-Fall 211 87

Gott
- invocatio dei 202 43

Grundgesetz
- Einfluß des ~es auf die Schweiz 202 41
- Vorbildfunktion des ~es 209 14

Grundrechte siehe auch Freiheitsrechte, Grundrechte (Liechtenstein)
- Abwehrrechte, ~ als 204 1
- Achtungs- und Schutzanspruch 202 1
- Adressaten von ~n
  - „Flucht ins Privatrecht", keine 204 15f.
  - Gebietskörperschaften 204 14
  - Wettbewerbsdienste als nichtstaatliche Aufgabe 204 16
- Altersgrenzen 205 7
- Angeschuldigte im Strafprozeß
  siehe dort
- Ausländerstimmrecht 203 36
- Bedrohung durch Private 203 13
- Beeinträchtigung siehe Grundrechtsschranken
- Beeinträchtigungen der Ehre siehe persönliche Freiheit
- Begriff der ~ (Bundesgericht) 202 26f.

Sachregister

- Bestimmung über den eigenen Körper nach dem Tod *siehe* persönliche Freiheit
- Bindung
  - gemischt-wirtschaftlicher Unternehmen, ~ **204** 24 ff.
  - Privater bei Erfüllung staatlicher Aufgaben, ~ **204** 18 ff.
  - Staates, ~ des **204** 15
- Brief-, Post- und Fernemeldegeheimnis *siehe* persönliche Freiheit
  - juristische Personen des Privatrechts **205** 21
- Bundesgericht und Prüfungsauftrag **202** 19 f.
- Demokratie **203** 6 *siehe auch dort*
- Eigentumsgarantie *siehe dort*
- Einheit oder Dualismus der Verbindlichkeit von Grundrechtsgütern **202** 40
- einheitliche Systematik, keine **202** 55
- EMRK, ~ und **202** 28 ff., **203** 10 f. *siehe auch* Europäische Menschenrechtskonvention (EMRK)
- Entwicklung, historische **202** 1 ff., 31 ff., **203** 1 ff., 8 ff.
  - demokratische Freiheit als Wurzel **202** 50
  - EMRK-Integration **202** 53
  - Kommunikationsfreiheit **202** 52
  - „preferred position"-Doktrin **202** 53
  - Willkürverbot **202** 51
  - Wirtschaftsfreiheit **202** 54
- Europäische Sozialcharta **203** 39
- Föderalismus **203** 5
- Folterverbot *siehe* persönliche Freiheit
- Formen demokratischer Konsensfindung, ~ als **202** 30
- freie Kommunikation **205** 24
- Freiheitsrechte **203** 11 *siehe auch dort*
- Freiheitsrechte von Ausländern **206** 9
- Freiheitsrechte(n), Konkurrenz von
  - Verschiedenartigkeit der Freiheitsrechte **207** 23 ff.
- Funktionen **204** 1, 4, 12
- Garantie des verfassungsmäßigen Richters *siehe* Richter, verfassungsmäßiger
- Garantie rechtlichen Gehörs *siehe* rechtliches Gehör
- Garantien fairer Verfahren *siehe* Verfahrensgarantien
- gemischt-wirtschaftliche Unternehmen **204** 1 ff.

- bestimmender Einfluß des Gemeinwesens **204** 24
- Gewinnerzielungsabsicht **204** 26
- nicht bestimmender Einfluß des Gemeinwesens **204** 27 ff.
- Glaubens-, Gewissens- und Weltanschauungsfreiheit *siehe dort*
- Gleichheitsrechte *siehe dort*
- Gleichstellung der Geschlechter **211** 50 *siehe auch dort*
- Grundlage, Ziel und Schranke der Demokratie, ~ als **202** 35
- Grundrechtsberechtigung *siehe* Grundrechtsträger
- Grundrechtsbezogenheit der Rechtsordnung **202** 14
- Grundrechtsfähigkeit *siehe* Grundrechtsträger
- Grundrechtsformulierungen, offene **203** 12
- Grundrechtskollision *siehe dort*
- Grundrechtskonkurrenz *siehe dort*
- Grundrechtsmündigkeit *siehe* Grundrechtsträger
- Grundrechtsschutz *siehe dort*
- Grundrechtsträger *siehe dort*
- Grundrechtsverwirklichung *siehe auch* Grundrechtsschutz
  - besondere Schutzpflichten **204** 8
  - Interessenabwägung **204** 4
  - rechtliche Verwirklichung **204** 4
  - Schutzbedürfnisse, gegenläufige **204** 4
  - Schutzpflicht **204** 4
  - Störungen durch Dritte **204** 7
  - tatsächliche Verwirklichung **204** 6
- Grundrechtsvoraussetzungen **204** 2 f.
- Grundrechtswahrnehmung, treuhändische **205** 42
- Grundsatznormen, objektive **204** 1
- Helvetikverfassung von 1798 **203** 2
- informationelle Selbstbestimmung *siehe dort*
- Informationsfreiheit *siehe dort*
- Institutsgarantie als Kerngehalts- oder Wertgarantie **221** 30, 53 f.
- justitiabler Normgehalt **204** 2 f.
- Kantone, ~ der **203** 1 ff.
  - Ausdehnung bundesrechtlichen Schutzes **203** 31
  - Landsgemeindekantone **203** 34
  - Rechtsebenen, verschiedene **203** 1

Halbfette Zahl = §§; magere Zahl = RN; unterstrichene Zahl = Hauptfundstelle

Sachregister

- Stimm- und Wahlrechte   203 36
- Unverletzlichkeit der Wohnung   214 2
- Volksrechte   203 35
- Katalog der Bundesverfassung   203 8 ff.
- Katalog verfassungsmäßiger Rechte
  - Eidgenossenschaft   202 44
  - Eigenverantwortung und Sozialziele   202 46
  - Entwicklung, historische   202 41, 50 ff.
  - Grundsätze staatlichen Handelns   202 45
  - invocatio dei   202 43
  - Menschenwürde   202 47
  - persönliche Freiheit   202 49
  - Präambel   202 43
  - Prioritäten in der Bundesverfassung   202 47 ff.
  - systematischer ~   202 18, 229 19
  - Wesentlichkeitsstufen   202 42
  - Willkürverbot   202 48
- Kerngehalt der ~
  - Abgrenzung vom „Wesensgehalt"   208 114
  - absolute Geltung   208 113, 117
  - Güterabwägung im Einzelfall   208 117
  - Mensch als Mittelpunkt   208 1 f.
  - Menschenrechte und ~   202 16
  - Menschenwürde und ~   202 13, 208 115 f.
  - Normhierarchie   208 121
  - Unverfügbarkeit in Notstandslagen   208 119 f.
  - verfahrensrechtliche Wirkungen   208 122
- Kerngehaltsgarantie, eigenständige Bedeutung der   221 31
- Koalitionsfreiheit   *siehe dort*
- Kommunikations~
  siehe Kommunikationsfreiheiten
- konstitutives Grundrechtsverständnis   204 1
- Konzept, einheitliches   202 38
- Kunstfreiheit   *siehe dort*
- Leistungskomponente als Grundrechtsgehalt   202 38
- Leistungsrechte   *siehe dort*
- Liechtenstein, ~ in
  siehe Grundrechte (Liechtenstein)
- Medienfreiheit
  siehe Kommunikationsfreiheiten
- Meinungsfreiheit   *siehe dort*

- Menschen- und Bürgerrechte von Ausländern   206 9   *siehe auch* Ausländer
- Menschenrechte als Kulturgut   202 2 f.
- Menschenrechte und ~   203 2, 6
- Menschenwürde   202 1, 4 ff., 208 116
  siehe auch dort
- negative ~   212 16, 23, 223 2, 16, 27
- Niederlassungsfreiheit   *siehe auch dort*
  - Ausländern, ~ von   206 9
  - Staatsangehörigkeitsvorbehalte   205 8
- Organisation von Rechtsgemeinschaften   203 55
- persönliche Freiheit   *siehe dort*
- politische Rechte   *siehe auch dort*
  - kantonale ~   203 33 ff.
  - Staatsangehörigkeitsvorbehalte   205 8
- Private bei Erfüllung staatlicher Aufgaben
  - Beispiele   204 18 f.
  - freiwillige Aufgabenerfüllung   204 23
  - Marktverhältnisse   204 21
  - Schutz vor privater Überlegenheit   204 17
- Recht auf Bildung, kein   218 17
- Recht auf Ehe und Familie
  siehe Ehe und Familie
- Recht auf Leben   *siehe dort*
- Rechtspraxis   202 29
- Rechtsprechung des Bundesgerichts   203 15 ff.   *siehe auch* Bundesgericht
- rechtsstaatliche Garantien   203 11
- Rechtsstaatsprinzip   203 4
- Rechtsvergleichung   203 56
- Rechtsweggarantie   *siehe dort*
- Schranken   *siehe* Grundrechtsschranken
- „Schubert-Praxis"   202 28
- Schutz der Persönlichkeit Inhaftierter
  siehe persönliche Freiheit
- Schutz der Privatsphäre
  siehe persönliche Freiheit
  - juristische Personen des Privatrechts   205 21
- Schutz Minderjähriger   205 12
- Schutz vor Ausweisung (Ausländer)   206 9
- Schutzbereich
  - Abgrenzung zur Grundrechtsbeeinträchtigung   208 14, 23, 27
  - Beeinträchtigung als Rechtsgüterkollision   208 17

856   Halbfette Zahl = §§; magere Zahl = RN; unterstrichene Zahl = Hauptfundstelle

Sachregister

- Besonderheiten einfach-rechtlich vermittelter ~ **208** 25 ff.
- rechtlich vermittelte Schutzobjekte **208** 26
- Schutzobjekt **208** 15, 18 ff.
- Verhältnismäßigkeit **208** 112
- zweckwidrige Ausübung von ~n **208** 23 f.
- Schutzpflicht(en)
  - Begriff **204** 6
  - Verhältnismäßigkeit **208** 103 ff.
- selbständige kantonale ~ **203** 31
- soziale ~ **225** 7
- Sozialrechte *siehe* soziale Grundrechte
- Sozialrechte als grundrechtliche Garantien **224** 2
- Sprachenfreiheit **217** 1, 12, 15 *siehe auch dort*
- Staat(es), ~ des **204** 15
- status activus **203** 1
- status negativus **203** 1
- status positivus **203** 1
- Stellung der ~ in der Verfassung **202** 42
- Sterbehilfe *siehe* persönliche Freiheit
- Stimmrecht der Auslandsschweizer **203** 36
- Strafprozeß, ~ im *siehe* Angeschuldigte(r) im Strafprozeß
- ungeschriebene ~ **202** 26 f.
- UNO-Pakt-II **203** 11
- Unverletzlichkeit der Wohnung *siehe dort*
- Verbindung liberaler ~ und politischer Rechte **202** 35 ff.
- Vereinigungsfreiheit *siehe dort*
- Verfahrensgarantien *siehe dort*; *siehe auch* Verfahrens(grund)rechte
- Verfassung von 1848 **203** 8, 28
- verfassungsmäßige Rechte **202** 18, 20
- Verfassungsregime, dynamisches **203** 1
- Verhältnismäßigkeit **208** 103 ff.
- Versammlungsfreiheit *siehe dort*
- Vertragsfreiheit **222** 17 f. *siehe auch* Wirtschaftsfreiheit
- Vertrauensschutz *siehe dort*
- Völkerrecht
  - Einordnung in das innerstaatliche Rechtssystem **203** 40
  - selbständig anwendbare Normen **203** 42
- unselbständig anwendbare Normen **203** 42
- Vorrang, prinzipieller **203** 41
- Volksrechte und halbdirekte Demokratie **203** 6
- Willkürverbot *siehe dort*
- Wirtschaftsfreiheit *siehe dort*
- Wissenschaftsfreiheit *siehe dort*
- zentrale Bedeutung von Art. 36 Bundesverfassung **208** 1 f., 8 ff.

Grundrechte (Liechtenstein) **230** <u>5 ff.</u>
- Adressat
  - Fürst von Liechtenstein **230** 23
  - Gesamtheit der öffentlichen Gewalt **230** 22
  - Privatwirtschaftsverwaltung **230** 22
- Begriff **230** 5
- Beschwerderecht **230** 71
- Brief- und Schriftgeheimnis **230** 30
- effektiver Rechtsschutz **230** 71
- Eigentumsgarantie
  - Beschränkungen des Eigentums **230** 55 f.
  - Immaterialgüter **230** 53
  - Inhaltsbestimmung durch einfaches Gesetz **230** 52
  - Kernbereich, unantastbarer **230** 56
  - Konfiskationen **230** 50
  - Sacheigentum **230** 53
  - Sozialbindung **230** 50, 55
  - Sozialpflichtigkeit **230** 55
  - subjektiv-rechtliche Gewährleistung und objektiv-rechtliche Garantie **230** 51
  - Übermaßverbot **230** 56
  - Verhältnismäßigkeit **230** 52
  - Vermögensschutz **230** 54
  - wohlerworbene Rechte **230** 53
- EMRK-Grundrechte, unmittelbare Anwendung der **230** 8
- Enteignung **230** 56
- EWR-Rechte **230** 10
- Freiheit der Person **230** 28 ff.
- Freiheitsgarantien wirtschaftlichen Handelns **230** 47 ff.
- Funktionen der ~ **230** 11 ff.
- Geschlechtergleichheit
  - Ausgangslage, restriktive **230** 65
  - Frauenstimmrecht **230** 66
  - normative Direktionskraft **230** 67

Halbfette Zahl = §§; magere Zahl = RN; unterstrichene Zahl = Hauptfundstelle

- Verantwortung des Gesetzgebers 230 67
- Gesetzesvorbehalte, qualifizierte 230 25
- Gewährleistung der ~, Doppelcharakter der 230 11
- Glaubens- und Gewissensfreiheit 230 34 f.
- Glaubens-, Gewissens-, Weltanschauungs- und Religionsausübung 230 33 ff.
- Gleichheitsgarantien 230 60 ff.
- Gleichheitssatz, allgemeiner 230 61
- Grundrechtsberechtigte
  - Ausländer 230 18
  - Gemeinden 230 18 ff., 21
  - juristische Personen des öffentlichen Rechts 230 20
  - juristische Personen des Privatrechts 230 19
  - Menschen- und Bürgerrechte 230 18
  - natürliche Personen 230 18
- Grundrechtsgehalte, subjektive
  - Abwehrfunktion 230 12
  - Gestaltungs- bzw. Bewirkungsrechte 230 15
  - Leistungsansprüche, einzelne 230 14
  - Leistungsdimension 230 13
  - objektive Grundrechtsbestimmungen 230 13
  - politische Grundrechte 230 15
- Grundrechtslehren, allgemeine 230 24
- Güterabwägung 230 26
- Handels- und Gewerbefreiheit
  - Berufswahl, Berufszugang, Berufsausübung 230 57
  - Grundrechtsträger 230 58
  - Kernbereich, unantastbarer 230 59
  - spezifische Betroffenheit 230 59
  - Umfang der Gewährleistung 230 58
- Hausrecht 230 29
- Individualrechte, ~ als 230 12
- Katalog 230 6
- Kerngehaltsgarantie 230 26
- Kommunikationsfreiheit 230 39 ff.
- Kompetenzerweiterung für den Staatsgerichtshof 230 8
- Kultusfreiheit, gestufte 230 38
- Meinungsfreiheit
  - europäische Diskussion 230 40
  - konstitutive Bedeutung 230 40

- Schranken 230 42
- Schrankenschranken 230 42
- Schutzbereich 230 41
- Zensurverbot 230 42
- „Multifunktionalität" der ~ 230 11
- Niederlassungsfreiheit 230 32
- objektiv-rechtliche Grundrechtsgehalte 230 16
- ordentlichen Richter, Recht auf den
  - Gewaltentrennung, Konkretisierung 230 69
  - Schutzbereich 230 69
  - Verwaltungsbehörden, Erstreckung auf 230 70
  - Zuständigkeit, bewegliche 230 69
- Petitionsrecht 230 39
- politische Rechte 230 46
- Privatheit und Persönlichkeitsentfaltung, Auffanggrundrechte 230 28
- Privatsphärenschutz und Entfaltungsfreiheit 230 28 ff.
- Rechtsgleichheit, allgemeine 230 60
- Rechtsprechung, Bedeutung der 230 73
- Rechtsstaatskonstituanten 230 68
- Religionsfreiheit 230 38
- römisch-katholische Kirche als Landeskirche 230 37
- Schranken und Schrankenschranken 230 24 ff.
- Schutzgut 230 25
- Staatskirchenverfassung 230 33
- Stimmrechte 230 46
- ungeschriebene ~ 230 7
- UNO-Pakt-II 230 9
- Vereinsfreiheit
  - persönlicher Gewährleistungsbereich 230 45
  - Schutzbereich 230 43
  - Zwangsinkorporation 230 44
- Verfahrensgarantien 230 72
  - Anspruch auf ein faires Verfahren 230 72
  - Anspruch auf rechtliches Gehör 230 72
  - Verbot der Rechtsverweigerung und Rechtsverzögerung 230 72
- Verfahrensrechte, Rechtsschutz und Staatshaftung 230 68 ff.
- verfassungsmäßig gewährleistete Rechte 230 5

- Verfassungsrang der ~ 230 12
- Vermögenserwerb, Recht auf
  - Gesetzesvorbehalt 230 48
  - Korrelation zum Eigentum 230 48
  - Vermögensbegriff 230 48
- Versammlungsfreiheit 230 43
- Weltanschauungsfreiheit 230 34 f.
- Willkürverbot
  - Auffanggrundrecht, universelles 230 62
  - Konkretisierung des Gleichheitsgrundsatzes 230 62
  - Kontrollintensität, judikative 230 63
  - Verselbständigung, grundrechtliche 230 63
- Zugang zu öffentlichen Ämtern 230 64

Grundrechtsdogmatik
siehe auch Grundrechte
- Anspruch auf unentgeltliche Rechtspflege und unentgeltlichen Rechtsbeistand 202 39 *siehe auch* unentgeltliche Rechte
- Beeinträchtigung 208 14
  siehe auch Grundrechtsschranken
- Grundrechtsträger *siehe dort*
- Schutzbereich von Grundrechten 208 14
- Verhältnismäßigkeitsgrundsatz 208 97 ff. *siehe auch dort*
- Wesenskern und Grundrechtslehren 221 54

Grundrechtsdurchsetzung *siehe auch* Grundrechte, Grundrechtsschutz
- Beschwerde, staatsrechtliche 210 40 ff. *siehe auch* Rechtsgleichheit
- Fehlen privatrechtlicher Handlungsfähigkeit 205 16

Grundrechtsfähigkeit
siehe Grundrechtsträger

Grundrechtskollisionen
- Arten von ~ 207 35
- Auflösung von ~
  - Geltungsbereich, sachlicher 207 39
  - Kerngehalt, unantastbarer 207 44
  - Legalitätsprinzip 207 40
  - öffentliches und privates Interesse 207 41
  - Verhältnismäßigkeit 207 43
- Begriff 207 1, 33
- Drittwirkung 207 36
- Grundrechtsschranken 207 34 ff., 208 93 ff.
- Harmonisierung der Grundrechte 207 37, 44
- Kunstfreiheit 218 47 f.
- Rolle der Richter 207 38
- Rolle des Gesetzgebers 207 37
- Schranken 207 34
- verfassungskonforme Auslegung 207 38

Grundrechtskonkurrenz
- anderen verfassungsmäßigen Rechten, ~ mit 207 6
- Begriff 207 1
- Bundes- und Kantonsgarantien, ~ von 207 5
- Bundes- und Kantonsgrundrechten, ~ zwischen
  - Günstigkeitsprinzip 207 9 f.
  - kantonale Grundrechte, Bedeutung 207 9, 11
  - Vereinheitlichung des Grundrechtsschutzes 207 10
  - zentralistische Tendenzen 207 10
- Bundesgrundrechte und internationationale Abkommen zum Schutz der Menschenrechte 207 1 ff.
  - UNO-Pakt-I 207 18 ff.
  - UNO-Pakt-II 207 21 f.
- Bundesgrundrechten und EMRK-Rechten, ~ zwischen
  - EMRK und Verfassungsgerichtsbarkeit 207 17
  - Menschenrechte, internationaler Schutz der 207 12
  - Rechtsprechung zur EMRK 207 13 ff.
- Bundesverfassung, ~ in der 207 2
- Freiheitsrechte(n) und anderen Grundrechten, ~ zwischen
  - Begriff 207 30
  - Einzelfallprüfungen 207 32
  - institutionelle Garantien 207 31
  - Verfahrensgarantien 207 30
- Freiheitsrechte(n), ~ von
  - abstrakte Normenkontrolle 207 29
  - Begriff 207 4
  - persönliche Freiheit als allgemeine Handlungsfreiheit 207 26
  - praktische Konkordanz 207 28
  - Rechtsprechung des Bundesgerichts 207 25, 27 *siehe auch* Bundesgericht
  - scheinbare Konkurrenz 207 27
  - unvollkommene Konkurrenz 207 27
  - Verschiedenartigkeit der Freiheitsrechte 207 23

Sachregister

- Grundrechte verschiedener Rechtsquellen **207** 7ff.
- Schrankendivergenz **207** 4

Grundrechtsmündigkeit **205** 14ff.
- Entmündigte **205** 17
- Entmündigung **205** 17
- Grundrechtsausübung, selbständige **205** 13, 15
- grundrechtsspezifische Variationen **205** 15
- prozessuale Durchsetzung **205** 16
- religiöse Mündigkeit **205** 14
- Unmündige **205** 15f.
- Urteilsfähigkeit **205** 15
- Urteilsfähigkeit im Einzelfall **205** 15

Grundrechtsschranken
- Abgrenzung vom Schutzbereich der Grundrechte **208** 14, 23, 27
- Art. 36 Bundesverfassung, zentrale Bedeutung
   - Anwendungsbereiche, spezifische **208** 10ff.
   - demokratische Legitimation und Gemeinwohlbezug **208** 8
   - Gerechtigkeitsfunktion **208** 8
   - Grundrechtsbeeinträchtigung, Rechtfertigung einer **208** 53ff.
   - Kerngehalte **208** 113ff.
   - Prüfungsprogramm, kein **208** 9
- Bundesverfassung, ~ in der **208** 7
- Eigentumsgarantie **221** 26ff., 32f., 43ff.
- Einzelgrundrechte, ~ der *siehe dort*
- Freiheitsrechte(n), ~ von **203** 13f.
- gesetzliche Grundlagen **215** 20
- Glaubens-, Gewissens- und Weltanschauungsfreiheit **212** 42ff., 46ff.
- Gleichheitsrechte(n), ~ bei **208** 135ff. *siehe auch* Gleichheitsrechte
- Grundrechtsbeeinträchtigung als Rechtsgüterkollision **208** 17
- Grundrechtsbeeinträchtigung aufgrund einer Gefährdung
   - besondere Rechtsverhältnisse **208** 75ff.
   - besondere Schwere **208** 77
   - Dringlichkeitsrecht nach Art. 165 BV **208** 70f.
   - Eingriffsintensität **208** 54
   - Einwilligung des Betroffenen **208** 79ff.
   - Einwilligung und Verwaltungskompetenzen **208** 82ff.
   - Einzelfallgesetze **208** 63ff.
   - Funktionen **208** 53
   - Gefahrenabwehr, dringliche **208** 67ff.
   - Gesetzesbegriff auf Bundesebene **208** 57
   - Gesetzesbegriff, kantonaler **208** 58ff.
   - Grenzen der Argumentation **208** 52
   - konkrete und abstrakte Gefährdung **208** 48f.
   - Normdichte **208** 55
   - Notstand, Derogation im **208** 72ff.
   - polizeiliche Generalklausel **208** 67ff.
   - Unverfügbarkeit demokratischer Legitimation **208** 80
   - Vorverlagerung des Grundrechtsschutzes **208** 46f.
   - Zulässigkeitskriterium **208** 51ff.
   - Zustimmung durch Verfügung oder Vertrag **208** 79
- Grundrechtsbeeinträchtigung durch staatliche Handlung
   - direkte ~ **208** 39
   - Reflexwirkungen, ~ durch **208** 35ff.
- Grundrechtsbeeinträchtigung durch staatliches Unterlassen
   - grundsätzliche staatliche Zurechenbarkeit **208** 42
   - Interessenausgleich **208** 43
   - konkrete Einzelfallprüfung **208** 43
   - positive Schutzpflichten des Staates **208** 40
   - präventive und nachträgliche Schutzpflichten **208** 44f.
- Grundrechtsbeeinträchtigungen durch staatliche Handlung **208** 32ff.
- Grundrechtskollisionen **207** 34, **208** 93ff.
   - grundrechtsspezifische oder einheitliche ~ **208** 13
- Intensität von Grundrechtsbeeinträchtigungen **208** 30f.
- Interessen Dritter **208** 92ff.
- Koalitionsfreiheit **223** 32
- Kommunikationsfreiheiten **216** 72ff., 76ff.
- Kunstfreiheit **218** 48ff.
- Leistungsrechte(n), ~ bei **208** 124ff. *siehe auch* Leistungsrechte
- Meinungsfreiheit (Liechtenstein) **230** 42
- Niederlassungsfreiheit **215** 22ff.
- öffentliches Interesse **215** 20

Sachregister

- Begriff **208** 86
- Güterabwägung **208** 90 f.
- öffentliche Deliberation **208** 87
- Schutzrichtung **208** 89
- Prüfungsdichte **208** 109 ff.
- Recht auf Grundschulunterricht **224** 44 ff.
- Recht auf Hilfe in Notlagen **224** 28 f.
- Rechtsgleichheit **210** 31 ff.
- Schutzbereich(s), Begriff des **208** 14 ff. *siehe auch* Grundrechte
- Territorialitätsprinzip **217** 13, 17 ff., 50
- Untermaßverbot **208** 105
- Vereinigungsfreiheit **223** 22 f.
- Verfahrensgrundrechte(n), ~ bei **208** 133 f.
  siehe auch Verfahrensgrundrechte
- Verhältnis zwischen Art. 36 BV und Art. 5 BV **208** 5 f.
- Verhältnismäßigkeit **208** 97 ff., **215** 20
- Versammlungsfreiheit **219** 30 ff.
- Willkürverbot **228** 18 f.
- Wirtschaftsfreiheit **222** 44 ff., 48 ff., 52 ff.
- Wissenschaftsfreiheit **218** 26, 33 ff., 37
- zweckwidrige Ausübung von Grundrechten **208** 23 f.

Grundrechtsschutz
- Abgrenzung zwischen Verwaltungs- und Privathandlung **229** 93
- Anspruch auf unentgeltliche Rechtspflege **229** 95 *siehe auch dort*
- Auslegung, Grenzen verfassungskonformer **229** 89
- außergerichtlicher ~
  - Anwendungsverbot bundesverfassungswidrigen Rechts **229** 54
  - Aufhebbarkeit kantonaler Gerichtsurteile **229** 58
  - Beurteilung von Volksinitiativen **229** 62
  - Bundesrat **229** 56 ff.
  - Bundesversammlung, ~ durch die **229** 60 ff.
  - Departemente als Beschwerdeinstanz **229** 59
  - Genehmigung kantonaler Erlasse und Staatsverträge **229** 56 f., 61
  - Gesetzesiniativen der Kantone **229** 54
  - kantonale Behörden **229** 54 f.
  - Übereinstimmung kantonaler Verfassungen mit Bundesrecht **229** 60
- besondere Schutzpflichten **204** 8
- Bundesgericht, ~ durch
  - Beschwerde, staatsrechtliche **229** 18 ff.
  - Drittwirkung **229** 49 ff.
  - Stimmrechtsbeschwerde **229** 33 ff.
  - strafrechtliche Verfahren **229** 49 ff., 53
  - Verwaltungsgerichtsbeschwerde **229** 40 ff.
  - zivilrechtliche Verfahren **229** 49 ff., 52
- Bundesgesetze und Völkerrecht **229** 87
- Bundesjustizreform **229** 1 ff., 63 ff.
  siehe auch dort
- Bundesrat
  - Aufsichtsbehörde, ~ als **229** 56 ff.
  - Beschwerdeinstanz, ~ als **229** 59
  - Bundesversammlung, ~ durch die **229** 60 ff.
- dreigliedriges System in der Schweiz **207** 12
- Drittwirkung
  - begrenzte direkte ~ **204** 35
  - mittelbare ~ **204** 40
  - Verfassungsnormen **204** 34
- Durchsetzung, praktische **229** 94
- Einfluß von EMRK und Europarecht **229** 99
- Entschädigungsanspruch **229** 97
- Entscheide
  - „Braderie"-Entscheid **204** 20
  - „Molki AG"-Entscheid **204** 19
  - „Schweizer Mustermesse AG"-Entscheid **204** 28
- Erlasse der Bundesversammlung **229** 88
- „Flucht ins Privatrecht", keine **204** 15
- Grundrechtsdurchsetzung, Komplexität der **229** 9
- Grundrechtskollision *siehe dort*
- Grundrechtskonkurrenz *siehe dort*
- Grundrechtspolitik als ~ **204** 9
- Instanzen des Bundes unterhalb des Bundesgerichts, ~ durch
  - Bundesrechtsverletzungen **229** 15
  - Eidgenössische Rekurskommissionen **229** 14, 84
  - Verwaltungsgerichtsbeschwerde, ~ und **229** 16
- Interessenabwägung **204** 5
- kantonale Gerichte, ~ durch
  - Einheit der Verfassungsrechtsprechung **229** 11

Sachregister

- Grundrechte der Bundesverfassung **229** 12 f.
- Grundrechte der Kantonsverfassungen **229** 11
- Prüfung der Grundrechtskonformität **229** 13
- Stufenbau des Rechtspflegesystems **229** 10, 13
- kantonaler ~
  - Bedeutungsverlust **203** 28
  - Bundesverfassung, ~ durch **203** 33
  - Ergänzung der Bundesverfassung **203** 30 ff.
  - erweiterte Schutzbereiche **203** 31
  - Gesamtrevisionen von Kantonsverfassungen **203** 29
  - selbständige kantonale Grundrechte **203** 31
  - Verfassungsgerichtsbarkeit, kantonale **203** 32
- Komplexität der Grundrechtsdurchsetzung **229** 9
- Lücke im ~ **229** 97
- Menschenwürde als besondere Schutzpflicht **204** 8
- Normenkontrolle, Folgen der **229** 96
- Privaten, ~ zwischen **204** 30 ff.
  - Abwägung der Grundrechtspositionen **204** 31
  - Behörden als Normkonkretisierer **204** 33
  - drittwirkende Verfassungsnormen **204** 34
  - Drittwirkung, begrenzte direkte **204** 35
  - Drittwirkung, mittelbare **204** 40
  - Eignungsvorbehalt der Grundrechte **204** 38
  - Konfliktbewältigung durch Gesetzgebung **204** 32
  - konstitutives Grundrechtsverständnis **204** 30
- privatisierte staatliche Aufgaben **229** 92 f.
- Privilegierung der Eigentumsgarantie im Entschädigungsrecht **229** 97
- rechtliche Verwirklichung **204** 5
- Rechtsfolgen von Schutzpflichten **204** 9 ff.
- Rechtsmittelsystem(s), Ergänzung des **229** 94

- Rechtsprechung
  - „Braderie"-Entscheid **204** 20
  - „Flucht ins Privatrecht" **204** 16
  - Grundrechtsbindung des Staates **204** 16
  - Grundrechtsbindung gemischt-wirtschaftlicher Unternehmen **204** 25 f.
  - Grundrechtsbindung öffentlich-rechtlicher Anstalten **204** 16
  - Grundrechtsbindung Privater mit staatlichen Aufgaben **204** 19 f.
  - „Molki AG"-Entscheid **204** 19
  - „Schweizer Mustermesse AG"-Entscheid **204** 28
- Richterrecht, ~ durch **202** 27
- Schranken der Verfassungsrechtspflege **229** 87 ff.
- Schutzbedürfnisse, gegenläufige **204** 5
- Schutzbereich von Grundrechten *siehe* Grundrechte
- Schutzpflicht **204** 4
  - Begriff der **204** 6
  - Justitiabilität **204** 10
  - Verletzung ohne Normkassation **204** 11
- Staatshaftung **229** 97
- Störungen durch Dritte **204** 7
- tatsächliche Verwirklichung **204** 6
- verfahrensrechtliche Besonderheiten **229** 98
- Verordnungen des Bundesrats **229** 88
- Verwaltungshandeln ohne Verfügungscharakter **229** 90 f.
- Völkerrecht, ~ und **229** 100
- Wandel des Verfassungsverständnisses **203** 59

Grundrechtsträger
- Ausländer als ~ **205** 9
- ausländische juristische Personen als ~ **205** 30
- Auslegung der Bundesverfassung **205** 1
- Definition des Todes **205** 5
- Ehe **213** 21 ff.
- Familie **213** 30
- Grundrechtsfähigkeit
  - Altersgrenzen **205** 7, 11 f.
  - Auslegungsproblem **205** 1
  - Beginn des Lebens **205** 3
  - Begriff der Person **205** 1
  - Beschwerde, staatsrechtliche **205** 2
  - Biomedizin **205** 3

Sachregister

- EMRK-Rechte, verfahrensmäßige Gleichstellung **205** 10
- Jedermann-Rechte **205** 9
- Minderjährigkeit **205** 12
- nasciturus **205** 3
- politische Mündigkeit **205** 11
- Schwangerschaftsabbruch **205** 4
- Selbstentscheidungsrecht **205** 6
- Staatsangehörigkeitsvorbehalte **205** 7f.
- Todeszeitpunkt **205** 5
- Grundrechtsmündigkeit *siehe dort*
- Handels- und Gewerbefreiheit (Liechtenstein) **230** 58
- juristische Personen
  - ausländische ~ **205** 9
  - öffentlichen Rechts, ~ des **205** 34ff.
  - Privatrechts, ~ des **205** 18
- juristische Personen des öffentlichen Rechts
  - Autonomieträger **205** 40
  - Betroffenheit als Hoheitsträger **205** 36
  - Funktionen der Grundrechte **205** 34
  - Gemeindeautonomie **205** 38ff.
  - Grundrechtsberechtigung **205** 43
  - Grundrechtsbindung und Grundrechtsberechtigung **205** 37
  - nichthoheitliches Handeln **205** 35
  - treuhänderische Grundrechtswahrnehmung **205** 42f.
- juristische Personen des Privatrechts
  - Anwendungsvorbehalt **205** 18
  - ausländische ~ **205** 30
  - einzelne Grundrechte **205** 21ff.
  - Gemeinwesen mit privatrechtlichem Auftreten **205** 32
  - gemischt-wirtschaftliche Unternehmen **205** 32f.
  - Korporation, Begriff der **205** 18f.
  - Parteifähigkeit **205** 19
  - Personen mit öffentlichen Aufgaben **205** 31
  - Personenverbindungen ohne juristische Persönlichkeit **205** 19
  - staatliche Beteiligung **205** 32
  - Verbandsbeschwerde, egoistische **205** 20
- Koalitionsfreiheit **223** 29
- Kunstfreiheit **218** 47
- öffentliche Unternehmen in Privatrechtsform **205** 32
- Personenverbindungen ohne Rechtspersönlichkeit als ~ **205** 19
- privatrechtliche Korporationen **205** 31
- Recht auf Grundschulunterricht **224** 42
- Recht auf Hilfe in Notlagen **224** 14
- Rechtsgleichheit **210** 7
- Verbände als ~ **205** 17
- Verfahrensgarantien **225** 11
- Versammlungsfreiheit **219** 16
- Willkürverbot **228** 13
- Wirtschaftsfreiheit
  - Ausländer **222** 40
  - EU-Bürger **222** 41
  - Gemeinwesen **222** 43
  - juristische Personen ausländischen Rechts **222** 42
  - öffentlicher Dienst **222** 43
  - Schutzbereich, persönlicher **222** 40
- Wissenschaftsfreiheit **218** 18f.

Grundschulunterricht 205 12

Handlungsfreiheit
- Auffanggrundrecht, Funktion als **207** 26
- Bundesgericht **207** 15
- persönliche Freiheit und ~ **207** 26, **209** 3, 35

informationelle Selbstbestimmung
- Anspruch auf Kenntnis der Abstammung **209** 46
- DNA-Profile **209** 47
- Personendatenschutz **209** 44f.
- Schutzbereich **209** 44
- Selbstentscheidungsrecht **209** 43
- Vaterschaftsprozesse **209** 48

Informationsfreiheit 216 1ff.
siehe auch Kommunikationsfreiheiten
- Amtsgeheimnis **216** 40
- Begriff **216** 38
- Bundesverfassung, ~ in der **216** 4
- Informationspflicht der Behörden, keine allgemeine **216** 39
- Informationspflichten des Staates, besondere **216** 41
- Recht auf Auskunft **216** 42
- UNO-Pakt-II **216** 9

institutionelle Garantien
siehe auch Institutsgarantie
- Grundsatz der Gewaltenteilung **207** 31

- Grundsatz der Privatwirtschaft 222 74
- Grundsatz der Rechtmäßigkeit der Besteuerung 207 31
- Verbot interkantonaler Doppelbesteuerung 207 31
- Vorrang des Bundesrechts 207 31

Institutsgarantie *siehe auch* institutionelle Garantien
- Achtung des Familienlebens 213 48
- Ehe und Familie 213 14, 25 f., 32, 48 f.
- Ehe, Recht auf 213 25 f.
- Eigentum 221 2, 14
- Eigentumsgarantie
  - Adressat 221 50
  - Eigentumsordnung, ~ und 221 50
  - Grundrechtsverwirklichung 221 54 f.
  - Inhalt 221 50
  - Lehre, ~ in der 221 52
  - programmatisch-konstitutive Komponente 221 54
  - Rechtsprechung 221 51, 53
- Familie, Recht auf 213 33
- Grundrechte 221 53 f.
- Grundsatz der Privatwirtschaft 222 75
- Kerngehalts- oder Wertgarantie, ~ als 221 30

Internationaler Pakt über bürgerliche und politische Rechte *siehe* UNO-Pakt-II

Internationaler Pakt über wirtschaftliche, soziale und kulturelle Rechte
siehe UNO-Pakt-I

Jedermann-Recht
- Achtung des Familienlebens 213 46
- Grundrechtsfähigkeit 205 9
- Kommunikationsfreiheit 216 26
- Rechtsgleichheit 205 28
- Unverletzlichkeit der Wohnung 214 9
- Wissenschaftsfreiheit 218 18

Kantone
- Amtssprache 217 48
- Beschwerde in öffentlich-rechtlichen Angelegenheiten 229 75
- Beschwerde, staatsrechtliche 229 22 f.
- Bindung an Wirtschaftsfreiheit 222 54
- Bundesjustizreform 229 65
- Eigentumsgarantie 221 7, 37
- Genehmigung kantonaler Erlasse und Staatsverträge 229 56 ff., 61
- Gesetzesbegriff 208 58
- Gesetzesinitiativen und Grundrechtsschutz 229 54
- Glaubens-, Gewissens- und Weltanschauungsfreiheit 212 5
- Grundrechte 203 1, 31 ff., 34 ff.
- Grundrechtskonkurrenz *siehe dort*
- Grundrechtsschutz, kantonaler 203 28 ff., 229 10 ff.
- Grundschulunterricht, Mindestanforderungen 224 34 ff.
- kantonale Verfassung und Bundesrecht 229 60 ff.
- Konfessionsgebiete 217 35
- Medienfreiheit 216 11
- Menschenwürde 209 1
- politische Rechte 220 22 ff.
- Pressefreiheit 216 10
- Religionsfreiheit 212 5
- Schule und Mehrsprachigkeit 217 86
- Sprachgebiete 217 35
- Territorialitätsprinzip und Sprachenfreiheit 217 80
- Überprüfung kantonaler Prozeßgesetze 226 59
- Unverletzlichkeit der Wohnung 214 2
- Verfassungsbeschwerde 229 4
- Verwertungsverbot 226 54
- Wissenschaftsfreiheit 216 10, 218 5
- Zusammensetzung der Sprachen 217 36 ff.

Kirche(n)
- evangelisch-reformierte Kirche 205 40
- Kirchenaustritt 212 24
- Kirchensteuer 212 24
- Konfessionsgebiete 217 35
- missio canonica 218 24
- römisch-katholische Kirche als Landeskirche (Liechtenstein) 230 36 f.
- Staatskirchenverfassung (Liechtenstein) 230 33

Koalitionsfreiheit 223 <u>1 ff.</u>
- Abwehrrecht, ~ als 223 30
- Arbeitskampffreiheiten 223 28, 33 ff.
- Arbeitsrecht, kollektives 223 32
- Arbeitsverfassung, ~ als Teil der 223 8
- Aussperrung 223 33 ff., 38
- Begriff der Koalition 223 27
- Bundesverfassung, ~ in der 223 26
- Drittwirkung, keine unmittelbare 223 31

Sachregister

- Entwicklung, historische **223** 5f.
- Friedensappell und Arbeitsfrieden **223** 33
- Grundrecht, ~ als eigenständiges **223** 26
- Grundrechtsträger **223** 29
- Individuum als Ausgangspunkt **223** 2
- Inhalt **223** 1
- instrumentelle Dimension **223** 3
- Menschenrecht, ~ als **223** 2
- negative ~ **223** 27
- positive ~ **223** 27
- Schranken **223** 32
- Schutzbereich **223** 27ff.
- Schutzwirkung **223** 30f.
- Streik- und Aussperrungsfreiheit
  - Bedeutung der ~ **223** 38
  - Drittwirkung **223** 40
  - Individualrecht, Streikrecht als **223** 41
  - Neutralitätsgebot des Staates **223** 45
  - Schranken **223** 46f.
  - Streikarten **223** 42
  - Suspendierungstheorie **223** 44
  - Verfassungskompromiß **223** 35ff.
  - Wirkung im Verhältnis zwischen Privaten **223** 40
- Tarifautonomie **223** 28
- Wirtschaftsordnung und ~ **223** 3

Kommunikationsfreiheiten 216 1ff.
- Auskunftspflicht **216** 16
- baurechtliche Vorgaben **216** 25
- Bundesgesetz über Radio und Fernsehen vom 21.6.1991 (RTVG) **216** 24
- Diskriminierung, ~ und **216** 19
- Ehrenschutz **216** 17
- Entwicklung, historische **202** 34
- Filmzensur **216** 25
- Forschungsfreiheit
  siehe Wissenschaftsfreiheit
- Freiheit von Radio und Fernsehen
  siehe dort
- Gegendarstellung **216** 23
- Grundrechtsbeeinträchtigungen, Rechtfertigung von **208** 89
- Grundrechtsberechtigung juristischer Personen **205** 24
- Grundrechtsentwicklung **202** 52
- Handlungen gegen den öffentlichen Frieden **216** 19
- Informationsempfänger, Schutz der **216** 28
- Informationsfreiheit **216** 27
  siehe auch dort
- Jedermann-Recht **216** 26
- juristische Personen des Privatrechts **205** 24
- Kunstfreiheit *siehe auch dort*
- Kunstfreiheit, ~ und **218** 45
- Liechtenstein, ~ in *siehe* Grundrechte (Liechtenstein)
- Medienfreiheit *siehe dort*
- Meinungsfreiheit *siehe dort*
- Nutzung des öffentlichen Raums **216** 80f.
- öffentlichen Bereich, ~ im **216** 80
- Persönlichkeitsrechte, ~ und **216** 21
- politische Kommunikation **216** 18
- Pornographie **216** 19
- Pressefreiheit *siehe dort*
- Publikationsverbot, richterliches **216** 22
- Quellenschutz **216** 15
- Schranken
  - Anwaltschaft **216** 77
  - Art und Wesen der Äußerung **216** 72f.
  - Beamte **216** 78
  - Grenzen zulässiger Kritik **216** 75
  - Ort **216** 80f.
  - Parlaments- und Regierungsmitglieder **216** 74
  - Personenkreis **216** 74ff.
  - politische Rede **216** 72
  - Richter **216** 76
  - Schüler und Studierende **216** 79
- Schutz elektronischer Gruppenkommunikation **219** 15
- Sprachenfreiheit **205** 25, **217** 2
- Stimmrechtsbeschwerde **229** 35
- Strafrecht **216** 13ff.
- Straftaten gegen die öffentlichen Sitten **216** 19
- Telefonüberwachung **216** 20
- Verantwortlichkeit des Autors **216** 14
- Verhältnismäßigkeit **216** 82
- Versammlungsfreiheit **219** 1
- Verwaltungsrecht, ~ und **216** 24f.
- Wettbewerb im Telekommunikationssektor **216** 25
- Wissenschaftsfreiheit *siehe dort*
- Zivilrecht, ~ und **216** 21f.

Kunstfreiheit 218 1ff. *siehe auch* Kommunikationsfreiheiten

Sachregister

- Abwehrrecht, ~ als **218** 44
- Ausübungsgarantie, staatliche **218** 44
- Begriff **218** 42
- Bundesverfassung, ~ in der **216** 7, 65
- Ehrverletzungen **218** 48 f.
- Entwicklung, historische **218** 40 f.
- Förderung **216** 67, **218** 46
- Grundrechtskollisionen **218** 47 f.
- Grundrechtsträger **218** 47
- Kommunikationsgrundrechte, ~ und **218** 45
- Konsumentenschutz, mittelbarer **218** 47
- Meinungsäußerungsfreiheit als Teilgehalt der ~ **218** 40
- Meinungsfreiheit, ~ und **216** 65
- Pornographieverbot **218** 56
- Privilegierung künstlerischer Tätigkeiten, keine **218** 54
- psychische Integrität **218** 49
- Schranken
  - Persönlichkeitsschutz **218** 48 ff.
  - Schutz von Glauben und Kultus **218** 52 ff.
- Schutz des Privatlebens **218** 45
- Schutzbereich **216** 66, **218** 43
- Strafrecht, ~ und **218** 50 ff.
- Verleumdung und üble Nachrede **218** 50
- völkerrechtliche Ergänzung **218** 41
- Zivilrecht, ~ und **218** 51

Landsgemeindekantone **203** 34
Leistungsrechte
- Beeinträchtigung von ~n **208** 128 ff.
- Bundesverfassung, ~ in der **208** 124
- einfach-rechtliche Konkretisierung **208** 125
- Kerngehalt, unantastbarer **208** 131 f.
- Leistungsminimum bei Interessenkollision **208** 132
- Recht auf Hilfe in Notlagen **224** 11 ff.
- Schranken **208** 124
- Schutzbereich **208** 126 f.
- soziale Grundrechte **224** 11 ff.
- Verhältnismäßigkeitsgrundsatz **208** 105 *siehe auch dort*

Liechtenstein, Fürstentum *siehe auch* Grundrechte (Liechtenstein)
- Adressat von Grundrechten **230** 23
- Immunität, personale absolute **230** 23

Medien
- Freiheit von Radio und Fernsehen
  - Adressaten **216** 59
  - Bundesgesetz über Radio und Fernsehen vom 21.6.1991 (RTVG) **216** 61 ff.
  - Fernseh- und Rundfunkanstalten, staatliche **216** 58
  - Massenmedien **216** 58
  - Ombudsstelle **216** 62
  - Schweizer Radio und Fernsehgesellschaft (SRG) **216** 61
  - Technikmonopol des Staates **216** 60
  - technische Zwänge **216** 57
- Massenmedien **216** 58
- Medienfreiheit
  siehe auch Kommunikationsfreiheiten
  - Bundesverfassung, ~ in der **216** 5 f.
  - Kantonsverfassungen, ~ und **216** 11
  - politische Rechte und ~ **220** 71 f.
  - Pressefreiheit *siehe dort*
  - Verbot der Irreführung durch Private
  - Pressepluralismus **220** 71
  - Radio und Fernsehen **220** 72
Medienfreiheit *siehe* Medien
Meinungsfreiheit **216** 1 ff. *siehe auch* Kommunikationsfreiheiten
- Begriff der Meinung **216** 30 f.
- Blockade **216** 32
- Demonstrationsfreiheit **219** 2
- Diskriminierung, ~ und **216** 37
- EMRK, ~ in der **216** 8
- Entwicklung, historische **202** 34, **216** 1 ff.
- Formen des Ausdrucks **216** 32
- Grenzen indirekter Meinungsäußerung **216** 33
- Grundrechtsmündigkeit von Schülern **205** 13 *siehe auch* Grundrechtsmündigkeit
- Internet **216** 34
- Kern der Kommunikationsfreiheiten **216** 29
- kommerzielle Meinungsäußerung **216** 35
- Liechtenstein, ~ in
  siehe Grundrechte (Liechtenstein)
- Meinungsäußerung nach Art. 10 EMRK **216** 30
- Meinungsäußerungsfreiheit als Teilgehalt der Kunstfreiheit **218** 40

Sachregister

- Recht ohne Verfassungsrang **216** 12
- Schutz der Informationsmittel **216** 34
- Werbung **216** 36
- Wirtschaftsfreiheit, ~ und **216** 36

Menschenrechte
siehe auch Menschenwürde
- Antwort auf geschichtliche Unheilerfahrung **202** 2
- Bundesverfassung, ~ in der **202** 17
- Ehefreiheit **213** 21
- EMRK, ~ und *siehe* Europäische Menschenrechtskonvention (EMRK)
- Glaubens-, Gewissens- und Weltanschauungsfreiheit **212** 5
- Grundrechte, ~ und **203** 2, 6
- Koexistenzregeln, ~ als **202** 3
- Konkurrenz zu Bundesgrundrechten **207** 12, 18 ff.
- Universalität **202** 2
- Unverletzlichkeit der Wohnung **214** 9
- Wissenschaftsfreiheit **218** 18

Menschenwürde 209 1 ff.
siehe auch Menschenrechte
- Basis des Grundrechtekatalogs **209** 16
- Bundesverfassung von 1874 **209** 1
- Bundesverfassung, ~ in der **202** 17, 47, **209** 5
- demokratische Grundregel, ~ als **202** 8
- Gesetzgebungsaufträge **209** 13
- Grundrecht, ~ als selbständiges, einklagbares **209** 18
- Grundrechte als Konkretisierung der ~ **208** 116
- Grundrechtsbezogenheit der Rechtsordnung **202** 14
- Grundrechtsschutz, justitiabler **202** 6
- Grundwert der Rechtsordnung, ~ als **209** 16
- juristische Personen des Privatrechts **205** 21
- Kantonsverfassungen, ~ in den **209** 1
- Kantsche Rechtslehre **202** 8 ff.
- Kernbereich des Selbst- und Werterlebens **202** 5
- Kerngehalt der Grundrechte **202** 13, 16
- Leitprinzip zur Konkretisierung anderer Grundrechte **209** 17
- Mensch als Subjekt des Rechts **209** 15
- Menschenrechtsabkommen, internationale **209** 9 f.
- objektive Grundsatznorm, ~ als **209** 13
- persönliche Freiheit, ~ und **209** 5
- „Positivierung" der Menschenrechte **202** 13
- Radbruchsche Formel vom „gesetzlichen Unrecht" **202** 7
- Reflexions- und Kommunikationsprozeß **202** 4
- Schutzpflicht, ~ als besondere **204** 8
- Sprachenfreiheit, ~ und **217** 3, 21
- Vaterschaftsprozesse **209** 48
- Vorbildfunktion des deutschen Grundgesetzes **209** 14
- Weltbürgerrecht(s), Grundgedanke eines **202** 12

Militär- und Zivilersatzdienst
- Glaubens-, Gewissens- und Weltanschauungsfreiheit **212** 19

nasciturus
- Grundrechtsträger, ~ als **205** 3, **209** 27

Niederlassungsfreiheit 215 1 ff.
- Abwehrrecht, ~ als **215** 4
- Abzugs- und Zuzugsrechte(n), Verbot von **215** 7
- Ausländer
  - Flüchtlinge **215** 18
  - Schutz aus Bundesrecht, kein **215** 17
  - Verwirklichung freien Personenverkehrs **215** 19
- Ausreise- und Auswanderungsfreiheit **215** 10 f.
- Ausschaffung **215** 11
- Begriff **215** 6 ff.
- Bewegungsfreiheit, Schutz der **215** 12
- Bundesgesetz über Aufenthalt und Niederlassung der Ausländer **215** 13
- Bundesgesetz über den Binnenmarkt **215** 14
- Bundesverfassung, ~ in der **215** 1 f.
- Drittwirkung **215** 28
- Einreise- und Einwanderungsfreiheit **215** 10 f.
- EMRK, ~ in der **215** 1
- Entwicklung, historische
  - Bundesverfassung von 1848 **215** 4
  - Bundesverfassung von 1874 **215** 5
  - Helvetische Verfassung von 1798 **215** 3
  - Mediationsverfassung von 1813 **215** 4
- Geschäftssitz **215** 16

Halbfette Zahl = §§; magere Zahl = RN; unterstrichene Zahl = Hauptfundstelle

Sachregister

- Grundrechtsträger **215** 8, 15 f.
- Integrationsfunktion **215** 4
- inter- und innerkantonale Geltung **215** 9
- juristische Personen des Privatrechts **205** 27
- Kerngehalt, unantastbarer **215** 27
- Kinder, Ehepaare und Bevormundete **215** 15
- Liechtenstein, ~ in *siehe* Grundrechte (Liechtenstein)
- persönliche Freiheit, ~ und **215** 12
- Rayonverbot (Ausländer) **215** 13
- Rechtsquellen **215** 1
- Schranken
  - bodenmarktbezogene Steuerungsmaßnahmen **215** 26
  - Residenzpflichten **215** 23 f.
  - Sonderstatusverhältnisse **215** 22 f.
  - strafrechtliche ~ **215** 21
  - unzulässige ~ **215** 25
- Schutz vor Ausweisung, Auslieferung und Ausschaffung **215** 11
- Straf- und Maßnahmenvollzug **215** 12
- Verbände als Grundrechtsträger **205** 27
- Wirtschaftsfreiheit, ~ und **215** 14, **222** 28

Notstand
- Grundrechte, Unverfügbarkeit der **208** 119 f.
- Grundrechtsbindung im ~ **208** 73
- Notrecht in der Verfassung, kein **208** 72
- Versammlungsfreiheit **219** 26

Parteien *siehe* Vereinigungsfreiheit
persönliche Freiheit 209 1 ff.
- Beeinträchtigungen der Ehre, Schutz vor staatlicher **209** 37
- Begriff im engeren Sinn **209** 5
- Bestimmung über den eigenen Körper nach dem Tod
  - Autopsie **209** 59
  - Bestattungshinweise **209** 60
  - Rechtsfähigkeit Verstorbener **209** 61
  - Verfügungsrechte über die sterbliche Hülle **209** 60
- Bewegungsfreiheit
  - Ausschaffungshaft **209** 29
  - fehlender Eingriff in die ~ **209** 30
  - freiheitsbeschränkende Maßnahmen **209** 30
  - Freiheitsentzug **209** 29
- Brief-, Post- und Fernemeldegeheimnis
  - Bundesverfassung von 1874 **209** 49
  - Entwicklung, historische **209** 49
  - Schutzumfang **209** 50
  - Überwachung des Post- und Fernmeldeverkehrs **209** 51
- Bundesgesetz über die medizinisch unterstützte Fortpflanzung **209** 41
- Bundesverfassung von 1874 **209** 1
- Bundesverfassung, ~ in der **209** 4 ff.
- Dimensionen **209** 11
- EMRK, ~ in der **209** 10
- Folterverbot
  - absolute Geltung **209** 63
  - Non-Refoulement-Gebot **209** 64
  - Rechtsprechung des Europäischen Gerichtshofs für Menschenrechte **209** 62
- Freiheitsentzug, Verfahrensgarantien bei
  - Anspruch auf richterliche Kontrolle **209** 33
  - Asylbewerberunterbringung **209** 31
  - Auskunftsanspruch **209** 32
  - polizeiliche Standardmaßnahmen **209** 31
  - Staatshaftung **209** 33
  - Völkervertragsrecht **209** 31
- geistige Unversehrtheit **209** 34 ff.
- Gesetzgebungsaufträge **209** 13
- gleichgeschlechtliche Partnerschaft **209** 40
- Handlungsfreiheit, Abgrenzung zur allgemeinen **209** 3, 35
- informationelle Selbstbestimmung *siehe dort*
- juristische Personen des Privatrechts **205** 21
- Kantonsverfassungen, ~ in den **209** 1
- körperliche Integrität
  - Eingriffe **209** 25
  - Immissionen **209** 26
  - nasciturus **209** 27
  - Therapieakte **209** 27
- Medikation, zwangsweise **209** 27
- Menschenrechtsabkommen, internationale **209** 9 f.
- Menschenwürde und ~ **209** 5
- Normierung ungeschriebenen Verfassungsrechts **209** 4

Sachregister

- objektive Grundsatznorm, ~ als **209** 13
- Privatrecht, ~ im **209** 1
- Recht auf geschlechtliche Identität **209** 39
- Schutz der Persönlichkeit Inhaftierter
  - Empfehlungen des Europarats **209** 52
  - Gefängnisordnungen, kantonale **209** 53
  - Rechte von Gefangenen **209** 52 ff.
  - Schutzobjekt **209** 52
  - Sonderstatusverhältnisse und Legalitätsprinzip **209** 55
  - Zwangsmaßnahmen im Ausländerrecht **209** 54
- Schutz der Privatsphäre **209** 34 ff.
- Schwangerschaftsabbruch **209** 42
- sexuelle Selbstbestimmung **209** 39
- Sonderstatusverhältnis **209** 12
- Sterbehilfe
  - Beihilfe zur Selbsttötung **209** 57
  - Entscheidungsfreiheit **209** 57
  - passive Sterbehilfe **209** 58
- Subsidiarität **209** 8
- Teilgehalte **209** 5, 28
- ungeschriebenes Grundrecht, ~ als **209** 2 f.
- UNO-Pakt-II **209** 9
- Verhältnis zu anderen Grundrechten **209** 4 ff.
- Völkerrecht, ~ und **209** 9
- Willens- und Entscheidungsfreiheit **209** 2
- Zugang zu Fortpflanzungsmedizin **209** 41

Petitionsfreiheit, ~recht
- Ausländer als Grundrechtsträger **206** 12
- Behörden als Adressaten **205** 26
- Drittwirkung, fehlende **204** 38, **205** 26
- juristischer Personen, ~ **205** 26
- Kantonsverfassungen **203** 31
- Partizipationsrecht, demokratisches **225** 31
- Strafgefangene **209** 56
- Verfassung von 1848 **203** 8
- Verfassung von 1999 **203** 11

politische Rechte **220** 1 ff.
- Altersgrenzen **205** 7, 11
- Ausländerstimmrecht **203** 36
- Begriff **220** 10 f.
- Behördenreferendum **220** 15
- Beteiligungsquoten, keine **220** 12
- Bund, ~ im
  - Bundesratswahl **220** 16
  - Gesetzes-, Staatsvertrags- und Verwaltungsreferenden **220** 19
  - Nationalratswahl **220** 16
  - Totalrevision der Bundesverfassung **220** 20
  - Verfassungsänderungen **220** 18
- Einheit der Materie **220** 48 ff.
- Exklusivität der Rechte für Ausländer im Bund **206** 10
- Finanzreferendum **220** 15
- Folgen festgestellter Unregelmäßigkeiten
  - Auswirkungen **220** 74 f.
  - Fehlererheblichkeit **220** 73
- Grundrecht, ~ als **203** 33 ff.
- Grundrechtsberechtigung **205** 8
- Grundrechtsmündigkeit **205** 11
- Initiativrecht
  - allgemeine Anregung **220** 42
  - Fristen **220** 41
  - Gültigkeitsprüfung **220** 43 ff.
  - Inhalt **220** 41
  - Voraussetzung der Volksinitiative **220** 43
- Kantone, ~ der
  - Gesetzes- und Verwaltungsinitiative **220** 24
  - Landsgemeindekantone **203** 34
  - Regierungen, kantonale **220** 22
  - Ständeratswahl **220** 22
  - Stimm- und Wahlrechte **203** 36
  - Verwaltungs- und Finanzreferenden **220** 25
  - Verwaltungs- und Justizbehörden **220** 22
  - Volksabstimmungen **220** 23
  - Volksrechte **203** 35
- Konsultativabstimmungen **220** 13
- Kopplungsverbot
  - Differenzierung der Vorlagen **220** 50 f.
  - Mißbrauchskontrolle **220** 52
  - Rechtsetzungsgeschäfte **220** 50
  - Sachgeschäfte **220** 51
  - Sachzusammenhang, hinreichender **220** 48 f.
- Liechtenstein, ~ in
  siehe Grundrechte (Liechtenstein)
- Mehrheitswahl **220** 11, 36
- Plebiszit **220** 12

- Referendum
  - außerordentliches ~ **220** 15
  - Behördenreferendum **220** 15
  - fakultatives ~ **220** 15, 19
  - Finanzrefendum **220** 15
  - obligatorisches ~ **220** 15, 18
  - ordentliches ~ **220** 15
- Referendumsklausel **220** 46
- Schutz der Wahlen und Abstimmungen
  - bundesgerichtliche Zuständigkeit **220** 34
  - Geschlechterquoten **220** 37
  - Schutz des Wahlrechts **220** 36
  - Wahlvorschlagsquoten **220** 37
  - Zusammensetzung des Stimmkörpers **220** 35
- Schutz des Initiativ- und Referendumsrechts
  - Anspruch auf Durchführung **220** 47
  - Stimmrechtsbescheinigung **220** 40
  - Unterschriftensammlung **220** 39
- Stimm- und Wahlgeheimnis
  - offene Stimmabgabe **220** 55
  - Stimmrechtsverletzung **220** 53
  - Versammlungsdemokratie **220** 55
- Stimmrecht
  - allgemeines und gleiches ~ **220** 26
  - Altersgrenzen **220** 28
  - Ausschluß des ~s **220** 29
  - Bürgerrecht, ~ als **220** 27
  - Organfunktion des ~s **220** 32, 35
  - Wartefristen **220** 31
  - Wohnsitzprinzip **220** 30
- Stimmrecht der Auslandsschweizer **203** 36
- Stimmrechtsbeschwerde **229** 33
- Verbindung mit liberalen Grundrechten **202** 35 ff.
- Verbot der Irreführung durch Behörden bei Abstimmungen
  - Abstimmungsempfehlungen **220** 61
  - Abstimmungserläuterungen **220** 60
  - Einflußnahme, Begriff der **220** 59
  - Einflußnahme, verdeckte **220** 65
  - Freiheit der Willensfindung **220** 58
  - öffentliche Unternehmen **220** 66
  - Richtigstellungen **220** 63
  - Verhältnismäßigkeit **220** 65
  - Zusatzinformationen **220** 64
- Verbot der Irreführung durch Behörden bei Wahlen
  - Beratungsverbot, sachliches **220** 67
  - Interventionsverbot, grundsätzliches **220** 68
- Verbot der Irreführung durch Private
  - Interventionsverbot **220** 70, 76
  - Pressepluralismus **220** 71
  - Radio und Fernsehen **220** 72
  - Willensfindung als gesellschaftlicher Prozeß **220** 69
- Verhältniswahl **220** 11, 36
- Volksabstimmung (Bürgerentscheid) **220** 12
- Volksbefragungen (Bürgerbefragungen) **220** 13
- Volksinitiative (Volksbegehren, Bürgerbegehren) **220** 14, 20
- Volkswahl **220** 11, 16, 36
- Wahl- und Abstimmungsergebnisse, Ermittlung der **220** 56 f.
- Wahl- und Stimmrecht von Ausländern **206** 10

Pressefreiheit **216** 1 ff. *siehe auch* Kommunikationsfreiheiten
- Begriff **216** 43
- Bundesverfassung von 1874 **216** 1
- Demokratie, politische **216** 48 ff.
- Drittwirkung, keine **216** 55
- Druckerzeugnisse **216** 44
- Freiheit von Radio und Fernsehen *siehe dort*
- Grundrechtsmündigkeit von Schülern **205** 13
- Herausgeber(n) und Journalisten, Verhältnis zwischen **216** 56
- Institution, ~ als **216** 48
- interne ~ **216** 55 f.
- Kantonsverfassungen, ~ und **216** 10
- Persönlichkeitsrechte, ~ und **216** 47
- Quellenschutz **216** 53
- Unschuldsvermutung **216** 51 f.
- Werturteile und Wahrheitsbeweise **216** 50
- Wettbewerb, unlauterer **216** 54
- Zensur **216** 45 ff.

Recht auf Bildung
- Grundrecht, kein **218** 17
- Recht auf Grundschulunterricht *siehe* Schule
- UNO-Pakt-II **218** 17

Sachregister

Recht auf Leben 209 <u>1 ff.</u>
- Auslieferungsschutz 209 20
- Beginn des Lebens 209 21
- Embryonenschutz 209 21
- Gesamtheit der biologischen und psychischen Funktionen 209 19
- Hirntod 209 22
- juristische Personen des Privatrechts 205 21
- polizeiliche Gefahrenabwehr und ~ 209 19
- Schutz menschlichen Lebens vor der Geburt 209 21, 27
- Schutzumfang 209 19 f.
- Schwangerschaftsabbruch 209 21
- Vorbehalt der Lebendgeburt, zivilrechtlicher 209 21

rechtliches Gehör 225 <u>1 ff.</u>
- Akteneinsichtsrecht
    - Geheimhaltung 225 39
    - interne und externe Akten 225 38
    - Kenntnis behördlicher Entscheidungsgrundlagen 225 36
    - Persönlichkeits- und Datenschutz 225 39
    - rechtsgleiche Behandlung 225 37
    - Verfahrenszusammenhang, erforderlicher 225 40
- Anspruch auf unentgeltliche Rechtspflege und unentgeltlichen Rechtsbeistand 225 43
- Antragsprüfung und Entscheidsbegründung 225 41 f.
- Beteiligung der Betroffenen, angemessene 225 30
- Diskriminierungsverbot als Verfahrensgarantie 211 26
- Dolmetscher, unentgeltlicher 225 34
- Garantien verfahrensrechtlicher Kommunikation 225 32
- Intensität der Betroffenheit 225 31
- Mitwirkung bei Beweiserhebungen 225 35
- Orientierung über vorgesehene Anordnung 225 34
- persönliche Teilnahme an der Verhandlung 225 33
- Rechtsetzungsverfahren 225 31
- rechtsstaatliche Verfahrensausgestaltung 225 29
- reformatio in peius 225 33
- Verteidigungsrechte, Auswirkung auf 225 33
- vorgängige Orientierung, Anhörung und Äußerung 225 33 ff.

Rechtsbeistand, unentgeltlicher
siehe unentgeltliche Rechte

Rechtsgleichheit 210 <u>1 ff.</u>
- Abwehrrecht, ~ als 210 5
- allgemeine ~, Impulse für 210 45
- Anknüpfen an erhebliche tatsächliche Unterschiede 210 10
- Anspruch auf rechtliche Differenzierung 210 11
- Auswirkung der föderalistischen Staatsstruktur 210 17
- Begriff der Gleichheit 210 10
- Bundesverfassung, ~ in der 210 1
- Chancengleichheit 210 46
- Durchsetzung in der Rechtsanwendung
    - Beschwerde, staatsrechtliche 210 42 ff.
    - Legitimationsbeschränkung der Beschwerde 210 44
    - Popularbeschwerde, Ausschluß der 210 43
    - Rechtmäßigkeitskontrolle 210 41 f.
    - Verwaltungsgerichtsbeschwerde 210 41
- Durchsetzung in der Rechtsetzung
    - Auslegung, verfassungskonforme 210 20
    - Beschwerde, staatsrechtliche (gegen kantonale Erlasse) 210 22 ff.
    - Bundeserlasse 210 21
    - Bundesgetze, verbindliche 210 20
- Entwicklung, historische
    - Bundesverfassung von 1848 210 1
    - Diskriminierungsverbot 210 3
    - Gleichberechtigung von Frau und Mann 210 3
    - politische Gleichberechtigung 210 2
    - Vertrauensschutz 210 4
    - Willkürverbot 210 4
- Gemeinwesen, privatrechtlich handelndes 210 8
- Gestaltungsfreiheit, legislative 210 13
- Gleichbehandlung der Konkurrenten (Gewerbegenossen) 222 30
- Gleichbehandlungsanspruch
    - Anzahl vergleichbarer Drittfälle 210 27

Halbfette Zahl = §§; magere Zahl = RN; unterstrichene Zahl = Hauptfundstelle

Sachregister

- Fallkategorien, abstrakte **210** 26
- Schranken **210** 31 ff.
- Ungleichbehandlung, Gründe für **210** 28 ff.
- Unrecht, ~ im **210** 37 ff.
- Gleichberechtigung von Frau und Mann **210** 45
- Gleichheit im Unrecht
  - Anerkennung, ausnahmsweise **210** 37
  - Anforderungswandel **210** 39
  - Einzelfallabwägung **210** 38
  - Gesetzmäßigkeitsprinzip **210** 38
  - ständige gesetzwidrige Praxis **210** 39 f.
- Grundrechtsträger **210** 7
- Grundrechtsverpflichtete **210** 8
- Jedermann-Recht **205** 28
- juristische Personen **205** 28, **210** 7
- Konzept der relativen Gleichheit **210** 9, 46
- Leistungsansprüche **210** 6
- Liechtenstein, ~ in siehe Grundrechte (Liechtenstein)
- Praktikabilität und Verwaltungsökonomie **210** 18 f.
- private Träger von Staatsaufgaben **210** 8
- Rechtsanwendung **210** 25 ff.
- Rechtsungleichheiten, Rechtfertigung von **210** 18
- Schranken
  - Föderalismus als absolute ~ **210** 32
  - Identität der Behörde **210** 31
  - Praxisänderungen **210** 33 ff.
  - Vertrauensschutz **210** 34
- Schutzbereich **210** 5 f.
- soziale Ungleichheiten **210** 45
- Ungleichbehandlung **210** 11
- Verletzung der ~ **210** 25
- Wahrnehmung der Rechtsetzungsautonomie **210** 17
- Wertmaßstab des Bundesgerichts **210** 12 f.
- Wirtschaftsrecht, ~ im **222** 35
- Zweistufigkeit der Prüfung **210** 14 ff.

Rechtspflege, unentgeltliche siehe unentgeltliche Rechte

Rechtsstaatsprinzip
- Grundrechte, ~ und **203** 4, 11

Rechtsweggarantie
- Angeschuldigter im Strafprozeß **226** 58
- Garantie des verfassungsmäßigen Richters **227** 1 ff. siehe auch Richter, verfassungsmäßiger
- keine umfassende ~ **227** 7, 15

Religionsfreiheit siehe auch Glaubens-, Gewissens- und Weltanschauungsfreiheit
- Bedeutung **212** 4
- Bedeutung des Glaubensbekenntnisses **212** 10
- Bundesverfassung, ~ in der **212** 3
- Einbettung in Religionsverfassung **212** 7 ff.
- Einbeziehung der Weltanschauungsfreiheit **212** 9
- Entwicklung, historische **212** 1 ff.
- Glaubensfreiheit **212** 10
- Grund- und Menschenrecht **212** 3
- institutionelle Verankerung des Verhältnisses von Staat und Kirche **212** 7
- invocatio dei **212** 3
- kantonale Zuständigkeit **212** 5
- kollektive ~ **212** 11, 21
- negative ~ **212** 16, 23
- Neutralitätsgebot und -pflicht des Staates **212** 8
- Sprachenfreiheit, ~ und **217** 8 f.
- völkerrechtliche Garantien **212** 6

Richter, verfassungsmäßiger 227 1 ff.
- Anspruch auf Bekanntgabe der personellen Zusammensetzung des Gerichts **227** 41
- Befangenheit
  - äußerer, öffentlicher Druck **227** 30
  - Kriterien **227** 22
  - Laienrichter **227** 30
  - Mehrfachbefassungen **227** 29
  - objektiv berechtigter Anschein **227** 21 ff.
  - personale Gründe **227** 25 ff.
  - Rechtsprechung **227** 24
  - Vorbefassung eines Richters **227** 29
- Durchsetzung, verfahrensrechtliche **227** 38 f.
- EMRK, ~ und **227** 2
- Geschäftsverteilung, Bedeutung der **227** 20
- Kerngehalt, unantastbarer **227** 37
- Mindestgarantien, verfassungsrechtliche **227** 3, 37
- Mindeststandards prozessualer Gerechtigkeit **227** 4

Sachregister

- prozessuale Rechte **227** 3
- Richterablehnung **227** 40 f.
- richterliche Aufklärungs- und Offenlegungspflichten **227** 39
- Schutzbereich, persönlicher
  - juristische Personen **227** 11
  - mittelbar Beteiligte **227** 12
  - natürliche Personen **227** 11
- Schutzbereich, sachlicher
  - Anspruch auf gerichtliche Beurteilung **227** 8
  - Geltung in allen Gerichtszweigen **227** 10
  - Geltung in allen Instanzen **227** 9
  - Gerichtsbarkeit, unabhängige **227** 6
  - Gerichtsbarkeit, unparteiische **227** 6
  - Legalitätsprinzip, justizbezogenes **227** 6, 14
  - nichtgerichtliche Justizverfahren **227** 7
  - Restkompetenzen verwaltungsinterner Rechtskontrolle **227** 7
  - Verfahren vor Strafverfolgungsbehörden **227** 10
- Unabhängigkeit des Gerichts **227** 31 ff.
  - funktionelle ~ **227** 34
  - Kriterien **227** 32
  - organisatorische ~ **227** 35
  - parlamentarische Aufsicht **227** 36
  - Rechtsprechung **227** 33
  - Richterwahl und Richterernennung **227** 35
- Verbot von Ausnahmegerichten **227** 18 f.
- verfassungsrechtliche Verankerung **227** 4, 13
- Verletzung der Garantie **227** 43 f.
- Verwirkung **227** 40
- Ziele **227** 5
- zuständiges Gericht **227** 15 ff.
  - Anwesenheitspflichten **227** 17
  - Ausnahmeverfahren **227** 16
  - Ausstand **227** 16
  - Besetzungsfehler **227** 16
  - personale Mängel **227** 16
  - Unzuständigkeit **227** 16
- Zuständigkeit im Einzelfall **227** 20

Schule
- Recht auf Grundschulunterricht **224** 42
- Schülerzeitung **205** 13

- Schulsprache **217** 1 ff.
  - Kantone, mehrsprachige **217** 86
  - Privatschulfreiheit **217** 90
  - Sprachenfreiheit, ~ und **217** 84
  - Territorialitätsprinzip als Leitbild **217** 85 f.
  - Verhältnismäßigkeit **217** 88

Schwangerschaftsabbruch
- Bundesgericht **209** 42
- bundesgesetzliche Regelung **205** 4
- Grundrechtsfähigkeit **205** 4
- persönliche Freiheit **209** 42
- Recht auf Leben **209** 21

Scientology **205** 23

Sonderstatusverhältnis
- Glaubens-, Gewissens- und Weltanschauungsfreiheit **212** 18, 26, 47
- Niederlassungsfreiheit **215** 22 f.
- persönliche Freiheit **209** 12, 55
- Schutz der Persönlichkeit Inhaftierter **209** 54
- Vereinigungsfreiheit **223** 25

soziale Grundrechte **224** 1 ff.
- Anspruch auf unentgeltliche Rechtspflege **224** 48, **225** 7
- Förderung der Entwicklung von Kindern und Jugendlichen **224** 49
- Recht auf Grundschulunterricht
  - Adressat **224** 43
  - Bundesverfassung, ~ in der **224** 30
  - Chancengleichheit **224** 31
  - Diskriminierungsverbot **224** 37
  - Elementarausbildung **224** 32
  - Eltern- und Kindergrundrechte **224** 39
  - Gestaltungsspielraum, kantonaler **224** 35
  - Grundrechtsträger **224** 42
  - Handlungsauftrag **224** 30
  - institutionelle Bedeutung **224** 31
  - kantonale Mindestanforderungen **224** 34 ff.
  - Recht auf Bildung **224** 32
  - Schranken **224** 44 ff.
  - Schulpflicht, Mindestdauer der **224** 36
  - unentgeltlicher Unterricht **224** 40 f.
  - Unterrichtsziele **224** 36
- Recht auf Hilfe in Notlagen
  - Adressat **224** 15
  - Arbeitskraft **224** 19
  - Bedürftigkeit **224** 16 f.

- Bundesverfassung, ~ in der **224** 9
- Existenzsicherung als Ziel **224** 10
- Geld- oder Sachleistungen **224** 26
- Grundrechtsträger **224** 14
- Hilfe und Betreuung **224** 26
- Kommunikation und Teilhabe am Leben **224** 25
- Leistungsrecht, ~ als **224** 11, 13
- Menschenwürde **224** 12, 24, 29
- Mindestumfang **224** 23
- Rechtsprechung **224** 11
- Schranken **224** 28 f.
- Sozialversicherungsleistungen **224** 20
- Subsidiarität **224** 18 ff.
- Unterstützung durch Dritte **224** 20
- Vermögenswerte **224** 19
- Streikrecht **224** 50
- Verbeiständung als vermögenswerter Anspruch **225** 7
- völkerrechtliche Rechtsgrundlagen **224** 6

Sozialstaatlichkeit 224 <u>1 ff.</u> *siehe auch* Sozialziele
- Bundesverfassung, ~ in der **224** 1, 51
- Europäische Sozialcharta **203** 39
- Sozialrechte **224** 1 f. *siehe auch* soziale Grundrechte
- Sozialversicherung *siehe dort*
- Sozialziele **224** 1 f., 63
- Sozialziele als Konkretisierung des Sozialstaatsprinzips **224** 61
- Völkerrecht **224** 3 ff., 6 f.

Sozialversicherung, Sozialversicherungsrecht
- Arbeitslosenversicherung **224** 66
- Diskriminierungsverbot **211** 27
- Recht auf Hilfe in Notlagen **224** 20
- rechtliches Gehör **225** 58
- Rechtspositionen und Eigentumsgarantie **221** 8
- Sozialhilfe **224** 63
- Verfahrensgarantien **225** 58

Sozialziele 224 <u>51 ff.</u>
- Adressat **224** 56
- Arbeitnehmerschutz **224** 66
- Arbeitslosenversicherung **224** 66
- Aus- und Weiterbildung **224** 68
- Ausländer **206** 14
- Chancengleichheit und Rechtsgleichheit **210** 46
- Chancengleichheit, materielle **224** 62
- Eigenverantwortlichkeit **202** 46
- Gestaltungsspielraum **224** 58
- Gesundheitswesen **224** 64
- gleichgeschlechtliche Partnerschaften **224** 65
- Integration als Querschnittsaufgaben **224** 69
- Katalog verfassungsmäßiger Rechte **202** 46
- Konkretisierung des Sozialstaatsprinzips **224** 61
- Leistungsansprüche, keine Grundlage für **224** 52
- Offenheit der ~ **224** 70
- Rahmenbedingungen für Beschäftigung **224** 66
- Rangordnung der ~ **224** 59
- Schutz und Förderung der Familie **224** 65
- Sozialhilfe **224** 63
- Sozialversicherungen **224** 63
- subjektive Rechte, keine **224** 54
- Subsidiaritätsvorbehalt **224** 59
- Teilhabe an sozialer Sicherheit **224** 63
- Verankerung des Sozialstaatsgedankens **224** 51
- Verwirklichungsauftrag **224** 57
- Vorbehalt verfügbarer Mittel **224** 53
- Wirkung der ~ für die Auslegung **224** 60
- Wirtschaftspolitik, ~ und **224** 66
- Wohnung, angemessene **224** 67

Sprachenfreiheit 217 <u>1 ff.</u>
- Amtssprache
  - Gesetzgebung, ~ in der **217** 53
  - Gleichberechtigung der ~ **217** 49
  - kantonale ~ **217** 48
  - Territorialitätsprinzip **217** 50
  - Währung, ~ und **217** 51
- Ausländer, ~ der **217** 40
- Befriedungswirkung der Sprachenvielfalt **217** 43
- Bildungsrecht(s), ~ als Teil des **217** 4
- Bundesrat, Gewährleistung im **217** 46
- Bundesverfassung, ~ in der **217** 41, 44, 61, 77
- Bürgerrechte, ~ und **217** 69
- Demokratie, ~ und **217** 70 ff.
- Diskriminierung von Sprachen **217** 9, 24
- Diskriminierung, positive **217** 59

Sachregister

- Einheit in der Vielfalt **217** 41, 67
- Englisch als lingua franca **217** 11, 37f., 65
- Europäische Union **217** 59
- Finanzausgleich (Medien) **217** 55
- Freiheitsrecht, ~ als **217** 12
- Gemeinden als Sprach-, Kultur- und Konfessionsträger **217** 46
- Gemeinschaftsbezug des Grundrechts **217** 15
- Glaubens- und Gewissensfreiheit, ~ und **217** 8f.
- Gleichbehandlung von Sprachen **217** 24ff., 49ff.
- Gleichheit der Partikularität **217** 58
- Grundrecht, ~ als **217** 1, 12, 15
- Gruppenrecht, ~ als **217** 18, 68, 77f., 79
- Homogenität, hinreichende binnenstaatliche **217** 42, 62
- Identitätsprägung durch Sprache **217** 21
- Individual- und Gruppenrecht **217** 56, 106
- juristische Personen des Privatrechts **205** 25
- Kantone
  - Bern **217** 99f.
  - Freiburg **217** 95, 103ff.
  - Graubünden **217** 96f.
  - Jura **217** 99ff., 107
  - Wallis **217** 98
- Kommunikationsfreiheiten, ~ und **205** 25
- konfessionelle Fragmentierung **217** 45
- Konsensdemokratie, genossenschaftliche **217** 67
- Konzept der zusammengesetzten Nation **217** 31, 41, 67
- Kulturalität der Nation **217** 64
- Legitimität **217** 63ff., 73f.
- Maßnahmen des Bundes zum Sprachenerhalt **217** 61
- Medien, ~ und **217** 55
- Mehrsprachigkeit **217** 22f.
- Menschenwürde, ~ und **217** 3, 21
- Minderheitenproblematik **217** 16, 20
- Minderheitenschutz **217** 66
- Muttersprache, ~ und **217** 21
- Parlamentssprache **217** 54
- Radio- und Fernsehgesellschaft, schweizerische **217** 55
- Recht auf Verschiedenheit **217** 56ff.
- Rechtsstaatlichkeit, ~ als Teil der **217** 56
- Religionsfreiheit, ~ und **217** 8f.
- Schranken
  - gesetzliche Grundlagen **217** 18
  - Minderheitensprachen **217** 20, 52
  - öffentliches Interesse **217** 19
  - Verhältnismäßigkeit **217** 17
- Schulsprache **217** 84ff.
- Sprache
  - Kulturträgerin, ~ als **217** 1, 47
  - Unterscheidungsmerkmal, ~ als **217** 5ff.
  - Wirtschaftsfaktor, ~ als **217** 10f.
- Sprachenförderung **217** 27
- Sprachkultur in der Generationenfolge **217** 4
- status negativus **217** 27
- Territorialitätsprinzip
  - Amtssprache, ~ und **217** 12
  - Friedensprinzip **217** 13
  - Gruppenrechts, ~ als Element des **217** 110
  - Kantonsautonomie, ~ und **217** 80
  - öffentliches Interesse **217** 14, 109
  - Schranke, ~ als **217** 13, 50, 83
- Vielfalt der Sprachen
  - Element gesellschaftlicher Identität **217** 31
  - Entwicklung **217** 32f.
  - Konfessionsgebiete **217** 35
  - Migration, ~ und **217** 35
  - Sprachgebiete **217** 35
  - Zusammensetzung **217** 36, 39, 41
  - zweite Landessprache **217** 37f.
- Volkseinheit und Volksmehrheit **217** 65
- Voraussetzung für Kommunikationsgrundrechte, ~ als **217** 2
- Willensnation **217** 67

Staatshaftung
- EMRK **225** 61
- Grundrechte (Liechtenstein) **230** 68ff.
- Grundrechtsschutz, ~ und **229** 97
- persönliche Freiheit, ~ und **209** 33

Staatskirchenverfassung (Liechtenstein) **230** 33

Staatssystem
- demokratische(n) Selbstbestimmung, Tradition der **202** 31f.
- direkte Demokratie **220** 2ff.

Sachregister

- Direktoralsystem **217** 46
- Eigenheiten der Schweizer Staatsstruktur **220** 10
- Entwicklung des Grundrechtsschutzes **202** 32
- Entwicklung, historische **202** 31
- Konkordanz und Konkurrenz **220** 8
- Konkordanzdemokratie **220** 7 ff.
- Konsensdemokratie, genossenschaftliche **217** 67
- Konzept der zusammengesetzten Nation **217** 31, 41, 67
- Legitimation durch Volksrechte **220** 5
- liberale Grundrechte und politische Rechte **202** 35 ff.
- politische(n) Rechte, Begriff der **220** 11 *siehe auch* politische Rechte
- politisches System **220** 2 ff.
- pouvoir constituant **220** 4
- pouvoir constitué **220** 4
- Stimmbürgerschaft **220** 3
- Volksrechte **220** 2
  - Instrument der Volksopposition **220** 6
  - Legitimationsfunktion **220** 5 f.
  - Vorwirkung **220** 9
- Willensnation **217** 67

Stimmfreiheit
- Konvergenz liberaler und demokratischer Grundrechtsgehalte **202** 37
siehe auch politische Rechte

Stimmrechtsbeschwerde
- Anfechtungsobjekte, fehlende Definition der **229** 37
- Beschwerdegründe **229** 34
  - Gewaltentrennung, Verletzung der **229** 36
  - Kommunikationsfreiheiten **229** 35
- Kognition des Bundesgerichts **229** 38
- Legitimation **229** 39
- Verletzung politischer Rechte **229** 33

Strafrecht
- Angeschuldigte im Strafprozeß *siehe dort*
- Ehe von Strafgefangenen **213** 19
- Kommunikationsfreiheiten **216** 13 ff.
- Kunstfreiheit, ~ und **218** 50 ff.
- Niederlassungsfreiheit *siehe dort*
- Schutz der Persönlichkeit Inhaftierter
  - Empfehlungen des Europarats **209** 52
  - Gefängnisordnungen, kantonale **209** 53
  - Rechte von Gefangenen **209** 52 ff.

- Schutzobjekt **209** 52
- Sonderstatusverhältnisse und Legalitätsprinzip **209** 55
- Zwangsmaßnahmen im Ausländerrecht **209** 54
- Unschuldsvermutung *siehe dort*
- Verfahren vor Strafverfolgungsbehörden **227** 10
- Verteidigung *siehe dort*

Streikrecht **223** 38 ff.
- Drittwirkung **202** 40, **223** 40

Treu und Glauben **227** 40

unentgeltliche Rechte
- Anspruch auf effektive Interessenwahrnehmung **225** 48
- Geltungsbereich **225** 46
- Grundrechtsberechtigung juristischer Personen **205** 29
- Grundrechtsdogmatik **202** 39
- juristische Personen des Privatrechts **205** 29
- Kostenbefreiung, vorläufige **225** 47
- Leistungspflicht, originäre staatliche **210** 46
- Offizialmaxime kein Ausschlußgrund **225** 52
- Rechtsverweigerungsverbot **225** 45
- Umfang **225** 44
- Verteidigerpflichtverletzungen **225** 49
- Voraussetzung der Gewährung **225** 50 ff.
- Waffengleichheit **225** 45

UNO-Pakt-I *siehe auch* UNO-Pakt-II
- Konkurrenz zu Bundesgrundrechten **207** 18 ff.

UNO-Pakt-II
- Angeschuldigte im Strafprozeß **226** 1
- Ausländer **206** 28
- Glaubens-, Gewissens- und Weltanschauungsfreiheit **212** 6
- Grundrechte **203** 11
- Informationsfreiheit **216** 9
- Konkurrenz zu Bundesgrundrechten **207** 18 ff.
- Liechtenstein, ~ in **230** 9
- persönliche Freiheit **209** 9
- Recht auf Bildung **218** 17
- Vorbehalte und Erklärungen **203** 38
- Wissenschaftsfreiheit **218** 4

Sachregister

Unschuldsvermutung
- Aufbewahrung erkennungsdienstlicher Materialien **226** 18 ff.
- Aussagepflicht **226** 11
- Beweislastregel, ~ als **226** 10 f.
- Beweiswürdigungsregel, ~ als **226** 9
- Bindung aller staatlichen Organe **226** 12
- DNA-Profile im Strafverfahren **226** 19
- Medien und Berichterstattung **226** 13 ff.
- Pressefreiheit **216** 51 f.
- Pressekampagnen und Verfahrensschutz **226** 15
- Schuldnachweis, gerichtlicher **226** 8
- Schutz vor Vorverurteilung **226** 12 ff.
- Untersuchungshaft **226** 21 f.
- Verfahrenskosten, keine **226** 16

Unverletzlichkeit der Wohnung **214** 1 ff.
- Begriff der Wohnung **214** 6 f.
- behördliche Inspektionen **214** 12
- Beitreibungsverfahren **214** 12
- Bundesverfassung, ~ in der **214** 1
- Charta der Grundrechte **214** 5
- Drittwirkung **214** 20 f.
- EMRK, ~ in der **214** 2, 5
- Entwicklung, historische **214** 4 f.
- Grundrechte, kantonale **214** 2
- Grundrechtseingriffe **214** 11 f.
- Hausdurchsuchung **214** 11
- Immissionen **214** 14
- Jedermann-Recht **214** 9
- juristische Personen als Rechtsträger **214** 9
- Menschenrecht, ~ als **214** 9
- Niederlassungsfreiheit, ~ und **214** 8
- Online-Zugriff **214** 11
- persönliche Freiheit, ~ und **214** 22
- Residenzpflichten **214** 17
- Schranken **214** 19
- Schutzbereich, persönlicher **214** 9 f.
- Schutzbereich, sachlicher **214** 6 f.
- Schutzpflichten, staatliche **214** 20
- soziales Grundrecht, kein **214** 21
- technische Überwachungen **214** 13
- Wohnungsbesetzer **214** 10
- Wohnwagen **214** 16
- Zugangsbehinderungen **214** 15
- zugrundeliegendes Rechtsverhältnis **214** 10

Verbandsbeschwerde
- egoistische ~ **205** 20

Vereinigungsfreiheit **223** 1 ff.
- Abwehrrecht, ~ als **223** 4, 20
- Arbeitskampffreiheiten **223** 5
- Begriff der Vereinigung **223** 11
- Betätigungsfreiheit, Grenzen der **223** 17
- Bundesverfassung, ~ in der **223** 9
- Entwicklung, historische **223** 5 f.
- Grundrechtsgehalte **223** 16 ff.
- Individuum als Ausgangspunkt **223** 2
- Inhalt **223** 1
- instrumentelle Dimension **223** 3
- juristische Personen des Privatrechts **223** 12
- Kerngehalt, unantastbarer **223** 21
- Koalitionsfreiheit, ~ und **223** 1
- Kollektiv- und Kommanditgesellschaften **223** 12
- Maßnahmen gegen rechtswidrige oder staatsgefährliche Vereine **223** 14, 23 f.
- Menschenrecht, ~ als **223** 2
- Minderheitenschutz **223** 3
- negative ~ **223** 2, 16
- nichtfreiwillige Zusammenschlüsse **223** 15
- Parteienfinanzierung **223** 7
- Parteienfreiheit, keine besondere **223** 7
- Parteienverbote 1937–1940 **223** 6
- positive ~ **223** 2, 16
- Rechtsverhältnisse, besondere **223** 25 f.
- Schranken
  - Bewilligungs- oder Registrierungspflicht **223** 22
  - Einzelfragen **223** 22
  - Grundhaltung, liberale **223** 21
  - Offenlegung von Mitgliedschaften **223** 22
  - repressive und präventive Maßnahmen **223** 24
  - Verbotsverfahren, kein spezifisches **223** 23
- Schutzbereich
  - persönlicher ~ **223** 19
  - Umfang **223** 10 ff.
- Schutzwirkung **223** 20
- Schutzzweck **223** 13
- Sonderstatusverhältnis **223** 25
- Verhältnis zu anderen Grundrechten **223** 18
- Zwangskörperschaften **223** 15

Verfahren, Gebot gleicher und gerechter Behandlung
- Anspruch auf Revision oder Wiedererwägung **225** 28
- Unabhängigkeit und Unbefangenheit der Entscheidträger **225** 25 f.
- Verbot der Rechtsverweigerung
  - Abgrenzung zum rechtlichen Gehör **225** 17
  - Anspruch auf Verfahren und Entscheid **225** 14
  - Entschädigungspflicht bei Verletzung **225** 62
  - Fallbeispiele **225** 16
  - Rechtsweggarantie, keine umfassende **225** 15
- Verbot der Rechtsverzögerung
  - Abgrenzung zur Rechtsverweigerung **225** 23
  - Beschleunigungsgebot **225** 18
  - Entschädigungspflicht bei Verletzung **225** 62
  - Fristbeginn **225** 22
  - Mitwirkungs- und Verteidigungsrechte **225** 20
  - Rechtfertigung längerer Verfahrensdauer **225** 19
  - Verfahrensbeförderungspflicht, behördliche **225** 21
- Verbot des überspitzten Formalismus **225** 24
- Verfahrensdauer, angemessene **225** 13
- verfahrensrechtliche Generalklausel **225** 13
- Zusammensetzung der entscheidenden Behörde **225** 27

Verfahrensgarantien **225** 1 ff.
- Anspruch auf rechtliches Gehör **225** 1 ff.
  siehe auch unentgeltliche Rechte
- Auslegungshilfen **225** 4
- Bundesverfassung, ~ in der **225** 3
- Charakter als Grundrechte **225** 7
- Einschränkungen von ~ **225** 53
- EMRK-Einfluß **225** 10
- Entwicklung, historische **225** 1
- Fairneßprinzip **225** 8
- Gebot der gleichen und gerechten Behandlung im Verfahren *siehe dort*
- Geltungsbereich **225** 8
- Grundrechtsträger **225** 11
- Heilungspraxis **225** 57
- juristische Personen des Privatrechts **205** 29
- Kritik an der Heilbarkeit von Gehörsverletzungen **225** 59
- Liechtenstein, ~ in *siehe* Grundrechte (Liechtenstein)
- Mindestansprüche, ~ als **225** 6
- Prozeßökonomie und Verfahrensbeschleunigung **225** 58
- rechtsstaatliche Funktion **225** 9
- Relativierung der Entscheidaufhebung **225** 57
- Schutz öffentlicher Interessen und Grundrechte Dritter **225** 53
- Sozialversicherungsrecht, ~ im **225** 58
- Teilgehalte(n), Konkretisierung in **225** 5
- unentgeltliche Rechte *siehe dort*
- Verfahrens- und Gerichtssprache **217** 83
- Verletzung der Begründungspflicht **225** 60
- Verletzung von ~
  - Anfechtbarkeit der Verfügung **225** 54
  - Aufhebung und Verfahrenswiederholung **225** 55
  - Entschädigungspflicht **225** 61 ff.
  - rechtliches Gehör *siehe dort*
  - Sanktionsmöglichkeiten **225** 56
- völkerrechtliche Grundlagen **225** 2

Verfahrens(grund)rechte **226** 1 ff.
siehe auch Verfahrensgarantien
- Akteneinsicht **226** 38 f.
- Anklagebegriff, materieller **226** 5
- Anklagekriterien, strafrechtliche **226** 6
- Aufklärung des Angeschuldigten **226** 34
- Beeinträchtigung von ~ **208** 134
- Dolmetscher(s), Beizug eines **226** 36 f.
- Einschränkung der ~ **226** 31 f.
- „fair trial"-Grundsatz **226** 25
- Geltungsbereich **226** 5
- Hauptverhandlung, Vorbereitung der **226** 40
- Kerngehalt, unantastbarer **208** 134
- Kommunikation, ungestörte und unüberwachte **226** 30
- Kontaktsperre **226** 32
- Minimalgarantien **226** 23
- Minimalstandards, ~ als **208** 133
- Recht auf Beiziehung eines Verteidigers **226** 26 f.

Sachregister

- rechtliches Gehör **226** 35 ff.
  siehe auch dort
- Strafverfahren als Voraussetzung **226** 5
- Verteidigung *siehe* Verteidigung

Verfassung
- Annahme durch Volksabstimmung **202** 22
- Bundesverfassung *siehe dort*
- Bundesverfassung in der Fassung von 1947
  - Wirtschaftsfreiheit **222** 4
- Bundesverfassung von 1848
  - Glaubens- und Gewissensfreiheit **212** 2
  - Grundrechte **203** 8, 28
  - Niederlassungsfreiheit **215** 4
  - Rechtsgleichheit **210** 1
  - Staatsziel **202** 24
  - Willkürverbot **228** 4
  - Wirtschaftsfreiheit **222** 3
  - Wissenschaftsfreiheit **218** 3 ff.
- Bundesverfassung von 1874
  - Brief-, Post- und Fernmeldeverkehr **209** 49
  - Briefgeheimnis **216** 1
  - Glaubens- und Gewissensfreiheit **212** 2
  - Menschenwürde **209** 1
  - Niederlassungsfreiheit **215** 5
  - persönliche Freiheit **209** 1
  - Pressefreiheit **216** 1
  - Willkürverbot **228** 5
  - Wirtschaftsfreiheit **222** 3
  - Wissenschaftsfreiheit **218** 3 ff.
- Bundesverfassung von 1999
  siehe Bundesverfassung
- Freiheit durch unmittelbare Mitgestaltung **202** 22
- Helvetische Verfassung von 1798
  - Grundrechte **203** 2
  - Niederlassungsfreiheit **215** 3
  - Wirtschaftsfreiheit **222** 1
- „instrument of government", ~ als **202** 21
- Konkurrenz von ~ und EMRK-Garantien **202** 28
- Mediationsverfassung von 1813
  - Niederlassungsfreiheit **215** 4
  - Wirtschaftsfreiheit **222** 2
- primäre Funktion der ~ **202** 21
- Revidierbarkeit, Vorbehalt der **202** 24

- subjektive Rechte als Schutzgut **202** 25
- subjektive und objektive Anspruchsebene **229** 1
- ungeschriebene(n) Grundrechte, Tradition der **202** 26 f.
- Verfassung der Helvetik **202** 23
- Verfassungsgerichtsbarkeit *siehe dort*

Verfassung von 1921 (Liechtenstein)
- Entwicklung, historische **230** 1
- Frühkonstitutionalismus **230** 3
- Individualbeschwerde **230** 4
- Individualrechtsschutz, umfassender **230** 4
- Konstitutionalismus, deutscher **230** 1, 3
- Mischverfassung **230** 2
- Staatsgerichtshof als „Hüter der Grundrechte" **230** 4

Verfassungsbeschwerde *siehe auch* Verfassungsgerichtsbarkeit
- Grundrechtsträgerschaft als Voraussetzung für ~ **205** 2
- Verletzung von Menschenrechten **205** 10

Verfassungsgerichtsbarkeit *siehe auch* Grundrechtsschutz
- Anwendungskontrolle über die Verwaltung **229** 8
- Begriff der ~ **229** 2
- Beschwerde, staatsrechtliche **229** 1 ff., 3. 18 ff.
- Bundesjustizreform *siehe dort*
- Funktionen der ~ **229** 3
- gerichtlicher Grundrechtsschutz **229** 10 ff.
- Neuordnung der Bundesrechtspflege **229** 2
- Normenkontrolle **229** 4, 6 f.
- präventive Kontrolle, keine **229** 5
- Stimmrechtsbeschwerde **229** 1 ff.
- System der ~ **229** 3 ff.
- Verfassungsbeschwerde gegen kantonale Akte **229** 4
- Verwaltungsgerichtsbeschwerde *siehe dort*
- Vielgestaltigkeit der Verfassungsrechtspflege **229** 9

Verhältnismäßigkeitsgrundsatz
- Diskriminierungsverbot **211** 52, 56
- Eigentumsgarantie **221** 29
- Eignung **208** 99
- Erforderlichkeit **208** 100
- Freiheitsrechte **215** 20

Sachregister

- Glaubens-, Gewissens- und Weltanschauungsfreiheit **212** 49
- Gleichheitsrechte **208** 142 ff.
- Grundrechtsdogmatik **208** 97 ff.
- Grundsatz **208** 97
- Güterabwägung **208** 102
- Leistungsansprüchen, ~ bei **208** 105
- Prüfungsdichte **208** 108 ff.
- Schutzbereich der Grundrechte **208** 12
- Schutzpflichten, ~ bei **208** 103 f.
- Untermaßverbot **208** 105
- Zumutbarkeit **208** 101
- Zusammenhang von Maßnahme und Regelungsziel **208** 98

Versammlungsfreiheit 219 1 ff.
- Bedingungen und Auflagen **219** 39 f.
- Begriff **219** 8 ff.
- Bewilligungspflicht für Demonstrationen
  - gesteigerter Gemeingebrauch **219** 34
  - Meldepflicht **219** 36
  - Ordnungsvorschriften, ~ als **219** 38
  - private Versammlungen **219** 33
  - Rechtsgrundlagen **219** 35
  - Spontandemonstrationen **219** 37
- Bundesverfassung, ~ in der **219** 5 f.
- Demonstrationsfreiheit **219** 2
- Drittwirkung **219** 15, 29
- EMRK, ~ in der **219** 7
- Funktionen **219** 1
- Grundrechtsgewähr, ungeschriebene **219** 4
- Grundrechtsträger **219** 16
- Kerngehalt, unantastbarer **219** 18
- konstitutives Demokratieelement **219** 1
- Liechtenstein, ~ in
  siehe Grundrechte (Liechtenstein)
- Observierung **219** 20
- Prüfungsumfang des Bundesgerichts **219** 45
- Rechtsgrundlagen **219** 4 ff.
- Rechtsschutzfragen **219** 41 ff.
- Schranken
  - Bewilligungserfordernis **219** 35
  - Bundesverfassung **219** 31
  - Interessenabwägung **219** 32
  - öffentliche Ordnung und Sicherheit **219** 30
- Schutz der Teilnehmenden **219** 17 ff.
- Schutz der Veranstalter
  - Haftung **219** 28
  - Kostenauflagen **219** 24
- Mitwirkungspflichten **219** 22
- Organisation und Gestaltung **219** 21
- Privateigentum, Inanspruchnahme **219** 23
- Schutz elektronischer Gruppenkommunikation **219** 15
- Schutz- und Leistungspflichten des Gemeinwesens
  - Haftung **219** 28
  - Kooperationsgebot **219** 27
  - Nutzung öffentlichen Grundes **219** 25
  - Polizeinotstand **219** 26
  - Polizeischutz **219** 25 f.
  - Störer **219** 26
- Schutzobjekte
  - Erscheinungsformen **219** 12
  - Gebot der Friedlichkeit **219** 14
  - Mindestteilnehmerzahl **219** 10
  - Versammlungsort **219** 11
  - Versammlungszweck **219** 13
  - zeitliche Begrenzung **219** 9
- Sitzblockaden **219** 21
- Teilnahme- und Zugangsrecht, individuelles **219** 17
- Vereinigungsfreiheit, ~ und **219** 12
- Verhältnismäßigkeit **219** 31, 40
- Versammlungsverbot **219** 19
- Verwaltungsverfahren, effektives **219** 41
- zentrales Grundrecht freier Kommunikation **219** 1

Verteidigung
- amtliche ~ **226** 28
- Beweisführung im kontradiktorischen Verfahren **226** 41
- Einsatz verdeckter Ermittler
  - Aufklärungsrechte **226** 44
  - Befragung vor Gericht **226** 45
  - Bundesgesetz **226** 47
  - Interesse an Geheimhaltung **226** 44
  - Kriminalitätsbekämpfung **226** 43
  - Rechtsgrundlagen **226** 47
- ersten Stunde, ~ der **226** 33
- Gegenüberstellung **226** 42
- notwendige ~ **226** 28 f.
- Recht auf Beiziehung eines Verteidigers **226** 26 f.
- V-Männer-Problematik **226** 43 ff.
- Verbot unzulässiger Beweismethoden **226** 48
- Verteidigung der ersten Stunde **226** 33

Sachregister

- Verwertungsverbote
  - Ausnahmen **226** 50 f.
  - Beweiserlangung durch Private, rechtswidrige **226** 52
  - Fernwirkungen der ~ **226** 55
  - „fruit of the poisonous tree"-Doktrin **226** 55
  - kantonale Vorschriften **226** 54
  - Rahmen für Verwertbarkeit **226** 56 f.
  - Telefonüberwachung **226** 53
  - Verwertung rechtswidrig erlangter Beweise **226** 49
  - Zufallsfunde **226** 53 f.
- Wahlverteidigung, ~ und **226** 27 f.
- Zeugeneinvernahmen **226** 41 f.

Vertrauensschutz 228 42 ff.
- absoluter Charakter **228** 53
- Adressaten **228** 50
- ähnliche Rechte **228** 62
- Begünstigte **228** 51
- Bundesverfassung, ~ in der **228** 46 f.
- Entscheiden, ~ bei
  - Ausnahmen **228** 59
  - Beispiele **228** 58 f.
  - falsche Auskünfte oder irreführende Zusicherungen **228** 58
  - Nichtanwendung eines Gesetzes **228** 58
  - widersprüchliches Verhalten **228** 60
- Entwicklung, historische **228** 45
- Erforderlichkeit eines Anspruchs **228** 52
- Grundrechtsgewährleistung, schrankenlose **228** 53
- Grundsatz und Grundrecht **228** 42 ff.
- Inhalt **228** 55 ff.
- juristische Personen des Privatrechts **205** 29
- normative Grundlage **228** 46 f.
- normative(n) Rechtsakten, ~ bei **228** 57
- Rechtsgleichheit **210** 4
- Rechtsmißbrauch(s), Verbot des **228** 61
- Schutz wohlerworbener Rechte **228** 57
- Treu und Glauben, ~ und **228** 42 ff.
- Willkürverbot, ~ und **228** 45, 48 ff., 54

Verwaltungsgerichtsbeschwerde
- Bedeutung **229** 40
- Beschwerdegründe **229** 45
- Kognition des Bundesgerichts **229** 45
- Legitimation
  - Beschwerderecht von Bundesverwaltungsbehörden **229** 48
  - Popularbeschwerde, keine **229** 47
- Zuständigkeit
  - Ausnahmenkatalog **229** 45
  - Merkmale der Anfechtbarkeit **229** 42
  - Subsidiarität, besondere **229** 44
  - vorinstanzielle Entscheidung **229** 43

Völkerrecht
- Ausländer **206** 27
- Bundesgesetze und ~ **229** 87
- Eigentum **221** 7
- Familiennachzug **206** 29
- Glaubens-, Gewissens- und Weltanschauungsfreiheit **212** 6
- Landesrecht, Verhältnis zum **203** 40 ff.
- persönliche Freiheit **209** 9
- Sozialstaatlichkeit **224** 3 ff.

Volksrechte
- Grundrechte der Kantone **203** 6, 35
- Instrument der Volksopposition, ~ als **220** 6
- Legitimation durch ~ **220** 5
- Partizipation an Sachentscheidungen **203** 25
- Staatssystem **220** 2, 5 f.
- Totalrevision der Bundesverfassung **220** 20
- Vorwirkung der ~ **220** 9

Willkürverbot 228 1 ff.
- absoluter Charakter **228** 18 ff.
- Adressaten **228** 11 f.
- Begriff **228** 1, 8, 10, 22, 26
- Beschwerdelegitimation
  - Änderungsauftrag an den Gesetzgeber **228** 16
  - Erfordernis einer Rechtsverletzung **228** 14
  - Kritik der Lehre **228** 15
  - restriktive Rechtsprechung des Bundesgerichts **228** 14
- Bundesverfassung, ~ in der **228** 9
- Entscheiden, ~ bei
  - Ausnahmen **228** 38
  - Grundrechtsbeschwerde bei Kantonsvorschriften **228** 36 f.
  - Kernaussage **228** 26
  - Normverletzung **228** 28, 34
  - ordentliche Rechtspflege bei Bundesvorschriften **228** 35

Halbfette Zahl = §§; magere Zahl = RN; unterstrichene Zahl = Hauptfundstelle

Sachregister

- Tatsachenfeststellung und -mißachtung **228** 33
- unabhängige Grundsätze **228** 30
- wörtliche Normanwendung **228** 32
- Entwicklung, historische
  - Bundesverfassung von 1848 **228** 4
  - Bundesverfassung von 1874 **228** 5
  - formelle „Rechtsverweigerung" als Ursprung **228** 6
  - Interpretationswandel **228** 7
  - materielle Rechtsverweigerung **228** 6
- Grundrecht, ~ als **228** 9
- Grundrechtsentwicklung **202** 51
- Grundrechtsgewährleistung, schrankenlose **228** 19
- Grundrechtsträger **228** 13
- Inhalt **228** 21 ff.
- juristische Personen des Privatrechts **205** 29
- Katalog verfassungsmäßiger Rechte **202** 48
- Liechtenstein, ~ in *siehe* Grundrechte (Liechtenstein)
- normative Grundlage **228** 9 f.
- normative Rechtsakte(n), ~ bei
  - Beispiele **228** 24
  - fehlende Eigenständigkeit **228** 25
  - Kernaussage **228** 22
  - Subsidiaritätsproblem **228** 23
- Prüfungsbefugnis des Bundesgerichts
  - Beschränkung der ~ **228** 41
  - freie Prüfung **228** 39
  - Prüfungsstufen **228** 40
- Rechtsgleichheit **210** 4
- richterlicher Qualifizierungsspielraum **228** 20
- Schranken **228** 18
- Subsidiarität **228** 17
- Vertrauensschutz *siehe dort*
- Vorrang „besonderer Grundrechte" **228** 17
- Willkür
  - Ungerechtigkeit, ~ als **228** 2
  - Ungleichheit, ~ als **228** 3

Wirtschaftsfreiheit 222 1 ff.
- Abwehrrecht, ~ als **222** 10
- Außenwirtschaftsfreiheit **222** 29
- Berufsausübungsfreiheit **222** 10, 21, 75
- Berufswahlfreiheit **222** 10, 21
- Berufszugangsfreiheit **222** 10, 21, 75
- Bindung

- Bundes, ~ des **222** 78
- Gesetzgebers, ~ des **222** 13 ff.
- Kantone, ~ der **222** 54
- Binnenmarktgesetz **222** 8
- Bundesverfassung, ~ in der **222** 5
- Definition der wirtschaftlichen Tätigkeit **222** 18
- Drittwirkung **222** 11
- Durchsetzbarkeit **222** 11
- Eigentum, ~ und **221** 20
- einheitlicher Wirtschaftsraum als Ziel **222** 5 ff.
- Entwicklung, historische
  - Bundesverfassung in der Fassung von 1947 **222** 4
  - Bundesverfassung von 1848 **222** 3
  - Bundesverfassung von 1874 **222** 3 f.
  - Bundesvertrag von 1815 **222** 2
  - Mediationsverfassung von 1803 **222** 2
  - Verfassung von 1798 **222** 1
- Europarecht, ~ und **222** 14
- Freiheit der Werbung **222** 27
- Freiheit im interkantonalen Wirtschaftsverkehr, ~ als **222** 1
- Funktionen **222** 6 ff.
- Garantie der Privatwirtschaft **222** 80
- gemischt-wirtschaftliche Unternehmen **205** 33
- Gewährleistungsinhalt **222** 1 ff.
- Gleichbehandlung der Konkurrenten (Gewerbegenossen)
  - Gemeingebrauch, gesteigerter **222** 38
  - Gleichbehandlungsgebot, allgemeines **222** 30
  - kartellrechtlicher Maßstab **222** 32
  - Konkurrentenschutz, kein **222** 30
  - Lenkungsabgaben **222** 34
  - Marktzugang, freier **222** 37
  - Schutz vor Wettbewerbsverzerrungen **222** 33
  - Transaktionssteuern **222** 36
  - Ungleichbehandlung, zulässige **222** 35
  - Wettbewerbsneutralität **222** 30
- Grundrecht, ~ als **222** 5 ff.
- Grundrechtsbeeinträchtigungen **208** 38
- Grundrechtsbeeinträchtigungen, Rechtfertigung von **208** 89
- Grundrechtsentwicklung **202** 54
- Grundrechtsträger
  - Ausländer **222** 40
  - EU-Bürger **222** 41

Sachregister

- Gemeinwesen **222** 43
- juristische Personen ausländischen Rechts **222** 42
- öffentlicher Dienst **222** 43
- Schutzbereich, persönlicher **222** 40
- Grundsatz der Privatwirtschaft als institutionelle Garantie (Institutsgarantie) **222** 74 f.
- Grundsatz der Wettbewerbskoordination **222** 80
- Grundsatz der Wirtschaftsordnung, ~ als **222** 5 ff.
  - Individualrecht, ~ als **222** 1, 10 ff.
  - institutionelle ~ **222** 6
  - juristische Personen des Privatrechts **205** 27, 30
  - Kerngehalt, unantastbarer **222** 18
  - Kerngehaltstheorie **222** 1 ff.
  - Legitimationsgründe für Marktwirtschaft **222** 71
  - lex specialis, ~ als **222** 19
  - Liechtenstein, ~ in *siehe* Grundrechte (Liechtenstein)
  - Monopole
    - Bundesmonopole **222** 73
    - Errichtung neuer kantonaler ~ **222** 66 ff.
    - faktische ~ **222** 62
    - Fiskalmonopole, Unzulässigkeit **222** 67 f.
    - Grundmonopole, historische **222** 65
    - Marktausschluß zugunsten des Gemeinwesens **222** 59
    - rechtliche ~ **222** 60 f.
    - Regalvorbehalte und ~ **222** 63 f.
    - Verhältnismäßigkeit **222** 72
  - Monopolkompetenzen **222** 16
  - Multifunktionalität **222** 6
  - Niederlassungsfreiheit **215** 14, **222** 28
  - öffentliches Interesse, Eingrenzung **222** 71
  - ordnungspolitischer Grundentscheid für wettbewerbsgesteuerte Privatwirtschaft **222** 79 f.
  - Ordnungsprinzip, ~ als **222** 74 ff.
  - private und öffentlich-rechtliche Tätigkeiten **222** 16
  - Rechtsweg **222** 12
  - Schranken
    - Abweichungsermächtigungen **222** 55 ff.
    - Abweichungskompetenzen der Kantone **222** 54
    - Grundrechtsschranken, allgemeine **222** 44 f.
    - grundsatzkonforme Eingriffe **222** 46 f.
    - grundsatzwidrige Eingriffe **222** 48 ff.
    - Lenkungsabgaben **222** 53
    - „Nachführungskonzept" des Bundesrats **222** 56
    - Polizeigüterschutz **222** 46
    - Sperrwirkung für bestimmte Arten der Wirtschaftspolitik **222** 50
    - Verfassungsvorbehalt(s), Funktion des **222** 49
    - Vermutung der Grundsatzwidrigkeit **222** 52
    - Vorbehalte grundsatzwidriger Maßnahmen **222** 55
    - wirtschaftslenkende Maßnahmen **222** 52
    - Ziel- und Schrankenziehungskompetenz **222** 55
  - Schutzobjekt **222** 12
  - spezifisch demokratische Funktion **222** 48
  - Teilgehalte
    - Berufsfreiheit **222** 21 f.
    - freie Wahl der Ausbildungsstätte **222** 22 f.
    - freie Wahl des Arbeitsplatzes **222** 24
    - Freiheit der unternehmerischen Tätigkeit **222** 25 ff.
    - Gleichbehandlung der Konkurrenten **222** 30 ff.
  - Verbände als Grundrechtsträger **205** 27
  - „Verfassungsfunktion" des internationalen Wirtschaftsrechts **222** 13
  - Verfassungsvorbehalt als Schranke **222** 6
  - Vertragsfreiheit als unantastbarer Kern und zentrales Element **222** 17 f.
  - Wettbewerbsrecht, ~ und **222** 30 ff.
- **Wissenschaftsfreiheit 218** 1 ff.
  - Abwehrrecht, ~ als **218** 10
  - Autonomie **216** 69
  - Begriff der Forschung **218** 12
  - Begriff der Wissenschaftlichkeit **218** 11
  - Biomedizin **218** 30, 32, 36 *siehe auch* Bioethik
  - Bundesverfassung, ~ in der **216** 7, **218** 9
  - Embryonenschutz **218** 32

Halbfette Zahl = §§; magere Zahl = RN; unterstrichene Zahl = Hauptfundstelle   883

Sachregister

- Entwicklung, historische
  - Basis in den Universitätsgesetzen **218** 2
  - Bundesverfassungen von 1848 und 1874 **218** 3, 5
  - EMRK, ~ in der **218** 4
  - Kantonsverfassungen **218** 5
  - persönliche Freiheit **218** 8
  - UNO-Pakt-II **218** 4
  - völkerrechtliche Ergänzung **218** 4
- Finanzierung der Forschung **218** 21
- Forschung und Lehre **216** 70
- Forschungsförderung und Förderpflicht **218** 21
- Forschungsfreiheit **218** 12 f.
- Gesundheitsforschung **218** 30
- Grundrechtsträger **218** 18 f.
- Grundrechtsverwirklichung **218** 23 f.
- Hochschulen als Träger der ~ **205** 43
- Jedermann-Recht **218** 18
- juristische Personen **218** 19
- Kantonsverfassungen, ~ und **216** 10
- Kerngehalt, unantastbarer **218** 26
- Lehrfreiheit **218** 14
- Lernfreiheit **218** 15 ff.
- Menschenrecht, ~ als **218** 18
- missio canonica **218** 24
- objektives Gestaltungsprinzip **218** 10
- Organisation von Forschung und Hochschulen **218** 20 ff.
- persönliche Freiheit, ~ und **218** 27
- Privatsphäre und Datenschutz **218** 31
- Recht auf Leben, ~ und **218** 27
- Schranken
  - Kantonsverfassungen **216** 68
  - Schutz der Umwelt **218** 33 ff.
  - Schutz des Menschen **218** 26
  - Schutz des Staates und der öffentlichen Ordnung **218** 37
- Schutzbereich **216** 68
- Sicherheit am Arbeitsplatz **218** 29
- Strahlenschutz **218** 29
- Teilgehalte der ~ **218** 10 ff.
- Tierversuche und Tötung **218** 35
- Verhältnismäßigkeit **218** 39
- Zensurverbot, Parallelen **218** 38
- Zulassungsbeschränkungen an Hochschulen (numerus clausus) **218** 16

Zivilersatzdienst
- Glaubens-, Gewissens- und Weltanschauungsfreiheit **212** 19

Zivilgesetzbuch
- Eigentum, sachenrechtliches (Art. 641 ff.) **221** 3
- Freiheitsentziehung aus fürsorgerischen Gründen (Art. 397a ff.) **215** 13
- Gegendarstellung (Art. 28 g) **216** 23
- Persönlichkeitsschutz (Art. 27 ff.) **204** 33, **218** 51
- Publikationsverbot, richterliches (Art. 28) **216** 22
- Sitz juristischer Personen (Art. 56) **215** 15
- Treu und Glauben (Art. 2) **228** 43, 50
- Vereine (Art. 60) **223** 12

Zivilrecht
- Grundrechte im ~ *siehe* Drittwirkung

zivilrechtliche Verfahren
- Bundesgericht, ~ vor dem **229** 49 ff.

zivilrechtlicher Schutz
- Grundrechte, ~ der **213** 2

Zölibatsklausel 213 27

Zugang zu öffentlichen Ämtern
- Grundrechte (Liechtenstein) **230** 64

Zuwanderung
- Niederlassungsfreiheit **215** 10 f.
- Sans Papiers, Legalisierung der **206** 35
- Zweiten Weltkrieg, ~ nach dem **206** 6

Zwangsarbeit
- Verbot von ~ **202** 55
- Verbot von ~ in der EMRK **209** 10

Zwangsheirat 213 23

Zweiter Weltkrieg
- Vollmachtregime **208** 73
- Wissenschaft, Rolle der **218** 37